Nikolas Eisentraut (Hrsg.)
Verwaltungsrecht in der Klausur
De Gruyter Studium

Verwaltungsrecht in der Klausur

Herausgegeben von Nikolas Eisentraut

Bearbeitet von dem Herausgeber und von Wolfgang Abromeit, Björnstjern Baade, Daniel Benrath, Renana Braun, Tobias Brings-Wiesen, Hendrik Burbach, Carola Creemers, Sebastian Eickenjäger, Katrin Giere, Katharina Goldberg, Bernhard Hadank, Dorothea Heilmann, Jana Himstedt, Mariamo Katharina Ilal, Christian Kaerkes, Thomas Kienle, Dominik Marek Kowalczyk, Tristan Lemke, Jens Milker, Sebastian Piecha, Julian Senders, Felix Steengrafe, Patrick Stockebrandt, Dana-Sophia Valentiner, Roman Weidinger, Stefanie Weinberg, Mira Wichmann

DE GRUYTER

Nikolas Eisentraut, Freie Universität Berlin.

Zitiervorschlag:
Bearbeiter*in, in: Eisentraut, Verwaltungsrecht in der Klausur – Das Lehrbuch, §, Rn.

ISBN 978-3-11-065613-8
ISBN (PDF) 978-3-11-065622-0
ISBN (EPUB) 978-3-11-065744-9

Bibliografische Information der Deutschen Nationalbibliothek
Die Deutsche Nationalbibliothek verzeichnet diese Publikation in der Deutschen Nationalbibliografie; detaillierte bibliografische Daten sind im Internet über http://dnb.dnb.de abrufbar.

© 2020 Nikolas Eisentraut, publiziert von Walter de Gruyter GmbH, Berlin/Boston
Dieses Buch ist als Open-Access-Publikation verfügbar über www.degruyter.com.
Einbandabbildung: Markus Jastroch (CC-BY-SA 3.0): https://commons.wikimedia.org/wiki/File:Leuchtturm_roter_sand.jpg
Druck und Bindung: CPI books GmbH, Leck

www.degruyter.com

Vorwort

Das vorliegende Lehrbuch zum Verwaltungsrecht ist das **erste offen lizenzierte Lehrbuch** in der deutschen Rechtswissenschaft. Es will als „Leuchtturmprojekt" die Idee freier Bildungsmaterialien (sog. Open Educational Resources) in den Bereich der rechtswissenschaftlichen Ausbildungsliteratur tragen und zum Nachahmen anregen.

Es betritt dafür in mehrerlei Hinsicht Neuland:

Erstens kann das Lehrbuch **vollständig kostenlos** im Internet gelesen, heruntergeladen und geteilt werden.

Zweitens ist das Lehrbuch **offen lizenziert:** Jede*r ist daher herzlich dazu eingeladen, die Inhalte des Lehrbuchs zu eigenen Zwecken zu nutzen, es zu bearbeiten, darauf aufbauende Unterlagen zu erstellen und es weiterzuentwickeln (s. näher zur Creative Commons Lizenz CC BY-SA 4.0 das Kapitel „Die offene Lizenz: Was darf ich mit dem Lehrbuch alles machen?").

Drittens betritt das Lehrbuch didaktisch Neuland: Aus verwaltungsprozessualer, weil **klausurrelevanter Perspektive** werden die zentralen Strukturen und Probleme des Allgemeinen Verwaltungsrechts und der relevanten Bezüge zum Besonderen Verwaltungsrecht wissenschaftlich aufbereitet und anhand von Beispielen erklärt. Die Darstellung richtet sich also an der bereichsübergreifenden Prüfungsrealität der Studierenden aus, anstatt nur einzelne Rechtsbereiche isoliert darzustellen. Das Lehrbuch begleitend ist das aus 16 großen Fällen bestehende Fallrepetitorium „Fälle zum Verwaltungsrecht" im Carl Grossmann Verlag erschienen. Das Fallrepetitorium ist ebenfalls offen lizenziert und kann online kostenlos gelesen und heruntergeladen werden.

Natürlich bedeutet kostenlos nicht, dass mit der Herstellung des Buches keine Kosten verbunden gewesen wären: Ohne die **Förderung des Fellow-Programms Freies Wissen** hätte ich weder die Kapazitäten, noch die finanziellen Mittel aufbringen können, um ein so umfassendes Lehrbuchprojekt unter offener Lizenz zu realisieren. **Alle Autor*innen haben ihre Beiträge unter enormem Zeiteinsatz ehrenamtlich erstellt; ihnen gebührt mein größter Dank, weil sie voller Überzeugung für die gute Sache keine Mühen gescheut haben, um unser Projekt zu einem Erfolg werden zu lassen.** Von Herzen möchte ich mich bei meiner Lebensgefährtin Anne Klitscher für ihre Unterstützung von Projektbeginn an bedanken. Dem De Gruyter Verlag gebührt Dank für das offene Interesse an diesem neuartigen Lehrbuchkonzept. Eine Verlagsveröffentlichung wäre schließlich ohne die **großzügige finanzielle Unterstützung der Freien Universität Berlin** nicht möglich gewesen. Wer das Lehrbuch künftig finanziell un-

OpenAccess. © 2019 Nikolas Eisentraut, publiziert von De Gruyter. (cc) BY-SA Dieses Werk ist lizenziert unter der Creative Commons Attribution-ShareAlike 4.0. International.
https://doi.org/10.1515/9783110656220-001

terstützen möchte: Rund 5 Euro von jeder verkauften Printausgabe fließen in die 2. Auflage.

Ich möchte alle Leser*innen dazu einladen, das Lehrbuch zu einer optimalen Lernressource zu machen. Bei Verständnisfragen oder Anmerkungen könnt ihr euch einfach mit einer **E-Mail** an mich wenden (mail@nikolaseisentraut.de). Zudem findet ihr das Lehrbuch auch auf **Wikibooks** unter https://de.wikibooks. org/wiki/Verwaltungsrecht_in_der_Klausur. Dort könnt ihr einfach an dem Lehrbuch mitarbeiten! Ihr findet dort auch das Fallrepetitorium „Fälle zum Verwaltungsrecht".

Last but not least: Das Lehrbuch legt selbstverständlich Wert auf eine **geschlechtergerechte Sprache.** Die Autor*innen gehen mit der damit einhergehenden sprachlichen Herausforderung ganz unterschiedlich um: Während sich teils gegenderte Sprache findet, wird andernorts ausschließlich die weibliche Form oder die männliche verwendet. Jeder Beitrag versteht sich selbstverständlich stets auch unter Einbeziehung aller anderen Geschlechter.

Die Beiträge befinden sich auf dem Stand September 2019.

Auch im Namen der Autor*innen wünsche ich reiche Erkenntnisse bei der Lektüre! Wir hoffen, dass das Lehrbuch breite Verwendung findet und freuen uns über jede Nachnutzung!

Berlin, September 2019 *Nikolas Eisentraut*

Inhaltsübersicht

Inhalt

Die offene Lizenz: Was darf ich mit dem Lehrbuch machen?

Dieses Lehrbuch ist unter der **Creative-Commons-Lizenz BY-SA 4.0** offen lizenziert worden. Die offene Lizenz ermöglicht es, dass die Ausführungen im Lehrbuch als Grundlage für viele weitere Open-Educational-Resources-Projekte dienen können. Professor*innen, Anwendungskursleiter*innen, Studierende, aber auch alle darüber hinaus Interessierten sind herzlich dazu eingeladen, das Lehrbuch zu ihren Zwecken zu nutzen, zu bearbeiten und weiterzuentwickeln.

Was bedeutet die Lizenz im Einzelnen?

Das Lehrbuch darf **in jedwedem Format oder Medium vervielfältigt und weiterverbreitet** werden!

Wenn ein Professor, ein*e Anwendungskursleiter*in oder ein privater Repetitor also findet, unser Lehrbuch sei so gut, dass er es allen Studierenden zur Verfügung stellen möchte: Nur zu! Jeder kann das Lehrbuch und die Abschnitte darin frei verbreiten und allen Interessierten zur Verfügung stellen.

Das Lehrbuch und Ausschnitte daraus dürfen **geremixt und verändert werden** und es darf auf dem Lehrbuch aufgebaut werden, und zwar für beliebige Zwecke, sogar kommerziell!

Wenn ein Professor, ein*e Anwendungskursleiter*in oder ein privater Repetitor also findet, die Ausführungen in einem Abschnitt des Lehrbuchs eigneten sich perfekt für eine eigene Falllösung, ein Skript oder eigene wissenschaftliche Ausführungen, kann er Auszüge daraus einfach verarbeiten und sie auch um eigene Ausführungen ergänzen.

Diese Rechte stehen jedoch nur unter **zwei Einschränkungen** offen:

Es müssen **angemessene Urheber- und Rechteangaben** gemacht, einen Link zur Lizenz beigefügt und angeben werden, ob Änderungen vorgenommen wurden.

Professoren, Anwendungskursleiter*innen oder Repetitoren müssen also darauf hinweisen, dass ihre Falllösung auf den Ausführungen in unserem Lehrbuch beruht und dass sie das Material verwenden, weil es unter einer offenen Lizenz veröffentlicht wurde. Außerdem müssen sie darauf hinweisen, wenn das Material verändert wurde; sie dürfen also nicht so tun, als ob ihre Ergänzungen von den Autor*innen zu verantworten wären.

Wenn das Material geremixt, verändert oder anderweitig direkt darauf aufbaut wird, dürfen die neuen Beiträge **nur unter derselben Lizenz wie das Original** verbreitet werden, also unter der Creative-Commons-Lizenz BY-SA 4.0.

> *Wer Passagen des Lehrbuchs als Grundlage für eigene Arbeiten verwendet, muss auch seine darauf beruhende Arbeit unter der Lizenz CC BY-SA 4.0 zur Verfügung stellen. Repetitoren, Anwendungskursleiter*innen oder Professoren, die auf Grundlage unseres Lehrbuchs Fälle, Skripte oder einen Aufsatz erstellen, sind dazu verpflichtet, diesen sodann unter offener Lizenz zu veröffentlichen. Auch diese Werke stehen dann also frei für alle zur Verfügung.*

Formulierungsvorschlag bei Nutzung von Textpassagen aus dem Lehrbuch:

> *„Dieser Text steht unter der Lizenz CC BY-SA 4.0 (https://creativecommons.org/licenses/by-sa/ 4.0/deed.de). Er beruht auf dem Werk von Autor*in, in: Eisentraut, Verwaltungsrecht in der Klausur, § ##, Rn. ## (Link zur Originalquelle), veröffentlicht unter der Lizenz CC BY-SA 4.0. Für Änderungen ist allein der/die Urheber*in dieser Überarbeitung verantwortlich."*

Das Fellow-Programm Freies Wissen

Dieses Lehrbuch entstand im Rahmen der Förderung des Herausgebers durch das **Fellow-Programm Freies Wissen.** Im Sinne des Open-Science-Gedankens wird der Prozess der Erstellung des Lehrbuchs, von der Idee bis zur Veröffentlichung und darüber hinaus umfassend **auf wikiversity.org dokumentiert.** Die Dokumentation kann hier eingesehen werden:

https://de.wikiversity.org/wiki/Wikiversity:Fellow-Programm_Freies_Wis sen/Einreichungen/Erstellung_eines_OER-Lehrbuchs_zum_Verwaltungs-_und_ Verwaltungsprozessrecht

*„Das Fellow-Programm Freies Wissen ist ein gemeinsames Projekt von **Wikimedia Deutschland, dem Stifterverband und der VolkswagenStiftung** und richtet sich an Doktoranden (m/w), Post-Docs (m/w) und Juniorprofessoren (m/w), die ihre Forschungsprozesse offen gestalten möchten. Als Partner beteiligen sich die Technische Informationsbibliothek (TIB), das Museum für Naturkunde Berlin, das Center für Digitale Systeme (CeDiS) der Freien Universität Berlin, die Niedersächsische Staats- und Universitätsbibliothek Göttingen sowie Open Knowledge Maps mit Qualifizierungsangeboten an dem Programm.*

*Zentrales Anliegen des Programms ist die **Stärkung einer Offenen Wissenschaft,** um den Wissenstransfer in die Gesellschaft und die Qualität wissenschaftlicher Forschung und Lehre zu verbessern. Transparenz, gemeinschaftliches Arbeiten und Lernen, Reproduzierbarkeit und Vergleichbarkeit wissenschaftlichen Arbeitens sind dafür elementare Voraussetzungen. Nachwuchswissenschaftler*innen aus allen Disziplinen sollen dazu befähigt werden, Prinzipien Offener Wissenschaft in die eigene wissenschaftliche Arbeit zu integrieren und gleichzeitig als Botschafter*innen andere für dieses Thema zu sensibilisieren. Gleichzeitig soll der Austausch von Wissenschaftler*innen im Bereich Offene Wissenschaft gefördert werden, um damit die schrittweise Öffnung von Wissenschaft und Forschung weiter voranzutreiben. Ein Ziel ist es daher, ein Netzwerk von Fellows, Alumni, Mentor*innen und Akteur*innen aus dem Bereich Offene Wissenschaft auf- und auszubauen, das auch über das Fellow-Programm hinaus einen intensiven Austausch und eine wirksame Zusammenarbeit im Rahmen von gemeinsamen Veranstaltungen, Publikationen und Projekten ermöglicht. Damit soll sowohl die weitere akademische Karriere der Geförderten unterstützt als auch das Thema Offene Wissenschaft kontinuierlich in die Breite getragen werden."*

Quelle: https://de.wikiversity.org/wiki/Wikiversity:Fellow-Programm_Freies_ Wissen

∂ OpenAccess. © 2019 Nikolas Eisentraut, publiziert von De Gruyter. (cc) BY-SA Dieses Werk ist lizenziert unter der Creative Commons Attribution-ShareAlike 4.0. International.
https://doi.org/10.1515/9783110656220-003

Zur Arbeit mit diesem Buch

Ein gutes rechtswissenschaftliches Lehrbuch sollte nicht nur Wissen vermitteln, sondern auch **Erfahrungen teilen.** Denn der anwendungsbezogene Zuschnitt der juristischen Staatsprüfungen macht es erforderlich, das erlernte Wissen in der Praxis des juristischen Gutachtens abbilden zu können. Eine gute Klausurdarstellung wird aber nur gelingen, wenn der oder die Schreibende ausreichend Erfahrung beim Schreiben von Klausuren gesammelt hat. Das vorliegende Lehrbuch macht es sich deshalb zur Aufgabe, nicht nur das zu beherrschende Wissen, sondern auch eine „**best practice des Klausurschreibens**" zu vermitteln.

Anders als im Zivil- und Strafrecht sind Klausuren im Öffentlichen Recht von Anfang an prozessual eingekleidet. Die Studierenden werden also nicht nur an die Frage herangeführt, ob Ansprüche zwischen den Streitparteien bestehen, sondern auch an die in der Praxis zentrale Frage ihrer gerichtlichen Durchsetzbarkeit. Die Lösung von Klausuren im Verwaltungsrecht macht zu 90 % die Beantwortung der Frage erforderlich, ob eine **Klage bzw. ein Antrag vor dem Verwaltungsgericht Aussicht auf Erfolg hat** (näher zu den Prüfungskonstellationen § 1 Rn. 35 ff.). Was könnte also näher liegen, als ein Lehrbuch entsprechend dieser Klausurpraxis zu strukturieren?

Die Darstellung der einzelnen Themen erfolgt dafür **orientiert am Gutachten in der Klausur.** Diese Darstellungsform folgt nicht der Idee eines Generalschemas, mit dem alle verwaltungsrechtlichen Fälle erfasst werden könnten (zu Recht kritisch Schwerdtfeger/Schwerdtfeger, Öffentliches Recht in der Fallbearbeitung, 15. Aufl. 2018, Rn. 18). Das materiell-rechtliche Wissen wird vielmehr innerhalb der Struktur der klausurrelevanten gutachterlichen Prüfung **der Klage- und Antragsarten** erläutert. Während rein materiell-rechtliche Darstellungen die Lesenden oftmals mit der Frage allein lassen, wie das Wissen denn im juristischen Gutachten dargestellt werden sollte, präsentiert das vorliegende Lehrbuch das relevante Wissen und die zu beherrschenden Streitstände innerhalb der Besonderheiten der gutachterlichen Darstellung.

Die Ausführungen führen zunächst in die Themen ein und **erklären die grundlegenden Zusammenhänge.** Für **Examenskandidat*innen** und für die Lösung von Hausarbeiten relevante Aspekte sind extra gekennzeichnet worden und werden auf **wissenschaftlichem Niveau** vertieft, um den Lesenden die für ein Lehrbuch typische wissenschaftliche Durchdringung einer Problematik zu erlauben. Wer nur einen ersten Überblick erhalten will, kann auf die Lektüre der Vertiefungen zum Examenswissen und Hausarbeitswissen zunächst verzichten. Auch Formulierungsvorschläge werden i. S.v. „best practice" angeboten. Die Ausführungen sind darüber hinaus mit **Beispielen** angereichert. Frei im Internet verfügbare Urteile/Beschlüsse sind in der digitalen Version des Lehrbuchs verlinkt, sodass direkt auf die relevante Rechtsprechung zugegriffen werden kann. Zudem wird das Lehrbuch von einem Fallrepetitorium begleitet, sodass das mit dem Lehrbuch erlernte Wissen anhand großer Klausurfälle auch in der praktischen Anwendung erprobt werden kann.

Die Beiträge des Lehrbuchs sind über Randnummern miteinander vernetzt, sodass trotz der Mehrzahl an mitwirkenden Autor*innen ein in sich geschlossenes Lernsystem entsteht. Randnummernverweise ohne §-Angabe beziehen sich auf den jeweils aufgeschlagenen §. Da in späteren Teilen des Lehrbuchs immer häufiger auf bereits eingangs vertieft ausgeführtes Wissen verwiesen wird, empfiehlt es sich, dem **System des Lehrbuchs zu folgen** und sich zunächst mit der Eröffnung der gutachterlichen Prüfung (§ 1) vertraut zu machen, bevor sodann die Anfechtungsklage (§ 2) und daran anschließend die weiteren Klage- bzw. Antragsarten bearbeitet werden.

In dem Kapitel „Literaturüberblick" finden sich allgemeine weiterführende Literaturhinweise zum Verwaltungsrecht, wobei die dort angeführte Literatur überwiegend kostenpflichtig und nicht offen lizenziert ist. Auch die von den Autor*innen bearbeiteten einzelnen Abschnitte schließen mit Literaturhinweisen zu den jeweils spezifischen Fragestellungen, mittels derer einzelne Aspekte noch vertieft werden können.

Thematische Übersicht

A. Verwaltungsprozessrecht

- Bedeutung und Funktion verwaltungsgerichtlicher Kontrolle (§ 1 Rn. 7 ff.)
- Die Eröffnung des Verwaltungsrechtswegs (§ 1 Rn. 162 ff.)
- Die Klage- und Antragsarten der VwGO (Einführung und Überblick: § 1 Rn. 222 ff.)

  - Die Anfechtungsklage (Prüfungsschema: § 2 Rn. 1; Statthaftigkeit: § 2 Rn. 2 ff.; Weitere Zulässigkeitsvoraussetzungen: § 2 Rn. 280 ff.; Begründetheit: § 2 Rn. 506 ff.)
  - Die Verpflichtungsklage (Prüfungsschema: § 3 Rn. 1; Statthaftigkeit: § 3 Rn. 2 ff.; Weitere Zulässigkeitsvoraussetzungen: § 3 Rn. 27 ff.; Begründetheit: § 3 Rn. 46 ff.)
  - Die Fortsetzungsfeststellungsklage (Prüfungsschema: § 4 Rn. 1; Statthaftigkeit: § 4 Rn. 2 ff.; Weitere Zulässigkeitsvoraussetzungen: § 4 Rn. 32 ff.; Begründetheit: § 4 Rn. 59 ff.)
  - Die allgemeine Leistungsklage (Prüfungsschema: § 5 Rn. 1; Statthaftigkeit: § 5 Rn. 2 ff.; Weitere Zulässigkeitsvoraussetzungen: § 5 Rn. 30 ff.; Begründetheit: § 5 Rn. 48 ff.)
  - Die Feststellungsklage (Prüfungsschema: § 6 Rn. 1; Statthaftigkeit: § 6 Rn. 2 ff.; Weitere Zulässigkeitsvoraussetzungen: § 6 Rn. 77 ff.; Begründetheit: § 6 Rn. 102 ff.)
  - Die verwaltungsgerichtliche Normenkontrolle (Prüfungsschema: § 7 Rn. 1; Statthaftigkeit: § 7 Rn. 2 ff.; Weitere Zulässigkeitsvoraussetzungen: § 7 Rn. 33 ff.; Begründetheit: § 7 Rn. 60 ff.)
  - Der Antrag nach § 80 V VwGO (Prüfungsschema: § 8 Rn. 1; Statthaftigkeit: § 8 Rn. 2 ff.; Weitere Zulässigkeitsvoraussetzungen: § 8 Rn. 29 ff.; Begründetheit: § 8 Rn. 49 ff.)
  - Der Antrag nach §§ 80, 80a VwGO (Prüfungsschema: § 9 Rn. 1; Statthaftigkeit: § 9 Rn. 2 ff.; Weitere Zulässigkeitsvoraussetzungen: § 9 Rn. 33 ff.; Begründetheit: § 9 Rn. 46 ff.)
  - Der Antrag nach § 123 VwGO (Prüfungsschema: § 10 Rn. 1; Statthaftigkeit: § 10 Rn. 2 ff.; Weitere Zulässigkeitsvoraussetzungen: § 10 Rn. 10 ff.; Begründetheit: § 10 Rn. 26 ff.)

ᵭ OpenAccess. © 2019 Nikolas Eisentraut, publiziert von De Gruyter. [cc] BY-SA Dieses Werk ist lizenziert unter der Creative Commons Attribution-ShareAlike 4.0. International.
https://doi.org/10.1515/9783110656220-005

B. Allgemeines Verwaltungsrecht

C. Besonderes Verwaltungsrecht

Verwaltungsrecht in der Klausur – Die Fälle

Zusätzlich zum Lehrbuch ist ein aus **16 großen Fällen bestehendes Fallrepetitorium** im Carl Grossmann Verlag erschienen. Anhand der Fälle können die Lehrbuchausführungen in der Klausurpraxis nachvollzogen und das Klausuren-Lösen geübt werden. Das Fallrepetitorium ist zudem online unter der **Creative-Commons-Lizenz BY-SA 4.0** auf wikibooks.org erschienen und kann unter https://de.wikibooks.org/wiki/Verwaltungsrecht_in_der_Klausur bearbeitet und heruntergeladen werden.

Folgende Fälle werden behandelt:
Fall 1: Anfechtungsklage bei einer Ordnungsverfügung nach der polizeilichen Generalklausel
Fall 2: Anfechtungsklage bei Nebenbestimmungen
Fall 3: Drittanfechtungsklage gegen eine Baugenehmigung
Fall 4: Verpflichtungsklage auf Erteilung einer Baugenehmigung
Fall 5: Verpflichtungsklage auf polizeiliches Einschreiten wegen Schmähkritik
Fall 6: Fortsetzungsfeststellungsklage gegen Aufenthaltsverbot für Fußballfans
Fall 7: Fortsetzungsfeststellungsklage gegen die Untersagung eines politischen Straßentheaters
Fall 8: Fortsetzungsfeststellungsklage auf Feststellung des Bestehens eines Zulassungsanspruchs einer Partei zu einer kommunalen Einrichtung
Fall 9: Leistungsklage zur Geltendmachung eines Anspruchs aus öffentlich-rechtlichem Vertrag
Fall 10: Vorbeugende Unterlassungsklage bei staatlichem Informationshandeln
Fall 11: Feststellungsklage bei staatlicher Warnung im Internet vor einer Versammlung
Fall 12: Nichtigkeitsfeststellungsklage bei fehlerhafter Gaststättenerlaubnis
Fall 13: Verwaltungsgerichtliche Normenkontrolle und Kommunalverfassungsstreit
Fall 14: Antrag nach § 80 V VwGO bei einer Versammlung unter Auflagen
Fall 15: Antrag nach § 123 VwGO auf Zulassung zu einer Kindertagesstätte
Fall 16: Staatshaftung für unzureichende Badeaufsicht

Bearbeiter*innenverzeichnis

Abromeit, Wolfgang, Dr., Ass. iur.	Wissenschaftlicher Mitarbeiter am Lehrstuhl für Europäisches und Deutsches Verfassungsrecht, Verwaltungsrecht, Sozialrecht und Öffentliches Wirtschaftsrecht der Universität Potsdam
Baade, Björnstjern, Dr.	Wissenschaftlicher Mitarbeiter am Lehrstuhl für Öffentliches Recht und Völkerrecht der Freien Universität Berlin
Benrath, Daniel, Dr., M.A.	Wissenschaftlicher Mitarbeiter am Institut für Berg- und Energierecht der Ruhr-Universität Bochum
Braun, Renana, LL.M.	Referentin im Bundesministerium für Gesundheit
Brings-Wiesen, Tobias, Mag. iur.	Wissenschaftlicher Mitarbeiter am Institut für Medienrecht und Kommunikationsrecht der Universität zu Köln, Lehrstuhl für Öffentliches Recht und Medienrecht
Burbach, Hendrik	Rechtsanwalt bei Flick Gocke Schaumburg Bonn, Doktorand am Lehrstuhl für Öffentliches Recht der Universität Bonn
Creemers, Carola	Wissenschaftliche Mitarbeiterin am Lehrstuhl für Öffentliches Recht unter Berücksichtigung europäischer und internationaler Bezüge der Universität Siegen, Rechtsreferendarin am LG Köln
Eickenjäger, Sebastian, Dr.	Referatsleiter beim Senator für Inneres Bremen der Freien Hansestadt Bremen und Assoziierter Wissenschaftler am Zentrum für Europäische Rechtspolitik (ZERP), Universität Bremen
Eisentraut, Nikolas, Dipl.-Jur.	Wissenschaftlicher Mitarbeiter am Lehrstuhl für Öffentliches Recht, insbesondere Verwaltungsrecht der Freien Universität Berlin
Giere, Katrin	Wissenschaftliche Mitarbeiterin am Lehrstuhl für Staats- und Verwaltungsrecht sowie Medienrecht der Universität Leipzig
Goldberg, Katharina	Wissenschaftliche Mitarbeiterin am Lehrstuhl für Öffentliches Recht, insbesondere Öffentliches Wirtschafts- und Umweltrecht der Helmut Schmidt Universität Hamburg
Hadank, Bernhard	Wissenschaftlicher Mitarbeiter am Lehrstuhl für Staats- und Verwaltungsrecht, Öffentliches Wirtschaftsrecht, Sozialrecht der Freien Universität Berlin
Heilmann, Dorothea	Wissenschaftliche Mitarbeiterin am Lehrstuhl für Staats- und Verwaltungsrecht sowie Medienrecht der Universität Leipzig
Himstedt, Jana	Wissenschaftliche Mitarbeiterin am Lehrstuhl für Öffentliches Recht, insbesondere Verwaltungsrecht der Freien Universität Berlin
Ilal, Mariamo Katharina, LL.M.	Wissenschaftliche Mitarbeiterin am Lehrstuhl für Öffentliches Recht, insbesondere Verwaltungsrecht der Humboldt-Universität zu Berlin
Kaerkes, Christian	Wissenschaftlicher Mitarbeiter am Institute for International Peace and Security Law der Universität zu Köln
Kienle, Thomas, Ass. iur.	Wissenschaftlicher Mitarbeiter am Lehrstuhl für Verwaltungswissenschaft, Staatsrecht, Verwaltungsrecht und Europarecht an der Deutschen Universität für Verwaltungswissenschaften Speyer

Kowalczyk, Dominik Marek	Ehemals Wissenschaftlicher Mitarbeiter am Lehrstuhl für Öffentliches Recht, Finanzrecht, Umwelt- und Energierecht der Universität Greifswald, nunmehr Rechtsreferendar am Landgerichtsbezirk Rostock
Lemke, Tristan	Wissenschaftlicher Mitarbeiter am Lehrstuhl für Öffentliches Recht, insbesondere Staatsrecht, Verwaltungs- und Kommunalrecht an der Universität Potsdam
Milker, Jens, Dr., LL.M.	Richter beim Verwaltungsgericht Mainz
Piecha, Sebastian, Dr.	Verwaltungsjurist und Lehrbeauftragter an der Fachhochschule für öffentliche Verwaltung NRW (FHöV NRW)
Senders, Julian	Doktorand im Umweltrecht an der Friedrich-Schiller-Universität Jena, Wissenschaftlicher Mitarbeiter bei der Stiftung Umweltenergierecht, Würzburg
Steengrafe, Felix	Syndikusrechtsanwalt mit Tätigkeitsbereich im Verwaltungs-, Umwelt-, Bau- und Planungsrecht
Stockebrandt, Patrick, Dr.	Lehrbeauftragter an der Professur für Öffentliches Recht und Internationales Wirtschaftsrecht der Universität Siegen
Valentiner, Dana-Sophia	Wissenschaftliche Mitarbeiterin am Lehrstuhl für Öffentliches Recht, insbesondere Öffentliches Wirtschafts- und Umweltrecht der Helmut-Schmidt-Universität Hamburg
Weidinger, Roman	Wissenschaftlicher Mitarbeiter am Lehrstuhl für Öffentliches Recht, Finanzrecht, Umwelt- und Energierecht der Universität Greifswald
Weinberg, Stefanie	Rechtsanwältin bei Petersen Hardraht Pruggmayer Rechtsanwälte Steuerberater Leipzig, Doktorandin an der Universität Leipzig
Wichmann, Mira	Wissenschaftliche Mitarbeiterin am Lehrstuhl für Öffentliches Recht, insbesondere Umwelt- und Planungsrecht der Universität Leipzig

Abkürzungsverzeichnis

a. A.	andere Ansicht
a. a. O.	am angegebenen Ort
Aufl.	Auflage
Az.:	Aktenzeichen
Beschl. v.	Beschluss vom
BR-Drucks.	Bundesrats-Drucksache
BT-Drucks.	Bundestags-Drucksache
bzw.	beziehungsweise
d. h.	das heißt
e. A.	eine Ansicht
Ed.	Edition
EL	Ergänzungslieferung
f./ff.	folgender/folgende
Fn.	Fußnote
GG	Grundgesetz
ggf.	gegebenenfalls
i. d. F.	in der Fassung
i. E.	im Erscheinen
i. S. v.	im Sinne von
i. V. m.	in Verbindung mit
m. w. N.	mit weiteren Nachweisen
Rn.	Randnummer
s.	siehe
sog.	sogenannte
u. a.	unter anderem
Urt. v.	Urteil vom
vgl.	vergleiche
VwGO	Verwaltungsgerichtsordnung
VwVG	Verwaltungszustellungsgesetz
VwVfG	Verwaltungsverfahrensgesetz des Bundes
z. B.	zum Beispiel

Literaturüberblick

Im Folgenden findet sich ein erster Literaturüberblick zum aktuellen Angebot verwaltungsrechtlicher Lehrbücher. Weiterführende Literaturhinweise zu den einzelnen Themen finden sich am Ende des jeweiligen Abschnitts innerhalb des Lehrbuchs.

A. Übergreifende Darstellungen

Detterbeck, Steffen	Öffentliches Recht, 11. Aufl. 2018
Detterbeck, Steffen	Allgemeines Verwaltungsrecht mit Verwaltungsprozessrecht, 17. Aufl. 2019
Kramer, Urs	Allgemeines Verwaltungsrecht und Verwaltungsprozessrecht (mit Staatshaftungsrecht), 3. Aufl. 2017
Martini, Mario	Verwaltungsprozessrecht und Allgemeines Verwaltungsrecht, 6. Aufl. 2017
Schmidt, Rolf	Verwaltungsprozessrecht, 19. Aufl. 2019
Schwerdtfeger, Gunther / Schwerdtfeger, Angela	Öffentliches Recht in der Fallbearbeitung, 15. Aufl. 2018
Seiler, Christian	Examens-Repetitorium Verwaltungsrecht, 6. Aufl. 2017
Sodan, Helge / Ziekow, Jan	Grundkurs Öffentliches Recht, 8. Aufl. 2018
Uerpmann-Wittzack, Robert	Examens-Repetitorium Allgemeines Verwaltungsrecht mit Verwaltungsprozessrecht, 5. Aufl. 2018
Wittern / Baßlsperger	Verwaltungs- und Verwaltungsprozessrecht, 20. Aufl. 2016
Wolff, Hans J. / Bachof, Otto / Stober, Rolf / Kluth, Winfried	Verwaltungsrecht I, 13. Aufl. 2017 Verwaltungsrecht II, 7. Aufl. 2010

B. Darstellungen des Verwaltungsprozessrechts

Gersdorf, Hubertus	Verwaltungsprozessrecht, 6. Aufl. 2019
Hufen, Friedhelm	Verwaltungsprozessrecht, 11. Aufl. 2019
Mann, Thomas / Wahrendorf, Volker	Verwaltungsprozessrecht, 4. Aufl. 2015
Schenke, Wolf-Rüdiger	Verwaltungsprozessrecht, 16. Aufl. 2019
Wienbracke, Mike	Verwaltungsprozessrecht, 3. Aufl. 2019
Würtenberger, Thomas	Prüfe dein Wissen – Verwaltungsprozessrecht, 3. Aufl. 2007
Würtenberger, Thomas / Heckmann, Dirk	Verwaltungsprozessrecht, 4. Aufl. 2018

C. Darstellungen des Allgemeinen Verwaltungsrechts

Bull, Hans Peter / Mehde, Veith	Allgemeines Verwaltungsrecht mit Verwaltungslehre, 9. Aufl. 2015
Ehlers, Dirk / Pünder, Hermann	Allgemeines Verwaltungsrecht, 15. Aufl. 2015
Erbguth, Wilfried / Guckelberger, Annette	Allgemeines Verwaltungsrecht, 9. Aufl. 2018
Ipsen, Jörn	Allgemeines Verwaltungsrecht, 11. Aufl. 2019
Maurer, Hartmut / Waldhoff, Christian	Allgemeines Verwaltungsrecht, 19. Aufl. 2017
Peine, Franz-Joseph / Siegel, Thorsten	Allgemeines Verwaltungsrecht, 12. Aufl. 2018
Will, Martin	Prüfe dein Wissen – Allgemeines Verwaltungsrecht, 2012

D. Darstellungen des Besonderen Verwaltungsrechts

Ehlers, Dirk / Fehling, Michael / Pünder, Hermann	Besonderes Verwaltungsrecht, Band 1: Öffentliches Wirtschaftsrecht, 3. Aufl. 2012
	Band 2: Planungs-, Bau- und Straßenrecht, Umweltrecht, Gesundheitsrecht, Medien- und Informationsrecht, 3. Aufl. 2013
	Band 3: Kommunalrecht, Haushalts- und Abgabenrecht, Ordnungsrecht, Sozialrecht, Bildungsrecht, Recht des öffentlichen Dienstes, 3. Aufl. 2013
Erbguth, Wilfried / Mann, Thomas / Schubert, Mathias	Besonderes Verwaltungsrecht, 12. Aufl. 2015
Schoch, Friedrich	Besonderes Verwaltungsrecht, 2018
Steiner, Udo / Brinktrine, Ralf	Besonderes Verwaltungsrecht, 9. Aufl. 2018

E. Länderspezifische Darstellungen des Verwaltungsrechts

Baden-Württemberg	Kenntner, Markus, Öffentliches Recht in Baden-Württemberg, 2. Aufl. 2017
	Ennuschat, Jörg/Ibler, Martin/Remmert, Barbara, Öffentliches Recht in Baden-Württemberg, 2. Aufl. 2017
Bayern	Becker, Ulrich / Heckmann, Dirk / Kempen, Bernhard / Manssen, Gerrit, Öffentliches Recht in Bayern, 7. Aufl. 2017

	Becker, Ulrich / Heckmann, Dirk / Kempen, Bernhard / Manssen, Gerrit, Klausurenbuch Öffentliches Recht in Bayern, 4. Aufl. 2019
Berlin	Siegel, Thorsten / Waldhoff, Christian, Öffentliches Recht in Berlin, 2. Aufl. 2017
	Musil, Andreas / Kirchner, Sören, Das Recht der Berliner Verwaltung, 4. Aufl. 2017
Brandenburg	Bauer, Hartmut / Peine, Franz-Joseph, Landesrecht Brandenburg, 3. Aufl. 2016
Bremen	Fischer-Lescano, Andreas / Sperlich, Peter, Landesrecht Bremen – Studienbuch, 2018
Hamburg	Hoffmann-Riem, Wolfgang / Koch, Hans-Joachim, Landesrecht Hamburg – Studienbuch, 4. Aufl. 2019
Hessen	Gornig, Gilbert / Horn, Hans-Detlef / Will, Martin, Öffentliches Recht in Hessen, 2018
	Hermes, Georg / Reimer, Franz, Landesrecht Hessen, 9. Aufl. 2019
Mecklenburg-Vorpommern	Schütz, Hans-Joachim / Classen, Claus Dieter, Landesrecht Mecklenburg-Vorpommern – Studienbuch, 3. Aufl. 2014
Niedersachsen	Hartmann, Bernd J. / Mann, Thomas / Mehde, Veith, Landesrecht Niedersachsen – Studienbuch, 2. Aufl. 2018
Nordrhein-Westfalen	Dietlein, Johannes / Hellermann, Johannes, Öffentliches Recht in Nordrhein-Westfalen, 7. Aufl. 2019
	Dietlein, Johannes / Hellermann, Johannes, Klausurenbuch Öffentliches Recht in Nordrhein-Westfalen, 2. Aufl. 2014
	Schlacke, Sabine / Wittreck, Fabian, Landesrecht Nordrhein-Westfalen, 2017
Rheinland-Pfalz	Hufen, Friedhelm / Jutzi, Siegfried / Proelß, Alexander, Landesrecht Rheinland-Pfalz – Studienbuch, 8. Aufl. 2018
Saarland	Gröpl, Christoph / Guckelberger, Annette / Wohlfarth, Jürgen, Landesrecht Saarland – Studienbuch, 3. Aufl. 2017
Sachsen	–
Sachsen-Anhalt	Kluth, Winfried, Landesrecht Sachsen-Anhalt – Studienbuch, 2. Aufl. 2010
Schleswig-Holstein	Schliesky, Utz, Landesrecht Schleswig-Holstein – Studienbuch, 2020
	Becker, Florian / Brüning, Christoph, Öffentliches Recht in Schleswig-Holstein, 2014, C.H. Beck

| Thüringen | Baldus, Manfred / Knauff, Matthias, Landesrecht Thüringen – Studienbuch, 2018 |

F. Falllösungen

Eisentraut, Nikolas	Fälle zum Verwaltungsrecht, 1. Aufl. 2020
Ernst, Christian / Kämmerer, Jörn Axel	Fälle zum Allgemeinen Verwaltungsrecht, 3. Aufl. 2016
Heintzen, Markus / Krieger, Heike	www.hauptstadtfälle.de/
Heinze, Arne-Patrik	Fallrepetitorium Allgemeines Verwaltungsrecht, 2014
Heyen, Erik Volkmar / Collin, Peter / Spiecker genannt Döhmann, Indra	40 Klausuren aus dem Verwaltungsrecht, 11. Aufl. 2017
Grupp, Klaus / Stelkens, Ulrich	www.saarheim.de
Muckel, Stefan	Fälle zum Besonderen Verwaltungsrecht, 7. Aufl. 2019
Peine, Franz-Joseph	Klausurenkurs im Verwaltungsrecht, 6. Aufl. 2016
Sauer, Heiko	Klausurtraining Allgemeines Verwaltungsrecht und Verwaltungsprozessrecht, 2018
Schmidt, Thorsten Ingo	Fallrepetitorium Allgemeines Verwaltungsrecht mit VwGO, 2. Aufl. 2014

G. Blogs und Online-Angebote

Blog des Junge Wissenschaft im Öffentlichen Recht e.V.	www.juwiss.de
Verfassungsblog	www.verfassungsblog.de
Legal Tribune Online	www.lto.de

§ 1 Die Eröffnung der gutachterlichen Prüfung

Eine gute Klausurlösung setzt solide Kenntnisse der **Grundstrukturen verwal-** 1
tungsgerichtlicher Kontrolle und ihrer **Darstellung in verwaltungsrechtli-**
chen Prüfungsarbeiten voraus. Diese Grundstrukturen werden daher ganz zu
Beginn vertieft (s. Rn. 2 ff.).

Das eigentliche verwaltungsrechtliche Gutachten eröffnet sodann zumeist
(s. zu Abweichungen in der Aufgabenstellung näher Rn. 35) mit der Frage nach der
Zulässigkeit eines verwaltungsgerichtlichen Vorgehens. Diese **Zulässigkeitsprü-**
fung setzt mit der Frage an, ob überhaupt der **Verwaltungsrechtsweg eröffnet**
ist (dazu näher Rn. 162 ff.).

Ist der Verwaltungsrechtsweg eröffnet, ist sodann die **statthafte Klage- bzw.**
Antragsart zu ermitteln. Die Rn. 222 ff. geben dafür einen ersten Überblick über
die Klage- und Antragsarten der VwGO, bevor die Prüfung der verwaltungsprozessualen Besonderheiten der jeweils für einschlägig befundenen Klage-/An-
tragsart und ihre Bezüge zum Allgemeinen und Besonderen Verwaltungsrecht in
den folgenden §§ vertieft dargestellt werden.

Gliederung

∂ OpenAccess. © 2019 Nikolas Eisentraut, publiziert von De Gruyter. (CC) BY-SA Dieses Werk ist lizenziert
unter der Creative Commons Attribution-ShareAlike 4.0. International.
https://doi.org/10.1515/9783110656220-010

Nikolas Eisentraut

A. Die gutachterliche Prüfung im Verwaltungsrecht (Björnstjern Baade)

Die Auflösung einer Versammlung, die Entscheidung über den Flüchtlingsstatus **2** und die Erteilung einer Baugenehmigung sind ebenso Gegenstand des Verwaltungsrechts wie der Betrieb einer Gaststätte, die zulässige Höhe der Emission von Industrieanlagen oder die Erteilung der Nutzungserlaubnis für eine Turnhalle an einen Sportverein. Gleich ob es um Gefahrenabwehr, öffentlich-rechtliche Wirtschaftsregulierung oder die Gewährung staatlicher Leistungen geht: Die gesellschaftliche Bedeutung des Verwaltungsrechts ist ebenso hoch wie die Wahrscheinlichkeit, einmal persönlich von ihm betroffen zu sein. Diese thematische Breite des Verwaltungsrechts spricht für seine Praxisrelevanz, macht es aber als Prüfungsgegenstand auch scheinbar unübersichtlich.

Examenswissen: Die Aufzählung ließe sich lange fortsetzen. Neben dem zum Pflichtfachstoff gehörenden (Überblick über den Pflichtfachstoff bei Rn. 15–18) und in diesem Lehrbuch vertieften Polizeirecht (s. einführend § 2 Rn. 1008 ff.), Baurecht (s. einführend § 2 Rn. 1227 ff.) und Kommunalrecht (s. einführend § 2 Rn. 1255 ff.) existieren das Straßen- und Straßenverkehrsrecht, Waffenrecht, Atomrecht, Wehrrecht, Apothekenrecht, Betäubungsmittelrecht, Schul- und Hochschulrecht, Abfallrecht, Energierecht und viele mehr. Sozial- und Steuerrecht sind ebenfalls

Nikolas Eisentraut/Björnstjern Baade

Verwaltungsrecht, enthalten aber viele Spezialregelungen, welche das allgemeine Verwaltungs- und Verwaltungsprozessrecht modifizieren. Um die Vielzahl der Materien besser bewältigen zu können, hat die Rechtswissenschaft einzelne Rechtsgebiete zu Forschungsmaterien zusammen- gefasst, die sich über verschiedene, aber inhaltlich zusammenhängende Gesetze erstrecken, so beispielsweise das Umweltrecht (u. a. Immissionsschutzrecht, Abfallrecht, Gewässerschutzrecht) und das Öffentliche Wirtschaftsrecht (u. a. Gewerberecht, Subventions- und Beihilfenrecht, Ver- gaberecht).[1]

Um dieser Unübersichtlichkeit Herr zu werden, hat sich – abstrahiert von seinen besonderen Gegenständen – ein allgemeiner Teil des Verwaltungsrechts heraus- gebildet. Darin werden die Rechtsprinzipien und -institute behandelt, die fach- gebietsübergreifend Geltung beanspruchen (s. dazu Rn. 15 ff.).[2]

3   Den allgemeinen Grundsätzen, die in der Bearbeitung von Prüfungsarbeiten im Verwaltungsrecht zu beachten sind, kommt deshalb zentrale Bedeutung zu. Ihnen widmet sich dieser Abschnitt. Ziel ist es, **jene methodischen Fähigkeiten** und **jenes Wissen um Grundstrukturen** zu vermitteln, die **für die Bearbeitung aller verwaltungsrechtlichen Prüfungsaufgaben**, unabhängig vom konkreten (Teil-)Rechtsgebiet, erforderlich sind.

4   Eingangs werden die grundsätzliche Bedeutung und Funktion der gericht- lichen Kontrolle von Verwaltungsentscheidungen dargestellt (I.). Dies geschieht in aller Kürze. Das sollte jedoch nicht darüber hinwegtäuschen, dass diese Er- wägungen zur juristischen Allgemeinbildung gehören und auch immer wieder zur Lösung konkreter verwaltungsrechtlicher Rechtsprobleme herangezogen werden, etwa in der Frage, ob eine *reformatio in peius* im Widerspruchsverfahren (dazu § 2 Rn. 347) zulässig ist.

5   Die Struktur verwaltungsrechtlicher Prüfungsfragen zeichnet sich dadurch aus, dass die materiellen (inhaltlichen) Fragestellungen oftmals durch prozes- suale (Verfahrens-) Fragen ergänzt werden. Meist stellen sich die materiellen Fragen sogar nur *innerhalb* der prozessualen Fragen (weswegen man auch von prozessualer „Einkleidung" spricht).[3] Dies stellt im universitären Studium und in der ersten juristischen Prüfung eine Besonderheit des Verwaltungsrechts gegen- über dem Zivil- und Strafrecht dar (II.).

6   Verwaltungsrechtliches **Wissen** ist eine **notwendige, aber keine hinrei- chende Bedingung** für die erfolgreiche Bearbeitung einer Klausur oder Hausar- beit. Dieses Wissen muss auch methodisch vertretbar in korrektem juristischem Sprachstil zur Beantwortung der Fallfrage eingesetzt werden (III.). Hierbei geht es

---

1 Zu den in der Ausbildung gängigsten Materien des Verwaltungsrechts, s. etwa Schoch, Be- sonderes Verwaltungsrecht, 2018.
2 Schmidt-Aßmann, in: Schoch, Besonderes Verwaltungsrecht, 2018, Einleitung Rn. 2.
3 Vgl. Hufen, Verwaltungsprozessrecht, 11. Aufl. 2019, § 1 Rn. 3.

auch, aber nicht einmal primär, um Fachbegriffe und korrekte Zeichensetzung. Der juristische Sprachstil ist vor allem Denkstil, der eng mit dem Inhalt verflochten ist, insbesondere über die Frage der Schwerpunktsetzung. Juristisch zu denken und seine Gedanken entsprechend darstellen zu können, ist eine Fähigkeit, der nicht nur in Prüfungsarbeiten, sondern allgemein im juristischen Arbeiten wesentliche Bedeutung zukommt.

I. Bedeutung und Funktion verwaltungsgerichtlicher Kontrolle

Die Kontrolle von Verwaltungsentscheidungen durch unabhängige Gerichte ist 7 ein unverzichtbarer Teil des Rechtsstaatsprinzips aus Art. 20 III GG.[4] Die Verwaltungsgerichtsbarkeit übt diese Kontrolle über die Tätigkeit der Verwaltung aus, indem sie deren Handeln am Maßstab des Öffentlichen Rechts misst. Sie gibt dem Bürger die Möglichkeit, die Beachtung seiner Rechte durch die Verwaltung zu erzwingen, und stellt dadurch auch allgemein sicher, dass die Verwaltung im Rahmen ihrer gesetzlichen Befugnisse handelt.[5]

Das Verwaltungsprozessrecht dient nach heutigem Verständnis in erster Linie 8 der Umsetzung von **Art. 19 IV 1 GG:** Gegen jede Handlung der öffentlichen Gewalt, die eine Person in ihren Rechten verletzt, muss **effektiver Rechtsschutz** zur Verfügung stehen.[6] Dieser ist von unabhängigen (Art. 92, 97 GG), gesetzlich vorbestimmten (Art. 101 GG) Richterinnen und Richtern zu gewährleisten, die dem Betroffenen rechtliches Gehör schenken (Art. 103 GG).[7] Eine Befangenheit der Richter kann gem. § 54 VwGO gerügt werden.

Hausarbeitswissen: Die in § 1 VwGO verbürgte, unabhängige Verwaltungsgerichtsbarkeit ist eine 9 *historische Errungenschaft. Noch im 18. und 19 Jahrhundert war die rechtsförmige Kontrolle von Verwaltungsentscheidungen vielfach weisungsabhängigen Beamten der Verwaltung selbst zugewiesen (sog. Administrativjustiz).[8] Ein Gesetz des Landes Baden aus dem Jahr 1863 schuf das erste „echte", weil von der Verwaltung institutionell und personell getrennte Verwaltungsgericht der Neuzeit, den Verwaltungsgerichtshof Baden; weitere Länder folgten dem Beispiel.[9] Die Zeit des Nationalsozialismus war durch einen Abbau bestehender verwaltungsgerichtlicher Strukturen und deren Bedeutungsverlust gekennzeichnet; die Geheime Staatspolizei war gänzlich von verwal-*

---

4 Schmidt-Aßmann, Der Rechtsstaat, in: Isensee/Kirchhof, Handbuch des Staatsrechts, Band II, 3. Aufl. 2004, § 26 Rn. 70 – 74.

5 S. hierzu: Krebs, Kontrolle in staatlichen Entscheidungsprozessen, 1984, S. 53.

6 S. hierzu: Hufen, Verwaltungsprozessrecht, 11. Aufl. 2019, § 1 Rn. 18 – 21.

7 Für einen kurzen Überblick s.: Decker, in: Wollf/Decker, VwGO/VwVfG, 3. Aufl. 2012, Vor §§ 15 – 18.

8 S. zur historischen Entwicklung: Kronisch, in: Sodan/Ziekow, VwGO, 5. Aufl. 2018, § 1 Rn. 2 – 8.

9 Hufen, Verwaltungsprozessrecht, 11. Aufl. 2019, § 2 Rn. 9.

Björnstjern Baade

tungsgerichtlicher Kontrolle freigestellt.[10] Erste Ansätze einer Verwaltungsgerichtsbarkeit in der DDR auf Länderebene wurden zusammen mit den Ländern 1952 beseitigt.[11]

10 Daraus dass die Hauptfunktion des Verwaltungsrechtsschutzes im **Individual-rechtsschutz** liegt, folgt, dass man die Verwaltungsgerichte im Grundsatz nur zur Durchsetzung *eigener* subjektiver Rechte in Anspruch nehmen kann. Eine Popularklage (*actio popularis*) im Interesse der Allgemeinheit ist grundsätzlich ausgeschlossen. Dieser individualrechtsschützende Charakter des Verwaltungsrechts schlägt sich in besonderen Zulässigkeitsvoraussetzungen aller Klage- und Verfahrensarten nieder, z. B. in der Klagebefugnis nach § 42 II VwGO und dem Feststellungsinteresse des § 43 I VwGO.

11 *Hausarbeitswissen: Dieser allgemeine Grundsatz des Verwaltungsprozessrechts wird durch die sogenannten **Verbandsklagen** gelockert. So gibt z. B. § 64 Bundesnaturschutzgesetz anerkannten Naturschutzvereinigungen in bestimmten Fällen das Recht, vor den Verwaltungsgerichten zu klagen, auch ohne die Verletzung eigener Rechte geltend zu machen. Für das Umweltrecht haben die Verbandsklagerechte zudem nähere Ausgestaltung im Umwelt-Rechtsbehelfsgesetz (UmwRG) erfahren. Solche Verbandsklagen werden in der Regel nur geringe Prüfungsrelevanz haben (s. Rn. 18 f.; s. näher zu den Verbandsklagen § 2 Rn. 285).*

12 Ob auch das Normenkontrollverfahren nach **§ 47 VwGO** (dazu ausführlich § 7) dem Individualrechtsschutz dient, ist umstritten. Die Begründetheitsprüfung lässt sich als objektive Rechtskontrolle verstehen, deren Ergebnis nicht von einer Verletzung subjektiver Rechte abhängt. Jedenfalls in der Zulässigkeit muss aber eine Verletzung subjektiver Rechte geltend gemacht werden (s. § 7 Rn. 36) und faktisch wird mit dem Normenkontrollverfahren Individualrechtsschutz angestrebt.[12]

13 Auch wenn Verwaltungsgerichte in erster Linie subjektiven Rechten der Betroffenen zur Geltung verhelfen, geht ihre faktische Bedeutung doch hierüber hinaus. Die gerichtliche Kontrolle des Verwaltungshandelns – und schon die bloße Existenz dieser Möglichkeit – führt dazu, dass die Verwaltung sich allgemein im Rahmen der Gesetze bewegt und ggf. hierzu gezwungen werden kann.[13]

---

10 Kronisch, in: Sodan/Ziekow, VwGO, 5. Aufl. 2018, § 1 Rn. 11 f.

11 Hufen, Verwaltungsprozessrecht, 11. Aufl. 2019, § 2 Rn. 23. Umfassend zur Geschichte der Verwaltungsgerichtsbarkeit: Sommermann/Schaffarzik, Handbuch der Geschichte der Verwaltungsgerichtsbarkeit in Deutschland und Europa, Band 1–3, 2019.

12 Hufen, Verwaltungsprozessrecht, 11. Aufl. 2019, § 19 Rn. 4, § 30 Rn. 1.

13 S. §§ 170, 172 VwGO sowie ggf. über § 167 VwGO die §§ 883 ff. ZPO. Die Grenzen dieser Fähigkeit der Verwaltungsgerichte, die Exekutive zu zwingen, werden gegenwärtig (im Jahr 2019) in

Dies stellt die Gesetzmäßigkeit der Verwaltung sicher, die Art. 20 III GG gebietet, aber letztlich auch im Demokratieprinzip des Art. 20 I, II GG wurzelt. Denn die Verwaltung hat nur im Rahmen demokratischer Gesetze zu handeln (**Vorrang des Gesetzes**) und darf jedenfalls in der Eingriffsverwaltung nicht ohne Gesetz handeln (**Vorbehalt des Gesetzes**) (dazu noch näher § 2 Rn. 554 ff.).[14] Trotz der individualrechtlichen Ausrichtung des Verwaltungsprozessrechts führt die Existenz und faktisch umfassende Nutzung einer effektiven Verwaltungsgerichtsbarkeit auch zu einer **objektiven Rechtskontrolle** im Allgemeininteresse.[15]

II. Struktur verwaltungsrechtlicher Prüfungsarbeiten

Verwaltungsrechtliche Prüfungsarbeiten können viele verschiedene (Teil-) Rechtsgebiete zum Gegenstand haben (1.). Doch unabhängig vom konkreten Rechtsgebiet verlangen verwaltungsrechtliche Prüfungsarbeiten stets, dass eine Rechtsfrage beantwortet wird. Traditionell wird diese Rechtsfrage anhand eines Sachverhalts aufgeworfen (2.). Dieser Sachverhalt beschreibt ein (meist fiktives) tatsächliches Geschehen (z.B.: „Der X wird von der Polizei körperlich durchsucht."), zu dem eine oder mehrere juristische Fragen gestellt werden: die sogenannte Fallfrage (z.B.: „War die Durchsuchung rechtmäßig?") (3.). Die verbreitetste Fallfrage ist jene nach dem Erfolg eines Antrags oder einer Klage vor Gericht (4.). Zur Beantwortung dieser und anderer Fallfragen ist wiederum die Beantwortung vieler weiterer Unterfragen rechtlich erforderlich. Um diese Fragenkomplexe einfacher zu erlernen und in der Klausur oder Hausarbeit parat zu haben, haben sich in der juristischen Ausbildung sogenannte Schemata eingebürgert, die diese Rechtsfragen systematisch zusammenstellen (5.). **14**

1. Der Prüfungsgegenstand und die Prüfungsaufgabe

Das Verwaltungsrecht zeichnet sich durch eine besondere Vielfalt (oder scheinbare Unübersichtlichkeit) aus. Dem begegnet die Lehre mit der typischen juristischen Aufteilung in einen allgemeinen und einen besonderen Teil. Aus diesen Teilen setzt sich der **Prüfungsstoff** des Pflichtfachteils der ersten juristischen **15**

---

rechtsstaatlich bedenklicher Weise ausgetestet: Michl, Hund sans scho, Verfassungsblog vom 27.8.2018, https://verfassungsblog.de/hund-sans-scho/.

14 Peine/Siegel, Allgemeines Verwaltungsrecht, 12. Aufl. 2018, Rn. 181–184.

15 Vgl. Krebs, Kontrolle in staatlichen Entscheidungsprozessen, 1984, S. 59 f.

Prüfung zusammen, der landesrechtlich unterschiedlich geregelt, in weiten Teilen aber deckungsgleich ist.[16]

16　　Das **allgemeine Verwaltungsrecht** umfasst die Grundstrukturen des Verwaltungshandelns (u. a. Wissen um Handlungsformen und Rechtmäßigkeitsmaßstäbe).[17] Das **allgemeine Verwaltungsprozessrecht** beinhaltet die Grundlagen der Rechtsbehelfe, die zur Verfügung stehen, um öffentlich-rechtliche Rechtspositionen zu schützen (den Widerspruch bei Behörden sowie Klagen und Anträge vor den Verwaltungsgerichten).[18] Grundwissen um das Recht der öffentlichen Ersatzleistungen, also das **Staatshaftungsrecht** (s. § 11), und **europarechtliche Bezüge** gehören ebenso zum Pflichtfachstoff.

---

16 S. für **Berlin:** § 3 Abs. 4 Nr. 3 lit. b und c sowie Abs. 5 der Ausbildungs- und Prüfungsordnung für Juristinnen und Juristen im Land Berlin vom 4. August 2003 (JAO Bln), GVBl. 2003, 298; für **Nordrhein-Westfalen:** § 11 II Nr. 12 – 14 Gesetz über die juristischen Prüfungen und den juristischen Vorbereitungsdienst (JAG NRW); für **Niedersachsen:** § 16 III Nr. 2 – 4 Verordnung zum Niedersächsischen Gesetz zur Ausbildung der Juristinnen und Juristen vom 2. November 1993 (NJAVO), Nds. GVBl. 1993, 561; für **Sachsen:** § 14 III Nr. 5 lit. b und c, Nr. 6 Ausbildungs- und Prüfungsordnung für Juristen des Freistaates Sachsen (SächsJAPO); für **Hamburg:** § 1 III Nr. 2 – 4 Verordnung über die Prüfungsgegenstände der staatlichen Pflichtfachprüfung im Rahmen der ersten Prüfung vom 23. Dezember 2003 (PrüfVO HH); für **Sachsen-Anhalt:** § 14 II Nr. 5 lit. b Ausbildungs- und Prüfungsverordnung für Juristen vom 2. Oktober 2003 (JAPrVO LSA), GVBl. LSA 2003, 245; für **Baden-Württemberg:** § 8 II Nr. 9 und 10 Verordnung des Justizministeriums über die Ausbildung und Prüfung der Juristen vom 8. Oktober 2002 (JAPrO BW), GBl. 2002, 391; für **Hessen:** § 7 S. 1 Nr. 4 lit. d – f Gesetz über die juristische Ausbildung vom 01. 04. 2004 (JAG Hess), GVBl. I 2004 S. 158; für **Bayern:** § 18 II Nr. 5 lit. b und c Ausbildungs- und Prüfungsordnung für Juristen vom 13. Oktober 2003 (JAPO Bay), GVBl. Bay 2003, S. 758; für **Brandenburg:** § 3 IV Nr. 3 lit. b und c Ausbildungs- und Prüfungsordnung für Juristen im Land Brandenburg vom 6. August 2003 (BbgJAO), GVBl.II/03, [Nr. 20], S. 438; für **Bremen:** § 5 I Nr. 3 lit. b und c Bremisches Gesetz über die Juristenausbildung und die erste juristische Prüfung (JAPG Brem); für das **Saarland:** § 8 II Nr. 5 lit. c und d Gesetz Nr. 1228 über die juristische Ausbildung vom 6. Juli 1988 (JAG Saar) i. d. F. der Bekanntmachung vom 12. Juni 2015, Amtsbl. I S. 402; für **Schleswig-Holstein:** § 3 V Nr. 3 – 5 Landesverordnung über die Ausbildung der Juristinnen und Juristen vom 15. Februar 2015 (JAVO SH), GS Schl.-H. II, Gl. Nr. 301 – 11 – 4; § 11 II Nr. 3 lit. b, c und e; für **Mecklenburg-Vorpommern:** Verordnung zur Ausführung des Juristenausbildungsgesetzes vom 16. Juni 2004 (JAPO M-V), GVOBl. M-V 2004, S. 281; für **Thüringen:** § 14 II Nr. 4 lit. b und c Thüringer Juristenausbildungs- und -prüfungsordnung vom 24. Februar 2004 (ThürJAPO), GVBl. 2004, 217; für **Rheinland-Pfalz:** Anlage I (C.) Juristische Ausbildungs- und Prüfungsordnung vom 23. Juli 2010 (JAPO RP), GVBl. 2010, S 249 ff.

17 Besondere Verwaltungsverfahren, wie das Planfeststellungsverfahren, sind allerdings stets ausgenommen.

18 Eine Besonderheit ist, dass Bayern das Widerspruchsverfahren vom Prüfungsstoff ausnimmt: § 18 II Nr. 5 lit. b JAPO Bay.

Björnstjern Baade

Examenswissen: Üblicherweise nicht vertieft werden **die formlosen Rechtsbehelfe.** Vom **17** **Petitionsrecht** aus Art. 17 GG, mit dem man sich insbesondere an Parlamente wenden kann, der **Gegenvorstellung**, mit der man formlos um eine andere Entscheidung bitten kann, sowie der **Aufsichts- und Dienstaufsichtsbeschwerde**, mit denen man sich an die nächsthöhere Behörde bzw. den Vorgesetzten eines Amtswalters wenden kann, sollte man aber zumindest einmal gehört haben.[19] Allgemein heißt es wohlgemerkt, diese Rechtsbehelfe seien nicht nur formlos und fristlos, sondern auch (oft) fruchtlos.

Folgende Materien des **besonderen Verwaltungsrechts** sind in allen Ländern **18** Pflichtfachstoff: das Polizei- und Ordnungsrecht (inklusive des Versammlungsrechts), das Baurecht und das Kommunalrecht. Manche Bundesländer verlangen zusätzlich Grundzüge im öffentlichen Wirtschafts- und Umweltrecht[20] sowie im Straßenrecht.[21] Die genaue Schwerpunktsetzung (Grundkenntnisse / vertiefte Kenntnisse) und weitere Eingrenzungen können in Details variieren.[22]

Darüber hinaus können aber auch **Rechtsgebiete** zum Gegenstand einer **19** Prüfung gemacht werden, **die nicht zu diesem Pflichtfachstoff gehören.** Möglicher Prüfungsgegenstand kann im Prinzip das gesamte Verwaltungsrecht der Bundesrepublik Deutschland und ihrer Länder sein. Dann ist jedoch in einer Klausur kein Wissen um dieses besondere Rechtsgebiet (zur Rechtsprechung und Lehre) vorausgesetzt, sondern (nur) die Anwendung allgemeiner verwaltungsrechtlicher Kenntnisse und Fähigkeiten gefordert.[23] In einer Hausarbeit müsste man sich das besondere Wissen erarbeiten.

Dieser Prüfungsstoff wird in aller Regel nicht abstrakt abgeprüft. Prüfungs- **20** aufgabe ist fast durchgängig die Erstellung eines Rechtsgutachtens zu einem konkreten Lebenssachverhalt. Die erfolgreiche Erstellung eines solchen verwaltungsrechtlichen Gutachtens erfordert **verwaltungsrechtliches Wissen** *und* die **Anwendung allgemeiner juristischer Fähigkeiten.** Das zweifellos erforderliche Fachwissen kann nur dann zu einer erfolgreichen Bearbeitung führen, wenn die

---

19 Hufen, Verwaltungsprozessrecht, 11. Aufl. 2019, § 1 Rn. 45.

20 § 1 III Nr. 3 PrüfVO HH; § 5 I Nr. 3 lit. c JAPG Brem; § 8 II Nr. 5 lit. d JAG Saar; § 3 V Nr. 4 lit. c JAVO SH.

21 § 14 II Nr. 4 lit. c ThürJAPO.

22 Wobei der Wert dieser Konkretisierung, auch in der prüfungsrechtlichen Spruchpraxis, wohl insgesamt unbefriedigend ist: Brockmann/Schmidt, ZDRW 2017, 83.

23 § 3 III JAO Bln; § 16 IV NJAVO; § 11 I JAG NRW; § 14 V SächsJAPO; § 2 II PrüfVO HH; § 13 II JAPrVO LSA; § 8 V JAPrO BW; § 18 I 2 JAPO Bay; § 3 III BbgJAO; § 5 II 2 JAPG Brem; § 8 I 2 JAG Saar; § 3 I 2 JAVO SH; § 14 I 2 ThürJAPO, § 11 V JAPO M-V; § 1 I 2 JAPO RP. Allein Hessen scheint eine solche Klausel zu fehlen. Allerdings ist die Prüfung unbekannter Normen letztlich eine Prüfung des Verständnisses des allgemeinen Verwaltungs- und Verwaltungsprozessrechts, welches zum Pflichtfachstoff gehört.

Björnstjern Baade

methodischen Fähigkeiten hierfür vorhanden sind.[24] Der allgemeinen juristischen Methodik des Rechtsgutachtens wird im Folgenden daher besondere Aufmerksamkeit gewidmet. Denn auch wenn es sich vielfach um allgemeine juristische Fähigkeiten handelt, finden diese im Verwaltungsrecht teilweise eine besondere Ausprägung.

21 Das Verfassen eines Rechtsgutachtens, nur mit Sachverhalt und Gesetz ausgestattet, ist eine äußerst komplexe Tätigkeit, die auch, aber bei Weitem nicht nur, eine Wissenswiedergabe darstellt. In ganz erheblichem Umfang sind Transferleistungen und normative Bewertungen gefordert. Das Wissen und die Fähigkeiten, die es hierzu im Laufe des juristischen Studiums zu erlernen gilt, lassen sich nicht durch das einmalige Lesen eines auch noch so hilfreichen Lehrbuchs aneignen.[25] Auch das Nachvollziehen der Musterlösung eines Falls (in entsprechenden Falllösungssammlungen,[26] Vorlesungen oder in Kleingruppenkursen) ist – so sinnvoll es ist – für sich genommen unzureichend. Es macht einen erheblichen qualitativen Unterschied, ob man eine fertige Lösung versteht oder selbst eine Lösung erstellt. **Wer eine Fähigkeit erlernen will, muss diese selbst üben** – und nicht nur darüber lesen, wie jemand anderes sie anwendet. Niemand würde auf die Idee kommen, nur aus einem Buch das Fußballspielen zu lernen. Von angebotenen Übungsmöglichkeiten, insbesondere Probeklausuren, sollte entsprechend umfassend Gebrauch gemacht werden. In Studiengruppen oder allein lassen sich ggf. weitere Übungsmöglichkeiten schaffen.[27] Jeder Fehler, der in einer Übungssituation geschieht und anschließend reflektiert und korrigiert wird, wird im „Ernstfall" wahrscheinlich nicht gemacht.

22 Examenswissen: Die Lösung einer Prüfungsaufgabe weist – richtig verstanden – große Schnittmengen mit der Lösung eines realen Falls auf, also z.B. der realen Entscheidungsfindung eines Verwaltungsgerichts. Es bestehen aber natürlich ebenso viele **Unterschiede zur Praxis**, die dem Charakter einer Prüfungsarbeit geschuldet sind. Im Folgenden wird angesichts der Zielsetzung eines Lehrbuchs, das auf Klausuren und Hausarbeiten vorbereiten soll, schwerpunktmäßig die Bearbeitung von Prüfungsarbeiten behandelt. Auch auf die sogenannte Klausurtaktik (Erwä-

---

24 Teubner, Die Examens- und Übungsklausur im Bürgerlichen Recht, Strafrecht und Öffentlichen Recht, einschließlich der Verfahrensrechte, 4. Aufl. 1995, S. V – IX.

25 Vgl. Peine, Klausurenkurs im Verwaltungsrecht, 6. Aufl. 2016, Rn. 8.

26 Z.B. frei online verfügbar: Eisentraut, Fälle zum Verwaltungsrecht, 2020; www.hauptstadtfälle.de/; www.saarheim.de; aber auch gedruckt: Ebenfalls Eisentraut, Fälle zum Verwaltungsrecht, 2020; sowie Peine, Klausurenkurs im Verwaltungsrecht, 6. Aufl. 2016; Heyen u.a., 40 Klausuren aus dem Verwaltungsrecht, 11. Aufl. 2017.

27 S. zur Selbstorganisation: Deppner u.a., Examen ohne Repetitor, 4. Aufl. 2017. Eine große Zahl an Klausuren verschiedener Schwierigkeitsgrade samt Lösungen lässt sich über den **Klausurfinder** der Ausbildungszeitschrift JuS erreichen: https://rsw.beck.de/zeitschriften/jus/klausurfinder. Die (kostenpflichtige) Zeitschrift müsste an allen Fakultäten vorhanden sein.

Björnstjern Baade

gungen, die ausschließlich auf den kurzfristigen Erfolg in der zu bewältigenden Prüfungsaufgabe gerichtet sind) wird eingegangen werden. Wann und warum Unterschiede zwischen Prüfung und Praxis bestehen, wird an den entsprechenden Stellen erläutert.

2. Der Sachverhalt

Bis zur ersten juristischen Prüfung wird in der Prüfungspraxis ein fester **23** **Lebenssachverhalt** vorgegeben, der rechtlich zu beurteilen ist. Eine Würdigung von Beweismitteln ist (in aller Regel) erst in der zweiten juristischen Staatsprüfung gefordert. Dies vereinfacht die Aufgabe zunächst, zieht aber auch Probleme eigener Art nach sich. Denn das Lesen des Sachverhalts einer Prüfungsarbeit folgt gewissen Konventionen.[28]

Examenswissen: Es bietet sich an, Stellen im Sachverhalt, die man für rechtlich relevant erachtet, **24** beim Lesen zu kennzeichnen. Es kann auch stärker ausdifferenziert werden, indem verschiedene Farben oder Zeichen verwendet werden. Insbesondere tatsächliche Vorgänge und Rechtsbehauptungen der Beteiligten sind zu unterscheiden. Wenn mehrere Datumsangaben oder eine Reihe von Handlungen relevant sind, kann es auch sinnvoll sein, einen Zeitstrahl anzulegen, um einen Überblick zu erlangen. Letztlich kommt es aber darauf an, eine Arbeitsweise zu finden, mit der man den Sachverhalt persönlich am besten auswerten kann.[29]

Alles, was der „**allwissende Erzähler**" des Sachverhalts im Indikativ äußert, ist **25** als zutreffend zu unterstellen und ist **nicht zu hinterfragen.** Dies gilt sowohl für tatsächliche als auch für rechtliche Aspekte:

> Beispiel: „X kam gerade von einem Jogging-Ausflug." / „X wusste nicht, dass dies verboten war." / „Am 3.5.2019 erließ das zuständige Forstamt folgenden Bescheid."

Im letzteren Beispiel ist im Gutachten entsprechend nur ein Satz zur Zuständigkeit der Behörde angezeigt, der z.B. wie folgt lauten kann: „Den Bescheid erließ das zuständige Forstamt." Dieser Hinweis könnte auch im Bearbeitervermerk stehen. Die Zuständigkeit der Behörde ist dann nicht selbst zu prüfen, sondern zu unterstellen (s. z.B. Fall 1 und Fall 2 in: Eisentraut, Fälle zum Verwaltungsrecht, 2020, § 2 Rn. 20 und Rn. 65).

---

28 S. hierzu: Bringewat, Methodik juristischer Fallbearbeitung, 3. Aufl. 2017, Rn. 74–106.
29 Für einen Vorschlag s.: Pense/Lüdde, Methodik der Fallbearbeitung im Studium und Examen, 3. Aufl. 2018, S. 8–11.

26 Examenswissen: Ob im Gutachten explizite **Verweise auf den Sachverhalt oder Bearbeiter-vermerk** sinnvoll sind, ist umstritten.[30] Streng genommen sind sie nicht notwendig. Korrektoren haben den Sachverhalt und den Bearbeitervermerk gelesen und es gibt nur den Sachverhalt, aus dem die Tatsachen stammen können. Auch wer derartige Verweise für überflüssig hält, wird sie aber nicht als falsch bewerten. Jedenfalls dann, wenn der Sachverhalt bestimmte rechtliche As-pekte „fingiert" (wie im vorigen Absatz die Zuständigkeit der Behörde) macht der Verweis Sinn. In diesem Fall gibt man zu verstehen, dass man den Punkt bewusst nur deshalb nicht weiter vertieft, z. B.: „Den Bescheid erließ laut Sachverhalt das zuständige Forstamt." Auf keinen Fall darf der Punkt vollständig weggelassen werden. Man muss weiter zeigen, dass der Prüfungsaufbau be-herrscht wird.

27 Von Feststellungen des allwissenden Erzählers zu unterscheiden sind alle Aus-sagen, rechtlicher und tatsächlicher Art, die **Charaktere und Institutionen im Sachverhalt** äußern. Dies geschieht oft im Konjunktiv, aber auch in direkter Rede. Den Beteiligten werden so regelmäßig Aspekte des Sachverhalts oder Argumente in den Mund gelegt, die es zu verwerten gilt. Zweck hiervon ist es, die Bearbeiter zu einer bestimmten Schwerpunktsetzung anzuhalten (s. hierzu Rn. 123 ff.). Es handelt sich letztlich um **Hinweise** darauf, **wo** die **Probleme** der Prüfungsauf-gabe **zu suchen sind.** Solche Aussagen können und **müssen hinterfragt wer-den:**

> *Beispiel: „X ist der Auffassung, es sei völlig unklar, was der Bescheid von ihm verlange." (Verwaltungsakt bestimmt genug, § 37 I VwVfG? S. zu dieser Frage § 2 Rn. 706) / „Das Be-zirksamt lehnt die Erteilung einer Gaststättenerlaubnis ab. X sei unzuverlässig. Immerhin trinke er jedes Wochenende." (Ist X „dem Trunke ergeben", § 4 I 1 Nr. 1 GastG?)*

Examenswissen: Wenn die (Tatsachen-) Behauptung eines Charakters vom allwissenden Erzäh-ler mit einem Einschub wie „– was zutrifft –" kommentiert wird, ist diese Tatsache natürlich ebenfalls als zutreffend zu unterstellen.[31] Anderes mag dann aber für die rechtliche Bewertung dieser Tatsache gelten.

28 Wird die Aussage eines Charakters oder einer Institution im Sachverhalt in **direkter Rede** (wörtlich) wiedergegeben, ist die Wahrscheinlichkeit hoch, dass die gewählte Formulierung **auszulegen** ist oder anderweitig rechtliche Relevanz hat. Wenn eine Rechtsbehelfsbelehrung im Wortlaut abgedruckt wird, ist aller Wahrscheinlichkeit nach zu prüfen, ob diese vollständig und richtig ist (§ 58 II VwGO, s. § 2 Rn. 368 f.). Insbesondere Aussagen juristischer Laien im Sachverhalt sind oft juristisch einzuordnen bzw. richtigzustellen, auch und gerade dann, wenn Fachbegriffe falsch verwandt werden:

---

30 Kategorisch dagegen etwa: Schimmel, Juristische Klausuren und Hausarbeiten richtig for-mulieren, 13. Aufl. 2018, Rn. 384.
31 Reimer, ZJS 2012, 623 (624).

Björnstjern Baade

Beispiel: „X erhebt Klage und beantragt, ... die Abrissverfügung ‚zurückzunehmen' / ... den Abriss zu ‚stoppen'." (Jeweils Auslegung des klägerischen Begehrens erforderlich, § 88 VwGO: Anfechtungsklage/vorläufiger Rechtsschutz? S. Rn. 225 ff.)

Man muss sich darüber im Klaren sein, dass es sich um eine Prüfungsarbeit und 29 nicht einen realen Sachverhalt handelt – auch dann, wenn ein realer Fall Vorbild ist.[32] **Zweck der Bearbeitung einer Prüfungsaufgabe** ist *nicht* die Entscheidung eines realen Falls. Natürlich soll geprüft werden, ob man die notwendigen Fähigkeiten erlernt hat, um reale Fälle juristisch beurteilen zu können. Es soll abgeprüft werden, inwiefern Methodik beherrscht wird und Fachwissen vorhanden ist. Aus dem Format der Prüfung folgen aber Besonderheiten, die man sich bewusst machen sollte.

Alle Sachverhaltsangaben, die juristisch relevant sind, sind auch zu **ver-** 30 **werten**.[33] Zwar kommen auch in Prüfungssachverhalten durchaus Angaben vor, die nur „**Kolorit**" ohne juristische Bedeutung sind (z. B.: „Die X stellt ihr Motorrad – *eine Suzuki Hayabusa 1300* – direkt vor dem Halteverbotsschild ab.").[34] Solche Ausschmückungen werden jedoch – anders als ggf. bei einem realen Mandantengespräch – die Ausnahme sein. Der Sachverhalt ist dazu entworfen, eine juristische Prüfungsaufgabe zu sein. Es ist also davon auszugehen, dass alle Angaben im Sachverhalt an irgendeiner Stelle des Gutachtens eine Bedeutung haben. Dies gilt z. B. für Datumsangaben, bei denen stets an Fristen zu denken ist (s. § 2 Rn. 361).

Examenswissen: Wenn im Sachverhalt **mehrere ähnliche, aber nicht identische Handlungen** 31 dargestellt sind, wird dieser Unterschied in einer Klausur oftmals ein rechtlich relevanter sein. Anders als ggf. in der Realität sollte hier nicht ohne weiteres von einem zufälligen und bedeutungslosen Unterschied ausgegangen werden. Diesen Unterschied und seine rechtliche Relevanz zu erkennen kann wesentlicher Teil der Prüfungsaufgabe sein. Gleiches gilt, wenn **mehrere Personen** sich gegen ähnliche oder gleiche Maßnahmen wehren:

Beispiel: „Der Polizeibeamte durchsucht, ohne vorige Aufforderung, den Rucksack des X. Sodann verkündet er dem X, dass er nun seine Kleidung durchsuchen werde und er dies zu dulden habe." (Realakt/Verwaltungsakt? Andere Rechtsgrundlage? S. § 2 Rn. 71) / X erhebt Klage gegen die Sicherstellung seines Rucksacks. Sein guter Freund Y, der bei der Durchsuchung dabei war, ist empört und erhebt ebenfalls Klage gegen die Sicherstellung des Rucksacks des X. (Klagebefugnis? S. § 2 Rn. 281 ff.)

---

32 Bringewat, Methodik juristischer Fallbearbeitung, 3. Aufl. 2017, Rn. 54.
33 Valerius, Einführung in den Gutachtenstil, 4. Aufl. 2017, S. 40.
34 Reimer, ZJS 2012, 623 (624).

32 Der Sachverhalt ist so hinzunehmen, wie er vorgegeben wird. Es ist nichts hinzuzudichten, etwa um eine bestimmte Argumentation zu ermöglichen (sog. „Sachverhaltsquetsche"). Man darf nicht in Versuchung kommen, den Sachverhalt zu einem Fall, der einem zufällig bekannt ist, oder in Richtung eines bestimmten Ergebnisses „hinzubiegen". Einzig erlaubt ist die sog. **„lebensnahe Auslegung"**. Hiermit sind Tatsachen gemeint, die zwar nicht ausdrücklich im Sachverhalt angegeben sind, sich aber doch (fast) zwingend aus den expliziten Angaben ergeben.[35]

33 Examenswissen: Die Grenze ist wohlgemerkt fließend. Bei Sachverhaltsauslegungen, die sich nicht zwingend logisch ergeben, ist tendenziell Zurückhaltung angezeigt. Was nicht im Sachverhalt angegeben ist, ist im Zweifel nicht passiert. Dies gilt vor allem für zentrale Punkte, welche die **materielle Beurteilung** des Falls betreffen. Wenn etwa die gaststättenrechtliche Zuverlässigkeit einer Person zu prüfen ist (§ 4 GastG), wäre es falsch, ihr Straftaten zu unterstellen, von denen im Sachverhalt nichts steht.

Allein bei **formalen Voraussetzungen**, in der Zulässigkeit und bei behördlichen Verfahrensschritten, wird hiervon eher eine Ausnahme gemacht. Wenn hierzu im Sachverhalt nichts weiter angegeben ist, ist z.B. davon auszugehen, dass Frist- und Formerfordernisse eingehalten wurden oder noch eingehalten werden können.[36] Wenn besondere Hinweise fehlen, wird eher von einer Anhörung (§ 28 VwVfG) und Begründung des Verwaltungsakts (§ 39 VwVfG) auszugehen sein.[37] Wenn X am frühen Abend vor seinem Wohnhaus von einem Sondereinsatzkommando in Gewahrsam genommen wird, darf auch dann davon ausgegangen werden, dass dies Nachbarn wahrgenommen haben (und daher ein Rehabilitationsinteresse besteht, § 113 I 4 VwGO), wenn hierzu ausdrücklich nichts im Sachverhalt steht. Dies gilt aber keinesfalls für ein **Vorverfahren** (§ 68 VwGO).[38] Dieses ist so zentral und wesentlich für den Rechtsschutz, dass es nicht unterstellt werden kann. In einer anwaltlichen Klausur (s. näher Rn. 37) wäre entsprechend die Erhebung eines Widerspruchs zu prüfen – nicht eine Anfechtungsklage, in der die erfolglose Durchführung des Widerspruchsverfahrens unterstellt wird.

3. Die Fallfrage

34 In Klausuren und Hausarbeiten, die eine Falllösung verlangen, wird die zu beantwortende (Haupt-) Rechtsfrage in einer sogenannten Fallfrage formuliert.[39]

---

35 Hildebrandt, Juristischer Gutachtenstil, 2017, S. 96.

36 Schwerdtfeger/Schwerdtfeger, Öffentliches Recht in der Fallbearbeitung, 15. Aufl. 2018, Rn. 814.

37 Ebenso, aber mit Hinweis auf eine unterschiedliche Handhabung: Reimer, ZJS 2012, 623 (624).

38 Schwerdtfeger/Schwerdtfeger, Öffentliches Recht in der Fallbearbeitung, 15. Aufl. 2018, Rn. 776.

39 Lagodny, Juristisches Begründen, 2013, S. 68 f. **Abstrakte Wissens- oder Essayfragen** sind die absolute Ausnahme. Sie können in den ersten Semestern, im Schwerpunktbereich oder ergänzend zu einer Falllösung gefordert sein. Die Erstellung einer **thematischen Hausarbeit** unterscheidet sich ebenfalls erheblich von einer Falllösung. Solche Hausarbeiten sind im juristi-

Diese Fallfrage steht üblicherweise am Ende des Sachverhalts, aber vor dem (meist ausdrücklich so bezeichneten) Bearbeitervermerk. Mit der Fallfrage beabsichtigt die Klausurstellerin, bestimmtes Wissen und bestimmte Fähigkeiten abzuprüfen. In Fallbearbeitungsklausuren und -hausarbeiten ist dieses Wissen jedoch nicht abstrakt darzustellen, sondern praktisch auf den geschilderten Lebenssachverhalt anzuwenden.[40] Der **erste Satz** der Klausur oder Hausarbeit **greift _immer_** die **Fallfrage** aus dem Sachverhalt **auf.** Zu beantworten ist immer (und nur!) die Frage, die auch tatsächlich gestellt wurde. Dies ist banal – wird aber im Eifer der Klausursituation gern nicht beachtet.[41]

Fallfragen existieren in unterschiedlichen Formen. Es kann nur nach der 35 Rechtmäßigkeit einer bestimmten behördlichen Maßnahme gefragt sein („War die Abrissverfügung rechtmäßig?"). Üblicher sind im Verwaltungsrecht – im Gegensatz zum Zivil- und Strafrecht – jedoch Fallfragen, die solche materiellen Rechtsfragen („War das Verwaltungshandeln rechtmäßig?") prozessual „einkleiden".[42] Meist wird nach dem „**Erfolg**" bzw. (ohne Unterschied in der Sache) nach den „**Erfolgsaussichten**" **eines Rechtsbehelfs** gefragt.[43] Dies kann ein Verfahren vor dem Verwaltungsgericht, aber auch ein Widerspruch im behördlichen Verwaltungsverfahren sein. Mit dem „Erfolg" ist stets eine für den Antragsteller, die Klägerin oder den Widerspruchsführer positive Entscheidung gemeint, die dann zu erwarten ist, wenn Antrag, Klage oder Widerspruch zulässig und begründet sind.

Examenswissen: Wenn nicht nach dem Erfolg, sondern nach der „**Entscheidung**" eines Gerichts 36 bzw. einer Behörde gefragt ist, bietet es sich an (und wird gegebenenfalls erwartet), diese Entscheidung abschließend auch kurz und richtig zu formulieren, z. B.: „Die Klage/der Antrag/der Widerspruch ist zulässig und begründet. Das Verwaltungsgericht/die Behörde wird ihr/ihm

---

schen Studium die Ausnahme. Die Studienabschlussarbeiten, die in die universitäre Examensnote einfließen, machen diese Ausnahme wohlgemerkt zu einer wichtigen. S. zu den Anforderungen: Lahnsteiner, JURA 2011, 580; Schimmel/Basak/Reiß, Juristische Themenarbeiten, 3. Aufl. 2017.
40 S. näher zur Fallfrage: Bringewat, Methodik juristischer Fallbearbeitung, 3. Aufl. 2017, Rn. 40–73.
41 Bringewat, Methodik juristischer Fallbearbeitung, 3. Aufl. 2017, Rn. 40–48.
42 Bringewat, Methodik juristischer Fallbearbeitung, 3. Aufl. 2017, Rn. 579.
43 Der Hinweis, dass eine zulässige und begründete Klage nicht „Aussicht" auf Erfolg hat, sondern Erfolg, ist formal richtig, s. etwa: Hildebrandt, Juristischer Gutachtenstil, 2017, S. 118. Dennoch findet sich die Formulierung auch in Fallfragen und ist sicherlich nicht als falsch zu bewerten. Gerade bei anwaltlichen Fragestellungen drängt sich dies auf, da das Gericht dem angefertigten Gutachten nicht folgen muss.

stattgeben." Oder: „Die Klage ist zulässig, aber unbegründet. Das Verwaltungsgericht wird sie *abweisen.*" Anträge werden *abgelehnt*, Widersprüche *zurückgewiesen.*[44]

37   Neben Fallfragen, die direkt nach einer behördlichen oder gerichtlichen Entscheidung fragen, kommen (auch schon in der ersten juristischen Prüfung) **anwaltliche Fragestellungen** vor.[45] Diese verlangen es, sich in die Situation einer anwaltlichen Beratung zu versetzen („X kommt am 1.2.2019 zu Ihnen ins Büro und bittet um Rat. Er möchte wissen, ob er gegen die Versagung der Gaststättenerlaubnis vorgehen soll."). Auch hier wird in aller Regel nach den Erfolgsaussichten eines Rechtsbehelfs oder der Rechtmäßigkeit einer behördlichen Maßnahme gefragt sein.[46] Denn hiervon hängt ab, was dem Mandanten zu raten wäre. Man muss aber auch hier stets von der gestellten Fallfrage ausgehen (z.B.: „X sollte gegen die Versagung der Gaststättenerlaubnis vorgehen, wenn dies erfolgversprechend ist. Das Vorgehen ist erfolgversprechend, wenn X ein zulässiger und begründeter Rechtsbehelf zur Verfügung steht.").

38   Eine Besonderheit anwaltlicher Fragestellungen ist es, dass in dieser Prüfung auch verschiedene Handlungsoptionen auszuloten sein können. Dies kann die besondere Schwierigkeit der Aufgabenstellung begründen, da hierfür nicht nur vereinzeltes Wissen, sondern systematischer Überblick erforderlich ist. Es können z.B. verschiedene Rechtsbehelfe in Frage kommen; u.U. kann neben der Klage in der Hauptsache auch vorläufiger Rechtsschutz geboten sein. Aber auch praktische und wirtschaftliche Erwägungen können anzustellen sein. Wenn der Mandant am Tag des Fristablaufs zur Anwältin kommt, bietet es sich an, die Klage per Fax zu erheben.[47] Wenn der Kläger im Sachverhalt sein primäres Rechtsschutzziel schon erreicht hat (z.B. wurde die beantragte Gaststättenerlaubnis letztlich doch erteilt), wäre an finanzielle Schäden zu denken, die diese Verzögerung verursacht hat, und an eine Fortsetzungsfeststellungsklage mit Blick auf die Geltendmachung eines Amtshaftungsanspruchs. Die Möglichkeiten sind vielfältig. Abschließend ist dem **Mandanten** ein bestimmtes **Vorgehen** zu **empfehlen**, das in seinem Interesse liegt. In aller Regel wird dem Mandanten zu raten sein, ob der gerade geprüfte Rechtsbehelf eingelegt werden sollte. Folgendes Schema bietet sich regelmäßig an:

A. Vorüberlegungen
B. Zulässigkeit
C. Begründetheit
D. Ergebnis [inkl. Rat an den Mandanten]

39   *Hausarbeitswissen: Eher in der zweiten Staatsprüfung treten in anwaltlichen Prüfungsaufgaben außerdem Erwägungen hinsichtlich der* **Kosten** *hinzu, z.B. die Rücknahme einer bereits erhobenen Klage aus Kostengründen, sollte sie unzulässig oder unbegründet sein, § 92 VwGO. War die Anwältin schon im Vorverfahren für den Mandanten tätig, kann es angezeigt sein, die Erklärung der Notwendigkeit ihrer Hinzuziehung zu beantragen, § 162 II VwGO.*

40   Unbedingt im Zusammenhang mit der Fallfrage zu lesen ist ein etwaiger „**Bearbeitervermerk**". Dieser steht meist nach dem Sachverhalt, ggf. auch erst nach Normen, die mit abgedruckt wurden. Ein Bearbeitervermerk kann die Auf-

---

44 Peine, Klausurenkurs im Verwaltungsrecht, 6. Aufl. 2016, Rn. 35.
45 S. hierzu: Bringewat, Methodik juristischer Fallbearbeitung, 3. Aufl. 2017, Rn. 64.
46 Peine, Klausurenkurs im Verwaltungsrecht, 6. Aufl. 2016, Rn. 25.
47 Was trotz des Schriftformerfordernisses des § 81 VwGO möglich ist: Rn. 55.

gabenstellung eingrenzen, indem er bestimmte Punkte von der Prüfung ausnimmt, z. B. die Verfassungsmäßigkeit einer Rechtsgrundlage unterstellt, bestimmte Rechtsgebiete oder Normen ausschließt oder weitere Angaben zum
Sachverhalt macht. Der Bearbeitervermerk kann so auch Hinweise auf die Probleme des Falls enthalten.

Ein sehr üblicher Bearbeitervermerk ist der Hinweis, dass „**alle im Sach- 41
verhalt aufgeworfenen Rechtsfragen, ggf. hilfsgutachterlich, zu beantworten**" sind. Welche Rechtsfragen beziehungsweise „Probleme" hiermit gemeint
sind, wird in Rn. 130 ff. näher behandelt. Wann und wie ein Hilfsgutachten an-
zufertigen ist wird in den Rn. 137–139 angesprochen.

4. Der Erfolg eines Rechtsbehelfs

Eine verwaltungsrechtliche Prüfungsarbeit wird in aller Regel nach dem Erfolg 42
eines Rechtsbehelfs fragen. In Betracht kommen vor allem eine Klage oder ein
Antrag vor Gericht oder ein Widerspruch bei einer Behörde. Stets sind Zulässigkeit (Rn. 47 ff.) und Begründetheit (Rn. 57 ff.) des Rechtsbehelfs zu prüfen. Von
einer solchen Unterteilung geht auch die VwGO aus, etwa in §§ 42 II, 72, 111.
Manche Punkte sind auf einer Zwischenebene anzusprechen (Rn. 63 ff.).

Examenswissen: **Rechtsbehelf** ist der Oberbegriff für alle Verfahren, die die Rechtsordnung 43
bereithält, um gegen eine staatliche Handlung vorzugehen bzw. eine bestimmte staatliche
Handlung zu erwirken. **Rechtsmittel** sind nur die Rechtsbehelfe, die sich gegen Gerichtsentscheidungen richten, einen Suspensiveffekt haben (die angegriffene Entscheidung entfaltet noch
keine Wirkung)[48] sowie einen Devolutiveffekt haben (die Entscheidung über den Rechtsbehelf
trifft eine höhere Instanz). Nur folgende Rechtsbehelfe der VwGO sind daher Rechtsmittel: die
Berufung, die Revision und die Beschwerde.[49] Alle anderen Verfahren sind Rechtsbehelfe, insbesondere auch die erstinstanzliche Klage und der Widerspruch.[50]

Die Prüfung des Erfolgs einer **verwaltungsgerichtlichen Klage**, insbesondere 44
der Anfechtungsklage, kann als **Regelfall** angesehen werden. Dieser wird auch
meist zuerst gelehrt und gelernt.

---

48 Worin der Suspensiveffekt genau liegt ist umstritten: Hufen, Verwaltungsprozessrecht,
11. Aufl. 2019, § 32 Rn. 2–4. Der Streit ist von rein akademischer Bedeutung.
49 Das Rechtsmittelrecht ist üblicherweise nicht Gegenstand der ersten juristischen Staatsprüfung. Sich einmal einen kurzen Überblick zu verschaffen, kann aber nicht schaden. Dieser
Überblick gehört zur juristischen Allgemeinbildung: Hufen, Verwaltungsprozessrecht, 11. Aufl.
2019, §§ 40–43.
50 Diese richten sich jeweils gegen eine behördliche Entscheidung. Statt aller: Kluckert, in:
Sodan/Ziekow, VwGO, 5. Aufl. 2018, § 58 Rn. 16 f.

Björnstjern Baade

Für den Widerspruch nach § 68 VwGO oder Anträge im Eilrechtsschutz nach § 80 V oder § 123 I VwGO gilt eine ähnliche Grundstruktur in der Prüfung. Dass die Grundstruktur vergleichbar ist, darf aber nicht über bestehende Unterschiede hinwegtäuschen. Denn im Rahmen dieser Grundstruktur sind andere Normen anzuwenden, die auch zu anderen rechtlichen Ergebnissen führen können.

45 Examenswissen: Wichtig ist es in diesem Zusammenhang auch, auf die **unterschiedliche Fachterminologie** zu achten:[51] Wird Widerspruch „erhoben" (§ 69 VwGO) oder ein „Antrag" (§§ 80 V, 123 VwGO) im vorläufigen Rechtsschutz gestellt, ist nicht von einer „Klage" zu sprechen, sondern (allgemeiner) von einem „Verfahren". Die Entscheidung, die das Gericht am Ende einer Klage trifft, ist in der Regel ein *Urteil* (§ 107 VwGO),[52] am Ende eines Verfahrens ergeht ein *Beschluss* (s. z.B. § 80 VII VwGO).[53] Gleiches gilt für den Sonderfall des Normenkontroll*verfahrens* nach § 47 VwGO, das mit einem Antrag eingeleitet wird, es aber dem Gericht überlässt, ob es durch Urteil oder Beschluss entscheidet (Abs. 5).[54]

46 **Aufbaufragen,** welche die Gliederung oder den Standort einer Rechtsfrage innerhalb der Gliederung betreffen, werden in der Klausur oder Hausarbeit nicht kommentiert und nicht begründet.[55] Z.B. ist umstritten, ob § 78 VwGO (richtiger Klagegegner, s. dazu § 2 Rn. 409 ff.) eine Zulässigkeitsvoraussetzung oder Teil der Begründetheit ist. In der Klausur ist die Norm an einer dieser Stellen anzusprechen, ohne auf diesen Streit einzugehen oder auch nur hinzuweisen.

a) Die Zulässigkeit

47 Bevor ein Verwaltungsgericht oder eine Behörde über einen Rechtsbehelf *in der Sache* (d.h. inhaltlich / materiell) entscheiden kann, muss es oder sie feststellen, dass der Rechtsbehelf zulässig ist. Die Zulässigkeit stellt eine **formelle Vorprüfung** dar, ob die rechtlichen Voraussetzungen für ein Tätigwerden des Gerichts oder der Behörde gegeben sind. Diese Vorprüfung dient einerseits rechtsstaatlichen Erfordernissen: Es darf nur das zuständige Gericht (im Widerspruchsverfahren: die zuständige Behörde) zur Sache entscheiden. Die Vorprüfung dient aber auch der Verfahrensökonomie: Das Gericht muss sich nicht mit

---

51 Peine, Klausurenkurs im Verwaltungsrecht, 6. Aufl. 2016, Rn. 32.–34.

52 Die nach § 84 VwGO bestehende Möglichkeit, in einfachen Fällen durch Gerichtsbescheid zu entscheiden, ist erst in der zweiten juristischen Staatsprüfung relevant.

53 Ein wesentlicher Unterschied ist, dass Beschlüssen in der Regel keine mündliche Verhandlung vorausgehen muss, § 101 Abs. 3 VwGO.

54 Hufen, Verwaltungsprozessrecht, 11. Aufl. 2019, § 30 Rn. 1.

55 Peine, Klausurenkurs im Verwaltungsrecht, 6. Aufl. 2016, Rn. 41; Bringewat, Methodik juristischer Fallbearbeitung, 3. Aufl. 2017, Rn. 369.

Björnstjern Baade

schwierigen materiellen Rechtsfragen auseinandersetzen, wenn die Klage verfristet ist.

Examenswissen: Ob als **Überschrift der Zulässigkeitsprüfung** „A. Zulässigkeit" oder „A. Sach- **48** entscheidungsvoraussetzungen" zu wählen ist, ist **umstritten.** Vertretbar ist beides. Sie müssen sich (ohne zu erklären, warum)[56] für eine Variante entscheiden. Verständnis für den Hintergrund der Differenzierung ist dennoch hilfreich, jedenfalls für die mündliche Prüfung.

Das Fehlen einer Zulässigkeitsvoraussetzung führt nicht in jedem Fall zur Abweisung **49** der Klage als unzulässig. Für die allgemeinen Zulässigkeitsvoraussetzungen des verwaltungsgerichtlichen Rechtswegs (dazu noch Rn. 162 ff.) sowie der sachlichen und örtlichen Zuständigkeit des Gerichts (dazu noch § 2 Rn. 462 ff.) gelten Sonderregeln: Sollte der Rechtsweg nicht gegeben sein, wird die Klage gem. § 17a II GVG, § 173 VwGO an das zuständige Gericht des zulässigen Rechtswegs verwiesen. Gleiches gilt gem. § 83 VwGO, falls das sachlich oder örtlich unzuständige Gericht angerufen wurde.

Da das Fehlen einer dieser Voraussetzungen also nur dazu führt, dass das angerufene Gericht nicht selbst in der Sache (zur Begründetheit) entscheiden darf, wählen manche Autoren die Überschrift „Sachentscheidungs-" oder „Sachurteilsvoraussetzungen". Da die Klage vom angerufenen Verwaltungsgericht aber auch nicht für „zulässig" erklärt werden darf, wenn eine dieser Voraussetzungen fehlt, ist „Zulässigkeit" ebenso eine vertretbare Überschrift.[57] Ebenfalls vertretbar, aber eher unüblich, ist eine Dreiteilung: A. Rechtsweg, B. Zulässigkeit, C. Begründetheit.[58]

Die **Zulässigkeitsprüfung beschränkt** die **Entscheidungsbefugnis** von Gericht **50** und Behörde. So darf nur das örtlich und sachlich zuständige Gericht des richtigen Rechtsweges in der Sache entscheiden. Selbst wenn eine Klage begründet wäre, darf das Gericht dies nicht aussprechen, wenn sie unzulässig ist, z. B. weil die Frist zur Klageerhebung nach § 74 I VwGO nicht gewahrt wurde.

Examenswissen: Es werden **Ausnahmefälle** diskutiert: Wenn Anfechtungs- oder Verpflich- **51** tungsklage erhoben wurde, obwohl ein nach § 68 VwGO notwendiges Vorverfahren nicht stattgefunden hat, kann die Klage dennoch zulässig sein, wenn sich die Behörde in der Sache auf die Klage einlässt, ohne ihre Unzulässigkeit zu rügen (s. § 2 Rn. 312). Diese Streitfrage ist besonders prüfungsgeeignet, da sie im Sachverhalt nur durch das Fehlen eines Vorverfahrens integriert wird.[59] Ebenso verhält es sich mit der Entscheidung über einen Widerspruch trotz Verfristung (§ 2 Rn. 326–328).

In der ersten juristischen Prüfung müssen die **wesentlichen Punkte der** **52** **Zulässigkeit** *stets* angesprochen werden – selbst dann, wenn diese völlig unproblematisch sind. Allerdings ist dem Umstand, dass eine Zulässigkeitsvoraus-

---

56 Wie generell bei Aufbaufragen: s. Rn. 46.
57 Erbguth/Guckelberger, Allgemeines Verwaltungsrecht, 9. Aufl. 2018, § 5 Rn. 21.
58 S. hierzu: Mann/Wahrendorf, Verwaltungsprozessrecht, 4. Aufl. 2015, Rn. 81.
59 Die Durchführung eines Vorverfahrens ist nicht zu unterstellen, s. oben Rn. 33.

setzung keine rechtlichen Probleme aufwirft, in der Darstellungsweise Rechnung zu tragen: Die betreffende Voraussetzung ist im Urteils- oder gar im Behauptungsstil festzustellen (s. Rn. 123 ff.).

53 Examenswissen: In der **Praxis** werden Sachentscheidungsvoraussetzungen oft verkürzt dargestellt oder ganz weggelassen, soweit sie unproblematisch sind. („Die zulässige Klage ist begründet. Die Abrissverfügung ist rechtswidrig und verletzt den Kläger dadurch in seinen Rechten, § 113 I 1 VwGO.") Entsprechendes ist in der zweiten juristischen Staatsprüfung gefordert.[60] Bis zur ersten juristischen Prüfung darf nicht so vorgegangen werden. Der Grund hierfür liegt darin, dass das Verwaltungsgericht, bevor es zu dieser verkürzten Darstellung griff, durchaus gedanklich prüfte, ob die Zulässigkeitsvoraussetzungen vorliegen. Diese Prüfung wird nur aus verfahrensökonomischen Gründen nicht im Urteil dargestellt. Bis zur ersten juristischen Prüfung ist es aber Teil der Prüfungsaufgabe zu zeigen, dass man die Zulässigkeitsvoraussetzungen kennt und anwenden kann. Anders als bei einem Gericht (*iura novit curia*) kann dies in einer Prüfungsarbeit richtigerweise nicht vorausgesetzt werden.

54 In der Zulässigkeit einer Klage sind die folgenden **allgemeinen Voraussetzungen** stets anzusprechen. Für andere Rechtsbehelfe gilt mit den bereits genannten terminologischen und ggf. inhaltlichen Unterschieden (s. oben Rn. 44 f.) Entsprechendes:

I. Verwaltungsrechtsweg (§ 40 VwGO)
II. Statthafte Klageart (§ 88 VwGO)
III. Zuständigkeit (§§ 45, 52 VwGO)
IV. Beteiligten- und Prozessfähigkeit (§§ 61 f. VwGO)

Die entsprechenden Normen müssen nicht in der Überschrift genannt werden, aber auf jeden Fall im dazugehörigen Text.

55 Examenswissen: **Weitere allgemeine Zulässigkeitsvoraussetzungen** wie die deutsche Gerichtsbarkeit (§ 13 GVG) sind normalerweise nicht anzusprechen – obwohl sie zwingende Zulässigkeitsvoraussetzung sind. Sie sind so selbstverständlich, dass eine Nennung überflüssig scheint. Entsprechend wären sie aber dann anzusprechen, wenn der Sachverhalt hierzu Anlass gibt – was nur äußerst selten der Fall sein wird.

Häufiger relevant werden allein das allgemeine **Rechtsschutzbedürfnis** (s. näher § 2 Rn. 476 ff.), z. B. im einstweiligen Rechtsschutz nach § 80 Abs. 5 (s. näher § 8 Rn. 41, § 9 Rn. 43 f.) oder § 123 VwGO (s. näher § 10 Rn. 22–25), sowie die **ordnungsgemäße Klageerhebung** (§§ 81 f. VwGO). Zu letzterer sollte das Standardproblem bekannt sein, dass das **Schriftformerfordernis** nicht mit § 126 BGB gleichzusetzen ist. Die Schriftform i. S. v. § 81 VwGO soll vielmehr die Identität der klagenden Person und deren Willen, eine Prozesshandlung vorzunehmen, sicherstellen. Klageerhebung ist hiernach jedenfalls auch per Telefax möglich, welches über den

---

60 S. hierzu: Mann/Wahrendorf, Verwaltungsprozessrecht, 4. Aufl. 2015, Rn. 84.

Björnstjern Baade

Telefonanschluss die Identität sicherstellt. Ob Klageerhebung per einfacher E-Mail[61] oder Computerfax möglich ist, ist umstritten.[62]

Besondere Zulässigkeitsvoraussetzungen ergeben sich aus der jeweiligen 56 Klage- oder Verfahrensart. So muss bei Anfechtungs- und Verpflichtungsklage auch geprüft werden, ob ein Vorverfahren nach den §§ 68 ff. VwGO ordnungsgemäß durchgeführt (§ 2 Rn. 301 ff.) und die Klagefrist eingehalten wurde, § 74 VwGO (s. näher § 2 Rn. 353 ff.). Es ist wohlgemerkt unüblich, die Zulässigkeit nach allgemeinen und besonderen Voraussetzungen zu untergliedern.

b) Die Begründetheit

In der Begründetheit werden die materiellen (inhaltlichen) Fragen des Falls ge- 57 prüft. Der Obersatz bestimmt sich zunächst immer nach der gem. § 88 VwGO statthaften Klage- oder (i.V. m. § 122 I VwGO) statthaften Verfahrensart (s. zu § 88 VwGO Rn. 225 ff. und im Detail jeweils bei den Klagearten):

„Die Klage/der Widerspruch/der Antrag ist begründet, soweit...
- der Verwaltungsakt rechtswidrig ist und den Kläger in seinen Rechten verletzt, § 113 I 1 VwGO (Anfechtungsklage)
- die Ablehnung oder Unterlassung des Verwaltungsakts rechtswidrig und der Kläger dadurch in seinen Rechten verletzt ist, § 113 V 1 VwGO (Verpflichtungsklage)
- usw.

Examenswissen: Es ist in diesen Beispielen darauf zu achten, den Obersatz mit „soweit" nicht „wenn" einzuleiten, da ein Verwaltungsakt oder sonstiges Verwaltungshandeln auch nur **teilweise rechtswidrig** sein kann.

Bei vielen Klagen und Verfahren kann der **Obersatz** direkt dem **Gesetzeswort-** 58 **laut** entnommen werden (Feststellungsklage, § 43 I VwGO; Anfechtungs- und Verpflichtungsklage, § 113 I 1, V VwGO; Fortsetzungsfeststellungsklage, § 113 I 4 VwGO). Im vorläufigen Rechtsschutz nach § 80 V und § 123 VwGO hingegen muss der Obersatz durch Auslegung ermittelt (bzw. auswendig gewusst) werden.

---

61 Rechtlich unproblematisch möglich hingegen ist die Klageerhebung per E-Mail mit einer qualifizierten elektronischen Signatur nach § 55a VwGO.
62 S. hierzu: Würtenberger/Heckmann, Verwaltungsprozessrecht, 4. Aufl. 2018, Rn. 291; Hufen, Verwaltungsprozessrecht, 11. Aufl. 2019, § 23 Rn. 3. Detailliert zu allen diesen Fragen: Aulehner, in: Sodan/Ziekow, VwGO, 5. Aufl. 2018, § 81 Rn. 43–77.

Björnstjern Baade

Aus diesem Obersatz kann in der Regel wiederum die **Untergliederung der Begründetheit** abgeleitet werden:

59 Begründetheit der Anfechtungsklage, § 113 I 1 VwGO:
  I.   Rechtswidrigkeit des Verwaltungsakts
  II. Verletzung in eigenen Rechten

60 Begründetheit der Verpflichtungsklage, § 113 V 1 VwGO:
  I.   Rechtswidrigkeit der Ablehnung/Unterlassung
  II. Verletzung in eigenen Rechten
  III. Spruchreife

61 Examenswissen: Es sind aber **Varianten** denkbar. Der Aufbau der Verpflichtungsklage in der Begründetheit, der sich aus dem Gesetzeswortlaut ergibt, kann auch in einen (üblicheren) „Anspruchsaufbau" umformuliert werden („Dies ist der Fall, soweit A einen Anspruch auf den begehrten Verwaltungsakt hat.") (dazu ausführlich § 3 Rn. 46 ff.). In besonderen Konstellationen können sich auch **zusätzliche Prüfungspunkte** ergeben: nach h.M. etwa bei der isolierten Anfechtung von Nebenbestimmungen (s. dazu ausführlich § 2 Rn. 257 ff.).

62 Es ist darauf zu achten, mit **Fallbezug** zu arbeiten. Diese abstrakten Obersätze sind auf den konkreten Prüfungssachverhalt zu konkretisieren.[63] Abstrakte Begriffe wie „Verwaltungsakt" sind mit ihrer konkreten Ausformung im vorliegenden Fall zu ersetzen.

Beispiel: „Die Anfechtungsklage der X ist begründet, soweit die Verbotsverfügung vom 11.5.2019 rechtswidrig ist und die X in ihren Rechten verletzt."

c) Die „Zwischenebene"

63 Zwei besondere Rechtsfragen werden üblicherweise weder der Zulässigkeit noch der Begründetheit zugeordnet. Die Klagehäufung und die Beiladung sind als Gliederungspunkt „B." zwischen „A. Zulässigkeit" und „C. Begründetheit" anzusprechen, aber nur soweit der Sachverhalt hierzu Anlass gibt.[64]

aa) Die Klagehäufung

64 Mehrere Klagebegehren einer Klägerin (z.B. zwei Anfechtungsklagen gegen zwei verschiedene Verwaltungsakte) können unter bestimmten Voraussetzungen in

---

63 Hildebrandt, Juristischer Gutachtenstil, 2017, S. 14.
64 Statt aller: Mann/Wahrendorf, Verwaltungsprozessrecht, 4. Aufl. 2015, Rn. 143.

Björnstjern Baade

einer Klage verfolgt werden (**objektive Klagehäufung**). Gem. **§ 44 VwGO** ist dies möglich, wenn die Klagebegehren sich gegen den **gleichen Beklagten** richten (s. § 78 VwGO), **dasselbe Gericht** zuständig ist (s. §§ 45, 52 VwGO) und die Klagebegehren „in **Zusammenhang** stehen" (s. hierzu auch Rn. 251). Letzterer Zusammenhang kann rechtlicher Art sein (z. B. Anfechtungsklage und Vollzugsfolgenbeseitigung, § 113 I 1 und 2 VwGO), er kann aber auch tatsächlicher Art sein und darin bestehen, dass die Klagebegehren einem „einheitlichen Lebensvorgang" zuzuordnen sind (z. B. verschiedene Feststellungs- oder Fortsetzungsfeststellungsklagen gegen mehrere polizeiliche Maßnahmen in engem zeitlichem Zusammenhang, etwa Identitätsfeststellung, Durchsuchung und Ingewahrsamnahme). In den meisten Klausuren werden diese Voraussetzungen nur kurz anzusprechen sein. **Ein Problem liegt hier fast nie.**

*Hausarbeitswissen: § 44 VwGO stellt deshalb **keine Sachentscheidungs- oder Zulässigkeits-** 65 **voraussetzung** dar, weil die Klagebegehren nur gem. § 93 VwGO in mehrere Klagen getrennt werden, wenn es nicht der gleiche Beklagte ist oder kein Zusammenhang besteht. Das Gericht wird trotzdem über sie entscheiden. Anderes gilt natürlich, wenn das Gericht nicht zuständig ist (s. oben Rn. 49).*

Mehrere Kläger können ihre Begehren auch in einer Klage verfolgen (**subjek-** 66 **tive Klagehäufung** oder **Streitgenossenschaft**) (s. hierzu im Detail: § 2 Rn. 455 ff.). **§ 64 VwGO** verweist hierfür auf die §§ 59 – 63 ZPO.[65] Möglich ist eine **einfache Streitgenossenschaft**, z. B. wenn verschiedene Nachbarn gemeinsam gegen die Baugenehmigung eines Dritten Klagen, aber auch eine **notwendige Streitgenossenschaft** i. S. v. § 62 ZPO. Bei einer notwendigen Streitgenossenschaft *muss* die Entscheidung aus Rechtsgründen gegenüber allen Klägern ergehen (Miteigentümer klagen auf eine Baugenehmigung). In den meisten Klausuren wird die Streitgenossenschaft, wenn überhaupt, nur kurz anzusprechen sein. **Ein Problem liegt hier fast nie.**

bb) Die Beiladung

Mit einer Beiladung durch das Gericht nach **§ 65 VwGO** wird ein Dritter, der 67 bislang nicht am Rechtsstreit beteiligt ist, förmlich zum Verfahren hinzugezogen und dadurch Beteiligter i. S. v. § 61 VwGO (s. im Detail: § 2 Rn. 445 ff.). Er kann dann seine Interessen wahrnehmen, die durch das Verfahren tangiert werden. Beigeladene werden, wie alle Beteiligten, von der Rechtskraft der gerichtlichen Entscheidungen erfasst (sind also an sie gebunden, § 121 VwGO) und in die

---

65 S. detaillierter: Hufen, Verwaltungsprozessrecht, 11. Aufl. 2019, § 12 Rn. 16.

Kostenentscheidung miteinbezogen (§§ 154 III, 162 III VwGO).[66] Der Unterschied zur Streitgenossenschaft besteht darin, dass der Beigeladene keine eigene Klage führt, sondern sich an einer fremden Klage beteiligt. In Prüfungsarbeiten mit **anwaltlicher Aufgabenstellung** kann es sich anbieten, die Beiladung Dritter beim Gericht *anzuregen*, wenn es im Interesse des Mandanten liegt, den Dritten an die Entscheidung zu binden.

68 Examenswissen: Im **behördlichen Verwaltungsverfahren** können Dritte als Beteiligte *hinzugezogen* werden, § 13 II VwVfG. Soweit der Ausgang des Verfahrens für den Dritten rechtsgestaltende Wirkung haben kann, ist dieser über das Verfahren zu informieren und muss auf Antrag hinzugezogen werden (man denke an den Bauherrn, gegen dessen Baugenehmigung ein Nachbar Widerspruch erhebt). Diese Hinzuziehung im Verwaltungsverfahren entspricht der Sache nach der Beiladung vor Gericht.[67] Der Dritte wird Beteiligter am Verwaltungsverfahren mit den hiermit korrespondierenden Rechten und Pflichten. Beteiligte können insbesondere Akteneinsicht nehmen, § 29 VwVfG.

69 Die **einfache Beiladung** nach § 65 I VwGO *kann* das Gericht nach seinem Ermessen vornehmen, wenn die Interessen eines Dritten betroffen sind. Eine **notwendige Beiladung** *muss* nach § 65 II VwGO vorgenommen werden, wenn die Entscheidung aus Rechtsgründen nur einheitlich ergehen kann. Notwendig ist z. B. die Beiladung eines Bauherrn, wenn ein Nachbar dessen Baugenehmigung anficht. Die **Verletzung der Vorschriften** über die **einfache Beiladung macht** eine **Klage** jedoch **nicht unzulässig.** Daher handelt es sich nicht um eine Sachentscheidungsvoraussetzung.

70 Hausarbeitswissen: **Unterbleibt** eine **notwendige Beiladung** ist die Situation schwieriger zu beurteilen und entsprechend umstritten.[68] Diese Unterlassung stellt grundsätzlich einen Rechtsfehler dar, der in Berufung und Revision geltend gemacht und durch Nachholung geheilt werden kann (§ 142 II VwGO).[69] Es wird vertreten, dass die Entscheidung dann (zumindest in bestimmten Fällen) nichtig ist. Auf jeden Fall entfaltet ein solches Urteil gegenüber dem nicht beigeladenen keine Rechtskraft.[70] Da das Rechtsmittelrecht nicht Prüfungsgegenstand ist, sollte diese Problematik aber nicht prüfungsrelevant sein. In der Klausur, in der man in der Regel als erstinstanzliches Gericht entscheidet, denkt man einfach an eine notwendige Beiladung (s. Fall 3 in: Eisentraut, Fälle zum Verwaltungsrecht, 2020, § 2 Rn. 86).

---

66 Für einen Überblick zur Beiladung: Guckelberger, JuS 2007, 436.
67 Schmitz, in: Stelkens/Bonk/Sachs, 9. Aufl. 2018, § 13 Rn. 29.
68 S. im Detail etwa: Czybulka/Kluckert in: Sodan/Ziekow, VwGO, 5. Aufl. 2018, § 65 Rn. 184 – 188.
69 Hufen, Verwaltungsprozessrecht, 10. Aufl. 2016, § 12 Rn. 14.
70 BVerwG, Beschl. v. 16.09.2009, Az. 8 B 75.09.

Björnstjern Baade

5. Das Arbeiten mit Schemata

Die üblichste Fallfrage nach dem Erfolg eines Rechtsbehelfs teilt sich auf 71 höchster Gliederungsebene grundsätzlich in „A. Zulässigkeit" und „B. Begründetheit" (s. oben Rn. 42 ff.). Nur in Ausnahmefällen tritt eine Zwischenebene hinzu (s. Rn. 63 in diesem § sowie § 2 Rn. 445 ff., 455 ff.). Zulässigkeit und Begründetheit sind sodann in verschiedene Unterpunkte und diese ggf. in noch weitere Unterpunkte aufzugliedern. Diese Gliederungspunkte dienen dazu, jene Rechtsfragen zu beantworten, die zur Beantwortung der übergreifenden Fallfrage beantwortet werden müssen.

All diese Rechtsfragen werden in sogenannten Schemata systematisiert 72 und zusammengefasst, die man selbst erstellen, aber auch verschiedenen Lehrbüchern entnehmen kann.[71] Schemata sind eine **Lern- und Verständnishilfe**, welche die Struktur des geltenden Rechts (und seine dogmatische Durchdringung durch Rechtsprechung und Lehre) abbildet.[72] Zum Beispiel kann die übergeordnete Rechtsfrage „War der Verwaltungsakt rechtmäßig?" mit einem Schema wie dem folgenden beantwortet werden:

I.   Rechtsgrundlage
II. Formelle Rechtmäßigkeit
III. Materielle Rechtmäßigkeit

Um die Frage zu beantworten, ob der Verwaltungsakt rechtmäßig war, müssen also (mindestens) drei weitere Fragen beantwortet werden: War eine Rechtsgrundlage für diesen Verwaltungsakt notwendig und, wenn ja, gab es diese? Wurde diese Rechtsgrundlage formell und materiell rechtmäßig angewandt?[73]

Examenswissen: Das Wissen, das solch ein Schema vermitteln kann, wird von vielen zu Recht als 73 oberflächlich angesehen. Gerade in einer gewissen Oberflächlichkeit liegt aber sein Wert. Verbreitete Vorbehalte unter Lehrenden gegen die Nutzung von Schemata richten sich der Sache nach auch eher gegen den falschen Gebrauch dieses Hilfsmittels.[74] Dass ein **Schema allein** den Fall nicht löst und **nicht alle juristischen Kompetenzen** vermitteln kann, entwertet Schemata nicht. Richtig verstanden sind sie ein wesentliches Hilfsmittel.

---

71 Z. B. Beaucamp/Lechelt, Prüfungsschemata Öffentliches Recht, 6. Aufl. 2014.

72 S. zur Funktion von Schemata: Rosenkranz, JuS 2016, 294.

73 s. auch: Schaks/Friedrich, JuS 2018, 954.

74 Bull, JuS 2000, 778; vgl. Lagodny, Gesetzestexte, suchen, verstehen und in der Klausur anwenden, 2. Aufl 2012, S. 187 f.

Björnstjern Baade

74 Rechtsfragen können **nie „nur" mit Hilfe von Schemata** verstanden werden.[75] Doch die Anzahl und Komplexität der Rechtsfragen, die sich in einer verwaltungsrechtlichen Prüfungsarbeit stellen, ist regelmäßig so hoch, dass ein vollständiger Verzicht auf Schemata als Lernhilfe illusorisch wäre.[76] Der Zweck eines Schemas liegt in der **gezielten Reduktion der Komplexität.** Es macht die Grundstrukturen der Normen eines Rechtsgebiets erfassbar, die für die Beantwortung einer bestimmten Rechtsfrage oder üblicher Fallkonstellationen relevant sind. Prüfungspunkte, Prüfungsreihenfolge und ggf. weitere Informationen können so effektiv wiederholt und angeeignet werden. Ohnehin bilden Schemata im Wesentlichen den in Klausur und Hausarbeit geforderten Aufbau ab, innerhalb dessen Probleme anzusprechen sind.[77] Dieses Lehrbuch ist dementsprechend gegliedert.

75 Schemata leisten folgendes: Sie geben einen **Überblick** darüber, wie die Beantwortung einer Rechtsfrage strukturiert ist, ermöglichen eine schnelle **Wiederholung** dieser Struktur und bieten ein **Gerüst**, das den Ausgangspunkt **für** die **Bearbeitung beliebiger Sachverhalte** darstellen kann.

76 Schemata können in verschiedenen **Detail-Stufen** erstellt werden. Das Schema zur Rechtmäßigkeit eines Verwaltungsakts ließe sich etwa weiter unterteilen in:

I. Rechtsgrundlage
II. Formelle Rechtmäßigkeit
   1. Zuständigkeit
   2. Verfahren
     – Anhörung, § 28 VwVfG
   3. Form
     aa) Grundsatz der Formfreiheit, § 37 II VwVfG
     bb) Begründung, § 39 VwVfG
III. Materielle Rechtmäßigkeit
   1. Tatbestand
   2. Rechtsfolge

---

75 Schwerdtfeger/Schwerdtfeger, Öffentliches Recht in der Fallbearbeitung, 15. Aufl. 2018, Rn. 10 – 17.

76 Nicht nur die Skripte kommerzieller Repetitoren enthalten mittlerweile Schemata, sondern auch viele etablierte Lehrbücher.

77 Vgl. Thomas Möllers, Juristische Arbeitstechnik und wissenschaftliches Arbeiten, 8. Aufl. 2016, Rn. 51.

Je höher die Detailtiefe, desto mehr Details werden sichtbar – und desto weniger „oberflächlich" ist das Schema. Diese Details können ggf. in einem Sachverhalt relevant werden. Sie müssen es aber nicht. D. h.: **Je detaillierter und umfassender** ein Schema ist, **desto seltener** werden alle seine Teile in einer Prüfungsaufgabe **relevant** sein.

Examenswissen: Generell gilt: Schemata sind Mittel zum Zweck. Je detaillierter ein Schema ist, **77** desto weniger ist es „sklavisch" zu befolgen.[78] Dies gilt vor allem für sehr detaillierte Schemata zur Zulässigkeit.[79] Die **Schwerpunktsetzung** anhand der Probleme des Falls **hat stets Priorität** vor der Befolgung eines Schemas.[80] Wenn ein Schema im konkreten Fall unübersichtlich oder bloßer Formalismus wird, kann es (und muss es ggf.) abgewandelt werden. Eine Untergliederung der formellen Rechtmäßigkeit in Zuständigkeit, Verfahren und Form z. B. erübrigt sich in jedem Fall dann, wenn im Bearbeitervermerk angegeben ist, dass die formelle Rechtmäßigkeit zu unterstellen ist. Dann genügt die Feststellung der formellen Rechtmäßigkeit in einem Satz.

III. Juristischer Sprach- und Denkstil

Eine wesentliche Herausforderung in der Bearbeitung verwaltungsrechtlicher **78** Klausuren und Hausarbeiten ist die Beherrschung des juristischen Sprachstils, der gleichzeitig korrektes juristisches Denken widerspiegeln soll. Juristischer Sprachstil teilt gewisse Grundsätze mit anderen Fachsprachen, weist aber auch viele Besonderheiten auf. Diese lassen sich nicht abschließend aufzählen. Die wesentlichsten und erfahrungsgemäß fehleranfälligsten Punkte lassen sich aber benennen (1.). Der Schwerpunktsetzung mit Blick auf die im Sachverhalt aufgeworfenen Probleme wird im Folgenden besondere Aufmerksamkeit gewidmet. Denn die **sprachliche Darstellung** ist hier besonders eng **mit inhaltlichen,** materiellen **Anforderungen verwoben** und stellt Studierende in der Prüfungspraxis oft vor erhebliche Schwierigkeiten (2.).

1. Allgemeines zur juristischen Fachsprache

In Prüfungsarbeiten sind zunächst eine korrekte Standardsprache (a) und die **79** Einhaltung diverser fachsprachlicher Konventionen (b) gefordert. Diese Anforderungen **decken sich** weitgehend **mit** der **Praxis** und sollten daher ernst genommen werden.

---

78 Vgl. Bull, JuS 2000, 778 (779).
79 Detailliert etwa: Schaks/Friedrich, JuS 2018, 860; sehr detailliert: Schwerdtfeger/Schwerdtfeger, Öffentliches Recht in der Fallbearbeitung, 15. Aufl. 2018, Rn. 7.
80 Peine, Klausurenkurs im Verwaltungsrecht, 6. Aufl. 2016, Rn. 40.

a) Die korrekte Standardsprache

80 Dass in Klausur und Hausarbeit auf korrekte **Orthographie, Zeichensetzung** und **Grammatik** zu achten ist, ist selbstverständlich. Einzelne Flüchtigkeitsfehler sind in der Klausur entschuldbar und werden die Note nicht weiter beeinträchtigen. Die gehäufte und deutliche Verletzung standardsprachlicher Konventionen, wie sie u. a. im Duden verschriftlicht sind, muss jedoch negativ in die Bewertung einer Leistung einfließen. Dies gilt vor allem bei Hausarbeiten, bei denen nicht nur genug Zeit zum Korrekturlesen einzuplanen, sondern auch verfügbare Hilfsmittel wie die Rechtschreibprüfung des Textverarbeitungsprogramms zu nutzen sind.[81]

81 *Hausarbeitswissen: Die Forderung nach korrekter Standardsprache ist **kein bloßer Formalismus**. Die **Wahrnehmung schriftlicher Kommunikation als kompetent und überzeugend** hängt in nicht zu unterschätzendem Maße an einer Sprache, die allgemein anerkannten Konventionen genügt. Ein Text, der an erheblichen sprachlichen Defiziten leidet, wird ggf. schwer verständlich sein. Jedenfalls wird eine mangelhafte Form auch Zweifel an der inhaltlichen Richtigkeit wecken und die Überzeugungskraft des Textes schmälern. An dieser sozialen Wahrnehmung von Texten muss man sich messen lassen. Dies gilt übrigens nicht nur für Klausur und Hausarbeit, sondern auch für Urteile, anwaltliche Schriftsätze und Gutachten sowie alle anderen Fachtexte, seien sie juristisch oder nicht. **Mit Texten** andere Juristen und Laien zu **überzeugen**, ist eine **Kernkompetenz** juristischer Arbeit, die im Studium zu erlernen ist.[82] Schwächen in diesem Bereich sollte selbstständig und frühzeitig begegnet werden.[83]*

b) Die wesentlichen Grundsätze richtiger Fachsprache

82 Die allgemeinen Anforderungen guter juristischer Fachsprache lassen sich nicht abschließend auflisten und sind – wie Sprache generell – auch dem Wandel der Zeit unterworfen. Gewisse Grundsätze und beliebte Fehlerquellen lassen sich aber benennen.[84] Vorbild sollte (im Allgemeinen) die höchstrichterliche Rechtsprechung sein.[85]

---

81 Es sind natürlich auch die Grenzen dieser Hilfsmittel zu beachten, die hauptsächlich Orthographie prüfen. So können diese Hilfsmittel z. B. richtig geschriebene, aber an dieser Stelle inhaltlich falsche Worte kaum Erker.

82 S. prüfungsrechtlich: OVG Münster, Urt. v. 27. 8. 2009, Az.: 14 A 313/09 = NVwZ 1995, 800 (803).

83 Für beliebte Fehler speziell in juristischen Prüfungsarbeiten s.: Schimmel, Juristische Klausuren und Hausarbeiten richtig formulieren, 13. Aufl. 2018, Rn. 324 ff. Allgemein (und kostengünstig) aus dem Duden-Verlag z. B.: Steinhauer, Crashkurs Rechtschreibung, 4. Aufl. 2017; Stang, Erste Hilfe – Komma, Punkt & Co., 2. Aufl. 2018.

84 Mit vielen Beispielen: Schimmel, Juristische Klausuren und Hausarbeiten richtig formulieren, 13. Aufl. 2018, Rn. 357 ff.; s. auch: Bringewat, Methodik juristischer Fallbearbeitung, 3. Aufl. 2017, Rn. 183 – 200; Valerius, Einführung in den Gutachtenstil, 4. Aufl. 2017, S. 35 – 45, S. 90 – 96.

85 Lagodny, Gesetzestexte, suchen, verstehen und in der Klausur anwenden, 2. Aufl. 2012, S. 211.

Björnstjern Baade

aa) Verständlichkeit

Zunächst gilt der bewährte Grundsatz „**Keep It Simple, Stupid**" (KISS) auch für 83
das Verfassen juristischer Texte.[86] Juristische Texte sind so einfach zu formulieren, wie es die intendierte Aussage zulässt. Aber **fachliche Korrektheit** hat **im Zweifel Priorität.**

Sätze sind tendenziell **kurz** zu halten. Vor allem sind „Schachtelsätze", die 84
gleich mehrere komplexe Gedanken verschränken, nach Möglichkeit in mehrere Sätze aufzulösen. **Substantivierungen und Passivkonstruktionen** sollte man **sparsam einsetzen.** Die Sprache soll nicht infantil werden – Einschübe und Nebensätze sind durchaus gestattet –, aber den **Gedankengängen muss der Leser möglichst leicht folgen können.**[87] Zumindest gilt die folgende Schwelle: Wer beim Lesen des eigenen Textes einen Satz zweimal lesen muss, um ihn zu verstehen, sollte den Satz umstellen oder ggf. zwei Sätze aus den Gedanken bilden.

Insgesamt muss es einen „**roten Faden**" geben, der der Leserin das Verstehen 85
der Zusammenhänge vereinfacht. Hierzu können (kurze) **Überleitungen** dienen, die von einem Gedankengang zum nächsten führen. **Absätze** sind **nach Sinneinheiten** zu setzen, also dann, wenn ein neuer, eigenständiger Gedankengang beginnt. Zu vermeiden sind ganzseitige Absätze genauso wie Absätze, die nur aus einem Satz bestehen.

bb) Unparteilichkeit und Nüchternheit

Juristische Texte sind in einem **unaufgeregten, neutralen** fachsprachlichen **Stil** 86
zu verfassen. Für gerichtliche und behördliche Entscheidungen ergibt sich dieses Erfordernis zwanglos aus dem Rechtsstaatsprinzip, das nicht nur Unparteilichkeit in der Sache fordert, sondern auch gebietet, alles zu unterlassen, was berechtigte Zweifel an der Unparteilichkeit aufkommen lassen könnte.[88] Anders als manchmal suggeriert wird, tun **auch anwaltliche Schriftsätze** an Gerichte und Behörden gut daran, dem Ideal der Nüchternheit und einer gewissen Objektivität zu entsprechen. Denn auch wenn die Anwältin natürlich Vertreterin der Interessen ihrer Mandanten ist: Die Überzeugungskraft von Argumenten kann

---

[86] Ursprünglich aus dem militärischen Bereich, später z.B. auch im Design: Jonathon Green, „k.i.s.s.!", in: Green, Green's Dictionary of Slang, Online-Version 2011.

[87] Viele Beispiele bei: Schimmel, Juristische Klausuren und Hausarbeiten richtig formulieren, 13. Aufl. 2018, Rn. 340 ff.

[88] Schon der „böse Schein" mangelnder Objektivität genügt: Kluckert in: Sodan/Ziekow, VwGO, 5. Aufl. 2018, § 54 Rn. 45.

darunter leiden, dass die Person, die sie vorträgt, sich allzu deutlich als befangen zu erkennen gibt.[89]

87 Examenswissen: **Auf emphatische Betonungen** wie „selbstverständlich", „zweifelsohne", „völlig klar" u. ä. ist zu **verzichten.** Wenn eine Aussage wirklich völlig selbstverständlich ist, sind solche Formulierungen überflüssig. Die Betonung nährt vielmehr den Verdacht, sie solle überspielen, dass die Aussage so selbstverständlich gar nicht ist. Jedenfalls wird sie bei Personen, die die Aussage nicht für selbstverständlich halten, unnötig verstärkten Widerspruch hervorrufen.

cc) Korrekte Fachbegriffe

88 Juristische Fachbegriffe sind richtig, d. h. in der allgemein anerkannten Weise zu benutzen. Fachbegriffe, die der Sachverhalt einer Prüfungsaufgabe vorgibt, sollten nicht abgewandelt werden (soweit der allwissende Erzähler den Begriff verwendet, s. Rn. 25 ff.). Dies gilt vor allem dann, wenn der Begriff dem oder der Bearbeiter*in unbekannt ist. Hier geht im Zweifel **Präzision vor Schönheit.**[90]

89 Examenswissen: Zum **Beispiel** darf die im Sachverhalt angesprochene „Einziehung" (§ 19 TierSchG) in der Bearbeitung nicht umformuliert werden. Sprachliche Wiederholungen sind hinzunehmen, soweit es sich um Rechtsbegriffe handelt. Denn Rechtsbegriffe sind nur so zu verwenden, wie sie das Gesetz vorgibt. **Variationen laufen Gefahr, ungewollt anderes auszudrücken.** Selbst Begriffe, die man umgangssprachlich ggf. synonym verwenden könnte, ohne missverstanden zu werden, können in der juristischen Fachsprache eine spezielle Bedeutung haben. So ist die Einziehung eines Tieres gem. § 19 TierSchG gerade keine „Entziehung" (eines Führerscheins, § 3 StVG) und auch kein „Entzug" (beispielsweise von Drogen). Eine solche Einziehung eines Tieres ist auch keine „Beschlagnahme" (eines Beweismittels für ein Strafverfahren, § 94 StPO). Ob sie eine „Enteignung" (einer Eigentumsposition i. S. v. Art. 14 GG) darstellt, wäre ggf. in der Klausur oder Hausarbeit zu prüfen.[91]

90 Die korrekte Nutzung von Fachbegriffen liegt in einer Prüfung außerdem ganz im Interesse des Prüflings. Klausuren und Hausarbeiten werden von Korrektoren korrigiert, die ggf. sehr viele Klausuren und Hausarbeiten zu korrigieren haben. Die **Verwendung** der einschlägigen **Fachbegriffe macht es dem Korrektor einfacher,** zu dem (vorläufigen) Schluss zu kommen, dass man die relevanten Punkte gesehen hat. **Man darf sich aber keine Illusionen machen:** Die reine Nennung eines oder möglichst vieler Stichworte in der Hoffnung, eines werde passen („Schrotflinten-Taktik"), genügt nicht! Es muss sich auch aus der weiteren Argumentation ergeben, dass die Problematik richtig verstanden wurde.[92]

---

89 Im Übrigen vertritt der Anwalt bzw. die Anwältin zwar den Mandanten, ist aber gleichzeitig „unabhängiges Organ der Rechtspflege", § 1 BRAO. Vgl. Schimmel, Juristische Klausuren und Hausarbeiten richtig formulieren, 13. Aufl. 2018, Rn. 193.

90 Vgl. zur Subsumtion: Hildebrandt, Juristischer Gutachtenstil, 2017, S. 28.

91 Die vielleicht etwas kontraintuitive, aber ganz herrschende Antwort ist übrigens: Nein! S.: Epping, Grundrechte, 7. Aufl. 2017, Rn. 474a.

92 Vgl. Lagodny, Juristisches Begründen, 2013, S. 151.

Björnstjern Baade

dd) Korrektes Benennen der Normen

Zur juristischen Denk- und Arbeitsweise gehört es schließlich, Normen richtig 91 zu benennen und zu zitieren. Alle **Rechtsbehauptungen** sind, **soweit** wie **möglich, mit Normen** zu **belegen.** Zum Beispiel bestimmt sich die statthafte Klageart nicht deshalb nach dem klägerischen Begehren, weil der Bearbeiter oder die Korrektorin dies möchte, sondern weil es sich aus § 88 VwGO ergibt. Das Gebot, Rechtsbehauptungen mit Normen zu belegen, stützt sich letztlich auf das Rechtsstaatsprinzip (des Art. 20 III GG) und im Verwaltungsrecht auf die daraus folgende Gesetzmäßigkeit der Verwaltung.

Examenswissen: Zumindest bei Normen, die einen Schwerpunkt des Falls betreffen, ist **exakt zu** 92 **zitieren**, also nicht nur der Paragraph und der Absatz, sondern auch der Satz und ggf. der Buchstabe und die Nummer (z. B.: „unzuverlässig i. S. v. § 4 I 1 Nr. 1 GastG").

Während in Anfängerklausuren die relevanten Normen des (besonderen) Fachrechts noch 93 oft vorgegeben und mit dem Sachverhalt abgedruckt sein können, wird in Fortgeschrittenen- und Examensklausuren verlangt, dass die relevanten Normen (soweit sie Teil der zugelassenen Gesetzessammlungen sind) selbstständig gefunden werden.[93] Hilfsmittel bei der **Suche nach Normen** kann das den Gesetzen vorangestellte Inhaltsverzeichnis oder das Sachregister am Ende der Gesetzessammlung sein. Der Rückgriff auf diese Hilfsmittel ist völlig legitim und gehört zur juristischen Arbeitsweise dazu.[94] Er muss jedoch die Ausnahme bleiben. **Viele Normen** werden als **Standardwissen** angesehen, das nicht erst langwierig in der Klausur gesucht werden kann. Wer sich die Zulässigkeitsvoraussetzungen einer Anfechtungsklage erst in der Klausur mühsam zusammensucht, wird keine Zeit haben, die Begründetheitsprüfung angemessen abzuschließen.

Wenn man eine **einschlägige Norm**, insbesondere die Rechts- bzw. (gleichbedeutend) Er- 94 mächtigungsgrundlage für ein Verwaltungshandeln (s. näher § 2 Rn. 832ff.), gefunden hat, muss man diese **vollständig und richtig lesen.** Zudem sollte auch geprüft werden, ob im **Umfeld der Norm** (einige Nummern davor oder danach) nicht noch weitere relevante Festlegungen zu finden sind. Im Öffentlichen Recht finden sich sehr häufig **Regel-Ausnahme-Verhältnisse** oder **Legaldefinitionen.**

Vor der Anwendung mancher **Gesetze** muss (kurz) festgestellt werden, dass diese überhaupt 95 **anwendbar** sind. Dies kann sich aus der **Föderalismusreform I** (2006) ergeben, da der Bund für einige wesentliche Materien Gesetze erlassen hatte, für die er aber nunmehr keine Gesetzgebungskompetenz mehr hat. So gelten z. B. in Berlin sowohl das Versammlungsgesetz als auch das Gaststättengesetz des Bundes nur gem. der **Übergangsvorschrift** des **Art. 125a GG** fort. Denn der Landesgesetzgeber hat keine (abschließende) eigene Regelung erlassen.[95]

In manchen Ländern sind einige **wichtige Gesetze** zum Verwaltungsverfahren materiell 96 nicht eigens geregelt. Stattdessen werden für die **Verwaltungstätigkeit von Landesbehörden**

---

93 Zum Suchvorgang s.: Reimer, ZJS 2012, 623 (625); ausführlich: Lagodny, Gesetzestexte, suchen, verstehen und in der Klausur anwenden, 2. Aufl. 2012, S. 13–40.
94 Haft, Einführung in das juristische Lernen, 7. Aufl. 2015, S. 214.
95 Das Berliner „Versammlungsgesetz" enthält nur, seinem amtlichen Namen entsprechend, Ermächtigungen zu Aufnahmen und Aufzeichnungen von Bild und Ton bei Versammlungen unter freiem Himmel und Aufzügen, GVBl. 2013, 103.

auch jene **Bundesgesetze** angewandt, die direkt nur für Bundesbehörden gelten. Das Berliner **Verwaltungsverfahrensgesetz** (VwVfG Bln) z. B. verweist für die Verwaltungstätigkeit der Berliner Behörden in § 1 I dynamisch auf das VwVfG Bund in der jeweils geltenden Fassung. Nämliches wird durch § 7 VwVfG Bln für das **Verwaltungszustellungsgesetz** (VwZG) des Bundes und durch § 8 VwVfG Bln für das **Verwaltungsvollstreckungsgesetz** (VwVG) des Bundes angeordnet.

97   Dies **muss** bei der erstmaligen Anwendung des Bundesgesetzes **klargestellt werden**, indem die Bundesnorm „i. V. m." der landesrechtlichen Norm zitiert wird, die sie anwendbar macht, z. B.: „§ 35 VwVfG i. V. m. § 1 I VwVfG Bln". Damit man dies nicht bei jeder Nennung des Gesetzes wiederholen muss, wird gleichzeitig in einer „**Sternchen-**" bzw. Asterisk-**Fußnote (*)** vermerkt: „Alle nachfolgenden Verweise auf das VwVfG erfolgen über § 1 I VwVfG Berlin." (bzw. die jeweils anwendbare Landesnorm) (s. Fall 14 in: Eisentraut, Fälle zum Verwaltungsrecht, 2020, § 8 Rn. 7).

98   Aber Achtung: Diese grundsätzlichen Verweise können **landesrechtliche Modifikationen** enthalten. So bestimmt § 8 I 2 VwVfG Bln, dass § 11 III VwVG Bund mit der Maßgabe anzuwenden ist, dass die Höhe des Zwangsgeldes 50.000 Euro beträgt (nicht die im VwVG Bund genannten 25.000 Euro).

ee) Keine Kommentierung auf Meta-Ebene

99 Das eigene „Klausurschreiben" ist nicht auf einer Meta-Ebene zu kommentieren. Man erklärt nicht im Text der Klausurbearbeitung, dass man gerade eine Prüfungsarbeit schreibt und weshalb man was wie tut (z. B. „Hier war ich mir unschlüssig.", aber auch das verbreitete „Nun ist zu prüfen, ..." o. ä.). Solche Gedanken gehören nicht niedergeschrieben. Stattdessen prüft man, was zu prüfen ist.

100   Die **„Ich"-Form** ist generell zu **vermeiden.** Dies folgt fachsprachlichen Konventionen, soll letztlich zu Objektivität anhalten und diese auch sprachlich darstellen.

ff) Keine Doppelungen

101 Schließlich kann es sein, dass in einer Klausur oder Hausarbeit bestimmte Rechtsfragen an verschiedenen Stellen, also mehrfach, beantwortet werden müssen. Doppelungen (Redundanzen) sollten soweit als möglich vermieden werden, insbesondere indem man nach oben verweist („Wie bereits ausgeführt..." oder besser: „Wie bereits unter B.II.3. ausgeführt...").[96] **Verweisungen** nach unten sind zu unterlassen. Sobald eine Rechtsfrage erstmals in einem Gutachten entscheidungserheblich ist, muss sie auch an dieser Stelle beantwortet werden.

---

[96] Wobei vorher zu prüfen ist, ob es sich tatsächlich um eine Doppelung handelt oder doch ein rechtlich relevanter Unterschied besteht.

Björnstjern Baade

2. Zweifel und Gewissheit im Rechtsgutachten

In dem Rechtsgutachten, das in Prüfungsarbeiten (aber auch sonst) zu erstellen **102**
ist, ist eine Rechtsfrage zu prüfen. Man prüft, ob die Tatbestandsvoraussetzungen von Normen gegeben und was die Rechtsfolgen sind. Aller Wahrscheinlichkeit nach, ergeben sich hieraus viele weitere Rechtsfragen, die es zu beantworten
gilt (s. Rn. 72 ff.). Die **Beantwortung aller** dieser **Rechtsfragen in hoher Detail-
und Begründungstiefe** ist **praktisch unmöglich** – nicht nur in der Rechts-,
sondern auch in der Prüfungspraxis. Zeit, Platz und die intellektuelle Aufnah-
mekapazität von Menschen sind begrenzt. Das juristische Denken und der juristische Sprachgebrauch orientieren sich daher in Praxis und Ausbildung bei der
Beantwortung von Rechtsfragen daran, wie unsicher das Ergebnis scheint.

Je mehr Zweifel man (unter juristisch relevanten Erwägungen) an dem Er- **103**
gebnis haben kann, **desto ausführlicher** ist zu **argumentieren.** Dieses Erfordernis folgt in der Praxis daraus, dass die Rechtswissenschaft nicht nur Ent-
scheidungswissenschaft ist, sondern diese Entscheidungen rechtsstaatlichen
Erfordernissen entsprechend begründet und ggf. kontrolliert werden müssen.[97] Je
mehr ein Ergebnis mit vernünftigen juristischen Erwägungen angezweifelt werden
kann, desto mehr ist es begründungsbedürftig. In Prüfungsarbeiten soll man
entsprechend zeigen, dass man diese Methodik juristischer Entscheidungsfindung und -begründung beherrscht.

Hausarbeitswissen: Die juristische Entscheidungsmethodik weist hier starke Parallelen zu philoso- **104**
*phischen Erkenntnissen auf, die insbesondere mit **Ludwig Wittgenstein** (1889–1951) verbunden*
*werden: „**Der vernünftige Mensch hat gewisse Zweifel nicht**... Am Grunde des begründeten*
Glaubens liegt der unbegründete Glaube.“[98] Wittgenstein vergleicht die Sicherheit unserer Über-
zeugungen mit einem Fluss: Das Flussbett steht für die grundlegendsten Überzeugungen, derer man
sich allgemein absolut sicher ist. Innerhalb dieses Flussbetts bewegen sich unsere Überzeugungen
und sind Veränderungen zugänglich. Nur hier zweifelt man in aller Regel. „[D]as Ufer jenes Flusses
besteht zum Teil aus hartem Gestein, das keiner oder einer unmerkbaren Änderung unterliegt, und
teils aus Sand, der bald hier bald dort weg- und angeschwemmt wird.“[99] „Alle Prüfung, alles Be-
kräften und Entkräften einer Annahme geschieht schon innerhalb eines Systems... Wer an allem
zweifeln wollte, der würde auch nicht bis zum Zweifel kommen. Das Spiel des Zweifelns selbst setzt
*schon die Gewißheit voraus....D.h. **die Fragen, die wir stellen, und unsre Zweifel beruhen dar-***
auf, daß gewisse Sätze vom Zweifel ausgenommen sind, gleichsam die Angeln, in welchen

---

97 Zur Begründungspflicht von Behörden und Gerichten: s.: §§ 39, 73 III, 117 II, 122 II VwGO.
98 Wittgenstein, Über Gewißheit, 13. Aufl. 2013 [verfasst 1950/1951, Erstausgabe 1969], §§ 220, 253
(Hervorhebung vom Verf.).
99 Wittgenstein, Über Gewißheit, 13. Aufl. 2013 [verfasst 1950/1951, Erstausgabe 1969], § 99, zur
Flussbettmetapher auch: §§ 94–98.

jene sich bewegen...Wenn ich will, daß die Türe sich drehe, müssen die Angeln feststehen."[100] *Wittgensteins Ausführungen beziehen sich zwar auf Tatsachenbehauptungen, sind aber auf normative Wertungen übertragbar.*[101]

105 *Wenn man Wittgensteins Metaphern auf das Rechtsgutachten übertragen wollte, das in einer Prüfungsarbeit zu erstellen ist, könnte man sagen, dass vor allem die grundlegenden, allgemein akzeptierten Schemata, Definitionen und die Auslegungsmethoden das harte Gestein des Flussufers ausmachen. An diesen Stellen zu zweifeln wird in einer Falllösungsaufgabe nicht belohnt werden. Zweifel sind erst innerhalb dieses Systems erlaubt (das es im Rahmen der Ausbildung ja gerade erst zu erlernen gilt). Standardprobleme mag man zum sandigen Ufer zählen – das immer noch Ufer ist, aber veränderbarer. Schon hier, aber erst recht im Flusswasser „unbekannter Probleme" eröffnet sich ein Raum für Zweifel über das, was richtig und falsch ist (zu den verschiedenen Problemtypen noch Rn. 140ff.) In diesem Flusswasser sind (im Rahmen beider Ufer) verschiedene Ergebnisse und Begründungen vertretbar.*

Zum Beispiel wäre es verfehlt, in einer Falllösungsarbeit daran zu zweifeln, aus welchen Elementen die Verhältnismäßigkeitsprüfung besteht, wie diese zu definieren sind und ob diese Rechtsfigur überhaupt angewandt werden sollte. All dies ist als wissenschaftliche Fragestellung denkbar, etwa in einer rechtstheoretischen Seminararbeit. Die Verhältnismäßigkeitsprüfung zählt im Öffentlichen Recht Deutschlands jedoch so gewiss zum „harten Ufer", dass Zweifel in einer Falllösung unangebracht wären. Innerhalb der Durchführung der Verhältnismäßigkeitsprüfung, also in der Anwendung auf den konkreten Sachverhalt befindet man sich im Flusswasser, d. h. Zweifel sind nicht nur angebracht, sondern von der Aufgabenstellung regelmäßig gefordert (s. Rn. 146ff.).

106 Die **sprachliche Darstellung spiegelt** die **Ungewissheit** über das Entscheidungsergebnis in der Verwendung des Gutachten- (a) oder Urteilsstils (b). Der so verwendete Stil entspricht wiederum der Schwerpunktsetzung (c) anhand juristischer „Probleme" (d).

a) Der Gutachtenstil

107 Im Gutachtenstil ist grundsätzlich die Beantwortung jener Rechtsfragen darzustellen, bei denen man vernünftigerweise juristisch über das Ergebnis streiten kann, die also „problematisch" sind.

aa) Die Funktion und Herkunft des Gutachtenstils

108 **Gutachtenstil** ist nicht nur eine Form der Darstellung, sondern **ist** in erster Linie **juristischer Denkstil.**[102] Seine Verwendung in der Ausbildung soll lehren, Normen und deren Voraussetzungen richtig auszulegen und auf konkrete Sachverhalte

---

100 Wittgenstein, Über Gewißheit, 13. Aufl. 2013 [verfasst 1950/1951, Erstausgabe 1969], §§ 105, 115, 341, 343 (Hervorhebung vom Verf.).
101 S. insgesamt hierzu: Nida-Rümelin, Demokratie und Wahrheit, 2006, S. 29 f.
102 Vgl. Hildebrandt, Juristischer Gutachtenstil, 2017, S. 1.

anzuwenden. Dieses Denkverfahren gilt es zu erlernen und gedanklich konsequent durchzuhalten. Letztlich muss diese Denkweise eine Denkgewohnheit werden.

*Hausarbeitswissen: Seinen Ursprung findet der Gutachtenstil im Vortrag des **Berichterstatters*** 109 *eines **Kollegialorgans**, also eines Gremiums, das aus mehreren stimmberechtigten Personen besteht. Dem Berichterstatter, z.B. in der Kammer eines Verwaltungsgerichts, wurde die Ausarbeitung eines Entscheidungsvorschlages übertragen. Er oder sie bereitet den Sachverhalt aus den Akten auf, stellt die einschlägige Rechtslage dar und wendet sie auf den Sachverhalt an, wobei an potentiell strittigen Stellen Schwerpunkte gebildet werden und vertieft argumentiert wird. Schließlich wird ein Entscheidungsvorschlag unterbreitet.*[103]

*Der Gutachtenstil kann sich auch anbieten, wenn **anwaltliche Gutachten** zu erstellen sind.*[104] 110 *Dies kann die anwaltliche Beratung eines Mandanten betreffen, für den ein Gutachten zu einer bestimmten Rechtsfrage erstellt wird. Es kann aber auch die rechtliche Beratung innerhalb eines Unternehmens oder innerhalb einer Behörde sein. Anders als das Urteil eines zur Streitentscheidung ermächtigten Gerichts, muss sich ein anwaltliches Gutachten nämlich auch mit Folgefragen auseinandersetzen, die sich ergeben, falls der primären Argumentation nicht gefolgt wird. Anwaltliche Gutachten, die sich an Mandanten richten, müssen zusätzlich eine Übersetzungsleistung aus der juristischen Fachsprache in die Alltagssprache bzw. die Sprache des Adressaten bieten.*

bb) Der Justizsyllogismus

Rechtsfragen werden in der deutschen Rechtstradition mit einer logischen Schluss- 111 form beantwortet, die man Syllogismus nennt. Diese Schlussform geht bis auf Aristoteles zurück.[105] Das bekannteste Beispiel für die Beantwortung einer Frage mit dem Syllogismus ist die Folgende: **Ist Sokrates sterblich?** Alle Menschen sind sterblich. Sokrates ist ein Mensch. Also ist Sokrates sterblich.[106] Dieser Syllogismus wird in der Rechtswissenschaft am ausführlichsten im Gutachtenstil dargestellt:

1. Rechtsfrage[107]	Fraglich ist, ob X zuverlässig i.S.v. § 4 I 1 GastG ist.	
2. Definition (Obersatz)	Zuverlässig ist, wer dem Gesamteindruck seines Verhaltens nach die Gewähr dafür bietet, seine Gaststätte künftig ordnungsgemäß zu betreiben.	
3. Subsumtion (Untersatz)	X bietet die Gewähr, künftig seine Gaststätte ordnungsgemäß zu betreiben.	
4. Ergebnis	X ist daher zuverlässig i.S.v. § 4 I 1 GastG.	

---

103 Mann, Einführung in die juristische Arbeitstechnik, 5. Aufl. 2015, Rn. 224.
104 Valerius, Einführung in den Gutachtenstil, 4. Aufl. 2017, S. 15.
105 Joerden, Logik im Recht, 2010, S. 327.
106 S. anschaulich zum Syllogismus (anhand zivilrechtlicher Beispiele): Schimmel, Juristische Klausuren und Hausarbeiten richtig formulieren, 13. Aufl. 2018, Rn. 5 – 32.
107 Begrifflich leider verwirrend wird auch diese Fragestellung von manchen als „Obersatz" bezeichnet: Hildebrandt, Juristischer Gutachtenstil, 2017, S. 6.

112 *Hausarbeitswissen: Ob der Einleitungssatz, der die Frage aufwirft, mit einem Konjunktiv zu beginnen ist oder nicht, ist umstritten, aber von keinerlei praktischer Bedeutung. „X muss/müsste zuverlässig i. S. v. § 4 I 1 GastG sein." – beides ist vertretbar.[108] „Fraglich/Problematisch/Zweifelhaft ist ob, ..." entspricht dem. Die gewählte Formulierung spiegelt hier auch das Ausmaß der Zweifel.*

113 **Der Syllogismus funktioniert wie folgt:** Aus zwei Prämissen (Definition und Subsumtion) folgt (logisch zwingend) ein Ergebnis. Logisch zwingend heißt, dass eine vernünftige Person, die beide Prämissen bzw. Voraussetzungen akzeptiert, nicht anders kann, als dem Ergebnis zuzustimmen. Eine Verweigerung der Zustimmung würde durch andere als widersprüchlich, also irrational wahrgenommen.

114 Die **inhaltliche Richtigkeit eines syllogistischen Schlusses** (die über seine logische Korrektheit hinausgeht) **hängt** daher **an der Richtigkeit seiner Prämissen:**

1.	Fragestellung	Fraglich ist, ob X zuverlässig i. S. v. § 4 I 1 GastG ist.
2.	Definition (Obersatz)	Zuverlässig ist, wer beim Betrieb einer Gaststätte noch nie jemanden getötet hat.
3.	Subsumtion (Untersatz)	X hat noch nie jemanden beim Betrieb einer Gaststätte getötet.
4.	Ergebnis	X ist somit zuverlässig i. S. v. § 4 I 1 GastG.

(<u>Achtung</u>: falsches Beispiel!)

Dieser Schluss ist formallogisch unbezweifelbar richtig – und dennoch juristisch unvertretbar. Die Prämissen (Definition und Subsumtion) sind inhaltlich falsch. Die Definition ist unvertretbar: jedenfalls die Schutzpflicht für körperliche Unversehrtheit und Leben aus Art. 2 II 1 GG wird ein staatliches Einschreiten schon weit vor dieser Schwelle gebieten. Unterstellt, dass ein Gast von X (laut Sachverhalt) schon aufgrund einer Lebensmittelvergiftung verstarb, ist auch die zweite Prämisse in der Subsumtion falsch. Die **inhaltliche Richtigkeit** der Lösung einer Rechtsfrage **hängt** also **nie allein an** der Einhaltung **formaler Logik**. Darüber hinaus muss man die **Prämissen überzeugend** (oder jedenfalls vertretbar) **begründen.**[109]

115 In verwaltungsrechtlichen Prüfungsarbeiten sind oft bestimmte **Tatbestandsmerkmale auszulegen.** Strukturell erarbeitet man dann (als 1. Prämisse)

---

108 Bringewat, Methodik juristischer Fallbearbeitung, 3. Aufl. 2017, Rn. 204–207; Mix, Schreiben im Jurastudium, 2011, S. 56 f.
109 Vgl. Puppe, Kleine Schule des juristischen Denkens, 3. Aufl. 2014, S. 204 f.

eine **Definition** dieser rechtlichen Voraussetzung.[110] Man diskutiert ggf., welche unter mehreren denkbaren Definition die richtige ist, indem man die verschiedenen Möglichkeiten darstellt und juristisch argumentiert, welcher dieser Definitionen der Vorzug zu geben ist. Die **juristische Argumentation** ist im Gegensatz zur allgemeinen (politischen) Argumentation dadurch beschränkt, dass mit den allgemein akzeptierten **Auslegungsmethoden** gearbeitet werden muss, also mit Wortlaut, Systematik, Sinn und Zweck sowie der historischen Auslegung des Gesetzes. Analogie, teleologische Reduktion und ihre Voraussetzungen sollten Studierenden ebenso ein Begriff sein wie verschiedene übliche Argumentformen (wie der Erst-recht- und der Umkehrschluss).[111]

Examenswissen: Im Verwaltungsrecht gibt es **besonders relevante Aspekte der systemati-** 116 **schen Auslegung.** Es muss unbedingt nach **Legaldefinitionen** gesucht werden. (Einen Begriff auszulegen, für den das Gesetz eine Definition bereithält, ist falsch. Vielmehr ist dann ggf. diese Legaldefinition auszulegen.) Schließlich können verwaltungsrechtliche Begriffe häufig **verfassungs- und/oder europarechtskonform** auszulegen sein. Es ist an die Grundrechte des Grundgesetzes und die Grundfreiheiten des AEUV zu denken.

Nachdem man die **Definition** des Tatbestandsmerkmals einer Rechtsnorm erar- 117 beitet und begründet hat, muss man diese **auf** den **Lebenssachverhalt anwenden** (Sind wirklich schon Gäste von X wegen hygienischer Mängel gestorben?). In der Praxis und in der zweiten Staatsprüfung kann hierzu eine Beweiswürdigung vorzunehmen sein, in der Zeugenaussagen, Sachverständigengutachten und weitere Beweismittel ausgewertet werden.[112] In der ersten juristischen Prüfung ist das tatsächliche Geschehen im **Sachverhalt** vorgegeben. Diesen gilt es **richtig** zu **lesen** (s. dazu Rn. 23 ff. und unten Rn. 155). Denn die Aufgabe in juristischen Falllösungsprüfungen ist es nicht, eine abstrakte Rechtsfrage darzustellen (dann würde der Schritt der Definition ausreichen). Vielmehr muss der konkrete Sachverhalt einer rechtlichen Bewertung zugeführt werden – wozu der Sachverhalt natürlich verwertet werden muss. **Es ist stets mit Fallbezug zu arbeiten** (s. auch Rn. 62)!

---

110 Vgl. Bialluch/Wernert, JuS 2018, 326 (327). Zahlreiche Formulierungsbeispiele zur Anwendung der Auslegungsmethoden: Schimmel, Juristische Klausuren und Hausarbeiten richtig formulieren, 13. Aufl. 2018, Rn. 215 ff.
111 S. sehr kurz zur Methodenlehre: Thomas Möllers, Juristische Arbeitstechnik und wissenschaftliches Arbeiten, 8. Aufl. 2016, Rn. 14 – 25; Huang, Fallbearbeitung im Staats-und Verwaltungsrecht, 9. Aufl. 2018, Rn. 52 – 76; ausführlicher: Zippelius, Juristische Methodenlehre, 11. Aufl. 2012; sehr ausführlich: Rüthers/Fischer/Birk, Rechtstheorie, 10. Aufl. 2018, Rn. 717 ff.
112 S. § 96 I VwGO.

118   Verwaltungsrechtliche Prüfungsarbeiten zeichnen sich oft dadurch aus, dass **unbestimmte Rechtsbegriffe** in dieser Weise auszulegen und anzuwenden sind (näher § 2 Rn. 758). Regelmäßig werden mehrere Lösungen vertretbar sein. **Es kommt** hier, wie auch sonst, **auf die methodisch vertretbare Argumentation an.** Bei Rechtsgebieten, die nicht zum Pflichtfachstoff gehören (aber dennoch geprüft werden können, s. Rn. 19) wird in Klausuren keine Kenntnis der Rechtsprechung oder Lehre vorausgesetzt.

119   Zur Illustration folgt ein etwas **ausführlicheres Beispiel** zur Auslegung eines unbestimmten Rechtsbegriffs anhand des „unbekannten" Problems, wann jemand die nötige Zuverlässigkeit hat, um im Sicherheitsbereich eines Flughafens zu arbeiten (zu Begriff und Typen von „Problemen" s. Rn. 140 ff.). Sowohl hinsichtlich der Definition als auch der Subsumtion wäre in einer Prüfungsarbeit eine abweichende Lösung vertretbar, soweit sie entsprechend begründet wird.

120   *Sachverhalt: X möchte im Sicherheitsbereich eines Flughafens arbeiten. Er wurde in den letzten zwei Jahren drei Mal wegen Diebstahls zu geringen Geldstrafen verurteilt. Wird eine Zuverlässigkeitsprüfung nach dem Luftsicherheitsgesetz für X positiv ausfallen?*

1. Rechtsfrage	X müsste zuverlässig[113] i. S. v. § 7 I 1 des Luftsicherheitsgesetzes (LuftSiG) sein.[114]
2. Definition (Obersatz)	Zuverlässig ist grundsätzlich, wer dem Gesamteindruck seines Verhaltens nach die Gewähr dafür bietet, zukünftig mit Blick auf das Luftsicherheitsgesetz ordnungsgemäß zu handeln.[115] Fraglich ist aber, wie hoch die Wahrscheinlichkeit künftigen Fehlverhaltens sein muss. Im Gewerberecht, das den Begriff der „Zuverlässigkeit", etwa in § 4 GastG, ebenfalls verwendet, wäre eine „gewisse" Wahrscheinlichkeit ausreichend.[116] Bloße Vermutungen ins Blaue hinein wären nicht ausreichend, aber ein Fehlverhalten müsste auch nicht „überwiegend" wahrscheinlich sein. Anders als das Gewerberecht bezweckt das LuftSiG jedoch, den Schutz höchstrangiger

---

113 Die Frage der „Zuverlässigkeit" einer Person ist allerdings ein sehr häufig vorkommendes „unbekanntes" Problem, auf das man jedenfalls rudimentär vorbereitet sein sollte. Ausführlich und instruktiv hierzu: Eifert, JuS 2004, 565.

114 Gem. § 7 I 1 Nr. 1 LuftSiG ist u. a. die Zuverlässigkeit von Personen zu überprüfen, „denen zur Ausübung einer beruflichen Tätigkeit nicht nur gelegentlich Zugang zum Sicherheitsbereich des Geländes eines Flugplatzes im Sinne des § 8 ... gewährt werden soll ...".

115 Diese Definition wandelt die entsprechende (und Studierenden eher bekannte) Definition des gleichlautenden Rechtsbegriffs aus dem Gewerberecht ab. Die Definition der Rechtsprechung ist anders und beinhaltet bereits das folgende Auslegungsergebnis. Da das LuftSiG nicht zum Pflichtfachstoff gehört, handelt es sich um ein „unbekanntes" Problem; Kenntnis der Rechtsprechung ist zur Lösung in der Klausur also nicht erforderlich.

116 Metzner, GastG, 6. Aufl. 2001, § 4 Rn. 10 ff., 22.

117 Vgl. VG Berlin, Urt. v. 24. Januar 2018, Az.: 13 K 279.16 – Rn. 15, juris.

Björnstjern Baade

Rechtsgüter (Leben und körperliche Unversehrtheit, Art. 2 II GG) einer großen Vielzahl von Personen gegen schwerwiegende, irreparable Schäden, z. B. durch terroristische Anschläge, § 1 LuftSiG. § 7 VI LuftSiG verlangt entsprechend auch, dass „keine Zweifel" an der Zuverlässigkeit verbleiben dürfen. Daher genügen bereits geringste Zweifel daran, dass X künftig mit Blick auf das Luftsicherheitsgesetz ordnungsgemäß handeln wird.[117]

3. Subsumtion (Untersatz)	X wurde in den letzten zwei Jahren drei Mal wegen Diebstahls zu geringen Geldstrafen verurteilt. Hierbei handelt es sich eher um Bagatellstraftaten, die keinen direkten Zusammenhang mit Gefahren für die Luftsicherheit haben. Die wiederholte Begehung von Diebstählen in engen zeitlichen Abständen zeigt jedoch die Bereitschaft, sich zum eigenen Vorteil auch über strafrechtlich bewehrte Verbote hinwegzusetzen. Dass X sich über sicherheitsrelevante Bestimmungen hinwegsetzen könnte, um einen persönlichen Vorteil zu erlangen, scheint nicht ausgeschlossen. Es bestehen somit – wenn auch geringe – Zweifel an der luftsicherheitsrechtlichen Zuverlässigkeit des X.
4. Ergebnis	Somit ist X unzuverlässig i. S. v. § 7 I 1 LuftSiG.

Examenswissen: In der Auslegung und Anwendung unbestimmter Rechtsbegriffe überschneiden **121** sich inhaltliche und formale Anforderungen an die Argumentation. Ein neutraler, fachsprachlicher Stil dient nicht nur der Darstellung, sondern auch dazu, dass die Entscheidung der Rechtsfrage *tatsächlich* neutral und nach fachlichen Erwägungen geschieht. Es werden in letzter Konsequenz auch subjektive Wertungen und Werturteile heranzuziehen sein. Dies bedeutet aber nicht, dass die Argumentation einseitig sein darf. **Alle ersichtlichen Argumente**, die **für und wider** eine Auslegung sprechen, sind als solche darzulegen und zu **verwerten**; sowohl auf der Ebene der Definition als auch der der Subsumtion. Argumente, die für eine Gegenposition sprechen, sind als solche anzuerkennen. Man muss nicht jedes einzelne Argument völlig entkräften, das für eine andere Auslegung sprechen könnte. Wenn dies überzeugend möglich wäre, würde aller Wahrscheinlichkeit nach überhaupt kein Streit bestehen. **Welche Argumente** man **letztlich** für **gewichtiger** erachtet, bleibt einem im Rahmen des Nachvollziehbaren selbst überlassen. Hier eröffnet sich der **Raum des Vertretbaren.**[118]

b) Der Urteilsstil

Im Urteilsstil sind – wenig überraschend – die Entscheidungen deutscher Ge- **122** richte formuliert. Man stellt das Ergebnis voran und begründet im Anschluss. Tendenziell werden hiermit weniger Zweifel aus dem Vorgang der Entscheidungsfindung offengelegt als mit dem Gutachtenstil. Ein Ausschnitt aus der Prüfung der Verhältnismäßigkeit eines Verwaltungsakts soll als Beispiel dienen:

---

118 Mit Negativ-Beispielen: Mann, Einführung in die juristische Arbeitstechnik, 5. Aufl. 2015, Rn. 259.

Björnstjern Baade

1. Ergebnis		Die Einziehung des Wellensittichs gem. § 19 TierSchG ist auch erforderlich.
2. Definition		Die Einziehung ist erforderlich, wenn keine andere Maßnahme zur Verfügung steht, die zwar milder, also weniger eingriffsintensiv hinsichtlich der Rechte der Klägerin ist, und gleichzeitig ebenso wirksam das Ziel des Tierschutzes verfolgt.
3. Subsumtion		Ein bloßer Appell wäre zwar milder, aber auch weniger geeignet, das Ziel des Tierschutzes zu erreichen, da er R nicht mit gleicher Sicherheit von der Wiederholung von Handlungen abhalten würde, die den Wellensittich schädigen. Andere mildere Mittel, die gleich geeignet wären wie die Einziehung, sind nicht ersichtlich.

c) Die Schwerpunktsetzung

123 Ob die Darstellung im Gutachtenstil oder im Urteilsstil vorzunehmen ist, entscheidet sich danach, ob die Frage rechtlich problematisch ist.[119] Der **Stil verdeutlicht** die **Schwerpunktsetzung.** Aus dieser Schwerpunktsetzung folgt ein wesentlicher Teil der Note. Denn es ist eine juristische Kernkompetenz, **Wesentliches von Unwesentlichem** und Problematisches von Unproblematischem **unterscheiden** zu können.

124 Der **Urteilsstil** ist nur **Unproblematischem vorbehalten**, z.B.: „Die Monatsfrist zur Einlegung des Widerspruchs kann eingehalten werden, da seit Bekanntgabe der Abrissverfügung erst 14 Tage vergangen sind." Insbesondere in der Zulässigkeitsprüfung ist an diversen Stellen sogar ein „**Behauptungsstil**" angebracht, der auf eine Begründung (fast) gänzlich verzichtet, z.B.:[120]

„Das Verwaltungsgericht Berlin ist zuständig gem. §§ 45, 52 Nr. 3 VwGO." / „K ist als natürliche Person, die Bundesrepublik Deutschland ist als juristische Person gemäß § 61 Nr. 1 VwGO beteiligtenfähig."

125 Die Verwendung des Urteils- oder gar Behauptungsstils hat zur Voraussetzung, dass der entsprechende Punkt auch tatsächlich unproblematisch ist. So wird oft eine detaillierte Begründung entbehrlich sein, weshalb ein **Verwaltungsakt i.S.v. § 35 VwVfG** vorliegt und weshalb der **Verwaltungsrechtsweg** eröffnet ist

---

119 Die Bedeutung dieser Unterscheidung kann nicht überbetont werden. So alle: Schwerdtfeger/Schwerdtfeger, Öffentliches Recht in der Fallbearbeitung, 15. Aufl. 2018, Rn. 836; Schimmel, Juristische Klausuren und Hausarbeiten richtig formulieren, 13. Aufl. 2018, Rn. 150; Valerius, Einführung in den Gutachtenstil, 4. Aufl. 2017, S. 24,73–78; Bialluch/Wernert, JuS 2018, 326 (328); Lagodny, Gesetzestexte, suchen, verstehen und in der Klausur anwenden, 2. Aufl. 2012, S. 184.
120 Vgl. Mix, Schreiben im Jurastudium, 2011, S. 49, 52f.

(s. z. B. Fall 1 in: Eisentraut, Fälle zum Verwaltungsrecht, 2020, § 2 Rn. 10).[121] Zuvor muss aber gedanklich geprüft worden sein, ob nicht doch eines der Merkmale eines Verwaltungsakts zweifelhaft ist. Die Klage- oder Verfahrensart und mithin das gesamte weitere Prüfungsschema hängen hiervon ab.

Der Grund dafür, dass eine bloße Behauptung an solchen Stellen genügt, ist der, dass eine andere Ansicht vernünftigerweise nicht vertreten werden kann – und die Begründung gleichwohl etwas langwierig oder sogar schwer erscheint. **Selbstverständliches im Gutachtenstil** darzustellen, **wirkt** nicht nur **skurril**, sondern nimmt auch **Zeit für die** Bearbeitung der **wirklichen Probleme**.[122] Ein deutliches

> *Beispiel: Fraglich ist, ob A beteiligtenfähig ist. Gemäß § 61 Nr. 1 VwGO sind alle natürlichen und juristischen Personen fähig, am verwaltungsgerichtlichen Verfahren beteiligt zu sein. A könnte eine natürliche Person sein. Natürliche Personen sind alle Menschen. Mensch ist – nach dem heutigen Stand der Technik –, wer von einer Frau geboren ist. A hat bei lebensnaher Sachverhaltsauslegung eine Mutter. Daher ist A ein Mensch. Entsprechend ist A eine natürliche Person. Mithin ist A beteiligtenfähig.*

Wenn eine Rechtsfrage einfach oder gar unzweifelhaft zu Bejahen oder zu Verneinen ist, muss der Urteils- oder Behauptungsstil eingesetzt werden. Die Anzahl echter Probleme in einer verwaltungsgerichtlichen Prüfungsaufgabe wird in der Regel überschaubar sein. Das bedeutet, dass die **Verwendung des Gutachtenstils die Ausnahme** ist.[123] Ein Großteil des Rechtsgutachtens in einer verwaltungsrechtlichen Prüfungsarbeit wird im Urteils- oder Behauptungsstil verfasst werden. Es ist eine dieser drei Darstellungsformen zu wählen. **Mischformen** wie die folgende sind **unzulässig**: 126

> *Beispiel: „Fraglich ist, ob A eine Gefahr i. S. d. § 14 II BPolG verursacht hat. Eine im Einzelfall bestehende (konkrete) Gefahr ist ein Verhalten oder eine Sachlage, bei der die hinreichende Wahrscheinlichkeit besteht, dass in absehbarer Zeit ein Schaden für die öffentliche Sicherheit oder Ordnung eintreten wird. Dies ist hier aber nicht der Fall."[124]*

Examenswissen: Der Fehler ist nicht nur stilistischer Art, sondern liegt in einem **performativen** 127 **Selbstwiderspruch:** Mit der Verwendung des Gutachtenstils wird angezeigt, dass an dieser Stelle

---

121 Vgl. Voßkuhle/Kaufhold, JuS 2011, 34 (36); Uerpmann-Wittzack, Examens-Repetitorium Allgemeines Verwaltungsrecht und Verwaltungsprozessrecht, 5. Aufl. 2018, § 1 Rn. 6 f., 10.
122 Bringewat, Methodik juristischer Fallbearbeitung, 3. Aufl. 2017, Rn. 214.
123 Aus dem Blickwinkel des Strafrechts, aber in alle Rechtsgebiete übertragbar: Lagodny/Mansdörfer/Putzke, ZJS 2014, 157 (158 f.); vgl. Haft, Einführung in das juristische Lernen, 7. Aufl. 2015, S. 193.
124 Vgl. Schimmel, Juristische Klausuren und Hausarbeiten richtig formulieren, 13. Aufl. 2018, Rn. 117: „informationslose Subsumtionen".

Björnstjern Baade

ein Problem liegt. Mit dem plötzlichen Abbruch der Ausführungen wird gesagt, dass es doch nicht so ist. Entweder die Frage ist tatsächlich völlig unproblematisch, dann ist schlicht festzustellen: „Von X ging keine Gefahr aus" oder „X verursachte keine Gefahr, da bloßes Autofahren nicht mit hinreichender Wahrscheinlichkeit einen Schaden für die öffentliche Sicherheit oder Ordnung herbeiführt." Sollte doch ein Problem vorliegen, muss es im Gutachtenstil durch fallbezogene Argumentation gelöst werden. Bloße Behauptungen genügen dann gerade nicht.

128   Entgegen der hiesigen Ausführungen kritisieren Korrektoren vereinzelt die Verwendung des Urteilsstils auch bei völlig klaren und unproblematischen Subsumtionen. Mit dem **Urteilsstil** assoziierte Konjunktionen wie „weil" und „da" werden oft **beanstandet.**[125] Dies entspricht jedoch nicht prüfungsrechtlicher Spruchpraxis; die Verwendung des Urteils- oder Behauptungsstils ist – richtig eingesetzt – völlig vertretbar.[126] Zumindest wird der Zeitgewinn, den die (richtige) Verwendung des Urteilsstils bewirkt, jeden (fälschlichen) Punktabzug aufwiegen.[127] Wer ganz sicher gehen möchte, vermeidet einfach die genannten Konjunktionen im Urteilsstil.

129   Alternativ zum Urteilsstil wird auch ein **„verkürzter"** Gutachtenstil empfohlen, der letztlich ein umgedrehter Urteilsstil ist: „Bloßes Autofahren führt nicht mit hinreichender Wahrscheinlichkeit zu einem Schaden für die öffentliche Sicherheit und Ordnung, somit verursachte X keine Gefahr."[128] Auch dies ist sicher vertretbar.

d) Das Problem und seine Lösung

130 Das Kriterium, nach dem die Schwerpunktsetzung in einer Klausur vorzunehmen ist, entspricht im Ausgangspunkt demjenigen der juristischen Praxis. Zweifelhaftes ist vertieft zu analysieren und nach Erwägung aller juristisch relevanten Argumente einer vertretbar begründeten Entscheidung zuzuführen.[129] Unzweifelhafte Ergebnisse sind, wenn überhaupt, in aller Kürze abzuhandeln. **Rechtsfragen, über deren Beantwortung man sich unsicher sein und streiten kann**, werden in der juristischen Ausbildung traditionell als „Problem" bezeichnet. Doch wie erkennt man ein solches Problem und was macht man, wenn man es erkannt hat?

---

125 Hildebrandt, Juristischer Gutachtenstil, 2017, S. 37; Zwickel/Lohse/Schmid, Kompetenztraining Jura, 2014, S. 64, aber mit Einschränkung im Öffentlichen Recht: S. 55.

126 OVG Münster, Urt. v. 27.8.2009, Az.: 14A 313/09, Rn. 51; Peine, Klausurenkurs im Verwaltungsrecht, 6. Aufl. 2016, Rn. 16; s. insgesamt hierzu: Lagodny/Mansdörfer/Putzke, ZJS 2014, 157 (160 f.).

127 Ebenso: Lagodny/Mansdörfer/Putzke, ZJS 2014, 157 (163).

128 Hildebrandt, Juristischer Gutachtenstil, 2017, S. 41, 43 f.

129 Dazu, was dies eigentlich bedeutet: Neupert, Was macht Rechtsauffassungen vertretbar?, JuS 2016, 489 (492–494).

Björnstjern Baade

aa) Was ist ein Problem und wann ist es zu lösen?

Es gibt viele Sachverhalte, die eindeutig von einer Norm erfasst sind, und viele, die eindeutig nicht von ihr erfasst sind. Anhand dieser (unproblematischen) „**Normalfälle**" der Anwendung und Nicht-Anwendung einer Norm lässt sich ein neues Rechtsgebiet am besten erschließen.[130] Denn so lernt man die übliche Bedeutung der entsprechenden Rechtsnormen. **131**

> *Beispiel: Der jedermann offenstehende Gemeingebrauch an öffentlichen Straßen umfasst den „Verkehr" (s. z.B. § 10 II Berliner Straßengesetz[131]). Im Normalfall ist mit Verkehr (nach Wortlaut sowie Sinn und Zweck der Norm) die Nutzung der Straße zur Fortbewegung gemeint.*

Das juristische „**Problem**" bezeichnet den Umstand, dass es Sachverhalte gibt, bei denen unsicher scheint, ob sie von der Norm erfasst sind oder nicht, also **Grenzfälle.** Diese Schwierigkeit in der Auslegung einer Rechtsnorm ist es, die in der juristischen Ausbildung als „Problem" bezeichnet wird. Und diese Schwierigkeit ist es, die durch Auslegung zu bewältigen ist, indem man juristisch argumentiert und eine Entscheidung (im Gutachtenstil) begründet. **132**

> *Beispiel: „Fraglich ist, ob auch das Verteilen von Flugblättern auf der Straße ‚Verkehr' i.S.d. Gemeingebrauchs ist. Vom Wortsinn her könnte mit ‚Verkehr' auch ‚kommunikativer Verkehr' gemeint sein. Eine verfassungskonforme Auslegung mit Blick auf die Meinungsfreiheit aus Art. 5 I GG könnte geboten sein, wenn eine Genehmigungspflicht dieses Grundrecht unangemessen beschränkte. Jedenfalls soweit keine nennenswerte Beeinträchtigung des ‚normalen' Gemeingebrauchs durch andere zu befürchten ist, wird dies anzunehmen sein.[132] Vorliegend... [Subsumtion]"*

Wie in der Praxis sind Rechtsprobleme auch in einer Prüfungsarbeit **nur** dann (vertieft) zu behandeln, **wenn** diese mit Blick auf den Sachverhalt **entscheidungserheblich** sind.[133] Schwerpunkte sind nicht danach zu setzen, was der Bearbeiter oder die Bearbeiterin weiß oder interessant findet.[134] Kann die Fallfrage beantwortet werden, ohne ein Rechtsproblem zu behandeln, verbietet sich in aller Regel eine nähere Behandlung. **Allenfalls** zulässig ist ein **kurzer Hinweis** auf die Problematik, um zu zeigen, dass man das (Standard-)Problem kennt, es **133**

---

130 Diese Lehr- und Lernmethode geht zurück auf Haft, Einführung in das juristische Lernen, 7. Aufl. 2015, S. 181 ff.

131 Berliner Straßengesetz vom 13.7.1999, GVBl. 1999, 380.

132 So für Flugblätter: BVerfG, Kammerbeschl. v. 18.10.1991, Az.: 1 BvR 1377/91 = NVwZ 1992, 53.

133 Vgl. Schimmel, Juristische Klausuren und Hausarbeiten richtig formulieren, 13. Aufl. 2018, Rn. 161; Bialluch/Wernert, JuS 2018, 326 (329).

134 Vgl. Schwerdtfeger/Schwerdtfeger, Öffentliches Recht in der Fallbearbeitung, 15. Aufl. 2018, Rn. 822 f.

Björnstjern Baade

aber vorliegend nicht darauf ankommt (s. z. B. Fall 10 in: Eisentraut, Fälle zum Verwaltungsrecht, 2020, § 5 Rn. 59).[135]

134 *Beispiel: Eine Erörterung der umstrittenen Rechtsfrage, ab wie vielen Teilnehmern eine Versammlung i. S. v. Art. 8 I GG respektive § 1 VersammlG vorliegt, ist nur dann angezeigt, wenn die Versammlung so wenige Teilnehmer hat, dass man zweifeln kann. Kommen **alle vertretbaren Meinungen** zum **gleichen** (positiven oder negativen) **Ergebnis**, ist der Streit eigentlich gar nicht anzusprechen. Um sein Wissen dennoch zu zeigen, kann – in aller Kürze! – auf die Existenz, aber Irrelevanz des Streits hingewiesen werden. Wenn eine Versammlung 300 Teilnehmer hat, stellt jede darüber hinausgehende Diskussion der Frage, ob eine, zwei, drei oder sieben Personen erforderlich sind, einen schweren Fehler in der Schwerpunktsetzung dar. Nicht nur wird dieser Fehler negativ in die Bewertung einfließen, er wird auch in der Folge zu einer Zeitknappheit bei der Bearbeitung der Klausur führen. Denn die Prüfungsaufgabe war nicht dafür konzipiert, dass auch dieses Problem detailliert thematisiert wird.*

135 **Je mehr Informationen** zu einem bestimmten Aspekt **im Sachverhalt** angeführt sind, **desto eher** wird hier ein **Problem** liegen, das im Gutachtenstil zu lösen ist.[136] Es gibt allerdings auch Probleme, die sich nur dadurch aus dem Sachverhalt ergeben, dass etwas *nicht* angegeben ist.[137]

bb) Wie ist ein entscheidungserhebliches Problem zu lösen?

136 Allgemein sollte die Abhandlung eines Meinungsstreits in der Klausur nicht danach klingen, als ob auswendig gelernte Theorien hölzern wiedergegeben werden.[138] (Dies gilt selbst dann, wenn dies, bei Standardproblemen, zu einem gewissen Grad der Fall sein mag.) Die Zuschreibung bestimmter Meinungen oder Argumente zu bestimmten Akteuren (Lehre / Rechtsprechung) oder ihre quantitative Bewertung (herrschend / Mindermeinung) ist in der Prüfungsarbeit nicht gefordert und tendenziell schädlich: Es ist fehleranfällig und vermittelt verstärkt den Eindruck, (nur) auswendiggelernte Textbausteine zu reproduzieren statt (auch) selbstständig zu argumentieren.[139] Eine Ausnahme wird aufgrund ihrer prägenden Bedeutung allgemein für Leitfälle des Bundesverfassungsgerichts

---

135 Schimmel, Juristische Klausuren und Hausarbeiten richtig formulieren, 13. Aufl. 2018, Rn. 154 f.

136 Schimmel, Juristische Klausuren und Hausarbeiten richtig formulieren, 13. Aufl. 2018, Rn. 140.

137 s. Rn. 51 für ein Beispiel.

138 Hildebrandt, Juristischer Gutachtenstil, 2017, S. 58 f.

139 Vgl. Bialluch/Wernert, JuS 2018, 326 (329).

Björnstjern Baade

gemacht.[140] Das **eigenständige Formulieren juristischer Argumente** ist aber das, was gefordert ist. Standardprobleme dienen (neben der Vermittlung von Standardwissen) dazu, diese sprachliche Fähigkeit und übliche Argumentformen zu üben.[141] Wenn unbekannte Problemkreise Gegenstand der Klausur sind, benötigt man diese Fähigkeit – sei es bei objektiv unbekannten Problemen, die nicht zum Pflichtfachstoff gehören, oder (dem Studierenden) subjektiv unbekannten Problemen, die Standardprobleme oder aktuelle Probleme sind (zu den Problemtypen sogleich in den Rn. 140 ff.).

Examenswissen: Mit einer **ständigen** (höchstrichterlichen) **Rechtsprechung** und einer **137** **herrschenden Lehre** sollte und muss man sich (im Rahmen des Pflichtfachstoffs, der vertiefte Kenntnisse verlangt) stets auseinandersetzen. Man muss ihr aber nicht unbedingt folgen. Es muss dann aber oft hilfsgutachtlich weitergeprüft werden, obwohl die Prüfung eigentlich zu Ende ist, weil das Ergebnis (z.B. Rechtswidrigkeit des Verwaltungsakts) schon feststeht. Man muss deswegen weiterprüfen, weil man sich sonst die Probleme des Falls abschneidet. Auch in einem Gutachten für einen Mandanten kann man in der Praxis nicht einfach davon ausgehen, dass das Gericht der eigenen Auffassung in jedem Punkt folgen wird, sondern muss Eventualitäten in Betracht ziehen.

Wenn man im Sachverhalt einen Hinweis auf ein Problem erkennt, das nach der eigenen **138** Lösung hilfsgutachtlich zu behandeln wäre, sollte man noch einmal über die Lösung nachdenken. [142] **Alle im Sachverhalt aufgeworfenen Rechtsfragen** sind (oft ausdrücklich laut Bearbeitervermerk) in einem Gutachten zu **beantworten.** Wesentliche Probleme des Falls werden üblicherweise aber nicht im Hilfsgutachten besprochen. Ohne Weiteres denkbar ist jedoch, dass eine Klage unzulässig (z.B. verfristet) ist. Die gesamte Begründetheit ist dann Hilfsgutachten.

Allerdings bestätigt auch hier die Ausnahme die Regel und es sind regelmäßig **139** verschiedene Lösungen gut vertretbar. Man sollte also nicht die eigene Lösung verbiegen, um einer (vermeintlichen) Musterlösung zu entsprechen. Am besten vertritt man **diejenige Lösung, für die man am besten argumentieren kann.**

Wenn man z.B. (mit gewichtigen Stimmen in der Lehre) eine *reformatio in peius* im Widerspruchsverfahren für unzulässig hält (s. näher § 2 Rn. 347 f.), ist dies in der ersten juristischen Prüfung fraglos vertretbar. Nichtsdestotrotz ist nach der Feststellung, dass der Widerspruchsbescheid schon deshalb rechtswidrig sei, zwingend hilfsgutachterlich weiterzuprüfen. Ansonsten würde man mit Sicherheit wesentliche Probleme des Falls unbearbeitet lassen.[143]

---

140 So kann auf „das Apothekenurteil" verwiesen werden, wenn die Berufsfreiheit thematisiert wird.
141 Ausführlich mit Formulierungsbeispielen: Schimmel, Juristische Klausuren und Hausarbeiten richtig formulieren, 13. Aufl. 2018, Rn. 161 ff.
142 Valerius, Einführung in den Gutachtenstil, 4. Aufl. 2017, S. 78 – 82.
143 Vgl. Huang, Fallbearbeitung im Staats-und Verwaltungsrecht, 9. Aufl. 2018, Rn. 82.

cc) Was für Probleme gibt es?

140 Im Rahmen der universitären Ausbildung gilt ein Begriff des „Problems", der sich in Teilen erheblich von dem der Praxis unterscheidet. Einige in der Praxis unproblematische Punkte sind in der Ausbildung ausdrücklich anzusprechen oder gar zu problematisieren. Die **Schwerpunktsetzung, die in der Ausbildung** verlangt wird, verfolgt nämlich andere Ziele, als die der Praxis. Sie dient didaktischen Zwecken und ist teils den **Besonderheiten des Prüfungsformats „Fallbearbeitung"** geschuldet. Aus diesem Prüfungsformat ergeben sich drei Kategorien von Rechtsproblemen, die einem in Klausur und Hausarbeit begegnen werden: Standardprobleme (1), unbekannte Probleme (2) und aktuelle Probleme (3).

(1) Standardprobleme

141 Wie in allen Rechtsgebieten existieren auch im Öffentlichen Recht sogenannte Standardprobleme. Diese Rechtsprobleme sind in der Ausbildung Standardwissen. **Wissen um** diese Probleme sowie die verschiedenen **Meinungen in Rechtsprechung und Literatur,** samt Argumenten, die zu ihnen vertreten werden, wird **vorausgesetzt.**[144]

142 Ein Beispiel ist die Frage, ob eine *reformatio in peius* im Widerspruchsverfahren zulässig ist (s. dazu näher § 2 Rn. 347 ff.). Dieses Rechtsproblem zählt, wie z. B. auch die isolierte Anfechtung von Nebenbestimmungen i. S. v. § 36 VwVfG (dazu näher § 2 Rn. 249 ff.) zu den **„größeren" Standardproblemen** des Verwaltungsrechts. Problem und Argumentation sind jeweils relativ komplex. Es gibt aber auch **„kleinere",** wie die Frage, ob vor einem Antrag auf vorläufigen gerichtlichen Rechtsschutz nach § 80 V VwGO ein Antrag nach § 80 IV VwGO an die Behörde zu stellen ist (zu diesem Problem näher § 8 Rn. 46).

143 Eine Besonderheit der Prüfung eines Standardproblems ist, dass es auch Rechtsfragen umfassen kann, die gegenwärtig, in Praxis und Lehre, nicht (mehr) wirklich umstritten sind. Ob in „besonderen Gewaltverhältnissen" (Strafgefangene, Schüler, Beamte, usw.) Grundrechte Anwendung finden, ist ein rein **rechtshistorisches Problem.**[145] Weder in der Rechtsprechung noch in der Literatur wird eine ablehnende Ansicht noch vertreten. Nichtsdestotrotz wird oft erwartet, dass die Problematik bekannt ist und kurz angesprochen wird (s. § 2 Rn. 91 f.).

---

144 S. etwa: Hebeler/Spitzlei, 60 Probleme aus dem Staats- und Verwaltungsrecht, 4. Aufl. 2018.
145 Vgl. Peine/Siegel, Allgemeines Verwaltungsrecht, 12. Aufl. 2018, Rn. 184.

Björnstjern Baade

(2) Unbekannte Probleme

Weiterhin können Rechtsprobleme Gegenstand einer Prüfungsaufgabe sein, 144
die einem unbekannt sind (und sein dürfen). Auf diese Probleme wird der
Sachverhalt dann im Allgemeinen mit der notwendigen Deutlichkeit hinweisen.
Diese Probleme sind dann mit allgemeinen juristischen Fähigkeiten und allgemeinem verwaltungsrechtlichen Wissen zu lösen.

Eine Besonderheit verwaltungsgerichtlicher Klausuren ist es, dass **Normen** 145
anzuwenden sein können, **die nicht zum Pflichtfachstoff gehören** (s. Rn. 19).
Diese Normen sind dann entweder mit dem Sachverhalt abgedruckt oder der
zugelassenen Gesetzessammlung zu entnehmen. In solchen Prüfungsarbeiten
kommt es darauf an, **Wissen und methodische Fähigkeiten aus dem allgemeinen Verwaltungs- und Verwaltungsprozessrecht** anhand dieser unbekannten Normen zu **zeigen.** Etwaige Rechtsprechung zu diesen Normen wird in
der Klausur nicht als bekannt vorausgesetzt. Gewissermaßen ist der Prüfling dann
in der Rolle eines Gerichts bzw. einer Behörde, welche die Norm erstmalig auszulegen und anzuwenden hat.[146] Ein **Beispiel** wäre das Vorgehen gegen den
Widerruf einer waffenrechtlichen Erlaubnis gemäß § 45 WaffG. Das Waffengesetz
ist nicht Pflichtfachstoff. Die Aufgabe ist aber dennoch mit allgemeinen verwaltungsrechtlichen Kenntnissen lösbar. In **Hausarbeiten** wäre zur Lösung einer
solchen Aufgabe Rechtsprechung zu recherchieren und Literatur heranzuziehen.

Die **konkrete Sachverhaltskonstellation** selbst wird quasi immer als „un- 146
bekanntes Problem" zu qualifizieren sein. Selbst wenn der Sachverhalt ähnlich
aussehen mag, wie ein anderer, den man kennt: Aller Wahrscheinlichkeit nach
gibt es relevante Unterschiede. Daraus folgt, dass die Anwendung des **Verhältnismäßigkeitsgrundsatzes** auf diesen Sachverhalt ein unbekanntes Problem
darstellen wird. Wenn man also die Verhältnismäßigkeit einer Maßnahme prüft
(insbesondere in der Prüfung von Ermessensfehlern, § 2 Rn. 745), muss der
Sachverhalt vollständig ausgewertet werden. Viele der Angaben werden spätestens in der Verhältnismäßigkeit i. e. S. relevant werden.

Die Prüfung der Verhältnismäßigkeit wenigstens einer Maßnahme wird in 147
sehr vielen verwaltungsrechtlichen Prüfungsarbeiten vorzunehmen sein. Die
Chance, dass man das Studium – oder auch nur die Examensklausuren – beendet, ohne wenigstens einmal die Verhältnismäßigkeit zu prüfen, tendiert gegen
Null. Hier decken sich **Prüfungs- und Praxisrelevanz** allerdings: Die **Bedeutung**
dieser methodischen Figur **kann nicht hoch genug eingeschätzt** werden. Dies
gilt sowohl für das Verwaltungsrecht als auch das Verfassungsrecht, insbesondere
die Grundrechtsprüfung. Im Studium des Öffentlichen Rechts gibt es wohl kaum

---

146 Für ein schönes Beispiel anhand der üblichen Auslegungsmethoden s. Adam, JuS 2018, 1188.

Björnstjern Baade

etwas, in das sich eine Investition an Zeit und Aufwand mehr lohnen würde. Denn nicht nur die Wahrscheinlichkeit ist hoch, dass der Verhältnismäßigkeitsgrundsatz anzuwenden ist. Die **Verhältnismäßigkeit** einer Maßnahme stellt **regelmäßig** einen **Schwerpunkt** der Prüfungsaufgabe dar, mit dem entsprechend viele Punkte erreicht oder verschenkt werden können.

148   Die einzelnen Schritte der Verhältnismäßigkeitsprüfung (legitimer Zweck, Geeignetheit, Erforderlichkeit, Verhältnismäßigkeit i. e. S. bzw. Angemessenheit) müssen inklusive ihrer Definitionen sicher beherrscht werden.[147] Innerhalb der Verhältnismäßigkeit wiederum wird regelmäßig die **Verhältnismäßigkeit i. e. S.** den **Schwerpunkt** darstellen.[148] Besonders hier muss argumentiert und der Sachverhalt ausgewertet werden. Dabei ist stets im **Gutachtenstil** zu beginnen (der Punkt ist problematisch). Es bietet sich oft an, wie folgt aufzubauen:

1. Obersatz = „Die Schwere des Eingriffs in die Rechte des Klägers darf nicht außer Verhältnis zur Bedeutung des legitimen Zwecks stehen."
2. Schwere des Eingriffs bestimmen
3. Bedeutung des legitimen Zwecks bestimmen
4. Beides gegenüberstellen und entscheiden, was überwiegt

149 Examenswissen: Schwere und Bedeutung können insbesondere mit Adjektiven wie „leicht", „mittel", „schwer"[149] oder „erheblich" und „unerheblich" beschrieben werden. Schwere und Bedeutung können einmal „abstrakt" (allgemein) und einmal „konkret" (im vorliegenden Fall) bewertet werden. Zur konkreten Bewertung bietet sich ein Vergleich zwischen der Schwere des im Sachverhalt dargestellten Eingriffs und anderen (üblichen) Eingriffen als Argument an.[150]

(3) Aktuelle Probleme

150 Examenswissen: Spätestens in Fortgeschrittenenklausuren und -hausarbeiten wird Inspirationsquelle für die Erstellung von Prüfungsaufgaben oft die aktuelle (z. B. im letzten Jahr ergangene) Entscheidung eines Gerichts sein.[151] **Niemand kann alle einschlägigen Urteile lesen. Es ist** (entgegen dem Versprechen manch kommerzieller Anbieter) auch **nicht möglich** treffsicher **vorauszusagen, welche Entscheidungen demnächst Prüfungsgegenstand** werden.

---

147 Z. B. hier zu finden: Hufen, Grundrechte, 7. Aufl. 2018, § 9 Rn. 14 – 23.

148 Thomas Möllers, Juristische Arbeitstechnik und wissenschaftliches Arbeiten, 8. Aufl. 2016, Rn. 56.

149 Vgl. Alexy, VVDStRL 61 (2001), 7 (24).

150 Vgl. Thomas Möllers, Juristische Arbeitstechnik und wissenschaftliches Arbeiten, 8. Aufl. 2016, Rn. 31 – 33.

151 Vgl. Schimmel, Juristische Klausuren und Hausarbeiten richtig formulieren, 13. Aufl. 2018, Rn. 453.

Björnstjern Baade

Neue Entscheidungen, die prüfungs*geeignet* sind, lassen sich aber durchaus benennen.   **151**
Daher bietet es sich an, über aktuelle Entwicklungen auf dem Laufenden zu bleiben. Es mag die
Chance, etwas erhöhen, schon einmal von einem Problem gehört zu haben und dadurch sensi-
bilisiert zu sein. Es wird auch generell das Problembewusstsein schulen und juristische Allgemeinbildung schaffen. Doch wäre es **verfehlt**, einen Schwerpunkt beim Lernen darauf zu setzen,
die Lösung möglichst vieler **Einzelfälle auswendig lernen zu wollen.** Vielmehr sollte man sein
methodisches und strukturelles Verständnis schulen, um beliebige Fälle lösen zu können.
Dazu gehört auch das Lernen an Beispielsfällen, diese sind aber kein Selbstzweck.

Aktuelle Entscheidungen können natürlich der **Webseite** oder dem **Newsletter** der ent-   **152**
sprechenden Gerichte, insbesondere **des Bundesverwaltungsgerichts,**[152] oder einer **Datenbank**
wie Juris[153] oder Beck online[154] entnommen werden. Die genannten Datenbanken sind kostenpflichtig, aber an den meisten Hochschulen für Studierende nutzbar. Es ist auch durchaus an-
zuraten, hin und wieder **Originalurteile** zu **lesen**, um Argumentationsweise und Sprachstil zu
schulen. Doch die Auswahl entsprechender Entscheidungen zur Lektüre wird anfangs aller
Wahrscheinlichkeit nach überfordern. Man kann sich glücklicherweise auf eine Vorauswahl
stützen: In den gängigen **Ausbildungszeitschriften**[155] werden regelmäßig entsprechende Fälle
angesprochen und aufbereitet.

Noch aktueller finden sich Entscheidungen und Problemkreise jedoch **online:** Die vom   **153**
Verlag Wolters Kluwer betriebene (und kostenfrei zugängliche) Webseite **Legal Tribune Online**
(LTO)[156] bietet über alle Rechtsgebiete hinweg fachlich kompetente (Kurz-)Beiträge zu aktuellen
Entwicklungen und sollte zur Pflichtlektüre eines jeden Studierenden gehören. Darüber hinaus
sind der **Verfassungsblog**[157] und der **JuWissBlog** (Junge Wissenschaft im Öffentlichen Recht)[158]
als renommierteste Blogs zum Öffentlichen Recht zu nennen. D. h. nicht, dass man sofort alles
lesen und verstehen muss. Man sollte aber aufmerksam lesen, was sich augenscheinlich um die
Inhalte der gerade besuchten Universitätsveranstaltungen dreht – und natürlich das, was einen
interessiert. Über diese Kurznachrichten hinaus sei auch die (zumindest sporadische) **Lektüre**
seriöser Tageszeitungen empfohlen, die sich mit Rechtsfragen auseinandersetzen.[159] Die
Frankfurter allgemeine Zeitung (FAZ) z. B. widmet sich mit der Rubrik „Staat und Recht"[160] regelmäßig solchen Fragen. Die Lektüre-Empfehlungen in diesem Abschnitt haben natürlich keinen
Anspruch auf Vollständigkeit.

---

152 https://www.bverwg.de/.
153 https://www.juris.de/.
154 https://beck-online.beck.de/.
155 Die Juristischen Arbeitsblätter (**JA**), die Juristische Ausbildung (**JURA**) und die Juristische
Schulung (**JuS**) sind wohl die bekanntesten. Frei online verfügbar ist die Zeitschrift für das Juristische Studium (**ZJS**) unter http://www.ZJS-online.com.
156 https://www.lto.de/.
157 https://verfassungsblog.de/.
158 https://www.juwiss.de/.
159 Kostenfrei sind Tageszeitungen in vielen kommunalen und Universitätsbibliotheken verfügbar.
160 https://www.faz.net/aktuell/politik/staat-und-recht/.

Björnstjern Baade

IV. Klausurtaktik

154 Mit Klausurtaktik ist eine **prüfungsspezifische Rationalität** gemeint. In die Bearbeitung einer Prüfungsaufgabe können auch Erwägungen einfließen, die für das Entwerfen einer realen Entscheidung fehl am Platze wären. Taktische Erwägungen sollen kurzfristig zum Erfolg in der gerade bearbeiteten Prüfungsaufgabe führen. Hier seien nur einige genannt, die allgemeingültig sein sollten. Weitere wird man sich individuell in der Klausurpraxis aneignen. Individuell kann hier auch Verschiedenes richtig sein.[161] Allen diesen Punkten gemein ist, dass sie in der Bearbeitung unausgesprochen bleiben bzw. nicht niedergeschrieben werden.

155 Der erste „taktische" Hinweis ist allerdings auch außerhalb der Prüfungssituation korrekt: **Alle Texte**, die für die Bearbeitung der Prüfungsaufgabe relevant sind, sind **vollständig und richtig** zu **lesen**. Dazu zählen Sachverhalt, Fallfrage, Bearbeitervermerk und die streitentscheidenden Normen, die abgedruckt wurden oder die in der Gesetzessammlung zu finden sind. So einfach und selbstverständlich dieses Vorgehen klingen mag, so häufig führt ein ungenaues Lesen zu gravierenden Fehlern, die leicht hätten vermieden werden können.[162]

156 Das Erstellen einer **Lösungsskizze** in einer Klausur ist ebenso sinnvoll. Wie detailliert diese ausfällt mag von der Aufgabenstellung und individuellen Vorlieben abhängen. Zumindest die wesentlichen Gliederungspunkte zu entwerfen und die Probleme des Falls innerhalb dieser Gliederung zu verorten bietet sich aber stets an.

157 An die Lösungsskizze sollten **Überlegungen zur Schwerpunktsetzung** anschließen. Hierbei sollte folgende Relation beachtet werden: **Je weniger Probleme** im Sachverhalt angelegt sind, **desto detaillierter** sind diese zu diskutieren. Sind in einem Sachverhalt **sehr viele Probleme** angelegt, wird man diese zwangsläufig **weniger detailliert** behandeln können, um dennoch in der verfügbaren Zeit bzw. in der Hausarbeit auf der verfügbaren Seitenzahl zu einer vollständigen Lösung zu kommen. Hier gilt es dann auch, den fallentscheidenden „schwierigen" Problemen mehr Raum zu geben als Nebenschauplätzen.

158 Da der Stoffumfang im juristischen Studium sehr hoch ist, kann es (aus vielerlei Gründen) sein, dass man an einer Stelle des Rechtsgutachtens vor einer **Wissenslücke** steht. Man erkennt also, dass an dieser Stelle etwas problematisiert werden müsste, z. B. die Klagefrist nach § 74 VwGO richtig berechnet werden muss. Man gewinnt aber (nach einigem Nachdenken) den Eindruck, dass einen das Problem überfordert (etwa weil man die einschlägigen Normen nicht findet

---

161 S. z. B. Putzke, Juristische Arbeiten erfolgreich schreiben, 6. Aufl. 2018, Rn. 18.
162 Für Beispiele aus der Prüfungspraxis s.: Lagodny, Juristisches Begründen, 2013, S. 145–148.

Björnstjern Baade

oder einem partout keine Argumente einfallen wollen). In der Berufspraxis oder in einer Hausarbeit würde man in einer solchen Situation Literatur zu Rate ziehen bis man eine gut begründete Lösung erarbeitet hat. In der Klausur hat man diese Option nicht.

Stößt man in der Klausur auf eine solche Wissenslücke, sollte man sich **159** ggf. rechtzeitig zu der Entscheidung durchringen, dass man dieses Problem in *dieser* Klausur nicht lösen wird. **Wie viel Zeit** aufgewendet werden sollte, hängt auch von der (mutmaßlichen) **Bedeutung des Problems** ab. Besonders wichtige, fallentscheidende materielle Probleme sollten nicht übergangen werden. Es wäre aber klausurtaktisch verfehlt, auf die Lösung eines kleinen Problems in der Zulässigkeit sehr viel Zeit aufzuwenden (und ggf. doch zu keiner gut begründeten Lösung zu kommen). In einer Klausur sind fast immer mehrere Rechtsprobleme angelegt. Übergeht man klausurtaktisch eines von diesen, hat man dadurch mehr Zeit, die verbleibenden gut zu bearbeiten und so – trotz des Fehlers an der einen Stelle – insgesamt eine gute Klausur zu schreiben. Dieses Vorgehen funktioniert wohlgemerkt natürlich nur, wenn die Wissenslücke die Ausnahme bleibt.

V. Zusammengefasst

Vor der Klausur: **160**
- Grundstrukturen des Rechtsgebiets lernen und verstehen (auch mithilfe von Schemata, s. Rn. 71)
    - zu allen Klage- und Antragsarten (s. einführend Rn. 222ff.)
    - zu grundlegenden materiellen Fragen wie der Rechtmäßigkeit eines Verwaltungsakts (s. § 2 Rn. 553ff.)
- Auslegungsmethoden kennen und anwenden können (s. Rn. 115)
- Gutachten-, Urteils- und Behauptungsstil sowie ihre Funktion kennen (s. Rn. 102–129)
- Standard-Definitionen (insbesondere zur Verhältnismäßigkeit: Rn. 148) und Standard-Probleme lernen (s. näher Rn. 141–143)
- aktuelle Entscheidungen und Rechtsprobleme verfolgen (s. näher Rn. 150–153)
- selbst einzelne Rechtsfragen oder ganze Fälle zur Übung bearbeiten (s. näher Rn. 21)

Während der Klausur:
- Sachverhalt, Bearbeitervermerk und entscheidungserhebliche Normen *vollständig und richtig* lesen (s. näher Rn. 94, 146, 155)
- Schwerpunkte auf die Probleme setzen (s. näher Rn. 123ff.)

Björnstjern Baade

- entsprechend Gutachten-, Urteils- oder Behauptungsstil verwenden
- in verständlicher, korrekter Fachsprache neutral und unparteilich die eigene Lösung begründen (s. näher Rn. 78 ff.)
- Zeit einteilen zwischen Lösungsskizze und Niederschrift (vgl. Rn. 93, 102, 125, 134, 159)

VI. Literaturhinweise

161   Adam, Der Umgang mit unbekannten Normen, JuS 2018, 1188; Bialluch/Wernert, Gesetzesbezogene Fallbearbeitung, JuS 2018, 326; Deppner u.a., Examen ohne Repetitor, 4. Aufl. 2017; Hildebrandt, Juristischer Gutachtenstil, 2017; Huang, Fallbearbeitung im Staats-und Verwaltungsrecht, 9. Aufl. 2018; Lagodny/Mansdörfer/Putzke, Im Zweifel: Darstellung im Behauptungsstil: Thesen wider den überflüssigen Gebrauch des Gutachtenstils, ZJS 2014, 157; Mix, Schreiben im Jurastudium, Paderborn 2011; Neupert, Was macht Rechtsauffassungen vertretbar?, JuS 2016, 489; Reimer, Juristische Texte lesen – Hilfestellungen aus öffentlich-rechtlicher Sicht, ZJS 2012, 623; Schaks/Friedrich, Verwaltungsaktbezogener Rechtsschutz: Die Zulässigkeitsprüfung, JuS 2018, 860; Schaks/Friedrich, Verwaltungsaktbezogener Rechtsschutz: Die Begründetheitsprüfung, JuS 2018, 954; Schimmel, Juristische Klausuren und Hausarbeiten richtig formulieren, 13. Aufl. 2018; Valerius, Einführung in den Gutachtenstil, 4. Aufl. 2017

B. Die Eröffnung des Verwaltungsrechtswegs als Einstiegsfrage in die verwaltungsrechtliche Klausur (Nikolas Eisentraut)

162   Prozesse vor den Verwaltungsgerichten sind nur dann zulässig, wenn der Verwaltungsrechtsweg eröffnet ist.[163] Die Frage nach der Eröffnung des Verwaltungsrechtswegs stellt sich daher regelmäßig als **Einstiegfrage in die Zulässigkeitsprüfung.**

163   Examenswissen: Sollte der Rechtsweg nicht eröffnet sein, wird die Klage jedoch nicht als unzulässig verworfen, sondern an das zuständige Gericht verwiesen (§ 173 VwGO i.V.m. § 17a II GVG).[164]

---

163 Gersdorf, Verwaltungsprozessrecht, 6. Aufl. 2019, Rn. 1.
164 Gersdorf, Verwaltungsprozessrecht, 6. Aufl. 2019, Rn. 1 und näher zu den Rechtsfolgen bei Unzulässigkeit Rn. 16.

Björnstjern Baade/Nikolas Eisentraut

Diskutiert wird daher, ob die Eröffnung des Verwaltungsrechtswegs überhaupt als Frage der Zulässigkeit der Klage (bzw. des Antrags in einstweiligen Rechtsschutzverfahren) geprüft werden darf (gleiches gilt für die Frage des zuständigen Gerichts, s. dazu Rn. 3). Teilweise wird vorgeschlagen, die Eröffnung des Verwaltungsrechtswegs als eigenständigen Prüfungspunkt vor der Zulässigkeit der Klage zu prüfen. Dies führt jedoch zu einem „Auseinanderfallen" der Einteilung in Prozessvoraussetzungen und materiell-rechtliche Erwägungen. Nach a.A. sollte der Begriff der „Zulässigkeit" durch den allgemeineren **Begriff der „Sachentscheidungsvoraussetzungen"** ausgetauscht werden.[165] Denn die Eröffnung des Verwaltungsrechtswegs ist jedenfalls eine Sachentscheidungsvoraussetzung. Nach überwiegender Auffassung wird die Eröffnung des Verwaltungsrechtswegs indes weiterhin unter dem Prüfungspunkt „A. Zulässigkeit" verhandelt. Dafür wird der Begriff der Zulässigkeit einfach anders verstanden: Zulässigkeit meine nicht generell die Zulässigkeit der Klage, sondern die Zulässigkeit des verwaltungsgerichtlichen Verfahrens.[166] Wichtig: In Prüfungsarbeiten ist diese Frage nicht zu problematisieren. Die Eröffnung des Verwaltungsrechtswegs sollte daher entweder wie hier unter „A. Zulässigkeit" oder „A. Sachentscheidungsvoraussetzungen" behandelt werden.

Zunächst ist zu prüfen, ob eine spezielle Norm (sog. **aufdrängende Spezialzuweisung** die Streitigkeit dem Verwaltungsrechtsweg zuweist. Falls eine solche aufdrängende Sonderzuweisung fehlt, ist nach der Generalklausel des § 40 I 1 VwGO zu beurteilen, ob die Streitigkeit dem Verwaltungsrechtsweg zugewiesen ist.[167]   **164**

Formulierungsvorschlag: „Zunächst müsste der Verwaltungsrechtsweg eröff-   **165** net sein. Der Verwaltungsrechtsweg ist eröffnet, wenn eine aufdrängende Spezialzuweisung die Streitigkeit dem Verwaltungsrechtsweg zuweist. Fehlt es an einer solchen Zuweisung, ist die Streitigkeit unter den Voraussetzungen der Generalklausel des § 40 I 1 VwGO dem Verwaltungsrechtsweg zugewiesen."

I. Aufdrängende Spezialzuweisung

Eine aufdrängende Spezialzuweisung ist eine spezialgesetzliche Zuweisung einer   **166** Streitigkeit zum Verwaltungsrechtsweg. Es geht also um Normen, die eine Streitigkeit ausdrücklich dem Verwaltungsrechtsweg zuweisen. In der Klausur sind aufdrängende Spezialzuweisungen **stets vorrangig vor der Generalklausel** zu prüfen.[168] Folgende Spezialzuweisungen sollten bekannt sein, auch wenn sie in verwaltungsrechtlichen Klausuren so gut wie nie eine Rolle spielen:

---

165 So Hufen, Verwaltungsprozessrecht, 11. Aufl. 2019, § 10 Rn. 1; Martini, Verwaltungsprozessrecht und Allgemeines Verwaltungsrecht, 6. Aufl. 2017, S. 17.
166 M.w.N. zu dieser Ansicht Gersdorf, Verwaltungsprozessrecht, 6. Aufl. 2019, Rn. 1.
167 Gersdorf, Verwaltungsprozessrecht, 6. Aufl. 2019, Rn. 1.
168 Hufen, Verwaltungsprozessrecht, 11. Aufl. 2019, § 11 Rn. 9.

Nikolas Eisentraut

- § 126 I BBG für Bundesbeamte und § 54 I BeamtStG für Landesbeamte
- § 82 SoldatenG
- § 54 BAföG
- § 6 I UIG
- Nach umstrittener Ansicht wird aus § 40 II VwGO eine aufdrängende Spezialzuweisung für Streitigkeiten aus öffentlich-rechtlichen Verträgen abgeleitet.[169] Ob dieser Umkehrschluss zulässig ist, ist indes zweifelhaft.[170] Nach hier vertretener Auffassung muss daher mit § 40 I 1 VwGO weitergeprüft werden (zur sich nach beiden Ansichten stellenden Frage der Qualifikation eines Vertrags als öffentlich-rechtlich s. Rn. 185).

II. § 40 I 1 VwGO: Die Generalklausel

167 Findet sich keine aufdrängende Spezialzuweisung, ist für die Beurteilung, ob der Verwaltungsrechtsweg eröffnet ist, auf die Generalklausel des § 40 I 1 VwGO abzustellen.[171] § 40 I 1 VwGO hat **drei, unmittelbar aus dem Wortlaut der Norm zu entnehmende Tatbestandsmerkmale:** Der Verwaltungsrechtsweg ist in allen

1. öffentlich-rechtlichen Streitigkeiten
2. nichtverfassungsrechtlicher Art gegeben,
3. soweit die Streitigkeiten nicht durch Bundesgesetz einem anderen Gericht ausdrücklich zugewiesen sind.

168 *Hausarbeitswissen: Die Eröffnung des Verwaltungsrechtswegs ist in allen die Tatbestandsmerkmale erfüllenden Streitigkeiten gegeben.[172] Dies war nicht immer so: Im **18./19. Jahrhundert** sahen verschiedene Länder nur ein Enumerativprinzip vor, teilweise wurde der Rechtsschutz über eine Generalklausel nur für die Anfechtung von Verwaltungsakten geöffnet.[173] Lange Zeit wurden Realhandlungen deshalb weitreichend als Verwaltungsakte qualifiziert, um Rechtsschutz zu eröffnen. Beispielsweise wurde der **Knüppelschlag des Polizisten** früher als Verwaltungsakt qualifiziert.[174] Dafür besteht heute indes kein Bedarf mehr, da auch für schlichtes Verwaltungshandeln Rechtsschutzmöglichkeiten eröffnet sind (s. noch näher Rn. 251).*

---

169 So Hufen, Verwaltungsprozessrecht, 11. Aufl. 2019, § 11 Rn. 11.
170 Reimer, in: Posser/Wolf, VwGO, 50. Ed., Stand: 1.7.2019, § 40 Rn. 167.
171 Zur Bedeutung der Generalklausel näher Hufen, Verwaltungsprozessrecht, 11. Aufl. 2019, § 11 Rn. 4.
172 Hufen, Verwaltungsprozessrecht, 11. Aufl. 2019, § 11 Rn. 4.
173 Näher Ehlers/Schneider, in: Schoch/Schneider/Bier, VwGO, 36. EL Februar 2019, § 40 Rn. 1.
174 BVerwG, Urt. v. 9.2.1967, Az.: I C 49.64 = BVerwGE 26, 161 („Schwabinger Krawalle").

Nikolas Eisentraut

1. Öffentlich-rechtliche Streitigkeit

Die Generalklausel erfordert zunächst, dass es sich um eine öffentlich-rechtliche **169**
Streitigkeit handelt. Wann eine Streitigkeit als öffentlich-rechtlich zu qualifizieren ist, ist bis heute nicht abschließend geklärt. Es handelt sich um ein
„**Grundlagenproblem der Rechtswissenschaft**"[175]. Für die Abgrenzung des
öffentlichen Rechts vom Privatrecht müssen **drei Abgrenzungstheorien** bekannt
sein, wobei der sog. **Sonderrechtstheorie** (auch: modifizierte Subjektstheorie)
heute die zentrale Bedeutung zukommt.[176] Auf die ebenfalls relevante **Subordinationstheorie** und die **Interessentheorie** ist in Prüfungsarbeiten nur hilfsweise
und ergänzend einzugehen.[177]

Hausarbeitswissen: Eine Sonderproblematik stellt die Frage dar, ob es sich überhaupt um eine **170**
*rechtliche Streitigkeit handelt. In Hausarbeiten kann diese Frage dann zu thematisieren sein, wenn
es um Organstreitigkeiten, beispielsweise eine Streitigkeit innerhalb einer Kommune (sog. Kommunalverfassungsstreit, s. dazu näher § 5 Rn. 240f.) oder um Maßnahmen in besonderen Gewaltverhältnissen, beispielsweise zwischen Schüler und Lehrer, Beamten oder Soldaten geht. Während in
diesen Bereichen heute übereinstimmend davon ausgegangen wird, dass eine justiziable Streitigkeit
vorliegt, wird dies bei sog. Gnadenakten teilweise anders gesehen.[178]*

a) Sonderrechtstheorie / Modifizierte Subjektstheorie

Nach der modifizierten Subjektstheorie handelt es sich dann um eine öffent- **171**
lich-rechtliche Streitigkeit, wenn die streitentscheidenden Normen dem öffentlichen Recht zugehören; Dies ist der Fall, wenn die streitentscheidenden Normen
ausschließlich Träger öffentlicher Gewalt berechtigen und/oder verpflichten.[179] In
diesem Fall liegt sog. „**Sonderrecht der Verwaltung**" vor (daher auch Sonderrechtstheorie). Voraussetzung für die Anwendbarkeit der Sonderrechtstheorie ist
es daher, dass eine streitentscheidende Norm existiert. Dies ist im Bereich der
Eingriffsverwaltung regelmäßig der Fall.[180] Im Bereich der Leistungsverwaltung
stößt die Sonderrechtstheorie hingegen auf besondere Herausforderungen.[181]

---

175 Hufen, Verwaltungsprozessrecht, 11. Aufl. 2019, § 11 Rn. 13.
176 Die Theorie wird am häufigsten als herrschend qualifiziert, Hufen, Verwaltungsprozessrecht,
11. Aufl. 2019, § 11 Rn. 17.
177 Schenke, Verwaltungsprozessrecht, 16. Aufl. 2019, Rn. 107; „Kombinationstheorie" nach
Hufen, Verwaltungsprozessrecht, 11. Aufl. 2019, § 11 Rn. 18.
178 Gersdorf, Verwaltungsprozessrecht, 6. Aufl. 2019, Rn. 2 und 240; auch für die Qualifikation
von Gnadenakten als justiziable Entscheidungen Hufen, Verwaltungsprozessrecht, 11. Aufl. 2019,
§ 11 Rn. 8 und Schenke, Verwaltungsprozessrecht, 16. Aufl. 2019, Rn. 90f.
179 Gersdorf, Verwaltungsprozessrecht, 6. Aufl. 2019, Rn. 4; Hufen, Verwaltungsprozessrecht,
11. Aufl. 2019, § 11 Rn. 17.
180 Gersdorf, Verwaltungsprozessrecht, 6. Aufl. 2019, Rn. 3.

Nikolas Eisentraut

172   In Prüfungsarbeiten spielen bestimmte streitentscheidende Normen immer wieder eine Rolle.[182] Unterschieden werden kann zwischen Normen, die ein belastendes Verhalten der Verwaltung erlauben (sog. **Ermächtigungsgrundlagen**) und Normen, die dem Einzelnen einen Anspruch auf ein Verhalten der Verwaltung einräumen (sog. **Anspruchsgrundlagen**).

aa) Ermächtigungsgrundlagen

173   Insbesondere bei Streitigkeiten um die Rechtmäßigkeit hoheitlicher Eingriffe findet die Sonderrechtstheorie Anwendung. Die die Verwaltung zu Eingriffen ermächtigenden Normen (sog. Ermächtigungsgrundlagen, s. dazu näher § 2 Rn. 554 ff.) sind regelmäßig dem öffentlichen Recht zuzuordnen. Sie **berechtigen und/oder verpflichten gerade die Behörden** zu einseitig hoheitlichen Eingriffen in die Rechtssphäre der Bürger.

174   In Prüfungsarbeiten ist es teilweise ein Schwerpunkt der Prüfung, welche Ermächtigungsgrundlage einschlägig ist. Die genaue Untersuchung hat erst in der Begründetheit der Klage zu erfolgen, sodass es bei der Eröffnung des Verwaltungsrechtswegs ausreichend ist, die **in Betracht kommenden Normen** zu benennen. Mitunter kann es auch ausreichen, allgemein auf die Normen des jeweils streitentscheidend zur Anwendung kommenden Gesetzes zu verweisen.[183]

Die Qualifikation der im Folgenden genannten streitentscheidenden Normen muss in Prüfungsarbeiten regelmäßig beherrscht werden.

(1) Allgemeines Verwaltungsrecht

175   Die **Ermächtigungsgrundlagen des allgemeinen Verwaltungsrechts** (s. dazu ausführlich § 2 Rn. 832 ff.) sind regelmäßig nach der modifizierten Subjektstheorie als solche öffentlich-rechtlicher Natur zu qualifizieren. So berechtigen etwa die §§ 48, 49 VwVfG die Behörden dazu, Verwaltungsakte zurückzunehmen bzw. zu widerrufen.

---

181 Gersdorf, Verwaltungsprozessrecht, 6. Aufl. 2019, Rn. 5.
182 Hufen, Verwaltungsprozessrecht, 11. Aufl. 2019, § 11 Rn. 19 spricht gar davon, dass die Theorien letztlich von Fallrecht der Praxis überlagert würden, sodass sich jedenfalls in den „typischen" Rechtsbereichen eine tiefergehende Erörterung erübrige.
183 Gersdorf, Verwaltungsprozessrecht, 6. Aufl. 2019, Rn. 4.

Nikolas Eisentraut

(2) Polizei- und Ordnungsrecht

Im Polizei- und Ordnungsrecht sind die Generalklausel und die Standardbefug- 176
nisse dem öffentlichen Recht zuzuordnen (s. zu den **Ermächtigungsgrundlagen des Polizei- und Ordnungsrechts** ausführlich § 2 Rn. 1000 ff.).[184] Denn sie berechtigen gerade Träger öffentlicher Gewalt dazu, unter bestimmten Voraussetzungen Gefahren für die öffentliche Sicherheit und Ordnung abzuwehren.

Examenswissen: Es ist darauf zu achten, dass auf die *Berechtigung* der Ordnungsbehörden zum 177
Einschreiten abgestellt wird. Denn auch Private können *verpflichtet* sein, bestimmte Gefahrenabwehrmaßnahmen zu dulden.[185]

(6) Versammlungsrecht

Das **Versammlungsrecht** ist mit der modifizierten Subjektstheorie ebenfalls 178
dem öffentlichen Recht zuzuordnen.[186] Dies gilt zuvorderst für die Ermächtigungsgrundlagen, die der Verwaltung etwa die Untersagung oder Auflösung einer Versammlung erlauben (näher noch zu den Ermächtigungsgrundlagen des Versammlungsrechts § 2 Rn. 1141 ff.). Denn diese Normen berechtigen gerade Träger öffentlicher Gewalt.

(3) Bauordnungsrecht

Auch für die **Ermächtigungsgrundlagen des Bauordnungsrechts** kann mit 179
der modifizierten Subjektstheorie die Streitigkeit als eine solche des öffentlichen Rechts qualifiziert werden.[187] Denn die Ermächtigungsgrundlagen für Abrissverfügungen oder Nutzungsuntersagungen ermächtigen gerade die Träger öffentlicher Gewalt, im Falle rechtswidriger Bauzustände einzuschreiten. Die Normen des Bauordnungsrechts sind daher regelmäßig dem öffentlichen Recht zuzuordnen (näher noch zu den Ermächtigungsgrundlagen des Bauordnungsrechts § 2 Rn. 1222 ff.).

---

184 Hufen, Verwaltungsprozessrecht, 11. Aufl. 2019, § 11 Rn. 20.
185 Gersdorf, Verwaltungsprozessrecht, 6. Aufl. 2019, Rn. 4.
186 Hufen, Verwaltungsprozessrecht, 11. Aufl. 2019, § 11 Rn. 20.
187 Hufen, Verwaltungsprozessrecht, 11. Aufl. 2019, § 11 Rn. 20.

(4) Kommunalrecht

180 Auch die **Ermächtigungsgrundlagen des Kommunalrechts** werden dem öffentlichen Recht zugewiesen (näher noch zu den Ermächtigungsgrundlagen des Kommunalrechts § 2 Rn. 1253 ff.).[188]

(5) Verwaltungsvollstreckungsrecht

181 Schließlich sind Streitigkeiten über auf Normen des **Verwaltungsvollstreckungsrechts** gestützte Maßnahmen nach der modifizierten Subjektstheorie als öffentlich-rechtlich zu qualifizieren. Denn auch die Normen des Verwaltungsvollstreckungsrechts berechtigen und verpflichten gerade Träger öffentlicher Gewalt zur Vollstreckung von Verwaltungsmaßnahmen (näher noch zu den Ermächtigungsgrundlagen des Verwaltungsvollstreckungsrechts § 2 Rn. 1292).

bb) Anspruchsgrundlagen

182 Aber auch Streitigkeiten, in denen der Kläger (bzw. der Antragsteller in einstweiligen Rechtsschutzverfahren) einen Anspruch durchsetzen will, können nach der Sonderrechtstheorie dem öffentlichen Recht zuzuweisen sein. Dafür müssten die streitgegenständlichen **Anspruchsgrundlagen** dem öffentlichen Recht zuzuordnen sein, also gerade Träger öffentlicher Gewalt berechtigten und/oder verpflichten. Im Bereich der gewährenden Verwaltung (Leistungsverwaltung) bedarf es jedoch eines höheren Begründungsaufwands bei der Qualifikation als öffentlich-rechtliche Streitigkeit.

(1) Allgemeines Verwaltungsrecht (Ansprüche auf Unterlassung, Folgenbeseitigung, Erstattung und aus Verträgen)

183 Das Allgemeine Verwaltungsrecht kennt eine Mehrzahl von Anspruchsgrundlagen, die nach der modifizierten Subjektstheorie dem öffentlichen Recht zuzuordnen sind.

184 Typische Anspruchsgrundlagen des allgemeinen Verwaltungsrechts stellen zunächst der sog. **öffentlich-rechtliche Abwehr- und Unterlassungsanspruch** (ausführlich noch § 5 Rn. 134 ff.), der **öffentlich-rechtliche Folgenbeseitigungsanspruch** (ausführlich noch § 5 Rn. 169 ff., zum Vollzugsfolgenbeseitigungsanspruch § 2 Rn. 1387) und der **allgemeine öffentlich-rechtliche Erstattungsanspruch** dar (ausführlich noch § 5 Rn. 189 ff.). Der Begründungsaufwand

---

188 Hufen, Verwaltungsprozessrecht, 11. Aufl. 2019, § 11 Rn. 23.

Nikolas Eisentraut

für die Qualifikation von Ansprüchen auf Unterlassung, Folgenbeseitigung und Erstattung als solche nach öffentlichem Recht ist jedoch deshalb höher, weil es für diese Art der Ansprüche auch entsprechende Normen des Zivilrechts gibt (§§ 1004, 812 BGB). In Prüfungsarbeiten ist daher regelmäßig zu problematisieren, ob sich der geltend gemachte Anspruch nach öffentlichem Recht oder nach Zivilrecht richtet. Für die Abgrenzung zu zivilrechtlichem Tätigwerden ist insbesondere auf den **Zweck** und den **Sachzusammenhang** des Staatshandelns abzustellen.[189]

Hinweis: Beim *besonderen* Erstattungsanspruch nach § 49a I VwVfG (dazu § 2 Rn. 989 ff.) handelt es sich um eine Ermächtigungsgrundlage zum Erlass eines Rückforderungsbescheids (Verwaltungsakt), sodass hier die Grundsätze zu den Ermächtigungsgrundlagen zum Tragen kommen (s. Rn. 173 ff.).

Auch bei der klageweisen Geltendmachung von **Ansprüchen aus Verträ-** 185 **gen** ist schon bei der Eröffnung des Verwaltungsrechtswegs zu thematisieren, ob die geltend gemachten Ansprüche dem öffentlichen oder dem Privatrecht zuzuordnen sind. Denn Verträge, die die Verwaltung schließt, können sowohl öffentlich-rechtlicher Natur (zum öffentlich-rechtlichen Vertrag noch ausführlich § 5 Rn. 65 ff.) als auch privatrechtlicher Natur sein. Der Verwaltung steht – soweit nicht gesetzlich eine ausdrückliche Regelung erfolgt ist – ein Wahlrecht zwischen den Formen des öffentlichen und des Privatrechts zu.[190] Streitentscheidend können mithin sowohl die §§ 54 ff. VwVfG (dann öffentlich-rechtliche Streitigkeit) als auch die Vorschriften des BGB (dann privatrechtliche Streitigkeit) sein.

Examenswissen: Bevor auf die Qualifikation des Vertrags als öffentlich- oder privatrechtlich 186 einzugehen ist, kann es zunächst erforderlich sein, zu untersuchen, ob überhaupt ein Vertragsschluss vorliegt. In Abgrenzung zu sog. zustimmungsbedürftigen Verwaltungsakten ist dafür zu überprüfen, ob übereinstimmende Willenserklärungen vorliegen oder ob es sich um eine einseitige behördliche Maßnahme handelt (zur Abgrenzung von Verträgen zu zustimmungsbedürftigen Verwaltungsakten näher § 5 Rn. 83).[191] In Abgrenzung zu informellen Absprachen ist zu untersuchen, ob Rechtsbindungswille vorliegt.[192]

Für die Abgrenzung öffentlich-rechtlicher von privatrechtlichen Verträgen (s. da- 187 zu auch noch § 5 Rn. 82) ist auf den **Gegenstand des Vertrags** abzustellen,[193]

---

189 Erbguth/Guckelberger, Allgemeines Verwaltungsrecht, 9. Aufl. 2018, § 41 Rn. 4; Kaiser/ Köster/Seegmüller, Materielles Öffentliches Recht im Assessorexamen, 4. Aufl. 2018, Rn. 51.
190 Peine/Siegel, Allgemeines Verwaltungsrecht, 12. Aufl. 2018, Rn. 870; näher Bonk/Neumann/ Siegel, in: Stelkens/Bonk/Sachs, VwVfG, 9. Aufl. 2018, § 54 Rn. 53.
191 Peine/Siegel, Allgemeines Verwaltungsrecht, 12. Aufl. 2018, Rn. 724.
192 Peine/Siegel, Allgemeines Verwaltungsrecht, 12. Aufl. 2018, Rn. 725.
193 Peine/Siegel, Allgemeines Verwaltungsrecht, 12. Aufl. 2018, Rn. 735.

Nikolas Eisentraut

soweit nicht eine Norm den Vertrag ausdrücklich dem öffentlichen oder dem Privatrecht zuweist.[194] Wird anstelle eines Verwaltungsakts ein Vertrag i. S. d. § 54 S. 2 VwVfG geschlossen, ist dessen Gegenstand öffentlich-rechtlich, sodass auch der Vertrag als öffentlich-rechtlich zu qualifizieren ist.[195]

188   Dem Privatrecht zugeordnet werden hingegen Verträge im Bereich sog. **fiskalischer Hilfsgeschäfte.** Hierzu zählen alle Rechtsgeschäfte, die die Verwaltung zur Erfüllung ihrer Aufgaben abschließt, ohne damit die Aufgabe selbst unmittelbar zu erfüllen.[196] Auch sonstiges Handeln im Wirtschaftsverkehr soll dem Privatrecht zuzuordnen sein.[197]

> *Beispiel: Eine Behörde kauft Kugelschreiber, um den Amtswaltern das Schreiben zu ermöglichen. Hierbei handelt es sich dem Vertragsgegenstand nach um einen Kaufvertrag i. S. d. § 433 BGB. Streitigkeiten aus diesem Vertragsverhältnis wären vor den ordentlichen Gerichten zu klären.*

189 Bei **gemischten Verträgen**, bei denen der Vertrag sowohl Gegenstände des Privat- als auch öffentlichen Rechts berührt, gilt nach der h. M. der Grundsatz der einheitlichen Betrachtungsweise: Der Vertrag darf also nicht inhaltlich aufgespalten werden, sondern es ist nach dem Schwerpunkt des Vertrags zu beurteilen, ob er dem öffentlichen oder dem Privatrecht zuzuordnen ist.[198]

190   Eine besondere Rechtswegproblematik ergibt sich bei der Geltendmachung von **Ansprüchen aus culpa in contrahendo** in Bezug auf einen öffentlich-rechtlichen Vertrag. Während die Rechtsprechung aufgrund des Sachzusammenhangs zum Amtshaftungsanspruch den Zivilrechtsweg für eröffnet ansieht, sieht ein Großteil der Literatur den Verwaltungsrechtsweg für eröffnet an, weil ein Sachzusammenhang zum Recht der öffentlich-rechtlichen Verträge bestehe.[199]

191 *Hausarbeitswissen: Entsprechende Probleme können sich bei Ansprüchen aus Verwahrung (dazu § 11 Rn. 47 ff.) und Geschäftsführung ohne Auftrag (dazu § 11 Rn. 50 ff.) ergeben.*

---

194 Schenke, Verwaltungsprozessrecht, 16. Aufl. 2019, Rn. 123.

195 Schenke, Verwaltungsprozessrecht, 16. Aufl. 2019, Rn. 123.

196 Hufen, Verwaltungsprozessrecht, 11. Aufl. 2019, § 11 Rn. 28; Peine/Siegel, Allgemeines Verwaltungsrecht, 12. Aufl. 2018, Rn. 871.

197 Hufen, Verwaltungsprozessrecht, 11. Aufl. 2019, § 11 Rn. 29.

198 Peine/Siegel, Allgemeines Verwaltungsrecht, 12. Aufl. 2018, Rn. 735; Schenke, Verwaltungsprozessrecht, 16. Aufl. 2019, Rn. 123.

199 M.w.N. Peine/Siegel, Allgemeines Verwaltungsrecht, 12. Aufl. 2018, Rn. 799.

Nikolas Eisentraut

(2) Recht der Gefahrenabwehr

Die in den Rn. 173 ff. genannten Ermächtigungsgrundlagen können auch als 192
Anspruchsgrundlagen des Bürgers in Betracht kommen, wenn dieser hierauf
Ansprüche auf ordnungsbehördliches Einschreiten stützt (s. beispielsweise den
Fall 5 in: Eisentraut, Fälle zum Verwaltungsrecht, 2020); dafür muss die Norm
dem Anspruchsteller zugleich ein sog. subjektives öffentliches Recht vermitteln,
s. dazu § 2 Rn. 828. Die Normen sind sowohl in ihrer Funktion als Ermächtigungsgrundlage als auch in ihrer Funktion als Anspruchsgrundlage nach der
modifizierten Subjektstheorie als öffentlich-rechtlich zu qualifizieren.[200]

(3) Ansprüche auf Erlaubnisse und Genehmigungen

Stellen Rechtsvorschriften bestimmte Tätigkeiten unter Erlaubnisvorbehalt, prüft 193
die Behörde vor Erteilung der Erlaubnis zunächst, ob ein beantragtes Vorhaben
den öffentlich-rechtlichen Vorschriften entspricht, bevor es dem Antragsteller die
Erlaubnis dazu erteilt (**sog. Eröffnungskontrolle**).[201]

Ist die Behörde verpflichtet, die Erlaubnis zu erteilen, soweit alle Voraus- 194
setzungen erfüllt sind, spricht man von einem sog. **präventiven Verbot mit Erlaubnisvorbehalt**.[202] Dem präventiven Verbot mit Erlaubnisvorbehalt entspricht
daher zugleich ein Anspruch auf Erlaubniserteilung. Da die Anspruchsgrundlagen gerade Träger öffentlicher Gewalt zur Erteilung der Erlaubnis berechtigen und
verpflichten, sind auch sie nach der modifizierten Subjektstheorie dem öffentlichen Recht zuzuordnen.

> *Beispiel: Wenn es streitentscheidend um die Frage eines Anspruchs auf Erteilung einer Bau-
> genehmigung geht, kann die Streitigkeit nach der modifizierten Subjektstheorie als öffentlich-
> rechtlich qualifiziert werden. Denn die Anspruchsgrundlage auf Erteilung einer Baugenehmi-
> gung ermächtigt gerade Träger öffentlicher Gewalt zur Erteilung einer solchen Baugenehmi-
> gung. Es wäre hingegen falsch anzunehmen, dass die Norm Private dazu berechtigt, einen
> Antrag auf Baugenehmigung zu stellen und die Streitigkeit deshalb dem Privatrecht zuzuord-
> nen.*

Examenswissen: Darüber hinaus gibt es sog. **repressive Verbote mit Befreiungsvorbehalt**. Bei 195
diesen ist ein Verhalten generell verboten, kann aber ausnahmsweise doch durch die Behörde
erlaubt werden. Die Entscheidung darüber steht jedoch in ihrem Ermessen. Dem repressiven
Verbot mit Befreiungsvorbehalt entspricht daher nur ein Anspruch auf ermessensfehlerfreie

---

200 Hufen, Verwaltungsprozessrecht, 11. Aufl. 2019, § 11 Rn. 20.
201 Näher Peine/Siegel, Allgemeines Verwaltungsrecht, 12. Aufl. 2018, Rn. 397 f.
202 Peine/Siegel, Allgemeines Verwaltungsrecht, 12. Aufl. 2018, Rn. 399.

Nikolas Eisentraut

Entscheidung durch die Behörde.[203] Auch diese Streitigkeit wäre dem öffentlichen Recht zuzuordnen, weil es um die Ermessensentscheidung der Behörde geht.

(3) Kommunalrecht (insbesondere auf Zugang zu kommunalen Einrichtungen und wirtschaftliche Betätigung)

196 Im Kommunalrecht spielen insbesondere **Zulassungsansprüche zu kommunalen Einrichtungen** eine Rolle. Hier muss genau untersucht werden, welche Rechtsgrundlagen für den Zulassungsanspruch streitentscheidend sind. Findet die Entscheidung über das „ob" der Benutzung einer Einrichtung ihre Grundlage in der Gemeindeordnung (beispielsweise in § 10 II BWGemO), so handelt es sich hierbei um Sonderrecht der Verwaltung und die Streitigkeit ist öffentlich-rechtlicher Natur.[204]

197 Findet sich eine solche Vorschrift nicht, ist nach h.M. auf die sog. Zwei-Stufen-Theorie zurückzugreifen.[205] Danach ist die Frage, „ob" ein Anspruch auf Zugang zur kommunalen Einrichtung besteht, immer öffentlich-rechtlicher Natur.[206] Egal ist, wie die Verwaltung die Einrichtung organisiert hat.

198 Examenswissen: Die Verwaltung hat die Möglichkeit, zur Organisation ihrer Einrichtungen auf verschiedene Organisationsmodi zurückzugreifen. Sie kann die kommunale Einrichtung entweder öffentlich-rechtlich (beispielsweise als rechtsfähige Anstalt des öffentlichen Rechts) oder privatrechtlich organisieren (beispielsweise als GmbH). Die Frage, „ob" ein Anspruch auf Benutzung der Einrichtung besteht, wird jedoch nach der Zwei-Stufen-Theorie stets als öffentlich-rechtlich qualifiziert. Bei einer privatrechtlich-organisierten Einrichtung steht dem Bürger ein sog. Verschaffungsanspruch gegenüber der Gemeinde zu.[207]

199 Davon zu unterscheiden sind **Streitigkeiten über das „wie" der Benutzung der Einrichtung.** Im Falle öffentlich-rechtlicher Organisation der Einrichtung steht der Verwaltung ein Wahlrecht zu, ob sie die Benutzungsverhältnisse privatrechtlich oder öffentlich-rechtlich ausgestaltet.[208] Wird die Benutzungsordnung als Satzung erlassen und werden Gebühren (anstatt privatrechtlicher Entgelte) erhoben, spricht dies für eine öffentlich-rechtliche Qualifikation des Benutzungsanspruchs.[209] Im Falle privatrechtlicher Organisation richtet sich auch

---

203 Peine/Siegel, Allgemeines Verwaltungsrecht, 12. Aufl. 2018, Rn. 401 f.
204 Schenke, Verwaltungsprozessrecht, 16. Aufl. 2019, Rn. 106.
205 Peine/Siegel, Allgemeines Verwaltungsrecht, 12. Aufl. 2018, Rn. 881.
206 Hufen, Verwaltungsprozessrecht, 11. Aufl. 2019, § 11 Rn. 32 f.
207 Peine/Siegel, Allgemeines Verwaltungsrecht, 12. Aufl. 2018, Rn. 882.
208 Gersdorf, Verwaltungsprozessrecht, 6. Aufl. 2019, Rn. 6.
209 Gersdorf, Verwaltungsprozessrecht, 6. Aufl. 2019, Rn. 6.

das Benutzungsverhältnis nach Privatrecht.[210] Insofern wäre dann der ordentliche Rechtsweg eröffnet.[211]

Eine weitere klausurrelevante Fallgruppe ist die sog. **wirtschaftliche Betä-** 200 **tigung der Kommunen** (näher noch § 5 Rn. 250 ff.). Das „ob" der wirtschaftlichen Betätigung wird hier ebenfalls nach der **Zwei-Stufen-Theorie** unabhängig von der Rechtsform des kommunalwirtschaftlichen Betriebs als öffentlich-rechtlich qualifiziert, sodass Ansprüche auf Unterlassung kommunaler Wirtschaftstätigkeit regelmäßig dem Verwaltungsrechtsweg zugewiesen sind.

Examenswissen: Dies war jedoch lange Zeit umstritten. Diskutiert wurde, ob der Unterlas- 201 sungsanspruch nicht rein zivilrechtlicher Natur sei, da die kommunale Wirtschaftstätigkeit gegen das Verbot unlauteren Wettbewerbs nach § 3 UWG oder im Wege zivilrechtlicher Unterlassungsansprüche (§§ 823 II, 1004 I 2 BGB) geltend zu machen sei.[212]

cc) Bereiche ohne normative Prägung (Subventionsverhältnisse, Hausverbote und Realakte)

Im Bereich der **Leistungsverwaltung** gibt es darüber hinaus **rechtlich nicht** 202 **strukturierte Bereiche**, in denen deshalb die modifizierte Subjektstheorie keine Anwendung finden kann.

Der prüfungsrelevanteste Anwendungsbereich sind die sog. **Subventions-** 203 **verhältnisse.** Hier kann einerseits ergänzend auf die Subordinationstheorie und die Interessentheorie zurückgegriffen werden.[213] Regelmäßig wird jedoch die sog. **Zwei-Stufen-Theorie** herangezogen: Danach ist ein Streit über das „ob" einer Begünstigung stets dem öffentlichen Recht zuzuordnen, während sich Streitigkeiten über das „wie" der Subventionierung (also über die Abwicklung der Subvention) dem Privatrecht und damit dem ordentlichen Rechtsweg zuzuweisen sind, wenn ein privatrechtlicher Darlehensvertrag abgeschlossen worden ist.[214]

Hausarbeitswissen: Die Zwei-Stufen-Theorie wird in der Literatur teilweise kritisiert, weil sie ein 204 einheitliches Rechtsverhältnis „künstlich zerreiße".[215] Teilweise wird daher ein Vorrang einstufiger

---

210 Gersdorf, Verwaltungsprozessrecht, 6. Aufl. 2019, Rn. 6.

211 Schenke, Verwaltungsprozessrecht, 16. Aufl. 2019, Rn. 106.

212 Vertiefend zu dieser Problematik Ziekow, Öffentliches Wirtschaftsrecht, 4. Aufl. 2016, § 7 Rn. 59.

213 Schenke, Verwaltungsprozessrecht, 16. Aufl. 2019, Rn. 109.

214 Schenke, Verwaltungsprozessrecht, 16. Aufl. 2019, Rn. 118; Hufen, Verwaltungsprozessrecht, 11. Aufl. 2019, § 11 Rn. 35.

215 M.w.N. zur Kritik Schenke, Verwaltungsprozessrecht, 16. Aufl. 2019, Rn. 118 und Peine/Siegel, Allgemeines Verwaltungsrecht, 12. Aufl. 2018, Rn. 886.

Nikolas Eisentraut

Ausgestaltungen durch öffentlich-rechtlichen Vertrag befürwortet.[216] Zudem soll die Zwei-Stufen-Theorie bei der Gewährung sog. verlorener Zuschüsse keine Anwendung finden, da hier die Vergabe der Subvention stets einstufig mittels Bewilligungsbescheids (Verwaltungsakt) erfolge.[217] Während in Klausuren eine Entscheidung über die Rechtswegzuweisung regelmäßig auf Grundlage der im Sachverhalt angegebenen Details möglich ist, kann es in Hausarbeiten angezeigt sein, sich mit der Frage der Qualifikation der Vergabe von Subventionen näher auseinanderzusetzen. Die Frage wird vertieft in den Lehrbüchern zum Öffentlichen Wirtschaftsrecht behandelt.[218]

205 Besonders umstritten ist auch die Rechtswegzuweisung bei Streitigkeiten um **Hausverbote**.[219] Spricht die öffentliche Hand ein solches aus, ist in Prüfungsarbeiten zu diskutieren, ob das Hausverbot öffentlich-rechtlich zu qualifizieren ist. Dies kann mit der modifizieren Subjektstheorie geschehen, wenn sich spezialgesetzliche Regelungen finden, aus denen sich ergibt, dass gerade Träger öffentlicher Gewalt zum Ausspruch eines Hausverbots ermächtigt sind (so beispielsweise in § 36 I BWGemO).[220] Fehlt es hingegen an einer solchen Vorschrift, ist umstritten, worauf abzustellen ist. Nach e. A. kommt es auf die Tätigkeit an, zu deren Schutz das Hausverbot ausgesprochen wird (Zweck des Verwaltungshandelns).[221] Nach a. A. ist auf den Zweck des Hausverbots abzustellen; es wäre also danach zu fragen, ob das Hausverbot der Erfüllung öffentlicher Zwecke dient (dann öffentlich-rechtliche Qualifikation).[222]

206 Auch im Bereich **gesetzlich nicht geregelter Realakte** stellt sich die Frage ihrer Qualifikation. Dafür kann auf den Sachzusammenhang abgestellt werden.

Beispiel: Die Dienstfahrt eines Beamten ist öffentlich-rechtlich zu qualifizieren, weil sie zum Zwecke der Ausübung einer öffentlich-rechtlichen Tätigkeit erfolgt.

207 Examenswissen: Besonderer Untersuchung bedarf auch die Qualifikation der **Geschäftsführung ohne Auftrag** (dazu näher § 11 Rn. 52).

b) Subordinationstheorie

208 Hilfsweise kann die sog. **Subordinationstheorie** herangezogen werden. Danach ist eine Streitigkeit dem öffentlichen Recht zuzuordnen, wenn ein Über-Unterordnungsverhältnis zwischen den streitenden Rechtssubjekten besteht; Dem

---

216 Näher Peine/Siegel, Allgemeines Verwaltungsrecht, 12. Aufl. 2018, Rn. 884.
217 Peine/Siegel, Allgemeines Verwaltungsrecht, 12. Aufl. 2018, Rn. 883.
218 S. etwa Ziekow, Öffentliches Wirtschaftsrecht, 4. Aufl. 2016, § 6 Rn. 57 ff.
219 Zu den Rechtsgrundlagen von Hausverboten Peters/Lux, LKV 2018, 17.
220 Schenke, Verwaltungsprozessrecht, 16. Aufl. 2019, Rn. 119.
221 So Schenke, Verwaltungsprozessrecht, 16. Aufl. 2019, Rn. 119.
222 Peine/Siegel, Allgemeines Verwaltungsrecht, 12. Aufl. 2018, Rn. 45.

Privatrecht sollen nach der Theorie hingegen Streitigkeiten auf Gleichordnungs-ebene zuzuordnen sein.[223] Die Subordinationstheorie mag zwar im Polizei- und Ordnungsrecht aufgrund des dort typischen Rückgriffs der Verwaltung auf ein-seitig-hoheitliche Handlungsformen zu sachgerechten Ergebnissen führen; sie stößt jedoch dort an Grenzen, wo auch Gleichordnungsverhältnisse dem öffent-lichen Recht zugeordnet werden können (insbesondere beim öffentlich-rechtli-chen Vertrag nach den §§ 54 ff. VwVfG).[224] Sie findet daher in Prüfungsarbeiten nur hilfsweise Anwendung, um ein nach der Sonderrechtstheorie gefundenes Er-gebnis noch zu untermauern.

c) Interessentheorie

Nach der **Interessentheorie** sind Streitigkeiten dem öffentlichen Recht zuzu- **209** ordnen, wenn das öffentliche (staatliche) Interesse im Vordergrund steht; geht es hingegen um private Interessen, ist der ordentliche Rechtsweg eröffnet.[225] Es ist jedoch bis heute ungeklärt, wie der Interessenschwerpunkt einer Rechtsbezie-hung abgrenzungsklar ermittelt werden kann.[226] Die Theorie wird in Prüfungs-arbeiten daher so gut wie nie zu Rate gezogen.

2. Nicht-verfassungsrechtlicher Art

Die Streitigkeit müsste weiterhin nicht-verfassungsrechtlicher Art sein. Dies **210** bestimmt sich mit der h.M. danach, ob ein Fall sog. **doppelter Verfassungsun-mittelbarkeit** vorliegt: Nur wenn Verfassungsorgane oder unmittelbar am Ver-fassungsleben beteiligte Rechtsträger über Rechte und Pflichten aus der Verfas-sung streiten, ist die Streitigkeit verfassungsrechtlicher Art.[227] Ansonsten ist die Streitigkeit nicht-verfassungsrechtlicher Art.

Nicht-verfassungsrechtlicher Art sind typischerweise **Klagen von Bürgern.**[228] **211** Diese sind schon keine Verfassungsorgane, sodass es dahinstehen stehen kann, ob Verfassungsrecht Gegenstand der Streitigkeit ist.

---

223 Schenke, Verwaltungsprozessrecht, 16. Aufl. 2019, Rn. 100; s. auch Hufen, Verwaltungspro-zessrecht, 11. Aufl. 2019, § 11 Rn. 16.
224 Schenke, Verwaltungsprozessrecht, 16. Aufl. 2019, Rn. 101.
225 Schenke, Verwaltungsprozessrecht, 16. Aufl. 2019, Rn. 102–103; Hufen, Verwaltungspro-zessrecht, 11. Aufl. 2019, § 11 Rn. 15.
226 Schenke, Verwaltungsprozessrecht, 16. Aufl. 2019, Rn. 102–103.
227 Hufen, Verwaltungsprozessrecht, 11. Aufl. 2019, § 11 Rn. 49; Gersdorf, Verwaltungsprozess-recht, 6. Aufl. 2019, Rn. 12.
228 Hufen, Verwaltungsprozessrecht, 11. Aufl. 2019, § 11 Rn. 50.

Nikolas Eisentraut

212 Examenswissen: Auch an der Voraussetzung, dass über Rechte und Pflichten aus der Verfassung gestritten wird, soll es fehlen, selbst wenn die **Verletzung von Grundrechten** gerügt wird. Denn Prüfungsgegenstand und -maßstab seien nicht originär die Grundrechte, sondern eine verwaltungsrechtliche Maßnahme und das Verwaltungsrecht.[229] Es ist verfassungsrechtlich auch zulässig, den Bürger zunächst auf den Rechtsweg zu verweisen, bevor er Verfassungsbeschwerde erheben darf, s. Art. 94 II 2 GG.

213 Klagt hingegen eine **Partei,** bedarf es näherer Ausführungen zur Frage der Qualifikation als nicht-verfassungsrechtliche Streitigkeit. Denn in der Rechtsprechung des BVerfG ist anerkannt, dass Parteien dann auf das Organstreitverfahren nach Art. 93 I Nr. 1 GG zu verweisen sind, wenn sie ihre **Rechte aus Art. 21 GG** gegenüber Verfassungsorganen geltend machen.[230] In diesem Fall liegt also doppelte Verfassungsunmittelbarkeit vor und der Verwaltungsrechtsweg wäre mangels nicht-verfassungsrechtlicher Streitigkeit nicht eröffnet.

214 Examenswissen: Die Rechtsprechung des BVerfG wird in der Literatur mitunter kritisch gesehen. Parteien seien frei gegründete Vereinigungen i. S. d. Art. 21 I 2 GG und damit der gesellschaftlichen Sphäre zugeordnet. Sie könnten daher weder als Verfassungsorgane noch als am Verfassungsleben beteiligte Rechtsträger qualifiziert werden.[231]

215 Geht es hingegen nicht um die Rechte der Partei aus Art. 21 GG, sondern beispielsweise um den **Zugang der Partei zu einer öffentlichen Einrichtung,** so handelt es sich um eine nicht-verfassungsrechtliche Streitigkeit.[232]

216 *Hausarbeitswissen: Eine besondere Problematik stellt es dar, wenn eine Streitigkeit zwar verfassungsrechtlicher Art und deshalb der Verwaltungsrechtsweg versperrt ist, aber auch ein verfassungsrechtliches Verfahren nach Art. 93 GG, § 13 BVerfGG unzulässig ist. Die dann fehlende Eröffnung eines Rechtswegs soll nicht gegen Art. 19 IV 1 GG verstoßen, soweit es nicht um die Verletzung von Individualrechten geht.*[233]

3. Keine abdrängende Sonderzuweisung

217 Schließlich dürfte keine sog. **abdrängende Sonderzuweisung** die Streitigkeit zu einem anderen Gericht abdrängen. Obwohl eine öffentlich-rechtliche Streitigkeit nicht-verfassungsrechtlicher Art vorliegt, kann es also sein, dass dennoch ein anderer Gerichtszweig über die Klage/den Antrag entscheidet.

---

229 So Gersdorf, Verwaltungsprozessrecht, 6. Aufl. 2019, Rn. 12.
230 Gersdorf, Verwaltungsprozessrecht, 6. Aufl. 2019, Rn. 12.
231 So Gersdorf, Verwaltungsprozessrecht, 6. Aufl. 2019, Rn. 12.
232 Gersdorf, Verwaltungsprozessrecht, 6. Aufl. 2019, Rn. 12.
233 Gersdorf, Verwaltungsprozessrecht, 6. Aufl. 2019, Rn. 12.

a) Art. 23 EGGVG

Die in Prüfungsarbeiten mit Schwerpunkt im Polizei- und Ordnungsrechts wich- **218**
tigste Sonderzuweisung ist **Art. 23 EGGVG.**[234] Während Streitigkeiten über Gefahrenabwehrmaßnahmen den Verwaltungsgerichten nach der Generalklausel
des § 40 I 1 VwGO zugewiesen sind, werden Strafverfolgungsmaßnahmen nach
Art. 23 EGGVG an die ordentlichen Gerichte abgedrängt (näher noch § 2 Rn. 1018 ff.
und beispielhaft der Fall 1 in: Eisentraut, Fälle zum Verwaltungsrecht, 2020).[235]

b) Abdrängende Sonderzuweisungen im Recht der staatlichen Ersatzleistungen

Auch an sich dem öffentlichen Recht zuzuordnende Ansprüche auf **staatliche** **219**
Ersatzleistungen (beispielsweise der Amtshaftungsanspruch) werden weitreichend an die **ordentliche Gerichtsbarkeit abgedrängt.** Zentrale Bedeutung
kommt hier **§ 40 II 1 VwGO** zu, der insbesondere Ansprüche aus Amtshaftung
gem. § 839 BGB i.V.m. Art. 34 GG auf den ordentlichen Rechtsweg abdrängt (näher
zum Amtshaftungsanspruch § 11 Rn. 3 ff. und ausführlich zur Rechtswegsyste-
matik im Recht der staatlichen Ersatzleistungen § 5 Rn. 161 ff.). Darüber hinaus
drängt § 40 II 1 VwGO auch Streitigkeiten für vermögensrechtliche Ansprüche aus
Aufopferung für das gemeine Wohl (Var. 1), aus öffentlich-rechtlicher Verwahrung
(Var. 2) sowie für Schadensersatzansprüche aus der Verletzung nichtvertraglicher
öffentlich-rechtlicher Pflichten (Var. 3) auf den ordentlichen Rechtsweg ab.

c) Abdrängungen an besondere Zweige der Verwaltungsgerichtsbarkeit

Zudem bestehen in öffentlich-rechtlichen Streitigkeiten mitunter abdrängende **220**
Zuweisungen an die **besonderen Zweige der Verwaltungsgerichtsbarkeit**, so
insbesondere an die Sozialgerichtsbarkeit (§ 51 SGG) und die Finanzgerichtsbar-
keit (§ 33 FGO).[236]

III. Literaturhinweise

Krüger, Die Eröffnung des Verwaltungsrechtswegs, JuS 2013, 598; Thiel/Garcia- **221**
Scholz, Die Eröffnung des Verwaltungsrechtswegs, JA 2001, 957; Leifer, Die Er-

---

234 Hufen, Verwaltungsprozessrecht, 11. Aufl. 2019, § 11 Rn. 61.
235 Näher Schenke, Verwaltungsprozessrecht, 16. Aufl. 2019, Rn. 140.
236 Schenke, Verwaltungsprozessrecht, 16. Aufl. 2019, Rn. 143; näher auch Hufen, Verwaltungsprozessrecht, 11. Aufl. 2019, § 11 Rn. 66 f.

Nikolas Eisentraut

öffnung des Verwaltungsrechtswegs als Problem des Klausuraufbaus, JuS 2004, 956

C. Die statthafte Klage- bzw. Antragsart: Ein erster Überblick über die Klage- und Antragsarten der VwGO (Nikolas Eisentraut)

222 Wenn der Verwaltungsrechtsweg eröffnet ist, ist als nächstes die Frage aufzuwerfen, welche Klageart (im einstweiligen Rechtsschutz und beim Antrag nach § 47 VwGO: welche Antragsart) statthaft ist.

Die Bestimmung der statthaften Klage-/Antragsart ist das **zentrale Scharnier** für die gesamte restliche Klausur. Nach ihr richten sich sowohl die weiteren Zulässigkeitsvoraussetzungen als auch die Struktur der Begründetheitsprüfung. Entsprechend wichtig ist die saubere Prüfung, welche Klage- bzw. Antragsart einschlägig ist.

Liegt die statthafte Klage-/Antragsart nicht offensichtlich auf der Hand, macht es in der Klausurlösung Sinn, zunächst auch im Ergebnis zwar nicht für einschlägig befundene, aber womöglich in Betracht kommende Klage-/Antragsarten anzuprüfen und dann abzulehnen, bevor auf die als statthaft erkannte Klage-/Antragsart eingegangen wird (zur problembewussten Prüfung Rn. 123).

I. Klagearten der VwGO

223 Die VwGO kennt die folgenden Klagearten:
1. die Anfechtungsklage, § 42 I Alt. 1 VwGO (ausführlich § 2),
2. die Verpflichtungsklage, § 42 I Alt. 2 VwGO (ausführlich § 3),
3. die Fortsetzungsfeststellungsklage, § 113 I 4 VwGO (ggf. analog) (ausführlich Rn. § 4),
4. die allgemeine Leistungsklage (vorausgesetzt in den §§ 43 II, 111, 113 IV VwGO) (ausführlich § 5),
5. die Feststellungsklage, § 43 II VwGO (ausführlich § 6).

II. Antragsarten der VwGO

224 Neben dem Normenkontrollantrag nach § 47 VwGO (dazu ausführlich § 7) kennt die VwGO die folgenden vorläufigen Rechtsschutzanträge:

1. den Antrag nach § 80 Abs. 5 VwGO (ausführlich § 8),
2. den Antrag nach § 80, 80a VwGO (ausführlich § 9),
3. den Antrag nach § 123 VwGO (ausführlich § 10),
4. der Antrag nach § 47 Abs. 6 VwGO (näher § 7 Rn. 76 ff.).

III. Die Stellschraube in der Klausur: Das klägerische Begehren

Welche der Klagearten statthaft ist, richtet sich nach dem **Begehren des Klägers,** **225** **§ 88 VwGO.** In der Klausur wie auch in der Hausarbeit ist also genau zu untersuchen, was der Kläger vom Gericht eigentlich will.

In **Verfahren des einstweiligen Rechtsschutzes** gilt § 88 VwGO über § 122 I **226** VwGO entsprechend. § 122 I VwGO ordnet dafür an, dass § 88 VwGO entsprechend für „Beschlüsse" gilt. Für den Antrag nach § 123 VwGO stellt dessen Abs. 4 fest, dass das Gericht „durch Beschluß" entscheidet. Das gleiche gilt für den Antrag nach § 80 V VwGO, dies ergibt sich aus § 80 VII 1 VwGO.

In terminologischer Hinsicht muss jedoch darauf geachtet werden, dass in einstweiligen Rechtsschutzverfahren nicht vom „klägerischen" Begehren sondern vom **Begehren des „Antragstellers"** gesprochen wird.

Examenswissen: Nach § 88 VwGO darf das Gericht über das Klagebegehren nicht hinausgehen, ist **227** aber an die Fassung der Anträge nicht gebunden. Dem Gericht ist es also verboten, dem Kläger mehr oder nicht Beantragtes zuzusprechen. Es kann jedoch mittels richterlichem Hinweis auf die Stellung sachdienlicher Anträge hinwirken, § 86 III VwGO.[237] Zudem muss das Gericht das Klagebegehren mittels Auslegung der Anträge ermitteln.[238]

Hausarbeitswissen: Die Reichweite der zulässigen Auslegung des Klagebegehrens ist Gegenstand **228** *einer weitreichenden Kasuistik. Während in der Klausur mittels Auslegung des klägerischen Begehrens meist eine vertretbare Lösung gefunden werden kann, erfordert die Lösung einer Hausarbeit im Falle eines missverständlichen Klagebegehrens eine vertiefte Auseinandersetzung mit den in der Literatur und Rechtsprechung dazu vertretenen Positionen.[239] Es ist beispielsweise umstritten, ob an das Klagebegehren für von Rechtsanwälten vertretene Beteiligte strengere Anforderungen zu stellen sind.[240] Zudem kann die Klage als unzulässig abzuweisen sein, wenn unter Berücksichtigung aller möglichen Alternativen das Begehren des Klägers weiterhin als „offen" zu qualifizieren ist.[241]*

---

237 Brink, in: Posser/Wolf, VwGO, 50. Ed., Stand 1.7.2019, § 88 Rn. 9.
238 Brink, in: Posser/Wolf, VwGO, 50. Ed., Stand 1.7.2019, § 88 Rn. 9.
239 Näher Brink, in: Posser/Wolf, VwGO, 50. Ed., Stand 1.7.2019, § 88 Rn. 9 ff.
240 Ablehnend, m.w. N. zur a. A. Brink, in: Posser/Wolf, VwGO, 50. Ed., Stand 1.7.2019, § 88. Rn. 7.
241 Brink, in: Posser/Wolf, VwGO, 50. Ed., Stand 1.7.2019, § 88 Rn. 8.

Nikolas Eisentraut

1. Systematisierung der Klage- und Antragsarten der VwGO nach Begehren

229 Es lassen sich 10 Begehren systematisieren, die typischerweise in Prüfungsarbeiten in Betracht kommen. Für jedes dieser Begehren findet sich in der VwGO eine Klage- bzw. Antragsart. Dieser Zusammenhang ist in der folgenden Tabelle dargestellt:

Begehren	Klage-/Antragsart
1. Der Kläger begehrt die Aufhebung eines Verwaltungsakts.	1. Begehrt der Kläger die Aufhebung eines Verwaltungsakts, so ist die Anfechtungsklage nach § 42 I Alt. 1 VwGO statthaft.
2. Der Kläger begehrt den Erlass eines abgelehnten oder unterlassenen Verwaltungsakts.	2. Begehrt der Kläger den Erlass eines abgelehnten oder unterlassenen Verwaltungsakts, so ist die Verpflichtungsklage nach § 42 I Alt. 2 VwGO statthaft.
3. Der Kläger begehrt nach Erledigung eines Verwaltungsakts die Feststellung der Rechtswidrigkeit eines Verwaltungsakts oder der Rechtswidrigkeit der Ablehnung oder Unterlassung eines Verwaltungsakts.	3. Scheidet eine gerichtliche Aufhebung eines Verwaltungsakts aus, weil sich dieser bereits erledigt hat, kann der Kläger nur noch die Feststellung der Rechtswidrigkeit des Verwaltungsakts begehren. In diesem Fall ist die Fortsetzungsfeststellungsklage nach §§ 113 I 4 VwGO (ggf. analog) statthaft. Die Fortsetzungsfeststellungsklage nach §§ 113 I 4 VwGO analog ist weiterhin statthaft, wenn der Kläger nach Erledigung festgestellt wissen will, dass die Ablehnung oder Unterlassung eines Verwaltungsakts rechtswidrig war.
4. Der Kläger begehrt ein bestimmtes Verhalten, bei dem es sich nicht um den Erlass eines Verwaltungsakts handelt.	4. Begehrt der Kläger mit seiner Klage ein bestimmtes Verhalten, das er nicht im Wege der Verpflichtungsklage durchsetzen kann (weil es sich bei dem begehrten Verhalten nicht um den Erlass eines Verwaltungsakts handelt), ist die allgemeine Leistungsklage statthaft.
5. Der Kläger begehrt eine Feststellung über das Bestehen oder Nichtbestehen eines Rechtsverhältnisses.	5. Geht es dem Kläger darum, das Bestehen oder Nichtbestehen eines Rechtsverhältnisses feststellen zu lassen, ist die allgemeine Feststellungsklage nach § 43 VwGO statthaft.
6. Der Kläger begehrt die Feststellung über die Nichtigkeit eines Verwaltungsakts.	6. Geht es dem Kläger darum, die Nichtigkeit eines Verwaltungsakts feststellen zu lassen, ist ebenfalls die allgemeine Feststellungsklage nach § 43 VwGO in der Form der sog. Nichtigkeitsfeststellungsklage statthaft.

Nikolas Eisentraut

Fortsetzung

Begehren	Klage-/Antragsart
7. Der Kläger begehrt die Überprüfung der Gültigkeit einer Satzung, die nach den Vorschriften des BauGB erlassen worden ist oder einer Rechtsverordnung auf Grund des § 246 II BauGB oder von anderen im Rang unter dem Landesgesetz stehender Rechtsvorschriften.	7. Möchte der Kläger die Gültigkeit einer Satzung oder einer Rechtsverordnung nach dem BauGB oder von anderen im Rang unter dem Landesgesetz stehenden Rechtsvorschriften überprüfen lassen, ist die verwaltungsgerichtliche Normenkontrolle nach § 47 VwGO statthaft. Bei anderen im Rang unter dem Landesgesetz stehenden Rechtsvorschriften gilt dies aber nur, wenn dies auch im Landesrecht bestimmt ist. Ansonsten ist auf die Feststellungsklage zurückzugreifen.
8. Der Antragsteller begehrt eine einstweilige Anordnung in Bezug auf die unter 2 – 6 aufgeführten Streitgegenstände.	8. Begehrt der Antragsteller eine einstweilige Anordnung in Bezug auf die unter 2 – 6 aufgeführten Streitgegenstände (sog. vorläufiger Rechtsschutz), ist der Antrag nach § 123 VwGO statthaft, soweit er nicht nach § 123 V VwGO subsidiär ist.
9. Der Antragsteller begehrt die (einstweilige) Anordnung oder Wiederherstellung der aufschiebenden Wirkung eines Widerspruchs oder einer Anfechtungsklage.	9. Begehrt der Antragsteller die (einstweilige) Anordnung oder Wiederherstellung der aufschiebenden Wirkung eines Widerspruchs oder einer Anfechtungsklage, so ist der Antrag nach § 80 V VwGO statthaft (der Antrag nach § 123 VwGO tritt nach dessen Abs. 5 zurück). In Drittschutzkonstellationen ist darüber hinaus § 80a VwGO zu berücksichtigen.
10. Der Antragsteller begehrt eine einstweilige Anordnung in Bezug auf den unter 7. aufgeführten Streitgegenstand.	Begehrt der Antragsteller eine einstweilige Anordnung in Bezug auf den unter 7. aufgeführten Streitgegenstand, ist der Antrag nach § 47 VI VwGO statthaft.

Hausarbeitswissen: Zweifelhaft ist, ob neben den aufgezeigten Klagearten auch atypische, in der **230** *VwGO nicht geregelte Klagearten existieren. Zur Sicherstellung effektiven Rechtsschutzes müsste dies jedenfalls dann der Fall sein, wenn keine der in der VwGO geregelten Klagearten zur Sicherstellung des verwaltungsgerichtlichen Rechtsschutzes ausreicht. Eine solche „Klage sui generis" wird im Bereich der kommunalen Verfassungsorganstreitigkeiten diskutiert, von der h.M. jedoch abgelehnt.*[242]

---

242 Schenke, Verwaltungsprozessrecht, 16. Aufl. 2019, Rn. 173 f.; Ehlers, NVwZ 1990, 105 (106); Schoch, JURA 2008, 826 (834 f.).

Nikolas Eisentraut

2. Der Sonderfall objektiver Klagehäufung, § 44 VwGO (Carola Creemers)

231 § 44 VwGO ermöglicht es dem Kläger, mehrere Klagebegehren in einer Klage zusammen zu verfolgen, wenn sie sich gegen denselben Beklagten richten (§ 78 VwGO; hierzu ausführlich § 2 Rn. 409 ff.), im Zusammenhang stehen und dasselbe Gericht zuständig ist (§§ 45 ff. VwGO). Sind die Klagebegehren nach § 44 VwGO verbunden, verhandelt und entscheidet das Gericht über sie gemeinsam.[243] Diese **objektive Klagehäufung** ist von der subjektiven Klagehäufung (§ 64 VwGO i.V.m. §§ 59 bis 63 ZPO) zu unterscheiden (vgl. zur subjektiven Klagehäufung § 2 Rn. 455 ff.). § 44 VwGO dient insbesondere der **Prozessökonomie.** Der Zusammenhang der Klagebegehren muss nicht rechtlicher Art sein, sondern es genügt ein rein tatsächlicher Zusammenhang. Daher ist für den von § 44 VwGO geforderten Zusammenhang ausreichend, dass die einzelnen geltend gemachten Klagebegehren einem **einheitlichen Lebensvorgang** zuzurechnen sind.[244] Ein solcher ausreichender Zusammenhang ist insbesondere dann zu bejahen, sofern die gleichen Sachverhaltsfragen und/oder die gleichen Rechtsfragen zu klären sind.[245] Fehlt dieser Zusammenhang, sind die Klagebegehren zu trennen (§ 93 VwGO). Auch in den Antragsverfahren (§ 47 II VwGO, § 80 V VwGO, §§ 80, 80a VwGO, § 123 VwGO) ist § 44 VwGO analog anwendbar; mit dem Unterschied, dass es sich um eine „Antragshäufung" und keine „Klagehäufung" handelt, sodass in diesen Fällen § 44 VwGO analog anzuwenden ist.

232 Die Klagebegehren können nebeneinander (kumulativ) oder eventual, d.h. mit Haupt- und Hilfsantrag, verfolgt werden.[246] Eine **kumulative Klagehäufung** liegt vor, wenn mehrere Klagebegehren uneingeschränkt nebeneinander geltend gemacht werden.[247] Hingegen liegt eine **eventuale Klagehäufung** vor, wenn der Kläger einen Hilfsantrag für den Fall stellt, dass sein Hauptantrag nicht in vollem Umfang Erfolg hat (eigentliche Eventualklage) oder dass sein Hauptantrag erfolgreich ist (uneigentliche Eventualklage; **Stufenklage**).[248] Die **alternative Klagehäufung** ist kein Fall des § 44 VwGO und mangels Bestimmtheit der Anträge unzulässig.[249]

---

243 Schenke, in: Kopp/Schenke, VwGO, 25. Aufl. 2019, § 44 Rn. 8.

244 Schenke, in: Kopp/Schenke, VwGO, 25. Aufl. 2019, § 44 Rn. 5; Schenke, Verwaltungsprozessrecht, 16. Aufl. 2019, Rn. 73; Sodan, in: Sodan/Ziekow, VwGO, 5. Aufl. 2018, § 44 Rn. 10.

245 Pietzcker, in: Schoch/Schneider/Bier, VwGO, 36. EL Februar 2019, § 44 Rn. 7.

246 Hufen, Verwaltungsprozessrecht, 11. Aufl.2019, § 13 Rn. 13.

247 Schenke, Verwaltungsprozessrecht, 16. Aufl. 2019, Rn. 75.

248 Schenke, Verwaltungsprozessrecht, 16. Aufl. 2019, Rn. 77.

249 Rennert, in: Eyermann, VwGO, 15. Aufl. 2019, § 44 Rn. 6; Schenke, Verwaltungsprozessrecht, 16. Aufl. 2019, Rn. 75.

Anmerkung zur Falllösung: Bei der objektiven Klagehäufung handelt es **233**
sich nicht um eine „echte" Zulässigkeitsvoraussetzung, sodass es sich empfiehlt
die objektive Klagehäufung zwischen Zulässigkeit und Begründetheit zu prüfen (empfohlener Prüfungsaufbau: A. Zulässigkeit, B. Objektive Klagehäufung,
C. Begründetheit, s. dazu § 1 Rn. 63 ff.). Die objektive Klagehäufung ist allerdings
nur bei entsprechenden Anhaltspunkten im Sachverhalt zu prüfen.

IV. Der Handlungsformenbezug der Klagearten (Nikolas Eisentraut)

Die Systematisierung der Klage- und Antragsarten der VwGO nach den jeweili- **234**
gen Begehren zeigt, dass die Begehren jeweils in engem Zusammenhang mit einer
Handlungsform der Verwaltung stehen. Auf welche Handlungsform das klägerische Begehren gerichtet ist, stellt daher eine wichtige Weichenstellung für den
Rechtsschutz dar.[250]

> *Beispiel: Die Klagearten nach den Begehren Nr. 1–3 und Nr. 6 in Rn. 229 beziehen sich auf die*
> *Handlungsform Verwaltungsakt. Anfechtungs-, Verpflichtungs-, Fortsetzungsfeststellungs- und*
> *Nichtigkeitsfeststellungsklage können also nur dann statthaft sein, wenn ein Verwaltungsakt*
> *streitgegenständlich ist.*

Um das Rechtsschutzsystem der VwGO zu systematisieren, kann deshalb an die
Handlungsformen der Verwaltung angeknüpft werden.

1. Die Handlungsformen der Verwaltung

Die Verwaltung[251] greift zur Erfüllung der ihr durch das Besondere Verwaltungs- **235**
recht aufgebebenen Aufgaben auf bestimmte Instrumente zurück.[252] Diese In-

---

250 Remmert, in: Ehlers/Pünder, Allgemeines Verwaltungsrecht, 15. Aufl. 2016, § 17 Rn. 11; Peine/
Siegel, Allgemeines Verwaltungsrecht, 12. Aufl. 2018, Rn. 264.
251 Gemeint ist die deutsche Verwaltung. Mit der Einbindung der Mitgliedstaaten in europäische
Verwaltungsverbundstrukturen beginnen sich die nationalen Verwaltungen und damit auch die
Handlungsformen zudem teilweise mit solchen anderer Mitgliedstaaten und der EU selbst zu
überlagern und zu vermengen, vgl. Hoffmann-Riem, in: Hoffmann-Riem/Schmidt-Aßmann/Vo-
ßkuhle, Grundlagen des Verwaltungsrechts, Band II, 2. Aufl. 2012, § 33 Rn. 2. Während für den
Bereich des indirekten Vollzugs des Unionsrechts weiterhin an die Handlungsformenlehren der
Mitgliedstaaten angeknüpft werden kann, hat sich für auf die EU übergegangene Verwaltungsaufgaben (sog. EU-Eigenverwaltung) bis heute keine abschließende verwaltungsspezifische
Handlungsformenlehre herausgebildet; näher dazu Stelkens, in: Stelkens/Bonk/Sachs, VwVfG,
9. Aufl. 2018, Europäisches Verwaltungsrecht, Rn. 171. Auch der Rechtsschutz verlagert sich in

strumente werden unter dem **Begriff der „Handlungsformen der Verwaltung"** wissenschaftlich systematisiert.[253] Diese wissenschaftliche Systematisierung von Handlungsformen ermöglicht eine strukturierte Untersuchung der in der Praxis überaus vielfältigen Verwaltungstätigkeit.[254] Aufgrund dieser Systematisierung hat sich ein allgemeiner Teil des Verwaltungsrechts herausgebildet, der die in allen Bereichen des Verwaltungsrechts auftretenden Grundstrukturen der Handlungsformen der Verwaltung herauszuarbeiten versucht.[255] So hat sich ein Kanon an Handlungsformen herausgebildet, auf die die Verwaltung typischerweise zurückgreift.

236 Examenswissen: Dem deutschen Verwaltungsrecht liegt ein offenes System der Handlungsformen zugrunde, das sich aus rechtlich determinierten Handlungsformen und übrigen Handlungsformen zusammensetzt.[256] Da es **keinen numerus clausus der Handlungsformen** gibt, ist es der Verwaltung grundsätzlich erlaubt, darüber hinaus neue Handlungsformen zu entwickeln und bestehende Handlungsformen zu modifizieren.[257] Teilweise bestimmen Gesetze aber, dass nur eine bestimmte Handlungsform zulässig ist (so beispielsweise in § 10 BauGB, wonach der Bebauungsplan als Satzung ergehen muss).

237 Die folgenden Handlungsformen müssen in Prüfungsarbeiten nicht nur bekannt sein; es muss zudem beherrscht werden, wie man die Rechtmäßigkeit der jeweiligen Handlungsform prüft. Unterschieden werden kann zwischen Rechtshandlungen und schlichten Handlungen; Während erstere auf einen Rechtserfolg gerichtet sind, bewegen sich schlichte Handlungen im Realbereich des Verwaltungshandelns.[258] Die Unterscheidung zwischen rechtsförmlichen und schlichten Handlungen ist von grundlegender Bedeutung, weil wesentliche Unterschiede in Rechtsbindung, Wirksamkeitsbedingungen, Fehlerfolgen und den Rechtsschutzmöglichkeiten bestehen.[259]

diesem Bereich auf die europäische Ebene; zum Rechtsschutz vor dem Gerichtshof der Europäischen Union näher Haratsch/König/Pechstein, Europarecht, 11. Aufl. 2018, Rn. 484 ff.

252 Peine/Siegel, Allgemeines Verwaltungsrecht, 12. Aufl. 2018, Rn. 262.

253 Einführend Maurer/Waldhoff, Allgemeines Verwaltungsrecht, 19. Aufl. 2017, Vor § 9 Rn. 1.

254 Glaser, Die Entwicklung des Europäischen Verwaltungsrechts aus der Perspektive der Handlungsformenlehre, 2013, S. 56 ff.

255 Zur Formenlehre grundlegend Hoffmann-Riem, in: Hoffmann-Riem/Schmidt-Aßmann/Voßkuhle, Grundlagen des Verwaltungsrechts, Band II, 2. Aufl. 2012, § 33.

256 Sodan/Ziekow, Grundkurs Öffentliches Recht, 8. Aufl. 2018, § 73 Rn. 1 f.

257 Peine/Siegel, Allgemeines Verwaltungsrecht, 12. Aufl. 2018, Rn. 269.

258 Peine/Siegel, Allgemeines Verwaltungsrecht, 12. Aufl. 2018, Rn. 266.

259 M.w.N. Glaser, Die Entwicklung des Europäischen Verwaltungsrechts aus der Perspektive der Handlungsformenlehre, 2013, S. 75 f.

Nikolas Eisentraut

a) Der Verwaltungsakt, §§ 35 ff. VwVfG

Zentrale Bedeutung in Studium und Praxis kommt der Handlungsform des Ver- **238**
waltungsakts zu.[260] Er ist in den §§ 35 ff. VwVfG normiert worden. Beim Verwaltungsakt handelt es sich um „**die klassische Handlungsform des deutschen
Verwaltungsrechts und das zentrale Steuerungsinstrument der Verwaltung**"[261]. Denn Verwaltungsakte konkretisieren abstrakt-generell formulierte Gesetze für einen konkreten Fall und eine individuelle Person, sog. Konkretisie-
rungsfunktion.[262] Sie sind daher den Rechtshandlungen zuzuordnen (näher zum
Begriff des Verwaltungsakts § 2 Rn. 38 ff.).

*Beispiel: Die polizeirechtliche Generalklausel erlaubt den Polizei- und Ordnungsbehörden ein
Einschreiten bei einer Gefahr für die öffentliche Sicherheit oder Ordnung (näher § 2 Rn. 1053).
Tritt eine solche Gefahr nun im Einzelfall ein, kann die Behörde in Konkretisierung der Generalklausel einen Verwaltungsakt erlassen, mittels dessen die Gefahr im Einzelfall abgewehrt
wird.*

b) Verträge

Weiterhin schließt die Verwaltung Verträge ab. Während privatrechtliche Ver- **239**
tragsschlüsse mangels Eröffnung des Verwaltungsrechtswegs schon nicht vor
die Verwaltungsgerichte gelangen (dazu bereits Rn. 185), spielen die **öffentlich-
rechtlichen Verträge** in der Klausurpraxis eine Rolle. Sie wurden in den §§ 54 ff.
VwVfG normiert (näher dazu § 5 Rn. 65 ff.). Auch sie sind den Rechtshandlungen
zuzuordnen, da ihr Abschluss eine rechtliche Bindungswirkung bewirkt.

c) Normsetzung durch die Verwaltung

Weiter erlässt die Verwaltung untergesetzliche Rechtsnormen. Dazu zählen die **240**
Verordnungen (Art. 80 GG sowie entsprechende Normen auf Landesebene)
(näher dazu § 7 Rn. 23), **Satzungen** (näher dazu § 7 Rn. 24) und die dem Innenrecht der Verwaltung zuzuordnenden **Verwaltungsvorschriften** (näher dazu
§ 7 Rn. 25). Auch die Normsetzung ist den Rechtshandlungen zuzuordnen.

---

260 Sodan/Ziekow, Grundkurs Öffentliches Recht, 8. Aufl. 2018, § 74 Rn. 1; Peine/Siegel, Allgemeines Verwaltungsrecht, 12. Aufl. 2018, Rn. 264.
261 Peine/Siegel, Allgemeines Verwaltungsrecht, 12. Aufl. 2018, Rn. 273.
262 Zu den weiteren Funktionen Peine/Siegel, Allgemeines Verwaltungsrecht, 12. Aufl. 2018,
Rn. 276 ff.

Nikolas Eisentraut

d) Schlichtes Verwaltungshandeln

241 Schließlich handelt die Verwaltung „schlicht" (also ohne damit einen Rechtserfolg herbeizuführen, sog. **schlichtes Verwaltungshandeln oder auch Tathandlungen** genannt; wesentliche Bedeutung kommt den sog. **Realakten** zu (näher dazu § 5 Rn. 6 ff.).[263]

> *Beispiele: Mitteilungen, Berichte, Auskünfte, Warnungen, Auszahlungen, der Abriss eines Hauses[264] und der Knüppelschlag eines Polizisten[265]*

e) Plan und Planung

242 Die Verwaltung wird auch planend tätig. Pläne stellen jedoch **keine eigenständige Handlungsform** der Verwaltung dar, sondern können den soeben genannten Handlungsformen zugeordnet werden:[266] Der Bebauungsplan ergeht als Satzung (Normsetzung); Planfeststellungsbeschlüsse (dazu näher § 2 Rn. 676) sind nach § 74 I 1 VwVfG als Verwaltungsakt zu qualifizieren; indikative Pläne ohne verbindliche Festlegungen können dem schlichten Verwaltungshandeln zugeordnet werden.[267]

f) Privatrechtliches Handeln der Verwaltung

243 Die Verwaltung darf sich schließlich auch privatrechtlicher Handlungsformen bedienen. In diesem Fall ist von Verwaltungsprivatrecht (im weiteren Sinne) die Rede. Unterschieden wird zwischen **fiskalischen Hilfsgeschäften** (dazu bereits Rn. 188), **erwerbswirtschaftlicher Betätigung der Verwaltung** und **Verwaltungsprivatrecht im engeren Sinne.**[268]

Die privatrechtlichen Handlungsformen spielen für den verwaltungsgerichtlichen Rechtsschutz jedoch regelmäßig keine Rolle und sollen daher hier nicht vertieft werden, weil in diesen Fällen typischerweise bereits der Verwaltungsrechtsweg nicht eröffnet ist (s. Rn. 162 ff.).

---

263 Peine/Siegel, Allgemeines Verwaltungsrecht, 12. Aufl. 2018, Rn. 265 ff.

264 Peine/Siegel, Allgemeines Verwaltungsrecht, 12. Aufl. 2018, Rn. 266.

265 Zu den „Schwabinger Krawallen" Kingreen/Poscher, Polizei- und Ordnungsrecht mit Versammlungsrecht, 10. Aufl. 2018, § 27 Rn. 43.

266 Ossenbühl, JuS 1979, 681 (685).

267 Näher Peine/Siegel, Allgemeines Verwaltungsrecht, 12. Aufl. 2018, Rn. 268.

268 Näher Peine/Siegel, Allgemeines Verwaltungsrecht, 12. Aufl. 2018, Rn. 869 ff.

Nikolas Eisentraut

2. Auswirkungen auf die statthafte Klageart

Die streitgegenständliche Handlungsform hat Auswirkungen auf die statthafte 244
Klageart.[269] Unterschieden werden kann zwischen **verwaltungsaktbezogenem Rechtsschutz, vertragsbezogenem Rechtsschutz, normbezogenem Rechtsschutz und tathandlungsbezogenem Rechtsschutz.** Schließlich kann eine Kategorie für „sonstiges Verwaltungshandeln" gebildet werden.

a) Verwaltungsaktbezogener Rechtsschutz

Da der Verwaltungsakt im Handlungsinstrumentarium der Verwaltung eine so 245
zentrale Rolle spielt, kommt auch dem Rechtschutz mit Bezug zu Verwaltungsakten eine entsprechende Bedeutung zu.[270] Mit der Anfechtungs-, Verpflichtungs-, Fortsetzungsfeststellungs- und Nichtigkeitsfeststellungsklage existieren entsprechend auch **vier Klagearten, die nur dann statthaft sein können, wenn ein Verwaltungsakt streitgegenständlich ist.**

Examenswissen: Begehrt der Kläger hingegen die Unterlassung eines Verwaltungsakts, ist nicht 246
die Verpflichtungsklage statthaft. Denn das Unterlassen eines Verwaltungsakts wird nicht als
Verwaltungsakt, sondern als schlicht-hoheitliches Handeln qualifiziert. Streitgegenständlich ist
somit eine Tathandlung, nicht ein Verwaltungsakt. Statthaft wäre daher die allgemeine Leistungsklage (dazu näher § 5 Rn. 24).

Darüber hinaus wird im Bereich verwaltungsaktbezogenen Rechtsschutzes teilweise ein
Anwendungsbereich für die allgemeine Feststellungsklage angenommen. Diese tritt nach überzeugender Auffassung jedoch hinter die (analoge) Anwendung des § 113 I 4 VwGO (Fortsetzungsfeststellungsklage) zurück (s. im Einzelnen noch § 4 Rn. 18 ff.).

Im **einstweiligen Rechtsschutz** weisen sowohl der Antrag nach §§ 80 V und 80, 247
80a VwGO als auch der Antrag nach § 123 VwGO einen Verwaltungsaktbezug auf. Während die Verfahren nach §§ 80 V und 80, 80a VwGO in Anfechtungskonstellationen eine Rolle spielen (s. dazu die §§ 8 und 9), kommt § 123 VwGO eine Auffangfunktion in den anderen Konstellationen zu (dazu ausführlich § 10).[271]

b) Vertragsbezogener Rechtsschutz

Ist ein öffentlich-rechtlicher Vertrag streitgegenständlich, können die folgenden 248
Klagearten in Betracht kommen:

---

269 Einführend Maurer/Waldhoff, Allgemeines Verwaltungsrecht, 19. Aufl. 2017, Vor § 9 Rn. 1.
270 Schaks/Friedrich, JuS 2018, 860 ff. und 954 ff.; Peine/Siegel, Allgemeines Verwaltungsrecht,
12. Aufl. 2018, Rn. 283;.
271 Schaks/Friedrich, JuS 2018, 860 (862).

- Die Verpflichtungsklage, wenn der Erlass eines Verwaltungsakts im öffentlich-rechtlichen Vertrag vereinbart war und nun auf Leistung geklagt wird (s. dazu § 3 Rn. 71).
- Die allgemeine Leistungsklage, wenn nicht im Erlass eines Verwaltungsakts bestehende Ansprüche aus dem Vertrag durchgesetzt werden sollen (s. näher § 5 Rn. 87 sowie Fall 9 in: Eisentraut, Fälle zum Verwaltungsrecht, 2020).
- Die Feststellungsklage, wenn festgestellt werden soll, ob ein konkretes Rechtsverhältnis auf Grundlage des Vertrags besteht oder nicht besteht (s. näher § 6 Rn. 107).

249 Sollen diese Klageziele im einstweiligen Rechtsschutzverfahren verfolgt werden, steht hierfür der Antrag nach § 123 VwGO offen.

c) Normbezogener Rechtsschutz

250 Auch für die normsetzende Tätigkeit der Verwaltung stellt die VwGO Klagearten zur Verfügung. Zentrale Bedeutung kommt dem Antrag nach § 47 VwGO zu (näher dazu § 7). Darüber hinaus kann die Rechtmäßigkeit von Normen der Verwaltung aber auch inzident im Wege der Anfechtungs- oder Verpflichtungsklage zu überprüfen sein (s. beispielsweise für das Polizei- und Ordnungsrecht § 2 Rn. 1035 und Rn. 1091). Schließlich spielt die Feststellungsklage eine Rolle, wenn es um die inzidente Überprüfung einer untergesetzlichen Norm geht (dazu § 6 Rn. 26 ff.).

d) Tathandlungsbezogener Rechtsschutz

251 Rechtsschutz gegen schlichtes Verwaltungshandeln eröffnen die folgenden Klagearten:

Mittels der Leistungsklage kann die Vornahme oder Unterlassung schlichten Verwaltungshandelns begehrt werden (s. näher § 5 Rn. 5 ff.).

Examenswissen: Begehrt der Kläger die Unterlassung eines Verwaltungsakts, kann ausnahmsweise (s. aber zum in diesen Fällen zweifelhaften Rechtsschutzbedürfnis § 5 Rn. 47) die allgemeine Leistungsklage statthaft sein. Denn das Unterlassen eines Verwaltungsakts wird nicht als Verwaltungsakt, sondern als schlicht-hoheitliches Handeln qualifiziert, sodass die Verpflichtungsklage mangels streitgegenständlichem Verwaltungsakt nicht zulässig wäre. Streitgegenständlich ist die im Realbereich liegende Unterlassung, sodass auf die allgemeine Leistungsklage zurückgegriffen werden muss.

Mittels der Feststellungsklage kann das Bestehen oder Nichtbestehen eines auf schlichtem Verwaltungshandeln beruhenden Rechtsverhältnisses festgestellt

Nikolas Eisentraut

werden (s. § 6 Rn. 44). Da auch vergangene Rechtsverhältnisse feststellungsfähig sind, ist die Feststellungsklage auch dann statthaft, wenn sich ein Realakt bereits erledigt hat (s. § 6 Rn. 46).

Mit diesen Klagearten korreliert im einstweiligen Rechtsschutz der Antrag nach § 123 VwGO.

e) Rechtsschutz bei „sonstigem" Verwaltungshandeln

Da es **keinen numerus clausus der Handlungsformen** gibt (s. Rn. 236), muss 252 es auch noch eine Kategorie für Rechtsschutz bei „sonstigem" Verwaltungshandeln geben. Insofern dienen die allgemeine Leistungsklage und die „klassische" Feststellungsklage, die nicht auf eine spezifische Handlungsform beschränkt sind, als Auffangklagen für atypische Handlungsformen.[272] Zur nicht anzuerkennenden Klage sui generis s. Rn. 230.

V. Literaturhinweise

v. Mutius, Die Handlungsformen der öffentlichen Verwaltung, JURA 1979, 55 ff., 253 111 ff., 167 ff., 223 ff.; Ossenbühl, Die Handlungsformen der Verwaltung, JuS 1979, 681; Peine/Siegel, Allgemeines Verwaltungsrecht, 12. Aufl. 2018, § 11 (Übersicht über die Handlungsformen der Verwaltung); Schaks/Friedrich, Verwaltungsaktbezogener Rechtsschutz – Die Zulässigkeitsprüfung, JuS 2018, 860; Schaks/Friedrich, Verwaltungsaktbezogener Rechtsschutz – Die Begründetheitsprüfung, JuS 2018, 954; Spitzlei, Der vorläufige Rechtsschutz im Verwaltungsprozess im Überblick, JURA 2019, 600; Zimmer, Handlungsformen und Handlungsbefugnisse der öffentlichen Verwaltung, JURA 1980, 242

---

272 Remmert, in: Ehlers/Pünder, Allgemeines Verwaltungsrecht, 15. Aufl. 2016, § 17 Rn. 11.

Nikolas Eisentraut

§ 2 Die Anfechtungsklage

1 Der gutachterlichen Prüfung der Anfechtungsklage liegt die folgende Struktur zugrunde:

A. Zulässigkeit
    I. Eröffnung des Verwaltungsrechtswegs (dazu § 1 Rn. 162 ff.)
    II. Statthafte Klageart (dazu einführend § 1 Rn. 222 ff. sowie ausführlich in diesem § Rn. 2 ff.)
    III. Klagebefugnis (dazu Rn. 281 ff.)
    IV. Vorverfahren (dazu Rn. 301 ff.)
    V. Klagefrist (dazu Rn. 353 ff.)
    VI. Beteiligte (dazu Rn. 403 ff.)
    VII. Zuständiges Gericht (dazu Rn. 462 ff.)
    VIII. Rechtsschutzbedürfnis (dazu Rn. 476 ff.)
B. Begründetheit (zur Struktur der Begründetheitsprüfung einführend Rn. 507 ff.)
    I. Rechtswidrigkeit des Verwaltungsakts
        1. Ermächtigungsgrundlage (dazu einführend Rn. 554 ff.)
        2. Formelle Rechtmäßigkeit
            a) Zuständigkeit (dazu Rn. 580 ff.)
            b) Verfahren (dazu Rn. 621 ff.)
            c) Form (dazu Rn. 681 ff.)
        3. Materielle Rechtmäßigkeit (dazu Rn. 712 ff.)
            a) Tatbestand der Ermächtigungsgrundlage
            b) Rechtsfolge der Ermächtigungsgrundlage
    II. Verletzung in subjektiven Rechten (dazu Rn. 828 ff.)

Die Prüfung der klausurrelevanten Ermächtigungsgrundlagen des **Allgemeinen Verwaltungsrechts** wird in Rn. 832 ff., des **Polizei- und Ordnungsrechts** in Rn. 1000 ff., des **Versammlungsrechts** in Rn. 1141 ff., des **Bauordnungsrechts** in Rn. 1222 ff., des **Kommunalrechts** in Rn. 1252 ff. und des **Verwaltungsvollstreckungsrechts** in Rn. 1292 ff. vertieft.

Gliederung

ᵈ OpenAccess. © 2019 Nikolas Eisentraut, publiziert von De Gruyter. (CC) BY-SA Dieses Werk ist lizenziert unter der Creative Commons Attribution-ShareAlike 4.0. International.
https://doi.org/10.1515/9783110656220-011

Nikolas Eisentraut

Nikolas Eisentraut

Nikolas Eisentraut

Nikolas Eisentraut

Nikolas Eisentraut

Nikolas Eisentraut

Nikolas Eisentraut

Nikolas Eisentraut

Nikolas Eisentraut

Nikolas Eisentraut

A. Die Statthaftigkeit der Anfechtungsklage

Wurde der Verwaltungsrechtsweg für eröffnet erkannt (s. ausführlich zur Prüfung 2 § 1 Rn. 162 ff.), so ist im Rahmen der Zulässigkeit als nächstes die statthafte Klage- bzw. Antragsart zu untersuchen. Die Prüfung der statthaften Klage-/Antragsart ist das **zentrale Scharnier** für die gesamte restliche Klausur. Nach ihr richten sich sowohl die weiteren Zulässigkeitsvoraussetzungen als auch die Struktur der Begründetheitsprüfung. Entsprechend wichtig ist die saubere Prüfung, welche Klage- bzw. Antragsart einschlägig ist (eine erste Übersicht über die Klage- und Antragsarten der VwGO findet sich in § 1 Rn. 222 ff.).

Die Anfechtungsklage stellt die in der juristischen Ausbildung am umfas- 3 sendsten behandelte Klageart der VwGO dar, sodass entsprechend umfassende Kenntnisse in Prüfungsarbeiten erwartet werden. Die Anfechtungsklage ist deshalb so bedeutsam, weil sie am engsten mit der in der Ausbildung zentralen Eingriffsverwaltung und der dafür wichtigsten Handlungsform, dem (belastenden) Verwaltungsakt, verknüpft ist. Denn nach § 42 I Var. 1 VwGO kann mittels der Anfechtungsklage die Aufhebung eines Verwaltungsakts begehrt werden.

Nach einer einen ersten Überblick gebenden Einführung in die Anfechtungsklage (Rn. 4 ff.) wird der für das gesamte Verwaltungsrecht zentrale Begriff des Verwaltungsakts vertieft (Rn. 38 ff.). Ob über den Wortlaut des § 42 I

Nikolas Eisentraut

Var. 1 VwGO hinaus auch die Wirksamkeit des Verwaltungsakts Voraussetzung für seine Anfechtbarkeit ist, wird ab Rn. 98 behandelt. Als besondere Klausurkonstellation wird abschließend die Statthaftigkeit der Anfechtung von Nebenbestimmungen vertieft dargestellt (Rn. 204 ff.).

I. Einführung in die Anfechtungsklage (Jens Milker)

4 Die Anfechtungsklage gemäß § 42 I Var. 1 VwGO bietet vornehmlich die prozessuale Möglichkeit, die Wirksamkeit eines nicht erledigten Verwaltungsakts durch dessen „anderweitige" Aufhebung[1] gerichtlich zu beseitigen.[2]

5 Zudem kann sie auch bei einem nichtigen[3] (vgl. dazu Rn. 19) und rein formellen Verwaltungsakt[4] (vgl. dazu Rn. 21 ff.) sowie einem Scheinverwaltungsakt[5] (dazu Rn. 20) statthaft sein.

Im Folgenden soll zur Verdeutlichung der Stellung der Anfechtungsklage im Rechtschutzsystem der VwGO zunächst allgemein auf ihre Rechtsnatur (Rn. 6 ff.), das für ihre Statthaftigkeit erforderliche Klägerbegehren (Rn. 9 ff.) und schließlich ihren Gegenstand (Rn. 25 ff.) eingegangen werden.

1. Die Rechtsnatur der Anfechtungsklage

6 Ihrer Art nach ist die Anfechtungsklage eine **Gestaltungsklage**,[6] d. h., ihre Wirkungen treten bereits kraft Gesetzes ein und bedürfen keiner Vollstreckungsmaßnahme.[7] Damit scheidet im Urteil auch der Ausspruch einer *vorläufigen*

---

1 Vgl. § 43 II Alt. 3 VwVfG; die Verwaltungsverfahrensgesetze der Länder enthalten insoweit identische oder jedenfalls ähnliche Regelungen. Im Folgenden wird ausschließlich auf das VwVfG des Bundes Bezug genommen.

2 Vgl. BVerwG, Beschl. v. 21.03.1990, Az.: 9 B 276/89 = NVwZ 1990, 774; in der Regel wird es sich dabei um einen belastenden Verwaltungsakt handeln, vgl. dazu etwa Pietzcker, in: Schoch/Schneider/Bier, VwGO, 36. EL Februar 2019, § 42 I VwGO, Rn. 7 ff.

3 Vgl. BGH, Urt. v. 09.02.1979, Az.: RiZ (R) 6/78 = NJW 1979, 1710; s. auch R. P. Schenke, in: Kopp/Schenke, VwGO, 25. Aufl. 2019, § 42 VwGO, Rn. 3.

4 Dabei handelt es sich um eine behördliche Handlungsform, die nur nach dem äußeren Anschein einen Verwaltungsakt darstellt, die Voraussetzungen eines Verwaltungsakts in materieller Hinsicht aber nicht erfüllt, vgl. dazu Stelkens, in: Stelkens/Bonk/Sachs, VwVfG, 9. Aufl. 2018, § 35 VwVfG, Rn. 16.

5 Vgl. dazu Blunk/Schroeder, JuS 2005, 602 (603 f.); im Ergebnis die Statthaftigkeit der Anfechtungsklage ablehnend: Bickenbach, JA 2015, 481 (487).

6 Pietzcker, in: Schoch/Schneider/Bier, VwGO, 36. EL Februar 2019, § 42 I VwGO, Rn. 2; R. P. Schenke, in: Kopp/Schenke, VwGO, 25. Aufl. 2019, § 42 VwGO, Rn. 2.

7 Pietzcker, in: Schoch/Schneider/Bier, VwGO, 36. EL Februar 2019, § 42 I VwGO, Rn. 2.

Vollstreckbarkeit in Bezug auf die Hauptsacheentscheidung konsequenterweise aus, wie daher auch § 167 II VwGO ausdrücklich festlegt. Das Gericht hebt bei Erfolg der Klage im Urteilsausspruch den angegriffenen Verwaltungsakt auf und gestaltet damit – anders als etwa bei Leistungsklagen – unmittelbar die Rechtslage.[8] Einer Aufhebung durch die Behörde – beispielsweise gemäß §§ 48, 49 VwVfG – bedarf es dann nicht mehr.

Bei nichtigen oder auch rein formellen Verwaltungsakten ist eine insoweit **7** gerichtlich im Tenor ausgesprochene Aufhebung allerdings rein deklaratorisch, da diese Akte von vornherein keine Rechtswirkungen, sondern nur einen Rechtsschein entfalten.[9] Bei einer Verpflichtungsklage hingegen, die auch an den Begriff des Verwaltungsakts anknüpft (s. dazu ausführlich Rn. 38 ff.), wird der Klagegegner zum Erlass eines Verwaltungsakts verpflichtet, den das Gericht nicht selbst erlässt.[10] Ebenso wie bei der Verurteilung des Klagegegners zur Vornahme eines Realakts im Rahmen der allgemeinen Leistungsklage (s. dazu § 5) bedarf es zur Durchsetzung eines Verpflichtungsurteils grundsätzlich einer daran anschließenden Vollstreckungsmaßnahme, wenn der Klagegegner das Urteil nicht freiwillig umsetzt.[11] Dies ist bei der Anfechtungsklage nicht notwendig. Materiellrechtlich betrachtet, setzt der Kläger mit der Anfechtungsklage schließlich seinen – gesetzlich regelmäßig nicht ausdrücklich formulierten[12] – Anspruch auf Aufhebung eines rechtswidrigen Verwaltungsakts durch.[13]

Beispiel 1: A erhält für sein Haus eine rechtswidrige Beseitigungsverfügung vom 15. Mai 2018 **8**
der zuständigen Bauaufsichtsbehörde. Er geht dagegen mit einem fristgerechten Widerspruch

---

8 Pietzcker, in: Schoch/Schneider/Bier, VwGO, 36. EL Februar 2019, § 42 I VwGO, Rn. 2.
9 Vgl. zur möglichen (deklaratorischen) Aufhebung bei nichtigen Verwaltungsakten: BFH, Urt. v. 26.03.1985, Az.: VIII R 225/83 = NVwZ 1986, 156 (157), OVG Rheinland-Pfalz, Urt. v. 25.06. 1986, Az.: 8 A 92/85 = NVwZ 1987, 899: „Dabei kann die Nichtigkeit eines Verwaltungsakts auch im Wege der Anfechtungsklage geltend gemacht werden, denn es ist anerkannt, daß auch bei nichtigen Verwaltungsakten aus Gründen der Rechtsklarheit die Aufhebung des nur dem Rechtsschein nach bestehenden Bescheids formell ausgesprochen werden kann"; a. A. Pietzcker, in: Schoch/Schneider/Bier, VwGO, 36. EL Februar 2019, § 42 I VwGO, Rn. 18.
10 Es findet auch keine Fiktion eines Verwaltungsakts statt, wie etwa bei einer Willenserklärung (vgl. § 173 S. 1 VwGO i.V.m. § 894 I ZPO).
11 S. zu den insoweit bestehenden Vollstreckungsmöglichkeiten gegen die öffentliche Hand etwa § 172 VwGO. Besonders aktuell dürfte hier die Frage nach einer möglichen Zwangshaft von hochrangigen Verwaltungsmitarbeitern/Politikern sein, s. dazu BayVGH, Beschl. v. 09.11.2018, Az.: 22 C 18.1718 = BeckRS 2018, 29302).
12 Pietzcker, in: Schoch/Schneider/Bier, VwGO, 36. EL Februar 2019, § 42 I VwGO, Rn. 3: „wird in den Verhaltensnormen ebenso wie in Art. 19 Abs. 4 GG vorausgesetzt".
13 Vgl. BVerwG, Urt. v. 21.05.1976, Az.: IV C 80/74 –, NJW 1976, 1760 (1761); Pietzcker, in: Schoch/ Schneider/Bier, VwGO, 36. EL Februar 2019, § 42 I VwGO, Rn. 3 m.w.N.

Jens Milker

vor, der allerdings mit Widerspruchsbescheid vom 21. November 2018 zurückgewiesen wird. Seiner zulässigen und begründeten Anfechtungsklage gibt das zuständige Verwaltungsgericht vollumfänglich statt. In der Hauptsache tenoriert das Gericht daher wie folgt: „Der Bescheid des Beklagten vom 15. Mai 2018 in der Gestalt des Widerspruchsbescheids vom 21. November 2018 wird aufgehoben".

2. Das Begehren: Aufhebung eines noch nicht erledigten Verwaltungsakts

9 Zentraler Anknüpfungspunkt zur Bestimmung der statthaften Klageart ist das Begehren des Klägers (vgl. § 88 VwGO).

a) Allgemeines

10 Damit eine Anfechtungsklage statthaft ist, muss sich dem Begehren des Klägers (ggf. durch Auslegung) entnehmen lassen, dass er einen jedenfalls für ihn belastenden[14] noch nicht erledigten Verwaltungsakt beseitigen möchte. Bei erledigten Verwaltungsakten ist die in § 113 I 4 VwGO geregelte Fortsetzungsfeststellungsklage die richtige Klageart (s. dazu ausführlich § 4). Der Begriff des Verwaltungsakts im Rahmen der Statthaftigkeit ist grundsätzlich nach Maßgabe der VwGO zu beurteilen. Da sich in der VwGO keine Legaldefinition findet, ist der Begriff nach dem bundesrechtlichen § 35 VwVfG[15] zu bestimmen, auch wenn eine Landesbehörde gehandelt hat.[16] Sind dessen Voraussetzungen erfüllt (dazu noch näher Rn. 38 ff.), ist die Anfechtungsklage ohne weiteres statthaft.

11 Gleichwohl erfasst der Verwaltungsaktbegriff der VwGO gegenüber dem des VwVfG weitergehende behördliche Maßnahmen, etwa solche, die nur dem äußeren Anschein nach einen Verwaltungsakt darstellen (sog. formelle Verwaltungsakte; zu den damit einhergehenden weiteren prozessualen Besonderheiten s. unten Rn. 21 ff.).[17] Ob die Anfechtungsklage statthaft ist, setzt daher Kenntnisse des Verwaltungsaktbegriffs voraus (s. hierzu ausführlich Rn. 42 ff.).

---

14 Die Anfechtung eines Verwaltungsakts durch den insoweit Begünstigten dürfte in der Praxis ausgeschlossen sein. Gleichwohl wäre auch in diesen Fällen die Anfechtungsklage statthaft; üblicherweise dürfte aber dann die Klagebefugnis fehlen; vgl. auch Brenner, in: Sodan/Ziekow, VwGO, 5. Aufl. 2018, § 79, Rn. 26: fehlende „Beschwer".

15 Dahingehend enthalten § 118 AO bzw. § 31 SGB X denselben Wortlaut und wären im Rahmen ihres Anwendungsbereichs vorzuziehen.

16 Sodan, in: Sodan/Ziekow, VwGO, 5. Aufl. 2018, § 42 VwGO, Rn. 99 m.w.N.; W. R. Schenke, in: Kopp/Schenke, VwGO, 25. Aufl. 2019, Anh § 42 VwGO, Rn. 2; a.A. Stelkens, in: Stelkens/Bonk/ Sachs, VwVfG, 9. Aufl. 2018, § 35 VwVfG, Rn. 15: Abstellen auf einen „gemeindeutschen" Rechtsgedanken; kritisch hingegen Rusteberg, ZJS 2012, 450.

17 Vgl. Ramsauer, in: Kopp/Ramsauer, VwVfG, 19. Aufl. 2018, § 35 VwVfG, Rn. 52; Stelkens, in: Stelkens/Bonk/Sachs, VwVfG, 9. Aufl. 2018, § 35 VwVfG, Rn. 16; eine solche Differenzierung

Bei einer Verpflichtungsklage als besondere Form der Leistungsklage[18] be- 12
gehrt der Kläger hingegen den Erlass eines Verwaltungsakts, wobei die kassato-
rische Wirkung der Verpflichtungsklage dazu führt, dass ein entgegenstehender Ablehnungsbescheid mit ihr gleichsam (ex nunc) aufgehoben werden kann,
ohne dass es einer zusätzlichen Anfechtungsklage bedarf.[19] Es ist daher in der
Klausursituation und auch in der Praxis genau zu untersuchen, ob der Kläger
sein Rechtsschutzziel bereits durch reine Aufhebung eines Verwaltungsakts erreichen kann[20] oder ob darüber hinaus noch der Erlass eines begünstigenden
Verwaltungsakts notwendig ist. Dabei ist der Wortlaut des Klageantrags nur ein
Anhaltspunkt (vgl. § 88 VwGO). Im Zweifel ist dann das Begehren – besonders bei
nicht anwaltlich vertretenen Privatpersonen – im Lichte des Art. 19 IV GG möglichst rechtsschutzintensiv auszulegen.[21] Die verwaltungsgerichtliche Praxis ist
insoweit auch recht großzügig, sodass diese Herangehensweise ebenso bei
Klausurbearbeitungen im ersten und zweiten Staatsexamen übernommen werden
kann. Insgesamt gilt es, aus dem unter Umständen nicht mit juristischen Fachbegriffen formulierten Vortrag des Klägers dessen tatsächliches Rechtsschutzziel
herauszuarbeiten und dann „die Klageart zu wählen, mit der er weder weniger als
das Begehrte erreicht, noch auch mehr, als zur Erfüllung seines Begehrens nötig
ist".[22]

Beispiel 2: B hat eine Erlaubnis zum Betrieb einer Spielhalle erhalten, einige Zeit später bemerkt 13
die Behörde, dass bei der Erteilung ein Fehler gemacht worden ist und sendet dem B einen
„Rücknahmebescheid" zu. Hier wäre nur die Anfechtungsklage gegen den „Rücknahmebe-
scheid" statthaft, da dann die (zurückgenommene) Erlaubnis als begünstigender Verwal-
tungsakt „wieder auflebt" und B so schon vollumfänglich sein Rechtsschutzziel erreichen
würde.

---

zwischen verfahrens- und prozessrechtlichem Verwaltungsaktbegriff ausdrücklich ablehnend:
Pietzcker, in: Schoch/Schneider/Bier, VwGO, 36. EL Februar 2019, § 42 I VwGO, Rn. 23; ebenso
jedenfalls nicht ausdrücklich derart differenzierend: BVerwG, Beschl. v. 9. November 1984, Az.:
7 C 5/84, Amtlicher Leitsatz 1: „anfechtbarer Verwaltungsakt im Sinne des § 35 Satz 1 VwVfG"; in
der Tendenz anders allerdings: BVerwG, Beschl. v. 18. Januar 1993, Az.: 6 B 5/92 = NVwZ-RR 1993,
251 (252): „Akt".
18 Vgl. schon BVerwG, Urt. v. 25.02.1969, Az.: I C 65/67 = VerwRspr 1969, 1006 (1007); s. auch
Sodan, in: Sodan/Ziekow, VwGO, 5. Aufl. 2018, § 42 VwGO, Rn. 29 m.w.N.
19 BVerwG, Urt. v. 19.05.1987, Az.: 1 C 13/84 = NVwZ 1987, 893 (894 f.): Anders könne die Situation
liegen, wenn der Kläger ein besonderes Rechtsschutzinteresse an der Aufhebung (ex tunc) des
ablehnenden Bescheides habe; dazu auch Pietzcker, in: Schoch/Schneider/Bier, VwGO, 36. EL
Februar 2019, § 42 I VwGO, Rn. 96.
20 Vgl. auch Pietzcker, in: Schoch/Schneider/Bier, VwGO, 36. EL Februar 2019, § 42 I VwGO, Rn. 5.
21 Vgl. dazu näher BVerwG, Urt. v. 27.04.1990, Az. 8 C 70/88 = NJW 1991, 508 (510).
22 Pietzcker, in: Schoch/Schneider/Bier, VwGO, 36. EL Februar 2019, § 42 I VwGO, Rn. 106.

Jens Milker

14   *Beispiel 3: Die C betreibt einen Auto-Scooter. Sie möchte daher auf das große Volksfest mit mehreren hundert Schaustellerinnen und Schaustellern in der Stadt M und bewirbt sich auf einen Standplatz. Dieser wird ihr allerdings versagt, da das Kontingent erschöpft sei. Sie ist weiter der Ansicht, dass ihr Fahrgeschäft viel attraktiver sei, als das der anderen Schausteller. Wenn die C nun tatsächlich einen Standplatz erhalten möchte und ausdrücklich etwa eine Verpflichtungsklage auf Neubescheidung (§ 113 V 2 VwGO) erhebt, müsste sie hier nicht gleichzeitig eine (Dritt-)Anfechtungsklage gegen die Bescheide gegenüber anderen Schaustellerinnen oder Schaustellern erheben, um sozusagen einen Platz „frei zu räumen". Aufgrund der hohen Zahl der weiter ansonsten notwendigen Anfechtungsklagen wäre dies wohl für die C unzumutbar.*[23]

b) Einzelfälle (insbesondere Abgrenzung zu anderen Klagearten)

15   Folgende Konstellationen bedürfen regelmäßig einer genaueren Abgrenzung.

aa) Nebenbestimmungen, Wiederaufgreifen des Verfahrens und Zurückstellung von Baugesuchen

16   Besondere Probleme der Abgrenzung von Anfechtungs- und Verpflichtungsklage ergeben sich bei der (isolierten) **Anfechtung von Nebenbestimmungen** (s. dazu Rn. 204 ff.). Darüber hinaus kann, wenn der Kläger sich gegen einen belastenden, aber bestandskräftigen (s. dazu Rn. 115) Verwaltungsakt wendet, dessen Begehren dahingehend zu verstehen sein, dass er die Verpflichtung der Behörde zum **Wiederaufgreifen des Verfahrens** im Sinne des § 51 VwVfG begehrt.[24]

17   *Beispiel 4: A hat eine Baugenehmigung bei der Stadtverwaltung der kreisfreien Stadt B beantragt. Diese stellt sein Baugesuch gemäß § 15 BauGB rechtswidrig zurück. Nun möchte A gerichtlich erreichen, dass möglichst zügig über seinen Bauantrag entschieden wird. Welcher Antrag wäre statthaft?*

Hier könnte A bereits durch Erhebung der Anfechtungsklage sein Rechtsschutzziel erreichen.[25] Es wird schon alleine mit der Aufhebung der **Zurückstellungs-**

---

23 BVerwG, Urt. v. 07.10.1988, Az.: 7 C 65/87 = NJW 1989, 1749 (1750); anders kann die Lage natürlich sein, wenn es nur wenige Konkurrenten gibt.

24 Pietzcker, in: Schoch/Schneider/Bier, VwGO, 36. EL Februar 2019, § 42 I VwGO, Rn. 106.

25 Vgl. NdsOVG, Beschl. v. 28.11.2006, Az.: 1 ME 147/06 = BeckRS 2006, 27262; OVG RP, Beschl. v. 23.05.2002, Az.: 8 B 10633/02 = NVwZ-RR 2002, 708 (709); anders VGH BW, Beschl. v. 09.08.2002, Az.: 3 S 1517/02 = NVwZ-RR 2003, 333: Das eigentliche Ziel des Bauherrn sei erst erreicht, wenn er die Baugenehmigung erlangt habe. Für einen isolierten Eilantrag nach § 80 V VwGO fehle daher das erforderliche Rechtsschutzbedürfnis.

verfügung der ursprüngliche Zustand dahingehend hergestellt, dass nun im „normalen" Tempo über den Antrag des A entschieden wird. Es handelt sich bei der Zurückstellung nach § 15 I 1 BauGB um eine eigenständige Rechtsbeeinträchtigung durch eine qualifizierte Form der Verfahrensaussetzung.[26]

bb) Bereits erledigte Verwaltungsakte

Zudem muss schließlich die nicht immer einfache Abgrenzung zur **Fortset-** **zungsfeststellungsklage** anhand des Merkmals der „Erledigung" des Verwaltungsakts gemäß § 113 I 4 VwGO erfolgen (s. dazu ausführlich § 4 Rn. 2ff.). 18

cc) Nichtige Verwaltungsakte

Zu Abgrenzungsproblemen kommt es regelmäßig auch bei **nichtigen Verwal-** **tungsakten** (s. dazu auch weiterführend Rn. 197ff.). Dabei sieht der Gesetzgeber eine spezielle Klageart vor, nämlich die Nichtigkeitsfeststellungsklage gemäß § 43 I Alt. 2 VwGO. Gleichzeitig ergibt sich mittelbar aus § 43 II 2 VwGO, dass die Anfechtungsklage auch bei einem nichtigen Verwaltungsakt statthaft sein kann.[27] Schließlich ist die Frage, ob ein Verwaltungsakt nichtig oder „nur" rechtswidrig ist, nicht immer mit hinreichender Sicherheit vor Klageerhebung zu beantworten.[28] Folglich ist es nur naheliegend, dass beide Klagearten parallel zur Anwendung kommen können.[29] Denn der Kläger soll nicht das Risiko einer unstatthaften Anfechtungsklage gegen einen nicht bloß rechtswidrigen, sondern nichtigen Verwaltungsakt tragen.[30] Insgesamt wäre hier daher ein Anfechtungsantrag auch von vornherein nicht etwa von Amts wegen als Nichtigkeitsfeststel- 19

---

26 OVG RP, Beschl. v. 23.05.2002, Az.: 8 B 10633/02 = NVwZ-RR 2002, 708 (709); OVG Berlin, Beschl. v. 21.11.1994, Az.: 2 S 28/94 = NVwZ 1995, 399.
27 Vgl. BVerwG, Urt. v. 20.03.1964, Az.: VII C 10/61 = VerwRspr 1964, 938 (939); BFH, Urt. v. 26.03. 1985, Az.: VIII R 225/83 = NVwZ 1986, 156 (157), OVG Rheinland-Pfalz, Urt. v. 25.06.1986, Az.: 8 A 92/ 85 = NVwZ 1987, 899; Beschl. v. 12.05.1998, Az.: 12 A 12501/97 = NVwZ 1999, 198; Pietzcker, in: Schoch/Schneider/Bier, VwGO, 36. EL Februar 2019, § 42 I VwGO, Rn. 18; a.A. Sodan, in: Sodan/ Ziekow, VwGO, 5. Aufl. 2018, § 42, Rn. 23: Der Kläger müsse, sofern sich die Nichtigkeit des Verwaltungsakts im Laufe des Prozesses herausstelle, seinen Antrag (ggf. nach Hinweis des Vorsitzenden) auf eine Nichtigkeitsfeststellungsklage umstellen.
28 BFH, Urt. v. 26.06.1985, Az.: IV R 62/83 = NVwZ 1987, 359 (360); BGH, Urt. v. 09.02.1979, Az.: RiZ (R) 6/78 = NJW 1979, 1710; Pietzcker, in: Schoch/Schneider/Bier, VwGO, 36. EL Februar 2019, § 42 I VwGO, Rn. 18.
29 Vgl. für Schein-Verwaltungsakte: Blunk/Schroeder, JuS 2005, 602 (606f.): „Wahlrecht".
30 Vgl. Sodan, in: Sodan/Ziekow, VwGO, 5. Aufl. 2018, § 42, Rn. 23.

Jens Milker

lungsantrag auszulegen,[31] da auch grundsätzlich eine deklaratorische Aufhebung „aus Gründen der Rechtsklarheit"[32] im Tenor erfolgen kann.[33] Dies soll nach wohl überwiegender Ansicht in der Rechtsprechung allerdings nur dann möglich sein, wenn der nichtige Verwaltungsakt noch nicht formell bestandskräftig geworden ist.[34] Dann wäre allerdings auch die – ggf. auf Hinweis des Vorsitzenden gemäß § 86 III VwGO erfolgende[35] – Umstellung auf einen Feststellungsantrag (§ 43 I VwGO) nicht als Klageänderung im Sinne des § 173 Satz 1 VwGO i.V.m. § 264 Nr. 2 ZPO anzusehen.[36]

dd) Nicht bekanntgegebene Verwaltungsakte

20 Eine Sonderstellung nehmen Verwaltungsakte ein, die etwa **mangels ordnungsgemäßer Bekanntgabe nicht wirksam** und daher von vornherein nicht existent sind (sog. „Scheinverwaltungsakte"[37]; s. dazu auch noch Rn. 97) bzw. „Nichtakte"[38]). Dabei handelt es sich nicht um eine Nichtigkeit im Sinne des § 44 VwVfG,[39] da kein inhaltlicher Fehler vorliegt.[40] Das Bundesverwaltungsgericht

---

31 Vgl. BayVGH, Urt. v. 15.09.1983, Az.: 23 B 80 A 861 = NJW 1984, 626: „Die Nichtigkeit des zulässigerweise angefochtenen ‚Verwaltungsakts' war deshalb als im Anfechtungsantrag enthaltenes Minus festzustellen"; s. dazu auch Sodan, in: Sodan/Ziekow, VwGO, 5. Aufl. 2018, § 42, Rn. 23.

32 OVG Rheinland-Pfalz, Urt. v. 25.06.1986, Az.: 8 A 92/85 = NVwZ 1987, 899.

33 BFH, Urt. v. 26.03.1985, Az.: VIII R 225/83 = NVwZ 1986, 156 (157), OVG Rheinland-Pfalz, Urt. v. 25.06.1986, Az.: 8 A 92/85 = NVwZ 1987, 899: „Dabei kann die Nichtigkeit eines Verwaltungsakts auch im Wege der Anfechtungsklage geltend gemacht werden, denn es ist anerkannt, daß auch bei nichtigen Verwaltungsakten aus Gründen der Rechtsklarheit die Aufhebung des nur dem Rechtsschein nach bestehenden Bescheids formell ausgesprochen werden kann"; Happ, in: Eyermann, VwGO, 15. Aufl. 2019, § 42, Rn. 15; a.A. Pietzcker, in: Schoch/Schneider/Bier, VwGO, 36. EL Februar 2019, § 42 I VwGO, Rn. 18; Sodan, in: Sodan/Ziekow, VwGO, 5. Aufl. 2018, § 42, Rn. 23.

34 Vgl. BVerwG, Urt. v. 30.01.1990, Az.: 1 A 36/86 = NJW 1990, 1804 (1806); BFH, Urt. v. 26.06.1985 Az.: IV R 62/83 = NVwZ 1987, 359 (360); OVG Rheinland-Pfalz, Beschl. v. 12.05.1998, Az.: 12 A 12501/97 = NVwZ 1999, 198; in diesem Sinne auch BT-Drs. 3/55 Anl. 1, S. 32; a.A. BFH, Urt. v. 17.07.1986, Az.: V R 96/85 = NVwZ 1987, 920.

35 Sodan, in: Sodan/Ziekow, VwGO, 5. Aufl. 2018, § 42, Rn. 23.

36 Happ, in: Eyermann, VwGO, 15. Aufl. 2019, § 42, Rn. 15.

37 Vgl. Blunk/Schroeder, JuS 2005, 602 (603f.); Bickenbach, JA 2015, 481 (487) jeweils mit dem Hinweis auf weitere Fallgruppen.

38 BVerwG, Urt. v. 21.11.1986, Az.: 8 C 127/84 = NVwZ 1987, 330.

39 BVerwG, Urt. v. 21.11.1986, Az.: 8 C 127/84 = NVwZ 1987, 330: „Es handelte sich dann um einen rechtlich nicht existent gewordenen Bescheid (Nichtakt), der in seiner rechtlichen Unwirksamkeit einem nichtigen Verwaltungsakt gleicht"; Stelkens, in: Stelkens/Bonk/Sachs, VwVfG, 9. Aufl. 2018, § 41 VwVfG, Rn. 224 m.w.N. auch zur a.A.

nimmt in den Fällen einer unwirksamen Bekanntgabe an, dass die Feststellung der Nichtigkeit gemäß § 43 I Alt. 1VwGO und nicht im Wege der Nichtigkeitsfeststellungsklage möglich sein soll.[41] Die Feststellung sei dann darauf gerichtet, dass der Verwaltungsakt nicht wirksam (geworden) sei und deshalb die mit ihm beabsichtigte Regelungswirkung nicht erreicht habe. Gleichwohl wird auch hier alternativ die Anfechtungsklage zur Anwendung kommen können, um einen eventuell bestehenden Rechtsschein durch deklaratorische Aufhebung zu beseitigen.[42]

ee) Rein formelle Verwaltungsakte

Bei der **Anfechtung von rein formellen Verwaltungsakten** ist ebenso die Anfechtungsklage statthaft.[43] Dies sind Verwaltungsakte, die tatsächlich nicht die Voraussetzungen des § 35 VwVfG erfüllen, das behördliche Handeln aber nach dem äußeren Erscheinungsbild einen Verwaltungsakt darstellt.[44] Dies kann beispielsweise durch die Bezeichnung als „Bescheid" erfolgen oder durch das Anfügen einer Rechtsbehelfsbelehrung, die auf die mögliche Erhebung eines Widerspruchs hinweist.[45] 21

Eine Maßnahme, die kein Verwaltungsakt im materiellen Sinne ist, wird nicht allein durch ihre äußere Form zu einem solchen Verwaltungsakt.[46] Die in § 35 Satz 1 VwVfG statuierten Voraussetzungen sind damit keine Elemente der Rechtmäßigkeit, sondern materiell-rechtliche Wesensmerkmale des Verwal- 22

---

40 Stelkens, in: Stelkens/Bonk/Sachs, VwVfG, 9. Aufl. 2018, § 41 VwVfG, Rn. 224; Beaucamp, JA 2016, 436 (438 f.).

41 BVerwG, Urt. v. 21.11.1986, Az.: 8 C 127/84 = NVwZ 1987, 330.

42 OVG Rheinland-Pfalz, Urt. v. 25.6.1986, Az.: 8 A 92/85 = NVwZ 1987, 899; Blunk/Schroeder, JuS 2005, 602 (606 f.): „Wahlrecht".

43 Vgl. BSG, Urt. v. 5.9.2006, Az.: B 4 R 71/06 R = BeckRS 2006, 44566, Rn. 16; BVerwG, Beschl. v. 18.1.1993, Az.: 6 B 5/92 = NVwZ-RR 1993, 251 (252); s. ferner BayVGH, Urt. v. 2.8.2016, Az.: 22 B 16.619 = BeckRS 2016, 50120, Rn. 35, 41 ff.; VG Mainz, Urt. v. 3.7.2018, Az.: 1 K 1463/17 = BeckRS 2018, 20916, Rn. 17; a. A. VG Wiesbaden, Urt. v. 5.5.2007, Az.: 7 E 1536/06 = NVwZ-RR 2007, 613: Feststellungsklage; Bickenbach, JA 2015, 481 (486 f.).

44 Vgl. Stelkens, in: Stelkens/Bonk/Sachs, VwVfG, 9. Aufl. 2018, § 35 VwVfG, Rn. 16.

45 S. dazu BSG, Urt. v. 5.9.2006, Az.: B 4 R 71/06 R = BeckRS 2006, 44566, Rn. 20; BayVGH, Urt. v. 2.8.2016, Az.: 22 B 16.619 = BeckRS 2016, 50120, Rn. 43; VG Mainz, Urt. v. 3.7.2018, Az.: 1 K 1463/17 = BeckRS 2018, 20916, Rn. 17.

46 Vgl. Stelkens, in: Stelkens/Bonk/Sachs, VwVfG, 9. Aufl. 2018, § 35, Rn. 72; Ramsauer, in: Kopp/Ramsauer, VwVfG, 19. Aufl. 2018, § 35 VwVfG, Rn. 52; s. auch BVerwG, Beschl. v. 18.1.1993, Az.: 6 B 5/92 = NVwZ-RR 1993, 251 (252): Aufhebung „eines offensichtlich rechtswidrigen *Aktes*" (Hervorhebung durch den Verfasser).

Jens Milker

tungsakts.[47] Hier besteht damit „trotz des äußeren Scheins in Wahrheit kein Verwaltungsakt".[48] Gleichwohl gilt auch hier, dass die Anfechtungsklage zulässig sein kann, mit dem Ergebnis, dass der formelle Verwaltungsakt im Tenor deklaratorisch aufgehoben wird (s. für ein Beispiel auch Rn. 51).

23 *Beispiel 5: Der Bürgermeister der Stadt X bestellt beim Versandhandel A Büromaterial für seine Stadtverwaltung. Als zunächst keine Lieferung erfolgt, sendet er ein mit „Bescheid" überschriebenes Schreiben einschließlich Rechtsbehelfsbelehrung an A und fordert zur unverzüglichen Lieferung auf. Sofern A nun vor dem Verwaltungsgericht (ausschließlich) gegen diesen „Akt"[49] vorgehen möchte, wäre die Anfechtungsklage statthaft, obwohl der Bürgermeister ein fiskalisches Hilfsgeschäft getätigt und sich infolgedessen eigentlich im Bereich des Privatrechts bewegt hat.[50] Insoweit durfte etwa „nur durch bürgerlichrechtliche Willenserklärung" gehandelt werden.[51] Überdies könnte möglicherweise auch die Regelungswirkung des „Bescheids" fraglich sein.[52] Der A könnte allerdings dennoch „zulässigerweise [...] Anfechtungsklage vor dem VG"[53] gegen den „Bescheid" erheben, während eine darüber hinausgehende Verpflichtung allerdings nicht mehr auf dem Verwaltungsrechtsweg durchzusetzen wäre.[54]*

24 *Hausarbeitswissen: Ob bei der Anfechtung von formellen Verwaltungsakten auch die in §§ 68ff. VwGO vorgesehenen Fristen zur Anwendung kommen[55] oder dies – mangels Bestandskraftfähigkeit – jedenfalls nicht zwingend ist[56], ist in Rechtsprechung und Literatur nicht abschließend geklärt. Richtigerweise dürfte anzunehmen sein, dass formelle Verwaltungsakte nicht der Bestandskraft fähig sind, da ansonsten die Behörde in die Lage versetzt würde, insoweit auch solchen Maßnahmen*

---

47 Vgl. Stelkens, in: Stelkens/Bonk/Sachs, VwVfG, 9. Aufl. 2018, § 35, Rn. 17.

48 BVerwG, Beschl. v. 18.1.1993, Az.: 6 B 5/92 = NVwZ-RR 1993, 251 (252); tendenziell anders noch BVerwG, Beschl. v. 9. November 1984, Az.: 7 C 5/84 = NVwZ 1985, 264, Amtlicher Leitsatz 1: „anfechtbarer Verwaltungsakt im Sinne des § 35 Satz 1 VwVfG".

49 So BVerwG, Beschl. v. 18.1.1993, Az.: 6 B 5/92 = NVwZ-RR 1993, 251 (252).

50 Vgl. Papier/Shirvani, in: Münchener Kommentar zum BGB, 7. Aufl. 2017, § 839, Rn. 151.

51 BVerwG, Urt. v. 23.1.1990, Az.: 8 C 37/88 = NJW 1990, 2482.

52 Die Regelungswirkung für eine mit Rechtsbehelfsbelehrung ergangene „Zahlungsaufforderung" im Einzelfall annehmend: HambOVG, Urt. v. 10.4.2003, Az.: 2 Bf 432/99 = NVwZ-RR 2004, 402; zur Abgrenzung von einer bloßen Mitteilung der (vermeintlichen) Rechtslage insoweit auch Stelkens, in: Stelkens/Bonk/Sachs, VwVfG, 9. Aufl. 2018, § 35, Rn. 73a, 82ff..

53 BVerwG, Beschl. v. 18.1.1993, Az.: 6 B 5/92 = NVwZ-RR 1993, 251 (252).

54 Vgl. BVerwG, Beschl. v. 18.1.1993, Az.: 6 B 5/92 = NVwZ-RR 1993, 251 (252); Urt. v. 23. Januar 1962, Az.: III C 203/60 = NJW 1962, 830; BayVGH, Beschl. v. 14.6.2002, Az.: 7 B 01.2030 = NVwZ 2002, 1392; s. insbesondere auch bei einer fehlenden Regelungs- und Außenwirkung der Maßnahme: BayVGH, Urt. v. 2.8.2016, Az.: 22 B 16.619 = BeckRS 2016, 50120, Rn. 36ff., 41ff.

55 Ramsauer, in: Kopp/Ramsauer, VwVfG, 19. Aufl. 2018, § 35 VwVfG, Rn. 52: Unter Bezugnahme auf „§§ 42, 68, 113 VwGO"; s. auch die Nachweise bei Stelkens, in: Stelkens/Bonk/Sachs, VwVfG, 9. Aufl. 2018, § 35, Rn. 17 (Fn. 74).

56 Vgl. BSG, Urt. v. 5.9.2006, Az.: B 4 R 71/06 R = BeckRS 2006, 44566, Rn. 20; VG Mainz, Urt. v. 03.07.2018, Az.: 1 K 1463/17 = BeckRS 2018, 20916, Rn. 19; Stelkens, in: Stelkens/Bonk/Sachs, VwVfG, 9. Aufl. 2018, § 35, Rn. 17 mit Verweis auf BVerwG, Beschl. v. 18.1.1993, Az.: 6 B 5/92 = NVwZ-RR 1993, 251 (252).

Jens Milker

außerhalb der (Wesens-)Merkmale des § 35 VwVfG eine (materielle) Verwaltungsaktqualität zuzu-
weisen, für die der Gesetzgeber dies nicht vorgesehen hat.[57]

3. Überblick über den Gegenstand der Anfechtungsklage

Der Gesetzgeber sieht im Regelfall Ausgangsverwaltungsakt[58] und Wider- 25
spruchsbescheid als prozessuale Einheit an (§ 79 I Nr. 1 VwGO), die nur in den
gesondert normierten Einzelfällen durchbrochen werden darf (§ 79 I Nr. 2, II
VwGO).[59] Damit wird eine möglichst ökonomische Verfahrensabwicklung gewährleistet.

a) § 79 I Nr. 1 VwGO als Regelfall

Gegenstand der Anfechtungsklage ist im Regelfall der **Ausgangsverwaltungs-** 26
akt in der Gestalt[60], die er durch den **Widerspruchsbescheid** gefunden hat (§ 79 I
Nr. 1 VwGO), sodass es sich am Ende um eine einheitliche Verwaltungsentscheidung handelt.[61] Dabei kommt mittelbar zum Ausdruck, dass gerade im Widerspruchsbescheid Formfehler geheilt[62] (z. B. Nachholen einer Anhörung oder einer
Begründung) und auch Ermessenserwägungen ergänzt werden können.[63] Auch

---

57 Vgl. Stelkens, in: Stelkens/Bonk/Sachs, VwVfG, 9. Aufl. 2018, § 35, Rn. 17.
58 Das Gesetz spricht vom „ursprünglichen Verwaltungsakt"; § 79 I 1 VwGO; im Folgenden wird
hier allerdings der allgemein ebenfalls übliche Begriff „Ausgangsverwaltungsakt" verwendet; vgl.
Pietzcker, in: Schoch/Schneider/Bier, VwGO, 36. EL Februar 2019, § 79 VwGO, Rn. 3.
59 Siehe dazu eingehend etwa auch: Möstl, in: Posser/Wolff, VwGO, 47. Ed., Stand: 1.10.2018,
§ 79, Rn. 2; Pietzcker, in: Schoch/Schneider/Bier, VwGO, 36. EL Februar 2019, § 79 VwGO, Rn. 3.
60 Bei einer bloßen Bestätigung des Ausgangsbescheids durch Zurückweisung des Widerspruchs
nimmt ein Teil in der Literatur der Begrifflichkeit nach keine Gestaltänderung an; vgl. Happ, in:
Eyermann, VwGO, 15. Aufl. 2019, § 79, Rn. 5; Brenner, in: Sodan/Ziekow, VwGO, 5. Aufl. 2018, § 79,
Rn. 25; a. A. BVerwG, Beschl. v. 30.4.1996, Az.: 6 B 77/95 = NVwZ-RR 1997, 132 (133): „Vom Sinn und
Zweck der gesetzlichen Regelung her ist es gerechtfertigt, auch dann von einer ‚Gestaltung' des
Ausgangsbescheids zu sprechen, wenn dieser von dem Widerspruchsbescheid ohne inhaltliche
Änderungen bekräftigt worden ist".
61 Happ, in: Eyermann, VwGO, 15. Aufl. 2019, § 79, Rn. 5 unter Verweis auf BVerwG, Urt. v. 23.8.
2011, Az: 9 C 2/11 = NVwZ 2012, 506, Rn. 20.
62 Vgl. Kastner, in: Fehling/Kastner/Störmer, Verwaltungsrecht, 4. Aufl. 2016, § 79 VwGO, Rn. 9.
63 Vgl. BVerwG, Beschl. v. 30.4.2010, Az.: 9 B 42/10 = NVwZ-RR 2010, 550; s. auch BVerwG, Urt. v.
18.5.1990, Az.: 8 C 48/88 = NJW-RR 1990, 1351 (1352): „Ob die Behörde eine derartige Änderung mit
im Prozeß beachtlicher mängelheilender Wirkung vornehmen, namentlich eine Ermessensentscheidung noch während des Verwaltungsstreitverfahrens ergänzen oder nachholen, darf, ergibt
sich in erster Linie aus dem jeweiligen Fachrecht."

Jens Milker

der Widerspruchsbescheid stellt seinem Wesen nach einen Verwaltungsakt dar.[64] Da dies aber einen an sich einheitlichen Sachverhalt unnötig aufteilen würde, betrachtet der Gesetzgeber gemäß § 79 I Nr. 1 VwGO Ausgangs- und Widerspruchsbescheid grundsätzlich als (prozessuale) Einheit.[65] Er stellt damit klar, dass nicht etwa zwei Klagen gegen den Ausgangs- und den Widerspruchsbescheid erhoben werden müssen.[66] Natürlich kann aber auch der Ausgangsverwaltungsakt alleiniger Gegenstand der Anfechtungsklage sein, wenn von vornherein kein Widerspruchsverfahren durchzuführen war oder ein Fall des § 75 VwGO (sog. Untätigkeitsklage) vorliegt. Dann existiert von Beginn an kein Widerspruchsbescheid, der dem Verwaltungsakt seine finale Gestalt geben konnte. Eine gesonderte ausdrückliche Regelung für diese Fälle hat der Gesetzgeber nicht vorgesehen, sie dürften allerdings ebenfalls unter § 79 I Nr. 1 VwGO fallen.

b) Der Abhilfe- oder Widerspruchsbescheid als alleiniger Gegenstand der Anfechtungsklage

27 In gesetzlich festgelegten Ausnahmefällen kann auch der Abhilfe- oder Widerspruchsbescheid alleiniger Gegenstand der Anfechtungsklage sein. Denn in bestimmten Konstellationen ist es für den Kläger sinnvoll, ausschließlich gegen den Abhilfe- oder Widerspruchsbescheid vorzugehen.

aa) Isolierte Anfechtung des Abhilfe-/Widerspruchsbescheids bei „erstmaliger Beschwer" (§ 79 I Nr. 2 VwGO)

28 Ausweislich dieser Norm ist der Widerspruchs- (§ 73 VwGO) oder der Abhilfebescheid (§ 72 VwGO) dann alleiniger Gegenstand der Anfechtungsklage, wenn er „erstmalig eine Beschwer enthält". Dies kann nur dann der Fall sein, wenn der Ausgangsverwaltungsakt für den Adressaten oder einen Dritten begünstigend ist und im Abhilfe- oder Widerspruchsverfahren zum Nachteil des Begünstigten abgeändert wird.[67] In dieser Situation wäre es für den Begünstigten unzweckmäßig, auch den Ausgangsverwaltungsakt anzugreifen, da er damit zum einen eine bereits erreichte für ihn günstige Rechtsposition wieder zur Disposition stellen würde und zum anderen eine Anfechtungsklage hinsichtlich des Aus-

---

64 Vgl. statt vieler: Möstl, in: Posser/Wolff, VwGO, 47. Ed., Stand: 1.10.2018, § 79, Rn. 1.

65 Vgl. BVerwG, Urt. v. 23.08.2011, Az.: 9 C 2/11 = NVwZ 2012, 506, Rn. 20; Urt. v. 21.10.1964, Az.: V C 14.63 = BeckRS 1964, 30422805; Möstl, in: Posser/Wolff, VwGO, 47. Ed., Stand: 1.10.2018, § 79, Rn. 15.

66 Möstl, in: Posser/Wolff, VwGO, 47. Ed., Stand: 1.10.2018, § 79, Rn. 2.

67 Brenner, in: Sodan/Ziekow, VwGO, 5. Aufl. 2018, § 79, Rn. 26.

Jens Milker

gangsverwaltungsaktes mangels Beschwer (s. näher zur Klagebefugnis Rn. 281 ff.) unzulässig wäre.[68] Daher kann sich in diesen Konstellationen eine Anfechtungsklage nur gegen den Abhilfe- oder Widerspruchsbescheid richten, ein Wahlrecht steht dem Kläger damit schon von vornherein nicht zu.[69]

Erfasst sind daher vor allem die Fälle einer sog. **Drittanfechtung** bei Ver- 29 waltungsakten mit Doppelwirkung. Dies sind Verwaltungsakte, die für einen Beteiligten begünstigend sind, aber gleichzeitig für einen anderen Beteiligten belastend wirken.[70] Sie kommen insbesondere in baurechtlichen Nachbarstreitigkeiten vor. Der Begriff der Drittanfechtung folgt daraus, dass der Verwaltungsakt nicht von seinem Adressaten angefochten wird, sondern von einem Dritten. Probleme treten bei dieser Konstellation regelmäßig im Rahmen der Klagebefugnis auf, da dort eine Betroffenheit in *eigenen* Rechten erforderlich ist. In dieser Situation ist es üblicherweise so, dass die Behörde einen für den Adressaten begünstigenden Verwaltungsakt (z. B. eine Baugenehmigung) erlässt, der aber für Dritte (z. B. die Nachbarn) belastend wirkt (etwa durch Immissionen, die von der baulichen Anlage ausgehen). Erhebt nun ein Nachbar gegen die dem Bauherren erteilte Baugenehmigung Widerspruch und hilft die Ausgangsbehörde diesem ab (§ 72 VwGO) oder gibt die Widerspruchsbehörde dessen Widerspruch statt (§ 73 VwGO), ist es für den Bauherren möglich, nun isoliert gegen den Abhilfe- oder Widerspruchsbescheid im Wege der Anfechtungsklage vorzugehen. Auf diese Weise bleibt der ursprüngliche für ihn begünstigende (Ausgangs-)Verwaltungsakt unberührt und es muss keine Verpflichtungsklage auf (erneute) Erteilung der Baugenehmigung erhoben werden. Der für den Kläger begünstigende Ausgangsverwaltungsakt lebt dann wieder auf.

Darüber hinaus sind ebenso noch Konstellationen denkbar, in denen die 30 Rechtsstellung eines Dritten durch den Ausgangsverwaltungsakt in keiner Weise berührt wird, die Regelung im Abhilfe- oder Widerspruchsbescheid allerdings in belastender Weise auf ihn wirkt.[71]

---

68 Vgl. BVerwG, Urt. v. 11.05.1962, Az.: VII C 27/61 = BeckRS 9998, 181335; Brenner, in: Sodan/Ziekow, VwGO, 5. Aufl. 2018, § 79, Rn. 26.

69 Brenner, in: Sodan/Ziekow, VwGO, 5. Aufl. 2018, § 79, Rn. 26.: „obligatorischer Natur"; Funke-Kaiser, in: Bader/Funke-Kaiser/Stuhlfauth/von Albedyll, VwGO, 7. Aufl. 2018, § 79, Rn. 8: Anfechtung des Ausgangsbescheids sei hier wegen fehlender Beschwer „undenkbar"; a. A. Happ, in: Eyermann, VwGO, 15. Aufl. 2019, § 79, Rn. 16.

70 Puttler, in: Sodan/Ziekow, VwGO, 5. Aufl. 2018, § 80a, Rn. 25; diese Situation ist nunmehr in § 80a I, II VwGO umschrieben.

71 Sodan, in: Sodan/Ziekow, VwGO, 5. Aufl. 2018, § 79, Rn. 29: „Von einer solchen Konstellation ist z. B. auszugehen, sobald eine den Nachbarn in seinen Rechten verletzende Baugenehmigung von der Ausgangsbehörde versagt, auf den Widerspruch des Adressaten hin aber von der Wi-

31   Der erstmalig Beschwerte „soll"[72] vor Erlass des Abhilfe- oder Widerspruchsbescheids gemäß § 71 VwGO angehört werden. Eine daher regelmäßig
gebotene Anhörung kann insbesondere ausnahmsweise dann unterbleiben,
wenn die Fallgruppen des § 28 II, III VwVfG einschlägig sind.[73] Gemäß § 68 I 2 Nr. 2
VwGO ist gegen den Abhilfe- oder Widerspruchsbescheid kein erneutes Vorverfahren durchzuführen. Dabei ist der vorgenannten Norm der allgemeine Rechtsgedanke zu entnehmen, dass immer nur *ein* Vorverfahren durchzuführen ist.
Es kann demzufolge unmittelbar innerhalb der Frist des § 74 I 2 VwGO Klage
erhoben werden. Klagegegner wäre dann nach allgemeinen Regeln – bei Abhilfebescheid – die Ausgangs- oder – bei Widerspruchsbescheid – die Widerspruchsbehörde (§ 78 I Nr. 2 VwGO) bzw. deren Rechtsträger (§ 78 I Nr. 1 VwGO).[74]

bb) Isolierte Anfechtung des Widerspruchsbescheids bei „zusätzlicher und selbstständiger Beschwer" (§ 79 II VwGO)

32 Gemäß § 79 II 1 VwGO kann der Widerspruchsbescheid auch dann alleiniger
Gegenstand der Anfechtungsklage sein, wenn er „im Vergleich zum ursprünglichen Verwaltungsakt eine zusätzliche, selbstständige Beschwer" enthält. Im Gegensatz zu § 79 I Nr. 1 VwGO enthält hier schon der Ausgangsbescheid eine Beschwer, sodass dem Kläger insoweit ein Wahlrecht zukommt, ob er im Wege der
„Einheitsklage"[75] nach § 79 I Nr. 1 VwGO (Ausgangs- und Widerspruchsbescheid)
oder nach § 79 II VwGO (nur Widerspruchsbescheid) vorgeht.[76] Für den Kläger
wird es in der Regel zweckmäßig sein, isoliert den Widerspruchsbescheid anzugreifen, wenn er nur gegen die Verschärfung vorgehen möchte – etwa weil ein
weiteres Vorgehen gegen den Ausgangsbescheid aussichtslos erscheint – oder
erreichen will, dass die Widerspruchsbehörde ihr Ermessen erneut (fehlerfrei)
ausübt.[77]

---

derspruchsbehörde erteilt wird"; siehe zu weiteren Fallgruppen auch Happ, in: Eyermann, VwGO,
15. Aufl. 2019, § 79, Rn. 14.

72 Damit unterscheidet sich die Rechtsfolge etwa von § 28 I VwVfG und seinen landesrechtlichen
Pendants („ist [...] Gelegenheit zur Äußerung zu geben").

73 Kastner, in: Fehling/Kastner/Störmer, Verwaltungsrecht, 4. Aufl. 2016, § 71 VwGO, Rn. 5.

74 § 79 II 3 VwGO findet keine Anwendung.

75 Vgl. etwa Möstl, in: Posser/Wolff, VwGO, 47. Ed., Stand: 1.10.2018, § 79, Rn. 15.

76 Pietzcker, in: Schoch/Schneider/Bier, VwGO, 36. EL Februar 2019, § 79 VwGO, Rn. 11; in der
Literatur wird § 79 II VwGO in Bezug auf einen Abhilfebescheid für nicht anwendbar gehalten, vgl.
Möstl, in: Posser/Wolff, VwGO, 47. Ed., Stand: 1.10.2018, § 79, Rn. 20. Dies wird wesentlich durch
den Wortlaut („Widerspruchsbescheid") und den systematischen Vergleich mit § 79 I Nr. 1 VwGO
gestützt.

77 Pietzcker, in: Schoch/Schneider/Bier, VwGO, 36. EL Februar 2019, § 79 VwGO, Rn. 11.

Jens Milker

Einen Hauptanwendungsfall der Vorschrift stellt die **Reformatio in Peius** 33 (sog. „Verböserung") dar (näher dazu Rn. 344 ff.). Gemeint sind damit Situationen, in denen im Rahmen des Widerspruchsverfahrens gegen einen für den Adressaten belastenden Verwaltungsakt dessen Situation verschlechtert wird; die Behörde also eine weitere Belastung ausspricht.[78] In § 79 II VwGO sind allerdings keine Aussagen zur materiell-rechtlichen Zulässigkeit der *Reformatio in Peius* getroffen worden; darin wird nur der prozessuale Umgang mit einer derartigen Situation geregelt.[79]

Beispiel 6: Gastwirtin Renate erhält einen Auflagenbescheid gemäß § 5 GastG, dass sie ihre 34 *Gaststätte von 01:00 Uhr bis 6:00 Uhr zu schließen hat (Sperrzeit). Dagegen erhebt sie Widerspruch. Die Widerspruchsbehörde verlängert die Sperrzeit um zwei Stunden, sodass die Gaststätte schon um 23:00 Uhr schließen muss. Hier wäre es unter Umständen (aus anwaltlicher Sicht) zweckmäßig, nur gegen den Widerspruchsbescheid vorzugehen, wenn der Ausgangsbescheid mit großer Wahrscheinlichkeit rechtmäßig ist. Aus richterlicher Sicht wäre dann das Begehren der Klägerin auszulegen (§ 88 VwGO).*

In § 79 II 2 VwGO ist zudem ein besonderer Fall der zusätzlichen und selbst- 35 ständigen Beschwer geregelt bzw. fingiert.[80] Demnach „gilt" als eine zusätzliche Beschwer auch die Verletzung einer wesentlichen Verfahrensvorschrift, sofern der Widerspruchsbescheid auf dieser Verletzung beruht.

In Rechtsprechung und Literatur ist allgemein anerkannt, dass § 68 I 2 Nr. 2 36 VwGO auch auf die Fälle des § 79 II VwGO (unmittelbare) Anwendung findet.[81] Eines Vorverfahrens bedarf es demnach auch hier nicht. Gleichsam ist § 71 VwGO – nach Auffassung in der Literatur – auch in diesen Fällen anzuwenden,[82] obwohl der Wortlaut eher einen ausschließlichen Bezug zu § 79 I Nr. 2 VwGO nahe legt. Insgesamt kann demnach hier auch innerhalb der Frist des § 74 I 2 VwGO unmittelbar Klage erhoben werden. Der Klagegegner ist gemäß § 79 II 3 i.V.m. § 78 I, II VwGO zu bestimmen.

---

[78] Vgl. dazu Pietzcker, in: Schoch/Schneider/Bier, VwGO, 36. EL Februar 2019, § 79 VwGO, Rn. 13 mit Beispielen aus der Rechtsprechung.
[79] Vgl. BVerwG, Urt. v. 12.11.1976, Az.: IV C 34/75 = NJW 1977, 1894; Pietzcker, in: Schoch/Schneider/Bier, VwGO, 36. EL Februar 2019, § 79 VwGO, Rn. 13.
[80] Pietzcker, in: Schoch/Schneider/Bier, VwGO, 36. EL Februar 2019, § 79 VwGO, Rn. 11.
[81] Vgl. nur Funke-Kaiser, in: Bader/Funke-Kaiser/Stuhlfauth/von Albedyll, VwGO, 7. Aufl. 2018, § 68, Rn. 22.
[82] Vgl. Kastner, in: Fehling/Kastner/Störmer, Verwaltungsrecht, 4. Aufl. 2016, § 71 VwGO, Rn. 4.

Jens Milker

c) Vorgehen in der Klausur

37 Zusammenfassend bleibt festzuhalten, dass der Gesetzgeber grundsätzlich davon ausgeht, dass Ausgangs- und Widerspruchsbescheid gemeinsam angegriffen werden (müssen). Sollte dieser Regelfall in einer Klausursituation vorliegen, sind Ausführungen zu § 79 I Nr. 1 VwGO üblicherweise nicht erforderlich. Sofern sich aus dem Klagebegehren allerdings ergibt, dass sich die Klage ausschließlich gegen den Widerspruchsbescheid richten soll, dann muss zwingend im Rahmen der Statthaftigkeit eine Auseinandersetzung mit den in § 79 I Nr. 2, II VwGO angelegten Ausnahmekonstellationen erfolgen.[83]

II. Der Begriff des Verwaltungsakts (Jens Milker)

38 Der Verwaltungsakt ist die zentrale – aber natürlich nicht die einzige – behördliche Handlungsform. Nachdem überblicksartig auf die Funktionen des Verwaltungsakts eingegangen wurde (1.), werden die Begriffsmerkmale des Verwaltungsakts vertieft erläutert (2.). Abschließend werden die prozessualen Folgen aufgezeigt, wenn Definitionsmerkmale einmal nicht erfüllt sein sollten (3.).

1. Funktionen des Verwaltungsakts

39 Mit ihm kann die Behörde *Einzelfälle* verbindlich einseitig regeln, sodass durch die damit einhergehende behördliche Subsumtion eine Individualisierungs- und Klarstellungsfunktion erfüllt wird.[84]

40   Da ein Verwaltungsakt – ähnlich wie ein Urteil – auch nach Maßgabe des Verwaltungsvollstreckungsrechts vollstreckt werden kann, kommt ihm insbesondere eine sog. Titelfunktion zu.[85] Gleichzeitig schafft ein Verwaltungsakt für Behörde und Bürger Rechtssicherheit, da er – sofern einmal wirksam erlassen – nur unter bestimmten Voraussetzungen vom Bürger (durch Widerspruch und

---

83 Vgl. in diesem Sinne auch Schildheuer/Kues, Verwaltungsprozessrecht, 4. Aufl. 2018, Rn. 77.
84 Vgl. Stelkens, in: Stelkens/Bonk/Sachs, VwVfG, 9. Aufl. 2018, § 35, Rn. 31; Ramsauer, in: Kopp/Ramsauer, VwVfG, 19. Aufl. 2018, § 35, Rn. 10: „Konkretisierungs- und Umsetzungsfunktion".
85 Vgl. Stelkens, in: Stelkens/Bonk/Sachs, VwVfG, 9. Aufl. 2018, § 35, Rn. 39 ff.; Ramsauer, in: Kopp/Ramsauer, VwVfG, 19. Aufl. 2018, § 35, Rn. 9, 11 f. (mit Ausnahme bei feststellenden Verwaltungsakten).

Jens Milker

Klage) oder von der Behörde (durch Aufhebung; vgl. insbesondere §§ 48 ff. VwVfG, s. dazu ausführlich Rn. 836 ff.) beseitigt werden kann.[86]

Schließlich bestimmt sich nach der Einordnung des behördlichen Handelns 41 als Verwaltungsakt auch die statthafte Rechtschutzform (zum verwaltungsakt-bezogenen Rechtsschutz bereits näher § 1 Rn. 238; § 2 Rn. 4 ff., § 3 Rn. 2 ff.),[87] nämlich das „Wie" des Rechtsschutzes. Ob überhaupt Rechtsschutz gewährt wird, hängt hingegen nicht (mehr) vom Vorliegen eines Verwaltungsakts ab.[88] Die Frage, ob ein Verwaltungsakt gegenständlich ist, gegen den sich der Kläger wendet oder dessen Erlass der Kläger begehrt, ist dennoch eine zentrale prozessuale Weichenstellung für die Klausurbearbeitung und die Praxis, da damit insbesondere die Einhaltung von Fristen verbunden ist (vgl. §§ 68 ff. VwGO).[89] Der Begriff des Verwaltungsakts ist sowohl in Landes-VwVfG als auch in dem VwVfG des Bundes (legal-)definiert.[90] Bei der Prüfung der statthaften Klageart ist allerdings insoweit immer – unabhängig davon, ob eine Landes- oder Bundesbehörde gehandelt hat – das VwVfG des Bundes heranzuziehen (s. bereits Rn. 10).[91] Im Übrigen sind die Landes-VwVfG und das VwVfG des Bundes in ihrem Anwendungsbereich zu differenzieren (näher dazu § 1 Rn. 95 ff. und § 2 Rn. 621).

2. Merkmale eines Verwaltungsakts

Gemäß § 35 Satz 1 VwVfG ist ein Verwaltungsakt jede Verfügung, Entscheidung 42 oder andere hoheitliche Maßnahme, die eine Behörde zur Regelung eines Einzelfalls auf dem Gebiet des öffentlichen Rechts trifft und die auf unmittelbare Rechtswirkung nach außen gerichtet ist. Allgemeinverfügung ist ein Verwaltungsakt, der sich an einen nach allgemeinen Merkmalen bestimmten oder bestimmbaren Personenkreis richtet oder die öffentlich-rechtliche Eigenschaft einer Sache oder ihre Benutzung durch die Allgemeinheit betrifft (§ 35 Satz 2 VwVfG).

---

86 Vgl. allgemein zur Rechtssicherheit: Stelkens, in: Stelkens/Bonk/Sachs, VwVfG, 9. Aufl. 2018, § 35, Rn. 34 ff.; speziell zur „Rechtsgrundfunktion": Stelkens, in: Stelkens/Bonk/Sachs, VwVfG, 9. Aufl. 2018, § 35, Rn. 42.

87 Ramsauer, in: Kopp/Ramsauer, VwVfG, 19. Aufl. 2018, § 35, Rn. 13.

88 Vgl. zu der insoweit abweichenden früheren Rechtslage: Stelkens, in: Stelkens/Bonk/Sachs, VwVfG, 9. Aufl. 2018, § 35, Rn. 47.

89 Vgl. Ramsauer, in: Kopp/Ramsauer, VwVfG, 19. Aufl. 2018, § 35, Rn. 13.

90 Dabei haben § 31 SGB X und § 118 AO denselben Wortlaut, vgl. Sodan, in: Sodan/Ziekow, VwGO, 5. Aufl. 2018, § 42, Rn. 99.

91 Vgl. Sodan, in: Sodan/Ziekow, VwGO, 5. Aufl. 2018, § 42, Rn. 99 m.w. N.; Stelkens, in: Stelkens/Bonk/Sachs, VwVfG, 9. Aufl. 2018, § 35, Rn. 48; s. im Ergebnis auch BVerwG, Urt. v. 26.9.1996, Az.: 2 C 39.95 = NJW 1997, 1248 (1249): „Begriff des Verwaltungsakts i.S. des § 42 I VwGO, § 35 S. 1 VwVfG".

a) „Verfügung, Entscheidung oder andere hoheitliche Maßnahme"

43 Den Anfang der Prüfung bildet das Merkmal der „hoheitlichen Maßnahme". Die Begriffe „Verfügung" und „Entscheidung" sind nur spezielle Arten hoheitlicher Handlungsformen und haben keine eigenständige Bedeutung.[92]

aa) Maßnahme

44 Der Begriff „Maßnahme" erfasst jedes Handeln mit Erklärungsgehalt.[93] Sie besteht zunächst aus dem Vorgang der (inneren) **Willensbildung** in Gestalt eines **Entscheidungs- oder Regelungswillens** und anschließender **Willensäußerung der Behörde (z. B. durch Erstellung eines Bescheids)**, die schließlich in die **Bekanntgabe** (§ 41 VwVfG) mündet (z. B. Übersendung des Bescheids an den Adressaten, s. dazu näher Rn. 120 ff.).[94] Dahingehend schreibt § 37 II 1 VwVfG vor, dass ein Verwaltungsakt schriftlich, elektronisch, mündlich oder in anderer Weise erlassen werden kann. An die unterschiedlichen Erlassarten knüpfen dann § 39 (Begründung) und § 41 VwVfG (Bekanntgabe) unterschiedliche Rechtsfolgen (näher dazu Rn. 157 ff., 638 ff.), sodass der Einordnung ein nicht unerhebliches Gewicht in der rechtlichen Prüfung zukommen kann. Regelfall dürfte aber – auch aufgrund der nur langsam voranschreitenden Digitalisierung in der Verwaltung – der schriftliche Verwaltungsakt sein. Der „elektronische Verwaltungsakt" scheint insoweit (noch) eine untergeordnete Rolle spielen.[95]

45 Maßgeblich für die **Auslegung behördlichen Verhaltens** ist der objektive Erklärungswert, also wie es vor allem der Adressat bei verständiger Würdigung unter Einbeziehung der für ihn erkennbaren Umstände interpretieren musste.[96] Hier sind die §§ 133, 157 BGB in analoger Anwendung maßgeblich.[97] Dahingehend

---

92 Vgl. Stelkens, in: Stelkens/Bonk/Sachs, VwVfG, 9. Aufl. 2018, § 35, Rn. 69; von Alemann/ Scheffczyk, in: Bader/Ronellenfitsch, VwVfG, 42. Ed., Stand: 1.1.2019, § 35, Rn. 115 ff.; Müller, in: Huck/Müller, VwVfG, 2. Aufl. 2016, § 35, Rn. 29; W. R. Schenke, in: Kopp/Schenke, VwGO, 25. Aufl. 2019, Anh. § 42, Rn. 13: Sie können allerdings zur näheren Konkretisierung des Merkmals der „hoheitlichen Maßnahme" genutzt werden.
93 Vgl. Stelkens, in: Stelkens/Bonk/Sachs, VwVfG, 9. Aufl. 2018, § 35, Rn. 69: „verwaltungsrechtliche Willenserklärung".
94 Stelkens, in: Stelkens/Bonk/Sachs, VwVfG, 9. Aufl. 2018, § 35, Rn. 70.
95 Vgl. zur Ersetzung der gesetzlich vorgeschriebenen Schriftform durch die elektronische Form: Stelkens, in: Stelkens/Bonk/Sachs, VwVfG, 9. Aufl. 2018, § 37, Rn. 117 f.
96 St. Rspr., vgl. etwa BVerwG, Urt. v. 15.6.2016, Az.: 8 C 5/15 = NVwZ 2017, 326, Rn. 20; BVerwG, Urt. v. 22.3.2012, Az.: 1 C 3/11 = NVwZ-RR 2012, 529, Rn. 24 m.w.N.; Stelkens, in: Stelkens/Bonk/ Sachs, VwVfG, 9. Aufl. 2018, § 35, Rn. 71.
97 Vgl. BVerwG, Urt. v. 15.6.2016, Az.: 8 C 5/15 = NVwZ 2017, 326, Rn. 20; Stelkens, in: Stelkens/ Bonk/Sachs, VwVfG, 9. Aufl. 2018, § 35, Rn. 71 m.w.N. aus der Rspr.

Jens Milker

können Unklarheiten nicht durch bloß vernünftig erscheinende Ergebnisse korrigiert werden,[98] sondern gehen zum Nachteil der Verwaltung.[99] Die inhaltliche Auslegung eines Verwaltungsakts orientiert sich am Wortlaut seines „verfügenden Teils"[100] (auch als „Tenor"[101], „Spruch"[102] oder „Verfügungssatz"[103] bezeichnet)[104] unter ergänzender Heranziehung seiner Begründung.[105] Insbesondere konkludentes Verhalten kann daher auch einen Verwaltungsakt darstellen,[106] der „in anderer Weise" (vgl. § 37 II 1 VwVfG) erlassen wird.[107]

Beispiel: Das Handzeichen eines Polizeibeamten zum Zwecke der Verkehrsregelung.[108]   **46**

So können auch etwa Erstattungs- bzw. Rückforderungsbescheide (z. B. in Be- **47** zug auf Subventionen) dahingehend ausgelegt werden, dass sie gleichzeitig konkludent die Aufhebung des früheren Bewilligungsbescheides enthalten, der ansonsten noch einen Rechtsgrund zum Behaltendürfen darstellen würde.[109] Ebenso kann etwa auch die Auszahlung von Geld eine konkludente Erklärung über die Berechtigung der Zahlung enthalten.[110] Wesentlich ist dabei, dass dem

---

98 BayVGH, Urt. v. 22.5.1997, Az.: 22 B 96. 3646 und 3732 = LKV 1998, 67; Stelkens, in: Stelkens/Bonk/Sachs, VwVfG, 9. Aufl. 2018, § 35, Rn. 71.
99 St. Rspr., vgl. etwa BVerwG, Urt. v. 22.3.2012, Az.: 1 C 3/11 = NVwZ-RR 2012, 529, Rn. 24 m.w.N.
100 Vgl. § 41 IV 1 VwVfG.
101 So etwa von Alemann/Scheffczyk, in: Bader/Ronellenfitsch, VwVfG, 42. Ed., Stand: 1.1.2019, § 35, Rn. 46.
102 Vgl. BVerfG, Beschl. v. 9.1.1991, Az.: 1 BvR 207/87 = NJW 1991, 1878.
103 Vgl. BVerwG, Urt. v. 5.11.2009, Az.: 4 C 3/09 = NVwZ 2010, 133.
104 Vgl. insgesamt auch Stelkens, in: Stelkens/Bonk/Sachs, VwVfG, 9. Aufl. 2018, § 35, Rn. 143.
105 Stelkens, in: Stelkens/Bonk/Sachs, VwVfG, 9. Aufl. 2018, § 35, Rn. 76.
106 Vgl. Barczak, JuS 2018, 238 (244); Stelkens, in: Stelkens/Bonk/Sachs, VwVfG, 9. Aufl. 2018, § 35, Rn. 81; Schwarz, in: Fehling/Kastner/Störmer, Verwaltungsrecht, 4. Aufl. 2016, § 35 VwVfG, Rn. 52 m.w.N.; von Alemann/Scheffczyk, in: Bader/Ronellenftisch, VwVfG, 42. Ed., Stand: 1.1.2019, § 35, Rn. 119.
107 Vgl. HambOVG, Urt. v. 25.7.2017, Az.: 3 Bf 96/15 = BeckRS 2017, 131008, Rn. 39; Barczak, JuS 2018, 238 (244).
108 Ramsauer, in: Kopp/Ramsauer, VwVfG, 19. Aufl. 2018, § 35, Rn. 61.
109 Vgl. BVerwG, Urt. v. 19.3.1992, Az.: 5 C 41/88 = NVwZ-RR 1992, 423 m.w.N.; s. weiter zur stillschweigenden Aufhebung des Bewilligungsbescheids mit Rückforderung der Subvention: BVerwG, Urt. v. 13.12.1984, Az.: 3 C 79/82 = NVwZ 1985, 488 (489); BremOVG, Beschl. v. 18.11.2015, Az.: 2 B 221/15 = BeckRS 2015, 55026, Rn. 15; s. auch mit weiteren Beispielen: Ramsauer, in: Kopp/Ramsauer, VwVfG, 19. Aufl. 2018, § 35, Rn. 61.
110 Vgl. HambOVG, Urt. v. 25.7.2017, Az.: 3 Bf 96/15 = BeckRS 2017, 131008, Rn. 37: „Wird eine Leistung beantragt, und erfolgt daraufhin eine Auszahlung der Leistung, ohne dass zuvor eine ausdrückliche Bewilligung vorgenommen wurde, so kommt es in Betracht, die Zahlung nicht lediglich als einen schlicht-hoheitlichen Realakt, sondern (auch) als konkludenten Verwal-

Verhalten ein hinreichend bestimmter Erklärungs- bzw. Regelungsgehalt entnommen werden kann und die übrigen Voraussetzungen des § 35 VwVfG erfüllt sind.[111]

48   *Beispiel: A wird am 21. Juni 2018 wegen drohender Obdachlosigkeit für die Dauer von drei Monaten in eine (Privat-)Wohnung durch die zuständige Ordnungsbehörde eingewiesen. Da zwischenzeitlich ein Platz in einer städtischen Obdachlosenunterkunft frei geworden ist, gibt die Behörde dem A am 3. Juli 2018 auf, die „Wohnung zu räumen".[112] Hier kann der behördlichen „Räumungsverfügung" unter Umständen gleichzeitig entnommen werden, dass die zuvor erfolgte (und hier noch wirksame) Einweisung notwendigerweise jedenfalls konkludent mit aufgehoben wird, da diese ansonsten den Aufenthalt des A in der Wohnung formell legalisieren würde und dementsprechend Eingriffsmaßnahmen der Behörde ausschlösse.[113]*

bb) „Hoheitlich"

49 Der Begriff der „hoheitlichen" Maßnahme hat nach zutreffender Auffassung eine zweifache Bedeutung.[114] Diese kann sich – schon aufgrund der eigenständigen Erwähnung des Merkmals – nicht in der Bedeutung „auf dem Gebiet des öffentlichen Rechts" erschöpfen.[115] Zunächst kennzeichnet das Merkmal damit insbesondere die Einseitigkeit der Maßnahme in Abgrenzung zum öffentlich-rechtlichen Vertrag,[116] der zwei korrespondierende Willenserklärungen voraussetzt (vgl. § 54 ff. VwVfG) und bei dem sich die Beteiligten daher auf Gleichordnungsebene gegenüberstehen.[117] Als einseitig können demzufolge auch mitwirkungs-

---

tungsakt anzusehen. Denn die Zahlung schließt dann die Entscheidung ein, ob und in welcher Höhe gezahlt werden soll. Mit ihr wird gleichzeitig festgestellt, dass dem Leistungsempfänger der der Zahlung zugrunde liegende Anspruch zusteht. Dies kann jedenfalls und zumal dann gelten, wenn der Auszahlung [...] eine behördliche Prüfung vorausgeht und dies für den Leistungsempfänger erkennbar ist" (dazu ausführlich unten Ziffer 2. d) bb)).

111 Barczak, JuS 2018, 238 (244); Stelkens, in: Stelkens/Bonk/Sachs, VwVfG, 9. Aufl. 2018, § 35, Rn. 81; s. dazu auch VGH BW, Urt. v. 25.5.1987, Az.: 11 S 1699/85 = NVwZ 1988, 184 (185).

112 Vgl. Barczak, JuS 2018, 238 (244).

113 Vgl. im Ergebnis auch Barczak, JuS 2018, 238 (244).

114 Stelkens, in: Stelkens/Bonk/Sachs, VwVfG, 9. Aufl. 2018, § 35, Rn. 104 ff.

115 Vgl. Windoffer, in: Mann/Sennekamp/Uechtritz, VwVfG, 1. Aufl. 2014, § 35, Rn. 37; Schwarz, in: Fehling/Kastner/Störmer, Verwaltungsrecht, 4. Aufl. 2016, § 35 VwVfG, Rn. 83; a. A. Ramsauer, in: Kopp/Ramsauer, VwVfG, 19. Aufl. 2018, § 35, Rn. 59; Müller, in: Huck/Müller, VwVfG, 2. Aufl. 2016, § 35, Rn. 29.

116 Dies bereits aus den Begriffen „Verfügung, Entscheidung, Maßnahme" folgernd: Ramsauer, in: Kopp/Ramsauer, VwVfG, 19. Aufl. 2018, § 35, Rn. 59 f.

117 Vgl. W. R. Schenke, in: Kopp/Schenke, VwGO, 25. Aufl. 2019, Anh. § 42, Rn. 14; von Alemann/Scheffczyk, in: Bader/Ronellenfitsch, VwVfG, 42. Ed., Stand: 1.1.2019, § 35, Rn. 120 ff.; Voßkuhle/Kaufhold, JuS 2011, 34 (35); Schwarz, in: Fehling/Kastner/Störmer, Verwaltungsrecht, 4. Aufl.

bedürftige Maßnahmen eingeordnet werden, bei denen der Adressat an dem Verwaltungsverfahren beteiligt werden muss (z. B. durch das Erfordernis einer Antragsstellung), da damit zwar der Erlass verhindert, aber nicht auf den Inhalt Einfluss genommen werden kann.[118] Es muss sich konsequenterweise auch um eine Maßnahme in einem Über-/Unterordnungsverhältnis handeln,[119] also grundsätzlich „Ausdruck der ‚Andersordnung' von Staat und Bürger" sein.[120] Dann äußert sich die Hoheitlichkeit darin, dass zumindest hinsichtlich der konkreten Maßnahme eine besondere Befugnis der Verwaltung besteht, die dem Adressaten in dieser Form ohne weiteres nicht zustehen kann.[121] Die Aufrechnung etwa ist mangels hoheitlichem Element daher kein Verwaltungsakt, sondern die Ausübung eines schuldrechtlichen Gestaltungsrechts, das ebenso dem Bürger potentiell zur Verfügung steht..[122]

Insgesamt ist vor allem dann *keine* hoheitliche Maßnahme gegeben, wenn 50 eine entsprechende Willenserklärung mit gleichen Wirkungen auch von Privaten abgegeben werden könnte.[123] Dies ist zum Beispiel der Fall bei privatrechtlichem Handeln oder auch der Kündigung öffentlich-rechtlicher Verträge.[124] Ein Über-/Unterordnungsverhältnis fehlt ebenso grundsätzlich bei Maßnahmen zwischen

---

2016, § 35 VwVfG, Rn. 83; Windoffer, in: Mann/Sennekamp/Uechtritz, VwVfG, 1. Aufl. 2014, § 35, Rn. 37.

118 Voßkuhle/Kaufhold, JuS 2011, 34 (35).

119 Vgl. BSG, Urt. v. 9. Mai 1957, Az.: 4 RJ 228/55 = BeckRS 1957, 00099, Rn. 21; BeckRS 1985, 5642, Rn. 15; Urt. v. 2. 2. 1978, Az.: 12 RK 29/77 = BeckRS 1978, 388, Rn. 15; NJW-RR 1994, 788 (790); OVG SH, Urt. v. 22. 12. 1999, Az.: 2 L 208/98 = BeckRS 2000, 21738, Rn. 38; VG Mainz, Urt. v. 22. 2. 2018, Az.: 1 K 862/17.MZ = BeckRS 2018, 18583, Rn. 24; Windoffer, in: Mann/Sennekamp/Uechtritz, VwVfG, 1. Aufl. 2014, § 35, Rn. 37; kritisch Emmerich-Fritsche, NVwZ 2006, 762 (763): „Mit einem demokratisch-republikanischen Staatsverständnis, welches die Menschen nicht als Untertanen, sondern als (selbstbestimmte) Bürger wahrnimmt, ist die Subordinationslehre nicht mehr vereinbar".

120 Stelkens, in: Stelkens/Bonk/Sachs, VwVfG, 9. Aufl. 2018, Rn. 104; s. auch Windoffer, in: Mann/Sennekamp/Uechtritz, VwVfG, 1. Aufl. 2014, § 35, Rn. 37: „die Inanspruchnahme von *Sonderrecht* durch die Behörde".

121 Stelkens, in: Stelkens/Bonk/Sachs, VwVfG, 9. Aufl. 2018, § 35, Rn. 104; von Alemann/Scheffczyk, in: Bader/Ronellenfitsch, VwVfG, 42. Ed., Stand: 1.1.2019, § 35, Rn. 121; Windoffer, in: Mann/Sennekamp/Uechtritz, VwVfG, 1. Aufl. 2014, § 35, Rn. 37; insoweit auf die Rechtsgrundlage als „öffentliches Sonderrecht" abstellend: SächsOVG, Beschl. v. 7. 3. 2014, Az.: 3 A 798/13 = BeckRS 2014, 49259, Rn. 12.

122 Vgl. etwa BVerwG, Urt. v. 27. 10. 1982, Az.: 3 C 6/82 = NJW 1983, 776; ThürOVG, Urt. v. 24. 2. 2004, Az.: 2 KO 434/03 = NVwZ-RR 2004, 781 (782).

123 Stelkens, in: Stelkens/Bonk/Sachs, VwVfG, 9. Aufl. 2018, § 35, Rn. 104 m.w.N.; Windoffer, in: Mann/Sennekamp/Uechtritz, VwVfG, 1. Aufl. 2014, § 35, Rn. 38.

124 Stelkens, in: Stelkens/Bonk/Sachs, VwVfG, 9. Aufl. 2018, § 35, Rn. 104.

Jens Milker

Hoheitsträgern, die sich prinzipiell auf gleichgeordneter Ebene begegnen;[125] es sei denn, der Gesetzgeber weist einem Hoheitsträger spezifische *einseitige* Regelungsbefugnisse zu (z. B. Aufsichtsbefugnisse).[126] Diese Konstellation kann etwa bei der Geltendmachung von Erstattungsansprüchen im Bereich des Sozialrechts anzutreffen sein (vgl. zum Beispiel §§ 89 ff. SGB VIII, 102 ff. SGB X).[127]

51   *Beispiel[128]: Die Stadt X begehrt die Erstattung von im Rahmen der Jugendhilfe für einen unbegleiteten minderjährigen Ausländer aufgewendeten Kosten nach Maßgabe des § 89d SGB VIII von dem Bundesland Y. Dafür wendet sie sich fristgerecht an die zuständige Landesbehörde. Diese sieht die Forderung nur zum Teil als berechtigt an und erlässt daraufhin einen „Kürzungsbescheid", dem eine Rechtsbehelfsbelehrung mit dem Hinweis auf die Möglichkeit der Erhebung eines Widerspruchs angefügt war. In diesem Fall liegt nur dem äußeren Anschein nach ein Verwaltungsakt vor (ein sog. formeller Verwaltungsakt, s. zum prozessualen Umgang damit bereits Rn. 21 ff.). Es fehlt insoweit an dem Über-/Unterordnungsverhältnis zwischen den beiden Behörden, sodass das Merkmal „hoheitlich" nicht erfüllt ist. Hier besteht „trotz des äußeren Scheins in Wahrheit kein Verwaltungsakt".[129]*

b) Maßnahme einer „Behörde"

52   Weitere Voraussetzung ist, dass es sich um eine Maßnahme einer „Behörde" handeln muss. Gemäß der Legaldefinition in § 1 Abs. 4 VwVfG[130] ist eine Behörde jede Stelle, die Aufgaben der öffentlichen Verwaltung wahrnimmt. Damit legt das

---

125 Vgl. BSG, Urt. vom 9.5.1957, Az.: 4 RJ 228/55 = BeckRS 1957, 00099, Rn. 21: „Wo sich zwei Rechtsträger des öffentlichen Rechts in ihrer Eigenschaft als Hoheitsträger begegnen, ist ein Verwaltungsakt nicht denkbar"; Urt. v. 21.2.1985, Az.: 11 RK 2/84 = BeckRS 1985, 5642, Rn. 15; Urt. v. 2.2.1978, Az.: 12 RK 29/77 = BeckRS 1978, 388, Rn. 15; BSG, Urt. v. 21.4.1993, Az.: 14a RKa 6/92 = NJW-RR 1994, 788 (790); OVG SH, Urt. v. 22.12.1999, Az.: 2 L 208/98 = BeckRS 2000, 21738, Rn. 38; VG Mainz, Urt. v. 22.2.2018, Az.: 1 K 862/17.MZ = BeckRS 2018, 18583, Rn. 24; unter Verneinung der „Verwaltungsaktbefugnis": Maslaton/Koch, NVwZ 2003, 1347 (1348); a. A. Stelkens, in: Stelkens/Bonk/Sachs, VwVfG, 9. Aufl. 2018, § 35, Rn. 185.
126 Vgl. BSG, Urt. v. 21.4.1993, Az.: 14a RKa 6/92 = NJW-RR 1994, 788 (790) m. w. N.; Urt. v. 21.2. 1985, Az.: 11 RK 2/84 = BeckRS 1985, 5642, Rn. 15; Urt. v. 2.2.1978, Az.: 12 RK 29/77 = BeckRS 1978, 388, Rn. 15; VG Mainz, Urt. v. 22.2.2018, Az.: 1 K 862/17.MZ = BeckRS 2018, 18583, Rn. 24.
127 S. dazu etwa VG Mainz, Urt. v. 22.2.2018, Az.: 1 K 862/17.MZ = BeckRS 2018, 18583; Urt. v. 15.11. 2018, Az.: 1 K 1434/17.MZ = BeckRS 2018, 36229; Urt. v. 3.7.2018, Az.: 1 K 1463/17.MZ = BeckRS 2018, 20916; Urt. v. 10.8.2017, Az.: 1 K 1419/16.MZ = BeckRS 2017, 121948; s. ferner OVG SH, Urt. v. 22.12. 1999, Az.: 2 L 208/98 = BeckRS 2000, 21738, Rn. 38.
128 Vgl. dazu unter Anwendung des § 89d Abs. 3 SGB VIII (a. F.): VG Mainz, Urt. v. 22.2.2018, Az.: 1 K 862/17.MZ = BeckRS 2018, 18583.
129 Vgl. BVerwG, Beschl. v. 18. Januar 1993, Az.: 6 B 5/92 = NVwZ-RR 1993, 251 [252].
130 Zur Anwendbarkeit im Rahmen des § 35 Satz 1 VwVfG: BVerwG, Urt. v. 23.8.2011, Az.: 9 C 2.11 = NVwZ 2012, 506, Rn. 9.

Jens Milker

Verwaltungsverfahrensrecht einen funktionellen Behördenbegriff zu Grunde.[131] Es kommt demnach immer darauf an, welche Aufgaben im *konkreten* Fall wahrgenommen werden. So können etwa auch Verfassungsorgane, die grundsätzlich keine Exekutivaufgaben erfüllen (z. B. der Bundestag und seine Untergliederungen als Legislativorgan), „in einem Teilbereich ihrer verfassungsrechtlichen Kompetenzen Verwaltungstätigkeiten ausüben".[132]

Beispiel: Der Bundestagspräsident kann als Teil des Bundestages neben der Ausübung der **53** *Legislativfunktion auch etwa bei der Ausübung der Polizeigewalt nach Art. 40 II 1 GG als Behörde im Sinne der §§ 1 IV, 35 Satz 1 VwVfG einzustufen sein, wenn er etwa eine die Sitzung störende Person aus dem Zuschauerraum des Bundestages verweist.*[133] *Gleiches gilt insoweit etwa für die Ausübung des Hausrechts durch den oder die Präsident(-in) eines Gerichts als Teil der Judikative.*[134]

Examenswissen: Da eine Behörde nicht selbst handlungsfähig ist, sondern faktisch nur durch die **54** für sie nach außen auftretenden Personen, geht es bei der Prüfung, ob eine Maßnahme einer Behörde vorliegt, schließlich auch um die Frage der Zurechenbarkeit. Sofern die Behörde durch eigene Organwalter handelt, ist die Zurechnung in der Regel wenig problematisch. Dabei entspricht es allgemeiner Verwaltungspraxis, dass der Leiter einer Behörde (z. B. der Bürgermeister) die in deren Zuständigkeit fallenden hoheitlichen Aufgaben nicht persönlich wahrnehmen muss.[135] Vielmehr können diejenigen Beamten bzw. Angestellten für die Behörde tätig werden, denen nach Maßgabe der behördeninternen Organisationsregelungen die eigenverantwortliche Wahrnehmung der jeweiligen Aufgabe zugewiesen ist.[136] Dabei ist zwischen Organwaltern im engeren Sinne, also solchen deren Handeln kraft Gesetzes der Behörde zugerechnet wird („geborene" Behördenvertreter; z. B. Bürgermeister), und Organwaltern im weiteren Sinne, d. h. sonstigen Bediensteten (Angestellte, Beamte), die ihre Vertretungsmacht schließlich von dem jeweiligen Organwalter im engeren Sinne ableiten (sog. Zeichnungsbefugnis), zu unterscheiden.[137]

Beispiel: In der Stadtverwaltung einer kreisfreien Stadt werden regelmäßig Verwaltungsakte **55** *„Im Auftrag" des Oberbürgermeisters als Behördenleiter von den dort tätigen Mitarbeiterinnen und Mitarbeitern gezeichnet.*

---

131 Vgl. BremOVG, Beschl. v. 7.4.2011, Az.: 1 A 200/09 = NVwZ 2011, 1146 (1147); von Alemann/ Scheffczyk, in: Bader/Ronellenfitsch, VwVfG, 42. Ed., Stand: 1.1.2019, § 35, Rn. 125.
132 OVG NRW, Beschl. v. 23.9.1986, Az.: 15 B 2039/86 = NVwZ 1987, 608 (609).
133 Müller, in: Huck/Müller, VwVfG 2. Aufl. 2016, § 1, Rn. 29. Keine Verwaltungstätigkeit wäre hingegen anzunehmen, wenn der Bundestagspräsident die Diensthoheit gegenüber den Bundestagsabgeordneten wahrnimmt (vgl. W. R. Schenke, in: Kopp/Schenke, VwGO, 25. Aufl. 2019, Anh. § 42, Rn. 17).
134 Vgl. BayVGH, Urt. v. 9.7.1980, Az.: 9 CS 80 A. 268 = NJW 1980, 2722; s. zum Hausrecht des Gerichtspräsidenten auch BVerwG, Urt. v. 17.5.2011, Az.: 7 B 17/11 = BVerwG, NJW 2011, 2530.
135 BVerwG, Beschl. v. 26.2.2008, Az.: 2 B 122/07 = NVwZ-RR 2008, 477, Rn. 17.
136 BVerwG, Beschl. v. 26.2.2008, Az.: 2 B 122/07 = NVwZ-RR 2008, 477, Rn. 17.
137 Vgl. Stelkens, in: Stelkens/Bonk/Sachs, VwVfG, 9. Aufl. 2018, § 35, Rn. 56.

Jens Milker

56 Besonderheiten ergeben sich insoweit regelmäßig bei kommunalen Verpflichtungserklärungen, für die die Gemeindeordnungen der Länder spezielle Anforderungen vorsehen.[138] So sieht etwa § 49 I 2 GemO RP[139] vor, dass Erklärungen, durch die die Gemeinde verpflichtet werden soll, nur rechtsverbindlich sind, wenn sie vom Bürgermeister oder dem zur allgemeinen Vertretung berufenen Beigeordneten oder einem ständigen Vertreter unter Beifügung der Amtsbezeichnung handschriftlich unterzeichnet sind. Obwohl der Wortlaut *prima facie* eine Interpretation als Formvorschrift nahelegt, besteht Einigkeit darüber, dass die Norm aufgrund der insoweit jedenfalls bei privatrechtlichen Verpflichtungserklärungen fehlenden Gesetzgebungskompetenz der Länder als eine Beschränkung der Vertretungsmacht zu interpretieren ist.[140] Gleichwohl ist umstritten, ob dies auch für öffentlich-rechtliche Verpflichtungserklärungen gilt.[141] Schließlich kann die unterschiedliche Interpretation der Vorschrift nach öffentlich-rechtlichen und privatrechtlichen Erklärungen nicht überzeugen, da bei genauer Interpretation des Wortlauts[142] („sind nur rechtsverbindlich") bereits insgesamt das Verständnis als Vertretungsregel vorzugswürdig sein dürfte.

57 Sofern sich die Behörde zu ihrer Aufgabenerfüllung **(privater) Dritter** bedient, ist eine vertiefte Prüfung erforderlich, ob ein hinreichender Zurechnungszusammenhang besteht. Auch **natürliche**[143] **und juristische**[144] **Personen des Privatrechts** können selbst als Behörde im Sinne des § 1 IV VwVfG einzuordnen sein. Dies kann durch **„Beleihung"** erfolgen. Beliehene sind Privatpersonen, die mit der selbstständigen, hoheitlichen Wahrnehmung bestimmter Verwaltungsaufgaben im eigenen Namen durch ein formelles Gesetz betraut sind.[145] Während

---

138 Vgl. dazu im Überblick: Burgi, Kommunalrecht, 3. Aufl. 2010, § 13, Rn. 33 ff.; Stelkens, in: Stelkens/Bonk/Sachs, VwVfG, 9. Aufl. 2018, § 35, Rn. 58.
139 S. zu vergleichbaren Regelungen in anderen Bundesländern: Burgi, Kommunalrecht, 3. Aufl. 2010, § 13, Rn. 33.
140 Vgl. OVG RP, Urt. v. 17.12.1997, Az.: 8 A 12998/98 = NVwZ 1998, 655.
141 Insoweit für eine Einordnung als Formvorschrift: OVG RP, Urt. v. 17.12.1997, Az.: 8 A 12998/98 = NVwZ 1998, 655; vgl. für eine Einordnung als Vertretungsregel zu den jeweiligen landesrechtlichen Regelungen: OVG NRW, Urt. v. 19.3.2002, Az.: 15 A 4043/00 = NVwZ-RR 2003, 147 (148); HessVGH, Urt. v. 15.2.1996, Az.: 5 UE 2836/95 = NVwZ 1997, 618.
142 So auch Stelkens, in: Stelkens/Bonk/Sachs, VwVfG, 9. Aufl. 2018, § 35, Rn. 58.
143 Z.B. wird der „Luftfahrzeugführer" (Flugkapitän) gemäß § 12 LuftSiG mit der luftpolizeilichen Hoheitsgewalt betraut, vgl. BVerwG, Beschl. v. 7.6.1984, Az.: 7 B 153/83 = NVwZ 1985, 48; weitere Beispiele etwa bei Kastner, in: Fehling/Kastner/Störmer, Verwaltungsrecht, 4. Aufl. 2016, § 1 VwVfG, Rn. 35.
144 Z.B. die Deutsche Flugsicherungs GmbH; vgl. Verordnung zur Beauftragung eines Flugsicherungsunternehmens vom 11. November 1992 (BGBl. I S. 1928); s. auch VG Frankfurt a.M., Beschl. v. 22.6.1994, Az.: 9 E 895/94 = NVwZ 1995, 410.
145 Stelkens, NVwZ 2004, 304 (305) m.w.N.

Jens Milker

der Beliehene selbst Behörde ist, wird etwa der sog. „Verwaltungshelfer"[146] *unselbstständig* für die Behörde tätig, die sich sodann dessen Verhalten (vor allem in Bezug auf Haftungsfragen) zurechnen lassen muss.[147] Er handelt sozusagen als „als Werkzeug oder verlängerter Arm der Behörde".[148] Wie sich aus § 35a VwVfG nunmehr ausdrücklich ergibt, kann ein Verwaltungsakt auch „vollautomatisiert" erlassen werden, sofern dies durch Rechtsvorschrift zugelassen ist und weder ein Ermessen noch ein Beurteilungsspielraum besteht; auch dann kann es sich demnach um eine der Behörde zurechenbare Maßnahme handeln.[149] Es gelten dann hinsichtlich der Zurechnung dieselben Grundsätze.[150]

Beispiel: Beauftragt die zuständige Behörde ein privates Abschleppunternehmen, um ein Auto   **58** *aus dem Haltverbot abschleppen zu lassen, handelt es sich um einen Verwaltungshelfer. Letztlich wird dann das Handeln des Abschleppunternehmens der Behörde zugerechnet. Hier tritt das Abschleppunternehmen auch regelmäßig nicht nach außen auf, sondern liquidiert in der Praxis die Kosten des Abschleppvorgangs zunächst im Innenverhältnis bei der Behörde, die dann wiederum den Falschparker in Regress nimmt.*

Dabei gilt das sog. „**Prinzip der Selbstorganschaft**".[151] Behörden dürfen ihre   **59** gesetzlich zugewiesenen Aufgaben demnach grundsätzlich nur durch die Organwalter und Bediensteten erfüllen, die ihnen nach Maßgabe der jeweiligen Stellenpläne bzw. Stellenübersichten zugeordnet sind.[152] Das schließt – soweit (wie üblich) gesetzlich nichts anderes vorgesehen ist – aus, dass die Behörde jedenfalls die Letztentscheidungskompetenz bei in ihren Zuständigkeitsbereich fallenden Aufgaben im hoheitlichen Bereich an Dritte überträgt.[153] Die *ergänzende* (unselbstständige) Einschaltung privater Dritter (als Verwaltungshelfer), anderer

---

146 Vgl. Weber, in: Creifelds, Rechtswörterbuch, 22. Ed., 2016.
147 Vgl. etwa Sodan, in: Sodan/Ziekow, VwGO, 5. Aufl. 2018, § 40, Rn. 365.
148 Schönenbroicher, in: Mann/Sennekamp/Uechtritz, VwVfG, 1. Aufl. 2014, § 1, Rn. 76.
149 S. dazu etwa Stelkens, in: Stelkens/Bonk/Sachs, VwVfG, 9. Aufl. 2018, § 35, Rn. 67 f.: § 35a VwVfG hat nur „klarstellenden Charakter".
150 Stelkens, in: Stelkens/Bonk/Sachs, VwVfG, 9. Aufl. 2018, § 35, Rn. 67 f.
151 Der Begriff geht zurück auf Hufeld, Vertretung der Behörde, 2003, S. 21 ff.; dies übernehmend etwa Stelkens, in: Stelkens/Bonk/Sachs, VwVfG, 9. Aufl. 2018, § 35, Rn. 59; vgl. BVerwG, Urt. v. 23. 8. 2011, Az.: 9 C 2/11 = NVwZ 2012, 506, Rn. 14: „Grundsatz der Eigenverantwortlichkeit".
152 Stelkens, in: Stelkens/Bonk/Sachs, VwVfG, 9. Aufl. 2018, § 35, Rn. 59; s. auch BremOVG, Urt. v. 20. 3. 2018, Az.: 1 LB 55/17 = NordÖR 2018, 230 (231): Verstoß gegen diesen Grundsatz führt zur formellen Rechtswidrigkeit des Verwaltungsakts.
153 Stelkens, in: Stelkens/Bonk/Sachs, VwVfG, 9. Aufl. 2018, § 35, Rn. 59; BVerwG, Beschl. v. 26. 2. 2008, Az.: 2 B 122/07 = NVwZ-RR 2008, 477, Rn. 17: „Der Behördenleiter darf die Wahrnehmung von Behördenzuständigkeiten im hoheitlichen Bereich nur dann auf andere Behörden oder auf nicht seiner Behörde angehörende Personen übertragen, wenn er hierzu durch Rechtssatz ermächtigt ist".

Jens Milker

Behörden (im Wege der Amtshilfe) oder die Automatisierung einzelner Arbeitsschritte (vgl. § 35a VwVfG)[154] bleibt hingegen zulässig.[155] Letztlich müssen dabei die wesentlichen Entscheidungen von der zuständigen Behörde selbst getroffen werden. Sofern die Maßnahme keiner Behörde zurechenbar ist, liegt ein sogenannter Scheinverwaltungsakt vor.[156]

60   *Beispiel: Anwohnerin A beantragt für ihren Umzug das **Aufstellen von Haltverbotsschildern** vor ihrem Haus. Die zuständige Behörde teilt ihr mit, dass die betreffenden Schilder auf dem Betriebshof ausgeliehen werden könnten. Gleichzeitig wird darauf hingewiesen, dass die Schilder ausschließlich in dem beantragten Bereich aufgestellt werden dürfen und nur für die dort genannte Dauer Geltung entfalten. In diesem Fall führt A nur die behördliche Anordnung aus, sodass die Aufstellung der Schilder der Behörde (noch) hinreichend zurechenbar ist.*[157]

61   Ein fiktiver Verwaltungsakt – wie etwa eine Genehmigungsfiktion (z. B. § 42a VwVfG oder § 6a I GewO; s. dazu näher Rn. 123) – ist hingegen keine einer bestimmten Behörde zurechenbare Maßnahme, sondern insgesamt kraft Gesetzes ein Verwaltungsakt.[158] Auch fingierte Verwaltungsakte sind mit den Rechtsbehelfen der VwGO angreifbar, z. B. kommt eine Drittanfechtung der Genehmigungsfiktion in Betracht.[159] Der Klagegegner ist dann die Behörde bzw. ihr Rechtsträger, für den bzw. die der Verwaltungsakt als erlassen gilt.[160]

c) Maßnahme „auf dem Gebiet des öffentlichen Rechts"

62   Wann eine Maßnahme auf dem Gebiet des öffentlichen Rechts vorliegt, bestimmt sich nach denselben Kriterien wie bei der Eröffnung des Verwaltungsrechtswegs nach § 40 I 1 VwGO[161] (dazu bereits ausführlich § 1 Rn. 162ff.) und ist damit im Regelfall bei einer prozessual eingekleideten Klausur bereits geprüft worden. Bei

---

154 S. dazu Stelkens, in: Stelkens/Bonk/Sachs, VwVfG, 9. Aufl. 2018, § 35a, Rn. 26 ff.: Anwendung der Grundsätze der automatisierten Willenserklärung.
155 Vgl. Stelkens, in: Stelkens/Bonk/Sachs, VwVfG, 9. Aufl. 2018, § 35, Rn. 59.
156 Vgl. Stelkens, in: Stelkens/Bonk/Sachs, VwVfG, 9. Aufl. 2018, § 35, Rn. 56, 62f.; zu den Rechtsfolgen s. Rn. 97.
157 Vgl. BVerwG, Urt. v. 6.4.2016, Az.: 3 C 10/15 = NJW 2016, 2353, Rn. 11ff.
158 Vgl. dazu Barczak, JuS 2018, 238 (244) mit weiteren Beispielen.
159 Vgl. Stelkens, in: Stelkens/Bonk/Sachs, VwVfG, 9. Aufl. 2018, § 42a, Rn. 70f.
160 Stelkens, in: Stelkens/Bonk/Sachs, VwVfG, 9. Aufl. 2018, § 42a, Rn. 70.
161 Vgl. Schwarz, in: Fehling/Kastner/Störmer, Verwaltungsrecht, 4. Aufl. 2016, § 35 VwVfG, Rn. 101; Voßkuhle/Kaufhold, JuS 2011, 34 (35); s. dazu ausführlich Kapitel Nr. 2.

einer verwaltungsgerichtlichen Entscheidung hat das Merkmal daher an dieser Stelle regelmäßig keine eigenständige Bedeutung.[162]

d) „Regelung"

Zentrales Merkmal eines Verwaltungsakts ist die sog. Regelungswirkung. Das   **63** Merkmal dient insbesondere der **Abgrenzung zu einem Realakt**, also schlichtem Verwaltungshandeln (z. B. (Meinungs-)Äußerungen von Hoheitsträgern[163]), das nicht auf das Bewirken einer Rechtsfolge, sondern auf einen tatsächlichen Erfolg gerichtet ist.[164]

aa) Allgemeines

Eine Maßnahme hat Regelungscharakter, wenn sie nach ihrem Erklärungsgehalt –   **64** im Gegensatz zum Realakt – darauf gerichtet ist, eine **verbindliche Rechtsfolge zu setzen**.[165] Das ist zunächst dann anzunehmen, wenn Rechte des Betroffenen begründet, geändert oder aufgehoben werden (sog. gestaltender oder befehlender Verwaltungsakt).[166] Regelungscharakter liegt aber auch dann vor, wenn Rechte mit bindender Wirkung festgestellt oder verneint werden (sog. feststellender Verwaltungsakt).[167] Schließlich wird mit einem Verwaltungsakt **von dem Adressaten ein Tun, Dulden oder Unterlassen gefordert oder diesem ein solches erlaubt bzw. eine derartige Pflicht festgestellt**.[168] Gerade hier gilt das Gebot der „Formenklarheit", sodass aus dem behördlichen Handeln deutlich werden muss, dass das Verwaltungsverfahren (vgl. § 9 VwVfG) durch die Erklärung – bestandskraftfähig – abgeschlossen werden soll.[169] Nur vorbereitende Handlungen sind damit keine Verwaltungsakte.[170] Das Merkmal „Regelung" ist

---

162 So auch Schwarz, in: Fehling/Kastner/Störmer, Verwaltungsrecht, 4. Aufl. 2016, § 35 VwVfG, Rn. 101.
163 Dazu ausführlich im Überblick Milker, JA 2017, 647.
164 von Alemann/Scheffczyk, in: Bader/Ronellenfitsch, VwVfG, 42. Ed., Stand: 1.1.2019, § 35, Rn. 46; Ramsauer, in: Kopp/Ramsauer, VwVfG, 19. Aufl. 2018, § 35, Rn. 39.
165 BVerwG, Urt. v. 5.11.2009, Az.: 4 C 3/09 = NVwZ 2010, 133, Rn. 15; von Alemann/Scheffczyk, in: Bader/Ronellenfitsch, VwVfG, 42. Ed., Stand: 1.1.2019, § 35, Rn. 141.
166 BVerwG, Urt. v. 5.11.2009, Az.: 4 C 3/09 = NVwZ 2010, 133, Rn. 15.
167 BVerwG, Urt. v. 5.11.2009, Az.: 4 C 3/09 = NVwZ 2010, 133, Rn. 15.
168 von Alemann/Scheffczyk, in: Bader/Ronellenfitsch, VwVfG, 42. Ed., Stand: 1.1.2019, § 35, Rn. 142.
169 Vgl. Stelkens, in: Stelkens/Bonk/Sachs, VwVfG, 9. Aufl. 2018, § 35, Rn. 73 m.w.N. aus der Rechtsprechung.
170 von Alemann/Scheffczyk, in: VwVfG, 42. Ed., Stand: 1.1.2019, § 35, Rn. 171.

Jens Milker

zudem eng verknüpft mit dem der Außenwirkung.[171] Problematisch ist die Frage der Regelungswirkung insbesondere in den im Folgenden aufgeführten Fallgruppen.

bb) Vorgelagerter Verwaltungsakt

65 Viel diskutiert und daher besonders hervorzuheben ist die Frage, ob in bestimmten Fällen behördlichen Realakten ein (unter Umständen auch konkludenter) Verwaltungsakt (jedenfalls gedanklich) vorgelagert ist. Dies nimmt die Rechtsprechung insbesondere in Fällen an, in denen vor Durchführung des Realakts über schwierige Sach- oder Rechtsfragen entschieden (z.B. bei Auskunftserteilung[172]) oder eine Auswahlentscheidung getroffen werden muss (z.B. Gewährung von Subventionen[173]).[174] Es ist insoweit maßgeblich, ob der Schwerpunkt des behördlichen Verhaltens auf dem Realakt selbst oder der vorgelagerten Entscheidung über dessen Durchführung liegt.[175] Bei letzterem wird dann durch die Vornahme bzw. Nichtvornahme des Realakts eine Regelung getroffen.[176] Maßgeblich für die Schwerpunktsetzung sind insbesondere die ausdrückliche Erwähnung der Behördenentscheidung im Gesetz sowie die an sie gestellten rechtlichen Anforderungen.[177]

66 Dies kann insbesondere bei **Ansprüchen auf Auskunftserteilung** relevant werden.[178] Dabei ist stets das jeweilige Fachrecht (z.B. das IFG) heranzuziehen und die einschlägigen Bestimmungen für den Informations- bzw. Auskunftsan-

---

171 Vgl. BVerwG, Urt. v. 20.11.2003, Az.: 3 C 29/02 = NVwZ 2004, 349 (350): „zwar begrifflich, aber kaum sachlich trennbar".
172 Vgl. BVerwG, Urt. v. 20.2.2013, Az.: 6 A 2/12 = NVwZ 2013, 1006, Rn. 15; NVwZ 2008, 580, Rn. 13; von Alemann/Scheffczyk, in: Bader/Ronellenfitsch,VwVfG, 42. Ed., Stand: 1.1.2019, § 35, Rn. 148.
173 Vgl. BVerwG, Urt. v. 19.11.2009, Az.: 3 C 7.09 = NVwZ 2010, 643.
174 von Alemann/Scheffczyk, in: Bader/Ronellenfitsch,VwVfG, 42. Ed., Stand: 1.1.2019, § 35, Rn. 148.
175 Vgl. schon BVerwG, Urt. v. 25.2.1969, Az.: I C 65/67 = NJW 1969, 1131 (1132); s. auch BVerwG, Urt. v. 28.11.2007, Az.: 6 A 2/07 = NVwZ 2008, 580, Rn. 13.
176 Stelkens, in: Stelkens/Bonk/Sachs, VwVfG, 9. Aufl. 2018, § 35, Rn. 99; von Alemann/Scheffczyk, in: Bader/Ronellenfitsch,VwVfG, 42. Ed., Stand: 1.1.2019, § 35, Rn. 148; s. auch BVerwG, Urt. v. 25.2.1969, Az.: I C 65/67 = NJW 1969, 1131; BFH, Urt. v. 25.7.1978 Az.: VII R 77/74 = NJW 1979, 735 (736); OVG NRW, Urt. v. 23.5.1995 Az.: 5 A 2875/92 = NJW 1995, 2741.
177 Vgl. BVerwG, Urt. v. 28.11.2007, Az.: 6 A 2/07 = NVwZ 2008, 580.
178 Vgl. von Alemann/Scheffczyk, in: Bader/Ronellenfitsch,VwVfG, 42. Ed., Stand:1.1.2019, § 35, Rn. 148 ff.

Jens Milker

spruch auszulegen.[179] Insoweit können etwa auch Bestimmungen zur Durchführung eines Widerspruchsverfahrens (z. B. § 9 IV IFG) ein wesentliches Indiz dafür sein, dass der Gesetzgeber davon ausgeht, dass sich die Auskunftserteilung schwerpunktmäßig im Rahmen der Entscheidung darüber bewegt.[180] Die Rechtsprechung nimmt dabei stets den Einzelfall in den Blick. So wird etwa beim presserechtlichen Auskunftsanspruch unmittelbar aus Art. 5 I 2 GG die Leistungsklage für einschlägig gehalten, da der Erteilung der Auskunft keine davon gesonderte und als Verwaltungsakt zu qualifizierende „Entscheidung" des Behördenleiters oder einer von ihm beauftragten Person vorausgehe,[181] während diese bei Ansprüchen gemäß § 7 BNDG i.V.m. § 15 BVerfSchG schon im Gesetz ausdrücklich erwähnt sei.[182]

Ähnliches gilt insoweit bei **Geldzahlungen**. Dabei kann es unter Umständen 67 dem behördlichen Handeln zu entnehmen sein, dass mit der Auszahlung als Realakt ein Rechtsgrund zum Behaltendürfen geschaffen werden soll bzw. über den Anspruch auf die (Aus-)Zahlung konkludent entschieden wird.[183] Dies ist dann unproblematisch, wenn etwa das Gesetz einen Festsetzungsbescheid ausdrücklich vorschreibt (z. B. § 49 I 2 VwVfG). In sonstigen Fallkonstellationen dürfte eine Einzelfallbetrachtung geboten und der Schwerpunkt des behördlichen Handelns herauszuarbeiten sein. In Anbetracht der mittlerweile ausufernden Kasuistik, dürften sich Klausuren insbesondere hier nicht zwingend am „richtigen" Ergebnis, sondern an der nachvollziehbaren argumentativen Herleitung messen lassen.

Als aktuell diskutierter Fall sei noch die **Ausübung eines „virtuellen** 68 **Hausrechts" durch Hoheitsträger** genannt.[184] Dabei geht die Rechtsprechung bei der Nutzung der Blockierungs- bzw. Sperrfunktion in sozialen Netzwerken durch Hoheitsträger überwiegend davon aus, dass es sich dabei um einen bloßen Realakt handele.[185] Im Schrifttum wird hingegen überwiegend vom Vorliegen eines jedenfalls konkludenten (vorgelagerten) Verwaltungsakts ausgegangen, da

---

179 von Alemann/Scheffczyk, in: Bader/Ronellenfitsch,VwVfG, 42. Ed., Stand: 1.1.2019, § 35, Rn. 149.
180 Vgl. von Alemann/Scheffczyk, in: Bader/Ronellenfitsch,VwVfG, 42. Ed., Stand: 1.1.2019, § 35, Rn. 149; VG Karlsruhe, Urt. v. 5.8.2011, Az.: 2 K 765/11 = BeckRS 2011, 53817, Rn. 12.
181 BVerwG, Urt. v. 20.2.2013, Az.: 6 A 2/12 = NVwZ 2013, 1006, Rn. 15.
182 BVerwG, Urt. v. 28.11.2007, Az.: 6 A 2/07 = NVwZ 2008, 580, Rn. 13.
183 Vgl. etwa HambOVG, Urt. v. 25.7.2017, Az.: 3 Bf 96/15 = BeckRS 2017, 131008, Rn. 37.
184 Dazu ausführlich etwa Kalscheuer/Jacobsen, NJW 2018, 2358; Milker, NVwZ 2018, 1751.
185 Vgl. VG Mainz, Urt. v. 13.4.2018, Az.: 4 K 762/17.MZ = MMR 2018, 556, Rn. 69; VG München, Urt. v. 27.10. 2017, Az.: M 26 K 16.5928 = MMR 2018, 418, Rn. 14; a. A. wohl VG Düsseldorf, Beschl. v. 28.6.2018, Az.: 15 L 1022/18 = BeckRS 2018, 14305, Rn. 11.

Jens Milker

der Schwerpunkt des behördlichen Handelns auf der Entscheidung über die Blockierung nach Durchführung einer umfassenden Interessenabwägung liegt.[186]

cc) Polizeiliche Standardmaßnahmen und Vollstreckungshandlungen

69 Problematisch ist das Vorliegen einer Regelung auch in Bezug auf **polizeiliche Standardmaßnahmen** (s. auch Rn. 1045 ff.) und **Vollstreckungshandlungen** (s. auch Rn. 1311 ff.). Hier ist auf die jeweils durchgeführte Maßnahme im Einzelfall abzustellen.[187] Nicht jede Maßnahme zur Durchsetzung einer öffentlich-rechtlichen Verpflichtung ist notwendig ein Verwaltungsakt.

70 Die dafür erforderliche Regelungswirkung kann nach zutreffender Ansicht etwa bei der Androhung[188] und Festsetzung[189] im Verwaltungsvollstreckungsrecht angenommen werden.[190] Während ein Zwangsgeld alleine durch seine Festsetzung „Vollstreckungswirkung" entfaltet, ist die Anwendung des Zwangsmittels der Ersatzvornahme (z. B. das Abschleppen eines PKW)[191] oder des unmittelbaren Zwangs (z. B. Einsatz eines Wasserwerfers)[192] nach Vollstreckungsrecht bzw. die unmittelbare Ausführung nach Polizeirecht mangels Regelungswirkung kein Verwaltungsakt, da sich diese auf rein tatsächliches Handeln beschränken.[193]

---

186 Eingehend dazu: Milker, NVwZ 2018, 1751 (1756); so im Ergebnis auch unter allgemeinem Verweis auf behördliche (analoge) Hausverbote: Kalscheuer/Jacobsen, NJW 2018, 2358 (2359); a. A. Libertus, CR 2019, 262 (265).

187 Vgl. Ramsauer, in: Kopp/Ramsauer, VwVfG, 19. Aufl. 2018, § 35, Rn. 114.

188 Vgl. BVerwG, Urt. v. 17. 6. 2014, Az.: 10 C 7/13 = BeckRS 2014, 54339, Rn. 35; OVG RP, Urt. v. 27. 3. 2014, Az.: 7 A 10993/13.OVG = LKRZ 2014, 363; s. auch von Alemann/Scheffczyk, in: Bader/Ronellenfitsch,VwVfG, 42. Ed., Stand: 1.1.2019, § 35, Rn. 154: nicht hingegen die bloße Vollstreckungsankündigung.

189 OVG RP, Urt. v. 22.1.1986, Az.: 8 B 44/85 = NVwZ 1986, 762: „[D]ie Festsetzung der Ersatzvornahme stellt einen belastenden Verwaltungsakt mit – gegenüber der Androhung – eigenständigem Regelungsgehalt dar".

190 S. zu weiteren Beispielen: von Alemann/Scheffczyk, in: Bader/Ronellenfitsch,VwVfG, 42. Ed., Stand: 1.1.2019, § 35, Rn. 154.

191 Vgl. etwa OVG RP, Urt. v. 25.1.2005, Az.: 7 A 11726/04 = NVwZ-RR 2005, 577.

192 Vgl. etwa VG Stuttgart, Urt. v. 18.11.2015, Az.: 5 K 1265/14 = BeckRS 2015, 56039; zur Versiegelung eines Geländes: VG Weimar, Beschl. v. 3.5.1999, Az.: 7 E 964/99 = NVwZ-RR 2000, 478.

193 Vgl. zur unmittelbaren Ausführung: BVerwG, Urt. v. 12.1.2012, Az.: 7 C 5/11 = NVwZ 2012, 1184, Rn. 19 ff.; VG Karlsruhe, Urt. v. 5.5.2008, Az.: 11 K 645/08 = BeckRS 2008, 34709, Rn. 29; zur Ersatzvornahme: HessVGH, Urt. v. 30.4.1982, Az.: III TG 119/82 = NVwZ 1982, 514; zum unmittelbaren Zwang: VG Stuttgart, Urt. v. 18.11.2015, Az.: 5 K 1265/14 = BeckRS 2015, 56039.

Jens Milker

Das offenbar immer noch – vor allem in der älteren Rechtsprechung[194] – 71
verbreitete (Hilfs-)Konstrukt einer konkludenten Duldungsverfügung[195] ist als
realitätsfern abzulehnen,[196] zumal auch der Grund für dessen „Einführung"
längst weggefallen ist.[197] Gleichwohl kann die Duldungspflicht im Einzelfall
durch einen (ausdrücklichen) Verwaltungsakt („Anordnung" einer Maßnahme)
konkretisiert werden.[198] Daher kommt es stets auf den Einzelfall an.

Die jedenfalls mittelbar dem Vollstreckungsrecht zuzuordnende Anordnung 72
der sofortigen Vollziehung (§ 80 II 1 Nr. 4 VwGO) hat keine Regelungswirkung,
da sie nicht den Abschluss eines (eigenständigen) Verwaltungsverfahrens bezweckt, sondern nur ein Teil einer anderen Verwaltungssache ist, nämlich für die
Frage, ob eine bereits getroffene Regelung schon vor ihrer formellen Bestandskraft
vollzogen werden kann.[199]

Auch bei der Rechtsnatur von Standardmaßnahmen (s. dazu auch noch 73
Rn. 1004) ist die jeweils durchgeführte Maßnahme in den Blick zu nehmen, sodass
sich pauschale Aussagen verbieten.[200] Beispielsweise ist in einem Platzverweis
(z. B. nach § 38 BPolG) ohne weiteres eine Regelungswirkung erkennbar,[201] während sich dies etwa bei der Ingewahrsamnahme – außer bei der (abzulehnenden)

---

194 S. dazu VG Frankfurt a.M., Urt. v. 20.1.1993, Az.: V/3 E 1210/90 = NVwZ 1994, 720 (Ingewahrsamnahme); VG Bremen, Urt. v. 5.12.1988, Az.: 4 A 226/86 = NVwZ 1989, 895 (Anfertigung von
Videoaufnahmen von einer Versammlung); BayVGH, Urt. v. 16.5.1982, Az.: 21 B 87.02889 = NVwZ
1988, 1055 (Tränengaseinsatz als polizeiliche Zwangsmaßnahme); anschaulich zum Einsatz eines
Schlagstocks: Pfeiffer/Buchinger, JA 2006, 102.
195 S. dazu insgesamt von Alemann/Scheffczyk, in: Bader/Ronellenfitsch,VwVfG, 42. Ed., Stand:
1.1.2019, § 35, Rn. 150.
196 So auch von Alemann/Scheffczyk, in: Bader/Ronellenfitsch, VwVfG, 42. Ed., Stand: 1.1.2019,
§ 35, Rn. 151; Finger, JuS 2005, 116 (117 f.); dies auch aus Gründen der fehlenden „Formenklarheit"
ablehnend: Stelkens, in: Stelkens/Bonk/Sachs,VwVfG, 9. Aufl. 2018, § 35, Rn. 95, 98; a. A. OVG RP,
Urt. v. 27.3.2014, Az.: 7 A 10993/13.OVG = LKRZ 2014, 363.
197 Schwarz, in: Fehling/Kastner/Störmer, Verwaltungsrecht, 4. Aufl. 2016, § 35 VwVfG, Rn. 94;
VG Stuttgart, Urt. v. 18.11.2015, Az.: 5 K 1265/14 = BeckRS 2015, 56039 = BeckRS 2015, 56039; Finger,
JuS 2005, 116 (117); s. auch Rachor/Graulich, in: Lisken/Denninger, Handbuch des Polizeirechts
6. Aufl. 2018, Kapitel E, Rn. 35 f.
198 Vgl. BVerwG, Beschl. v. 14.7.2014 Az.: 6 B 2/14 = NVwZ-RR 2014, 848, Rn. 4.
199 OVG RP, Urt. v. 25.11.1987, Az.: 12 B 112/87 = NVwZ 1988, 748; von Alemann/Scheffczyk, in:
Bader/Ronellenfitsch,VwVfG, 42. Ed., Stand: 1.1.2019, § 35, Rn. 156.
200 von Alemann/Scheffczyk, in: Bader/Ronellenfitsch,VwVfG, 42. Ed., Stand: 1.1.2019, § 35,
Rn. 153; Ramsauer, in: Kopp/Ramsauer, VwVfG, 19. Aufl. 2018, § 35, Rn. 114; insoweit auch differenzierend etwa OVG RP, Urt. v. 21.4.2016, Az.: 7 A 11108/14.OVG = NJW 2016, 2820, Rn. 25.
201 Vgl. OVG RP, Urt. v. 27.3.2014, Az.:7 A 10993/13.OVG = LKRZ 2014, 363; BremOVG, Urt. v. 24.3.
1998, Az.:1 BA 27/97 = NVwZ 1999, 314 (315); von Alemann/Scheffczyk, in: VwVfG, 42. Ed., Stand:
1.1.2019, § 35, Rn. 153.

Konstruktion einer konkludenten Duldungsverfügung[202] – generell nicht annehmen lässt.[203]

e) Maßnahme „zur Regelung eines Einzelfalls"

74 Das Merkmal der Maßnahme „zur Regelung eines Einzelfalls" ist nur schwer im herkömmlichen Sinne positiv definierbar. Klassisch meint „Einzelfall" jedenfalls konkret-individuelle Regelungen (dazu Rn. 76). Es dient (negativ) der Abgrenzung zur Rechtsnorm als abstrakt-generelle Regelung,[204] die eine unbestimmte Vielzahl von Personen und Sachverhalten erfasst (dazu Rn. 88 ff.).[205] Dazwischen finden sich Mischkonstellationen, also konkret-generelle (sog. Allgemeinverfügung, dazu Rn. 77 ff.) und abstrakt-individuelle (dazu Rn. 87) Regelungen, die ebenfalls Verwaltungsakte darstellen. Diese vier Konstellationen sollen im Folgenden näher erläutert werden.

75 Examenswissen: Der Behörde kommt grundsätzlich ein Wahlrecht zu, ob sie per Verwaltungsakt oder (materiellem) Gesetz handelt.[206] Abgrenzungsprobleme treten regelmäßig dann auf, wenn die Maßnahme nicht eindeutig bezeichnet ist und daher die äußere Form als primäres Kriterium keine hinreichenden Rückschlüsse zulässt.[207]

aa) Konkret-individuelle Maßnahmen

76 Die **klassische Konstellation** beschreibt Maßnahmen, die sich auf einen bestimmten Adressatenkreis zur Regelung einer konkreten Situation beziehen.[208] Dies kann etwa der polizeiliche Platzverweis gegenüber einer Person sein, die einen Polizeieinsatz behindert und von einem Polizeibeamten direkt persönlich angesprochen wird. Dabei wird dann der Adressat individualisiert und ihm gleichzeitig in der konkreten Situation des stattfindenden Polizeieinsatzes eine Rechtspflicht auferlegt.

---

202 So aber VG Frankfurt a. M., Urt. v. 20.1.1993, Az.: V/3 E 1210/90 = NVwZ 1994, 720 (721) ohne dies allerdings näher zu begründen.
203 Vgl. dazu ausführlich: Finger, JuS 2005, 116 (117); Müller, in: Huck/Müller, VwVfG, 2. Aufl. 2016, § 35, Rn. 41.
204 Ramsauer, in: Kopp/Ramsauer, VwVfG, 19. Aufl. 2018, § 35, Rn. 118.
205 Schwarz, in: Fehling/Kastner/Störmer, Verwaltungsrecht, 4. Aufl. 2016, § 35 VwVfG, Rn. 97; Ramsauer, in: Kopp/Ramsauer, VwVfG, 19. Aufl. 2018, § 35 Rn. 121.
206 Vgl. Ramsauer, in: Kopp/Ramsauer, VwVfG, 19. Aufl. 2018, § 35, Rn. 119 m.w.N.
207 Vgl. Ramsauer, in: Kopp/Ramsauer, VwVfG, 19. Aufl. 2018, § 35, Rn. 120.
208 Siehe dazu etwa auch Schwarz, in: Fehling/Kastner/Störmer, Verwaltungsrecht, 4. Aufl. 2016, § 35 VwVfG, Rn. 97.

Jens Milker

bb) Konkret-generelle Maßnahmen

Eine weitere häufig anzutreffende Variante von Verwaltungsakten sind konkret- 77
generelle[209] Maßnahmen (sog. **Allgemeinverfügungen** im Sinne des § 35 Satz 2
VwVfG). Dabei wird nicht – wie soeben in Rn. 76 – von vornherein eine bestimmte
Person bzw. ein Personenkreis konkret individualisiert und damit als Adressat
festgelegt; vielmehr sind andere Anknüpfungspunkte relevant. Mit der Einordnung als Allgemeinverfügung sind zudem verwaltungsverfahrens- und prozessrechtliche Sonderregelungen verbunden (insbesondere hinsichtlich Bekanntgabe
und Anhörung).[210] Der Gesetzgeber sieht in § 35 Satz 2 VwVfG insgesamt **drei
Varianten der Allgemeinverfügung** vor. Die **genaue Zuordnung hat zwar
rechtlich keine Auswirkungen,** erleichtert aber die Bildung von Fallgruppen
und trägt so zum Verständnis der Reichweite des Begriffs der Allgemeinverfügung
bei.

Die **personenbezogene Allgemeinverfügung (Var. 1)**[211] richtet sich an einen 78
bestimmten oder bestimmbaren Personenkreis.[212] Es findet keine individuelle
Bestimmung des Adressaten (etwa durch persönliches oder namentliches Ansprechen bzw. Anschreiben) statt, diese erfolgt vielmehr anhand allgemeiner
Merkmale.[213] Gleichzeitig wird aber nur ein *konkreter* Sachverhalt geregelt und
dieser nicht etwa anhand von abstrakten Merkmalen beschrieben. Dies unterscheidet schließlich die Allgemeinverfügung von der Rechtsnorm.[214] Die genaue
Zahl der Adressaten muss dabei nicht abschließend feststehen.[215]

Beispiel: Eine Verfügung, mit der alle öffentlichen Versammlungen unter freiem Himmel und 79
Aufzüge für einen Zeitraum von mehreren Tagen untersagt werden und die sich räumlich auf
die genau beschriebene Umgebung der Route eines konkret geplanten „Castortransports" be-
*schränkt, ist als ein **präventives Versammlungsverbot** im Wege der Allgemeinverfügung (§ 35*

---

209 Vgl. BremOVG, Beschl. v. 21.10.2011, Az.: 1 B 162/11 = NordÖR 2012, 38.

210 S. dazu Ramsauer, in: Kopp/Ramsauer, VwVfG, 19. Aufl. 2018, § 35, Rn. 159 f.

211 Vgl. von Alemann/Scheffczyk, in: Bader/Ronellenfitsch,VwVfG, 42. Ed., Stand: 1.1.2019, § 35,
Rn. 255; s. insbesondere mit zahlreichen Fallgruppen und Beispielen: Stelkens, in: Stelkens/
Bonk/Sachs, VwVfG, 9. Aufl. 2018, § 35, Rn 284 ff.

212 Vgl. von Alemann/Scheffczyk, in: Bader/Ronellenfitsch,VwVfG, 42. Ed., Stand: 1.1.2019, § 35,
Rn. 255.

213 Vgl. von Alemann/Scheffczyk, in: Bader/Ronellenfitsch,VwVfG, 42. Ed., Stand: 1.1.2019, § 35,
Rn. 255; Schwarz, in: Fehling/Kastner/Störmer, Verwaltungsrecht, 4. Aufl. 2016, § 35 VwVfG,
Rn. 120: „der Gattung nach bestimmbar".

214 Vgl. OVG Nds., Urt. v. 29.5.2008, Az.: 11 LC 138/06 = BeckRS 2008, 36232; von Alemann/
Scheffczyk, in: VwVfG, 42. Ed., Stand: 1.1.2019, § 35, Rn. 255; Ramsauer, in: Kopp/Ramsauer,
VwVfG, 19. Aufl. 2018, § 35, Rn. 161.

215 Stelkens, in: Stelkens/Bonk/Sachs, VwVfG, 9. Aufl. 2018, § 35, Rn. 282; von Alemann/
Scheffczyk, in: Bader/Ronellenfitsch,VwVfG, 42. Ed., Stand: 1.1.2019, § 35, Rn. 255.

Satz. 2 Var. 1 VwVfG) einzuordnen.[216] *Eine Allgemeinverfügung ist „bei versammlungsbeschränkenden Maßnahmen anzunehmen, wenn sich die Maßnahmen vor dem Hintergrund eines bestimmten Ereignisses oder Anlasses an alle Personen wenden, die zu einem bestimmten Zeitpunkt bzw. innerhalb eines bestimmten Zeitraums an einem bestimmten Ort oder innerhalb eines näher bezeichneten räumlichen Bereichs zu Versammlungen zusammenzukommen beabsichtigen".*[217]

80 *Beispiel: Am 11. Mai findet um 15:30 Uhr das Fußballspiel zwischen dem 1. FSV Mainz 05 und Eintracht Frankfurt statt. Eine polizeiliche Verfügung, in der Linie S8 von Mainz nach Frankfurt am Main (Stadion) am 11. Mai 2019 mit Abfahrtszeiten zwischen 12:00 Uhr und 16:00 Uhr keine Glasflaschen mitzuführen, ließe sich aufgrund des hinreichend konkret umschriebenen Sachverhalts als Allgemeinverfügung einordnen. Eine Rechtsnorm würde hingegen vorliegen, wenn die Regelung dahingehend gefasst wäre, dass anlässlich jeder Begegnung der beiden Vereine in der Zukunft das oben angeführte Glasflaschenverbot am Spieltag greifen soll.*

81 Der Behörde steht ein Wahlrecht zu, ob sie eine Allgemeinverfügung oder ein „Bündel von Einzelverfügungen"[218] (sog. „Sammelverwaltungsakt"[219]) erlassen möchte; die Abgrenzung bereitet dahingehend oftmals Schwierigkeiten.[220] Maßgeblich dürfte es darauf ankommen, ob und inwieweit die individuellen Verhältnisse der Adressaten zu berücksichtigen sind.[221] Zudem betreffen Sammelverwaltungsakte typischerweise eine bestimmte (nicht nur bestimmbare) und damit von vornherein feststehende Zahl von Personen.[222]

82 Die **sachbezogene Allgemeinverfügung (Var. 2)**[223] betrifft die öffentlich-rechtliche Eigenschaft einer Sache. Unmittelbarer Bezugspunkt ist schließlich

---

216 Vgl. VGH BW, Urt. v. 6.11.2013, Az.: 1 S 1640/12 = BeckRS 2013, 58560; OVG Nds., Urt. v. 29.5. 2008, Az.: 11 LC 138/06 = BeckRS 2008, 36232: „Dies ist bei versammlungsbeschränkenden Maßnahmen der Fall, wenn sich die Maßnahmen vor dem Hintergrund eines bestimmten Ereignisses oder Anlasses an alle Personen wenden, die zu einem bestimmten Zeitpunkt bzw. innerhalb eines bestimmten Zeitraums an einem bestimmten Ort oder innerhalb eines näher bezeichneten räumlichen Bereichs zu Versammlungen zusammenzukommen beabsichtigen"; von Alemann/Scheffczyk, in: Bader/Ronellenfitsch,VwVfG, 42. Ed., Stand: 1.1.2019, § 35, Rn. 261.1.
217 OVG Nds., Urt. v. 29.5.2008, Az.: 11 LC 138/06 = BeckRS 2008, 36232.
218 von Alemann/Scheffczyk, in: Bader/Ronellenfitsch,VwVfG, 42. Ed., Stand: 1.1.2019, § 35, Rn. 259.
219 Vgl. von Alemann/Scheffczyk, in: Bader/Ronellenfitsch,VwVfG, 42. Ed., Stand: 1.1.2019, § 35, Rn. 259; Stelkens, in: Stelkens/Bonk/Sachs, VwVfG, 9. Aufl. 2018, § 35, Rn. 277.
220 Vgl. dazu von Alemann/Scheffczyk, in: Bader/Ronellenfitsch,VwVfG, 42. Ed., Stand: 1.1.2019, § 35, Rn. 259 f.; Stelkens, in: Stelkens/Bonk/Sachs, VwVfG, 9. Aufl. 2018, § 35, Rn. 277 ff.; Ramsauer, in: Kopp/Ramsauer, VwVfG, 19. Aufl. 2018, § 35, Rn. 163.
221 Vgl. von Alemann/Scheffczyk, in: Bader/Ronellenfitsch,VwVfG, 42. Ed., Stand: 1.1.2019, § 35, Rn. 260; dabei auch wesentlich auf die Art des Erlasses abstellend: Stelkens, Rn. 279.
222 Ramsauer, in: Kopp/Ramsauer, VwVfG, 19. Aufl. 2018, § 35, Rn. 163.
223 Vgl. von Alemann/Scheffczyk, in: Bader/Ronellenfitsch,VwVfG, 42. Ed., Stand: 1.1.2019, § 35, Rn. 262.

Jens Milker

eine bestimmte Sache, wobei mittelbar die Rechte und Pflichten von Personen geregelt werden, die mit der Sache in Berührung kommen.[224] Es handelt sich damit um einen „adressatenlosen" Verwaltungsakt.[225] Der Sachbegriff ist verwaltungsrechtlich zu bestimmen[226] und erfasst neben Sachen im Sinne des § 90 BGB auch „Sachgesamtheiten" (z. B. öffentliche Anstalten und Einrichtungen).[227] Erfasst sind insoweit etwa die Umbenennung einer Straße[228] oder auch die Widmung einer öffentlichen Einrichtung.[229]

Mit der **benutzungsregelnden Allgemeinverfügung (Var. 3)**[230] wird die Benutzung einer (bereits als solchen gewidmeten) öffentlichen Sache näher ausgestaltet (etwa im Hinblick auf Öffnungszeiten).[231] Auch hier ist unmittelbarer Bezugspunkt schließlich die bestimmte Sache, während sie gleichzeitig (mittelbar) an einen anhand abstrakter Merkmale bestimmbaren Personenkreis (die „Benutzer") gerichtet ist.[232] **83**

*Beispiel: Die **Benutzungsordnung einer Stadthalle** mit der etwa die zugelassenen Veranstaltungsarten (insbesondere der Ausschluss politischer Veranstaltungen) festgelegt werden.*[233] **84**

---

224 Vgl. von Alemann/Scheffczyk, in: Bader/Ronellenfitsch,VwVfG, 42. Ed., Stand: 1.1.2019, § 35, Rn. 262; s. auch Ramsauer, in: Kopp/Ramsauer, VwVfG, 19. Aufl. 2018, § 35, Rn. 164: Aus dem Bezug zur bestimmten Sache folgt die hinreichende Konkretheit der Regelung.
225 Vgl. OVG NRW, Urt. v. 29.10.2007, Az.: 15 B 1517/07 = NVwZ-RR 2008, 487; s. auch BVerwG, Beschl. v. 24.4.1978, Az.: 7 B 111/77 = NJW 1978, 2211: „intransitive Zustandsregelung".
226 von Alemann/Scheffczyk, in: Bader/Ronellenfitsch,VwVfG, 42. Ed., Stand: 1.1.2019, § 35, Rn. 263.
227 von Alemann/Scheffczyk, in: Bader/Ronellenfitsch,VwVfG, 42. Ed., Stand: 1.1.2019, § 35, Rn. 263; Stelkens, in: Stelkens/Bonk/Sachs, VwVfG, 9. Aufl. 2018, § 35, Rn. 316.
228 Vgl. OVG NRW, Urt. v. 29.10.2007, Az.: 15 B 1517/07 = NVwZ-RR 2008, 487.
229 Vgl. BayVGH, Urt. v. 31.3.2003, Az.: 4 B 00.2823 = NVwZ-RR 2003, 771 (771); VGH BW, Urt. v. 11.4.1994, Az.: 1 S 1081/93 = NVwZ 1994, 920 (921); Schoch, NVwZ 2016, 257 (260); von Alemann/ Scheffczyk, in: Bader/Ronellenfitsch,VwVfG, 42. Ed., Stand: 1.1.2019, § 35, Rn. 263; auf die ausdrückliche Widmung beschränkend: Stelkens, in: Stelkens/Bonk/Sachs, VwVfG, 9. Aufl. 2018, § 35, Rn. 325.
230 von Alemann/Scheffczyk, in: Bader/Ronellenfitsch,VwVfG, 42. Ed., Stand: 1.1.2019, § 35, Rn. 266.
231 von Alemann/Scheffczyk, in: Bader/Ronellenfitsch,VwVfG, 42. Ed., Stand: 1.1.2019, § 35, Rn. 266; Stelkens, in: Stelkens/Bonk/Sachs, VwVfG, 9. Aufl. 2018, § 35, Rn. 338; tendenziell auf Var. 2 abstellend: BVerwG, NVwZ 2007, 340, Rn. 7.
232 von Alemann/Scheffczyk, in: Bader/Ronellenfitsch,VwVfG, 42. Ed., Stand: 1.1.2019, § 35, Rn. 266.
233 Vgl. etwa VG Bayreuth, Beschl. v. 16.2.2009, Az.: B 2 E 08.1234 = BeckRS 2009, 48133; von Alemann/Scheffczyk, in: Bader/Ronellenfitsch,VwVfG, 42. Ed., Stand: 1.1.2019, § 35, Rn. 267.

85 Eine Sonderstellung der benutzungsregelnden Allgemeinverfügungen nehmen – sofern sie eine Regelung enthalten[234] – **Verkehrszeichen** (z. B. Haltverbote) ein.[235] Deren Adressat sind die Verkehrsteilnehmer, für die das Verkehrszeichen in einer *konkreten* Verkehrssituation Rechte und Pflichten begründet,[236] z. B. das Verbot des Parkens in einem bestimmten Straßenabschnitt.[237] Dabei ergeben sich aufgrund der Bedürfnisse des Straßenverkehrs und der einschlägigen Spezialregelungen der StVO besondere Einzelfragen hinsichtlich der Bekanntgabe und des Wirksamwerdens (s. näher Rn. 117 ff.) sowie der Anfechtungsfrist (s. näher Rn. 166).[238]

86 *Hausarbeitswissen: In der älteren Rechtsprechung wurden Verkehrszeichen noch als Rechtsverordnungen angesehen.*[239] *Da auch der Gesetzgeber in der amtlichen Begründung zu § 35 S. 2 VwVfG davon ausgeht, dass Verkehrszeichen als Verwaltungsakte einzuordnen sind,*[240] *und sich die ganz herrschende Meinung*[241] *insoweit schon länger gewandelt hat,*[242] *muss dieser Streit in einer Klausur nicht mehr zwingend thematisiert werden, kann aber ggf. in Hausarbeiten Erwähnung finden.*[243]

cc) Abstrakt-individuelle Maßnahme

87 Eine abstrakt-individuelle Regelung wird getroffen, wenn für eine unbestimmte Anzahl an Lebenssachverhalten einer bestimmten Person oder einem bestimmten Personenkreis eine bestimmte Handlungspflicht auferlegt wird.[244] Als Beispiele

---

234 Vgl. zur Differenzierung der Arten von Verkehrszeichen etwa: Milker, Jura 2017, 271; Kümper, JuS 2017, 731.

235 Vgl. zur Zuordnung zu § 35 Satz 2 Var. 3 VwVfG: von Alemann/Scheffczyk, in: Bader/Ronellenfitsch,VwVfG, 42. Ed., Stand: 1.1.2019, § 35, Rn. 269; Kümper, JuS 2017, 731 (732).

236 Vgl. BVerwG, Urt v. 13.12.1979, Az.: 7 C 46/78 = NJW 1980, 1640: „Entscheidend ist, (…) daß Verkehrszeichen eine konkrete örtliche Verkehrssituation betreffen und eine situationsbezogene Verkehrsregelung zum Inhalt haben. Sie vertreten gleichsam die Stelle von Polizeivollzugsbeamten"; s. dazu auch Milker, Jura 2017, 271 (272 f.); Kümper, JuS 2017, 731 (732).

237 Milker, Jura 2017, 271 (273).

238 Vgl. von Alemann/Scheffczyk, in: Bader/Ronellenfitsch,VwVfG, 42. Ed., Stand: 1.1.2019, § 35, Rn. 270; s. dazu ausführlich Milker, Jura 2017, 271; Kümper, JuS 2017, 731; aus der Rechtsprechung etwa BVerwG, Urt. v. 6.4.2016, Az.: 3 C 10/15 = NJW 2016, 2353, Rn. 16.

239 Vgl. BayVGH, Urt. v. 21.12.1977, Az.: 141 XI/76 = NJW 1978, 1988; dazu auch Maurer/Waldhoff, Allgemeines Verwaltungsrecht, 19. Aufl. 2017, § 9, Rn. 35 ff.

240 BT-Drs.7/910, S. 57; s. auch Milker, Jura 2017, 271 (273); Kümper, JuS 2017, 731 (733).

241 Vgl. auch Kümper, JuS 2017, 731 (732) m.w.N.: „Gegenwärtig werden Verkehrszeichen praktisch einhellig als Verwaltungsakte in Form der Allgemeinverfügung (…) angesehen".

242 Näher dazu Kümper, JuS 2017, 731 (733) m.w.N.

243 Milker, Jura 2017, 271 (273).

244 Schwarz, in: Fehling/Kastner/Störmer, Verwaltungsrecht, 4. Aufl. 2016, § 35 VwVfG, Rn. 97; von Alemann/Scheffczyk, in: Bader/Ronellenfitsch,VwVfG, 42. Ed., Stand: 1.1.2019, § 35, Rn. 193 (diese Konstruktion aber als überflüssig ansehend).

werden dazu etwa die „Beseitigung wiederkehrender Verschmutzungen oder das Ergreifen bestimmter Sicherheitsmaßnahmen bei wiederholten Sprengungen" genannt.[245] Teilweise wird diese Konstellation als überflüssig angesehen, da es sich um eine „Bündelung konkret-individueller" Regelungen handele.[246]

dd) Abstrakt-generelle Maßnahme

Eine abstrakt-generelle Maßnahme bezeichnet schließlich Gesetze bzw. Rechts- **88** normen, die nicht als Verwaltungsakte einzuordnen sind. Abgrenzungsprobleme ergeben sich regelmäßig zur Allgemeinverfügung.[247] Die Verwaltung hat dabei grundsätzlich die Wahl, ob sie ein (materielles) Gesetz (z. B. eine Gefahrenabwehrverordnung) oder eine Allgemeinverfügung erlässt; anders liegt die Sache hingegen, wenn das Gesetz eine bestimmte Handlungsform zwingend vorschreibt.[248]

Beispiel[249]: *Die Stadt M erlässt zur Eindämmung von Lärm und Verunreinigungen eine Ge-* **89** *fahrenabwehrverordnung, die u. a. folgenden Inhalt hat:*
  § 2 Alkoholverbot
  (1) Im Geltungsbereich der Verordnung ist es auf den öffentlich zugänglichen Flächen außerhalb konzessionierter Freisitzflächen verboten:
  – alkoholische Getränke jeglicher Art zu konsumieren
  – alkoholische Getränke jeglicher Art mit sich zu führen, wenn auf Grund der konkreten Umstände die Absicht erkennbar ist, diese im Geltungsbereich der Verordnung konsumieren zu wollen.
  (2) Dieses Verbot gilt in den Nächten von Freitag auf Samstag, Samstag auf Sonntag, Sonntag auf Montag jeweils von 22 bis 6 Uhr. Gleiches gilt für die Zeit von 00:00 bis 6 Uhr morgens an einem gesetzlichen Feiertag und die zwei Stunden davor (d. h. von 22 bis 6 Uhr). Gemäß § 4 I GefahrenabwehrVO kann ein Verstoß gegen dieses Verbot als Ordnungswidrigkeit geahndet werden.
  Bei der vorgenannten Gefahrenabwehrverordnung handelt es sich um eine abstrakt-generelle Regelung, weil schon das Gebiet, auf dem das Alkoholverbot gelten soll, abstrakt umschrieben ist, nämlich alle „öffentlich zugänglichen Flächen" im Geltungsbereich. Zudem spricht hier

---

245 von Alemann/Scheffczyk, in: Bader/Ronellenfitsch,VwVfG, 42. Ed., Stand: 1.1.2019, § 35, Rn. 193; weitere Beispiele bei Heyle, NVwZ 2008, 390.

246 von Alemann/Scheffczyk, in: Bader/Ronellenfitsch,VwVfG, 42. Ed., Stand: 1.1.2019, § 35, Rn. 194; so auch VGH BW, Urt. v. 5.12.2002, Az.: 5 S 2625/01 = NZV 2003, 301: Zur Anordnung gegenüber einem bestimmten Adressaten, mit dem Liegefahrrad Radwege zu benutzen.

247 von Alemann/Scheffczyk, in: Bader/Ronellenfitsch,VwVfG, 42. Ed., Stand: 1.1.2019, § 35, Rn. 195 ff.

248 von Alemann/Scheffczyk, in: Bader/Ronellenfitsch,VwVfG, 42. Ed., Stand: 1.1.2019, § 35, Rn. 196 m.w. N.

249 Vgl. VGH BW, Urt. v. 28.7.2009, Az.: 1 S 2200/08 = NVwZ-RR 2010, 55.

Jens Milker

auch schon die gewählte Form als Gefahrenabwehrverordnung indiziell für eine abstrakt-generelle Regelung (zur Rechtmäßigkeit von Alkoholverbotsverordnungen näher § 7 Rn. 118).[250]

f) Außenwirkung

90 Die Maßnahme muss schließlich darauf gerichtet sein,[251] **Rechtswirkungen gegenüber einer Person zu erzeugen, die außerhalb des handelnden Verwaltungsträgers steht.**[252] Sie muss nach ihrem objektiven Sinngehalt dazu bestimmt sein, Außenwirkung zu entfalten, unabhängig davon, wie sie sich im Einzelfall auswirkt.[253] Von wesentlicher Bedeutung ist dabei, ob der Adressat in seiner Eigenschaft als Teil der Verwaltung oder als selbstständiges Rechtssubjekt angesprochen wird.[254] Die Außenwirkung ist nur dann als „unmittelbar" einzuordnen, wenn keine weiteren Umsetzungsmaßnahmen notwendig sind, damit die Rechtsfolgen bei dem Adressaten eintreten.[255] Schließlich geht es um die Abgrenzung zu rein verwaltungsinternen Vorgängen.[256] Dazu zählen insbesondere – jedenfalls im Verhältnis zum Bürger – die Zustimmungs- und Genehmigungsakte anderer Behörden bei Erlass von mehrstufigen Verwaltungsakten[257] (wie etwa die Erteilung des gemeindlichen Einvernehmens nach § 36 BauGB[258]).[259] Anders ist die Lage dann, wenn die Entscheidung der mitwirkenden Behörde dem Betroffenen als selbstständiger Verwaltungsakt bekannt gegeben wird.[260] Gemeinderatsbeschlüsse haben regelmäßig keine Außenwirkung, da sie grundsätzlich einer Umsetzung durch den Bürgermeister als monokratisches Ausfüh-

---

250 Vgl. von Alemann/Scheffczyk, in: Bader/Ronellenfitsch,VwVfG, 42. Ed., Stand: 1.1.2019, § 35, Rn. 197 f.; Ramsauer, in: Kopp/Ramsauer, VwVfG, 19. Aufl. 2018, § 35, Rn. 120.

251 Vgl. BVerwG, Urt. v. 19.4.2011, Az.: 1 C 2/10 = BeckRS 2011, 52368, Rn. 14: „Indem das Gesetz normiert, dass der Verwaltungsakt auf eine Rechtswirkung ‚gerichtet' ist, betont es die Finalität des Verwaltungshandelns in dieser Handlungsform"; Stelkens, in: Stelkens/Bonk/Sachs, VwVfG, 9. Aufl. 2018, § 35, Rn. 147.

252 Vgl. statt vieler Schwarz, in: Fehling/Kastner/Störmer, Verwaltungsrecht, 4. Aufl. 2016, § 35 VwVfG, Rn. 103 m.w.N.

253 BVerwG, Urt. v. 26.4.2012, Az.: 2 C 17/10 = NVwZ 2012, 1483, Rn. 15; Stelkens, in: Stelkens/Bonk/Sachs, VwVfG, 9. Aufl. 2018, § 35, Rn. 147.

254 Vgl. BVerwG, Urt. v. 2.3.2006, Az.: 2 C 3/05 = NVwZ-RR 2007, 781; von Alemann/Scheffczyk, in: Bader/Ronellenfitsch,VwVfG, 42. Ed., Stand: 1.1.2019, § 35, Rn. 223.

255 von Alemann/Scheffczyk, in: Bader/Ronellenfitsch, VwVfG, 42. Ed., Stand: 1.1.2019, § 35, Rn. 224 m.w.N.; Müller, in: Huck/Müller, VwVfG, 2. Aufl. 2016, § 35, Rn. 45.

256 Vgl. Stelkens, in: Stelkens/Bonk/Sachs, VwVfG, 9. Aufl. 2018, § 35, Rn. 146.

257 Vgl. Ramsauer, in: Kopp/Ramsauer, VwVfG, 19. Aufl. 2018, § 35, Rn. 129.

258 Vgl. etwa BVerwG, NVwZ 1986, 556; Ramsauer, in: Kopp/Ramsauer, VwVfG, 19. Aufl. 2018, § 35, Rn. 129 m.w.N.

259 Ramsauer, in: Kopp/Ramsauer, VwVfG, 19. Aufl. 2018, § 35, Rn. 131.

260 Ramsauer, in: Kopp/Ramsauer, VwVfG, 19. Aufl. 2018, § 35, Rn. 131.

Jens Milker

rungsorgan bedürfen.[261] Probleme hinsichtlich der Abgrenzung treten darüber hinaus im Beamtenrecht und bei Maßnahmen zwischen unterschiedlichen Behörden auf.

Bei **Maßnahmen des Dienstherrn im öffentlichen Dienstrecht gegen-** **91** **über Beamten** ist – auch nach berechtigter Ablehnung eines grundrechts- und rechtsschutzfreien Raums im Rahmen eines „besonderen Gewaltverhältnisses"[262] – weiterhin zwischen dem Grund- und Betriebsverhältnis zur Feststellung der Außenwirkung einer Maßnahme zu unterscheiden.[263]

Hausarbeitswissen: Seit der sog. „Strafgefangenenentscheidung" des Bundesverfassungsgerichts[264] **92** *ist es in Rechtsprechung und Literatur allgemein anerkannt, dass auch in „Sonderstatusverhält-nissen", also etwa im Beamten- oder Soldatenverhältnis,*[265] *kein „besonderes Gewaltverhältnis"*[266] *besteht, das „als eine eigenständige, implizite Beschränkung der Grundrechte"*[267] *fungieren kann.*[268] *Grundrechte gelten damit auch dem Grunde nach im Sonderstatusverhältnis, wobei im Rahmen der Rechtfertigung von Grundrechtseingriffen vor allem bei Beamten aufgrund des Näherverhältnisses zum Staat Besonderheiten gelten (insbesondere Art. 33 Abs. 5 GG).*[269] *Insgesamt sind Maßnahmen in Sonderstatusverhältnissen allgemein einer verwaltungsgerichtlichen Kontrolle zugänglich, unab-hängig davon, ob sie das Grund- oder Betriebsverhältnis betreffen.*[270]

Dem Betriebsverhältnis sind solche Maßnahmen zuzuordnen, die bestimmen, **93** auf welche Art und Weise der Beamte seinen dienstlichen Verrichtungen nach-zukommen hat (auch wenn sie – wie etwa die Anpassung der Haartracht – in der

---

261 Vgl. dazu (mit weiteren Beispielen): Pietzcker, in: Schoch/Schneider/Bier, VwGO, 36. EL Februar 2019, § 42 I, Rn. 60.
262 Vgl. dazu BVerfG, Beschl.v. 14.3.1972, Az.: 2 BvR 41/71 = NJW 1972, 811; Ramsauer, in: Kopp/ Ramsauer, VwVfG, 19. Aufl. 2018, § 35, Rn. 134.
263 Vgl. Ramsauer, in: Kopp/Ramsauer, VwVfG, 19. Aufl. 2018, § 35, Rn. 134 f.; von Alemann/ Scheffczyk, in: Bader/Ronellenfitsch, VwVfG, 42. Ed., Stand: 1.1.2019, § 35, Rn. 239; Stelkens, in: Stelkens/Bonk/Sachs, VwVfG, 9. Aufl. 2018, § 35, Rn. 198; diese begriffliche Differenzierung ab-lehnend: Schwarz, in: Fehling/Kastner/Störmer, Verwaltungsrecht, 4. Aufl. 2016, § 35 VwVfG, Rn. 107.
264 BVerfG, Beschl.v. 14.3.1972, Az.: 2 BvR 41/71 = NJW 1972, 811.
265 S. zu einer ausführlichen Betrachtung weiterer Sonderstatusverhältnisse: Stelkens, in: Stelkens/Bonk/Sachs, VwVfG, 9. Aufl. 2018, § 35, Rn. 198 ff.; die „Sonderstatusverhältnisse" bzw. „Sonderrechtsverhältnisse" und damit die Differenzierung zwischen Grund- und Betriebsver-hältnis auf das Beamten- und Soldatenverhältnis beschränkend: von Alemann/Scheffczyk, in: Bader/Ronellenfitsch, VwVfG, 42. Ed., Stand: 1.1.2019, § 35, Rn. 236 ff.
266 Vgl. zur historischen Entwicklung: v. Kielmansegg, JA 2012, 881.
267 BVerfG, Beschl.v. 14.3.1972, Az.: 2 BvR 41/71 = NJW 1972, 811 (812).
268 Vgl. statt vieler: Ramsauer, in: Kopp/Ramsauer, VwVfG, 19. Aufl. 2018, § 35, Rn. 134.
269 Vgl. dazu v. Kielmansegg, JA 2012, 881.
270 Ramsauer, in: Kopp/Ramsauer, VwVfG, 19. Aufl. 2018, § 35, Rn. 134.

Jens Milker

privaten Lebenssphäre fortwirken).[271] Es kommt insoweit nicht allgemein auf die faktischen Auswirkungen, sondern auf die Zielrichtung der Maßnahme und deren beabsichtigte *unmittelbare* Folgen an.[272] Demgegenüber zählen zum Grundverhältnis nicht nur die Begründung[273], Beendigung[274] und wesentliche Änderung[275] des Sonderstatusverhältnisses, sondern alle Maßnahmen, die unmittelbar auf die Veränderung des individuellen Rechtsstatus des Betroffenen abzielen (z. B. Bewilligung von Urlaub[276]).[277] Dementsprechend werden etwa Umsetzungen[278] und sonstige dienstliche Weisungen[279] mangels Außenwirkung regelmäßig nicht als Verwaltungsakte eingeordnet.[280] Im Gegensatz dazu haben etwa die Ernennung[281] und die Versetzung[282] eines Beamten Außenwirkung.[283] Ebenso wird überwiegend (besonders aktuell!) dem gegenüber einer Beamtin ausge-

---

271 Vgl. BVerwG, Urt. v. 2.3.2006, Az.: 2 C 3/05 = NVwZ-RR 2007, 781 (allerdings ohne Verwendung des Begriffs „Betriebsverhältnis"); BVerwG, Urt. v. 22.5.1980, Az.: 2 C 30/78 = NJW 1981, 67: „Behördeninterne Maßnahmen sind insbesondere (...) die an einen Beamten allein in seiner Eigenschaft als Amtsträger und Glied der Verwaltung gerichteten, auf organisationsinterne Wirkung zielenden Weisungen des Dienstherrn und die auf die Art und Weise der dienstlichen Verrichtung bezogenen innerorganisatorischen Maßnahmen der Behörde, in deren Organisation der Beamte eingegliedert ist".

272 Stelkens, in: Stelkens/Bonk/Sachs, VwVfG, 9. Aufl. 2018, § 35, Rn. 198 m.w. N.

273 BVerwG, Urt. v. 1.2.1978, Az.: VI C 9/77 = BeckRS 1978, 00835, Rn. 17.

274 BVerwG, Urt. v. 12.4.1978, Az.: VIII C 70/76 = BeckRS 1978, 00897, Rn. 9.

275 z. B. Versetzung und Abordnung vgl. BVerwG, Urt. v. 22.5.1980, Az.: 2 C 30/78 = NJW 1981, 67 (68)).

276 Vgl. BVerwG, Urt. v. 15.3.1973, Az.: II C 7/71 = BVerwG, NJW 1973, 1242.

277 Vgl. BVerwG, Urt. v. 22.5.1980, Az.: 2 C 30/78 = NJW 1981, 67; Ramsauer, in: Kopp/Ramsauer, VwVfG, 19. Aufl. 2018, § 35, Rn. 136; von Alemann/Scheffczyk, in: Bader/Ronellenfitsch,VwVfG, 42. Ed., Stand: 1.1.2019, § 35, Rn. 239.

278 BVerwG, Urt. v. 19.11.2015, Az.: 2 A 6/13 = NVwZ 2016, 460, Rn. 18; BVerwG, Urt. v. 22.5.1980, Az.: 2 C 30/78 = NJW 1981, 67 (68).

279 BVerwG, Urt. v. 26.4.2012, Az.: 2 C 17/10 = NVwZ 2012, 1483, Rn. 15 (zur Anordnung einer ärztlichen Begutachtung); s. auch Ramsauer, in: Kopp/Ramsauer, VwVfG, 19. Aufl. 2018, § 35, Rn. 139.

280 Dazu insgesamt auch mit weiteren Beispielen: von Alemann/Scheffczyk, in: Bader/Ronellenfitsch,VwVfG, 42. Ed., Stand: 1.1.2019, § 35, Rn. 240.1 ff.; Ramsauer, in: Kopp/Ramsauer, VwVfG, 19. Aufl. 2018, § 35, Rn. 136 ff.; W. R. Schenke, in: Kopp/Schenke, VwGO, 25. Aufl. 2019, Anh. § 42, Rn. 70.

281 BVerwG, Urt. v. 1.2.1978, Az.: VI C 9/77 = BeckRS 1978, 00835, Rn. 17: „Die Ernennung, ein rechtsgestaltender formaler Verwaltungsakt, erlangt – wie andere Verwaltungsakte auch mit der Bekanntgabe – durch die Aushändigung an den Betroffenen äußere Wirksamkeit".

282 BVerwG, Beschl. v. 18.2.2013, Az.: 2 B 51/12 = NVwZ 2013, 797, Rn. 16.

283 Weitere Beispiele auch bei von Alemann/Scheffczyk, in: Bader/Ronellenfitsch, VwVfG, 42. Ed., Stand: 1.1.2019, § 35, Rn. 240.1 ff. und W. R. Schenke, in: Kopp/Schenke, VwGO, 25. Aufl. 2019, Anh. § 42, Rn. 69.

sprochenen Verbot des religiös motivierten Tragens eines Kopftuchs Außenwirkung zuerkannt.[284]

Sofern es sich um **Maßnahmen zwischen mehreren Behörden** handelt, 94 muss differenziert werden. Zunächst ist stets Außenwirkung anzunehmen, soweit die Behörde wie eine Privatperson betroffen ist, also die Maßnahme auf Grundlage einer Norm erfolgt, die die Behörde auch zum Erlass von Verwaltungsakten gegenüber Privatpersonen berechtigt (z. B. Festsetzung von Gebühren[285]).[286] Im Gegensatz dazu haben (Aufsichts-)Maßnahmen gegenüber Behörden desselben Rechtsträgers keine Außenwirkung.[287]

Bei **Aufsichtsmaßnahmen zwischen Behörden unterschiedlicher** 95 **Rechtsträger** sind bei Selbstverwaltungskörperschaften (z. B. Gemeinden, Universitäten oder Rundfunkanstalten) Maßnahmen der Rechts- und Fachaufsicht zu unterscheiden.[288] Während bei der Fachaufsicht[289] die beaufsichtigte Behörde in der Regel keine „geschützte Rechtsstellung" gegenüber der Aufsichtsbehörde innehat und daher wie eine (staatliche) Behörde desselben Rechtsträgers zu behandeln ist, kann insoweit auch grundsätzlich keine Außenwirkung angenommen werden; sie bewegt sich dabei in dem ihr *übertragenen* (staatlichen) Aufgabenbereich.[290] Bei der Rechtsaufsicht[291] hingegen befindet sich die beaufsichtigte

---

284 Vgl. VGH BW, Urt. v. 14.3.2008, Az.: 4 S 516/07 = BeckRS 2008, 34909, Rn. 22; W. R. Schenke, in: Kopp/Schenke, VwGO, 25. Aufl. 2019, Anh. § 42, Rn. 69; so wohl auch BayVGH, BeckRS 2018, 7009; a. A. wohl: Windoffer, in: Mann/Sennekamp/Uechtritz, VwVfG, 1. Aufl. 2014, § 35, Rn. 119; s. aktuell zu der Zulässigkeit solcher Verbote für Rechtsreferendarinnen: BVerfG, Beschl. v. 27.6. 2017, Az.: 2 BvR 1333/17 = NJW 2017, 2333.

285 Vgl. BVerwG, Urt. v. 19.1.2000, Az.: 11 C 6/99 = NVwZ 2000, 673 (674).

286 Vgl. Stelkens, in: Stelkens/Bonk/Sachs, VwVfG, 9. Aufl. 2018, § 35, Rn. 189 f.; von Alemann/ Scheffczyk, in: Bader/Ronellenfitsch,VwVfG, 42. Ed., Stand: 1.1.2019, § 35, Rn. 233 ff.

287 Vgl. zu einer Weisung des Bundesministeriums des Innern gegenüber dem BND: BVerwG, Urt. v. 23.1.2008, Az.: 6 A 1/07 = NJW 2008, 2135 (2136); s. allgemein auch Ramsauer, in: Kopp/ Ramsauer, VwVfG, 19. Aufl. 2018, § 35, Rn. 151.

288 Vgl. von Alemann/Scheffczyk, in: Bader/Ronellenfitsch,VwVfG, 42. Ed., Stand: 1.1.2019, § 35, Rn. 228 ff.

289 Dabei wird die Recht- und Zweckmäßigkeit überprüft, vgl. von Alemann/Scheffczyk, in: Bader/Ronellenfitsch,VwVfG, 42. Ed., Stand: 1.1.2019, § 35, Rn. 231.

290 Vgl. BVerwG, Beschl. v. 27.2.1978, Az.: 7 B 36/77 = NJW 1978, 1820 (1821); s. auch BVerwG, Urt. v. 14.12.1994, Az.: 11 C 4/94 =NVwZ 1995, 910: Daher kann auch eine fachaufsichtliche Weisung nach § 44 I 2 StVO ihrem objektiven Sinngehalt nach auf Außenwirkung gerichtet und damit Verwaltungsakt sein, wenn ihre Rechtswirkung unter Berücksichtigung des zugrundeliegenden materiellen Rechts nicht im staatlichen Innenbereich verbleibt, sondern auf den rechtlich geschützten Bereich der Gemeinde in Selbstverwaltungsangelegenheiten übergreift und damit Außenwirkung erzeugt"; Ramsauer, in: Kopp/Ramsauer, VwVfG, 19. Aufl. 2018, § 35, Rn. 156; insoweit a. A. Stelkens, in: Stelkens/Bonk/Sachs, VwVfG, 9. Aufl. 2018, § 35, Rn. 181.

Jens Milker

Stelle in ihrem *eigenen* Wirkungskreis (z.B. Art. 28 II GG) und hat daher eine geschützte Rechtsposition inne, die sie gleichsam aus dem Verwaltungsaufbau heraushebt und ihr im Verhältnis zur Aufsichtsbehörde eine bürgerähnliche Stellung zuschreibt.[292] Infolgedessen haben etwa Maßnahmen der Kommunalaufsicht (z.B. die Beanstandung[293]) Außenwirkung.[294]

3. Prozessuale Folgen bei Fehlen der Voraussetzungen

96 Fehlt zumindest eine der oben dargestellten (Wesens-)Voraussetzungen, liegt jedenfalls kein Verwaltungsakt im *materiellen Sinne* vor.[295] Für den prozessualen Umgang mit solchen Handlungen ist allerdings eine differenzierte Betrachtung geboten. Sofern es sich etwa um einen Realakt oder Regelungen ohne Außenwirkung handelt, wäre die allgemeine Leistungsklage (s. § 5 Rn. 2ff.) oder ggf. die Feststellungsklage statthaft (s. § 6 Rn. 2ff.). Ist hingegen eine Rechtsnorm der prüfungs- bzw. Streitgegenstand, wäre die verwaltungsgerichtliche Normenkontrolle in den Blick zu nehmen (§ 47 VwGO; s. näher dazu § 7). Besteht allerdings zumindest formal der Anschein eines Verwaltungsakts, unterscheidet die Rechtsprechung und Literatur im Wesentlichen zwischen „Scheinverwaltungsakten"[296] und rein formellen Verwaltungsakten[297].[298]

97   Ein sog. **„Scheinverwaltungsakt"** bzw. „Nichtakt" ist bei drei Fallgruppen anzunehmen: die unwirksame Bekanntgabe eines Verwaltungsakts (s. dazu Rn. 20),[299] den fehlenden Willen der Behörde zum Erlass eines Verwaltungsakts[300] und den Fall, dass die Maßnahme nicht durch eine Behörde erfolgte bzw. die-

---

291 Dabei wird – vergleichbar mit der gerichtlichen Prüfungsdichte – nur die Recht- und nicht auch die Zweckmäßigkeit geprüft, vgl. Franz, JuS 2004, 937 unter Hinweis auf § 114 VwGO analog.

292 Vgl. im Ergebnis: von Alemann/Scheffczyk, in: Bader/Ronellenfitsch,VwVfG, 42. Ed., Stand: 1.1.2019, § 35, Rn. 232; Schwarz, in: Fehling/Kastner/Störmer, Verwaltungsrecht, 4. Aufl. 2016, § 35 VwVfG, Rn. 106; Ramsauer, in: Kopp/Ramsauer, VwVfG, 19. Aufl. 2018, § 35, Rn. 155.

293 Vgl. OVG NRW, Urt. v. 12.3.2013, Az.: 20 A 1564/10 = ZUR 2013, 547.

294 von Alemann/Scheffczyk, in: Bader/Ronellenfitsch,VwVfG, 42. Ed., Stand: 1.1.2019, § 35, Rn. 232; Ramsauer, in: Kopp/Ramsauer, VwVfG, 19. Aufl. 2018, § 35, Rn. 155.

295 Stelkens, in: Stelkens/Bonk/Sachs, VwVfG, 9. Aufl. 2018, § 35, Rn. 16.

296 Vgl. etwa Barczak, JuS 2018, 238 (244); eingehend auch Blunk/Schroeder, JuS 2005, 602.

297 Stelkens, in: Stelkens/Bonk/Sachs, VwVfG, 9. Aufl. 2018, § 35, Rn. 16; Barczak, JuS 2018, 238 (244): „Verwaltungsakt kraft Form"; Bickenbach, JA 2015, 481 (483).

298 Vgl. zum Ganzen auch Barczak, JuS 2018, 238 (244).

299 Vgl. dazu BVerwG, Urt. v. 21.11.1986, Az.: 8 C 127/84 = NVwZ 1987, 330: „Nichtakt".

300 Vgl. Bickenbach, JA 2015, 481 (487): „[E]in Schriftstück wurde für interne Zwecke gefertigt, ist aber aus Versehen verschickt worden und sieht aus wie ein Verwaltungsakt".

Jens Milker

ser nicht zugerechnet werden kann[301].[302] Gemeint mit dem Begriff des **formellen Verwaltungsakts** „sind Maßnahmen, die eine Behörde willentlich in Form eines Verwaltungsakts kleidet, obgleich gesetzliche Merkmale nicht erfüllt sind, die daher ohne die Form keine Verwaltungsakte wären" (näher dazu schon Rn. 21 ff.).[303] Als statthafte Klagearten werden insoweit die Anfechtungsklage[304] und die (negative) Feststellungsklage gemäß § 43 I VwGO[305] diskutiert (s. näher dazu Rn. 20 ff.), wobei auch ein Nebeneinander beider Klagearten denkbar erscheint.[306]

III. Die Wirksamkeit des Verwaltungsakts (Tobias Brings-Wiesen)

Die Anfechtungsklage gemäß § 42 I Var. 1 VwGO ist statthaft, wenn der Kläger   98
gegen einen (ihn belastenden) Verwaltungsakt aufbegehrt (s. zum Klagebegehren Rn. 9 ff.). Dies setzt (zumindest grundsätzlich) nicht nur voraus, dass es sich **rechtsförmlich** um einen **Verwaltungsakt i.S.v. § 35 VwVfG** (zum Begriff des Verwaltungsakts Rn. 38 ff. und zum Umgang mit sog. „formellen Verwaltungsakten" Rn. 21 ff.) handelt, sondern auch, dass der **Verwaltungsakt wirksam i.S.v. § 43 VwVfG** ist. Bereits Wortlaut und Systematik der Norm verdeutlichen, dass dafür drei Voraussetzungen erfüllt sein müssen:

– Der Verwaltungsakt muss durch Bekanntgabe überhaupt wirksam *geworden* sein (§ 43 I VwVfG);

---

301 Stelkens, in: Stelkens/Bonk/Sachs, VwVfG, 9. Aufl. 2018, § 35, Rn. 56, 62 f.; s. auch das Beispiel bei Bickenbach, JA 2015, 481 (487): Eine Privatperson stellt ohne wirksame Beleihung ein in der StVO geregeltes Verkehrsschild auf.
302 Vgl. Blunk/Schroeder, JuS 2005, 602 (603 f.); Bickenbach, JA 2015, 481 (487).
303 Bickenbach, JA 2015, 481 (483); Barczak, JuS 2018, 238 (244).
304 Für formelle Verwaltungsakte: BSG, Urt. v. 5.9.2006, Az.: B 4 R 71/06 R = BeckRS 2006, 44566, Rn. 16; BVerwG, Beschl. v. 18.1.1993, Az.: 6 B 5/92 = NVwZ-RR 1993, 251 (252); BayVGH, Urt. v. 2.8. 2016, Az.: 22 B 16.619 = BeckRS 2016, Rn. 35, 41 ff.; VG Mainz, Urt. v. 3.7.2018, Az.: 1 K 1463/17.MZ = BeckRS 2c018, 20916, Rn. 17; für nicht wirksam bekannt gegebene Verwaltungsakte: OVG RP, Urt. v. 25.6.1986, Az.: 8 A 92/85 = NVwZ 1987, 899; allgemein für Scheinverwaltungsakte: Blunk/Schroeder, JuS 2005, 602 (603).
305 So für Scheinverwaltungsakte und formelle Verwaltungsakte: Bickenbach, JA 2015, 481 (486 f.); für formelle Verwaltungsakte: VG Wiesbaden, Urt. v. 5.3.2007, Az.: 7 E 1536/06 = NVwZ-RR 2007, 613; für nicht wirksam bekanntgegebene Verwaltungsakte: BVerwG, Urt. v. 21.11.1986, Az.: 8 C 127/84 = NVwZ 1987, 330.
306 Insoweit bei Scheinverwaltungsakten ein „Wahlrecht" des Klägers annehmend: Blunk/ Schroeder, JuS 2005, 602 (603).

- sodann darf er seine Wirksamkeit nicht (von Anfang an oder nachträglich) aufgrund von Nichtigkeit gemäß § 44 VwVfG (§ 43 III VwVfG) oder
- durch spätere Aufhebung oder Erledigung wieder eingebüßt haben (§ 43 II VwVfG).[307]

99   Steht die Wirksamkeit eines Verwaltungsakts in Frage, bieten sich den Betroffenen **diverse Möglichkeiten**, ein etwaiges **Rechtsschutzbegehren** zu realisieren. Nach herrschender Meinung bleibt indes gegen nicht wirksam gewordene oder nichtige Verwaltungsakte auch die Anfechtungsklage eine Option (s. auch Rn. 19 ff. sowie näher noch Rn. 174 ff. und 197 ff.).

100   Darüber hinaus gilt es zu bedenken, dass sich die Frage der Wirksamkeit eines Verwaltungsakts vielfach auch **inzident im Rahmen der Prüfung anderer Verwaltungsmaßnahmen** stellen kann. Ein regelrechter Klausurklassiker ist die Frage der Wirksamkeit einer Grundverfügung im Rahmen der Verwaltungsvollstreckung (für die Vollstreckung im sog. gestreckten Verfahren sowie den folgenden Kostenbescheid; zum Vollstreckungsrecht Rn. 1327 ff.). Besonderer Beliebtheit erfreuen sich dabei die Fälle von Vollstreckungsmaßnahmen auf Grundlage von *nach* einem Verkehrsvorgang (wie dem Parken) aufgestellten mobilen Verkehrsschildern (s. dazu sogleich Rn. 165 ff.). Prüfungsrelevant ist zudem die Frage der Wirksamkeit von Nebenbestimmungen im Falle des Widerrufs von Verwaltungsakten (s. dazu näher Rn. 959, 962). Fragen der Nichtigkeit gemäß § 44 VwVfG können sich schließlich auch bei der Prüfung subordinationsrechtlicher Verträge gemäß § 54 S. 2 VwVfG stellen (§ 59 II Nr. 1 VwVfG) (s. dazu näher § 5 Rn. 99).

101   Vor diesem Hintergrund ist es elementar, sich mit der Systematik und den Voraussetzungen der Wirksamkeit von Verwaltungsakten eingehend vertraut zu machen.

1. Die Wirksamkeit von Verwaltungsakten i. S. v. § 43 VwVfG

102   **Ausgangspunkt** eines umfassenden Verständnisses der Wirksamkeit von Verwaltungsakten ist **§ 43 VwVfG**. Die Vorschrift enthält Vorgaben zu Beginn und Ende der Wirksamkeit, setzt den „Begriff" der Wirksamkeit damit aber nur voraus, ohne ihn selbst zu definieren.[308] Auch eine allgemein anerkannte **Definition**

---

307 S. für einen guten Überblick auch die Aufbauhilfe für die Prüfung der Wirksamkeit eines Verwaltungsakts des öffentlich-rechtlichen Online-Lernprojekts „Saarheim" von Grupp und Stelkens, abrufbar unter: http://saarheim.de/Anmerkungen/vawirksamkeit.htm.
308 Ramsauer, in: Kopp/Ramsauer, VwVfG, 20. Aufl. 2019, § 43 Rn. 3; Sachs, in: Stelkens/Bonk/Sachs, VwVfG, 9. Aufl. 2018, § 43 Rn. 163; Schwarz, in: Fehling/Kastner/Störmer, Verwaltungsrecht, 4. Aufl. 2016, § 43 VwVfG Rn. 1, 6.

Tobias Brings-Wiesen

des Begriffs existiert nicht.[309] Dies ist auch der Tatsache geschuldet, dass sich die hinter dem Begriff verbergende Dogmatik nur schwer in wenige griffige Worte fassen lässt. Stark verallgemeinernd lässt sich festhalten: „Wirksamkeit" beschreibt den Zustand, währenddessen ein Verwaltungsakt die mit seiner Regelung (zu diesem Merkmal näher Rn. 63 ff.) verfolgten Rechtswirkungen gegenüber einem durch diese Regelung näher bestimmten Personenkreis entfaltet.[310]

Diese Entfaltung von Rechtswirkungen muss **in materieller, persönlicher** 103 **und insbesondere zeitlicher Hinsicht noch weiter konkretisiert** werden.[311] Dies soll hier im Interesse der Verständlichkeit nur überblicksartig geschehen.[312]

a) Die Wirksamkeit von Verwaltungsakten in materieller und persönlicher Hinsicht

In materieller Hinsicht kommt es auf den Regelungsinhalt des Verwaltungs- 104 akts an. Dieser muss gegebenenfalls unter Heranziehung der zugrundeliegenden materiellen Vorschriften näher bestimmt werden. Für den Zeitraum der Wirksamkeit eines Verwaltungsakts besteht insofern eine **Bindungswirkung**[313] an die Regelung. Sie ist grundsätzlich auf diesen verfügenden Teil des Verwaltungsakts, den Tenor der Entscheidung, beschränkt und nach dem objektiven Empfängerhorizont zu bestimmen.[314] Nur in gesetzlich vorgesehenen Fällen kann es über den verfügenden Teil des Verwaltungsakts hinaus zu einer Bindungs-

---

309 Leisner-Egensperger, in: Mann/Sennekamp/Uechtritz, VwVfG, 2. Aufl. 2019, § 43 Rn. 2.
310 Vgl. auch Maurer/Waldhoff, Allgemeines Verwaltungsrecht, 19. Aufl. 2017, § 10 Rn. 5; Peuker, in: Knack/Henneke, VwVfG, 10. Aufl. 2014, § 43 Rn. 6.
311 Anschaulich auch Leisner-Egensperger, in: Mann/Sennekamp/Uechtritz, VwVfG, 2. Aufl. 2019, § 43 Rn. 3, 5 ff.; vgl. entsprechend Ramsauer, in: Kopp/Ramsauer, VwVfG, 20. Aufl. 2019, § 43 Rn. 3 ff.
312 S. zu den Bindungswirkungen ausführlich Randak, JuS 1992, 33; Schroeder, DÖV 2009, 217.
313 Die Terminologie zur Beschreibung der Bindungswirkung – insbesondere in ihren verschiedenen Wirkungsfacetten – divergiert stark, sodass bei ihrer Verwendung und Rezeption stets Vorsicht geboten ist, s. dazu nur Ramsauer, in: Kopp/Ramsauer, VwVfG, 20. Aufl. 2019, § 43 Rn. 14. Im Folgenden werden die Begrifflichkeiten im Anschluss an die gängige Lehrbuchliteratur verwendet, s. nur Maurer/Waldhoff, Allgemeines Verwaltungsrecht, 19. Aufl. 2017, § 10 Rn. 18; Detterbeck, Allgemeines Verwaltungsrecht, 17. Aufl. 2019, Rn. 544; Peine/Siegel, Allgemeines Verwaltungsrecht, 12. Aufl. 2018, Rn. 462. Es ist jedoch zu bedenken, dass darüber hinaus auch ganz andere Ausgangspunkte einer Systematisierung gewählt werden, s. bspw. Sachs, in: Stelkens/Bonk/Sachs, VwVfG, 9. Aufl. 2018, § 43 passim (insbesondere Rn. 7 f.); so auch Windoffer, JURA 2017, 1274 (1275 f.): Terminologischer Ausgangspunkt „Bestandskraft".
314 Die Begründung des Verwaltungsakts kann nur ergänzend zur Bestimmung des Regelungsinhalts herangezogen werden, BVerwG, Urt. v. 11.12.2014, Az.: 3 C 6.13 = BVerwGE 151, 129 (132, Rn. 18). So auch Ramsauer, in: Kopp/Ramsauer, VwVfG, 20. Aufl. 2019, § 43 Rn. 15.

Tobias Brings-Wiesen

wirkung kommen (sog. „**Feststellungswirkung**", s. dazu Rn. 110).[315] Die besondere Schwierigkeit besteht darin, im Einzelfall den Regelungsinhalt genau und abgrenzend zu bestimmen.

105 Diese Bindungswirkung besteht grundsätzlich unabhängig von der Rechtskonformität des wirksam gewordenen Verwaltungsakts.[316] Die „**Wirksamkeit**" **eines Verwaltungsakts** ist entsprechend der gesetzlichen Grundsystematik zwingend **von seiner „Rechtmäßigkeit" abzugrenzen.** Diese Abgrenzung ist bereits in § 43 II, III VwVfG angelegt. Die Vorschriften bestimmen eine fortwährende Wirksamkeit, *solange* und *soweit* es nicht zu einem aktiven Einwirken Dritter auf eben diese Wirksamkeit (durch Rücknahme, Widerruf oder anderweitige Aufhebung) oder zum Eintritt bestimmter, die Regelungswirkung des Verwaltungsakts tilgender Ereignisse (seiner Erledigung durch Zeitablauf oder auf andere Weise) kommt. Ansonsten ist von einer Unwirksamkeit nur dann auszugehen, wenn ein Verwaltungsakt nichtig ist.[317] Diese Unterscheidung ist gar einer der zentralen Anreize der Verwaltung, auf das Handlungsinstrument des Verwaltungsakts zurückzugreifen (s. dazu Rn. 40). Im Interesse der **Sicherung von Rechtssicherheit und Rechtsfrieden**[318] sowie der Funktionsfähigkeit der Verwaltung tritt der Grundsatz der Gesetzmäßigkeit der Verwaltung (s. dazu § 1 Rn. 13) unter den Bedingungen des § 43 VwVfG in der Abwägung zurück. Dies hat zur Folge, dass auch rechtswidrige Verwaltungsakte **bestandskräftig** werden können und somit ihre Wirksamkeit grundsätzlich *dauerhaft* behalten (s. dazu Rn. 115). Nach ganz herrschender Meinung kann die Behörde sie auch trotz ihrer Rechtswidrigkeit im Wege der Verwaltungsvollstreckung durchsetzen (s. dazu § 2 Rn. 1327 f.).

---

315 Vgl. für den Regelfall beispielhaft BVerwG, Urt. v. 1.9.2011, Az.: 5 C 27.10 = BVerwGE 140, 311 (316, Rn. 20): Durch eine unbefristete Aufenthaltserlaubnis wird nur die Rechtmäßigkeit des dauerhaften Aufenthalts einer Person begründet. Die Identität einer Person muss zwar als Erteilungsvoraussetzung geklärt sein (§ 5 I Nr. 1a AufenthG), sie ist jedoch bloße Vorfrage, sodass deren Richtigkeit nicht Teil des Regelungsinhalts wird. Dem Verwaltungsakt liegt die Tatsachenfeststellung nur zugrunde, sie wird nur implizit festgestellt. Die Identität kann daher im Rahmen eines späteren Einbürgerungsverfahrens uneingeschränkt geprüft werden.
316 S. nur Maurer/Waldhoff, Allgemeines Verwaltungsrecht, 19. Aufl. 2017, § 10 Rn. 6.
317 An der Regelung des § 44 VwVfG – insbesondere wegen der Voraussetzung des „besonders schwerwiegenden Fehlers" – zeigt sich jedoch, dass zwischen der Rechtmäßigkeit und der Wirksamkeit des wirksam gewordenen Verwaltungsakts durchaus ein sachlicher Zusammenhang besteht; s. dazu noch § 6 Rn. 149 ff.
318 Ramsauer, in: Kopp/Ramsauer, VwVfG, 20. Aufl. 2019, § 43 Rn. 1b; Sachs, in: Stelkens/Bonk/ Sachs, VwVfG, 9. Aufl. 2018, § 43 Rn. 9 ff. m.w.N.

Tobias Brings-Wiesen

Die Bindungswirkung des Verwaltungsakts kann **in persönlicher Hinsicht** 106 unterschiedlich ausfallen. Dabei kann grundsätzlich binär zwischen der privaten und der staatlichen Seite unterschieden werden.

Der Kreis der **Privatpersonen**, für die die Wirksamkeit eines Verwaltungs- 107 akts relevant sein kann, wird in § 43 I 1 VwVfG bestimmt. Demnach wird ein Verwaltungsakt gegenüber demjenigen wirksam, für den er bestimmt ist oder der von ihm betroffen wird.[319] Die **Bestimmung** ergibt sich dabei maßgeblich aus dem Regelungsinhalt des Verwaltungsakts, wie die Behörde ihn festlegt.[320] Die so identifizierte Person wird gemeinhin als **Adressat** des Verwaltungsakts[321] bezeichnet. Je nach Regelungsinhalt des Verwaltungsakts kann sich darüber hinaus die Frage stellen, ob der Verwaltungsakt auch einen **Rechtsnachfolger** binden kann.[322] Dafür bedarf es des Eintretens eines Nachfolge*tatbestands* und – wichtiger noch – der grundsätzlichen Nachfolge*fähigkeit* eines Rechts oder einer Pflicht.[323] Sofern eine Nachfolge nicht bereits ausdrücklich gesetzlich vorgesehen ist,[324] muss die Nachfolgefähigkeit unter Berücksichtigung der Regelungszwecke eines Verwaltungsakts und des ihm zugrundeliegenden Rechts via Auslegung ermittelt werden. Insbesondere im Falle sog. höchstpersönlicher Verwaltungsakte[325] fehlt eine Nachfolgefähigkeit. Von einem Verwaltungsakt **sonst betroffen** ist die Person, die vom Regelungsinhalt des Verwaltungsakts unter Berücksichtigung der aus dem einschlägigen materiellen Recht resultierenden Rechtsfolgewirkun-

---

319 Die Begriffe entsprechen weitestgehend denen in § 41 I 1 VwVfG mit der zentralen Ausnahme, dass nicht an die Beteiligtenstellung gemäß § 13 VwVfG angeknüpft wird. Dies ändert jedoch nichts daran, dass auch ein nicht am Verfahren Beteiligter betroffen sein und ihm der Verwaltungsakt entsprechend bekanntgegeben werden kann, s. dazu noch Rn. 126.
320 Ramsauer, in: Kopp/Ramsauer, VwVfG, 20. Aufl. 2019, § 43 Rn. 10; Leisner-Egensperger, in: Mann/Sennekamp/Uechtritz, VwVfG, 2. Aufl. 2019, § 43 Rn. 29.
321 Wobei der Sprachgebrauch stets auf seinen Sachzusammenhang hin zu prüfen ist; s. nur Stelkens, in: Stelkens/Bonk/Sachs, VwVfG, 9. Aufl. 2018, § 41 Rn. 29, der zu Recht gleich zwischen „materiellem Adressat", „Inhaltsadressat" und „Bekanntgabeadressat" unterscheidet.
322 S. dazu näher Erbguth/Guckelberger, Allgemeines Verwaltungsrecht, 9. Aufl. 2018, § 13 Rn. 14.
323 S. dazu näher Ramsauer, in: Kopp/Ramsauer, VwVfG, 20. Aufl. 2019, § 43 Rn. 13 ff.
324 S. dazu insbesondere die verschiedenen Vorschriften zur Nachfolgefähigkeit bauaufsichtlicher Maßnahmen in den Landesbauordnungen, bspw. § 58 III BauO NRW.
325 S. dazu die griffige Definition des OVG Münster, Urt. v. 27. 2. 2013, Az.: 13 A 2661/11= juris, Rn. 36. Dies sind bspw. solche Verwaltungsakte, die an besondere persönliche Merkmale oder Fähigkeiten gebunden sind, wie die Gaststättenerlaubnis gemäß § 2 I 1 GastG, die die für den Gewerbebetrieb erforderliche Zuverlässigkeit des Antragstellers voraussetzt (§ 4 I 1 Nr. 1 GastG), oder die Fahrerlaubnis gemäß § 2 I 1 StVG, für die die Befähigung zum Führen von Kraftfahrzeugen in einer theoretischen und praktischen Prüfung nachzuweisen ist (§ 2 II 1 Nr. 5, V StVG).

Tobias Brings-Wiesen

gen in ihren rechtlich geschützten Interessen berührt wird.[326] Diese Personen trifft im Hinblick auf den Regelungsinhalt des ihnen bekanntgegebenen Verwaltungsakts ein **Beachtungsgebot.**

108 Zumindest *expressis verbis* blendet die Vorschrift des § 43 VwVfG die **staatliche Seite** komplett aus. Aus Gründen der Rechtssicherheit und des Vertrauensschutzes der Betroffenen kann der Staat jedoch nicht von jeglicher Bindungswirkung freigestellt werden. Primär ist die Wirksamkeit des Verwaltungsakts für die ihn erlassende Behörde (s. zum Behördenbegriff näher Rn. 52 ff.) und ihren Rechtsträger[327] von Relevanz. Auch sie trifft ein **Beachtungsgebot.** Darüber hinaus können sie den Verwaltungsakt nur noch unter den Voraussetzungen der §§ 48 ff. VwVfG (oder ggf. einschlägiger Spezialvorschriften) wieder aufheben (sog. „**Aufhebungsverbot**"[328]); sie können hinsichtlich seines Regelungsgegenstandes auch keine neue abweichende Entscheidung treffen (sog. „**Abweichungsverbot**"[329]).

109 Die Wirkung des Verwaltungsakts kann indes auch **über diesen Personenkreis hinausgehen.**[330] Wegen der mit ihm verbundenen sog. „**Tatbestandswirkung**"[331] erlangt er grundsätzlich auch für alle anderen Behörden und Rechtsträger[332] und sogar die Gerichte[333] Bedeutung. Soweit der Verwaltungsakt nicht selbst Gegenstand der rechtlichen Überprüfung ist, haben sie ihn ihren Entscheidungen zugrunde zu legen.[334] Diese Tatbestandwirkung trägt grundsätzlich jeder Verwaltungsakt ohne besondere gesetzliche Anordnung[335] in sich.[336]

---

326 Vgl. Leisner-Egensperger, in: Mann/Sennekamp/Uechtritz, VwVfG, 2. Aufl. 2019, § 43 Rn. 30.
327 Ramsauer, in: Kopp/Ramsauer, VwVfG, 20. Aufl. 2019, § 43 Rn. 12; Leisner-Egensperger, in: Mann/Sennekamp/Uechtritz, VwVfG, 2. Aufl. 2019, § 43 Rn. 31; s. zu Fragen der Verwaltungsorganisation ausführlich Rn. 582 ff.
328 Ramsauer, in: Kopp/Ramsauer, VwVfG, 20. Aufl. 2019, § 43 Rn. 14c.
329 Ramsauer, in: Kopp/Ramsauer, VwVfG, 20. Aufl. 2019, § 43 Rn. 14d.
330 Ausführlich zu Tatbestands- und Feststellungswirkung Rebler, DVBl 2017, 1279.
331 Der Begriff wird heute weiterhin nicht einheitlich gebraucht, seine Verwendung scheint jedoch von einer erkennbaren Mehrheit in Rechtsprechung und Literatur zumindest akzeptiert, s. nur die Nachweise bei Sachs, in: Stelkens/Bonk/Sachs, VwVfG, 9. Aufl. 2018, § 43 Rn. 140. Bedeutsamer ist vor diesem Hintergrund, die hinter dem Begriff stehende Idee verstanden zu haben.
332 BVerwG, Urt. v. 4.7.1986, Az.: 4 C 31.84 = BVerwGE 74, 315 (320); BVerwG, Beschl. v. 11.2.2016, Az.: 4 B 1.16 = NVwZ-RR 2016, 471.
333 BVerwG, Urt. v. 30.1.2003, Az.: 4 CN 14.01 = BVerwGE 117, 351 (354 f.). Dies gilt grundsätzlich auch gegenüber Zivilgerichten, vgl. nur BGH, Urt. v. 4.2.2004, Az.: XII ZR 301/01 = BGHZ 158, 19 (22); Beschl. v. 16.12.2014, Az.: EnVR 54/13 = juris, Rn. 19. Ausnahmen hat der BGH jedoch für den wichtigen Bereich des Staatshaftungsrechts angenommen, s. dazu Ramsauer, in: Kopp/Ramsauer, VwVfG, 20. Aufl. 2019, § 43 Rn. 22 m.w.N.; ausführlich Beaucamp, DVBl 2004, 352.
334 BVerwG, Urt. v. 10.10.2006, Az.: 8 C 23.05 = juris, Rn. 22; Maurer/Waldhoff, Allgemeines Verwaltungsrecht, 19. Aufl. 2017, § 10 Rn. 20; Leisner-Egensperger, in: Mann/Sennekamp/Uecht-

Auch die sog. „**Feststellungswirkung**" eines Verwaltungsakts geht über den 110 besagten Personenkreis hinaus. Ihre Besonderheit ist jedoch, dass sie in materieller Erweiterung der Tatbestandswirkung über den Regelungsinhalt des Verwaltungsakts hinaus auch die ihm zugrundeliegenden tatsächlichen und rechtlichen Feststellungen erfasst.[337] Die Feststellungswirkung eines Verwaltungsakts muss daher gesetzlich angeordnet sein.[338]

b) Die Wirksamkeit von Verwaltungsakten in zeitlicher Hinsicht

Auch **in zeitlicher Hinsicht** gelingt es dem Begriff der „Wirksamkeit" allein 111 nicht, den durchaus komplexen und von verschiedenen (äußeren wie inneren) Faktoren beeinflussten Lebenszyklus eines Verwaltungsakts[339] zu umschreiben. Es ist dogmatisch wie begrifflich **weiter zu differenzieren** zwischen[340] seiner rechtlichen Existenz, seiner äußeren Wirksamkeit, seiner inneren Wirksamkeit sowie seiner Bestandskraft.[341]

Gemäß § 43 I 1 VwVfG wird ein Verwaltungsakt gegenüber demjenigen, für 112 den er bestimmt ist oder der von ihm betroffen wird, in dem Zeitpunkt wirksam, indem er ihm bekannt gegeben wird. Zentraler Anknüpfungspunkt des Wirk-

---

ritz, VwVfG, 2. Aufl. 2019, § 43 Rn. 39 f.; s. aber zur Problematik im Straf- und Ordnungswidrigkeitenrecht Leisner-Egensperger, a.a.O., Rn. 42.

335 BVerwG, Urt. v. 23.4.1980, Az.: 8 C 82.79 = BVerwGE 60, 111 (116 f.). Der Gesetzgeber kann die Tatbestandswirkung indes auch gesetzlich näher ausgestalten, Leisner-Egensperger, in: Mann/Sennekamp/Uechtritz, VwVfG, 2. Aufl. 2019, § 43 Rn. 43. Insbesondere kann er sie gesetzlich ausdrücklich anordnen, vgl. bspw. § 6 und § 42 AsylG.

336 Davon abzugrenzen sind Konstellationen sog. „erweiterter besonderer Tatbestandswirkung", Ramsauer, in: Kopp/Ramsauer, VwVfG, 20. Aufl. 2019, § 43 Rn. 24 f., bzw. sog. „Tatbestandswirkung im engeren Sinne", Sachs, in: Stelkens/Bonk/Sachs, VwVfG, 9. Aufl. 2018, § 43 Rn. 154, bei denen das Vorliegen eines Verwaltungsakts als Voraussetzung für den Eintritt eine Rechtsfolge bestimmt ist.

337 Maurer/Waldhoff, Allgemeines Verwaltungsrecht, 19. Aufl. 2017, § 10 Rn. 21; Ramsauer, in: Kopp/Ramsauer, VwVfG, 20. Aufl. 2019, § 43 Rn. 26.

338 BVerwG, Urt. v. 27.10.1998, Az.: 1 C 19.97 = NVwZ-RR 1999, 243; Urt. v. 10.10.2006, Az.: 8 C 23.05 = juris, Rn. 22; s. auch Sachs, in: Stelkens/Bonk/Sachs, VwVfG, 9. Aufl. 2018, § 43 Rn. 160, m.w.N.

339 Vgl. zu diesem Bild auch die Ausführungen von Gröpl, JA 1995, 904 und 983, sowie Herrmann, ZJS 2011, 25.

340 Bisweilen wird – insbesondere angesichts des Wortlauts von § 9 VwVfG – die Frage des Zeitpunkts des *Erlasses* eines Verwaltungsakts diskutiert, s. nur Detterbeck, Allgemeines Verwaltungsrecht, 17. Aufl. 2019, Rn. 540 f., der indes zu Recht darauf hinweist, dass dieser Zeitpunkt zumindest für die Frage der Wirksamkeit des Verwaltungsakts keine Rolle spielt.

341 Vgl. entsprechend Maurer/Waldhoff, Allgemeines Verwaltungsrecht, 19. Aufl. 2017, § 10 Rn. 5 ff.; Detterbeck, Allgemeines Verwaltungsrecht, 17. Aufl. 2019, Rn. 537 ff. (insbesondere 548).

Tobias Brings-Wiesen

samwerdens eines Verwaltungsakts ist demnach die **Bekanntgabe**, auf die im Folgenden noch genauer einzugehen sein wird (s. dazu Rn. 117 ff.). Diese hat potentiell gegenüber mehreren Personen zu erfolgen (§ 41 I 1 VwVfG). Der Verwaltungsakt erlangt jedoch bereits dann **rechtliche Existenz**, wenn er der *ersten* dieser Personen wirksam bekanntgegeben wird.[342] Ab dem Zeitpunkt seiner rechtlichen Existenz gilt:

- Der Verwaltungsakt entfaltet seine ersten **Bindungswirkungen:** Die ihn erlassende Behörde (und deren Rechtsträger) trifft das **Aufhebungs- und Abweichungsverbot.** Soweit die Wirkungen nicht erst verzögert eintreten soll (s. zur sog. „inneren Wirksamkeit" sogleich Rn. 114), setzen mit der rechtlichen Existenz des Verwaltungsakts auch seine über den Kreis der Bekanntgabeempfänger hinaus geltenden Tatbestands- sowie Feststellungswirkungen ein.[343]
- In der juristischen Sekunde seines rechtlichen Entstehens kann der Verwaltungsakt gemäß § 43 III VwVfG sogleich **aufgrund von Nichtigkeit unwirksam** sein.
- Der Verwaltungsakt kann nun grundsätzlich von *jeder* Person – nicht nur von der Person, der er zuerst bekanntgegeben wurde – mit den verschiedenen statthaften **Rechtsbehelfen** angegriffen und schließlich aufgehoben werden.[344]
- Der Verwaltungsakt kann sich nun gemäß § 43 II VwVfG durch Fristablauf oder auf andere Weise **erledigen.**

113 Davon zu unterscheiden ist die sog. **äußere Wirksamkeit.** Sie hängt – wie von § 43 I 1 VwVfG unmissverständlich verdeutlicht – untrennbar mit der *individuellen* Bekanntgabe (s. dazu noch Rn. 135 ff.; indes zu den Besonderheiten der öffentlichen Bekanntgabe Rn. 154 ff.) gegenüber demjenigen, für den er bestimmt ist oder der von ihm betroffen wird, zusammen. Sie tritt daher auch nur gegenüber der Person ein, der der Verwaltungsakt wirksam bekanntgegeben wurde. Die rechtliche Existenz eines Verwaltungsakts ist damit absolut, seine (äußere) Wirksamkeit hingegen relativ (Grundsatz der relativen Wirksamkeit von Verwaltungsak-

---

342 Detterbeck, Allgemeines Verwaltungsrecht, 17. Aufl. 2019, Rn. 537; Ramsauer, in: Kopp/Ramsauer, VwVfG, 20. Aufl. 2019, § 43 Rn. 4. Sie fällt dann zeitlich mit dem Eintritt der (mindestens) äußeren Wirksamkeit gegenüber dieser Person zusammen, s. dazu noch Rn. 113.
343 Leisner-Egensperger, in: Mann/Sennekamp/Uechtritz, VwVfG, 2. Aufl. 2019, § 43 Rn. 6.
344 OVG Magdeburg, Beschl. v. 27.5.2008, Az.: 2 M 72/08 = NVwZ-RR 2008, 747; Detterbeck, Allgemeines Verwaltungsrecht, 17. Aufl. 2019, Rn. 537; R. P. Schenke, in: Kopp/Schenke, VwGO, 25. Aufl. 2019, § 42 Rn. 56, 58.

ten).[345] Ab dem Zeitpunkt der äußeren Wirksamkeit gilt: Es beginnt der Lauf der **Rechtsbehelfsfristen**, selbst dann wenn die innere Wirksamkeit (s. dazu sogleich Rn. 114) noch nicht eingetreten ist.[346] Deren Beginn ist an die Bekanntgabe geknüpft (§§ 70 I, 74 VwGO, s. dazu genauer Rn. 353 ff.), sodass es im Falle zeitlich versetzter[347] Bekanntgaben an verschiedene Personen auch zu verschiedenen Fristläufen und einem entsprechend zeitversetzten Eintritt der (formellen) Bestandskraft (s. dazu sogleich Rn. 115) kommen kann. Wird ein Betroffener gänzlich übergangen, können Rechtsbehelfe gar für unbestimmte Zeit zulässig bleiben.[348]

Die **innere Wirksamkeit** eines Verwaltungsakts tritt erst dann ein, wenn die 114 in ihm enthaltene Regelung ihre Wirkung entfalten *soll*. Dies ergibt sich auch aus § 43 I 2 VwVfG, wonach der Verwaltungsakt „mit dem Inhalt wirksam [wird], mit dem er bekannt gegeben wird". Soweit sich aus dem Verwaltungsakt nichts anderes ergibt, fällt der Zeitpunkt des Eintritts der inneren mit dem der äußeren Wirksamkeit zusammen.[349] Dies wird regelmäßig der Fall sein. Es kann jedoch auch zu Abweichungen der Zeitpunkte innerer und äußerer Wirksamkeit kommen[350] – so insbesondere durch die Verbindung des Verwaltungsakts mit aufschiebenden Befristungen oder Bedingungen (s. dazu Rn. 210 ff.) oder durch die (gesetzlich vorgesehene) Bestimmung der Rückwirkung eines Verwaltungsakts[351]. Ab dem Zeitpunkt der inneren Wirksamkeit gilt:

– Der Verwaltungsakt entfaltet seine **Bindungswirkung** vollständig: Der Begünstigte darf von einer Genehmigung Gebrauch machen, der Belastete muss sich einem Gebot oder Verbot fügen. Kehrseitig muss die Behörde die Betroffenen in ihrem Handeln gewähren oder ihnen gar bestimmte Leistungen zukommen lassen.

---

345 Stelkens, in: Stelkens/Bonk/Sachs, VwVfG, 9. Aufl. 2018, § 35 Rn. 20, § 41 Rn. 229; Sachs, a. a. O., § 43 Rn. 165.

346 BVerwG, Urt. v. 1.2.1978, Az.: 6 C 9.77 = BVerwGE 55, 212 (215). So auch Ramsauer, in: Kopp/Ramsauer, VwVfG, 20. Aufl. 2019, § 43 Rn. 5.

347 Oder unter abweichender Einhaltung der Vorgaben zur ordnungsgemäßen Rechtsbehelfsbelehrung, vgl. § 58 VwGO, s. dazu ausführlich Rn. 368 ff.

348 Eine zeitliche Grenze wird zumindest dann angenommen, wenn der Betroffene auf anderem Wege von dem Verwaltungsakt Kenntnis erlangt und untätig bleibt. In diesem Fall kann ein von ihm erhobener Rechtsbehelf wegen fehlenden Rechtsschutzbedürfnisses infolge von Verwirkung (als besonderer Form eines Verstoßes den den Rechtsgrundsatz von Treu und Glauben) unzulässig sein, s. dazu ausführlich Rn. 329, 399 ff.

349 BVerwG, Urt. v. 21.6.1961, Az.: VIII C 398.59 = BVerwGE 13, 1 (7).

350 BVerwG, Urt. v. 21.6.1961, Az.: VIII C 398.59 = BVerwGE 13, 1 (7); BVerwG, Urt. v. 1.2.1978, Az.: 6 C 9.77 = BVerwGE 55, 212 (215). S. auch Detterbeck, Allgemeines Verwaltungsrecht, 17. Aufl. 2019, Rn. 546 ff.

351 BVerwG, Urt. v. 21.6.1961, Az.: VIII C 398.59 = BVerwGE 13, 1 (7); Maurer/Waldhoff, Allgemeines Verwaltungsrecht, 19. Aufl. 2017, § 10 Rn. 11.

Tobias Brings-Wiesen

- Soweit sein Regelungsinhalt dies ermöglicht (s. zum vollstreckbaren Verwaltungsakt Rn. 1331), wird der Verwaltungsakt **grundsätzlich vollstreckbar.**[352] Die Vollziehbarkeit kann jedoch von der Erfüllung weiterer gesetzlicher Voraussetzungen abhängig gemacht werden.[353] Sie wird durch Erhebung eines Widerspruchs bzw. einer Anfechtungsklage gegen den Verwaltungsakt im Regelfall gehemmt (sehr str.)[354] (sog. „aufschiebende Wirkung"); ausnahmsweise kann ein Verwaltungsakt jedoch sofort vollziehbar sein, sodass es des Ersuchens nach vorläufigem Rechtsschutz gemäß §§ 80 ff. bedarf (s. dazu ausführlich die §§ 8, 9).[355] Die aufschiebende Wirkung hat zur Folge, dass zumindest die staatliche Seite aus dem betroffenen Verwaltungsakt weder rechtliche noch tatsächliche Folgen ableiten darf, bspw. gestützt auf eine Abrissverfügung einen Schwarzbau beseitigen.[356]
- Die innere Wirksamkeit des Verwaltungsakts **tritt erst gar nicht ein oder endet**, wenn er nichtig ist, zurückgenommen, widerrufen oder anderweitig aufgehoben wird oder sich durch Zeitablauf oder auf andere Weise erledigt.

115 Der (äußerlich) wirksame Verwaltungsakt kann sodann in **Bestandskraft** erwachsen.[357] Dabei wird unterschieden zwischen formeller und materieller Be-

---

352 Peine/Siegel, Allgemeines Verwaltungsrecht, 12. Aufl. 2018, Rn. 459 f.; Sachs, in: Stelkens/Bonk/Sachs, VwVfG, 9. Aufl. 2018, § 43 Rn. 171; Schemmer, in: Bader/Ronellenfitsch, VwVfG, 44. Ed., Stand: 1.7.2019, § 43 Rn. 12.

353 So ist bspw. die Vollstreckung gegen Geldforderungen gemäß § 3 II lit. b), c) BVwVG erst nach *Fälligkeit* der Leistung und dem Ablauf einer (zusätzlichen) Wochenfrist möglich; die Erzwingung von Handlungen, Duldungen oder Unterlassungen verlangt gemäß § 6 I BVwVG im sog. gestreckten Verfahren die *Unanfechtbarkeit* des Verwaltungsakts. S. zur Verwaltungsvollstreckung ausführlich Rn. 1292 ff.

354 So zumindest nach der wohl h.M. in Rspr. und einem Teil der Lit., s. dazu ausführlich § 8 Rn. 5 sowie Gersdorf, in: Posser/Wolff, VwGO, 50. Ed., Stand: 1.7.2018, § 80 Rn. 24 ff.

355 Verwaltungsakte, die den Antrag einer Person ablehnen (sog. Versagungsbescheide) und denen in der Hauptsache mit einer Verpflichtungsklage gemäß § 42 I Var. 2 VwGO (in Form der sog. Versagungsgegenklage) zu begegnen wäre, tragen keine vollziehbaren Regelungsinhalte mit sich. Besteht die Gefahr, dass sich die Verhältnisse in Folge der Ablehnung zulasten einer Person verändern, bevor diese ihr Klagebegehren in der Hauptsache durchsetzen kann, ist vorläufiger Rechtsschutz über § 123 VwGO zu erreichen, s. dazu ausführlich § 10.

356 Nach bereits benannter wohl h.M. in Rspr. und einem Teil der Lit. ist von einer Hemmung der Vollziehbarkeit nur die staatliche Seite betroffen; die sog. Wirksamkeitstheorien sowie die (vermittelnde) Position einer sog. „Verwirklichungshemmung" kommen hingegen zu dem Ergebnis, dass auch die Folge- und Ausnutzungsmaßnahmen Privater untersagt sind, s. nur Gersdorf, in: Posser/Wolff, VwGO, 50. Ed., Stand: 1.7.2018, § 80 Rn. 24 ff.

357 S. zum verfassungsrechtlichen Hintergrund der Bestandskraft von Verwaltungsakten grundlegend BVerfG, Beschl. v. 20.4.1982, Az.: 2 BvL 26/81 = BVerfGE 60, 253 (269 ff.). S. zur Bestandskraft auch Windoffer, JURA 2017, 1274.

Tobias Brings-Wiesen

standskraft. *Formell* bestandskräftig ist ein Verwaltungsakt, soweit er von seinem Empfänger[358] nicht mehr mit den *ordentlichen* Rechtsbehelfen (Widerspruch, Anfechtungs- oder Verpflichtungsklage) aufgehoben werden kann – entweder weil diese ausgeschöpft wurden oder weil die einschlägigen Rechtsbehelfsfristen abgelaufen sind.[359] Als *materiell* bestandskräftig wird ein Verwaltungsakt bezeichnet, wenn seine Aufhebung auch nicht mehr im Wege des Wiederaufgreifens des Verfahrens gemäß § 51 VwVfG (s. dazu noch § 3 Rn. 98 ff.) oder über eine Rücknahme bzw. einen Widerruf gemäß §§ 48 f. VwVfG (s. dazu noch Rn. 836 ff.) erreicht werden kann.[360]

Um den Lebenszyklus eines Verwaltungsakts umfassend und differenziert zu verstehen, bedarf **116** *es eines – zugegebenermaßen komplexen – Beispiels:*

Die in Nordrhein-Westfalen zuständige Ordnungsbehörde der Stadt Köln bringt am Freitag, den 22.3.2019, die nach § 2 I 1 GastG erforderliche Erlaubnis zum Betrieb eines Gaststättengewerbes ab Mittwoch, den 1.5.2019, im Erdgeschoss des Hauses Zülpicher Straße 40 auf den Postweg zum A. Verbunden ist die Erlaubnis mit der Auflage, an der Decke des Gastraumes noch zusätzliche Schallschutzplatten anzubringen, um den Lärm des Betriebs für die darüber liegende Wohnung zu reduzieren, und einer ordnungsgemäßen Rechtsbehelfsbelehrung. Den A erreicht der Brief am Montag, den 25.3.2019. Als A drei Wochen später am Montag, den 8.4.2019, mit den Renovierungsarbeiten beginnt, werden Nachbar B und Nachbarin C aus dem ersten und zweiten Obergeschoss darauf aufmerksam. Sie erkundigen sich noch am gleichen Tag via E-Mail bei der Ordnungsbehörde. Diese versendet am Freitag, den 12.4.2019, wiederum auf dem Postweg die Erlaubnis für den A auch an den B und die C. B erhält den Brief bereits am Montag, den 15.4.2019. Der Brief an C hingegen landet auf unglückliche Weise in einem Zwischenraum der Posttasche der Briefträgerin und wird von ihr erst am Freitag, den 19.4.2019, wiederentdeckt und bei C eingeworfen. Bei der Durchsicht des Dokuments fällt C auf, dass ihm gar keine Rechtsbehelfsbelehrung beiliegt – dies war bei B anders. Der wird auch umgehend aktiv und erhebt am Freitag, den 26.4.2019, Anfechtungsklage gegen die Erlaubnis beim zuständigen Verwaltungsgericht. Als A die Klage am Montag, den 29.4. 2019, zugestellt wird[361]*, ist er verärgert. Er erinnert sich aber bei dieser Gelegenheit auch daran, dass ihm die Auflage zu seiner Erlaubnis gar nicht passte und erhebt noch am gleichen Tag selbst Anfechtungsklage, um deren Aufhebung zu erwirken (zum Rechtsschutz gegen Neben-*

---

358 Die formelle Bestandskraft eines Verwaltungsakts tritt wie seine äußere Wirksamkeit nicht absolut, sondern relativ ein.

359 S. nur Ramsauer, in: Kopp/Ramsauer, VwVfG, 20. Aufl. 2019, § 43 Rn. 29.

360 S. nur Maurer/Waldhoff, Allgemeines Verwaltungsrecht, 19. Aufl. 2017, § 10 Rn. 19; Schemmer, in: Bader/Ronellenfitsch, VwVfG, 44. Ed., Stand: 1.7.2019, § 43 Rn. 23 f., der überdies zu Recht darauf hinweist, dass der „materiellen Bestandskraft" nach diesem Verständnis inhaltlich keine über die Bindungswirkung des Verwaltungsakts hinausgehende Bedeutung zukommt. Der Begriff beschreibt lediglich den Zustand der Bindungswirkung nach Eintritt der formellen Bestandskraft und hat somit in der Sache praktisch keinen Mehrwert.

361 Die Zustellung der Klage an den Beklagten erfolgt auf obligatorische Verfügung des Gerichts hin, § 85 S. 1 VwGO.

Tobias Brings-Wiesen

bestimmungen ausführlich Rn. 204 ff., 1388 ff.). Die C kommt erst während eines Termins am Mittwoch, den 5.6.2019, dazu, mit ihrer Rechtsanwältin über den Fall zu sprechen, die für sie am Montag, den 10.6.2019, eine Anfechtungsklage erhebt. Bei Rückkehr von besagtem Termin trifft die C auf den Nachbarn D aus dem dritten Obergeschoss, der von alldem bislang noch überhaupt nichts mitbekommen hatte. C erzählt D von den Klagen und rät ihm, sich anzuschließen. Der ist indes gerade mit anderen Dingen beschäftigt und verdrängt die Angelegenheit. Erst als anderthalb Jahre später im Rahmen der Verfahren eine Ortsbegehung erfolgt, wird er wieder darauf aufmerksam. Er erhebt am Mittwoch, den 9.12.2020, Anfechtungsklage.

– *Der Verwaltungsakt der Gaststättenerlaubnis wurde am Freitag, den 22.3.2019, von der Ordnungsbehörde der Stadt Köln **erlassen**. Er wurde dem A gegenüber am Montag, den 25.3.2019, durch einfache Übermittlung mit der Post bekanntgegeben (§ 41 II 1 VwVfG[362]). Folglich wurde er A gegenüber **äußerlich wirksam** (§ 43 I 1 VwVfG) und somit zugleich universell **rechtlich existent**. Seine **innere Wirksamkeit** wird er jedoch wegen der aufschiebenden Befristung erst ab Mittwoch, den 1.5.2019, entfalten (§ 43 I 2 VwVfG).[363] Wegen Entbehrlichkeit eines Widerspruchs- bzw. Vorverfahrens[364] begann mit der Bekanntgabe auch die Frist für die Erhebung der Anfechtungsklage von einem Monat (§ 74 I 2 VwGO), die gemäß der geltenden Berechnungsregeln (§ 57 II VwGO i.V.m. § 222 ZPO, §§ 187 ff. BGB; zur Fristberechnung ausführlich Rn. 361 ff.) als Ereignismonatsfrist mit Ablauf des Donnerstags, den 25.4.2019, endete, sodass der Verwaltungsakt (inklusive der Auflage) an diesem Tag für den A auch in **(formelle) Bestandskraft** erwuchs. Die von A am Montag, den 29.4.2019, erhobene Anfechtungsklage war daher bereits aus diesem Grund unzulässig.*
– *B erhielt den Brief mit der Erlaubnis am Montag, den 15.4.2019. Mit dieser Bekanntgabe wurde der Verwaltungsakt B gegenüber **äußerlich wirksam**. Zu diesem Zeitpunkt war der Verwaltungsakt aber – wie dargestellt – bereits erlassen und rechtlich existent. Er hätte auch dem B gegenüber ab dem 1.5.2019 seine innere Wirksamkeit entfaltet. Allerdings erhob der B am Freitag, den 26.4.2019, Anfechtungsklage. Wie dargestellt war der Verwaltungsakt dem A gegenüber zu diesem Zeitpunkt bereits in (formelle) Bestandskraft erwachsen. Wegen der späteren Bekanntgabe an B begann der Lauf der einmonatigen Klagefrist ihm gegenüber jedoch auch erst später. Ihr Ende fiel auf Mittwoch, den 15.5.2019, sodass der Verwaltungsakt am Freitag, den 26.4.2019, dem B gegenüber noch nicht in (formelle) Bestandskraft erwachsen war. Durch die Klageerhebung wurde der Eintritt der Bestandskraft gegenüber B unterbunden. Darüber hinaus kam es bereits durch Erhebung dieser ersten*

---

362 Hier geht die Erlaubnis dem A an dem Tage zu, an dem der Zugang gemäß § 41 II 1 VwVfG auch vermutet wird. S. aber noch ausführlich zur Wirkung dieser besonderen Regelung Rn. 136 ff.
363 Anders als die Befristung oder eine Bedingung hat die Auflage bewusst keinen Einfluss auf die Wirkung der Regelung eines Verwaltungsakts – hier die Erlaubnis, die Gaststätte ab dem 1.5.2019 zu betreiben, s. zur Unterscheidung zwischen Bedingung und Auflage ausführlich Rn. 222 ff.
364 Dazu ein vorgreifender, aber notwendiger Hinweis: In vielen Bundesländern – darunter Nordrhein-Westfalen – wurde das Widerspruchsverfahren entsprechend § 68 (II i.V.m.) I 2 Hs. 1 VwGO weitgehend abgeschafft, s. dazu ausführlich Rn. 307 ff., dies gilt auch für Fragen des Gaststättenrechts in Nordrhein-Westfalen, vgl. § 68 I 2 VwGO i.V.m. § 110 I 1 JustG NRW.

Tobias Brings-Wiesen

*(zulässigen[365]) Anfechtungsklage zur sog. **„aufschiebenden Wirkung"** (gemäß § 80 I 2 VwGO bei sog. Verwaltungsakten mit Doppel- bzw. Drittwirkung, s. dazu § 9 Rn. 6 ff.), deren Effekt auf die Wirkungen des Verwaltungsakts – wie bereits erwähnt – stark umstritten sind.*

*– C erhielt den Brief mit der Erlaubnis am Freitag, den 19.4.2019. Mit dieser Bekanntgabe wurde der Verwaltungsakt C gegenüber **äußerlich wirksam.** Sie kam durch ihre Rechtsanwältin aber leider erst am Montag, den 10.6.2019, dazu, selbst Anfechtungsklage zu erheben. Wegen der bereits von B am Freitag, den 26.4.2019, erhobenen Anfechtungsklage (und der mit ihr eingetretenen aufschiebenden Wirkung) wurde zwar – zumindest vorübergehend – mittelbar auch dem Interesse der C gedient. Zugleich kommt es mit der Klageerhebung durch einen Betroffen jedoch nicht zu einer Unterbrechung des Fristlaufs für die übrigen Betroffenen. Ihr Rechtsschutzbegehren ist grundsätzlich unabhängig zu verfolgen. Insofern könnte die von C in anwaltlicher Vertretung erhobene Anfechtungsklage gemäß § 74 I 2 VwGO bereits verfristet gewesen sein. Dies wäre jedoch nur der Fall, wenn die Frist zu laufen begonnen hätte. Dies erfolgt – bei Entbehrlichkeit eines Widerspruchs bzw. Vorverfahrens – grundsätzlich mit Bekanntgabe des Verwaltungsakts, es sei denn, diesem fehlt es an einer (hinreichenden) **Rechtsbehelfsbelehrung** gemäß § 58 I VwGO. Ist eine Rechtsbehelfsbelehrung unterblieben oder unrichtig erteilt, so läuft ab Zustellung, Eröffnung oder Verkündung nur die einjährige Ausschlussfrist des § 58 II 1 VwGO, die im Falle von C noch nicht abgelaufen war. (Dies wäre erst am Montag, den 20.4.2020, der Fall, da das Datum des eigentlichen Fristendes am 19.4.2020 auf einen Sonntag fällt, § 57 II VwGO i. V. m. § 222 II ZPO.) Sollte die Anfechtungsklage von C die übrigen Sachentscheidungsvoraussetzungen erfüllen, würde das zuständige Verwaltungsgericht die beiden anhängigen Verfahren über den gleichen Gegenstand qua Beschluss gemäß § 93 S. 1 VwGO miteinander verbinden.*

*– D erfuhr erst am Mittwoch, den 5.6.2019, von der Erlaubnis – allerdings nur aus einem persönlichen Gespräch mit der C. Ihm gegenüber erfolgte jedoch zu keinem Zeitpunkt eine Bekanntgabe seitens der Ordnungsbehörde der Stadt Köln (s. dazu ausführlich Rn. 122). Dies bedeutet, dass der Verwaltungsakt ihm gegenüber gemäß § 43 I 1 VwVfG auch **nie äußerlich wirksam** wurde. Mangels Bekanntgabe begann weder der Lauf der Klagefrist (§ 74 I 2 VwGO) noch der Lauf der Ausschlussfrist (§ 58 II 1 VwGO), sodass D auch noch am Mittwoch, den 9.12.2020, gegen den am 25.3.2019 **rechtlich entstandenen und seither existenten** Verwaltungsakt Anfechtungsklage erheben konnte. Denkbar wäre nur eine Unzulässigkeit der Klage wegen fehlenden Rechtsschutzbedürfnisses infolge von **Verwirkung** (als besonderer Form eines Verstoßes den Rechtsgrundsatz von Treu und Glauben, s. dazu ausführlich Rn. 329, 399 ff.).*

---

[365] S. zur Problematik des Eintritts der aufschiebenden Wirkung bei (offensichtlich) unzulässigen Rechtsbehelfen m.w. N. W.-R. Schenke, in: Kopp/Schenke, VwGO, 25. Aufl. 2019, § 80 Rn. 50 f.

Tobias Brings-Wiesen

2. Wirksamwerden von Verwaltungsakten, § 43 I VwVfG

117 § 43 I VwVfG knüpft den Eintritt der Wirksamkeit – das **Wirksam*werden*** – eines Verwaltungsakts maßgeblich an den Akt der **Bekanntgabe**.[366] Abgesehen von der Tatsache, dass sie auch im Interesse der Funktionsfähigkeit der Verwaltung erfolgt,[367] dient die Bekanntgabe eines Verwaltungsakts insbesondere der Realisierung der verfassungsrechtlich geschützten Interessen der Betroffenen. Sie ist **rechtsstaatlich geboten**, denn erst die Kenntnisnahme des Inhalts eines Verwaltungsakts versetzt sie in den Stand, die Garantie effektiven Rechtsschutzes gemäß Art. 19 IV 1 GG[368] und ihren Anspruch auf rechtliches Gehör[369] zu verwirklichen und in der Folge effektiven Grundrechtsschutz[370] zu erlangen.

118 Soweit die Bekanntgabe nicht spezialgesetzlich geregelt ist, kommt es zentral auf die **Vorgaben des § 41 VwVfG**[371] an. Aus dieser Vorschrift ergeben sich insbesondere die *allgemeinen* Voraussetzungen der Bekanntgabe. Dabei ist der Wortlaut der Norm wenig ergiebig. Ihr ist weder eine Legaldefinition des Begriffs „Bekanntgabe" zu entnehmen, noch enthält sie konkrete Merkmale. Die Bestimmung der Voraussetzungen erfolgt vielmehr unter Rückbesinnung auf die allgemeine Rechtsgeschäftslehre. Denn beim Verwaltungsakt handelt es sich der Sache nach um eine **rechtliche Willenserklärung der Behörde** (s. dazu Rn. 44 ff.). Aus diesem Grund wird – unter notwendiger Berücksichtigung etwaiger Besonderheiten im Staat-Bürger-Verhältnis – maßgeblich auf die aus dem Zivilrecht bekannten Grundsätze betreffend das Wirksamwerden von Willenserklärungen zurückgegriffen.[372] Vor diesem Hintergrund ist auch für die Bekanntgabe des Verwaltungsakts zwischen zwei Verantwortungssphären zu unterscheiden: der der erklärenden Behörde und der des Empfängers (s. dazu Rn. 121 ff.). Ist für einen Verwaltungsakt eine **bestimmte Art der Bekanntgabe** vorgesehen, sind darüber hinaus **ergänzende bzw. abweichende *besondere* Vorgaben** zu berücksichtigen (s. dazu Rn. 133 ff.).

---

366 S. zur Bekanntgabe ausführlich auch Erichsen/Hörster, JURA 1997, 659; Schoch, JURA 2011, 23; Beaucamp, JA 2016, 436.

367 Stelkens, in: Stelkens/Bonk/Sachs, VwVfG, 9. Aufl. 2018, § 41 Rn. 2.

368 BVerwG, Urt. v. 27.5.1983, Az.: 4 C 40.81 u. a. = BVerwGE 67, 206 (109); Stelkens, in: Stelkens/Bonk/Sachs, VwVfG, 9. Aufl. 2018, § 41 Rn. 2; Couzinet/Fröhlich, in: Mann/Sennekamp/Uechtritz, VwVfG, 2. Aufl. 2019, § 41 Rn. 11.

369 BVerwG, Urt. v. 18.4.1997, Az.: 8 C 43.95 = BVerwGE 104, 301 (306); Stelkens, in: Stelkens/Bonk/Sachs, VwVfG, 9. Aufl. 2018, § 41 Rn. 2.

370 Ramsauer/Tegethoff, in: Kopp/Ramsauer, VwVfG, 20. Aufl. 2019, § 41 Rn. 2; Couzinet/Fröhlich, in: Mann/Sennekamp/Uechtritz, VwVfG, 2. Aufl. 2019, § 41 Rn. 10.

371 Für einen Überblick über die Abweichungen in den entsprechenden Vorschriften des Landesrechts Stelkens, in: Stelkens/Bonk/Sachs, VwVfG, 9. Aufl. 2018, vor der Kommentierung zu § 41.

372 Stelkens, in: Stelkens/Bonk/Sachs, VwVfG, 9. Aufl. 2018, § 41 Rn. 7 f.

Tobias Brings-Wiesen

In einer Prüfung ist die Bekanntgabe eines Verwaltungsakts überhaupt nur 119
dann zu thematisieren, wenn sich aus dem Sachverhalt diesbezüglich Zweifel
ergeben. Sind hinsichtlich einer Bekanntgabe Unzulänglichkeiten erkennbar,
stellt sich sodann jedoch die Frage, wie mit diesen umzugehen ist. Im Falle einer
(im Rechtssinne) *fehlenden* **Bekanntgabe** besteht Einigkeit, dass es nicht zum
Eintritt der (äußeren) Wirksamkeit gegenüber dem jeweiligen Empfänger kommt
bzw. gegebenenfalls gar kein rechtlich existenter Verwaltungsakt vorliegt.[373] Dies
kann beispielsweise der Fall sein, wenn ein Verwaltungsakt ohne Bekanntgabewillen auf Seiten der Behörde den Empfänger erreicht oder wenn umgekehrt ein
von der Behörde willentlich auf den Weg gebrachter Verwaltungsakt niemals in
den Machtbereich des Empfängers gelangt (s. zu Einzelheiten noch unten
Rn. 121 ff.). Umstritten ist hingegen der Umgang mit der *fehlerhaften* **Bekanntgabe.**[374] Dies betrifft Konstellationen, in denen ein Verwaltungsakt willentlich die
Verantwortungssphäre der Behörde verlassen hat und einem Empfänger zur
Kenntnis gelangt ist – die allgemeinen Voraussetzungen also erfüllt sind –, dabei
aber die für eine bestimmte Bekanntgabe*art* geltenden Voraussetzungen verfehlt wurden. Diesbezüglich werden diverse Grundpositionen verfochten: So wird
vertreten, derartige Verstöße verhinderten *nie* das Wirksamwerden eines Verwaltungsakts;[375] die Gegenmeinung verneint demgegenüber bei *jedem* Verstoß
gegen *zwingende* Bekanntgabevorschriften die Wirksamkeit der Bekanntgabe;[376]
eine vermittelnde Auffassung unterscheidet nach dem Schweregrad des jeweiligen Fehlers und verneint bei weniger schweren Fehlern zumindest den Beginn des
Laufs der Rechtsbehelfsfristen[377]. Hinzu kommt, dass darüber hinaus eine analoge Anwendung von § 8 VwZG (s. dazu Rn. 172) auch auf Bekanntgabefehler

---

373 S. nur Detterbeck, Allgemeines Verwaltungsrecht, 17. Aufl. 2019, Rn. 553, 557; Maurer/
Waldhoff, Allgemeines Verwaltungsrecht, 19. Aufl. 2017, § 9 Rn. 71; Erichsen/Hörster, JURA 1997,
659 (663 f.); Schoch, JURA 2011, 23 (29); Beaucamp, JA 2016, 436 (438).
374 S. auch die Darstellungen bei Detterbeck, Allgemeines Verwaltungsrecht, 17. Aufl. 2019,
Rn. 556 f.; Erichsen/Hörster, JURA 1997, 659 (664 f.); Beaucamp, JA 2016, 436 (438 f.).
375 Detterbeck, Allgemeines Verwaltungsrecht, 17. Aufl. 2019, Rn. 557, für den derartige
Rechtsfehler maximal zur Nichtigkeit führen können, aber ansonsten als Frage der formellen
Rechtmäßigkeit zu behandeln sind, a.a.O., Rn. 581 ff.; wohl auch Erbguth/Guckelberger, Allgemeines Verwaltungsrecht, 9. Aufl. 2018, § 13 Rn. 13.
376 Stelkens, in: Stelkens/Bonk/Sachs, VwVfG, 9. Aufl. 2018, § 41 Rn. 222; Couzinet/Fröhlich, in:
Mann/Sennekamp/Uechtritz, VwVfG, 2. Aufl. 2019, § 41 Rn. 145; Erichsen/Hörster, JURA 1997, 659
(664 f.); Ehlers, Rechtsfragen der Existenz, der Wirksamkeit und der Bestandskraft von Verwaltungsakten, in: Krebs, Liber Amicorum Erichsen, 2004, S. 1 (6); Beaucamp, JA 2016, 436 (438 f.);
wohl auch Maurer/Waldhoff, Allgemeines Verwaltungsrecht, 19. Aufl. 2017, § 9 Rn. 73; Peine/
Siegel, Allgemeines Verwaltungsrecht, 12. Aufl. 2018, Rn. 451; Ruffert, in: Knack/Henneke, VwVfG,
10. Aufl. 2014, § 41 Rn. 69; Herrmann, ZJS 2011, 25 (27); Schoch, JURA 2011, 23 (29).
377 Ramsauer/Tegethoff, in: Kopp/Ramsauer, VwVfG, 20. Aufl. 2019, § 41 Rn. 23 ff.

Tobias Brings-Wiesen

außerhalb des Zustellungsrechts starken Zuspruch findet.[378] In der Rechtsprechung scheint sich – soweit ersichtlich – bislang keine *kategorische* Antwort auf diese Streitfrage herausgebildet zu haben. Dies ist jedoch nicht verwunderlich, da es – allen damit verbundenen Rechtsunsicherheiten zum Trotz[379] – tatsächlich überzeugender ist, aufmerksam den einzelnen Bekanntgabefehler in den Fokus zu nehmen. Da nicht jede Bekanntgabevorschrift in gleicher Intensität zum Schutz der Interessen der Empfänger beiträgt, entspricht nur ein **differenzierendes Fehlerfolgenregime** den – auch der weitgehenden Entkopplung von Wirksamkeit und Rechtmäßigkeit von Verwaltungsakten zugrundeliegenden (s. dazu Rn. 105) – Interessen der Gewährleistung von Rechtssicherheit und der Funktionsfähigkeit der Verwaltung.[380] Überdies werden die Unterschiede zwischen der Meinung, die für eine Unwirksamkeit bei Verletzung „zwingender" Bekanntgabevorschriften plädiert, und der, die nach dem Schweregrad des Fehlers urteilt, praktisch nur sehr gering sein. Abzulehnen ist indes die Auffassung, die nur bei Außerachtlassung der allgemeinen Voraussetzungen von einer Unwirksamkeit ausgeht. § 43 I 1 VwVfG erhebt die Bekanntgabe *allgemein* zur Wirksamkeitsvoraussetzung.[381] Differenzierungen zwischen den verschiedenen Arten der Bekanntgabe sind nur unter den besagten teleologischen Erwägungen geboten.

a) Allgemeine Voraussetzungen der Bekanntgabe

120 Wie bereits erwähnt sollte die Bekanntgabe eines Verwaltungsakts in einer Prüfung nur dann thematisiert werden, wenn diesbezügliche Probleme im Sachverhalt ersichtlich sind. Die folgenden Ausführungen sollen daher vorrangig eine **Checkliste** bieten, die im Rahmen der Auswertung eines Sachverhalts zuerst gedanklich durchgegangen werden kann. Die allgemeinen Voraussetzungen sind dabei stets, die besonderen Vorgaben nur bei gebotenem Anlass zu berücksichtigen. Sofern im Rahmen dieser Vorprüfung Zweifel an der Bekanntgabe auf-

---

378 Stelkens, in: Stelkens/Bonk/Sachs, VwVfG, 9. Aufl. 2018, § 41 Rn. 232; Couzinet/Fröhlich, in: Mann/Sennekamp/Uechtritz, VwVfG, 2. Aufl. 2019, § 41 Rn. 148; Ruffert, in: Knack/Henneke, VwVfG, 10. Aufl. 2014, § 41 Rn. 72; a. A. aber Schoch, JURA 2011, 23 (30); Beaucamp, JA 2016, 436 (439).
379 Dies als Argument gegen die vermittelnde Ansicht vorbringend Beaucamp, JA 2016, 436 (438).
380 Entsprechend differenzierend auch Stuhlfauth, in: Obermayer/Funke-Kaiser, VwVfG, 5. Aufl. 2018, § 41 Rn. 71 ff., wenngleich er zu einzelnen Fehlern sodann zu anderen Ergebnissen kommt.
381 Beaucamp, JA 2016, 436 (438).

Tobias Brings-Wiesen

kommen, sollten diese in der Prüfung selbst auf die potentiellen Fehler konzentriert thematisiert werden.

aa) Auf Seiten der erklärenden Behörde

Der **Gegenstand** der Bekanntgabe ist laut § 41 I 1 VwVfG der „Verwaltungsakt". **121** Dieser ist für die Zwecke der Bekanntgabe von seinen gesetzlich vorgesehenen Annexen zu unterscheiden, da sich eine fehlerhafte Bekanntgabe insofern unterschiedlich auswirkt.[382] Die Wirksamkeit eines Verwaltungsakts ist nur von der ordnungsgemäßen Bekanntgabe seines **verfügenden Teils** – sprich seiner Regelung (s. dazu Rn. 63 ff.) – abhängig.[383] Dazu gehören auch alle Nebenbestimmungen.[384] Anders wirken indes Fehler hinsichtlich der Bekanntgabe einer dem Verwaltungsakt gegebenenfalls beizufügenden **Begründung** (§ 39 VwVfG) oder **Rechtsbehelfsbelehrung** (§ 37 VI VwVfG): Bestehen Begründungsdefizite, ist ein Verwaltungsakt lediglich (formell) rechtswidrig und gar einer Heilung zugänglich (dazu speziell § 45 I Nr. 2 VwVfG, s. dazu Rn. 662); Rechtsbelehrungsdefizite führen nicht einmal zur Rechtswidrigkeit, sondern ausschließlich[385] zu Modifikationen der Rechtsbehelfsfristen nach § 58 VwGO (s. dazu Rn. 368 ff.).

Der Verwaltungsakt muss mit **Bekanntgabewillen** der den Verwaltungsakt **122** erlassenden Behörde (in amtlicher Eigenschaft[386]) in Richtung eines bestimmten Empfängers auf den Weg gebracht werden.[387] Fehlt dieser, kann ein Verwaltungsakt nicht i.S.v. § 43 I VwVfG wirksam werden. Die Bekanntgabe ist demnach von verschiedenen Möglichkeiten eines bloßen *Bekanntwerdens* des Verwaltungsakts zu unterscheiden. Die Erlassbehörde muss den Verwaltungsakt zwar

---

382 Differenzierend auch Stelkens, in: Stelkens/Bonk/Sachs, VwVfG, 9. Aufl. 2018, § 41 Rn. 15 f.; Couzinet/Fröhlich, in: Mann/Sennekamp/Uechtritz, VwVfG, 2. Aufl. 2019, § 41 Rn. 24, dort auch zur (analogen) Anwendbarkeit auf Zusicherungen, Anordnungen der sofortigen Vollziehung und behördliche Verfahrensanordnungen, a.a.O., Rn. 25 ff.

383 Tiedemann, in: Bader/Ronellenfitsch, VwVfG, 44. Ed., Stand: 1.7.2019, § 41 Rn. 6.

384 Sowie eine potentiell damit verbundene Anordnung der sofortigen Vollziehung, so Stelkens, in: Stelkens/Bonk/Sachs, VwVfG, 9. Aufl. 2018, § 41 Rn. 14 f.

385 Die verfahrensrechtlichen Folgen einer unrichtigen oder unterbliebenen Rechtsbehelfsbelehrung sind laut BVerwG in § 58 VwGO abschließend geregelt, Urt. v. 20.4.1994, Az.: 11 C 2.93 = NVwZ-RR 1995, 50; Urt. v. 15.9.2010, Az.: 8 C 21.09 = BVerwGE 138, 1 (4, Rn. 19).

386 Bezüglich des beim nachbarschaftlichen Grillfest beiläufig mitgeteilten Verwaltungsakts wird es regelmäßig an einem Bekanntgabewillen fehlen.

387 S. nur das BVerwG – bereits vor Erlass des VwVfG – für die Bekanntgabe verallgemeinernd Urt. v. 29.4.1968, Az.: VIII C 19.64 = BVerwGE 29, 321 (323); so bereits konkret zur Zustellung BVerwG, Urt. v. 19.6.1963, Az.: V C 198.62 = BVerwGE 16, 165 (166 f.); s. auch speziell zu § 74 VwGO BVerwG, Urt. v. 23.7.1965 – Az.: VII C 175.64 = BVerwGE 22, 14 (15).

Tobias Brings-Wiesen

nicht selbst bekanntgeben,[388] die Bekanntgabe aber zumindest willentlich veranlasst haben.[389] Die *ohne* oder gar *gegen* den Willen der Erlassbehörde erfolgende Eröffnung des Verwaltungsakts gegenüber einem Betroffenen durch eine andere Behörde,[390] einen anderen privaten Betroffenen[391] oder gar jemand völlig Unbeteiligten[392] führt nicht zu einer wirksamen Bekanntgabe.[393] An einem Bekanntgabewillen kann es *noch* fehlen, wenn die Behörde eine Erklärung, die zwar ultimativ zum Verwaltungsakt werden soll, vorab bloß informatorisch übermittelt.

123   Besonderer Berücksichtigung bedarf in diesem Zusammenhang die **Genehmigungsfiktion** gemäß § 42a VwVfG (s. zur *Rechtsnatur* der Genehmigungsfiktion Rn. 61).[394] Deren Besonderheit liegt darin, dass ein das Verwaltungsverfahren abschließender *Akt* der Behörde ausbleibt. Gemäß § 42a I 1 VwVfG *gilt* eine beantragte Genehmigung jedoch unter bestimmten Voraussetzungen nach Ablauf

---

388 Vgl. nur das Auseinanderfallen der Zuständigkeit für eine Sachentscheidung und für deren Zustellung bei BVerwG, Beschl. v. 8.3.1984, Az.: 9 B 15204.82 = NVwZ 1984, 521.

389 Maurer/Waldhoff, Allgemeines Verwaltungsrecht, 19. Aufl. 2017, § 9 Rn. 74. Ist dies der Fall, ändert auch die Tatsache, dass eine für die Bekanntgabe *unzuständige* Behörde gehandelt hat, nichts an der Wirksamkeit des Verwaltungsakts, vgl. BVerwG, Beschl. v. 8.3.1984, Az.: 9 B 15204.82 = NVwZ 1984, 521. – Hier zeigt sich auch die Notwendigkeit eines differenzierten Verständnisses: Soweit eine Bekanntgabe durch die „zuständige Behörde" gefordert wird, s. bspw. Detterbeck, Allgemeines Verwaltungsrecht, 17. Aufl. 2019, Rn. 552; Maurer/Waldhoff, a.a.O., kann damit nicht die Zuständigkeit für den *Erlass* des Verwaltungsakts (s. dazu ausführlich Rn. 580 ff.), sondern nur der Bekanntgabe*wille* der Erlassbehörde gemeint sein. Erlässt folglich eine unzuständige Behörde einen Verwaltungsakt und gibt diesen sodann willentlich bekannt, kann dieser grundsätzlich Wirksamkeit erlangen. Er leidet indes wegen fehlender Zuständigkeit an einem formellen Fehler.

390 Bsp.: Die Eröffnung erfolgt durch eine Behörde, die verwaltungsintern vorzeitig über eine Sachentscheidung in Kenntnis gesetzt wurde, obwohl die die Sachentscheidung erlassende Behörde nicht bekanntgeben wollte, BVerwG, Urt. v. 29.4.1968, Az.: VIII C 19.64 = BVerwGE 29, 321 (323).

391 Bsp.: Der Bauherr übergibt seinem Nachbarn eine Kopie seiner Baugenehmigung, die die zuständige Behörde bisher nur ihm gegenüber bekanntgegeben hat.

392 Bsp.: Die Reinigungskraft findet nach Dienstschluss im Papierkorb einer Behördenmitarbeiterin mehrere verschlossene, adressierte Briefumschläge und gibt diese in der irrigen Annahme einer missverständlichen Entsorgung zur Poststelle der Behörde.

393 Nicht abschließend geklärt ist die Frage, wie bei Zweifeln am Bekanntgabewillen der Behörde zu verfahren ist. Zum Teil wird auf das Verständnis eines durchschnittlichen Empfängers abgestellt, Couzinet/Fröhlich, in; Mann/Sennekamp/Uechtritz, VwVfG, 2. Aufl. 2019, § 41 Rn. 18, zum Teil die Ersetzung des Bekanntgabewillens durch dem Zivilrecht entlehnte Rechtsscheinerwägungen gefordert, Stelkens, in: Stelkens/Bonk/Sachs, VwVfG, 9. Aufl. 2018, § 41 Rn. 57 ff., bezüglich derer jedoch angesichts der besonderen Wirkungen des Verwaltungsakts Vorsicht geboten ist.

394 S. rund um die Genehmigungsfiktion ausführlich Guckelberger, DÖV 2010, 109; Weidemann/Barthel, JA 2011, 221; Kluth, JuS 2011, 1078; Ernst/Pinkl, JURA 2013, 685.

Tobias Brings-Wiesen

einer für die Entscheidung festgelegten Frist (§ 42a II VwVfG: drei Monate ab Eingang der vollständigen Unterlagen, sofern spezialgesetzlich nichts anderes bestimmt ist) schlicht als erteilt – die Genehmigung wird fingiert[395], ohne dass es auf einen Bekanntgabeakt oder auch nur einen darauf gerichteten Bekanntgabewillen gemäß § 41 VwVfG ankäme. Insofern kommt es zu einer Modifikation des – gemäß § 42a I 2 VwVfG zumindest entsprechend anwendbaren – § 43 I VwVfG.[396] Mit Ablauf der Frist tritt die (äußere[397]) Wirksamkeit ein – allerdings nur gegenüber dem Antragssteller, nicht gegenüber anderen Betroffenen.[398] Zentrale **Voraussetzung** des Wirksamwerdens einer solchen fingierten Genehmigung ist, dass sie gemäß § 42a I 1 VwVfG überhaupt **durch Rechtsvorschrift angeordnet** ist.[399] § 42a VwVfG selbst ist kein, sondern setzt einen anderweitig bestimmten[400] Genehmigungstatbestand voraus. Soweit dieser Tatbestand selbst keine Voraussetzungen enthält,[401] ergeben sich diese aus § 42a VwVfG: Danach bedarf es eines **vollständigen wie hinreichend bestimmten Antrags** (§ 42a I 1, II 2 VwVfG) an die **zuständige Behörde**[402] sowie des **Ablaufs der einschlägigen Frist** vor Entscheidung der Behörde über den Antrag (§ 42a II VwVfG)[403]. Liegen diese Voraussetzungen vor, wird die fingierte Genehmigung gemäß § 42a I 2 i.V.m. § 43 II VwVfG wie ein regulär bekanntgegebener Verwaltungsakt ohne Rücksicht auf ihre Rechtmäßigkeit wirksam.[404] Unwirksamkeit aufgrund von Nichtigkeit gemäß

---

395 Kurz und anschaulich zur Fiktion Kluth, JuS 2011, 1078 (1078 f.); ausführlich zur Fiktion von Genehmigungen und zu Bekanntgabefiktionen im Verwaltungsverfahren m. zahlr. Bsp. Jachmann, Die Fiktion im öffentlichen Recht, 1998, S. 281 ff. und 442 ff.

396 Ramsauer, in: Kopp/Ramsauer, VwVfG, 20. Aufl. 2019, § 42a Rn. 2, 15.

397 Gemäß § 42a I 2 i.V.m. § 43 I 2 VwVfG wird die Genehmigung mit dem beantragten Inhalt wirksam, sodass die innere Wirksamkeit gleichsam erst zu einem späteren Zeitpunkt eintreten kann.

398 Ramsauer, in: Kopp/Ramsauer, VwVfG, 20. Aufl. 2019, § 42a Rn. 3; Kluth, JuS 2011, 1078 (1081); Ernst/Pinkl, JURA 2013, 685 (692). S. aber zu Ansprüchen auf Mitteilung gegenüber Dritten Ramsauer, a.a.O., § 42a Rn. 22, 30.

399 Ramsauer, in: Kopp/Ramsauer, VwVfG, 20. Aufl. 2019, § 42 Rn. 9 f.; Ernst/Pinkl, JURA 2013, 685 (686 f.).

400 Für das Studium relevante Genehmigungstatbestände finden sich in § 6a GewO, § 15 I 5 PBefG und insbesondere in einigen Landesbauordnungen im Hinblick auf das vereinfachte Baugenehmigungsverfahren, vgl. bspw. § 61 III HBauO. Für eine Übersicht über weitere Vorschriften s. Ramsauer, in: Kopp/Ramsauer, VwVfG, 20. Aufl. 2019, § 42a Rn. 10a.

401 S. mit Beispielen zu möglichen Abweichungen oder Ergänzungen Ernst/Pinkl, JURA 2013, 685 (689 f.).

402 Ramsauer, in: Kopp/Ramsauer, VwVfG, 20. Aufl. 2019, § 42a Rn. 12a.

403 S. zur Funktionsweise der Fristenregelung in § 42a II VwVfG Ernst/Pinkl, JURA 2013, 685 (688 f.).

404 Ramsauer, in: Kopp/Ramsauer, VwVfG, 20. Aufl. 2019, § 42a Rn. 16.

Tobias Brings-Wiesen

§ 42a I 2 i.V.m. §§ 43 III, 44 VwVfG ist möglich, sofern der Grund für die Nichtigkeit nicht untrennbar mit Natur oder Verfahren der Genehmigungsfiktion verbunden ist.[405] Sie kann gemäß §§ 48, 49 VwVfG oder aufgrund von spezialgesetzlichen Regelungen aufgehoben und mit den gegenüber Verwaltungsakten statthaften Rechtsbehelfen angegriffen werden.[406]

bb) Auf Seiten des Empfängers

124 Der **Kreis der Empfänger** von Verwaltungsakten ist gesetzlich bestimmt. Gemäß § 41 I 1 VwVfG ist ein Verwaltungsakt demjenigen Beteiligten bekannt zu geben, für den er bestimmt ist oder der von ihm betroffen wird. Damit ist der **Grundsatz der *individuellen* Bekanntgabe** eines Verwaltungsakts normiert, aus dem der Grundsatz der relativen Wirksamkeit von Verwaltungsakten gemäß § 43 I VwVfG (s. dazu Rn. 113) folgt.

125 Anders als § 43 I VwVfG knüpft die Vorschrift wörtlich an die Definition der „Beteiligten" gemäß § 13 VwVfG an. Dabei erfasst sie jedoch in der Sache genauso zwei Gruppen Betroffener: **Bestimmt** ist der Verwaltungsakt für die Person[407], die ihn für sich beantragt hat (§ 13 I Nr. 1 Var. 1 VwVfG) oder an die die Behörde den Verwaltungsakt (sonst) richtet (§ 13 I Nr. 1 Var. 2, Nr. 2 VwVfG).[408] Die Bestimmung ergibt sich – wie bereits dargelegt (s. dazu Rn. 107) – maßgeblich aus dem Regelungsinhalt des Verwaltungsakts, wie die Behörde ihn festlegt.[409] Von einem Verwaltungsakt **sonst betroffen** ist die Person, die vom Regelungsinhalt des Verwaltungsakts unter Berücksichtigung der aus dem einschlägigen materiellen Recht resultierenden Rechtsfolgewirkungen in ihren rechtlich geschützten Interessen berührt wird[410] (§ 13 II VwVfG). Damit sind insbesondere die sog. Verwaltungsakte mit Doppel- bzw. Drittwirkung (vgl. dazu § 9 Rn. 6 f.) erfasst.

---

405 Ramsauer, in: Kopp/Ramsauer, VwVfG, 20. Aufl. 2019, § 42a Rn. 16; Ernst/Pinkl, JURA 2013, 685 (691). So sind mangels Schriftlichkeit bzw. Urkunde oder Erlass durch eine Behörde bereits die Anwendungsbereiche von § 44 II Nr. 1 bis 3 VwVfG nicht eröffnet.

406 Ernst/Pinkl, JURA 2013, 685 (691 f., 692 f.).

407 Dabei ist auch eine Identitätstäuschung irrelevant, BVerwG, Urt. v. 9.9.2014, Az.: 1 C 10.14 = NVwZ 2014, 1679 (1679 f., Rn. 13).

408 Stelkens, in: Stelkens/Bonk/Sachs, VwVfG, 9. Aufl. 2018, § 41 Rn. 29.

409 Ob die Behörde den Verwaltungsakt an die richtige Person gerichtet hat, ist indes eine Frage der materiellen Rechtmäßigkeit, s. dazu allgemein Rn. 790 f., sowie insbesondere in den prüfungsrelevanten Konstellationen des Polizei- und Ordnungsrechts Rn. 1118 ff.

410 OVG Münster, Urt. v. 20.6.1991, Az.: 7 A 23/90 = NVwZ 1992, 991; Couzinet/Fröhlich, in: Mann/Sennekamp/Uechtritz, VwVfG, 2. Aufl. 2019, § 41 Rn. 61; Ruffert, in: Knack/Henneke, VwVfG, 10. Aufl. 2014, § 41 Rn. 19.

Der Rekurs auf die „Beteiligten" i.S.v. § 13 VwVfG ist indes nicht überzube- 126
werten. Unterbleibt eine Bekanntgabe gegenüber *einem* von mehreren gemäß
§ 41 I 1 VwVfG Betroffenen,[411] ändert dies gemäß § 43 I VwVfG nichts an der
Existenz und Wirksamkeit des Verwaltungsakts gegenüber *den anderen*, soweit
er ihnen wirksam bekanntgegeben wurde. Dem sog. „**übergangenen Betroffenen**" gegenüber wird der Verwaltungsakt zwar nicht rechtlich wirksam, er
kann jedoch angesichts der gleichwohl drohenden (faktischen) Auswirkungen
Rechtsbehelfe gegen einen bereits existenten Verwaltungsakt anstrengen (s. dazu
Rn. 112). Mangels Bekanntgabe ist er dabei nicht fristgebunden (§§ 70 I 1, 74 I 2
VwGO);[412] ein Rechtsbehelf kann jedoch gleichwohl wegen eines Verstoßes gegen
die Grundsätze von Treu und Glauben (in Ausprägung der Verwirkung) verspätet
sein, wenn der Betroffene von dem Verwaltungsakt Kenntnis erlangt hat oder
zumindest hätte erlangen müssen.[413] Gegenüber Beteiligten, die sich am Ende des
Verwaltungsverfahrens doch nicht als Betroffene erweisen, muss keine Bekanntgabe erfolgen.[414]

Besonderheiten gilt es im Falle der Betroffenheit von **Personenmehrhei-** 127
ten[415] und von **juristischen Personen**[416] zu beachten.

Um von dem Verwaltungsakt überhaupt Kenntnis nehmen zu können, muss 128
der Betroffene auch **handlungsfähig** i.S.v. § 12 VwVfG (s. dazu Rn. 641) sein.[417]
Soweit er i.S.v. § 12 I Nr. 2 VwVfG nur beschränkt geschäftsfähig ist, ist innerhalb
des geschäftsfähigen Rechtskreises noch eine persönliche Bekanntgabe mög-

---

411 Die Frage, ob nur am Verfahren Beteiligte, so Stelkens, in: Stelkens/Bonk/Sachs, VwVfG,
9. Aufl. 2018, § 41 Rn. 33, oder alle materiell Betroffenen, so Couzinet/Fröhlich, in: Mann/Sen-
nekamp/Uechtritz, VwVfG, 2. Aufl. 2019, § 41 Rn. 61 m.w.N., gemeint sind, kann dahinstehen.
412 Vor diesem Hintergrund wird diskutiert, ob sowohl der übergangene Betroffene als auch der
von einem Verwaltungsakt mit Drittwirkung Begünstigte gegen die Behörde einen Anspruch auf
nachträgliche Bekanntgabe an sich bzw. den belasteten Dritten haben, bejahend Ramsauer/Te-
gethoff, in: Kopp/Ramsauer, VwVfG, 20. Aufl. 2019, § 41 Rn. 33; Tiedemann, in: Bader/Ronellen-
fitsch, VwVfG, 44. Ed., Stand: 1.7.2019, § 41 Rn. 58.
413 S. nur BVerwG, Urt. v. 25.1.1974, Az.: IV C 2.72 = BVerwGE 44, 294 (300f.); s. zu diesen
Konstellationen ausführlich Rn. 329, 399ff.
414 Stelkens, in: Stelkens/Bonk/Sachs, VwVfG, 9. Aufl. 2018, § 41 Rn. 32; Ruffert, in: Knack/
Henneke, VwVfG, 10. Aufl. 2014, § 41 Rn. 19.
415 S. zur Bekanntgabe an verschiedene Personenmehrheiten Ramsauer/Tegethoff, in: Kopp/
Ramsauer, VwVfG, 20. Aufl. 2019, § 41 Rn. 28f., 30ff.; Stelkens, in: Stelkens/Bonk/Sachs, VwVfG,
9. Aufl. 2018, § 44 Rn. 75ff., 97; Ruffert, in: Knack/Henneke, VwVfG, 10. Aufl. 2014, § 41 Rn. 14ff.
416 S. dazu Stelkens, in: Stelkens/Bonk/Sachs, VwVfG, 9. Aufl. 2018, § 41 Rn. 48ff.; Couzinet/
Fröhlich, in: Mann/Sennekamp/Uechtritz, VwVfG, 2. Aufl. 2019, § 41 Rn. 60.
417 Stelkens, in: Stelkens/Bonk/Sachs, VwVfG, 9. Aufl. 2018, § 41 Rn. 50; Couzinet/Fröhlich, in:
Mann/Sennekamp/Uechtritz, VwVfG, 2. Aufl. 2019, § 41 Rn. 69.

Tobias Brings-Wiesen

lich.[418] Soweit demgegenüber die Handlungsfähigkeit fehlt, muss die Bekanntgabe gegenüber dem gesetzlichen Vertreter erfolgen – so beispielsweise im Falle
eines Minderjährigen[419] regelmäßig gegenüber seinen Eltern,[420] im Falle eines
Volljährigen gegebenenfalls gegenüber seinem Betreuer. Eine gleichwohl gegenüber dem Handlungsunfähigen erfolgte Bekanntgabe ist unwirksam.[421] Der gesetzliche Vertreter kann jedoch durch nachträgliche Genehmigung für eine
Wirksamkeit sorgen; ebenso kann der Betroffene selbst bei späterer Wiederer-
langung der Handlungsfähigkeit Kenntnis über den Verwaltungsakt erlangen.[422]

129   Gemäß § 41 I 2 VwVfG *kann* die Bekanntgabe auch einem **Bevollmächtigten**
gegenüber vorgenommen werden. Der persönliche Anwendungsbereich der Vorschrift erstreckt sich nicht nur auf Bevollmächtigte i. S. v. § 14 VwVfG, sondern
auch auf Empfangsbevollmächtigte i. S. v. § 15 VwVfG.[423] Ihnen gegenüber kann
die Bekanntgabe indes nur dann wirksam erfolgen, wenn und solange (im Zeitpunkt des Zugangs) eine entsprechende Vollmacht vorliegt.[424] **Umstritten** ist die
Frage, ob es sich um einen Fehler handelt, wenn die Behörde den Verwaltungsakt
einem Betroffenen persönlich bekanntgibt, obwohl dieser einen Bevollmächtigten mit der Wahrnehmung seiner Angelegenheit betraut hat und dies der Behörde
auch bekannt ist.[425] Dies wird von einer Mindermeinung unter Berufung auf
§ 14 III 1 VwVfG, wonach sich die Behörde im Falle der Bestellung eines Bevoll-

---

418 Ramsauer/Tegethoff, in: Kopp/Ramsauer, VwVfG, 20. Aufl. 2019, § 44 Rn. 29; Stelkens, in:
Stelkens/Bonk/Sachs, VwVfG, 9. Aufl. 2018, § 41 Rn. 50.
419 S. aber zum Sonderfall der Bekanntgabe eines Verwaltungsakts gegenüber minderjährigen
Störern im Bereich des Polizei- und Ordnungsrechts Rn. 1121.
420 Die jedoch gemäß § 1629 I 2 Hs. 2 BGB bei Empfang der im Verwaltungsakt enthaltenen
Willenserklärung ausnahmsweise jeweils alleinvertretungsberechtigt sind, Couzinet/Fröhlich, in:
Mann/Sennekamp/Uechtritz, VwVfG, 2. Aufl. 2019, § 41 Rn. 70 m. w. N.
421 Ramsauer/Tegethoff, in: Kopp/Ramsauer, VwVfG, 20. Aufl. 2019, § 41 Rn. 29; Stelkens, in:
Stelkens/Bonk/Sachs, VwVfG, 9. Aufl. 2018, § 41 Rn. 50.
422 Couzinet/Fröhlich, in: Mann/Sennekamp/Uechtritz, VwVfG, 2. Aufl. 2019, § 41 Rn. 71 m. w. N.
423 Die zu diesen Vorschriften geltenden Grundsätze sind entsprechend anzuwenden; insbesondere besteht auch die Möglichkeit einer Anscheins- bzw. Duldungsbevollmächtigung,
BVerwG, Urt. v. 25. 2. 1994, Az.: 8 C 2.92 = NJW-RR 1995, 73 (75); BVerwG, Beschl. v. 20. 1. 2017, Az.:
8 B 23.16 = NVwZ-RR 2017, 430 (430 f.); s. dazu auch m. w. N. Couzinet/Fröhlich, in: Mann/Sen-
nekamp/Uechtritz, VwVfG, 2. Aufl. 2019, § 41 Rn. 65.
424 Stelkens, in: Stelkens/Bonk/Sachs, VwVfG, 9. Aufl. 2018, § 41 Rn. 36. Das BVerwG, Urt. v. 25. 2.
1994, Az.: 8 C 2.92 = NJW-RR 1995, 73 (75), hält demgegenüber in einer solchen Konstellation grds.
eine Heilung entsprechend § 8 VwZG (s. dazu noch Rn. 172) für möglich, wenn der Betroffene
tatsächlich Kenntnis erlangt hat.
425 Davon ausdrücklich abzugrenzen sind Konstellationen der Zustellung an Bevollmächtigte
gemäß § 7 VwZG, s. dazu noch Rn. 171.

Tobias Brings-Wiesen

mächtigten an diesen wenden „soll", grundsätzlich bejaht.[426] Die h. M. sieht jedoch in § 41 I 2 VwVfG zu Recht eine Spezialregelung zu § 14 III VwVfG, die es in das Ermessen der Behörde stellt („kann"), wem gegenüber sie den Verwaltungsakt bekanntgibt.[427] Dieses Auswahlermessen hat sie dann jedoch pflichtgemäß auszuüben, es dürfen ihr keine Ermessensfehler unterlaufen.[428] Die Rechtsfolge eines Ermessensfehlers ist wiederum umstritten.[429] Bei dualer Bekanntgabe an den Betroffenen *und* seinen Bevollmächtigten kommt es auf den *zuerst* bewirkten Zugang an.[430]

Der Akt der Bekanntgabe wird abgeschlossen mit dem „Zugang" beim 130 Empfänger. Verlangt ist dafür keine *tatsächliche* Kenntnisnahme.[431] Die Rechtsprechung[432] und die ganz herrschende Meinung in der Literatur[433] wenden für die Bestimmung des Zugangs der Willenserklärung Verwaltungsakt § 130 BGB analog an.[434] Verlangt ist insofern die derartige Verbringung **in den Machtbereich des jeweiligen Empfängers**, *dass* „bei gewöhnlichem Verlauf und normaler Gestaltung der Verhältnisse des Empfängers mit der Kenntnisnahme durch ihn zu rechnen ist".[435] Es geht demnach nur um die Kenntnisnahme*möglichkeit*. Die Anforderungen an diese Kenntnisnahmemöglichkeit richten sich nach der Art der Bekanntgabe und den diesbezüglich existierenden Rechtsvorschriften

---

426 So noch das VGH Mannheim, Beschl. v. 7.10.1986, Az.: NC 9 S 550/86 = VBlBW 1987, 297; indes später aufgegeben in Urt. v. 19.7.2005, Az.: 9 S 2278/03 = NVwZ-RR 2006, 154.

427 BVerwG, Urt. v. 30.10.1997, Az.: 3 C 35.96 = BVerwGE 105, 288 (292ff.); so auch Ramsauer/ Tegethoff, in: Kopp/Ramsauer, VwVfG, 20. Aufl. 2019, § 41 Rn. 34; Couzinet/Fröhlich, in: Mann/ Sennekamp/Uechtritz, VwVfG, 2. Aufl. 2019, § 41 Rn. 66 f. jeweils m. w. N.

428 S. für Beispiele potentieller Ermessensfehler Stelkens, in: Stelkens/Bonk/Sachs, VwVfG, 9. Aufl. 2018, § 41 Rn. 41; Couzinet/Fröhlich, in: Mann/Sennekamp/Uechtritz, VwVfG, 2. Aufl. 2019, § 41 Rn. 67; vgl. auch BFH, Urt. v. 5.10.2000, Az.: VII R 96/99 = NVwZ 2001, 473 (474).

429 Für eine Unwirksamkeit der Bekanntgabe: Stelkens, in: Stelkens/Bonk/Sachs, VwVfG, 9. Aufl. 2018, § 41 Rn. 43; primär für ein Unterbleiben des Fristlaufs (subsidiär indes auch für eine Wiedereinsetzung): Ramsauer/Tegethoff, in: Kopp/Ramsauer, VwVfG, 20. Aufl. 2019, § 41 Rn. 35; für die Möglichkeit einer Wiedereinsetzung in den vorigen Stand: VGH Kassel, Urt. v. 10.8.1992, Az.: 12 UE 2254/89 = NVwZ-RR 1993, 432 (434 f.); Couzinet/Fröhlich, in: Mann/Sennekamp/ Uechtritz, VwVfG, 2. Aufl. 2019, § 41 Rn. 68 m. w. N.

430 Couzinet/Fröhlich, in: Mann/Sennekamp/Uechtritz, VwVfG, 2. Aufl. 2019, § 41 Rn. 64.

431 Deswegen ist bspw. irrelevant, ob der Empfänger einen in seinen Machtbereich verbrachten Brief tatsächlich öffnet und liest.

432 S. nur BVerwG, Beschl. v. 22.2.1994, Az.: 4 B 212.93 = BeckRS 1994, 31246579; Urt. v. 31.5.2012, Az.: 3 C 12.11 = NVwZ-RR 2012, 628 (630, Rn. 18 f.); Beschl. v. 21.12.2017, Az.: 6 B 43.17 = NVwZ 2018, 496 (498, Rn. 11).

433 Statt vieler Maurer/Waldhoff, Allgemeines Verwaltungsrecht, 19. Aufl. 2017, § 9 Rn. 75; Peine/ Siegel, Allgemeines Verwaltungsrecht, 12. Aufl. 2018, Rn. 443.

434 So bereits die Gesetzesmaterialien BT-Drucks. 7/910, S. 61f.

435 S. nur BVerwG, Beschl. v. 21.12.2017, Az.: 6 B 43.17 = NVwZ 2018, 496 (498, Rn. 11).

Tobias Brings-Wiesen

und Verkehrsanschauungen.[436] So kommt es beispielsweise im Falle der (fern-) mündlichen Bekanntgabe unter Anwesenden darauf an, dass die Erklärung sinnlich wahrnehmbar ist.[437] Gemäß § 23 I VwVfG wird sie grundsätzlich in deutscher Sprache erfolgen müssen.[438] Erfolgt die Bekanntgabe in textlicher Verkörperung unter Abwesenden, wird es besonders auf die Bestimmung des „Machtbereichs" ankommen: Dazu gehören beispielsweise im Falle des Einwurfs durch die Behörde oder der postalischen Übermittlung ein häuslicher Briefkasten oder ein Postschließfach,[439] im Falle der Versendung per E-Mail der Posteingang (s. dazu Rn. 144 ff.). Eine Verbringung in den Machtbereich des Empfängers ist auch durch Übermittlung an einen **Empfangsboten** denkbar, wenn dieser vom Betroffenen bestellt wurde oder nach der Verkehrsanschauung als solcher gewertet wird.[440]

131 Je nach Art der Bekanntgabe und Zugang beim Empfänger differiert auch der rechtlich relevante **Zeitpunkt** der Bekanntgabe. Dieser bestimmt sich – wiederum in entsprechender Anwendung von § 130 BGB – danach, *wann* bei gewöhnlichem Verlauf und normaler Gestaltung der Verhältnisse des Empfängers mit der Kenntnisnahme zu rechnen ist.[441] Auch insofern kommt es maßgeblich auf die diesbezüglich existierenden Rechtsvorschriften und Verkehrsanschauungen an. Bereits im Studium sind besonders die Vorgaben in § 41 II VwVfG zu beachten (s. dazu Rn. 136 ff.).

132 Kommt es zu einem **Zugangsproblem**, ist nach dem Ursprung für dieses Problem innerhalb der getrennten Verantwortungssphären von Behörde und Empfänger zu suchen. Dabei ist zu berücksichtigen, dass für den Bürger keine allgemeine Pflicht besteht, Empfangsvorkehrungen zu treffen.[442] Verschickt die Behörde beispielsweise einen Verwaltungsakt an eine im Melderegister falsch geführte Adresse, mag zwar ein Verstoß gegen Vorschriften des Melderechts

---

436 S. zu den verschiedenen Möglichkeiten des Zugangs je nach Art der Bekanntgabe ausführlich Stelkens, in: Stelkens/Bonk/Sachs, VwVfG, 9. Aufl. 2018, § 41 Rn. 69 ff. m. w. N.

437 Ramsauer/Tegethoff, in: Kopp/Ramsauer, VwVfG, 20. Aufl. 2019, § 41 Rn. 7c.

438 Zu Recht differenzierend Tiedemann, in: Bader/Ronellenfitsch, VwVfG, 44. Ed., Stand: 1.7. 2019, § 41 Rn. 11 f.; rigider Ramsauer/Tegethoff, in: Kopp/Ramsauer, VwVfG, 20. Aufl. 2019, § 41 Rn. 8a; Stelkens, in: Stelkens/Bonk/Sachs, VwVfG, 9. Aufl. 2018, § 41 Rn. 64. Vgl. auch zu anderen Kommunikationsproblemen Tiedemann, a. a. O., Rn. 15 f.

439 S. dazu ausführlich m. w. N. Stelkens, in: Stelkens/Bonk/Sachs, VwVfG, 9. Aufl. 2018, § 41 Rn. 69 ff.

440 S. dazu ausführlich m. w. N. Stelkens, in: Stelkens/Bonk/Sachs, VwVfG, 9. Aufl. 2018, § 41 Rn. 67 f.

441 BVerwG, Beschl. v. 22.2.1994, Az.: 4 B 212.93 = BeckRS 1994, 31246579; Urt. v. 31.5.2012, Az.: 3 C 12.11 = NVwZ-RR 2012, 628 (630, Rn. 18 f.).

442 BVerwG, Urt. v. 29.6.1990, Az.: 8 C 22.89 = BVerwGE 85, 213 (216) m. w. N.

vorliegen – dieser ändert aber nichts daran, dass es in der Risikosphäre der Behörde liegt, die richtige Adresse im Vorfeld sicher zu ermitteln.[443] Etwas anderes kann sich jedoch daraus ergeben,[444] dass den Empfänger besondere gesetzliche Pflichten treffen,[445] er der Behörde eine bestimmte Empfangsmöglichkeit ausdrücklich kommuniziert hat oder es für ihn aus vorangegangenen Vorgängen erkenntlich war, dass er einen Verwaltungsakt erhalten wird. Kommt es in diesen Fällen zu Zugangsproblemen, kann darin eine schuldhafte **treuwidrige Vereitelung** durch den Empfänger liegen, sodass dieser sich nach den Grundsätzen von Treu und Glauben so behandeln lassen muss, als sei ihm die Erklärung wie im Falle seines pflichtgemäßen Verhaltens zugegangen.[446]

b) Ergänzende bzw. abweichende besondere Vorgaben nach Art der Bekanntgabe

Ob über die allgemeinen Voraussetzungen hinaus noch weitere bzw. abweichende besondere Vorgaben bestehen, richtet sich nach der **Art der Bekanntgabe.** Wie für den *Erlass* des Verwaltungsakts (§ 37 II 1 VwVfG; s. dazu Rn. 681) gilt auch für seine Bekanntgabe der „Grundsatz der Formfreiheit".[447] Beide Anknüpfungspunkte dürfen jedoch nicht miteinander vermengt werden: Die Art der Bekanntgabe eines Verwaltungsakts ist zwingend von seiner Erlassform (s. dazu Rn. 681 ff.) zu unterscheiden,[448] da diese unterschiedliche Fehlerfolgen nach sich ziehen. Auch wenn die Art[449] der Bekanntgabe in der Verwaltungspraxis oftmals der Erlassform folgen wird,[450] hindert eine Verletzung von Formvorschriften nicht[451] die wirksame Bekanntgabe des Verwaltungsakts.[452]

133

---

443 OVG Schleswig, Beschl. v. 28.3.2001, Az.: 1 M 24/00 = NVwZ 2002, 358 (359).

444 S. dazu ausführlich m.w.N. Stelkens, in: Stelkens/Bonk/Sachs, VwVfG, 9. Aufl. 2018, § 41 Rn. 103 ff.

445 Vgl. bspw. § 10 I AsylG; zu vergleichbaren Vorschriften des Wehrpflichtgesetzes instruktiv BVerwG, Urt. v. 29.6.1990, Az.: 8 C 22.89 = BVerwGE 85, 213 (215 ff.).

446 S. nur BVerwG, Urt. v. 29.6.1990, Az.: 8 C 22.89 = BVerwGE 85, 213 (216). Demgegenüber in rechtsdogmatischer Hinsicht für die Annahme einer Zugangsfiktion Stelkens, in: Stelkens/Bonk/Sachs, VwVfG, 9. Aufl. 2018, § 41 Rn. 102; dezidiert dagegen Tiedemann, in: Bader/Ronellenfitsch, VwVfG, 44. Ed., Stand: 1.7.2019, § 41 Rn. 32 ff.

447 Schwarz, in: Fehling/Kastner/Störmer, Verwaltungsrecht, 4. Aufl. 2016, § 41 VwVfG Rn. 9; Schoch, JURA 2011, 23 (25).

448 S. das Beispiel für die verschiedenen Arten der Bekanntgabe eines schriftlichen Verwaltungsakts bei Detterbeck, Allgemeines Verwaltungsrecht, 17. Aufl. 2019, Rn. 555.

449 Vor diesem Hintergrund ist es sinnvoller, wie hier von „Arten" anstatt von „Formen" der Bekanntgabe zu sprechen.

450 Zu weitgehend Ramsauer/Tegethoff, in: Kopp/Ramsauer, VwVfG, 20. Aufl. 2019, § 41 Rn. 6, die eine „Abhängigkeit" der Art und Weise der Bekanntgabe von der Erlassform erkennen.

Tobias Brings-Wiesen

134　　Fehlen Bestimmungen darüber, auf welche Art und Weise ein Verwaltungsakt bekanntzugeben ist, steht die Entscheidung darüber grundsätzlich **im Ermessen der Behörde.**[453] Dann bedarf es lediglich der Einhaltung der bereits dargelegten allgemeinen Voraussetzungen einer Bekanntgabe (s. dazu Rn. 120 f.).

aa) Einfache individuelle Bekanntgabe

135　　Soweit gesetzlich keine besondere Art[454] vorgesehen ist, handelt es sich um eine **einfache individuelle Bekanntgabe.** Diese kann mündlich *in persona* oder via Fernkommunikationsmitteln, schriftlich durch persönliche Übergabe, Einwurf eines Behördenmitarbeiters, Übermittlung durch die Post oder Versendung via Fax[455] oder in völlig anderer Weise – beispielsweise durch Handzeichen oder Piktogramme (s. noch zu Verkehrszeichen Rn. 165) – erfolgen. Für die einfache Bekanntgabe sind zumindest im *allgemeinen* Verwaltungsrecht keine besonderen Voraussetzungen vorgesehen. Zu berücksichtigen ist jedoch § 41 II 1 und 3 VwVfG.

136　　Entscheidet sich die Behörde für die Bekanntgabe eines **schriftlichen Verwaltungsakts via Übermittlung durch die Post im Inland**, gilt der Verwaltungsakt gemäß § 41 II 1 VwVfG als am dritten Tag nach der Aufgabe zur Post als bekannt gegeben. Der **Anwendungsbereich** der Vorschrift ist begrenzt[456]: Sie gilt nur für schriftliche (s. dazu Rn. 685 f.) Verwaltungsakte; wenn diese durch die „Post", sprich irgendeinen Erbringer von Postdienstleistungen i.S.v. § 4 Nr. 1 PostG,[457] übermittelt werden; solange dies im Inland, sprich ausschließlich innerhalb des Staatsgebiets der Bundesrepublik Deutschland, geschieht.[458]

---

451 In Ausnahmefällen mag sie jedoch die Nichtigkeit des Verwaltungsakts begründen, s. dazu noch in § 6 Rn. 115 ff.

452 Maurer/Waldhoff, Allgemeines Verwaltungsrecht, 19. Aufl. 2017, § 9 Rn. 73; Couzinet/Fröhlich, in: Mann/Sennekamp/Uechtritz, VwVfG, 2. Aufl. 2019, § 41 Rn. 53. A.A. wohl OVG Münster, Beschl. v. 27.10.1995, Az.: 10 B 2720/95 = NWVBl 1996, 222.

453 BVerwG, Beschl. v. 21.12.2017, Az.: 6 B 43.17 = NVwZ 2018, 496 (498, Rn. 11); so auch mit Ausführungen zu entscheidungsleitenden Gesichtspunkten Stelkens, in: Stelkens/Bonk/Sachs, VwVfG, 9. Aufl. 2018, § 41 Rn. 18 f.; Couzinet/Fröhlich, in: Mann/Sennekamp/Uechtritz, VwVfG, 2. Aufl. 2019, § 41 Rn. 31 f. So auch bereits die Gesetzesmaterialien, BT-Drucks. 7/910, S. 62.

454 Ein davon abgzugrenzender Sonderfall einer „qualifizierten Bekanntgabe" ist jedoch die Aushändigung sog. konstitutiver Urkunden, vgl. BVerwG, Urt. 1.2.1978, Az.: 6 C 9.77 = BVerwGE 55, 212 (213 ff.). S. dazu auch noch die Ausführungen zu § 44 II Nr. 2 VwVfG in § 6 Rn. 125 f.

455 S. dazu ausführlich Stelkens, in: Stelkens/Bonk/Sachs, VwVfG, 9. Aufl. 2018, § 41 Rn. 82 ff.

456 Eine analoge Anwendung der Vorschrift auf andere Konstellationen der Bekanntgabe wird von der herrschenden Meinung abgelehnt, s. nur Schwarz, in: Fehling/Kastner/Störmer, Verwaltungsrecht, 4. Aufl. 2016, § 41 VwVfG Rn. 26.

457 Schoch, JURA 2011, 23 (28). Zentral ist nach dieser Definition insbesondere die Gewerbsmäßigkeit der Dienstleistung, sodass eine „Hauspost" nicht in Frage kommt, vgl. OVG Koblenz,

Auch wenn die rechtsdogmatische Einordnung der Vorschrift umstritten 137
ist,[459] besteht weitgehend Einigkeit bezüglich ihrer **Wirkungen:** Die Vorschrift
vermutet nicht nur die Bekanntgabe *an sich*, sondern insbesondere auch den –
u. a.[460] – für die Fristberechnung relevanten *Zeitpunkt* dieser Bekanntgabe. Es
handelt sich insofern um eine Spezialvorschrift, die den bereits dargelegten allgemeinen Regeln betreffend den Zugang eines Verwaltungsakts vorgeht.

Soll es tatsächlich zu einem **Zugang *vor* Ablauf** dieser Frist gekommen sein, 138
ist entsprechend des Sinn und Zwecks der Vermutung zu differenzieren: Die
Vermutung bleibt maßgeblich, den *Empfängern* ist es jedoch in für sie *günstigen*
Konstellationen möglich, sich unter Darlegung von Beweisen auf diesen früheren
Zugang zu berufen.[461] Der *Behörde* hingegen ist eine entsprechende Möglichkeit
zum Gegenbeweis *zulasten* der Empfänger nicht eröffnet; insofern gilt die Ver-
mutungswirkung uneingeschränkt.[462]

Soll es indes zu einem **Zugang *nach* Ablauf** dieser Frist gekommen oder 139
dieser gar völlig unterblieben sein, greift § 41 II 3 VwVfG: Die Vermutung gilt als
widerlegt (Hs. 1) und die Behörde hat den Zugang des Verwaltungsakts und den
Zeitpunkt des Zugangs nachzuweisen (Hs. 2). Voraussetzung dessen ist, dass
„**Zweifel**" am (pünktlichen) Zugang bestehen. Bestehen diese Zweifel auch nach
erneuter Sachverhaltsermittlung fort, trägt die Behörde das Risiko der Nichterweislichkeit, sodass letztlich gegebenenfalls der Vortrag des Empfängers zugrunde zu legen ist.[463] Bis heute ist jedoch stark **umstritten**, welche Anforderungen an den Widerlegungsvortrag des Empfängers zu stellen sind, sprich wann

---

Urt. v. 28. 6. 2002, Az.: 2 A 10667/02 = NVwZ-RR 2003, 4. Kritischer zu *bestimmten* Postdienstleistern
indes zuletzt der BFH, Urt. v. 14. 6. 2018, Az.: III R 27/17 = NJW 2018, 3606.
458 Ausführlich zu den Voraussetzungen Stelkens, in: Stelkens/Bonk/Sachs, VwVfG, 9. Aufl.
2018, § 41 Rn. 111 ff.
459 Das BVerwG sprach zu der vergleichbaren Vorschrift des § 4 VwZG a. F. von einer „gesetzlichen Fiktion" mit „Ausnahmevorschrift", BVerwG, Urt. v. 23. 7. 1965, Az.: VII C 170/64 = BVerwGE 22,
11 (12 f.); dem folgend Erichsen/Hörster, JURA 1997, 659 (661). Demgegenüber für eine „wider-
legbare Vermutung" m. w. N. Schoch, JURA 2011, 23 (28); für eine differenzierende Betrachtung
Stelkens, in: Stelkens/Bonk/Sachs, VwVfG, 9. Aufl. 2018, § 41 Rn. 109.
460 S. für Beispiele zu anderen Bedeutungsdimensionen Stelkens, in: Stelkens/Bonk/Sachs,
VwVfG, 9. Aufl. 2018, § 41 Rn. 122, 125.
461 OVG Lüneburg, Urt. v. 23. 6. 2009, Az.: 12 LC 136/07 = NVwZ-RR 2009, 866 (867); Stelkens, in:
Stelkens/Bonk/Sachs, VwVfG, 9. Aufl. 2018, § 41 Rn. 125; a. A. wohl Tiedemann, in: Bader/Ro-
nellenfitsch, VwVfG, 44. Ed., Stand: 1. 7. 2019, § 41 Rn. 71, der offenbar keinerlei Ausnahme außerhalb von Konstellationen des § 41 II 3 VwVfG zulassen will.
462 Ramsauer/Tegethoff, in: Kopp/Ramsauer, VwVfG, 20. Aufl. 2019, § 41 Rn. 40; Stelkens, in:
Stelkens/Bonk/Sachs, VwVfG, 9. Aufl. 2018, § 41 Rn. 121. Vgl. bereits zu § 4 BVwZG a. F. BVerwG,
Urt. v. 23. 7. 1965, Az.: VII C 170/64 = BVerwGE 22, 11 (13 f.).
463 Stelkens, in: Stelkens/Bonk/Sachs, VwVfG, 9. Aufl. 2018, § 41 Rn. 127.

Tobias Brings-Wiesen

dieser wirklich „Zweifel" sät. Dabei lassen sich heute drei Hauptansätze ausmachen: Eine Ansicht lässt das **schlichte Bestreiten** des (pünktlichen) Zugangs genügen und verzichtet auf jegliche Substantiierung des Vortrags.[464] Hingegen lässt die Gegenmeinung nur ein qualifiziertes Bestreiten[465], sprich den Vortrag und die Glaubhaftmachung von Umständen, die bei objektiver Betrachtung geeignet sind, berechtigte Zweifel am Zugang des Verwaltungsakts zu begründen, ausreichen.[466] Eine **differenzierende Ansicht** verlangt eine weitere Substantiierung je nach Lage des Einzelfalls und unterscheidet dabei insbesondere zwischen der Behauptung eines unterbliebenen (= keine weitere Substantiierung) und eines verspäteten Zugangs.[467] Für ein schlichtes Bestreiten spricht bereits der Wortlaut von § 41 II 3 VwVfG, der gerade der Behörde in Zweifelsfällen (ohne weitere Differenzierung[468]) die objektive Beweislast und somit das Risiko der Nichterweislichkeit des Zugangs auferlegt.[469] Weiterhin wird logisch argumentiert, dass von dem Empfänger nichts Unmögliches verlangt werden dürfe: „Negative Tatsachen" – wie der unterbliebene oder verspätete Zugang – könnten nicht weiter substantiiert werden.[470] Auch liegen die Ursachen für einen unterbliebenen oder verspäteten Zugang außerhalb des Einfluss- und Kenntnisbereichs des Empfängers.[471] Umgekehrt habe es die Behörde selbst in der Hand, Nachweis-

---

464 Erbguth/Guckelberger, Allgemeines Verwaltungsrecht, 9. Aufl. 2018, § 13 Rn. 9; Stelkens, in: Stelkens/Bonk/Sachs, VwVfG, 9. Aufl. 2018, § 41 Rn. 127 f.; Couzinet/Fröhlich, in: Mann/Sennekamp/Uechtritz, VwVfG, 2. Aufl. 2019, § 41 Rn. 93.

465 Dabei werden an ein solches qualifiziertes Bestreiten überwiegend keine strengen Anforderungen gestellt, s. bspw. das OVG Bautzen, Urt. v. 12.5.2010, Az.: 5 A 203/08 = LKV 2010, 430 (431), das – zumindest im Falle der Behauptung des völligen Unterbleibens eines Zugangs – auch eine plausible schlichte Erklärung ausreichen lassen will.

466 OVG Koblenz, Urt. v. 10.10.1997, Az.: 2 A 13324/96 = juris, Rn. 23; OVG Lüneburg, Beschl. v. 3.8. 2012, Az.: 12 LA 180/11 = juris, Rn. 6; OVG Bautzen, Urt. v. 12.5.2010, Az.: 5 A 203/08 = LKV 2010, 430 (431); OVG Münster, Beschl. v. 26.11.2014, Az.: 6 A 1784/12 = juris, Rn. 22.

467 Anschaulich Stuhlfauth, in: Obermayer/Funke-Kaiser, VwVfG, 5. Aufl. 2018, § 41 Rn. 37 ff. m.w.N. aus der Rspr. Vgl. zu § 122 II AO jüngst auch BVerwG, Urt. v. 15.6.2016, Az.: 9 C 19.15 = BVerwGE 155, 241 (244 f., Rn. 17 f.).

468 Was somit auch gegen die differenzierende Ansicht spreche, Couzinet/Fröhlich, in: Mann/Sennekamp/Uechtritz, VwVfG, 2. Aufl. 2019, § 41 Rn. 93; Ruffert, in: Knack/Henneke, VwVfG, 10. Aufl. 2014, § 41 Rn. 37.

469 Couzinet/Fröhlich, in: Mann/Sennekamp/Uechtritz, VwVfG, 2. Aufl. 2019, § 41 Rn. 91, 93; in die Richtung auch Stelkens, in: Stelkens/Bonk/Sachs, VwVfG, 9. Aufl. 2018, § 41 Rn. 127; Beaucamp, JA 2016, 436 (437).

470 Schoch, JURA 2011, 23 (29); Beaucamp, JA 2016, 436 (437).

471 Tiedemann, in: Bader/Ronellenfitsch, VwVfG, 44. Ed., Stand: 1.7.2019, § 41 Rn. 81.1; Schoch, JURA 2011, 23 (29); Beaucamp, JA 2016, 436 (437); Stelkens, in: Stelkens/Bonk/Sachs, VwVfG, 9. Aufl. 2018, § 41 Rn. 128, erkennt insofern ein Verwischen der Grenze zwischen der Prüfung der Substantiiertheit und der Beweiswürdigung.

Tobias Brings-Wiesen

problemen durch die Entscheidung gegen eine einfache postalische Übermittlung und für eine Zustellung vorzubeugen.[472] Für ein qualifiziertes Bestreiten spricht demgegenüber, dass das Ausreichenlassen eines schlichten Bestreitens praktisch zum Leerlauf der Zugangsvermutung § 41 II 1 VwVfG führte und somit dem Zweck der Vorschrift diametral entgegenstünde.[473] Zwar sieht sich auch die differenzierende Ansicht der oben dargelegten Kritik ausgesetzt. Ihr ist indes zuzugestehen, dass sie vom Empfänger nur in den Fällen der Verspätung, wo der Verwaltungsakt zumindest zu einem gewissen Zeitpunkt in den Einfluss- und Kenntnisbereich gelangt, einen entsprechenden Vortrag und damit nicht etwas völlig Unmögliches verlangt. Zumindest in den Fällen verspäteten Zugangs gelingt ihr mithin ein zweckgerechterer Ausgleich.

Umstritten ist bis heute gleichsam die Bestimmung des „**dritten Tages 140 nach**" der Aufgabe zur Post. Der Streit hat sich in der Praxis weit überwiegend an der Frage entladen, wie das Ende des Drei-Tages-Zeitraumes zu bestimmen ist, wenn der dritte Tag auf einen Sonntag, einen gesetzlichen Feiertag oder einen Sonnabend fällt. Käme in diesem Falle der § 31 III 1 VwVfG[474] zur Anwendung, so wäre erst der nächstfolgende Werktag maßgeblich.

Die **wohl herrschende Ansicht** in Rechtsprechung[475] und Literatur[476] lehnt 141 die Anwendung der Vorschrift[477] ab. Bei dem Drei-Tages-Zeitraum gemäß § 41 II 1 VwVfG handele es sich nicht um eine „Frist" i. S. v. § 31 VwVfG, sondern lediglich um die Fiktion des *Zeitpunktes* der Bekanntgabe eines Verwaltungsakts[478] und daher um einen „Termin" i. S. v. § 31 VwVfG. Die Bestimmung dieses Termins er-

---

472 Drescher, NVwZ 1987, 771 (772, 774); Hebeler, DÖV 2006, 112 (115 f.); Schoch, JURA 2011, 23 (29); Beaucamp, JA 2016, 436 (437 f.).

473 OVG Koblenz, Urt. v. 10.10.1997, Az.: 2 A 13324/96 = juris, Rn. 23; OVG Lüneburg, Beschl. v. 3.8. 2012, Az.: 12 LA 180/11 = juris, Rn. 6; OVG Münster, Beschl. v. 26.11.2014, Az.: 6 A 1784/12 = juris, Rn. 22.

474 Oder eine seiner Parallelvorschriften in den VwVfG der Länder, im Abgaben- (§ 108 III AO) oder Sozialverwaltungsverfahrensrecht (§ 26 III 1 SGB X).

475 S. nur OVG Lüneburg, Beschl. v. 28.2.2011, Az.: 4 LA 44/10 = NJW 2011, 1529 (1530) m.w. N. Vgl. zur Parallelvorschrift im Sozialverwaltungsverfahrensrecht auch BSG, Urt. v. 6.5.2010, Az.: B 14 AS 12/09 R = NJW 2011, 1099 (1100, Rn. 11 ff.) m.w. N.

476 S. nur Couzinet/Fröhlich, in: Mann/Sennekamp/Uechtritz, VwVfG, 2. Aufl. 2019, § 41 Rn. 90 m.w. N.

477 Das BSG, Urt. v. 6.5.2010, Az.: B 14 AS 12/09 R = NJW 2011, 1099 (1100, Rn. 11), hat zur Parallelvorschrift im Sozialverwaltungsverfahrensrecht zusätzlich klargestellt, dass sich eine entsprechende Einschränkung auch nicht aus der Vorschrift zur Bekanntgabevermutung selbst ergibt.

478 S. nur OVG Lüneburg, Beschl. v. 28.2.2011, Az.: 4 LA 44/10 = NJW 2011, 1529 (1530).

Tobias Brings-Wiesen

folgt zwar in Orientierung am Ablauf eines pauschalierten Zeitraumes[479], was auf den ersten Blick der Funktionsweise einer „Frist" ähnelt. § 41 II 1 VwVfG hat jedoch nicht das Telos einer Fristenregelung. Eine „Frist" sei eine abgegrenzte Zeitspanne, innerhalb der Leistungen erbracht oder Handlungen vorgenommen werden sollen oder können. Ein „Termin" hingegen sei ein rechtserhebliches Datum, an dem etwas geschehen soll oder eine Rechtswirkung eintritt.[480] Ein Termin kann auch mit Hilfe des Ablaufs eines Zeitraumes näher bestimmt werden. Der entscheidende Unterschied liegt in der Zweckrichtung der Vorschrift: Innerhalb des Drei-Tages-Zeitraums gemäß § 41 II 1 VwVfG wird von keinem Verfahrensbeteiligten ein Tätigwerden erwartet, die Vorschrift erfüllt allein den Zweck der pauschalierten Vermutung einer Bekanntgabe im Interesse von Rechtssicherheit, Verwaltungsvereinfachung und Sparsamkeit.[481] Wie der Wortlaut und der systematische Vergleich mit Abs. 1 zeigten, gelte § 31 III VwVfG aber nur für Fristen, nicht für Termine.[482] Dieses Ergebnis wird auch teleologisch für überzeugend gehalten: Dem genannten Zweck diene am ehesten ein fester Maßstab, nicht aber eine Verschiebung des fingierten Zugangsdatums auf den nächsten Werktag, die gerade die Notwendigkeit einer genaueren Prüfung begründen würde.[483] Dem sollen umgekehrt auch keine teleologischen Erwägungen im Interesse des Schutzes der Empfänger entgegenstehen, sodass zumindest mangels vergleichbarer Interessenlage[484] auch keine analoge Anwendung von § 31 III VwVfG in Frage komme. Der „Feiertagsregelung" liege „in erster Linie die Überlegung zu Grunde, dass die Abgabe einer Erklärung bzw. die Vornahme einer Handlung an diesen Tagen typischerweise Schwierigkeiten bereitet".[485] Entsprechende Schwierigkeiten treffen die Empfänger bei der bloßen Fiktion des Zugangs an einem solchen Tag indes nicht. Der allein nachteiligen Konstellation eines die Rechtsbehelfsfristen verkürzenden Zugangs nach Ablauf des Drei-Tages-Zeitraums könnten die Betroffenen über die Ausnahmeregelung des § 41 II 3 VwVfG

---

479 OVG Lüneburg, Beschl. v. 26.10.2006, Az.: 7 PA 184/06 = NVwZ-RR 2077, 78; vgl. auch VGH München, Beschl. v. 23.7.1990, Az.: 19 B 88185 = NJW 1991, 1250 (1251).
480 Zu dieser Differenzierung VGH München, Beschl. v. 23.7.1990, Az.: Gr. S 1/90 – 19 B 88.185 = NJW 1991, 1250 (1251).
481 Vgl. entsprechend BSG, Urt. v. 6.5.2010, Az.: B 14 AS 12/09 R = NJW 2011, 1099 (1100, Rn. 13); OVG Lüneburg, Beschl. v. 28.2.2011, Az.: 4 LA 44/10 = NJW 2011, 1529 (1530).
482 Vgl. entsprechend VGH München, Beschl. v. 23.7.1990, Az.: Gr. S 1/90 – 19 B 88.185 = NJW 1991, 1250 (1251).
483 Vgl. entsprechend BSG, Urt. v. 6.5.2010, Az.: B 14 AS 12/09 R = NJW 2011, 1099 (1100, Rn. 13).
484 BSG, Urt. v. 6.5.2010, Az.: B 14 AS 12/09 R = NJW 2011, 1099 (1100, Rn. 13), und OVG Lüneburg, Beschl. v. 28.2.2011, Az.: 4 LA 44/10 = NJW 2011, 1529 (1530), verneinen im sozialverwaltungsverfahrensrechtlichen Kontext bereits das Vorliegen einer planwidrigen Regelungslücke.
485 BSG, Urt. v. 6.5.2010, Az.: B 14 AS 12/09 R = NJW 2011, 1099 (1100, Rn. 14).

Tobias Brings-Wiesen

(s. dazu Rn. 139) begegnen.[486] Im Ergebnis akzeptiert diese Ansicht mithin den Eintritt der Vermutung der Bekanntgabe auch an einem Sonntag, einem gesetzlichen Feiertag oder einem Sonnabend.

Die **Gegenansicht** plädiert hingegen für eine (analoge) Anwendung von 142 § 31 III VwVfG und eine entsprechende Verschiebung des Eintritts der Bekanntgabefiktion auf den nächsten Werktag.[487] Der Drei-Tages-Zeitraum gemäß § 41 II 1 VwVfG sei als „Frist" i. S. v. § 31 VwVfG anzusehen.[488] Der Begriff der „Frist" i. S. d. des BGB, dessen Sprachverständnis auch § 31 VwVfG zugrunde liege, bedeute nur einen abgegrenzten Zeitraum. Es handele sich um einen weiten Fristbegriff, für den allein der Ablauf einer bestimmten Zeitspanne entscheidend sei.[489] Auch regele § 41 II 1 VwVfG nicht allein den fiktiven Zeitpunkt der Bekanntgabe, sondern begründe darüber hinaus die Verpflichtung, bei verspätetem Zugang die Bekanntgabefiktion für den Drei-Tages-Zeitraums zu erschüttern.[490] Auch die Zwecke der §§ 31 III und 41 II 1 VwVfG sprächen für eine Anwendbarkeit: Die mit der Verschiebung auf den nächsten Werktag erfolgende Berücksichtigung der in Wirtschaft und öffentlicher Verwaltung üblichen Fünf-Tage-Arbeitswoche ermögliche allen Verfahrensbeteiligten eine einfache, leicht nachprüfbare und rechtssichere Weise den vermuteten Bekanntgabetag zu errechnen und vermeide im Interesse des effektiven Rechtsschutzes (Art. 19 IV GG) und der Verwaltungsvereinfachung Schwierigkeiten hinsichtlich der Erschütterung der Bekanntgabevermutung.[491]

---

486 OVG Lüneburg, Beschl. v. 26.10.2006, Az.: 7 PA 184/06 = NVwZ-RR 2077, 78; vgl. entsprechend BSG, Urt. v. 6.5.2010, Az.: B 14 AS 12/09 R = NJW 2011, 1099 (1100, Rn. 14).
487 Stelkens, in: Stelkens/Bonk/Sachs, VwVfG, 9. Aufl. 2018, § 41 Rn. 133; Ruffert, in: Knack/Henneke, VwVfG, 10. Aufl. 2014, § 41 Rn. 41. So mittlerweile auch für die abgabenverwaltungsverfahrensrechtliche Parallelvorschriften der §§ 108, 122 AO der BFH in st. Rspr. seit Urt. v. 14.10.2003, Az.: IX R 68/98 = NJW 2004, 94.
488 Vgl. entsprechend BFH, Urt. v. 14.10.2003, Az.: IX R 68/98 = NJW 2004, 94. A.A. aber Stelkens, in: Stelkens/Bonk/Sachs, VwVfG, 9. Aufl. 2018, § 41 Rn. 133, der die Ablehnung einer „Frist" für „formal korrekt" hält.
489 Vgl. entsprechend BFH, Urt. v. 14.10.2003, Az.: IX R 68/98 = NJW 2004, 94. In Abgrenzug zu dem von der Gegenmeinung zugrundegelegten engen Fristbegriff, gemäß dem innerhalb eines Zeitraums Leistungen erbracht oder Handlungen vorgenommen werden sollen oder können.
490 Vgl. entsprechend BFH, Urt. v. 14.10.2003, Az.: IX R 68/98 = NJW 2004, 94 (94 f.).
491 Vgl. in diesem Sinne BFH, Urt. v. 14.10.2003, Az.: IX R 68/98 = NJW 2004, 94 (95); Stelkens, in: Stelkens/Bonk/Sachs, VwVfG, 9. Aufl. 2018, § 41 Rn. 133. Beachte aber auch das BSG, Urt. v. 6.5.2010, Az.: B 14 AS 12/09 R = NJW 2011, 1099 (1100 f., Rn. 15), das diese Argumentation des BFH, a.a.O., für den abgabenverwaltungsverfahrensrechtlichen Besonderheiten geschuldet hält.

Tobias Brings-Wiesen

143 Für die **Fristberechnung** ist trotz allem gemäß § 31 I VwVfG – mindestens in analoger Anwendung – auf die §§ 187 ff. BGB zurückzugreifen, sodass § 187 I und § 188 I BGB heranzuziehen sind.

bb) Elektronische Bekanntgabe

144 Besonderer Betrachtung bedarf die **elektronische Bekanntgabe von Verwaltungsakten**, die im Zuge einer sowohl praktischen als auch rechtlichen Hinwendung in Richtung einer Intensivierung des E-Governments[492] in jüngerer Zeit zunehmend an Bedeutung gewonnen hat. Das allgemeine Verwaltungsrecht regelt heute zwei Arten elektronischer Bekanntgabe ausdrücklich: die elektronische Übermittlung und den Abruf über ein öffentlich zugängliches Netz.

145 Die Bekanntgabevermutung in § 41 II 2 VwVfG setzt die Möglichkeit einer elektronischen Übermittlung voraus, schweigt indes zu deren Zulässigkeit. Diese richtet sich nach § 3a VwVfG, der allgemeine Vorgaben für die **elektronische Kommunikation** zwischen Behörde und Bürger trifft. Gemäß § 3a I VwVfG ist die Übermittlung von elektronischen Dokumenten – wie Verwaltungsakten – zulässig, soweit der Empfänger hierfür einen Zugang eröffnet. Fehlt eine solche Zugangseröffnung, bleibt eine gleichwohl erfolgte elektronische Bekanntgabe unwirksam.[493] Welche **Anforderungen an eine Zugangseröffnung** zu stellen sind, ist im Einzelnen umstritten.[494] Zu Recht wird jedoch angenommen, dass nicht schon dann von einer Zugangseröffnung auszugehen ist, wenn ein privater Empfänger über einen E-Mail-Account verfügt und die E-Mail-Adresse der Behörde bekannt ist.[495] Die Verkehrsanschauung hinsichtlich der Kommunikation zwischen Bürger und Verwaltung hat sich noch nicht derart gewandelt, dass entsprechend dem Postweg jederzeit mit einer Kontaktaufnahme via E-Mail zu rechnen ist.[496] Zu fordern ist daher die ausdrückliche oder zumindest konkludente – beispielsweise durch vorangegangene Korrespondenz – Eröffnung dieses Kommunikationsweges.[497] Im Falle der Kommunikation mit Geschäftspersonen

---

492 S. dazu im Überblick Prell, NVwZ 2018, 1255; zu weiteren jüngeren Änderungen des VwVfG Schmitz/Prell, NVwZ 2016, 1273.

493 Stelkens, in: Stelkens/Bonk/Sachs, VwVfG, 9. Aufl. 2018, § 41 Rn. 87; so auch Couzinet/Fröhlich, in: Mann/Sennekamp/Uechtritz, VwVfG, 2. Aufl. 2019, § 41 Rn. 49, die in diesem Fall eine Heilung für unmöglich erachten.

494 Ausführlich dazu m.w.N. Stelkens, in: Stelkens/Bonk/Sachs, VwVfG, 9. Aufl. 2018, § 41 Rn. 88 ff.

495 OVG Münster, Beschl. v. 13.11.2014, Az.: 2 B 1111/14 = NVwZ-RR 2015, 172.

496 Stelkens, in: Stelkens/Bonk/Sachs, VwVfG, 9. Aufl. 2018, § 41 Rn. 88.

497 BVerwG, Urteile v. 7.12.2016, Az.: 6 C 12.15; 6 C 13.15 und 6 C 14.15 = juris, jeweils Rn. 19.

oder Rechtsanwälten ist es grundsätzlich vertretbar, einen reduzierten Maßstab anzulegen.[498] Hinsichtlich der Regelung in § 41 II 2 und 3 VwVfG gilt das zur Übermittlung des schriftlichen Verwaltungsakts per Post im Inland Gesagte (s. dazu Rn. 136 ff.) entsprechend.[499]

Seit Kurzem[500] kann ein elektronischer Verwaltungsakt[501] darüber hinaus **146** auch gemäß § 41 IIa 1 VwVfG dadurch bekannt gegeben werden, dass er vom Beteiligten oder von seinem Bevollmächtigten **über ein öffentlich zugängliches Netz abgerufen** wird.[502] Die Besonderheit bei dieser Art der elektronischen Bekanntgabe besteht in der Rolle des Empfängers: Es wird erwartet, dass dieser sich (im Regelfall) den Verwaltungsakt in einem finalen Schritt selber bei der Verwaltung abholt.[503] Da also eine *finale* Verbringung des Verwaltungsakts in den Machtbereich des Empfängers fehlt, handelt es sich nicht um eine elektronische „Übermittlung" i.S.v. §§ 3a I, 41 II 2 VwVfG.[504] Die Wirksamkeit der Bekanntgabe gemäß § 41 IIa VwVfG wird an einige besondere Voraussetzungen geknüpft:

Wegen der Verschiebung der Verantwortlichkeit für den Zugang eines Ver- **147** waltungsakts zulasten der Empfänger setzt diese Art der Bekanntgabe tatbestandlich die **Einwilligung** des jeweiligen Beteiligten voraus, die jederzeit widerruflich ist[505]. Fehlt diese, kommt es nicht zu einer wirksamen Bekanntgabe des Verwaltungsakts. Teilweise werden auch an die Einwilligung erhöhte Anforderungen gestellt.[506] Dem wird jedoch zu Recht das systematisch-teleologische Argument entgegengehalten, dass anders als im Rahmen der elektronischen Übermittlung gemäß § 3a I VwVfG (oder als gemäß der Parallelvorschrift im Ab-

---

498 Zu weitgehend aber OVG Münster, Beschl. v. 13.11.2014, Az.: 2 B 1111/14 = NVwZ-RR 2015, 172, wonach die bloße Angabe als Kontaktadresse auf der Internetseite ausreichen soll.

499 S. zu den wenigen Besonderheiten Couzinet/Fröhlich, in: Mann/Sennekamp/Uechtritz, VwVfG, 2. Aufl. 2019, § 41 Rn. 95 f.

500 Der Absatz wurde eingeführt durch Art. 20 Nr. 4 des Gesetzes zur Modernisierung des Besteuerungsverfahrens v. 18.7.2016, BGBl. I, S. 1679. Ausführlich dazu Schmitz/Prell, NVwZ 2016, 1273 (1277 ff.); Braun Binder, DÖV 2016, 891 (896 ff.); Siegel, DVBl 2017, 24 (27 f.).

501 Die Frage, ob der Verwaltungsakt *in elektronischer Form* erlassen werden darf, ist davon abzugrenzen, Stelkens, in: Stelkens/Bonk/Sachs, VwVfG, 9. Aufl. 2018, § 41 Rn. 134c. S. dazu noch Rn. 687 f.

502 Zu den Hintergründen der Vorschrift Stelkens, in: Stelkens/Bonk/Sachs, VwVfG, 9. Aufl. 2018, § 41 Rn. 134 ff.

503 Schmitz/Prell, NVwZ 2016, 1273 (1278).

504 In diesem Sinne auch Stelkens, in: Stelkens/Bonk/Sachs, VwVfG, 9. Aufl. 2018, § 41 Rn. 134; Schmitz/Prell, NVwZ 2016, 1273 (1278, Fn. 23).

505 Ramsauer/Tegethoff, in: Kopp/Ramsauer, VwVfG, 20. Aufl. 2019, § 41 Rn. 43c; Tiedemann, in: Bader/Ronellenfitsch, VwVfG, 44. Ed., Stand: 1.7.2019, § 41 Rn. 82b.

506 Braun Binder, DÖV 2016, 891 (896); in diese Richtung bereits Braun Binder, NVwZ 2016, 342 (345, 347).

Tobias Brings-Wiesen

gabenrecht, § 122a AO) *keine* Bekanntgabevermutung nach drei Tagen eintritt (§ 41 II 2, 3 VwVfG; § 122a IV AO), sondern eine Bekanntgabe schlicht scheitert (§ 41 IIa 4, 5 VwVfG; s. dazu Rn. 149), sodass den Beteiligten in Folge der Annahme einer Einwilligung keine signifikanten Nachteile drohen.[507] Angesichts dessen werden die Anforderungen an die Einwilligung mehrheitlich abgesenkt: Sie bedürfe keiner besonderen Form;[508] es bedürfe keiner expliziten (vorherigen) Zustimmung des Empfängers, vielmehr könne erst im Abruf eines gleichwohl bereitgestellten Verwaltungsakts die „Einwilligung" gesehen werden;[509] sollte gleichwohl eine vorherige Zustimmung eingeholt werden, könne diese – unter bestimmten Voraussetzungen – auch über die Bekanntgabe *eines* konkreten Verwaltungsakts als Ergebnis *eines* konkreten Verwaltungsverfahrens hinausgehen.[510] Folgt man der letztgenannten Auffassung, hat die Einwilligung als Wirksamkeitsvoraussetzung praktisch kaum noch beschränkenden Charakter. Eine (höchst-)richterliche Klärung der Frage steht jedoch noch aus.

148 Wurde die Einwilligung erteilt, besteht *keine* Verpflichtung der Behörde, auch tatsächlich eine Bekanntgabe des Verwaltungsakts durch Abruf über ein öffentlich zugängliches Netz zu bewirken.[511] Die Entscheidung für eine Bekanntgabe gemäß § 41 IIa VwVfG steht vielmehr **im Ermessen** der Behörde.

149 Die Bekanntgabe erfolgt erst mit dem ***tatsächlichen*** **Abruf** durch den Empfänger.[512] Bis zu diesem Zeitpunkt steht es der Behörde daher auch – trotz willentlicher Einstellung und Benachrichtigung des Empfängers – uneingeschränkt frei, die Bereitstellung zu beenden und den bereitgestellten Verwaltungsakt damit

---

507 So – beschränkt auf § 122a AO – Stelkens, in: Stelkens/Bonk/Sachs, VwVfG, 9. Aufl. 2018, § 41 Rn. 134h; das Argument ist jedoch auf §§ 3a I, 41 II 2, 3 VwVfG ohne weiteres übertragbar.
508 Ramsauer/Tegethoff, in: Kopp/Ramsauer, VwVfG, 20. Aufl. 2019, § 41 Rn. 43c; so auch Tiedemann, in: Bader/Ronellenfitsch, VwVfG, 44. Ed., Stand: 1.7.2019, § 41 Rn. 82b, der dies aus dem Grundsatz der Nichtförmlichkeit des Verwaltungsverfahrens (§ 10 VwVfG) ableitet, aber aus Gründen der Rechtssicherheit einen irgendwie gearteten Nachweis empfiehlt.
509 Stelkens, in: Stelkens/Bonk/Sachs, VwVfG, 9. Aufl. 2018, § 41 Rn. 134 h; a. A. aber Ramsauer/Tegethoff, in: Kopp/Ramsauer, VwVfG, 20. Aufl. 2019, § 41 Rn. 43c; Schmitz/Prell, NVwZ 2016, 1273 (1278); wohl auch Tiedemann, in: Bader/Ronellenfitsch, VwVfG, 44. Ed., Stand: 1.7.2019, § 41 Rn. 82b. Insofern für eine „Heilung" Couzinet/Fröhlich, in: Mann/Sennekamp/Uechtritz, VwVfG, 2. Aufl. 2019, § 41 Rn. 113.
510 Unter Identifizierung einzelner Grenzen einer solchen generellen Einwilligung Stelkens, in: Stelkens/Bonk/Sachs, VwVfG, 9. Aufl. 2018, § 41 Rn. 134i; Schmitz/Prell, NVwZ 2016, 1273 (1278).
511 Stelkens, in: Stelkens/Bonk/Sachs, VwVfG, 9. Aufl. 2018, § 41 Rn. 134f, 134k; Tiedemann, in: Bader/Ronellenfitsch, VwVfG, 44. Ed., Stand: 1.7.2019, § 41 Rn. 82b.
512 Stelkens, in: Stelkens/Bonk/Sachs, VwVfG, 9. Aufl. 2018, § 41 Rn. 134q; Schmitz/Prell, NVwZ 2016, 1273 (1278). Demgegenüber kommt es im Abgabenrecht auf den Akt der Bereitstellung zum Abruf an, vgl. § 122 I und IV AO. Zu beachten ist, dass *keine* Pflicht zum Abruf besteht, sodass darin auch keine treuwidrige Vereitelung des Zugangs zu sehen ist.

Tobias Brings-Wiesen

zu widerrufen.[513] Darüber hinausgehend verpflichtet[514] § 41 IIa 4 VwVfG die Behörde zur Beendigung der Bereitstellung, wenn der Verwaltungsakt nicht innerhalb von zehn Tagen nach Absendung einer Benachrichtigung abgerufen worden ist. Mit der Beendigung der Bereitstellung entfällt auch die Möglichkeit des Abrufs und somit der Bekanntgabe gemäß § 41 IIa 1 VwVfG.

Für Verwirrung sorgt vor diesem Hintergrund die **Regelung des § 41 IIa 5 Hs. 1 VwVfG**, nach der eine Bekanntgabe „in diesem Fall [...] nicht bewirkt" sein soll. Die Vorschrift könnte dahingehend missverstanden werden, dass eine mangels Beendigung der Bereitstellung nach Ablauf besagter zehn Tage gleichwohl durch Abruf erfolgte Bekanntgabe entgegen des Grundsatzes in § 41 IIa 1 VwVfG als *rechtlich* nicht erfolgt erachtet werden soll. Dem wird zu Recht bereits der Wortlaut entgegengehalten[515]: „In diesem Fall" bezieht sich auf Hs. 2 von § 41 IIa 4 VwVfG und somit auf die Beendigung der Bereitstellung, nicht auf den Hs. 1 und den Ablauf der zehn Tage – § 41 IIa 5 Hs. 1 VwVfG weist somit lediglich deklaratorisch auf die bereits mangels Abrufmöglichkeit eintretende Folge des Ausbleibens der Bekanntgabe hin. Auch Sinn und Zweck der Normen verlangen nicht danach.[516] Folglich kann auch ein verspäteter Abruf noch zu einer wirksamen Bekanntgabe nach § 41 IIa 1 VwVfG führen.[517] Zugleich bleibt gemäß § 41 IIa 5 Hs. 2 VwVfG die Möglichkeit einer erneuten Bereitstellung zum Abruf *oder* der Bekanntgabe auf andere Weise unberührt.

Damit dem Empfänger eine Weiterverwendung im Rechtsverkehr möglich ist, **150** ist über den bloßen Abruf hinaus auch die **Speicherbarkeit** des abgerufenen elektronischen Verwaltungsakts Wirksamkeitsvoraussetzung.[518]

Ohne Auswirkungen auf die Wirksamkeit der Bekanntgabe bleiben eine **151** Verletzung der Verpflichtung zur Gewährleistung des Abrufs nur nach Authenti-

---

513 Stelkens, in: Stelkens/Bonk/Sachs, VwVfG, 9. Aufl. 2018, § 41 Rn. 134u; Schmitz/Prell, NVwZ 2016, 1273 (1279 f.).

514 So wohl auch Ramsauer/Tegethoff, in: Kopp/Ramsauer, VwVfG, 20. Aufl. 2019, § 41 Rn. 43j. A. A. Tiedemann, in: Bader/Ronellenfitsch, VwVfG, 44. Ed., Stand: 1.7.2019, § 41 Rn. 82e; Couzinet/ Fröhlich, in: Mann/Sennekamp/Uechtritz, VwVfG, 2. Aufl. 2019, § 41 Rn. 122, die sich demgegenüber für eine teleologische Reduktion auf die *Möglichkeit* einer Beendigung aussprechen.

515 Stelkens, in: Stelkens/Bonk/Sachs, VwVfG, 9. Aufl. 2018, § 41 Rn. 134v, jedoch ohne nähere Begründung.

516 S. dazu ausführlicher Stelkens, in: Stelkens/Bonk/Sachs, VwVfG, 9. Aufl. 2018, § 41 Rn. 134u; Tiedemann, in: Bader/Ronellenfitsch, VwVfG, 44. Ed., Stand: 1.7.2019, § 41 Rn. 82e.

517 Stelkens, in: Stelkens/Bonk/Sachs, VwVfG, 9. Aufl. 2018, § 41 Rn. 134u; Tiedemann, in: Bader/Ronellenfitsch, VwVfG, 44. Ed., Stand: 1.7.2019, § 41 Rn. 82e.

518 Ramsauer/Tegethoff, in: Kopp/Ramsauer, VwVfG, 20. Aufl. 2019, § 41 Rn. 43h; Couzinet/ Fröhlich, in: Mann/Sennekamp/Uechtritz, VwVfG, 2. Aufl. 2019, § 41 Rn. 115; Schmitz/Prell, NVwZ 2016, 1273 (1278).

Tobias Brings-Wiesen

fizierung der berechtigten Person gemäß § 41 IIa 2 Hs. 2 VwVfG sowie das Ausbleiben bzw. die Fehlerhaftigkeit der in § 41 IIa 4 VwVfG vorausgesetzten Benachrichtigung über die Bereitstellung.[519]

152   Der **Zeitpunkt der Bekanntgabe** richtet sich nach § 41 IIa 3 VwVfG: Der Verwaltungsakt gilt am Tag *nach* dem (erstmaligen) Abruf als bekannt gegeben. Die bereits dargestellte Problematik des Fristendes an einem Sonntag, einem gesetzlichen Feiertag oder einem Sonnabend wird bezüglich dieser Norm genauso diskutiert.[520]

153   Tatsächlich beschränkt sich die **Möglichkeit der Bereitstellung von Verwaltungsakten über Internetportale** jedoch nicht auf die in § 41 IIa VwVfG statuierte Art. Da im Falle des Fehlens von Bestimmungen darüber, auf welche Art und Weise ein Verwaltungsakt bekanntzugeben ist, die Entscheidung darüber grundsätzlich im Ermessen der Behörde steht (s. dazu Rn. 134), hat das Bundesverwaltungsgericht jüngst auch die Bereitstellung einer Klausurbenotung im Internetportal einer Hochschule als wirksame individuelle Bekanntgabe gewertet, da die Note über ein persönliches Konto ähnlich einem Briefkasten in den Machtbereich des Betroffenen gelange und aufgrund der dem Mitgliedschaftsverhältnis zugrundeliegenden Studienordnung, die eine Kommunikation über automatisierte Geschäftsprozesse und Verfahren vorsehe, mit einem regelmäßigen Besuch des Internetportals zu rechnen sei.[521]

cc) Öffentliche Bekanntgabe

154   „Öffentliche" Bekanntgabe meint grundsätzlich die Bekanntgabe eines Verwaltungsakts ohne individuell identifizierten oder identifizierbaren Empfänger(-kreis).[522] Sie ist mithin eine Ergänzung zu den bisher dargestellten verschiedenen Arten *individueller* Bekanntgabe. Sie verlangt keinen Zugang, dafür aber eine **allgemeine Zugänglichkeit**[523] und insofern eine einhergehende **Möglichkeit der Kenntnisnahme.** Damit geht sie im Interesse der Funktionsfähigkeit

---

519 Ramsauer/Tegethoff, in: Kopp/Ramsauer, VwVfG, 20. Aufl. 2019, § 41 Rn. 43h.

520 Stelkens, in: Stelkens/Bonk/Sachs, VwVfG, 9. Aufl. 2018, § 41 Rn. 134s. S. auch Couzinet/ Fröhlich, in: Mann/Sennekamp/Uechtritz, VwVfG, 2. Aufl. 2019, § 41 Rn. 124 ff.

521 BVerwG, Beschl. v. 21.12.2017, Az.: 6 B 43.17 = NVwZ 2018, 496 (498, Rn. 12); so bereits in der Vorinstanz OVG Münster, Urt. v. 21.3.2017, Az.: 14 A 1689/16 = BeckRS 2017, 108275 (Rn. 37 ff.); zweifelnd noch VGH München, Beschl. v. 7.11.2012, Az.: 7 C 12.2143 = juris, Rn. 14.

522 Hierin liegt auch der zentrale Unterschied zur öffentlichen Zustellung gemäß § 10 VwZG: In ihrem Falle ist sehr wohl ein individuell identifizierter oder identifizierbarer Empfänger(-kreis) bekannt, eine individuelle Bekanntgabe jedoch aus anderen Gründen nicht möglich, s. dazu noch Rn. 173.

523 Detterbeck, Allgemeines Verwaltungsrecht, 17. Aufl. 2019, Rn. 555.

Tobias Brings-Wiesen

der Verwaltung[524] zulasten der mit der Bekanntgabe zu realisierenden verfassungsrechtlich geschützten Interessen der Betroffenen (s. dazu Rn. 117). Weil sie somit die Wahrscheinlichkeit der tatsächlichen Kenntnisnahme der durch einen Verwaltungsakt Betroffenen reduziert, bildet sie eine praktisch eng begrenzte Ausnahmeerscheinung. Sie ist **nur in zwei Konstellationen zulässig:** (1) wenn sie durch Rechtsvorschrift zugelassen wird (§ 41 III 1 VwVfG) oder (2) wenn es sich bei dem Verwaltungsakt um eine Allgemeinverfügung gemäß § 35 S. 2 VwVfG (s. dazu Rn. 77 ff.) handelt, deren Bekanntgabe an die Beteiligten untunlich ist (§ 41 III 2 VwVfG).

(1) § 41 III 1 VwVfG enthält selbst keine Ermächtigung der Behörden zur öf- **155** fentlichen Bekanntgabe, sondern verweist insofern (deklaratorisch) auf andere Rechtsvorschriften. Im Umkehrschluss folgt damit aus der Norm jedoch der **Grundsatz der Unzulässigkeit einer öffentlichen Bekanntgabe** von Verwaltungsakten.[525] Darin erschöpft sich indes auch ihr Regelungsgehalt; konkrete Vorgaben zur Zulässigkeit der öffentlichen Bekanntgabe sind den jeweiligen Spezialvorschriften zu entnehmen. Die zu einer öffentlichen Bekanntgabe ermächtigenden Vorschriften, die bereits im Studium bekannt sein sollten, sind insbesondere die §§ 36, 37 StVO betreffend die Verkehrszeichen (s. dazu Rn. 165) und Weisungen durch Polizeibeamte und Ampeln, die verschiedenen Vorschriften betreffend die Regelung von Eigenschaften und Nutzung von Straßen (vgl. beispielsweise § 2 VI 4, 5 FStrG; §§ 5 II 2, III 3, 6 I 2, VIII 2, 7 I 3, VI 2, 8 I 2 StrWG NRW) sowie der § 41 III 2 VwVfG. Wird ein Verwaltungsakt öffentlich bekanntgegeben, obwohl eine entsprechende Ermächtigungsgrundlage fehlt, ist dieser **unwirksam.**[526]

(2) § 41 III 2 VwVfG ist selbst **Ermächtigungsgrundlage.**[527] Die Vorschrift **156** ermöglicht es den Behörden, Allgemeinverfügungen i.S.v. § 35 S. 2 VwVfG öffentlich bekanntzugeben, wenn eine individuelle Bekanntgabe an die Beteiligten untunlich ist. Dies verdeutlicht, dass auch für Allgemeinverfügungen eigentlich

---

524 Diesem Zweck dienen die § 41 III, IV VwVfG, Stelkens, in: Stelkens/Bonk/Sachs, VwVfG, 9. Aufl. 2018, § 41 Rn. 6. Zum verfassungsrechtlich anerkannten Prinzip der Verwaltungseffizienz m.w.N. BVerwG, Urt. v. 27.5.1983, Az.: 4 C 40, 44, 45.81 = BVerwGE 67, 206 (209 f.), wo das Gericht überdies auch auf das damit zusammenhängende Interesse der Rechtssicherheit abstellt.
525 Stelkens, in: Stelkens/Bonk/Sachs, VwVfG, 9. Aufl. 2018, § 41 Rn. 148; Tiedemann, in: Bader/Ronellenfitsch, VwVfG, 44. Ed., Stand: 1.7.2019, § 41 Rn. 100; ähnlich auch Couzinet/Fröhlich, in: Mann/Sennekamp/Uechtritz, VwVfG, 2. Aufl. 2019, § 41 Rn. 129.
526 Stelkens, in: Stelkens/Bonk/Sachs, VwVfG, 9. Aufl. 2018, § 41 Rn. 148; Couzinet/Fröhlich, in: Mann/Sennekamp/Uechtritz, VwVfG, 2. Aufl. 2019, § 41 Rn. 127. A. A. aber Detterbeck, Allgemeines Verwaltungsrecht, 17. Aufl. 2019, Rn. 557.
527 Stelkens, in: Stelkens/Bonk/Sachs, VwVfG, 9. Aufl. 2018, § 41 Rn. 152; Couzinet/Fröhlich, in: Mann/Sennekamp/Uechtritz, VwVfG, 2. Aufl. 2019, § 41 Rn. 128.

Tobias Brings-Wiesen

der Grundsatz der individuellen Bekanntgabe gelten soll. Ihre besonderen Charakteristika (s. dazu Rn. 77 ff.) machen es indes unvermeidbar, weitreichendere Ausnahmekonstellationen zuzulassen. Zentrale Voraussetzung ist dabei die **„Untunlichkeit"** der individuellen Bekanntgabe. Deren Vorliegen ist unter Berücksichtigung aller Umstände des Einzelfalls mit einer gebotenen Zurückhaltung zu bewerten. Dabei können verschiedene Faktoren einzeln oder kumulativ für eine Untunlichkeit sprechen. So kann die individuelle Bekanntgabe bereits wegen der Natur der Allgemeinverfügung unmöglich oder mit erheblichen Schwierigkeiten verbunden sein,[528] beispielsweise weil der Kreis der betroffenen Personen überhaupt nicht abschließend bestimmbar oder zumindest nicht mit letzter Sicherheit ermittelbar ist[529] – wie regelmäßig im Falle von sachbezogenen und benutzungsregelnden Allgemeinverfügungen gemäß § 35 S. 2 Var. 2 und 3 VwVfG[530] oder wie im Falle von personenbezogenen Allgemeinverfügungen gemäß § 35 S. 2 Var. 1 VwVfG, in deren Falle sich anhand allgemeiner Merkmale zwar ein Personenkreis, keineswegs aber jede individuelle Person identifizieren lassen mag, wie bei einem präventiven Versammlungsverbot,[531] einem Aufenthaltsverbot für bestimmte Gemeindebereiche[532] oder einem Verbot von Werbung für Sportwetten im Internet[533]. Eine große Anzahl Betroffener kann für die Beurteilung der Erheblichkeit des Verwaltungsaufwands entsprechend indizielle Bedeutung haben, sie wird jedoch mehrheitlich als allein nicht ausreichend erachtet.[534] Auch personenunabhängige Erwägungen, wie eine besondere Eilbedürftigkeit der

---

528 S. dazu Ramsauer/Tegethoff, in: Kopp/Ramsauer, VwVfG, 20. Aufl. 2019, § 41 Rn. 46.

529 Vgl. bereits die Begründung zum Entwurf eines VwVfGes, BT-Drucks. 7/910, S. 62; Stelkens, in: Stelkens/Bonk/Sachs, VwVfG, 9. Aufl. 2018, § 41 Rn. 153; zu dinglichen Verwaltungsakten Niehues, DVBl 1982, 317 (317 ff.).

530 Ramsauer/Tegethoff, in: Kopp/Ramsauer, VwVfG, 20. Aufl. 2019, § 41 Rn. 46; Stelkens, in: Stelkens/Bonk/Sachs, VwVfG, 9. Aufl. 2018, § 41 Rn. 153. Nicht aber im Falle einer sog. Schutzbereichsanordnung gemäß § 2 I 1 SchBerG, VGH Mannheim, Urt. v. 15.11.1988, Az.: 10 S 751/88 = NVwZ 1989, 978 (980), oder im Falle von (Ent-)Widmungen, die nur einzelne Personen betreffen, OVG Münster, Urt. v. 27.4.1998, Az.: 7 A 3814/96 = BeckRS 1999, 20219, Rn. 20 ff.

531 VGH Mannheim, Urt. v. 6.11.2013, Az.: 1 S 1640/12 = BeckRS 2013, 58560.

532 VG Darmstadt, Beschl. v. 28.4.2016, Az.: 3 L 642/16.DA = NVwZ 2016, 1344; vgl. auch VGH Mannheim, Beschl. v. 30.9.1996, Az.: 1 S 2531/96 = NVwZ-RR 1997, 225.

533 OVG Münster, Beschl. v. 19.1.2010, Az.: 13 A 841/09 = BeckRS 2010, 46385.

534 Ramsauer/Tegethoff, in: Kopp/Ramsauer, VwVfG, 20. Aufl. 2019, § 41 Rn. 46; so auch Stelkens, in: Stelkens/Bonk/Sachs, VwVfG, 9. Aufl. 2018, § 41 Rn. 154 f., der für die Bestimmung der Erheblichkeit des Aufwands Orientierung in den (verworfenen) Vorschriften des VwVfG zu Sammelverfahren sucht; jedenfalls gegen eine schematische Übertragung Couzinet/Fröhlich, in: Mann/Sennekamp/Uechtritz, VwVfG, 2. Aufl. 2019, § 41 Rn. 133.

Tobias Brings-Wiesen

Bekanntgabe, können – für sich[535] oder in Kombination mit weiteren Erwägungen[536] – für eine Untunlichkeit sprechen.

Liegt eine dieser Konstellationen vor, steht es grundsätzlich **im Ermessen** 157 der zuständigen Behörde, den Verwaltungsakt öffentlichen bekanntzugeben.[537] Insbesondere kann sie sich auch für eine „**kombinierte Bekanntgabe**", sprich eine neben die öffentliche Bekanntgabe tretende individuelle Bekanntgabe an besonders Betroffene, entscheiden.[538] Dies kann dazu führen, dass sich die Wirkungen eines Verwaltungsakts je nach Art der Bekanntgabe wieder (s. dazu Rn. 164) relativ entfalten.

Ist die öffentliche Bekanntgabe gemäß § 41 III VwVfG zulässig, bedarf es 158 weiterhin der Beachtung ihrer **Modalitäten.** Für *schriftliche* und *elektronische* Verwaltungsakte[539] wurden in § 41 IV VwVfG allgemeine Vorgaben normiert, die wie gewohnt durch spezialgesetzliche Vorschriften verdrängt oder ergänzt werden können.[540]

Zentral verlangt § 41 IV 1 VwVfG die **ortsübliche Bekanntmachung** des verfügenden Teils des Verwaltungsakts. Terminologisch wie systematisch zeigt sich, dass § 41 IV VwVfG zwischen öffentlicher Bekannt*gabe* und ortsüblicher Bekannt*machung* unterscheidet: Die Bekanntmachung ist der **formalisierte Hinweis auf einen andernorts zur Einsichtnahme bereitgehaltenen Verwaltungsakt** (§ 41 IV 2 VwVfG).[541] Dieser Hinweis muss vorab nur[542] den verfügenden Teil[543] des bekanntzugebenden Verwaltungsakts im Wortlaut[544] sowie die

---

535 Stelkens, in: Stelkens/Bonk/Sachs, VwVfG, 9. Aufl. 2018, § 41 Rn. 153.

536 Couzinet/Fröhlich, in: Mann/Sennekamp/Uechtritz, VwVfG, 2. Aufl. 2019, § 41 Rn. 133.

537 Stelkens, in: Stelkens/Bonk/Sachs, VwVfG, 9. Aufl. 2018, § 41 Rn. 146; Tiedemann, in: Bader/Ronellenfitsch, VwVfG, 44. Ed., Stand: 1.7.2019, § 41 Rn. 86.

538 Stelkens, in: Stelkens/Bonk/Sachs, VwVfG, 9. Aufl. 2018, § 41 Rn. 147 m.w.N.

539 S. zur öffentlichen Bekanntgabe mündlicher und in anderer Weise erlassener Verwaltungsakte Stelkens, in: Stelkens/Bonk/Sachs, VwVfG, 9. Aufl. 2018, § 41 Rn. 197 f.

540 Stelkens, in: Stelkens/Bonk/Sachs, VwVfG, 9. Aufl. 2018, § 41 Rn. 150.

541 Stelkens, in: Stelkens/Bonk/Sachs, VwVfG, 9. Aufl. 2018, § 41 Rn. 156.

542 Weitere Informationen, wie sie im Hinblick auf Bekanntmachungen von Verwaltungsentscheidungen im förmlichen oder im Planfeststellungsverfahren verlangt sind (§§ 69 II 4 bis 6, 74 IV 2 und 3, V 2 bis 4 VwVfG), wie beispielsweise der Zeitraum der Einsichtnahmemöglichkeit, sind bei der „verkürzten Bekanntgabe" nicht erforderlich, Stelkens, in: Stelkens/Bonk/Sachs, VwVfG, 9. Aufl. 2018, § 41 Rn. 180 f.; a. A. aber zu den Geschäftszeiten Tiedemann, in: Bader/Ronellenfitsch, VwVfG, 44. Ed., Stand: 1.7.2019, § 41 Rn. 117.

543 Zu den verschiedenen denkbaren Bestandteilen dieses „verfügenden Teils" vgl. nur Stelkens, in: Stelkens/Bonk/Sachs, VwVfG, 9. Aufl. 2018, § 41 Rn. 167 ff. S. dazu bereits Rn. 121.

544 Stelkens, in: Stelkens/Bonk/Sachs, VwVfG, 9. Aufl. 2018, § 41 Rn. 167; Tiedemann, in: Bader/Ronellenfitsch, VwVfG, 44. Ed., Stand: 1.7.2019, § 41 Rn. 111. Zur Frage einer möglichen Lockerung dieser Anforderung ausführlich m. zahlr. N. Stelkens, a.a.O., Rn. 168 ff.

Tobias Brings-Wiesen

Angabe des Ortes[545], wo der Verwaltungsakt und seine – gegebenenfalls erforderliche (s. dazu Rn. 690 ff.) – Begründung eingesehen werden können, beinhalten. Fehlt eine dieser Angaben, ist der Verwaltungsakt unwirksam.[546]

159 Examenswissen: Genauerer Betrachtung bedarf im Falle der öffentlichen Bekanntgabe der Umgang mit der **Rechtsbehelfsbelehrung** gemäß § 37 VI VwVfG, § 58 VwGO. Weitgehende Einigkeit besteht jedenfalls darüber, dass sie dem bekanntzugebenden Verwaltungsakt selbst beizufügen ist – entweder im Rahmen der Einsichtnahme gemäß § 41 IV 2 VwVfG[547] oder bereits im Rahmen einer vollständigen öffentlichen Bekanntgabe[548]. **Umstritten** ist hingegen, ob sie im Falle einer „verkürzten" öffentlichen Bekanntgabe (zusätzlich) bereits der ortsüblichen Bekanntmachung gemäß § 41 IV 1 VwVfG beizufügen ist.[549] Dagegen sprächen der Wortlaut der Norm und der systematische Vergleich mit anderen Vorschriften zu Bekanntmachungen von Verwaltungsentscheidungen, die eine Bekanntmachung auch der Rechtsbehelfsbelehrung ausdrücklich verlangen (§§ 69 II 4, 74 V 2 VwVfG).[550] Dafür werden Sinn und Zweck der Rechtsbehelfsbelehrung angeführt: Deren Signalwirkung bleibe aus, wenn sie nicht mit dem ersten öffentlich wahrnehmbaren Mitteilungsakt der Behörde, sondern erst bei einer späteren Einsichtnahme erfolgt.[551] Verlangt man eine ortsübliche Bekanntmachung auch der Rechtsbehelfsbelehrung, führt deren Ausbleiben zur Modifikation des Laufs der Rechtsbehelfsfristen gemäß § 58 VwGO (s. dazu Rn. 368 f.).

160 Die „**Ortsüblichkeit**" der Bekanntmachung ist abgestuft zu bestimmen: Fehlen vorrangige spezialgesetzliche Vorgaben[552], verweist § 41 IV 1 VwVfG über den Terminus der Ortsüblichkeit auf das für den zuständigen Verwaltungsträger

---

545 *Ein* Ort wird regelmäßig ausreichend sein, Stelkens, in: Stelkens/Bonk/Sachs, VwVfG, 9. Aufl. 2018, § 41 Rn. 179.

546 Zu § 41 IV 2 VwVfG VGH München, Beschl. v. 9.7.2001, Az.: 6 B 98.2891 = BeckRS 2001, 25898, Rn. 5; Couzinet/Fröhlich, in: Mann/Sennekamp/Uechtritz, VwVfG, 2. Aufl. 2019, § 41 Rn. 136 m.w.N. Vgl. auch BVerwG, Urt. v. 21.11.1986, Az.: 8 C 127.84 = NVwZ 1987, 230.

547 Stelkens, in: Stelkens/Bonk/Sachs, VwVfG, 9. Aufl. 2018, § 41 Rn. 192; Couzinet/Fröhlich, in: Mann/Sennekamp/Uechtritz, VwVfG, 2. Aufl. 2019, § 41 Rn. 136, jeweils m.w.N.

548 Dafür ausdrücklich Tiedemann, in: Bader/Ronellenfitsch, VwVfG, 44. Ed., Stand: 1.7.2019, § 41 Rn. 116.

549 Dafür Stelkens, in: Stelkens/Bonk/Sachs, VwVfG, 9. Aufl. 2018, § 41 Rn. 193 m.w.N. Dagegen Stuhlfauth, in: Obermayer/Funke-Kaiser, VwVfG, 5. Aufl. 2018, § 41 Rn. 56 m.w.N. Mit Vorsicht zu genießen ist der vielerorts erfolgende Verweis auf BVerwG, Beschl. v. 24.9.1987, Az.: 4 B 93.87 = NVwZ 1988, 364, dessen Wertungen in einem völlig anderen gesetzessystematischen Zusammenhang erfolgten und nicht ohne weiteres auf § 41 IV VwVfG übertragbar sind, so auch Stelkens, a.a.O., Fn. 462.

550 Tiedemann, in: Bader/Ronellenfitsch, VwVfG, 44. Ed., Stand: 1.7.2019, § 41 Rn. 116; Couzinet/Fröhlich, in: Mann/Sennekamp/Uechtritz, VwVfG, 2. Aufl. 2019, § 41 Rn. 136.

551 In diesem Sinne Stelkens, in: Stelkens/Bonk/Sachs, VwVfG, 9. Aufl. 2018, § 41 Rn. 193; Schwarz, in: Fehling/Kastner/Störmer, Verwaltungsrecht, 4. Aufl. 2016, § 41 VwVfG Rn. 39.

552 Vgl. bspw. die §§ 69 II 4, 74 V 2 VwVfG: „amtliche[s] Veröffentlichungsblatt", „örtliche[n] Tageszeitungen".

Tobias Brings-Wiesen

geltende[553] Organisationsrecht. Dabei ist zu berücksichtigen, dass die Länder vereinzelt – insbesondere für die Gemeindebehörden – allgemeine gesetzliche Vorgaben für die öffentliche Bekanntmachung normiert haben.[554] So gibt in Nordrhein-Westfalen § 4 I 1 BekanntmVO[555] für gesetzlich vorgeschriebene öffentliche Bekanntmachungen der Gemeinden vier Formen – via Amtsblatt, Zeitung, Aushang oder Internet – vor, aus denen die Gemeinden gemäß § 4 II 1 BekanntmVO die für sie geltende(n) Form(en)[556] durch Festlegung in ihrer Hauptsatzung zu wählen haben. Fehlen demgegenüber jegliche gesetzliche Vorgaben, ist auf die ortsübliche Behörden*praxis*[557] abzustellen.[558] Werden die einschlägigen Anforderungen verfehlt, erlangt der Verwaltungsakt keine Wirksamkeit.[559]

Darüber hinaus verlangt § 27a I 1 und 2 VwVfG seit Kurzem, dass die Behörde 161 den Inhalt einer gesetzlich angeordneten öffentlichen oder ortsüblichen Bekanntmachung **zusätzlich**[560] **im Internet veröffentlichen**, sprich auf einer eigenen oder ihrem Verwaltungsträger zugeordneten Internetseite zugänglich machen soll. Entsprechend ist gemäß § 27a II VwVfG in der öffentlichen oder ortsüblichen Bekanntmachung auf die jeweilige Internetseite hinzuweisen. An-

---

553 OVG Münster, Beschl. v. 19.1.2010, Az.: 13 A 841/09 = BeckRS 2010, 46385; Stelkens, in: Stelkens/Bonk/Sachs, VwVfG, 9. Aufl. 2018, § 41 Rn. 161; Niesler, in: Brandt/Domgörgen, Handbuch Verwaltungsverfahren und Verwaltungsprozess, 4. Aufl. 2018, Rn. 246 f. Allgemein ist es hilfreicher, den Terminus „ortsüblich" i. S. v. „für Veröffentlichungen dieser Behörde üblich" zu verstehen, so ausdrücklich wie treffend Tiedemann, in: Bader/Ronellenfitsch, VwVfG, 44. Ed., Stand: 1.7.2019, § 41 Rn. 109.

554 S. für einen Überblick die Homepage des öffentlich-rechtlichen Online-Lernprojekts „Saarheim" von Grupp und Stelkens, abrufbar unter: http://www.saarheim.de/Gesetze_Laender/bekanntmachg-laender.htm.

555 Verordnung über die öffentliche Bekanntmachung von kommunalem Ortsrecht (Bekanntmachungsverordnung – BekanntmVO) v. 26.8.1999 (GV. NRW. S. 516), zuletzt geändert durch Verordnung vom 5. November 2015 (GV. NRW. S. 741).

556 S. zu den Möglichkeiten der Selektion, Kumulation und Hierarchisierung der Formen Tiedemann, in: Bader/Ronellenfitsch, VwVfG, 44. Ed., Stand: 1.7.2019, § 41 Rn. 110 f.

557 OVG Münster, Beschl. v. 19.1.2010, Az.: 13 A 841/09 = BeckRS 2010, 46385; A. A. Tiedemann, in: Bader/Ronellenfitsch, VwVfG, 44. Ed., Stand: 1.7.2019, § 41 Rn. 109 f., der die Festlegung der Form der öffentlichen Bekanntmachung durch Rechtssatz für zwingend hält.

558 Fehlt auch eine solche (in Verwaltungsgewohnheitsrecht mündende) Praxis, soll laut Stelkens, in: Stelkens/Bonk/Sachs, VwVfG, 9. Aufl. 2018, § 41 Rn. 160, die öffentliche Bekanntgabe ausgeschlossen sein.

559 Couzinet/Fröhlich, in: Mann/Sennekamp/Uechtritz, VwVfG, 2. Aufl. 2019, § 41 Rn. 134.

560 Damit wird eine *allein* im Internet erfolgende Bekanntmachung nicht ausgeschlossen, Tiedemann, in: Bader/Ronellenfitsch, VwVfG, 44. Ed., Stand: 1.7.2019, § 41 Rn. 110a; a. A. aber im Hinblick auf schriftliche Verwaltungsakte Stelkens, in: Stelkens/Bonk/Sachs, VwVfG, 9. Aufl. 2018, § 41 Rn. 164 ff.

Tobias Brings-Wiesen

ders als der Hinweis auf die Einsichtnahmemöglichkeit gemäß § 41 IV 2 VwVfG handelt es sich nicht um eine Wirksamkeitsvoraussetzung.[561]

162 Dem Hinweis gemäß § 41 IV 2 VwVfG muss die **reale Einsichtnahmemöglichkeit** für Jedermann[562] korrespondieren.[563] Dem muss gerade der für die Einsichtnahme vorgesehene Zeitraum genügen: Dieser darf insgesamt nicht kürzer sein als die in § 41 IV 3 VwVfG vorgesehenen zwei Wochen;[564] darüber hinaus müssen die (innerhalb der Geschäftszeiten einer Behörde) vorgesehenen einzelnen Zeitfenster für die Einsichtnahme angemessen zahlreich und lang sein[565].

163 Werden die Wirksamkeitsvoraussetzungen eingehalten, ist eine öffentliche Bekanntgabe **durch öffentliche Bekanntmachung** gemäß § 41 IV VwVfG erfolgreich. Daneben steht es der Behörde jedoch auch frei, sich – im Gegensatz zu dieser „verkürzten" öffentliche Bekanntgabe – für eine *vollständige* **öffentliche Bekanntgabe** des in Rede stehenden Verwaltungsakts zu entscheiden.[566] Tut sie dies, werden die Vorgaben des § 41 IV VwVfG zum Teil hinfällig.[567]

164 Sind die Voraussetzungen erfüllt, ist der jeweilige Verwaltungsakt mit Wirkung für und gegen jede Person bekanntgegeben und folglich wirksam i. S. v. § 43 I VwVfG. Es wird von einer **„Ringsumwirkung"** gesprochen.[568] Die öffentliche Bekanntgabe wirkt weltweit und zukunftsoffen.[569] Dies gilt auch unabhängig von einer tatsächlichen Kenntnisnahme oder gar einer Betroffenheit (im Zeitpunkt der Bekanntgabe).[570] Gemäß § 41 IV 3 VwVfG gilt der Verwaltungsakt zwei Wochen nach der ortsüblichen Bekanntmachung als bekannt gegeben. Die Vorschrift ähnelt § 41 II 1, 2 VwVfG, verfolgt indes einen anderen Zweck: Den potentiell Betroffenen wird mehr Zeit für die Möglichkeit der Kenntnisnahme, insbesondere zur Einsichtnahme gemäß § 41 IV 3 VwVfG, eingeräumt, bevor die Wirksamkeit

---

561 Stelkens, in: Stelkens/Bonk/Sachs, VwVfG, 9. Aufl. 2018, § 27a Rn. 25 f., 69; § 41 Rn. 183a.

562 Weil die Frage der individuellen Betroffenheit sich häufig erst durch Einsichtnahme klären lässt, s. BVerwG, Urt. v. 8.6.1995, Az.: 4 C 4.94 = BVerwGE 98, 339 (360 f.).

563 Stelkens, in: Stelkens/Bonk/Sachs, VwVfG, 9. Aufl. 2018, § 41 Rn. 178; Tiedemann, in: Bader/Ronellenfitsch, VwVfG, 44. Ed., Stand: 1.7.2019, § 41 Rn. 118.

564 Stelkens, in: Stelkens/Bonk/Sachs, VwVfG, 9. Aufl. 2018, § 41 Rn. 180; Tiedemann, in: Bader/Ronellenfitsch, VwVfG, 44. Ed., Stand: 1.7.2019, § 41 Rn. 120.

565 S. m. w. N. zu verschiedenen Konstellationen nur Stelkens, in: Stelkens/Bonk/Sachs, VwVfG, 9. Aufl. 2018, § 41 Rn. 181.

566 S. dazu – auch terminologisch – Stelkens, in: Stelkens/Bonk/Sachs, VwVfG, 9. Aufl. 2018, § 41 Rn. 157 f.; Tiedemann, in: Bader/Ronellenfitsch, VwVfG, 44. Ed., Stand: 1.7.2019, § 41 Rn. 107.

567 Bspw. bedarf es keines Hinweises mehr auf die Einsichtnahmemöglichkeit, Stelkens, in: Stelkens/Bonk/Sachs, VwVfG, 9. Aufl. 2018, § 41 Rn. 177.

568 Stelkens, in: Stelkens/Bonk/Sachs, VwVfG, 9. Aufl. 2018, § 41 Rn. 137.

569 Stelkens, in: Stelkens/Bonk/Sachs, VwVfG, 9. Aufl. 2018, § 41 Rn. 138 f.

570 Stelkens, in: Stelkens/Bonk/Sachs, VwVfG, 9. Aufl. 2018, § 41 Rn. 136 ff.

Tobias Brings-Wiesen

des Verwaltungsakts eintritt und der Lauf der Rechtsbehelfsfristen beginnt.[571] Gemäß § 41 IV 4 VwVfG kann in einer Allgemeinverfügung selbst – im Interesse einer besonderen Eilbedürftigkeit – ein hiervon abweichender Tag, jedoch frühestens der auf die Bekanntmachung folgende Tag bestimmt werden.

Eine in der juristischen Ausbildung besonders relevante **Sonderproblematik** 165 offenbart sich im Zusammenhang mit der Bekanntgabe von **Straßenverkehrszeichen**.[572] Bei diesen handelt es sich (s. dazu Rn. 85 f.) zumindest nach herrschender Ansicht um Allgemeinverfügungen i. S. v. § 35 S. 2 Var. 3 VwVfG. Das Bundesverwaltungsgericht vertritt zu den Fragen rund um ihre Bekanntgabe[573] einen differenzierenden Ansatz: Die Bekanntgabe von Straßenverkehrszeichen als **besondere Form der öffentlichen Bekanntgabe** richtet sich ausschließlich[574] nach den (bundesrechtlichen) Spezialvorschriften der Straßenverkehrs-Ordnung (StVO). Aus den §§ 39 I, 45 IV StVO ergibt sich, dass die Bekanntgabe von Verkehrszeichen grundsätzlich durch deren Aufstellung erfolgt.[575] In diesem Moment werden sie für *jeden* Verkehrsteilnehmer wirksam, sofern sie entsprechend des sog. „**Sichtbarkeitsgrundsatzes**" so aufgestellt sind, dass „sie ein durchschnittlicher Kraftfahrer bei Einhaltung der nach § 1 StVO erforderlichen Sorgfalt schon ‚mit einem raschen und beiläufigen Blick' erfassen kann [...], gleichgültig, ob er das Verkehrszeichen tatsächlich wahrnimmt oder nicht".[576] Die „Sichtbarkeit" ist somit echte Wirksamkeitsvoraussetzung der Allgemeinverfügung Straßenverkehrszeichen.[577] Die Anforderungen an den Sichtbarkeitsgrundsatz sind dabei stark verkehrssituationsbedingt[578]: So soll grundsätzlich zwischen Zeichen zur Regelung des ruhenden und des fließenden Straßenverkehrs unterschieden werden;[579] eine rasche und beiläufige Erkennbarkeit und Erfassbarkeit

---

571 Hinsichtlich der Fristberechnung gilt das zu § 41 II VwVfG Gesagte entsprechend, s. dazu bereits Rn. 143.

572 S. dazu ausführlich auch Milker, JURA 2017, 271 (274 ff.); Kümper, JuS 2017, 731 (733 ff.); ders., JuS 2017, 833.

573 Zur Entwicklung der Rspr. des BVerwG in dieser Frage m. w. N. Maurer/Waldhoff, Allgemeines Verwaltungsrecht, 19. Aufl. 2017, § 9 Rn. 37.

574 Zur Frage einer umfassenden Verdrängung von § 41 VwVfG BVerwG, Urt. v. 13. 3. 2008, Az.: 3 C 18.07 = BVerwGE 130, 383 (389 f., Rn. 24 f.); dazu bereits OVG Münster, Urt. v. 12. 1. 1996, Az.: 25 A 2475/93 = NJW 1996, 3024 (3025).

575 St. Rspr. des BVerwG, Urt. v. 11. 12. 1996, Az.: 11 C 15.95 = BVerwGE 102, 316 (318); zuletzt Urt. v. 24. 5. 2018, Az.: 3 C 25.16 = NJW 2018, 2910, Rn. 15.

576 Ausdrücklich seit BVerwG, Urt. v. 11. 12. 1996, Az.: 11 C 15.95 = BVerwGE 102, 316 (318); zuletzt Urt. v. 24. 5. 2018, Az.: 3 C 25.16 = NJW 2018, 2910, Rn. 15.

577 BVerwG, Urt. v. 6. 4. 2016, Az.: 3 C 10.15 = BVerwGE 154, 365 (373, Rn. 22).

578 S. dazu ausführlich Milker, JURA 2017, 271 (275 f.); Kümper, JuS 2017, 733 (735 f.).

579 BVerwG, Urt. v. 6. 4. 2016, Az.: 3 C 10.15 = BVerwGE 154, 365 (370 ff., Rn. 17 ff.).

Tobias Brings-Wiesen

kann im Falle eines „Schilderwaldes" zu verneinen sein[580]. Die völlige Irrelevanz der tatsächlichen Kenntnisnahme zeigt sich in der Rechtsprechung des Bundesverwaltungsgerichts zu mobilen Straßenverkehrszeichen: Ein mobiles Halteverbotszeichen entfaltet gegenüber dem Halter eines Kraftfahrzeugs selbst dann Rechtswirkungen, wenn es erst nach dem Abstellen eines Fahrzeugs aufgestellt wird und der Halter wegen eines Krankenhausaufenthalts oder eines Urlaubs nicht einmal die Möglichkeit der Kenntnisnahme hatte.[581] Vor dem Hintergrund des Sichtbarkeitsgrundsatzes ist sodann auch konsequent, dass die innere Wirksamkeit des Verkehrszeichens für den Zeitraum entfällt, während dessen sein Regelungsgehalt – beispielsweise wegen Vandalismus oder Witterungsbedingungen – nicht (mehr) erkennbar ist.[582]

166   Intensiv umstritten ist vor diesem Hintergrund die **Frage des Rechtsschutzes im Hinblick auf die Rechtsbehelfsfristen.** Diese beginnen gemäß §§ 70 I 1, 74 I VwGO grundsätzlich mit der Bekanntgabe des Verwaltungsakts (s. dazu Rn. 370 ff.). Nach dem **Bundesverwaltungsgericht** kann die Aufstellung als *besondere* Form der öffentlichen Bekanntgabe jedoch in ihrer Wirkung von der Wirkung *anderer* Formen der öffentlichen Bekanntgabe abweichen.[583] Vor diesem Hintergrund[584] entschied es, dass abweichend vom Eintritt der universellen Regelungswirkung (s. dazu Rn. 164) die Rechtsbehelfsfristen *individuell* erst dann zu laufen beginnen, „wenn sich der betreffende Verkehrsteilnehmer erstmals der Regelung des Verkehrszeichens gegenübersieht."[585] Jedes andere Verständnis geriete in Konflikt mit der Garantie effektiven Rechtsschutzes gemäß Art. 19 IV 1 GG.[586] Dies bedeutet, dass mangels Kenntnisnahme für eine Mehrheit an Ver-

---

580 S. BVerwG, Urt. v. 13.3.2008, Az.: 3 C 18.07 = BVerwGE 130, 383 (386 ff., Rn. 13 ff.), hinsichtlich eines Verkehrszeichens mit vier Zusatzzeichen.
581 BVerwG, Urt. v. 11.12.1996, Az.: 11 C 15.95 = BVerwGE 102, 316 (318); Urt. v. 24.5.2018, Az.: 3 C 25.16 = NJW 2018, 2910 (Rn. 15).
582 S. dazu nur Kümper, JuS 2017, 731 (736).
583 BVerwG, Urt. v. 23.9.2010, Az.: 3 C 37.09 = BVerwGE 138, 21 (25, Rn. 17).
584 Detterbeck, Allgemeines Verwaltungsrecht, 17. Aufl. 2019, Rn. 562, geht auf diese Differenzierung der Rechtswirkungen in der Rspr. des BVerwG nicht ein. *De facto* läuft sie nur auf ein differenziertes Verständnis des Aktes der Bekanntgabe in § 43 I VwVfG und §§ 58, 70 I 1, 74 I 2 VwGO hinaus.
585 BVerwG, Urt. v. 23.9.2010, Az.: 3 C 37.09 = BVerwGE 138, 21 (24, Rn. 16); so bereits ohne klarstellende Differenzierung BVerwG, Urt. v. 13.12.1979, Az.: 7 C 46.78 = BVerwGE 59, 221 (226). Krit. zu diesem Ansatz Stelkens, in: Stelkens/Bonk/Sachs, VwVfG, 9. Aufl. 2018, § 35 Rn. 333a m.w. Nw.
586 BVerwG, Urt. v. 23.9.2010, Az.: 3 C 37.09 = BVerwGE 138, 21 (24, Rn. 16). Zustimmend Maurer/Waldhoff, Allgemeines Verwaltungsrecht, 19. Aufl. 2017, § 9 Rn. 37. In dem vorausgehenden BVerfG(K), Beschl. v. 10.9.2009, Az.: 1 BvR 814/09 = NJW 2009, 3642 (3644), wurde auf die Notwendigkeit der Berücksichtigung von Art. 19 IV 1 GG bei der Bestimmung des Fristbeginns zwar

kehrsteilnehmern nie eine Rechtsbehelfsfrist ausgelöst, der Verwaltungsakt Straßenverkehrszeichen mithin praktisch niemals in formelle Bestandskraft erwachsen wird. Um dem zu begegnen, vertritt eine **Gegenansicht** – gestützt auf eine konsequente Anwendung des Sichtbarkeitsgrundsatzes – die Meinung, dass auch die Rechtsbehelfsfristen[587] im Zeitpunkt der Aufstellung ausgelöst werden.[588] Gegen den Ansatz des Bundesverwaltungsgerichts werden der klare Wortlaut der einschlägigen Fristenregelungen, die ausdrücklich auf die Bekanntgabe abstellen, sowie das Argument fehlender Rechtssicherheit ins Feld geführt.[589] Außerdem sei ausreichender Rechtsschutz über die Geltendmachung eines Anspruchs auf Wiederaufgreifen des Verfahrens nach § 51 VwVfG oder eines Anspruchs auf ermessensfehlerfreie Entscheidung über eine Aufhebung des Verwaltungsakts nach §§ 48, 49 VwVfG zu erreichen.[590]

Obwohl durchaus Wertungsparallelen bestehen, sollte diese **Sonderdog-** 167 **matik der Bekanntgabe von Verkehrszeichen** nicht ohne weiteres auf andere Konstellationen der öffentlichen Bekanntgabe, insbesondere von anderen Allgemeinverfügungen, übertragen werden.[591]

dd) Die Bekanntgabe von Verwaltungsakten mittels Zustellung

Die sog. „Zustellung" ist eine besonders formalisierte Art der Bekanntgabe eines Verwaltungsakts (s. zum Zusammenhang von Zustellung und Klagefrist Rn. 373 ff.). Ihre Existenz wird in § 41 V VwVfG vorausgesetzt, wobei sich die Vorschrift in der Klarstellung erschöpft, dass die Vorschriften über die Bekanntgabe eines Verwaltungsakts mittels Zustellung unberührt bleiben. Sie verdeutlicht: Diese Vorschriften gehen § 41 VwVfG schlicht vor, der weder subsidiär[592]

168

---

hingewiesen, jedoch keine Alternativlosigkeit postuliert; s. für einen Überblick über den diesbezüglichen Meinungsstand vor dem Urteil des BVerwG, a.a.O., BVerfG(K), ibid., 2642 (2643).
587 Wobei einhellige Meinung ist, dass mangels ordnungsgemäßer Rechtsbehelfsbelehrung praktisch immer die Ausschlussfrist von § 58 II VwGO relevant sein wird.
588 VGH Mannheim, Beschl. v. 2.3.2009, Az.: 5 S 3047/08 = juris, Rn. 5 ff.; Detterbeck, Allgemeines Verwaltungsrecht, 17. Aufl. 2019, Rn. 562; Stelkens, in: Stelkens/Bonk/Sachs, VwVfG, 9. Aufl. 2018, § 35 Rn. 333 f. m.w.N.
589 Ehlers, JZ 2011, 155 (157); Milker, JURA 2017, 271 (278); Kümper, JuS 2017, 833 (835).
590 Detterbeck, Allgemeines Verwaltungsrecht, 17. Aufl. 2019, Rn. 562 m.w.N. Dagegen jedoch Maurer/Waldhoff, Allgemeines Verwaltungsrecht, 19. Aufl. 2017, § 9 Rn. 37.
591 Ausdrücklich ablehnend Stelkens, in: Stelkens/Bonk/Sachs, VwVfG, 9. Aufl. 2018, § 41 Rn. 136.
592 Stelkens, in: Stelkens/Bonk/Sachs, VwVfG, 9. Aufl. 2018, § 41 Rn. 199; Schwarz, in: Fehling/Kastner/Störmer, Verwaltungsrecht, 4. Aufl. 2016, § 41 VwVfG Rn. 43; Stuhlfauth, in: Obermayer/Funke-Kaiser, VwVfG, 5. Aufl. 2018, § 41 Rn. 69.

Tobias Brings-Wiesen

noch analog[593] auf Zustellungen anwendbar ist. Die für die Wirksamkeit einer Bekanntgabe dargelegten allgemeinen Voraussetzungen bestehen jedoch der Sache nach auch hinsichtlich der Zustellung.[594] Besonderheiten ergeben sich vorrangig auf Seiten des Empfängers, insbesondere hinsichtlich des Zugangs.[595]

169   Die **Vorgaben zur Zustellung** finden sich *allgemein* im Verwaltungszustellungsgesetz des Bundes (VwZG)[596], das indes unmittelbar nur für die Zustellungsverfahren der Bundesbehörden, der bundesunmittelbaren Körperschaften, Anstalten und Stiftungen des öffentlichen Rechts und der Landesfinanzbehörden gilt (§ 1 I VwZG). Darüber hinaus sind die Verwaltungszustellungsgesetze der Länder[597] zu berücksichtigen, die Vorgaben für die Zustellungsverfahren der übrigen staatlichen Behörden festlegen,[598] dabei indes inhaltlich weitgehend den Vorgaben des VwZG entsprechen oder sich bisweilen gar in einer Verweisung darauf erschöpfen. Existieren *besondere* Zustellungsvorschriften, ist zu prüfen, ob und inwieweit diese gegenüber dem allgemeinen Zustellungsrecht Vorrang haben.[599]

170   Nach der Legaldefinition des § 2 I VwZG ist eine Zustellung die Bekanntgabe eines schriftlichen oder elektronischen Dokuments[600] in der im VwZG bestimmten Form. Sie erfolgt, soweit dies durch Rechtsvorschrift oder behördliche Anordnung bestimmt ist (§ 1 II VwZG). Die **behördliche Anordnung** der Zustellung steht im Ermessen der Behörde.[601] Wählt sie den Weg der Zustellung, muss

---

593 Ramsauer/Tegethoff, in: Kopp/Ramsauer, VwVfG, 20. Aufl. 2019, § 41 Rn. 56; Tiedemann, in: Bader/Ronellenfitsch, VwVfG, 44. Ed., Stand: 1.7.2019, § 41 Rn. 128.

594 Auf Seiten der Behörde muss jedoch ein spezifischer Zustellungswille bestehen, Schwarz, in: Fehling/Kastner/Störmer, Verwaltungsrecht, 4. Aufl. 2016, § 41 VwVfG Rn. 44.

595 Stelkens, in: Stelkens/Bonk/Sachs, VwVfG, 9. Aufl. 2018, § 41 Rn. 204.

596 Verwaltungszustellungsgesetz vom 12. August 2005 (BGBl. I S. 2354), zuletzt geändert durch Art. 11 Abs. 3 des aIDAS-Durchführungsgesetzes vom 18. Juli 2017 (BGBl. I S. 2745).

597 S. für eine kontinuierlich aktualisierte Auflistung die Homepage des öffentlich-rechtlichen Online-Lernprojekts „Saarheim" von Grupp und Stelkens, abrufbar unter: http://www.saarheim. de/Gesetze_Laender/vwzg_laender.htm.

598 Selbst im Falle einer kraft Bundesrecht vorgeschriebenen Zustellung, BVerwG, Urt. v. 19.1. 1972, Az.: V C 54.70 = BVerwGE 39, 257 (259); Urt. v. 9.12.1988, Az.: 8 C 38.86 = NVwZ 1989, 648 (649).

599 Vgl. bspw. zum § 10 AsylG Bergmann, in: ders./Dienelt, Ausländerrecht, 12. Aufl. 2018, § 10 AsylG Rn. 10 ff.

600 Der Anwendungsbereich ist nicht auf die Bekanntgabe von Verwaltungsakten beschränkt, Stelkens, in: Stelkens/Bonk/Sachs, VwVfG, 9. Aufl. 2018, § 41 Rn. 206.

601 Ramsauer/Tegethoff, in: Kopp/Ramsauer, VwVfG, 20. Aufl. 2019, § 41 Rn. 58; Tiedemann, in: Bader/Ronellenfitsch, VwVfG, 44. Ed., Stand: 1.7.2019, § 41 Rn. 130.

Tobias Brings-Wiesen

sie sich an dieser Entscheidung festhalten lassen und die Voraussetzungen des Zustellungsrechts erfüllen.[602]

Gemäß § 2 II 1 VwZG erfolgt die **Zustellung durch** einen Erbringer von 171 Postdienstleistungen (Post), einen nach § 17 des De-Mail-Gesetzes akkreditierten Diensteanbieter oder durch die Behörde selbst. Davon abweichend können gemäß § 2 II 2 VwZG im Rahmen einer Zustellung im Ausland (§ 9 VwZG) oder einer öffentlichen Zustellung (§ 10 VwZG) andere Akteure eingebunden werden. Sie erfolgt an den Empfänger[603] selbst, seinen gesetzlichen Vertreter (§ 6 VwZG) oder seinen Bevollmächtigten (§ 7 VwZG). Anders als nach § 41 I 2 VwVfG ist gemäß § 7 I 2 BVwZG die Zustellung zwingend an den Bevollmächtigten zu richten, wenn dieser eine schriftliche Vollmacht vorgelegt hat, sodass die an eine andere Person erfolgte Zustellung unwirksam ist,[604] jedoch gemäß § 8 VwZG geheilt werden kann[605].

Soweit nicht anders vorgesehen[606] hat die Behörde gemäß § 2 III 1 VwZG 172 die **Wahl zwischen den verschiedenen Arten der Zustellung.** Für schriftliche Verwaltungsakte besteht die Wahl zwischen der Zustellung durch die Post mit Zustellungsurkunde (§ 3 VwZG), mittels Einschreiben (§ 4 VwZG)[607] oder gegen Empfangsbekenntnis (§ 5 VwZG). Für elektronische Dokumente bietet sich die Möglichkeit der elektronischen Zustellung (§ 5 V bis VII VwZG), insbesondere gegen Abholbestätigung über De-Mail-Dienste (§ 5a VwZG).[608] Für all diese Arten der Zustellung sind besondere Förmlichkeiten vorgesehen, deren Missachtung zur

---

602 OVG Lüneburg, Beschl. v. 13.3.2009, Az.: 11 PA 157/09 = NJW 2009, 1834; Ramsauer/Tegethoff, in: Kopp/Ramsauer, VwVfG, 20. Aufl. 2019, § 41 Rn. 58.
603 Besonderheiten ergeben sich wiederum bei Personenmehrheiten Ramsauer/Tegethoff, in: Kopp/Ramsauer, VwVfG, 20. Aufl. 2019, § 41 Rn. 60.
604 BFH, Urt. v. 11.4.2017, Az.: IX R 50/15 = BeckRS 2017, 119902, Rn. 34; OVG Lüneburg, Beschl. v. 13.3.2009, Az.: 11 PA 157/09 = NJW 2009, 1834; Schlatmann, in: Engelhardt/App/Schlatmann, 11. Aufl. 2017, VwVG/VwZG, § 7 VwZG Rn. 8.
605 So bereits zu § 9 VwZG a. F. BVerwG, Urt. v. 15.1.1988, Az.: 8 C 8.86 = NJW 1988, 1612 (1613); Urt. v. 18.4.1997, Az.: 8 C 43.95 = BVerwGE 104, 301 (312ff.). Vgl. auch BFH, Urt. v. 11.4.2017, Az.: IX R 50/15 = BeckRS 2017, 119902, Rn. 34.
606 So statuiert § 2 III 2 VwZG unmittelbar eine Ausnahme von diesem Grundsatz: Die Behörde ist gemäß § 5 V 2 VwZG verpflichtet, elektronisch zuzustellen, wenn auf Grund einer Rechtsvorschrift ein Verfahren auf Verlangen des Empfängers in elektronischer Form abgewickelt wird.
607 S. zu diesen beiden Formen noch näher Rn. 374ff.
608 Zu den einzelnen Zustellungsarten Ramsauer/Tegethoff, in: Kopp/Ramsauer, VwVfG, 20. Aufl. 2019, § 41 Rn. 62ff.; Stelkens, in: Stelkens/Bonk/Sachs, VwVfG, 9. Aufl. 2018, § 41 Rn. 207ff.; sowie die Kommentierungen zum BVwZG selbst.

Tobias Brings-Wiesen

Unwirksamkeit der Zustellung führen kann. Dies wird jedoch insbesondere[609] bei Vorliegen der Voraussetzungen des § 8 VwZG verneint: Danach gilt im Falle des Fehlens eines Nachweises der formgerechten Zustellung oder der Verletzung zwingender Zustellungsvorschriften ein Dokument als in dem Zeitpunkt zugestellt, in dem es dem Empfangsberechtigten tatsächlich zugegangen ist.[610]

173 Ein davon abzugrenzender **Sonderfall** ist die **öffentliche Zustellung** gemäß § 10 VwZG. Mit ihr sollen die in § 10 I 1 VwZG als Voraussetzung ihrer Zulässigkeit[611] formulierten Hindernisse einer individuellen Zustellung, beispielsweise ein unbekannter Aufenthaltsort des Empfängers, überwunden werden. Die Wirksamkeit einer öffentlichen Zustellung setzt weiterhin die Einhaltung der in § 10 II VwZG vorgesehenen Vorgaben betreffend ihre Modalitäten voraus. Eine Heilung gemäß § 8 VwZG setzt ausdrücklich den *Zugang* des Dokuments voraus, von dessen Möglichkeit im Falle öffentlicher Zustellung regelmäßig nicht auszugehen ist. Sollte es gleichwohl dazu kommen oder der Empfänger anderweitig vom Inhalt des Verwaltungsakts Kenntnis erlangen[612], kommt eine Heilung gemäß § 8 VwZG (analog) in Frage.[613] Gelingt die öffentliche Zustellung wirkt sie anders als die öffentliche Bekanntgabe i.S.v. § 41 III, IV VwVfG (s. dazu Rn. 164) lediglich für *die* Person, die als Empfänger ausdrücklich identifiziert ist.

c) Rechtsschutz bei Fehlern im Wirksamwerden eines Verwaltungsakts

174 Wie bereits dargelegt (s. dazu Rn. 100) können sich Fragen des Wirksamkeit (und somit auch des Wirksamwerdens) eines Verwaltungsakts im Rahmen einer Prüfung inzident stellen. Genauso kann ein Verwaltungsakt, dessen Wirksamwerden in Zweifel steht, jedoch **selbst Gegenstand eines Rechtsschutzbegehrens** sein.

---

609 Darüber hinaus besteht die Möglichkeit der Unbeachtlichkeit eines Zustellungsfehlers in Konstellationen des „rügelosen Rechtsbehelfs" und der Verwirkung, s. nur L. Ronellenfitsch, in: Bader/Ronellenfitsch, VwVfG, 44. Ed., Stand: 1.10.2018, § 8 VwZG Rn. 19 ff.

610 S. dazu ausführlich L. Ronellenfitsch, in: Bader/Ronellenfitsch, VwVfG, 44. Ed., Stand: 1.10. 2018, § 8 VwZG Rn. 1 ff.

611 S. noch zum alten Zustellungsrecht BVerwG, Urt. v. 18.4.1997, Az.: 8 C 43.95 = BVerwGE 104, 301 (306 ff.).

612 Bspw. durch Übersendung als Aktenbestandteil an den bestellten Bevollmächtigten VGH Mannheim, Beschl. v. 7.12.1990, Az.: 10 S 2466/90 = NVwZ 1991, 1195 (1196).

613 Schlatmann, in: Engelhardt/App/Schlatmann, VwVG/VwZG, 11. Aufl. 2017, § 10 VwZG Rn. 19; L. Ronellenfitsch, in: Bader/Ronellenfitsch, VwVfG, 44. Ed., Stand: 1.10.2018, § 10 VwZG Rn. 37 f. Vgl. auch BFH, Urt. v. 5.3.1985, Az.: VII R 156/82 = BFHE 143, 220 (223).

Tobias Brings-Wiesen

Aufgrund des Grundsatzes der relativen Wirksamkeit von Verwaltungsakten (s. dazu Rn. 113) ist zwischen **zwei Grundkonstellationen** zu unterscheiden:[614]

Ist der Verwaltungsakt **nur *einer* Person wirksam bekanntgegeben** wor- 175 den, ist er rechtlich existent, sodass er grundsätzlich von *jeder* Person im Wege des Widerspruchs gemäß § 68 I 1 VwGO bzw. der Anfechtungsklage gemäß § 42 I Var. 1 VwGO angegriffen und schließlich aufgehoben werden kann, wobei sich Unterschiede lediglich hinsichtlich des Laufs der Rechtsbehelfsfristen ergeben (s. Rn. 113, 116).

Ist der Verwaltungsakt *niemandem* **gegenüber wirksam bekanntgegeben** 176 worden, handelt es sich schlicht um einen „Nichtakt"[615] (s. Rn. 20). Es stellt sich die Frage, ob gegen derartige Nichtakte gleichwohl ein Widerspruch gemäß § 68 I 1 VwGO bzw. eine Anfechtungsklage gemäß § 42 I Var. 1 VwGO[616] statthaft ist. Dies wird zum Teil[617] schlicht mit dem Argument der fehlenden Existenz des Verwaltungsakts und dem Verweis auf die Möglichkeit der Beseitigung eines etwaigen Rechtsscheins im Wege der Feststellungsklage (s. Rn. 177) verneint. Auch begründe ein Nichtakt nicht mit gleicher Regelmäßigkeit wie ein nichtiger Verwaltungsakt den Rechtsschein seiner Wirksamkeit, sodass zwischen beiden zu unterscheiden sein soll.[618] Die Gegenmeinung[619] möchte demgegenüber eine Anfechtungsklage zulassen. Entsprechend der Argumentation *für* die Statthaftigkeit einer Anfechtungsklage gegen nichtige Verwaltungsakte (s. dazu noch in

---

614 So auch Couzinet/Fröhlich, in: Mann/Sennekamp/Uechtritz, VwVfG, 2. Aufl. 2019, § 41 Rn. 157 ff.

615 Das BVerwG bezeichnet die somit nicht bekanntgegebene Maßnahme als „Nichtakt", Urt. v. 21.11.1986, Az.: 8 C 127.84 = NVwZ 1987, 330; Beschl. v. 19.5.2015, Az.: 3 B 6.14 = juris, Rn. 13. Im Falle des Fehlens der Merkmale nach § 35 VwVfG nennt es jedoch mittlerweile den in der Literatur gleichsam gebräuchlichen Begriff des „Scheinverwaltungsaktes" mit, vgl. nur Urt. v. 22.3.2017, Az.: 5 C 4.16 = BVerwGE 158, 258 (261, Rn. 11).

616 Damit in engem Zusammenhang steht selbstredend die Frage, ob ein Antrag auf vorläufigen Rechtsschutz gemäß §§ 80 ff. VwGO statthaft wäre, s. dazu im Hinblick auf Nichtakte – wie die wohl h.M. – nur W.-R. Schenke, in: Kopp/Schenke, VwGO, 25. Aufl. 2019, § 80 Rn. 16 m.w.N.

617 Gegen die Statthaftigkeit einer Anfechtungsklage – insbesondere im Falle des klägerischen Vorbringens einer unwirksamen Bekanntgabe – VGH Mannheim, Beschl. v. 7.12.1990, Az.: 10 S 2466/90 = NVwZ 1991, 1195 (1195 f.); OVG Greifswald, Urt. v. 24.3.2015, Az.: 1 L 313/11 = BeckRS 2015, 46844. So auch Hufen, Verwaltungsprozessrecht, 11. Aufl. 2019, § 14 Rn. 10; R. P. Schenke, in: Kopp/Schenke, VwGO, 25. Aufl. 2019, § 42 Rn. 4; von Albedyll, in: Bader/Funke-Kaiser/Stuhlfauth/ von Albedyll, VwGO, 7. Aufl. 2018, § 42 Rn. 13.

618 S. nur VGH Mannheim, Beschl. v. 7.12.1990, Az.: 10 S 2466/90 = NVwZ 1991, 1195 (1196).

619 Stelkens, in: Stelkens/Bonk/Sachs, VwVfG, 9. Aufl. 2018, § 41 Rn. 226 f.; Pietzcker, in: Schoch/ Schneider/Bier, VwGO, 36. EL Februar 2019, § 42 I Rn. 20, jeweils m.w.N.

Tobias Brings-Wiesen

§ 6 Rn. 197 ff.[620]) wird maßgeblich auf das Rechtsschutzinteresse des Klägers abgestellt, den in zwischen ihm und der Behörde strittigen Konstellationen bestehenden Rechtsschein eines Verwaltungsakts zu beseitigen.[621]

177 Anstelle (oder eben neben[622]) der Anfechtungsklage kann eine **Feststellungsklage** gemäß § 43 I Var. 2 VwGO auf Feststellung des Nichtbestehens eines Rechtsverhältnisses (sog. negative Feststellungsklage)[623] statthaft sein. Das Klagebegehren ist auf die Feststellung gerichtet, dass der Verwaltungsakt nicht wirksam geworden ist und deshalb die mit ihm beabsichtigte Regelung nicht erreicht hat.[624]

3. Das Ende der Wirksamkeit gemäß § 43 II VwVfG

178 Neben der Unwirksamkeit auf Grund von Nichtigkeit gemäß § 43 III i.V.m. § 44 VwVfG, auf die noch gesondert einzugehen ist (s. dazu Rn. 189 ff. sowie ausführlich § 6 Rn. 115 ff.), sind **§ 43 II VwVfG** Anknüpfungspunkte für die **Beendigung der Wirksamkeit** eines Verwaltungsakts zu entnehmen. Diese lassen sich in **zwei Gruppen** unterteilen: Das Ende der Wirksamkeit kann zum einen auf einen gezielten nachträglichen Akt, eine sog. **Aufhebung**, zurückzuführen sein. Sie kann sich zum anderen aber auch schlicht aus dem Verwaltungsakt und dem ihm zugrundeliegenden Recht selbst ergeben, sprich zu seiner **Erledigung** führen.[625]

---

620 Wegen der weitgehend vergleichbaren Interessenlage kann grundsätzlich entsprechend auf die umfassenderen Ausführungen zur Statthaftigkeit der Anfechtungsklage gegen nichtige Verwaltungsakte verwiesen werden. Diese sollen zur Vermeidung von Redundanzen an dieser Stelle nicht gespiegelt werden.

621 S. nur Stelkens, in: Stelkens/Bonk/Sachs, VwVfG, 9. Aufl. 2018, § 41 Rn. 227.

622 So zumindest Blunk/Schroeder, JuS 2005, 602 (605).

623 Wie im Zusammenhang mit der Frage der Nichtigkeit eines Verwaltungsakts, s. dazu noch § 6 Rn. 75, kann auch hinsichtlich der übrigen Wirksamkeitsprobleme das Bedürfnis des Betroffenen bestehen, die Wirksamkeit eines Verwaltungsakts im Wege der sog. positiven Feststellungsklage gemäß § 43 I Var. 1 VwGO ausdrücklich bestätigen zu lassen.

624 So ausdrücklich BVerwG, Urt. v. 21.11.1986, Az.: 8 C 127.84 = NVwZ 1987, 330. S. zu den verschiedenen Begehren eines Feststellungsantrags Couzinet/Fröhlich, in: Mann/Sennekamp/Uechtritz, VwVfG, 2. Aufl. 2019, § 41 Rn. 158. S. zur Feststellungsklage ausführlich noch § 6.

625 Vgl. zu § 43 II VwVfG ähnlich auch das BVerwG, Urt. v. 27.3.1998, Az.: 4 C 11.97 = NVwZ 1998, 729 (730); Urt. v. 19.4.2011, Az.: 1 C 2.10 = BVerwGE 139, 337 (340 f.).

Tobias Brings-Wiesen

a) Konstellationen der Aufhebung eines Verwaltungsakts

Die für die Prüfung relevantesten Konstellationen sind die eines gezielten nach- 179
träglichen Aktes der Beendigung der Wirksamkeit – einer sog. **Aufhebung.** § 43 II
VwVfG rekurriert ausdrücklich nur auf die Möglichkeiten der Rücknahme und
des Widerrufs, belässt jedoch Raum für Optionen „anderweitiger Aufhebung". Um
alle Konstellationen der Aufhebung zu erfassen, ist es hilfreich, in einem ersten
Überblick zwischen behördlichen und gerichtlichen Entscheidungen zu differenzieren.

Zur **gerichtlichen Aufhebung** eines Verwaltungsakts kommt es insbeson- 180
dere im Falle der Begründetheit einer **Anfechtungsklage,** §§ 42 I Var. 1, 113 I 1
VwGO. Nichts anderes gilt darüber hinaus im Falle der Begründetheit einer **Verpflichtungsklage** (§§ 42 I Var. 2, 113 V VwGO) in Form der sog. Versagungsgegenklage, da diese eine Klage gerichtet auf Aufhebung der ablehnenden Entscheidung rechtslogisch einschließt.[626]

Diesen beiden Klagearten vorausgehend kann es bereits im **Vorverfahren** 181
gemäß §§ 68 ff. VwGO zu einer **behördlichen Aufhebung** eines Verwaltungsakts
kommen. Hält die zuständige Behörde den Widerspruch für begründet, so hat sie
ihm gemäß § 72 VwGO abzuhelfen. Jederzeit kann die Behörde auch durch
Rücknahme oder Widerruf (gemäß §§ 48 f. VwVfG oder spezialgesetzlichen Regelungen) die Aufhebung eines Verwaltungsakts[627] erreichen (s. dazu Rn. 836 ff.).
Auch der Antrag eines Betroffenen auf Wiederaufgreifen des Verfahrens gemäß
§ 51 VwVfG kann zur Aufhebung führen (s. dazu § 3 Rn. 98 ff.).

b) Konstellationen der Erledigung eines Verwaltungsakts (durch Zeitablauf oder auf andere Weise)

Die Wirksamkeit eines Verwaltungsakts kann jedoch auch ohne gezielte nach- 182
trägliche Einwirkung auf eben diese Wirksamkeit enden. Das Gesetz fasst diese
Konstellationen unter dem Begriff der „**Erledigung**" zusammen.[628] Das Bundesverwaltungsgericht versteht darunter allgemein, dass ein Verwaltungsakt „nicht

---

626 S. nur Schenke, Verwaltungsprozessrecht, 16. Aufl. 2019, Rn. 263, 851. S. auch das BVerwG,
Urt. v. 17.11.1972, Az.: IV C 21.69 = BVerwGE 41, 178 (182); Urt. v. 21.5.1976, Az.: IV C 80.74 = BVerwGE
51, 15 (21).
627 Der selbst Verwaltungsakt ist und somit Gegenstand einer Anfechtungsklage sein kann,
sodass sich im Falle der „Aufhebung einer Aufhebung" die Frage des Wiederauflebens des ursprünglichen Verwaltungsakts stellt, s. dazu ausführlich noch Rn. 839.
628 S. zur Erledigung instruktiv Reimer, Die Verwaltung 2015, 259; Schenke, Die Erledigung eines
Verwaltungsakts im Sinne des § 43 II VwVfG, in: Festschrift Peine, 2016, S. 503.

Tobias Brings-Wiesen

mehr geeignet ist, rechtliche Wirkungen zu erzeugen oder wenn die Steuerungsfunktion, die ihm ursprünglich innewohnte, nachträglich entfallen ist"[629]. Dieser Definitionsversuch ist nicht nur wegen seiner notwendigen Abstraktionshöhe für die (studentische) Praxis wenig hilfreich. Er ist überdies auch besonders voraussetzungsvoll, da er in seiner Kumulation denkbarer Möglichkeiten der Erledigung eine umfassende Kenntnis verwaltungsrechtlicher Methodik verlangt. Für Prüfungskonstellationen ist darüber hinaus stets zu erinnern, dass die Erledigungsbegriffe in § 43 II VwVfG und § 113 I 4 VwGO (s. dazu § 4 Rn. 11 ff.) nicht deckungsgleich sind.[630]

183 Vergleichsweise leicht verständlich ist die bereits in der Norm ausdrücklich genannte Konstellation der Erledigung „**durch Zeitablauf**". Mit ihr wird rekurriert auf eine durch die Verwaltung oder gar bereits den Gesetzgeber gewollte zeitliche Begrenzung der Regelungswirkung eines Verwaltungsakts. Der Verwaltung steht dafür insbesondere das Mittel der Nebenbestimmung (s. dazu Rn. 204 ff.) zur Verfügung. Auf Grundlage einer spezialgesetzlichen Befugnis oder des § 36 VwVfG kann (oder gar muss[631]) sie einem Verwaltungsakt eine (einen Wirksamkeitszeitraum oder einen Endzeitpunkt bestimmende) Befristung (§ 36 II Nr. 1 VwVfG) beifügen. Der Gesetzgeber kann diese Entscheidung der Verwaltung durch Festsetzung von Mindest- und Höchstdauern vorprägen. Er kann sie gar durch Bestimmung genauer Wirksamkeitszeiträume vorwegnehmen.[632] Eine häufig wiederkehrende Ausprägung der gesetzlich angeordneten Erledigung durch Zeitablauf stellt die Fallgruppe des „Erlöschens wegen Untätigkeit" dar: Machen die Begünstigten eines genehmigenden Verwaltungsakts nicht innerhalb bestimmter Zeiträume von der Genehmigung Gebrauch, erlischt sie *ipso iure*.[633]

184 Deutlich schwerer fassbar ist die Auffangkonstellation der Erledigung „**auf andere Weise**".[634] Um nicht die grundlegende Systementscheidung des Gesetzgebers „in dubio pro" Wirksamkeit in ihr Gegenteil zu verkehren, ist der Begriff tendenziell einschränkend auszulegen.[635] Wichtig ist insbesondere, dass darunter

---

629 BVerwG, Urt. v. 25.9.2008, Az.: 7 C 5.08 = NVwZ 2009, 122; Urt. v. 19.4.2011, Az.: 1 C 2.10 = BVerwGE 139, 337 (341); Urt. v. 22.8.2017, Az.: 1 A 3.17 = BVerwGE 159, 296 (299, Rn. 12).
630 S. dazu Reimer, Die Verwaltung 2015, 259.
631 S. dazu bspw. § 18 II 1 Var. 1 StrWG NRW, wonach die Erlaubnis zur Sondernutzung einer Straße nur auf Zeit (oder auf Widerruf) erteilt werden darf.
632 Ein exzellentes Beispiel für all die verschiedenen Optionen findet sich in § 26 I AufenthG.
633 S. bspw. § 75 I BauO NRW, § 75 IV 1 VwVfG, § 18 I BImSchG oder § 8 S. 1 GastG (dazu BVerwG, Beschl. v. 26.5.1987, Az.: 1 B 28.87 = NVwZ 1987, 1081).
634 S. dazu ausführlich Ruffert, BayVBl 2003, 33.
635 BVerwG, Urt. v. 9.5.2012, Az.: 6 C 3.11 = BVerwGE 143, 87 (91, Rn. 19); Beschl. v. 6.10.2015, Az.: 3 B 9.15 = NVwZ-RR 2016, 128 (129). So auch Maurer/Waldhoff, Allgemeines Verwaltungsecht, 19. Aufl. 2017, § 10 Rn. 103; Ramsauer, in: Kopp/Ramsauer, VwVfG, 20. Aufl. 2019, § 43 Rn. 41.

nicht behördliche Entscheidungen subsumiert werden, da es sonst zu einer Umgehung der Voraussetzungen der §§ 48, 49 VwVfG oder entsprechender spezialgesetzlicher Vorschriften käme.[636] Für eine restriktive Handhabung spricht ebenso die § 51 I Nr. 1 VwVfG zugrundeliegende Wertung, dass eine nachträgliche Änderung der für den Verwaltungsakt maßgeblichen Sach- und Rechtslage grundsätzlich die Möglichkeit des Wiederaufgreifens des Verfahrens nach sich ziehen soll.[637]

Die verschiedenen Möglichkeiten der Erledigung können – sofern dies 185 überhaupt möglich ist – an dieser Stelle nicht abschließend bestimmt werden. Rechtsprechung und Wissenschaft haben **verschiedene wiederkehrende Fehlertypen in Fallgruppen** zusammengefasst, die zwar Orientierungspunkte bieten, aber aufgrund fehlender Einheitlichkeit hinsichtlich Kategorienbildung und Sprachgebrauch mit einer gebotenen Vorsicht heranzuziehen sind.[638] In der Prüfungssituation sollte daher der auch vom Bundesverwaltungsgericht fokussierte Grundgedanke des Entfalls der Steuerungsfunktion des Verwaltungsakts (unter besonderer Berücksichtigung des ihm zugrundeliegenden Rechts) Ausgangspunkt einer Prüfung sein. Vor diesem Hintergrund sind folgende Fallgruppen weitgehend akzeptiert:

- In Parallele zur Erledigung durch schlichten Zeitablauf kann die Erledigung auch Resultat des Eintritts *ausdrücklich bestimmter* Sachumstände sein. Die Verwaltung kann das Erlöschen durch Festsetzung einer auflösenden Bedingung (§ 36 II Nr. 1 VwVfG) zum Verwaltungsakt ermöglichen.[639] Der Gesetzgeber kann auch gesetzliche Erlöschenstatbestände[640] normieren.[641]
- Auch ohne deren ausdrückliche Bestimmung kann der Eintritt von Sachumständen zur Erledigung von Verwaltungsakten führen. Dies ist insbesondere

---

636 BVerwG, Urt. v. 9.5.2012, Az.: 6 C 3.11 = BVerwGE 143, 87 (91, Rn. 19). Kommt es zum Erlass eines Verwaltungsakts, der sich in inhaltlichen Widerspruch zu einem weiterhin wirksamen Verwaltungsakt setzt, kann darin ggf. eine konkludente Aufhebung gesehen werden, die jedoch sodann die einschlägigen Voraussetzungen erfüllen muss, s. BVerwG, a.a.O. (103 ff., Rn. 37 ff.). Die Einzelheiten sind indes umstritten, s. nur Ramsauer, in: Kopp/Ramsauer, VwVfG, 20. Aufl. 2019, § 48 Rn. 29a f.
637 BVerwG, Urt. v. 9.5.2012, Az.: 6 C 3.11 = BVerwGE 143, 87 (94, Rn. 25).
638 S. für beispielshafte Auflistungen nur BVerwG, Urt. v. 9.5.2012, Az.: 6 C 3.11 = BVerwGE 143, 87 (91 ff., Rn. 19 ff.); VGH Mannheim, Urt. v. 2.7.2014, Az.: 8 S 1071/13 = NVwZ 2014, 1597 (1598); Ramsauer, in: Kopp/Ramsauer, VwVfG, 20. Aufl. 2019, § 43 Rn. 41 ff.; Sachs, in: Stelkens/Bonk/ Sachs, VwVfG, 9. Aufl. 2018, § 43 Rn. 209 ff.
639 Stelkens, in: Stelkens/Bonk/Sachs, VwVfG, 9. Aufl. 2018, § 41 Rn. 207.
640 S. bspw. § 72 AsylG, § 51 I Hs. 1 Nr. 5 bis 8 AufenthG oder § 18 II BImSchG.
641 Ramsauer, in: Kopp/Ramsauer, VwVfG, 20. Aufl. 2019, § 43 Rn. 40d, erachtet diese Konstellation als Unterfall der „Erledigung durch Zeitablauf".

Tobias Brings-Wiesen

dann der Fall, wenn der **personelle oder sachliche Bezugspunkt einer (avisierten) Regelung** fehlt oder entfällt. Denkbar ist dies beispielsweise im Falle des Todes einer natürlichen oder der Auflösung einer juristischen Person als Berechtigte bzw. Verpflichtete, insbesondere wenn es sich um sog. höchstpersönliche Verwaltungsakte handelt, die an besondere subjektive Voraussetzungen anknüpfen und daher einer Rechtsnachfolge nicht zugänglich sind (s. dazu Rn. 107).[642] Gleiches gilt, wenn ein Verwaltungsakt konkret auf einen Regelungsgegenstand bezogen gewesen ist, wie beispielsweise im Falle der Baugenehmigung, die mit der Zerstörung eines Gebäudes erlischt.[643]

– Auch darüber hinaus kann es zum **Wegfall des Regelungsanlasses** kommen. So kann in Ausnahmefällen auch eine **nachfolgende behördliche Entscheidung** die rechtlichen Voraussetzungen einer Erstentscheidung derart verändern, dass deren Steuerungsfunktion entfällt, so beispielsweise im Falle der Erteilung einer Aufenthaltserlaubnis, die die Ausreisepflicht des Betroffenen (§ 50 I AufenthG) und somit auch den Regelungsanlass einer Abschiebungsandrohung entfallen lässt,[644] oder im Falle der Einbürgerung, die den Betroffenen zum deutschen Staatsangehörigen und somit einen Aufenthaltstitel (§ 4 I 1 AufenthG) überflüssig macht[645]. Eine **Änderung der Rechtslage** soll zwar – entsprechend der Wertung von § 51 I Nr. 1 VwVfG – *grundsätzlich* nicht zur Erledigung des auf den geänderten Vorschriften beruhenden Verwaltungsakts führen. Etwas anderes soll jedoch dann gelten, wenn die geänderte Rechtslage dazu führt, dass der Verwaltungsakt **gegenstandslos** wird. Dies kann gesetzlich ausdrücklich bestimmt sein. Zumeist ist es jedoch unter Auslegung von Inhalt und Zweck des Verwaltungsakts, gegebenenfalls im Zusammenhang mit den Vorschriften, auf denen dieser beruht, zu bestimmen.[646] Zu bejahen ist eine Gegenstandslosigkeit jedenfalls dann, wenn eine gesetzliche Genehmigungspflicht vollständig entfällt.[647]

---

642 So bspw. durch Auslegung der Vorschriften betr. die Bewilligung von Wohngeld BVerwG, Urt. v. 23.1.1990, Az.: 8 C 37.88 = BVerwGE 84, 274 (277); betr. den Aufnahmebescheid für Spätaussiedler, BVerwG, Urt. v. 25.11.2004, Az.: 5 C 47.03 = NVwZ 2005, 818 (819); oder betr. ein an besondere subjektive Voraussetzungen geknüpftes Wegerecht, BVerwG, Urt. v. 29.4.2015, Az.: 6 C 39.13 = NVwZ 2015, 1578 (1579 ff., Rn. 14 ff.).

643 OVG Münster, Urt. v. 6.2.2015, Az.: 2 A 1394/13 = BeckRS 2015, 42849.

644 Vgl. zur Erledigung eines Rechtsstreits in der Hauptsache BVerwG, Urt. v. 21.9.1999, Az.: 9 C 12.99 = BVerwGE 109, 305 (313 f.)

645 BVerwG, Urt. v. 9.4.2011, Az.: 1 C 2.10 = BVerwGE 139, 337 (341, Rn. 15).

646 BVerwG, Urt. v. 9.5.2012, Az.: 6 C 3.11 = BVerwGE 143, 87 (94, Rn. 25); Ramsauer, in: Kopp/Ramsauer, VwVfG, 20. Aufl. 2019, § 43 Rn. 42.

Tobias Brings-Wiesen

– Denkbar ist auch, dass eine Erledigung **auf den Willen der Personen** zurückgeht, für die die Regelungswirkung des Verwaltungsakts von Relevanz ist. So kann der Antragssteller vor Unanfechtbarkeit des Verwaltungsakts seinen **Antrag zurücknehmen**[648] oder auch später noch auf einen Verwaltungsakt **verzichten**[649]. Das Bundesverwaltungsgericht hat eine Erledigung auch für den Fall bejaht, dass die an einem Verwaltungsakt Beteiligten **durch übereinstimmendes Verhalten** dem ursprünglichen Verwaltungsakt keinerlei tatsächliche oder rechtliche Bedeutung mehr beimessen und ihn mithin als erledigt ansehen.[650] An ein derartiges Verhalten wird man im Einzelfall jedoch hohe Anforderungen stellen müssen.[651]

– Situationen des **Gebrauchmachens**, der **Erfüllung** oder der **Vollstreckung** sind differenziert zu beurteilen. Die Baugenehmigung legalisiert auch nach Abschluss der Bauarbeiten weiterhin das Bauwerk, der Abgabenbescheid bildet auch nach Zahlung des geforderten Betrages deren Rechtsgrund[652]. Vor diesem Hintergrund können auch Konstellationen der **Vollstreckung eines Verwaltungsakts** nicht anders bewertet werden. Selbst wenn durch einen Vollzug selbst irreversible *Tatsachen* geschaffen werden, ist vorrangig relevant, ob sich ein Grundverwaltungsakt noch *rechtlich* auswirkt.[653] Dies wird beispielsweise mehrheitlich für den Fall bejaht, dass ein Grundverwaltungsakt zugleich die Grundlage für einen Kostenbescheid bildet.[654]

– Die Konsequenzen der sog. „**aufschiebende Wirkung**" gemäß § 80 I VwGO (s. dazu § 8 Rn. 5) für die Wirksamkeit eines Verwaltungsakts sind zwar umstritten,[655] jedenfalls führt sie nicht zu dessen Erledigung.

---

647 S. für Beispiele die Nachweise bei Stelkens, in: Stelkens/Bonk/Sachs, VwVfG, 9. Aufl. 2018, § 41 Rn. 212a.

648 Ramsauer, in: Kopp/Ramsauer, VwVfG, 20. Aufl. 2019, § 41 Rn. 45.

649 BVerwG, Urt. v. 15.12.1989, Az.: 4 C 36.86 = BVerwGE 84, 209 (211 f.); VGH Mannheim, Urt. v. 10.11.1993, Az.: 3 S 1120/92 = NVwZ 1995, 280 (280 f.); Maurer/Waldhoff, Allgemeines Verwaltungsrecht, 19. Aufl. 2017, § 10 Rn. 104.

650 BVerwG, Urt. v. 27.3.1998, Az.: 4 C 11.97 = NVwZ 1998, 729 (730).

651 S. zum unmissverständlichen Ausdruck des Verzichtswillens VGH Mannheim, Urt. v. 10.11. 1993, Az.: 3 S 1120/92 = NVwZ 1995, 280 (280 f.); zum konsensualen Verhalten BVerwG, Urt. v. 27.3. 1998, Az.: 4 C 11.97 = NVwZ 1998, 729 (730).

652 BVerwG, Urt. v. 3.6.1983, Az.: 8 C 43.81 = NVwZ 1984, 168.

653 BVerwG, Urt. v. 25.9.2008, Az.: 7 C 5.08 = NVwZ 2009, 122.

654 BVerwG, Urt. v. 25.9.2008, Az.: 7 C 5.08 = NVwZ 2009, 122; kritisch dazu Jäckel, NVwZ 2014, 1625, m.w.N. zu den verschiedenen Positionen.

655 S. dazu auch Detterbeck, Allgemeines Verwaltungsrecht, 17. Aufl. 2019, Rn. 1477 f.; Stelkens, in: Stelkens/Bonk/Sachs, VwVfG, 9. Aufl. 2018, § 43 Rn. 227 ff.

Tobias Brings-Wiesen

c) Rechtsschutz bei Beendigung der Wirksamkeit

186 Auch im Falle der Beendigung der Wirksamkeit eines Verwaltungsakts können Betroffene unter bestimmten Umständen ein Rechtsschutzinteresse haben.

187 **Hebt eine Behörde den Verwaltungsakt** gemäß §§ 48, 49 oder 51 VwVfG (oder entsprechender spezialgesetzlicher Regelungen) **auf**, handelt es sich bei ihrer Entscheidung um einen *neuen* Verwaltungsakt, der wiederum im Wege des **Widerspruchs** gemäß § 68 I 1 VwGO bzw. der **Anfechtungsklage** gemäß § 42 I Var. 1 VwGO durch das Verwaltungsgericht aufgehoben werden kann.

188 **Erledigt** sich ein Verwaltungsakt durch Zeitablauf oder auf andere Weise können Betroffene gleichwohl ein fortbestehendes Interesse an der Klärung seiner Rechtswidrigkeit haben, die sie mit Hilfe der (verlängerten) **Fortsetzungsfeststellungsklage** gemäß § 113 I 4 VwGO (analog) erreichen können (s. dazu ausführlich § 4).

4. Unwirksamkeit aufgrund von Nichtigkeit, § 43 III VwVfG

189 Gemäß § 43 III VwVfG ist ein nichtiger Verwaltungsakt unwirksam. Die Vorschrift verweist somit auf die Regelung in **§ 44 VwVfG** und spezialgesetzliche Nichtigkeitsvorschriften.

190 Mit § 43 III VwVfG hat der Gesetzgeber in Umsetzung des Grundsatzes der Gesetzmäßigkeit der Verwaltung (als Element des verfassungsrechtlichen Rechtsstaatsprinzip)[656] die Wertentscheidung getroffen, bestimmte Rechtsfehler als so relevant zu erachten, dass ihr Vorliegen bereits *ipso iure* die Wirksamkeit eines Verwaltungsakts zerstört. Der Grundsatz der Gesetzmäßigkeit der Verwaltung überwiegt insofern ausnahmsweise den ebenfalls dem Rechtsstaatsprinzip entspringenden Grundsatz der Rechtssicherheit, der der grundsätzlichen Differenzierung von Wirksamkeit und Rechtmäßigkeit von Verwaltungsakten zugrunde liegt.

191 Zur Erinnerung: Nichtige Verwaltungsakte sind von sog. „Nichtakten" zu unterscheiden. Während im Falle von Nichtakten bereits das *Entstehen* eines Verwaltungsakts scheitert, folgt aus § 43 III VwVfG (zumeist bereits) in der juristischen Sekunde ihres Entstehens ihre Unwirksamkeit auf Grund von Nichtigkeit. Auch „**gegenstands- oder funktionslose Verwaltungsakte**" sind von nichtigen Verwaltungsakten abzugrenzen.[657] Bei diesen Verwaltungsakten fehlt oder entfällt der sachliche Bezugspunkt der avisierten Regelung und es tritt „Erledigung auf andere Weise" gemäß § 43 II VwVfG (s. dazu Rn. 185) ein.

---

656 S. dazu ausführlich Detterbeck, Allgemeines Verwaltungsrecht, 17. Aufl. 2019, Rn. 256 ff.
657 Ramsauer, in: Kopp/Ramsauer, VwVfG, 20. Aufl. 2019, § 44, Rn. 2a.

Ein Verwaltungsakt kann je nach der Natur seines Fehlers von Beginn an 192 nichtig sein oder erst zu einem späteren Zeitpunkt nichtig werden.[658] Liegen mehrere Fehler vor, sind diese – selbst im Falle der Nichtigkeit aufgrund *eines* Fehlers – vollständig nebeneinander zu prüfen. Liegt ein Nichtigkeitsgrund vor, sind sowohl eine Heilung als auch eine Unbeachtlichkeit von Verfahrens- und Formfehlern nicht mehr möglich (vgl. §§ 45 I, 46 VwVfG).

Nach den vorangehenden Ausführungen erscheint die Diskussion um einen 193 **Rechtsschutz gegen nichtige Verwaltungsakte** – wie im Falle von Nichtakten (s. dazu Rn. 174 ff.) – auf den ersten Blick überflüssig: Soweit die Unwirksamkeit eines Verwaltungsakts auf Grund von Nichtigkeit gemäß § 44 i.V.m. § 43 III VwVfG *ipso iure* eintritt, entfaltet dieser ohne weiteres Zutun weder für die Betroffenen noch für den Staat rechtliche Wirkung. Ziel der vom Gesetzgeber *speziell geschaffenen* Rechtsbehelfe der behördlichen Feststellung der Nichtigkeit gemäß § 44 V VwVfG und der Nichtigkeitsfeststellungsklage gemäß § 43 I Var. 3 VwGO (s. zu beiden näher § 6 Rn. 73 ff. und 166 ff.) ist sodann auch nicht die durch Widerspruch und Anfechtungsklage begehrte recht*sgestaltende* Aufhebung eines Verwaltungsakts i. S. v. § 43 II VwVfG, sondern die **Zerstörung des Rechtsscheins seiner Wirksamkeit** durch die verbindliche Feststellung der (teilweisen[659]) Nichtigkeit.[660]

Gleichwohl sind die Rechtsschutzmöglichkeiten nicht auf diese beiden Op- 194 tionen beschränkt. Es bieten sich sowohl auf behördlicher als auch auf gerichtlicher Ebene **mehrere Wege**, einem nichtigen Verwaltungsakt zu begegnen. Entsprechend vielgestaltig können auch Prüfungskonstellationen sein, in denen die Nichtigkeit eines Verwaltungsakts eine Rolle spielt.

Auf gerichtlicher Ebene kommt der Frage zentrale Bedeutung zu, ob auch 195 die Anfechtungsklage gemäß § 42 I Var. 1 VwGO gegen nichtige Verwaltungsakte statthaft oder aber ein Kläger ausschließlich auf die Nichtigkeitsfeststellungsklage gemäß § 43 I Var. 3 VwGO zu verweisen ist (s. dazu Rn. 197). Hat die Behörde einen Antrag auf Feststellung der Nichtigkeit gemäß § 44 V VwVfG negativ beschieden, kann sich darüber hinaus die Frage stellen, ob dem Betroffenen die Möglichkeit einer Verpflichtungsklage gemäß § 42 I Var. 2 VwGO zur Durchsetzung

---

658 Ramsauer, in: Kopp/Ramsauer, VwVfG, 20. Aufl. 2019, § 43 Rn. 47; Schenke, DÖV 1990, 489 (496).

659 So wie ein Verwaltungsakt gerichtlich (s. dazu Rn. 259) und behördlich (s. dazu ausführlich Rn. 841) nur teilweise aufhebbar ist, kann sich sowohl die (behördliche wie gerichtliche) Feststellung der Nichtigkeit entsprechend § 44 IV VwVfG auch nur auf einen Teil des Verwaltungsakts beziehen. Diese Möglichkeit wird im Folgenden nicht wiederholt erwähnt, sondern ist mitzudenken.

660 Will/Rathgeber, JuS 2012, 1057 (1062); Schenke, JuS 2016, 97.

Tobias Brings-Wiesen

der behördlichen Nichtigkeitsfeststellung nach § 44 V VwVfG zustehen soll (s. dazu unter § 3 Rn. 23 ff.).

196 **Auf behördlicher Ebene** bietet sich neben der behördlichen Feststellung der Nichtigkeit gemäß § 44 V VwVfG der Weg der Aufhebung des Verwaltungsakts qua Abhilfebescheid im Widerspruchsverfahren gemäß §§ 68 I 1, 72 VwGO (s. dazu Rn. 202) sowie die Aufhebung gemäß §§ 48 f. VwVfG (s. dazu Rn. 862).

a) Statthaftigkeit der Anfechtungsklage nach § 42 I Var. 1 VwGO bei nichtigen Verwaltungsakten?

197 Eine heute ganz herrschende Meinung bejaht die **Statthaftigkeit der Anfechtungsklage** gemäß § 42 I Var. 1 VwGO auch für den Fall, dass sie gegen einen potentiell nichtigen Verwaltungsakt erhoben wird.[661]

198 Dem könnte man bei streng dogmatischer Betrachtung entgegenhalten, dass das mit der Anfechtungsklage begehrte Ziel der Aufhebung eines Verwaltungsakts (§§ 42 I Var. 1, 113 I 1 VwGO; § 43 II VwVfG) im Falle eines bereits auf Grund von Nichtigkeit *ipso iure* eingetretener Unwirksamkeit (§ 43 III VwVfG) unerreichbar ist.[662] Die **herrschende Meinung** legt den prozessrechtlichen Begriff des Verwaltungsakts in § 42 I VwGO jedoch weit aus und fasst im Interesse eines umfassenden Rechtsschutzes auch nichtige Verwaltungsakte darunter.[663] Dies wird konkret damit begründet, dass die Unterscheidung eines bloß rechtswidrigen und somit aufhebbaren von einem bereits nichtigen Verwaltungsakt schwierig ist und oft erst durch eine gerichtliche Entscheidung beantwortet werden kann. Der Kläger solle aber nicht das Risiko einer unstatthaften Anfechtungsklage tragen.[664] Bestätigt wird dieses Ergebnis in systematischer Hinsicht: Die in § 43 II 2 VwGO normierte Ausnahme vom Grundsatz der Subsidiarität der Feststellungsklage gegenüber Gestaltungs- und Leistungsklagen setzt deren grundsätzliche Statthaftigkeit denklogisch voraus.[665] Die Parallelität war vom Gesetzgeber überdies ausdrücklich so beabsichtigt.[666]

---

661 BVerwG, Urt.v. 20.3.1964, Az.: VII C 10.61 = BVerwGE 18, 154 (155); Maurer/Waldhoff, Allgemeines Verwaltungsrecht, 19. Aufl. 2017, § 10 Rn. 93; Schenke, Verwaltungsprozessrecht, 16. Aufl. 2019, Rn. 183; Sodan, in: Sodan/Ziekow, VwGO, 5. Aufl. 2018, § 42 Rn. 23; § 43 Rn. 68, m.w.N.
662 Hufen, Verwaltungsprozessrecht, 11. Aufl. 2019, § 14 Rn. 11.
663 S. nur BVerwG, Urt. v. 20.3.1964, Az.: VII C 10.61 = BVerwGE 18, 154 (155); Schenke, JuS 2016, 97 (99).
664 S. nur Sodan, in: Sodan/Ziekow, VwGO, 5. Aufl. 2018, § 42 Rn. 23.
665 S. nur Schenke, JuS 2016, 97 (99 f.).
666 BT-Drucks. 3/55, S. 32.

Tobias Brings-Wiesen

Examenswissen: Umstritten ist indes die – davon abzugrenzende – Folgefrage von **Inhalt und** 199 **Tenorierung des Urteils** durch das Verwaltungsgericht (§ 113 I VwGO) im Falle der Nichtigkeit eines angefochtenen Verwaltungsakts. Diese ist auch insofern von Interesse, als sie das Prüfprogramm in einer Klausur determinieren kann. Je nach Positionierung kann eine Prüfung der Nichtigkeit durch das Gericht dahinstehen und können Ausführungen entsprechend auf die bloße Rechtswidrigkeit konzentriert erfolgen.

So wird **einerseits** vertreten, das Gericht habe auch im Rahmen der Anfechtungsklage – als ein im Anfechtungsbegehren enthaltenes „Minus",[667] nach entsprechender Umdeutung (von Amts wegen)[668] oder nach Umstellung des Klageantrags (auf Hinweis des Gerichts)[669] – nur die Nichtigkeit des angegriffenen Verwaltungsakts festzustellen. Dafür spreche das – in § 43 II VwVfG auch eine systematische Bestärkung findende – dogmatische Argument, die Aufhebung eines Verwaltungsakts setze dessen Wirksamkeit voraus.[670]

Demgegenüber vertritt die **Gegenmeinung**, dass auch ein nichtiger Verwaltungsakt vom Gericht aufzuheben sei.[671] Dafür spreche in systematisch-dogmatischer Hinsicht bereits der allgemeine Charakter der Anfechtungs- als Gestaltungsklage (vgl. §§ 42 I Var. 1, 113 I 1 VwGO).[672] Wäre eine Aufhebung nicht möglich, hätte das Gericht gemäß § 86 III VwGO gar strenggenommen auf eine Umstellung des Aufhebungs- in einen Feststellungsantrag hinzuwirken, was jedoch aufgrund der damit einhergehenden zeitlichen Verzögerung aus prozessökonomischen Gründen und insofern teleologisch unbefriedigend wäre.[673] Darüber hinaus gebiete dies eine am Gleichheitssatz des Art. 3 I GG orientierte verfassungskonforme Auslegung: Ein auf die bloße Feststellung der Nichtigkeit beschränktes Urteil hätte – wie alle Feststellungsurteile – lediglich *inter partes*-Wirkung und bliebe somit in seiner Rechtsschutzintensität hinter der *erga omnes*-Wirkung eines Gestaltungsurteils, mit dem es zur Aufhebung eines Verwaltungsakts käme, zurück, obwohl im Interesse der Gesetzmäßigkeit der Verwaltung mit der *ipso iure* eintretenden Unwirksamkeit eines Verwaltungsakts aufgrund von Nichtigkeit (§ 43 III VwVfG) gerade besonders schweren Rechtsfehlern begegnet werden solle (s. dazu Rn. 190).[674]

---

667 VGH München, Urt. v. 15.9.1983, Az.: 23 B 80 A.861 = NJW 1984, 626; Maurer/Waldhoff, Allgemeines Verwaltungsrecht, 19. Aufl. 2017, § 10 Rn. 93; auch Möstl, in: Posser/Wolff, VwGO, 50. Ed., Stand: 1.4.2019, § 43 Rn. 38, und Pietzcker, in: Schoch/Schneider/Bier, VwGO, 36. EL Februar 2019, § 42 I Rn. 18; § 43 Rn. 27.

668 Vgl. BSG, Urt. v. 21.6.1960, Az.: 3 RK 72/55 = NJW 1960, 2308 (2309).

669 Schmitt Glaeser/Horn, Verwaltungsprozessrecht, 15. Aufl. 2000, Rn. 139; Sodan, in: Sodan/Ziekow, VwGO, 5. Aufl. 2018, § 42 Rn. 23, § 43 Rn. 68; letztlich auch Hufen, Verwaltungsprozessrecht, 11. Aufl. 2019, § 14 Rn. 11, § 29 Rn. 11.

670 Hufen, Verwaltungsprozessrecht, 11. Aufl. 2019, § 14 Rn. 11. Dies wird indes zu Recht mit dem grundsätzlichen Einwand gekontert, dass es dem Gesetzgeber konstruktiv freistehe, neben der in § 43 III VwVfG formulierten Rechtsfolge der Unwirksamkeit weitere Rechtsfolgen zu normieren, Ipsen, Allgemeines Verwaltungsrecht, 11. Aufl. 2019, Rn. 696; Schenke, JuS 2016, 97 (101).

671 Schenke, Verwaltungsprozessrecht, 16. Aufl. 2019, Rn. 183; Schmidt-Kötters, in: Posser/Wolff, VwGO, 50. Ed., Stand: 1.7.2017, § 42 Rn. 21, jeweils m.w.N.

672 Schenke, JuS 2016, 97 (100). Unergiebig hinsichtlich des gesetzgeberischen Willens sind demgegenüber – entgegen der Auffassung von Schenke, a.a.O. (100, Fn. 25) – die Gesetzesmaterialien, vgl. BT-Drucks. 3/55, S. 32.

673 Schenke, JuS 2016, 97 (100).

674 Schenke, JuS 2016, 97 (100).

Tobias Brings-Wiesen

200 Akzeptiert man die Statthaftigkeit der Anfechtungsklage, müssen im Folgenden uneingeschränkt deren **Sachentscheidungsvoraussetzungen** erfüllt sein. Dies bedeutet insbesondere, dass ein potentiell erforderliches Widerspruchs- bzw. Vorverfahren (§§ 68 ff. VwGO) erfolglos durchgeführt und die Klagefristen (§ 74 VwGO) eingehalten[675] worden sein müssen.

201   Entsprechend umstritten ist auch die Frage einer Anwendbarkeit der Vorschriften über den **vorläufigen Rechtsschutz** gegenüber Verwaltungsakten (§§ 80 ff. VwGO, s. dazu ausführlich die §§ 8 und 9). Insofern bestehen in argumentativer Hinsicht weitgehende Parallelen zum Streit um die Statthaftigkeit der Anfechtungsklage. Gegen eine Anwendung auf nichtige Verwaltungsakte[676] wird vorgebracht, dass diese gemäß § 43 III VwVfG keine Wirkung entfalteten und sich daher die Frage der aufschiebenden Wirkung nicht stelle. Der vorläufige Rechtsschutz richte sich vielmehr nach § 123 I VwGO.[677] Die Gegenmeinung[678] wendet demgegenüber jedoch ein, dass auch vom nichtigen Verwaltungsakt der Rechtsschein einer hoheitlichen Regelung ausgehe und insbesondere in den schwierigen Fällen der Differenzierung von bloßer Rechtswidrigkeit und Nichtigkeit die Schutzfunktion der „aufschiebenden Wirkung" als Interimslösung auch bei einem nichtigen Verwaltungsakt ausgelöst werde.[679]

b) Erhebung eines Widerspruchs gegen den nichtigen Verwaltungsakt gemäß §§ 68 ff. VwGO

202 Sofern die Statthaftigkeit der Anfechtungsklage gemäß § 42 I Var. 1 VwGO gegen einen nichtigen Verwaltungsakt bejaht wird, ist konsequenterweise auch die Erhebung eines – soweit gesetzlich vorgesehenen[680] – Widerspruchs gemäß § 68 I 1 VwGO gegen einen nichtigen Verwaltungsakt zu akzeptieren. Wie hinsichtlich des

---

675 Hält man die behördliche Rücknahme eines nichtigen Verwaltungsakts gemäß § 48 VwVfG für zulässig, besteht im Falle der Verfristung auch die Möglichkeit einer darauf gerichteten Verpflichtungsklage, Schenke, JuS 2016, 97 (100).

676 Gegen eine Anwendung OVG Münster, Beschl. v. 27.2.1992, Az.: 7 B 2686/92 = NVwZ-RR 1993, 234; Puttler, in: Sodan/Ziekow, VwGO, 5. Aufl. 2018, § 80 Rn. 20; Gersdorf, in: Posser/Wolff, VwGO, 50. Ed., Stand: 1.7.2018, § 80 Rn. 8.

677 OVG Münster, Beschl. v. 27.2.1992, Az.: 7 B 2686/92 = NVwZ-RR 1993, 234.

678 W.-R. Schenke, in: Kopp/Schenke, 25. Aufl. 2019, § 80 Rn. 5, 16; Schoch, in: Schoch/Schneider/Bier, VwGO, 36. EL Februar 2019, § 80 Rn. 37; Bostedt, in: Fehling/Kastner/Störmer, Verwaltungsrecht, 4. Aufl. 2016, § 80 VwGO Rn. 18; Funke-Kaiser, in: Bader/Funke-Kaiser/Stuhlfauth/von Albedyll, VwGO, 7. Aufl. 2018, § 80 Rn. 8; tendenziell auch VGH Mannheim, Beschl. v. 7.12.1990, Az.: 10 S 2466/90 = NVwZ 1991, 1195 (1195f.).

679 So insbesondere Schoch, in: Schoch/Schneider/Bier, VwGO, 36. EL Februar 2019, § 80 Rn. 37.

680 Zu den in § 68 I 2 VwGO vorgesehenen Abweichungsbefugnissen ausführlich Rn. 308 ff.

Tobias Brings-Wiesen

Urteils des Verwaltungsgerichts (s. dazu Rn. 199) ist jedoch auch im Hinblick auf den Abhilfebescheid der Widerspruchsbehörde (§ 72 VwGO) umstritten, ob diese auf die bloße Feststellung der Nichtigkeit beschränkt ist[681] oder den angegriffenen nichtigen Verwaltungsakt aufhebt[682].

5. Literaturhinweise

Lehrbeiträge: Beaucamp, Rechtsfragen der Bekanntgabe nach § 41 VwVfG, JA **203** 2016, 436; Blunk/Schröder, Rechtsschutz gegen Scheinverwaltungsakte, JuS 2005, 602; Erichsen/Hörster, Die Bekanntgabe von Verwaltungsakten, JURA 1997, 659; Ernst/Pinkl, Genehmigungsfiktion und Fiktionsbescheinigung nach § 42a VwVfG, JURA 2013, 685; Herrmann, Aus dem Leben eines Verwaltungsaktes, ZJS 2011, 25; Korte, in: Wolff/Bachof/Stober/Kluth, Verwaltungsrecht I, 13. Aufl. 2017, § 48, passim; Kümper, Das Verkehrszeichen als Quelle klassischer Probleme des Verwaltungs- und Verwaltungsprozessrechts, JuS 2017, 731 und 833; Milker, Die Bekanntgabe von Verkehrszeichen, JURA 2017, 271; Reimer, Die Erledigung des Verwaltungsakts, Die Verwaltung 2015, 259; Schoch, Die Bekanntgabe des Verwaltungsakts, JURA 2011, 23; Weber, Die Bedeutung der Bekanntgabe des schriftlichen Verwaltungsaktes, VR 2016, 299; Wolff, in: Wolff/Decker, VwGO/VwVfG, 3. Aufl. 2012, § 43 VwVfG

Fallbearbeitungen: Grupp/Stelkens, Abgeschleppt und abgezockt?, abrufbar unter http://www.saarheim.de/Faelle/abgeschleppt-fall.htm (Bearbeitungsstand: 2.10.2018); Hong, Altes und Neues zum Abschleppen und zur Bekanntgabe und Anfechtung von Verkehrszeichen, JURA 2012, 473

IV. Die Anfechtung von Nebenbestimmungen (Christian Kaerkes)

Verwaltungsakte (§ 35 VwVfG) erlauben der Behörde, bestimmte Rechtsfolgen **204** gegenüber dem Bürger herbeizuführen. Die Behörde kann im Rahmen der Gesetze eine Vielzahl von Handlungen mittels Verwaltungsakts (s. zum Verwaltungsakt Rn. 38 ff.) erlauben oder verbieten.

Beispiele: Erlaubnis zur Errichtung eines Gebäudes (Baugenehmigung); Aufstellen von Verkehrszeichen (z.B. Parkverbot); Genehmigung des Verkaufs von alkoholischen Getränken

---

681 So Hufen, Verwaltungsprozessrecht, 11. Aufl. 2019, § 9 Rn. 9; Schmitt Glaeser/Horn, Verwaltungsprozessrecht, 15. Aufl. 2000, Rn. 218; Geis, in: Sodan/Ziekow, VwGO, 5. Aufl. 2018, § 73 Rn. 36 (Fn. 90).
682 So Schenke, Verwaltungsprozessrecht, 16. Aufl. 2019, Rn. 686; Schenke, JuS 2016, 97 (101).

Tobias Brings-Wiesen/Christian Kaerkes

(„Schanklizenz"); Einwilligung zur Platzierung von Tischen und Stühlen auf dem Gehweg vor einem Restaurant (Sondernutzungserlaubnis)

205 Diese Verwaltungsakte sind für sich genommen aber reichlich unflexibel. Die Behörde kann die Baugenehmigung erteilen oder nicht. Der Verkauf von alkoholischen Getränken kann nur erlaubt oder abgelehnt werden. Es ist aber einsichtig, dass zumindest im realen Leben eine gewisse **Flexibilität** notwendig ist. Wenn nur Nebensächlichkeiten an dem Bauvorhaben des Bürgers problematisch sind, dann sollte nicht deswegen die Baugenehmigung abgelehnt werden. Das Gesetz kennt aus diesem Grund die sogenannten Nebenbestimmungen.[683]

206 Nebenbestimmungen sind nach gängiger **Definition** *„einem Verwaltungsakt beigefügte Regelungen, die dessen Inhalt einschränken oder ergänzen"*.[684] Das Gesetz enthält und definiert bestimmte Nebenbestimmungen in § 36 II VwVfG (und den inhaltsgleichen Länderregelungen[685]):
- Befristung,
- Bedingung,
- Widerrufsvorbehalt,
- Auflage und
- Auflagenvorbehalt.

207 Nebenbestimmungen sind **Zusätze**, die zu einem sogenannten **„Hauptverwaltungsakt"** hinzugefügt werden können. Ein kleineres Problem an dem Bauantrag eines Bürgers (z. B. eine fehlende Feuertreppe) muss der Baugenehmigung (als Hauptverwaltungsakt) dann nicht mehr entgegenstehen. Stattdessen ist es der Behörde möglich, die Genehmigung mit dem Zusatz (einer Nebenbestimmung) zu erteilen, noch eine Feuertreppe zu errichten. Nebenbestimmungen ermöglichen Flexibilität. Die Behörde muss nicht mehr „Nein!" zu dem Antrag des Bürgers sagen, sondern kann mit **„Ja, aber!"** antworten. Das liegt regelmäßig auch im Interesse des Antragstellers:

*„Einen begünstigenden Verwaltungsakt unter Beifügung einer Nebenbestimmung zu erteilen, ist vielfach das **mildere Mittel** gegenüber einer sonst erforderli-*

---

683 Vgl. Brenner, JuS 1996, 281.
684 Statt vieler Axer, Jura 2001, 748.
685 § 36 II LVwVfG BW; Art. 36 II BayVwVfG; § 1 I BlnVwVfG i.V.m. § 36 II VwVfG; § 1 II VwVfGBbg i.V.m. § 36 I VwVfG; § 36 II BremVwVfG; § 36 II HmbVwVfG; § 36 II HVwVfG; § 36 II VwVfG M-V; § 1 I NVwVfG i.V.m. § 36 II VwVfG; § 36 II VwVfG NRW; § 1 I LVwVfG RLP i.V.m. § 36 II VwVfG; § 36 II SVwVfG; § 1 SächsVwVfZG i.V.m. § 36 II VwVfG; § 1 I VwVfG LSA i.V.m. § 36 II VwVfG; § 107 II LVwG SH; § 36 II ThürVwVfG.

Christian Kaerkes

chen Ablehnung."[686] Die Formulierung des Bundesverwaltungsgerichts bringt klar zum Ausdruck, dass der Bürger ein Interesse an dem Erlass von Nebenbestimmungen hat: Lieber eine Genehmigung mit Nebenbestimmungen, als überhaupt keine Genehmigung. Das gilt natürlich nicht nur für die Baugenehmigung (dem Beispiel, das besonders relevant ist), sondern für alle begünstigenden Verwaltungsakte, die dem Bürger einen Vorteil bieten.

Allerdings stellen Nebenbestimmungen zugleich eine **Belastung** dar, weil 208 sie den Hauptverwaltungsakt einschränken. Möchte ein Gastwirt dauerhaft Sitzplätze vor seiner Gaststätte anbieten, dann ist die Einschränkung dieser Genehmigung auf einen Monat für ihn ein Problem und unerwünscht. In diesen Fällen muss für den Bürger die Möglichkeit bestehen, sich gegen die Einschränkung seiner Genehmigung zur Wehr zu setzen. Der Rechtsschutz gegen Nebenbestimmungen ist nicht nur *der* **Klausurklassiker**, sondern auch in Literatur und Rechtsprechung seit langem umstritten (s. dazu Rn. 249 ff.).

1. Die Nebenbestimmungen im Einzelnen

Im Folgenden werden die verschiedenen Nebenbestimmungen genauer darge- 209 stellt. Es ist wichtig, dass Nebenbestimmungen im Gutachten erkannt und richtig eingeordnet werden, weil sich die Wirkungen der einzelnen Nebenbestimmungen zum Teil wesentlich voneinander unterscheiden.

a) Befristung

Die Befristung ist die wohl „einfachste" Nebenbestimmung, die der Behörde zur 210 Verfügung steht. Gem. § 36 II Nr. 1 VwVfG ist die Befristung eine *„Bestimmung, nach der eine Vergünstigung oder Belastung zu einem **bestimmten Zeitpunkt** beginnt, endet oder für einen bestimmten Zeitraum gilt"*.[687] Der Verwaltungsakt wird demnach in seiner Geltung zeitlich begrenzt, nicht aber inhaltlich verändert.

> *Beispiele: Gewährung der Sondernutzungserlaubnis bis zum Ende des Jahres; Erteilung der Baugenehmigung ab Beginn des neuen Monats; Parkverbot an einer Straße für die Dauer einer Baustelle*

Das Kennzeichen der Befristung ist, dass der Eintritt des angegebenen Zeitpunktes 211 **sicher ist.** Wenn der Zeitpunkt durch ein Datum festgelegt wird, ist das offen-

---

686 BVerwG, Urt. v. 9. 12. 2015, Az.: 6 C 37.14 = BVerwGE 153, 301 = JuS 2016, 959 (m. Anm. Waldhoff) = JA 2016, 799 (m. Anm. Hebeler).
687 Vgl. Wagner, JA 2008, 866.

Christian Kaerkes

sichtlich der Fall. Ausreichend ist aber auch, dass das Datum **nur bestimmbar ist.**[688] Die Erlaubnis, die Parkplätze einer Schule nur während der Ferien nutzen zu dürfen, wäre folglich eine zulässige Befristung des Hauptverwaltungsakts. Schließlich kann die Dauer der Ferien kalendermäßig bestimmt werden.

> *Beispiele:*[689] *Erlaubnis zum Aufstellen von Stühlen auf dem Gehweg für die Monate Mai bis Oktober; Erster Prüfungstermin des Jahres; Aufstellung des Imbissstandes nach Ende des Handwerkermarktes*

In allen diesen Fällen steht mit Sicherheit fest, dass das „Ereignis" eintritt. Der Handwerkermarkt wird enden und irgendwann die erste Prüfung stattfinden. In diesen Fällen kann sogar das Datum genauer bestimmt werden. Das ist aber nicht zwingend erforderlich, wenn der Eintritt des Ereignisses zumindest sicher ist.

> *Beispiel: Monatliche Auszahlung einer Geldsumme bis zum Tod des Leistungsempfängers*

Hier ist der Hauptverwaltungsakt auch wirksam befristet, obwohl noch nicht bekannt ist, wann genau der Empfänger der Leistung verstirbt. Der Tod wird aber mit Sicherheit eintreten, weshalb es sich um eine zulässige Befristung handelt.[690]

b) Bedingung

212 Die Bedingung ist eine „*Bestimmung, nach der der Eintritt oder Wegfall einer Vergünstigung oder einer Belastung von dem ungewissen Eintritt eines zukünftigen Ereignisses abhängt*", vgl. § 36 II Nr. 2 VwVfG. Die Bedingung unterscheidet sich von der Befristung dadurch, dass der Eintritt des Ereignisses noch **im Ungewissen** liegt.

> *Beispiele: Genehmigung zum Betrieb einer Anlage, wenn vorher die Luftfilter erneuert werden; Aufenthaltsgenehmigung für den Fall einer beruflichen Anstellung; Erteilung einer Baugenehmigung, wobei weitere Stellplätze zu schaffen sind*

Diese Ereignisse sind noch ungewiss und können deshalb als Bedingung qualifiziert werden. Die Filter können erneuert werden, müssen es aber nicht. Der Arbeitgeber kann die berufliche Anstellung durch eine Kündigung beenden, ist dazu aber nicht gezwungen. Es ist möglich, zusätzliche Stellplätze zu schaffen,

---

688 Brenner, JuS 1996, 281 (283).
689 Voßkuhle/Kaiser, JuS 2012, 699 (700); Brenner, JuS 1996, 281 (283); Axer, Jura 2001, 748.
690 Erichsen, Jura, 1990, 214 (215).

Christian Kaerkes

aber keine Pflicht. Diese Zusätze *können* daher als Bedingung verstanden werden (s. zur Abgrenzung von der Auflage Rn. 222 ff.).

Weiterhin unterscheidet man drei verschiedene Arten von Bedingungen:[691]   213
– Aufschiebende Bedingung,
– Auflösende Bedingung und
– Potestativbedingung.

Eine **aufschiebende Bedingung** liegt dann vor, wenn die Wirksamkeit des   214
Hauptverwaltungsaktes von dem Eintritt des ungewissen Ereignisses abhängig sein soll. Erst mit Eintritt des Ereignisses kann von der Genehmigung Gebrauch gemacht werden. Vorher sind die Wirkungen des Hauptverwaltungsaktes in die Zukunft verschoben.

> *Beispiel: In dem Beispiel in Rn. 212 darf das Gebäude errichtet werden, sobald die Stellplätze geschaffen worden sind, aber nicht davor.*

Um eine **auflösende Bedingung** handelt es sich hingegen, wenn die rechtlichen   215
Wirkungen des Hauptverwaltungsaktes mit dem Eintritt des ungewissen Ereignisses ihr Ende finden sollen. Dann würde sich die Genehmigung gewissermaßen „in Luft auflösen" und der Begünstigte kann von dieser Erlaubnis keinen Gebrauch mehr machen.

> *Beispiel: Erfolgt in dem anderen Beispiel in Rn. 212 die Kündigung des Arbeitnehmers, erlischt die Aufenthaltsgenehmigung.*

Die **Potestativbedingung** zeichnet sich dadurch aus, dass der Eintritt des un-   216
gewissen Ereignisses vom Willen (meist des Begünstigten) abhängt. Weil Menschen handeln können, aber nicht müssen, ist das Ereignis als ungewiss anzusehen. Potestativbedingungen werden deshalb verwendet, weil sie einen Anreiz zu dem in der Bedingung vorgegebenen Verhalten schaffen.

> *Beispiel: Möchte der Bauherr (in dem Beispiel in Rn. 212) etwa sein Gebäude errichten, dann wird er auch dazu bereit sein, weitere Stellplätze zu schaffen.*

Examenswissen: Zum Thema Bedingungen ist unlängst eine Entscheidung des Bundesverwal-   217
tungsgerichts ergangen.[692] Das Urteil hat zwei Punkte deutlich gemacht:
    Ereignisse müssen **äußerlich wahrnehmbar** sein: Das Gericht hat sich dabei zunächst von

---

691 Vgl. Detterbeck, Allgemeines Verwaltungsrecht, 17. Aufl. 2019, § 10 Rn. 647 ff.
692 BVerwG, Urt. v. 16.6.2015, Az.: 10 C 15.14 = BVerwGE 152, 211 = ZJS 2015, 532 (m. Anm. Wißmann) = JuS 2016, 187 (m. Anm. Waldhoff).

Christian Kaerkes

dem Prinzip der Rechtssicherheit leiten lassen. Es dürfe nicht sein, dass das Ereignis nur in der „Gedankenwelt" vorkomme. Die Behörde könne den Hauptverwaltungsakt nicht unter den Vorbehalt einer nur internen Neubewertung stellen. Da mit dem Eintritt des Ereignisses Rechtswirkungen verbunden sind, ist es notwendig, dass das Ereignis durch alle Beteiligten wahrgenommen werden können muss.

„**Überprüfungsvorbehalte**" sind keine Bedingungen: Überprüfungsvorbehalte würden es der Behörde erlauben, den Hauptverwaltungsakt einfach zu beseitigen. Durch einen solchen Vorbehalt drohten die Regelungen über den Widerruf und die Rücknahme unterlaufen zu werden. §§ 48, 49 VwVfG erfordern immerhin die Einhaltung von Fristen und die Berücksichtigung des schutzwürdigen Vertrauens des Bürgers. An diese Voraussetzungen sollte die Behörde weiterhin gebunden sein.

c) Auflage, Abgrenzung und „modifizierende Auflage"

218 Eine bedeutsame Nebenbestimmung ist die Auflage. Diese Nebenbestimmung wird immer wieder **in Klausuren relevant** und muss daher unbedingt beherrscht werden. Schwierigkeiten bereitet dabei vor allem die Abgrenzung zur Bedingung und zur „modifizierenden Auflage".

aa) Auflage

219 Die Auflage ist gem. § 36 II Nr. 4 VwVfG eine „*Bestimmung, durch die dem Begünstigten ein Tun, Dulden oder Unterlassen vorgeschrieben wird*". Kennzeichen der Auflage ist, dass durch sie eine **zusätzliche Verpflichtung** geschaffen wird, die neben den Hauptverwaltungsakt tritt.

> *Beispiele: Genehmigung für eine Gaststätte mit der Maßgabe, Maßnahmen zum Lärmschutz zu ergreifen; Fahrerlaubnis mit dem Zusatz, regelmäßig die Abstinenz von Drogen/Alkohol nachzuweisen; Erlaubnis zum Fällen von Bäumen, sofern an anderer Stelle neue Bäume gepflanzt werden*

Der Antragsteller erhält in allen diesen Fällen seine Genehmigung, wenn auch mit einer weiteren Verpflichtung. Diese Verpflichtung ist aber **akzessorisch**, das bedeutet, dass die Verpflichtung vom Hauptverwaltungsakt abhängig ist.[693] Die Maßnahmen zum Lärmschutz müssen nur dann ergriffen werden, wenn die Genehmigung wirksam ist und genutzt wird. Ohne den Hauptverwaltungsakt hat die Auflage folglich keinerlei Bedeutung.

> *Beispiele: Wird die Fahrerlaubnis aufgehoben, dann entfällt gleichzeitig auch die Verpflichtung der Auflage, regelmäßig an Drogen- und Alkoholtests teilzunehmen; Beschließt der Begüns-*

---

693 Brenner, JuS 1996, 281 (284).

Christian Kaerkes

tigte, die Bäume doch nicht zu fällen, dann entfaltet die Auflage keine Wirkung und er muss folglich keine neuen Bäume pflanzen.

Die Auflage ist aber in gewisser Weise doch **selbstständig** und unterscheidet sich 220 damit insbesondere von der Bedingung.[694] Was geschieht, wenn die Verpflichtung nicht erfüllt wird? Im Fall einer auflösenden Bedingung erlischt die bisherige Genehmigung. Würde es sich hingegen um eine Auflage handeln, dann bliebe die Genehmigung bestehen, die Verpflichtung könnte aber durch die Behörde erzwungen werden.

Beispiel: Werden keine Maßnahmen zum Lärmschutz ergriffen, dann wird die Genehmigung entweder unwirksam (Bedingung) oder die Genehmigung bleibt wirksam, wobei der Lärmschutz durch die Behörde erzwungen werden kann (Auflage).

Es macht daher für den Bürger einen großen Unterschied, ob es sich um eine Auflage oder Bedingung handelt. Diesen Unterschied hat **von Savigny** mit seiner bekannten Formulierung „*Die Bedingung suspendiert, zwingt aber nicht; der Modus [die Auflage] zwingt, suspendiert aber nicht.*" auf den Punkt gebracht.[695] In dem einen Fall handelt der Bürger ohne Genehmigung, in dem anderen Fall mit einer Genehmigung, wobei die Auflage durch die Behörde erzwungen werden kann.

Die Auflage kann Gebote oder Verbote enthalten, die nach allgemeinen Re- 221 geln durchsetzbar sind. Die Behörde kann von den Mitteln der **Verwaltungsvollstreckung** Gebrauch machen und die Einhaltung der Auflage erzwingen (s. zur Verwaltungsvollstreckung Rn. 1292ff.). Grundsätzlich kommen etwa das Zwangsgeld oder die Ersatzvornahme in Betracht. Erweist sich die Verwaltungsvollstreckung einmal nicht als ausreichend, kann die Behörde auch die Genehmigung gem. § 49 II Nr. 2 VwVfG **widerrufen** und damit den Hauptverwaltungsakt beseitigen.

Beispiel: Sind die Bäume gefällt worden, ohne dass vorher neue Bäume gepflanzt worden sind, kann die Behörde ein Zwangsgeld festsetzen, damit die Auflage doch noch erfüllt wird.

bb) Abgrenzung von Bedingung und Auflage

Bedingung und Auflage unterscheiden sich in ihren rechtlichen Wirkungen. Die 222 Auflage kann nur durch die Behörde durchgesetzt werden, wohingegen die Bedingung ihre Wirkung automatisch entfaltet und nicht auf das Tätigwerden der

---

694 Maurer/Waldhoff, Allgemeines Verwaltungsrecht, 19. Aufl. 2017, § 12 Rn. 10 ff.
695 V. Savigny, System des heutigen römischen Rechts, Band III, 1840, S. 231.

Christian Kaerkes

Behörde angewiesen ist. Weil sich Auflage und Bedingung überschneiden können, ist eine **Abgrenzung unumgänglich.**

Beispiel: Dürfen die Bäume erst gefällt werden, wenn an anderer Stelle neue Bäume gepflanzt
wurden (aufschiebende Bedingung), oder schon zuvor, aber mit der späteren Möglichkeit der
zwangsweisen Durchsetzung (Auflage)?

223 Es sind grundsätzlich folgende **Abgrenzungskriterien** anerkannt:[696]
   – Wortlaut der Nebenbestimmung,
   – Wichtigkeit des Gebots oder Verbots,
   – Rechtmäßigkeit des Zusatzes und
   – Im Zweifel: Auflage.

224 Zunächst ist von der Formulierung der Nebenbestimmung auszugehen. Spricht
diese ausdrücklich von einer Auflage oder Bedingung, ist anzunehmen, dass die
Behörde die Nebenbestimmung mit Bedacht gewählt hat. Allerdings kommt dem
Wortlaut wohl nur eine **Indizwirkung** zu. Es ist nicht ausgeschlossen, dass sich
die Behörde geirrt oder schlicht nur allgemein von „Nebenbestimmungen" gesprochen hat.[697]

225 Wichtiger ist daher die Bedeutung der Erfüllung des Gebots oder Verbots (für
die Behörde). Es muss danach gefragt werden, ob die Genehmigung mit der Nebenbestimmung *„stehen oder fallen"* soll.[698] Je bedeutsamer die Erfüllung des
Gebots oder Verbots ist, desto eher handelt es sich um eine Bedingung und nicht
um eine Auflage. Bei der Auflage ist deshalb Vorsicht geboten, weil der Begünstigte von der Genehmigung Gebrauch machen kann.

Beispiel: Baugenehmigung mit dem Zusatz der Behörde, noch ein Gutachten über die Stand-
sicherheit des geplanten Gebäudes vorzulegen

Hier wäre von einer aufschiebenden Bedingung auszugehen. Da das Gutachten
dazu dient, Gefahren für Menschen auszuschließen, wäre es verfehlt, wenn mit
dem Bau begonnen werden dürfte, obwohl das Gutachten noch nicht vorliegt. Die
Genehmigung soll deshalb mit der Verpflichtung *„stehen oder fallen".* Das erreicht
aber nur die (aufschiebende) Bedingung, weil die Auflage die Wirksamkeit des
Hauptverwaltungsaktes unberührt lässt.

---

696 Voßkuhle/Kaiser, JuS 2012, 699 (701).
697 Brenner, JuS 1996, 281 (282).
698 Wagner, JA 2008, 866 (867).

Christian Kaerkes

Ein weiteres Kriterium ist schließlich die **Zulässigkeit** der Nebenbestimmung. 226 Ist zum Beispiel nur die Auflage, nicht aber die Bedingung rechtmäßig, dann spricht dies für eine Auflage. Da die Behörde an das Gesetz gebunden ist, kann davon ausgegangen werden, dass die Behörde auch rechtmäßig handeln wollte.

Verbleiben am Ende noch **Zweifel**, ob es sich um eine Bedingung oder Auf- 227 lage handelt, ist von einer Auflage auszugehen. Die Auflage ist im Verhältnis zur Bedingung das mildere Mittel, immerhin kann von der Genehmigung schon Gebrauch gemacht werden.[699] Im Zweifel kann deshalb von einer Auflage ausgegangen werden, weil die durch die Behörde verursachten Unklarheiten nicht zu Lasten des Bürgers gehen sollten.

cc) „Modifizierende Auflage" und Inhaltsbestimmung

Die sogenannte modifizierende Auflage ist keine Nebenbestimmung, insbeson- 228 dere keine Auflage im Sinne des § 36 II Nr. 4 VwVfG. Der Begriff **„modifizierende Auflage"** ist von *Weyreuther* geprägt worden[700] und beschreibt vor allem *„eine qualitative Änderung der Gewährung in bezug auf den Antragsgegenstand"*.[701] Diese komplizierte Formulierung beschreibt eine Situation, in der die erteilte Genehmigung von dem Antrag des Bürgers inhaltlich abweicht (**„Inhaltsbestimmung"**).

> *Beispiele: Baugenehmigung mit einem Flachdach, anstatt des beantragten Giebeldachs; Baugenehmigung für ein einstöckiges, aber kein mehrstöckiges Gebäude; Sondernutzungserlaubnis für ein religiöses Straßenfest an einem anderen Tag*

In diesen Fällen erhält der Bürger zwar eine Genehmigung, allerdings mit einem Inhalt, der in dieser Form nicht von ihm beantragt wurde. *De facto* ist der ursprüngliche Antrag erst abgelehnt und dann ein veränderter Verwaltungsakt erlassen worden. Ein eingeschossiges Gebäude ist inhaltlich etwas anderes als ein mehrgeschossiges Gebäude. Ein Flachdach kann nicht mit einem Giebeldach verglichen werden. Im Zivilrecht könnte die „modifizierende Auflage" als ein **„Aliud"** verstanden werden.[702]

In der Vergangenheit sind diese inhaltlichen Veränderungen als Auflage be- 229 zeichnet worden. Diese **falsche Bezeichnung** ändert aber auch nichts daran,

---

699 Brenner, JuS 1996, 281 (285).
700 Weyreuther, DVBl. 1969, 295 und deutlicher in DVBl. 1984, 365.
701 BVerwG, Urt. v. 8.2.1974, Az.: IV C 73.72 = BVerwG, DÖV 1974, 380 (381).
702 Axer, Jura 2001, 748 (750).

Christian Kaerkes

dass es sich in Wirklichkeit nicht um eine Nebenbestimmung handelt.[703] Der Bürger erhält keine Baugenehmigung für ein mehrstöckiges Haus mit der Auflage, nur einen Stock zu bauen, sondern die Genehmigung ist von vornherein beschränkt und nur in diesem Umfang erlassen worden.

Das hat erhebliche Bedeutung für den Begünstigten: Errichtet er dennoch ein mehrgeschossiges Gebäude, dann handelt er **ohne die erforderliche Genehmigung** und sein Bau ist rechtswidrig. Möchte er das Haus in seiner gewünschten Art und Weise errichten, muss zwingend Rechtsschutz vor den Gerichten begehrt werden (Verpflichtungsklage auf Erlass der erweiterten Baugenehmigung).

230 Die **Abgrenzung** der „modifizierenden Auflage" bzw. der Inhaltsbestimmung von einer regulären Auflage ist im Einzelfall schwierig. Es muss sich um eine wesentliche, inhaltliche Abweichung vom Antrag handeln. Dabei kann u. a. auf die folgenden Kriterien abgestellt werden:
- Durchsetzbarkeit der vermeintlichen Auflage,
- Umfang der Abweichung vom Antrag und
- Bedeutung des Elements für das Vorhaben.

231 Grundsätzlich gilt: Desto mehr die Gewährung von dem Antrag abweicht, desto eher handelt es sich um eine Inhaltsbestimmung. Vorhaben werden nämlich durch bestimmte **konstitutive Merkmale** bestimmt.[704] Ein Haus ohne Dach ist nicht mehr sinnvoll als Haus zu bezeichnen. Verändert die Behörde das beantragte Dach, spricht dies für eine Inhaltsbestimmung und gegen eine echte Auflage.

232 Schließlich kann auch danach gefragt werden, ob die vermeintliche Auflage zumindest **selbstständig durchsetzbar** wäre.[705] Würde das Gebäude mit einem Giebeldach erbaut, wie sollte die Behörde sinnvoll ein Flachdach im Wege der Verwaltungsvollstreckung durchsetzen? Es ist ein Kennzeichen der Auflage, dass diese rechtlich durchsetzbar ist. Ist das nicht möglich, handelt es sich mithin um eine Inhaltsbestimmung und keine Nebenbestimmung.

d) Widerrufs- und Auflagenvorbehalt

233 Der **Vorbehalt des Widerrufs** (§ 36 II Nr. 3 VwVfG) ergibt nur im Zusammenspiel mit § 49 II Nr. 1 VwVfG einen Sinn. Danach ist der Widerruf eines rechtmäßigen Verwaltungsakts möglich, wenn dieser *„im Verwaltungsakt vorbehalten ist"*. Die Ankündigung in der Nebenbestimmung, dass der Verwaltungsakt widerrufen

---

703 Erichsen, Jura 1990, 214 (216).

704 Vgl. Bumke, in: Festschrift für Battis, 2014, 177 (184).

705 Detterbeck, Allgemeines Verwaltungsrecht, 17. Aufl. 2019, § 10 Rn. 657.

Christian Kaerkes

werden kann, **verhindert** die Entstehung **schutzwürdigen Vertrauens.**[706] Der Bürger wird gewarnt, dass er seine Genehmigung wieder verlieren könnte.

Beispiele: Baugenehmigung für die Aufstellung von Werbeanlagen mit Widerrufsvorbehalt; Erhalt einer Subvention unter Widerrufsvorbehalt

Konsequenz eines Widerrufsvorbehalts ist auch, dass **keine Entschädigung** im Falle der Aufhebung des Verwaltungsakts zu zahlen ist, vgl. § 49 VI 1 VwVfG.

Allerdings ist ein Widerruf **nicht willkürlich** möglich, sondern erfordert 234 die Ausübung pflichtgemäßen Ermessens.[707] Insbesondere hat sich die Behörde an dem Sinn und Zweck des Gesetzes zu orientieren. Der Widerruf für die Baugenehmigung zur Aufstellung von Werbeanlagen darf nicht deshalb erfolgen, weil der Begünstigte zu schnell mit seinem Auto gefahren ist. Hier besteht kein Zusammenhang zwischen dem vermeintlichen Anlass und dem Baurecht. Die Subvention könnte aber widerrufen werden, wenn Anzeichen dafür bestehen, dass die Gelder nicht wirtschaftlich verwendet werden.

Der **Auflagenvorbehalt** meint den *„Vorbehalt der nachträglichen Aufnahme,* 235 *Änderung oder Ergänzung einer Auflage"*, vgl. § 36 II Nr. 5 VwVfG. Er hat mit dem Widerrufsvorbehalt gemeinsam, dass die Entstehung von schutzwürdigem Vertrauen grundsätzlich verhindert wird. Auflagenvorbehalt und Widerrufsvorbehalt unterscheiden sich aber dadurch, dass der Auflagenvorbehalt im Vergleich das mildere Mittel darstellt.[708] Anstatt den Hauptverwaltungsakt vollständig durch einen Widerruf aufzuheben, wird nur eine nachträgliche Auflage erlassen.

Verwendung findet der Auflagenvorbehalt insbesondere bei **Unsicherheiten** 236 über die zukünftige Entwicklung bestimmter Umstände.

Beispiele: Unklare Lärmbelästigung durch eine neue Gaststätte; Unsicherheit über den Grad der Luftverschmutzung durch eine neue Fabrik

Die Behörde kann in diesen Situationen noch nicht genau wissen, welche Auflagen später im Einzelnen erforderlich sein könnten. Trotzdem sollte es auch unter diesen Umständen im Interesse des Bürgers möglich sein, die entsprechenden Genehmigungen zu erteilen. Der Auflagenvorbehalt erlaubt es nun der Behörde, nachträglich die notwendigen Auflagen zu erlassen. Stellt sich heraus, dass von der Fabrik eine erhebliche Luftverschmutzung ausgeht, könnte der Einbau einer Filteranlage angeordnet werden.

---

706 Maurer/Waldhoff, Allgemeines Verwaltungsrecht, 19. Aufl. 2017, § 12 Rn. 9.
707 Erichsen, Jura 1990, 214 (216 f.).
708 Vgl. Tiedemann, in: Bader/Ronellenfitsch, VwVfG, 44. Ed., Stand: 1.7.2019, § 36 Rn. 68.

Christian Kaerkes

e) Keine Nebenbestimmungen

237 Es existieren noch zwei weitere **scheinbare Nebenbestimmungen**, die aber in Wirklichkeit gar keine Nebenbestimmungen darstellen:
- „Hinweise" auf die Rechtslage und
- „Auflagen" ohne Hauptverwaltungsakt.

In beiden Fällen handelt es sich selbst dann nicht um Nebenbestimmungen, wenn sie als „Auflagen" bezeichnet werden:[709] **Hinweise** auf die Rechtslage sind deshalb keine Auflagen, weil ihnen keine neue Regelungswirkung zukommt. Das entsprechende Gebot oder Verbot besteht schon kraft Gesetzes, sodass es überhaupt keiner Nebenbestimmung bedarf.

Beispiele: Hinweis, dass die Genehmigung nicht verändert werden darf (Urkundenfälschung); Verpflichtung zur Einhaltung von ohnehin geltenden Sicherheitsvorschriften in einer erteilten Baugenehmigung

238 Nebenbestimmungen sind schließlich nur dann möglich, wenn ein **Hauptverwaltungsakt existiert.** Relevant ist das im Versammlungsrecht (s. hierzu näher Rn. 1141). Hier erlässt die zuständige Behörde „Auflagen".

Beispiele: Begrenzung der Teilnehmer auf eine bestimmte Anzahl; Versammlung an einem Ort, anstatt einer Route

Da alle Versammlungen **genehmigungsfrei** sind (vgl. ausdrücklich Art. 8 I GG) bedarf es offensichtlich keiner Genehmigung. Ohne eine solche Genehmigung gibt es aber auch keinen Hauptverwaltungsakt, zu dem die Nebenbestimmung hinzugefügt werden könnte. Wird die Teilnehmerzahl begrenzt oder die Versammlung anderweitig beschränkt, liegt daher schlicht keine Auflage vor. Es handelt sich vielmehr um einen eigenständigen Verwaltungsakt nach dem Versammlungsgesetz (§ 15 VersG).

2. Zulässigkeit von Nebenbestimmungen

239 Rechtsgrundlage für Nebenbestimmungen können entweder das (vorrangige) Fachrecht oder die allgemeine Vorschrift des § 36 VwVfG sein. In einzelnen Fällen sind Nebenbestimmungen aber von vornherein unzulässig („**nebenbestimmungsfeindliche Verwaltungsakte**"). Es handelt sich dabei um „**Statusentscheidungen**".

---

709 Hufen/Bickenback, JuS 2004, 867 (869).

Christian Kaerkes

Beispiele: Einbürgerung; Ärztliche Approbation; Abitur

Darüber hinaus sind Nebenbestimmungen nach § 36 VwVfG möglich. Die Vor- **240** schrift unterscheidet danach, ob der Hauptverwaltungsakt im Ermessen (s. dazu Rn. 729 ff.) der Behörde steht oder nicht.

§ 36 I VwVfG betrifft Verwaltungsakte, auf deren Erlass der Bürger **einen Anspruch** hat. Eine Nebenbestimmung ist *„nur"* zulässig, *„wenn sie durch Rechtsvorschrift zugelassen ist <u>oder</u> wenn sie sicherstellen soll, dass die gesetzlichen Voraussetzungen des Verwaltungsakts erfüllt werden"*. Aus der Formulierung der Vorschrift („nur") wird bereits deutlich, dass es sich um eine **Ausnahme** handelt. Nebenbestimmungen sind grundsätzlich unzulässig, weil der Anspruch des Bürgers beschränkt wird.[710]

Nebenbestimmungen zu gebundenen Entscheidungen sind bürgerfreundlich, weil sie der Behörde erlauben, eine Genehmigung zu erteilen, obwohl eigentlich nicht alle Tatbestandsvoraussetzungen erfüllt sind.[711]

Beispiele: Erteilung einer Baugenehmigung mit dem Zusatz, eine Brandmeldeanlage einzubauen; Leistungen für Eheleute an Verlobte unter der Bedingung eines späteren Heiratsnachweises

Anstatt die Anträge abzulehnen, kann die Behörde als milderes Mittel den Hauptverwaltungsakt mit Nebenbestimmungen erlassen, die sicherstellen, dass die **Voraussetzungen erfüllt werden.**

Examenswissen: Das Bundesverwaltungsgericht hat unlängst entschieden, dass Nebenbestim- **241** mungen unzulässig sind, wenn sichergestellt werden soll, dass die gesetzlichen Voraussetzungen erfüllt *bleiben*.[712] Liegen die Voraussetzungen für den Erlass des Verwaltungsakts gegenwärtig vor, ist dieser auch zu erlassen. Dafür spricht vor allem der Wortlaut (*„erfüllt werden"*) des § 36 I VwVfG.

Grundsätzlich zulässig sind Nebenbestimmungen hingegen dann, wenn der **242** Hauptverwaltungsakt **im Ermessen** der Behörde steht, vgl. § 36 II VwVfG. Kann die Behörde den Antrag auch ablehnen, so muss es ihr auch möglich sein, den Verwaltungsakt mit Nebenbestimmungen zu erlassen. Genau dieser Fall liegt vor, wenn der Erlass des Hauptverwaltungsaktes im Ermessen der Behörde steht. Allerdings können die Nebenbestimmungen nicht nach Gutdünken der Behörde

---

710 Axer, Jura 2001, 748 (751).
711 Brenner, JuS 1996, 281 (282).
712 BVerwG, Urt. v. 9.12.2015, Az.: 6 C 37.14 = BVerwGE 153, 301 = JuS 2016, 959 (m. Anm. Waldhoff) = JA 2016, 799 (m. Anm. Hebeler).

Christian Kaerkes

erlassen werden. Die Behörde ist nämlich gehalten, ihr **Ermessen ordnungsge-mäß** auszuüben und insbesondere den **Grundsatz der Verhältnismäßigkeit** (hierzu Rn. 767 ff.) zu beachten.[713]

243   Gem. § 36 III VwVfG *„darf [eine Nebenbestimmung] dem Zweck des Verwal-tungsakts nicht zuwiderlaufen".* Diese Vorschrift ist weithin unter dem Begriff *„Kopplungsverbot"* bekannt.[714] Das Kopplungsverbot verlangt, dass zwischen der Nebenbestimmung und dem Hauptverwaltungsakt ein **sachlicher Zusammenhang** besteht. Ein solcher Zusammenhang besteht insbesondere dann nicht, wenn:

- Verwaltungsakte, auf die ein Anspruch besteht, von der Zahlung einer Geldsumme abhängig gemacht werden oder
- *„Ressortfremde"* Interessen verfolgt werden.

244   **„Ressortfremde" Interessen** sind Ziele, für deren Verwirklichung die handelnde Behörde nicht zuständig ist. Die Straßenbaubehörde darf bei einem Antrag auf Sondernutzung nicht berücksichtigen, dass es möglicherweise ein Problem mit dem Jugendschutz gibt. Für den Jugendschutz ist schlicht eine andere Behörde zuständig. Deshalb darf die Sondernutzungserlaubnis nicht mit Nebenbestimmungen erlassen werden, die den Jugendschutz betreffen.[715]

245   **Unzulässig** ist es auch, Verwaltungsakte von der **Zahlung einer Geldsumme** abhängig zu machen.

> *Beispiele: Baugenehmigung mit der aufschiebenden Bedingung, noch ausstehende Steuern zu bezahlen; Baugenehmigung mit der Auflage, einen Betrag für das städtische Schwimmbad zu „spenden"*

In diesen Fällen besteht kein Zusammenhang zwischen der Baugenehmigung und der Forderung. Zulässig wären Nebenbestimmungen, die baurechtliche Zwecke verfolgen. Das ist hier aber gerade nicht der Fall. Die Behörde soll Genehmigungen nicht *„verkaufen".*

246   Schließlich gibt es noch weitere Konstellationen, in denen schlicht ein **Zusammenhang** zwischen Nebenbestimmung und Hauptverwaltungsakt **fehlt** und daher ein Verstoß gegen das Kopplungsverbot gegeben ist.

> *Beispiele: Erlaubnis zum Fällen von Bäumen nur gegen Abtretung eines anderen Grundstückes; Gaststättenerlaubnis nur gegen Ermäßigungen für Mitarbeiter der Verwaltung*

---

713 Schachel, Jura 1981, 449 (458 f.).
714 Vgl. Breuer, NVwZ 2017, 112 (114).
715 Axer, Jura 2001, 748 (751).

Christian Kaerkes

Grundsätzlich sind rechtswidrige (d. h. unzulässige) Nebenbestimmungen trotz- 247
dem wirksam und können wie alle übrigen Verwaltungsakte **bestandskräftig**
(s. dazu Rn. 115 ff.) werden. Wenn sie nicht rechtzeitig angefochten werden,
müssen unzulässige Nebenbestimmungen beachtet werden.[716] Aus diesem Grund
ist der Rechtsschutz gegen Nebenbestimmungen von besonderer Bedeutung.

Examenswissen: Ausnahmsweise kann eine Nebenbestimmung **nichtig** sein, vgl. § 44 VwVfG 248
(s. dazu § 6 Rn. 115 ff.). In einem solchen seltenen Ausnahmefall kann entweder die Aufhebung
der nichtigen Nebenbestimmung (Anfechtungsklage) oder die Feststellung der Nichtigkeit der
Nebenbestimmung (Nichtigkeitsfeststellungsklage) begehrt werden.[717]

Beispiel:[718] *Willkürliche Auflage, ein Grundstück verkaufen zu müssen*

3. Rechtsschutz gegen Nebenbestimmungen

Nebenbestimmungen sind oftmals Belastungen zu einem für den Bürger günsti- 249
gen Verwaltungsakt (einer Genehmigung). In diesen Situationen möchte der
Bürger zwar die Begünstigung behalten, aber gleichzeitig die Belastung nach
Möglichkeit beseitigen.

*Beispiele: Baugenehmigung unter der Bedingung zusätzlicher Stellplätze; Gaststättenerlaubnis
mit Lärmschutzauflagen*

Dabei ist zu beachten, dass Nebenbestimmungen **bestandskräftig** werden können und dann beachtet werden müssten, selbst wenn sie sich als rechtswidrig
erweisen würden.[719] Der Bürger wird daher gezwungen, rechtzeitig Rechtsschutz
vor den Verwaltungsgerichten zu suchen. Dabei bestehen zwei Möglichkeiten:
– **Anfechtungsklage** gerichtet gegen die Nebenbestimmung oder
– **Verpflichtungsklage** auf Erlass eines Verwaltungsakts ohne Nebenbestimmung.

Es liegt aber nicht im **Interesse des Bürgers**, den Hauptverwaltungsakt anzu- 250
greifen, weil er im Regelfall den begünstigenden Verwaltungsakt behalten möchte.
Er möchte nicht die Baugenehmigung verlieren, sondern nur die Nebenbestimmung beseitigen. Diesem Ziel entspricht allerdings nur die Anfechtungsklage, nicht
aber die Verpflichtungsklage. Mit der Verpflichtungsklage kann regelmäßig nur

---

716 Schwerdtfeger/Schwerdtfeger, Öffentliches Recht, 14. Aufl. 2012, Rn. 168.
717 Vgl. Schenke, JuS 2016, 97 (99 f.).
718 Hufen/Bickenbach, JuS 2004, 966 (968).
719 Detterbeck, Allgemeines Verwaltungsrecht, 17. Aufl. 2019, § 10 Rn. 563 ff., 656.

Christian Kaerkes

eine von Grund auf neue Entscheidung über den gesamten Verwaltungsakt herbeigeführt werden.

251   Die Anfechtungsklage (s. zur Anfechtungsklage Rn. 2 ff.) ist noch aus weiteren Gründen für den Bürger vorteilhafter:[720]
- Aufschiebende Wirkung der Anfechtungsklage
- Einstweiliger Rechtsschutz über § 80 V VwGO
- Ggf. kostengünstiger als die Verpflichtungsklage

252   Der **Streit** über den Rechtsschutz gegen Nebenbestimmungen ist ein Streit um die richtige **Klageart:** Kann und darf der Bürger Anfechtungsklage ausschließlich gegen die belastende Nebenbestimmung erheben („**isolierte Anfechtung**") oder muss er stattdessen Verpflichtungsklage erheben? Diese Frage ist in der **Statthaftigkeit** der Klageart zu erörtern und ist heftig umstritten.

a) Sonderfall – „Modifizierende Auflage"

253   Unstrittig ist aber der Rechtsschutz gegen die „modifizierende Auflage". Gegen diese Bestimmung des Inhalts des Hauptverwaltungsaktes kann **nur** mit der **Verpflichtungsklage** vorgegangen werden.[721] Dafür wird angeführt, dass ein untrennbarer Zusammenhang zwischen der „modifizierenden Auflage" und dem Hauptverwaltungsakt bestehe. Besser verständlich ist allerdings der Grund, dass mit der Anfechtungsklage kein sinnvolles Ergebnis erzielt werden könnte.

Beispiel: Baugenehmigung mit einem Flachdach statt des beantragten Giebeldachs

254   Würde in diesem Fall die „modifizierende Auflage" angefochten und durch das Gericht aufgehoben, so bliebe eine Baugenehmigung ohne Dach übrig.[722] Mit der Anfechtungsklage kann das Rechtsschutzziel des Bürgers (Giebeldach) gar nicht erreicht werden. Die inhaltliche Veränderung der Genehmigung ist nur mit der Verpflichtungsklage möglich.

255   Für den Sonderfall der „modifizierenden Auflage" – die zwar keine echte Nebenbestimmung ist (s. Rn. 228 ff.), aber hier im Zusammenhang behandelt wird – besteht daher weitgehend Einigkeit, dass nur die Verpflichtungsklage statthaft ist.

---

720 Fricke, DÖV 2019, 48 f.
721 BVerwG, Urt. v. 8.2.1974, Az.: IV C 73.72 = BVerwG, DÖV 1974, 380 (381).
722 Schmidt, VBlBW 2004, 81 (83).

Christian Kaerkes

b) Echte Nebenbestimmungen

Heftig umstritten ist hingegen der Rechtsschutz gegen die echten Nebenbestim- 256
mungen. Im Laufe der Zeit haben sich dabei **vier** unterschiedliche **Positionen**
herausgebildet:

- Grundsätzlich immer Anfechtungsklage,
- Grundsätzlich immer Verpflichtungsklage,
- Unterscheidung nach der Art des Hauptverwaltungsaktes oder
- Unterscheidung zwischen den Nebenbestimmungen.

aa) h.M.: Anfechtungsklage

Die Position, dass gegen alle Nebenbestimmungen gleichermaßen Anfechtungs- 257
klage erhoben werden kann, entspricht der mittlerweile **herrschenden Meinung.**
Das Bundesverwaltungsgericht hat sich sehr deutlich für diese überzeugende
Ansicht ausgesprochen: *„Gegen belastende Nebenbestimmungen ist die Anfechtungsklage gegeben."*[723]

Hierfür sprechen vor allem zwei Überlegungen: 258
- § 113 I 1 VwGO kennt die **Teilaufhebung** und
- Teilbarkeit betrifft die **Begründetheit.**

Gem. § 113 I 1 VwGO ist es möglich, dass der Verwaltungsakt nur **teilweise auf-** 259
gehoben wird („**soweit** der Verwaltungsakt rechtswidrig ist").[724] Wird der gesamte Verwaltungsakt angegriffen, kann es demnach sein, dass nur ein Teil des
Verwaltungsakts aufgehoben wird. Einen solchen *Teil* stellt die Nebenbestimmung dar. Das Gesetz selbst sieht demnach die Teilaufhebung vor und erfasst an
sich die **Aufhebung von rechtswidrigen Nebenbestimmungen.**

Entscheidend ist daher, ob Nebenbestimmung und Hauptverwaltungsakt 260
teilbar sind. Wenn beide untrennbar wären, könnte nicht nur ein Teil davon
aufgehoben werden. Das ist nach der herrschenden Meinung aber keine Frage der
statthaften Klageart, sondern betrifft die **Begründetheit** der Klage. Weil aber
Zulässigkeit und Begründetheit zu unterscheiden sind, ist die Anfechtungsklage
selbst dann statthaft, wenn sich Nebenbestimmung und Hauptverwaltungsakt als
unteilbar erweisen würden.

---

723 BVerwG, Urt. v. 10.7.1980, Az.: 3 C 136.79 = BVerwGE 60, 269 (274); bestätigt durch BVerwG,
Urt. v. 22.11.2000, Az.: 11 C 2.00 = BVerwGE 112, 221 (224).
724 Schenke, JuS 1983, 182 (184).

Christian Kaerkes

261 Examenswissen: Hiervon wird nur dann eine Ausnahme gemacht, wenn die *„isolierte Aufhebbarkeit offenkundig von vornherein ausscheidet"*.[725] Für die Anfechtungsklage soll in diesen Fällen bereits das **Rechtsschutzbedürfnis** fehlen (s. dazu Rn. 477 ff.). Welche Fallgruppen davon genau erfasst sein sollen, ist jedoch noch nicht eindeutig geklärt. In der Literatur wird vor allem die Inhaltsbestimmung bzw. die „modifizierende Auflage" als Beispiel angeführt.[726] Hierbei handelt es sich jedoch schon um keine Nebenbestimmungen (s. bereits Rn. 228 ff.).

bb) a. A.: Verpflichtungsklage

262 Seltener vertreten und gelegentlich unterschätzt wird die Position, dass für den Rechtsschutz gegen Nebenbestimmungen grundsätzlich nur die Verpflichtungsklage in Betracht kommt.[727] Dafür werden insbesondere zwei Gründe angeführt:

- **Aufschiebende Wirkung** der Anfechtungsklage und
- Vergleich mit der **„klassischen" Verpflichtungssituation.**

263 Gem. § 80 I 1 VwGO hat die Anfechtungsklage **aufschiebende Wirkung.** Rechtsfolge der aufschiebenden Wirkung ist, dass die angegriffene Regelung nicht mehr vollziehbar ist und deshalb nicht beachtet werden muss.[728] Es sei aber problematisch, wenn sich die aufschiebende Wirkung nur gegen die Nebenbestimmung richten würde. Der Bürger könnte nämlich von dem Hauptverwaltungsakt weiter Gebrauch machen, ohne sich für die Nebenbestimmung interessieren zu müssen.[729]

> *Beispiel: Anfechtungsklage gegen eine Baugenehmigung mit Lärmschutzauflage führt (vorläufig) zu einer nebenbestimmungsfreien Baugenehmigung*

Allerdings kann die Behörde gem. § 80 II Nr. 4 VwGO die **sofortige Vollziehung** anordnen, mit der Folge, dass der Anfechtungsklage keine aufschiebende Wirkung mehr zukommt. Das „Problem" lässt sich demnach durch die Behörde beseitigen. Außerdem sollte die aufschiebende Wirkung nicht zu kritisch gesehen werden, weil der Bürger sonst während der (langen) Dauer des Prozesses nicht von der Genehmigung in der von ihm gewünschten Weise profitieren könnte.[730]

264 Das zweite Argument läuft vor allem darauf hinaus, dass die Gewährung einer Genehmigung mit Nebenbestimmung *de facto* eine **(Teil-)Ablehnung** des Antrags

---

725 BVerwG, Urt. v. 22.11.2000, Az.: 11 C 2.00 = BVerwGE 112, 221 (224).
726 Sproll, NJW 2002, 3221 (3223).
727 Stadie, DVBl. 1991, 613 (614).
728 Hufen, Verwaltungsprozessrecht, 11. Aufl. 2019, § 32 Rn. 1 ff.
729 Stadie, DVBl. 1991, 613 (615).
730 Schmidt, VBlBW 2004, 81 (83).

Christian Kaerkes

auf eine nebenbestimmungsfreie Genehmigung sei. Der Rechtsschutz müsse nach allgemeinen Regeln durch die Verpflichtungsklage erfolgen.[731] Hier läge eine *„klassische"* **Verpflichtungssituation** vor, vgl. § 42 I Alt. 2VwGO (*„Erlaß eines abgelehnten [...] Verwaltungsakts"*).

Die Verpflichtungsklage ist für den Bürger aber durchaus **problematisch,** 265 weil regelmäßig nur ein „Bescheidungsurteil" ergehen wird. Die Behörde muss dann erneut (und ermessensfehlerfrei) über den Antrag entscheiden. Die Verpflichtungsklage kann daher nicht mit der gleichen **Effektivität** rechtswidrige Nebenbestimmungen beseitigen.[732] Der Verpflichtungsklage kommt außerdem keine aufschiebende Wirkung zu.

Die Bürger werden durch eine grundsätzliche Verpflichtungsklage im Er- 266 gebnis ohne ausreichende Rechtfertigung **schlechter gestellt**, weshalb diese Auffassung abzulehnen ist. Gegen diese Position spricht demnach:
– Vorteile der aufschiebenden Wirkung,
– Möglichkeit der Verwaltung, die sofortige Vollziehung anzuordnen und
– Benachteiligung des Bürgers durch die Verpflichtungsklage.

cc) a.A.: Unterscheidung nach der Art des Hauptverwaltungsaktes

Eine weitere Position unterscheidet danach, ob der Erlass des Verwaltungsakts 267 **im Ermessen** der Behörde steht oder nicht. Habe der Bürger einen **Anspruch** auf den Verwaltungsakt, sei die Anfechtungsklage gegeben, stehe der Verwaltungsakt aber im Ermessen der Behörde, sei die Verpflichtungsklage statthaft. Das entsprach zumindest einer Zeit lang der Rechtsprechung des Bundesverwaltungsgerichts.[733] Für die Ansicht sprechen zwei Gründe:
– Einheitliche Ermessensentscheidung (**„Gewaltenteilung"**) und
– Bürger erhielten ansonsten **mehr als ihnen zustünde.**

Der erste Grund beruht auf der Annahme, dass die Behörde ihr Ermessen nur 268 **einheitlich** ausübt. Die Behörde würde den Hauptverwaltungsakt (der in ihrem Ermessen steht) nicht ohne die ergänzenden Nebenbestimmungen erlassen haben.

Beispiel: Sondernutzungserlaubnis zum Aufstellen von Stühlen auf dem Gehweg nur mit Befristung, hingegen keinesfalls ohne Befristung

---

731 Vgl. Labrenz, NVwZ 2007, 161 (164 f.).
732 Detterbeck, Allgemeines Verwaltungsrecht, 17. Aufl. 2019, § 10 Rn. 671.
733 BVerwG, Urt. v. 7.7.1978, Az.: 4 C 79.76 = BVerwGE 56, 254 (256).

Christian Kaerkes

269   Würde in einem solchen Fall die Nebenbestimmung aufgehoben, dann würde der Behörde ein Verwaltungsakt *„aufgedrängt"*, den sie in dieser Form niemals erlassen hätte. Das wäre mit Blick auf die **Gewaltenteilung** (Abgrenzung von Exekutive und Judikative) tatsächlich nicht unproblematisch.[734] Die Verpflichtungsklage würde einen „Übergriff" in die alleinige Kompetenz der Behörde verhindern. Die Nebenbestimmung würde nicht aufgehoben, sondern die Behörde nur zur erneuten Entscheidung verpflichtet.

270   Indes wird der Behörde kein Verwaltungsakt aufgedrängt, und zwar deshalb, weil die Behörde den Verwaltungsakt **beseitigen** kann. Ihr stehen die Instrumente des Widerrufs und der Rücknahme zur Verfügung, vgl. §§ 48, 49 VwVfG (näher dazu Rn. 836 ff.).[735] Das Bundesverwaltungsgericht erlaubt zudem auch eine Analogie zu § 49 II Nr. 2 VwVfG.[736] Die Behörde muss aus diesem Grund nicht durch die Verpflichtungsklage geschützt werden, weil sie sich selbst vor einem *„aufgedrängten"* Verwaltungsakt schützen kann.

271   Der zweite Grund bezieht sich darauf, dass die Anfechtungsklage die Stellung des Bürgers über seinen materiellen Anspruch **ausweiten** würde. Der Bürger habe keinen Anspruch auf einen Verwaltungsakt ohne Nebenbestimmungen, sondern nur auf eine **ermessensfehlerfreie Entscheidung**.[737] Daher solle die Nebenbestimmung auch nicht durch eine Anfechtungsklage aufgehoben werden können. Statthaft sei die Verpflichtungsklage.

272   Allerdings spricht diese Überlegung noch nicht gegen die Anfechtungsklage als solche. Den Bedenken kann nämlich **im Rahmen der Begründetheit** durchaus Rechnung getragen werden und die Behörde hat immer noch die Möglichkeit, den missliebigen Verwaltungsakt einfach selbst aufzuheben. Daher ist dieser Meinung aus den folgenden Gründen nicht zu folgen:
- „Selbstschutz" der Behörde durch Widerruf und Rücknahme und
- Bedenken können in der Begründetheit berücksichtigt werden.

dd) a.A.: Unterscheidung zwischen den Nebenbestimmungen

273   Nach einer weiteren Ansicht kommt es auf die jeweilige Art der Nebenbestimmung an. **Auflage** und **Auflagenvorbehalt** seien zwar mit der Anfechtungsklage angreifbar; im Übrigen bleibe aber nur die Verpflichtungsklage. Auch diese Un-

---

734 Schenke, JuS 1983, 182 (185).
735 Vgl. Hufen/Bickenbach, JuS 2004, 966 (967).
736 BVerwG, Urt. v. 12.3.1982, Az.: 8 C 23.80 = BVerwGE 65, 139 (141).
737 Jahndorf, JA 1999, 676 (677).

Christian Kaerkes

terscheidung findet sich in der älteren Rechtsprechung des Bundesverwaltungs-gerichts wieder.[738] Dafür wird vor allem ein Grund angeführt:
- **Selbstständigkeit** bzw. Unselbstständigkeit der Nebenbestimmungen.

Diese Auffassung betrachtet Auflage und Auflagenvorbehalt als *„selbstständig"* 274
und Befristung, Bedingung sowie Widerrufsvorbehalt als *„unselbstständig"*. Un-selbstständige Nebenbestimmungen könnten nur als *„untrennbare Einheit"* bzw. *„integrale Bestandteile"* des Hauptverwaltungsaktes begriffen werden.[739] Anhaltspunkt für diese Position sei der Wortlaut des § 36 II VwVfG, weil dort zwischen den einzelnen Nebenbestimmungen unterschieden werde (*„erlassen mit"* einerseits, *„verbunden mit"* andererseits). Letztlich geht es wieder um die Frage, ob Nebenbestimmung und Hauptverwaltungsakt voneinander zu trennen sind.

Indes erscheint die Anknüpfung an den Wortlaut des § 36 II VwVfG als **un-** 275
zureichend.[740] Aus diesen sprachlichen Unterschieden folgt nicht zwingend, dass in einem Fall die Anfechtungs- im anderen Fall die Verpflichtungsklage zulässig wäre. Eine solche Unterscheidung überzeugt aber auch deshalb nicht, weil ein **sachlicher Grund fehlt**, der eine differenzierte Behandlung rechtfertigen würde. Das gilt insbesondere deshalb, weil damit weitere Konsequenzen ver-bunden sind:
- Aufschiebende Wirkung,
- Einstweiliger Rechtsschutz und
- Anforderungen an die Begründetheit.

Sollte eine Klage gegen die Bedingung keinerlei aufschiebende Wirkung haben, wohl aber gegen eine inhaltsgleiche Auflage? Hierfür dürfte es an einer inhalt-licher Rechtfertigung fehlen.[741] Vielmehr sollten die **Nebenbestimmungen** in dieser Hinsicht **gleichbehandelt werden.**

Daher sprechen zumindest die folgenden Gründe gegen den Vorschlag, zwi- 276
schen den verschiedenen Nebenbestimmungen zu unterscheiden:
- Folgerung aus sprachlichen Unterschieden nicht stichhaltig und
- Fehlende sachliche Rechtfertigung für die unterschiedliche Behandlung.

---

738 BVerwG, Urt. v. 21.10.1970, Az.: IV C 165.65 = BVerwGE 36, 145 (154).
739 Axer, Jura 2001, 748 (752 f.).
740 Bumke, in: Festschrift für Battis, 2014, 177 (185).
741 Vgl. Schmidt, VBlBW 2004, 81 (83).

Christian Kaerkes

ee) Ergebnis

277 Die besseren Gründe dürften insgesamt für die **herrschende Meinung** sprechen. Danach sind alle Nebenbestimmungen grundsätzlich mit der **Anfechtungsklage** angreifbar. Die Teilaufhebung durch die Anfechtungsklage ist in der VwGO vorgesehen. Gleichzeitig können viele Bedenken entkräftet oder in der Begründetheit der Anfechtungsklage berücksichtigt werden. Es besteht danach kein Grund, die **Nachteile der Verpflichtungsklage** für den Bürger in Kauf zu nehmen.

278 **Klausurrelevant:** Die herrschende Meinung muss aber die Teilbarkeit von Hauptverwaltungsakt und Nebenbestimmung in der **Begründetheit** der Anfechtungsklage berücksichtigen. Das führt zu einem **besonderen Aufbau der Prüfung** (dazu ausführlich Rn. 1388 ff.), der in der Klausur unbedingt bekannt sein muss.

4. Literaturhinweise

279 Aufsätze: Voßkuhle/Kaiser, Grundwissen – Öffentliches Recht: Nebenbestimmungen, Jus 2012, 699; Brenner, Der Verwaltungsakt mit Nebenbestimmungen, JuS 1996, 281; Hufen/Bickenbach, Der Rechtsschutz gegen Nebenbestimmungen zum Verwaltungsakt, JuS 2004, 867

Lehrbücher: Detterbeck, Allgemeines Verwaltungsrecht, 17. Aufl. 2019, § 10 Rn. 643 ff.; Maurer/Waldhoff, Allgemeines Verwaltungsrecht, 19. Aufl. 2017, § 12 Rn. 1 ff.

Übungsfälle: Fall 2 in: Eisentraut, Fälle zum Verwaltungsrecht, 2020; Ernst/Kämmerer, Fälle zum Allgemeinen Verwaltungsrecht, 3. Aufl. 2016, Fall 9: „Baustelle ohne Verkehr"; Payandeh, „Übungsfall: Der fragwürdige Widerrufsvorbehalt", ZJS 2017, 544; Tschentscher, „Zur Übung – Öffentliches Recht: Die religiöse Sondernutzung", JuS 2003, 345

Lehrvideo: Dobiasch/Schwarz/Schuster, Peer2Peer Lehrvideo Anfechtung von Nebenbestimmungen, abrufbar unter https://youtu.be/2LNM6WkmG0I

B. Weitere Zulässigkeitsvoraussetzungen der Anfechtungsklage

280 Nach der Prüfung der Eröffnung des Verwaltungsrechtswegs und der Prüfung der statthaften Klageart sind im Falle der Anfechtungsklage regelmäßig die folgenden weiteren Zulässigkeitsvoraussetzungen anzusprechen, wobei es auch hierbei auf problembewusstes Arbeiten ankommt (dazu § 1 Rn. 52, 123).

I. Die Klagebefugnis (Hendrik Burbach)

Die Klagebefugnis nach § 42 II VwGO ist eine der zentralen Voraussetzungen für 281
die Zulässigkeit verwaltungsgerichtlicher Klagen und Anträge. Nach § 42 II VwGO
sind Anfechtungs- und Verpflichtungsklagen, soweit gesetzlich nichts anderes
bestimmt ist, nur zulässig, wenn der Kläger geltend macht, durch den Verwaltungsakt oder seine Ablehnung oder Unterlassung in seinen Rechten verletzt zu
sein. Obgleich der Wortlaut des § 42 II VwGO ausdrücklich nur die Anfechtungs-
und Verpflichtungsklagen umfasst, ist auch für die übrigen Klagearten die Klagebefugnis des Klägers erforderlich (s. im Einzelnen § 3 Rn. 28, § 4 Rn. 33,
§ 5 Rn. 31, § 6 Rn. 78, § 7 Rn. 36., § 8 Rn. 30, § 9 Rn. 34, § 10 Rn. 11).

Durch das Merkmal der Klagebefugnis soll gewährleistet werden, dass nur 282
Klage erheben kann, wer auch die Verletzung seiner subjektiven Rechte geltend
machen kann. Die Verwaltungsgerichtsbarkeit soll hiermit von einer Vielzahl
ungerechtfertigter Inanspruchnahmen durch **Popularklagen** entlastet werden.[742]
Bei diesen erhebt sich der Kläger zum Sachwalter öffentlicher Interessen oder
rechtlich geschützter Interessen Dritter.[743]

Examenswissen: Die Klagebefugnis ist dabei nicht mit der Sachlegitimation des Klägers zu ver- **283**
wechseln. Die Sachlegitimation ist die subjektive Seite der Anspruchsberechtigung oder -ver-
pflichtung, die ausschließlich nach dem materiellen Recht zu bestimmen und daher eine Frage
der Begründetheit der Klage ist.

Im Rahmen des § 42 II VwGO muss der Kläger substantiiert vortragen, dass er in 284
subjektiven Rechten verletzt ist. Dabei werden an die Voraussetzungen des die
Klagebefugnis begründenden Rechts keine hohen Anforderungen gestellt. Ob
dieses Recht besteht ist schließlich eine Frage der Begründetheit der Klage.[744]

Examenswissen: Demgegenüber hat der Gesetzgeber gerade im Umwelt- und Naturschutzrecht **285**
zur effektiven Durchsetzung des Rechts auch **Verbandsklagen** zugelassen. Hierbei wird – europarechtlich geprägt[745] – eine Ausnahme von dem Erfordernis der Verletzung eigener Rechte
gemacht.[746] Insofern spricht man hinlänglich von Interessentenklagen. Diese können Personen
erheben, die ein gesetzlich anerkanntes Interesse am Klageausgang haben.[747] Ist der Anwendungsbereich des § 1 UmwRG eröffnet, sind nach § 3 UmwRG anerkannte Vereinigungen grund-

---

742 Hufen, Verwaltungsprozessrecht, 11. Aufl. 2019, § 14 Rn. 53.
743 Schenke, Verwaltungsprozessrecht, 16. Aufl. 2019, § 14 I Rn. 490.
744 R. P. Schenke, in: Kopp/Schenke, VwGO, 25. Aufl. 2019, § 42 Rn. 65; Kintz, Öffentliches Recht
im Assessorexamen, 10. Aufl., 2018, Rn. 227.
745 Vgl. EuGH, Urt. v. 12.5.2011, Az.: C-115/09 = NVwZ 2011, 801 (mit Anmerkung von Schlacke).
746 Schenke, Verwaltungsprozessrecht, 16. Aufl. 2019, § 14 I Rn. 490a.
747 Peine, Klausurenkurs im Verwaltungsrecht, 6. Aufl. 2016, 1. Teil Rn. 131.

sätzlich klagebefugt, ohne dass es einer Darlegung der Verletzung eigener Rechte bedarf, § 2 I 1 UmwRG.[748] Dies gilt dagegen nicht, wenn die Vereinigung einen Rechtsbehelf gegen eine Entscheidung nach § 1 I Nr. 2a-6 UmwRG einlegt. In diesen Konstellationen sieht § 2 I 2 UmwRG vor, dass die Vereinigung „die Verletzung umweltbezogener Vorschriften geltend machen" kann.[749]

1. Voraussetzungen des § 42 II VwGO

286 Der Kläger muss nach § 42 II VwGO die **Möglichkeit einer Rechtsverletzung** geltend machen können. Unzulässig ist die Klage nur, wenn unter Zugrundelegung des Klägervortrags offensichtlich und eindeutig nach keiner Betrachtungsweise subjektive Rechte des Klägers verletzt sein können.[750]

287 Im Rahmen der Fallbearbeitung ist die Möglichkeit der Rechtsverletzung näher zu begründen. Dabei darf allerdings nicht geprüft werden, ob der Kläger durch den Verwaltungsakt tatsächlich in seinen Rechten verletzt ist. Dies ist erst im Rahmen der Begründetheit zu erörtern, § 113 I 1 VwGO.[751] Zur Begründung der Klagebefugnis genügt daher die Möglichkeit einer Rechtsverletzung.[752] Diese sollte im Rahmen der Klausur auch kurz dargelegt werden.

288 Die Klagebefugnis folgt bei einer Anfechtungsklage nach § 42 I 1. Alt VwGO zumeist bereits aus der **Adressatentheorie.** Nach dieser ist der Adressat eines belastenden Verwaltungsakts stets klagebefugt. Dies gilt jedoch nur für den Inhaltsadressat, nicht aber für den Bekanntgabeadressaten.[753]

289 Bei Drittanfechtungs- oder Nachbarschutzfällen bedarf die Darlegung der Klagebefugnis hingegen einer tiefergehenden Untersuchung. In der Klausur sollte das **subjektiv-öffentliche Recht** sauber herausgearbeitet werden. Hierbei ist vor allem auch auf den notwendigen Drittschutz der Norm zu achten (vgl. hierzu näher Rn. 296 f.).

a) Möglichkeitstheorie

290 Nach der herrschenden Möglichkeitstheorie genügt zur Begründung der Klagebefugnis, dass die Möglichkeit der vom Kläger behaupteten Rechtsverletzung besteht.[754] Diese Prüfung folgt dabei einem dreistufigen Aufbau: Es bedarf zunächst

---

748 Erbguth/Guckelberger, Allgemeines Verwaltungsrecht, 9. Aufl. 2018, §20 Rn. 20.
749 Vertiefend Erbguth/Guckelberger, Allgemeines Verwaltungsrecht, 9. Aufl. 2018, §20 Rn. 20; Schlacke, NVwZ 2017, 905.
750 Kintz, Öffentliches Recht im Assessorexamen, 10. Aufl., 2018, Rn. 227.
751 Detterbeck, Allgemeines Verwaltungsrecht, 17. Aufl. 2019, § 31 Rn. 1351.
752 R. P. Schenke, in: Kopp/Schenke, VwGO, 25. Aufl. 2019, § 42 Rn. 59.
753 Happ, in: Eyermann, VwGO, 15. Aufl. 2019, § 42 Rn. 91.
754 Exemplarisch: R. P. Schenke, in: Kopp/Schenke, VwGO, 25. Aufl. 2019, § 42 Rn. 66.

Hendrik Burbach

eines Rechts, dieses muss dem Kläger subjektiv zuzuordnen und schließlich auch verletzt sein.

Der Kläger muss zunächst die Verletzung eines Rechts geltend machen. Ein 291 solches liegt insbesondere dann nicht vor, wenn lediglich bloße Interessen, Erwerbschancen, Situationsvorteile oder sonstige Chancen bestehen, die nicht bereits in einer Rechtsposition resultiert sind.[755] Gleiches gilt für den Fall, dass der Kläger bloß eine obligatorische Rechtsposition innehat.[756]

Beispiel: Dies ist etwa dann der Fall, wenn in einer baurechtlichen Streitigkeit der Mieter eines Objektes klagen möchte. Insoweit gilt der Grundsatz, dass das Grundstück nur einmal gerichtlich repräsentiert werden darf, nämlich durch den Eigentümer; Der Mieter ist insoweit nach ständiger Rechtsprechung des BVerwG nicht klagebefugt.[757]

Weiterhin ist zu untersuchen, ob dem Kläger das geltend gemachte Recht auch 292 subjektiv zugeordnet werden kann. Dies ist nach der sog. Schutznormtheorie insbesondere dann der Fall, wenn die Norm zumindest auch den Individualinteressen des Klägers zu dienen bestimmt ist.[758] Nach dieser genügt zur Begründung der Klagebefugnis jedes von der Rechtsordnung als schutzwürdig anerkannte Individualinteresse.[759] Hierunter fallen alle geschriebenen oder ungeschriebenen Rechtsnormen des öffentlichen Rechts. Relevant ist dies vor allem in Fällen der Drittanfechtung.

Als subjektive Rechte des Klägers kommen dabei nicht nur materielle Rechte, 293 sondern auch Verfahrensrechte in Betracht.[760]

b) Adressatentheorie

In vielen Fällen kann im Rahmen einer Anfechtungsklage die **Adressatentheorie** 294 herangezogen werden. Nach dieser ist der Adressat eines belastenden Verwaltungsakts, der ihm ein Handeln, Dulden oder Unterlassen gebietet, stets möglicherweise in seinen eigenen Rechten verletzt.[761] Der belastende Verwaltungsakt

---

755 Gersdorf, Verwaltungsprozessrecht, 6. Aufl. 2019, Rn. 30; Hufen, Verwaltungsprozessrecht, 11. Aufl. 2019, § 14 Rn. 61 ff.

756 Hufen, Verwaltungsprozessrecht, 11. Aufl. 2019, § 14 Rn. 67.

757 BVerwG, Urt. v. 18.11.1985, Az. 8 C 43.83 = BVerwGE 72, 226; BVerwG, Urt. v. 06.03.1987, Az. 8 C 1.85 = NJW 1987, 2829; BVerwG, Urt. v. 05.04.1993, Az. 4 NB 3.91 = NJW 1994, 1233; s. auch Schmidt-Preuß, NJW 1995, 27 (28).

758 Schaks/Friedrich, JuS 2018, 860 (864).

759 R. P. Schenke, in: Kopp/Schenke, VwGO, 25. Aufl. 2019, § 42 Rn. 78.

760 Schenke, Verwaltungsprozessrecht, 16. Aufl. 2019, § 14 I Rn. 489.

761 Detterbeck, Allgemeines Verwaltungsrecht, 17. Aufl. 2019, § 31 Rn. 1352.

Hendrik Burbach

beeinträchtigt den Kläger zumindest in dem ihm von Art. 2 I GG gewährten Schutz seiner Freiheitssphäre.[762]

295　　Die Adressatentheorie kann also grundsätzlich immer dann in der Klausur angewendet werden, wenn der Kläger gegen einen ihn belastenden Verwaltungsakt vorgehen möchte. An dieser Stelle sollte aber nicht nur pauschal auf die Adressatentheorie verwiesen werden, sondern gleichfalls unter Rückgriff auf Art. 2 I GG eine kurze Begründung für die Rechtsverletzung gegeben werden.

c) Drittanfechtungsklagen

296　Geht der Kläger gegen einen Verwaltungsakt vor, der einen Dritten begünstigt und ihn belastet, liegt ein sog. begünstigender Verwaltungsakt mit belastender Drittwirkung vor. In diesem Fall kann der Kläger seine Klagebefugnis nicht mit der Adressatentheorie begründen. Hauptanwendungsfälle für diese Konstellation folgen aus Nachbarklagen im Bau- und Umweltrecht, bei beamtenrechtlichen und wirtschaftsverfassungsrechtlichen Konkurrentenklagen sowie bei Konkurrentenklagen im Subventionsbereich.[763] Auch im In diesen Konstellationen führt der Kläger zwar den Prozess gegen die Verwaltung, in der Sache geht es allerdings um eine Entscheidung über konkurrierenden Privatinteressen.[764]

297　　Auch in diesen Fällen muss der Kläger die Verletzung eigener subjektiver Rechte geltend machen können. Er muss daher zur Begründung seiner Klagebefugnis vortragen, dass der angegriffene, einen anderen begünstigende und ihn belastende Verwaltungsakt eine Norm verletzt, die zumindest auch seinem Schutz dient.[765] Dies ist stets dann der Fall, wenn der Norm drittschützende Wirkung zukommt. Ob dies der Fall ist, bestimmt sich u. a. durch die **Schutznormtheorie**. Nach der Schutznormtheorie ist ein Recht drittschützend, wenn es nicht nur ausschließlich dem Interesse der Allgemeinheit dient, sondern vielmehr auch dem Schutz individueller Rechte dient, die einem abgrenzbaren Kreis von Begünstigten zustehen (s. dazu auch Rn. 828 und beispielhaft Fall 3 in: Eisentraut, Fälle zum Verwaltungsrecht, 2020).

---

762 R. P. Schenke, in: Kopp/Schenke, VwGO, 25. Aufl. 2019, § 42 Rn. 69.

763 Württemberger/Heckmann, Verwaltungsprozessrecht, 4. Aufl. 2018, § 21 Rn. 334.

764 Schmidt-Preuß, Kollidierende Privatinteressen im Verwaltungsrecht, 2. Auflage 2005, S. 17 ff.; s. auch Schmidt-Aßmann/Schenk in: Schoch/Schneider/Bier, VwGO, 36. EL Februar 2019, Einleitung Rn. 192 ff.

765 Württemberger/Heckmann, Verwaltungsprozessrecht, 4. Aufl. 2018, § 21 Rn. 334.

Hendrik Burbach

Beispiele für drittschützende Normen:[766]
- *Ordnungsrechtliche Generalklauseln (Polizei- und Ordnungsrecht)*
- *Baurechtliche Gebot der Rücksichtnahme, hergeleitet u. a. aus § 15 I BauNVO, § 31 II BauGB, § 34 I BauGB, § 34 II BauGB, § 35I, II i. V. m. § 35 III BauGB (s. dazu beispielhaft Fall 3 in: Eisentraut, Fälle zum Verwaltungsrecht, 2020)*
- *Festsetzungen des Bebauungsplans zur Art der baulichen Nutzung*
- *Im Rahmen der wirtschaftlichen Konkurrentenklage kann aus dem Besonderen Verwaltungsrecht (z. B. GewO) möglicherweise Drittschutz vermittelt werden.*[767] *In Ausnahmefällen kann auch Art. 12 GG drittschützend wirken, wenn der Wettbewerb empfindlich beeinflusst wurde.*
- *Vorschriften des BImSchG (z. B. § 5 I Nr. 1 BImSchG)*

2. Formulierungsvorschlag

In klassischen **Adressatenanfechtungskonstellationen** kann wie folgt formu- 298
liert werden: *„Der Kläger müsste nach § 42 II VwGO klagebefugt sein. Er ist Adressat eines ihn belastenden Verwaltungsakts und kann mithin geltend machen, im Sinne der Adressatentheorie zumindest in seinem Grundrecht der Allgemeinen Handlungsfreiheit nach Art. 2 I GG verletzt zu sein. Folglich ist der Kläger klagebefugt.“*

In **Drittanfechtungskonstellationen** kann hingegen wie folgt die Prüfung 299
eingeleitet werden: *„Der Kläger müsste klagebefugt sein. Dies ist bei einer Anfechtungsklage nach § 42 II VwGO der Fall, wenn der Kläger geltend machen kann, durch den Verwaltungsakt in seinen Rechten verletzt zu sein. Diesbezüglich genügt es, wenn die Möglichkeit der Verletzung in eigenen Rechten durch den Verwaltungsakt besteht. Allerdings wurde der vorliegend angegriffene Verwaltungsakt nicht dem Kläger persönlich, sondern (...) erteilt. Die Adressatentheorie ist in diesem Fall unanwendbar. Vielmehr ist anhand der Schutznormtheorie zu untersuchen, ob durch den erteilten Verwaltungsakt eine Verletzung gerade dem Schutz des Klägers dienender Rechtspositionen möglich erscheint. Nach der Schutznormtheorie ist ein Recht drittschützend, wenn es nicht nur ausschließlich dem Interesse der Allgemeinheit dient, sondern vielmehr auch dem Schutz individueller Rechte, die einem abgrenzbaren Kreis von Begünstigten zusteht.“*

3. Literaturhinweise

Detterbeck, Allgemeines Verwaltungsrecht, 17. Aufl. 2019, § 31 Rn. 1351–1353 und 300
Rn. 1382–1383; Gersdorf, Verwaltungsprozessrecht, 6. Aufl. 2019, Rn. 27 ff; Hufen,

---

[766] Vgl. weiterführend Gersdorf, Verwaltungsprozessrecht, 6. Aufl. 2019, Rn. 31.
[767] Gersdorf, Verwaltungsprozessrecht, 6. Aufl. 2019, Rn. 31.

Hendrik Burbach

Verwaltungsprozessrecht, 11. Aufl. 2019, § 14 Rn. 53 ff.; Schaks/Friedrich, Verwaltungsaktbezogener Rechtsschutz: Die Zulässigkeitsprüfung, JuS 2018, 860

II. Das Vorverfahren (Renana Braun)

301 Das Widerspruchsverfahren (auch: Vorverfahren) eröffnet der Verwaltung die Möglichkeit, nach dem Erlass eines Verwaltungsakts die von der Ausgangsbehörde in der Sache getroffene Entscheidung verwaltungsintern zu überdenken. Im Rechtsstreit um die Rechtmäßigkeit von Verwaltungsakten stellt es eine **Sachentscheidungsvoraussetzung für die Klageerhebung** dar.

302 Das Vorverfahren bezweckt auf der einen Seite die **Stärkung der Selbstkontrolle der Verwaltung** verbunden mit einer Filterfunktion zur **Entlastung der Verwaltungsgerichte**.[768] Auf der anderen Seite erweitert es den Rechtsschutz der Adressaten von Verwaltungsakten um eine kostengünstige und aus diesem Grunde risikoarme Form, die die Ausübung des Ermessens insgesamt in den Blick nimmt und nicht nur auf Ermessensfehler überprüft.[769] Damit steht das Vorverfahren als **Zwitter zwischen Verwaltungs- und Gerichtsverfahren**.

303 Besondere Bedeutung entfaltet der Widerspruch im Hinblick auf die formelle Bestandskraft, bei deren Eintritt die Anfechtbarkeit durch den Betroffenen entfällt und der Verwaltungsakt nur noch unter den engmaschigen Voraussetzungen einer Wiederaufnahme des Verfahrens nach § 51 VwVfG (näher dazu § 3 Rn. 108 ff.) bzw. durch Rücknahme oder Widerruf nach §§ 48 ff. VwVfG (näher dazu Rn. 844 ff. und 941 ff.) behördlich aufgehoben werden kann: Nach § 80 I VwGO entfaltet die Einlegung eines Widerspruchs **aufschiebende Wirkung** (**Suspensiveffekt**). Diese hält so lange an, bis im Rahmen eines Widerspruchsbescheides über den Widerspruch entschieden wird. Die Hemmung des Eintritts der formellen Bestandskraft des Verwaltungsakts sperrt die Vollstreckbarkeit des Verwaltungsakts, sofern nicht dessen sofortige Vollziehung gesetzlich oder behördlich angeordnet worden ist (vgl. § 6 I VwVG, § 80 II 1 VwGO).

304 Das Vorverfahren richtet sich in erster Linie nach §§ 68 – 73 VwGO und den Ausführungsgesetzen der Bundesländer. Es beginnt mit der Einlegung des außergerichtlichen Rechtsbehelfs und endet mit dem Abhilfe- oder Widerspruchs-

---

768 Vgl. Schenke, Verwaltungsprozessrecht, 15. Aufl. 2017, Rn. 646.
769 Vgl. Erbguth/Guckelberger, Allgemeines Verwaltungsrecht mit Verwaltungsprozessrecht und Staatshaftungsrecht, 9. Aufl. 2018, § 20 Rn. 2; Maurer/Waldhoff, Allgemeines Verwaltungsrecht, 19. Aufl. 2017, Teil 3 Rn. 75; Brühl, Verwaltungsrecht für die Fallbearbeitung – Anleitungen zum Erwerb prüfungs- und praxisrelevanter Kenntnisse und Fertigkeiten, 9. Aufl. 2018, Rn. 602; Würtenberger/Heckmann, Verwaltungsprozessrecht – Ein Studienbuch, 4. Aufl. 2018, Rn. 410 ff.

bescheid. Da dieser selbst in Form eines Verwaltungsakts im Sinne des § 35 VwVfG ergeht, sind nachrangig (vgl. § 79 VwVfG) die Vorschriften des VwVfG einschlägig.

Abhilfeverfahren	**Widerspruchsverfahren (i. e. S.)** 305
Hält die Ausgangsbehörde den Widerspruch für zulässig und begründet, hilft sie ihm ab (§ 72 VwGO), indem sie den Verwaltungsakt aufhebt oder ändert.	Hält die Ausgangsbehörde den Widerspruch für unzulässig oder unbegründet, hilft sie nicht ab und legt ihn stattdessen der Widerspruchsbehörde vor (§ 73 I 1 VwGO). Diese erlässt einen Widerspruchsbescheid, in dem sie den Widerspruch als unzulässig verwirft, als unbegründet zurückweist oder diesem stattgibt.

Als Zulässigkeitsvoraussetzung der Anfechtungsklage muss der Kläger in der 306 Regel vor Klageerhebung form- und fristgerecht, aber erfolglos Widerspruch eingelegt haben.

1. Erforderlichkeit des Vorverfahrens

Das Vorverfahren ist als Sachentscheidungsvoraussetzung im Rahmen eines 307 Klageverfahrens erforderlich, wenn der Widerspruch statthaft und nicht entbehrlich ist.

Statthaft ist der Widerspruch für die Erhebung der Anfechtungsklage gemäß § 68 I 1 VwGO.

Nach **§ 68 I 2 Hs. 1 VwGO** ist das **Vorverfahren entbehrlich**, wenn ein Ge- 308 setz dies bestimmt. Entsprechende Ausschlüsse des Vorverfahrens sind sowohl in Bundes-, als auch in Landesgesetzen vorgesehen. In einigen Bundesländern wie Niedersachsen und Nordrhein-Westfalen wurde das Vorverfahren grundsätzlich, in anderen für bestimmte Bereiche oder Behörden abgeschafft. Als Gründe hierfür werden Vereinfachungsbestrebungen, die Ersparnis von Verwaltungskosten, die Beschleunigung des Rechtsschutzes und die geringe Erfolgsquote des Widerspruchsverfahrens genannt.[770]

---

[770] Vgl. Erbguth/Guckelberger, Allgemeines Verwaltungsrecht mit Verwaltungsprozessrecht und Staatshaftungsrecht, 9. Aufl. 2018, § 20 Rn. 2; Maurer/Waldhoff, Allgemeines Verwaltungsrecht, 19. Aufl. 2017, Teil 3 Rn. 75; krit. Würtenberger/Heckmann, Verwaltungsprozessrecht – Ein Studienbuch, 4. Aufl. 2018, Rn. 408.

Renana Braun

309 Examenswissen: Ausnahmen auf Bundesebene finden sich beispielsweise in §§ 74 I 2, 70 VwVfG, § 74 VI 3 VwVfG, § 17b I FStrG, § 11 AsylG, § 83 II AufenthG, § 25 IV 2 JuSchG, § 54 II 3 BeamtStG und § 20 VI BDSG.

Beispiele für Sondervorschriften auf Länderebene liefern § 15 BWAGVwGO, § 15 II BayAGVwGO, § 4 II AGVwGO Bln, § 93 I LBG Bln, § 6 II HbgAGVwGO, § 16a I HessAGVwGO, § 13b AGGStrG M-V, § 13a GerStrukGAG M-V, § 8a I NdsAGVwGO, § 110 JustG NRW und § 8a Sachs-AnhAGVwGO.

310 Darüber hinaus ist das Vorverfahren gegen **Entscheidungen einer obersten Bundes- oder Landesbehörde** entbehrlich (**§ 68 I 2 Nr. 1 VwGO**).[771] Da es in diesen Fällen an einer nächsthöheren Behörde fehlt und die Ministerialebene von Widerspruchsverfahren freigehalten werden soll,[772] kann das Verwaltungsgericht hier unmittelbar angerufen werden.

311 Schließlich ist das Vorverfahren auch dann entbehrlich, wenn der **Abhilfe- oder Widerspruchsbescheid erstmalig eine Beschwer** enthält (**§ 68 I 2 Nr. 2 VwGO**). Von der „erstmaligen" Beschwer ist auch die „zusätzliche" Beschwer i.S.d. § 79 II VwGO erfasst.

312 Über die gesetzlich normierten Ausnahmen hinaus erkennt die Rechtsprechung auch dann die Entbehrlichkeit des Widerspruchsverfahrens an, wenn seine **Zwecke bereits auf andere Weise erreicht** worden sind oder nicht länger erreicht werden können.[773] Angenommen wird dies zum Beispiel, wenn sich die Widerpruchsbehörde vorgerichtlich endgültig auf die Ablehnung des Rechtsschutzbegehrens festgelegt hat und dies zu erkennen gibt[774] oder den anzugreifenden Verwaltungsakt selbst aufgrund bindender Weisung der Aufsichtsbehörde erlassen hat[775]. Dazu zählt auch der Fall, dass sich die Widerspruchsbehörde unter Verzicht auf die Durchführung des Vorverfahrens auf die Klage einlässt; anders ist indes der Fall zu beurteilen, in dem sich die Widerspruchsbehörde nur „hilfsweise" zur Sache einlässt.[776]

---

[771] Beachte die Sonderregelungen nach § 126 III BBG und § 54 III BeamtStG.

[772] Vgl. Uerpmann-Wittzack, Examens-Repetitorium – Allgemeines Verwaltungsrecht mit Verwaltungsprozessrecht, 5. Aufl. 2018, § 5 Rn. 87a.

[773] BVerwG, Urt. v. 15.9.2010, Az.: 8 C 21.09 = BVerwGE 138, 1 mit ausführlicher Begründung.

[774] BVerwG, Urt. v. 30.10.2013, Az.: 2 C 23.12 = BVerwGE 148, 217.

[775] BVerwG, Urt. v. 15.9.2010, Az.: 8 C 21.09 = BVerwGE 138, 1.

[776] Hüttenbrink, in: Posser/Wolff, VwGO, 49. Ed., (Stand: 1.4.2018), § 68 Rn. 23; VGH BW, Urt. v. 23.9.1991, Az.: 1 S 1746/91 Rn. 17 = NVwZ-RR 1992, 184; OVG NRW, Urt. v. 18.4.2013, Az.: 1 A 155/11 Rn. 66 = BeckRS 2013, 50411.

Renana Braun

2. Ordnungsgemäße Einlegung

Der Widerspruch muss nicht als solcher bezeichnet werden.[777] Vielmehr genügt **313** es, wenn die Willenserklärung des Klägers nach § 133 BGB analog erkennen lässt, dass dieser gegen einen erlassenen Verwaltungsakt bzw. die Nichtvornahme eines Verwaltungsakts vorgehen möchte.[778]

a) Handlungsfähigkeit (§§ 79, 11 ff. VwVfG)

Der Widerspruchsführer muss handlungsfähig i. S. d. §§ 79, 11 ff. VwVfG sein. Die **314** an die Handlungsfähigkeit nach § 12 VwVfG gestellten Anforderungen entsprechen im Wesentlichen denjenigen der Prozessfähigkeit nach § 62 VwGO (näher dazu Rn. 433 ff.).[779] Bei gewillkürter Vertretung muss wie im Rahmen des § 67 VwGO eine entsprechende Vollmacht vorliegen (§§ 14, 79 VwVfG).

b) Einhaltung der Widerspruchsform (§ 70 I 1 VwGO)

§ 70 I 1 VwGO sieht vor, dass der Widerspruch schriftlich, in elektronischer Form **315** nach § 3a II VwVfG oder zur Niederschrift zu erheben ist.

Grundsätzlich verlangt die schriftliche Einlegung des Widerspruchs eine **316** eigenständige Unterschrift des Widerspruchsführers oder seines Bevollmächtigten.[780] Das **Schriftformerfordernis** ist allerdings nicht streng i. S. d. § 126 BGB zu verstehen. Vielmehr genügt es, wenn aus dem Widerspruchsschreiben klar hervorgeht, wer dessen Urheber ist und dass es zur Erhebung des Widerspruchs willentlich in Verkehr gebracht wurde.[781]

Die **elektronische** Einlegung setzt voraus, dass die Behörde hierzu den Zu- **317** gang eröffnet (§ 3a I VwVfG). Sie ist auf die in § 3a II VwVfG genannten Verfahren beschränkt. Die Versendung einer einfachen E-Mail ohne Signatur erfüllt diese Voraussetzungen nicht.[782]

---

777 Schenke, Verwaltungsprozessrecht, 16. Aufl. 2019, Rn. 653.
778 Brühl, Verwaltungsrecht für die Fallbearbeitung – Anleitungen zum Erwerb prüfungs- und praxisrelevanter Kenntnisse und Fertigkeiten, 9. Aufl. 2018, Rn. 607.
779 Detterbeck, Allgemeines Verwaltungsrecht mit Verwaltungsprozessrecht, 17. Aufl. 2019, Rn. 1366; Erbguth/Guckelberger, Allgemeines Verwaltungsrecht mit Verwaltungsprozessrecht und Staatshaftungsrecht, 9. Aufl. 2018, § 20 Rn. 9.
780 Würtenberger/Heckmann, Verwaltungsprozessrecht – Ein Studienbuch, 4. Aufl. 2018, Rn. 355.
781 BVerwG, Urt. v. 17.10.1968, Az.: II C 112.65 = BVerwGE 30, 274; Brühl, Verwaltungsrecht für die Fallbearbeitung – Anleitungen zum Erwerb prüfungs- und praxisrelevanter Kenntnisse und Fertigkeiten, 9. Aufl. 2018, Rn. 627 m. w. N.
782 Vgl. Hufen, Verwaltungsprozessrecht, 11. Aufl. 2019, § 6 Rn. 23.

Renana Braun

318   Die Einlegung des Widerspruchs **zur Niederschrift** verlangt demgegenüber die mündliche Abgabe der Widerspruchserklärung gegenüber einem zuständigen Behördenmitarbeiter, der hierüber eine Niederschrift anfertigt. Hierzu muss der Widerspruchsführer persönlich anwesend sein.[783] Ein Telefonat genügt insoweit nicht.

c) Einhaltung der Widerspruchsfrist (§ 70 I 1 VwGO)

319 Neben den Vorgaben für die Form regelt § 70 I 1 VwGO auch die Frist, innerhalb derer der Widerspruch einzulegen ist.

aa) Monatsfrist

320 Die Frist zur Einlegung des Widerspruchs beträgt nach § 70 I 1 VwGO **einen Monat ab Bekanntgabe** des Ausgangsbescheides. Bekanntgabe ist die amtlich veranlasste Kenntnisnahme eines Verwaltungsakts i. S. d. § 41 VwVfG.[784]

Für den **Zeitpunkt der Bekanntgabe** des Verwaltungsakts kann **§ 41 II VwVfG** heranzuziehen sein, wonach ein im Inland durch die Post übermittelter schriftlicher Verwaltungsakt am dritten Tag nach der Aufgabe zur Post und ein elektronisch übermittelter Verwaltungsakt am dritten Tag nach der Absendung als bekannt gegeben gelten, wenn der Verwaltungsakt nicht überhaupt nicht oder zu einem späteren Zeitpunkt zugeht. Hierbei handelt es sich um eine unwiderlegbare Fiktion.[785] Ein tatsächlich früher erfolgender Zugang ist folglich unschädlich, auch wenn dieser nachweisbar ist. Da mit der Vorschrift nicht das Ende einer Frist bestimmt wird, ist § 193 BGB nicht anwendbar.[786] Eine entsprechende Regelung für die förmliche Bekanntgabe von Verwaltungsakten im Wege der Zustellung trifft **§ 4 II 2 VwZG**. Ein elektronischer Verwaltungsakt, der durch den Abruf über öffentlich zugängliche Netze bekanntgegeben wird, gilt am Tag nach dem Abruf als bekannt gegeben (**§ 41 IIa VwVfG**). Als zugestellt gilt ein elektronisches Dokument gemäß **§ 5 VII 2 und 3 VwZG** am dritten Tag nach der Absendung an den vom Empfänger hierfür eröffneten Zugang, wenn der Empfänger nicht nachweist, dass ihm das Dokument nicht oder zu einem späteren Zeitpunkt zugegangen ist.

---

783 Brühl, Verwaltungsrecht für die Fallbearbeitung – Anleitungen zum Erwerb prüfungs- und praxisrelevanter Kenntnisse und Fertigkeiten, 9. Aufl. 2018, Rn. 629.

784 Würtenberger/Heckmann, Verwaltungsprozessrecht – Ein Studienbuch, 4. Aufl. 2018, Rn. 356.

785 Eine abweichende Regelung trifft § 7 VwVfGBbg.

786 Hierzu ausführlich Brühl, Verwaltungsrecht für die Fallbearbeitung – Anleitungen zum Erwerb prüfungs- und praxisrelevanter Kenntnisse und Fertigkeiten, 9. Aufl. 2018, Rn. 636.

Renana Braun

Für die **Berechnung** der Monatsfrist stehen sich die verwaltungsprozessuale 321
Lösung über § 57 II VwGO i.V.m. § 222 I ZPO i.V.m. §§ 187 ff. BGB und die verwaltungsverfahrensrechtliche Lösung[787] über § 79 i.V.m. § 31 I VwVfG i.V.m.
§§ 187 ff. BGB gegenüber. In einer Klausur braucht der Streit nicht entschieden zu
werden, da letztlich beide Lösungen zur Anwendung der zivilrechtlichen Vorschriften zur Fristberechnung führen und § 222 II ZPO und § 31 III VwVfG inhaltsgleiche Regelungen enthalten, sodass die unterschiedlichen Lösungswege
insofern keine Auswirkung auf das Ergebnis nehmen.[788]

Hausarbeitswissen: Als Argumente für die verwaltungsprozessuale Lösung können der in § 79 322
VwVfG verankerte Vorrang der VwGO, die Regelung des Widerspruchs innerhalb der VwGO sowie
seine Rechtsnatur als Rechtsbehelf angeführt werden. Für die verwaltungsverfahrensrechtliche Lö-
sung spricht demgegenüber zum einen, dass das Vorverfahren der Selbstkontrolle der Behörde dient
und in erster Linie als internes Verwaltungs- und nicht als gerichtliches Verfahren konzipiert ist. Zum
anderen markieren die §§ 68 ff. VwGO für das Widerspruchsverfahren erkennbar Ausnahmebe-
stimmungen, weshalb beispielsweise § 70 II VwGO auf andere Vorschriften der VwGO verweist.
Dieser Verweis erstreckt sich aber nicht auch auf § 57 II VwGO.

Insofern ist für den **Fristbeginn** § 187 I BGB maßgeblich. Danach beginnt die
Widerspruchsfrist mit dem Tag, der auf die Bekanntgabe der Frist folgt, zu laufen.
Für das **Fristende** gelten § 188 BGB und § 222 II ZPO nach verwaltungsprozessualer Lösung bzw. § 31 III VwVfG nach verwaltungsverfahrensrechtlicher Lösung.
Im Grundsatz endet die Widerspruchsfrist damit mit Ablauf desjenigen Tages des
Folgemonats, der in seiner Ziffer dem Tag der Bekanntgabe entspricht. Ausnahmen bestehen, wenn im Folgemonat der für den Ablauf maßgebende Tag fehlt
(vgl. § 188 BGB) oder das Fristende auf einen Samstag, Sonntag oder Feiertag fällt
(vgl. § 222 II ZPO bzw. § 31 III VwVfG). Im ersten Fall endet die Frist mit dem Ablauf
des letzten Tages des Monats, im zweiten Fall mit dem nächsten Werktag.

Da für die Sachentscheidungsvoraussetzungen der Anfechtungsklage auf 323
den Zeitpunkt der letzten mündlichen Verhandlung des Verwaltungsgerichts
abzustellen ist, ist zu berücksichtigen, dass ein fehlendes, aber erforderliches
Vorverfahren nach Klageerhebung nachgeholt werden kann, sofern die Widerspruchsfrist noch nicht abgelaufen ist.[789]

---

787 Erbguth/Guckelberger, Allgemeines Verwaltungsrecht mit Verwaltungsprozessrecht und
Staatshaftungsrecht, 9. Aufl. 2018, § 20 Rn. 9.
788 Vgl. Detterbeck, Allgemeines Verwaltungsrecht mit Verwaltungsprozessrecht, 17. Aufl. 2019,
Rn. 1356.
789 Detterbeck, Allgemeines Verwaltungsrecht mit Verwaltungsprozessrecht, 17. Aufl. 2019,
Rn. 1354 m.w.N.; Schenke, Verwaltungsprozessrecht, 16. Aufl. 2019, Rn. 642 m.w.N.

Renana Braun

bb) Jahresfrist

324 Bei **unterbliebener oder unrichtiger Rechtsbehelfsbelehrung** beträgt die Widerspruchsfrist gemäß § 70 II i.V.m. § 58 II VwGO statt einem Monat **ein Jahr**. Für die Berechnung der Jahresfrist gelten dieselben Vorschriften wie für die Monatsfrist. Eine ordnungsgemäße Rechtsbehelfsbelehrung setzt Angaben über den Rechtsbehelf, die Behörde, an die der Widerspruch zu richten ist, deren Sitz und die einzuhaltende Frist voraus (vgl. § 37 VI 1 VwVfG). Zur Unrichtigkeit der Rechtsbehelfsbelehrung führen sämtliche Angaben, die geeignet sind, den Betroffenen durch einen hervorgerufenen Irrtum von einer ordnungsgemäßen Widerspruchseinlegung abzuhalten.[790] Hierzu genügen beispielsweise die Angabe einer Frist von vier Wochen anstelle der gesetzlichen Monatsfrist, eine fehlerhafte Behördenanschrift oder die Angabe, die Widerspruchsfrist beginne mit dem Zugang statt mit der Bekanntmachung zu laufen. Angaben zur Form der Widerspruchseinlegung bedarf es nicht. Verlangt die Rechtsbehelfsbelehrung allerdings die schriftliche Einlegung, macht der fehlende Hinweis auf die Alternativen zur schriftlichen Einlegung in Form der elektronischen Einlegung und der Einlegung zur Niederschrift diese unrichtig.[791]

cc) Verstreichen der Widerspruchsfrist

325 Bei verstrichener Widerspruchsfrist kann dem Widerspruchsführer **Wiedereinsetzung in den vorigen Stand** zu gewähren sein. Dies bestimmt sich nach § 70 II i.V.m. § 60 I bis IV VwGO und setzt voraus, dass der Widerspruchsführer ohne Verschulden daran gehindert war, die Widerspruchsfrist einzuhalten. Der Antrag auf Wiedereinsetzung ist binnen zwei Wochen ab Wegfall des Hindernisses und innerhalb eines Jahres nach Ende der versäumten Frist zu stellen und die Tatsachen zu seiner Begründung vom Antragsteller glaubhaft zu machen (§ 173 VwGO i.V.m. § 294 ZPO). Die Einlegung des Widerspruchs ist innerhalb der zweiwöchigen Antragsfrist nachzuholen. Ist dies geschehen, kann die Wiedereinsetzung auch ohne Antrag gewährt werden. „Ohne Verschulden" wird die Frist versäumt, wenn der Widerspruchsführer die erforderliche Sorgfalt walten lässt, die in seiner Situation für einen gewissenhaften Beteiligten geboten und zumutbar erscheint.[792]

---

790 Brühl, Verwaltungsrecht für die Fallbearbeitung – Anleitungen zum Erwerb prüfungs- und praxisrelevanter Kenntnisse und Fertigkeiten, 9. Aufl. 2018, Rn. 659.
791 Brühl, Verwaltungsrecht für die Fallbearbeitung – Anleitungen zum Erwerb prüfungs- und praxisrelevanter Kenntnisse und Fertigkeiten, 9. Aufl. 2018, Rn. 659 f.
792 Erbguth/Guckelberger, Allgemeines Verwaltungsrecht mit Verwaltungsprozessrecht und Staatshaftungsrecht, 9. Aufl. 2018, § 20 Rn. 9.

Renana Braun

Nach der Rechtsprechung des Bundesverwaltungsgerichts[793] kann auch ein **326** **verfristeter Widerspruch sachlich beschieden** werden. Für die Zulässigkeitsprüfung im Rahmen der Anfechtungsklage bedeutet dies, dass auch dann vom Vorliegen der Sachentscheidungsvoraussetzung eines erfolglos durchgeführten Vorverfahrens auszugehen ist, wenn ein Widerspruchsbescheid ergeht, gleichwohl die Widerspruchsfrist versäumt worden ist. Dies ist Ausfluss der ständigen Rechtsprechung, wonach eine sachliche Bescheidung des Widerspruchs die Klagemöglichkeit unabhängig davon eröffnet, ob die Widerspruchsbehörde zu seiner Bescheidung verpflichtet war oder nicht.[794] Damit kommt der Widerspruchsbehörde die Dispositionsfreiheit zu, die behördlichen und gerichtlichen Rechtsschutzmöglichkeiten des Widerspruchsführers nach Ablauf der Widerspruchsfrist wiederherzustellen.

Examenswissen: Ein Teil der Literatur kritisiert die Rspr. zur Heilung der Verfristung eines Wi- **327** derspruchs mittels einer in der Sache ergehenden Entscheidung der Widerspruchsbehörde, weil sie im Widerspruch zu Rechtssicherheit und Bestandsschutz steht, die u. a. die Inanspruchnahme der Verwaltungsgerichte begrenzen.[795] Denn mit der behördlichen Heilung der Verfristung des Widerspruchs wird auch die Befassung der Verwaltungsgerichtsbarkeit in das Ermessen der Widerspruchsbehörde gestellt. Weder die Argumentation, wonach die Widerspruchsbehörde die Sachherrschaft behalten und „Herrin des Streitstoffs" bleiben solle,[796] noch ein Abstellen darauf, dass die Widerspruchsfrist in erster Linie den Schutz des Rechtsträgers der Ausgangs- bzw. Widerspruchsbehörde bezwecke,[797] vermögen diese Bedenken auszuräumen. Schließlich beschränkt sich die Sachherrschaft bei fristgemäßer Einlegung eines Widerspruchs darauf, über den Widerspruch zu entscheiden, und erstreckt sich nicht auch auf die Frage der Zulässigkeit einer Klage, soweit für den Fall einer ausbleibenden Entscheidung § 75 VwGO den Klageweg ebnet. Bei § 70 I 1 VwGO handelt es sich auch nicht um eine verfahrensrechtliche Schutzvorschrift allein zugunsten des Rechtsträgers der Ausgangs- bzw. Widerspruchsbehörde, auf deren Schutz diese verzichten kann. Dies gilt zum einen mit Blick auf etwaig betroffene Dritte (etwa beim Nachbarwiderspruch) und zum anderen bei einer *reformatio in peius* für den Widerspruchsführer selbst. Die Norm ist vielmehr als Teil des Geflechts von Verfahrensvorschriften zu betrachten, das die Bestandskraft von Verwaltungsakten regelt. Hierin ist eine Durchbrechung der Bestandskraft in den Ausnahmefällen der Wiedereinsetzung in den vorigen Stand, des Wiederaufgreifens des Verfahrens nach § 51 VwVfG sowie der Aufhebung von Verwaltungsakten nach §§ 48 ff. VwVfG

---

793 BVerwG, Urt. v. 28.10.1982, Az.: 2 C 4.80 = NVwZ 1983, 608; BVerwG, Urt. v. 18.11.2010, Az.: 3 C 42.09 = BVerwGE 138, 159 (Rn. 13).

794 Vgl. BVerwG, Urt. v. 21.3.1979, Az.: 6 C 10.78 = BVerwGE 57, 342 (344 f.) m.w. N.; BVerwG, Urt. v. 28.10.1982, Az.: 2 C 4.80 = NVwZ 1983, 608.

795 Brühl, Verwaltungsrecht für die Fallbearbeitung – Anleitungen zum Erwerb prüfungs- und praxisrelevanter Kenntnisse und Fertigkeiten, 9. Aufl. 2018, Rn. 663.

796 Würtenberger/Heckmann, Verwaltungsprozessrecht – Ein Studienbuch, 4. Aufl. 2018, Rn. 361 m.w. N.

797 Jäde, Verwaltungsverfahren Widerspruchsverfahren Verwaltungsprozess – Problemschwerpunkte zur Vorbereitung auf die Zweite Juristische Staatsprüfung, 6. Aufl. 2011, Rn. 142 f.

Renana Braun

vorgesehen. Gemein ist diesen Ausnahmen, dass sie die betroffenen Interessen in der jeweiligen Konstellation gegeneinander abwiegen und der Behörde nicht gemeinhin ohne weitere Voraussetzungen ermöglichen, die Bestandskraft des Verwaltungsakts anzurühren. Insofern steht die verwaltungsprozessuale Ausgestaltung der Bestandskraft zum Zwecke der Rechtssicherheit einer Ausweitung der behördlichen Gestaltungsmacht, wonach die Widerspruchsbehörde den nach dem Prozessrecht bereits geschlossenen Zugang zum gerichtlichen Rechtsschutz nach eigenem Ermessen erneut eröffnen könnte, entgegen.

In einer Klausur ist der Streit nur zu diskutieren, wenn zu einem verfristeten Widerspruch eine Sachentscheidung der Behörde ergeht. Wer sich gegen die Rspr. entscheidet, muss hilfsgutachterlich weiterprüfen (dazu § 1 Rn. 139).

328   Abweichend begründet die Verfristung des Widerspruchs ungeachtet einer sachlichen Bescheidung durch die Widerspruchsbehörde unstrittig die Unzulässigkeit einer sich anschließenden Klage, wenn der Widerspruchsbescheid die Interessen eines **Dritten** berührt, der durch die mit Fristablauf eingetretene Bestandskraft des Verwaltungsakts bereits eine gesicherte Rechtsposition erlangt hatte.[798] Denn auch die von der herrschenden Meinung angenommene behördliche Sachherrschaft geht nicht so weit, als dass die Widerspruchsbehörde über geschützte Interessen Dritter disponieren dürfte.[799]

dd) Verwirkung

329 Hat die Widerspruchsfrist in Ermangelung einer Bekanntgabe (beispielsweise im Falle des Nachbarwiderspruchs gegen einen Verwaltungsakt, der nur dem Adressaten, nicht aber dem Widerspruch einlegenden Nachbarn bekannt gegeben wurde)[800] nicht zu laufen begonnen, kann im Rahmen des **allgemeinen Rechtsschutzbedürfnisses** zu prüfen sein, ob der Widerspruchsführer den Rechtsbehelf möglicherweise **verwirkt** hat. Denn auch die Ausübung des Widerspruchsrechts unterliegt dem allgemeinen Rechtsgrundsatz von Treu und Glauben (§ 242 BGB analog). Hiernach kann sich der Widerspruchsführer nicht darauf berufen, dass ihm der Verwaltungsakt nicht bekanntgegeben worden sei,

---

798 Detterbeck, Allgemeines Verwaltungsrecht mit Verwaltungsprozessrecht, 17. Aufl. 2019, Rn. 1357; Schenke in: Kopp/Schenke, VwGO, 25. Aufl. 2019, § 70 Rn. 9.
799 BVerwG, Urt. v. 29.10.1968, Az.: IV B 7.68G = DÖV 1969, 142 (142f.); Würtenberger/Heckmann, Verwaltungsprozessrecht – Ein Studienbuch, 4. Aufl. 2018, Rn. 361 m.w.N.
800 S. hierzu Erbguth/Guckelberger, Allgemeines Verwaltungsrecht mit Verwaltungsprozessrecht und Staatshaftungsrecht, 9. Aufl. 2018, § 20 Rn. 9 m.w.N.

Renana Braun

wenn er sichere Kenntnis von diesem erhalten hat[801] und zu dem Zeitmoment ein Umstandsmoment hinzutritt (s. zur Verwirkung auch Rn. 399 f.).[802]

d) Richtige Behörde

Die Widerspruchsfrist wird nur bei Einlegung des Widerspruchs bei der richti- 330 gen Behörde gewahrt. Dies ist nach § 70 I 1 VwGO grundsätzlich die **Ausgangsbehörde.** Nach § 70 I 2 VwGO wird die Frist aber auch dann eingehalten, wenn der Widerspruch bei der Behörde, die den Widerspruchsbescheid zu erlassen hat, eingelegt wird.

Widerspruchsbehörde ist gemäß § 73 I 2 Nr. 1 VwGO die nächsthöhere Be- 331 hörde, wenn nicht aufgrund sondergesetzlicher Bestimmung die Behörde, die den Verwaltungsakt erlassen hat, auch für die Entscheidung über den Widerspruch zuständig ist (§ 73 I 3 VwGO). Ist die nächsthöhere Behörde eine oberste Bundes- oder oberste Landesbehörde, ist die Behörde, die den Verwaltungsakt erlassen hat, auch Widerspruchsbehörde (§ 73 I 2 Nr. 2 VwGO). Dies dient – wie § 68 I 2 Nr. 1 VwGO – der Entlastung der Ministerialebene.[803] In Selbstverwaltungsangelegenheiten ist die Selbstverwaltungsbehörde für die Entscheidung über den Widerspruch zuständig, soweit nicht durch Gesetz etwas anderes bestimmt ist (§ 73 I 2 Nr. 3 VwGO).

Examenswissen: Wird ein Widerspruch bei einer unzuständigen Behörde eingelegt, ist diese 332 grundsätzlich verpflichtet, den Widerspruch weiterzuleiten.[804] Unterlässt sie dies, kann das Konstrukt der Einheit der Verwaltung bewirken, dass der Widerspruch als rechtzeitig erhoben angesehen werden muss. Gelangt der Widerspruch allerdings trotz unverzüglicher Weiterleitung zu spät an die zuständige Behörde, bewirkt die Einlegung bei der falschen Behörde nicht etwa eine Fristwahrung kraft Einheit der Verwaltung. Dasselbe gilt, wenn die Verfristung auch bei einer unverzüglichen Weiterleitung eingetreten wäre. Die Zulässigkeit des Widerspruchs hängt demnach bei Einlegung bei einer falschen Behörde davon ab, ob diese den Widerspruch noch rechtzeitig innerhalb der Widerspruchsfrist an die zuständige Behörde weiterleiten kann.

---

801 Würtenberger/Heckmann, Verwaltungsprozessrecht – Ein Studienbuch, 4. Aufl. 2018, Rn. 362.

802 Näher zur Verwirkung Detterbeck, Allgemeines Verwaltungsrecht mit Verwaltungsprozessrecht, 17. Aufl. 2019, Rn. 561.

803 Vgl. Uerpmann-Wittzack, Examens-Repetitorium – Allgemeines Verwaltungsrecht mit Verwaltungsprozessrecht, 5. Aufl. 2018, § 5 Rn. 87a.

804 Detterbeck, Allgemeines Verwaltungsrecht mit Verwaltungsprozessrecht, 17. Aufl. 2019, Rn. 1367.

Renana Braun

3. Erfolglosigkeit des Widerspruchs

333 Erfolglos ist der Widerspruch, soweit dem Begehren des Widerspruchsführers nicht im Rahmen eines Abhilfebescheides vollumfänglich abgeholfen wird.

334 Wird über den Widerspruch ohne zureichenden Grund nicht innerhalb einer angemessenen Frist entschieden, ist die Anfechtungsklage nach § 75 1 VwGO auch ohne Beendigung des Vorverfahrens durch einen Widerspruchsbescheid als sogenannte **Untätigkeitsklage** zulässig (s. hierzu Rn. 384 ff.). Die Angemessenheit der Frist ist je nach den Umständen des Einzelfalls zu bestimmen, deckt sich aber regelmäßig mit der Sperrfrist von drei Monaten aus § 75 2 VwGO. Ein nach Ablauf der Frist ergehender versagender Bescheid lässt das Erfordernis eines Vorverfahrens nicht wieder aufleben, da eine einmal zulässige Klage nicht durch einseitiges Handeln der Verwaltung unzulässig werden darf. Da der Ablauf der Frist erst zum Zeitpunkt der Entscheidung des Gerichts eingetreten sein muss, kann die Untätigkeitsklage auch schon vor deren Ablauf erhoben werden. In diesem Fall ist sie im Zeitpunkt der Erhebung unzulässig, wird aber mit Ablauf der Frist (Heilung des Mangels) zulässig. Ein der Untätigkeitsklage entgegenstehender besonderer Grund kann sich beispielsweise aus den besonderen Schwierigkeiten des Falles oder der Notwendigkeit der Beteiligung Dritter ergeben, nicht aber allein aus Gründen der Arbeitsüberlastung oder aus einer fehlenden Vorauszahlung von Gebühren.

4. Prüfungsschema Erfolgsaussichten eines Widerspruchs

335 In einigen Klausurkonstellationen wird nicht nach den Erfolgsaussichten einer Klage, sondern nach denen eines Widerspruchs gefragt. Das **Prüfungsschema** richtet sich dann nach Zulässigkeit und Begründetheit des Widerspruchs:[805]

A. Zulässigkeit

336 I. **Verwaltungsrechtsweg (§ 40 I 1 VwGO analog):** Die Eröffnung des Verwaltungsrechtswegs ist ausführlich in § 1 Rn. 162 ff. dargestellt.

337 II. **Statthaftigkeit des Widerspruchs:** Statthaft ist der Widerspruch nur für Situationen, für die das Widerspruchsverfahren ausdrücklich angeordnet

---

805 Ausführlich bei Brühl, Verwaltungsrecht für die Fallbearbeitung – Anleitungen zum Erwerb prüfungs- und praxisrelevanter Kenntnisse und Fertigkeiten, 9. Aufl. 2018, Rn. 606 ff.; Detterbeck, Allgemeines Verwaltungsrecht mit Verwaltungsprozessrecht, 17. Aufl. 2019, Rn. 1360 ff.; Erbguth/ Guckelberger, Allgemeines Verwaltungsrecht mit Verwaltungsprozessrecht und Staatshaftungsrecht, 9. Aufl. 2018, § 20 Rn. 6 ff.; Würtenberger/Heckmann, Verwaltungsprozessrecht – Ein Studienbuch, 4. Aufl. 2018, Rn. 421 ff.; s. auch Schenke, Verwaltungsprozessrecht, 16. Aufl. 2019, Rn. 648 ff.

Renana Braun

ist, so bei Anfechtungs- (§ 68 I 1 i.V.m. § 42 I Alt. 1 VwGO) und Verpflichtungskonstellationen (in der Variante der Versagungsgegenklage gemäß § 68 II i.V.m. § 42 I Alt. 2 VwGO), soweit es nicht durch abweichende Vorschriften ausdrücklich ausgeschlossen ist, und in bestimmten Fällen, in denen die allgemeine Leistungs- oder Feststellungsklage statthafte Klageart ist (vgl. § 54 II 1 BeamtStG, § 126 II 1 BBG).

III. **Widerspruchsbefugnis (§ 42 II VwGO analog):** Der Widerspruchsführer 338 muss die Verletzung eigener subjektiv-öffentlicher Rechte geltend machen. Dies ergibt sich aus § 70 I VwGO, nach dem nur „der Beschwerte" Widerspruch einlegen kann.

Besonderheit: Es genügt, dass der Betroffene geltend macht, der beeinträchtigende Verwaltungsakt sei nicht zweckmäßig (vgl. § 68 I 1 VwGO). Im Falle des Anfechtungswiderspruchs kann auf die Adressatentheorie (s. Rn. 294 f.) zurückgegriffen werden.

IV. **Ordnungsgemäße Einlegung** (insbes. Wahrung Form und Frist): Dazu 339 bereits Rn. 315 ff.

V. **Allgemeines Rechtsschutzbedürfnis:** Der Widerspruch muss Vorteile 340 bezwecken, die nicht allein darin bestehen, anderen zu schaden, und darf auch nicht auf sonstige Weise offensichtlich rechtsmissbräuchlich sein.[806] Bei einem Verpflichtungswiderspruch muss außerdem zuvor ein Antrag auf Vornahme des begehrten Verwaltungsakts von der zuständigen Behörde abgelehnt worden sein.

B. Begründetheit

Ein Anfechtungswiderspruch (§ 68 I VwGO) ist begründet, soweit der angegriffene 341 Verwaltungsakt rechtswidrig und der Widerspruchsführer dadurch in seinen Rechten verletzt ist oder der Verwaltungsakt zweckwidrig und der Widerspruchsführer dadurch in seinen Rechten beeinträchtigt ist (§ 68 I i.V.m. § 113 I 1 VwGO analog).

Ein Verpflichtungswiderspruch (§ 68 II VwGO) ist begründet, soweit die Ab- 342 lehnung des Verwaltungsakts rechtswidrig und der Widerspruchsführer dadurch in seinen Rechten verletzt ist oder die Ablehnung zweckwidrig und der Widerspruchsführer dadurch in seinen Rechten beeinträchtigt ist (§ 68 II i.V.m. § 113 V 1 VwGO analog).

---

806 Erbguth/Guckelberger, Allgemeines Verwaltungsrecht mit Verwaltungsprozessrecht und Staatshaftungsrecht, 9. Aufl. 2018, § 20 Rn. 10.

Renana Braun

343 Examenswissen: Spezialgesetzliche Regelungen können die Widerspruchsbehörde darauf begrenzen, den Widerspruch nur auf seine Rechtmäßigkeit, nicht aber auf seine Zweckmäßigkeit zu überprüfen. Dies ist der Fall, wenn entgegen § 73 I Nr. 3 VwGO in Selbstverwaltungsangelegenheiten nicht die Selbstverwaltungsbehörde, sondern aufgrund von Landesrecht eine andere Behörde über den Widerspruch entscheidet (vgl. § 8 I BWAGVwGO).[807] Hebt die Widerspruchsbehörde den Bescheid dennoch wegen Zweckwidrigkeit auf, verletzt sie damit das Selbstverwaltungsrecht der Ausgangsbehörde. Die betroffene Selbstverwaltungskörperschaft kann in diesem Fall als erstmalig beschwerter Dritter i.S.d. § 79 I Nr. 2 VwGO Klage gegen den Widerspruchsbescheid erheben.

5. Reformatio in peius („Veränderung ins Schlechte")

344 Im Rahmen der Entscheidung über einen Widerspruch kann sich unter dem Stichwort der *reformatio in peius* die Frage stellen, ob die Widerspruchsbehörde den **Verwaltungsakt zu Lasten des Widerspruchsführers** ändern kann. In einer Klausur zeitigt eine solche Verbösserung im Widerspruchsverfahren Auswirkungen auf verschiedenen Ebenen des Prüfungsschemas, die im Folgenden besprochen werden.

345 Gänzlich von der Konstellation einer *reformatio in peius* zu unterscheiden ist der Fall, dass ein begünstigender Verwaltungsakt auf den Widerspruch eines belasteten Dritten zu Lasten des Begünstigten verschärft wird.[808]

a) Besonderheiten bei der Prüfung der Zulässigkeit der Klage

346 Da der Widerspruchsführer im Umfang der Verbösserung durch den Widerspruchsbescheid zusätzlich beschwert ist, kann er den **Klagegegenstand** gemäß § 79 II 1 VwGO hierauf beschränken. Richtiger **Klagegegner** ist dann die Widerspruchsbehörde bzw. deren Träger (§ 78 II VwGO).[809]

b) Besonderheiten bei der Prüfung der Begründetheit der Klage

347 Im Rahmen der Begründetheit zeitigt die *reformatio in peius* auf den Ebenen der Ermächtigungsgrundlage, der formellen sowie der materiellen Rechtmäßigkeit Diskussionsbedarf.

---

807 Vgl. Detterbeck, Allgemeines Verwaltungsrecht mit Verwaltungsprozessrecht, 17. Aufl. 2019, Rn. 1371.

808 Zu weiteren Abgrenzungen s. Hufen, Verwaltungsprozessrecht, 11. Aufl. 2019, § 9 Rn. 15.

809 Vgl. Hufen, Verwaltungsprozessrecht, 11. Aufl. 2019, § 9 Rn. 22.

Renana Braun

aa) Ermächtigungsgrundlage

Es ist umstritten, ob eine *reformatio in peius* überhaupt zulässig ist.[810] Die 348
grundsätzliche Möglichkeit zur Verböserung im Laufe des Widerspruchsverfahrens wird durch die VwGO zwar vorausgesetzt. Die Vorschriften der §§ 68 I 2 Nr. 2, 78 II und 79 I Nr. 2, II 1 VwGO lassen jedoch auch eine Lesart zu, der zufolge eine Verschlechterung im Widerspruchsverfahren möglich, aber nicht zwangsläufig auch rechtmäßig sein kann.[811] Die besseren Gründe sprechen jedoch für die Zulässigkeit der *reformatio in peius*: Dafür spricht zunächst § 71 VwGO, der eine Anhörung verlangt, wenn die Aufhebung oder Änderung eines Verwaltungsakts im Widerspruchsverfahren erstmalig mit einer Beschwer verbunden ist. Denn anderenfalls liefe der Schutzzweck der erforderlichen Anhörung ins Leere und wäre die formelle Rechtmäßigkeitsanforderung nicht sachgerecht. Für eine Gestattung der *reformatio in peius* im Allgemeinen spricht außerdem die Verpflichtung der Widerspruchsbehörde zu einer umfassenden Rechts- und Zweckmäßigkeitskontrolle im Rahmen des Vorverfahrens.[812] Weiterhin wird der Grundsatz der Gesetzmäßigkeit der Verwaltung zur Begründung ihrer Zulässigkeit ins Feld geführt.[813]

Neben der generellen Gestattung, einen angegriffenen Verwaltungsakt im Widerspruchsverfahren zu Lasten des Widerspruchsführers abzuändern, verlangt der Vorbehalt des Gesetzes (Art. 20 III GG) eine **materiell-rechtliche Ermächtigung** der Verwaltung, die belastende Regelung zu erlassen.[814] Hierfür lassen sich die §§ 48 ff. VwVfG sowie die Ermächtigungsgrundlage fruchtbar machen, die dem Ausgangsbescheid zugrunde lag.[815] Damit die im Widerspruchsbescheid getroffene Entscheidung auf diese Rechtsgrundlagen gestützt werden kann, muss sie zum einen für die Beseitigung der im Ausgangsbescheid getroffenen Regelung die Grundsätze über die Aufhebung von Verwaltungsakten beachten und zum anderen die Anwendungsgrenzen der ursprünglichen Rechtsgrundlage einhalten.[816] Dies ist wiederum im Rahmen der formellen und materiellen Rechtmäßigkeit zu prüfen.

---

810 Kritisch Hufen, Verwaltungsprozessrecht, 11. Aufl. 2019, § 9 Rn. 15 ff.

811 Vgl. Detterbeck, Allgemeines Verwaltungsrecht mit Verwaltungsprozessrecht, 17. Aufl. 2019, Rn. 1373; Ipsen, Allgemeines Verwaltungsrecht, 11. Aufl. 2019, Rn. 1080b.

812 Vgl. Würtenberger/Heckmann, Verwaltungsprozessrecht – Ein Studienbuch, 4. Aufl. 2018, Rn. 435.

813 Detterbeck, Allgemeines Verwaltungsrecht mit Verwaltungsprozessrecht, 17. Aufl. 2019, Rn. 1373.

814 Vgl. Hufen, Verwaltungsprozessrecht, 11. Aufl. 2019, § 9 Rn. 18.

815 S. hierzu Schenke, Verwaltungsprozessrecht, 16. Aufl. 2019, Rn. 693 f.

816 Weber in Brandt/Domgörgen, Handbuch Verwaltungsverfahren und Verwaltungsprozess, 4. Aufl. 2018, S. 316 f. Rn. 164.

Renana Braun

bb) Formelle Rechtmäßigkeit

349 Die Widerspruchsbehörde muss außerdem als Teil ihrer sachlichen **Zuständigkeit** selbst über die erforderliche Kompetenz für die verbösernde Regelung verfügen. Unproblematisch der Fall ist dies, wenn Ausgangs- und Widerspruchsbehörde identisch sind. Außerdem ist die Widerspruchsbehörde verfahrensrechtlich zur Verböserung befugt, wenn sie im Rahmen ihres Rechts zum Selbsteintritt im Widerspruchsverfahren vollumfänglich an die Stelle der Ausgangsbehörde tritt oder sie die Fachaufsicht über die Ausgangsbehörde innehat.[817]

350 § 71 VwGO verlangt darüber hinaus die **Anhörung** des Widerpruchsführers zu der behördlich geplanten Änderung.[818]

cc) Materielle Rechtmäßigkeit

351 Nach ständiger Rechtsprechung des BVerwG sind im Rahmen der materiellen Rechtmäßigkeit die in **§§ 48 ff. VwVfG** niedergelegten **Grundsätze über den Vertrauensschutz** bei Rücknahme und Widerruf von Verwaltungsakten zu beachten.[819] Denn der Austausch des belastenden Ausgangsbescheides gegen einen noch stärker belastenden Widerspruchsbescheid ist aus Sicht des Adressaten der Aufhebung eines begünstigenden Verwaltungsakts vergleichbar.[820] Dabei ist zu berücksichtigen, dass der Widerspruchsführer mit Einlegung des Widerspruchs grundsätzlich mit der Verschlechterung seiner Position zu rechnen hat, da der angegriffene Verwaltungsakt nicht länger Grundlage für ein zu schützendes Vertrauen sein kann.[821] Für die Annahme eines entsprechenden Vertrauens müssen insoweit besondere Umstände hinzutreten.[822] Eine Ausnahme ist nach

---

817 Vgl. Erbguth/Guckelberger, Allgemeines Verwaltungsrecht mit Verwaltungsprozessrecht und Staatshaftungsrecht, 9. Aufl. 2018, § 20 Rn. 15; Groscurth, Examenskurs VwGO für Studenten und Referendare, 2014, Rn. 316; Würtenberger/Heckmann, Verwaltungsprozessrecht – Ein Studienbuch, 4. Aufl. 2018, Rn. 436 m.w.N.

818 Hierzu Hufen, Verwaltungsprozessrecht, 11. Aufl. 2019, § 9 Rn. 20; Weber in Brandt/Domgörgen, Handbuch Verwaltungsverfahren und Verwaltungsprozess, 4. Aufl. 2018, S. 317 f. Rn. 168.

819 S. bspw. BVerwG, Urt. v. 13.9.2006, Az.: 6 C 10.06 = NVwZ-RR 2007, 192 m.w.N.; krit. Groscurth, Examenskurs VwGO für Studenten und Referendare, 2014, Rn. 316.

820 Vgl. Detterbeck, Allgemeines Verwaltungsrecht mit Verwaltungsprozessrecht, 17. Aufl. 2019, Rn. 1374; Erbguth/Guckelberger, Allgemeines Verwaltungsrecht mit Verwaltungsprozessrecht und Staatshaftungsrecht, 9. Aufl. 2018, § 20 Rn. 15.

821 Brühl, Verwaltungsrecht für die Fallbearbeitung – Anleitungen zum Erwerb prüfungs- und praxisrelevanter Kenntnisse und Fertigkeiten, 9. Aufl. 2018, Rn. 685; krit. hierzu Ipsen, Allgemeines Verwaltungsrecht, 11. Aufl. 2019, Rn. 1080c.

822 BVerwG, Urt. v. 15.4.1983, Az.: 8 C 170.81 = BVerwGE 67, 129.

der Rechtsprechung dann anzunehmen, wenn die Verböserung anderenfalls zu „untragbaren Zuständen" führte.[823]

6. Literaturhinweise

Zum Widerspruch im Allgemeinen: Brandt in Brandt/Domgörgen, Handbuch 352 Verwaltungsverfahren und Verwaltungsprozess, 4. Aufl. 2018, S. 319 – 354; Brühl, Verwaltungsrecht für die Fallbearbeitung – Anleitungen zum Erwerb prüfungs- und praxisrelevanter Kenntnisse und Fertigkeiten, 9. Aufl. 2018, Rn. 602 – 729; Detterbeck, Allgemeines Verwaltungsrecht mit Verwaltungsprozessrecht, 17. Aufl. 2019, Rn. 1359 – 1375; Erbguth/Guckelberger, Allgemeines Verwaltungsrecht mit Verwaltungsprozessrecht und Staatshaftungsrecht, 9. Aufl. 2018, § 20 Rn. 1 – 16; Groscurth, Examenskurs VwGO für Studenten und Referendare, 2014, Rn. 276 – 333; Hufen, Verwaltungsprozessrecht, 11. Aufl. 2019, Teil 2 Das Widerspruchsverfahren; Schenke, Verwaltungsprozessrecht, 16. Aufl. 2019, Rn. 639 – 696; Weber, in: Brandt/Domgörgen, Handbuch Verwaltungsverfahren und Verwaltungsprozess, 4. Aufl. 2018, S. 276 ff.; Würtenberger/Heckmann, Verwaltungsprozessrecht – Ein Studienbuch, 4. Aufl. 2018, Rn. 407 – 437

Zum Widerspruch im Rahmen der Anfechtungsklage: Brühl, Verwaltungsrecht für die Fallbearbeitung – Anleitungen zum Erwerb prüfungs- und praxisrelevanter Kenntnisse und Fertigkeiten, 9. Aufl. 2018, Rn. 759 f.; Detterbeck, Allgemeines Verwaltungsrecht mit Verwaltungsprozessrecht, 17. Aufl. 2019, Rn. 1354 – 1358; Ipsen, Allgemeines Verwaltungsrecht, 11. Aufl. 2019, Rn. 1061 – 1080; Sauer, Klausurtraining – Allgemeines Verwaltungsrecht und Verwaltungsprozessrecht, 2018, Rn. 80 – 82; Würtenberger/Heckmann, Verwaltungsprozessrecht – Ein Studienbuch, 4. Aufl. 2018, Rn. 353 – 363

Übungsfälle: Saarheimer Fälle: „Ausgehöhlt!", „Dr. Eisenbart", „Feuer und Flamme", „Nicht ohne meine Hose", „Sammy im Saarheimer See", abrufbar unter http://saarheim.de/; Kurzfälle bei Uerpmann-Wittzack, Examens-Repetitorium – Allgemeines Verwaltungsrecht mit Verwaltungsprozessrecht, 5. Aufl. 2018, Fälle 35 – 37

Lehrvideo: Brink/Kölle/Weigel, Peer2Peer Lehrvideo Reformatio in peius, abrufbar unter https://youtu.be/04 h4nPGxqT0

---

823 S. bspw. BVerwG, Urt. v. 13.9.2006, Az.: 6 C 10.06 = NVwZ-RR 2007, 192 m.w.N.

Renana Braun

III. Die Klagefrist (Patrick Stockebrandt)

353 Die Einhaltung der **Klagefrist** des § 74 VwGO gehört zu den zwingenden Sachentscheidungsvoraussetzungen[824] und ist eine der Prozessvoraussetzungen sowohl für die Anfechtungs- und Verpflichtungsklage als auch für weitere Klage- bzw. Antragsarten.[825] Dies hat zur Folge, dass der gerichtliche Rechtsschutz, der dem Einzelnen gemäß Artikel 19 IV GG verfassungsrechtlich gewährt wird, auch von der Einhaltung der Fristbestimmungen abhängig ist. Es bestehen jedoch keine Zweifel an der Verfassungsmäßigkeit solcher Fristen, da auch im Rechtsstaat ein legitimes, erhebliches Interesse daran besteht, einen Rechtsstreit in angemessener Zeit klären zu können und damit Rechtssicherheit und vor allem auch Rechtsfrieden zu ermöglichen.[826]

354 Die Fristenproblematik ist in der öffentlich-rechtlichen Klausur häufig vorzufinden und es wird erwartet, dass die **Klagefrist** berechnet werden kann.[827] Jedoch ist nur auf solche Aspekte einzugehen, die im Sachverhalt auch problematisiert werden. Schweigt der Sachverhalt zu einzelnen Aspekten, ist davon auszugehen, dass die entsprechenden Voraussetzungen im vorliegenden Fall eingehalten wurden.

355 Nachfolgend werden zunächst die Funktion der **Klagefrist** und die **Bestandskraft** eines Verwaltungsakts (1.) und sodann die grundlegende Systematik und der Bezug zum **Vorverfahren** (2.) erläutert. Daran anschließend wird die eigentliche Berechnung beschrieben (3.) und typische Problemfelder im Einzelnen besprochen (4. – 7.).

1. Funktion der Klagefrist und Bestandskraft eines Verwaltungsakts

356 Die zentrale Funktion der **Klagefrist** ist die Sicherung der **Bestandskraft** eines Verwaltungsakts.[828] Dieser hat dann **Bestandskraft**, wenn er mit ordentlichen Rechtsbehelfen (z. B. Widerspruch und Anfechtungsklage) nicht mehr angefochten werden kann.[829]

---

824 Kintz, Öffentliches Recht im Assessorexamen, 10. Aufl. 2018, Rn. 271; Schenke, in: Kopp/Schenke, VwGO, 25. Aufl. 2019, Vor § 40 Rn. 17.
825 Schenke, in: Kopp/Schenke, VwGO, 25. Aufl. 2019, § 74 Rn. 1 sowie Rn. 4.
826 Schenke, in: Kopp/Schenke, VwGO, 25. Aufl. 2019, § 74 Rn. 1.
827 Kintz, Öffentliches Recht im Assessorexamen, 10. Aufl. 2018, Rn. 271.
828 Schenke, in: Kopp/Schenke, VwGO, 25. Aufl. 2019, § 74 Rn. 2.
829 Maurer/Waldhoff, Allgemeines Verwaltungsrecht, 19. Aufl. 2017, § 10 Rn. 16; Ramsauer, in: Kopp/Ramsauer, VwVfG, 19. Aufl. 2018, § 43 Rn. 29. Dies wird auch „formelle" Bestandskraft ge-

Die „**Bestandskraft**" eines Verwaltungsakts ist klar von seiner „**Wirksam-** 357 keit" und der möglichen „**Rechtswidrigkeit**" zu trennen. Ein Verwaltungsakt wird gemäß § 43 I 1 VwVfG gegenüber demjenigen, für den er bestimmt ist oder der von ihm betroffen wird, in dem Zeitpunkt wirksam, in dem er ihm bekannt gegeben wird.[830] § 43 II VwVfG nennt die Fälle, in denen die **Wirksamkeit** eines Verwaltungsakts endet.[831] Der Umstand, dass ein Verwaltungsakt rechtswidrig ist, ändert zunächst nichts an seiner **Wirksamkeit**.[832] Dies hat zur Konsequenz, dass ein rechtswidriger, aber wirksamer Verwaltungsakt grundsätzlich beachtet werden muss.[833]

Der Betroffene kann sich gegen einen rechtswidrigen Verwaltungsakt jedoch mit den dafür vorgesehenen Rechtsbehelfen – z. B. mit Widerspruch und Anfechtungsklage – wehren. Wenn er dies allerdings unterlässt oder z. B. die entsprechenden Fristen nicht einhält, tritt die **Bestandskraft** – trotz der **Rechtswidrigkeit** – des Verwaltungsakts ein.[834] Ein etwaiger Rechtsbehelf hätte dann keine Aussicht auf Erfolg.

Soweit ein Verwaltungsakt bestandskräftig geworden ist, sind vor allem 358 noch zwei Wege der **Aufhebung** denkbar: über das Wiederaufgreifen des Verfahrens gemäß § 51 VwVfG und vor allem über Rücknahme und Widerruf des Verwaltungsakts gemäß §§ 48, 49 VwVfG (s. dazu Rn. 836 ff.).[835] Im Hinblick auf den äußerst seltenen Fall eines nichtigen Verwaltungsakts gemäß § 44 VwVfG (s. dazu § 6 Rn. 115 ff.) ist zu beachten, dass ein solcher Verwaltungsakt unwirksam ist[836] und insofern auch keine **Bestandskraft** eintreten kann. Auf die Möglichkeit der **Wiedereinsetzung in den vorigen Stand** wird später einzugehen sein (s. sogleich Rn. 394 ff.).

---

nannt; s. hierzu insgesamt Maurer/Waldhoff, Allgemeines Verwaltungsrecht, 19. Aufl. 2017, § 10 Rn. 12 ff., insbesondere Rn. 16 – 19.

830 S. auch Maurer/Waldhoff, Allgemeines Verwaltungsrecht, 19. Aufl. 2017, § 9 Rn. 40 sowie § 10 Rn. 7.

831 S. auch Maurer/Waldhoff, Allgemeines Verwaltungsrecht, 19. Aufl. 2017, § 10 Rn. 8.

832 Maurer/Waldhoff, Allgemeines Verwaltungsrecht, 19. Aufl. 2017, § 9 Rn. 40 sowie § 10 Rn. 6.

833 Ramsauer, in: Kopp/Ramsauer, VwVfG, 19. Aufl. 2018, § 43 Rn. 14 f.

834 Maurer/Waldhoff, Allgemeines Verwaltungsrecht, 19. Aufl. 2017, § 9 Rn. 40; Kopp, in: Kopp/Ramsauer, VwVfG, 19. Aufl. 2018, § 43 Rn. 8.

835 Ramsauer, in: Kopp/Ramsauer, VwVfG, 19. Aufl. 2018, § 43 Rn. 31.

836 Maurer/Waldhoff, Allgemeines Verwaltungsrecht, 19. Aufl. 2017, § 10 Rn. 7. S. hierzu auch Maurer/Waldhoff, Allgemeines Verwaltungsrecht, 19. Aufl. 2017, § 10 Rn. 85 ff.

Patrick Stockebrandt

2. Systematik und Bezug zum Vorverfahren

359 Die **Klagefrist** des § 74 VwGO gehört zum 8. Abschnitt und damit zu den besonderen Vorschriften für die Anfechtungs- und Verpflichtungsklage. Die Vorschrift knüpft dabei grundsätzlich an das **Vorverfahren** gemäß §§ 68 ff. VwGO (s. hierzu Rn. 301 ff.) an, denn die „Grundregel" des § 74 I 1 VwGO bezieht sich auf den **Widerspruchsbescheid** und damit auf den Abschluss des Vorverfahrens. Insoweit ein **Widerspruchsbescheid** nach § 68 VwGO nicht erforderlich ist (s. hierzu Rn. 308 f.), bezieht sich die **Klagefrist** gemäß § 74 I 2 VwGO auf den „Ausgangsverwaltungsakt"; also den Verwaltungsakt, der den Einzelnen ursprünglich zu einem Handeln im weitesten Sinne veranlasst hat.

360 Gemäß der Systematik des § 74 I VwGO muss zunächst das fristauslösende **Ereignis** identifiziert werden. Denn § 74 VwGO knüpft an unterschiedliche Bezugspunkte an: Soweit ein **Widerspruchsbescheid** erforderlich ist, muss die Anfechtungsklage innerhalb eines Monats nach dessen „**Zustellung**" (§ 74 I 1 VwGO) und nur soweit kein **Widerspruchsbescheid** erforderlich ist, innerhalb eines Monats nach „**Bekanntgabe**" des Ausgangsverwaltungsakts (§ 74 I 2 VwGO) erhoben werden.

3. Fristberechnung

361 Im Hinblick auf die konkrete **Fristberechnung** sind gemäß § 57 II VwGO[837] i.V. m. § 222 ZPO die entsprechenden Regeln des BGB (§§ 187 ff. BGB) heranzuziehen.[838] Die zentralen Vorschriften zur Berechnung sind § 187 BGB und § 188 BGB. Besonderheiten ergeben sich aus § 222 II ZPO und § 58 II VwGO.

362 Die Anfechtungsklage muss innerhalb eines Monats nach ordnungsgemäßer **Zustellung** des Widerspruchsbescheids (§ 74 I 1 VwGO) bzw. innerhalb eines Monats nach ordnungsgemäßer **Bekanntgabe** des Ausgangsverwaltungsakts (§ 74 I 2 VwGO) erhoben werden. Der Umstand, dass beispielsweise die **Zustellung** „ordnungsgemäß" erfolgt sein muss, kann durchaus relevant sein, da bei einer unwirksamen **Zustellung** die **Klagefrist** nicht zu laufen beginnt.[839]

363 Bei der **Fristberechnung** wird gemäß § 187 I BGB der Tag der **Zustellung** bzw. der **Bekanntgabe** nicht mitgerechnet.[840] Insofern ist der auf dieses „**Ereignis**"

837 Schenke, in: Kopp/Schenke, VwGO, 25. Aufl. 2019, § 57 Rn. 1.
838 Schenke, in: Kopp/Schenke, VwGO, 25. Aufl. 2019, § 57 Rn. 1 sowie Rn. 10a.
839 Kintz, Öffentliches Recht im Assessorexamen, 10. Aufl. 2018, Rn. 280; Schenke, in: Kopp/Schenke, VwGO, 25. Aufl. 2019, § 57 Rn. 16 f.
840 Schenke, in: Kopp/Schenke, VwGO, 25. Aufl. 2019, § 57 Rn. 10 sowie Rn. 10a; Schenke, Verwaltungsprozessrecht, 16. Aufl. 2019, Rn. 711.

(die **Zustellung** oder die **Bekanntgabe**) folgende Tag maßgebend, auch wenn dieser ein Samstag, Sonn- oder Feiertag ist.[841]

Beispiel: Der Widerspruchsbescheid wurde am 16.07. zugestellt. Die Klagefrist beginnt sodann am Folgetag, den 17.07., um 00:00 Uhr.

Im Hinblick auf das **Fristende** bestimmt § 188 II BGB: „Eine **Frist**, die (...) nach **364** Monaten (...) bestimmt ist, endigt im Falle des § 187 I mit dem Ablauf desjenigen Tages (...) des letzten Monats, welcher durch (...) seine Zahl dem Tage entspricht, in den das **Ereignis** (...) fällt (...)."

Insofern endet die **Klagefrist** mit Ablauf desjenigen Tages des Folgemonats, der durch seine Zahl dem Tag entspricht, in dem das „**Ereignis**", also die **Zustellung** oder die **Bekanntgabe**, fällt.[842]

Beispiel (Fortführung aus Rn. 363): Die Zustellung (das „Ereignis") ist am 16.07. erfolgt und die Frist beträgt einen Monat. Folglich endet die Frist mit Ablauf des Monatstages „16" im Folgemonat, also am 16.08. um 24:00 Uhr.[843]

Insbesondere wenn der Folgemonat der Februar ist, ist zu beachten, dass es **365** vorkommen kann, dass es den entsprechenden Monatstag (z.B. den „31.") nicht gibt. Gemäß § 188 III BGB ist sodann der letzte Tag dieses Monats maßgebend.[844]

Beispiel: Die Zustellung erfolgt am 31.01. eines Jahres, so dass die Frist mit Ablauf des 28.02.[845] endet.

a) Fristende fällt auf einen Sonnabend, Sonn- oder Feiertag – § 222 II ZPO

Soweit das **Fristende** auf einen Sonnabend (d.h. einen Samstag), einen Sonntag **366** oder einen allgemeinen Feiertag fällt, ist die Vorschrift des § 222 II ZPO zu beachten. Demnach endet die **Klagefrist** dann nämlich nicht an dem entsprechenden Samstag, Sonntag oder Feiertag, sondern erst mit Ablauf des nächsten Werktages.[846]

841 Schenke, in: Kopp/Schenke, VwGO, 25. Aufl. 2019, § 57 Rn. 10a.
842 Schenke, in: Kopp/Schenke, VwGO, 25. Aufl. 2019, § 57 Rn. 10a.
843 S. hierzu auch Schenke, in: Kopp/Schenke, VwGO, 25. Aufl. 2019, § 57 Rn. 10a.
844 Schenke, in: Kopp/Schenke, VwGO, 25. Aufl. 2019, § 57 Rn. 10a; Schenke, Verwaltungsprozessrecht, 16. Aufl. 2019, Rn. 712.
845 Bzw. 29.02. in Schaltjahren.
846 Schenke, in: Kopp/Schenke, VwGO, 25. Aufl. 2019, § 57 Rn. 10a.

Patrick Stockebrandt

Beispiel: Die Klagefrist endet nach § 188 II BGB rechnerisch am Samstag, den 31. 05. eines Jahres und fällt damit auf einen Sonnabend. Gemäß § 222 II ZPO ist Fristende sodann Montag, der 02. 06., um 24:00 Uhr.

367 **Allgemeine Feiertage** i. S. d. § 222 II ZPO sind nur gesetzlich bestimmte Feiertage, d. h. vor allem auch, dass der 24. 12. und der 31. 12. keine Feiertage i. S. d. Vorschrift sind.[847] Soweit ein Tag nur in einzelnen Bundesländern gesetzlich zum Feiertag erklärt worden ist, kommt es auf das Recht am Ort des Gerichtes an, bei dem die Frist zu wahren ist.[848]

b) Unterbliebene oder fehlerhafte Rechtsbehelfsbelehrung – § 58 II VwGO

368 Soweit in einer Klausur keine Angaben gemacht werden, ist davon auszugehen, dass die **Rechtsbehelfsbelehrung** ordnungsgemäß erfolgt ist. Sollte sie aber erwähnt oder sogar abgedruckt sein, ist zu prüfen, ob sie fehlerhaft ist. Denn soweit die Belehrung unterblieben ist oder unrichtig erteilt wurde,[849] ist die Einlegung des Rechtsbehelfs, vorliegend relevant vor allem der Widerspruch und die Klage,[850] gemäß § 58 II VwGO grundsätzlich innerhalb eines Jahres möglich. Dies ist als **Ausschlussfrist** zu verstehen.[851] Bitte hier einen Absatz ergänzen, um die „Anmerkungen zur Falllösung" graphisch besser abzusetzen.

369 **Anmerkungen zur Falllösung:**
– *Der Obersatz zur Fristberechnung könnte demnach lauten: „Die Klage ist fristgerecht zu erheben. Fraglich ist, ob die Klagefrist des § 74 I VwGO eingehalten wurde."*
– *Ein „Klausurklassiker" ist der fehlerhafte Hinweis in der Rechtsbehelfsbelehrung, dass die Klagefrist 4 Wochen (und nicht 1 Monat) betrage. Vom Klausurbearbeiter wird sodann erwartet, § 58 II VwGO zu kennen und anzuwenden.*

---

847 Schenke, in: Kopp/Schenke, VwGO, 25. Aufl. 2019, § 57 Rn. 10a.
848 Schenke, in: Kopp/Schenke, VwGO, 25. Aufl. 2019, § 57 Rn. 10a.
849 S. zu den obligatorischen Bestandteilen der Rechtsbehelfsbelehrung: Kintz, Öffentliches Recht im Assessorexamen, 10. Aufl. 2018, Rn. 281 ff. sowie Schenke, in: Kopp/Schenke, VwGO, 25. Aufl. 2019, § 58 Rn. 10 ff.
850 Schenke, in: Kopp/Schenke, VwGO, 25. Aufl. 2019, § 58 Rn. 4.
851 Schenke, in: Kopp/Schenke, VwGO, 25. Aufl. 2019, § 58 Rn. 16.

Patrick Stockebrandt

4. Bekanntgabe als fristauslösendes Ereignis und die sog. „Drei-Tages-Fiktion"

Soweit kein Widerspruchsbescheid nach § 68 VwGO erforderlich ist, knüpft § 74 I 2 **370** VwGO an die **Bekanntgabe** des Ausgangsverwaltungsakts als fristauslösendes **Ereignis** an. Grundsätzlich ist ein Verwaltungsakt dann „bekanntgegeben", wenn die zuständige Behörde wissentlich und willentlich den Inhalt des Verwaltungsakts gegenüber dem Betroffenen eröffnet (s. zur Bekanntgabe ausführlich Rn. 117 ff.).[852] Dabei ist der Verwaltungsakt gemäß § 41 I 1 VwVfG demjenigen Beteiligten bekannt zu geben, für den er bestimmt ist oder der von ihm betroffen ist. Sofern gesetzlich keine besonderen Anforderungen an die **Bekanntgabe** eines Verwaltungsakts bestehen, kann diese auf jede geeignete Weise erfolgen.[853]

Ein **mündlicher Verwaltungsakt** kann nur unter Anwesenden bekannt **371** gegeben werden, da er eine empfangsbedürftige Willenserklärung darstellt.[854] Ein **schriftlicher Verwaltungsakt** muss in den Machtbereich des Adressaten gelangt sein, z. B. durch Einwurf in den Briefkasten.[855] Soweit beispielsweise demnach ein **schriftlicher Verwaltungsakt** durch einen behördlichen Boten in den Briefkasten des Adressaten gelangt, ist die **Bekanntgabe** dann erfolgt, wenn bei gewöhnlichem Verlauf mit der **Kenntnisnahme** durch den Empfänger zu rechnen ist und zwar grundsätzlich unabhängig von der tatsächlichen **Kenntnisnahme**.[856]

Soweit ein **schriftlicher Verwaltungsakt** durch die Post übermittelt wird, **372** ist die sog. **Drei-Tages-Fiktion** des § 41 II VwVfG zu beachten: Demnach gilt ein solcher Verwaltungsakt am dritten Tag nach Aufgabe zur Post als bekannt gegeben, es sei denn, er ist nicht oder zu einem späteren Zeitpunkt zugegangen. Soweit der einfache Brief dem Empfänger tatsächlich früher zugegangen ist, gilt die **Drei-Tages-Fiktion.**[857]

Dies gilt ausnahmsweise dann nicht, wenn der Verwaltungsakt nicht oder später zugegangen ist, denn dann kommt es auf den, insoweit späteren, tatsächlichen Zugangszeitpunkt an.[858]

---

852 Sodan/Ziekow, Grundkurs Öffentliches Recht, 8. Aufl. 2018, § 79 Rn. 13.
853 Sodan/Ziekow, Grundkurs Öffentliches Recht, 8. Aufl. 2018, § 70 Rn. 14.
854 Sodan/Ziekow, Grundkurs Öffentliches Recht, 8. Aufl. 2018, § 79 Rn. 14.
855 Sodan/Ziekow, Grundkurs Öffentliches Recht, 8. Aufl. 2018, § 79 Rn. 14.
856 Sodan/Ziekow, Grundkurs Öffentliches Recht, 8. Aufl. 2018, § 79 Rn. 14; Ramsauer, in: Kopp/Ramsauer, VwVfG, 19. Aufl. 2018, § 41 Rn. 7c.
857 Sodan/Ziekow, Grundkurs Öffentliches Recht, 8. Aufl. 2018, § 79 Rn. 14.
858 Sodan/Ziekow, Grundkurs Öffentliches Recht, 8. Aufl. 2018, § 79 Rn. 14.

Patrick Stockebrandt

Beispiel: Ein einfacher Brief wird per Post am 5. des Monats versendet. Die Bekanntgabe erfolgt nach der Drei-Tages-Fiktion sodann am 8. des Monats – also drei Tage nach Aufgabe zur Post.

5. Zustellung als fristauslösendes Ereignis und verschiedene Zustellungsarten

373 Soweit ein **Widerspruchsbescheid** nach § 68 VwGO erforderlich ist, knüpft § 74 I 1 VwGO an die (ordnungsgemäße)[859] **Zustellung** des Widerspruchsbescheids als fristauslösendes **Ereignis** an (zur Zustellung von Verwaltungsakten s. auch Rn. 168 ff.). Der **Widerspruchsbescheid** ist aufgrund der Regelungen in § 73 III 1 VwGO und § 73 III 2 VwGO von Amts wegen nach den Vorschriften des VwZG des Bundes zuzustellen.[860]

374 „Zustellung" ist demnach eine besondere Form der **Bekanntgabe**[861], die sodann nach § 2 I VwZG durch ein schriftliches oder elektronisches Dokument in der im VwZG bestimmten Form erfolgt. Dabei liegt die Auswahl der Zustellungsart im Ermessen der Behörde.[862] Relevante Zustellungsarten (s. §§ 3 – 5a VwZG) sind vor allem die Zustellung durch die Post mittels **Zustellungsurkunde** (§ 3 VwZG) und die Zustellung durch die Post mittels **Einschreiben** (§ 4 VwZG).[863] Die **Zustellung** ist dann notwendig, wenn dies durch eine Rechtsvorschrift oder eine behördliche Anordnung vorgesehen ist (§ 1 II VwZG). Für den **Widerspruchsbescheid** ordnet dies § 73 III 1 VwGO an. **Zustellungsmängel** können im Rahmen des § 8 VwZG geheilt werden.[864]

a) Zustellung durch die Post mittels Zustellungsurkunde

375 Die praktisch meistgenutzte Zustellungsart ist die **Zustellung** durch die Post mit **Zustellungsurkunde** (§ 3 VwZG).[865] Mit „Post" ist dabei ein Erbringer von Postdienstleistungen i. S. d. § 2 II 1 VwZG und § 5 PostG gemeint.[866]

376 Bei dieser Form der **Zustellung** übergibt die Behörde gemäß § 3 I VwZG der Post den Zustellungsauftrag, das zuzustellende Dokument in einem verschlosse-

---

859 Bei einer unwirksamen Zustellung beginnt die Klagefrist nicht zu laufen; Kintz, Öffentliches Recht im Assessorexamen, 10. Aufl. 2018, Rn. 280; Schenke, in: Kopp/Schenke, VwGO, 25. Aufl. 2019, § 57 Rn. 16 f.

860 Schenke, in: Kopp/Schenke, VwGO, 25. Aufl. 2019, § 73 Rn. 22a.

861 Sodan/Ziekow, Grundkurs Öffentliches Recht, 8. Aufl. 2018, § 79 Rn. 15.

862 Schenke, in: Kopp/Schenke, VwGO, 25. Aufl. 2019, § 73 Rn. 22b.

863 Sodan/Ziekow, Grundkurs Öffentliches Recht, 8. Aufl. 2018, § 79 Rn. 15.

864 Dieser wird im Rahmen der Rechtsprechung über den Wortlaut hinaus ausgelegt, s. dazu Schenke, in: Kopp/Schenke, VwGO, 25. Aufl. 2019, § 73 Rn. 23a.

865 Schenke, in: Kopp/Schenke, VwGO, 25. Aufl. 2019, § 73 Rn. 22b.

866 Schenke, in: Kopp/Schenke, VwGO, 25. Aufl. 2019, § 73 Rn. 22b, s. dort Fn. 36.

Patrick Stockebrandt

nen Umschlag und den Vordruck einer Zustellungsurkunde. Im Regelfall wird der Postbedienstete das Schriftstück vor Ort übergeben, die **Zustellung** beurkunden und die Urkunde an die Behörde zurückschicken.[867]

Der Vorteil dieser Zustellungsart gegenüber dem **Einschreiben** ist, dass die 377 Möglichkeit der **Ersatzzustellung** nach § 3 II 1 VwZG i.V. m. §§ 177–182 ZPO besteht.[868] Das bedeutet, dass eine **Zustellung** insbesondere auch in den Fällen der unberechtigten verweigerten Annahme (§ 179 ZPO)[869] und durch das Einlegen in den Briefkasten (§ 180 ZPO)[870] erfolgen kann.

b) Zustellung durch die Post mittels Einschreiben

Der **Widerspruchsbescheid** kann nach § 4 VwZG durch die Post mittels **Ein-** 378 **schreiben** zugestellt werden. Zu beachten ist zunächst, dass gemäß § 4 I VwZG nur das Übergabe-Einschreiben sowie das Einschreiben mit Rückschein zulässig sind. Das einfache Einwurf-Einschreiben durch die Post reicht mangels Übergabe nicht aus.[871]

Hat die Verwaltung in einer Klausur per **Einschreiben** zugestellt, so handelt 379 es sich grundsätzlich um ein Übergabe-Einschreiben, da ein Einschreiben mit Rückschein nur vorliegt, wenn es ausdrücklich im Sachverhalt erwähnt wird.[872]

Beim Übergabe-Einschreiben wird das Dokument, sofern nicht das Merk- 380 mal „eigenhändig" ausgewählt wurde[873], dem Zustellungsadressaten oder dem Ersatzempfänger ausgehändigt. Soweit dies nicht möglich ist, wird der Adressat mittels Benachrichtigungszettel aufgefordert, das Dokument selbst abzuholen.[874] Dabei erfolgt die **Zustellung** nicht schon durch Zugang des Benachrichtigungszettels, sondern erst, wenn die Sendung abgeholt wird.[875] Im Übrigen gilt die Zugangsvermutung des § 4 II 2 VwZG. Nur soweit diese Vermutung substantiiert bestritten wird, ist der Zugang und dessen Zeitpunkt gemäß § 4 II 3 VwZG von der Behörde zu beweisen.[876]

---

867 Pietzner/Ronellenfitsch, Das Assessorexamen im Öffentlichen Recht, 14. Aufl. 2019, Rn. 1358.

868 Kues/Schildheuer, Verwaltungsprozessrecht, 4. Aufl. 2018, 66.

869 Schenke, in: Kopp/Schenke, VwGO, 25. Aufl. 2019, § 73 Rn. 22b sowie § 56 Rn. 33.

870 Schenke, in: Kopp/Schenke, VwGO, 25. Aufl. 2019, § 73 Rn. 22b sowie § 56 Rn. 34.

871 Schenke, in: Kopp/Schenke, VwGO, 25. Aufl. 2019, § 73 Rn. 22b; Sodan/Ziekow, Grundkurs Öffentliches Recht, 8. Aufl. 2018, § 79 Rn. 15.

872 Kues/Schildheuer, Verwaltungsprozessrecht, 4. Aufl. 2018, 68.

873 Die Auswahl der Zustellungsart liegt im Ermessen der Behörde, s. Schenke, in: Kopp/ Schenke, VwGO, 25. Aufl. 2019, § 73 Rn. 22b.

874 Schenke, in: Kopp/Schenke, VwGO, 25. Aufl. 2019, § 73 Rn. 22b.

875 Schenke, in: Kopp/Schenke, VwGO, 25. Aufl. 2019, § 73 Rn. 22b.

876 Schenke, in: Kopp/Schenke, VwGO, 25. Aufl. 2019, § 73 Rn. 22b.

Patrick Stockebrandt

381   Beim Einschreiben mit Rückschein genügt gemäß § 4 II 1 VwZG der Rückschein als Nachweis der Zustellung. Insofern gilt das Datum auf dem Rückschein als Tag der Zustellung und die Zugangsvermutung des § 4 II 2 VwZG ist nur noch heranzuziehen, wenn der Rückschein verloren gegangen oder unbrauchbar ist.[877] Auch eine **Zustellung** an ein vom Empfänger unterhaltenes Postfach ist möglich.[878]

aa) Ersatzempfänger beim Einschreiben

382   Die Frage der Möglichkeit der Übergabe an einen **Ersatzempfänger**, z. B. einen Familienangehörigen, richtet sich bei der **Zustellung** mittels **Einschreiben** nicht nach den gesetzlichen Vorschriften, sondern nach den allgemeinen Geschäftsbedingungen des Postdienstleisters.[879] **Ersatzempfänger** sind z. B. der Ehepartner, der Lebenspartner oder ein Familienmitglied des Empfängers.[880] Wenn das Dokument nur dem Adressaten ausgehändigt werden darf, muss insoweit das Merkmal „eigenhändig" ausgewählt werden.[881]

bb) Zugang im Falle der Notwendigkeit der Abholung eines Einschreibens bei der Post

383   Soweit der Adressat das Dokument selbst abholen muss, hat dies zur Konsequenz, dass der Zugang grundsätzlich erst dann erfolgt, wenn der Empfänger es tatsächlich abholt, selbst wenn er dies bewusst verzögert.[882] Insoweit das Dokument nicht abgeholt wird, ist es auch nicht zugegangen.[883] Die Grenze ist hier in den seltenen Fällen zu sehen, in denen der Empfänger die **Zustellung** gegen Treu und Glauben verzögert oder vereitelt, in dem er beispielsweise den Namen an seinem Briefkasten entfernt.[884] Sodann muss er sich behandeln lassen, als sei die **Zustellung** in dem Zeitpunkt erfolgt, in dem er bei pflichtgemäßen Verhalten das Dokument erhalten hätte.[885]

---

877 BT-Drucks. 15/5216, 12; Schenke, in: Kopp/Schenke, VwGO, 25. Aufl. 2019, § 73 Rn. 22b.
878 Schenke, in: Kopp/Schenke, VwGO, 25. Aufl. 2019, § 73 Rn. 22b.
879 Schenke, in: Kopp/Schenke, VwGO, 25. Aufl. 2019, § 73 Rn. 22b.
880 Ramsauer, in: Kopp/Ramsauer, VwVfG, 19. Aufl. 2018, § 41 Rn. 72; Pietzner/Ronellenfitsch, Das Assessorexamen im Öffentlichen Recht, 14. Aufl. 2019, Rn. 1362.
881 Schenke, in: Kopp/Schenke, VwGO, 25. Aufl. 2019, § 73 Rn. 22b; Kues/Schildheuer, Verwaltungsprozessrecht, 4. Aufl. 2018, 67.
882 Pietzner/Ronellenfitsch, Das Assessorexamen im Öffentlichen Recht, 14. Aufl. 2019, Rn. 1363.
883 Kues/Schildheuer, Verwaltungsprozessrecht, 4. Aufl. 2018, 67.
884 Ramsauer, in: Kopp/Ramsauer, VwVfG, 19. Aufl. 2018, § 41 Rn. 72 sowie Rn. 19.
885 S. Kues/Schildheuer, Verwaltungsprozessrecht, 4. Aufl. 2018, 67.

Patrick Stockebrandt

6. Untätigkeit der Behörde – § 75 VwGO

Soweit eine Behörde über einen Widerspruch oder über einen Antrag auf Vor- 384
nahme eines Verwaltungsakts ohne zureichenden Grund in angemessener Frist
sachlich nicht entscheidet, ordnet § 75 1 VwGO an, dass die Klage abweichend
von § 68 VwGO zulässig ist. Durch diese Vorschrift wird auch der Grundsatz aus
Art. 19 IV GG geschützt, da die Verwaltung nicht durch ihre **Untätigkeit** einen
Betroffenen von der Möglichkeit der Klage abhalten können soll.[886]

Die Vorschrift des § 75 VwGO hat zur Konsequenz, dass der Klageweg ab- 385
weichend von den Vorschriften der §§ 68 ff. und § 74 VwGO unmittelbar begangen
werden kann und die Klage in einem solchen Fall ohne vorherigen Abschluss bzw.
ohne vorherige Durchführung eines Vorverfahrens – unter Beachtung der drei-
monatigen **Sperrfrist** des § 75 2 VwGO – zulässig ist.[887]

a) Zureichender Grund für die Verzögerung

Ob und inwieweit ein zureichender Grund besteht, ist nach objektiven Gesichts- 386
punkten zu beurteilen.[888] Die Rechtsprechung hat hierzu eine Fülle an Entscheidungen in unterschiedlichen Bereichen erlassen.[889]

Im Hinblick auf das in gewisser Regelmäßigkeit vorgetragene Argument der 387
„Überlastung" muss unterschieden werden: Die vorübergehende Überlastung
einer Behörde infolge einer Gesetzesänderung oder die vorübergehende besondere Geschäftsbelastung der Behörde aus anderen Gründen, soweit nicht ein
strukturelles Defizit vorliegt, kann ein zureichender Grund für eine Verzögerung
sein.[890] Bei länger andauernder Überlastung muss die Verwaltung jedoch für
Ausgleich sorgen.[891] Kein zureichender Grund ist dagegen Urlaub, Krankheit oder
Arbeitsüberlastung einzelner Sachbearbeiter, da die Verwaltung in solchen Fällen
für ausreichende Vertretung sorgen muss.[892]

Liegt ein zureichender Grund für die Verzögerung vor, so setzt das Gericht 388
das Verfahren gemäß § 75 3 VwGO bis zum Ablauf einer von ihm bestimmten Frist
aus.[893]

---

[886] Schenke, in: Kopp/Schenke, VwGO, 25. Aufl. 2019, § 75 Rn. 1.
[887] Schenke, in: Kopp/Schenke, VwGO, 25. Aufl. 2019, § 75 Rn. 1; Schenke, Verwaltungsprozessrecht, 16. Aufl. 2019, Rn. 715.
[888] Schenke, in: Kopp/Schenke, VwGO, 25. Aufl. 2019, § 75 Rn. 13.
[889] S. hierzu Schenke, in: Kopp/Schenke, VwGO, 25. Aufl. 2019, § 75 Rn. 13 ff.
[890] Schenke, in: Kopp/Schenke, VwGO, 25. Aufl. 2019, § 75 Rn. 13.
[891] Schenke, in: Kopp/Schenke, VwGO, 25. Aufl. 2019, § 75 Rn. 13, dort Fn. 16.
[892] Schenke, in: Kopp/Schenke, VwGO, 25. Aufl. 2019, § 75 Rn. 13.
[893] S. hierzu Brink, in: Posser/Wolff, VwGO, 49. Ed., Stand: 1.4.2019, § 75 Rn. 14 ff.

Patrick Stockebrandt

b) Angemessene Frist & dreimonatige „Sperrfrist"

389 Die Verwaltung ist grundsätzlich dazu verpflichtet, über Antrag und Widerspruch so rasch wie möglich zu entscheiden.[894] Zu beachten ist jedoch, dass die Klage gemäß § 75 2 VwGO grundsätzlich nicht vor Ablauf von drei Monaten (sog. „Sperrfrist") seit der Einlegung des Widerspruchs oder dem Antrag auf Vornahme des Verwaltungsakts erhoben werden kann und eine Klage insoweit – im Regelfall – unzulässig ist.[895]

390 Nur soweit besondere Umstände vorliegen, kann eine kürzere Frist geboten sein.[896] Dies ist beispielsweise dann der Fall, wenn der Kläger ohne eine alsbaldige Entscheidung einen schweren und irreparablen Nachteil erleiden würde.[897]

c) Zeitliche Begrenzung der Klage

391 Die Vorschrift des § 75 VwGO regelt nicht, wie lange eine Klage in einer solchen Situation erhoben werden kann. Da die frühere gesetzliche Regelung in § 76 VwGO aufgehoben wurde, die im Regelfall eine Jahresfrist vorgesehen hatte, kann die Klage grundsätzlich ohne zeitliche Befristung erhoben werden.[898]

392 Jedoch kann sich aus dem Grundsatz der **Verwirkung** etwas Anderes ergeben, sodass das prozessuale Recht zur Klage nach den allgemeinen Grundsätzen verwirkt (s. näher Rn. 399 ff.) wird.[899] Allerdings kann aufgrund der Aufhebung des § 76 VwGO nicht davon ausgegangen werden, dass die **Verwirkung** regelmäßig nach Ablauf eines Jahres eintritt, da dies dem gesetzgeberischen Willen zuwiderlaufen würde.[900]

7. Weitere Bereiche

393 Über die bereits genannten Bereiche hinaus können im Rahmen einer Klausur weitere Fragen aufgeworfen werden. Hierzu zählen die Möglichkeit der **Wiedereinsetzung in den vorigen Stand** und der Aspekt der **Verwirkung.**

---

894 Schenke, in: Kopp/Schenke, VwGO, 25. Aufl. 2019, § 75 Rn. 8.

895 Schenke, in: Kopp/Schenke, VwGO, 25. Aufl. 2019, § 75 Rn. 8.

896 S. hierzu Schenke, in: Kopp/Schenke, VwGO, 25. Aufl. 2019, § 75 Rn. 12.

897 Schenke, Verwaltungsprozessrecht, 16. Aufl. 2019, Rn. 715.

898 Schenke, Verwaltungsprozessrecht, 16. Aufl. 2019, Rn. 720.

899 Schenke, in: Kopp/Schenke, VwGO, 25. Aufl. 2019, § 76 Rn. 2.

900 Schenke, Verwaltungsprozessrecht, 16. Aufl. 2019, Rn. 721; Schenke, in: Kopp/Schenke, VwGO, 25. Aufl. 2019, § 76 Rn. 2.

Patrick Stockebrandt

a) Wiedereinsetzung in den vorigen Stand – § 60 VwGO

Soweit der Kläger die Monatsfrist des § 74 VwGO nicht eingehalten und es auch **394** keine fehlerhafte **Rechtsbehelfsbelehrung** gegeben hat, kommt die **Wiedereinsetzung in den vorigen Stand** gemäß § 60 VwGO in Betracht.

Die **Wiedereinsetzung** ist eine gerichtliche Entscheidung und stellt eine **395** Wiederherstellung der Zulässigkeit für eine versäumte Prozesshandlung dar.[901] Dies kann u. a. zur Folge haben, dass beispielsweise die eingetretene **Bestandskraft** eines Verwaltungsakts nachträglich wieder entfällt und somit auch der Weg zur Sachentscheidung hierüber wieder eröffnet ist.[902]

Voraussetzung für die **Wiedereinsetzung** gemäß § 60 I VwGO ist, dass eine **396** **gesetzliche Frist** schuldlos versäumt wurde.[903] Eine **gesetzliche Frist** ist die Frist, deren Dauer durch das Gesetz bestimmt ist und die ohne besondere Festsetzung – sondern kraft Gesetzes – aufgrund eines bestimmten Ereignisses, z. B. die **Zustellung**, zu laufen beginnt.[904] So ist beispielsweise auch die **Klagefrist** des § 74 VwGO eine **gesetzliche Frist.**[905] Ausgeschlossen ist die Anwendbarkeit des § 60 VwGO hingegen auf sogenannte **Ausschlussfristen,** wie sie beispielsweise in § 60 III VwGO und § 47 II 1 VwGO vorzufinden sind.[906] Lediglich bei höherer Gewalt[907] gewährt § 60 III 2. Hs. VwGO hiervon eine Ausnahme.

Insoweit der Betroffene eine **gesetzliche Frist** versäumt hat, ist die Frage des **397** Verschuldens zu erörtern. Ein **Verschulden** im Sinne der Vorschrift liegt vor, wenn der Betroffene hinsichtlich der Wahrung der Frist diejenige Sorgfalt außer Acht gelassen hat, die für einen gewissenhaften, sachgemäß agierenden Prozessführenden geboten ist und ihm die **Fristwahrung** in der Gesamtschau des Einzelfalls auch zuzumuten war.[908]

Bei der Betrachtung der Anforderungen an die **Sorgfaltspflicht** muss auf die **398** Verhältnisse des Betroffenen abgestellt werden.[909] So sind bei einem Rechtsanwalt beispielsweise grundsätzlich höhere Anforderungen zu stellen, als bei einem juristischen Laien.[910] Darüber hinaus kommt es im Wesentlichen auch auf die konkreten Umstände des Einzelfalles an.[911]

---

901 Schenke, in: Kopp/Schenke, VwGO, 25. Aufl. 2019, § 60 Rn. 1.
902 Schenke, in: Kopp/Schenke, VwGO, 25. Aufl. 2019, § 60 Rn. 1.
903 Schenke, in: Kopp/Schenke, VwGO, 25. Aufl. 2019, § 60 Rn. 6.
904 Schenke, in: Kopp/Schenke, VwGO, 25. Aufl. 2019, § 57 Rn. 3.
905 Schenke, in: Kopp/Schenke, VwGO, 25. Aufl. 2019, § 60 Rn. 3. Davon abzugrenzen sind richterliche Fristen, s. Schenke, in: Kopp/Schenke, VwGO, 25. Aufl. 2019, § 60 Rn. 3.
906 Schenke, in: Kopp/Schenke, VwGO, 25. Aufl. 2019, § 60 Rn. 4.
907 Zum Begriff s. Schenke, in: Kopp/Schenke, VwGO, 25. Aufl. 2019, § 58 Rn. 20.
908 Schenke, in: Kopp/Schenke, VwGO, 25. Aufl. 2019, § 60 Rn. 9.
909 Schenke, in: Kopp/Schenke, VwGO, 25. Aufl. 2019, § 60 Rn. 9.
910 Schenke, in: Kopp/Schenke, VwGO, 25. Aufl. 2019, § 60 Rn. 9.

b) Klageverwirkung

399 In seltenen Fällen besteht die Möglichkeit, dass ein Kläger sein Klagerecht dadurch verwirkt hat, dass er die Klageerhebung unredlich verzögert hat und seine Klage damit dann nicht mehr zulässig ist.[912] Voraussetzung ist, dass die späte Klageerhebung gegen **Treu und Glauben** verstößt.[913]

400 Dies kann insbesondere dann angenommen werden, wenn der Kläger bereits seit längerer Zeit Kenntnis vom Klagegrund hat oder hätte haben müssen und die Klage trotzdem erst zu einem Zeitpunkt erhebt, in dem der Beklagte oder sonstige Beteiligte nach den Umständen des Falles nicht mehr mit einer Klage rechnen mussten.[914]

401 Eine **Klageverwirkung** kann kaum vor der in der VwGO mehrfach erwähnten Jahresfrist[915] eintreten, die insofern als allgemeiner Rechtsgedanke angesehen werden muss.[916] Maßgeblich sind jedoch die Umstände des konkreten Einzelfalls.[917]

8. Literaturhinweise

402 Hufen, Verwaltungsprozessrecht, 11. Aufl. 2019, § 14 Rn. 114 ff.; Kintz, Öffentliches Recht im Assessorexamen, 10. Aufl. 2018, S. 118 ff.; Kues/Schildheuer, Verwaltungsprozessrecht, 4. Aufl. 2018, S. 65 ff.; Schenke, Wolf-Rüdiger, Verwaltungsprozessrecht, 16. Aufl. 2019, Rn. 700 ff.; Schmitz, Klagefrist und Fristversäumnis bei der Anfechtungsklage, JuS 2015, 895

IV. Die Beteiligten (Carola Creemers)

403 Ein verwaltungsgerichtlicher Rechtsstreit kann nur zwischen **tauglichen Beteiligten** geführt werden. Obwohl die Prüfung der Beteiligten in der verwaltungsrechtlichen Klausur meist unproblematisch ist, wird stets erwartet, dass die ent-

---

911 Schenke, in: Kopp/Schenke, VwGO, 25. Aufl. 2019, § 60 Rn. 9. Eine Betrachtung von Einzelfällen ist zu finden bei Schenke, in: Kopp/Schenke, VwGO, 25. Aufl. 2019, § 60 Rn. 10 ff.
912 Schenke, in: Kopp/Schenke, VwGO, 25. Aufl. 2019, § 74 Rn. 18.
913 Schenke, in: Kopp/Schenke, VwGO, 25. Aufl. 2019, § 74 Rn. 19.
914 Schenke, Verwaltungsprozessrecht, 16. Aufl. 2019, Rn. 590; Schenke, in: Kopp/Schenke, VwGO, 25. Aufl. 2019, § 74 Rn. 19. Insofern ist insbesondere auch zu beachten, ob es sich um einen Verwaltungsakt mit Drittwirkung handelt, s. hierzu Schenke, in: Kopp/Schenke, VwGO, 25. Aufl. 2019, § 74 Rn. 19.
915 S. z. B. § 58 II VwGO und § 60 III VwGO.
916 Schenke, in: Kopp/Schenke, VwGO, 25. Aufl. 2019, § 74 Rn. 20.
917 Schenke, in: Kopp/Schenke, VwGO, 25. Aufl. 2019, § 74 Rn. 20.

sprechenden Normen bekannt sind und sauber geprüft und angewendet werden können. Zudem treten bestimmte Probleme im Rahmen der Beteiligten in verwaltungsrechtlichen Klausuren immer wieder auf, die jedoch nur bei entsprechenden Anhaltspunkten im Sachverhalt anzusprechen sind.

Die VwGO verwendet den Begriff der Beteiligten in den §§ 61, 63 VwGO als Teil **404** der allgemeinen Verfahrensvorschriften des 7. Abschnitts.

1. Beteiligte, § 63 VwGO

§ 63 VwGO regelt abschließend wer zu den **Prozessbeteiligten** zählt: Der Klä- **405** ger (Nr. 1), der Beklagte (Nr. 2), der Beigeladene nach § 65 VwGO (Nr. 3) und der Vertreter des Bundesinteresses beim Bundesverwaltungsgericht (§ 35 VwGO) oder der Vertreter des öffentlichen Interesses (§ 36 VwGO), falls er von seiner Beteiligungsbefugnis Gebrauch macht (Nr. 4). Kläger und Beklagter (bzw. Antragssteller und Antragsgegner im Normenkontrollverfahren sowie im einstweiligen Rechtsschutz) sind die Hauptbeteiligten im Verwaltungsprozess. Nebenbeteiligte können der Beigeladene sowie der Vertreter des Bundesinteresses beim BVerwG oder der Vertreter des öffentlichen Interesses sein, wobei die Nebenbeteiligten nicht automatisch am Verfahren beteiligt sind.[918] Der Beigeladene erlangt die Stellung eines Beteiligten durch Zustellung des Beiladungsbeschlusses und der Vertreter des Bundesinteresses beim BVerwG oder der Vertreter des öffentlichen Interesses durch einseitige Erklärung, dass sie sich beteiligen.[919]

Nur die nach § 63 VwGO am verwaltungsgerichtlichen Verfahren Beteilig- **406** ten haben eigene Verfahrensrechte und können wirksame Prozesshandlungen vornehmen.[920] Zudem bindet ein rechtskräftiges Urteil gem. § 121 Nr. 1 VwGO die Beteiligten. Folglich erstreckt sich die **Rechtskraft des Urteils** auf die Beteiligten i. S. d. § 63 VwGO und es tritt für sie eine **Bindungswirkung** im Umfang des Streitgegenstandes ein.[921] Insbesondere ist eine erneute Klage über den gleichen Streitgegenstand zwischen denselben Beteiligten unzulässig.[922] Daher ist bei entsprechenden Anhaltspunkten im Sachverhalt neben der Prüfung der Hauptbeteiligten insbesondere an die Beiladung zu denken (s. zur Beiladung Rn. 445 ff.).

---

918 Schenke, Verwaltungsprozessrecht, 16. Aufl. 2019, Rn. 453–454.
919 Kintz, in: Posser/Wolff, VwGO, 50. Ed., Stand: 1.4.2019, § 63 Rn. 5, 6.
920 Hoppe, in: Eyermann, VwGO, 15. Aufl. 2019, § 63 Rn. 4; Schenke, in: Kopp/Schenke, VwGO, 25. Aufl. 2019, § 63 Rn. 1.
921 Clausing, in: Schoch/Schneider/Bier, VwGO, 36. EL Februar 2019, § 121 Rn. 95; Schenke, Verwaltungsprozessrecht, 16. Aufl. 2019, Rn. 619, 631.
922 Lindner, in: Posser/Wolff, VwGO, 50. Ed., Stand: 1.7.2019, § 121 Rn. 16.

Carola Creemers

407　　Die **formelle Beteiligteneigenschaft** des § 63 VwGO ist von der Beteiligungsfähigkeit des § 61 VwGO zu unterscheiden. Denn zulässig sind verwaltungsrechtliche Klagen nur, wenn die Prozessbeteiligten auch beteiligungsfähig i. S. d. § 61 VwGO und prozessfähig i. S. d. § 62 VwGO sind.

408　　Anmerkung zur Falllösung: Die Nennung der Beteiligten i. S. d. § 63 VwGO ist zwar nicht Teil der Zulässigkeitsprüfung,[923] jedoch kann § 63 VwGO als Ausgangspunkt der Ausführungen zu den Beteiligten genommen werden, indem festgestellt wird, wer am Verfahren beteiligt ist und ob diese Personen auch beteiligungs- und prozessfähig sind. Zulässigkeitsvoraussetzung sind die Beteiligungs- und die Prozessfähigkeit (s. ausführlich Rn. 419 ff., 430 ff.).

2. Passive Prozessführungsbefugnis, § 78 VwGO

409　§ 78 VwGO bestimmt gegen wen Anfechtungs- und Verpflichtungsklagen zu richten sind, d. h. wer richtiger Beklagter ist.

410　　Anmerkung zur Falllösung: Der Beklagte zählt nach § 63 Nr. 2 VwGO zu den Prozessbeteiligten. Es empfiehlt sich bereits vor der Prüfung der Beteiligungs- und der Prozessfähigkeit, den richtigen Beklagten zu bestimmen, da auch der richtige Beklagte beteiligungs- und prozessfähig sein muss.

411　　Formulierungsvorschlag: *„Die Anfechtungsklage muss gegen den richtigen Beklagten gerichtet werden. Gem. § 78 I Nr. 1 VwGO ist die Anfechtungsklage grundsätzlich gegen die Körperschaft zu richten, deren Behörde den angefochtenen Verwaltungsakt erlassen hat.“*[924]

a) Richtiger Beklagter nach § 78 I VwGO

412　Nach § 78 I Nr. 1 VwGO ist die Klage gegen den Bund, das Land oder die Körperschaft, deren Behörde den angefochtenen Verwaltungsakt erlassen oder den beantragten Verwaltungsakt unterlassen hat, zu richten, d. h. richtiger Klagegegner ist der Rechtsträger der handelnden Behörde (**Rechtsträgerprinzip**). Wer Rechtsträger der handelnden Behörde ist, bestimmt sich nach dem insoweit maßgeblichen Bundes- oder Landesorganisationsrecht.[925]

413　　Abweichend vom Rechtsträgerprinzip ermächtigt § 78 I Nr. 2 VwGO den Landesgesetzgeber zu bestimmen, dass die Anfechtungs- oder Verpflichtungs-

---

923　Hufen, Verwaltungsprozessrecht, 11. Aufl. 2019, § 12 Rn. 1.
924　Vgl. Darstellung verschiedener Einzelprobleme bei der Anwendung von § 78 VwGO bei Hufen, Verwaltungsprozessrecht, 11. Aufl. 2019, § 12 Rn. 33 ff.
925　Kintz, in: Posser/Wolff, VwGO, 50. Ed., Stand: 1. 4. 2019, § 78 Rn. 17.

Carola Creemers

klage gegen die Behörde selbst zu richten ist (**Behördenprinzip**).[926] Besteht eine solche landesrechtliche Regelung, geht diese § 78 I Nr. 1 VwGO vor. § 78 I Nr. 2 VwGO ist damit eine gesetzliche Ausnahme vom Rechtsträgerprinzip und ein Fall einer gesetzlich geregelten Prozessstandschaft.[927]

b) Sonderfall: Widerspruchsbescheid als Klagegegenstand

Nach § 79 I Nr. 1 VwGO ist Gegenstand der Anfechtungsklage der ursprüngliche Verwaltungsakt in der Gestalt, die er durch den Widerspruchsbescheid gefunden hat, sodass die Klage grundsätzlich gegen den Rechtsträger der Ausgangsbehörde (§ 78 I Nr. 1 VwGO) oder gegen die Ausgangsbehörde selbst (§ 78 I Nr. 2 VwGO i.V.m. Landesrecht) zu richten ist. — 414

Bei isolierter Anfechtung des Widerspruchsbescheids, wenn dieser erstmalig oder eine zusätzliche selbständige Beschwer erhält, ist die Klage ausnahmsweise gegen den Rechtsträger der Widerspruchsbehörde zu richten (§ 78 II VwGO bzw. § 79 II i.V.m. § 78 II VwGO) bzw. falls § 78 I Nr. 2 VwGO Anwendung findet gegen die Widerspruchsbehörde selbst.[928] — 415

c) Aufbauproblem: Prüfungsstandort des § 78 VwGO

§ 78 VwGO regelt die **passive Prozessführungsbefugnis**.[929] Die passive Prozessführungsbefugnis ist die Befugnis des Beklagten, über die vom Kläger behauptete Verpflichtung im eigenen Namen den Prozess zu führen.[930] Sie wird innerhalb der Zulässigkeit geprüft. — 416

---

926 Von der Ermächtigung Gebrauch gemacht haben Brandenburg (§ 8 II VwGG), Mecklenburg-Vorpommern (§ 14 II AGGerStrG) und das Saarland (§ 19 II AGVwGO) für Behörden allgemein sowie Niedersachsen (§ 8 II AGVwGO), Schleswig-Holstein (§ 6 AGVwGO) und Sachsen-Anhalt (§ 8 AGVwGO LSA) für Landesbehörden.
927 Hufen, Verwaltungsprozessrecht, 11. Aufl. 2019, § 12 Rn. 32; Schenke, Verwaltungsprozessrecht, 16. Aufl. 2019, Rn. 550.
928 Hufen, Verwaltungsprozessrecht, 11. Aufl. 2019, § 12 Rn. 40; Meissner/Schenk, in: Schoch/Schneider/Bier, VwGO, 36. EL Februar 2019, § 78 Rn. 48.
929 Schenke, in: Kopp/Schenke, VwGO, 25. Aufl. 2019, § 78 Rn. 1; Schenke, Verwaltungsprozessrecht, 16. Aufl. 2019, Rn. 545 f.; Ehlers, in: Festschrift für Christian-Friedrich Menger, 1985, 379 (383); Hufen, Verwaltungsprozessrecht, 11. Aufl. 2019, § 12 Rn. 29 ff. m.w.N.
930 Rozek, JuS 2007, 601 (601). Die aktive Prozessführungsbefugnis ist die Befugnis des Klägers, im eigenen Namen über das streitige Recht einen Prozess zu führen. Die aktive Prozessführungsbefugnis ist im Verwaltungsrecht mit der Klagebefugnis in § 42 II VwGO geregelt, s. Rn. 281 ff.

Carola Creemers

417 Examenswissen: Die Gegenansicht prüft § 78 VwGO als **Passivlegitimation** zu Beginn der Begründetheitsprüfung des Rechtsbehelfs.[931] Die Passivlegitimation ist das materielle Gegenstück zur passiven Prozessführungsbefugnis, denn passivlegitimiert ist derjenige, der durch das materielle Recht tatsächlich verpflichtet ist.[932] Passivlegitimation und passive Prozessführungsbefugnis haben die gleichen Voraussetzungen und folgen dem Rechtsträgerprinzip.[933]

Im Fall des Behördenprinzips nach § 78 I Nr. 2 VwGO handelt es sich in jedem Fall um eine Regelung der passiven Prozessführungsbefugnis, sodass § 78 I Nr. 2 VwGO stets innerhalb der Zulässigkeit zu prüfen ist.[934]

Im Übrigen sprechen gegen das Verständnis des § 78 I Nr. 1 VwGO als Passivlegitimation sowohl der Wortlaut des § 78 VwGO („Die Klage ist zu richten") als auch die systematische Stellung im 8. Abschnitt der VwGO, der die besonderen Zulässigkeitsvoraussetzungen der Anfechtungs- und Verpflichtungsklage regelt. Demzufolge ist § 78 VwGO eine Normierung der passiven Prozessführungsbefugnis.

418 Anmerkung zur Falllösung: Der Streit, ob § 78 VwGO die passive Prozessführungsbefugnis oder die Passivlegitimation regelt, hat Auswirkungen auf den Klausuraufbau. Bei § 78 VwGO sollte sich ohne Darstellung des Meinungsstreits für eine Ansicht entschieden und die Falllösung dementsprechend aufgebaut werden, d.h. die Vorschrift sollte entweder kurz als Regelung der passiven Prozessführungsbefugnis im Rahmen der Zulässigkeit oder aber § 78 VwGO als Passivlegitimation erst in der Begründetheit geprüft werden. In jedem Fall sollte der Behördenaufbau auf Bundes- und Landesebene beherrscht werden (s. zu den Zuständigkeiten im Einzelnen Rn. 580 ff.), sodass das Rechtsträgerprinzip sicher angewendet werden kann.

3. Beteiligungsfähigkeit, § 61 VwGO

419 § 61 VwGO regelt die **Beteiligungsfähigkeit als Zulässigkeitsvoraussetzung** im Verwaltungsprozess. Unter Beteiligungsfähigkeit versteht man die Fähigkeit, als Subjekt eines Prozessrechtsverhältnisses, d.h. als Kläger, Beklagter, Beigela-

---

931 BVerwG, Urt. v. 3.3.1989, Az.: 8 C 98/85 = NVwZ-RR 1990, 44; BVerwG, Beschl. v. 9.1.1999, Az.: 11 C 8–97 = NVwZ 1999, 196; BVerwG, Urt. v. 22.6.2011, Az.: 1 C 5/10 = NVwZ 2011, 1340, Rn. 9; VGH Mannheim, Urt. v. 2.8.2017, Az.: 1 S 542/17 = NVwZ-RR 2018, 358, 359, Rn. 19 ff.; Happ, in: Eyermann, VwGO, 15. Aufl. 2019, § 78 Rn. 1; Brenner, in: Sodan/Ziekow, VwGO, 5. Aufl. 2018, § 78 Rn. 3 f., Rozek, JuS 2007, 601 (602 f.).
932 Meissner/Schenk, in: Schoch/Schneider/Bier, VwGO, 36. EL Februar 2019, § 78 Rn. 11.
933 Hufen, Verwaltungsprozessrecht, 11. Aufl. 2019, § 12 Rn. 29.
934 Brenner, in: Sodan/Ziekow, VwGO, 5. Aufl. 2018, § 78 Rn. 5; a. A. Happ, in: Eyermann, VwGO, 15. Aufl. 2019, § 78 Rn. 4; Pietzner/Ronellenfitsch, Das Assessorexamen im Öffentlichen Recht, 14. Aufl. 2019, Rn. 252.

Carola Creemers

dener oder sonstiger Beteiligter (§ 63 VwGO), an einem Verwaltungsgerichtsverfahren teilnehmen zu können.[935]

Anmerkungen zur Falllösung: Die Prüfung der Beteiligungsfähigkeit kann in **420** der Klausur grundsätzlich kurz ausfallen. Ausführlichere Ausführungen können erforderlich sein, wenn der Kläger keine natürliche Person ist. Fehlt die Beteiligungsfähigkeit beim Kläger oder Beklagten, ist die Klage unzulässig; fehlt sie beim Beigeladenen, erstreckt sich die Bindungswirkung des Urteils (§ 121 VwGO) nicht auf ihn und bei notwendiger Beiladung (§ 65 II VwGO) erwächst das Urteil nicht in materielle Rechtskraft.[936]

Teilweise wird die Beteiligungsfähigkeit auch als Beteiligtenfähigkeit bezeichnet.[937] Beide Begriffe werden synonym verwendet. Empfehlenswert ist, sich für eine Begriffsvariante zu entscheiden und diese einheitlich in der Klausur anzuwenden, d.h. entweder Beteiligungsfähigkeit und beteiligungsfähig oder Beteiligtenfähigkeit und beteiligtenfähig zu verwenden.

Formulierungsvorschlag: *„Kläger und Beklagter müssen nach § 61 VwGO be-* **421** *teiligungsfähig sein."*

a) Beteiligungsfähigkeit von natürlichen und juristischen Personen (§ 61 Nr. 1 VwGO)

Nach **§ 61 Nr. 1 VwGO** sind **natürliche und juristische Personen** beteiligungs- **422** fähig.

Ist der Kläger eine **natürliche Person**, ist er unproblematisch beteiligungsfähig.[938] § 61 Nr. 1 VwGO erfasst jedoch nicht die Fälle, in denen eine natürliche Person lediglich als Organwalter um Rechte dieses Organs streitet.[939]

---

935 Schenke, Verwaltungsprozessrecht, 16. Aufl. 2019, Rn. 455.

936 Schenke, in: Kopp/Schenke, VwGO, 25. Aufl. 2019, § 61 Rn. 2.

937 Vgl. u.a. Hufen, Verwaltungsprozessrecht, 11. Aufl. 2019, § 12 Rn. 18.

938 Umstritten ist die Beteiligungsfähigkeit des *nasciturus* (Leibesfrucht): Bejahend für eigene Rechte des *nasciturus* in entsprechender Anwendung der zivilrechtlichen Grundsätze der Rechtsfähigkeit Schenke, in: Kopp/Schenke, VwGO, 25. Aufl. 2019, § 61 Rn. 5; a.A. im Rahmen der Endlagerung radioaktiver Abfälle BVerwG, Beschl. v. 5.2.1992, Az.: 7 B 13/92 = NJW 1992, 1524 (1524).

939 Schenke, in: Kopp/Schenke, VwGO, 25. Aufl. 2019, § 61 Rn. 5; Schoch, JuS 1987, 783 (786); Dolde, in: Festschrift für Christian-Friedrich Menger, 1985, 423 (427 f.); Schenke, Verwaltungsprozessrecht, 16. Aufl. 2019, Rn. 457 m.w.N.

423 Examenswissen: Umstritten ist die Beteiligungsfähigkeit des nasciturus (Leibesfrucht; bereits gezeugtes, aber noch ungeborenes Kind). Der nasciturus kann soweit er in entsprechender Anwendung der zivilrechtlichen Grundsätze als rechtsfähig behandelt wird oder ihm nach öffentlichem Recht eigene Rechte zustehen beteiligungsfähig nach § 61 Nr. 1 VwGO sein.[940] Im verwaltungsgerichtlichen Verfahren auf Einstellung des Betriebs eines Endlagers für radioaktive Abfälle ist der nasciturus jedoch nicht beteiligungsfähig.[941]

424 Juristische Personen i. S. d. § 61 Nr. 1 VwGO sind alle juristischen Personen des Privatrechts und des öffentlichen Rechts.

425 **Juristische Personen des Privatrechts** sind die Kapitalgesellschaften, eingetragene Genossenschaften sowie rechtsfähige Vereine oder Stiftungen des Privatrechts. Auch wenn es sich nicht um juristische Personen des Privatrechts, sondern um Personengesellschaften handelt, sind die OHG und die KG, die GbR, der „nichtrechtsfähige Verein" (§ 54 BGB), religiöse Vereinigungen nach Art. 4 GG (sofern nicht bereits Körperschaft des öffentlichen Rechts) und politische Parteien (auch Gebietsverbände der höchsten Stufe, § 3 PartG) ebenfalls beteiligungsfähig i. S. v. § 61 Nr. 1 VwGO.[942]

426 Examenswissen: Bei **ausländischen juristischen Personen des Privatrechts** ist maßgeblich, ob deren Rechtsfähigkeit von der deutschen Rechtsordnung anerkannt wird.[943] Dabei ist zwischen Fällen innerhalb und außerhalb der EU zu unterscheiden: Innerhalb der EU kommt es für die nationale Zuordnung und rechtliche Beurteilung einer juristischen Person auf das Gründungsland an (sog. Gründungstheorie).[944] Ist die im EU-Ausland gegründete juristische Person nach dortigem Recht rechtsfähig, ist dies auch in der deutschen Rechtsordnung anzuerkennen. Außerhalb der EU gilt grundsätzlich die Sitztheorie, also das Recht des Staates, in dem die juristische Person ihren tatsächlichen Verwaltungssitz hat.[945]

427 **Juristische Personen des öffentlichen Rechts** sind die Gebietskörperschaften (Bund, Länder, Gemeinden), sonstige rechtsfähige Körperschaften des öffentli-

---

940 Schenke, in: Kopp/Schenke, VwGO, 25. Aufl. 2019, § 61 Rn. 5; Dolde, in: Festschrift für Christian-Friedrich Menger, 1985, 423 (427); a. A. Hoppe, in: Eyermann, VwGO, 15. Aufl. 2019, § 61 Rn. 5.

941 BVerwG, Beschl. v. 5. 2. 1992, Az.: 7 B 13/92 = NJW 1992, 1524 (1524).

942 Kintz, in: Posser/Wolff, VwGO, 50. Ed., Stand: 1. 4. 2019, § 61 Rn. 1.1, 5; Schenke, in: Kopp/ Schenke, VwGO, 25. Aufl. 2019, § 61 Rn. 6; BGH, Urt. v. 29. 1. 2001, Az.: II ZR 331/00 = NJW 2001, 1056 (1056).

943 Behm, DVBl 2009, 94 (95); Decker, in: Wolff/Decker, VwGO, 3. Aufl. 2012, § 61 Rn. 7.

944 EuGH (Plenum), Urt. v. 5. 11. 2002, Rs.: C-208/00 („Überseering BV") = NJW 2002, 3614; BGH, Urt. v. 12. 7. 2011, Az.: II ZR 28/10 = NJW 2003, 1461 (1461); Kintz, Öffentliches Recht im Assessorexamen, 10. Aufl. 2018, Rn. 289.

945 Bier/Steinbeiß-Winkelmann, in: Schoch/Schneider/Bier, VwGO, 36. EL Februar 2019, § 61 Rn. 4; anders bei abweichender völkerrechtlicher Regelung: BGH, Urt. v. 29. 1. 2003, Az.: VIII ZR 155/02 = NJW 2003, 1607 (1607).

Carola Creemers

chen Rechts (z.B. Industrie- und Handelskammern (§ 3 I IHKG), Rechtsanwalts-kammern (§ 62 I BRAO), Ärztekammern, anerkannte Religionsgemeinschaften (Art. 4 GG), Universitäten (§ 5 I HRG)), rechtsfähige Anstalten des öffentlichen Rechts sowie Stiftungen des öffentlichen Rechts.

b) Beteiligungsfähigkeit von Vereinigungen (§ 61 Nr. 2 VwGO)

Nach **§ 61 Nr. 2 VwGO** sind **Vereinigungen** beteiligungsfähig, **soweit ihnen** 428 **ein Recht zustehen kann.** Eine Vereinigung ist dann gegeben, wenn ein Min-destmaß an innerer Organisation vorliegt.[946] § 61 Nr. 2 VwGO stellt nicht auf die Rechtsfähigkeit, sondern auf die Zuordnung einzelner subjektiv-öffentlicher Rechte ab. Die Vereinigung muss folglich Zuordnungssubjekt eines Rechtssat-zes sein, durch welchen für sie Rechte oder Pflichten begründet werden, wobei sogar innerorganisatorische Rechte und Pflichten genügen.[947] Ob der Vereinigung das Recht tatsächlich zusteht, ist sodann keine Frage der Beteiligungsfähigkeit, sondern des materiellen Rechts und damit der Begründetheit. Beteiligungsfähig nach § 61 Nr. 2 VwGO können z.B. Organe und Teilorgane einer Gemeinde im Kommunalverfassungsstreit, Organe der Hochschulen oder ein ausländischer Verein sein.[948]

c) Beteiligungsfähigkeit von Behörden nach Landesrecht (§ 61 Nr. 3 VwGO)

Nach **§ 61 Nr. 3 VwGO** sind **Behörden** beteiligungsfähig, **sofern das Landes-** 429 **recht dies bestimmt.** Behörden sind unselbständige Teile ihres jeweiligen Rechtsträgers, sodass sie grundsätzlich nicht beteiligungsfähig sind. Daher sieht § 61 Nr. 3 VwGO vor, dass das Landesrecht die Beteiligungsfähigkeit von Lan-desbehörden bestimmen kann.[949] Die betreffenden Landesbehörden machen im Prozess keine eigenen Rechte geltend, sondern werden nur in Prozessstandschaft für ihren Rechtsträger, die Körperschaft, der sie angehören, tätig.[950] Die Er-

---

946 BVerwG, Beschl. v. 21.1.2004, Az.: 6 A 1/04 = NVwZ 2004, 887 (887).

947 Schenke, Verwaltungsprozessrecht, 16. Aufl. 2019, Rn. 461 f.

948 Hufen, Verwaltungsprozessrecht, 11. Aufl. 2019, § 12 Rn. 21 mit weiteren Beispielen; Schenke, in: Kopp/Schenke, VwGO, 25. Aufl. 2019, § 61 Rn. 9 ff. m.w.N.; zur Beteiligungsfähigkeit des aus-ländischen Vereins BVerwG, Beschl. v. 21.1.2004, Az.: 6 A 1/04 = NVwZ 2004, 887 (887) Ls. 1.

949 Von der Ermächtigung Gebrauch gemacht haben Brandenburg (§ 8 I VwGG), Mecklenburg-Vorpommern (§ 14 I AGGerStrG), Niedersachsen (§ 79 I NJG), Saarland (§ 19 I AGVwGO), Schleswig-Holstein (§ 6 AGVwGO), Sachsen-Anhalt (§ 8 AGVwGO LSA) und Rheinland-Pfalz (für die Be-zirksregierung im Fall der Beanstandungsklage, § 17 II AGVwGO).

950 Kintz, in: Posser/Wolff, VwGO, 50. Ed., Stand: 1.4.2019, § 61 Rn. 16; Schenke, Verwaltungs-prozessrecht, 16. Aufl. 2019, Rn. 463.

Carola Creemers

mächtigung des § 61 Nr. 3 VwGO bezieht sich nur auf Landesbehörden.[951] Durch Bundesrecht kann jedoch aus der allgemeinen Kompetenz des Art. 74 I Nr. 1 GG Behörden ebenfalls die Beteiligungsfähigkeit zuerkannt werden.[952]

4. Prozessfähigkeit, § 62 VwGO

430 Von der Beteiligungsfähigkeit ist die **Prozessfähigkeit** zu unterscheiden, denn nicht jeder Beteiligungsfähige ist auch prozessfähig.

431 Anmerkung zur Falllösung: Die Prüfung der Prozessfähigkeit kann in der Klausur grundsätzlich kurz ausfallen. Ausführlicher sollte auf die Prozessfähigkeit eingegangen werden, sofern es sich um einen minderjährigen Kläger handelt. Zudem sollte kurz auf die entsprechende Vertretungsbefugnis von Vereinigungen und Behörden eingegangen werden. Regelmäßig können die Beteiligungs- und Prozessfähigkeit innerhalb eines Prüfungspunktes kurz zusammengeprüft werden.

432 Formulierungsvorschlag: *„Zudem muss die Prozessfähigkeit nach § 62 VwGO vorliegen."*

433 § 62 VwGO regelt die Fähigkeit, selbst oder durch einen Prozessbevollmächtigten (§ 173 VwGO i.V.m. § 51 ZPO) wirksam Prozesshandlungen (z.B. Klageerhebung, Antragstellung) vorzunehmen. Prozessfähig sind gem. **§ 62 I Nr. 1 VwGO** die **nach bürgerlichem Recht Geschäftsfähigen** und nach **§ 62 I Nr. 2 VwGO** die **nach bürgerlichem Recht in der Geschäftsfähigkeit Beschränkten** (vgl. §§ 2, 104 ff. BGB), soweit sie durch Vorschriften des bürgerlichen oder öffentlichen Rechts für den Gegenstand des Verfahrens als geschäftsfähig anerkannt sind. Wer nicht selbst prozessfähig ist, muss sich vertreten lassen.[953] Dabei beurteilt sich nach materiellem Recht, wer gesetzlicher Vertreter ist und wie weit die entsprechende Vertretungsmacht reicht.[954]

---

951 Kintz, in: Posser/Wolff, VwGO, 48. Ed., Stand: 1.4.2019, § 61 Rn. 19; Schenke, in Kopp/Schenke, VwGO, 25. Aufl. 2019, § 61 Rn. 13; a. A. Hufen, Verwaltungsprozessrecht, 11. Aufl. 2019, § 12 Rn. 22.

952 So z. B. in § 47 II 1 VwGO für den Normenkontrollantrag; Bier/Steinbeiß-Winkelmann, in: Schoch/Schneider/Bier, VwGO, 36. EL Februar 2019, § 61 Rn. 8.

953 Detterbeck, Allgemeines Verwaltungsrecht mit Verwaltungsprozessrecht, 17. Aufl. 2019, Rn. 1347.

954 Kintz, in: Posser/Wolff, VwGO, 50. Ed., Stand: 1.4.2019, § 62 Rn. 13.

Carola Creemers

a) Prozessfähigkeit Geschäftsfähiger (§ 62 I Nr. 1 VwGO)

Unbeschränkt prozessfähig sind gem. **§ 61 I Nr. 1 VwGO** die nach bürgerlichem 434
Recht voll Geschäftsfähigen. Das sind grundsätzlich alle natürlichen Personen,
die das 18. Lebensjahr vollendet haben (§ 2 BGB) und deren Geistesfähigkeit nicht
dauerhaft gestört ist (§ 104 Nr. 2 BGB).

b) Prozessfähigkeit beschränkt Geschäftsfähiger (§ 62 I Nr. 2 VwGO)

Beschränkt (partiell) prozessfähig gem. **§ 62 I Nr. 2 VwGO** können Minder- 435
jährige über sieben Jahre (§ 106 BGB) nach Maßgabe der §§ 107 ff. BGB oder nach
öffentlich-rechtlichen Vorschriften sein. Eine beschränkte Prozessfähigkeit i. S. d.
§ 62 I Nr. 2 VwGO ergibt sich zivilrechtlich insbesondere aus § 112 BGB oder
§ 113 BGB. Im öffentlichen Recht ergibt sich eine beschränkte Prozessfähigkeit
u. a. für Minderjährige nach Vollendung des 14. Lebensjahres bei religiösen Entscheidungen aus § 5 S. 1 des Gesetzes über die religiöse Kindererziehung i. V. m.
Art. 4 GG[955], für Minderjährige ab 15 oder 16 Jahren im Verfahren auf Erteilung
einer Fahrerlaubnis gem. § 10 I, III i. V. m. §§ 4, 5 FeV, für Sozialleistungen ab
15 Jahren (§ 36 I SGB I) oder ab 16 Jahren im Melderecht nach § 17 III BMG.

*Hausarbeitswissen: Für **minderjährige Ausländer** gelten grundsätzlich § 12 AsylG und § 80 Auf-* 436
enthG, wonach die Fähigkeit zur Vornahme von Verfahrenshandlungen vom Eintritt der Volljährig-
keit abhängig ist. Im Übrigen beurteilt sich die Prozessfähigkeit eines Ausländers nach unge-
schriebenem deutschem Verfahrenskollisionsrecht grundsätzlich nach dem Prozessrecht seines
Heimatstaates.[956]

Darüber hinaus können Minderjährige beschränkt prozessfähig sein, sofern 437
höchstpersönliche Rechte, insbesondere Grundrechte, betroffen sind und der
minderjährige Kläger hinreichend einsichtsfähig und **grundrechtsmündig** ist.[957]
Im Zweifel ist durch Auslegung der Norm zu ermitteln, ob der Minderjährige im
konkreten Fall als beschränkt prozessfähig anzusehen ist.

Ist der beschränkt Geschäftsfähige unter den Voraussetzungen des § 62 I Nr. 2 438
VwGO selbst für das konkrete Verfahren prozessfähig, kann statt oder neben ihm

---

955 BVerwG, Urt. v. 30. 11. 2011, Az.: 6 C 20/10 = NVwZ 2012, 162 (163) Rn. 15.
956 Hoppe, in: Eyermann, VwGO, 15. Aufl. 2019, § 62 Rn. 8; Bier/Steinbeiß-Winkelmann, in:
Schoch/Schneider/Bier, VwGO, 36. EL Februar 2019, § 62 Rn. 15, 10; Kintz, in: Posser/Wolff, VwGO,
50. Ed., Stand: 1. 4. 2019, § 62 Rn. 7.
957 Schenke, in: Kopp/Schenke, VwGO, 25. Aufl. 2019, § 62 Rn. 6 m.w. N.; insbesondere zur
Grundrechtsmündigkeit Schenke, Verwaltungsprozessrecht, 16. Aufl. 2019, Rn. 480.

Carola Creemers

auch sein gesetzlicher Vertreter zum Handeln befugt sein, wenn durch Gesetz nichts anderes bestimmt ist.[958]

c) Fehlende Prozessfähigkeit

439 Kinder unter sieben Jahren (§ 104 Nr. 1 BGB) und dauerhaft Geistesgestörte (§ 104 Nr. 2 BGB) sind geschäftsunfähig und damit **prozessunfähig.**

440 Fehlt die Prozessfähigkeit muss sich der Betroffene durch den oder die gesetzlichen Vertreter (z.B. für Minderjährige die Eltern gem. §§ 1626, 1629 BGB) vertreten lassen. Ansonsten ist die Klage bei **fehlender Prozessfähigkeit** unzulässig. Prozesshandlungen durch oder gegenüber einem Prozessunfähigen sind unwirksam (s. zur vergleichbaren Problematik im Verwaltungsverfahren auch Rn. 641). Dies kann aber durch Genehmigung des gesetzlichen Vertreters geheilt werden. Eine nachträgliche Genehmigung wirkt auf den Zeitpunkt der Prozesshandlungen zurück, sofern die Genehmigung vor Rechtskraft des Urteils erfolgt.[959]

d) Vertreter von Vereinigungen und Behörden (§ 62 III VwGO)

441 Gem. **§ 62 III VwGO** handeln für **Vereinigungen** sowie für **Behörden** ihre gesetzlichen Vertreter und Vorstände. § 62 III VwGO erfasst mit dem Merkmal „Vereinigungen" sowohl juristische Personen des öffentlichen Rechts und des Privatrechts (§ 61 Nr. 1 VwGO) als auch beteiligungsfähige Personenvereinigungen i.S.d. § 61 Nr. 2 VwGO, wobei sie alle ebenfalls wie Behörden als solche nicht prozessfähig sind, sondern durch ihre gesetzlichen Vertreter und Vorstände handeln.[960] Wer gesetzlicher Vertreter ist und wie weit die jeweilige Vertretungsmacht reicht, ergibt sich aus dem materiellen Recht.[961]

5. Postulationsfähigkeit und Prozessvertretung, § 67 VwGO

442 Anmerkung zur Falllösung: In der Klausur ist regelmäßig ausreichend, wenn die Norm des § 67 VwGO bekannt ist sowie auf die Postulationsfähigkeit und die

---

958 Bier/Steinbeiß-Winkelmann, in: Schoch/Schneider/Bier, VwGO, 36. EL Februar 2019, § 62 Rn. 10; Schenke, in: Kopp/Schenke, VwGO, 25. Aufl. 2019, § 62 Rn. 9.
959 Schenke, in: Kopp/Schenke, VwGO, 25. Aufl. 2019, § 62 Rn. 17.
960 Bier/Steinbeiß-Winkelmann, in: Schoch/Schneider/Bier, VwGO, 36. EL Februar 2019, § 62 Rn. 17; Kintz, in: Posser/Wolff, VwGO, 50. Ed., Stand: 1.4.2019, § 62 Rn. 14.
961 So z.B. aus GG, Geschäftsordnungen, Landesverfassung, Gemeindeordnung, Verwaltungsvorschriften, BGB, HGB, GmbHG, AktG usw.

Prozessvertretung nur bei entsprechenden Anhaltspunkten im Sachverhalt eingegangen wird.

Grundsätzlich ist jeder Prozessfähige im Verwaltungsprozess auch postula- 443 tionsfähig, d.h. fähig Anträge zu stellen und selbst Prozesshandlungen vorzunehmen.[962]

Gem. § 67 I VwGO besteht vor dem Verwaltungsgericht kein Vertretungs- 444 zwang, sodass sich jeder Beteiligte selbst vertreten kann. Lassen Beteiligte sich jedoch vertreten, sind nur die in § 67 II VwGO abschließend aufgezählten **Prozessvertreter** vertretungsbefugt. Zudem besteht vor dem BVerwG und OVG nach § 67 IV VwGO **Vertretungszwang.** Treten die Beteiligten dennoch ohne tauglichen Vertreter auf, fehlt ihnen die Postulationsfähigkeit und sie können keine wirksamen Prozesshandlungen vornehmen.[963]

6. Beiladung, § 65 VwGO

Nach § 63 Nr. 3 VwGO zählt auch der Beigeladene nach § 65 VwGO zu den Betei- 445 ligten im Verwaltungsprozess, wobei die einfache (fakultative) Beiladung nach § 65 I VwGO sowie die notwendige (obligatorische) Beiladung gem. § 65 II VwGO zu unterscheiden sind. Bei der einfachen Beiladung (§ 65 I VwGO) kann das Gericht Dritte beiladen und bei der notwendigen Beiladung (§ 65 II VwGO) muss das Gericht bei Vorliegen der Voraussetzungen Dritte beiladen. Beigeladen werden können nur Dritte, die nach § 61 VwGO beteiligungsfähig sind, aber nicht selbst Partei des Rechtsstreits, d.h. Kläger oder Beklagter sind.[964]

Zweck der **Beiladung** ist, Dritte am Rechtsstreit zu beteiligen, wenn ihre 446 rechtlichen Interessen durch den Streit berührt werden. Zudem soll durch die Rechtskrafterstreckung (§ 121 Nr. 1 i.V.m. § 63 Nr. 3 VwGO) aus Gründen der Prozessökonomie etwaigen weiteren Rechtsstreitigkeiten über dieselbe Sache vorgebeugt werden (Rechtsschutz und Rechtssicherheit für den Beigeladenen).[965] Die Beiladung kommt bei allen Verfahrensarten in Betracht; nach § 47 II 4 VwGO auch im Normenkontrollverfahren. Beiladungsfähig ist jeder Beteiligungsfähige.[966]

---

962 Hufen, Verwaltungsprozessrecht, 11. Aufl. 2019, § 12 Rn. 27; Schenke, Verwaltungsprozessrecht, 16. Aufl. 2019, Rn. 483.

963 Schenk, in: Schoch/Schneider/Bier, VwGO, 36. EL Februar 2019, § 67 Rn. 73; Hoppe, in: Eyermann, VwGO, 15. Aufl. 2019, § 67 Rn. 20.

964 Bier, in: Schoch/Schneider/Bier, VwGO, 36. EL Februar 2019, § 65 Rn. 9 f.; Schenke, in: Kopp/Schenke, VwGO, 25. Aufl. 2019, § 65 Rn. 5.

965 Kintz, in: Posser/Wolff, VwGO, 50. Ed., Stand: 1.4.2019, § 65 Rn. 1; Hufen, Verwaltungsprozessrecht, 11. Aufl.2019, § 12 Rn. 4; ausführlich zur Beiladung Guckelberger, JuS 2007, 436 ff.

966 Schenke, Verwaltungsprozessrecht, 16. Aufl. 2019, Rn. 464.

Carola Creemers

Der Beigeladene ist kein Hauptbeteiligter, sondern er beteiligt sich als Nebenbeteiligter an einem ursprünglich fremden Rechtsstreit.[967] Gem. § 65 IV VwGO ist der Beiladungsbeschluss allen Beteiligten zuzustellen. Der Beigeladene erhält die Rechtsstellung eines Beteiligten (§ 63 Nr. 3 VwGO) erst mit der Zustellung des Beiladungsbeschlusses oder bei Anwesenheit in der mündlichen Verhandlung mit dessen Verkündung.[968] Zulässig ist die Beiladung nur, solange das Verfahren noch nicht rechtskräftig abgeschlossen ist (§ 65 I VwGO). Die Rechte des Beigeladenen ergeben sich aus § 66 VwGO: Der Beigeladene kann innerhalb der Anträge eines Beteiligten selbständig Angriffs- und Verteidigungsmittel geltend machen und alle Verfahrenshandlungen wirksam vornehmen. Abweichende Sachanträge kann er nur stellen, sofern eine notwendige Beiladung vorliegt.

a) Einfache (fakultative) Beiladung (§ 65 I VwGO)

447   Bei der **einfachen (fakultativen) Beiladung** nach **§ 65 I VwGO** können nach dem Ermessen des Gerichts von Amts wegen oder auf Antrag Dritte beigeladen werden, sofern die Entscheidung rechtliche Interessen des Dritten berührt. Eine solche Berührung rechtlicher Interessen liegt vor, wenn die Möglichkeit besteht, dass sich die Rechtsposition des Dritten durch den Prozessausgang jedenfalls faktisch verbessern oder verschlechtern könnte.[969] Nicht ausreichend sind allerdings rein ideelle, soziale oder wirtschaftliche Interessen.[970]

448   So kann regelmäßig der Grundstücksnachbar bei der Anfechtungsklage des Bauherrn gegen die Rücknahme eines Bauvorbescheids[971] oder bei der Verpflichtungsklage des Bauherrn auf Erteilung einer Baugenehmigung unter den Voraussetzungen des § 65 I VwGO einfach beigeladen werden.[972]

---

967 Czybulka/Kluckert, in: Sodan/Ziekow, VwGO, 5. Aufl. 2018, § 66 Rn. 3; Hufen, Verwaltungsprozessrecht, 11. Aufl. 2019, § 12 Rn. 16; Guckelberger, JuS 2007, 436 (436); Stober, in: Festschrift für Christian-Friedrich Menger, 1985, 401 (401).
968 Kintz, in: Posser/Wolff, VwGO, 50. Ed., Stand: 1.4.2019, § 66 Rn. 1.
969 BVerwG, Urt. v. 16.9.1981, Az.: 8 C 1/81 = NJW 1982, 951 (952); BVerwG, Beschl. v. 19.11.1998, Az.: 11 A 50/97 = NVwZ-RR 1999, 276, 276; Erbguth/Guckelberger, Allgemeines Verwaltungsrecht, 9. Aufl. 2018, § 20 Rn. 33.
970 Hoppe, in: Eyermann, VwGO, 15. Aufl. 2019, § 65 Rn. 9; Schenke, in: Kopp/Schenke, VwGO, 25. Aufl. 2019, § 65 Rn. 12.
971 OVG Koblenz, Beschl. v. 14.5.2013, Az.: 8 A 10043/13 = NVwZ-RR 2013, 747 (749); Hoppe, in: Eyermann, VwGO, 15. Aufl. 2019, § 65 Rn. 13.
972 BVerwG, Beschl. v. 21.6.1973, Az.: IV B 38.73 = DÖV 1975, 99 (99). Weitere Beispielsfälle einfacher Beiladung bei Kintz, Posser/Wolff, VwGO, 49. Ed., Stand: 1.4.2019, § 65 Rn. 9f.

Examenswissen: Das **Unterbleiben der einfachen Beiladung** nach § 65 I VwGO hat keine un- 449
mittelbaren Folgen: Es handelt sich um keinen Verfahrensmangel, aber das Urteil entfaltet gegenüber dem Nicht-Beigeladenen auch keine Bindungswirkungen nach § 121 VwGO.[973] Für die
Wirksamkeit der Gerichtsentscheidung im Verhältnis zwischen Kläger und Beklagtem hat die
fehlerhaft unterbliebene einfache Beiladung grundsätzlich keine Konsequenzen.[974]

b) Notwendige (obligatorische) Beiladung (§ 65 II VwGO)

Die **notwendige (obligatorische) Beiladung** setzt gem. **§ 65 II VwGO** voraus, 450
dass Dritte an dem streitigen Rechtsverhältnis derart beteiligt sind, dass die
gerichtliche Entscheidung auch ihnen gegenüber nur einheitlich ergehen kann.
Das ist dann der Fall, wenn mit dem Urteil gleichzeitig unmittelbar und
zwangsläufig in Rechte der Dritten eingegriffen wird, d. h. ihre Rechte gestaltet,
bestätigt, festgestellt, verändert oder aufgehoben werden, sodass aus Rechtsgründen die Entscheidung den Hauptbeteiligten und dem Beigeladenen gegenüber nur einheitlich ergehen kann.[975] Die Rechte des Dritten müssen durch die
Entscheidung unmittelbar berührt werden.

Um Fälle notwendiger Beiladung[976] handelt es sich insbesondere bei An- 451
fechtungsklagen gegen Verwaltungsakte mit Drittwirkung, d. h. Verwaltungsakte,
die für eine Person begünstigend und für eine andere Person belastend wirken
(vgl. dazu den Fall 3 in: Eisentraut, Fälle zum Verwaltungsrecht, 2020).

Examenswissen: Eine **unterbliebene notwendige Beiladung** stellt grundsätzlich einen we- 452
sentlichen Verfahrensfehler dar (Verletzung von Art. 103 GG), der im Rechtsmittelverfahren zur
Aufhebung des Urteils und zur Zurückverweisung der Sache führt.[977] § 142 I 2 VwGO lässt allerdings notwendige Beiladungen in der Revisionsinstanz zu. Damit soll eine Zurückverweisung der
Sache im Interesse unnötiger Verfahrensverzögerungen vermieden werden, wenn der Beizuladende ein berechtigtes Interesse an der Zurückverweisung nicht haben kann, da weitere Tatsa-
chenfeststellungen nicht notwendig sind.[978] Unschädlich ist der Verfahrensmangel der unterbliebenen notwendigen Beiladung auch dann, wenn der Beizuladende durch die ergangene

---

973 Bier, in: Schoch/Schneider/Bier, VwGO, 36. EL Februar 2019, § 65 Rn. 38; Pietzner/Ronel-
lenfitsch, Das Assessorexamen im Öffentlichen Recht, 14. Aufl. 2019, Rn. 223.

974 Guckelberger, JuS 2007, 436 (441).

975 Schenke, in: Kopp/Schenke, VwGO, 25. Aufl. 2019, § 65 Rn. 14; BVerwG, Beschl. v. 13.6.2007,
Az.: 6 VR 5/07 = NVwZ 2007, 1207 (1207) Rn. 6; BVerwG; Beschl. v. 9.1.1999, Az.: 11 C 8/97 = NVwZ
1999, 296 (296).

976 Auflistung wichtiger Fälle notwendiger Beiladung bei Hufen, Verwaltungsprozessrecht,
11. Aufl. 2019, § 12 Rn. 8.

977 Schenke, in: Kopp/Schenke, VwGO, 25. Aufl. 2019, § 65 Rn. 42; Kintz, in: Posser/Wolff, VwGO,
50. Ed., Stand: 1.4.2019, § 65 Rn. 31 f.

978 BVerwG, Beschl. v. 20.10.2000, Az.: 7 B 58/00 = NVwZ 2001, 202 (202).

Carola Creemers

Entscheidung nicht in seinen Rechten berührt wird.[979] Sofern der Verfahrensfehler nicht im Revisionsverfahren behoben wird, ist ein Gestaltungsurteil (z. B. Aufhebung eines Verwaltungsakts) bei fehlerhaft unterlassener notwendiger Beiladung absolut unwirksam, d. h. auch im Verhältnis zwischen den Hauptbeteiligten.[980] Hingegen bleibt ein Verpflichtungsurteil gegenüber den Hauptbeteiligten wirksam, da der eigentlich beizuladende Dritte, den aufgrund dieses Urteils ergehenden Verwaltungsakt anfechten kann.[981]

453 Anmerkung zur Falllösung: Das Unterbleiben der Beiladung führt sowohl bei der einfachen als auch bei der notwendigen Beiladung nicht zur Unzulässigkeit einer Klage, sondern zu anderen prozessrechtlichen Folgen (vgl. Rn. 449, 452).[982] Zu den Zulässigkeitsvoraussetzungen der Klage gehört daher nicht, ob ein Dritter zum Rechtsstreit beizuladen ist oder rechtmäßig beigeladen wurde.[983] Folglich handelt es sich bei der Beiladung nicht um eine „echte" Zulässigkeitsvoraussetzung, sodass es sich empfiehlt, die Beiladung zwischen Zulässigkeit und Begründetheit zu prüfen (empfohlener Prüfungsaufbau: A. Zulässigkeit, B. Beiladung, C. Begründetheit; s. dazu § 1 Rn. 63 ff. sowie Fall 3, Fall 4 und Fall 5 sowie den Fall 15 in: Eisentraut, Fälle zum Verwaltungsrecht, 2020). Sofern die Beiladung dennoch im Rahmen der Zulässigkeit geprüft wird, ist zu beachten, dass das Fehlen der Voraussetzungen bzw. das Unterbleiben der Beiladung nicht zur Unzulässigkeit der Klage führt, sondern nur Auswirkungen auf die Rechtskrafterstreckung des Urteils hat.

454 Die Voraussetzungen der Beiladung sind nur bei entsprechenden Anhaltspunkten im Sachverhalt zu prüfen. Im Fall der Drittanfechtungsklage sollte immer an die Prüfung der notwendigen Beiladung gedacht werden; wobei stets die Bearbeitervermerke zu berücksichtigen sind.

7. Subjektive Klagehäufung (Streitgenossenschaft), § 64 VwGO

455 Bei der **subjektiven Klagehäufung** treten mehrere Personen als **Streitgenossen** auf der Klägerseite (aktive Streitgenossenschaft) oder auf der Beklagtenseite (passive Streitgenossenschaft) auf. Mit Hilfe der subjektiven Klagehäufung kön-

---

979 Kintz, in: Posser/Wolff, VwGO, 50. Ed., Stand: 1.4.2019, § 65 Rn. 31; BVerwG, Beschl. v. 30.7. 1990, Az.: 7 B 71/90 = NVwZ 1991, 470 (471) m.w.N.

980 Guckelberger, JuS 2007, 436 (441); Czybulka/Kluckert, in: Sodan/Ziekow, VwGO, 5. Aufl. 2018, § 65 Rn. 191.

981 BVerwG, Urt. v. 20.3.1997, Az.: 7 A 1/96 = VIZ 1997, 415 (416); Schmidt, in: Eyermann, VwGO, 15. Aufl. 2019, § 65 Rn. 19.

982 Schenke, Verwaltungsprozessrecht, 16. Aufl. 2019, Rn. 465.

983 Guckelberger, JuS 2007, 436 (441); Decker, in: Wolff/Decker, VwGO, 3. Aufl. 2012, § 65 Rn. 3.

Carola Creemers

nen somit mehrere Klagen zur gemeinsamen Entscheidung und Verhandlung miteinander verbunden werden.

Nach § 64 VwGO sind im Verwaltungsprozess die Vorschriften der §§ 59 bis 63 ZPO über die Streitgenossenschaft entsprechend anzuwenden. Gem. § 59 ZPO besteht Streitgenossenschaft, wenn mehrere Beteiligte hinsichtlich des Streitgegenstandes in Rechtsgemeinschaft stehen oder wenn sie aus demselben tatsächlichen und rechtlichen Grund berechtigt oder verpflichtet sind oder nach § 60 ZPO, wenn gleichartige und auf einem im Wesentlichen gleichartigen tatsächlichen und rechtlichen Grund beruhende Ansprüche oder Verpflichtungen den Gegenstand des Rechtsstreits bilden. Anders als Beigeladene sind die Streitgenossen als Kläger oder Beklagte immer Hauptbeteiligte des Verfahrens. **456**

Im Verwaltungsprozess handelt es sich in der Regel um aktive Streitgenossenschaft, d. h. um eine Mehrheit von Klägern. Für jeden Streitgenossen müssen gesondert die Zulässigkeitsvoraussetzungen seiner Klage gegeben sein.[984] Wie bei der Beiladung unterscheidet man auch hier zwischen einfacher (fakultativer) Streitgenossenschaft gem. § 64 VwGO i.V.m. §§ 59, 60 ZPO und notwendiger (obligatorischer) Streitgenossenschaft nach § 64 VwGO i.V.m. § 62 ZPO. **457**

a) Einfache Streitgenossenschaft (§ 64 VwGO i.V.m. §§ 59, 60 ZPO)

Die **einfache Streitgenossenschaft** nach **§ 64 VwGO i.V.m. §§ 59, 60 ZPO** ist nur die organisatorische Verbindung mehrerer Klagen (Prozessrechtsverhältnisse) zu einem Verfahren, d. h. die Entscheidung kann einheitlich ergehen, muss es aber nicht.[985] Die einzelnen Streitgenossen bleiben hinsichtlich ihrer Prozesse selbständig und sind an Erklärungen und sonstige Prozesshandlungen der übrigen Streitgenossen nicht gebunden.[986] Sofern die Voraussetzungen der einfachen Streitgenossenschaft nicht vorliegen, muss das Gericht die Verfahren gem. § 93 S. 2 VwGO trennen.[987] Um eine einfache subjektive Klagehäufung handelt es sich zum Beispiel bei mehreren Nachbarklagen gegen eine Baugenehmigung. **458**

---

984 Hufen, Verwaltungsprozessrecht, 11. Aufl.2019, § 12 Rn. 16; Kintz, in: Posser/Wolff, VwGO, 50. Ed., Stand: 1.4.2019, § 64 Rn. 14.

985 Hufen, Verwaltungsprozessrecht, 11. Aufl.2019, § 12 Rn. 17.

986 Schenke, in: Kopp/Schenke, VwGO, 25. Aufl. 2019, § 64 Rn. 10.

987 Kintz, in: Posser/Wolff, VwGO, 50. Ed., Stand: 1.4.2019, § 64 Rn. 7; Schenke, in: Kopp/Schenke, VwGO, 25. Aufl. 2019, § 64 Rn. 4 a.E.

b) Notwendige Streitgenossenschaft (§ 64 VwGO i. V. m. §§ 62 ZPO)

459 Eine **notwendige Streitgenossenschaft** liegt nach **§ 64 VwGO** i.V. m. **§ 62 ZPO** vor, wenn eine Sachentscheidung des Gerichts einheitlich ausfallen muss, sodass sich die Rechtskraft des Urteils auch auf die anderen Streitgenossen erstreckt. Hier wird nochmals zwischen unechter (uneigentlicher bzw. prozessualer) und echter (eigentlicher bzw. materiell-rechtlicher) notwendiger Streitgenossenschaft differenziert. Die unechte notwendige Streitgenossenschaft (§ 62 I Alt. 1 ZPO) liegt vor, wenn mehrere Kläger derart miteinander verbunden sind, dass zwar eine gesonderte Klage einzelner möglich ist, andererseits aber, wenn sie gemeinschaftlich klagen, die Sachentscheidung für alle identisch sein muss (z. B. wenn alle Miteigentümer gemeinsam auf die Erteilung einer Baugenehmigung klagen).[988] Bei der echten notwendigen Streitgenossenschaft (§ 62 I Alt. 2 ZPO) sind nur alle Kläger gemeinsam klagebefugt und Klagen Einzelner nicht möglich (z. B. bei einer Klage von Ehegatten auf Änderung des Familiennamens oder gegen eine Namensänderung).[989] Der Zwang zur gemeinschaftlichen Klage ergibt sich hier aus dem materiellen Recht[990] – es kann materiell-rechtlich nur eine einheitliche Entscheidung ergehen.

460 Anmerkung zur Falllösung: Bei der subjektiven Klagehäufung handelt es grundsätzlich nicht um eine „echte" Zulässigkeitsvoraussetzung, sodass es sich empfiehlt die subjektive Klagehäufung zwischen Zulässigkeit und Begründetheit zu prüfen (empfohlener Prüfungsaufbau: A. Zulässigkeit, B. Subjektive Klagehäufung, C. Begründetheit). Eine Ausnahme hiervon bildet die echte notwendige Streitgenossenschaft: Diese muss bereits im Rahmen der Klagebefugnis angesprochen werden, da nur alle Kläger gemeinsam klagebefugt sind. Auf die subjektive Klagehäufung ist jedoch nur dann einzugehen, sofern der Sachverhalt entsprechende Anhaltspunkte enthält.

8. Literaturhinweise

461 Ehlers, Der Beklagte im Verwaltungsprozess, in: Festschrift für Christian-Friedrich Menger zum 70. Geburtstag, 1985, 379; Guckelberger, Die Beiladung im Verwaltungsprozess, JuS 2007, 436; Hufen, Verwaltungsprozessrecht, 11. Aufl. 2019, § 12 (Die Beteiligten und die auf sie bezogenen Zulässigkeitsvoraussetzungen); Pietz-

---

[988] Schenke, Verwaltungsprozessrecht, 16. Aufl. 2019, Rn. 474a; Bier, in: Schoch/Schneider/Bier, VwGO, 36. EL Februar 2019, § 64 Rn. 13.

[989] Kintz, in: Posser/Wolff, VwGO, 50. Ed., Stand: 1.4.2019, § 64 Rn. 12; Schenke, in: Kopp/Schenke, VwGO, 25. Aufl. 2019, § 64 Rn. 7; BVerwG, Urt. v. 29.11.1982, Az.: 7 C 34/80 = NJW 1983, 1133 (1133).

[990] Bier, in: Schoch/Schneider/Bier, VwGO, 36. EL Februar 2019, § 64 Rn. 17.

Carola Creemers

ner/Ronellenfitsch, Das Assessorexamen im Öffentlichen Recht, 14. Aufl. 2019, § 7 (Beteiligtenbezogene Sachurteilsvoraussetzungen); Rozek, Verwirrspiel um § 78 VwGO? – Richtiger Klagegegner, passive Prozessführungsbefugnis und Passivlegitimation, JuS 2007, 601; Schenke, Verwaltungsprozessrecht, 16. Aufl. 20197, § 12 (Die Beteiligungsfähigkeit), Rn. 446 ff., § 13 (Prozessfähigkeit, Prozessvertretung, Postulationsfähigkeit), Rn. 477 ff., § 15 (Die Prozessführungsbefugnis), Rn. 538 ff.

V. Das zuständige Gericht (Katharina Goldberg)

Bei der Frage des zuständigen Gerichts liegt häufig kein Schwerpunkt der Klau- 462 surlösung. Dennoch müssen die sachliche und örtliche Zuständigkeit in jeder Klausur zumindest angesprochen und die relevanten Normen benannt werden.

Formulierungsvorschlag Obersatz: *„Das Verwaltungsgericht müsste sachlich* 463 *gem. § 45 VwGO und örtlich gem. § 52 VwGO zuständig sein.“*

*Hausarbeitswissen: Die Vorschriften über die Zuständigkeit eines Gerichts sind Ausfluss des **Gebots*** 464 ***des gesetzlichen Richters** (Art. 101 GG). Sie dienen dazu, dass sich Parteien ihre Richter nicht aussuchen können, sondern diese zuvor gesetzlich bestimmt wurden.*[991] *Grundsätzlich ist nach § 45 VwGO das Verwaltungsgericht das Eingangsgericht (das erste Gericht, das sich mit einer Rechtssache beschäftigt).*

1. Sachliche Zuständigkeit

Das **Verwaltungsgericht** ist **sachlich** in der ersten Instanz für alle Streitigkei- 465 ten zuständig, für die der Verwaltungsrechtsweg gem. § 40 VwGO eröffnet ist, **§ 45 VwGO.**[992]

In wenigen geregelten Ausnahmefällen kann auch das **Oberverwaltungs-** 466 **gericht** (in Bayern, Baden- Württemberg und Hessen: Verwaltungsgerichtshof, vgl. § 184 VwGO) oder das Bundesverwaltungsgericht das Eingangsgericht sein. Die erstinstanzliche Zuständigkeit der Oberverwaltungsgerichte/Verwaltungsgerichtshöfe richtet sich nach den §§ 47 und 48 VwGO. § 47 VwGO bestimmt die Zuständigkeit für Normenkontrollverfahren (s. hierzu § 7 Rn. 49). § 48 VwGO bestimmt eine konkrete erstinstanzliche Zuständigkeit der Oberverwaltungsgerichte/Verwaltungsgerichtshöfe für bestimmte Bereiche: Streitigkeiten im Bereich der Kernenergieanlagen, Kraftwerke, Abfallverbrennungsanlagen und Flughäfen und

---

991 Morgenthaler, in: Epping/Hillgruber, GG, 41. Ed., Stand: 15.02.2019, § 101 Rn. 15.
992 Berstermann, in: Posser/Wolf, VwGO, 49. Ed., Stand: 1.10.2018, § 45 Rn. 2.

bei Planfeststellungsverfahren im Energiewirtschaftsbereich, bei Windenergie-anlagen auf See, Bahnstrecken, Bundesfernstraßen, Bundeswasserstraßen und im Küsten- und Hochwasserschutz (§ 48 I Nr. 1–10 VWGO) sowie für Vereinsver-bote (§ 48 II VwGO).

467   Das **Bundesverwaltungsgericht** ist in erster Instanz zuständig in den in § 50 VwGO aufgezählten Fällen: bei öffentlich-rechtlichen Streitigkeiten nicht-verfassungsrechtlicher Art zwischen dem Bund und den Ländern oder zwischen verschiedenen Ländern, bei bestimmten Vereinsverboten, bei bestimmten Ab-schiebeanordnungen, bei Bundesnachrichtendienst-Angelegenheiten, in be-stimmten Fällen des Abgeordnetengesetzes und in sämtlichen Streitigkeiten über bestimmte Planfeststellungs- und Plangenehmigungsverfahren (§ 50 I Nr. 1–6 VwGO).

468   Wenn sich das angerufene Verwaltungsgericht für örtlich oder sachlich **un-zuständig** hält, muss es die Sache von Amts wegen gem. § 83 VwGO an das zu-ständige Gericht verweisen. Dies geschieht entsprechend der §§ 17a, 17b GVG (s. dazu bereits § 1 Rn. 49, 163).[993]

469   Examenswissen: Die **instanzielle Zuständigkeit** regelt, ob ein Gericht im Instanzenzug als Be-rufungs-, Revisions- oder Beschwerdegericht zuständig ist. So sind die Oberverwaltungsgerichte/ Verwaltungsgerichtshöfe zuständig für Berufungen gegen Urteile und Beschwerden gegen andere Entscheidungen des Verwaltungsgerichts (§ 46 Nr. 1 und 2 VwGO) und das Bundesverwaltungs-gericht gem. § 49 VwGO für Revisionen gegen Entscheidungen der OVG/VerwGH (§ 132 VwGO) oder Sprungrevisionen bzw. Revisionen bei Ausschluss der Berufung (§§ 134, 135 VwGO). In der Klausur wird dies in den seltensten Fällen Relevanz haben.

470   Hausarbeitswissen: In einigen Fällen kann es dazu kommen, dass die gleiche Rechtsfrage von un-terschiedlichen Bundesgerichten (BGH, BFH, BVerwG, BSG, BAG) beantwortet werden muss. Dies kommt z.B. im Steuerrecht gelegentlich vor, wenn ein Sachverhalt vom BGH aus gesellschafts-rechtlicher Perspektive und dann vom BFH aus steuerrechtlicher Perspektive entschieden wird. Um hier eine einheitliche Rechtsprechung zu gewährleisten besteht die Möglichkeit, dass das Bundes-gericht, das einen Fall derzeit verhandelt und eine Entscheidung in einer Sache anstrebt, die ent-gegen einer bereits ergangenen Entscheidung eines anderen Bundesgerichts lauten würde, vor seiner Entscheidung den Gemeinsamen Senat der obersten Gerichtshöfe des Bundes anruft. Dieser trifft in der speziellen Rechtsfrage eine Entscheidung, damit diese dann in der Zukunft einheitlich ge-handhabt werden kann. Der Gemeinsame Senat der obersten Gerichtshöfe des Bundes kann jedoch nicht von einem Kläger selbst angerufen werden.

471   Hausarbeitswissen: Die Arbeitsweise der Verwaltungsgerichte wird in einem sog. **Geschäftsver-teilungsplan** geregelt. Dieser legt fest, welcher Richter über welche Rechtssachen entscheidet. Mit dem Geschäftsverteilungsplan wird dem Gebot des gesetzlichen Richters (Art. 101 GG) nachge-

---

993 Weitergehend hierzu Schenke, Verwaltungsprozessrecht, 16. Aufl. 2019, Rn. 444; Hufen, Verwaltungsprozessrecht, 11. Aufl. 2019, Rn. 87.

Katharina Goldberg

kommen: Dadurch, dass bereits vor Anhängigkeit einer Rechtssache diese einem bestimmten Richter zugeordnet ist kann sich weder dieser seine Fälle noch der Kläger sich seinen Richter aussuchen.

2. Örtliche Zuständigkeit

Die **örtliche Zuständigkeit** richtet sich bei allen Klagearten nach **§ 52 VwGO.** 472
Sie muss bestimmt werden, wenn verschiedene Gerichte sachlich zuständig sind.
In den meisten Klausuren wird die örtliche Zuständigkeit durch den Klausursteller
vorgegeben. Wenn dies nicht der Fall ist müssen die einzelnen Nummern des § 52
VwGO gründlich gelesen werden. Sie geben eine Reihenfolge vor, nach der die
örtliche Zuständigkeit bestimmt werden muss.

Bei Anfechtungsklagen gilt zunächst **§ 52 Nr. 1 VwGO**, nach dem bei Strei- 473
tigkeiten, die sich auf **unbewegliches Vermögen oder ein ortsgebundenes
Recht oder Rechtsverhältnis** beziehen nur das Verwaltungsgericht örtlich zuständig ist, in dessen Bezirk das Vermögen oder der Ort liegt.

Weiterhin ist gem. **§ 52 Nr. 4 VwGO** das Gericht zuständig, in dem der Kläger
seinen dienstlichen Wohnsitz bzw. in Ermangelung dessen seinen Wohnsitz hat,
wenn es sich um Anfechtungsklagen aus dem **Beamten-, Richter-, Wehrpflicht-,
Wehrdienst-, oder Zivildienstverhältnis** handelt.

§ 52 Nr. 2 VwGO enthält dann eine besondere örtliche Zuständigkeit für
Anfechtungsklagen gegen Bundesbehörden, bundesunmittelbare Körperschaften, Stiftungen des öffentlichen Rechts, für Streitigkeiten nach dem Asyl-
gesetz und für Klagen gegen den Bund in Gebieten, die in die Zuständigkeit der
diplomatischen und konsularischen Auslandsvertretungen fallen.

Nach **§ 52 Nr. 3 VwGO** ist dann **bei allen anderen Anfechtungsklagen** das
Verwaltungsgericht örtlich zuständig, in dessen Bezirk der Verwaltungsakt erlassen wurde.

Als Auffangregelung greift der **§ 52 Nr. 5 VwGO** für alle anderen Fälle, in
denen das Verwaltungsgericht zuständig ist, in dessen Bezirk der Beklagte seinen
Sitz, Wohnsitz oder in Ermangelung dessen seinen Aufenthalt hat bzw. seinen
letzten Wohnsitz oder Aufenthalt hatte. § 52 Nr. 5 VwGO hat bei der Anfechtungsklage jedoch keinen Anwendungsbereich, da § 52 Nr. 3 bereits alle möglichen Konstellationen auffängt.

In der Klausur ist die Bestimmung der örtlichen Zuständigkeit des Gerichts in 474
den Stadtstaaten Hamburg, Berlin und Bremen einfach, da sie jeweils nur ein
Verwaltungsgericht haben.

Katharina Goldberg

3. Literaturhinweise

475 Hufen, Verwaltungsprozessrecht, 11. Aufl. 2019, Rn. 77–87; Schenke, Verwaltungsprozessrecht, 16. Aufl. 2019, Rn. 437–437; Würtenberger/Heckmann, Verwaltungsprozessrecht, 4. Aufl. 2018, Rn. 255–262

VI. Das Rechtsschutzbedürfnis (Dana-Sophia Valentiner)

476 Die Inanspruchnahme gerichtlichen Rechtsschutzes im Wege der Anfechtungsklage setzt voraus, dass die rechtsschutzsuchende Person ein von der Rechtsordnung anzuerkennendes Interesse hat. Dieses Interesse wird als allgemeines Rechtsschutzbedürfnis bezeichnet.

1. Das Rechtsschutzbedürfnis als allgemeine Sachentscheidungsvoraussetzung

477 Wer gerichtlichen Rechtsschutz begehrt, muss ein **berechtigtes Interesse** an der avisierten Entscheidung des Gerichts haben, also des Rechtsschutzes bedürfen. Die Sachentscheidungsvoraussetzung des Rechtsschutzbedürfnisses, auch als Rechtsschutzinteresse bezeichnet, sichert diesen Grundsatz für alle Verfahrensarten verwaltungsprozessual ab.[994]

478 Das Rechtsschutzbedürfnis wird in der VwGO an keiner Stelle ausdrücklich genannt. Lediglich für die Feststellungklage und die Fortsetzungsfeststellungsklage verlangen §§ 43, 113 I 4 VwGO das Vorliegen eines „berechtigten Interesses", das als besonderes Rechtsschutzbedürfnis qualifiziert wird.

a) Herleitung

479 Dogmatisch hergeleitet wird das allgemeine Rechtsschutzbedürfnis aus dem **allgemeinen Rechtsgedanken**[995], der in §§ 43, 113 I 4 VwGO zum Ausdruck kommt, aus dem **Grundsatz der Prozessökonomie**[996], dem **für die Gerichte geltenden Grundsatz der Effizienz staatlichen Handelns**[997] sowie dem **Gebot**

---

994 Vgl. BVerfG, Beschl. v. 19.10.1982, Az.: 1 BvL 34/80, 1 BvL 55/80 = BVerfGE 61, 126 (135); BVerfG, Beschl. v. 14.12.2004, Az.: 2 BvR 1451/04 = NJW 2005, 1855 (1856).

995 BVerwG, Urt. v. 17.1.1989, Az.: 9 C 44/87 = BVerwGE 81, 164 (165 f.).

996 Mann/Wahrendorf, Verwaltungsprozessrecht, 4. Aufl. 2015, § 13 Rn. 163.

997 BVerfG, Beschl. v. 14.12.2004, Az.: 2 BvR 1451/04 = NJW 2005, 1855 (1856); BVerwG, Beschl. v. 11.02.2019, Az.: 4 B 28/18, juris Rn. 7.

von Treu und Glauben[998], welches einen Missbrauch prozessualer Rechte verbietet.[999]

Hausarbeitswissen: Das allgemeine Rechtsschutzbedürfnis wird in der Literatur zutreffend als **480** *verfassungsimmanente Schranke der Rechtsschutzgarantie beschrieben.*[1000] *Es bewegt sich in einer* **Spannungslage** *zwischen den vorgenannten Grundsätzen und dem verfassungsrechtlich garantierten* **Anspruch auf Rechtsschutz aus Art. 19 IV GG.** *Die Sachentscheidungsvoraussetzung des allgemeinen Rechtsschutzbedürfnisses begrenzt den allgemeinen Justizgewährleistungsanspruch. Nur wer ein berechtigtes Interesse mit der angestrengten gerichtlichen Entscheidung verfolgt, hat einen Anspruch auf die sachliche Entscheidung. Fehlt das Rechtsschutzbedürfnis, ist der Antrag bzw. die Klage unzulässig und wird auf prozessualer Ebene abgewiesen. Vereinzelt wird die Sachentscheidungsvoraussetzung des allgemeinen Rechtsschutzbedürfnisses dafür kritisiert, dass sie auf diese Weise Prozessentscheidungen hervorbringe, sachliche Entscheidungen sperre und überdies ein „Einfallstor außerrechtlicher Wertungen" öffne.*[1001]

b) Prüfungsanforderungen und -umfang

Examenswissen: Das Bundesverfassungsgericht hat festgestellt, dass es mit dem Gebot des ef- **481** fektiven Rechtsschutzes aus Art. 19 IV 1 GG vereinbar sei, die Gewährung gerichtlichen Rechtsschutzes von einem Rechtsschutzinteresse abhängig zu machen.[1002] Um die Spannungslage zwischen allgemeinen Rechtsschutzbedürfnis und Rechtsschutzgarantie aus Art. 19 IV GG in verhältnismäßiger Weise aufzulösen, werden **geringe Anforderungen an die Prüfung** des Vorliegens des allgemeinen Rechtsschutzbedürfnisses gestellt. Das allgemeine Rechtsschutzbedürfnis liegt vor, *„solange der Rechtsschutzsuchende gegenwärtig betroffen ist und mit seinem Rechtsmittel ein konkretes praktisches Ziel erreichen kann".*[1003] Nur ausnahmsweise fehlt das allgemeine Rechtsschutzbedürfnis.

Der Grundsatz effektiven Rechtsschutzes verlangt, dass die rechtschutzsuchende **482** Person ihr Rechtsschutzbedürfnis grundsätzlich nicht positiv nachweisen muss. Deshalb formuliert die für die Klausurpraxis entwickelte Merkformel „K-E-S-E" negative Voraussetzungen zur Prüfung des allgemeinen Rechtsschutzbedürfnisses: Das Rechtsschutzbedürfnis fehlt nur dann, wenn das Rechtsschutzziel auf

---

998 Würtenberger/Heckmann, Verwaltungsprozessrecht, 4. Aufl. 2018, § 20 Rn. 305.

999 Grundlegend zu dogmatischer Herleitung und Geltungsgrund des Rechtsschutzbedürfnisses: Stein, Die Sachentscheidungsvoraussetzung des allgemeinen Rechtsschutzbedürfnisses im Verwaltungsprozeß, 2000, 34 ff.; aus der älteren Literatur Stephan, Das Rechtsschutzbedürfnis, 1967, 19 ff.

1000 Würtenberger/Heckmann, Verwaltungsprozessrecht, 4. Aufl. 2018, § 20 Rn. 305.

1001 Vgl. aus zivilprozessualer Perspektive: Schumann, in: Festschrift Fasching, 1988, 439 (441 f., 445).

1002 Vgl. BVerfG, Beschl. v. 5.12.2001, Az.: 2 BvR 527/99, 2 BvR 1337, 1777/00 = BVerfGE 104, 220 (232).

1003 BVerfG, Beschl. v. 5.12.2001, Az.: 2 BvR 527/99, 2 BvR 1337, 1777/00 = BVerfGE 104, 220 (232).

einem **kostengünstigeren, einfacheren, schnelleren oder effektiveren Weg**
verfolgt werden kann.[1004]

483   Bei **Gestaltungs- und Leistungsklagen** folgt das allgemeine Rechtsschutzbedürfnis bereits aus dem Umstand, dass die klagende bzw. antragstellende
Person einen auf Leistung an sich selbst gerichteten, bislang nicht erfüllten Anspruch geltend macht.[1005] Das *Bundesverwaltungsgericht* postulierte insoweit den
Grundsatz, dass die Rechtsordnung immer dann, wenn sie ein materielles Recht
gewährt, in aller Regel auch das Interesse desjenigen, der sich als der Inhaber
dieses Rechtes sieht, am gerichtlichen Schutze dieses Rechtes anerkennt.[1006]

484   Für **Feststellungsklagen** wird ein **besonderes (auch: qualifiziertes)**
Rechtsschutzbedürfnis verlangt. § 43 I VwGO setzt für die Feststellungsklage ein
„berechtigtes Interesse an der baldigen Feststellung", § 113 I 4 VwGO für die
Fortsetzungsfeststellungsklage ein „berechtigtes Interesse" an der Feststellung
der Rechtswidrigkeit eines zurückgenommenen oder anders erledigten Verwaltungsakts voraus. Anders als bei Leistungs- und Gestaltungsklagen, bei denen
grundsätzlich davon ausgegangen werden darf, dass die Person, die sich eines
materiellen Rechts berühmt, auch ein berechtigtes Interesse auf gerichtlichen
Schutz dieses Rechts hat, ist das besondere Rechtsschutzbedürfnis bei Feststellungsklagen stets zu begründen (s. hierzu § 4 Rn. 51 sowie § 6 Rn. 96).

485   **Abzugrenzen** ist das allgemeine Rechtsschutzbedürfnis von der Klage- bzw.
Antragsbefugnis, (analog) § 42 II VwGO. Die Klage- bzw. Antragsbefugnis verlangt als Ausdruck des subjektiven Rechtsschutzes die Geltendmachung einer
Rechtsverletzung, während das allgemeine Rechtsschutzbedürfnis das Vorliegen
schutzwürdiger Interessen beurteilt.[1007] Das allgemeine Rechtsschutzbedürfnis
zielt im Unterschied zu der Klage- bzw. Antragsbefugnis darauf zu prüfen, ob die
Rechtsverfolgung des begehrten gerichtlichen Rechtsschutzes bedarf.[1008]

486   In der Klausur ist darauf zu achten, bei der Sachentscheidungsvoraussetzung
des allgemeinen Rechtsschutzbedürfnisses das Vorliegen eines berechtigten Interesses an der Rechtsverfolgung zu prüfen, nicht jedoch das Bestehen eines
materiellen Anspruchs, welches einschließlich der Sachlegitimation in der Begründetheit der Klage bzw. des Antrags geprüft wird.

487   Das allgemeine Rechtsschutzbedürfnis ist in der Klausur in unproblematischen Fällen nicht anzusprechen, weil es – jedenfalls bei Leistungs- und Gestal-

---

1004 Gersdorf, Verwaltungsprozessrecht, 6. Aufl. 2019, Rn. 49; Mann/Wahrendorf, Verwaltungsprozessrecht, 4. Aufl. 2015, § 13 Rn. 164.
1005 BVerwG, Urt. v. 17.1.1989, Az.: 9 C 44/87 = BVerwGE 81, 164 (165 f.).
1006 BVerwG, Urt. v. 17.1.1989, Az.: 9 C 44/87 = BVerwGE 81, 164 (165 f.).
1007 Ehlers, in: Schoch/Schneider/Bier, VwGO, 36. EL Februar 2019, Vorbem. § 40 Rn. 77.
1008 Brüning, JuS 2004, 882 (884).

Dana-Sophia Valentiner

tungsklagen – regelmäßig vorliegt. Eine ausführlichere Prüfung ist nur in atypischen Konstellationen erforderlich, wenn der Sachverhalt besondere Umstände schildert, die einen Ausnahmetatbestand nahelegen.[1009]

c) Relevante Fallgruppen

Es lassen sich verschiedene Konstellationen unterscheiden, in denen das allge- 488 meine Rechtsschutzbedürfnis nicht vorliegt.

aa) Rechtsschutzziel kann auf einfachere Art und Weise erreicht werden

Das Rechtsschutzbedürfnis fehlt, wenn die rechtsschutzsuchende Person ihr Ziel 489 **kostengünstiger, einfacher, schneller oder effektiver** erreichen kann.

> *Beispiel: Das Rechtsschutzziel kann **außergerichtlich** verfolgt werden, z.B. durch eine Antragstellung gegenüber der Verwaltung.*

Eine vorherige Antragstellung ist dem Bürger aber nur zumutbar, wenn sie pro- 490 zessrechtlich vorgesehen ist.[1010]

Das Rechtsschutzbedürfnis eines Verwaltungsträgers fehlt insbesondere, 491 wenn bereits ein vollstreckbarer Titel in Form eines Verwaltungsakts besteht.[1011]

Examenswissen: Kann eine Behörde einen Verwaltungsakt erlassen, hat dies aber noch nicht 492 getan, nimmt die Rechtsprechung teilweise eine Wahlmöglichkeit der Behörde zwischen dem Erlass eines Verwaltungsakts und der Erhebung einer allgemeinen Leistungsklage an.[1012] Für diese Möglichkeit spricht der Grundsatz der Verfahrenseffizienz, insbesondere wenn bei Erlass eines Verwaltungsakts ohnehin mit einer gerichtlichen Auseinandersetzung des Rechtsstreits zu rechnen ist. Dagegen wird die Aufgabenverteilung zwischen Judikative und Exekutive ins Feld geführt.[1013] Die Verwaltung dürfe erst dann gerichtlichen Rechtsschutz in Anspruch nehmen, wenn sie die eigenen Handlungsmöglichkeiten ausgeschöpft hat.[1014] Außerdem können dem Betroffenen Rechtsschutzmöglichkeiten abgeschnitten werden, die ihm beispielsweise im Widerspruchsverfahren offen stehen würden.

1009 Vgl. Ipsen, Allgemeines Verwaltungsrecht, 11. Aufl. 2019, Rn. 1174.
1010 Ehlers, in: Schoch/Schneider/Bier, VwGO, 36. EL Februar 2019, Vorbem. § 40 Rn. 82.
1011 BVerwG, Urt. v. 12.12.1974, Az.: V C 25.74, juris Rn. 5.
1012 Vgl. BVerwG, Urt. v. 24.11.1966, Az.: II C 27/64 = NJW 1967, 946 (948).
1013 Ehlers, in: Schoch/Schneider/Bier, VwGO, 36. EL Februar 2019, Vorbem. § 40 Rn. 85.
1014 Würtenberger/Heckmann, Verwaltungsprozessrecht, 4. Aufl. 2018, § 20 Rn. 309.

Dana-Sophia Valentiner

493 Das Rechtsschutzbedürfnis fehlt außerdem, wenn der rechtsschutzsuchenden Person ein **einfacheres gerichtliches Verfahren** oder eine **rechtschutzintensivere Rechtsschutzform** zur Verfügung steht.

> *Beispiel: Die Klägerin begehrt Aufhebung eines Verwaltungsakts mittels Verpflichtungsklage.*

In diesem Fall fehlt das allgemeine Rechtsschutzbedürfnis, weil die Anfechtungsklage als Gestaltungsklage die effektivere Rechtsschutzform darstellt. **In der Klausur** wird dies in der Regel bereits bei der statthaften Klageart angesprochen.

494 *Hausarbeitswissen: Es existieren einige (gesetzliche) Konkurrenzregelungen, die den Fall betreffen, dass das begehrte Rechtsschutzziel mit verschiedenen Verfahren erreicht werden könnte. Solche* **Verfahrenskonkurrenzregelungen** *sehen beispielsweise § 43 II 1 VwGO (s. dazu § 6 Rn. 63 ff.) und § 44a VwGO vor.[1015] Diese Vorschriften können als gesetzliche Ausprägung eines Unterfalls des allgemeinen Rechtsschutzbedürfnisses verstanden werden.[1016] In der Literatur wird hingegen auch vertreten, diese Konkurrenzregeln nicht im Rahmen des Rechtsschutzbedürfnisses zu prüfen, weil sie nicht zwingend Ausdruck mangelnden rechtsschutzwürdigen Interesses, sondern einer verfahrenseffizienten Entscheidung des Gesetzgebers seien (s. auch die Ausführungen zur Statthaftigkeit der Leistungsklage § 5 Rn. 2 ff. sowie zur rechtsschützenden Funktion der Subsidiarität der Feststellungsklage § 6 Rn. 63 ff.).[1017]*

bb) Rechtsschutz verspricht keinerlei Vorteil für die rechtsschutzsuchende Person

495 Das Rechtsschutzbedürfnis fehlt außerdem, wenn das gerichtliche Verfahren **keinerlei Vorteile rechtlicher oder tatsächlicher Art** mit sich brächte.

> *Beispiel: Der Kläger begehrt die Verbesserung einer Note, der jedoch keinerlei praktische Bedeutung mehr zukommt.[1018]*

> *Beispiel: Begehrt wird die Festsetzung eines über den gesetzlichen Mindestwert hinausgehenden Gegenstandswertes für eine Verfassungsbeschwerde, die jedoch nicht zur Entscheidung angenommen wurde.[1019]*

1015 Schenke, Verwaltungsprozessrecht, 16. Aufl. 2019, Rn. 566.

1016 Hufen, Verwaltungsprozessrecht, 10. Aufl. 2016, § 23 Rn. 20; Mann/Wahrendorf, Verwaltungsprozessrecht, 4. Aufl. 2015, § 13 Rn. 163.

1017 Schenke, Verwaltungsprozessrecht, 16. Aufl. 2019, Rn. 564 f.

1018 Detterbeck, Allgemeines Verwaltungsrecht mit Verwaltungsprozessrecht, 17. Aufl. 2019, Rn. 1349.

1019 BVerfG, Beschl. v. 19.1.2019, Az.: 1 BvR 3165/15, juris Rn. 2.

Dana-Sophia Valentiner

Die Rechtsstellung der rechtsschutzsuchenden Person verbessert sich auch dann 496 nicht dergestalt, dass ein Rechtsschutzbedürfnis angenommen werden könnte, wenn die Wiederherstellung der aufschiebenden Wirkung eines bereits vollzogenen Verwaltungsakts verlangt wird.[1020]

Das Rechtsschutzbedürfnis kann auch während des gerichtlichen Verfahrens 497 entfallen.

Beispiel: Die Klägerin begehrt die Erteilung einer Aufenthaltsgenehmigung, die zwischenzeitlich durch die Behörde erteilt wird.[1021]

cc) Rechtsmissbräuchliche Inanspruchnahme des gerichtlichen Verfahrens

Das Rechtsschutzbedürfnis ist zu verneinen, wenn die Inanspruchnahme des 498 gerichtlichen Rechtsschutzes **nicht in Einklang mit der Rechtsordnung** steht, insbesondere wenn sie **gegen das Gebot von Treu und Glauben verstößt**[1022]. Von einem Missbrauch ist auszugehen, wenn das gerichtliche Verfahren ausschließlich angestrengt wird, um die gegnerische Partei oder Dritte zu schädigen,[1023] wobei nicht zwingenderweise Umstände vorliegen müssen, die im materiellen Recht einen Verstoß gegen das Schikaneverbot aus § 226 BGB bedeuten würden.[1024]

Examenswissen: Zweifel an dem Vorliegen des allgemeinen Rechtsschutzbedürfnisses können 499 sich auch ergeben, wenn ein sogenanntes **Sperrgrundstück** ausschließlich mit dem Ziel der Bekämpfung einer planerischen Entscheidung erworben wird. Diese Problematik ist regelmäßig bereits bei der Klage- bzw. Antragsbefugnis zu erörtern.[1025] Der Eigentumsschutz kann in solchen Fällen mit Blick auf die Rechtsschutzgarantie aus Art. 19 IV GG nicht pauschal versagt werden.[1026] Die fehlende oder nur geringe wirtschaftliche Nutzung des Grundstücks ist vielmehr im Rahmen der materiellen Prüfung zu berücksichtigen.

(1) Verspätete Geltendmachung

Das Rechtsschutzbedürfnis kann insbesondere entfallen, wenn die **verspätete** 500 **Geltendmachung** eines Anspruchs gegen Treu und Glauben verstößt. Das Bundesverfassungsgericht geht von einem fehlenden Rechtsschutzbedürfnis aus,

---

1020 Ehlers, in: Schoch/Schneider/Bier, VwGO, 36. EL Februar 2019, Vorbem. § 40 Rn. 94.
1021 Mann/Wahrendorf, Verwaltungsprozessrecht, 4. Aufl. 2015, § 13 Rn. 165.
1022 BVerwG, Beschl. v. 11.02.2019, Az.: 4 B 28/18, juris Rn. 7.
1023 Hufen, Verwaltungsprozessrecht, 10. Aufl. 2016, § 23 Rn. 16.
1024 Ehlers, in: Schoch/Schneider/Bier, VwGO, 36. EL Februar 2019, Vorbem. § 40 Rn. 98.
1025 So BVerwG, Urt. v. 27.10.2000, Az.: 4 A 10/99 = NVwZ 2001, 427 (428).
1026 Vgl. BVerwG, Urt. v. 9.7.2008, Az.: 9 A 14/07 = NVwZ 2009, 302 (304).

Dana-Sophia Valentiner

wenn die rechtsschutzsuchende Person sich verspätet auf ihr Recht beruft und unter Verhältnissen untätig bleibt, *„unter denen vernünftigerweise etwas zur Wahrung des Rechts unternommen zu werden pflegt".*[1027] Das öffentliche Interesse an der Wahrung des Rechtsfriedens könne in derartigen Fällen verlangen, die Anrufung des Gerichts nach langer Zeit untätigen Zuwartens als unzulässig anzusehen. Von einer solchen rechtsmissbräuchlichen verspäteten Antragstellung wird jedoch nur ausnahmsweise ausgegangen.

Beispiel: Der Antragsteller hat mehrere ihm zur Verfügung stehende Zeitpunkte verstreichen lassen, um den von ihm vorgebrachten Wiederaufgreifensgrund überhaupt im behördlichen Verfahren geltend machen zu können.[1028]

(2) Verwirkung

501 Die rechtsschutzsuchende Person kann ihren Rechtsschutz auch durch ihr vorangegangenes Verhalten verwirkt haben. Von einer **prozessualen Verwirkung** ist auszugehen, wenn der Klage- bzw. Antragsgegner infolge eines bestimmten Verhaltens der Klägerin bzw. Antragstellerin darauf vertrauen durfte, dass das in Rede stehende Recht nicht mehr geltend gemacht wird, und darauf tatsächlich vertraut hat, sodass ihm durch die verspätete Durchsetzung unzumutbare Nachteile entstehen.[1029]

2. Das allgemeine Rechtsschutzbedürfnis als Sachentscheidungsvoraussetzung der Anfechtungsklage

502 Bei der Prüfung der Anfechtungsklage sind regelmäßig keine Ausführungen zum allgemeinen Rechtsschutzbedürfnis erforderlich.

503 Das allgemeine Rechtsschutzbedürfnis fehlt, wenn die Anfechtungsklage keinerlei Vorteil für die rechtsschutzsuchende Person verspricht. Deshalb liegt für die mit der Anfechtungsklage begehrte Aufhebung eines Verwaltungsakts kein Rechtsschutzbedürfnis vor, wenn sich der Verwaltungsakt ex nunc erledigt hat und mit der Aufhebung für den Zeitraum vor Eintritt der Erledigung keinerlei Vorteil verbunden wäre.[1030] Der Kläger wäre in diesem Fall vielmehr auf die Fortsetzungsfeststellungsklage zu verweisen (s. § 4 Rn. 9 ff.).

1027 BVerfG, Beschl. v. 14.12.2004, Az.: 2 BvR 1451/04 = NJW 2005, 1855 (1856); vgl. BVerfG, Beschl. v. 16.1.1972, Az.: 2 BvR 255/67 = BVerfGE 32, 305 (308 f.).
1028 BVerfG, Beschl. v. 17.1.2019, Az.: 2 BvQ 1/19, juris Rn. 31.
1029 Ehlers, in: Schoch/Schneider/Bier, VwGO, 36. EL Februar 2019, Vorbem. § 40 Rn. 103.
1030 Schenke, Verwaltungsprozessrecht, 16. Aufl. 2019, Rn. 588.

Examenswissen: Umstritten ist das Vorliegen des Rechtsschutzbedürfnisses bei der **isolierten** 504 **Anfechtungsklage**, die gegen einen Versagungsbescheid gerichtet wird, ohne zugleich die Verpflichtung zum Erlass des begünstigenden Verwaltungsakts zu begehren. In der Rechtsprechung wurde für die Zulässigkeit der isolierten Anfechtungsklage jedenfalls gegen den Bund, die Länder oder andere öffentlich-rechtliche Körperschaften angeführt, dass es sich um Beklagte handele, von denen angesichts ihrer verfassungsmäßig verankerten Bindung an Recht und Gesetz die Respektierung von gerichtlichen Entscheidungen auch ohne dahinterstehenden Vollstreckungsdruck erwarten werden dürfe.[1031] Gegen das Vorliegen des Rechtsschutzbedürfnisses spricht, dass die Verpflichtungsklage weitergehenden Rechtsschutz gegen die Ablehnung eines begehrten Verwaltungsakts bietet.[1032] In der Literatur wird diese Frage bereits bei der statthaften Klageart unter dem Aspekt des Spezialitätsverhältnisses der Versagungsgegenklage gegenüber der isolierten Anfechtungsklage erörtert.[1033]

3. Literaturhinweise

Ehlers, in: Schoch/Schneider/Bier, VwGO, 36. EL Februar 2019, Vorbem. § 40; 505 Schenke, Verwaltungsprozessrecht, 16. Aufl. 2019, § 16: Das Rechtsschutzbedürfnis; Würtenberger/Heckmann, Verwaltungsprozessrecht, 4. Aufl. 2018, § 20: Allgemeines Rechtsschutzbedürfnis

C. Begründetheit

Ist die Anfechtungsklage zulässig, ist in einem zweiten Schritt zu prüfen, ob sie 506 auch begründet ist.

I. Die Struktur der Begründetheitsprüfung (Dominik Marek Kowalczyk)

Im Rahmen der Begründetheitsprüfung der Anfechtungsklage stellt sich zu aller 507 erst die Frage nach der richtigen Einstiegsnorm. Die Anfechtungsklage war im Rahmen der Zulässigkeit nach § 42 I 1 Alt. 1 VwGO statthaft, soweit die Aufhebung eines Verwaltungsakts begehrt wird (s. Rn. 10). Einschlägig ist daher die Norm, welche dem Gericht aufträgt, den Verwaltungsakt aufzuheben. So stößt man unweigerlich auf **§ 113 I 1 VwGO**, der die Aufhebung des Verwaltungsakts anordnet („hebt das Gericht den Verwaltungsakt [...] auf"). Die Norm für die Begründetheitsprüfung der Anfechtungsklage – wie auch sonst für alle anderen

---

1031 BVerwG, Urt. v. 30.4.1971, Az.: VI C 35/68 = NJW 1971, 2004 (2005).
1032 Vgl. BVerwG, Urt. v. 21.11.1986, Az.: 8 C 127/84 = NVwZ 1987, 330.
1033 Vgl. Schaks/Friedrich, JuS 2018, 860 (867).

Dana-Sophia Valentiner/Dominik Marek Kowalczyk

verwaltungsgerichtlichen Klagen – muss also in der Rechtsfolge das Begehren des Klägers (vgl. §§ 86 III, 88 VwGO) mitumfassen.

§ 113 I 1 VwGO formuliert dabei die **Tatbestandsvoraussetzungen**, bei deren Vorliegen die Anfechtungsklage „begründet" ist. Angesprochen wird damit die materielle Rechtslage und damit die Frage, ob das vorgebrachte Recht auch inhaltlich besteht. Dies begründet abermals den Prüfungsstandort im Rahmen der Begründetheit und nicht der Zulässigkeit.[1034]

508 § 113 I 1 VwGO normiert, dass das Gericht den Verwaltungsakt (und den etwaigen Widerspruchsbescheid) aufhebt, soweit der Verwaltungsakt rechtswidrig und der Kläger dadurch in seinen Rechten verletzt ist.[1035]

Im Rahmen der Anfechtungsklage ist somit unter dem Prüfungspunkt „Begründetheit" der nachfolgende **Obersatz** zu bilden.[1036]

Formulierungsvorschlag: *„Die Anfechtungsklage ist nach § 113 I 1 VwGO begründet, soweit ... (der angefochtene Verwaltungsakt) rechtswidrig und ... (der Kläger) dadurch in seinen Rechten verletzt ist."*[1037]

Dieser Obersatz legt einen **zweistufigen Prüfungsaufbau** nahe:

I. Prüfung der Rechtswidrigkeit des streitgegenständlichen Verwaltungsakts

II. Prüfung der Verletzung subjektiver Rechte des Klägers durch den rechtswidrigen Verwaltungsakt

509 Sofern man – anders als hier vertreten – der Ansicht ist, dass § 78 VwGO als Passivlegitimation im Rahmen der Begründetheit und nicht als passive Prozessführungsbefugnis im Rahmen der Zulässigkeit zu prüfen ist (s. zum Streit Rn. 416 f.) wäre hingegen der nachfolgende Obersatz zu bilden.

Formulierungsvorschlag: *„Die Anfechtungsklage ist nach § 113 I 1 VwGO begründet, soweit sie sich gegen ... (den Klagegegner) als richtigen Beklagten richtet,*

1034 Dabei ist in Erinnerung zu rufen, worum es bei einer Klage eigentlich geht: Sie dient der Durchsetzung eines Rechts. Die Zulässigkeit beantwortet dabei die Frage, ob und in welcher Form sich das Gericht mit dem klägerischen Begehren inhaltlich auseinandersetzen wird, betrifft damit das „Wie" der Rechtsdurchsetzung. Die Begründetheit betrifft hingegen die materielle Rechtslage und fragt danach, „ob" dieses bestimmte Recht auch inhaltlich besteht.

1035 Da eine Rechtsverletzung immer Rechtswidrigkeit voraussetzt, birgt sich in diesem Satz beim bloßen Lesen die Gefahr einer tautologischen Wiederholung. Warum dem nicht so ist, zeigt Ehlers, Jura 2004, 176 f. wunderbar auf.

1036 Zur Begründetheit der Anfechtungsklage anschaulich Graf von Kielmansegg, JuS 2013, 312 ff. Sehr empfehlenswert ist der Beitrag von Gödde, DVP 2016, 317 ff. zu abstrakten Formulierungshilfen und Erläuterungen bei der gutachterlichen Prüfung einer Anfechtungsklage.

1037 Ungenau ist es hingegen im Obersatz abstrakt und ohne Subsumtion von Verwaltungsakt und Kläger zu sprechen.

Dominik Marek Kowalczyk

... (der angefochtene Verwaltungsakt) rechtswidrig und ... (der Kläger) dadurch in seinen Rechten verletzt ist."

Dieser Obersatz legt dann aber – anders als hier vertreten – einen **dreistufigen Prüfungsaufbau** nahe:

I. Prüfung der Passivlegitimation,
II. Prüfung der Rechtswidrigkeit des Verwaltungsakts und
III. Prüfung der Verletzung subjektiver Rechte des Klägers.

Examenswissen: Anhänger der überzeugenden Ansicht, die § 78 VwGO in der Zulässigkeit als passive Prozessführungsbefugnis unter dem Prüfungspunkt des „richtigen Beklagten" prüfen (s. Rn. 409 ff.), sprechen die Passivlegitimation teilweise noch zusätzlich am Anfang der Begründetheit unter „I. Passivlegitimation" an (so vertreten in § 5 Rn. 52 f. und § 8 Rn. 52). Die Norm des § 78 VwGO darf dabei allerdings nicht mehr fallen, da sie zur Bestimmung der passiven Prozessführungsbefugnis verwendet und somit „verbraucht" worden ist. § 78 VwGO regelt entweder die passive Prozessführungsbefugnis in der Zulässigkeit oder die Passivlegitimation in der Begründetheit. Denkbar ist daher lediglich die bloße Feststellung, dass der Beklagte auch passivlegitimiert ist, ohne dabei eine Norm zu nennen. Da passive Prozessführungsbefugnis und Passivlegitimation die gleichen Voraussetzungen mitbringen (s. Rn. 417), decken sie sich inhaltlich in der Regel immer. Aus diesem Grund kann in dieser Konstellation aber auch auf die Feststellung der Passivlegitimation verzichtet werden. Sofern die Feststellung dennoch getroffen werden soll, könnte in der Begründetheit unter „I. Passivlegitimation" wie folgt formuliert werden: „*Weil die Passivlegitimation der passiven Prozessführungsbefugnis aus § 78 VwGO folgt, ist (der Beklagte) auch passivlegitimiert.*" **510**

Teilweise wird im Obersatz anstelle des „**soweit**" ein „wenn" verwendet.[1038] Zwar sind die Formulierungen vergleichbar, bedeuten im Ergebnis aber nicht dasselbe. Der entscheidende Unterschied besteht darin, dass „wenn" ein Entweder-Oder, also ein Ganz-oder-gar-Nicht bezeichnet, wohingegen ein „soweit" Teillösungen zulässt. Eine Anfechtungsklage kann aber auch nur teilweise begründet sein: Ein Beispiel hierfür bildet die (isolierte) Anfechtbarkeit von Nebenbestimmungen nach § 36 VwVfG (s. dazu Rn. 259). Eine Formulierung mit „wenn" ist deshalb ungenau.[1039] Letztendlich gibt es auch keinen ersichtlichen Grund von dem Wortlaut des § 113 I 1 VwGO abzuweichen, der ganz eindeutig „soweit" formuliert. Damit ist im Ergebnis eine „soweit"-Formulierung vorzugswürdig.[1040] **511**

1038 So beispielsweise Gersdorf, Verwaltungsprozessrecht, 6. Aufl. 2019, Rn. 51.
1039 So auch Gödde, DVP 2016, 317 Fn. 4.
1040 Auch wenn beide Formulierungen vertretbar sind, so muss dabei auf eine einheitliche Handhabung geachtet werden. Hier lassen Lösungsvorschläge oftmals eine durchgehende stringente Formulierungsweise vermissen.

Dominik Marek Kowalczyk

1. Einführung in die Struktur der Begründetheitsprüfung von Anfechtungsklagen

512 Nachdem mit Hilfe des Obersatzes der Rahmen der Begründetheitsprüfung von Anfechtungsklagen unter Zugrundelegung des § 113 I 1 VwGO gesetzt worden ist, gilt es nun die einzelnen Tatbestandsmerkmale herauszuarbeiten. Der Tatbestand des § 113 I 1 VwGO normiert hier, dass „der **Verwaltungsakt rechtswidrig** und der Kläger dadurch in seinen **Rechten verletzt** ist." Der zweite Halbsatz „hebt das Gericht den Verwaltungsakt und den etwaigen Widerspruchsbescheid auf" normiert nicht den Tatbestand, sondern die Rechtsfolge der Norm.[1041]

513 **Prüfungsaufbau: Begründetheit einer Anfechtungsklage nach § 113 I 1 VwGO**
I. Passivlegitimation *(falls nicht bereits im Rahmen der Zulässigkeit geprüft)*
II. Rechtswidrigkeit des angefochtenen Verwaltungsakts
III. Verletzung subjektiver Rechte des Klägers

514 Als erstes Tatbestandsmerkmal wird – als Herzstück einer jeden Begründetheitsprüfung – die **Rechtswidrigkeit des Verwaltungsakts** („der Verwaltungsakt rechtswidrig") genannt. Es muss also im ersten Schritt geprüft werden, ob der angefochtene Verwaltungsakt rechtswidrig ist. Dies erfolgt dadurch, dass man nach der Rechtmäßigkeit des Verwaltungsakts fragt (s. Rn. 518 ff.).

515 Als zweites Tatbestandsmerkmal wird die **Verletzung subjektiver Rechte des Klägers** durch die Rechtswidrigkeit des Verwaltungsakts verlangt („der Kläger dadurch in seinen Rechten verletzt ist"). Es muss also in einem zweiten Schritt untersucht werden, ob der Kläger durch den rechtswidrigen Verwaltungsakt in seinen subjektiven Rechten verletzt ist (s. Rn. 536 ff. und Rn. 828 ff.).

516 Anders als es die getrennte Prüfung der beiden Tatbestandsvoraussetzungen (Rechtswidrigkeit des Verwaltungsakts und Verletzung subjektiver Rechte) vermuten lässt, stehen die beiden Prüfungspunkte nicht beziehungslos nebeneinander:

Es besteht kein Anspruch des Klägers, dass der von ihm angefochtene Verwaltungsakt anhand des gesamten objektiven Rechts überprüft wird. Ein Anspruch auf allgemeine Rechtmäßigkeitskontrolle scheidet aus.[1042] Vielmehr kann er eine gerichtliche Überprüfung nur insoweit verlangen, als es um die **Verletzung seiner eigenen subjektiven Rechte** geht. Ob diese als dem Kläger subjektiv zugehörig gelten, wird dabei aber bereits regelmäßig beim Prüfungspunkt der

---

1041 Bzgl. detaillierter Aufbaufragen der Begründetheitsprüfung vertiefend Ehlers, Jura 2004, 176 (177 f.).
1042 Gersdorf, Verwaltungsprozessrecht, 6. Aufl. 2019, Rn. 51.

Dominik Marek Kowalczyk

Klagebefugnis (§ 42 II VwGO) im Rahmen der Zulässigkeit festgestellt. Deshalb prüft das Verwaltungsgericht den Verwaltungsakt im Rahmen der Begründetheit unter dem Prüfungspunkt „Rechtswidrigkeit des angefochtenen Verwaltungsakts" nur anhand solcher Vorschriften, die dem Kläger auch subjektive Rechte zugestehen. Andere Rechte werden der Rechtmäßigkeitsprüfung nicht zugrunde gelegt.[1043] Der Prüfungspunkt der Verletzung subjektiver Rechte hat letztendlich nur noch die Aufgabe, die in der Klagebefugnis im Rahmen der Zulässigkeit aufgestellte These durch eine tatsächliche Verletzung subjektiver Rechte zu bestätigen. Die Rechtswidrigkeit des angefochtenen Verwaltungsakts indiziert dabei regelmäßig die tatsächliche Verletzung subjektiver Rechte des Klägers (s. Rn. 537).

Schließlich ist in § 113 I 1 VwGO auf die Formulierung „dadurch" zu achten. Die Rechtsverletzung muss gerade auf der Rechtswidrigkeit beruhen (sog. Rechtswidrigkeitszusammenhang).[1044]

Aufbauhinweis: Der Aufbau der Begründetheit einer Anfechtungsklage ist **517** in seinen Grundzügen fest etabliert. Streit besteht aber darüber, an welcher Stelle § 46 VwVfG im Rahmen der Falllösung zu prüfen ist.[1045] Vertretbar ist es, dies innerhalb der formellen Rechtmäßigkeit,[1046] der Verletzung subjektiver Rechte des Klägers[1047] oder auch als eigenständigen dritten Prüfungspunkt „kein Ausschluss des Aufhebungsanspruchs"[1048] zu tun. In der Fallbearbeitung prüft man § 46 VwVfG am besten im Rahmen der formellen Rechtmäßigkeit, ohne auf die Frage des Standorts einzugehen. Dies hat den klausurtaktischen Vorteil, dass die Prüfung nicht auseinandergerissen wird.[1049]

1043 Die Klagebefugnis fungiert hier als eine Art „Türsteher", die nur dem Kläger als subjektiv zugehörige Rechte zur Rechtmäßigkeitsprüfung des Verwaltungsakts im Rahmen der Begründetheit „hindurchlässt".

1044 Decker, in: Posser/Wolff, VwGO, 49. Ed., Stand: 1.4.2019, § 113 Rn. 18.

1045 Anschaulich hierzu Ehlers, Jura 2004, 176 (177 f.).

1046 Statt vieler Graf von Kielmansegg, JuS 2013, 312 (314).

1047 BVerwG, Urt. v. 3.5.1982, Az.: 6 C 60.79 = BVerwGE 65, 287 (289 f.); Gödde, DVP 2016, 317 (320 Fn. 48); Ehlers, Jura 2004, 176 (178).

1048 Emmenegger, in: Fehling/Kastner/Störmer, Verwaltungsrecht, 4. Aufl. 2016, § 113 VwGO Rn. 4; Wolff, in: Wolff/Decker, VwGO/VwVfG, Studienkommentar, 3. Aufl. 2012, § 46 VwVfG Rn. 16; Pünder, Jura 2015, 1307 (1315).

1049 Ganz die Fallbearbeitung im Auge so auch Graf von Kielmansegg, JuS 2013, 312 (314). Dennoch sprechen teils überzeugende Argumente für einen anderen Prüfungsstandort. Der Studierende muss jedenfalls zu diesem dogmatischen Standortstreit in der Fallbearbeitung keine Stellung beziehen, sich lediglich einfach entscheiden.

Dominik Marek Kowalczyk

Ungeachtet dessen kann es bei Vorliegen des § 46 VwVfG – gerade im Hinblick auf die Offensichtlichkeit – an der Klagebefugnis nach § 42 II VwGO fehlen. Darauf ist in der Fallbearbeitung zu achten.

2. Rechtswidrigkeit des angefochtenen Verwaltungsakts im Überblick

518 § 113 I 1 VwGO verlangt weiter, dass der angefochtene Verwaltungsakt rechtswidrig ist.[1050] Rechtswidrigkeit liegt vor, wenn er mit dem geltenden Recht nicht in Einklang steht.[1051] Der in Art. 20 III GG verankerte **Grundsatz der Gesetzmäßigkeit der Verwaltung** – der zugleich eine Ausformung des Rechtsstaatsprinzip darstellt – verbietet zum einen aufgrund des Gesetzesvorbehalts ein Handeln ohne Gesetz, d. h. ohne eine Ermächtigungsgrundlage[1052], und zum anderen nach dem Gesetzesvorrang auch ein Handeln gegen das Gesetz (näher dazu Rn. 554 ff.). Die Gesetze im öffentlichen Verwaltungsrecht erlauben einerseits positiv kodifiziert verwaltungsrechtliches Handeln und tragen der Verwaltung bestimmte Handlungsweisen auf, begrenzen es aber andererseits genau dadurch, dass diese Gesetze einen Rahmen für verwaltungsrechtliches Handeln setzen, der nicht überschritten werden darf. Dieser Rahmen wird zum einen durch das Rechtsstaatsprinzip entscheidend mitbeeinflusst, beispielsweise durch das Bestimmtheitsgebot, das Rückwirkungsverbot und vor allem dem Verhältnismäßigkeitsgrundsatz.[1053] Zum anderen kennzeichnet ihn aber auch die gängige Systematisierung nach formellen und materiellen Anforderungen. Erstere beziehen sich auf die Art und Weise des Zustandekommens und die äußere Form, also auf das „Drumherum" der materiell inhaltlich ergangenen Verwaltungsentscheidung, letztere betreffen dagegen die Einhaltung der inhaltlichen Vorgaben, die die Rechtsordnung an den Verwaltungsakt stellt.[1054] Zweck der Zweiteilung ist es, etwaige leichter feststellbare Fehler von Verwaltungsakten zunächst kenntlich zu machen, um so gegebenenfalls eine umfangreiche inhaltliche Prüfung zu vermeiden.[1055] Überschreitet nun ein Verwaltungshandeln den Rahmen, so verstößt

---

1050 In der Praxis ist die Rechtswidrigkeit eines Verwaltungsakts der Ausnahmefall. Ganz im Gegenteil werden täglich tausende Verwaltungsakte erlassen, die unzweifelhaft rechtmäßig sind. Jedoch haben sich Juristen – wie auch Mediziner – hauptsächlich um die pathologischen Fälle zu kümmern, Maurer/Waldhoff, Allgemeines Verwaltungsrecht, 19. Aufl. 2017, § 10 Rn. 1.

1051 Erbguth/Guckelberger, Allgemeines Verwaltungsrecht, 9. Aufl. 2018, § 14 Rn. 1.

1052 Hufen, Verwaltungsprozessrecht, 11. Aufl. 2019, § 25 Rn. 3 plädiert hingegen für den Begriff der „Eingriffsgrundlage".

1053 Stober, in: Wolff/Bachof/Stober/Kluth, Verwaltungsrecht I, 13. Aufl. 2017, § 18 Rn. 23/24.

1054 Graf von Kielmansegg, JuS 2013, 312 (313); Maurer/Waldhoff, Allgemeines Verwaltungsrecht, 19. Aufl. 2017, § 10 Rn. 37 und 47.

1055 Korte, in: Wolff/Bachof/Stober/Kluth, Verwaltungsrecht I, 13. Aufl. 2017, § 48 Rn. 44.

Dominik Marek Kowalczyk

es gegen das Gesetz, ist damit also rechtswidrig. Hält sich die Verwaltung dagegen an die strikten Vorgaben der Gesetze, bewegt sie sich also im Rahmen dessen, was die Rechtsordnung ihr erlaubt und aufträgt, so verstößt sie eben nicht gegen Gesetze, sodass ihr Handeln nicht rechtswidrig, sondern rechtmäßig ist. Die Rechtswidrigkeit ist somit gleichsam das „negative Spiegelbild"[1056] der positiv kodifizierten Rechtmäßigkeit vom Verwaltungshandeln. Spiegelverkehrt wird hier also terminologisch in der weiteren gutachterlichen Lösung nicht die Rechtswidrigkeit, sondern die Rechtmäßigkeit des angefochtenen Verwaltungsakts geprüft.[1057]

Innerhalb der Begründetheit kann somit unter dem Prüfungspunkt „Rechtswidrigkeit des angefochtenen Verwaltungsakts" der nachfolgende Obersatz gebildet werden:[1058]

Formulierungsvorschlag: *„Der ... (angefochtene Verwaltungsakt) müsste rechtswidrig sein. Er ist hingegen rechtmäßig, wenn er auf einer Ermächtigungsgrundlage basiert sowie die formellen und materiellen Voraussetzungen erfüllt."*

Dieser Obersatz legt einen dreistufigen Prüfungsaufbau nahe:

1. Prüfung der Ermächtigungsgrundlage
2. Prüfung der formellen Rechtmäßigkeitsvoraussetzungen
3. Prüfung der materiellen Rechtmäßigkeitsvoraussetzungen

a) Ermächtigungsgrundlage

Soweit der Vorbehalt des Gesetzes (Art. 20 III GG) eine **Ermächtigungsgrundlage** 519 verlangt, so muss der Verwaltungsakt auch auf einer solchen beruhen. Diese ermächtigt und begrenzt zugleich das verwaltungsrechtliche Handeln. Die potentielle Ermächtigungsgrundlage bestimmt damit im Wesentlichen die konkreten Anforderungen der formellen und materiellen Rechtmäßigkeitsvoraussetzungen. Daher muss sie auch am Anfang der Prüfung stehen.[1059] Zu finden sind diese im

---

1056 So ausdrücklich Maurer/Waldhoff, Allgemeines Verwaltungsrecht, 19. Aufl. 2017, § 10 Rn. 3.
1057 So mit vergleichbarer Begründung auch Gödde, DVP 2016, 317 (320 Fn. 50).
1058 Gliederungsprobleme entstehen dann, wenn der angefochtene Verwaltungsakt im Ergebnis rechtmäßig ist, weil es dann bereits an der ersten Voraussetzung von § 113 I 1 VwGO fehlt, die Klage also bereits dann unbegründet ist und eine zweite Gliederungsebene nicht mehr erforderlich ist. Empfehlenswert ist es daher in Klausuren und Hausarbeiten eine Lösungsskizze zu entwerfen, um so formale Gliederungsfehler zu vermeiden. Alternativ kann man auch die entfallende Gliederungsebene auch für ein Zwischenergebnis nutzen.
1059 Hufen, Verwaltungsprozessrecht, 11. Aufl. 2019, § 25 Rn. 3; Korte, in: Wolff/Bachof/Stober/ Kluth, Verwaltungsrecht I, 13. Aufl. 2017, § 48 Rn. 45.

Dominik Marek Kowalczyk

Allgemeinen – insbesondere in den §§ 48, 49 VwVfG –, vor allem aber auch im Besonderen Verwaltungsrecht, beispielsweise im besonders prüfungsrelevanten Polizei- und Ordnungs-, Bau- und Kommunalrecht (näher dazu Rn. 832 ff.).

520 Problematisch kann hier insbesondere die **Verfassungsmäßigkeit der Ermächtigungsgrundlage** sein.[1060]

521 An dieser Stelle genügt es, nur eine Norm zu nennen, die als Ermächtigungsgrundlage aufgrund passender Rechtsfolge und möglicher Erfüllung der Tatbestandsmerkmale in Betracht kommt. Diese wird anhand der Rechtsfolge ermittelt. Es wird also nach einer Norm gesucht, deren Rechtsfolge das behördliche Handeln erlaubt bzw. anordnet. Ob sie tatsächlich einschlägig ist, ergibt sich regelmäßig erst im Rahmen der Prüfung der materiellen Rechtmäßigkeit. An dieser Stelle des Gutachtens geht es lediglich darum, zu prüfen, ob die in Frage stehende Ermächtigungsgrundlage derartige Verwaltungsakte deckt.

522 Die Bestimmung der richtigen Ermächtigungsgrundlage kann im Einzelfall Schwierigkeiten bereiten. Auf zwei Dinge ist hier in der Falllösung besonders zu achten:

Die Suche nach der richtigen Norm beginnt nach Maßgabe des Anwendungsvorrangs bei untergesetzlichen Rechtsnormen (Rechtsverordnungen und Satzungen), geht bei formellen Gesetzen weiter und endet schließlich im Verfassungs- und Europarecht.[1061]

Schließlich ist der Grundsatz des lex specialis zu beachten. Spezielle Ermächtigungsgrundlagen sind stets vor Generalklauseln zu prüfen. So gehen beispielsweise solche aus dem Versammlungsrecht als besonderes Polizei- und Ordnungsrecht den Standardbefugnissen des allgemeinen Polizei- und Ordnungsrechts vor, diese finden aber wiederrum vor der polizei- und ordnungsrechtlichen Generalklausel Anwendung (näher zur Ermächtigungsgrundlage Rn. 554 ff.).

1060 Hinsichtlich des Prüfungsstandorts ist man sich uneinig. Zum einen wird eine Prüfung zu Beginn der Prüfung der materiellen Rechtmäßigkeit des Verwaltungsakts vorgeschlagen, so etwa Detterbeck, Allgemeines Verwaltungsrecht, 17. Aufl. 2019, Rn. 610, zum anderen aber auch erst nach der Tatbestandsprüfung, so etwa Bull/Mehde, Allgemeines Verwaltungsrecht mit Verwaltungslehre, 9. Aufl. 2015, Rn. 1245. Dem Studierenden ist der hier vorgeschlagene Prüfungsstandort zu empfehlen, ebenso etwa Peine/Siegel, Allgemeines Verwaltungsrecht, 12. Aufl. 2018, Rn. 540, um so eine klare Abschichtung auf Gesetzes- und Anwendungsebene zu ermöglichen. Auf die Frage nach dem Standort ist in der Fallbearbeitung selbstredend nicht einzugehen. Letztendlich sollte sich der Aufbau aber nach den besonderen Anforderungen des Falles richten. Sofern der Verwaltungsakt von der Ermächtigungsgrundlage erkennbar nicht gedeckt ist, so wäre es verfehlt, vorher in aller Ausführlichkeit dessen Verfassungsmäßigkeit zu prüfen.
1061 Erbguth/Guckelberger, Allgemeines Verwaltungsrecht, 9. Aufl. 2018, § 14 Rn. 5.

Dominik Marek Kowalczyk

b) Formelle Rechtmäßigkeit

Indem die einschlägige Ermächtigungsgrundlage benannt worden ist, lassen sich 523 nun die formellen Rechtmäßigkeitsvoraussetzungen bestimmen. Diese beinhalten – in der Prüfungsreihenfolge – **Zuständigkeit, Verfahren und Form.**[1062] Um den Erfordernissen des Rechtsstaatsprinzips gerecht zu werden, die u. a. zum einen Rechtssicherheit bzw. Transparenz für den Bürger verlangen und zum anderen die Ausübung staatlicher Gewalt zu begrenzen versuchen, müssen Verwaltungsentscheidungen auf Grundlage klarer und eindeutiger Zuständigkeits- und Verfahrensregelungen ergehen.[1063] Es geht hier also vordergründig um das Zustandekommen des Verwaltungsakts,[1064] also das „Drumherum" der materiell inhaltlich ergangenen Verwaltungsentscheidung. Diese ergeben sich oftmals aus dem VwVfG. Nicht vergessen werden darf dabei die Subsidiarität des VwVfG, sodass speziellere, abweichende oder ergänzende Normen vorrangig sind.[1065]

Besondere Bedeutung erlangt hierbei die Anhörung nach § 28 VwVfG inner- 524 halb des Verfahrens (näher dazu Rn. 631 ff.) und die Begründung nach § 39 VwVfG innerhalb der Form (näher dazu Rn. 690 ff.). Problematisch können auch die Fehlerfolgen bei Nichteinhaltung von formellen Rechtmäßigkeitsvoraussetzungen sein, die unter Umständen nach § 45 VwVfG geheilt (näher dazu Rn. 696 ff.) oder nach § 46 VwVfG für unbeachtlich erklärt (näher dazu Rn. 700 ff.) werden können.

Gerade weil das **Rechtsstaatsprinzip** formelle Voraussetzungen verlangt, 525 finden sich die Prüfungspunkte Zuständigkeit, Verfahren und Form vom Grundsatz her im gesamten öffentlichen Recht wieder; so beispielsweise auch bei der Prüfung der formellen Verfassungsmäßigkeit. Es geht im gesamten Recht oftmals immer wieder um gleiche, grundlegende Strukturfragen (näher zur formellen Rechtmäßigkeit Rn. 579 ff.).

c) Materielle Rechtmäßigkeit

Schließlich ist aufgrund des Gesetzesvorrangs (Art. 20 III GG) der Inhalt des 526 Verwaltungsakts, also die **materiellen Rechtmäßigkeitsvoraussetzungen** – als Herzstück der gesamten Prüfung – zu untersuchen.[1066] Dies ist umso bedeutender,

---

1062 Maurer/Waldhoff, Allgemeines Verwaltungsrecht, 19. Aufl. 2017, § 10 Rn. 37.
1063 Ähnlich Graf von Kielmansegg, JuS 2013 312 (313).
1064 Maurer/Waldhoff, Allgemeines Verwaltungsrecht, 19. Aufl. 2017, § 10 Rn. 37.
1065 Peine/Siegel, Allgemeines Verwaltungsrecht, 12. Aufl. 2018, Rn. 104 f.
1066 Maurer/Waldhoff, Allgemeines Verwaltungsrecht, 19. Aufl. 2017, § 10 Rn. 47.

Dominik Marek Kowalczyk

da Gesetze[1067] gegenüber dem Verwaltungshandeln in Form des Verwaltungsakts normativ höherrangig sind und damit gegen sie nicht verstoßen werden darf. Maßstab sind in erster Linie die Vorgaben der Ermächtigungsgrundlage. Diese setzen sich idealtypisch aus Tatbestand („wenn …") und Rechtsfolge („dann …") zusammen. Hinsichtlich der Normstruktur gilt hier also nichts anderes als bei einer Anspruchsnorm des Privatrechts. Dazu treten unter Umständen weitere Voraussetzungen der Spezialgesetze, dem die Ermächtigungsgrundlage entnommen ist.

527 Der **Tatbestand** kann aber eine Besonderheit dahingehend aufweisen, dass er einen unbestimmten Rechtsbegriff („öffentliches Interesse", „Zuverlässigkeit", „Gemeinwohl", „[…]") formuliert. Probleme können sich dann hinsichtlich der gerichtlichen Überprüfbarkeit der Verwaltungsentscheidung ergeben. Grundsätzlich bleiben dabei unbestimmte Rechtsbegriffe gerichtlich vollständig überprüfbar, der Behörde wird nur im Ausnahmefall ein eigener Beurteilungsspielraum eingeräumt. Dann ist dem Verwaltungsgericht nur das Überprüfen von Beurteilungsfehlern erlaubt (näher dazu Rn. 735f. und 746ff.).

528 Nachdem in einem ersten Schritt all diese Tatbestandsvoraussetzungen untersucht worden sind, ist in einem zweiten Schritt zu fragen, ob eine zulässige **Rechtsfolge** eingetreten ist. In der „zulässigen" Rechtsfolge liegt der entscheidende Unterschied zum Privatrecht. Unterteilt werden muss in gebundene Entscheidungen („ist zu erteilen, […]") und Ermessensentscheidungen („kann", „darf", „ist befugt/berechtigt, […]") der Verwaltung. Bei letzterem kann das Verwaltungsgericht die Verwaltungsentscheidung lediglich nach Ermessensfehlern überprüfen, ist in seinem Entscheidungsspielraum also beschränkt (näher dazu Rn. 729ff. und 744ff.).

529 Schließlich verlangt der Gesetzesvorrang (Art. 20 III GG) auch, dass der Verwaltungsakt mit der gesamten Rechtsordnung in Einklang steht, somit also auch mit allgemeinen Rechtsgrundsätzen und höherrangigem Recht. Zu erwähnen ist hier das in besonderem Maße prüfungsrelevante **Verhältnismäßigkeitsprinzip** und die Prüfung eines möglichen Grundrechtsverstoßes.

530 Probleme bereitet neben dem Tatbestand regelmäßig das **Ermessen**, bei welchem das Verhältnismäßigkeitsprinzip praktisch immer und die Wahrung der Grundrechte immer öfter zu erörtern sind (s. näher dazu Rn. 729ff. und Rn. 745).

531 Der Prüfungspunkt Tatbestand bildet somit das Einfallstor für das materielle besondere Verwaltungsrecht. An diesem Prüfungspunkt ist also regelmäßig das Wissen des materiellen Rechts zu erörtern. Klar machen muss man sich, dass der

---

1067 Darunter fallen neben dem Grundgesetz auch formelle Gesetze, Rechtsverordnungen sowie Satzungen.

Dominik Marek Kowalczyk

Prüfungsaufbau hinsichtlich der Rechtmäßigkeit eines Verwaltungsakts auf dem Gebiet des besonderen Verwaltungsrechtes kein anderes sein kann. Dahingehend wird einzig und allein der Prüfungspunkt Tatbestand durch die einzelnen Tatbestandsvoraussetzungen ausgetauscht. Verwirren darf sich der Leser dann nicht von anders aufbauenden, aber inhaltlich gleichlautenden Prüfungsschemata anderer Lehrbücher.

Die Übereinstimmung mit allgemeinen Rechtsgrundsätzen und höherrangi- 532 gem Recht wird dagegen regelmäßig im Rahmen des Ermessens in Form einer Ermessensüberschreitung geprüft.[1068] Dies ist insofern überzeugend, als ein Verstoß gegen höherrangiges Recht zwangsläufig eine Ermessensüberschreitung zu Folge hat und es somit dem Grunde nach in diesem Punkt keine Ermessensfehlerfreiheit geben kann. Gleichzeitig ergibt sich daraus, dass dieser Prüfungspunkt das Einfallstor für die Prüfung des gesamten Verfassungsrechts – also auch einer Grundrechtsprüfung – darstellt.

Die materielle Rechtmäßigkeit bildet damit regelmäßig den Schwerpunkt einer jeden Klausur (näher zur materiellen Rechtmäßigkeit Rn. 712 ff.).

Prüfungsaufbau: Rechtmäßigkeit eines Verwaltungsakts 533

1. Ermächtigungsgrundlage
   a) Vorhandensein einer Ermächtigungsgrundlage
   b) ggf. Verfassungsmäßigkeit der Ermächtigungsgrundlage
2. Formelle Rechtmäßigkeit
   a) Zuständigkeit
   b) Verfahren
   c) Form
      – ggf. Heilung formeller Fehler (§ 45 VwVfG)
      – ggf. Unbeachtlichkeit formeller Fehler (§ 46 VwVfG)
3. Materielle Rechtmäßigkeit
   a) Tatbestandsvoraussetzungen der Ermächtigungsgrundlage
      – ggf. unbestimmter Rechtsbegriff → Beurteilungsspielraum
   b) zulässige Rechtsfolge:
      – gebundene Entscheidung *oder*
      – Ermessensentscheidung → keine Ermessensfehler
   c) Übereinstimmung mit allg. Rechtsgrundsätzen und höherrangigem Recht
      – insbes. Verhältnismäßigkeitsgrundsatz *(falls nicht unter 3. b) als Ermessensfehler geprüft)*
      – insbes. Grundrechte *(falls nicht unter 3. b) als Ermessensfehler geprüft)*

1068 Erbguth/Guckelberger, Allgemeines Verwaltungsrecht, 9. Aufl. 2018, § 14 Rn. 47.

Dominik Marek Kowalczyk

534 Aufbauhinweis: Der Prüfungsaufbau der Rechtmäßigkeit eines Verwaltungsakts ist auch hier in seinen Grundzügen fest etabliert. Hinsichtlich mancher Prüfungspunkte sind jedoch unterschiedliche Varianten und Geschmäcker in der Diskussion. Dabei gibt es nicht den einen „richtigen" Prüfungsaufbau, da in diesem verfassungsrechtliche und systematische Grundentscheidungen des Autors umgesetzt werden, deren Verständnis für Herleitung und Anwendung ihres Prüfungsaufbaus wichtig ist. Entscheidend ist, dass der Inhalt in einer dogmatisch stringenten Weise umgesetzt wird. Es kann also vielmehr nur darum gehen, eine zuverlässige Orientierung in dem meist unbekannten Sachverhalt zu ermöglichen.[1069]

535 Folgendes ist im Gesamtzusammenhang für das Verständnis noch wichtig: Auch ein rechtswidriger Verwaltungsakt bleibt – mit Ausnahme der Nichtigkeit nach § 43 III i.V.m. § 44 VwVfG – zunächst wirksam. § 43 II VwVfG bestimmt die Wirksamkeit eines rechtswidrigen Verwaltungsakts u.a. bis zum Zeitpunkt der Rücknahme nach § 48 VwVfG oder einer anderweitigen Aufhebung. Letzteres umfasst auch eine gerichtliche Aufhebung nach § 113 I 1 VwGO, sodass sich der Kläger zur Beseitigung des rechtswidrigen Verwaltungsakts der Anfechtungsklage bedienen muss. Für den Kläger besteht dabei die Gefahr der formellen Bestandskraft des rechtswidrigen Verwaltungsakts, indem die Frist zur Einlegung des Rechtsmittels verstrichen worden ist und er somit den rechtswidrigen Verwaltungsakt eigenständig nicht mehr aus der Welt schaffen kann (s. Rn. 357 f.) Auf die obige Rechtmäßigkeitsprüfung kommt es dann nicht mehr an.

3. Verletzung subjektiver Rechte des Klägers

536 Als letztes zu prüfendes Tatbestandsmerkmal der Begründetheitsprüfung ist die **Verletzung subjektiver Rechte** des Klägers zu untersuchen. Hierbei wird auf das im Rahmen der Zulässigkeit zur Klagebefugnis nach § 42 II VwGO Gesagte Bezug genommen, doch erst an dieser Stelle die tatsächliche Verletzung subjektiver Rechte des Klägers festgestellt (s. näher Rn. 828 ff.).[1070]

537 Für den Fall der Rechtswidrigkeit des angefochtenen Verwaltungsakts wird dabei die Verletzung subjektiver Rechte des Klägers indiziert: Ein rechtswidriger Eingriff in das subjektiv-öffentliche Recht – welches bereits im Rahmen der Klagebefugnis bestimmt und bejaht worden ist – hat zwangsläufig dessen Verletzung zur Folge.

1069 Mit vergleichbarer Argumentation auch Graf von Kielmansegg, JuS 2013, 312.

1070 Im Rahmen der Klagebefugnis nach § 42 II VwGO macht der Kläger eine Verletzung subjektiver Rechte lediglich „geltend", sodass dort nur die bloße Möglichkeit – nicht das Bestehen – einer solchen Verletzung festgestellt werden darf, s. Rn. 284.

Dominik Marek Kowalczyk

Insofern genügt in aller Regel die knappe Feststellung, dass der Kläger durch   **538**
den rechtswidrigen Verwaltungsakt in seinen subjektiven Rechten verletzt ist.
Empfehlenswert ist es, die in der Klagebefugnis genannten Rechte zu benennen.
Je nachdem, ob dabei auf die Möglichkeits- oder die Adressatentheorie abgestellt
worden ist, können folgende Sätze gebildet werden.

Formulierungsvorschlag (Anwendung Möglichkeitstheorie): *„Durch ... (den
angefochtenen Verwaltungsakt) wird ... (der Kläger) damit [nicht] in seinem Recht
aus ... (das in der Klagebefugnis benannte Recht) verletzt."*

Formulierungsvorschlag (Anwendung Adressatentheorie): *„Durch ... (den
angefochtene Verwaltungsakt) wird ... (der Kläger) damit zumindest in seiner
grundrechtlich geschützten allgemeinen Handlungsfreiheit aus Art. 2 I GG verletzt."*

4. Maßgeblicher Zeitpunkt für die Beurteilung der Rechtmäßigkeit des angefochtenen Verwaltungsakts

Das Verwaltungsgericht überprüft die Rechtmäßigkeit des angefochtenen Ver-   **539**
waltungsakts anhand der materiellen Rechtslage. Probleme entstehen dann,
wenn sich im Laufe des gerichtlichen Verfahrens zwischen dem Erlass des Verwaltungsakts und der gerichtlichen Entscheidung die Sach- und Rechtslage
ändert und fortan die Frage im Raum steht, auf welchen Zeitpunkt für die Beurteilung der Rechtmäßigkeit des Verwaltungsakts abzustellen ist. Über den maßgeblichen Zeitpunkt der Sach- und Rechtslage[1071] herrscht Streit. Zwei Zeitpunkte
kommen grundsätzlich in Betracht.[1072]

Eine Ansicht stellt auf den Zeitpunkt der letzten mündlichen Verhandlung
des Gerichtsprozesses ab. Angeführt wird vor allem, dass der Wortlaut des
§ 113 I 1 VwGO keinen Anhaltspunkt für eine prozessrechtliche Differenzierung
hinsichtlich des Begriffs der Rechtswidrigkeit und der Rechtsverletzung biete.[1073]

Die überwiegende Ansicht legt hingegen den Zeitpunkt der letzten Behördenentscheidung – die hier regelmäßig im Widerspruchsbescheid liegen wird –
zugrunde.[1074] Hierfür spricht, dass grundsätzlich das materielle Recht darüber

---

1071 Der Begriff „maßgeblicher Zeitpunkt der Sach- und Rechtslage" ist etwas ungenau, weil
„maßgeblich" immer das Recht zum Zeitpunkt der Urteilsfindung ist. Nur dieses Recht kann
(konkludent) verlangen, dass für die Aufhebung des Verwaltungsakts noch das alte Recht und
nicht das geänderte Recht heranzuziehen ist, Wolff, in: Wolff/Decker, VwGO/VwVfG, Studienkommentar, 3. Aufl. 2012, § 113 VwGO Rn. 37.
1072 Zum maßgeblichen Zeitpunkt für die Beurteilung der Rechtmäßigkeit des angefochtenen
Verwaltungsakts anschaulich und prägnant auch Polzin, JuS 2004, 211 ff.
1073 W.-R. Schenke/R.P. Schenke, in: Kopp/Schenke, VwGO, 25. Aufl. 2019, § 113 Rn. 39.
1074 Stellvertretend Gersdorf, Verwaltungsprozessrecht, 6. Aufl. 2019, Rn. 52 m.w.N.

entscheidet, ob eine Rechts- oder Tatsachenänderung seit der Behördenentscheidung für die Frage der Rechtmäßigkeit zu berücksichtigen ist (vgl. § 49 II 1 Nr. 3 und 4 sowie § 51 I Nr. 1 VwVfG).[1075]

Die letztgenannte Ansicht überzeugt, da bei der Anfechtungsklage die Überprüfung der Verwaltungsentscheidung im Vordergrund steht.[1076] Daraus folgt der Grundsatz, dass bei Anfechtungsklagen für die maßgebliche Sach- und Rechtslage in der Regel der Zeitpunkt der letzten Behördenentscheidung maßgeblich ist.[1077]

540 Von diesem Grundsatz gibt es jedoch zwei Ausnahmen, bei denen die Sach- und Rechtslage doch im Zeitpunkt der letzten mündlichen Verhandlung des Gerichtsprozesses maßgeblich ist.

541 In einer ersten Fallgruppe sind die Dauerverwaltungsakte zu nennen. Diese erschöpfen sich nicht nur in einer einmaligen Entscheidung der Behörde, sondern werden gleichsam laufend neu getroffen und wiederholen sich damit gewissermaßen immer wieder.[1078] Sie können daher stets aufgrund einer Änderung der Sach- und Rechtslage rechtswidrig werden und müssen daher auch nach der jeweils aktuellen Sach- und Rechtslage beurteilt werden. Beispiele sind Verkehrszeichen oder eine Anordnung zum Anschluss- und Benutzungszwang.[1079]

542 Die zweite Fallgruppe verlangt die Beurteilung nach dem gegenwärtigen Zeitpunkt – also der letzten mündlichen Verhandlung –, sofern Gründe des Vertrauensschutzes und der Billigkeit dies erfordern. Dies gilt vor allem für noch nicht vollzogene Verwaltungsakte, bei denen die Vollstreckung sofort wieder zurückgenommen bzw. eine entsprechende Erlaubnis sogleich wieder erteilt werden müsste. Beispiele sind hier die Ausweisung eines Ausländers, obwohl ihm zwischenzeitlich ein Aufenthaltsrecht zusteht oder die Beseitigungsanordnung zu einem Haus, das durch einen zwischenzeitlich in Kraft getretenen Bebauungsplan genehmigungsfähig wäre.[1080]

543 In der Falllösung ist die Problematik der maßgeblichen Sach- und Rechtslage dort zu thematisieren, wo es erforderlich ist. Dies kann sowohl bei Tatbestandsmerkmalen der formellen sowie auch der materiellen Rechtmäßigkeitsprüfung

---

1075 Erbguth/Guckelberger, Allgemeines Verwaltungsrecht, 9. Aufl. 2018, § 20 Rn. 34.

1076 Hufen, Verwaltungsprozessrecht, 10. Aufl. 2016, § 24 Rn. 8.

1077 Letztlich führen beide Ansichten aufgrund der Ausnahmen oftmals zu ähnlichen Ergebnissen.

1078 Detterbeck, Allgemeines Verwaltungsrecht, 17. Aufl. 2019, Rn. 516.

1079 Hiervon ist wiederrum eine Rückausnahme zu machen, wenn das materielle Recht eindeutig einen anderen Zeitpunkt zu Grunde legt, vgl. z. B. § 35 VI GewO.

1080 Anschaulich zu den Ausnahmen Hufen, Verwaltungsprozessrecht, 11. Aufl. 2019, § 24 Rn. 9 ff.

Dominik Marek Kowalczyk

der Fall sein.[1081] Vorkommen kann es in der Falllösung darüber hinaus auch als Zusatzfrage.[1082]

Formulierungsvorschlag: „*Anhand ... (der eintretenden Umstände) wird deutlich, dass sich ... (die konkrete Sach- oder Rechtslage) maßgeblich verändert hat. Es stellt sich dabei die Frage, auf welchen Beurteilungszeitpunkt abzustellen ist.*"

Letztendlich verliert der Meinungsstreit aufgrund der Ausnahmen der überzeugenden Ansicht in der Falllösung an praktischer Bedeutung, da die Meinungen dann zu gleichen Ergebnissen führen und so ein Streitentscheid oftmals nicht entschieden werden muss.

5. Besonderheiten im Falle von Drittanfechtungsklagen

Einen Sonderfall stellen die Drittanfechtungsklagen dar. Hierbei geht es um 544 Konstellationen, in denen der aufzuhebende Verwaltungsakt von einem Dritten angefochten wird, der nicht selbst Adressat ist, sondern von dem Verwaltungsakt lediglich mittelbar in irgendeiner Weise nachteilig betroffen ist (sog. Verwaltungsakt mit Doppelwirkung).[1083]

Hauptanwendungsfälle sind die Nachbarklage und die Konkurrentenklage: 545 Erstere erlangt vor allem im Baurecht,[1084] aber auch bei Planfeststellungen, Anlagengenehmigungen nach dem BImSchG und im Gaststättenrecht Bedeutung. Ein Nachbar wendet sich dabei gegen die Genehmigung zur Errichtung eines Wohnhauses, einer Industrieanlage, zum Bau einer Straße, zur Eröffnung einer Gaststätte und ähnliches, und macht geltend, durch das Vorhaben aufgrund von Lärm, Schadstoffemissionen und ähnlichem in seinen Rechten verletzt zu sein.[1085]

Die zweite bedeutende Fallgruppe besteht in den Konkurrentenklagen, die 546 vor allem im Beamten- und Gewerberecht vorkommen. Dabei wendet sich zum Beispiel ein Beamter gegen die (drohende) Beförderung/Einstellung eines Mitbewerbers oder ein Gewerbetreibender bekämpft die Genehmigungserteilung oder Subventionsgewährung an einen Konkurrenten.[1086]

1081 Ein Fallbeispiel bietet Wißmann/Holzner/Steiniger, ZJS 2009, 675 (682f.).
1082 Ein Fallbeispiel hierfür bildet Kaiser/Städele, Jura 2017, 95 (106f.).
1083 Mann/Wahrendorf, Verwaltungsprozessrecht, 4. Aufl. 2015, Rn. 205; Ipsen, Allgemeines Verwaltungsrecht, 11. Aufl. 2019, Rn. 412ff. Früher war auch der Begriff des Verwaltungsakts mit Drittwirkung geläufig, der jedoch heute von Gesetzes wegen überholt ist, vgl. § 80 I 2 VwGO.
1084 Vgl. beispielsweise bei Stollmann/Beaucamp, Öffentliches Baurecht, 11. Aufl. 2017, § 21 Rn. 15ff.
1085 Ausführlich hierzu Schlette, Jura 2004, 90 (93f.).
1086 Ausführlich hierzu Schlette, Jura 2004 90 (94f.).

Dominik Marek Kowalczyk

547   Dabei bleibt es grundsätzlich bei der bereits bekannten „klassischen" Begründetheitsprüfung.

548   Examenswissen: Hängt die Begründetheit der Anfechtungsklage allein entscheidend von der Rechtsverletzung ab, so stellen Autoren teilweise die Frage, warum nicht von vornherein hierauf abgestellt wird. Teilweise wird daher bei Drittanfechtungsklagen – im Gegensatz zu dem hier vertretenen klassischen Aufbau – auch ein subjektiv-rechtlich orientierter Aufbau vorgeschlagen, bei dem von vornherein nur die Verletzung der drittschützenden Normen in Rede steht. Danach sei eine Rechtsverletzung i. S. d. § 113 I 1 VwGO gegeben, wenn der Kläger – ähnlich wie etwa bei einer Verpflichtungs- oder allgemeinen Leistungsklage – einen Anspruch auf Aufhebung des Verwaltungsakts hat. Der Obersatz zur Begründetheit könnte dann beispielsweise lauten: „*Nach 113 I 1 VwGO ist die Anfechtungsklage begründet, soweit ... (der Verwaltungsakt) rechtswidrig und ... (der Kläger) dadurch in seinen Rechten verletzt ist. Dies ist dann der Fall, wenn der ... (der Kläger) einen Anspruch auf Aufhebung ... (des Verwaltungsakts) hat.*"[1087]. Ein solches Vorgehen verkompliziert jedoch nur die Lösung des Falles, da die bewährte Prüfungsstruktur verlassen werden müsste und kann somit nicht empfohlen werden. § 113 I 1 VwGO ist auf ein solches Modell nicht angelegt. Ganz gängige Praxis ist es daher, das klassische Aufbauschema zu verwenden, woran sich insbesondere die Studierenden in der Klausur halten sollten.

549   Besonderheiten bestehen im klassischen Aufbau unter dem Prüfungspunkt „Verletzung subjektiver Rechte des Klägers". Hierbei genügt keinesfalls eine knappe Feststellung der Verletzung, vielmehr muss grundsätzlich anhand der Schutznormtheorie für jede Vorschrift einzeln geprüft werden, ob diese Vorschrift einen drittschützenden Charakter aufweist, der Kläger unter den Schutzbereich der Norm fällt und mithin seine subjektiven Rechte verletzt werden (näher dazu Rn. 292 und 297). Der Begründungsaufwand ist also höher.

550   Regelmäßig wird der Schwerpunkt der die Drittanfechtungsklagen betreffenden Ausführungen bereits bei der Klagebefugnis nach § 42 II VwGO liegen. Dort wird dann über den drittschützenden Charakter der streitentscheidenden Normen entschieden. In der Falllösung ist dann hier grundsätzlich nur noch auf alle in der Regel bereits in der Klagebefugnis genannten einzelnen Vorschriften einzugehen und deren drittschützender Charakter zu bejahen bzw. zu verneinen. Dabei kann dann in der Falllösung auf die Ausführungen zur Klagebefugnis verwiesen werden (s. Rn. 296 f.). Bedeutung erlangt der Prüfungsschritt vor allem dann, wenn Normen geprüft werden, die noch nicht in der Klagebefugnis genannt worden sind.[1088]

Formulierungsvorschlag: „*Wie bereits im Rahmen der Klagebefugnis dargelegt, weist ... (die drittschützende Norm) einen drittschützenden Charakter auf,*

1087 Ausführlich zu diesem sog. subjektiv-rechtlich orientierten Aufbau Ehlers, Jura 2004, 176 (178).

1088 Ein Fallbeispiel bietet Kühling/Bäuml, Jura 2013, 728 (741).

Dominik Marek Kowalczyk

sodass ... (der Kläger) durch ... (den Norminhalt) in seinen subjektiven Rechten verletzt ist. [ggf. zweite/dritte/... Norm].

Regelmäßig ist im Falle von Drittanfechtungsklagen eine Beiladung nach 551 § 65 II VwGO auszusprechen. Diese wird dann in der Falllösung unter „B. Beiladung" zwischen „A. Zulässigkeit" und „C. Begründetheit" angesprochen (näher dazu Rn. 445 ff.).[1089]

6. Literaturhinweise

Zur gutachterlichen Prüfung: Beyerbach, Gutachten, Hilfsgutachten und Gut- 552 achtenstil – Bemerkungen zur juristischen Fallbearbeitung, JA 2014, 813; Gödde, Abstrakte Formulierungshilfen und Erläuterungen bei der gutachterlichen Prüfung einer Anfechtungsklage, DVP 2016, 317; Lagodny, Gesetzestexte suchen, verstehen und in der Klausur anwenden, eine praxisorientierte Anleitung für rechtswissenschaftliches Arbeiten im Strafrecht, Öffentlichen Recht, Zivilrecht, 2. Aufl. 2012.

Zur Begründetheitsprüfung von Anfechtungsklagen: Ehlers, Die verwaltungsgerichtliche Anfechtungsklage (Teil II), Jura 2004, 176; stellvertretend für eine Vielzahl von Lehrbüchern Gersdorf, Verwaltungsprozessrecht, 6. Aufl. 2019, Rn. 51 ff.; Kielmansegg, Die Begründetheitsprüfung bei der Anfechtungsklage, JuS 2013, 312.

Zur Rechtswidrigkeit des Verwaltungsakts: stellvertretend für eine Vielzahl von Lehrbüchern Maurer/Waldhoff, Allgemeines Verwaltungsrecht, 19. Aufl. 2017, § 10 Rn. 22 ff.

Zur Verletzung subjektiver Rechte des Klägers: stellvertretend für eine Vielzahl von Lehrbüchern Bull/Mehde, Allgemeines Verwaltungsrecht mit Verwaltungslehre, 9. Aufl., 2015, Rn. 142 ff.

Zum maßgeblichen Zeitpunkt für die Beurteilung der Rechtmäßigkeit des Verwaltungsakts: Baumeister, Der maßgebliche Zeitpunkt im Verwaltungsrecht und Verwaltungsprozessrecht, Jura 2005, 655; Ehlers, Die verwaltungsgerichtliche Anfechtungsklage(Teil II), Jura 2004, 176 (179 f.); Gärditz/Orth, Der maßgebliche Zeitpunkt für die Beurteilung der Sach- und Rechtslage im Verwaltungsprozess, Jura 2013, 1100; Polzin, Der maßgebliche Zeitpunkt im Verwaltungsprozess, JuS 2004, 211.

Zu Drittanfechtungsklagen: Albedyll, in: Bader/Funke-Kaiser/Stuhlfauth/Albedyll, Verwaltungsgerichtsordnung. 6. Aufl. 2014, § 42 Rn. 78 ff. mit zahlreichen Beispielen; Bosch/Schmidt/Vondung/Vondung: Praktische Einführung in das

---

[1089] Ein anschauliches Beispiel aus der Praxis bietet Koehl, JuS 2016, 133.

Dominik Marek Kowalczyk

verwaltungsgerichtliche Verfahren, 9. Aufl., 2012, Rn. 563 ff.; Hufen, Verwaltungsprozessrecht, 10. Aufl. 2016, § 25 Rn. 43; Mann/Wahrendorf, Verwaltungsprozessrecht, 4. Aufl. 2015, Rn. 205 ff.; Stollmann/Beaucamp, Öffentliches Baurecht, 11. Aufl. 2017, Rn. 29 ff.

II. Die Prüfung der Rechtmäßigkeit des Verwaltungsakts im Einzelnen (Bernhard Hadank; Sebastian Eickenjäger; Julian Senders; Tristan Lemke; Daniel Benrath)

553 Die vorstehend aufgezeigte Struktur der Begründetheitsprüfung der Anfechtungsklage bedarf aufgrund ihrer Klausurrelevanz der Vertiefung. Sowohl hinter dem Erfordernis des Vorliegens einer Ermächtigungsgrundlage (dazu Rn. 554 ff.) als auch bei der Prüfung der formellen (dazu Rn. 579 ff.) und materiellen Rechtmäßigkeit des Verwaltungsakts (dazu Rn. 712 ff.) können sich spezifische Probleme ergeben, deren Darstellung in Prüfungsarbeiten beherrscht werden muss.

1. Das Erfordernis einer Ermächtigungsgrundlage (Bernhard Hadank)

554 In der verwaltungsrechtlichen Klausur beginnt die Prüfung der Begründetheit der Anfechtungsklage obligatorisch mit der Bestimmung einer tauglichen **Ermächtigungsgrundlage.** Es wird überprüft, ob die Verwaltung ihre Entscheidungen autonom treffen konnte oder hierfür eine gesetzliche Grundlage notwendig ist. Wenn Entscheidungen der Verwaltung in bestimmten Bereichen durch ein Gesetz legitimiert werden müssen,[1090] steht ihr Handeln, Tun oder Unterlassen unter dem **Vorbehalt des Gesetzes.**

In den meisten Klausuren muss an dieser Stelle lediglich die einschlägige Ermächtigungsgrundlage festgestellt werden. Ausführungen zum Vorbehalt des Gesetzes erübrigen sich in der Regel. Ein Blick auf die Dogmatik der Vorbehaltslehre lohnt sich dennoch, weil der Vorbehalt des Gesetzes wegen seiner unsteten Terminologie, der fehlenden einheitlichen Kodifikation in der Verfassung[1091] und seinem strittigen Anwendungsbereich[1092] zu Schwierigkeiten führen kann. Dieser einführende Beitrag soll zunächst einen groben Überblick über die verfassungsrechtlichen Grundlagen des Vorbehalts des Gesetzes (s. Rn. 555 ff.)

1090 BVerfG, Urt. v. 14.7.1998, Az.: 1 BvR 1640/97 = BVerfGE 98, 218 (251).
1091 Grzeszick, in: Maunz/Dürig, GG, Art. 20 III Rn. 80 (Stand: August 2018).
1092 Sodan/Ziekow, Grundkurs Öffentliches Recht, 8. Aufl. 2018, § 7 Rn. 28; Huster/Rux, in: Epping/Hillgruber, GG, Art. 20 Rn. 174 (Stand: November 2018).

und dessen Umfang (s. Rn. 558 ff.) geben, bevor erläutert wird, inwiefern er bei der Prüfung der Anfechtungsklage relevant wird (s. Rn. 573 ff.)

a) Verfassungsrechtliche Grundlage des Vorbehalts des Gesetzes

Seine verfassungsrechtliche Fundierung findet der Vorbehalt des Gesetzes in 555 zweierlei Hinsicht. Zunächst ist er anerkanntermaßen ein Element des **Rechtsstaatsprinzips.**[1093] Die *rechtsstaatliche* Komponente spiegelt sich gleich mehrfach in den Funktionen des Vorbehalts des Gesetzes wider: Zum einen schafft er Transparenz und Vorhersehbarkeit exekutiver Entscheidungen und knüpft daher an die Bindung der Verwaltung an „Recht und Gesetz" nach Art. 20 III Hs. 2 GG an[1094]; er ist in der Gesetzesbindung der Verwaltung sozusagen „impliziert"[1095]. Zum anderen grenzt der Vorbehalt des Gesetzes die Befugnisse von Exekutive und Legislative ab und leistet auf diese Weise einen Beitrag für die im Rechtsstaatsprinzip angelegte Gewaltenteilung.[1096]

Darüber hinaus enthält der Vorbehalt des Gesetzes eine *demokratische* 556 Komponente: Er trägt dem Umstand Rechnung, dass der parlamentarische Gesetzgeber das einzige unmittelbar demokratisch legitimierte Staatsorgan ist, dem die besondere Aufgabe und Verantwortung zukommt, die grundlegenden Entscheidungen für das Gemeinwesen zu treffen. Der Vorbehalt des Gesetzes findet insoweit eine zusätzliche Verankerung im **demokratischen Prinzip.**[1097]

Verwechslungsgefahr bietet die uneinheitliche **Terminologie**, die den allge- 557 meinen Vorbehalt des Gesetzes und die spezifischen Gesetzesvorbehalte der Grundrechte nicht trennscharf voneinander abgrenzt. Einige Autoren erkennen einen qualitativen Unterschied dahingehend, dass die grundrechtlichen Gesetzesvorbehalte dem Gesetzgeber die *Erlaubnis* vermitteln, ein Grundrecht wirksam

---

1093 Vgl. Schulze-Fielitz, in: Dreier, GG, Kommentar, Band II, 3. Aufl. 2015, Art. 20 (Rechtsstaat) Rn. 105.
1094 Huster/Rux, in: Epping/Hillgruber, GG, Art. 20 Rn. 173 (Stand: November 2018).
1095 BVerfG, Beschl. v. 28.10.1975, Az.: 2 BvR 883/73 = BVerfGE 40, 237 (248); Beschl. v. 8.8.1978, Az.: 2 BvL 8/77 = BVerfGE 49, 89 (126); Beschl. v. 10.5.1988, Az.: 1 BvR 482/84 = BVerfGE 78, 179 (197); vgl. auch Sachs, in: Sachs, GG, 8. Aufl. 2018, Art. 20 Rn. 114. S. auch Sodan/Ziekow, Grundkurs Öffentliches Recht, 8. Aufl. 2018, § 7 Rn. 25. Eine unmittelbare Verankerung in Art. 20 III GG kann dagegen nicht begründet werden, s. hierzu Huster/Rux, in: Epping/Hillgruber, GG, Art. 20 Rn. 173.1 (Stand: November 2018).
1096 Grzeszick, in: Maunz/Dürig, GG, Art. 20 III Rn. 86 (Stand: August 2018); Ossenbühl, in: Isensee/Kirchhof, Handbuch des Staatsrechts für die Bundesrepublik Deutschland, Band V, 3. Aufl. 2007, § 101 Rn. 11 f.
1097 Ossenbühl, in: Isensee/Kirchhof, Handbuch des Staatsrechts für die Bundesrepublik Deutschland, Band V, 3. Aufl. 2007, § 101 Rn. 49 ff.

Bernhard Hadank

durch oder auf Grund eines (einfachen oder qualifizierten) Gesetzes zu beschränken, während der allgemeine Vorbehalt des Gesetzes der Verwaltung das *Verbot* auferlegt, ohne gesetzliche Grundlage überhaupt tätig zu werden.[1098] Nichts desto trotz verfolgen der allgemeine Vorbehalt des Gesetzes sowie die grundrechtlichen Gesetzesvorhalte dieselbe Zielrichtung, indem sie staatliches (grundrechtsbeschränkendes) Handeln unter den Vorbehalt einer gesetzlichen Ermächtigung stellen. Die konsequente Abgrenzung der Begriffe hat deshalb eher akademische Relevanz. Auch in der neueren Rechtsprechung des BVerfG werden die Begriffe „Vorbehalt des Gesetzes" und „Gesetzesvorbehalt" häufig synonym verwandt.[1099] Dennoch ist eine terminologische Abgrenzung sinnvoll. Zum einen, um Verwechslungen zu vermeiden; zum anderen kann so vermittelt werden, die Differenzierung der unterschiedlichen Vorbehalte erkannt und verstanden zu haben.

b) Umfang des Vorbehalts des Gesetzes

558 Aus der verfassungsrechtlichen Ableitung sind keine Erkenntnisse darüber zu gewinnen, in welchem Umfang der Vorbehalt des Gesetzes zur Anwendung gelangt. Deshalb sollten die hierzu vertretenen Auffassungen, die nachfolgend skizziert werden, im Wesentlichen bekannt sein.

559 *Hausarbeitswissen: Insbesondere in verwaltungsrechtlichen Hausarbeiten kann bereits ein kurzer rechtshistorischer Umriss der Vorbehaltslehre Licht ins Dunkle bringen. Seine Ursprünge hat der Vorbehalt des Gesetzes in der konstitutionellen Ordnung des 19. Jahrhunderts.[1100] Er war einerseits als Instrument zur bürgerlichen Mitbestimmung in Bereichen, die vormals der Monarchie vorbehalten waren und andererseits zur Verfestigung des parlamentarischen Gesetzes in der konstitutionellen Monarchie konzipiert. Der Vorbehalt des Gesetzes war somit ein Instrument zur Schaffung demokratischer Legitimation in der von der Monarchie beherrschten Exekutive.[1101] Gegenstand des Vorbehalts waren die Freiheit und das Eigentum als konstitutive Elemente der persönlichen Individualsphäre.[1102] Eingriffe in diese zentralen Positionen erforderten ein Gesetz als rechtsstaatlich*

1098 So etwa Sachs, in: Sachs, GG, 8. Aufl. 2018, Art. 20 Rn. 113.

1099 BVerfG, Beschl. v. 26.6.2002, Az.: 1 BvR 670/91 = BVerfGE 105, 279 (303 ff.); Urt. v. 14.2.2012, Az.: 2 BvL 4/10 = BVerfGE 130, 263 (299); Beschl. v. 17.12.2013, Az.: 1 BvL 6/10 = BVerfGE 135, 48 (78); Beschl. v. 21.4.2015, Az.: 2 BvR 1322/12 = BVerfGE 139, 19 (47); Beschl. v. 17.2.2016, Az.: 1 BvL 8/10 = BVerfGE 141, 143 (164).

1100 Grzeszick, in: Maunz/Dürig, GG, Art. 20 III Rn. 77 (Stand: August 2018).

1101 Lerche, in: Merten/Papier, Handbuch der Grundrechte, Band III, 2009, § 62 Rn. 22 ff.; Grzeszick, in: Maunz/Dürig, GG, Art. 20 III Rn. 77 (Stand: August 2018).

1102 Ossenbühl, in: Isensee/Kirchhof, Handbuch des Staatsrechts für die Bundesrepublik Deutschland, Band V, 3. Aufl. 2007, § 101 Rn. 18. Vgl. auch Lerche, in: Merten/Papier, Handbuch

Bernhard Hadank

allgemeine und demokratisch-parlamentarisch legitimierte Regelung.[1103] *Diese Formel von Freiheit und Eigentum implizierte allerdings ein weites Verständnis dieser Rechtsgüter: Die Freiheit wurde als umfassende allgemeine Handlungsfreiheit verstanden, das Eigentum erstreckte sich auf sämtliche vermögenswerte Rechte.*[1104]

Mit tiefgreifenden Änderungen der Staatsstruktur durch den Übergang in die parlamentarische Demokratie und der verfassungsrechtlichen Kodifikation der Grundrechte durch die Weimarer Reichsverfassung hat sich die Anknüpfung des allgemeinen Vorbehalts des Gesetzes an Freiheit und Eigentum gewissermaßen überholt. Für Eingriffe in diese, gleichwohl weit verstandenen, Rechte sehen die Grundrechte spezifische Gesetzesvorbehalte vor. Die Herstellung demokratischer Legitimation der Exekutive erfolgt nunmehr auch in personeller Hinsicht. Damit bleibt die Frage offen, in welchen Bereichen für den allgemeinen Vorbehalt des Gesetzes mit der Anknüpfung an Freiheit und Eigentum überhaupt noch Raum verbleibt.[1105]

aa) Belastende Maßnahmen der Eingriffsverwaltung

Einer Anknüpfung an Freiheit und Eigentum bedarf es heute nicht mehr, weil **560** unter Bezugnahme auf die Wesentlichkeitstheorie (s. hierzu Rn. 567 ff.) von einem **umfassenden Eingriffsvorbehalt** für *jedes* staatliche Eingriffshandeln ausgegangen wird: Jedes staatliche Handeln, das einen Grundrechtseingriff nach sich zieht, bedarf einer gesetzlichen Ermächtigung.[1106] Maßnahmen der Verwaltung, die dem Bürger ein bestimmtes Handeln, Tun oder Unterlassen durch Aufstellung eines Ge- oder Verbotes gebieten, bedürfen daher einer gesetzlichen Grundlage.[1107] Dementsprechend beginnt die Prüfung der Begründetheit einer Anfechtungsklage gegen einen belastenden Verwaltungsakt obligatorisch mit der Ermittlung einer tauglichen Ermächtigungsgrundlage des angegriffenen Verwaltungsakts (näher sogleich Rn. 573).

Neben formellen Gesetzen genügen allerdings auch **untergesetzliche** **561** **Rechtsnormen**, etwa Rechtsverordnungen, dem Vorbehalt des Gesetzes, sofern diese auf einer hinreichend bestimmten formell-gesetzlichen Ermächtigung gründen. Das Erfordernis der Bestimmtheit der formell-gesetzlichen Ermächtigung[1108] stellt somit eine notwendige Ergänzung und Konkretisierung des Vor-

---

der Grundrechte, Band III, 2009, § 62 Rn. 24; Grzeszick, in: Maunz/Dürig, GG, Art. 20 III Rn. 78 (Stand: August 2018).
1103 So etwa Schulze-Fielitz, in: Dreier, GG, Band II, 3. Aufl. 2015, Art. 20 (Rechtsstaat) Rn. 107.
1104 Grzeszick, in: Maunz/Dürig, GG, Art. 20 III Rn. 77 (Stand: August 2018).
1105 Dazu auch Ossenbühl, in: Isensee/Kirchhof, Handbuch des Staatsrechts für die Bundesrepublik Deutschland, Band V, 3. Aufl. 2007, § 101 Rn. 21.
1106 Grzeszick, in: Maunz/Dürig, GG, Art. 20 III Rn. 111 (Stand: August 2018).
1107 Sachs, in: ders., GG, 8. Aufl. 2018, Art. 20 Rn. 114; vgl. auch Degenhart, Staatrecht I. Staatsorganisationsrecht, 34. Aufl. 2018, Rn. 314 ff.
1108 Zu den konkreten Bestimmtheitsanforderungen nach Art. 80 I 2 GG siehe Sodan/Ziekow, Grundkurs Öffentliches Recht, 8. Aufl. 2018, § 17 Rn. 43 f.

Bernhard Hadank

behalts des Gesetzes dar.[1109] Ebenso stehen **Ermessens-** (s. Rn. 729 ff.) **oder Beurteilungsspielräume** (s. Rn. 735) dem Vorbehalt des Gesetzes nicht entgegen, solange sich die Kriterien für die Ausfüllung dieser Spielräume aus dem Gesetz hinreichend ergeben.[1110]

bb) Begünstigende Maßnahmen der Leistungsverwaltung

562 In der Rechtsprechung des BVerfG ist bereits früh die Frage aufgeworfen worden, ob in Anbetracht der Abkehr von den tradierten Vorstellungen der konstitutionellen Monarchie hin zu einer egalitär-sozialstaatlichen Denkweise und der damit verbundenen Veränderung des Verhältnisses zwischen Staat und Bürger die Ausweitung des Vorbehalts des Gesetzes über Eingriffe in Freiheit und Eigentum hinaus geboten ist.[1111] Angesprochen ist hiermit vor allem die Idee, den Vorbehalt des Gesetzes generell auf begünstigende Maßnahmen der Leistungsverwaltung auszuweiten. Hierdurch wäre ein weites Feld durch die Vorbehaltslehre erschlossen. Die Leistungsverwaltung umfasst nämlich nicht nur die Begünstigung Einzelner (etwa durch Gewährung von Subventionen oder Sozialleistungen), sondern auch die Aufgaben der Daseinsvorsorge, die die Bereitstellung öffentlicher Infrastruktur (beispielsweise Straßen, Universitäten) sowie die öffentliche Versorgung mit Gütern und Dienstleistungen einschließen.[1112]

563 Ob die Ausweitung des Vorbehalts des Gesetzes auf die Leistungsverwaltung sinnvoll oder gar geboten ist, ist fraglich. Sicherlich ist nicht von der Hand zu weisen, dass auch Entscheidungen der Leistungsverwaltung freiheitsbeschränkend sein können, etwa wenn die Teilhabe an staatlichen Leistungen vorenthalten wird.[1113] Unter dieser Prämisse überrascht die Erwägung nicht, den Vorbehalt des Gesetzes auch auf sämtliche Maßnahmen der Leistungsverwaltung auszudehnen, um auch diese Bereiche staatlichen Handelns rechtsstaatlich und demokratisch zu disziplinieren.[1114]

1109 BVerfG, Beschl. v. 27.1.1976, Az.: 1 BvR 2325/73 = BVerfGE 41, 251 (265 f.); Beschl. v. 19.4.1978, Az.: 2 BvL 2/75 = BVerfGE 48, 210 (221 ff.); Beschl. v. 20.10.1981, Az.: 1 BvR 640/80 = BVerfGE 58, 257 (278); Beschl. v. 21.4.2015, Az.: 2 BvR 1322/12 = BVerfGE 139, 19 (47); Ossenbühl, in: Isensee/Kirchhof, Handbuch des Staatsrechts für die Bundesrepublik Deutschland, Band V, 3. Aufl. 2007, § 101 Rn. 30; vgl. auch Sachs, in: ders., GG, 8. Aufl. 2018, Art. 20 Rn. 118; Sodan/Ziekow, Grundkurs Öffentliches Recht, 8. Aufl. 2018, § 7 Rn. 26.
1110 Sachs, in: Sachs, GG, 8. Aufl. 2018, Art. 20 Rn. 115.
1111 S. etwa BVerfG, Beschl. v. 6.5.1958, Az.: 2 BvL 37/56 = BVerfGE 8, 155 (167).
1112 Peine/Siegel, Allgemeines Verwaltungsrecht, 12. Aufl. 2018, § 2 Rn. 21; Ehlers, in: Ehlers/Pünder, Allgemeines Verwaltungsrecht, 15. Aufl. 2015, § 1 Rn. 55.
1113 Grzeszick, in: Maunz/Dürig, GG, Art. 20 III Rn. 117 (Stand: August 2018).
1114 Vgl. dazu Schulze-Fielitz, in: Dreier, GG, Band II, 3. Aufl. 2015, Art. 20 (Rechtsstaat) Rn. 108.

Zu Recht hat sich diese **Lehre vom Totalvorbehalt** nicht durchsetzen kön- 564
nen.[1115] Die an sich nachvollziehbare Idee, den Bürgern mithilfe eines Totalvorbehalts gesetzlich klar beschriebene Teilhaberechte zu verschaffen[1116], kann sich
unter Umständen sogar nachteilig für die Bürger auswirken. Zwar schafft der
Vorbehalt des Gesetzes aus rechtsstaatlicher Perspektive Klarheit im Hinblick auf
die Vergabe von Leistungen. Er engt die Leistungsverwaltung allerdings erheblich
ein, nimmt ihr die notwendige Flexibilität, um bedarfsgerecht zu entscheiden und
verwehrt dem Bürger die Chance, Leistungen zu erhalten, die bislang nicht ausdrücklich gesetzlich ausgeformt sind.[1117] Aus demokratischer Sicht ist der Verzicht
auf einen Totalvorbehalt verkraftbar, weil auch die Verwaltung demokratisch legitimiert ist, wenngleich die personelle Legitimation erst über Legitimationsket-
ten gewährleistet wird.[1118]

Hausarbeitswissen: Die Entbehrlichkeit eines verfassungsrechtlich begründeten umfassenden To- 565
talvorbehalts für die Leistungsverwaltung wird noch deutlicher, wenn man sich vergegenwärtigt,
dass es dem parlamentarischen Gesetzgeber selbstverständlich jederzeit offensteht, normative
Vorgaben für die Leistungsverwaltung aufzustellen. In der ausnormierten Leistungsverwaltung darf
die Leistungsbewilligung nur nach den gesetzlichen Vorgaben erfolgen.[1119] Ein gutes Beispiel hierfür
ist die Vorbehaltsregelung in § 31 SGB I [„Vorbehalt des Gesetzes"], die besagt, dass Rechte und
Pflichten in sämtlichen Sozialleistungsbereichen nur begründet, festgestellt, geändert oder aufge-
hoben werden dürfen, soweit ein Gesetz dies vorschreibt oder zulässt. Insoweit ist die Einordnung
des § 31 SGB I als sozialversicherungsrechtlicher „Totalvorbehalt" durchaus treffend.[1120]

Obwohl ein umfassender Totalvorbehalt für die Leistungsverwaltung überwie- 566
gend verneint wird (s. bereits Rn. 564 ff.), wird dennoch in einigen Bereichen der
Leistungsverwaltung ein legitimierendes Element für die Begünstigung gefordert.
Dies betrifft vor allem die Bewilligung von Subventionen und Beihilfen, die
deshalb in der verwaltungsrechtlichen Klausur immer wieder relevant werden.
Nach heute mehrheitlich vertretener Auffassung bedarf es zwar keiner formell-
gesetzlichen Rechtsgrundlage, sondern es wird vielmehr auf die legitimierende

---

1115 Zur Ablehnung eines Totalvorbehalts grundlegend BVerfG, Urt. v. 18.12.1984, Az.: 2 BvE 13/
83 = BVerfGE 68, 1 (109) – Nato-Doppelbeschluss.
1116 Ossenbühl, in: Isensee/Kirchhof, Handbuch des Staatsrechts für die Bundesrepublik
Deutschland, Band V, 3. Aufl. 2007, § 101 Rn. 25.
1117 Degenhart, Staatrecht I. Staatsorganisationsrecht, 34. Aufl. 2018, Rn. 325; Ossenbühl, in:
Isensee/Kirchhof, Handbuch des Staatsrechts für die Bundesrepublik Deutschland, Band V,
3. Aufl. 2007, § 101 Rn. 25; Sodan/Ziekow, Grundkurs Öffentliches Recht, 8. Aufl. 2018, § 7 Rn. 29.
1118 von Arnim, DVBl. 1986, 1241 (1242).
1119 Sodan/Ziekow, Grundkurs Öffentliches Recht, 8. Aufl. 2018, § 7 Rn. 30.
1120 Spellbrink, in: Kasseler Kommentar Sozialversicherungsrecht, § 31 SGB I Rn. 2 (Stand:
September 2018).

Bernhard Hadank

Wirkung der etatmäßigen Bereitstellung der Begünstigung im Haushaltsplan abgestellt. Auf eine formelle Rechtsgrundlage kann im Subventionsbereich mithin verzichtet werden, wenn

- im Haushaltsplan als Bestandteil des förmlichen Haushaltsgesetzes der Parlamente Fördermittel bereitgestellt werden,
- deren Verwendungszweck im Rahmen des Haushaltsplans ausreichend umrissen ist und
- durch den Erlass von Richtlinien die Verteilung von Fördermitteln denjenigen Stellen vorbehalten bleibt, die kraft der Verfassung hierzu berufen sind.[1121]

Die legitimierende Wirkung des Parlamentsgesetzes tritt somit *mittelbar* über den Haushaltsplan ein. Angesichts der vagen Ziel- und Zwecksetzungen, die sich aus dem Haushaltsplan für die Verwaltung ergeben, ist diese Konstruktion allerdings zu hinterfragen.[1122] In besonders grundrechtssensiblen Fällen hat die Rechtsprechung eine formell-gesetzliche Ermächtigung für die Zuwendung verlangt, weil den Staat hier eine besondere Neutralitätspflicht treffe.[1123] Eine solche an den Grundrechten orientierte Differenzierung ist in der Klausur allerdings schwierig. Mit dem treffenden Argument, dass sich eine für den Bürger *vorteilhafte* budgetäre Flexibilität der Leistungsverwaltung nur durch Steuerung über den Haushaltsplan und nicht durch starre Gesetzgebung erreichen lässt[1124], kann die formellgesetzliche Ermächtigung für die Subventionsvergabe gut begründet verneint werden.

1121 Grundlegend dazu BVerwG, Urt. v. 26.4.1979, Az.: 3 C 111/79 = BVerwGE 58, 45 (48). S. hierzu Ruthig/Storr, Öffentliches Wirtschaftsrecht, 4. Aufl. 2015, § 9 Rn. 785 ff.; Ossenbühl, in: Isensee/ Kirchhof, Handbuch des Staatsrechts für die Bundesrepublik Deutschland, Band V, 3. Aufl. 2007, § 101 Rn. 26 f. Ein ausführliches Modell zur Bestimmung der möglichen Regelungsinhalte des Haushaltsplans bei Etatzuwendungen bietet Kluckert, Zuwendung und Gesetz, 2018, S. 458 ff.
1122 Ablehnend von Arnim, DVBl. 1987, 1241 (1246 f.); bejahend Stober, Allgemeines Wirtschaftsverwaltungsrecht, 17. Aufl. 2011, S. 52. Vgl. dazu Ossenbühl, in: Isensee/Kirchhof, Handbuch des Staatsrechts für die Bundesrepublik Deutschland, Band V, 3. Aufl. 2007, § 101 Rn. 27.
1123 s. etwa zur Förderung von Religionsgemeinschaften BVerwG, Urt. v. 27.3.1992, Az.: 7 C 21/ 90 = BVerwGE 90, 112 (Rn. 40); OVG Münster, Urt. v. 23.3.1990, Az.: 5 A 584/86 = NVwZ 1991, 174 (175). Vgl. auch Degenhart, Staatsrecht I. Staatsorganisationsrecht, 34. Aufl. 2018, Rn. 326.
1124 So auch Stober, Allgemeines Wirtschaftsverwaltungsrecht, 17. Aufl. 2011, S. 52.

Bernhard Hadank

cc) Verdichtung des Vorbehalts des Gesetzes zum Parlamentsvorbehalt

Der allgemeine Vorbehalt des Gesetzes kann sich bei Betonung der demokrati- **567**
schen Komponente[1125] zu einem **Parlamentsvorbehalt** verdichten. Insbesondere
das BVerfG hat dies in seiner Rechtsprechung immer wieder getan, indem es die
Pflicht des parlamentarischen Gesetzgebers hervorhebt, in grundlegenden normativen Bereichen alle *wesentlichen* Entscheidungen selbst zu treffen.[1126] Über
diese als „**Wesentlichkeitstheorie**" bekannte Doktrin des BVerfG lässt sich der
Vorbehalt des Gesetzes zwar bereichsspezifisch näher ausformen.[1127] Allerdings
bleibt stets klärungsbedürftig, welche Entscheidungen als wesentlich einzustufen
sind.[1128] Das Fehlen schärferer Konturen dürfte die größte Schwäche dieses ansonsten geeigneten Ansatzes für die bereichsspezifische Ausformung der Vorbehaltslehre sein.

Als grobe Orientierung für die „Wesentlichkeit" dient die Grundrechtsrele- **568**
vanz einer staatlichen Entscheidung. Im grundrechtsrelevanten Bereich soll alles „wesentlich" sein, was „für die Verwirklichung der Grundrechte wesentlich"
ist[1129], wobei die Annahme des Vorbehalts des Gesetzes „mit großer Behutsam-
keit" vorzunehmen ist, um einer „weitgehende[n] Vergesetzlichung" entgegen zu
wirken[1130].

Examenswissen: Die Wesentlichkeitstheorie ist vor allem dazu genutzt worden, den Vorbehalt des **569**
Gesetzes auf die früheren „**besonderen Gewaltverhältnisse**", heute als Sonderstatusverhältnisse[1131] bezeichnet, auszudehnen.[1132] Dies betraf insbesondere das Schulverhältnis[1133] sowie den

---

1125 Zu deren Betonung in der gewandelten Auffassung des Staatsrechts BVerfG, Beschl. v. 8.8.
1978, Az.: 2 BvL 8/77 = BVerfGE 49, 89 (126). Vgl. auch Lerche, in: Merten/Papier, Handbuch der
Grundrechte, Band III, 2009, § 62 Rn. 25.
1126 BVerfG, Urt. v. 6.12.1972, Az.: 1 BvR 230/70 = BVerfGE 34, 165 (192f.); Beschl. v. 28.10.1975,
Az.: 2 BvR 883/73 = BVerfGE 40, 237 (249f.); Beschl. v. 8.8.1978, Az.: 2 BvL 8/77 = BVerfGE 49, 89
(126f.); Beschl. v. 29.10.1987, Az.: 2 BvR 624/83 = BVerfGE 77, 170 (230f.); Urt. v. 14.7.1998, Az.: 1 BvR
1640/97 = BVerfGE 98, 218 (251f.); Urt. v. 6.7.1999, Az.: 2 BvF 3/90 = BVerfGE 101, 1 (34); Urt. v. 24.9.
2003, Az.: 2 BvR 1436/02 = BVerfGE 108, 282 (312).
1127 Zum Erfordernis bereichsspezifischer Konkretisierungen Grzeszick, in: Maunz/Dürig, GG,
Art. 20 III Rn. 104 (Stand: Dezember 2007).
1128 Sommermann, in: von Mangold/Klein/Starck, GG, 7. Aufl. 2018, Art. 20 III Rn. 275.
1129 BVerfG, Beschl. v. 21.12.1977, Az.: 1 BvL 1/75 = BVerfGE 47, 46 (79); Beschl. v. 27.11.1990, Az.:
1 BvR 402/87 = BVerfGE 83, 130 (142).
1130 BVerfG, Beschl. v. 21.12.1977, Az.: 1 BvL 1/75 = BVerfGE 47, 46 (79).
1131 S. zu den Sonderstatusverhältnissen unter dem Grundgesetz ausführlich Peine, in: Merten/
Papier, Handbuch der Grundrechte, Band III, 2009, § 65 Rn. 30ff.
1132 Lerche, in: Merten/Papier, Handbuch der Grundrechte, Band III, 2009, § 62 Rn. 54f.
1133 Vgl. BVerfG, Urt. v. 6.12.1972, Az.: 1 BvR 230/70 = BVerfGE 34, 165 (192f.); Beschl. v. 27.1.1976,
Az.: 1 BvR 2325/73 = BVerfGE 41, 251 (259f.); Beschl. v. 22.6.1977, Az.: 1 BvR 799/76 = BVerfGE 45, 400

Bernhard Hadank

Strafvollzug[1134]; mithin Bereiche mit hoher Grundrechtsrelevanz, in denen der Exekutive allerdings nach tradierten Vorstellungen weite Entscheidungsspielräume zur Verfügung standen.

570 Mehr als eine vage Leitlinie kann aus der Wesentlichkeitsdoktrin nicht gewonnen werden, sodass die Wesentlichkeit doch im Einzelfall mit „Blick auf den jeweiligen Sachbereich und auf die Eigenart des betroffenen Regelungsgegenstandes" ermittelt werden muss. Die Wesentlichkeit ist dabei nicht nur an der Bedeutung des betroffenen Rechtsgutes, sondern auch nach dem *Grad* der Betroffenheit dieses Rechtsgutes zu bestimmen.[1135] Auf keinen Fall lässt sich die Wesentlichkeit aber mit der bloßen politischen Relevanz begründen.[1136] Einschränkend betont das BVerfG allerdings die in Art. 20 II GG normierte organisatorische und funktionelle Unterscheidung und Trennung der Gewalten, die darauf abzielt, dass „staatliche Entscheidungen möglichst richtig, d.h. von den Organen getroffen werden, die dafür nach ihrer Organisation, Zusammensetzung, Funktion und Verfahrensweise über die besten Voraussetzungen verfügen. Dieses Ziel darf nicht durch einen Gewaltenmonismus in Form eines *umfassenden* Parlamentsvorbehalts unterlaufen werden".[1137]

571 Die Wesentlichkeitstheorie gibt nicht nur Aufschluss über die Frage, ob überhaupt eine formell-gesetzliche Rechtsgrundlage erforderlich ist, sondern kann auch zur Klärung der erforderlichen Regelungsdichte herangezogen werden. Wenn der parlamentarische Gesetzgeber alle wesentlichen Entscheidungen selbst treffen muss, hat dies ein *Delegationsverbot* für die als wesentlich eingestuften Bereiche zur Folge.[1138]

(417 f.); Beschl. v. 21.12.1977, Az.: 1 BvL 1/75 = BVerfGE 47, 46 (79); Beschl. v. 20.10.1981, Az.: 1 BvR 640/80 = BVerfGE 58, 257 (268 ff.).

1134 BVerfG, Beschl. v. 21.10.1981, Az.: 1 BvR 52/81 = BVerfGE 58, 358 (366 f.).

1135 So etwa Sommermann, in: von Mangold/Klein/Starck, GG, 7. Aufl. 2018, Art. 20 III Rn. 279 unter Bezugnahme auf den Facharzt-Beschluss des BVerfG v. 9.5.1972, Az.: 1 BvR 518/62 = BVerfGE 33, 125 (160).

1136 BVerfG, Urt. v. 14.7.1998, Az.: 1 BvR 1640/97 = BVerfGE 98, 218 (251); S. auch Sodan/Ziekow, Grundkurs Öffentliches Recht, 8. Aufl. 2018, § 24 Rn. 28.

1137 BVerfG, Urt. v. 14.7.1998, Az.: 1 BvR 1640/97 = BVerfGE 98, 218 (251 f.); Beschl. v. 21.4.2015, Az.: 2 BvR 1322/12 = BVerfGE 139, 19 (46) – jeweils ohne die Hervorhebung.

1138 BVerfG, Beschl. v. 21.4.2015, Az.: 2 BvR 1322/12 = BVerfGE 139, 19 (47); Sodan/Ziekow, Grundkurs Öffentliches Recht, 8. Aufl. 2018, § 24 Rn. 29; Ossenbühl, in: Isensee/Kirchhof, Handbuch des Staatsrechts für die Bundesrepublik Deutschland, Band V, 3. Aufl. 2007, § 101 Rn. 30. Vgl. auch Grzeszick, in: Maunz/Dürig, GG, Art. 20 III Rn. 75 (Stand: August 2018). Zur praktischen Bedeutung des Delegationsverbotes für die untergesetzliche Normsetzung durch den Gemeinsamen Bundesausschuss s. Sodan/Hadank, NZS 2018, 804 f.

Bernhard Hadank

Terminologisch ist der Parlamentsvorbehalt allerdings vom allgemeinen 572
Vorbehalt des Gesetzes zu unterscheiden. Der Parlamentsvorbehalt erfasst nicht
zwingend normative Regelungen, sondern auch Entscheidungen in konkreten
Einzelfällen.[1139] Er ist somit begrifflich weiter gefasst als der Vorbehalt des Gesetzes.

c) Prüfung der Ermächtigungsgrundlage im Rahmen der Anfechtungsklage

Soweit mit der Anfechtungsklage **belastende Verwaltungsakte** angegriffen 573
werden, handelt es sich bei dem Klagegegenstand um eine Maßnahme der Eingriffsverwaltung, die grundsätzlich einer gesetzlichen Ermächtigung bedarf (zu
diesem umfassenden Eingriffsvorbehalt bereits Rn. 560 f.). Die Ermittlung einer
tauglichen **Ermächtigungsgrundlage** bildet dann obligatorisch den ersten
Schritt der Begründetheitsprüfung, wobei sich Ausführungen zur Frage, *ob* eine
gesetzliche Ermächtigung benötigt wird, erübrigen. Es ist vielmehr festzustellen,
auf *welche* gesetzliche Ermächtigung sich die Verwaltung zur Legitimierung ihres
Eingriffshandelns berufen kann. Werden **begünstigende Verwaltungsakte** der
Leistungsverwaltung von Dritten, soweit sie hierzu klagebefugt sind, angefochten, kann die Frage, ob es überhaupt einer gesetzlichen Ermächtigung bedarf,
allerdings virulent werden.

In der Prüfungsstruktur steht die Ermittlung der tauglichen Ermächtigungs- 574
grundlage an erster Stelle noch vor der formellen Rechtmäßigkeit; die dezidierten
Voraussetzungen der Ermächtigungsgrundlage auf der Tatbestands- und Rechtsfolgenseite werden erst anschließend im Rahmen der materiellen Rechtmäßigkeit
untersucht (vgl. Rn. 832 ff.). Diese gewissermaßen vorweggenommene Prüfung der
Ermächtigungsgrundlage ist erforderlich, da eine rechtliche Würdigung der formellen und materiellen Rechtmäßigkeit des angegriffenen Verwaltungsakts nur
anhand einer *konkreten* Ermächtigungsgrundlage gelingen kann.[1140] Wenn aber die
einzelnen Voraussetzungen der Ermächtigungsgrundlage erst im Verlauf der weiteren Prüfung thematisiert werden, verbleibt für den ersten Prüfungsschritt der
Begründetheit eine überschaubare **Prüfungstiefe**, die sich auf folgende zwei
Kernfragen erstreckt:
- Es muss erstens festgestellt werden, dass überhaupt eine hinreichend bestimmte und ihrerseits rechtmäßige Ermächtigungsgrundlage besteht,
- die zweitens die konkret angegriffene Entscheidung der Verwaltung deckt.[1141]

1139 Ossenbühl, in: Isensee/Kirchhof, Handbuch des Staatsrechts für die Bundesrepublik
Deutschland, Band V, 3. Aufl. 2007, § 101 Rn. 14.
1140 Ehlers, in: Ehlers/Schoch, Rechtsschutz im Öffentlichen Recht, 2009, § 22 Rn. 71.
1141 So auch Hufen, Verwaltungsprozessrecht, 11. Aufl. 2019, § 25 Rn. 12.

Bernhard Hadank

575 Soweit die einschlägige Ermächtigungsgrundlage bereits offenkundig erkennbar ist (oder durch die Aufgabensteller im Sachverhalt vorgegeben wird), kann dieser Prüfungsschritt mit verhältnismäßig knappen Ausführungen abgehandelt werden. Kommen mehrere Vorschriften als taugliche Ermächtigungsgrundlage in Betracht, muss die am besten passende Norm lokalisiert werden. Die Kriterien für die Auswahl derjenigen Ermächtigungsgrundlage, die den erlassenen Verwaltungsakt am besten deckt, sind überschaubar. Insbesondere sind speziellere Vorschriften allgemeinen Regelungen vorzuziehen (zu dieser Problematik im Polizei- und Ordnungsrecht s. Rn. 1030 ff.).[1142]

576 Aufwändiger kann die Prüfung der Rechtsgrundlage dagegen sein, wenn zweifelhaft ist, ob die Rechtsgrundlage ihrerseits mit höherrangigem Recht vereinbar ist. Denn im Zuge der Anfechtungsklage prüft das Verwaltungsgericht nicht nur, ob der Verwaltungsakt mit der Ermächtigungsgrundlage, auf die er gestützt ist, in Einklang steht, sondern auch inzident die Vereinbarkeit der Ermächtigungsgrundlage mit höherrangigem Recht.[1143] Ob die Vereinbarkeit mit höherrangigem Recht bereits im Prüfungsschritt der Ermächtigungsgrundlage oder erst im Rahmen der materiellen Rechtmäßigkeit zu thematisieren ist, wird je nach Einzelfall unterschiedlich zu bewerten sein.[1144] Es bietet sich allerdings eine Prüfung bereits bei der Feststellung der tauglichen Ermächtigungsgrundlage an: Sofern die Prüfung zu dem Ergebnis gelangt, dass die untergesetzliche Norm nicht mit höherrangigem Recht vereinbar ist, scheidet sie bereits als taugliche Ermächtigungsgrundlage aus, sodass sich die Folgeprüfung erübrigt und die Klausur im Hilfsgutachten fortzusetzen ist.

d) Zusammenfassung

577 Zusammenfassend kann somit festgehalten werden:
- Immer dann, wenn die Verwaltung durch ihr Handeln, Tun oder Unterlassen in Grundrechte eingreift, bedarf sie hierfür einer gesetzlichen Ermächtigung. Soweit es sich um eine untergesetzliche Rechtsgrundlage handelt, muss diese auf einer hinreichend bestimmten Ermächtigung gründen.
- Werden begünstigende Verwaltungsakte der Leistungsverwaltung durch Dritte angefochten, wird die Frage virulent, ob der Vorbehalt des Gesetzes greift. In der Leistungsverwaltung ist dies umstritten. Ein umfassender Totalvorbehalt wird nach herrschender Auffassung abgelehnt. Für den Bereich

---

1142 Hufen, Verwaltungsprozessrecht, 11. Aufl. 2019, § 25 Rn. 13.
1143 Decker, in: Posser/Wolff, VwGO, 49. Ed., Stand: 1.4.2019, § 113 Rn. 13. Vgl. dazu auch Wolff, in: Sodan/Ziekow, VwGO, Kommentar, 5. Aufl. 2018, § 113 Rn. 28.
1144 Ehlers, in: Ehlers/Schoch, Rechtsschutz im Öffentlichen Recht, 2009, § 22 Rn. 71.

Bernhard Hadank

der Subventionen gibt sich die Rechtsprechung mit der Legitimation der Verwaltung über die Ausweisungen des Haushaltsplans zufrieden.

– Bei der (vorweggenommenen) Prüfung der Ermächtigungsgrundlage genügt regelmäßig die kursorische Feststellung, ob die Ermächtigungsgrundlage den Erlass des angegriffenen Verwaltungsakts abdeckt.

e) Literaturhinweise

Jarass, Der Vorbehalt des Gesetzes bei Subventionen, NVwZ 1984, 473 ff.; Lerche, in: Merten/Papier (Hrsg.), Handbuch der Grundrechte, Band III, 2009, § 62; Ossenbühl, in: Isensee/Kirchhof (Hrsg.), Handbuch des Staatsrechts für die Bundesrepublik Deutschland, Band V, 3. Aufl. 2007, § 101; Sodan/Ziekow, Grundkurs Öffentliches Recht, 8. Aufl. 2018, § 24 Rn. 27 ff.; § 7 Rn. 25 ff.; Voßkuhle, Grundwissen – Öffentliches Recht: Der Grundsatz des Vorbehalts des Gesetzes, JuS 2007, 118 **578**

2. Formelle Rechtmäßigkeit des Verwaltungsakts

Im Anschluss an die Bestimmung der einschlägigen Ermächtigungsgrundlage ist zu untersuchen, ob der Verwaltungsakt formell rechtmäßig ist. Die Prüfung wird regelmäßig in drei Schritten vorgenommen: Zuständigkeit, Verfahren, Form. **579**

a) Zuständigkeit (Sebastian Eickenjäger)

Die Prüfung der Zuständigkeit betrifft zunächst die Frage, welcher Verwaltungsträger (Bund oder Länder) im Sinne der **Verbandskompetenz** zuständig ist. Maßgeblich sind hierbei die Regelungen des GG zur Verwaltungskompetenzverteilung (Art. 83 ff. GG). In der verwaltungsrechtlichen Klausur sind Probleme in diesem Bereich jedoch eher unüblich, da Streitigkeiten bzgl. der Kompetenzverteilung zwischen Bund und Ländern regelmäßig im verfassungsrechtlichen Bund-Länder-Streit gemäß Art. 93 I Nr. 3 GG ausgetragen werden. Dementsprechend soll in der Folge der Fokus auf die Frage der sogenannten **Organkompetenz**, d. h. die Frage, welche Behörde auf der Ebene des Bundes und in den einzelnen Bundesländern zuständig ist, gelegt werden. **580**

Abgesehen von der Verbands- und Organkompetenz werden in der Literatur noch die instanzielle und die funktionelle Zuständigkeit unterschieden. Die **funktionelle Zuständigkeit** betrifft nach wohl h. M. die behördeninterne Ver- **581** teilung von Zuständigkeiten (in diesem Sinne: behördeninterne Zuständigkeit).[1145] Von der **instanziellen Zuständigkeit** ist dann die Rede, wenn ausnahmsweise eine höhere Behörde eine Aufgabe wahrnimmt, die eigentlich einer unteren Behörde zugeteilt ist, mithin eine andere „Instanz" zuständig wird.[1146] Dies ist etwa der Fall, wenn eine höhere Behörde von einem gesetzlich geregelten Selbsteintrittsrecht Gebrauch macht oder wenn die nächsthöhere Behörde im Rahmen des Widerspruchsverfahrens als Widerspruchsbehörde tätig wird (s. hierzu Rn. 611 ff.).[1147]

582 **In der verwaltungsrechtlichen Klausur** sind Kenntnisse zur Verteilung der Zuständigkeiten erforderlich, um die jeweils zuständige Behörde zu bestimmen (insbesondere dann, wenn dies im Sachverhalt nicht bereits eindeutig erfolgt ist) oder eventuelle Unzuständigkeiten und die Rechtsfolgen (Rechtswidrigkeit, Nichtigkeit und Heilung) herauszuarbeiten. Genaue Kenntnisse im **Verwaltungsorganisationsrecht** sind zudem für die Bestimmung des richtigen Klagegegners (s. hierzu Rn. 412 f.) und im Rahmen der Prüfung des Widerspruchsverfahrens (s. hierzu Rn. 611 ff.) von Bedeutung.

583 Im Folgenden wird zunächst die Verteilung der Verwaltungskompetenzen zwischen Ländern und Bund im Sinne der Verbandskompetenz dargestellt. Im Anschluss daran werden in einem ersten Schritt die zur Bestimmung der sachlich zuständigen Behörden erforderlichen Grundlagen der Verwaltungsorganisation auf Bundes- und Landesebene sowie die Folgen eines Verstoßes gegen Zuständigkeitsbestimmungen vorgestellt. In einem zweiten Schritt werden sodann die Regelungen zur Bestimmung der örtlichen Zuständigkeit und die Folgen eines Verstoßes gegen ebendiese dargestellt.

aa) Bestimmung der sachlichen Zuständigkeit

584 Im vorliegenden Abschnitt wird auf die Verbandskompetenz (1), die Organkompetenz (2), die Zuständigkeit im Widerspruchsverfahren (3) und die Folgen eines Verstoßes gegen Bestimmungen der sachlichen Zuständigkeit (4) eingegangen.

(1) Verbandskompetenz

585 Die Verteilung der Verwaltungskompetenzen zwischen Bund und Ländern (Verbandskompetenz) ist im GG umfassend geregelt. **Art. 30 GG** fungiert zunächst

---

1145 Collin/Fügemann, JuS 2005, 694 (699), m.w.N.
1146 Collin/Fügemann, JuS 2005, 694 (698 f.).
1147 Collin/Fügemann, JuS 2005, 694 (699), m.w.N.

Sebastian Eickenjäger

als **Generalklausel der Kompetenzverteilung**[1148] und bestimmt, dass die Ausübung staatlicher Befugnisse und die Erfüllung staatlicher Aufgaben zunächst Ländersache ist, soweit nicht das Grundgesetz andere Regelungen trifft oder zulässt. Die Art. 83 ff. GG stellen „andere Regelungen" im Sinne des Art. 30 GG dar und sind für die Frage der Verwaltungskompetenzen in Bezug auf Bundesgesetze[1149] lex specialis. Da sich im GG „andere Regelungen" bezüglich der Verwaltung von Landesgesetzen nicht finden, liegt die Kompetenz für den Vollzug von Landesgesetzen gemäß Art. 30 GG bei den Ländern. Die Verwaltung von Landesgesetzen durch den Bund ist mithin unzulässig.[1150] Dies betrifft in der Klausur besonders relevante Bereiche des besonderen Verwaltungsrechts, wie das Polizeirecht, das Bauordnungsrecht und mittlerweile in den Ländern, die eigene Versammlungsgesetze erlassen haben (also Bayern, Niedersachsen, Sachsen, Sachsen-Anhalt und Schleswig-Holstein), auch das Versammlungsrecht.

Bzgl. der Verwaltung der Bundesgesetze regelt **Art. 83 GG**, dass die Länder die **586** Bundesgesetze als eigene Angelegenheit ausführen, soweit das GG nichts anderes bestimmt oder zulässt. Die Länder sind danach zunächst für die Verwaltung der Bundesgesetze zuständig und laut BVerfG auch verpflichtet, die Bundesgesetze auszuführen.[1151] Die Verwaltung von Bundesrecht durch die Länder erfolgt zum einen im Wege der landeseigenen Verwaltung nach Art. 84 GG und zum anderen im Wege der Bundesauftragsverwaltung nach Art. 85 GG. Die landeseigene Verwaltung gemäß Art. 84 GG stellt dabei den Regeltypus des Vollzugs von Bundesgesetzen dar.

Im Bereich der landeseigenen Verwaltung gilt die Formel, dass der Bund **587** zwar mit den Bundesgesetzen den Verwaltungsgegenstand (das „Was") der Verwaltung bestimmt. Allerdings sind die Länder grds. gemäß Art. 84 I 1 GG frei in der Gestaltung der Organisation der Verwaltung („Wer") und der Gestaltung des Verwaltungsverfahrens („Wie").[1152] Diese grds. bestehenden Freiheiten werden in **Art. 84 GG** durch verschiedene Einflussmöglichkeiten des Bundes beschränkt.

1148 Erbguth, in: Sachs, GG, 8. Aufl. 2018, Art. 30, Rn. 7, m.w.N.

1149 Als Bundesgesetze im Sinne der Art. 83 ff. gelten das GG selbst, Gesetze im formellen Sinne, Rechtsverordnungen sowie unmittelbar geltende Normen des Rechts der Europäischen Union, auf die die Art. 83 ff. GG analog angewendet werden, Pieroth, in: Jarass/Pieroth, GG, 15. Aufl. 2018, Art. 83, Rn. 5.

1150 BVerfG, Urt. v. 28.02.1961, Az.: 2 BvG 1/60, 2 BvG 2/60 = BVerfGE 12, 205 (221); BVerfG, Beschl. v. 11.4.1967, Az.: 2 BvG 1/62 = BVerfGE 21, 312 (325 ff.).

1151 BVerfG, Urt. v. 10.12.1980, Az.: 2 BvF 3/77 = BVerfGE 55, 274 (318); s. auch BVerfG, Beschl. v. 25.06.1974, Az.: 2 BvF 2/73, 2 BvF 3/73 = BVerfGE 37, 363 (385); BVerfG, Beschl. v. 08.04.1987, Az.: 2 BvR 909/82 u.a. = BVerfGE 75, 108 (150).

1152 Ipsen, Staatsrecht I, Staatsorganisationsrecht, 22. Aufl., 2010, Rn. 616.

Sebastian Eickenjäger

588   Das GG sieht eine abschließende Aufzählung der Bereiche vor, in denen die Länder im Wege der **Auftragsverwaltung nach Art. 85 GG** tätig werden (Enumerationsprinzip). Es unterscheidet dabei Bereiche der obligatorischen[1153] Auftragsverwaltung, in denen eine Verwaltung durch die Länder zwingend vorgegeben ist und Bereiche der fakultativen[1154] Auftragsverwaltung, in denen es dem Bund offensteht, den Ländern einen Verwaltungsbereich zur Auftragsverwaltung zuzuweisen. Der Begriff „Auftragsverwaltung" könnte so verstanden werden, dass die Länder in diesem Bereich des Vollzugs von Bundesrecht im Namen des Bundes handeln würden. Tatsächlich ist die Auftragsverwaltung jedoch ebenso eine Form der Landesverwaltung, denn die Länder üben auch hier Landesstaatsgewalt aus.[1155] Sie (bzw. ihre Behörden) handeln als Landesorgane und nicht als Bundesorgane.

589   Examenswissen: Im Vergleich zur landeseigenen Verwaltung nach Art. 84 GG bestehen im Bereich der Bundesauftragsverwaltung für den Bund weitergehende Einwirkungsmöglichkeiten (durch die Gesetzgebung des Bundes gemäß Abs. 1, der Bundesregierung nach Abs. 2 und 4 S. 2 sowie der obersten Bundesbehörden gemäß Abs. 2, 3 und 4 S. 1).

590   Zuletzt gibt es Bereiche, in denen Bundesrecht vom Bund verwaltet wird. Bei den Verwaltungskompetenzzuweisungen an den Bund handelt es sich insbesondere um die **Regelungen zur bundeseigenen Verwaltung gemäß der Art. 86 ff. GG.**[1156]

591   Examenswissen: Die Verwaltungszuständigkeit wird in den Art. 86 ff. GG nur insoweit dem Bund übertragen, als es das GG ausdrücklich vorsieht oder zulässt. Es gilt also – ebenso wie bei der Auftragsverwaltung nach Art. 85 GG – grundsätzlich das Enumerationsprinzip. Die Regelzuständigkeit der Länder wird nach den Art. 86 ff. GG entweder obligatorisch[1157] oder fakultativ[1158] an den Bund übergeben. Das bedeutet, dass der Bund entweder zur bundeseigenen Verwaltung verpflichtet ist (obligatorisch), oder ihm die Übernahme der Verwaltungszuständigkeit offensteht (fakultativ).

1153 Vgl. Art. 90 II GG, Art 104a III 2 GG und Art 108 II 1 GG.
1154 Vgl. Art 87b II 1 GG, Art 87c GG, Art 87d II GG, Art 89 II 3 und 4 GG sowie Art 120a I 1 GG.
1155 BVerfG, Urt. v. 22.05.1990, Az.: 2 BvG 1/88 = BVerfGE 81, 310 (331).
1156 Darüber hinaus sind hierzu die Regelungen zur Länderverwaltung im Zusammenwirken mit dem Bund (Art. 91a – 91e GG) und zur alleinigen Verwaltung durch die Gemeinden (Art. 91e II GG) zu zählen.
1157 Z. B. Art. 87 I 1 GG, Art. 87 I 1 GG oder auch Art. 87 d I 1 GG.
1158 Z. B. Art. 87 I 2 GG oder Art. 87 b I 3 und II 1 GG.

Sebastian Eickenjäger

(2) Organkompetenz

Im vorliegenden Abschnitt soll ein Überblick über den Verwaltungsaufbau auf der   592
Ebene des Bundes (a) und der Länder (b) gegeben werden.

(a) Bundesverwaltungsaufbau

Im Gegensatz zu den Ländern hat der Bund keine allgemeinen Verwaltungsbe-   593
hörden, sondern nur Sonderverwaltungsbehörden.[1159] Bei der Bundesverwaltung
ist zunächst zu unterscheiden, ob der Bund in mittelbarer oder unmittelbarer
Staatsverwaltung tätig wird.

Um einen Fall **unmittelbarer Staatsverwaltung** handelt es sich, wenn Or-   594
gane des Staates dessen Aufgaben selbst erfüllen. Man spricht also von unmittelbarer Staatsverwaltung, wenn Landes- oder Bundesbehörden (unmittelbar) für
das betreffende Land oder den Bund deren Aufgaben wahrnehmen.

Ein Fall der **mittelbaren Staatsverwaltung** liegt dagegen vor, wenn der   595
Bund oder die Länder nicht durch eigene Behörden tätig werden, sondern auf
öffentlich-rechtliche Körperschaften, Anstalten oder Stiftungen sowie Beliehene
zurückgreifen, die Länder insbesondere auf die Gemeinden als Gebietskörperschaften.

Examenswissen: Die **Gemeinden und Gemeindeverbände** nehmen aufgrund ihrer besonderen   596
verfassungsrechtlichen Stellung (Art. 28 II GG) im Gegensatz zu anderen öffentlich-rechtl. Körperschaften eine Sonderstellung ein, da sie einen umfassenden Aufgabenkreis haben, Gebiets-
hoheit besitzen und aufgrund ihrer unmittelbar gewählten Volksvertretung – und damit kraft
demokratischer Legitimation – zu eigener Willensbildung befähigt sind.[1160]

Soweit der Bund im Rahmen der unmittelbaren Staatsverwaltung tätig wird,   597
sind die **Bundesministerien als Spitze der Verwaltung oberste Bundesbehörden.** Den obersten Bundesbehörden unmittelbar nachgeordnet sind sogenannte **Bundesoberbehörden,** welche – als Sonderverwaltungsbehörden –
sachlich für einen bestimmten Verwaltungsbereich und örtlich für das gesamte
Bundesgebiet zuständig sind, weshalb sie auch i. d. R. keinen Unterbau besitzen.
Ein prominentes Beispiel hierfür ist das Bundesamt für Migration und Flüchtlinge

---

1159 Maurer/Waldhoff, Allgemeines Verwaltungsrecht, 19. Aufl. 2017, § 22, Rn. 35.
1160 Maurer/Waldhoff, Allgemeines Verwaltungsrecht, 19. Aufl. 2017, § 21, Rn. 9. Zur Gewährleistung kommunaler Selbstverwaltung im Allgemeinen s. Hellermann, in: Epping/Hillgruber,
GG, 39. Ed., Stand: 15.11.2018, Art. 28, Rn. 20 ff.; Schwarz, in: v. Mangoldt/Klein/Starck, GG, 7. Aufl.
2018, Art. 28, Rn. 126 ff.; Löwer, in: v. Münch/Kunig, GG, 6. Aufl. 2012, Art. 28, Rn. 35 ff.

Sebastian Eickenjäger

(BAMF), das dem Bundesinnenministerium untergeordnet ist.[1161] Insofern ist die Verwaltung in diesen Fällen **grundsätzlich zweistufig** aufgebaut.

598 Eine **dreistufige Bundesverwaltung** besteht ausnahmsweise für bestimmte Bereiche. Auch hier bilden die Ministerien die oberste Stufe, die mittlere Stufe stellen für den jeweiligen Zuständigkeitsbereich spezialisierte Bundesbehörden (Bundesmittelbehörden) dar. Die untere Stufe bilden abschließend insbesondere Standortverwaltungseinheiten.

> *Ein Beispiel ist die Bundeswehrverwaltung gemäß Art. 87b I 1 GG. Hier steht auf oberster Stufe das Bundesverteidigungsministerium, auf mittlerer Stufe die Wehrbereichsverwaltung. Die Karrierecenter sowie Standortverwaltungen etc. bilden als Unterbehörden die untere Stufe. Das BAMF hingegen ist eine Bundesoberbehörde, die nicht mit Mittel- oder Unterbehörden, sondern mit unselbstständigen Außenstellen in den einzelnen Bundesländern ausgestattet ist.[1162]*

599 Soweit der Bund im Rahmen der mittelbaren Staatsverwaltung tätig wird, bedient er sich öffentlich-rechtlicher Körperschaften, Stiftungen und Anstalten des Bundes sowie Beliehener.[1163] Soweit ein Fall der Bundesverwaltung vorliegt, regelt der Bund auch die Frage der Zuständigkeit.

> *Das AsylG beispielsweise regelt in § 5 AsylG den Aufgabenbereich des BAMF, in Abs. 1 S. 1 insbesondere die Zuständigkeit für die Entscheidung über Asylanträge.*

(b) Landesverwaltungsaufbau

600 Wie die Länder ihre Verwaltung organisieren, ist ihnen grundsätzlich selbst überlassen. Die Verwaltungsorganisation in den Ländern ist traditionell dreistufig aufgebaut, wobei auch hier zwischen der **Oberstufe, der Mittelstufe und der Unterstufe** unterschieden werden kann.

601 Examenswissen: Es ist jedoch darauf hinzuweisen, dass derzeit eine Tendenz zum zweistufigen Aufbau besteht.[1164] Nur Hessen, Baden-Württemberg, Bayern, Nordrhein-Westfalen, Sachsen,

---

1161 Weitere Beispiele sind etwa das Bundesverwaltungsamt und das Bundeskartellamt.

1162 Clodius, in: Hofmann, Kommentar Ausländerrecht, 2. Aufl. 2016, § 5 AsylG, Rn. 1.

1163 Auch bundesunmittelbare Körperschaften, Anstalten und Stiftungen des öffentlichen Rechts genannt, vgl. Bull/Mehde, Allgemeines Verwaltungsrecht mit Verwaltungslehre, 9. Aufl. 2015, § 3, Rn. 114. Beispielsweise angeführt werden können die in Art. 87 II GG genannten Sozialversicherungsträger (als Körperschaften).

1164 Zur praktischen Sichtweise hinsichtlich der Notwendigkeit der Mittelinstanzen in Flächenstaaten s. Twenhoven, Die Mittelinstanz im Verwaltungsaufbau, in: Ipsen, Verwaltungsorganisation in Flächenstaaten – 18. Bad Iburger Gespräche, 2008, der sich hierzu positiv ausspricht.

Sebastian Eickenjäger

Sachsen-Anhalt und Thüringen weisen noch einen dreistufigen Verwaltungsaufbau auf.[1165] Dass der dreistufige Verwaltungsaufbau als Grundmodell angesehen wird, hat vor allem auch historische Gründe, denn die Mittelinstanz war wesentlicher Bestandteil des preußischen Verwaltungsaufbaus (Regierungsbezirke) und hat sich zunächst auch nach 1945 in den meisten Flächenländern durchgesetzt.

Die **Oberste Stufe** bilden die obersten Landesbehörden, d. h. die einzelnen Ministerpräsident*innen und ihre jeweiligen Ministerien (bzw. in Berlin die Senatsverwaltungen, in Bremen die senatorischen Behörden sowie in Hamburg die Senats- und Fachbehörden).   602

Auch auf Landesebene gibt es zudem spezielle **obere Landesbehörden bzw. Landesoberbehörden**, welche sachlich für einen bestimmten Bereich und örtlich für das gesamte Landesgebiet zuständig sind und den Ministerien unmittelbar unterstehen. Soweit Landesoberbehörden eingerichtet sind, ist der Verwaltungsaufbau auf Landesebene grundsätzlich zweistufig.[1166]   603

Handelt es sich um einen **dreistufigen Aufbau**, finden sich auf der **Mittelstufe** zunächst die Bezirksregierungen oder die Regierungspräsident*innen (Regierungspräsidium). Diese fungieren als allgemeine Verwaltungsbehörden, so dass die Zuständigkeit dieser Einheiten durch Sonderverwaltungsbehörden verdrängt werden kann. Den Mittelbehörden kommt im Wesentlichen die Aufgabe zu, zwischen den obersten Landesbehörden und der Unterstufe zu vermitteln und zu koordinieren.[1167]   604

Auf der **Unterstufe** bestehen nur wenige Landesbehörden (Sonderverwaltungsbehörden), denn im Bereich der allgemeinen Verwaltung stellen die Gemeinden und Gemeindeverbände dem Staat (also den Ländern) ihre Behörden zu Verfügung.[1168]   605

Examenswissen: Es können dabei zwei Modelle der unteren allgemeinen Verwaltungsbehörde unterschieden werden: Auf der einen Seite steht ein Modell, bei dem die untere Verwaltungsbe-   606

1165 Thüringen, Sachsen und Sachsen-Anhalt haben indes keine dezentrale Struktur, sondern ein landesweit zuständiges „Landesverwaltungsamt". Ähnliche zentrale Strukturen finden sich in Rheinland-Pfalz und dem Saarland, wobei hier die zentralen Einheiten auf der Oberebene angesiedelt sind. S. zu alledem Burgi, Verwaltungsorganisationsrecht, in: Ehlers/Pünder, Allgemeines Verwaltungsrecht, 15. Aufl. 2016, § 9, Rn. 16 m.w.N.

1166 Im Gegensatz zu den Bundesoberbehörden können die Landesoberbehörden jedoch über „untere Sonderbehörden" verfügen, s. Burgi, Verwaltungsorganisationsrecht, in: Ehlers/Pünder, Allgemeines Verwaltungsrecht, 15. Aufl. 2016, § 9, Rn. 15.

1167 Bull/Mehde, Allgemeines Verwaltungsrecht mit Verwaltungslehre, 9. Aufl. 2015, § 3, Rn. 117.

1168 Bull/Mehde, Allgemeines Verwaltungsrecht mit Verwaltungslehre, 9. Aufl. 2015, § 3, Rn. 119; Burgi, Verwaltungsorganisationsrecht, in: Ehlers/Pünder, Allgemeines Verwaltungsrecht, 15. Aufl. 2016, § 9, Rn. 17.

Sebastian Eickenjäger

hörde vollständig kommunalisiert ist, d. h. es findet eine Verwaltung auf der Ebene der mittelbaren Staatsverwaltung statt. Die Aufgaben werden hier übertragen auf die kreisfreien Städte,[1169] die Landkreise[1170] oder auf die Kommunen selbst.[1171] Auf der anderen Seite steht ein Modell, in dem die Landrät*innen[1172] (jeweils als Organ des Verwaltungsträgers Landkreis) außerhalb der kreisfreien Städte als untere Verwaltungsbehörde auftreten. Den Landrät*innen kommt hierbei eine Doppelstellung zu: Staatsverwaltung und kommunale Selbstverwaltung werden verknüpft, indem Landrät*innen zum einen kommunale Angelegenheiten wahrnehmen und zum anderen staatliche Aufgaben im Wege der Organleihe (der Landkreis leiht dem Staat sein Organ).[1173]

607 Auf Landesebene ist bzgl. der Frage, welche Behörde zuständig ist, danach zu unterscheiden, ob das Land Gesetze des Bundes (im Wege der landeseigenen Verwaltung gemäß Art. 84 GG oder der Bundesauftragsverwaltung nach Art. 85 GG) oder eigenes Landesrecht vollzieht. Da die Länder im Rahmen der Verwaltung von Bundesrecht im Hinblick auf die Gestaltung der behördlichen Verwaltung[1174] nach Art. 84 und 85 GG grds. frei sind, kann der Bund die Zuständigkeit auf Landesebene grds. nicht bestimmen.

608 Examenswissen: Art. 84 I und 85 I GG sehen zwar die Möglichkeit vor, dass der Bund Einfluss auf die Organisation nimmt. Hierbei handelt es sich jedoch in der Praxis um eine Ausnahme. Auch die Befugnisse in Art. 84 II und V GG ermöglichen es der Bundesregierung, Vorgaben hinsichtlich Organisations- und Verfahrensfragen zu treffen, wobei die Gebrauchnahme von dieser Kompetenz in der Praxis ebenfalls sehr selten ist. Die VwV-StVO fordert z. B. in Nr. I bis V VwV-StVO zu § 44 StVO von den Ländern, Unfalluntersuchungen durchzuführen und Unfallkommissionen einzurichten.

609 Aus diesem Grund erlassen die Länder für die Verwaltung von Bundesgesetzen die Zuständigkeit regelnde Ausführungsgesetze oder Zuständigkeitsverordnun-

---

1169 Die kreisfreien Städte sind keinem Kreis zugeordnet und haben staatliche und kommunale Aufgaben wahrzunehmen. Zur der Sonderstellung der großen Kreisstädte s. Maurer/Waldhoff, Allgemeines Verwaltungsrecht, 19. Aufl. 2017, § 22, Rn. 27.
1170 Landkreise sind Gemeindeverbände im Sinne des Art. 28 II 2 GG (Mitglieder sind die kreisangehörigen Gemeinden) und als solche Gebietskörperschaften (insofern sind Mitglieder nicht die kreisangehörigen Gemeinden, sondern die Bewohner des Kreises), welchen generell die Aufgabe zukommt, die Gemeinden bei der Erledigung ihrer Aufgaben von überörtlicher Bedeutung zu unterstützen.
1171 Sog. Vollkommunalisierung.
1172 Landrät*innen sind die Hauptorgane und Hauptverwaltungsbeamt*innen der Landkreise.
1173 Maurer/Waldhoff, Allgemeines Verwaltungsrecht, 19. Aufl. 2017, § 22, Rn. 23 f.; Burgi, Verwaltungsorganisationsrecht, in: Ehlers/Pünder, Allgemeines Verwaltungsrecht, 15. Aufl. 2016, § 9, Rn. 17.
1174 Gemäß Art. 83 GG führen sie die Bundesgesetze in diesem Sinne „als eigene Angelegenheit aus".

Sebastian Eickenjäger

gen.[1175] Wenn es um den Vollzug von Landesrecht geht, finden sich Zuständigkeitsbestimmungen hingegen regelmäßig unmittelbar in den Landesgesetzen, wie z. B. den Landesbauordnungen (näher Rn. 1227 ff.) oder den Landespolizeigesetzen (näher Rn. 1000 ff.).

Examenswissen: Zur Verdeutlichung soll auf die Frage der Bestimmung der zuständigen Behör- **610** den im Versammlungsrecht verwiesen werden: Im Bereich des Versammlungsrechts haben bisher nicht alle Bundesländer von der 2006 auf die Länder übergegangenen Gesetzeskompetenz Gebrauch gemacht. Das Versammlungsrecht war bis zur Föderalismusreform (2006) Gegenstand der konkurrierenden Gesetzgebung (Art. 74 I Nr. 3 GG a. F.) und ist nunmehr Gegenstand der ausschließlichen Gesetzgebungskompetenz der Länder. Bis alle Bundesländer eigene Versammlungsgesetze erlassen haben, gilt gemäß der Übergangsvorschrift des Art. 125a I GG, dass das Bundesversammlungsgesetz (als Bundesrecht) fort gilt, bis es durch die Länder durch Landesrecht ersetzt wird. Während das Niedersächsische Versammlungsgesetz (NdsVersG) in § 24 NdsVersG die Frage der sachlichen Zuständigkeit regelt, finden sich in Nordrhein-Westfalen, das bisher kein eigenes Versammlungsgesetz erlassen hat, entsprechende Zuständigkeitsregelungen in der Verordnung über Zuständigkeiten nach dem Versammlungsgesetz[1176] (also dem Bundesversammlungsgesetz) (näher dazu Rn. 1174)[1177]. Gemäß § 24 I 1 NdsVersG ist zuständige Behörde vor Versammlungsbeginn die untere Versammlungsbehörde und nach Versammlungsbeginn die Polizei. Laut § 24 I 2 NdsVersG nehmen die Aufgaben der unteren Versammlungsbehörde die Landkreise, kreisfreien Städte, großen selbständigen Städte und selbständigen Gemeinden wahr, auf dem Gebiet der Landeshauptstadt Hannover die Polizeidirektion Hannover.

(3) Zuständigkeit im Widerspruchsverfahren
Soweit ein **Vorverfahren** statthaft ist, ist § 73 I 2 VwGO für die Bestimmung **611** der zuständigen Widerspruchsbehörde maßgeblich. Danach erlässt den Widerspruchsbescheid zunächst gemäß § 73 I 2 Nr. 1 VwGO die nächsthöhere Behörde, soweit nicht durch Gesetz eine andere höhere Behörde bestimmt wird. In dreistufig aufgebauten Ländern ist die Widerspruchsbehörde damit regelmäßig auf der Mittelstufe zu finden. Soweit das betreffende Bundesland einen zweistufigen Verwaltungsbau aufweist, ist es in der Regel so, dass eine untere Verwaltungsbehörde als Ausgangsbehörde den streitigen Verwaltungsakt erlassen hat und es sich bei der nächsthöheren Behörde um eine oberste Landesbehörde handelt. In diesen Fällen ist § 73 I 2 Nr. 2 VwGO zu beachten. Dieser bestimmt, dass ausnahmsweise die Behörde, die den Verwaltungsakt erlassen hat zuständig ist,

---

1175 Collin/Fügemann, JuS 2005, 694 (698).
1176 v. 2.2.1987 (GV. NRW. S. 62), zuletzt geändert durch Verordnung v. 9.9.2014 (GV. NRW. S. 500).
1177 § 1 der Verordnung ermächtigt im Hinblick auf die meisten Eingriffsbefugnisse die Kreispolizeibehörden.

Sebastian Eickenjäger

wenn die nächsthöhere Behörde eine oberste Bundes- oder oberste Landesbehörde ist.

612 Handeln **Selbstverwaltungsbehörden,**[1178] ist für die Bestimmung der zuständigen Widerspruchsbehörde zudem § 73 I 2 Nr. 3 VwGO zu beachten. Hiernach ist in Selbstverwaltungsangelegenheiten die Selbstverwaltungsbehörde zuständig, soweit nicht durch Gesetz anderes bestimmt wird. Sofern die Selbstverwaltungsbehörde jedoch in Auftragsangelegenheiten[1179] tätig wird, ist § 73 I 2 Nr. 3 VwGO nicht anwendbar.

613 Examenswissen: Selbstverwaltungsangelegenheiten auf kommunaler Ebene sind Angelegenheiten der örtlichen Gemeinschaft bzw. „diejenigen Bedürfnisse und Interessen, die in der örtlichen Gemeinschaft wurzeln oder auf sie einen spezifischen Bezug haben {...}, die also den Gemeindeeinwohnern gerade als solchen gemeinsam sind, indem sie das Zusammenleben und –wohnen der Menschen in der (politischen) Gemeinde betreffen".[1180] Unterschieden werden können die freiwillige Aufgaben und Pflichtaufgaben: Freiwillige Aufgaben sind z. B. kommunale Einrichtungen wie Spielplätze, Sportplätze oder Schwimmbäder. Pflichtaufgaben sind z. B. die Bauleitplanung und die Feuerwehr.

614 Zu beachten ist, dass gemäß **§ 185 II VwGO** die Länder Berlin, Brandenburg, Bremen, Hamburg, Mecklenburg-Vorpommern, Saarland und Schleswig-Holstein Abweichungen von § 73 I 2 VwGO zulassen können.[1181] Gemäß § 73 I 3 VwGO kann zudem abweichend von § 73 I 2 Nr. 1 VwGO durch Gesetz bestimmt werden, dass die Behörde, die den Verwaltungsakt erlassen hat, auch für die Entscheidung über den Widerspruch zuständig ist.

(4) Folgen eines Verstoßes gegen die sachliche Zuständigkeit

615 Ein Verstoß gegen die Vorgaben zur sachlichen Zuständigkeit führt zur **Rechtswidrigkeit.** Eine **Heilung gemäß § 45 VwVfG** kommt bei Zuständigkeitsfehlern

---

1178 Also Gemeinden, Kreise, sonstige kommunale Selbstverwaltungskörperschaften, sonstige kommunale Zweckverbände, Handwerkskammern, Industrie- und Handelskammern, die berufsständischen Kammern für Ärzt*innen, Apotheker*innen, Rechtsanwält*innen, Architekt*innen, Universitäten und sonstige selbstverwaltete Körperschaften, Hüttenbrink, in: Posser/Wolff, VwGO, 49. Ed., Stand: 1.4.2018, § 73, Rn. 5.

1179 Auftragsangelegenheiten sind staatliche Aufgaben, die den Gemeinden zur Erledigung übertragen worden sind, wie z. B. das Pass- und Meldewesen und die Bauaufsicht, Maurer/Waldhoff, Allgemeines Verwaltungsrecht, 19. Aufl. 2017, § 23, Rn. 19.

1180 BVerfG, Beschl. v. 23.11.1988, Az.: 2 BvR 1619, 1628/83 = BVerfGE 79, 127 (151 f.); so auch BVerwG, Urt. v. 14.12.1990, Az.: 7 C 37.89 = BVerwGE 87, 228 (231 f.).

1181 Von § 73 I 2 VwGO abweichende Regelungen getroffen haben Bremen (Art. 9 BremAGVwGO), Hamburg (§ 7 HmbAGVwGO) und das Saarland (§§ 7 bis 17 SaarlAGVwGO).

Sebastian Eickenjäger

nicht in Betracht.[1182] Ob darüber hinaus ein Verstoß zur **Nichtigkeit** führt, ist am Maßstab des § 44 I VwVfG zu bestimmen. Wenn im Einzelfall die gegenständliche Angelegenheit unter keinem sachlichen Gesichtspunkt Bezug zum Aufgabenbereich der handelnden Behörde aufweist und dies zudem auch offensichtlich ist, spricht dies nach § 44 I VwVfG für die Nichtigkeit (s. § 6 Rn. 156).[1183]

Ein Verstoß im Hinblick auf die verschiedenen Hierarchiestufen der Behör- **616** denorganisation führt zwar zur Rechtswidrigkeit – z. B. wenn eine Aufsichtsbehörde ohne Rechtsgrundlage selbst gehandelt und nicht etwa die untere Behörde angewiesen hat – allerdings regelmäßig nicht zur Nichtigkeit eines Verwaltungsakts, da einem solchen Verstoß „kein entsprechend hoher Rechtswert zukommt, der einen besonders schwerwiegenden Fehler begründen könnte".[1184]

Die Unbeachtlichkeit eines Verstoßes gegen die sachliche Zuständigkeit **617** kommt aufgrund des eindeutigen Wortlautes des § 46 VwVfG, der ausdrücklich nur Verstöße gegen die die „örtliche" Zuständigkeit umfasst, nicht in Betracht.[1185] Zu beachten ist hierbei jedoch, dass durch spezialgesetzliche Regelungen die Unbeachtlichkeit einer Verletzung von Vorschriften über die sachliche Zuständigkeit vorgesehen sein kann.[1186]

bb) Örtliche Zuständigkeit

Sofern nicht die Verwaltungsverfahrensgesetze der Länder (s. zu deren Anwen- **618** dungsbereich näher Rn. 621)[1187] oder Spezialgesetze[1188] Anwendung finden, er-

---

1182 Hufen, Verwaltungsprozessrecht, 10. Aufl. 2016, § 25, Rn. 4.
1183 Schemmer, in: Bader/Ronellenfitsch, VwVfG, 43. Ed., Stand: 1.4.2019, § 44, Rn. 25 mit Verweis auf BVerwG, Urt. v. 22.3. 1974, Az.: IV C 42/73 = NJW NJW 1974, 1961 (1963); OVG Münster, Urt. v. 27.06.2014, Az.: 16 D 31/13.AK = BeckRS 2014, 53467.
1184 Schemmer, in: Bader/Ronellenfitsch, VwVfG, 43. Ed., Stand: 1.4.2019, § 44, Rn. 25 mit Verweis auf BVerwG, Urt. v. 14.11.1975, Az.: IV C 2.74 = BVerwGE 49, 365 (371).
1185 Sachs, in: Stelkens/Bonk/Sachs, VwVfG, 9. Aufl. 2018, § 46, Rn. 43; Schemmer, in: Bader/Ronellenfitsch, VwVfG, 43. Ed., Stand: 1.4.2019, § 46, Rn. 32.
1186 BVerwG, Urt. v. 29.9.1982, Az.: 8 C 138.81 = BVerwGE 66, 178 (183). Eine entsprechende Norm stellt beispielsweise Art. 53 II 5 BayBO dar.
1187 Die Länder Berlin, Brandenburg, Niedersachsen, Sachsen, Sachsen-Anhalt und Rheinland-Pfalz verweisen in ihren Verwaltungsverfahrensgesetzen auf das VwVfG des Bundes („Verweisungsgesetze"). In den folgenden Ländern finden sich ausformulierte Verwaltungsverfahrensgesetze („Vollgesetze") und entsprechend eigene Bestimmungen zur örtlichen Zuständigkeit: Baden-Württemberg (§ 3 LVwVfG), Bayern (Art. 3 BayVwVfG), Bremen (§ 3 BremVwVfG), Hamburg (§ 3 HmbVwVfG), Hessen (§ 3 HVwVfG), Mecklenburg-Vorpommern (§ 3 VwVfG M-V), Nordrhein-Westfalen (§ 3 VwVfG NRW), Saarland (§ 3 SVwVfG), Schleswig-Holstein (§§ 29 bis 31 LVwG) und Thüringen (§ 3 ThürVwVfG).

Sebastian Eickenjäger

gibt sich die örtliche Zuständigkeit aus **§ 3 VwVfG.** § 3 I VwVfG regelt die unterschiedlichen Anknüpfungspunkte für die Bestimmung der örtlichen Zuständigkeit. Die in Abs. 1 aufgeführten Zuständigkeitstatbestände schließen sich wechselseitig aus und sind in der vorgegebenen Reihenfolge zu prüfen.[1189] § 3 II VwVfG regelt sodann den Fall der Mehrfachzuständigkeit, § 3 III VwVfG den Zuständigkeitswechsel und § 3 IV VwVfG schließlich die örtliche Zuständigkeit bei Gefahr im Verzug.

619 Verstöße gegen § 3 VwVfG führen an sich zunächst einmal zur Rechtswidrigkeit des behördlichen Handelns. In einem zweiten Schritt stellt sich sodann die Frage, ob mit der Rechtswidrigkeit auch eine Nichtigkeit einhergeht. Dies ist gemäß § 44 II Nr. 3 VwVfG nur im Falle eines Verstoßes gegen § 3 I Nr. 1 VwVfG[1190] der Fall (s. näher § 6 Rn. 127 ff.). In den übrigen Fällen des § 3 VwVfG ist ein Verstoß nach § 46 VwVfG unbeachtlich, wenn offensichtlich ist, dass die Verletzung die Entscheidung in der Sache nicht beeinflusst hat (näher dazu Rn. 664).

cc) Literaturhinweise

620 Allgemein zur Zuständigkeit: Bull/Mehde, Allgemeines Verwaltungsrecht mit Verwaltungslehre, 9. Aufl. 2015, § 3; Burgi, Verwaltungsorganisationsrecht, in: Ehlers/Pünder, Allgemeines Verwaltungsrecht, 15. Aufl. 2016, §§ 7 bis 10; Collin/Fügemann, Zuständigkeit – eine Einführung zu einem Grundelement des Verwaltungsorganisationsrechts, JuS 2005, 694; Detterbeck, Allgemeines Verwaltungsrecht mit Verwaltungsprozessrecht, 17. Aufl. 2019, § 5; Frenzel, Grundfälle zu den Art. 83 ff. GG, JuS 2012, 1082; Maurer/Waldhoff, Allgemeines Verwaltungsrecht, 19. Aufl. 2017, § 21 bis 23; Voßkuhle/Kaiser, Die Ausführung von Bundesgesetzen – Verwaltungskompetenzen, JuS 2017, 316

Zu den Besonderheiten der Verwaltungsorganisation in den einzelnen Bundesländern s. insbesondere folgende Beiträge: *Baden-Württemberg:* Kenntner, Öffentliches Recht in Baden-Württemberg, 2. Aufl. 2017, 100 ff.; *Bayern:* Kempen, Verfassungsrecht, in: Becker/Heckmann/Kempen/Manssen, Öffentliches Recht in Bayern, 6. Aufl. 2015, 1 ff. (42 ff.); *Brandenburg:* Hebeler, Verwaltungsorganisationsrecht, in: Bauer/Peine, Studienbuch Landesrecht Brandenburg, 3. Aufl. 2017, S. 78 ff.; *Berlin:* Waldhoff/Holland, Verfassungs- und Organisationsrecht, in Sie-

---

1188 Klausurrelevant sind insbesondere die besonderen Bestimmungen in den Landespolizeigesetzen.
1189 Ronellenfitsch, in: Bader/Ronellenfitsch, VwVfG, 43. Ed., Stand: 1.4.2019, § 3, Rn. 5.
1190 Hiernach ist in Angelegenheiten, die sich auf unbewegliches Vermögen oder ein ortsgebundenes Recht oder Rechtsverhältnis beziehen, die Behörde örtlich zuständig, in deren Bezirk das Vermögen oder der Ort liegt.

Sebastian Eickenjäger

gel/Waldhoff, Öffentliches Recht in Berlin, 1. Aufl. 2015, 1 ff. (107 ff.); *Bremen:* Eickenjäger, Grundlagen der Verwaltungsorganisation und des Verwaltungshandelns, in: Fischer-Lescano/Sperlich, Studienbuch Landesrecht Bremen, 1. Aufl. 2018, S. 35 ff.; Hamburg: Bull, Recht der Verwaltungsorganisation und des Verwaltungshandelns, in: Hoffmann-Riem/Koch, Hamburgisches Staats- und Verwaltungsrecht, 1. Aufl. 2006, S. 89 ff. ; *Hessen:* Hermes, Allgemeines Landesverwaltungsrecht, in: Hermes/Reimer, Studienbuch Landesrecht Hessen, 9. Aufl. 2019, S. 70 ff.; Mecklenburg-Vorpommern: Wallerath, Verwaltungsorganisation, Verwaltungsverfahren, in: Schütz/Classen, Studienbuch Landesrecht Mecklenburg-Vorpommern, 3. Aufl. 2014, S. 70 ff.; *Niedersachsen:* Mehde, Verwaltungsorganisation, in: Hartmann/Mann/Mehde, Studienbuch Landesrecht Niedersachsen, 2. Aufl. 2018, S. 56 ff.; *Nordrhein-Westfalen:* Sydow, Verwaltungsrecht, in: Schlacke/Wittreck, Studienbuch Landesrecht Nordrhein-Westfalen, 1. Aufl. 2017, S. 79 ff.; *Rheinland-Pfalz:* Schröder, Grundlagen der Verwaltungsorganisation und des Verwaltungshandelns, in: Hufen/Jutzi/Proelß, Studienbuch Landesrecht Rheinland-Pfalz, 8. Aufl. 2018, S. 83 ff.; *Saarland:* Gröpl, Allgemeines Verwaltungsrecht und Verwaltungsprozessrecht, in: Gröpl/Guckelberger/Wohlfarth, Studienbuch Landesrecht Saarland, 3. Aufl. 2017, S. 98 ff.; *Sachsen:* Goerlich/ Hegele, Verwaltungsorganisation und Verwaltungsverfahren, in: Stober, Handbuch des Sächsischen Staats- und Verwaltungsrechts, 1. Aufl. 1996, 123 ff.; *Sachsen-Anhalt:* Kluth, in: Verfassungsrecht Sachsen-Anhalt, in: Kluth, Studienbuch Landesrecht Sachsen-Anhalt, 2. Aufl. 2010, 19 ff. (40 ff.); *Schleswig-Holstein:* Brüning/Decker, Öffentliches Recht in Schleswig-Holstein, 1. Aufl. 2014, S. 51, 128 ff.; *Thüringen:* Schneider, Verwaltungsorganisation und allgemeines Verwaltungsrecht, in: Baldus/Knauff, Studienbuch Landesrecht Thüringen, 1. Aufl. 2019, S. 76 ff.

b) Verfahren (Julian Senders)

Im Dreierkanon der formellen Rechtmäßigkeit wird stets als Zweites geprüft, ob 621 der Verwaltungsakt im ordnungsgemäßen Verwaltungsverfahren erlassen wurde. In Klausur und Hausarbeit heißt das: Der Sachverhalt muss auf bestimmte **Fehler „bei der Entstehung"** des Verwaltungsakts durchgesehen werden.

Für das Verwaltungsverfahren stellen die **Verwaltungsverfahrensgesetze (VwVfG) des Bundes und der Länder** jeweils die zentrale Vorschrift dar. Entsprechend wichtig ist es, genau zu unterscheiden, ob das VwVfG des Bundes oder das jeweilige VwVfG des Landes zur Anwendung kommt.

Hausarbeitswissen: Anders als verwaltungsrechtliche Spezialmaterien wie etwa das Gewerberecht[1191], das Bauplanungs-[1192] und Bauordnungsrecht[1193] (welche früher als Untergebiete des Polizei- und Ordnungsrechts angesehen wurden[1194]) oder auch das Wasserrecht[1195] blieb das allgemeine Verwaltungsrecht und damit auch das Verwaltungsverfahrensrecht bis zum Jahr 1977 ohne Kodifikation.[1196] Der Wunsch nach Rechtsvereinheitlichung und damit auch Rechtsvereinfachung führte schließlich zum Entstehen des VwVfG,[1197] welches zum 01.01.1977 in Kraft trat. Dabei wurden wesentliche bestehende, aber zuvor nicht kodifizierte Grundsätze des Verwaltungsrechts erstmals normiert.[1198]

Der Anwendungsbereich des VwVfG des Bundes ist in §§ 1, 2 VwVfG wie folgt festgelegt: Es findet Anwendung auf die öffentlich-rechtliche Tätigkeit der Behörden, womit das **gesamte privatrechtliche Handeln der Verwaltung herausfällt.** Im föderalen Staat kann das VwVfG des Bundes aufgrund der Kompetenzverteilung zwischen Bund und Ländern nur Anwendung finden, soweit es um den Vollzug von Bundesgesetzen geht. **Landesgesetze** können damit nur nach den Landes-VwVfG vollzogen werden. Vollziehen dagegen **Bundesbehörden die Bundesgesetze**, so findet für sie das Bundes-VwVfG Anwendung.

Für den **Vollzug von Bundesrecht durch Landesbehörden** gelten grundsätzlich § 1 Abs. 1 Nr. 2, Abs. 2 VwVfG, wo zwischen der Bundesauftragsverwaltung (Art. 85 GG), sowie der – regelmäßigen – Ausführung als eigene Angelegenheit (Art. 84 GG) differenziert wird. Allerdings ordnet § 1 Abs. 3 VwVfG an, dass das VwVfG des Bundes auf die Tätigkeit der Landesbehörden nicht anwendbar ist, wenn ein Landes-VwVfG besteht. Dies ist in **allen Bundesländern der Fall**, sodass für den Vollzug der Bundesgesetze durch die Landesbehörden die Landes-VwVfG Anwendung finden.

1191 Reichsgewerbeordnung vom 21. Juni 1869 (BGBl. des Norddt. Bundes, 1869, S. 245).

1192 Bundesbaugesetz vom 23.06.1960 (BGBl. I 1960, S. 341).

1193 Vgl. etwa die „Bau-Ordnung für die Stadt Berlin" vom 02.06.1871.

1194 Nicht umsonst hat sich der Begriff der „Baupolizei" bzw. des „baupolizeilichen Verbots" oder der „gewerbepolizeilichen Verfügung" in Deutschland teils bis in die zweite Hälfte des 20. Jahrhunderts hinein erhalten und wird in Österreich nach wie vor offiziell verwendet.

1195 Wasserhaushaltsgesetz vom 27.07.1957 (BGBl. I 1957, S. 1110, 1386).

1196 Dagegen existierte für das Verfahren der Steuerbehörden mit der Reichsabgabenordnung vom 13.12.1919 (RGBl. S. 1993) bereits sehr früh eine eigene Kodifikation des Steuerverwaltungsverfahrens, die 1977 reformiert und an die Systematik des VwVfG angepasst wurde.

1197 Bundes-Verwaltungsverfahrensgesetz vom 25.05.1976, heutzutage in der Fassung der Bekanntmachung vom 23.01.2003 (BGBl. I 2003, S. 202) und zuletzt geändert durch Gesetz vom 18.07.2017 (BGBl. I 2017, 1745).

1198 Peine/Siegel, Allgemeines Verwaltungsrecht, 12. Aufl. 2018, § 4, Rn. 102.

Dabei haben die meisten Länder entweder eigene, mit dem Bundes-VwVfG inhaltsgleiche oder fast inhaltsgleiche Gesetze erlassen (sog. **Vollgesetze**)[1199] oder sehr kurze Regelungen mit einigen Ausnahmevorschriften geschaffen und im Übrigen auf das Bundes-VwVfG verwiesen (sog. **Verweisungsgesetze**)[1200]. Schleswig-Holstein und Mecklenburg-Vorpommern haben Verwaltungsverfahrensgesetze mit eigener Regelungssystematik erlassen, in welche die Verwaltungsverfahrensvorschriften integriert wurden (sog. **integrierte Gesetze**).

In einer **Klausur,** in der Landesbehörden tätig werden und somit – wie soeben dargestellt – die Landes-VwVfG Anwendung finden, ist es wichtig, dass dies auch in der Gesetzeszitierung kenntlich wird. Das bedeutet: Spielt die Klausur in einem Bundesland, in welchem ein **Vollgesetz oder ein integriertes Gesetz** gilt, so ist die Vorschrift des Landes-VwVfG zu zitieren. Geht es dagegen um ein Bundesland mit einem **Verweisungsgesetz,** so muss die **gesamte Verweisungskette** zitiert werden (zum Beispiel: „Es müsste eine Anhörung gemäß § 1 Abs. 1 VwVfG Bln i.V.m. § 28 VwVfG stattgefunden haben."). Allerdings liegt es auf der Hand, dass für eine solche Schreibarbeit die ohnehin knapp bemessene Klausurzeit nicht ausreichen wird. Daher sollte am Anfang der Klausur mit einer Fußnote mitgeteilt werden, dass sämtliche Vorschriften des (Bundes-)VwVfG stets in Verbindung mit der jeweiligen Verweisungsnorm (z.B. § 1 Abs. 1 VwVfG Bln) Anwendung finden (s. auch § 1 Rn. 96 f. und beispielhaft Fall 14 in: Eisentraut, Fälle zum Verwaltungsrecht, 2020).

§ 1 Abs. 1 VwVfG a. E. ordnet zudem eine generelle Subsidiarität des VwVfG an, d.h. das VwVfG findet nur Anwendung, wenn und soweit Spezialregelungen nicht bestehen. Es hat insoweit **lückenfüllende Funktion.**[1201] In § 2 VwVfG finden sich spezifische Bereichsausnahmen.

Entgegen seinem Namen enthält das VwVfG nicht nur formelle Vorschriften, sondern auch einige wichtige **materielle Anforderungen,** so etwa in §§ 37 I, 40, 48f. VwVfG.[1202]

aa) Überblick: Begriff und Systematik der Verwaltungsverfahren

Das Verwaltungsverfahren ist in § 9 Hs. 1 VwVfG legaldefiniert als jede nach außen **622** gerichtete behördliche Tätigkeit, die auf die Prüfung der Voraussetzungen, die

---

1199 Baden-Württemberg, Bayern, Hessen, Thüringen, Sachsen, Hamburg, Bremen, Nordrhein-Westfalen, Saarland.
1200 Berlin, Brandenburg, Sachsen-Anhalt, Niedersachsen, Rheinland-Pfalz.
1201 Peine/Siegel, Allgemeines Verwaltungsrecht, 12. Aufl. 2018, § 4, Rn. 104.
1202 Erbguth/Guckelberger, 9. Aufl. 2018, § 14, Rn. 13.

Vorbereitung und den Erlass eines Verwaltungsakts (oder auf den Abschluss eines öffentlich-rechtlichen Vertrags) gerichtet ist.

623   Das VwVfG kennt grundsätzlich drei Verfahrensarten: Das nichtförmliche Verfahren, das förmliche Verfahren und das Planfeststellungsverfahren (§§ 72 ff. VwVfG), wobei die letzteren beiden oftmals als „die förmlichen Verfahren" in Abgrenzung zum einfachen, nichtförmlichen Verfahren zusammengefasst werden:

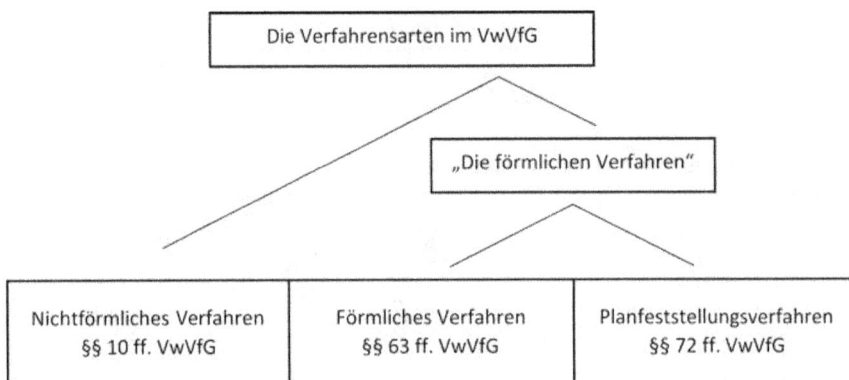

Die Verfahrensarten im VwVfG		
	„Die förmlichen Verfahren"	
Nichtförmliches Verfahren §§ 10 ff. VwVfG	Förmliches Verfahren §§ 63 ff. VwVfG	Planfeststellungsverfahren §§ 72 ff. VwVfG

624   Das VwVfG folgt dem aus anderen Gesetzen (wie z. B. dem BGB) bekannten Klammerprinzip: Soweit die §§ 63 ff. und §§ 72 ff. VwVfG jeweils keine spezielle Regelung vorsehen, gelten die allgemeinen Vorschriften und damit diejenigen des nichtförmlichen Verfahrens (vgl. §§ 63 II, 72 I Hs. 1 VwVfG).

625   Dabei gibt es im besonderen Verwaltungsrecht Verfahrensvorschriften, die ihrerseits punktuell oder komplett das VwVfG verdrängen. § 1 I VwVfG ordnet diese Subsidiarität gegenüber Normen wie z. B. dem Enteignungsverfahren nach §§ 104 – 122 BauGB an (s. dazu auch die Rn. 621).

bb) Das nichtförmliche Verwaltungsverfahren

626 Gemäß § 10 VwVfG ist das Verwaltungsverfahren *„an bestimmte Formen nicht gebunden, soweit keine besonderen Rechtsvorschriften für die Form des Verfahrens bestehen."* Dieses sog. nichtförmliche Verfahren ist damit grundsätzlich[1203] formfrei. Das VwVfG macht das nichtförmliche Verfahren zur Regel. Auch im

---

1203 Einzelne Vorschriften des besonderen Verwaltungsrechts (Bauordnungsrecht, Immissionsschutzrecht) stellen punktuell Formerfordernisse auf, fordern etwa die Schriftform für Anträge oder Bescheide.

Julian Senders

Klausur- und Hausarbeitssachverhalt ist ein nichtförmliches Verfahren der absolute Regelfall.

§§ 11–30 VwVfG normieren die allgemeinen Verfahrensgrundsätze. Zu erwähnen sind hier **627**

– die Regelungen über die Beteiligten- und Handlungsfähigkeit und die Parteien eines Verwaltungsverfahrens nach §§ 11–13 VwVfG,
– die Notwendigkeit des Handelns der „richtigen" Amtsträger gemäß §§ 20, 21 VwVfG,
– das Erfordernis vollständiger Sachaufklärung bzw. der sog. Untersuchungsgrundsatz, wonach die Behörde den Sachverhalt von Amts wegen zu ermitteln hat, § 24 I 1 VwVfG,
– die Pflicht der Behörde zur Anhörung Beteiligter nach § 28 I VwVfG
– das Recht auf Akteneinsicht nach § 29 VwVfG

Ein Verstoß gegen diese Verfahrensgrundsätze stellt einen Verfahrensfehler **628** dar, macht den Verwaltungsakt also grundsätzlich formell rechtswidrig. Einen „ungeschriebenen" Verfahrensfehler stellt die Wahl der falschen Verfahrensart dar.[1204]

In der Klausur kommen – abgesehen von der Anhörung nach § 28 VwVfG – **629** spezifische Fragen des Verwaltungsverfahrens und Verfahrensfehler generell sehr selten vor. Zumeist dürfen sich der Bearbeiter und Korrektor mit einem Satz wie: „Verfahrensfehler sind nicht ersichtlich" begnügen.

Falls aber ein Verfahrensfehler doch aufkommt, ist es sehr wichtig, System- **630** verständnis zu zeigen. Dieses **System der Prüfung und Behandlung von Verfahrensfehlern** gibt das VwVfG in §§ 44–46 VwVfG selbst vor:

1. Prüfung, ob ein Verfahrensfehler vorliegt, anhand der jeweiligen Verfahrensvorschrift.
2. Prüfung, ob dieser Verfahrensfehler den Verwaltungsakt schon nach § 44 VwVfG nichtig macht.
3. **Wenn nicht nichtig**, dann: Verfahrensfehler **geheilt** nach § 45 VwVfG?
4. **Wenn nicht geheilt**, dann: Verfahrensfehler ausnahmsweise **unbeachtlich** nach § 46 VwVfG?

1204 Peine, Klausurenkurs im Verwaltungsrecht, 6. Aufl. 2016, Rn. 183.

Julian Senders

(1) Insbesondere: Anhörung nach § 28 VwVfG

631 Verhältnismäßig häufig zu thematisieren ist im Rahmen des Verfahrens die Anhörung. Das Gesetz definiert die Anhörung im **§ 28 I VwVfG** als Gelegenheit, sich zu den für die Entscheidung erheblichen Tatsachen zu äußern. Diese hat nach § 28 I VwVfG vor Erlass eines Verwaltungsakts stattzufinden, der in die Rechte eines Beteiligten eingreift. Es bedarf also eines belastenden Verwaltungsakts (zur Frage der Anwendbarkeit in der Verpflichtungssituation § 3 Rn. 89).

632 In der Situation der Anfechtungsklage wird der Verwaltungsakt immer in die Rechte eines Beteiligten, nämlich des Adressaten bzw. Klägers eingreifen. Daher ist prinzipiell immer eine Anhörung durchzuführen, sofern keine Ausnahme gemäß § 28 II bzw. § 28 III VwVfG gegeben ist: Hat keine Anhörung stattgefunden, obwohl § 28 I VwVfG grundsätzlich zu bejahen und damit eine Anhörungspflicht besteht, kann die Anhörung nach § 28 II VwVfG entbehrlich oder nach § 28 III VwVfG untunlich gewesen sein.

(a) Entbehrlichkeit der Anhörung nach § 28 II VwVfG

633 Nach **§ 28 II VwVfG** kann von der Anhörung abgesehen werden, wenn sie nach den Umständen des Einzelfalls nicht geboten ist. Dabei sieht § 28 II VwVfG fünf Regelbeispiele („insbesondere") vor. Diese knüpfen an den Gesichtspunkt des Zeitablaufs bzw. der Gefahr im Verzug (§ 28 II Nr. 1, Nr. 2, Nr. 5 VwVfG) sowie des fehlenden Interesses bzw. der geringen Bedeutung für den Betroffenen (§ 28 II Nr. 3, Nr. 4 VwVfG) an.

634 So wurde Gefahr im Verzug bzw. ein sonstiges öffentliches Interesse nach § 28 II Nr. 1 VwVfG etwa angenommen bei Sicherstellungsmaßnahmen nach einem Vereinsverbot[1205], der Gefahr des Beiseiteschaffens von Vermögen[1206] oder bei Maßnahmen zur Sicherung des Straßenverkehrs[1207].

635 Zu beachten ist, dass es sich um Regelbeispiele handelt: Fälle, die ähnlich gelagert sind wie die Regelbeispiele, können nach wertender Beurteilung im Rahmen der Subsumtion des Einzelfalls ebenso unter den Ausnahmetatbestand fallen.

636 Zu beachten ist, dass Vollstreckungsmaßnahmen i.S.v. § 28 II Nr. 5 VwVfG nicht mit der Anordnung der sofortigen Vollziehung des Verwaltungsakts verwechselt werden dürfen: Die in einem solchen Fall zu führende Diskussion, ob

---

1205 BVerwG, Beschl. v. 29.1.2013, Az.: 6 B 40/12 = NVwZ 2013, 521, Rn. 22.
1206 BVerwG, Urt. v. 18.10.1988, Az.: 1 A 89/83 = BVerwGE 80, 299 = NJW 1989, 993; Urt. v. 13.04. 1999, Az.: 1 A 3/94 = NVwZ-RR 2000, 70.
1207 VG Braunschweig, Urt. v. 06.11.2002, Az.: 6 A 22/02 = NZV 2003, 208; VG Bremen, B. v. 15.05. 2013, Az.: 5 V 1986/12 = BeckRS 2013, 51135.

eine Anhörung vor der Anordnung der sofortigen Vollziehung des Verwaltungsakts gemäß oder analog § 28 I VwVfG notwendig war (s. dazu § 8 Rn. 63–65), darf
also nicht mit dem Hinweis offen gelassen werden, die Anhörung sei ohnehin
wegen § 28 II Nr. 5 VwVfG entbehrlich gewesen.

(b) Unterbleiben der Anhörung nach § 28 III VwVfG

Fälle des **§ 28 III VwVfG**, in denen die Anhörung explizit nicht durchzuführen   637
ist, sind solche, in denen der Anhörung zwingende öffentliche Interessen entgegenstehen. Die Gesetzesbegründung nennt etwa eine Bedrohung der Sicherheit
der Bundesrepublik als Beispiel.[1208] Hieraus wird das Wohl des Bundes oder eines
Bundeslandes abgeleitet, nicht jedoch rein fiskalische Interessen.[1209] Es muss sich
mithin um sehr gewichtige staatliche Belange mit einem qualifizierten Geheimhaltungsinteresse oder mit erheblichen drohenden Gefahren – etwa Naturkata-
strophen – handeln.[1210]

Hat die Anhörung nicht stattgefunden und war sie auch nicht entbehrlich,   638
liegt zunächst ein Verfahrensfehler vor. Dies heißt allerdings nicht, dass damit
zwangsläufig der Verwaltungsakt formell rechtswidrig ist und die Prüfung an
dieser Stelle aufhört bzw. im Hilfsgutachten weitergeht. Denn oftmals wird eine
Heilung des Verfahrensfehlers wegen eines durchgeführten Widerspruchsverfahrens eintreten (vgl. den sogleich folgenden Abschnitt zur Heilung, Rn. 652 ff.).

Wichtiger Klausurtipp: Bei der formellen Rechtmäßigkeit hören nur wenige   639
Klausuren auf; Klausuren sind in aller Regel so konzipiert, dass sie vollständig
ohne Hilfsgutachten angefertigt werden können und dennoch die Bearbeitungs-
zeit füllen. Im Umkehrschluss heißt dies: Ein so frühes Ende der Klausurlösung
kann ein Hinweis auf einen Fehler im Lösungsweg sein, der zur erneuten Nachprüfung des eigenen Lösungswegs veranlassen sollte (allgemein zu Hilfsgutachten § 1 Rn. 137 f.).

(2) Weitere Verfahrensgrundsätze im nichtförmlichen Verfahren

Auf die allgemeinen Verfahrensgrundsätze der §§ 11–34 soll, mit Ausnahme der   640
bereits vorab behandelten Anhörung, nun etwas näher eingegangen werden.

Aus §§ 11, 12 VwVfG folgt, wer **beteiligungs- und handlungsfähig** ist. Der   641
Unterschied zwischen Beteiligungs- und Handlungsfähigkeit wird deutlich,

---

1208 BT-Drs. 7/910, S. 52.
1209 Kopp/Ramsauer, VwVfG, 19. Aufl. 2018, § 28 VwVfG, Rn. 76.
1210 Kallerhoff/Mayen, in: Stelkens/Bonk/Sachs, VwVfG, 9. Aufl. 2018, § 28 Rn. 65.

wenn z. B. ein sechsjähriges Kind Adressat eines Verwaltungsakts wird: Nach § 11 I Nr. 1 Alt. 1 VwVfG ist dessen Beteiligungsfähigkeit gegeben, wegen § 12 I Nr. 1 VwVfG i.V. m. §§ 106, 2 BGB aber nicht die Geschäftsfähigkeit und damit auch nicht die Handlungsfähigkeit. Es muss von den gesetzlichen Vertretern im Verwaltungsverfahren vertreten werden.

642 Für eine Klausur oder Hausarbeit können vor allem **§§ 20, 21 VwVfG** relevant werden, die die Unparteilichkeit der öffentlichen Verwaltung sicherstellen sollen:

643 § 20 VwVfG listet vom Verwaltungsverfahren **ausgeschlossene Personen** auf. Solche dürfen nicht aufseiten der Behörde in einem Verwaltungsverfahren tätig werden. Hierunter sind: Beteiligte i. S. v. § 13 VwVfG, Angehörige von Beteiligten, Vertreter von Beteiligten, Angehörige von Beteiligtenvertretern und bei Beteiligten entgeltlich Beschäftigte bzw. solche Personen, die im Vorstand, Aufsichtsrat oder gleichartigen Organ einer Beteiligten tätig sind. Wer als Angehöriger anzusehen ist, ist in § 20 Abs. 5 VwVfG geregelt.

644 Wurde eine dieser Personen dennoch tätig, liegt ein Verfahrensfehler vor. Hier ist in der Klausur eine saubere Prüfung gefordert, die nicht mit der Feststellung eines Verfahrensfehlers enden darf. Die Befassung einer der in § 20 I 1 Nr. 2 bis 6 VwVfG genannten Personen führt gemäß § 44 III Nr. 2 VwVfG nämlich gerade nicht ohne weiteres zur Nichtigkeit des Verwaltungsakts. Damit sind §§ 45, 46 VwVfG zu berücksichtigen (hierzu vgl. Rn. 652 ff.).

645 Während § 20 VwVfG bestimmte Personenkreise von vornherein ausnimmt, regelt § 21 VwVfG allgemeiner die **Besorgnis der Befangenheit**, d. h. die Sorge um die parteiische Amtsausübung. Die Vorschrift sieht vor, dass – nach Mitteilung entweder des betroffenen Amtswalters oder nach der Behauptung eines anderen Beteiligten – eine behördeninterne Überprüfung erfolgen muss, ob die Besorgnis der Befangenheit tatsächlich besteht.[1211] Der vorgetragene Grund muss dabei geeignet sein, Misstrauen gegen eine unparteiische Amtsausübung zu rechtfertigen. Erfolgt diese behördeninterne Überprüfung nicht, liegt darin allerdings nur dann ein Verfahrensfehler, wenn die Besorgnis der Befangenheit in der Sache gegeben war.[1212]

646 Der Behördenleiter bzw. eine von ihm beauftragte Person ist zu informieren und auf dessen Anordnung die weitere Mitwirkung des betroffenen Amtswalters zu unterlassen.

647 Anders als man denken könnte, findet sich ein Verstoß gegen §§ 20, 21 VwVfG nicht bei den zwingenden Nichtigkeitsgründen des § 44 II VwVfG. Da diese aber

---

1211 Heßhaus, in: Bader/Ronellenfitsch, VwVfG, 41. Ed., Stand: 01.10.2018, § 21 Rn. 7.
1212 Schmitz, in: Stelkens/Bonk/Sachs, VwVfG, 9. Aufl. 2018, § 21 Rn. 26.

Julian Senders

nur Regelbeispiele darstellen, kann sich nach Prüfung des Einzelfalls dennoch eine Nichtigkeit gemäß § 44 I VwVfG ergeben.

§ 24 VwVfG normiert den **Untersuchungsgrundsatz.** Die Behörde hat 648
hiernach alle relevanten Informationen von Amts wegen zu ermitteln.

In **§ 26 I VwVfG** sind mögliche Ermittlungsmethoden der Behörde aufgelistet. 649
Nach § 26 II VwVfG „sollen" die Beteiligten an der Aufklärung des Sachverhalts mitzuwirken. Diese Pflicht ist allerdings nicht sanktionsbewehrt, d. h. die unterlassene Mitwirkung führt nach dem VwVfG zu keinen Konsequenzen. Zu beachten ist aber, dass Spezialvorschriften im Einzelfall eine Ablehnung des Antrags vorsehen, wenn der Antragsteller seinen Mitwirkungspflichten nicht nachkommt (vgl. z. B. § 20 II 2 der 9. BImSchV).

Zuletzt ist noch das **Akteneinsichtsrecht nach § 29 I VwVfG** zu erwähnen. 650
Das Akteneinsichtsrecht steht aber nur Beteiligten am Verwaltungsverfahren offen und einen Anspruch auf Akteneinsicht gibt es aufgrund der systematischen Stellung des § 29 VwVfG nur während des laufenden Verwaltungsverfahrens, welches, wie sich aus § 9 I VwVfG ergibt, mit Erlass des Verwaltungsakts endet. Allerdings wird auch nach Verfahrensabschluss eine Gewährung der Akteneinsicht nach pflichtgemäßem Ermessen von der Rechtsprechung anerkannt.[1213] Die Beteiligten müssen darlegen, dass die Akteneinsicht zur Geltendmachung oder Verteidigung ihrer rechtlichen Interessen notwendig ist, die Behörde kann ihnen wiederum die in § 29 II VwVfG genannten Gründe gegen eine Akteneinsicht entgegenhalten.

Hausarbeitswissen: Das Verwaltungsrecht kennt auch andere, weiter gehende Einsichtsrechte, und 651
zwar gemäß § 3 I Umweltinformationsgesetz (UIG) zur Verwirklichung des Staatsziels Umwelt
(Art. 20a GG) sowie einen allgemeinen Informationsanspruch gemäß § 1 I Informationsfreiheitsgesetz (IFG), der grundrechtlich auf die Informationsfreiheit nach Art. 5 I 1 Alt. 2 GG gestützt ist. Der
Anspruch auf Umweltinformationen ist eine Errungenschaft aus dem europäischen Recht (Art. 3 der
RL 2003/4/EG – Umweltinformations-RL) Beide Rechte sind weder an die Person des Antragstellers
noch an ein rechtliches Interesse geknüpft.[1214]

1213 BVerwG, Urt. v. 01.07.1983, Az.: 2 C 42/82 = NVwZ 1984, 445, 446; OVG Koblenz, Urt. v. 02.10. 1991, Az.: 7 A 10880/91 = NVwZ 1992, 384.
1214 Vgl. zum besonders relevanten Anspruch auf Umweltinformationen die Kommentierung von Reidt/Schiller, in: Landmann/Rohmer, Umweltrecht, 88. EL Sept. 2018, § 3 UIG; außerdem vgl. zur Missbräuchlichkeit von Informationsanfragen und zum Schutz von Betriebsgeheimnissen Schnabel, ZUR 2019, 74.

Julian Senders

(3) Heilung von Verfahrensfehlern

652 Ein Verfahrensfehler kann nach § 45 I VwVfG geheilt, d. h. ein zunächst formell rechtswidriger Verwaltungsakt im Nachhinein wieder formell rechtmäßig werden. Gerade in der Situation der Anfechtungsklage wird oftmals eine Heilung des Verfahrensfehlers gegeben sein wird. Die Heilung von Verfahrensfehlern ist bei Klausurerstellern „außerordentlich beliebt"[1215]. Dabei gibt § 45 I VwVfG die sachliche, § 45 II VwVfG die zeitliche Grenze für die Heilung vor.

653 § 45 I VwVfG zählt die Heilungstatbestände abschließend auf. Hieraus ergibt sich eine sachliche Beschränkung der Heilungsmöglichkeit auf das Antragserfordernis (Nr. 1), auf die Begründung des Verwaltungsakts (Nr. 2), auf die Anhörung der Beteiligten (Nr. 3) und auf die Beteiligung bzw. Mitwirkung von Ausschüssen (Nr. 4) und anderen Verwaltungsbehörden (Nr. 5).

654 Dies kommt der Rechtssicherheit aufseiten des vom Verwaltungsakt Betroffenen zugute: Die Behörde kann auf keinen allgemeinen Heilungstatbestand zurückgreifen, sondern muss unter die § 45 I Nr. 1 bis Nr. 5 VwVfG subsumieren.

655 Zeitlich gesehen ist das Gesetz großzügig gegenüber der Behörde: Nach § 45 II VwVfG hat die Behörde für das Nachholen der nach § 45 I VwVfG versäumten Handlung bis zum Abschluss der letzten Tatsacheninstanz eines verwaltungsgerichtlichen Verfahrens Zeit. Dies meint in der Tat den Zeitpunkt der letzten Entscheidung, bis zu der noch Tatsachenvortrag möglich ist.[1216] Damit ist in der Eingangsinstanz und ggf. in der Berufungsinstanz (das OVG, welches nach § 128 Satz 1 VwGO im gleichen Umfang prüft wie das VG, niemals aber das BVerwG) noch Möglichkeit zur Heilung des Verwaltungsakts gegeben.

656 Examenswissen: Eine weitere zeitliche Grenze ergibt sich daraus, dass der Verwaltungsakt bei Nachholung nicht erledigt sein darf. Denn in einem solchen Fall wäre die Nachholung des Verfahrensschritts eine sinnentleerte Formalie und würde den Zweck, dem Entscheidungsprozess der Behörde zu dienen, nicht mehr erfüllen können.[1217]

657 Besonders klausurrelevant ist die Nachholung der **Anhörung**, deren Fehlen so oftmals geheilt wird: Denn die Anfechtungsklage sieht grundsätzlich ein erfolgloses Vorverfahren bzw. Widerspruchsverfahren vor. Der Adressat muss also Widerspruch nach § 68 I VwGO erhoben haben, sofern dies nicht nach § 68 II VwGO entbehrlich ist. Der Widerspruch setzt ein erneutes Verwaltungsverfahren in Gang, der die zuständige Behörde zur Befassung mit dem Vorgang und nunmehr auch zur Befassung mit den Argumenten des Widerspruchsführers zwingt.

1215 Peine, Klausurenkurs im Verwaltungsrecht, 6. Aufl. 2016, Rn. 185.
1216 Sachs, in Stelkens/Bonk/Sachs, VwVfG, 9. Aufl. 2018, § 45 VwVfG, Rn. 108.
1217 BVerwG, Urt. v. 22.3.2012, Az.: 3 C 16/11 = BVerwGE 142, 205, 210.

Schon durch den erhobenen Widerspruch wird grds. nach einer vor allem in   **658**
der Rechtsprechung verbreiteten Auffassung[1218] die Anhörung i.S.v. § 45 I Nr. 3
VwVfG nachgeholt, sodass die formelle Rechtswidrigkeit durch Heilung entfällt
und die Prüfung fortgesetzt wird. Ein Teil der Literatur widerspricht dem mit dem
zutreffenden teleologischen Argument, dass das Anhörungserfordernis auf diese
Weise leer liefe.[1219] Dem wird zwar entgegengehalten, dass die Behörde nach
Art. 20 III GG zur Beachtung der Anhörungspflicht verpflichtet ist.[1220] Allerdings
ist fraglich, ob dieses verfassungsrechtliche Argument alleine dem faktischen
Leerlaufen der Anhörungspflicht entgegenwirken kann, wenn die Behörde im
Ergebnis stets davon ausgehen kann, nach Heilung des Verfahrensfehlers recht-
mäßig gehandelt zu haben.

Deswegen kann allein nach Erhebung des Widerspruchs noch nicht von einer   **659**
Heilung ausgegangen werden. Schematische Lösungen verbieten sich. Stattdessen kommt es – ausgehend vom Sinn und Zweck des § 28 VwVfG – darauf an, dass
durch die Nachholung der Zweck der Anhörung erreicht wird.[1221]

Dies kann dann nicht mehr der Fall sein, wenn der Widerspruchsbescheid   **660**
neue Tatsachen zugrunde legt, die dem Betroffenen bislang nicht bekannt waren, zu denen er sich also nicht äußern konnte oder wenn die Widerspruchsbehörde aufgrund besonderer gesetzlicher Bestimmung nur auf die Rechtskontrolle beschränkt ist (z.B. in bestimmten Selbstverwaltungsangelegenheiten, vgl.
§ 73 I 2 Nr. 3 VwGO) und deshalb keine eigene Anhörung durchführen kann.[1222]

Jedenfalls durch die Durchführung des Widerspruchsverfahrens, in dem sich   **661**
die Behörde mit den Einwänden des Betroffenen befasst, kann abgesehen von den
genannten Fällen davon ausgegangen werden, dass der Zweck der Anhörung erreicht wurde. Dies ist – da sich schematische Lösungen an dieser Stelle verbieten – im Einzelfall zu prüfen.

Geht es um die Nachholung der Begründung (§ 45 I Nr. 2 VwVfG), so ist dies   **662**
stets vom „Nachschieben von Gründen" im Verwaltungsprozess zu unterscheiden:
Die Nachholung der Begründung nach § 45 I Nr. 2 VwVfG ist dann einschlägig,
wenn der Verwaltungsakt zuvor über keine dem § 39 VwVfG genügende Begründung verfügte. Das Nachschieben von Gründen im Prozess hingegen bezieht sich
auf einen Verwaltungsakt, der zwar eine Begründung nach § 39 VwVfG aufweist,

---

1218 BVerwG, Urt. v. 17.08.1982, Az.: 1 C 22/81 = BVerwGE 66, 111, 114; OVG Münster, Urt. v. 20.06.
1983, Az.: 1 A 1480/81 = NVwZ 1985, 133; Kopp/Ramsauer, VwVfG, 19. Aufl. 2018, § 45 VwVfG, Rn. 43.
1219 Peine/Siegel, Allgemeines Verwaltungsrecht, 12. Aufl. 2018, § 14, Rn. 576; Hufen/Siegel,
Fehler im Verwaltungsverfahren, 6. Aufl. 2018, Rn. 956; Pünder, Jura 2015, 1307, 1310.
1220 Erbguth/Guckelberger, Allgemeines Verwaltungsrecht, 9. Aufl. 2018, § 15, Rn. 17.
1221 Erbguth/Guckelberger, Allgemeines Verwaltungsrecht, 9. Aufl. 2018, § 15, Rn. 17.
1222 BVerwG, Urt. v. 17.08.1982, Az.: 1 C 22/81 = BVerwGE 66, 111, 115.

Julian Senders

welche aber in der Sache (und nicht etwa formal) unzureichend oder unzutreffend ist: Die Nachholung der Begründung ist immer Sache der formellen, das Nachschieben von Gründen im Verwaltungsprozess hingegen eine Frage der materiellen Rechtmäßigkeit.[1223]

663   In der Klausur stellt sich aber für den Klausurbearbeiter das Problem, dass er ggf. einen Verwaltungsakt prüft, der formell rechtswidrig ist, weil die Behörde die zur Heilung notwendige Handlung nach dem Sachverhalt noch nicht nachgeholt hat, aber – da noch in der ersten Instanz – auf jeden Fall noch nachholen könnte. In einem solchen Fall liegt zwar strenggenommen ein „schwebend rechtswidriger" Verwaltungsakt vor. Klausurtaktisch gedacht ist ein Abbruch der Prüfung an dieser Stelle nicht gewünscht und wird auch nicht belohnt – ganz im Gegenteil. Daher sollte an dieser Stelle eine kurze Darstellung der Heilungsproblematik erfolgen und nach einer Feststellung der noch bestehenden Heilungsmöglichkeit mit der weiteren Prüfung fortgefahren werden.

(4) Unbeachtlichkeit von Verfahrensfehlern

664   Nach § 46 VwVfG kann der Verfahrensfehler unbeachtlich sein: Die Aufhebung eines Verwaltungsakts kann bei gewissen Fehlern nicht beansprucht werden, wenn offensichtlich ist, dass der Fehler die Entscheidung in der Sache nicht beeinflusst hat. § 46 VwVfG zählt diese Fehler abschließend auf: Unbeachtlich kann demnach nur eine Verletzung der Vorschriften über die örtliche Zuständigkeit (§ 3 VwVfG), über das Verfahren und über die Form sein.

665   Dies bedeutet, dass sich der Betroffene unter Umständen **trotz fehlender Heilung** nach § 45 VwVfG nicht erfolgreich gegen den Verwaltungsakt zur Wehr setzen kann.

666   Die Formulierung der Norm bringt auch schon zum Ausdruck, dass ein solcher Verwaltungsakt nicht durch die Unbeachtlichkeit rechtmäßig wird, sondern nach wie vor als rechtswidrig anzusehen ist. Lediglich seine Aufhebung kann nach § 113 I 1 VwGO nicht begehrt werden. In der Klausur muss auf diese Feinheit geachtet werden.

667   **Voraussetzung** für die Unbeachtlichkeit ist der offensichtlich fehlende kausale Einfluss des (Verfahrens-)Fehlers auf die Entscheidung in der Sache.

668   Ein offensichtlich fehlender kausaler Einfluss auf die Entscheidung wird regelmäßig gegeben sein, wenn in der Sache eine gebundene Entscheidung vorliegt. Dies leuchtet ein: Wenn zwar der Betroffene nicht angehört wurde, aber auch mit

---

1223 Maurer/Waldhoff, Allgemeines Verwaltungsrecht, 19. Aufl. 2017, 3. Teil, Rn. 64.

Julian Senders

Anhörung derselbe Bescheid ergehen müsste, ergibt eine Neubescheidung durch die Behörde schon verfahrensökonomisch keinen Sinn.

Dabei muss immer beachtet werden, dass die Behörde nach dem Gesetz den **669** Sachverhalt unabhängig von der Anhörung schon zuvor nach § 24 VwVfG von Amts wegen ermittelt haben muss, sodass die Anhörung systematisch gesehen nicht der reinen Sachverhaltsermittlung dienen kann. **Der Betroffene kann daher regelmäßig nicht argumentieren, bei seiner Anhörung wäre der Sachverhalt anders ermittelt und daher eine andere Entscheidung gefällt worden.**

Die frühere Fassung von § 46 VwVfG war explizit auf gebundene Entschei- **670** dungen beschränkt. Doch der Gesetzgeber hat die Formulierung ausgedehnt, um mit der Unbeachtlichkeit auch im Einzelfall Ermessensverwaltungsakte zu erfassen. **Grundsätzlich** wird es sich so verhalten, dass **bei Ermessensverwaltungsakten** sowie Verwaltungsakten mit tatbestandlichem Beurteilungs- bzw. Abwägungsspielraum ein kausaler Einfluss z. B. der fehlenden Anhörung auf die Entscheidung **nicht offensichtlich fehlen und damit keine Unbeachtlichkeit gegeben sein wird.**[1224] Es bedarf dennoch einer Prüfung im Einzelfall. Zudem: Ist das Ermessen der Behörde etwa auf Null reduziert, ist keine andere Behandlung als beim gebundenen Verwaltungsakt angezeigt und § 46 VwVfG wird einschlägig sein.

An dieser Stelle stellt sich die Frage nach dem **Prüfungsstandort** in der **671** Klausur: Die Norm ist prozessual formuliert, kann also nach Abschluss der Prüfung der materiellen Rechtmäßigkeit des Verwaltungsakts unter dem Punkt „Rechtsverletzung" geprüft werden. Dies kann sich dann empfehlen, wenn die Ermächtigungsgrundlage für den Verwaltungsakt bzw. eine Ermessensreduzierung auf Null nicht eindeutig ist und daher sonst ein Teil der materiellen Prüfung in die formelle Rechtmäßigkeit gezogen würde. Bei einfach gelagerten Fällen, etwa Ermächtigungsgrundlagen, die zu gebundenen Entscheidungen der Behörde führen, sollte eine Prüfung aber schon im Rahmen der formellen Rechtmäßigkeit erfolgen.

cc) Das förmliche Verfahren

Das förmliche Verfahren ist gemäß § 63 I VwVfG zu prüfen, wenn es durch **672** Rechtsvorschrift angeordnet wird. Eine solche Vorschrift findet sich etwa in § 36 BBergG. Eher in einer fortgeschrittenen Klausur denkbar sind Vorschriften

---

1224 Peine/Siegel, Allgemeines Verwaltungsrecht, 12. Aufl. 2018, § 14, Rn. 583; Erbguth/Guckelberger, Allgemeines Verwaltungsrecht, 9. Aufl. 2018, § 15, Rn. 20.

Julian Senders

des Landesrechts, etwa § 1 FörmVfVO Bln: Nach dieser Vorschrift ist u. a. für die Gewerbeuntersagung nach § 35 GewO und die Rücknahme/den Widerruf der Gaststättenerlaubnis nach § 15 GastG das förmliche Verfahren durchzuführen. Zu beachten ist in jedem Fall auch hier, dass schon auf Ebene der Anwendbarkeit des VwVfG gemäß § 1 I VwVfG a.E. das förmliche Verfahren gegenüber besonderen Verwaltungsverfahren, etwa dem Enteignungsverfahren nach §§ 103 ff. BauGB, subsidiär ist.

673 In der Klausur wird die Einschlägigkeit des förmlichen Verfahrens in aller Regel zu keinen Abweichungen vom Prüfprogramm führen. Es reicht dann die Feststellung aus, dass das förmliche Verfahren durchzuführen ist.

674 Das Verfahren über eine einheitliche Stelle nach §§ 71a ff. VwVfG wird demgegenüber nicht als eigenes Verfahren gesehen,[1225] sondern dient der Beschleunigung aller Verfahrensarten, auch wenn dies aus seiner systematischen Stellung im Gesetz zwischen förmlichem und Planfeststellungsverfahren nicht ohne Weiteres ersichtlich ist. Allerdings ist hier praktisch keine Klausur- oder Examensrelevanz gegeben.

dd) Das Planfeststellungsverfahren

675 Ein Planfeststellungsverfahren ist ein gesteigert förmliches Verfahren. Es kommt bei der Zulassung großer, raumbedeutsamer Vorhaben zum Tragen, etwa bei großen Fernstraßen (§ 17 FStrG) oder Flughäfen (§§ 8 ff. LuftVG). Es muss durch besondere Rechtsvorschriften angeordnet sein, § 72 I 1 Hs. 1 VwVfG. Die Komplexität des Verfahrens ergibt sich vor allem durch das Zusammenwirken mehrerer Behörden (Planfeststellungsbehörde, Anhörungsbehörde, Fachbehörden) und ggf. mehrerer Gemeinden.

676 Der maßgebliche Verwaltungsakt am Ende des Planfeststellungsverfahrens ist der sog. Planfeststellungsbeschluss. Das Planfeststellungsverfahren zeichnet sich durch den Ablauf der folgenden, fest vorgegebenen Schritte aus:
- Einleitung des Verfahrens durch einen Plan, der vom öffentlichen oder privaten Vorhabenträger **bei der Anhörungsbehörde** einzureichen ist, § 73 I 1 VwVfG
- Aufforderung der in ihrem Zuständigkeitsbereich betroffenen Behörden zur Stellungnahme binnen eines Monats nach Zugang des vollständigen Plans **durch die Anhörungsbehörde**, § 73 II Hs. 1 VwVfG

1225 Erbguth/Guckelberger, Allgemeines Verwaltungsrecht, 9. Aufl. 2018, § 14, Rn. 16.

Julian Senders

- Stellungnahme **der aufgeforderten Behörden** innerhalb einer von der Anhörungsbehörde gesetzten Frist von höchstens drei Monaten, § 73 IIIa 1, 2 VwVfG
- Veranlassung der öffentlichen Auslegung des Plans in den betroffenen Gemeinden binnen eines Monats nach Zugang des vollständigen Plans **durch die Anhörungsbehörde**, § 73 II Hs. 2 VwVfG
- Binnen drei Wochen nach Zugang: Öffentliche Bekanntmachung des Plans, § 73 V VwVfG, und Auslegung des Plans **durch die betroffenen Gemeinden** für einen Zeitraum von einem Monat (Auslagefrist), § 73 III 1 VwVfG
- Ggf. Einwendungen aller Art gegen das Projekt, zu erheben innerhalb der Einwendungsfrist
  - Einwendungsfrist: 2 Wochen nach Ablauf der Auslagefrist, § 73 IV 1 VwVfG
  - Einwendungen richten sich auf Veränderung oder Verhinderung des Vorhabens
  - Rechtsbetroffenheit des Einwenders nicht erforderlich
- Binnen drei Monaten nach Ablauf der Einwendungsfrist: Behandlung des Vorhabens mit dem Projektträger, den beteiligten Behörden und den Einwendern, § 73 VI 1, 7 VwVfG
- Anfertigung einer Stellungnahme **durch die Anhörungsbehörde** und Weiterleitung mit dem Plan **an die Planfeststellungsbehörde**, § 73 IX VwVfG
- Verfahrensabschluss durch Planfeststellungsbeschluss

Werden diese Schritte nicht oder nicht fristgemäß eingehalten, ist wiederum ein 677 Verfahrensfehler gegeben. Für die Heilung bzw. Unbeachtlichkeit von Verfahrensfehlern sind §§ 45, 46 VwVfG anwendbar, soweit sie den betreffenden Fehler erfassen. Ansonsten sieht das Planfeststellungsrecht bei Verfahrensfehlern eine Planergänzung nach § 76 Ia Satz 2 VwVfG vor, die wiederum ein eigenes Verfahren darstellt und nach Abschluss mit dem ursprünglichen Planfeststellungsverfahren eine Einheit darstellt.[1226]

Dieser Planfeststellungsbeschluss weist gemäß §§ 74, 75 I 1 Hs. 2 VwVfG ei- 678 ne sog. Konzentrationswirkung auf, d. h. er umfasst gleichzeitig alle anderen behördlichen Genehmigungen, welche sonst alle einzeln zu beantragen wären – etwa Baugenehmigungen, immissionsschutz- und wasserrechtliche Genehmigungen.

In Klausur und Hausarbeit ist das Planfeststellungsverfahren kaum bis gar 679 nicht relevant. Die Prüfungsordnungen der Bundesländer schließen oftmals das

---

1226 Kämper, in: Bader/Ronellenfitsch, VwVfG, 43. Ed., Stand: 1.4.2019, § 75 VwVfG, Rn. 34.

Julian Senders

formelle Verfahren vom Examensstoff aus.[1227] Eine große Rolle spielt es in der Praxis bei Anlagenzulassungen, etwa bei Abfalldeponien und Kraftwerken.

ee) Literaturhinweise

680 Eine systematische und übersichtliche Darstellung des Verwaltungsverfahrens bietet insbesondere Erbguth/Guckelberger, Allgemeines Verwaltungsrecht, 9. Aufl. 2018, § 14, Abschnitt I. 2; Zu Verfahrensfehlerfolgen bieten sich insbesondere die folgenden Quellen aus Lehrbuch- und Aufsatzliteratur an: Peine/ Siegel, Allgemeines Verwaltungsrecht, 12. Aufl. 2018, § 14, Rn. 542 ff.; Erbguth/ Guckelberger, Allgemeines Verwaltungsrecht, 9. Aufl. 2018, § 15; Beaucamp, Heilung und Unbeachtlichkeit von formellen Fehlern im Verwaltungsverfahren, JA 2007, 117; Stelkens, Der Eigenwert des Verfahrens im Verwaltungsrecht, DVBl 2010, 1078

c) Form (Tristan Lemke)

681 Grundsätzlich kann ein Verwaltungsakt in jeder denkbaren Form ergehen. Dieser **Grundsatz der Formfreiheit** ergibt sich aus § 37 II 1 VwVfG. Der Verwaltungsakt kann somit u. a. schriftlich, mündlich, elektronisch, telefonisch, als Telefax oder auch nur durch Handzeichen ergehen. Beispielsweise handelt es sich auch bei den Gesten eines Polizisten, der den Verkehr lenkt, um Verwaltungsakte.[1228]

682 Dieser Grundsatz wird vom Gesetz in einigen besonders bedeutsamen Bereichen dadurch gebrochen, dass eine bestimmte Form vorgeschrieben wird.

Beispiele: Die Baugenehmigung bedarf nach § 2 V BauVerfV der Schriftform und die Beamtenernennung der Aushändigung einer Urkunde (§ 8 II BeamtStG, §§ 10 II, 12 II 1 BBG).

683 Auch jenseits besonderer gesetzlicher Bestimmungen ist es jedoch aus Praktikabilitätsgründen[1229] üblich, Verwaltungsakte schriftlich zu erlassen. Hierdurch besteht für die Betroffenen und die Behörde Klarheit hinsichtlich des Wortlautes des Verwaltungsakts.

684 Folgenden Formerfordernissen muss in Klausuren regelmäßig erhöhte Aufmerksamkeit gewidmet werden:

1227 So etwa § 3 IV Nr. 3 Buchst. b) BlnJAO; § 3 IV Nr. 3 Buchst. b) BbgJAO; § 14 III Nr. 8 Buchst. b) SächsJAPO.
1228 Maurer/Waldhoff, Allgemeines Verwaltungsrecht, 19. Aufl. 2017, § 10 Rn. 41.
1229 Schönenbroicher, in: Mann/Sennekamp/Uechtritz, VwVfG, 2. Aufl. 2019, § 37 Rn. 115.

aa) Schriftform

Wenn Verwaltungsakte schriftlich (oder elektronisch) ergehen, müssen sie den **685** Anforderungen des § 37 III 1 VwVfG entsprechen. Sie müssen die erlassende Behörde erkennen lassen und die Unterschrift oder die Namenswiedergabe des Behördenleiters, seines Vertreters oder seines Beauftragten enthalten. Das ist unabhängig davon, ob sich die Behörde freiwillig zur Verwendung der Schriftform entschlossen hat oder hierzu durch eine gesetzliche Ausnahme vom Grundsatz der Formfreiheit verpflichtet wurde.

Wenn der Verwaltungsakt entgegen § 37 III 1 VwVfG nicht die **erlassende** **686** **Behörde erkennen** lässt, ist er gem. § 44 II Nr. 1 VwVfG nichtig (s. näher § 6 Rn. 122 ff.). Sollten hingegen die **Unterschrift oder die Namenswiedergabe** des Behördenleiters nicht enthalten sein, ist der Verwaltungsakt lediglich rechtswidrig. Sinn dieser Anforderung ist es, zu gewährleisten, dass nicht versehentlich ein Entwurf versendet wurde, sondern es sich um eine gewollte Erklärung handelt, für die der Behördenleiter die Verantwortung übernimmt.[1230] Eine Unterschrift ist die eigenhändige Unterzeichnung durch eine natürliche Person mit ihrem eigenen Namen.[1231] Die Namenswiedergabe verlangt nicht mehr als – beispielsweise maschinenschriftlich – den Namen des Behördenleiters wiederzugeben.[1232]

bb) Elektronische Verwaltungsakte und elektronische Form

Examenswissen: Ein Verwaltungsakt, für den die Schriftform durch Rechtsvorschrift vorge- **687** schrieben ist (z. B. § 2 V BauVerfV), kann gem. §§ 3a II 1, 37 III 2 und 3 VwVfG auch in **elektronischer Form** ergehen. Hierfür muss gem. § 3a II 3 VwVfG eine qualifizierte elektronische Signatur im Sinne des § 2 Nr. 1 SigG verwendet werden. Reguläre Emails enthalten diese nicht, so dass in diesem Fall dem Formerfordernis nicht entsprochen wird und der Verwaltungsakt formell rechtswidrig ist. § 3a II 4 und 5 VwVfG nennen weitere Möglichkeiten, das Schriftformerfordernis zu ersetzen. Diese sind jedoch deutlich weniger klausurrelevant.

Examenswissen: Jegliche Verwaltungsakte, die auf elektronischem Wege erlassen werden **688** (**elektronische Verwaltungsakte**), müssen wie schriftliche Verwaltungsakte ebenfalls § 39 I 1 VwVfG (s. Rn. 690) entsprechen. Darüber hinaus ist für ihr Wirksamwerden erforderlich, dass die Voraussetzungen des § 37 III 1 VwVfG (s. dazu Rn. 685 f.) und § 3a I VwVfG gewahrt werden. Letzterer verlangt, dass der Empfänger einen Zugang zur Übermittlung elektronischer Dokumente eröffnet hat (s. ausführlich Rn. 144 ff.). Hiernach muss in objektiver Hinsicht bei dem Empfänger

---

1230 BVerwG, Urt. v. 5.6.1974, Az.: VIII C 1.74 = BVerwGE 45, 189 (195).
1231 Ramsauer, in: Kopp/Ramsauer, VwVfG, 20. Aufl. 2019, § 37 Rn. 33.
1232 OVG Magdeburg, Beschl. v. 24.8.2012, Az.: 1 L 20/12 = NVwZ-RR 2013, 131; ausführlich Stelkens, in: Stelkens/Bonk/Sachs, VwVfG, 9. Aufl. 2018, § 37 Rn. 104 f.

Tristan Lemke

eine entsprechende Kommunikationseinrichtung bestehen (beispielsweise ein Account bei einem Email-Provider) und diese subjektiv der elektronischen Kommunikation gewidmet werden.[1233] Diese Widmung durch den Empfänger verlangt, dass dem Kommunikationspartner die Bereitschaft signalisiert wird, elektronische Kommunikationsmittel entgegenzunehmen; in der Regel ist das erst mit der ausdrücklichen Mitteilung eines Bürgers an die Behörde der Fall.[1234] Die Widmung kann jedoch auch konkludent erfolgen; im Geschäftsverkehr, zu dem u.a. Firmen, Behörden, Gerichte und Anwälte gehören, sind hieran geringere Anforderungen zu stellen als bei privaten Nutzern.[1235] Die Voraussetzungen des § 3a I VwVfG sind auch zu wahren, wenn ein Bürger elektronisch mit einer Behörde kommunizieren möchte (beispielsweise durch Erhebung eines Widerspruchs, s. Rn. 317).

cc) Rechtsbehelfsbelehrung

689 Examenswissen: Aus § 37 VI VwVfG ergibt sich die Pflicht der Behörde, belastenden Verwaltungsakten eine Rechtsbehelfsbelehrung beizufügen, wenn sie in schriftlicher oder elektronischer Form ergehen. Das Fehlen oder die Unrichtigkeit der Belehrung wirkt sich jedoch nicht auf die Rechtmäßigkeit des Verwaltungsakts aus, weil sie der eigentlichen Entscheidung nur beigefügt wird.[1236] Gem. § 58 II VwGO verlängern sich jedoch in diesem Fall die Rechtsbehelfsfristen (daher zu dieser Problematik bereits ausführlich Rn. 368).

dd) Begründung

690 Schriftliche und elektronische Verwaltungsakte müssen gem. § 39 I VwVfG mit einer Begründung versehen werden. Hierbei ist nicht entscheidend, ob die Begründung gelungen ist, also Überlegungen enthält, die den Verwaltungsakt rechtlich tragen können. Stattdessen müssen lediglich die Gründe genannt werden, die für die Behörde maßgeblich waren.[1237] Somit wird beispielsweise § 39 I VwVfG entsprochen, wenn die Behörde von einem unzutreffenden Sachverhalt ausgeht und diesen in der Begründung darstellt; der belastende Verwaltungsakt ist formell rechtmäßig. Seine materielle Rechtswidrigkeit ergibt sich jedoch daraus, dass die Tatbestandsvoraussetzungen der Ermächtigungsgrundlage nicht vorliegen.

691 Aus der Begründung muss ersichtlich sein, von welchem Sachverhalt die Behörde ausgegangen ist und warum nach Auffassung der Behörde die Tatbe-

---

1233 BVerwG, Urt. v. 7.12.2016, Az. 6 C 12/15 = BayVBl 2017, 568; Erbguth/Guckelberger, Allgemeines Verwaltungsrecht, 9. Aufl. 2018, § 14 Rn. 22.
1234 Ausführlich Schulz, in Mann/Sennekamp/Uechtritz, VwVfG, 2. Aufl. 2019, § 3a Rn. 55 ff.
1235 Ausführlich Kastner, in: Fehling/Kastner/Störmer, Verwaltungsrecht, 4. Aufl. 2016, § 3a VwVfG Rn. 10 ff.
1236 BR-Drucks. 171/12, S. 29.
1237 Maurer/Waldhoff, Allgemeines Verwaltungsrecht, 19. Aufl. 2017, § 10 Rn. 43.

Tristan Lemke

standsvoraussetzungen der Rechtsgrundlage (nicht) erfüllt sind.[1238] Ermessens-entscheidungen sind darüber hinaus gem. § 39 I 3 VwVfG so zu begründen, dass überprüft werden kann, ob ein Ermessensfehler vorliegt.[1239] In jedem Fall muss die Begründung am Einzelfall orientiert sein.

Examenswissen: Die Pflicht der Behörde, ihre Entscheidung zu begründen, ist verfassungs- **692** rechtlich verankert.[1240] Art. 19 IV GG räumt dem Bürger einen **Anspruch auf effektiven gerichtlichen Rechtsschutz** ein. Die Verwaltung ist als Kehrseite hiervon verpflichtet, diesen Rechtsschutz nicht zu vereiteln. Das täte sie jedoch, wenn sie ihre Gründe nicht offenlegte: Der Betroffene könnte die Erfolgsaussichten gerichtlichen Rechtsschutzes nicht abschätzen und würde dadurch davon abgehalten, diesen zu ersuchen. Selbst wenn er diesen Schritt ginge, wäre ihm die Verteidigung seiner Rechte erschwert, weil er die Erwägungen der Verwaltung nicht kennt. Schließlich wäre sogar das Gericht daran gehindert, eine Ermessensentscheidung effektiv zu überprüfen, wenn keinerlei Ermessenserwägungen offengelegt werden. Neben dieser Bedeutung für den Rechtsschutz sichert die Begründungspflicht den Subjektcharakter des Einzelnen im Verwaltungsverfahren. Wenn der Betroffene die Erwägungen nachvollziehen kann, die zum Erlass eines Verwaltungsakts geführt haben, fühlt er sich nicht als bloßes Objekt einer staatlichen Regelung. Hierdurch wird die **Akzeptanz der Verwaltungsentscheidung** gesteigert. Ferner dient die Begründungspflicht der **Selbstkontrolle der Behörde**. Diese wird zu sorgfältigen Ermittlungen und zur Auseinandersetzung mit dem Vorbringen des Beteiligten motiviert.

ee) Heilung und Unbeachtlichkeit von Formfehlern

Verstöße gegen Formvorschriften (und Verfahrensvorschriften, s. dazu bereits **693** Rn. 652) führen dazu, dass der Verwaltungsakt formell rechtswidrig ist, sofern er nicht nach § 44 VwVfG nichtig (s. Rn. 189 ff.) ist. Das bedeutet jedoch nicht, dass der Verwaltungsakt auch unter sachlichen Mängeln leidet – er entspricht möglicherweise vollumfänglich dem materiellen Recht.

Beispiel: Eine Beseitigungsanordnung nach § 80 S. 1 BauO Bln oder eine Gewerbeuntersagung wegen Unzuverlässigkeit nach § 35 I 1 GewO kann inhaltlich zutreffend sein, obwohl die erforderliche Begründung fehlt.

Den Verwaltungsakt aufzuheben und unter Beachtung der Formvorschrift neu zu **694** erlassen bedeutete einen erheblichen Aufwand. Unter den Voraussetzungen der §§ 45, 46 VwVfG ist das jedoch nicht notwendig.

1238 Vgl. Weiß, in: Mann/Sennekamp/Uechtritz, VwVfG, 2. Aufl. 2019, § 39 Rn. 29 ff.
1239 Zu den wenigen Ausnahmen aufgrund der Gesetzesformulierung als „Soll"-Vorschrift: Stelkens, in: Stelkens/Bonk/Sachs, VwVfG, 9. Aufl. 2018, § 39 Rn. 65 ff.
1240 S. hierzu mit Rechtsprechungsnachweisen und unter zusätzlichem Verweis auf Grundrechte als Verfahrensrechte, das Rechtsstaats- und das Demokratieprinzip Ramsauer, in: Kopp/Ramsauer, VwVfG, 20. Aufl. 2019, § 39 Rn. 5a.

Tristan Lemke

695 Examenswissen: Die Vorschriften dienen somit der Verfahrensökonomie. Aus ihnen wird ferner deutlich, dass dem **Verwaltungsverfahrensrecht eine dienende Funktion** zukommt: Das Verwaltungsverfahrensrecht ist kein „Wert an sich", sondern soll zum Erlass materiell rechtmäßiger und zweckmäßiger Verwaltungsakte beitragen.[1241]

(1) Heilung von Formfehlern, § 45 I VwVfG

696 Nur die in § 45 I aufgezählten Formfehler können durch die jeweils genannte Handlung nachgeholt werden. Der vormals rechtswidrige Verwaltungsakt wird dadurch formell rechtmäßig. § 45 VwVfG ist daher in Klausuren unmittelbar im Anschluss an einen festgestellten Verstoß gegen eine Formvorschrift zu prüfen. Die Heilung ist gem. § 45 II VwVfG bis zum Abschluss der letzten Tatsacheninstanz möglich. Das ist im Berufungsverfahren das OVG. In jedem Fall ist zu beachten, dass der Betroffene durch die Heilung so gestellt werden muss, wie er ohne den Formfehler stünde.[1242] Mit anderen Worten darf es für den Betroffenen keinen Nachteil bedeuten, dass die fehlerhafte oder unterbliebene Formvorschrift später als vorgesehen beachtet wurde. In Klausuren ist es deswegen erforderlich, den Telos von § 45 I Nr. 2 und Nr. 3 VwVfG zu kennen (s. Rn. 692, Rn. 687 und Rn. 659 ff.). An diesem sollte sich die Argumentation daran orientieren, ob der Betroffene so gestellt wird, wie er bei Beachtung der Form- bzw. Verfahrensvorschrift stünde.

697 *Hausarbeitswissen: Die erforderliche Handlung kann von bzw. vor der Ausgangsbehörde als auch grundsätzlich von bzw. vor der Widerspruchsbehörde nachgeholt werden.[1243] Bezüglich der nachträglichen Anhörung ist jedoch umstritten, ob die* **Widerspruchsbehörde** *hierfür* **zuständig** *ist.[1244] Das wird teilweise verneint: Ermessenskontrolle sei nicht notwendig gleichbedeutend mit Ermessensausübung. Wenn die Widerspruchsbehörde mit der Zurückweisung des Widerspruchs bestätige, dass das Ermessen zweckmäßig ausgeübt worden sei, so schließe das nicht aus, dass sie nicht auch eine andere, dem Betroffenen günstigere Ermessensausübung gebilligt hätte. Es sei also nicht auszuschließen, dass in Fällen vorheriger Anhörung eine für den Betroffenen günstigere Entscheidung ergeht, wie er sie im Widerspruchsverfahren nicht mehr erreichen kann. Diese Argumentation verkennt jedoch den Sinn und Zweck der Anhörung. Diese soll nicht sicherstellen, dass gerade die Ausgangsbehörde (und nicht die Widerspruchsbehörde) die Argumente des Beteiligten würdigt. Mit der Anhörung wird vielmehr gewährleistet, dass der Beteiligte überhaupt seine Sicht der Dinge vortragen kann und damit Einfluss auf die Entscheidung nehmen kann.[1245] Dieses Ziel wird jedoch*

1241 BVerfG, Beschl. v. 20.2.2002, Az.: 1 BvL 19/97 = NVwZ 2002, 1101 (1102).

1242 Hufen/Siegel, Fehler im Verwaltungsverfahren, 6. Aufl. 2018, Rn. 960.

1243 Kopp/Ramsauer, VwVfG, 20. Aufl. 2019, § 45 Rn. 41.

1244 Ablehnend 3. Senat BVerwG, Urt. v. 14.10.1982, Az.: 3 C 46/81 = BVerwGE 66, 184 (187); **Bejahend:** 1. Senat BVerwG, Urt. v. 18.10.1983, Az.: 1 C 13/81 = NVwZ 1984, 578; Sachs, in: Stelkens/Bonk/Sachs, VwVfG, 9. Aufl. 2018, Rn. 78.

1245 OVG Münster, Urt. v. 7.9.2010, Az.: 6 A 2077/08 = DVBl 2010, 1572.

Tristan Lemke

auch vollumfänglich erreicht, wenn die Anhörung von einer Widerspruchsbehörde nachgeholt wird, die die Zweckmäßigkeit umfassend überprüft, mit anderen Worten also eine eigene Ermessensentscheidung trifft.[1246]

(2) Insbesondere: Nachholen von Gründen, § 45 I Nr. 2 VwVfG

Wenn die nach § 39 I 1 VwVfG erforderliche Begründung ganz oder teilweise **698** fehlt, kann sie gem. § 45 I Nr. 2 VwVfG nachgeholt werden. Dadurch wird die formelle Rechtswidrigkeit des Verwaltungsakts geheilt. Auf eine etwaige materielle Rechtswidrigkeit hat dies keinen Einfluss. Mit anderen Worten ermöglicht es die Vorschrift nicht, eine Begründung nachzubessern, die zwar den Anforderungen des § 39 I 1 VwVfG entspricht, den Verwaltungsakt sachlich jedoch nicht zu tragen vermag.

Beispiel: Die zuständige Behörde erlässt einen auf die polizeiliche Generalklausel (s. näher Rn. 1032) gestützten Verwaltungsakt, der den Adressaten dazu verpflichtet, einen instabilen Baum von der Grundstücksgrenze zu entfernen, weil dieser auf die Straße stürzen könnte. Fehlt dieser Verfügung die Begründung, kann dieser Mangel über § 45 I Nr. 2 VwVfG geheilt werden. Anders verhält es sich, wenn eine Begründung vorhanden ist, diese jedoch auf die Ermessensfehlerhaftigkeit des Verwaltungsakts schließen lässt. In diesem Fall ist § 39 I VwVfG entsprochen, der Verwaltungsakt aber materiell rechtswidrig. § 45 I Nr. 2 VwVfG ermöglicht keine Heilung.

(3) Nachschieben von Gründen

Examenswissen: Keine Frage der Formerfordernisse ist es, wenn ein materiell rechtswidriger **699** Verwaltungsakt dadurch geheilt werden soll, dass Gründe nachgeschoben werden. Während die Nachholung der Begründung gem. § 45 I Nr. 2 VwVfG die formelle Rechtswidrigkeit aufgrund eines Verstoßes gegen § 39 I 1 VwVfG betrifft, geht es beim **Nachschieben von Gründen** darum, die materielle Rechtswidrigkeit zu korrigieren, die sich aus einer in der Sache unzureichenden Begründung ergibt. § 114 S. 2 VwGO stellt klar, dass dies auch noch während des gerichtlichen Verfahrens zulässig ist. Sofern eine gebundene Entscheidung vorliegt, ist das Nachschieben von Gründen uneingeschränkt zulässig, weil nach § 86 I VwGO das Gericht sowieso Umstände berücksichtigt, die nicht in der ursprünglichen Begründung vorhanden waren. Bei Entscheidungen mit Gestaltungsspielraum, also Ermessens- und Beurteilungsspielraum (s. Rn. 721), sind zwei Kriterien zu beachten: Durch die nachgeschobenen Gründe darf das **Wesen des Verwaltungsakts nicht verändert** werden und die Rechtsverteidigung des Klägers darf nicht beeinträchtigt werden.[1247] Aus diesen ergibt sich, dass keine Ermessenserwägungen nachgeschoben werden können, die nicht bereits zum Erlasszeitpunkt vorlagen. Die Behörde darf also nicht zuerst einen

---

1246 Das ist nicht der Fall, wenn die Widerspruchsbehörde lediglich die Rechtmäßigkeit überprüft; s. hierzu Dolde/Porsch, in: Schoch/Schneider/Bier, VwGO, 36. EL Februar 2019, § 68 Rn. 37.
1247 S. mit Rechtsprechungsnachweisen Decker, in: Posser/Wolff, VwGO, Stand 1.1.2019, § 114 Rn. 42 ff.

Tristan Lemke

Verwaltungsakt erlassen und zu dessen Recht- und Zweckmäßigkeit erst im Nachhinein Erwägungen anstellen. Genauso wenig dürfen die tragenden Gründe ausgetauscht werden oder völlig neue Argumentationsstrukturen hinzugefügt werden. Als Faustformel gilt, dass die Ermessenserwägungen „verfeinert" werden dürfen, um einen knapp rechtswidrigen Verwaltungsakt auf die Seite der Rechtmäßigkeit zu ziehen. Durch nachgeschobene Gründe können jedoch keine schweren Ermessensfehler, wie beispielsweise der Ermessensausfall, kompensiert werden.

(4) Unbeachtlichkeit von Formfehlern, § 46 VwVfG

700 Im Rahmen von § 45 I VwVfG wird der Verfahrens- oder Formfehler dadurch ausgeglichen, dass die entsprechende Handlung nachgeholt wird und ihre volle Wirkung entfalten kann. Beispielsweise verschafft die nachgeholte Anhörung dem Beteiligten die Gelegenheit, mit seinen Argumenten Einfluss auf die Sachentscheidung zu nehmen (s. Rn. 687 und Rn. 659 ff.) Bei § 46 VwVfG geht es hingegen um Verstöße, die gar keinen Einfluss auf die Sachentscheidung haben konnten. Trotz der daraus resultierenden formellen Rechtswidrigkeit wird der Verwaltungsakt in diesen Fällen nicht vom Gericht nach § 113 I 1 VwGO aufgehoben. Es wäre ineffizient, einen sachlich richtigen Verwaltungsakt aufzuheben, weil eine Vorschrift verletzt wurde, die in diesem Fall offensichtlich keinerlei Auswirkungen hatte. Auch dem Betroffenen wäre nicht geholfen: Der formell rechtswidrige Verwaltungsakt würde sofort erneut mit identischem Inhalt ergehen, dieses Mal unter Berücksichtigung der entsprechenden Norm. Verfahrens- und Formgebote allein ihrer selbst wegen zu berücksichtigen bewirkte demnach nichts außer der Verschwendung knapper staatlicher Ressourcen (s. auch Rn. 695). Das bedeutet jedoch keineswegs, dass § 46 VwVfG die Exekutive davon freistellt, Form- und Verfahrensvorschriften zu beachten: Der Tatbestand ist nur erfüllt, wenn „offensichtlich ist, dass die Verletzung die Entscheidung in der Sache nicht beeinflusst hat".

701 Von § 46 VwVfG werden nur Verstöße gegen die Form, das Verfahren oder die örtliche Zuständigkeit erfasst. Verletzungen der Vorschriften über die sachliche-, instanzielle oder Verbandszuständigkeit sind damit niemals unbeachtlich.[1248] In Klausuren ist insbesondere denkbar, dass § 46 aufgrund einer unterlassenen Anhörung nach § 28 VwVfG oder einer Verletzung von Befangenheitsvorschriften nach § 20 I Nr. 1 bis 6 VwVfG zu prüfen ist. Grundsätzlich kommen jedoch alle Verfahrens- und Formvorschriften – auch außerhalb des VwVfG – in Betracht.

702 *Hausarbeitswissen: Ausgenommen sind Vorschriften, deren Verletzung keinen Aufhebungsanspruch begründete. Denn wenn aus dem Normverstoß kein Aufhebungsanspruch folgt, vermag § 46*

[1248] Ausführliche Rechtsprechungsnachweise bei Schwarz, in: Fehling/Kastner/Störmer, Verwaltungsrecht, 4. Aufl. 2016, § 46 VwVfG Rn. 20.

Tristan Lemke

VwVfG diesen auch nicht auszuschließen. Das kann u.a. in **Drittanfechtungskonstellationen**
(s. Rn. 544 ff.) problematisch sein.[1249] *Darüber hinaus schließt § 46 VwVfG nicht den Aufhebungsanspruch aus, der sich aus der* **Verletzung absoluter Verfahrensrechte** *ergibt.*[1250] *Bei diesen
handelt es sich um Normen, die dem Beteiligten eine selbstständig durchsetzbare Verfahrensposition
unabhängig vom materiellen Recht einräumen. Hierzu gehört beispielsweise das gemeindliche
Einvernehmen gem. § 36 BauGB. Dieses Beteiligungsrecht ist von so großer Bedeutung für die gemeindliche Planungshoheit, dass seine Verletzung unabhängig von den Auswirkungen auf die materiell rechtliche Position zur Aufhebung der Baugenehmigung führt.*

Dieser Fehler darf die **Entscheidung in der Sache offensichtlich nicht beein-** 703
flusst haben. Der Verstoß darf also nicht kausal für die Sachentscheidung gewesen sein. Das Ergebnis würde sich nicht ändern, wenn der Verstoß weggedacht
würde, die geforderte Handlung also vorgenommen worden wäre. Bei gebundenen Entscheidungen ist das unproblematisch zu bejahen, weil der Fehler keine
Auswirkungen auf die Entscheidung gehabt haben kann. Bei Entscheidungen
mit Gestaltungsspielraum (Ermessen und Beurteilungsspielraum) bedarf es hingegen einer genauen Prüfung des Einzelfalls, sofern keine Ermessensreduzierung
auf null vorliegt. Jeglicher Zweifel daran, dass die Behörde ohne den Verfahrensfehler genauso entschieden hätte, muss ausgeschlossen sein.[1251] Das ist nicht
der Fall, wenn intensive Nachforschungen erforderlich sind, um zu ermitteln, wie
die Behörde hypothetisch entschieden hätte: Die Nichtbeeinflussung muss offensichtlich sein. Daraus und aus dem Charakter des § 46 VwVfG als Ausnahmevorschrift ergeben sich die hohen Anforderungen, die erfüllt sein müssen,
damit ein Verstoß unbeachtlich ist.

Anders als bei der Heilung von Verfahrens- und Formfehlern lässt § 46 VwVfG 704
nach herrschender Meinung die **Rechtswidrigkeit des Verwaltungsakts un-**
berührt; die Norm wirkt sich nur auf den prozessualen Aufhebungsanspruch aus,
der in § 113 I 1 VwGO geregelt ist.[1252]

Aufbauhinweis: § 46 VwVfG kann an mehreren Stellen geprüft werden. 705
Empfehlenswert ist es, die Norm unmittelbar im Anschluss an die formelle
Rechtswidrigkeit zu prüfen und festzustellen, dass der Verwaltungsakt zwar formell rechtswidrig ist, der Aufhebungsanspruch jedoch aufgrund von § 46 VwVfG
nicht hierauf gestützt werden kann, so dass auch die materielle Rechtmäßigkeit
zu prüfen ist.

1249 Hierzu Emmenegger, in: Mann/Sennekamp/Uechtritz, VwVfG, 2. Aufl. 2019, § 46 Rn. 34 ff.
1250 Ausführlich Emmenegger, in: Mann/Sennekamp/Uechtritz, VwVfG, 2. Aufl. 2019, § 46
Rn. 102 ff.
1251 BVerwG, Urt. v. 24.6.2010, Az.: 3 C 14/09 = KommJur 2011, 97 (102).
1252 BVerwG, Urt. v. 24.6.2010, Az.: 3 C 14/09 = KommJur 2011, 97 (98); Hufen/Siegel, Fehler im
Verwaltungsverfahren, 6. Aufl. 2018, Rn. 989.

Tristan Lemke

ff) Bestimmtheit des Verwaltungsakts

706 Verwaltungsakte müssen gem. § 37 I VwVfG hinreichend bestimmt sein. Der verfügende Teil des Verwaltungsakts muss so klar und eindeutig formuliert sein, dass der Adressat sein Verhalten danach ausrichten kann. Das ist nicht der Fall, wenn die Regelung missverständlich bzw. widersprüchlich ist oder der Adressat noch einmal Rücksprache mit der Behörde halten muss, bevor er zur Tat schreiten kann.

> *Beispiel: Der Adressat wird verpflichtet, seine Anlage leise zu betreiben oder durch bauliche Maßnahmen sicherzustellen, dass die zulässigen Lärmwerte eingehalten werden*[1253]. *In beiden Fällen ist für den Adressaten nicht ersichtlich, was von ihm verlangt wird.*

707 Bei sachbezogenen Allgemeinverfügungen nach § 35 S. 2 Var. 2 VwVfG – wie der Entwidmung einer Straße – muss eindeutig erkennbar sein, auf welche Sache sich der Verwaltungsakt bezieht; ist beispielsweise die Straße nicht eindeutig identifizierbar, ist der Verwaltungsakt zu unbestimmt. Neben der Regelung des Verwaltungsakts müssen der Adressat des Verwaltungsakts und die die Verwaltungsakt erlassene Behörde eindeutig erkennbar sein. Unbestimmtheit ist in jedem Fall erst anzunehmen, wenn die Unklarheiten auch durch Auslegung nicht beseitigt werden können.[1254]

708 Examenswissen: § 37 I VwVfG ist eine einfachgesetzliche **Ausprägung des Rechtsstaatsprinzips.** Das Bestimmtheitserfordernis für Verwaltungsakte dient der Rechtsklarheit und Rechtssicherheit:[1255] Der Bürger wird davor bewahrt, dass ein Verwaltungsakt, der ihn betrifft, unverständlich und unklar ist. Nur wenn dieser rechtsstaatlichen Mindestanforderung entsprochen wird, kann die Rechtsordnung das Verhalten der Bürger steuern: § 37 I VwVfG stellt sicher, dass das abstrakt-generelle Gesetz durch den Verwaltungsakt auf den Einzelfall ausreichend präzise konkretisiert wird.

709 Aufbauhinweis: § 37 I VwVfG steht in systematischer Nähe zu §§ 37 II bis V, 39 VwVfG, die Aspekte der formellen Rechtswidrigkeit des Verwaltungsakts regeln. Daher wird teilweise angenommen, ein Verstoß gegen § 37 I VwVfG begründe die formelle Rechtswidrigkeit des Verwaltungsakts.[1256] Die herrschende Meinung geht hingegen davon aus, dass die **Bestimmtheit der materiellen Rechtmäßigkeit**

1253 OVG Münster, Urt. v. 22.3.1961, Az.: IV A 398/60 = OVGE MüLü 16, 263 – 271; BVerwG, Urt. v. 5.11.1968, Az.: I C 29.67 = BVerwGE 31, 15.
1254 BVerwG, Beschl. v. 25.3.1996, Az.: 8 B 48/96 = DVBl 1996, 1061.
1255 BVerwG, Urt. v. 27.6.2012, Az.: 9 C 7/11 = BVerwGE 143, 222.
1256 OVG Berlin-Brandenburg, Urt. v. 23.11.2006, Az.: OVG 5 B 11.05 = OVGE BE 27, 287.

Tristan Lemke

zuzurechnen ist.[1257] Das ist überzeugend, weil die Bestimmtheit das Wesen, also den „Körper" des Verwaltungsakts prägt und nicht lediglich seine Erscheinung, sein „Kleid" betrifft. In Klausuren bedarf dieser Streit regelmäßig keiner Erläuterung. Die Bestimmtheit ist kommentarlos entweder im Rahmen der formellen Rechtmäßigkeit oder im Rahmen der materiellen Rechtmäßigkeit zu prüfen. Ist sie unproblematisch zu bejahen muss sie nicht zwingend im Gutachten erwähnt werden.

Ein Verstoß gegen § 37 I VwVfG kann nicht nur zur Rechtswidrigkeit des **710** Verwaltungsakts führen, sondern sogar seine Nichtigkeit nach § 44 I VwVfG begründen (s. zur Nichtigkeit von Verwaltungsakten näher Rn. 189 ff.).[1258] Dafür erforderlich ist, dass die Unbestimmtheit offensichtlich ist. Der aufgrund mangelnder Bestimmtheit materiell rechtswidrige Verwaltungsakt kann dadurch ex tunc geheilt werden, dass die Unklarheit oder Widersprüchlichkeit durch Klarstellungen der Behörde beseitigt wird.[1259]

gg) Literaturhinweise

Pünder, Die Folgen von Fehlern im Verwaltungsverfahren, JURA 2015, 1307–1318; **711** Lysander, Formelle Fehler des Verwaltungsakts und ihre Folgen, JA 2012, 844; Beaucamp, Heilung und Unbeachtlichkeit von formellen Fehlern im Verwaltungsverfahren, JA 2007, 117; Erbguth/Guckelberger, Allgemeines Verwaltungsrecht, 9. Aufl. 2018, § 14 Rn. 22–24 und § 15 Rn. 14–18; Maurer/Waldhoff, Allgemeines Verwaltungsrecht, 19. Aufl. 2017, § 10 Rn. 41–46 und § 10 Rn. 57–71

Zur Vertiefung: Lindner/Jahr, Der unzureichend begründete Verwaltungsakt, JuS 2013, 673; Guckelberger, Anhörungsfehler bei Verwaltungsakten, JuS 2011, 577

3. Materielle Rechtmäßigkeit des Verwaltungsakts (Daniel Benrath)

Die Prüfung der **materiellen Rechtmäßigkeit** bzw. Rechtswidrigkeit eines Ver- **712** waltungsakts betrifft dessen **inhaltliche Seite**, also ob sein Inhalt (auch in Bezug auf die inhaltlichen Grundlagen der behördlichen Entscheidung) mit dem geltenden Recht vereinbar ist. Gegenstand der materiellen Rechtmäßigkeitsprüfung ist der hoheitliche Befehl als Kern des Verwaltungsakts (also der Tenor), nicht hingegen weitere Ausführungen wie die Begründung (wobei die Begründung im Hinblick auf die inhaltlichen Grundlagen zu berücksichtigen sein und sogar im

---

1257 BVerwG, Urt. v. 29.3.1968, Az.: IV C 27/67 = NJW 1968, 1842; BVerwG, Urt. v.12.12.1996, Az.: 4 C 17/95 = NVwZ 1997, 902; Stelkens in Stelkens/Bonk/Sachs, VwVfG, 9. Aufl. 2018, § 37 Rn. 1.
1258 OVG Weimar, Beschl. v. 28.1.2005, Az.: 4 ZKO 360/04 = LKV 2006, 281.
1259 BVerwG, Urt. v. 20.4.2005, Az.: 4 C 18/03 = NVwZ 2005, 933 (938).

Vordergrund der Prüfung stehen kann). Im deutschen Verwaltungsrecht stellt die Prüfung der materiellen Rechtsmäßigkeit, auch vor dem Hintergrund vielfältiger Regelungen zur Heilung und zur Unbeachtlichkeit im Rahmen der formellen Rechtmäßigkeit (dazu Rn. 693 ff.), oftmals den Kern der Rechtskontrolle dar.

713   Ein Verwaltungsakt ist **materiell rechtmäßig**, wenn er den materiell-rechtlichen Vorgaben der Rechtsgrundlage entspricht und nicht gegen anderweitige rechtlichen Vorgaben verstößt. Ist der Verwaltungsakt mit Spielräumen der erlassenden Behörde verknüpft, ist der rechtliche Kontrollmaßstab hinsichtlich des Inhalts des Verwaltungsakts zurückgenommen, allerdings ist insoweit die Inanspruchnahme des Spielraums auf eigenständige Fehler zu überprüfen.

714   In der materiellen Rechtmäßigkeitsprüfung können also viele verschiedene rechtliche Aspekte zu erfassen und aufeinander zu beziehen sein, die zudem wesentlich von dem jeweiligen Rechtsgebiet abhängen. Diese erheblichen Herausforderungen sind jedoch durch ein gutes Verständnis der materiellen Grundlagen des Verwaltungsrechts sowie ein strukturiertes und reflektiertes Vorgehen in der Prüfung sicher zu beherrschen.

715   Zur Beherrschung der materiellen Rechtmäßigkeitsprüfung wird eine **Vielzahl von Aufbauschemata** angeboten. Während sich in der Literatur zum allgemeinen Verwaltungsrecht schnell der Eindruck einer gewissen Einförmigkeit des Prüfungsaufbaus ergeben kann, wird schon bei einem kurzen Blick in die Prüfungsschemata des besonderen Verwaltungsrechts und des Verwaltungsvollstreckungsrechts deutlich, wie unterschiedlich die Prüfung der materiellen Rechtmäßigkeit eines Verwaltungsakts ausgestaltet werden kann. Zudem werden weitere Prüfungsschemata in Ausbildung und Praxis angeboten, die in der Literatur keinen oder wenig Widerhall gefunden haben. Grob – aber nicht abschließend – prägen zwei Unterscheidungsebenen die verschiedenen Schemata. Eine Gruppe von Schemata knüpft an die grundlegende Trennung zwischen den **Voraussetzungen des Erlasses** des Verwaltungsakts und den **Rechtsfolgen**, also der konkreten Ausgestaltung des Verwaltungsakts (im Tenor und hinsichtlich der auf die Rechtsfolgen gerichteten Spielräume), an. Diese Gruppe findet sich vor allem in Lehrbüchern gerade zum allgemeinen Verwaltungsrecht (sowie in der allgemeinen Übersicht zur Rechtmäßigkeitsprüfung in Rn. 526 ff.) und knüpft an vergleichbare Gliederungsebenen in Teilen der zivilrechtlichen Lehrliteratur an. Auch den Falllösungen im das Lehrbuch begleitenden Fallrepetitorium „Fälle zum Verwaltungsrecht" liegt dieser Aufbau im Wesentlichen zugrunde.

Jedenfalls aus der Kontrollperspektive der Gerichte (und des üblichen Klausurgutachtens) ist eine Trennung zwischen Voraussetzungen und Rechtsfolgen jedoch nicht zwingend. Gegenstand ist allein der konkrete Verwaltungsakt und dieser ist bei jedem materiellen Verstoß gegen gesetzliche Vorgaben rechtswidrig, unabhängig davon, ob die gesetzlichen Vorgaben sich auf die Voraussetzungen oder die Rechtsfolgen beziehen. Viele gängige Schemata verzichten daher auf diese Unterscheidung. Stattdessen wird oftmals auf die Unterscheidung zwischen **inhaltlichen Vorgaben,** die den möglichen Inhalt eines Verwaltungsakts einschränken, und **spezifischen Fehlern** bei der Inanspruchnahme von Verwaltungsspielräumen zurückgegriffen. Alle angebotenen Schemata haben sich bewährt, sind insofern gleichwertig und weisen ihre jeweils eigenen Stärken (und Schwächen) auf. Die strikte Einhaltung eines bestimmten Schemas ist für eine Prüfung nicht entscheidend. Vielmehr ist ein gelungener Aufbau der materiellen Rechtmäßigkeitsprüfung von der konkreten Rechtsfrage, den Problemen des Falles, dem individuellen Zugang des Anwenders und nicht zuletzt dem jeweiligen Rechtsgebiet im besonderen Verwaltungsrecht abhängig.

Examenswissen: Eine Quelle von Missverständnissen und Fehlern für Studierende und auch **716** fortgeschrittene Anwender ist hingegen die unreflektierte Anwendung eines Prüfungsschemas. Missverständnisse können sich insbesondere ergeben, wenn sich ein Anwender mit einem ihm unbekannten Aufbau konfrontiert sieht und die entsprechenden Abweichungen nicht einordnen kann. Wird dann versucht, die Abweichungen allzu schematisch in den bekannten Aufbau zu integrieren, kommt es schnell zu versteckten Redundanzen und Widersprüchen. Zudem können sich hartnäckige Missverständnisse entwickeln, wenn bloße Prüfungspunkte oder Strukturen des Prüfungsaufbaus unzutreffend als Kategorien des materiellen Verwaltungsrechts eingeordnet werden. Dies gilt insbesondere für Abgrenzungen, die allein die Prüfung ordnen bzw. das Verständnis erleichtern sollen, für den rechtlichen Ausgang der Prüfung selbst jedoch unerheblich sind (wie etwa zwischen Voraussetzungen und Rechtsfolge oder zwischen verschiedenen Fallgruppen von Ermessensfehlern).

Entscheidend sind also vornehmlich ein **gutes systematisches Verständnis** **717** **der rechtlichen Grundlagen,** auf die sich die Prüfung der materiellen Rechtmäßigkeit bezieht, und ein reflektierter Umgang mit den vielfältigen Aufbauvarianten. Dementsprechend ist der weiteren Darstellung der klausurmäßigen Prüfung eine abstrakte Besprechung zu den Grundlagen der materiellen Rechtmäßigkeitsprüfung (Rechtsbindung und Spielräume der Verwaltung) vorangestellt (Rn. 719 ff.), während am Ende Grundüberlegungen zum Prüfungsaufbau und verschiedene Aufbaualternativen vorgestellt und reflektiert werden (Rn. 803 ff.).

Der hier zur Gewährleistung einer klaren Orientierung in der Klausurprüfung **718** zur Anfechtungsklage **zu Grunde gelegte Prüfungsaufbau** hat sich nach meiner Erfahrung in Rechtsanwendung und (insbesondere) Lehre als allgemeine Basis der materiellen Rechtmäßigkeitsprüfung besonders bewährt. Er folgt der grundlegenden Trennung zwischen inhaltlichen Vorgaben und spezifischen Fehlern bei der Inanspruchnahme von Spielräumen und zeichnet sich dadurch aus, dass er einzelne Prüfungspunkte eher isoliert betrachtet und auf übergeordnete Strukturen weitgehend verzichtet. Insbesondere die Unterscheidung zwischen inhaltlichen Vorgaben der Rechtsgrundlage, der allgemeinen Grundsätze und des

Daniel Benrath

sonstigen Rechts soll nur eine grobe Ordnung vermitteln, ohne dass es auf eine Zuordnung einzelner Prüfungspunkte (z. B. der Verhältnismäßigkeit) ankommt; in der Prüfung sind diese Gliederungsebenen ohne Weiteres verzichtbar.

Materielle Rechtmäßigkeit:
a) Inhaltliche Vorgaben (Rn. 756 ff.)
   aa) Verwaltungsaktbefugnis (Rn. 760)
   bb) Inhaltliche Vorgaben der Rechtsgrundlage (Rn. 761 ff.)
   cc) Allgemeine Grundsätze (Rn. 767 ff.)
   dd) Sonstige rechtliche Vorgaben (Rn. 782 ff.)
b) Richtiger Adressat (Rn. 790 f.)
c) Spezifische Fehler bei der Inanspruchnahme von Spielräumen (Rn. 792 ff.)

Durch diesen Aufbau wird eine Prüfung nah am Gesetz erleichtert und relativ wenig auf inhaltlich unnötige Abgrenzungen abgestellt. Vor allem ist dieser Aufbau anschlussfähig für Eigenheiten des besonderen Verwaltungsrechts, atypische Prüfungspunkte und alternative Herangehensweisen. Anfänger, die sich diesen Aufbau sicher aneignen, können alternative Herangehensweisen und unbekannte Prüfungspunkte relativ einfach zuordnen. Fortgeschrittene, die sich anhand dieses Aufbaus wiederholend mit der materiellen Rechtmäßigkeitsprüfung auseinandersetzen, können ihr Verständnis auch im Rahmen des von ihnen favorisierten Aufbaus schärfen. D. h. natürlich mitnichten, dass andere Aufbauvarianten hinsichtlich mancher Aspekte und bestimmter Konstellationen nicht vorteilhafter sind, sie können sich in bestimmten Prüfungssituationen sogar aufdrängen. Im Rahmen der weiteren Darstellung wird an den entsprechenden Stellen darauf hingewiesen, wie die Prüfungspunkte in anderen typischen Aufbauvarianten in Bezug genommen werden können.

a) Rechtsbindung und Spielräume der Verwaltung

719 Anders als Private sind hoheitlich handelnde Behörden umfassend an die Vorgaben des Rechtsstaats gebunden. Für die Überprüfung der materiellen Rechtmäßigkeit eines Verwaltungsakts wird also nicht bloß geprüft, ob das konkrete Verwaltungshandeln einen bestimmten (Verletzungs-)Tatbestand erfüllt (wie etwa im Deliktsrecht oder im Strafrecht), vielmehr muss der Verwaltungsakt insgesamt den vielfältigen gesetzlichen Bindungen inhaltlich entsprechen. Der Rechtsbindung der Verwaltung entspricht es, dass die materielle Rechtmäßigkeit eines Verwaltungsakts positiv festgestellt werden muss. D. h. jedoch nicht notwendigerweise, dass die juristische Prüfung der materiellen Rechtmäßigkeit die behördliche Entscheidung entlang der gesetzlichen Vorgaben vollständig nach-

vollzieht. Soweit die handelnde Behörde einen eigenständigen Spielraum bei der Umsetzung der gesetzlichen Vorgaben hat, bleibt die materielle Rechtmäßigkeitsprüfung auf eine Kontrolle hinsichtlich zur Rechtswidrigkeit führender Fehler beschränkt.

aa) Verwaltung zwischen Rechtsbindung und Spielräumen

In einem Rechtsstaat bedarf jedes staatliche Handeln einer rechtlichen Grundlage **720** (s. dazu näher Rn. 554 ff.).[1260] Dementsprechend ist nach Art. 20 III GG die vollziehende Gewalt an Gesetz und Recht gebunden. Für die Eingriffsverwaltung verlangen die Grundrechte zudem eine konkrete rechtliche Grundlage. Und selbst im Rahmen der gesetzesfreien Leistungsverwaltung wird, bei allen Streitfragen im Detail, eine rechtliche Anknüpfung verlangt.[1261] Die Verwaltung unterliegt also einer umfassenden rechtlichen Bindung. Gleichzeitig braucht eine Verwaltung, die flexibel und angemessen handeln soll, in vielen Bereichen eigenständige Spielräume, die über die bloße innere Organisation hinausgehen und auch das Außenverhältnis zu den Bürgern (und anderen) betreffen.[1262] Insbesondere für den Umgang mit komplexen Fällen, die auf der abstrakten gesetzlichen Ebene kaum oder nur unzureichend erfassbar sind, als Reaktion auf unvorhersehbare Entwicklungen und zur Bewältigung einer Vielzahl unterschiedlicher konkreter Einzelfälle vor dem Hintergrund begrenzter Ressourcen und faktischer Möglichkeiten wird den Behörden häufig ein eigenständiger Spielraum eingeräumt.

Insbesondere für die Prüfung der materiellen Rechtmäßigkeit wird zwischen **721** **gebundenen Entscheidungen** und **Entscheidungen mit Spielräumen** (ungebundene Entscheidungen) unterschieden. Gebundene Entscheidungen sind in Anwendung der gesetzlichen Normen eindeutig vorgegeben. Die Behörde setzt in entsprechenden Verwaltungsakten die gesetzlichen Vorgaben nur konkretisierend um. Bei Entscheidungen mit Spielraum bestehen zwar auch gesetzliche Vorgaben zu den Voraussetzungen und den Inhalten des staatlichen Handelns. Jedoch sind hier die Rechtsfolgen aus den Voraussetzungen nicht eindeutig determiniert, vielmehr wird der Behörde ein eigenständiger Spielraum zur Gestaltung ihres Handelns eingeräumt.[1263] Auch innerhalb dieses Spielraums handelt die Behörde jedoch nicht ohne rechtliche Bindung.[1264] Zum einen unterliegt sie den weiterhin bestehenden inhaltlichen rechtlichen Bindungen als **äußere**

1260 Grzeszick, in: Maunz/Dürig, GG, 87. EL 2019, Art. 20 VI. Rn. 26.
1261 Detterbeck, Allgemeines Verwaltungsrecht, 17. Aufl. 2019, Rn. 285 ff. m.w. N.
1262 Detterbeck, Allgemeines Verwaltungsrecht, 17. Aufl. 2019, Rn. 307.
1263 Instruktiv u. a. Kment/Vorwalter, JuS 2015, 193.
1264 Maurer/Waldhoff, Allgemeines Verwaltungsrecht, 19. Aufl. 2017, § 7 Rn. 7, 17.

Grenze ihres Spielraums. Zum anderen hat sie (auch wenn der konkrete Inhalt der Entscheidung nicht vorgegeben ist) rechtliche Vorgaben dazu, wie sie ihren Spielraum nutzt, als **innere Grenzen** des Spielraums zu beachten. Die Gegenüberstellung beider Arten von Grenzen ist für das Verständnis des Verwaltungsspielraum ausgesprochen hilfreich und insbesondere im Zusammenhang mit der gerichtlichen Kontrolle (Stichwort: Ermessensfehlerlehre) relevant. In der juristischen Prüfung kommt es jedoch auf eine Abgrenzung nicht an und auch in der Literaturdiskussion ist die Abgrenzung im Detail weder scharf noch einheitlich.

722 Die **äußeren Grenzen** des Spielraums beziehen sich (nach dem hier zu Grunde gelegten Verständnis) auf den regelnden Inhalt des Verwaltungsakts. Ein Verwaltungsakt, der die äußeren Grenzen des Spielraums überschreitet, darf so nicht erlassen werden. Ein Spielraum besteht nur innerhalb seiner äußeren Grenzen. Dies betrifft das Überschreiten eines Entscheidungskorridors (Beispiel: Es wird ein Zwangsgeld angedroht, dass über dem gesetzlichen Maximum liegt) ebenso wie Verletzungen rechtlicher Vorgaben gerade durch den konkreten Inhalt des Verwaltungsakts (Beispiel: Die konkrete polizeiliche Maßnahme ist in dieser Situation unverhältnismäßig). Die äußeren Grenzen werden im Rahmen der Ermessensfehlerlehre im Wesentlichen bei der Ermessensüberschreitung angesprochen, können aber auf alle „harten" inhaltlichen Vorgaben (einschließlich der Tatbestandsmerkmale der Rechtsgrundlage einer Ermessensentscheidung) bezogen werden.

723 Die **inneren Grenzen** hingegen beziehen sich nicht auf den konkreten Inhalt des Verwaltungsakts, sondern auf die inhaltliche Grundlage des Zustandekommens der konkreten Entscheidung (Beispiele: Berücksichtigung des zu Grunde liegenden Sachverhalts, maßgebliche Gründe, Gewichtung von Interessen). Sie sprechen sozusagen die subjektive Seite der Verwaltungsentscheidung an. Die inneren Grenzen sind strukturell von inhaltlichen gesetzlichen Vorgaben verschieden und die mit ihnen verbundenen **spielraumspezifischen** Prüfungsschritte sind nur im Rahmen von Entscheidungen mit Spielraum relevant. Diese spielraumspezifische Prüfung ist vor allem im Hinblick auf Fehler sinnvoll erfassbar, insbesondere im Rahmen des Ermessensfehlgebrauchs. Auch wenn sich die inneren Grenzen auf das Zustandekommen des Verwaltungsakts beziehen, sind sie nicht mit den verfahrensrechtlichen Vorgaben gleichzusetzen, die die Abfolge von Verfahrensschritten regeln (und eben nicht die inhaltlichen Grundlagen der Entscheidung).

724 Examenswissen: Die Einräumung von Spielraum für die Behörden unterliegt **verfassungsrechtlichen Grenzen.** Rechtsstaatlichkeit und demokratische Legitimation stehen einer Ausuferung von Verwaltungsspielräumen entgegen. Auch wenn die Behörden durch die hierarchische Unterordnung unter ihre politisch besetzten Spitzen in die demokratische Legitimationskette

integriert sind,[1265] muss sichergestellt bleiben, dass die wesentlichen politischen Entscheidungen auf abstrakter Gesetzesebene getroffen werden[1266] und die Bürger auf Grund der gesetzlichen Vorgaben das behördliche Verhalten im Voraus abschätzen können[1267]. Und das Grundrecht auf gerichtliche Kontrolle aus Art. 19 IV GG darf nicht durch eine Überdehnung nicht justiziabler Spielräume ausgehöhlt werden. Diese verfassungsrechtlichen Grenzen sind bei der materiellen Prüfung zu berücksichtigen. Verstößt die Einräumung eines Spielraums gegen die verfassungsrechtlichen Vorgaben, ist das entsprechende Gesetz nichtig und der entsprechende Verwaltungsakt mangels Rechtsgrundlage rechtswidrig. Vor allem aber sind die verfassungsrechtlichen Grenzen bei der Auslegung der entsprechenden einen Spielraum einräumenden Regelungen zu berücksichtigen: Der Anwendungsbereich des Spielraums und die rechtlichen Bindungen dieses Spielraums sind vor dem Hintergrund der verfassungsrechtlichen Grenzen auszulegen, insbesondere bei der Betrachtung von bei der Rechtsetzung unerwarteten Entwicklungen oder Einzelfällen. Würde also die Anwendung des Spielraums auf einen neuen Fall wesentliche politische Fragen berühren und letztlich die verfassungsrechtlichen Grenzen überschreiten, ist gegebenenfalls eine Auslegung geboten, die die Anwendung ausschließt. Und insbesondere bei der Einräumung eines weiten Spielraums gilt es, die gesetzlichen Bindungen des Spielraums besonders intensiv zu kontrollieren.

Die im deutschen Verwaltungsrecht gebräuchlichste und für die juristische Ausbildung relevanteste Form des Verwaltungsspielraums ist der **Ermessensspielraum.** Das Ermessen bezieht sich auf die **Rechtsfolgenseite**, also für den Verwaltungsakt auf dessen anordnenden Inhalt. Ist also der Behörde beim Erlass eines Verwaltungsakts Ermessen eingeräumt, kann sie unter den Voraussetzungen und in den sonstigen Grenzen der rechtlichen Vorgaben selbst entscheiden, was genau sie anordnet. Neben dem allgemeinen Ermessen bestehen noch spezielle Ausformungen oder andere Formen des Spielraums, insbesondere der **Beurteilungsspielraum**, der den Behörden (auf der **Tatbestandsseite**) einen Spielraum bei der Beurteilung und Einordnung des Sachverhalts gewährt. 725

Während gebundene Entscheidungen vollständig der **gerichtlichen Kontrolle** zugänglich sind, das Verwaltungsgericht also die behördliche Entscheidung anhand des von ihm ermittelten Sachverhalts und der rechtlichen Vorgaben vollständig nachvollzieht, unterliegt die Inanspruchnahme von Spielräumen durch die Behörden nur einer reduzierten gerichtlichen Kontrolle. Das bedeutet jedoch nicht, dass die Eröffnung eines Spielraums direkt jede gerichtliche Kontrolle ausschließt. Neben den voll überprüfbaren gesetzlichen Vorgaben der äußeren Grenze sind die Vorgaben zu den inneren Grenzen des Spielraums im Rahmen der sog. **(Ermessens-)Fehlerlehre** zu kontrollieren. Den Gerichten entzogen bleibt insofern jedoch die Frage der sachlichen Richtigkeit oder Zweck- 726

1265 Grzeszick, in: Maunz/Dürig, GG, 87. EL 2019, Art. 20 I. Rn. 139.
1266 Detterbeck, Allgemeines Verwaltungsrecht, 17. Aufl. 2019, Rn. 264 ff.
1267 BVerwG, Urt. v. 16.10.2013, Az.: 8 CN 1/12 = BVerwGE 148, 133 (Rn. 21).

Daniel Benrath

mäßigkeit der konkreten Entscheidung.[1268] Diese Frage soll ja gerade die Behörde im Rahmen des ihr eingeräumten Spielraums eigenständig beantworten. Die unabhängigen Gerichte können und dürfen sich insoweit nicht an die Stelle der Verwaltung stellen; sie verwalten nicht.

bb) Gebundene Entscheidungen

727 Die gebundenen Entscheidungen der Verwaltung sind gesetzlich programmiert. Liegen also die gesetzlichen Voraussetzungen vor, sind die gesetzlichen Rechtsfolgen durch die Behörde anzuordnen. Es gibt also nur eine richtige Entscheidung. Der gebundene Verwaltungsakt ist dann materiell rechtswidrig, wenn die gesetzlichen Voraussetzungen nicht erfüllt sind oder die Entscheidung der gesetzlich vorgesehenen Rechtsfolge nicht entspricht. Andersherum ist der Verwaltungsakt materiell rechtmäßig, wenn er hinsichtlich der Voraussetzungen und hinsichtlich der Rechtsfolgen den gesetzlichen Vorgaben entspricht (und zwar auch dann, wenn die Behörde subjektiv Fehler gemacht hat).[1269] Das Gericht überprüft also auf Grund des selbst ermittelten Sachverhalts, ob der Verwaltungsakt genau so richtig ergangen ist.

728 Für gebundene Entscheidungen gilt der Anspruch, dass die gesetzlichen Regelungen die maßgeblichen Aspekte des Sachverhalts und mögliche Wertungskonflikte vollständig erfasst und aufeinander bezieht. Weder die handelnde Behörde noch das kontrollierende Gericht muss insofern eigenständige Entscheidungen treffen.

cc) Ermessen

729 Hat die Behörde einen eigenständigen Spielraum hinsichtlich des Inhalts ihrer Entscheidung, spricht man von Ermessen. Dabei wird zwischen Entschließungs- und Auswahlermessen unterschieden.[1270] Das **Entschließungsermessen** bezieht sich darauf, ob die Behörde überhaupt tätig werden will. Das **Auswahlermessen** bezieht sich darauf, wie die Behörde tätig werden will. Dies betrifft sowohl die Form des behördlichen Handelns als auch den Inhalt des konkreten Verwaltungsakts. Daneben kann der Ermessensspielraum sich auch auf Aspekte beziehen, die sich nicht ohne weiteres in diese beiden Kategorien einordnen lassen,

---

1268 Detterbeck, Allgemeines Verwaltungsrecht, 17. Aufl. 2019, Rn. 326.
1269 Vgl. Riese, in: Schoch/Schneider/Bier, VwGO, 36. EL Februar 2019, § 113 Rn. 34.
1270 Detterbeck, Allgemeines Verwaltungsrecht, 17. Aufl. 2019, Rn. 314 f.

sowie bei der Auswahl eines Adressaten, wenn mehrere Adressaten in Betracht kommen.

Ob die gesetzliche Grundlage einen Ermessensspielraum gewährt, ist durch **730** Auslegung zu bestimmten. Häufig geschieht dies ausdrücklich (Beispiel: § 17 II 1 SGB XII zu Art und Maß der Sozialhilfe) oder auf Grund einer deutlichen Markierung als „Kann"- oder „Soll"-Vorschrift, seltener auch als „Darf"-Vorschrift (s. z.B. zu den Generalklauseln im Polizei- und Ordnungsrecht Rn. 1053 f.). Manchmal ergibt sich die Einräumung eines Ermessensspielraums auch nur durch den systematischen und teleologischen Kontext und muss dementsprechend durch eine Auslegung der entsprechenden Normen bestimmt werden (so etwa bei der aus der Perspektive des Straßenverkehrsteilnehmers formulierten Vorladung zum Verkehrsunterricht nach § 48 StVO).[1271]

Ermessen ist stets gebundenes Ermessen. Ermessen darf zunächst nur aus- **731** geübt werden, wenn die Voraussetzungen der Ermessensausübung, insbesondere die Tatbestandsvoraussetzungen der Rechtsgrundlage, gegeben sind. Auch die Ermessensausübung selbst unterliegt gesetzlichen Bindungen, die in § 40 VwVfG und entsprechenden Regelungen des Landesrechts verdeutlicht werden: „Ist die Behörde ermächtigt, nach ihrem Ermessen zu handeln, hat sie ihr Ermessen entsprechend dem Zweck der Ermächtigung auszuüben und die gesetzlichen Grenzen des Ermessens einzuhalten." Die Verwaltung ist also an die äußeren Grenzen, die das Gesetz den möglichen Rechtsfolgen abstrakt und für den Einzelfall setzt, gebunden und muss das Ermessen entsprechend dem gewährten Spielraum und dessen Zweck tatsächlich ausüben. Darüber hinaus ist der Gesetzgeber frei, die Behörden in ihrem Spielraum durch weitere Vorgaben zur Ausübung des Ermessens einzuschränken. Die gerichtliche Kontrolle von Ermessensentscheidungen erstreckt sich auf die voll überprüfbaren gesetzlichen Voraussetzungen und daneben hinsichtlich der Rechtsfolgen nach § 114 Satz 1 VwGO auf die **Ermessensfehler** (hierzu unten Rn. 739 ff.).

Examenswissen: Eine besondere Form der Beschränkung des Ermessens stellt das sogenannte **732** **intendierte Ermessen** dar. Von intendiertem Ermessen wird gesprochen, wenn ein bestimmtes Verhalten der Behörde gesetzlich „intendiert" ist und ihr ein darüberhinausgehender Ermessensspielraum nur zur Bewältigung ungewöhnlicher Einzelfälle eingeräumt wird. Dies wird in der Regel als „Soll"-Vorschrift verdeutlicht, kann sich aber auch, insbesondere für bestimmte Teilkonstellationen einer breiteren Ermessensvorschrift, aus Telos und Systematik ergeben. So hat die Bauaufsichtsbehörde regelmäßig, auch durch Abrissverfügungen, gegen dauerhafte baurechtswidrige Zustände vorzugehen.[1272] Umfang und Folgen intendierten Ermessens sind im Detail

---

1271 Detterbeck, Allgemeines Verwaltungsrecht, 17. Aufl. 2019, Rn. 318.
1272 OVG Lüneburg, Urt. v. 9.3.2012, Az.: 1 LA 352/07 (Rn. 70).

Daniel Benrath

streitig.[1273] Jedoch ergeben sich hieraus sowohl in Bezug auf die Ermessensfehler als auch in Bezug auf die Begründungspflichten Besonderheiten. So reicht es, wenn die Behörde dem intendierten Ermessen folgen will, im Rahmen der Ermessensausübung in der Regel aus, wenn sich die Behörde mit dem Vorliegen eines besonderen Einzelfalls auseinandersetzt und diesen verneint; auch die Begründung muss hierüber nicht hinausgehen.[1274] Das intendierte Ermessen erleichtert also vor allem die Begründung.[1275] Demgegenüber stellt es einen Gewichtungsfehler dar, wenn die Behörde das intendierte Verhalten gleichrangig neben andere Verhaltensalternativen stellt.

733 Examenswissen: Die Begrenzung des Spielraums kann so weit gehen, dass trotz eingeräumten Ermessens nur eine behördliche Entscheidung fehlerfrei ergehen kann. Man spricht in diesem Fall von einer **Ermessensreduzierung auf Null.** In der Anfechtungsklage hat eine solche Konstellation in der Regel keine Konsequenzen, da die materielle Rechtswidrigkeit der konkreten Ermessensentscheidung unabhängig von der Diskussion möglicher Alternativen festgestellt werden kann. Allenfalls für den Fall, dass die Ermessensentscheidung trotz Fehlern dem einzig möglichen fehlerfreien Verwaltungsakt entspricht, werden Konsequenzen für die Begründetheit der Klage diskutiert; sei es, weil parallel zur gebundenen Entscheidung die Rechtswidrigkeit entfiele[1276] oder weil (überzeugender) mangels rechtmäßiger Alternativen trotz Rechtswidrigkeit des Verwaltungsakts die Rechtsverletzung zu verneinen sei. Für die Verpflichtungsklage andererseits kann die Ermessensreduzierung auf Null entscheidend dafür sein, ob statt eines regelmäßigen Bescheidungsurteils nach § 113 V 2 VwGO ausnahmsweise auch ein **Vornahmeurteil** nach § 113 V 1 VwGO in Betracht kommt (s. näher § 3 Rn. 67).[1277]

dd) Weitere Spielräume

734 Der Gesetzgeber kann auch an anderen Stellen als dem rechtsfolgenbezogenen Ermessen ansetzen, um der Verwaltung eigenständige Handlungsspielräume zu überlassen. Auch hierbei sind jedoch die verfassungsrechtlichen Grenzen für die Einräumung von Spielräumen zu beachten. Die wesentliche Vorformung des hoheitlichen Handelns durch die Gesetzgebung darf durch solche Spielräume ebenso wenig hintertrieben werden wie die grundrechtlich gebotene Möglichkeit gerichtlichen Rechtsschutzes. Dabei kann die Einräumung von Spielraum durch klare äußere wie innere Grenzen kompensiert werden.

1273 Bull/Mehde, Allgemeines Verwaltungsrecht, 9. Aufl. 2015, Rn. 600; Detterbeck, Allgemeines Verwaltungsrecht, 17. Aufl. 2019, Rn. 322 f.; Peine/Siegel, Allgemeines Verwaltungsrecht, 12. Aufl. 2018, Rn. 220.
1274 BVerwG, Urt. v. 23.5.1996, Az.: 3 C 13/94, Rn. 51; BVerwG, Urt. v. 16.6.1997, 3 C 22/96 = BVerwGE 105, 55, Rn. 14; Detterbeck, Allgemeines Verwaltungsrecht, 17. Aufl. 2019, Rn. 323.
1275 Kluth, in: Wolff/Bachof u.a., Verwaltungsrecht I, 13. Aufl. 2017, § 31 Rn. 43.
1276 Brenndörfer/Trockels, in: Schweickhardt/Vondung, Allgemeines Verwaltungsrecht, 10. Aufl. 2018, Rn. 205.
1277 BVerwG, Urt. v. 18.12.2014, Az.: 4 C 36/13 = BVerwGE 151, 138, Rn. 40.

Daniel Benrath

Insbesondere der **Beurteilungsspielraum** ist zu erwähnen. Der Beurtei- 735
lungsspielraum wird den Behörden im Hinblick auf die Subsumtion unter ein
Tatbestandsmerkmal eröffnet. Auch Tatsachen können sich im Hinblick auf die
wertende Subsumtion einer klaren und eindeutigen Betrachtung durch die
Rechtsanwender und insbesondere die Gerichte entziehen. Gerade für komplexe
Beurteilungen der Wirklichkeit stehen verschiedene Blickwinkel und fachwis-
senschaftliche Methoden zur Auswahl, die zu unterschiedlichen Ergebnissen
führen können, ohne dass ohne Weiteres allein eine als richtig und alle anderen als falsch zu identifizieren sind. Der Beurteilungsspielraum ermöglicht es den
Behörden, ihre Entscheidung auf die eigene Beurteilung der Fakten zu stützen,
die dann auch in der gerichtlichen Kontrolle vorauszusetzen ist. Im deutschen
Verwaltungsrecht sind Beurteilungsspielräume, nicht zuletzt wegen der möglichen Gefahren im Hinblick auf gerichtliche Kontrolle und Umgehung rechtlicher
Vorgaben,[1278] die von einem direkten Zugriff der Verwaltung auf den ihrer Kontrolle zu Grunde liegenden Sachverhalt ausgehen können, selten. Ob ein Beurteilungsspielraum vorliegt, ist durch Auslegung zu bestimmen,[1279] wobei der
Wortlaut in der Regel nicht weiterhilft. Insbesondere für komplexe fachwissen-
schaftliche Fragestellungen im Wirtschafts- und Umweltrecht[1280] sowie für Entscheidungen weisungsunabhängiger plural besetzter Gremien und Ausschüsse[1281]
werden Beurteilungsspielräume ins Gespräch gebracht. Jedenfalls sind Beurteilungsspielräume, insbesondere wenn sie sich nicht ausdrücklich aus dem Wortlaut ergeben, durch entsprechend enge Anforderungen an die Ausübung der
Beurteilung als innere Grenzen des Beurteilungsspielraums zu kompensieren.[1282]
Gegebenenfalls treten in diesen Kontexten auch Aspekte der formellen Rechtmäßigkeit stärker in den Vordergrund. Dem entspricht auch, wenn Einflüsse
anderer Rechtsordnungen und insbesondere des Europarechts, die keine der
deutschen Verwaltungsrechtslehre entsprechenden Vorbehalte gegenüber Beurteilungsspielräumen haben[1283], dafür aber Aspekte der formellen Kontrolle stärker

---

1278 Maurer/Waldhoff, Allgemeines Verwaltungsrecht, 19. Aufl. 2017, § 7 Rn. 34.
1279 Jacob/Lau, NVwZ 2015, 241 (242f.).
1280 Detterbeck, Allgemeines Verwaltungsrecht, 17. Aufl. 2019, Rn. 376; Jacob/Lau, NVwZ 2015,
241 (243 ff.). Vgl. hierzu Hwang, VerwArch 103, 356; Winkler, DVBl 2013, 156.
1281 BVerwG, Urt. v. 26.11.1992, Az.: 7 C 20/92 = BVerwGE 91, 211; BVerwG, Urt. v. 16.5.2007, Az.:
3 C 8/06 = BVerwGE 129, 27 (Rn. 27) m.w.N.; Kluth, in: Wolff/Bachof u.a., Verwaltungsrecht I,
13. Aufl. 2017, § 31 Rn. 26.
1282 Vgl. BVerwG, Urt. v. 16.5.2007, Az.: 3 C 8/06 = BVerwGE 129, 27 (Rn. 26) m.w.N.
1283 Jestaedt, in: Ehlers/Pünder, Allgemeines Verwaltungsrecht, 15. Aufl. 2016, § 11 Rn. 28.

Daniel Benrath

in den Vordergrund stellen, das deutsche Verwaltungsrecht für Beurteilungsspielräume öffnen.[1284]

736 Examenswissen: Eine weitere Form des Spielraums findet sich als **Bewertungsspielraum** im Rahmen von Prüfungen und prüfungsähnlichen Entscheidungen oder etwa beamtenrechtlichen Beurteilungen. Dieser Spielraum ist dadurch geprägt, dass die Bewertung des Sachverhalts und der Inhalt des behördlichen Handelns (insbesondere die Benotung einer Prüfungsleistung) in eins gehen und nicht sinnvoll voneinander getrennt werden können. Die wertende Betrachtung des Sachverhalts dient also nicht nur als tatbestandliche Anknüpfung der behördlichen Entscheidung, sondern fließt unmittelbar in sie ein. Insofern geht der Bewertungsspielraum über einen bloßen Beurteilungsspielraum hinaus, auch wenn er oft als Fallgruppe des Beurteilungsspielraums eingeordnet wird[1285]. Auch für den Bewertungsspielraum sind rechtliche Vorgaben als äußere Grenzen zu beachten (wie etwa die Notenskala oder Notenberechnungsregeln), diese sind jedoch in der Regel materiell nebensächlich. Der verfassungsrechtliche Hintergrund, insbesondere Art. 12 GG bei Prüfungen für Berufszulassungen und Art. 33 II, V GG in beamtenrechtlichen Kontexten, verlangt jedoch entgegen der (langlebigen) vorkonstitutionellen Vorstellung auch für Bewertungsspielräume eine klare rechtliche Eingrenzung[1286], weshalb die verfahrensrechtliche Einbindung und insbesondere die inneren rechtlichen Grenzen zum Zustandekommen der Bewertung den Mangel an äußeren Grenzen kompensieren. Insofern sind gerade im Bereich von Bewertungen die rechtlichen Vorgaben an die Entstehung bzw. Grundlagen der Entscheidung herauszuarbeiten und anzuwenden, was leider in der Praxis vereinzelt nach wie vor übersehen wird. Diese inneren Grenzen sind im Rahmen der Fehlerlehre gerichtlich voll überprüfbar (hierzu sogleich). Der gerichtlich nicht überprüfbare Bewertungsspielraum beschränkt sich insoweit auf die **prüfungs- bzw. bewertungsspezifischen** Aspekte.[1287]

737 Examenswissen: Zwischen verschiedenen Formen des Spielraums sind zudem **Kopplungen** denkbar, etwa wenn eine Vorschrift mit Beurteilungsspielraum hinsichtlich des Tatbestands mit einem Ermessen auf der Rechtsfolgenseite verbunden ist.[1288] Die Folgen dieser Kopplungen für die Rechtslage und die rechtliche Prüfung sind für die jeweilige Konstellation zu bestimmen.

738 *Hausarbeitswissen: Weitere eigenständig diskutierte Formen des Spielraums sind zudem insbesondere das Planungs- und das Regulierungsermessen. Das **Planungsermessen** bezieht sich auf die umfassend abwägenden Entscheidungen im Planungsrecht.[1289] Das **Regulierungsermessen** bezieht sich auf die spezifischen Regulierungsentscheidungen der Regulierungsbehörden, die durch komplexe wirtschaftliche Sachverhalte und ein hohes Maß an (oftmals europarechtlich vorgegebe-*

1284 Vgl. BVerwG, Urt. v. 16.5.2007, Az.: 3 C 8/06 = BVerwGE 129, 27 (Rn. 29 ff., 34).

1285 Detterbeck, Allgemeines Verwaltungsrecht, 17. Aufl. 2019, Rn. 362 ff.; Kluth, in: Wolff/ Bachof u.a., Allgemeines Verwaltungsrecht, 13. Aufl. 2017, § 31 Rn. 23 ff.

1286 BVerfG, Beschl. v. 17.4.1991, Az.: 1 BvR 419/81 = BVerfGE 84, 34 (Rn. 55).

1287 BVerfG, Beschl. v. 17.4.1991, Az.: 1 BvR 419/81 = BVerfGE 84, 34 (Rn. 55).

1288 Hierzu etwa Maurer/Waldhoff, Allgemeines Verwaltungsrecht, 19. Aufl. 2017, § 7 Rn. 48 ff.; Peine/Siegel, Allgemeines Verwaltungsrecht, 12. Aufl. 2018, Rn. 225 ff.

1289 Hierzu etwa Bull/Mehde, Allgemeines Verwaltungsrecht, 9. Aufl. 2015, Rn. 601 ff.; Maurer/ Waldhoff, Allgemeines Verwaltungsrecht, 19. Aufl. 2017, § 7 Rn. 63 Peine/Siegel, Allgemeines Verwaltungsrecht, 12. Aufl. 2018, Rn. 222 f.

Daniel Benrath

ner) Unabhängigkeit der Behörde gekennzeichnet sind.[1290] *Ob es sich hierbei um eigenständige Spielraumkategorien oder bloße Fallgruppen der traditionellen Kategorien mit ausgeprägten Besonderheiten handelt, kann in der Regel offengelassen werden. Ein weiterer Spielraum ergibt sich im Rahmen der* **exekutiven Rechtsetzung** *durch Verordnungen und Satzungen*[1291], *der jedoch sehr speziell ausgeprägt ist und daher in der Regel trotz mancher Parallelen unabhängig diskutiert wird; für die Anfechtungsklage gegen Verwaltungsakte ist dieser Spielraum kaum relevant.*

ee) Fehlerlehre

Soweit den Behörden Spielräume beim Erlass eines Verwaltungsakts zustehen, sind diese auch in der gerichtlichen Kontrolle zu berücksichtigen. Geht man schon konzeptionell nicht (anders als bei gebundenen Verwaltungsakten) von nur einer rechtmäßigen Entscheidung aus, kann sich die gerichtliche Kontrolle nicht auf den Nachvollzug der Richtigkeit dieser Entscheidung beschränken. Da die Behörden jedoch auch im Rahmen ihrer Spielräume rechtlichen Bindungen unterliegen, müssen diese gerichtlich überprüfbar sein (vgl. Art. 19 IV GG). An dieser Stelle greift die (Ermessens-)Fehlerlehre: Nicht das Ergebnis des Verwaltungshandelns wird auf seine Richtigkeit hin überprüft, sondern die rechtlichen Bindungen im Rahmen des Spielraums auf eine Verletzung, also einen Fehler. Dies kommt in **§ 114 Satz 1 VwGO** zum Ausdruck, der die Rechtmäßigkeitsprüfung für Ermessensentscheidungen auch auf Fehler bei der Ermessensausübung erstreckt. **739**

Sowie Verwaltungsspielräume an verschiedenen Punkten ansetzen können und zwischen verschiedenen Spielraumtypen unterschieden wird, kann auch zwischen verschiedenen Fehlerlehren unterschieden werden. Die Grundzüge der Prüfungssituation und der Prüfung bleiben zwar die gleichen, jedoch ergeben sich wichtige Unterschiede in Details und Schwerpunkten. Entsprechend der praktischen Bedeutung, steht oftmals der Ermessensspielraum im Zentrum der Betrachtung. An ihm wurde und wird die Fehlerlehre maßgeblich entwickelt. **740**

Wichtig für das Verständnis der Fehlerlehre (nicht aber für ihre Anwendung in der Fallprüfung) ist die grundlegende **Unterscheidung zwischen inneren und äußeren Spielraumgrenzen** (hierzu oben Rn. 721 ff.). Äußere Grenzen geben den inhaltlichen Rahmen vor, innerhalb derer sich der Verwaltungsakt bewegen muss. Auch wenn die äußeren Grenzen einen Spielraum belassen, sind sie als Grenze strikt. Werden sie überschritten, ist der Verwaltungsakt rechtswidrig. Werden sie nicht überschritten, liegt kein entsprechender Fehler vor. Strukturell werden sie **741**

1290 Hierzu etwa Bull/Mehde, Allgemeines Verwaltungsrecht, 9. Aufl. 2015, Rn. 608a; Maurer/Waldhoff, Allgemeines Verwaltungsrecht, 19. Aufl. 2017, § 7 Rn. 64 ff.; Peine/Siegel, Allgemeines Verwaltungsrecht, 12. Aufl. 2018, Rn. 224.
1291 Detterbeck, Allgemeines Verwaltungsrecht, 17. Aufl. 2019, Rn. 387; Peine/Siegel, Allgemeines Verwaltungsrecht, 12. Aufl. 2018, Rn. 221.

Daniel Benrath

wie Vorgaben zu gebundenen Entscheidungen geprüft. Die inneren Spielraumgrenzen beziehen sich auf die Entscheidungsfindung durch die Behörde, etwa im
Hinblick auf die Berücksichtigung bestimmter Aspekte, die Ermittlung zutreffender Tatsachen oder die gedankliche Umsetzung zur endgültigen Entscheidung.
Fehler im Hinblick auf innere Spielraumgrenzen liegen unabhängig vom konkreten Inhalt des Verwaltungsakts vor: Eine Behörde, die auf Grund der Verletzung einer inneren Spielraumgrenze zu einer bestimmten Entscheidung gekommen ist, die damit rechtswidrig ist, kann bei Wiederholung der Entscheidung
ohne entsprechenden Fehler zu genau der gleichen Entscheidung kommen, die
dann aber rechtmäßig ist. Insofern handelt es sich in Bezug auf die inneren
Grenzen um **spezifische (Ermessens-)Fehler** bei der Inanspruchnahme von
Verwaltungsspielräumen.

742   Examenswissen: Die Fehlerlehre bezieht sich im Wesentlichen auf den Umfang der **gerichtlichen
Kontrolle** gegenüber einem Verwaltungsspielraum. Sie ersetzt die gerichtliche Vollkontrolle
hinsichtlich des Inhalts. Diese besondere Form der gerichtlichen Kontrolle beschränkt sich jedoch
allein auf den Spielraum der Verwaltung. Außerhalb des Spielraums (und damit auch in Bezug
auf die äußeren Grenzen des Ermessens) bleibt es bei der vollen Kontrolle. Auch im Rahmen der
Fehlerkontrolle selbst unterliegen die jeweiligen rechtlichen Bindungen uneingeschränktem
richterlichem Zugriff, so etwa im Hinblick auf die tatsächlichen Grundlagen der Entscheidung.

743   Examenswissen: Dem Umfang der gerichtlichen Kontrolle entspricht die **Begründungspflicht**,
wie sie in § 39 VwVfG ausgestaltet ist. Die Begründung des Verwaltungsakts soll den Rechtsschutz
gegen den Verwaltungsakt ermöglichen.[1292] Dementsprechend muss die Begründung so angelegt
sein, dass die wesentlichen der gerichtlichen Kontrolle zugänglichen Aspekte auch tatsächlichen
gerichtlich überprüfbar sind. Bei Entscheidungen mit Spielraum, die der Fehlerkontrolle unterliegen, bedarf es also entsprechender Ausführungen zu den inneren Grenzen des Spielraums, da
eine inhaltliche Kontrolle anhand des Tenors insoweit ausgeschlossen ist.[1293] Als Faustformel
lässt sich sagen, dass ein weiter Spielraum mit einer intensiveren spezifischen Fehlerkontrolle
verbunden ist und eingehenderer Begründungen bedarf. Ist eine umfassende gerichtliche Prüfung anhand der Begründung nicht möglich, liegt ein heilbarer Formfehler vor, der (vorerst) zur
Rechtswidrigkeit des Verwaltungsakts führt. Besonders plastisch wird dies im Prüfungsrecht und
gerade bei besonders komplexen juristischen Prüfungen: Der weitgehende Prüfungsspielraum
der Prüfer unterliegt vielfältigen inneren Grenzen (hierzu Rn. 751 ff.), deren Einhaltung durch das
Bewertungsgutachten als Begründung voll überprüfbar sein muss; die damit einhergehenden
Anforderungen an das Gutachten lassen sich tatsächlich im Alltagsbetrieb kaum flächendeckend
erfüllen, so dass dem Überdenkungsverfahren zur Gewährleistung auch formell rechtmäßiger
Prüfungsentscheidungen eine herausgehobene Bedeutung zukommt, was dann allerdings auch
in der entsprechenden Kostenentscheidung zum entsprechenden Widerspruch zu berücksichtigen ist.

1292 Bull/Mehde, Allgemeines Verwaltungsrecht, 9. Aufl. 2015, Rn. 650; Peine/Siegel, Allgemeines Verwaltungsrecht, 12. Aufl. 2018, Rn. 513.
1293 Schwarz, in: Fehling/Kastner/Störmer, Verwaltungsrecht, 4. Aufl. 2016, § 39 VwVfG Rn. 29.

Daniel Benrath

(1) Ermessensspielraum

Die Fehlerlehre findet allein für den Ermessensspielraum allgemeine gesetzliche 744
Anknüpfungspunkte. In § 114 Satz 1 VwGO heißt es: „Soweit die Verwaltungsbehörde ermächtigt ist, nach ihrem Ermessen zu handeln, prüft das Gericht auch, ob der Verwaltungsakt oder die Ablehnung oder Unterlassung des Verwaltungsakts rechtswidrig ist, weil die gesetzlichen Grenzen des Ermessens überschritten sind oder von dem Ermessen in einer dem Zweck der Ermächtigung nicht entsprechenden Weise Gebrauch gemacht ist." Ferner führt § 40 VwVfG aus: „Ist die Behörde ermächtigt, nach ihrem Ermessen zu handeln, hat sie ihr Ermessen entsprechend dem Zweck der Ermächtigung auszuüben und die gesetzlichen Grenzen des Ermessens einzuhalten." Diese Anknüpfungen bleiben jedoch vage, insbesondere der Verweis auf die gesetzlichen Grenzen erfasst umfassend und somit ohne Trennschärfe jede Art von Ermessensfehler. Demgegenüber ist der Verweis auf die Zweckverfehlung eine bloße Klarstellung, die die besondere Bedeutung der von der Verwaltung verfolgten Zwecke betont.

Angelehnt an die gesetzlichen Anknüpfungspunkte werden verschiedene 745
Fallgruppen von Fehlern unterschieden. Diese Fallgruppen sind weder abschließend noch – entsprechend der Vagheit der gesetzlichen Anknüpfungspunkte – trennscharf. Die unterschiedlichen Definitionen und Ausgestaltungen der verschiedenen Fallgruppen in der Literatur sind kein Ausdruck einer inhaltlichen Debatte, sondern entsprechen lediglich unterschiedlichen Vorstellungen zur sinnvollen Kommunikation der wesentlichen Aspekte der Ermessensfehlerlehre. Trotz der markanten Unterschiede im Detail, besteht große Einigkeit hinsichtlich des Kernbestands von Fallgruppen und des Umfangs möglicher Fehler.

– **Ermessensnichtgebrauch:** Unter Ermessensnichtgebrauch (oder Ermessensunterschreitung) versteht man den Fall, dass die Behörde trotz Einräumung eines Ermessensspielraum auf eine eigenständige Entscheidung hinsichtlich der Rechtsfolgen verzichtet, insbesondere weil sie nicht erkennt, dass ihr ein Entscheidungsspielraum verbleibt, und stattdessen von einer gebundenen Entscheidung ausgeht. Liegt ein Ermessensnichtgebrauch vor, kann die Behörde nicht die inneren Bindungen der Ermessensausübung beachten; insofern handelt es sich um einen Unterfall des Ermessensfehlgebrauchs, der jedoch auf Grund seiner faktischen Bedeutung und der besonderen konzeptionellen Herausforderungen sinnvoll als eigene Fallgruppe behandelt werden kann. Von Ermessensnichtgebrauch kann auch dann gesprochen werden, wenn nur Teile des Spielraums verkannt wurden, im Übrigen aber Ermessen ausgeübt wurde. Das Gegenstück, also die Ausübung von Ermessen trotz insoweit gesetzlicher Bindung, stellt keinen Ermessensfehler dar: Hier kommt es allein auf die inhaltliche Richtigkeit des Ergebnisses an.

Daniel Benrath

– **Ermessensfehlgebrauch:** Im Kern verweist der Ermessensfehlgebrauch darauf, dass das Ermessen **nicht im Sinne seines Zwecks** ausgeübt wird. Neben einem echten Ermessensmissbrauch, bei dem ein sachfremder Zweck verfolgt wird (Beispiel: Der Bürgermeister erlässt eine Nutzungsuntersagung gegenüber einer formell baurechtswidrigen Nutzung eines Gebäudes, weil die Stadt das Gebäude selbst nutzen will), fallen hierunter auch Fälle, in denen neben zweckgemäßen Zielen auch einzelne Ziele verfolgt werden, die nicht dem Ermessenszweck entsprechen, oder in denen ein Zweck nicht verfolgt wurde, obwohl er in die Ermessensausübung einzustellen gewesen wäre (Beispiel: Bei der Erlaubnis einer Straßensondernutzung in der Fußgängerzone wird allein die Beeinträchtigung des Verkehrsflusses, nicht aber die Beeinträchtigung des Verkehrsraums als Kommunikations- und Begegnungsraums berücksichtigt). Darüber hinaus soll hier unter Ermessensfehlgebrauch jede Verletzung der **inneren Grenzen** des Ermessens verstanden werden. Hierzu fallen dann auch Fehler in der **Ermittlung** des zu Grunde liegenden Sachverhalts (einschließlich einer nicht ausreichenden Ermittlung der maßgeblichen Umstände), die Nichtberücksichtigung zu berücksichtigender Aspekte (**Abwägungsdefizit**), oder **Gewichtungsfehler** (Beispiele: Die Behörde hält den Abriss eines baurechtswidrigen Gebäudes entgegen des intendierten Ermessens für eine besonders begründungsbedürftige Ausnahmemaßnahme; im Rahmen einer polizeilichen Maßnahme geht die Polizei davon aus, dass von der Berufsfreiheit geschützte geschäftliche Interessen gegenüber der freien Meinungsäußerung stets zurückzutreten hätten bzw. vorrangig zu berücksichtigen seien). Zur Erinnerung: Die Zweckmäßigkeit des Verwaltungsakts als solches ist nicht als Ermessensfehlgebrauch zu prüfen, da insoweit die Verwaltung ihren Spielraum in Anspruch nimmt und gerichtlich nicht überprüft wird.

– **Ermessensüberschreitung:** Unter Ermessensüberschreitung versteht man Entscheidungen, die über den gesetzlichen Ermessensrahmen hinausgehen. Hier soll unter Ermessensüberschreitung die Verletzung **äußerer Ermessensgrenzen** verstanden werden. Insofern handelt es sich bei Fällen der Ermessensüberschreitung nicht um spezifische Ermessensfehler. Vielmehr wird der konkrete Verwaltungsakt von den gesetzlichen Vorgaben inhaltlich nicht gedeckt. So verstanden, unterliegt die Ermessensüberschreitung der vollen gerichtlichen Kontrolle. Diese liegt insbesondere vor, wenn der gesetzliche Rahmen möglicher Rechtsfolgen überschritten wird, aber auch wenn bei Abwägung der verschiedenen Interessen im Einzelfall eine Position unverhältnismäßig belastet wird. Die allgemeinen Grundsätze und insbesondere die Verhältnismäßigkeit können als äußere Ermessensgrenze im Rahmen der Ermessensüberschreitung geprüft werden sowie (entsprechend

Daniel Benrath

dem hier gewählten Aufbau) alle Aspekte der Ermessensüberschreitung als eigenständige Prüfungspunkte außerhalb des Ermessens angesprochen werden können.

(2) Beurteilungsspielraum und Bewertungsspielraum

Für die Beurteilungsfehlerlehre fehlt eine vergleichbare allgemeine gesetzliche **746** Anknüpfung. Die Grundsituation entspricht jedoch für Sachverhaltseinschätzungen im Rahmen eines Beurteilungsspielraums der des Ermessens. Dementsprechend lassen sich die Grundzüge der Ermessensfehlerlehre einschließlich der Fallgruppen auf Beurteilungsspielräume übertragen. Ein **Beurteilungsnichtgebrauch** liegt demnach vor, wenn die Verwaltung nicht erkennt, dass ihr ein Beurteilungsspielraum zusteht und sie demensprechend ohne eigene Beurteilung von einem bestimmten Sachverhalt ausgeht. Ein **Beurteilungsfehlgebrauch** liegt vor, wenn die inneren Grenzen des Beurteilungsspielraums verletzt werden, also die Grundlage der Beurteilung fehlerhaft ist. Von einer **Beurteilungsüberschreitung** kann gesprochen werden, wenn die äußeren Grenzen des Beurteilungsspielraums überschritten werden und eine rechtlich nicht zulässige Beurteilung gewählt wird.

Gleichwohl führt die eigenständige Konstellation des Beurteilungsspielraums **747** zu deutlichen Besonderheiten gegenüber der Ermessensfehlerlehre. So spielt die Verletzung äußerer Grenzen im Rahmen der Sachverhaltsbeurteilung eine allenfalls untergeordnete Rolle, während die inneren Grenzen in Bezug auf das Zustandekommen der Beurteilung in den Vordergrund rücken und eigene Schwerpunkte bilden.

Durch die Spielräume bei der Beurteilung des Sachverhalts sind insbesondere **748** an die Ermittlung und Beurteilung des Sachverhalts besondere Anforderungen gerichtet. Die Verwaltung muss auch beim Beurteilungsspielraum den der Beurteilung zu Grunde liegenden (und damit dem Spielraum entzogenen) Sachverhalt zutreffend und angemessen gründlich **ermitteln.**

Die Beurteilung dieses Sachverhalts muss sich dann einer nachvollziehbaren **749** und vertretbaren Methodik bedienen. Fehler bei der Bildung oder bei der Anwendung der **Beurteilungsmethodik** stehen häufig im Zentrum der Kontrolle (während Fragen der Methodik im Rahmen des Ermessens in der Regel keine Rolle spielen). Insbesondere dürfen auch bei der Inanspruchnahme des Beurteilungsspielraums keine sachfremden Erwägungen einbezogen werden.

Zudem können gerade in Beurteilungskonstellationen **Verfahrensfragen** jen- **750** seits der formellen Rechtmäßigkeit relevant werden und als Beurteilungsfehlgebrauch durchschlagen: Soweit das Verfahren die Perspektive der Verwaltung ausrichtet, die Fairness der Beurteilung sicherstellen soll oder gar die Berücksichtigung

Daniel Benrath

besonderer fachlicher Kompetenz oder pluraler Entscheidungsfindung orchestriert, können Fehler im Verfahren nicht nur (heilbare) Verfahrensfehler, sondern auch materielle Beurteilungsfehler sein, da sie die inhaltlichen Grundlagen der Entscheidung prägen.

751 Examenswissen: Auch zum **Bewertungsspielraum** fehlt es an allgemeinen gesetzlichen Anknüpfungspunkten zur Fehlerlehre, sind aber die Grundzüge der Ermessensfehlerlehre mit Anpassungen übertragbar. Da der Bewertungsspielraum sowohl Sachverhaltsaspekte als auch Rechtsfolgen erfasst, erscheint die Bewertungsfehlerlehre in vielerlei Hinsicht als Mischung zwischen Ermessens- und Beurteilungsfehlerlehre, weist aber auch eigenständige Schwerpunkte auf. Ähnlich wie bei Beurteilungsspielräumen steht der Bewertungsfehlgebrauch im Hinblick auf innere Grenzen des Bewertungsspielraums im Vordergrund der Kontrolle. Ein Bewertungsnichtgebrauch kommt allenfalls in Betracht, wenn die Verwaltung irrig davon ausgeht, dass ihr Bewertungsrahmen beschränkt ist (Beispiel: Ein Prüfer geht davon aus, dass ein bestimmter Fehler ohne Rücksicht auf die weitere Prüfung zu einem Nichtbestehen führen muss), was aber regelmäßig auch im Rahmen der Bewertungsgrundsätze angesprochen werden kann. Die Verletzung äußerer Grenzen ist im Hinblick auf die Rechtsfolgen möglich, spielt aber in der Regel keine Rolle (Beispiel: Ein Prüfer geht von einer falschen Notenskala aus und vergibt eine nicht vorgesehene Note).

752 Examenswissen: Im Rahmen des Bewertungsfehlgebrauchs sind insbesondere **Fehler in der Ermittlung** des der Bewertung zu Grunde liegenden Sachverhalts zu berücksichtigen. Eine Sachverhaltsermittlung ist schon dann fehlerhaft, wenn nicht alle zur Bewertung maßgeblichen Aspekte erfasst werden (Beispiel: Ein Dienstzeugnis nimmt trotz häufiger Auswärtstätigkeit nur das Verhalten im Büro in den Blick). Zudem ist gerade im Rahmen von Prüfungsentscheidungen zwischen den fachlichen Beurteilungen, die nicht in den Bewertungsspielraum fallen und (gegebenenfalls durch die Hinzuziehung von Sachverständigen) vollumfänglich gerichtlich überprüfbar sind, und deren prüfungsspezifischen Bewertungen zu unterscheiden.[1294]

753 Examenswissen: Ähnlich wie bei Beurteilungsfehlern die Methodik sind im Rahmen des Bewertungsfehlgebrauchs ferner die **Bewertungsgrundsätze** in den Blick zu nehmen. Zwar lassen sich für im Kern subjektive Bewertungen keine vergleichbaren Fachmethodiken entwickeln (und überprüfen), aber auch das Vorgehen der Verwaltung bei Bewertungen muss systematisch, in sich schlüssig und dem Bewertungszweck angemessen sein. Ein Verstoß gegen allgemeine Bewertungsgrundsätze oder ein widersprüchlicher Zugang zur Bewertung sind daher Bewertungsfehler. Eng damit verbunden ist es zudem der Verwaltung verboten, sachfremde Erwägungen in die Bewertung einfließen zu lassen, wobei im schulischen Bereich eine Vielzahl pädagogischer Aspekte mitberücksichtigt werden kann[1295]. Im Hinblick auf den Bewertungszweck, muss das Vorgehen der Verwaltung geeignet sein, einigermaßen sicher den mit der Bewertung verfolgten Zweck auch tatsächlich zu erreichen (Beispiel: Eine Prüfungsfrage ist so missverständlich gestellt, dass nur zufällig die „richtige" Aufgabe bearbeitet wird, so dass die Bearbeitung wenig über die geprüfte Kompetenz aussagen kann).[1296] Hierzu ist auch notwendig, dass die Verwaltung den

---

1294 Vgl. BVerfG, Beschl. v. 17.4.1991, Az.: 1 BvR 419/81 = BVerfGE 84, 34 (Rn. 54, 58).
1295 OVG Lüneburg, Beschl. v. 20.3.2008, Az.: 2 ME 83/08 (Rn. 16).
1296 Vgl. Niehues/Fischer/Jeremias, Prüfungsrecht, 7. Aufl. 2018, Rn. 374 ff.

Daniel Benrath

verfolgten Zweck entsprechend der gesetzlichen Vorgaben in ihre Bewertung einfließen lässt; gelingt es schon nicht, die gesetzlichen Vorgaben richtig zu erfassen und in Beziehung zu setzen, handelt es sich um einen Gewichtungsfehler.

Examenswissen: Auch beim Bewertungsfehlgebrauch können zudem **Verfahrensfehler** als ma- **754** terielle Bewertungsfehler durchschlagen. Soweit das Verfahren eine einheitliche und aussage- kräftige Bewertungssituation und -perspektive sicherstellen soll, schlagen Verstöße unmittelbar auf die durch die subjektive Perspektive geprägte Bewertung durch (wobei im Prüfungsrecht im Hinblick auf Verfahrensfehler oftmals Rügeobliegenheiten bestehen, die eine nachträgliche Geltendmachung ausschließen[1297]). Bewertungsfehler ergeben sich auch daraus, dass die Ver- waltung ihr Verfahren nach sachwidrigen Kriterien ausgestaltet (Beispiel: Die Prüfer kürzen eine mündliche Prüfung massiv ab, da sie schon aus anderen Prüfungsabschnitten ein abschließendes Bild zu den Fähigkeiten gewonnen zu haben glauben).

Examenswissen: Im Prüfungsrecht entspricht der weite Bewertungsspielraum der Prüfer einem **755** engmaschigen Netz innerer Grenzen. Dabei sind diese keine vernachlässigbaren Formalismen, sondern stellen den Grundrechtsschutz der Geprüften und vor allem die Zweckerreichung des Prüfungsverfahrens sicher. Der vielfältigen inneren Grenzen ihres Spielraums sind sich die Prüfer, die sich in erster Linie durch ihre fachliche Kompetenz und Erfahrung auszeichnen, jedoch nicht immer vollumfänglich bewusst. Gerade in einem System der Laienprüfer, wie es sich etwa in den juristischen Staatsprüfungen wiederfindet, besteht oftmals eine deutliche Lücke zwischen den rechtlichen Anforderungen an die Prüfung und den diesbezüglichen Kompetenzen der Prüfer; insbesondere werden oftmals der Umfang des prüfungsspezifischen Spielraums im Hinblick auf Fachfragen über- und die Bedeutung eines stringent an den gesetzlichen Vorgaben ausgerichteten Bewertungssystems unterschätzt. Dies ist bis zu einem gewissen Grad auch gewünscht und sachgerecht, da man die fachliche Expertise und gewollt subjektive Einschätzung nicht durch prüfungsbezogene Instruktionen überformen möchte. Der damit einhergehenden gesteigerten Verantwortung in der vorgerichtlichen Rechtskontrolle von Prüfungen werden jedoch ausge- rechnet manche Justizprüfungsämter nicht immer gerecht.

b) Inhaltliche Vorgaben an die Rechtmäßigkeit des Verwaltungsakts

Jeder Verwaltungsakt muss inhaltlich den gesetzlichen Bestimmungen entspre- **756** chen. Gebundene Entscheidungen müssen den gesetzlichen Vorgaben entspre- chen und Verwaltungsakte mit Spielraum müssen sich inhaltlich im Rahmen der äußeren Grenzen des gesetzlichen Spielraums halten. Für gebundene Entschei- dungen erfolgt diese Prüfung also in gleicher Weise wie für Entscheidungen mit Spielraum.

In der Struktur der Prüfung ergeben sich für die inhaltlichen Vorgaben keine **757** Unterschiede. Sowohl hinsichtlich der **Tatbestandsmerkmale** als auch hin- sichtlich **inhaltlicher Vorgaben an die Rechtsfolgen**, insbesondere bezüglich der äußeren Grenzen des Ermessens, ist zu überprüfen, ob der Verwaltungsakt

---

1297 Niehues/Fischer/Jeremias, Prüfungsrecht, 7. Aufl. 2018, Rn. 214.

Daniel Benrath

inhaltlich den jeweiligen Vorgaben entspricht. Es handelt sich insofern um eine klassische Subsumtion. Jedenfalls in der Perspektive der Anfechtungsklage bedarf es insoweit keiner weiteren Abgrenzung. Gleichwohl bleibt es jedem Rechtsanwender unbenommen, zur Ordnung des eigenen Gedankengangs weitere Kategorien einzuführen.

758   Auch wenn die Prüfung der inhaltlichen Vorgaben strukturell simpel ist, ist die konkrete Prüfung der inhaltlichen Vorgaben weder sonderlich formalistisch noch trivial. Die gesetzlichen Vorgaben bedürfen der mitunter anspruchsvollen und wertenden Auslegung. Dies betrifft insbesondere sog. **unbestimmte Rechtsbegriffe.** Unbestimmte Rechtsbegriffe (Beispiele: Unzuverlässigkeit nach § 35 I GewO, konkrete Gefahr im Polizei- und Ordnungsrecht) zeichnen sich durch ihre unscharfe, oft stark auf Wertungen abstellende Ausgestaltung aus. Ihre Auslegung und gerade ihre Anwendung sind dementsprechend von großer Unsicherheit und wertender Abwägung geprägt. Gleichwohl eröffnen sie nach heute allgemeiner Ansicht nicht ohne weiteres Spielräume der Verwaltung.[1298] Die Behörde ist im Rahmen ihrer gesetzlichen Bindung – sowohl bei gebundenen Entscheidungen als auch Entscheidungen mit Spielraum – angehalten, die unbestimmten Rechtsbegriffe richtig auszulegen und anzuwenden, und unterliegt diesbezüglich der vollen Kontrolle durch die Verwaltungsgerichte. Auch die systematische Einbettung ist zu berücksichtigen und gegebenenfalls sind teleologische Reduktionen und andere Korrekturen im Einzelfall vorzunehmen.

759   Zudem ist bei der Prüfung der inhaltlichen Voraussetzungen ggf. ein **Beurteilungsspielraum** der Verwaltung zu berücksichtigen. Soweit der Verwaltung ein Beurteilungsspielraum zusteht, was durch eine entsprechende Auslegung zu bestimmen ist, ist bei der Subsumtion unter die entsprechenden inhaltlichen Vorgaben (innerhalb der gesetzlichen Grenzen) die Beurteilung des Sachverhalts durch die Verwaltung zu Grunde zu legen. Dann aber können sich bei der Inanspruchnahme des Beurteilungsspielraums spezifische Fehler hinsichtlich der inneren Grenzen des Beurteilungsspielraums ergeben, die an der entsprechenden Stelle eigenständig zu prüfen sind.

aa) Verwaltungsaktbefugnis

760   Im Rahmen einer Anfechtungsklage muss dem angegriffenen Verwaltungsakt eine sogenannte Verwaltungsaktbefugnis zu Grunde liegen. Ein Verwaltungsakt kann nicht rechtmäßig sein, wenn die Behörde gar nicht die Befugnis hat, einen Verwaltungsakt als eigenständig vollstreckbaren hoheitlichen Befehl zu erlassen.

1298 Detterbeck, Allgemeines Verwaltungsrecht, 17. Aufl. 2019, Rn. 354.

Daniel Benrath

In der Regel wird die Verwaltungsaktbefugnis ausdrücklich gewährt oder ergibt sich deutlich aus dem Zusammenhang, insbesondere wenn die Rechtsgrundlage allgemein Maßnahmen zulässt und erkennbar (zumindest auch) auf Verwaltungsakte ausgerichtet ist. Eine eigenständige Erwähnung ist in typischen Konstellationen regelmäßig verzichtbar. Eingehendere Prüfungen können jedoch im Einzelfall geboten sein, insbesondere wenn sich der Sachverhalt im Grenzbereich zu privat-rechtlichem Handeln der Behörde bewegt (z. B. Verträge, Zahlungsansprüche gegenüber Beamten, Rückforderung eines privat-rechtlich ausgestalteten Darlehens).[1299] Die Verwaltungsaktbefugnis kann auch bereits im Rahmen der Rechtsgrundlage angesprochen werden und bedarf dann insoweit keiner weiteren Erwähnung im Rahmen der materiellen Rechtmäßigkeit (s. Rn. 520).

bb) Inhaltliche Vorgaben der Rechtsgrundlage

Die konkrete Rechtsgrundlage des Verwaltungsakts ist (in der Regel) der zentrale 761 Anknüpfungspunkt der materiellen Rechtmäßigkeitsprüfung. Die Rechtsgrundlage gibt sowohl die Voraussetzungen des staatlichen Handelns als auch den geforderten bzw. möglichen Inhalt vor, also **Tatbestandsmerkmale** und inhaltliche Vorgaben zur **Rechtsfolge**. Insofern ist die Rechtsgrundlage auszulegen. Gegebenenfalls können sich aus der (insbesondere systematischen) Auslegung auch ungeschriebene Vorgaben zur konkreten Rechtsgrundlage ergeben. Soweit inhaltliche Vorgaben der Rechtsgrundlage schon im Rahmen der Auswahl der Rechtsgrundlage abschließend angesprochen wurden, sind sie an dieser Stelle nicht wieder aufzugreifen.

Die konkrete Rechtsgrundlage ist hierbei weit zu verstehen. Sie umfasst ne- 762 ben der konkreten Norm mit ihrem Tatbestand und ihrer Rechtsfolgenanordnung auch allgemeine Vorgaben des entsprechenden Gesetzes. So ist der Anwendungsbereich des Gesetzes grundsätzlich für jede einzelne Maßnahme zu berücksichtigen, auch wenn er nur allgemein geregelt wird. Aber auch darüber hinaus können allgemeine Regelungen Voraussetzungen postulieren oder die Rechtsfolge beschränken.

Typischerweise können die konkreten gesetzlichen Vorgaben neben speziel- 763 len Tatbestandsmerkmalen und inhaltlichen Vorgaben zur Rechtsfolge den Anwendungsbereich des Gesetzes bzw. des Rechtsbereichs erfassen. Zudem sind, soweit diese anders als hier nicht als eigenständige Prüfungspunkte angesprochen werden, Vorgaben zur Handlungsform und zu den Adressaten zu beachten.

1299 Maurer/Waldhoff, Allgemeines Verwaltungsrecht, 19. Aufl. 2017, § 10 Rn. 32 ff. Zurückhaltender Korte, in: Wolff/Bachof u. a., Verwaltungsrecht I, 13. Aufl. 2017, § 45 Rn. 15 ff.

Daniel Benrath

764   Für gebundene Entscheidungen sind die Vorgaben der Rechtsgrundlage sowohl auf Tatbestands- als auch auf Rechtsfolgenseite in der Regel der Kern der Prüfung. Weitere inhaltliche Vorgaben sind demgegenüber typischerweise eher am Rande relevant. Auch für Verwaltungsakte mit Spielraum hat die Prüfung der konkreten Rechtsgrundlage eine herausgehobene Bedeutung, jedoch spielen hier öfter auch sonstige Vorgaben eine größere Rolle.

cc) Allgemeine Grundsätze

765   Neben den Vorgaben der Rechtsgrundlage sind allgemeine Grundsätze zu berücksichtigen, die insbesondere im Rahmen von Ermessensentscheidungen regelmäßig relevant werden. Sie stellen keine positiv zu bejahenden Voraussetzungen eines rechtmäßigen Verwaltungsakts dar und sind daher nur anzusprechen, wenn ein Verstoß gegen die Grundsätze in Betracht kommt.

766   Mitunter sind die hier genannten Rechtsgedanken auch speziell normiert. In diesem Fall sind die entsprechenden gesetzlichen Vorgaben zwingend zu prüfen. Es bedarf dann aber üblicherweise keiner eigenständigen Prüfung des allgemeinen Grundsatzes.

(1) Verhältnismäßigkeit

767   Die Verhältnismäßigkeit kann in der Prüfung in unterschiedlichen Kontexten aufgeworfen werden. Zunächst wird aus dem Rechtsstaatsprinzip der **allgemeine Verhältnismäßigkeitsgrundsatz** hergeleitet,[1300] der eine verhältnismäßige Relation zwischen dem Zweck und den Mitteln staatlichen Handelns verlangt und in der konkreten Prüfung über den verfassungsrechtlichen Rahmen hinaus durch die spezifische gesetzliche Ausgestaltung der Zweck-Mittel-Relation (etwa im Hinblick auf Ermessen und Ermessenszweck) inhaltlich geformt wird. Zudem ist bei **grundrechtlichen Eingriffen**, die in der Regel zumindest im Hinblick auf die allgemeine Handlungsfreiheit aus Art. 2 I GG vorliegen, zu prüfen, ob die Rechtfertigung des Grundrechtseingriffs im Rahmen der Schranken-Schranken der Verhältnismäßigkeit genügt. Schließlich kann das Verhältnismäßigkeitsgebot einfachgesetzlich angeordnet und ausgestaltet sein.

768   In der Regel reicht es aus, im Rahmen der verwaltungsrechtlichen materiellen Rechtmäßigkeitsprüfung nur einmal die Verhältnismäßigkeit anzusprechen. Ein positiviertes Verhältnismäßigkeitsgebot ist grundsätzlich vorrangig zu prüfen, wobei die anderen Kontexte der Verhältnismäßigkeit, also allgemeiner Verhält-

---

1300 Maurer/Waldhoff, Allgemeines Verwaltungsrecht, 19. Aufl. 2017, § 10 Rn. 50.

Daniel Benrath

nismäßigkeitsgrundsatz und Rechtfertigung eines Grundrechtseingriffs, in diese Prüfung zu integrieren sind. Auch wenn das Verhältnismäßigkeitsgebot nicht positiviert ist, reicht es oftmals aus, nur den allgemeinen Verhältnismäßigkeitsgrundsatz anzusprechen und die grundrechtlichen Aspekte im Rahmen dieser Prüfung zu berücksichtigen. Insbesondere bei Ermessensentscheidungen gibt der Zweck des Spielraums einen sinnvollen Anknüpfungspunkt der Prüfung des Verhältnismäßigkeitsgrundsatzes im Einzelnen vor, ohne die Berücksichtigung von Grundrechtseingriffen zu sperren. Allerdings kann es insbesondere im Verhältnis zum allgemeinen Verhältnismäßigkeitsgrundsatz auch sinnvoller sein, die Prüfung spezifischer Grundrechte in den Vordergrund zu stellen. Zwar lässt sich in einer Grundrechtsprüfung der allgemeine Verhältnismäßigkeitsgrundsatz kaum einbinden. Steht aber die mögliche Verletzung eines oder mehrerer bestimmter Grundrechte im Vordergrund, kann die spezifische Prüfung im Hinblick auf diese Grundrechte deutlich konturierter und zielführender sein. Für eine darüberhinausgehende Prüfung des allgemeinen Verhältnismäßigkeitsgrundsatzes besteht dann oftmals kein weiterer Anlass. Der Aufbau der Prüfung ist insofern nicht allgemein vorgegeben.

Auch für die Verortung der Verhältnismäßigkeit innerhalb des Prüfungsauf- **769** baus bestehen mehrere Alternativen, was gerade bei Anfängern zu erheblichen Verwirrungen führen kann. Während hier die Verhältnismäßigkeit im Rahmen der inhaltlichen Vorgaben (insbesondere als äußere Grenze des Ermessens) angesprochen wird, lässt sich die Verhältnismäßigkeit bei einer eigenständigen Prüfung von Ermessensfehlern als Fall der Ermessensüberschreitung ansprechen. Möglich ist schließlich sogar, die Verhältnismäßigkeit erst nach den Ermessensfehlern anzusprechen, jedoch sollten in diesem Fall aus Gründen der Stringenz und Nachvollziehbarkeit in der gutachterlichen Entwicklung deutlich werden, dass die Verhältnismäßigkeit nicht schon im Rahmen des Ermessens angesprochen wird. Inhaltlich ergeben sich aus der Verortung der Prüfung keine Konsequenzen.

Ein Verwaltungsakt ist rechtswidrig, wenn er unverhältnismäßig ist; sei es **770** wegen eines Verstoßes gegen den allgemeinen Verhältnismäßigkeitsgrundsatz, wegen der Verletzung eines Grundrechts oder wegen des Überschreitens des gesetzlichen Rahmens. Die Prüfung der Verhältnismäßigkeit folgt dabei in jedem Fall grob dem aus der Grundrechtsdogmatik bekannten Schema: (1) Verfolgung eines **legitimen Zwecks**, (2) **Geeignetheit** des eingesetzten Mittels zur Erreichung des Zwecks, (3) **Erforderlichkeit** des eingesetzten Mittels in dem Sinne, dass kein gleich wirksames (oder nicht anderweitig nachteiliges) alternatives Mittel zur Verfügung steht, dass weniger belastend ist, und (4) **keine Unange-**

Daniel Benrath

messenheit im Hinblick auf die Zweck-Mittel-Relation.[1301] Die Ausgestaltung der Prüfung im Einzelnen hängt von dem jeweiligen rechtlichen Anknüpfungspunkt und dem jeweiligen Prüfungskontext ab. So ist der legitime Zweck zum Zeitpunkt der Prüfung der Verhältnismäßigkeit oft bereits gesichert und bedarf keiner eigenständigen Erörterung. Und positivierte Verhältnismäßigkeitsgebote geben der Prüfung oft einen eigenen Rahmen, mitunter mit Modifikationen des allgemeinen Schemas. Zudem ist zu berücksichtigen, dass der Verwaltung nicht die gleiche Einschätzungsprärogative zu Geeignetheit und Erforderlichkeit zukommt wie dem Gesetzgeber, vielmehr sind hier die entsprechenden Vorgaben des Gesetzgebers nachzuvollziehen.

771 *Hausarbeitswissen: Zur Verhältnismäßigkeit bei gebundenen Entscheidungen hat sich eine eigentümliche verwaltungsrechtswissenschaftliche Diskussion entwickelt.[1302] Während Teile von Literatur und Rechtsprechung die Verhältnismäßigkeit der konkreten Entscheidung auch im Rahmen gebundener Entscheidungen prüfen wollen,[1303] trifft diese Position auf entschiedene Kritik verschiedener Literaturstimmen. Die kritischen Stimmen halten eine Prüfung der Verhältnismäßigkeit bei fehlendem Ermessensspielraum für verfehlt, da (im Wesentlichen) eine Verhältnismäßigkeitsprüfung im Einzelfall der gesetzlichen Grundentscheidung für eine gebundene Entscheidung entgegenstünde und bei fehlender Verhältnismäßigkeit schon die gesetzliche Grundlage verfassungswidrig sei.[1304] Auch wenn dieser Streit für die Rechtswidrigkeit des entsprechenden Verwaltungsakts unerheblich ist, hat er erhebliche prozessuale Folgen in der Anfechtungsklage: Die Verfassungswidrigkeit der gesetzlichen Grundlage kann das Fachgericht nicht ohne weiteres feststellen, sondern muss gemäß Art. 100 I GG das Gesetz zur konkreten Normenkontrolle dem BVerfG vorlegen, während die Unverhältnismäßigkeit bloß des konkreten Verwaltungsakts keine Vorlage verlangt.[1305] Rein dogmatisch kann der Ausschluss der Verhältnismäßigkeitsprüfung im Einzelfall für gebundene Entscheidungen nicht überzeugen. Denn nicht jeder (zufällige) Konflikt im Einzelfall zwischen einer gesetzlichen Norm wie der Rechtsgrundlage und einer Verfassungsnorm wie dem Rechtsstaatsprinzip oder den Grundrechten führt zur Nichtigkeit der gesamten gesetzlichen Norm.[1306] Vielmehr kann es sich um einen bloßen Normenkonflikt handeln, der zu Gunsten des Verfassungsrechts aufgelöst wird (lex superior derogat lex inferiori, Art. 1 III GG). Ein einfaches Gesetz ist nur insgesamt*

1301 Statt aller Maurer/Waldhoff, Allgemeines Verwaltungsrecht, 19. Aufl. 2017, § 10 Rn. 51.

1302 Hierzu Barczak, VerwArch 105, 142; Mehde, DÖV 2014, 541; Naumann, DÖV 2011, 96; Westerhoff, Die Prüfung der Verhältnismäßigkeit im Rahmen gebundener Entscheidungen, 2016.

1303 BVerfG, Beschl. v. 10.8.2007, Az.: 2 BvR 535/06 = NVwZ 2007, 1300 (Rn. 19); BVerwG, Urt. v. 21.3.2012, Az.: 6 C 19/11 = NVwZ 2012, 1188; Maurer/Waldhoff, Allgemeines Verwaltungsrecht, 19. Aufl. 2017, § 10 Rn. 50.

1304 Barczak, VerwArch 105, 142; Bull/Mehde, Allgemeines Verwaltungsrecht, 9. Aufl. 2015, Rn. 152a; Detterbeck, Allgemeines Verwaltungsrecht, 17. Aufl. 2019, Rn. 606.

1305 Vgl. Barczak, VerwArch 105, 142 (174, 179).

1306 Vgl. mit entgegenstehenden Schlussfolgerungen Barczak, in: Mülder/Drechsler u.a., Richterliche Abhängigkeit, 2018, 333 (350 ff.).

Daniel Benrath

nichtig, wenn es auch auf abstrakter Ebene gegen die Verfassung verstößt.[1307] *Dementsprechend wird auch in der grundrechtlichen Prüfung einer staatlichen Maßnahme im Einzelfall zwischen der Grundrechtsverletzung der Rechtsgrundlage und der Grundrechtsverletzung im Einzelfall unterschieden. Ein Spielraum der Verwaltung oder gar der Gerichte ist damit nicht eröffnet: Nur wenn der gebundene Verwaltungsakt im Einzelfall wegen Unverhältnismäßigkeit verfassungswidrig ist, ist er rechtswidrig; einen verhältnismäßigen gebundenen Verwaltungsakt muss die Verwaltung erlassen. Gleichwohl ist die grundsätzliche Stoßrichtung der Kritik bedenkenswert. Für eine Prüfung des Verhältnismäßigkeitsgrundsatzes bei gebundenen Entscheidungen bleibt nur wenig Raum, da die Zweck-Mittel-Relation gesetzlich vorgegeben ist und eine eklatante Abweichung im Einzelfall von der gesetzlich vorgesehenen Zweck-Mittel-Relation, die erst eine Unverhältnismäßigkeit im Einzelfall trotz verhältnismäßiger Rechtsgrundlage möglich erscheinen lässt, in der Regel bereits auf Auslegungsebene (ohne Blick auf die verfassungsrechtlichen Vorgaben) eine teleologische Reduktion erfordert. Allenfalls im Hinblick auf einzelne Grundrechte bleibt die Verhältnismäßigkeitsprüfung für gebundene Entscheidungen praktisch relevant. Und auch in diesen Fällen bedarf es einer genauen Prüfung, ob der konkrete grundrechtliche Konflikt nicht bereits auf der abstrakten Ebene angelegt ist und zur Verfassungswidrigkeit der gesetzlichen Grundlage führt*[1308]; *jedenfalls wäre es verfehlt, wenn die unabhängigen Fachgerichte mit einem lapidaren Verweis auf die Prüfung des Einzelfalls die gesetzlichen Wertungen aushöhlen und den für die Gewaltenteilung des Grundgesetzes wesentlichen „Ohrfeigenvorbehalt" des BVerfG gegenüber dem Gesetzgeber umgehen würden.*

(2) Gleichbehandlungsgebot

Art. 3 I GG verlangt nicht nur die Berücksichtigung der Gleichheit der Menschen 772 im Gesetz, sondern auch die Gleichbehandlung der Menschen durch die Behörden bei der Anwendung der Gesetze. Gerade bei Ermessensentscheidungen, die auf die Vielfalt möglicher Einzelfälle reagieren und nicht selten auch von der persönlichen Einschätzung und Entscheidung des handelnden Beamten geprägt werden, kann das Gleichbehandlungsgebot zu berücksichtigen sein. Das Gleichbehandlungsgebot verlangt von den Behörden, vergleichbare Fälle vergleichbar zu behandeln, also ihr Verhalten nicht nach sachwidrigen Kriterien zu differenzieren. Tut eine Behörde dies doch, verstößt der entsprechende Verwaltungsakt gegen das Gleichbehandlungsgebot aus Art. 3 I GG und ist rechtswidrig. Eine Ungleichbehandlung kann dabei auch darin liegen, dass maßgebliche Unterschiede nicht richtig erfasst werden. Daher lässt sich plakativ auf das Gebot abstellen, Gleiches gleich und Ungleiches ungleich zu behandeln.[1309]

1307 Vgl. BVerfG, Beschl. v. 10.8.2007, Az.: 2 BvR 535/06 = NVwZ 2007, 1300 (Rn. 18); BVerwG, Urt. v. 21.3.2012, Az.: 6 C 19/11 = NVwZ 2012, 1188, Rn. 20 ff.

1308 So im Wesentlichen bereits z. B. BVerfG, Beschl. v. 10.8.2007, Az.: 2 BvR 535/06 = NVwZ 2007, 1300, Rn. 18; BVerwG, Urt. v. 21.3.2012, Az.: 6 C 19/11 = NVwZ 2012, 1188, Rn. 20 ff.

1309 BVerfG, Beschl. v. 21.6.2006, Az.: 2 BvL 2/99 = BVerfGE 116, 164, Rn. 69; Bull/Mehde, Allgemeines Verwaltungsrecht, 9. Aufl. 2015, Rn. 141.

Daniel Benrath

773   Dies rückt den Vergleich und die Vergleichbarkeit von Fällen ins Zentrum der Betrachtung. Der Vergleich von Fällen macht die Bildung von Vergleichsgruppen notwendig. Die Vergleichbarkeit von Fällen ist eine normativ geprägte Frage, für deren Beantwortung neben verfassungsrechtlichen Grundsatzentscheidungen auch die Abgrenzungskriterien und Zwecke des maßgeblichen Gesetzes heranzuziehen sind.

774   Examenswissen: Die mit der Vergleichbarkeit verbundenen Fragen sind im Einzelnen herausfordernd und unüberschaubar und entziehen sich oftmals einer abschließenden abstrakten Beantwortung. So stellt sich die Frage, auf welche handelnden Teile der staatlichen Verwaltung abzustellen ist. Teilweise ist nur auf die konkrete Behörde abzustellen, weshalb Zuständigkeitsfragen auch wichtige materielle Folgen haben können. Teilweise kann es auf den hoheitlich handelnden Staat insgesamt ankommen, etwa wenn mit einer Ungleichbehandlung besondere Gefahren verbunden sind oder relevante Vergleichsgruppen sinnvoll nur in einem weiteren Rahmen zu bilden sind. Andererseits kann es auch auf die handelnden Beamten ankommen, insbesondere wenn ein Spielraum eine Differenzierung anhand der handelnden Personen zulässt: Polizisten handeln in Gefahrensituationen situationsbezogen aufgrund ihrer individuellen Erfahrung, so dass es auf unterschiedliche Reaktionen unterschiedlicher Polizisten nicht immer ankommen kann; Prüfer in staatlichen Prüfungen genießen einen weiten Bewertungsspielraum, in dem sie ihre persönlichen Einschätzungen wiedergeben, die unterschiedlich ausfallen können (und können sollen). Und selbst bestimmte Beamte sind keine Maschinen, die sich immer gleich verhalten, ohne dass dies zu einem Verstoß gegen das Gleichbehandlungsgebot führt. Die Prüfung des Gleichbehandlungsgebots muss all dem Rechnung tragen, ohne das Gebot als ein zentrales Element des Grundrechtsstaates faktisch auszuhebeln. Maßgeblich ist letztlich die materielle Programmierung durch Art. 3 I GG unter den tatsächlichen und rechtlichen Umständen der jeweiligen Konstellation.

775   Examenswissen: Eine besondere Rolle im Rahmen der Prüfung des Gleichbehandlungsgebots spielt die **Selbstbindung der Verwaltung.** Hat sich eine einheitliche Behandlung bestimmter Fälle faktisch oder insbesondere durch geplante Koordinierung (etwa durch Verwaltungsvorschriften) in einer Behörde etabliert, ist auch jeder vergleichbare Einzelfall entsprechend zu behandeln.[1310] Weicht die Behörde hiervon ab, führt dies zu einer rechtswidrigen Ungleichbehandlung. Ausreichend kann bereits sein, wenn nur ein Teil vergleichbarer Fälle einheitlich behandelt wird, um eine entsprechende Selbstbindung zu etablieren. Andererseits darf die Selbstbindung auch nicht überzogen werden. Der Behörde steht es in der Regel frei, ihre Verwaltungsübung zu ändern; die relevante Vergleichsgruppe stellt sich dann aus den neu zu regelnden Fällen zusammen.[1311] Sie muss dann aber gegebenenfalls die Änderung ankündigen, um eine Verletzung des Vertrauens und eine Ungleichbehandlung gerade durch den Überraschungseffekt zu verhindern.[1312] Die Behörde kann sogar den konkreten Einzelfall zum Anlass

---

1310 Hierzu etwa Bull/Mehde, Allgemeines Verwaltungsrecht, 9. Aufl. 2015, Rn. 233 ff.; Sachs, in: Stelkens/Bonk/Sachs, VwVfG, 9. Aufl. 2018, § 40 Rn. 103 ff.

1311 Vgl. Aschke, in: Bader/Ronellenfitsch, VwVfG, 42. Ed., 2019, § 40 Rn. 66 ff.

1312 Aschke, in: Bader/Ronellenfitsch, VwVfG, 44. Ed., Stand: 1.7.2019, § 40 Rn. 68.

Daniel Benrath

nehmen, ihre Übung anzupassen, ohne dass dies zu einer Ungleichbehandlung führen muss, soweit sie diesbezüglich konsequent ist.

Examenswissen: Das Gleichbehandlungsgebot verlangt nicht, eine rechtswidrige Praxis – insbesondere im Rahmen der Selbstbindung – auch auf andere Fälle anzuwenden: **keine Gleichheit im Unrecht.**[1313] Allenfalls in besonderen Situationen, in denen die Ungleichbehandlung mit zusätzlichen eigenständigen Belastungen verbunden ist, die anderweitig nicht beseitigt werden können, lässt sich darüber diskutieren, dass das Gleichbehandlungsgebot an rechtswidriges Verhalten gegenüber Dritten anknüpft. Dementsprechend spielt das Gleichbehandlungsgebot für gebundene Entscheidungen regelmäßig keine Rolle. **776**

(3) Keine Unmöglichkeit

Es gilt als allgemeiner Grundsatz, dass von niemandem etwas rechtlich verlangt werden kann, dass ihm unmöglich ist (*ultra posse nemo obligatur*). Dieser Grundsatz ist logisch keineswegs zwingend, da auch an eine vorhersehbare Pflichtverletzung Rechtsfolgen geknüpft werden können (vgl. § 311a I BGB), ergibt sich aber im Rahmen von Verwaltungsakten jedenfalls aus dem Verhältnismäßigkeitsgrundsatz, da eine Verpflichtung, die nicht eingehalten werden kann, zumindest ungeeignet ist. Da das Verbot Unmögliches zu verlangen aber auch andere Aspekte ansprechen kann (vgl. § 44 II Nr. 4, 5 VwVfG) und mit eigenen Problemstellungen verbunden ist, wird es in der Regel als eigenständiger Prüfungspunkt im Rahmen der materiellen Rechtmäßigkeit angesprochen. Als Bündel verschiedener Aspekte der Verhältnismäßigkeit und anderer rechtlicher Vorgaben, kann es dabei im Detail unterschiedlich ausgestaltet sein. Eine Ausdifferenzierung des Bündels ist nur sinnvoll, soweit es auf eine Differenzierung der unterschiedlichen rechtlichen Maßstäbe ankommt. **777**

Für das Verbot, durch einen Verwaltungsakt Unmögliches zu verlangen, besteht gleichwohl ein einheitlicher Kern, der stets zu berücksichtigen ist: Ein Verwaltungsakt ist rechtswidrig, soweit er von dem Adressaten ein Verhalten verlangt, dass diesem aus tatsächlichen oder rechtlichen Gründen nicht möglich bzw. verboten ist. Dabei ist insbesondere der zeitliche Rahmen, auf den sich der hoheitliche Befehl bezieht, zu berücksichtigen. Verlangt ein Verwaltungsakt beispielsweise von A die Herausgabe einer Sache, die nicht in As Besitz ist, so ist die Herausgabe zwar derzeit nicht möglich. Allerdings kann sich A gegebenenfalls die Sache verschaffen, um sie dann auch herauszugeben. Dementsprechend wäre dann ein Verwaltungsakt, der die sofortige Herausgabe verlangt, rechtswidrig, nicht jedoch eine entsprechende Verpflichtung ohne zeitlichen Rahmen. Der Bezug zum zeitlichen Rahmen ist insbesondere dann zu beachten, wenn im **778**

[1313] Sachs, in: Stelkens/Bonk/Sachs, VwVfG, 9. Aufl. 2018, § 40 Rn. 119.

Daniel Benrath

Rahmen eines Verwaltungsverfahrens unterschiedliche Zeitrahmen relevant werden, etwa wenn bei einem zeitlich nicht klar umrissenen Grundverwaltungsakt in der Verwaltungsvollstreckung bestimmte Fristen gesetzt werden.

779 Man kann zwischen rechtlicher und tatsächlicher sowie zwischen objektiver und subjektiver Unmöglichkeit unterscheiden. **Rechtlich unmöglich** ist die Befolgung eines Verwaltungsakts, wenn vorrangige rechtliche Vorgaben die verlangte Rechtshandlung nicht vorsehen oder das verlangte Verhalten verbieten.[1314] **Subjektiv unmöglich** ist ein Verhalten, dass dem Adressaten unmöglich ist, während sich **objektive Unmöglichkeit** auf ein Verhalten bezieht, das niemandem möglich ist. Hingegen nicht (auch nicht subjektiv) unmöglich ist eine vertretbare Handlung (so kann natürlich kein Bauherr eigenhändig ein größeres Gebäude in einer angemessenen Zeit abreißen).[1315] Für die materielle Rechtswidrigkeit des Verwaltungsakts kommt es auf die Differenzierungen nicht an, sie können jedoch im Rahmen der Fehlerfolgen relevant werden (vgl. § 44 II Nr. 4 und 5 VwVfG).

780 Examenswissen: Keinen Fall der Unmöglichkeit stellen Fälle der **wirtschaftlichen oder persönlichen Unzumutbarkeit** dar, wie sie für das Zivilrecht in § 275 II, III BGB geregelt sind. Derartige Konstellationen werden im Verwaltungsrecht für öffentlich-rechtliche Pflichten besser durch die Prüfung der Verhältnismäßigkeit erfasst. Zivilrechtliche Pflichten machen die Befolgung des hoheitlichen Befehls daher in der Regel nicht unmöglich. Zwar sind auch zivilrechtliche Pflichten und Verbote im Rahmen der rechtlichen Unmöglichkeit zu berücksichtigen[1316], jedoch besteht häufig (zumindest mit entsprechendem Vorlauf) die Möglichkeit, sich durch Verhandlungen und Rechtsgeschäfte von diesen Pflichten und Verboten zu lösen. Der Aufwand zur Lösung von den zivilrechtlichen Vorgaben bzw. die damit verbundenen Eingriffe in die Privatautonomie der Adressaten ist dann aber im besonderen Maße im Hinblick auf ihre Verhältnismäßigkeit zu überprüfen, insbesondere wenn der öffentlich-rechtliche Druck durch den Verwaltungsakt den Abschluss eines wirtschaftlichen Geschäfts erschwert oder gar unmöglich macht.

781 Examenswissen: Missverständnisse zum Verbot, Unmögliches zu verlangen, entstehen insbesondere in der Ausbildung durch einen unscharfen und undifferenzierten Verweis auf den Topos durch die Literatur und teilweise auch durch die Rechtsprechung. Die gebotenen Differenzierungen werden dann oftmals durch nicht weiter begründete Abgrenzungslinien nachvollzogen, was den Zugriff auf die rechtlichen Maßstäbe weiter verunklart. Anschaulich ist insofern die Behandlung von bauaufsichtlichen Nutzungsuntersagungen an Vermieter. Die Pflichten aus dem Mietvertrag (und die besonderen Anforderungen an eine gerichtliche Durchsetzung der Räu-

---

1314 Brenndörfer/Trockels, in: Schweickhardt/Vondung, Allgemeines Verwaltungsrecht, 10. Aufl. 2018, Rn. 198 f.
1315 Brenndörfer/Trockels, in: Schweickhardt/Vondung, Allgemeines Verwaltungsrecht, 10. Aufl. 2018, Rn. 196.
1316 Brenndörfer/Trockels, in: Schweickhardt/Vondung, Allgemeines Verwaltungsrecht, 10. Aufl. 2018, Rn. 198.

Daniel Benrath

mung) stehen einer Durchsetzung der Nutzungsuntersagung durch den Vermieter entgegen.[1317] Gleichwohl ist es dem Vermieter nicht von vorneherein unmöglich, die weitere Nutzung zu unterbinden, insbesondere indem er auf die Vertragsauflösung hinwirkt und auf eine Neuvermietung verzichtet.[1318] Vor diesem Hintergrund ist eine ausdifferenzierte und uneinheitliche Rechtsprechung zu Nutzungsuntersagungen an den Vermieter im Verhältnis zu Nutzungsuntersagungen an den Mieter entstanden, die dazu noch mitunter zwischen Grundverwaltungsakt und Vollstreckung unterscheidet.[1319] Der Versuch, diese Rechtsprechung allein aus der rechtlichen Unmöglichkeit der Kündigung der Mieter zu rekonstruieren, kann diese in sich stringenten Rechtsprechungslinien, die wiederum mit den jeweiligen örtlichen Verwaltungspraktiken interagieren, nicht nachvollziehen. Vielmehr bedarf es einer differenzierten Betrachtung der unterschiedlichen Zeithorizonte der Verwaltungsakte und der rechtlichen und tatsächlichen Folgen der materiellen Gebote im Hinblick auf die Verhältnismäßigkeit. Insbesondere in der Verwaltungsvollstreckung kommt es dabei regelmäßig nicht darauf an, ob die Mieter sich tatsächlich einer Vertragsauflösung bedingungslos widersetzen und die Durchsetzung der Nutzungsuntersagung so dem Vermieter unmöglich machen oder aber der externe Druck durch die Vollstreckung den Vermieter in eine unzumutbare und damit unverhältnismäßige Verhandlungssituation gegenüber dem Mieter bringt. Jedenfalls bedarf es einer Prüfung der maßgeblichen rechtlichen Maßstäbe im Einzelfall, ohne unmotiviert auf die Unmöglichkeit und deren Fallgruppen abzustellen.

dd) Sonstige rechtliche Vorgaben

Die Verwaltung ist in allem, was sie tut, an das Recht gebunden (Art. 20 III GG). **782** Sie muss also nicht nur die Voraussetzungen der Rechtsgrundlage erfüllen, sondern auch alle anderen anwendbaren gesetzlichen Vorgaben berücksichtigen. Dabei kann es nötig sein, das Verhältnis zwischen den speziellen Vorgaben der Rechtsgrundlage und in Betracht kommenden sonstigen rechtlichen Grundlagen zu bestimmen.

Sonstige rechtliche Vorgaben sind eher bei Verwaltungsakten mit Spielraum **783** als bei gebundenen Verwaltungsakten relevant. Üblicherweise erfasst die entsprechend auszulegende Rechtsgrundlage für gebundene Entscheidungen auch das Verhältnis zu sonstigen Regelungsbereichen. Für einzelne Rechtsgrundlagen für gebundene Verwaltungsakte, für bestimmte Fallgruppen und in besonderen Konstellationen des Einzelfalls kann aber auch für gebundene Verwaltungsakte der Blick auf sonstige rechtliche Vorgaben zentraler Prüfungsbestandteil sein.

1317 Maurer/Waldhoff, Allgemeines Verwaltungsrecht, 19. Aufl. 2017, § 10 Rn. 53.
1318 Vgl. OVG Schleswig, Beschl. v. 17.11.2015, Az.: 1 MB 25/15, Rn. 20; VG Saarlouis, Urt. v. 19.11.2014, Az.: 5 K 451/13, Rn. 43 f.
1319 U. a. VGH München, Beschl. v. 18.9.2017, Az.: 15 CS 17.1675; OVG Münster, Beschl. v. 24.11.1988, Az.: 7 B 2677/88; OVG Saarlouis, Beschl. v. 10.5.1999, Az.: 2 W 3/99; OVG Schleswig, Beschl. v. 17.11.2015, Az.: 1 MB 25/15.

Daniel Benrath

(1) Vorrangiges Recht

784 Eine besondere Rolle spielt im Rahmen der sonstigen rechtlichen Vorgaben das vorrangige Recht, auf das die Rechtsgrundlage nicht zugreifen kann. Hierzu zählen insbesondere die verfassungsrechtlichen Grenzen des Grundgesetzes, also neben den Grundrechten, die aber im Rahmen der Verhältnismäßigkeitsprüfung erfasst werden können und daher oftmals nicht mehr eigenständig geprüft werden, die Staatsstrukturprinzipien.

785 Bei landesrechtlichen Rechtsgrundlagen ist zudem der Vorrang des Bundesrechts zu berücksichtigen sowie das Landesverfassungsrecht.

786 Verstöße gegen vorrangiges Recht sind im Rahmen der materiellen Rechtmäßigkeitsprüfung nur im Einzelfall relevant. Liegt ein struktureller Verstoß der Rechtsgrundlage gegen das höherrangige Recht vor, führt dies bereits – jedenfalls grundsätzlich – zur Nichtigkeit der Rechtsgrundlage (vgl. Rn. 576). Dementsprechend bleiben solche Konstellationen die Ausnahme.

(2) EU-Recht

787 Für das Recht der EU gilt kein Geltungsvorrang, sondern ein bloßer Anwendungsvorrang im Einzelfall. Das bedeutet, dass die Rechtsgrundlage nicht wegen Verstoßes gegen EU-Recht nichtig sein kann, gleichwohl ist ein Verwaltungsakt, der gegen EU-Recht verstößt, stets rechtswidrig. Da auch eine strukturelle Unvereinbarkeit mit dem Recht der EU nicht die Nichtigkeit der Rechtsgrundlage verursacht und zudem die Struktur des EU-Rechts eher zu Konflikten mit dem nationalen Recht führen kann, bedürfen mögliche Verstöße gegen das EU-Recht im Rahmen dessen Anwendungsbereichs besonderer Aufmerksamkeit. Nicht zuletzt deshalb müssen Juristen im öffentlichen Recht stets die Implikationen des EU-Rechts mitbedenken und können schwerlich ohne die in ihrem jeweiligen Arbeitsbereich relevanten Grundkenntnisse zum Recht der Union auskommen.

(3) Sonstiges Recht

788 Steht ein Verstoß des Verwaltungsakts gegen eine gesetzliche Vorgabe, die gegenüber der Rechtsgrundlage gleich- oder gar nachrangig ist, im Raum, bedarf es einer genauen Untersuchung des Verhältnisses zwischen der Rechtsgrundlage und der sonstigen Rechtsvorgabe. Dabei kann sich eine schier unüberschaubare Vielzahl von Konstellationen ergeben. Im einfachsten und grundsätzlichen Fall, stehen die gesetzlichen Vorgaben parallel nebeneinander und sind gleichermaßen zu beachten, so dass ein Verstoß gegen jede der Normen den Verwaltungsakt bereits materiell rechtswidrig macht. Weniger einfach, aber sicher handhabbar sind ausdrückliche Regelungen zur Anwendbarkeit von gesetzlichen Vorschriften

für bestimmte sich gegenseitig ausschließende Regelungsbereiche. Zudem können vollständige, teilweise oder weitere differenzierte Spezialitätsverhältnisse bestehen. Mitunter wird die Anwendbarkeit der Normen auch im Hinblick auf bestimmte Entscheidungen ausdrücklich oder implizit eingeschränkt, etwa wenn fachbehördliche Genehmigungen nur am Maßstab des Fachrechts zu messen (und in ihrer Reichweite entsprechend begrenzt) sind und die Prüfung anderer Regelungen anderen Behörden überlassen wird. Bei Nachrangigkeit der sonstigen Regelung ist zu untersuchen, ob die Rechtsgrundlage diese Regelung verdrängt, sich dieser gegenüber öffnet oder durch gleich- oder vorrangige Regelungen in eine Öffnung gezwungen wird. Einzelheiten, wie etwa zum Verhältnis zwischen polizeilicher Gefahrenabwehr und anderweitigem Behördenhandeln[1320], lassen sich nur im Rahmen klar umrissener Regelungsbereiche des besonderen Verwaltungsrechts sinnvoll ordnen und darstellen.

Als sonstiges Recht kann insbesondere anderes öffentliches Recht relevant **789** werden. Auch straf- und privatrechtliche gesetzliche Vorgaben sind (wenn sie nicht ohnehin schon im Rahmen der Unmöglichkeit durchschlagen) von der Verwaltung zu berücksichtigen, wobei insoweit besonderes Augenmerk auf die Bindungsrichtung zu werfen ist: Die Verwaltung ist nicht an die privatrechtlichen Rechte und Pflichten zwischen den Bürgern gebunden und kann insbesondere nicht durch einen Vertrag unter Dritten von der Erfüllung ihrer gesetzlichen Aufgaben abgehalten werden. Auch die Rechtskraft von Urteilen ist insofern von der Verwaltung zu beachten.[1321]

c) Richtiger Adressat

Im Regelfall werden Verwaltungsakte gegenüber einer bestimmten Person oder **790** einem klar umrissenen Personenkreis erlassen. Für diesen Fall lassen sich auch Regeln für die rechtlich zulässigen Adressaten finden oder herleiten (s. zum Polizei- und Ordnungsrecht Rn. 1118 ff.). Ein Verwaltungsakt gegenüber einer bestimmten Person, muss diesen Vorgaben entsprechen. Soweit der Verwaltung hinsichtlich der Adressatenauswahl ein Spielraum zukommt, sind zudem (ggf. unter einem eigenen Prüfungspunkt oder im Rahmen der spezifischen Fehler bei der Inanspruchnahme von Spielräumen) diesbezügliche (Ermessens-)Grenzen zu beachten.

Soweit ein Verwaltungsakt ohne einen klaren Adressaten erlassen wurde, ist **791** zu prüfen, ob dies der Verwaltung überhaupt gestattet war.

1320 Vgl. u. a. Gusy, Polizei- und Ordnungsrecht, 10. Aufl. 2017, Rn. 134 ff.
1321 Erbguth/Guckelberger, Allgemeines Verwaltungsrecht, 9. Aufl. 2018, § 14 Rn. 55.

Daniel Benrath

d) Spezifische Fehler bei der Inanspruchnahme von Spielräumen

792 Soweit der Verwaltungsakt mit Spielräumen verbunden ist, ist im Rahmen des hier zu Grunde gelegten Prüfungsaufbaus nach der Prüfung der inhaltlichen Vorgaben zu prüfen, ob durch die Überschreitung der **inneren Grenzen** spezifische Fehler bei der Inanspruchnahme der Spielräume vorliegen. Dieser Prüfungspunkt umfasst Fehler hinsichtlich aller möglichen Spielräume, also neben Ermessensfehlern insbesondere auch Beurteilungs- und Bewertungsfehler. Bei gebundenen Verwaltungsakten entfällt er. Im Rahmen dieses Prüfungspunkts ist also stets zu prüfen bzw. festzustellen, dass und inwieweit der Verwaltung ein Spielraum beim Erlass des Verwaltungsakts zustand.

793 Im Rahmen der spezifischen Fehler kann entsprechend der Fallgruppen der Fehlerlehre zunächst der Nichtgebrauch des Spielraums und dann der Fehlgebrauch in seinen vielfältigen Formen angesprochen werden.

794 Ob die Verwaltung tatsächlich die inneren Grenzen des Spielraums verletzt hat, ist eine **Tatsachenfrage**, die sich nicht aus dem im Tenor zum Ausdruck kommenden Inhalt des Verwaltungsakts beantworten lässt. Wesentlicher Anknüpfungspunkt ist dabei in erster Linie die **Begründung** des Verwaltungsakts. Weitergehende Untersuchungen sind in der Klausur nur in Ausnahmefällen, die in der Regel klar markiert sind, geboten; auch in der gerichtlichen Praxis bleiben sie Ausnahmen. Stellt sich heraus, dass die Begründung unvollständig war, da sie nicht alle Gründe enthält, die die Behörde zu ihrer Entscheidung bewogen hat, kann dies nachträglich mit heilender Wirkung korrigiert werden (Formfehler).

795 Examenswissen: Spezifische Fehler bei der Ausübung des Spielraums können nachträglich auch noch während der Anfechtungsklage beseitigt werden, indem die Verwaltung **Gründe nachschiebt**. Dies ergibt sich aus prozessualer Sicht aus § 114 Satz 2 VwGO. Inwieweit die Behörde hierzu berechtigt ist, ergibt sich aus dem jeweiligen Verwaltungsverfahrensrecht.[1322] Beim Nachschieben von Gründen (s. hierzu schon Rn. 699) handelt es sich nicht nur um eine bloße Korrektur der Begründung, sondern um eine echte materielle Ergänzung hinsichtlich der Inanspruchnahme des Spielraums. Es geht also nicht um eine formelle Heilungsmöglichkeit, vielmehr dient diese prozessuale Regelung allein der Verfahrensbeschleunigung (und damit letztlich auch dem effektiven Rechtsschutz), um trotz der (im Ergebnis ggf. unerheblichen) Korrektur des Verwaltungsakts nicht das gesamte Verfahren neu aufrollen zu müssen, wenn es beim Streit bleibt.[1323] Dementsprechend kann ein Nachschieben von Gründen nur zur Rechtmäßigkeit des Verwaltungsakts führen, wenn der Spielraum auf Grund der nachgeschobenen Gründe auch erneut und unvoreingenommen in Anspruch genommen wurde; ansonsten liegt schon allein diesbezüglich ein eigenständiger Fehler vor. Zudem wird – bei vielfältigen offenen Detailfragen – die Möglichkeit der Fehlerkorrektur durch Nachschieben beschränkt: Insbesondere eine Wesensveränderung der Entscheidung oder gar das Auswechseln der maßgeblichen Abwägungsgründe soll

---

1322 Gerhardt, in: Schoch/Schneider/Bier, VwGO, 36. EL Februar 2019, § 114 Rn. 12c.
1323 Vgl. Gerhardt, in: Schoch/Schneider/Bier, VwGO, 36. EL Februar 2019, § 114 Rn. 12a.

nicht als bloße „Ergänzung" gelten.[1324] Erklärt der Kläger das Verfahren auf Grund der nachgeschobenen Gründe für erledigt (und war die Anfechtungsklage ursprünglich wegen der Fehler begründet), kann er immerhin der Kostenlast entgehen (vgl. § 161 VwGO).[1325]

aa) Nichtgebrauch

Kann das Vorliegen eines Spielraums bejaht werden, muss die Behörde diesen Spielraum auch durch eine eigenständige Entscheidung in Anspruch nehmen. Ob die Verwaltung dies getan hat, ist insbesondere durch die Auslegung der Begründung zu bestimmen, wobei auch anderweitige Äußerungen der handelnden Beamten und gegebenenfalls Zeugenaussagen zu berücksichtigen sein können. Auf einen Fehler hinsichtlich des Nichtgebrauchs eines Spielraums deuten insbesondere Formulierungen hin, die darauf hinweisen, dass die Behörde sich rechtlich gebunden sah. Nicht hingegen führen gleich alle Formulierungen, die eine für die Verwaltung klare Entscheidung verdeutlichen, gleich zur Fehlerhaftigkeit des Verwaltungsakts. Eine häufige Fehlerquelle sind verwaltungsinterne Vorgaben, etwa durch Verwaltungsvorschriften, die den Spielraum des konkret handelnden Beamten praktisch ausschließen, ohne dass die handelnde Behörde als solche rechtlich gebunden würde; vielmehr sind diese Vorgaben Ausdruck der eigenständigen Entscheidung der Verwaltung, die dann aber im konkreten Fall auch nachvollzogen werden muss.

796

Examenswissen: Auch im Falle des **intendierten Ermessen**, muss die Behörde Ermessen ausüben und kommt ein Ermessensnichtgebrauch in Betracht. Allerdings reicht nach der Rechtsprechung insofern aus, dass über das Vorliegen eines Regelfalls entschieden wird, und es bedarf dann keiner weiteren Ausführungen in der Begründung.[1326] Bei einer **Ermessensreduzierung auf Null** fehlt es letztlich an einem Spielraum, den die Verwaltung in Anspruch nehmen kann; ein Ermessensnichtgebrauch ist insofern ausgeschlossen.

797

bb) Fehlgebrauch

Auch hinsichtlich eines Spielraums sind die gesetzlichen Vorgaben zu berücksichtigen. Aus der gesetzlichen Grundlage ergibt sich nicht nur, ob überhaupt ein Spielraum eingeräumt wird. Vielmehr formt die gesetzliche Grundlage, insbesondere im Hinblick auf den Zweck, den Spielraum aus und gibt die wesentlichen inneren Grenzen der Spielrauminanspruchnahme vor. Dabei kann der Gesetzgeber die Inanspruchnahme des Spielraums auf vielfältige Weise lenken und ein-

798

1324 Decker, in: Posser/Wolff, VwGO, 50. Ed., Stand: 1.7.2019, § 114 Rn. 41 ff. m.w.N.
1325 Gerhardt, in: Schoch/Schneider/Bier, VwGO, 36. EL Februar 2019, § 114 Rn. 12 f.
1326 BVerwG, Urt. v. 23.5.1996, Az.: 3 C 13/94, Rn. 51; BVerwG, Urt. v. 16.6.1997, 3 C 22/96 = BVerwGE 105, 55, Rn. 14; Detterbeck, Allgemeines Verwaltungsrecht, 17. Aufl. 2019, Rn. 323.

Daniel Benrath

engen. Zudem können allgemeine rechtliche Wertungen wie insbesondere die Grundrechte und Staatsziele bei der Inanspruchnahme von Spielräumen zu berücksichtigen sein.

799 Die vielfältigen Fehler, die sich im Rahmen des Fehlgebrauchs ergeben, sind nicht abstrakt im Rahmen eines Prüfungsschemas abzuprüfen. Vielmehr sind Fehler hinsichtlich des Fehlgebrauchs nur anzusprechen, soweit sich hierfür konkrete Anhaltspunkte finden. Eine schematische Kontrolle aller möglichen Fehler würde die Prüfung schnell und ohne Ertrag überfordern. Allenfalls im besonderen Verwaltungsrecht können sich in bestimmten Konstellationen typische Ermessensfehlgebräuche ergeben, deren schematische Erfassung sinnvoll sein kann. Für die Prüfung von Fehlern hinsichtlich des Fehlgebrauchs ergeben sich also drei Herausforderungen: Zunächst sind Anhaltspunkte für mögliche Fehler zu identifizieren, dann sind die entsprechenden rechtlichen inneren Grenzen des Spielraums zu bestimmen und schließlich ist zu prüfen, ob diese inneren Grenzen auch tatsächlich verletzt wurden.

800 Soweit sich aus dem besonderen Verwaltungsrecht keine typischen Fehlerkonstellationen ergeben, die sinnvoll angesprochen werden können, finden sich in der Klausursituation häufig Anmerkungen oder Parteivorträge, die auf spezifische Fehler hindeuten. Aber auch darüber hinaus müssen in der Klausurprüfung und insbesondere in der praktischen Rechtsanwendung mögliche rechtliche Spannungen hinsichtlich der rechtlichen Vorgaben und des Verwaltungshandeln im Blick behalten werden. Weicht der von der Verwaltung dargestellte Sachverhalt vom tatsächlichen ab oder ist auffällig grob und pauschalisierend? Entsprechen die von der Verwaltung dargestellten Entscheidungsgründe den gesetzlichen Vorgaben, könnten wichtige Aspekte fehlen, Gründe unsachlich sein, werden besondere Gewichtungen vorausgesetzt? Gibt es Auffälligkeiten im Entscheidungsprozess? Eine Durchdringung der entsprechenden Rechtsmaterie (in Klausursituationen durch den Prüfungsstoff begrenzt) ist hierfür oftmals unerlässlich.

801 Verwertbare Vorgaben zu den inneren Grenzen des Spielraums sind oftmals nur durch eine anspruchsvolle systematisch-teleologische Auslegung zu erkennen. Eine besondere Rolle spielen hierbei Regelungen zu den Gesetzeszwecken, die sich im besonderen Verwaltungsrecht häufig ausdrücklich finden (z.B. § 1 EnWG) oder aus bestimmten Normen herleiten lassen (z.B. § 9 BauGB).

802 Ob und inwieweit die inneren Grenzen eingehalten wurden, ergibt sich im Regelfall aus der Begründung des Verwaltungsakts. Dessen Angaben sind also, soweit sich keine anderweitigen Anhaltspunkte geben, unter die inneren Grenzen zu subsumieren. Ist dies mangels entsprechender Angaben in der Begründung nicht möglich, so ist die Begründung unvollständig und der Verwaltungsakt schon formell rechtswidrig (s. Rn. 743). Allerdings kann die Begründung auch

ausdrücklich oder implizit auf den gesetzlichen Hintergrund verweisen, der dann ebenfalls miteinzubeziehen ist; insbesondere bei intendiertem Ermessen sind die Anforderungen an die Begründung nicht zu überspannen (s. Rn. 732).

e) Der Aufbau der Prüfung der materiellen Rechtmäßigkeit

Der Aufbau einer juristischen Prüfung muss zwar das juristische Prüfungspro-   803
gramm vollständig abdecken, ist in diesem Rahmen jedoch ausgesprochen flexibel und vielgestaltig. Die Freiheit und Vielfalt der Aufbaumöglichkeiten ist gerade im Bereich der materiellen Rechtmäßigkeitsprüfung eines Verwaltungsakts
besonders ausgeprägt. Die Vielfalt betrifft nicht nur die Struktur und Reihenfolge
der Prüfung, sondern auch den Umfang der unter die materielle Rechtmäßigkeit
gefassten Prüfung.

Examenswissen: Maßgeblich für den Aufbau der Prüfung der materiellen Rechtmäßigkeit ist, dass   804
sie alle rechtlichen Aspekte erfasst und in sich stimmig und ohne Widerspruch ist. Dementsprechend sollte das Prüfungsschema auch die grundlegende Unterscheidung der rechtlichen
Kontrollmaßstäbe (vgl. § 114 Satz 1 VwGO) abbilden. Zudem sollen die Schemata sinnvoll für die
Aneignung in der Ausbildung und praktikabel in der tatsächlichen Anwendung sein. Ein gutes
Schema spiegelt die Grundstrukturen des Prüfungsgegenstands wider, ist einfach zu erlernen und
verzichtet in der Anwendung auf künstliche Unterscheidungen, unnötige Abgrenzungen oder
sinnlose Wiederholungen. Die Diskussion abstrakter Prüfungsschemata im Rahmen des allgemeinen Verwaltungsrechts ist dabei notwendigerweise grob; sie dient allenfalls als Grundlage für
die Weiterentwicklung des Prüfungsaufbaus im besonderen Verwaltungsrecht oder als Anknüpfungspunkt für die Entwicklung eines Prüfungsaufbaus in unbekannten Rechtsbereichen oder
Prüfungssituationen.

Examenswissen: Erfahrungsgemäß ergeben sich aus der Auseinandersetzung mit den üblichen   805
Schemata für die materielle Rechtmäßigkeitsprüfung der äußerlich weitgehend einheitlichen
Lehrbuchliteratur zum allgemeinen Verwaltungsrecht vielfältige Unsicherheiten und Missverständnisse bei Studierenden und darüber hinaus, die bis auf das materielle Verständnis des
Verwaltungsrechts durchschlagen können. Insbesondere kleinere Variationen in der Definition
einzelner Prüfungspunkte können deutliche Folgen für den Aufbau haben, ohne dass dies immer
klar wird. Gerade für fortgeschrittene Studierende des Verwaltungsrechts bedarf es daher einer
fundierten Reflexion zum Aufbau der materiellen Rechtmäßigkeitsprüfung und seines rechtlichen und tatsächlichen Rahmens. Nur wer den Prüfungsaufbau in seinen Varianten kritisch
nachvollziehen kann, kann sich Schemata informiert aneignen, aus diesen in der Prüfung die
wesentlichen rechtlichen Maßstäbe entnehmen und eigenständig für eine konkrete Prüfung einen
praktikablen Aufbau wählen. Die weiteren Ausführungen zum Prüfungsaufbau an dieser Stelle
sind in diesem Sinne bei weitem nicht umfassend, haben aber den Anspruch, ausreichend er-
kenntnisreich zu sein, um eine eigenständige Arbeit mit dem Prüfungsaufbau zu unterstützen.

Daniel Benrath

aa) Verhältnis zu anderen Teilen der Prüfung

806 Schon der Umfang der Prüfung der materiellen Rechtmäßigkeit ist mangels legaldefinierter Abgrenzung nicht klar und variiert in unterschiedlichen Ansätzen zum Aufbau. Da gleichwohl der Umfang der gesamten Rechtmäßigkeitsprüfung rechtlich vorgegeben ist, ergeben sich aus diesen Variationen unterschiedliche Verhältnisse zu anderen Prüfungspunkten. Bei der Auswahl eines Prüfungsschemas ist auch insofern auf Stringenz zu achten; Redundanzen und Lücken sind zu vermeiden. Insbesondere das Verhältnis der Prüfung der materiellen Rechtmäßigkeit zur Prüfung der Rechtsgrundlage kann sehr unterschiedlich ausgestaltet werden. So sind alle Tatbestandsmerkmale und rechtsfolgenseitigen Vorgaben, die im Rahmen der Rechtsgrundlage zur Abgrenzung bereits geprüft wurden (s. Rn. 521, 573 ff.), im Rahmen der materiellen Rechtmäßigkeit nicht wieder aufzugreifen. Andersherum können Aspekte der Rechtsgrundlage eigenständig in die Prüfung der materiellen Rechtmäßigkeit integriert werden.[1327] Die Bestimmtheit eines Verwaltungsakts (s. Rn. 706 ff.) wird mitunter als allgemeiner Grundsatz im Rahmen der materiellen Rechtmäßigkeit geprüft,[1328] während die Prüfung von Ermessensfehlern teilweise als eigener Punkt außerhalb der materiellen Rechtmäßigkeitsprüfung angesprochen wird.

bb) Dimensionen, Perspektiven und Herausforderungen des Prüfungsaufbaus

807 Abgesehen von den rechtlichen Vorgaben und deren Verhältnis zueinander, sind bei der Entwicklung und Auswahl eines angemessenen Prüfungsaufbaus verschiedene Aspekte zu berücksichtigen. So stellt sich zunächst die Frage, nach welchen Dimensionen sich die verschiedenen Prüfungspunkte überhaupt ordnen lassen. Zudem ist zu berücksichtigen, welche Fallfrage aus welcher Perspektive bearbeitet wird und wie sich die materielle Rechtmäßigkeitsprüfung hierein einbettet. Entscheidend für einen sinnvollen Aufbau ist nicht zuletzt, welche Ziele das Prüfungsschema verfolgen soll, wie es zur Erreichung dieser Ziele beitragen kann und welche konkreten Herausforderungen in der Prüfung es durch das Schema zu bewältigen gilt.

1327 So etwa Detterbeck, Allgemeines Verwaltungsrecht, 17. Aufl. 2019, Rn. 588 ff.; Zimmermann-Kreher/Büchner, in: Schweickhardt/Vondung, Allgemeines Verwaltungsrecht, 10. Aufl. 2018, Rn. 353.

1328 So etwa Detterbeck, Allgemeines Verwaltungsrecht, 17. Aufl. 2019, Rn. 607; Erbguth/Guckelberger, Allgemeines Verwaltungsrecht, 9. Aufl. 2018, § 14 Rn. 56; Korte, in: Wolff/Bachof u. a., Verwaltungsrecht I, 13. Aufl. 2017, § 48 Rn. 74 ff.; Maurer/Waldhoff, Allgemeines Verwaltungsrecht, 19. Aufl. 2017, § 10 Rn. 52; Zimmermann-Kreher/Büchner, in: Schweickhardt/Vondung, Allgemeines Verwaltungsrecht, 10. Aufl. 2018, Rn. 353.

Daniel Benrath

Examenswissen: Jeder Versuch, alle möglichen **Ordnungsdimensionen** der materiellen Recht- **808**
mäßigkeitsprüfung in ihren vielfältigen Verästelungen im besonderen Verwaltungsrecht zu erfassen, ist zum Scheitern verurteilt. Gleichwohl lassen sich zentrale Aspekte nennen, die eine
besondere Rolle bei der Strukturierung des Aufbaus spielen können. Zunächst lässt sich auch für
den Prüfungsaufbau zwischen der grundlegenden Unterscheidung zwischen **Gesetzesbindung
und Verwaltungsspielraum** anknüpfen: Während sich bei gebundenen Entscheidungen hieraus
naturgemäß keine Ordnung ergibt, kann man bei Entscheidungen mit Spielraum einerseits zwischen den gesetzlichen Vorgaben außerhalb des Spielraums (also etwa den Tatbestandsvoraussetzungen beim Ermessen) und den Fehlern bei der Inanspruchnahme des Spielraums und andererseits zwischen den äußeren Grenzen und den inneren Grenzen (also den spezifischen
Ermessens-, Beurteilungs- und Bewertungsfehlern) des Spielraums unterscheiden. Auf einer ganz
anderen Ebene lässt sich an die **Allgemeinheit** der Prüfungspunkte anknüpfen: Die allgemeinen
Grundsätze, die ohne Blick auf das jeweilige Rechtsgebiet stets oder regelmäßig zu berücksichtigen sind, lassen sich mit vielfältigen Zwischenstufen von allgemeinen Vorgaben des jeweiligen
Rechtsgebiets oder Verwaltungsakttyps und den besonderen Vorgaben der Rechtsgrundlage für
die spezielle Maßnahme unterscheiden, während sonstige gesetzliche Vorgaben je nach Situation
eher den allgemeinen oder den besonderen Prüfungspunkten nahestehen können. Eine grundlegende Unterscheidung lässt sich auch **zwischen den Tatbestandsvoraussetzungen und der
Rechtsfolge** machen (vgl. Rn. 553, 715). Daneben finden sich weitere **thematisch abgrenzbare
Bereiche**, so etwa die Betrachtung der Adressatenauswahl in Abgrenzung zum Inhalt der Maßnahme. Keine dieser Ordnungsdimensionen ist zwingend relevant oder hilfreich, mitunter kann
eine Abgrenzung schwerfallen oder sich der Trennschärfe entziehen.

Examenswissen: Ein sinnvoller Aufbau kann zudem von der übergeordneten Fallfrage abhängen. **809**
Dabei ist insbesondere zwischen den verschiedenen **Prüfungsperspektiven** zu unterscheiden.
Die klassische juristische Prüfungsperspektive ist die Perspektive der **kontrollierenden Instanz.**
Diese Perspektive blickt allein auf die Rechtmäßigkeit der konkreten Maßnahme. Insbesondere
das Verwaltungsgericht in der Anfechtungsklage nimmt diese Perspektive ein, aber auch die
Widerspruchsbehörde oder die Verwaltung bei der letzten Rechtskontrolle vor Erlass des kon-
kreten Verwaltungsakts. Eine andere Perspektive blickt auf die **erreichbaren Ziele** in Bezug auf
den Verwaltungsakt, so etwa aus der Sicht eines beratenden Anwalts. Diese Folgenperspektive
blickt auf die materielle Rechtmäßigkeit des Verwaltungsakts nicht als Selbstzweck, sondern zur
Erreichung anderweitiger Ziele. Auch wenn die Rechtmäßigkeit auch insoweit oftmals entscheidend ist, kann diese Perspektive weitergehende Differenzierungen, die im Hinblick auf weitere
Folgen relevant sind, verlangen oder aber auf genauere Abgrenzungen verzichten, wenn diese für
die Rechtmäßigkeit, nicht aber für die Zielerreichung relevant sind. Eine weitere wichtige Perspektive ist die **Auswahlperspektive.** Dies ist insbesondere die Perspektive der Verwaltung, die
einen Verwaltungsakt erlassen möchte. Aus dieser Perspektive grenzt die Rechtmäßigkeitsprüfung den möglichen Handlungsspielraum ein, während der konkrete erlassene Verwaltungsakt
als Bezugspunkt der Prüfung ausfällt.

Examenswissen: Zudem stellt sich die Frage, welche **Ziele** der Aufbau erreichen und welche **810**
Herausforderungen er konkret bewältigen soll. Die unterschiedlichen Aufbaumöglichkeiten
sprechen die Ziele und Herausforderungen in unterschiedlicher Weise an. Je nachdem, welche
Ziele für den jeweiligen Rechtsanwender im Vordergrund stehen und welche speziellen Probleme
gerade zu bewältigen sind, kann der Aufbau der Prüfung also sehr unterschiedlich ausfallen. Bei
der Prüfung der materiellen Rechtmäßigkeit sind dabei neben allgemeinen Zielen jeder Schemabildung (klare, leicht zu erlernende Struktur mit deutlichen Hinweisen auf die Prüfungsin-

Daniel Benrath

halte; Bezug zu den maßgeblichen gesetzlichen Vorgaben; Informationsgehalt und Flexibilität des Schemas) und den Besonderheiten des jeweiligen Rechtsgebiets auch übergreifende Herausforderungen des Verwaltungsrechts zu berücksichtigen, insbesondere das Verhältnis zwischen den Ermessensgrenzen und anderen rechtlichen Bindungen und deren mitunter klare Abgrenzung sowie die Vielfalt möglicher Anknüpfungspunkte für die Prüfung von (Ermessens-) Fehlern. Insbesondere im Rahmen der Ausbildung sollten Schemata vermieden werden, die Missverständnisse hinsichtlich der Struktur der materiellen Rechtmäßigkeit eines Verwaltungsakts und seiner Rechtskontrolle fördern.

cc) Schema-Angebote und deren Vor- und Nachteile

811 Um die Verortung einzelner rechtlicher Vorgaben im Prüfungsaufbau zu verorten, sich die Vielfalt der Aufbaumöglichkeiten vor Augen zu führen und die Unterschiede reflektieren zu können, ist es sinnvoll verschide Schema-Angebote zu vergleichen. Während Anfänger im Verwaltungsrecht in Prüfungsschemata im Wesentlichen Anleitungen zur Ordnung des Gelernten und seiner Anwendung in einem stringenten gutachterlichen Gedankengang suchen, müssen geübte Rechtsanwender ihren Prüfungsaufbau reflektieren können, um ihn sinnvoll zu entwickeln und an den Fall anzupassen. Selbst wenn für Anfänger eine breite Auseinandersetzung mit unterschiedlichen Aufbauansätzen eher verwirrend und kontraproduktiv sein kann, ist auch für sie das Wissen um unterschiedliche Aufbaumöglichkeiten wichtig, da sonst bloße Variationen im Aufbau, auf die sie unvermeidbar treffen, schnell als widersprüchlich oder gänzlich neue Lernmasse missverstanden werden.

812 Vor diesem Hintergrund werden hier als Alternativen zum hier zu Grunde gelegten Aufbau einige typische Aufbauschemata für die Prüfung der materiellen Rechtmäßigkeit dargestellt, einschließlich kurzer Reflexionen zu den Vorteilen, Nachteilen und Gefahren bei der Verwendung gerade dieser Strukturierungen. Nicht hingegen sollen die folgenden Darstellungen eine klare Orientierung anhand klarer Vorgaben vermitteln; bei einer Auseinandersetzung mit diesem Ziel hätten die folgenden Ausführungen wohl eher (kontraproduktiv) erschlagende Wirkung.[1329] Angesichts des Variantenreichtums gerade im Hinblick auf das besondere Verwaltungsrecht kann diese Darstellung natürlich nicht vollständig sein. Aus Gründen der Übersichtlichkeit wird auf alle Schemata verzichtet, die die Grenze der materiellen Rechtmäßigkeit anders ziehen (weder die Bestimmtheit noch die gesetzliche Grundlage werden daher hier erfasst, während die Ermessensfehler in die materielle Rechtmäßigkeitsprüfung integriert sind). Ein beson-

---

[1329] Für eine klare Orientierung lässt sich besser an den hier zu Grunde gelegten Aufbau oder an die vielfältigen anderweitigen Angebot anknüpfen.

Daniel Benrath

deres Augenmerk liegt dabei auf der Verortung der Verhältnismäßigkeit, der Fehlerlehre und der Verwaltungsaktbefugnis, mit der viele Rechtsanwender besondere Schwierigkeiten haben.

Die Vorstellung der Aufbauvarianten folgt dabei den grundsätzlichen Unterscheidungen zwischen Voraussetzung und Rechtsfolge einerseits und zwischen inhaltlichen Vorgaben und spezifischen Fehlern andererseits. In der ersten Gruppe, die zwischen den Voraussetzungen des Erlasses des Verwaltungsakts und den Rechtsfolgen trennt, wird dabei mit Blick auf § 114 Satz 1 VwGO die Ermessensfehlerlehre den Rechtsfolgen zugeordnet. 813

Wird die **Trennung zwischen Voraussetzungen und Rechtsfolgen** dem Aufbau zu Grunde gelegt, bedarf es keiner Abgrenzung zwischen verschiedenen Arten von Ermessensfehlern, was die Prüfung entlastet. Auch die Verhältnismäßigkeitsprüfung ist den Rechtsfolgen zuzuordnen, da sie nur mit Blick auf den konkreten Inhalt des Verwaltungsakts erfolgen kann. Andererseits verlangen entsprechende Ansätze die Abgrenzung zwischen Tatbestandsmerkmalen und rechtsfolgenbezogenen Regelungen, was mit eigenen Schwierigkeiten verbunden sein kann und vor dem Hintergrund anderweitiger Abgrenzungsbedürfnisse und Ordnungsüberlegungen nicht immer übersichtlich und mitunter auch nicht völlig stringent umzusetzen ist. Aus der (Auswahl-)Perspektive der Verwaltung ist ein solcher Ansatz insbesondere im Zusammenhang mit Ermessensspielräumen geboten, da für sie die Prüfung der Erlassvoraussetzungen und die Betrachtung der Grenzen möglicher Ausgestaltungen des Verwaltungsakts gänzlich unterschiedliche Operationen sind. 814

Materielle Rechtmäßigkeit: 815
a) Voraussetzungen (inkl. Tatbestandsmerkmale, weitere Vorgaben)
b) Rechtsfolgen (inkl. Verwaltungsaktbefugnis, Ermessensfehler, weitere Vorgaben)

Die einfachste Art, die Trennung zwischen Voraussetzungen und Rechtsfolgen in einem Prüfungsschema umzusetzen, ist die Gliederung allein nach Voraussetzungen und Rechtsfolgen, wobei alle zu prüfenden Prüfungspunkte einem der beiden Gliederungspunkte zuzuordnen sind. In die Voraussetzungen fallen dann die Tatbestandsmerkmale der Rechtsgrundlage sowie alle weiteren Prüfungspunkte, die den Erlass des Verwaltungsakts betreffen. Den Rechtsfolgen sind neben den gesetzlich angeordneten Rechtsfolgen bzw. den Ermessensfehlern weitere gesetzliche Vorgaben, die die konkrete Rechtsfolge betreffen, zuzuordnen. Der Vorteil dieses Schemas ist offensichtlich seine klare Struktur. Weitere Anpassungen lassen sich dann für spezielle Rechtsgebiete und Maßnahmen vornehmen. Der Nachteil ist offensichtlich, dass es kaum zusätzliche Strukturen oder

Daniel Benrath

Informationen vermittelt. Zudem ist – insbesondere im Hinblick auf die außerhalb der Rechtsgrundlage liegenden rechtlichen Vorgaben – nicht immer klar, ob einzelne Prüfungspunkte zu den Voraussetzungen oder den Rechtsfolgen gehören; die entsprechenden Abgrenzungen und Zuordnungen können daher trotz geringen Gewinns sehr aufwendig sein bzw. willkürlich erscheinen.

816 Materielle Rechtmäßigkeit:
a) Tatbestand
b) Rechtsfolgen (inkl. Verwaltungsaktbefugnis, Ermessensfehler)
c) Sonstiges Recht

Statt allein zwischen Voraussetzungen und Rechtsfolgen zu trennen, lassen sich zunächst der Tatbestand und die Rechtsfolge der Rechtsgrundlage prüfen, bevor weitere rechtliche Vorgaben in den Blick genommen werden. Auch dieses Grundschema hat eine klare Struktur, die zudem stärker an den rechtlichen Regelungen orientiert ist. Gleichzeitig bedarf es nicht der Zuordnung sonstiger rechtlicher Vorgaben zu Voraussetzungen oder Rechtsfolgen. Nicht umsonst ist diese Aufbauvariante sehr verbreitet (vgl. Rn. 533). Allerdings bleiben Abgrenzungs- bzw. Zuordnungsprobleme bestehen. Denn nicht bei allen Prüfungspunkten liegt eine Zuordnung zu den Vorgaben der Rechtsgrundlage und dem sonstigen Recht auf der Hand. Insbesondere allgemeine Grundsätze, lassen sich mitunter als (ggf. ungeschriebener) Teilaspekt der Rechtsgrundlage oder aber als sonstiges Recht verstehen. Eine spezialgesetzliche Positivierung der Verhältnismäßigkeit (wie etwa im Polizei- und Ordnungsrecht) erscheint eher als Regelung der Rechtsfolge, während das Aufgreifen von Grundrechten in der Verhältnismäßigkeitsprüfung eher auf das sonstige Recht verweist, ohne dass eine Differenzierung hinsichtlich des Prüfungsaufbaus gewinnbringend erscheint. Ferner ist es möglich, die Verhältnismäßigkeit im Rahmen der Ermessensüberschreitung zu prüfen. Zudem ergibt sich ein Stringenzproblem, wenn im Rahmen der Rechtsfolgen die Ermessensüberschreitung abschließend geprüft wird, äußere Grenzen des Ermessens sich aber auch aus dem sonstigen Recht ergeben können. Insgesamt lädt dieser Aufbau im Detail zu manchen Missverständnissen und Verwirrungen ein, gerade bei Studierenden, die gerade beginnen, sich vertieft mit dem Verwaltungsrecht auseinanderzusetzen. Und schließlich bleibt gerade der klare Aufbau so generell, dass in ihm wichtige Prüfungspunkte, insbesondere wenn sie weder klar den Tatbestandsmerkmalen noch den sonstigen Vorgaben zuzuordnen sind, leicht vergessen werden.

Daniel Benrath

Materielle Rechtmäßigkeit: **817**
a) Tatbestand
b) Sonstiges Recht
c) Rechtsfolgen (inkl. Verwaltungsaktbefugnis, Ermessensfehler)

Zum Teil lassen sich die Probleme der letzten Aufbauvariante beheben, indem das sonstige Recht noch vor den Rechtsfolgen der Rechtsgrundlage angesprochen wird. Zuvorderst wird die Stringenz der Prüfung unterstützt, wenn im Rahmen der Ermessensüberschreitung nur noch Punkte angesprochen werden müssen, die nicht bereits im Rahmen des sonstigen Rechts abschließend geprüft wurden bzw. die Prüfung der Ermessensfehler auf alle noch ausstehenden äußeren und inneren Grenzen ausgedehnt werden kann, um die Prüfung umfassend abschließen zu können. Dieser Aufbau spiegelt die dogmatische Struktur der Prüfung auch deutlich besser wider. Das Vorgehen ist in der praktischen Prüfung jedoch oftmals mit erheblichen Nachteilen verbunden, während der Gewinn an Stringenz kaum Vorteile in der Prüfungspraxis vermittelt: Tatbestand und Rechtsfolge der Rechtsgrundlage sind häufig eng miteinander verzahnt und die Prüfung der Rechtsfolge ist regelmäßig auf enge inhaltliche Verweise auf die Prüfung des Tatbestands angewiesen. Die Prüfung des sonstigen Rechts zwischen Tatbestand und Rechtsfolge bricht diesen engen Zusammenhang sowohl in der Darstellung als auch der zu Grunde liegenden Gedankenführung auf, was zu Verwirrungen und einem Qualitätsverlust in der rechtlichen Argumentation führen kann.

Materielle Rechtmäßigkeit: **818**
a) Tatbestand
b) Rechtsfolgen in Bezug auf äußere Grenzen (inkl. Verwaltungsaktbefugnis, Ermessensüberschreitung, weitere Vorgaben)
c) Rechtsfolgen in Bezug auf innere Grenzen (inkl. Ermessensnichtgebrauch, Ermessensfehlgebrauch)

Eine weitere Variation der Untergliederung in Voraussetzungen und Rechtsfolgen ist die Trennung zwischen Tatbestand der Rechtsgrundlage, den äußeren Grenzen des Ermessens und den inneren Grenzen des Ermessens. Erlassvoraussetzungen, die nicht dem Tatbestand zuzuordnen sind, können in diesem Schema als äußere Grenze des Ermessens geprüft werden. Innerhalb der Prüfung der äußeren Ermessensgrenzen können die einzelnen Prüfungsaspekte jenseits des Tatbestands flexibel geordnet werden. Dieser Aufbau folgt relativ klaren Abgrenzungslinien, ohne dass Abgrenzungsfehler schwerwiegende Folgen zeitigen oder Missverständnisse provozieren. Gleichzeitig spiegelt er auch überzeugend die unterschiedlichen Kontrollstufen wider. Der aus theoretischer Sicht sinnvolle Aufbau,

Daniel Benrath

ist in der praktischen Anwendung jedoch unnötig kompliziert. Jedenfalls aus Kontrollsicht erscheinen die Abgrenzungen zwischen den verschiedenen Gliederungspunkten unnötig. Und innerhalb der Gliederungspunkte kann der Aufbau die Prüfung nicht weiter anleiten. Gerade für Anfänger scheint der Ansatz auch weniger geeignet, weil er bereits ein vertieftes Verständnis der dogmatischen Struktur der materiellen Rechtmäßigkeitsprüfung voraussetzt.

819 Materielle Rechtmäßigkeit:
  a) Verwaltungsaktbefugnis
  b) Tatbestand
  c) Adressat
  d) Rechtsfolgen (inkl. Ermessensfehler)
  e) Sonstiges Recht (inkl. allgemeine Grundsätze)

Dem geringen Informationsgehalt der groben Schemata kann entgegengewirkt werden, indem einzelne Punkte aus den allgemeineren Prüfungspunkten ausgegliedert werden bzw. einzelne Punkte schon im Schema fest bestimmten Gliederungspunkten zugeordnet werden. Die Prüfung gewinnt an Ordnung und der Aufbau sichert ab, dass wesentliche Punkte auch erfasst werden. Dementsprechend folgen die meisten üblichen Schema-Angebote (für die hier nur ein Beispiel angegeben wird) diesem Pfad. Der Gewinn an Kontur ist jedoch auch mit Gefahren verbunden: Je mehr Punkte im Schema explizit angesprochen werden, desto eher werden ungenannte (seltene) Punkte in der Prüfung übersehen; wird ein detailliertes Schema angewandt, ohne es inhaltlich zu verstehen, können die entsprechenden Missverständnisse schnell auf das inhaltliche Verständnis durchschlagen (etwa wenn die klare Zuordnung der Verhältnismäßigkeit in der Gliederung als materielle Einordnung verstanden wird); der Aufwand für die Aneignung erhöht sich; die Flexibilität insbesondere im Hinblick auf die besonderen Anforderungen bestimmter Rechtsgebiete nimmt ab, was dann die zusätzliche Aneignung weitere Ausnahmen und Spezialfälle verlangt. Und schließlich ist jede Entscheidung für die Gliederung des Schemas im Detail mit den gleichen Problemen wie die entsprechende Grobgliederung verbunden.

820   Schemata, die die **Differenzierung zwischen inhaltlichen Vorgaben und spezifischen Fehlern** bei der Inanspruchnahme von Verwaltungsspielräumen in den Vordergrund rücken, können alle äußeren Grenzen des Verwaltungsakts einheitlich behandeln, während eine Abgrenzung zwischen (Ermessens-)Spielraumüberschreitungen und spezifischen Fehlern nötig wird. Der Wegfall der Unterscheidung zwischen Voraussetzungen und Rechtsfolgen entlastet die Prüfung hinsichtlich der Abgrenzung einschließlich möglicher Abgrenzungsfehler und Missverständnisse. So lässt sich die Verhältnismäßigkeit umstandslos ei-

genständig prüfen, ohne dass ein Bedürfnis nach einer verwirrenden Zuordnung besteht. Zudem wird die Prüfung direkt flexibler und erlaubt es situationsbezogen bestimmte Prüfungspunkte zusammenzustellen oder zu differenzieren; nicht zuletzt deshalb liegt ein entsprechender Ansatz gerade vielen Prüfungsschemata im besonderen Verwaltungsrecht zu Grunde. Die klare Ausrichtung am Kontrollmaßstab entspricht außerdem der dogmatischen Struktur der Rechtmäßigkeitsprüfung. Für die Auswahlperspektive der Verwaltung ist dieser Aufbauansatz hingegen ungeeignet, da es das Vorgehen der Behörde nicht vernünftig abbilden kann. Schon allein deshalb sind entsprechende Schemata unpassend, wenn man einen einheitlichen Aufbau für unterschiedliche Perspektiven vorzieht.

Materielle Rechtmäßigkeit: 821
a) Themenkomplex A
    aa) Inhaltliche Vorgaben
    bb) Spezifische Ermessensfehler
b) Themenkomplex B (z. B. Adressaten)
    aa) Inhaltliche Vorgaben
    bb) Spezifische Ermessensfehler

Die Flexibilität eines Aufbaus ohne grundlegende Unterscheidung zwischen Voraussetzungen und Rechtsfolgen wird deutlich, wenn die Struktur auf der ersten Gliederungsebene bestimmten Themenkomplexen folgt und erst hierunter zwischen der Prüfung der inhaltlichen Vorgaben und den spezifischen Fehlern bei der Inanspruchnahme eines Spielraums unterschieden wird. Die so möglichen thematischen Bündelungen erlauben es, die Prüfung der spezifischen Fehler eng auf die damit verbundenen inhaltlichen Prüfungspunkte zu beziehen. Die Vorteile eines solchen Vorgehens werden etwa im Hinblick auf die Adressatenauswahl deutlich; die Prüfung möglicher Fehler bei der Adressatenauswahl künstlich zwischen rechtlichen Vorgaben zur Adressatenauswahl und möglichen Fehlern beim Ermessen aufzuteilen erscheint aufwendig und eher verwirrend. Eine thematische Gliederung ist jedoch nicht immer sinnvoll. Und es ist auch überdeutlich, dass dieses sehr abstrakte Schema kaum mit weiterer Kontur oder eigenen Lerneffekten verbunden ist. Als Schema erscheint dieser Aufbau weniger geeignet; er erscheint vielmehr als abstrakter Rahmen zur Schemabildung (etwa im besonderen Verwaltungsrecht).

Materielle Rechtmäßigkeit: 822
a) Allgemeine Vorgaben des Gesetzes
b) Spezielle Vorgaben der Rechtsgrundlage
c) Allgemeine Grundsätze und sonstiges Recht
d) Spezifische Ermessensfehler

Daniel Benrath

Ein anderer Ausdruck der Flexibilität, der sich daraus ergibt, die Unterscheidung zwischen Voraussetzungen und Rechtsfolgen nicht in den Vordergrund des Aufbaus zu stellen, ist die konsequente Entwicklung des Aufbaus entlang der Allgemeinheit der rechtlichen Vorgaben. Dabei kann grob – und im Detail flexibel variierbar – zwischen den speziellen inhaltlichen Vorgaben der jeweiligen Rechtsgrundlage, den allgemeinen Vorgaben zum jeweiligen Rechtsgebiet (also insbesondere des allgemeinen Teils des entsprechenden Gesetzes) sowie den allgemeinen Grundsätzen und sonstigen rechtlichen Vorgaben unterschieden werden. Dabei können sich die inhaltlichen Vorgaben jeweils sowohl auf den Tatbestand bzw. die Erlassvoraussetzungen als auch die äußeren Grenzen des Ermessens richten. Dieser Aufbau ermöglicht es, für bestimmte Rechtsgebiete einen einheitlichen Aufbautorso zu entwickeln, der für die konkrete Rechtsgrundlage ergänzt wird, gleichzeitig aber auch sonstige rechtliche Regelungen und insbesondere die allgemeinen Rechtsgrundsätze umstandslos integrieren kann. Die Prüfung spezifischer Fehler lässt sich dann am Schluss mit beliebigem Bezug zu den vorherigen Prüfungen für die verschiedenen Spielräume nacheinander durchführen. Auch dieser Aufbau bleibt jedoch ohne konkreten Bezug zu einem konkreten Rechtsgebiet sehr abstrakt und stellt wenige Informationen zu konkreten Prüfungspunkten zur Verfügung; er stellt also ebenfalls eher einen Rahmen zur Schemabildung als ein eigenes Schema dar.

823   Wie bei der grundsätzlichen Gliederung nach Voraussetzungen und Rechtsfolge, kann auch ein Aufbau ohne diese Unterscheidung im weiten Umfang einzelne Punkte besonders betonen oder eigenständig ansprechen; dem folgt auch der hier zu Grunde gelegte Aufbau. Da eine sinnvolle Gliederung jedoch wesentlich von den konkreten Umständen der Prüfungssituation und insbesondere dem jeweiligen Rechtsgebiet des besonderen Verwaltungsrechts abhängt, ist auf der allgemeinen Ebene kaum ein universell überzeugendes Schema zu entwickeln. Wichtiger ist es, ein grundlegendes Prüfungsschema zu finden, dessen Grundlage man auch dogmatisch nachvollziehen kann und das dabei einerseits so offen formuliert ist, dass es für speziellere Situationen weiterentwickelt werden kann, und andererseits wesentliche Prüfungspunkte, die sonst leicht übersehen werden könnten, betont. Wichtiger noch als ein sinnvolles und gut erlernbares Prüfungsschema bleibt ohnehin, die einzelnen Prüfungspunkte sauber aus den rechtlichen Vorgaben zu entwickeln und stringent aufeinander zu beziehen. Insbesondere in Bezug auf die Verhältnismäßigkeitsprüfung ist weniger die Verortung (in den allgemeinen Grundsätzen, den Ermessensgrenzen, dem Tatbestand etc.) als vielmehr die saubere, strukturierte Prüfung mit klarem Bezug zur rechtlichen Grundlage ausschlaggebend.

824   Besonders herausfordernd wird der Prüfungsaufbau, wenn auch ein **Beurteilungsspielraum** (oder gar ein Bewertungsspielraum) mitzuberücksichtigen

ist. Insbesondere auf Grundlage eines Schemas, das die Voraussetzungen von den Rechtsfolgen trennt, ist hier erhöhte Wachsamkeit geboten. Denn während die Fehlerprüfung hier im Normalfall im Rahmen der Rechtsfolgen erfolgt, bezieht sich **die Beurteilung** und damit auch mögliche Beurteilungsfehler auf die Voraussetzungen. Dies lässt sich dadurch auffangen, dass mögliche Beurteilungsfehler im Rahmen des jeweiligen Tatbestandsmerkmals angesprochen werden (das bei Beurteilungsfehlern eben nicht der weiteren Prüfung zu Grunde gelegt werden kann). Dieses Vorgehen führt jedoch zu einer komplizierten Inzidentprüfung und ist nur schwer stringent zu formulieren. Alternativ lässt sich die Beurteilung bei der Prüfung des Tatbestands voraussetzen, um etwaige Beurteilungsfehler eigenständig zu einem späteren Zeitpunkt (insbesondere nach der Prüfung der Rechtsfolgen) zu prüfen. Dieser Aufbau sichert Stringenz und Übersichtlichkeit, erscheint aber kontraintuitiv. Verzichtet man auf die Trennung zwischen Voraussetzungen und Rechtsfolgen, mildert dies die Schwierigkeiten im Aufbau ab. Die Prüfung von Beurteilungsfehlern im Rahmen des Tatbestandsmerkmals ist ebenso möglich wie als eigenständiger spezifischer Fehler (wie hier).

f) Maßgeblicher Zeitpunkt der Rechtmäßigkeitsprüfung

Verwaltung und Rechtsprechung sind an das geltende Recht gebunden. Es ist also 825 stets das zum Zeitpunkt der jeweiligen Entscheidung geltende Recht anzuwenden. Aus der Verwaltungsperspektive ist die maßgebliche Entscheidung der Erlass des Verwaltungsakts. In der Anfechtungsklage ist für die Beurteilung der Sach- und Rechtslage der Zeitpunkt des verwaltungsgerichtlichen Urteils (grundsätzlich also das Ende der letzten mündlichen Verhandlung, vgl. §§ 101, 116 VwGO) maßgeblich.[1330]

Davon zu unterscheiden ist die Frage, auf welche Sach- und Rechtslage sich die 826 gerichtliche Rechtskontrolle bezieht (s. hierzu ausführlicher Rn. 539 ff.).[1331] Dies ist eine inhaltliche Rechtsfrage, die gegebenenfalls durch Auslegung aus dem geltenden materiellen Recht herzuleiten ist.[1332] Da die Gerichte die behördliche Tätigkeit kontrollieren, kommt es zur Beurteilung der materiellen Rechtmäßigkeit des Verwaltungsakts regelmäßig auf das maßgebliche Recht zum Zeitpunkt der letzten behördlichen Entscheidung (bei einem Vorverfahren also auf die Bekanntgabe des

---

1330 Riese, in: Schoch/Schneider/Bier, VwGO, 36. EL Februar 2019, § 113 Rn. 236.
1331 Instruktiv Baumeister, Jura 2005, 655; Gärditz/Orth, Jura 2013, 1100.
1332 BVerwG, Urt. v. 31.3.2004, Az.: 8 C 5/03 = BVerwGE 120, 246, Rn. 35 m.w.N.; Decker, in: Posser/Wolff, VwGO, 50. Ed., Stand: 1.7.2019, § 113 Rn. 21 m.w.N. Kritisch hierzu Hufen, Verwaltungsprozessrecht, 11. Aufl. 2019, § 24 Rn. 7.

Daniel Benrath

Widerspruchs) an.[1333] Hierzu können sich jedoch Ausnahmen ergeben, insbesondere wenn nachträgliche Gesetze eine Rückwirkung anordnen, vermögensrechtliche Zuordnungen durch das aktuelle Gesetz abschließend geklärt werden sollen[1334] oder wenn sich ein Verwaltungsakt auf die Gestaltung von Rechtsbeziehungen (auch) in der Zukunft richtete (insbesondere Dauerverwaltungsakte[1335]) und diese Ausgestaltung durch erhebliche Veränderungen nachträglich rechtswidrig wurde.

g) Literaturhinweise

827 Bull/Mehde, Allgemeines Verwaltungsrecht mit Verwaltungslehre, 9. Aufl. 2015, §§ 4, 16, 29; Detterbeck, Allgemeines Verwaltungsrecht mit Verwaltungsprozessrecht, 17. Aufl. 2019, §§ 6, 8, 10; Erbguth/Guckelberger, Allgemeines Verwaltungsrecht mit Verwaltungsprozess- und Staatshaftungsrecht, 9. Aufl. 2018, § 14; Peine/Siegel, Allgemeines Verwaltungsrecht: Lehrbuch, Entscheidungen, Gesetzestexte, 12. Aufl. 2018, §§ 7, 8, 13

Lehrvideo: Fannipour/Schmidt/Schneider, Peer2Peer-Lehrvideo Ermessen: Ausübung und Fehler, abrufbar unter https://youtu.be/iF51NQInEew

III. Verletzung subjektiver Rechte (Nikolas Eisentraut)

828 Sollte sich der Verwaltungsakt als rechtswidrig herausstellen, muss nach § 113 I 1 VwGO abschließend noch untersucht werden, ob der **Kläger durch die Rechtswidrigkeit des Verwaltungsakts auch in seinen subjektiven Rechten** verletzt ist. Als **„materielles Gegenstück"**[1336] **der Klagebefugnis** ist hier nicht mehr nur die Möglichkeit einer Rechtsverletzung zu prüfen, diese muss an dieser Stelle auch tatsächlich bejaht werden können. Auch in § 113 I 1 VwGO findet der Gedanke Ausdruck, dass rechtswidriges Handeln nicht von jedem Bürger gerügt werden darf, sondern nur durch denjenigen, der auch in seinen **subjektiven Rechten** verletzt ist.[1337]

Examenswissen: Dieser Gedanke hat eine **verfassungsrechtliche Wurzel: Art. 19 IV 1 GG** zwingt zur Eröffnung eines Rechtswegs nur dann, wenn jemand durch die öffentliche Gewalt **in seinen Rechten** verletzt ist. Dieses Recht ist einfach-rechtlich als Begrenzung des Zugangs zu den Ge-

---

1333 Decker, in: Posser/Wolff, VwGO, 50. Ed., Stand: 1.7.2019, § 113 Rn. 22 m.w.N.
1334 Vgl. BVerwG, Urt. v. 31.3.2004, Az.: 8 C 5/03 = BVerwGE 120, 246, Rn. 36ff.
1335 Decker, in: Posser/Wolff, VwGO, 50. Ed., Stand: 1.7.2019, § 113 Rn. 22.9 m.w.N.
1336 Hufen, Verwaltungsprozessrecht, 11. Aufl. 2019, § 25 Rn. 41.
1337 Decker, in: Posser/Wolff, VwGO, 50. Ed., Stand: 1.7.2019, § 113 Rn. 16.

richten in § 42 II, 113 I 1 VwGO ausgestaltet worden.[1338] Der deutschen Rechtsordnung liegt damit das sog. **Prinzip der Verletztenklage** zugrunde; in anderen Mitgliedstaaten der Europäischen Union reicht bereits ein (nicht notwendig rechtliches) „berechtigtes Interesse".[1339]

Art. 19 IV 1 GG setzt das Bestehen subjektiver Rechte voraus und begründet diese nicht.[1340] Wann dem Bürger ein sog. **subjektives öffentliches Recht** zusteht, ist eine im Verwaltungsrecht intensiv diskutierte Frage, weil die Verwaltung zunächst einmal im öffentlichen Interesse und nicht im Interesse Einzelner tätig wird.[1341] Mit der herrschenden **Schutznormtheorie** ist danach zu fragen, ob eine Norm auch dem Interesse des einzelnen Bürgers zu dienen bestimmt ist; der Interessenschutz muss dabei gesetzlich bezweckt worden sein.[1342] Neben Grundrechten kommen als subjektive öffentliche Rechte auch Normen des einfachen und des administrativen Rechts in Betracht.[1343] In abwehrrechtlichen Konstellationen kommt Art. 2 I GG zentrale Bedeutung zu, denn diese Norm vermittelt ein subjektives Recht darauf, nicht Adressat rechtswidrigen, in die Handlungsfreiheit eingreifenden Verwaltungshandelns zu werden (Adressatentheorie). In Leistungskonstellationen ist der Begründungsaufwand hingegen höher, weil die Grundrechte jedenfalls nicht typischerweise auch Leistungsansprüche begründen.[1344] Hier ist mit der Schutznormtheorie zu untersuchen, ob die streitentscheidenden Normen auch als Anspruchsgrundlagen taugen (näher zu den Anspruchsgrundlagen bei der Verpflichtungsklage § 3 Rn. 62 ff. und bei der allgemeinen Leistungsklage § 5 Rn. 55 ff.).

In Fällen, in denen die **Adressatentheorie** Anwendung findet (dazu bereits **829** Rn. 294 f.), ist die Bejahung der Verletzung subjektiver Rechte im Rahmen der Anfechtungsklage mit einem Satz abzuhandeln. Die Rechtswidrigkeit des Verwaltungsakts führt hier dazu, dass der Adressat des belastenden, rechtswidrigen Verwaltungsakts in seinem subjektiven Recht aus Art. 2 I GG verletzt ist.[1345]

Eines besonderen Begründungsaufwands bedarf es hingegen in **Drittan- 830 fechtungskonstellationen.** Bereits in der Klagebefugnis bei Drittanfechtungsklagen ist der Begründungsaufwand erhöht, weil die Adressatentheorie leer läuft. Dort muss die Möglichkeit eines subjektiven Rechts ausführlich begründet werden (s. dazu Rn. 296 f.). Dieser Aufwand muss sich beim Prüfungspunkt „Verletzung subjektiver Rechte" spiegeln. Hier muss dargelegt werden, dass die zur Rechtswidrigkeit des Verwaltungsakts führende Norm auch wirklich gerade die

---

1338 Maurer/Waldhoff, Allgemeines Verwaltungsrecht, 19. Aufl. 2017, § 8 Rn. 5.

1339 Peine/Seigel, Allgemeines Verwaltungsrecht, 12. Aufl. 2018, Rn. 236.

1340 Maurer/Waldhoff, Allgemeines Verwaltungsrecht, 19. Aufl. 2017, § 8 Rn. 10.

1341 S. zur Frage des subjektiven öffentlichen Rechts ausführlich Scherzberg, in: Ehlers/Pünder, Allgemeines Verwaltungsrecht, 15. Aufl. 2016, § 12; Maurer/Waldhoff, Allgemeines Verwaltungsrecht, 19. Aufl. 2017, § 8 Rn. 1 ff.; Peine/Seigel, Allgemeines Verwaltungsrecht, 12. Aufl. 2018, Rn. 233 ff.

1342 Peine/Seigel, Allgemeines Verwaltungsrecht, 12. Aufl. 2018, Rn. 239.

1343 Peine/Seigel, Allgemeines Verwaltungsrecht, 12. Aufl. 2018, Rn. 241 ff.

1344 Näher Maurer/Waldhoff, Allgemeines Verwaltungsrecht, 19. Aufl. 2017, § 8 Rn. 14.

1345 Hufen, Verwaltungsprozessrecht, 11. Aufl. 2019, § 25 Rn. 42.

Nikolas Eisentraut

Rechte des Dritten schützt (s. beispielhaft den Fall 3 in: Eisentraut, Fälle zum Verwaltungsrecht, 2020). Ist der Verwaltungsakt aufgrund einer Norm rechtswidrig, die nicht dem Schutz der Rechte des klagenden Dritten dient, ist der Verwaltungsakt zwar rechtswidrig, aber die Klage dennoch unbegründet.[1346] Teilweise werden Drittanfechtungsklagen deshalb auch nur aus dem Blickwinkel der drittschützenden Norm geprüft (dazu näher Rn. 548).

831 *Hausarbeitswissen: Entsprechend zu den Ausführungen in der Klagebefugnis (s. Rn. 285) ist bei der* **Verbandsklage** *auch keine Verletzung subjektiver Rechte erforderlich.[1347] Hintergrund ist das Europäische Unionsrecht, das den deutschen Gesetzgeber teilweise zu einer Abkehr von dem Prinzip der Verletztenklage gezwungen hat.[1348]*

IV. Klausurrelevante Ermächtigungsgrundlagen und ihre Prüfung (Tobias Brings-Wiesen; Nikolas Eisentraut; Sebastian Eickenjäger; Felix Steengrafe; Sebastian Piecha; Mariamo Katharina Ilal)

Die Prüfung bestimmter Ermächtigungsgrundlagen muss in Prüfungssituationen regelmäßig beherrscht werden. Dazu zählen insbesondere die Ermächtigungsgrundlagen des Allgemeinen Verwaltungsrechts (Rn. 832 ff.), des Polizei- und Ordnungsrechts (Rn. 1000 ff.), des Versammlungsrechts (Rn. 1141 ff.), des Bauordnungsrechts (Rn. 1222 ff.), des Kommunalrechts (Rn. 1252 ff.) sowie des Verwaltungsvollstreckungsrechts (Rn. 1292 ff.).

1. Ermächtigungsgrundlagen des Allgemeinen Verwaltungsrechts (Tobias Brings-Wiesen)

832 Die **Anfechtungsklage** gemäß § 42 I Var. 1 VwGO ist das „schärfste Schwert" des rechtsschutzbegehrenden Bürgers gegen einen Verwaltungsakt, der ihn in seinen subjektiven Rechten verletzt. Zum einen ist das Aufhebungsurteil des Gerichts **unmittelbar rechtsgestaltend** und beendet die Wirksamkeit eines Verwaltungsakts i.S.v. § 43 II VwVfG, ohne dass es eines erneuten Tätigwerdens der Verwaltung bedürfte (s. dazu Rn. 6). Zum anderen kann es in **Rechtskraft** erwachsen[1349] und somit im Regelfall *endgültig* für Rechtssicherheit und Rechtsfrieden sorgen.[1350]

1346 Hufen, Verwaltungsprozessrecht, 11. Aufl. 2019, § 25 Rn. 43.
1347 Hufen, Verwaltungsprozessrecht, 11. Aufl. 2019, § 25 Rn. 49.
1348 Näher Maurer/Waldhoff, Allgemeines Verwaltungsrecht, 19. Aufl. 2017, § 8 Rn. 16.
1349 S. zur Rechtskraft Schenke, Verwaltungsprozessrecht, 16. Aufl. 2019, Rn. 615 ff.; Würtenberger/Heckmann, Verwaltungsprozessrecht, 4. Aufl. 2018, Rn. 294 ff.

Nikolas Eisentraut/Tobias Brings-Wiesen

Für Prüfungssituationen ist die Anfechtungsklage reizvoll, weil sie mit dem   833
Verwaltungsakt die geläufigste Handlungsform zum Gegenstand hat. Sie erlaubt
es dem Prüfer, in vielerlei Hinsicht verwaltungsrechtliches Grundverständnis
abzufragen.

Da die maßgeblichen *materiellen* Vorgaben für Verwaltungshandeln sich ganz   834
überwiegend aus dem sachnäheren Fachrecht ergeben, kennt das allgemeine
Verwaltungsrecht selbst nur sehr wenige Ermächtigungsgrundlagen. Dies sollte
jedoch keineswegs zu dem Trugschluss verleiten, diese seien nicht oder auch nur
weniger prüfungsrelevant. Da in ihnen die vormals ungeschriebenen allgemeinen Grundsätze des Verwaltungsrechts eine Normierung gefunden haben, sind sie
Ausgangspunkt eines Grundverständnisses für die systematischen Zusammenhänge des Verwaltungsrechts. Selbst soweit sie nicht unmittelbar anwendbar
sind, können die in ihnen zum Ausdruck kommenden Wertungen im Rahmen der
Prüfung von Spezialnormen des besonderen Verwaltungsrechts Orientierung
bieten.

Vor diesem Hintergrund ist es elementar, **die für Prüfungen mit Abstand**   835
relevantesten Konstellationen der Anfechtungsklagen im allgemeinen Verwaltungsrecht zu verinnerlichen. Die folgenden Ausführungen widmen sich
daher dem gesamten Themenkomplex der behördlichen Aufhebung von Verwaltungsakten gemäß §§ 48 ff. VwVfG sowie – in der gebotenen Kürze – der Anfechtungsklage gegen die Zusicherung auf Erlass eines Verwaltungsakts mit Drittwirkung.

a) Die behördliche Aufhebung eines Verwaltungsakts gemäß §§ 48 f. VwVfG

Die Prüfung der Aufhebung von Verwaltungsakten gemäß §§ 48 f. VwVfG ist einer   836
der Prüfungsklassiker. Ihr sollte daher in der Prüfungsvorbereitung besondere
Aufmerksamkeit zuteilwerden. Die folgenden Ausführungen beschränken sich
zwar *expressis verbis* auf die §§ 48 f. VwVfG. Sie behalten jedoch wegen der weit
überwiegend bestehenden Wortgleichheit auch für die VwVfGe der Länder ihre
Gültigkeit.[1351]

1350 Auch die Aufhebung eines Verwaltungsakts gemäß §§ 48 ff. VwVfG ist dann nur noch in
begrenzten Ausnahmefällen denkbar, vgl. nur VGH Mannheim, Urt. v. 18.6.2008, Az.: 13 S 2809/
07 = BeckRS 2008, 37311, Rn. 33 ff.; s. auch J. Müller, in: Bader/Ronellenfitsch, VwVfG, 44. Ed.,
Stand: 1.1.2019, § 48 Rn. 37.
1351 Vgl. dazu nur die überschaubaren Hinweise auf abweichendes Landesrecht vor den Kommentierungen zu den §§ 48 f. VwVfG bei Sachs, in: Stelkens/Bonk/Sachs, VwVfG, 9. Aufl. 2018.

Tobias Brings-Wiesen

837 Rücknahme und Widerruf sind zwei Formen der **behördlichen Aufhebung** eines Verwaltungsakts i. S. v. § 43 II VwVfG (s. bereits Rn. 181). Davon abzugrenzen sind:

-   die behördliche Aufhebung eines Verwaltungsakts am Ende eines Vorverfahrens (§ 72 VwGO), das sich ausschließlich nach den §§ 68 ff. VwGO richtet (s. dazu Rn. 301 ff.);
-   (zumindest nach herrschender Meinung) die behördliche Aufhebung eines Verwaltungsakts in Folge des Wiederaufgreifens des Verfahrens gemäß § 51 VwVfG (s. dazu § 3 Rn. 120), sowie
-   die gerichtliche Aufhebung eines Verwaltungsakts im Wege der Anfechtungsklage (§§ 42 I Var. 1, 113 I 1 VwGO) sowie der Verpflichtungsklage (§§ 42 I Var. 2, 113 V VwGO, in Form der Versagungsgegenklage).

838 Die behördliche Aufhebung gemäß §§ 48 f. VwVfG wird wesentlich von **zwei widerstreitenden Grundinteressen** gelenkt, deren Ausgleich bereits der Gesetzgeber in der Ausformulierung der Vorschriften zu erreichen gesucht hat und die auch die Entscheidungen der Behörde über die Aufhebung im Einzelfall leiten: dem (schutzwürdigen) Vertrauen der Betroffenen auf den Bestand des aufzuhebenden Verwaltungsakts bzw. das objektive Interesse der Rechtssicherheit daran einerseits und dem öffentlichen Interesse an der Herstellung rechtmäßiger Zustände entsprechend dem Grundsatz der Gesetzmäßigkeit der Verwaltung andererseits (s. dazu § 1 Rn. 13). Diese gegenläufigen Interessen sind je nach Aufhebungskonstellation in Verbindung mit den gesetzlichen Vorgaben unter Berücksichtigung verschiedener Vorprägungen miteinander in Einklang zu bringen.

839 Behördliche Aufhebungen erfüllen alle Merkmale des § 35 S. 1 VwVfG (s. dazu Rn. 42 ff.) und sind daher **selbst Verwaltungsakte.**[1352] Ihre Regelungswirkung besteht darin, die Wirksamkeit des vorangegangenen Verwaltungsakts zu beenden (§ 43 II VwVfG). Daraus folgt sowohl, dass sie den allgemeinen rechtlichen Vorgaben für Verwaltungsakte nach dem VwVfG zu genügen haben, als auch, dass bei Rechtsfehlern über den **Widerspruch** (§ 68 I 1 VwGO) bzw. die **Anfechtungsklage** (§ 42 I Var. 1 VwGO) ihre (behördliche bzw. gerichtliche) Aufhebung ersucht werden kann. Kommt es dabei zu einer „**Aufhebung der Aufhebung**", hat diese das **Wiederaufleben der Wirksamkeit des ursprünglichen Verwaltungsakts** *ex tunc* zur Folge.[1353]

1352 So auch Maurer/Waldhoff, Allgemeines Verwaltungsrecht, 19. Aufl. 2017, § 11 Rn. 20; ausführlich Sachs, in: Stelkens/Bonk/Sachs, VwVfG, 9. Aufl. 2018, § 48 Rn. 242 ff.
1353 Maurer/Waldhoff, Allgemeines Verwaltungsrecht, 19. Aufl. 2017, § 11 Rn. 20; Detterbeck, Allgemeines Verwaltungsrecht, 17. Aufl. 2019, Rn. 738; Ipsen, Allgemeines Verwaltungsrecht, 11. Aufl. 2019, Rn. 722.

Vor diesem Hintergrund kann die Erhebung einer **Anfechtungsklage** gegen 840
die Aufhebungsentscheidung einer Behörde **in zwei Konstellationen** dem Klagebegehren entsprechen: (1) Die Behörde hat sich eigeninitiativ für die Aufhebung eines Verwaltungsakts entschieden, was zulasten eines – insbesondere
bislang begünstigten – Adressaten geht; (2) die Behörde hat sich eigeninitiativ
oder auf Antrag für die Aufhebung eines Verwaltungsakts mit Drittwirkung entschieden, was zwar zugunsten eines zugleich aber zulasten eines anderen Betroffenen geht. In beiden Fällen wird es regelmäßig dem Wunsch der von der
Aufhebungsentscheidung belasteten Personen entsprechen, schlicht die Aufhebung aus der Welt zu schaffen, damit der sie ursprünglich begünstigende Verwaltungsakt wiederauflebt.[1354]

Für ein besseres Verständnis der §§ 48 f. VwVfG und als „Checkliste" für 841
die Vorüberlegungen in der Prüfung sollte berücksichtigt werden, dass die beiden
Vorschriften grundsätzlich **fünf Differenzierungsmerkmale** enthalten, die die
Prüfung an verschiedenen Stellen lenken.

– Die **Grundunterscheidung** zwischen Rücknahme und Widerruf wird anhand
   der **Rechtswidrigkeit** bzw. der **Rechtmäßigkeit** ihres Bezugsobjekts, dem
   aufzuhebenden Verwaltungsakt, getroffen. Zumindest ausdrücklich[1355] steht
   für die Aufhebung eines rechts*widrigen* Verwaltungsakts das Mittel der
   Rücknahme gemäß § 48 VwVfG, für die Aufhebung eines recht*mäßigen* Verwaltungsakts das Mittel des Widerrufs gemäß § 49 VwVfG zur Verfügung.
– Das schutzwürdige Vertrauen der Betroffenen auf den Bestand eines aufzuhebenden Verwaltungsakts wiegt umso schwerer, je positiver die Auswirkungen dieses Verwaltungsakts für sie sind. Daher knüpft der Gesetzgeber
   sowohl die Rücknahme als auch den Widerruf **begünstigender Verwaltungsakte** *zusätzlich* an die Erfüllung besonderer Tatbestandsvoraussetzungen (§ 48 I 2, II bis IV, § 49 II, III VwVfG), während die Aufhebung **belastender Verwaltungsakte** im ordnungsgemäßen Ermessen der Behörden
   steht (§ 48 I 1, § 49 I VwVfG).
– Unter den begünstigenden **Verwaltungsakten** kommt denen, **die eine einmalige oder laufende Geldleistung oder teilbare Sachleistung (zur Erfüllung eines bestimmten Zwecks) gewähren oder hierfür Voraussetzung sind**, nochmals eine Sonderstellung zu. Da es bei ihnen materiell meist
   ausschließlich um fiskalische Interessen geht, hält der Gesetzgeber es für

---

1354 Von mindestens gleicher Prüfungsrelevanz sind indes die Konstellationen, in denen Betroffene (nach Eintritt der Bestandskraft) den Erlass einer behördlichen Aufhebungsentscheidung
gemäß §§ 48 f. VwVfG begehren, s. dazu noch unter § 3 Rn. 96 ff.
1355 S. zur Erweiterung des Anwendungsbereichs von § 49 VwVfG über eine „teleologische Erweiterung" des Tatbestands noch Rn. 948.

Tobias Brings-Wiesen

leichter erträglich, ihre Wirkung aufrecht zu erhalten. Aus diesem Grund knüpft er ihre Rücknahme (§ 48 II, IV VwVfG) bzw. ihren Widerruf (mit Wirkung für die Vergangenheit § 49 III VwVfG) im Interesse der Vertrauensschutzes an die Einhaltung besonders strikter Tatbestandsvoraussetzungen. Die sonstigen Verwaltungsakte können hingegen grundsätzlich unter weniger strengen Anforderungen aufgehoben werden.

- Ein Verwaltungsakt kann nur ausschnittsweise Anlass für eine Aufhebung bieten. Wie die gerichtliche Aufhebung im Rahmen der Anfechtungsklage (vgl. § 113 I 1 VwGO: „soweit") können auch Rücknahme und Widerruf nicht nur zur **vollständigen**, sondern auch zur bloß **partiellen Aufhebung** eines Verwaltungsakts führen (vgl. § 48 I 1, § 49 I, II 1, III 1 VwVfG: „ganz oder teilweise"). Die Rechtmäßigkeit dieses Vorgehens kann bereits auf Tatbestandsebene zu thematisieren sein (vgl. § 48 II 1 VwVfG: „soweit"), sie wird jedoch insbesondere im Rahmen der ordnungsgemäßen Ermessensausübung der Behörde relevant werden.

- Die **Frage einer nur begrenzten Aufhebung** stellt sich jedoch nicht nur in sachlicher, sondern insbesondere **auch in zeitlicher Hinsicht.** Die Gründe für die Aufhebung eines Verwaltungsakts bestehen in der überwiegenden Zahl der Fälle bereits lange vor der behördlichen Entscheidung darüber. Sie können bereits im Zeitpunkt seines Erlasses vorliegen oder erst später eintreten. Wird die Behörde ihrer erst später gewahr, stellt sich die wichtige Frage einer potentiellen Rückwirkung der Aufhebung (*ex tunc*). § 48 VwVfG verlangt bereits im Tatbestand nach einer zeitlichen Differenzierung (§ 48 II 1 VwVfG: „soweit"; § 48 II 2 VwVfG: „wenn der Begünstigte gewährte Leistungen verbraucht oder eine Vermögensdisposition getroffen hat"), stellt die Entscheidung ansonsten aber ins Ermessen der Behörde (§ 48 I 1 VwVfG: „mit Wirkung für die Zukunft oder für die Vergangenheit"). § 49 VwVfG erlaubt einen Widerruf grundsätzlich nur mit Wirkung für die Zukunft (§ 49 I, II 1 VwVfG), nur in den Ausnahmefällen von Abs. 3 auch mit Wirkung für die Vergangenheit.

842 Bei aller hinlänglich bekannten Prüfungsrelevanz der §§ 48 f. VwVfG sollte nie vergessen werden, dass ihre **Anwendbarkeit ausgeschlossen** sein kann. Dies kann bereits der Tatsache geschuldet sein, dass entsprechend § 2 VwVfG bestimmte Sachgebiete in Gänze **aus dem Anwendungsbereich des VwVfG ausgenommen** sind.[1356] So gelten für Verfahren nach der Abgabenordnung (§ 2 II Nr. 1 VwVfG) die §§ 130, 172 ff. AO; für Verfahren nach dem Sozialgesetzbuch (§ 2 II

[1356] Sachs, in: Stelkens/Bonk/Sachs, VwVfG, 9. Aufl. 2018, § 48 Rn. 3; Suerbaum, in: Mann/Sennekamp/Uechtritz, VwVfG, 2. Aufl. 2019, § 48 Rn. 13 ff.

Tobias Brings-Wiesen

Nr. 4 VwVfG) die §§ 44 ff. SGBX. Fehlen in Folge dieser Ausnahme gesetzliche Vorgaben, kann gar ein Rückgriff auf allgemeine Grundsätze des Verwaltungsrechts erforderlich sein.[1357] Eine Anwendbarkeit der §§ 48 f. VwVfG ist jedoch auch im Anwendungsbereich des VwVfG insoweit ausgeschlossen, als sie durch **spezialgesetzliche Ermächtigungsgrundlagen** überlagert werden.[1358] Bereits im Studium bekannt sein sollten insbesondere: § 15 GastG, § 45 WaffG[1359], § 35 StAG und – angesichts der in den letzten Jahren gestiegenen Bedeutung des Migrationsrechts – auch die §§ 73 ff. AsylG und der § 52 AufenthG. Diese Spezialnormen können die §§ 48 f. VwVfG vollständig verdrängen, soweit sie beabsichtigen, die Möglichkeiten der Aufhebung eines Verwaltungsakts für einen bestimmten Sachbereich *abschließend* zu regeln. Bestehen hingegen Rechtslücken, können die §§ 48 f. VwVfG weiterhin subsidiär herangezogen werden. Das Verhältnis von Spezialvorschriften zu den §§ 48 f. VwVfG ist im Einzelfall im Wege der Auslegung zu ermitteln.[1360]

Bereits an dieser Stelle sei darauf verwiesen, dass in einer Klausur nicht außer **843** Acht gelassen werden sollte, dass die Aufhebung eines „Leistungsverwaltungsaktes" (gemäß § 48 II bzw. § 49 III VwVfG) gerne mit der unmittelbaren Rückforderung einer (auf Grundlage des aufgehobenen Verwaltungsakts erteilten) Leistung gemäß **§ 49a VwVfG** verbunden wird. Diese **Erstattung** wird in Prüfungen meist noch *im Anschluss* an die Aufhebung zu prüfen sein (s. dazu Rn. 989 ff.). Dies entspricht dem praktischen Vorgehen im Rahmen des Rechtsschutzbegehrens: Es bedarf zuerst der gerichtlichen „Aufhebung der Aufhebung", um der Erstattung die zentrale Tatbestandsvoraussetzung zu entziehen (vgl. § 49a I 1 VwVfG)[1361]. Da der Aufgabenstellung in der Prüfung jedoch keine Grenzen gesetzt sind, besteht auch die Möglichkeit, die isolierte Prüfung des Erstattungsbescheids

---

1357 Sachs, in: Stelkens/Bonk/Sachs, VwVfG, 9. Aufl. 2018, § 48 Rn. 3.

1358 S. dazu am Beispiel des Gaststättenrechts die Fallbearbeitung bei Broscheit, JA 2016, 840 (841); am Beispiel des Gewerberechts die Fallbearbeitung bei Klafki, JURA 2018, 1019 (1020 f.).

1359 S. dazu die Fallbearbeitung bei Knappe/Thelen, JURA 2018, 829.

1360 So regelt bspw. der erwähnte § 52 AufenthG nur den Widerruf von Aufenthaltstiteln, während die Rücknahme sich nach § 48 VwVfG richtet (vgl. nur die Allgemeine Verwaltungsvorschrift zum Aufenthaltsgesetz v. 26.10.2009, Zu § 52, Punkt 52.0.3); § 15 I GastG erfasst nur einen bestimmten Fall der Rücknahme und verlangt von der Behörde eine gebundene Entscheidung, während ansonsten eine Rücknahme über § 48 VwVfG möglich ist (vgl. nur Schönleiter, GastG, 2012, § 15 Rn. 1). Im Einzelfall mag das Verhältnis komplizierter sein, vgl. bspw. zu § 73 AsylG nur Bergmann, in: ders./Dienelt, Ausländerrecht, 12. Aufl. 2018, § 73 AsylG Rn. 3, 21; s. dazu beispielhaft auch die Fallbearbeitung bei Knappe/Thelen, JURA 2018, 829 (834 f.).

1361 In den Kategorien des Bereicherungsrechts gemäß §§ 812 ff. BGB gedacht: Ohne „Aufhebung der Aufhebung" besteht der Rechtsgrund für eine Leistung fort.

Tobias Brings-Wiesen

zu verlangen, sodass in diesen Fällen eine umfängliche Inzidentprüfung der §§ 48 f. VwVfG innerhalb des Tatbestands von § 49a VwVfG erfolgen muss.

b) Rücknahme eines Verwaltungsakts nach § 48 VwVfG

844 Die folgende Darstellung orientiert sich – wie die späteren Ausführungen zu den §§ 49 bis 51 VwVfG – weitgehend am Prüfungsschema der Vorschrift. Grundlegendere Ausführungen zum Verhältnis der Normen untereinander finden sich – soweit sie nicht bereits erfolgt sind – an den für die Prüfung relevanten Stellen, um dort zu einem systematischen Verständnis für Struktur und Inhalt der Vorschriften beizutragen.

845 **Prüfungsschema zu § 48 VwVfG:**
I.   Einheitliche Ermächtigungsgrundlage: § 48 I 1 VwVfG
II. Formelle Rechtmäßigkeit
    1. Zuständigkeit (Beachte: § 48 V VwVfG)
    2. Verfahren (Insbesondere: § 28 I VwVfG)
    3. Form (Beachte: *actus contrarius*-Gedanke)
III. Materielle Rechtmäßigkeit
    1. Tatbestand
       a) Vorliegens eines Verwaltungsakts (als Gegenstand der Aufhebung)
       b) Rechtswidrigkeit des aufzuhebenden Verwaltungsakts (grds. im Zeitpunkt seines Erlasses)
       c) Ggf. weitere tatbestandliche Voraussetzungen gemäß § 48 II bis IV VwVfG im Falle des Vorliegens eines rechtswidrigen begünstigenden Verwaltungsakts gemäß § 48 I 2 VwVfG
          aa) Ggf. weitere tatbestandliche Voraussetzungen gemäß § 48 II VwVfG im Falle des Vorliegens eines Verwaltungsakts, der eine einmalige oder laufende Geldleistung oder teilbare Sachleistung gewährt oder hierfür Voraussetzung ist („Leistungsverwaltungsakt")
          (1) Tatsächliches Vertrauen
          (2) Schutzwürdigkeit dieses Vertrauens
             (a) Ausschluss der Schutzwürdigkeit bei Vorliegen eines der Gründe in § 48 II 3 VwVfG
             (b) Regelvermutung zugunsten einer Schutzwürdigkeit im Falle des Verbrauchs einer Leistung oder einer Vermögensdisposition („Vertrauensbetätigung") gemäß § 48 II 2 VwVfG

(c) Abwägung des Vertrauens auf den Bestand des Verwaltungsakts mit dem öffentlichen Interesse an einer Rücknahme

bb) Kein Ausschluss der Rücknahme aufgrund von Verfristung gemäß § 48 IV VwVfG

2. Rechtsfolge: Ordnungsgemäße Ermessensausübung gemäß § 48 I 1 VwVfG (Beachte: „ganz oder teilweise mit Wirkung für die Zukunft oder für die Vergangenheit")

aa) Ermächtigungsgrundlage, § 48 I 1 VwVfG

§ 48 I 1 VwVfG bildet die für Rücknahmen nach dem allgemeinen Verwaltungsrecht **einheitliche Ermächtigungsgrundlage**.[1362] In der Ausbildungsliteratur zur Fallbearbeitung werden verschiedene Varianten des Prüfungsaufbaus zur Ermächtigungsgrundlage vertreten. So erfolgt vielerorts bereits innerhalb dieses Gliederungspunktes eine ausführliche Prüfung der Rechtswidrigkeit des aufzuhebenden Verwaltungsakts.[1363] Andernorts wird anfänglich global auf die § 48 und/oder § 49 VwVfG als Ermächtigungsgrundlagen für die Aufhebung eines Verwaltungsakts rekurriert, während die weitere Präzisierung der Ermächtigungsgrundlage mit fortschreitender Prüfung erfolgt.[1364] Um nicht vom gewohnten – und regelmäßig zu Recht erwarteten – Vorgehen zu diesem Prüfungspunkt (s. Rn. 574 f.) abzuweichen, ist demgegenüber vorzugswürdig, auch innerhalb der §§ 48 f. VwVfG präzise *eine* (potentiell) einschlägige Ermächtigungsgrundlage zu identifizieren, deren Voraussetzungen – also u. a. die Rechtswidrigkeit bzw. Rechtmäßigkeit des aufzuhebenden Verwaltungsakts (s. dazu näher Rn. 865 ff.) – sodann im Rahmen der materiellen Rechtmäßigkeit genauer zu prüfen sind.[1365]

846

1362 Suerbaum, in: Mann/Sennekamp/Uechtritz, VwVfG, 2. Aufl. 2019, § 48 Rn. 34; so auch Sachs, in: Stelkens/Bonk/Sachs, VwVfG, 9. Aufl. 2018, § 48 Rn. 37; Kastner, in: Fehling/Kastner/Störmer, Verwaltungsrecht, 4. Aufl. 2016, § 48 VwVfG Rn. 11; Erichsen/Brügge, JURA 1999, 155 (156).

1363 So Ernst/Kämmerer, Fälle zum Allgemeinen Verwaltungsrecht, 3. Aufl. 2016, Fall 11, S. 158 (162 f.); Kahl/Hilbert, JURA 2011, 948 (952 f.); Faßbender, JuS 2016, 538 (541 f.). Teilweise erfolgt die Bestimmung der Ermächtigungsgrundlage auch am Anfang der Prüfung der materiellen Rechtmäßigkeit, Greim-Diroll, JURA 2018, 740 (743).

1364 So Martini, JuS 2003, 266 (267 f.); Funke/Waidhas, JA 2014, 439 (442); Broscheit, JA 2016, 840 (841); Klafki, JURA 2018, 1019 (1020 f.).

1365 So auch Klement, JuS 2010, 1088 (1090); Staufer/Steinebach, JURA 2012, 883 (887); Ingold, JuS 2014, 40 (41); Haltern/Manthey, JuS 2016, 344 (346); Kruse, ZJS 2017, 212 (214 f.); Payandeh, ZJS 2017, 544 (550); Wormit, JURA 2018, 87; (89); Linke, JuS 2018, 259 (261); Edenharter, JuS 2018, 456 (458); Winter-Peter, JURA 2018, 508 (509 f.); auch Pünder, JA 2004, 467 (469).

Angesichts des differenzierten Meinungsbildes wird man jedoch jede Aufbauvariante für vertretbar erachten müssen. Wichtig ist, sich konsequent für einen Weg zu entscheiden und diese reine Aufbaufrage in der Prüfung nicht zu thematisieren. Ist indes das Verhältnis zu einer spezialgesetzlichen Ermächtigungsgrundlage zu erörtern (s. näher Rn. 842), ist die Ermächtigungsgrundlage notwendigerweise genau zu bestimmen.[1366]

847 **Verfassungsrechtliche Bedenken** bezüglich § 48 VwVfG bestehen grundsätzlich nicht.[1367] In der Prüfung sollte daher auf diese Problematik nur dann eingegangen werden, wenn deutliche Hinweise im Sachverhalt den Schluss auf den Wunsch des Prüfenden erlauben, diese Problematisierung sehen zu wollen.[1368]

bb) Formelle Rechtmäßigkeit

848 Wie bereits dargelegt (s. Rn. 839) handelt es sich bei der Rücknahme selbst um einen **Verwaltungsakt**, der **in einem neuen, selbstständigen Verwaltungsverfahren erlassen** wird.[1369] Aus diesem Grund gelten die allgemeinen rechtlichen Vorgaben für Verwaltungsakte nach dem VwVfG, inklusive der Vorschriften über Zuständigkeit, Verfahren und Form. Insofern kann an dieser Stelle auch grundsätzlich auf die allgemeinen Ausführungen zur formellen Rechtmäßigkeit verwiesen werden (s. dazu Rn. 579 ff.). Die folgenden Darstellungen konzentrieren sich auf die Ausnahmefälle und Besonderheiten der Prüfung der formellen Rechtmäßigkeit im Rahmen der §§ 48 f. VwVfG[1370].

(1) Zuständigkeit

849 Soweit das Fachrecht zur **örtlichen Zuständigkeit** schweigt, ist diese nach § 3 VwVfG zu bestimmen. Nach Eintritt der Bestandskraft des zurückzunehmenden

---

1366 S. dazu die Fallbearbeitung bei Edenharter, JuS 2018, 456 (458).
1367 Vgl. dazu nur BVerwG, Beschl. v. 20.10.2006, Az.: 6 B 67.06 = juris, Rn. 4 ff., unter Verweis auf BVerfG, Urt. v. 24.5.2006, Az.: 2 BvR 669/04 = BVerfGE 116, 24 (54 ff.), wo nur für Ausnahmekonstellationen eine Verfassungswidrigkeit für möglich gehalten wird, a.a.O., 59 f. – S. aber auch die Meinung der Senatsminderheit, a.a.O., 60 ff.
1368 S. dazu bspw. die Fallbearbeitung bei von Weschpfennig, JURA 2014, 1055 (1059).
1369 Vgl. nur BVerwG, Urt. v. 20.12.1999, Az.: 7 C 42.98 = BVerwGE 110, 226 (230 ff.); Ramsauer, in: Kopp/Ramsauer, VwVfG, 20. Aufl. 2019, § 48 Rn. 162.
1370 Da hinsichtlich § 49 VwVfG praktisch keine nennenswerten Unterschiede gelten, können die Ausführungen seiner bezüglich bereits hier mitgedacht werden.

Tobias Brings-Wiesen

Verwaltungsakts[1371] sollte in der Prüfung auch auf den § 48 V VwVfG rekurriert werden. Dieser stellt (fast) nur klar,[1372] was bereits nach den anderweitig einschlägigen Vorschriften gilt: Nach Unanfechtbarkeit entscheidet über die Rücknahme des Verwaltungsakts die nach § 3 VwVfG zuständige Behörde und dies selbst dann, wenn der zurückzunehmende Verwaltungsakt von einer anderen Behörde erlassen wurde, sprich es zu einem Wechsel der örtlichen Zuständigkeit gekommen ist.

Examenswissen: Nur im Hinblick auf die Vorschrift des **§ 3 III VwVfG** ist § 48 V VwVfG eine eigene **850** rechtliche Wirkung zu entnehmen. Danach kann die bisher zuständige Behörde das Verwaltungsverfahren auch im Falle von Änderungen der die Zuständigkeit begründenden Umstände in dessen Lauf fortführen, wenn dies unter Wahrung der Interessen der Beteiligten der einfachen und zweckmäßigen Durchführung des Verfahrens dient und die nunmehr zuständige Behörde zustimmt. § 3 III VwVfG ist somit eigentlich beschränkt auf Änderungen in *laufenden* Verfahren. Angesichts der eindeutigen Verweisung wird man die Vorschrift jedoch auch auf das *neue* Rücknahmeverfahren entsprechend anzuwenden haben.[1373]

Für die *sachliche* **Zuständigkeit** ist keinesfalls auf § 48 V VwVfG abzustellen. Die **851** Vorschrift regelt lediglich Fragen der örtlichen Zuständigkeit.[1374] Dies ist indes verständlich. Dem VwVfG sind allgemein keine Vorgaben zur sachlichen Zuständigkeit zu entnehmen, weil „eine Einheitlichkeit der Vorschriften über die sachliche Zuständigkeit niemals bestanden hat und bei der Verschiedenartigkeit der Behördenorganisation auch nicht bestehen kann"[1375]. Maßgeblich sind für die Bestimmung der sachlichen Zuständigkeit auch im Falle der Rücknahme die Zuständigkeitsregeln des jeweils anzuwenden Fachrechts.[1376]

Hat eine **unzuständige Behörde** den zurückzunehmenden Verwaltungsakt **852** erlassen, ist die Zuständigkeit für die Rücknahme gleichwohl nach dem jeweils einschlägigen Fachrecht bzw. den allgemeinen Vorgaben des Verwaltungsver-

---

1371 Und – in Anbetracht des klaren Wortlauts – auch nur dann, J. Müller, in: Bader/Ronellenfitsch, VwVfG, 44. Ed., Stand: 1.1.2019, § 48 Rn. 124.
1372 Ramsauer, in: Kopp/Ramsauer, VwVfG, 20. Aufl. 2019, § 48 Rn. 162; Suerbaum, in: Mann/Sennekamp/Uechtritz, VwVfG, 2. Aufl. 2019, § 48 Rn. 217, 226.
1373 Ramsauer, in: Kopp/Ramsauer, VwVfG, 20. Aufl. 2019, § 48 Rn. 163; Sachs, in: Stelkens/Bonk/Sachs, VwVfG, 9. Aufl. 2018, § 48 Rn. 256. A.A. J. Müller, in: Bader/Ronellenfitsch, VwVfG, 44. Ed., Stand: 1.1.2019, § 48 Rn. 124; Kastner, in: Fehling/Kastner/Störmer, Verwaltungsrecht, 4. Aufl. 2016, § 48 VwVfG Rn. 68.
1374 S. nur BVerwG, Urt. v. 20.12.1999, Az.: 7 C 42.98 = BVerwGE 110, 226 (230).
1375 BVerwG, Urt. v. 20.12.1999, Az.: 7 C 42.98 = BVerwGE 110, 226 (230), unter Rekurs auf den Musterentwurf eines Verwaltungsverfahrensgesetzes, 2. Aufl. 1968, S. 82.
1376 S. nur BVerwG, Urt. v. 20.12.1999, Az.: 7 C 42.98 = BVerwGE 110, 226 (230), mit dem zusätzlichen Hinweis, dass bei deren Unergiebigkeit allgemeine verwaltungsverfahrensrechtliche Grundsätze greifen.

Tobias Brings-Wiesen

fahrensrechts zu bestimmen, sodass die Behörde zuständig ist, die zum Zeitpunkt der Rücknahmeentscheidung für den Erlass des aufzuhebenden Verwaltungsakts zuständig ist.[1377]

853　Nach alldem wird zwar im Ergebnis *regelmäßig* sowohl in örtlicher als auch in sachlicher Hinsicht die Behörde für die Rücknahme zuständig sein, die bereits den ursprünglichen Verwaltungsakt erlassen hat bzw. diejenige, die diesen hätte erlassen müssen. In der Prüfung sollte jedoch gleichwohl sauber dargelegt werden, warum dies so ist.

854　Während der Anhängigkeit eines Vorverfahrens (bis zum Eintritt der Bestandskraft des Widerspruchsbescheids) erstreckt sich die Zuständigkeit darüber hinaus auf die **Widerspruchsbehörde.**[1378]

(2) Verfahren

855　Für ein ordnungsgemäßes **Verfahren** ist unter den Bedingungen des § 28 VwVfG insbesondere eine Anhörung erforderlich.[1379] Insbesondere im Falle der Rücknahme eines **begünstigenden** Verwaltungsakts wird in die aktuelle Rechtsstellung des durch den Verwaltungsakt Begünstigten als Beteiligter nach § 13 I Nr. 2 VwVfG eingegriffen.[1380] Auch im Falle der Rücknahme eines **belastenden** Verwaltungsakts ist dies jedoch nicht per se ausgeschlossen. Im Falle der Rücknahme eines Verwaltungsakts mit Drittwirkung besteht die Pflicht zur Anhörung des Drittbetroffenen erst nach dessen Hinzuziehung gemäß § 13 II VwVfG, auf die indes ein Anspruch bestehen kann.[1381]

(3) Form

856　Soweit dem Fachrecht keine speziellen Formvorgaben zu entnehmen sind, würde auch für den Verwaltungsakt der Rücknahme eigentlich der Grundsatz der **Formfreiheit** gemäß § 37 II 1 VwVfG gelten (s. dazu Rn. 681). Aus der individu-

---

1377 Für einen Fall örtlicher Unzuständigkeit BVerwG, Beschl. v. 25.8.1995, Az.: 5 B 141.95 = NVwZ-RR 1995, 538; für einen Fall sachlicher Unzuständigkeit BVerwG, Urt. v. 20.12.1999, Az.: 7 C 42.98 = BVerwGE 110, 226 (229 ff.).
1378 S. dazu und zum Verhältnis zur Ausgangsbehörde allgemein Ramsauer, in: Kopp/Ramsauer, VwVfG, 20. Aufl. 2019, § 48 Rn. 164 ff.
1379 S. dazu anschaulich OVG Münster, Urt. v. 10.12.1984, Az.: 16 A 3086/83 = NVwZ 1985, 661 (662).
1380 Vgl. BVerwG, Urt. v. 14.10.1982, Az.: 3 C 46.81 = BVerwGE 66, 184 (186).
1381 Dazu jeweils m.w.N. Ramsauer, in: Kopp/Ramsauer, VwVfG, 20. Aufl. 2019, § 28 Rn. 22 f; Kallerhoff/Mayen, in: Stelkens/Bonk/Sachs, VwVfG, 9. Aufl. 2018, § 28 Rn. 33; Schwarz, in: Fehling/Kastner/Störmer, Verwaltungsrecht, 4. Aufl. 2016, § 28 VwVfG Rn. 21 f.

Tobias Brings-Wiesen

alschutzorientierten Fortführung des *actus contrarius*-Gedankens kann sich jedoch ergeben, dass für die Rücknahme die Form einzuhalten ist, in der der zurückzunehmende Verwaltungsakt (entsprechend der für ihn geltenden Vorgaben) erteilt wurde.[1382] Insofern ist die Entscheidung über die Rücknahme, insbesondere im Hinblick auf die ihr zugrundeliegenden Ermessenserwägungen,[1383] auch gemäß § 39 VwVfG zu **begründen** (s. dazu Rn. 690 ff.).[1384]

cc) Materielle Rechtmäßigkeit

Während Ausführungen zur Ermächtigungsgrundlage und zur formellen Recht- **857** mäßigkeit regelmäßig „reine Formsache" sein werden bzw. nur allgemein bekannte Probleme aufgreifen, wird der **Schwerpunkt** der Prüfungen von Rücknahmen gemäß § 48 VwVfG praktisch immer auf der **materiellen Rechtmäßigkeit** liegen.

(1) Überblick über die Prüfung des Tatbestands

Die Tatbestandsprüfung fällt je nach Vorliegen der von § 48 VwVfG besonders **858** hervorgehobenen Charakteristika eines Verwaltungsakts unterschiedlich umfänglich aus. Stets festzustellen ist, dass sich die Entscheidung der Behörde auf einen **rechtswidrigen Verwaltungsakt** bezieht.

Ist dieser **Verwaltungsakt belastend**, ist die Tatbestandsprüfung zu been- **859** den und abschließend gemäß § 48 I 1 VwVfG die ordnungsgemäße Ermessensausübung der Behörde bei der Entscheidung über die Rücknahme zu beurteilen.

Ist der **Verwaltungsakt** indes i. S. v. § 48 I 2 VwVfG **begünstigend**, sind die **860** zusätzlichen Tatbestandsvoraussetzungen der Abs. 2 bis 4 zu prüfen. Innerhalb dieser wird indes nochmals unterschieden zwischen Verwaltungsakten, die eine einmalige oder laufende Geldleistung oder teilbare Sachleistung gewähren oder hierfür Voraussetzung sind (im Folgenden: „Leistungsverwaltungsakte"), und sonstigen Verwaltungsakten. Für beide ist ein möglicher Ausschluss der Rücknahme aufgrund von Verfristung gemäß § 48 IV VwVfG zu prüfen. Nur für die Erstgenannten sieht § 48 II VwVfG darüber hinaus weitere besondere Tatbestandserwägungen vor.

1382 So i. E. auch Sachs, in: Stelkens/Bonk/Sachs, VwVfG, 9. Aufl. 2018, § 48 Rn. 242; Kastner, in: Fehling/Kastner/Störmer, Verwaltungsrecht, 4. Aufl. 2016, § 48 VwVfG Rn. 72; Ehlers/Kallerhoff, JURA 2009, 823 (834).
1383 Wobei das Begründungserfordernis im Falle von § 48 II 4 VwVfG reduziert sein kann, s. nur BVerwG, Urt. v. 16.6.1997, Az.: 3 C 22.96 = BVerwGE 105, 55 (57).
1384 Ramsauer, in: Kopp/Ramsauer, VwVfG, 20. Aufl. 2019, § 48 Rn. 171; Sachs, in: Stelkens/Bonk/Sachs, VwVfG, 9. Aufl. 2018, § 48 Rn. 253.

Tobias Brings-Wiesen

(2) Tatbestandsmerkmal 1: Vorliegen eines Verwaltungsakts

861 Bezugsobjekt der Rücknahme (zum Widerruf s. Rn. 941 ff.) ist ein **Verwaltungsakt**. Im Rahmen von Prüfungen wird diesem Tatbestandsmerkmal selten besondere Aufmerksamkeit zuteil. Dies ist in der weit überwiegenden Zahl der Sachverhalte auch vertretbar. Stets sollte jedoch zumindest in der gebotenen Kürze das Vorliegen der Merkmale des § 35 VwVfG (s. Rn. 42 ff.) und der Eintritt der rechtlichen Existenz eines Verwaltungsakts (s. Rn. 117 ff.) dargelegt werden (soweit dies bei verwaltungsprozessualer Einbettung noch nicht bei der Erläuterung der statthaften Klageart erfolgt ist, sodass entsprechend verwiesen werden könnte).

862 Examenswissen: Diese kurze Vergewisserung des Vorliegens eines Verwaltungsakts ist auch der Tatsache geschuldet, dass die Möglichkeit der Aufhebung von bloß „formellen Verwaltungsakten" (s. dazu Rn. 21 ff.), „Nichtakten" (s. dazu Rn. 20) und nichtigen Verwaltungsakten (s. dazu Rn. 19, 197 ff.) **umstritten** ist.

Besonders intensiv diskutiert wird die Anwendbarkeit von § 48 VwVfG auf **nichtige Verwaltungsakte**.

Gegen eine Anwendung[1385] wird insbesondere die Systematik des VwVfG ins Feld geführt. Die behördliche Aufhebung ziele auf die Beseitigung der Wirksamkeit, setze diese folglich voraus. Die Aufhebung eines nichtigen Verwaltungsakts gehe daher ins Leere.[1386] Die Anwendung von § 48 VwVfG würde die – in § 43 II, III VwVfG angelegte – Unterscheidung zwischen bloßer Rechtswidrigkeit und Nichtigkeit verwischen.[1387] Insbesondere sei für eine analoge Anwendung kein Raum, da angesichts der Möglichkeit behördlicher Feststellung gemäß § 44 V VwVfG bereits keine Regelungslücke bestehe.[1388] Die nötige Klarheit wider den Rechtsschein eines nichtigen Verwaltungsakts könne auch über die speziell dafür vorgesehenen Rechtsbehelfe erreicht werden.[1389] Da sich behördliche Nichtigkeitsfeststellung und Aufhebung sowohl nach den Voraussetzungen als auch nach den Rechtsfolgen unterschieden, könne keine Parallele zur gerichtlichen Aufhebung eines nichtigen Verwaltungsakts (s. dazu Rn. 197 ff.) gezogen werden.[1390]

1385 Detterbeck, Allgemeines Verwaltungsrecht, 17. Aufl. 2019, Rn. 684; Maurer/Waldhoff, Allgemeines Verwaltungsrecht, 19. Aufl. 2017, § 11 Rn. 7; Suerbaum, in: Mann/Sennekamp/Uechtritz, VwVfG, 2. Aufl. 2019, § 48 Rn. 40; Erichsen/Brügge, JURA 1999, 155 (156); Schladebach, VerwArch 2013, 188 (203 f.); Mehde, JURA 2017, 783 (786).
1386 S. nur Maurer/Waldhoff, Allgemeines Verwaltungsrecht, 19. Aufl. 2017, § 11 Rn. 7. Im Interesse dogmatischer Konsistenz wird daher vermittelnd auch vertreten, dass § 48 VwVfG zwar anwendbar, die Aufhebung jedoch nur deklaratorischer Natur sei, J. Müller, in: Bader/Ronellenfitsch, VwVfG, 44. Ed., Stand: 1.1.2019, § 48 Rn. 8.
1387 Kastner, in: Fehling/Kastner/Störmer, Verwaltungsrecht, 4. Aufl. 2016, § 48 VwVfG Rn. 23.
1388 Schladebach, VerwArch 2013, 188 (203); wohl auch Detterbeck, Allgemeines Verwaltungsrecht, 17. Aufl. 2019, Rn. 684.
1389 Maurer/Waldhoff, Allgemeines Verwaltungsrecht, 19. Aufl. 2017, § 11 Rn. 7; Kastner, in: Fehling/Kastner/Störmer, Verwaltungsrecht, 4. Aufl. 2016, § 48 VwVfG Rn. 23; Schladebach, VerwArch 2013, 188 (203 f.).
1390 Maurer/Waldhoff, Allgemeines Verwaltungsrecht, 19. Aufl. 2017, § 11 Rn. 7. Soweit demgegenüber die Möglichkeit einer Anfechtungsklage befürwortet wird, wird auch auf den dies indi-

Die herrschende Meinung spricht sich demgegenüber **für eine – zumindest analoge**[1391] – **Anwendung** aus.[1392] Dafür spreche – wie im Verwaltungsgerichtsprozess (s. Rn. 197 ff.) – der Grundsatz der Verfahrensökonomie: Durch die Möglichkeit der Aufhebung erübrige sich für die Behörde die schwierige – und oftmals umstrittene – Entscheidung, ob der Verwaltungsakt nichtig oder bloß rechtswidrig sei.[1393] Sie sei somit vor allem in Grenz- und Zweifelsfällen vielfach der einfachere Weg.[1394] Außerdem bestehe mangels Vergleichbarkeit von Feststellungs- und Aufhebungsentscheidung sehr wohl eine Regelungslücke und demnach ein Interesse an der Anwendbarkeit: Endgültig beseitigt werde der Rechtsschein erst durch Aufhebung des den Rechtsschein erzeugenden Aktes.[1395] Demgegenüber sei die Unterscheidung von bloßer Rechtswidrigkeit und Nichtigkeit im Hinblick auf § 48 VwVfG systematisch nicht zwingend: Weder schaffe § 43 II VwVfG einen untrennbaren Zusammenhang zwischen Aufhebung und Wirksamkeit, noch sei es dem Gesetzgeber *per se* untersagt, auch die Aufhebung eines unwirksamen Verwaltungsakts vorzusehen.[1396] Bejaht man eine Anwendbarkeit, ist für den Fall, dass die Behörde oder ein Betroffener diesen Weg wählen, eine **Prüfung der Nichtigkeit entbehrlich.**[1397] Es gelten die Voraussetzungen des § 48 VwVfG.[1398]

Das **Bundesverwaltungsgericht** hat zuletzt zu erkennen gegeben, dass es die Argumentation, dass ein aufgrund von Erledigung bereits unwirksamer Verwaltungsakt zwar nicht mehr rechtsgestaltend aufgehoben, sehr wohl aber der mit ihm verbundene Rechtsschein durch eine Aufhebung beseitigt werden könnte, hinsichtlich aller Konstellationen der Unwirksamkeit für überzeugend hält.[1399] Angesichts der fortbestehenden Kontroverse um diese Position[1400] sollte in

---

zierenden Wortlaut von § 43 II 2 VwGO abgestellt, Detterbeck, Allgemeines Verwaltungsrecht, 17. Aufl. 2019, Rn. 684 (Fn. 315).

1391 Ramsauer, in: Kopp/Ramsauer, VwVfG, 20. Aufl. 2019, § 44 Rn. 70; § 48 Rn. 18, verneint eine unmittelbare Anwendung mit der Begründung, die Rücknahme sei gemäß § 43 II VwVfG auf wirksame Verwaltungsakte bezogen; so wohl auch Ehlers/Kallerhoff, JURA 2009, 823 (825); dagegen jedoch Schenke, JuS 2016, 97 (100, Fn. 27).

1392 OVG Münster, Urt. v. 3.12.2009, Az.: 18 A 1787/06 = NVwZ-RR 2010, 411 (412); Peine/Siegel, Allgemeines Verwaltungsrecht, 12. Aufl. 2018, Rn. 603; Sachs, in: Stelkens/Bonk/Sachs, VwVfG, 9. Aufl. 2018, § 44 Rn. 199; § 48 Rn. 57 m.w.N. Zustimmend wohl auch BVerwG, Urt. v. 17.11.2016, Az.: 6 C 36.15 = BVerwGE 156, 283 (285, Rn. 12).

1393 So zu § 44 SGB X BSG, Urt. v. 23.02.1989, Az.: 11/7 RAr 103/87 = NVwZ 1989, 902 (903).

1394 Ramsauer, in: Kopp/Ramsauer, VwVfG, 20. Aufl. 2019, § 44 Rn. 70; § 48 Rn. 18; Schenke, JuS 2016, 97 (100).

1395 Ehlers/Kallerhoff, JURA 2009, 823 (25).

1396 Schenke, JuS 2016, 97 (101).

1397 Schenke, JuS 2016, 97 (103).

1398 S. aber zur wichtigen Frage eines Ermessens der Behörde im Falle der Nichtigkeit ausführlich Schenke, JuS 2016, 97 (102 f.).

1399 BVerwG, Urt. v. 17.11.2016, Az.: 6 C 36.15 = BVerwGE 156, 283 (285, Rn. 12), im Zusammenhang mit dem Widerruf eines Verwaltungsakts nach dessen Erledigung „auf andere Weise" durch Verzicht.

1400 Aus der Lehrbuchliteratur dagegen Maurer/Waldhoff, Allgemeines Verwaltungsrecht, 19. Aufl. 2017, § 11 Rn. 7; Detterbeck, Allgemeines Verwaltungsrecht, 17. Aufl. 2019, Rn. 684 (zum nichtigen Verwaltungsakt); Ruffert, in: Ehlers/Pünder, Allgemeines Verwaltungsrecht, 15. Aufl. 2016, § 24 Rn. 7; dafür Peine/Siegel, Allgemeines Verwaltungsrecht, 12. Aufl. 2018, Rn. 603.

Tobias Brings-Wiesen

einer Klausur jedoch im Falle von bloß formellen Verwaltungsakten, Nichtakten und nichtigen Verwaltungsakten unbedingt auf das Problem eingegangen werden. In diesem Zusammenhang können dann auch tiefergehende Ausführungen zu Verwaltungsaktqualität und Wirksamkeit erforderlich werden.

863   Weitgehend bedeutungslos[1401] ist demgegenüber die Frage seiner **Bestandskraft,** wie sich bereits am Wortlaut von § 48 I 1 VwVfG („auch nachdem er unanfechtbar geworden ist") verdeutlicht. Dies eröffnet insbesondere die Möglichkeit der Betroffenen, die Aufhebung eines Verwaltungsakts auch über das Ende der Klagefrist hinaus zu beantragen. Die Anhängigkeit eines Widerspruchs- oder Gerichtsverfahrens steht einer Aufhebung gemäß §§ 48 f. VwVfG grundsätzlich nicht im Wege, hat jedoch gemäß § 50 VwVfG Auswirkungen auf deren materielle Rechtmäßigkeitsmaßstäbe (s. dazu Rn. 979 ff.). Die Rechtskraft aufgrund gerichtlicher Bestätigung eines Verwaltungsakts wird der Aufhebung hingegen regelmäßig entgegenstehen.[1402]

864   Objekt einer Rücknahme nach § 48 VwVfG können auch **Abhilfe-** (§ 72 VwGO) oder **Widerspruchsbescheide** (§ 73 VwGO)[1403] sowie **Aufhebungsbescheide** gemäß §§ 48 f. VwVfG selbst sein. Auf **Genehmigungsfiktionen** ist § 48 VwVfG gemäß § 42a I 2 VwVfG entsprechend anwendbar.

(3) Tatbestandsmerkmal 2: Rechtswidrigkeit des aufzuhebenden Verwaltungsakts

865   *Ein* **Schwerpunkt von Prüfungen** am Maßstab von § 48 VwVfG wird meist in der **Inzidentprüfung der Rechtskonformität des aufzuhebenden Verwaltungsakts** liegen. Dabei bestehen *in der Sache* keine Besonderheiten: Ein Verwaltungsakt ist rechtswidrig, wenn er nicht auf einer eigentlich erforderlichen Ermächtigungsgrundlage beruht oder in formeller[1404] oder materieller Hinsicht gegen einschlägige Rechtsvorschriften (auch und insbesondere Unionsrecht[1405]) verstößt.

1401 Gestritten wird jedoch um die Fragen der Interessenabwägung gemäß § 48 II VwVfG und der Ermessensausübung im Falle der Rücknahme eines noch nicht bestandskräftigen Verwaltungsakts, s. dazu noch Rn. 925.
1402 S. nur J. Müller, in: Bader/Ronellenfitsch, VwVfG, 44. Ed., Stand: 1.1.2019, § 48 Rn. 37, m.w.N.
1403 S. dazu ausführlich Rn. 301 ff. Soweit ein Widerspruchsbescheid ergangen ist, so ist regelmäßig dessen Rechtswidrigkeit zu beurteilen, Ramsauer, in: Kopp/Ramsauer, VwVfG, 20. Aufl. 2019, § 48 Rn. 50.
1404 S. aber zu den (vor allem) formelle Rechtsfehler betreffenden §§ 45 ff. VwVfG noch Rn. 652.
1405 S. zu den daraus resultierenden besonderen Konsequenzen noch Rn. 929 ff.

Tobias Brings-Wiesen

Steht am Ende dieser Prüfung fest, dass der Verwaltungsakt **rechtmäßig** war, hätte er *ausschließlich* nach § 49 VwVfG widerrufen werden dürfen.[1406]

War er demgegenüber **rechtswidrig**, legt zwar der Wortlaut der §§ 48, 49 VwVfG nahe, dass nur eine Rücknahme in Frage kommt. Die ganz herrschende Meinung hält jedoch auch den Widerruf eines rechtswidrigen Verwaltungsakts gemäß § 49 VwVfG für möglich (s. dazu Rn. 948). **866**

Für die Prüfung bedeutet dies: Soweit sich aus einem Sachverhalt hinreichende Anhaltspunkte für einen Widerruf ergeben, sollte die Bearbeitung mit § 49 VwVfG beginnen. Unter dem Prüfungspunkt „Rechtmäßigkeit des Verwaltungsakts" sollte dann – zumeist in der gebotenen Kürze – auf die Möglichkeit des Widerrufs rechtswidriger Verwaltungsakte eingegangen werden. In der Konsequenz kann dann die Entscheidung über die Rechtmäßigkeit (vorerst) dahinstehen.[1407] Sollte jedoch sodann wegen Rechtswidrigkeit des Widerrufs oder schlicht ergänzend noch § 48 VwVfG geprüft werden, ist zwingend eine Entscheidung zu treffen. Auch sollten Ausführungen dort nicht unterbleiben, wo sie je nach Sachverhaltsgestaltung ersichtlich erwartet werden.[1408] **867**

Wie im Fall der Anfechtungsklage (§§ 42 I Var. 1, 113 I 1 VwGO) ergibt sich aus Wortlaut und Systematik der §§ 48 f. VwVfG, dass ein Verwaltungsakt auch nur **teilweise aufgehoben** werden kann. **868**

Zuletzt gilt es *in zeitlicher Hinsicht* einige Besonderheiten zu beachten. Maßgeblicher **Beurteilungszeitpunkt** der Rechtskonformität des aufzuhebenden Verwaltungsakts[1409] ist der Zeitpunkt seines Erlasses.[1410] *Spätere* Änderungen der Sach- und – insbesondere auch der – Rechtslage bleiben *grundsätzlich* unberücksichtigt.[1411] **869**

1406 Maurer/Waldhoff, Allgemeines Verwaltungsrecht, 19. Aufl. 2017, § 11 Rn. 17. Es besteht indes unter bestimmten Voraussetzungen die Möglichkeit zur Auslegung der behördlichen Entscheidung.
1407 Detterbeck, Allgemeines Verwaltungsrecht, 17. Aufl. 2019, Rn. 685; Peine/Siegel, Allgemeines Verwaltungsrecht, 12. Aufl. 2018, Rn. 603; Manssen/Greim, JuS 2010, 429 (432).
1408 So zu Recht Faßbender, JuS 2016, 538 (Fn. 2).
1409 Anderes gilt im Falle der Aufhebung eines Widerspruchsbescheids nach § 73 VwGO, Detterbeck, Allgemeines Verwaltungsrecht, 17. Aufl. 2019, § 10 Fn. 302.
1410 Maurer/Waldhoff, Allgemeines Verwaltungsrecht, 19. Aufl. 2017, § 11 Rn. 18; Detterbeck, Allgemeines Verwaltungsrecht, 17. Aufl. 2019, Rn. 680; Ramsauer, in: Kopp/Ramsauer, VwVfG, 20. Aufl. 2019, § 48 Rn. 57; Sachs, in: Stelkens/Bonk/Sachs, VwVfG, 9. Aufl. 2018, § 48 Rn. 49.
1411 Vgl. nur die Beispiele bei Ramsauer, in: Kopp/Ramsauer, VwVfG, 20. Aufl. 2019, § 48 Rn. 58 ff.

Tobias Brings-Wiesen

870 Examenswissen: Prüfungsrelevant weil zum Teil stark umstritten sind indes die folgenden Ausnahmen:

Keine *nachträgliche Änderung* der Rechtslage liegt im Falle der **gerichtlichen Nichtigerklärung einer Vorschrift** wegen Unvereinbarkeit mit höherrangigem Recht (vgl. §§ 78, 95 III 1 BVerfGG; §§ 49, 61 III 1 VGHG NRW; § 47 V 2 Hs. 1 VwGO) vor. Die verschiedenen Gerichte treffen dabei jeweils eine allgemeinverbindliche Feststellungsentscheidung, keine rechtsgestaltende Aufhebungsentscheidung. Die Vorschriften waren objektiv bereits vorher rechtswidrig und damit nichtig. Daraus folgt, dass auch die auf den betroffenen Vorschriften beruhenden Verwaltungsakte mangels wirksamer Rechtsgrundlage als *von Anfang an*[1412] rechtswidrig[1413] zu erachten sind.[1414] Gleiches gilt für die Konstellation, dass die einen ursprünglich rechtmäßigen Verwaltungsakt betreffenden Vorschriften **vom Gesetzgeber *mit Rückwirkung* geändert** werden.[1415] Gleiches kann sich ergeben, wenn die nachträgliche Änderung einer Verwaltungsentscheidung mit Rückwirkung erfolgt.[1416]

Umstritten ist der Umgang mit ursprünglich rechtmäßigen, – aufgrund von Änderungen der Sach- oder Rechtslage – *nachträglich* rechtswidrig[1417] gewordenen „**Dauerverwaltungsakten**" (s. dazu Rn. 541). Das **Bundesverwaltungsgericht** geht in ständiger Rechtsprechung[1418] davon aus, dass ihre Aufhebung für den Zeitraum *ab dem Eintritt* der Rechtswidrigkeit als Rücknahme nach § 48 VwVfG und nicht als Widerruf nach § 49 VwVfG zu bewerten ist. Die Gegenmeinung[1419] hält dem insbesondere das systematische Argument entgegen, dass Konstellationen nachträgli-

---

1412 Dies soll laut Ramsauer, in: Kopp/Ramsauer, VwVfG, 20. Aufl. 2018, § 48 Rn. 56, nicht gelten, wenn trotz Rechtswidrigkeit eine vorläufige Fortgeltung anerkannt bzw. angeordnet wird. Dies wird jedoch höchstens nach den Umständen der Entscheidung in Frage kommen können.
1413 S. zur Rechtswidrigkeit aufgrund fehlender oder mangelhafter Ermächtigungsgrundlage ausführlich Rn. 554 ff. Sie führt jedoch keineswegs automatisch zur Unwirksamkeit des Verwaltungsakts (wegen Erledigung oder Nichtigkeit), s. dazu ausführlich Rn. 185 sowie in § 6 Rn. 153.
1414 BVerwG, Urt. v. 25.10.2012, Az.: 2 C 59.11 = BVerwGE 145, 14 (16, Rn. 10); Detterbeck, Allgemeines Verwaltungsrecht, 17. Aufl. 2019, Rn. 683; Ramsauer, in: Kopp/Ramsauer, VwVfG, 20. Aufl. 2019, § 48 Rn. 56. S. zur weiteren Berücksichtigung der Nichtigkeit für die Rücknahmeentscheidung BVerwG, Urt. v. 24.2.2011, Az.. 2 C 50.09 = NVwZ 2011, 888 (889 f.); dazu auch Detterbeck, a.a.O.
1415 Maurer/Waldhoff, Allgemeines Verwaltungsrecht, 19. Aufl. 2017, § 11 Rn. 19; Detterbeck, Allgemeines Verwaltungsrecht, 17. Aufl. 2019, Rn. 681; Ramsauer, in: Kopp/Ramsauer, VwVfG, 20. Aufl. 2019, § 48 Rn. 15a.
1416 Vgl. BVerwG, Urt. v. 16.11.1989, Az.: 2 C 43.87 = BVerwGE 84, 111 (113), dort durch gerichtliche Aufhebung eines Verwaltungsakts, was auch auf die Beurteilung eines in sachlichem Zusammenhang stehenden Verwaltungsakts zurückwirkte.
1417 Zum umgekehrten Fall des nachträglichen Rechtmäßigwerdens rechtswidriger Verwaltungsakte Schenke, NVwZ 2015, 1341.
1418 BVerwG, Urt. v. 2.11.1989, Az.: 2 C 43.87 = BVerwGE 84, 111 (113 f.); Urt. v. 28.6.2012, Az.: 2 C 13.11 = BVerwGE 143, 230 (233, Rn. 15); anders aber für den Planfeststellungsbeschluss BVerwG, Urt. v. 29.4.2016, Az.: 4 A 2.15 = BVerwGE 155, 81 (86, Rn. 28). So auch mit ausführlicher Begründung Schenke, DVBl 1989, 433.
1419 S. nur Maurer/Waldhoff, Allgemeines Verwaltungsrecht, 19. Aufl. 2017, § 11 Rn. 19; Detterbeck, Allgemeines Verwaltungsrecht, 17. Aufl. 2019, Rn. 682; Ruffert, in: Ehlers/Pünder, Allgemeines Verwaltungsrecht, 15. Aufl. 2016, § 24 Rn. 6; Ehlers/Kallerhoff, JURA 2009, 823 (825).

Tobias Brings-Wiesen

cher Veränderung der Sach- oder Rechtslage entsprechend § 49 II 1 Nr. 3, 4 VwVfG eindeutig der Aufhebung durch Widerruf zugewiesen sind.

Da **auch formelle Rechtsfehler** zur Rechtswidrigkeit des aufzuhebenden Verwaltungsakts führen können,[1420] sind auch die Fehlerfolgenregelungen der §§ 45 ff. VwVfG besonders zu berücksichtigen: Während weitestgehend Einigkeit[1421] darüber besteht, dass ein ursprünglich rechtswidriger Verwaltungsakt rückwirkend rechtmäßig wird, wenn ein Verfahrens- oder Formfehler gemäß § 45 VwVfG (s. dazu Rn. 652 ff.) durch Nachholung der entsprechenden Handlung nachträglich **geheilt** wird,[1422] ist die Frage einer Rücknahme im Falle von **Unbeachtlichkeit** gemäß § 46 VwVfG umstritten[1423].

Umstritten ist auch der Umgang mit Konstellationen, in denen der Verwaltungsakt gemäß § 47 VwVfG durch die Behörde bereits **umgedeutet** wurde bzw. noch werden kann.[1424]

(4) Tatbestandsmerkmal 3: Belastender oder begünstigender Verwaltungsakt

Handelt es sich um einen rechtswidrigen Verwaltungsakt, so ist eine Rücknahme **871** nach § 48 VwVfG möglich. Für die Klärung der Frage, welche weiteren Voraussetzungen erfüllt sein müssen, ist sodann zu prüfen, ob der zurückzunehmende Verwaltungsakt eine **belastende oder begünstigende Wirkung** hat. Was unter einem begünstigenden Verwaltungsakt zu verstehen ist, ist in § 48 I 2 VwVfG legaldefiniert als Verwaltungsakt, der ein Recht oder einen rechtlich erheblichen Vorteil begründet oder bestätigt hat. Handelt es sich um einen solchen begünstigenden Verwaltungsakt, kann seine Rücknahme nur unter den zusätzlichen Voraussetzungen der Abs. 2 bis 4 erfolgen. Andernfalls steht die Rücknahme entsprechend dem „Grundsatz der freien Rücknehmbarkeit" gemäß § 48 I 1 VwVfG im Ermessen der Behörde.

Für die Beantwortung der Frage, ob ein Verwaltungsakt ein Recht oder einen **872** rechtlich erheblichen Vorteil begründet oder bestätigt, ist die **Wirkung des aufzuhebenden Verwaltungsakts** *an sich* in den Fokus zu nehmen. Treffend formuliert *Ramsauer*, dass die Vorschrift Rechte im engeren Sinne und rechtlich geschützte Interessen, d. h. alle von der Rechtsordnung durch Sätze des öffentlichen Rechts als schutzwürdig anerkannten und rechtlich geschützten Vorteile,

---

1420 Ramsauer, in: Kopp/Ramsauer, VwVfG, 20. Aufl. 2019, § 48 Rn. 52.
1421 S. dazu nur Ramsauer, in: Kopp/Ramsauer, VwVfG, 20. Aufl. 2019, § 45 Rn. 14; Sachs, in: Stelkens/Bonk/Sachs, VwVfG, 9. Aufl. 2018, § 45 Rn. 21 f., jeweils m. w. N.
1422 OVG Münster, Beschl. v. 23.6.1987, Az.: 13 B 826/87 = NVwZ 1988, 740 (741); Sachs, in: Stelkens/Bonk/Sachs, VwVfG, 9. Aufl. 2018, § 45 Rn. 21, 23; § 48 Rn. 56; Ehlers/Kallerhoff, JURA 2009, 823 (825).
1423 S. dazu m. w. N. nur Sachs, in: Stelkens/Bonk/Sachs, VwVfG, 9. Aufl. 2018, § 46 Rn. 12.
1424 Dafür Maurer/Waldhoff, Allgemeines Verwaltungsrecht, 19. Aufl. 2017, § 11 Rn. 16; Peuker, in: Knack/Henneke, VwVfG, 10. Aufl. 2014, § 48 Rn. 46; Ehlers/Kallerhoff, JURA 2009, 823 (825); a. A. aber Sachs, in: Stelkens/Bonk/Sachs, VwVfG, 9. Aufl. 2018, § 48 Rn. 58.

Tobias Brings-Wiesen

die aus dem Verwaltungsakt erwuchsen, umfasse.[1425] Diese müssen durch den Verwaltungsakt begründet, bestätigt oder festgestellt werden. Begünstigend ist ein Verwaltungsakt jedoch auch dann, wenn die Rechtsordnung an seinen an sich neutralen Regelungsinhalt begünstigende Rechtsfolgen knüpft. So wurde beispielsweise die Feststellung der Zivildienstunfähigkeit (§ 8 ZDG) als begünstigend gewertet, weil in der Folge die mit dem Zivildienst verbundenen gesetzlichen Pflichten entfielen.[1426] Zu verneinen ist eine Begünstigung hingegen, wenn sie wie im Falle der Umnummerierung von Grundstücken im öffentlichen Interesse liegt und höchstens reflexhaft *tatsächliche* Auswirkungen für die Betroffenen hat.[1427]

873   Teilweise wird für die Bestimmung einer Begünstigung oder Belastung auf die **Wirkung der Aufhebung** abgestellt, sodass die Aufhebung einer Belastung zulasten des Betroffenen nach den Maßstäben für begünstigende Verwaltungsakte behandelt werden soll.[1428] Dieses Vorgehen wird indes von der herrschenden Meinung und der Rechtsprechung nicht geteilt.[1429] Bei Verwaltungsakten, die **zugleich belastend und begünstigend** sind, kommt es vorrangig auf die Teilbarkeit an, ansonsten sind sie wie begünstigende Verwaltungsakte zu behandeln.[1430] Bei **Verwaltungsakten mit Drittwirkung** kommt es stets auf die Perspektive des „Adressaten" – d. h. die Person, für die ein Verwaltungsakt i. S. v. § 41 I 1, § 43 I 1 VwVfG bestimmt ist (s. dazu Rn. 107) – an.[1431]

874   Ein begünstigender Verwaltungsakt darf nur unter den Einschränkungen der Abs. 2 bis 4 zurückgenommen werden. Entgegen vereinzelt vertretener Ansicht[1432] handelt es sich um **weitere Tatbestandsvoraussetzungen** deren Vorliegen gerichtlich voll überprüfbar ist und die je nach Vorliegen eine Rücknahme ausschließen.[1433]

1425 Ramsauer, in: Kopp/Ramsauer, VwVfG, 20. Aufl. 2019, § 48 Rn. 66; auch mit Negativbeispielen, a. a. O., Rn. 65.

1426 BVerwG, Urt. v. 25.6.1982, Az.: 8 C 122.81 = BVerwGE 66, 61 (62).

1427 OVG Münster, Beschl. v. 29.2.2012, Az.: 5 A 353/11 = NVwZ-RR 2012, 541 (541 f.).

1428 S. nur Maurer/Waldhoff, Allgemeines Verwaltungsrecht, 19. Aufl. 2017, § 11 Rn. 13; Detterbeck, Allgemeines Verwaltungsrecht, 17. Aufl. 2019, Rn. 686 f.

1429 S. dazu nur das Beispiel bei Ramsauer, in Kopp/Ramsauer, VwVfG, 20. Aufl. 2019, § 48 Rn. 69 m. w. N.

1430 Ramsauer, in: Kopp/Ramsauer, VwVfG, 20. Aufl. 2019, § 48 Rn. 72; Ehlers/Kallerhoff, JURA 2009, 823 (827).

1431 Vgl. dazu nur BVerwG, Urt. v. 9.5.2012 Az.: 6 C 3.11 = BVerwGE 143, 87 (106 ff., Rn. 46 f.). a. A. dagegen m. w. N. Ehlers/Kallerhoff, JURA 2009, 823 (827).

1432 Peuker, in: Knack/Henneke, VwVfG, 10. Aufl. 2014, § 48 Rn. 66; Ziekow, VwVfG, 3. Aufl. 2013, § 48 Rn. 14.

1433 OVG Münster, Urt. v. 25.11.1996, Az.: 25 A 1950/96 = NVwZ-RR 1997, 585 (585 f.); Maurer/Waldhoff, Allgemeines Verwaltungsrecht, 19. Aufl. 2017, § 11 Rn. 29; Detterbeck, Allgemeines

Handelt es sich hingegen um einen belastenden Verwaltungsakt, findet die **Tatbestandsprüfung** hier ihren Abschluss, sodass zum Ermessen (s. dazu Rn. 921 ff.) überzugehen ist.

(5) Besondere Tatbestandsvoraussetzungen bei Rücknahme eines begünstigenden Verwaltungsakts, § 48 II bis IV VwVfG

Handelt es sich um einen rechtswidrigen, aber begünstigenden Verwaltungsakt, 875 bedarf es der Prüfung der **weiteren besonderen Tatbestandsvoraussetzungen** des § 48 II bis IV VwVfG.

Auch insofern bedarf es jedoch einer **weiteren Differenzierung zwischen** 876 **zwei Kategorien begünstigender Verwaltungsakte.** Während die in § 48 IV VwVfG vorgesehene Fristenregelung auf beide Kategorien anzuwenden ist (s. dazu Rn. 905 ff.), sieht § 48 II VwVfG nur für Verwaltungsakte, die eine einmalige oder laufende Geldleistung oder teilbare Sachleistung gewähren oder hierfür Voraussetzung sind, näher ausdifferenzierte Tatbestandsvoraussetzungen zum Ausgleich der widerstreitenden Interessen vor. Für alle sonstigen Verwaltungsakte ist nach der Prüfung von § 48 IV VwVfG unmittelbar zum Ermessen überzugehen.[1434]

(a) Leistungsverwaltungsakte, § 48 II VwVfG

Für „**Leitungsverwaltungsakte**" hat der Gesetzgeber in § 48 II VwVfG die Be- 877 rücksichtigung des schutzwürdigen Vertrauens bereits weitgehend tatbestandlich ausgestaltet. Gemäß § 48 II 1 VwVfG ist eine Rücknahme ausgeschlossen, soweit der Begünstigte auf den Bestand des Verwaltungsakts **vertraut** hat und sein Vertrauen unter Abwägung mit dem öffentlichen Interesse an einer Rücknahme **schutzwürdig** ist. Diese Abwägung wird wiederum vorgeprägt durch die die Schutzwürdigkeit konkretisierenden Vorgaben in § 48 II 2 und 3 VwVfG.[1435]

Begriffsbestimmung

Die Anwendbarkeit von § 48 II VwVfG setzt voraus, dass es sich um einen **Leis-** 878 **tungsverwaltungsakt** handelt. Wesentlich für die Abgrenzung zu Abs. 3 ist, dass aus dem Verwaltungsakt vorrangig eine finanzielle Belastung für die öffentliche Hand resultieren muss.[1436] Der Gesetzgeber ging davon aus, dass die „sonstigen

---

Verwaltungsrecht, 17. Aufl. 2019, Rn. 703; Ramsauer, in: Kopp/Ramsauer, VwVfG, 20. Aufl. 2019, § 48 Rn. 84, 127.

[1434] S. zu den diesbezüglich geltenden Besonderheiten aber noch Rn. 928.

[1435] Ramsauer, in: Kopp/Ramsauer, VwVfG, 20. Aufl. 2019, § 48 Rn. 94.

[1436] Ramsauer, in: Kopp/Ramsauer, VwVfG, 20. Aufl. 2019, § 48 Rn. 88.

Tobias Brings-Wiesen

Verwaltungsakte" stärker staatsbezogen sind und es daher schwerer erträglich ist, einen rechtswidrigen Zustand aufrechtzuerhalten, als wenn es nur um fiskalische Interessen geht.[1437]

879 Ein Verwaltungsakt **gewährt** eine Leistung, wenn er eine Regelung enthält, die unmittelbar zu einer Vermehrung des Vermögens des Begünstigten führt.[1438] Diese kann in der unmittelbaren Anspruchsbegründung, aber auch im Verzicht auf eine eigentlich bestehende Forderung, wie im Falle einer Steuerbefreiung, liegen[1439]. Sachleistungen umfassen zumindest alle körperlichen Gegenstände i. S. d. § 90 BGB,[1440] selbst dann wenn nur der Gebrauch an ihnen überlassen wird[1441]. Vor diesem Hintergrund ist auch die Teilbarkeit zu verstehen: Sie ist in sachlicher wie zeitlicher Hinsicht denkbar.[1442]

880 Es genügt indes auch, dass der Verwaltungsakt bloß **Voraussetzung** für eine einmalige oder laufende Geldleistung oder teilbare Sachleistung ist. Dies ist der Fall, wenn durch den Verwaltungsakt rechtliche Voraussetzungen festgestellt werden, die sich *unmittelbar* in Richtung einer Leistung auswirken, wie beispielsweise bei der Festsetzung des Besoldungsdienstalters.[1443] Umstritten war dies lange Zeit für statusfeststellende Bescheide mit Tatbestandswirkung gegenüber allen anderen Behörden (wie im Rahmen des Staatsangehörigen- oder Asylrechts), die die Grundlage für die Gewährung weiterer Geld- oder Sachleistungen bilden. Hier scheint das Bundesverwaltungsgericht jedoch mittlerweile durchweg zwischen dem eigentlichen Statusbescheid und den an diesen anknüpfenden Bescheiden zu unterscheiden.[1444]

881 Alle anderen Verwaltungsakte, insbesondere solche die eine nicht monetäre Rechtsstellung **gestalten oder feststellen**[1445] oder ein bestimmtes Verhalten **erlauben** (s. dazu Rn. 64), unterfallen § 48 III VwVfG. Dazu gehören beispielsweise die Feststellung der Asylberechtigung gemäß § 31 AsylG, die Gaststättenerlaubnis gemäß § 2 I GastG oder die Baugenehmigung auf Grundlage der einschlägigen landesbauordnungsrechtlichen Vorschriften.

1437 BT-Drucks. 7/910, S. 71. Darauf rekurrierend auch das BVerwG, Urt. v. 28.5.2015, Az.: 1 C 24.14 = BVerwGE 152, 164 (174, Rn. 29).
1438 Erichsen/Brügge, JURA 1999, 155 (158 f.); Ehlers/Kallerhoff, JURA 2009, 823 (829). So für Geldleistungen BVerwG, Urt. v. 22.3.2017, Az.: 5 C 4.16 = BVerwGE 158, 258 (265, Rn. 23).
1439 S. zu weiteren Beispielen Ramsauer, in: Kopp/Ramsauer, VwVfG, 20. Aufl. 2019, § 48 Rn. 87.
1440 Suerbaum, in: Mann/Sennekamp/Uechtritz, VwVfG, 2. Aufl. 2019, § 48 Rn. 120.
1441 Ramsauer, in: Kopp/Ramsauer, VwVfG, 20. Aufl. 2019, § 48 Rn. 88.
1442 Sachs, in: Stelkens/Bonk/Sachs, VwVfG, 9. Aufl. 2018, § 48 Rn. 130.
1443 Ramsauer, in: Kopp/Ramsauer, VwVfG, 20. Aufl. 2019, § 48 Rn. 91.
1444 S. dazu nur BVerwG, Urt. v. 28.5.2015, Az.: 1 C 24.14 = BVerwGE 152, 164 (174 f., Rn. 30) m. w. N.
1445 BVerwG, Urt. v. 28.5.2015, Az.: 1 C 24.14 = BVerwGE 152, 164 (174, Rn. 29).

Tatsächliches Vertrauen

Als Grundvoraussetzung der sodann vorzunehmenden Abwägung gemäß § 48 II 1   **882**
VwVfG wird verlangt, dass auf Seiten des Begünstigten **tatsächliches Vertrauen**
in den (Fort-)Bestand des Verwaltungsakts vorlag. Dies wird in Prüfungen selten
ein Problem darstellen und höchstens dann von Interesse sein, wenn gegenteilig
klar ersichtlich ist, dass der Betroffene eben nicht vertraut hat, beispielsweise weil
er den Verwaltungsakt gar nicht kannte[1446] oder bereits sicher von einer Aufhebung ausging[1447]. Wie § 48 II 2 VwVfG verdeutlicht muss der Betroffene sein Vertrauen aber noch nicht „betätigt" haben.[1448]

Besteht schon kein Vertrauen, kann die Prüfung von § 48 II VwVfG bereits an   **883**
dieser Stelle beendet werden – es bedarf dann nur noch der Prüfung eines
möglichen Rücknahmeausschlusses aufgrund von Verfristung gemäß § 48 IV
VwVfG sowie der ordnungsgemäßen Ermessensausübung gemäß § 48 I 1 VwVfG.

Ausschluss der Schutzwürdigkeit des Vertrauens gemäß § 48 II 3 VwVfG

Soweit hingegen tatsächliches **Vertrauen** besteht, kann dessen Berücksichtigung   **884**
für die Abwägung gleichwohl gemäß § 48 II 3 VwVfG **von vornherein ausgeschlossen**[1449] sein, wenn einer der dort genannten Tatbestände erfüllt ist.

Dies ist der Fall, wenn der Verwaltungsakt **durch arglistige Täuschung,**   **885**
Drohung oder Bestechung erwirkt wurde (Nr. 1).[1450]

Eine **arglistige Täuschung** liegt laut Bundesverwaltungsgericht vor, wenn   **886**
der Täuschende weiß und will, dass die Behörde durch insbesondere die Vor-
spiegelung falscher Tatsachen zum Erlass eines Verwaltungsakts veranlasst wird,
den sie andernfalls nicht oder nicht mit diesem Inhalt erlassen hätte.[1451] Er muss
zumindest mit bedingtem Vorsatz tätig werden.[1452] Sie kann durch gezielte An-

---

1446 Maurer/Waldhoff, Allgemeines Verwaltungsrecht, 19. Aufl. 2017, § 11 Rn. 35; Ramsauer, in:
Kopp/Ramsauer, VwVfG, 20. Aufl. 2019, § 48 Rn. 97.
1447 Detterbeck, Allgemeines Verwaltungsrecht, 17. Aufl. 2019, Rn. 697.
1448 So zutreffend Ramsauer, in: Kopp/Ramsauer, VwVfG, 20. Aufl. 2019, § 48 Rn. 96; Ehlers/
Kallerhoff, JURA 2009, 823 (830); a. A. aber Sachs, in: Stelkens/Bonk/Sachs, VwVfG, 9. Aufl. 2018,
§ 48 Rn. 136; J. Müller, in: Bader/Ronellenfitsch, VwVfG, 44. Ed., Stand: 1.1.2019, § 48 Rn. 56.
1449 So auch Detterbeck, Allgemeines Verwaltungsrecht, 17. Aufl. 2019, Rn. 698 („ausnahmslos
und ohne Wertungsmöglichkeit"); Peine/Siegel, Allgemeines Verwaltungsrecht, 12. Aufl. 2018,
Rn. 731; Ramsauer, in Kopp/Ramsauer, VwVfG, 20. Aufl. 2019, § 48 Rn. 103; Sachs, in: Stelkens/
Bonk/Sachs, VwVfG, 9. Aufl. 2018, § 48 Rn. 148.
1450 Die Tatbestände in § 48 II 3 Nr. 1 und 2 VwVfG sind verfassungsrechtlich nicht zu beanstanden, vgl. BVerfG, Beschl. v. 16.12.1981, Az.: 1 BvR 898/79 u. a. = BVerfGE 59, 128 (171).
1451 BVerwG, Urt. v. 22.3.2017, Az.: 5 C 4.16 = BVerwGE 158, 258 (265, Rn. 25); ähnlich bereits
BVerwG, Urt. v. 9.9.2013, Az.: 1 C 6.03 = BVerwGE 119, 17 (22): „bewusste Täuschung".
1452 Suerbaum, in: Mann/Sennekamp/Uechtritz, VwVfG, 2. Aufl. 2019, § 48 Rn. 134.

Tobias Brings-Wiesen

gaben oder ein Verschweigen erfolgen.[1453] Selbst beständige Zweifel auf Seiten der Behörde schließen eine Täuschung nicht aus.[1454]

887   Um eine **Drohung** handelt es sich, wenn einer Person ein zukünftiges Übel in Aussicht gestellt wird, um von ihr im Wege psychischen Zwangs eine bestimmte Handlung, Duldung oder Unterlassung zu erwirken. Hier kann eine Orientierung an den Begriffen des Strafrechts erfolgen,[1455] die Verwirklichung eines Straftatbestands ist jedoch nicht erforderlich.

888   Um eine **Bestechung** handelt es sich *insbesondere* dann, wenn der Tatbestand des § 334 I 1 StGB erfüllt ist.[1456] Dies ist der Fall, wenn der Begünstigte einem für die zuständige Behörde tätigen Amtswalter einen Vorteil für diesen oder einen Dritten als Gegenleistung dafür gewährt (hat), dass jener eine Diensthandlung vorgenommen und dadurch seine Dienstpflichten verletzt hat. Eine Bestechung i. S. v. § 48 II 3 Nr. 1 VwVfG muss jedoch nicht zwingend diesen Straftatbestand erfüllen. Es genügt bereits eine Vorteilsgewährung i. S. v. § 333 StGB[1457] und jede andere versprochene oder erfolgte Vorteilsgewährung als Gegenleistung für einen entsprechenden verfahrenslenkenden Eingriff[1458]. Von Bedeutung sind insofern also nicht bloß Bestechungen von Amtswaltern, sondern auch von Zeugen.[1459] Amtswalter müssen darüber hinaus die Rechtswidrigkeit des von ihnen erlassenen Verwaltungsakts nicht erkannt haben.[1460]

889   Der Begriff des **Erwirkens** verdeutlicht, dass die drei erfassten Handlungen für den Erlass des Verwaltungsakts zumindest objektiv mitursächlich gewesen sein müssen.[1461] Wie bereits erwähnt müssen die Einwirkungen nicht zwingend gegenüber dem entscheidenden Amtswalter erfolgen. Bereits denklogisch verlangen alle Handlungen das Vorliegen von **Vorsatz**. Um ein Erwirken kann es sich auch dann handeln, wenn der Begünstigte die Handlungen nicht selbst vorge-

---

1453 Peuker, in: Knack/Henneke, VwVfG, 10. Aufl. 2014, § 48 Rn. 120.

1454 VGH Mannheim, Beschl. v. 9.5.1990, Az.: 13 S 2666/89 = NVwZ 1990, 1198 (1199)

1455 Kastner, in: Fehling/Kastner/Störmer, Verwaltungsrecht, 4. Aufl. 2016, § 48 VwVfG Rn. 46

1456 BVerwG, Urt. v. 22.3.2017, Az.: 5 C 4.16 = BVerwGE 158, 258 (265, Rn. 25).

1457 So zu Recht Ramsauer, in: Kopp/Ramsauer, VwVfG, 20. Aufl. 2019, § 48 Rn. 112; Kastner, in: Kastner/Fehling/Störmer, Verwaltungsrecht, 4. Aufl. 2016, § 48 VwVfG Rn. 46; Suerbaum, in: Mann/Sennekamp/Uechtritz, VwVfG, 2. Aufl. 2019, § 48 Rn. 134.

1458 J. Müller, in: Bader/Ronellenfitsch, VwVfG, 44. Ed., Stand: 1.1.2019, § 48 Rn. 70.

1459 BVerwG, Beschl. v. 27.10.2004, Az.: 4 B 74.04 = juris, Rn. 8.

1460 BVerwG, Beschl. v. 27.10.2004, Az.: 4 B 74.04 = juris, Rn. 8; Urt. v. 22.3.2017, Az.: 5 C 4.16 = BVerwGE 158, 258 (265, Rn. 25).

1461 BVerwG, Beschl. v. 27.10.2004, Az.: 4 B 74.04 = juris, Rn. 8; Urt. v. 22.3.2017, Az.: 5 C 4.16 = BVerwGE 158, 258 (265, Rn. 25).

nommen, sondern im Wege der **Anstiftung** oder **Beihilfe** mit realisiert hat.[1462]
Das Handeln eines (gesetzlichen) Vertreters kann zugerechnet werden.[1463]

Darüber hinaus soll sich der Begünstigte nicht auf sein Vertrauen berufen 890
können, wenn der den Verwaltungsakt **durch Angaben erwirkt** hat, die **in wesentlicher Beziehung unrichtig oder unvollständig** waren (Nr. 2).

Unrichtig sind Angaben, wenn sie schlicht nicht die objektive Tatsachenlage 891
wiedergeben. **Unvollständig** sind sie, wenn sie nicht dem von der Behörde erkennbar erwarteten Umfang entsprechen.[1464] Entsprechende Erwartungen können bereits aus einer gesetzlichen Mitwirkungspflicht resultieren, sie können indes auch auf einen von der Behörde ausdrücklich geäußerten oder zumindest kontextual klar erkennbaren Willen zurückzuführen sein.[1465] Wie hinsichtlich des Ausschlusstatbestands unter Nr. 1 wird verlangt, dass die Angaben für den Erlass des begünstigenden Verwaltungsakts mitursächlich waren. Demgegenüber ist ein **Verschulden** für die Anwendung des Ausschlusstatbestands unter Nr. 2 keine Voraussetzung.[1466] Daher ist nicht von Bedeutung, ob der Begünstigte die Unrichtigkeit oder Unvollständigkeit kannte oder hätte kennen müssen. Wie sich auch der Gesetzesbegründung ergibt,[1467] liegt der Vorschrift vielmehr die Idee einer Aufteilung von Risikosphären zugrunde.[1468] So ist im Falle der Unvollstän-

---

1462 So bereits die Gesetzesmaterialien, BT-Drucks. 7/910, S. 70; Ramsauer, in: Kopp/Ramsauer, VwVfG, 20. Aufl. 2019, § 48 Rn. 111; Sachs, in: Stelkens/Bonk/Sachs, VwVfG, 9. Aufl. 2018, § 48 Rn. 151.
1463 BVerwG, Urt. v. 9.9.2003, Az.: 1 C 6.03 = BVerwGE 119, 17 (24): Verhalten eines Elternteils; Urt. v. 22.3.2017, Az.: 5 C 4.16 = BVerwGE 158, 258 (266, Rn. 28): Verhalten des Ehepartners. So auch Ramsauer, in: Kopp/Ramsauer, VwVfG, 20. Aufl. 2019, § 48 Rn. 114; Sachs, in: Stelkens/Bonk/Sachs, VwVfG, 9. Aufl. 2018, § 48 Rn. 151.
1464 Ehlers/Kallerhoff, JURA 2009, 823 (830).
1465 Ehlers/Kallerhoff, JURA 2009, 823 (830). Vgl. zu einer Mitteilungspflicht auch BVerwG, Urt. v. 28.6.2012, Az.: 2 C 13.11 = BVerwGE 143, 230 (234, Rn. 18), hier indes hinsichtlich des Unterlassens der Mitteilung einer veränderten Sachlage, die zum Rechtswidrigwerden eines Dauerverwaltungsaktes geführt hat, und mangels „Erwirkens" zu einer Berücksichtigung der Wertungen des § 48 II 3 Nr. 2 VwVfG im Rahmen der nach § 48 II 1 VwVfG erforderlichen Abwägung.
1466 BVerwG, Urt. v. 14.8.1986, Az.: 3 C 9.85 = BVerwGE 74, 357 (364); Urt. v. 20.10.1987, Az.: 9 C 255.86 = BVerwGE 78, 139 (142 f.).
1467 BT-Drucks. 7/910, S. 70.
1468 Vgl. für ein besseres Verständnis des Konzepts den Sachverhalt bei BVerwG, Urt. v. 20.10. 1987, Az.: 9 C 255.86 = BVerwGE 78, 139 (142 f.), für einen Fall, in dem eine Betroffene unbekannterweise unrichtige Urkunden einreichte. Hier handelt es sich insofern um ein gutes Beispiel dafür, warum ein Verschulden nicht verlangt werden kann, weil sonst die Risikoverteilung entgegen dem gesetzgeberischen Willen zu stark zulasten der Behörde ginge. Dafür spricht in systematischer Hinsicht auch die Existenz von § 49a II 2 VwVfG, der gar nicht nötig wäre, wenn ein Verschulden bereits hier erfasst wäre, vgl. BVerwG, a.a.O.

Tobias Brings-Wiesen

digkeit – wie bereits oben angedeutet – gegebenenfalls doch korrigierend nach Wertungsgesichtspunkten zu entscheiden, ob der Betroffene die Relevanz der Angaben erkennen konnte.[1469] Die Angaben sind **in wesentlicher Beziehung** fehlerhaft, wenn sie für die Subsumtion unter den Tatbestand und eine gegebenenfalls erforderliche Ermessenserwägung relevant sind.[1470]

892   Zuletzt soll sich der Begünstigte nicht auf sein Vertrauen berufen können, wenn er die **Rechtswidrigkeit des Verwaltungsakts kannte oder infolge grober Fahrlässigkeit nicht kannte** (Nr. 3). **Bezugspunkt** der Kenntnis ist die *Rechtswidrigkeit* des Verwaltungsakts, nicht bloß die Kenntnis der Tatsachen, die diese Rechtswidrigkeit begründen.[1471] Dementsprechend können die Voraussetzungen des Tatbestands auch erst zu einem späteren Zeitpunkt eintreten.[1472] Wenige Schwierigkeiten wird regelmäßig die Feststellung der **positiven Kenntnis** der Rechtswidrigkeit bereiten. Sie wird jedoch zugleich entsprechend selten in Erscheinung treten. Relevanter sind die Konstellationen grob fahrlässiger Unkenntnis. **Grobe Fahrlässigkeit** liegt vor, wenn der Begünstigte die erforderliche Sorgfalt in besonders schwerem Maße verletzt hat.[1473] Hinsichtlich der erforderlichen **Sorgfalt** gilt ein **konkret-individueller Maßstab** in Ansehen der konkret betroffenen Person[1474] und der sonstigen Umstände des Sachverhalts. Insofern lässt sich grob abstufen: Fehlen besondere Anhaltspunkte im Sachverhalt, ist im Rahmen einer „Parallelwertung in der Laiensphäre"[1475] auf das durchschnittliche Rechtsverständnis eines Normalbürgers abzustellen.[1476] Da dieser grundsätzlich auf ein rechtmäßiges Handeln der Behörde vertrauen darf, wird man ihm nur im Falle offensichtlicher, sich aufdrängender Zweifel an der Rechtmäßigkeit die Pflicht auferlegen können, einen Verwaltungsakt unter Verwendung zusätzlicher Erkenntnismittel oder gar einer Erkundigung bei der Behörde zu überprüfen.[1477]

1469 S. dazu BVerwG, Urt. v. 6.6.1991, Az.: 3 C 46.86 = BVerwGE 88, 278 (285), unter Verweis BVerwG, Urt. v. 25.10.1978, Az.: 8 C 55.75 = BVerwGE 56, 354 (358), wo die Behörde den Mangel eines Antragsformulars gegen sich gelten lassen musste.
1470 Sachs, in: Stelkens/Bonk/Sachs, VwVfG, 9. Aufl. 2018, § 48 Rn. 154.
1471 Ramsauer, in: Kopp/Ramsauer, VwVfG, 20. Aufl. 2019, § 48 Rn. 122; Kastner, in: Fehling/Kastner/Störmer, Verwaltungsrecht, 4. Aufl. 2016, § 48 VwVfG Rn. 48.
1472 Ramsauer, in: Kopp/Ramsauer, VwVfG, 20. Aufl. 2019, § 48 Rn. 121; Sachs, in: Stelkens/Bonk/Sachs, VwVfG, 9. Aufl. 2018, § 48 Rn. 159.
1473 BVerwG, Urt. v. 17.2.1993, Az.: 11 C 47.92 = BVerwGE 92, 81 (84); so auch Ramsauer, in: Kopp/Ramsauer, VwVfG, 20. Aufl. 2019, § 48 Rn. 124; Sachs, in: Stelkens/Bonk/Sachs, VwVfG, 9. Aufl. 2018, § 48 Rn. 161.
1474 So bereits die Gesetzesmaterialien, BT-Drucks. 7/910, S. 70.
1475 Ramsauer, in: Kopp/Ramsauer, VwVfG, 20. Aufl. 2019, § 48 Rn. 122.
1476 Sachs, in: Stelkens/Bonk/Sachs, VwVfG, 9. Aufl. 2018, § 48 Rn. 162.
1477 Vgl. OVG Lüneburg, Beschl. v. 31.3.2010, Az.: 4 LC 281/08 = NJW 2010, 2061 (2062).

Die individuellen Kenntnisse und Fähigkeiten des Begünstigten (oder seines Vertreters[1478]) und die besonderen Umstände des Einzelfalls können jedoch die Sorgfaltsanforderungen erhöhen, so insbesondere im Falle von Unternehmen mit eigenen Rechtsabteilungen, Personen mit juristischer Vorbildung[1479] oder auch Beamten[1480]. Es besteht jedoch auch in diesem Fall keine generelle, anlasslose Nachforschungspflicht.[1481]

Greift einer dieser drei Tatbestände, kann die Prüfung von § 48 II VwVfG an dieser Stelle beendet werden: Da der Begünstigte sich gemäß § 48 II 3 VwVfG nicht auf sein Vertrauen berufen kann, überwiegt gemäß § 48 II 1 VwVfG zwangsläufig das öffentliche Interesse an der Rücknahme des Verwaltungsakts.[1482] Wiederum bedarf es dann nur noch der Prüfung eines möglichen Rücknahmeausschlusses aufgrund von Verfristung gemäß § 48 IV VwVfG sowie der ordnungsgemäßen Ermessensausübung gemäß § 48 I 1 VwVfG. Dabei sind jedoch sodann **zwei Besonderheiten** zu berücksichtigen: Sofern von einer Erwirkung des Verwaltungsakts durch arglistige Täuschung, Drohung oder Bestechung (§ 48 II 3 Nr. 1 VwVfG) ausgegangen wird, ist die Anwendung der Fristenregelung gemäß § 48 IV 2 VwVfG ausgeschlossen (s. dazu Rn. 906). Wird nur einer der Ausschlusstatbestände bejaht, bestimmt § 48 II 4 VwVfG, dass der Verwaltungsakt in der Regel mit Wirkung für die Vergangenheit zurückzunehmen ist (s. dazu Rn. 927). 893

Regelvermutung des § 48 II 2 VwVfG

Greift indes keiner der Ausschlusstatbestände, kann nun § 48 II 2 VwVfG umgekehrt zum Vorteil des Begünstigten wirken. Danach ist sein **Vertrauen in der Regel schutzwürdig,** wenn er die gewährte Leistung verbraucht oder eine Vermögensdisposition getroffen hat, die er nicht mehr oder nur unter unzumutbaren Nachteilen rückgängig machen kann. An dieser Stelle wird die **Vertrauensbetätigung** relevant. Bereits der Wortlaut („in der Regel") verdeutlicht, dass damit die nach § 48 II 1 VwVfG eigentlich erforderliche Abwägung keineswegs vorweggenommen wird. Sie wird jedoch entscheidend vorgeprägt (s. dazu Rn. 899). 894

1478 Ramsauer, in: Kopp/Ramsauer, VwVfG, 20. Aufl. 2019, § 48 Rn. 123.
1479 Ramsauer, in: Kopp/Ramsauer, VwVfG, 20. Aufl. 2019, § 48 Rn. 125.
1480 BVerwG, Urt. v. 13.11.1986, Az.: 2 C 29.84 = NVwZ 1987, 500, betr. einen Ruhestandsbeamten.
1481 Vgl. dazu im beihilferechtlichen Kontext BVerwG, Urt. v. 17.2.1993, Az.: 11 C 47.92 = BVerwGE 92, 81 (84), allerdings noch zur alten Rechtslage, bevor mit der ersten einschlägigen Mitteilung der Kommission (ABl. EG Nr. C 318 v. 24.11.1983, S. 3) *allgemein* auf die Möglichkeit einer Rückforderung bei fehlender Notifikation gemäß dem – heutigen – Art. 108 III AEUV hingewiesen wurde. S. zu diesem Themenkomplex noch Rn. 935.
1482 So auch Ehlers/Kallerhoff, JURA 2009, 823 (830).

Tobias Brings-Wiesen

895 Die gewährten Leistungen sind **verbraucht**, wenn sie sich bei wirtschaftlicher Betrachtung nicht mehr im Vermögen des Begünstigten befinden. Dabei sind laut Bundesverwaltungsgericht die zivilrechtlichen Grundsätze zum Umfang des Bereicherungsanspruchs nach § 818 BGB heranzuziehen.[1483] Entsprechend § 818 III BGB ist somit insbesondere eine mögliche **Entreicherung** zu prüfen, die jedoch dann nicht gegeben ist, wenn eine (Geld-)Leistung verwendet wurde, um Anschaffungen vorzunehmen, die sich wertmäßig noch im Vermögen des Begünstigten befinden[1484] oder nur Ausgaben erspart wurden, die auch sonst bestanden hätten,[1485] insbesondere im Falle der Schuldentilgung[1486]. Handelte es sich dagegen um (nur geringfügig gesteigerte[1487]) Ausgaben des täglichen Lebens,[1488] denen insbesondere die Leistungsgewährung auch dienen soll,[1489] ist von einer Entreicherung auszugehen.

896 Der Begriff der **Vermögensdispositionen** wird weit ausgelegt. Dazu gehören all jene Verhaltensweisen des Begünstigten, die im Vertrauen auf den begünstigenden Verwaltungsakt erfolgt sind und Auswirkungen auf seine Vermögenssituation haben.[1490] Der Ursachenzusammenhang ist dabei von besonderer Bedeutung.[1491] Dies ist insbesondere mit Blick auf § 48 III VwVfG von Relevanz, für den sowohl hinsichtlich des Entschädigungsanspruchs[1492] als auch hinsichtlich der Ermessensausübung (s. dazu Rn. 928) auf (die Wertungen des) § 48 II VwVfG zurückzugreifen ist. So kann beispielsweise im kostenpflichtigen Erstellenlassen von Bauplänen im Vertrauen auf eine Baugenehmigung[1493] oder im Inverkehrbringen von BSE-belastetem Fleisch im Vertrauen auf eine Genusstauglichkeitsbescheinigung, weil sich der Hersteller möglichen Ersatzansprüchen seiner Abnehmer aussetzt, eine Vermögensdisposition liegen.[1494] Hinzukommen muss jedoch, dass die Disposition **nicht mehr oder nur unter unzumutbaren**

1483 BVerwG, Urt. v. 28.1.1993, Az.: 2 C 15.91 = NVwZ-RR 1994, 32 (33).
1484 S. dazu BVerwG, Urt. v. 28.1.1993, Az.: 2 C 15.91 = NVwZ-RR 1994, 32 (33).
1485 VGH München, Beschl. v. 24.9.2002, Az.: 19 B 98.945 = BeckRS 2003, 20336.
1486 BVerwG, Urt. v. 28.1.1993, Az.: 2 C 15.91 = NVwZ-RR 1994, 32 (33).
1487 BVerwG, Urt. v. 28.1.1993, Az.: 2 C 15.91 = NVwZ-RR 1994, 32 (33).
1488 Ehlers/Kallerhoff, JURA 2009, 823 (831).
1489 Vgl. Maurer/Waldhoff, Allgemeines Verwaltungsrecht, 19. Aufl. 2017, § 11 Rn. 37: „Besoldungsbezüge, Renten, Stipendien".
1490 Ramsauer, in: Kopp/Ramsauer, VwVfG, 20. Aufl. 2019, § 48 Rn. 109; OVG Münster, Urt. v. 9.5.2011, Az.: 1 A 88/08 = BeckRS 2011, 51124.
1491 OVG Münster, Urt. v. 9.5.2011, Az.: 1 A 88/08 = BeckRS 2011, 51124.
1492 BVerwG, Urt. v. 28.1.2010, Az.: 3 C 17.09 = BVerwGE 136, 43 (45 f., Rn. 12).
1493 Ramsauer, in: Kopp/Ramsauer, VwVfG, 20. Aufl. 2019, § 48 Rn. 109.
1494 BVerwG, Urt. v. 28.1.2010, Az.: 3 C 17.09 = BVerwGE 136, 43 (46 f., Rn. 16)

Nachteilen rückgängig[1495] zu machen ist. Sie können bereits aus tatsächlichen Gründen irreversibel sein – so wie in den genannten Beispielen der Bauplan als Werkleistung nicht einfach wieder verschwinden, das Inverkehrbringen nicht ungeschehen gemacht werden kann. Denkbar ist aber auch, dass Rückabwicklungen von Rechts wegen unmöglich sind.[1496] Die Unzumutbarkeit einer Rückabwicklung ist indes nach den individuellen Verhältnissen des Betroffenen zu beurteilen.[1497]

Abschließende Abwägung zwischen schutzwürdigem Vertrauen und öffentlichem Interesse gemäß § 48 II 1 VwVfG

Nach Abschluss der drei vorstehenden Prüfungspunkte darf die nach § 48 II 1 **897** VwVfG erforderliche **Abwägung** als Ausgangspunkt dieses Prüfungsabschnitts nicht unterschlagen werden. Es ist zu prüfen, ob das Vertrauen des Begünstigten auf den Bestand des Verwaltungsakts unter Abwägung mit dem öffentlichen Interesse an einer Rücknahme schutzwürdig ist. Es muss „eine wertende Abwägung der Gesichtspunkte, die für eine Aufrechterhaltung des begünstigenden Hoheitsaktes sprechen, gegen das öffentliche Interesse an der Herstellung des an sich nach den maßgeblichen Rechtsvorschriften gebotenen Rechtszustandes" erfolgen.[1498]

Auf Seiten der Behörde steht das dem Grundsatz der Gesetzmäßigkeit der **898** Verwaltung entspringende Interesse an der **Wiederherstellung rechtmäßiger Zustände**. Die dem einschlägigen Fachrecht zugrundeliegenden Regulierungsinteressen können dieses allgemeine Interesse im Einzelfall verstärken. Daneben tritt im Falle von Leistungsverwaltungsakten auch das **fiskalische Interesse** des Staates an der Vermeidung ungerechtfertigter Ausgaben[1499] und deren Rückführung in den Haushalt[1500]. Handelt es sich um auf einem Dauerverwaltungsakt

---

1495 Detterbeck, Allgemeines Verwaltungsrecht, 17. Aufl. 2019, Rn. 700, plädiert im Interesse des Gleichlaufs darüber hinaus für eine entsprechende Anwendung der zivilrechtlichen Grundsätze des Bereicherungsrechts auch auf Vermögensdispositionen.
1496 OVG Münster, Urt. v. 9.5.2011, Az.: 1 A 88/08 = BeckRS 2011, 51124.
1497 J. Müller, in: Bader/Ronellenfitsch, VwVfG, 44. Ed., Stand: 1.1.2019, § 48 Rn. 67.
1498 Vgl. BVerwG, Urt. v. 31.8.2006, Az.: 7 C 16.05 = juris, Rn. 24; Urt. v. 19.2.2009, Az.: 8 C 4.08 = juris, Rn. 45; VGH München, Urt. v. 9.3.1999, Az.: 9 B 96.1786 = juris, Rn. 27; OVG Bautzen, Urt. v. 19.2.2008, Az.: 1 B 538/06 = juris, Rn. 24; Ramsauer, in: Kopp/Ramsauer, VwVfG, 20. Aufl. 2019, § 48 Rn. 98.
1499 BVerwG, Beschl. v. 25.6.1986, Az.: 1 WB 166.84 = BVerwGE 83, 195 (199); Urt. v. 31.8.2006, Az.: 7 C 16.05 = juris, Rn. 25.
1500 Ramsauer, in: Kopp/Ramsauer, VwVfG, 20. Aufl. 2019, § 48 Rn. 99.

Tobias Brings-Wiesen

beruhende, regelmäßig wiederkehrende Leistungen wird für die Zukunft häufig ein erhebliches fiskalisches Interesse daran bestehen, dass diese Leistungen nicht weitergezahlt werden.[1501] Eine derartige Differenzierung in zeitlicher Hinsicht (Vergangenheit – Zukunft) ist ausweislich des Wortlauts („soweit") genauso möglich wie ein bloß sachlich anteiliger Vertrauensschutz.

899   **Auf Seiten des Begünstigten** sind alle im *unmittelbaren* Zusammenhang mit seinem Vertrauen auf den Bestand des Verwaltungsakts stehenden Erwägungen zu berücksichtigen. Vorrangig ist zu beachten, dass im Falle einer **Vertrauens-betätigung** gemäß § 48 II 2 VwVfG das öffentliche Interesse an der Wiederherstellung gesetzmäßiger Verhältnisse nur noch in Ausnahmefällen überwiegen soll.[1502] Zusätzlich sind **die das Vertrauen erzeugenden oder vernichtenden Umstände** in die Betrachtung einzubeziehen, soweit sie nicht bereits durch § 48 II 2, 3 VwVfG Berücksichtigung gefunden haben: Ein Fehlen jeglicher Mitverantwortung des Begünstigten für die Fehlerhaftigkeit, eine besondere Förmlichkeit des Verfahrens oder ein besonders langer Zeitraum seit Erlass des Verwaltungsakts können für die Schutzwürdigkeit sprechen; ein Widerrufsvorbehalt oder eine aus sonstigen Gründen bestehende Erwartung der Aufhebung können dagegen sprechen.[1503] Der Schutz des Vertrauens soll jedoch kein Selbstzweck sein, sondern gerade die dahinterstehenden **materiellen Rechte des Begünstigten** in den Blick nehmen.[1504] Entsprechend sind auch die Folgen der Rücknahme und ihre Verhältnismäßigkeit im Hinblick auf die Rechtsgüter des Begünstigten zu berücksichtigen.[1505] Zu weit geht es jedoch, bereits im Tatbestand die schutzwürdigen Interessen aller Betroffenen zu berücksichtigen.[1506] Dagegen spricht bereits der Wortlaut der Norm, der klar auf das Vertrauen des Begünstigten abstellt. Dies ist vielmehr eine Frage der ordnungsgemäßen Ermessensausübung (s. Rn. 927).

1501 BVerwG, Urt. v. 28.10.2004, Az.: 2 C 13.03 = NVwZ-RR 2005, 341 (342). Dieses muss aber nicht zwingend immer zur Rücknahme führen, vgl. die Umstände in BVerwG, Urt. v. 26.9.1991, Az.: 5 C 14.87 = NVwZ-RR 1992, 485 (486).

1502 Ramsauer, in: Kopp/Ramsauer, VwVfG, 20. Aufl. 2019, § 48 Rn. 103.

1503 J. Müller, in: Bader/Ronellenfitsch, VwVfG, 44. Ed., Stand: 1.1.2019, § 48 Rn. 60. S. dazu auch Peuker, in: Knack/Henneke, VwVfG, 10. Aufl. 2014, § 48 Rn. 111 ff.

1504 Vgl. VG Oldenburg, Urt. v. 23.5.2001, Az.: 2 A 790/99 = NVwZ 2002, 119 (121); J. Müller, in: Bader/Ronellenfitsch, VwVfG, 44. Ed., Stand: 1.1.2019, § 48 Rn. 60.

1505 Maurer/Waldhoff, Allgemeines Verwaltungsrecht, 19. Aufl. 2017, § 11 Rn. 38. Vgl. auch BVerwG, Urt. v. 11.2.1982, Az.: 2 C 9.81 = BeckRS 1982, 31268995.

1506 So aber Ramsauer, in: Kopp/Ramsauer, VwVfG, 20. Aufl. 2019, § 48 Rn. 101; wohl auch Maurer/Waldhoff, Allgemeines Verwaltungsrecht, 19. Aufl. 2017, § 11 Rn. 38.

Tobias Brings-Wiesen

(b) Sonstige Verwaltungsakte

Für die Rücknahme sonstiger Verwaltungsakte enthält § 48 III VwVfG zwar 900
keine zusätzlichen Tatbestandsvoraussetzungen.

Die Norm enthält aber einen **eigenen Entschädigungsanspruch** zugunsten 901
des Betroffenen. Bereits diese Unterscheidung **ist elementar:** Wird die Rücknahmeentscheidung der Behörde geprüft, ist § 48 III VwVfG *im Tatbestand* unter
keinen Umständen näher zu prüfen. Alles andere zeugte von fehlendem Systemverständnis. Sehr wohl Erwähnung finden kann er allerdings im Rahmen der
Prüfung der ordnungsgemäßen Ermessensausübung, dies jedoch – wie noch zu
zeigen sein wird (s. dazu Rn. 928) – nur in zweierlei Hinsicht: Das schutzwürdige
Vertrauen des Begünstigten ist – nach richtiger Auffassung – unter Berücksichtigung *der Wertungen*, die in § 48 II VwVfG ihren Ausdruck gefunden haben,[1507]
sowie unter Berücksichtigung der Möglichkeit, dieses im Wege des Entschädigungsanspruchs nach § 48 III VwVfG zu realisieren, in die Ermessensausübung
einzubeziehen.[1508]

Der **Entschädigungsanspruch an sich** kommt ausweislich § 48 III 1 VwVfG 902
erst in Frage, wenn eine wirksame Rücknahmeentscheidung der Behörde vorliegt.
Auch hieran zeigt sich noch einmal, dass zwischen beiden Fragestellungen
zwingend zu trennen ist. Der Ausgleich des ihm entstandenen Vermögensnach-
teils erfolgt nur auf Antrag des Betroffenen und wird von der Behörde gemäß
§ 48 III 4 VwVfG durch Verwaltungsakt festgesetzt. Kommt es also zu einer Ablehnung des Antrags, kann der Betroffene Festsetzung der Entschädigung im
Wege des Widerspruchs (§ 68 II VwGO) bzw. im Wege der Verpflichtungsklage
(§ 42 I Var. 2 VwGO, in Form der Versagungsgegenklage) erzwingen.[1509] Entsprechend ist er wegen der öffentlich-rechtlichen Natur des Entschädigungsanspruchs
auf dem Verwaltungsrechtsweg geltend zu machen.[1510]

In der Prüfung sollte wie folgt vorgegangen werden:[1511] Anspruchsgrundlage 903
ist § 48 III 1 VwVfG. In formeller Hinsicht bedarf es gemäß § 48 III 1 VwVfG des
Antrags bei der Behörde, die den Verwaltungsakt zurückgenommen hat. In materieller Hinsicht muss (1) ein rechtswidriger begünstigender Verwaltungsakt

---

1507 Unter Rekurs auf diese „Wertungen" wird kenntlich, dass die Vorschrift keineswegs unmittelbar angewandt wird.
1508 S. dazu nur Ehlers/Kallerhoff, JURA 2009, 823 (832).
1509 Ramsauer, in: Kopp/Ramsauer, VwVfG, 20. Aufl. 2019, § 48 Rn. 144.
1510 Maurer/Waldhoff, Allgemeines Verwaltungsrecht, 19. Aufl. 2017, § 11 Rn. 52.
1511 S. dazu m.w.N. nur Maurer/Waldhoff, Allgemeines Verwaltungsrecht, 19. Aufl. 2017, § 11
Rn. 49 ff.

Tobias Brings-Wiesen

i.S.v. § 48 I 2, III VwVfG (2) wirksam[1512] zurückgenommen worden sein, wodurch (3) dem Antragssteller ein Vermögensnachteil entstanden ist, der (4) darauf zurückgeht, dass er auf den Bestand des Verwaltungsakts vertraut hat, soweit sein Vertrauen unter Abwägung mit dem öffentlichen Interesse schutzwürdig ist (was entgegen der Beschränkung des Verweises in § 48 III 2 VwVfG auf § 48 II 3 VwVfG jedoch unter entsprechender Berücksichtigung der Wertungen des § 48 II VwVfG insgesamt zu erfolgen hat[1513]). Zuletzt (5) darf der Anspruch insbesondere nicht gemäß § 48 III 5 VwVfG verfristet sein, wobei die Frist erst nach einem entsprechenden Hinweis der Behörde zu laufen beginnt.

904   Gerichtet ist der Anspruch auf den Ausgleich des durch die Rücknahme entstandenen **Vertrauensschadens**, wobei jedoch ein Mitverschulden des Betroffenen entsprechend reduzierend berücksichtigt werden kann[1514].

(c) Kein Ausschluss aufgrund von Verfristung gemäß § 48 IV VwVfG

905   Gemäß § 48 IV 1 VwVfG kann die **Rücknahme** eines begünstigenden Verwaltungsakts[1515] ausnahmsweise[1516] **ausgeschlossen**[1517] sein, wenn die zuständige Behörde diese nicht innerhalb eines Jahres, nachdem sie von Tatsachen Kenntnis erlangt hat, welche die Rücknahme rechtfertigen, bekanntgibt[1518]. Die Vorschrift ist das letzte Glied der Kette von dem Vertrauensschutz des Begünstigten dienenden Vorgaben in § 48 VwVfG. Sie kann spezialgesetzlich verdrängt oder ergänzt werden.[1519] Gemäß §§ 49 II 2, III 2 VwVfG gilt sie entsprechend für den **Widerruf** von begünstigenden Verwaltungsakten. Ihre Anwendung zwischen Verwaltungsträgern ist umstritten.[1520]

1512 Maßgeblich wird insbesondere eine etwaige Nichtigkeit sein, vgl. dazu OVG Münster, Urt. v. 12.7.2012, Az.: 10 A 1769/10 = NVwZ-RR 2012, 953 (954).
1513 S. nur BVerwG, Urt. v. 28.1.2010, Az.: 3 C 17.09 = BVerwGE 136, 43 (45f., Rn. 12).
1514 Ramsauer, in: Kopp/Ramsauer, VwVfG, 20. Aufl. 2019, § 48 Rn. 142.
1515 Der Ausschlusstatbestand gilt angesichts des klaren Wortlauts von § 48 I 2 VwVfG nicht für belastende Verwaltungsakte, Ramsauer, in: Kopp/Ramsauer, VwVfG, 20. Aufl. 2019, § 48 Rn. 150; Sachs, in: Stelkens/Bonk/Sachs, VwVfG, 9. Aufl. 2018, § 48 Rn. 199.
1516 Das zeitlich unbeschränkte Rücknahmerecht bleibt die Regel, während sein Ausschluss die Ausnahme bildet, Sachs, in: Stelkens/Bonk/Sachs, VwVfG, 9. Aufl. 2018, § 48 Rn. 203.
1517 Es handelt sich um eine Ausschlussfrist, Sachs, in: Stelkens/Bonk/Sachs, VwVfG, 9. Aufl. 2018, § 48 Rn. 204.
1518 Dies ist jedoch umstritten, dazu ausführlich Broscheit, DVBl 2017, 1274. Ebenso auf den Zeitpunkt der Bekanntgabe abstellend Ramsauer, in: Kopp/Ramsauer, VwVfG, 20. Aufl. 2019, § 48 Rn. 152; J. Müller, in: Bader/Ronellenfitsch, VwVfG, 44. Ed., Stand: 1.1.2019, § 48 Rn. 117.2.
1519 Sachs, in: Stelkens/Bonk/Sachs, VwVfG, 9. Aufl. 2018, § 48 Rn. 203.
1520 Gegen eine Anwendbarkeit Sachs, in: Stelkens/Bonk/Sachs, VwVfG, 9. Aufl. 2018, § 48 Rn. 202, m.w.N. auch zur Gegenansicht.

Tobias Brings-Wiesen

Der Ausschlusstatbestand ist gemäß § 48 IV 2 VwVfG **nicht anwendbar,** 906
wenn der Begünstigte den Verwaltungsakt gemäß § 48 II 3 Nr. 1 VwVfG durch
arglistige Täuschung, Drohung oder Bestechung erwirkt hat. Obgleich nicht klar
ersichtlich gilt dies auch für Verwaltungsakte, die gemäß § 48 III VwVfG zurückzunehmen sind,[1521] obwohl für sie die Ausschlusstatbestände des § 48 II 3 VwVfG
sonst höchstens im Rahmen des Ermessens Berücksichtigung finden (s. dazu
Rn. 901). Diese Verwaltungsakte sind zeitlich unbeschränkt rücknehmbar.[1522]

Bei § 48 IV 1 VwVfG handelt es sich sodann um eine der **meistdiskutier-** 907
ten Vorschriften des allgemeinen Verwaltungsrechts. Die zahlreichen, über
mehrere Jahrzehnte unter Auseinandersetzung mit verschiedenen Entwicklungen
in der Rechtsprechung vertretenen Ansätze zu ihrer Auslegung können und sollen
an dieser Stelle nicht umfassend – schon gar nicht unter Berücksichtigung all
ihrer Nuancierungen – dargestellt werden. Wichtig ist jedoch, zumindest die **drei**
zentralen Problemkomplexe und die sie betreffenden Grundpositionen
richtig zu erfassen. Sie sind beständig wiederkehrende Probleme verwaltungsrechtlicher Prüfungen.

(1) Umstritten ist zunächst, was i. S. d. Vorschrift unter „**Tatsachen [...],** 908
welche die Rücknahme eines rechtswidrigen Verwaltungsakts rechtferti-
gen", zu verstehen ist. Von diesem Verständnis hängt nicht nur der Fristbeginn[1523],
sondern maßgeblich bereits der Anwendungsbereich der Vorschrift ab. Um die
Kontroverse um die Auslegung zu verstehen, ist es hilfreich, sich vorab vor Augen
zu führen, dass der Erlass eines bereits ursprünglich rechtswidrigen Verwaltungsakts auf Fehler zurückzuführen sein kann, die zwei unterschiedlichen
Fehlerkreisen entspringen: Entweder ist die Behörde bereits von einem unvollständigen oder falschen Sachverhalt ausgegangen oder sie hat bei umfassender
und richtiger Erfassung der Faktenlage nur das einschlägige Recht falsch angewendet. Fehler aus beiden Kreisen können letztlich die Rechtswidrigkeit eines
Verwaltungsakts begründen,[1524] bei Letzteren handelt es sich jedoch um *reine*[1525]

1521 Vgl. nur BVerwG, Urt. v. 23. 5. 1995, Az.: 1 C 3.94 = BVerwGE 98, 298 (312); Sachs, in: Stelkens/
Bonk/Sachs, VwVfG, 9. Aufl. 2018, § 48 Rn. 209.
1522 Sachs, in: Stelkens/Bonk/Sachs, VwVfG, 9. Aufl. 2018, § 48 Rn. 201.
1523 Die Frist beginnt anders als bspw. nach § 45 III SGB X nicht mit der Bekanntgabe des zurückzunehmenden Verwaltungsakts.
1524 So auch der Große Senat des BVerwG, Beschl. v. 19. 12. 1984, Az.: BVerwG Gr. Sen. 1 und
2.84 = BVerwGE 70, 356 (358).
1525 Hierin liegt der zentrale Unterschied. Auch das Zugrundelegen eines unvollständigen oder
unrichtigen Sachverhalts führt im Ergebnis zu einer falschen Rechtsanwendung, deren Ursprung
liegt jedoch in einer falschen Vorstellung von der Wirklichkeit und nicht in einer falschen Vorstellung vom Recht begründet.

Tobias Brings-Wiesen

Rechtsanwendungsfehler. Umstritten ist nun, ob *beide* Fehlerkreise auch von § 48 IV VwVfG erfasst werden.

909   So wird vertreten, dass mit „Tatsachen [...], welche die Rücknahme eines rechtswidrigen Verwaltungsakts rechtfertigen", *ausschließlich* **die tatsächlichen Umstände** des dem Verwaltungsakt zugrundeliegenden Sachverhalts gemeint sind. Daraus werden sodann wiederum zwei unterschiedliche Schlussfolgerungen abgeleitet: Eine Ansicht[1526] schließt daraus, dass erst später erkannte Rechtsanwendungsfehler für den Fristbeginn unerheblich sind. Ist der Sachverhalt zum Zeitpunkt der Entscheidung[1527] ausermittelt, beginnt deren Lauf folglich bereits mit dem Erlass des Verwaltungsakts,[1528] sodass eine danach eintretende positive Kenntnis der Behörde von ihrem Rechtsanwendungsfehler irrelevant sein soll. Eine andere Ansicht[1529] schließt daraus hingegen, dass die Ausschlussfrist auf Rechtsanwendungsfehler schlicht nicht anwendbar ist, was wiederum eine unbefristete Rücknahme ermöglicht.

910   Die Gegenansicht, die insbesondere vom Bundesverwaltungsgericht[1530] vertreten wird, wendet § 48 IV VwVfG indes auch auf besagte reine **Rechtsanwendungsfehler** an, sprich „Fälle, in denen die Behörde bei voller Kenntnis des entscheidungserheblichen Sachverhalts unrichtig entschieden hat"[1531] und dies nachträglich erkennt. Zwar verlangt die Norm nach „Tatsachen", dieser Terminus soll jedoch in seinem sprachlichen Zusammenhang verstanden werden: Verlangt sind eben „Tatsachen", die eine Rücknahme „rechtfertigen". Wie dargelegt kann der Grund für eine Rücknahme jedoch auch in einem Rechtsanwendungsfehler liegen, ohne dass die Vorschrift näher zwischen beiden Fehlerkreisen unterscheiden würde.[1532] Dies soll auch vor dem Hintergrund überzeugen, dass sich beide Kreise nicht nur schwer voneinander abgrenzen lassen, sondern bisweilen

---

1526 So noch BVerwG, Urt. v. 25.6.1982, Az.: 8 C 122.81 = BVerwGE 66, 61 (63 ff.); OVG Berlin, Urt. v. 29.10.1982, Az.: OVG 2 B 153/80 = NJW 1983, 2156.

1527 Der Anwendungsbereich der Vorschrift ist nicht beschränkt auf Fälle nachträglicher Kenntnisnahme, BVerwG, Urt. v. 25.6.1982, Az.: 8 C 122.81 = BVerwGE 66, 61 (63).

1528 Nicht aber bereits zu einem tatsächlich denkbaren früheren Zeitpunkt, da die Rücknahme denklogisch erst nach dem Erlass möglich wird, BVerwG, Urt. v. 25.6.1982, Az.: 8 C 122.81 = BVerwGE 66, 61 (64 f.).

1529 So noch VGH München, Urt. v. 20.5.1983, Az.: 23 B 81 A.1968 = DVBl 1983, 946 (947 f.); OVG Münster, Urt. v. 24.7.1984, Az.: 13 A 1910/83 = NVwZ 1984, 734.

1530 Grundlegend Großer Senat des BVerwG, Beschl. v. 19.12.1984, Az.: BVerwG Gr. Sen. 1 und 2.84 = BVerwGE 70, 356 (357 ff.); zuletzt ausdrücklich aufrechterhalten in Beschl. v. 29.8.2014, Az.: 4 B 1.14 = juris, Rn. 4 ff. Zum Meinungsstand vor dem Beschluss des Großen Senats, a. a. O., s. Hendler, JuS 1985, 947 (947 ff.).

1531 BVerwG, Beschl. v. 19.12.1984, Az.: BVerwG Gr. Sen. 1 und 2.84 = BVerwGE 70, 356 (357).

1532 BVerwG, Beschl. v. 19.12.1984, Az.: BVerwG Gr. Sen. 1 und 2.84 = BVerwGE 70, 356 (358 f.).

Tobias Brings-Wiesen

ununterscheidbar überlagern.[1533] In systematischer Hinsicht wird zusätzlich auf den Ausnahmetatbestand des § 48 IV 2 VwVfG verwiesen, der durch die Inbezugnahme von § 48 II 3 Nr. 1 VwVfG auch Konstellationen der Drohung oder Bestechung erfasse, bei denen die Rechtswidrigkeit des Verwaltungsakts (regelmäßig) nur auf reinen Rechtsanwendungsfehlern beruht und der folglich deren Subsumtion unter § 48 IV 1 VwVfG voraussetze, um nicht mehrheitlich überflüssig zu sein.[1534] Dies soll zuletzt auch der Telos der Norm bestätigen: Soll im Interesse der Gesetzmäßigkeit der Verwaltung die grundsätzliche Möglichkeit der Rücknahme bei Rechtswidrigkeit bestehen, ist nicht ersichtlich, warum die beiden Fehlerkreise unterschiedlich behandelt werden sollten.[1535] Den beiden genannten Gegenansichten (s. dazu Rn. 909) gelinge es nicht auf die gleiche Art und Weise die widerstreitenden Interessen (Gesetzmäßigkeit der Verwaltung; Rechtssicherheit und Vertrauensschutz) in Ausgleich zu bringen. Angesichts all dessen[1536] überzeugt die Position des Bundesverwaltungsgerichts.[1537]

(2) Daran anknüpfend stellt sich sodann die Frage, wann im Sinne der Vorschrift „**Kenntnis**" vorliegt und somit die Jahresfrist zu laufen beginnt. Diesbezüglich werden im Wesentlichen zwei Positionen vertreten, die die Frist des § 48 IV 1 VwVfG entweder im Sinne einer „**Bearbeitungsfrist**" oder im Sinne einer „**Entscheidungsfrist**" interpretieren.   **911**

Eine **starke Ansicht in der Literatur** erkennt eine Bearbeitungsfrist.[1538] Der   **912** Fristlauf soll in dem Moment beginnen, in dem die Behörde Kenntnis von der Tatsache erlangt, die die Rechtswidrigkeit des Verwaltungsakts und somit dessen Rücknehmbarkeit begründet. Insbesondere das **Bundesverwaltungsgericht** sieht in § 48 IV 1 VwVfG jedoch eine Entscheidungsfrist: Neben der Rechtswidrigkeit des Verwaltungsakts müssten die für die Rücknahme *außerdem* erhebli-

---

1533 BVerwG, Beschl. v. 19.12.1984, Az.: BVerwG Gr. Sen. 1 und 2.84 = BVerwGE 70, 356 (360 f.).
1534 BVerwG, Beschl. v. 19.12.1984, Az.: BVerwG Gr. Sen. 1 und 2.84 = BVerwGE 70, 356 (359).
1535 BVerwG, Beschl. v. 19.12.1984, Az.: BVerwG Gr. Sen. 1 und 2.84 = BVerwGE 70, 356 (359 f.).
1536 Der Große Senat des BVerwG, Beschl. v. 19.12.1984, Az.: BVerwG Gr. Sen. 1 und 2.84 = BVerwGE 70, 356 (361 f.), findet zuletzt auch Bestätigung in den Gesetzesmaterialien, die jedoch mindestens wenig ergiebig scheinen, so auch Weides, DÖV 1985, 431 (433 f.); noch kritischer Pieroth, NVwZ 1984, 681 (686); Kopp, DVBl 1985, 525 (525 f.); Schoch, NVwZ 1985, 880 (883).
1537 A.A. aber u.a. Sachs, in: Stelkens/Bonk/Sachs, VwVfG, 9. Aufl. 2018, § 48 Rn. 223 ff.; J. Müller, in: Bader/Ronellenfitsch, VwVfG, 44. Ed., Stand: 1.1.2019, § 48 Rn. 110.1; Pieroth, NVwZ 1984, 681 (685 f.); Kopp, DVBl 1985, 525 (525 f.); Schoch, NVwZ 1985, 880 (883 f.); Ehlers/Kallerhoff, JURA 2009, 823 (834).
1538 Maurer/Waldhoff, Allgemeines Verwaltungsrecht, 19. Aufl. 2017, § 11 Rn. 44; Detterbeck, Allgemeines Verwaltungsrecht, 17. Aufl. 2019, Rn. 713; Peine/Siegel, Allgemeines Verwaltungsrecht, 12. Aufl. 2018, Rn. 628; Suerbaum, in: Mann/Sennekamp/Uechtritz, VwVfG, 2. Aufl. 2019, § 48 Rn. 196 f. m.w.N.

Tobias Brings-Wiesen

chen Tatsachen, insbesondere die für die nach § 48 II VwVfG erforderliche Abwägung und die Ermessensausübung relevanten Umstände, vollständig bekannt sein. Die Frist beginne daher erst zu laufen, wenn die Behörde ohne weitere Sachaufklärung objektiv in der Lage sei, zu entscheiden.[1539]

913 Wortlaut und Genese der Vorschrift sind für die Beantwortung dieser Streitfrage unergiebig – sie lassen sich in beide Richtungen interpretieren.[1540] Somit rückt insbesondere ihr **Telos** in den Vordergrund. Das Bundesverwaltungsgericht argumentiert, der Zweck der Vorschrift, mit Ablauf der Frist den Rücknahmefall unter Herstellung eines gesetzmäßigen Zustands abgeschlossen zu haben, könne nur unvollkommen erfüllt werden, wenn die Behörde bereits vor Entscheidungsreife gezwungen wäre, zu entscheiden.[1541] Dem wird jedoch zu Recht entgegengehalten, dass bei Annahme einer „Entscheidungsfrist" der gleichsam zu beachtende Zweck der Schaffung von Rechtssicherheit durch praktische Entwertung der Fristenregelung verfehlt wird.[1542] Darüber hinaus wird auch nicht recht ersichtlich, warum die Behörde nach Entscheidungsreife noch ein ganzes Jahr Zeit haben sollte, nur um die Entscheidung bekanntzugeben. Dies erscheint noch weniger plausibel, wenn in systematischer Hinsicht andere dem Interesse der Rechtssicherheit dienende Fristen (vgl. nur §§ 70, 74, 75 VwGO) in den Blick genommen werden, denen keine vergleichbare Gewichtung zugunsten des Interesses der Gesetzmäßigkeit der Verwaltung zugrunde liegt.[1543]

914 **Davon entschieden abzugrenzen** ist die Konstellation, dass eine Behörde von die Rücknahme rechtfertigenden Tatsachen Kenntnis erlangt, auf deren Grundlage sie eine Entscheidung über die Rücknahme trifft, bei der ihr dann ein Rechtsanwendungsfehler unterläuft. Auf diesem Wege kommt es nicht zu einem Neubeginn der Frist.[1544]

915 (3) Gleichsam umstritten ist zuletzt, **wessen Kenntnis** entscheidend ist. Ausdrücklich stellt die Norm nur auf die „Behörde" ab. Bereits in systematischer

---

1539 BVerwG, Beschl. v. 19.12.1984, Az.: BVerwG Gr. Sen. 1 und 2.84 = BVerwGE 70, 356 (362f.); zuletzt ausdrücklich aufrechterhalten in Beschl. v. 10.1.2018, Az.: 3 B 59.16 = LKV 2018, 124 (125). Zustimmend Ziekow, VwVfG, 3. Aufl. 2013, § 48 Rn. 54. Der Gesetzgeber hat diese Interpretation hingenommen, vgl. BT-Drucks. 10/6283, S. 5; so auch BVerwG, Beschl. v. 5.5.1988, Az.: 7 B 8.88 = NJW 1988, 2911 (2912).
1540 Satt vieler Stadie, DÖV 1992, 247 (250).
1541 BVerwG, Beschl. v. 19.12.1984, Az.: BVerwG Gr. Sen. 1 und 2.84 = BVerwGE 70, 356 (363f.). S. aber zur Lösung dieses Problems Stadie, DÖV 1992, 247 (250).
1542 S. nur Maurer/Waldhoff, Allgemeines Verwaltungsrecht, 19. Aufl. 2017, § 11 Rn. 44.
1543 S. nur Peuker, in: Knack/Henneke, VwVfG, 10. Aufl. 2014, § 48 Rn. 99; Stadie, DÖV 1992, 247 (251).
1544 Vgl. dazu BVerwG, Urt. v. 22.10.1987, Az.: 3 C 27.86 = NVwZ 1988, 349 (350); so auch Sachs, in: Stelkens/Bonk/Sachs, VwVfG, 9. Aufl. 2018, § 48 Rn. 227 m.w.N.

Hinsicht kann dies nur die für die Rücknahme *zuständige* Behörde sein, sodass die Kenntnis *anderer* Behörden[1545] ohne Bedeutung bleibt. Nur dies entspricht dem Zweck der Vorschrift, eben der zuständigen Behörde eine hinreichend lange Zeit für eine erneute Prüfung einzuräumen.[1546]

Umstritten ist jedoch, auf wessen Kenntnis es *behördenintern* ankommt.[1547] **916** Auch insofern hat das **Bundesverwaltungsgericht** eine rücknahmefreundliche Interpretation vertreten: Es komme nur darauf an, dass der nach der innerbehördlichen Geschäftsverteilung zur Rücknahme des Verwaltungsakts berufene Amtswalter oder ein sonst innerbehördlich zur rechtlichen Überprüfung des Verwaltungsakts berufener Amtswalter[1548] die die Rücknahme des Verwaltungsakts rechtfertigenden Tatsachen feststelle.[1549] Dafür spreche, dass eine „Behörde" als rechtsorganisatorische Einheit nicht zu einer „Kenntnis" fähig sei, es vielmehr stets auf das Wissen der für sie handelnden Amtswalter ankomme.[1550]

Die **Gegenmeinung**[1551] will demgegenüber auf die Kenntnis der Organisati- **917** onseinheit „Behörde" abstellen. Dafür spreche bereits der Wortlaut, aus dem sich weder ergebe, dass ein anderer als der in § 1 IV VwVfG definierte Behördenbegriff zugrunde gelegt werde, noch dass es auf einen einzelnen Amtswalter ankommen könnte.[1552] Überdies trete die Behörde im Verhältnis zum Bürger als Einheit auf und müsse innerhalb ihrer Organisationsverantwortung dafür sorgen, dass der

---

1545 Dies gilt auch für den Fall, dass der zurückzunehmende Verwaltungsakt von einer unzuständigen Behörde erlassen wurde, BVerwG, Urt. v. 20.12.1999, Az.: 7 C 42.98 = BVerwGE 110, 226 (234). S. aber zur Situation des zwischenzeitlichen Zuständigkeitswechsels Ramsauer, in: Kopp/Ramsauer, VwVfG, 20. Aufl. 2019, § 48 Rn. 159.

1546 BVerwG, Urt. v. 20.12.1999, Az.: 7 C 42.98 = BVerwGE 110, 226 (234); Beschl. v. 10.1.2018, Az.: 3 B 59.16 = LKV 2018, 124 (125).

1547 Zu Recht weist Detterbeck, Allgemeines Verwaltungsrecht, 17. Aufl. 2019, Rn. 713, darauf hin, dass dieser dritte Problemkomplex der Sache nach weitgehend obsolet wird, wenn man der Ansicht folgt, dass es sich um eine „Entscheidungsfrist" handelt.

1548 Ein einzelne Fachfragen begutachtender Mitarbeiter soll nicht genügen, BVerwG, Urt. v. 24.5.2012, Az.: 5 C 17.11 = BVerwGE 143, 161 (165 f., Rn. 19).

1549 BVerwG, Beschl. v. 19.12.1984, Az.: BVerwG Gr. Sen. 1 und 2.84 = BVerwGE 70, 356 (364); Urt. v. 24.5.2012, Az.: 5 C 17.11 = BVerwGE 143, 161 (165, Rn. 19 f.). Vgl. auch BSG, Urt. v. 8.2.1996, Az.: 13 RJ 35/94 = BeckRS 1996, 30759854.

1550 J. Müller, in: Bader/Ronellenfitsch, VwVfG, 44. Ed., Stand: 1.1.2019, § 48 Rn. 111; so auch Sachs, in: Stelkens/Bonk/Sachs, VwVfG, 9. Aufl. 2018, § 48 Rn. 214, der jedoch sodann zu einer anderen Lösung kommt.

1551 OVG Berlin, Urt. v. 29.10.1982, Az.: OVG 2 B 153/80 = NJW 1983, 2156 (2156 f.); Ruffert, in: Ehlers/Pünder, Allgemeines Verwaltungsrecht, 15. Auf. 2016, § 24 Rn. 23; Pieroth, NVwZ 1984, 681 (684 f.); Schoch, NVwZ 1985, 880 (885).

1552 Peuker, in: Knack/Henneke, VwVfG, 10. Aufl. 2014, § 48 Rn. 101; Schoch, NVwZ 1985, 880 (885).

Tobias Brings-Wiesen

Informationsfluss funktioniere.[1553] Der Bürger selbst könne die behördeninterne Zuständigkeitsverteilung nicht beurteilen und hätte selbst bei Befassung der zuständigen Behörde keine Rechtssicherheit.[1554]

918   Daneben sind zu Recht **vermittelnde Ansichten** getreten, die die Umstände des Einzelfalls in den Blick nehmen.[1555] Diese blicken grundsätzlich auf die Behörde als rechtsorganisatorische Einheit, fokussieren jedoch im Sinne eines Organisationsverschuldens[1556] sodann die behördeninternen Verhältnisse. Von Kenntnis der „Behörde" ist ab dem Zeitpunkt auszugehen, zu dem im Falle eines ordnungsgemäßen Geschäftsgangs der zuständige Amtswalter durch Weitergabe der Informationen Kenntnis erlangt hätte. Davon wird beispielsweise dann nicht auszugehen sein, wenn nur ein sachlich völlig unzuständiger Amtswalter Kenntnis erlangt[1557] oder die interne Weitergabe von Informationen aus datenschutzrechtlichen Gründen unzulässig ist[1558]. Nur diese Ansicht vermag es im Interesse des Zwecks der Vorschrift, der Behörde in vollständiger Kenntnis der eine Rücknahme potentiell rechtfertigenden Tatsachen noch einmal Zeit für eine Entscheidung zu geben, realistische Ergebnisse zu erzeugen: Zweifelsohne muss bereits sinnlogisch auf die Kenntnis eines Menschen abgestellt werden, dies kann indes nicht jede mit einem Verfahrensvorgang nicht vertraute Person sein. Ein von der internen Organisation abhängiger Informationsfluss innerhalb der Behörde kann nur dort erwartet werden, wo dafür hinreichender Anlass besteht und die rechtlichen Vorgaben ihn erlauben.

919   Es bedarf **positiver Kenntnis**, schuldhafte Unkenntnis genügt nicht.[1559] Insofern genügt beispielsweise die bloße Aktenkundigkeit nicht,[1560] vielmehr muss ein *Bewusstsein* für die Relevanz der Tatsachen bestehen.

1553 S. nur Maurer/Waldhoff, Allgemeines Verwaltungsrecht, 19. Aufl. 2017, § 11 Rn. 44.

1554 OVG Berlin, Urt. v. 29.10.1982, Az.: OVG 2 B 153/80 = NJW 1983, 2156 (2157); Peuker, in: Knack/Henneke, VwVfG, 10. Aufl. 2014, § 48 Rn. 101.

1555 Vgl. dazu jeweils m.w.N. – insbesondere aus der finanzgerichtlichen Rspr. – Ramsauer, in: Kopp/Ramsauer, VwVfG, 20. Aufl. 2019, § 48 Rn. 158; Kastner, in: Fehling/Kastner/Störmer, Verwaltungsrecht, 4. Aufl. 2016, § 48 VwVfG Rn. 65; Suerbaum, in: Mann/Sennekamp/Uechtritz, VwVfG, 2. Aufl. 2019, § 48 Rn. 205; ähnlich auch Sachs, in: Stelkens/Bonk/Sachs, VwVfG, 9. Aufl. 2018, § 48 Rn. 214 f.

1556 Ramsauer, in: Kopp/Ramsauer, VwVfG, 20. Aufl. 2019, § 48 Rn. 158; Suerbaum, in: Mann/Sennekamp/Uechtritz, VwVfG, 2. Aufl. 2019, § 48 Rn. 205.

1557 Sachs, in: Stelkens/Bonk/Sachs, VwVfG, 9. Aufl. 2018, § 48 Rn. 215.

1558 Sachs, in: Stelkens/Bonk/Sachs, VwVfG, 9. Aufl. 2018, § 48 Rn. 215; Kastner, in: Fehling/Kastner/Störmer, Verwaltungsrecht, 4. Aufl. 2016, § 48 VwVfG Rn. 65.

1559 BVerwG, Urt. v. 24.1.2001, Az.: 8 C 8.00 = BVerwGE 112, 360 (363).

1560 BVerwG, Urt. v. 24.1.2001, Az.: 8 C 8.00 = BVerwGE 112, 360 (363); so auch Ramsauer, in: Kopp/Ramsauer, VwVfG, 20. Aufl. 2019, § 48 Rn. 153.

Für die **Berechnung der Frist** gilt § 31 VwVfG, der auch auf die Vorschriften 920
der §§ 187 ff. BGB verweist. Die „Kenntnis" der Behörde ist das gemäß § 187 I BGB
für den Fristbeginn relevante Ereignis, dessen Ende sodann gemäß § 188 II Hs. 2
BGB zu bestimmen ist.[1561]

(6) Rechtsfolge: Ermessen, § 48 I 1 VwVfG

Die Entscheidung der Behörde über die Rücknahme eines Verwaltungsakts 921
steht gemäß § 48 I 1 VwVfG in ihrem **Ermessen.** (s. zum Ermessen ausführlich
Rn. 729 ff., 739 ff.) Sie kann entscheiden, ob sie ihn überhaupt zurücknimmt
(Entschließungsermessen), und falls ja, ob dies zum einen ganz oder teilweise,
zum anderen mit Wirkung für die Zukunft oder für die Vergangenheit geschieht
(Auswahlermessen). In zeitlicher Hinsicht ist der Behörde insbesondere die
Möglichkeit geboten, sehr variabel auf Vertrauensschutzerwägungen zu reagie-
ren, die sich erst nach dem Erlass ergeben.

Grundsätzlich gelten die allgemeinen Vorgaben betreffend Ermessensent- 922
scheidungen. Dabei sind im Zusammenhang mit § 48 VwVfG indes folgende **Besonderheiten** zu berücksichtigen, die sich je nach für die Rücknahme einschlä-
gigem Absatz der Norm ergeben.

(a) Im Falle eines belastenden Verwaltungsakts

Im Falle der Rücknahme eines rechtswidrigen belastenden Verwaltungsakts ste- 923
hen sich allgemein der **Grundsatz der Gesetzmäßigkeit der Verwaltung** und
das **Interesse der Schaffung von Rechtssicherheit und Rechtsfrieden** durch
eine einmal getroffene Entscheidung gegenüber.[1562] Bereits die Tatsache, dass der
Gesetzgeber ein solches Ermessen vorgesehen hat, verdeutlicht, dass *allein* die
Rechtswidrigkeit nicht eine Rücknahme nach sich zieht. Vielmehr sollen beide
Interessen grundsätzlich gleichberechtigt nebeneinanderstehen.[1563]

Gleichwohl ergibt sich laut Bundesverwaltungsgericht ein **besonderes Be-** 924
gründungserfordernis für die Annahme eines Überwiegens der materiel-
len Einzelfallgerechtigkeit. Dies ist keineswegs überraschend. Wie der Vertrauensschutz hat das mit ihm verwandte Interesse der Rechtssicherheit für sich

---

1561 S. für ein Berechnungsbeispiel Ramsauer, in: Kopp/Ramsauer, VwVfG, 20. Aufl. 2019, § 48
Rn. 152.
1562 Maurer/Waldhoff, Allgemeines Verwaltungsrecht, 19. Aufl. 2017, § 11 Rn. 72.
1563 BVerwG, Urt. v. 24.2.2011, Az.: 2 C 50.09 = NVwZ 2011, 888 (889, Rn. 11); Urt. v. 20.11.2018,
Az.: 1 C 23.17 = NVwZ-RR 2019, 170 (172 f., Rn. 26); auch bereits Beschl. v. 7.7.2004, Az.: 6 C 24.03 =
BVerwGE 121, 226 (229 f.).

Tobias Brings-Wiesen

genommen keine weitergehenden materiellen Gehalte, sprich: Für das Interesse der Rechtssicherheit spricht oftmals allein, *dass* es sich um „ein wesentliches Element der Rechtsstaatlichkeit und damit ein[es] Konstitutionsprinzip[s] des Grundgesetzes" handelt.[1564] Dieses gewichtet das Bundesverwaltungsgericht indes so stark, dass selbst ein Verwaltungsakt, der auf einer verfassungswidrigen Norm basiert, nicht ohne weiteres zurückgenommen werden darf.[1565] Ausnahmsweise wird jedoch ein Anspruch auf Rücknahme – gar eines bestandskräftigen Verwaltungsakts – angenommen, wenn dessen Aufrechterhaltung „schlechthin unerträglich" ist.[1566] Dies geschieht vor dem Hintergrund der Annahme, dass bei einer allzu starken Abweichung von rechtlichen Vorgaben der mit der Rechts*sicherheit* in Verbindung stehende Rechts*frieden* nicht erreicht werden kann.[1567] Ob eine derartige Unerträglichkeit vorliegt, hängt von den Umständen des Einzelfalls und deren Abwägung gegeneinander ab.[1568] Dies ist in der Rechtsprechung des Bundesverwaltungsgerichts insbesondere in vier anerkannten Fallgruppen denkbar[1569]: (1) Bei Verstoß gegen den Grundsatz der Selbstbindung der Verwaltung gemäß Art. 3 I GG (s. dazu Rn. 772ff.), (2) bei Verstoß gegen die guten Sitten oder gegen Treu und Glauben, (3) im Falle einer *offensichtlichen* Rechtswidrigkeit des Verwaltungsakts[1570] sowie (4) unter Berücksichtigung der Wertungen und Intentionen des dem Verwaltungsakt zugrundeliegenden Fachrechts[1571] (da § 48 VwVfG selbst keine materiellen Gesichtspunkte zu entnehmen sind).[1572] Insofern ist die Behörde jedoch zugleich in sachlicher Hinsicht beschränkt: Ermessenserwägungen, die dem Fachrecht nicht zugrundeliegen, sind sachfremd. Zuletzt können auch im Falle eines belastenden Verwaltungsakts auf Seiten der Betroffenen Vertrauensschutzerwägungen (unter Berücksichtigung aller Umstände des Einzelfalls, s. dazu Rn. 899) für eine Aufrechterhaltung des Verwaltungsakts streiten.

1564 BVerwG, Beschl. v. 7.7.2004, Az.: 6 C 24.03 = BVerwGE 121, 226 (230).

1565 Vgl. BVerwG, Urt. v. 24.2.2011, Az.: 2 C 50.09 = NVwZ 2011, 888 (889, Rn. 14f.).

1566 BVerwG, Beschl. v. 7.7.2004, Az.: 6 C 24.03 = BVerwGE 121, 226 (230); Urt. v. 24.2.2011, Az.: 2 C 50.09 = NVwZ 2011, 888 (889, Rn. 11), jeweils m.w.N.

1567 Vgl. BVerwG, Urt. v. 27.1.1994, Az.: 2 C 12.92 = BVerwGE 95, 86 (92).

1568 BVerwG, Urt. v. 24.2.2011, Az.: 2 C 50.09 = NVwZ 2011, 888 (889, Rn. 11).

1569 S. dazu die Fallbearbeitung bei Ludwigs, JURA 2009, 226 (230f.).

1570 Vgl. dazu BVerwG, Urt. v. 17.1.2007, Az.: 6 C 32.06 = MMR 2007, 365 (366): Es kann auf die Maßstäbe zu § 44 I VwVfG zurückgegriffen werden, ohne dass es jedoch einer besonderen Schwere bedürfte. So auch Ludwigs, NVwZ 2007, 549 (551); Ludwigs, JURA 2009, 226 (231).

1571 BVerwG, Beschl. v. 7.7.2004, Az.: 6 C 24.03 = BVerwGE 121, 226 (231); Urt. v. 24.2.2011, Az.: 2 C 50.09 = NVwZ 2011, 888 (889, Rn. 16).

1572 S. nur BVerwG, Beschl. v. 7.7.2004, Az.: 6 C 24.03 = BVerwGE 121, 226 (231).

Tobias Brings-Wiesen

Vor diesem Hintergrund besteht Streit um die **Ermessensausübung** *vor* 925
Eintritt der Bestandskraft eines Verwaltungsakts. Eine Ansicht geht für diesen
Fall von einer Ermessensreduktion auf Null zugunsten einer Rücknahme aus.[1573]
Angesichts von Rechtswidrigkeit und noch bestehender Anfechtbarkeit bestehe
schlicht kein abwägungsrelevantes Interesse am Fortbestand des Verwaltungsakts.[1574] Auch bestehe wegen des vielfachen Ausschlusses des Vorverfahrens auf
Grundlage von § 68 I 2 VwGO ein praktisches Bedürfnis dem Bürger einen strikten Rechtsanspruch zuzusprechen.[1575] Die Gegenansicht[1576] hält dem den klaren
Wortlaut des § 48 I 1 VwVfG, der Ermessen ausdrücklich auch für noch nicht
bestandskräftige gewordene Verwaltungsakte vorsieht, entgegen. Darüber hinaus
bestehe kein Bedürfnis nach einem Rechtsanspruch, da der Bürger sein Ziel
selbst bei Ausschluss des Vorverfahrens noch mit der Anfechtungsklage erreichen
könne.[1577]

(b) Im Falle eines begünstigenden Verwaltungsakts

Die Normstruktur von § 48 I 1 und 2 VwVfG verdeutlicht, dass der Behörde auch im 926
Falle der Rücknahme von begünstigenden Verwaltungsakten ein Ermessen zusteht.[1578] Im Hinblick auf die Besonderheiten der Ermessensausübung ist indes
wiederum zwischen Leistungsverwaltungsakten und sonstigen Verwaltungsakten
zu unterscheiden.

Handelt es sich um die Rücknahme eines **begünstigenden Leistungsver-** 927
waltungsaktes i.S.v. § 48 II VwVfG ist zu berücksichtigen, dass wesentliche
rechtliche Bewertungen bereits im Tatbestand, insbesondere im Rahmen der
Abwägung zwischen dem schutzwürdigen Vertrauen auf den Bestand des Verwaltungsakts und dem öffentlichen Interesse an einer Rücknahme, vorzunehmen
waren. Dies führt zwar grundsätzlich[1579] nicht zu einer *rechtlich* zwingenden
Engführung des Ermessensspielraums im Sinne eines „intendierten Ermessens"
(s. zu diesem Begriff ausführlich Rn. 732). Rein *faktisch* verdichtet die Systematik

---

1573 S. nur Detterbeck, Allgemeines Verwaltungsrecht, 17. Aufl. 2019, Rn. 692, m.w.N.; wohl auch
Ramsauer, in: Kopp/Ramsauer, VwVfG, 20. Aufl. 2019, § 48 Rn. 80.
1574 Detterbeck, Allgemeines Verwaltungsrecht, 17. Aufl. 2019, Rn. 692.
1575 Detterbeck, Allgemeines Verwaltungsrecht, 17. Aufl. 2019, Rn. 692.
1576 S. nur Maurer/Waldhoff, Allgemeines Verwaltungsrecht, 19. Aufl. 2017, § 11 Rn. 74; Sachs, in:
Stelkens/Bonk/Sachs, VwVfG, 9. Aufl. 2018, § 48 Rn. 48; Peuker, in: Knack/Henneke, VwVfG,
10. Aufl. 2014, § 48 Rn. 77.
1577 Maurer/Waldhoff, Allgemeines Verwaltungsrecht, 19. Aufl. 2017, § 11 Rn. 74.
1578 Ramsauer, in: Kopp/Ramsauer, VwVfG, 20. Aufl. 2019, § 48 Rn. 127; Suerbaum, in: Mann/
Sennekamp/Uechtritz, VwVfG, 2. Aufl. 2019, § 48 Rn. 143.
1579 Eine Ausnahme bildet die sogleich zu thematisierende Vorschrift des § 48 II 4 VwVfG.

Tobias Brings-Wiesen

der Vorschrift jedoch den verbleibenden Ermessensspielraum. Für ein besseres Verständnis ist zwischen verschiedenen Entwicklungen innerhalb einer Prüfung zu unterscheiden:[1580]

- Gelangt man im Rahmen von § 48 II 1 VwVfG zu dem Ergebnis, dass **das schutzwürdige Vertrauen** (insbesondere auf Grundlage der Regelvermutung des § 48 II 2 VwVfG) das öffentliche Interesse **überwiegt**, darf bereits aus diesem Grund nicht zurückgenommen werden. Die Frage der ordnungsgemäßen Ermessensausübung stellt sich überhaupt nicht.[1581]

- Ist das Vertrauen gemäß § 48 II 3 VwVfG ausgeschlossen, entfällt die Abwägung gemäß § 48 II 1 VwVfG. In der Folge **begrenzt § 48 II 4 VwVfG** auch die Ermessensausübung dahingehend, dass der Verwaltungsakt in der Regel mit Wirkung für die Vergangenheit zurückzunehmen ist. Damit wird zwar wörtlich verdeutlicht, dass noch Raum für Ermessen besteht.[1582] Dieses ist jedoch bereits rechtlich stark beschränkt. Laut Bundesverwaltungsgericht müssen im Einzelfall **besondere Gründe, gar außergewöhnliche Umstände** vorliegen, wenn eine Rücknahme *nur für die Zukunft* angeordnet oder *überhaupt* von der Rücknahme abgesehen werden soll.[1583] Derartige Fälle sind jedoch in der Praxis erwartungsgemäß selten.[1584]

- **In allen übrigen Konstellationen** ist man im Rahmen von § 48 II 1 VwVfG zu dem Ergebnis gelangt, dass das öffentliche Interesse das schutzwürdige Vertrauen (gegebenenfalls gar entgegen der Regelvermutung des § 48 II 2 VwVfG) überwiegt. Bei der sodann folgenden Prüfung der Ermessensausübung können bestimmte Ermessensfehler – wie ein Ermessensausfall[1585] oder ein Ermessensmissbrauch aufgrund sachfremder Erwägungen – unproblematisch zu bejahen sein. Vorsicht ist jedoch geboten hinsichtlich des schutzwürdigen Vertrauens (und der damit unmittelbar zusammenhän-

---

[1580] Zum Folgenden Suerbaum, in: Mann/Sennekamp/Uechtritz, VwVfG, 2. Aufl. 2019, § 48 Rn. 143 ff.; so auch Ramsauer, in: Kopp/Ramsauer, VwVfG, 20. Aufl. 2019, § 48 Rn. 127 ff.

[1581] Sollte, weil dies verlangt ist, hilfsgutachtlich weiter geprüft werden, müsste im Rahmen des Ermessens konsequent auf das schutzwürdige Vertrauen verwiesen werden. Darüber hinaus wären – je nach gegebenem Anlass – die übrigen Ermessenserwägungen in die Prüfung einzubeziehen.

[1582] S. dazu auch BVerwG, Urt. v. 9.9.2013, Az.: 1 C 6.03 = BVerwGE 119, 17 (22 f., 25).

[1583] BVerwG, Urt. v. 23.5.1996, Az.: 3 C 13.94 = juris, Rn. 51; Urt. v. 16.6.1997, Az.: 3 C 22.96 = BVerwGE 105, 55 (57 f.); Urt. v. 22.3.2017, Az.: 5 C 4.16 = BVerwGE 158, 258 (270 f., Rn. 40 f.).

[1584] Ramsauer, in: Kopp/Ramsauer, VwVfG, 20. Aufl. 2019, § 48 Rn. 127c, nennt beispielhaft die Zurechnung des absprachewidrigen Verhaltens eines Vertreters (s. dazu indes auch BVerwG, Urt. v. 22.3.2017, Az.: 5 C 4.16 = BVerwGE 158, 258 [270 f., Rn. 40 f.]) oder das Befinden in einer Zwangslage.

[1585] Suerbaum, in: Mann/Sennekamp/Uechtritz, VwVfG, 2. Aufl. 2019, § 48 Rn. 149.

Tobias Brings-Wiesen

genden rechtlichen Erwägungen, s. dazu Rn. 899): Dieses wurde bereits erschöpfend in der Abwägung gemäß § 48 II 1 VwVfG berücksichtigt, ohne dass es ihm *allein* gelungen wäre, das öffentliche Interesse zu überwiegen.[1586] Gegen eine Rücknahme müssen daher andere, darüberhinausgehende Ermessenserwägungen sprechen, wie beispielsweise gleichheitsrechtliche Erwägungen gemäß Art. 3 I GG (insbesondere bei Konstellationen der Selbstbindung der Verwaltung)[1587] oder freiheitsrechtliche Aspekte unter besonderer Berücksichtigung von Verhältnismäßigkeitsgesichtspunkten (auch und insbesondere im Hinblick auf die Interessen Dritter).

Auch die Rücknahme eines **sonstigen begünstigenden Verwaltungsakts** gemäß § 48 III VwVfG steht gemäß § 48 I 1 VwVfG im Ermessen der Behörde. Mangels Vorprägung durch Beurteilungen innerhalb des Tatbestands kann das Ermessen hier uneingeschränkt geprüft werden. Besonders **umstritten** ist jedoch die Frage, ob und inwieweit im Rahmen der Ermessensausübung auch Vertrauensschutzerwägungen zu berücksichtigen sind.[1588] Dagegen könnte in systematischer Hinsicht sprechen, dass der Vertrauensschutz im Rahmen von § 48 III VwVfG nur durch den Ausgleichsanspruch in Form von Vermögensschutz, nicht aber in Form von Bestandsschutz zu gewähren sein soll. In diese Richtung deuten auch die Gesetzesmaterialien.[1589] Die wohl herrschende Meinung[1590] stellt jedoch zu Recht auf den Wortlaut ab, der ein Ermessen uneingeschränkt ermöglicht. Zudem wird geltend gemacht, dass eine völlige Ausblendung von Vertrauensschutzerwägungen vor dem Hintergrund des Rechtsstaatsprinzips verfassungsrechtlich unzulässig wäre – dies insbesondere in den Fällen, in denen ein immaterieller Schaden nicht im Wege des durch § 48 III VwVfG gewährleisteten Vermögensschutzes kompensiert werden könnte.[1591] Grundsätzlich sind damit Vertrauensschutzerwägungen auch in die Prüfung des Ermessens gemäß § 48 I 1, III VwVfG einzu-

928

1586 Kastner, in: Fehling/Kastner/Störmer, Verwaltungsrecht, 4. Aufl. 2016, § 48 VwVfG Rn. 53; Ehlers/Kallerhoff, JURA 2009, 823 (834).

1587 Suerbaum, in: Mann/Sennekamp/Uechtritz, VwVfG, 2. Aufl. 2019, § 48 Rn. 149; Ehlers/Kallerhoff, JURA 2009, 823 (834).

1588 S. dazu mit Darstellung der unterschiedlichen Meinungen innerhalb des BVerwG Struzina/Lindner, NVwZ 2016, 1295. Für eine Fallbearbeitung zu dieser Fragestellung von Weschpfennig, JURA 2014, 1055 (1064 f.).

1589 So die Gesetzesmaterialien, BT-Drucks. 7/910, S. 71.

1590 Detterbeck, Allgemeines Verwaltungsrecht, 17. Aufl. 2019, Rn. 705; Ehlers/Kallerhoff, JURA 2009, 823 (832). So auch ohne nähere Begründung das BVerwG, Beschl. v 7.11.2000, Az.: 8 B 137.00 = NVwZ-RR 2001, 198 (199); Urt. v. 24.5.2012, Az.: 5 C 17.11 = BVerwGE 143, 161 (168 f., Rn. 27 f.).

1591 Ramsauer, in: Kopp/Ramsauer, VwVfG, 20. Aufl 2019, § 48 Rn. 137.

Tobias Brings-Wiesen

beziehen. Nicht abschließend geklärt scheint indes, inwieweit dies zu erfolgen hat. So wird vertreten, dass die Möglichkeit des Ausgleichs von Vermögensnachteilen nur einen unter mehreren Gesichtspunkten darstelle.[1592] Jedenfalls insoweit über diesen Anspruch keinerlei Vertrauensschutz effektuiert werden kann (wie beispielsweise in bereits genannten Fällen ausschließlich immaterieller Schäden), wird man Vertrauensschutzerwägungen im Rahmen des Ermessens berücksichtigen müssen. Dafür kann dann *maßstabsbildend* auf die in § 48 II 2, 3 VwVfG zum Ausdruck gekommenen Wertungen zurückgegriffen werden.[1593]

(7) Rücknahme von Verwaltungsakten im unionsrechtlichen Kontext

929 Zum Teil **erhebliche Modifikationen** der bislang dargestellten Grundsätze ergeben sich im Falle der **Rücknahme von *unionsrechts*widrigen Verwaltungsakten** (s. zum Widerruf Rn. 978).[1594] Insofern bietet § 48 VwVfG eines (s. zum unionrechtlichen Staatshaftungsanspruch § 11 Rn. 31 ff.) der idealen Einfallstore für das Abrufen von Wissen und Systemverständnis zum Problemfeld der „Europäisierung des Verwaltungsrechts"[1595]. Besondere Praxis- wie Prüfungsrelevanz haben dabei die einen Empfänger begünstigenden unionsrechtswidrigen Beihilfenbewilligungsbescheide, die als „Leistungsverwaltungsakte" gemäß § 48 II VwVfG zurückzunehmen sind und für die beachtliche Sondermaßstäbe gelten (s. dazu Rn. 932 ff.). Davon strikt zu unterscheiden ist die Rücknahme unionsrechtswidriger Verwaltungsakte im Übrigen (s. dazu Rn. 937 ff.), die in der Prüfungspraxis zwar nur eine untergeordnete Rolle spielt, aber nicht minder kompliziert ist.

1592 Ramsauer, in: Kopp/Ramsauer, VwVfG, 20. Aufl. 2019, § 48 Rn. 137; wohl auch Peine/Siegel, Allgemeines Verwaltungsrecht, 12. Aufl. 2018, Rn. 621. A.A. aber wohl Sachs, in: Stelkens/Bonk/ Sachs, VwVfG, 9. Aufl. 2018, § 48 Rn. 180 ff.
1593 BVerwG, Beschl. v. 14.4.2010, Az.: 8 B 88.09 = juris, Rn. 9; Detterbeck, Allgemeines Verwaltungsrecht, 17. Aufl. 2019, Rn. 706; Ramsauer, in: Kopp/Ramsauer, VwVfG, 20. Aufl. 2019, § 48 Rn. 136 f.; Ehlers/Kallerhoff, JURA 2009, 823 (832).
1594 S. dazu ausführlich auch Maurer/Waldhoff, Allgemeines Verwaltungsrecht, 19. Aufl. 2017, § 11 Rn. 53 ff.; Detterbeck, Allgemeines Verwaltungsrecht, 16. Aufl. 2018, Rn. 749 ff.; Erbguth/ Guckelberger, Allgemeines Verwaltungsrecht, 9. Aufl. 2018, § 16 Rn. 33 f.
1595 S. dazu im Überblick Voßkuhle/Schemmel, JuS 2019, 347; Kahl, NVwZ 2011, 449; ausführlich die Kommentierung von Stelkens, in: Stelkens/Bonk/Sachs, VwVfG, 9. Aufl. 2018, Europäisches Verwaltungsrecht, Europäisierung des Verwaltungsrechts und Internationales Verwaltungsrecht, passim.

Tobias Brings-Wiesen

Im Interesse des besseren Verständnisses dieser durchaus komplexen Pro- 930
blematik ist im Folgenden vorab überblicksartig auf den **Vollzug von Unionsrecht** (s. Rn. 931) durch die deutsche Verwaltung sowie auf die **Grundzüge des
EU-Beihilfenrechts** (s. Rn. 934) einzugehen.

(a) Vollzug von Unionsrecht durch die Verwaltung

Um die sogleich darzustellende Problematik zu erfassen, ist in der gebotenen 931
Kürze daran zu erinnern, wie Unionsrecht vollzogen wird.[1596] Grundsätzlich ist
zwischen dem **unionseigenen** (oder sog. „direkten") und dem **mitgliedstaatlichen** (oder sog. „indirekten") **Vollzug** zu unterscheiden, sprich dem Vollzug
durch eigene Organe der Europäischen Union und dem Vollzug durch mitgliedstaatliche Institutionen. Zu einer „unionsrechtlichen Überformung"[1597] des
deutschen Verwaltungsrechts kann es überhaupt nur kommen, wenn es sich um
einen Fall mitgliedstaatlichen bzw. indirekten Vollzugs von Unionsrecht handelt.
Im Rahmen der ihnen übertragenen Kompetenzen können die zuständigen Organe der Europäischen Union diesen Vollzug materiellen Unionsrechts durch die
mitgliedstaatlichen Institutionen auch durch besondere verwaltungsorganisa-
tions- und -verfahrensrechtliche Vorgaben flankieren. Soweit derartige konkrete
unionsrechtliche Vorgaben fehlen, gilt der Grundsatz der **Verfahrensautonomie**[1598] **der Mitgliedstaaten**[1599], sodass die Vorschriften des mitgliedstaatlichen
Verwaltungsrechts Anwendung finden. Der Vollzug von Unionsrecht hat dabei
jedoch unter Beachtung des Grundsatzes der loyalen Zusammenarbeit gemäß
Art. 4 III EUV, konkreter unter Beachtung von **Äquivalenz- und Effektivitätsgrundsatz** zu erfolgen.[1600] Danach dürfen nationale Vorgaben für den Vollzug von
Unionsrecht weder ungünstiger sein als bei rein nationalrechtlich determinierten
Sachverhalten, noch dessen Verwirklichung praktisch unmöglich machen oder
übermäßig erschweren.[1601]

1596 S. dazu im Überblick Maurer/Waldhoff, Allgemeines Verwaltungsrecht, 19. Aufl. 2017, § 2
Rn. 51 ff.; § 22 Rn. 11; ausführlicher Ehlers, in: ders./Pünder, Allgemeines Verwaltungsrecht,
15. Aufl. 2016, § 5 Rn. 34 ff.
1597 So terminologisch Korte, JURA 2017, 656 (661).
1598 Dessen Anwendungsbereich indes nicht auf das „Verwaltungsverfahrensrecht" nach
deutschem Verständnis beschränkt ist, Ludwigs, NVwZ 2018, 1147 (1147 f.).
1599 Dazu grundlegend – und zu der im Folgenden dargestellten Rspr. krit. – Krönke, Die Verfahrensautonomie der Mitgliedstaaten der Europäischen Union, 2013, passim; s. jüngst auch
Ludwigs, NVwZ 2018, 1147.
1600 S. nur jüngst EuGH, Urt. v. 26.6.2019, Az.: C-407/18 – Addiko Bank, Rn. 46. So auch das
BVerwG, Urt. v. 16.12.2010, Az.: 3 C 44.09 = BVerwGE 138, 322 (325 f., Rn. 14).
1601 So in gebotener (terminologischer) Weite Ludwigs, NVwZ 2018, 1417 (1418).

Tobias Brings-Wiesen

(b) Besonderheiten bei der Rücknahme von begünstigenden EU-beihilfenrechtswidrigen Verwaltungsakten

932 Vor besondere Herausforderungen stellt die Student*innen das überaus komplexe wie prüfungsrelevante Themenfeld der Rückabwicklung unionsrechtswidriger Beihilfen im Verhältnis zwischen Mitgliedstaat und Beihilfeempfänger. Diese Rückabwicklung erfolgt im Regelfall im mitgliedstaatlichen bzw. indirekten Vollzug, ohne dass auf *besondere* verwaltungsorganisations- und -verfahrensrechtliche Vorgaben zu rekurrieren wäre.[1602] Rechtlicher Ausgangspunkt sind (bei Fehlen spezialgesetzlicher Vorschriften) die Vorschriften der §§ 48 ff. VwVfG, die jedoch unionsrechtlich stark überformt werden. Die Spannungslagen dieses Themenfeldes in ihren Nuancen zu erfassen, setzt ein Grundverständnis der zugrundeliegenden subventionsrechtlichen[1603] Vorgaben voraus, auf die im Folgenden in der gebotenen Kürze[1604] einzugehen ist.

933 Vorab ist zu berücksichtigen, dass eine Rückabwicklung unionsrechtswidriger Beihilfen keineswegs ausschließlich auf Grundlage der §§ 48 ff. VwVfG erfolgen muss. Obgleich derartige Sachverhaltskonstellationen in der juristischen Ausbildung mit Abstand die größte Aufmerksamkeit genießen dürften, hängt die Anwendbarkeit besagter Vorschriften – und in der Konsequenz der korrekte Prüfungsaufbau – maßgeblich von der Art der Gewähr der Beihilfe ab.[1605] Ausgehend vom Grundsatz der Formenwahlfreiheit[1606] kann die Verwaltung ihre Rechtsbeziehungen zu den Beihilfeempfängern einstufig oder zweistufig regeln und sich dabei der Formen des öffentlichen oder des privaten Rechts bedienen.[1607] Eine Rückabwicklung über Verwaltungsakte auf Grundlage der §§ 48 ff. VwVfG ist daher regelmäßig nur dann möglich, wenn die **Beihilfe selbst durch Verwal-**

1602 Mangels umfassender oder auch nur sektorieller unionsrechtlicher Rücknahme- bzw. Widerrufsregelung ist dies selbst bei auf Grundlage von Unionsrecht gewährten und aus Unionsmitteln kofinanzierten Zuwendungen die Regel, BVerwG, Urt. v. 10.12.2003, Az.: 3 C 22.02 = NVwZ-RR 2004, 413 (413 f.); VGH Mannheim, Urt. v. 22.5.2014, Az.: 10 S 1719/13 = juris, Rn. 27.

1603 „Subventionsrecht" wird hier als Oberbegriff für die einschlägigen nationalen und unionalen Normen verwendet, so auch Korte, JURA 2017, 656.

1604 S. zur Schnittstelle des nationalen Subventions- und unionalen Beihilferechts ausführlich Ziekow, Öffentliches Wirtschaftsrecht, 4. Aufl. 2016, § 6, passim; Bungenberg/Motzkus, GewArch Beil. WiVerw 2/2013, 76; in einem auch für Anfänger*innen gut zugänglichen Überblick Ehlers, DVBl 2014, 1; zu den jüngsten Reformen Hilbert, JURA 2017, 1150.

1605 Finck/Gurlit, JURA 2011, 87 (89); Korte, JURA 2017, 656 (659 ff.).

1606 BVerwG, Urt. v. 11.2.1993, Az.: 4 C 18.91 = BVerwGE 92, 56 (64); dazu ausführlich Detterbeck, Allgemeines Verwaltungsrecht, 17. Aufl. 2019, Rn. 903 ff.

1607 S. dazu Detterbeck, Allgemeines Verwaltungsrecht, 17. Aufl. 2019, Rn. 911 ff.; dazu auch die anschauliche Prüfung des BVerwG, Urt. v. 31.5.2012, Az.: 3 C 12.11 = NVwZ-RR 2012, 628 (629 f., Rn. 14 ff.).

Tobias Brings-Wiesen

tungsakt gewährt wurde.[1608] Diese abgrenzende Prüfung kann je nach Aufgabenstellung an verschiedenen Stellen eines Gutachtens erforderlich werden. Steht fest, dass die Beihilfe im Wege eines Bewilligungsbescheids, der die Merkmale des § 35 S. 1 VwVfG erfüllt, gewährt wurde, wird es sich (regelmäßig) auch um einen begünstigenden Verwaltungsakt i. S. v. § 48 I 2 VwVfG[1609] und in der Folge um einen Leistungsverwaltungsakt i. S. v. § 48 II 1 VwVfG[1610] handeln. Dies macht eine Prüfung am Maßstab von § 48 I 2, II, IV VwVfG erforderlich (s. dazu Rn. 935 f.).

Examenswissen: Handelt es sich um einen öffentlich-rechtlichen Vertrag i. S. d. §§ 54 ff. VwVfG sind jedoch gleichsam Besonderheiten zu berücksichtigen, s. dazu noch § 5 Rn. 117, 124.

Erst in einer fortgeschrittenen Phase des juristischen Studiums steht zu erwarten, 934 dass innerhalb dieser Prüfung auch eine umfassendere Bewertung der Rechtslage am Maßstab des unionalen Beihilfenrechts zu leisten ist. Doch bereits um die Quellen der Unionsrechtswidrigkeit einer Beihilfegewähr präzise identifizieren und in der Folge deren Relevanz für die mitgliedstaatliche Aufhebungsentscheidung bestimmen zu können, bedarf es einer **Grundkenntnis des unionalen Beihilfenrechts.** Dabei ist maßgeblich zwischen materiellen und prozeduralen Vorgaben zu unterscheiden:

In materieller Hinsicht: Gemäß Art. 107 I AEUV sind staatliche oder aus staatlichen Mitteln gewährte Beihilfen gleich welcher Art, die durch die Begünstigung bestimmter Unternehmen oder Produktionszweige den Wettbewerb verfälschen oder zu verfälschen drohen, mit dem Binnenmarkt unvereinbar, soweit sie den Handel zwischen Mitgliedstaaten beeinträchtigen (und soweit in den Verträgen nichts anderes bestimmt ist).[1611] Die Erfüllung dieser Voraussetzungen bedeutet indes noch nicht die Unionsrechtswidrigkeit einer Beihilfe. Das unionale Beihilfenrecht kennt diverse Ausnahmetatbestände: (1) Art. 107 II AEUV bestimmt, dass Beihilfen, die den dort identifizierten Zwecken dienen, bereits *qua legem* mit dem Binnenmarkt vereinbar sind. (2) Gemäß Art. 106 II AEUV sollen die Vorschriften der Verträge, insbesondere die Wettbewerbsregeln, für Unternehmen, die mit Dienstleistungen von allgemeinem wirtschaftlichem Interesse (DAWI) betraut sind, nicht gelten, soweit sie die Erfüllung der übertragenen DAWI (im

---

1608 Statt vieler Finck/Gurlit, JURA 2011, 87 (89), m. w. N., auch zur Gegenansicht.
1609 Der Bewilligungsbescheid begründet ein Recht, nämlich den Anspruch des Adressaten aus Auszahlung der bewilligten Beihilfe.
1610 Die vielfältigen Formen staatlicher Beihilfen, s. nur Cremer, in: Calliess/Ruffert, EUV/AEUV, 5. Aufl. 2016, Art. 107 AEUV Rn. 40 f., werden regelmäßig als Gewährung einer einmaligen oder laufenden Geldleistung gewertet werden können.
1611 Zum Beihilfenbegriff im Überblick Ehlers, DVBl 2014, 1 (2 f.).

Tobias Brings-Wiesen

Einzelfall) rechtlich oder tatsächlich verhindern. (3) Art. 107 III AEUV stellt die Entscheidung über die Binnenmarktvereinbarkeit von Beihilfen, die wieder anderen bestimmten Zwecken dienen, in das Ermessen der Kommission (z.T. unter Zusammenwirken mit dem Rat). (4) Aufgrund „außergewöhnlicher Umstände" kann der Rat[1612] (auf Antrag eines Mitgliedstaats) gemäß Art. 108 II Uabs. 3 AEUV im Einzelfall in Abweichung von Art. 107 AEUV oder von den nach Art. 109 AEUV erlassenen Verordnungen beschließen, dass eine Beihilfe als mit dem Binnenmarkt vereinbar gilt.

In prozeduraler Hinsicht: Nicht minder wichtig sind die prozeduralen Vorgaben des unionalen Beihilfenrechts. Sie dienen dem Zweck der Sicherung der Verfahrenshoheit der Kommission bei der Überwachung der Einhaltung der materiellen Vorgaben im Interesse der einheitlichen Durchsetzung der EU-Wettbewerbsordnung. Ihre Beurteilung der Vereinbarkeit von Beihilfemaßnahmen mit dem Binnenmarkt ist schlussendlich maßgeblich.[1613] Um diese Prüfung effektiv zu ermöglichen, verlangt Art. 108 III 1 AEUV nicht nur, dass die Kommission von jeder beabsichtigten Einführung oder Umgestaltung von Beihilfen durch die Mitgliedstaaten unterrichtet wird (sog. **Notifikationspflicht**). Gemäß Art. 108 III 3 AEUV ist überdies festgelegt, dass die beabsichtigte Maßnahme nicht durchgeführt werden darf, bevor die Kommission nicht einen abschließenden Beschluss erlassen hat (sog. **Durchführungsverbot**). Ein diesen Vorgaben zuwiderlaufender Bewilligungsbescheid ist bereits *formell* unionsrechtswidrig.

Examenswissen: Das Beihilfeverfahren ist ausgefeilter als es Art. 108 AEUV auf den ersten Blick vermuten lässt. Dessen Einzelheiten regelt die auf Grundlage von Art. 109 AEUV erlassene Beihilfeverfahrensverordnung (BeihilfeVVO)[1614]. Darin sind drei verschiedene Wege der Initiierung einer vorbeugenden Prüfung der beabsichtigten Einführung oder Umgestaltung von Beihilfen (sog. „neue Beihilfen", Art. 1 lit. c) BeihilfeVVO) gemäß Art. 108 III AEUV vorgesehen:

(1) Der unionsrechtliche Normalfall ist die gemäß Art. 108 III 1 AEUV, Art. 2 BeihilfeVVO erforderliche Anmeldung durch die Mitgliedstaaten. Art. 109 Var. 3 AEUV ermächtigt[1615] darüber

---

1612 Bei dreimonatiger Untätigkeit des Rates die Kommission, Art. 108 II Uabs. 4 AEUV.

1613 Dabei unterliegt sie der Kontrolle der Unionsgerichte, während die nationalen Gerichte bis zur endgültigen Entscheidung der Kommission nur über die Wahrung der Rechte der Einzelnen bei eventuellen Verstößen der mitgliedstaatlichen Behörden gegen Art. 108 III AEUV wachen, EuGH, Urt. v. 21.11.2013, Az.: C-284/12 – Deutsche Lufthansa, Rn. 28.

1614 Verordnung (EU) 2015/1589 des Rates vom 13. Juli 2015 über besondere Vorschriften für die Anwendung von Artikel 108 des Vertrags über die Arbeitsweise der Europäischen Union, ABl. EU Nr. L 248 v. 24.9.2015, S. 9.

1615 S. insofern auch die sog. „Ermächtigungsverordnung", Verordnung (EU) 2015/1588 des Rates vom 13. Juli 2015 über die Anwendung der Artikel 107 und 108 des Vertrags über die Arbeitsweise der Europäischen Union auf bestimmte Gruppen horizontaler Beihilfen, ABl. EU Nr. L 248 v. 24.9.2015, S. 1.

Tobias Brings-Wiesen

hinaus zum Erlass von Durchführungsverordnungen, die Beihilfen bestimmen, die von dem Verfahren nach Art. 108 III AEUV ausgenommen sind. Dem sind die zuständigen Organe durch Erlass der allgemeinen[1616] De-minimis-Beihilfen-Verordnung[1617] sowie der allgemeinen Gruppenfreistellungsverordnung[1618] nachgekommen.[1619]

(2) Darüber hinaus kann jeder Beteiligte (vgl. die weite Legaldefinition in Art. 1 lit. h) BeihilfeVVO) gemäß Art. 24 II BeihilfeVVO eine förmliche Beschwerde einlegen, um die Kommission über mutmaßliche rechtswidrige Beihilfen zu informieren.

(3) Zuletzt kann die Kommission gemäß Art. 12 BeihilfeVVO auch von Amts wegen alle Auskünfte über mutmaßliche rechtswidrige Beihilfen prüfen.

Im unionsrechtlichen Normalfall der Anmeldung führt die Kommission innerhalb einer Frist von regelmäßig zwei Monaten (Art. 4 V BeihilfeVVO) eine *vorläufige* Prüfung durch, die mit einem positiven Beschluss i. S. v. Art. 4 II oder III BeihilfeVVO oder einem Beschluss über die Eröffnung des *förmlichen* Prüfverfahrens gemäß Art. 108 III 2 AEUV, Art. 4 IV BeihilfeVVO endet. Unterbleibt der Beschluss, gilt die Beihilfe als genehmigt und kann nach erneuter Notifikation durchgeführt werden (Art. 4 VI BeihilfeVVO). Das förmliche Prüfverfahren erfolgt auf Grundlage der Art. 6 ff. BeihilfeVVO. Es endet innerhalb von regelmäßig 18 Monaten (Art. 9 VI, VII BeihilfeVVO) wiederum mit einem Beschluss der Kommission (Art. 9 I BeihilfeVVO): Diese kann bereits das Vorliegen einer Beihilfe verneinen (Art. 9 II BeihilfeVVO), deren uneingeschränkte Vereinbarkeit mit dem Binnenmarkt beschließen (sog. „Positivbeschluss", Art. 9 III BeihilfeVVO) oder diese unter Bedingungen und Auflagen stellen (sog. „mit Bedingungen und Auflagen verbundener Beschluss", Art. 9 IV BeihilfeVVO). Ist die Beihilfe hingegen mit dem Binnenmarkt unvereinbar, so beschließt die Kommission, dass diese Beihilfe nicht eingeführt werden darf (sog. „Negativbeschluss", Art. 108 II Uabs. 1 AEUV, Art. 9 V BeihilfeVVO). Wurde die Beihilfemaßnahme bereits durchgeführt, ergeht mit dem Negativbeschluss ein sog. „Rückforderungsbeschluss" gemäß Art. 16 BeihilfeVVO, der auch Zinsen umfasst. Gemäß Art. 108 III 3 AEUV, Art. 3 BeihilfeVVO darf der be-

---

1616 Sonderregelungen gibt es bspw. im Agrarsektor, Verordnung (EU) Nr. 1408/2013 der Kommission vom 18. Dezember 2013 über die Anwendung der Artikel 107 und 108 des Vertrags über die Arbeitsweise der Europäischen Union auf De-minimis-Beihilfen im Agrarsektor, ABl. EU Nr. L 352 v. 24.12.2013, S. 9.

1617 Verordnung (EU) Nr. 1407/2013 der Kommission vom 18. Dezember 2013 über die Anwendung der Artikel 107 und 108 des Vertrags über die Arbeitsweise der Europäischen Union auf De-minimis-Beihilfen, ABl. EU Nr. L 352 v. 24.12.2013, S. 1. Eine Subsumtion unter die De-minimis-Verordnung führt dazu, dass bereits der Beihilfentatbestand gemäß Art. 107 I AEUV nicht erfüllt ist, Koenig/Paul, in: Streinz, EUV/AEUV, 3. Aufl. 2018, Art. 109 AEUV Rn. 17.

1618 Verordnung (EU) Nr. 651/2014 der Kommission vom 17. Juni 2014 zur Feststellung der Vereinbarkeit bestimmter Gruppen von Beihilfen mit dem Binnenmarkt in Anwendung der Artikel 107 und 108 des Vertrags über die Arbeitsweise der Europäischen Union, ABl. EU Nr. L 187 v. 26.6. 2014, S. 1, zuletzt geändert durch Verordnung (EU) Nr. 2017/1084 der Kommission vom 14. Juni 2017 ABl. EU Nr. L 156 v. 20.6.2017, S. 1. Gemäß Art. 3 der Verordnung sind Beihilfen bei Erfüllen der Voraussetzungen auch mit dem Binnenmarkt vereinbar, Cremer, in: Calliess/Ruffert, EUV/AEUV, 5. Aufl. 2016, Art. 107 AEUV Rn. 66.

1619 Soweit Leistungen unter einen dieser Ausnahmetatbestände fallen, gelten die im Folgenden geschilderten Sondermaßstäbe nicht, vgl. die Fallbearbeitung bei Grupp/Stelkens, Nichts für viel Lärm, abrufbar unter: http://www.saarheim.de/Faelle/laerm-fall.htm (Bearbeitungsstand: 29.9.2019).

Tobias Brings-Wiesen

treffende Mitgliedstaat die beabsichtigte Beihilfemaßnahme nicht durchführen, bevor die Kommission einen ihm günstigen Beschluss erlassen hat (oder die Maßnahme als genehmigt gilt); während des *gesamten* Prüfverfahrens besteht demnach ein **Durchführungsverbot**. Missachtet der Mitgliedstaat dieses Verbot, kann die Kommission gemäß Art. 13 BeihilfeVVO eine Anordnung zur Aussetzung oder einstweiligen Rückforderung der Beihilfe erlassen. In ihrer Funktion erfüllt die Kommission darüber hinaus entsprechend der BeihilfeVVO auch andere fortlaufende Aufgaben.[1620]

935   Vor diesem Hintergrund sind mehrere Konstellationen der Rückabwicklung von durch Verwaltungsakt bewilligten unionsrechtswidrigen Beihilfen denkbar. Die in der Ausbildung relevanteste Konstellation dürfte die **Rückabwicklung nach Negativbeschluss der Kommission** gemäß Art. 108 II Uabs. 1 AEUV, Art. 9 V BeihilfeVVO (in Verbindung mit einem Rückforderungsbeschluss gemäß Art. 16 BeihilfeVVO) sein.[1621] Mit diesem Beschluss wird die *materielle* Unionsrechtswidrigkeit des Bewilligungsbescheides abschließend[1622] festgestellt. Damit gehen im Falle der Begehr einer *Rückabwicklung* bereits sinnlogisch ein Verstoß gegen das Durchführungsverbot sowie regelmäßig eine Verletzung der Notifikationspflicht einher, sodass oftmals zugleich auch die *formelle* Unionsrechtswidrigkeit des Bescheids in Rede steht. Davon ausgehend sind im Rahmen der Prüfung von § 48 I 1 und 2, II, IV VwVfG weiterhin[1623] folgende Besonderheiten zu berücksichtigen:

– Im Rahmen der **Prüfung der Verwaltungsaktqualität** ist – spätestens[1624] – auf die Art der Beihilfengewähr einzugehen (s. dazu Rn. 933).

– Bei der **Prüfung der Rechtswidrigkeit des zurückzunehmen Verwaltungsaktes** haben Ausführungen zur formellen wie materiellen Unionsrechtswidrigkeit zu erfolgen. Dabei ist vorab zu berücksichtigen, dass

---

1620 Zum einen überprüft sie gemäß Art. 108 I AEUV fortlaufend die in den Mitgliedstaaten bestehenden Beihilferegelungen (und unterbreitet ggf. zweckdienliche Vorschläge zu deren Fortentwicklung; vgl. dazu auch die Art. 21 ff. BeihilfeVVO), zum anderen kontrolliert sie gemäß Art. 108 II Uabs. 1 Var. 2 AEUV (auch nach Beschwerde, Art. 24 II BeihilfeVVO) die missbräuchliche Anwendung gewährter Beihilfen.

1621 S. zu dieser Konstellation zentral EuGH, Urt. v. 20.3.1997, Az.: C-24/95 – Land Rheinland-Pfalz/Alcan Deutschland.

1622 Unbenommen ist es den verschiedenen Betroffenen, gegen den Beschluss Nichtigkeitsklage gemäß Art. 263 AEUV zu erheben, Cremer, in: Calliess/Ruffert, EUV/AEUV, 5. Aufl. 2016, Art. 108 AEUV Rn. 23.

1623 S. zur Subsumtion unter die Tatbestandsmerkmale „Verwaltungsakt", „begünstigender Verwaltungsakt" und „Leistungsverwaltungsakt" bereits Rn. 933.

1624 Vorstellbar ist, dass diesbezügliche Ausführungen je nach Aufgabenstellung bereits im Rahmen der Prüfung der Zulässigkeit einer Klage erfolgen müssen.

Tobias Brings-Wiesen

grundsätzlich weder eine formelle[1625] noch eine materielle[1626] Unionsrechts-widrigkeit zu einer Nichtigkeit des Bescheids gemäß § 44 VwVfG führt.[1627] Bei einer **Verletzung der Notifikationspflicht** liegt ein Verfahrensfehler vor, bezüglich dessen sich die Frage stellt, ob er gemäß § 45 I Nr. 5, II VwVfG („Mitwirkung einer anderen Behörde") durch Nachholung[1628] **geheilt** werden kann. Dem steht jedoch insbesondere[1629] das teleologische Argument entge-gen, dass – wie im Falle eines späteren Positivbeschlusses der Kommission (s. dazu noch Rn. 936) – die Annahme einer Heilung die unmittelbare Wir-kung dieser Vorschrift beeinträchtigen, ihre Missachtung begünstigen und somit ihre praktische Wirksamkeit nehmen würde.[1630] Die **materielle Uni-onsrechtswidrigkeit** wird meist nicht gesondert zu prüfen sein: Mit Eintritt der Bestandskraft des Negativbeschlusses steht sie ohnehin fest.[1631] Doch auch vorher steht es den mitgliedstaatlichen Institutionen aufgrund der ausschließlichen Kompetenz der Kommission nicht frei, vom Beschluss der Kommission abzuweichen. Die materielle Unionsrechtswidrigkeit kann daher im Rahmen der Prüfung zumeist ohne nähere Ausführungen unter Rekurs auf den Negativbeschluss vorausgesetzt werden.[1632]

– Die Unionsrechtswidrigkeit der Beihilfe wirkt sich insbesondere auf die **Schutzwürdigkeit des Vertrauens** des Beihilfeempfängers gemäß § 48 II VwVfG aus. Der EuGH hat in der maßgeblichen Rechtssache „Land Rhein-land-Pfalz/Alcan Deutschland" geurteilt, dass berechtigtes Vertrauen auf die Ordnungsmäßigkeit einer Beihilfe nur dann bestehen kann, wenn diese unter Einhaltung des – mittlerweile – in Art. 108 AEUV vorgesehenen Verfahrens

---

1625 BVerwG, Urt. v. 16.12.2010, Az.: 3 C 44.09 = BVerwGE 138, 322 (326 f., Rn. 16). So auch Kokott, DVBl 1993, 1235 (1237) (unter Rekurs auf § 44 III Nr. 4 VwVfG); Finck/Gurlit, JURA 2011, 87 (91) (unter Rekurs auf die zumeist fehlende Offensichtlichkeit).

1626 BVerwG, Beschl. v. 11.5.2000, Az.: 11 B 26.00 = NVwZ 2000, 1039 (1040).

1627 Der Streit um die Anwendbarkeit der Vorschrift auf nichtige Verwaltungsakte, s. dazu Rn. 862, ist mithin im Regelfall nicht zu diskutieren.

1628 So Finck/Gurlit, JURA 2011, 87 (91); Gurlit, ZJS 2011, 368 (370), die indes noch weiter gehen und in der schlichten „Positiventscheidung" der Kommission den Anknüpfungspunkt für die Heilung sehen.

1629 Zu weiteren Argumenten s. Korte, JURA 2017, 656 (660).

1630 So i. E. auch Korte, JURA 2017, 656 (660). Vgl. aus der Rspr. des EuGH nur Urt. v. 12.2.2008, Az.: C-199/06 – CELF und ministre de la Culture et de la Communication, Rn. 40. Finck/Gurlit, JURA 2011, 87 (91), plädieren daher – unabhängig vom allgemeinen Streit um die zeitliche Di-mension der Heilung (s. dazu bereits Rn. 862) – hier für eine bloße *ex nunc*-Wirkung.

1631 Detterbeck, Allgemeines Verwaltungsrecht, 17. Aufl. 2019, Rn. 753.

1632 Etwas anderes gilt insbesondere dann, wenn die Aufgabenstellung oder die Angaben im Sachverhalt die Prüfung erwarten lassen.

Tobias Brings-Wiesen

gewährt wurde.[1633] Aus der Verfahrenshoheit der Kommission resultieren mithin *speziell* für den beihilfenrechtlichen Kontext geltende Sondermaßstäbe. Weitgehend offen blieb dabei naturgemäß die Frage der Einordnung dieser Rechtsprechung in die Systematik von § 48 II VwVfG: Grundsätzlich denkbar ist bereits die Annahme eines Ausschlusses der Schutzwürdigkeit gemäß § 48 II 3 Nr. 3 VwVfG aufgrund grob fahrlässiger Unkenntnis der formellen und/oder materiellen Unionsrechtswidrigkeit des Verwaltungsaktes. Unter Berücksichtigung des konkret-individuellen Maßstabs wird im Hinblick auf die Einhaltung der formellen Vorgaben des Art. 108 III AEUV argumentiert, dass von einem sorgfältigen Durchschnittsbeihilfeempfänger *regelmäßig* zu erwarten sei, sich der ordnungsgemäßen Durchführung des Prüfverfahrens zu vergewissern.[1634] Vorzugswürdig ist jedoch, in der Prüfung weiterhin die Umstände des Einzelfalls, wie Umfang und Marktrelevanz einer Beihilfe sowie Größe und Beihilfeerfahrenheit des empfangenden Unternehmens (mit oder ohne eigene Rechtsabteilung), zu berücksichtigen und nicht stets pauschal auf einen Ausschluss der Schutzwürdigkeit abzustellen.[1635] Jedenfalls aber hat das Vertrauensschutzinteresse – selbst für den Fall, dass die Regelvermutung des § 48 II 2 VwVfG zugunsten des Beihilfeempfängers greift – in der Abwägung nach § 48 II 1 VwVfG wegen dem besonderen unionsrechtlichen Interesse an der effektiven Durchsetzung der unionalen Wettbewerbsordnung[1636], das auf Seiten des öffentlichen Rücknahmeinteresses neben das Interesse an der Gesetzmäßigkeit der Verwaltung und das fiskalische Interesse tritt, in der Regel zurückzustehen. Auch im Falle einer überwiegenden Verantwortlichkeit[1637] oder auch vorherigen Abstimmung[1638] mit der für die Bewilligung zuständigen Behörde soll deren rechtswidriges Verhalten kein schutzwürdiges Vertrauen begründen können, wenn die Vorgaben des Art. 108 III AEUV missachtet wurden. Die gleichsam unionsrechtlich geschützten Grundsätze von Rechtssicherheit und Vertrau

---

1633 EuGH, Urt. v. 20.3.1997, Az.: C-24/95 – Land Rheinland-Pfalz/Alcan Deutschland, Rn. 25, 30 f.

1634 Für eine Nachforschungspflicht bereits der EuGH, Urt. v. 20.9.1990, Az.: C-5/89 – Kommission/Deutschland, Rn. 14; Urt. v. 20.3.1997, Az.: C-24/95 – Land Rheinland-Pfalz/Alcan Deutschland, Rn. 25; a.A. jedoch Detterbeck, Allgemeines Verwaltungsrecht, 17. Aufl. 2019, Rn. 754; Triantafyllou, NVwZ 1992, 436 (439).

1635 Suerbaum, in: Mann/Sennekamp/Uechtritz, VwVfG, 2. Aufl. 2019, § 48 Rn. 153.

1636 So bereits BVerwG, Urt. v. 17.2.1993, Az.: 11 C 47.92 = BVerwGE 92, 81 (86).

1637 EuGH, Urt. v. 20.3.1997, Az.: C-24/95 – Land Rheinland-Pfalz/Alcan Deutschland, Rn. 41 ff.; BVerwG, Urt. v. 23.4.1998, Az.: 3 C 15.97 = BVerwGE 106, 328 (338): Kein Verstoß gegen den Grundsatz von Treu und Glauben.

1638 BVerwG, Urt. v. 24.7.2014, Az.: 3 C 23.13 = NVwZ-RR 2015, 21 (22).

Tobias Brings-Wiesen

ensschutz sollen laut EuGH lediglich bei Vorliegen – bis heute kaum näher bestimmter – „außergewöhnlicher Umstände" überwiegen.[1639]

– In der Konsequenz kommt es sodann zu einem harten dogmatischen Bruch im Hinblick auf die Prüfung eines möglichen Ausschlusses der Rücknahme aufgrund von **Verfristung** gemäß § 48 IV VwVfG. Insofern verlangt der EuGH selbst für den Fall, dass die Jahresfrist des § 48 IV 1 VwVfG verstrichen ist, die Rücknahme des Bewilligungsbescheids. Die Anwendbarkeit von § 48 IV VwVfG wird im Interesse der Effektivität des Unionsrechts schlicht ausgesetzt.[1640]

– Zuletzt verlangt die Berücksichtigung der unionsrechtlichen Wertungen im Falle eines Negativbeschlusses der Kommission eine konsequente **Reduktion des Rücknahmeermessens** gemäß § 48 I 1 VwVfG **auf Null**.[1641]

– Zusätzlich steht die Unionsrechtswidrigkeit der Beihilfe später im Rahmen der Prüfung der Erstattung (s. dazu noch Rn. 989 ff.) dem **Einwand der Entreicherung** gemäß § 49a II i.V.m. §§ 812 ff. BGB entgegen.

Examenswissen: Die Unionsrechtswidrigkeit wirkt sich darüber hinaus (im Interesse des Effektivitätsgrundsatzes) auch vollstreckungs- und verwaltungsprozessrechtlich auf den Erstattungsbescheid aus: Verbunden mit einem Negativbeschluss gemäß Art. 108 II Uabs. 1 AEUV, Art. 9 I, V BeihilfeVVO ergeht gemäß Art. 16 I BeihilfeVVO grundsätzlich ein Rückforderungsbeschluss, infolgedessen der Mitgliedstaat alle notwendigen Maßnahmen zu ergreifen hat, um die Beihilfe vom Empfänger zurückzufordern. Gemäß Art. 16 III BeihilfeVVO „erfolgt die Rückforderung unverzüglich und nach den Verfahren des betreffenden Mitgliedstaats, sofern hierdurch die sofortige und tatsächliche Vollstreckung des Beschlusses der Kommission ermöglicht wird." Daraus folgt zunächst, dass die zuständige Behörde den Erstattungsbescheid für **sofort vollziehbar** zu erklären hat, und sodann, dass weder Behörden die Aussetzung der Vollziehung gemäß § 80 IV 1 VwGO anordnen, noch Gerichte die aufschiebende Wirkung eines Widerspruchs bzw. einer Anfechtungsklage gemäß § 80 V 1 VwGO wiederherstellen dürfen.[1642]

Examenswissen: Davon strikt abzugrenzen sind Konstellationen bloß *formell* unionrechts- 936 widriger Beihilfen.[1643] Die mit ihnen verbundenen Rechtsprobleme unterscheiden sich danach, in welchem Stadium des Prüfverfahrens der Kommission ihre Rückabwicklung in Rede steht.[1644]

1639 EuGH, Urt. v. 11.3.2010, Az.: C-1/09 – CELF und Ministre de la Culture et de la Communication, Rn. 42 f.; so auch Urt. v. 20.9.1990, Az.: C-5/89 – Kommission/Deutschland, Rn. 16.
1640 EuGH, Urt. v. 20.3.1997, Az.: C-24/95 – Land Rheinland-Pfalz/Alcan Deutschland, Rn. 31 ff.; BVerwG, Urt. v. 23.4.1998, Az.: 3 C 15.97 = BVerwGE 106, 328 (336 ff.).
1641 EuGH, Urt. v. 20.3.1997, Az.: C-24/95 – Land Rheinland-Pfalz/Alcan Deutschland, Rn. 34; Detterbeck, Allgemeines Verwaltungsrecht, 17. Aufl. 2019, Rn. 756; Ruffert, in: Ehlers/Pünder, Allgemeines Verwaltungsrecht, 15. Aufl. 2016, § 24 Rn. 33.
1642 Detterbeck, Allgemeines Verwaltungsrecht, 17. Aufl. 2019, Rn. 758.
1643 Dazu auch Detterbeck, Allgemeines Verwaltungsrecht, 17. Aufl. 2019, Rn. 759 ff.; ausführlich auch zu anderen Konstellationen der Beihilfegewähr Finck/Gurlit, JURA 2011, 87.
1644 S. auch Korte, JURA 2017, 656 (662 f.).

Tobias Brings-Wiesen

In den verschiedenen Konstellationen sind im Rahmen der Prüfung von § 48 I 1 und 2, II, IV VwVfG wiederum beihilfenrechtlich bedingte Sondermaßstäbe zu berücksichtigen:

– **Mit einem für den Mitgliedstaat günstigen Beschluss** gemäß Art. 108 II Uabs. 1 AEUV stellt die Kommission abschließend fest, dass die Bewilligung einer Leistung – regelmäßig von Beginn an – mit dem materiellen Beihilfenrecht vereinbar gewesen ist.[1645] Die nationalen Behörden sind dann nicht verpflichtet, die Beihilfegewähr aufgrund materieller Unionsrechtswidrigkeit unter Berücksichtigung der bereits geschilderten Modifikationen rückabzuwickeln. Der günstige Beschluss ändert indes nichts an einer bereits erfolgten Verletzung der formellen Vorgaben: Verstöße gegen die Notifikationspflicht gemäß Art. 108 III 1 AEUV und/ oder gegen das Durchführungsverbot gemäß Art. 108 III 3 AEUV werden dadurch nicht rückwirkend geheilt oder legitimiert.[1646] Gleichwohl hat der EuGH entschieden, dass das Unionsrecht (auch außerhalb von Konstellationen „außergewöhnlicher Umstände") nicht die Rückzahlung der gesamten rechtswidrigen Beihilfe verlangt. Begründet wird dies mit dem nur *vorläufigen* Charakter des Zwecks des Durchführungsverbots, den gemeinsamen Markt und andere Marktteilnehmer vor unzulässigen Wettbewerbsverzerrungen zu schützen.[1647] Im Interesse von dessen effektiver Durchsetzung verlangt der EuGH jedoch zumindest eine Abschöpfung der Zinsen, die der Beihilfeempfänger gezahlt hätte, wenn er sich den gewährten Beihilfebetrag bis zum Erlass des Beschlusses auf dem Markt hätte leihen müssen.[1648] Wird der Beschluss der Kommission vor den Unionsgerichten angegriffen, kann sich der relevante Zeitraum bis zur endgültigen gerichtlichen Entscheidung[1649] und gar darüber hinaus verlängern, ohne dass sich der Empfänger auf ein berechtigtes Vertrauen berufen könnte[1650]. Erfolgte die Beihilfegewähr unter Verletzung des Durchführungsverbots ausschließlich auf Grundlage eines Bewilligungsbescheids, hat die Rückabwicklung wie gewohnt auf Grundlage von § 48 I 1

1645 S. zu dieser Konstellation zentral EuGH, Urt. v. 12. 2. 2008, Az.: C-199/06 – CELF und Ministre de la Culture et de la Communication; Urt. v. 11. 3. 2010, Az.: C-1/09 – CELF und Ministre de la Culture et de la Communication. Dazu auch Detterbeck, Allgemeines Verwaltungsrecht, 17. Aufl. 2019, Rn. 762; Decker, in: Wolff/Decker, VwGO/VwVfG, 3. Aufl. 2012, § 48 VwVfG Rn. 54 ff.
1646 EuGH, Urt. v. 21.11.1991, Az.: C-354/90 – Fédération nationale du commerce extérieur des produits alimentaires u. a./Frankreich, Rn. 16; Urt. v. 12. 2. 2008, Az.: C-199/06 – CELF und ministre de la Culture und de la Communication, Rn. 40.
1647 EuGH, Urt. v. 12. 2. 2008, Az.: C-199/06 – CELF und Ministre de la Culture et de la Communication, Rn. 46 ff. Die Möglichkeit einer derartigen Anordnung nach nationalem Recht, schließt der EuGH zwar nicht aus, a. a. O., Rn. 53, sie wird indes bei Anwendung des Verhältnismäßigkeitsgrundsatzes hinter der bloßen Abschöpfung gezogener Vorteile zurückstehen, Finck/Gurlit, JURA 2011, 87 (92).
1648 EuGH, Urt. v. 12. 2. 2008, Az.: C-199/06 – CELF und Ministre de la Culture et de la Communication, Rn. 50 ff. Daran anknüpfend EuGH, Urt. v. 18.12.2008, Az.: C-384/07 – Wienstrom, Rn. 28 ff.; Urt. v. 5. 3. 2019, Az.: C-349/17 – Eesti Pagar, Rn. 131 ff.
1649 EuGH, Urt. v. 12. 2. 2008, Az.: C-199/06 – CELF und Ministre de la Culture et de la Communication, Rn. 56 ff.
1650 Der EuGH, Urt. v. 11. 3. 2010, Az.: C-1/09 – CELF und Ministre de la Culture et de la Communication, Rn. 41 ff., verneinte mangels Eintritts der Bestandskraft des Kommissionsbeschlusses gar für den Sonderfall des Aufeinanderfolgens von drei Nichtigkeitsklagen das Vorliegen „außergewöhnlicher Umstände".

Tobias Brings-Wiesen

und 2, II, IV und § 49a VwVfG zu erfolgen.[1651] Dabei ist – neben den bereits dargelegten Besonderheiten betreffend die formelle Unionsrechtswidrigkeit (s. dazu Rn. 938) – zu berücksichtigen, dass eine Rücknahme des Bescheids entsprechend des bloß vorläufigen Sicherungszwecks des Durchführungsverbots ausschließlich mit Wirkung für die Vergangenheit und bis zum endgültigen Beschluss der Kommission erfolgt. In der Folge sind die Zinsvorteile als „bereits erbrachte Leistungen" auf Grundlage von § 49a I 1 VwVfG zurückzufordern, wobei ein etwaiger Entreicherungseinwand gemäß § 49a II 2 VwVfG wiederum unionsrechtlich bedingt unbeachtet zu bleiben hat.

– Davon zu unterscheiden sind Konstellationen, in denen eine **(zumindest vorläufige) Rückabwicklung während eines noch laufenden Prüfverfahrens** begehrt wird. Wird eine Beihilfemaßnahme unter Verstoß gegen das Durchführungsverbot durchgeführt, haben die mitgliedstaatlichen Institutionen im Interesse des vorläufigen Sicherungszwecks des Art. 108 III AEUV Maßnahmen anzuordnen, die geeignet sind, die Rechtswidrigkeit der Durchführung zu beseitigen, damit der Empfänger in der bis zum Beschluss der Kommission noch zu verbleibenden Zeit nicht weiterhin frei über sie verfügen kann.[1652] Auch insofern hat die Rückabwicklung auf Grundlage von § 48 I 1 und 2, II, IV und § 49a VwVfG zu erfolgen, wobei sich Rücknahme und Erstattung unter der auflösenden Bedingung eines günstigen Beschlusses der Kommission anbieten.[1653] Vor Eröffnung des formellen Prüfverfahrens trifft sie dabei die Pflicht, die Voraussetzungen von Notifikationspflicht und Durchführungsverbot selbst zu prüfen; nach dessen Eröffnung sollen sie laut EuGH an den Beschluss der Kommission gebunden sein[1654].[1655] Vor diesem Hintergrund liegt zumindest nahe, die bereits geschilderte weitgehende unionsrechtliche Überformung von § 48 I 1 und 2, II, IV und § 49a VwVfG auch in diesen Konstellationen anzunehmen – abschließend geklärt sind diese Fragen indes noch nicht.[1656] Von einer strikten unionsrechtlichen Bindung wird man zumindest im Falle einer Anordnung der Kommission gemäß Art. 13 BeihilfeVVO auszugehen haben.[1657]

– **Wettbewerber** des Beihilfeempfängers[1658] können sich in beiden Fällen im Wege von Anfechtungsklage und Vollzugsfolgenbeseitigungsklage gemäß § 113 I 1 und 2 VwGO (s. dazu näher Rn. 1387) gegen den Bewilligungsbescheid und die bereits erfolgte Durchführung der Beihilfemaßnahme wenden.[1659] Art. 108 III 3 AEUV entfaltet nicht nur unmittelbare Wirkung, sondern zugunsten der Wettbewerber auch drittschützenden Charakter.[1660]

1651 BVerwG, Urt. v. 16.12.2010, Az.: 3 C 44.09 = BVerwGE 138, 322 (325 f., Rn. 14 f.); Finck/Gurlit, JURA 2011, 87 (91 f.).

1652 EuGH, Urt. v. 11.3.2010, Az.: C-1/09 – CELF und Ministre de la Culture et de la Communication, Rn. 29 f.; Urt. v. 21.11.2013, Az.: C-284/12 – Deutsche Lufthansa, Rn. 30 f.

1653 Detterbeck, Allgemeines Verwaltungsrecht, 17. Aufl. 2019, Rn. 761.

1654 S. dazu Martin-Ehlers, EuZW 2014, 247; Berrisch, EuZW 2014, 253; Rennert, DVBl 2014, 669.

1655 EuGH, Urt. v. 21.11.2013, Az.: C-284/12 – Deutsche Lufthansa, Rn. 33 ff. Keine derartige Bindung gilt indes im Falle eines Beschlusses der Kommission gemäß Art. 4 III BeihilfeVVO, BVerwG, Urt. v. 26.10.2016, Az.: 10 C 3.15 = EuZW 2017, 355 (357 ff., Rn. 18 ff.).

1656 Detterbeck, Allgemeines Verwaltungsrecht, 17. Aufl. 2019, Rn. 760.

1657 Detterbeck, Allgemeines Verwaltungsrecht, 17. Aufl. 2019, Rn. 761.

1658 S. zu beihilferechtlichen Konkurrentenklagen Rennert, EuZW 2011, 576.

1659 Detterbeck, Allgemeines Verwaltungsrecht, 17. Aufl. 2019, Rn. 760; Rennert, EuZW 2011, 576 (578).

(c) Die Rücknahme unionsrechtswidriger Verwaltungsakte im Übrigen

937 Examenswissen: Wie bereits mehrfach angemerkt handelt es sich bei dem Voranstehenden um Sondermaßstäbe, die vom EuGH *speziell* für EU-beihilfenrechtlich relevante Sachverhalte statuiert und entsprechend von der deutschen Rechtsprechung rezipiert wurden. Auf den **Regelfall der Rücknahme anderweitig unionsrechtswidriger Verwaltungsakte** sind sie *nicht* übertragbar. Die mitgliedstaatlichen Institutionen sind aber bei Anwendung des § 48 VwVfG in unionsrechtlich determinierten Sachverhalten weiterhin mindestens an die Grundsätze von Äquivalenz und Effektivität (als Ausprägungen des Grundsatzes der loyalen Zusammenarbeit gemäß Art. 4 III EUV, s. bereits Rn. 931) gebunden.

938   Dies hat in der Vergangenheit vermehrt zu der Frage geführt, ob eine mitgliedstaatliche Behörde wegen ihrer Bindung an den **Effektivitätsgrundsatz** die Pflicht treffen kann, eine bereits bestandskräftige Entscheidung zurückzunehmen, wenn sich durch ein späteres Urteil des EuGH deren Unionsrechtswidrigkeit offenbart.[1661] Ausschlaggebend war der der Rechtssache „Kühne & Heitz" zugrundeliegende Sachverhalt[1662]: Das niederländisches Unternehmen Kühne & Heitz NV hatte von Dezember 1986 bis Dezember 1987 Geflügelteile in Drittstaaten exportiert und dafür gemäß EU-sekundärrechtlicher Vorgaben ursprünglich eine Ausfuhrerstattung erhalten. Bei einer nachträglichen Überprüfung dieses Vorgangs ordnete die zuständige niederländische Behörde die Geflügelteile einer neuen Tarifposition zu, die eine Erstattung nicht vorsah. In der Folge verlangte sie eine Rückzahlung in Höhe der Erstattung von Kühne & Heitz NV, wogegen das Unternehmen erfolglos den Rechtsweg beschritt. Jahre später entschied der EuGH, dass die Zuordnung der Geflügelteile zur ursprünglichen Tarifposition korrekt war.[1663] Das um Vorabentscheidung (gemäß Art. 267 AEUV) ersuchende niederländische Gericht erwog, unter den Umständen des Falles verpflichtet zu sein, einen bereits bestandskräftigen Bescheid zurückzunehmen, um die volle Wirksamkeit des Unionsrechts sicherzustellen. Eine derartige Verpflichtung verneinte der EuGH indes *für den Regelfall*: Unter Berücksichtigung des auch im Unionsrecht geltenden Grundsatzes der Rechtssicherheit seien mitgliedstaatliche Behörden *grundsätzlich* **nicht verpflichtet, eine** (nach Ablauf einer angemessenen Klagefrist oder Erschöpfung des Rechtswegs) **bestandskräftige Verwaltungsentscheidung zurückzunehmen.**[1664] Vor diesem Hintergrund erachtete er in einem späteren Vorabentscheidungsverfahren insbesondere auch die deutsche Rechtslage für mit dem Effektivitätsgrundsatz vereinbar.[1665] **Wegen der besonderen Umstände** des Falles „Kühne &Heitz" erkannte der EuGH jedoch ausnahmsweise auf eine Pflicht zur „Überprüfung":

1660 BVerwG, Urt. v. 16.12.2010, Az.: 3 C 44.09 = BVerwGE 138, 322 (324 f., Rn. 13); Urt. v. 26.10.2016, Az.: 10 C 3.15 = EuZW 2017, 355 (356 f., Rn. 13, 20).

1661 S. dazu auch die Fallbearbeitung bei Musil/Burchard, Klausurenkurs im Europarecht, 4. Aufl. 2016, Fall 14, S. 256.

1662 EuGH, Urt. v. 13.1.2004, Az.: C-453/00 – Kühne & Heitz, Rn. 26 ff.

1663 EuGH, Urt. v. 5.10.1994, Az.: C-151/93 – Voogd Vleesimport en -export.

1664 EuGH, Urt. v. 13.1.2004, Az.: C-453/00 – Kühne & Heitz, Rn. 24; zuletzt Urt. v. 20.12.2017, Az.: C-492/16 – Incyte, Rn. 46. Darauf rekurrierend BVerwG, Urt. v. 22.10.2009, Az.: 1 C 26.08 = BVerwGE 135, 137 (146, Rn. 20).

1665 EuGH, Urt. v. 19.9.2006, Az.: C-392/04 und C-422/04 – i-21 Germany und Arcor, Rn. 58 ff.

Tobias Brings-Wiesen

- Die Behörde war nach nationalem Recht grundsätzlich befugt, die bestandskräftige Entscheidung zurückzunehmen.
- Die Entscheidung war infolge eines Urteils eines in letzter Instanz entscheidenden nationalen Gerichts bestandskräftig geworden, der nationale Rechtsweg mithin erschöpft gewesen.
- Dieses letztinstanzliche Urteil beruhte, wie eine nach seinem Erlass ergangene Entscheidung des Gerichtshofs zeigte, auf einer unrichtigen Auslegung des Unionsrechts, die erfolgt war, ohne dass der Gerichtshof um Vorabentscheidung ersucht wurde, obwohl der Tatbestand des Art. 267 III AEUV erfüllt war.[1666]
- Der Betroffene hatte sich, unmittelbar nachdem er Kenntnis von der besagten Entscheidung des Gerichtshofs erlangt hatte, an die Behörde gewandt.[1667]

An dieser Rechtsprechung hat der EuGH bis heute grundsätzlich festgehalten,[1668] dabei jedoch zugleich immer wieder ihren Ausnahmecharakter demonstriert: Er verneinte ihre Anwendbarkeit mangels Erschöpfung des nationalen Rechtswegs[1669] oder mangels gesetzlich vorgesehener Befugnis zur Durchbrechung der Vorgaben zur Gewährleistung von Rechtssicherheit[1670]. Zugleich hat der EuGH zaghaft andere **„besondere Umstände"** erkannt, unter denen im Interesse der Sicherstellung der Unionsrechtmäßigkeit eine Verpflichtung der Überprüfung einer Verwaltungsentscheidung unter Durchbrechung ihrer Bestandskraft besteht: In „Byankov" urteilte der EuGH, dass die Unmöglichkeit der erneuten Überprüfung eines offensichtlich rechtswidrigen bestandskräftigen Ausreiseverbots nach bulgarischem Recht wegen seines fundamentalen Widerspruchs zum Recht auf Freizügigkeit von Unionsbürgern gemäß Art. 21 I AEUV gegen den Effektivitätsgrundsatz verstößt.[1671] In „Incyte" schloß der EuGH insbesondere aus der Zielsetzung des zugrundeliegenden Sekundärrechts darauf, dass die Korrektur der bestandskräftig bestimmten, aber rechtswidrigen Laufzeit eines Patents möglich sein muss.[1672] Obgleich der EuGH sich mit dem Rekurs auf mögliche „besondere Umstände" eine Hintertür offenhält, zeigt sich unverkennbar der Ausnahmecharakter einer durch den Effektivitätsgrundsatz bedingten Verpflichtung zur Überprüfung eines Verwaltungsaktes unter Durchbrechung der Bestandskraft.

Liegt keine dieser Ausnahmekonstellationen vor, verlangt der **Äquivalenzgrundsatz** lediglich, dass bei Anwendung der nationalen Vorschriften nicht ohne sachliche Rechtfertigung zwischen unionsrechtlich und rein nationalrechtlich determinierten Sachverhalten unterschie- **939**

1666 Dabei muss sich der Betroffene vor den nationalen Gerichten nicht auf Unionsrecht berufen haben, soweit diese verpflichtet sind, Unionsrecht von Amts wegen zu berücksichtigen, EuGH, Urt. v. 12.2.2008, Az.: C-2/06 – Kempter, Rn. 34ff. Die deutschen Verwaltungsgerichte trifft im Regelfall eine derartige Pflicht; s. aber zur besonderen Ausnahme hinsichtlich des Antrags auf Zulassung der Berufung gemäß § 124a VwGO BVerwG, Urt. v. 22.10.2009, Az.: 1 C 15/08 = BVerwGE 135, 121 (133, Rn. 32).
1667 S. zur „Unmittelbarkeit" näher EuGH, Urt. v. 12.2.2008, Az.: C-2/06 – Kempter, Rn. 54ff.
1668 Zuletzt EuGH, Urt. v. 20.12.2017, Az.: C-492/16 – Incyte, Rn. 47.
1669 EuGH, Urt. v. 19.9.2006, Az.: C-392/04 und C-422/04 – i-21 Germany und Arcor, Rn. 53; Urt. v. 4.10.2012, Az.: C-249/11 – Byankov, Rn. 51.
1670 Vgl. entsprechend zur Durchbrechung der Rechtskraft EuGH, Urt. v. 16.3.2006, Az.: C-234/04 – Kapferer, Rn. 23.
1671 EuGH, Urt. v. 4.10.2012, Az.: C-249/11 – Byankov, Rn. 77ff.
1672 EuGH, Urt. v. 20.12.2017, Az.: C-492/16 – Incyte, Rn. 45ff.

Tobias Brings-Wiesen

den wird.[1673] Dies bedeutet bei bestandskräftigen Verwaltungsakten insbesondere, dass auch im Falle ihrer Unionsrechtswidrigkeit nur bei Vorliegen einer der vom Bundesverwaltungsgericht etablierten Fallgruppen der Unerträglichkeit der Aufrechterhaltung der Bestandskraft eine Ermessensreduktion auf Null erfolgt (s. dazu Rn. 924).

940   **Für die Prüfungspraxis bedeutet dies:** Die Bewertung der Rücknahme unionsrechtswidriger Verwaltungsakte außerhalb des geschilderten beihilfenrechtlichen Kontexts erfolgt – auch wegen des Äquivalenzgrundsatzes – im Regelfall ohne besondere unionsrechtliche Überformung am Maßstab von § 48 VwVfG. Besonderheiten werden sich dann höchstens im Rahmen der Prüfung der Rechtswidrigkeit des zurückzunehmenden Verwaltungsaktes ergeben, soweit diese unter Berücksichtigung unionalen Primär- oder Sekundärrechts zu erfolgen hat.[1674] Anderes gilt in den wenigen geschilderten Ausnahmekonstellationen, die in der Prüfungspraxis zwar nur eine untergeordnete Rolle spielen dürften, aber wegen ihrer Feinheiten gleichwohl bekannt sein sollten: Die im Interesse des Effektivitätsgrundsatz erforderliche unionsrechtliche Überformung ist je nach Anwendungsfall des § 48 VwVfG an verschiedenen Stellen der Prüfung denkbar. In der derzeit praktisch[1675] allein relevanten Konstellation der Rücknahme eines belastenden Verwaltungsaktes gemäß § 48 I 1 VwVfG spielt sie sich ganz wesentlich im Rahmen der Prüfung des Ermessens als Frage einer unionsrechtlich bedingten Ermessensreduktion auf Null ab. Die den Rechtssachen „Bankyo" und „Incyte" zugrundeliegenden Sachverhaltskonstellationen lassen sich dabei bereits problemlos den vom Bundesverwaltungsgericht etablierten Fallgruppen zuordnen (Bankyo: „offensichtliche Rechtswidrigkeit"; Incyte: Berücksichtigung der Wertungen und Intentionen des zugrundeliegenden Fachrechts). Die besonderen Umstände der Rechtssache „Kühne & Heitz" sind demgegenüber als besondere unionsrechtliche Fallgruppe zu betrachten.[1676] Weitere Ausnahmekonstellationen sollten in der Prüfung nur mit extremer Zurückhaltung überhaupt erwogen werden. Handelt es sich um eine dieser Ausnahmekonstellationen, ist abschließend auf den Streit einzugehen, ob der EuGH in diesen Fällen mit der Pflicht zur „Überprüfung" tatsächlich eine Pflicht zur Rücknahme verbindet[1677] oder lediglich ein Wiederaufgreifen des Verfahrens fordert[1678]. Von Letzterem wird man zumindest dann ausgehen müssen,

---

1673 Maurer/Waldhoff, Allgemeines Verwaltungsrecht, 19. Aufl. 2017, § 11 Rn. 73. S. dazu die Prüfung des EuGH, Urt. v. 19.9.2006, Az.: C-392/04 und C-422/04 – i-21 Germany und Arcor, Rn. 62 ff.; daran anknüpfend BVerwG, Urt. v. 17.1.2007, Az.: 6 C 32.06 = NVwZ 2007, 709 (711 f., Rn. 16 ff.); zust. Detterbeck, Allgemeines Verwaltungsrecht, 17. Aufl. 2019, Rn. 764. S. dazu auch die Fallbearbeitung bei Ludwigs, JURA 2009, 226 (232)

1674 S. zu den prüfungsrelevanten Grundfreiheiten Sauer, JuS 2017, 310. S. auch die Fallbearbeitung bei Staufer/Steinebach, JURA 2012, 883.

1675 Rücknahmen unionsrechtswidriger begünstigender Verwaltungsakte gemäß § 48 I 2, II bis IV VwVfG sind zwar theoretisch denkbar, spielten in der Praxis jedoch – wie die dargestellte Rechtsprechung zeigt – bislang (außerhalb des Subventionsrechts) keine Rolle.

1676 So auch Ludwigs, JURA 2009, 226 (229 ff.), der abgrenzend auf die verschiedenen Konstellationen der Ermessensreduktion auf Null aufgrund nationalen und unionalen Rechts eingeht.

1677 So Maurer/Waldhoff, Allgemeines Verwaltungsrecht, 19. Aufl. 2017, § 11 Rn. 73; Ruffert, in: Ehlers/Pünder, Allgemeines Verwaltungsrecht, 15. Aufl. 2016, § 24 Rn. 17 f.; Frenz, DVBl 2004, 375; Kanitz/Wendel, EuZW 2008, 231 (235). Zumindest in bipolaren Rechtsverhältnissen Rennert, DVBl 2007, 401 (408); Ludwigs, JZ 2008, 466 (468 f.).

1678 EuGH, Urt. v. 19.9.2006, Az.: C-392/04 und C-422/04 – i-21 Germany und Arcor, Rn. 52 (sehr deutlich: „eventuell zurückzunehmen"); wohl auch das BVerwG, Urt. v. 22.10.2009, Az.: 1 C 15/08 =

wenn in multipolaren Rechtsverhältnissen die Belange betroffener Dritter zu berücksichtigen sind.[1679] Sind diese Fragestellungen in die Prüfung eines Anspruchs auf Wiederaufgreifen des Verfahrens (s. dazu in § 3 Rn. 98 ff.) eingebettet, hat dieser ultimativ am Maßstab von § 51 V i.V. m. § 48 I 1 VwVfG zu erfolgen, da nach der zutreffenden herrschenden Meinung[1680] auch der Effektivitätsgrundsatz kein Abweichen vom Verständnis des Tatbestands der Änderung der Rechtslage gemäß § 51 I Nr. 1 VwVfG verlangt.

dd) Literaturhinweise

Lehrbeiträge: Britz/Richter, Die Aufhebung eines gemeinschaftsrechtswidrigen nicht begünstigenden Verwaltungsakts, JuS 2005, 198; Brügge/Erichsen, Die Rücknahme von Verwaltungsakten nach § 48 VwVfG, JURA 1999, 155; Bungenberg/Motzkus, Die Praxis des Subventions- und Beihilfenrechts in Deutschland, GewArch Beil. WiVerw 2/2013, 76; Ehlers, Rechtsfragen des Subventionsrechts, DVBl 2014, 1; Ehlers/Kallerhoff, Die Rücknahme von Verwaltungsakten, JURA 2009, 823; Finck/Gurlit, Die Rückabwicklung formell unionsrechtswidriger Beihilfen, JURA 2011, 87; Hilbert, Die reformierte europäische Beihilfeaufsicht, JURA 2017, 1150; Korte, Grundlagen des Subventionsrechts, JURA 2017, 656; Krausnick, Grundfälle zu §§ 48, 49 VwVfG, JuS 2010, 594, 681 und 778; Martini, Die Aufhebung von Verwaltungsakten nach §§ 48 ff. VwVfG, JA 2012, 762; JA 2013, 442; JA 2016, 830 und JA 2017, 838; Struzina/Lindner, Vertrauensschutz bei der Rücknahme von Verwaltungsakten nach § 48 III VwVfG, NVwZ 2016, 1295

Fallbearbeitungen: Broscheit, „Der findige Gaststättenbetreiber", JA 2016, 840; Funke/Waidhas, „Subventioniertes Freibad", JA 2014, 439; Gurlit, Übungsklausur: Gau-Wackenheimer Streit um Weinbau, ZJS 2011, 368; Kahl/Hilbert, Das nachträglich zerronnene Subventionsglück, JURA 2011, 948; Knappe/Tehlen, „Rocker ohne Knarre und Kutte", JURA 2018, 829; Ludwigs, Jus vigilantibus scriptum, JURA 2009, 226; Musil/Burchard, Fall 14 – Bestandskraft als Europarechtsproblem, in: Klausurenkurs im Europarecht, 4. Aufl. 2016, S. 256; Peters, Der rechtswidrig gewährte Zuschuss, VR 2018, 62; Staufer/Steinebach, Recht auf Freizügigkeit und Hochschulzulassung, JURA 2012, 883; Vrhovac/Sprungmann,

---

BVerwGE 135, 121 (132 f., Rn. 30, 33); Urt. v. 22.10.2009, Az.: 1 C 26/08 = BVerwGE 135, 137 (146 f., Rn. 20, 23); so auch Britz/Richter, JuS 2005, 198 (199 ff.); Krönke, Die Verfahrensautonomie der Mitgliedstaaten der Europäischen Union, 2013, S. 238.

1679 Detterbeck, Allgemeines Verwaltungsrecht, 17. Aufl. 2019, Rn. 765; Britz/Richter, JuS 2005, 198 (199); Ludwigs, DVBl 2008, 1164 (1169). Vgl. bereits EuGH, Urt. v. 13.1.2004, Az.: C-453/00 – Kühne & Heitz, Rn. 27.

1680 BVerwG, Urt. v. 22.10.2009, Az.: 1 C 15/08 = BVerwGE 135, 121 (128, Rn. 21); Urt. v. 22.10.2009, Az.: 1 C 26/08 = BVerwGE 135, 137 (143 f., Rn. 16); Detterbeck, Allgemeines Verwaltungsrecht, 17. Aufl. 2019, Rn. 763; Britz/Richter, JuS 2005, 198 (201); Rennert, DVBl 2007, 400 (408); Kanitz/Wendel, JuS 2008, 58 (63); Ludwigs, DVBl 2008, 1164 (1172). A.A. Lenze, VerwArch 2006, 49 (56 ff.).

Tobias Brings-Wiesen

„Wash and go – auch am Heiligen Sonntag?", JA 2018, 927; von Weschpfennig, „Doktor Ade", JURA 2014, 1055

c) Widerruf eines Verwaltungsakts nach § 49 VwVfG

941 Die folgende Darstellung zum Widerruf eines Verwaltungsakts gemäß § 49 VwVfG orientiert sich wiederum weitgehend am Prüfungsschema der Vorschrift, während sich grundlegendere Ausführungen an den für die Prüfung relevanten Stellen finden.

942 **Prüfungsschema zu § 49 VwVfG**

I.   Ermächtigungsgrundlage: § 49 I, II *oder* III VwVfG (s. im Einzelnen Rn. 943)
II. Formelle Rechtmäßigkeit
   1. Zuständigkeit (Beachte: § 49 V VwVfG)
   2. Verfahren (Insbesondere: § 28 I VwVfG)
   3. Form (Beachte: *actus contrarius*-Gedanke)
III. Materielle Rechtmäßigkeit
   1. Tatbestand
     a) Vorliegens eines Verwaltungsakts (als Gegenstand der Aufhebung)
     b) Rechtmäßigkeit des aufzuhebenden Verwaltungsakts (im Zeitpunkt seines Erlasses) (Beachte: „Erst-recht-Schluss" hinsichtlich rechtswidriger Verwaltungsakte)
     c) Kein Ausschluss des Widerrufs, weil ein Verwaltungsakt gleichen Inhalts erneut erlassen werden müsste oder aus anderen Gründen ein Widerruf unzulässig ist (§ 49 I VwVfG)
     d) Ggf. weitere tatbestandliche Voraussetzungen gemäß § 49 II oder III VwVfG im Falle des Vorliegens eines rechtmäßigen begünstigenden Verwaltungsakts
       aa) Tatbestandliche Voraussetzungen gemäß § 49 III VwVfG (als *lex specialis*)
          (1) Vorliegen eines Verwaltungsakts, der eine einmalige oder laufende Geldleistung oder teilbare Sachleistung *zur Erfüllung eines bestimmten Zwecks* gewährt oder hierfür Voraussetzung ist („Leistungsverwaltungsakt")
          (2) Vorliegen eines Widerrufsgrundes gemäß § 49 III 1 VwVfG
       bb) Tatbestandliche Voraussetzungen gemäß § 49 II VwVfG
          (1) Vorliegen eines sonstigen Verwaltungsakts
          (2) Vorliegen eines Widerrufsgrundes gemäß § 49 II 1 VwVfG

cc) Kein Ausschluss des Widerrufs aufgrund von Verfristung gemäß § 49 II 2 bzw. III 2 i.V.m. § 48 IV VwVfG

2. Rechtsfolge: Ordnungsgemäße Ermessensausübung (Beachte: Zeitliche Ermessensbegrenzungen in § 49 I und II VwVfG [nur „mit Wirkung für die Zukunft"]; Ausnahme: Widerruf „mit Wirkung für die Vergangenheit" gemäß § 49 III VwVfG)

aa) Ermächtigungsgrundlage

Anders als im Rahmen von § 48 VwVfG besteht **keine einheitliche Ermächti-** 943 **gungsgrundlage**, sodass im Rahmen einer Prüfung jeweils auf den im Folgenden näher zu begutachtenden Absatz zu rekurrieren ist. Rechtmäßige belastende Verwaltungsakte sind gemäß § 49 I VwVfG zu widerrufen. Im Falle von rechtmäßigen begünstigenden Verwaltungsakten ist zu unterscheiden zwischen Verwaltungsakten, die eine einmalige oder laufende Geldleistung oder teilbare Sachleistung zur Erfüllung eines bestimmten Zwecks gewähren oder hierfür Voraussetzung sind und gemäß § 49 III VwVfG – auch mit Wirkung für die Vergangenheit – widerrufen werden können –, und sonstigen Verwaltungsakten, die gemäß § 49 II VwVfG widerrufen werden können. Wie im Rahmen von § 48 VwVfG (s. dazu Rn. 846) sollte eine dieser Ermächtigungsgrundlagen zu Beginn der Rechtmäßigkeitsprüfung präzise bestimmt, deren Voraussetzungen jedoch sodann erst im Rahmen der materiellen Rechtmäßigkeit ausführlich geprüft werden.

bb) Formelle Rechtmäßigkeit

Da auch der Widerruf eines Verwaltungsakts **selbst ein Verwaltungsakt** ist, 944 gelten die bereits zu § 48 VwVfG erfolgten Darstellungen entsprechend.[1681] § 49 V VwVfG entspricht dabei der Zuständigkeitsregelung des § 48 V VwVfG.

cc) Materielle Rechtmäßigkeit

Da auch der Widerruf im Ermessen der Behörde steht, ist im Rahmen der **Prüfung** 945 **der materiellen Rechtmäßigkeit** wiederum zwischen Tatbestand und Rechtsfolge zu unterteilen. Im Interesse der Darstellung werden diese Prüfungsebenen im Folgenden für die jeweiligen Absätze zusammen behandelt.

[1681] S. zur besonderen Regelung des § 49 IV VwVfG nur Ramsauer, in: Kopp/Ramsauer, VwVfG, 20. Aufl. 2019, § 49 Rn. 75 ff.

Tobias Brings-Wiesen

946   Wie im Rahmen von § 48 VwVfG und entsprechend der jeweils gewählten Ermächtigungsgrundlage sind im Tatbestand unterschiedliche Voraussetzungen zu prüfen.

(1) Anwendungsbereich

947 Zu Beginn ist wie bei § 48 VwVfG die Anwendbarkeit der Vorschrift zu prüfen: Der Widerruf ist zumindest bei rein wörtlich-systematischer Betrachtung die Aufhebung eines **rechtmäßigen Verwaltungsakts.** Insofern kann auf die zu § 48 VwVfG erfolgten Darstellungen (s. dazu Rn. 865 ff.) entsprechend verwiesen werden.

948   Die wesentliche Besonderheit liegt jedoch darin, dass die Vorschrift nach herrschender Meinung über ihren klaren Wortlaut hinaus **auch auf rechtswidrige Verwaltungsakte** anwendbar ist.[1682] Dies wird in teleologischer Hinsicht wesentlich auf einen „Erst-recht-Schluss" gestützt: Wenn bereits ursprünglich rechtmäßige Verwaltungsakte nach § 49 VwVfG widerrufen werden dürfen, müsse dies erst recht für Verwaltungsakte gelten, die bereits ursprünglich rechtswidrig gewesen sind und somit schon immer dem Grundsatz der Gesetzmäßigkeit der Verwaltung widersprochen haben.

(2) Belastender oder begünstigender Verwaltungsakt

949 Die Unterscheidung zwischen rechtmäßigen belastenden und begünstigenden Verwaltungsakten erfolgt wiederum nach der **Legaldefinition in § 48 I 2 VwVfG.** Handelt es sich um einen belastenden Verwaltungsakt, richtet sich der Widerruf nach § 49 I VwVfG. Für begünstigende Verwaltungsakte gilt § 49 II und III VwVfG.

(a) Belastender Verwaltungsakt, § 49 I VwVfG

950 Der **Widerruf rechtmäßiger belastender Verwaltungsakte** ist gemäß § 49 I VwVfG ausgeschlossen, wenn ein Verwaltungsakt gleichen Inhalts erneut erlassen werden müsste oder aus anderen Gründen ein Widerruf unzulässig ist.

[1682] S. dazu nur Ramsauer, in: Kopp/Ramsauer, VwVfG, 20. Aufl. 2019, § 49 Rn. 12 m.w.N.; dagegen aber bspw. Ehlers/Schröder, JURA 2010, 503 (506) m.w.N.; ausführlich zur Problematik Kiefer, NVwZ 2013, 1257; Struzina, DÖV 2017, 906, jeweils m.w.N. zu den versch. Ansichten und Argumenten.

Tobias Brings-Wiesen

Neben den bereits dargestellten positiven Merkmalen handelt es sich um 951 **zwei negative Tatbestandsmerkmale.**[1683] Dabei ist das erste Merkmal vor dem Hintergrund des Zwecks der §§ 48 f. VwVfG selbsterklärend: Der Behörde soll über den Widerruf nicht ermöglicht werden, die rechtlichen Vorgaben zu umgehen, die für sie hinsichtlich des Erlasses des Verwaltungsakts gelten.[1684] Es kommt im Wege einer hypothetischen Betrachtung darauf an, ob sie bei Aufhebung des Verwaltungsakts rechtlich verpflichtet wäre, diesen mit dem identischen Regelungsgehalt umgehend wieder zu erlassen. Dies ist der Fall, wenn die Behörde bei Erlass des ursprünglichen Verwaltungsakts **gebunden** war und weiterhin alle Tatbestandsvoraussetzungen vorliegen.[1685] Davon wird man regelmäßig dann nicht ausgehen können, wenn eine gemäß § 36 I Var. 2 VwVfG beigefügte Auflage nicht erfüllt wurde oder sich die Sach- oder Rechtslage verändert hat. Stand die ursprüngliche Entscheidung hingegen im Ermessen der Behörde, wird nur eine Ermessensreduktion auf Null den Widerruf von vornherein sperren können.[1686] **Aus anderen Gründen** kann ein Widerruf unzulässig sein, wenn ausdrückliche gesetzliche Bestimmungen, der Zweck des zugrundeliegenden Rechts, allgemeine Rechtsgrundsätze oder der Grundsatz der Selbstbindung der Verwaltung dem entgegenstehen.[1687] Von diesen Beispielen dürfte insbesondere das letztgenannte wirkliche Prüfungsrelevanz haben.

Liegt keiner der Ausschlussgründe vor, steht die Entscheidung über den 952 Widerruf im **Ermessen** der Behörde, die darin lediglich in zeitlicher Hinsicht begrenzt ist: Wegen der in der Vergangenheit bestehenden Rechtmäßigkeit des Verwaltungsakts kann dessen Widerruf nur *mit Wirkung für die Zukunft* erfolgen. Wie im Rahmen von § 48 I 1 VwVfG können die verschiedenen Ermessenserwägungen des Einzelfalls uneingeschränkt Berücksichtigung finden. Dabei kann auch auf die § 49 II, III VwVfG zugrundeliegenden Wertungen abgestellt werden. Im Falle der nachträglichen Änderung der Sach- oder Rechtslage sprechen sowohl der Grundsatz der Gesetzmäßigkeit der Verwaltung als auch die Grundrechte des Belasteten regelmäßig für einen Widerruf eines Dauerverwaltungsaktes (mit

---

1683 Suerbaum, in: Mann/Sennekamp/Uechtritz, VwVfG, 2. Aufl. 2019, § 49 Rn. 60 ff.; wohl auch Kastner, in: Fehling/Kastner/Störmer, Verwaltungsrecht, 4. Aufl. 2016, § 49 VwVfG Rn. 20.
1684 Ramsauer, in: Kopp/Ramsauer, VwVfG, 20. Aufl. 2019, § 49 Rn. 21a.
1685 Maurer/Waldhoff, Allgemeines Verwaltungsrecht, 19. Aufl. 2017, § 11 Rn. 76.
1686 Ramsauer, in: Kopp/Ramsauer, VwVfG, 20. Aufl. 2019, § 49 Rn. 21b; Sachs, in: Stelkens/Bonk/Sachs, VwVfG, 9. Aufl. 2018, § 49 Rn. 23; Suerbaum, in: Mann/Sennekamp/Uechtritz, VwVfG, 2. Aufl. 2019, § 49 Rn. 61.
1687 S. nur Ramsauer, in: Kopp/Ramsauer, VwVfG, 20. Aufl. 2019, § 49 Rn. 22.

Tobias Brings-Wiesen

Wirkung für die Zukunft).[1688] Etwas anderes kann dann gelten, wenn ein Antrag auf Wiederaufgreifen des Verfahrens gemäß § 51 I Nr. 1 VwVfG innerhalb der vorgegebenen Frist versäumt wurde.[1689]

(b) Begünstigender Verwaltungsakt

953 Der **Widerruf rechtmäßiger begünstigender Verwaltungsakte** ist demgegenüber tatbestandlich stärker beschränkt: Zulässig ist er nur, soweit einer der in § 49 II, III VwVfG normierten besonderen Widerrufsgründe vorliegt und der Widerruf nicht aufgrund von Verfristung gemäß § 49 II 2 bzw. § 49 III 2 i.V.m. § 48 IV VwVfG ausgeschlossen ist. Über den Wortlaut hinaus sind aus teleologisch-systematischen Erwägungen auch die in § 49 I VwVfG normierten Ausschlussgründe (s. dazu Rn. 951) zu berücksichtigen.

Der Unterschied zwischen Abs. 2 und 3

954 Der **besondere Unterschied zwischen Abs. 2 und 3** liegt in der **zeitlichen Ermessensbegrenzung:** Während § 49 II VwVfG lediglich einen Widerruf mit Wirkung *für die Zukunft* zulässt, eröffnet § 49 III VwVfG die Möglichkeit, Leistungsverwaltungsakte (zur Begriffsbestimmung s. Rn. 878ff.) unter den genannten Voraussetzungen auch mit Wirkung *für die Vergangenheit* zu widerrufen. Dabei kommt es jedoch nicht zu einer systematischen Trennung zwischen Leistungs- und sonstigen Verwaltungsakten, sondern nur zu einer zeitlichen Erweiterung der Widerrufsmöglichkeit im Hinblick auf Leistungsverwaltungsakte. Dies bedeutet, dass der Widerruf von Leistungsverwaltungsakten, *sofern er nur mit Wirkung für die Zukunft* erfolgen soll, genauso auf die Widerrufsgründe des § 49 II VwVfG gestützt werden kann.[1690] Da § 49 III 1 VwVfG spezieller ist, ist er jedoch zumindest vorrangig anzuwenden.[1691]

Der Widerruf nach § 49 II VwVfG

955 Ein Schwerpunkt der Prüfung des Widerrufs eines rechtmäßigen begünstigenden Verwaltungsakts wird regelmäßig auf den **Widerrufsgründen** des § 49 II 1 VwVfG liegen, auf die im Folgenden näher einzugehen sein wird. Darüber hinaus sind

---

1688 BVerwG, Urt. v. 17.8.2011, Az.: 6 C 9.10 = BVerwGE 140, 221 (243 f., Rn. 55); Maurer/Waldhoff, Allgemeines Verwaltungsrecht, 19. Aufl. 2017, § 11 Rn. 77; Detterbeck, Allgemeines Verwaltungsrecht, 17. Aufl. 2019, Rn. 716.

1689 So zu Recht Detterbeck, Allgemeines Verwaltungsrecht, 17. Aufl. 2019, Rn. 716.

1690 Ramsauer, in: Kopp/Ramsauer, VwVfG, 20. Aufl. 2019, § 49 Rn. 62; Sachs, in: Stelkens/Bonk/Sachs, VwVfG, 9. Aufl. 2018, § 49 Rn. 107.

1691 Detterbeck, Allgemeines Verwaltungsrecht, 17. Aufl. 2019, Rn. 726.

tatbestandlich die Ausschlussgründe gemäß § 49 I VwVfG (dazu Rn. 951) und § 49 II 2 i.V. m. § 48 IV VwVfG (dazu Rn. 905 ff.) zu berücksichtigen, bezüglich derer die bereits erfolgten Ausführungen entsprechend gelten. Abschließend ist die ordnungsgemäße Ermessensausübung der Behörde zu prüfen.

Gesetzlich oder durch Vorbehalt zugelassener Widerruf, Abs. II 1 Nr. 1

Gemäß § 49 II 1 Nr. 1 VwVfG kann ein rechtmäßiger begünstigender Verwal- 956 tungsakt widerrufen werden, wenn der Widerruf **durch Rechtsvorschrift zugelassen** oder **im Verwaltungsakt vorbehalten** ist.

Var. 1 dieses Widerrufsgrundes unterfallen alle Konstellationen, in denen die 957 Möglichkeit eines Widerrufs bereits **gesetzlich vorgesehen** ist. Für die Prüfung ist jedoch zu differenzieren: Ist der Widerruf spezialgesetzlich bereits *abschließend* geregelt, hat § 49 VwVfG keine Bedeutung mehr – die Prüfung erfolgt vielmehr am Maßstab der Spezialnorm.[1692] Nur soweit diese Spezialnorm (ausdrücklich oder nach Auslegung) Lücken aufweist, kann § 49 VwVfG ergänzend herangezogen werden.[1693]

Var. 2 dieses Widerrufsgrundes hat aus verschiedenen Gründen eine größere 958 **Prüfungsrelevanz.**[1694] Ein Widerruf ist zulässig, wenn er auf einen dem Verwaltungsakt als Nebenbestimmung beigefügten **Widerrufsvorbehalt** i. S. v. § 36 II Nr. 3 VwVfG gestützt werden kann. Dieser Anknüpfung macht es – in jedem Fall[1695] – erforderlich, inzident die Rechtmäßigkeit des in Rede stehenden Widerrufsvorbehalts (s. dazu Rn. 233 f.) umfassend zu prüfen.[1696]

Vor Eintritt der Bestandskraft schließt die Rechtswidrigkeit des Vorbehalts 959 einen auf ihn gestützten Widerruf aus.[1697] *Nach* Eintritt der Bestandskraft ist die Bewertung rechtswidriger Widerrufsvorbehalte **umstritten.**

1692 Ramsauer, in: Kopp/Ramsauer, VwVfG, 20. Aufl. 2019, § 49 Rn. 32; Sachs, in: Stelkens/Bonk/Sachs, VwVfG, 9. Aufl. 2018, § 49 Rn. 44; Abel, in: Bader/Ronellenfitsch, VwVfG, 44. Ed., Stand: 1. 7. 2019, § 49 Rn. 30.
1693 Dies wird sogar umfassend geschehen müssen, wenn gesetzlich nur allgemein eine Widerrufbarkeit vorgesehen ist, Sachs, in: Stelkens/Bonk/Sachs, VwVfG, 9. Aufl. 2018, § 49 Rn. 45.
1694 S. dazu die Fallbearbeitung bei Winter-Peter, JURA 2018, 508.
1695 Je nach Entscheidung für oder gegen die Berücksichtigung der Rechtswidrigkeit auf Tatbestandsebene (s. dazu sogleich Rn. 959) kann jedoch die Verortung im Prüfungsaufbau (im Tatbestand oder im Ermessen) unterschiedlich ausfallen.
1696 Vgl. für Beispiele der Rechtswidrigkeit eines Widerrufsvorbehalts Sachs, in: Stelkens/Bonk/Sachs, VwVfG, 9. Aufl. 2018, § 49 Rn. 41; Abel, in: Bader/Ronellenfitsch, VwVfG, 44. Ed., Stand: 1. 7. 2019, § 49 Rn. 32.
1697 Dann wird man insbesondere im Vorgehen gegen den Widerruf auch ein Vorgehen gegen den Widerrufsvorbehalt erblicken können, Ramsauer, in: Kopp/Ramsauer, VwVfG, 20. Aufl. 2019, § 49 Rn. 37a; Ehlers/Schröder, JURA 2010, 503 (509).

Tobias Brings-Wiesen

Die herrschende Ansicht, die insbesondere auch vom Bundesverwaltungs-gericht vertreten wird,[1698] verlangt lediglich die Wirksamkeit[1699] des Widerrufs-vorbehaltes. Sie stellt maßgeblich darauf ab, dass dieser als Nebenbestimmung an der Bestandskraft des Verwaltungsakts teilhat. Habe der Begünstigte von den ihm eröffneten Rechtsschutzmöglichkeiten[1700] keinen Gebrauch gemacht, müsse er sich die Bestandskraft auch insoweit entgegenhalten lassen. Damit soll die Rechtswidrigkeit jedoch nicht irrelevant sein. Anhänger dieser Ansicht sprechen sich mehrheitlich dafür aus, die Rechtswidrigkeit als Erwägung in die Ermes-sensentscheidung einzustellen.[1701] Dabei wird ihr jedoch unterschiedliches Ge-wicht beigemessen.[1702]

Die **Gegenansicht**[1703] plädiert indes für eine bereits tatbestandliche Be-rücksichtigung der Rechtswidrigkeit auch nach Eintritt der Bestandskraft. Dafür spreche nicht nur der gesetzgeberische Wille,[1704] sondern auch der der Vorschrift zugrundeliegende Interessenausgleich: Vor dem Hintergrund des Grundsatzes der Gesetzmäßigkeit der Verwaltung sei die Aufhebung rechtmäßiger Verwaltungs-akte prinzipiell nicht geboten.[1705] Auch wenn das Entstehen subjektiven Ver-trauens auf den Bestand des Verwaltungsakts durch Beifügung des Widerrufs-vorbehalts verhindert sein mag, dürfe nicht außer Acht gelassen werden, dass

---

1698 BVerwG, Urt. v. 21.11.1986, Az.: 8 C 33.84 = NVwZ 1987, 498 (499); Urt. v. 22.11.2018, Az.: 7 C 11.17 = juris, Rn. 32. Zust. Ruffert, in: Ehlers/Pünder, Allgemeines Verwaltungsrecht, 15. Aufl. 2016, § 25 Rn. 7; Ehlers/Schröder, JURA 2010, 503 (509), jeweils m.w.N.

1699 Vor diesem Hintergrund bietet es sich in Prüfungen an, Anhaltspunkte für die mögliche Nichtigkeit eines Widerrufsvorbehalts einzubauen. Zur Nichtigkeit ausführlich in § 6 Rn. 115 ff.; s. zur Nichtigkeit allein von Nebenbestimmungen auch den Fall 12 in Eisentraut, Fälle zum Ver-waltungsrecht, 2020.

1700 S. zur isolierten Anfechtung von Nebenbestimmungen ausführlich Rn. 204 ff.

1701 A.A. hingegen Ziekow, VwVfG, 3. Aufl. 2013, § 49 Rn. 12, der auch eine Berücksichtigung im Rahmen der Ermessensausübung ablehnt.

1702 Jedenfalls bei „offensichtlicher Rechtswidrigkeit", BVerwG, Beschl. v. 19.5.1994, Az.: 1 B 104.94 = NVwZ-RR 1994, 580; noch offengelassen in Urt. v. 12.1989, Az.: 3 C 30.87 = NJW 1991, 766 (767). Rechtswidrigkeit führt „in der Regel" zur Ermessensfehlerhaftigkeit, Ehlers/Schröder, JURA 2010, 503 (509); noch weitergehender wohl Sachs, in: Stelkens/Bonk/Sachs, VwVfG, 9. Aufl. 2018, § 49 Rn. 40. Für eine offene Ermessensausübung indes Ramsauer, in: Kopp/Ramsauer, VwVfG, 20. Aufl. 2019, § 49 Rn. 37a.

1703 Maurer/Waldhoff, Allgemeines Verwaltungsrecht, 19. Aufl. 2017, § 11 Rn. 62; Peuker, in: Knack/Henneke, VwVfG, 10. Aufl. 2014, § 49 Rn. 52; Krausnick, JuS 2010, 778 (780); so auch, wenngleich weiter differenzierend Decker, in: Wolff/Decker, VwGO/VwVfG, 3. Aufl. 2012, § 49 Rn. 11. S. dazu auch die Fallbearbeitung bei Winter-Peter, JURA 2018, 508 (510).

1704 S. dazu bereits die Gesetzesmaterialien, BT-Drucks. 7/910, S. 72.

1705 Krausnick, JuS 2010, 778 (780); für den Widerruf *rechtswidriger* Verwaltungsakte daher anders Decker, in: Wolff/Decker, VwGO/VwVfG, 3. Aufl. 2012, § 49 Rn. 11.

objektiv betrachtet ein rechtmäßiger Hauptverwaltungsakt besteht, der überdies selbst in Bestandskraft erwachsen ist. Angesichts dessen scheint es tatsächlich nicht plausibel, die Behörde aus eigenem Fehlverhalten auch noch Vorteile für die Zukunft ziehen zu lassen.[1706]

Insbesondere wenn hinsichtlich des Widerrufsvorbehalts keine rechtlichen **960** Bedenken bestehen, bedarf es darüber hinaus der **Prüfung der für den Widerruf angeführten Gründe.** Diese Gründe können im Vorbehalt selbst näher konkretisiert sein, sodass sie als Voraussetzungen des Widerrufs einzuhalten sind.[1707] Ihre Konkretisierung kann jedoch auch bereits in dem den Widerrufsvorbehalt erlaubenden Gesetz erfolgt sein. Fehlen konkrete Vorgaben, sind diese durch Auslegung des den Widerrufsvorbehalt erlaubenden Gesetzes zu ermitteln. Der Widerruf muss dann durch sachliche Erwägungen gerechtfertigt sein, die den Zwecksetzungen des einschlägigen Fachrechts entsprechen.[1708] Die letztgenannte Konstellation ist Bestandteil der Ermessensausübung der Behörde, sodass im Falle eines Verstoßes ein Ermessensfehler vorliegt.[1709]

Unterbleiben der (fristgemäßen) Erfüllung einer Auflage, Abs. II 1 Nr. 2

Gemäß § 49 II 1 Nr. 2 VwVfG kann ein rechtmäßiger begünstigender Verwal- **961** tungsakt widerrufen werden, wenn mit dem Verwaltungsakt eine **Auflage** verbunden ist und der Begünstigte diese nicht oder nicht innerhalb einer ihm gesetzten Frist **erfüllt** hat.

Auch hier macht es die Verknüpfung des Widerrufs mit der Auflage i.S.v. **962** § 36 II Nr. 4 VwVfG – in jedem Fall[1710] – erforderlich, inzident die **Rechtmäßigkeit** der in Rede stehenden Auflage (s. dazu ausführlich Rn. 218 ff.) umfassend zu prüfen.[1711] Im Einzelfall kann vorab auch die Abgrenzung der mit dem Verwaltungsakt verbundenen[1712] Auflage von einer beschränkenden Inhaltsbestim-

---

1706 So Maurer/Waldhoff, Allgemeines Verwaltungsrecht, 19. Aufl. 2017, § 11 Rn. 62.

1707 Suerbaum, in: Mann/Sennekamp/Uechtritz, VwVfG, 2. Aufl. 2019, § 49 Rn. 78 m.w.N. (auch aus der Rspr.).

1708 Ramsauer, in: Kopp/Ramsauer, VwVfG, 20. Aufl. 2019, § 49 Rn. 35. S. für ein anschauliches Beispiel Maurer/Waldhoff, Allgemeines Verwaltungsrecht, 19. Aufl. 2017, § 11 Rn. 63.

1709 So auch Detterbeck, Allgemeines Verwaltungsrecht, 17. Aufl. 2019, Rn. 719.

1710 Je nach Entscheidung für oder gegen die Berücksichtigung der Rechtswidrigkeit auf Tatbestandsebene kann jedoch auch hier die Verortung im Prüfungsaufbau unterschiedlich ausfallen.

1711 S. dazu die Fallbearbeitung bei Klement, JuS 2010, 1088.

1712 Es muss eine rechtliche, keine verkörperte Verbindung bestehen. So kann sich eine Auflage vorab auch aus einem öffentlich-rechtlichen Vertrag ergeben, indem sich die Behörde nur zum Erlass eines Verwaltungsakts verpflichtet, BVerwG, Urt. v. 10.12.2003, Az.: 3 C 22.02 = NVwZ-RR 2003, 413 (414 f.).

Tobias Brings-Wiesen

mung[1713] und einer auflösenden Bedingung[1714] erforderlich (s. dazu Rn. 222ff.). Wie hinsichtlich des Widerrufsvorbehaltes wird um die Frage der Berücksichtigung der Rechtswidrigkeit einer Auflage *nach* Eintritt der Bestandskraft gerungen. Insofern gelten die bereits dargestellten Überlegungen (s. dazu Rn. 959) entsprechend. Auch hier verlangt die herrschende Ansicht lediglich Wirksamkeit der Auflage.[1715] Vielerorts wird jedoch, obgleich es sich eigentlich um eine Voraussetzung der (materiellen) Rechtmäßigkeit handelt (§ 37 I VwVfG; s. zur vergleichbaren Problematik im Rahmen der Verwaltungsvollstreckung Rn. 1329f.), die hinreichende Bestimmtheit der Auflage auch im Zusammenhang mit dem Widerruf verlangt.[1716]

963   Der Begünstigte darf dem in der Auflage enthaltenen Gebot oder Verbot (auch nur teilweise[1717]) nicht oder nicht innerhalb einer ihm gesetzten Frist nachgekommen sein. Ob dies der Fall ist, bedarf der Beurteilung im Einzelfall. Die aufschiebende Wirkung von Widerspruch und Anfechtungsklage gegen die Auflage führt dazu, dass ein Widerruf zumindest während des Verfahrens nicht möglich ist.[1718] Das Bundesverwaltungsgericht hat angedeutet, die isolierte Aufhebung einer Auflage deren Nichterfüllung gleichstellen zu wollen.[1719] Dies ist jedoch weder mit dem Wortlaut, noch mit Sinn und Zweck des § 49 II 1 Nr. 2 VwVfG in Einklang zu bringen.[1720] Es genügt die *objektive* **Nichterfüllung** der Auflage, die Vorschrift verlangt kein Verschulden des Begünstigten.[1721] Dieses ist jedoch im Rahmen der Ermessensausübung zu berücksichtigen. Dabei kann auch das

---

[1713] Auch auf beschränkende Inhaltsbestimmungen ist die Vorschrift nach h.M. nicht anwendbar, s. nur Ramsauer, in: Kopp/Ramsauer, VwVfG, 20. Aufl. 2019, § 49 Rn. 38 m.w.N.

[1714] Krausnick, JuS 2010, 778 (780f.).

[1715] OVG Münster, Urt. v. 20.4.2012, Az.: 4 A 1055/09 = NVwZ-RR 2012, 671 (675); s. sonst nur Ramsauer, in: Kopp/Ramsauer, VwVfG, 20. Aufl. 2019, § 49 Rn. 38a m.w.N.

[1716] Ruffert, in: Ehlers/Pünder, Allgemeines Verwaltungsrecht, 15. Aufl. 2016, § 25 Rn. 8; Abel, in: Bader/Ronellenfitsch, VwVfG, 44. Ed., Stand: 1.7.2019, § 49 Rn. 37; Suerbaum, in: Mann/Sennekamp/Uechtritz, VwVfG, 2. Aufl. 2019, § 49 Rn. 79; a.A. aber Ziekow, VwVfG, 3. Aufl. 2013, § 49 Rn. 14.

[1717] Ehlers/Schröder, JURA 2010, 503 (510).

[1718] S. dazu Sachs, in: Stelkens/Bonk/Sachs, VwVfG, 9. Aufl. 2018, § 49 Rn. 52.

[1719] BVerwG, Urt. v. 12.3.1982, Az.: 8 C 23.80 = BVerwGE 65, 139 (141).

[1720] Überzeugend m.w.N. nur Suerbaum, in: Mann/Sennekamp/Uechtritz, VwVfG, 2. Aufl. 2019, § 49 Rn. 84f.

[1721] S. nur Peine/Siegel, Allgemeines Verwaltungsrecht, 12. Aufl. 2018, Rn. 638; Ruffert, in: Ehlers/Pünder, Allgemeines Verwaltungsrecht, 15. Aufl. 2016, § 25 Rn. 8; Sachs, in: Stelkens/Bonk/Sachs, VwVfG, 9. Aufl. 2018, § 49 Rn. 50. Vgl. auch BVerwG, Urt. v. 6.9.1995, Az.: 4 B 198.95 = NVwZ-RR 1996, 193.

Tobias Brings-Wiesen

Handeln Dritter dem Verantwortungsbereich des Begünstigten zuzurechnen sein.[1722]

Die Anforderungen im Tatbestand werden im Einzelfall zumeist gut handhabbar sein. Im Fokus der Prüfung eines Widerrufs auf Grundlage von § 49 II 1 Nr. 2 VwVfG steht jedoch überwiegend die ordnungsgemäße Ermessensausübung der Behörde. In deren Rahmen bedarf es einer besonderen Berücksichtigung von **Verhältnismäßigkeitserwägungen.**[1723] Folgende Gesichtspunkte können im Einzelfall mit unterschiedlichem Gewicht in die Prüfung eingestellt werden: das Maß an Verschulden des Begünstigten,[1724] die Wesentlichkeit der durch die Auflage gesicherten Rechtspflicht[1725] und der Grad der Abweichung vom Gewollten.[1726] Je nach Lage des Sachverhalts kann es erforderlich bzw. angemessen sein, den Begünstigten vor dem Widerruf abzumahnen[1727] oder die Auflage im Wege der Verwaltungsvollstreckung zwangsweise durchzusetzen[1728]. **964**

Nachträgliche Änderung der Sachlage, Abs. II 1 Nr. 3

Gemäß § 49 II 1 Nr. 3 VwVfG kann ein rechtmäßiger begünstigender Verwaltungsakt widerrufen werden, wenn die Behörde **auf Grund nachträglich eingetretener Tatsachen** berechtigt wäre, den **Verwaltungsakt nicht zu erlassen**, und wenn ohne den Widerruf das **öffentliche Interesse gefährdet** würde. Beide Voraussetzungen müssen kumulativ erfüllt sein. **965**

Hinsichtlich der ersten Voraussetzung ist zunächst zu fragen, ob i. S. d. Vorschrift **nachträglich Tatsachen eingetreten** sind.[1729] Verlangt ist eine Veränderung der Sachlage, auf der die gesamte rechtliche Bewertung basiert, deren **966**

1722 OVG Münster, Urt. v. 2.5.1994, Az.: 8 A 3885/93 = NVwZ 1996, 610 (612); VGH Mannheim, Urt. v. 7.4.2011, Az.:10 S 2545/09 = BeckRS 2011, 50482.

1723 So auch Maurer/Waldhoff, Allgemeines Verwaltungsrecht, 19. Aufl. 2017, § 11 Rn. 64; Detterbeck, Allgemeines Verwaltungsrecht, 17. Aufl. 2019, Rn. 720.

1724 Ruffert, in: Ehlers/Pünder, Allgemeines Verwaltungsrecht, 15. Aufl. 2016, § 25 Rn. 8; Ehlers/Schröder, JURA 2010, 503 (510).

1725 Maurer/Waldhoff, Allgemeines Verwaltungsrecht, 19. Aufl. 2017, § 11 Rn. 64; Detterbeck, Allgemeines Verwaltungsrecht, 17. Aufl. 2019, Rn. 720.

1726 Sachs, in: Stelkens/Bonk/Sachs, VwVfG, 9. Aufl. 2018, § 49 Rn. 57.

1727 Ramsauer, in: Kopp/Ramsauer, VwVfG, 20. Aufl. 2019, § 49 Rn. 39; Sachs, in: Stelkens/Bonk/Sachs, VwVfG, 9. Aufl. 2018, § 49 Rn. 56; vgl. auch BVerwG, Beschl. v. 6.9.1991, Az.:1 B 97.91 = NVwZ 1992, 167 (167 f.); Kastner, in: Fehling/Kastner/Störmer, Verwaltungsrecht, 4. Aufl. 2016, § 49 VwVfG Rn. 34.

1728 Maurer/Waldhoff, Allgemeines Verwaltungsrecht, 19. Aufl. 2017, § 11 Rn. 64; Kastner, in: Fehling/Kastner/Störmer, Verwaltungsrecht, 4. Aufl. 2016, § 49 VwVfG Rn. 33; Ehlers/Schröder, JURA 2010, 503 (510); Krausnick, JuS 2010, 778 (781).

1729 Für bestimmte Verwaltungsakte kann eine Anwendbarkeit der Vorschrift ausgeschlossen sein, s. Ramsauer, in: Kopp/Ramsauer, VwVfG, 20. Aufl. 2019, § 49 Rn. 42.

Tobias Brings-Wiesen

Ergebnis der konkrete Verwaltungsakt ist. Dabei können die entscheidungserheblichen Elemente je nach dem zugrundeliegenden Recht sowohl in einem Verhalten von Beteiligten oder Betroffenen als auch in äußeren Umständen liegen.[1730] Die Tatsachen müssen *nachträglich eintreten*. Dem nicht gleichgestellt ist die Situation, dass die Behörde erst zu einem späteren Zeitpunkt von ihnen erfährt[1731] oder diese erst später anders beurteilt[1732]. Dementsprechend ist auch eine Änderung der Rechtsprechung keine nachträglich eingetretene Tatsache.[1733] Für all diese Konstellationen kommt vielmehr eine Rücknahme gemäß § 48 VwVfG in Frage. Die *wissenschaftliche* Neubewertung einer Sachlage kann hingegen von Bedeutung sein.[1734]

967　Im nächsten Schritt ist im Rahmen einer **Inzidentprüfung** zu klären, ob die nachträglich eingetretene Tatsache von einer derartigen rechtlichen Relevanz ist, dass die Behörde berechtigt wäre, den ursprünglichen Verwaltungsakt nicht zu erlassen. Dies ist der Fall, wenn eine entsprechend veränderte Sachlage im Zeitpunkt der ursprünglichen Entscheidung hypothetisch dazu geführt hätte, dass die Behörde den Erlass des Verwaltungsakts mangels Vorliegens von Tatbestandsvoraussetzungen oder im Rahmen einer fehlerfreien Ermessensausübung hätte ablehnen müssen bzw. können.[1735]

968　Zuletzt muss geklärt werden, ob **ohne den Widerruf das öffentliche Interesse gefährdet** würde. Im „**öffentlichen Interesse**" steht der Schutz des Staates, der Allgemeinheit und wichtiger Gemeinschaftsgüter.[1736] Ob im konkreten Einzelfall wichtige Gemeinschaftsgüter in Rede stehen und welche dies sind, ist unter Berücksichtigung des Regelungsgehalts des Verwaltungsakts und dem ihm

---

1730 So ausdrücklich BVerwG, Urt. v. 11.12.1990, Az.: 6 C 33.88 = NVwZ 1991, 577 (578). S. für Beispiele nur Ramsauer, in: Kopp/Ramsauer, VwVfG, 20. Aufl. 2019, § 49 Rn. 44 f.; Sachs, in: Sachs/Stelkens/Bonk/Sachs, VwVfG, 9. Aufl. 2018, § 49 Rn. 59 ff.

1731 BVerwG, Urt. v. 19.9.2018, Az.: 8 C 16.17 = juris, Rn. 21.

1732 BVerwG, Urt. v. 11.12.1990, Az.: 6 C 33.88 = NVwZ 1991, 577 (578).

1733 Detterbeck, Allgemeines Verwaltungsrecht, 17. Aufl. 2019, Rn. 721; Ramsauer, in: Kopp/ Ramsauer, VwVfG, 20. Aufl. 2019, § 49 Rn. 46.

1734 BVerwG, Beschl. v. 16.7.1982, Az.: 7 B 190.81 = NVwZ 1984, 102 (103); so auch Ruffert, in: Ehlers/Pünder, Allgemeines Verwaltungsrecht, 15. Aufl. 2016, § 25 Rn. 10; Ramsauer, in: Kopp/ Ramsauer, VwVfG, 20. Aufl. 2019, § 49 Rn. 45; Ehlers/Schröder, JURA 2010, 503 (510). Es muss sich jedoch um eine allgemein anerkannte Neubewertung handeln, vgl. BVerwG, Beschl. v. 27.5.2015, Az.: 3 B 5.15 = NVwZ 2016, 323 (325, Rn. 12); Urt. v. 28.4.2016, Az.: 4 A 2.15 = BVerwGE 155, 81 (88 f.; Rn. 36).

1735 S. nur Suerbaum, in: Mann/Sennekamp/Uechtritz, VwVfG, 2. Aufl. 2019, § 49 Rn. 90 ff.

1736 BVerwG, Beschl. v. 16.7.1982, Az.: 7 B 190.81 = NVwZ 1984, 102 (103); Urt. v. 24.1.1992, Az.: 7 C 38.90 = NVwZ 1992, 565 (566); VGH Mannheim, Urt. v. 20.6.2013, Az.: 9 S 2883/11 = NVwZ-RR 2014, 43 (47), m. zahlr. w. N.

zugrundeliegenden Fachrecht zu ermitteln.[1737] Daraus ergibt sich, dass die für den Widerruf zuständige Behörde nur das „öffentliche Interesse" zu berücksichtigen hat, dessen Wahrung Teil ihres Aufgabenbereichs ist.[1738] Das bloße Interesse an der Wiederherstellung eines rechtmäßigen Zustands genügt nicht.[1739] Auch bloße Individualinteressen sind grundsätzlich nicht berücksichtigungsfähig.[1740] Ein so näher identifiziertes öffentliches Interesse muss **gefährdet** sein. Dies setzt bereits denklogisch voraus, dass die Gefährdung des öffentlichen Interesses eine Konsequenz der nachträglich eingetretenen Tatsachen ist, insofern also Kausalität besteht.[1741] Für eine Gefährdung genügt nicht, dass der Widerruf schlicht im öffentlichen Interesse liegt. Anders als bei § 49 II 1 Nr. 5 VwVfG bedarf es aber auch keines „schweren Nachteils". Erforderlich ist vielmehr, dass der Widerruf zur Beseitigung oder Verhinderung eines sonst drohenden Schadens geboten ist.[1742] Dabei setzt die Vorschrift voraus, dass der Widerruf zumindest geeignet ist, die Gefährdung zu beenden. Diese Feststellung genügt jedoch an dieser Stelle auch. Es bedarf noch keiner Abwägung mit den widerstreitenden Interessen auf Seiten des Begünstigten. Fragen der Erforderlichkeit und Angemessenheit sind vielmehr Bestandteile der nachfolgenden Prüfung der Ermessensausübung.[1743] Obwohl in § 49 II 1 Nr. 3 VwVfG nicht ausdrücklich ausgewiesen, soll darin auch Berücksichtigung finden, ob und inwiefern von der Begünstigung bereits Gebrauch gemacht wurde.[1744]

1737 Vgl. für Beispiele Sachs, in: Stelkens/Bonk/Sachs, VwVfG, 9. Aufl. 2018, § 49 Rn. 70; Abel, in: Bader/Ronellenfitsch, VwVfG, 44. Ed., Stand: 1.7.2019, § 49 Rn. 57.

1738 Peine/Siegel, Allgemeines Verwaltungsrecht, 12. Aufl. 2018, Rn. 640; Ramsauer, in: Kopp/Ramsauer, VwVfG, 20. Aufl. 2019, § 49 Rn. 48; Sachs, in: Stelkens/Bonk/Sachs, VwVfG, 9. Aufl. 2018, § 49 Rn. 72.

1739 VGH Mannheim, Urt. v. 20.6.2013, Az.: 9 S 2883/11 = NVwZ-RR 2014, 43 (47).

1740 S. BVerwG, Urt. v. 29.10.1998, Az.: 4 C 9.97 = NVwZ 1999, 417 (419), wo das Gericht indes andeutete, dass der Sachverhalt im Falle einer Gesundheitsgefahr anders zu beurteilen sein könnte.

1741 Peine/Siegel, Allgemeines Verwaltungsrecht, 12. Aufl. 2018, Rn. 640; Sachs, in: Stelkens/Bonk/Sachs, VwVfG, 9. Aufl. 2018, § 49 Rn. 71; Abel, in: Bader/Ronellenfitsch, VwVfG, 44. Ed., Stand: 1.7.2019, § 49 Rn. 58.

1742 So ausdrücklich das BVerwG, Urt. v. 24.1.1992, Az.: 7 C 38.90 = NVwZ 1992, 565 (565 f.).

1743 Es erschließt sich insbesondere nicht, warum die vielerorts scheinbar als Tatbestandsmerkmal genannte „Erforderlichkeit", s. nur Sachs, in: Stelkens/Bonk/Sachs, VwVfG, 9. Aufl. 2018, § 49 Rn. 70, m.w.N., bereits hins. der Bewertung am Maßstab von § 49 II 1 Nr. 3 VwVfG vorliegen müsste.

1744 Sachs, in: Stelkens/Bonk/Sachs, VwVfG, 9. Aufl. 2018, § 49 Rn. 73; Abel, in: Bader/Ronellenfitsch, VwVfG, 44. Ed., Stand: 1.7.2019, § 49 Rn. 56; Suerbaum, in Mann/Sennekamp/Uechtritz, VwVfG, 2. Aufl. 2019, § 49 Rn. 96.

Tobias Brings-Wiesen

Nachträgliche Änderung von Rechtsvorschriften, Abs. II 1 Nr. 4

969 Gemäß § 49 II 1 Nr. 4 VwVfG kann ein rechtmäßiger begünstigender Verwaltungsakt widerrufen werden, wenn die Behörde **auf Grund einer geänderten Rechtsvorschrift** berechtigt wäre, den **Verwaltungsakt nicht zu erlassen, soweit** der Begünstigte von der Vergünstigung noch keinen Gebrauch gemacht oder auf Grund des Verwaltungsakts noch keine Leistungen empfangen hat und wenn ohne den Widerruf das **öffentliche Interesse gefährdet** würde.[1745]

970 Für die Vorschrift gelten überwiegend die bereits zu § 49 II 1 Nr. 3 VwVfG erfolgten Ausführungen entsprechend. Der **erste wesentliche Unterschied** liegt in der Ursache für die Neubewertung des Verwaltungsakterlasses: Es muss zu einer Änderung des Rechts[1746] gekommen sein. Wenngleich der Wortlaut eine „geänderte Rechtsvorschrift" verlangt, ist weitergehend jede Änderung des für die Beurteilung des Verwaltungsakts relevanten materiellen Rechts[1747], sprich auch der Neuerlass oder die Aufhebung von Vorschriften, von Bedeutung.[1748] Grundsätzlich nicht zu berücksichtigen sind Änderungen von Verwaltungsvorschriften[1749] oder der Rechtsprechung[1750]. *Rückwirkende* Änderungen der Rechtslage können zur Rechtswidrigkeit des Verwaltungsakts zum Zeitpunkt seines Erlasses führen; die Nichtigerklärung einer Vorschrift ist rein deklaratorisch und erstreckt sich regelmäßig auf die Vergangenheit[1751]. Auf diese Konstellationen ist § 48 VwVfG anwendbar (s. dazu Rn. 870).

971 Der **zweite wesentliche Unterschied** liegt darin, dass § 49 II 1 Nr. 4 VwVfG einen Widerruf nur erlaubt, soweit der Begünstigte von der Vergünstigung noch keinen Gebrauch gemacht oder auf Grund des Verwaltungsakts noch keine Leistungen empfangen hat. Ein „Gebrauchmachen" verlangt laut Bundesver-

---

[1745] S. dazu die Fallbearbeitung bei Pernice-Warnke, ZJS 2018, 590 (596 f.).

[1746] Es wird vertreten, den Begriff „Rechtsvorschriften" von dem Begriff der „Rechtslage" in § 51 I Nr. 1 VwVfG (s. dazu noch in § 3 Rn. 116) abzugrenzen, s. nur Sachs, in: Stelkens/Bonk/Sachs, VwVfG, 9. Aufl. 2018, § 49 Rn. 79; dies mutet angesichts der sprachlichen Abweichung zwar plausibel an, bislang lassen sich jedoch – soweit ersichtlich – weder Rechtsprechung, noch Literatur Abgrenzungskriterien entnehmen.

[1747] S. dazu Ramsauer, in: Kopp/Ramsauer, VwVfG, 20. Aufl. 2019, § 49 Rn. 50.

[1748] Detterbeck, Allgemeines Verwaltungsrecht, 17. Aufl. 2019, Rn. 722.

[1749] BVerwG, Urt. v. 11.12.1990, Az.: 6 C 33.88 = NVwZ 1991, 577 (579). Zu berücksichtigen sind jedoch ausnahmsweise Verwaltungsvorschriften mit Außenwirkung, Ruffert, in: Ehlers/Pünder, Allgemeines Verwaltungsrecht, 15. Aufl. 2016, § 25 Rn. 12; Ehlers/Schröder, JURA 2010, 824 (825).

[1750] A.A. aber zu Änderungen der Rspr. Abel, in: Bader/Ronellenfitsch, VwVfG, 44. Ed., Stand: 1.7.2019, § 49 Rn. 60 f.

[1751] Dazu anschaulich m.w.N. Suerbaum, in: Mann/Sennekamp/Uechtritz, VwVfG, 2. Aufl. 2019, § 49 Rn. 103 f.

Tobias Brings-Wiesen

waltungsgericht ein „Inswerksetzen".[1752] Aus dem Sachverhalt muss sich ergeben, dass der Begünstigte in irgendeiner Art und Weise auf Grundlage der in einem Verwaltungsakt enthaltenen Regelung[1753] tätig geworden ist. Umstritten ist, wie intensiv der Zusammenhang zwischen „Vergünstigung" und „Gebrauchmachen" sein muss. Einigkeit besteht über die Einbeziehung unmittelbarer Umsetzungen von Regelungsinhalten, beispielsweise dem Bau eines Hauses auf Grundlage einer Baugenehmigung. Unterschiedlich bewertet werden hingegen lediglich mittelbare Umsetzungen, wie beispielsweise Vorbereitungshandlungen oder Investitionen im Vertrauen auf einen Verwaltungsakt.[1754] Derartige Umsetzungen werden jedoch spätestens im Rahmen der Ermessensausübung zu berücksichtigen sein.[1755] Bei Leistungen jedweder Art kommt es allein auf den Empfang an, diese muss endgültig in das Vermögen des Begünstigten übergehen[1756]. Nicht verlangt sind ein Verbrauch oder eine Vermögensdisposition.[1757]

Zur Verhütung oder Beseitigung schwerer Nachteile für das Gemeinwohl, Abs. II 1 Nr. 5

Gemäß § 49 II 1 Nr. 5 VwVfG kann ein rechtmäßiger begünstigender Verwal- 972
tungsakt widerrufen werden, um **schwere Nachteile für das Gemeinwohl zu verhüten oder zu beseitigen.** Es handelt sich um eine Art Auffangklausel, die der Behörde in besonderen Ausnahmekonstellationen den Widerruf ermöglichen soll. Dabei ist sie jedoch – anders als der Wortlaut suggeriert – nicht auf die Berücksichtigung von Allgemeininteressen beschränkt, sondern lässt auch die Einbeziehung hochrangiger Individualrechtsgüter zu.[1758] Gleichwohl ist ihre Praxis- wie Prüfungsrelevanz gering.[1759] Die Anforderungen, die an die Schwere

---

1752 BVerwG, Urt. v. 24.1.1992, Az.: 7 C 38.90 = NVwZ 1992, 565 (566).

1753 Auch bei feststellenden Verwaltungsakten wird man daher grundsätzlich von der Möglichkeit eines „Inswerksetzens" ausgehen können, Sachs, in: Stelkens/Bonk/Sachs, VwVfG, 9. Aufl. 2018, § 49 Rn. 77; Abel, in: Bader/Ronellenfitsch, VwVfG, 44. Ed., Stand: 1.7.2019, § 49 Rn. 62.1.

1754 Dafür Peuker, in: Knack/Henneke, VwVfG, 10. Aufl. 2014, § 49 Rn. 69; Kastner, in: Fehling/Kastner/Störmer, Verwaltungsrecht, 4. Aufl. 2016, § 49 VwVfG Rn. 43; Suerbaum, in: Mann/Sennekamp/Uechtritz, VwVfG, 2. Aufl. 2019, § 49 Rn. 106; z.T. auch Ramsauer, in: Kopp/Ramsauer, VwVfG, 20. Aufl. 2019, § 49 Rn. 52.

1755 Sachs, in: Stelkens/Bonk/Sachs, VwVfG, 9. Aufl. 2018, § 49 Rn. 77; Abel, in: Bader/Ronellenfitsch, VwVfG, 44. Ed., Stand: 1.7.2019, § 49 Rn. 62.

1756 Kastner, in: Fehling/Kastner/Störmer, Verwaltungsrecht, 4. Aufl. 2016, § 49 VwVfG Rn. 43.

1757 Ruffert, in: Ehlers/Pünder, Allgemeines Verwaltungsrecht, 15. Aufl. 2016, § 25 Rn. 13; Sachs, in: Stelkens/Bonk/Sachs, VwVfG, 9. Aufl. 2018, § 49 Rn. 75.

1758 BVerwG, Urt. v. 21.5.1997, Az.: 11 C 1.96 = BVerwGE 105, 6 (15).

1759 So auch Ehlers/Schröder, JURA 2010, 824 (826).

Tobias Brings-Wiesen

des Nachteils für das Gemeinwohl zu stellen sind, sind hoch.[1760] Dementsprechend sollte auch in der Prüfung nur sehr restriktiv mit dem Tatbestand umgegangen werden.

Exkurs: Entschädigungsanspruch gemäß § 49 VI VwVfG

973 Ähnlich dem § 48 III VwVfG enthält auch § 49 VI VwVfG einen Entschädigungsanspruch. Sofern ein begünstigender Verwaltungsakt in den Fällen des Abs. II 1 Nr. 3 bis 5 widerrufen wird, hat die Behörde den Betroffenen auf Antrag für den Vermögensnachteil zu entschädigen, den dieser dadurch erleidet, dass er auf den Bestand des Verwaltungsakts vertraut hat, soweit sein Vertrauen schutzwürdig ist. § 48 III 3 bis 5 soll entsprechend gelten. Insofern kann weitgehend auf die Ausführungen zu § 48 III VwVfG verwiesen werden. Ein wesentlicher Unterschied besteht indes darin, dass für Streitigkeiten über die Entschädigung gemäß § 49 VI VwVfG der ordentliche Rechtsweg zu beschreiten ist.

Der Widerruf nach § 49 III VwVfG

974 § 49 III VwVfG[1761] gilt – wie § 48 II VwVfG – für Verwaltungsakte, die eine einmalige oder laufende Geldleistung oder teilbare Sachleistung gewähren oder hierfür Voraussetzung sind, sodass insofern auf die bereits erfolgten Darstellungen verwiesen werden kann (**„Leistungsverwaltungsakte"**).[1762] Hinzukommen muss jedoch, dass die Leistung ultimativ **zur Erfüllung eines bestimmten Zwecks** dient. Davon zwingend zu unterscheiden sind Leistungsverwaltungsakte, bei denen bereits der Erlass selbst den vom Gesetz avisierten Zweck verwirklicht – dazu gehören beispielsweise allgemeine Dienstbezüge von Beamten oder auch die Grundleistungen im Rahmen von Sozialleistungen.[1763] Diese Leistungen dienen keinem bestimmten Zweck, sondern der allgemeinen Lebensführung. Die konkrete Zweckbindung muss aus dem Bescheid selbst mit hinreichender Bestimmtheit und Deutlichkeit hervorgehen.[1764]

975 Die so bestimmte Leistung kann wegen **zweier Gründe** widerrufen werden: entweder weil die Leistung **nicht, nicht alsbald** nach der Erbringung **oder nicht**

1760 S. nur Abel, in: Bader/Ronellenfitsch, VwVfG, 44. Ed., Stand. 1.7.2019, § 49 Rn. 64 ff.; Ehlers/ Schröder, JURA 2010, 824 (826).
1761 S. zu diesen Konstellationen instruktiv Folnovic/Hellriegel, NVwZ 2016, 638.
1762 Ramsauer, in: Kopp/Ramsauer, VwVfG, 20. Aufl. 2019, § 49 Rn. 64. S. dazu Rn. 878 ff
1763 Sachs, in: Stelkens/Bonk/Sachs, VwVfG, 9. Aufl. 2018, § 49 Rn. 92; Suerbaum, in: Mann/ Sennekamp/Uechtritz, VwVfG, 2. Aufl. 2019, § 49 Rn. 128.
1764 OVG Münster, Urt. v. 13.6.2002, Az.: 12 A 693/99 = NVwZ-RR 2003, 803 (804); Ramsauer, in: Kopp/Ramsauer, VwVfG, 20. Aufl. 2019, § 49 Rn. 65; Sachs, in: Stelkens/Bonk/Sachs, VwVfG, 9. Aufl. 2018, § 49 Rn. 94 f.

mehr für den in dem Verwaltungsakt bestimmten Zweck verwendet wird (Nr. 1) oder weil eine mit dem Verwaltungsakt verbundene **Auflage** nicht oder nicht innerhalb einer gesetzten Frist erfüllt wurde (Nr. 2)[1765].[1766] Ein Verschulden des Begünstigten ist nicht von Belang. Die Vorschriften zielen nur darauf ab, die zweckentsprechende Leistungsverwendung sicherzustellen. Ein fehlendes Verschulden ist jedoch wiederum im Rahmen der Ermessensausübung zu berücksichtigen.

Auch hier sind tatbestandlich die Ausschlussgründe gemäß § 49 I VwVfG **976** (dazu Rn. 951) und § 49 III 2 i.V.m. § 48 IV VwVfG (dazu Rn. 905 ff.) zu berücksichtigen, bezüglich derer die bereits erfolgten Ausführungen gleichsam entsprechend gelten.

Abschließend ist die ordnungsgemäße **Ermessensausübung** der Behörde zu **977** prüfen: Gemäß § 49 III 1 Hs. 1 VwVfG *kann* ein rechtmäßiger begünstigender Leistungsverwaltungsakt widerrufen werden. Anders als § 49 I oder II VwVfG kennt § 49 III VwVfG auch keine Ermessensbegrenzung in zeitlicher Hinsicht: Der Widerruf ist grundsätzlich auch *mit Wirkung für die Vergangenheit* zulässig. Dies macht seinen besonderen Reiz aus. Die Vorschrift dient der Sicherung einer dem Zweck der Gewährung entsprechenden Verwendung öffentlicher Mittel und insofern den haushaltsrechtlichen Grundsätzen der Wirtschaftlichkeit und Sparsamkeit.[1767] Entgegen des klaren Wortlauts hat das Bundesverwaltungsgericht wegen der Relevanz dieser Grundsätze im Falle des § 49 III 1 Nr. 1 VwVfG ein „**intendiertes Ermessen**" angenommen,[1768] sodass besondere Gründe für eine Abweichung vorliegen müssen.

(3) Widerruf von Verwaltungsakten im unionsrechtlichen Kontext

Auch im Falle des Widerrufs **von nachträglich *unionsrechts*widrig gewordenen** **978** **Verwaltungsakten** ergeben sich Besonderheiten.[1769] Besonderes Augenmerk fiel

---

1765 Zur Auflage gilt das zu § 49 II 1 Nr. 1 und 2 VwVfG Dargelegte entsprechend: Nach h.M. soll es nicht auf deren Wirksamkeit ankommen, s. dazu Rn. 956 ff.
1766 Vgl. dazu die Beispielsfälle bei Ehlers/Schröder, JURA 2010, 824 (826 ff.); s. auch die Fallbearbeitungen bei Haltern/Manthey, JuS 2016, 344, sowie bei Ernst/Kämmerer, Fälle zum Allgemeinen Verwaltungsrecht, 3. Aufl. 2016, Fall 11, S. 158 (165 f.).
1767 So treffend Ramsauer, in: Kopp/Ramsauer, VwVfG, 20. Aufl. 2019, § 49 Rn. 73.
1768 BVerwG, Urt. v. 16.6.1997, Az.: 3 C 22.96 = BVerwGE 105, 55 (57 f.); Urt. v. 26.2.2015, Az.: 3 C 8.14 = BVerwGE 151, 302 (307, Rn. 17).
1769 S. dazu auch Peine/Siegel, Allgemeines Verwaltungsrecht, 12. Aufl. 2018, Rn. 655; Erbguth/Guckelberger, Allgemeines Verwaltungsrecht, 9. Aufl. 2018, § 16 Rn. 35.

Tobias Brings-Wiesen

zuletzt auf das Urteil des EuGH in der Rechtssache „Stadt Papenburg",[1770] in dessen Folge die unionsrechtliche Überformung des § 49 II VwVfG diskutiert wurde.[1771] Denkbar ist darüber hinaus auch, dass es zum **Widerruf einer ursprünglich unionsrechtmäßig gewährten Beihilfe** (s. dazu Rn. 937 ff.) auf Grundlage von § 49 VwVfG kommt. Dies kommt im Falle einer „missbräuchlichen Anwendung von Beihilfen" i. S. v. Art. 1 lit. g) BeihilfeVVO in Frage, deren Kontrolle der Kommission gemäß Art. 108 II Uabs. 1 AEUV, Art. 20 BeihilfeVVO obliegt. Eine Verwendung von Beihilfen entgegen den Beschlüssen der Kommission gemäß Art. 4 III und Art. 9 III BeihilfeVVO findet ihre Entsprechung im Widerrufsgrund nach § 49 III 1 Nr. 1 Var. 2 VwVfG[1772]; eine Verwendung von Beihilfen unter Verstoß gegen Auflagen zu einem Beschluss gemäß Art. 9 IV BeihilfeVVO findet ihre Entsprechung im Widerrufsgrund nach § 49 III 1 Nr. 2 VwVfG[1773]. Erlässt die Kommission zum Abschluss eines (neuen) formellen Prüfverfahrens sodann einen Negativbeschluss gemäß Art. 20 i. V. m. Art. 9 V BeihilfeVVO ist von einer den bereits dargestellten Konstellationen entsprechenden unionsrechtlichen Überformung der Entscheidung über den Widerruf des Bewilligungsbescheids und die Erstattung der bereits erbrachten Leistungen auszugehen.

dd) Literaturhinweise

Lehrbeiträge: Brügge/Erichsen, Der Widerruf von Verwaltungsakten nach § 49 VwVfG und der öffentlich-rechtliche Erstattungsanspruch nach § 49a VwVfG, JURA 1999, 496; Ehlers/Schröder, Der Widerruf von Verwaltungsakten (Teil I), JURA 2010, 503; Ehlers/Schröder, Der Widerruf von Verwaltungsakten (Teil II), JURA 2010, 824; Kiefer, Können rechtswidrige Verwaltungsakte widerrufen werden?, NVwZ 2013, 1257; Struzina, Die Prüfung von Rücknahme und Widerruf, DÖV 2017, 906 (s. darüber hinaus auch bereits unter Rn. 939)

Fallbearbeitungen: Edenharter, Fortgeschrittenenklausur – Öffentliches Recht: Allgemeines Verwaltungsrecht – Explosive Biogasanlage, JuS 2018, 456;

1770 EuGH, Urt. v. 14.1.2010, Az.: C-226/08 – Stadt Papenburg. S. dazu auch Hecker, Europäisierung der Widerrufsdogmatik? – Zum „Papenburg"-Urteil des Europäischen Gerichtshofs, in: Festschrift Peine, 2016, S. 663.
1771 S. dazu Suerbaum, in: Mann/Sennekamp/Uechtritz, VwVfG, 2. Aufl. 2019, § 49 Rn. 30 ff.; Ehlers/Schröder, JURA 2010, 824 (825 f.); Kahl, NVwZ 2011, 449 (453).
1772 Es ist davon auszugehen, dass der der einschlägigen Ausnahmevorschrift des AEUV zugrundeliegende Zweck in der Folge als „bestimmter Zweck" auch der Leistungsgewähr i. S. v. § 49 III 1 Nr. 1 Var. 2 VwVfG zugrunde zu legen ist. Der subsidiär anwendbare § 49 II 1 Nr. 5 VwVfG würde zumindest unter normalen Umständen keinen Widerruf für die Vergangenheit legitimieren.
1773 So auch Korte, JURA 2017, 656 (663).

Tobias Brings-Wiesen

Ernst/Kämmerer, Fall 11 – Für Subventionen keine Subventionen, in: Fälle zum Allgemeinen Verwaltungsrecht, 3. Aufl. 2016, S. 158; Faßbender, (Original-)Referendarexamensklausur – Öffentliches Recht: Allgemeines Verwaltungsrecht und Europarecht – Subvention für ökologische Landwirtschaft, JuS 2016, 538; Greim-Diroll, Blumige Aussichten, JURA 2018, 740; Haltern/Manthey, (Original-)Referendarexamensklausur – Öffentliche Recht: Verwaltungsrecht – Rechtsnachfolge und Verwaltungsaktbefugnis im Subventionsrecht, JuS 2016, 344; Klafki, „Die reisende Kristallkugel" Eine Tour d'Horizon durch das Gewerberecht, JURA 2018, 1019; Klement, Referendarexamensklausur – Öffentliches Recht: Allgemeines Verwaltungsrecht – Ellingers Traum aus Kindertagen, JuS 2018, 1088; Kühn, Politische Bildung auf dem Oktoberfest, JURA 2017, 1214; Manssen/Greim, Referendarexamensklausur – Öffentliches Recht: Rückforderung von Subventionen – „Biofleisch, nein danke", JuS 2010, 429; Payandeh, Übungsfall: Der fragwürdige Widerrufsvorbehalt, ZJS 2017, 544; Polzin/Doll, Der Gesichtsschleier in der Schule, JURA 2017, 1436; Winter-Peter, Widerruf einer Genehmigung, JURA 2018, 508; Wormit, Ein unheiliger Weihnachtsabend, JURA 2018, 87

d) Rücknahme und Widerruf im Rechtsbehelfsverfahren gegen Verwaltungsakte mit Drittwirkung, § 50 VwVfG

Gemäß § 50 VwVfG gelten § 48 I 2, II bis IV sowie § 49 II bis IV und VI nicht, **979** wenn ein begünstigender Verwaltungsakt, der von einem Dritten angefochten worden ist, während des Vorverfahrens oder während des verwaltungsgerichtlichen Verfahrens aufgehoben wird, soweit dadurch dem Widerspruch oder der Klage abgeholfen wird. Die Vorschrift hat zwar nun einen **sehr begrenzten Anwendungsbereich**, sollte allerdings wegen ihrer **Komplexität** nicht in der „Lernlücke" verschwinden.[1774]

Der Anwendungsbereich von § 50 VwVfG ist **doppelt beschränkt:**[1775] In **980** **sachlich-persönlicher Hinsicht** gilt die Vorschrift nur im Falle der Erhebung eines Widerspruchs gemäß § 68 I 1 VwGO bzw. einer Anfechtungsklage gemäß § 42 I Var. 1 VwGO gegen einen den Adressaten begünstigenden Verwaltungsakt

---

1774 S. dazu ausführlich Remmert, VerwArch 2000, 209; Horn, Die Aufhebung des der Drittanfechtung unterliegenden Verwaltungsakts, 1989; Klostermann, Die Aufhebung des Verwaltungsakts mit Doppelwirkung im Verwaltungsverfahren, 1992. S. auch Gassner, JuS 1997, 794.
1775 S. zum Anwendungsbereich näher Ramsauer, in: Kopp/Ramsauer, VwVfG, 20. Aufl. 2019, § 50 Rn. 3 f., 12.

Tobias Brings-Wiesen

mit Drittwirkung[1776] durch den belasteten Dritten. **In zeitlicher Hinsicht** gilt die Vorschrift sodann nur für die Dauer des jeweiligen Verfahrens.

981 Entgegen des leicht widersprüchlichen Wortlauts soll eine Aufhebung des durch den Dritten angegriffenen begünstigenden Verwaltungsakts während der Verfahren *nicht ausgeschlossen* sein.[1777] Die Norm modifiziert auch nicht die Voraussetzungen einer Aufhebung *innerhalb* des laufenden Rechtsbehelfsverfahrens.[1778] Auch Abhilfe- oder Widerspruchsbehörde können den Verwaltungsakt ohne jegliche Berücksichtigung von §§ 48 f. VwVfG im Vorverfahren aufheben.[1779] Die Vorschrift bewirkt vielmehr eine **Modifikation der Voraussetzungen**, die die zuständige Behörde *außerhalb* eines laufenden Rechtsbehelfsverfahrens einzuhalten hat, wenn sie der widerspruchsbehördlichen oder gerichtlichen Entscheidung durch **Aufhebung gemäß §§ 48 f. VwVfG**[1780] **vorgreifen** will. Im Vorverfahren steht die Entscheidung der Widerspruchsbehörde über den Weg der Aufhebung in ihrem Ermessen.[1781]

982 Die Wirkung von § 50 VwVfG greift nur bei **Vorliegen der folgenden Voraussetzungen**, die im Einzelnen in verschiedener Hinsicht strittig diskutiert werden, worauf an dieser Stelle jedoch nicht *en detail* eingegangen werden soll[1782]:

983 (1) Der **Anwendungsbereich** der Vorschrift muss überhaupt **eröffnet** sein. Dies ist nur dann der Fall, wenn es sich um einen Verwaltungsakt mit Drittwirkung handelt, gegen den der belastete Dritte einen Widerspruch gemäß § 68 I 1 VwGO bzw. eine Anfechtungsklage gemäß § 42 I Var. 1 VwGO erhoben hat.

984 (2) Das somit anhängig gewordene Rechtsbehelfsverfahren muss noch **andauern.**

1776 S. dazu ausführlich bereits Rn. 296 f. S. auch die Darstellungen bei Sachs, in: Stelkens/Bonk/Sachs, VwVfG, 9. Aufl. 2018, § 50 Rn. 8 ff.

1777 Detterbeck, Allgemeines Verwaltungsrecht, 17. Aufl. 2019, Rn. 744; Ramsauer, in: Kopp/Ramsauer, VwVfG, 20. Aufl. 2019, § 50 Rn. 6. S. zur dogmatischen Frage der Ermächtigungsgrundlage für den Widerruf rechtmäßiger begünstigender Verwaltungsakte Remmert, VerwArch 2000, 209 (211) m.w. Nw.

1778 Maurer/Waldhoff, Allgemeines Verwaltungsrecht, 19. Aufl. 2017, § 11 Rn. 95.

1779 Ramsauer, in: Kopp/Ramsauer, VwVfG, 19. Aufl. 2018, § 50 Rn. 10.

1780 Oder gegebenenfalls aufgrund entsprechender Vorschriften des Fachrechts, für die eine analoge Anwendung diskutiert wird, s. nur Ramsauer, in: Kopp/Ramsauer, VwVfG, 20. Aufl. 2019, § 50 Rn. 5; Sachs, in: Stelkens/Bonk/Sachs, VwVfG, 9. Aufl. 2018, § 50 Rn. 1, jeweils m.w. N.

1781 BVerwG, Urt. v. 18.4.1996, Az.: 4 C 6.95 = BVerwGE 101, 64 (69 f.); vgl. zust. nur Sachs, in: Stelkens/Bonk/Sachs, VwVfG, 9. Aufl. 2018, § 50 Rn. 5 m.w. Nw. Dagegen jedoch ausführlich Cornils, Die Verwaltung 2000, 485.

1782 S. für eine gut zugängliche Darstellung einzelner Probleme Remmert, VerwArch 2000, 209. S. für einen Überblick über die zu den Erfolgsaussichten des Rechtsbehelfs existierenden Positionen nur Sachs, in: Stelkens/Bonk/Sachs, VwVfG, 9. Aufl. 2018, § 50 Rn. 99.

Tobias Brings-Wiesen

(3) Der Rechtsbehelf muss **zulässig** sein.[1783]   985

(4) Umstritten ist insbesondere, ob und falls ja, inwiefern das anhängige 986 Rechtsbehelfsverfahren in der Sache **erfolgreich** sein muss. Zu dieser Frage existieren verschiedene nuancierende Positionen, wesentlich lassen sich jedoch drei Hauptansätze identifizieren. Eine Ansicht **verzichtet** völlig **auf eine Prüfung der Erfolgsaussichten** des Rechtsbehelfs in der Sache.[1784] Eine vermittelnde Ansicht verlangt lediglich, dass der Rechtsbehelf nicht offensichtlich unbegründet[1785] sein darf.[1786] Die letzte Ansicht fordert hingegen, dass der Rechtsbehelf **begründet** sein muss.[1787] Unabhängig davon, welcher Meinung man folgt, wird man jedenfalls bei Zulässigkeit und Begründetheit eines Rechtsbehelfs konsequenterweise eine Ermessensreduktion auf Null im Hinblick auf die Aufhebungsentscheidung annehmen müssen.[1788]

(5) Die Aufhebung gemäß §§ 48 f. VwVfG muss dem eingelegten Rechtsbehelf 987 tatsächlich „**abhelfen**", sprich das Begehren des Verfahrensführers verwirklichen.

Liegen diese Voraussetzungen vor, entfällt für die Behörde im Rahmen der 988 Aufhebung gemäß §§ 48 f. VwVfG zumindest die Notwendigkeit der Beachtung der Vorschriften, die *tatbestandlich* das schutzwürdige Vertrauen des Begünstigten absichern sollen. Ziel der Vorschrift ist es, eine **(weitgehende) Annäherung an die materiellen Beurteilungsmaßstäbe im Rechtsbehelfsverfahren**, in dem Vertrauensschutzerwägungen mangels Bestandskraft maximal eine untergeordnete Bedeutung haben, zu erwirken. Hat man das Vorliegen der Voraussetzungen

---

1783 Dies scheint heute der ganz h.M. zu entsprechen, s. nur BVerwG, Urt. v. 13.11.1997, Az.: 3 C 33.96 = BVerwGE 105, 354 (360 f.); Urt. v. 4.4.2012, Az.: 8 C 9.11 = juris, Rn. 38. S. dazu überdies die Nachweise – auch zu vereinzelt vertretenen Gegenmeinungen – bei Suerbaum, in: Mann/Sennekamp/Uechtritz, VwVfG, 2. Aufl. 2019, § 50 Rn. 22.

1784 So bspw. OVG Münster, Urt. v. 25.4.1988, Az.: 13 A 464/87 = NVwZ 1989, 72 (73); Falkenbach, in: Bader/Ronellenfitsch, VwVfG, 44. Ed., Stand: 1.7.2019, § 50 Rn. 7; Ziekow, VwVfG, 3. Aufl. 2013, § 50 Rn. 9; Krausnick, JuS 2010, 594 (598).

1785 Für das VGH München, Urt. v. 10.12.1996, Az.: 20 B 95.3349 = NVwZ 1997, 701 (703), ist dies dann der Fall, wenn Gründe für den Erfolg des Rechtsbehelfs zu sprechen vermögen, ohne dass es aus einer *ex-post*-Perspektive darauf ankommt, ob sich diese Gründe auch tatsächlich durchzusetzen vermögen.

1786 Peine/Siegel, Allgemeines Verwaltungsrecht, 12. Aufl. 2018, Rn. 658; Ehlers/Kallerhoff, JURA 2009, 823 (828).

1787 S. nur Sachs, in: Stelkens/Bonk/Sachs, VwVfG, 9. Aufl. 2018, § 50 Rn. 93, m.w.N.; wohl auch das BVerwG, Urt. v. 24.2.2000, Az.: 4 C 12.98 = BVerwGE 110, 355 (362).

1788 So das BVerwG, Urt. v. 8.11.2001, Az.: 4 C 18.00 = NVwZ 2002, 730 (732 f.). A.A. aber Ramsauer, in: Kopp/Ramsauer, VwVfG, 20. Aufl. 2019, § 50 Rn. 24.

Tobias Brings-Wiesen

des § 50 VwVfG bejaht, kann daher im Folgenden eine Prüfung der Tatbestandsvoraussetzungen gemäß § 48 I 2, II bis IV und § 49 II, III VwVfG unterbleiben.[1789] Wurde es hingegen verneint, sind die §§ 48 f. VwVfG uneingeschränkt zu prüfen. Umstritten ist, ob darüber hinaus jeglicher Vertrauensschutz ausgeschlossen sein soll, also insbesondere auch die Pflicht der Behörde entfällt, Vertrauensschutzerwägungen im Rahmen der Ausübung ihres Ermessens zu berücksichtigen.[1790] Dies wird jedoch nur dann überhaupt ein Problem sein, wenn mangels Erforderlichkeit von Begründetheit noch Raum für eine Ermessensausübung verbleibt. Hier zeigt sich wiederum die besondere dogmatische Komplexität der Vorschrift, deren Auslegung je nach Positionierung in bestimmten interdependenten Streitfragen differiert.

e) Erstattung, § 49a VwVfG

989 Gemäß § 49a VwVfG sind bereits erbrachte Leistungen zu erstatten, soweit ein Verwaltungsakt mit Wirkung für die Vergangenheit zurückgenommen oder widerrufen worden oder infolge Eintritts einer auflösenden Bedingung unwirksam geworden ist. Die Vorschrift ist eine besonders normierte Ausprägung (s. zum allgemeinen öffentlich-rechtlichen Erstattungsanspruch ausführlich unter § 5 Rn. 189 ff.) des **öffentlich-rechtlichen Erstattungsanspruchs** zugunsten der Behörde und dient als **Ermächtigungsgrundlage** für die Rückforderung bestimmter rechtsgrundlos erbrachter Leistungen. Entsprechend bestimmt § 49a I 2 VwVfG ausdrücklich, dass die zu erstattende Leistung durch **Verwaltungsakt** festzusetzen ist.[1791] Die Rückforderung basiert zwar zum Teil auf der Aufhebung eines Verwaltungsakts mit Wirkung für die Vergangenheit (§ 49a I 1 Var. 1 und 2 VwVfG), sie ist jedoch ein rechtlich davon zu unterscheidender Verwaltungsakt, dessen Aufhebung im Wege des Widerspruchs (§ 68 I 1 VwGO) bzw. der Anfechtungsklage (§ 42 I Var. 1 VwGO) eigenständig zu begehren ist.

990 **In Prüfungen** erfolgt die Rückforderung von Leistungen überwiegend in Verbindung mit der Aufhebungsentscheidung. Dies ist vor dem Hintergrund, dass die Rückforderung gemäß § 49a I 1 VwVfG u. a. nur im Falle der Aufhebung (Var. 1 und 2) zulässig ist, verständlich. Aus dem Sachverhalt wird sich regelmäßig klar ergeben, dass die Behörde es begehrt, zwei verschiedene Regelungen vorzunehmen. Davon ist im Wege der Auslegung selbst dann auszugehen, wenn diese in

---

1789 S. dafür ausführlich zu verschiedenen Positionen Sachs, in: Stelkens/Bonk/Sachs, VwVfG, 9. Aufl. 2018, § 50 Rn. 71 ff.

1790 S. dazu Ramsauer, in: Kopp/Ramsauer, VwVfG, 20. Aufl. 2019, § 50 Rn. 8.

1791 Es handelt sich um eine der seltenen ausdrücklichen Verwaltungsaktbefugnisse, s. dazu Rn. 760.

Tobias Brings-Wiesen

einem Bescheid zusammengefasst sind.[1792] Unter Umständen kann durch Auslegung gar einem bloßen Rückforderungsbescheid die vorgeschaltete Aufhebung
eines Verwaltungsakts entnommen werden. Je nach Aufgabenstellung kann es
zwar vereinzelt erforderlich sein, die Aufhebungsentscheidung der Behörde im
Rahmen von § 49a I 1 VwVfG inzident umfassend zu prüfen. Da die Rückforderung
jedoch nur von der *Wirksamkeit* der Aufhebung abhängig ist, wird sie in der
überwiegenden Zahl der Fälle sinnvoll nur in unmittelbarer Kombination mit der
Beurteilung der Wirksamkeit des einer Leistung zugrundeliegenden Verwaltungsakts zu prüfen sein. Dabei wird sie praktisch immer dessen Überprüfung
nachfolgen. Die klassische Prüfungskonstellation ist die Erhebung zweier (in
objektiver Klagehäufung gemäß § 44 VwGO – s. dazu unter § 1 Rn. 64, 231 ff.,
252 ff. – miteinander verbundener) Anfechtungsklagen gegen die Aufhebung eines
Verwaltungsakts *und* die darauf beruhende Rückforderung bereits erbrachter
Leistungen gemäß § 49a I 1 VwVfG. In diesem Fall sollte besonders darauf geachtet werden, dass im Zeitstress zum Ende der Prüfung die Rückforderung nicht
unterschlagen wird.

aa) Ermächtigungsgrundlage und formelle Rechtmäßigkeit

Wie bereits dargelegt ist § 49a I 1 VwVfG **Ermächtigungsgrundlage** des Rück- 991
forderungsbescheids.

Da es sich bei dem Rückforderungsbescheid um einen Verwaltungsakt han- 992
delt, gelten wiederum die allgemeinen rechtlichen Vorgaben für Verwaltungsakte
nach dem VwVfG. Daher kann auch an dieser Stelle grundsätzlich auf die allgemeinen Ausführungen zur formellen Rechtmäßigkeit verwiesen werden (s. dazu
Rn. 579 ff.). Folgende Besonderheiten sind zu berücksichtigen: Die **Zuständigkeit**
für die Rückforderung liegt nach herrschender Meinung entweder bei der Behörde, die auch für die Aufhebung des leistungsbegründenden Verwaltungsakts
(Var. 1 und 2) zuständig gewesen ist, oder im Falle des Eintritts einer auflösenden
Bedingung bei der Behörde, die den Hauptverwaltungsakt erlassen hat.[1793] Da der
Rückforderungsbescheid durch die Begründung einer Leistungspflicht in die
Rechte des durch die Leistung Begünstigten eingreift, ist auch seiner bezüglich

---

1792 So auch Maurer/Waldhoff, Allgemeines Verwaltungsrecht, 19. Aufl 2017, § 11 Rn. 48.
1793 Sachs, in: Stelkens/Bonk/Sachs, VwVfG, 9. Aufl. 2018, § 49a Rn. 34; Kastner, in: Fehling/
Kastner/Störmer, Verwaltungsrecht, 4. Aufl. 2016, § 49a VwVfG Rn. 8; Suerbaum, in: Mann/Sen-
nekamp/Uechtritz, VwVfG, 2. Aufl. 2019, § 49a Rn. 50; Peuker, in: Knack/Henneke, VwVfG, 10. Aufl.
2014, § 49a Rn. 28; Gröpl, VerwArch 1997, 23 (43 f.).

Tobias Brings-Wiesen

eine **Anhörung** gemäß § 28 I VwVfG erforderlich. Zuletzt ist zu beachten, dass der Rückforderungsbescheid gemäß § 49a I 2 VwVfG **schriftlich** ergehen muss.

bb) Materielle Rechtmäßigkeit

993 Die Rückforderung durch die Behörde auf Grundlage von § 49a VwVfG erfolgt rechtmäßig, soweit sie die folgenden Voraussetzungen erfüllt:[1794]

994 (1) Ausdrücklich ist der **Anwendungsbereich der Vorschrift** auf **drei Konstellationen** beschränkt: die Rücknahme, den Widerruf oder die Erledigung eines Verwaltungsakts infolge Eintritts einer auflösenden Bedingung. Gemein ist den drei Konstellationen, dass die **Unwirksamkeit mit Wirkung für die Vergangenheit** eintreten muss. Soweit in einer Prüfung bereits vorab die Aufhebung eines Verwaltungsakts geprüft wurde, kann an dieser Stelle nach oben verwiesen werden. Dabei ist irrelevant, ob die Prüfung am Maßstab spezialgesetzlicher Aufhebungstatbestände oder der §§ 48 f. VwVfG erfolgte.[1795] Dies kann insbesondere auch dazu führen, dass die Prüfung mangels rechtmäßiger Aufhebung – zumindest mit Wirkung für die Vergangenheit – sofort zu beenden ist. Eine analoge Anwendbarkeit der Vorschrift auf andere Konstellationen der Unwirksamkeit mit Wirkung für die Vergangenheit wird unter Rekurs auf den klaren Wortlaut und die Entstehungsgeschichte der Norm nahezu einheitlich abgelehnt.[1796] Nichts anderes gilt grundsätzlich für Aufhebungen mit Wirkung für die Zukunft.[1797] Zum Teil wird jedoch mit der Begründung, die Aufhebung mit Wirkung für die Zukunft lasse den Rechtsgrund für das Behalten der empfangenen Leistung entfallen, für eine analoge Anwendung plädiert.[1798] Dies ist abzulehnen.[1799] In all diesen Konstellationen ist die Behörde vielmehr auf den allgemeinen öffentlich-rechtlichen Erstattungsanspruch verwiesen. Soweit es nur zu einem anteiligen Entfall des Rechtsgrundes für eine Leistung kommt, ist die Erstattung darauf beschränkt.[1800]

1794 S. für einen Prüfungsaufbau auch Kastner, in: Fehling/Kastner/Störmer, Verwaltungsrecht, 4. Aufl. 2016, § 49a VwVfG Rn. 3.

1795 Ramsauer, in: Kopp/Ramsauer, VwVfG, 20. Aufl. 2019, § 49a Rn. 3.

1796 S. nur Ramsauer, in: Kopp/Ramsauer, VwVfG, 20. Aufl. 2019, § 49a Rn. 3 f. m.w.N.

1797 Detterbeck, Allgemeines Verwaltungsrecht, 17. Aufl. 2019, Rn. 731; Ramsauer, in: Kopp/Ramsauer, VwVfG, 20. Aufl. 2019, § 49a Rn. 8; Ehlers/Schröder, JURA 2010, 824 (831).

1798 Dafür Sachs, in: Stelkens/Bonk/Sachs, VwVfG, 9. Aufl. 2018, § 49a Rn. 9, 16, 19; Falkenbach, in: Bader/Ronellenfitsch, VwVfG, 44. Ed., Stand: 1.7.2019, § 49a Rn. 5 f.

1799 S. dazu mit überzeugender Begründung nur Folnovic/Hellriegel, NVwZ 2016, 638 (641 f.).

1800 Maurer/Waldhoff, Allgemeines Verwaltungsrecht, 19. Aufl. 2017, § 11 Rn. 48.

Tobias Brings-Wiesen

(2) Der Bescheid muss gegen den **richtigen Adressaten**, nämlich den Schuldner des Erstattungsanspruchs, gerichtet sein. Dies ist regelmäßig die im ursprünglichen Verwaltungsakt als Empfänger der Leistung ausgewiesene Person.[1801] Nur unter besonderen Umständen können von der Behörde auch Dritte in Anspruch genommen werden.[1802]

(3) Der Erstattungsanspruch der Behörde darf **noch nicht verjährt** sein. Dies ist im Einklang mit der herrschenden Meinung nach § 195 i.V.m. § 199 I BGB analog zu bestimmen.[1803] Danach beträgt die regelmäßige Verjährungsfrist drei Jahre und beginnt mit dem Schluss des Jahres, in dem der Anspruch entstanden ist und der Gläubiger von den Anspruch begründenden Umständen Kenntnis erlangt hat oder ohne grobe Fahrlässigkeit hätte erlangen müssen. Eine Hemmung nach §§ 203 ff. BGB analog ist möglich.[1804]

(4) Die von der Behörde vorgenommene Festsetzung muss sich innerhalb des gesetzlich zulässigen **Umfangs der Erstattung** bewegen. Dies richtet sich nach § 49a II bis IV VwVfG. Hinsichtlich der erbrachten Leistung ordnet § 49a II 1 VwVfG die entsprechende Geltung der Vorschriften des Bürgerlichen Gesetzbuchs über die Herausgabe einer ungerechtfertigten Bereicherung (§§ 812 ff. BGB) an. Da der Rechtsgrund für die Erstattung jedoch abschließend in § 49a I 1 VwVfG geregelt ist, handelt es sich dabei nur um eine **Rechtsfolgenverweisung** auf die §§ 818 ff. BGB.[1805] Dies bedeutet insbesondere,[1806] dass der Begünstigte sich gemäß § 818 III BGB auf den Wegfall der Bereicherung berufen kann – dies allerdings gemäß (des als *lex specialis* zu § 819 I BGB anwendbaren[1807]) § 49a II 2 VwVfG nur, soweit er nicht die Umstände kannte oder infolge grober Fahrlässigkeit nicht kannte, die zur Rücknahme, zum Widerruf oder zur Unwirksamkeit des Verwaltungsakts geführt haben. Anders als im Rahmen von § 48 II 3 Nr. 3 VwVfG (s. dazu Rn. 892) soll sich die Kenntnis oder grob fahrlässige Unkenntnis hier nur

995

996

997

1801 Falkenbach, in: Bader/Ronellenfitsch, VwVfG, 44. Ed., Stand: 1.7.2019, § 49a Rn. 16; Ramsauer, in: Kopp/Ramsauer, VwVfG, 20. Aufl. 2019, § 49a Rn. 10.

1802 S. dazu Falkenbach, in: Bader/Ronellenfitsch, VwVfG, 44. Ed., Stand: 1.7.2019, § 49a Rn. 16 ff.; Ramsauer, in: Kopp/Ramsauer, VwVfG, 20. Aufl. 2019, § 49a Rn. 10a.

1803 Vgl. dazu – im subventionsrechtlichen Kontext – nur Scherer-Leydecker/Laboranowitsch, NVwZ 2017, 1837, m. ausf. Darstellung des aktuellen Streitstands; s. auch die überzeugende Begründung des BVerwG, Urt. v. 15.3.2017, Az.: 10 C 3.16 = BVerwGE 158, 199 (203 f., Rn. 19).

1804 BVerwG, Urt. v. 15.3.2017, Az.: 10 C 3.16 = BVerwGE 158, 199 (206 f., Rn. 24).

1805 Sachs, in: Stelkens/Bonk/Sachs, VwVfG, 9. Aufl. 2018, § 49a Rn. 42.

1806 Für eine anschauliche Darstellung der sonstigen Folgen Sachs, in: Stelkens/Bonk/Sachs, VwVfG, 9. Aufl. 2018, § 49a Rn. 43 ff.

1807 Maurer/Waldhoff, Allgemeines Verwaltungsrecht, 19. Aufl. 2017, § 11 Rn. 48.

Tobias Brings-Wiesen

auf die *tatsächlichen* Voraussetzungen der die Aufhebung begründenden Rechtswidrigkeit beziehen, nicht indes auf die Rechtswidrigkeit selbst.[1808]

998　　Bei der Entscheidung über die Rückforderung gewährt § 49a I 1 VwVfG der Behörde im Hinblick auf die erbrachte Leistung selbst **kein Ermessen**. Sie muss diese vielmehr zurückfordern. Die Forderung von Zinsen gemäß § 49a III, IV VwVfG hingegen steht im Ermessen der Behörde.

f) Die Zusicherung, § 38 VwVfG

999　Besonderer Berücksichtigung bedarf auch die Möglichkeit einer **Anfechtungsklage gemäß § 42 I Var. 1 VwGO gegen die Zusicherung auf Erlass eines Verwaltungsakts mit Drittwirkung** gemäß § 38 VwVfG.[1809] Dabei handelt es sich um einen gesetzlich ausdrücklich normierten Unterfall der Zusage: Ausweislich der Legaldefinition in § 38 I 1 VwVfG handelt es sich um die behördliche Zusage, einen bestimmten Verwaltungsakt später zu erlassen oder zu unterlassen. Obgleich die Rechtsqualität der Zusicherung weiterhin lebhaft umstritten ist, geht zumindest die wohl herrschende Meinung davon aus, dass es sich bei ihr um einen Verwaltungsakt handelt.[1810] Daraus folgt, dass in multipolaren Rechtsverhältnissen das Begehren eines belasteten Dritten bei Verletzung seiner Rechte durch die dem Begünstigten gegenüber ausgesprochene Zusicherung darauf gerichtet sein kann, diesen Verwaltungsakt aufheben zu lassen. Die Erhebung von Rechtsbehelfen ist erforderlich, um die – zumindest gemäß § 38 II VwVfG – unabhängig von einer etwaigen Rechtswidrigkeit eintretende Wirksamkeit der Zusicherung zu beenden und dem Begünstigten so die Anspruchsgrundlage für den Erlass eines Verwaltungsakts zu nehmen (s. dazu in § 3 Rn. 71, 79). Im Rahmen der Prüfung der Begründetheit ist sodann zu berücksichtigen, dass § 38 VwVfG einige Besonderheiten betreffend Wirksamkeits- und Rechtmäßigkeitsvoraussetzungen der Zusicherung bereithält.[1811] Da – zumindest gemäß § 38 II VwVfG – die §§ 48 f. VwVfG entsprechend anwendbar sind, kann eine rechtswidrige Zusicherung auch gemäß § 48 VwVfG zurückgenommen werden. Kommt es schließlich zum Erlass

---

1808 BVerwG, Urt. v. 13.11.1997, Az.: 3 C 33.96 = BVerwGE 105, 354 (362).

1809 Maurer/Waldhoff, Allgemeines Verwaltungsrecht, 19. Aufl. 2017, § 9 Rn. 61. S. dazu Stelkens, in: Stelkens/Bonk/Sachs, VwVfG, 9. Aufl. 2018, § 38 Rn. 119 ff.; für einen gut zugänglichen Überblick zu den Rechtsproblemen rund um die Zusicherung Hebeler/Schäfer, JURA 2010, 881; Kingler/Krebs, JuS 2010, 1059. S. dazu auch die Fallbearbeitung bei Pünder, JA 2004, 467.

1810 S. dazu nur Stelkens, in: Stelkens/Bonk/Sachs, VwVfG, 9. Aufl. 2018, § 38 Rn. 29 ff. m. zahlr. N. Da sich der Streit auf das Rechtsschutzbegehren auswirkt, wird er in einer Klausur regelmäßig zu entscheiden sein.

1811 S. dazu Kingler/Krebs, JuS 2010, 1059 (1060 ff.).

Tobias Brings-Wiesen

des Verwaltungsakts auf Grundlage der Zusicherung, ist eine gegen diesen gerichtete Anfechtungsklage am Maßstab der Zusicherung und insofern unter Begutachtung ihrer Wirksamkeit zu prüfen.[1812]

Literaturhinweise
Lehrbeiträge: Guckelberger, Behördliche Zusicherungen und Zusagen, DÖV 2004, 357; Hebeler/Schäfer, „Versprechungen" der Verwaltung – Zusagen, Zusicherungen und ähnliche behördliche Erklärungen, JURA 2010, 881; Kellner, Vertrauensschutz in kleiner Münze – Staatshaftungsrechtliche Aspekte der Zusicherung nach § 38 VwVfG, NVwZ 2013, 482; Kingler/Krebs, Die Zusicherung, § 38 VwVfG, JuS 2010, 1059

Fallbearbeitungen: Diederichsen, Referendarexamensklausur – Öffentliches Recht: Zoff um eine Zusage, JuS 2006, 60; Ernst/Kämmerer, Fall 10 – Ein dilettantischer Gastwirt, in: Fälle zum Allgemeinen Verwaltungsrecht, 3. Aufl. 2016, S. 139; Grupp/Stelkens, Wahlverwandtschaften, abrufbar unter: http://www.saarheim.de/Faelle/wahlverwandtschaften-fall.htm (Bearbeitungsstand: 1.6.2018); Pünder, Die voreilige Subventionszusage, JA 2004, 467

Lehrvideos: Mayer/Breidenbach, Peer2Peer-Lehrvideo Rücknahme und Widerruf eines Verwaltungsakts, Teil 1 abrufbar unter https://youtu.be/y1QqFT_YGGQ und Teil 2 abrufbar unter https://youtu.be/ojo0PLYW_Ik

2. Ermächtigungsgrundlagen des Polizei- und Ordnungsrechts (Nikolas Eisentraut)

Ein zentrales Anwendungsfeld für die Anfechtungsklage bietet das **allgemeine** **Polizei- und Ordnungsrecht**. Die Anfechtungsklage spielt im allgemeinen Polizei- und Ordnungsrecht deshalb eine bedeutende Rolle, weil die Polizei- und Ordnungsbehörden bei der Gefahrenabwehr häufig auf die **Handlungsform des Verwaltungsakts** zurückgreifen.[1813] 1000

Aber Achtung: Nicht gegen jede polizei- oder ordnungsbehördliche Maßnahme ist die Anfechtungsklage statthaft. Die Ermächtigungsgrundlagen der Polizei- und Ordnungsgesetze der Länder sprechen häufig nur von den durch die Polizei- oder Ordnungsbehörden zu ergreifenden „**Maßnahmen**".[1814] Nur dann, 1001

1812 Stelkens, in: Stelkens/Bonk/Sachs, VwVfG, 9. Aufl. 2018, § 38 Rn. 122.
1813 Schenke, Polizei- und Ordnungsrecht, 10. Aufl. 2018, Rn. 482.
1814 Schenke, Polizei- und Ordnungsrecht, 10. Aufl. 2018, Rn. 482.

Tobias Brings-Wiesen/Nikolas Eisentraut

wenn es sich bei der Maßnahme auch um einen Verwaltungsakt handelt, den der Kläger aufgehoben wissen will, ist die Anfechtungsklage statthaft.

1002   Auch bei Klausuren im Polizei- und Ordnungsrecht stellt sich daher regelmäßig unter dem Prüfungspunkt „Statthafte Klageart" (s. dazu einleitend § 1 Rn. 222 ff.) die Frage, ob die zu prüfende **Maßnahme als Verwaltungsakt zu qualifizieren** ist (grundlegend zum Begriff des Verwaltungsakts Rn. 38 ff.).

1003   Nicht als Verwaltungsakt qualifiziert, sondern dem **Realbereich des Handelns der Verwaltung (Realakt**, s. dazu näher § 5 Rn. 6 ff.) zugeordnet werden Warnungen (etwa die Gefährderansprache bzw. das Gefährderanschreiben[1815]), Datenerhebung und -verarbeitung, heimliche informationelle Eingriffe und die unmittelbare Ausführung von Maßnahmen,[1816] aber auch polizeiliche Streifengänge, Beobachtungen und Ermahnungen.[1817] Mangels Regelungswirkung sind gegen Realakte nur die Rechtsschutzformen der allgemeinen Leistungsklage (insbesondere in Form der Unterlassungsklage, s. zur allgemeinen Leistungsklage im Polizei- und Ordnungsrecht § 5 Rn. 223 ff.) sowie im Falle bereits erledigter Realakte die Feststellungsklage statthaft (s. zur Feststellungsklage im Polizei- und Ordnungsrecht § 6 Rn. 181 ff.).[1818]

1004   In der Regel gelingt die Abgrenzung mittels einer **sauberen Subsumtion unter die Tatbestandsmerkmale des Verwaltungsaktbegriffs**. Insbesondere im Falle ausdrücklicher Anordnungen durch die handelnden Behörden kann der Regelungscharakter typischerweise bejaht werden.[1819] Fehlt eine solche ausdrückliche Anordnung, ist die Qualifikation als Verwaltungsakt jedoch zweifelhaft, insbesondere, wenn es um Standardbefugnisse geht, die zu einem tatsächlichen Handeln ermächtigen. Dem entsprechend ist die **Qualifikation als Verwaltungsakt für einige Standardmaßnahmen umstritten**, sodass hier ein besonderes Problembewusstsein nicht schaden kann. Dies gilt insbesondere für den Gewahrsam, die Durchsuchung, die Sicherstellung sowie für die erkennungsdienstliche Behandlung.[1820] Zwar ist die faktische Durchführung der Maßnahmen dem Realbereich des Verwaltungshandelns zuzuordnen; nach klassischer Sichtweise enthält die Durchführung aber zugleich die Regelung, dass der Betroffene die Maßnahme dulden muss.[1821] Danach wären die Maßnahmen also

---

1815 Götz/Geis, Allgemeines Polizei- und Ordnungsrecht, 16. Aufl. 2017, § 12 Rn. 5; Schoch, in: Schoch, Besonderes Verwaltungsrecht, 2018, Kapitel 1 Rn. 229.
1816 Götz/Geis, Allgemeines Polizei- und Ordnungsrecht, 16. Aufl. 2017, § 12 Rn. 1.
1817 Schenke, Polizei- und Ordnungsrecht, 10. Aufl. 2018, Rn. 484.
1818 Schenke, Polizei- und Ordnungsrecht, 10. Aufl. 2018, Rn. 663 und 667.
1819 Möstl, JURA 2011, 811 (848).
1820 Götz/Geis, Allgemeines Polizei- und Ordnungsrecht, 16. Aufl. 2017, § 12 Rn. 9.
1821 Götz/Geis, Allgemeines Polizei- und Ordnungsrecht, 16. Aufl. 2017, § 12 Rn. 11.

als Verwaltungsakt zu qualifizieren.[1822] Nach wohl überwiegender Auffassung soll
es sich hingegen um Realakte handeln, weil die klassische Sichtweise konstruiert
und in der Praxis überflüssig sei.[1823]

Die Qualifikation der streitgegenständlichen Maßnahme als Verwaltungs- 1005
akt reicht noch nicht aus, um die Statthaftigkeit der Anfechtungsklage zu bejahen. Der **Verwaltungsakt muss weiterhin wirksam sein** (zu diesem Erfordernis näher Rn. 98 ff.). Im Polizei- und Ordnungsrecht kommt es jedoch nicht
selten vor, dass sich der Verwaltungsakt bereits erledigt hat. Ist bereits Erledigung eingetreten, kann der Kläger nur noch die Feststellung der Rechtswidrigkeit der Ordnungsverfügung mittels der **Fortsetzungsfeststellungsklage** verfolgen (s. zur Fortsetzungsfeststellungsklage im Polizei- und Ordnungsrecht näher
§ 4 Rn. 62 ff.).

Zudem wird für ordnungsbehördliche Verwaltungsakte häufig die **sofortige** 1006
Vollziehbarkeit angeordnet (§ 80 II 1 Nr. 4 VwGO) oder sie besteht bereits qua
Gesetz für „unaufschiebbare Anordnungen und Maßnahmen von Polizeivollzugsbeamten" (§ 80 II 1 Nr. 2 VwGO). In diesen Fällen wird der Antragsteller
einstweiligen **Rechtsschutz nach § 80 Abs. 5 VwGO** begehren (s. zum Antrag
nach § 80 V VwGO im Polizei- und Ordnungsrecht näher § 8 Rn. 79 f.).

Ebenfalls nicht als Verwaltungsakt zu qualifizieren sind die sog. Gefahren- 1007
abwehrverordnungen. Die Polizei- und Ordnungsgesetze der Länder sehen die
Möglichkeit vor, dass abstrakte Gefahren mittels **Gefahrenabwehrverordnun-**
gen abgewehrt werden können. Gefahrenabwehrverordnungen gelten jedoch
nicht konkret-individuell, sondern generell-abstrakt, formulieren ihre Ge- und
Verbote also für eine unbestimmte Zahl von Fällen und für eine unbestimmte Zahl
von Personen. Soweit im Landesrecht davon Gebrauch gemacht wurde, kann die
Rechtmäßigkeit einer solchen Verordnung mittels der verwaltungsgerichtlichen
Normenkontrolle nach § 47 I Nr. 2 VwGO überprüft werden (zum Normenkontrollverfahren im Polizei- und Ordnungsrecht näher § 7 Rn. 106 ff.). Ansonsten
kann ihre Rechtmäßigkeit inzident im Rahmen des Angriffs eines Vollzugsakts zu
überprüfen sein (s. näher Rn. 1035 und Rn. 1091) sowie mittels der Feststellungsklage (s. § 6 Rn. 26 ff.).[1824]

1822 So auch weiterhin Götz/Geis, Allgemeines Polizei- und Ordnungsrecht, 16. Aufl. 2017, § 12
Rn. 11.
1823 M.w.N. zu dieser Ansicht Götz/Geis, Allgemeines Polizei- und Ordnungsrecht, 16. Aufl. 2017,
§ 12 Rn. 11.
1824 Siegel, in: Siegel/Waldhoff, Öffentliches Recht für Berlin, 2. Aufl. 2017, § 2 Rn. 273.

Examenswissen: **Öffentlich-rechtliche Verträge** werden im Polizei- und Ordnungsrecht hingegen nur selten geschlossen (näher zum öffentlich-rechtlichen Vertrag als Handlungsinstrument der Verwaltung § 5 Rn. 65 ff.).[1825]

a) Einführung in das Polizei- und Ordnungsrecht

1008 Der **Begriff des Polizei- und Ordnungsrechts** umfasst alle Rechtsgrundlagen, die die Gefahrenabwehr durch die Verwaltung regeln.[1826] Gefahrenabwehr meint dabei klassischer Weise (s. aber sogleich noch Rn. 1024 f.) die **Abwehr konkreter Gefahren** für die polizeilichen Schutzgüter.[1827] Darüber hinaus können die Gefahrenabwehrbehörden zudem im Bereich abstrakter Gefahren tätig werden, indem sie Gefahrenabwehrverordnungen erlassen (dazu § 7 Rn. 107) und Gefahrenvorsorge betreiben.[1828]

1009 *Hausarbeitswissen: Die Gefahrenabwehr wird als Staatsaufgabe qualifiziert.[1829] Als „staatliche Kernaufgabe" steht sie einer Privatisierung nur in engen Grenzen offen.[1830]*

aa) Die Unterscheidung zwischen allgemeinem und besonderem Polizei- und Ordnungsrecht

1010 Innerhalb des Rechts der Gefahrenabwehr wird unterschieden zwischen allgemeinem und besonderem Ordnungsrecht.[1831] Da der Bund im Bereich der Gefahrenabwehr nur einzelne, bereichsspezifische Gesetzgebungskompetenzen besitzt,[1832] ist die Regelung des *allgemeinen* Polizei- und Ordnungsrechts der **Gesetzgebungskompetenz der Länder** zugewiesen (Art. 70 GG).[1833] Ihrer Kom-

---

1825 Dazu Schenke, Polizei- und Ordnungsrecht, 10. Aufl. 2018, Rn. 656 ff.

1826 Schenke, Polizei- und Ordnungsrecht, 10. Aufl. 2018, Rn. 20; Schoch, in: Schoch, Besonderes Verwaltungsrecht, 2018, Kapitel 1 Rn. 1; zur Geschichte des Polizei- und Ordnungsrechts Kingreen/Poscher, Polizei- und Ordnungsrecht mit Versammlungsrecht, 10. Aufl. 2018, § 1 Rn. 1 ff.

1827 Schoch, in: Schoch, Besonderes Verwaltungsrecht, 2018, Kapitel 1 Rn. 10; zur Gefahrenabwehr als staatliche Aufgabe Schoch, in: Schoch, Besonderes Verwaltungsrecht, 2018, Kapitel 1 Rn. 65 ff.; zur Gefahrenabwehr durch Private Schoch, in: Schoch, Besonderes Verwaltungsrecht, 2018, Kapitel 1 Rn. 130 ff.

1828 Kingreen/Poscher, Polizei- und Ordnungsrecht mit Versammlungsrecht, 10. Aufl. 2018, § 8 Rn. 19.

1829 Näher dazu Schoch, in: Schoch, Besonderes Verwaltungsrecht, 2018, Kapitel 1 Rn. 65 ff.

1830 Siegel, in: Siegel/Waldhoff, Öffentliches Recht für Berlin, 2. Aufl. 2017, § 2 Rn. 4.

1831 Schenke, Polizei- und Ordnungsrecht, 10. Aufl. 2018, Rn. 20.

1832 Schoch, in: Schoch, Besonderes Verwaltungsrecht, 2018, Kapitel 1 Rn. 87 f.; Aufzählung bei Kingreen/Poscher, Polizei- und Ordnungsrecht mit Versammlungsrecht, 10. Aufl. 2018, § 2 Rn. 34 f.

1833 Schenke, Polizei- und Ordnungsrecht, 10. Aufl. 2018, Rn. 23; Schoch, in: Schoch, Besonderes Verwaltungsrecht, 2018, Kapitel 1 Rn. 90.

Nikolas Eisentraut

petenz entsprechend haben die Länder allgemeine Polizei- und Ordnungsgesetze erlassen.

Hausarbeitswissen: Eine Vereinheitlichung der Regelungen ist zuletzt wieder in die Diskussion ge- **1011**
raten, als die Innenministerkonferenz im Juni 2017 die Erarbeitung eines neuen Musterpolizeige-
setzes beschlossen hat.[1834] *Einem Musterpolizeigesetz käme aufgrund der weiterhin bestehenden*
Länderkompetenz jedoch nur eine nicht bindende „Vorbildwirkung" zu.

Folgende allgemeine Polizei- und Ordnungsgesetze existieren in den Bundes- **1012**
ländern:[1835]

Bundesland	Polizei- und Ordnungsgesetz
Baden-Württemberg	Polizeigesetz (BWPolG)
Bayern	1. Gesetz über die Aufgaben und Befugnisse der Bayerischen Staatlichen Polizei (Polizeiaufgabengesetz – BayPAG) 2. Gesetz über das Landesstrafrecht und das Verordnungsrecht auf dem Gebiet der öffentlichen Sicherheit und Ordnung (BayLStVG)
Berlin	Allgemeines Gesetz zum Schutz der öffentlichen Sicherheit und Ordnung (ASOG Bln)
Brandenburg	1. Gesetz über Aufbau und Befugnisse der Ordnungsbehörden (Ordnungsbehördengesetz – BbgOBG) 2. Gesetz über die Aufgaben, Befugnisse, Organisation und Zuständigkeit der Polizei im Land Brandenburg (Polizeigesetz – BbgPolG)
Bremen	Bremisches Polizeigesetz (BremPolG)
Hamburg	1. Gesetz zum Schutz der öffentlichen Sicherheit und Ordnung (HambSOG) 2. Gesetz über die Datenverarbeitung der Polizei (HambPolEDVG)
Hessen	Hessisches Gesetz über die öffentliche Sicherheit und Ordnung (HSOG)
Mecklenburg-Vorpommern	Gesetz über die öffentliche Sicherheit und Ordnung (SOG M-V)
Niedersachsen	Niedersächsisches Gesetz über die öffentliche Sicherheit und Ordnung (Nds. SOG)

1834 Schoch, in: Schoch, Besonderes Verwaltungsrecht, 2018, Kapitel 1 Rn. 91; zur Thematik näher Kaiser/Struzina, Vereinheitlichung des Polizeirechts? – Vom Beruf unserer Zeit zur Mustergesetzgebung, ZG 2018, 111; generell zu Zentralisierungstendenzen Kingreen/Poscher, Polizei- und Ordnungsrecht mit Versammlungsrecht, 10. Aufl. 2018, § 1 Rn. 33 ff.
1835 Näher zu den einzelnen Gesetzen Kingreen/Poscher, Polizei- und Ordnungsrecht mit Versammlungsrecht, 10. Aufl. 2018, § 3 Rn. 9 ff.

Nikolas Eisentraut

Fortsetzung

Bundesland	Polizei- und Ordnungsgesetz
Nordrhein-Westfalen	1. Polizeigesetz (PolG NRW) 2. Gesetz über die Organisation und die Zuständigkeit der Polizei (Polizeiorganisationsgesetz – NWPOG) 3. Gesetz über die Aufbau und Befugnisse der Ordnungsbehörden (Ordnungsbehördengesetz – NWOBG)
Rheinland-Pfalz	Polizei- und Ordnungsbehördengesetz (PhPfPOG)
Saarland	Saarländisches Polizeigesetz (SPolG)
Sachsen	1. Polizeigesetz des Freistaates Sachsen (SächsPolG) 2. Gesetz über die Sächsische Sicherheitswacht (Sicherheitswacht-gesetz – SächsSWG)
Sachsen-Anhalt	Gesetz über die öffentliche Sicherheit und Ordnung des Landes Sachsen-Anhalt (SOG LSA)
Schleswig-Holstein	1. Allgemeines Verwaltungsgesetz für das Land Schleswig-Holstein (Landesverwaltungsgesetz – SchlHLVwG) 2. Gesetz über die Organisation der Polizei in Schleswig-Holstein (Polizeiorganisationsgesetz – SchlHPOG)
Thüringen	1. Gesetz über die Aufgaben und Befugnisse der Polizei (Polizei-aufgabengesetz – ThürPAG) 2. Gesetz über die Aufgaben und Befugnisse der Ordnungsbehörden (Ordnungsbehördengesetz – ThürOBG) 3. Gesetz über die Organisation der Polizei des Landes Thüringen (Polizeiorganisationsgesetz – ThürPOG)

Examenswissen: Die Polizei- und Ordnungsgesetze sind zuletzt in mehreren Ländern Gegenstand von Reformen gewesen, die insbesondere der Erweiterung der polizei- und ordnungsbehördlichen Befugnisse dienten (zur Gefahr einer „Entgrenzung" des Polizeirechts s. Rn. 1025). In Bayern ist etwa erstmals der Begriff der „drohenden Gefahr" (dazu noch Rn. 1116) eingeführt worden.[1836] Auch in Brandenburg sind Befugnisse erweitert worden.[1837] Gleiches gilt für Mecklenburg-Vorpommern,[1838] Hessen,[1839] Nordrhein-Westfalen,[1840] Niedersachsen,[1841] Sachsen-Anhalt[1842] und

---

1836 Gegenstand der Auseinandersetzungen ist das Gesetz zur effektiveren Überwachung gefährlicher Personen, GVBl. 2017, 388; näher dazu Schmid/Wenner, BayVBl. 2019, 109; Weinrich, NVwZ 2018, 1680; Waechter, NVwZ 2018, 458; Möstl, BayVBl. 2018, 156; Müller, BayVBl. 2018, 109.
1837 Zwölftes Gesetz zur Änderung des Brandenburgischen Polizeigesetzes v. 1.4.2019, GVBl. I – 2019, Nr. 3.
1838 Sechstes Gesetz zur Änderung des Sicherheits- und Ordnungsgesetzes v. 22.3.2018, GVBl. S. 114.
1839 Art. 3 des Gesetzes zur Neuausrichtung des Verfassungsschutzes in Hessen. v. 25.6.2018, GVBl. S. 302.

Nikolas Eisentraut

Sachsen[1843], wo u.a. Body-Cams (dazu Rn. 1048) sowie die automatische Erfassung von Auto-kennzeichnen (dazu Rn. 1048) eingeführt wurden; Eine Kennzeichnungspflicht für Polizisten (dazu Rn. 1026) wurde hingegen nicht eingeführt.[1844]

Neben diesen allgemeinen Gesetzen bestehen spezielle Vorschriften, die das **1013** Recht der Gefahrenabwehr nur für einen bestimmten Sektor regeln. Sie werden als **besonderes Gefahrenabwehrrecht** bezeichnet.[1845] Die Unterscheidung spielt aufgrund des Vorrangs spezieller Ermächtigungsgrundlagen vor den Ermächtigungsgrundlagen des allgemeinen Polizei- und Ordnungsrechts eine noch unter „Ermächtigungsgrundlage" (s. Rn. 1036) zu vertiefende Rolle.

Zum prüfungsrelevanten besonderen Gefahrenabwehrrecht zählt insbeson- **1014** dere das **Versammlungsrecht** (s. näher Rn. 1037 ff.) und das **Bauordnungsrecht** (s. näher Rn. 1042).

Examenswissen: Dem besonderen Gefahrenabwehrrecht wird darüber hinaus eine Vielzahl **1015** an Verwaltungsbereichen zugeordnet, die zwar in den Ausbildungsordnungen nicht zum Prüfungsgegenstand gemacht werden. Da in Prüfungsarbeiten aber auch unbekannte Normen eine Rolle spielen können (s. § 1 Rn. 19), ist es nicht schädlich, einen Überblick zu haben. Insbesondere dem **Gewerberecht**[1846] kommt Bedeutung als besonderes Gefahrenabwehrrecht zu. Aber beispielsweise auch im **Luftrecht** spielt Gefahrenabwehr eine Rolle.[1847]

bb) Die Unterscheidung zwischen Landes- und Bundesbehörden

Das allgemeine Polizei- und Ordnungsrecht wird von den **Polizei- und Ord-** **1016** **nungsbehörden der Länder** vollzogen.[1848] Auch die in Klausuren relevanten Bereiche des besonderen Polizei- und Ordnungsrechts wie das Versammlungs-

---

1840 Gesetz zur Stärkung der Sicherheit in Nordrhein-Westfalen – Sechstes Gesetz zur Änderung des Polizeigesetzes des Landes Nordrhein-Westfalen v. 13.12.2018, GV. NRW. S. 638; näher dazu Coelln/Pernice-Warnke/Pützer/Reisch, NWVBl. 2019, 89; Ullrich/Walter/Zimmermann, NWVBl. 2019, 98; Thiel, NWVBl. 2018, 50.
1841 Gesetz zur Änderung des Niedersächsischen Gesetzes über die öffentliche Sicherheit und Ordnung und anderer Gesetze v. 20.5.2019, GVBl. S. 88.
1842 Siebentes Gesetz zur Änderung des Gesetzes über die öffentliche Sicherheit und Ordnung des Landes Sachsen-Anhalt v. 18.10.2018, GVBl. S. 376 (kein Onlineangebot).
1843 Gesetz zur Neustrukturierung des Polizeirechtes des Freistaates Sachsen v. 11. Mai 2019, SächsGVBl. S. 358.
1844 Bereits der Referentenentwurf war Gegenstand von Kritik, so u.a. in einer Stellungnahme von Amnesty International v. 8.11.2018.
1845 Schenke, Polizei- und Ordnungsrecht, 10. Aufl. 2018, Rn. 21.
1846 Näher dazu Schenke, Polizei- und Ordnungsrecht, 10. Aufl. 2018, Rn. 21.
1847 Dazu Kaienburg, JA 2019, 119.
1848 Schenke, Polizei- und Ordnungsrecht, 10. Aufl. 2018, Rn. 437; Kingreen/Poscher, Polizei-und Ordnungsrecht mit Versammlungsrecht, 10. Aufl. 2018, § 2 Rn. 33.

Nikolas Eisentraut

und Bauordnungsrecht werden durch die Landesbehörden vollzogen. Dies gilt im Grundsatz auch dann, wenn es sich um Bundesrecht handelt (etwa das Versammlungsgesetz des Bundes), s. Art. 83 GG.[1849] 12 Bundesländer haben dafür das sog. **Trennungssystem** realisiert (s. näher Rn. 1066): Polizeibehörden[1850] und Ordnungsbehörden[1851] sind danach organisatorisch getrennt (sog. „Entpolizeilichung"[1852]). Während die Polizei Gefahrenabwehr „am Ort des Geschehens" betreibt, ist die Tätigkeit der Ordnungsbehörden durch die Tätigkeit „am Schreibtisch" gekennzeichnet.[1853] 4 Bundesländer (Baden-Württemberg, Bremen, Saarland und Sachsen) haben hingegen das sog. **Einheitssystem** realisiert (s. auch Rn. 1067): Hier sind die Polizeibehörden den Behörden der allgemeinen Landesverwaltung zugeordnet; Indes wird auch in diesen Ländern zwischen Polizeivollzugsdienst und allgemeinen Polizeibehörden unterschieden.[1854]

1017 *Hausarbeitswissen: Daneben nehmen auch* **Bundesbehörden** *auf Grundlage der bereichsspezifischen Gesetzgebungskompetenzen des Bundes Aufgaben der Gefahrenabwehr wahr. Dazu zählt zunächst die* **Bundespolizei**, *die auf Grundlage des BPolG handelt.[1855] Weiterhin nimmt das* **Bundeskriminalamt**, *das auf Grundlage des BKA-Gesetzes tätig wird, wichtige Aufgaben der Gefahrenabwehr im Bereich des internationalen Terrorismus wahr.[1856] Auf europäischer Ebene entstehen darüber hinaus zunehmend Strukturen der Zusammenarbeit bei der (grenzüberschreitenden) Gefahrenabwehr.[1857] Insgesamt lassen sich „Zentralisierungstendenzen" beobachten, wonach Kompetenzen auf immer höhere Ebenen verlagert werden (sollen).[1858] Eine absolute Grenze dieser*

1849 Kingreen/Poscher, Polizei- und Ordnungsrecht mit Versammlungsrecht, 10. Aufl. 2018, § 2 Rn. 36.
1850 Einen Überblick über die Polizeibehörden der einzelnen Bundesländer findet sich bei Götz/Geis, Allgemeines Polizei- und Ordnungsrecht, 16. Aufl. 2017, § 20 Rn. 8.
1851 Einen Überblick über die allgemeinen Behörden der Gefahrenabwehr der einzelnen Bundesländer findet sich bei Götz/Geis, Allgemeines Polizei- und Ordnungsrecht, 16. Aufl. 2017, § 20 Rn. 17; zum „Ordnungsrecht" als selbstständiges Rechtsgebiet Peters/Rind, LKV 2017, 251.
1852 Schenke, Polizei- und Ordnungsrecht, 10. Aufl. 2018, Rn. 449.
1853 Kingreen/Poscher, Polizei- und Ordnungsrecht mit Versammlungsrecht, 10. Aufl. 2018, § 2 Rn. 25.
1854 Götz/Geis, Allgemeines Polizei- und Ordnungsrecht, 16. Aufl. 2017, § 20 Rn. 14; zum Einheitssystem auch näher Schenke, Polizei- und Ordnungsrecht, 10. Aufl. 2018, Rn. 447 f.
1855 Näher Schoch, in: Schoch, Besonderes Verwaltungsrecht, 2018, Kapitel 1 Rn. 94 ff.
1856 Näher Schoch, in: Schoch, Besonderes Verwaltungsrecht, 2018, Kapitel 1 Rn. 98 ff.; Rn. 102 ff. auch zu den weiteren Verwaltungskompetenzen des Bundes.
1857 Näher Schoch, in: Schoch, Besonderes Verwaltungsrecht, 2018, Kapitel 1 Rn. 155 ff.; Rn. 181 ff. auch zur Internationalisierung; zur „Europäisierungs- und Inernationalisierungstendenz" auch Kingreen/Poscher, Polizei- und Ordnungsrecht mit Versammlungsrecht, 10. Aufl. 2018, § 1 Rn. 35 f.
1858 Kingreen/Poscher, Polizei- und Ordnungsrecht mit Versammlungsrecht, 10. Aufl. 2018, § 1 Rn. 33.

Zentralisierung wird im Verbot der Schaffung einer allgemeinen Bundespolizei gesehen.[1859] *Aufgrund der Klausurrelevanz konzentriert sich die folgende Darstellung jedoch auf die Gefahrenabwehr durch Landesbehörden nach den jeweiligen allgemeinen Polizei- und Ordnungsgesetzen.*

cc) Abgrenzung zum Recht der Strafverfolgung

Die Gefahrenabwehr ist **abzugrenzen von der Strafverfolgung.**[1860] Während das Gefahrenabwehrrecht präventiv auf die Verhinderung einer Gefahr ausgerichtet ist, regelt das Strafverfolgungsrecht das repressive, sich an eine bereits geschehene Straftat anschließende polizeiliche Handeln.[1861] Der Unterscheidung kommt in der Klausur bereits bei der Frage der Eröffnung des Verwaltungsrechtswegs zentrale Bedeutung zu (s. § 1 Rn. 218), denn die gerichtliche Kontrolle repressiver polizeilicher Maßnahmen ist nicht den Verwaltungsgerichten, sondern der ordentlichen Gerichtsbarkeit zugewiesen (§ 23 EGGVG). In der Klausur ist daher bereits bei der Frage der Eröffnung des Verwaltungsrechtswegs zu problematisieren, ob die streitgegenständliche Maßnahme repressiven (dann: abdrängende Sonderzuweisung an die ordentlichen Gerichte) oder präventiven Charakter (dann: keine abdrängende Sonderzuweisung) hat. 1018

Eine besondere Problematik in diesem Kontext stellen die sog. **„doppelfunktionalen Maßnahmen"**[1862] dar. Bei diesen Maßnahmen kommt es zu einer Überschneidung zwischen Gefahrenabwehr- und Strafverfolgungsmaßnahme. 1019

> *Beispiel: Dies wäre etwa der Fall, wenn eine bei einem Straftäter durchgeführte Identitätsfeststellung sowohl auf die Verfolgung der bereits begangenen Straftat als auch auf die Abwehr künftiger Straftatbegehungen gerichtet wäre.*

Mit der wohl überwiegenden Auffassung ist in einem solchen Fall auf den Schwerpunkt der Maßnahme abzustellen; falls ein solcher nicht erkennbar ist, soll dem Gefahrenabwehrrecht Vorrang einzuräumen sein.[1863]

1859 Kingreen/Poscher, Polizei- und Ordnungsrecht mit Versammlungsrecht, 10. Aufl. 2018, § 2 Rn. 40.

1860 Näher Kingreen/Poscher, Polizei- und Ordnungsrecht mit Versammlungsrecht, 10. Aufl. 2018, § 2 Rn. 5 ff.

1861 Schoch, in: Schoch, Besonderes Verwaltungsrecht, 2018, Kapitel 1 Rn. 15 f.; „der Anfangsverdacht markiert den Beginn der Strafverfolgung (§ 152 II StPO)", Schoch, in: Schoch, Besonderes Verwaltungsrecht, 2018, Kapitel 1 Rn. 20.

1862 Übergreifend zur Thematik doppelfunktionaler Maßnahmen in der öffentlich-rechtlichen Klausur Danne, JuS 2018, 434.

1863 Schoch, in: Schoch, Besonderes Verwaltungsrecht, 2018, Kapitel 1 Rn. 20; Kingreen/Poscher, Polizei- und Ordnungsrecht mit Versammlungsrecht, 10. Aufl. 2018, § 2 Rn. 14.

Nikolas Eisentraut

1020 Examenswissen: Das Meinungsbild ist vielschichtig. Teilweise wird bei doppelfunktionalen Maßnahmen auch ein Nebeneinander beider Ermächtigungsgrundlagen und damit auch der Rechtswege (§ 17 II 1 GVG) für möglich gehalten; es genüge, wenn die Voraussetzungen einer Ermächtigungsgrundlage erfüllt seien.[1864] Nach a. A. müssen bei „echten" doppelfunktionalen Maßnahmen (also solchen, die nicht in mehrere, jeweils für sich zu beurteilende Maßnahmen aufgespalten werden können[1865]) hingegen die Voraussetzungen beider Ermächtigungsgrundlagen vorliegen.[1866]

1021 Darüber hinaus ist die Unterscheidung deshalb wichtig, weil die Gesetzgebungskompetenz im Bereich der Strafverfolgung der konkurrierenden Gesetzgebungskompetenz und damit im Wesentlichen dem Bund zu gewiesen ist, Art. 74 I Nr. 1 GG.[1867] In diesen Bereichen bleibt den Ländern daher nur dann noch eine Regelungsbefugnis, wenn der Bund keine abschließenden Regelungen getroffen hat (näher zu dieser Problematik im Bereich der Strafverfolgungsvorsorge Rn. 1027).

dd) Abgrenzung zum Recht der Nachrichtendienste und des Verfassungsschutzes

1022 Der präventiven Tätigkeit der Gefahrenabwehrbehörden **vorgelagert** ist die Tätigkeit der **Nachrichtendienste** und **Verfassungsschutzbehörden**, da sie insbesondere Informationen im Vorfeld konkreter Gefahrenlagen beschaffen.[1868]

1023 *Hausarbeitswissen: Indes sind Tendenzen einer „Entgrenzung" des Rechts der Nachrichtendienste erkennbar (zu diesem Begriff sogleich noch Rn. 1024 f.),[1869] die zu einer Ausdehnung des Rechts der Nachrichtendienste in Bereiche polizei- und ordnungsbehördlicher Befugnisse führt. Eine verfassungsrechtliche Grenze zwischen Nachrichtendiensten und Polizei- bzw. Ordnungsbehörden wird teilweise im sog. Trennungsgebot gesehen.[1870]*

1864 M.w.N. zu dieser Ansicht Kingreen/Poscher, Polizei- und Ordnungsrecht mit Versammlungsrecht, 10. Aufl. 2018, § 2 Rn. 14.

1865 Näher Schoch, in: Schoch, Besonderes Verwaltungsrecht, 2018, Kapitel 1 Rn. 21.

1866 Schoch, in: Schoch, Besonderes Verwaltungsrecht, 2018, Kapitel 1 Rn. 21.

1867 S. auch Schoch, in: Schoch, Besonderes Verwaltungsrecht, 2018, Kapitel 1 Rn. 17.

1868 Näher zu den Nachrichtendiensten und zum Trennungsprinzip Schoch, in: Schoch, Besonderes Verwaltungsrecht, 2018, Kapitel 1 Rn. 30 ff.; s. auch Kingreen/Poscher, Polizei- und Ordnungsrecht mit Versammlungsrecht, 10. Aufl. 2018, § 2 Rn. 15 ff.

1869 So sorgte zuletzt ein Referentenentwurf des Bundesinnenministeriums zur Harmonisierung des Verfassungsschutzrechts für Kontroversen, in dem eine Kompetenzausweitung des Bundesnachrichtendienstes vorgesehen war; der Entwurf wurde auf netzpolitik.org veröffentlicht.

1870 Dazu Schoch, in: Schoch, Besonderes Verwaltungsrecht, 2018, Kapitel 1 Rn. 31 f.

Nikolas Eisentraut

ee) Gefahrenabwehr im weiteren Sinne: Gefahrenvorsorge vs. Strafverfolgungsvorsorge

Gefahrenabwehr bildet den Ausgangspunkt jeden polizei- und ordnungsbehörd- **1024** lichen Handelns.[1871] Dabei bildet die konkrete Gefahr die „traditionelle Eingriffsschwelle im Polizeirecht"[1872]. Gefahrenabwehr findet jedoch teilweise bereits im **Vorfeld konkreter Gefahren** statt: mit der sog. Gefahrenvorsorge soll bereits das Eintreten einer konkreten Gefahrensituation verhindert werden.[1873] Zur Gefahrenvorsorge zählen Maßnahmen zur Verhütung von Straftaten, wozu insbesondere Überwachungsmaßnahmen (sog. Gefahrerforschungseingriffe) zählen. Darüber hinaus können die im bayerischen Polizeirecht realisierten Eingriffstatbestände bei sog. „drohender Gefahr" (dazu noch näher Rn. 1116) aber auch zu Präventivhaft führen.

Examenswissen: Diese voranschreitende **„Entgrenzung" des Gefahrenabwehrrechts** bedarf **1025** unter rechtsstaatlichen Gesichtspunkten einer kritischen Begleitung.[1874] Die Entgrenzung des Gefahrenabwehrrechts ist nur im Rahmen des rechtsstaatlichen Korsetts möglich, das sich aus Vorrang und Vorbehalt des Gesetzes speist.[1875] Die Staatsaufgabe der Gewährleistung von Sicherheit (s. bereits Rn. 1009) bewegt sich deshalb stets in einer Spannungslage zu den verfassungsrechtlichen Grenzen eines staatlichen Zugriffs auf persönliche Freiheiten.[1876] Über das einfache Recht hinaus berühren eingreifende Maßnahmen der Polizei- und Ordnungsbehörden neben der allgemeinen Handlungsfreiheit eine Vielzahl spezieller Grundrechte, die die Auslegung des einfachen Rechts beeinflussen und in verwaltungsrechtlichen Prüfungsarbeiten insbesondere im Rahmen der Verhältnismäßigkeit polizeilicher Maßnahmen eine Rolle spielen können.

Beispiele: Die Durchsuchung von Wohnraum berührt das Grundrecht auf die Unverletzlichkeit der Wohnung aus Art. 13 GG; Freiheitsentziehende Maßnahmen berühren das grundrechts-

---

1871 Kingreen/Poscher, Polizei- und Ordnungsrecht mit Versammlungsrecht, 10. Aufl. 2018, § 3 Rn. 11 f.

1872 Trurnit, JURA 2019, 258 (262).

1873 Schoch, in: Schoch, Besonderes Verwaltungsrecht, 2018, Kapitel 1 Rn. 11; Kingreen/Poscher, Polizei- und Ordnungsrecht mit Versammlungsrecht, 10. Aufl. 2018, § 1 Rn. 32; BVerwG, Urt. v. 25.1.2012, Az.: 6 C 9.11 = BVerwGE 141, 329 = NVwZ 2012, 757; dazu Siegel, NVwZ 2012, 738 und Waldhoff, JuS 2013, 94.

1874 Zum Begriff der Entgrenzung grundlegend Thiel, Die „Entgrenzung" der Gefahrenabwehr, 2011; m.w.N. Schoch, in: Schoch, Besonderes Verwaltungsrecht, 2018, Kapitel 1 Rn. 13; Baldus, Die Verw 47 (2014), 1; Gutachten des Wissenschaftlichen Dienstes des Bundestages WD 3 3000 – 226/18 v. 27.7.2018: „Ausweitung polizeilicher Befugnisse in Deutschland und Europa".

1875 Schoch, in: Schoch, Besonderes Verwaltungsrecht, 2018, Kapitel 1 Rn. 187 f.; umfassend zu den rechtsstaatlichen und demokratischen Grundlagen der Polizeiarbeit Denninger, in: Lisken/Denninger, Handbuch des Polizeirechts, 6. Aufl. 2018, B., Rn. 24 ff.

1876 Becker, NVwZ 2015, 1335.

Nikolas Eisentraut

gleiche Recht aus Art. 104 GG;[1877] *Überwachungsmaßnahmen berühren das Recht auf informationelle Selbstbestimmung (Art. 2 I i. V. m. Art. 1 I GG), das Fernmeldegeheimnis aus Art. 10 GG und das Grundrecht auf Gewährleistung der Vertraulichkeit und Integrität informationstechnischer Systeme.*[1878]

1026 *Hausarbeitswissen: Darüber hinaus werden auch ganz konkrete Maßnahmen diskutiert, um die Rechtsstaatlichkeit polizeilichen Handelns sicherzustellen. Gegenstand fortwährenden Streits ist die Frage, ob Polizeivollzugsbeamte einer Kennzeichnungspflicht unterliegen sollten.*[1879] *Der damit einhergehende Eingriff in das Recht der Polizisten auf informationelle Selbstbestimmung wird vom BVerwG als gerechtfertigt angesehen.*[1880] *Auch die Nutzung von sozialen Netzwerken durch Polizei- und Ordnungsbehörden wird in Hinblick auf ihre Grenzen untersucht.*[1881]

1027 Zum Bereich der vorbeugenden Bekämpfung von Straftaten wird einerseits die **Verhütung von Straftaten** gezählt, andererseits die sog. **Strafverfolgungsvorsorge.**[1882] Die Verhütung zielt darauf ab, dass Straftaten schon gar nicht passieren; Die Vorsorge dient hingegen dazu, im Falle trotzdem passierender Straftaten die Strafverfolgung zu vereinfachen.[1883] Während die Verhütung der Gefahrenabwehr zugerechnet wird und damit in die Länderkompetenz fällt, wird die Strafverfolgungsvorsorge der Bundeskompetenz nach Art. 74 I Nr. 1 GG zugerechnet.[1884]

Examenswissen: Dies führt im Einzelfall zu schwierigen Abgrenzungsfragen. So musste sich das BVerwG etwa mit der Frage auseinandersetzen, ob die landesgesetzlich angeordnete Videobeobachtung auf der Hamburger Reeperbahn als Maßnahme der Gefahrenvorsorge (Verhütung von Straftaten) oder als Strafverfolgungsvorsorge zu qualifizieren sei. Da die Videoüberwachung beide Varianten erfülle, handele es sich um eine doppelfunktionale Maßnahme. Indes ergebe sich aus der konkurrierenden Bundeskompetenz für die Strafverfolgungsvorsorge keine Sperrwirkung in Bereichen, in denen der Bund keine abschließende Regelung erlassen habe.[1885]

1877 Beispiele nach Siegel, in: Siegel/Waldhoff, Öffentliches Recht für Berlin, 2. Aufl. 2017, § 2 Rn. 10.

1878 Näher Becker, NVwZ 2015, 1335; Zu den Auswirkungen des BKAG-Urteils des BVerfG auf das allgemeine Persönlichkeitsrecht Dürr, JA 2019, 432.

1879 Dazu näher Guckelberger, DÖV 2018, 421 und Daimagüler, NVwZ 2018, 1530; Knaust, DVBl 2017, 876.

1880 So für die Kennzeichnungspflicht für Polizeivollzugsbeamte in Brandenburg BVerwG, Urt. v. 26. 9. 2019, Az.: BVerwG 2 C 32.18.

1881 Näher Milker, NVwZ 2018, 1751; Ingold, VerwArch 2017, 240.

1882 Näher dazu Schoch, in: Schoch, Besonderes Verwaltungsrecht, 2018, Kapitel 1 Rn. 23 ff.

1883 Kingreen/Poscher, Polizei- und Ordnungsrecht mit Versammlungsrecht, 10. Aufl. 2018, § 2 Rn. 4.

1884 Kingreen/Poscher, Polizei- und Ordnungsrecht mit Versammlungsrecht, 10. Aufl. 2018, § 2 Rn. 5.

1885 BVerwG, Urt. v. 25. 1. 2012, Az.: 6 C 9.11 = BVerwGE 141, 329 = NVwZ 2012, 757; dazu Siegel, NVwZ 2012, 738 und Waldhoff, JuS 2013, 94.

Nikolas Eisentraut

b) Prüfungsstruktur im Überblick

Die Prüfung der Rechtmäßigkeit einer Ordnungsverfügung im Rahmen der An- 1028
fechtungsklage richtet sich nach dem klassischen Prüfungsschema für Verwaltungsakte (s. bereits Rn. 518 ff.). Ein erster Schwerpunkt liegt auf der Ermittlung
der einschlägigen Ermächtigungsgrundlage (s. näher sogleich Rn. 1029). Im
Rahmen der formellen Rechtmäßigkeit sind die Prüfungspunkte Zuständigkeit,
Verfahren und Form zu behandeln (s. näher sogleich Rn. 1062 ff.). Im Rahmen der
materiellen Rechtmäßigkeit sind die materiellen Voraussetzungen der einschlägigen Ermächtigungsgrundlage zu prüfen und die Rechtsfolge der Ermächtigungsgrundlage zu thematisieren (s. näher sogleich Rn. 1079).

c) Ermächtigungsgrundlage

Aufgrund des **Vorbehalts des Gesetzes** erfordern in Grundrechte eingreifende 1029
Gefahrenabwehrmaßnahmen stets das Vorliegen einer **Ermächtigungsgrundlage** (näher zum Erfordernis einer Ermächtigungsgrundlage Rn. 554 ff.).[1886] Es reicht
also nicht, dass die Polizei- und Ordnungsbehörden generell für die Aufgabe
der Gefahrenabwehr zuständig sind.[1887] Die konkrete Maßnahme muss auch auf
Grundlage und unter Einhaltung der Voraussetzungen der jeweils einschlägigen
Ermächtigungsgrundlage (auch Befugnisnorm genannt) vorgenommen werden.

In polizeirechtlichen Klausuren besteht neben der prozessualen Einklei- 1030
dung eine **zentrale Aufgabe** darin, die in Betracht kommenden Ermächtigungsgrundlagen zu erkennen und ordnungsgemäß zu prüfen.

Bevor auf die Ermächtigungsgrundlagen der allgemeinen Polizei- und Ord- 1031
nungsgesetze eingegangen werden kann, ist zunächst zu untersuchen, ob es
spezialgesetzliche Befugnisse gibt, die die Ermächtigungsgrundlagen des allgemeinen Polizei- und Ordnungsrechts verdrängen können.[1888]

Findet sich keine spezialgesetzliche Befugnis, können die Ermächtigungs- 1032
grundlagen der allgemeinen Polizei- und Ordnungsgesetze herangezogen werden. Auch hier muss wieder differenziert werden: Alle allgemeinen Polizei- und
Ordnungsgesetze unterscheiden zwischen **General- und Spezialermächtigun-**

[1886] Schenke, Polizei- und Ordnungsrecht, 10. Aufl. 2018, Rn. 36 f.; Schoch, in: Schoch, Besonderes Verwaltungsrecht, 2018, Kapitel 1 Rn. 187 f.; Kingreen/Poscher, Polizei- und Ordnungsrecht mit Versammlungsrecht, 10. Aufl. 2018, § 2 Rn. 43.
[1887] Sog. Trennung von Aufgabe, Zuständigkeit und Befugnis, näher dazu Schenke, Polizei- und
Ordnungsrecht, 10. Aufl. 2018, Rn. 36; Schoch, in: Schoch, Besonderes Verwaltungsrecht, 2018,
Kapitel 1 Rn. 189 f.; Siegel/Waldhoff, Öffentliches Recht für Berlin, 2. Aufl. 2017, § 2 Rn. 131 ff.
[1888] Kingreen/Poscher, Polizei- und Ordnungsrecht mit Versammlungsrecht, 10. Aufl. 2018, § 3
Rn. 25.

Nikolas Eisentraut

gen.[1889] Zur Erfüllung bestimmter Aufgaben der Gefahrenabwehr (den sog. Standardmaßnahmen) wurden spezielle Ermächtigungsgrundlagen geschaffen (sog. Standardbefugnisse). Als Auffangtatbestand findet sich daneben eine Generalklausel, die subsidiär zur Anwendung kommen kann, falls keine der Standardbefugnisse einschlägig ist.

1033 Schließlich kann schon im Rahmen der Suche nach der tauglichen Ermächtigungsgrundlage berücksichtigt werden, ob die Norm auch die konkret handelnde Behörde ermächtigt. In Ländern mit Trennungsprinzip (näher dazu Rn. 1066) stellt sich regelmäßig die Frage, ob die Befugnisnorm für die Polizei oder die Befugnisnorm für die Ordnungsbehörde einschlägig ist.[1890]

1034 Dieses „Nebeneinander" macht es in polizeirechtlichen Klausuren oftmals erforderlich, sich zunächst genau mit der Frage auseinanderzusetzen, welche Ermächtigungsgrundlage eigentlich die Richtige ist.[1891]

1035 Examenswissen: Ausnahmsweise kann sich die Ermächtigungsgrundlage auch in einer **Gefahrenabwehrverordnung** finden. Denn auch Verordnungen genügen dem Vorbehalt des Gesetzes (s. Rn. 561). In Klausuren wäre eine solche regelmäßig als Annex zum Sachverhalt abgedruckt. Es kann dann erforderlich sein, die Verordnung selbst auf ihre Rechtmäßigkeit zu untersuchen (dazu noch näher § 7 Rn. 109 ff.).

aa) Abgrenzung gegenüber Befugnissen des besonderen Gefahrenabwehrrechts

1036 Bevor die Ermächtigungsgrundlagen des allgemeinen Polizei- und Ordnungsrechts in Betracht gezogen werden, ist zunächst die Frage aufzuwerfen, ob speziellere Normen deren Anwendbarkeit sperren (sog. **Spezialbefugnisse**).[1892]

(1) Versammlungsrecht

1037 Besondere Bedeutung kommt dabei zunächst den Ermächtigungsgrundlagen des **Versammlungsrechts** zu (näher zum Versammlungsrecht Rn. 1141 ff.). Die Sperrwirkung des Versammlungsrechts gegenüber dem allgemeinen Polizei- und Ordnungsrecht nennt man **„Polizeifestigkeit des Versammlungsrechts"** (s. dazu auch Rn. 1162 ff.). Dies bedeutet, dass den versammlungsrechtlichen Eingriffsbefugnissen Vorrang vor denen des allgemeinen Polizei- und Ordnungs-

---

1889 Schenke, Polizei- und Ordnungsrecht, 10. Aufl. 2018, Rn. 38.
1890 Poscher/Rustenberg, JuS 2011, 888 (890 f.).
1891 Siegel, in: Siegel/Waldhoff, Öffentliches Recht für Berlin, 2. Aufl. 2017, § 2 Rn. 134.
1892 Schoch, in: Schoch, Besonderes Verwaltungsrecht, 2018, Kapitel 1 Rn. 196.

Nikolas Eisentraut

rechts zukommt und letztere „gesperrt" sind.[1893] Die genaue Reichweite der Sperrwirkung ist jedoch umstritten: Auch wenn die Ermächtigungsgrundlagen des allgemeinen Polizei- und Ordnungsrechts durch das Versammlungsrecht gesperrt werden, können dessen Vorschriften nämlich lückenfüllend heranzuziehen sein, beispielsweise für die Frage der Bestimmung des richtigen Adressaten.[1894] Die Abgrenzung ist auch deshalb wichtig, weil das Versammlungsrecht höhere Anforderungen an Eingriffe stellt, als dies die allgemeinen Polizeigesetze tun.[1895]

Die h.M. hält die Regelungen des Versammlungsrechts nur dann für abschließend, wenn es um „versammlungsspezifische Gefahren" geht.[1896] Im Einzelnen können drei Zeitpunkte unterschieden werden: 1. Maßnahmen im Vorfeld einer Versammlung, 2. Maßnahmen während einer Versammlung und 3. Maßnahmen nach der Versammlung. **1038**

1. Das VersG des Bundes enthält keine Regelungen für **Vorfeldmaßnahmen.** Die h.M. möchte daher den Rückgriff auf die allgemeinen Polizei- und Ordnungsgesetze erlauben, etwa um Personenkontrollen bei der Anreise zur Versammlung und Durchsuchungen sowie Beschlagnahmen zu ermöglichen; Zu Maßnahmen im Vorfeld einer Versammlung zählen auch die Meldeauflage und die Gefährderansprache (s. dazu die Rn. 1049, 1055, 1163 und § 5 Rn. 224, 234).[1897] Soweit mit den Maßnahmen jedoch versammlungsspezifische Gefahren abgewehrt werden sollen, gerät der Rückgriff auf das allgemeine Polizei- und Ordnungsrecht in Konflikt mit dem Zitiergebot des Art. 19 I 2 GG, da ein Eingriff in Art. 8 I GG in Rede steht. Soweit man dennoch mit der h.M. von der Anwendbarkeit der allgemeinen Polizei- und Ordnungsgesetze ausgeht, müssen diese zumindest verfassungskonform ausgelegt werden.[1898] **1039**

2. **Während der Versammlung** ist der Rückgriff auf das allgemeine Polizei- und Ordnungsrecht gesperrt. Indes sollen nach h.M. unter Rückgriff auf die Ermächtigungsgrundlagen des Versammlungsrechts sog. **Minusmaßnahmen** möglich sein.[1899] § 15 III VersG des Bundes ermöglicht danach nicht nur Versammlungsauflösungen, sondern im Sinne einer Generalklausel sämtliche weniger eingriffsintensiven Maßnahmen.[1900] **1040**

1893 Bünnigmann, JuS 2016, 695.
1894 Schoch, in: Schoch, Besonderes Verwaltungsrecht, 2018, Kapitel 1 Rn. 222; Siegel, in: Siegel/Waldhoff, Öffentliches Recht für Berlin, 2. Aufl. 2017, § 2 Rn. 135.
1895 Schoch, in: Schoch, Besonderes Verwaltungsrecht, 2018, Kapitel 1 Rn. 210.
1896 Schoch, in: Schoch, Besonderes Verwaltungsrecht, 2018, Kapitel 1 Rn. 217.
1897 Schoch, in: Schoch, Besonderes Verwaltungsrecht, 2018, Kapitel 1 Rn. 218 ff.
1898 Bünnigmann, JuS 2016, 695 (697).
1899 Schoch, in: Schoch, Besonderes Verwaltungsrecht, 2018, Kapitel 1 Rn. 221.
1900 Schoch, in: Schoch, Besonderes Verwaltungsrecht, 2018, Kapitel 1 Rn. 221.

Nikolas Eisentraut

1041   3. Bei **Maßnahmen nach der Versammlung** greift die Sperrwirkung des Versammlungsrechts nicht mehr, der Anwendungsbereich des allgemeinen Polizei- und Ordnungsrechts ist also wieder eröffnet; Dabei ist es unerheblich, ob die Versammlung durch die Polizei aufgelöst wurde oder ob sich die Teilnehmer*innen nach Durchführung einfach wieder zerstreuen.[1901]

(2) Bauordnungsrecht

1042 Speziellere Ermächtigungsgrundlagen finden sich zudem im **Bauordnungsrecht.** Die in den Bauordnungen enthaltenen Ermächtigungsgrundlagen für Abrissverfügungen, Nutzungsuntersagungen und Stilllegungsverfügungen (näher dazu Rn. 1234 ff.) gehen den Ermächtigungsgrundlagen des allgemeinen Polizei- und Ordnungsrechts vor.

(3) Weitere Rechtsbereiche

1043 In vielen weiteren Rechtsbereichen gibt es Beispiele für Spezialermächtigungen.[1902] Auch das **Gewerberecht** sperrt in bestimmten Teilen die Ermächtigungsgrundlagen des allgemeinen Polizei- und Ordnungsrechts. § 1 I GewO sperrt die Gesetzgebungskompetenz der Länder (Art. 74 I Nr. 11, 72 I GG) für die Frage des „ob" einer gewerblichen Tätigkeit; Im Bereich der Ausübung des Gewerbes („wie") kann jedoch Landesordnungsrecht zum Tragen kommen.[1903] Die Untersagung eines ohne erforderliche Zulassung betriebenen Gewerbes erfolgt daher auf Grundlage des § 15 I 2 GewO; da die Norm die Frage betrifft, „ob" ein Gewerbe ausgeübt werden darf, sperrt sie den Rückgriff auf das landesrechtliche Gefahrenabwehrrecht.[1904] Gleiches gilt für § 35 I 1 GewO bei der Gewerbeuntersagung wegen Unzuverlässigkeit. Ein Rückgriff auf das allgemeine Polizei- und Ordnungsrecht kommt hingegen bei Maßnahmen in Betracht, die die Ausübung des Gewerbes betreffen sowie bei eiligen bzw. vorläufigen Maßnahmen.[1905]

1901 Schoch, in: Schoch, Besonderes Verwaltungsrecht, 2018, Kapitel 1 Rn. 223.

1902 S. etwa § 24 BImSchG; weitere Beispiele bei Schoch, in: Schoch, Besonderes Verwaltungsrecht, 2018, Kapitel 1 Rn. 200 ff.

1903 Korte, in: Schmidt/Wollenschläger, Kompendium Öffentliches Wirtschaftsrecht, 4. Aufl. 2016, § 9 Rn. 39.

1904 Schoch, in: Schoch, Besonderes Verwaltungsrecht, 2018, Kapitel 1 Rn. 200 m.w.N.

1905 Korte, in: Schmidt/Wollenschläger, Kompendium Öffentliches Wirtschaftsrecht, 4. Aufl. 2016, § 9 Rn. 39.

bb) Abgrenzung zwischen Generalklausel(n) und Standardbefugnissen

Ist keine Ermächtigungsgrundlage des besonderen Gefahrenabwehrrechts einschlägig, kommen die Ermächtigungsgrundlagen der allgemeinen Polizei- und Ordnungsgesetze in Betracht. Auch innerhalb des allgemeinen Polizei- und Ordnungsrechts bestehen Spezialitätsverhältnisse. Die sog. **Generalklausel** darf als Auffangtatbestand nur dann als Ermächtigungsgrundlage herangezogen werden, wenn nicht eine spezialgesetzliche **Standardbefugnis** die Voraussetzungen für den Eingriff normiert.[1906]   1044

(1) Die Standardbefugnisse

Der **Begriff der Standardbefugnisse** bezeichnet häufig vorkommende und deshalb vom Gesetzgeber in den allgemeinen Polizei- und Ordnungsgesetzen speziell geregelte Gefahrenabwehrmaßnahmen.[1907]   1045

Unterschieden werden kann zwischen Gefahrenabwehrmaßnahmen, die auf eine Person oder Sache einwirken und Maßnahmen zur Datenerhebung und -verarbeitung, die einen Bezug zu Daten aufweisen. Die Gruppierung der Standardbefugnisse variiert jedoch von Lehrbuch zu Lehrbuch.   1046

(a) Gefahrenabwehrmaßnahmen, die auf eine Person oder Sache einwirken

Für folgende **auf eine Person oder Sache einwirkende Maßnahmen** sind spezifische Ermächtigungsgrundlagen in den allgemeinen Polizei- und Ordnungsgesetzen kodifiziert worden: 1047
- Platzverweisungen,[1908] Aufenthaltsverbote[1909] und Wohnungsverweisungen[1910], Kontaktverbote und elektronische Aufenthaltsüberwachung[1911]
- Ingewahrsamnahme[1912]

1906 Schoch, in: Schoch, Besonderes Verwaltungsrecht, 2018, Kapitel 1 Rn. 225 f.
1907 Schoch, in: Schoch, Besonderes Verwaltungsrecht, 2018, Kapitel 1 Rn. 225 spricht von wiederkehrenden, typisierbaren Handlungsmustern der Gefahrenabwehrbehörden; Kingreen/Poscher, Polizei- und Ordnungsrecht mit Versammlungsrecht, 10. Aufl. 2018, § 11 Rn. 1 sprechen von Spezialbefugnissen.
1908 Näher Kingreen/Poscher, Polizei- und Ordnungsrecht mit Versammlungsrecht, 10. Aufl. 2018, § 15.
1909 Näher Kingreen/Poscher, Polizei- und Ordnungsrecht mit Versammlungsrecht, 10. Aufl. 2018, § 15; Benrath, DVBl 2017, 868; Eine Falllösung zu einem Aufenthaltsverbot findet sich bei Bretthauer, JURA 2018, 409 sowie bei Marxsen, JURA 2019, 105.
1910 Näher Kingreen/Poscher, Polizei- und Ordnungsrecht mit Versammlungsrecht, 10. Aufl. 2018, § 15; Seibert/Kohal, JURA 2019, 15.

Nikolas Eisentraut

Examenswissen: Die Präventivhaft für Fußballhooligans war zuletzt Gegenstand einer Entscheidung des EGMR.[1913]

- Sicherstellung und Beschlagnahme von Sachen[1914]

Examenswissen: In Bremen und Hamburg ist die polizeiliche Unterbringung von Flüchtlingen spezialgesetzlich geregelt worden, während sie in anderen Bundesländern nur auf Grundlage der Generalklausel erfolgen kann.[1915]

- Verwertung, Einziehung und Vernichtung[1916]
- Durchsuchungen und Untersuchungen von Personen und Sachen[1917] und das Betreten und die Durchsuchung von Wohnungen[1918]

(b) Datenerhebung und Datenverarbeitung

1048 Unter dem **„Cluster" Datenerhebung und Datenverarbeitung** lässt sich eine Vielzahl an weiteren Standardbefugnissen zusammenfassen:

- Befragungen[1919]
- Identitätsfeststellungen[1920]

Examenswissen: Ein aktuell viel diskutiertes Thema im Kontext von Identitätsfeststellungen ist das sog. **„racial profiling"**, wenn beispielsweise der Eindruck entsteht, eine Identitätsfeststellung werde nur aufgrund der Hautfarbe durchgeführt. Die Anknüpfung an ein Merkmal des

---

1911 Näher Schenke, Polizei- und Ordnungsrecht, 10. Aufl. 2018, Rn. 139 f.; Guckelberger, DVBl 2017, 1121.

1912 Näher Schenke, Polizei- und Ordnungsrecht, 10. Aufl. 2018, Rn. 141 ff.; Kingreen/Poscher, Polizei- und Ordnungsrecht mit Versammlungsrecht, 10. Aufl. 2018, § 16.

1913 EGMR, Urt. v. 22.10.2018, Az.: 35553/12, 36678/12, 36711/12 (S, V u. A / Dänemark) = NVwZ 2019, 135 mit. Anm. Hoffmann.

1914 Näher Schenke, Polizei- und Ordnungsrecht, 10. Aufl. 2018, Rn. 158 ff.; Kingreen/Poscher, Polizei- und Ordnungsrecht mit Versammlungsrecht, 10. Aufl. 2018, § 18.

1915 Dazu näher Guckelberger/Kollmann/Schmidt, DVBl. 2016, 1088; eine Fallösung zur Unterbringung geflüchteter Menschen auf Grundlage der polizeilichen Generalklausel findet sich bei Fontana/Klein, JA 2017, 846.

1916 Näher Schenke, Polizei- und Ordnungsrecht, 10. Aufl. 2018, Rn. 165 ff.

1917 Näher Schenke, Polizei- und Ordnungsrecht, 10. Aufl. 2018, Rn. 147 ff.; Kingreen/Poscher, Polizei- und Ordnungsrecht mit Versammlungsrecht, 10. Aufl. 2018, § 17.

1918 Näher Schenke, Polizei- und Ordnungsrecht, 10. Aufl. 2018, Rn. 152 ff.; Kingreen/Poscher, Polizei- und Ordnungsrecht mit Versammlungsrecht, 10. Aufl. 2018, § 17 Rn. 19 ff.

1919 Näher Kingreen/Poscher, Polizei- und Ordnungsrecht mit Versammlungsrecht, 10. Aufl. 2018, § 13 Rn. 1 ff.

1920 Näher Schenke, Polizei- und Ordnungsrecht, 10. Aufl. 2018, Rn. 119 ff.; Kingreen/Poscher, Polizei- und Ordnungsrecht mit Versammlungsrecht, 10. Aufl. 2018, § 13 Rn. 30 ff.

Art. 3 III 1 GG ist zwar grundsätzlich verboten, eine Anknüpfung kann jedoch als Teil eines Motivbündels unter strengen Voraussetzungen gerechtfertigt sein.[1921]

Examenswissen: Mit dem „racial profiling" im Zusammenhang steht auch die **Identitätsfeststellung an sog.** „**gefährlichen Orten**", weil die Standardbefugnisse hierfür weder ein verdächtiges Verhalten der kontrollierten Person noch eine konkrete Gefahr erfordern – Anknüpfungspunkt für Kontrollen sind daher oftmals an Art. 3 III 1 GG zu messende Kriterien.[1922] Damit im Zusammenhang steht wiederum die sog. Schleierfahndung, bei der Identitätsfeststellungen ohne konkrete Gefahr ermöglicht werden.[1923]

– erkennungsdienstliche Maßnahmen[1924]

Examenswissen: Nicht nur die Polizei- und Ordnungsgesetze der Länder, sondern auch die StPO sieht eine Befugnisnorm für erkennungsdienstliche Maßnahmen vor. § 81b Alt. 2StPO ermöglicht die erkennungsdienstliche Behandlung von „Beschuldigten". Obwohl in der StPO geregelt, wird die Vorschrift dem Gefahrenabwehrrecht zugeordnet; Da sie aber zugleich der Strafverfolgungsvorsorge zugeordnet wird, durfte der Bund eine Regelung in der StPO treffen.[1925] Die Vorschrift beschränkt den Anwendungsbereich entsprechender landesrechtlicher Standardbefugnisse, soweit es um „Beschuldigte" geht. Der Beschuldigtenbegriff wurde zuletzt vom BVerwG sehr weit ausgelegt.[1926]

– Vorladung[1927]
– Videoüberwachung[1928]

Examenswissen: Im Kontext der Videoüberwachung spielen zurzeit sog. Body-Cams eine Rolle. Hierbei handelt es sich um von Polizeibeamten körpernah getragene Bild- und Tonaufzeichnungsgeräte. Immer mehr Länder schaffen Standardbefugnisse für den Einsatz solcher Bodycams.[1929]

1921 Dazu zuletzt OVG NRW, Urt. v. 7.8.2018, Az.: 5 A 294/16 – NVwZ 2018, 1497; Besprechung des Urteils von Hebeler, JA 2019, 237; eine Examensklausur zum Thema Racial Profiling findet sich bei Schneider/Olk, JURA 2018, 936.
1922 Kritisch Tomerius, DVBl 2017, 1399.
1923 Dazu Michl, DÖV 2018, 50.
1924 Näher Schenke, Polizei- und Ordnungsrecht, 10. Aufl. 2018, Rn. 125 ff.; Kingreen/Poscher, Polizei- und Ordnungsrecht mit Versammlungsrecht, 10. Aufl. 2018, § 13 Rn. 59 ff.
1925 Harnisch/Urbanek, DÖV 2018, 229 (229 f.).
1926 BVerwG, Urt. v. 27.06.2018, Az. 6 C 39.16 = NJW 2018, 3194.
1927 Näher Schenke, Polizei- und Ordnungsrecht, 10. Aufl. 2018, Rn. 130 ff.; Kingreen/Poscher, Polizei- und Ordnungsrecht mit Versammlungsrecht, 10. Aufl. 2018, § 13 Rn. 76 ff.
1928 Näher Kingreen/Poscher, Polizei- und Ordnungsrecht mit Versammlungsrecht, 10. Aufl. 2018, § 13 Rn. 96 ff.; Ogorek, DÖV 2018, 688.
1929 Einen Überblick geben Köhler/Thielicke, NVwZ-Extra 13/2019, 1; s. auch Lachenmann, NVwZ 2017, 1424; Martini/Nink/Wenzel, NVwZ 2016, 1772; speziell zu § 15c PolG NRW Arzt/Schuster, DVBl 2018, 351.

Nikolas Eisentraut

– Rasterfahndung[1930] und weitere Verkehrskontrollen[1931]

Examenswissen: Zuletzt hat das BVerfG landesrechtliche Normen der Polizei- und Ordnungsgesetze zum Teil für verfassungswidrig erklärt, die automatische Kennzeichenerfassungen ermöglichten.[1932]

– Observationen[1933]
– verdeckte Datenerhebungen in oder aus Wohnungen[1934]
– Einsatz von verdeckten Ermittlern[1935] und V-Leuten[1936]
– Datenerhebungen aus der Telekommunikation[1937]
– Online-Durchsuchungen[1938]

1049 Eine besondere Problematik stellt die Frage dar, ab wann der Gesetzgeber eine **Gefahrenabwehrmaßnahme standardisieren** muss und ein Rückgriff auf die Generalklausel deshalb unzulässig ist. Beispielsweise konnten bis 2007 Videoüberwachungen auf die allgemeinen Datenerhebungsklauseln gestützt werden; ein Urteil des BVerfG[1939] hat jedoch dazu geführt, dass die Videoüberwachung nunmehr in allen Polizei- und Ordnungsgesetzen als Standardmaßnahme aufgenommen wurde.[1940] Unter besonderen Umständen kann der Gesetzgeber also zur Schaffung einer Standardmaßnahme verpflichtet sein.[1941]

1930 Näher Schenke, Polizei- und Ordnungsrecht, 10. Aufl. 2018, Rn. 213 ff.

1931 Näher Kingreen/Poscher, Polizei- und Ordnungsrecht mit Versammlungsrecht, 10. Aufl. 2018, § 13 Rn. 14 ff.

1932 BVerfG, Beschluss v. 18.12.2018, Az.: 1 BvR 142/15 = NVwZ 2019, 381; dazu Roggan, NVwZ 2019, 344.

1933 Näher Kingreen/Poscher, Polizei- und Ordnungsrecht mit Versammlungsrecht, 10. Aufl. 2018, § 13 Rn. 105 ff.

1934 Näher Kingreen/Poscher, Polizei- und Ordnungsrecht mit Versammlungsrecht, 10. Aufl. 2018, § 13 Rn. 128 ff.

1935 Dazu Höhnerlein, NVwZ 2016, 511.

1936 Näher Schenke, Polizei- und Ordnungsrecht, 10. Aufl. 2018, Rn. 198 ff.

1937 Näher Kingreen/Poscher, Polizei- und Ordnungsrecht mit Versammlungsrecht, 10. Aufl. 2018, § 13 Rn. 137 ff.

1938 Näher Kingreen/Poscher, Polizei- und Ordnungsrecht mit Versammlungsrecht, 10. Aufl. 2018, § 13 Rn. 147 ff.

1939 BVerfG, Beschl. v. 23.2.2007, Az.: 1 BvR 2368/06 = DÖV 2007, 606.

1940 Siegel, in: Siegel/Waldhoff, Öffentliches Recht für Berlin, 2. Aufl. 2017, § 2 Rn. 138.

1941 Schoch, in: Schoch, Besonderes Verwaltungsrecht, 2018, Kapitel 1 Rn. 227.

Nikolas Eisentraut

Beispiele: Ob die Landesgesetzgeber zur Schaffung von Standardbefugnissen verpflichtet sind, wird aktuell in Hinblick auf die sog. Meldeauflage,[1942] *die Gefährderansprache*[1943] *und die Unterbringung von geflüchteten Menschen*[1944] *diskutiert. Auch Gesichtserkennungssysteme, wie sie zuletzt am Berliner Bahnhof Südkreuz getestet wurden, sind in die Diskussion geraten.*[1945] *Weiterhin wird die Schaffung von Standardbefugnissen für Body-Cams (s. Rn. 1048) diskutiert.*[1946] *Schließlich kann sich die Frage auch bei auf die Generalklausel gestützten Stadionverboten für Hooligans stellen.*[1947]

Der Gesetzgeber verfügt insoweit über eine **Einschätzungsprärogative**; eine Pflicht zur Standardisierung kann sich jedoch aus der Qualität des Grundrechtseingriffs ergeben: Je tiefgreifender eine Freiheitsbeeinträchtigung ist, desto eher bedarf es einer klar konturierten Eingriffsgrundlage (Bestimmtheitsgebot).[1948]

Die **Standardmaßnahmen genießen Vorrang vor der Generalklausel.** Der 1050
Rückgriff auf die Generalklausel ist also immer dann gesperrt, wenn eine Maßnahme in den Anwendungsbereich einer Standardbefugnis fällt. Dafür ist auf das in der Standardbefugnis genannte Mittel abzustellen.[1949] Erforderlich ist eine Auslegung, um die Reichweite der von der Standardbefugnis erfassten und damit für die Generalklausel gesperrten Sachverhalte zu ermitteln.[1950]

Examenswissen: Darüber hinaus wird diskutiert, ob die Sperrwirkung auch über den Anwen- 1051
dungsbereich einer Standardbefugnis hinaus zu erweitern ist, wenn eine Maßnahme, die auf die Generalklausel gestützt werden soll, von der Eingriffsintensität gleich oder höher als die der Standardmaßnahme ist.[1951] Solange eine Maßnahme jedoch nicht typisiert werden muss (s. dazu Rn. 1049), spricht nichts gegen die Anwendung der Generalklausel.[1952]

1942 Die Meldeauflage wurde bisher nur in Rheinland-Pfalz standardisiert, während Meldeauflagen in anderen Bundesländern bisher auf die Generalklausel gestützt werden. Für eine Standardisierung Schoch, in: Schoch, Besonderes Verwaltungsrecht, 2018, Kapitel 1 Rn. 228.

1943 Die Forderung nach einer Standardisierung unterstützend Schoch, in: Schoch, Besonderes Verwaltungsrecht, 2018, Kapitel 1 Rn. 229.

1944 Offen lassend OVG Lüneburg, Beschl. v. 1.12.2015, Az.: 11 ME 230/15 = DVBl 2016, 116.

1945 Dazu näher Roggan, NVwZ 2019, 344 (346 f.).

1946 Roggan, NVwZ 2019, 344 (346).

1947 Dazu näher Siegel, NJW 2013, 1035 (1037).

1948 Schoch, in: Schoch, Besonderes Verwaltungsrecht, 2018, Kapitel 1 Rn. 230.

1949 Kingreen/Poscher, Polizei- und Ordnungsrecht mit Versammlungsrecht, 10. Aufl. 2018, § 5 Rn. 14.

1950 Näher dazu Möstl, JURA 2011, 811 (842 f.).

1951 Zum Streitstand näher Roscher/Rustenberg, JuS 2011, 888 (892); s. auch Kingreen/Poscher, Polizei- und Ordnungsrecht mit Versammlungsrecht, 10. Aufl. 2018, § 5 Rn. 16 ff.

1952 In diesem Sinne auch Kingreen/Poscher, Polizei- und Ordnungsrecht mit Versammlungsrecht, 10. Aufl. 2018, § 5 Rn. 20.

Nikolas Eisentraut

(2) Die Generalklausel(n)

1052 Ist weder eine Befugnis des besonderen Gefahrenabwehrrechts, noch eine Spezialbefugnis des Allgemeinen Polizei- und Ordnungsrechts einschlägig, ist der Weg zur Generalklausel frei. Die allgemeinen Polizei- und Ordnungsgesetze der Länder kennen mehrere generalklauselartige Eingriffsermächtigungen.

1053 Zentrale Bedeutung kommt der Generalklausel für Eingriffsmaßnahmen im Einzelfall zu. In allen Landesgesetzen findet sich eine Regelung, wonach **die zuständige Behörde die notwendigen Maßnahmen treffen kann, um eine im einzelnen Falle bestehende Gefahr für die öffentliche Sicherheit (oder Ordnung)** abzuwehren:

Baden-Württemberg	§ 3 i.V.m. § 1 I 1 PolG BW
Bayern	Art. 11 BayPAG / Art. 7 II i.V.m. Art. 6 BayLStVG
Berlin	§ 17 I ASOG
Brandenburg	§ 10 I BbgPolG / § 13 I BbgOBG
Bremen	§ 10 I 1 BremPolG (ohne öffentliche Ordnung)
Hamburg	§ 3 I HmbSOG
Hessen	§ 11 HessSOG
Mecklenburg-Vorpommern	§ 13 SOG MV
Niedersachsen	§ 11 i.V.m. § 2 Nr. 1 lit. a NdsSOG
Nordrhein-Westfalen	§ 8 I PolG NW / § 14 I OBG NW
Rheinland-Pfalz	§ 9 I 1 POG RP
Saarland	§ 8 I PolG SL
Sachsen	§ 3 I SächsPolG
Sachsen-Anhalt	§ 13 i.V.m. § 3 Nr. 3 lit. a SOG LSA
Schleswig-Holstein	§ 174 LVwG SH (ohne öffentliche Ordnung)
Thüringen	§ 12 I und 2 ThürPAG / § 5 I ThürOBG
BUND	§ 14 I und II 1 BPolG / § 38 BKAG

1054 Der Generalklausel kommt für das gesamte Gefahrenabwehrrecht eine zentrale Funktion als „**Strukturierungsmodell**"[1953] zu. Denn auch die überwiegenden Standard- und Spezialbefugnisse folgen in der Prüfungsstruktur der General-

---

[1953] Schoch, in: Schoch, Besonderes Verwaltungsrecht, 2018, Kapitel 1 Rn. 240.

Nikolas Eisentraut

klausel: Erforderlich ist regelmäßig, dass auf Tatbestandsseite eine Gefahr für eine Schutzgut vorliegt, woraufhin auf Rechtsfolgenseite Ermessen eröffnet wird.[1954] Für Klausuren ist es daher unabdingbar, die Prüfungsstruktur der Generalklausel zu beherrschen. Diese wird – anders als die Standardbefugnisse – deshalb auch vertieft dargestellt (s. sogleich Rn. 1081 ff.).

Examenswissen: Ein aktuell besonders häufig diskutierter Anwendungsfall, bei dem gestützt auf   1055
die Generalklausel ein Verwaltungsakt ergeht, ist die sog. Meldeauflage.[1955] Zuletzt ist zudem über
die Zulässigkeit der Unterbringung von geflüchteten Menschen auf Grundlage der Generalklausel
diskutiert worden.[1956]

Eine häufig diskutierte Frage ist, ob gegen Generalklauseln **verfassungsrechtli-**   1056
che Bedenken bestehen. Da die Generalklausel jedoch „in jahrzehntelanger Entwicklung durch Rechtsprechung und Lehre nach Inhalt, Zweck und Ausmaß hinreichend präzisiert, in ihrer Bedeutung geklärt und im juristischen Sprachgebrauch verfestigt"[1957] ist, wird sie als verfassungsmäßig angesehen.[1958] Zweifel an der Verfassungsmäßigkeit des Tatbestandsmerkmals der „öffentlichen Ordnung" stellen nicht die gesamte Generalklausel in Frage (näher noch zu diesem Tatbestandsmerkmal Rn. 1097 ff.).[1959]

Daneben enthalten die Polizeigesetze auch **Generalklauseln für die Daten-**   1057
bzw. Informationserhebung und -verarbeitung.[1960]

Schließlich gibt es in den meisten Polizei- und Ordnungsgesetzen (mit Aus-   1058
nahme von Bayern) eine **Generalklausel für die abstrakt-generelle Gefah-**
renabwehr mittels Erlasses von Rechtsverordnungen (s. näher zur Prüfung der Rechtmäßigkeit von Gefahrenabwehrverordnungen § 7 Rn. 109 ff.).[1961]

1954 Schoch, in: Schoch, Besonderes Verwaltungsrecht, 2018, Kapitel 1 Rn. 240.
1955 Näher zur Meldeauflage Benrath, DVBl 2017, 868; Siegel, NJW 2013, 1035 (1037 f.); Schucht, NVwZ 2011, 709; Falllösungen zur Meldeauflage finden sich bei Marxsen, JURA 2019, 105 und bei Schneider, ZJS 2008, 281.
1956 Näher Guckelberger/Kollmann/Schmidt, Polizeiliche Unterbringung von Flüchtlingen in privaten Immobilien, DVBl. 2016, 1088; eine Falllösung zur Unterbringung geflüchteter Menschen auf Grundlage der polizeilichen Generalklausel findet sich bei Fontana/Klein, JA 2017, 846.
1957 So BVerfG, Beschl. v. 23.5.1980, Az.: 2 BvR 854/79 = BVerfGE 54, 143 (144 f.).
1958 Schoch, in: Schoch, Besonderes Verwaltungsrecht, 2018, Kapitel 1 Rn. 241; Schenke, Polizei- und Ordnungsrecht, 10. Aufl. 2018, Rn. 49.
1959 Kingreen/Poscher, Polizei- und Ordnungsrecht mit Versammlungsrecht, 10. Aufl. 2018, § 5 Rn. 5.
1960 Kingreen/Poscher, Polizei- und Ordnungsrecht mit Versammlungsrecht, 10. Aufl. 2018, § 5 Rn. 2 und näher § 12.
1961 Schoch, in: Schoch, Besonderes Verwaltungsrecht, 2018, Kapitel 1 Rn. 232; Kingreen/Poscher, Polizei- und Ordnungsrecht mit Versammlungsrecht, 10. Aufl. 2018, § 23 Rn. 1.

Nikolas Eisentraut

cc) Die zwangsweise Durchsetzung des allgemeinen Polizei- und Ordnungsrechts

1059 Eine Sonderkonstellation bilden Fälle, in denen es um die zwangsweise Durchsetzung von Maßnahmen der Polizei- und Ordnungsbehörden geht.

Beispiel: Ein Platzverweis wird vom Polizeibeamten ausgesprochen (= Verwaltungsakt). Der renitente R bewegt sich jedoch nicht von der Stelle. Daraufhin wird er vom Polizeibeamten vom Platz getragen.

1060 Als **Ermächtigungsgrundlage** für die Vollstreckung von Maßnahmen kommen teilweise die **Standardbefugnisse** selbst in Betracht. So liegt es bei der Ingewahrsamnahme, der Durchsuchung und der Sicherstellung: Die Ermächtigungsgrundlagen enthalten hier zugleich die Ermächtigung zu ihrer faktischen Durchsetzung.[1962]

1061 In der Regel bedarf die Vollstreckung aber einer eigenen Ermächtigungsgrundlage (zur Abgrenzung von Verwaltungsvollstreckungsrecht und polizeirechtlichen Standardmaßnahmen näher Rn. 1300). In Betracht kommt einerseits die **Ermächtigungsgrundlage für die sog. unmittelbare Ausführung**, die in den Polizei- und Ordnungsgesetzen zu finden ist; Andererseits kann die **Vollstreckung auch auf Grundlage des VwVG** erfolgen (näher zur Abgrenzung Rn. 1350 ff.).

d) Formelle Rechtmäßigkeit

1062 Bevor die materiellen Voraussetzungen und die Rechtsfolge der Ermächtigungsgrundlage geprüft werden, ist der Verwaltungsakt zunächst auf seine formelle Rechtmäßigkeit zu untersuchen.

aa) Zuständigkeit

1063 Unter der Überschrift „Zuständigkeit" ist zu klären, ob die im Sachverhalt handelnde Behörde sachlich, örtlich und instantiell zuständig war, den Verwaltungsakt zu erlassen.[1963]

Ein Verstoß gegen die Zuständigkeitsregelungen führt im Grundsatz zur Rechtswidrigkeit, kann aber auch zur Nichtigkeit des Verwaltungsakts führen (s. näher § 6 Rn. 127).

[1962] Kingreen/Poscher, Polizei- und Ordnungsrecht mit Versammlungsrecht, 10. Aufl. 2018, § 27 Rn. 19.
[1963] Peine/Siegel, Allgemeines Verwaltungsrecht, 12. Aufl. 2018, Rn. 470.

Nikolas Eisentraut

Sollte im Sachverhalt vorgegeben sein, dass die zuständige Behörde gehandelt hat, muss auf diese Frage nicht näher eingegangen werden (s. § 1 Rn. 25); es kann jedoch ergänzend kurz festgestellt werden, wer diese Behörde ist.

Die Frage der Zuständigkeit ist im Ausgangspunkt nach den **allgemeinen** 1064 **Grundsätzen des Verwaltungsorganisationsrechts** zu lösen (s. Rn. 580 ff.). Im Polizei- und Ordnungsrecht ist bei der Bestimmung der zuständigen Behörde darüber hinaus Folgendes zu beachten.

(1) Sachliche Zuständigkeit

Zunächst ist zu untersuchen, ob die **sachlich zuständige Behörde** gehandelt hat. 1065 Die Behörde ist sachlich zuständig, wenn sie berechtigt ist, den Aufgabenbereich wahrzunehmen. Untersucht werden sollte dafür die Frage, ob die Ordnungsbehörden oder die Polizei sachlich zuständig sind. Teilweise ist in den Bundesländern das sog. Trennsystem, teilweise das sog. Einheitssystem realisiert worden:

Beim **Trennungssystem** wird zwischen Ordnungsbehörden und Polizei un- 1066 terschieden. Während die Ordnungsbehörden Gefahrenabwehr „vom Schreibtisch aus" betreiben, ist die Polizei „vor Ort" tätig.[1964] Teilweise wurden für Polizei und Ordnungsbehörden sogar jeweils eigene Gesetze erlassen (s. die Übersicht in Rn. 1012). In Bundesländern mit Trennungsprinzip ist daher zu untersuchen, ob die Polizei oder die Ordnungsbehörden sachlich zuständig sind. Während im Grundsatz die Ordnungsbehörden zuständig sind (Subsidiarität der Polizei gegenüber den Ordnungsbehörden),[1965] kann aufgrund besonderer Regelung ausnahmsweise eine originäre oder Eilzuständigkeit der Polizei begründet sein.[1966] An die Trennung anknüpfend muss im Einzelfall geprüft werden, ob die Ermächtigungsgrundlage die Zuständigkeit auf die Polizei oder die Ordnungsbehörden beschränkt oder ob beide Behörden parallel zuständig sind.

Beispiel: In Berlin darf die Ingewahrsamnahme von Personen nach § 30 I ASOG Bln nur durch die Polizei vorgenommen werden.

1964 Siegel, in: Siegel/Waldhoff, Öffentliches Recht für Berlin, 2. Aufl. 2017, § 2 Rn. 28.
1965 Kingreen/Poscher, Polizei- und Ordnungsrecht mit Versammlungsrecht, 10. Aufl. 2018, § 3 Rn. 19.
1966 Für Berlin Siegel, in: Siegel/Waldhoff, Öffentliches Recht für Berlin, 2. Aufl. 2017, § 2 Rn. 29 ff.

Nikolas Eisentraut

1067 In Bundesländern mit **Einheitssystem** erfolgt eine solche Trennung nicht. Innerhalb der Polizei wird aber auch in diesen Ländern zwischen den Polizeiverwaltungsbehörden und dem Polizeivollzugsdienst unterschieden.[1967]

1068 Weiterhin besteht nach den sog. **Privatrechtsklauseln** der Polizei- und Ordnungsgesetze eine Subsidiarität der Tätigkeit der Polizei- und Ordnungsbehörden gegenüber der ordentlichen Gerichtsbarkeit.[1968] Die Privatrechtsklauseln ordnen dafür an, dass der Schutz privater Rechte nur dann den Polizei- und Ordnungsbehörden obliegt, wenn gerichtlicher Schutz nicht rechtzeitig zu erlangen ist und wenn ohne Hilfe durch die Polizei- oder Ordnungsbehörden eine Rechtsvereitelung drohte.[1969] Auch wenn die Privatrechtsklausel teilweise dem Wortlaut nach nur auf die Polizei erstreckt wird, soll sie erst Recht für die Tätigkeit der Ordnungsbehörden gelten.[1970] Die Privatrechtsklausel ist nur dann einschlägig, wenn es allein um den Schutz privater Rechte geht; die Klausel läuft daher bei den typischerweise betroffenen Rechtsgütern Leib, Leben, Freiheit, Ehre und Eigentum leer, weil Angriffe darauf auch straf- oder öffentlich-rechtlich sanktionsbewehrt sind (näher noch zu den Schutzgütern Rn. 1086 ff.).[1971] Abzustellen sein soll jedoch auf die einfach-rechtliche Schutzstellung, nicht auf die Schutzfunktion der Grundrechte.[1972]

Beispiel: Leben und Gesundheit werden von §§ 223, 212, 211 StGB als Teil der objektiven Rechtsordnung geschützt (nicht hingegen: Art. 2 II 1 GG).

1069 Teilweise finden sich in den allgemeinen Polizei- und Ordnungsgesetzen die sachliche Zuständigkeit näher regelnde Bestimmungen:

1967 Siegel, in: Siegel/Waldhoff, Öffentliches Recht für Berlin, 2. Aufl. 2017, § 2 Rn. 28.
1968 S. Art. 2 II BayPAG; § 1 II BBgPolG; § 1 IV ASOG Bln; § 1 II BremPolG; § 2 II PolG BW; § 3 III SOG Hamburg; § 1 III SOG Hessen; § 1 III SOG MV; § 1 III SOG Nds; § 1 II PolG NW; § 1 III POG RP; § 1 III PolG Saarland; § 2 II PolG Sachsen; § 1 II SOG SA; § 162 II LVwG SH; § 2 II PAG Thüringen; § 2 II OBG Thüringen; § 1 IV BPolG.
1969 Kingreen/Poscher, Polizei- und Ordnungsrecht mit Versammlungsrecht, 10. Aufl. 2018, § 3 Rn. 41.
1970 Näher zu den einzelnen Voraussetzungen Kingreen/Poscher, Polizei- und Ordnungsrecht mit Versammlungsrecht, 10. Aufl. 2018, § 3 Rn. 41 ff.
1971 Kingreen/Poscher, Polizei- und Ordnungsrecht mit Versammlungsrecht, 10. Aufl. 2018, § 3 Rn. 42.
1972 Kingreen/Poscher, Polizei- und Ordnungsrecht mit Versammlungsrecht, 10. Aufl. 2018, § 3 Rn. 42.

Nikolas Eisentraut

Beispiel: In Berlin richtet sich die sachliche Zuständigkeit nach den §§ 2 ff. ASOG i.V.m. dem Zuständigkeitskatalog für Ordnungsaufgaben.[1973] *In Schleswig-Holstein ergibt sich die sachliche Zuständigkeit aus § 165 LVwG.*[1974]

(2) Instantielle Zuständigkeit

Die instantielle Zuständigkeit fragt danach, welche Hierarchieebene der Verwaltung zuständig ist. Dieser Instanzenzug wird zumeist in den jeweiligen Polizei- und Ordnungsgesetzen näher geregelt. Ein Verstoß führt zur Rechtswidrigkeit des Verwaltungsakts, nicht jedoch zur Nichtigkeit.[1975]   **1070**

Die Binnendifferenzierung innerhalb der jeweiligen Behörde ist hingegen ohne Belang.[1976] Auch kommt es nicht darauf an, welcher Amtswalter, konkret: welche*r Polizeivollzugsbeamt*in gehandelt hat, weil ihr Handeln der Behörde zugerechnet wird.[1977]   **1071**

(3) Örtliche Zuständigkeit

Die örtliche Zuständigkeit richtet sich in den Ländern mit Einheitssystem (s. bereits Rn. 1067) nach sog. Polizeibezirken, die darauf abstellen, in welchem Bezirk eine polizeiliche Aufgabe wahrzunehmen ist; gleiches gilt im Grundsatz für die Ordnungsbehörden in Ländern mit Trennsystem.[1978]   **1072**

Soweit sich die örtliche Zuständigkeit nicht aus dem jeweils einschlägigen Landesgesetz ergibt, kann hilfsweise auf § 3 VwVfG zurückgegriffen werden.   **1073**

bb) Verfahren

Die Frage etwaiger Verfahrensfehler ist im Ausgangspunkt nach den **allgemeinen Grundsätzen des Verwaltungsverfahrensrechts** zu lösen (s. hierzu Rn. 621 ff.), soweit sich aus den Polizeigesetzen keine spezifischen Verfahrensanforderungen ergeben.[1979]   **1074**

1973 Siegel, in: Siegel/Waldhoff, Öffentliches Recht für Berlin, 2. Aufl. 2017, § 2 Rn. 131.
1974 Becker/Brüning, Öffentliches Recht in Schleswig-Holstein, 2014, § 3 Rn. 59.
1975 Schenke, Polizei- und Ordnungsrecht, 10. Aufl. 2018, Rn. 454.
1976 Kingreen/Poscher, Polizei- und Ordnungsrecht mit Versammlungsrecht, 10. Aufl. 2018, § 2 Rn. 28 f.
1977 Kingreen/Poscher, Polizei- und Ordnungsrecht mit Versammlungsrecht, 10. Aufl. 2018, § 5 Rn. 6.
1978 Schenke, Polizei- und Ordnungsrecht, 10. Aufl. 2018, Rn. 459.
1979 Schenke, Polizei- und Ordnungsrecht, 10. Aufl. 2018, Rn. 490; Kingreen/Poscher, Polizei- und Ordnungsrecht mit Versammlungsrecht, 10. Aufl. 2018, § 6 Rn. 19.

Nikolas Eisentraut

1075   Generell ist auch im Polizei- und Ordnungsrecht eine **Anhörung** nach § 28 I VwVfG erforderlich. Davon kann jedoch – für das Polizei- und Ordnungsrecht besonders relevant – im Falle von **Gefahr im Verzug** nach § 28 II Nr. 1 VwVfG abgewichen werden. Zudem ist sie nach § 28 III VwVfG entbehrlich, wenn ihr ein zwingendes öffentliches Interesse entgegensteht. Im Polizei- und Ordnungsrecht wird der Anhörung aus diesen Gründen keine große Bedeutung zugemessen.[1980]

1076   **Spezifische Verfahrensanforderungen** ergeben sich insbesondere im Bereich der Standardbefugnisse.[1981]

1077   Examenswissen: Bei Minderjährigen ergibt sich aufgrund der Regelung des § 12 I VwVfG die Besonderheit, dass diesen die Handlungsfähigkeit im Verwaltungsverfahren fehlen kann (s. Rn. 641). Auf die Generalklausel gestützte Verwaltungsakte können dann nur wirksam gegenüber ihren gesetzlichen Vertretern bekannt gegeben werden.[1982] Sind die gesetzlichen Vertreter nicht erreichbar, kann kein wirksamer Verwaltungsakt gegenüber dem Minderjährigen erlassen werden; in diesem Fall muss die Behörde ohne Grundverwaltungsakt im Wege der Verwaltungsvollstreckung vorgehen (näher zur Verwaltungsvollstreckung im Polizei- und Ordnungsrecht Rn. 1059 ff.).[1983]

cc) Form

1078   Auch die Frage etwaiger Formfehler ist im Ausgangspunkt nach den **allgemeinen Grundsätzen des Verwaltungsverfahrensrechts** zu lösen (s. hierzu näher Rn. 681 ff.), soweit sich aus den Polizeigesetzen keine spezifischen Verfahrensanforderungen ergeben.[1984] Teilweise müssen nach den Landesgesetzen Ordnungsverfügungen in Abweichung vom Regelfall des § 37 II 1 VwVfG schriftlich erlassen werden, soweit nicht Gefahr im Vollzug vorliegt (so in § 19 I BbgOBG und § 20 I NWOBG). Schließlich kommt der Ausnahme vom Begründungserfordernis nach § 39 II Nr. 2 VwVfG im Polizei- und Ordnungsrecht Bedeutung zu.[1985]

1980 Kingreen/Poscher, Polizei- und Ordnungsrecht mit Versammlungsrecht, 10. Aufl. 2018, § 6 Rn. 21.

1981 Kingreen/Poscher, Polizei- und Ordnungsrecht mit Versammlungsrecht, 10. Aufl. 2018, § 6 Rn. 20.

1982 Kingreen/Poscher, Polizei- und Ordnungsrecht mit Versammlungsrecht, 10. Aufl. 2018, § 9 Rn. 5.

1983 Kingreen/Poscher, Polizei- und Ordnungsrecht mit Versammlungsrecht, 10. Aufl. 2018, § 9 Rn. 5.

1984 Schenke, Polizei- und Ordnungsrecht, 10. Aufl. 2018, Rn. 490.

1985 Kingreen/Poscher, Polizei- und Ordnungsrecht mit Versammlungsrecht, 10. Aufl. 2018, § 6 Rn. 22.

Nikolas Eisentraut

e) Materielle Rechtmäßigkeit

Im Anschluss an die formelle Rechtmäßigkeit ist in der materiellen Rechtmä- 1079
ßigkeit ist zu prüfen, ob die streitgegenständliche Maßnahme auch den materiell-
rechtlichen Anforderungen der Ermächtigungsgrundlage entspricht und ob sie
von deren Rechtsfolge gedeckt ist. Unterschieden werden muss danach, ob eine
Standardbefugnis oder die Generalklausel als Ermächtigungsgrundlage für einschlägig befunden wurde. Die Prüfung kann sodann entlang der für das Verwaltungsrecht typischen Einteilung in Tatbestand und Rechtsfolge erfolgen (s. zur
Grundstruktur der Prüfung der materiellen Rechtmäßigkeit Rn. 526 ff.; für vertiefende Ausführungen s. Rn. 712 ff.; ein Überblick über weitere Möglichkeiten, die
Prüfung aufzubauen, findet sich in Rn. 803 ff.).

aa) Die Standardbefugnisse

In ihrer Grundstruktur erfolgt die Prüfung der Standardbefugnisse dem Prü- 1080
fungsablauf für die Generalklausel. Diese wird deshalb sogleich umfassend dargestellt und muss beherrscht werden. Im Vergleich zur Generalklausel werden
Tatbestand und Rechtsfolge bei Standardmaßnahmen jedoch vielfach modifiziert.[1986] Alle diese Spezialregelungen auswendig zu lernen, macht keinen Sinn;
vielmehr muss die Grundstruktur beherrscht und der Umgang mit den Besonderheiten innerhalb der Grundstruktur erlernt werden.[1987] Die folgende Darstellung konzentriert sich daher auf die Prüfung der Generalklausel. Für eine tiefer-
greifende Auseinandersetzung mit den einzelnen Standardmaßnahmen wird auf
die in Rn. 1140 genannte Vertiefungsliteratur hingewiesen.

bb) Die Generalklausel

Ist weder eine Ermächtigungsgrundlage des besonderen Gefahrenabwehrrechts, 1081
noch eine Standardbefugnis taugliche Ermächtigungsgrundlage (s. zur Abgrenzung soeben Rn. 1036 und Rn. 1044) und wurde deshalb die Generalklausel als
„Auffang-Ermächtigungsgrundlage" für einschlägig befunden, muss im Anschluss an die formelle Rechtmäßigkeit geprüft werden, ob die Maßnahme auch
deren materiell-rechtlichen Anforderungen entspricht.

Die Generalklausel folgt **in allen Bundesländern einer vergleichbaren** 1082
Prüfungsstruktur (s. bereits die Normenübersicht in Rn. 1053). Wichtig ist es

---

1986 Siegel/Waldhoff, Öffentliches Recht für Berlin, 2. Aufl. 2017, § 2 Rn. 144.
1987 Kingreen/Poscher, Polizei- und Ordnungsrecht mit Versammlungsrecht, 10. Aufl. 2018, § 11
Rn. 28.

Nikolas Eisentraut

auch bei der Prüfung der Generalklausel (wie stets im Verwaltungsrecht) klar zwischen Tatbestand und Rechtsfolge zu trennen. Auf Tatbestandsseite sind die Tatbestandsmerkmale der Ermächtigungsgrundlage zu prüfen. Sind sie erfüllt, ist zu untersuchen, ob die von der Behörde gewählte Rechtsfolge von der Ermächtigungsgrundlage gedeckt ist.

(1) Tatbestandsmerkmale

1083 Die Generalklausel kennt in der Regel **4 Tatbestandsmerkmale.** Neben der in Klausuren schon im Rahmen des Prüfungspunktes „Ermächtigungsgrundlage" zu klärenden Frage der Subsidiarität (a) bedarf es des Vorliegens einer Gefahr (c) für eines der polizeilichen Schutzgüter der öffentlichen Sicherheit oder Ordnung (b) und der taugliche Adressat der Maßnahme muss in Anspruch genommen worden sein (d).

1084　Die unbestimmten Tatbestandsmerkmale (öffentliche Sicherheit und Ordnung, Gefahr) sind vollständig gerichtlich überprüfbar. Der Behörde ist insofern kein Beurteilungsspielraum eingeräumt (s. zum Begriff des Beurteilungsspielraums näher Rn. 735).[1988]

(a) Subsidiarität

1085 Zur Subsidiarität der Generalklausel gegenüber Befugnissen des besonderen Gefahrenabwehrrechts s. Rn. 1036 ff. sowie zu den Standardbefugnissen s. Rn. 1044 ff.

(b) Öffentliche Sicherheit und Ordnung

1086 Zunächst müsste das Schutzgut der öffentlichen Sicherheit oder Ordnung betroffen sein.[1989] Gegenüber dem Schutzgut der öffentlichen Sicherheit ist das **Schutzgut der öffentlichen Ordnung subsidiär,** es ist also nur dann zu prüfen, wenn das Schutzgut der öffentlichen Sicherheit nicht betroffen ist.[1990]

1087　Das **Schutzgut der öffentlichen Sicherheit umfasst 3 Elemente,** auch Teilschutzgüter[1991] genannt:

1988 Schenke, Polizei- und Ordnungsrecht, 10. Aufl. 2018, Rn. 51 f.

1989 In den Bundesländern Bremen und Schleswig-Holstein beschränkt sich der Tatbestand allein auf die öffentliche Sicherheit.

1990 Schoch, in: Schoch, Besonderes Verwaltungsrecht, 2018, Kapitel 1 Rn. 243.

1991 Kingreen/Poscher, Polizei- und Ordnungsrecht mit Versammlungsrecht, 10. Aufl. 2018, § 7 Rn. 2.

Nikolas Eisentraut

1. die Unverletzlichkeit der Rechtsordnung,
2. die Unversehrtheit der Rechtsgüter und Rechte des Einzelnen und
3. den Bestand und die Funktionsfähigkeit des Staates und seiner Einrichtungen.

Soweit sich im einschlägigen Landesrecht keine Legaldefinition findet,[1992] muss diese Definition auswendig gelernt werden.

Bei der Subsumtion unter die einzelnen Teilschutzgüter kann es zu **Über-** **1088** **schneidungen** derart kommen, dass eine Gefahr für mehrere der genannten Elemente bejaht werden kann.[1993] Gegenüber den anderen Teilschutzgütern ist die Unverletzlichkeit der Rechtsordnung deshalb vorrangig zu prüfen, während den anderen Elementen eine Reservefunktion zukommt.[1994]

(1.) **Das Element der Unverletzlichkeit der Rechtsordnung** umfasst die **1089** gesamte Rechtsordnung und ermöglicht es so, drohende Verletzungen geltenden Rechts zu verhindern.[1995] Aufgrund der Verrechtlichung weiter Lebensbereiche kommt dem ersten Element zentrale Bedeutung zu.[1996]

Erfasst werden zunächst drohende Verstöße gegen formelle Gesetze. Eine **1090** typische Fallgruppe bildet das **Straf- und Ordnungswidrigkeitenrecht.** Die Verhinderung von Verstößen gegen das StGB und das OWiG lassen sich häufig nur unter Rückgriff auf die Generalklausel unterbinden, beispielsweise wenn ein rechtsextremistisches Konzert wegen Volksverhetzung (§ 130 StGB) untersagt wird.[1997] Zu den gesetzlichen Vorschriften zählen weiterhin die Bestimmungen des **Verwaltungs- wie auch des Privatrechts.**[1998] Letztere werden zwar auch vom Element der Unversehrtheit der Rechtgüter und Rechte des Einzelnen erfasst. Soweit sie jedoch beiden Teilschutzgütern unterfallen, greift die Privatrechtsklausel nicht (s. zur Privatrechtsklausel Rn. 1068).

Weiterhin erfasst die Generalklausel auch Verstöße gegen untergesetzliche **1091** Normen wie **Gefahrenabwehrverordnungen.**[1999] In Klausuren bietet das Teil-

---

[1992] So in § 2 Nr. 2 BremPolG, § 3 Nr. 1 SOG LSA sowie § 54 Nr. 1 ThürOBG.
[1993] Zur historischen Begründung Kingreen/Poscher, Polizei- und Ordnungsrecht mit Versammlungsrecht, 10. Aufl. 2018, § 7 Rn. 4.
[1994] Kingreen/Poscher, Polizei- und Ordnungsrecht mit Versammlungsrecht, 10. Aufl. 2018, § 7 Rn. 6.
[1995] Schoch, in: Schoch, Besonderes Verwaltungsrecht, 2018, Kapitel 1 Rn. 245.
[1996] Götz/Geis, Allgemeines Polizei- und Ordnungsrecht, 16. Aufl. 2017, § 4 Rn. 7; Schoch, in: Schoch, Besonderes Verwaltungsrecht, 2018, Kapitel 1 Rn. 244.
[1997] OVG Bremen Beschl. v. 26.11.2011, Az.: 1 B 309/11 = BeckRS 2011, 56338; weitere Beispiele bei Schoch, in: Schoch, Besonderes Verwaltungsrecht, 2018, Kapitel 1 Rn. 247.
[1998] Schoch, in: Schoch, Besonderes Verwaltungsrecht, 2018, Kapitel 1 Rn. 248 und 252.
[1999] Schoch, in: Schoch, Besonderes Verwaltungsrecht, 2018, Kapitel 1 Rn. 249.

Nikolas Eisentraut

schutzgut der Unverletzlichkeit der Rechtsordnung daher auch das typische „Einfallstor" in der Anfechtungsklage für die Prüfung der Rechtmäßigkeit einer Gefahrenabwehrverordnung (zur Rechtmäßigkeitsprüfung einer Gefahrenabwehrverordnung s. näher § 7 Rn. 109 ff.).[2000]

1092   Auch das **EU-Recht** nimmt am Schutz der objektiven Rechtsordnung teil, etwa wenn aufgrund von Straßenblockaden eine Beeinträchtigung der Warenverkehrsfreiheit (Art. 34 AEUV) droht.[2001]

1093   (2) Vom **Element der Unversehrtheit der Rechtsgüter und Rechte des Einzelnen** erfasst werden insbesondere das Leben, die Gesundheit und Freiheit, sowie das Eigentum und Persönlichkeitsrechte.[2002] In der Regel werden diese Rechtsgüter auch von der objektiven Rechtsordnung geschützt, sodass das zweite Element keine Anwendung findet. Es kann jedoch in zwei Fallgruppen zur Anwendung kommen: Einerseits spielt die Unversehrtheit der Rechtsgüter und Rechte des Einzelnen eine Rolle bei Naturereignissen, da das objektive Recht nur menschliches Verhalten regeln kann.[2003]

1094   Zum anderen greift das Element der Unversehrtheit der Rechtsgüter und Rechte des Einzelnen bei **Selbstgefährdungen,** da die objektive Rechtsordnung den Einzelnen nicht vor sich selbst schützt.[2004] Bei einer vom freien Willen getragenen Selbstgefährdung, die zugleich unbeteiligte Dritte nicht gefährdet, wird aber regelmäßig aufgrund des Selbstbestimmungsrechts aus Art. 2 I, 2 II 1 GG auch dieses Teilschutzgut nicht als gefährdet angesehen.[2005] Entsprechendes gilt für die **Selbsttötung,** auch wenn die Behörden hier regelmäßig einschreiten werden.[2006] Die Rechtmäßigkeit des polizeilichen Einschreitens im Falle eines Selbsttötungsversuchs ergibt sich daraus, dass der Beamte in der ex ante Betrachtung nicht weiß, inwieweit der Selbsttötungsversuch von einem freien Willensentschluss getragen ist. Die Verhinderung wird deshalb als Gefahrerforschungsein-

---

2000 Kingreen/Poscher, Polizei- und Ordnungsrecht mit Versammlungsrecht, 10. Aufl. 2018, § 27 Rn. 15 ff.
2001 Schoch, in: Schoch, Besonderes Verwaltungsrecht, 2018, Kapitel 1 Rn. 251.
2002 Schoch, in: Schoch, Besonderes Verwaltungsrecht, 2018, Kapitel 1 Rn. 253.
2003 Kingreen/Poscher, Polizei- und Ordnungsrecht mit Versammlungsrecht, 10. Aufl. 2018, § 7 Rn. 6 und 21.
2004 Kingreen/Poscher, Polizei- und Ordnungsrecht mit Versammlungsrecht, 10. Aufl. 2018, § 7 Rn. 23.
2005 Kingreen/Poscher, Polizei- und Ordnungsrecht mit Versammlungsrecht, 10. Aufl. 2018, § 7 Rn. 25.
2006 Kingreen/Poscher, Polizei- und Ordnungsrecht mit Versammlungsrecht, 10. Aufl. 2018, § 7 Rn. 27 f.

Nikolas Eisentraut

griff bzw. als Einschreiten wegen einer Anscheinsgefahr (zu diesen Begriffen Rn. 1107 und Rn. 1112 ff.) qualifiziert.[2007]

Da die Durchsetzung privater Rechte und Rechtsgüter zunächst den Zivilge- **1095** richten vorbehalten ist, ist deren Schutz mittels der Polizei- und Ordnungsgesetze nur **subsidiär** möglich (s. bereits Rn. 1068). Die Landespolizeigesetze enthalten dementsprechend sog. Subsidiaritätsklauseln.[2008] Danach können die Gefahren-abwehrbehörden zum Schutz privater Rechte und Rechtsgüter nur dann ein-schreiten, wenn gerichtlicher Schutz nicht rechtzeitig zu erlangen ist und wenn ohne behördliche Hilfe die Verwirklichung des Rechts vereitelt oder wesentlich erschwert würde.[2009] Darüber hinaus ist teilweise auch ein Antragserfordernis des Berechtigten normiert worden.[2010]

(3.) Unter das **Teilschutzgut des Bestands des Staates und seiner Ein-** **1096** **richtungen und Veranstaltungen** fällt zunächst die territoriale Unversehrtheit und politische Unabhängigkeit der Bundesrepublik Deutschland. Weiterhin er-fasst werden vom Einrichtungsbegriff die Organe, Behörden, Körperschaften, Stiftungen, Anstalten und vergleichbare Sachkomplexe wie die öffentlichen Hochschulen, Kammern, Rundfunkanstalten und Schwimmbäder. Schließlich schützt der Begriff der Veranstaltung ad hoc gebildete Handlungskomplexe wie Staatsempfänge, Tage der offenen Tür und militärische Manöver.[2011] Wiederum greift vorrangig das Teilschutzgut der objektiven Rechtsordnung, wenn eine Ver-letzung der Rechtsordnung in Rede steht, so etwa beim Widerstand gegen Voll-streckungsbeamte nach § 113 StGB oder der Störung öffentlicher Betriebe nach § 316b StGB.[2012] Seine Auffangfunktion kann das Element dort erfüllen, wo nicht zugleich eine Verletzung der objektiven Rechtsordnung droht.[2013] Dies gilt wie-

---

[2007] Kingreen/Poscher, Polizei- und Ordnungsrecht mit Versammlungsrecht, 10. Aufl. 2018, § 7 Rn. 28.

[2008] Näher dazu Schoch, in: Schoch, Besonderes Verwaltungsrecht, 2018, Kapitel 1 Rn. 254 ff.

[2009] So in § 2 II PolG BW; Art. 2 II BayPAG; § 1 Abs. 4 ASOG Bln; § 1 II BbgPolG, § 1 II BremPolG; § 3 Abs. 3 HmbSOG; § 1 Abs. 3 HessSOG; § 1 Abs. 3 SOG MW; § 1 Abs. 3 NdsSOG; § 1 II PolG NW; § 1 Abs. 3 POG RP; § 1 Abs. 3 PolG SL; § 2 II SächsPolG; § 1 II SOG LSA; § 162 II LVwG SH; § 2 II ThürPAG; § 2 II ThürOBG; s. auch § 1 Abs. 4 BPolG.

[2010] § 2 II PolG BW; § 2 II SächsPolG; in der Lit. wird teilweise generell ein Antrag gefordert, Nachweise zu dieser Ansicht bei Schoch, in: Schoch, Besonderes Verwaltungsrecht, 2018, Kapi-tel 1 Rn. 254 Fn. 724.

[2011] Kingreen/Poscher, Polizei- und Ordnungsrecht mit Versammlungsrecht, 10. Aufl. 2018, § 7 Rn. 30.

[2012] Schenke, Polizei- und Ordnungsrecht, 10. Aufl. 2018, Rn. 60; Kingreen/Poscher, Polizei-und Ordnungsrecht mit Versammlungsrecht, 10. Aufl. 2018, § 7 Rn. 32 f.

[2013] Kingreen/Poscher, Polizei- und Ordnungsrecht mit Versammlungsrecht, 10. Aufl. 2018, § 7 Rn. 34.

Nikolas Eisentraut

derum bei Naturereignissen, etwa wenn ein Gewitter einen Staatsempfang gefährdet.[2014] Bloße Beeinträchtigungen der Funktionsfähigkeit der staatlichen Einrichtungen sollen hingegen nicht genügen, soweit sie nicht zugleich die Rechtsordnung verletzen; scharfe Kritik an einer staatlichen Einrichtung, das Fotografieren polizeilicher Einsätze und die Warnung vor polizeilichen Geschwindigkeitskontrollen sollen daher nicht tatbestandsmäßig sein.[2015]

1097   Schließlich erfüllen auch Gefährdungen der **öffentlichen Ordnung** den Tatbestand der Generalklausel. Das Tatbestandsmerkmal der öffentlichen Ordnung ist jedoch hoch umstritten. In Bremen und Schleswig-Holstein wurde deshalb auch auf dieses Tatbestandsmerkmal verzichtet. In den meisten Bundesländern wird am Tatbestandsmerkmal der öffentlichen Ordnung jedoch bis heute festgehalten. Soweit sich keine Legaldefinition im Gesetz findet, ist folgende Definition auswendig zu lernen: „Die öffentliche Ordnung umfasst die Gesamtheit der im Rahmen der verfassungsmäßigen Ordnung liegenden ungeschriebenen Regeln für das Verhalten des einzelnen in der Öffentlichkeit, deren Beachtung nach den jeweils herrschenden Anschauungen unerlässliche Voraussetzung eins geordneten staatsbürgerlichen Zusammenlebens ist."[2016]

> *Als Gefahr für die öffentliche Ordnung wurde beispielsweise das Angebot von „Damen-Schlamm-Catchen oben ohne"*[2017] *angesehen.*

1098 Problematisch am Tatbestandsmerkmal ist, dass auf „ungeschriebene Regeln" abgestellt wird. Es geht also um **außerrechtliche Sozialnormen.** Wer bestimmt jedoch über die „jeweils herrschende Anschauung"? In der Praxis wird dafür nicht etwa empirisch die Mehrheitsanschauung der Bevölkerung ermittelt; der unbestimmte Rechtsbegriff wird vielmehr von den Gerichten ausgelegt.[2018] Zum vergleichbaren Fall des Tatbestandsmerkmals der Sittenwidrigkeit in § 33a GewO hat das VG Karlsruhe sehr anschaulich ausgeführt: „Gleichwohl bedarf es entgegen der Ansicht des Klägers nicht der Einholung eines demoskopischen Sachverständigengutachtens zur Ermittlung der vorherrschenden sozialethischen Überzeugungen. Abgesehen davon, dass demoskopische Umfragen, die einem solchen Gutachten zugrunde zu legen wären, schon wegen der Abhängigkeit des

---

2014 Weitere Beispiele bei Kingreen/Poscher, Polizei- und Ordnungsrecht mit Versammlungsrecht, 10. Aufl. 2018, § 7 Rn. 35.
2015 Str., s. näher Kingreen/Poscher, Polizei- und Ordnungsrecht mit Versammlungsrecht, 10. Aufl. 2018, § 7 Rn. 37 f.
2016 So legaldefiniert in § 3 Nr. 2 SOG LSA und § 54 Nr. 2 OBG Thüringen.
2017 VGH München, Beschluss v. 9.12.1983, Az.: 22 CE 83 A/3074 = NVwZ 1984, 254.
2018 Kritisch dazu Kingreen/Poscher, Polizei- und Ordnungsrecht mit Versammlungsrecht, 10. Aufl. 2018, § 7 Rn. 44.

Nikolas Eisentraut

Ergebnisses von der jeweiligen konkret gewählten Fragestellung und ihrer vielschichtig möglichen Interpretation durch die Befragten keine Gewähr für ein zutreffendes Meinungsbild bieten könnten, ist es – wie bei anderen unbestimmten Rechtsbegriffen auch – Aufgabe der Rechtsprechung, den Inhalt des unbestimmten Rechtsbegriffs der guten Sitten selbst festzustellen (...)."[2019]

Obwohl das Tatbestandsmerkmal deshalb ideologisch anfällig ist und mit dem vom Grundgesetz intendierten Minderheitenschutz in einer Spannungslage steht,[2020] halten die Rechtsprechung und die überwiegende Literatur am Tatbestandsmerkmal der öffentlichen Ordnung fest.[2021] Typischerweise wird das Tatbestandsmerkmal herangezogen, um **Gefährdungen der Menschenwürde** begegnen zu können. Indes zählt Art. 1 I GG genau genommen zur geschriebenen Rechtsordnung und unterfällt bereits dem Tatbestandsmerkmal der öffentlichen Sicherheit. Zudem kommt der öffentlichen Ordnung im **Versammlungsrecht** Bedeutung zu (s. näher Rn. 1182f.). **1099**

Hausarbeitswissen: Mit der öffentlichen Ordnung in engem Zusammenhang steht das Tatbestandsmerkmal der Sittenwidrigkeit, das im Gewerberecht eine bedeutende Rolle spielt. Auch hier stellen die Gerichte auf „außerrechtliche Sozialnormen" ab.[2022] Als sittenwidrig wurden durch die Gerichte insbesondere Peep-Shows[2023] und Laserdrome-Spiele[2024] angesehen. **1100**

(c) Gefahr

Gefahrenabwehr besteht klassischer Weise in der Abwehr von **Gefahren** für die polizeilichen Schutzgüter.[2025] Dem Gefahrbegriff kommt daher im Polizei- und Ordnungsrecht zentrale Bedeutung zu. Für auf Grundlage der Generalklausel erlassene Verwaltungsakte verlangt diese deshalb, dass eine Gefahr für eines der vorstehend erörterten Schutzgüter vorliegen muss. **1101**

2019 VG Karlsruhe, Urt. v. 12.09.2013, Az.: 3 K 496/12, juris Rn. 36.
2020 Zu diesen Kritikpunkten Kingreen/Poscher, Polizei- und Ordnungsrecht mit Versammlungsrecht, 10. Aufl. 2018, § 7 Rn. 44 ff.
2021 Kingreen/Poscher, Polizei- und Ordnungsrecht mit Versammlungsrecht, 10. Aufl. 2018, § 7 Rn. 49 und 52.
2022 Dazu näher Öttinger, GewArch 2016, 365.
2023 BVerwG, Urt. v. 15.12.1981, Az.: 1 C 232.79 = BVerwGE 64, 274.
2024 BVerwG, Beschl. v. 24.10.2001, Az.: 6 C 3/01 = BVerwGE 115, 189.
2025 Schoch, in: Schoch, Besonderes Verwaltungsrecht, 2018, Kapitel 1 Rn. 10; zur Gefahrenabwehr als staatliche Aufgabe Schoch, in: Schoch, Besonderes Verwaltungsrecht, 2018, Kapitel 1 Rn. 65 ff.; zur Gefahrenabwehr durch Private Schoch, in: Schoch, Besonderes Verwaltungsrecht, 2018, Kapitel 1 Rn. 130 ff.

Nikolas Eisentraut

1102   Soweit sich im jeweils einschlägigen Polizeigesetz keine Legaldefinition findet,[2026] muss folgende **Definition** beherrscht werden: „Eine Gefahr ist ein Zustand, der bei ungehindertem Ablauf des zu erwartenden Geschehens mit hinreichender Wahrscheinlichkeit ein geschütztes Rechtsgut schädigen wird." Die Generalklausel erfordert das Bestehen einer solchen Gefahr im Einzelfall (sog. konkrete Gefahr).

1103   Vom Begriff der konkreten Gefahr zu unterscheiden ist der Begriff der sog. **abstrakten Gefahr.** Eine abstrakte Gefahr liegt dann vor, wenn ein Verhalten abstrahiert vom konkreten Einzelfall typischerweise zu einer Rechtsgutsgefährdung führt.[2027] Eine abstrakte Gefahr ist erforderlich, wenn die Behörde eine **Gefahrenabwehrverordnung** erlassen will (s. zur Gefahrenabwehrverordnung auch § 7 Rn. 107).

1104   Auf Grundlage der Definition können mehrere Aspekte problematisiert werden:

1105   Zunächst kann zu problematisieren sein, ob das Vorliegen der Voraussetzungen des Gefahrbegriffs nach objektiven oder subjektiven Gesichtspunkten zu beurteilen ist:

1106   Nach dem sog. **objektiven Gefahrbegriff** käme es auf die im Nachhinein zweifelsfrei festgestellte Situation an (Beurteilung „ex post").

1107   Nach heute herrschender Meinung ist jedoch mit dem **subjektiven Gefahrbegriff** darauf abzustellen, ob der handelnde Beamte in der konkreten Situation vertretbar von einem Zustand ausgehen durfte, der die Voraussetzungen des Gefahrbegriffs erfüllt (sog. ex ante Beurteilung).[2028] Dadurch kann der Gefahrbegriff auch dann erfüllt sein, wenn der Beamte nur ex ante von einer Gefahr ausgehen durfte, obwohl ex post gar keine Gefahr vorlag (sog. Anscheinsgefahr).[2029]

1108   Durfte der Beamte hingegen von keiner Gefahr ausgehen und tut dies trotzdem, wird von einer sog. **Putativgefahr (oder auch Scheingefahr)** gesprochen.[2030] Sein Vorgehen war dann mangels Gefahr rechtswidrig.

2026 Legaldefiniert in § 2 Nr. 3 a) BremPolG; § 2 Nr. 1 a) Nds. SOG; § 3 Nr. 3 a) SOG LSA; § 54 Nr. 3 a) ThürOBG.

2027 Schenke, Polizei- und Ordnungsrecht, 10. Aufl. 2018, Rn. 70; Kingreen/Poscher, Polizei- und Ordnungsrecht mit Versammlungsrecht, 10. Aufl. 2018, § 8 Rn. 9.

2028 Kingreen/Poscher, Polizei- und Ordnungsrecht mit Versammlungsrecht, 10. Aufl. 2018, § 8 Rn. 48.

2029 Kingreen/Poscher, Polizei- und Ordnungsrecht mit Versammlungsrecht, 10. Aufl. 2018, § 8 Rn. 49.

2030 Kingreen/Poscher, Polizei- und Ordnungsrecht mit Versammlungsrecht, 10. Aufl. 2018, § 8 Rn. 61.

Nikolas Eisentraut

Weiterhin können die einzelnen Definitionsmerkmale zu problematisieren 1109 sein:

So setzt die Definition voraus, dass eine **Schädigung eines Rechtsguts** 1110 droht. Nicht ausreichend sind demnach **bloße Belästigungen.**[2031] Als Belästigungen werden Einwirkungen auf ein Rechtsgut qualifiziert, die zwar nachteilig, unangenehm, lästig oder unerfreulich sind, aber nicht darüber hinausgehen.[2032] Unaufdringliches Betteln im öffentlichen Raum wird beispielsweise nicht als Gefahr, sondern bloß als Belästigung qualifiziert.[2033]

Weiterhin kommt es nach der Definition darauf an, dass die **Gefahrenlage** 1111 **hinreichend wahrscheinlich** ist.[2034] Es reicht also nicht aus, dass eine **Vermutung** ohne tatsächliche Anhaltspunkte im Raum steht.[2035] Auch ein reines **Risiko** reicht noch nicht, bei dem alles gegen die Wahrscheinlichkeit einer Schädigung spricht, diese aber nicht 100%ig ausgeschlossen werden kann.[2036] Dabei können die Anforderungen daran, wie wahrscheinlich ein Schadenseintritt sein muss, durchaus variieren: Umso höherrangig das Rechtsgut und der ihm drohende Schaden, desto geringere Anforderungen sind an die Wahrscheinlichkeit zu stellen.[2037]

Eine besonders problematische Kategorie ist der sog. **Gefahrenverdacht.** Von 1112 einem Gefahrenverdacht wird gesprochen, wenn zwar die Möglichkeit einer Gefahr besteht, weil bereits Anhaltspunkte darauf hindeuten, der Beamte aber letztlich im Ungewissen darüber ist, die Anhaltspunkte also noch nicht für die Bejahung der hinreichenden Wahrscheinlichkeit des Schadenseintritts genügen.[2038]

Umstritten ist, welche **Befugnisse den Polizei- und Ordnungsbehörden im Falle eines Gefahrenverdachts** zustehen:

2031 Schenke, Polizei- und Ordnungsrecht, 10. Aufl. 2018, Rn. 74.
2032 Kingreen/Poscher, Polizei- und Ordnungsrecht mit Versammlungsrecht, 10. Aufl. 2018, § 8 Rn. 3.
2033 Kingreen/Poscher, Polizei- und Ordnungsrecht mit Versammlungsrecht, 10. Aufl. 2018, § 8 Rn. 4.
2034 Schenke, Polizei- und Ordnungsrecht, 10. Aufl. 2018, Rn. 77.
2035 Kingreen/Poscher, Polizei- und Ordnungsrecht mit Versammlungsrecht, 10. Aufl. 2018, § 8 Rn. 6.
2036 Näher Kingreen/Poscher, Polizei- und Ordnungsrecht mit Versammlungsrecht, 10. Aufl. 2018, § 8 Rn. 6.
2037 Schenke, Polizei- und Ordnungsrecht, 10. Aufl. 2018, Rn. 77.
2038 Kingreen/Poscher, Polizei- und Ordnungsrecht mit Versammlungsrecht, 10. Aufl. 2018, § 8 Rn. 51; zu den unterschiedlichen Verständnissen und den daraus resultierenden Missverständnissen des Begriffs des Gefahrenverdachts näher Schenke, JuS 2018, 505 (508).

Nikolas Eisentraut

1113   Unproblematisch ist die Befugnisreichweite, wenn die Zulässigkeit eines Einschreitens bei Gefahrverdacht spezialgesetzlich normiert ist: Bestimmte **Standardmaßnahmen** lassen bereits einen Gefahrenverdacht ausreichen, so bei der Durchsuchung von Personen, Sachen und Wohnungen und dem Aufenthaltsverbot.[2039] Die Ermächtigungsgrundlagen sprechen dabei meist von „Tatsachen, die die Annahme eines bestimmten Geschehens rechtfertigen".[2040]

1114   Problematisch wird es da, wo eine Maßnahme bei einem Gefahrenverdacht nur auf eine Ermächtigungsgrundlage gestützt werden könnte, die in tatbestandlicher Hinsicht das Vorliegen einer konkreten Gefahr verlangt (so insbesondere die Generalklausel). Nur wenn der **Gefahrenverdacht zugleich als konkrete Gefahr** qualifiziert werden kann, wäre ein Einschreiten möglich.

Ein Teil der Literatur sieht den Gefahrenverdacht deshalb als Unterform der konkreten Gefahr an.[2041] Dagegen spricht jedoch, dass bei einem Gefahrenverdacht über die hinreichende Wahrscheinlichkeit eines Schadenseintritts gerade Unklarheit besteht.

Nach einer weiteren Ansicht soll es hingegen möglich sein, im Einzelfall zu untersuchen, ob ein Schaden mit hinreichender Wahrscheinlichkeit droht – nur dann könne der Gefahrenverdacht auch als konkrete Gefahr qualifiziert werden.[2042] Dafür müsste dann jedoch ausnahmsweise der objektive Gefahrbegriff zugrunde gelegt werden, weil aus der ex ante Perspektive ja gerade Ungewissheit darüber besteht, ob eine konkrete Gefahr vorliegt.[2043]

Nach a.A. soll das Recht der Polizei- und Ordnungsbehörden zu Eingriffen nach der Generalklausel auch dann bestehen, wenn keine konkrete Gefahr vorliegt, weil der Generalklausel eine stillschweigende Ermächtigung dazu zu entnehmen sei.[2044] Beschränkt seien Maßnahmen aus Verhältnismäßigkeitsgesichtspunkten aber auf **Gefahrerforschungseingriffe**.[2045] Bei Gefahrerforschungseingriffen handelt es sich um der weiteren Erforschung des Sachverhalts dienende Maßnahmen, um herauszufinden, ob eine konkrete Gefahr besteht oder nicht.[2046]

[2039] Kingreen/Poscher, Polizei- und Ordnungsrecht mit Versammlungsrecht, 10. Aufl. 2018, § 8 Rn. 53.

[2040] Näher zu den möglichen Spezialermächtigungen Schenke, JuS 2018, 505 (509).

[2041] Kingreen/Poscher, Polizei- und Ordnungsrecht mit Versammlungsrecht, 10. Aufl. 2018, § 9 Rn. 24.

[2042] Schenke, JuS 2018, 505 (510).

[2043] Meyer, JURA 2017, 1259 (1265); Schenke, Polizei- und Ordnungsrecht, 10. Aufl. 2018, Rn. 88a.

[2044] Götz/Geis, Allgemeines Polizei- und Ordnungsrecht, 16. Aufl. 2017, § 6 Rn. 31.

[2045] Vgl. Schenke, JuS 2018, 505 (510).

[2046] Schenke, Polizei- und Ordnungsrecht, 10. Aufl. 2018, Rn. 86.

Nikolas Eisentraut

Richtigerweise sollten bei bloßem Gefahrenverdacht, bei dem eine konkrete Gefahrensituation fehlt, allein Gefahrerforschungseingriffe zulässig sein, die nicht in die Rechte des Betroffenen eingreifen und deshalb auch keiner Ermächtigungsgrundlage bedürfen.[2047] Solange keine Ermächtigungsnormen in den Polizei- und Ordnungsgesetzen geschaffen wurden, die eingreifende Maßnahmen im Falle eines Gefahrenverdachts ermöglichen,[2048] sind sie mangels Gefahr als rechtwidrig zu qualifizieren. Dafür sprechen die ganz zentralen Grundsätze des Vorrangs und Vorbehalts des Gesetzes.[2049]

Die Wahrscheinlichkeit ist jedenfalls dann hinreichend konkret, wenn eine **1115** **Schädigung bereits eingetreten ist oder jedenfalls mit Sicherheit zu erwarten** ist.[2050] Im Bereich darunter variieren die Anforderungen an die Wahrscheinlichkeit in Abhängigkeit vom Rechtsgut: Je gewichtiger das Rechtsgut ist, umso geringer sind die Anforderungen an die hinreichende Wahrscheinlichkeit.[2051]

Hausarbeitswissen: Wie weit der Begriff der konkreten Gefahr in das Vorfeld der Tatbegehung reicht, **1116** *ist zuletzt intensiv in die Diskussion geraten. Ausgangspunkt waren in Reaktion auf das BKAG-Urteil des BVerfG*[2052] *vorgenommene Änderungen am Bayerischen Polizeiaufgabengesetz.*[2053] *Mit der sog. „drohenden Gefahr"*[2054] *wurde in § 11 Abs. 3 PAG Bayern eine neue „Gefahrenkategorie" eingeführt, mittels derer bereits die Entstehung einer Gefahr verhindert werden können soll. Unklar ist, ob es sich hierbei um einen Unterfall einer konkreten Gefahr handelt, bei der nur die Wahrscheinlichkeitsschwelle in Hinblick auf die zeitliche und sachliche Dimension gelockert wurde*[2055] *oder ob es sich bei der drohenden Gefahr um eine Verlagerung der Eingriffsermächtigung in den einer Gefahr vorgelagerten Bereich handelt. Für Letzteres spricht, das es ansonsten gar keiner Normierung bedurft hätte. In seinem BKAG-Urteil hat das BVerfG jedenfalls nur Überwachungsmaßnahmen bei terroristischen Gefahren im Falle einer drohenden Gefahr für zulässig gehalten; insofern entspricht die*

2047 Schenke, Polizei- und Ordnungsrecht, 10. Aufl. 2018, Rn. 88a.
2048 Zu dieser Forderung Schenke, JuS 2018, 505 (510).
2049 Schenke, Polizei- und Ordnungsrecht, 10. Aufl. 2018, Rn. 88a.
2050 Kingreen/Poscher, Polizei- und Ordnungsrecht mit Versammlungsrecht, 10. Aufl. 2018, § 8 Rn. 6.
2051 Kingreen/Poscher, Polizei- und Ordnungsrecht mit Versammlungsrecht, 10. Aufl. 2018, § 8 Rn. 6.
2052 BVerfG, Urt. v. 20.4.2016, Az.: 1 BvR 966/09 = BVerfGE 141, 220; dazu Kießling, VerwArch 2017, 282.
2053 Kingreen/Poscher, Polizei- und Ordnungsrecht mit Versammlungsrecht, 10. Aufl. 2018, § 8 Rn. 15.
2054 Umfassend zum Begriff Leisner-Egensperger, DÖV 2018, 677.
2055 So Kingreen/Poscher, Polizei- und Ordnungsrecht mit Versammlungsrecht, 10. Aufl. 2018, § 8 Rn. 16.

Nikolas Eisentraut

Kategorie der drohenden Gefahr der des Gefahrenverdachts.[2056] *Die weitergehenden Eingriffsbefugnisse nach der bayerischen Regelung werden deshalb für verfassungswidrig erachtet.*[2057]

1117 Der Gefahrbegriff wird für die **Standardmaßnahmen** teilweise qualifiziert
(sog. qualifizierte Gefahren), sodass über das Vorliegen einer konkreten Gefahr
hinausgehende Voraussetzungen zu prüfen sind.[2058] Die Normierung der Standardbefugnisse folgt insofern der Je-Desto-Formel: Je eingriffsintensiver eine
polizeiliche Maßnahme ist, desto höher sind die Anforderungen an den Gefahrbegriff.[2059] Die Begriffe der „Gefahr für Leib und Leben", der „gemeinen Gefahr"
und der „erheblichen Gefahr" zeigen an, dass ein besonderes Gewicht der drohenden Schädigung vorliegen muss.[2060] Wenn eine besondere zeitliche Nähe
verlangt wird, sprechen die Polizei- und Ordnungsgesetze von „gegenwärtiger
Gefahr", „unmittelbar bevorstehender Gefahr" oder einer „Gefahr im Verzug".[2061]
Der Begriff der „dringenden Gefahr" wird nicht einheitlich zwischen diesen Polen
verortet.[2062]

(d) Polizei- und Ordnungspflichtigkeit

1118 Auch wenn sich dies nicht unmittelbar aus dem Wortlaut der Generalklausel ergibt, dürfen auf die Generalklausel gestützte Verwaltungsakte rechtmäßiger Weise
nur an die sog. **Polizei- bzw. Ordnungspflichtigen** adressiert werden.[2063] Dies
wird für alle Maßnahmen nach den Polizei- und Ordnungsgesetzen in eigenständigen Normen angeordnet.[2064]

1119 Teilweise wird die Polizei- und Ordnungspflichtigkeit nicht der Prüfung
der Tatbestandsmerkmale zugeordnet, sondern als eigener Prüfungspunkt zwi-

---

2056 Trurnit, JURA 2019, 258 (265); Weiterentwicklung nach Shirvani, DVBl 2018, 1393 (1395).
2057 Kingreen/Poscher, Polizei- und Ordnungsrecht mit Versammlungsrecht, 10. Aufl. 2018, § 8
Rn. 18; Shirvani, DVBl 2018, 1393; a. A. Holzner, DÖV 2018, 946.
2058 Schenke, Polizei- und Ordnungsrecht, 10. Aufl. 2018, Rn. 78.
2059 Trurnit, JURA 2019, 258 (263).
2060 Kingreen/Poscher, Polizei- und Ordnungsrecht mit Versammlungsrecht, 10. Aufl. 2018, § 8
Rn. 21.
2061 Kingreen/Poscher, Polizei- und Ordnungsrecht mit Versammlungsrecht, 10. Aufl. 2018, § 8
Rn. 21.
2062 Kingreen/Poscher, Polizei- und Ordnungsrecht mit Versammlungsrecht, 10. Aufl. 2018, § 8
Rn. 21.
2063 Kingreen/Poscher, Polizei- und Ordnungsrecht mit Versammlungsrecht, 10. Aufl. 2018, § 9
Rn. 1.
2064 S. bspw. für Berlin die §§ 13, 14 und 16 ASOG.

Nikolas Eisentraut

schen Tatbestand und Rechtsfolge geprüft.[2065] Vorliegend wird die Prüfung, ob überhaupt ein Polizei- bzw. Ordnungspflichtiger in Anspruch genommen wurde, bereits als Aspekt der Tatbestandsmäßigkeit geprüft. Die Frage der richtigen Auswahl unter mehreren in Betracht kommenden Störern wird hingegen als Ermessensentscheidung der Rechtsfolgenseite zugeordnet.

In den Polizei- und Ordnungsgesetzen wird zwischen verschiedenen Polizei-/ Ordnungspflichtigen unterschieden:
(1.) dem Verhaltensstörer, (2.) dem Zustandsstörer und (3.) dem Nichtstörer.

    (1.) Der **Verhaltensstörer** ist derjenige, dessen Handeln oder Unterlassen die Gefahrenquelle darstellt (sog. Verhaltensverantwortlichkeit).[2066] Bei der Verhaltensverantwortlichkeit kommt es weder darauf an, dass den Verhaltensstörer ein Verschulden trifft, noch darauf, ob der Störer einsichts- oder verschuldensfähig ist.[2067]

1120

1121

Examenswissen: Für Kinder unter 14, teilweise auch unter 16 Jahren wird zudem eine sog. Zusatzverantwortlichkeit der aufsichtspflichtigen Personen angenommen, die neben die Verhaltensverantwortlichkeit tritt.[2068]

1122

Wann ein Handeln oder Unterlassen für eine Gefahrenquelle ursächlich ist, wird im Polizei- und Ordnungsrecht nach der sog. **Theorie der unmittelbaren Verursachung** beurteilt.[2069] Danach ist jedes Verhalten ursächlich, das die „Gefahrengrenze" überschreitet.[2070] Dafür erforderlich ist letztlich eine Wertung, welcher Beitrag noch als unmittelbare Verursachung gelten soll.[2071] In Prüfungsarbeiten ist daher unter Auswertung der Sachverhaltsangaben eine vertretbare und mit Argumenten untermauerte Lösung zu finden, ob ein Beitrag eine Verhaltensverantwortlichkeit begründen kann oder nicht.

1123

2065 Allgemein für die Adressatenstellung Peine/Siegel, Allgemeines Verwaltungsrecht, 12. Aufl. 2018, Rn. 526, 528.
2066 Kingreen/Poscher, Polizei- und Ordnungsrecht mit Versammlungsrecht, 10. Aufl. 2018, § 9 Rn. 2.
2067 Kingreen/Poscher, Polizei- und Ordnungsrecht mit Versammlungsrecht, 10. Aufl. 2018, § 9 Rn. 5.
2068 Näher Schenke, Polizei- und Ordnungsrecht, 10. Aufl. 2018, Rn. 265 ff.; Kingreen/Poscher, Polizei- und Ordnungsrecht mit Versammlungsrecht, 10. Aufl. 2018, § 9 Rn. 5.
2069 Die aus dem Strafrecht bekannte Äquivalenztheorie findet keine Anwendung, s. näher Kingreen/Poscher, Polizei- und Ordnungsrecht mit Versammlungsrecht, 10. Aufl. 2018, § 9 Rn. 10 sowie auch Schenke, Polizei- und Ordnungsrecht, 10. Aufl. 2018, Rn. 241 ff.
2070 Kingreen/Poscher, Polizei- und Ordnungsrecht mit Versammlungsrecht, 10. Aufl. 2018, § 9 Rn. 15.
2071 Schenke, Polizei- und Ordnungsrecht, 10. Aufl. 2018, Rn. 243.

Nikolas Eisentraut

1124   Eine besondere und in Klausurlösungen als Standardproblem zu beherrschende Problematik stellt die Fallgruppe der sog. **Zweckveranlasser** dar. Zweckveranlasser ist derjenige, der das Verhalten eines Verhaltensstörers subjektiv oder objektiv bezweckt, anstatt selbst die Gefahrengrenze zu überschreiten.[2072]

> *Beispiel: Eine Schaufensterwerbung führt dazu, dass es zu Menschenansammlungen nicht nur auf dem Gehsteig, sondern auch auf der Straße kommt, sodass der Straßenverkehr behindert wird. Die Gefahrengrenze überschreiten die Passanten, die auf der Fahrbahn stehen. Fraglich ist jedoch, ob auch der das Schaufenster verantwortende Geschäftsinhaber polizeipflichtig ist.*

> *Weiteres Beispiel: Auch der Veranstalter eines Fußballspiels kann als Zweckveranlasser polizeipflichtig sein, wenn es zu Ausschreitungen der Fans kommt.[2073]*

1125 Die **dogmatische Herleitung** der Polizei- und Ordnungspflichtigkeit des Zweckveranlassers stellt die Literatur vor Herausforderungen.[2074] Ob etwa objektive oder subjektive Kriterien zugrunde zu legen sind, ist umstritten, teilweise wird auch ein Nebeneinander der Theorien angenommen, weil beide Aspekte für die Frage der Zurechnung der Störereigenschaft von Belang sein könnten.[2075] Teilweise wird die Figur für verzichtbar gehalten, soweit eine Inanspruchnahme als Nichtstörer in Betracht kommt (dazu sogleich Rn. 1128).[2076] In Prüfungsarbeiten kommt es darauf an, unter Aufzeigung der in der Literatur zum Thema der Zweckveranlassung vertretenen Positionen zu einem vertretbaren Ergebnis zu gelangen, was wiederum eine gut begründete Wertung verlangt.[2077]

1126   (2.) Der **Zustandsstörer** ist derjenige, der für eine Sache verantwortlich ist, die die Gefahrenquelle darstellt (sog. Zustandsverantwortlichkeit).[2078] Sowohl die tatsächliche Gewalt über eine Sache als auch das Eigentum daran können die Verantwortlichkeit begründen.[2079] Die überwiegende Ansicht fordert auch für eine

---

2072 Kingreen/Poscher, Polizei- und Ordnungsrecht mit Versammlungsrecht, 10. Aufl. 2018, § 9 Rn. 27; Schoch, JURA 2009, 360.
2073 OVG Berlin-Brandenburg, Beschl. v. 27.9.2013, Az.: 1 S 245.13, juris Rn. 2, s. Kingreen/Poscher, Polizei- und Ordnungsrecht mit Versammlungsrecht, 10. Aufl. 2018, § 9 Rn. 28.
2074 Zu den Ansätzen Kingreen/Poscher, Polizei- und Ordnungsrecht mit Versammlungsrecht, 10. Aufl. 2018, § 9 Rn. 29.
2075 Näher Schenke, Polizei- und Ordnungsrecht, 10. Aufl. 2018, Rn. 244f.
2076 In diese Richtung Kingreen/Poscher, Polizei- und Ordnungsrecht mit Versammlungsrecht, 10. Aufl. 2018, § 9 Rn. 31.
2077 Die Figur des Zweckveranlassers präsentieren in einer Falllösung zu einer Original-Examensklausur Hebeler/Spitzlei, JA 2019, 282 (285f.).
2078 Kingreen/Poscher, Polizei- und Ordnungsrecht mit Versammlungsrecht, 10. Aufl. 2018, § 8 Rn. 2.
2079 Schenke, Polizei- und Ordnungsrecht, 10. Aufl. 2018, Rn. 268.

Nikolas Eisentraut

Sache das Überschreiten der Gefahrengrenze i. S. d. Theorie der unmittelbaren Verursachung.[2080]

Gibt es **mehrere Zustands- und womöglich auch Verhaltensstörer**, muss 1127 in der Klausur zunächst nur festgestellt werden, dass die Behörde jedenfalls eine als Störer zu qualifizierende Person in Anspruch genommen hat. Ob diese Auswahl auch richtig war, ist eine Frage der Ermessensausübung der Behörde und daher auf Rechtsfolgenseite zu erörtern (s. näher Rn. 1139).

(3.) Sollte weder der Verhaltensstörer, noch der Zustandsstörer in Anspruch 1128 genommen werden können, so können Polizei- und Ordnungsbehörden die Gefahr selbst beseitigen.[2081] Sollte dies nicht möglich sein, kann schließlich der sog. **Nicht-Störer** in Anspruch genommen werden.[2082] Die Voraussetzungen für ein Vorgehen gegen den Nichtstörer (auch polizeilicher Notstand genannt) sind in allen Polizei- und Ordnungsgesetzen der Länder konkretisiert worden.[2083]

Eine besondere Problematik bildet die Frage der **Rechtsnachfolge in Polizei-** 1129 **und Ordnungspflichten**. Eine Rechtsnachfolge wird beispielsweise im Todesfall durch die Erbfolge ausgelöst. In diesem Fall stellt sich die Frage, ob die Polizei- bzw. Ordnungspflichtigkeit auf den Rechtsnachfolger übergehen kann. Es geht also darum, ob ein polizei- bzw. ordnungsrechtliches Vorgehen gegen den Rechtsnachfolger neu eingeleitet werden muss oder ob es fortgeführt werden kann (indem beispielsweise ein bestandskräftiger Verwaltungsakt auch gegen den Rechtsnachfolger vollstreckt wird).[2084] Die Diskussion wird durch die Vielzahl an in der Literatur eingeführten Differenzierungskriterien noch erschwert.[2085] Für eine erfolgreiche Klausurbearbeitung sollte die Kenntnis der folgenden Grundzüge reichen, um zu einer vertretbaren Lösung zu gelangen:

2080 Schenke, Polizei- und Ordnungsrecht, 10. Aufl. 2018, Rn. 268; Kingreen/Poscher, Polizei- und Ordnungsrecht mit Versammlungsrecht, 10. Aufl. 2018, § 9 Rn. 45.
2081 Kingreen/Poscher, Polizei- und Ordnungsrecht mit Versammlungsrecht, 10. Aufl. 2018, § 8 Rn. 2.
2082 Kingreen/Poscher, Polizei- und Ordnungsrecht mit Versammlungsrecht, 10. Aufl. 2018, § 8 Rn. 2.
2083 § 9 BWPolG; Art. 10 bayPAG; Art. 9 III BayLStVG; § 16 ASOG Bln; § 7 BbgPolG; § 18 BbgOBG; § 7 BremPolG; § 10 I HambSOG; § 9 HSOG; § 71 I SOG SOG M-V; § 8 Nds.SOG; § 6 PolG NRW; § 19 NWOBG; § 7 RhPfPOG; § 6 SPolG; § 7 SächsPolG; § 10 SOG LSA; § 220 I SchlHLVwG; § 10 ThürPAG; § 13 ThürOBG; § 20 I BPolG.
2084 Kingreen/Poscher, Polizei- und Ordnungsrecht mit Versammlungsrecht, 10. Aufl. 2018, § 9 Rn. 54.
2085 Die Modifikationen ablehnend Kingreen/Poscher, Polizei- und Ordnungsrecht mit Versammlungsrecht, 10. Aufl. 2018, § 9 Rn. 56.

Nikolas Eisentraut

1130   Bei **höchstpersönlichen Pflichten**, also solchen, die allein vom Rechtsvorgänger erfüllt werden können, scheidet eine Rechtsnachfolge aus.[2086]

Ansonsten ist zu differenzieren, ob es um die Rechtsnachfolge in eine Zustands- oder Verhaltensverantwortlichkeit geht und ob sich die Verantwortlichkeit bereits konkretisiert hat.

1131   Eine Rechtsnachfolge in eine **abstrakte (noch nicht konkretisierte) Zustandsverantwortlichkeit** gibt es nicht. Gegen einen neuen Besitzer ergeht einfach eine neue polizei- bzw. ordnungsbehördliche Maßnahme.

> *Beispiel: A erbt von B ein Grundstück, auf dem ein Baum steht, der auf das Nachbarhaus zu stürzen droht. Gegenüber B wurde jedoch bisher noch keine Verfügung erlassen, wonach B zum Fällen des Baumes verpflichtet würde. Die Ordnungsbehörde kann auf Grundlage der polizeilichen Generalklausel gegenüber A nunmehr eine solche Anordnung treffen.*

1132   Die Rechtsnachfolge in eine bereits **konkretisierte Zustandsverantwortlichkeit** wurde bisher für möglich gehalten. Die Pflichtigkeit „klebt" sozusagen an der Sache, nicht am Verantwortlichen. Diese Ansicht ist jedoch in die Kritik geraten; vermehrt wird eine gesetzliche Regelung der Überleitung gefordert.[2087]

> *Beispiel: Bereits zu B's Lebzeiten hat die Behörde eine Fäll-Verfügung erlassen. Als B verstirbt, geht nach traditioneller Sichtweise mit dem Erbfall auch die mit der Verfügung begründete Pflicht, den Baum zu fällen, von B auf den Erben A über.*

1133   Eine Rechtsnachfolge in eine **abstrakte Verhaltensverantwortlichkeit** scheidet aus, wenn sich der Rechtsnachfolger durch eigenes Verhalten der Polizeipflichtigkeit aussetzt. Eine Rechtsnachfolge kommt hier nur bei sog. „unfertigen Verpflichtungen" in Betracht.[2088]

> *Beispiel (angelehnt an Kingreen/Poscher, Polizei- und Ordnungsrecht mit Versammlungsrecht, 10. Aufl. 2018, § 9 Rn. 51): Rockstar R spielt zur Nachtzeit regelmäßig und unter voller Verstärkung seine E-Gitarre. Damit gefährdet er die Gesundheit der Patienten im benachbarten Krankenhaus. Als R verstirbt, setzt sein Sohn S die Tätigkeit fort. Die Ordnungsbehörde kann nunmehr direkt gegenüber S eine Ordnungsverfügung erlassen, die ihm das nächtliche Gitarrenspiel untersagt.*

[2086] Kingreen/Poscher, Polizei- und Ordnungsrecht mit Versammlungsrecht, 10. Aufl. 2018, § 9 Rn. 54.

[2087] Siegel, in: Siegel/Waldhoff, Öffentliches Recht in Berlin, 2. Aufl. 2017, § 2 Rn. 115.

[2088] Siegel, in: Siegel/Waldhoff, Öffentliches Recht in Berlin, 2. Aufl. 2017, § 2 Rn. 117.

Nikolas Eisentraut

Die Rechtsnachfolge in eine **konkretisierte Verhaltensverantwortlichkeit** soll 1134
ohne Überleitungsregelung nicht zulässig sein.[2089]

Beispiel: Gegenüber R wird eine Ordnungsverfügung erlassen, bevor er verstirbt. Ohne Über-
leitungsvorschrift entfaltet die Ordnungsverfügung keine Wirkungen gegenüber S.

(2) Rechtsfolge: Ermessen

Die Generalklauseln der Polizei- und Ordnungsgesetze eröffnen der zuständi- 1135
gen Behörde auf Rechtsfolgenseite Ermessen („kann") (s. allgemein zum Ermessen Rn. 729 ff.).[2090] Die behördliche Maßnahme ist daher auf Ermessensfehler zu
untersuchen.

Untersucht werden muss einerseits, ob die Behörde ihr Entschließungser- 1136
messen und andererseits, ob sie ihr Auswahlermessen fehlerfrei ausgeübt hat.
Folgende Fragen sind im allgemeinen Polizei- und Ordnungsrecht in diesem
Kontext typischerweise zu thematisieren:

Im Rahmen der Prüfung des Auswahlermessens kann zunächst zu untersu- 1137
chen sein, ob die Ermächtigungsgrundlage überhaupt die von der Behörde er-
griffene Maßnahme deckt.[2091] Da die Generalklausel dazu ermächtigt, die „erforderlichen Maßnahmen" zu ergreifen, ist zu untersuchen, ob die Behörde ihr
Ermessen überschritten und in Bezug auf die jeweils streitgegenständliche Maßnahme **unverhältnismäßig** gehandelt hat.[2092]

Aufbauhinweis: Teilweise wird die Verhältnismäßigkeit auch außerhalb der 1138
Ermessensfehler geprüft, weil die Polizei- und Ordnungsgesetze Verhältnismäßigkeit und Ermessen in jeweils eigenständigen Regelungen thematisieren. Nach
überzeugender Ansicht handelt es sich bei der Verhältnismäßigkeit indes um
einen Aspekt der Ermessensüberschreitung.[2093]

In die Prüfung des Auswahlermessens auf Ermessensfehler fällt auch die 1139
Frage, ob die Behörde die **Auswahl unter mehreren Störern** rechtsfehlerfrei
getroffen hat. Diese Frage ist nur dann aufzuwerfen, wenn auch mehrere taugliche
Adressaten für die Maßnahme in Betracht kommen.[2094] Die Auswahl richtet sich
stets zunächst nach dem Effektivitätsgebot, sodass die Behörde grundsätzlich den

---

2089 Siegel, in: Siegel/Waldhoff, Öffentliches Recht in Berlin, 2. Aufl. 2017, § 2 Rn. 117.
2090 Kingreen/Poscher, Polizei- und Ordnungsrecht mit Versammlungsrecht, 10. Aufl. 2018, § 10
Rn. 34.
2091 Peine/Siegel, Allgemeines Verwaltungsrecht, 12. Aufl. 2018, Rn. 530.
2092 Zum Verhältnismäßigkeitsgrundsatz im Polizei- und Ordnungsrecht näher Kingreen/Po-
scher, Polizei- und Ordnungsrecht mit Versammlungsrecht, 10. Aufl. 2018, § 10 Rn. 15 ff.
2093 Peine/Siegel, Allgemeines Verwaltungsrecht, 12. Aufl. 2018, Rn. 535 f.
2094 Peine/Siegel, Allgemeines Verwaltungsrecht, 12. Aufl. 2018, Rn. 529.

Nikolas Eisentraut

Störer heranziehen darf, durch den sich die Gefahrenbeseitigung am wirksamsten realisieren lässt.[2095] Bei gleicher Effektivität ist hilfsweise auf den Verhältnismäßigkeitsgrundsatz abzustellen.[2096]

f) Literaturhinweise

1140 Lehrbuchliteratur zum Polizei- und Ordnungsrecht: Kingreen/Poscher, Polizei- und Ordnungsrecht mit Versammlungsrecht, 10. Aufl. 2018; Schoch, Polizei- und Ordnungsrecht, in: Schoch, Besonderes Verwaltungsrecht, 2018; Schenke, Polizei- und Ordnungsrecht, 10. Aufl. 2018; Götz/Geis, Allgemeines Polizei- und Ordnungsrecht, 16. Aufl. 2017; Gusy, Polizei- und Ordnungsrecht, 10. Aufl. 2017; Lisken/Denninger, Handbuch des Polizeirechts, 6. Aufl. 2018

Lesenswerte Aufsätze: Poscher/Rusteberg, Die Klausur im Polizeirecht, JuS 2011, S. 888 ff., S. 984 ff., 1082 ff.; Möstl, Standardmaßnahmen des Polizei- und Ordnungsrechts, JURA 2011, S. 840 ff.; Trurnit, JURA 2019, 258 – Eingriffsschwellen für polizeiliche Maßnahmen; Meyer, JURA 2017, 1259 – Subjektiver oder objektiver Gefahrbegriff, „Gefahrenverdacht" und Vorfeldbefugnisse: Dauerbaustellen des Gefahrenabwehrrechts; Danne, JuS 2018, 434 – Doppelfunktionale Maßnahmen in der öffentlich-rechtlichen Klausur; Stückemann, JA 2015, 569 – Die Rechtsnachfolge in die gefahrenabwehrrechtliche Verhalts- und Zustandsverantwortlichkeit

Falllösung: Fall 1 in: Eisentraut, Fälle zum Verwaltungsrecht, 2020

3. Ermächtigungsgrundlagen des Versammlungsrechts (Sebastian Eickenjäger)

1141 Das Versammlungsrecht ist eines der **Kernrechtsgebiete des besonderen Verwaltungsrechts, in Studium und Examen stets klausurrelevant**[2097] und nicht zuletzt auch in der Praxis von erheblicher Bedeutung. In Theorie und Praxis stellen sich aktuell Herausforderungen z.B. im Hinblick auf Versammlungen im Rahmen von Großveranstaltungen (G 20), sog. „gemischten" Veranstaltungen,[2098]

2095 Kingreen/Poscher, Polizei- und Ordnungsrecht mit Versammlungsrecht, 10. Aufl. 2018, § 9 Rn. 89.
2096 Kingreen/Poscher, Polizei- und Ordnungsrecht mit Versammlungsrecht, 10. Aufl. 2018, § 9 Rn. 90.
2097 S. hierzu die in Rn. 1221 angeführten Literaturhinweise.
2098 S. hierzu Petersen, DÖV 2019, 131.

Nikolas Eisentraut/Sebastian Eickenjäger

Versammlungen im privaten Raum[2099] (Fraport) sowie hinsichtlich neuer Protestformen (Protestcamps,[2100] Blockupy Proteste, Flash- und Smartmobs,[2101] virtuelle Versammlungen[2102] etc.). Zu berücksichtigen ist zudem, dass die Versammlungsfreiheit aus Art. 8 GG in hohem Maße durch die Rechtsprechung des BVerfG geprägt wurde und zunehmend auch eine Überlagerung des nationalen Versammlungsrechts durch europäisches, internationales und transnationales Recht[2103] zu beobachten ist. Seit die Länder durch die Föderalismusreform im Jahre 2006 die ausschließliche Gesetzgebungskompetenz im Bereich des Versammlungsrechts erlangt haben, sind zudem in Bayern, Niedersachsen, Sachsen, Sachsen-Anhalt und Schleswig-Holstein Landesversammlungsgesetze neben das Bundesversammlungsgesetz (VersammlG) getreten, die teilweise Eingriffsbefugnisse neu regeln. In den Ländern, die bisher kein eigenes Landesversammlungsgesetz erlassen haben, gilt das Versammlungsgesetz des Bundes (VersammlG) gemäß Art. 125a I 1 GG als Bundesrecht fort.

Die folgende Tabelle führt die **Versammlungsgesetze des Bundes und der Länder** auf:　1142

Bund	Gesetz über Versammlungen und Aufzüge (**VersammlG**) vom 15. November 1978 (BGBl. I 1789), zuletzt geändert durch Art. 2 G vom 8. Dezember 2008 (BGBl. I S. 2366)
Bayern	Bayerisches Versammlungsgesetz (**BayVersG**) vom 22. Juli 2008 (GVBl. S. 421), ab 1.10.2008; zuletzt geändert durch § 1 ÄndG vom 23.11.2015 (GVBl. S. 410)
Niedersachsen	Niedersächsisches Versammlungsgesetz (**NdsVersG**) vom 7. Oktober 2010 ab 1.2.2011 (Nds. GVBl. S. 465, ber. S. 532)
Sachsen	Gesetz über Versammlungen und Aufzüge im Freistaat Sachsen (**SächsVersG**) vom 25. Januar 2012 (SächsGVBl. S. 54); zuletzt geändert durch Art. 4 ÄndG vom 17.12.2013 (SächsGBl. S. 890)

2099 S. BVerfG, Urt. v. 22.2.2011, Az.: 1 BvR 699/06 = BVerfGE 128, 266 – Fraport sowie Scharlau, Schutz von Versammlungen auf privatem Grund, 2018.

2100 S. hierzu etwa Hartmann, NVwZ 2018, 200 und Friedrich, DÖV 2019, 55.

2101 S. hierzu Lenski, VerwArch 103 (2012), 539; Neumann, NVwZ 2011, 1171.

2102 S. hierzu etwa Kersten, JuS 2017, 193; Möhlen, MMR 2013, 221; Vogelsang, Kommunikationsformen des Internetzeitalters im Lichte der Kommunikationsfreiheiten des Grundgesetzes, 2017.

2103 S. hierzu Ripke, Europäische Versammlungsfreiheit, 2012; Eickenjäger/Fischer-Lescano, Transnationalisierung des Versammlungsrechts, in: Ridder/Breitbach/Deiseroth, Kommentar Versammlungsrecht, i. E.

Sebastian Eickenjäger

Sachsen-Anhalt	Gesetz des Landes Sachsen-Anhalt über Versammlungen und Aufzüge (**VersG LSA**) vom 3. Dezember 2009 (GVBl. LSA S. 558), ab 12.12.2009
Schleswig-Holstein	Versammlungsfreiheitsgesetz für das Land Schleswig-Holstein (**VersFG SH**) vom 18. Juni 2015 (GVOBl. Schlesw.-H. 135)

a) Versammlungsrecht in der Klausurbearbeitung

1143   In der Klausur wird es sich regelmäßig um Anfechtungssituationen im Hinblick auf Maßnahmen gegen (geplante) Versammlungen handeln. Da die Maßnahmen nach dem Versammlungsrecht **typischerweise als Verwaltungsakte zu qualifizieren** sind, ist damit im Grundsatz die Anfechtungsklage statthaft.

1144   In Abwandlung der Grundkonstellation der Anfechtungsklage treffen Studierende zudem auf die Konstellation, dass eine geplante Versammlung unmittelbar bevorsteht. Hier ist oftmals ein **Antrag auf Eilrechtsschutz nach § 80 V VwGO**, gerichtet auf die Wiederherstellung bzw. Anordnung der aufschiebenden Wirkung eines Rechtsbehelfs, gegen sofort vollziehbare Maßnahmen zu prüfen (zum Antrag nach § 80 V VwGO § 8).

1145   Außerdem ist in der Klausur häufig die **Fortsetzungsfeststellungklage** statthaft, etwa wenn es um bereits erledigte Maßnahmen im Rahmen einer Versammlung oder um eine Auflösung der Versammlung geht. Das erforderliche Fortsetzungsfeststellungsinteresse wird hierbei regelmäßig aufgrund schwerwiegender Eingriffe in Art. 8 GG, eines bestehenden Rehabilitationsinteresses oder aufgrund bestehender Wiederholungsgefahr gegeben sein (zur Fortsetzungsfeststellungsklage § 4).

1146   Die **Feststellungsklage** nach § 43 I VwGO ist im Rahmen des Versammlungsrechts etwa bzgl. der Feststellung der Rechtswidrigkeit der Erhebung und Verarbeitung von Daten einschlägig.[2104] An einem anfechtbaren Verwaltungsakt fehlt es auch bei den in Klausuren immer wieder relevanten Gefährder*innenansprachen (s. hierzu auch Rn. 224 f. und 1003 (Polizeirecht)), mit denen einzelnen Personen empfohlen wird, von Veranstaltungen fernzubleiben und zugleich mitgeteilt wird, dass ihnen gegenüber ansonsten Maßnahmen nach dem Polizei- oder Versammlungsrecht vorgenommen werden, soweit die Voraussetzungen hierfür vorliegen (zur Feststellungsklage näher § 6).

2104 S. BVerwG, Urt. v. 25.10.2017, Az.: 6 C 45.16 = BeckRS 2017, 138147, wo mit der Erhebung der Feststellungsklage u. a. die Feststellung der Rechtswidrigkeit der Anfertigung von Bildaufnahmen mittels des Einsatzes von Tornado-Kampfflugzeugen begehrt wurde.

Sebastian Eickenjäger

Examenswissen: Entsprechende Anschreiben oder Ansprachen enthalten hinweisende Elemente **1147** (Mitteilung des Kenntnisstandes der Behörde bezüglich der betreffenden Person), empfehlende Elemente (den Hinweis, bestimmte Dinge zu tun bzw. zu unterlassen) und auch warnende Elemente (es drohen bestimmte behördliche Maßnahmen, wenn die Person nicht wie empfohlen handelt), geben jedoch kein Tun, Dulden oder Unterlassen rechtsverbindlich auf. Da die Ansprachen damit nicht darauf gerichtet sind, eine verbindliche Rechtsfolge festzusetzen und es mithin an einer Regelung im Sinne des § 35 1 VwVfG fehlt, sind sie nicht als Verwaltungsakt zu qualifizieren. Die statthafte Klageart wäre somit entweder die allgemeine Leistungsklage (wenn die Ansprache oder ein Anschreiben für gegenstandslos erklärt werden soll) oder die Feststellungsklage (wenn festgestellt werden soll, dass die Behörde nicht berechtigt war, eine entsprechende Ansprache vorzunehmen oder ein entsprechendes Schreiben aufzusetzen) (zur allgemeinen Leistungsklage näher § 5).

Die genannten Klausurkonstellationen setzen jeweils voraus, dass die **zentralen** **1148** **Eingriffsgrundlagen des Versammlungsrechts** geprüft werden können. Im Folgenden werden daher die für die Fallbearbeitung wichtigsten Eingriffsgrundlagen vorgestellt. Hierbei werden zwei Unterscheidungen vorgenommen: Zum einen zwischen Ermächtigungsgrundlagen für Eingriffe in Versammlungen unter freiem Himmel und Versammlungen in geschlossenen Räumen und zum anderen zwischen den Eingriffsbefugnissen nach dem Bundesversammlungsgesetz (VersammlG) und den Landesversammlungsgesetzen.

b) Ermächtigungsgrundlagen

Bevor in der Klausur Eingriffsgrundlagen des Versammlungsrechts (hierzu un- **1149** ten dd) herangezogen werden, ist zunächst (zumindest gedanklich) zu prüfen, ob der **Anwendungsbereich der Versammlungsgesetze des Bundes und der Länder** überhaupt eröffnet ist. Dies kann verneint werden, wenn keine Versammlung im Sinne der jeweiligen Versammlungsgesetze vorliegt (aa), wenn das jeweilige Versammlungsgesetz nur auf öffentliche Versammlungen Anwendung findet, es sich jedoch um eine nichtöffentliche Versammlung handelt (bb), und zuletzt, wenn ausnahmsweise die Sperrwirkung des Versammlungsrechts (sogenannte Polizeirechtsfestigkeit des Versammlungsrechts, s. dazu auch Rn. 1037 ff.) nicht greift (cc).

aa) Versammlungsbegriffe der Versammlungsgesetze

Zunächst zu der Frage, wann eine Veranstaltung nach den der Versammlungs- **1150** gesetze jeweils zugrundeliegenden Versammlungsbegriffen als Versammlung zu qualifizieren ist:

Sebastian Eickenjäger

1151   Das Bundesversammlungsgesetz sieht **keine Definition des Begriffs der Versammlung** vor. In der Literatur besteht deshalb Uneinigkeit bzgl. der Frage, ob zwischen dem Begriff des § 1 VersammlG und dem des Art. 8 I GG zu unterscheiden oder von einem einheitlichen Versammlungsbegriff auszugehen ist.[2105] Eine Unterscheidung ist jedenfalls dort vorzunehmen, wo der Schutzbereich des Art. 8 I GG und der Regelungsbereich des VersammlG auseinanderfallen.[2106] Zu beachten ist in diesem Zusammenhang zunächst, dass Art. 8 I GG die Versammlungsfreiheit dem Wortlaut nach als Bürgerrecht vorsieht,[2107] nach § 1 I VersammlG jedoch „jedermann" berechtigt ist. Außerdem schützt Art. 8 I GG öffentliche wie nichtöffentliche Versammlungen, während das VersammlG gemäß § 1 I grds. nur öffentliche Versammlungen umfasst (s. hierzu Rn. 1157 f.). Schließlich sind vom VersammlG auch unfriedliche Versammlungen umfasst, obwohl diese vom Schutzbereich des Art. 8 I GG ausgeschlossen sind.[2108]

1152   Von diesen Unterschieden abgesehen ist auf den **Versammlungsbegriff des Art. 8 I GG** in der Ausprägung durch die Rechtsprechung des BVerfG abzustellen, wonach es sich bei Zusammenkünften mehrerer Personen zur gemeinschaftlichen, auf die Teilhabe an der öffentlichen Meinungsbildung gerichteten Erörterung oder Kundgebung um eine Versammlung handelt.[2109] In der Literatur besteht im Hinblick auf diese Definition Uneinigkeit darüber, welche Mindestteilnehmer*innenzahl gegeben sein muss und welche materiellen Anforderungen an den Zweck einer Veranstaltung zu stellen sind.

1153   Bzgl. der erforderlichen Anzahl der Teilnehmer*innen geht die h. M. von einer Mindestanzahl von zwei Personen aus, während andere mindestens drei[2110] oder – mit Verweis auf die **Mindestpersonenzahl** für die Gründung von Vereinen – sieben Personen fordern.[2111]

1154   Im Hinblick auf die Anforderungen an den Zweck einer Veranstaltung besteht Einigkeit darüber, dass bloße Ansammlungen mangels innerer Verbindung nicht von der Versammlungsfreiheit geschützt werden. Davon abgesehen werden ein enger und ein weiter Versammlungsbegriff vertreten. Der **weite Versamm-**

2105 Laut BVerwG entspricht der Versammlungsbegriff des Versammlungsgesetzes demjenigen des Grundgesetzes, Urt. v. 16. 05. 2007, Az.: 6 C 23/06 = BVerwGE 129, 42 [45]. Zu dem Streitstand s. Kniesel/Braun/Keller, Besonderes Polizei- und Ordnungsrecht, 1. Aufl. 2018, Rn. 174 ff. m. w. N.
2106 Kniesel/Braun/Keller, Besonderes Polizei- und Ordnungsrecht, 1. Aufl. 2018, Rn. 174.
2107 S. hierzu Fischer-Lescano, Deutschengrundrechte: Ein Anachronismus, 2019, i. E.
2108 Kniesel/Braun/Keller, Besonderes Polizei- und Ordnungsrecht, 1. Aufl. 2018, Rn. 175.
2109 S. zuletzt BVerfG, Beschl. v. 27. 10. 2016, Az.: 1 BvR 458/10 = BVerfGE 143, 161 (210).
2110 OLG Saarbrücken, Beschl. v. 15. 09. 1998, Az.: Ss Z 225 – 98 (106 – 98) = NStZ-RR 1999, 119.
2111 S. hierzu Kniesel/Braun/Keller, Besonderes Polizei- und Ordnungsrecht, 1. Aufl. 2018, Rn. 62.

Sebastian Eickenjäger

lungsbegriff will eine Öffnung zugunsten von unpolitischen und privaten Formen des sich-versammelns umfassen, so dass auch ausschließlich genussorientierte Sport- und Musikveranstaltungen umfasst wären, solange kollektive Öffentlichkeit besteht.[2112] Der enge Versammlungsbegriff, zu dem wohl auch das BVerfG tendiert,[2113] verlangt, dass über das bloße Sich-Versammeln hinaus eine Meinungskundgabe erfolgen muss, die das Ziel hat, auf die Öffentlichkeit einzuwirken.[2114]

Examenswissen: Der **EGMR** hat zuletzt ausdrücklich davon abgesehen, den Versammlungsbegriff **1155** (des Art. 11 I EMRK) zu definieren oder Kriterien zur Bestimmung festzulegen, um die Gefahr einer restriktiven Interpretation zu vermeiden.[2115] Im Anschluss daran wird in der Literatur für einen **offenen Versammlungsbegriff** plädiert, der sich von formellen (insbesondere körperliche Anwesenheit oder Mindestteilnehmer*innenzahl) und materiellen (bestimmter Zweck der Meinungsbildung) Kriterien freimacht und das Vorliegen einer Versammlung bejaht, wenn die Möglichkeit besteht, dass die Versammlung der kommunikativen Entfaltung in der Öffentlichkeit dient und es sich um einen Beitrag zur demokratischen Öffentlichkeit handelt.[2116]

Die Versammlungsgesetze Bayerns, Niedersachsens, Sachsens und Schleswig- **1156** Holsteins haben den engen Versammlungsbegriff des BVerfG übernommen.[2117] In § 2 I VersFG SH wurde eine Mindestteilnehmer*innenzahl von drei Personen und in Art. 2 I BayVersG, § 2 NdsVersG sowie § 1 III SächsVersG von zwei Personen bestimmt. § 1 VersG LSA ist wortgleich mit § 1 VersammlG, womit diesbezüglich auf die Ausführungen zum Bundesversammlungsgesetz verwiesen werden kann.

bb) Öffentliche und nichtöffentliche Versammlungen

Die Versammlungsgesetze des Bundes und der Länder beantworten die Frage, ob **1157** sie sowohl auf öffentliche als auch auf nichtöffentliche Versammlungen anwendbar sind oder nicht, ganz unterschiedlich.

Bzgl. des **VersammlG** – dessen Eingriffsbefugnisse nicht auf nichtöffentli- **1158** che Versammlungen anzuwenden sind – geht eine Ansicht davon aus, dass die

---

2112 So etwa Depenheuer in: Maunz/Dürig, GG, Art. 8, 48. EL 2006, Rn. 47.

2113 Petersen, DÖV 2019, 131 (132), m.w.N.

2114 BVerwG, Urt. v. 25.10.2017, Az.: 6 C 46/16 = NJW 2018, 716 (719).

2115 EGMR, Urt. v. 15.11.2018, Az.: 29580/12, 36847/12, 11252/13, 12317/13, 43746/14 (Navalnyy/ Russland), Rn. 98.

2116 S. hierzu Eickenjäger/Fischer-Lescano, Transnationalisierung des Versammlungsrechts, in: Ridder/Breitbach/Deiseroth, Kommentar Versammlungsrecht, i.E.

2117 Enders, in: Dürig-Friedel/Enders, Versammlungsrecht, 2016, § 1 VersammlG, Rn. 51 ff., 62 ff., 69 f., 77 f. Vgl. auch Kniesel, in: Dietel/Kintzel/Kniesel, Versammlungsgesetze, 17. Aufl. 2016, § 1 VersammlG, Rn. 17 ff.; Petersen, DÖV 2019, 131 (132).

Sebastian Eickenjäger

Bestimmungen des VersammlG analog anzuwenden sind.[2118] Hierfür spreche insbesondere, dass es sinn- und systemwidrig wäre, wenn die nichtöffentliche Versammlung – die weniger gefährdet und gefährlich sei als die öffentliche Versammlung – auf der Grundlage des allgemeinen Polizei- und Ordnungsrechts leichter eingeschränkt werden dürfte als eine öffentliche auf der Grundlage des Versammlungsrechts. Eine andere Ansicht geht von der Anwendbarkeit des allgemeinen Polizei- und Ordnungsrechts aus mit der Maßgabe, dass eine „verfassungsorientierte Interpretation" der Ermächtigungsgrundlagen des allgemeinen Polizei- und Ordnungsrechts vorzunehmen sei, im Rahmen derer der besonderen Bedeutung des Art. 8 GG Rechnung zu tragen sei.[2119]

1159 Für das **BayVersG** gilt, dass dieses ausdrücklich gemäß Art. 2 III BayVersG im Hinblick auf die hier relevanten Eingriffsbefugnisse nur auf öffentliche Versammlungen Anwendung findet. Die Versammlungsgesetze in Sachsen (**SächsVersG**) und Sachsen-Anhalt (**VersG LSA**) beschränken sich ebenfalls (wie das VersammlG) auf öffentliche Versammlungen. Da hier eine analoge Anwendung des jeweiligen Landesversammlungsgesetzes offensichtlich mangels planwidriger Regelungslücke ausscheidet, kann in Bayern, Sachsen und Sachsen-Anhalt gegenüber nichtöffentlichen Versammlungen auf die allgemeinen Befugnisse nach dem allgemeinen Polizei- und Ordnungsrecht zurückgegriffen werden.[2120] Da auch nichtöffentliche Versammlungen in den Schutzbereich der Versammlungsfreiheit fallen, sind hierbei jedoch stets die strengen Anforderungen des Art. 8 GG zu berücksichtigen. Dies gilt insbesondere im Hinblick auf nichtöffentliche Versammlungen in geschlossenen Räumen, bei denen ein Einschreiten nur bei Verstößen gegen das Waffenverbot, den Friedlichkeitsgrundsatz und zum Schutz gleichgewichtiger Verfassungsgüter zulässig ist.[2121]

1160 Anders verhält es sich beim **NdsVersG**, das gleichermaßen auf öffentliche und nichtöffentliche Versammlungen Anwendung findet und deshalb grds. Sperrwirkung gegenüber dem allgemeinen Polizei- und Ordnungsrecht entfaltet.[2122] Das **VersFG SH** gilt grds. genauso wie das NdsVersG gemäß §§ 1 I und 2 III VersFG SH für öffentliche wie für nichtöffentliche Versammlungen.

1161 Folgende Tabelle stellt die vorherigen Ausführungen überblicksartig dar:

2118 S. etwa Rühl, NVwZ 1988, 577 (579, 581); Kingreen/Poscher, Polizei- und Ordnungsrecht, 10. Aufl. 2018, § 19 Rn. 16.
2119 S. BVerwG, Urt. v. 23.3.1999, Az.: 1 C 12/97 = NVwZ 1999, 991 (992); Kniesel/Poscher, in: Lisken/Denninger, Handbuch des Polizeirechts, 6. Aufl. 2018, K, Rn. 21f.
2120 Kniesel, in: Dietel/Kintzel/Kniesel, Versammlungsgesetze, 17. Aufl. 2016, § 1 VersammlG, Rn. 20, 27f.
2121 Heinhold, in: Wöchtler/Heinhold/Merk, BayVersG, 1. Aufl. 2011, Art. 2, Rn. 36.
2122 Miller, in: Wefelmeier/Miller, NdsVersG, 1. Aufl. 2012, § 2, Rn. 4.

Sebastian Eickenjäger

Im Geltungsbereich der folgenden Versammlungsgesetze ...	... auf nichtöffentliche Versammlungen <u>anwendbares</u> <u>Recht.</u>
VersammlG	E.A.: analoge Anwendung VersammlG A.A.: verfassungskonform interpretierte Bestimmungen des allgemeinen Polizeirechts
BayVersG	Verfassungskonform interpretierte Bestimmungen BayPAG
NdsVersG	NdsVersG
SächsVersG	Verfassungskonform interpretierte Bestimmungen SächsPolG
VersG LSA	Verfassungskonform interpretierte Bestimmungen SOG LSA
VersFG SH	VersFG SH

cc) Polizeirechtsfestigkeit des Versammlungsrechts

Die Formel der **Polizeirechtsfestigkeit des Versammlungsrechts** (hierzu auch **1162** Rn. 1037 ff.) beschreibt die Abgrenzung des Versammlungsrechts (als lex specialis) vom allgemeinen Polizei- und Ordnungsrecht (als lex generali) und dient dem besonderen Schutz der in Art. 8 I GG garantierten Versammlungsfreiheit.[2123] In Versammlungen soll grds. nur nach Maßgabe der strengen Vorgaben des Versammlungsrechts eingegriffen werden können. Zudem zeichnen sich die Steuerungskonzepte der Bundes- und Landesversammlungsgesetze dadurch aus, dass sie Veranstalter*innen und Leitung in hohem Maße die Verantwortung für die Einhaltung des gesetzlichen Rahmens der Versammlungsfreiheit übertragen.[2124] Insofern dient die **„Sperrwirkung" des Versammlungsrechts** auch der Sicherstellung der „Autonomie" der Versammlung. Der Rückgriff auf das allgemeine Polizei- und Ordnungsrecht zur Einschränkung der Versammlungsfreiheit ist daher nur zulässig, wenn die Versammlungsgesetze selbst keine abschließenden Regelungen enthalten.

Im **Vorfeld der Versammlung** entfalten die Bestimmungen der Versamm- **1163** lungsgesetze gegenüber der Gesamtversammlung mangels Regelungslücke vollumfänglich Sperrwirkung. Ein Rückgriff auf das allgemeine Polizei- und Ordnungsrecht ist jedoch ausnahmsweise zulässig, soweit es sich um Maßnahmen

---

2123 Götz/Geis, Allgemeines Polizei- und Ordnungsrecht, 16. Aufl. 2017, § 23 Rn. 38.
2124 Kniesel/Poscher, in: Lisken/Denninger, Handbuch des Polizeirechts, 6. Aufl. 2018, K, Rn. 24.

Sebastian Eickenjäger

gegenüber einzelnen Teilnehmer*innen handelt.[2125] Hierzu zählen etwa Gefährder*innenansprachen, Meldeauflagen, Personenkontrollen, Durchsuchungen,
Beschlagnahmen sowie Teilnahmeuntersagungen. Das Bundesversammlungsgesetz sieht hierfür keine Ermächtigungsgrundlagen vor. Und da es der Versammlung (bzw. den Veranstalter*innen und der Leitung) auch an organisatorischen
Möglichkeiten und der nötigen Infrastruktur fehlt, um selbst (d. h. autonom) im
Hinblick auf anreisende Teilnehmer*innen für die Wahrung der öffentlichen Sicherheit und Ordnung zu sorgen, können die Behörden hier ausnahmsweise auf
das allgemeine Polizei- und Ordnungsrecht zurückgreifen.[2126] Zu beachten ist jedoch, dass manche Landesversammlungsgesetze solche „Vorfeldmaßnahmen"
gegenüber einzelnen Teilnehmer*innen teilweise bereits gesetzlich geregelt haben (s. hierzu Rn. 1086 ff. und 1204 ff.).

1164 **Während der Versammlung** können die Behörden nach der h.M. vermittelt
über § 15 I VersammlG bzw. § 13 I 2 VersammlG Eingriffe auf das allgemeine Po-
lizei- und Ordnungsrecht stützen, wenn hierdurch die eingriffsintensive Auflösung vermieden werden kann.[2127] Als so genannte **„Minusmaßnahmen"** (hierzu
Rn. 1218 ff.) kommen etwa die Sicherstellung gefährlicher Gegenstände, der
Austausch von Leiter*innen und Ordner*innen, der Ausschluss von Teilnehmer*innen sowie das Verbot der Verwendung einzelner strafrechtlich relevanter
Musikstücke oder Plakate in Betracht. Auch hier ist zu berücksichtigen, dass
mittlerweile manche Landesversammlungsgesetze entsprechende Minusmaßnahmen ausdrücklich geregelt haben (hierzu Rn. 1186 ff. und 1204 ff.).

1165 Die h.M. in der Literatur und Rechtsprechung geht zudem davon aus, dass –
entgegen der Sperrwirkung bzw. der Polizeirechtsfestigkeit des Versammlungsrechts – bzgl. **„nicht versammlungsspezifischer Gefahren"** (etwa bau-, feuer-,
oder gesundheitspolizeilicher Art) auf die Regelungen des allgemeinen Polizeirechts zurückgegriffen werden kann.[2128]

2125 BVerwG, Urt. v. 25.10.2017, Az.: 6 C 45.16 = BeckRS 2017, 138147, Rn. 16.
2126 Kniesel/Poscher, in: Lisken/Denninger, Handbuch des Polizeirechts, 6. Aufl. 2018, K,
Rn. 36 f.
2127 Götz/Geis, Allgemeines Polizei- und Ordnungsrecht, 16. Aufl. 2017, § 23 Rn. 39. Hierzu
kritisch: Kniesel/Poscher, in: Lisken/Denninger, Handbuch des Polizeirechts, 6. Aufl. 2018, K,
Rn. 26 ff.
2128 S. etwa Enders, in: Dürig-Friedl/Enders, Versammlungsrecht, 1. Aufl. 2016, § 5 VersammlG,
Rn. 4.; Götz/Geis, Allgemeines Polizei- und Ordnungsrecht, 16. Aufl. 2017, § 23 Rn. 39; Kniesel/
Braun/Keller, Besonderes Polizei- und Ordnungsrecht, 1. Aufl. 2018, Rn. 418 ff.; kritisch hierzu
Eickenjäger/Haerkötter/Vetter, in: Ridder/Breitbach/Deiseroth, Versammlungsrecht, i.E., § 5
VersammlG, Rn. 54 und Eickenjäger/Ewering/Kohlmeier, in: Ridder/Breitbach/Deiseroth, Ver-
sammlungsrecht, i.E., § 13 VersammlG, Rn. 20 ff.

Sebastian Eickenjäger

Examenswissen: In diesem Zusammenhang von Bedeutung ist insbesondere das Urteil des VGH **1166** Mannheim zur Auflösung eines in geschlossenen Räumen abgehaltenen Konzerts einer rechtsextremistischen Skinhead-Band auf der Grundlage der polizeilichen Generalklausel aus feuerpolizeilichen Gründen zur Abwehr konkreter Gefahren für Leben und Gesundheit der Versammlungsteilnehmer*innen.[2129] Die Entscheidung steht stellvertretend für Eingriffe aufgrund des Polizei- und Ordnungsrechts – egal ob Verbot oder Auflösung – aufgrund nicht versammlungsspezifischer Gefahren.

Mit der **Beendigung einer Versammlung** und **nach einer Auflösung der Ver-** **1167** **sammlung** entfällt auch der Vorrang der Versammlungsgesetze.[2130] Auflösungen können dann durch die Behörden etwa mit Platzverweisen nach Maßgabe des allgemeinen Polizei- und Ordnungsrechts durchgesetzt werden.

Zu beachten ist jedoch, dass auch bei Vorfeldmaßnahmen, Minusmaßnah- **1168** men und Maßnahmen gegenüber Teilnehmer*innen im Rahmen der Abreise von der Versammlung der Schutz aus Art. 8 I GG greift und etwaige Maßnahmen auf der Grundlage des allgemeinen Polizei- und Ordnungsrechts den **verfassungsrechtlichen Anforderungen des Art. 8 I GG** genügen müssen. In diesem Sinne darf z.B. die Anreise nicht durch Kontrollen unzumutbar erschwert und das Recht auf einen geordneten Abzug nach Beendigung oder Auflösung der Versammlung nicht beeinträchtigt werden.[2131]

dd) Die einzelnen Ermächtigungsgrundlagen der Versammlungsgesetze

Für die Beschränkung von Versammlungen unter freiem Himmel und in ge- **1169** schlossenen Räumen sehen die Versammlungsgesetze des Bundes und der Länder eine Reihe von Eingriffsbefugnissen vor. Die wichtigsten Eingriffsmöglichkeiten stellen dabei **Verbote, Beschränkungen (Auflagen)** und die **Auflösung** dar. Darüber hinaus von Relevanz sind insbesondere die Ermächtigungen zu Maßnahmen gegenüber einzelnen Teilnehmer*innen.

In den folgenden zwei Tabellen werden die zentralen Ermächtigungsgrund- **1170** lagen bzgl. Versammlungen unter freiem Himmel und in geschlossenen Räumen aufgeführt. Unter „d) Materielle Rechtmäßigkeit" (Rn. 1177) erfolgt sodann eine systematische Darstellung der Ermächtigungsgrundlagen im Hinblick auf ihre materiell-rechtlichen Voraussetzungen.

2129 VGH Mannheim, Urt. v. 12.7.2010, Az.: 1 S 349/10 = BeckRS 2010, 52002.
2130 Götz/Geis, Allgemeines Polizei- und Ordnungsrecht, 16. Aufl. 2017, § 23 Rn. 39.
2131 Zu den verfassungsrechtlichen Anforderungen bei Vorfeldmaßnahmen s. Götz/Geis, Allgemeines Polizei- und Ordnungsrecht, 16. Aufl. 2017, § 23 Rn. 22. Zu der „Nachwirkung von Art. 8 I GG s. Kniesel/Braun/Keller, Besonderes Polizei- und Ordnungsrecht, 1. Aufl. 2018, Rn. 418 ff.

Sebastian Eickenjäger

1171 Die wichtigsten Eingriffsbefugnisse (Beschränkungen, Verbot und Auflösung) zu Versammlungen unter freiem Himmel im Überblick:

Versammlungsgesetze	Maßnahmen
VersammlG	Beschränkungen: § 15 I Verbot: § 15 I Auflösung: § 15 III
BayVersG	Beschränkungen: Art. 15 I und IV Verbot: Art. 15 I Auflösung: Art. 14 IV
NdsVersG	Beschränkungen: § 8 I und IV Verbot: § 8 II 1 und IV Auflösung: § 8 II
SächsVersG	Beschränkungen: § 15 I Verbot: § 15 I Auflösung: § 15 III
VersG LSA	Beschränkungen: § 13 I Verbot: § 13 I Auflösung: § 13 IV
VersFG SH	Beschränkungen: § 13 I Verbot: § 13 I Auflösung: § 13 I

1172 Die wichtigsten Eingriffsbefugnisse zu Versammlungen in geschlossenen Räumen im Überblick:

Versammlungsgesetz	Maßnahmen
VersammlG	Verbot: § 5 Auflösung: § 13
BayVersG	Verbot: Art. 12 I Auflösung: Art. 12 II Beschränkungen: Art. 12
NdsVersG	Verbot: § 14 II 1 Auflösung: § 14 II 1 Beschränkungen: § 14 I Besondere Maßnahmen (gegenüber einzelnen Personen): § 15
SächsVersG	Verbot: § 4 Auflösung: § 13
VersG LSA	Verbot: § 4

Sebastian Eickenjäger

Fortsetzung

Versammlungsgesetz	Maßnahmen
	Auflösung: § 11
VersFG SH	Verbot: § 20 I Auflösung: § 20 I Beschränkungen: § 20 I Maßnahmen gegenüber einzelnen Personen: § 9 I und II i. V. m. § 20 I

c) Formelle Rechtmäßigkeit

Die Prüfung der formellen Rechtmäßigkeit gliedert sich in die Prüfungspunkte **1173** Zuständigkeit, Verfahren und Form (zur Prüfung im Allgemeinen ausführlich Rn. 579 ff.). Folgende versammlungsrechtliche Besonderheiten bestehen:

aa) Zuständigkeit

Die Zuständigkeiten für die dargestellten Eingriffsbefugnisse ergeben sich aus **1174** landesrechtlichen Bestimmungen und stellen sich danach in den einzelnen Bundesländern wie folgt dar:[2132]

Bundesland	Landesrechtliche Bestimmungen	Zuständige Behörden
Baden-Württemberg	Verordnung des Innenministeriums über Zuständigkeiten nach dem Versammlungsgesetz (VersGZuVO) v. 25. 5. 1977 (GBl. 196), zuletzt geändert durch Art. 1 ÄndVO vom 17. 12. 2008 (GBl. 2009 S. 5)	– gem. § 1 I die Kreispolizeibehörden als untere Verwaltungsbehörden (also nach § 15 I Nr. 1 VwG BW in den Landkreisen die Landratsämter, in den Stadtkreisen gem. § 15 I Nr. 2 VwG BW die Gemeinden) – bei Maßnahmen „der Polizei" (§§ 9 II, 12, 12a, <u>13 I</u>, 18, 19 IV, 19a VersammlG): Polizeivollzugsdienst
Bayern	Art. 24 BayVersG	– II S. 1: Kreisverwaltungsbehörden (gem. Art. 37 I 1 LKrO das Landratsamt bzw. nach Art. 9 I 1 GO die kreisfreie Gemeinde) – II S. 2: ab Beginn der Versammlung und in unaufschiebbaren Fällen

---

[2132] S. hierzu ausführlich die Ausführungen unter „Landesrechtliche Zuständigkeits-, Verfahrens- und Kostenregelungen" zu den einzelnen Bundesländern in: Ridder/Breitbach/Deiseroth, Versammlungsrecht, i. E.

Sebastian Eickenjäger

Fortsetzung

Bundesland	Landesrechtliche Bestimmungen	Zuständige Behörden
		kann auch die Polizei (Polizeivollzugsdienst) Maßnahmen treffen
Berlin	Allgemeines Gesetz zum Schutz der öffentlichen Sicherheit und Ordnung in Berlin (Allgemeines Sicherheits- und Ordnungsgesetz – ASOG Bln) in der Fassung v. 11.10.2006 (GVBl. S. 930), zuletzt geändert durch Art. 5 G zur Umsetzung der Seveso-III-RL und zur Änd. zuständigkeitsrechtlicher Vorschriften v. 16.3.2018 (GVBl. 186)	– gem. § 2 IV 1 i.V.m. Nr. 23 II der Anlage: Polizeipräsident*in Berlin
Brandenburg	Verordnung zur Übertragung der Zuständigkeiten nach dem Versammlungsgesetz (ZustVO VersamG), v. 29.10.1991 (GVBl. S. 470), zuletzt geändert durch Art. 2 G zur Ersetzung von § 16 des VersammlungsG v. 26.10.2006 (GVBl. I 114)	– gem. § 1: Polizeipräsidium (in Potsdam) – bei Maßnahmen „der Polizei" (§§ 9 II, 12, 12a, <u>13 I</u>, 18, 19 IV, 19a VersammlG): Polizeivollzugsdienst
Bremen	Verordnung über die Zuständigkeit der Verwaltungsbehörden nach dem Versammlungsgesetz v. 9.2.1993 (Brem.GBl. S. 63), zuletzt geändert durch Nr. 2.3 i.V.m. Anl. 3 und Nr. 2.4 i.V.m. Anl. 4 ÄndBek. V. 2.8.2016 (Brem.GBl. S. 434)	– gem. § 1 I für Maßnahmen nach §§ 14 I, 15 I, 17a III und IV, 18 II VersammlG[2133] die Ortspolizeibehörden (gem. §§ 65 I Nr. 2, 67 II BremPolG in der Stadtgemeinde Bremen das Ordnungsamt und in der Stadtgemeinde Bremerhaven der Oberbürgermeister als Vertreter des Magistrats) – bei Maßnahmen „der Polizei" (§§ 9 II, 12, 12a, <u>13 I</u>, 18, 19 IV, 19a VersammlG) sowie Maßnahmen

---

2133 Obwohl § 5 VersammlG hier nicht genannt wird, ist davon auszugehen, dass für Verbote nach § 5 VersammlG ebenfalls die Ortspolizeibehörden zuständig sind. Es ist jedenfalls nicht nachvollziehbar, warum die Zuständigkeit für Verbote von Versammlungen in geschlossenen Räumen anders ausfallen soll als die Zuständigkeit für Verbote von Versammlungen unter freiem Himmel.

2134 So jedenfalls VG Bremen, Urt. v. 4.9.2014, Az.: 5 K 1145/13; kritisch hierzu Fischer-Lescano, Zuständigkeits-, Kosten und Verfahrensregeln Bremen, in: Ridder/Breitbach/Deiseroth, Kommentar Versammlungsrecht, i.E.

Sebastian Eickenjäger

Fortsetzung

Bundesland	Landesrechtliche Bestimmungen	Zuständige Behörden
		nach § 15 III und IV VersammlG[2134]: Polizeivollzugsdienst
Hamburg	Anordnung über Zuständigkeiten im Versammlungsrecht und öffentlichen Vereinsrecht v. 10.12.1968 (Amtl. Anz. 1968, 1513), zuletzt geändert durch Artikel 37 der Anordnung v. 26.10.2010 (Amtl. Anz. S. 2129, 2132)	– gem. Nr. I Abs. 1 Nr. 1 die Behörde für Inneres und Sport – bei Maßnahmen „der Polizei" (§§ 9 II, 12, 12a, 13 I, 18, 19 IV, 19a VersammlG): Polizeivollzugsdienst
Hessen	Verordnung zur Durchführung des Hessischen Gesetzes über die öffentliche Sicherheit und Ordnung und des Hessischen Freiwilligen-Polizeidienst-Gesetzes (HSOG-DVO) vom 12.6.2007 (GVBl. I S. 323), zuletzt geändert durch Art. 1 Vierte ÄndVO v. 23.10.2012 (GVBl. S. 326)	– gem. § 1 1 Nr. 2: allgemeine Ordnungsbehörden – Gemeinde mit weniger als 7.500 Einwohner*innen: Kreisordnungsbehörde (also die/der Landrät*in) – bei Maßnahmen „der Polizei" (§§ 9 II, 12, 12a, 13 I, 18, 19 IV, 19a VersammlG): Polizeivollzugsdienst
Mecklenburg-Vorpommern	Landesverordnung über die zuständigen Behörden nach dem Versammlungsgesetz (VersG-ZustVO) v. 21.7.1994 (GVOBl. M-V S. 804), zuletzt geändert durch Erste ÄndVO vom 19.1.2007 (GVOBl. M-V S. 30)	– gem. § 2 die Landrät*innen und die Oberbürgermeister*innen der kreisfreien Städte als Kreisordnungsbehörden – bei Maßnahmen „der Polizei" (§§ 9 II, 12, 12a, 13 I, 18, 19 IV, 19a VersammlG): Polizeivollzugsdienst
Niedersachsen	§ 24 NdsVersG	– vor Versammlungsbeginn (I 1 Nr. 1): untere Versammlungsbehörde (Landkreise, kreisfreien Städte, großen selbständigen Städte und selbständigen Gemeinden wahr, auf dem Gebiet der Landeshauptstadt Hannover die Polizeidirektion Hannover) – nach Versammlungsbeginn (I 1 Nr. 2): die Polizei (Polizeivollzugsdienst)
Nordrhein-Westfalen	Verordnung über Zuständigkeiten nach dem Versammlungsgesetz v. 2.2.1987 (GV. NRW. S. 62), zuletzt geändert durch Verordnung v. 9.9.2014 (GV. NRW. S. 500)	– gem. § 1: Kreispolizeibehörden (gem. gem. § 2 I POG NRW die Polizeipräsidien der kreisfreien Städte und die Landrät*innen, soweit das Kreisgebiet zu einem Polizeibezirk erklärt wurde)

Sebastian Eickenjäger

Fortsetzung

Bundesland	Landesrechtliche Bestimmungen	Zuständige Behörden
Rheinland-Pfalz	Landesverordnung über die Zuständigkeit der allgemeinen Ordnungsbehörden in der Fassung v. 31.10.1978 (GVBl. S. 695), zuletzt geändert durch Artikel 9 des Zweiten Landesgesetzes zur Kommunal- und Verwaltungsreform vom 28.9. 2010 (GVBl. 2010 S. 280)	– gemäß §§ 1, 2 Nr. 9 die Kreisordnungsbehörde (in den Landkreisen die Kreisverwaltungen und in kreisfreien Städten die Stadtverwaltungen); – in der großen kreisangehörigen Stadt: Stadtverwaltung (§ 1 Nr. 9 HS 2) – bei Maßnahmen „der Polizei" (§§ 9 II, 12, 12a, <u>13 I</u>, 18, 19 IV, 19a VersammlG): Polizeipräsidien
Saarland	Verordnung zur Übertragung und Änderung von Zuständigkeiten v. 17.9. 1991 (Amtsblatt 1991, 1066), zuletzt geändert durch das Gesetz v. 21.11. 2007 (Amtsbl. S. 2393)	– gem. § 1 1: die Landkreise, der Regionalverband Saarbrücken, die Landeshauptstadt Saarbrücken und die kreisfreien Städte – bei Maßnahmen „der Polizei" (§§ 9 II, 12, 12a, <u>13 I</u>, 18, 19 IV, 19a VersammlG): Polizeivollzugsdienst
Sachsen	§ 32 SächsVersG	– gem. Abs. 1: Kreispolizeibehörden (nach § 64 I Nr. 3 SächsPolG die Landratsämter und die Kreisfreien Städte) – für die in Abs. 2 genannten Maßnahmen: Polizeivollzugsdienst
Sachsen-Anhalt	Verordnung über die Zuständigkeiten auf verschiedenen Gebieten der Gefahrenabwehr (ZustVO SOG) vom 31.7. 2002 (GVBl. LSA S. 328), zuletzt geändert durch Art. 3 Zweite Polizeistrukturreformrerordnung v. 18.12.2018 (GVBl. LSA S. 443).	– gem. § 1 I Nr. 1 Landkreise bzw. die kreisfreie Stadt Dessau-Roßlau; in Halle und Magdeburg: gem. § 1 I Nr. 2 die Polizeidirektion – bei Maßnahmen „der Polizei" (§§ <u>11 I</u>, 16 Abs. 3, 17 IV, 18 I VersammlG LSA): Polizeivollzugsdienst
Schleswig-Holstein	§ 27 VersFG SH	– gemäß Abs. 1 für Versammlungen unter freiem Himmel: Landrät*innen und die Bürgermeister*innen der kreisfreien Städte als Kreisordnungsbehörden – gemäß Abs. 2 für Versammlungen in geschlossenen Räumen: Bürgermeister*innen der amtsfreien Gemeinden, die/der Amtsdirektor*in,

Sebastian Eickenjäger

Fortsetzung

Bundesland	Landesrechtliche Bestimmungen	Zuständige Behörden
		in ehrenamtlich verwalteten Ämtern die/der Amtsvorsteher*in
Thüringen	Thüringer Verordnung zur Bestimmung von Zuständigkeiten im Geschäftsbereich des Innenministeriums v. 15. 4. 2008 (GVBl. 2008, 102), zuletzt geändert durch Verordnung v. 8. 10. 2013 (GVBl. S. 311)	– gem. § 15 I InMinZustV TH grundsätzlich die Landkreise oder die kreisfreien Städte – bei Maßnahmen „der Polizei" (§§ 9 II, 12, 12a, <u>13 I</u>, 18, 19 IV, 19a VersammlG): Polizeivollzugsdienst

bb) Verfahren und Form

Vor dem Erlass beschränkender Maßnahmen sind die Beteiligten anzuhören **1175** (§ 28 I VwVfG) soweit nicht ein Fall des § 28 II VwVfG (bei Maßnahmen im Rahmen von laufenden Versammlungen insbesondere Gefahr im Verzug gemäß § 28 II Nr. 1 VwVfG) vorliegt. Die **Anhörung** erfolgt oftmals im Rahmen eines sogenannten **Kooperationsgesprächs**,[2135] dessen Durchführung in Landesversammlungsgesetze teilweise ausdrücklich geregelt ist (s. § 3 III VersFG SH, Art. 14 I 1 BayVersG sowie § 6 NdsVersG).

Beschränkungen nach § 15 I und II VersammlG sowie §§ 5 und 13 VersammlG **1176** können grds. mündlich oder schriftlich ergehen (§ 37 II VwVfG); mündliche Verwaltungsakte sind gemäß § 37 I 2 VwVfG schriftlich zu bestätigen, wenn hieran ein berechtigtes Interesse besteht und der_die Betroffene dies unverzüglich verlangt. Ein schriftlicher sowie ein schriftlich bestätigter Verwaltungsakt ist gemäß § 39 I 1 VwVfG mit einer Begründung zu versehen. Verfügungen nach § 13 VersammlG sind im Hinblick auf dessen Wortlaut („unter Angabe eines Grundes") auch dann zu begründen, wenn sie mündlich erfolgen. Diese Anforderungen sind aufgrund der höheren Eingriffsintensität eines präventiven Verbots analog auf mündliche Verbote nach § 5 VersammlG zu übertragen.[2136] Verfügungen sind zudem gemäß § 41 VwVfG bekannt zu geben.

[2135] Hettich, Versammlungsrecht in der Praxis, 2. Aufl. 2018, S. 222, Rn. 211.
[2136] Eickenjäger/Haerkötter/Vetter, in: Ridder/Breitbach/Deiseroth, Kommentar Versammlungsrecht, i. E., § 5 VersammlG, Rn. 63.

Sebastian Eickenjäger

d) Materielle Rechtmäßigkeit

1177 Bei der Prüfung der Voraussetzungen der Ermächtigungsgrundlage ist wiederum danach zu differenzieren, ob es sich um eine Versammlung unter freiem Himmel oder in geschlossenen Räumen handelt.

aa) Versammlungen unter freiem Himmel

1178 Bei Versammlungen unter freiem Himmel muss weiter differenziert werden, ob das VersammlG des Bundes oder ein Landesversammlungsgesetz einschlägig ist.

(1) VersammlG des Bundes

1179 Für die Beschränkung von öffentlichen Versammlungen unter freiem Himmel sieht das VersammlG des Bundes verschiedene Eingriffsbefugnissen vor, von denen die wichtigsten die **Verbote** und **Beschränkungen (Auflagen)** nach § 15 I VersammlG und die **Auflösung** nach § 15 III VersammlG darstellen. § 15 I VersammlG bestimmt für das Verbot und die Erteilung von Auflagen, dass diese nur zulässig sind, wenn nach den zur Zeit des Erlasses der Verfügung erkennbaren Umständen die öffentliche Sicherheit oder Ordnung bei Durchführung der Versammlung oder des Aufzuges unmittelbar gefährdet ist. § 15 II VersammlG ermöglicht ein Verbot oder die Erteilung von Auflagen für Versammlungen an Orten, die als Gedenkstätten von historisch herausragender, überregionaler Bedeutung an die Opfer der menschenunwürdigen Behandlung unter der nationalsozialistischen Gewalt- und Willkürherrschaft erinnern. Die Auflösung nach § 15 III VersammlG ist zulässig, wenn Versammlungen nicht angemeldet sind, wenn von den Angaben der Anmeldung abgewichen oder den Auflagen zuwidergehandelt wird, oder wenn die Voraussetzungen zu einem Verbot gegeben sind.

1180 Gemäß Art. 8 II GG stehen Versammlungen unter freiem Himmel zwar unter einem **allgemeinen Gesetzesvorbehalt.** Das BVerfG verlangt seit der Brokdorf-Entscheidung jedoch, dass aufgrund der grundlegenden Bedeutung der Versammlungsfreiheit für das Funktionieren der demokratischen Grundordnung die Auflösung und das Verbot nur zum Schutz gleichwertiger Rechtsgüter unter strikter Wahrung des Grundsatzes der Verhältnismäßigkeit und nur bei einer unmittelbaren, aus erkennbaren Umständen herleitbaren Gefährdung dieser Rechtsgüter erfolgen dürfen.[2137]

1181 Bzgl. der Anforderungen an beschränkende Maßnahmen ergibt sich aus der Rechtsprechung des BVerfG, dass eine Gefährdung der **öffentlichen Sicherheit**

2137 BVerfG, Beschl. v. 14.5.1985, Az.: 1 BvR 233, 341/81 = BVerfGE 69, 315 (348 f., 353 f.).

Sebastian Eickenjäger

grds. dann gegeben ist, wenn eine strafbare Verletzung der objektiven Rechtsordnung, der subjektiven Rechte und Rechtsgüter Dritter oder der Veranstaltungen des Staates und seiner Einrichtungen droht.[2138] Die Rechtsgüter müssen dabei
indes zum einen gleichwertig sein und zum anderen müssen die Versammlungsbehörden Maßnahmen auf das beschränken, was zum Schutze der Rechtsgüter erforderlich ist.[2139]

Dem Begriff der **öffentlichen Ordnung** kommt im Versammlungsrecht eine   **1182**
„Reservefunktion" zu, um unvorhergesehenen und unerträglichen Störungen des
öffentlichen Friedens begegnen zu können.[2140] **Öffentliche Ordnung** meint dabei
die Gesamtheit der ungeschriebenen Regeln, deren Befolgung nach den jeweils
herrschenden sozialen und ethischen Anschauungen als unerlässliche Voraussetzung eines geordneten menschlichen Zusammenlebens innerhalb eines bestimmten Gebiets angesehen wird.[2141] Zu beachten ist, dass die öffentliche Ordnung regelmäßig nur zur Rechtfertigung von Auflagen herangezogen werden
kann, da Verbote und Auflösungen im Wesentlichen nur zum Schutz elementarer
Rechtsgüter in Betracht kommen.[2142]

Examenswissen: In der Praxis wurde die öffentliche Ordnung bisher insbesondere gegenüber   **1183**
rechtsextremen Versammlungen in Anschlag gebracht.[2143] Das BVerfG ist dieser Rechtsprechung jedoch damit entgegengetreten, dass zur Abwehr von kommunikativen Angriffen auf
Schutzgüter der Verfassung nur auf bereits geschaffene Strafrechtsnormen rekurriert werden darf
und deshalb ein Rückgriff auf die in § 15 I VersammlG enthaltene Ermächtigung zum Schutz der
öffentlichen Ordnung ausscheidet, soweit kein Straftatbestand erfüllt ist.[2144] Die Versammlungsbehörden können gegenüber Versammlungen wegen einer Gefährdung der öffentlichen
Ordnung deshalb nur dann einschreiten, wenn – über die Gefahr der Verwirklichung von Straftaten durch das Verbreiten nationalsozialistischen Gedankenguts hinaus – provokative oder ag-
gressive Begleitumstände zu befürchten sind, von denen im konkreten Fall eine Einschüchterung
der Bevölkerung sowie ein Klima der Gewaltdemonstration bzw. potentielle Gewaltbereitschaft

---

2138 S. Barczak, in: Ridder/Breitbach/Deiseroth, Versammlungsrecht, i.E., § 15 VersammlG,
Rn. 95 ff.
2139 BVerfG, Beschl. v. 14.5.1985, Az.: 1 BvR 233, 341/81 = BVerfGE 69, 315 (348 f., 353 f.).
2140 S. hierzu Barczak, in: Ridder/Breitbach/Deiseroth, Kommentar Versammlungsrecht, i.E.,
§ 15 VersammlG, Rn. 162.
2141 BVerfG, Beschl. v. 14.5.1985, Az.: 1 BvR 233, 341/81 = BVerfGE 69, 315 (352).
2142 BVerfG, Beschl. v. 14.5.1985, Az.: 1 BvR 233, 341/81 = BVerfGE 69, 315 (352 f.).
2143 S. hierzu die Rspr. des OVG Münster, etwa die Beschl. v. 23.3.2001, Az.: 5 B 395/01 = NJW
2001, 2111; v. 12.4.2001, Az.: 5 B 492/01 = NJW 2001, 2113; v. 29.6.2001, Az.: 5 B 832/01 = NJW 2001,
2986 und v. 02.3.2004, Az.: 5 B 392/04 = BeckRS 2004, 21977.
2144 S. hierzu die Beschl. des BVerfG v. 24.3.2001, Az.: 1 BvQ 13/01 = NJW 2001, 2069; v. 7.4.2001,
Az.: 1 BvQ 17/01 u. a. = NJW 2001, 2072; v. 12.4.2001, Az.: 1 BvQ 19/01 = NJW 2001, 2075; v. 1.5.2001,
Az.: 1 BvQ 22/01 = NJW 2001, 2076; v. 1.5.2001, Az.: 1 BvQ 21/01 = NJW 2001, 2078.

Sebastian Eickenjäger

ausgeht.[2145] Dies kann beispielsweise dann der Fall sein, wenn Personen uniformiert, mit bestimmten Gegenständen (Landsknechtstrommeln, Fahnen, Fackeln etc.) oder in Marschordnung in paramilitärischer Art und Weise auftreten.[2146]

1184 Eine **unmittelbare Gefährdung** nach § 15 I und III VersammlG setzt laut BVerfG eine Sachlage voraus, die bei ungehindertem Geschehensablauf mit hoher Wahrscheinlichkeit zu einem Schaden für die der Versammlungsfreiheit entgegenstehenden Interessen führt.[2147] Auch bei der Gefahrenprognose müssen die Versammlungsbehörden die Bedeutung der Versammlungsfreiheit berücksichtigen. Hieraus folgt, dass als Grundlage der Gefahrenprognose nur konkrete und nachvollziehbare tatsächliche Anhaltspunkte zugrunde gelegt werden können und bloße Vermutungen damit nicht ausreichen.[2148]

1185 Über die Befugnisse des § 15 I und III VersammlG hinaus sieht das VersammlG weitere Eingriffsmöglichkeiten vor. Zu nennen sind hier die Ermächtigung zur Durchsetzung des Schutzwaffen- und Vermummungsverbots nach § 17a IV VersammlG[2149], zur Entsendung von Polizeibeamt*innen aus § 18 I i.V.m. § 12 VersammlG[2150], zum Ausschluss von Teilnehmer*innen (bei Aufzügen) gemäß §§ 18 III und 19 IV VersammlG[2151] und zur Vornahme von Bild- und Tonaufzeichnungen nach §§ 19a i.V.m. 12a VersammlG[2152].

2145 BVerfG, Beschl. v. 23.6.2004, Az.: 1 BvQ 19/04 = NJW 2004, 2814 (2815 f.) und Beschl. v. 19.12. 2007, Az.: 1 BvR 2793/04 = NVwZ 2008, 671 (673 f.).

2146 S. hierzu Barczak, in: Ridder/Breitbach/Deiseroth, Kommentar Versammlungsrecht, i.E., § 15 VersammlG, Rn. 168. Vgl. auch BVerfG, Beschl. v. 24.3.2001, Az.: 1 BvQ 13/01 = NJW 2001, 2069 (2071). Laut BVerfG kann die öffentliche Ordnung auch verletzt sein, wenn ein rechtsextremer Aufzug an einem speziell der Erinnerung an das Unrecht des Nationalsozialismus und den Holocaust dienenden Gedenktag so durchgeführt werden soll, dass von seiner Art und Weise Provokationen ausgehen, die das sittliche Empfinden der Bürgerinnen und Bürger erheblich beeinträchtigen, Beschl. v. 26.1.2006, Az.: 1 BvQ 3/06 = NVwZ 2006, 585.

2147 BVerfG, Beschl. v. 19.12.2007, Az.: 1 BvR 2793/04 = NVwZ 2008, 671 (672).

2148 BVerfG, Beschl. v. 19.12.2007, Az.: 1 BvR 2793/04 = NVwZ 2008, 671 (672).

2149 Näher hierzu Kniesel/Braun/Keller, Besonderes Polizei- und Ordnungsrecht, 1. Aufl. 2018, Rn. 248 ff.

2150 Näher hierzu Kniesel/Braun/Keller, Besonderes Polizei- und Ordnungsrecht, 1. Aufl. 2018, Rn. 350 ff.

2151 Näher hierzu Kniesel/Braun/Keller, Besonderes Polizei- und Ordnungsrecht, 1. Aufl. 2018, Rn. 376 ff.; Kingreen/Poscher, Polizei- und Ordnungsrecht mit Versammlungsrecht, 10. Aufl. 2018, § 21, Rn. 7 ff.

2152 Näher hierzu Kingreen/Poscher, Polizei- und Ordnungsrecht mit Versammlungsrecht, 10. Aufl. 2018, § 20, Rn. 46 ff. und § 21 Rn. 5 f.; Kniesel/Braun/Keller, Besonderes Polizei- und Ordnungsrecht, 1. Aufl. 2018, Rn. 358 ff.; Götz/Geis, Allgemeines Polizei- und Ordnungsrecht, 16. Aufl. 2017, § 23 Rn. 30 ff.

Sebastian Eickenjäger

(2) Landesversammlungsgesetze

Das **BayVersG** regelt in Art. 15 entsprechend der Regelung in § 15 VersammlG 1186 Beschränkung, Verbot und Auflösung von Versammlungen (Abs. 1 bis 4). In Art. 15 V BayVersG findet sich eine Ermächtigung zum Ausschluss von Störer*innen (vgl. § 18 VersammlG).

Die zentrale Eingriffsnorm im **NdsVersG** stellt § 8 dar. Hier sind Beschrän- 1187 kung (Abs. 1 und 4), Verbot (Abs. 2 S. 1 und Abs. 4) und Auflösung (Abs. 2) geregelt. Im Gegensatz zum VersammlG unterschiedet die Regelung in § 8 NdsVersG bzgl. der Eingriffsbefugnisse nicht nach dem Zeitpunkt (vor oder während der Versammlung), sondern nach der Schwere der Gefahr.[2153]

§ 10 NdsVersG sieht die Möglichkeit der Vornahme „besonderer Maßnahmen" vor. Nach Abs. 1 S. 2 kann die Versammlungsbehörde Leiter*innen ablehnen oder den Einsatz von Ordner*innen untersagen. Abs. 2 ermöglicht ein Vorgehen gegen einzelne Teilnehmer*innen im Vorfeld und während der Versammlung; Abs. 3 ermächtigt zum Ausschluss von Teilnehmer*innen.

§ 15 **SächsVersG** entspricht im Hinblick auf Beschränkungen (Abs. 1), Verbot 1188 (Abs. 1) und Auflösung (Abs. 3) § 15 VersammlG.[2154]

§ 13 **VersammlG LSA** regelt Beschränkungen, Verbote und die Auflösung von 1189 Versammlungen. Im Unterschied zu § 15 I VersammlG sieht § 13 I VersammlG LSA vor, dass Verbote und Beschränkungen nur bei dem Vorliegen einer unmittelbaren Gefahr für die öffentliche Sicherheit möglich sind, die öffentliche Ordnung mithin nicht umfasst ist. Abs. 2 und 3 regeln Verbote und Beschränkungen im Hinblick auf Gedenkstätten und Gedenktage. Die Regelungen zur Auflösung in Abs. 4 und 5 entsprechen den Regelungen in § 15 III und IV VersammlG.

Das **VersFG SH** sieht Eingriffsbefugnisse in den §§ 13 bis 15 vor. Die zentrale 1190 Vorschrift ist § 13 VersFG SH, welche Beschränkungen, das Verbot und die Auflösung regelt. Nach § 13 I VersFG SH kann die zuständige Behörde die Durchführung einer Versammlung unter freiem Himmel beschränken oder verbieten, die Versammlung nach deren Beginn auch auflösen, wenn nach den zur Zeit des Erlasses der Maßnahmen erkennbaren Umständen die öffentliche Sicherheit bei Durchführung der Versammlung unmittelbar gefährdet ist. § 13 IV regelt Beschränkungen, Verbote und die Auflösung im Hinblick auf Gedenkstätten. § 14 VersFG SH ermöglicht die Untersagung der Teilnahme einzelner Personen (Abs. 1)

[2153] Enders, in: Dürig-Friedl/Enders, Versammlungsrecht, 1. Aufl. 2016, § 15 VersammlG, Rn. 204.

[2154] Allein die Regelung zu Verboten oder Beschränkungen im Zusammenhang mit Gedenktagen oder Gedenkstätten (Abs. 2) weist Abweichungen zu § 15 VersammlG auf, indem hier eine Gleichsetzung „der nationalsozialistischen und der kommunistischen Gewaltherrschaft" vorgenommen wird. S. hierzu Scheidler, NVwZ 2011, 924.

Sebastian Eickenjäger

bzw. den Ausschluss einzelner Teilnehmer*innen und § 15 VersFG SH die Durchsuchung, Sicherstellung und Identitätsfeststellung.

bb) Versammlungen in geschlossenen Räumen

1191 Bei Versammlungen in geschlossenen Räumen besteht die Besonderheit, dass diese **gemäß Art. 8 II GG schrankenlos gewährleistet** sind. In der Praxis sind die Einschränkungsmöglichkeiten besonders bei so genannten Skinhead-Konzerten von Relevanz.[2155]

(1) VersammlG des Bundes

1192 Das VersammlG des Bundes sieht für Versammlungen in geschlossenen Räumen das **Verbot nach § 5** und die **Auflösung nach § 13 VersammlG** vor. Maßgebliches Kriterium für die Abgrenzung zwischen Verbot und Auflösung ist der **Beginn der Versammlung**. Auf der Grundlage des § 5 VersammlG können Versammlungen bis zum Beginn der konkreten Versammlung verboten werden. Nach Beginn kommt nur die Auflösung gemäß § 13 VersammlG in Betracht.

1193 Examenswissen: Laut zutreffender Ansicht des VGH Mannheim hat eine Versammlung begonnen, wenn sie der im Versammlungsgesetz vorgesehenen Ordnungsgewalt der Versammlungsleiter*innen unterliegt.[2156] Eine Ausnahme bzgl. der strengen Abgrenzung zwischen Verbot und Auflösung im Hinblick auf den Beginn der Versammlung ergibt sich aus dem Verhältnis zwischen § 5 Nr. 2 und § 13 I 1 Nr. 3 VersammlG. Laut § 13 I 1 Nr. 3 VersammlG kommt eine Auflösung in Betracht, wenn die Leitung Personen, die Waffen oder sonstige Gegenstände im Sinne von § 2 III mit sich führen, nicht sofort ausschließt und für die Durchführung des Ausschlusses sorgt. Gemäß § 5 Nr. 2 VersammlG kommt ein Verbot nach Beginn einer Versammlung (!) in Betracht, wenn weiteren Teilnehmer*innen, die Waffen oder Gegenstände im Sinne des § 2 III VersammlG mit sich führen, der Zutritt gewährt wird. § 5 Nr. 2 VersammlG regelt danach den Fall, dass bewaffneten Teilnehmer*innen (aktiv) Zutritt gewährt wird und § 13 I 1 Nr. 3 VersammlG den Fall, dass sich bewaffnete Teilnehmer*innen mangels Kontrolle Zugang verschaffen.

(a) § 5 – Verbot von Versammlungen in geschlossenen Räumen

1194 § 5 VersammlG regelt insgesamt vier Verbotstatbestände, aufgrund derer bzgl. versammlungsspezifischer Gefahren gegenüber Versammlungen in geschlossenen Räumen vorgegangen werden kann.

2155 S. hierzu etwa VGH Mannheim, Urt. v. 12.7.2010, Az.: 1 S 349/10 = BeckRS 2010, 52002.
2156 VGH Mannheim, Urt. v. 26.1.1998, Az.: 1 S 3280/96 = NVwZ 1998, 761 (763); so auch *Enders*, in: Dürig-Friedl/Enders, Versammlungsrecht, 1. Aufl. 2016, § 5 VersammlG, Rn. 7.

Sebastian Eickenjäger

§ 5 Nr. 1 VersammlG sieht die Möglichkeit des Verbots vor, wenn Veran- 1195
stalter*innen unter die Vorschriften des § 1 II Nr. 1 bis 4 fallen und im Falle der
Nummer 4 das Verbot durch die zuständige Verwaltungsbehörde festgestellt
worden ist. § 5 Nr. 1 VersammlG knüpft damit an den Ausschluss von der Versammlungsfreiheit nach § 1 II Nr. 1 bis 4 VersammlG an. Gleichzeitig bezieht sich
§ 5 Nr. 1 VersammlG nur auf die Person des/der jeweils betreffenden Veranstalters*in. Im Einzelnen regelt § 5 Nr. 1 VersammlG folgende Konstellationen:

- Nr. 1 i.V.m. § 1 II Nr. 1 VersammlG regelt die Möglichkeit eines Verbots für den
  Fall, dass jemand (als natürliche oder juristische Person) gemäß Art. 18 GG
  das Grundrecht der Versammlungsfreiheit verwirkt hat.
- Nr. 1 i.V.m. § 1 II Nr. 3 VersammlG ermöglicht ein Verbot gegenüber einer
  Partei, die nach Art. 21 II GG durch das BVerfG für verfassungswidrig erklärt
  worden ist.
- Für ein Verbot nach Nr. 1 i.V.m. § 1 II Nr. 2 VersammlG muss ebenfalls eine
  Feststellung der Verfassungswidrigkeit einer Partei gemäß Art. 21 II GG durch
  das BVerfG vorliegen; darüber hinaus ist hier jedoch auch ein Verbot gegen-
  über natürlichen Personen möglich.
- Laut Nr. 1 i.V.m. § 1 II Nr. 4 VersammlG kann eine Versammlung verboten
  werden, wenn der/die Veranstalter*in eine gemäß Art. 9 II GG verbotene
  Vereinigung ist.

Ein Verbot kann daneben auf **§ 5 Nr. 2 VersammlG** gestützt werden, wenn be- 1196
waffneten Personen der Zutritt zur Versammlung gewährt wird.

§ 5 Nr. 3 VersammlG ermöglicht ein Verbot für den Fall, dass Tatsachen 1197
festgestellt sind, aus denen sich ergibt, dass Veranstalter*innen oder ihr Anhang
einen gewalttätigen oder aufrührerischen Verlauf der Versammlung anstreben.
Die Voraussetzungen **„gewalttätig"** und **„aufrührerisch"** stellen eine Konkretisierung des Friedlichkeitsgebots aus Art. 8 I GG dar. Zu berücksichtigen ist hierbei,
dass laut BVerfG eine Versammlung nicht schon dann unfriedlich ist, wenn von
einzelnen Teilen oder Teilnehmer*innen der Versammlung Gewalt ausgeht.[2157] Ein
Verbot kommt vielmehr nur dann in Betracht, wenn eine Demonstration im
Ganzen einen gewalttätigen oder aufrührerischen Verlauf nimmt[2158] bzw. von der
Versammlung insgesamt ein aggressives Verhalten ausgeht.

Der Verbotstatbestand des **§ 5 Nr. 4 VersammlG** setzt voraus, dass Tatsachen 1198
festgestellt sind, aus denen sich ergibt, dass der/die Veranstalter*in oder sein/ihr
Anhang Ansichten vertreten oder Äußerungen dulden werden, die ein Verbrechen

---

2157 BVerfG, Beschl. v. 14.5.1985, Az.: 1 BvR 233, 341/81 = BVerfGE 69, 315 (359 ff.).
2158 BVerfG, Beschl. v. 14.5.1985, Az.: 1 BvR 233, 341/81 = BVerfGE 69, 315 (361).

oder ein von Amts wegen zu verfolgendes Vergehen zum Gegenstand haben. Er zeichnet sich dadurch aus, dass er nicht auf Beschränkungen der Versammlungsfreiheit verweist, die sich bereits aus dem GG selbst ergeben, sondern vielmehr an strafbares Verhalten[2159] der Veranstalter*innen selbst bzw. des Anhanges anknüpft.[2160]

(b) § 13 – Auflösung von Versammlungen in geschlossenen Räumen

1199 § 13 VersammlG enthält – ebenso wie § 5 VersammlG – insgesamt vier Tatbestände, die eine Auflösung von Versammlungen in geschlossenen Räumen ermöglichen:

1200 **§ 13 I 1 Nr. 1 VersammlG** ermöglicht eine Auflösung, wenn – genauso wie bei einem Verbot nach § 5 Nr. 1 VersammlG – im Hinblick auf Veranstalter*innen die Voraussetzungen des § 1 II VersammlG erfüllt sind (hierzu Rn. 1195).

1201 **§ 13 I 1 Nr. 2 Alt. 1 VersammlG** ist vergleichbar mit § 5 Nr. 3 VersammlG und ermöglicht eine Auflösung, wenn die Versammlung einen gewalttätigen oder aufrührerischen Verlauf nimmt (hierzu Rn. 1197).[2161] **§ 13 I 1 Nr. 2 Alt. 2 VersammlG** ermöglicht zudem eine Auflösung bei unmittelbarer Gefahr für Leben und Gesundheit der Teilnehmer*innen.

1202 **§ 13 I 1 Nr. 3 VersammlG** ist vergleichbar mit § 5 Nr. 2 VersammlG und ermöglicht eine Auflösung für den Fall, dass die Leitung Personen, die Waffen oder sonstige Gegenstände im Sinne von § 2 III mit sich führen, nicht sofort ausschließt und für die Durchführung des Ausschlusses sorgt. Im Unterschied zu § 5 Nr. 3 VersammlG kommt es nicht darauf an, dass die Leitung bewaffneten Personen den Zutritt gewährt und selbst dafür verantwortlich ist, dass Waffen eingeführt werden. Es kommt vielmehr darauf an, ob die Leitung trotz der Kenntnis von bewaffneten Personen nicht für einen Ausschluss dieser sorgt.[2162]

2159 Zu einem Verbot führen können die folgenden Straftatbestände: §§ 80 a, 81, 82, 90 a, 94, 95, 105, 106, 111, 126, 130, 140, 240, 241, 353 d StGB.

2160 Zu den verfassungsrechtlichen Bedenken gegenüber dieses Tatbestands s. Eickenjäger/ Haerkötter/Vetter, in: Ridder/Breitbach/Deiseroth, Versammlungsrecht, i.E., § 5 VersammlG, Rn. 46 ff.

2161 Im Gegensatz zu § 5 Nr. 3 VersammlG kommt es hier jedoch nicht darauf an, ob Veranstalter*innen oder deren Anhang einen gewalttätigen oder aufrührerischen Verlauf der Versammlung anstreben, sondern nur, ob tatsächlich die Versammlung einen entsprechenden Verlauf annimmt.

2162 S. Kniesel, in: Dietel/Kintzel/Kniesel, Versammlungsgesetze, 17. Aufl. 2016, § 13 VersammlG, Rn. 16; Eickenjäger/Ewering/Kohlmeier, in: Ridder/Breitbach/Deiseroth, Versammlungsrecht, i.E., § 13 VersammlG, Rn. 27.

Sebastian Eickenjäger

Auf der Grundlage des **§ 13 I 1 Nr. 4 VersammlG** kommt eine Auflösung in 1203
Betracht, wenn durch den Verlauf der Versammlung gegen Strafgesetze verstoßen
wird, die ein Verbrechen oder von Amts wegen zu verfolgendes Vergehen zum
Gegenstand haben oder wenn in der Versammlung zu solchen Straftaten aufgefordert oder angereizt wird und die Leitung dies nicht unverzüglich unterbindet.
Dieser Tatbestand geht über die Vorgaben des § 5 Nr. 4 VersammlG hinaus und ist
aufgrund seiner weiten Fassung in besonderem Maße im Lichte der verfassungsrechtlichen Vorgaben des Art. 8 GG zu betrachten. Im Hinblick auf die in
Frage kommenden Straftaten sind in diesem Sinne einerseits Art. 8 I GG, der nur
friedliche Versammlungen und Versammlungen ohne Waffen schützt und andererseits Art. 8 II GG, wonach Versammlungen in geschlossenen Räumen keinem
Gesetzesvorbehalt unterliegen, zu berücksichtigen.[2163] In diesem Sinne führt die
Verwirklichung von Meinungsäußerungsdelikten einerseits nicht zur Unfried-
lichkeit einer Versammlung, da es bei entsprechenden Straftaten an einer (phy-
sischen) Gefährlichkeit mangelt. Andererseits kann sich eine Auflösung nach
§ 13 I 1 Nr. 4 VersammlG auf Meinungsäußerungsdelikte stützen, die auf den
Schutz von Verfassungsgütern und Grundrechten Dritter (verfassungsimmanente
Schranken) abzielen. Allerdings erscheint die Möglichkeit einer Auflösung aufgrund jeglicher Verfassungsgüter und Grundrechte Dritter im Hinblick auf die
Bedeutung des schrankenlos gewährleisteten Rechts auf Versammlungsfreiheit in
geschlossenen Räumen zu weitgehend. In der Literatur wird vor diesem Hintergrund argumentiert, dass nur Verstöße gegen Strafgesetze, die auf den Schutz
der Art. 1 und Art. 20 GG[2164] gerichtet sind, zu einer Auflösung berechtigen. Eine
andere Ansicht spricht sich dafür aus, eine Beschränkung auf den Schutz des
Art. 1 GG vorzunehmen.[2165]

(2) Landesversammlungsgesetze

Die Eingriffsgrundlagen für Versammlungen in geschlossenen Räumen sind auf 1204
Landesebene ganz unterschiedlich ausgestaltet worden.

Die Regelungen in **Sachsen** und **Sachsen-Anhalt** zum Verbot und der Auf- 1205
lösung (§§ 4 und 13 SächsVersG und §§ 4 und 11 VersammlG LSA) entsprechen den

---

[2163] S. hierzu ausführlich Eickenjäger/Ewering/Kohlmeier, in: Ridder/Breitbach/Deiseroth,
Kommentar Versammlungsrecht, i. E., § 13 VersammlG, Rn. 28 ff.
[2164] So Kniesel/Poscher, in: Lisken/Denninger, Handbuch des Polizeirechts, 6. Aufl. 2018, K,
Rn. 131–133.
[2165] So Eickenjäger/Ewering/Kohlmeier, in: Ridder/Breitbach/Deiseroth, Versammlungsrecht,
i. E., § 13 VersammlG, Rn. 30 f.

Sebastian Eickenjäger

Regelungen des VersammlG. Insofern kann auf die Ausführungen zu §§ 5 und 13 VersammlG verwiesen werden.

1206   In **Bayern** sind die Eingriffsbefugnisse für Versammlungen in geschlossenen Räumen zusammenfassend in Art. 12 BayVersG geregelt. Art. 12 I BayVersG regelt das Verbot und Art. 12 II BayVersG die Auflösung. Die Verbots- und Auflösungstatbestände entsprechen weitgehend denen der §§ 5 und 13 VersammlG.[2166] Im Gegensatz zum VersammlG ist in Art. 12 I und II BayVersG jeweils ausdrücklich die Möglichkeit vorgesehen, anstatt eines Verbots oder (nach Beginn der Versammlung) einer Auflösung sonstige Beschränkungen (insbesondere sogenannte „Minusmaßnahmen") vorzunehmen. Art. 12 II 2 BayVersG bestimmt in diesem Sinne ausdrücklich für die Auflösung, dass diese in den Fällen von Satz 1 Nr. 2 bis 4 nur zulässig ist, wenn andere Maßnahmen der zuständigen Behörde, insbesondere eine Unterbrechung, nicht ausreichen. Insofern ist die Auflösung subsidiär gegenüber den Minusmaßnahmen.

1207   Das **NdsVersG** fasst das Verbot und die Auflösung einer Versammlung in geschlossenen Räumen in § 14 II 1 NdsVersG zusammen. Im Gegensatz zu §§ 5 und 13 VersammlG gilt bzgl. beider Maßnahmen, dass diese verfügt werden können, wenn die Friedlichkeit der Versammlung unmittelbar gefährdet ist und die Gefahr nicht anders abgewehrt werden kann. § 14 NdsVersG orientiert sich mithin an Art. 8 II GG, wonach Versammlungen in geschlossenen Räumen ohne Gesetzesvorbehalt gewährleistet sind. § 14 I NdsVersG sieht zudem vor, dass die zuständige Behörde eine Versammlung in geschlossenen Räumen *beschränken* kann, also sogenannte „Minusmaßnahmen" verfügen kann, wenn ihre Friedlichkeit unmittelbar gefährdet ist. Laut Abs. 2 S. 1 sind Verbote und Auflösungen ausdrücklich nur dann zulässig, wenn eine vorliegende Gefahr nicht anders, insbesondere durch Maßnahmen nach Abs. 1, abgewehrt werden kann. Über § 14 NdsVersG hinaus regelt § 15 NdsVersG so genannte „besondere Maßnahmen", die gegenüber einzelnen Personen erlassen werden können.

1208   Auch das **VersFG SH** fasst in § 20 I das Verbot und die Auflösung in einer Norm zusammen. Die zuständige Behörde kann danach eine Versammlung in geschlossenen Räumen verbieten, oder nach Beginn der Versammlung auflösen, wenn nach den zur Zeit des Erlasses der Maßnahmen erkennbaren Umständen eine unmittelbare Gefahr (1.) eines unfriedlichen Verlaufs der Versammlung, (2.) für Leben oder Gesundheit von Personen oder (3.) dafür besteht, dass in der Versammlung Äußerungen erfolgen, die ein Verbrechen oder ein von Amts wegen

---

[2166] Zu den Unterschieden s. Haerkötter/Kohlmeier, in: Ridder/Breitbach/Deiseroth, Versammlungsrecht, i.E., Art. 12 BayVersG, Rn. 2 ff. sowie Heinhold, in: Wächtler/Heinhold/Merk, BayVersG, 1. Aufl. 2011, Art. 12.

zu verfolgendes Vergehen darstellen. Neben dem Verbot und der Auflösung besteht unter denselben Voraussetzungen nach Abs. 1 die Möglichkeit, die Versammlung zu beschränken, d. h. so genannte „Minusmaßnahmen" zu erlassen. Verbote und Auflösungen sind nach Abs. 2 subsidiär gegenüber Beschränkungen und demnach nur zulässig, wenn entsprechende Maßnahmen nicht ausreichen.

Neben den in § 20 VersFG SH genannten Maßnahmen kommen nach § 9 I und II i.V. m. § 20 I VersFG SH Maßnahmen gegenüber einzelnen Versammlungsteilnehmer*innen in Betracht. § 9 VersFG SH verweist hierzu auf Maßnahmen nach dem LVwG, d. h. dem allgemeinen Polizeirecht, sieht über den Verweis in II auf § 20 VersFG SH für deren Anwendung jedoch vor, dass zusätzlich das Vorliegen einer Gefahr im Sinne von § 20 I VersFG SH gegeben sein muss. Insofern handelt es sich bei dem Verweis auf § 20 I VersFG SH um eine qualifizierte Rechtsgrundverweisung.

cc) Adressat*innen und Pflichtigkeit im Versammlungsrecht

Als **Adressat*innen** von Maßnahmen im Zusammenhang von Versammlungen 1209 kommen Teilnehmer*innen, Leiter*innen und Veranstalter*innen in Betracht.

Examenswissen: **Veranstalter*innen** sind diejenigen Personen, die zu der Versammlung einla- 1210 den und für das Zustandekommen, Inhalt, Ausgestaltung und Durchführung der Versammlung zuständig sind.[2167] Die **Leiter*innen** sind für die Organisation und Ordnung der laufenden Versammlung zuständig und bestimmen über Eröffnung, Unterbrechung und Beendigung der Versammlung.[2168] **Teilnehmer*innen** sind alle Personen, die sich aktiv im Rahmen einer Versammlung beteiligen oder nur zuhören, nicht jedoch zufällig anwesende Passant*innen oder etwa unbeteiligtes Ausschankpersonal.[2169]

Soweit die Versammlungsgesetze des Bundes und der Länder selbst keine **Stö-** 1211 **rer*innenbestimmungen** enthalten, sind die entsprechenden Bestimmungen des allgemeinen Polizeirechts (hierzu Rn. 1118 ff.) heranzuziehen.[2170]

Vor der Versammlung sind Veranstalter*innen die richtigen Adressat*innen 1212 von Verbotsverfügungen oder Auflagen. Adressat*innen von Auflösungsverfügungen und nachträglichen bzw. während der Versammlung verfügten Beschränkungen sind die Leiter*innen und alle Teilnehmenden. (Potentielle) Teil-

2167 Kniesel/Braun/Keller, Besonderes Polizei- und Ordnungsrecht, 1. Aufl. 2018, Rn. 197.
2168 Kniesel/Braun/Keller, Besonderes Polizei- und Ordnungsrecht, 1. Aufl. 2018, Rn. 199.
2169 Kniesel/Braun/Keller, Besonderes Polizei- und Ordnungsrecht, 1. Aufl. 2018, Rn. 203 ff.
2170 Kniesel/Braun/Keller, Besonderes Polizei- und Ordnungsrecht, 1. Aufl. 2018, Rn. 428.

Sebastian Eickenjäger

nehmer*innen können vor der Versammlung Adressat*innen sein, wenn es sich um sogenannte Vorfeldmaßnahmen und dabei insbesondere um Teilnahmeuntersagungen[2171] handelt. Gegen **externe Störer*innen**, d. h. solche Personen, die Versammlungen stören, nicht aber selbst an einer (Gegen)Versammlung teilnehmen, kann nach Maßgabe des allgemeinen Polizeirechts vorgegangen werden.[2172]

1213 Soweit es zu Störungen durch Dritte kommt, ist unter den Voraussetzungen des **polizeilichen Notstandes** auch eine **Inanspruchnahme von Nichtstörer*innen** möglich. Der polizeiliche Notstand ist mittlerweile teilweise in den neuen Landesversammlungsgesetzen ausdrücklich geregelt:
- Niedersachsen: § 8 III NdsVersG (Versammlungen unter freiem Himmel) und § 14 III NdsVersG (Versammlungen in geschlossenen Räumen)
- Schleswig-Holstein: § 13 II VersFG SH (Versammlungen unter freiem Himmel) und § 20 III VersFG SH (Versammlungen in geschlossenen Räumen)

1214 Wo es keine entsprechenden Regelungen gibt, sind die sich aus der Rspr. des BVerfG ergebenden Vorgaben zu berücksichtigen. Danach besteht grds. die dahingehende Schutzpflicht des Staates, die Durchführung einer rechtmäßigen Versammlung gegenüber Störungen durch Nichtteilnehmer*innen unter allen Umständen und unter Heranziehung aller zur Verfügung stehenden Mittel und Ressourcen sicherzustellen.[2173] Behördliche Maßnahmen sind zudem primär gegen die Störer*innen zu richten.[2174] Von diesem Grundsatz darf nur abgewichen werden, „wenn gravierende irreparable Schäden an den Rechtsgütern Leben und Gesundheit drohen, wenn die Polizei tatsächlich der Gewalt nicht mehr Herr werden und die Entwicklung der Gewalt durch eigene Mittel nicht mehr steuern oder begrenzen kann (echter polizeilicher Notstand), oder wenn die Polizei in eine Gewalteskalation hineingezogen wird, die durch Gefahren für Leben und Gesundheit höchsten Ausmaßes für Versammlungsteilnehmer, Polizei, Unbeteiligte und Störer führen, dann steht es im Ermessen der Polizei, den Nicht-Störer in Anspruch zu nehmen (unechter polizeilicher Notstand)."[2175] Die **Darlegungs- und Beweislast** für das Vorliegen von Gründen für ein Vorgehen gegen Nichtstörer*innen auf der Grundlage des polizeilichen Notstands liegt bei der Behörde;

[2171] Näher hierzu Kniesel/Braun/Keller, Besonderes Polizei- und Ordnungsrecht, 1. Aufl. 2018, Rn. 326 ff.
[2172] VGH Mannheim, Urt. v. 12. 02. 1990, Az.: 1 S 1646/89 = NVwZ-RR 1990, 602 (603 f.).
[2173] St. Rspr. BVerfG. S. zuletzt etwa BVerfG, Beschl. v. 11. 9. 2015, Az.: 1 BvR 2211/15; BVerfG, Beschl. v. 20. 12. 2012, Az.: 1 BvR 2794/10 = NVwZ 2013, 570 (571).
[2174] BVerfG, Beschl. v. 20. 12. 2012, Az.: 1 BvR 2794/10 = NVwZ 2013, 570 (571).
[2175] Rühl, NVwZ 1988, 577 (584).

Sebastian Eickenjäger

diese muss detailliert und substantiiert darlegen, welche Maßnahmen und An-
strengungen (insbesondere im Hinblick auf das Ersuchen um Amtshilfe) unternommen wurden, um die sichere Durchführung der Versammlung sicherzustellen.[2176]

dd) Rechtsfolge: Ermessen

Im Hinblick auf die zuvor dargestellten versammlungsrechtlichen Ermächti- **1215**
gungsgrundlagen steht den zuständigen Behörden auf der Rechtsfolgenseite ein
Ermessen zu (s. zum Ermessen Rn. 729 ff.). Mithin sind die entsprechenden
Maßnahmen auf Ermessensfehler hin zu untersuchen (s. zur Ermessensprüfung
Rn. 744 ff.).

Bzgl. des Verhältnisses der genannten Maßnahmen untereinander gilt, dass **1216**
Verbote und die Auflösung nur zulässig sind, wenn zuvor alle sinnvoll anwendbaren milderen Mittel, insbesondere die Erteilung von Auflagen (etwa nach § 15 I
VersammlG), ausgeschöpft wurden, um friedliche Demonstrationen zu ermöglichen.[2177]

Gemäß § 13 I 2 VersammlG, Art. 12 II 2 BayVersG, § 13 I 2 SächsVersG, § 11 I 2 **1217**
VersG LSA gilt zudem für Versammlungen in geschlossenen Räumen ausdrücklich, dass eine Auflösung – im Sinne des Verhältnismäßigkeitsgrundsatzes – nur
zulässig ist, wenn andere polizeiliche Maßnahmen, insbesondere eine Unterbrechung der Versammlung nicht ausreichen. Gemäß §§ 13 II und 20 II VersFG SH
setzten (sowohl bei Versammlungen in geschlossenen Räumen als auch bei Versammlungen unter freiem Himmel) Verbote oder Auflösungen voraus, dass Beschränkungen nicht ausreichen.

Das BVerwG geht davon aus, dass neben dem Verbot oder der Auflösung der **1218**
Erlass so genannter **„Minusmaßnahmen"** zulässig und im Hinblick auf den
Verhältnismäßigkeitsgrundsatz u.U. geboten ist.[2178] Die zuständigen Behörden
müssten im Rahmen der ihnen zustehenden Befugnisse ein milderes und angesichts der konkreten Sachlage angemesseneres Mittel zur Abwehr der von der
Versammlung ausgehenden unmittelbaren Gefahren – wie z.B. die Sicherstellung
eines beleidigenden Spruchbandes oder das Verbot von Musikstücken oder

---

2176 BVerfG, Beschl. v. 11.9.2015, Az.: 1 BvR 2211/15; BVerfG, Beschl. v. 20.12.2012, Az.: 1 BvR
2794/10 = NVwZ 2013, 570 (571).; BVerfG, Beschl. v. 10.5.2006, Az.: 1 BvQ 14/06, NVwZ 2006, 1049
(1049 f.).
2177 BVerfG, Beschl. v. 14.5.1985, Az.: 1 BvR 233, 341/81 = BVerfGE 69, 315 (353).
2178 S. BVerwG, Urt. v. 8.9.1981, Az.: 1 C 88.77 = BVerwGE 64, 55 (58). S. auch BVerwG, Beschl. v.
14.01.1987, Az.: 1 B 219/86 = NVwZ 1988, 250; BVerwG, Beschl. v. 23.8.1991, Az.: 1 B 77/91 = BeckRS
1991, 31230188.

Sebastian Eickenjäger

Bands, wenn durch das Spielen der Stücke oder dem Auftritt einer Band zu erwarten ist, dass hierdurch Straftatbestände erfüllt werden – als mildere Maßnahme gegenüber der Auflösung einsetzen.[2179]

1219 Zu beachten ist hierbei, dass mehrere Landesversammlungsgesetze entsprechende Minusmaßnahmen ausdrücklich geregelt haben (hierzu Rn. 1186 ff. und 1204 ff.).

1220 Examenswissen: In der Literatur wird dem Ansatz der Rspr. mit dem systematischen Argument entgegengetreten, dass es sich bei entsprechenden Maßnahmen um Aliud- und nicht um Minusmaßnahmen handelt und die Anwendung von Minusmaßnahmen das im VersammlG angelegte Konzept der versammlungsrechtlichen Selbstverantwortung (Grundsatz der Autonomie der Versammlung) unterminiere.[2180] Hierfür wird angeführt, dass einerseits Behörden mit Auflagen unmittelbaren Gefahren begegnen könnten und andererseits Veranstalter*innen die Obliegenheit hätten, die Einhaltung der gesetzlichen und behördlichen Vorgaben sicherzustellen sowie mit den ihnen an die Hand gegebenen Mitteln die Teilnehmer*innen zu rechtskonformen Verhalten anzuhalten.[2181] Soweit die Veranstalter*innen ihrer Obliegenheit nicht nachkämen oder sich zu einem Vorgehen gegenüber störenden Teilnehmer*innen nicht der Unterstützung der Ordnungsbehörden bedienen würden, stünde den Behörden nach der Konzeption des VersammlG das Mittel der Auflösung zur Verfügung.[2182] Aufgrund des Grundsatzes der Autonomie der Versammlung dürften „Minusmaßnahmen" danach nur angeregt, nicht aber unmittelbar angeordnet werden.[2183]

e) Literaturhinweise

1221 Lehrbücher: Götz/Geis, Allgemeines Polizei- und Ordnungsrecht, 16. Aufl. 2017, § 23; Kingreen/Poscher, Polizei- und Ordnungsrecht mit Versammlungsrecht, 10. Aufl. 2018, §§ 19 – 22; Kniesel/Braun/Keller, Besonderes Polizei- und Ordnungsrecht, 1. Aufl. 2018, 1. Kapitel; Schenke, Polizei- und Ordnungsrecht, 10. Aufl. 2018, Rn. 360 ff.

2179 S. BVerwG, Urt. v. 8.9.1981, Az.: 1 C 88.77 = BVerwGE 64, 55 (58).

2180 Kniesel/Poscher, in: Lisken/Denninger, Handbuch des Polizeirechts, 6. Aufl. 2018, K, Rn. 24 ff.; Wittmann, in: Ridder/Breitbach/Deiseroth, Kommentar Versammlungsrecht, i. E., § 15 VersammlG, Rn. 39 ff.

2181 Kniesel/Poscher, in: Lisken/Denninger, Handbuch des Polizeirechts, 6. Aufl. 2018, K, Rn. 24 ff.; Wittmann, in: Ridder/Breitbach/Deiseroth, Kommentar Versammlungsrecht, i. E., § 15 VersammlG, Rn. 39 ff.

2182 Kniesel/Poscher, in: Lisken/Denninger, Handbuch des Polizeirechts, 6. Aufl. 2018, K, Rn. 24 ff.; Wittmann, in: Ridder/Breitbach/Deiseroth, Versammlungsrecht, i. E., § 15 VersammlG, Rn. 39 ff.

2183 So Friedl, in: Friedl/Enders, Versammlungsrecht, 1. Aufl. 2016, § 13 VersammlG, Rn. 15 und 17; Eickenjäger/Ewering/Kohlmeier, in: Ridder/Breitbach/Deiseroth, Versammlungsrecht, i. E., § 13 VersammlG, Rn. 32 ff.

Sebastian Eickenjäger

Aktuelle Beiträge aus der Ausbildungsliteratur: Bünnigmann, Polizeifestigkeit im Versammlungsrecht, JuS 2016, 695; Gröpl/Leinenbach, Examensschwerpunkte des Versammlungsrechts, JA 2018, 8

Aktuelle Fallbesprechungen: Buchholtz, Streit um missglückte „Hagida"-Demo, JuS 2018, 889; Herrmann, Ärger am Bahndamm, JuS 2017, 1093; Lassahn, Unerwünschte Gesellschaft, JuS 2016, 730; Marxsen/Lehners, Camp in Gipfelnähe, JuS 2018, 701; Schmitz, Versammlungsfreiheit und Gegendemonstration, JuS 2017, 753; Spilker/Wenzel, Pro-Asyl-Demonstration mit Hindernissen, JuS 2016, 337

4. Ermächtigungsgrundlagen des Bauordnungsrechts (Felix Steengrafe)

Die Anfechtung eines Verwaltungsakts kann im öffentlichen Baurecht entweder durch den Vorhabenträger, in Form der Anfechtung einer Nebenbestimmung oder einer belastenden, bauordnungsrechtlichen Anordnung, oder durch einen Dritten erfolgen. **1222**

In Betracht kommt zunächst die **Anfechtung von Nebenbestimmungen zur Baugenehmigung.** Die Erteilung der Baugenehmigung ist – sofern deren tatbestandliche Voraussetzungen vorliegen – eine gebundene Entscheidung, auf die ein Rechtsanspruch besteht (s. § 3 Rn. 155). Auch für die Frage der Zulässigkeit von Nebenbestimmungen ist diese rechtliche Einordnung beachtlich. Nebenbestimmungen sind bei einer gebundenen Entscheidung nur zulässig, wenn diese durch eine Rechtsvorschrift zugelassen werden oder wenn die Nebenbestimmung sicherstellen soll, dass die gesetzlichen Voraussetzungen der Baugenehmigung erfüllt werden, § 36 I VwVfG. Die Erteilung einer Baugenehmigung mit einer Nebenbestimmung ist gegenüber der Versagung das mildere Mittel und damit entsprechend des Grundsatzes der Verhältnismäßigkeit erforderlich. Hinsichtlich der isolierten Anfechtbarkeit von Nebenbestimmungen wird an dieser Stelle auf die Ausführungen in Rn. 249 ff. verwiesen. **1223**

In der zweiten Konstellation ficht der Adressat eine **bauordnungsrechtliche Verfügung** an.

Die Baugenehmigung bzw. das Anzeigeverfahren soll präventiv Verstöße gegen das Baurecht verhindern (präventive Kontrolle). Bauordnungsverfügungen sollen hingegen im Rahmen oder nach der Realisierung des Bauvorhabens auftretende bzw. bestehende Verstöße gegen das Baurecht beseitigen (repressive Kontrolle).[2184] **1224**

2184 Kahl/Dubber, ZJS 2015, 558 (558); Stollmann/Beaucamp, Öffentliches Baurecht, 11. Aufl. 2017, § 19, Rn. 1; Oldiges/Brinktrine, in: Steiner/Brinktrine, Besonderes Verwaltungsrecht, 9. Aufl. 2018, § 3, Rn. 298.

Sebastian Eickenjäger/Felix Steengrafe

1225   Als bauordnungsrechtliche Verfügungen kommen die **Stilllegungs- oder Beseitigungsverfügung oder die Nutzungsuntersagung** in Betracht. Für die einzelnen Voraussetzungen der bauordnungsrechtlichen Anordnungen wird an dieser Stelle auf Rn. 1234 ff. verwiesen.

1226   Eine **Baugenehmigung** begünstigt den Bauherren, kann jedoch zugleich auch einen Dritten belasten und ist damit ein **Verwaltungsakt mit Doppelwirkung.**[2185] In Betracht kommt daher auch die Anfechtung der Baugenehmigung durch einen Nachbarn. Bei der Anfechtungsklage eines Nachbarn ist insbesondere die **Klagebefugnis** nach § 42 II VwGO – aufgrund der fehlenden Adressateneigenschaft – problematisch. Die Klagebefugnis eines Dritten erfordert nach der Schutznormtheorie die Möglichkeit der Verletzung einer nachbarschützenden Vorschrift. Ausgangspunkt ist damit die Bestimmung einer möglicherweise verletzten Rechtsnorm. Der nachbarschützende Charakter von Rechtsnormen ergibt sich aus deren Auslegung, vor allem nach deren Wortlaut sowie Sinn und Zweck.[2186] Nach der Feststellung der nachbarschützenden Wirkung der Rechtsnorm ist zu prüfen, ob der Kläger in dem von der Rechtsnorm besonders geschützten Personenkreis umfasst ist. Nach dem materiellen Nachbarbegriff ist „Nachbar" in diesem Sinne jede Person, die sich im Einwirkungsbereich des Vorhabens langfristig oder ständig aufhält.[2187] Das Bauplanungsrecht ist grundstücksbezogen. Ein bauplanungsrechtlicher Nachbarschutz steht damit nur dem Grundstückseigentümer oder Inhaber vergleichbarer dinglicher Rechte und nicht obligatorisch Berechtigten zu.[2188]

a) Einführung in das Baurecht

1227   Das **öffentliche Baurecht** umfasst alle Rechtsvorschriften über die Zulässigkeit, Grenzen, Ordnung sowie Förderung der Nutzung von Boden, insbesondere hinsichtlich der Errichtung, Nutzung, Veränderung sowie Beseitigung von baulichen Anlagen.[2189]

2185 Wolf, NVwZ 2013, 247 (247); Erbguth/Mann/Schubert, Besonderes Verwaltungsrecht, 12 Aufl. 2015, Rn. 1322; Sperlich, JA 2017, 38 (38).

2186 Erbguth/Mann/Schubert, Besonderes Verwaltungsrecht, 12. Aufl. 2015, Rn. 1329; Stollmann/Beaucamp, Öffentliches Baurecht, 11 Aufl. 2017, § 21, Rn. 31.

2187 Erbguth/Mann/Schubert, Besonderes Verwaltungsrecht, 12 Aufl. 2015, Rn. 1334; Muckel/Ogorek, Öffentliches Baurecht, 3. Aufl. 2018, § 10, Rn. 16.

2188 BVerwG, Beschl. v. 11.7.1989, Az.: 4 B 33/89, Rn. 4 = NJW 1989, 2766 (2766); VGH München, Beschl. v. 9.5.2017, Az.: 9 CS 16.1241, Rn. 19; VGH München, Beschl. v. 2.9.2016, Az.: 9 CS 16.1138, Rn. 16; VGH Mannheim, Beschl. v. 27.6.2006, Az.: 8 S 997/06, Rn. 2.

2189 Stollmann/Beaucamp, Öffentliches Baurecht, 11. Aufl. 2017, § 1, Rn. 1.

Felix Steengrafe

aa) Unterscheidung zwischen Bauplanungs- und Bauordnungsrecht

Im öffentlichen Baurecht ist zwischen dem Bauplanungs- und Bauordnungsrecht **1228**
zu unterscheiden. Das **Bauplanungsrecht** umfasst insbesondere die Zulässigkeit
von Vorhaben nach den Regelungen des BauGB sowie die Vorschriften über die
Bauleitplanung und setzt sich aus dem BauGB und auf diesem Gesetz erlassenen
Verordnungen (Baunutzungsverordnung, Wertermittlungsverordnung und Plan-
zeichenverordnung) zusammen. Die Bauleitplanung ist wiederum in den Flächennutzungsplan sowie den Bebauungsplan zu unterscheiden. Der Flächennutzungsplan im Sinne des §§ 5 BauGB ff. ist der vorbereitende Bauleitplan,
während der Bebauungsplan gemäß §§ 8 BauGB ff. verbindlich ist. Während das
Bauplanungsrecht flächenbezogen ist und damit einem Interessenausgleich
zwischen öffentlichen und privaten Interessen dient, ist das Bauordnungsrecht
objektbezogen und damit primär der Gefahrenabwehr zuzuordnen.[2190] Das **Bauordnungsrecht** regelt die Voraussetzungen sowie das Verfahren zur Erteilung
einer Baugenehmigung oder für den Erlass bauordnungsrechtlicher Verfügungen.
Eine wesentliche bauordnungsrechtliche Anforderung in der Form des Verun-
staltungsverbotes liegt in der Gestaltung des Vorhabens.[2191] Die Rechtsgrundlagen
des Bauordnungsrechts finden sich in den Bauordnungen der Bundesländer. Alle
16 Bundesländer haben eine eigene Bauordnung erlassen. Als Orientierungs-
punkt für die Bundesländer wurde die Musterbauordnung (im Folgenden MBauO)
erarbeitet, die selbst jedoch kein Gesetz ist. Die Bauordnungen der Bundesländer
orientieren sich in vielen Punkten an der MBauO. Aus Gründen der Übersichtlichkeit wird im Folgenden auf die Vorschriften der MBauO verwiesen, wobei jeweils auf die besonders relevanten landesrechtlichen Normen hingewiesen wird.

bb) Verfassungsrechtliche Anknüpfungspunkte des öffentlichen Baurechts

Der Bund verfügt gemäß Art. 74 I Nr. 18 GG über die **konkurrierende Gesetz-** **1229**
gebungskompetenz für das Bodenrecht. Als Bestandteil der konkurrierenden
Gesetzgebungskompetenz haben die Länder nach Art. 72 I GG „die Befugnis zur
Gesetzgebung solange und soweit der Bund von seiner Gesetzgebungszustän-
digkeit nicht durch Gesetz Gebrauch gemacht hat." Das BauGB ist eine ab-

---

2190 Erbguth/Mann/Schubert, Besonderes Verwaltungsrecht, 12. Aufl. 2015, Rn. 795 ff.; Battis,
Öffentliches Baurecht und Raumordungsrecht, 7. Aufl. 2017, Rn. 3 f.
2191 BVerwG, Beschl. v. 27.6.1991, Az.: 4 B 138/90, Rn. 6 = NVwZ 1991, 983 (984); BVerwG, Urt. v.
11.10.2007, Az.: 4 C 8/06, Rn. 10 ff.; Schröer, NZBau 2008, 759 (760); Erbguth/Mann/Schubert,
Besonderes Verwaltungsrecht, 12. Aufl. 2015, Rn. 802; Muckel/Ogorek, Öffentliches Baurecht,
3. Aufl. 2018, § 9, Rn. 91.

Felix Steengrafe

schließende Entscheidung des Gesetzgebers, weshalb keine Befugnis der Bundesländer zur Gesetzgebung im Bereich des Bauplanungsrechts besteht.[2192]

1230   **Art. 28 II 1 GG** gewährleistet den Gemeinden „alle Angelegenheiten der örtlichen Gemeinschaft im Rahmen der Gesetze in eigener Verantwortung zu regeln", was das Recht der Bauleitplanung umfasst.[2193] Einfachgesetzlich spiegelt sich die Planungshoheit in § 2 I 1 BauGB wider,[2194] nach dem die Gemeinden Bauleitpläne in eigener Verantwortung aufstellen. Ebenfalls durch Art. 28 II 1 GG als Ausdruck der Planungshoheit verfassungsrechtlich abgesichert ist das Recht der Gemeinde auf Beteiligung an Planungen von anderen Hoheitsträgern, sofern sich diese für die Gemeinde auswirken können.[2195] Als Beispiel für eine solche Beteiligung ist § 9 ROG anzuführen.

1231   Ebenfalls zum Schutz der kommunalen Planungshoheit sieht § 36 BauGB die Regelung zum gemeindlichen Einvernehmen vor.[2196] Nach § 36 I 1 BauGB wird über „die Zulässigkeit von Vorhaben nach den §§ 31, 33 bis 35 im bauaufsichtlichen Verfahren von der Baugenehmigungsbehörde im Einvernehmen mit der Gemeinde entschieden." Das gemeindliche Einvernehmen darf gemäß § 36 II 1 BauGB nur aus den sich aus den §§ 31, 33, 34 und 35 ergebenden Gründen versagt werden. Wird das gemeindliche Einvernehmen nicht binnen zwei Monaten nach Eingang des Ersuchens verweigert, gilt dieses gemäß § 36 II BauGB als erteilt. Die Berechnung der Frist erfolgt nach §§ 187 I, 188 II BGB.[2197] Ein rechtswidrig versagtes Einvernehmen der Gemeinde kann nach § 36 II 3 BauGB ersetzt werden.

1232   Das Bauordnungsrecht bezieht sich aufgrund seines Objektbezuges in erster Linie auf die Sicherheit sowie Gestaltung des Einzelvorhabens und ist Bestandteil des Polizei- und Ordnungsrechts, weshalb nach Art. 70 I GG eine Gesetzge-

---

2192 Erbguth/Mann/Schubert, Besonderes Verwaltungsrecht, 12. Aufl. 2015, Rn. 807 f.

2193 Krüper/Herbolsheimer, ZJS 2016, 546 (546 f.); Krüper, ZJS 2010, 582 (582); Stollmann/Beaucamp, Öffentliches Baurecht, 11. Aufl. 2017, § 2, Rn. 15 f.; Muckel/Ogorek, Öffentliches Baurecht, 3. Aufl. 2018, § 4, Rn. 1; Jeromin, in: Kröninger/Aschke/Jeromin, BauGB, 4. Aufl. 2018, § 2, Rn. 1.

2194 Stollmann/Beaucamp, Öffentliches Baurecht, 11. Aufl. 2017, § 2, Rn. 17; Muckel/Ogorek, Öffentliches Baurecht, 3. Aufl. 2018, § 4, Rn. 1; Jeromin, in: Kröninger/Aschke/Jeromin, BauGB, 4. Aufl. 2018, § 2, Rn. 1.

2195 Erbguth/Mann/Schubert, Besonderes Verwaltungsrecht, 12. Aufl. 2015, Rn. 812; Stollmann/Beaucamp, Öffentliches Baurecht, 11. Aufl. 2017, § 2, Rn. 19.

2196 Hofmeister, in: Spannowsky/Uechtritz, BauGB, 3. Aufl. 2018, § 36, Rn. 1; Jeromin, in: Kröninger/Aschke/Jeromin, BauGB, 4. Aufl. 2018, § 36, Rn. 1.

2197 Hofmeister, in: Spannowsky/Uechtritz, 3. Aufl. 2018, § 36, Rn. 26; Jeromin, in: Kröninger/Aschke/Jeromin, BauGB, 4. Aufl. 2018, § 36, Rn. 7.

Felix Steengrafe

bungskompetenz der Länder besteht.[2198] Diese Kompetenz drückt sich in den 16 Bauordnungen der Länder aus.

Für das öffentliche Baurecht ist **Art. 14 GG** von wesentlicher Bedeutung. **1233** Art. 14 I 1 GG schützt verfassungsrechtlich das Eigentum, was das Recht der Nutzung des Eigentums nach der eigenen Vorstellung umfasst.[2199] Inhalt und Schranken der Eigentumsfreiheit bestimmen (einfache) Gesetze.[2200] Ein Grundstück darf im Rahmen der Gesetze bebaut werden. Ein Anspruch auf Erteilung einer Baugenehmigung besteht, wenn öffentlich-rechtliche Vorschriften dem nicht entgegenstehen. Darüber hinaus kann zugunsten einer Bebauung ein Bestandsschutz eintreten. Ein unbeschränktes Baurecht besteht hingegen nicht.[2201]

Hausarbeitswissen: Es ist umstritten, ob sich diese sog. Baufreiheit aus Art. 14 GG[2202] oder aus verwaltungsrechtlichen Vorschriften[2203] ergibt.

b) Die Beseitigungsverfügung

Eine **Beseitigungsverfügung** ist aufgrund ihrer erheblichen Folgen nur die ulti- **1234** ma ratio um einen baurechtskonformen Zustand wiederherzustellen.[2204] Die Beseitigung eines Bauwerkes kann teilweise oder vollständig angeordnet werden.

aa) Ermächtigungsgrundlagen

§ 80 MBauO normiert die Ermächtigungsgrundlage für eine Beseitigungsverfügung. In den Ländern finden sich die Ermächtigungsgrundlagen in den folgenden Normen:

2198 BVerwG, Urt. v. 11.10.2007, Az.: 4 C 8/06, Rn. 10; Dirnberger, in: Spannowsky/Uechtritz, 3. Aufl. 2018, § 1, Rn. 2; Oldiges/Brinktrine, in: Steiner/Brinktrine, Besonderes Verwaltungsrecht, 9. Aufl. 2018, § 3, Rn. 14; Stollmann/Beaucamp, Öffentliches Baurecht, 11. Aufl. 2017, § 2, Rn. 25.
2199 Jarass, in: Jarass/Pieroth, GG, 15. Aufl. 2018, Art. 14, Rn. 16.
2200 BVerfG, Urt. v. 6.12.2016, 1 BvR 2821/11, 1 BvR 321/12, 1 BvR 1456/12 = NJW 2017, 217 (221); BVerfG, Beschl. v. 15.1.1969, 1 BvL 3/66; BVerwG, Urt. v. 18.8.1960, I C 42/59 = NJW 1961, 793 (793); Jarass, in: Jarass/Pieroth, GG, 15. Aufl. 2018, Art. 14, Rn. 5.
2201 Stollmann/Beaucamp, Öffentliches Baurecht, 11. Aufl. 2017, § 2, Rn. 3 ff.; Erbguth/Mann/ Schubert, Besonderes Verwaltungsrecht, 12. Aufl. 2015, Rn. 816 ff.; Art. 14 GG bejahend: Jarass, in: Jarass/Pieroth, GG, 15. Aufl. 2018, Art. 14, Rn. 20.
2202 VGH Mannheim, Beschl. v. 22.1.1996, Az.: 8 S 2964/95, Rn. 3.
2203 Lege, ZJS 2012, 44 (45).
2204 Kahl/Dubber, ZJS 2015, 558 (561).

Felix Steengrafe

Baden-Württemberg	§ 65 LBO BW
Bayern	Art. 76 BayBO
Berlin	§ 80 BauO Bln
Brandenburg	§ 80 BbgBO
Bremen	§ 79 BremLBO
Hamburg	§ 76 HmbBO
Hessen	§ 82 HBO
Mecklenburg-Vorpommern	§ 80 LBO MV
Niedersachsen	§ 79 NBauO
Nordrhein-Westfalen	§ 82 BauO NRW
Rheinland-Pfalz	§ 81 f. LBO RP
Saarland	§ 82 LBO Saar
Sachsen	§§ 80 SächsBO
Sachsen-Anhalt	§ 79 BauO LSA
Schleswig-Holstein	§ 59 LBO SH
Thüringen	§ 79 ThürBO

bb) Formelle Rechtmäßigkeit

1235 Für ein bauordnungsrechtliches Einschreiten müssen – wie bei jedem Verwaltungsakt – die formellen Anforderungen in der Gestalt der sich aus dem Bauordnungsrecht ergebenden **Zuständigkeit**, des **Verfahrens**, insbesondere der Anhörung nach § 28 VwVfG bei einer Bauordnungsverfügung als belastenden Verwaltungsakt, und der **Form** gewahrt werden (s. Rn. 579 ff.). Bei einem schriftlichen Verwaltungsakt sind die Anforderungen des § 39 VwVfG zu berücksichtigen.

cc) Materielle Rechtmäßigkeit

1236 Ein genehmigungspflichtiges Vorhaben darf nur abgerissen werden, wenn dieses **formell und materiell illegal** ist. Diese Voraussetzungen müssen **kumulativ** vorliegen.[2205] Formelle Illegalität bedeutet, dass die erforderliche Baugenehmi-

---

[2205] VG Münster, Urt. v. 19.6.2018, Az.: 2 K 6704/17, Rn. 33; Kersten, in: Schoch, Besonderes

Felix Steengrafe

gung nicht vorliegt oder das Bauwerk wesentlich von der Genehmigung abweicht.[2206] Materiell illegal ist ein Bauwerk, wenn dieses nicht mit den öffentlich-rechtlichen Anforderungen vereinbar ist.[2207]

Sofern ein Bauwerk nicht mit den öffentlich-rechtlichen Vorgaben vereinbar **1237** und damit materiell illegal ist, dieses aber durch eine Baugenehmigung gedeckt und somit formell legal ist, darf eine Beseitigungsverfügung nicht ergehen. Vor einer solchen Verfügung müsste die Baugenehmigung bestandskräftig aufgehoben werden (zu Rücknahme und Widerruf näher Rn. 836 ff.).[2208] Im Falle eines vereinfachten Genehmigungsverfahrens kann sich die Legalisierungswirkung der Baugenehmigung nicht auf die im vereinfachten Genehmigungsverfahren ungeprüften Bereiche erstrecken, weshalb die vorherige Aufhebung der Baugenehmigung in diesem Einzelfall nicht erforderlich ist.[2209] Einer Beseitigungsverfügung steht der passive Bestandsschutz als Ausdruck von Art. 14 I GG entgegen. War die Errichtung des Bauwerkes materiell rechtmäßig, schützt der passive Bestandsschutz vor einer Veränderung der Sach- und Rechtslage.[2210] Diese Rechtsauffassung ist allerdings nicht unumstritten. Ebenfalls nicht unumstritten ist die Konstellation, in der die materielle Rechtmäßigkeit für einen Zeitraum nach der Errichtung und vor der ordnungsrechtlichen Verfügung eingetreten ist.[2211] Bei genehmigungsfreien Vorhaben ist mangels erforderlicher Baugenehmigung naturgemäß nur auf die materielle Illegalität abzustellen.

Verwaltungsrecht, 2018, Kap. 3, Rn. 449; Kahl/Dubber, ZJS 2015, 558 (561); Lindner, JuS 2014, 118 (120).

2206 Kahl/Dubber, ZJS 2015, 558 (561); Lindner, JuS 2014, 118 (119); Oldiges/Brinktrine, in: Steiner/Brinktrine, Besonderes Verwaltungsrecht, 9. Aufl. 2018, § 3, Rn. 331; Battis, Öffentliches Baurecht und Raumordnungsrecht, 7. Aufl. 2017, Rn. 599.

2207 OVG Greifswald, Beschl. v. 2.11.1993, 3 M 89/93 = NVwZ 1995, 608 (608); Oldiges/Brinktrine, in: Steiner/Brinktrine, Besonderes Verwaltungsrecht, 9. Aufl. 2018, § 3, Rn. 331; Battis, Öffentliches Baurecht und Raumordnungsrecht, 7. Aufl. 2017, Rn. 599.

2208 Lindner, JuS 2014, 118 (121); Oldiges/Brinktrine, in: Steiner/Brinktrine, Besonderes Verwaltungsrecht, 9. Aufl. 2018, § 3, Rn. 335; Erbguth/Mann/Schubert, Besonderes Verwaltungsrecht, 12. Aufl. 2015, Rn. 1305.

2209 OVG Berlin-Brandenburg, Beschl. v. 23.6.2010, Az.: 2 S 99/09 = NVwZ-RR 2010, 794 (795); Lindner, JuS 2014, 118 (121).

2210 Battis, Öffentliches Baurecht und Raumordnungsrecht, 7. Aufl. 2017, Rn. 601; Kersten, in: Schoch, Besonderes Verwaltungsrecht, 2018, Kap. 3, Rn. 450.

2211 VG Münster, Urt. v. 19.6.2018, Az.: 2 K 6704/17, Rn. 70; Battis, Öffentliches Baurecht und Raumordnungsrecht, 7. Aufl. 2017, Rn. 601; Kersten, in: Schoch, Besonderes Verwaltungsrecht, 2018, Kap. 3, Rn. 450; Mit einem Überblick: Kahl/Dubber, ZJS 2015, 558 (563).

Felix Steengrafe

1238   **Adressaten** einer bauordnungsrechtlichen Verfügung können entweder der Handlungs- oder Zustandsstörer sein (s. Rn. 1121 ff.). Bei der Auswahl des Störers ist die Effektivität der Gefahrenabwehr zu berücksichtigen.[2212]

Examenswissen: Eine Ordnungsverfügung kann auch gegenüber einem Rechtsnachfolger wirken. Maßgeblich ist hierbei das Landesrecht.[2213] Sofern das Landesrecht keine Regelung enthält, stellt sich die Frage, ob mit der Verfügung eine höchstpersönliche Pflicht eintrat. In der Regel dürfte die Ordnungsverfügung allerdings sachbezogen und damit nicht höchstpersönlich sein. Auch ein Gesamtrechtsnachfolger wird damit durch die Verfügung verpflichtet.[2214]

dd) Ermessen

1239 Die Beseitigungsverfügung steht im pflichtgemäßen Ermessen der Bauverwaltung. Das Ermessen erstreckt sich auf das **Erschließungsermessen** („ob") und das **Auswahlermessen** („wie). Das Auswahlermessen erstreckt sich sowohl auf die Maßnahme als auch auf den Adressaten.[2215] Bei der Auswahl ist die Effektivität der Gefahrenabwehr zu berücksichtigen. Nach der Rechtsprechung ist im Regelfall eine Ordnungsverfügung zu erlassen, um einen baurechtskonformen Zustand wiederherzustellen. Nur in Ausnahmefällen soll die Bauverwaltung von einer Beseitigungsverfügung absehen.[2216]

1240   Bestehen mehrere formell und materiell illegale Bauwerke ist grundsätzlich der allgemeine **Gleichheitssatz des Art. 3 I GG** anzuwenden.[2217] Trotz des Gleichheitssatzes ist nicht erforderlich, dass die Bauverwaltung gegen alle illegalen Bauwerke zeitgleich vorgeht. Bei sachlichen Gründen darf sich die Verwaltung auf die Abarbeitung von Einzelfällen festlegen. Sachliche Gründe in diesem Sinne können das Gefahrenpotenzial einzelner Bauwerke, Größe oder Lage der Bauwerke oder die Kapazitätsgrenze der Baubehörde sein.[2218] Eine Ungleichbehandlung kann einer Beseitigungsverfügung nur dann erfolgreich entgegengehalten werden, wenn kein sachlicher Grund für das abschnittsweise Vorgehen besteht.[2219]

2212 Erbguth/Mann/Schubert, Besonderes Verwaltungsrecht, 12. Aufl. 2015, Rn. 1313.
2213 Erbguth/Mann/Schubert, Besonderes Verwaltungsrecht, 12. Aufl. 2015, Rn. 1313.
2214 Stollmann/Beaucamp, Öffentliches Baurecht, 11. Aufl. 2017, § 19, Rn. 46 f.
2215 Kahl/Dubber, ZJS 2015, 558 (564).
2216 Kersten, in: Schoch, Besonderes Verwaltungsrecht, 2018, Kap. 3, Rn. 446; Kahl/Dubber, ZJS 2015, 558 (564).
2217 Kahl/Dubber, ZJS 2015, 558 (565); Stollmann/Beaucamp, Öffentliches Baurecht, 11. Aufl. 2017, § 19, Rn. 35; Kersten, in: Schoch, Besonderes Verwaltungsrecht, 2018, Kap. 3, Rn. 454.
2218 Kahl/Dubber, ZJS 2015, 558 (565).
2219 Kahl/Dubber, ZJS 2015, 558 (565).

Felix Steengrafe

Bei Kenntnis der Bauverwaltung von einer rechtswidrigen Bebauung über 1241
einen längeren Zeitraum, kann beim Adressaten einer späteren Ordnungsverfügung die Vorstellung entstanden sein, dass sich die Verwaltung mit der Bebauung
abgefunden habe. In einem solchen Fall stellt sich die Frage nach der Schutzwürdigkeit dieser Vorstellung. Nahm die Behörde die rechtswidrige Bebauung
einfach hin (sog. **faktische Duldung**), begründet dies keinen Vertrauenstatbestand für die zukünftige Akzeptanz der rechtswidrigen Bebauung. Dies gilt selbst
in den Fällen, in denen die faktische Duldung über einen langen Zeitraum bestand.[2220] Ein Vertrauenstatbestand kann sich aus einer sog. aktiven Duldung
ergeben. Für die Annahme dieser Form der Duldung muss die Behörde in un-
missverständlicher Art und Weise erklären, ob, für welchen Zeitraum und in
welchem Rahmen die Duldung des baurechtswidrigen Zustandes erfolgen soll.
Eine solche Erklärung kann im Einzelfall einer bauaufsichtlichen Verfügung
entgegengehalten werden.[2221]

Ein Ermessensfehler kann in der Gestalt der **Ermessensüberschreitung** 1242
durch eine unverhältnismäßige Entscheidung vorliegen. Die bauordnungsrechtlichen Verfügungen müssen – wie alle staatlichen Maßnahmen – **verhältnismäßig** sein, weshalb die Verhältnismäßigkeit zu prüfen ist. Der legitime Zweck ist
die Schaffung von baurechtskonformen Zuständen. In der Regel ist die Beseitigungsverfügung zur Förderung des Ziels geeignet. Nicht erforderlich ist eine
solche Verfügung, wenn durch ein milderes aber gleich effektives Mittel der
baurechtskonforme Zustand hergestellt werden kann. Aufgrund des erheblichen
Substanzeingriffes stellt die Beseitigung den gravierendsten Eingriff in das Eigentum dar.[2222] Eine Nutzungsuntersagung oder eine Genehmigung mit erheblichen Nebenbestimmungen sowie ein Teilabriss sind in vielen Fällen ein milderes
Mittel, dessen gleiche Effektivität im Einzelfall zu betrachten ist.[2223] Bei der Angemessenheit ist zwischen der Schwere des Eingriffs und der Bedeutung des
verfolgten Zieles abzuwägen.[2224] Trotz des erheblichen Eingriffs mit dem hohen
wirtschaftlichen Schaden und den Folgen für den Adressaten stehen diese Er-

---

2220 OVG Münster, Urt. v. 24.2.2016, Az.: 7 A 1623/14 = NVwZ-RR 2016, 851 (853); OVG Münster,
Urt. v. 22.8.2005, 10 A 4694/03 = NJOZ 2005, 5183 (5190); Sommer, JA 2017, 567 (568).
2221 OVG Münster, Beschl. v. 16.3.2007, Az.: 7 B 134/07, Rn. 29 = NVwZ-RR 2007, 661 (662); OVG
Münster, Urt. v. 22.8.2005, Az.: 10 A 4694/03, Rn. 95ff. = NJOZ 2005, 5183 (5190); OVG Berlin, Urt. v.
14.5.1982, Az.: 2 B 57/79, Rn. 23 = NJW 1983, 777 (778); Sommer, JA 2017, 567 (568).
2222 Kahl/Dubber, ZJS 2015, 558 (565).
2223 Kahl/Dubber, ZJS 2015, 558 (565); Kersten, in: Schoch, Besonderes Verwaltungsrecht, 2018,
Kap. 3, Rn. 453.
2224 Kahl/Dubber, ZJS 2015, 558 (565).

Felix Steengrafe

wägungen nicht per se einer Beseitigungsverfügung entgegen, andernfalls würden baurechtswidrige Bauwerke privilegiert werden.[2225]

c) Die Nutzungsuntersagung

1243 Anders als bei der Beseitigungsverfügung zielt die Nutzungsuntersagung nicht auf eine Substanzbeeinträchtigung, sondern auf ein Unterlassen ab.

aa) Ermächtigungsgrundlagen

1244 § 80 S. 2 MBauO ermächtigt eine Nutzung zu untersagen, wenn eine Anlage im Widerspruch zu öffentlich-rechtlichen Vorschriften genutzt wird. In den Ländern finden sich die Ermächtigungsgrundlagen in den folgenden Normen:

Baden-Württemberg	§ 65 LBO BW
Bayern	Art. 76 BayBO
Berlin	§ 80 BauO Bln
Brandenburg	§ 80 BbgBO
Bremen	§ 79 BremLBO
Hamburg	§ 76 HmbBO
Hessen	§ 82 HBO
Mecklenburg-Vorpommern	§ 80 LBO MV
Niedersachsen	§ 79 NBauO
Nordrhein-Westfalen	§ 82 BauO NRW
Rheinland-Pfalz	§ 81 f. LBO RP
Saarland	§ 82 LBO Saar
Sachsen	§§ 80 SächsBO
Sachsen-Anhalt	§ 79 BauO LSA
Schleswig-Holstein	§ 59 LBO SH
Thüringen	§ 79 ThürBO

2225 OVG Berlin, Beschl. v. 27.11.2001, Az.: 2 N 27/01 = LKV 2002, 184 (185); Kahl/Dubber, ZJS 2015, 558 (565); Stollmann/Beaucamp, Öffentliches Baurecht, 11. Aufl. 2017, § 19, Rn. 34.

Felix Steengrafe

bb) Formelle Rechtmäßigkeit

Die formellen Anforderungen an den Erlass einer Nutzungsuntersagung weichen 1245
nicht von den obigen Anforderungen ab (s. Rn. 1235).

cc) Materielle Rechtmäßigkeit

Bei der Nutzungsuntersagung steht die Nutzung des Bauwerkes nicht im Einklang 1246
mit den öffentlich-rechtlichen Vorgaben. **Umstritten** ist, ob für den Erlass einer
Nutzungsuntersagung die **formelle Illegalität ausreichend** ist. Teilweise wird
auch eine materielle Illegalität gefordert. Begründet wird diese weitgehende
Forderung mit der Beeinträchtigung des Eigentums.[2226] Für eine ausreichende
formelle Illegalität spricht die geringe Eigentumsbeeinträchtigung.[2227] Die Intensität ist wesentlich geringer als bei einer Beseitigungsverfügung. Besteht sowohl
eine formelle als auch materielle Illegalität ist nach beiden Auffassungen eine
Nutzungsuntersagung materiell rechtmäßig. Die Frage der Erforderlichkeit der
materiellen Illegalität wirkt sich damit nur in den Fällen auf das Ergebnis aus, in
denen eine formelle, aber keine materielle Illegalität besteht. Der Bestandsschutz
endet bei einer Nutzungsänderung.[2228] Die Bauverwaltung muss im Rahmen ihrer
pflichtgemäßen Ermessensausübung – sofern ausschließlich eine formelle Illegalität gefordert werden sollte – eine mögliche (offensichtliche) materielle
Rechtmäßigkeit berücksichtigen.[2229] Ansonsten kann an dieser Stelle auf die
vorherigen Ausführungen zum Ermessen bei der Beseitigungsverfügung verwiesen werden (s. Rn. 1239 ff.).

d) Die Stilllegungsverfügung

Anders als die Beseitigungsverfügung oder die Nutzungsuntersagung bezieht sich 1247
die Stilllegungsverfügung zeitlich auf die Errichtungsphase des Bauwerkes.

2226 VGH Mannheim, Beschl. v. 22.1.1996, Az.: 8 S 2964/95, Rn. 3.

2227 VGH München, Urt. v. 5.12.2005, 1 B 03.2608 = NVwZ-RR 2006, 754 (755); OVG Bautzen,
Beschl. v. 25.6.2001, Az.: B 67/01 = LKV 2002, 180 (180); Kahl/Dubber, ZJS 2015, 558 (567); Kersten,
in: Schoch, Besonderes Verwaltungsrecht, 2018, Kap. 3, Rn. 446.

2228 BVerfG, Beschl. v. 15.12.1995, Az.: 1 BvR 1713/92 = NVwZ-RR 1996, 483 (483); BVerwG, Beschl. v. 9.9.2002, Az.: 4 B 52/02; BVerwG, Beschl. v. 27.2.1993, 4 B 5/93, Rn. 3.

2229 VGH München, Urt. v. 5.12.2005, Az.: 1 B 03.2608 = NVwZ-RR 2006, 754 (755); OVG Bautzen,
Beschl. v. 25.6.2001, Az.: 1 B 67/01 = LKV 2002, 180 (180); Kahl/Dubber, ZJS 2015, 558 (568).

aa) Ermächtigungsgrundlagen

1248 Die Ermächtigungsgrundlage für die Anordnung des Einstellens von Arbeiten ergibt sich aus § 79 MBauO. In den Ländern finden sich die Ermächtigungsgrundlagen in den folgenden Normen:

Baden-Württemberg	§ 64 LBO BW
Bayern	Art. 75 BayBO
Berlin	§ 79 BauO Bln
Brandenburg	§ 79 BbgBO
Bremen	§ 78 BremLBO
Hamburg	§ 75 HmbBO
Hessen	§ 81 HBO
Mecklenburg-Vorpommern	§ 79 LBO MV
Niedersachsen	§ 79 NBauO
Nordrhein-Westfalen	§ 81 BauO NRW
Rheinland-Pfalz	§ 80 LBO RP
Saarland	§ 81 LBO Saar
Sachsen	§§ 79 SächsBO
Sachsen-Anhalt	§ 78 BauO LSA
Schleswig-Holstein	§ 59 LBO SH
Thüringen	§ 78 ThürBO

bb) Formelle Rechtmäßigkeit

1249 Bezüglich der formellen Anforderungen kann auf die vorherigen Ausführungen verwiesen werden (s. Rn. 1235).

cc) Materielle Rechtmäßigkeit

1250 Das Einstellen von Arbeiten kann angeordnet werden, wenn Anlagen im Widerspruch zu öffentlich-rechtlichen Vorschriften errichtet, geändert oder beseitigt

Felix Steengrafe

werden. **Ausreichend ist die formelle Illegalität.**[2230] Die Legalisierungswirkung einer (materiell illegalen) Baugenehmigung steht einer Stilllegungsverfügung entgegen (s. Rn. 1237).[2231] Bei genehmigungsfreien Vorhaben ist ausschließlich auf die materielle Illegalität abzustellen.[2232] Auch für diese Verfügung steht der Bauverwaltung ein Ermessensspielraum zu. Für die Anforderungen an die pflichtgemäße Ermessensausübung wird auf die vorherigen Ausführungen verwiesen (s. Rn. 1239 ff.).

e) Literaturhinweise

Lehrbücher: Battis, Öffentliches Baurecht und Raumordnungsrecht, 7. Aufl., 2017; **1251** Muckel/Ogorek, Öffentliches Baurecht, 3. Aufl. 2018; Stollmann/Beaucamp, Öffentliches Baurecht, 11. Aufl. 2017

Aufsätze: Schröer, Das Spannungsverhältnis zwischen bauordnungsrechtlichem Verunstaltungsverbot und bauplanungsrechtlichem Genehmigungsanspruch, NZBau 2008, 759; Krüper, Das Einvernehmen der Gemeinde nach § 36 BauGB – Materiell-, verfahrens- und prozessrechtliche Aspekte, ZJS 2010, 582; Krüper/Herbolsheimer, Die Veränderungssperre im Kontext gemeindlicher Planungshoheit, ZJS 2016, 546; Kahl/Dubber, Die repressive Bauaufsicht, ZJS 2015, 558; Wolf, Drittschutz im Bauplanungsrecht – Zur Weiterentwicklung eines stagnierenden Prozesses, NVwZ 2013, 247; Sperlich, Ein Meilenstein des Verwaltungsrechts: 40 Jahre „Schweinemästerfall" – zur nachbarschützenden Wirkung des Rücksichtnahmegebotes, JA 2017, 38; Lindner, Formelle und materielle Illegalität bei bauordnungsrechtlichen Eingriffen – Zur dogmatischen Struktur von Baubeseitigungsanordnung und Nutzungsuntersagung, JuS 2014, 118; Sommer, Zur behördlichen Duldung im öffentlichen Baurecht, JA 2017, 567; Lege, Art. 14 für Fortgeschrittene – 45 Fragen zum Eigentum, die Sie nicht überall finden. Unter besonderer Berücksichtigung des Baurechts, ZJS 2012, 44

5. Ermächtigungsgrundlagen des Kommunalrechts (Sebastian Piecha)

Die Anfechtungsklage ist im besonderen Verwaltungsrecht eine häufige Konstel- **1252** lation in Prüfungsarbeiten. Sie spielt daher auch im Bereich des Kommunalrechts eine Rolle, wenngleich Fallgestaltungen im Bereich der Leistungs- und Feststel-

---

2230 Kahl/Dubber, ZJS 2015, 558 (568); Kersten, in: Schoch, Besonderes Verwaltungsrecht, 2018, Kap. 3, Rn. 445; Stollman/Beaucamp, Öffentliches Baurecht, 11. Aufl. 2017, § 19, Rn. 14.
2231 Kahl/Dubber, ZJS 2015, 558 (568).
2232 Kahl/Dubber, ZJS 2015, 558 (568).

lungsklage hier eine noch größere Relevanz aufweisen (s. dazu § 5 Rn. 235 ff. und § 6 Rn. 186 ff.).

1253   Voraussetzung ist stets das Vorliegen eines **Verwaltungsakts** (dazu Rn. 38 ff.). Im Kommunalrecht kommen dabei mehrere Konstellationen in Betracht: Zunächst könnte sich ein **Bürger** gegen einen Verwaltungsakt der Kommune wehren. Dann ist *inzident*, also innerhalb der Prüfung der Ermächtigungsgrundlage des Verwaltungsakts möglicherweise das nach den Regelungen des jeweiligen Kommunalrechts ordnungsgemäße Zustandekommen der als Ermächtigungsgrundlage dienenden Satzung oder Verordnung zu prüfen. Diese Konstellation wird an gegebener Stelle erwähnt. Es erscheint jedoch insbesondere denkbar, dass die **Kommune** selbst Adressatin eines Verwaltungsakts ist, etwa wenn die **Aufsichtsbehörde** Maßnahmen gegen sie ergreift. Diese Konstellation wird ausführlich im Folgenden erläutert (s. Rn. 1271 ff.). Schließlich scheint es auch möglich, dass ein Verwaltungsakt an ein **Rats- bzw. Kreistagsmitglied** gerichtet wird. Ob und warum es sich hierbei um einen Verwaltungsakt handelt, muss dann ebenfalls geprüft werden. Dies wird im Folgenden ebenfalls erörtert (s. ebenfalls Rn. 1271 ff.).

1254   Bei den letzten beiden soeben genannten Konstellationen ist im Einzelfall teilweise sehr umstritten, ob es sich bei der Maßnahme um einen Verwaltungsakt handelt oder nicht. Hierbei sind dann die Voraussetzungen des § 35 S. 1 VwVfG schon im Rahmen der statthaften Klageart genau zu untersuchen (s. Rn. 38 ff.). Wann und wo die strittigen Punkte liegen, wird in diesem Abschnitt diskutiert.

a) Einführung in das Kommunalrecht

1255 Bevor jedoch die relevanten Ermächtigungsgrundlagen und Konstellation der Anfechtungsklage im Kommunalrecht beschrieben werden, wird im Folgenden nun zunächst ein einführender Überblick über die wesentlichen Grundlagen des Kommunalrechts gegeben, um dieses Rechtsgebiet für die Klausur- und Hausarbeitspraxis einordnen zu können.

aa) Begriff des Kommunalrechts

1256 Auch das **Kommunalrecht** hält zahlreiche Fallgestaltungen bereit, die Gegenstand einer Klausur sein können.[2233] Dabei ist in den Anfangssemestern eine

---

2233 Die Prüfungsordnungen definieren das Kommunalrecht ausdrücklich als Teil des besonderen Verwaltungsrechts zu Pflichtfachstoff für die Erste Prüfung, etwa § 11 II Nr. 13 lit. b) JAG NRW, § 18 II Nr. 5 lit. c) JAPO Bayern; auch für die Zweite juristische Staatsprüfung werden die Inhalte des Kommunalrechts als Pflichtfachstoff in den meisten Bundesländern als bekannt

Sebastian Piecha

isolierte Kommunalrechts-Abschlussklausur durchaus häufiger als in Fortge-
schrittenenübungen oder gar Examensklausuren der ersten oder zweiten (Staats-)
Prüfung. In den beiden letzteren Konstellationen werden kommunalrechtliche
Aufgabenstellungen oft und gern mit solchen aus anderen Gebieten des besonderen Verwaltungsrechts, etwa dem Polizei- und Ordnungsrecht oder dem Baurecht verbunden. Eine auf den ersten Blick rein kommunalrechtliche und überschaubare Aufgabe kann so leicht im Schwierigkeitsgrad erhöht werden.

Unter dem Begriff „Kommunalrecht" versteht man die Rechtssätze, die die   1257
Rechtsstellung der Kommunen innerhalb des Staates, die Grundordnung sowie
Organisation der Kommune sowie ihre Aufgaben, Instrumente und Finanzen regeln (*Innenrecht* der Kommune).[2234] Dabei spielt im Kommunalrecht auch das
Verhältnis zu ihren Bürgern bzw. Einwohnern (*Außenrecht*) eine Rolle. Ähnlich
dem Staatsrecht für die Grundordnung des Staates und das Verhältnis zu den dort
lebenden Menschen regelt das Kommunalrecht Entsprechendes auf der untersten
Ebene staatlicher Verwaltung, den Kommunen. Es wird daher auch von ***Kommunalverfassung*** gesprochen, da die Regelungen grundlegende Bestimmungen
zur Ordnung der Kommunen festlegen. Im Wesentlichen ist der Begriff jedoch ein
Synonym zu dem des ***Kommunalrecht***s. Der Begriff *Kommune* ist dabei der
Oberbegriff insbesondere für die Gebietskörperschaften der Städte und Gemeinden sowie für Gemeindeverbände wie die (Land-)Kreise.[2235]

Das Kommunalrecht ist nicht bundeseinheitlich geregelt, seine Ausgestaltung   1258
obliegt den einzelnen Ländern (dazu Rn. 1268), die hierfür die Gesetzgebungskompetenz (Art. 70 I GG) haben.[2236] Bundesrechtlich enthält das GG lediglich zwei,
wesentlich grundlegende, übergeordnete Vorgaben: Art. 28 I 2 GG legt fest, dass in
Gemeinden, Städten und Kreisen eine nach den Grundsätzen der allgemeinen,
unmittelbaren, freien, gleichen und geheimen Wahl hervorgegangene Volksvertretung besteht. Ferner gewährleistet Art. 28 II 1, 2 GG die kommunale **Selbstverwaltungsgarantie** (dazu Rn. 1259 ff.). Landesverfassungsrechtlich ist diese
Selbstverwaltungsgarantie meist noch einmal festgeschrieben, wenngleich sich

---

vorausgesetzt und können daher Prüfungsgegenstand sein, vgl. § 52 I Nr. 1 JAG NRW und § 58 II
Nr. 1 JAPO Bayern.
2234 Vgl. Burgi, Kommunalrecht, 6. Aufl. 2019, § 1 Rn. 10.
2235 Mit Ausnahme des Grundgesetzes und des Landesrechts Nordrhein-Westfalen, in welchem
die KrO NRW grundsätzlich die Bezeichnung „Kreis" festlegt, haben alle Flächenländer die Bezeichnung „Landkreis" gewählt. Im Folgenden wird daher die Bezeichnung „Landkreis" verwendet sowie der Begriff „Kommune", wenn sowohl Gemeinden als auch Gemeindeverbände
genannt sind.
2236 Vgl. Gern/Brüning, Deutsches Kommunalrecht, 4. Aufl. 2019, Rn. 52 m.w.N.; zu den Möglichkeiten der Mischverwaltung und weiterer kommunalrechtlichen Bezügen s. ebendort,
Rn. 53 ff.

Sebastian Piecha

die inhaltliche Ausgestaltung jeweils teilweise stark unterscheidet und über die im GG festgelegten Garantien hinausgehen kann.[2237] Die Gewährleistung aus dem Grundgesetz bildet insoweit die inhaltliche *Mindest*garantie.[2238]

bb) Die kommunale Selbstverwaltungsgarantie

1259 Die **kommunale Selbstverwaltungsgarantie** (Art. 28 II GG bzw. ggf. die jeweilige Landesverfassungsbestimmung) umfasst im Wesentlichen zweierlei:

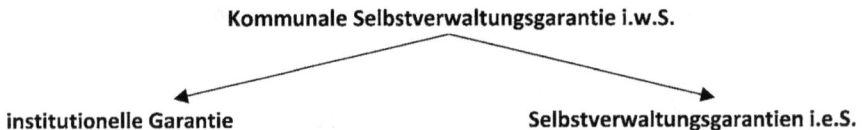

Kommunale Selbstverwaltungsgarantie i.w.S.

institutionelle Garantie　　　　　　　**Selbstverwaltungsgarantien i.e.S.**

1260　　Die *institutionelle Garantie* bedeutet, dass gewährleistet ist, dass es die **Einrichtung** (Institution) Kommune überhaupt **als solche** geben muss.[2239] Dies meint jedoch nur allgemein die Einrichtung von Kommunen, **nicht** den **Bestand einer einzelnen Kommune.**[2240]

1261　　Die *Selbstverwaltungsgarantie i.e.S.* bedeutet, dass den Kommunen ein **eigener Aufgabenbereich** zugesprochen wird, innerhalb dessen sie sich eigenverantwortlich organisieren können bzw. müssen sowie die damit verbundenen Aufgaben auch wahrnehmen.[2241] Grundsätzlich besitzen die Städte und Gemeinden danach die **Allzuständigkeit** für alle *Aufgaben der örtlichen Gemeinschaft*, d.h. die alleinige und umfassende Zuständigkeit für die öffentliche Verwaltung, sofern Gesetze nichts anderes bestimmen.[2242] Für Gemeindeverbän-

---

2237 Art. 71 I VerfBW, Art. 11 II 2 BayVerf., Art. 97 I 1 BbgVerf., Art. 144 2 BremVerf., Art. 4 II 1 HmbVerf., Art. 137 III 1 HV, Art. 72 I Verf. M-V, Art. 78 VerfNRW, Art. 57 I NdsVerf., Art. 49 I VerfRP, Art. 118 SVerf, Art. 82 II SächsVerf, Art. 87 VerfLSA, Art. 54 VerfSH, Art. 91 I ThürVerf.; dazu ausführlich Burgi, Kommunalrecht, 6. Aufl. 2019, § 7 Rn. 5 ff.; Ritgen, NVwZ 2018, 114 ff.
2238 Burgi, Kommunalrecht, 6. Aufl. 2019, § 6 Rn. 2; vgl. dazu zuletzt BVerfG, Urt. v. 21.11.2017, Az.: 2 BvR 2177/16 = BVerfGE 147, 185.
2239 BVerfG, Beschl. v. 23.11.1988, Az. 2 BvR 1619, 1628/83 = BVerfGE 79, 127 (143) – Rastede.
2240 BVerfG, Beschl. v. 27.11.1978, Az. 2 BvR 165/75 = BVerfGE 50, 50; Beschl. v. 18.10.1994, Az. 2 BvR 611/91 = LKV 1995, 187.
2241 Vgl. Gern/Brüning, Deutsches Kommunalrecht, 4. Aufl. 2019, Rn. 99.
2242 Vgl. etwa § 2 GO NRW; grundlegend: BVerfG, Beschl. v. 23.11.1988, Az. 2 BvR 1619, 1628/83 = BVerfGE 79, 127 (143) – Rastede.

Sebastian Piecha

de, insbesondere Landkreise, gilt Entsprechendes für alle **Aufgaben der überörtlichen Gemeinschaft.**[2243]

Hausarbeitswissen: Aufgaben der örtlichen bzw. überörtlichen Gemeinschaft bilden den Grundstock **1262**
*der Selbstverwaltung in den Kommunen. Wie sich diese Aufgaben jedoch bestimmen und herleiten,
ist durchaus nicht unumstritten. Das BVerfG verweist in ständiger Rechtsprechung darauf, dass dies
auch die Kompetenz umfasst, bislang unbesetzte Aufgaben in ihrem Bereich an sich zu ziehen.*[2244]
Zum einen müssen sie einen **spezifisch örtlichen Bezug** *aufweisen. Zum anderen können es auch
Aufgaben sein, die* **historisch** *den Kommunen zuwachsen und seit jeher eine kommunale Aufgabe
gewesen sind. Schließlich war zeitweise auch in der Diskussion, dass sich einiges aus der finanziellen
Leistungsfähigkeit der Kommunen ableite.*[2245]

Daraus ergibt sich im Wesentlichen, dass eine Kommune aus der Selbstverwal- **1263**
tungsgarantie bestimmte **Gemeindehoheiten** ableiten kann, die ihr zustehen:[2246]

– **Inhaltliche Bestimmung der Aufgabenerledigung**
Die Kommune hat die Befugnis selbst zu bestimmen, wie sie ihre Aufgaben erledigt.

– **Subjektsgarantie**
Die Kommunen als solches haben Subjektsqualität, müssen also im Verwaltungsbau als selbstständige Gebietskörperschaften vorgesehen sein. Das schützt
jedoch nicht den Bestand *einzelner* Kommunen, sondern nur die Institution
„Kommune" an sich.[2247]

– **Organisationshoheit**
Die Kommune kann ihre innere Organisation sowie die Wahl der Organisationsform zur Erfüllung der ihr obliegenden Aufgaben eigenverantwortlich bestimmen.
Hierzu gehört etwa die Gliederung nach Abteilungen, Wahl der Rechtsform bei
wirtschaftlichem Tätigwerden, Organisation der Ratsarbeit. Dabei wird diese
durch die zahlreichen materiell-rechtlichen Vorgaben eingeschränkt.

2243 Vgl. etwa § 3 KrO NRW.
2244 BVerfG, Beschl. v. 23.11.1988, Az. 2 BvR 1619, 1628/83 = BVerfGE 79, 127 (147) – Rastede.
2245 Kritisch Gern/Brüning, Deutsches Kommunalrecht, 4. Aufl. 2019, Rn. 83.
2246 Vgl. zum Ganzen Burgi, Kommunalrecht, 6. Aufl. 2019, § 6 Rn. 22 ff.; Gern/Brüning, Deutsches Kommunalrecht, 4. Aufl. 2019, Rn. 99 ff.; Brüning, Jura 2015, 952 ff.; Magen, JuS 2006, 404 ff.
2247 BVerfG, Beschl. v. 12.5.1992, Az. 2 BvR 470, 650, 707/90 = BVerfGE 86, 90 (107).

Sebastian Piecha

– Kooperationshoheit

Der Kommune steht es frei, mit anderen Kommunen oder Privaten zusammen-zuarbeiten. Beeinträchtigt wird dies bei Zwangseingliederungen in eine Verwaltungsgemeinschaft, der pflichtigen Zuweisung von Aufgaben an einen Zweckverband oder die Pflicht zur Mitwirkung in einer ArGe („Jobcenter")[2248].

– Personalhoheit

Die Kommune hat die Hoheit, über ihr Personal selbst zu entscheiden. Die beinhaltet die Auswahl, Einstellung und Ausgestaltung der Dienstverhältnisse sowie Zuweisung der Aufgaben. Sie hat Dienstherreneigenschaft und kann auch Beamte einstellen. Die Vorgaben des Beamten- oder Arbeitsrechts sind dabei einschränkend und rechtfertigungsbedürftig.

– Finanzhoheit

Die Kommune hat die Hoheit über ihre Finanzen und ihren Haushalt. Sie stellt eigenverantwortlich ihren Haushalt auf und verwaltet ihr Budget.

– Freiheit der Wirtschaftsbetätigung

Die Kommune hat das Recht zur Wahrnehmung von Aufgaben durch wirtschaftliche Betätigung.

– Planungshoheit

Die Kommune hat in ihrem Wirkungskreis die Hoheit, planerische Entscheidungen selbstständig zu fällen, etwa Bebauungspläne aufzustellen. Dies wird durch gesetzgeberische Vorgaben und mögliche überörtliche Planungen eingeschränkt.

– Satzungshoheit

Die Kommune hat die Hoheit, sich selbst eine Satzung zu geben und dort das Nähere zu regeln sowie die Hoheit, Satzungen im Rahmen ihres eigenen Wirkungskreises, oder wenn fachgesetzlich vorgesehen, zu bestimmen.

1264 Die kommunale Selbstverwaltungsgarantie kann man zwar inhaltlich als das *„Grundrecht der Kommune"* verstehen, weil es den Gemeinden **subjektive Rechte** verleiht. Gleichwohl ist es dogmatisch gesehen kein Grundrecht, sondern eine

---

[2248] BVerfG, Urt. v. 20.12.2007, Az. 2 BvR 2433, 2434/04 = BVerfGE 119, 331 (361 ff.).

Sebastian Piecha

rein **institutionelle Garantie**.[2249] Diese Garantie kennt mehrere Schutzrichtungen und Verpflichtete: Zum einen müssen sowohl Bund als auch die Länder sie gewährleisten und achten, zum anderen müssen auch die Kommunen selbst diese (insbesondere gegenseitig) berücksichtigen, etwa wenn diese sich wirtschaftlich betätigen oder Planungsentscheidungen treffen, die Nachbargemeinden berühren können.[2250] Schließlich müssen die Gemeinden sich auch selbst an die Selbstverwaltungsgarantie halten, indem sie Maßnahmen vermeiden, welche auf die Aushöhlung oder Abschaffung der Selbstverwaltung innerhalb einer Kommune hinauslaufen, indem etwa nicht sämtliche Aufgaben der Leistungsverwaltung privatisieren. Ausdrücklich nicht verpflichtet sind hingegen Private, denn das sieht Art. 28 II GG weder ausdrücklich noch im Wege einer unmittelbaren Drittwirkung für diese vor.

Auf die Selbstverwaltungsgarantie kommt es etwa bei Eingriffen durch die **1265** Aufsichtsbehörde oder durch den Gesetzgeber an. Die Kommune kann dieses Recht vor den Verwaltungsgerichten oder auch im Rahmen der *Kommunalverfassungsbeschwerde* nach Art. 93 I Nr. 4b GG gerichtlich geltend machen. Insoweit ist der Begriff für Anfänger auch deshalb irreführend, da es dort nicht um die Geltendmachung eines Grundrechts, sondern einer institutionellen Garantie geht. **Eingriffe** in die kommunale Selbstverwaltungsgarantie können **nur durch Gesetz** erfolgen, denn sie ist nach Art. 28 II GG ausschließlich „im Rahmen der Gesetze" gewährleistet. Das Recht der kommunalen Selbstverwaltung besteht somit nicht in unbegrenztem Umfang.

Eingriffe in die Selbstverwaltungsgarantie können durch sachliche Gründe **1266** des Gemeinwohls gerechtfertigt sein. Dies gilt jedoch nicht für jene, die den absolut geschützten *Kernbereich* oder *Wesensgehalt* berühren. Nach Rechtsprechung des BVerfG wird die kommunale Selbstverwaltungsgarantie nur dann gewährleistet, wenn die Kommune Gelegenheit zu kraftvoller Betätigung habe und nicht bloß ein Schattendasein führe.[2251]

Hausarbeitswissen: Was zum Kernbereich kommunaler Selbstverwaltung überhaupt gehört und wie **1267** *dieser bestimmt wird, ist durchaus umstritten.*[2252] *Die Rechtsprechung geht von einem historisch gewachsenen Kern des Selbstverwaltungsrechts aus (sog.* **Substanzmethode**).[2253] *Teilweise wird in*

2249 Dazu etwa BVerfG, Beschl. v. 23.11.1988, Az. 2 BvR 1619, 1628/83 = BVerfGE 79, 127 (143) – Rastede; ausführlich Burgi, Kommunalrecht, 6. Aufl. 2019, § 6 Rn. 4; Gern/Brüning, Deutsches Kommunalrecht, 4. Aufl. 2019, Rn. 70 ff.
2250 Burgi, Kommunalrecht, 6. Aufl. 2019, § 6 Rn. 9 ff.; dort auch im Folgenden.
2251 BVerfG, Beschl. v. 23.11.1988, Az. 2 BvR 1619, 1628/83 = BVerfGE 79, 127 (143) – Rastede.
2252 Ausführlich Gern/Brüning, Deutsches Kommunalrecht, 4. Aufl. 2019, Rn. 119 ff.
2253 BVerfG, Beschl. v. 24.6.1969, Az. 2 BvR 446/64 = BVerfGE 26, 228 (238); BVerfG, Beschl. v. 7.2. 1992, Az. 2 BvL 24/84 = BVerfGE 83, 363 (381).

Sebastian Piecha

*der Literatur der Kernbereich danach bestimmt, was nach einem Eingriff in die Selbstverwaltungsgarantie noch übrig bleibt und inwieweit dies dem typischen Erscheinungsbild einer Kommune dann noch gerecht würde (sog. **Substraktionsmethode**).*[2254] *Schließlich wird bei der **Funktionalmethode** noch ergänzend berücksichtigt, dass die kommunale Selbstverwaltung in das politische Gemeinwesen mit eigenen Aufgaben eingegliedert sei und ihr auch aus dem GG, etwa aus Art. 28 II GG spezifische Funktionen zugeordnet seien, die sie beibehalten müsse.*[2255]

cc) Landesrechtliche Ausgestaltung des Kommunalrechts

1268   Den Ländern obliegt die Ausgestaltung des Kommunalrechts im Rahmen ihrer Gesetzgebungskompetenz. Man spricht bei den Regelungen, da sie die innere und äußere Verfassung der Kommunen zum Gegenstand haben, auch von *„Kommunalverfassungsrecht"* (s. Rn. 1257). Grob unterschieden werden im Wesentlichen (Flächen-)Länder,[2256] in denen es jeweils eigene Regelwerke für Gemeinden und Landkreise gibt und Länder, die sowohl für Gemeinden bzw. Städte als auch Landkreise geltende, gemeinsame **Kommunalverfassungsgesetze** vorweisen.

1269   Eine besondere Stellung nehmen die **Stadtstaaten** Berlin, Bremen und Hamburg ein, bei denen jeweils die Landesverfassung und weitere Landesgesetze die kommunale Ordnung festlegen. In Hamburg und Berlin besteht dabei gar eine Einheit zwischen Land und Stadt, wobei in Berlin und Hamburg etwa die Bezirksämter vergleichbare Funktionen wie in Flächenländern die Kommunen wahrnehmen.[2257] Das Land Bremen besteht aus zwei Kommunen (Städte Bremen und Bremerhaven), wobei die Landesinstitutionen teilweise gleichzeitig als Organe der Stadt Bremen dienen (Art. 148 BremVerf), soweit die Stadt dies bestimmt, wohingegen die Stadt Bremerhaven jedoch weitgehend autonom selbstverwaltet wird.[2258]

1270   Die **Rechtsgrundlagen des Kommunal(verfassungs)rechts** in den Ländern stellen sich wie folgt dar:[2259]

2254 BVerwG, Urt. v. 22.11. 957, Az. VII C 69/57= BVerwGE 6, 19 (25); Beschl. v. 20.5.1958, Az. I C 193.57 = BVerwGE 6, 342 (345 f.).

2255 BayVerfGH, Entsch. v. 29.8.1997, Az. 8-VII-96 u. a. = NVwZ-RR 1998, 82 (85).

2256 Als solche bezeichnet man alle Länder mit Ausnahme der „Stadtstaaten" Berlin, Bremen und Hamburg.

2257 Dazu ausführlich Holland, in: Siegel/Waldhoff, Öffentliches Recht in Berlin, 2. Aufl. 2017, § 1 F.; Art. 106 VI 3 GG geht (insbesondere für die Städte Hamburg und Berlin) davon aus, dass in einem Land nicht zwingend Gemeinden bestehen müssen.

2258 Dazu ausführlich Fischer-Lescano/Sperlich, Landesrecht Bremen: Studienbuch, 2018, §§ 2, 3.

2259 Vgl. im Einzelnen Gern/Brüning, Deutsches Kommunalrecht, 4. Aufl. 2019, Rn. 60; 197 ff.

Land	Rechtsgrundlagen des Kommunalrechts („Kommunalverfassung")
Baden-Württemberg	Gemeindeordnung (GemO BW) Landkreisordnung (LKrO BW)
Bayern	Gemeindeordnung (BayGO) Landkreisordnung (BayLKrO)
Berlin	Verfassung von Berlin (BlnVerf) Allgemeines Zuständigkeitengesetz (AZG)
Brandenburg	Kommunalverfassung (BbgKVerf)
Bremen	Verfassung für die Stadt Bremerhaven (VerfBrhv) Verfassung der Freien Hansestadt Bremen (VerfBrem)
Hamburg	Verfassung der Freien und Hansestadt Hamburg (HmbVerf) Bezirksverwaltungsgesetz (BezVG)
Hessen	Gemeindeordnung (HGO) Landkreisordnung (HKO)
Mecklenburg-Vorpommern	Kommunalverfassung (KV M-V)
Niedersachsen	Kommunalverfassungsgesetz (NKomVG)
Nordrhein-Westfalen	Gemeindeordnung (GO NRW) Kreisordnung (KrO NRW)
Rheinland-Pfalz	Gemeindeordnung (GemO RP) Landkreisordnung (LKO RP)
Saarland	Kommunalselbstverwaltungsgesetz (KSVG)
Sachsen	Gemeindeordnung (SächsGemO) Landkreisordnung (SächsLKrO)
Sachsen-Anhalt	Kommunalverfassungsgesetz (KVG LSA)
Schleswig-Holstein	Gemeindeordnung (GO S-H) Kreisordnung (KrO S-H)
Thüringen	Gemeinde- und Landkreisordnung (Kommunalordnung) (ThürKO)

b) Die Anfechtungsklage im Kommunalrecht

Es besteht im Kommunalrecht die Besonderheit, dass oft schon **umstritten** ist, ob 1271 die **Anfechtungsklage** in einer bestimmten Situation überhaupt **statthaft** ist oder nicht. Für die Darstellung in diesem Werk wird grundsätzlich die herrschende Literatur- bzw. Rechtsprechungsmeinung gewählt und an geeigneter Stelle dann auf diesen Streit eingegangen.

Sebastian Piecha

Bei den **Anfechtungssituationen** kann dabei insbesondere zwischen zwei Arten unterschieden werden: Dabei kommt insbesondere die **Kommune** selbst als Adressatin von **Verwaltungsakten** nach § 35 S. 1 VwVfG (zum Begriff des Verwaltungsakts ausführlich Rn. 38 ff.) in Betracht. Auch ist es möglich, dass ein **Rats- oder Kreistagsmitglied** in seiner Eigenschaft als **Bürger** Adressat eines Verwaltungsakts wird.

1272   Dabei muss stets zunächst eine Anfechtungssituation i.S.v. § 42 I VwGO vorliegen, d.h. es muss der betreffende Verwaltungsakt mit dem Ziel der Aufhebung vor Gericht angegriffen werden. Dabei kommt es in kommunalrechtlichen Fragestellungen insbesondere auf eine saubere Subsumtion des **Verwaltungsaktbegriffs** (s. dazu näher in Rn. 38 ff.) an. In kommunalrechtlichen Sachverhalten dürften dabei i.d.R. die Merkmale „**Außenwirkung**" sowie „**Regelungswirkung**" problematisch sein:

1273   Herauszuarbeiten ist dann stets, ob tatsächlich ein Verwaltungsakt vorliegt oder nicht, denn danach richtet sich, ob mit der Anfechtungsklage die richtige Klageart gewählt wurde.

aa) Maßnahmen der Kommunalaufsicht

1274   Dabei sind hier im Wesentlichen Maßnahmen der **Kommunalaufsicht** problematisch. Die Aufsicht ist das notwendige *Gegenstück zur Selbstverwaltungsgarantie*.[2260] Es soll ihre Erfüllung gesetzlicher Pflichten bzw. die Koordination innerhalb der staatlichen Grenzen gewährleisten und ihre Verwaltungstätigkeit schützen.[2261] Man unterscheidet zwischen *präventiver* und *repressiver* **Aufsicht:** Die präventive Aufsicht erfolgt im Vorhinein etwa durch Anzeige- oder Vorlagepflichten gegenüber der Aufsichtsbehörde und Genehmigungsvorbehalte durch die Aufsichtsbehörde. Die repressive Aufsicht erfolgt im Nachhinein der kommunalen Maßnahme und beinhaltet i.d.R. inzident die Rechtmäßigkeitsprüfung der jeweiligen kommunalen Maßnahme (z.B. Beschluss des Rates). Dabei steht der Aufsichtsbehörde ein Entschließungs- (Ob) und Ausübungsermessen (Wie) in Bezug auf ihr Tätigwerden zu.

1275   Ob die **Außenwirkung** vorliegt, richtet sich nach dem jeweiligen Typ der wahrgenommenen Aufgabe: Eine Außenwirkung besteht regelmäßig, wenn es

---

2260 Etwa BVerfG, Urt. v. 23.1.1957, Az. 2 BvF 3/56 = BVerfGE 6, 104 (118); Beschl. v. 21.6.1988, Az. 2 BvR 602/83, 2 BvR 974/83 = BVerfGE 78, 331 (341).
2261 Burgi, Kommunalrecht, 6. Aufl. 2019, § 8 Rn. 27; Gern/Brüning, Deutsches Kommunalrecht, 4. Aufl. 2019, Rn. 303.

sich um freiwillige oder pflichtige *Selbstverwaltungsaufgaben* handelt. Bei *staatlichen Aufgaben* dürfte diese Außenwirkung jedoch grundsätzlich fehlen. Bei Aufgaben, die im Wege der *Organleihe* wahrgenommen werden, ist dies im Einzelfall zu prüfen.

Hausarbeits-/Examenswissen: Dabei kommt es auch darauf an, ob das jeweilige Kommunalrecht **1276** eher dem **dualistischen** oder **monistischen Modell** folgt:[2262] Nach dem dualistischen Modell[2263] unterscheidet man klassische Selbstverwaltungsaufgaben und staatliche Aufgaben, die den Kommunen insbesondere als Auftragsangelegenheiten übertragen wurden. Das monistische Modell[2264] folgt einem einheitlichen Begriff für öffentliche Aufgaben, die grundsätzlich allein und in eigener Verantwortung von den Kommunen wahrgenommen werden, sofern die Gesetze nichts anderes bestimmen. Aber auch dieses Modell kennt die Unterscheidung von Aufgaben nach Selbstverwaltungs- und staatlichen (Weisungs-)Aufgaben.

Die *Reichweite* der Kommunalaufsicht ist dabei unterschiedlich. Sie lässt sich **1277** grundlegend in zwei Kategorien einteilen:

(1) Rechtsaufsicht
Es erfolgt ausschließlich eine Kontrolle der **Rechtmäßigkeit** des kommunalen Handelns.

(2) Fachaufsicht bzw. **Sonderaufsicht**
Das kommunale Handeln wird sowohl hinsichtlich seiner **Rechtmäßigkeit sowie Zweckmäßigkeit** kontrolliert.

Maßnahmen der **Rechtsaufsicht** sind unter bestimmten Voraussetzungen **1278** **Verwaltungsakte** und daher ggf. im Wege der Anfechtungsklage angreifbar (s. Rn. 1284), da sie in Selbstverwaltungsangelegenheiten i.d.R. zumindest Außen- bzw. Regelungswirkung aufweisen. Maßnahmen der **Fach- oder Sonderaufsicht** sind mangels Außenwirkung regelmäßig **keine Verwaltungsakte**. Die Kommune wird dabei als verlängerter Arm des Staates tätig, womit auch keine subjektive Rechtsposition berührt wird.[2265]

Eine Aufsichtsbehörde hat dann je nach landesrechtlicher Ausgestaltung eine **1279** Vielzahl von Möglichkeiten, einer Kommune mit **Maßnahmen** zu begegnen:

2262 Dazu etwa: Gern/Brüning, Deutsches Kommunalrecht, 4. Aufl. 2019, Rn. 265; Röhl, in: Schoch, Besonderes Verwaltungsrecht, 15. Aufl. 2013, Rn. 61 ff.
2263 Bayern, Niedersachsen, Rheinland-Pfalz, Saarland, Sachsen-Anhalt, Thüringen.
2264 Baden-Württemberg, Brandenburg, Hessen, Mecklenburg-Vorpommern, Nordrhein-Westfalen, Sachsen, Schleswig-Holstein.
2265 Vgl. etwa BVerwG, Urt. v. 16.3.1995, Az. 4 C 3/94 = NVwZ 1995, 899 (900).

Sebastian Piecha

- **Informations-/Unterrichtungsrechte**

Die Aufsichtsbehörde ist umfassend über einzelne kommunale Selbstverwaltungsangelegenheiten zu informieren, wobei ihr hinsichtlich der Wahl der Mittel ein Ermessen zusteht (Akteneinsicht, Besichtigung etc.). Hierbei handelt es sich regelmäßig nicht um einen Verwaltungsakt, da hier die Regelungswirkung fehlt.

- **Beanstandungs-/Aufhebungsrechte**

Die Aufsichtsbehörde kann gefasste Beschlüsse, Anordnungen usw. beanstanden und gibt der Kommune somit die Möglichkeit zur Selbstkorrektur. Auch kann sie Handlungen aufheben oder rückgängig machen. Bei letzterem handelt es sich regelmäßig um Verwaltungsakte.

- **Anordnungs-/Anweisungsrechte**

Ist die Kommune zur Handlung verpflichtet und unterlässt diese, so kann die Aufsichtsbehörde diese Handlung anordnen bzw. anweisen. Bei Aufgaben im Selbstverwaltungsbereich ist dies ein Verwaltungsakt, gegen den die Anfechtungsklage statthaft wäre.

- **Ersatzvornahme**

Kommt die Kommune einer Beanstandung oder Anordnung nicht nach, so kann die Aufsichtsbehörde die geforderte Handlung selbst vornehmen oder einen Dritten hiermit beauftragen. Dies ist ebenfalls ein beklagbarer Verwaltungsakt. Dieser besitzt sogar ggf. eine *Doppelnatur*, da er auch gegen Bürger wirken kann, etwa wenn eine Satzung oder Verwaltungsakt ersatzweise erlassen wird.

- **Bestellung von Beauftragten**

Teilweise[2266] wird die Bestellung eines Beauftragten ermöglicht, wenn die Kommune ihren Aufgaben in erheblichem Maße nicht oder nicht richtig nachkommt (etwa bzgl. des Haushalts). Dies stellt ebenfalls einen Verwaltungsakt dar.

- **Auflösung des Rates**

Als allerletztes Mittel, wenn keine Aufsichtsmaßnahme erfolgreich war, sehen einige Kommunalverfassungsgesetze auch die Auflösung des Rates unter engen Voraussetzungen vor.[2267]

[2266] Etwa § 124 GO NRW.
[2267] Z. B. Art. 114 II BayGO, § 125 GO NRW, § 122 ThürKO.

Sebastian Piecha

– **Amtsenthebung des Bürgermeisters**
Schließlich kann in einigen Ländern[2268] auch der Bürgermeister vorzeitig des Amtes enthoben werden.

(1) Ermächtigungsgrundlagen
Die **Rechtsgrundlagen** für die Maßnahmen der Kommunalaufsicht finden sich hier: 1280

Land	Kommunalaufsicht
Baden-Württemberg	§§ 118 ff. GemO BW § 51 LKrO BW i. V. m. §§ 118 ff. GemO BW
Bayern	Art. 108 ff. BayGO Art. 94 ff. BayLKrO
Brandenburg	§§ 108 ff. BbgKVerf
Bremen	§§ 74 ff. VerfBrhv Art. 147 VerfBrem
Hessen	§§ 135 ff. HGO § 54 I HKO i. V. m. §§ 135 ff. HGO
Mecklenburg-Vorpommern	§§ 78 ff., 123 KV M-V
Niedersachsen	§§ 170 ff. NKomVG
Nordrhein-Westfalen	§§ 119 ff. GO NRW §§ 57 KrO NRW i. V. m. §§ 119 ff. GO NRW
Rheinland-Pfalz	§§ 117 ff. GemO RP §§ 60 ff. LKO RP
Saarland	§§ 127 ff. KSVG
Sachsen	§§ 111 ff. SächsGemO § 65 SächsLKrO i. V. m. §§ 111 ff. SächsGemO
Sachsen-Anhalt	§§ 143 ff. KVG LSA
Schleswig-Holstein	§§ 120 ff. GO S-H §§ 59 ff. KrO S-H
Thüringen	§§ 116 ff. ThürKO

2268 § 128 GO BW, § 118 SächsGemO, § 153 KVG LSA.

Sebastian Piecha

1281 Bei der **Klagebefugnis** nach § 42 II VwGO ist dann die Möglichkeit der *Verletzung der kommunalen Selbstverwaltungsgarantie* aus Art. 28 II GG (bzw. Landesverfassung) zu erwähnen. Dies gilt jedoch nicht, wenn es sich **um staatliche Auftragsangelegenheiten** handelt, denn dann ist die Selbstverwaltungsgarantie regelmäßig nicht betroffen. Es ist dann anhand der **Schutznormtheorie** zu untersuchen, ob sich die Kommune ausnahmsweise hierauf berufen kann. Bei **Pflichtaufgaben nach Weisung** im monistischen System kann sich die Klagebefugnis aus der landesrechtlich normierten kommunalen Selbstverwaltungsgarantie ergeben.[2269]

(2) Formelle Rechtmäßigkeit

1282 Bei der **formellen Rechtmäßigkeit** der Aufsichtsmaßnahme sind die Zuständigkeit, das Aufsichtsverfahren (Anhörung, Ablauf usw.) sowie mögliche Formvorschriften (etwa Schriftform) zu erörtern, die je nach Land unterschiedlich sein können.

1283 Die **Zuständigkeit** für die Aufsicht ist landesrechtlich höchst unterschiedlich geregelt, die in der Regel von der Größe oder Selbstständigkeit der Kommune abhängt: Meist nimmt diese Aufgabe bei kreisangehörigen Gemeinden jedoch der Landkreis und bei kreisfreien Städten eine staatliche Behörde (z.B. in NRW: Bezirksregierung) wahr.[2270] Es kann jedoch auch sein, dass Fachgesetze aus dem besonderen Verwaltungsrecht eine spezielle Aufsichtsstruktur oder die Zuständigkeit für einzelne Bereiche besonderen Behörden zuweisen. Hier ist unbedingt auf die jeweiligen Gegebenheiten des Landes zu achten. Die in Rn. 1280 erwähnten Regelungen des Kommunal(verfassungs)rechts geben im Regelfall den genauen Rahmen für diese **Verfahren** vor. Gemein ist dem, dass unterschiedliche Maßnahmen (Aufhebung) etwa nur dann zulässig sind, wenn vorher eine andere Maßnahme (Beanstandung) erfolgt ist.

(3) Materielle Rechtmäßigkeit

1284 Im Rahmen der **materiellen Rechtmäßigkeit** sind sodann die inhaltlichen Voraussetzungen der Norm für die Kommunalaufsichtsmaßnahme zu prüfen. Regelmäßig wird eine Voraussetzung für ein Eingreifen sein, dass die Kommune rechtswidrig gehandelt hat, ob das Ermessen korrekt ausgeübt wurde und die Kommune hierdurch in ihren Selbstverwaltungsrechten verletzt wurde (subjektive

---

2269 Zum Ganzen: Burgi, Kommunalrecht, 6. Aufl. 2019, § 9 Rn. 13 ff.
2270 Übersicht bei Gern/Brüning, Deutsches Kommunalrecht, 4. Aufl. 2019, Rn. 308 ff.

Sebastian Piecha

Rechtsverletzung). Dabei muss i. d. R. inzident die Maßnahme der Kommune geprüft werden. Das kann zu einem verschachtelten Aufbau führen und ermöglicht dem Aufgabensteller eine unterschiedliche Differenzierung des Schwierigkeitsgrades.

Vorschriften hinsichtlich des Ablaufs oder der Rechtmäßigkeit einer Rats-/ **1285** Kreistagssitzung können hier auch inzident zu prüfen sein. Folgende Normen sind dabei auf ihre Einhaltung zu prüfen:

Land	Ablauf der Rats-/Kreistagssitzung
Baden-Württemberg	§§ 34 ff. GemO BW §§ 29 ff. LKrO BW
Bayern	Art. 45 ff. BayGO Art. 40 ff. BayLKrO
Berlin	*Art. 42 ff. BlnVerf*
Brandenburg	§§ 34 ff. BbgKVerf
Bremen	*§§ 30 ff. VerfBrhv* *Art. 88 ff. VerfBrem*
Hamburg	*Art. 19 ff. VerfHH*
Hessen	§§ 52 ff. HGO §§ 32 ff. HKO i. V. m. HGO
Mecklenburg-Vorpommern	§§ 29 ff. KV M-V
Niedersachsen	§§ 59 ff. NKomVG
Nordrhein-Westfalen	§§ 47 ff. GO NRW §§ 32 ff. KrO NRW
Rheinland-Pfalz	§§ 34 ff. GemO RP §§ 27 ff. LKO RP
Saarland	§§ 40 ff. KSVG
Sachsen	§§ 36 ff. SächsGemO §§ 32 ff. SächsLKrO
Sachsen-Anhalt	§§ 52 ff. KVG LSA
Schleswig-Holstein	§§ 34 ff. GO S-H §§ 29 ff. KrO S-H
Thüringen	§§ 35 ff. ThürKO

1286 Ob ein Ratsbeschluss rechtmäßig war, kann anhand des folgenden groben **Prüfungsschemas** erörtert werden, wobei jeweils die landesrechtlichen Besonderheiten zu beachten sind:

Rechtmäßigkeit eines Ratsbeschlusses[2271]

A. Formelle Rechtmäßigkeit
   I.   Zuständigkeit
       1. Verbandskompetenz der Kommune
       2. Organkompetenz des Rates/Kreistages
  II. Verfahren und Form
       1. Ordnungsgemäße Einberufung der Sitzung
       2. Festsetzung der Tagesordnung
       3. Rechtzeitige Bekanntmachung der Tagesordnung
       4. Form- und fristgerechte Einladung
       5. Beschlussfähigkeit der Sitzung
       6. Ordnungsgemäße Sitzungsleitung
       7. Öffentlichkeit der Ratssitzung
       8. Ordnungsgemäße Abstimmung
          a) Mehrheitserfordernisse
          b) Modalitäten (geheim/offen)
          c) Berechnung des Abstimmungsergebnisses
       9. Kein Verstoß gegen Mitwirkungsverbote
          a) Vor- oder Nachteil für Ratsmitglied, Angehörige oder juristische Person, bei der es beschäftigt ist
          b) Unmittelbarkeit des Vor- oder Nachteils (kein Hinzutreten weiterer Umstände durch die betreffende Entscheidung selbst hervorgerufen)
          c) Kein Ausschlussgrund
     10. Kein Verstoß gegen das freie Mandat
 III. Rechtsfolge formeller Fehler (Nichtigkeit, wenn keine Ausnahme)
       1. Bloßer Geschäftsordnungs-Verstoß
       2. Mangelnde Entscheidungserheblichkeit bei Verstoß gegen Mitwirkungsverbot
       3. Unbeachtlichkeit wegen Fristablauf
B. Materielle Rechtmäßigkeit
   I.   Spezialgesetzliche Voraussetzungen

[2271] Bätge, Kommunalrecht NRW, 5. Aufl. 2019, Rn. 253.

Sebastian Piecha

II. Kein Verstoß gegen höherrangiges Recht
III. Allgemeine Rechtmäßigkeitsvoraussetzungen
IV. Keine Ermessensfehler, sofern Ermessen eröffnet

Auch die Verhältnismäßigkeit der Maßnahme ist zu prüfen, insbesondere kommt 1287 eine schwerwiegendere Maßnahme (z. B. Auflösung des Rates) erst dann in Betracht, wenn mildere Aufsichtsmaßnahmen (z. B. Beanstandung) erfolglos blieben.[2272]

bb) Maßnahmen der Kommune gegen Einzelne

Neben den Kommunalaufsichtsmaßnahmen kommen noch **Maßnahmen gegen** 1288 **Einzelne** in Betracht. Dabei sind insbesondere Konstellationen möglich, bei denen ein Ehrenamtler bzw. Rats-/Kreistagsmitglied Adressat des Verwaltungsakts ist. In den folgenden beiden Konstellationen muss auch schon im Rahmen der statthaften Klageart erörtert werden, weshalb es sich bei der jeweiligen Maßnahme überhaupt um einen **Verwaltungsakt** handelt.

(1) Vertretungsverbote Ehrenamtlicher

Ein häufiger Fall ist hier die Prüfung eines **Vertretungsverbotes**. In den meisten 1289 Kommunalverfassungsgesetzen sind nämlich umfassende Vertretungsverbote vorgesehen, die die Vertretung Ehrenamtlicher von Ansprüchen gegen die Kommune verbieten.[2273] Stellen Rat oder Kreistag dann fest, dass ein solches Vertretungsverbot gegen einen Einzelnen (Ehrenamtlicher, Rats-/Kreistagsmitglied) besteht, so handelt es sich hierbei regelmäßig um einen mit der Anfechtungsklage anzugreifenden **Verwaltungsakt** i. S. v. § 35 S. 1 VwVfG.

(2) Sanktionen gegen Ratsmitglieder

Ein weiterer Fall im Kommunalrecht ist die Verhängung eines Ordnungsgeldes. 1290 Wird gegen ein Ratsmitglied oder einen Bürger ein **Ordnungsgeld** verhängt, so verlässt dies den innerorganisatorischen Bereich und es handelt sich um einen **Verwaltungsakt** i. S. v. § 35 S. 1 VwVfG gegen die natürliche Person, da dieser Außenwirkung entfaltet, die auch eine verbindliche Rechtsfolge (Ordnungsgeld-

---

2272 S. etwa Rennert, JuS 2008, 119 (120).
2273 § 17 III GemO BW; Art. 50 BayGO; § 23 i. V. m. § 20, § 33 II BbgKVerf; § 26 GO; § 26 KV M-V; § 42 NKomVG; § 32 i. V. m. § 43 II GO NRW; § 21 GemO RP; § 26 II KSVG; § 19 III SächsGemO; § 32 III 2 KVG LSA; § 23 i. V. m. § 32 III GO SH.

Sebastian Piecha

festsetzung[2274]) trifft.[2275] Im Übrigen sind solche Feststellungen des Rates eine rein innerorganisatorische Maßnahme, gegen die im Rahmen eines **Kommunalverfassungsstreits** geltend gemacht werden muss. Die Festsetzung ist nur dann rechtmäßig, wenn eine Verletzung des Kommunalrechts durch das Ratsmitglied erfolgt ist. Inzident ist diese Verletzung (etwa der **Verschwiegenheitspflicht**) durch das Ratsmitglied dann zu prüfen.

c) Literaturhinweise

1291 **Lehrbuchliteratur zum Kommunalrecht:** Burgi, Kommunalrecht, 6. Aufl. 2019; Ehlers/Fehling/Pünder (Hrsg.), Besonderes Verwaltungsrecht, Band III, 3. Aufl. 2013 (§ 64: Brüning, Kommunalverfassung, § 65: T. I. Schmidt: Kommunale Zusammenarbeit); Geis, Kommunalrecht, 4. Aufl. 2016; Gern/Brüning, Deutsches Kommunalrecht, 4. Aufl. 2019; Röhl, Kommunalrecht, in: Schoch, (Hrsg.), Besonderes Verwaltungsrecht, 15. Aufl. 2013; Schmidt, Kommunalrecht, 2. Aufl. 2014; Wolff/Bachof/Stober/Kluth, Verwaltungsrecht, Band II, 7. Aufl. 2010 (§§ 97–98); Lissack, Bayerisches Kommunalrecht, 4. Aufl. 2019

Landesspezifische Darstellungen des Kommunalrechts: Birkenfeld, Kommunalrecht Hessen, 6. Aufl. 2016; Pautsch, Kommunalrecht Niedersachsen, 2014; Bätge, Kommunalrecht Nordrhein-Westfalen, 5. Aufl. 2019; Ipsen, Niedersächsisches Kommunalrecht, 4. Aufl. 2011; Nauheim-Skrobek/Schmitz/Schmorleiz, Kommunalrecht Rheinland-Pfalz, 2. Aufl. 2017; Faßbender/König/Musall, Sächsisches Kommunalrecht, 2019

Aufsätze zum Kommunalrecht: Brüning, Die Verfassungsgarantie der kommunalen Selbstverwaltung aus Art. 28 II GG, Jura 2015, 592; Geis/Madeja, Kommunales Wirtschafts- und Finanzrecht (Teil I: JA 2013, 248; Teil II: JA 2013, 321); Knemeyer, Staatsaufsicht über die Kommunen, JuS 2000, 521; Lenski, Der öffentliche Raum als kommunale Einrichtung, JuS 2012, 984; Magen, Die Garantie kommunaler Selbstverwaltung, JuS 2006, 404; Otto, Der Kommunalverfassungsstreit in der Fallbearbeitung, ZJS 2015, 382; Pielow/Groneberg, Die deutschen Landkreise, JuS 2014, 794; Rennert, Die Klausur im Kommunalrecht (Teil 1: JuS 2008, 29; Teil 2: JuS 2008, 119; Teil 3: JuS 2008, 211); Schmitz, Der Öffentlichkeitsgrundsatz in der Kommunalverwaltung – Der Ausschluss der Öffentlichkeit in Grundstücksangelegenheiten im Gemeinderat, JuS 2017, 31; Starke, Grundfälle zur Kommunalverfassungsbeschwerde, JuS 2008, 319; Voßkuhle/Kaufhold,

---

2274 Z. B. § 29 III GO NRW.
2275 Vgl. OVG Münster, Beschl. v. 23.12.2009, Az. 15 A 2126/09 = DÖV 2010, 325; Bätge, Kommunalrecht NRW, 5. Aufl. 2019, Rn. 229.

Sebastian Piecha

Grundwissen – Öffentliches Recht: Die verfassungsrechtliche Garantie der kommunalen Selbstverwaltung, JuS 2017, 728

Fallbearbeitungen: Bäcker, Fortgeschrittenenhausarbeit – Öffentliches Recht: Kommunalrecht – Zeichenkontingent im Amtsblatt, JuS 2018, 784; Bickenbach, Fortgeschrittenen-Hausarbeit – Öffentliches Recht: Städtisches Messezentrum, JuS 2006, 1091; v. Coelln, (Original-)Referendarexamensklausur – Öffentliches Recht: Streit um die Entschädigung des Bürgermeisters, JuS 2008, 351; Everts, Assessorexamensklausur – Öffentliches Recht: Zulässigkeit einer kommunalen Bürgerbefragung, JuS 2004, 899; Ferreau, Fortgeschrittenenklausur – Öffentliches Recht: Staatsorganisations-, Kommunal-, Verwaltungsprozessrecht – Disharmonie im Kommunalwahlkampf, JuS 2017, 758; Janson/Blenk, Referendarexamensklausur – Öffentliches Recht: Verfassungsrecht und Kommunalrecht – Kein Geld mehr für die Gemeinderatsfraktion?, JuS 2018, 461; Jürgensen/Laude, Referendarexamensklausur – Öffentliches Recht: Allgemeines Verwaltungsrecht und Kommunalrecht – Grenzenlose Kommunalwirtschaft, JuS 2018, 635; Meickmann, Fortgeschrittenenklausur – Öffentliches Recht: Verwaltungsrecht – Die verschwiegene Bürgermeisterin, JuS 2017, 663; Sauer, Referendarexamensklausur – Öffentliches Recht: Zulassung zu einem Volksfest, JuS 2004, 1085; Towfigh/Schönfeldt, Eine Stadt in Aufruhr, JA 2018, 521; Winkler, Gelbengrün GmbH, JA 2004, 144; Wollenschläger/Lippstreu, Referendarexamensklausur – Öffentliches Recht: Zweitwohnungsteuer, JuS 2008, 529; Bätge, (Original-)Referendarexamensklausur – Öffentliches Recht: Verwaltungsrecht und Kommunalrecht – Sanktionen gegen ein Ratsmitglied, JuS 2018, 562

6. Ermächtigungsgrundlagen des Verwaltungsvollstreckungsrechts (Mariamo Katharina Ilal)

Das Verwaltungsvollstreckungsrecht ist bei Prüfern[2276] vor allem als **Einkleidung** 1292 **gefahrenabwehrrechtlicher Fallkonstellationen** beliebt. Dies liegt einerseits daran, dass viele dieser Fallkonstellationen ohne weiteres um eine kostenrechtliche Ebene angereichert werden können. Andererseits liegt dies auch an der Affinität des Vollstreckungsrechts für Inzidenzprüfungen. Diese verlangen von den Bearbeiterinnen und Bearbeitern ein stark strukturiertes und sauberes Arbeiten anhand der verschiedenen Ebenen. Nicht selten stellt bereits das Erkennen einer vollstreckungsrechtlichen Konstellation einen ersten Fallstrick dar. Zudem

---

[2276] Aus Gründen der besseren Lesbarkeit wird im Text an mehreren Stellen verallgemeinernd das generische Maskulinum verwendet. Diese Formulierungen umfassen gleichermaßen weibliche und männliche Personen; alle sind damit selbstverständlich gleichberechtigt angesprochen.

Sebastian Piecha/Mariamo Katharina Ilal

lassen sich vollstreckungsrechtliche Klausurfälle meist ohne großen Aufwand um eine ganze Bandbreite verwaltungsprozessualer Fragestellungen erweitern.

Der folgende Beitrag möchte einen Überblick über die in Anfechtungskonstellationen relevanten Ermächtigungsgrundlagen des Verwaltungsvollstreckungsrechts geben.[2277] Dafür wird nach einer Einführung (Rn. 1293 ff.) das Verwaltungsvollstreckungsrecht in typischen Klausurkonstellationen verortet (Rn. 1299 ff.). Dem schließen sich Ausführungen zur Rechtmäßigkeitsprüfung von Vollstreckungsmaßnahmen im gestreckten Vollstreckungsverfahren nach § 6 I VwVG (Rn. 1317 ff.), mittels sofortigem Vollzug nach § 6 II VwVG (Rn. 1345 ff.) und zur kostenrechtlichen Sekundärebene (Rn. 1366 ff.) an.

a) Überblick und Einführung in das Verwaltungsvollstreckungsrecht

1293 „Verwaltungsvollstreckung ist die zwangsweise Durchsetzung öffentlich-rechtlicher Verpflichtungen des Bürgers [...] durch die Behörde in einem verwaltungseigenen Verfahren."[2278] Das Verwaltungsvollstreckungsrecht umschreibt die **Gesamtheit der Rechtssätze, die die Rechtsdurchsetzung öffentlich-rechtlicher Pflichten durch die Verwaltung betreffen.** Im weiteren Sinne umfasst der Begriff aber auch die der Vollstreckung nachgelagerte Sekundärebene, auf welcher es um Fragen der Kostenverteilung und Entschädigungsansprüche geht.

aa) Das Recht zur Selbsttitulierung und Selbstvollstreckung

1294 Während Private für die Rechtsdurchsetzung auf die Inanspruchnahme staatlicher Institutionen, namentlich Gerichte und staatliche Vollstreckungsorgane, angewiesen sind, bedarf es für die Vollstreckung öffentlich-rechtlicher Pflichten durch die Verwaltung **keiner vorherigen gerichtlichen Titulierung.** Anders als der Bürger wird die Verwaltung also nicht auf die Gerichte verwiesen, wenn sie Recht durchsetzen möchte. Vielmehr besitzt sie das **Recht zur Selbsttitulierung und Selbstvollstreckung.**[2279] Erlässt eine Behörde einen Verwaltungsakt, der dem Adressaten ein Ge- oder Verbot auferlegt, so schafft sie sich dadurch

---

2277 Zu den in Feststellungskonstellationen relevanten Ermächtigungsgrundlagen des Verwaltungsvollstreckungsrechts s. § 6 Rn. 193 ff.

2278 Maurer/Waldhoff, Allgemeines Verwaltungsrecht, 19. Aufl. 2017, § 20 Rn. 1.

2279 Kingreen/Poscher, Polizei- und Ordnungsrecht, 10. Aufl. 2018, § 24 Rn. 36; Voßkuhle/Wischmeyer, JuS 2016, 698 (699); ausführlich Lemke, Verwaltungsvollstreckungsrecht des Bundes und der Länder, 1997, S. 43 ff.

Mariamo Katharina Ilal

gleichzeitig einen Vollstreckungstitel. Durch seine **Titelfunktion** ist der Verwaltungsakt „Zentralbegriff des Verwaltungsvollstreckungsrechts"[2280]. Kommt der Adressat der auferlegten Verpflichtung nicht nach, so kann die Behörde die Erfüllung der Verpflichtung unter den jeweiligen vollstreckungsrechtlichen Voraussetzungen (d. h. insbesondere unabhängig von der Rechtmäßigkeit des Verwaltungsakts, dazu sogleich unter Rn. 1327) selbst erzwingen.

Beispiele: Ein Zwangsgeld wird zur Durchsetzung einer Wohnungsverweisung mit zehntätigem Rückkehrverbot verhängt.[2281] Ein Dritter wird von der Behörde beauftragt, eine baurechtliche Gefahrenquelle zu beseitigen, nachdem der Adressat der ursprünglichen Verfügung seiner Pflicht nicht nachgekommen ist.[2282] Ein im Halteverbot parkendes Fahrzeug wird durch einen beauftragten Dritten abgeschleppt.[2283] Die Polizei setzt Wasserwerfer ein, um den Platzverweis gegenüber Teilnehmern einer aufgelösten Versammlung durchzusetzen.[2284]

bb) Normativer Rahmen

Das Verwaltungsvollstreckungsrecht kennt eine Vielzahl von spezialgesetzli- 1295
chen Regelungen.[2285] Den grundlegenden normativen Rahmen auf Bundesebene bilden aber das **VwVG**[2286] und – soweit das Zwangsmittel des unmittelbaren Zwangs betroffen ist – das **UZwG**[2287]. Sie gelten unmittelbar nur für die Verwaltungsvollstreckung durch Bundesbehörden (bzw. im Falle des UZwG für Vollzugsbeamte des Bundes). Auf Landesebene existieren verschiedene Regelungsansätze[2288]: In Brandenburg beispielsweise gilt ein eigenes VwVG Bbg. In Berlin wiederum verweist § 8 VwVfG Bln dynamisch auf das VwVG des Bundes. Wieder anders ist es in Niedersachsen: Dort gilt zwar ein landeseigenes VwVG Nds. Jedoch finden sich die Regelungen zur Vollstreckung von Handlungs-, Duldungs- und Unterlassungspflichten im niedersächsischen Sicherheits- und Ordnungsgesetz.

2280 Baumeister, in: Schenke/Graulich/Ruthig, Sicherheitsrecht des Bundes, VwVG, 2. Aufl. 2019, Vorb. §§ 6 – 18 Rn. 18; Maurer/Waldhoff, Allgemeines Verwaltungsrecht, 19. Aufl. 2017, § 20 Rn. 2.
2281 OVG Münster, Urt. v. 9.2.2012, Az.: 5 A 2152/10 = JuS 2012, 1151 (Anm. Walfhoff).
2282 BVerwG, Urt. v. 13.4.1984 – 4 C 31/81 = NJW 1984, 2591; BVerwG, Urt. v. 25.89.2008 – 7 C 5/ 08 = NVwZ 2009, 122.
2283 BVerwG, Urt. v. 25.5.2018, Az.: 3 C 25/16 = NJW 2018, 2910.
2284 BVerfG, Beschl. v. 7.12.1998, Az.: 1 BvR 831/89 = NVwZ 1999, 290.
2285 Beispielsweise §§ 57 ff. AufenthG, §§ 34 ff. AsylG, §§ 249 ff. AO.
2286 v. 27.4.1953 (BGBl. I S. 15), zuletzt geändert durch Art. 1 des Gesetzes vom 30.6.2017 (BGBl. I S. 1770).
2287 v. 10.3.1961 (BGBl. I, S. 165), zuletzt geändert durch Art. 4 des Gesetzes vom 24.5.2016 (BGBl. I S. 1217).
2288 Detaillierter Überblick über die verschiedenen Regelungsansätze der Länder bei Troidl, in: Engelhardt/App/Schlatmann, VwVG VwZG, 11. Aufl. 2017, Einf. Rn. 3.

Mariamo Katharina Ilal

Die folgenden Ausführungen beziehen sich auf das VwVG des Bundes. Auf einige landesrechtliche Spezifika wird hingewiesen. Im Übrigen ist das grundlegende Prüfungsprogramm für vollstreckungsrechtliche Konstellationen auf Bundes- und Landesebene inhaltlich weitgehend parallel ausgestaltet.

cc) Verwaltungszwang

1296 Spricht man über Verwaltungsvollstreckung, so ist zwischen der **Vollstreckung wegen Geldforderungen** einerseits und der **Erzwingung von Handlungen, Duldungen und Unterlassungen** andererseits zu unterscheiden. Ersteres wird auch Beitreibung genannt. Letzteres wird unter dem Begriff des Verwaltungszwangs zusammengefasst. Diese Unterscheidung lässt sich auch anhand der Systematik des VwVG nachvollziehen: §§ 1 – 5b VwVG regeln die Beitreibung, §§ 6 – 18 VwVG den Verwaltungszwang. Der dritte Abschnitt des Gesetzes regelt die Kostenverteilung, §§ 19 f. VwVG.

Wie auch in der juristischen Ausbildung liegt der Fokus dieses Beitrags auf dem Verwaltungszwang und den sich daran anschließenden Kostenfragen.[2289]

dd) Pflichtiger

1297 Gegen wen die Verwaltungsvollstreckung durchgeführt werden kann, ist im VwVG nicht ausdrücklich geregelt. Dies ist zunächst **der durch den Verwaltungsakt Verpflichtete**.[2290] In Fällen des sofortigen Vollzugs (dazu unter Rn. 1345 ff.) ist dies derjenige, gegen den eine Grundverfügung hätte ergehen können. Bei objektbezogenen Verwaltungsakten kann Verpflichteter auch der Rechtsnachfolger sein. Die Durchsetzung einer baurechtlichen oder naturschutzrechtlichen Beseitigungsanordnung kann daher auch gegenüber einem neuen Grundstückseigentümer erfolgen. Bei mehreren in Betracht kommenden Pflichtigen muss die Behörde ihr Auswahlermessen ordnungsgemäß betätigen.

1298 Examenswissen: Der Verwaltungszwang gegen Behörden ist grundsätzlich unzulässig, § 17 VwVG. Dies ist Ausdruck des zwischenbehördlichen koordinationsrechtlichen Verhältnisses. Das Gesetz geht davon aus, dass die Behörde ein besonderes Ansehen genießt, aufgrund dessen es eines Verwaltungszwangs gegen sie grundsätzlich gar nicht bedarf. Vielmehr könne von der Behörde erwartet werden, dass sie ihren Verpflichtungen auch ohne die Anwendung von Zwangsmitteln

---

2289 Übersichtlich zur Vollstreckung wegen Geldforderungen Maurer/Waldhoff, Allgemeines Verwaltungsrecht, 19. Aufl. 2017, § 20 Rn. 9 ff.
2290 Baumeister, in: Schenke/Graulich/Ruthig, Sicherheitsrecht des Bundes, VwVG, 2. Aufl. 2019, Vorb. §§ 6 – 18 Rn. 26 f.

Mariamo Katharina Ilal

nachkommt.[2291] Der Verwaltungszwang gegen Behörden ist daher nur zulässig, wenn er spezialgesetzlich zugelassen ist.

b) Das Verwaltungsvollstreckungsrecht in der Klausur

Typischer Ausgangspunkt einer vollstreckungsrechtlich eingekleideten Klausur **1299** ist die **kostenrechtliche Sekundärebene** (s. Rn. 1366 ff.). Die Prüfung eines Kostenbescheids setzt fundierte Kenntnisse der Verwaltungsvollstreckungsmaßnahmen und ihrer Rechtmäßigkeitsvoraussetzungen nach § 6 I und § 6 II VwVG voraus, auf die deshalb gesondert in Rn. 1317 ff. und Rn. 1345 ff. eingegangen wird.

Bevor jedoch die für das Verwaltungsvollstreckungsrecht typischen Ermächtigungsgrundlagen (Rn. 1302 ff.), Zwangsmittel (Rn. 1306 ff.) und Rechtsschutzkonstellationen (Rn. 1311 ff.) im Überblick dargestellt werden, muss zunächst auf eine der häufigsten Fehlerquellen eingegangen werden: Die Verkennung vollstreckungsrechtlicher Konstellationen.

aa) Erkennen einer vollstreckungsrechtlichen Konstellation, insbesondere Abgrenzung zu polizeirechtlichen Standardmaßnahmen

Eine der größten Fehlerquellen in Klausurbearbeitungen ist das Verkennen voll- **1300** streckungsrechtlicher Konstellationen. Dies führt meist dazu, dass die Bearbeiterinnen und Bearbeiter versuchen, den Fall über die polizei- und ordnungsrechtlichen Generalklauseln zu lösen. Auslöser dieser Fehlerquelle ist, dass es nicht selten Parallelitäten zu den polizeirechtlichen Standardmaßnahmen gibt (s. dazu näher Rn. 1045 ff.). Auch diese beinhalten teilweise Vollzugselemente, sodass hier die Abgrenzung zum Vollstreckungsrecht von besonderer Bedeutung ist.

Dabei ist zwischen **Standardmaßnahmen mit Vollzugselement und Standardmaßnahmen ohne Vollzugselement** zu differenzieren.[2292]

Erstere umfassen neben dem Ge- oder Verbot auch eine Befugnis zur Ausführung der Maßnahme durch die Polizei. Der **Vollzug der Verfügung ist hier Teil der Standardmaßnahme.** Beispiele für Standardmaßnahmen mit Vollzugselement sind das Festhalten zur Prüfung der Identität, die erkennungsdienstliche Behandlung, die Durchsuchung von Personen, Sachen und Wohnungen und die Inge-

---

2291 Deusch/Burr, in: Bader/Ronellenfitsch, VwVG, 43. Ed., Stand: 1.4.2019, § 17 Rn. 1.
2292 Hierzu auch Muckel, JA 2012, 272 (274); Poscher/Rusteberg, JuS 2012, 26 (27 f.); teilweise findet sich auch die Bezeichnung „Standardmaßnahme mit/ohne Ausführungsermächtigung", vgl. Baumeister, in: Schenke/Graulich/Ruthig, Sicherheitsrecht des Bundes, VwVG, 2. Aufl. 2019, Vorb. §§ 6 – 18 Rn. 14.

Mariamo Katharina Ilal

wahrsamnahme.[2293] Eines Rückgriffs auf das Verwaltungsvollstreckungsrecht bedarf es in diesen Fällen nicht. Etwas anderes gilt aber dann, wenn das polizeiliche Handeln „überschießende vollstreckungsrechtliche Elemente" beinhaltet. Das ist dann der Fall, wenn die Polizei über das standardisierte Verfahren hinaus Zwang anwenden muss. Tritt also eine Polizistin die Wohnungstür zum Zwecke der Wohnungsdurchsuchung ein und muss eine andere Polizistin den wütenden Mieter festhalten, damit die Wohnungsdurchsuchung stattfinden kann, so müssen beide Maßnahmen anhand der vollstreckungsrechtlichen Ermächtigungsgrundlagen bewertet werden.

Bei **Standardmaßnahmen ohne Vollzugselement** stellt die Durchführung der Grundverfügung stets eine Vollstreckungsmaßnahme dar. Dies ist beispielsweise bei der Vorladung oder dem Platzverweis der Fall.[2294]

1301 Examenswissen (Die Abgrenzung von Standardmaßnahme und Vollstreckungsmaßnahme bei der Sicherstellung): Es ist umstritten, ob im Rahmen einer Sicherstellung die Ansichnahme des Gegenstandes noch von der polizeigesetzlichen Ermächtigungsgrundlage (Standardmaßnahme) gedeckt ist oder nach Vollstreckungsrecht zu bewerten ist.[2295] Sieht man in der Ermächtigungsgrundlage zur Sicherstellung allein die Befugnis zum Erlass eines Verwaltungsakts, der auf die Herausgabe einer Sache gerichtet ist, so bedürfte es für die Ansichnahme der Sache eines Rückgriffs auf das Vollstreckungsrecht.[2296] Andererseits wird vertreten, dass die Ermächtigungsgrundlage zur Sicherstellung bereits die Ansichnahme der Sache als Vollzugselement beinhaltet.[2297] Muss die Herausgabe der Sache aber durch Anwendung von Zwang vollzogen werden, so handelt es sich um ein „überschießendes Element", sodass jedenfalls in diesen Fällen Einigkeit über den vollstreckungsrechtlichen Charakter der Maßnahme besteht.

bb) Überblick über die typischen Ermächtigungsgrundlagen im Verwaltungsvollstreckungsrecht

1302 Das VwVG geht in **§ 6 I VwVG** als Regelfall davon aus, dass der Verwaltungszwang auf der Grundlage eines vollziehbaren Verwaltungsakts erfolgt. Der Zwangsmittelanwendung gehen dabei regelmäßig noch zwei Verfahrensschritte voraus: die Androhung und die Festsetzung. Aus dieser Mehraktigkeit gewinnt die

---

2293 Beispiele aus: Mosbacher, in: Engelhardt/App/Schlatmann, VwVG VwZG, 11. Aufl. 2017, Vorb. §§ 6 – 18 Rn. 1a.
2294 Beispiele aus: Mosbacher, in: Engelhardt/App/Schlatmann, VwVG VwZG, 11. Aufl. 2017, Vorb. §§ 6 – 18 Rn. 1a.
2295 Muckel, JA 2012, 272 (274).
2296 Gusy, Polizei- und Ordnungsrecht, 10. Aufl. 2017, Rn. 286.
2297 Graulich, in: Lisken/Denninger, Handbuch des Polizeirechts, 6. Aufl. 2018, E Rn. 643; Kingreen/Poscher, Polizei- und Ordnungsrecht, 10. Aufl. 2018, § 18 Rn. 1, 15; W.-R. Schenke, in: Schenke/Graulich/Ruthig, Sicherheitsrecht des Bundes, BPolG, 2. Aufl. 2018, § 47 Rn. 6; Wehr, in: Wehr, NK-BPolG, § 47 Rn. 2.

Literatur den Namen „gestrecktes Verfahren"[2298], welcher auch in diesem Beitrag Verwendung finden soll.

Examenswissen (Verwaltungszwang nach § 6 I VwVG auf Grundlage eines öffentlich-rechtlichen **1303** Vertrages): Auch ein öffentlich-rechtlicher Vertrag kann Vollstreckungsgrundlage sein (zum öffentlich-rechtlichen Vertrag s. ausführlich § 5 Rn. 65 ff.). Dafür muss es sich zunächst um einen subordinationsrechtlichen Vertrag handeln (§ 54 S. 2 VwVfG). Darüber hinaus muss sich der vertragsschließende Bürger der sofortigen Vollstreckung unterworfen haben (§ 61 I VwVfG). Sind diese Voraussetzungen erfüllt, so tritt in diesen Fällen im Rahmen des § 6 I VwVG der öffentliche Vertrag an die Stelle des dort genannten Verwaltungsakts.

Verwaltungszwang kann in dringenden Fällen auch ohne vorausgehenden Ver- **1304** waltungsakt angewendet werden. Wenngleich es also nicht um den „Vollzug" eines Verwaltungsakts geht, wird in diesen Fällen vom sog. sofortigen Vollzug[2299] gesprochen. Ermächtigungsgrundlage ist **§ 6 II VwVG**. Teilweise findet sich auch die Bezeichnung des „Sofortvollzugs"[2300] oder des „sofortigen Zwangs"[2301]. Wichtig ist, dass – unabhängig von dem in diesem Bereich anzutreffenden „besonders undurchsichtigen Begriffswirrwarr"[2302] – die vollstreckungsrechtliche Problematik des sofortigen Vollzugs nicht mit der Anordnung der sofortigen Vollziehbarkeit i. S. d. § 80 II 1 Nr. 4 VwGO verwechselt wird. Das eine lässt die aufschiebende Wirkung von Rechtsbehelfen, die gegen einen Verwaltungsakt eingelegt werden können, entfallen. Das andere bezeichnet die sofortige zwangsweise Durchsetzung einer Rechtspflicht.

Wie bereits eingangs angemerkt, nehmen vollstreckungsrechtlich eingeklei- **1305** dete Klausuren nicht selten ihren Ausgangspunkt auf der Kostenebene. Hierbei geht es um die Frage, wer die Kosten für eine Vollstreckungsmaßnahme zu tragen hat. Ermächtigungsgrundlage für die Kostenerhebung ist **§ 19 I VwVG**.

cc) Überblick über die Zwangsmittel

§ 9 VwVG normiert die Mittel, mit denen der Verwaltungszwang angewendet wer- **1306** den kann, abschließend (sog. *numerus clausus* der Zwangsmittel). Als Zwangsmittel

---

2298 S. nur Kingreen/Poscher, Polizei- und Ordnungsrecht, 10. Aufl. 2018, § 24 Rn. 21; Muckel, JA 2012, 272 (275); Schweikert, Der Rechtswidrigkeitszusammenhang, 2013, S. 42.
2299 S. nur Kingreen/Poscher, Polizei- und Ordnungsrecht, 10. Aufl. 2018, § 24 Rn. 37; Maurer/Waldhoff, Allgemeines Verwaltungsrecht, 19. Aufl. 2017, § 20 Rn. 25; Muckel, JA 2012, 354 (355).
2300 Baumeister, in: Schenke/Graulich/Ruthig, Sicherheitsrecht des Bundes, VwVG, 2. Aufl. 2019, Vorb. §§ 6–18 Rn. 5.
2301 Schweikert, Der Rechtswidrigkeitszusammenhang, 2013, S. 47.
2302 Mosbacher, in: Engelhardt/App/Schlatmann, VwVG VwZG, 11. Aufl. 2017, § 6 Rn. 22.

Mariamo Katharina Ilal

kommt je nach Fallkonstellation die Ersatzvornahme (§ 10 VwVG), das Zwangsgeld (§ 11 VwVG) oder der unmittelbare Zwang (§ 12 VwVG) in Betracht.

1307   Bei der **Ersatzvornahme** wird ein beauftragter Dritter anstelle des Pflichtigen tätig.[2303] Voraussetzung ist, dass die zu erzwingende Handlung eine vertretbare ist, d.h. dass sie nicht höchstpersönlich vorgenommen werden muss. Da Duldungs- und Unterlassungspflichten stets allein durch den Verpflichteten erfüllbar und damit höchstpersönlicher Natur sind, kommt die Ersatzvornahme als Zwangsmittel nur bei positiven Handlungspflichten in Betracht. Typisches Beispiel für vertretbare Handlungen ist die Beseitigung baurechtlicher Gefahrenquellen oder das Wegfahren eines Fahrzeugs aus dem Halteverbot.

1308   Mit dem **Zwangsgeld** soll der Betroffene durch die in Aussicht gestellte finanzielle Einbuße dazu gebracht werden, dem Grundverwaltungsakt Folge zu leisten. Nach § 11 I 1 VwVG geht das Gesetz davon aus, dass das Zwangsgeld regelmäßig bei unvertretbaren Pflichten verhängt werden kann. Typisches Beispiel dafür ist die Zwangsgeldverhängung für die Erzwingung von Auskünften oder Erklärungen.[2304] Auch die Erzwingung von Duldungs- und Unterlassungspflichten (beispielsweise eine Wohnungsverweisung mit Rückkehrverbot) ist in diesem Zusammenhang zu nennen, § 11 II VwVG. Das Zwangsgeld kann nach § 11 I 2 VwVG aber auch bei vertretbaren Handlungen verhängt werden. Voraussetzung ist, dass die Ersatzvornahme untunlich ist. Als Regelbeispiel nennt das Gesetz die finanzielle Überforderung des Pflichtigen in Bezug auf die Kosten der Ersatzvornahme. Damit soll das Risiko verringert werden, dass die Kosten der Ersatzvornahme im Nachhinein nicht beigetrieben werden können. Der Rekurs auf das Zwangsgeld bietet dann den Vorteil, dass das Zwangsgeld die Höhe der Kosten der Ersatzvornahme nicht unbedingt erreichen muss, der Betroffene aber dennoch durch Inaussichtstellung finanzieller Einbußen (und ggf. der Ersatzzwanghaft) zur Rechtstreue angehalten wird.

1309 Examenswissen (Ersatzzwangshaft nach § 16 VwVG): Die Ersatzzwangshaft ist kein selbständiges Zwangsmittel, sondern ein Surrogat für das Zwangsgeld, wenn dessen Beitreibung uneinbringlich ist. Sie soll denjenigen Pflichtigen, dem gegenüber die Inaussichtstellung finanzieller Einbußen (regelmäßig mangels Zahlungsfähigkeit) kein ausreichendes Beugemittel darstellt, durch den

---

2303 Nicht von § 10 VwVG umfasst ist die Selbstvornahme durch die Vollzugsbehörde. Anders ist dies auf landesrechtlicher Ebene: Die meisten Länder sehen sowohl in der Beauftragung eines Dritten als auch in der Selbstvornahme durch die Behörde eine Ersatzvornahme (z.B. § 25 VwVG BW; Überblick bei Mosbacher, in: Engelhardt/App/Schlatmann, VwVG VwZG, 11. Aufl. 2017, § 10 Rn. 2, 17). Auf Bundesebene hingegen stellt die Selbstvornahme einen Unterfall des unmittelbaren Zwangs dar, s. § 12 Var. 2. VwVG.
2304 Beispiele aus App, JuS 2004, 7786 (789).

Mariamo Katharina Ilal

Eingriff in die persönliche Freiheit zur Befolgung seiner Rechtspflicht bewegen.[2305] Die Zwangshaft bedarf der richterlichen Anordnung.

Unmittelbarer Zwang ist die Einwirkung auf Personen oder Sachen durch **1310**
körperliche Gewalt, ihre Hilfsmittel oder Waffen (so die Legaldefinition des
§ 2 I UZwG) sowie die behördliche Selbstvornahme. Aufgrund des Verhältnismäßigkeitsprinzips ist der unmittelbare Zwang „das an letzter Stelle stehende
Zwangsmittel"[2306]. Wegen dieses Grundsatzes der Subsidiarität ist der unmittelbare Zwang nur zulässig, wenn Ersatzvornahme und Zwangsgeld nicht zum Ziel
führen oder sie untunlich sind.[2307] Ersteres ist der Fall, wenn Ersatzvornahme und
Zwangsgeld entweder bereits erfolglos angewendet worden sind oder aber bereits
vor ihrer Anwendung feststeht, dass sie erfolglos sein werden.[2308] Nicht ausreichend ist die vermutliche Uneinbringlichkeit eines Zwangsgeldes aufgrund be-
scheidener Einkommensverhältnisse des Pflichtigen.[2309] Ersatzvornahme und
Zwangsgeld sind untunlich, wenn ihr Einsatz zwar Erfolg versprechend ist, der
unmittelbare Zwang sich aber im konkreten Fall als wirksamer darstellt.[2310] Liegt
unmittelbarer Zwang in der Form der Einwirkung auf Personen oder Sachen durch
körperliche Gewalt, ihre Hilfsmittel oder Waffen vor, so müssen zusätzlich die
Voraussetzungen des UZwG beachtet werden.

dd) Typische Rechtsschutzkonstellationen

Für die Bearbeitung einer verwaltungsvollstreckungsrechtlichen Klausur ist es **1311**
essentiell, die verschiedenen rechtlichen Ebenen eines Sachverhalts zu erfassen
und auseinanderzuhalten. Nicht selten müssen die Bearbeiterinnen und Bearbeiter in umfangreiche Inzidenzprüfungen einsteigen. Von ihnen wird verlangt,
trotz der vielen Verschachtelungen den Überblick zu behalten und das rechtlich
Relevante an den jeweils richtigen Stellen einzuordnen und darzustellen.

2305 Lemke, Verwaltungsvollstreckungsrecht des Bundes und der Länder, 1997, S. 276.
2306 Wacke, JZ 1962, 138 zitiert nach Mosbacher, in: Engelhardt/App/Schlatmann, VwVG VwZG,
11. Aufl. 2017, § 12 Rn. 7.
2307 Anderes gilt freilich, wenn Spezialgesetze den unmittelbaren Zwang als einziges Zwangsmittel bestimmen, z. B. § 58 AufenthG.
2308 OVG Berlin-Brandenburg, Beschl. v. 5.6.2014, Az.: OVG 3 S 71.13.
2309 OVG Berlin-Brandenburg, Beschl. v. 23.8.2013, Az.: OVG 3 S 41.13.
2310 Dies ist beispielsweise der Fall, wenn die Vollzugbehörde einen Gegenstand, den der
Pflichtige herausgeben muss, bei dem Pflichtigen findet. Hier könnte auch das Zwangsgeld zum
Erfolg führen, jedoch ist es effizienter dem unwilligen Pflichtigen die Sache wegzunehmen,
Beispiel aus Lemke, Verwaltungsvollstreckungsrecht des Bundes und der Länder, 1997, S. 290.

Mariamo Katharina Ilal

1312   Die erste Ebene betrifft die **Grundverfügung.** Soweit sie nicht unanfechtbar ist, sind gegen sie Widerspruch und Anfechtungsklage statthafte Rechtsbehelfe. Kommt den eingelegten Rechtsbehelfen aufschiebende Wirkung zu, so ist
die Behörde aufgrund des Suspensiveffekts grundsätzlich daran gehindert, den
Verwaltungsakt zu vollstrecken (zum Suspensiveffekt s. § 8 Rn. 4 ff.). Gleiches gilt
im Falle eines erfolgreichen Antrags nach § 80 V 1 VwGO (s. § 8 Rn. 1 ff.). Einen
Einblick in die typischen Ermächtigungsgrundlagen, die auf dieser Ebene eine
Rolle spielen, finden sich in den Beiträgen zum allgemeinen Verwaltungsrecht
(s. Rn. 832 ff.), Polizeirecht (s. Rn. 1000 ff.) und Versammlungsrecht (s. Rn. 1141 ff.)
und Bauordnungsrecht (s. Rn. 1222 ff.). Der Fokus dieses Beitrags liegt auf den
anderen beiden Ebenen.

1313   Zunächst ist dies die Ebene der **Vollstreckungsmaßnahme.**[2311] Will der
Kläger unmittelbar gegen eine Vollstreckungsmaßnahme vorgehen, so gilt es in
der Klausur zunächst den statthaften Rechtsbehelf zu ermitteln und sodann in der
Begründetheit in die Prüfung der Rechtmäßigkeit der Vollstreckungsmaßnahme
einzusteigen (zu den Voraussetzungen sogleich unter Rn. 1317 ff. und Rn. 1345 ff.).

1314   Handelt es sich um eine **Maßnahme im gestreckten Verfahren,** so ist ent-
scheidend gegen welche Vollstreckungsmaßnahme sich der Kläger wendet: Gegen
Androhung (vgl. § 18 I VwVG) und **Festsetzung** sind **Widerspruch und Anfechtungsklage statthafte Rechtsbehelfe.** Da diesen Rechtsbehelfen gegen
Maßnahmen in der Verwaltungsvollstreckung aufgrund von § 80 II 1 Nr. 3, S. 2
VwGO i. V. m. landesrechtlichen Vorschriften[2312] regelmäßig keine aufschiebende
Wirkung zukommt, kann hier auch einmal eine Rechtsschutzkonstellation nach
§ 80 V 1 Fall 1 VwGO in Betracht kommen (Näheres hierzu in § 8). Die **Anwendung**
der Zwangsmittel Ersatzvornahme und unmittelbarer Zwang ist indes ein Realakt, sodass hier die **Feststellungsklage** (u. U. in Verbindung mit Leistungsklage
auf Rückgängigmachung der Vollzugsfolgen) statthafter Rechtsbehelf ist (näheres
hierzu in § 6 Rn. 193 ff.).[2313] Geht es dem Betroffenen um die Abwendung einer
bevorstehen Zwangsmittelanwendung, so ist die **vorbeugende Unterlassungsklage** – hier aufgrund der Eilbedürftigkeit in Form des Antrags nach § 123 VwGO
(Näheres hierzu in § 10) – statthaft.

2311 Ausführlich Lemke, Verwaltungsvollstreckungsrecht des Bundes und der Länder, 1997,
S. 445 ff.

2312 Beispielsweise § 4 AGVwGO Berlin.

2313 Die Zwangsmittelanwendung im Falle eines Zwangsgeldes besteht in der Beitreibung des
Zwangsgeld nach §§ 1–5b VwVG. Zu den Rechtsschutzkonstellationen in diesen Fällen s. Deusch/
Burr, in: Bader/Ronellenfitsch, VwVG, 43. Ed., Stand: 1.4.2019, § 5 Rn. 6 ff.; Maurer/Waldhoff,
Allgemeines Verwaltungsrecht, 19. Aufl. 2017, § 20 Rn. 11.

Mariamo Katharina Ilal

Für **Maßnahmen des sofortigen Vollzugs** ordnet § 18 II VwVG – obschon es 1315
sich um Realakte handelt[2314] – **Widerspruch und Anfechtungsklage als statthafte Rechtsbehelfe** an.

Die dritte Ebene stellt die sog. **Kostenebene** dar. Es ist weitaus typischer, dass 1316
eine Klausur ihren Ausgangspunkt auf der Kostenebene nimmt als dass sie direkt
auf Ebene der Vollstreckungsmaßnahme ansetzt. Statthafter Rechtsbehelf gegen
einen Kostenbescheid sind **Widerspruch und Anfechtungsklage. Die Rechtmäßigkeit des Kostenbescheids setzt die Rechtmäßigkeit der Maßnahme,
für die die Kosten erhoben werden, voraus** (Näheres dazu unter Rn. 1366 ff.).
Dies ist Einfallstor für die inzidente Überprüfung der Vollstreckungsmaßnahme
nach § 6 I oder § 6 II VwVG. Deren Rechtmäßigkeitsvoraussetzungen sollen nun
im Einzelnen unter Rn. 1317 ff. für das gestreckte Verfahren und Rn. 1345 ff. für den
sofortigen Vollzug dargestellt werden.

c) Gestrecktes Verfahren, § 6 I VwVG

Den Regelfall des Verwaltungszwangs stellt das sog. **gestreckte Verfahren nach** 1317
§ 6 I VwVG dar. Demnach kann ein Verwaltungsakt, der auf die Herausgabe einer
Sache oder auf die Vornahme einer Handlung oder auf Duldung oder Unterlassung gerichtet ist, mit den in § 9 VwVG genannten Zwangsmitteln durchgesetzt
werden, wenn er unanfechtbar ist oder wenn sein sofortiger Vollzug angeordnet
oder wenn dem Rechtmittel keine aufschiebende Wirkung beigelegt ist.

Der Anwendung von Verwaltungszwang auf Grundlage eines vollziehbaren 1318
Verwaltungsakts gehen **spezielle vollstreckungsrechtliche Verfahrensschritte**
voraus: Zunächst ist das von der Vollstreckungsbehörde ausgewählte Zwangsmittel **anzudrohen**, § 13 VwVG. Dadurch soll der Adressat der Grundverfügung
zur Rechtstreue angehalten werden, während gleichzeitig durch die Festlegung
auf ein bestimmtes Zwangsmittel auch eine Warnung, was im Falle der Zuwiderhandlung an Konsequenzen droht, ergeht.[2315] Wird die Verpflichtung innerhalb der Frist, die in der Androhung bestimmt ist, nicht erfüllt, so **setzt die
Vollzugsbehörde das Zwangsmittel fest**, § 14 I VwVG.[2316] Die Festsetzung soll

---

2314 So die herrschende Meinung, s. nur Deusch/Burr, in: Bader/Ronellenfitsch, VwVG, 43. Ed.,
Stand: 1.4.2019, § 18 Rn. 9.
2315 Deusch/Burr, in: Bader/Ronellenfitsch, VwVG, 43. Ed., Stand: 1.4.2019, § 13 Rn. 1
2316 Viele landesrechtlichen Vollstreckungsvorschriften hingegen kennen die Festsetzung als
Verfahrensstufe nicht, Überblick bei Troidl, in: Engelhardt/App/Schlatmann, VwVG VwZG,
11. Aufl. 2017, § 14 Rn. 7.

Mariamo Katharina Ilal

dem Pflichtigen als letzte Warnung vor der Zwangsmittelanwendung dienen.[2317] Erst dann kann das Zwangsmittel auch angewendet werden, § 15 VwVG.

1319 Für die Klausurbearbeitung folgt aus eben dieser **Mehraktigkeit des gestreckten Verfahrens** nicht selten ein Aufbauproblem. Denn es bestehen regelmäßig gleich drei mögliche „Angriffspunkte" im Rechtsschutzverfahren (Androhung, Festsetzung und Anwendung), die in ihren Voraussetzungen freilich ähnlich, in der Klausur jedoch dennoch auseinander zu halten sind.

1320 Androhung und Festsetzung sind **Verwaltungsakte.** Will der Betroffene gegen sie vorgehen, so sind Widerspruch und Anfechtungsklage statthafte Rechtsbehelfe, vgl. § 18 I VwVG. Bei der Zwangsmittelanwendung handelt es sich indes um einen Realakt, gegen den Rechtsschutz im Rahmen der Feststellungsklage gewährt wird. Diesen Unterschieden in der prozessualen Verarbeitung der verschiedenen Vollstreckungsmaßnahmen wird in diesem Beitrag dadurch Rechnung getragen, dass Rechtmäßigkeitsvoraussetzungen von Androhung und Festsetzung im Lehrbuchkapitel der Anfechtungsklage, der Zwangsmittelanwendung indes im Kapitel der Feststellungsklage (s. § 5 Rn. 193 ff.) dargestellt werden.

1321 Die **Rechtmäßigkeit von Androhung und Festsetzung** ist in dem **typischen verwaltungsrechtlichen Grundmuster** *Ermächtigungsgrundlage – formelle Rechtmäßigkeit – materielle Rechtmäßigkeit* zu prüfen. Auf allen drei Stufen finden sich Voraussetzungen, die beiden Vollstreckungsvoraussetzungen gemein sind. Sie werden im Folgenden unter Rn. 1322 ff. auch gemeinsam dargestellt. Dem schließen sich Ausführungen zu Rechtmäßigkeitsvoraussetzungen an, die spezifisch für die Androhung (Rn. 1337 ff.) bzw. Festsetzung gelten (Rn. 1342 ff.).

aa) Gemeinsame Rechtmäßigkeitsvoraussetzungen von Androhung und Festsetzung

1322 Androhung und Festsetzung müssen wie jedes verwaltungsrechtliche Eingriffshandeln auf einer **Ermächtigungsgrundlage** beruhen (s. Rn. 554 ff.) sowie bestimmten **formellen und materiellen Voraussetzungen** Genüge tun.

(1) Ermächtigungsgrundlage

1323 Ermächtigungsgrundlage von Androhung und Festsetzung ist § 6 I VwVG. Optional kann auch das jeweilige Zwangsmittel (§§ 9 lit. x, 10 – 12 VwVG) und die

---

[2317] Instruktiv zu den Rechtswirkungen der Festsetzung BVerwG, Beschl. v. 21.8.1996 – 4 B 100/96 = NVwZ 1997, 381.

Mariamo Katharina Ilal

Verfahrensstufe (für die Androhung § 13 VwVG, für die Festsetzung § 14 VwVG) mit hinzu zitiert werden.

(2) Formelle Rechtmäßigkeit

Nach § 7 VwVG ist zuständige Vollzugsbehörde diejenige, die den zu vollziehen- 1324
den Verwaltungsakt erlassen hat (**Grundsatz der Selbstvollstreckung durch die Ausgangsbehörde**).[2318] Da Androhung und Festsetzung „Maßnahmen in der Verwaltungsvollstreckung" sind, ist die Anhörung des Betroffenen nach § 28 II Nr. 5 VwVfG entbehrlich.[2319]

(3) Materielle Rechtmäßigkeit: Allgemeine Vollstreckungsvoraussetzungen

Die materielle Rechtmäßigkeit von Androhung und Festsetzung hängt zunächst 1325
vom Vorliegen der allgemeinen Vollstreckungsvoraussetzungen ab. Dafür muss den Vollstreckungsmaßnahmen ein **wirksamer, bestimmter und vollstreckbarer Grundverwaltungsakt** zugrunde liegen (Rn. 1326 ff.). Die Vollstreckungsbehörde muss das richtige Zwangsmittel gewählt haben (Rn. 1333). Es dürfen keine Vollstreckungshindernisse vorliegen (Rn. 1334) und die Maßnahme muss ermessensfehlerfrei und insbesondere verhältnismäßig sein (Rn. 1335 f.).

(a) Wirksamer, bestimmter und vollstreckbarer Grundverwaltungsakt

Grundlage für den Verwaltungszwang nach § 6 I VwVG ist ein wirksamer, be- 1326
stimmter und vollstreckbarer Grundverwaltungsakt.[2320] Dabei sei vorausgeschickt, dass nur befehlende Verwaltungsakte, nicht aber feststellende oder rechtsgestaltende Verwaltungsakte überhaupt vollstreckungsfähig sind (vgl. Wortlaut § 6 I VwVG: „Verwaltungsakt, der auf die Herausgabe einer Sache oder

---

[2318] Abweichendes kann sich teilweise aus den landesrechtlichen Vorschriften ergeben, so beispielsweise die Zuständigkeitserweiterung in § 8 I S. 3 VwVfG Bln.

[2319] Für den Spezialfall der Festsetzung eines Zwangsgeldes vertritt eine Mindermeinung, dass die Festsetzung im Vorfeld der Beitreibung des Zwangsgeldes (§§ 1–5a VwVG) ergeht und deshalb eine Maßnahme *vor* (und eben nicht *in*) der Verwaltungsvollstreckung sei. Deshalb sei in diesen Fällen eine Anhörung eben doch erforderlich. Dem ist jedoch zu entgegen, dass dies zu einer künstlichen Aufspaltung eines einheitlichen Vollstreckungsvorgangs führte. Es ist nicht ersichtlich, weshalb die Androhung eines Zwangsgeldes eine Maßnahme *im* Vollstreckungsverfahren sein sollte, während die darauffolgende Festsetzung sodann als Maßnahme *vor* dem Vollstreckungsverfahren behandelt wird.

[2320] Die Begriffe des Grundverwaltungsakts und der Grundverfügung werden in diesem Beitrag synonym verwendet.

Mariamo Katharina Ilal

auf die Vornahme einer Handlung oder auf Duldung oder Unterlassung gerichtet ist").

(aa) Wirksamkeit des Grundverwaltungsakts

1327 Voraussetzung ist zunächst, dass ein wirksamer Grundverwaltungsakt vorliegt. Dies bestimmt sich nach den **allgemeinen Vorschriften §§ 43, 44 VwVfG** (Näheres hierzu unter Rn. 98 ff.). Auf die Rechtmäßigkeit des Verwaltungsakts kommt es (soweit die Rechtswidrigkeit nicht zur Nichtigkeit führt) hingegen nicht an. Nicht selten firmiert dieser Grundsatz unter dem Schlagwort des *fehlenden Rechtswidrigkeitszusammenhangs*[2321]. Dahinter verbirgt sich der „tragende Grundsatz des Verwaltungsvollstreckungsrechts, dass die Wirksamkeit und nicht die Rechtmäßigkeit vorausgegangener Verwaltungsakte Bedingung für die Rechtmäßigkeit der folgenden Akte und letztlich der Anwendung des Zwangsmittels ist"[2322]. Der fehlende Rechtswidrigkeitszusammenhang zwischen Grundverfügung und Vollstreckungsmaßnahme ist Ausdruck der Titelfunktion des Verwaltungsakts.

1328 Examenswissen (Vertiefende Herleitung des fehlenden Rechtswidrigkeitszusammenhangs): Bei unanfechtbaren Verwaltungsakten ergibt sich der fehlende Rechtswidrigkeitszusammenhang bereits aus der materieller Bestandskraft: Solange die Grundverfügung wirksam ist, kommt es für die Beurteilung der Rechtmäßigkeit der Vollstreckungsmaßnahme auf die Rechtmäßigkeit der Grundverfügung nicht an.[2323] Hin und wieder finden sich in der Ausbildungsliteratur Verweise darauf, dass die Frage des Rechtswidrigkeitszusammenhangs bei Vollstreckungsmaßnahmen aufgrund sofort vollziehbarer Verwaltungsakte angesichts des Grundsatzes der Gesetzmäßigkeit der Verwaltung streitig sei.[2324] Jedoch finden sich heute kaum[2325] noch Stimmen, die einen sol-

---

[2321] Schweikert, Der Rechtswidrigkeitszusammenhang, 2013; Voßkuhle/Wischmeyer, JuS 2016, 698 (700).

[2322] So das OVG Lüneburg hier zitiert durch BVerfG, Beschl. v. 7.12.1998 – 1 BvR 831/89 = NVwZ 1999, 290 (292).

[2323] Deusch/Burr, in: Bader/Ronellenfitsch, VwVG, 43. Ed., Stand: 1.4.2019, § 6 Rn. 20; Muckel, JA 2012, 272 (277).

[2324] Streitübersicht bei Poscher/Rusteberg, JuS 2012, 26 (28); Auslöser des Streits ist, dass bei sauberer Differenzierung zwischen der Vollstreckung unanfechtbarer und sofortig vollziehbarer Grundverfügungen die Titelfunktion streng genommen nur für erstere Fallgruppe zur Begründung des fehlenden Rechtswidrigkeitszusammenhangs herangezogen werden kann und sich deshalb eigenständig mit dem Grundsatz der Gesetzmäßigkeit der Verwaltung für die zweite Fallgruppe auseinander gesetzt werden muss. Diese dogmatisch sehr interessante Frage hat indes keinen Raum in der Klausurbearbeitung, weshalb in diesem Beitrag lediglich auf die ausführliche Diskussion bei Schweikert, Der Rechtswidrigkeitszusammenhang, 2013, S. 100, 140 ff. hingewiesen wird.

[2325] So noch Schoch, in: Schoch, Besonderes Verwaltungsrecht, 2018, Kap. 1 Rn. 916.

Mariamo Katharina Ilal

chen Rechtswidrigkeitszusammenhang für Fälle sofort vollziehbarer Verwaltungsakte fordern. Vielmehr ist auch hier die ganz herrschende Meinung, dass die Rechtmäßigkeit des sofort vollziehbaren Grundverwaltungsakts keine Rechtmäßigkeitsvoraussetzung für die Vollstreckungsmaßnahme ist.[2326] Auch das BVerfG hat diese Rechtsauffassung als „verfassungsrechtlich unbedenklich"[2327] bestätigt. In der Klausur sollte dieser Meinungsstreit daher nicht geführt und höchstens mit einem Satz angedeutet werden.

Der Einwand der Gesetzmäßigkeit der Verwaltung bleibt indes auch von der herrschenden Meinung nicht gänzlich ungehört. Vollzieht eine Behörde „sehenden Auges" einen rechtswidrigen Grundverwaltungsakt, so kann dies im Einzelfall zur Unverhältnismäßigkeit und damit zur Rechtswidrigkeit der Vollzugsmaßnahme führen (Näheres Rn. 1336). Das ändert aber nichts daran, dass im Prüfungspunkt *Grundverwaltungsakt* auch in diesen Fällen allein dessen Wirksamkeit ausschlaggebend ist. Sollte es in der Klausur einmal um den Vollzug trotz erkannter Rechtswidrigkeit gehen, so ist diese Problematik daher nicht unter „Wirksamkeit des Grundverwaltungsaktes", sondern an späterer Stelle im Rahmen der Verhältnismäßigkeit zu diskutieren.

(bb) Bestimmtheit des Grundverwaltungsakts

Damit der Adressat der Verfügung erkennen kann, was von ihm verlangt wird 1329 und sein Verhalten daran anpassen kann, muss der Inhalt des erlassenen Grundverwaltungsaktes „vollständig, klar und unzweideutig erkennbar sein"[2328]. Der der Vollstreckungsmaßnahme zugrunde liegende Grundverwaltungsakt muss deshalb bestimmt sein, vgl. § 37 I VwVfG.

Examenswissen (Prüfung der Bestimmtheit als Ausnahme vom sonst fehlenden Rechtswidrig- 1330 keitszusammenhang): Die Unbestimmtheit des zu vollziehenden Verwaltungsakts führt dazu, dass dieser – obwohl lediglich rechtswidrig – nicht vollstreckbar ist. Es bietet sich daher an, das Bestimmtheitserfordernis systematisch als Ausnahme zum sonst geltenden Grundsatz des fehlenden Rechtswidrigkeitszusammenhangs zu begreifen. So wird es auch in der Rechtsprechung gesehen: „Insoweit erfährt der tragende Grundsatz des Verwaltungsvollstreckungsrechts, dass es für die Beurteilung einer Vollstreckungsmaßnahme auf die Rechtmäßigkeit der Grundverfügung nicht ankommt, eine Ausnahme. Die Unbestimmtheit der Grundverfügung *infiziert* eine zu ihrer Durchsetzung ergehende Vollstreckungsmaßnahme"[2329].

2326 Stellvertretend für alle Poscher/Rusteberg, JuS 2012, 26 (28); ebenso der Konsens in der Rechtsprechung: BVerfG, Beschl. v. 7.12.1998, Az.: 1 BvR 831/89 = NVwZ 1999, 290 (292); OVG Lüneburg, Beschl. v. 23.4.2009, Az.: 11 ME 478/08; OVG Münster, Urt. v. 9.2.2012, Az.: 5 A 2152/10 = JuS 2012, 1151 (Anm. Waldhoff).
2327 BVerfG, Beschl. v. 7.12.1998, Az.: 1 BvR 831/89 = NVwZ 1999, 290 (292).
2328 Deusch/Burr, in: Bader/Ronellenfitsch, VwVG, 43. Ed., Stand: 1.4.2019, Vorb § 6 Rn. 10.
2329 VGH Mannheim, Urt. v. 10.1.2013, Az.: 8 S 2919/11 = NVwZ-RR 2013, 451 (452): In diesem Fall hatte die Behörde dem Adressaten ohne weitere Präzisierung aufgegeben, innerhalb einer bestimmten Frist die Außenwände seines Hauses „in einem landschaftlich unauffälligen Farbton zu gestalten" und nachdem der Adressat das Haus grün angestrichen hatte (und die Verfügung in Bestandskraft gewachsen war) ein Zwangsgeld angedroht. Das Gericht gab der dagegen gerichteten Anfechtungsklage mangels *bestimmten* Grundverwaltungsakts statt.

Mariamo Katharina Ilal

(cc) Vollstreckbarkeit des Grundverwaltungsakts

1331 Der Verwaltungszwang ist nur zulässig, wenn der Grundverwaltungsakt **unanfechtbar oder sofort vollziehbar** ist. Die Unanfechtbarkeit tritt mit Ablauf der Rechtsbehelfsfristen (§§ 70, 73 VwGO) ohne Einlegung eines Rechtsbehelfs oder aber mit einer rechtkräftigen ablehnenden Entscheidung über den eingelegten Rechtsbehelf ein. Ein Verwaltungsakt ist sofort vollziehbar, wenn Widerspruch und Anfechtungsklage keine aufschiebende Wirkung haben, vgl. § 80 I 1 VwGO. Die aufschiebende Wirkung kann dabei gesetzlich (§ 80 II 1 Nr. 1–3, S.2 VwGO) oder aber qua behördlicher Anordnung (sog. Anordnung der sofortigen Vollziehbarkeit, § 80 II 1 Nr. 4 VwGO) entfallen (Näheres hierzu in § 8 Rn. 14 ff.).

1332 Examenswissen (Abschleppfälle I): Nicht selten sind Abschleppmaßnahmen Ausgangspunkt vollstreckungsrechtlicher Klausurkonstellationen. Häufig geht es hier um den Wechsel vom gestreckten Verfahren in den sofortigen Vollzug (dazu später unter Rn. 1355). Einstiegstor ist aber die Erkenntnis, dass Verkehrszeichen Allgemeinverfügungen (§ 35 S. 2 VwVfG) sind, die wirksam werden, sobald sie so aufgestellt sind, dass sie „ein durchschnittlicher Kraftfahrer bei Einhaltung der nach § 1 StVO erforderlichen Sorgfalt schon mit einem raschen und beiläufigen Blick erfassen kann"[2330] (s. hierzu auch Rn. 85, 165). Nach § 80 II 1 Nr. 2 VwGO analog sind sie auch sofort vollziehbar (s. auch § 8 Rn. 17).[2331]

(b) Richtiges Zwangsmittel

1333 Die Vollzugsbehörde muss das richtige Zwangsmittel gewählt haben (zu den Unterschieden und Voraussetzungen s. oben Rn. 1306 ff.). Bei mehreren in Betracht kommenden Zwangsmitteln muss sie ihr Ermessen ordnungsgemäß ausüben.[2332]

(c) Keine Vollstreckungshindernisse

1334 Vollstreckungshindernisse stehen einer Vollstreckungsmaßnahme entgegen. Sie sind **im VwVG nur in Ansätzen geregelt.** Allein die Zweckerreichung ist ausdrücklich in § 15 III VwVG normiert. Dies ist beispielsweise der Fall, wenn der Pflichtige zwischenzeitlich seiner Verpflichtung nachgekommen ist. Die Vollstreckung ist dann einzustellen. Gleiches gilt im Falle des Zweckfortfalls wegen Veränderung der tatsächlichen Umstände oder einer neuen Rechtslage[2333], der

---

2330 BVerwG, Urt. v. 25.5.2018, Az.: 3 C 25/16 = NJW 2018, 2910.

2331 Schoch, in: Schoch/Schneider/Bier, VwGO, 36. EL Februar 2019, § 80 Rn. 150 f.

2332 Dieser Punkt kann freilich auch erst im Rahmen des Ermessens geprüft werden.

2333 Das Haus, das Gegenstand einer Abrissverfügung war, weil es sich nach alter Rechtslage im Landschaftsschutzgebiet befunden hat, befindet sich nach einer Gesetzesänderung nicht mehr im

Unmöglichkeit der Zweckerreichung[2334] oder des durch die Vollzugsbehörde erklärten Vollstreckungsverzichts.

(d) Ermessen, insbesondere Verhältnismäßigkeit

Die Anwendung des Verwaltungszwangs liegt im Ermessen der Vollzugsbehörde,   **1335**
welches jedoch gerichtlich auf **Ermessensfehler** hin überprüfbar ist, § 114 VwGO
(Näheres zum Ermessen allgemein unter Rn. 729 ff., 739 ff.). Fehler können sowohl
auf Ebene des **Entschließungsermessens** als auch des **Auswahlermessens** (bei
mehreren Pflichtigen oder mehreren möglichen Zwangsmitteln) bestehen. Insbesondere der in § 9 II VwVG einfach-rechtlich konkretisierte Verhältnismäßigkeitsgrundsatz ist ein wichtiges Korrektiv, an dem sich die Vollstreckungsmaßnahme messen lassen muss.

Examenswissen (Unverhältnismäßigkeit der Vollstreckungsmaßnahme bei erkannter Rechts-   **1336**
widrigkeit der Grundverfügung)[2335]: Wie bereits an früherer Stelle angedeutet (s. Rn. 1328), kann
die Rechtswidrigkeit einer Grundverfügung im Ausnahmefall doch einmal auf die Rechtmäßigkeit
der Vollstreckungsmaßnahme durchschlagen. Dies ist dann der Fall, wenn die Behörde einen
Grundverwaltungsakt in Kenntnis ihrer Rechtswidrigkeit vollzieht und damit „sehenden Auges
Unrecht vollstreckt"[2336]. Teilweise findet sich diese Problematik unter dem Schlagwort der
„rechtsmissbräuchlichen oder sittenwidrigen Vollstreckung"[2337]. Eine solche Vollstreckungsmaßnahme ist unverhältnismäßig und damit rechtswidrig. In diesen Fällen muss in der Fallbearbeitung doch einmal ausnahmsweise inzident die Rechtswidrigkeit der Grundverfügung geprüft
werden. Dies allein reicht für das Durchschlagen der Rechtswidrigkeit auf die Vollstreckungsebene jedoch noch nicht aus. Hinzukommen muss auf behördlicher Seite ein subjektives Element,
auf welches im Sachverhalt hingewiesen werden muss.

bb) Besondere Rechtmäßigkeitsvoraussetzungen der Androhung

Zwangsmittel müssen im gestreckten Verfahren schriftlich angedroht werden. Die   **1337**
Androhung ist ein von der Grundverfügung getrennter Verwaltungsakt, der dieser
zeitlich nachgehen kann (sog. selbstständige Androhung). Die Androhung kann
aber auch mit der Grundverfügung verbunden werden, § 13 II 1 VwVG; sie soll mit
ihr verbunden werden, wenn den Rechtsbehelfen gegen die Grundverfügung

---

Landschaftsschutzgebiet, Beispiel aus: Troidl, in: Engelhardt/App/Schlatmann, VwVG VwZG,
11. Aufl. 2017, § 15 Rn. 9.
2334 Das Haus, das Objekt einer Abrissverfügung war, brennt ab.
2335 Ausführlich Schweikert, Der Rechtswidrigkeitszusammenhang, 2013, S. 196 f.
2336 Kingreen/Poscher, Polizei- und Ordnungsrecht, 10. Aufl. 2018, § 24 Rn. 33; Muckel, JA 2012,
272 (277).
2337 Sadler, VwVG VwZG, 9. Aufl. 2014, § 18 Rn. 6; Schweikert, Der Rechtswidrigkeitszusammenhang, 2013, S. 196.

Mariamo Katharina Ilal

keine aufschiebende Wirkung zukommt, § 13 II 2 VwVG (sog. unselbstständige Androhung).

1338 Examenswissen (Einwendungen gegen die Grundverfügung im Rahmen der Anfechtung der Zwangsmittelandrohung): Ist die Androhung mit dem Grundverwaltungsakt verbunden (sog. unselbstständige Androhung, § 13 II 2 VwVG), so erstreckt sich der Rechtsbehelf gegen die Zwangsmittelandrohung nach § 18 I 2 VwVG auch auf den Grundverwaltungsakt. Es kommt also zu einer gerichtlichen Überprüfung aller möglichen Einwendungen in einem Rechtsschutzverfahren. Prozessual wird dies über die objektive Klagehäufung nach § 44 VwGO erreicht (hierzu § 1 Rn. 251). Freilich steht es dem Betroffenen frei, seinen Rechtsbehelf ausdrücklich auf die Zwangsmittelandrohung zu beschränken. Hat der Betroffene bereits einen Rechtsbehelf gegen den Grundverwaltungsakt eingelegt, so wird dieser durch die spätere Einlegung eines Rechtsbehelfs gegen die Zwangsmittelandrohung nicht berührt.[2338] Es handelt sich dann um zwei selbstständige Rechtsschutzverfahren.

Ist die Androhung nicht mit dem Grundverwaltungsakt verbunden (sog. selbstständige Androhung) und ist dieser unanfechtbar geworden, so sind Einwendungen des Betroffenen, die die Rechtmäßigkeit des Grundverwaltungsaktes betreffen, präkludiert. Der Betroffene kann in diesen Fällen lediglich geltend machen, durch die Androhung selbst in seinen Rechten verletzt zu sein, vgl. § 18 I 3 VwVG. Dies umfasst beispielsweise Einwendungen gegen die Länge der Fristbemessung oder das Fehlen eines wirksamen Grundverwaltungsakts.

(1) Besonderheiten innerhalb der formellen Rechtmäßigkeit

1339 Die Androhung bedarf zu ihrer Rechtmäßigkeit der Schriftform, § 13 I 1 VwVG. Dies ist innerhalb der formellen Rechtmäßigkeit der Androhung zu prüfen.

(2) Besonderheiten innerhalb der materiellen Rechtmäßigkeit

1340 In materieller Hinsicht müssen neben den allgemeinen Vollstreckungsvoraussetzungen (oben Rn. 1325 ff.) die Voraussetzungen des § 13 VwVG geprüft werden. So muss für die Erfüllung der Verpflichtung eine angemessene Frist bestimmt werden, § 13 I 2 VwVG. Für Duldungs- und Unterlassungspflichten ist eine Fristsetzung regelmäßig entbehrlich, weil deren Erfüllung kein zeitbezogenes Tätigwerden des Adressaten voraussetzt. Nach § 13 III VwVG muss sich die Androhung auf ein bestimmtes Zwangsmittel beziehen. Die gleichzeitige Androhung mehrerer

---

[2338] Deusch/Burr, in: Bader/Ronellenfitsch, VwVG, 43. Ed., Stand: 1.4.2019, VwVG, § 18 Rn. 5.

Mariamo Katharina Ilal

möglicher Zwangsmittel ist nach § 13 III 2 VwVG unzulässig (**Kumulationsverbot**).[2339]

Entscheidet sich die Vollstreckungsbehörde für die Ersatzvornahme, so ist in der Androhung der Kostenbetrag vorläufig zu veranschlagen, § 13 IV 1 VwVG. Entscheidet sich die Vollstreckungsbehörde für das Zwangsgeld, so ist dieses in einer bestimmten Höhe anzudrohen, § 13 V VwVG.

Examenswissen (Androhung „für jeden Fall der Zuwiderhandlung" gegen ein Verbot zulässig?): **1341** Es ist umstritten, ob eine Androhung für „jeden Fall der Zuwiderhandlung" gegen ein Verbot ergehen darf. Sieht man darin die Androhung *eines* Zwangsmittels für *jede einzelne* Zuwiderhandlung, so lässt sich vertreten, dass eine solche Androhung „für jeden Fall der Zuwiderhandlung" zulässig ist. Der Schutzzweck des Kumulationsverbots greife hier nicht ein, denn der Betroffene könne erkennen, was ihm drohe.[2340] Andere wiederum verneinen die Zulässigkeit einer solchen Androhung, denn darin liege eine gleichzeitige Androhung mehrerer Zwangsmittel „auf Vorrat".[2341] Zulässig sei dies nur, wenn das Gesetz eine solche Androhung „für jeden Fall der Zuwiderhandlung" vorsehe. Entsprechende gesetzliche Vorgaben finden sich z.B. in § 17 FinDAG, § 332 III 2 AO oder manchen landesrechtlichen Vollstreckungsgesetzen[2342]. Wo eine solche gesetzliche Grundlage fehle, würde eine Androhung „für jeden Fall der Zuwiderhandlung" gegen den verfassungsrechtlichen Grundsatz des Vorbehalts des Gesetzes verstoßen.

cc) Besondere Rechtmäßigkeitsvoraussetzungen der Festsetzung

Innerhalb der materiellen Rechtmäßigkeit sind neben den allgemeinen Vollstre- **1342** ckungsvoraussetzung (oben Rn. 1325 ff.) folgende Voraussetzungen zu prüfen: Der Festsetzung muss eine wirksame, vollstreckbare Androhung vorausgehen. Auch hier gilt der tragende Grundsatz des Verwaltungsvollstreckungsrechts: Die Rechtmäßigkeit der Festsetzung hängt allein von der Wirksamkeit und Vollstreckbarkeit der Androhung ab, nicht aber von deren Rechtmäßigkeit.[2343] In der Klausur sind an dieser Stelle daher nur die Wirksamkeitsvoraussetzungen der Androhung (keine Nichtigkeit nach § 44 VwVfG sowie ordnungsgemäße Zustel-

---

2339 Manche landesrechtlichen Vorschriften lassen hingegen die Androhung mehrerer Zwangsmittel zu, Übersicht bei Troidl, in: Engelhardt/App/Schlatmann, VwVG VwZG, 11. Aufl. 2017, § 13 Rn. 17.

2340 Troidl, in: Engelhardt/App/Schlatmann, VwVG VwZG, 11. Aufl. 2017, § 13 Rn. 4.

2341 Deusch/Burr, in: Bader/Ronellenfitsch, VwVG, 43. Ed., Stand: 1.4.2019, VwVG, § 13 Rn. 22 ff; Sadler, VwVG VwZG, 9. Aufl. 2014, § 13 Rn. 87; BVerwG, Gerichtsbescheid v. 26.6.1997–1 A 10/95 = NVwZ 1998, 393; OVG Berlin-Brandenburg, Beschl. v. 8.6.2011, Az.: OVG 1 B 31/08 = BeckRS 2011, 51745.

2342 Beispielsweise § 17 VI 2 VwVG Bremen; § 57 III 2 VwVG NRW, § 63 III 2 VwVG Rheinland-Pfalz.

2343 VGH Kassel, Beschl. v. 4.10.1995, Az.: 4 TG 2043/95 = NVwZ-RR 1996, 715; Troidl, in: Engelhardt/App/Schlatmann, VwVG VwZG, 11. Aufl. 2017, § 14 Rn. 1.

Mariamo Katharina Ilal

lung nach § 13 VII VwVG i.V.m. VwZG) zu prüfen. Auf die unter Rn. 1337 ff. dargestellten Rechtmäßigkeitsvoraussetzungen der Androhung kommt es nicht an.

1343 Darüber hinaus darf die Festsetzung erst nach Ablauf der in der Androhung benannten Frist ergehen. Sodann ist zu prüfen, ob sich die Festsetzung im Rahmen der zeitlich vorausgegangenen Androhung bewegt. So darf beispielsweise im Falle eines angedrohten Zwangsgeldes i.H.v. 500 € dieses später nicht i.H.v. 750 € festgesetzt werden.

1344 Examenswissen (Festsetzung von Zwangsgeld bei Unmöglichkeit eines *weiteren* Verstoßes gegen die Unterlassungsverfügung?): „Eines der umstrittensten Probleme des Verwaltungsvollstreckungsrechts"[2344] betrifft die Frage, ob eine Behörde ein Zwangsgeld auch dann festsetzen darf, wenn zwar gegen die Unterlassungsverfügung verstoßen wurde, ein weiterer Verstoß jedoch nicht (mehr) möglich ist. Regelmäßig wird diese Streitfrage innerhalb der Verhältnismäßigkeit der Festsetzung verortet.

Als Beispielsfall sei folgende Konstellation skizziert:[2345] *Gegen den B ergeht eine sofort vollziehbare Wohnungsverweisung mit einem Rückkehrverbot für zehn Tage unter gleichzeitiger Androhung eines Zwangsgelds i.H.v. 500 € für den Fall der Zuwiderhandlung. Drei Tage vor Ablauf des Rückkehrverbots hält sich B verbotswidrig in der Wohnung auf. Einen Monat später setzt die Behörde ein Zwangsgeld von 500 € fest. Ist die Zwangsgeldfestsetzung rechtmäßig?*

Problematisch ist hier allein die Tatsache, dass B zwar gegen das Verbot verstoßen hat, jedoch zum Zeitpunkt der Festsetzung ein weiterer Verstoß unmöglich war, da das Rückkehrverbot zeitlich befristet war.

Nach einer Ansicht ist eine Zwangsgeldfestsetzung in diesem Falle unzulässig. Denn wenn gegen ein Verbot nicht mehr verstoßen werden könne, so könne der Festsetzung auch keine Beugewirkung zukommen.[2346] *Es ginge dann nicht mehr darum, den Pflichtigen zur Rechtstreue anzuhalten, sondern seinen vorherigen Rechtsbruch abzustrafen. Ein solcher Strafcharakter sei dem Verwaltungsvollstreckungsrecht jedoch fremd, weshalb eine Zwangsgeldfestsetzung in diesen Fällen rechtswidrig sei.*

Eine andere Ansicht stellt die Festsetzung in einen weiteren Zusammenhang mit der ihr vorausgegangen Androhung.[2347] *Wäre dem Betroffenen im Zeitpunkt der Androhung klar, dass im Falle der Zuwiderhandlung gegen das Unterlassungsgebot ein Zwangsgeld gar nicht festgesetzt werden könne, so würde die Androhung ihrer Beugewirkung verlustig gehen. Gerade bei zeitlich eng begrenzten Verboten wie im Falle eines zehntägigen Rückkehrverbots würde die Androhung von Zwangsgeld nicht mehr geeignet sein, den Betroffenen zur Rechtstreue anzu-*

2344 App, JuS 2004, 786 (791).

2345 So der Ausgangsfall in OVG Münster, Urt. v. 9.2.2012, Az.: 5 A 2151/10.

2346 OVG Lüneburg, Beschl. v. 23.4.2009, Az.: 11 ME 478/08; Dünchheim, NVwZ 1996, 117.

2347 OVG Münster, Urt. v. 9.2.2012, Az.: 5 A 2151/10; App, JuS 2004, 786 (791); Baumeister, in: Schenke/Graulich/Ruthig, Sicherheitsrecht des Bundes, VwVG, 2. Aufl. 2019, § 15 Rn. 16; Graulich, in: Lisken/Denninger, Handbuch des Polizeirechts, 6. Aufl. 2018, E Rn. 912 ff.; Muckel, JA 2012, 272 (278). Teilweise wird die Problematik auch innerhalb der Vollstreckungshindernisse (insbesondere unter der Zweckerreichung bzw. des Zweckfortfalls) diskutiert, s. Lemke, Verwaltungsvollstreckungsrecht des Bundes und der Länder, 1997, S. 232 ff.

Mariamo Katharina Ilal

mahnen und ihm Konsequenzen für den Fall der Zuwiderhandlung in Aussicht stellen. Dies hätte zur Folge, dass zur effektiven Durchsetzung des Verwaltungsakts nicht mehr das Zwangsgeld, sondern nur noch die Anwendung unmittelbaren Zwangs zum Ziel führte. Dies wiederum verkehre aber das vom Gesetzgeber vorgezeichnete Subsidiaritätsverhältnis des unmittelbaren Zwangs zu den anderen Zwangsmitteln in sein Gegenteil, vgl. § 12 VwVG. Der nachträglichen Zwangsgeldfestsetzung käme daher aufgrund ihres Zusammenwirkens mit der Androhung eine „fortbestehende mittelbare Beugefunktion"[2348] *zu. Ohne die daraus folgende nachträgliche Festsetzungsbefugnis könne der Betroffene nahezu risikolos gegen Unterlassungspflichten verstoßen. Dies zeigt sich insbesondere dann, wenn der Betroffene durch den Verstoß Fakten schafft und dadurch die Fortgeltung der Unterlassungspflicht selbst beendet (z.B. pflichtwidriger Abriss eines denkmalgeschützten Hauses oder verbotswidrige Fällung eines Baumes).*[2349]

d) Sofortiger Vollzug, § 6 II VwVG

Nach § 6 II VwVG kann Verwaltungszwang auch ohne vorausgehenden Verwaltungsakt angewendet werden, wenn der sofortige Vollzug zur Verhinderung einer rechtswidrigen Tat, die einen Straf- oder Bußgeldtatbestand verwirklicht oder zur Abwendung einer drohenden Gefahr notwendig ist und die Behörde hierbei innerhalb ihrer gesetzlichen Befugnisse handelt. Der sofortige Vollzug findet vor allem im Gefahrenabwehrrecht Anwendung, denn hier besteht nicht selten ein **zeitlicher Handlungsdruck** für die Behörde, dem das mehraktige gestreckte Verfahren nicht angemessen Rechnung tragen kann. 1345

> *Beispiel: Ein Baum auf dem Grundstück des S droht jeden Augenblick auf die Straße zu stürzen. Die Behörde lässt ihn durch einen beauftragten Dritten fällen.*[2350]

Für den sofortigen Vollzug nicht untypisch ist auch, dass der Verpflichtete nicht rechtzeitig ermittelt oder erreicht werden kann, sodass ihm gegenüber gar kein Grundverwaltungsakt ergehen kann. 1346

> *Beispiel: Die Behörde lässt einen Verstorbenen, dessen bestattungspflichtige Angehörige zunächst nicht bekannt sind, durch ein Bestattungsunternehmen beisetzen.*[2351]

Die Anwendung von Zwangsmitteln im sofortigen Vollzug ist ein **Realakt**. Prozessual wird der sofortige Vollzug aber wie ein Verwaltungsakt behandelt, denn 1347

2348 OVG Münster, Urt. v. 9. 2. 2012, Az.: 5 A 2152/10, Rn. 38.

2349 Beispiele aus OVG Münster, Urt. v. 9. 2. 2012, Az.: 5 A 2152/10, Rn. 35.

2350 Beispiel aus Muckel, JA 2012, 355 (347).

2351 Beispiel aus Sadler, VwVG VwZG, 9. Aufl. 2014, § 6 Rn. 337.

Mariamo Katharina Ilal

§ 18 II VwVG ordnet als Rechtsbehelfe **Widerspruch und Anfechtungsklage** an.[2352]

1348   Auch der sofortige Vollzug ist in dem für das Verwaltungsrecht typischen Dreischritt *Ermächtigungsgrundlage – formelle Rechtmäßigkeit – materielle Rechtmäßigkeit* zu prüfen.

aa) Ermächtigungsgrundlage

1349   Ermächtigungsgrundlage für den sofortigen Vollzug ist § 6 II VwVG. Optional kann auch hier das jeweils einschlägige Zwangsmittel mitzitiert werden (§§ 9 I lit. x, 10 – 12 VwVG).

1350   An dieser Stelle kann in der Fallbearbeitung die **Abgrenzung zwischen sofortigem Vollzug und der polizeirechtlichen unmittelbaren Ausführung** verlangt werden. Die unmittelbare Ausführung ist in mehreren Bundesländern im Sicherheits- und Ordnungsgesetz normiert und erlaubt der Polizei eine Maßnahme selbst oder durch einen Beauftragten unmittelbar auszuführen, wenn der Zweck der Maßnahme durch Inanspruchnahme der Verantwortlichen nicht oder nicht rechtzeitig erreicht werden kann.[2353] Die Ähnlichkeit beider Institute basiert auf der Dringlichkeit, mit der die jeweilige Maßnahme auszuführen ist. Wenig verwunderlich ist es daher, dass der sofortige Vollzug und die unmittelbare Ausführung in ihren Rechtmäßigkeitsvoraussetzungen nahezu deckungsgleich sind.[2354] Dennoch darf nicht übersehen werden, dass der sofortige Vollzug Verwaltungsvollstreckungsrecht, die unmittelbare Ausführung hingegen materielles Polizeirecht ist.

1351   Deshalb ist in Ländern, die beide Institute vorsehen, das eine vom anderen abzugrenzen.[2355] Teilweise wird diese Abgrenzung über den Vorrang der unmittelbaren Ausführung vorgenommen.[2356] Eine andere Ansicht tritt diesem *lex specialis*-Verhältnis mit Verweis auf die Unterschiedlichkeit der Regelungsgebiete

---

2352 Sadler, VwVG VwZG, 9. Aufl. 2014, § 6 Rn. 279, § 18 Rn. 12; da regelmäßig keine Rechtsbehelfsbelehrung erfolgt ist, gilt die Jahresfrist nach § 58 II VwGO.

2353 Baden-Württemberg: § 8 PolG; Bayern: Art. 9 PAG; Berlin: § 15 ASOG; Hamburg: § 7 SOG; Hessen: § 8 HSOG; Rheinland-Pfalz: § 6 POG; Sachsen: § 6 PolG; Sachsen-Anhalt: § 9 SOG; Thüringen: § 9 PAG.

2354 Poscher/Rusteberg, JuS 2012, 26 (29).

2355 Ausführlich Lemke, Verwaltungsvollstreckungsrecht des Bundes und der Länder, 1997, S. 200 ff.

2356 Kaniess, LKV 2013, 401; Kingreen/Poscher, Polizei- und Ordnungsrecht, 10. Aufl. 2018, § 24 Rn. 43; Muckel, JA 2012, 272, (275); Poscher/Rusteberg, JuS 2012, 26 (29); Schoch, in: Schoch, Besonderes Verwaltungsrecht, 2018, Kap. 1 Rn. 936.

(einerseits Vollstreckungsrecht, andererseits Polizeirecht) entgegen. [2357] Während das Vollstreckungsrecht davon ausgehe, dass es bei dem Verpflichteten zu einer Willensbeugung kommt, solle die unmittelbare Ausführung darauf aufbauen, dass der Verantwortliche an sich seiner Pflicht nachkommen möchte und die Behörde lediglich anstelle seiner tätig wird, ohne dass es einer Willensbeugung bedarf. Ist der Verantwortliche nicht vor Ort und sein tatsächlicher Wille nicht ermittelbar, so soll nach dieser Ansicht auf die mutmaßliche Willensbeugung abzustellen sein. Wird der (mutmaßliche) Wille des Verpflichteten durch die Maßnahme gebeugt, handele es sich um eine Maßnahme nach § 6 II VwVG; andernfalls sei die landesrechtliche Vorschrift zur unmittelbaren Ausführung einschlägig.

In der **Klausur** wird von den Bearbeiterinnen und Bearbeitern verlangt, dass   1352 sie das Abgrenzungsproblem erkennen (freilich nur, wenn das jeweilige Landesrecht neben dem sofortigen Vollzug auch die unmittelbare Ausführung normiert), sich je nach Argumentationslinie für das eine oder das andere Institut entscheiden und dieses dann in seinen Voraussetzungen konsequent durchprüfen.

bb) Formelle Rechtmäßigkeit

Nach § 7 VwVG gilt der Grundsatz der Selbstvollstreckung durch die Ausgangs-   1353 behörde. Da im Falle des sofortigen Vollzugs regelmäßig kein Grundverwaltungsakt erlassen wurde, ist § 7 VwVG dahingehend zu modifizieren, dass diejenige Behörde zuständig ist, die einen entsprechenden Grundverwaltungsakt hätte erlassen können. Da der sofortige Vollzug ein Realakt ist, bedarf es schon nach § 28 I VwVfG keiner Anhörung.

cc) Materielle Rechtmäßigkeit

Der Wortlaut des § 6 II VwVG geht davon aus, dass dem sofortigen Vollzug kein   1354 Grundverwaltungsakt vorausgeht. Dennoch gibt es Konstellationen, in denen ein Zwangsmittel trotz vorhandener Grundverfügung sofort und mithin ohne Durchlaufen des gestreckten Verfahrens angewendet wird (s. Rn. 1355). Der sofortige Vollzug setzt einen Dringlichkeitstatbestand voraus (s. Rn. 1357 ff.). Zudem muss die hypothetische Grundverfügung rechtmäßig sein, die Behörde also innerhalb ihrer gesetzlichen Befugnisse handeln (s. Rn. 1361). Darüber hinaus muss das

---

2357 Schenke, Polizei- und Ordnungsrecht, 10. Aufl. 2018, Rn. 564; VG Berlin, Urt. v. 19.6.2013, Az.: 14 K 34.13.

Mariamo Katharina Ilal

richtige Zwangsmittel gewählt worden sein (Rn. 1362 ff.) und die Maßnahme ermessensfehlerfrei und insbesondere verhältnismäßig sein (Rn. 1365).

(1) Ohne vorausgehenden Verwaltungsakt

1355 Wie bereits angedeutet, geht der Wortlaut des § 6 II VwVG davon aus, dass der sofortige Vollzug ohne vorausgehenden Verwaltungsakt ergeht. Dem Gesetzgeber standen hierbei Fallkonstellationen vor Augen, in denen der Verpflichtete nicht (rechtzeitig) ermittelbar oder erreichbar ist und deshalb der Handlungsdruck der Behörde ausgelöst wird. Es sei an das oben genannte Beispiel (s. Rn. 1346) des zu bestattenden Verstorbenen gedacht, dessen Angehörige zunächst nicht bekannt sind.

Indes gibt es auch Fallkonstellationen, in denen „der Grundverwaltungsakt zwar bereits erlassen wurde, aber die weiteren Voraussetzungen des gestuften Vollstreckungsverfahrens wegen plötzlich auftretender Eilbedürftigkeit nicht eingehalten werden können"[2358]. Hier kann das oben genannte Beispiel des umsturzgefährdeten Baumes (s. Rn. 1345) unter leichter Modifikation bemüht werden:[2359] Der Baum auf dem Grundstück des S droht langsam auf die Straße zu kippen. Die Behörde gibt dem S daher unter Anordnung der sofortigen Vollziehbarkeit und unter Androhung eines Zwangsgeldes auf, den Baum innerhalb von 2 Wochen zu fällen. Noch vor Fristablauf weht ein starker Orkan über die Stadt, welcher den Baum fast vollständig entwurzelt. Er droht nun jeden Augenblick auf die Straße zu kippen. Die Behörde lässt ihn durch einen Dritten fällen. In einem solchen Fall besteht ein dringlicher Handlungsdruck, dem das mehraktige gestreckte Verfahren nicht gerecht wird. Im Sinne einer effektiven Gefahrenabwehr muss es der Vollzugsbehörde möglich sein, die Verpflichtung trotz vorausgehenden Verwaltungsakts sofort zu vollziehen. Ein solcher Übergang vom gestreckten Verfahren in den sofortigen Vollzug ist nach § 6 II VwVG analog möglich (sog. abgekürztes Verfahren).[2360] Freilich muss sich die Vollstreckungsmaßnahme dann auch an den Rechtmäßigkeitsvoraussetzungen des sofortigen Vollzuges

---

2358 Deusch/Burr, in: Bader/Ronellenfitsch, VwVG, 43. Ed., Stand: 1.4.2019, § 6 Rn. 25.
2359 Beispiel aus Muckel, JA 2012, 355, (358).
2360 Alternative Bezeichnungen und Herleitungen in Maurer/Waldhoff, Allgemeines Verwaltungsrecht, 19. Aufl. 2017, § 20 Rn. 27: „verkürztes Verfahren", in Schweikert, Der Rechtswidrigkeitszusammenhang, 2013, S. 49: „abgekürztes Verfahren", in Lemke, Verwaltungsvollstreckungsrecht des Bundes und der Länder, 1997, S. 125: „erleichtertes Verfahren".

Mariamo Katharina Ilal

messen lassen. Insbesondere muss hier die Grundverfügung (anders als im gestreckten Verfahren) rechtmäßig sein (dazu sogleich unter Rn. 1361).[2361]

Examenswissen (Abschleppfälle II): Auch die Abschleppfälle laufen häufig – sofern sie sich nach **1356**
Vollstreckungsrecht richten – über § 6 II VwVG in analoger Anwendung. Denn regelmäßig wird
ein Abschleppvorgang dadurch ausgelöst, dass ein Fahrzeug in einem durch ein Verkehrsschild
ausgewiesenem Halteverbot steht. Soweit das Schild sichtbar aufgestellt ist, liegt eine wirksame
Grundverfügung vor, die nach § 80 II 1 Nr. 2 VwGO analog sofort vollziehbar ist (dazu bereits oben
Rn. 1332). Dennoch bietet sich ein Vorgehen im gestreckten Verfahren meist nicht an, beispielsweise weil das Fahrzeug eine Feuerwehreinfahrt blockiert oder den Straßenverkehr oder anste-
hende Baumarbeiten behindert und deshalb umgehend entfernt werden muss. Auch hier wird
daher häufig trotz vorhandener Grundverfügung nicht im gestreckten Verfahren, sondern unter
den Voraussetzungen des § 6 II VwVG analog vollstreckt.

(2) Dringlichkeitstatbestand

Die Voraussetzung der *Dringlichkeit* erklärt sich vor dem bereits angesprochenen **1357**
zeitlichen Hintergrund des sofortigen Vollzugs. Er umfasst Fallkonstellationen,
aber eben auch nur solche Fallkonstellationen, in denen die mit dem gestreckten
Verfahren einhergehende zeitliche Verzögerung zur Durchsetzung der Rechtspflicht nicht in Kauf genommen werden kann.

Nach § 6 II Fall 1 VwVG muss der sofortige Vollzug zur Verhinderung einer **1358**
rechtswidrigen Tat, die einen Straf- oder Bußgeldtatbestand verwirklicht, notwendig sein. Maßgeblich ist, dass die Verwirklichung des objektiven Tatbestandes
unmittelbar und mit an Sicherheit grenzender Wahrscheinlichkeit bevorsteht. Ein
schuldhaftes Handeln ist nicht erforderlich.

Nach § 6 II Fall 2 VwVG muss der sofortige Vollzug zur Abwendung einer **1359**
drohenden Gefahr notwendig sein. „Unter Gefahr ist eine Sachlage zu verstehen,
die bei ungehindertem Ablauf des Geschehens mit hinreichender Wahrscheinlichkeit zu einem Schaden für die Schutzgüter der öffentlichen Sicherheit oder

---

2361 Lemke, Verwaltungsvollstreckungsrecht des Bundes und der Länder, 1997, S. 223 f.; anders
Schweikert, die bereits die analoge Anwendbarkeit des § 6 II VwVG auf Fallkonstellationen mit
ergangener Grundverfügung in Frage stellt: Schweikert, Der Rechtswidrigkeitszusammenhang,
2013, S. 193 f. Interessanterweise schweigt die Ausbildungsliteratur zur Frage, ob das abgekürzte
Verfahren einen Rechtswidrigkeitszusammenhang voraussetzt oder nicht. Vertiefende Ausführungen sind daher auf rechtswissenschaftlicher Ebene von großem Interesse, sollten jedoch nicht
Eingang in eine Fallbearbeitung finden. Vielmehr lässt sich sehr gut vertreten, dass eine analoge
Anwendung des § 6 II VwVG auch eine analoge Anwendung all seiner Rechtmäßigkeitsvoraussetzungen (inklusive der Rechtmäßigkeit der Grundverfügung) nach sich zieht, sodass die Erforderlichkeit eines Rechtswidrigkeitszusammenhangs zu bejahen ist. Diese Herangehensweise
bringt zudem den Vorteil, dass durch die nun folgende inzidente Prüfung der Grundverfügung
keine Punkte vergeben werden.

Mariamo Katharina Ilal

Ordnung führen würde."[2362] Dies ist jedenfalls dann nicht der Fall, wenn der Erlass einer Ordnungsverfügung gegen den der Behörde bekannten Ordnungspflichtigen unter Anordnung der sofortigen Vollziehung und gleichzeitiger Androhung der Ersatzvornahme zwar zu kurzfristigen Verzögerungen führte, diese aber die Wirksamkeit der erforderlichen Maßnahme weder aufheben noch wesentlich beeinträchtigen würde.[2363] Die Vollzugsbehörde ist also dazu angehalten, das vom Gesetz vorgegebene Regel-Ausnahme-Verhältnis zwischen § 6 I und § 6 II VwVG ernst zu nehmen. Justiziabel wird dies durch das Dringlichkeitserfordernis, welches gerichtlich voll überprüfbar ist. Der Vollzugsbehörde kommt insofern kein Beurteilungsspielraum zu.

1360   Wie im materiellen Polizeirecht bedeutet **Gefahr** i. S. d. § 6 II VwVG nicht allein die objektiv vorliegende Gefahr bei ex post-Betrachtung (ausführlich zum Gefahrbegriff unter Rn. 1101 ff.). Auch die sog. **Anscheinsgefahr**, also eine Gefahrenlage, die zwar nicht objektiv vorliegt, aber aus der ex-ante-Sicht eines Betrachters, der die „Sorgfalt, Klugheit und Besonnenheit eines typischen Beamten an den Tag legt"[2364] gegeben ist, berechtigt die Behörde zum Einschreiten nach § 6 II VwVG.[2365] Gleiches gilt für den **Gefahrenverdacht:** Auch hier darf die Behörde Maßnahmen zur Gefahrenerforschung nach § 6 II VwVG vornehmen.[2366] Die Frage, ob die Anscheinsgefahr oder der Gefahrenverdacht von dem Verpflichteten in zurechenbarer Weise gesetzt worden ist, spielt für die Frage der Rechtmäßigkeit der Vollzugsmaßnahme keine Rolle. Anderes gilt auf Kostenebene (hierzu sogleich unter Rn. 1382). Von Anscheinsgefahr und Gefahrenverdacht ist freilich die **Scheingefahr** zu unterscheiden (s. auch Rn. 1108).[2367] Hierbei liegt weder objektiv eine Gefahrenlage vor, noch würde ein Betrachter mit den Fähigkeiten eines ty-

---

2362 Deusch/Burr, in: Bader/Ronellenfitsch, VwVG, 43. Ed., Stand: 1. 4. 2019, § 6 Rn. 23.
2363 OVG Münster, Beschl. v. 9. 4. 2008 – 11 A 1386/05 = NVwZ-RR 2008, 437: Im vorliegenden Fall ließ die Behörde einen nicht akut einsturzgefährdeten Wetterschacht auf dem Grundstück der Betroffenen im Wege der Ersatzvornahme im sofortigen Vollzug sichern. Dass der Wetterschacht sicherungsbedürftig war, wenngleich keine akute Gefahr eines Einsturzes bestand, hatte die Behörde erkannt. Das Gericht gab der Klage der Betroffenen gegen den daraufhin ergangenen Kostenbescheid statt und urteilte, dass der sofortige Vollzug in diesem Fall nicht dringlich gewesen ist. Die Behörde hätte vielmehr Zeit gehabt, der Betroffenen durch sofort vollziehbaren Verwaltungsakt aufzugeben, den Schacht zu sichern und gleichzeitig die Ersatzvornahme anzudrohen. Die damit einhergehende zeitliche Verzögerung hätte die Wirksamkeit der zu vollziehenden Pflicht nicht beeinträchtigt, da der Schacht nicht akut einsturzgefährdet war.
2364 Kingreen/Poscher, Polizei- und Ordnungsrecht, 10. Aufl. 2018, § 8 Rn. 48.
2365 Sadler, VwVG VwZG, 9. Aufl. 2014, § 6 Rn. 315.
2366 Sadler, VwVG VwZG, 9. Aufl. 2014, § 6 Rn. 316.
2367 Kingreen/Poscher, Polizei- und Ordnungsrecht, 10. Aufl. 2018, § 8 Rn. 63; Sadler, VwVG VwZG, 9. Aufl. 2014, § 6 Rn. 322.

pischen Beamten von einer solchen ausgehen. Eine dagegen gerichtete Maßnahme ist mangels Dringlichkeit rechtswidrig und kann ggf. zu Folgeansprüchen des Betroffenen gegen die Vollzugsbehörde führen.

(3) Rechtmäßigkeit der hypothetischen Grundverfügung

Ausweislich des Wortlauts von § 6 II VwVG muss die Vollzugsbehörde *innerhalb* 1361 *ihrer gesetzlichen Befugnisse handeln.* Dies tut sie nur dann, wenn die hypothetisch zu erlassende Grundverfügung rechtmäßig ist. Anders als im gestreckten Verfahren gibt es im sofortigen Vollzug also einen Rechtswidrigkeitszusammenhang: Ist die hypothetische Grundverfügung rechtswidrig, so ist es auch die entsprechende Vollzugsmaßnahme. Mangels vorausgehendem Grundverwaltungsakt gibt es auch keine Titelfunktion, die zum Entfall des Rechtswidrigkeitszusammenhangs führen könnte. Diese Rechtmäßigkeitsvoraussetzung des sofortigen Vollzugs dient in der Fallbearbeitung häufig als Einstiegstor in eine nicht selten umfangreiche Inzidentprüfung der hypothetischen Grundverfügung. Die Prüfung erfolgt im bekannten Dreischritt *Ermächtigungsgrundlage – formelle Rechtmäßigkeit – materielle Rechtmäßigkeit.* Dabei gilt es, den Überblick über den Aufbau zu behalten und dem Korrektor oder der Korrektorin zu zeigen, dass man die Ebenen auseinanderhalten kann.

(4) Zwangsmittel

Die Behörde muss das richtige Zwangsmittel gewählt haben. Während § 6 II VwVG 1362 diesbezüglich keine Einschränkungen vorsieht, kommen in der Praxis als Zwangsmittel nur die Ersatzvornahme und der unmittelbare Zwang in Betracht.[2368] Dies liegt daran, dass der sofortige Vollzug auf die unmittelbare Herbeiführung des Erfolges gerichtet ist, das Zwangsgeld und dessen Beitreibung jedoch durch seine Beugewirkung auf ein Tätigwerden des Verpflichteten abzielt.

Unter Umständen müssen an dieser Stelle besondere Voraussetzungen des 1363 Zwangsmittels geprüft werden. Beispielsweise muss der Einsatz von Schusswaffen, Explosivmitteln und Wasserwerfern – auch wenn er im sofortigen Vollzug geschieht – angedroht werden, vgl. § 13 UZwG.[2369]

2368 Deusch/Burr, in: Bader/Ronellenfitsch, VwVG, 43. Ed., Stand: 1.4. 2019, § 6 Rn. 26; Erichsen/ Rauschenberg, JURA 1998, 31 (41); Sadler, VwVG VwZG, 9. Aufl. 2014, § 6 Rn. 301.
2369 Ausführlich zum Schusswaffengebrauch Graulich, in: Lisken/Denninger, Handbuch des Polizeirechts, 6. Aufl. 2018, E Rn. 916 ff.

Mariamo Katharina Ilal

1364 Examenswissen (Zulässigkeit des finalen Rettungsschusses): Die Frage nach der Zulässigkeit des finalen Rettungsschusses als Fall einer Anwendung unmittelbaren Zwangs ist umstritten.[2370] Der finale Rettungsschuss ist ein Schuss, der mit an Sicherheit grenzender Wahrscheinlichkeit tödlich wirken wird.

Uneinigkeit besteht bereits hinsichtlich seiner verfassungsrechtlichen Zulässigkeit. Ankerpunkte der verfassungsrechtlichen Diskussion sind dabei die Menschenwürde aus Art. 1 I GG, das Verbot der Todesstrafe nach Art. 102 GG sowie die Wesensgehaltgarantie gem. § 19 II GG in Bezug auf das Recht aus Leben aus Art. 2 II 1 GG. Diskussionswürdig ist auch die Zulässigkeit des finalen Rettungsschuss mit Blick auf Art. 2 EMRK. Geht man – wie die wohl herrschende Meinung – von der verfassungsrechtlichen Zulässigkeit des finalen Rettungsschusses aus, so stellt sich die Folgefrage über die Notwendigkeit einer expliziten gesetzlichen Grundlage. Mittlerweile ist der finale Rettungsschuss in fast allen Bundesländern normiert. Eine entsprechende Ermächtigungsgrundlage fehlt jedoch in Berlin, Mecklenburg-Vorpommern und Schleswig-Holstein sowie auf Bundesebene. Hier dürfen Schusswaffen nur eingesetzt werden, um Personen angriffs- oder fluchtunfähig zu machen. Teilweise wird vertreten, dass die Tötung eines Angreifers die schwerwiegendste Form der „Angriffsunfähigkeit" darstelle und der finale Rettungsschuss deshalb auch ohne explizite gesetzliche Regelung zulässig sei.[2371] Dem wird jedoch entgegengehalten, dass die in Rede stehenden Gesetze Art. 2 II 1 GG nicht als durch eben jenes Gesetz eingeschränktes Grundrecht nennen und somit ein Verstoß gegen das Zitiergebot nach Art. 19 I 2 GG vorläge. Zudem setze die „Angriffs- und Fluchtunfähigkeit" eine lebende Person voraus.[2372] Auch würde die Subsumtion des finalen Rettungsschuss unter die Ermächtigungsgrundlagen zur „Angriffs- und Fluchtunfähigkeit" dem verfassungsrechtlichen Grundsatz des Vorbehalts des Gesetzes nicht Genüge tun. [2373] Nach letztgenannter Ansicht ist der finale Rettungsschuss in Ländern ohne explizite Regelung sowie auf Bundesebene unzulässig. Dies lässt freilich die Möglichkeit des Entfalls der strafrechtlichen Verantwortlichkeit des Beamten nach §§ 32, 34 StGB unberührt.[2374]

(5) Ermessen, insbesondere Verhältnismäßigkeit

1365 Auch die Zwangsmittelanwendung im Rahmen des sofortigen Vollzuges darf keine Ermessensfehler enthalten. Insbesondere muss sie verhältnismäßig sein. Steht beispielsweise ein Auto verbotswidrig im Halteverbot, liegt an der Frontscheibe aber ein gut sichtbarer Hinweis mit Namen und Handynummer des

---

2370 Ausführlich Graulich, in: Lisken/Denninger, Handbuch des Polizeirechts, 6. Aufl. 2018, E Rn. 950 ff.
2371 Zum Meinungsstand und für weitere Nachweise wird auf Thiel, in: Möstl/Kugelmann, Polizei- und Ordnungsrecht NRW, 11. Ed., Stand: 1.11.2018, § 63 Rn. 13 verwiesen.
2372 Schenke, Polizei- und Ordnungsrecht, 10. Aufl. 2018, Rn. 561; ähnlich Graulich, in: Lisken/ Denninger, Handbuch des Polizeirechts, 6. Aufl. 2018, E Rn. 971; Ruthig, in: Schenke/Graulich/ Ruthig, Sicherheitsrecht des Bundes, UZwG, 2. Aufl. 2019, § 12 Rn. 6.
2373 Schenke, Polizei- und Ordnungsrecht, 10. Aufl. 2018, Rn. 561.
2374 Dies gilt jedenfalls, soweit man dem Hoheitsträger ein Notwehrrecht zubilligt; detailliert zum Streitstand *Erb*, in: MüKO-StGB, 3. Aufl. 2017, § 32 Rn. 186 ff.

Mariamo Katharina Ilal

Fahrers, so muss die Vollzugsbehörde jedenfalls versuchen, den Fahrer zu kontaktieren, bevor sie das Auto abschleppen lässt.[2375]

e) Sekundärebene, insbesondere Kosten

Regelmäßig ist nicht die Vollstreckungsmaßnahme selbst, sondern der daraufhin 1366
ergehende Kostenbescheid Ausgangspunkt der Fallbearbeitung. Die Frage, wer
die Kosten für die erfolgte Vollstreckungsmaßnahme zu tragen hat, ist auf der sog.
Sekundärebene[2376] verankert. Für die Fallbearbeitung ist entscheidend, dass die
Ebenen *Grundverfügung – Vollstreckungsmaßnahme – Kosten* innerhalb des Aufbaus und der Prüfung strikt auseinandergehalten werden. Darin besteht meist
schon die erste Hürde einer vollstreckungsrechtlich eingekleideten Klausur.

Neben den Kostenansprüchen der Behörde gegen den Pflichtigen umfasst 1367
die Sekundärebene auch die ggf. bestehenden Entschädigungsansprüche des
Pflichtigen oder Dritter gegen die Vollzugsbehörde. Diese stellen die „Kehrseite
der Kostenansprüche"[2377] dar und werden ausführlich in § 5 Rn. 153 ff. dargestellt.

Kostenansprüche der Vollzugsbehörde sind das „Surrogat für die dem Ver- 1368
antwortlichen eigentlich obliegende Pflicht zur Gefahrenbeseitigung auf eigene
Rechnung"[2378]. Die wichtigsten Kosten sind die bei der Durchführung der Vollstreckung entstandenen Kosten (sog. Auslagen, vgl. § 344 AO). Dies sind insbesondere Aufwendungen, die die Behörde gegenüber Dritten getätigt hat.[2379] Die
Kosten werden durch schriftlichen Verwaltungsakt in Form eines Kostenbescheids
geltend gemacht. Dieser kann dann wiederum im Wege der Beitreibung nach
§§ 1–5b VwVG vollstreckt werden.

Gegen den Kostenbescheid sind Widerspruch und Anfechtungsklage 1369
statthafte Rechtsbehelfe.

Examenswissen (Aufschiebende Wirkung der Rechtsbehelfe gegen den Kostenbescheid?): Mit- 1370
unter wird diskutiert, ob Rechtsbehelfe gegen den Kostenbescheid nach erfolgter Verwaltungsvollstreckung aufschiebende Wirkung haben. Dem Wortlaut nach unterfallen sie § 80 II 1 Nr. 1
VwGO (Anforderungen von öffentlichen Abgaben und Kosten), sodass von einem Entfall der
aufschiebenden Wirkung *qua* Gesetz auszugehen wäre. Sinn und Zweck des § 80 II 1 Nr. 1 VwGO ist

---

2375 Beispiel aus Erichsen/Rauschenberg, JURA 1998, 31 (41); anderes *kann* freilich wiederum
gelten, wenn das Auto die Feuerwehrzufahrt zu einem brennenden Haus blockiert. Es muss wie
immer eine Einzelfallbetrachtung vorgenommen werden.
2376 Je nachdem, wie die vorausgehenden Ebenen gezählt werden, findet sich auch der Begriff
der „Tertiärebene", vgl. Voßkuhle/Wischmeyer, JuS 2016, 698 (700).
2377 Poscher/Rusteberg, JuS 2012, 26 (32).
2378 Werner, JA 2000, 902 (908).
2379 Poscher/Rusteberg, JuS 2012, 26 (30).

Mariamo Katharina Ilal

die Sicherung einer ordnungsgemäßen Haushaltsführung und eines stetigen Finanzmittelflusses an die Verwaltung. Die ihr zufließenden Mittel sollen für die Verwaltung kalkulierbar sein. Wann die Verwaltung im Wege des Verwaltungszwangs vorgehen muss, ist jedoch nicht vorhersehbar. Das Gleiche gilt für die dadurch entstehenden Kostenansprüche, weshalb sie für die Verwaltung sowieso nicht kalkulierbar sind und damit auch nicht die *ratio* der Haushaltssicherung treffen. Deshalb ist § 80 II 1 Nr. 1 VwGO nach herrschender Meinung dahingehend teleologisch zu reduzieren, dass Kostenansprüche infolge von Vollstreckungsmaßnahmen nicht unter den Tatbestand fallen.[2380] Auch unter § 80 II S. 2 VwGO i.V. m. den landesrechtlichen Vorschriften, die die aufschiebende Wirkung für Maßnahmen in der Verwaltungsvollstreckung entfallen lassen, können die kostenrechtlichen Verfügungen nicht subsumiert werden. Denn es handelt sich hier um Maßnahmen die *nach* und nicht *in* der Verwaltungsvollstreckung ergehen. Somit haben Rechtsbehelfe gegen die Kostenbescheide regelmäßig aufschiebende Wirkung. Etwas anderes gilt freilich, wenn die Behörde die sofortige Vollziehbarkeit nach § 80 II 1 Nr. 4 VwGO anordnet.

aa) Ermächtigungsgrundlage

1371 Für die Erhebung von Kosten für durchgeführte Vollstreckungsmaßnahmen bedarf es einer gesetzlichen Grundlage. In der Klausur wird hier regelmäßig auf **§ 19 I VwVG** abzustellen sein.[2381] Danach können für Amtshandlungen nach dem VwVG (mithin Vollstreckungsmaßnahmen) Kosten erhoben werden. Das Gesetz enthält hier auch die Befugnis zur Geltendmachung der Kosten im Wege des Verwaltungsakts (vgl. § 19 I VwVG: *werden erhoben*), sodass sich die Vollzugsbehörde nicht auf den Klageweg verweisen lassen muss.[2382]

1372 Auch innerhalb der Ermächtigungsgrundlage des Kostenbescheids kann die oben besprochene Abgrenzung von unmittelbarer Ausführung und sofortigem Vollzug relevant werden (s. Rn. 1350 ff.). Hier setzt sich die Parallelität beider Institute fort. So ist für den Kostenbescheid nach sofortigem Vollzug auf § 19 I VwVG abzustellen, während die landesrechtlichen Polizeigesetze eigene Ermächtigungsgrundlagen für die Kostenerhebung nach der unmittelbaren Ausführung vorsehen.[2383]

1373 Examenswissen (Parallelität zu den polizeirechtlichen Kostenerhebungsnormen): Zu beachten ist in diesem Zusammenhang, dass vor allem auch die landesrechtlichen Sicherheits- und Ordnungsgesetze die Verwaltung zur Erhebung von Kosten für verschiedene Maßnahmen (bei-

---

2380 Gersdorf, in: Posser/Wolff VwGO, 49. Ed., Stand: 1.7.2018, § 80 Rn. 54.1; Schoch, in: Schoch/Schneider/Bier, VwGO, 36. EL Februar 2019, § 80 Rn. 144 m.w. N.

2381 Freilich sind auch hier spezialgesetzliche Ermächtigungsgrundlagen wie z.B. §§ 66, 67 AufenthG zu beachten.

2382 Näheres bei Muckel, JA 2012, 355 (360).

2383 Baden-Württemberg: § 8 II PolG; Bayern: Art. 9 II PAG; Berlin: § 15 II ASOG; Hamburg: § 7 III SOG; Hessen: § 8 II HSOG; Rheinland-Pfalz: § 6 II POG; Sachsen: § 6 II PolG; Sachsen-Anhalt: § 9 II SOG; Thüringen: § 9 PAG II.

spielsweise Kosten der unmittelbaren Ausführung; Sicherstellungs- und Verwahrungskosten) befugen.[2384] Diese Normen gehören freilich nicht zum Verwaltungsvollstreckungsrecht, jedoch ist es aufgrund ihres parallel gelagerten Prüfungsprogramms sinnvoll, sie sich im Zusammenhang mit den vollstreckungsrechtlichen Kostengesetzen zu erschließen.

bb) Formelle Rechtmäßigkeit

In formeller Hinsicht gelten die üblichen Anforderungen. Überwiegend wird die 1374 Kostenerhebung als Annexkompetenz des Vollzuges gesehen, sodass danach die Vollzugsbehörde auch die für den Kostenbescheid zuständige Behörde ist, vgl. § 7 VwVG.[2385] Zudem ist der Adressat des Verwaltungsakts nach § 28 I VwVfG anzuhören. Da die Kostenerhebung *keine* Maßnahme *in* der Verwaltungsvollstreckung ist, ist die Anhörung auch nicht nach § 28 II Nr. 5 VwVfG entbehrlich.

cc) Materielle Rechtmäßigkeit

In materieller Hinsicht muss der Kostenerhebung eine rechtmäßige Vollstre- 1375 ckungsmaßnahme zugrunde liegen (Rn. 1376) und an den richtigen Kostenschuldner (Rn. 1379) in richtiger Höhe (Rn. 1380 f.) gerichtet sein. Darüber hinaus gilt auch hier der Verhältnismäßigkeitsgrundsatz (Rn. 1382 ff.).

(1) Rechtmäßige Vollstreckungsmaßnahme

Kosten können nur für rechtmäßige Vollstreckungsmaßnahmen erhoben wer- 1376 den (vgl. *Amtshandlungen nach diesem Gesetz* in § 19 I VwVG). Für rechtswidriges Verhalten muss die Behörde die Kosten selbst tragen.[2386] Was als „rechtsstaatliche Selbstverständlichkeit"[2387] aufgefasst werden kann, bedarf inhaltlich in der Klausur einer eingehenden Erläuterung und ist regelmäßig Einfallstor in die Prüfung der Vollstreckungsmaßnahme. Hier kommt es also darauf an, die Vollstreckungsmaßnahme anhand des § 6 I oder II VwVG inzident zu prüfen. Für die inhaltlichen Ausführungen wird auf die Rn. 1317 ff. und Rn. 1345 ff. verwiesen.

Examenswissen (Keine Kostenerhebung nach rechtswidriger Vollstreckung): Kommt ein Kosten- 1377 anspruch mangels rechtmäßiger Vollstreckungsmaßnahme aus § 19 I VwVG nicht in Betracht, so scheiden auch Ansprüche aus öffentlich-rechtlicher Geschäftsführung ohne Auftrag (Näheres dazu in § 11 Rn. 50 ff.) sowie der öffentlich-rechtliche Erstattungsanspruch (Näheres dazu in

---

2384 Beispielsweise §§ 15 II, 41 III ASOG Berlin.
2385 Muckel, JA 2012, 355 (360); Sadler, VwVG VwZG, 9. Aufl. 2014, § 7 Rn. 1.
2386 Poscher/Rusteberg, JuS 2012, 26 (31); Sadler, VwVG VwZG, 9. Aufl. 2014, § 19 Rn. 8.
2387 Muckel, JA 2012, 355 (360).

Mariamo Katharina Ilal

§ 5 Rn. 189 ff.) aus. Die vollstreckungsrechtliche Kostenerhebungsnorm ist insofern abschließend.[2388]

1378 Examenswissen (Ist die Rechtmäßigkeit der Grundverfügung Rechtmäßigkeitsvoraussetzung für den Kostenbescheid?): Die Frage nach dem Rechtswidrigkeitszusammenhang, die bereits auf Ebene der Überprüfung der Rechtmäßigkeit der Vollstreckungsmaßnahme behandelt wurde (s. Rn. 1328), findet sich auch auf Kostenebene wieder.[2389]

Es sei daran erinnert, dass die Rechtmäßigkeit der Grundverfügung für die Rechtmäßigkeit von Vollstreckungsmaßnahmen im gestreckten Verfahren keine Rolle spielt (zum insofern fehlenden Rechtswidrigkeitszusammenhang s. oben Rn. 1327). Auf Kostenebene besteht ebenfalls jedenfalls dann kein Rechtswidrigkeitszusammenhang, wenn die Kostenerhebung auf dem Vollzug eines bestandskräftigen Verwaltungsakts basiert. Für den Fall des Vollzugs eines sofort vollziehbaren Verwaltungsakts wird vereinzelt vertreten, dass in diesen Fällen der Kostenbescheid von der Rechtmäßigkeit des Verwaltungsakts abhängt.[2390] Dem tritt jedoch die herrschende Meinung mit Bezug auf die Titelfunktion des Verwaltungsakts entgegen.[2391] In diesen Fällen sei gesondert gegen die Grundverfügung im Wege der Anfechtungsklage vorzugehen. Dies sei auch immer noch möglich, denn weder der Vollzug noch der Kostenbescheid führen zur Erledigung des Grundverwaltungsakts.[2392] Ist diese Anfechtungsklage begründet, so wird das Gericht nach § 113 I 2 VwGO (bei einem entsprechend vom Kläger zu stellenden Antrag) auch den Kostenbescheid aufheben.[2393] Geht der Kläger aber isoliert gegen den Kostenbescheid vor, so kann er Einwendungen gegen die Grundverfügung nicht geltend machen.

Anderes gilt freilich für den sofortigen Vollzug. Hier ist die Rechtmäßigkeit der hypothetischen Grundverfügung ja aber auch bereits Rechtmäßigkeitsvoraussetzung der Vollstreckungsmaßnahme, welche wiederum Rechtmäßigkeitsvoraussetzung des Kostenbescheids ist.

(2) Richtiger Kostenschuldner

1379 Richtiger Kostenschuldner ist der Vollstreckungsschuldner. Bei mehreren in Betracht kommenden Schuldnern hat die Behörde nach pflichtgemäßem Ermessen auszuwählen.

2388 OVG Münster, Beschl. v. 9.4.2008 – 11 A 1386/05 = NVwZ-RR 2008, 437; Kingreen/Poscher, Polizei- und Ordnungsrecht, 10. Aufl. 2018, § 25 Rn. 10.

2389 Details bei Poscher/Rusteberg, JuS 2012, 26 (31) sowie Voßkuhle/Wischmeyer, JuS 2016, 689 (700).

2390 Enders, NVwZ 2009, 958 (959).

2391 Lemke, Verwaltungsvollstreckungsrecht des Bundes und der Länder, 1997, S. 446; Poscher/ Rusteberg, JuS 2012, 26 (31); BVerwG, Urt. v. 25.9.2008 – 7 C 5/08 = NVwZ 2009, 122.

2392 BVerwG, Urt. v. 25.9.2008 – 7 C 5/08 = NVwZ 2009, 122.

2393 Poscher/Rusteberg, JuS 2012, 26 (32); Voßkuhle/Wischmeyer, JuS 2016, 689 (700).

(3) Richtige Höhe

Die erhobenen Kosten dürfen den gesetzlich vorgegeben Rahmen nicht über- 1380
steigen. Bei der Kostenerhebung nach erfolgter Ersatzvornahme ist es unschädlich, wenn die erhobenen Kosten die in der Androhung aufgeführten Kosten
übersteigen, s. § 13 IV VwVG (sog. Recht zur Nachforderung).

Examenswissen: In diesen Fällen ist der Pflichtige jedoch über die Kostenüberschreitung, so- 1381
fern sie wesentlich ist, zu unterrichten. Eine unterlassene Unterrichtung führt zwar nicht zur
Rechtswidrigkeit der Kostenerhebung, kann jedoch ggf. Amtshaftungsansprüche auslösen.[2394]

(4) Verhältnismäßigkeit

Die Kostenforderung muss verhältnismäßig sein. 1382

Von besonderer Klausurrelevanz ist in diesem Punkt die **Kostenerhebung
gegenüber einem Ascheins- oder Verdachtsstörer.** Wie bereits unter Rn. 1360
besprochen, können Vollstreckungsmaßnahmen auch dann rechtmäßig sein,
wenn zwar objektiv keine Gefahrenlage vorliegt, aber ein Fall der Anscheinsgefahr oder des Gefahrverdachts gegeben ist. Für die Rechtmäßigkeit der Voll-
streckungsmaßname spielt es keine Rolle, ob der Anscheins- oder Verdachtsstörer
den Rechtsschein einer Gefahr zurechenbar verursacht hat. Entscheidend ist im
Sinne einer effektiven Gefahrenabwehr allein die ex-ante-Betrachtung. Anders ist
dies aber auf der nachgelagerten Kostenebene. Es geht hier nicht mehr um die
Abwendung einer (Anscheins-)Gefahr, sondern um die Verteilung der Kostenlast
für das Tätigwerden der Vollzugsbehörde. Das Argument der effektiven Gefahrenabwehr, das eine ex-ante-Betrachtung auf Vollzugsebene stützt, überzeugt in
dieser Situation, in der die Gefahr bereits abgewehrt ist, nicht. Auf Kostenebene
gilt daher eine ex-post-Betrachtung und zwar dergestalt, dass sie in Fällen der
Anscheinsgefahr oder des Gefahrverdachts die Kostenlast nach dem Zurech-
nungsprinzip verteilt.[2395]

Hat also der Kostenschuldner, den Anschein der Gefahr bzw. den Gefahrverdacht in zurechenbarer Weise verursacht, so muss er auch für die Kosten
aufkommen.

2394 BVerwG, Urt. v. 13.4.1984 – 4 C 31/81 = NJW 1984, 2591; Troidl, in: Engelhardt/App/
Schlatmann, VwVG VwZG, 11. Aufl. 2017, § 13 Rn. 6.
2395 OVG Hamburg, Urt. v. 24.9.1985, Az.: Bf VI 3/85 = NJW 1986, 2005; VGH Mannheim, Urt. v.
17.3.2011 – 1 S 2513/10; Ob es darüber hinaus auch auf ein Vertretenmüssen ankommt, ist streitig:
bejahend Stammberger, in: Engelhardt/App/Schlatmann VwVG VwZG, 11. Aufl. 2017, § 19 Rn. 5,
verneinend VG Berlin, Urt. v. 28.11.1990 – 1 A 154/89.

Mariamo Katharina Ilal

Beispiel nach VG Berlin, Urt. v. 28.11.1990 – 1 A 154/89: Nachdem der Mieter auf mehrmaliges Klingeln der Polizei nicht reagierte, sich aber aufgrund zutreffender Angaben eines Nachbarn noch kurze Zeit vorher in der Wohnung die Lichtverhältnisse geändert hatten, vermutet die Polizei einen Unglücksfall und tritt die Wohnungstür ein. Im Nachhinein stellt sich heraus, dass der sich tatsächlich im Urlaub befindliche Mieter eine Zeitschaltuhr installiert hatte. Dies rechnete ihm das Gericht als zurechenbare Setzung des Gefahrverdachts an.

Fehlt ein solcher Zurechnungszusammenhang, so ist die Kostenforderung unverhältnismäßig.

Beispiel nach OVG Berlin, Beschl. v. 28.11.2001 – 1 N 45/00: Nachdem ein Nachbar der Polizei mitgeteilt hatte, dass der Mieter einer anliegenden Wohnung konkrete Suizidgedanken geäußert hatte und dieser auf ein Klingeln der Polizei nicht reagierte, tritt diese die Wohnungstür ein. Nachträglich kann nicht geklärt werden, ob der Mieter, der sich zum Zeitpunkt des Eintretens nicht in der Wohnung befunden hatte, dem Nachbarn gegenüber tatsächlich Suizidgedanken geäußert hatte. Die Unaufklärbarkeit ging zulasten der Polizei, sodass das Gericht zugunsten des Mieters annahm, er habe den Gefahrverdacht nicht zurechenbar verursacht.

Beispiel nach OVG Hamburg, NJW 1986, 2005: Nachdem angeblich ein herumstreunender junger Löwe von einem Anwohner gesichtet worden war, kommt es zu einem Polizeieinsatz. Später stellt sich heraus, dass der Löwe tatsächlich an der Leine seines Besitzers für nur wenige Minuten ausgeführt worden und später zurück in dessen Wohnung verbracht worden war. Das Gericht verneinte auch hier einen Zurechnungszusammenhang.

1383 Examenswissen (Abschleppfälle III): Auch in Abschleppfällen (s. bereits Rn. 1332 und Rn. 1356) kann die Verhältnismäßigkeit der Kostenforderung in Frage stehen. Hier geht es vor allem um Fälle, in denen ein Fahrzeug aus einer nachträglich eingerichteten Halteverbotszone abgeschleppt wird und die Kosten später vom Halter verlangt werden.[2396] Auf Vollstreckungsebene ist zunächst wichtig zu erkennen, dass ein nachträglich per Verkehrsschild eingerichtetes Halteverbot eine Allgemeinverfügung ist, die – sofern das Verkehrsschild ordnungsgemäß aufgestellt ist – auch abwesenden Haltern gegenüber wirksam wird und sofort vollziehbar ist. Liegt ein Dringlichkeitstatbestand vor, so kann die Behörde auch in den sofortigen Vollzug nach § 6 II VwVG analog wechseln. Das Abschleppen des Fahrzeugs ist insbesondere dann verhältnismäßig, wenn die Behörde vorher versucht hat, den Halter zu kontaktieren, dies aber fruchtlos geblieben ist (z. B. weil der Halter im Urlaub war). Eine solche Abschleppmaßnahme kann also auch dann rechtmäßig sein, wenn zum Zeitpunkt des Parkens noch kein Halteverbot bestand, ein solches aber später eingerichtet wurde. Fraglich ist dann aber, ob die Kosten für die Abschleppmaßnahme vom Halter verlangt werden können. Das BVerwG geht in diesen Fällen davon aus, dass ein Verkehrsteilnehmer zwar „stets mit Situationen rechnen [muss], die eine kurzfristige Änderung der bestehenden Verkehrsregelungen erforderlich machen"[2397] und damit nicht uneingeschränkt darauf vertrauen darf, dass ein ursprünglich ordnungsgemäß abgestelltes Fahrzeug dies auch bleibt. Ihn trifft daher eine Obliegenheit, in regelmäßigen Abständen nach dem abgestellten Fahrzeug zu sehen (oder ggf. einen Dritten damit zu beauftragen). Daraus leitet das Gericht eine

---

2396 So die Ausgangssituation in BVerwG, Urt. 24.5.2018 – 3 C 25/16 = NJW 2018, 2910.
2397 BVerwG, Urt. v. 24.05.2018, Az.: 3 C 25/16, Rn. 22 = NJW 2018, 2910 (2911).

Mariamo Katharina Ilal

„Mindestvorlaufzeit von drei vollen Tagen"[2398] zugunsten des Halters ab, denn „nur ein solcher Vorlauf deckt auch eine typische Wochenendabwesenheit ab"[2399]. Daraus ergibt sich, dass „eine Kostenpflicht [...] erst für eine Abschleppmaßnahme am vierten Tag nach Aufstellung der Halteverbotsschilder den Anforderungen des Verhältnismäßigkeitsgrundsatzes"[2400] entspricht.

(5) Verjährung

Zu guter Letzt kann in der Klausur auch einmal die Verjährung der Kostenforde- **1384** rung relevant werden. Da § 19 I VwVG auch auf § 346 II AO verweist, gilt für die Kostenforderung die einjährige Festsetzungsfrist nach § 346 II 1 AO. Sie beginnt mit Ablauf des Kalenderjahrs, in dem die Kosten entstanden sind, § 346 II 2 AO. Anhaltspunkte für den Ablauf der Frist müssen sich jedoch aus dem Sachverhalt ergeben; ebenso kann wohl erwartet werden, dass – sofern zur Prüfung keine AO zugelassen ist – die relevante Norm im Sachverhalt abgedruckt wird. Regelmäßig wird dieser Punkt jedoch derart problemarm sein, dass er auch übergangen werden kann.

dd) Überblick über die Entschädigungsansprüche

Ebenfalls Gegenstand der Sekundärebene sind die ggf. bestehenden Ansprüche **1385** des durch den Verwaltungsvollzug Betroffenen gegen die Vollzugsbehörde (dazu bereits kurz in Rn. 1367; ausführlich zu den öffentlich-rechtlichen Ersatzleistungen § 5 Rn. 153 ff. sowie § 11).[2401] Als Entschädigungsansprüche kommen für rechtswidriges Vollstreckungshandeln der **allgemeine Amtshaftungsanspruch** (§ 11 Rn. 2 ff.) bzw. der **allgemeine Aufopferungsanspruch** in Betracht (§ 11 Rn. 61 ff.).[2402] Ein Anspruch auf Entschädigung des Sonderopfers besteht auch bei einer rechtmäßigen, aber übermäßigen Inanspruchnahme (es sei an das Beispiel des Nichtstörers gedacht; Näheres auch in § 11 Rn. 61 ff.).[2403] Diese Ansprüche gelten in analoger Anwendung auch für den Anscheins- und Verdachtsstörer, sofern er den Anschein bzw. den Gefahrverdacht nicht zurechenbar gesetzt hat.

2398 BVerwG, Urt. v. 24.5.2018, Az.: 3 C 25/16, Rn. 24 = NJW 2018, 2910 (2911).

2399 BVerwG, Urt. v. 24.5.2018, Az.: 3 C 25/16, Rn. 28 = NJW 2018, 2910 (2912).

2400 BVerwG, Urt. v. 24.5.2018, Az.: 3 C 25/16, Rn. 31 = NJW 2018, 2910 (2912).

2401 Übersichtliche Darstellung bei Poscher/Rusteberg, JuS 2012, 26 (32).

2402 Für Entschädigungen nach rechtswidrigem Polizeihandeln normieren die landesrechtlichen Gesetze diesen Anspruch teilweise explizit, beispielsweise in § 59 II ASOG Berlin.

2403 Auch insofern ist der Aufopferungsanspruch häufig spezialgesetzlich kodifiziert, beispielsweise in § 59 I ASOG Berlin.

Mariamo Katharina Ilal

f) Literaturhinweise

1386 Kingreen/Poscher, Polizei- und Ordnungsrecht, 10. Aufl. 2018, § 24; Lemke, Verwaltungsvollstreckungsrecht des Bundes und der Länder, 1997; Maurer/Waldhoff, Allgemeines Verwaltungsrecht, 19. Aufl. 2017, § 20; Muckel, Verwaltungsvollstreckung in der Klausur, JA 2012, 272 ff. und 355 ff.; Poscher/Rusteberg, Die Klausur im Polizeirecht, JuS 2012, 26; Voßkuhle/Wischmeyer, Grundwissen – Öffentliches Recht: Verwaltungsvollstreckung, JuS 2016, 698

V. Der Vollzugsfolgenbeseitigungsanspruch (Jana Himstedt)

1387 Eine besondere Klausurkonstellation stellt es dar, wenn der Kläger nicht nur die Aufhebung eines Verwaltungsakts begehrt, sondern zugleich auch die Beseitigung der durch dessen Vollzug eingetretenen Folgen. Materiell-rechtlich lässt sich das letztere Klageziel auf den Folgenbeseitigungsanspruch stützen (sog. Vollzugsfolgenbeseitigungsanspruch, s. § 5 Rn. 174). Dessen prozessuale Durchsetzung erfordert nicht die Erhebung einer gesonderten Leistungsklage, sondern kann mithilfe eines **Annexantrags** nach **§ 113 I 2, 3 VwGO** direkt im Zuge der Anfechtungsklage erfolgen. § 113 I 2, 3 VwGO gewährt insofern eine spezielle objektive Klagehäufung (§ 44 VwGO, s. zur objektiven Klagehäufung näher § 1 Rn. 231 ff.)[2404], die eine vereinfachte Geltendmachung der Folgenbeseitigung gemeinsam mit dem Primärrechtsschutz (Anfechtung) ermöglichen soll.

Examenswissen: Die **Statthaftigkeit** eines solchen Antrags erfordert, dass die in § 113 I 2, 3 VwGO genannten Kriterien vorliegen, insbesondere also die Möglichkeit der Folgenbeseitigung und die Spruchreife der Sache. Einer Wiederherstellung des status quo ante dürfen mithin keine unüberwindbaren rechtlichen oder tatsächlichen Hindernisse entgegenstehen (Unmöglichkeit); auch darf ihr „Ob" oder „Wie" nicht im behördlichen Ermessen stehen und keine weitere Sachverhaltsaufklärung notwendig sein (fehlende Spruchreife).[2405]

Konsequenz für die **Begründetheitsprüfung** in solchen Konstellationen ist, dass diese einem **zweistufigen Aufbau** folgen muss: So wird sie zunächst hinsichtlich des Aufhebungsantrags (gerichtlicher Prüfungsmaßstab: § 113 I 1 VwGO) und sodann hinsichtlich des Annexantrags (Prüfungsmaßstab: § 113 I 2, 3 VwGO) vorgenommen. Für den Erfolg des Annexantrags müssen die materiell-rechtlichen Voraussetzungen des Folgenbeseitigungsanspruchs gegeben sein (s. § 5 Rn. 176 ff.), sofern keine vorrangige spezialgesetzliche Anspruchsgrundlage

---

2404 Riese in: Schoch/Schneider/Bier, VwGO, 36. EL Februar 2019 § 113 Rn. 81.
2405 Riese in: Schoch/Schneider/Bier, VwGO, 36. EL Februar 2019, § 113 Rn. 86, 89.

Mariamo Katharina Ilal/Jana Himstedt

existiert. Die Vorschrift des § 113 I 2, 3 VwGO selbst ist hingegen rein prozess-rechtlicher Natur und stellt keine materiell-rechtliche Grundlage für eine Rück-gängigmachung der Vollzugsfolgen eines Verwaltungsakts dar. [2406]

Die Prüfung der Begründetheit der Anfechtungsklage kann somit nach fol-gendem **Schema** erfolgen:

I. Begründetheit des Aufhebungsantrags (§ 113 I 1 VwGO)
II. Begründetheit des Annexantrags auf Vollzugsfolgenbeseitigung (§ 113 I 2, 3 VwGO):
    → Prüfung des allgemeinen Folgenbeseitigungsanspruchs nach dem unter § 5 Rn. 187 dargestellten Schema, sofern keine vorrangige, spezialgesetzliche Anspruchsgrundlage besteht.

VI. Die Begründetheitsprüfung bei der Anfechtung von Nebenbestimmungen (Christian Kaerkes)

Nach der herrschenden Meinung (s. ausführlich zur statthaften Klageart gegen Nebenbestimmungen die Rn. 249 ff.) ist gegen belastende Nebenbestimmungen die Anfechtungsklage statthaft. Die Klage ist dann begründet, wenn die Nebenbe-stimmung rechtswidrig ist und den Kläger in seinen Rechten verletzt, vgl. § 113 I 1 VwGO. Der Bürger möchte aber nur die Nebenbestimmung beseitigen, während der begünstigende Hauptverwaltungsakt (meist eine Genehmigung) bestehen bleiben soll. Dieses Ziel kann nur erreicht werden, wenn es denn möglich ist, die Neben-bestimmung von dem Hauptverwaltungsakt zu trennen („**Teilbarkeit**"). **1388**

Nach der Ansicht der Rechtsprechung ist für die Begründetheit der Anfech-tungsklage gegen eine Nebenbestimmung deshalb zusätzlich erforderlich, dass der Hauptverwaltungsakt *„sinnvoller- und rechtmäßiger Weise bestehen bleiben kann."*[2407] Diese ungeschriebenen Voraussetzungen können auf die Bindung des Gerichtes an das Gesetz zurückgeführt werden, vgl. Art. 20 III GG.

Nach der materiellen Rechtmäßigkeit der Nebenbestimmung ist daher zu-sätzlich zu prüfen, ob der Hauptverwaltungsakt ohne die Nebenbestimmung **„sinnvoll und rechtmäßig"** ist. Die Begründetheit der Anfechtungsklage setzt demnach voraus: **1389**

2406 Ahrens, Staatshaftungsrecht, 3. Aufl. 2018, Rn. 302; Detterbeck, NVwZ 2019, 97 (98).
2407 BVerwG, Urt. v. 22. 11. 2000, Az.: 11 C 2.00 = BVerwGE 112, 221 (224).

Jana Himstedt/Christian Kaerkes

- Rechtswidrigkeit der Nebenbestimmung,
- Verletzung des Klägers in dessen Rechten und
- Sinnvoller und rechtmäßiger Rest-Verwaltungsakt

1390 Für die Klausur bietet sich deshalb etwa der folgende **Obersatz** an: „Die Klage ist begründet, soweit die Nebenbestimmung rechtswidrig ist, der Betroffene dadurch in seinen Rechten verletzt wird und der Hauptverwaltungsakt noch rechtmäßig und sinnvollerweise bestehen bleiben kann, vgl. § 113 I 1 VwGO."

1. Rechtswidrigkeit der Nebenbestimmung

1391 Die Prüfung der Rechtswidrigkeit einer Nebenbestimmung orientiert sich an dem allgemeinen Schema, das schon von der Prüfung eines normalen Verwaltungsakts bekannt ist (s. Rn. 507 ff.; 553 ff.):
- Ermächtigungsgrundlage,
- Formelle Rechtmäßigkeit und
- Materielle Rechtmäßigkeit.

Einige wichtige **Besonderheiten** sind aber bei den einzelnen Prüfungspunkten zu beachten:[2408]

a) Ermächtigungsgrundlage

1392 Nebenbestimmungen können die Freiheit des Bürgers beschränken und bedürfen daher einer gesetzlichen Grundlage (**Vorbehalt des Gesetzes** – s. Rn. 555 ff.). **Ermächtigungsgrundlage** für den Erlass einer Nebenbestimmung wird regelmäßig § 36 I VwVfG oder § 36 II VwVfG sein. Seltener kann auch eine spezialgesetzliche Regelung in Betracht kommen.

b) Formelle Rechtmäßigkeit

1393 Im Rahmen der **formellen Rechtmäßigkeit** ist zu prüfen, ob die **Anhörung** (s. Rn. 631 ff.) gem. § 28 I VwVfG ordnungsgemäß erfolgt ist. Weil Nebenbestimmungen den Bürger belasten, muss der Bürger richtigerweise auch die Möglichkeit haben, sich rechtzeitig gegenüber der Behörde zu äußern.

2408 Hufen/Bickenbach, JuS 2004, 966 ff.

Christian Kaerkes

Examenswissen: Diese Ansicht ist nicht unumstritten.[2409] Dahinter steht meist 1394
die Überlegung, dass die Anhörung nur für belastende Hauptverwaltungsakte
notwendig sei, Nebenbestimmungen aber öfters zu begünstigenden Verwaltungsakten hinzugefügt werden.

Fehlt es an der erforderlichen Anhörung, ist die Nebenbestimmung **formell** 1395
rechtswidrig. Allerdings kann der Fehler nach allgemeinen Regeln (s. Rn. 693 ff.)
geheilt werden (§ 45 VwVfG) oder unbeachtlich sein (§ 46 VwVfG).

Im Übrigen richtet sich die formelle Rechtmäßigkeit nach dem bekannten 1396
Schema (s. Rn. 579 ff.):
- Zuständigkeit,
- Verfahren und
- Form.

c) Materielle Rechtmäßigkeit

Die **materielle Rechtmäßigkeit** erfordert, dass die Anforderungen der Ermäch- 1397
tigungsgrundlage eingehalten werden.

aa) Spezialgesetzliche Ermächtigung

Kommt ausnahmsweise nicht § 36 VwVfG, sondern eine andere Rechtsgrundlage 1398
in Betracht, ist diese als spezialgesetzliche Regelung vorrangig zu prüfen. Es
müssen dann nur die Voraussetzungen dieser Rechtsgrundlage gegeben sein.
Hingegen kommt es auf § 36 VwVfG und dessen Voraussetzungen nicht mehr an.

bb) Regelfall des § 36 VwVfG

In der überwiegenden Anzahl der Fälle wird es allerdings auf § 36 VwVfG an- 1399
kommen. Dabei ist danach zu unterscheiden, ob die Behörde beim Erlass des
Hauptverwaltungsaktes über Ermessen verfügt oder nicht (s. Rn. 729 ff.).

(1) Gebundene Entscheidung

Im Anwendungsbereich des **§ 36 I VwVfG** – für einen gebundenen Hauptver- 1400
waltungsakt – ist zunächst zu prüfen, ob die Nebenbestimmung *„durch Rechts-*

[2409] Vgl. näher Stelkens, in: Stelkens/Bonk/Sachs, VwVfG, 9. Aufl. 2018, § 36 Rn. 25 und § 28
Rn. 31 ff.

Christian Kaerkes

vorschrift zugelassen ist oder [...] sie sicherstellen soll, dass die gesetzlichen Voraussetzungen des Verwaltungsakts erfüllt werden."

1401   In der Klausur ist insbesondere die **Sicherstellung der gesetzlichen Voraussetzungen** bedeutsam. Hier ist zu begutachten, ob erstens der Bürger derzeit keinen Anspruch auf den Hauptverwaltungsakt hat, weil nicht alle gesetzlichen Voraussetzungen erfüllt sind, und zweitens, ob die Nebenbestimmung die **fehlende(n) Voraussetzung(en)** „ersetzt" (d. h. deren Erfüllung sicherstellt). Sind hingegen bereits alle gesetzlichen Voraussetzungen erfüllt, muss der Bürger den begehrten Hauptverwaltungsakt auch ohne Nebenbestimmungen erhalten.

(2) Ermessensentscheidung

1402   Liegt der Hauptverwaltungsakt im Ermessen der Behörde, dann sind auch Nebenbestimmungen ohne weitere Voraussetzungen **grundsätzlich zulässig**, vgl. **§ 36 II VwVfG.** Es kommt insbesondere nicht darauf an, dass die gesetzlichen Voraussetzungen des Verwaltungsakts sichergestellt werden. Daher muss sehr deutlich zwischen den beiden Absätzen des § 36 VwVfG unterschieden werden:
–   Falls ein Anspruch auf den Hauptverwaltungsakt besteht, dann I.
–   Falls der Hauptverwaltungsakt im Ermessen steht, dann II.

(3) Weitere Voraussetzungen

1403   Der Erlass von Nebenbestimmungen ist eine Ermessensentscheidung der Behörde („darf", „nach pflichtgemäßem Ermessen", vgl. § 36 I, II VwVfG). Die Behörde kann zwar Nebenbestimmungen erlassen, muss es aber nicht. Diese Ausübung des Ermessens darf nicht mit dem Ermessen zum Erlass des Hauptverwaltungsaktes verwechselt werden. In der Klausur ist die Entscheidung der Behörde auf **Ermessensfehler** zu überprüfen (s. zur Ermessensfehlerlehre Rn. 739 ff.). Dabei sind auch die **Grundrechte** und der **Grundsatz der Verhältnismäßigkeit** zu berücksichtigen.

1404   Soweit entsprechende Anhaltspunkte bestehen, ist auch auf § 36 III VwVfG einzugehen. Das **Kopplungsverbot** (s. Rn. 243 ff.) ist dann nicht verletzt, wenn ein sachlicher Zusammenhang zwischen der Nebenbestimmung und dem Hauptverwaltungsakt besteht.

1405   Im Ergebnis setzt sich also die Prüfung der materiellen Rechtmäßigkeit zusammen aus:
–   Einhaltung der gesetzlichen Voraussetzungen des § 36 VwVfG,
–   Ordnungsgemäße Ausübung des Ermessens und
–   Ggf. Beachtung des Kopplungsverbotes.

Christian Kaerkes

2. Verletzung subjektiver Rechte

Voraussetzung für den Erfolg der Anfechtungsklage ist weiterhin, dass der Kläger **1406** in seinen Rechten verletzt wird, vgl. § 113 I 1 VwGO (s. ausführlich § 2 Rn. 828 ff.). Für Nebenbestimmungen gilt, dass für rechtswidrige, belastende Nebenbestimmungen eine solche Rechtsverletzung anzunehmen ist. Der Kläger hat nämlich entweder einen Anspruch auf einen nebenbestimmungsfreien Verwaltungsakt oder einen Anspruch auf ermessensfehlerfreie Entscheidung über den Erlass der Nebenbestimmungen.[2410]

Im Gutachten reicht deshalb regelmäßig die Feststellung aus, dass die rechtswidrigen Nebenbestimmungen den Kläger auch in dessen Rechten verletzen, vgl. § 113 I 1 VwGO.

3. Sinnvoller und rechtmäßiger Rest-Verwaltungsakt

Der verbleibende Verwaltungsakt wird regelmäßig **sinnvoll** sein. Der Rest-Ver- **1407** waltungsakt wäre dann sinnlos, wenn entweder „der verbleibende Teil **keine selbstständige Bedeutung** hat oder der Verwaltungsakt bei Wegfall der Nebenbestimmung **einen anderen Sinn** erhalten und dadurch seinen Zweck verfehlen würde."[2411] Da Verwaltungsakte ohne Nebenbestimmungen erlassen werden können, ist aber kaum einzusehen, wann die Aufhebung einer Nebenbestimmung den Verwaltungsakt einmal sinnlos werden lassen sollte.[2412]

Wichtiger ist das **Kriterium der Rechtmäßigkeit** des Rest-Verwaltungsakts. **1408** Dieser wird insbesondere rechtswidrig sein, wenn die Nebenbestimmung erst die Rechtmäßigkeit des Hauptverwaltungsaktes **herbeiführen sollte**, vgl. § 36 I VwVfG.[2413] Ohne die Nebenbestimmung wäre die Erfüllung der gesetzlichen Voraussetzungen nicht mehr sichergestellt.

Beispiel: Baugenehmigung mit der Auflage, den Brandschutz zu gewährleisten

Eine Baugenehmigung darf regelmäßig nur dann erteilt werden, wenn das Vorhaben mit allen öffentlich-rechtlichen Vorschriften im Einklang steht. Zu diesen Vorschriften gehört auch der Brandschutz, sodass das Vorhaben eigentlich nicht genehmigungsfähig wäre. Die Rechtmäßigkeit der Baugenehmigung kann nur dadurch herbeigeführt werden, dass eine Nebenbestimmung erlassen wird.

2410 Hufen/Bickenbach, JuS 2004, 966 (968).
2411 Sproll, NJW 2002, 3221 (3222).
2412 Vgl. Bumke, in: Festschrift für Battis, 2014, 177 (194).
2413 Vgl. Bumke, in: Festschrift für Battis, 2014, 177 (187).

Christian Kaerkes

Entfällt die Nebenbestimmung, dann kann die Baugenehmigung nicht mehr *rechtmäßiger Weise* bestehen bleiben. Es stünden dem Vorhaben wieder öffentlich-rechtliche Vorschriften entgegen. In einem solchen Fall kann die Nebenbestimmung nicht aufgehoben werden. Die Anfechtungsklage wäre zwar **zulässig, aber unbegründet.**

1409 Der Rest-Verwaltungsakt kann schließlich deshalb rechtswidrig sein, weil die Behörde ihr **Ermessen einheitlich** ausgeübt hat (Hauptverwaltungsakt *und* Nebenbestimmung). Wird die Nebenbestimmung aufgehoben, konnte die Behörde zuvor noch keine *selbstständige* Ermessensentscheidung über den verbleibenden Rest-Verwaltungsakt treffen.[2414]

> *Beispiele: Entscheidung über eine Subvention mit einer (belastenden) Auflage; Befristete Sondernutzungserlaubnis für eine künstlerische Darbietung*

Die Behörde hat über Hauptverwaltungsakt und Nebenbestimmung bisher ausschließlich gemeinsam „*nachgedacht*". Das ihr zustehende Ermessen hat die Behörde nicht für den Fall einer Subvention ohne Auflage (oder Sondernutzungserlaubnis ohne Befristung) ausgeübt. Deshalb könnte man den Rest-Verwaltungsakt für **rechtswidrig** und die Anfechtungsklage für **unbegründet** erachten.

1410 Zusammengefasst existieren also **verschiedene Fallgruppen**, wann ein Hauptverwaltungsakt nicht „*rechtmäßiger Weise bestehen bleiben*" kann:
– Herbeiführung der Rechtmäßigkeit gerade durch die Nebenbestimmung,
– Einheitliche Ermessensausübung der Behörde und
– Sonstige Fälle der Rechtswidrigkeit.

Erweist sich der verbleibende Verwaltungsakt nicht als „*rechtmäßig und sinnvoll*", dann ist die Anfechtungsklage **zulässig, aber unbegründet.**

1411 Dem Bürger steht allerdings immer noch die **Verpflichtungsklage** zur Verfügung. Wenn der begehrte Verwaltungsakt rechtswidrig ist, weil die gesetzlichen Voraussetzungen ohne die Nebenbestimmung nicht sichergestellt sind, kann auch die Verpflichtungsklage keinen Erfolg haben. Der Bürger hat keinen Anspruch auf den Erlass eines rechtswidrigen Verwaltungsakts. Denkbar ist aber ein **Anspruch** auf den Verwaltungsakt mit einer **rechtmäßigen Nebenbestimmung**.

1412 Der Rest-Verwaltungsakt kann außerdem deshalb rechtswidrig sein, weil die Ermessensausübung nur einheitlich erfolgt ist. Da der Verwaltungsakt in diesem Fall im Ermessen der Behörde liegt, steht dem Bürger nach allgemeinen Regeln

---

2414 Schenke, in: Festschrift für Roellecke, 1997, 281 (295).

Christian Kaerkes

nur ein **Anspruch** auf eine **ermessensfehlerfreie Entscheidung** zu. Im Ergebnis erreicht der Bürger regelmäßig ein *„Bescheidungsurteil"*, vgl. § 113 V 2 VwGO.

In der Klausur darf daher die Prüfung der Verpflichtungsklage **nicht ver-** **1413** **gessen** werden, wenn die Anfechtungsklage daran scheitert, dass der Rest-Verwaltungsakt nicht *„rechtmäßig und sinnvoll"* wäre (zur Prüfung der Verpflichtungsklage ausführlich § 3).

Examenswissen: Die zusätzliche Voraussetzung, dass der Verwaltungsakt rechtmäßig bestehen **1414** bleiben können muss, ist in der Literatur **nicht unumstritten.** Die Bindung an Gesetz und Recht (Art. 20 III GG) hilft in diesem Fall nicht weiter (*„Rechtsstaatsklemme"*)[2415], weil entweder die rechtswidrige Nebenbestimmung hingenommen werden muss oder ein rechtswidriger Verwaltungsakt geschaffen wird.

Letztendlich geht es um die Frage, ob die Nachteile durch den Bürger oder die Verwaltung getragen werden sollten. Hierauf sind zwei Antworten möglich:

Widersprüchliches Verhalten des Bürgers oder Verantwortung der Behörde: Der **Bürger** muss sich vorhalten lassen, dass er die Aufhebung des rechtswidrigen Zustandes nur insoweit begehrt, als er belastet ist. Die rechtswidrige Begünstigung möchte er weiterhin in Anspruch nehmen können. Darin kann ein **widersprüchliches Verhalten** erblickt werden.[2416] Der Bürger verlangt nicht, den rechtswidrigen Zustand zu beenden, sondern nur, ihn zu seinen Gunsten zu verändern und zu perpetuieren.

Der Behörde ist hingegen der Vorwurf zu machen, dass sie für die anfängliche Rechtswidrigkeit **verantwortlich** ist. Immerhin hat **die Behörde** den Verwaltungsakt mit der rechtswidrigen Nebenbestimmung überhaupt erlassen. Weil rechtswidrige Verwaltungsakte aufgehoben werden können (§§ 48, 49 VwVfG), könnte man es der Behörde auch anlasten, wenn sie von dieser Möglichkeit keinen Gebrauch macht.

Wer diese Verantwortung der Behörde betont, kann die in der Rechtsprechung aufgestellte Voraussetzung („Rechtmäßigkeit des Rest-Verwaltungsakts") ablehnen. Zu prüfen sind dann „nur" die Voraussetzungen des § 113 I 1 VwGO. Die Anfechtungsklage ist begründet, soweit die Nebenbestimmung rechtswidrig ist und den Kläger in seinen Rechten verletzt.

3. Literaturhinweise
Hufen/Bickenbach, JuS 2004, 966: „Der Rechtsschutz gegen Nebenbestimmungen **1415** zum Verwaltungsakt"; Im Übrigen s. bereits Rn. 279

2415 Hufen/Bickenbach, JuS 2004, 966 (967).
2416 Schenke, JuS 1983, 182 (185).

Christian Kaerkes

§ 3 Die Verpflichtungsklage

1 Der gutachterlichen Prüfung der Verpflichtungsklage liegt die folgende Struktur zugrunde:

A. Zulässigkeit
    I. Eröffnung des Verwaltungsrechtswegs (dazu bereits § 1 Rn. 162 ff.)
    II. Statthafte Klageart (dazu einführend § 1 Rn. 222 ff. und ausführlich in diesem § Rn. 2 ff.)
    III. Klagebefugnis (dazu Rn. 28 ff.)
    IV. Vorverfahren (dazu Rn. 31 f.)
    V. Klagefrist (dazu Rn. 33 ff.)
    VI. Beteiligte (dazu Rn. 37)
    VII. Zuständiges Gericht (dazu Rn. 38 ff.)
    VIII. Rechtsschutzbedürfnis (dazu Rn. 42 ff.)
B. Begründetheit (zur Struktur der Begründetheitsprüfung einführend Rn. 47 ff.)
    I. Anspruchsgrundlage (dazu einführend Rn. 62 ff.)
    II. Anspruchsvoraussetzungen (dazu Rn. 72 ff.)
    III. Spruchreife (dazu Rn. 50 und 80 ff.)? Ansonsten Bescheidungsantrag (dazu Rn. 54 ff., 60)

Die Prüfung der Anspruchsgrundlagen aus dem **Allgemeinen Verwaltungsrecht** wird in Rn. 96 ff., aus dem **Polizei- und Ordnungsrecht** in Rn. 122 ff., aus dem **Baurecht** in Rn. 127 ff. und dem **Kommunalrecht** in Rn. 158 ff. vertieft.

Gliederung

∂ OpenAccess. © 2019 Nikolas Eisentraut, publiziert von De Gruyter. (CC) BY-SA Dieses Werk ist lizenziert unter der Creative Commons Attribution-ShareAlike 4.0. International.
https://doi.org/10.1515/9783110656220-012

Nikolas Eisentraut

A. Die Statthaftigkeit der Verpflichtungsklage (Tristan Lemke)

2 Wurde der Verwaltungsrechtsweg für eröffnet erkannt (s. ausführlich zur Prüfung § 1 Rn. 162 ff.), so ist im Rahmen der Zulässigkeit als nächstes die statthafte Klage- bzw. Antragsart zu untersuchen. Die Prüfung der statthaften Klage-/Antragsart ist das **zentrale Scharnier** für die gesamte restliche Klausur. Nach ihr richten sich sowohl die weiteren Zulässigkeitsvoraussetzungen als auch die Struktur der Begründetheitsprüfung. Entsprechend wichtig ist die saubere Prüfung, welche Klage- bzw. Antragsart einschlägig ist (eine erste Übersicht über die Klage- und Antragsarten der VwGO findet sich in § 1 Rn. 222 ff.).

3 Die Verpflichtungsklage ist gem. § 42 I Alt. 2 VwGO statthaft, wenn der Kläger begehrt, den Klagegegner zu verpflichten, einen abgelehnten oder unterlassenen Verwaltungsakt zu erlassen.

Beispiel: Der Kläger beantragt eine Baugenehmigung (einen Verwaltungsakt) nach § 71 I 1 BauO Bln. Diese wird verweigert, weswegen er Verpflichtungsklage erhebt: Das Land Berlin soll verpflichtet werden, ihm die Baugenehmigung zu erteilen.

4 Ob das Klagebegehren tatsächlich auf den Erlass eines Verwaltungsakts gerichtet ist, ist gem. § 88 VwGO durch Auslegung der prozessualen Erklärungen zu ermitteln (s. § 1 Rn. 225 ff.). Es kommt nicht darauf an, ob der Kläger subjektiv meint, es handele sich bei der begehrten Amtshandlung um einen Verwaltungsakt; entscheidend ist, ob diese objektiv die Merkmale des § 35 VwVfG aufweist.

Das kann in Klausuren erörterungsbedürftig sein. Begehrt der Kläger beispielsweise Geldleistungen oder Auskünfte, so ist im Rahmen der Statthaftigkeit regelmäßig das Merkmal der Regelung zu diskutieren, bei mehrstufigen Verwaltungsakten ist typischerweise die Außenwirkung problematisch (ausführlich zum Begriff des Verwaltungsakts § 2 Rn. 38 ff.).

Der begehrte Verwaltungsakt muss den Kläger nicht adressieren. Er kann sich 5 auch an einen Dritten richten.

Beispiel: Der Kläger begehrt, dass der Klagegegner verpflichtet wird, bauaufsichtsrechtlich im Wege einer Beseitigungsanordnung nach § 80 BauO Bln gegen seinen Nachbarn aufgrund eines Verstoßes gegen § 6 I BauO Bln einzuschreiten.

Sollte der geltend gemachte Anspruch auf Erlass eines Verwaltungsakts gegen- 6 standslos geworden sein (Erledigung), so ist nicht die Verpflichtungsklage, sondern die Fortsetzungsfeststellungsklage nach § 113 I 4 VwGO analog statthaft.

I. Die Verpflichtungsklage als besondere Leistungsklage

Im Fall einer stattgebenden Entscheidung formt das Gericht – anders als bei 7 der Anfechtungsklage – nicht unmittelbar die Rechtslage um: Die Verpflichtungsklage ist eine Leistungsklage und keine Gestaltungsklage. Das stattgebende Urteil beinhaltet nicht den begehrten Verwaltungsakt. Es verpflichtet den beklagten Rechtsträger lediglich, diesen zu erlassen. Sollte er dieser Verpflichtung nicht nachkommen, enthält § 172 VwGO die Möglichkeit, ihn hierzu durch Zwangsgeld zu motivieren.

Bei der allgemeinen Leistungsklage, die nicht mit der Verpflichtungsklage 8 verwechselt werden darf, handelt es sich ebenfalls um eine Leistungsklage (dazu § 5 Rn. 2 ff.). Sie ist jedoch auf schlicht-hoheitliches Verhalten der Verwaltung gerichtet, also auf eine Leistung, die gerade nicht im Erlass eines Verwaltungsakts besteht. Hierzu zählt beispielsweise die Herausgabe von Sachen, das Löschen von Daten, der Widerruf ehrverletzender Behauptungen oder die Beseitigung der Folgen schlicht-hoheitlichen Handeln.

In Situationen, in denen eine Verpflichtungsklage statthaft ist, ist eine An- 9 fechtungsklage grundsätzlich keine taugliche Alternative. Mit ihr könnte lediglich der Ablehnungsbescheid, der den beantragten Verwaltungsakt versagt, gerichtlich aufgehoben werden. Hierdurch wäre dem Rechtsschutzziel des Klägers jedoch nicht entsprochen, weil dieser immer noch nicht den begehrten Verwaltungsakt innehätte.

Tristan Lemke

10 *Hausarbeitswissen: Sollte sich hingegen das klägerische Begehren in der Beseitigung der Ablehnungsentscheidung erschöpfen, ohne dass darüber hinaus der Erlass des ursprünglich beantragten Verwaltungsakts begehrt wird, so wäre eine solche isolierte Anfechtungsklage statthaft. Ob sie in Hinblick auf das allgemeine Rechtsschutzbedürfnis auch zulässig wäre, ist umstritten (s. § 2 Rn. 504).*[1]

II. Unterscheidung zwischen Untätigkeitsklage und Versagungsgegenklage

11 § 42 I Alt. 2 VwGO unterscheidet zwischen zwei Varianten der Verpflichtungsklage: Der Versagungsgegenklage („abgelehnten") und der Untätigkeitsklage („unterlassenen"). Es hängt von dem zugrundeliegenden Verwaltungsverfahren ab, welche Form einschlägig ist. Eine **Versagungsgegenklage** liegt vor, wenn die Behörde den Antrag des Klägers abgelehnt hat, ihm also der begehrte Verwaltungsakt versagt wurde. Wenn gerade dies nicht geschehen ist, die Behörde also auf den Antrag des Klägers hin untätig geblieben ist, dann handelt es sich um eine **Untätigkeitsklage.** Die beiden Varianten der Verpflichtungsklage unterscheiden sich in der Zulässigkeitsprüfung (dazu Rn. 31, 36).

III. Sonderfall 1: Klage auf Aufhebung eines Verwaltungsakts

12 Grundsätzlich ist die Anfechtungsklage statthaft, wenn das klägerische Begehren darauf gerichtet ist, dass ein Verwaltungsakt aufgehoben wird. Diese ist als Gestaltungsklage rechtsschutzintensiver. Sollte der angegriffene Verwaltungsakt jedoch bereits in Bestandskraft (s. § 2 Rn. 355 ff.) erwachsen sein, so wäre eine Anfechtungsklage unzulässig. Der Verwaltungsakt kann dann jedoch immer noch von der Behörde nach § 48 I VwVfG bzw. spezialgesetzlichen Regelungen aufgehoben werden (zur Aufhebung näher § 2 Rn. 844 ff.). Die Verpflichtungsklage kann in diesen Fällen darauf gerichtet sein, den Rechtsträger der Behörde zum Erlass eines Aufhebungs-Verwaltungsakts zu verpflichten.

13 Examenswissen: Hierdurch wird die Bestandskraft nicht ausgehöhlt: Ein **Anspruch auf Rücknahme** besteht lediglich ausnahmsweise, wenn die Aufrechterhaltung des Verwaltungsakts „schlechthin unerträglich" ist.[2] Das ist bei bloßer Rechtswidrigkeit nicht der Fall. Meistens besteht somit nur ein Anspruch auf ermessensfehlerfreie Entscheidung über die Rücknahme. Das gilt

---

1 Zum Streitstand s. Sodan, in: Sodan/Ziekow, VwGO, 5. Aufl. 2018, § 42 Rn. 337 ff.

2 BVerwG, Beschl. V. 15.3.2005, Az.: 3 B 86/04 = DÖV 2005, 651; BVerwG, Urt. v. 30.01.1974, Az.: 8 C 20.72 =BVerwGE 44, 333 (336) vgl. zum Anspruch auf Rücknahme Schenke, in: Festschrift Maurer, S. 723 ff. sowie Ludwigs, DVBl 2008, 1164 (1167 f.).

Tristan Lemke

auch für Dritte, die die Aufhebung eines Verwaltungsakts verlangen, weil dieser eine drittschützende Norm verletze.

IV. Sonderfall 2: Klage auf Erlass des Widerspruchsbescheides

Examenswissen: Das Klagebegehren kann auch darauf gerichtet sein, dass die Behörde einen **14** Widerspruchsbescheid erlässt, falls sie bislang untätig geblieben ist. Problematisch hieran ist jedoch, ob der Kläger rechtsschutzbedürftig (zum Rechtsschutzbedürfnis allgemein s. § 2 Rn. 476 ff.) ist – schließlich steht ihm die Untätigkeitsklage nach § 75 1 VwGO offen. Die herrschende Meinung verneint daher das Rechtsschutzbedürfnis.[3] Indes sprechen gute Gründe dafür, eine Verpflichtungsklage auf Erlass eines Widerspruchsbescheids zuzulassen. Denn im Rahmen des Widerspruchsverfahrens wird nicht lediglich die Rechtmäßigkeit, sondern auch die Zweckmäßigkeit des Verwaltungsakts überprüft. Letzteres vermag das gerichtliche Hauptsacheverfahren nicht zu leisten, weswegen dem Kläger eine Entscheidung der Widerspruchsbehörde nicht verwehrt werden darf.[4] Eindeutig zulässig ist eine Verpflichtungsklage auf Erlass eines Widerspruchsbescheides, wenn der Kläger Adressat eines begünstigenden Verwaltungsakts ist und ein Dritter gegen diesen Widerspruch eingelegt hat.[5] Anderenfalls könnte der begünstigende Verwaltungsakt nicht in Bestandskraft erwachsen und der Kläger bliebe im Ungewissen, ob er sich auf diesen stützen kann.

> *Beispiel: K wird eine Baugenehmigung erteilt. Gegen diese legt sein Nachbar N Widerspruch ein. Über den Widerspruch wird nicht entschieden. Daraufhin klagt N auf Erlass eines Widerspruchsbescheids.*

V. Sonderfall 3: Die Verpflichtungsklage in mehrpoligen Rechtsverhältnissen (Verwaltungsakte mit Dritt- bzw. Doppelwirkung)

Häufig bedeuten begünstigende Verwaltungsakte gleichzeitig eine Belastung **15** für einen anderen; beispielsweise begünstigt die Baugenehmigung den Adressaten, belastet aber den Nachbarn, dessen Aussicht gestört wird. Genauso kann ein Verwaltungsakt den Adressaten belasten, aber einen Dritten begünstigen, beispielsweise eine bauordnungsrechtliche Beseitigungsverfügung (s. näher dazu § 2 Rn. 1234), die die Aussicht des Nachbarn wiederherstellt. Auch solche Verwaltungsakte mit Dritt- oder Doppelwirkung können mit Verpflichtungsklagen erstrebt werden. In Klausuren ist besonders darauf zu achten, dass im Rahmen der Klagebefugnis das in Frage stehende subjektive öffentliche Recht sauber herausgearbeitet wird (s. § 2 Rn. 292).

---

3 BVerwG, Beschl. v. 30.8.1962, Az.: III B 88.61 = VerwRspr 15, 367.
4 Schenke, Verwaltungsprozessrecht, 16. Aufl. 2019, Rn. 262.
5 VGH Mannheim, Urt. v. 10.11.1993, Az.: 3 S 1120/92 = DVBl 1994, 707.

1. Nachbarklagen

16 Examenswissen: Die Verpflichtungsklage kommt auch im Rahmen des Nachbarschutzes zum Einsatz. Zum einen kann mit der Verpflichtungsklage das Ziel verfolgt werden, die Behörde zu **bauordnungsrechtlichen Einschreiten** (beispielsweise zu einer Beseitigungsverfügung) gegenüber einem Nachbarn zu verpflichten. Diese Form des Rechtsschutzes wird relevant, wenn keine Baugenehmigung vorliegt, beispielsweise bei verfahrensfreien Bauvorhaben. Außerdem kann der **Erlass einer Nebenbestimmung** nach § 36 VwVfG verfolgt werden. Von dieser Möglichkeit wird insbesondere im Planfeststellungsrecht Gebrauch gemacht. Betroffene können mit der Verpflichtungsklage die Ergänzung des Planfeststellungsbeschlusses, beispielsweise um Schallschutzauflagen, verfolgen.[6]

2. Konkurrentenklagen

17 Examenswissen: In Konkurrenzsituationen ist terminologisch zu differenzieren: Wenn lediglich die Situation eines Konkurrenten verschlechtert werden soll, handelt es sich um eine **negative Konkurrentenklage**. In diesem Fall ist die Anfechtungsklage statthaft.

> *Beispiel: Einem Konkurrenten wird eine Subvention gewährt, deren Voraussetzungen der Kläger nicht erfüllt. Deswegen begehrt er die Aufhebung des an den Konkurrenten gerichteten Subventionsbescheides.*

18 Examenswissen: Die **positive Konkurrentenklage** hingegen zielt darauf ab, die gleiche Begünstigung wie der Konkurrent zu erhalten, ohne dass diesem der Vorteil entzogen werden soll. Die Verpflichtungsklage ist dann statthaft.

> *Beispiel: Einem Konkurrenten wird eine Subvention gewährt, in deren Genuss der Kläger ebenfalls kommen möchte. Der Kläger beantragt, den Rechtsträger zu verpflichten, seinen Subventionsantrag positiv zu bescheiden.*

19 Examenswissen: Begehrt der Kläger hingegen eine Begünstigung, die ein Konkurrent erhalten hat und können nicht beide bzw. alle Konkurrenten diese Begünstigung erhalten, so handelt es sich um eine **Mitbewerberklage** (bei erschöpftem Kontingent).

> *Beispiel: Der Kläger begehrt, anstelle eines Konkurrenten die Zulassung zum Markt gem. § 70 GewO zu erhalten.*

20 Es ist umstritten, welche prozessualen Schritte in dieser Konstellation erforderlich sind. Einer verbreiteten Auffassung nach ist eine Verpflichtungsklage auf die Begünstigung in objektiver Klagehäufung (Stufenklage, § 44 VwGO) mit mehreren Anfechtungsklagen gegen die den Konkurrenten bereits erteilten Zulassungen bzw. Konzessionen zu erheben.[7] Die Anfechtungen sollen das Kontingent teilweise wiederherstellen, also beispielsweise dafür sorgen, dass wieder ein Platz

---

6 S. zu Rechtsprechungsnachweisen Hufen, Verwaltungsprozessrecht, 11. Aufl. 2019, § 15 Rn. 12.
7 S. bspw. Sennekamp, in: Fehling/Kastner/Störmer, Verwaltungsrecht, 4. Aufl. 2016, § 42 Rn. 34 mit Rechtsprechungs- und Literaturnachweisen.

Tristan Lemke

auf dem Markt nach § 70 GewO vergeben werden kann. In Hinblick auf das Gebot effektiven Rechtsschutzes aus Art. 19 IV GG ist dieser Ansatz nicht unproblematisch:[8] Wenn hunderte Konzessionen vergeben worden sind, müssten hunderte Anfechtungsklagen erhoben werden.[9] Deren Erfolgswahrscheinlichkeit kann der Kläger in der Regel nicht abschätzen, weil er nicht bezüglich aller Konkurrenten über alle Umstände informiert sein wird. Auch wird er selten überhaupt in der Lage sein, alle Konkurrenten zu benennen. Ferner wird er in einem Großteil dieser Anfechtungsklagen unterliegen und nach § 154 I VwGO die Kosten dieser Verfahren tragen müssen. Damit scheint eine Verpflichtungsklage ohne flankierende Anfechtungsklagen vorzugswürdig. Diese bietet jedoch keinen effektiveren Rechtsschutz, wenn die Behörde auch im Fall eines stattgebenden Urteils nicht imstande ist, die Begünstigung zu erteilen. Wenn die Behörde dem Konkurrenten die Begünstigung nicht entziehen kann, den Verwaltungsakt also nicht aufheben kann, dann kann sie aufgrund des begrenzten Kontingents dem Übergangenen nicht den begehrten Verwaltungsakt zu Teil werden lassen; diese Situation kann beispielsweise eintreten, wenn § 48 VwVfG aufgrund speziellerer Normen gesperrt ist.[10]

Hausarbeitswissen: Teilweise werden weitreichende Schlüsse aus dem Umstand gezogen, dass in **21** *dieser Situation der Verwaltungsakt gerichtlich nach § 113 I 1 VwGO aufgehoben werden kann.[11] Wenn das Gericht hierzu in der Lage sei, dann müsse das die Behörde ebenfalls vermögen. Die Anfechtungsklage setze nur bereits bestehende materiell-rechtliche Beseitigungsansprüche durch und begründe keine neuen. Deswegen könne das Verwaltungsgericht nicht mehr aufheben als die Behörde. Der verfassungsrechtlich verankerte Folgenbeseitigungsanspruch sei der in derartigen Konstellationen mit der Anfechtungsklage verfolgte materielle Anspruch. Dieser befreie die Verwaltung vom Vorbehalt des Gesetzes, soweit sie tätig werde, um ihn zu erfüllen. Deswegen sei auch in dieser Situation keine Anfechtungsklage erforderlich, sondern eine einzelne Verpflichtungsklage ausreichend.*

Dieses Problem stellt sich nicht, sofern lediglich ein Bescheidungsurteil beantragt wird. In diesem Fall ist eine Verpflichtungsklage ohne flankierende Anfechtungsklagen zulässig.[12] Sollte ein Vornahmeurteil begehrt werden, sind hingegen parallel Anfechtungsklagen zu erheben.

Hausarbeitswissen: Bei der **beamtenrechtlichen Konkurrentenklage** *liegt die Schwierigkeit in* **22** *dem umrissenen Problem, dass die Verwaltung durch das Vornahmeurteil nicht zu einem unmöglichen Verhalten verpflichtet werden kann: Eine bereits vorgenommene Ernennung kann nur unter strengen Voraussetzungen aufgehoben werden, § 12 BeamtStG und § 14 BBG. Der Grundsatz der*

---

8 Ausführlich s. R.P. Schenke, in: Kopp/Schenke, VwGO, 25. Aufl. 2019, § 42 Rn. 48.

9 BVerwG, Urt. v. 7.10.1988, Az.: 7 C 65/87 = BVerwGE 80, 270.

10 Vgl. OVG Lüneburg, Urt. v. 3.6.1991, Az.: 7 L 43/89 = NJW 1992, 1979 das § 48 VwVfG für unanwendbar hielt, weil eine spezialgesetzliche Vorschrift den Entzug von Konzessionen abschließend regelte.

11 Schenke, DVBl 1996, 387; Schenke, in: Festschrift Maurer, S. 725 ff.

12 BVerwG, Urt. v. 7.10.1988, Az.: 7 C 65/87 = BVerwGE 80, 270.

Tristan Lemke

Ämterstabilität aus Art. 33 V GG verhindert nach der Ernennung des Konkurrenten, dass eine parallel zur Verpflichtungsklage erhobene Anfechtungsklage die begehrte Stelle wieder freimacht.[13] *Die gerichtliche Aufhebung ist nur möglich, wenn der Dienstherr effektiven Rechtsschutz gegen die Ernennung verhindert hat.*[14] *Die eigentliche Herausforderung liegt somit darin, durch einstweiligen Rechtsschutz (dazu die §§ 8 – 10, zur Sicherungsanordnung im Rahmen der Konkurrentenklage s. § 10 Rn. 8) die Ernennung zu verhindern.*

VI. Sonderfall 4: Verpflichtungsklage auf Feststellung der Nichtigkeit eines Verwaltungsakts nach § 44 V VwVfG (Tobias Brings-Wiesen)

23 **Gegen einen nichtigen Verwaltungsakt** kommen für die Betroffenen **grundsätzlich mehrere Rechtsbehelfsoptionen simultan** in Frage: Sie können vor Gericht mit der Anfechtungsklage gemäß § 42 I Var. 1 VwGO dessen Aufhebung (s. dazu in § 2 Rn. 197 ff.) oder mit der Nichtigkeitsfeststellungsklage gemäß § 43 I Var. 3 VwGO die Feststellung seiner Nichtigkeit (s. dazu § 6 Rn. 73 ff.) begehren. Unbenommen ist ihnen jedoch, die Behörde direkt um eine Aufhebung gemäß §§ 48 f. VwVfG (s. dazu in § 2 Rn. 862) oder eine Feststellung der Nichtigkeit gemäß § 44 V VwVfG zu ersuchen. Erhalten sie daraufhin eine ablehnende Entscheidung, stellt sich die Frage, ob sie demgegenüber im Wege der Verpflichtungsklage gemäß § 42 I Var. 2 VwGO in Form der Versagungsgegenklage eine positive behördliche Entscheidung erwirken können.

24 **Umstritten** ist der Umgang mit der Ablehnung[15] der Feststellung der Nichtigkeit gemäß § 44 V Hs. 2 VwVfG. Da die Entscheidung der Behörde ein feststellender Verwaltungsakt ist (s. dazu in § 6 Rn. 166), wäre die Erhebung einer **Verpflichtungsklage** gemäß § 42 I Var. 2 VwGO – gerichtet auf die Verpflichtung zum Erlass der behördlichen Feststellung der Nichtigkeit (§ 113 V 1 VwGO) – grundsätzlich denkbar.[16]

---

13 BVerwG, Urt. v. 9.3.1989, Az.: 2 C 4/87 = DVBl 1989, 1150.

14 BVerwG, Urt. v. 4.11.2010, Az.: 2 C 16/09 = BVerwGE 138, 102.

15 Eine Verpflichtungsklage *vor* einer behördlichen Entscheidung würde bereits wegen fehlenden (allgemeinen) Rechtsschutzbedürfnisses mangels Zulässigkeit scheitern, s. dazu in § 2 Rn. 489 ff. Eine Verpflichtungsklage in Form der Untätigkeitsklage (§ 75 VwGO), s. dazu Rn. 11, sähe sich – anders als die im Folgenden thematisierte Versagungsgegenklage – tatsächlich der bspw. von Schenke, JuS 2016, 97 (101 f.), angeführten Kritik ausgesetzt.

16 Dies bejahend OVG Münster, Urt. v. 30.8.1990, Az.: 1 A 2327/87 = NVwZ-RR 1991, 331 (332); Pietzcker, in: Schoch/Schneider/Bier, VwGO, 36. EL Februar 2019, § 42 I Rn. 18; Leisner-Egensperger, in: Mann/Sennekamp/Uechtritz, VwVfG, 2. Aufl. 2019, § 44 Rn. 57. So auch BSG, Urt. v. 23.2.1989, Az.: 11/7 RAr 103/87 = NVwZ 1989, 902 (903); vgl. tendenziell auch BVerwG, Urt. v. 21.11.1986, Az.: 8 C 127.84 = NVwZ 1987, 330.

Tristan Lemke

Dies wird indes bisweilen bereits mit dem Argument der fehlenden **Statt-** 25
haftigkeit abgelehnt.[17] Soweit[18] dem Antragssteller die Nichtigkeitsfeststellungsklage offenstehe, gehe diese der Verpflichtungsklage als speziellere Klageart
vor.[19] Ein anderes Verständnis widerspreche auch dem Ziel der Normierung von
§ 44 V VwVfG, mit dem lediglich eine dem § 43 I Var. 3 VwGO entsprechende
verwaltungsverfahrensrechtliche Rechtsschutzmöglichkeit geschaffen, nicht aber
der Weg zu einem weiteren (relativ inferioren) gerichtlichen Rechtsbehelf geebnet
werden sollte.[20] Darüber hinaus wird (auch) das **Rechtsschutzbedürfnis** verneint.[21] Anders als im Normalfall der Verpflichtungsklage würde das Gericht im
Falle der Begründetheit die Behörde hier zu einem Handeln verpflichten, das es
im Wege der Nichtigkeitsfeststellungsklage gemäß § 43 I Var. 3 VwGO ohne weiteres selbst und unmittelbar vornehmen könnte.[22] Insofern biete die Nichtigkeitsfeststellungsklage nicht nur den prozessökonomischeren, sondern auch den
rechtsschutzintensiveren, weil unmittelbareren Weg zur Erreichung des begehrten
Klageziels.[23]

Darüber hinaus kann (im Falle des Fristablaufs) auch eine **Verpflichtungs-** 26
klage auf Rücknahme eines nichtigen Verwaltungsakts in Frage kommen.[24]

---

17 Schenke, Verwaltungsprozessrecht, 16. Aufl. 2019, Rn. 260, 425; Schenke, JuS 2016, 97 (101); W.-
R. Schenke, in: Kopp/Schenke, VwGO, 25. Aufl. 2019, § 43 Rn. 20; Terhechte, in: Fehling/Kastner/
Störmer, Verwaltungsrecht, 4. Aufl. 2016, § 43 VwGO Rn. 52.

18 Schenke, JuS 2016, 97 (102), sieht Raum für die *ausnahmsweise* Zulässigkeit einer Verpflichtungsklage; a. A. wohl das VGH Mannheim, Urt. v. 31.3.2006, Az.: 1 S 2115/05 = VBlBW 2006, 386
(387).

19 Schenke, JuS 2016, 97 (101); a. A. aber Will/Rathgeber, JuS 2012, 1057 (1062), wegen des „anders geartete[n] Rechtsschutzziel[s] und [des] aus diesem Grund unterschiedliche[n] Streitgegenstand[s]".

20 Schenke, JuS 2016, 97 (101). Der VGH Mannheim, Beschl. v. 18.8.2014, Az.: 2 S 2258/13 =
BeckRS 2014, 56962, wendet ein, dass mit Akzeptanz eines weiteren gerichtlichen Rechtsbehelfs
gar der mit § 44 V VwVfG verfolgte Zweck der Entlastung der Gerichte konterkariert würde.

21 Maurer/Waldhoff, Allgemeines Verwaltungsrecht, 19. Aufl. 2017, § 10 Rn. 93; Sodan, in: Sodan/
Ziekow, VwGO, 5. Aufl. 2018, § 43 Rn. 70; Schenke JuS 2016, 97 (101 f.). Ein Rechtsschutzinteresse
höchstens im besonderen Einzelfall für möglich erachtend VGH Mannheim, Beschl. v. 18.8.2014,
Az.: 2 S 2258/13 = BeckRS 2014, 56962.

22 Sodan, in: Sodan/Ziekow, VwGO, 5. Aufl. 2018, § 43 Rn. 70.

23 Schenke, JuS 2016, 97 (101 f.).

24 Dafür BSG, Urt. v. 23.2.1989, Az.: 11/7 RAr 103/87 = NVwZ 1989, 902 (903). Dagegen indes
Sodan, in: Sodan/Ziekow, VwGO, 5. Aufl. 2018, § 43 Rn. 71, jedoch wohl vor dem Hintergrund, dass
dieser generell eine behördliche Aufhebung mangels Wirksamkeit abzulehnen scheint.

B. Weitere Zulässigkeitsvoraussetzungen

27 Nach der Prüfung der Eröffnung des Verwaltungsrechtswegs und der Prüfung der statthaften Klageart sind im Falle der Verpflichtungsklage regelmäßig die folgenden weiteren Zulässigkeitsvoraussetzungen anzusprechen, wobei es auch hierbei auf problembewusstes Arbeiten ankommt (dazu § 1 Rn. 52, 123).

I. Klagebefugnis (Hendrik Burbach)

28 Der Kläger muss nach § 42 II VwGO auch bei Erhebung einer Verpflichtungsklage nach § 42 I 2. Alt VwGO klagebefugt sein. Hierbei genügt der im Rahmen der Anfechtungsklage herangezogene Adressatengedanken nicht, denn selbst die Stellung als Adressat eines ablehnenden Bescheides reicht für sich nicht zur Begründung der Klagebefugnis.[25] Aus der Ablehnung folgt zwar, dass der Kläger einen begünstigenden Verwaltungsakt nicht antragsgemäß erhält. Hierin liegt jedoch nur eine Rechtsverletzung, wenn die Möglichkeit besteht, dass der Kläger auch einen Anspruch auf die abgelehnte Leistung hat.[26] Maßgeblich ist insoweit nicht der tatsächliche Anspruch auf den Verwaltungsakt, sondern vielmehr die Möglichkeit der Rechtsverletzung. Insoweit muss dem Kläger ein subjektiv-öffentliches Recht zustehen.[27] Ferner darf es nicht ausgeschlossen erscheinen, dass die Ablehnung bzw. Unterlassung des beantragten Verwaltungsakts rechtswidrig ist und den Kläger in seinen Rechten verletzt.[28]

29 Entscheidend in der Klausurbearbeitung ist, ob der Anspruch auf Erlass des Verwaltungsakts möglicherweise besteht.[29] Die **Adressatentheorie ist bei Verpflichtungsklagen nicht anwendbar.** Selbst wenn der Verwaltungsakt den Kläger in seinen Rechten verletzt ist noch nicht zwingend gesagt, dass dieser auch einen **Anspruch auf den Erlass** hat.[30] Dafür ist wiederum mit der **Schutznormtheorie** (s. dazu bereits § 2 Rn. 297) zu ermitteln, ob eine Norm ein subjektives Recht verleiht (zum subjektiven öffentlichen Recht näher § 2 Rn. 828). Ein Überblick über die typischerweise subjektive Rechte vermittelnden Anspruchsgrundlagen findet sich in Rn. 62 ff. Für die Begründung der Klagebefugnis ist

---

25 Schaks/Friedrich, JuS 2018, 860 (865).
26 Schaks/Friedrich, JuS 2018, 860 (865).
27 Vertiefend: Gärditz, in: Gärditz, VwGO, 2. Aufl. 2019, § 42 Rn. 52 ff.
28 Württemberger/Heckmann, Verwaltungsprozessrecht, 4. Aufl. 2018, § 22 Rn. 394.
29 Detterbeck, Allgemeines Verwaltungsrecht, 17. Aufl. 2019, § 31 Rn. 1382.
30 Detterbeck, Allgemeines Verwaltungsrecht, 17. Aufl. 2019, § 31 Rn. 1382.

grundsätzlich ausreichend, wenn die Möglichkeit eines Anspruchs besteht (zur Möglichkeitstheorie s. § 2 Rn. 290).

Formulierungsvorschlag: *„Der Kläger müsste klagebefugt sein, § 42 II VwGO.* **30** *Dies setzt voraus, dass er geltend machen kann, in eigenen Rechten verletzt zu sein."*

II. Vorverfahren (Renana Braun)

Auch im Rahmen der Verpflichtungsklage ist ein Vorverfahren durchzuführen. **31** Der Verpflichtungswiderspruch ist nur statthaft, wenn der Antrag auf Vornahme eines Verwaltungsakts abgelehnt worden ist, d. h. in der Konstellation, in der die Verpflichtungsklage in Form der Versagungsgegenklage statthaft ist. Hierfür gelten die Ausführungen zum Vorverfahren im Rahmen der Anfechtungsklage entsprechend (dazu näher § 2 Rn. 301 ff.).

Im Fall der Untätigkeit der Behörde richtet sich die Zulässigkeit der Verpflichtungsklage in Form der Untätigkeitsklage nach § 75 1 Alt. 2 VwGO (dazu näher § 2 Rn. 334, 384 ff.).

Literaturhinweise: Brühl, Verwaltungsrecht für die Fallbearbeitung – Anlei- **32** tungen zum Erwerb prüfungs- und praxisrelevanter Kenntnisse und Fertigkeiten, 9. Aufl. 2018, Rn. 771; Detterbeck, Allgemeines Verwaltungsrecht mit Verwaltungsprozessrecht, 17. Aufl. 2019, Rn. 1384 f.; Hufen, Verwaltungsprozessrecht, 11. Aufl. 2017, Teil 3 § 15 Rn. 27 f.; Ipsen, Allgemeines Verwaltungsrecht, 10. Aufl. 2017, Rn. 1095 – 1097; Saarheimer Fälle: „Sonnendeck"

III. Klagefrist (Patrick Stockebrandt)

Die **Klagefrist** des § 74 I VwGO gilt für die Verpflichtungsklage gemäß § 74 II **33** VwGO entsprechend, wenn der Antrag auf Vornahme des Verwaltungsakts abgelehnt worden ist.

Dies hat zur Folge, dass die **Klagefrist** des § 74 I VwGO nur für die sogenannte **34** Versagungsgegenklage[31] (s. Rn. 11) gilt.[32] Gemäß § 74 II VwGO beträgt die **Frist** zur Einlegung dieser Verpflichtungsklage demnach einen Monat ab der **Bekanntgabe** des ablehnenden Verwaltungsakts bzw. der **Zustellung** des Widerspruchsbescheids.[33]

---

[31] S. hierzu Hufen, Verwaltungsprozessrecht, 11. Aufl. 2019, § 15 Rn. 4.
[32] Schenke, in: Kopp/Schenke, VwGO, 25. Aufl. 2019, § 74 Rn. 1; Schenke, Verwaltungsprozessrecht, 16. Aufl. 2019, Rn. 703; Hufen, Verwaltungsprozessrecht, 11. Aufl. 2019, § 15 Rn. 29.
[33] Hufen, Verwaltungsprozessrecht, 11. Aufl. 2019, § 15 Rn. 29.

35 Im Hinblick auf die **Fristberechnung** und die **Rechtsbehelfsbelehrung** (s. näher § 2 Rn. 361 ff.), die **Wiedereinsetzung in den vorigen Stand** (s. näher § 2 Rn. 394 ff.) und die **Klageverwirkung** (s. näher § 2 Rn. 399 ff.) wird auf die entsprechenden Ausführungen im Rahmen der Anfechtungsklage verwiesen.

36 Im Rahmen der sogenannten Untätigkeitsklage[34] (s. Rn. 11) besteht grundsätzlich keine **Klagefrist**.[35] Es sind jedoch die Ausführungen zur **Untätigkeit** der Behörde (s. näher § 2 Rn. 384 ff.) und zur **Klageverwirkung** (s. näher § 2 Rn. 399 ff.) zu beachten.

Weiterführende Literaturhinweise finden sich in § 2 Rn. 402.

IV. Beteiligte (Carola Creemers)

37 Die Ausführungen zu den Beteiligten im Rahmen der Anfechtungsklage gelten entsprechend für die Verpflichtungsklage (s. ausführlich § 2 Rn. 403 ff.).

V. Zuständiges Gericht (Katharina Goldberg)

38 Die Verpflichtungsklage ist nur zulässig, wenn das zuständige Gericht angerufen wurde (zur Verweisung bei fehlerhafter Zuständigkeit s. näher § 1 Rn. 49, 163 und § 2 Rn. 468). Bei der Frage des zuständigen Gerichts liegt häufig kein Schwerpunkt der Klausurlösung. Dennoch müssen die **sachliche und örtliche Zuständigkeit** in jeder Klausur zumindest angesprochen und die relevanten Normen benannt werden.

39 Formulierungsvorschlag: *„Das angerufene Gericht müsste sachlich gem. § 45 VwGO und örtlich gem. § 52 VwGO zuständig sein."*

40 Das **Verwaltungsgericht** ist **sachlich** in der ersten Instanz für alle Streitigkeiten zuständig, für die der Verwaltungsrechtsweg gem. § 40 VwGO eröffnet ist, **§ 45 VwGO** (zur ausnahmsweise abweichenden Zuständigkeit von OVG und BVerwG s. § 2 Rn. 466 f.).[36]

41 Die **örtliche Zuständigkeit** richtet sich bei allen Klagearten nach **§ 52 VwGO**. Sie muss bestimmt werden, wenn verschiedene Gerichte sachlich zuständig sind. In den meisten Klausuren wird die örtliche Zuständigkeit durch den Klausursteller vorgegeben. Wenn dies nicht gegeben ist müssen die einzelnen Nummern des § 52

---

34 S. hierzu Hufen, Verwaltungsprozessrecht, 11. Aufl. 2019, § 15 Rn. 5 sowie Kintz, Öffentliches Recht im Assessorexamen, 10. Aufl. 2018, Rn. 267 ff.

35 Hufen, Verwaltungsprozessrecht, 11. Aufl. 2019, § 15 Rn. 29.

36 Berstermann, in: Posser/Wolf, VwGO, 49. Ed., Stand: 1.4.2019, § 45 Rn. 2.

Patrick Stockebrandt/Carola Creemers/Katharina Goldberg

VwGO gründlich gelesen werden. Sie geben eine Reihenfolge vor, nach der die örtliche Zuständigkeit bestimmt werden muss. Bei Verpflichtungsklagen sind die Nummern des § 52 VwGO in folgender Reihenfolge relevant: Nr. 1, Nr. 4, Nr. 2 S. 2, Nr. 3 S. 5 und Nr. 5 (ein Überblick über die Nummern des § 52 VwGO findet sich in § 2 Rn. 473).

VI. Rechtsschutzbedürfnis (Dana-Sophia Valentiner)

Auch für die Zulässigkeit der Verpflichtungsklage ist ein allgemeines Rechts- **42** schutzbedürfnis der klagenden Person erforderlich (s. einleitend zum Erfordernis des Rechtsschutzbedürfnisses bereits § 2 Rn. 477 ff.).

Bei der Verpflichtungsklage ergibt sich das allgemeine Rechtsschutzbedürf- **43** nis regelmäßig aus dem Begehren eines Verwaltungsakts, der versagt wurde oder über dessen Erlass gar nicht beschieden wurde. **In unproblematischen Fällen** findet das Rechtsschutzbedürfnis bei der Prüfung der Sachentscheidungsvoraussetzungen der Verpflichtungsklage **keine Erwähnung**. Das Rechtsschutzbedürfnis ist nur in atypischen Sachverhaltskonstellationen zu erörtern.

Das allgemeine Rechtsschutzbedürfnis ist ausnahmsweise zu verneinen, **44** wenn die Klägerin den Erlass eines Verwaltungsakts begehrt, der eine **Nichtigkeitsfeststellung nach § 44 V VwVfG** beinhaltet. Dieses Ziel kann die Klägerin mit der Feststellungsklage gemäß § 43 I VwGO, gerichtet auf Feststellung der Nichtigkeit eines Verwaltungsakts, rascher und effektiver verfolgen (s. hierzu ausführlich Rn. 23 ff.).[37] Dies setzt jedoch voraus, dass die Nichtigkeitsfeststellungsklage gemäß § 43 I VwGO zulässig ist. Mangelt es an der erforderlichen Klagebefugnis analog § 42 II VwGO, weil die Klägerin rechtlich nicht betroffen ist, besteht das allgemeine Rechtsschutzbedürfnis an einer Verpflichtungsklage, gerichtet auf Nichtigkeitsfeststellung gemäß § 44 V VwVfG, fort, soweit die Klägerin ein ideelles oder wirtschaftliches Interesse an der Rechtsverfolgung hat.[38]

Examenswissen: Lange umstritten war das Vorliegen des Rechtsschutzbedürfnisses bei beam- **45** tenrechtlichen Konkurrentenklagen. Das Rechtsschutzbedürfnis bei Verpflichtungsklagen auf beamtenrechtliche Ernennung wurde jedenfalls aufgrund des Grundsatzes der Ämterstabilität verneint, wenn der Konkurrent bereits benannt wurde (s. Rn. 17 ff.).[39]

---

37 Schenke, JuS 2016, 97 (102).
38 Schenke, JuS 2016, 97 (102).
39 Vgl. BVerwG, Urt. v. 4.11.2010, Az.: 2 C 16/09 = JuS 2011, 957 (mit Anmerkung Hufen).

Katharina Goldberg/Dana-Sophia Valentiner

C. Begründetheit

46 Aus § 113 V VwGO ergibt sich, wann Verpflichtungsklagen begründet sind. Eine Verpflichtungsklage ist begründet, soweit die Ablehnung oder Unterlassung des Verwaltungsakts rechtswidrig, der Kläger dadurch in seinen Rechten verletzt ist und die Sache spruchreif ist (S. 1). Bei fehlender Spruchreife kommt hingegen nur ein sog. Bescheidungsurteil in Betracht (S. 2).

I. Die Struktur der Begründetheitsprüfung (Tristan Lemke)

47 Die Formulierung des § 113 V VwGO ist an § 113 I 1 VwGO angelehnt, was das Verständnis erschwert: Es entsteht der Eindruck, dass vergleichbar mit der Anfechtungsklage in jedem Fall die Rechtswidrigkeit des Ablehnungsbescheides und die daraus resultierende Verletzung in den Rechten des Klägers entscheidend sei. Das ist jedoch nicht der Fall – nur im Fall eines Bescheidungsurteils (s. Rn. 54) kann es auf die Rechtmäßigkeit des Ablehnungsbescheides ankommen.

1. Einführung zu Spruchreife, Vornahmeurteil- und Bescheidungsurteil

48 Sollte das Gericht der Klage stattgeben, so erlässt es entweder ein Bescheidungsurteil oder ein Vornahmeurteil. Letzteres wird teilweise auch als Verpflichtungsurteil bezeichnet. Beide Urteile verpflichten den Klagegegner zu einem bestimmten Verhalten: Das **Vornahmeurteil** nach § 113 V 1 VwGO verpflichtet ihn dazu, einen konkreten Verwaltungsakt, dessen Inhalt das Gericht vollständig bestimmt hat, zu erlassen. Das **Bescheidungsurteil** nach § 113 V 2 VwGO ist hingegen darauf gerichtet, dass der Klagegegner einen Verwaltungsakt erlassen muss, über dessen Inhalt die Behörde wenigstens noch teilweise selbst entscheiden muss. Die Spruchreife entscheidet im Regelfall darüber, welche Form von Urteil ergeht.

49 Die Verpflichtungsklage ist das prozessuale Instrument, um bestimmte subjektive öffentliche Rechte durchzusetzen. Im Einzelnen handelt es sich um zwei Ansprüche: Der Anspruch auf Erlass eines bestimmten Verwaltungsakts und der Anspruch auf fehlerfreie Ausfüllung des behördlichen Gestaltungsspielraumes. Die klageweise Durchsetzung des ersteren führt zu einem Vornahmeurteil. Dem Anspruch auf fehlerfreie Ausfüllung des behördlichen Gestaltungsspielraumes wird durch ein Bescheidungsurteil zur Erfüllung verholfen.

Beispiel: § 71 I 1 BauO Bln (Erteilung einer Baugenehmigung, s. zu den Anspruchsgrundlagen der anderen Länder die Fußnote in Rn. 129) enthält auf Rechtsfolgenseite eine gebundene

Entscheidung; die Vorschrift gewährt nach der Schutznormtheorie ein subjektives öffentliches Recht. Dieses berechtigt – sofern die Voraussetzungen vorliegen – den Kläger, den Erlass eines konkreten Verwaltungsakts (der Baugenehmigung) verlangen zu können: Es ergeht ein Vornahmeurteil. § 46 I 1 Nr. 8 StVO (Genehmigung von Ausnahmen vom Verbot, Hindernisse auf die Straße zu bringen) hingegen räumt der Behörde Ermessen hinsichtlich der Frage ein, ob sie vom Verbot des § 32 I StVO eine Ausnahme genehmigt. Das subjektive öffentliche Recht aus dieser Vorschrift ist somit nicht auf den Erlass einer Ausnahmegenehmigung gerichtet, sondern darauf, dass die Behörde fehlerfrei darüber entscheidet, ob eine solche gewährt wird.

Spruchreife im Sinne des § 113 V 1 VwGO liegt vor, wenn das Gericht eine ab- 50
schließende Entscheidung treffen kann, weil feststeht, ob ein Verwaltungsakt
erlassen werden muss und welchen Inhalt dieser Verwaltungsakt haben muss.[40]
Wenn der Verwaltung ein Gestaltungsspielraum verbleibt, ist die Sache nicht
spruchreif. Das ist sowohl bei Ermessensentscheidungen als auch bei Tatbeständen mit Beurteilungsspielraum der Fall, sofern keine Reduzierung auf Null
vorliegt. Es ergeht dann kein Vornahmeurteil, sondern ein Bescheidungsurteil. In
diesen Konstellationen kann nicht das Gericht, sondern lediglich die Behörde
abschließend entscheiden. Anderenfalls würde das Gericht in den Kernbereich
der Kompetenzen der Exekutive eingreifen, was mit der horizontalen Gewaltenteilung aus Art. 20 II GG unvereinbar wäre.

2. Vorüberlegungen zum Prüfungsaufbau

Der Prüfungsaufbau variiert, je nachdem ob das klägerische Begehren auf ein 51
Vornahme- oder ein Bescheidungsurteil gerichtet ist.

a) Vornahmeurteil

Regelmäßig ergibt die Interpretation des klägerischen Begehrens, dass es dem 52
Kläger gerade auf den Erlass eines bestimmten Verwaltungsakts ankommt. Somit
ist der Klageantrag auf ein Vornahmeurteil gerichtet. Dieses ergeht, wenn der
Kläger sich auf eine Anspruchsgrundlage beruft (1), deren Voraussetzungen in
formeller und materieller Hinsicht vorliegen (2) und Spruchreife (3) vorliegt. Denn
wenn diese Anforderungen erfüllt werden, hat der Kläger einen Anspruch auf den
Erlass des konkreten, von ihm begehrten Verwaltungsakts. Die Prüfung nimmt
keinerlei Bezug auf einen etwaigen Ablehnungsbescheid.

Wenn es an der ersten oder zweiten genannten Anforderung für ein Vor- 53
nahmeurteil mangelt, also an einer Anspruchsgrundlage bzw. dem Vorliegen ihrer

---

[40] Vgl. Riese, in: Schoch/Schneider/Bier, VwGO, 36. EL Februar 2019, § 113 Rn. 213.

Tristan Lemke

Voraussetzungen, dann ergeht ein klageabweisendes Urteil. Scheitert das Vornahmeurteil hingegen lediglich an fehlende Spruchreife kann unter Umständen noch ein Bescheidungsurteil ergehen: Im Verpflichtungsantrag des Klägers ist als Minus ein Bescheidungsantrag enthalten.

b) Bescheidungsurteil

54 Ist das klägerische Begehren entweder von Beginn an oder weil keine Spruchreife vorliegt einzig darauf gerichtet, (erneut) beschieden zu werden (Bescheidungsantrag), so muss differenziert werden.

55 In den Fällen des **§ 75 VwGO (Untätigkeitsklage)**, in denen die Klage zulässig ist, obwohl noch gar kein Ablehnungsbescheid ergangen ist (s. Rn. 31 und § 2 Rn. 384 ff.), ergeht ein Bescheidungsurteil, wenn eine Anspruchsgrundlage vorliegt und deren Voraussetzungen in formeller und materieller Hinsicht gegeben sind. In diesem Fall besteht ein Anspruch auf Bescheidung.

56 Wurde der Antrag des Klägers hingegen abgelehnt **(Versagungsgegenklage)**, ist darüber hinaus zu untersuchen, ob dieser Versagungsbescheid rechtswidrig ist.[41] Im Rahmen dieser Rechtmäßigkeitsprüfung ist das klassische Schema (Ermächtigungsgrundlage – Formelle Rechtmäßigkeit – Materielle Rechtmäßigkeit (Tatbestand – Rechtsfolge)) jedoch nur bedingt hilfreich: Es wird nicht geprüft, ob die Voraussetzungen einer Ermächtigungsgrundlage für den Erlass eines belastenden Verwaltungsakts vorliegen, sondern es wird untersucht, ob die Versagung eines begünstigenden Verwaltungsakts rechtswidrig war. Das ist der Fall, wenn ein Anspruch auf Erlass des Verwaltungsakts besteht (also eine Anspruchsgrundlage und ihre jeweiligen Voraussetzungen vorliegen), der Behörde ein Ermessens- oder Beurteilungsfehler unterlaufen ist oder das Verfahren fehlerhaft war. Die Frage, ob ein Anspruch auf den Erlass des Verwaltungsakts besteht, wurde im Regelfall bereits im Rahmen der vorangegangenen (s. Rn. 53) Prüfung , ob ein Vornahmeurteil ergeht, aufgrund fehlender Spruchreife verneint. Deswegen muss in dieser Konstellation nicht erneut diskutiert werden, ob eine Anspruchsgrundlage vorliegt oder ob die Anspruchsvoraussetzungen erfüllt werden. Sollte hingegen der Ausnahmefall vorliegen und das klägerische Begehren von Anfang an nur auf Bescheidung gerichtet gewesen sein, so muss hingegen (erstmalig) geprüft werden, ob eine Anspruchsgrundlage und ihre Voraussetzungen vorliegen.

---

41 Wolff, in: Sodan/Ziekow, VwGO, 5. Aufl. 2018, § 113 Rn. 412; Emmenegger, in: Fehling/Kastner/ Störmer, Verwaltungsrecht, 4. Aufl. 2016, § 113 VwGO Rn. 164; Schenke, Verwaltungsprozessrecht, 16. Aufl. 2019, Rn. 842; Hufen, Verwaltungsprozessrecht, 11. Aufl. 2019, § 26 Rn. 5; Decker, in: Posser/Wolff, VwGO, 49. Ed., Stand: 1.4.2019, § 113 Rn. 70.

Tristan Lemke

Examenswissen: In einem Bescheidungsantrag ist nicht „als Plus" ein Antrag auf ein Vornah- 57
meurteil enthalten. Sollte der Kläger einzig (Neu)Bescheidung begehren, sind die Schutznormtheorie und die Anspruchsvoraussetzungen in der Prüfung des Bescheidungsurteils zu untersuchen.

3. Prüfungsschema

Im Regelfall wird somit untersucht, ob dem Klageantrag entsprechend ein Vor- 58
nahmeurteil ergeht (I. bis III.). Wenn das einzig aufgrund fehlender Spruchreife
nicht möglich ist, wird geprüft ob ein Bescheidungsurteil ergeht (IV.). Damit ergibt
sich folgendes Prüfungsschema für den Regelfall (s. zur Ausnahme Rn. 60):

B. Begründetheit

*„Die Verpflichtungsklage ist nach § 113 V VwGO begründet, soweit der Kläger
einen Anspruch auf Erlass des begehrten Verwaltungsakts oder auf (Neu)Be-
scheidung hat und der Beklagte passivlegitimiert ist."*

I. Anspruchsgrundlage

*„Der Kläger einen Anspruch auf den Erlass des begehrten Verwaltungsakts,
soweit er sich auf eine Anspruchsgrundlage berufen kann, deren Voraussetzungen erfüllt sind und Spruchreife vorliegt."*

Zuerst wird geprüft, ob ein Vornahmeurteil ergeht. In einem ersten Schritt
ist zu untersuchen, ob eine taugliche Anspruchsgrundlage vorliegt, ob
die Norm also nach der Schutznormtheorie ein subjektives öffentliches
Recht einräumt.

II. Anspruchsvoraussetzungen

Ist der Tatbestand der Vorschrift erfüllt?

III. Spruchreife

Besteht noch ein Gestaltungsspielraum der Verwaltung?

IV. (Hilfsweise) Bescheidungsantrag

Falls das klägerische Begehren auf Vornahme gerichtet ist, aber an der
Spruchreife scheitert, ist zu prüfen, ob der in dem Vornahmeantrag enthaltene Bescheidungsantrag zum Erfolg führt. Sollte Spruchreife vorliegen wäre es ein schwerer Fehler, dennoch zu prüfen, ob ein Bescheidungsurteil ergeht.

*„Der Kläger hat einen Anspruch auf Neubescheidung, wenn die Voraus-
setzungen einer Anspruchsgrundlage vorliegen, aber keine Spruchreife
gegeben ist und der Ablehnungsbescheid rechtswidrig ist (und den Kläger
in seinen subjektiven öffentlichen Rechten verletzt)."*

Ob eine Anspruchsgrundlage, die Anspruchsvoraussetzungen und keine
Spruchreife gegeben sind, wurde bereits untersucht. Damit ist im weit
überwiegenden Teil der Fälle nur zu prüfen, ob der Ablehnungsbescheid

Tristan Lemke

aufgrund von Ermessensfehlern rechtswidrig ist. Die Sonderfällen der in eckigen Klammern gesetzten Prüfungspunkte sind im weiteren Verlauf des Beitrags erläutert und nur anzusprechen, falls der (Hausarbeits-) Sachverhalt hierfür Anhaltspunkte liefert.

1. **Rechtmäßigkeit des Ablehnungsbescheides**
   [a) Formelle Rechtmäßigkeit]
   [b) Beurteilungsfehler]
   c) **Ermessensfehler**
[2. Verletzung in einem subjektiven öffentlichen Recht]

59   Selbstverständlich kann die Prüfung auch anders aufgebaut werden, beispielsweise streng an der Formulierung des § 113 V VwGO orientiert.[42] Elementar für das Verständnis der Verpflichtungsklage ist es, im Hinterkopf zu behalten, dass im Regelfall des Vornahmeantrags bei fehlender Spruchreife ein anderer Antrag geprüft wird, nämlich ein Bescheidungsantrag. In diesem Schritt ändert sich auch das subjektive-öffentliche Recht, auf das die Klage gestützt wird: Vom behaupteten Anspruch auf Erlass eines konkreten Verwaltungsakts wird auf den Anspruch auf gestaltungsfehlerfreie Bescheidung gewechselt.

60   Sollte ausnahmsweise das klägerische **Begehren nur auf Bescheidung** gerichtet sein, ist mit dem Obersatz von IV. zu beginnen. Die Prüfungspunkte II. und III. sind dementsprechend im Rahmen dieser Prüfung zu untersuchen (zur Begründung vgl. Rn. 56).

61   Im Fall der **Untätigkeitsklage** (s. Rn. 31 und § 2 Rn. 384 ff.) nach **§ 75 VwGO** hängt das Prüfungsprogramm ebenfalls davon ab, ob ein Vornahmeantrag oder ein Bescheidungsantrag vorliegt. Der einzige Unterschied liegt darin, dass es keinen Ablehnungsbescheid gibt, dessen Rechtmäßigkeit geprüft werden könnte. Somit ist die Klage bereits begründet, soweit eine Anspruchsgrundlage gegeben ist (I.) und deren Voraussetzungen vorliegen (II.). Falls darüber hinaus Spruchreife gegeben ist, ergeht ein Vornahmeurteil, anderenfalls kann nur ein Bescheidungsurteil ergehen.

4. Anspruchsgrundlagen

62   In diesem Prüfungsschritt ist zu untersuchen, ob die Norm, auf die sich der Kläger beruft, grundsätzlich subjektiv-öffentliche Rechte einräumt. Hierfür ist anhand der Schutznormtheorie zu untersuchen, ob sie ein subjektives-öffentliches Recht gewährt. Das Prüfungsvolumen hängt davon ab, wie umfangreich diese Frage im

---

42 Hufen, Verwaltungsprozessrecht, 11. Aufl. 2019, § 26 Rn. 1 ff.

Tristan Lemke

Rahmen der Klagebefugnis nach § 42 II VwGO bearbeitet wurde und wie eindeutig sie zu beantworten ist (s. dazu Rn. 28 und § 2 Rn. 292). Es gilt der allgemeine Grundsatz, dass einem relevanten Aspekt umso mehr Zeit und Raum im Rahmen einer Klausur geschenkt werden sollte, umso schwieriger die Bearbeitung fällt (vgl. § 1 Rn. 154 ff.).

a) Gesetzliche Ansprüche – Gebundene Verwaltung

Vorschriften, die auf der Rechtsfolgenseite eine gebundene Entscheidung vorsehen und die Voraussetzungen der Schutznormtheorie erfüllen, enthalten ein subjektives öffentliches Recht auf Erlass des vom Gesetz vorgesehen Verwaltungsakts. Sofern der Kläger die Anspruchsvoraussetzungen erfüllt, ergeht ein Vornahmeurteil. Hierzu zählen beispielsweise Ansprüche auf Sozialleistungen. Zu beachten ist, dass gesetzlich nicht nur das „ob" einer Zahlung geregelt sein muss, sondern auch ihre genaue Höhe. Anderenfalls handelt es sich nicht um einen Fall gebundener Verwaltung. Besonders prüfungsrelevant sind **präventive Verbote mit Erlaubnisvorbehalt**. Diese verbieten ein grundsätzlich erwünschtes Verhalten bzw. machen es von einer Erlaubnis abhängig, um sicherzustellen, dass im Rahmen der Betätigung bestimmten Anforderungen entsprochen wird.[43] 63

Examenswissen: Hierzu zählt beispielsweise die Baugenehmigung, die Gaststättenerlaubnis nach § 2 I GastG, die Anlagengenehmigung nach § 4 I BImSchG oder die erlaubnispflichtigen Gewerbe, die in § 29 I Nr. 1 GewO aufgezählt sind. Diese präventiven Verbote greifen in grundrechtliche Freiheiten (beispielsweise die Gewerbefreiheit nach Art. 12 I GG oder die Baufreiheit nach Artt. 14, 2 I GG) ein. Diese Eingriffe sind gerechtfertigt, weil die Freiheitsbetätigung bestimmten Anforderungen zum Schutz der Allgemeinheit entsprechen muss. Somit ist der Eingriff nicht mehr von den Schranken gedeckt, wenn diesen Anforderungen zum Schutz der Allgemeinheit entsprochen wird: Aus den hinter den Erlaubnisvorbehalten stehenden Grundrechten ergibt sich ein Anspruch auf Erteilung der Erlaubnis, sofern die gesetzlichen Voraussetzungen erfüllt werden. 64

b) Gesetzliche Ansprüche – Entscheidungen mit Gestaltungsspielraum

Demgegenüber gewähren Normen, die der Verwaltung einen Gestaltungsspielraum überlassen, grundsätzlich keinen Anspruch auf den Erlass eines bestimmten Verwaltungsakts, sondern auf fehlerfreie Ausübung des behördlichen Gestaltungsspielraumes. Klausurrelevant sind in dieser Hinsicht insbesondere Vorschriften, die Ermessen einräumen. Mit dem Anspruch auf fehlerfreie Ausübung des behördlichen Gestaltungsspielraumes ist in diesen Fällen der **Anspruch auf ermessensfehlerfreie Entscheidung** gemeint. 65

---

43 Näher dazu Maurer/Waldhoff, Allgemeines Verwaltungsrecht, 19. Aufl. 2017, § 9 Rn. 52 ff.

Tristan Lemke

66 Examenswissen: Eine Vorschrift, die dem Bürger ein subjektives öffentliches Recht einräumt, ermächtigt diesen dazu, dem Staat ein bestimmtes Verhalten abzuverlangen, nämlich das in der Vorschrift vorgesehene. Der Bürger erlangt also den Anspruch, vom Staat den Vollzug einer bestimmten Norm fordern zu dürfen. Ein subjektives öffentliches Recht ist damit ein Recht auf Normvollzug.[44] Wenn die Vorschrift lediglich eine mögliche Rechtsfolge vorsieht, so ist der Anspruch darauf gerichtet, dass diese Rechtsfolge ergeht. Wenn es jedoch – wie bei Ermessensentscheidungen – mehrere mögliche Rechtsfolgen gibt, so ist der Anspruch darauf gerichtet, dass die Behörde sich fehlerfrei für eine entscheidet; ihr dürfen keine Ermessensfehler unterlaufen. Gäbe es diesen Anspruch auf fehlerfreie Ausübung des behördlichen Gestaltungsspielraumes nicht, so würde das subjektive öffentliche Recht auf Normvollzug leerlaufen: Es nutzt dem Kläger wenig, wenn auf rechtswidrige, fehlerhafte Art und Weise über seinen Antrag auf Erlass eines Verwaltungsakts entschieden werden kann. Das Recht auf Normvollzug komplementiert den objektiv-rechtlichen Vorrang des Gesetzes somit partiell um eine subjektiv-rechtliche Seite.

67 Der Anspruch auf ermessensfehlerfreie Entscheidung wurde nicht erfüllt, wenn der Behörde Ermessensfehler unterlaufen sind. Aus diesen ergibt sich die Rechtswidrigkeit des Ablehnungsbescheides. Der Rechtsträger der Behörde wird daher im Rahmen eines Bescheidungsurteils nach § 113 V 1 VwGO verpflichtet, den Kläger erneut unter Berücksichtigung der Rechtsauffassung des Gerichts zu bescheiden. Anders verhält es sich in den Fällen einer **Ermessensreduzierung auf Null.** In derartigen Konstellationen verbleibt der Behörde kein Ermessensspielraum (mehr), obwohl die Anspruchsgrundlage auf Rechtsfolgenseite Ermessen vorsieht (s. § 2 Rn. 733). Es besteht dann regelmäßig[45] Spruchreife. Das Gericht erlässt ein Vornahmeurteil nach § 113 V 1 VwGO.

68 Examenswissen: Es sind mannigfaltige Konstellationen denkbar, aufgrund derer jede andere Ermessensentscheidung außer einer bestimmten ermessensfehlerhaft ist. Insbesondere können Grundrechte den behördlichen Gestaltungsspielraum einschränken. Beispielsweise sei die Selbstbindung der Verwaltung angeführt: Wenn die Behörde von ständiger Verwaltungspraxis einmalig in einem gleich gelagerten Fall abwiche, verletzte sie hiermit den allgemeinen Gleichheitssatz aus Art. 3 I GG. Jede andere Entscheidung als die, den gleich gelagerten Fall so wie die früheren zu behandeln, verstößt gegen Art. 3 I GG und stellt somit eine Ermessensüberschreitung dar – das Ermessen ist darauf reduziert, den Fall gleich zu behandeln.

69 Examenswissen: Auch Normen, die auf Tatbestandsseite **Beurteilungsspielraum** enthalten, räumen der Behörde die Befugnis zur Letztentscheidung ein. Hierzu zählt beispielsweise die Bewertung von Prüfungsleistungen. In diesen Fällen bedeutet der Anspruch auf fehlerfreie Ausübung des behördlichen Gestaltungsspielraumes einen Anspruch auf beurteilungsfehlerfreie Entscheidung. Das Gericht überprüft dann, ob der Ablehnungsbescheid an Beurteilungsfehlern leidet. (s. § 2 Rn. 735 ff., insbesondere Rn. 746).

---

44 Scherzberg, in: Ehlers/Pünder, Allgemeines Verwaltungsrecht, 15. Aufl. 2015, § 12 Rn. 3.
45 In der Praxis jedoch keineswegs immer, s. Riese, in: Schoch/Schneider/Bier, VwGO, 36. EL Februar 2019, § 113 Rn. 224 ff.

Tristan Lemke

Repressive Verbote mit Befreiungsvorbehalt[46] räumen – im Gegensatz zu den 70
präventiven Verboten mit Erlaubnisvorbehalt – typischerweise Ermessen ein. Es
handelt sich um Vorschriften, die grundsätzlich unerwünschtes Verhalten verbieten. Von diesem Verbot kann jedoch in Ausnahmefällen befreit werden. Sie
weisen in Hinsicht auf § 113 V VwGO keine Besonderheiten auf.

c) Außergesetzliche Anspruchsgrundlagen

Ein Anspruch des Klägers auf Erlass eines Verwaltungsakts kann auch außerge- 71
setzlich begründet werden. Hierfür kommen die Zusicherung nach § 38 VwVfG
und der öffentlich-rechtliche Vertrag nach den §§ 54 ff. VwVfG in Betracht
(s. § 5 Rn. 87 ff.). Beide Institute begründen subjektive öffentliche Rechte außerhalb des Gesetzes.

5. Anspruchsvoraussetzungen

Üblicherweise wird zwischen formellen und materiellen Anspruchsvorausset- 72
zungen unterschieden. Den Klausurschwerpunkt bilden die materiellen Anspruchsvoraussetzungen, die von der jeweiligen Norm abhängen.

a) Formelle Anspruchsvoraussetzungen

Die formellen Anspruchsvoraussetzungen beschränken sich meistens darauf, 73
dass der Kläger einen Antrag auf Erlass des begehrten Verwaltungsakts bei der
zuständigen Behörde gestellt haben muss (zur Zuständigkeit näher § 2 Rn. 580 ff.).

Hausarbeitswissen: Hat er das nicht getan, so ist die Klage bereits aufgrund eines fehlenden Wi- 74
derspruchs- bzw. Verwaltungsverfahrens bzw. Rechtsschutzbedürfnisses unzulässig.[47] *Es ist um-*
stritten, ob der Antrag während des verwaltungsgerichtlichen Verfahrens nachgeholt werden kann.[48]
Eine weitere mögliche formelle Anspruchsvoraussetzung kann die Mitwirkung einer anderen Be-
hörde sein, beispielsweise das gemeindlichen Einvernehmen nach § 36 BauGB.[49]

---

46 Näher dazu Maurer/Waldhoff, Allgemeines Verwaltungsrecht, 19. Aufl. 2017, § 9 Rn. § 9 Rn. 56.
47 Emenegger, in: Fehling/Kastner/Störmer, Verwaltungsrecht, 4. Aufl. 2016, § 113 VwGO Rn. 170.
48 Riese, in: Schoch/Schneider/Bier, VwGO, 36. EL Februar 2019, § 113 Rn. 205.
49 Emenegger, in: Fehling/Kastner/Störmer, Verwaltungsrecht, 4. Aufl. 2016, § 113 VwGO Rn. 170.

b) Materielle Anspruchsvoraussetzungen

75 In materieller Hinsicht sind die Tatbestandsvoraussetzungen der konkreten Anspruchsgrundlage zu prüfen. Das Prüfungsprogramm hängt damit von der jeweiligen Vorschrift ab.

aa) Gesetzliche Ansprüche – Gebundene Verwaltung

76 Bei gesetzlichen Anspruchsgrundlagen sind die Tatbestandsvoraussetzungen der jeweiligen Vorschrift zu prüfen. Falls es sich bei der Anspruchsgrundlage um eine Eingriffsermächtigung handelt (beispielsweise weil der Kläger ordnungsrechtliches Einschreiten gegenüber einem Dritten begehrt), so ist ebenfalls nur zu untersuchen, ob der Tatbestand der Norm erfüllt ist.

bb) Gesetzliche Ansprüche – Entscheidungen mit Gestaltungsspielraum

77 Das gilt sowohl für Fälle der gebundenen Verwaltung als auch für Vorschriften, die der Verwaltung Gestaltungsspielraum einräumen.

78 Examenswissen: Anders verhält es sich, wenn eine Norm mit Beurteilungsspielraum vorliegt. Das Gericht kann dann nicht voll überprüfen, ob der Tatbestand einer Anspruchsgrundlage erfüllt ist, wenn diese der Verwaltung Beurteilungsspielraum einräumt (s. dazu näher § 2 Rn. 735 ff., insbesondere Rn. 746). In derartigen Konstellationen sollten deshalb zunächst die anderen Tatbestandsmerkmale untersucht werden. Im Rahmen der Spruchreife wird regelmäßig festzustellen sein, dass diese aufgrund des Beurteilungsspielraumes nicht vorliegt; einzig im Fall einer Beurteilungsreduzierung auf null ist diese gegeben. Im Anschluss ist dann zu erörtern, ob ein Bescheidungsurteil ergeht, weil der Ablehnungsbescheid an Beurteilungsfehlern leidet.

cc) Außergesetzliche Anspruchsvoraussetzungen

79 Examenswissen: Im Rahmen der Prüfung der Anspruchsvoraussetzungen kommt es nicht auf die Rechtmäßigkeit des Vertrages/der Zusicherung an, sondern einzig auf ihre Wirksamkeit.

6. Spruchreife

80 Spruchreife im Sinne des § 113 V 1 VwGO liegt vor, wenn das Gericht eine abschließende Entscheidung treffen kann, weil feststeht, ob ein Verwaltungsakt erlassen werden muss und welchen Inhalt dieser Verwaltungsakt haben muss.[50] Wenn der Verwaltung ein Gestaltungsspielraum verbleibt, ist die Sache nicht spruchreif. Das ist sowohl bei Ermessensentscheidungen als auch bei Tatbeständen mit Beurteilungsspielraum der Fall, es sei denn dieser ist auf eine einzige

---

50 Vgl. Riese, in: Schoch/Schneider/Bier, VwGO, 36. EL Februar 2019, § 113 Rn. 213.

Tristan Lemke

mögliche Variante reduziert (Ermessensreduzierung oder Beurteilungsreduzierung auf null).

Wenn eine Anspruchsgrundlage einschlägig ist, die eine gebundene Ent- 81 scheidung vorsieht, ist die Spruchreife in Klausuren regelmäßig[51] unproblematisch. Sobald nach der Schutznormtheorie feststeht, dass es sich um eine Anspruchsgrundlage handelt, sind lediglich deren formelle und materielle Voraussetzungen zu prüfen. Liegen diese vor, so besteht ein Anspruch auf Erlass des Verwaltungsakts und es ergeht ein Vornahmeurteil nach § 113 V 1 VwGO.

Examenswissen: Die bisherigen Ausführungen thematisieren die fehlende rechtliche Spruchreife. 82 Damit sind die Situationen bezeichnet, in denen das Gericht nicht abschließend entscheiden kann, weil der Verwaltung ein Entscheidungsspielraum verbleibt. **Tatsächliche Spruchreife** hingegen liegt vor, wenn alle Tatsachen ermittelt wurden, auf die es bei der Entscheidung ankommt bzw. festgestellt wurde, dass auf Beweislastregeln zurückgegriffen wird, weil die Tatsachen nicht ermittelbar sind.[52] Das Gericht ist verpflichtet, die Sache in diesem Sinne spruchreif zu machen,[53] was u. a. hinsichtlich der dadurch geförderten Überlastung der Verwaltungsgerichte kritisiert wird[54].

7. Rechtmäßigkeit des Ablehnungsbescheides

Wurde der Antrag des Klägers abgelehnt ist zu untersuchen, ob dieser Versa- 83 gungsbescheid rechtswidrig ist.[55] Im Rahmen dieser Rechtmäßigkeitsprüfung ist das klassische Schema (Ermächtigungsgrundlage – formelle Rechtmäßigkeit – Materielle Rechtmäßigkeit (Tatbestand – Rechtsfolge)) jedoch nur bedingt hilfreich: Es wird nicht geprüft, ob die Voraussetzungen einer Ermächtigungsgrundlage für den Erlass eines belastenden Verwaltungsakts vorliegen, sondern es wird untersucht, ob die Versagung eines begünstigenden Verwaltungsakts rechtswidrig war. Hierzu ist zu prüfen, ob der Behörde ein Ermessens- oder Beurteilungsfehler unterlaufen ist oder das Verfahren fehlerhaft war (vgl. Rn. 56). Die sehr seltenen Konstellationen, in denen der Ablehnungsbescheid formell

---

51 In der Praxis jedoch keineswegs immer, s. Riese, in: Schoch/Schneider/Bier, VwGO, 36. EL Februar 2019, § 113 Rn. 224 ff.

52 Wolff, in: Sodan/Ziekow, VwGO, 5. Aufl. 2018, § 113 Rn. 427.

53 BVerwG, Urt. v. 4.3.1960, Az.: I C 43.59 = BVerwGE 10, 202 (204); Gerhardt, in: Schoch/Schneider/Bier, VwGO, 36. EL Februar 2019, § 113 Rn. 66.

54 Mutius, in: Erichsen/Hoppe/Mutius, Festschrift für Menger, 1985, 575 (601 ff.).

55 Wolff, in: Sodan/Ziekow, VwGO, 5. Aufl. 2018, § 113 Rn. 412; Emmenegger, in: Fehling/Kastner/Störmer, Verwaltungsrecht, 4. Aufl. 2016, § 113 VwGO Rn. 164; Schenke, Verwaltungsprozessrecht, 16. Aufl. 2019, Rn. 842; Hufen, Verwaltungsprozessrecht, 11. Aufl. 2019, § 26 Rn. 5; Decker, in: Posser/Wolff, VwGO, 49. Ed., Stand: 1.4.2019. § 113 Rn. 70.

Tristan Lemke

rechtswidrig ist, aber dennoch kein Ermessensfehler vorliegt, sind bezüglich der Verletzung in subjektiven öffentlichen Rechten problematisch (s. Rn. 90 ff.).

a) Ermessens- oder Beurteilungsfehler

84 Wenn der Ablehnungsbescheid unter irgendwelchen Ermessens- oder Beurteilungsfehlern (s. § 2 Rn. 745 f.) leidet, so verletzt er den Anspruch auf fehlerfreie Ausübung des behördlichen Gestaltungsspielraumes; in Klausuren überwiegen die Ermessenskonstellationen, also die Fälle, in denen dieser Anspruch in seiner Ausprägung als Anspruch auf ermessensfehlerfreie Entscheidung verletzt wird (s. zur Herleitung des Anspruchs Rn. 66).

b) Formelle Rechtmäßigkeit

85 Examenswissen: Deutlich weniger klausurrelevant sind Aspekte der formellen Rechtmäßigkeit des Ablehnungsbescheides. Sie sollten nur angesprochen werden, wenn der Sachverhalt deutliche Hinweise enthält. Derartige Verstöße können nur dann zur Begründetheit der Klage führen, wenn §§ 45, 46 VwVfG (s. § 2 Rn. 652 ff. (Form) und Rn. 696 ff. (Verfahren)) dem nicht entgegenstehen.

aa) Unzuständige Behörde

86 Examenswissen: Die Behörde, die den beantragten Verwaltungsakt versagte, könnte hierfür unzuständig gewesen sein. Dann ist der Ablehnungsbescheid rechtswidrig. Regelmäßig wird die Klage in diesen Fällen jedoch bereits unzulässig sein, weil kein Antrag an die zuständige Behörde gestellt wurde (vgl. Rn. 74). Sollte hingegen ein Antrag bei der zuständigen Behörde gestellt worden sein und auf deren Ablehnungsbescheid hin eine unzuständige Widerspruchsbehörde angerufen werden sein, so wird es am Erfordernis eines ordnungsgemäßen, aber erfolglosen Widerspruchverfahrens nach § 68 II VwGO fehlen.

Es wirkt sich auch materiell-rechtlich auf die Ansprüche des Klägers aus, wenn dieser keinen Antrag bei der zuständigen Behörde gestellt hat: Sowohl der Anspruch auf Erlass eines konkreten Verwaltungsakts als auch der Anspruch auf fehlerfreie Ausübung des behördlichen Gestaltungsspielraumes erfordern einen Antrag bei der zuständigen Behörde (s. Rn. 73).

bb) Verfahrensfehler

87 Examenswissen: Der Ablehnungsbescheid kann unter Verletzung von Vorschriften über das Verwaltungsverfahren zustande gekommen sein. Denkbar sind u. a. Verstöße gegen §§ 20, 21 und 24 VwVfG, beispielsweise könnte ein befangener Beamter den Antrag auf Baugenehmigung abgelehnt haben. Ein derartiger Verstoß führt zur Rechtswidrigkeit des Negativbescheids und begründet in der Regel einen Ermessensfehler: Die Behörde lässt sich von sachfremden Erwägungen leiten. In diesen Konstellationen wird in Klausuren regelmäßig lediglich erwartet, dass der Ermessensfehler sauber geprüft wird. Nur wenn der Sachverhalt ausführliche Hinweise auf den Ablauf des Verfahrens enthält, ist dieses im Rahmen des Ablehnungsbescheides zu prüfen.

Tristan Lemke

Hausarbeitswissen: Seltene Konstellationen, in denen der Ablehnungsbescheid formell rechtswidrig **88**
ist, aber dennoch kein Ermessensfehler vorliegt, sind bezüglich der Verletzung in subjektiven öf-
fentlichen Rechten problematisch (s. Rn. 91).

c) Insbesondere: Anwendung von § 28 I VwVfG auf begünstigende Verwaltungsakte

Examenswissen: Es ist umstritten, ob § 28 I VwVfG dazu verpflichtet, den Beteiligten anzuhören, **89**
bevor der beantragte Verwaltungsakt versagt wird. Beide Auffassungen sind mit der Wortlaut-
grenze vereinbar, schließlich kann die Ablehnung eines Verwaltungsakts als Eingriff in das Recht
des Betroffenen auf Erlass bzw. gestaltungsfehlerfreie Bescheidung begriffen werden.[56] Aus der
Begründung des Gesetzesentwurfs ist jedoch ersichtlich, welche Intention der Formulierung zu
Grunde liegt: „Ein Eingriff in die Rechte des Beteiligten liegt nur vor, wenn der vorhandene
Rechtskreis des Beteiligten durch die Verwaltungsentscheidung beeinträchtigt wird (Umwandlung eines Status quo in einen Status quo minus), nicht jedoch schon dann, wenn die Entscheidung erst eine Rechtsposition gewähren soll."[57] Auch teleologisch sprechen Erwägungen
dagegen, die Vorschrift auf ablehnende Bescheide anzuwenden: Im Rahmen der Antragsstellung
besteht für den Beteiligten bereits die Möglichkeit, alle für die Entscheidung erheblichen Tatsachen vorzutragen.[58] Ihm erneut Gelegenheit zur Äußerung zu geben, sobald ersichtlich wird, dass
die Behörde seinen Antrag abzulehnen gedenkt, schützt den Beteiligten nicht davor, zum bloßen
Objekt staatlichen Handelns zu werden, sondern garantiert ihm einen Dialog mit der Behörde.
Letzteres ist jedoch nicht Sinn und Zweck der Anhörung: Der Betroffene soll seine Sicht der Dinge
vortragen können und mit seinen Argumenten Einfluss auf die Entscheidung nehmen können.[59]
Das umfasst jedoch kein Recht, über jeden Aspekt der Entscheidung mit der Behörde diskutieren
zu dürfen. Aus diesen Gründen ist mit der herrschenden Meinung[60] § 28 I VwVfG auf die Eingriffsverwaltung zu beschränken.

8. Verletzung in subjektiven öffentlichen Rechten

Ausweislich des Wortlauts des § 113 V 1 VwGO ist die Verpflichtungsklage nur **90**
begründet, wenn der Kläger in seinen subjektiven öffentlichen Rechten verletzt
ist. Im Rahmen der Prüfung, ob ein Vornahmeurteil ergeht, bedarf dieser Umstand
keiner Erwähnung. Das subjektive Recht auf Erlass eines Verwaltungsakts ist
immer verletzt, wenn der begehrte Verwaltungsakt nicht erlassen wird, obwohl
sich der Kläger auf eine Anspruchsgrundlage beruft, deren Voraussetzungen erfüllt sind und Spruchreife besteht. Genauso eindeutig ist der Anspruch auf

---

56 So m.w.N. Kopp/Ramsauer, VwVfG, 20. Aufl. 2019, § 28 Rn. 27.
57 BT Drucks. 7/910, S. 51.
58 BVerwG, Urt. v. 30.4.1981, Az. 3 C 135/79.
59 OVG Münster, Urt. v. 7.9.2010, Az.: 6 A 2077/08 = DVBl 2010, 1572.
60 BVerwG, Urt. v. 30.4.1981, Az. 3 C 135/79.; BVerwG, Urt. v. 14.10.1982, Az.: 3 C 46/81 = BVerwGE
66, 184 (186).

Tristan Lemke

Normvollzug (s. Rn. 66) verletzt, wenn die Behörde gar nicht über den Antrag entschieden hat. Auch bei der Prüfung, ob der Ablehnungsbescheid rechtswidrig ist, ist im weit überwiegenden Teil der Fälle die Verletzung in subjektiven öffentlichen Rechten unproblematisch und nicht erörterungsbedürftig: Die ermessens- bzw. beurteilungsfehlerhafte Ablehnung verletzt den Anspruch auf fehlerfreie Ausübung des behördlichen Gestaltungsspielraumes (s. Rn. 65 ff.).

91 *Hausarbeitswissen: Wenn sich die Rechtswidrigkeit des Ablehnungsbescheides jedoch nicht daraus ergibt, dass der Behörde ein Ermessens- oder Beurteilungsfehler unterlaufen ist, ist die Verletzung in einem subjektiven öffentlichen Recht des Klägers problematisch. Entscheidend ist, ob die verletzte (Verfahrens)Vorschrift gerade die Verwirklichung der materiell-rechtlichen Position des Klägers sicherstellen soll; mit anderen Worten kommt es darauf an, ob die Norm eine ermessens- und beurteilungsfehlerfreie Entscheidung gewährleisten soll. Das ist beispielsweise beim Verbot des Tätigwerdens befangener Amtswalter der Fall.[61] In diesem Fall ist das subjektive öffentliche Recht auf Normvollzug durch den Verstoß gegen die klägerschützende Verfahrensvorschrift verletzt.*

9. Maßgeblicher Zeitpunkt der Beurteilung

92 Die Verpflichtungsklage ist gem. § 113 V VwGO nur begründet, wenn der Kläger zum Zeitpunkt der gerichtlichen Entscheidung den geltend gemachten Anspruch innehat. Das bedeutet jedoch nicht, dass immer und ausschließlich auf zum Zeitpunkt der Gerichtsentscheidung geltendes Recht abzustellen ist.[62] Denn die Frage, ob der behauptete Anspruch besteht, richtet sich nach dem materiellen Recht. Aus diesem ergibt sich auch, auf welchen Zeitpunkt bei der Beantwortung der Frage abzustellen ist. Das kann beispielsweise der Zeitpunkt der Antragsstellung, der letzten behördlichen Entscheidung (regelmäßig der Widerspruchsbescheid) oder der Durchführung des Vorhabens sein. Mit anderen Worten entscheidet das materielle Recht darüber, ob eine Veränderung der Rechtslage einen nach altem Recht bestehenden Anspruch beseitigt oder unberührt lässt. Es bestimmt damit den Zeitpunkt, auf den das Gericht abzustellen hat.[63]

---

61 Vgl. hierzu m.w.N Hufen/Siegel, Fehler im Verwaltungsverfahren, 6. Aufl. 2018, Rn. 849 ff., 876 ff.; a. A. Wahl/Schütz, in: Schoch/Schneider/Bier, VwGO, 36. EL Februar 2019, § 42 II Rn. 78.
62 BVerwG, Urt. v. 1.12.1989, Az.: 8 C 17/87 = BVerwGE 84, 157 (160).
63 BVerwG, Beschl. v. 25.8.2007. Az.: 1 WB 31/06 = BVerwGE 128, 329; BVerwG, Urt. v. 18.7.2002, Az.: 3 C 53/01.

Tristan Lemke

10. Schicksal des ursprünglichen Ablehnungsbescheides

Der ursprüngliche Ablehnungsbescheid, der im Rahmen der Versagungsgegen- 93
klage bereits ergangen ist, erwächst nicht in Bestandskraft sondern verliert mit
dem Urteil seine Wirksamkeit.

Examenswissen: Es ist umstritten, worauf dieser Umstand zurückzuführen ist. Teilweise wird 94
davon ausgegangen, der Ablehnungsbescheid habe sich durch das Urteil „auf andere Weise" im
Sinne von § 43 II VwVfG erledigt.[64] Die Gegenauffassung geht davon aus, er würde konkludent
durch das Urteil aufgehoben.[65] Unabhängig davon, welcher Ansicht der Vorzug gewährt wird, ist
es üblich, dass das Gericht aus Gründen der Rechtssicherheit ausdrücklich die Aufhebung ausspricht; nach der erstgenannten Ansicht ist dieser Ausspruch rein deklaratorisch.

11. Literaturhinweise

Frenz, Die Verpflichtungsklage, JA 2011, 917 ff.; Wittman, Die verwaltungsge- 95
richtliche Untätigkeitsklage in der gerichtlichen Praxis, JuS 2017, 842; Schenke,
Verwaltungsprozessrecht, 16. Aufl. 2019, § 6 und § 21; Hufen, Verwaltungsprozessrecht, 11. Aufl. 2019, § 15 und § 26

Zur Vertiefung: Koehl, Klageumstellung nach erledigter Verpflichtungsklage,
JuS 2016, 518; Decker, Die Fortsetzungsfeststellungsklage in der Situation der
Verpflichtungsklage, JA 2016, 241

II. Die Verpflichtungsklage im Allgemeinen Verwaltungsrecht (Tobias Brings-Wiesen)

Wie bereits dargelegt (s. unter § 2 Rn. 834) kennt das allgemeine Verwaltungs- 96
recht selbst nur wenige Ermächtigungsgrundlagen. Kehrseitig sind auch die
Konstellationen, in denen sich aus den Normen des allgemeinen Verwaltungsrechts ein subjektives Recht des Klägers gerichtet auf den Erlass eines Verwaltungsakts ergeben können, überschaubar. Dies bedeutet indes wie im Rahmen der
Anfechtungsklage keineswegs, dass sie auch weniger prüfungsrelevant wären. Im
Gegenteil bieten sich dem Prüfenden auch hier in verschiedener Hinsicht Möglichkeiten, verwaltungsrechtliches Grundverständnis abzufragen.

Die für Prüfungen mit Abstand relevantesten Konstellationen der Ver- 97
pflichtungsklagen im allgemeinen Verwaltungsrecht ergeben sich im Zusam-

---

64 OVG Berlin, Urt. v. 12.7.1996, Az.: 2 B 5.94 = OVGE BE 22, 34.
65 Wolff, in: Sodan/Ziekow, VwGO, 5. Aufl. 2018, § 113 Rn. 409; Kopp/Schenke, VwGO, 25. Aufl.
2019, § 113 Rn 179.

menhang mit dem sog. „Wiederaufgreifen des Verfahrens". Darüber hinaus sollte auch die Möglichkeit einer Verpflichtungsklage auf Zusicherung bekannt sein.

1. Das Wiederaufgreifen des Verfahrens

98 Es kann Konstellationen geben, in denen ein durch einen Verwaltungsakt Belasteter dessen **Aufhebung durch die Behörde wünscht.** Dies kommt – auch in Prüfungen – besonders häufig im Falle von Verwaltungsakten mit Drittwirkung vor (s. für diese Konstellationen auch die besondere Regelung in § 50 VwVfG unter § 2 Rn. 979 ff.).

99 *Vor* **Eintritt der Bestandskraft** des Verwaltungsakts kann sich der Betroffene – unabhängig von der ihm gegebenen Möglichkeit der Erhebung eines Widerspruchs (§ 68 I 1 VwGO) bzw. einer Anfechtungsklage (§ 42 I Var. 1 VwGO)[66] – mit diesem Begehren grundsätzlich auch an die Behörde wenden, die im Rahmen des ihr zustehenden Ermessens[67] über eine Aufhebung gemäß §§ 48 f. VwVfG befinden kann.[68] *Nach* **Eintritt der Bestandskraft**[69] wird dieses Vorgehen die einzige dem Betroffenen verbleibende Option sein.[70]

100 Die Behörde kann in einem solchen Fall drei mögliche Entscheidungen treffen:[71]

- Sie kann es bereits ablehnen, überhaupt in eine erneute Prüfung in der Sache einzutreten. Dies wird für sie besonders leicht zu begründen sein, wenn der Verwaltungsakt in Bestandskraft erwachsen ist oder gar gerichtlich rechts-

---

66 Dass die Anhängigkeit dieser förmlichen Verfahren nicht die Möglichkeit der Aufhebung gemäß §§ 48 f. VwVfG sperrt, ergibt sich in systematischer Hinsicht bereits aus der Regelung des § 50 VwVfG, die anderweitig völlig obsolet wäre, so auch Detterbeck, Allgemeines Verwaltungsrecht, 17. Aufl. 2019, Rn. 744.

67 S. aber zu den Besonderheiten der Ermessensausübung vor Eintritt der Bestandskraft bereits unter § 2 Rn. 925.

68 Wegen der Berücksichtigung des schutzwürdigen Vertrauens wird es im Falle von Verwaltungsakten mit Drittwirkung für den Rechtsschutzbegehrenden praktisch immer sinnvoller sein, *vor* Eintritt der Bestandskraft Widerspruch bzw. Anfechtungsklage zu erheben, s. zur unterschiedlichen Berücksichtigung von Vertrauensschutz Detterbeck, Allgemeines Verwaltungsrecht, 17. Aufl. 2019, Rn. 740 ff.

69 S. auch zur Konstellation des gerichtlich rechtskräftig bestätigten Verwaltungsakts Detterbeck, Allgemeines Verwaltungsrecht, 17. Aufl. 2019, Rn. 737.

70 Aufhebungen gemäß §§ 48 f. VwVfG bleiben ausweislich des Wortlauts auch nach Eintritt der Bestandskraft grundsätzlich möglich. Die Bestandskraft ist jedoch aus verschiedenen Perspektiven und an verschiedenen Stellen der Prüfung als Ausfluss des Interesses an Rechtssicherheit und Rechtsfrieden sowie des Vertrauensschutzes zu berücksichtigen.

71 S. auch Maurer/Waldhoff, Allgemeines Verwaltungsrecht, 19. Aufl. 2017, § 11 Rn. 80; Erbguth/Guckelberger, Allgemeines Verwaltungsrecht, 9. Aufl. 2018, § 17 Rn. 2.

Tobias Brings-Wiesen

kräftig bestätigt wurde.[72] Zugleich schließen jedoch weder die Bestandskraft des Verwaltungsakts,[73] noch seine gerichtliche rechtskräftige Bestätigung[74] die Neueröffnung eines Verfahrens *per se* aus. Diese sog. **Entscheidung über das Wiederaufgreifen des Verfahrens** ist im VwVfG in zwei Konstellationen geregelt, die – spätestens – seit der Übernahme der Terminologie durch das Bundesverwaltungsgericht[75] als „**Wiederaufgreifen im weiteren Sinne**" und „**Wiederaufgreifen im engeren Sinne**" bezeichnet werden sollten (s. dazu Rn. 103).

– Sie kann zwar das Verfahren wiederaufgreifen, sich sodann jedoch **in der Sache gegen eine Aufhebung entscheiden** (= in beiden Fällen ergeht eine sog. „wiederholende Verfügung"[76]).

– Sie kann das Verfahren wiederaufgreifen und in der Sache dem Antrag entsprechend entscheiden, sprich **einen Verwaltungsakt aufheben und eine neue Entscheidung in der Sache treffen** (= sog. „Zweitbescheid"[77]).

Lehnt die Behörde einen Antrag auf Aufhebung ab, steht dem Betroffenen in- 101 nerhalb der einschlägigen Rechtsbehelfsfristen (§§ 70, 74 II VwGO) die Möglichkeit offen, Widerspruch (§ 68 II VwGO) bzw. **Verpflichtungsklage** (§ 42 I Var. 2 VwGO, in Form der sog. Versagungsgegenklage) gerichtet auf Erlass des Verwaltungsakts der Aufhebungsentscheidung zu erheben.

Auch hier bleibt es jedoch selbstredend – und durch den Eintritt der Be- 102 standskraft noch einmal verstärkt – dabei, dass das gesetzlich eröffnete Ermessen der Aufhebungsbehörde sich nur in besonderen Ausnahmekonstellationen zu einer gebundenen Entscheidung und einem dem korrespondierenden Rechtsanspruch des Betroffenen auf Aufhebung verdichten wird. Auch vor Gericht wird daher nur äußerst selten ein Verpflichtungsurteil (§ 113 V 1 VwGO), wenn überhaupt ein Bescheidungsurteil (§ 113 V 2 VwGO) ergehen.[78] Vor diesem Hintergrund

---

72 S. nur BVerwG, Urt. v. 27.1.1994, Az.: 2 C 12.92 = BVerwGE 95, 86 (92): Bei gerichtlicher Bestätigung „bedarf es regelmäßig keiner weiteren ins einzelne gehenden Ermessenserwägungen der Behörde".

73 BVerwG, Urt. v. 21.3.2000, Az.: 9 C 41.99 = BVerwGE 111, 77 (82).

74 BVerwG, Urt. v. 27.1.1994, Az.: 2 C 12.92 = BVerwGE 95, 86 (92); Urt. v. 22.10.2009, Az.: 1 C 15.08 = BVerwGE 135, 121 (129, Rn. 24); Urt. v. 22.10.2009, Az.: 1 C 26.08 = BVerwGE 135, 137 (145 f., Rn. 19).

75 S. BVerwG, Urt. v. 22.10.2009, Az.: 1 C 15.08 = BVerwGE 135, 121; Urt. v. 22.10.2009, Az.: 1 C 26.08 = BVerwGE 135, 137.

76 Detterbeck, Allgemeines Verwaltungsrecht, 17. Aufl. 2019, Rn. 772.

77 Detterbeck, Allgemeines Verwaltungsrecht, 17. Aufl. 2019, Rn. 773.

78 S. zu den verschiedenen Ermessensspielräumen der Behörde im Rahmen von §§ 48 f. VwVfG bereits unter § 2 Rn. 921 ff.

Tobias Brings-Wiesen

erlangt der Anspruch auf Wiederaufgreifen des Verfahrens (im engeren Sinne) gemäß § 51 VwVfG für den Betroffenen ein umso größeres Gewicht.

a) Wiederaufgreifen im engeren und im weiteren Sinne

103 „**Wiederaufgreifen im weiteren Sinne**" beschreibt die allgemein bestehende Möglichkeit der Behörde, die Aufhebung eines Verwaltungsakts gemäß §§ 48 f. VwVfG zu prüfen. Dies kann sie bereits eigeninitiativ von Amts wegen tun. Es kann jedoch auch auf den Antrag eines Betroffenen hin erfolgen, der insofern zumindest einen – gerichtlich einklagbaren – Anspruch auf ermessensfehlerfreie Entscheidung hat.[79]

104 Gewisse Umstände des Einzelfalls mögen diesen Anspruch gar zu einer gebundenen Entscheidung hin verdichten. Ähnliche wie bei der Durchbrechung der Rechtskraft gerichtlicher Entscheidungen (§ 153 I VwGO i.V.m. §§ 578 ff. ZPO) hat der Gesetzgeber jedoch bestimmte solcher Umstände bereits abstrakt-verallgemeinernd in § 51 VwVfG festgeschrieben. Liegen dessen Voraussetzungen vor, kommt es zu einem „**Wiederaufgreifen im engeren Sinne**".

105 **In der klassische Prüfungskonstellation** wird ein Betroffener nach der Ablehnung des Wiederaufgreifens des Verfahrens durch die Behörde einen Widerspruch (§ 68 II VwGO) bzw. eine Verpflichtungsklage (§ 42 I Var. 2 VwGO, in Form der sog. Versagungsgegenklage) erheben. Obgleich auch das Bundesverwaltungsgericht zwischen den beiden Prüfungsstufen des Wiederaufgreifens und der Entscheidung in der Sache unterscheidet,[80] verlangt es, dass das Klagebegehren auf die Entscheidung in der Sache abzielt,[81] sodass unmittelbar auf Aufhebung des Verwaltungsakts, zumindest aber auf Bescheidung in der Sache zu klagen ist[82]. Innerhalb der Begründetheit ist sodann jedoch in einem ersten Schritt ein Anspruch auf Wiederaufgreifen des Verfahrens gemäß § 51 VwVfG (s. dazu Rn. 108 ff.), hilfsweise ein Anspruch gemäß (§ 51 V VwVfG gemäß) §§ 48 f. VwVfG[83], der zumindest in einem Anspruch auf ermessensfehlerfreie Entschei-

---

79 BVerwG, Urt. v. 21.3.2000, Az.: 9 C 41.99 = BVerwGE 111, 77 (82); Urt. v. 22.10.2009, Az.: 1 C 15.08 = BVerwGE 135, 121 (130, Rn. 26); Urt. v. 22.10.2009, Az.: 1 C 26.08 = BVerwGE 135, 137 (145 f., Rn. 19).

80 S. dazu BVerwG, Urt. v. 22.10.2009, Az.: 1 C 15.08 = BVerwGE 135, 121; Urt. v. 22.10.2009, Az.: 1 C 26.08 = BVerwGE 135, 137. S. dazu auch Maurer/Waldhoff, Allgemeines Verwaltungsrecht, 19. Aufl. 2017, § 11 Rn. 80 f.

81 S. dazu bereits BVerwG, Urt. v. 10.2.1998, Az.: 9 C 28.97 = BVerwGE 106, 171 (172 ff.).

82 Vgl. nur Schenke, Verwaltungsprozessrecht, 16. Aufl. 2019, Rn. 278.

83 BVerwG, Urt. v. 24.2.2011, Az.: 2 C 50.09 = NVwZ 2011, 888 (889, Rn. 10). Ursprünglich wurde darauf nur zur Überwindung der Rechtskraftbindung gemäß § 121 VwGO rekurriert, BVerwG, Urt. v. 22.10.2009, Az.: 1 C 15.08 = BVerwGE 135, 121 (126 f., Rn. 15 f.), und Urt. v. 22.10.2009, Az.:

dung bestehen könnte, zu prüfen.[84] Von diesem bloß zweigliedrigen Prüfungsaufbau geht nun offenbar auch das Bundesverwaltungsgericht (wieder) durchgehend aus.[85] Im Rahmen der Prüfung der §§ 48 f. VwVfG ergeben sich sodann jedoch nur hinsichtlich des Ermessens Besonderheiten: Es bedarf vorrangig der Prüfung einer Ermessensreduktion auf Null; ist diese zu verneinen, ist zu prüfen, ob der Behörde bei ihrer Ablehnungsentscheidung Ermessensfehler unterlaufen sind und der Kläger somit einen Anspruch auf erneute ermessensfehlerfreie Entscheidung hat.

Eine **zwar theoretisch denkbare Anfechtungsklage** allein gegen die behördliche Entscheidung für ein Wiederaufgreifen wird zumindest praktisch immer hinter die spätere Entscheidung in der Sache zurücktreten. Dieser sog. „Zweitbescheid"[86] kann jedoch sodann als Verwaltungsakt auch durch Widerspruch (§ 68 I 1 VwGO) bzw. Anfechtungsklage (§ 42 I Var. 1 VwGO) sinnvoll angegriffen werden.   106

Im Folgenden erfolgt eine **Konzentration auf die verfahrensrechtlichen Fragen** des Wiederaufgreifens des Verfahrens im engeren Sinne.[87]   107

b) Wiederaufgreifen des Verfahrens im engeren Sinne gemäß § 51 VwVfG

Gemäß § 51 I VwVfG hat der Betroffene gegen die Behörde einen **gesetzlichen Anspruch** auf Wiederaufgreifen des Verfahrens betreffend den Verwaltungsakt, wenn die gesetzlichen Voraussetzungen erfüllt sind. Ist dies der Fall, ist in einem zweiten Schritt zu prüfen, ob auch ein **Anspruch auf die begehrte Entscheidung in der Sache** steht.   108

---

1 C 26.08 = BVerwGE 135, 137 (141 f., Rn. 12 ff.). Dem wurde von der Gegenmeinung erwidert, dass § 51 V VwVfG nur deklaratorische Bedeutung zukomme, s. nur Detterbeck, Allgemeines Verwaltungsrecht, 17. Aufl. 2019, Rn. 770.

84 S. anschaulich jüngst BVerwG, Urt. v. 20.11.2018, Az.: 1 C 23.17 = NVwZ-RR 2019, 170. S. auch die Fallbearbeitungen bei Ludwigs JURA 2009, 226, und Thiel/Westphal, JuS 2012, 618.

85 Nach BVerwG, Urt. v. 22.10.2009, Az.: 1 C 15.08 = BVerwGE 135, 121 (126 f., Rn. 15 f.), und Urt. v. 22.10.2009, Az.: 1 C 26.08 = BVerwGE 135, 137 (141 f., Rn. 12 ff.), wurde angenommen, dass nun zwischen schlicht bestandskräftigen und gerichtlich rechtskräftig bestätigten Verwaltungsakten unterschieden werden müsste, s. nur Detterbeck, Allgemeines Verwaltungsrecht, 17. Aufl. 2019, Rn. 770; dazu auch die Fallbearbeitung bei Krönke, JuS 2012, 347. Zuletzt hat das BVerwG, Urt. v. 20.11.2018, Az.: 1 C 23.17 = NVwZ-RR 2019, 170, indes auch bei einem bestandskräftigen, nur durch Widerspruchsbescheid bestätigten Verwaltungsakt nur zweigliedrig geprüft.

86 S. zur Terminologie Peine/Siegel, Allgemeines Verwaltungsrecht, 12. Aufl. 2018, Rn. 663 f.

87 Zum Wiederaufgreifen des Verfahrens im weiteren Sinne gesondert Maurer/Waldhoff, Allgemeines Verwaltungsrecht, 19. Aufl. 2017, § 11 Rn. 88 ff.

Tobias Brings-Wiesen

aa) Anspruch auf Wiederaufgreifen des Verfahrens gemäß § 51 I VwVfG

109 Gemeinhin wird im Rahmen der Prüfung des Anspruchs auf Wiederaufgreifen des Verfahrens gemäß § 51 I VwVfG zwischen Zulässigkeit und Begründetheit unterschieden.[88] **Zulässigkeit** ist unter folgenden Voraussetzungen gegeben:

110 (1) Es muss ein **Antrag** des Betroffenen auf Wiederaufgreifen des Verfahrens bei der **zuständigen Behörde** (s. dazu insbesondere § 51 IV VwVfG) eingegangen sein.

111 (2) Der Antrag betrifft einen **unanfechtbaren Verwaltungsakt.**

112 (3) Darin muss der Betroffenen einen **Grund für das Wiederaufgreifen** des Verfahrens gemäß § 51 I VwVfG geltend gemacht haben. Dieser muss nicht ausdrücklich benannt werden, sich aber zumindest im Wege der Auslegung in diese Richtung klar deuten lassen.[89] Es dürfen keine anderen als die vom Antragssteller selbst geltend gemachten Gründe für ein Wiederaufgreifen zugrunde gelegt werden.[90]

113 (4) Er muss den Antrag gemäß § 51 III VwVfG **innerhalb einer Frist von drei Monaten** seit dem Tage, an dem er von dem Grund für das Wiederaufgreifen Kenntnis erhalten hat, gestellt haben. Es genügt die sichere Kenntnis der Tatsachen, die den Wiederaufgreifensgrund erfüllen. Deren rechtliche Einordnung ist nicht erforderlich.[91] Es bedarf positiver Kenntnis, fahrlässige Unkenntnis genügt nicht.[92] Die Fristberechnung richtet sich nach § 31 VwVfG.[93]

114 **Begründet** ist der Antrag unter den folgenden Voraussetzungen:

115 (1) Es muss einer der in § 51 I VwVfG aufgeführten, vom Antragssteller geltend gemachten **Wiederaufgreifensgründe** gegeben sein.

---

88 Maurer/Waldhoff, Allgemeines Verwaltungsrecht, 19. Aufl. 2017, § 11 Rn. 82ff.; Detterbeck, Allgemeines Verwaltungsrecht, 17. Aufl. 2019, Rn. 769. Vgl. für einen ausführlicheren, teils abweichenden Aufbau Kastner, in: Fehling/Kastner/Störmer, Verwaltungsrecht, 4. Aufl. 2016, § 51 VwVfG Rn. 5 f.

89 Detterbeck, Allgemeines Verwaltungsrecht, 17. Aufl. 2019, Rn. 768. Mehrheitlich wird Schlüssigkeit des Antrags verlangt, s. nur Sachs, in: Stelkens/Bonk/Sachs, VwVfG, 9. Aufl. 2018, § 51 Rn. 25; ablehnend Falkenbach, in: Bader/Ronellenfitsch, VwVfG, 44. Ed., Stand: 1. 7. 2019, § 51 Rn. 12 f.

90 BVerwG, Urt. v. 30. 8. 1988, Az.: 9 C 47.87 = NVwZ 1989, 161 (162); VGH Mannheim, Urt. v. 30. 11. 2016, Az.: 1 S 472/16 = juris, Rn. 33.

91 VGH Mannheim, Urt. v. 30. 11. 2016, Az.: 1 S 472/16 = juris, Rn. 32; Ramsauer, in: Kopp/Ramsauer, VwVfG, 20. Aufl. 2019, § 51 Rn. 47; Sachs, in: Stelkens/Bonk/Sachs, VwVfG, 9. Aufl. 2018, § 51 Rn. 134.

92 Ramsauer, in: Kopp/Ramsauer, VwVfG, 20. Aufl. 2019, § 51 Rn. 47; Sachs, in: Stelkens/Bonk/Sachs, VwVfG, 9. Aufl. 2018, § 51 Rn. 133.

93 Ramsauer, in: Kopp/Ramsauer, VwVfG, 20. Aufl. 2019, § 51 Rn. 46.

Tobias Brings-Wiesen

Gemäß § 51 I Nr. 1 VwVfG hat die Behörde über die Aufhebung oder Änderung 116
eines unanfechtbaren Verwaltungsakts zu entscheiden, wenn sich die dem Verwaltungsakt zugrundeliegende Sach- oder Rechtslage nachträglich zugunsten des
Betroffenen geändert hat. Der Begriff der **„Sachlage"** entspricht dem der „Tatsachen" nach § 49 II 1 Nr. 3 VwVfG. Obgleich die Formulierung weiter ist als in
§ 49 II 1 Nr. 4 VwVfG, ist nicht erkennbar, dass der Begriff der **„Rechtslage"** in der
Sache (im Wesentlichen) anders ausgelegt wird (s. dazu bereits in § 2 Rn. 970).
Eine Änderung der Rechtslage liegt nur vor bei einer Änderung im Bereich des
materiellen Rechts, dem eine allgemein verbindliche Außenwirkung zukommt.[94]
Dies ist insbesondere nicht der Fall bei einer Änderung der Rechtsprechung, weil
die gerichtliche Entscheidung letztlich am Maßstab der bereits vorgegebenen
Rechtsordnung erfolgt.[95] Die Veränderungen müssen „nachträglich" eintreten,
wobei das Bundesverwaltungsgericht in einem systematisch-teleologischer Hinsicht zu Recht nur auf Änderungen „nach Bestandskraft" abstellt.[96]

Gemäß § 51 I Nr. 2 VwVfG hat die Behörde über die Aufhebung oder Änderung 117
eines unanfechtbaren Verwaltungsakts zu entscheiden, wenn **neue Beweismittel**
vorliegen, die eine dem Betroffenen günstigere Entscheidung herbeigeführt haben
würden. „Beweismittel" i.S.d. der Vorschrift sind solche Erkenntnismittel, die die
Überzeugung von der Existenz oder Nichtexistenz von Tatsachen begründen
können.[97] Dazu gehören die in § 26 VwVfG aufgeführten Beweismittel. „Neu" sind
diese, wenn sie bis zum Abschluss des gesamten vorangegangenen Verfahrens
noch nicht existierten oder ohne Verschulden des Betroffenen nicht oder nicht
rechtzeitig beigebracht werden konnten.[98] Neu eingeführte Sachverständigengutachten sind nur dann beachtlich, wenn sie selbst auf neuen Beweismitteln
beruhen, da sonst Missbrauchsmöglichkeiten bestehen.[99]

Gemäß § 51 I Nr. 3 VwVfG hat die Behörde über die Aufhebung oder Änderung 118
eines unanfechtbaren Verwaltungsakts zu entscheiden, wenn **Wiederaufnah-
megründe entsprechend § 580 ZPO** gegeben sind. Die verschiedenen Wieder-
aufnahmegründe lassen sich durch entsprechende Sachverhaltsgestaltung leicht
in Prüfungen einbinden, sind aber zumindest grundsätzlich durch eine auf-

---

94 BVerwG, Urt. v. 22.10.2009, Az.: 1 C 15.08 = BVerwGE 135, 121 (128, Rn. 21).

95 BVerwG, Urt. v. 22.10.2009, Az.: 1 C 15.08 = BVerwGE 135, 121 (128, Rn. 21). S. dazu ausführlich
Sachs, in: Stelkens/Bonk/Sachs, VwVfG, 9. Aufl. 2018, § 51 Rn. 104 ff. m. zahlr. N.

96 BVerwG, Urt. v. 27.1.1994, Az.: 2 C 12.92 = BVerwGE 95, 86 (89); Urt. v. 22.10.2009, Az.: 1 C 15.08 =
BVerwGE 135, 121 (127, Rn. 19); Urt. v. 22.10.2009, Az.: 1 C 26.08 = BVerwGE 135, 137 (143 f., Rn. 16).

97 BVerwG, Urt. v. 27.1.1994, Az.: 2 C 12.92 = BVerwGE 95, 86 (90).

98 BVerwG, Urt. v. 13.9.1984, Az.: 2 C 22.83 = BVerwGE 70, 110 (113 f.); Urt. v. 14.6.2017, Az.:
8 C 7.16 = BVerwGE 159, 136 (141, Rn. 24).

99 BVerwG, Urt. v. 27.1.1994, Az.: 2 C 12.92 = BVerwGE 95, 86 (90 f.).

Tobias Brings-Wiesen

merksame Lektüre gut zu erschließen. Besonders anzumahnen ist an dieser Stelle jedoch ein richtiges Verständnis von § 580 Nr. 8 ZPO. Das Bundesverwaltungsgericht hat zu Recht darauf hingewiesen, dass sich die Feststellung einer Konventionsverletzung durch den Europäischen Gerichtshof für Menschenrechte auf den *konkreten* Sachverhalt, sprich das wiederaufzugreifende Verfahren, beziehen muss.[100] Die Feststellung einer Verletzung der Europäischen Menschenrechtskonvention in einem vergleichbaren oder gar identischen anderen Fall ist *hier* bedeutungslos.

119   (2) Der Betroffene muss **ohne grobes Verschulden außer Stande** gewesen sein, den geltend gemachten Grund bereits in dem früheren Verfahren, insbesondere durch Rechtsbehelf, geltend gemacht zu haben (§ 51 II VwVfG). Zwar deutet der Wortlaut klar in Richtung einer Zulässigkeitsvoraussetzung,[101] die Frage lässt sich jedoch in der Prüfung erst dann sinnvoll klären, wenn der tragende Wiederaufgreifensgrund definit bestimmt ist.[102] Grobes Verschulden bedeutet Vorsatz oder grobe Fahrlässigkeit, also die Außerachtlassung der im Verkehr erforderlichen Sorgfalt in besonders schwerwiegender Weise. Abzustellen ist hier auf einen ordentlichen Verfahrensbeteiligten.[103]

bb) Anspruch auf die begehrte Entscheidung in der Sache

120   Ist der Antrag auf Wiederaufgreifen des Verfahrens gemäß § 51 VwVfG bereits unzulässig oder zumindest unbegründet, ist ein Anspruch des Betroffenen auf Wiederaufgreifen des Verfahrens im *weiteren* Sinne zu prüfen. Ist der Antrag indes zulässig *und* begründet, ist weiter zu prüfen, ob der Betroffenen auch einen Anspruch auf die begehrte Entscheidung in der Sache hat. Dies ergibt sich jedoch nicht aus § 51 VwVfG selbst. Vielmehr besteht **Streit** um die Frage des **einschlägigen materiellen Rechtsmaßstabs**.[104] Eine **Mindermeinung** stellt auf die §§ 48 f. VwVfG ab, will dabei in der Regel aber von einer Ermessensreduktion auf Null ausgehen.[105] Begründet wird dies u. a. mit dem Wortlaut der Gesetzesmate-

---

100 BVerwG, Urt. v. 22.10.2009, Az.: 1 C 15.08 = BVerwGE 135, 121 (128, Rn. 22); Urt. v. 22.10.2009, Az.: 1 C 26.08 = BVerwGE 135, 137 (144, Rn. 17).
101 Entsprechend zuordnend die ganz h.M., s. nur Maurer/Waldhoff, Allgemeines Verwaltungsrecht, 19. Aufl. 2017, § 11 Rn. 83; Detterbeck, Allgemeines Verwaltungsrecht, 17. Aufl. 2019, Rn. 769; Peine/Siegel, Allgemeines Verwaltungsrecht, 12. Aufl. 2018, Rn. 666.
102 Auch als Teil der Begründetheit einstufend Ramsauer, in: Kopp/Ramsauer, VwVfG, 20. Aufl. 2019, § 51 Rn. 44.
103 S. zu Einzelheiten nur Sachs, in: Stelkens/Bonk/Sachs, VwVfG, 9. Aufl. 2018, § 51 Rn. 127 ff.
104 S. dazu ausführlich m.w.N. nur Sachs, in: Stelkens/Bonk/Sachs, VwVfG, 9. Aufl. 2018, § 51 Rn. 29 ff.
105 S. nur Maurer/Waldhoff, Allgemeines Verwaltungsrecht, 19. Aufl. 2017, § 11 Rn. 87.

rialien,[106] aber insbesondere mit der teleologischen Erwägung, dass sonst unter Umständen keine Möglichkeit bestünde, das schutzwürdige Vertrauen Dritter bei Verwaltungsakten mit Drittwirkung zu berücksichtigen. Die **herrschende Ansicht** stellt demgegenüber allein auf das für den aufzuhebenden Verwaltungsakt aktuell einschlägige, materielle Fachrecht ab.[107] Dies führt tatsächlich dazu, dass je nach einschlägiger Ermächtigungsgrundlage die Behörde eine gebundene Entscheidung treffen muss, in deren Rahmen besagte Interessen Dritter unberücksichtigt bleiben.[108] Für diese Meinung ist gleichwohl[109] entscheidend, dass es Ziel des Wiederaufgreifens sei, das Verfahren in den Stand vor Erlass des ursprünglichen Verwaltungsakts zu setzen.[110] Mit der gesetzlichen Verpflichtung zum Wiederaufgreifen wie mit der Anlehnung an die gerichtliche Wiederaufnahme sei es unvereinbar, die erneute Entscheidung allgemein dem behördlichen Ermessen zu überlassen.[111] Einschränkend möchte diese Ansicht jedoch überwiegend den Prüfungsumfang der Behörde an den vorgetragenen Wiederaufgreifensgrund binden, sprich auf die Aspekte begrenzen, die mit ihm in einem für die Prüfung relevanten rechtlichen Zusammenhang stehen.[112] Daraus folgt, dass die neue Sachentscheidung auf Grundlage des aktuellen materiellen Fachrechts nur dann in Abweichung von der ursprünglichen Entscheidung ergehen kann, wenn der geltend gemachte Wiederaufgreifensgrund für die Änderung maßgeblich ist. Eine *reformatio in peius* zulasten des Antragsstellers ist nach wohl herrschender Meinung unzulässig.[113]

---

106 BT-Drucks. 7/910, S. 75, wo der Gesetzgeber allgemein von Ermessen ausgeht, was bei Rekurs auf das jeweilige Fachrecht derart pauschal nicht logisch wäre.
107 BVerwG, Urt. v. 21.4.1982, Az.: 8 C 75.80 = NJW 1982, 2204 (2205); Peine/Siegel, Allgemeines Verwaltungsrecht, 12. Aufl. 2018, Rn. 671; Ramsauer, in: Kopp/Ramsauer, VwVfG, 20. Aufl. 2019, § 51 Rn. 18; Sachs, in: Stelkens/Bonk/Sachs, VwVfG, 9. Aufl. 2018, § 51 Rn. 32; Engels, in: Mann/Sennekamp/Uechtritz, VwVfG, 2. Aufl. 2019, § 51 Rn. 43, 45.
108 S. zu diesem Problem gesondert Detterbeck, Allgemeines Verwaltungsrecht, 17. Aufl. 2019, Rn. 771.
109 Zur *anderweitigen* Berücksichtigung der Interessen Dritter Sachs, in: Stelkens/Bonk/Sachs, VwVfG, 9. Aufl. 2018, § 51 Rn. 66 f.
110 Engels, in: Mann/Sennekamp/Uechtritz, VwVfG, 2. Aufl. 2019, § 51 Rn. 45.
111 Sachs, in: Stelkens/Bonk/Sachs, VwVfG, 9. Aufl. 2018, § 51 Rn. 31.
112 S. dazu nur Engels, in: Mann/Sennekamp/Uechtritz, VwVfG, 2. Aufl. 2019, § 51 Rn. 44 m.w.N.
113 Detterbeck, Allgemeines Verwaltungsrecht, 17. Aufl. 2019, Rn. 769; Sachs, in: Stelkens/Bonk/Sachs, VwVfG, 9. Aufl. 2018, § 51 Rn. 42 ff. S. indes jüngst VGH München, Urt. v. 2.5.2017, Az.: 1 B 15.1575 = NVwZ 2017, 1147, sowie dazu Struzina, NVwZ 2017, 1751.

Tobias Brings-Wiesen

cc) Literaturhinweise

Lehrbeiträge: Ebber/Erichsen, Das Wiederaufgreifen unanfechtbar abgeschlossener Verwaltungsverfahren gemäß § 51 VwVfG, JURA 1997, 424; Sanden, Das Wiederaufgreifen des Verfahrens nach § 51 VwVfG bei Verwaltungsakten mit Drittwirkung, DVBl 2007, 665; Sasse, Das Wiederaufgreifen des Verfahrens gemäß § 51 VwVfG, JURA 2009, 493; Schmahl/Köber, Durchbrechung der Rechtskraft nationaler Gerichtsentscheidungen zu Gunsten der Effektivität des Unionsrechts?, EuZW 2010, 927; Traulsen, Aktuelle Rechtsfragen des Wiederaufgeifens von Verwaltungsverfahren, VerwArch 2012, 337; Windoffer, Die Bestandskraft von Verwaltungsakten und ihre Überwindung durch Betroffene, JURA 2017, 1274

Fallbearbeitungen: Kanitz/Wendel, Referendarexamensklausur – Öffentliches Recht: Europarechtlich induzierte Durchbrechung der Bestandskraft?, JuS 2008, 58; Krönke, Referendarexamensklausur – Öffentliches Recht: Allgemeines Verwaltungsrecht, Europarecht – „Beef um Beef", JuS 2012, 347

2. Klage im Zusammenhang mit der Zusicherung gemäß § 38 VwVfG

121 Besonderer Berücksichtigung bedarf auch die Möglichkeit einer **Verpflichtungsklage gemäß § 42 I Var. 2 VwGO auf Zusicherung eines Verwaltungsakts** gemäß § 38 VwVfG.[114] Geht man davon aus, dass es sich bei der Zusicherung um einen Verwaltungsakt handelt (s. dazu bereits in § 2 Rn. 999), kann der Einzelne deren Erteilung über diese Klageart begehren.[115] Ein Schwerpunkt der Prüfung wird dann darin bestehen, ein entsprechendes subjektives Recht des Klägers zu identifizieren. Dieses ergibt sich nicht aus § 38 VwVfG selbst, sodass die Entscheidung der Behörde grundsätzlich in deren Ermessen steht.[116] Etwas anderes, insbesondere eine Ermessensreduktion auf Null,[117] kann sich indes aus dem einschlägigen Fachrecht ergeben.[118] Begehrt der Kläger die Erfüllung der Zusicherung, sprich den Erlass eines zugesicherten Verwaltungsakts, ist eine

---

114 S. dazu Stelkens, in: Stelkens/Bonk/Sachs, VwVfG, 9. Aufl. 2018, § 38 Rn. 117 f.; für einen gut zugänglichen Überblick zu den Rechtsproblemen rund um die Zusicherung Hebeler/Schäfer, JURA 2010, 881; Kingler/Krebs, JuS 2010, 1059.

115 Sonst bestünde zumindest die Möglichkeit der Erhebung einer allgemeinen Leistungsklage, Stelkens, in: Stelkens/Bonk/Sachs, VwVfG, 9. Aufl. 2018, § 38 Rn. 117.

116 Stelkens, in: Stelkens/Bonk/Sachs, VwVfG, 9. Aufl. 2018, § 38 Rn. 110.

117 S. dazu bspw. BVerwG, Urt. v. 8.12.2014, Az.: 6 C 16.14 = NJW 2015, 1321 (1322 f.).

118 S. dazu ausführlich m. w. N. Stelkens, in: Stelkens/Bonk/Sachs, VwVfG, 9. Aufl. 2018, § 38 Rn. 110 ff.

Tobias Brings-Wiesen

darauf gerichtete Verpflichtungsklage statthaft, in deren Rahmen die Wirksamkeit der Zusicherung als Rechtsgrundlage des Anspruchs zu prüfen ist.[119]

III. Die Verpflichtungsklage im Polizei- und Ordnungsrecht (Nikolas Eisentraut)

Das Polizei- und Ordnungsrecht kann auch im Rahmen der Verpflichtungsklage **122** eine Rolle spielen. So können die Ermächtigungsgrundlagen des allgemeinen Polizei- und Ordnungsrechts (s. dazu einführend § 2 Rn. 1000 ff.) ausnahmsweise auch als Anspruchsgrundlage in Betracht kommen, mittels derer der Erlass eines Verwaltungsakts begehrt werden kann (s beispielhaft Fall 5 in: Eisentraut, Fälle zum Verwaltungsrecht, 2020). Denn die Normen des Polizei- und Ordnungsrechts vermitteln subjektive Rechte.[120] Auch die polizeiliche Generalklausel vermittelt ein solch subjektives Recht.[121]

Voraussetzung ist dafür zunächst, dass es sich bei der begehrten Maßnahme **123** um einen Verwaltungsakt handelt (zur Abgrenzung von Realakten im Polizei- und Ordnungsrecht näher § 2 Rn. 1001 ff.).

Auf Grundlage dieser subjektiven Rechte kann dem Einzelnen einerseits ein **124** Anspruch auf polizeilichen Schutz zustehen.

> *Beispiel: Ein Schiedsrichter kann verlangen, dass die Behörde ihn zum Schutz in Gewahrsam nimmt, weil ihm nach einem Fußballspiel Gefahren für Leib und Leben drohen.*[122]

Andererseits kann das Polizei- und Ordnungsrecht dem Bürger aber auch auf **125** Einschreiten gegenüber Dritten vermitteln (drittschützende Qualität).[123]

> *Beispiel: Der Schiedsrichter begehrt, dass die Polizei gegen die randalierenden Ultragruppie-rungen vorgeht und Platzverweise erteilt.*

Soweit der Behörde jedoch durch die Norm, auf die der Anspruch gestützt wird, **126** ein Ermessen eröffnet ist – was im Polizei- und Ordnungsrecht regelmäßig der Fall

---

119 Stelkens, in: Stelkens/Bonk/Sachs, VwVfG, 9. Aufl. 2018, § 38 Rn. 122.
120 Kingreen/Poscher, Polizei- und Ordnungsrecht mit Versammlungsrecht, 10. Aufl. 2018, § 3 Rn. 51.
121 Kingreen/Poscher, Polizei- und Ordnungsrecht mit Versammlungsrecht, 10. Aufl. 2018, § 5 Rn. 10.
122 Beispiel nach Kingreen/Poscher, Polizei- und Ordnungsrecht mit Versammlungsrecht, 10. Aufl. 2018, § 3 Rn. 52.
123 Kingreen/Poscher, Polizei- und Ordnungsrecht mit Versammlungsrecht, 10. Aufl. 2018, § 3 Rn. 53.

Tobias Brings-Wiesen/Nikolas Eisentraut

ist –, kann ein Anspruch nur dann bejaht werden, wenn das Ermessen der Behörde im konkreten Fall auf 0 reduziert ist (zur Ermessensreduktion auf 0 s. § 2 Rn. 733).[124]

IV. Die Verpflichtungsklage im Baurecht (Felix Steengrafe)

127 Die Verpflichtungsklage ist nach § 42 I VwGO auf die „Verurteilung zum Erlaß eines abgelehnten oder unterlassenen Verwaltungsakts" gerichtet. Im öffentlichen Baurecht ist die Verpflichtungsklage insbesondere in **zwei Konstellationen** denkbar: die Versagungsgegenklage gegen einen abgelehnten Bauantrag (1.) und die Klage eines Dritten auf ein behördliches Einschreiten (2.).

1. Die Versagungsgegenklage im öffentlichen Baurecht

128 In der ersten Fallgestaltung ist zu prüfen, ob die Versagung der Baugenehmigung rechtswidrig und der Kläger dadurch in seinen Rechten verletzt ist. Die **Versagungsgegenklage** ist auf die Erteilung einer Baugenehmigung gerichtet (s. beispielhaft Fall 4 in: Eisentraut, Fälle zum Verwaltungsrecht, 2020). Sofern öffentlich-rechtliche Vorschriften dem Bauvorhaben nicht entgegenstehen, besteht ein Anspruch auf Erteilung der Baugenehmigung. Das Erfordernis der Baugenehmigung dient damit der präventiven Kontrolle eines Vorhabens.[125]

a) Anspruchsgrundlage

129 § 72 MBauO eröffnet dem Antragsteller einen Rechtsanspruch auf die Erteilung der Baugenehmigung, wenn dessen Voraussetzungen vorliegen. In den Ländern finden sich die Anspruchsgrundlagen in den folgenden Normen:

Baden-Württemberg	§ 58 LBauO BW
Bayern	Art. 68 BayBO
Berlin	§ 71 BauO Bln
Brandenburg	§ 72 BbgBO

---

124 Kingreen/Poscher, Polizei- und Ordnungsrecht mit Versammlungsrecht, 10. Aufl. 2018, § 10 Rn. 46 f.
125 Kahl/Dubber, ZJS 2015, 558 (558); Stollmann/Beaucamp, Öffentliches Baurecht, 11. Aufl. 2017, § 19, Rn. 1; Oldiges/Brinktrine, in: Steiner/Brinktrine, Besonderes Verwaltungsrecht, 9. Aufl. 2018, § 3, Rn. 298.

Nikolas Eisentraut/Felix Steengrafe

Bremen	§ 72 BremLBO
Hamburg	§ 72 HBauO
Hessen	§ 74 HBO
Mecklenburg-Vorpommern	§ 72 LBO MV
Niedersachsen	§ 70 NBauO
Nordrhein-Westfalen	§ 74 BauO NRW
Rheinland-Pfalz	§ 70 LBP RP
Saarland	§ 73 LBO Saar
Sachsen	§ 72 SächsBO
Sachsen-Anhalt	§ 71 BauO LSA
Schleswig-Holstein	§ 73 LBO SH
Thüringen	§ 71 ThürBO

Hausarbeitswissen: Gemäß § 73 MBauO ist bei einem erst späteren Vollzug der Baugenehmigung die **130**
Geltungsdauer von drei Jahren zu berücksichtigen. Eine Verlängerung um bis zu einem Jahr ist nach
§ 73 II MBauO auf schriftlichen Antrag möglich.

Examenswissen: Neben der Baugenehmigung kann der Antragsteller einen Vorbescheid gemäß **131**
§ 75 MBauO beantragen. Die Geltungsdauer des Vorbescheides beträgt nach § 75 S. 2 MBauO
ebenfalls drei Jahre und kann nach Satz 3 auf schriftlichen Antrag bis zu einem Jahr verlängert
werden. Durch den Vorbescheid wird abschließend ein Ausschnitt aus dem Genehmigungsverfahren beschieden, wodurch der Vorbescheid für ein späteres Genehmigungsverfahren nach § 72
MBauO anzuwenden ist. Eine erneute Überprüfung dieses Genehmigungsausschnittes erfolgt im
Rahmen des Baugenehmigungsverfahrens nicht. Den Umfang der Prüfung bestimmt der Antragsteller durch die Fragestellung.

Nach § 59 MBauO ist eine Baugenehmigung für die Errichtung, die Änderung, die **132**
Nutzungsänderung sowie dem Abbruch von baulichen Anlagen erforderlich.
Bauliche Anlagen sind nach § 2 I 1 MBauO „mit dem Erdboden verbundene, aus
Bauprodukten hergestellte Anlagen; eine Verbindung mit dem Boden besteht
auch dann, wenn die Anlage durch eigene Schwere auf dem Boden ruht oder auf
ortsfesten Bahnen begrenzt beweglich ist oder wenn die Anlage nach ihrem
Verwendungszweck dazu bestimmt ist, überwiegend ortsfest benutzt zu werden.“
§ 2 I S. 2 MBauO erstreckt den Begriff der baulichen Anlage auf weitere Vorhaben.

In Abweichung von § 59 MBauO ist gemäß § 61 MBauO bei den von der Ge- **133**
nehmigungspflicht freigestellten Vorhaben eine Baugenehmigung nicht erforderlich. In einem vereinfachten Genehmigungsverfahren im Sinne von § 66
MBauO ist der Prüfungsumfang der Bauaufsichtsbehörde eingeschränkt.

Felix Steengrafe

b) Formelle Genehmigungsvoraussetzungen

134 Der Antragsteller muss nach § 68 I MBauO einen schriftlichen Bauantrag bei der zuständigen Baubehörde eingereicht haben. Der Gegenstand des Genehmigungsverfahrens wird durch den Antrag bestimmt.

Hausarbeitswissen: Mit dem Bauantrag sind gemäß § 68 II MBauO die für die Beurteilung des Vorhabens und zur Bearbeitung des Bauantrages erforderlichen Bauvorlagen einzureichen, die nach § 65 I MBauO von einem bauvorlageberechtigten Entwurfsverfasser unterschrieben sein müssen. Die Bauvorlageberechtigung ergibt sich aus § 65 II MBauO. Der Bauantrag ist nach § 68 Abs. 4 1 MBauO von dem Bauherren und dem Entwurfsverfasser zu unterschreiben.

135 Im Falle eines unvollständigen Bauantrages oder eines Antrages mit sonstigen erheblichen Mängeln setzt die Bauaufsichtsbehörde gemäß § 69 II MBauO eine angemessene Frist zur Vervollständigung bzw. Behebung des Mangels. Der Antrag gilt als zurückgenommen, wenn die Mängel nicht innerhalb der Frist behoben werden.

c) Materielle Genehmigungsvoraussetzungen

136 Die materiellen Rechtmäßigkeitsvoraussetzungen der Baugenehmigung liegen vor, wenn das Vorhaben nach den bauplanungsrechtlichen, den bauordnungsrechtlichen sowie sonstigen öffentlich-rechtlichen Vorschriften zulässig ist. Insbesondere die Vorschriften das Bauplanungs- und Bauordnungsrechts sind in diesem Zusammenhang zu prüfen.

aa) Bauplanungsrechtliche Zulässigkeit

137 Das Vorhaben ist bauplanungsrechtlich zulässig, wenn es mit den **rechtlichen Vorgaben des Gebietstyps** vereinbar ist und kein Sicherungsinstrument der Bauleitplanung entgegensteht. Die Zulässigkeit des Vorhabens bestimmt sich nach der Lage des Grundstückes. Die bauleitplanerischen Sicherungsinstrumente sind insbesondere die Veränderungssperre nach § 14 BauGB und die Zurückstellung gemäß § 15 BauGB. Die Gemeinden können zur Sicherung einer Planung für einen Bebauungsplan nach Aufstellungsbeschluss gemäß § 16 BauGB eine Veränderungssperre beschließen. Auch die Zurückstellung eines Baugesuchs im Sinne des § 15 BauGB bedarf eines Aufstellungsbeschlusses eines Bebauungsplanes.[126] Während die Veränderungssperre als Satzung nach § 16 I BauGB beschlossen wird, ist die Zurückstellung ein Verwaltungsakt. Die Rechtsfolge einer

---

126 Kröninger, in: Kröninger/Aschke/Jeromin, BauGB, 4. Aufl. 2018, § 15, Rn. 6.

Felix Steengrafe

Veränderungssperre ist die Unzulässigkeit der in § 14 I Nr. 1 lit. a und b BauGB bezeichneten Vorhaben.[127] Die beantragte Genehmigung ist abzulehnen. Bei einer Zurückstellung wird die Genehmigungsentscheidung zeitlich verschoben.[128]

Hausarbeitswissen: Ein Flächennutzungsplan ist für die Zurückstellung in den Fällen des § 15 III BauGB ausreichend.

(1) Vorhaben im Sinne des § 29 BauGB

Entsprechend § 29 BauGB gelten die Vorschriften §§ 30 bis 37 BauGB insbesondere 138
für die Errichtung, Änderung oder Nutzungsänderungen von **baulichen Anlagen.**
Das BauGB definiert den Begriff der baulichen Anlagen nicht. Aufgrund der verschiedenen Ausrichtung des Bauordnungsrechts und des Bauplanungsrecht sind die Vorhabenbegriffe nicht identisch.[129]

(2) Lage des Grundstücks

Die bauplanungsrechtliche Zulässigkeit des Vorhabens bestimmt sich nach der 139
(bauplanungsrechtlichen) Lage des Grundstückes. Es kann zwischen einem Grundstück im Plangebiet eines Bebauungsplanes nach § 30 BauGB, im unbeplanten Innenbereich gemäß § 34 BauGB und im Außenbereich im Sinne des § 35 BauGB unterschieden werden.

(a) Vorhaben im Plangebiet eines Bebauungsplanes

Ein Bebauungsplan kann gemäß § 30 BauGB entweder als qualifizierter Bebau- 140
ungsplan (§ 30 I BauGB), vorhabenbezogener Bebauungsplan (§ 30 II BauGB) oder als einfacher Bebauungsplan (§ 30 III BauGB) vorliegen. Im Rahmen einer Verpflichtungsklage kann eine inzidente Prüfung der Rechtmäßigkeit des Bauleitplanes erforderlich sein. Hinsichtlich der Prüfung eines Bebauungsplanes wird an dieser Stelle auf die Ausführungen in § 7 Rn. 79 ff. verwiesen. Aufgrund der Bedeutung wird im Folgenden der qualifizierte und einfache Bebauungsplan dargestellt.

Ein **qualifizierter Bebauungsplan** setzt gemäß § 30 I BauGB mindestens die 141
Art und das Maß der baulichen Nutzung, die überbaubaren Grundstücksflächen

---

127 Kröninger, in: Kröninger/Aschke/Jeromin, BauGB, 4. Aufl. 2018, § 14, Rn. 19.
128 Kröninger, in: Kröninger/Aschke/Jeromin, BauGB, 4. Aufl. 2018, § 15, Rn. 13.
129 BVerwG, Urt. v. 31.08.1973, Az.: IV C 33.71, Rn. 20; Oldiges/Brinktrine, in: Steiner/Brinktrine, Besonderes Verwaltungsrecht, 9. Aufl. 2018, § 3, Rn. 286; Kersten, in: Schoch, Besonderes Verwaltungsrecht, 2018, Kap. 3, Rn. 387.

und die örtlichen Verkehrsflächen fest. Das geplante Vorhaben darf diesen Festsetzungen nicht widersprechen und die Erschließung des Vorhabens muss gesichert sein.

142   Ein Widerspruch des Vorhabens mit den Festsetzungen des Bebauungsplanes darf nicht bestehen. Der mögliche Inhalt eines Bebauungsplanes ergibt sich aus § 9 BauGB. Art und Maß der baulichen Nutzung können nach § 9 I Nr. 1 BauGB festgesetzt werden. § 9a BauGB enthält die Ermächtigung Rechtsverordnungen u. a. über die Art und das Maß der baulichen Nutzung zu erlassen, wovon durch die Verordnung über die bauliche Nutzung der Grundstücke (BauNVO) gebrauch gemacht wurde.

143   In der jeweiligen Vorschrift der BauNVO wird in Absatz 1 zunächst der Zweck des Baugebietes aufgezeigt und anschließend in Absatz 2 und 3 die Regel- und Ausnahmebebauung dargelegt. Sollte ein Vorhaben weder unter die Regel- noch unter die Ausnahmebebauung subsumiert werden können, kann eine Befreiung nach § 31 II BauGB erteilt werden. Neben der alternativen Voraussetzung der Nummern 1 bis 3 muss kumulativ gesichert sein, dass die Grundzüge der Planung nicht berührt werden und die Abweichung auch unter Würdigung nachbarlicher Interessen mit den öffentlichen Belangen vereinbar ist. Die Befreiung steht, wie auch die Ausnahmebebauung, im Ermessen der Behörde, welches im Einzelfall auf Null reduziert sein kann.[130]

144   Auch wenn ein Vorhaben nach den Festsetzungen des Bebauungsplanes zulässig sein sollte, ist das Rücksichtnahmegebot nach § 15 I BauNVO zu berücksichtigen, aus dem sich im Einzelfall eine Unzulässigkeit des Vorhabens ergeben kann.

145   Als weitere Voraussetzung für die bauleitplanerische Zulässigkeit des Vorhabens muss die Erschließung gesichert sein. Die Erschließung ist gesichert, wenn nach objektiven Kriterien mit aller Erfahrung damit zu rechnen ist, dass spätestens bis zur Fertigstellung des Vorhabens ein Anschluss an das öffentliche Straßen- sowie an das Strom- und Wassernetz besteht.[131]

146   Neben einem qualifizierten Bebauungsplan kann auch ein **einfacher Bebauungsplan** bestehen. Sofern eine der in § 30 I BauGB aufgezählten Festsetzungen nicht in dem Plan enthalten ist, liegt ein einfacher Bebauungsplan nach § 30 III BauGB vor. Die bauplanungsrechtliche Zulässigkeit bestimmt sich in

---

130 BVerwG, Urt. v. 4.7.1986, 4 C 31/84 = NJW 1987, 1713 (1714); Kersten, in: Schoch, Besonderes Verwaltungsrecht, 2018, Kap. 3, Rn. 287; Jeromin, in: Kröninger/Aschke/Jeromin, BauGB, 4. Aufl. 2018, § 31, Rn. 17.
131 Jeromin, in: Kröninger/Aschke/Jeromin, BauGB, 4. Aufl. 2018, § 30, Rn. 15; Tophoven, in: Spannowsky/Uechtritz, 3. Aufl. 2018, § 30, Rn. 2; zur zeitlichen Komponente: BVerwG, Urt. v. 20.5. 2010, 4 C 7/09 = NVwZ 2010, 1561, Rn. 40.

Felix Steengrafe

diesem Fall nach § 34 oder § 35 BauGB, sofern keine Festsetzung des Bebauungsplanes vorliegt. Darüber hinaus muss auch bei einem einfachen Bebauungsplan die Erschließung gesichert und das Rücksichtnahmegebot im Sinne von § 15 I BauNVO gewahrt sein.

(b) Vorhaben im unbeplanten Innenbereich

Liegt das Vorhaben im sog. unbeplanten Innenbereich, richtet sich die bauplanungsrechtliche Zulässigkeit nach § 34 BauGB. Die bauplanungsrechtliche Zulässigkeit eines Vorhabens kann sich in einem qualifiziert oder vorhabenbezogen unbeplanten Bereich aus § 34 BauGB ergeben. Für die Gemeinde besteht die Möglichkeit einer Satzung nach § 34 Abs. 4 BauGB. Andernfalls müsste ein im **Zusammenhang bebauten Ortsteil** bestehen. Hierdurch grenzt sich der unbeplante Innenbereich vom Außenbereich nach § 35 BauGB ab. Diese Abgrenzung zwischen einem unbeplanten Innenbereich und Außenbereich kann im Einzelfall schwierig sein. 147

Ein **Ortsteil** ist ein Bebauungskomplex, der aufgrund der Anzahl der Bauwerke ein gewisses Gewicht besitzt und eine organische Siedlungsstruktur ausdrückt.[132] Damit sind Splittersiedlungen mit nur wenigen Gebäuden und einer zufällig wirkenden räumlichen Zuordnung kein Ortsteil.[133] Der Ortsteil ist **im Zusammenhang bebaut,** wenn eine aufeinanderfolgende Bebauung besteht. Solange der Eindruck der Geschlossenheit und Zusammengehörigkeit nicht beeinträchtigt wird, ist eine Baulücke unbeachtlich.[134] 148

Anschließend an die Bestimmung, ob ein unbeplanter Innenbereich im Sinne des § 34 BauGB vorliegt, ist zu prüfen, ob sich das **Vorhaben in die Eigenart der näheren Umgebung einfügt.** Die nähere Umgebung ist der über die unmittelbaren Nachbargrundstücke hinausgehende Bereich, auf den sich das Vorhaben auswirken kann.[135] Nach der Bestimmung der näheren Umgebung ist die Eigenart dieses Gebietes zu bestimmen, wofür die tatsächlich bestehende Bebauung zu betrachten ist. Ist in der Umgebung ein aus der Bebauung herausstechendes 149

132 BVerwG, Urt. v. 6.11.1968, Az.: IV C31/66, Rn. 24.
133 Battis, Öffentliches Baurecht und Raumordnungsrecht, 7. Aufl. 2017, Rn. 382.
134 BVerwG, Urt. v. 6.11.1968, Az.: IV C 2.66, Rn. 19; Spannowsky, in: Spannowsky/Uechtritz, 3. Aufl. 2018, § 34, Rn. 24; Battis, Öffentliches Baurecht und Raumordnungsrecht, 7. Aufl. 2017, Rn. 383; Kersten, in: Schoch, Besonderes Verwaltungsrecht, 2018, Kap. 3, Rn. 313.
135 BVerwG, Beschl. v. 27.3.2018, 4 B 60.17 = ZfBR 2018, 479 (480); BVerwG, Urt. v. 8.12.2016, 4 C 7/15 = NVwZ 2017, 717 (718); Battis, Öffentliches Baurecht und Raumordnungsrecht, 7. Aufl. 2017, Rn. 389; Jeromin, in: Kröninger/Aschke/Jeromin, BauGB, 4. Aufl. 2018, § 34, Rn. 22; Spannowsky, in: Spannowsky/Uechtritz, 3. Aufl. 2018, § 34, Rn. 32.

Felix Steengrafe

Bauwerk vorhanden, ist dieses nicht zu berücksichtigen, wenn es die ansonsten homogene Bebauung aufgrund der Individualität nicht tangiert.[136] In die bestimmte nähere Umgebung müsste sich das geplante Vorhaben einfügen. Hinsichtlich der Art der Nutzung verweist § 34 II BauGB auf die BauNVO, sofern die Eigenart der näheren Umgebung einem der Baugebiete der BauNVO entspricht. Bezüglich des Maßes der baulichen Nutzung ist auf die vorhandene Bebauung abzustellen.

150   Neben der Erschließung ist auch die Einhaltung des Rücksichtnahmegebotes für die bauplanungsrechtliche Zulässigkeit des Vorhabens sicherzustellen.

(c) Vorhaben im Außenbereich

151   Der Außenbereich im Sinne des § 35 BauGB kann die bauplanungsrechtliche Zulässigkeit eines Vorhabens begründen. Ein Vorhaben liegt im Außenbereich, wenn weder ein qualifizierter oder vorhabenbezogener Bebauungsplan besteht noch das Vorhaben im Innenbereich nach § 34 BauGB liegt.[137] Grundsätzlich soll der Außenbereich von Bebauung freigehalten werden,[138] dennoch sind einzelne Vorhaben im Außenbereich in bauplanerischer Hinsicht zulässig. § 35 BauGB unterscheidet zwischen den privilegierten und den sonstigen Vorhaben.

152   Die privilegierten Vorhaben nach § 35 I BauGB sind zulässig, wenn öffentliche Belange nicht entgegenstehen und die ausreichende Erschließung gesichert ist. Die sonstigen Vorhaben sind hingegen nur zulässig, wenn ihre Ausführung oder Benutzung öffentliche Belange nicht beeinträchtigt und die Erschließung gesichert ist. § 35 III BauGB zählt nicht abschließend mögliche Beeinträchtigungen öffentlicher Belange auf. Das hervorrufen schädlicher Umwelteinwirkungen im Sinn von § 35 III Nr. 3 BauGB ist grundsätzlich drittschützend.[139]

---

136 BVerwG, Urt. v. 15. 2. 1990, 4 C 23/86 = NVwZ 1990, 755 (755); Spannowsky, in: Spannowsky/ Uechtritz, 3. Aufl. 2018, § 34, Rn. 34.
137 Battis, Öffentliches Baurecht und Raumordnungsrecht, 7. Aufl. 2017, Rn. 396; Jeromin, in: Kröninger/Aschke/Jeromin, BauGB, 4. Aufl. 2018, § 35, Rn. 2.
138 Battis, Öffentliches Baurecht und Raumordnungsrecht, 7. Aufl. 2017, Rn. 396; Kersten, in: Schoch, Besonderes Verwaltungsrecht, 2018, Kap. 3, Rn. 338; Oldiges/Brinktrine, in: Steiner/ Brinktrine, Besonderes Verwaltungsrecht, 9. Aufl. 2018, § 3, Rn. 222; Jeromin, in: Kröninger/ Aschke/Jeromin, BauGB, 4. Aufl. 2018, § 35, Rn. 1.
139 Kersten, in: Schoch, Besonderes Verwaltungsrecht, 2018, Kap. 3, Rn. 357.

Felix Steengrafe

bb) Bauordnungsrechtliche Zulässigkeit

Neben der bauplanungsrechtlichen muss auch die bauordnungsrechtliche Zulässigkeit des Vorhabens bestehen. Das **Bauordnungsrecht** ist als **Gefahrenabwehrrecht** vor allem in den Landesbauordnungen geregelt. Die bauordnungsrechtliche Generalklausel im Sinne des § 3 I MBauO bestimmt, dass „Anlagen [...] so anzuordnen, zu errichten, zu ändern und instand zu halten [sind], dass die öffentliche Sicherheit und Ordnung, insbesondere Leben, Gesundheit und die natürlichen Lebensgrundlagen, nicht gefährdet werden." Neben der Generalklausel sind verschiedene speziell normierte Anforderungen einzuhalten, wie etwa Abstandsflächen. Hierneben besteht das Verunstaltungsverbot im Sinne des § 9 MBauO, nach dem „ [...] Anlagen [...] nach Form, Maßstab, Verhältnis der Baumassen und Bauteile zueinander, Werkstoff und Farbe so gestaltet sein [müssen], dass sie nicht verunstaltet wirken. Bauliche Anlagen dürfen das Straßen-, Orts- und Landschaftsbild nicht verunstalten." 153

Für eine Genehmigungsbedürftigkeit ist das Vorliegen einer baulichen Anlage im bauordnungsrechtlichen Sinne sowie die Genehmigungspflicht (s. Rn. 132) erforderlich. § 2 I S. 2 MBauO normiert bestimmte Nutzungen, die als bauliche Anlage zu behandeln sind. Genehmigungspflichtig ist nach § 59 I MBauO neben der Errichtung auch die Änderung und Nutzungsänderung. §§ 61 MBauO bestimmt verfahrensfreie Bauvorhaben und § 62 MBauO die Freistellung von dem Genehmigungserfordernis. Die Möglichkeit eines vereinfachten Baugenehmigungsverfahrens regelt § 63 MBauO. § 67 I MBauO normiert die Abweichungsmöglichkeit, die allerdings im pflichtgemäßen Ermessen der Behörde steht.[140] Gemäß § 67 II MBauO ist eine gesonderte schriftliche Beantragung der Abweichung erforderlich. 154

cc) Rechtsfolge

Die Erteilung der Baugenehmigung ist eine **gebundene Entscheidung.** Ein Ermessensspielraum der Genehmigungsbehörde besteht nicht. Liegen die Tatbestandsvoraussetzungen vor, besteht zugunsten des Antragstellers ein Rechtsanspruch auf die Genehmigung. 155

2. Klage eines Dritten auf behördliches Einschreiten

Bauordnungsrechtliche Verfügungen können entweder als Anfechtung durch den Adressaten (s. dazu § 2 Rn. 1222 ff.) oder durch das Begehren eines Dritten Ge- 156

---

140 Erbguth/Mann/Schubert, Besonderes Verwaltungsrecht, 12. Aufl. 2015, Rn. 1274.

genstand eines Widerspruchs- und Klageverfahrens sein. Neben der Drittanfechtung einer Baugenehmigung kann ein **Dritter von der Bauaufsichtsbehörde
ein Einschreiten verlangen**, indem der **Erlass einer bauordnungsrechtlichen
Verfügung gegen den Bauherren oder den Eigentümer** begehrt wird. Statthaft
ist in dieser Fallkonstellation die Verpflichtungsklage, in deren Zulässigkeit als
Klage eines Dritten insbesondere die Klagebefugnis gemäß § 42 II VwGO zu diskutieren ist. Die Verpflichtungsklage hat gemäß § 113 V VwGO Erfolg, soweit das
Unterlassen der ordnungsrechtlichen Verfügung rechtswidrig und der Kläger
dadurch in seinen Rechten verletzt ist. Zu berücksichtigen ist allerdings, dass die
bauordnungsrechtlichen Maßnahmen in der Regel im Ermessen der Bauaufsichtsbehörde stehen. Eine Reduzierung des behördlichen Ermessens auf Null
kann nur in den Fällen vorliegen, in denen eine gegenwärtige und erhebliche
Beeinträchtigung vorliegt.[141]

157 Neben den einzelnen bauordnungsrechtlichen Verfügungen kann die Bauverwaltung aufgrund der bauordnungsrechtlichen Generalklausel nach pflichtgemäßem Ermessen tätig werden. Die bauordnungsrechtliche Generalklausel ist
subsidiär gegenüber den speziell normierten Verfügungen.[142] Hierneben bestünde
die grundsätzliche Möglichkeit Maßnahmen der Gefahrenabwehr auf die ordnungsrechtliche Generalklausel zu stützen. Allerdings ist diese subsidiär gegenüber der bauordnungsrechtlichen Generalklausel und den speziellen bauordnungsrechtlichen Verfügungen.[143]

V. Die Verpflichtungsklage im Kommunalrecht (Sebastian Piecha)

158 Die Verpflichtungsklage spielt in kommunalrechtlichen Sachverhalten immer
dann eine Rolle, wenn ein begehrter Verwaltungsakt abgelehnt wird. Dies kann
etwa der **Zugang zu kommunalen Einrichtungen** in öffentlicher Trägerschaft
sein, die Befreiung von einem angeordneten **Anschluss- und Benutzungszwang**, die verwehrte Feststellung der **Zulässigkeit eines Einwohnerantrages**

---

141 BVerwG, Urt. v. 18.8.1960, Az.: I-C 42.59, Rn. 13 = NJW 1961, 793 (793); VGH Mannheim, Beschl.
v. 14.8.2018, Az.: 5 S 2083/17 = NVwZ-RR 2019, 15 (16); Kahl/Dubber, ZJS 2015, 558 (571); mit einer
Übersicht zum abweichenden Maßstab für die Ermessensreduzierung auf Null: VGH Kassel, Urt. v.
26.5.2008, Az.: 4 UW 1626/06, Rn. 29.
142 Kersten, in: Schoch, Besonderes Verwaltungsrecht, 2018, Kap. 3, Rn. 443; Kahl/Dubber, ZJS
2015, 558 (558 f.).
143 Kahl/Dubber, ZJS 2015, 558 (558 f.); Stollmann/Beaucamp, Öffentliches Baurecht, 11. Aufl.
2017, § 19, Rn. 3; Oldiges/Brinktrine, in: Steiner/Brinktrine, Besonderes Verwaltungsrecht, 9. Aufl.
2018, § 3, Rn. 327.

Felix Steengrafe/Sebastian Piecha

oder Bürgerbegehrens oder verwehrte **Maßnahmen der sog. präventiven Kommunalaufsicht.**

1. Zugang zu kommunalen Einrichtungen in öffentlicher Trägerschaft

Im Rahmen einer Verpflichtungsklage kann ein Einzelner einen Anspruch auf Zugang zu einer kommunalen bzw. öffentlichen Einrichtung geltend machen. Zunächst muss daher erläutert werden, was eine solche Einrichtung ist, bevor die Begründetheit im Rahmen der Verpflichtungsklage dargestellt werden kann. **159**

a) Die kommunale/öffentliche Einrichtung

Kommunen können **öffentliche Einrichtungen** eröffnen und betreiben, um so ihren Aufgaben nachzukommen. Die öffentlichen Einrichtungen sind das „kommunaltypischste Instrument der Leistungserbringung".[144] In einer verwaltungsrechtlichen Prüfungsaufgabe spielt dann regelmäßig die Zulassung zur Nutzung dieser Einrichtung eine Rolle. **160**

Unter einer *öffentlichen Einrichtung* versteht man die **161**
*(1) organisatorische **Zusammenfassung** von Personen und Sachen, die*
*(2) von der Kommune im Rahmen ihrer Verbandskompetenz oder aufgrund gesetzlicher Zulassung zu Zwecken der **Daseinsvorsorge***
*(3) durch **Widmung** bereitgestellt und unterhalten wird*
*(4) zum Zwecke der bestimmungsgemäßen **Nutzung** durch (mindestens) die Einwohner.[145]*

Beispiele:[146] Schwimmbad, Sportplatz Stadthalle, Bibliothek, Museum, Volkshochschule, Festplatz, Friedhof, Obdachlosen- oder Asylbewerberunterkunft, Linkliste auf Gemeindehomepage

Die Eigenschaft als öffentliche Einrichtung wird im Wesentlichen durch die **Widmung** bestimmt, die durch Satzung, Allgemeinverfügung (§ 35 S. 2 VwVfG) oder auch einfach durch Bereitstellung (konkludent) erfolgen kann, wohingegen **162**

---

144 So Burgi, Kommunalrecht, 6. Aufl. 2019, § 16 Rn. 1.
145 Burgi, Kommunalrecht, 6. Aufl. 2019, § 16 Rn. 5; Gern/Brüning, Deutsches Kommunalrecht, 4. Aufl. 2019, Rn. 919.
146 Burgi, Kommunalrecht, 6. Aufl. 2019, § 16 Rn. 5; Gern/Brüning, Deutsches Kommunalrecht, 4. Aufl. 2019, Rn. 919 m.w.N. zur Rspr.

Sebastian Piecha

eine faktische Bewirtschaftung nicht ausreicht.[147] Wenn es an einer eindeutigen Handlung fehlt, so wird diese Widmung anhand von **Indizien** abgeleitet, die sich durch die Rechtsprechung herausgebildet haben (Vergabepraxis, erhebliche Subventionierung einer Einrichtung, Aufnahme in das Bestandsverzeichnis, Benutzungsordnung).[148] *Unschädlich* für den **Widmungszweck** ist die Erweiterung der Nutzungsberechtigten über den Kreis der Einwohner hinaus, privatrechtliche Ausgestaltung der Trägerschaft (durch eine gesonderte juristische Person) oder des Benutzungsverhältnisses sowie die mittelbare Trägerschaft durch die Gemeinde, sofern ihr ein hinreichendes Einflussrecht zusteht.[149]

163 Nicht als öffentliche Einrichtung anzusehen sind:
- **öffentliche Sachen im Gemeingebrauch** (öffentliche Straßen, Wege, Parkplätze, Grünstreifen)
- **öffentliche Sachen im Verwaltungsgebrauch,** wenn ihre Nutzung nicht der Öffentlichkeit gilt (Rathaus, Amtsblatt)
- **Finanzvermögen der Gemeinde** (kommunale Grundstücke)[150]

164 Die Rechtsgrundlagen für die Einrichtung und Nutzung öffentlicher Einrichtung durch die Kommunen sind landesrechtlich wie folgt (teilweise unterschiedlich) ausgestaltet:

Land	Öffentliche Einrichtungen
Baden-Württemberg	§ 10 II GemO BW § 16 LKrO BW
Bayern	Art. 21 BayGO Art. 15 BayLKrO
Brandenburg	§ 12 I BbgKVerf
Bremen	§ 20 VerfBrhv
Hessen	§§ 19, 20 HGO §§ 16, 17 HKO
Mecklenburg-Vorpommern	§ 14 II KV M-V
Niedersachsen	§ 30 NKomVG
Nordrhein-Westfalen	§ 8 GO NRW

---

147 Burgi, Kommunalrecht, 6. Aufl. 2019, § 16 Rn. 6.
148 Gern/Brüning, Deutsches Kommunalrecht, 4. Aufl. 2019, Rn. 921 m.w.N. zur Rspr.
149 Gern/Brüning, Deutsches Kommunalrecht, 4. Aufl. 2019, Rn. 921.
150 Burgi, Kommunalrecht, 6. Aufl. 2019, § 16 Rn. 8; Gern/Brüning, Deutsches Kommunalrecht, 4. Aufl. 2019, Rn. 923.

Sebastian Piecha

Fortsetzung

Land	Öffentliche Einrichtungen
	§ 6 KrO NRW
Rheinland-Pfalz	§ 14 II GemO RP § 10 II LKO RP
Saarland	§ 19 I KSVG
Sachsen	§§ 2 I, 10 II SächsGemO § 9 II SächsLKrO
Sachsen-Anhalt	§ 24 I KVG LSA
Schleswig-Holstein	§ 18 I GO S-H § 18 I KrO S-H
Thüringen	§ 14 I ThürKO

b) Begründetheit eines Zugangsanspruchs

Die Verpflichtungsklage ist begründet, wenn ein **Anspruch auf Benutzung bzw.** **165** **Zulassung** zu der öffentlichen Einrichtung besteht. Bei fehlender Spruchreife wird nur ein *Bescheidungsurteil* ergehen, dass die Kommune zur ermessensfehlerfreien Auswahl verpflichtet (dazu Rn. 54 ff.).

Die **Anspruchsgrundlage** ergibt sich dabei direkt aus dem Kommunalver- **166** fassungsrecht des jeweiligen Landes (s. dazu § 2 Rn. 1270) für die dort bezeichneten Personenkreise (insbesondere Einwohner), sofern keine spezialgesetzlichen Vorschriften greifen. In Betracht kommen etwa § 70 GewO (Messen, Märkte), Art. 3 I GG (Selbstbindung der Verwaltung) oder Art. 21 GG i.V.m. § 5 ParteiG (politische Parteien).[151]

Der Anspruch ist begründet, wenn die **Voraussetzungen für die Nutzung** **167** **der kommunalen Einrichtung** vorliegen. Dabei sind im Wesentlichen folgende Punkte zu untersuchen:

1. Es muss sich um eine **öffentliche Einrichtung** handeln.

Hier ist zu prüfen, ob es sich bei dem Begehren um den Zugang zu einer öffentlichen Einrichtung i.S.d. Kommunalrechts handelt. Daher muss hier der Begriff der öffentlichen Einrichtung (s. Rn. 160 ff.) erörtert werden.

2. Der Kläger muss zum **berechtigten Personenkreis** gehören (Anspruchsinhaber sein).

---

151 Bätge, Kommunalrecht NRW, 5. Aufl. 2019, Rn. 159.

Sebastian Piecha

168 Im nächsten Schritt muss geprüft werden, ob der Kläger zum berechtigten Personenkreis gehört. Dies sind regelmäßig **Einwohner** sowie ihnen gleichgestellte **juristische Personen** oder Personenvereinigungen, wenn nicht oder nicht ausschließlich ortsfremde von der Widmung erfasst sind (sog. **Einwohnerprivileg**).[152] Ihnen gleichgestellt sind juristische Personen, die ihren Sitz im Gemeindegebiet haben oder ihre Tätigkeit dort schwerpunktmäßig ausüben.[153] **Ausgeschlossen** sind grundsätzlich **Gebietsfremde**, sofern nicht die Verwaltung sich etwa durch den Grundsatz der Selbstbindung gebunden hat.[154] Alle Kommunalverfassungsgesetze sehen jedoch **Ausnahmen** für **Grundbesitzer und Gewerbetreibende** vor, die nicht in der Kommune wohnen: Sie haben Anspruch auf Benutzung solcher Einrichtungen, die für ortsansässige Grundbesitzer und Gewerbebetreibende zugänglich sind. Auch bei Einrichtungen mit **überörtlichem Gepräge** (überregionaler Charakter, z. B. Messehallen, internationale Kongresszentren) muss die Kommune eine Widmungserweiterung vornehmen, da das Einwohnerprivileg sonst gegen Art. 3 I GG und unionsrechtliche Diskriminierungsverbote verstoßen würde.[155]

169 **1. Im Rahmen des geltenden Rechts:** Die Nutzung muss sich *im Rahmen des geltenden Rechts* bewegen. Das ist etwa nicht der Fall, wenn dies außerhalb des **Widmungszwecks** erfolgt. Sodann ist zu prüfen, ob der Widmungszweck den bestehenden Gesetzen entspricht (Gleichbehandlungsgebot, Willkürverbot usw.). Ferner darf keine **Störung der öffentlichen Sicherheit oder Ordnung** als Ordnungspflichtiger oder Notstandspflichtiger (dazu § 2 Rn. 1118 ff.) vorliegen, d. h. etwa keine Sachbeschädigungsgefahr von Teilnehmern oder Veranstaltern oder Dritten ausgehen. Hier kann eine ordnungsrechtliche Prüfung eingebettet werden.

170 **2. Rechtsfolge:** Regelmäßig ist ein **Anspruch auf Zulassung** die Rechtsfolge, der sich bei Erreichen der Kapazitätsgrenze jedoch in einen **Anspruch auf ermessensfehlerfreie Auswahlentscheidung** wandelt. Ermessensfehlerfrei ist die Auswahlentscheidung nur dann, wenn ein **sachlicher Grund** (sachgerechte Auswahlkriterien wie Zeitpunkt des Eingangs, Eignung, Los usw.) vorliegt. Dies ist insbesondere bei Zulassungen zu Märkten oder für die Vergabe von Stadthallenkapazitäten zu prüfen.

---

152 Gern/Brüning, Deutsches Kommunalrecht, 4. Aufl. 2019, Rn. 935.
153 VGH Mannheim, Urt. v. 9. 5. 1988, Az. 1 S 355/87 = NVwZ-RR 1989, 135; OVG Weimar, Beschl. v. 26. 10. 2004 – Az. 2 EO 1377/04 = NJ 2005, 230.
154 OVG Münster, Beschl. v. 15. 6. 1984, Az. 15 B 1311/84 = NVwZ 1984, 665.
155 Burgi, Kommunalrecht, 6. Aufl. 2019, § 16 Rn. 23.

Sebastian Piecha

2. Befreiung vom Anschluss- und Benutzungszwang

Im Bereich der Daseinsvorsorge können Kommunen unter bestimmten Voraus- 171
setzungen etwa per Satzung einen **Anschluss- und Benutzungszwang**[156] anordnen. Dieser kann ebenfalls im Wege der Verpflichtungsklage angegriffen
werden, wenn eine Erteilung einer Ausnahmegenehmigung unterbleibt. Der An-
schluss- und Benutzungszwang wird typischerweise aufgrund einer kommunalen
Satzung (dazu § 7 Rn. 120 ff.) angeordnet, wenn ein öffentliches Bedürfnis oder
das Gemeinwohl dies erfordern. Insbesondere betrifft dies etwa den Bereich
Wasserversorgung, Fernwärme, Abwasserbeseitigung, Straßenreinigung oder
Schlachthof. Diese Satzungen können Ausnahmemöglichkeiten enthalten. Beruft
sich ein Bürger hierauf und wird ihm dies mittels Verwaltungsakts verwehrt, so
kommt eine Verpflichtungsklage auf Anerkennung dieser Ausnahme bzw. Befreiung von diesem grundsätzlichen Anschluss- und Benutzungszwang in Betracht. Dabei ergibt sich der Anschluss- und Benutzungszwang nicht direkt aus
der kommunalen Selbstverwaltungsgarantie nach Art. 28 II GG, sondern bedarf
einer gesetzlichen Normierung.[157] Die Länder sind diesem Erfordernis wie folgt
(und teilweise sehr unterschiedlich) nachgekommen:[158]

Land	Anschluss- und Benutzungszwang
Baden-Württemberg	§ 11 I GemO BW § 3 I LKrO BW (i. V. m. Spezialgesetzen)
Bayern	Art. 24 I Nr. 2, 3 BayGO Art. 18 I Nr. 2 BayLKrO
Brandenburg	§ 12 II BbgKVerf
Bremen	§ 21 I 2 VerfBrhv
Hessen	§ 19 II 1 HGO HKO i. V. m. § 19 II 1 HGO
Mecklenburg-Vorpommern	§ 15 I 1 KV M-V
Niedersachsen	§ 13 1 NKomVG
Nordrhein-Westfalen	§ 9 1 GO NRW § 7 1 KrO NRW

---

156 Ausführlich dazu etwa Faber, Der kommunale Anschluss- und Benutzungszwang, 2004,
S. 21 ff.; Gern/Brüning, Deutsches Kommunalrecht, 4. Aufl. 2019, Rn. 946 ff.
157 BVerwG, Urt. v. 6.4.2005, Az. 8 CN 1/03 = NVwZ 2005, 963 m.w.N.; Gern/Brüning, Deutsches
Kommunalrecht, 4. Aufl. 2019, Rn. 946.
158 Hier werden nur die allgemeinen kommunalrechtlichen Regelungen dargestellt. Teilweise ist
dies landesrechtlich auch in Spezialgesetzen normiert, etwa § 9 Ia LAbfG NRW.

Sebastian Piecha

Fortsetzung

Land	Anschluss- und Benutzungszwang
Rheinland-Pfalz	§ 26 I 1 GemO RP § 19 I LKO RP
Saarland	§ 22 I KSVG
Sachsen	§ 14 I SächsGemO § 12 I SächsLKrO
Sachsen-Anhalt	§ 11 I 1 KVG LSA
Schleswig-Holstein	§ 17 II 1 GO S-H § 17 II 1 KrO S-H
Thüringen	§ 20 II 1 Nr. 2 ThürKO

172 Die **Ermächtigungsgrundlage** für die Ausnahme ergibt sich direkt aus der Satzung. Gleichwohl ist diese nur dann rechtmäßig, wenn die **Anschluss- und Benutzungssatzung** ihrerseits rechtmäßig ist (s. dazu § 7 Rn. 119 ff.) und die Entscheidung über die Ausnahme fehlerfrei war.

173 Im Rahmen der **materiellen Rechtmäßigkeit** ist dann folgende Frage zu erörtern:

174 1. **Öffentliche Einrichtung:** Hier ist zu prüfen, ob es sich um eine öffentliche Einrichtung i.S.d. Kommunalrechts handelt. Daher muss auch hier der Begriff der öffentlichen Einrichtung (s. Rn. 160 ff.) erörtert werden.

2. **Öffentliches Bedürfnis:** Ein öffentliches Bedürfnis für einen Anschluss- und Benutzungszwang ist gegeben, wenn für eine Maßnahme in der Kommune ausreichende Gründe des öffentlichen Wohls vorliegen, dadurch also objektiv die Wohlfahrt oder Lebensqualität ihrer Einwohner gefördert wird.[159] Dabei ist es nicht erforderlich, dass gesundheitliche Gefahren konkret drohen oder einzelne konkret betroffen sind, abzustellen ist vielmehr auf die Gesamtheit der Umstände im jeweiligen Versorgungsgebiet.[160]

3. **Rechtmäßigkeit der Satzung** (s. dazu § 7 Rn. 125 ff.)

4. **Rechtsfolge (Ermessen)** (s. dazu § 2 Rn. 729 ff.)

---

[159] VGH Mannheim, Entsch. v. 23.7.1981, Az. 2 S 1569/80 = VBlBW 1982, 54 / 235.

[160] Gern/Brüning, Deutsches Kommunalrecht, 4. Aufl. 2019, Rnb. 967 m.w.N.

Sebastian Piecha

3. Einwohner- bzw. Bürgeranträge

Bürger bzw. Einwohner können den Rat verpflichten, sich mit einer bestimmten 175
Angelegenheit zu befassen (*Einwohner- bzw. Bürgerantrag*). Ein konkretes Begehren ist damit nicht verbunden, der Rat muss dann jedoch über die Sache
beraten und entscheiden. **Einwohner** sind alle in der Gemeinde wohnenden
Personen, **Bürger** sind im Unterschied dazu auch (je nach Kommunalwahlrecht
unter unterschiedlichen Voraussetzungen) zu Kommunalwahlen wahlberechtigt
(vgl. § 21 GO NRW).[161]

Die einzelnen **Rechtsgrundlagen** für Einwohner- bzw. Bürgeranträge in den 176
Ländern:

Land	Einwohner- bzw. Bürgeranträge
Baden-Württemberg	§ 20b GemO BW i. V. m. § 41 KomWG BW (Einwohner ab 16 J.) *Nicht auf Landkreisebene*
Bayern	Art. 18b BayGO (Bürger) Art. 12b BayLKrO (Bürger)
Berlin	*Art. 61 I VerfBerlin (Einwohner ab 16 J.)*
Brandenburg	§ 14 BbgKVerf (Einwohner ab 16 J.)
Bremen	Art. 87 II VerfBrem (Einwohner ab 16 J.) § 15 VerfBrhv (Einwohner ab 16 J.)
Hamburg	*Art. 50 I HmbVerf*
Hessen	*Keine Einwohner- oder Bürgeranträge*
Mecklenburg-Vorpommern	§ 18 KV M-V (Einwohner ab 14 J.)
Niedersachsen	§ 31 NKomVG (Einwohner ab 14 J.)
Nordrhein-Westfalen	§ 25 GO NRW (Einwohner ab 14 J.) § 22 KrO NRW (Einwohner ab 14 J.)
Rheinland-Pfalz	§ 17 GemO RP (Einwohner ab 14 J.) § 11d LKO RP (Einwohner ab 14 J.)
Saarland	§ 21 KSVG (Einwohner ab 16 J.)
Sachsen	§ 23 i. V. m. § 22 II SächsGemO (Einwohner ab 16 J.) § 20 SächsLKrO (Einwohner ab 18 J.)
Sachsen-Anhalt	§ 25 KVG LSA (Einwohner ab 14 J.)

---

161 Ausführlich Gern/Brüning, Deutsches Kommunalrecht, 4. Aufl. 2019, Rn. 720 ff.

Sebastian Piecha

Fortsetzung

Land	Einwohner- bzw. Bürgeranträge
Schleswig-Holstein	§ 16f GO S-H (Einwohner ab 14 J.) § 16e KrO S-H (Einwohner ab 14 J.)
Thüringen	§ 16 ThürKO i. V. m. §§ 2 II, 7 ff. ThürEBBG (Einwohner ab 14 J.)

177 Die Entscheidung über die Zulässigkeit des Antrags ist ein **feststellender Verwaltungsakt.** Wird der Antrag abgelehnt, kann der Bürger mittels Verpflichtungsklage sein Antragsbegehren gerichtlich weiterverfolgen. Der Rat muss dann binnen einer Frist hierzu eine Beratung vornehmen und Entscheidung fällen. Tut der Rat dies innerhalb der landesrechtlich bestimmten Frist nicht, so kann der Bürger **allgemeine Leistungsklage** erheben, da die Beratung und Entscheidung kein Verwaltungsakt ist, sondern ein bloßer Realakt (s. dazu § 5 Rn. 6 ff.).

178 Im Rahmen der **Begründetheit** der Verpflichtungsklage spielt dann insbesondere eine Rolle, ob der die formellen Voraussetzungen für den Einwohner- bzw. Bürgerantrag erfüllt sind.

179 Daraus ergibt sich folgendes **Prüfungsschema:**

Prüfung eines Einwohner- bzw. Bürgerantrags
1. Zuständigkeit der Kommune für das Begehren (Verbandskompetenz)
2. Antragsberechtigung: Bürger / Einwohner
3. Hinreichende Vertretung
4. Einhaltung der Schriftform
5. Begründung des Antrags
6. Ausreichende Anzahl und Form von Unterschriften

4. Bürgerbegehren und Bürgerentscheid

180 Als direktdemokratische Elemente auf kommunaler Ebene existiert in allen Kommunalverfassungsgesetzen die Möglichkeit von Bürgerbegehren, die zu Bürgerentscheiden führen können. Deren Zulässigkeit muss von der Kommune festgestellt werden. Bei dieser Entscheidung handelt es sich um einen **feststellenden Verwaltungsakt.** Lehnt die Kommune die Zulässigkeit ab, so können die Initianten hiergegen im Rahmen der **Verpflichtungsklage** vorgehen.

181 Ein entsprechendes Problem wie beim Einwohner- oder Bürgerantrag ist die Zulässigkeitsentscheidung bei einem **Bürgerbegehren.** Ein Bürgerbegehren ist in allen Ländern möglich und verfolgt das Ziel, dass die Bürger anstelle des Rates entscheiden. Dabei können sie im Wege eines **Bürgerentscheides** entweder einen gefassten Ratsbeschluss aufheben oder abändern (sog. **kassatorischer**

Sebastian Piecha

Ratsbürgerentscheid). Das Bürgerbegehren muss jedoch, damit es zu diesem Bürgerentscheid führt, vom Rat als zulässig festgestellt werden. Dabei handelt es sich um einen feststellenden Verwaltungsakt (s. dazu § 2 Rn. 64). Lehnt der Rat die Zulässigkeit ab, so ist die Verpflichtungsklage statthaft.

Bei einem **Bürgerentscheid** entscheiden die Bürger einer Gemeinde anstelle 182 des Rates. Neben der Initiative von den Bürgern im Wege eines Bürgerbegehrens ermöglichen die meisten Kommunalordnungen auch eine Entscheidung vom Rat ausgehende Entscheidung der Bürger (sog. *Ratsbürgerentscheid* oder *Vertreterbegehren*). Dies erfordert dann eine qualifizierte Zwei-Drittel-Ratsmehrheit.[162] In Brandenburg und Niedersachen besteht die Möglichkeit grundsätzlich nicht, dort kann ein Bürgerentscheid nur über ein Bürgerbegehren erreicht werden.[163]

Die **Rechtsgrundlagen** für Bürgerbegehren und Bürgerentscheide in den 183 einzelnen Ländern:

Land	Bürgerbegehren und Bürgerentscheid
Baden-Württemberg	§ 21 GemO BW *Nicht auf Landkreisebene*
Bayern	Art. 18a BayGO Art. 12a BayLKrO
Berlin	*Art. 62 BlnVerf*
Brandenburg	§ 15 BbgKVerf
Bremen	*Art. 69 ff. VerfBrem i. V. m. BremVolksentG* §§ 16, 17 VerfBrhv
Hamburg	*Art. 50 I HmbVerf*
Hessen	§ 8b HGO *Nicht auf Landkreisebene*
Mecklenburg-Vorpommern	§ 20 KV M-V
Niedersachsen	§§ 32, 33 NKomVG
Nordrhein-Westfalen	§ 26 GO NRW § 23 KrO NRW
Rheinland-Pfalz	§ 17a GemO RP

---

162 § 21 I GO BW, Art. 18a II BayGO, §§ 8b I HGO, 20 III KV M-V, 26 I GO NRW, 17a I GemO RP, 21a I KSVG, 24 I SächsGemO, 27 II KVG LSA, 16 g I GO S-H, 17 ThürKO; ausführlich Gern/Brüning, Deutsches Kommunalrecht, 4. Aufl. 2019, Rn. 776 ff.
163 § 15 I BbgKVerfG, §§ 32, 33 NKomVG.

Sebastian Piecha

Fortsetzung

Land	Bürgerbegehren und Bürgerentscheid
	§ 11e LKO RP
Saarland	§ 21a KSVG
Sachsen	§§ 24, 25 SächsGemO §§ 21, 22 SächsLKrO
Sachsen-Anhalt	§§ 26, 27 KVG LSA
Schleswig-Holstein	§ 16 g GO S-H § 16f KrO S-H
Thüringen	§ 17 ThürKO

184 Die Voraussetzungen und Verfahren unterscheiden sich in den Ländern naturgemäß. Zu beachten sind dann jeweils insbesondere folgende Punkte:[164]

- **Formelle oder inhaltliche Anforderungen** an das Begehren (Schriftform, Begründung etc.)
- **Deckungsvorschläge** für Kosten
- **Quoren** (Mindestanzahl von Unterschriften)
- **Regelungen zu Vertretern**
- **Negativkatalog** über unzulässige Gegenstände eines Bürgerbegehrens
- **Fristen** für die Durchführung, wenn das Begehren gegen einen Ratsbeschluss gerichtet ist
- **Vorprüfungsmöglichkeit** bei der Kommune
- **Sperrfristen**, in denen ein erneutes Begehren über diesen Gegenstand nicht möglich ist
- **Sperrwirkung der Zulässigkeitsentscheidung** für die Kommune (keine gegenteiligen Entscheidungen über diesen Gegenstand)

185 Die Verpflichtungsklage auf Zulässigkeitsentscheidung eines Bürgerbegehrens hat Aussicht auf Erfolg, wenn ein **Anspruch auf Feststellung der Zulässigkeit** nach der jeweiligen Landesrechtsnorm (s. Rn. 183) besteht. Das ist der Fall, wenn die dort geregelten Voraussetzungen erfüllt sind. Insbesondere ist eine strikte Unterteilung in formelle und materielle Rechtmäßigkeit hier unzweckmäßig. Wichtig ist die Prüfung aller Voraussetzungen.

---

[164] Ausführlich zu den einzelnen Rechtslagen in den Ländern: Gern/Brüning, Deutsches Kommunalrecht, 4. Aufl. 2019, Rn. 768 ff.; überblicksartig: Burgi, Kommunalrecht, 6. Aufl. 2019, § 11 Rn. 37 ff.

Sebastian Piecha

Man könnte sich in etwa an folgendem **Prüfungsschema** orientieren: **186**

Prüfung der Zulässigkeit eines Bürgerbegehrens[165]
I. Formelle / inhaltliche Zulässigkeitsvoraussetzungen
  1. Schriftform
  2. Bestimmtes Begehren, Inhalt der Abstimmungsfrage
  3. Begründung des Begehrens
  4. Vertreterbenennung
  5. Kostenschätzung / Deckungsvorschlag
  6. Ggf. Vorprüfungsverfahren
  7. Unterschriften
    a) Ordnungsgemäße Unterschriftenlisten
    b) Wirksamkeit der Unterschriften (u. a. Mindestalter, Einwohner-/Bürgereigenschaft)
    c) Einhaltung des Unterschriftenquorums (Anzahl von Unterschriften)
  8. Frist (bei kassatorischen Bürgerbegehren gegen Rats-/Kreistagsbeschlüsse)
II. Zulässiger Begehrensgegenstand
  1. Angelegenheit des Rates
    a) Verbandskompetenz der Kommune
    b) Organkompetenz des Rates / Kreistages
  2. Keine Ausnahme nach dem Negativkatalog
  3. Ggf. Einhaltung der Sperrfrist

5. Präventive Kommunalaufsicht

Bei der präventiven Kommunalaufsicht (s. näher § 2 Rn. 1274) ist die Verpflich- **187** tungsklage statthaft, wenn es um versagte Genehmigungen oder Erlaubnisse durch die Aufsichtsbehörde (mithin Verwaltungsakte) geht. Hierunter fallen etwa die Pflicht zur Genehmigung von Satzungen (insbesondere Bebauungspläne, § 10 II BauGB; Flächennutzungspläne, § 6 BauGB), bei der wirtschaftlichen Betätigung oder der Veräußerung von Grundstücken oder Vermögenswerten.

---

165 Vgl. für NRW: Bätge, Kommunalrecht NRW, 5. Aufl. 2019, Rn. 130.

Sebastian Piecha

§ 4 Die Fortsetzungsfeststellungsklage

1 Der gutachterlichen Prüfung der Fortsetzungsfeststellungsklage liegt die folgende Struktur zugrunde:

A. Zulässigkeit
  I. Eröffnung des Verwaltungsrechtswegs (dazu bereits § 1 Rn. 162 ff.)
  II. Statthafte Klageart (dazu einführend § 1 Rn. 222 ff. und ausführlich Rn. 2 ff.)
  III. Klagebefugnis (dazu Rn. 33 ff.)
  IV. Vorverfahren (dazu Rn. 36 ff.)
  V. Klagefrist (dazu Rn. 40 ff.)
  VI. Beteiligte (dazu Rn. 44)
  VII. Zuständiges Gericht (dazu Rn. 45 ff.)
  VIII. Rechtsschutzbedürfnis (dazu Rn. 50 ff.)
B. Begründetheit (zur Struktur der Begründetheitsprüfung einführend Rn. 59 ff.)
  Variante 1: Anfechtungskonstellationen
  I. Rechtswidrigkeit des Verwaltungsakts (dazu bereits im Einzelnen § 2 Rn. 553 ff.)
  II. Verletzung in subjektiven Rechten (dazu bereits § 2 Rn. 828 ff.)
  Variante 2: Verpflichtungskonstellationen
  I. Anspruchsgrundlage
  II. Anspruchsvoraussetzungen
  III. Spruchreife? Ansonsten Bescheidungsantrag

Zur Fortsetzungsfeststellungsklage im Polizei- und Ordnungsrecht Rn. 62 ff. und im Kommunalrecht Rn. 65 ff.

Gliederung

A. Die Statthaftigkeit der Fortsetzungsfeststellungsklage (Julian Senders)

Wurde die Eröffnung des Verwaltungsrechtswegs bejaht (s. ausführlich zur Prüfung § 1 Rn. 162 ff.), so ist im Rahmen der Zulässigkeit als Nächstes die statthafte Klage- bzw. Antragsart zu untersuchen. Die Klage-/Antragsart ist das **zentrale Scharnier** für die gesamte restliche Klausur. Nach ihr richten sich sowohl die weiteren Zulässigkeitsvoraussetzungen als auch die Struktur der Begründetheitsprüfung. Entsprechend wichtig ist die saubere Prüfung, welche Klage- bzw. Antragsart einschlägig ist (eine erste Übersicht über die Klage- und Antragsarten der VwGO findet sich in § 1 Rn. 222 ff.) 2

Die Fortsetzungsfeststellungsklage ist statthaft, wenn die **Feststellung der** 3 **Rechtswidrigkeit eines erledigten Verwaltungsakts** begehrt wird. Dies ergibt sich aus § 113 I 4 VwGO. Nach dieser Norm spricht das Gericht, wenn sich der Verwaltungsakt vorher erledigt, auf Antrag durch Urteil aus, dass der Verwaltungsakt rechtswidrig gewesen ist, wenn der Kläger ein berechtigtes Interesse hieran hat.

Voraussetzung des § 113 I 4 VwGO ist also, dass sich ein bereits angefochtener 4 Verwaltungsakt nach Klageerhebung erledigt hat.

Nikolas Eisentraut/Julian Senders

5   *Beispiel: A, ein Fußballfan, will am 10. Juni ein überregionales Fußballspiel besuchen. Die Polizei, die den A schon seit Längerem im Visier hat, spricht A gegenüber am 6. Juni ein Aufenthaltsverbot für den 10. Juni für das Gebiet, in dem sich das Fußballstadion befindet, aus. A ist empört und erhebt gleich am 7. Juni Anfechtungsklage gegen das Aufenthaltsverbot. Der Spieltag vergeht, ohne dass das Gericht entscheidet. Was ist mit der Anfechtungsklage des A? (s. zur Lösung Rn. 17)*

6   § 113 I 4 VwGO geht also davon aus, dass bereits Anfechtungsklage erhoben wurde und sich der Verwaltungsakt vorher, das bedeutet vor einer Entscheidung des Gerichts über die Klage, erledigt hat. Hat sich der Verwaltungsakt aber erledigt, bevor überhaupt Anfechtungsklage erhoben wurde, ist § 113 I 4 VwGO nicht unmittelbar anwendbar. Nach herrschender, aber kontrovers diskutierter Auffassung ist die Fortsetzungsfeststellungsklage dennoch im Wege der analogen Anwendung von § 113 I 4 VwGO statthaft.

7   Allerdings sind auch **andere Situationen als die Anfechtung eines Verwaltungsakts** denkbar. Dabei handelt es sich um solche Fälle, in denen es nicht um einen angefochtenen, sondern um einen begehrten Verwaltungsakt geht, den die untätige Behörde nicht erteilt oder alternativ sogar die Erteilung versagt hat. In einer solchen Verpflichtungssituation wäre grundsätzlich die Verpflichtungsklage nach § 42 I 1 Alt. 2 VwGO (Untätigkeits- oder Versagungsgegenklage) statthaft. Allerdings könnte sich das Begehren des Klägers schon vor der Entscheidung über die erhobene Verpflichtungsklage erledigt haben. In diesem Fall wird nach herrschender Auffassung die Fortsetzungsfeststellungsklage für statthaft gehalten und § 113 I 4 VwGO analog angewandt (vgl. unten Rn. 27).

8   Ferner kann es im Rahmen der Verpflichtungssituation aber auch dazu kommen, dass der Kläger noch keine Verpflichtungsklage erhoben hat, sein Begehren sich aber schon zuvor erledigt hat. Die herrschende Meinung wendet in diesem Fall § 113 I 4 VwGO abermals analog an („**doppelte Analogie**"), sodass die Fortsetzungsfeststellungsklage statthafte Klageart ist (s. näher Rn. 29).

I. Anfechtungssituationen

9   Die Statthaftigkeitsprüfung erfolgt **dreistufig**, wobei bei der Ausführlichkeit der Darstellung darauf zu achten ist, dass die Schwerpunktsetzung in der Klausur/ Hausarbeit ausgewogen ist. Zunächst muss ein Verwaltungsakt vorliegen, der sich erledigt hat. Für die weitere Darstellung kommt es darauf an, wann sich der Verwaltungsakt erledigt hat und insbesondere darauf, ob die Erledigung vor oder nach Erhebung einer Anfechtungsklage eingetreten ist.

1. Verwaltungsakt

§ 113 VwGO, in dessen Regelungszusammenhang die Fortsetzungsfeststellungs- 10
klage steht, trifft ausschließlich Regelungen für den Rechtsschutz im Zusammenhang mit Verwaltungsakten. Deswegen muss auch für die Statthaftigkeit der
Fortsetzungsfeststellungsklage zunächst ein Verwaltungsakt i. S. d. § 35 S. 1 VwVfG
vorliegen (s. ausführlich zum Begriff des Verwaltungsakts § 2 Rn. 38 ff.).

Dies ist nur dann notwendig, wenn nicht vorab – d. h. vor Prüfung der Fortsetzungsfeststellungsklage als statthafte Klageart– schon im Rahmen der Prüfung
der Statthaftigkeit der Anfechtungsklage nach § 42 I Alt. 2 VwGO das Vorliegen
eines Verwaltungsakts bejaht worden ist.

2. Erledigung

Der Verwaltungsakt müsste erledigt sein. Der Begriff der **Erledigung** wird nir- 11
gendwo definiert. § 113 I 4 VwGO nennt selbst die Rücknahme („durch Zurück-
nahme oder anders erledigt") als Regelbeispiel. Ebenso nennt die Regelung des
§ 43 II VwVfG, die die Wirksamkeit des Verwaltungsakts regelt, einige weitere
Beispiele für die Erledigung. Nach dieser Vorschrift bleibt ein Verwaltungsakt
wirksam, *„solange und soweit er nicht zurückgenommen, widerrufen, anderweitig
aufgehoben oder durch Zeitablauf oder auf andere Weise erledigt ist."* Die Wendung
„auf andere Weise erledigt" gibt zu verstehen, dass alle genannten Vorgänge, d. h.
(a) Rücknahme, (b) Widerruf, (c) anderweitige Aufhebung, (d) Zeitablauf und
(e) Erledigung auf andere Weise, Erledigungstatbestände bilden.

Da es sich in beiden Fällen nur um **Regelbeispiele** handelt, hat sich eine 12
Faustformel für das Eintreten der Erledigung eingebürgert. Hiernach ist der Verwaltungsakt dann erledigt, wenn die mit ihm verbundene Beschwer, d. h. die
Belastung für den Bürger, weggefallen ist.[1] Dies wiederum kann rechtliche Gründe
haben wie etwa die behördliche Aufhebung oder den Eintritt einer auflösenden
Bedingung. Doch auch rein tatsächliche Gründe wie etwa der Wegfall des Rege-
lungsobjekts oder das Verstreichen des Datums, an dem die Regelung sich aus-
wirkte (Zeitablauf), können zur Erledigung führen.[2]

Oftmals wird es sich bei Konstellationen der Fortsetzungsfeststellungsklage 13
um eine Erledigung durch Zeitablauf handeln.

Ob ein Verwaltungsakt erledigt ist oder nicht, wird in den meisten Fällen 14
einfach zu erkennen sein. Dennoch ist es ratsam, die Erledigung des Verwal-

---

1 BVerwG, Urt. v. 02.07.1982, Az.: 8 C 101/81 = BVerwGE 66, 75, 77; Detterbeck, Allgemeines Verwaltungsrecht, 17. Aufl. 2019, Rn. 1422; Rozek, JuS 1995, 417 f.
2 Detterbeck, Allgemeines Verwaltungsrecht, 17. Aufl. 2019, Rn. 1422.

tungsakts mit einem kurzen Hauptsatz und Verweis auf § 43 II VwVfG kurz festzustellen.

3. Zeitpunkt

15 Der Verwaltungsakt soll sich nach § 113 I 4 VwGO *„vorher erledigt"* haben. Damit ist die **Erledigung nach Erhebung der Anfechtungsklage** (und vor der gerichtlichen Entscheidung – „vorher") gemeint, was die Grundkonstellation der Fortsetzungsfeststellungsklage darstellt (s. sogleich Rn. 16 f.). Allerdings gibt es auch **Sonderkonstellationen**, die von diesem Wortlaut nicht umfasst werden und dennoch nach verbreiteter, aber umstrittener Ansicht zur Fortsetzungsfeststellungsklage führen (s. dazu sogleich Rn. 18 ff.).

a) Erledigung nach Klageerhebung

16 Erledigung nach Klageerhebung bedeutet, dass in einer rechtshängigen Anfechtungsklage noch keine Entscheidung ergangen sein darf („vorher erledigt"), denn § 113 I Sätze 1 bis 3 VwGO befassen sich mit der Begründetheit der Anfechtungsklage, setzen also eine erhobene (und zulässige) Anfechtungsklage voraus.

Dies bedeutet: Die Anfechtungsklage muss, bevor die Feststellung nach § 113 I 4 VwGO beantragt wurde, rechtshängig (§ 90 I VwGO) gewesen sein.

17 *Lösung zum Beispiel aus Rn. 5: In dem obigen Beispiel wäre zwar As Anfechtungsklage aufgrund der Erledigung des Verwaltungsakts unstatthaft. Er kann seine Klage jedoch in Form der Fortsetzungsfeststellungsklage nach § 113 I 4 VwGO weiterverfolgen: Der Verwaltungsakt hat sich (mit Ende des 10. Juni) erledigt, während die Anfechtungsklage des A bereits rechtshängig, d. h. beim Verwaltungsgericht erhoben war.*

b) Sonderkonstellation: Erledigung vor Klageerhebung

18 Die Fortsetzungsfeststellungsklage soll nach h.M. über den Wortlaut des § 113 I 4 VwGO hinaus in weiteren Konstellationen statthaft sein. So ist es möglich, dass eine Fortsetzungsfeststellungsklage auch erstmalig nach dem Erledigungszeitpunkt erhoben wird.

Der Verwaltungsakt kann sich zum Zeitpunkt der Klageerhebung bereits erledigt haben, z. B. durch Zeitablauf.

Abwandlung des Beispiels aus Rn. 5: A erhebt die Klage nicht am 7., sondern am 14. Juni.

Dem Wortlaut nach wäre § 113 I 4 VwGO auf diesen Fall der Erledigung vor Klageerhebung nicht anwendbar. Da aber ein Interesse an Rechtsschutz dennoch gegeben sein kann, stellt sich die Frage nach der statthaften Klageart. Es stellt sich die Frage nach einer analogen Anwendung des § 113 I 4 VwGO auf diese Fallkonstellationen. Bekanntlich erfordert eine Analogie, dass eine planwidrige Regelungslücke und eine vergleichbare Interessenlage vorliegen. An der Frage der Regelungslücke entzündet sich der genannte Meinungsstreit.

Nach **einer Ansicht** (vertreten von der Rechtsprechung des 6. Senats des   19
Bundesverwaltungsgerichts[3] und einem Teil des Schrifttums[4]) liegt keine Regelungslücke vor, weil die Feststellungsklage nach § 43 VwGO diesen Fall erfasst. Statthafte Klageart kann in diesem Fall nur die Feststellungsklage und nicht die Fortsetzungsfeststellungsklage sein.

Nach der anderen Ansicht (die als **herrschende Meinung** bezeichnet wer-   20
den kann) erfasst § 43 VwGO diesen Fall nicht[5] – eine planwidrige Regelungslücke liegt daher vor und § 113 I 4 VwGO ist analog anzuwenden. Die Fortsetzungsfeststellungsklage ist statthafte Klageart.

Dieser **Streit darf in Klausur und Hausarbeit nicht offengelassen wer-   21
den** – dies schon aus dem Grund, dass bei Anwendung von § 113 I 4 VwGO analog mehrere Folgefragen zu diskutieren sind (insbesondere die Notwendigkeit eines Vorverfahrens (s. dazu Rn. 36 ff.) und die Notwendigkeit der Einhaltung einer Klagefrist (s. dazu Rn. 40 ff.)).

Die erstgenannte Ansicht („Feststellungsklage") argumentiert wie folgt: 22
(Argument 1) *Wortlaut:* Ein Rechtsverhältnis i.S.d. § 43 VwGO ist die sich aus einem konkreten Sachverhalt aufgrund einer öffentlich-rechtlichen Norm ergebende Rechtsbeziehung einer Person zu einer anderen Person oder zu einer Sache.[6] Ein solches sei bei Erledigung vor Klageerhebung gegeben, nämlich das Bestehen oder Nichtbestehen der behördlichen Befugnis gegenüber dem Adressaten – in der Vergangenheit – zum Erlass des konkreten Verwaltungsakts.[7]

(Argument 2) *Sinn und Zweck:* Die Anfechtungsklage bezweckt grundsätzlich eine Aufhebung („Kassation") eines Verwaltungsakts, die Fortsetzungsfeststellungsklage nach § 113 I 4 VwGO ist lediglich eine besonders geregelte Form der Fortsetzung einer – ehemaligen – Anfechtungsklage. Wo aber von vornherein

---

3 BVerwG, Urt. v. 14.07.1999, Az.: 6 C 7/98 = BVerwGE 109, 203, 209.

4 Pietzner, VerwArch 1993, 261, 281 f.; Wolff, in: Sodan/Ziekow, VwGO, 5. Aufl. 2018, § 113 VwGO, Rn. 262.

5 BVerwG, Urt. v. 26.01.1996, Az.: 8 C 19.94 = BVerwGE 100, 262, 264; Urt. v. 28.01.2010, Az.: 8 C 19/09 = BVerwGE 136, 54; Schenke, Verwaltungsprozessrecht, 16. Aufl. 2019, Rn. 325; Schenke, NVwZ 2000, 1255, 1257; Rozek, JuS 1995, 415; Ehlers, Jura 2001, 417 f.

6 BVerwG, Urt. v. 26.01.1996, Az.: 8 C 19.94 = BVerwGE 100, 262, 264; Urt. v. 28.01.2010, Az.: 8 C 19/09 = BVerwGE 136, 54.

7 Schenke, Verwaltungsprozessrecht, 16. Aufl. 2019, Rn. 325; Schenke, NVwZ 2000, 1255, 1257.

keine Aufhebung begehrt werden kann, gibt es auch zu keinem Zeitpunkt eine Klage mit kassatorischer Wirkung, sodass § 113 I 4 VwGO schlicht nicht passt.[8]

(Argument 3) *Systematik:* § 113 VwGO regelt den Urteilsinhalt und § 113 I 4 VwGO damit den Urteilsinhalt einer besonderen Anfechtungsklage. Würde der Gesetzgeber umfassend eine Klageart regeln wollen, würde sich die Fortsetzungsfeststellungsklage im Bereich der §§ 42 ff. VwGO und nicht im 10. Abschnitt der VwGO ergeben.[9]

23   Die zweitgenannte Ansicht, die § 113 I 4 VwGO analog anwenden will, sieht § 43 VwGO als nicht auf den vorliegenden Fall passend an:

(Gegenargument 1) Der Verwaltungsakt, der erst selbst eine Regelung (§ 35 Satz 1 VwVfG) trifft, kann nicht mit dem – in der Vergangenheit liegenden – Rechtsverhältnis, die die Befugnis zum Erlass des Verwaltungsakts beinhaltet, zusammenfallen. Der konkrete Verwaltungsakt und seine Rechtmäßigkeit oder Rechtswidrigkeit sind eben nicht deckungsgleich mit der bestehenden (oder nicht bestehenden) Befugnis der Behörde zum Erlass eines solchen Verwaltungsakts. Denn trotz bestehender materieller Befugnis der Behörde zum Verwaltungsakt-Erlass kann der erlassene Verwaltungsakt etwa aufgrund eines Verfahrensfehlers oder eines Ermessensfehlers rechtswidrig sein.[10]

(Gegenargument 2) *Sinn und Zweck:* Ein teleologisches Argument ist: Mit der erstgenannten Ansicht würde es vom Zufall des Erledigungszeitpunktes abhängen, welche Klage statthaft ist. Die unterschiedliche Behandlung aufgrund des zufälligen Erledigungszeitpunkts widerspreche dem Sinn und Zweck der Regelung der Fortsetzungsfeststellungsklage.[11]

(Gegenargument 3) Auch die allgemeine Leistungsklage ist nicht explizit in §§ 42 ff. VwGO geregelt, dennoch wird aus mehreren Normen gefolgert, dass es eine allgemeine Leistungsklage gibt. Dasselbe kann und sollte für die Fortsetzungsfeststellungsklage angenommen werden – hier besagt die Regelung des Urteilsinhaltes in § 113 I 4 VwGO implizit, dass es die zugrundeliegende Klageart geben muss.

24   *Hausarbeitswissen: Vertiefend, insbesondere für Hausarbeiten und wissenschaftliche Arbeiten, seien auch noch die folgenden Argumente mit an die Hand gegeben:*

---

8 Detterbeck, Streitgegenstand und Entscheidungswirkungen im öffentlichen Recht, S. 94 ff., 291.
9 Martensteig, Fortsetzungsfeststellungsklage? Eine kritische Bestandsaufnahme verbunden mit dem Versuch einer Neuorientierung, 1985, S. 83.
10 Schoch, Übungen im Öffentlichen Recht II, 1992, S. 243; Laubinger VerwArch 1991, 459 (487); Rozek JuS 1995, 414 (415).
11 OVG Koblenz, Urt. v. 15.07.1981, Az.: 2 A 10/81 = NJW 1982, 1301, 1302; Kopp/Schenke, VwGO, 25. Aufl. 2019, § 113 VwGO, Rn. 99.

Julian Senders

(Gegenargument 4) Wegen des Grundsatzes „ne ultra petita" (das Gericht darf nicht über das Begehren des Klägers hinausgehen) in § 88 VwGO ist sehr fragwürdig, ob eine gerichtliche Interpretation der Klage gegen einen erledigten Verwaltungsakt in eine solche auf Feststellung der nicht bestehenden Behördenbefugnis zum Verwaltungsakt-Erlass möglich ist. Hierin könnte bereits eine unzulässige Umdeutung des Klagebegehrens liegen.[12]

(Gegenargument 5) Der Verwaltungsakt begründet zwar unter Umständen selbst ein feststellungsfähiges Rechtsverhältnis, welches von dem in der Vergangenheit liegenden Rechtsverhältnis (Befugnis zum Verwaltungsakt-Erlass) verschieden ist.[13] *Die Klage auf Feststellung des Bestehens dieses Verhältnisses nach § 43 VwGO hilft dem Kläger jedoch nicht, weil es für das Bestehen des Rechtsverhältnisses nur auf die Wirksamkeit des Verwaltungsakt, nicht aber auf seine Rechtmäßigkeit ankommt. Der Kläger kann mithin nicht über den Umweg des Rechtsverhältnisses die Rechtswidrigkeit feststellen lassen.*

In einer Klausur ist es wichtig, diesen **„Klassiker"** nicht isoliert abzuhandeln, 25 sondern in die Prüfung der Analogie zu § 113 I 4 VwGO zu integrieren. Nur so kann man zeigen, dass man das eigentliche Problem – das Vorliegen oder Nichtvorliegen einer Regelungslücke wegen § 43 VwGO – verstanden hat. Zur Darstellung ist das ansonsten übliche Vorgehen empfehlenswert: Erstens die Nennung der bestehenden Ansichten, zweitens die Feststellung, dass je nach Ansicht unterschiedliche Ergebnisse eintreten und drittens die Diskussion des Für und Wider der Ansichten unter Zuhilfenahme der Argumente samt Entscheidung des Meinungsstreits.

Vertretbar sind beide Ansichten, wobei sich für Klausur und Hausarbeit die 26 herrschende Ansicht empfiehlt – bei Prüfung der weiteren Voraussetzungen der Fortsetzungsfeststellungsklage ergeben sich Folgefragen (insbesondere Notwendigkeit eines Vorverfahrens und Einhaltung einer Klagefrist), die sich bei der Feststellungsklage nach § 43 VwGO nicht stellen. Man schneidet sich daher gegebenenfalls Probleme ab, deren Erörterung erwartet wird.

II. Verpflichtungssituationen: Versagung eines begünstigenden Verwaltungsakts

§ 113 I 4 VwGO lässt weder durch seinen Wortlaut noch aufgrund von systemati- 27 schen Erwägungen eine unmittelbare Anwendung auf die Situation zu, in der eine Person den Erlass eines Verwaltungsakts begehrt, dies aber abgelehnt bzw. der Verwaltungsakt von der untätigen Behörde nicht erteilt wird. Dennoch ist nach einhelliger Auffassung in der Situation der Erledigung nach Erhebung einer Verpflichtungsklage die Fortsetzungsfeststellungsklage statthaft (sogleich

---

12 Rennert, in: Eyermann, VwGO, 15. Aufl. 2019, § 88 VwGO, Rn. 6.
13 Vgl. Laubinger, VerwArch 1991, 459 (487); Rozek, JuS 1995, 414 (415).

Julian Senders

Rn. 28). Ob dies auch für den Fall der Erledigung vor Klageerhebung angenommen werden kann, hängt davon ab, welcher Ansicht man bei der bereits im Zusammenhang mit der Anfechtungssituation dargestellten Meinungsstreitigkeit folgt. Deswegen nimmt die herrschende Meinung an dieser Stelle die Statthaftigkeit der Fortsetzungsfeststellungsklage an, und zwar im Wege „doppelt analoger" Anwendung des § 113 I 4 VwGO (vgl. Rn. 29).

1. Erledigung nach Klageerhebung

28 So sind zunächst Konstellationen denkbar, in denen nicht ein belastender Verwaltungsakt ergeht, sondern dem Kläger ein begünstigender Verwaltungsakt versagt wird, er eine Verpflichtungsklage erhebt und sich daraufhin sein Begehren erledigt:

> *Beispiel: X ist Journalistin und beantragt eine Presseakkreditierung für eine Pressekonferenz der Landesregierung am 22. Januar. Diese wird ihr aus verschiedenen Gründen am 17. Januar versagt. Sie erhebt am 18. Januar Verpflichtungsklage nach § 42 I Var. 2 VwGO in Form der Versagungsgegenklage auf Erteilung der Presseakkreditierung. Der 22. Januar verstreicht, ohne dass das Gericht entscheidet.*

Zunächst wird an dieser Stelle klar, dass die Bestimmung der Erledigung hier mangels bestehenden Verwaltungsakts nicht greifen kann. Der Begriff der Erledigung kann sich nur auf das auf Verwaltungsakt-Erlass gerichtete Begehren des Antragstellers bzw. Klägers beziehen. Die erstrebte Verpflichtung erledigt sich, wenn sie objektiv sinnlos wird und für dem Kläger daher mit keinem Nutzen verbunden ist.[14]

Nach allgemeiner Ansicht ist trotz des anderslautenden Wortlauts des § 113 I 4 VwGO auch in dieser Konstellation die Fortsetzungsfeststellungsklage die statthafte Klageart. § 113 I 4 VwGO ist wiederum analog anwendbar.[15] Ansonsten bestünde eine vor dem Hintergrund des Art. 19 IV GG nicht zu rechtfertigende Rechtsschutzlücke. Ein klassischer Streitstand, den es in der Klausur darzustellen gilt, besteht an dieser Stelle – trotz vereinzelter Ablehnung[16] – freilich nicht. Hier ist vielmehr Problembewusstsein zu demonstrieren und die analoge Anwendung mit der obigen Erwägung kurz herzuleiten. Die vergleichbare Interessenlage ergibt sich schon daraus, dass es für den Kläger in seiner Rechtsbetroffenheit keinen

---

14 Riese, in: Schoch/Schneider/Bier, VwGO, 36. EL Februar 2019, § 113 VwGO, Rn. 113.
15 BVerwG, Urt. v. 27.03.1998, Az.: 4 C 14.96 = BVerwGE 106, 295, 296; BVerwG, Urt. v. 24.11.2010, Az.: 6 C 16/09 = NVwZ-RR 2011, 279, 280; Kopp/Schenke, VwGO, 25. Aufl. 2019, § 113 VwGO, Rn. 109; Bühler/Brönnecke, Jura 2017, 41; Ogorek JA 2002, 223.
16 Ehlers, Jura 2001, 418.

Julian Senders

Unterschied macht, ob er durch einen Verwaltungsakt potentiell rechtswidrig belastet wird oder aber – Verpflichtungssituation – eine ihm potentiell zustehende Begünstigung verwehrt bekommt.

2. Erledigung vor Klageerhebung

Es hätte aber auch sein können, dass X im Beispiel in Rn. 28 erst nach Erledigung 29 klagt:

Abwandlung aus Rn. 28: X erhebt die Klage nicht am 18., sondern am 23. Januar.

Hier handelt es sich um eine Kombination aus beiden Sonderkonstellationen – d. h. Verpflichtungssituation und Klage nach Erledigung. Dies ist nur auf den ersten Blick verwirrend. Im Ergebnis handelt es sich um zwei gesonderte Probleme, sodass hier abzuschichten ist:

Zunächst sollte geklärt werden, ob § 113 I 4 VwGO überhaupt auf die Verpflichtungssituation Anwendung findet. Wie soeben gezeigt, steht dies zwar nicht im Gesetz, ist aber allgemein anerkannt. Hier muss zwar Problembewusstsein gezeigt werden und der Wortlaut der Norm angesprochen werden, der die Verpflichtungssituation nicht umfasst. Einer allzu ausschweifenden Begründung bedarf es aber nicht (vgl. oben Rn. 27).

Anders verhält sich dies mit dem klassischen Streit über die Anwendbarkeit nach Erledigung. Hier muss das Problem der möglichen Anwendung des § 43 VwGO (Feststellungsklage) aufgeworfen werden. Dies sollte abermals nicht losgelöst vom Gesetz erfolgen, sondern innerhalb der Frage, ob eine planwidrige Regelungslücke für eine Analogie zu § 113 I 4 VwGO besteht (vgl. oben Rn. 18 ff.) Für die Argumente wird auf die obigen Ausführungen verwiesen (s. Rn. 22 ff.), denn diese sind auch allesamt auf die Verpflichtungssituation übertragbar.

Die herrschende Auffassung wendet auch in der Verpflichtungssituation bei 30 (hypothetischer) Erledigung vor Klageerhebung § 113 I 4 VwGO analog an und gelangt zur Fortsetzungsfeststellungsklage.[17] Im Ergebnis kann man von einer „doppelt analogen" Anwendung des § 113 I 4 VwGO sprechen.

---

17 Vgl. etwa BVerwG, Urt. v. 18.12.2007, Az.: 6 C-47/06 = NVwZ 2008, 571; Kopp/Schenke, VwGO, 25. Aufl. 2019, § 113 VwGO, Rn. 109.

Julian Senders

III. Zusammenfassung: Übersicht über die Konstellationen der Fortsetzungsfeststellungsklage

31 Denkbar sind daher grundlegend vier Fallkonstellationen, die folgende Tabelle veranschaulichen soll:

	Erledigung nach Klageerhebung	Erledigung vor Klageerhebung
Anfechtungssituation	Grundfall (Beispiel Rn. 5)	(Beispiel Rn. 18)
	§ 113 I 4 VwGO	h. M.: § 113 I 4 VwGO analog a. A.: § 43 VwGO
Verpflichtungssituation	(Beispiel Rn. 28)	(Beispiel Rn. 29)
	§ 113 I 4 VwGO analog	h. M.: § 113 I 4 VwGO „doppelt analog" a. A.: § 43 VwGO

IV. Literaturhinweise

Schenke, Verwaltungsprozessrecht, 16. Aufl. 2019, Rn. 322 ff., 330 ff.; Rozek, Grundfälle zur verwaltungsgerichtlichen Fortsetzungsfeststellungsklage, JuS 1995, 414 ff. und 697 ff.; Ogorek, Die Fortsetzungsfeststellungsklage, JA 2002, 223; R. P. Schenke, Neue Wege im Rechtsschutz gegen vorprozessual erledigte Verwaltungsakte?, NVwZ 2000, 1255

Falllösungen: Fall 6, Fall 7 und Fall 8 in: Eisentraut, Fälle zum Verwaltungsrecht, 2020

Lehrvideos: Coste/Kramp/Ziegler, Peer2Peer-Lehrvideo Die Fortsetzungsfeststellungsklage, Teil 1 abrufbar unter https://youtu.be/dHGBq_HQXqs und Teil 2 abrufbar unter https://youtu.be/0YZTVxcWiKs

B. Weitere Zulässigkeitsvoraussetzungen

32 Nach der Prüfung der Eröffnung des Verwaltungsrechtswegs und der Prüfung der statthaften Klageart sind im Falle der Fortsetzungsfeststellungsklage regelmäßig die folgenden weiteren Zulässigkeitsvoraussetzungen anzusprechen, wobei es auch hierbei auf problembewusstes Arbeiten ankommt (dazu § 1 Rn. 52, 123).

I. Klagebefugnis (Hendrik Burbach)

Auch bei der Fortsetzungsfeststellungsklage muss der Kläger nach § 42 II VwGO **33 klagebefugt** sein. Sie ist nur dann zulässig, wenn der Kläger geltend machen kann, dass der erledigte Verwaltungsakt ihn in seinen Rechten verletzt habe.[18] Nach der h.M. und der Rechtsprechung des BVerwG ist § **42 II VwGO unmittelbar auf die Fortsetzungsfeststellungsklage** anzuwenden.[19] Eine andere Ansicht wendet § 42 II VwGO **analog** unter dem Verweis auf die in § 42 II VwGO normierte Voraussetzung des noch existenten Verwaltungsakts an.[20] Nicht ausreichend für die Begründung der Klagebefugnis ist dagegen das bloße Vorliegen des Fortsetzungsfeststellungsinteresses (dazu noch Rn. 50 ff.) Dieses bezieht sich auf die Feststellung als solche.

Zur Begründung der Klagebefugnis bedarf es der **Möglichkeit einer 34 Rechtsverletzung** durch die ursprüngliche Maßnahme oder deren Unterlassung.[21] Die Bestimmung richtet sich nach den für die Anfechtungsklage bzw. Verpflichtungsklage herausgearbeiteten Grundsätzen (s. zur Klagebefugnis bei der Anfechtungsklage § 2 Rn. 281 ff. und bei der Verpflichtungsklage § 3 Rn. 28 ff.).

Formulierungsvorschlag: *„Der Kläger müsste zudem auch klagebefugt sein.* **35** *Dieses Erfordernis gilt nach § 42 II VwGO analog auch für die Fortsetzungsfeststellungklage, da es sich hierbei um die Fortführung einer (Anfechtungs-/Verpflichtungsklage) handelt. Mithin hat der Kläger darzulegen, dass er durch den erledigten Verwaltungsakt in seinen Rechten verletzt wurde/dass das Bestehen des begehrten Anspruchs nicht ausgeschlossen war.“*

II. Vorverfahren (Renana Braun)

Ob auch im Rahmen der Fortsetzungsfeststellungsklage ein Vorverfahren durch- **36** zuführen ist, ist differenziert zu beurteilen. Für die Frage der **Erforderlichkeit der erfolglosen Durchführung eines Vorverfahrens** sind zwei Konstellationen zu unterscheiden: Die erste betrifft die Erledigung vor Ablauf der Widerspruchsfrist, die zweite die Erledigung nach Ablauf der Widerspruchsfrist.

---

18 Detterbeck, Allgemeines Verwaltungsrecht, 17. Aufl. 2019, § 32 Rn. 1425.
19 BVerwG, Urt. v. 23.3.1982, Az.: 1 C 157.79 = NJW 1982, 2514; Hufen, Allgemeines Verwaltungsrecht, 11. Aufl. 2019, § 18 Rn. 54; W.-R. Schenke/R. P. Schenke, in: Kopp/Schenke, VwGO, 25. Aufl. 2019, § 113 Rn. 125.
20 Detterbeck, Allgemeines Verwaltungsrecht, 17. Aufl. 2019, § 32 Rn. 1425 m.w.N.
21 Hufen, Verwaltungsprozessrecht, 11. Aufl. 2019, § 18 Rn. 54.

1. Erledigung vor Ablauf der Widerspruchsfrist

37 Umstritten ist, ob die erfolglose Durchführung eines Vorverfahrens erforderlich ist, wenn die Erledigung des Verwaltungsakts vor Ablauf der Widerspruchsfrist eintritt. In der **Literatur** wird vertreten, dass das Widerspruchsverfahren in diesem Fall als Sachentscheidungsvoraussetzung der Fortsetzungsfeststellungsklage jedenfalls dann zwingend durchzuführen sei, wenn vor der Erledigung bereits Klage erhoben worden ist.[22] Danach solle die Möglichkeit zur Selbstkontrolle der Verwaltung auch bei Erledigung bestehen bleiben. Es gehört allerdings nicht zu den Aufgaben der Verwaltung, verbindlich darüber zu entscheiden, ob ein erledigter Verwaltungsakt bzw. dessen Versagung rechtswidrig war.[23] Zwar sieht das Verwaltungsverfahrensrecht nach § 44 V VwVfG auch rein feststellende Entscheidungen der Verwaltung vor. Die deklaratorische Feststellung der Nichtigkeit eines Verwaltungsakts verfolgt mit dem Zweck der Herstellung von Rechtssicherheit allerdings eine andere Funktion als das Vorverfahren. Auch dürfte dem Widerspruchsführer mit einem Abhilfebescheid, in dem die Ausgangsbehörde die Rechtswidrigkeit des ohnehin erledigten Verwaltungsakts feststellt, nur selten geholfen sein. Die Aufgabe, verbindlich über die Rechtmäßigkeit von Verwaltungshandeln zu entscheiden, obliegt im Rahmen der Gewaltenteilung originär den Verwaltungsgerichten. Sinn und Zweck des Widerspruchsverfahrens besteht demgegenüber darin, der Ausgangs- bzw. Widerspruchsbehörde zu ermöglichen, die Sachentscheidung unter Berücksichtigung etwaiger neuer Einwendungen des Widerspruchsführers einer erneuten Rechtmäßigkeits- und Zweckmäßigkeitsprüfung zu unterziehen und gegebenenfalls revidieren oder abwandeln zu können (vgl. §§ 68 I 1, 72 VwGO). Die bloße Feststellung der Rechtmäßigkeit oder Rechtswidrigkeit des Verwaltungsakts bzw. der Versagung kann diese Funktion allerdings nicht gleichsam zum Tragen kommen lassen, soweit sie Zweckmäßigkeitsüberlegungen von vornherein außer Betracht lässt und keine Aufhebung oder Korrektur der Sachentscheidung ermöglicht.[24] Richtigerweise kann es daher für das Erfordernis der erfolglosen Durchführung eines Vorverfahrens nicht auf den Zeitpunkt der Erledigung vor oder nach Klageerhebung, sondern nur auf die Frage ankommen, ob vor der Erledigung bereits die Bestandskraft des Verwaltungsakts eingetreten ist. Zu berücksichtigen ist dabei auch, dass die Voraussetzungen der Zulässigkeit einer Klage erst im Zeitpunkt der letzten mündlichen Verhandlung vorliegen müssen. Ein Widerspruch kann insofern grundsätzlich auch nach einer bereits erfolgten Klageerhebung mit Einfluss auf das Vorliegen

---

22 Würtenberger/Heckmann, Verwaltungsprozessrecht – Ein Studienbuch, 4. Aufl. 2018, Rn. 422 m.w.N.; a.A. Hufen, Verwaltungsprozessrecht, 11. Aufl. 2019, § 6 Rn. 13 m.w.N.
23 BVerwG, Urt. v. 9.2.1967, Az.: I C 49.64 = BVerwGE 26, 161.
24 Vgl. BVerwG, Urt. v. 9.2.1967, Az.: I C 49.64 = BVerwGE 26, 161 (166 f.).

Renana Braun

deren Sachentscheidungsvoraussetzungen eingelegt werden, solange die Widerspruchsfrist noch nicht abgelaufen ist. Will man diese Möglichkeit nicht beschneiden, kann die Unzulässigkeit der erhobenen Klage zum Zeitpunkt der Erledigung aus diesem Grund nur dann beachtlich sein, wenn die Widerspruchsfrist bereits abgelaufen war. Vor diesem Hintergrund erscheint die in der **Rechtsprechung** vertretene Ansicht, wonach die erfolglose Durchführung eines Vorverfahrens bei Eintritt der Erledigung vor Ablauf der Widerspruchsfrist nicht erforderlich ist,[25] als sachgerecht.

2. Erledigung nach Ablauf der Widerspruchsfrist

Tritt die Erledigung erst nach Ablauf der Widerspruchsfrist ein, ohne dass zuvor 38 Widerspruch eingelegt worden ist, fehlt es wegen der Bestandskraft des Verwaltungsakts an der erforderlichen Möglichkeit der Zulässigkeit einer bereits erhobenen oder noch zu erhebenden fortzusetzenden Anfechtungs- oder Verpflichtungsklage zum Zeitpunkt der Erledigung. Der Verwaltungsakt ist in diesem Fall nicht mehr angreifbar. Die Fortsetzung des Verfahrens nach § 113 I 4 VwGO kann über die vor Erledigung eingetretene endgültige Unzulässigkeit der Klage nicht hinweghelfen.

3. Literaturhinweise

Groscurth, Examenskurs VwGO für Studenten und Referendare, 2014, Rn. 334– 39 336, 755–757; Hufen, Verwaltungsprozessrecht, 11. Aufl. 2019, Teil 3 § 18 Rn. 55; Ipsen, Allgemeines Verwaltungsrecht, 11. Aufl. 2019, Rn. 1132–1136; Schenke, Verwaltungsprozessrecht, 16. Aufl. 2019, Rn. 665 f.; Saarheimer Fälle: „Soccer-Arena" (http://www.saarheim.de/Faelle/soccerarena-fall.htm); Kurzfälle bei Uerpmann-Wittzack, Examens-Repetitorium – Allgemeines Verwaltungsrecht mit Verwaltungsprozessrecht, 5. Aufl. 2018, Fall 73.

III. Klagefrist (Patrick Stockebrandt)

Es ist strittig, ob im Rahmen der Fortsetzungsfeststellungsklage eine **Klagefrist** 40 zu beachten ist. Soweit die **Erledigung nach Klageerhebung** eintritt, stellt sich

---

25 BVerwG, Urt. v. 14.7.1999, Az.: 6 C 7.98 = BVerwGE 109, 203.

Renana Braun/Patrick Stockebrandt

jedenfalls kein Fristproblem.[26] Denn wenn die zugrundeliegende Anfechtungs- oder Verpflichtungsklage verspätet eingelegt wurde, bleibt die Klage auch bei Übergang auf die (nachträgliche) Fortsetzungsfeststellungsklage unzulässig.[27]

41   Unterschiedliche Meinungen gibt es im Hinblick auf die Geltung der **Klage-frist bei vorprozessualer Erledigung.** Einer Meinung nach findet § 74 VwGO jedenfalls dann keine Anwendung, wenn sich der noch nicht bestandskräftige Verwaltungsakt bereits vor Klageerhebung erledigt hat.[28] § 113 I 4 VwGO fordere seinem Wortlaut nach gerade keine Frist für den Übergang.[29] Außerdem ziele die ratio des § 74 VwGO auf die Sicherung der **Bestandskraft** eines Verwaltungsakts ab, die jedoch aufgrund der **Erledigung** nicht mehr zum Tragen komme.[30] Zudem handele es sich bei der Fortsetzungsfeststellungsklage um eine „spezielle" Fest-stellungsklage, für die keine **Fristbindung** bestehe.[31] Schlussendlich werde die Verwaltung vor einer erst Jahre später eingelegten Klage durch das Erfordernis des Feststellungsinteresses (s. dazu Rn. 50 ff.) und dem Grundsatz der **Verwirkung** (s. dazu § 2 Rn. 399 ff.) geschützt.[32]

Einer anderen Meinung nach ist § 74 VwGO aber gerade analog anzuwen-den, da die Fortsetzungsfeststellungsklage eine enge „Verwandtschaft"[33] zur Anfechtungsklage besitze, sie m.a.W. also eine „amputierte" bzw. „verlängerte" Anfechtungsklage darstelle, müssten für sie dementsprechend auch die Vor-schriften der §§ 74, 58 VwGO gelten.[34]

---

26 Hufen, Verwaltungsprozessrecht, 11. Aufl. 2019, § 18 Rn. 56. Denn insofern besteht keine Fristbindung, s. Decker, in: Posser/Wolff, VwGO, 49. Ed., Stand: 1.4.2019, § 113 Rn. 81.

27 Schenke/Schenke, in: Kopp/Schenke, VwGO, 25. Aufl. 2019, § 113 Rn. 128; Pietzner/Ronel-lenfitsch, Das Assessorexamen im Öffentlichen Recht, 14. Aufl. 2019, Rn. 562; Schenke, Verwal-tungsprozessrecht, 16. Aufl. 2019, Rn. 703 m.w.N.

28 BVerwG, Urt. v. 14.7.1999, Az.: 6 C 7/98 = BVerwGE 109, 203 = NVwZ 2000, 63 (63). S. Schenke/ Schenke, in: Kopp/Schenke, VwGO, 25. Aufl. 2019, § 113 Rn. 128; Schenke, Verwaltungsprozess-recht, 16. Aufl. 2019, Rn. 703 sowie Kintz, Assessorexamen im Öffentlichen Recht, 10. Aufl. 2018, Rn. 288.

29 BVerwG, Urt. v. 14.7.1999, Az.: 6 C 7/98 = BVerwGE 109, 208 = NVwZ 2000, 63 (64). S. auch Decker, in: Posser/Wolff, VwGO, 49. Ed., Stand: 1.4.2019, § 113 Rn. 90.3.

30 Schenke, Verwaltungsprozessrecht, 16. Aufl. 2019, Rn. 703. S. BVerwG, Urt. v. 14.7.1999, Az.: 6 C 7/98 = BVerwGE 109, 207 f. = NVwZ 2000, 63 (64).

31 BVerwG, Urt. v. 14.7.1999, Az.: 6 C 7/98 = BVerwGE 109, 207 = NVwZ 2000, 63 (64); a. A. Pietzner/ Ronellenfitsch, Das Assessorexamen im Öffentlichen Recht, 14. Aufl. 2019, Rn. 563.

32 BVerwG, Urt. v. 14.7.1999, Az.: 6 C 7/98 = BVerwGE 109, 208 = NVwZ 2000, 63 (64). S. auch Schenke/Schenke, in: Kopp/Schenke, VwGO, 25. Aufl. 2019, § 113 Rn. 128 f. sowie Decker, in: Posser/Wolff, VwGO, 49. Ed., Stand: 1.4.2019, § 113 Rn. 90.3.

33 Bzw. „Unterfall", s. Pietzner/Ronellenfitsch, Das Assessorexamen im Öffentlichen Recht, 14. Aufl. 2019, Rn. 563.

34 Schenke, Verwaltungsprozessrecht, 16. Aufl. 2019, Rn. 703.

Patrick Stockebrandt

Wiederum einhellig wird die Situation gewertet, wenn die Erledigung erst 42
nach **Bestandskraft** (z. B. durch Ablauf der Widerspruchsfrist) eintritt. In diesem
Fall hat der Kläger es versäumt, fristgerecht Widerspruch oder Anfechtungsklage
zu erheben, so dass die Fortsetzungsfeststellungsklage sodann auch unzulässig
ist.[35] Im Hinblick auf die **Fristberechnung** und die **Rechtsbehelfsbelehrung**
(s. § 2 Rn. 361 ff.), die **Wiedereinsetzung in den vorigen Stand** (s. § 2 Rn. 394 ff.)
und die **Klageverwirkung** (s. § 2 Rn. 399 ff.) wird auf die entsprechenden Ausführungen im Rahmen der Anfechtungsklage verwiesen.

Anmerkungen zur Falllösung: In einer Klausur wird der Meinungsstreit 43
jedenfalls kurz darzustellen sein. Ggf. muss er jedoch nicht entschieden werden:
es sollte z. B. beachtet werden, dass möglicherweise eine fehlerhafte Belehrung
über die Klagemöglichkeit der Fortsetzungsfeststellungsklage vorliegt, sodass die
Frist gemäß § 58 II 1 VwGO jedenfalls ein Jahr beträgt.[36] Auch eine Einschränkung
durch den Grundsatz der Verwirkung kommt in Betracht.

Weiterführende Literaturhinweise finden sich in § 2 Rn. 402.

IV. Beteiligte (Carola Creemers)

Die Ausführungen zu den Beteiligten im Rahmen der Anfechtungsklage gelten 44
entsprechend für die Fortsetzungsfeststellungsklage (s. ausführlich § 2 Rn. 403 ff.).
Insbesondere findet § 78 VwGO auch auf die Fortsetzungsfeststellungsklage Anwendung, da das Fortsetzungsfeststellungsverfahren an die Stelle des Anfechtungs-
oder des Verpflichtungsverfahrens tritt.[37]

V. Zuständiges Gericht (Katharina Goldberg)

Die Fortsetzungsfeststellungsklage ist nur zulässig, wenn das zuständige Ge- 45
richt angerufen wurde (zur Verweisung bei fehlerhafter Zuständigkeit s. näher
§ 1 Rn. 49, 163; § 2 Rn. 468). Bei der Frage des zuständigen Gerichts liegt häufig
kein Schwerpunkt der Klausurlösung. Dennoch müssen die **sachliche und ört-**

---

35 Schenke/Schenke, in: Kopp/Schenke, VwGO, 25. Aufl. 2019, § 113 Rn. 128; Hufen, Verwaltungsprozessrecht, 11. Aufl. 2019, § 18 Rn. 56.
36 S. auch Pietzner/Ronellenfitsch, Das Assessorexamen im Öffentlichen Recht, 14. Aufl. 2019,
Rn. 563.
37 Meissner/Schenk, in: Schoch/Schneider/Bier, VwGO, 36. EL Februar 2019, § 78 Rn. 50;
Schenke, in: Kopp/Schenke, VwGO, 25. Aufl. 2019, § 78 Rn. 1.

Patrick Stockebrandt/Carola Creemers/Katharina Goldberg

liche Zuständigkeit in jeder Klausur zumindest angesprochen und die relevanten Normen benannt werden.

46   Formulierungsvorschlag: *„Das angerufene Gericht müsste sachlich gem. § 45 VwGO und örtlich gem. § 52 VwGO zuständig sein."*

47   Das **Verwaltungsgericht** ist **sachlich** in der ersten Instanz für alle Streitigkeiten zuständig, für die der Verwaltungsrechtsweg gem. § 40 VwGO eröffnet ist, § 45 VwGO[38] (zur ausnahmsweise abweichenden Zuständigkeit von OVG und BVerwG s. § 2 Rn. 466 f.).

48   Die **örtliche Zuständigkeit** richtet sich bei allen Klagearten nach § 52 VwGO. Sie muss bestimmt werden, wenn verschiedene Gerichte sachlich zuständig sind. In den meisten Klausuren wird die örtliche Zuständigkeit durch den Klaursteller vorgegeben. Wenn dies nicht gegeben ist müssen die einzelnen Nummern des § 52 VwGO gründlich gelesen werden. Sie geben eine Reihenfolge vor, nach der die örtliche Zuständigkeit bestimmt werden muss.

49   Bei der Fortsetzungsfeststellungsklage sind folgende Nummern des § 52 VwGO in folgender Reihenfolge relevant: Nr. 1, Nr. 4, Nr. 2, Nr. 3, Nr. 5 (ein Überblick über die Nummern des § 52 VwGO findet sich in § 2 Rn. 473). 52 Nr. 2 und 3 VwGO finden wegen der Ableitung der Fortsetzungsfeststellungsklage von der Anfechtungsklage/Verpflichtungsklage ebenfalls auf die Fortsetzungsfeststellungsklage Anwendung.[39]

VI. Rechtsschutzbedürfnis: Das Fortsetzungsfeststellungsinteresse (Dana-Sophia Valentiner)

50   Für die Fortsetzungsfeststellungsklage ist das berechtigte Interesse der klagenden Person erforderlich, das sog. Fortsetzungsfeststellungsinteresse (s. einleitend zum Erfordernis des allgemeinen und besonderen Rechtsschutzbedürfnisses bereits § 2 Rn. 483 ff.).

1. Berechtigtes Interesse

51   Bei der Fortsetzungsfeststellungsklage ist das **„berechtigte Interesse"** des Klägers an der begehrten Feststellung als Sachentscheidungsvoraussetzung zu prüfen – dies ergibt sich unmittelbar aus dem Wortlaut des § 113 I 4 VwGO. Das

---

38 Berstermann, in: Posser/Wolf, VwGO, 49. Ed., Stand 01. 10. 2018, § 45 Rn. 2.
39 VG Freiburg (Breisgau), Urt. v. 03. 06. 2013, Az. 4 K 896/13, juris Rn. 2; VG Frankfurt (Oder), Urt. v. 27. 03. 2013, 6 K 1186/12, Rn. 3.

Feststellungsinteresse ist – anders als das allgemeine Rechtsschutzbedürfnis bei Leistungs- und Gestaltungsklagen – positiv zu begründen.

Die Rechtsschutzverfahren der VwGO sind grundsätzlich darauf ausgerich- 52 tet, sich gegen bestehende Rechtsbeeinträchtigungen zu verteidigen. Dies ergibt sich aus dem Grundsatz des effektiven Rechtsschutzes aus Art. 19 IV GG. Mit dem Fortsetzungsfeststellungsinteresse wird begründet, warum ausnahmsweise auch nach Erledigung einer Belastung durch einen Verwaltungsakt eine gerichtliche Überprüfung möglich sein soll.[40]

2. Relevante Fallgruppen

In der Literatur und Rechtsprechung haben sich bestimmte Fallgruppen etabliert, 53 bei denen ein berechtigtes Interesse an der Feststellung angenommen wird: Wiederholungsgefahr, Rehabilitationsinteresse, (schwerwiegende) Grundrechtsbeeinträchtigung, sich typischerweise kurzfristig erledigender Verwaltungsakt und Präjudizität.[41]

Von einer konkreten **Wiederholungsgefahr** ist auszugehen bei hinreichen- 54 der Wahrscheinlichkeit eines gleichartigen Verwaltungshandelns.[42] Das setzt zum einen die Möglichkeit eines künftigen vergleichbaren Sachverhalts, zum anderen das voraussichtliche Festhalten der Behörde an ihrer Rechtsauffassung voraus.[43]

Ein **Rehabilitationsinteresse** wird angenommen, wenn der angegriffene 55 Verwaltungsakt diskriminierenden Charakter hat.[44] Das besondere Feststellungsinteresse ergibt sich aus dem grundrechtlichen Persönlichkeitsschutz aus Art. 2 I (i.V.m. Art. 1 I GG), gegebenenfalls in Verbindung mit dem Diskriminierungsverbot gemäß Art. 3 III GG. Der Persönlichkeitsschutz gebietet eine Rechtsschutzmöglichkeit gegen die diskriminierende Wirkung, die über die Erledigung des Verwaltungsakts fortdauert.

Bei **schwerwiegenden Grundrechtseingriffen** gebieten die konkret be- 56 troffenen Grundrechte, verbunden mit dem Anspruch auf effektiven Rechtsschutz aus Art. 19 IV GG, eine Rechtsschutzmöglichkeit zur Klärung der Rechtmäßigkeit des Eingriffs.[45]

---

40 Bühler/Brönnecke, JURA 2017, 34 (37).

41 Vgl. BVerfG, Beschl. v. 30.4.1997, Az.: 2 BvR 817/90, 728/92, 802 und 1065/95 = BVerfGE 96, 27 (40).

42 Decker, in: Posser/Wolff, VwGO, 49. Ed., Stand: 1.4.2019, § 113 Rn. 87.2 m.w.N.

43 BVerfG, Beschl. v. 8.2.2011, Az.: 1 BvR 1946/06 = NVwZ-RR 2011, 405 f.

44 Schenke, Verwaltungsprozessrecht, 16. Aufl. 2019, Rn. 582.

45 BVerwG, Urt. v. 21.11.1980, Az.: 7 C 18/79 = BVerwGE 61, 164 (166); a.A. Bühler/Brönnecke, JURA 2017, 34 (38).

Dana-Sophia Valentiner

57   Bei Verwaltungsakten, die sich **typischerweise kurzfristig erledigen**, ergibt sich das Feststellungsinteresse daraus, dass aufgrund des kurzfristigen Charakters andernfalls gar keine Rechtsschutzmöglichkeit bestünde.[46]

58   Schließlich ist das berechtigte Interesse gegeben, wenn die Feststellung der Rechtswidrigkeit der **Vorbereitung eines Amtshaftungs- oder Entschädigungsprozesses** dient.[47] Dies ist der Fall, wenn eine rechtskräftige Klärung im verwaltungsgerichtlichen Verfahren die Rechtsposition der klagenden Person im Amtshaftungs- oder Entschädigungsprozess verbessern könnte.[48] Bei Erledigung vor Klageerhebung ist jedoch der Rechtsweg der ordentlichen Gerichtsbarkeit vorrangig zu beschreiten.

C. Begründetheit

59 Ist die Fortsetzungsfeststellungsklage zulässig, ist in einem zweiten Schritt zu prüfen, ob sie auch begründet ist.

I. Die Struktur der Begründetheitsprüfung (Julian Senders)

60 Die Klage ist in der **Anfechtungssituation** begründet, wenn der Verwaltungsakt rechtswidrig war und den Kläger in seinen Rechten verletzte. Insofern richtet sich die Prüfung nach den bereits zur Anfechtungsklage umfassend dargestellten Grundsätzen (s. näher § 2 Rn. 506 ff.).

Examenswissen: Aus § 113 I 4 VwGO geht das Erfordernis der Verletzung subjektiver Rechte zwar nicht hervor. Da aber die Fortsetzungsfeststellungsklage jedenfalls in ihrem unmittelbaren Anwendungsbereich die Anfechtungsklage ersetzt bzw. fortsetzt, darf eine ursprünglich unzulässige (mangels Klagebefugnis) bzw. unbegründete (mangels Rechtsverletzung i.S.v. § 113 I 1 VwGO) Klage nicht wegen der – oftmals zufällig auftretenden – Erledigung durch die Fortsetzungsfeststellungsklage nunmehr zulässig und begründet gemacht werden.[49] Als maßgeblicher Zeitpunkt für die Beurteilung dieser Voraussetzungen ist nach h.M. der Zeitpunkt der Erledigung heranzuziehen.[50]

---

46 Schenke, Verwaltungsprozessrecht, 16. Aufl. 2019, Rn. 583.
47 Riese, in: Schoch/Schneider/Bier, VwGO, 36. EL Februar 2019, § 113 Rn. 129 ff.
48 BVerwG, Urt. v. 10.12.2013, Az.: 8 C 5/12 = NVwZ-RR 2014, 465 (467).
49 Riese, in: Schoch/Schneider/Bier, VwGO, 35. EL Sept. 2018, § 113 VwGO, Rn. 151; Detterbeck, Allgemeines Verwaltungsrecht, 17. Aufl. 2019, Rn. 1435.
50 BVerwG, Urt. v. 25.07.1985, Az.: 3 C 25/84 = NJW 1986, 796; Ingold, JA 2009, 711, 713; Riese, in: Schoch/Schneider/Bier, VwGO, 36. EL Februar 2019, § 113 VwGO, Rn. 152.

In der **Verpflichtungssituation** ist die Klage begründet, wenn die Versagung 61
der Erteilung des begehrten Verwaltungsakts (Versagungsgegenklage) oder die
Untätigkeit der Behörde (Untätigkeitsklage) rechtswidrig war und den Kläger in
seinen Rechten verletzte. Dies wiederum ist nur dann der Fall, wenn der Kläger
entweder im Falle einer gebundenen Entscheidung einen Anspruch auf den beantragten Verwaltungsakt hatte oder im Falle einer Ermessensentscheidung einen
Anspruch auf ermessensfehlerfreie Entscheidung hatte und dieser Anspruch
nicht erfüllt wurde. Insoweit richtet sich die Begründetheit nach den Grundsätzen, welche auch für die Begründetheit der Verpflichtungsklage gelten (s. näher
§ 3 Rn. 46 ff.).

II. Die Fortsetzungsfeststellungsklage im Polizei- und Ordnungsrecht (Nikolas Eisentraut)

Der Fortsetzungsfeststellungsklage kommt eine wesentliche Bedeutung im **all-** 62
gemeinen Polizei- und Ordnungsrecht zu (s. einführend zum Polizei- und
Ordnungsrecht § 2 Rn. 1008 ff.). Dies liegt daran, dass sich auf die allgemeinen
Polizei- und Ordnungsgesetze der Länder gestützte Verwaltungsakte typischerweise schnell erledigen.[51] Dann kann ein mittels Widerspruch und Anfechtungsklage verfolgtes Aufhebungsbegehren nur noch mittels der Fortsetzungsfeststellungsklage weiterverfolgt werden.

Beispiel: Der Beamte B hat gegenüber A einen Platzverweis ausgesprochen. A ist diesem
nachgekommen und hat den Platz verlassen. Nunmehr möchte er nachträglich festgestellt
wissen, dass die Anordnung des Platzverweises rechtswidrig war. Dies geht nur noch mit der
Fortsetzungsfeststellungsklage. Die Anfechtungsklage wäre unstatthaft.

Da in der Begründetheit zu untersuchen ist, ob der streitgegenständliche Ver- 63
waltungsakt rechtswidrig **war**, ergibt sich kein von der Prüfung der Maßnahme
im Rahmen der Anfechtungsklage abweichender Prüfungsaufbau. Auch in der
Fortsetzungsfeststellungsklage ist daher zu untersuchen, ob eine Ermächtigungsgrundlage für den (bereits erledigten) Verwaltungsakt vorhanden war und
dieser unter formellen und materiellen Gesichtspunkten rechtmäßig erlassen
wurde (s. näher § 2 Rn. 1028 ff.).

Literaturhinweis: Falllösung zur Fortsetzungsfeststellungsklage im Polizei- 64
und Ordnungsrecht bei Marxsen, JURA 2019, 105

---

[51] Kingreen/Poscher, Polizei- und Ordnungsrecht mit Versammlungsrecht, 10. Aufl. 2018, § 27 Rn. 47.

Julian Senders/Nikolas Eisentraut

III. Die Fortsetzungsfeststellungsklage im Kommunalrecht (Sebastian Piecha)

65   In kommunalrechtlichen Fragestellungen ist die Fortsetzungsfeststellungsklage eher selten von Relevanz, wenngleich sie nicht völlig undenkbar ist. Sie ist nur dann nach § 114 I 4 VwGO analog statthaft, wenn es sich um einen Verwaltungsakt i.S.v. § 35 S. 1 VwVfG handelt, der sich erledigt hat (dazu Rn. 4 ff.).

66   Ein denkbarer Verwaltungsakt könnte etwa sein, wenn es sich um eine erledigte Aufsichtsmaßnahme handelt. Fraglich wäre hier dann insbesondere das **Fortsetzungsfeststellungsinteresse.**

67   Handelt es sich dementgegen etwa um eine Klage gegen den Ausschluss aus einer Ratssitzung, so wird hier gegen einen Realakt und keinen Verwaltungsakt vorgegangen, wogegen die (normale) Feststellungsklage (dazu § 6 Rn. 191) statthaft wäre.

68   Denkbar wäre auch, dass in **Kommunalverfassungsstreitigkeiten** ein Organwalter als natürliche Person auftritt (etwa bei einem Ordnungsgeld) und die Feststellungsklage wegen mangelndem Feststellungsinteresse unzulässig wäre oder eine rechtswidrige Organhandlung nicht nichtig wäre und die Nichtigkeitsfeststellungklage keine Aussicht auf Erfolg hätte.[52]

In Verpflichtungssituationen kommen bspw. auch Ansprüche auf Zulassung zu kommunalen Einrichtungen in Betracht, die nach Erledigung im Wege der Fortsetzungsfeststellungsklage weiterverfolgt werden (s. dazu den Fall 8 in: Eisentraut, Fälle zum Verwaltungsrecht, 2020).

---

52 Gern/Brüning, Deutsches Kommunalrecht, 4. Aufl. 2019, Rn. 708.

Sebastian Piecha

§ 5 Die allgemeine Leistungsklage

Der gutachterlichen Prüfung der allgemeinen Leistungsklage liegt die folgende 1
Struktur zugrunde:

A. Zulässigkeit
    I. Eröffnung des Verwaltungsrechtswegs (dazu bereits § 1 Rn. 162 ff.)
    II. Statthafte Klageart (dazu einführend § 1 Rn. 222 ff. und ausführlich in diesem § Rn. 2 ff.)
    III. Klagebefugnis (dazu Rn. 31 f.)
    IV. Beteiligte (dazu Rn. 37 ff.)
    V. Zuständiges Gericht (dazu Rn. 38 ff.)
    VI. Rechtsschutzbedürfnis (dazu Rn. 46 ff.)
B. Begründetheit (zur Struktur der Begründetheitsprüfung einführend Rn. 49 ff.)
    I. Anspruchsgrundlage (dazu einführend Rn. 55 ff.)
    II. Voraussetzungen der Anspruchsgrundlage erfüllt?

Die Prüfung der Anspruchsgrundlagen aus öffentlich-rechtlichem Vertrag wird vertieft dargestellt in Rn. 65 ff.; Zum öffentlich-rechtlichen Abwehr- und Unterlassungsanspruch Rn. 134 ff.; zu weiteren Ansprüchen aus dem Recht der Öffentlichen Ersatzleistungen Rn. 153 ff.; zur Leistungsklage im Polizei- und Ordnungsrecht Rn. 223 ff. und im Kommunalrecht Rn. 235 ff.

Gliederung

Nikolas Eisentraut

Nikolas Eisentraut

Nikolas Eisentraut

A. Die Statthaftigkeit der allgemeinen Leistungsklage (Roman Weidinger)

Wurde der Verwaltungsrechtsweg als eröffnet erkannt (s. ausführlich zur Prüfung 2
§ 1 Rn. 162 ff.), ist im Rahmen der Zulässigkeit als nächstes die statthafte Klage-
bzw. Antragsart zu untersuchen. Die korrekte Ermittlung der statthaften Klage-/
Antragsart ist das **zentrale Scharnier** für die gesamte restliche Klausur. Nach ihr
richten sich sowohl die weiteren Zulässigkeitsvoraussetzungen als auch die
Struktur der Begründetheitsprüfung. Entsprechend wichtig ist die saubere Prüfung, welche Klage- bzw. Antragsart einschlägig ist (eine erste Übersicht über die
Klage- und Antragsarten der VwGO findet sich in § 1 Rn. 222 ff.).

Die allgemeine Leistungsklage ist, anders als die Anfechtungs-, Verpflich- 3
tungs- und (allgemeine) Feststellungsklage, nicht ausdrücklich gesetzlich geregelt. Sie wird aber in den §§ 43 II, 111 und 113 IV VwGO vorausgesetzt,[1] ergibt sich
also aus der Gesamtschau dieser Normen. In der Klausur ist dies in der Prüfung
der Statthaftigkeit kurz darzustellen.

I. Klagegegenstände

Die allgemeine Leistungsklage ist statthaft, wenn das klägerische Begehren dar- 4
auf gerichtet ist, die beklagte Partei zu jeglichem **Tun, Dulden oder Unterlassen**
zu verpflichten, das kein Verwaltungsakt ist.[2]

Daher ist die allgemeine Leistungsklage insbesondere von den Klagearten mit
Verwaltungsaktbezug abzugrenzen – vor allem von der Verpflichtungsklage, da es
sich in entsprechenden Klausuren meist um Anspruchsbegehren handelt (zum
Verwaltungsaktbegriff s. § 2 Rn. 38 ff.).

Die in Betracht kommenden Klagegegenstände sind breit gefasst: Neben 5
Realakten – als in der Klausur am häufigsten vorkommendem Klagegegenstand
(zu Realakten sogleich Rn. 6 ff.) – können auch andere Verwaltungsmaßnahmen,
die keine Verwaltungsakte sind, Gegenstand der allgemeinen Leistungsklage sein.
Hiervon sind insbesondere öffentlich-rechtliche Willenserklärungen oder innerdienstliche Rechtsakte (beispielsweise Weisungen) (klausur-)relevant.[3]

---

1 Vgl. BVerwG, Urt. v. 25. 2. 1969, Az.: I C 65.67 = BVerwGE 31, 301.
2 BVerwG, Urt. v. 25. 2. 1969, Az.: I C 65.67 = BVerwGE 31, 301 (303); Schenke, Verwaltungsprozessrecht, 16. Aufl. 2019, Rn. 344.
3 Vgl. Schenke, Verwaltungsprozessrecht, 16. Aufl. 2019, Rn. 346.

1. Der Realakt als Gegenstand der allgemeinen Leistungsklage

6 Als „**Realakt**" bzw. „Verwaltungsrealakt" bezeichnet man tatsächliches Verwaltungshandeln.[4]

7 Darunter sind Maßnahmen zu verstehen, die nicht auf einen rechtlichen Erfolg (beispielsweise Verwaltungsakte, Satzungen, Rechtsverordnungen oder öffentlich-rechtliche Verträge), sondern auf einen **tatsächlichen Erfolg gerichtet** sind.[5] Insbesondere finden sich Realakte dort, wo mangels Regelungswirkung ein Verwaltungshandeln keinen Verwaltungsakt darstellt (§ 35 1 VwVfG).

> *Beispiel: Die Behörde (B) teilt dem Gastronom G in einem Rundschreiben mit, dass von nun an neue Hygieneregelungen gelten (= Realakt).*
>
> *Wenn die Behörde dem G aber nach einer Überprüfung mitteilt, dass er in seinem Betrieb gegen die neuen Hygienevorschriften verstößt, liegt mit dieser Einzelfeststellung des Verstoßes ein rechtlicher Erfolg vor – also ein Verwaltungsakt.*

8 Die **Abgrenzung zum privatrechtlichen Realakt** (beispielsweise der Kaufpreiszahlung zwischen Privaten) erfolgt dabei nach den zur Unterscheidung zwischen öffentlichem und privatem Recht entwickelten Kriterien.[6]

a) Die Abgrenzung von Verwaltungsakt und Realakt

9 Die Abgrenzung von Realakten und Verwaltungsakten nach der **Regelungseigenschaft der Maßnahme** kann im Einzelfall schwierig sein. Maßgeblich ist dabei, ob sich der entsprechenden Verwaltungshandlung ein **Regelungs- bzw. Rechtsbindungswille** entnehmen lässt.[7] Dies ist durch Auslegung zu ermitteln; die Auslegungsregel des § 133 BGB findet insoweit entsprechend Anwendung.[8] Entscheidend ist also, ob nach dem objektiven Erklärungsgehalt einer Maßnahme diese als Verwaltungsakt verstanden werden kann.[9] Dabei können die von der Verwaltung gewählte Rechtsform des Handelns, eine der Maßnahme beigefügte Rechtsbehelfsbelehrung (§ 37 VI VwVfG) oder weitere im Zusammenhang mit der

---

4 In der Literatur auch: „schlichtes Verwaltungshandeln", „schlicht-hoheitliches Verwaltungshandeln", „tatsächliches hoheitliches Verwaltungshandeln" und „nicht-förmliches Verwaltungshandeln": Ipsen, Verwaltungsrecht, 11. Aufl. 2019, Rn. 820 ff.; Hufen, Verwaltungsprozessrecht, 11. Aufl. 2019, § 17 Rn. 1.

5 Zu der Unterscheidung zwischen „Rechtserfolg" und „tatsächlichem Erfolg": Maurer/Waldhoff, Allgemeines Verwaltungsrecht, 19. Aufl. 2017, § 15 Rn. 1.

6 Vgl. Erbguth/Guckelberger, Allgemeines Verwaltungsrecht, 9. Aufl. 2018, § 23 Rn. 3.

7 BVerwG, Urt. v. 21.6.2017, Az.: 6 C 3.16 m.w.N.

8 BVerwG, Urt. v. 21.6.2017, Az.: 6 C 3.16 m.w.N.

9 BVerwG, Urt. v. 25.5.1984, Az.: 8 C 100.83; BVerwG, Urt. v. 21.6.2006, Az.: 6 C 19.06.

Roman Weidinger

Verwaltungshandlung getroffene Äußerungen Anhaltspunkte für diese Beurteilung bieten.

Examenswissen: Besonders schwierig ist die Abgrenzung von **Hinweisen auf die bestehende** 10
Rechtslage, die mangels Regelungswirkung keine Verwaltungsakte darstellen, gegenüber feststellenden oder gesetzeskonkretisierenden Verwaltungsakten. Auch hier gelten im Grunde die obigen Ausführungen zur Abgrenzung. Da aber vielfach bei (bloßen) Hinweisen auf die Rechtslage der objektive Erklärungsgehalt keine klare Zuordnung als Verwaltungsakt oder als schlichtes Verwaltungshandeln zulässt, bietet sich eher der Grad der Konkretisierung der gesetzlichen Regelung auf den Einzelfall als Anhaltspunkt an. Regelmäßig sind danach solche Maßnahmen Verwaltungsakte, deren „Regelungswirkung [...] darin liegt, dass rechtserhebliche Eigenschaften in Bezug auf einen Einzelfall verbindlich und in einer der Rechtsbeständigkeit fähigen Weise festgestellt oder abgelehnt werden".[10] Nichtsdestotrotz ist dieses Kriterium allein nicht (immer) treffsicher, sodass die Zuordnung der Maßnahme letztlich von den Umständen des Einzelfalls abhängt.[11]

So ist etwa die „**Mitteilung**" des Dienstherrn an eine/n ihm unterstellte/n Beamten/Beamtin, dass sein Beamtenverhältnis nach § 31 I, II BBG zu einem bestimmten zukünftigen Zeitpunkt enden und er mithin keine Dienstbezüge mehr erhalten wird, da er wegen vorsätzlich begangener Straftaten vorbestraft wurde, ein feststellender Verwaltungsakt. Denn damit wird nicht bloß der Gesetzeswortlaut wiederholt, sondern in Anwendung der Vorschrift gegenüber dem Beamten/der Beamtin konkretisiert, wie genau die Rechtsfolge der Beendigung des Beamtenverhältnisses ihm gegenüber ausgestaltet wird, insbesondere durch die Festsetzung des genauen Beendigungszeitpunktes.[12]

Im Rahmen des **Verwaltungsvollstreckungsrechts** ist umstritten, ob schlicht-hoheitliche 11
Vollstreckungshandlungen – beispielsweise das Aufbrechen einer Tür, um die Durchsuchung einer Wohnung ausführen zu können, oder die Abgabe eines Schusses gegen einen Störer – ausschließlich als Realakte einzustufen sind, oder ob nicht zugleich jeweils eine Verfügung ergeht, das staatliche Vollstreckungshandeln zu dulden (sog. Duldungsverfügung). Während früher für die Einordnung als Verwaltungsakt sprach, dass ansonsten ein gerichtlicher Rechtsschutz gegen das jeweilige hoheitliche Handeln nicht möglich war, sind diese Bedenken mittlerweile durch Rechtsschutzmöglichkeiten auch gegen Realakte – die allgemeine Leistungsklage und die Feststellungsklage – ausgeräumt, sodass die h.M. tatsächliches Vollstreckungshandeln ausschließlich als Realakt einordnet (dazu auch § 2 Rn. 71).[13]

In der Examensklausur ist dieser „Streit" v. a. in der Feststellung der statthaften Klageart (bei Verwaltungsakten: Fortsetzungsfeststellungsklage bei bereits eingetretener Erledigung gem. § 43 II VwVfG, was regelmäßig der Fall ist; bei Realakt: allgemeine Feststellungsklage/Unterlassungsklage) relevant, dessen Darstellung aber angesichts der starken h.M. wohl nicht zwingend.

---

10 BVerwG, Urt. v. 16.01.2007, Az.: 6 C 15.06 = NJW 2007, 1478 ff.

11 So spricht etwa für die Einordnung der Verwaltungsmaßnahme als Verwaltungsakt, wenn sie als Titel zugleich Verwaltungsvollstreckungsmaßnahmen als Grundlage dienen kann (§ 6 I VwVG, bzw. die jeweilige Landesnorm).

12 BVerwG, Urt. v. 29.12.1969, Az.: VI C 4.65 = BVerwGE 34, 353 ff.

13 Barczak, JuS 2018, 238 m.w.N.

Roman Weidinger

b) Typische Realakte

12 Typische Realakte sind:

- tatsächliche Verrichtungen (etwa die Dienstfahrt eines Beamten),
- Leistungen des Staates an Bürger/Bürgerinnen (beispielsweise im Rahmen der Daseinsvorsorge) oder
- Wissenserklärungen (z. B. Auskünfte/Mitteilungen, Warnungen oder Ansprachen[14]).

c) Dem Realakt vorgelagerte Verwaltungsakte

13 Examenswissen: Manchen Realakten sind Regelungen in Form von Verwaltungsakten zu der Entscheidung über das „ob" der Vornahme/des Unterlassens des Realakts vorgelagert (s. hierzu auch § 2 Rn. 65 ff.). So werden etwa an sich als Realakt zu qualifizierende Zahlungen regelmäßig auf erster Stufe durch als Verwaltungsakt zu qualifizierende Bewilligungsbescheide festgesetzt. Auf zweiter Stufe folgt dann die Vornahme der Zahlung als schlichtes Verwaltungshandeln. Dass einem Realakt ein solcher Verwaltungsakt vorauszugehen hat, kann sich etwa aus einer gesetzlichen Anordnung (z. B. Festsetzung der Versorgungsbezüge bei Beamten, § 49 BeamtVG) oder auch daraus ergeben, dass vor der Vornahme des Realakts eine Ermessensentscheidung (damit also mit Verwaltungsakt-Regelungscharakter[15]) zu treffen ist.[16] So muss etwa einer Auskunftserteilung als Realakt dann ein Verwaltungsakt vorangehen, wenn im Rahmen einer Ermessensentscheidung verschiedene Belange gegeneinander abgewogen werden müssen, z. B. Informationsgegen Geheimhaltungsinteresse bei einem Auskunftsersuchen gegenüber einem Geheimdienst.[17]

14   Da der vorgelagerte Verwaltungsakt die Grundlage für den späteren Realakt bietet, muss zunächst ein – erfolgreicher – Antrag auf den Erlass dieses Verwaltungsakts gestellt[18] bzw. bei dessen Ablehnung die Verpflichtungsklage erfolgreich angestrengt worden sein, bevor eine allgemeine Leistungsklage auf Vornahme des Realakts erhoben werden kann (**gestuftes Verfahren**).[19]

Examenswissen: Weil das eine (Erlass des Verwaltungsakts) dem anderen (begehrtes schlichtes Verwaltungshandeln) notwendigerweise vorausgehen muss, ist die Verbindung beider im Rah-

---

14 Dazu ist insbesondere die sog. Gefährderansprache immer wieder ein gern gewähltes Klausurthema. Näher zu diesem Thema: Hebeler, NVwZ 2011, 1364; eine Falllösung findet sich bei Hebeler/Spitzlei, JA 2019, 282.
15 Eine Ausnahme dazu besteht insbesondere bei beamtenrechtlichen Maßnahmen, also bspw. wenn ein Beamter eine innerdienstliche Maßnahme begehrt (z. B. eine Umsetzung), deren Gewährung eine Ermessensentscheidung voraussetzt. Denn diese Entscheidung ist mangels Außenwirkung kein Verwaltungsakt (§ 35 S. 1 VwVfG).
16 Erbguth/Guckelberger, Allgemeines Verwaltungsrecht, 9. Aufl. 2018, § 12 Rn. 12; vgl. BVerwG, Urt. v. 25. 02. 1969, Az.: I C 65.67 = BVerwGE 31, 301 (307); vgl. Steiner, JuS 1984, 853 (857).
17 Vgl. BVerwG, Urt. v. 25. 02. 1969, Az.: I C 65.67 = BVerwGE 31, 301.
18 Denn sonst entfällt regelmäßig das Rechtsschutzbedürfnis im Rahmen der Verpflichtungsklage: Hufen, Verwaltungsprozessrecht, 11. Aufl. 2019, § 17 Rn. 11.
19 Steiner, JuS 1984, 853 (855).

Roman Weidinger

men der objektiven Klagehäufung (§ 44 VwGO, s. allgemein hierzu § 1 Rn. 251) mangels gleichzeitiger Entscheidungsreife als ungeschriebene Voraussetzung des § 44 VwGO nicht möglich.

Gesetzlich geregelte Ausnahmen hiervon gibt es allerdings im Rahmen der Anfechtungsklage.[20] Hier kann parallel zum Begehren der Aufhebung eines Verwaltungsakts eine Leistung (nach § 113 I 2 VwGO als Vollzugsfolgenbeseitigungsanspruch oder gem. § 113 IV VwGO) gerichtlich geltend gemacht werden (näher zum Vollzugsfolgenbeseitigungsanspruch § 2 Rn. 1387). Zudem findet auf den Fall, dass mit einer Anfechtungsklage ein Folgeverwaltungsakt aufgehoben werden soll, wobei dessen Aufhebung von der vorherigen Aufhebung des „Ausgangsverwaltungsakts" abhängt, § 113 IV VwGO analog Anwendung – sofern nicht spezieller § 113 I 2 VwGO einschlägig ist.[21] Ob die §§ 113 I 2, 113 IV VwGO auf die Verpflichtungsklage analoge Anwendung finden, ist umstritten.[22]

2. Weitere Klagegegenstände

Examenswissen: Auch andere Maßnahmen ohne Verwaltungsakt-Charakter sind als Klagege- **15** genstände denkbar – so etwa neben **innerdienstlichen Rechtsakten** und **öffentlich-rechtlichen Willenserklärungen** auch **Flächennutzungspläne**, die mangels Außenwirkung keine Verwaltungsakte sind (§ 35 1 VwVfG).[23]

Hausarbeitswissen: Ebenso wird von der h.M. die Statthaftigkeit der allgemeinen Leistungsklage **16** *auch dann angenommen, wenn Streitgegenstand eine Regelung eines Organs bzw. Organteils gegenüber einem anderen Organ(-teil) der gleichen juristischen Person des öffentlichen Rechts ist, denn sei dies, auch wenn die Regelung gezielt in ein Organrecht eingreift, kein Verwaltungsakt.[24]*

Examenswissen: Ob bzw. in welchem Umfang **untergesetzliche Rechtsvorschriften** (insbe- **17** sondere Rechtsverordnungen, Satzungen) Gegenstand der allgemeinen Leistungsklage sein können, ist umstritten.[25] Nach überwiegender Lehrmeinung[26] kann sie auch dann statthaft sein, wenn der Erlass (echte Normerlassklage) oder die Änderung/Ergänzung (unechte Normerlassklage) einer untergesetzlichen Rechtsnorm begehrt wird (zur Möglichkeit der Klage auf Normunterlassung s. Rn. 25). Denn die VwGO schließe dies nicht aus und die – von der Gegenauffassung als statthaft befundene – allgemeine Feststellungsklage sei nach § 43 II 1 VwGO subsidiär zur allgemeinen Leistungsklage (zum Streitstand näher § 6 Rn. 71). Der Anwendungsbereich der allgemeinen Leistungsklage wäre in diesen Fällen durch den Gewaltenteilungsgrundsatz als Teil

---

20 Riese, in: Schoch/Schneider/Bier, VwGO, 36. EL Februar 2019, § 113 Rn 190 m.w.N.

21 W.-R. Schenke/R.-P. Schenke, in: Kopp/Schenke, VwGO, 25. Aufl. 2019, § 113 Rn. 176; a.A. Pauly/Pudelka, DVBl. 1999, 1613.

22 Für eine analoge Anwendung: Gärditz, VwGO, 2. Aufl. 2018, § 113 Rn. 33, 88 m.w.N.; a.A. Riese, in Schoch/Schneider/Bier, VwGO, 36. EL Februar 2019, § 113 Rn. 83, 191 m.w.N.

23 Schenke, NVwZ 2007, 134 (137 ff.).

24 Lange, in: Festschrift für Schenke, 2011, S. 959; Vgl. Pietzcker, in: Schoch/Schneider/Bier, VwGO, 36. EL Februar 2019, Vor § 42 I, Rn 18.

25 Dass der Verwaltungsrechtsweg wegen des Vorliegens einer verfassungsrechtlichen Streitigkeit verschlossen bliebe, § 40 I 1 VwGO, wird hingegen überwiegend verneint: Pietzcker, in: Schoch/Schneider/Bier, VwGO, 36. EL Februar 2019, § 42 I Rn. 160.

26 Übersicht über die Problematik in Hufen, Verwaltungsprozessrecht, 11. Aufl. 2019, § 20 Rn. 8; Duken, NVwZ 1993, 546 (548).

des Rechtsstaatsprinzips, Art. 20 III GG, allerdings insoweit beschränkt, als dass Gerichte außer in besonderen Ausnahmefällen, in denen das Gebot effektiven Rechtsschutzes aus Art. 19 IV 1 GG dies erfordere, kaum die (vollstreckbare) Verpflichtung aussprechen dürften, eine konkrete untergesetzliche Norm zu erlassen – denn der Erlass untergesetzlicher Normen sei Sache des jeweiligen demokratisch legitimierten Legislativorgans.[27] Daher dürfte sich der Urteilstenor regelmäßig auch nur auf den Normerlass oder die Normergänzung als solche beziehen, nicht etwa auf einen konkreten Norminhalt. Er ähnelt damit der Tenorierung eines Bescheidungsurteils (§ 113 V 2 VwGO analog).[28]

18   Die Rechtsprechung favorisiert hingegen die allgemeine **Feststellungsklage** mit Blick auf das Gewaltenteilungsprinzip, denn nach diesem obliege es nicht der Judikative, Normen – bzw. vollstreckbare Verpflichtungen zum Normerlass/zur Normergänzung – festzusetzen, sondern der Legislative.[29] Die Gerichte seien insoweit auf die Feststellung der Rechtswidrigkeit des Unterlassens eines Normerlassens zu beschränken. Die Subsidiarität der allgemeinen Feststellungsklage gegenüber der allgemeinen Leistungsklage (§ 43 II 1 VwGO) stünde dem bei Klagen gegen den Hoheitsträger nicht entgegen (s. dazu § 6 Rn. 71).

19   Soweit der Erlass oder die Unterlassung eines **formellen Gesetzes** begehrt wird, ist die allgemeine Leistungsklage nicht einschlägig. Denn neben erheblichen legitimatorischen und rechtsstaatlichen Bedenken handelt es sich dabei um eine verfassungsrechtliche Streitigkeit, sodass der Verwaltungsrechtsweg gem. § 40 I 1 VwGO schon nicht eröffnet ist.[30]

II. Tun, Dulden oder Unterlassen

20 Mit der allgemeinen Leistungsklage kann ein Tun, Dulden oder Unterlassen begehrt werden, das kein Verwaltungsakt ist (s. Rn. 24).

1. Die Vornahmeklage

21 Dies umfasst die allgemeine Leistungsklage als sog. **Vornahmeklage** („Tun", z. B. Widerruf einer ehrverletzenden Aussage durch einen Beamten/eine Beamtin gegenüber einem Bürger/einer Bürgerin), als **Unterlassungsklage** („Unterlassen", beispielsweise die getätigte Aussage auch weiterhin zu unterlassen) oder die Kombination aus beidem.

---

27 Vgl. Pietzcker, in: Schoch/Schneider/Bier, VwGO, 36. EL Februar 2019, § 42 I Rn. 160.

28 Vgl. Detterbeck, Allgemeines Verwaltungsrecht, 17. Aufl. 2019, Rn. 1441.

29 BVerwG, Urt. v. 4. 7. 2002, Az.: 2 C 13/01; BVerwG, Urt. v. 3. 11. 1988, Az.: 7 C 115/86 = BVerwGE 80, 355 (361); BVerwG, Urt. v. 7. 9. 1989, Az.: 7 C 4.89 = NVwZ 1990, 162 mit der letztlich allerdings offenen Formulierung, dass „auf die Entscheidungsfreiheit der rechtsetzenden Organe gerichtlich nur in dem für den Rechtsschutz des Bürgers unumgänglichen Umfang einzuwirken ist".

30 Schenke, Verwaltungsprozessrecht, 16. Aufl. 2019, Rn. 347; Einzelne natürliche oder juristische Personen müssten eine Verfassungsbeschwerde erheben: BVerfG, Beschluss v. 14. 5. 1985, Az.: 2 BvR 397/82 = BVerfGE 70, 35 (55).

Roman Weidinger

2. Die Unterlassungsklage

Die (allgemeine) Unterlassungsklage zielt dabei auf die Beendigung eines bereits **22** eingetretenen bzw. sich wiederholenden Verwaltungshandelns, das kein Verwaltungsakt ist (z. B. andauernde Lärmemissionen). Daneben kann ein solches Verwaltungshandeln aber auch (bloß) mit „mehr oder minder großer Gewissheit"[31] drohen, ohne bereits eingetreten zu sein (z. B. eine in Aussicht gestellte Veröffentlichung behördlich zuvor festgestellter Hygienemängel in einem Gastronomiebetrieb[32]). Grundsätzlich wird verwaltungsgerichtlicher Rechtsschutz allerdings nur dann gewährt, wenn die (mögliche) subjektive Rechtsverletzung bereits eingetreten ist („repressiver Rechtsschutz").[33] Soweit aber ein Abwarten des Klägers/der Klägerin bis zum Eintritt der Verletzung ihm/ihr nicht zumutbar ist bzw. „der Verweis auf nachgängigen Rechtsschutz – einschließlich des einstweiligen Rechtsschutzes – mit für den Kläger unzumutbaren Nachteilen verbunden wäre"[34] – das ist im Rechtsschutzbedürfnis als sog. **qualifiziertes Rechtsschutzbedürfnis**[35] zu prüfen –, besteht im Sinne des Gebots effektiven Rechtsschutzes (Art. 19 IV 1 GG) die Möglichkeit einer **vorbeugenden Unterlassungsklage.**[36]

Examenswissen: Die Statthaftigkeit dieser Klage wird im Einzelnen verschiedentlich beurteilt, **23** je nachdem, ob das drohende Verwaltungshandeln Verwaltungsaktqualität hat oder nicht. Denn bei drohenden Verwaltungsakten kann, anders als bei drohendem Nicht-Verwaltungshandeln ohne Verwaltungsaktqualität, regelmäßig schon durch die Einlegung eines Widerspruchs mit Suspensiveffekt (§ 80 I VwGO) Rechtsschutz unmittelbar nach dem Verwaltungsakt-Erlass erlangt werden, ohne dass sich überhaupt gerichtlich damit befasst werden muss. Im Falle der sofortigen Vollziehung (§ 80 II VwGO) besteht zudem mit der Möglichkeit des Eilantrags nach §§ 80 V, 80 a VwGO grundsätzlich eine ausreichende Rechtsschutzmöglichkeit. Eine gerichtliche Entscheidung im Rahmen der allgemeinen Leistungsklage trotz dieser Regelung in § 80 I, V VwGO ist daher mit Blick auf die Eigenverantwortlichkeit der Verwaltung regelmäßig nicht mit dem Grundsatz der Gewaltenteilung (Art. 20 II S. 2 GG) vereinbar.[37] Schließlich wird nachträglich Rechtsschutz auch dadurch gewährleistet, dass im Gestaltungsurteil der erfolgreichen Anfechtungsklage der angegriffene Verwaltungsakt rückwirkend aufgehoben wird (§ 113 I 1 VwGO). Bei Gewährung präventiven Rechtschutzes vor Verwaltungsakten im Rahmen der allgemeinen Leistungsklage würden zudem die besonderen Sachentscheidungsvoraussetzungen des „repressiven" Rechts-

---

31 Erbguth/Guckelberger, Allgemeines Verwaltungsrecht, 9. Aufl. 2018, § 23 Rn. 9.
32 Solche Veröffentlichungen sind schon mehrfach Gegenstand gerichtlicher Verfahren gewesen, etwa: VG Regensburg, Beschluss v. 21.12.2012, Az.: RN 5 E 12.1895; VG München, Beschluss v. 3.12.2012, Az.: M 18 E 12.5736; VG Berlin, Urt. v. 28.11.2012, Az.: 14 K 79/12.
33 Vgl. dazu Erbguth/Guckelberger, Allgemeines Verwaltungsrecht, 9. Aufl. 2018, § 23 Rn. 13.
34 BVerwG, Urt. v. 22.10.2014, Az.: 6 C 7/13 = NVwZ 2015, 906 m.w.N.
35 Erbguth/Guckelberger, Allgemeines Verwaltungsrecht, 9. Aufl. 2018, § 23 Rn. 13.
36 Schenke, Verwaltungsprozessrecht, 16. Aufl. 2019, Rn. 354.
37 Schmidt, Verwaltungsprozessrecht, 19. Aufl. 2019, Rn. 387 m.w.N.

Roman Weidinger

schutzes der Anfechtungsklage (vgl. §§ 68 ff. VwGO) ausgehöhlt. Damit ist die allgemeine Leistungsklage auf (vorbeugende) Unterlassung des Erlasses eines Verwaltungsakts grundsätzlich unstatthaft, da der klagenden Partei insoweit das (qualifizierte) Rechtsschutzbedürfnis abzusprechen ist.[38]

24   Ausnahmen dazu können sich aus dem Gebot effektiven Rechtsschutzes aus Art. 19 IV 1 GG ergeben. So ist die allgemeine Leistungsklage als (vorbeugende) Unterlassungsklage gegen den Erlass eines Verwaltungsakts statthaft, wenn unmittelbar die Gefahr besteht, dass es durch den Verwaltungsakt bzw. dessen Vollziehung zu Beeinträchtigungen für den Kläger/die Klägerin kommt, die durch die Einlegung eines Widerspruchs, eines Eilantrags und die spätere Entscheidung in der Hauptsache nicht mehr beseitigt werden können.[39] Dies ist etwa der Fall, wenn der Verwaltungsakt straf- bzw. bußgeldbewehrt ist[40], bei einer absehbaren Zahl sich kurzfristig erledigender oder gleichartiger Verwaltungsakte[41] oder bei Verwaltungsakten, deren Erlass zu nur schwer rückgängig zu machenden oder bereits vollendeten Tatsachen zu Lasten des Klägers/der Klägerin führt.[42]

25   Schließlich kann das drohende Verwaltungshandeln auch in dem Erlass einer untergesetzlichen Rechtsnorm (beispielsweise Rechtsverordnung oder Satzung) liegen. Die vorbeugende Unterlassungsklage ist hierbei grundsätzlich nicht statthaft. Dies ergibt sich einerseits aus der daraus folgenden Systemwidrigkeit gegenüber der prinzipalen Normkontrolle (§ 47 VwGO), die gem. § 47 I Nr. 1 VwGO nur gegen bestimmte Rechtsvorschriften – und darüber hinaus nur nach jeweiligem Landesrecht, § 47 I Nr. 2 VwGO – lediglich die nachträgliche Möglichkeit gerichtlichen Rechtsschutzes eröffnet. Außerdem steht dem der Gewaltenteilungsgrundsatz und dabei vor allem der Grundsatz gestalterischer Freiheit der Verwaltung entgegen, denn es kann einem Gericht nicht gestattet sein, schon vorbeugend die Unvereinbarkeit einer untergesetzlichen Norm mit höherrangigem Recht festzustellen, bevor die zuständigen Rechtssetzungsgremien ihre Beratungen abgeschlossen haben und die Norm mit Geltungsanspruch nach außen verkündet wurde. Nur in besonderen Ausnahmefällen, in denen das Gebot effektiven Rechtsschutzes es erfordert, kann die allgemeine Leistungsklage auf Unterlassen eines drohenden Erlasses einer untergesetzlichen Rechtsnorm als statthafte Klageart in Betracht kommen.[43]

26   *Hausarbeitswissen: Auch bei Annahme der Statthaftigkeit der allgemeinen Leistungsklage für Normerlassklagen stünde ohnehin regelmäßig die fehlende Klagebefugnis einem Klageerfolg ent-*

---

38 Vgl. Happ, in: Eyermann, VwGO, 15. Aufl. 2019, § 42 Rn. 67. Anders meint Schenke, Verwaltungsprozessrecht, 16. Aufl. 2019, § 8 Rn. 355, dass die allgemeine Leistungsklage wegen der Verfahrenskonkurrenz zu §§ 42, 68 ff. VwGO grundsätzlich nicht statthaft sei.
39 Vgl. Schenke, JZ 1996, 1103 (1112); Erbguth/Guckelberger, Allgemeines Verwaltungsrecht, 9. Aufl. 2018, § 23 Rn. 13; übersichtlich zu verschiedenen Fallkonstellationen: vgl. Dreier, JA 1987, 415 (421 f.).
40 Vgl. BVerwG, Urt. v. 23.6.2016, Az.: 2 C 18/15 = NVwZ-RR 2016, 907, 908.
41 BVerwG, Urt. v. 7.5.1996, Az.: 1 C 10/95 = NVwZ 1997, 276; VGH München, Beschl. v. 12.8.2016, Az.: 10 ZB 16/731, Rn. 8 f. juris; BayVGH, Urt. v. 9.12.1992, Az.: 11 B 91.2196 = NVwZ-RR 1993, 384.
42 BVerwG, Urt. v. 29.6.1977, Az.: IV C 51/75 = BVerwGE 54, 211 (215 f.).
43 Pietzcker, in: Schoch/Schneider/Bier, VwGO, 36. EL Februar 2019, § 42 I Rn. 169; Schenke, Verwaltungsprozessrecht, 16. Aufl. 2019, Rn 1092.

Roman Weidinger

gegen, da auf den Nichterlass von Normen gerichtete Unterlassungsansprüche als subjektive Rechte grundsätzlich nicht bestehen.[44]

Die vorbeugende Unterlassungsklage in Bezug auf formelle Gesetze scheitert indes schon an 27 *der Eröffnung des Verwaltungsrechtsweges nach § 40 I 1 VwGO, denn liegt dabei immer eine verfassungsrechtliche Streitigkeit vor (s. Rn. 19).*

III. Besondere Klausurkonstellation: Die Bürgerverurteilungsklage

Examenswissen: Die allgemeine Leistungsklage umfasst nicht nur Fälle, in denen der Bürger/die 28 Bürgerin den Staat verklagt (etwa auf die Gewährung einer schlichten Leistung), sondern kann auch umgekehrt die statthafte Klageart sein, wenn Hoheitsträger den/die Bürger/in auf Erfüllung einer öffentlich-rechtlichen Pflicht verklagen, beispielsweise auf Vornahme einer öffentlich-rechtlichen Gebührenzahlung (sog. Bürgerverurteilungsklage).[45] Allerdings ist dem Staat als Kläger regelmäßig das allgemeine Rechtsschutzbedürfnis abzusprechen, denn er bedarf grundsätzlich zur Durchsetzung eines öffentlich-rechtlichen Anspruchs keines gerichtlichen Titels, sondern kann durch den Erlass eines Verwaltungsakts selbst einen Vollstreckungstitel schaffen (Selbsttitulierungsrecht der Verwaltung).[46] Eine Ausnahme dazu besteht aber, wenn ohnehin mit einer Klage des/der beteiligten Bürgers/Bürgerin und damit mit einer gerichtlichen Auseinandersetzung zu rechnen ist.[47]

Daneben ist die allgemeine Leistungsklage des Staates gegen Bürger/innen auch dann nicht 29 ausgeschlossen, wenn Ansprüche streitig sind, bei denen der Verwaltung kein Selbsttitulierungsrecht zusteht. Das sind etwa solche aus öffentlich-rechtlichen Verträgen, in denen der Staat sich zur gegenseitigen Erfüllung verpflichtet, ohne einseitig Regelungen zu treffen (sog. Ebene der Gleichordnung und Waffengleichheit[48]) – außer der/die betroffene Bürger/in hat sich der sofortigen Vollstreckung unterworfen (§ 61 VwVfG).[49] Auch Ansprüche aus dem öffentlich-rechtlichen Erstattungsanspruch (dazu näher § 5 Rn. 189 ff.) oder vereinzelt aus der Geschäftsführung ohne Auftrag im öffentlichen Recht (dazu näher § 11 Rn. 50 ff.) sind mangels Selbsttitulierungsrecht im Rahmen der allgemeinen Leistungsklage gegen den/die Bürger/in einklagbar.[50]

---

44 Happ, in: Eyermann, VwGO, 15. Aufl. 2019, § 42 Rn. 65; Schenke, Verwaltungsprozessrecht, 16. Aufl. 2019, Rn. 1092 – beide auch zu den Ausnahmen, in denen subjektive Rechte auf Unterlassung bestehen können.

45 Schenke, Verwaltungsprozessrecht, 16. Aufl. 2019, Rn. 351 ff.; näher zu den Leistungsklagen der öffentlichen Hand Hartwig/Himstedt/Eisentraut, DÖV 2018, 901.

46 Würtenberger/Heckmann, Verwaltungsprozessrecht, 4. Aufl. 2018, Rn. 453.

47 BVerwG, Urteil vom 6.09.1988, Az.: 1 C 15/86 = BVerwGE 80, 164 (165 f.); Schenke, JZ 1996, 1103 (1112). § 42 II VwGO analog ist in dieser Konstellation nicht zu prüfen, denn dient diese Vorschrift dem Ausschluss von Popularklagen: R. P. Schenke, in: Kopp/Schenke, VwGO, 25. Aufl. 2019, Vorb § 40 Rn. 50; vgl. Hufen, Verwaltungsprozessrecht, 11. Aufl. 2019, § 14 Rn. 53.

48 Mann/Wahrendorf, Verwaltungsprozessrecht, 4. Aufl. 2015, Rn. 282.

49 Zum öffentlich-rechtlichen Vertrag übersichtlich Voßkuhle/Kaiser, JuS 2013, 687 ff. und Rn. 65 ff.

50 Hufen, Verwaltungsprozessrecht, 11. Aufl. 2019, § 28 Rn. 16.

Roman Weidinger

Hingewiesen sei auf die weiterführenden Literaturhinweise auch zur Statthaftigkeit der Leistungsklage Rn. 64.

B. Weitere Zulässigkeitsvoraussetzungen

30 Nach der Prüfung der Eröffnung des Verwaltungsrechtswegs und der Prüfung der statthaften Klageart sind im Falle der allgemeinen Leistungsklage regelmäßig die folgenden weiteren Zulässigkeitsvoraussetzungen anzusprechen, wobei es auch hierbei auf problembewusstes Arbeiten ankommt (dazu § 1 Rn. 52, 123 ff.).

I. Klagebefugnis (Hendrik Burbach)

31 § 42 II VwGO umfasst seinem Wortlaut nach lediglich die Anfechtungs- und Verpflichtungsklage.

32 Nach teilweise vertretener Auffassung muss der Kläger deshalb bei der allgemeinen Leistungsklage nicht nach § 42 II VwGO klagebefugt sein. Dies wird damit begründet, dass die Statthaftigkeit der Leistungsklage bereits aus den zugrunde liegenden subjektiv-öffentlichen Rechten konstruiert werde.[51] Die erforderlichen Erwägungen zur Klagebefugnis seien in der Prozessführungsbefugnis bzw. im allgemeinen Rechtsschutzbedürfnis sowie in der Begründetheit auszuführen.[52] Somit könne die Verletzung eines Rechtes bereits zwangsläufig geltend gemacht werden, ohne dass es einer unter dem Gesichtspunkt des Vorbehaltes des Gesetzes für den Kläger nicht unproblematischen Analogie zu § 42 II VwGO zu dessen Nachteil bedürfe.[53]

Nach überzeugender (und auch herrschender) Ansicht muss der Kläger auch bei der allgemeinen Leistungsklage analog § 42 II VwGO klagebefugt sein. Die in der VwGO ungeregelte Leistungsklage ist zwar nicht von dem Wortlaut des § 42 II VwGO erfasst. Die Notwendigkeit der Klagebefugnis folgt aber aus der strukturellen Ähnlichkeit von Verpflichtungs- und Leistungsklage sowie dem die VwGO prägenden Grundsatz der Abwehr von Popular- und Interessensklagen.[54]

---

51 Württemberger/Heckmann, Verwaltungsprozessrecht, 4. Aufl. 2018, § 24 Rn. 454.
52 Württemberger/Heckmann, Verwaltungsprozessrecht, 4. Aufl. 2018, § 24 Rn. 454.
53 Gärditz, in: Gärditz, VwGO, 2. Aufl. 2018, § 42 Rn. 51.
54 Detterbeck, Allgemeines Verwaltungsrecht, 17. Aufl. 2019, § 7 Rn. 1392; Balbach/Morfeld, NVwZ 2014, 1499 (1500); Meickmann, JuS 2017, 663 (666); BVerwG, Urt. v. 5.9.2013, Az.: 7 C 21/12 Rn. 18 = NVwZ 2014, 64.

Roman Weidinger/Hendrik Burbach

Wie im Rahmen der Verpflichtungsklage (s. § 3 Rn. 28 f.) ist auch bei der Leistungsklage zu untersuchen, ob es möglich erscheint, dass dem Kläger ein subjektiven Recht auf die begehrte Leistung zusteht (s. zu den typischerweise relevanten subjektiven Rechten im Rahmen der Leistungsklage näher Rn. 55 ff.).

II. (Kein) Vorverfahren (Renana Braun)

Grundsätzlich ist die Durchführung eines Vorverfahrens im Rahmen der Leis- **33** tungsklage nicht erforderlich, für einige Ausnahmefälle ist es allerdings ausdrücklich angeordnet (Bsp.: § 54 II 1 BeamtStG, § 126 II 1 BBG). In der gutachterlichen Prüfung ist dieser Prüfungspunkt also nicht anzusprechen, soweit ein Vorverfahren nicht ausnahmsweise erforderlich ist.

Literaturhinweis: Hufen, Verwaltungsprozessrecht, 11. Aufl. 2019, Teil 2 § 6 Rn. 16. **34**

III. (Keine) Klagefrist (Patrick Stockebrandt)

Für die allgemeine Leistungsklage gilt grundsätzlich keine **Klagefrist**.[55] In der **35** gutachterlichen Prüfung ist dieser Prüfungspunkt also nicht anzusprechen, soweit nicht ausnahmsweise eine Klagefrist erforderlich ist. Dies ist dann der Fall, wenn eine **Frist** spezialgesetzlich angeordnet wird.[56] Eine unredliche, gegen **Treu und Glauben** verstoßende Verzögerung der Klageerhebung führt zur **Verwirkung** des Klagerechts (s. § 2 Rn. 399 ff.).[57]

Im Hinblick auf die **Fristberechnung** und die **Rechtsbehelfsbelehrung** **36** (s. § 2 Rn. 361 ff.) und die **Wiedereinsetzung in den vorigen Stand** (s. § 2 Rn. 394 ff.) wird auf die entsprechenden Ausführungen im Rahmen der Anfechtungsklage verwiesen.

Weiterführende Literaturhinweise finden sich in § 2 Rn. 402.

---

55 Schenke, Verwaltungsprozessrecht, 16. Aufl. 2019, Rn. 363 und Rn. 704.
56 Z. B. § 54 II 1 BeamtStG und § 126 II 1 BBG, s. hierzu Schenke, Verwaltungsprozessrecht, 16. Aufl. 2019, Rn. 363 und Rn. 704.
57 Schenke, Verwaltungsprozessrecht, 16. Aufl. 2019, Rn. 363 und Rn. 704.

Hendrik Burbach/Renana Braun/Patrick Stockebrandt

IV. Beteiligte (Carola Creemers)

37 Die Ausführungen zu den Beteiligten im Rahmen der Anfechtungsklage gelten weitestgehend entsprechend für die allgemeine Leistungsklage (s. ausführlich § 2 Rn. 403 ff.).

38 Eine Besonderheit ergibt sich jedoch mit Blick auf § 78 VwGO. Dieser steht systematisch im 8. Abschnitt der VwGO, sodass § 78 VwGO unmittelbar nur für Anfechtungs- und Verpflichtungsklagen gilt. § 78 VwGO ist auf die allgemeine Leistungsklage auch nicht entsprechend anwendbar.[58]

39 Der **richtige Beklagte** bestimmt sich daher für die allgemeine Leistungsklage nach dem allgemeinen **Rechtsträgerprinzip**, d. h. richtiger Beklagter ist der Rechtsträger der verpflichteten Behörde. Demnach sind allgemeine Leistungsklagen grundsätzlich gegen die Körperschaft zu richten, die nach dem materiellen Recht verpflichtet ist, den geltend gemachten Leistungsanspruch zu erfüllen, bzw. zum Unterlassen verpflichtet ist.[59]

V. Zuständiges Gericht (Katharina Goldberg)

40 Die allgemeine Leistungsklage ist nur zulässig, wenn das zuständige Gericht angerufen wurde (zur Verweisung bei fehlerhafter Zuständigkeit s. näher § 1 Rn. 49, 163; § 2 Rn. 468).

41 Bei der Frage des zuständigen Gerichts liegt häufig kein Schwerpunkt der Klausurlösung. Dennoch müssen die **sachliche und örtliche Zuständigkeit** in jeder Klausur zumindest angesprochen und die relevanten Normen benannt werden.

42 Formulierungsvorschlag: *„Das angerufene Gericht müsste sachlich gem. § 45 VwGO und örtlich gem. § 52 VwGO zuständig sein."*

43 Das **Verwaltungsgericht** ist **sachlich** in der ersten Instanz für alle Streitigkeiten zuständig, für die der Verwaltungsrechtsweg gem. § 40 VwGO eröffnet ist, § 45 VwGO[60] (zur ausnahmsweise abweichenden Zuständigkeit von OVG und BVerwG s. § 2 Rn. 466 f.).

---

58 h.M., vgl. u. a. Schenke, in: Kopp/Schenke, VwGO, 25. Aufl. 2019, § 78 Rn. 2; Kintz, in: Posser/Wolff, VwGO, 50. Ed., Stand: 1.7.2019, § 78 Rn. 6; Rozek, JuS 2007, 601 (603).
59 BVerwG, Urt. v. 28.8.2003, Az.: 4 C 9/02 = NVwZ-RR 2004, 84; Meissner/Schenk, in: Schoch/Schneider/Bier, VwGO, 36. EL Februar 2019, § 78 Rn. 52; Brenner, in: Sodan/Ziekow, VwGO, 5. Aufl. 2018, § 78 Rn. 11.
60 Berstermann, in: Posser/Wolf, VwGO, 50. Ed., Stand 01.10.2018, § 45 Rn. 2.

Die **örtliche Zuständigkeit** richtet sich bei allen Klagearten nach § 52 VwGO.   44
Sie muss bestimmt werden, wenn verschiedene Gerichte sachlich zuständig
sind. In den meisten Klausuren wird die örtliche Zuständigkeit durch den Klausursteller vorgegeben.

Wenn dies nicht gegeben ist müssen die einzelnen Nummern des § 52 VwGO   45
gründlich gelesen werden. Sie geben eine Reihenfolge vor, nach der die örtliche
Zuständigkeit bestimmt werden muss. Bei der allgemeinen Leistungsklage sind
folgende Nummern des § 52 VwGO in folgender Reihenfolge relevant: Nr. 1, Nr. 4,
Nr. 5 (ein Überblick über die Nummern des § 52 VwGO findet sich in § 2 Rn. 473).

VI. Rechtsschutzbedürfnis (Dana-Sophia Valentiner)

Bei der **allgemeinen Leistungsklage** ergibt sich das allgemeine Rechtsschutz-   46
bedürfnis in aller Regel bereits aus dem Umstand, dass die klagende Person einen
auf Leistung an sich selbst gerichteten, bislang nicht erfüllten Anspruch geltend
macht.[61] Das *Bundesverwaltungsgericht* hat am Beispiel der allgemeinen Leistungsklage subjektive und objektive Elemente des Rechtsschutzbedürfnisses
herausgearbeitet.[62] Das subjektive Interesse ergebe sich bereits daraus, dass die
klagende Person sich wegen einer ausstehenden Leistung an das Gericht wende.
Das objektive Interesse an der Inanspruchnahme des Gerichts liege immer dann
vor, wenn die Rechtsordnung ein materielles Recht gewährt, dessen sich die
klagende Person als Anspruchsinhaberin sieht.

Bei der **vorbeugenden Unterlassungsklage** (s. hierzu Rn. 22 ff.) ist das   47
Rechtsschutzbedürfnis hingegen besonders festzustellen.[63] Ihre Legitimation
finden die vorbeugenden Rechtsschutzverfahren in der Rechtsschutzgarantie,
Art. 19 IV GG. Durch Verfahren des vorbeugenden Rechtsschutzes greifen Gerichte
jedoch teils in noch offene Entscheidungsprozesse anderer Gewalten, z. B. der
Exekutive ein. Die potentielle Betroffenheit der Gewaltenteilung erfordert daher ein qualifiziertes Rechtsschutzbedürfnis, an dem es fehlt, wenn der klagenden
Person der nachgelagerte, in der Systematik der Verwaltungsgerichtsordnung
angelegte Rechtsschutz zumutbar ist.[64]

---

61 BVerwG, Urt. v. 17.1.1989, Az.: 9 C 44/87 = BVerwGE 81, 164 (165 f.).
62 BVerwG, Urt. v. 17.1.1989, Az.: 9 C 44/87 = BVerwGE 81, 164 (165 f.).
63 Schmidt-Aßmann, in: Maunz/Dürig, GG, 85. EL 2018, Art. 19 Abs. 4 Rn. 279.
64 Vgl. BVerwG, Urt. v. 12.01.1967, Az.: III C 58.65 = BVerwGE 26, 23 (24 f.); BVerwG, Urt. v. 29.07.
1977, Az.: IV C 51.75 = BVerwGE 54, 211 (215 f.).

Katharina Goldberg/Dana-Sophia Valentiner

C. Begründetheit

48 Ist die allgemeine Leistungsklage zulässig, ist in einem zweiten Schritt zu prüfen, ob sie auch begründet ist.

I. Die Struktur der Begründetheitsprüfung (Roman Weidinger)

49 Die Begründetheitsprüfung von Leistungsklagen ist wie bei allen anderen Klagearten auch durch einen **Obersatz** einzuleiten, der zugleich die **Prüfungsstruktur** vorgibt.

Unterschieden werden kann zwischen dem Obersatz für die Vornahmeklage und dem für die Unterlassungsklage:

50 Formulierungsvorschlag Obersatz für die Vornahmeklage: *„Die Klage ist begründet, wenn der Kläger/die Klägerin einen Anspruch auf die begehrte Vornahme eines hoheitlichen Handelns hat, das kein Verwaltungsakt ist."*

51 Formulierungsvorschlag Obersatz für die Unterlassungsklage: *„Die Klage ist begründet, wenn der Kläger/die Klägerin einen Anspruch auf Unterlassung eines hoheitlichen Handelns hat, das kein Verwaltungsakt ist."* [65]

1. Passivlegitimation

52 Während bereits innerhalb der Zulässigkeit unter dem Punkt „Antragsgegner" die „passive Prozessführungsbefugnis" geprüft wurde (vgl. § 2 Rn. 409 ff., s. in diesem § Rn. 38 f.), könnte dies – alternativ oder wiederholt – innerhalb der Begründetheit als **„Passivlegitimation"** geprüft werden. Da in der Anspruchsprüfung jedoch stets mitgeprüft werden muss, gegen wen sich der Anspruch richtet, ist die gesonderte Prüfung der Passivlegitimation grundsätzlich entbehrlich (s. zu dieser Problematik auch § 2 Rn. 510).

53 Examenswissen: Das gilt jedoch nicht, sofern sie sich in der Klausur oder Hausarbeit aufdrängt. So etwa, wenn unklar ist, wem das klageweise angegriffene Verwaltungshandeln zuzuordnen ist. Beispielsweise bei Klagen auf Widerruf und/oder Unterlassung von Informationen oder Warnungen ist im Rahmen der Passivlegitimation regelmäßig zu prüfen, ob sich die Klage gegen den Akteur/die Akteurin richtet, von dem/der die Äußerung ausging. Und auch bei allgemeinen Leistungsklagen zwischen Organen muss geprüft werden, ob sich die Klage gegen das jeweils

---

[65] Dazu zählt ausnahmsweise auch die Unterlassung eines Verwaltungsakt-Erlasses, s. dazu in diesem § Rn 24.

Roman Weidinger

richtig beklagte Organteil (beispielsweise Bürgermeister/in, Gemeinderat, etc.) richtet, dieses also passivlegitimiert ist.[66]

Die Bestimmung des/der richtigen Beklagten richtet sich dabei nach dem (allgemeinen) **54** Rechtsträgerprinzip, also danach, welche Körperschaft nach materiellem Recht verpflichtet ist, den geltend gemachten Leistungsanspruch zu erfüllen.[67] Denn § 78 I VwGO findet keine analoge Anwendung,[68] außer der Kläger verknüpft eine Anfechtungsklage mit Leistungsansprüchen nach § 113 IV VwGO (s. zum richtigen Beklagten der allgemeinen Leistungsklage auch Rn. 38 f.).[69]

2. Anspruchsgrundlagen

Ansprüche im Rahmen der allgemeinen Leistungsklage können sich aus ver- **55** schiedenen Rechtsbereichen ergeben.

a) Ansprüche aus Unions- und Verfassungsrecht

Anspruchsgrundlagen können sich zunächst unmittelbar aus dem Unionsrecht **56** oder aus der Verfassung ergeben.

Beispiele: Anspruch auf die Aufstellung von Aktionsplänen zum Gesundheitsschutz;[70] Informationsanspruch aus Art. 5 I 1 GG, derivativer Teilhabeanspruch aus Art. 3 I GG i.V.m. dem jeweilig betroffenen Freiheitsgrundrecht[71] oder als Unterlassungsanspruch aus dem allgemeinen Persönlichkeitsrecht, Art. 2 I GG i.V.m. Art. 1 I GG.[72]

---

66 Vgl. Hufen, Verwaltungsprozessrecht, 11. Aufl. 2019, § 27 Rn. 2, § 28 Rn. 2.

67 BVerwG, Urt. v. 28.8.2003, Az.: 4 C 9.02.

68 Kintz, in: Posser/Wolff, VwGO, 49. Ed., Stand: 1.4.2019, § 78 Rn. 6; gegen die analoge Anwendbarkeit von § 78 I Nr. 2: vgl. Meissner/Schenk, in: Schoch/Schneider/Bier, VwGO, 36. EL Februar 2019, § 78 Rn. 52; für die analoge Anwendung des § 78 I Nr. 1 2. HS.: Schenke, Verwaltungsprozessrecht, 16. Aufl. 2019, Rn. 554 f.

69 OVG Lüneburg, Urt. v. 2.11.1999, Az.: 7 L 3645/97 = NdsVBl 2000, 215; § 78 I VwGO findet auch in der Begründetheit eines Vollzugsfolgenbeseitigungsanspruchs (Verknüpfung von Anfechtungsklage und Leistungsbegehren, § 113 I 2 VwGO, s. näher dazu § 2 Rn. 1387) analoge Anwendung: BVerwG, Urt. v. 4.12.2001, Az.: 4 C 2.00 = NVwZ 2002, 718; OVG Lüneburg, Urt. v. 2.11.1999, Az.: 7 L 3645/97 = NdsVBl 2000, 215.

70 EuGH, Urt. v. 25.7.2008, Az.: C-237/07 = NVwZ 2008, 984; Couzinet, DVBl. 2008, 754.

71 Vgl. BVerfG, Urteil v. 19.12.2017, Az.: 1 BvL 3/14 = BVerfGE 147, 253 ff.; Hufen, Verwaltungsprozessrecht, 11. Aufl. 2019, § 28 Rn. 4 dazu: „[...] hier verfolgt das BVerfG allerdings erkennbar die Tendenz, die Entscheidung über unmittelbare Leistungsansprüche dem Gesetz[g]eber vorzubehalten (vgl. BVerfG, Urteil v. 24.1.2001, Az.: 1 BvR 2623/95 = BVerfGE 103, 44 (59)).“

72 Hufen, Verwaltungsprozessrecht, 11. Aufl. 2019, § 27 Rn. 4.

Roman Weidinger

b) Ansprüche aus einfachem Recht und Gewohnheitsrecht

57 Vielfach ergeben sich Ansprüche, die im Rahmen der allgemeinen Leistungsklage geltend gemacht werden können, aus dem einfachen Recht, teilweise i.V. m. dem Gewohnheitsrecht.

58   Neben Ansprüchen aus öffentlich-rechtlichen Normen, wie etwa dem Anspruch auf Löschung in § 35 II BPolG, werden solche auch aus der teils analogen Anwendung zivilrechtlicher Normen (gewohnheitsrechtlich) abgeleitet,[73] namentlich §§ 1004, 812 I BGB, jeweils analog,[74] § 823 I BGB, §§ 823 II oder 826 BGB i.V. m. dem allgemeinen Persönlichkeitsrecht (Art. 2 I GG i.V. m. Art. 1 I GG) oder Art. 14 I GG und auch den §§ 677 ff. BGB analog.

59   Besonders klausurrelevant sind der **allgemeine Folgenbeseitigungsanspruch** und der **Vollzugsfolgenbeseitigungsanspruch** (näher zu beiden Rn. 169 ff., zum Vollzugsfolgenbeseitigungsanspruch auch § 2 Rn. 1387).

60   Beide Ansprüche unterscheiden sich insbesondere dadurch voneinander, dass der Vollzugsfolgenbeseitigungsanspruch (§ 113 I 2 VwGO) einen Anspruch auf die Rückgängigmachung/Beseitigung der Folgen eines rechtswidrigen und bereits vollzogenen Verwaltungsakts regelt, während der allgemeine Folgenbeseitigungsanspruch sich auf Folgen von Verwaltungshandeln bezieht, das kein Verwaltungsakt ist.

c) Ansprüche aus Verwaltungsakt

61 Daneben sind auch Ansprüche unmittelbar aus – wirksamen, §§ 43 ff. VwVfG (s. zur Wirksamkeit näher § 2 Rn. 98 ff.) – Verwaltungsakten denkbar, insbesondere dann, wenn eine Behörde durch Verwaltungsakt die Gewährung einer Leistung regelt (z. B. in einem Subventionsbescheid), dieser Pflicht aber nicht nachkommt. Sofern der Verwaltungsakt nicht vollstreckbar ist, bleibt dem Bürger/der Bürgerin nur der Weg über die allgemeine Leistungsklage auf Gewährung der Leistung.

62 Examenswissen: Einen weiteren erwähnenswerten Fall hierzu bilden Ansprüche aus allgemeinen, mit Bindungswillen getroffenen[75] Zusagen[76]. Diese beziehen sich nicht, wie Zusicherungen

---

73 Zur einer Übersicht über solche Ansprüche samt Beispielen: Hufen, Verwaltungsprozessrecht, 11. Aufl. 2019, § 28 Rn. 5.

74 § 1004 BGB analog als sog. quasi-negatorischer Abwehranspruch, (Beseitigungs- und Unterlassungsanspruch) und § 812 I BGB analog als öffentlich-rechtlicher Erstattungsanspruch. S. dazu: Hufen, Verwaltungsprozessrecht, 11. Aufl. 2019, § 27 Rn. 6 ff., § 28 Rn. 5.

75 In Abgrenzung zu einer unverbindlichen Zusage: Maurer/Waldhoff, Allgemeines Verwaltungsrecht, 19. Aufl. 2017, § 9, Rn. 60.

Roman Weidinger

nach § 38 I 1 VwVfG, auf den Erlass eines Verwaltungsakts, sondern auf ein schlichtes hoheitliches Handeln oder Unterlassen.[77] Damit ist anders als für Zusicherungen (dazu die Verpflichtungsklage) die allgemeine Leistungsklage die statthafte Klageart.

d) Ansprüche aus öffentlich-rechtlichem Vertrag

Schließlich können auch Ansprüche aus öffentlich-rechtlichen Verträgen im Wege **63** der allgemeinen Leistungsklage geltend gemacht werden. Dabei kann es sich um Ansprüche des Bürgers/der Bürgerin gegen den Staat, aber auch umgekehrt des Staates gegen den Bürger/die Bürgerin handeln (näher Rn. 65 ff.).

3. Spruchreife

Ist der geltend gemachte Anspruch nicht spruchreif, kann in Anwendung des **64** § 113 V 2 VwGO analog ein „Bescheidungsurteil" ergehen (es geht nicht um eine Bescheidung, sondern um die Vornahme/das Unterlassen hoheitlichen Handelns, das kein Verwaltungsakt ist).[78] Bei Ermessens-/Beurteilungsspielraum ist § 114 VwGO analog anzuwenden.[79]

> *Beispiel: Auf die Neubewertung einer Klausur (zur Verwaltungsaktqualität von Noten s. § 2 Rn. 153) besteht regelmäßig kein spruchreifer Anspruch, das Gericht kann (nur) deren Neubewertung durch die zuständige Stelle anordnen.*

4. Literaturhinweise

Zwar älter, aber viele Aspekte übersichtlich abgehandelt: Steiner, Die allgemeine Leistungsklage im Verwaltungsprozess, Jus 1984, 853; Aufbereitung der zentralen Punkte zur Statthaftigkeit der allgemeinen Leistungsklage in klausurtypischem Aufbau: Geis/Meier, Grundfälle zur allgemeinen Leistungsklage, JuS 2013, 28; Abhandlung auch zu eher nebensächlichen Themen der allgemeinen Leistungsklage (insoweit gute Ergänzung vor allem zu dem oben genannten JuS-Aufsatz von Geis/Meier): Frenz, Die allgemeine Leistungs(vornahme)klage, JA 2010, 328; Übersichtliche Gesamtdarstellung: Pietzcker, in: Schoch/Schneider/Bier, VwGO, 36. EL Februar 2019, § 42 I Rn. 150 ff.

---

[76] Deren Dogmatik ist weiterhin umstritten, dazu: Maurer/Waldhoff, Allgemeines Verwaltungsrecht, 19. Aufl. 2017, § 9 Rn. 59 ff. m.w.N.

[77] Dennoch sind die Regelungen zu § 38 VwVfG (Schriftform, zuständige Behörde, keine Nichtigkeit § 38 II i.V.m. § 44 VwVfG) analog anzuwenden.

[78] Schenke, Verwaltungsprozessrecht, 16. Aufl. 2019, § 23 Rn. 867.

[79] W.-R. Schenke/Ruthig, in: Kopp/Schenke, VwGO, 25. Aufl. 2019, § 114 Rn. 2.

Roman Weidinger

II. Öffentlich-rechtliche Verträge als Anspruchsgrundlage (Wolfgang Abromeit)

65 Der Vertrag ist neben dem Verwaltungsakt die einzige **Handlungsform** (dazu § 1 Rn. 235 ff.) im VwVfG, die eigens geregelt ist (wenn man von den besonderen Verfahrensarten absieht). Dadurch wurde ihm vom Gesetzgeber eine besondere Bedeutung verliehen, die ihm allerdings in der Ausbildung häufig noch verwehrt bleibt. Aufgrund der wachsenden Bedeutung in der Praxis ist jedoch zu erwarten, dass er auch in zukünftigen Examensaufgaben eine größere Rolle spielen wird. Aus der Studierendenperspektive spielt der Vertrag gleichwohl im Vergleich zum Verwaltungsakt noch eine deutlich untergeordnete Rolle. Diese Rollenverteilung hat ihren Ursprung sicherlich auch in der VwGO: Während die in der Klausurpraxis bedeutsamsten verwaltungsgerichtlichen Verfahrenstypen um die unterschiedlichen Spielarten und Stadien des Verwaltungsakts designt wurden (s. bereits § 1 Rn. 245 ff.), müssen sich Streitigkeiten, die aus vertraglichen Rechtsverhältnissen entstehen, in die „übrigen" Klagearten einfügen.

66 In Prüfungsarbeiten, in denen es um Verträge geht, unterscheidet sich meist auch das Rechtschutzbegehren deutlich von Verwaltungsakt-Klausuren, bei denen es regelmäßig um die Aufhebung oder den Erlass eines Verwaltungsakts oder den darauf bezogenen einstweiligen Rechtsschutz geht. Hingegen ist die prüfungsbestimmende Frage bei Klausuren, in denen der Vertrag im Zentrum der Bearbeitung steht, regelmäßig, ob er wirksam ist.

67 Entscheidend für die Antragsart ist – wie sonst auch – das Ziel des Antragstellers (s. näher § 1 Rn. 223 ff.). Das bedeutet im Rahmen dieses Lehrbuchs, dass an dieser Stelle jedenfalls die klageweise Erfüllung der **Hauptleistungspflichten** des Vertrags zu behandeln sind, soweit sich diese auf „sonstiges Verwaltungshandeln" und Geldleistungen beziehen, weil dann die allgemeine Leistungsklage einschlägig ist.[80] Verpflichtet sich die Behörde vertraglich zum Erlass eines Verwaltungsakts, wäre die Verpflichtungsklage einschlägig (s. näher § 3 Rn. 71).

68 Die Prüfung des Vertrags ist in Klausuren – vermutlich auch praktisch – meist in Konstellationen des öffentlich-rechtlichen Erstattungsanspruchs eingekleidet, bei denen die Wirksamkeit des Vertrags unter dem Prüfungspunkt „fehlender Rechtsgrund" zu thematisieren ist (s. näher Rn. 206). Dies hat seine Ursache häufig darin, dass die Parteien zunächst den Vertrag abwickeln und die Leistungen austauschen, um sich die jeweilige Gegenleistung zu sichern. Erst im Anschluss wird der eine Vertragspartner die Wirksamkeit des Vertrags im Rechtsweg anfechten, um die eigene Leistung zurück zu erhalten.

---

80 Gurlit, in: Ehlers/Pünder, Allgemeines Verwaltungsrecht, 15. Aufl. 2016, § 34 Rn. 2.

Wolfgang Abromeit

1. Der Vertrag als Handlungsform der Behörde

In der Praxis ist der Vertrag mittlerweile in der Massenverwaltung angekom- 69
men, somit in der Praxis etabliert, wissenschaftlich als gleichwertige Handlungsform anerkannt und auch bereits weitgehend systematisiert und aufgearbeitet. Die grundsätzliche Zulässigkeit des Vertrags als Handlungsform ist folglich
geklärt. In konzeptioneller Hinsicht bietet es sich an, auch einige der Grundlagen
vertraglichen Handelns an dieser Stelle zu erläutern.

a) Entwicklung

Die deutliche – wenn auch tendenziell schwindende – Unterrepräsentation des 70
vertraglichen Handelns in der juristischen Ausbildung kann teilweise auf eine
verwaltungsrechtliche Lehre zurückgeführt werden, der ein überholtes Staatsbild
zu Grunde lag: das Subjectionsverhältnis. In dieser Vorstellung herrschte eine
strikte, auch ideelle Über- Unterordnung zwischen Staat und Bürger. Die strukturelle Gleichberechtigung der Vertragspartner schien den Vertretern dieser Lehre
in einem unauflöslichen Widerspruch zu ihrer Auffassung zu stehen.[81] Idealtypisch repräsentiert wird diese Lehre von Otto Mayer, der u.a. mit dem Satz
„(d)arum sind wahre Verträge des Staates auf dem Gebiete des öffentlichen
Rechtes überhaupt nicht denkbar", federführend die Ablehnung vertraglichen
Handelns formulierte. In der Folge wurde dies kurz zusammengefasst: „Der Staat
paktiert nicht!"[82] Auch wenn diese Auffassung nie unumstritten war, prägte sie bis
in die Mitte des 20. Jahrhunderts die Diskussion um das vertragliche Handeln von
Behörden. Mittlerweile kann sie als überwunden gelten. Allerspätestens durch die
ausdrückliche gesetzliche Regelung in § 54 1 VwVfG ist sie Geschichte.[83] Danach
gilt: „Ein Rechtsverhältnis auf dem Gebiet des öffentlichen Rechts kann durch
Vertrag begründet, geändert oder aufgehoben werden". Das dadurch besiegelte
Ende der Diskussion um die Möglichkeit vertraglichen Verwaltungshandelns war
überfällig, zumal die vertragliche Regelung von Vertragsrechtsverhältnissen kein
besonders modernes Phänomen ist.[84] Über die Anwendung als Alternative zum
Verwaltungsakt geht der Verwaltungsvertrag jedenfalls auch hinaus, bringt eigene
Stärken ins Spiel und steht mit der durch ihn symbolisch-rechtsförmlichen Kris-
tallisation des **Kooperationsprinzips** auch für das heute gewandelte Verständnis

---

81 Höfling/Krings, JuS 2001, 625 (625); Maurer/Waldhoff, Allgemeines Verwaltungsrecht, 19. Aufl.
2017, § 14 Rn. 27; Bauer, in: Schmidt-Aßmann/Hoffmann-Riem, 2. Aufl. 2012, § 36 Rn. 1.
82 Bauer, in: Schmidt-Aßmann/Hoffmann-Riem, 2. Aufl. 2012, § 36 Rn. 1.
83 Vgl. BVerwG, Urt. v. 4.2.1966, Az.: IV C 64/65 = BVerwGE 23, 213 = NJW 1966, 1936.
84 Maurer/Waldhoff, Allgemeines Verwaltungsrecht, 19. Aufl. 2017, § 14 Rn. 27 f.; Bauer, in:
Schmidt-Aßmann/Hoffmann-Riem, 2. Aufl. 2012, § 36 Rn. 1 f.

Wolfgang Abromeit

der Stellung des Bürgers im und zum Staat.[85] Er ermöglicht flexible und atypischen Fällen gerecht werdende Lösungen, fördert Rechtsfrieden, Rechtssicherheit sowie Akzeptanz und ist somit ein „notwendiges und legitimes Regelungsinstrument der Verwaltung".[86] Im Fokus der Wissenschaft stehen die einzelnen rechtlichen Voraussetzungen, die Fehlerfolgen und zunehmend die rechtliche Ausgestaltung – also die Vertragsgestaltung.[87]

b) Begriff

71 Nach der allgemeinen Rechtslehre ist der Vertrag materiell von drei Voraussetzungen abhängig:

Es muss 1. eine **Einigung** von 2. mindestens **zwei Rechtssubjekten** 3. über die Herbeiführung bestimmter **Rechtsfolgen** vorliegen. Damit ein Vertragsschluss festgestellt wird, müssen also mindestens zwei Parteien diesen Rechtsbindungswillen mittels übereinstimmender Willenserklärungen[88] (Angebot und Annahme) zum Ausdruck bringen.[89]

72 Es stellt sich allerdings darüberhinausgehend die Frage, was den Vertrag nach §§ 54 ff. VwVfG ausmacht. Wenig aufschlussreich ist die amtliche Überschrift „Der öffentlich-rechtliche Vertrag", da natürlich nicht alle öffentlich-rechtlichen Verträge gemeint sind. Der Anwendungsbereich der Verwaltungsverfahrensgesetze bezieht sich nach § 1 II VwVfG nur auf die Verwaltungstätigkeit von Bund, bzw. Ländern und Gemeinden. Nicht gemeint sein können daher völkerrechtliche Verträge, sonstige Staatsverträge, Verwaltungsabkommen, kirchenrechtliche Verträge insbesondere Staatskirchenverträge, etc. Allerdings deckt sich die Formel „auf dem Gebiet des öffentlichen Rechts" mit dem entsprechenden Begriffsmerkmal in § 35 VwVfG. Sie ist also „hier wie dort" eingeschränkt auf das Verwaltungsrecht zu verstehen.

73 Für die Verträge nach §§ 54 ff. VwVfG selbst ist es aber sinnvoll, ein eingeschränktes und passenderes Begriffsverständnis zu entwickeln. Teilweise wird

---

85 Bauer, in: Schmidt-Aßmann/Hoffmann-Riem, 2. Aufl. 2012, § 36 Rn. 9 f.
86 Maurer/Waldhoff, Allgemeines Verwaltungsrecht, 19. Aufl. 2017, § 14 Rn. 29; Peine/Siegel, Allgemeines Verwaltungsrecht, 12. Aufl. 2018, § 17 Rn. 716.
87 Maurer/Waldhoff, Allgemeines Verwaltungsrecht, 19. Aufl. 2017, § 14 Rn. 29.
88 Gurlit, in: Ehlers/Pünder, Allgemeines Verwaltungsrecht, 15. Aufl. 2016, § 28; Kluth, in: Wolff/Bachof/Stober/Kluth, Verwaltungsrecht I, § 36.
89 Detterbeck, Allgemeines Verwaltungsrecht, 17. Aufl. 2019, Rn. 784; Maurer/Waldhoff, Allgemeines Verwaltungsrecht, 19. Aufl. 2017, § 14 Rn. 9; Peine/Siegel, Allgemeines Verwaltungsrecht, 12. Aufl. 2018, § 17 Rn. 720.

Wolfgang Abromeit

der Begriff „Verwaltungsvertrag" vorgeschlagen.[90] Allerdings empfiehlt sich dieser Begriff jedenfalls in der wissenschaftlichen Beschäftigung vom reinen Wortsinn für ein umfassenderes Verständnis, dass alle und vor allem auch privatrechtliche Verträge umfasst, an denen die Verwaltung als Vertragspartner beteiligt ist. Bezeichnete man nur die im Rechtsweg den Verwaltungsgerichten zugewiesenen Verträge als Verwaltungsverträge, fehlte nämlich für diese allgemeinere Auffassung und für die damit verbundene Strukturierung des wissenschaftlichen Diskurses eine vergleichbar intuitive Alternative. Die Verträge nach §§ 54 ff. VwVfG, die sich auf die Begründung, Änderung oder Aufhebung eines verwaltungsrechtlichen Rechtsverständnisses beziehen, können hingegen passend und sinnvoll als **öffentlich-rechtliche Verwaltungsverträge** bezeichnet werden.

c) Arten

Auch wenn dem VwVfG kein abschließender Katalog an Verträgen zu entnehmen 74 ist, lassen sich die Verträge nach den §§ 54 ff. VwVfG nach Anhaltspunkten einer gesetzlichen Typisierung unterscheiden und ordnen.[91] Der in § 54 S. 2 VwVfG hervorgehobene Typus des Vertrags, mit dem die Behörde, anstatt einen Verwaltungsakt zu erlassen, einen öffentlich-rechtlichen Vertrag mit demjenigen schließt, an den sie sonst den Verwaltungsakt richten würde, wird allgemein als **subordinationsrechtlicher Vertrag** bezeichnet.[92] Allerdings darf das Verständnis nicht in einem engen Verständnis dem Wortsinn nach auf verwaltungsrechtliche Verträge begrenzt werden, die einen Verwaltungsakt ersetzen bzw. enthalten (sog. verwaltungsaktersetzende Verträge). Nicht nur, dass auch Verträge gemeint sind, die die Behörde zum Erlass eines Verwaltungsakts verpflichten (sog. verwaltungsaktvorbereitende Verträge).[93] Darüber hinaus sind auch alle Verträge subordinationsrechtlich einzuordnen, die nicht streng verwaltungsaktbezogen sind, in denen aber bei Betrachtung der **konkreten Rechtsbeziehung ein Über-Unterordnungsverhältnis** zwischen den Vertragspartnern besteht.

Für all diese Verträge gilt das Rechtsregime der §§ 55, 56, 59 II, 61 VwVfG, 75 deren Verständnis viele examensrelevante Probleme erschließt. Eine besondere Ausprägung des subordinationsrechtlichen Vertrags ist wiederum der **Aus-**

90 Maurer/Waldhoff, Allgemeines Verwaltungsrecht, 19. Aufl. 2017, § 14 Rn. 11 ff.
91 Vgl. Detterbeck, Allgemeines Verwaltungsrecht, 17. Aufl. 2019, Rn. 788.
92 Maurer/Waldhoff, Allgemeines Verwaltungsrecht, 19. Aufl. 2017, § 14 Rn. 17; Peine/Siegel, Allgemeines Verwaltungsrecht, 12. Aufl. 2018, § 17 Rn. 740.
93 Gurlit, in: Ehlers/Pünder, Allgemeines Verwaltungsrecht, 15. Aufl. 2016, § 29 Rn. 7; Detterbeck, Allgemeines Verwaltungsrecht, 17. Aufl. 2019, Rn. 790; Vgl. Peine/Siegel, Allgemeines Verwaltungsrecht, 12. Aufl. 2018, § 17 Rn. 743.

tauschvertrag nach § 56 VwVfG,[94] für den besondere Rechtmäßigkeitsvoraussetzungen verankert wurden (s. Rn. 103 ff.). Eine weitere Ausprägung der subordinationsrechtlichen Verträge ist der **Vergleichsvertrag** nach § 55 VwVfG, in dem besondere Voraussetzungen für Verträge geregelt werden, mit denen Rechtsstreitigkeiten beigelegt werden.[95] § 55 VwVfG bezieht sich nur auf subordinationsrechtliche Verträge. Die Vorschrift § 55 VwVfG regelt nur materielle Voraussetzungen des Vergleichsvertrages, für Prozessvergleiche enthält wiederum § 106 VwGO eine Sonderregelung.

76   Daneben firmiert unter der Bezeichnung als **koordinationsrechtlicher Vertrag** ein Typus verwaltungsrechtlicher Verträge als Gegenentwurf zum subordinationsrechtlichen Vertrag, bei denen die Vertragspartner eher einander gleichgeordnet gegenüberstehen.[96] Solche Verträge, die insbesondere zwischen Behörden geschlossen werden, betreffen Rechtsverhältnisse, die nicht durch Verwaltungsakt geregelt werden können. Für die gleichgeordnete Zusammenarbeit zwischen Behörde und Bürger, beispielsweise bei der Erfüllung öffentlicher Aufgaben, bietet sich der Begriff des **Kooperationsvertrags** an.[97]

77   Wie im Zivilrecht kann auch im Verwaltungsvertragsrecht zwischen **Verpflichtungsverträgen**, die den Rechtsgrund für zu erbringende Leistungen bilden, und **Verfügungsverträgen** unterschieden werden, die unmittelbar eine Rechtsänderung herbeiführen.[98] Da die Verträge in einem Dokument zusammenfallen oder auch teilweise nicht logisch voneinander getrennt werden können, ist in der Fallbearbeitung jeweils auf eine genaue Ermittlung des Vertragsinhalts zu achten.

d) Rechtsgrundlagen

78 Das **Rechtsregime der verwaltungsrechtlichen Verträge** (ohne Berücksichtigung des Fachrechts) ist dreistufig strukturiert: Die speziell für den Vertrag geltenden Regeln finden sich in den §§ 54–61 VwVfG. Nach § 62 S. 1 VwVfG gelten darüber hinaus die übrigen Vorschriften des VwVfG und nach § 62 S. 2 VwVfG

---

94 Maurer/Waldhoff, Allgemeines Verwaltungsrecht, 19. Aufl. 2017, § 14 Rn. 21; Detterbeck, Allgemeines Verwaltungsrecht, 17. Aufl. 2019, Rn. 795.
95 Maurer/Waldhoff, Allgemeines Verwaltungsrecht, 19. Aufl. 2017, § 14 Rn. 22; Detterbeck, Allgemeines Verwaltungsrecht, 17. Aufl. 2019, Rn. 799.
96 Gurlit, in: Ehlers/Pünder, Allgemeines Verwaltungsrecht, 15. Aufl. 2016, § 29 Rn. 9.
97 Maurer/Waldhoff, Allgemeines Verwaltungsrecht, 19. Aufl. 2017, § 14 Rn. 23.
98 Peine/Siegel, Allgemeines Verwaltungsrecht, 12. Aufl. 2018, § 17 Rn. 743.

Wolfgang Abromeit

auch die Vorschriften des Bürgerlichen Gesetzbuchs ergänzend und entsprechend.[99]

Im Rahmen des Prüfungsstoffs sind im besonderen Teil des öffentlich-rechtlichen Kanons insbesondere die baurechtlichen Sonderregelungen für den Vertrag relevant.[100] Für die Entwicklung des Verwaltungsvertragsrechts und auch in der Klausur hat das Städtebaurecht eine besondere Bedeutung, da der dort geforderte Interessenausgleich über die bereits durch die Institution des Vertrags symbolisierte Kooperation in besonderem Maß relevant wird.[101] Mit dem **Erschließungsvertrag** ist in § 11 BauGB auch ein besonderes und examensrelevantes Rechtsregime zu finden.[102] Referenzgebiete des Vertragsrechts finden sich außerdem im Umweltrecht, im Bodenschutzrecht, im Beamtenrecht, im Subventionsrecht, allgemein im öffentlichen Wirtschaftsrecht[103] und (weniger examensrelevant aber praktisch besonders bedeutsam) im Sozialrecht.[104]

Für alle verwaltungsrechtlichen Verträge gelten außerdem gem. § 62 VwVfG die übrigen Vorschriften des VwVfG, wenn sich nicht, wie bei den Regeln über den Verwaltungsakt, etwas anderes ergibt. Darüber hinaus gelten die Vorschriften des BGB entsprechend. Diese Regelung reagiert auf **das lückenhafte Regime der §§ 54 ff. VwVfG** und eröffnet für wirksame Verträge die Anwendbarkeit des BGB. Klausuren, die das Rechtsregime des Verwaltungsvertragsschuldrechts betreffen, sind zwar noch relativ selten, allerdings gehört die Kenntnis aufgrund der normativen Verankerung im VwVfG zweifellos zum Pflichtstoff der meisten, wenn nicht aller Prüfungsordnungen.

e) Abgrenzung

Die Bestimmung der jeweiligen Handlungsform der Behörde kann in der Klausur wie im realen Leben teilweise sehr einfach, in manchen (Lebens-)Sachverhalten aber auch hoch problematisch sein. Wenn die Zuordnung nicht eindeutig ist, kann dieses Thema auch einen der Schwerpunkte der Klausurbearbeitung darstellen. Die Problematik ist entweder in der Eröffnung des Verwaltungsrechtsweges

---

99 Peine/Siegel, Allgemeines Verwaltungsrecht, 12. Aufl. 2018, § 17 Rn. 719.

100 Drechsler, Jura 2017, 413; Decker, JA 2012, 286.

101 Vgl. z. B. BVerwG, Urt. v. 25.11.2005, Az.: 4 C 15.04 = BVerwGE 124, 385 = NVwZ 2006, 336 ff.; BVerwG, Urt. v. 16.5.2000, Az.: 4 C 4/99 = BVerwGE 111, 162 = NVwZ 2000, 1285.

102 Peine/Siegel, Allgemeines Verwaltungsrecht, 12. Aufl. 2018, § 17 Rn. 719.

103 Siegel/Eisentraut, VerwArch 2018, 454.

104 Maurer/Waldhoff, Allgemeines Verwaltungsrecht, 19. Aufl. 2017, § 14 Rn. 3 ff.; Gurlit, in: Ehlers/Pünder, Allgemeines Verwaltungsrecht, 15. Aufl. 2016, § 29 Rn. 3; Kretschmer, Das Recht der Eingliederungsvereinbarung des SGB II, 2012.

Wolfgang Abromeit

(s. § 1 Rn. 185 ff.) oder unter dem Prüfungspunkt „Antrags-/Klageart" anzusprechen. Der öffentlich-rechtliche Verwaltungsvertrag muss dann anhand seiner charakteristischen Merkmale von anderen Handlungsformen abgegrenzt werden.

aa) Abgrenzung zum privatrechtlichen Verwaltungsvertrag

82 Die Unterscheidung des **öffentlich-rechtlichen vom privatrechtlichen Verwaltungsvertrag** ist dabei vermutlich die klausurrelevanteste Konstellation, zumal sie regelmäßig auch über den Rechtsweg entscheidet. Die Schwierigkeit der Unterscheidung hat ihre Ursache auch in der Annäherung des öffentlich-rechtlichen Verwaltungsvertrags zum privatrechtlichen in der Praxis und spiegelt sich in einer uneinheitlichen Rechtsprechung wieder.[105] In manchen problematischen Fällen blieb die Frage bis zur höchstrichterlichen Entscheidung ungeklärt.[106] Vorherrschend ist wohl die Abgrenzung nach dem „Gesamtcharakter" des Vertragsgegenstands.[107] Für die Abgrenzung von öffentlich-rechtlichem und zivilrechtlichem Vertrag kommt es nach dem gemeinsamen Senat der obersten Gerichtshöfe des Bundes auf dessen **Gegenstand und Zweck** an; die Rechtsnatur des Vertrages bestimmt sich danach, ob der Vertragsgegenstand dem öffentlichen oder dem bürgerlichen Recht zuzuordnen ist.[108] Problematisch wird es, wenn der Vertrag privatrechtliche und öffentlich-rechtlich einzuordnende Elemente umfasst. Es ist nicht unzulässig öffentlich-rechtliche und privatrechtliche Elemente in einem „gemischten Vertrag" zu verbinden.[109] In dem Fall komme es auf den **„Schwerpunkt der vertraglichen Regelung an"**, also die Regelungen, die dem Vertrag sein Gepräge verleihen (sog. Schwerpunkts- oder Geprägetheorie).[110] Kommt man in der Prüfungssituation in solchen Fällen nicht zu einem eindeutigen Ergebnis, ist es vermutlich klausurtaktisch am geschicktesten in einer verwaltungsrechtlichen Klausur, die Streitigkeit als öffentlich-rechtliche einzuordnen und dementsprechend in einer zivilrechtlichen als privatrechtliche.

---

105 Übersichten bei: Detterbeck, Allgemeines Verwaltungsrecht, 17. Aufl. 2019, Rn. 786; Peine/Siegel, Allgemeines Verwaltungsrecht, 12. Aufl. 2018, § 17 Rn. 734 f.
106 Maurer/Waldhoff, Allgemeines Verwaltungsrecht, 19. Aufl. 2017, § 14 Rn. 11 f.
107 Maurer/Waldhoff, Allgemeines Verwaltungsrecht, 19. Aufl. 2017, § 14 Rn. 15; Peine/Siegel, Allgemeines Verwaltungsrecht, 12. Aufl. 2018, § 17 Rn. 734.
108 GmS-OGB, Beschl. v. 10.4.1986, Az.: GmS-OGB 1/85 = BVerwGE 74, 368 = NJW 1986, 2359.
109 BVerwG, Urt. v. 11.2.1993, Az.: 4 C 18/91 = BVerwGE 92, 56 (59) = NJW 1993, 2695.
110 Peine/Siegel, Allgemeines Verwaltungsrecht, 12. Aufl. 2018, § 17 Rn. 735; BVerwG, Urt. v. 18.7.2012, Az.: 8 C 4/11 Rn. 45 = BVerwGE 143, 335 ff = NVwZ 2013, 209.

Wolfgang Abromeit

bb) Abgrenzung zu einseitigen Handlungsformen

Als zweiseitige, auf Einigung angewiesene Regelung, ist die Abgrenzung vom 83 einseitig-hoheitlich erlassenen Verwaltungsakt in den meisten Fällen unproblematisch. Schwieriger wird es bei den Sonderkonstellationen (s. auch § 2 Rn. 49 ff.) wie beispielsweise bei mitwirkungsbedürftigen Verwaltungsakten, also meistens wenn der Adressat einen Antrag stellt oder zustimmen muss.[111] Beispiele hierfür sind die Beamtenernennung nach § 12 BStG, die Einbürgerung von Ausländern gem. AuslG oder Baugenehmigungen. Der Bürger kann in diesen Fällen allerdings **nicht den Regelungsinhalt mitgestalten.** Das Mitwirkungserfordernis verhindert vor allem, den Verwaltungsakt aufgedrängt zu bekommen.[112] Zweifel können auch auftreten, wenn der Adressat aufgrund von Nebenbestimmungen zu einer Art Gegenleistung verpflichtet wird.[113]

cc) Abgrenzung zu unverbindlichen Absprachen

Andere Grenzfälle betreffen die Unterscheidung von unverbindlichen und/oder 84 informierenden Absprachen, bei denen es am **Rechtsbindungswillen** fehlt.[114] Weniger klausurrelevant sind vermutlich aktuelle praktische Probleme, die sich beispielsweise bei einer hybriden Rechtsgestaltung oder einem Instrumentenmix ergeben.[115]

dd) Abgrenzung bei verwaltungsrechtlichen Schuldverhältnissen

Auch bei verwaltungsrechtlichen Schuldverhältnissen, seien sie im Abwasser- 85 recht oder bei der Benutzung einer Schwimmhalle angesiedelt, kann es sein, dass in der Fallbearbeitung eine Abgrenzung zum vertraglichen Handeln vorgenommen werden muss. In diesen Fällen hat die Gemeinde häufig ein gewisses Wahlrecht, ob sie das Benutzungsverhältnis öffentlich-rechtlich oder privatrechtlich ausgestalten will, sie muss dann allerdings in der Ausgestaltung konsequent sein. In solchen Fällen kommt es darauf an, inwiefern die Behörde ihren Willen zur Rechtsform geäußert hat.[116]

---

111 Maurer/Waldhoff, Allgemeines Verwaltungsrecht, 19. Aufl. 2017, § 14 Rn. 24; Peine/Siegel, Allgemeines Verwaltungsrecht, 12. Aufl. 2018, § 17 Rn. 724 f.
112 Höfling/Krings, JuS 2001, 625 (626).
113 Maurer/Waldhoff, Allgemeines Verwaltungsrecht, 19. Aufl. 2017, § 14 Rn. 26.
114 Peine/Siegel, Allgemeines Verwaltungsrecht, 12. Aufl. 2018, § 17 Rn. 725.
115 Bauer, in: Schmidt-Aßmann/Hoffmann-Riem, 2. Aufl. 2012, § 36 Rn. 81.
116 Maurer/Waldhoff, Allgemeines Verwaltungsrecht, 19. Aufl. 2017, § 14 Rn. 14; Peine/Siegel, Allgemeines Verwaltungsrecht, 12. Aufl. 2018, § 17 Rn. 726.

Wolfgang Abromeit

f) Rechtsverhältnislehre als lohnende Perspektive auf den Verwaltungsvertrag

86 *Hausarbeitswissen: Es lohnt sich bei dem Verwaltungsvertrag eine dogmatische **Perspektivener-weiterung** mit Hilfe der Rechtsverhältnislehre vorzunehmen. Sie betrachtet die sich zwischen den Beteiligten entwickelnden Beziehungen zeitlich dynamisch unter Berücksichtigung der Veränderung der Situation.[117] Die eher prozedural ausgerichtete Programmatik eröffnet den strukturierten Blick auf die unterschiedlichen Phasen der vom Vertrag betroffenen Sachverhalte. Zeitlich voranschreitend lässt sich der Lebenszyklus der vertraglich geordneten Lebenssachverhalte von der vorvertraglichen Vertragsverhandlung und Vertragsanbahnung über den Vertragsschluss, die Vertragsdurchführung mit einem daran anschließenden Vertragscontrolling bis zur „Beendigung" von Verwaltungsverträgen und der Betrachtung nachvertraglicher Pflichten verstehen.[118] Während der gegenwärtige Fokus in der Ausbildung noch entsprechend der Regelungsschwerpunkte der §§ 54 ff. VwVfG deutlich auf die zulässigen Inhalte und damit verbunden auf die Wirksamkeit des Vertrags nach Vertragsschluss, bzw. die Rückabwicklung gerichtet ist, hilft das prozedurale Verständnis der Rechtsverhältnislehre, die danach noch offen gebliebenen Bereiche sichtbar zu machen. So werden in der Ausbildung beispielsweise die Bereiche*

- *für die Regelung der Rechtsverhältnisse bis zum Abschluss des Vertrages (wesentlich geprägt durch das Vergaberecht)*
- *der vorvertraglichen Rechtsverhältnisse (hier ist seit der Schuldrechtsmodernisierung § 311 II BGB analog i. V. m. § 62 S. 2 VwVfG einschlägig)*
- *für die Durchführung des vertraglich vereinbarten Leistungsprogramms (auch hier ist vor allem das Verwaltungsvertragsschuldrecht relevant, das sich aus der entsprechenden Anwendung der Vorschriften des BGB i. V. m. § 62 S. 2 VwVfG ergibt)*
- *und der einvernehmlichen vertraglichen Anpassung deutlich weniger oder auch gar nicht behandelt.*
- *Ein besonderes Desiderat in der Forschung stellt außerdem die Vertragsgestaltungslehre dar, die sich auf die konkrete Rechtsgestaltung der Inhalte verwaltungsvertraglichen Inhalts konzentriert, praktisch damit besonders hohe Relevanz aufweist, aber noch kaum aufgearbeitet ist.[119]*

2. Der Vertrag als Anspruchsgrundlage

87 Wenn sich eine der Parteien nicht an die vertragliche Vereinbarung nach § 54 VwVfG hält oder vor Leistungsaustausch Streitigkeiten über die Gültigkeit des Vertrags entstehen, müssen die Parteien ihre Ansprüche im Wege der Leistungsklage durchsetzen.[120] Hier kann sich auch die leicht ungewohnte Konstel-

---

117 Maurer/Waldhoff, Allgemeines Verwaltungsrecht, 19. Aufl. 2017, § 8; Remmert, in: Ehlers/Pünder, Allgemeines Verwaltungsrecht, § 18; Bauer, Die Verwaltung 1992, 301 (insbesondere ab S. 319).
118 Bauer, in: Schmidt-Aßmann/Hoffmann-Riem, 2. Aufl. 2012, § 36 Rn. 103 ff.
119 Bauer, in: Schmidt-Aßmann/Hoffmann-Riem, 2. Aufl. 2012, § 36 Rn. 121 ff.
120 Maurer/Waldhoff, Allgemeines Verwaltungsrecht, 19. Aufl. 2017, § 14 Rn. 65; Peine/Siegel, Allgemeines Verwaltungsrecht, 12. Aufl. 2018, § 17 Rn. 800; Frenz, Öffentliches Recht, 7. Aufl. 2017, § 19 Rn. 1324.

Wolfgang Abromeit

lation ergeben, dass die Behörde als Kläger im verwaltungsgerichtlichen Klageverfahren auftritt, um eine Geldzahlung oder eine sonstige vertretbare Handlung
durchzusetzen. Dadurch, dass sich die Behörde durch die Wahl der vertraglichen
Regelung auf Augenhöhe mit dem Bürger begeben hat, ist es ihr nicht mehr
möglich, zur Durchsetzung ihres Anspruchs einen Verwaltungsakt zu erlassen –
es fehlt insoweit an der Verwaltungsakt-Befugnis.[121] Dies gilt natürlich nicht,
wenn sich die Parteien vertraglich der sofortigen Vollstreckung unterwerfen,
wobei für die Behörde dafür die Sondervoraussetzungen des § 61 I S. 2 VwVfG
gelten.[122] Unabhängig davon, welche Partei den Anspruch durchsetzen möchte: In
der Fallbearbeitung empfiehlt sich in solchen Konstellationen eine Orientierung
an dem zivilrechtlichen Aufbau. Zunächst erfolgt danach die Prüfung des Vertrags
als Anspruchsgrundlage. Daran kann die weitere gutachterliche Prüfung, ob der
Anspruch untergegangen oder nicht (mehr) durchsetzbar sein könnte, ange-
schlossen werden.[123] Damit ein Anspruch aus einem Vertrag in Frage kommt,
müssten sich die Parteien zunächst dementsprechend geeinigt haben, es müsste
also ein Vertrag zustande gekommen sein.

a) Einigung

Im ersten Prüfungsschritt ist also gutachterlich danach zu fragen, ob überhaupt **88**
durch einen Vertragsschluss ein Anspruch entstanden ist. Wie bereits angesprochen, müssen dafür zwei Parteien einen dahingehenden Rechtsbindungswillen
mittels übereinstimmender Willenserklärungen zum Ausdruck gebracht haben.[124]

Die zu diesem Zweck von der Verwaltung getätigte öffentlich-rechtliche Wil- **89**
lenserklärung ist in Abgrenzung zu einem Verwaltungsakt, schlichthoheitliches
Handeln, auf das gem. § 62 VwVfG die bürgerlich-rechtlichen Vorschriften, wie die
§§ 104 ff., 116 ff., 164 ff. und 177 ff. BGB entsprechend anzuwenden sind.[125] Das
bedeutet auch, dass der konkrete Vertragsinhalt entsprechend §§ 137, 157 BGB
auszulegen ist. Die übrigen Regelungen des VwVfG zum Verfahren gelten nach
§ 62 1 VwVfG subsidiär.[126]

---

121 Maurer/Waldhoff, Allgemeines Verwaltungsrecht, 19. Aufl. 2017, § 14 Rn. 65; Peine/Siegel,
Allgemeines Verwaltungsrecht, 12. Aufl. 2018, § 17 Rn. 800.
122 Maurer/Waldhoff, Allgemeines Verwaltungsrecht, 19. Aufl. 2017, § 14 Rn. 66.
123 Vgl. Frenz, Öffentliches Recht, 7. Aufl. 2017, § 19.
124 Maurer/Waldhoff, Allgemeines Verwaltungsrecht, 19. Aufl. 2017, § 14 Rn. 35.
125 Peine/Siegel, Allgemeines Verwaltungsrecht, 12. Aufl. 2018, § 17 Rn. 722; zur verwaltungsrechtlichen Willenserklärung, Gurlit, in: Ehlers/Pünder, Allgemeines Verwaltungsrecht, 15. Aufl.
2016, § 28, §29 Rn. 2.
126 Gurlit, in: Ehlers/Pünder, Allgemeines Verwaltungsrecht, 15. Aufl. 2016, §29 Rn. 3.

Wolfgang Abromeit

b) Schriftformerfordernis

90 § 57 VwVfG ordnet für öffentlich-rechtliche Verwaltungsverträge die Schriftform an (dazu und zur elektronischen Übermittlung § 2 Rn. 685 ff.), die Voraussetzungen sind hier also strenger als beim Verwaltungsakt, der auch formlos ergehen kann.[127] Es ist umstritten, ob die Einhaltung der Schriftform nach § 57 VwVfG gem. § 62 S. 2 VwVfG, § 126 II 1 BGB immer Urkundeneinheit verlangt.[128] Allerdings sind Formvorschriften kein Selbstzweck und deshalb unter Berücksichtigung ihres Sinngehalts auszulegen und anzuwenden.[129] Daher können schriftliche Vertragserklärungen auf unterschiedlichen Dokumenten nach Schriftwechsel einen formgültigen öffentlich-rechtlichen Vertrag zustande bringen, wenn sie von einem entsprechenden Erklärungsbewusstsein getragen sind und mit Bindungswillen abgegeben wurden.[130] Dieses Ergebnis gilt nach der Rechtsprechung des Bundesverwaltungsgerichts für koordinationsrechtliche[131] wie für subordinationsrechtliche Verträge.[132]

91 Die Schriftform ist je nach Inhalt des Vertrags die Mindestform. Ordnet eine andere Norm strengere Formvorschriften an, so gelten die erhöhten Anforderungen. Hier ist insbesondere an § 311 b I BGB zu denken, der im Zusammenhang mit städtebaulichen Verträgen, die eine Eigentumsübertragung von Grundstücken enthalten, eine notarielle Beurkundung erforderlich macht.[133]

3. Keine Vertragsformverbote

92 Dass der Vertrag grundsätzlich eine zulässige Handlungsform ist, stellt § 54 1 VwVfG klar, allerdings nur, soweit Rechtsvorschriften nicht entgegenstehen (§ 54 1

---

127 Maurer/Waldhoff, Allgemeines Verwaltungsrecht, 19. Aufl. 2017, § 14 Rn. 36; Peine/Siegel, Allgemeines Verwaltungsrecht, 12. Aufl. 2018, § 17 Rn. 755; Gurlit, in: Ehlers/Pünder, Allgemeines Verwaltungsrecht, 15. Aufl. 2016, §29 Rn. 14.

128 Z. B.: OVG Lüneburg, Urt. v. 13.08.1991, Az.: 9 L 362/89 = NJW 1992, 1404 (1405); Detterbeck, Allgemeines Verwaltungsrecht, 17. Aufl. 2019, Rn. 807.

129 BVerwG, Urt. v. 24.8.1994, Az.: 11 C 14/93 = BVerwGE 96, 326 [333] = NJW 1995, 1104 = NVwZ 1995, 691.

130 Gurlit, in: Ehlers/Pünder, Allgemeines Verwaltungsrecht, 15. Aufl. 2016, § 32 Rn. 14; Peine/Siegel, Allgemeines Verwaltungsrecht, 12. Aufl. 2018, § 17 Rn. 757.

131 BVerwG, Urt. v. 19. 5.2005, Az.: 3 A 3/04 = NVwZ 2005, 1083.

132 BVerwG, Urt. v. 24.8.1994, Az.: 11 C 14/93 = BVerwGE 96, 326 [333] = NJW 1995, 1104 = NVwZ 1995, 691.

133 Peine/Siegel, Allgemeines Verwaltungsrecht, 12. Aufl. 2018, § 17 Rn. 758 ff; Detterbeck, Allgemeines Verwaltungsrecht, 17. Aufl. 2019, Rn. 807; Gurlit, in: Ehlers/Pünder, Allgemeines Verwaltungsrecht, 15. Aufl. 2016, § 32 Rn. 14.

Wolfgang Abromeit

2. HS). Aufgrund dieser herausgehobenen gesetzlichen Verankerung von Vertragsformverboten, ist es sinnvoll, diese bereits an dieser Stelle zu prüfen.

Aufbauhinweis: Teilweise wird der Verstoß gegen ein Vertragsformverbot 93 auch erst als Nichtigkeitsgrund im Rahmen des § 59 I VwVfG geprüft.[134] Ob die Prüfung der Rechtsfolgen des Verstoßes gegen ein Vertragsformverbot an dieser Stelle oder bei den anderen Nichtigkeitsgründen erfolgen sollte, wird diskutiert, weil § 54 1 2. HS VwVfG selbst keine Rechtsfolge regelt, sondern die Nichtigkeit sich erst aus § 59 I VwVfG i.V.m. § 54 1 VwVfG, § 134 BGB ergibt.[135] Nichtsdestotrotz kann zwischen der inhaltlichen Unzulässigkeit nach § 54 1 VwVfG und Nichtigkeit nach § 59 VwVfG unterschieden werden.[136] Wie bei Strukturierungsfragen allgemein, ist hier eine in der Klausur nicht zu thematisierende, jedoch in sich schlüssige Lösung zu finden, die alle relevanten Punkte möglichst aufeinander aufbauend und mit möglichst wenigen Redundanzen aufgreift. Der hier vorgeschlagene Aufbau orientiert sich vorrangig an der gesetzlichen Regelung der §§ 54 ff. VwVfG. Für Studierende ist es in dem Zusammenhang mit Fragen nach einem sinnvollen Aufbau der Prüfung vor allem wichtig, nachvollziehend zu verstehen, weshalb welche Aspekte an einer bestimmten Stelle geprüft werden können und nicht als exklusiv richtig verstandene Prüfungsschemata auswendig zu lernen.

Beispiele für Vertragsformverbote sind: die Ernennung zum Beamten (hier folgt das Ver- 94 *tragsformverbot aus § 8 II BeamtStG und für die Entlassung aus § 32 BeamtStG), die höhere Beamtenbesoldung (§ 2 II BBesG), die Festlegung von Prüfungsleistungen (§ 2 III Nr. 2 VwVfG), die Einbürgerung (§§ 16, 35 StAG), die vertraglich begründete Verpflichtung über die Aufstellung, Aufhebung oder Änderung von Bebauungsleitplänen (§ 1 III 2, VIII BauGB), aber auch bei justizähnlichen Kollegialorganen, wie den Entscheidungen der Beschlusskammern der Bundesnetzagentur in telekommunikationsrechtlichen Verfahren (§ 132 I 2 TKG) oder Entscheidungen der Vergabekammern (§ 114 III 1 GWB). Das Verwaltungsrecht kennt nicht nur ausdrückliche, sondern auch stillschweigende Vertragsformverbote. Die Verbote sind jedoch auf den Kernbereich der jeweiligen Rechtsgebiete, also insbesondere das Abgaben-, Beamten- und Prüfungsrecht, beschränkt.[137] Im Bereich des Baurechts muss beispielsweise gewährleistet werden, dass die verwaltungsaktbezogenen Regeln, die unter bestimmten Umständen eine Aufhebbarkeit gewährleisten sollen, auch bei vertraglichem Handeln durchgesetzt werden*

---

134 Peine/Siegel, Allgemeines Verwaltungsrecht, 12. Aufl. 2018, § 17 Rn. 750.
135 Peine/Siegel, Allgemeines Verwaltungsrecht, 12. Aufl. 2018, § 17 Rn. 750.
136 Gurlit, in: Ehlers/Pünder, Allgemeines Verwaltungsrecht, 15. Aufl. 2016, § 32 Rn. 2.
137 Peine/Siegel, Allgemeines Verwaltungsrecht, 12. Aufl. 2018, § 17 Rn. 751 ff.; Maurer/Waldhoff, Allgemeines Verwaltungsrecht, 19. Aufl. 2017, § 14 Rn. 32f.

Wolfgang Abromeit

können.[138] *Nicht verboten ist dagegen beispielsweise die Begründung einer vertraglichen Rechtspflicht, einen Vertragspartner zum Beamten zu ernennen.*[139]

4. Wirksamkeit

95 Anders als beim Verwaltungsakt findet der Schwerpunkt der Prüfung regelmäßig nicht unter der Überschrift Rechtmäßigkeit des Verwaltungsvertrags statt.[140] Aufgrund der Konzeption der §§ 58, 59, 60 VwVfG kommt es vielmehr darauf an, ob der Verwaltungsvertrag wirksam, also nicht nichtig oder schwebend unwirksam, ist.

96 Die Rechtsetzungsbefugnis der Verwaltung besteht aufgrund des Rechtsstaatsprinzips grundsätzlich nur im Rahmen des gesetzlich Erlaubten. Sie hat also keine allgemeine Befugnis, die eigenen Rechtsangelegenheiten nach eigenem Belieben im eigenen Interesse zu ordnen, wie es für Privatpersonen aus der Privatautonomie nach Art. 2 I GG abgeleitet wird. Dies belässt der Verwaltung allerdings die Wahl der Rechtsform, die aus der hoheitlichen Rechtssetzungsbefugnis in Kombination mit Ermessensspielräumen folgt. Sie darf jedoch nicht ihren Handlungsspielraum im Vergleich zum Verwaltungsakt erweitern, indem sie als Handlungsform den Vertrag wählt und bleibt insbesondere auch an die Vorgaben zur Ermessensausübung gebunden.[141] Die konkreten Rechtssetzungsspielräume lassen sich im Einzelfall nicht ohne Rückgriff auf die Fachgesetze feststellen.[142] Daraus folgt allerdings nicht, dass in der Klausurbearbeitung eine umfassende Rechtmäßigkeitsprüfung der Verträge vorzunehmen ist.[143]

---

138 Maurer/Waldhoff, Allgemeines Verwaltungsrecht, 19. Aufl. 2017, § 14 Rn. 33; Peine/Siegel, Allgemeines Verwaltungsrecht, 12. Aufl. 2018, § 17 Rn. 750.

139 Vgl. Detterbeck, Allgemeines Verwaltungsrecht, 17. Aufl. 2019, Rn. 804.

140 Alternativer Vorschlag: Peine/Siegel, Allgemeines Verwaltungsrecht, 12. Aufl. 2018, Rn. 812, 782.

141 Gurlit, in: Ehlers/Pünder, Allgemeines Verwaltungsrecht, 15. Aufl. 2016, § 32 Rn. 3; Maurer/Waldhoff, Allgemeines Verwaltungsrecht, 19. Aufl. 2017, § 14 Rn. 38; Bauer, in: Schmidt-Aßmann/Hoffmann-Riem, 2. Aufl. 2012, § 36 Rn. 12.

142 Gurlit, in: Ehlers/Pünder, Allgemeines Verwaltungsrecht, 15. Aufl. 2016, § 32 Rn. 7.

143 Auch wenn dieses Vorgehen teilweise vorgeschlagen wird; Peine/Siegel, Allgemeines Verwaltungsrecht, 12. Aufl. 2018, Rn. 812, die allerdings im Obersatz auch herausheben, auf die Wirksamkeit abzustellen. Vgl. auch Frenz, Öffentliches Recht, 7. Aufl. 2017, § 19, Rn. 1244.

Wolfgang Abromeit

a) Nichtigkeit nach § 59 VwVfG

§ 59 VwVfG regelt die besonderen Voraussetzungen der Nichtigkeit verwaltungs- 97
rechtlicher Verträge. § 60 VwVfG regelt Kündigungsrechte und spezielle Anpassungsansprüche. Nach ganz allgemeiner Auffassung bedeutet dies im Umkehrschluss, dass nicht nichtige und dennoch rechtswidrige Verträge wirksam sind.[144]
Die Rechtswidrigkeit bleibt also grundsätzlich folgenlos, wenn nichts anderes
geregelt ist, sind die Verträge schlicht rechtswidrig.[145] Ein Ergebnis, dass bis zur
Verankerung des § 59 im VwVfG in der Rechtsprechung anders beurteilt wurde.
Die Regelung in § 59 VwVfG stellt einen abschließenden Versuch dar, einen
Ausgleich zwischen dem Grundsatz der strikten Vertragsbindung (*pacta sunt
servanda*) auf der einen Seite und dem Gesetzmäßigkeitsprinzip (Art. 20 III GG)
auf der anderen Seite zu finden. Dieser wird in der momentan bestehenden
Rechtslage (*de lege lata*) allerdings kritisiert und *de lege ferenda* wird eine Novellierung des Verwaltungsvertragsrechts gefordert, die gestufte Anpassungsmöglichkeiten umfasst und den aus dem Rechtsstaatsprinzip folgenden normativen Anforderungen eher entspricht.[146]

b) Der subordinationsrechtliche Vertrag als Voraussetzung des § 59 II VwVfG

In der Systematik des § 59 VwVfG ist in Absatz 1 eine Generalklausel für alle 98
verwaltungsrechtlichen Verträge zu sehen und in Absatz 2 die Verankerung spezieller Nichtigkeitsgründe für den subordinationsrechtlichen Vertrag. Als *lex
specialis* ist diese Vorschrift daher vorrangig zu prüfen.[147] Das Vorliegen eines
subordinationsrechtlichen Vertrages ist aufgrund der entscheidenden Bedeutung
für die weitere Prüfung an dieser Stelle gutachterlich zu thematisieren. Wie oben
bereits erläutert, kommt es darauf an, ob das konkrete Rechtsverhältnis in einer
verallgemeinernden Betrachtung subordinationsrechtlich geprägt ist (s. Rn. 74).
Bei koordinationsrechtlichen oder Kooperationsverträgen kommt hingegen nur
eine Nichtigkeit nach § 59 I VwVfG in Betracht.

---

144 Maurer/Waldhoff, Allgemeines Verwaltungsrecht, 19. Aufl. 2017, § 14 Rn. 44; Peine/Siegel,
Allgemeines Verwaltungsrecht, 12. Aufl. 2018, § 17 Rn. 782; Detterbeck, Allgemeines Verwaltungsrecht, 17. Aufl. 2019, Rn. 812.
145 Vgl. z. B. BVerwG, Urt. v. 23.8.1991, Az.: 8 C 61/90 = BVerwGE 89, 7 (10).
146 Maurer/Waldhoff, Allgemeines Verwaltungsrecht, 19. Aufl. 2017, § 14 Rn. 57 ff.; z. B. Stelkens,
NWVBl 2006, 1 ff.
147 Peine/Siegel, Allgemeines Verwaltungsrecht, 12. Aufl. 2018, Rn. 785; Detterbeck, Allgemeines
Verwaltungsrecht, 17. Aufl. 2019, Rn. 813; vgl. Maurer/Waldhoff, Allgemeines Verwaltungsrecht,
19. Aufl. 2017, § 14 Rn. 44.

Wolfgang Abromeit

aa) Offenkundige schwere Inhalts- und Formfehler nach § 59 II Nr. 1 VwVfG

99   Ein Vertrag ist nichtig, wenn ein entsprechender Verwaltungsakt nach § 44 VwVfG nichtig wäre.[148] Hier kann im Allgemeinen auf die Ausführungen zu § 44 VwVfG verwiesen werden (s. § 6 Rn. 144 ff.).

bb) Keine Kollusion gem. § 59 II Nr. 2 VwVfG

100   Ein öffentlich-rechtlicher Verwaltungsvertrag ist nach § 59 II Nr. 2 VwVfG auch dann nichtig, wenn den Parteien trotz Kenntnis der Rechtswidrigkeit einen rechtswidrigen Erfolg herbeiführen wollen („Kollusion"). Der ausschlaggebende Zeitpunkt für die Kenntnis ist der Vertragsschluss. Der Maßstab, der an den Zeitpunkt der Kenntnisnahme anzulegen ist, unterscheidet sich je nach Vertragspartner. Während bei dem privaten Partner im Regelfall eine Parallelwertung in der Laiensphäre vorzunehmen ist, muss bei der Behörde eine evidente Ignoranz der Rechtslage vorliegen.[149]

cc) Fehlende Voraussetzungen beim Vergleichsvertrag nach § 59 II Nr. 3 VwVfG

101   Die Nichtigkeitsgründe des Vergleichsvertrages sind relativ weit gefasst. Ein subordinationsrechtlicher Vergleichsvertrag ist nach § 59 II Nr. 3 VwVfG i.V.m. § 55 VwVfG bereits nichtig, wenn die Überprüfung ergibt, dass der Vergleichsabschluss durch die Behörde nach pflichtgemäßem Ermessen nicht mehr als zweckmäßig erachtet werden kann und ein Verwaltungsakt entsprechenden Inhaltes rechtswidrig wäre.[150]

dd) Insbesondere unzulässige Gegenleistung beim Austauschvertrag nach § 59 II Nr. 4 VwVfG

102   Besonders klausurrelevant ist die Regelung des § 59 II Nr. 3 VwVfG, eine Schutzvorschrift zugunsten des Bürgers, nach der der Vertrag nichtig ist, sofern es sich um einen Austauschvertrag nach § 56 VwVfG handelt (1) und sich der Staat eine unzulässige Gegenleistung versprechen lässt.[151] Steht die von der Behörde versprochene Leistung in ihrem Ermessen (§ 56 I VwVfG) darf sie nur von einer Ge-

---

148   Peine/Siegel, Allgemeines Verwaltungsrecht, 12. Aufl. 2018, Rn. 787; Detterbeck, Allgemeines Verwaltungsrecht, 17. Aufl. 2019, Rn. 812.
149   Peine/Siegel, Allgemeines Verwaltungsrecht, 12. Aufl. 2018, Rn. 787.
150   Peine/Siegel, Allgemeines Verwaltungsrecht, 12. Aufl. 2018, Rn. 790.
151   Peine/Siegel, Allgemeines Verwaltungsrecht, 12. Aufl. 2018, Rn. 791.

Wolfgang Abromeit

genleistung abhängig gemacht werden, die **vier Voraussetzungen** erfüllen muss:
Sie muss in einem sachlichen Zusammenhang zur Leistung stehen (2) für einem
bestimmten Zweck vereinbart worden sein (3), der Erfüllung öffentlicher Aufgaben dienen (4) sowie insgesamt angemessen sein (5).[152]

(1) Vorliegen eines Austauschvertrags nach § 56 VwVfG

§ 56 VwVfG verfolgt nach der Gesetzesbegründung zwei Schutzzwecke: Einer- 103
seits soll der Ausverkauf von Hoheitsrechten verhindert werden, andererseits
der Bürger vor überhöhten Forderungen der Behörde geschützt werden.[153] Damit
der Anwendungsbereich eröffnet ist, müsste ein subordinationsrechtlicher Austauschvertrag vorliegen.[154] Austauchverträge in diesem Sinne sind nicht nur
Verträge mit streng synallagmatischen Austauschverhältnis, bei denen die eine
Leistung als konkrete Gegenleistung die andere bedingt, sondern auch als
„hinkenden Austauschverträge" bezeichnete Verträge, bei denen die Leistung
der Behörde gewissermaßen Bedingung oder Zweck für die Leistung des Bürgers darstellt und in engem, untrennbarem Zusammenhang mit ihr steht.[155] Nicht
ausreichend ist allerdings, dass die behördliche Leistung bloß die Geschäftsgrundlage für den Vertrag darstellt. Paradebeispiel eines hinkenden Austausch-
vertrages ist es, eine Zahlungspflicht des Bürgers an das Einleiten von Baupla-
nungen unabhängig von deren Ergebnis zu koppeln. Mit dieser, nach der
Rechtsprechung zulässigen[156] Konstruktion, wird verhindert, dass der Vertrag
gegen § 1 III Nr. 6 BauGB verstößt. Die Vertragspflichten stehen dennoch in einem
gewissen Gegenseitigkeitsverhältnis.

(2) Sachlicher Zusammenhang zur Leistung

Der sachliche Zusammenhang zwischen den Leistungen ist nicht bereits dann 104
gewahrt, wenn die Gegenleistung der behördlichen Aufgabenerfüllung insgesamt

---

152 Peine/Siegel, Allgemeines Verwaltungsrecht, 12. Aufl. 2018, Rn. 778 f.
153 Peine/Siegel, Allgemeines Verwaltungsrecht, 12. Aufl. 2018, Rn. 774; Maurer/Waldhoff, Allgemeines Verwaltungsrecht, 19. Aufl. 2017, § 14 Rn. 22.
154 Peine/Siegel, Allgemeines Verwaltungsrecht, 12. Aufl. 2018, Rn. 776.
155 Peine/Siegel, Allgemeines Verwaltungsrecht, 12. Aufl. 2018, Rn. 777; Gurlit, in: Ehlers/Pün-
der, Allgemeines Verwaltungsrecht, 15. Aufl. 2016, § 30 Rn. 4; Höfling/Krings, JuS 2001, 625 (627);
Detterbeck, Allgemeines Verwaltungsrecht, 17. Aufl. 2019, Rn. 799; Stelkens, DÖV 2009, S. 850 ff.
156 BVerwG, Urt. v. 16.5.2000, Az.: 4 C 4/99 = BVerwGE 111, 162 (167 f.)= NVwZ 2000, 1285;
BVerwG, Urt. v. 24.8.1994, Az.: 11 C 14/93 = BVerwGE 96, 326 (330); näher Stelkens, DÖV 2009,
850 ff.; BVerwGE 42, 331 ff.

Wolfgang Abromeit

dient. Vielmehr muss sie demselben Interesse der Norm dienen, die die behördliche Leistung gestattet. Entscheidend sind dabei sowohl Inhalt als auch Begleitumstände des Vertrags.[157] Diese Anforderung ist eine Ausprägung des **Koppelungsverbots**, das nicht nur für verwaltungsrechtliche Verträge gilt, sondern einen allgemeingültigen Ausfluss des Rechtsstaatsprinzips aus Art. 20 III GG und des Gleichheitssatzes aus Art. 3 GG darstellt.[158] Ausgeschlossen sind folglich Gegenleistungen, die kein zulässiges Ermessenskriterium nach § 40 VwVfG darstellen können. Positiv formuliert, ist ein Sachzusammenhang zwischen Leistung und Gegenleistung erforderlich.[159]

105 *Beispiele der Rechtsprechung für nichtige Verträge, welche die Anforderungen an diesen Zusammenhang nicht aufweisen,[160] sind:*

- *Verträge, die einen Baudispens mit einer Verpflichtung zur Entrichtung der Einkommensteuer[161] oder einer sonstigen gegenstandsfremden Geld- oder Sachleistung verknüpfen,[162]*
- *Verträge, die das für die Baugenehmigung erforderliche gemeindliche Einvernehmen (nach § 36 BauGB) vertraglich mit der Gegenleistung einer zusätzlichen „Kaufpreiszahlung" durch den Rechtsnachfolger des Käufers verknüpfen,[163]*
- *Verträge, die die Ausnahme von der Stellplatzverpflichtung mit einer Verpflichtung des Eigentümers zur Vermietung einer neu entstehenden Wohnung nach den Grundsätzen des sozialen Wohnungsbaus koppeln,[164]*
- *ein städtebaulicher Vertrag, der eine Baugebietsausweisung mit einer planerisch damit nicht zusammenhängenden Leistung, wie der Sanierung und der Teilübereignung eines Schlosses, an die Gemeinde verknüpft,[165]*
- *Verträge, die eine Änderung eines Bebauungsplans (z. B. die Ausweisung eines Außenbereichsgrundstücks als Wohngebiet) in einem öffentlich-rechtlichen Vertrag davon abhängig macht, dass der bauwillige Eigentümer anstelle eines nicht mehr festsetzbaren Erschließungsbeitrags einen Geldbetrag an die Gemeinde für einen anderweitigen Zweck (z. B. für die Unterhaltung gemeindlicher Kinderspielplätze) leistet (s. u.).[166]*

---

157 Detterbeck, Allgemeines Verwaltungsrecht, 17. Aufl. 2019, Rn. 801.

158 BVerwG, Urt. v. 16.5.2000, Az.: 4 C 4/99 = BVerwGE 111, 162 (167 f.)= NVwZ 2000, 1285; BVerwG, Urt. v. 24.8.1994, Az.: 11 C 14/93 = BVerwGE 326 (330).

159 Peine/Siegel, Allgemeines Verwaltungsrecht, 12. Aufl. 2018, Rn. 779.

160 Breuer, NVwZ 2017, 112 ff. (115), dem Aufsatz sind auch diese Beispiele entnommen; vgl. Stelkens, DÖV 2009, 850 ff.; Drechsler, Jura 2017, S. 413 ff.; Decker, JA 2012, S. 286 ff.

161 BGH, Urt. v. 14.4.1976, Az.: VIII ZR 253/74 = NJW 1976, 1500.

162 Tegethoff, in: Kopp/Ramsauer, VwVfG, 19. Aufl. 2018, § 56 Rn. 19a.

163 VG München, Urt. v. 18.1.1997, Az.: M 1 K 96.5697 = NJW 1998, 2070; VG Darmstadt, Urt. v. 3.1.1997, Az.: 5 E 2118 – 94 = NJW 1998, 2073 f.

164 OVG Schleswig, Urt. v. 15.9.1992, Az.: 1 L 303/91.

165 VGH München, Urt. v. 12.5.2004, Az.: 20 N 04.329 und 20 NE 04.336 = NVwZ-RR 2005, 781.

166 BVerwG, Urt. v. 16.5.2000, Az.: 4 C 4/99 = BVerwGE 111, 162.

Wolfgang Abromeit

Der Sachzusammenhang besteht hingegen beispielsweise bei einer Koppelung **106** einer zustimmenden Stellungnahme zu einem Baugesuch mit Abtretung von Straßenflächen, die für die Erschließung des betroffenen Grundstücks benötigt werden und bei Stellplatzablösungsverträgen, die mit der Zahlung eines Ablösungsbetrags für Parkraumbeschaffung verknüpft werden, selbst wenn der neugeschaffene Parkraum nicht in direkter Umgebung des Baugrundstücks entsteht.[167]

(3) Bestimmung eines konkreten Zwecks

Im Vertrag muss die Gegenleistung des Bürgers ausdrücklich für einen konkret **107** bestimmten Zweck vereinbart worden sein. Diese Regelung hat den Zweck, die oben dargestellten Anforderungen gerichtlich überprüfbar und die entsprechende Verwendung der erworbenen Leistung nachvollziehbar zu machen.[168]

(4) Zur Erfüllung öffentlicher Aufgaben

Die Gegenleistung muss außerdem der Behörde zur Erfüllung ihrer öffentlichen **108** Aufgaben dienen. D.h., dass es sich nicht nur um ein legitimes Ermessenskriterium der ermächtigenden Norm handeln muss, die kontrahierende Behörde muss außerdem sachlich und örtlich zuständig sein.[169]

(5) Angemessenheit

Das Verhältnis zwischen Leistung und Gegenleistung muss ausgewogen sein. Die **109** gesetzlich verankerte Ausprägung des Verhältnismäßigkeitsprinzips, die auch dem allgemeinen Gleichheitssatz Rechnung trägt, umfasst nicht nur ein Über- sondern auch ein Untermaßverbot.[170] Weder darf die Behörde ihre Machtposition ausnutzen, noch darf sie öffentliche Güter verschenken. Die Leistungen sollen, wenn dieser maßgeblich ist, einen vergleichbaren wirtschaftlichen Wert aufweisen und somit keine unzumutbare Belastung für den Vertragspartner darstellen. Der Behörde verbleibt hier ein Einschätzungsspielraum. Nähere Vorgaben für die

---

167 Bonk/Neumann/Siegel, in: Stelkens/Bonk/Sachs, VwVfG 9. Aufl. 2018, § 56 Rn. 34.
168 Peine/Siegel, Allgemeines Verwaltungsrecht, 12. Aufl. 2018, Rn. 778; Detterbeck, Allgemeines Verwaltungsrecht, 17. Aufl. 2019, Rn. 801.
169 Peine/Siegel, Allgemeines Verwaltungsrecht, 12. Aufl. 2018, Rn. 778.
170 Peine/Siegel, Allgemeines Verwaltungsrecht, 12. Aufl. 2018, Rn. 779.

Wolfgang Abromeit

Berechnung der angemessenen Gegenleistung sind teilweise dem Fachrecht zu entnehmen, wie beispielsweise bei städtebaulichen Verträgen § 11 II BauGB.[171]

(6) Anspruch des Bürgers auf die Leistung der Behörde gem. § 56 S. 2 VwVfG

110 § 56 S. 2 VwVfG stellt an die Gegenleistung des Bürgers noch höhere Anforderungen, wenn er einen Anspruch auf die Leistung der Behörde hat. Dann müsste eine entsprechende Nebenbestimmung durch Rechtsvorschrift zugelassen sein oder sicherstellen, dass die gesetzlichen Voraussetzungen des hypothetischen Verwaltungsakts erfüllt werden.[172]

c) Allgemeine Nichtigkeitsgründe nach § 59 I VwVfG

111 Nach § 59 I VwVfG ist ein verwaltungsrechtlicher Vertrag auch dann nichtig, wenn sich die Nichtigkeit aus der **entsprechenden Anwendung der Vorschriften des Bürgerlichen Gesetzbuchs** ergibt. Die Regelung des Absatz 1 gelten für alle verwaltungsrechtlichen Verträge, also auch für koordinationsrechtliche und Kooperationsverträge. Für subordinationsrechtliche Verträge hat sie einen Auffangcharakter.

aa) In Verbindung mit § 59 I VwVfG anwendbare Regelungen des BGB

112 Hier ist an eine Vielzahl bürgerlich rechtlicher Vorschriften zu denken, die die Nichtigkeit zur Folge haben: §§ 105, 116 S. 2, 117, 138, 125 BGB i.V.m. § 57 VwVfG (s. Rn. 92ff.) sowie § 779 BGB für Vergleichsverträge.[173] Zwar sind beispielsweise sittenwidrige, verwaltungsrechtliche Verträge praktisch nicht besonders häufig, allerdings sind Konstellationen, in denen eine Partei die andere unter Missbrauch einer Machtposition, bzw. einer Notsituation ausnutzt, nach § 59 I VwVfG i.V.m. § 138 BGB nichtig.[174]

---

171 Drechsler, Jura 2017, S. 413ff.; Decker, JA 2012, S. 286ff.

172 Peine/Siegel, Allgemeines Verwaltungsrecht, 12. Aufl. 2018, Rn. 780f.; Detterbeck, Allgemeines Verwaltungsrecht, 17. Aufl. 2019, Rn. 802.

173 Maurer/Waldhoff, Allgemeines Verwaltungsrecht, 19. Aufl. 2017, § 14 Rn. 46; Peine/Siegel, Allgemeines Verwaltungsrecht, 12. Aufl. 2018, Rn. 792ff.; Detterbeck, Allgemeines Verwaltungsrecht, 17. Aufl. 2019, Rn. 815ff.

174 Maurer/Waldhoff, Allgemeines Verwaltungsrecht, 19. Aufl. 2017, § 14 Rn. 46; Peine/Siegel, Allgemeines Verwaltungsrecht, 12. Aufl. 2018, Rn. 796.

Wolfgang Abromeit

bb) Die Anwendbarkeit von § 134 BGB i.V.m. 59 VwVfG

Besondere Bedeutung hat § 134 BGB, der allgemein festlegt, dass Rechtsge- 113
schäfte, die gegen ein gesetzliches Verbot verstoßen, nichtig sind, soweit sich aus
dem Gesetz nichts anderes ergibt. Die Anwendung von § 134 BGB i.V.m. § 59 I
VwVfG war **lange umstritten**, weil sich aus den Gesetzgebungsmaterialen ergibt,
dass der historische Gesetzgeber die Verweisung des § 59 I VwVfG jedenfalls für
subordinationsrechtliche Verträge ursprünglich nicht auf § 134 BGB erstrecken
wollte. Der Grund dafür war die Befürchtung, die in § 59 II VwVfG getroffenen
Wertungen könnten ausgehebelt werden. Allerdings haben die in der Gesetzesbegründung getroffenen Erwägungen des historischen Gesetzgebers keinen Eingang in den Gesetzestext gefunden und sind dementsprechend nur eines unter
mehreren Auslegungskriterien. Die lückenhafte Regelung des § 59 II VwVfG führte
bei einem Ausschluss der Anwendung von § 134 BGB i.V.m. § 59 I VwVfG bei
vielen Konstellationen, in denen gesetzlich klar eine Nichtigkeit durch gesetzliche
Wertungen intendiert ist, zur Handlungsunfähigkeit gegenüber bestandskräftigen
Verträgen. Dieses, aus rechtsstaatlicher Sicht nur schwer tragbare, Ergebnis kann
allerdings unter Heranziehung systematischer Auslegungsmethoden der Norm
und durch eine Anwendung von § 134 BGB verhindert werden, die diese Befürchtung berücksichtigt. Dementsprechend ist die grundsätzliche **Einbeziehung
des § 134 BGB in den Anwendungsbereich von § 59 I VwVfG mittlerweile in
der Literatur auch ganz überwiegende Ansicht.**[175] Der Aspekt der angemessenen Anwendung des § 134 BGB verlagert die Problematik allerdings in die
Auslegung der Gesetze, die als „gesetzliches Verbot" in Frage kommen. Vor dem
Hintergrund von § 59 II VwVfG ist es jedenfalls klar, dass nicht jede Form der
Rechtswidrigkeit zur Nichtigkeit führen soll. Als Verbotsgesetze kommen Normen
des Unionsrechts, des Verfassungsrechts, der Parlamentsgesetze, der Rechtsverordnungen sowie Satzungen in Frage, nicht jedoch innerbehördlich geltende,
untergesetzliche Rechtsnormen wie Verwaltungsvorschriften.

(1) Anknüpfung an zivilrechtliche Dogmatik

Allerdings muss sich das gesetzliche Verbot dann gerade gegen den Inhalt des 114
Vertrages richten, was beispielsweise bei bloßen Ordnungsvorschriften nicht der
Fall ist. Einen ersten Zugriff sollte – auch in der Fallbearbeitung – parallel zur
zivilrechtlichen Auslegung von § 134 BGB die Beantwortung der Frage liefern,

---

175 Maurer/Waldhoff, Allgemeines Verwaltungsrecht, 19. Aufl. 2017, § 14 Rn. 48; Peine/Siegel,
Allgemeines Verwaltungsrecht, 12. Aufl. 2018, Rn. 794; Gurlit, in: Ehlers/Pünder, Allgemeines
Verwaltungsrecht, 15. Aufl. 2016, § 32 Rn. 22; Detterbeck, Allgemeines Verwaltungsrecht, 17. Aufl.
2019, Rn. 816.

Wolfgang Abromeit

inwieweit das Verbotsgesetz an beide Parteien gerichtet ist. Außerdem sollte die Norm in ihrer Zielrichtung erkennbar den Erfolg des Vertrages unterbinden.

(2) Einzelfallanalyse zur qualifizierten Rechtswidrigkeit

115 Die Auslegung von § 134 BGB i.V.m. § 59 I VwVfG erschöpft sich allerdings nicht in der Rezeption der zivilrechtlichen Dogmatik. Die erforderliche verwaltungsrechtliche „qualifizierte Rechtswidrigkeit"[176] nimmt auch öffentlich-rechtliche Wertungen auf. Ansätze, handhabbare Kriterien für diese Qualifikation zu finden, haben jedoch noch keine allgemein anerkannten, klar und einfach zu praktizierenden Ergebnisse nach sich gezogen. Einerseits ist auf die klassischen Auslegungsmethoden, wie Wortlaut und Sinn und Zweck der Norm, gegen die verstoßen wird, zurückzugreifen, andererseits aber auch auf eine Einzelfallanalyse der Erheblichkeit des Rechtsverstoßes abzustellen und eine Abwägung des öffentlichen und privaten Interesses an einer Beseitigung der Rechtswidrigkeit mit dem Interesse an dem Bestand des Vertrags durchzuführen.[177] Klar ist jedenfalls, dass Vertragsformverbote i.V.m. § 134 BGB die Nichtigkeit herbeiführen (s.o.).[178] Problematisch sind jedoch Verstöße gegen Verbote, die sich auf den Inhalt beziehen und auch Verstöße gegen Verfahrensrecht.

(3) Die Wirkung von § 59 I VwVfG i.V.m. § 134 BGB i.V.m. EU-Recht

116 Als Verbotsgesetz i.S.d. § 134 BGB i.V.m. § 59 I VwVfG kommen Normen des EU-Rechts, insbesondere des Beihilfenrechts und des Vergaberechts in Frage.[179]

117 Examenswissen: Im **Beihilfenrecht** sind beispielsweise Verfahrensverstöße zu thematisieren, wenn Subventionen, die als Beihilfe zu klassifizieren sind, nicht gem. der Art. 107, 108 AEUV der Kommission angezeigt und genehmigt werden. Aus europarechtlicher Perspektive handelt es sich bei einer nicht notifizierten Beihilfe um eine „rechtswidrige Maßnahme", der EuGH überlässt es aber den nationalen Gerichten, „entsprechend ihrem nationalen Recht" sämtliche Konsequenzen aus der Rechtswidrigkeit zu ziehen.[180] Der BGH hat in diesem Kontext entschieden, dass ein der Beihilfe zugrunde liegender Vertrag nach Art. 108 III AEUV i.V.m. § 134 BGB jedenfalls nichtig ist, wenn die Kommission die Genehmigung verweigert.[181] Im Ergebnis ist dem Gericht zuzustimmen,

---

176 BVerwG, Urt. v. 3.03.1995, Az.: 8 C 32/93 = BVerwGE 98, 58 = NJW 1996, 608.
177 Maurer/Waldhoff, Allgemeines Verwaltungsrecht, 19. Aufl. 2017, § 14 Rn. 49.
178 Maurer/Waldhoff, Allgemeines Verwaltungsrecht, 19. Aufl. 2017, § 14 Rn. 51.
179 Detterbeck, Allgemeines Verwaltungsrecht, 17. Aufl. 2019, Rn. 818.
180 Gellermann, DVBl. 2003, 481, 484f.
181 BGH, Urt. v. 4.4.2003, Az.: V ZR 314/02 = EuZW 2003, 444; BGH, Urt. v. 20.1.2004, Az.: XI ZR 53/03 = EuZW 2004, 252; BGH, Urt. v. 5.12.2012, Az.: I ZR 92/11 = BGHZ 196, 254 = EuZW 2013, 753 (m. Anm. Bartosch).

Wolfgang Abromeit

dass nach dem Grundsatz des *effet utile* dem europäischen Recht die Trennung zwischen öffentlichem und privatem Recht fremd ist; dann kann für verwaltungsrechtliche Verträge aufgrund des Grundsatzes der effektiven Rechtsdurchsetzung insoweit nichts anderes gelten. Diese Wertung muss sich also auch auf verwaltungsrechtliche Verträge auswirken.[182] Es stellt sich jedoch die Frage, ob die generelle Nichtigkeit nach § 59 I i.V.m. § 134 BGB i.V.m. Art. 108 III AEUV bei fehlender Notifizierung generell das methodisch richtige Vorgehen darstellt.[183] Nach überwiegender Ansicht in der Literatur ist ein solcher Fall jedoch nach § 58 II VwVfG analog wie eine fehlende Genehmigung einer anderen Behörde zu behandeln (s. Rn. 122). Diese Lösung ist vorzugswürdig, weil im Falle einer Genehmigung durch die Kommission, der Beihilfe gewährende Vertrag ex nunc wirksam wird. Nur wenn die Genehmigung durch die Kommission verweigert wird, wird der Vertrag endgültig unwirksam.[184] Insofern ist eine Auslegung des Art. 108 III AEUV als Verbotsgesetz i.S.d. § 134 BGB nicht überzeugend, weil die Nichtigkeit des Vertrages nicht zwingende Folge der Norm ist.[185]

Auch im Zusammenhang mit dem durch das **Vergaberecht** geregelten Ausschreibungsverfahren kommen mehrere Nichtigkeitstatbestände als Verbotsgesetze i.S.d. § 134 BGB und dementsprechend auch als Nichtigkeitsgrund i.V.m. § 59 I VwVfG in Frage. Grundsätzlich ist das Vergaberecht schon aufgrund seiner europarechtlichen Prägung vollumfänglich auf öffentlich-rechtliche Verwaltungsverträge anwendbar. Das Verhältnis der im Vergaberecht verankerten Unwirksamkeits- und Nichtigkeitsregelungen zu den §§ 58, 59 VwVfG ist jedoch noch nicht abschließend geklärt.[186] Jedenfalls bei einem kollusiven Zusammenwirken von Auftragnehmer und Auftraggeber und einer darauf folgenden bewussten Missachtung des Vergaberechts, ist der Vertrag nach § 138 BGB sittenwidrig.[187] Außerdem führt auch der Verstoß gegen ein Zuschlagsverbot nach § 169 I 1 GWB i.V.m. § 134 BGB i.V.m. § 59 I VwVfG zur Nichtigkeit.[188] Wenn ein öffentlicher Auftrag hingegen wegen inhaltlich unzulässiger Klauseln angegriffen wird, ist § 59 II VwVfG vorrangig zu prüfen.[189] 118

---

182 Finck/Gurlit, Jura 2011, 87 (93); Gellermann, DVBl. 2003, 481, 485 f.; Koenig, EuZW 2003, 417; Remmert, EuR 2000, 469, 477 f.; Pechstein, EuZW 2003, 447.
183 So z.B. Maurer/Waldhoff, Allgemeines Verwaltungsrecht, 19. Aufl. 2017, § 14 Rn. 53.
184 Gurlit, in: Ehlers/Pünder, Allgemeines Verwaltungsrecht, 15. Aufl. 2016, § 32 Rn. 27; Finck/Gurlit, Jura 2011, 87; Detterbeck, Allgemeines Verwaltungsrecht, 17. Aufl. 2019, Rn. 818.
185 Gurlit, in: Ehlers/Pünder, Allgemeines Verwaltungsrecht, 15. Aufl. 2016, § 32 Rn. 26; Detterbeck, Allgemeines Verwaltungsrecht, 17. Aufl. 2019, Rn. 818.
186 Gurlit, in: Ehlers/Pünder, Allgemeines Verwaltungsrecht, 15. Aufl. 2016, § 32 Rn. 29.
187 Gurlit, in: Ehlers/Pünder, Allgemeines Verwaltungsrecht, 15. Aufl. 2016, § 32 Rn. 28.
188 Gurlit, in: Ehlers/Pünder, Allgemeines Verwaltungsrecht, 15. Aufl. 2016, § 32 Rn. 29.
189 Gurlit, in: Ehlers/Pünder, Allgemeines Verwaltungsrecht, 15. Aufl. 2016, § 32 Rn. 29.

Wolfgang Abromeit

d) Folgen der Nichtigkeit

119 Ist der gesamte Vertrag nichtig, müssen gegebenenfalls darauf beruhende und bereits ausgetauschte Leistungen **rückabgewickelt** werden (s. Rn. 130 ff.). Sind Teile des Vertrags nichtig, stellt sich die Frage nach den Auswirkungen auf den gesamten Vertrag (aa)). Davon ist Frage nach einem aufgrund eines nichtigen Verwaltungsvertrags erlassenen Verwaltungsakt zu unterscheiden (bb)).

aa) Teilnichtigkeit nach § 59 III VwVfG

120 § 59 III VwVfG enthält eine **Auslegungsregel**, die entsprechend § 139 BGB festlegt, dass aus der Nichtigkeit eines Teils des Vertrags, im Zweifel die Gesamtnichtigkeit folgt. Diese gesetzliche Vermutung kann natürlich vertraglich widerlegt werden. Typischer Fall einer vertraglichen Regelung, die eine Gesamtnichtigkeit verhindern würde, ist die so genannte **„salvatorische Klausel"** (lat. *salvatorius* „bewahrend", „erhaltend"). Unter dieser Überschrift wird beispielsweise im Vertrag verankert: „Sollten einzelne Bestimmungen dieses Vertrages unwirksam oder undurchführbar sein oder nach Vertragsschluss unwirksam oder undurchführbar werden, bleibt davon die Wirksamkeit des Vertrages im Übrigen unberührt."[190]

bb) Unterscheidung zwischen nichtigem Verpflichtungs- und Verfügungsvertrag

121 Ein nichtiger Verwaltungsvertrag entfaltet keine rechtliche Wirkung. Sollte mit dem Vertrag also ein Verwaltungsakt ersetzt werden, so entfällt diese Wirkung. Die Nichtigkeit kann dann mit einer Feststellungsklage gerichtlich festgestellt werden. Hatte sich die Behörde in dem nichtigen Vertrag zum Erlass eines Verwaltungsakts verpflichtet und hat sie diesen in der Annahme seiner Wirkung erlassen, so ist der Verwaltungsakt nach **§§ 48, 49 VwVfG** zurückzunehmen.[191] Im Gegenzug ist das Rücknahmeermessen der Behörde bei einem „schlicht rechtswidrigen Vertrag" wegen dessen fortwährender Wirkung als Rechtsgrund auf Null reduziert, sodass sie den Verwaltungsakt dementsprechend nicht zurücknehmen darf.[192]

---

190 Peine/Siegel, Allgemeines Verwaltungsrecht, 12. Aufl. 2018, Rn. 798.

191 Korte, in: Wolf/Bachof/Stober/Kluth, Allgemeines Verwaltungsrecht, 13. Aufl. 2017, § 54 Rn. 101; Bonk/Neumann/Siegel, in: Stelkens/Bonk/Sachs, VWVfG § 59 Rn. 49; Ziekow/Siegel, VerwArch 2004, 281 (297).

192 Bonk/Neumann/Siegel, in Stelkens/Bonk/Sachs, VWVfG § 59 Rn. 3; Ziekow/Siegel, VerwArch 2004, 281 (297).

e) Fehlende Zustimmung nach § 58 VwVfG

Ein öffentlich-rechtlicher Verwaltungsvertrag, der in Rechte Dritter eingreift, ist **122** nach § 58 I VwVfG erst mit schriftlicher Zustimmung des Dritten wirksam. Ein Anwendungsfall dieser Vorschrift ist die vertraglich erteilte Baugenehmigung, durch die in Rechte eines Nachbarn eingegriffen wird.[193] Bis die Zustimmung vorliegt, ist der Vertrag also **schwebend unwirksam**.[194] Nach überwiegender Ansicht gilt die Vorschrift über den direkten Wortlaut hinaus auch für Verpflichtungsverträge. Dies wird damit gerechtfertigt, dass auch diese zu Lasten eines Dritten gehen würden, weil eine Verpflichtungsklage auf den Erlass eines solchen Verwaltungsakt aufgrund eines wirksamen Vertrags wohl begründet wäre und den Dritten so zumindest einem erheblichen Risiko aussetzen würde.[195]

Ein ähnliches Zustimmungserfordernis statuiert § 59 II VwVfG auch gegen- **123** über den Mitwirkungsrechten anderer Behörden. Wenn für eine Regelung des Vertrags, wäre sie in Form eines Verwaltungsakts ergangen, die Genehmigung, die Zustimmung oder das Einvernehmen einer anderen Behörde erforderlich ist, so wird auch dieser nach § 58 II VwVfG erst wirksam, nachdem die andere Behörde in der vorgeschriebenen Form mitgewirkt hat.

Umstritten ist (wie bereits erwähnt s. Rn. 117) die analoge Anwendung dieser **124** Vorschrift auf die Notifizierung von Beihilfen bei der Kommission nach Art. 108 AEUV. Wegen § 1 I, II VwVfG ist die Kommission zwar keine Behörde i.S.d. VwVfG, die Interessenlage ist allerdings vergleichbar. Die Kommission ist mit Aufgaben der öffentlichen Verwaltung beauftragt und hat ein Mitentscheidungsrecht.[196] Gerade wegen der in Art. 108 II, III AEUV vorgesehenen Möglichkeit einer nachträglichen Genehmigung durch die Kommission und einer damit eintretenden Wirksamkeit ex nunc, kommt die analoge Anwendung von § 58 II VwVfG zu den sachgemäßeren Ergebnissen, wird auch der vom EuGH geforderten Durchsetzung des EU-Rechts gerecht und ist somit einer Anwendung von Art. 107, 108 AEUV i.V.m. § 134 BGB i.V.m. § 59 I VwVfG vorzuziehen.[197]

---

193 Peine/Siegel, Allgemeines Verwaltungsrecht, 12. Aufl. 2018, Rn. 762; Detterbeck, Allgemeines Verwaltungsrecht, 17. Aufl. 2019, Rn. 809.
194 Peine/Siegel, Allgemeines Verwaltungsrecht, 12. Aufl. 2018, Rn. 762.
195 Detterbeck, Allgemeines Verwaltungsrecht, 17. Aufl. 2019, Rn. 809; a.A. Peine/Siegel, Allgemeines Verwaltungsrecht, 12. Aufl. 2018, Rn. 762.
196 Gurlit, in: Ehlers/Pünder, Allgemeines Verwaltungsrecht, 15. Aufl. 2016, § 32 Rn. 2.
197 Gurlit, in: Ehlers/Pünder, Allgemeines Verwaltungsrecht, 15. Aufl. 2016, § 32 Rn. 2; Detterbeck, Allgemeines Verwaltungsrecht, 17. Aufl. 2019, Rn. 818; a.A. Maurer/Waldhoff, Allgemeines Verwaltungsrecht, 19. Aufl. 2017, § 14 Rn. 53; BGH, Urt. v. 4.4.2003, Az.: V ZR 314/02 = EuZW 2003, 444; BGH, Urt. v. 20.1.2004, Az.: XI ZR 53/03 = EuZW 2004, 252; BGH, Urt. v. 5.12.2012, Az.: I ZR 92/11 = BGHZ 196, 254 = EuZW 2013, 753 (m. Anm. Bartosch).

Wolfgang Abromeit

f) Das Rechtsregime des wirksamen öffentlich-rechtlichen Verwaltungsvertrags

125 Ist der Vertrag rechtmäßig oder „schlicht rechtswidrig", also wirksam, gelten die vertraglich vereinbarten Leistungsansprüche.[198] Allerdings kann sich bei entsprechenden Anhaltspunkten die Frage stellen, wie die darauf folgenden Entwicklungen, seien es tatsächliche Ereignisse oder Erklärungen wie Vertragsänderungen oder eine Kündigung, zu behandeln sind. Die über die grundsätzliche Wirksamkeit des Vertrags hinausgehenden Fragen sind – mit Ausnahme von § 61 VwVfG – kaum im VwVfG geregelt. So stellen sich beispielsweise bei Leistungsstörungen Fragen nach der ordnungsgemäßen Erfüllung, nach Schadensersatzansprüchen, bei Anfechtungen oder Rücktritten Fragen nach Rückabwicklungsverhältnissen oder auch Verjährungsfragen. Hier führt der Weg über § 62 S. 2 VwVfG in eine entsprechende Anwendung des Bürgerlichen Gesetzbuchs und somit in das **Verwaltungsvertragsschuldrecht.**

126 Durch § 62 VwVfG werden die Regelungen zum verwaltungsrechtlichen Vertrag im VwVfG abgeschlossen. Allerdings öffnet dieser „Schlussstein in der Architektur des Verwaltungsvertragsrechts (...) es zugleich für die Aufnahme von allgemeinem Verwaltungsverfahrensrecht, vor allem aber in großem Umfang für die Rezeption von bürgerlichem Recht, ohne das bei isolierter Betrachtung das in §§ 54 bis 61 [VwVfG] geregelte Verwaltungsvertragsrecht nicht wirklich handhabbar und tragfähig wäre."[199] Der Aufbau der Regelung folgt einem **dreistufigen Anwendungs- und Verweisungsmodell**, das auf der ersten Stufe die Regelungen der §§ 54–61 VwVfG vorsieht, auf der zweiten Stufe die übrigen Vorschriften des VwVfG für anwendbar erklärt und auf der dritten Stufe ergänzend die entsprechende Geltung der Vorschriften des BGB anordnet.[200] Die dynamische Verweisung auf die BGB Vorschriften, die zu Zeiten des Vertragsschlusses gelten, ist verfassungskonform.[201] Insbesondere die mit dem Schuldrechtsmodernisierungsgesetz vom 29.11.2001 durchgeführte Schuldrechtsreform hat sich demnach auch maßgeblich auf das Verwaltungsvertragsrecht ausgewirkt.[202] Es sind also die einschlägigen BGB Normen in der aktuellen Fassung anzuwenden, insofern sich nicht aus der öffentlich-rechtlichen Sonderkonstellation etwas anderes ergibt.[203] Methodisch abweichend und etwas umständlich schlagen andere Stimmen in der Literatur vor, jede Regel daraufhin zu überprüfen, ob sie im jeweiligen Einzelfall

---

198 Grziwotz, JuS 1998, 807, 902, 1013 und 1113; sowie JuS 1999, 245.
199 Bauer, in: Schoch/Schneider, VwVfG i.E., § 62 Rn. 5.
200 Bauer, in: Schoch/Schneider, VwVfG i.E., § 62 Rn. 10, 17.
201 BVerwG, Beschl. v. 3.3.2005, Az.: 7 B 151/04 = NVwZ 2005, 699 (700).
202 Bonk/Neumann/Siegel, in: Stelkens/Bonk/Sachs, VwVfG 9. Aufl. 2018, § 62 Rn. 21.
203 Bauer, in: Schoch/Schneider, VwVfG i.E., § 62 Rn. 42.

Wolfgang Abromeit

anwendbar ist.[204] Jedenfalls handelt sich bei der Regelung um eine gesetzlich angeordnete Regelvermutung für die Analogie.[205] Diese erstreckt sich nur auf das BGB, eine darüber hinausgehende analoge Anwendung sonstiger zivilrechtlicher Regelungen ist allerdings nicht ausgeschlossen, sofern die Voraussetzungen dafür vorliegen.[206]

Relativ hohe Bedeutung haben die Regelungen zu **vorvertraglichen** 127 **Rechtsverhältnissen** (§ 62 S. 2 VwVfG i.V.m. §§ 311 II und III, 241 II BGB analog) und **Schadensersatzansprüchen** (§ 62 S. 2 VwVfG i.V.m. §§ 280 I, 311 II und III BGB analog).[207] Die allgemeinen Vorschriften bezogen auf die **Erfüllung** der Leistung (§ 62 S. 2 VwVfG i.V.m. § 362 BGB)[208] das **Leistungsstörungsrecht** (§ 62 S. 2 VwVfG i.V.m. §§ 280 I, 275 BGB)[209], damit verbunden die das Verschulden des Vertragspartners (§ 276 BGB analog), bezogen auf Vorsatz und Fahrlässigkeit von gesetzlichen Vertretern sowie Erfüllungsgehilfen (§§ 89, 31 BGB oder § 278 BGB analog) und die Vorschriften über die Geschäftsfähigkeit (§§ 104 ff. BGB).[210] Wie bereits erläutert (s.o.), finden außerdem die Regeln über **Willenserklärungen**, über die Stellvertretung, über den Vertragsschluss (s.o.) und die Formvorschriften (s.o.) entsprechende Anwendung. Die Regeln über die Wirksamkeit des Vertrages (z.B. die Regeln zur Anfechtung, §§ 119 ff., § 123, §§ 142 ff. BGB) finden grundsätzlich ebenfalls entsprechend Anwendung (s.o.). Die Anwendung über § 59 I VwVfG verdrängt allerdings die Anwendung über § 61 S. 2 VwVfG. Seit der Schuldrechtsmodernisierung ist außerdem das **AGB-Recht** Teil des BGB (§§ 305 ff. BGB) und somit von der Verweisung in § 62 VwVfG grundsätzlich erfasst, wenn auch umstritten.[211]

5. Schadensersatzansprüche

Wie bereits erläutert (s. Rn. 66), ist die Erfüllung der primären Leistungspflichten 128 des öffentlich-rechtlichen Verwaltungsvertrags (zur Abgrenzung zum privatrechtlichen s. Rn. 82) im Wege der Leistungsklage vor den Verwaltungsgerichten

---

204 Z.B. Bonk/Neumann/Siegel, in: Stelkens/Bonk/Sachs, VwVfG 9. Aufl. 2018, § 62 Rn. 34.
205 De Wall, Anwendbarkeit privatrechtlicher Vorschriften, S. 62; Bauer, in: Schoch/Schneider, VwVfG, 2019 i.E., § 62 Rn. 42.
206 Bauer, in: Schoch/Schneider, VwVfG i.E., § 62 Rn. 36.
207 Grundlegend: Keller, Vorvertragliche Rechtsverhältnisse im Verwaltungsrecht, 1997.
208 Maurer/Waldhoff, Allgemeines Verwaltungsrecht, 19. Aufl. 2017, § 14 Rn. 62.
209 Gurlit, in: Ehlers/Pünder, Allgemeines Verwaltungsrecht, 15. Aufl. 2016, § 33 Rn. 5; Korte, in: Wolf/Bachof/Stober/Kluth, Allgemeines Verwaltungsrecht, 13. Aufl. 2017, § 54 Rn. 104.
210 Bauer, in: Schoch/Schneider, VwVfG i.E., § 62 Rn. 36.
211 Ruttloff, DVBl. 2013, 1415.

Wolfgang Abromeit

zu erstreiten.[212] Das Gleiche gilt bei den dem öffentlichen Recht zuzuordnenden Verträgen für alle Ansprüche der Behörde gegen den Bürger und nach § 40 I 1 i.V.m. II 1 HS 1, 3. Var. VwGO auch für Schadensersatzansprüche wegen Vertragsverletzung.[213] Der Aufbau ist auch in solchen Fällen am **zivilrechtlichen Anspruchsaufbau** zu orientieren, die Prüfung des Vertrags erfolgt inzident, bei der Frage nach einem (öffentlich-rechtlichen) vertraglichen Schuldverhältnis. Bei Schadensersatzansprüchen aus vorvertraglichen Pflichtverletzungen ist die Rechtswegfrage umstritten. Während BGH[214] und – zumindest im Ergebnis übereinstimmend – auch BVerwG[215] bei der Nähe zu Amtspflichtverletzungen wegen des Vorrangs von Art. 34 GG i.V.m. § 839 BGB auf den Zivilrechtsweg verweisen, hält der überwiegende Teil der Lehre den Verwaltungsrechtsweg für eröffnet. Dies ist überzeugend, da nach der Ansicht der Rechtsprechung bei weitgehend ähnlich gelagerten Fällen der Zufall über den Rechtsweg entscheiden würde.[216]

6. Anpassungs- und Kündigungsrechte nach § 60 VwVfG

129 § 60 I VwVfG gewährt den Parteien bei tatsächlichen oder rechtlichen Veränderungen einen **Vertragsanpassungsanspruch** gegenüber dem Vertragspartner. Dafür müssen sich die rechtlichen oder tatsächlichen Verhältnisse, die für die Festsetzung des Vertragsinhalts maßgebend gewesen sind, so weitgehend verändert haben, dass einer Vertragspartei das Festhalten an der ursprünglichen vertraglichen Regelung nicht zuzumuten ist. Der Anspruch kann gerichtlich im Wege einer Leistungsklage erstritten werden, falls sich keine Einigung erzielen lässt.[217] Wenn die Anpassung nicht möglich, oder nicht zumutbar ist, gewährleistet § 60 I S. 1 VwVfG ein **Kündigungsrecht**. Eine wesentliche Änderung liegt vor, wenn bei einer Zugrundelegung neuer Umstände der Vertrag, aus Sicht eines verständigen Beobachters, nicht mit demselben Inhalt zustande gekommen wäre.[218] § 60 I S. 1 VwVfG ist entgegen seines Wortlauts auch auf das ursprüngliche

---

212 Korte, in: Wolf/Bachof/Stober/Kluth, Allgemeines Verwaltungsrecht, 13. Aufl. 2017, § 54 Rn. 107.
213 Detterbeck, Allgemeines Verwaltungsrecht, 17. Aufl. 2019, Rn. 823.
214 BGH, Urt. v. 3.10.1985, Az.: III ZR 60/84 = NJW 1986, 1109.
215 BVerwG, Beschl. v. 30.4.2002, Az.: 4 B 72/01 = NJW 2002, 2894.
216 Vgl. Maurer/Waldhoff, Allgemeines Verwaltungsrecht, 19. Aufl. 2017, § 14 Rn. 64; Peine/Siegel, Allgemeines Verwaltungsrecht, 12. Aufl. 2018, Rn. 799; Detterbeck, Allgemeines Verwaltungsrecht, 17. Aufl. 2019, Rn. 823; vgl. auch: Clausing, JuS 2003, 793.
217 Detterbeck, Allgemeines Verwaltungsrecht, 17. Aufl. 2019, Rn. 821; BVerwG, Urt. v. 26.1.1995, Az.: 3 C 21/93 = BVerwGE 98, 58 = NVwZ 1996, 171; BVerwG, Urt. v. 18.7. 2012, Az.: 8 C 4/11 = BVerwGE 143, 335 ff = NVwZ 2013, 209.
218 Peine/Siegel, Allgemeines Verwaltungsrecht, 12. Aufl. 2018, Rn. 805.

Wolfgang Abromeit

Fehlen der Geschäftsgrundlage anzuwenden.[219] § 60 I S. 2 VwVfG enthält außerdem ein Sonderkündigungsrecht der Behörde, um schwere Nachteile für das Gemeinwohl zu verhüten oder zu beseitigen. Dieser Tatbestand ist allerdings eng auszulegen und nur im Notfall[220] anzunehmen, „wenn besondere, erhebliche, überragende Interessen der Allgemeinheit die Auflösung des Vertrages gebieten".[221] Fiskalische Interessen reichen jedenfalls nicht als Kündigungsgrund im Sinne des § 60 I S. 2 VwVfG aus.[222] Nach § 60 II VwVfG bedarf die Kündigung der Schriftform und einer Begründung.

7. Ansprüche auf Rückabwicklung oder Folgenbeseitigung

Klausurkonstellationen beziehen sich nicht immer auf die Durchsetzung der **130** vertraglichen Neben- oder Hauptleistungspflichten, sondern häufig auch auf die Beseitigung der Folgen von nichtigen Verträgen. Sind die umstrittenen Verträge nicht auf den Erlass eines Verwaltungsakts bezogen gewesen, ist wiederum regelmäßig die Leistungsklage einschlägig. Wenn die Parteien des Vertrags die Streitbeteiligten sind, ergibt sich der Anspruch aus einem **(öffentlich-rechtlichen) Erstattungsanspruch**. Die Prüfung der Wirksamkeit des öffentlich-rechtlichen Verwaltungsvertrags erfolgt unter dem Prüfungspunkt Rechtsgrund (für die Leistung/Vermögensverschiebung). Es gibt aber auch Konstellationen, in denen Dritte von den Auswirkungen eines nichtigen Vertrages belastet sind. Wenn beispielsweise eine religiöse Gemeinschaft von den Auswirkungen einer aufgrund eines Vertrags gewährten Leistung betroffen ist, ist ein **öffentlich-rechtlicher Folgenbeseitigungsanspruch zu prüfen.** Die Wirksamkeit des Vertrags sollte dann bei einer Duldungspflicht der Beeinträchtigung angesprochen werden.

Typische Klausurprobleme, die neben der Wirksamkeit des Vertrages in die- **131** sen Fällen (kurz) angesprochen werden sollten, sind die Herleitung der Anspruchsgrundlage (zum öffentlich-rechtlichen Erstattungsanspruch Rn. 189 ff./ zum Folgenbeseitigungsanspruch Rn. 169 ff.) und die Abgrenzung zu privatrechtlichen Anspruchsgrundlagen, die regelmäßig akzessorisch zu der Charakterisierung des Vertrags zu entscheiden sind.

Im Rahmen der Prüfung des öffentlich-rechtlichen Erstattungsanspruchs **132** kann sich außerdem die Frage stellen, ob sich der Bürger rechtsmissbräuchlich

219 Gurlit, in: Ehlers/Pünder, Allgemeines Verwaltungsrecht, 15. Aufl. 2016, § 33 Rn. 3.
220 Maurer/Waldhoff, Allgemeines Verwaltungsrecht, 19. Aufl. 2017, § 14 Rn. 64.
221 Peine/Siegel, Allgemeines Verwaltungsrecht, 12. Aufl. 2018, Rn. 805.
222 Gurlit, in: Ehlers/Pünder, Allgemeines Verwaltungsrecht, 15. Aufl. 2016, § 33 Rn. 4.

verhält, wenn oder gerade weil er seine Leistung bereits erhalten hat. Allerdings findet in einem solchen Fall § 817 S. 2 BGB keine entsprechende Anwendung.[223]

8. Literaturhinweise

133 Höfling/Krings, Der verwaltungsrechtliche Vertrag: Begriff, Typologie, Fehlerlehre, JuS 2000, 625; Voßkuhle/Kaiser, Grundwissen – Öffentliches Recht: Der öffentlich-rechtliche Vertrag, JuS 2013, 687; Bauer, § 36 Verwaltungsverträge, in: Hoffmann-Riem/Schmidt-Aßmann/Hoffmann-Riem (Hrsg.), Grundlagen des Verwaltungsrechts, 2. Aufl. 2012, 1255 ff.; Gurlit, Grundlagen des Verwaltungsvertrages, Jura 2001, 659, 731; Breuer, Das rechtsstaatliche Koppelungsverbot, NVwZ 2017, 112; Drechsler, Städtebauliche Verträge (§ 11 BauGB), Jura 2017, 413; Decker, Ausgewählte examensrelevante Probleme des städtebaulichen Vertrages nach § 11 BauGB, JA 2012, 286; Finck/Gurlit, Die Rückabwicklung formell unionsrechtswidriger Beihilfen, Jura 2011, 87; Stelkens, ‚Hinkende‘ Verwaltungsverträge – Wirkungen und Rechtsnatur, DÖV 2009, 850; Grziwotz, Einführung in die Vertragsgestaltung im Öffentl. Recht, JuS 1998, 807 ff., 902 ff., 1013 ff. und 1113 ff. sowie JuS 1999, 245 ff.

Falllösung: Fall 9 in: Eisentraut, Fälle zum Verwaltungsrecht, 2020

III. Der öffentlich-rechtliche Abwehr- und Unterlassungsanspruch (Jana Himstedt)

134 Begehrt der Kläger, einen hoheitlichen Eingriff in seinen individuellen Rechtskreis abzuwehren, ohne dass ihm hierfür eine spezialgesetzliche Anspruchsgrundlage zur Verfügung steht, kann er insbesondere auf den **allgemeinen öffentlich-rechtlichen Abwehr- und Unterlassungsanspruch** zurückgreifen. Dieser ist grundsätzlich im Wege der **allgemeinen Unterlassungsklage** als Unterform der allgemeinen Leistungsklage (vgl. §§ 43 II 1, 111 1, 113 IV VwGO) durchzusetzen.

Prozessuale Besonderheiten gelten demgegenüber für den **vorbeugenden Unterlassungsanspruch** (dazu sogleich Rn. 137).[224] Als Rechtsbehelf in der Hauptsache ist hier insbesondere die sog. **vorbeugende Unterlassungsklage** statthaft. Diese erfordert vor allem ein **„qualifiziertes" Rechtsschutzbedürfnis**, welches nur dann gegeben ist, wenn dem Kläger ausnahmsweise ein Abwarten

---

223 BVerwG, Urt. v. 26.3.2003, Az.: 9 C 4/02 = NVwZ 2003, 993.
224 Peine/Siegel, Allgemeines Verwaltungsrecht, 12. Aufl. 2018, § 25 Rn. 911.

Wolfgang Abromeit/Jana Himstedt

der drohenden Maßnahme **nicht zumutbar** ist, weil diese sich bereits konkret abzeichnet und z. B. irreversible, schwere Beeinträchtigungen herbeiführen wird (s. auch Rn. 47).[225]

In beiden Varianten des Anspruchs ist bei seiner Durchsetzung stets auch an einen **Antrag auf einstweilige Anordnung gem. § 123 I VwGO** (ggf. in Form des „vorläufigen vorbeugenden Rechtsschutzes"[226]) zu denken.[227]

1. Anspruchsziele

Der Anspruch kann sich dabei gegen **gegenwärtige** wie auch **bevorstehende** 135 hoheitliche Eingriffe richten.

a) (Negatorischer) Störungsabwehranspruch

Bei gegenwärtigen – also bereits eingetretenen und noch fortdauernden – Ein- 136 griffen spricht man vom sog. Störungsabwehranspruch oder „schlichten"[228] Abwehr- und Unterlassungsanspruch.

Beispiel: Die Wohnung des K liegt neben einer städtischen Müllverbrennungsanlage, von der permanente Geruchsbelästigungen für die umliegenden Gebäude ausgehen. K möchte sich hiergegen wehren.

b) Vorbeugender Unterlassungsanspruch

Steht die (behauptete) Beeinträchtigung durch einen Hoheitsträger hingegen erst 137 bevor, handelt es sich um den sog. vorbeugenden Unterlassungsanspruch.[229]

Beispiel:[230] Der eher konservative K erfährt aus den Medien, dass die Bundesregierung plant, zum anstehenden Christopher Street Day vor den Dienstgebäuden einiger Ministerien die sog.

---

225 Kratzlmeier, Jura 2018, 1239 (1241); Sodan/Ziekow, Grundkurs Öffentliches Recht, 8. Aufl. 2018, § 100 Rn. 4.
226 Pietzcker in: Schoch/Schneider/Bier, VwGO, 36. EL Februar 2019, § 42 Rn. 162.
227 Aktuelle Übungsfälle zum Antrag nach § 123 I VwGO in Verbindung mit dem öffentlich-rechtlichen Abwehr- und Unterlassungsanspruch bei Ferreau, JuS 2017, 758 (Äußerung eines Oberbürgermeisters auf Facebook); Frank, JuS 2018, 56 (hoheitliche Immissionen durch Bolz-platz); Peters, Jura 2014, 752 (amtliche Veröffentlichung lebensmittelrechtlicher Verstöße in Gastronomiebetrieben); Barczak, JuS 2014, 932 (amtliche Warnung vor E-Zigaretten).
228 Kaiser/Köster/Seegmüller, Materielles Öffentliches Recht im Assessorexamen, 4. Aufl. 2018, Rn. 51.
229 Gersdorf, Verwaltungsprozessrecht, 6. Aufl. 2019, Rn. 63.
230 Nach VG Berlin, Urt. v. 3. 6. 2015, Az.: 33 K 332.14.

Regenbogenflagge zu hissen. Da K hierin eine Verletzung seiner negativen Weltanschauungs-
freiheit sowie der staatlichen Neutralitätspflicht sieht, möchte er dies von Vornherein auf dem
Klageweg verhindern.

138 Unterschiedlich wird beurteilt, ob im Falle **iterativer** – also mehrerer gleichartiger und aufeinander folgender – **Eingriffe** der vorbeugende Unterlassungsanspruch[231] oder nicht vielmehr der „einfache" Störungsabwehranspruch einschlägig ist. Denn teilweise wird für den vorbeugenden Unterlassungsanspruch
einschränkend das *erstmalige* Bevorstehen einer hoheitlichen Handlung verlangt.[232] In der Klausur ist folglich beides vertretbar.

c) Bedeutung der Unterscheidung

139 Die Differenzierung zwischen den genannten Unterformen des Anspruchs hat vor
allem zwei Konsequenzen:

Erstens ist der Störungsabwehranspruch mittels **„normaler" allgemeiner**
Leistungsklage geltend zu machen, der vorbeugende Unterlassungsanspruch
hingegen im Wege der **vorbeugenden Unterlassungsklage**, für die qualifizierte
Anforderungen vor allem im Hinblick auf das Rechtsschutzbedürfnis gelten
(s. Rn. 47, 134).

Zweitens kann sich der schlichte Abwehr- und Unterlassungsanspruch ausschließlich gegen **Tathandeln** eines Hoheitsträgers, also Grundrechtsbeeinträchtigungen in Form von Realakten, richten, wohingegen der vorbeugende
Unterlassungsanspruch prinzipiell auch gegen rechtsförmige Hoheitsakte (insbesondere: **Verwaltungsakte**) einzugreifen vermag.[233] Dessen Reichweite ist
mithin größer, die Voraussetzungen an seine gerichtliche Durchsetzung jedoch
auch höher.

---

231 Dafür: Detterbeck, Allgemeines Verwaltungsrecht, 17. Aufl. 2019, Rn. 1443 f.; Gersdorf, Verwaltungsprozessrecht, 6. Aufl. 2019, Rn. 63; aus der Rechtsprechung etwa BVerwG, Urt. v. 23.5.
1989, Az.: 7 C 2/87 = BVerwGE 82, 76 (Rn. 46); Urt. v. 22.10.2014, Az.: 6 C 7/13 = NVwZ 2015, 906
(907); OVG Münster, Beschl. v. 17.10.2017, Az.: 4 B 786/17 –, juris-Rn. 7.
232 So Peine/Siegel, Allgemeines Verwaltungsrecht, 12. Aufl. 2018, Rn. 909; Sodan/Ziekow,
Grundkurs Öffentliches Recht, 8. Aufl. 2018, § 90 Rn. 12; Kaiser/Köster/Seegmüller, Materielles
Öffentliches Recht im Assessorexamen, 4. Aufl. 2018, Rn. 51.
233 Kaiser/Köster/Seegmüller, Materielles Öffentliches Recht im Assessorexamen, 4. Aufl. 2018,
Rn. 49. Denn: Anspruchsziel ist bloßes Untätigwerden des Staates, vgl. Erbguth/Guckelberger,
Allgemeines Verwaltungsrecht, 9. Aufl. 2018, welches dem Kläger im Falle eines bereits rechts-
wirksam erlassenen Verwaltungsakts nicht hilft, wohl aber, wenn der Erlass des streitigen
Rechtsakts erst noch bevorsteht. Zudem sieht das Gesetz im Hinblick auf bereits erlassene Ver-
waltungsakte speziellere Abwehrmechanismen wie etwa den kassatorischen Urteilsspruch der
Anfechtungsklage vor.

Jana Himstedt

d) Abgrenzung zum Folgenbeseitigungsanspruch

Schwierig kann sich vor allem die Abgrenzung des öffentlich-rechtlichen Abwehr- 140
und Unterlassungsanspruchs vom Folgenbeseitigungsanspruch (dazu unten
Rn. 169 ff.) gestalten. Denn beide Institute haben identische Rechtsgrundlagen[234]
und sind funktional darauf gerichtet, den grundrechtlichen *status negativus* des
Anspruchstellers wiederherzustellen bzw. zu bewahren.[235]

In **zeitlicher** Hinsicht unterscheidet sich der Folgenbeseitigungsanspruch 141
zunächst insoweit vom öffentlich-rechtlichen Unterlassungsanspruch, als dass
der betreffende Eingriff **bereits abgeschlossen** ist und in der Vergangenheit liegt,
während der Unterlassungsanspruch **gegenwärtige** oder **bevorstehende** Eingriffe zum Gegenstand hat.[236]

> *Beispiel: Nach einer rechtswidrigen öffentlichen Äußerung durch einen Hoheitsträger begehrt*
> *der Kläger*
> *1. den Widerruf der bereits getätigten Äußerung sowie*
> *2. dass der Beklagte es zukünftig unterlässt, vergleichbare Äußerungen zu tätigen.*
> *Grundlage des erstgenannten Klageziels ist der Folgenbeseitigungsanspruch; das letztere,*
> *zukunftsgerichtete Begehren lässt sich hingegen auf den öffentlich-rechtlichen Unterlas-*
> *sungsanspruch stützen.[237]*

Dieser zeitliche Aspekt allein hilft jedoch meist nicht weiter, wenn gerade die 142
Abgrenzung zwischen dem Eingriff selbst, gegen welchen sich der Unterlassungsanspruch richtet, und den Eingriffs*folgen*, auf deren Rückgängigmachung
der Folgenbeseitigungsanspruch abzielt, in Frage steht. Problematisch ist dies
besonders im Falle **hoheitlich hervorgerufener Immissionen.**

> *Beispiel: Unmittelbar angrenzend an das Grundstück des K wird durch die Gemeinde ein*
> *Bolzplatz errichtet und betrieben, von welchem in der Folgezeit erhebliche Lärmemissionen*
> *ausgehen. A fühlt sich durch letztere gestört. Man kann hier einerseits die **gegenwärtigen***
> *Immissionen selbst der öffentlichen Hand zurechnen und diese als hoheitlichen Eingriff werten*
> *(→ Unterlassungsanspruch). Denkbar wäre andererseits, auf die **in der Vergangenheit ab-***
> ***geschlossene** hoheitliche Errichtung des Bolzplatzes abzustellen und die von ihm ausgehenden*
> *Emissionen als absehbare Eingriffsfolgen werten (→ Folgenbeseitigungsanspruch).[238] Indes*
> *werden von „hoher Hand" zurechenbar hervorgerufene Immissionen überwiegend als eigen-*

---

234 Erbguth/Guckelberger, Allgemeines Verwaltungsrecht, 9. Aufl. 2018, § 41 Rn. 18.
235 Schoch, Jura 1993, 478 (481); Ossenbühl/Cornils, Staatshaftungsrecht, 6. Aufl. 2013, S. 359.
236 Peine/Siegel, Allgemeines Verwaltungsrecht, 12. Aufl. 2018, § 25 Rn. 909.
237 So etwa bei VGH Kassel, Beschl. v. 11.7.2017, Az.: 8 B 1144/17 = DÖV 2017, 920 (LS); Barczak,
JuS 2014, 932.
238 Frank, JuS 2018, 56 (58).

Jana Himstedt

ständiger Eingriff gewertet und der Immissionsabwehranspruch somit dem Unterlassungsanspruch zugeordnet.[239]

In derartigen Klausurfällen muss also zunächst durch Sachverhaltsauslegung ermittelt werden, ob es sich um eine einzige Störungsquelle mit unselbständiger Störungsfolge handelt[240] oder vielmehr zwei trennbare Störungsquellen vorliegen (hier: Errichtung des Platzes einerseits und sein Betrieb andererseits). Sodann ist nach dem **Klägerbegehren** zu ermitteln, gegen welchen beider Akte sich der Anspruch richtet, wobei zu beachten ist, dass Rechtsfolge des Unterlassungsanspruchs allein behördliches **Untätigwerden oder -bleiben** sein kann, die des Folgenbeseitigungsanspruchs hingegen auch **(aktives) Tätigwerden** des Hoheitsträgers.[241]

Zum Beispiel aus Rn. 142: Hätte K hier nicht nur eine Abstellung des Lärms, sondern eine Beseitigung der Anlage selbst begehrt, wäre der Errichtungsakt der maßgebliche Eingriff gewesen. Da die Errichtung des Platzes in der Vergangenheit liegt und anders als sein fortdauernder Betrieb nicht durch bloßes Unterlassen (Betriebseinstellung) erreicht werden kann, sondern es aktiver Baumaßnahmen bedürfte, wäre hier der Folgenbeseitigungsanspruch einschlägig.

Es bedarf also letztlich stets einer guten Argumentation im Einzelfall – eine „Universalabgrenzung" zwischen Unterlassungs- und Folgenbeseitigungsanspruch ist leider nicht möglich.[242]

2. Dogmatische Herleitung

143 Der öffentlich-rechtliche Unterlassungsanspruch wurde von den Gerichten ursprünglich in Anlehnung an zivilrechtliche Vorschriften entwickelt und wird von dieser teils bis heute auf eine Analogie zu den **§§ 12, 906, 1004 BGB** gestützt.[243] Nach anderer Auffassung entspringt dieses Rechtsinstitut der Abwehrfunktion der **Grundrechte**[244], die teils auch – da der Anspruch auf die Wahrung bzw. Wiederherstellung rechtmäßiger Zustände gerichtet ist – i.V.m. dem Prinzip der Gesetzmäßigkeit der Verwaltung (Art. 20 Abs. 3 GG) herangezogen werden.[245]

---

239 Baldus/Grzeszick/Wiehues, Staatshaftungsrecht, 5. Aufl. 2018, Rn. 79.
240 Vgl. OVG Münster, Urt. v. 28.4.1983, Az.: 11 A 424/82 = NJW 1984, 1982.
241 Mehde, Jura 2017, 783 (783).
242 Schwarz/Wendel, ZJS 2017, 328 (332).
243 Ossenbühl/Cornils, Staatshaftungsrecht, 6. Aufl. 2013, S. 352, 355.
244 Erbguth/Guckelberger, Allgemeines Verwaltungsrecht, 9. Aufl. 2018, § 41 Rn. 18.
245 Barczack, JuS 2014, 932 (934); Peine/Siegel, Allgemeines Verwaltungsrecht, 12. Aufl. 2018, § 25 Rn. 899.

Jana Himstedt

In jedem Fall ist der Anspruch aber **gewohnheitsrechtlich anerkannt** und ein Streitentscheid in der verwaltungsrechtlichen Klausur daher nicht angezeigt.[246]

3. Anspruchsvoraussetzungen

Der Anspruch erfordert insbesondere, dass durch **öffentlich-rechtliches Han-** 144 **deln** in ein **subjektives öffentliches Recht des Klägers eingegriffen** wird und dieser Eingriff **rechtswidrig** ist.

a) Eingriff in ein subjektives öffentliches Recht des Klägers

Notwendig ist also zunächst ein Eingriff in ein **subjektives öffentliches Recht** 145 **des Klägers**; die Verletzung solcher Vorschriften, die ausschließlich im Gemeininteresse erlassen wurden, genügt insofern nicht.[247] Die (Unions-)Grundrechte,[248] aber auch einfachgesetzliche Normen und öffentlich-rechtliche Sonderbeziehungen können jenes klägerische Recht begründen.[249] Für den **Eingriffsbegriff** gelten die allgemeinen, aus der **Grundrechtslehre** bekannten Grundsätze. In den – durchaus klausurrelevanten – Fällen **staatlichen Informationshandelns** ist insofern auch die diesbezügliche spezielle Eingriffsdogmatik des BVerfG[250] hinsichtlich der Berufsfreiheit zu beachten (näher der Fall 10 in: Eisentraut, Fälle zum Verwaltungsrecht, 2020).

b) Durch öffentlich-rechtliches Handeln

Zudem setzt der Unterlassungsanspruch ein **öffentlich-rechtliches** Handeln 146 des betreffenden Hoheitsträgers voraus. Die Abgrenzung zu zivilrechtlichem Tätigwerden – gegen welches unmittelbar auf Grundlage der §§ 906, 1004 BGB vorzugehen wäre – kann nach allgemeinen Abgrenzungskriterien, insbesondere dem **Zweck** und **Sachzusammenhang** des Staatshandelns[251], erfolgen.

Störende Handlungen **privater Dritter**, die im Kontext einer öffentlichen Einrichtung vorgenommen werden, können einem Hoheitsträger insbesondere dann zugerechnet werden, wenn sie durch **bestimmungsgemäße Nutzung** der

---

246 Mehde, Jura 2017, 783.
247 Peine/Siegel, Allgemeines Verwaltungsrecht, 12. Aufl. 2018, § 25 Rn. 902.
248 Peters, Jura 2014, 752 (756).
249 Kaiser/Köster/Seegmüller, Materielles Öffentliches Recht im Assessorexamen, 4. Aufl. 2018, Rn. 51.
250 BVerfG, Beschl. vom 21.3.2018, Az.: 1 BvF 1/13 = NJW 2018, 2109 (2110 f.).
251 Erbguth/Guckelberger, Allgemeines Verwaltungsrecht, 9. Aufl. 2018, § 41 Rn. 4.

Einrichtung entstehen.[252] Selbst hierüber hinausgehende Nutzungen können jedoch zurechenbar sein, soweit der Hoheitsträger es unterlassen hat, diesbezüglich zumutbare Schutzmaßnahmen vorzunehmen (etwa: ein Schild mit der Nutzungsordnung nicht in lesbarem Zustand erhält) oder soweit der von ihm gewählte Standort im Hinblick auf Emissionen per se ungeeignet ist.[253]

> *Im Beispiel in Rn. 142 sind die vom kommunal betriebenen Bolzplatz ausgehenden Lärmemissionen also der Gemeinde grundsätzlich zurechenbar, soweit sie sich im Rahmen der – am Eingang ordnungsgemäß verkündeten – Benutzungsordnung halten.*[254]

c) Unmittelbar bevorstehend oder andauernd

147 Der Eingriff muss ferner noch andauern oder unmittelbar bevorstehen. Soweit es sich also um keine noch gegenwärtige Dauerstörung (etwa: konstante Geruchsimmissionen) handelt, muss der Kläger eine **konkrete Wiederholungs- oder Erstbegehungsgefahr** darlegen.[255]

Die **Wiederholungsgefahr** ist dabei grundsätzlich durch einen bereits erfolgten, gleichartigen Eingriff indiziert[256], kann aber in besonderen Einzelfällen fehlen, etwa wenn sich der Rechtsstandpunkt der Behörde oder die tatsächlichen Umstände verändert haben.[257]

d) Rechtswidrigkeit

148 Letztlich muss der Eingriff rechtswidrig sein. Spezielle Maßstäbe sind hier insbesondere in den bereits angesprochenen **Immissionsfällen** wie auch im Falle **amtlicher Warnungen** zu beachten:

aa) Hoheitlich herbeigeführte Immissionen

149 Öffentlich-rechtliche Immissionen sind nur insoweit rechtswidrig, als sie die rechtlichen **Duldungspflichten** des Anspruchstellers übersteigen. Solche können sich zunächst aus öffentlichem Recht, insbesondere § 22 BImSchG und den

---

252 Frank, JuS 2018, 56 (59).
253 Kaiser/Köster/Seegmüller, Materielles Öffentliches Recht im Assessorexamen, 4. Aufl. 2018, Rn. 51.
254 Frank, JuS 2018, 56 (59).
255 Vgl. Kaiser/Köster/Seegmüller, Materielles Öffentliches Recht im Assessorexamen, 4. Aufl. 2018, Rn. 51.
256 Ossenbühl/Cornils, Staatshaftungsrecht, 6. Aufl. 2013, S. 367.
257 BVerwG, Urt. v. 24.10.2013, Az.: 7 C 13/12 –, Rn. 44.

Jana Himstedt

ihn konkretisierenden Verwaltungsvorschriften TA Lärm und TA Luft ergeben.[258] Im Übrigen kann entsprechend auf § 906 BGB zurückgegriffen werden.[259]

bb) Staatliche Informationstätigkeit

Gewissermaßen „modifizierte" Rechtmäßigkeitsanforderungen gelten auch für 150 amtliche Warnungen (s. dazu auch den Fall 10 in: Eisentraut, Fälle zum Verwaltungsrecht, 2020[260]):

Erstens ist nach der Rechtsprechung des BVerfG eine formell-gesetzliche **Ermächtigungsgrundlage** lediglich bei „klassischen", also insbesondere final beeinträchtigenden Eingriffen erforderlich. Für „nur" mittelbar-faktische Eingriffe soll es hingegen ausreichen, dass der betreffende Hoheitsträger im Rahmen seiner (grund-)gesetzlichen Aufgabenzuweisung tätig wird.

Zweitens ist im Rahmen der Verhältnismäßigkeitsprüfung insbesondere das **Sachlichkeitsgebot** zu beachten: So muss der Hoheitsträger vor der Äußerung eine hinreichende Sachverhaltsaufklärung betrieben haben und die Warnung darf ausschließlich auf wahren, vertretbar begründbaren Tatsachen basieren.[261]

4. Abschließender Überblick: Öffentlich-rechtlicher Abwehr- und Unterlassungsanspruch

<u>Grundlage:</u> §§ 12, 906, 1004 BGB analog oder Verfassungsrecht (Grundrechte, 151 Rechtsstaatsprinzip), jedenfalls gewohnheitsrechtlich anerkannt

<u>Voraussetzungen:</u>
1 Eingriff in ein subjektives öffentliches Recht des Klägers
2 Hoheitlichkeit des Eingriffs
3 Rechtswidrigkeit des Eingriffs

<u>Rechtsfolge:</u> Unterlassungsanspruch hinsichtlich eines gegenwärtigen oder bevorstehenden Verwaltungshandelns

---

258 Vgl. Frank, JuS 2018, 56 (61 f.).
259 Kranz, NVwZ 2018, 864; Erbguth/Guckelberger, Allgemeines Verwaltungsrecht, 9. Aufl. 2018, § 41 Rn. 6.
260 Weitere aktuelle Übungsfälle zum Unterlassungsanspruch gegen hoheitliches Informationshandeln bei Ferreau, JuS 2017, 758 (Äußerung eines Oberbürgermeisters auf Facebook); Burgi/ Tjardes, GewArch 2014, 348 (Äußerungen der IHK); Barczak, JuS 2014, 932 (amtliche Warnung vor E-Zigaretten); Peters, Jura 2014, 752 (amtliche Veröffentlichung lebensmittelrechtlicher Verstöße in Gastronomiebetrieben).
261 Schwarz/Wendel, ZJS 2017, 328 (337).

Jana Himstedt

5. Literaturhinweise

152 Ausbildungsaufsätze: Köckerbauer/Büllesbach, Der öffentlich-rechtliche Unterlassungsanspruch, JuS 1991, 373; vertiefend zur Verjährung des Unterlassungsanspruchs Kranz, Verjährung von öffentlich-rechtlichen Unterlassungsansprüchen, NVwZ 2018, 864.

Übungsklausuren und -hausarbeiten: Frank, Referendarexamensklausur – Öffentliches Recht: Verwaltungsrecht – Das Eigentor, JuS 2018, 56; Ferreau, Fortgeschrittenenklausur – Öffentliches Recht: Staatsorganisations-, Kommunal-, Verwaltungsprozessrecht – Disharmonie um Kommunalwahlkampf, Jus 2017, 758; Barczak, Referendarexamensklausur – Öffentliches Recht: Grundrechte, Staatshaftungsrecht und Besonderes Verwaltungsrecht – Behördliche Warnung vor E-Zigaretten, JuS 2014, 932; Peters, Der „Ekel"-Pranger, Jura 2014, 753 (Examensklausur); Burgi/Tjardes, Schwerpunktbereichsklausur – Wirtschaftsverwaltungsrecht: Äußerungen der IHK – verfassungsrechtliche Zulässigkeit von Privatisierungen, GewArch 2014, 348.

IV. Ansprüche auf öffentliche Ersatzleistungen (Jana Himstedt)

153 Die auf Durchsetzung des soeben behandelten öffentlich-rechtlichen Unterlassungsanspruchs gerichtete Leistungsklage ist ein klassisches Mittel des sog. **Primärrechtsschutzes**, also solcher Rechtsbehelfe, die rechtswidrige hoheitliche (Grund-)Rechtseingriffe von Vornherein abzuwehren suchen.[262] In zahlreichen Fällen allerdings erweisen sich solche primären Rechtsbehelfe als wirkungslos. Dies gilt entweder, weil sie zu spät kommen und die öffentliche Hand bereits irreversibel einen Zustand geschaffen hat, der mit der Rechtsordnung unvereinbar ist,[263] oder weil sich der hoheitliche Eingriff gerade als recht*mäßig* erweist.

Hier setzen die sog. **sekundären** Ansprüche an: Sie können einerseits darauf abzielen, einen durch recht*swidriges* Hoheitshandeln herbeigeführten *status quo* zu beseitigen oder jedenfalls finanziell auszugleichen (Unrechtshaftung[264]), andererseits auch darauf, eine übermäßige Inanspruchnahme des Einzelnen durch eine an sich recht*mäßige* Situation zu kompensieren (Sonderopferentschädigung[265]).[266] Soweit diese sekundäre Verantwortlichkeit der öffentlichen Hand auf

---

262 Erbguth/Guckelberger, Allgemeines Verwaltungsrecht, 9. Aufl. 2018, § 36 Rn. 1.

263 Ipsen, Allgemeines Verwaltungsrecht, 11. Aufl. 2019, Rn. 1239.

264 Vgl. Papier in: Isensee/Kirchhof, Handbuch des Staatsrechts VIII, 3. Aufl. 2010, § 180 Rn. 2.

265 Vgl. Papier in: Isensee/Kirchhof, Handbuch des Staatsrechts VIII, 3. Aufl. 2010, § 180 Rn. 74.

266 Wolff/Bachof/Stober/Kluth, Verwaltungsrecht II, 7. Aufl. 2010, § 66 Rn. 3, 7; Lege, JA 2016, 81 (82).

der Ausübung öffentlicher Gewalt und nicht privatrechtlichen Handlungen beruht, wird sie regelmäßig unter den Begriffen „Staatshaftungsrecht" oder „öffentliche Ersatzleistungen" zusammengefasst[267] und soll im Folgenden behandelt werden.

Im Übrigen wird an den Bezeichnungen „Primär-" und „Sekundärrechts- 154 schutz" bereits das Verhältnis zwischen den ihnen zuzuordnenden Anspruchsgrundlagen ersichtlich.[268] So hat sich der Bürger im Grundsatz vorrangig mit dem Primärrechtsschutz, also der Abwehr staatlicher Eingriffe, zu behelfen. Restitution und vor allem finanzielle Entschädigung kann er erst verlangen, wenn jene scheitert (sog. **„Vorrang des Primärrechtsschutzes"**).[269] Auf die speziellen – gesetzlich wie richterrechtlich begründeten – Ausprägungen dieses Grundsatzes wird im Kontext der jeweiligen Anspruchsgrundlagen zurückzukommen sein.

1. Die Struktur des Staatshaftungsrechts: Systematisierungsansätze

Die heute anerkannten Ansprüche auf öffentliche Ersatzleistungen unterliegen 155 freilich keiner sofort zugänglichen Systematik. Vielmehr handelt es sich um einen historisch nach Bedarf gewachsenen, stark richterrechtlich geprägten Bestand,[270] dessen Zusammenfassung und Systematisierung durch den Gesetzgeber nicht in absehbarer Zeit zu erwarten ist, gleichwohl dieses Vorhaben in der Vergangenheit regelmäßig Eingang in die Koalitionsverträge gefunden hat.[271] In prozessualer Hinsicht ist überdies eine Rechtswegspaltung durch das Staatshaftungsrecht zu verzeichnen, die letzteres weiter verkompliziert (näher Rn. 161 ff.).

a) Das materielle Anspruchssystem

In materieller Hinsicht hält die Literatur[272] indes einige Strukturierungsansätze 156 bereit, die im Folgenden kurz aufgegriffen werden sollen – dies vor allem mit dem Zweck einer verbesserten Einprägsamkeit der danach erörterten Ansprüche für die verwaltungsrechtliche Klausur.

---

267 Lege, JA 2016, 81; Baldus/Grzeszick/Wienhues, Staatshaftungsrecht, 5. Aufl. 2018, Rn. 6 f.
268 Ipsen, Allgemeines Verwaltungsrecht, 11. Aufl. 2019, § 20 Rn. 1252.
269 Kratzlmeier, Jura 2018, 1239 (1248); Papier in: Isensee/Kirchhof, Handbuch des Staatsrechts VIII, 3. Aufl. 2010, § 180 Rn. 14.
270 Vgl. Ossenbühl/Cornils, Staatshaftungsrecht, 6. Aufl. 2013, S. 5 f.
271 Vgl. etwa Koalitionsvertrag der 18. Legislaturperiode des Bundestages vom 16.12.2013, S. 107.
272 Jüngst etwa Kratzlmeier, Jura 2018, 1239; Lege, JA 2016, 81.

Jana Himstedt

aa) Unrechtshaftung vs. Sonderopferentschädigung

157 Zunächst lassen sich die Ansprüche funktional[273] in diejenigen unterteilen, die der Haftung für rechts*widrige* Zustände dienen (Unrechtshaftung), und jene, die eine recht*mäßige*, aber übermäßige Inanspruchnahme des Anspruchstellers kompensieren sollen (sog. Sonderopferentschädigung).[274]

158 Der Unrechtshaftung sind dabei zuzuordnen:
1. Folgenbeseitigungsansprüche,
2. öffentlich-rechtliche Erstattungsansprüche,
3. Amtshaftungsansprüche sowie
4. Ansprüche aus verwaltungsrechtlichen Schuldverhältnissen.

Zur Haftung wegen übermäßiger Inanspruchnahme zählen hingegen:
1. alle eigentumsspezifischen Ansprüche (Enteignungsentschädigung, enteignender und enteignungsgleicher Eingriff, Ausgleich für Inhalts- und Schrankenbestimmungen) sowie
2. der allgemeine Aufopferungsanspruch.[275]

159 Diese Unterschiede im Haftungsgrund schlagen sich letztlich in den Anspruchsvoraussetzungen nieder: So setzen Ansprüche der Sonderopferentschädigung – naheliegender Weise – regelmäßig das Vorliegen eines Sonderopfers voraus, solche der Unrechtshaftung hingegen einen rechtswidrigen (Vermögens-)Zustand oder Eingriff.

bb) Verschuldenshaftung

160 Nimmt man hingegen eine Differenzierung der Ansprüche danach vor, ob sie ein **Verschulden** des betreffenden Amtswalters oder Hoheitsträgers voraussetzen, fällt unmittelbar auf, dass dies allein im Rahmen der der Zivilgerichtsbarkeit zugewiesenen Unrechtshaftung, also der **Amtshaftungsansprüche** sowie der Haftung im **Verwaltungsschuldverhältnis** der Fall ist. Bereits insofern nehmen diese genuin zivilrechtlichen Institute in der Staatshaftung eine Sonderstellung ein; in der Konsequenz reicht aber auch ihre Rechtsfolge – nämlich „echter" Schadensersatz nach den Grundsätzen der Totalreparation und Naturalrestitution – deutlich weiter als die der übrigen Ansprüche. Die Sonderopferhaftung

---

273 Vgl. Wolff/Bachof/Stober/Kluth, Verwaltungsrecht II, 7. Aufl. 2010, § 66 Rn. 3.

274 Lege, JA 2016, 81 (82ff.); Erbguth/Guckelberger, Allgemeines Verwaltungsrecht, 9. Aufl. 2018, § 36 Rn. 3.

275 Insgesamt Erbguth/Guckelberger, Allgemeines Verwaltungsrecht, 9. Aufl. 2018, § 36 Rn. 3.

setzt demgegenüber – ihrem Haftungsgrund entsprechend – nie Verschulden voraus, ebenso wenig alle (sonstigen) vor den Verwaltungsgerichten zu verhandelnden Ansprüche auf öffentliche Ersatzleistungen. Systematisch gesehen bildet das privatrechtlich verwurzelte Kriterium der persönlichen Vorwerfbarkeit einer Schädigungshandlung deshalb in der öffentlich-rechtlichen Haftung **lediglich die Ausnahme.** In der Folge wurde es vor allem im Rahmen der Amtshaftung immer weiter „entschärft" und objektiviert (näher § 11 Rn. 17).

b) Rechtswegsystematik

Die so kategorisierten Anspruchsgrundlagen sollen allesamt durch hoheitliches **161** Handeln herbeigeführte Rechts- oder Vermögenszustände korrigieren und wären hiernach grundsätzlich dem öffentlichen Recht zuzuordnen.[276] Gleichwohl wird ihr überwiegender Teil vor den Zivilgerichten verhandelt, weil das Recht der Staatshaftung von diversen **Sonderzuweisungen** durchdrungen wird (Stichwort: **Rechtswegspaltung**[277]).

aa) § 40 II 1 VwGO

Die wohl relevanteste Sonderzuweisung bildet **§ 40 II 1 VwGO,** die insbesondere **162** Ansprüche aus **Amtshaftung gem. § 839 BGB** i.V.m. **Art. 34 GG** betrifft (§ 40 I 1 Var. 3 VwGO) und insoweit durch Art. 34 S. 3 GG explizit verfassungsrechtlich geboten ist.[278] Über diese verfassungsrechtliche Vorgabe reicht § 40 II 1 VwGO jedoch hinaus und drängt allgemein Streitigkeiten für vermögensrechtliche Ansprüche aus Aufopferung für das gemeine Wohl (Var. 1), aus öffentlich-rechtlicher Verwahrung (Var. 2) sowie für Schadensersatzansprüche aus der Verletzung nichtvertraglicher öffentlich-rechtlicher Pflichten (Var. 3) auf den **ordentlichen Rechtsweg** ab. Damit erfasst sie neben der Amtshaftung Rechtsstreitigkeiten auf Grundlage
a)   des **allgemeinen Aufopferungsanspruchs** (Var. 1)[279],
b)   des **enteignenden Eingriffs** (Var. 1) [280],
c)   des **enteignungsgleichen Eingriffs** (Var. 1 oder 3, streitig)[281],

---

276 Baldus/Grzeszick/Wienhues, Staatshaftungsrecht, 5. Aufl. 2018, Rn. 6 f.
277 Vgl. Tremml/Karger/Luber, Der Amtshaftungsprozess, 4. Aufl. 2013, Rn. 526 ff.
278 Papier in: Maunz/Dürig, GG, 86. Aufl. 2019, Art. 34 Rn. 305.
279 Grzeszick in: Ehlers/Pünder, Allgemeines Verwaltungsrecht, 15. Aufl. 2015, § 45 Rn. 110.
280 Peine/Siegel, Allgemeines Verwaltungsrecht, 12. Aufl. 2018, § 28 Rn. 1040.
281 Die Zuordnung zum Aufopferungsrecht (Var. 1) kann in Anbetracht der Rechtswidrigkeit des Eingriffs bezweifelt werden; auch andernfalls handelt es sich jedoch um einen „Schadenser-

Jana Himstedt

d) nichtvertraglicher **Verwaltungsschuldverhältnisse** (Var. 3 bzw. Var. 2, soweit es um den speziellen Unterfall eines Verwahrungsverhältnisses geht)[282], und

e) der **unionsrechtlichen Amtshaftung** deutscher Hoheitsträger (Var. 3)[283].

163 Streitigkeiten um das Bestehen und die Höhe eines **Ausgleichsanspruchs für Inhalts- oder Schrankenbestimmungen** i. S. d. Art. 14 I S. 2 GG sind von § 40 II 1 VwGO mit dessen letztem Halbsatz explizit ausgenommen, sodass für sie nach der Generalklausel des § 40 I 1 VwGO der Verwaltungsrechtsweg eröffnet ist.[284]

164 Insgesamt greift § 40 II 1 VwGO ausschließlich, soweit der **Anspruchsgegner ein Hoheitsträger** ist, also insbesondere nicht bei Ansprüchen des Staates gegen den Bürger.[285] Dies ergibt sich aus der Entstehungsgeschichte der Vorschrift: So sollten Streitigkeiten um all jene Ansprüche, die in starker Nähe zur Amtshaftung und Enteignungsentschädigung stehen, mit letzteren einem einheitlichen Rechtsweg zugewiesen werden. Ansprüchen des Staates gegen den Bürger fehlt es aber am erforderlichen Sachzusammenhang mit diesen klassischen Instituten der Staatshaftung.[286] Trotz dieser Einschränkung drängt die Vorschrift im Ergebnis einen großen Teil des staatshaftungsrechtlichen Streitstoffs an die Zivilgerichte ab.

bb) Art. 14 Abs. 3 S. 4 GG

165 Außerdem entscheiden die Zivilgerichte über Streitigkeiten um die **Höhe einer Enteignungsentschädigung**; Art. 14 Abs. 3 S. 4 GG bildet insoweit eine unmittelbar verfassungsrechtliche Sonderzuweisung.[287]

cc) Examenswissen: Rechtswegübergreifende Entscheidungskompetenz des § 17 II 1 GVG

166 Daneben kann auch die Vorschrift des § 17 II GVG für die Bestimmung des Rechtswegs im Staatshaftungsrecht relevant werden.[288] Hiernach hat das Gericht des zulässigen Rechtswegs den Streit „unter allen in Betracht kommenden rechtlichen Gesichtspunkten" zu entscheiden. Wird ein

---

satzanspruch aus der Verletzung öffentlich-rechtlicher Pflichten" gem. Var. 3; s. Ehlers/Schneider in: Schoch/Schneider/Bier, VwGO, 36. EL Februar 2019, § 40 Rn. 527.

282 Maurer/Waldhoff, Allgemeines Verwaltungsrecht, 19. Aufl. 2017, § 29 Rn. 11.

283 Peine/Siegel, Allgemeines Verwaltungsrecht, 12. Aufl. 2018, § 27 Rn. 987.

284 Erbguth/Guckelberger, Allgemeines Verwaltungsrecht, 9. Aufl. 2018, § 39 Rn. 29.

285 Ehlers/Schneider in: Schoch/Schneider/Bier, VwGO, 36. EL Februar 2019, § 40 Rn. 520 f.

286 Ehlers in: Ehlers/Schoch, Rechtsschutz im Öffentlichen Recht, 2009, § 21 Rn. 109.

287 Grzeszick, in: Ehlers/Pünder, Allgemeines Verwaltungsrecht, 15. Aufl. 2015, § 45 Rn. 36.

288 Vgl. Ossenbühl/Cornils, Staatshaftungsrecht, 6. Aufl. 2013, S. 122.

Jana Himstedt

Anspruch also auf mehrere materiell-rechtliche Grundlagen gestützt, prüft das zuerst angerufene Gericht diese insgesamt – selbst wenn einzelne von ihnen *per se* vor einer anderen Gerichtsbarkeit zu verhandeln wären.[289]

Dies kann einerseits dazu führen, dass Zivilgerichte die öffentliche Hand zu Ersatzleistungen verpflichten, deren Rechtsgrundlagen eigentlich im öffentlichen Recht liegen und somit isoliert betrachtet Gegenstand der Verwaltungsgerichtsbarkeit wären.[290] Umgekehrt können Verwaltungsgerichte etwa auf Grundlage von Vorschriften entscheiden, die an sich der abdrängenden Sonderzuweisung des § 40 II 1 VwGO unterfallen (§ 173 1 VwGO i.V.m. § 17 II 1 GVG).[291]

> *Beispiel: Wird eine Sache zu Unrecht beschlagnahmt, kann der Betroffene seinen Herausgabeanspruch sowohl auf den Folgenbeseitigungsanspruch (→ Verwaltungsrechtsweg, § 40 I 1 VwGO) als auch ein öffentlich-rechtliches Verwahrungsverhältnis (→ Zivilgerichtsbarkeit, § 40 II 1 Var. 2 VwGO) stützen. Im Klagefall würde gem. § 17 II 1 GVG dasjenige Gericht, bei welchem der Rechtsstreit zuerst anhängig wird, beide Ansprüche prüfen.[292]*

Für die Verwaltungsgerichtsbarkeit gilt hierbei indes die Einschränkung des § 17 II S. 2 GVG. So bleiben ihr Entscheidungen über Amtshaftungsansprüche und die Höhe von Enteignungsentschädigungen infolge der verfassungsrechtlichen Vorschriften in Art. 34 S. 3 und Art. 14 Abs. 3 S. 4 GG entzogen; eine rechtswegübergreifende Entscheidungskompetenz nach § 17 II 1 GVG ist insoweit ausgeschlossen.[293]

dd) Schlussfolgerungen für die verwaltungsrechtliche Klausur

Für den Verwaltungsrechtsweg verbleiben somit insbesondere   167
- die **Folgenbeseitigungsansprüche**;
- öffentlich-rechtliche **Erstattungsansprüche** und
- Ausgleichsansprüche für **Inhalts- und Schrankenbestimmungen** nach Art. 14 I S. 2 GG.

Diese sind in der verwaltungsrechtlichen (Examens-)Klausur ohne weiteres zu erwarten und werden im Folgenden ausführlich behandelt. Die übrigen Ansprüche (zu diesen unten § 11) können in öffentlich-rechtlichen Klausuren insbesondere im Wege von Zusatzfragen abgeprüft werden.[294] Staatshaftungsrechtliche Klausurfälle in zivilprozessualer Einkleidung oder ganz ohne Zulässigkeitsprüfung haben aus Prüfersicht demgegenüber den erheblichen Nachteil, keine

---

289 Tremml/Karger/Luber, Der Amtshaftungsprozess, 4. Aufl. 2013, Rn. 543 ff.

290 BGH, Urt. v. 25.2.1993, Az.: III ZR 9/92 = NJW 1993, 1799.

291 Vgl. Rathmann, in: Saenger, ZPO, 7. Aufl. 2017, § 17 GVG Rn. 2.

292 So etwa bei BGH, Urt. v. 3.2.2005, Az.: III ZR 271/04 = NJW 2005, 988; umgekehrt VG Neustadt (Weinstraße), Beschl. v. 11.11.2013, Az.: 4 K 847/13.NW.

293 Wittschier, in: Musielak/Voit, ZPO, 16. Aufl. 2019, § 17 GVG Rn. 11.

294 Vgl. Ahrens, Staatshaftungsrecht, 3. Aufl. 2018, Rn. 1; beispielhaft Schaks, ZJS 2015, 409.

Jana Himstedt

Kenntnisse öffentlichen Prozessrechts abfragen zu können. Ganz undenkbar sind derartige Fälle leider dennoch selbst im Examen nicht[295]. In der Folge müssen die materiell-rechtlichen Anspruchsgrundlagen im Ergebnis unabhängig vom einschlägigen Rechtsweg beherrscht werden.

ee) Schaubild/Überblick

168 Gerichtsbarkeit	Anspruchsgrundlage	Typischerweise einschlägiger Rechtsbehelf
Ordentliche (§ 13 GVG)	Amtshaftungsanspruch	Leistungsklage (ZPO)
	Unionsrechtlicher Staatshaftungsanspruch	
	Enteignungsentschädigung	
	Enteignender und enteignungsgleicher Eingriff	
	Aufopferungsansprüche	
	Verwaltungsrechtliches Schuldverhältnis Ausnahme: öffentlich-rechtlicher Vertrag (s. § 40 II 1 VwGO)	
Verwaltungsgerichtsbarkeit (§ 40 I 1 VwGO)	Erstattungsanspruch aus § 49a I VwVfG allgemeiner öffentlich-rechtlicher Erstattungsanspruch	Allgemeine Leistungsklage (vgl. §§ 43 II 1, 111 1, 113 Abs. 4 VwGO)
	Ausgleichsansprüche für Inhalts- und Schrankenbestimmungen	
	Allgemeiner Folgenbeseitigungsanspruch	s.o.; bei Vollzugsfolgen-FBA § 113 I S. 2,3 VwGO beachten

2. Der Folgenbeseitigungsanspruch

169 Der **Folgenbeseitigungsanspruch** bildet die sekundärrechtliche Dimension (auch) des öffentlich-rechtlichen Abwehr- und Unterlassungsanspruchs: Konnte

---

295 Vgl. Heinze, Systematisches Fallrepetitorium Besonderes Verwaltungsrecht, S. 123 ff. und die unter BayVbl 1989, 669 veröffentlichte bayerische Staatsexamensklausur.

Jana Himstedt

das streitige Verwaltungshandeln nicht ex ante mittels Unterlassungsklage[296] abgewehrt werden, muss dem Beeinträchtigten zumindest ein Anspruch auf Beseitigung des hieraus resultierenden rechtswidrigen Zustands zustehen.[297] Dementsprechend kann hinsichtlich der **rechtlichen Grundlagen** des allgemeinen Folgenbeseitigungsanspruchs auf die obigen Ausführungen zum öffentlich-rechtlichen Abwehr- und Unterlassungsanspruch (Rn. 143) verwiesen werden.

Auch der Folgenbeseitigungsanspruch ist vor den Verwaltungsgerichten regelmäßig im Wege der **allgemeinen Leistungsklage** geltend zu machen.[298] **170**

Examenswissen: Ausnahmsweise kann die Folgenbeseitigung auch den Erlass eines Verwal- **171** tungsakts erfordern mit der Folge, dass die **Verpflichtungsklage** statthaft ist. Im klassischen Beispiel der Wohnungseinweisung Obdachloser etwa (s. unten Rn. 174) muss der Hoheitsträger zunächst eine Anordnung an die Bewohner erlassen, die Wohnung zu räumen.[299] Denn erst auf dieser Grundlage könnte eine zwangsweise Räumung im Wege des Verwaltungsvollstreckungs-rechts erfolgen.[300]

Prozessuale Besonderheiten gelten für den Vollzugsfolgenbeseitigungsanspruch (dazu **172** § 2 Rn. 1387).

a) Anspruchsziel: Herstellung des „status quo ante in natura"

Ziel des Folgenbeseitigungsanspruchs ist die Wiederherstellung desjenigen Zu- **173** stands, der ursprünglich vor Eintritt der rechtswidrigen Eingriffsfolgen bestand (**status quo ante**[301]).[302] Er soll folglich der „Unrechtslast"[303] des Bürgers abhelfen. Der Anspruch gewährt hingegen **keine Naturalrestitution** und grundsätzlich keine monetäre Entschädigung.[304] Naturalrestitution nämlich zielt auf die Herstellung eines hypothetischen Zustands ab, der – aktuell – bestünde, wenn der Haftungstatbestand nie eingetreten wäre[305] und unterscheidet sich somit grund-

---

296 Im Falle eines Verwaltungsakts aber natürlich vor allem mithilfe der Anfechtungsklage.
297 Vgl. Ellerbrok, Jura 2016, 125 (128).
298 Sodan/Ziekow, Grundkurs Öffentliches Recht, 8. Aufl. 2018, § 89 Rn. 11.
299 Vgl. Ipsen, Allgemeines Verwaltungsrecht, 11. Aufl. 2019, § 22 Rn. 1360.
300 Zum Vorgehen der Polizei- und Ordnungsbehörden in solchen Fällen etwa Lindner in: Möstl/Schwabenbauer, Beck'scher Onlinekommentar Polizei- und Sicherheitsrecht Bayern, 9. Ed. 2019, Art. 9 LStVG Rn. 47.4.
301 Mehde, Jura 2017, 783 (786 f.).
302 Maurer/Waldhoff, Allgemeines Verwaltungsrecht, 19. Aufl. 2017, § 30 Rn. 13.
303 Vgl. Hartmann, Öffentliches Haftungsrecht, 2013, S. 76.
304 Sodan/Ziekow, Grundkurs Öffentliches Recht, 8. Aufl. 2018, § 89 Rn. 7.
305 Mehde, Jura 2017, 783 (785).

Jana Himstedt

legend vom hier maßgeblichen status quo ante, der zwar einen vergangenen, aber realen Zustand beschreibt.[306]

174 Eine besondere Form des Folgenbeseitigungsanspruchs stellt der **Vollzugs-folgenbeseitigungsanspruch** dar. Dieser liegt vor, wenn der rechtswidrige Zustand durch den **Vollzug eines rechtswidrigen Verwaltungsakts** entstanden ist.[307] Im Hinblick auf die Anspruchsvoraussetzungen gelten keine Besonderheiten gegenüber dem allgemeinen Folgenbeseitigungsanspruch; lediglich bei seiner gerichtlichen Durchsetzung ist die Spezialvorschrift des § 113 I S. 2, 3 VwGO zu beachten.

Das klassische Beispiel des Vollzugsfolgenbeseitigungsanspruchs bildet die Wohnungseinweisung Obdachloser: In der Wohnungsnot der Nachkriegszeit weist die Stadt S eine obdachlose Familie vorübergehend in die gerade unvermietete Wohnung des K ein. Nach Ablauf des Einweisungszeitraums verweigert die Familie jedoch den Auszug, sodass K sich an die verursachende Stadt wendet und von dieser Wiederherstellung des ursprünglichen (unbewohnten) Zustands verlangt.[308]

175 Ein aktuelles Pendant dieser Fallgruppe stellen hoheitlich angeordnete **Flüchtlingsunterbringungen in private Immobilien** dar.[309]

b) Anspruchsvoraussetzungen

176 Auch der Tatbestand des Folgenbeseitigungsanspruchs ähnelt dem des öffentlich-rechtlichen Unterlassungsanspruchs. Einige Besonderheiten gilt es gleichwohl zu beachten.

aa) Keine spezialgesetzliche Regelung

177 Zunächst kommt der allgemeine (Vollzugs-)Folgenbeseitigungsanspruch nur dann zum Tragen, wenn es an einer spezialgesetzlichen Regelung der Folgenbeseitigung fehlt. Zu beachten sind insoweit z. B. polizeirechtliche Regelungen zur Herausgabe einer beschlagnahmten Sache nach Wegfall des Sicherstellungsgrundes (in Berlin: § 41 I 1 ASOG) oder der Anspruch auf Löschung personenbezogener Daten nach § 17 DSGVO.[310]

---

306 Baldus/Grzeszick/Wienhues, Staatshaftungsrecht, 5. Aufl. 2018, Rn. 21.
307 Mehde, Jura 2017, 783 (784).
308 Nach BGH, Urt. v. 13.7.1995, Az.: III ZR 160/94 = NJW 1995, 2918.
309 Übungsfall bei Daiber, JA 2016, 760.
310 Peine/Siegel, Allgemeines Verwaltungsrecht, 12. Aufl. 2018, § 25 Rn. 899.

Jana Himstedt

bb) Hoheitlicher Eingriff in ein subjektives Recht

Auch insoweit gilt das zum Abwehr- und Unterlassungsanspruch (Rn. 145 f.) Ge- **178**
sagt entsprechend.

Zu bemerken ist indes, dass das BVerwG in seiner neueren Rechtsprechung
gesetzesförmiges Handeln der Legislative – sprich: **verfassungswidrige Geset-**
ze – wie auch dessen vorschriftsgemäßen Vollzug durch die Exekutive explizit
vom Anwendungsbereich des Folgenbeseitigungsanspruchs ausnimmt.[311] Zur
Begründung führt das Gericht an, dass die Gewährung derartiger Ausgleichsansprüche dem Gesetzgeber selbst vorbehalten blieben müsse. Die Literatur verweist demgegenüber auf die grundrechtlichen wie rechtstaatlichen Wurzeln des
Folgenbeseitigungsanspruchs und die hieraus resultierende verfassungsrechtliche Pflicht *aller* Staatsgewalten, die rechtswidrigen Folgen ihres hoheitlichen
Handelns rückgängig zu machen.[312]

cc) Andauernder rechtswidriger Zustand

Als zentrales Merkmal des Folgenbeseitigungsanspruchs ist sodann das Vorlie- **179**
gen eines **andauernden rechtswidrigen Zustands** zu prüfen. Nur soweit die
vom Kläger gerügten tatsächlichen Umstände mit der Rechtsordnung unvereinbar
sind, liegt die oben angesprochene Unrechtslast vor. Die Rechtswidrigkeit des
vorangegangenen hoheitlichen Eingriffs ist dabei irrelevant; auch ein ursprünglich rechtmäßiger Eingriff kann rechtswidrige Folgen herbeiführen.[313]

> *Beispiel: In unserem obigen Beispiel (Rn. 174) erfolgte die Wohnungseinweisung der obdach-*
> *losen Familie ursprünglich rechtmäßig. Die befristete Verfügung verlor jedoch durch Zeitablauf*
> *ihre Legalisierungswirkung, sodass der aus ihr resultierende Zustand (tatsächliche Sachherr-*
> *schaft der Familie über die Wohnung) nunmehr rechtswidrig ist.*

Die sog. **Legalisierungswirkung des Verwaltungsakts**[314] – ein tatsächlicher **180**
Zustand entspricht dem Inhalt eines rechtswidrigen, aber wirksamen Verwaltungsakts und ist deshalb als recht*mäßig* anzusehen – gilt es vor allem nach
Eintritt der formellen Bestandskraft zu beachten. Bestehen gegen einen rechtswidrigen Verwaltungsakt wegen Ablaufs der Widerspruchs- und Klagefrist keine

---

311 BVerwG, Urt. v. 11.10.2016, Az.: 2 C 11/15 = NVwZ 2017, 481 (484).
312 So Detterbeck, NVwZ 2019, 97 (99 f.).
313 Kratzlmeier, Jura 2018, 1239 (1240); Baldus/Grzeszick/Wienhues, Staatshaftungsrecht,
5. Aufl. 2018, Rn. 53.
314 Zum Begriff Ruffert in: Ehlers/Pünder, Allgemeines Verwaltungsrecht, 15. Aufl. 2015, § 22
Rn. 20; Mehde, Jura 2017, 783 (786).

Jana Himstedt

Rechtsbehelfe mehr, kann auch keine Beseitigung seiner Folgen im Wege des Vollzugsfolgenbeseitigungsanspruchs verlangt werden. Andernfalls würde die gesetzlich angeordnete Bestandskraft von Verwaltungsakten umgangen.[315] Dieser Anspruchsausschluss ist letztlich eine Ausprägung des Grundsatzes „Primär- vor Sekundärrechtsschutz".[316]

181 Der rechtswidrige Zustand dauert an, wenn er im Zeitpunkt der **letzten mündlichen Verhandlung** vor Gericht fortbesteht.[317]

dd) Unmittelbarkeit der Eingriffsfolgen (Zurechnungszusammenhang)

182 Der Anspruch setzt außerdem voraus, dass der zu beseitigende Zustand **unmittelbare Folge** des hoheitlichen Eingriffs ist, d. h. in einem hinreichenden Zurechnungszusammenhang mit diesem steht.[318] Für diese Beurteilung bedarf es einer wertenden Betrachtung des Sachverhalts unter Heranziehung der Adäquanztheorie.[319] Probleme können sich dabei insbesondere aus dazwischentretenden Handlungen privater Dritter ergeben.[320]

> *Beispiel: Die in die Wohnung des K eingewiesene Familie (s. Rn. 174) verbleibt nicht nur über die behördliche Anordnung hinaus in der Wohnung, sondern hat überdies größere Schäden an der Einbauküche verursacht.[321]*

In derartigen Fällen kann eine Risikozurechnung zum Staat jedenfalls bei von diesem **intendiertem** und **objektiv vorhersehbarem**, also **typischem Folgeverhalten des/r Dritten**, welches der Hoheitsträger mindestens billigend in Kauf genommen hat, erfolgen.[322] Nicht vorsehen muss der veranlassende Hoheitsträger dabei insbesondere rechtswidrige Verhaltensweisen des privaten Dritten.[323]

> *Beispiel: Da die Beschädigung der Küche im obigen Beispiel nicht nur kein sozialadäquates und -typisches Verhalten der Nutzer darstellt, sondern eine rechtmäßige Wohnnutzung zudem überschreitet, kann A keine Reparatur der Küche auf Grundlage des Folgenbeseitigungsanspruchs verlangen.*

---

315 Zum Ganzen Baldus/Grzeszick/Wienhues, Staatshaftungsrecht, 5. Aufl. 2018, Rn. 55.
316 Kratzlmeier, Jura 2018, 1239 (1248).
317 Pietzko, Der materiell-rechtliche Folgenbeseitigungsanspruch, 1994, S. 303.
318 Ellerbrok, Jura 2016, 125; Daiber, JA 2016, 760 (762).
319 Eingehend Ellerbrok, Jura 2016, 125 (128 ff.).
320 Kaiser/Köster/Seegmüller, Materielles Öffentliches Recht im Assessorexamen, 4. Aufl. 2018, Rn. 58.
321 Vgl. Maurer/Waldhoff, Allgemeines Verwaltungsrecht, 19. Aufl. 2017, § 30 Rn. 18.
322 Ellerbrok, Jura 2016, 125 (131 f.).
323 Ellerbrok, Jura 2016, 125 (132).

Jana Himstedt

ee) Kein Ausschluss/Umwandlung in den „Folgenentschädigungsanspruch"

Doch selbst bei Vorliegen der vorbenannten Voraussetzungen ist der Folgenbe- 183
seitigungsanspruch in folgenden Fällen ausgeschlossen:

Die Folgenbeseitigung ist
1. **rechtlich unzulässig,**
2. **tatsächlich unmöglich** oder
3. dem Verwaltungsträger **unzumutbar.**[324]

Unzumutbarkeit liegt vor, wenn die Wiederherstellung des status quo ante mit 184
unverhältnismäßig hohem Aufwand verbunden wäre, welcher „zu dem erreichbaren Erfolg in keinem vernünftigen Verhältnis [stünde]".[325]

Folge dieses Ausschlusses ist nach wohl überwiegender Auffassung[326] aller- 185
dings *nicht*, dass der Kläger anspruchslos gestellt wird, sondern vielmehr die
Umwandlung des Folgenbeseitigungsanspruchs in einen sog. **Folgenentschädi-
gungsanspruch.** Hierfür lässt sich insbesondere der Rechtsgedanke des § 251 II 1
BGB anführen.[327] Dieser modifizierte Anspruch ist dann anders als der Folgenbeseitigungsanspruch auf eine Entschädigung des Anspruchstellers in Geld gerichtet.[328]

c) Exkurs: Die Folgenbeseitigungslast

Als spezifische Rechtsfolge des Folgenbeseitigungsanspruchs kann beim an- 186
spruchsverpflichteten Hoheitsträger eine sog. **Folgenbeseitigungslast** entstehen.[329] Insbesondere kann etwaiges Ermessen der Behörde im Verhältnis zum
Anspruchsberechtigten durch das rechtswidrige Vorverhalten des Staates auf Null
reduziert sein.

*Beispiel: Für die von A begehrte „Exmittierungsverfügung" an die Familie (s. Rn. 174) steht der
Behörde die polizeiliche Generalklausel (s. zu den polizeilichen Generalklauseln § 2 Rn. 1052ff.)
zur Verfügung. Diese räumt dem Hoheitsträger aber grundsätzlich Ermessen darüber ein, ob er*

---

324 Peine/Siegel, Allgemeines Verwaltungsrecht, 12. Aufl. 2018, § 25 Rn. 904.
325 BVerwG, Beschl. v. 12.7.2004, Az.: 7 B 86/04 = NVwZ 2004, 1511.
326 Erbguth/Guckelberger, Allgemeines Verwaltungsrecht, 9. Aufl. 2018, § 41 Rn. 10; Maurer/
Waldhoff, Allgemeines Verwaltungsrecht, 19. Aufl. 2017, § 30 Rn. 18; Peine/ Siegel, Allgemeines
Verwaltungsrecht, 12. Aufl. 2018, § 25 Rn. 904; Baldus/ Grzeszick/Wienhues, Staatshaftungsrecht,
5. Aufl. 2018, Rn. 64; Mehde, Jura 2017, 783 (789).
327 Maurer/Waldhoff, Allgemeines Verwaltungsrecht, 19. Aufl. 2017, § 30 Rn. 18.
328 Baldus/Grzeszick/Wienhues, Staatshaftungsrecht, 5. Aufl. 2018, Rn. 266 f.
329 Eingehend Blanke/Peilert, Die Verwaltung 31 (1998), 29.

im Einzelfall tätig wird (vgl. Opportunitätsprinzip). Damit die Norm in Dreieckskonstellationen einen Anspruch auf polizeiliches Einschreiten gewährt, bedarf es daher einer Ermessensreduzierung „auf Null". Diese ergibt sich hier daraus, dass der Verwaltungsträger den rechtswidrigen Zustand selbst geschaffen hat und daher ein Folgenbeseitigungsanspruch gegen ihn besteht (= Folgenbeseitigungslast).[330]

Die Folgenbeseitigungslast entsteht unabhängig von etwaigen Ausschlussgründen für den Folgenbeseitigungsanspruch,[331] also sobald die oben unter aa) – dd) genannten Voraussetzungen erfüllt sind.

d) Abschließender Überblick: Der Folgenbeseitigungsanspruch

187 <u>Grundlage:</u> §§ 12, 906, 1004 BGB analog oder Verfassungsrecht (Grundrechte, Rechtsstaatsprinzip), jedenfalls gewohnheitsrechtlich anerkannt.

<u>Voraussetzungen:</u>
1. Eingriff in ein subjektives öffentliches Recht des Klägers
2. Hoheitlichkeit des Eingriffs
3. Andauernder rechtswidriger Zustand
4. Unmittelbarkeit der Eingriffsfolgen/Zurechnungszusammenhang
5. Kein Ausschluss

<u>Rechtsfolge:</u> Anspruch auf Wiederherstellung des „*status quo ante in natura*"; bei Anspruchsausschluss „Umwandlung" des Folgenbeseitigungs- in den Folgenentschädigungsanspruch (= Geldentschädigung)

e) Literaturhinweise

188 Ausbildungsaufsätze: Mehde, Der Folgenbeseitigungsanspruch, Jura 2017, 783; Voßkuhle/Kaiser, Grundwissen – Öffentliches Recht: Der Folgenbeseitigungsanspruch, JuS 2012, 1079; vertiefend Ellerbrok, Die Grenzen der Zurechnung im Rahmen des Folgenbeseitigungsanspruchs, Jura 2016, 125 und Detterbeck, Folgenbeseitigungs- und polizeirechtlicher Ausgleichsanspruch beim Vollzug rechtswidriger Gesetze, NVwZ 2019, 97.

---

330 Vgl. BGH, Urt. v. 13.7.1995, Az.: III ZR 160/94 = NJW 1995, 2918 (2919).
331 Uerpmann-Wittzack, Examens-Repetitorium Allgemeines Verwaltungsrecht mit Verwaltungsprozessrecht, 5. Aufl. 2018, § 23 Rn. 414.

Jana Himstedt

Übungsklausuren und -hausarbeiten: Daiber, Flüchtlingsunterbringung, JA 2016, 760; Schwarz/Wendel, Hausarbeit: Bürgermeisterin bekennt Farbe – Behördlicher Aufruf zum Versammlungsboykott, ZJS 2017, 328

3. Der allgemeine öffentlich-rechtliche Erstattungsanspruch

Erstattungsansprüche richten sich im Gegensatz zu Folgenbeseitigungs- und **189** Entschädigungsansprüchen nicht auf die Beseitigung oder Kompensation eines „**Minus**" – also einer Einbuße an Rechtsgütern – beim Anspruch**steller**, sondern auf die Abschöpfung eines „**Plus**" beim Anspruchs**gegner**.[332] Ihnen kommt mithin die Funktion zu, rechtsgrundlose Vermögensverschiebungen rückabzuwickeln[333], womit sie das öffentlich-rechtliche Pendant zu den Bereicherungsansprüchen nach §§ 812ff. BGB bilden.[334]

a) Die Rückabwicklung rechtswidriger Vermögenslagen im öffentlichen Recht

Das öffentliche Recht hält hierzu vor allem den sog. **allgemeinen öffentlich-** **190** **rechtlichen Erstattungsanspruch** bereit. Auch dieser wird regelmäßig mittels der **allgemeinen Leistungsklage** durchgesetzt.[335] Dies gilt weitgehend uneingeschränkt für Ansprüche des Bürgers gegen den Staat und zwischen Hoheitsträgern untereinander. Erstattungsansprüche des Staates gegen den Bürger können jedoch nur dann im Wege der „behördlichen" Leistungsklage geltend gemacht werden, wenn der Verwaltung keine Verwaltungsaktbefugnis zusteht (zu dieser unten Rn. 209); andernfalls fehlt es der Klage am allgemeinen Rechtsschutzbedürfnis.[336]

Die **Rechtsgrundlagen** des allgemeinen öffentlich-rechtlichen Erstattungsanspruchs werden teils in einer Analogie zu den §§ 812ff. BGB gesehen;[337] überwiegend aber wird der Anspruch als eigenständiges öffentlich-rechtliches Institut anerkannt, das im Grundsatz der Gesetzmäßigkeit der Verwaltung wurzelt[338] oder

---

332 Kratzlmeier, Jura 2018, 1239 (1242).
333 Sodan/Ziekow, Grundkurs Öffentliches Recht, 8. Aufl. 2018, § 90 Rn. 9.
334 Peine/Siegel, Allgemeines Verwaltungsrecht, 12. Aufl. 2018, § 26 Rn. 914.
335 Sodan/Ziekow, Grundkurs Öffentliches Recht, 8. Aufl. 2018, § 90 Rn. 15.
336 Hartwig/Himstedt/Eisentraut, DÖV 2018, 901 (908 f.).
337 VGH München, Beschl. v. 7.11.2016, Az.: 4 ZB 15.2809 = BayVBl 2017, 276 (277).
338 BVerwG, Urt. v. 30.6.2016, Az.: 5 C 1/15 = BVerwGE 155, 357 (359); OVG Berlin-Brandenburg, Urt. v. 13.9.2016, Az.: OVG 6 B 87.15 = NJW 2017, 421 (423).

Jana Himstedt

jedenfalls gewohnheitsrechtlich anerkannt ist[339]. Da über Existenz und Voraussetzungen des Anspruchs jedoch Einigkeit besteht, bedarf dieser Streit in der verwaltungsrechtlichen Klausur keiner Entscheidung.

191 Vorrangig sind allerdings stets die gesetzlich kodifizierten Ausprägungen des Erstattungsanspruchs zu prüfen. Dazu zählt insbesondere **§ 49a I VwVfG**, der die Erstattung solcher Leistungen regelt, deren Rechtsgrundlage ein nunmehr **zurückgenommener, widerrufener** oder infolge einer **auflösenden Bedingung unwirksam** gewordener Verwaltungsakt dargestellt hat (dazu sogleich Rn. 192 ff.) Auch bestimmte Vorschriften des Beamtenrechts (§§ 12 II BBesG, 52 II BeamtVG, 84a BBG) und im Recht der Ausbildungsförderung (§ 20 BAföG) regeln die Rückabwicklung rechtsgrundlos erbrachter Leistungen bereits speziell.[340] In diesen Fällen ist der allgemeine Erstattungsanspruch als lex generalis nicht anwendbar.

b) Exkurs: § 49a I VwVfG

192 Von besonderer Bedeutung für die Rückabwicklung fehlgeschlagener Subventionen[341] – und damit eine beliebte Klausurkonstellation – ist die Rückforderungsvorschrift des § 49a I VwVfG (s. dazu bereits § 2 Rn. 989 f.). Grundsätzlich enthalten alle Landes-VwVfG entsprechende Regelungen oder dynamische Verweisungen in das Bundesrecht; Abweichungen finden sich lediglich im Hinblick auf Einzelheiten.[342]

aa) Anspruchsvoraussetzungen

193 Der Tatbestand des § 49 I 1 VwVfG setzt voraus:

1. Eine „bereits erbrachte Leistung"
2. auf Grundlage eines Verwaltungsakts
3. Rücknahme, Widerruf oder Unwirksamkeit infolge einer auflösenden Bedingung
4. mit Wirkung für die Vergangenheit (*ex tunc*).

---

339 OVG Münster, Urt. v. 16. 2. 2016, Az.: 15 A 1035/14 = NVwZ-RR 2016, 554 (LS). Eine Kombination beider Ansätze verwendet das BSG, s. Urt. v. 3. 4. 2014, Az.: B 2 U 21/12 R = BSGE 115, 247 (252).
340 Baldus/Grzeszick/Wienhues, Staatshaftungsrecht, 5. Aufl. 2018 Rn. 527.
341 Vgl. Korte, Jura 2017, 656 (663 f.); Ebeling/Tellenbröker, JuS 2014, 217 (221 f.).
342 So gilt in Bayern und Thüringen ein abweichender Zinssatz von 3 % bzw. 6 %, s. Art. 49a Abs. 3 S. 1 BayVwVfG, § 49a Abs. 3 S. 1 ThürVwVfG; in MV gilt kein Ermessen im Rahmen der Entscheidung über die Zinsfestsetzung, § 49a Abs. 3 S. 2 VwVfG M-V.

Jana Himstedt

Vorgeschlagen wird teils eine **analoge** Anwendung der Vorschrift auf Aufhe- 194
bungen mit **ex-nunc-Wirkung.**[343] Zu beachten ist, dass der Verwaltungsakt in
diesen Fällen bis zum wirksamen Zugang des Widerrufs als Rechtsgrund für die
Leistung dient.[344] Eine Erstattung ist daher überhaupt nur nötig und zulässig,
sofern die Behörde – versehentlich oder durch Verzögerungen im Verwaltungs-
ablauf – auch **nach dem wirksamen Widerruf** weiterhin an den Begünstigten
leistet. Gegen die vorgeschlagene Analogie spricht indes nicht nur der eindeutige
Wortlaut der Vorschrift, sondern auch ihre Entstehungsgeschichte.[345] Zudem
fehlt es infolge der gewohnheitsrechtlichen Anerkennung des allgemeinen öffentlich-rechtlichen Erstattungsanspruchs an der erforderlichen planwidrigen
Regelungslücke.[346] Auf letzteren ist daher bei Aufhebungen mit Wirkung für die
Zukunft zurückzugreifen.[347]

bb) Anspruchsumfang und Ausschlussgründe

Hinsichtlich des Leistungsumfangs enthält § 49a II 1 VwVfG einen Rechtsfolgen- 195
verweis auf die §§ 818, 819 BGB. In der Folge kann sich der Begünstigte grundsätzlich auf einen **Wegfall der Bereicherung** berufen. Allerdings ist der Entreicherungseinwand – strenger als im Zivilrecht – bereits bei **grob fahrlässiger
Unkenntnis** vom Aufhebungsgrund ausgeschlossen (s. § 49a II 2 VwVfG).[348]

    Modifikationen gelten insbesondere in Fällen **unionsrechtswidrig bewil-** 196
ligter Beihilfen.[349] Infolge des *effet utile* ist der Entreicherungseinwand nach
§ 49a II 2 VwVfG hier ausgeschlossen, soweit die Kommission die formelle
und materielle Unionsrechtswidrigkeit der Beihilfe (insbesondere einen Verstoß gegen Art. 107, 108 AEUV) festgestellt hat (→ Alcan-Rechtsprechung des
EuGH[350]).[351] Dies gilt unabhängig davon, ob der Begünstigte seine Unkenntnis
vom Aufhebungsgrund (grob fahrlässig) verschuldet hat. Eine andere Bewertung
dieser Fälle kommt auch im Hinblick auf die Grundsätze nach Treu und Glauben
nicht in Betracht.[352]

---

343 Sachs in: Stelkens/Bonk/Sachs, VwVfG, 9. Aufl. 2018, § 49a Rn. 16, 19.
344 Peine/Siegel, Allgemeines Verwaltungsrecht, 12. Aufl. 2018, § 26 Rn. 919.
345 Folnovic/Hellriegel, NVwZ 2016, 638 (642f.).
346 Peine/Siegel, Allgemeines Verwaltungsrecht, 12. Aufl. 2018, § 26 Rn. 917.
347 Kastner in: Fehling/Kastner/Störmer, VwVfG, 4. Aufl. 2016, § 49a Rn. 2.
348 Maurer/Waldhoff, Allgemeines Verwaltungsrecht, 19. Aufl. 2017, § 29 Rn. 35.
349 Übungsfall bei Hesse/Sacher, Jus 2017, 1015.
350 EuGH, Urt. v. 20.3.1997, Az.: C-24/95 = NJW 1998, 47.
351 Ausführlich Ruthig/Storr, Öffentliches Wirtschaftsrecht, 4. Aufl. 2015, § 9 Rn. 978 ff.
352 Gurlit in: Ehlers/Pünder, Allgemeines Verwaltungsrecht, 15. Aufl. 2016, § 35 Rn. 30.

Jana Himstedt

197 **§ 814 BGB** gilt hingegen im Rahmen des § 49a I VwVfG nicht.[353] Denn die Vorschrift schließt die Leistung schon **dem Grunde nach** aus[354] und wird von der Rechts**folgen**verweisung des § 49a II 1 VwVfG somit nicht erfasst.[355]

198 Der Anspruch verjährt in analoger Anwendung des § 195 BGB innerhalb von drei Jahren.[356]

cc) Rechtsfolge: Zwingende Festsetzung durch schriftlichen Verwaltungsakt (§ 49a I S. 2 VwVfG)

199 Bei Vorliegen der o. g. Voraussetzungen entsteht der Erstattungsanspruch **ipso iure**; der Behörde kommt bei der Festsetzung der Forderung per **schriftlichem Verwaltungsakt** kein Entschließungsermessen zu.[357] Selbst besondere Härten (z. B. eine drohende Insolvenz des Leistungsempfängers) können dem Erlass eines Rückforderungsbescheids damit nicht entgegengehalten werden.[358] Haushaltsrechtliche Mittel wie etwa eine Stundung der Leistung bleiben jedoch zulässig.[359]

c) Der allgemeine öffentlich-rechtliche Erstattungsanspruch

200 Greift der Anspruch aus § 49a I S. 2 VwVfG nicht durch, ist insbesondere auf den **allgemeinen öffentlich-rechtlichen Erstattungsanspruch** abzustellen.

aa) Mögliche Anspruchsteller

201 Dieser wird oftmals vom Staat gegen einen Bürger geltend gemacht, dem unrechtmäßig öffentliche Mittel zugewandt worden sind.[360] Möglich ist jedoch auch ein Anspruch des Bürgers gegen den Staat[361] oder zwischen zwei Hoheitsträgern untereinander.[362]

---

353 Kaiser/Köster/Seegmüller, Materielles Öffentliches Recht im Assessorexamen, 4. Aufl. 2018, Rn. 67.

354 BVerwG, Urt. v. 22.3.2017, Az.: 5 C 5/16 = NJW 2018, 568 (570).

355 Ramsauer in: Kopp/Ramsauer, VwVfG, 19. Aufl. 2018, § 49a Rn. 12.

356 BVerwG, Urt. v. 15.3.2017, Az.: 10 C 3/16 = NVwZ 2017, 969 (971); zustimmend Hebeler, JA 2018, 159 (169).

357 Sachs in: Stelkens/Bonk/Sachs, VwVfG, 9. Aufl. 2018, § 49a Rn. 26, 37.

358 Falkenbach in: Bader/Ronellenfitsch, VwVfG, 43. Ed., Stand: 1.4.2019, § 49a Rn. 23.

359 OVG Magdeburg, Beschl. v. 19.5.2015, Az.: 3 L 207/13, juris Rn. 17; Sachs in: Stelkens/Bonk/Sachs, VwVfG, 9. Aufl. 2018, § 49a Rn. 37.

360 Baldus/Grzeszick/Wienhues, Staatshaftungsrecht, 5. Aufl. 2018 Rn. 524.

361 z. B. OVG Lüneburg, Urt. v. 18.2.2016, Az.: 1 LC 28/12 = DVBl 2016, 983 – Erstattungsanspruch wegen Nichtigkeit eines städtebaulichen (Folgekosten-)Vertrags; OVG Berlin-Brandenburg, Urt. v.

bb) Anspruchsvoraussetzungen

Der Anspruch besteht dann, wenn im Rahmen einer **öffentlich-rechtlichen** 202
Rechtsbeziehung eine **rechtsgrundlose Vermögensverschiebung** stattgefunden hat und **kein Anspruchsausschluss** vorliegt.

(1) Vermögensverschiebung

Zunächst muss ein **Vermögenszuwachs beim Anspruchsgegner** eingetreten 203
sein, der **unmittelbar** und gleichsam **„spiegelbildlich"** mit einer **Vermögensschmälerung beim Anspruchssteller** einherging.[363] Zwischen Leistungs- und sonstigen Kondiktionen muss dabei anders als im Zivilrecht nicht kategorisch unterschieden werden.[364]

(2) In einer öffentlich-rechtlichen Rechtsbeziehung

Dies muss im Rahmen einer **öffentlich-rechtlichen Rechtsbeziehung** geschehen sein; andernfalls greift unmittelbar das privatrechtliche Kondiktionsrecht 204
der §§ 812 ff. BGB (s. § 1 Rn. 184).[365] Maßgeblich ist hierbei die (auch nur vermeintliche) öffentlich-rechtliche Natur des Rechtsgrundes (sog. Kehrseitentheorie).[366] Insbesondere bei Zahlungen auf Grundlage eines verwaltungsaktförmigen Bewilligungsbescheids besteht insoweit kein Problem.

Schwieriger kann indes die Zuordnung **fehlgeleiteter Zahlungen an Dritte** 205
zum öffentlichen Recht sein.

Beispiel: Einen klassischen Problemfall bildet insoweit die Rückforderung von Beihilfeleistungen, die an den Erben eines Beamten ausgezahlt wurden.[367] Der zahlende Dienstherr steht hier zwar in einer öffentlich-rechtlichen Sonderverbindung zum Beamten selbst, nicht aber zu dessen Erben als tatsächlichem Leistungsempfänger. Aus diesem Grund geht eine Ansicht hier

---

10.7.2017, Az.: OVG 2 B 7.16 = NVwZ 2018, 271 (LS) – Erstattungsanspruch nach rechtswidriger Heranziehung zu sanierungsrechtlichem Ausgleichsbetrag nach § 154 I S. 1 BauGB.

362 z.B. OVG Lüneburg, Urt. v. 1.12.2016, Az.: 2 LC 260/15 = NdsVBl 2017, 180 – Erstattungsanspruch eines Landes gegen kommunalen Schulträger für Schulbuchkosten.

363 Kaiser/Köster/Seegmüller, Materielles Öffentliches Recht im Assessorexamen, 4. Aufl. 2018, Rn. 64.

364 Baldus/Grzeszick/Wienhues, Staatshaftungsrecht, 5. Aufl. 2018 Rn. 531.

365 Erbguth/Guckelberger, Allgemeines Verwaltungsrecht, 9. Aufl. 2018, § 42 Rn. 3.

366 Peine/Siegel, Allgemeines Verwaltungsrecht, 12. Aufl. 2018, § 26 Rn. 923.

367 Erbguth/Guckelberger, Allgemeines Verwaltungsrecht, 9. Aufl. 2018, § 42 Rn. 3; Aktuelles Beispiel auch bei BGH, Urt. vom 31.1.2018, Az.: VIII ZR 39/17 = NJW 2018, 1079 – Erstattungsanspruch des Jobcenters für an den Vermieter des Leistungsempfängers geleistete Mietzahlungen, wobei der BGH einen zivilrechtlichen Erstattungsanspruch annahm.

Jana Himstedt

von einer privatrechtlichen Rechtsbeziehung aus. Andererseits erfolgte die Zahlung auf der Grundlage öffentlich-rechtlicher Vorschriften (Beihilfenrecht) und mit einem öffentlichen Leistungszweck, was für eine Einordnung als öffentlich-rechtlich streitet.[368] *Für diese Lösung spricht auch, dass so eine Verhandlung von Leistungs- und Rückforderungsanspruch auf verschiedenen Rechtswegen vermieden wird.*[369]

(3) Ohne Rechtsgrund

206 Ferner muss die Vermögensverschiebung rechtsgrundlos (sine causa) erfolgt sein.[370] In Betracht kommen insoweit vor allem die anfängliche oder nachträgliche Unwirksamkeit eines Verwaltungsakts (soweit nicht schon ein Fall des § 49a I VwVfG vorliegt) oder eines öffentlich-rechtlichen Vertrags.[371]

cc) Anspruchsumfang und Ausschlussgründe

207 Der öffentlich-rechtliche Erstattungsanspruch richtet sich grundsätzlich auf eine Herausgabe „des Erlangten" in natura wie auch zwischenzeitlich gezogener Nutzungen.[372] Eine differenzierende Betrachtung ist jedoch bei der Frage geboten, ob der Anspruchsgegner sich nach dem Rechtsgedanken des § 818 Abs. 3 BGB auf einen **Wegfall der Bereicherung** berufen kann. Für den Staat als Schuldner widerspräche dies bereits der Gesetzmäßigkeit der Verwaltung und wird folglich verneint.[373] Aber auch wenn sich der Erstattungsanspruch gegen einen Bürger richtet, ist der Entreicherungsweinwand nach überwiegender Ansicht ausgeschlossen.[374] Zwar ließe sich zugunsten eines möglichen Entreicherungseinwands anführen, dass auch die spezialgesetzlich normierten Erstattungsansprüche regelmäßig auf § 818 Abs. 3 BGB verweisen.[375] Doch gewährt im öffentlichen Recht bereits die erschwerte Aufhebbarkeit begünstigender Verwaltungsakte (vgl. § 48 II, § 49 II, III VwVfG) hinreichenden Vertrauensschutz, soweit die Leistung auf vorheriger Bewilligung durch Verwaltungsakt beruht.[376] Auch im Übrigen übernimmt das verfassungsrechtlich verankerte Institut des Vertrauensschutzes

---

368 S. insgesamt Erbguth/Guckelberger, Allgemeines Verwaltungsrecht, 9. Aufl. 2018, § 42 Rn. 3.
369 Kaiser/Köster/Seegmüller, Materielles Öffentliches Recht im Assessorexamen, 4. Aufl. 2018, Rn. 65 m.w. N.
370 Peine/Siegel, Allgemeines Verwaltungsrecht, 12. Aufl. 2018, § 26 Rn. 925.
371 Baldus/Grzeszick/Wienhues, Staatshaftungsrecht, 5. Aufl. 2018 Rn. 535 f.
372 Sodan/Ziekow, Grundkurs Öffentliches Recht, 8. Aufl. 2018, § 90 Rn. 13.
373 Maurer/Waldhoff, Allgemeines Verwaltungsrecht, 19. Aufl. 2017, § 29 Rn. 35.
374 Peine/Siegel, Allgemeines Verwaltungsrecht, 12. Aufl. 2018, § 26 Rn. 926.
375 Baldus/Grzeszick/Wienhues, Staatshaftungsrecht, 5. Aufl. 2018 Rn. 543.
376 Maurer/Waldhoff, Allgemeines Verwaltungsrecht, 19. Aufl. 2017, § 29 Rn. 35.

Jana Himstedt

im öffentlichen Recht die Funktion des Entreicherungseinwands im Privatrecht; für letzteren bleibt im Rahmen des öffentlich-rechtlichen Erstattungsanspruchs folglich kein Raum.[377]

Der Anspruch verjährt in analoger Anwendung der §§ 195, 199 I BGB innerhalb **208** von drei Jahren.[378]

dd) Durchsetzung mittels Verwaltungsakts (Verwaltungsaktbefugnis)

Eine **Verwaltungsaktbefugnis** bei der Durchsetzung des Erstattungsanspruchs **209** bejaht die Rechtsprechung auch ohne spezielle gesetzliche Ermächtigung (wie sie etwa § 49a I 2 VwVfG bereithält), wenn

1. ein öffentlich-rechtliches **Subordinationsverhältni**s zwischen den Parteien besteht[379] oder

2. die rückabzuwickelnde Vermögensverschiebung ihrerseits durch Verwaltungsakt festgesetzt wurde (sog. *actus-contrarius-* oder **Kehrseitentheorie**).[380]

Anderer Ansicht sind Teile der Literatur, die hier stets eine besondere formellgesetzliche Ermächtigung zu der belastenden Handlungsform des Verwaltungsakts verlangen.[381]

d) Abschließender Überblick: Der allgemeine öffentlich-rechtliche Erstattungsanspruch

<u>Anspruchsgrundlage:</u> §§ 812 ff. BGB analog oder Grundsatz der Gesetzmäßigkeit **210** der Verwaltung (Art. 20 Abs. 3 GG), jedenfalls gewohnheitsrechtlich anerkannt

<u>Voraussetzungen:</u>
1. Vermögensverschiebung
2. In einer öffentlich-rechtlichen Rechtsbeziehung
3. Ohne Rechtsgrund
4. Kein Ausschluss (insbes. Wegfall der Bereicherung)

<u>Rechtsfolge:</u> Anspruch auf Herausgabe des Erlangten „in natura" einschließlich gezogener Nutzungen

---

377 Baldus/Grzeszick/Wienhues, Staatshaftungsrecht, 5. Aufl. 2018 Rn. 543.
378 Erbguth/Guckelberger, Allgemeines Verwaltungsrecht, 9. Aufl. 2018, § 42 Rn. 10.
379 Erbguth/Guckelberger, Allgemeines Verwaltungsrecht, 9. Aufl. 2018, § 42 Rn. 11.
380 Hierzu mit praktischem Fall Pünder, JA 2004, 467 (468).
381 So Gurlit in: Ehlers/Pünder, Allgemeines Verwaltungsrecht, 15. Aufl. 2016, § 35 Rn. 32; Peine/Siegel, Allgemeines Verwaltungsrecht, 12. Aufl. 2018, § 26 Rn. 927.

Jana Himstedt

e) Literaturhinweise

211 Ausbildungsaufsätze: Stangl, Der öffentlich-rechtliche Erstattungsanspruch; Korte, Grundlagen des Subventionsrechts, Jura 2017, 656; vertiefend Hebeler, Verjährung öffentlich-rechtlicher Erstattungsansprüche, JA 2018, 159.

Übungsklausuren und -hausarbeiten: Hesse/Sacher, Referendarexamensklausur – Öffentliches Recht: Europarecht und Verwaltungsrecht – Die Beihilfe als blinder Passagier, JuS 2017, 1015; Groh, Der praktische Fall – Die vorläufige Weinhilfe, VR 2005, 349.

4. Ausgleich für Inhalts- und Schrankenbestimmungen (Art. 14 I S. 2 GG)

212 Schließlich können mittels verwaltungsgerichtlicher Leistungsklage Streitigkeiten über „das Bestehen und die Höhe eines Ausgleichsanspruchs im Rahmen des Artikels 14 Abs. 1 Satz 2 des Grundgesetzes" zur Verhandlung gebracht werden. Gemeint ist der **finanzielle Ausgleich sog. Inhalts- und Schrankenbestimmungen.**[382]

213 Inhalts- und Schrankenbestimmungen (Art. 14 I 2 GG) sind **abstrakt-generell** formulierte Nutzungsbeschränkungen des Eigentums[383] und insoweit von Enteignungen (Art. 14 III GG), die auf den Entzug **konkreter** Eigentumspositionen zum Zwecke der öffentlichen Güterbeschaffung gerichtet sind,[384] abzugrenzen. Bei der Ausgestaltung derartiger Bestimmungen hat der Gesetzgeber insbesondere den Grundsatz der Verhältnismäßigkeit zu beachten.[385] Dies kann prinzipiell auch dadurch geschehen, dass er **atypische, unzumutbare Härtefälle**, die im Einzelfall durch die Regelung eintreten können, durch **finanzielle Leistungen kompensiert.**[386]

> Beispiel:[387] *K ist Eigentümer einer forstwirtschaftlich genutzten Grundfläche, die sich innerhalb eines Naturschutzgebiets befindet und einen wesentlichen Teil seiner Lebensgrundlage bildet. Ab 2013 wird in letzterem der Elbebiber ansässig. Dessen Bauten und Dämme führen nach und nach zu Vernässungen der Landschaft, welche die Holzproduktion auf den Flächen des K schließlich gänzlich unmöglich machen. Als K bereits erwägt, die Biberdämme teilweise zu öffnen, um die Überschwemmung zu mindern, erlässt die zuständige Naturschutzbehörde eine*

---

382 Eingehend zur Abgrenzung zwischen Inhalts- und Schrankenbestimmung Jasper, DÖV 2014, 872 (872 f.). Da die Rechtsprechung weitgehend auf eine Abgrenzung verzichtet, kann dies auch **in der Klausur unterbleiben**, zumal beides meist zusammentrifft, s. Kingreen, Jura 2016, 390 (396).

383 Schmidt am Busch/Nischwitz, GewArch 2018, 284 (286).

384 BVerfG, Urt. v. 6.12.2016, Az.: 1 BvR 2821/11, 1 BvR 321/12, 1 BvR 1456/12 = NJW 2017, 217 (224).

385 BVerfG, Urt. v. 6.12.2016, Az.: 1 BvR 2821/11, 1 BvR 321/12, 1 BvR 1456/12 = NJW 2017, 217 (226).

386 Ossenbühl/Cornils, Staatshaftungsrecht, 6. Aufl. 2013, S. 112 f.

387 Nach BVerwG, Urt. v. 17.5.2018, Az.: 4 C 2/17 = NVwZ-RR 2018, 722.

Jana Himstedt

ordnungsbehördliche Verfügung an ihn, die ihn verpflichtet, jegliche Öffnungen, Beseitigungen oder anderweitige Beeinträchtigungen der Biberdämme zu unterlassen. In der Begründung des Bescheides verneint die Behörde auch – zu Recht – Ansprüche des K auf Erteilung einer naturschutzrechtlichen Befreiung von diesem Eingriffsverbot. K möchte nun wenigstens Entschädigung für die Unnutzbarkeit seiner Fläche infolge des geltenden Naturschutzrechts.

a) Anspruchsvoraussetzungen

In derartigen Fällen kann der unzumutbar betroffene Bürger unter den folgenden Voraussetzungen Zahlungsansprüche geltend machen: **214**

aa) Gesetzliche Ausgleichsregelung

Zunächst bedarf es einer speziellen **formell-gesetzlichen Ausgleichsregelung**, welche in der Klausur die **Anspruchsgrundlage** bildet. Beispiele solcher finden sich insbesondere in § 42 BImSchG,[388] § 68 I BNatSchG,[389] § 74 II 3 VwVfG[390] und vor allem auch den Denkmalschutzgesetzen der Länder.[391] **215**

Ohne eine derartige Norm besteht grundsätzlich kein Ausgleichsanspruch; insbesondere richterrechtlich begründete Entschädigungen sind unzulässig.[392] Vielmehr muss sich der Betroffene, der die ausgleichs*lose* Inhalts- und Schrankenbestimmung in seinem Fall für unverhältnismäßig hält, gegen diese selbst oder auf ihrer Grundlage ergangene Rechtsakte wenden, anstatt das Sonderopfer monetär zu liquidieren (**kein „dulde und liquidiere!"**). Insoweit gilt also der Vorrang des Primärrechtsschutzes. Ist auch dieser (ausnahmsweise) nicht möglich, kommt schließlich ein Anspruch des Betroffenen aus enteignungsgleichem Eingriff in Betracht (dazu § 11 Rn. 90 ff.).[393] **216**

Im Beispiel aus Rn. 212 könnte K seinen Anspruch auf § 68 I BNatSchG stützen.

bb) Verfassungsmäßigkeit der Regelung

Die anspruchsbegründende Norm darf zudem nicht unwirksam, also insbesondere nicht verfassungswidrig sein. Hierbei gilt zu beachten, dass das BVerfG für die verfassungsrechtliche Zulässigkeit von Inhalts- und Schrankenbestimmungen **besondere Maßstäbe** entwickelt hat: **217**

---

388 Jarass in: Jarass, BImSchG, 12. Aufl. 2017, § 42 Rn. 3.
389 Gellermann in: Landmann/Rohmer, 89. EL Februstar 2019, BNatSchG, § 68 Rn. 4.
390 Krohn, DVBl 2017, 278 (279).
391 Etwa § 16 Denkmalschutzgesetz Berlin.
392 Grzeszick in: Ehlers/Pünder, Allgemeines Verwaltungsrecht, 15. Aufl. 2015, § 45 Rn. 53.
393 Zum Ganzen Baldus/Grzeszick/Wienhues, Staatshaftungsrecht, 5. Aufl. 2018 Rn. 442 f.

So darf der finanzielle Ausgleich für eine belastende Maßnahme nur **im Ausnahmefall** und subsidiär zu Ausnahme-, Befreiungs- und Ausgleichsregelungen in Betracht gezogen werden (**Vorrang des Bestandsschutzes** vor dem Wertschutz).[394] Zudem muss die formell-gesetzliche Entschädigungsregelung **hinreichend bestimmt** sein und **verfahrensrechtlich gewährleisten**, dass die Behörde gleichzeitig mit dem eigentumsverkürzenden Verwaltungsakt auch über die finanzielle Kompensation zumindest dem Grunde nach mitentscheidet.[395]

218 Examenswissen: Die verfassungsrechtliche Prüfung formeller Gesetze ist eigentlich der Verfassungsgerichtsbarkeit vorbehalten. Die in der verwaltungsrechtlichen Klausur angerufenen *Verwaltungs*gerichte müssten die Frage nach der Vereinbarkeit mit dem Grundgesetz insofern dem BVerfG vorlegen (Art. 100 I GG). Im Rahmen einer Klausur wird aber regelmäßig ein umfassendes Rechtsgutachten gefordert, sodass auch die Frage der Verfassungsmäßigkeit gesetzlicher Anspruchs- und Eingriffsgrundlagen mit erörtert werden muss.[396]

219 Genügt die Regelung den verfassungsrechtlichen Anforderungen nicht, ist sie rechtswidrig und nach dem rechtsstaatlichen Nichtigkeitsdogma[397] unwirksam. Der Kläger hat dann keinen Entschädigungsanspruch – jedoch gelten auch die Eigentumsschranken nicht, die mit diesem ausgeglichen werden sollten.

cc) Tatbestand der Ausgleichsregelung

220 Der dann zu prüfende Tatbestand richtet sich nach der **jeweiligen Ausgleichsvorschrift.** Er setzt – dem Zweck der finanziellen Kompensation entsprechend – oftmals die Unzumutbarkeit der Eigentumsbelastung voraus (so etwa § 68 I BNatSchG), dass also die Grenze der Sozialpflichtigkeit derart überschritten wird, dass für den privatnützigen Gebrauch des Eigentums oder eine Verfügung darüber kein Raum mehr bleibt.[398] Dies ist regelmäßig der Fall, wenn eine bisherige Nutzungsmöglichkeit ausgeschlossen oder wesentlich eingeschränkt wird, die sich nach Lage der Dinge objektiv anbietet oder gar aufdrängt.[399]

Beispiel: Nach diesen Maßstäben kann man eine Unzumutbarkeit im Beispiel aus Rn. 213 bejahen. Zwar steigert die Wertung des Art. 20a GG grundsätzlich das Ausmaß der Sozialbindung des Eigentums für solche Flächen, die für die natürlichen Lebensgrundlagen und die

---

394 Jarass, NJW 2000, 2841 (2842).
395 S. insgesamt Erbguth/Guckelberger, Allgemeines Verwaltungsrecht, 9. Aufl. 2018, § 39 Rn. 27.
396 So beispielsweise in Falllösungen bei: Eisele/Hyckel, VR 2016, 129 (136 f.); Schmidt am Busch/Nischwitz, GewArch 2018, 284 (285).
397 Eingehend Zimmermann, JA 2018, 249.
398 BVerwG, Urt. v. 16.3.2006, Az.: 4 A 1075/04 = NVwZ-Beil. 2006, 1 (37).
399 BVerwG, Urt. v. 15.2.1990, Az.: 4 C 47/89 = NJW 1990, 2572 (2574).

Jana Himstedt

Tiere von besonderer Bedeutung sind.[400] *Zudem wurde hier keineswegs staatlicherseits die Beschaffenheit des Grundstücks verändert, sondern diese wandelte sich selbständig zum Negativen, was grundsätzlich der natürlichen Situationsgebundenheit von Grundeigentum entspricht. Die Behörde verbietet K lediglich, in diesen status quo einzugreifen (Beseitigung der Biberbauten). Da für K aber ohne einen entsprechenden Eingriff die bisher tatsächlich ausgeübte forstwirtschaftliche Nutzungsmöglichkeit vollständig ausgeschlossen ist, die überdies einen wesentlichen Teil seiner Lebensgrundlage bildet, und auch eine privatwirtschaftliche Veräußerung des Grundstücks wegen der Unnutzbarkeit der Flächen ausscheiden dürfte, ist hier von einer Überschreitung der Grenzen der Sozialpflichtigkeit auszugehen.*

b) Anspruchsumfang

Bei der Angemessenheit der Entschädigungshöhe ist zu berücksichtigen, dass grundsätzlich allein der unzumutbare Teil der Regelung durch den Gesetzgeber kompensiert werden muss, nicht aber die volle Belastung[401]. **221**

c) Literaturhinweise

Muckel, Eigentumsgarantie: Ausgleichspflichtige Inhalts- und Schrankenbestimmung, JA 2012, 314; Kingreen, Die Eigentumsgarantie (Art. 14 GG), Jura 2016, 390. **222**

V. Die allgemeine Leistungsklage im Polizei- und Ordnungsrecht (Nikolas Eisentraut)

Die allgemeine Leistungsklage spielt auch im allgemeinen Polizei- und Ordnungsrecht (s. einführend zum Polizei- und Ordnungsrecht § 2 Rn. 1008 ff.) eine zentrale Rolle. Dies liegt darin begründet, dass die Polizei- und Ordnungsbehörden nicht nur auf die Handlungsform des Verwaltungsakts zurückgreifen, sondern auch im **Realbereich** handeln (Realakte). **223**

Nicht als Verwaltungsakt qualifiziert, sondern dem Realbereich des Handelns der Verwaltung zugeordnet werden insbesondere **Warnungen** (etwa die Gefährderansprache[402] bzw. das Gefährderanschreiben[403]), **Datenerhebung und -ver-** **224**

400 BVerfG, Beschl v. 10.10.1997, Az.: 1 BvR 310/84 = NJW 1998, 367.
401 Baldus/Grzeszick/Wienhues, Staatshaftungsrecht, 5. Aufl. 2018 Rn. 430, 438.
402 Dazu Hebeler, NVwZ 2011, 1364 (1365); eine Falllösung zur Problematik findet sich bei Hebeler/Spitzlei, JA 2019, 282.
403 Götz/Geis, Allgemeines Polizei- und Ordnungsrecht, 16. Aufl. 2017, § 12 Rn. 5; Schoch, in: Schoch, Besonderes Verwaltungsrecht, 2018, Kapitel 1 Rn. 229.

arbeitung, heimliche informationelle Eingriffe und die unmittelbare Ausführung von Maßnahmen.[404]

Zwei Fallkonstellationen können unterschieden werden:

225 Zum einen kann es um die Geltendmachung eines Anspruchs auf polizeiliches Einschreiten in Form eines Realakts gehen. In diesem Fall wäre die allgemeine Leistungsklage statthaft.

Beispiel: Schiedsrichter S wendet sich eine Woche vor einem brisanten Derby an die Polizei. Er möchte, dass die Polizei einen Brief an den in der Ultra-Szene bekannten U aufsetzt, in dem sie U „nahelegt", sich beim Derby an keinerlei gewalttätigen Aktivitäten zu beteiligen. Einen solchen Anspruch könnte S mit der allgemeinen Leistungsklage verfolgen, wobei näher geklärt werden müsste, ob S überhaupt klagebefugt ist und ob ihm ein solcher Anspruch auf ein Gefährderanschreiben materiell-rechtlich überhaupt zustehen kann.

226 Zum anderen kann der Kläger begehren, dass die Polizei oder Ordnungsbehörde einen Realakt unterlässt. In diesem Fall wäre die allgemeine Leistungsklage in Form der (ggf. vorbeugenden) Unterlassungsklage einschlägig.

Beispiel: Auf der Hamburger Reeperbahn werden Überwachungskameras aufgestellt. Dies führt dazu, dass der an der Reeperbahn ansässige A stets dabei gefilmt wird, wenn er seine Wohnung betritt und wieder verlässt. Da die Videoüberwachung als Realakt zu qualifizieren ist (keine Regelungswirkung), kann A einen Unterlassungsanspruch mittels der allgemeinen Leistungsklage verfolgen.

227 Hat sich der Realakt hingegen bereits erledigt, insbesondere durch Zeitablauf, kommt nur noch die allgemeine Feststellungsklage in Betracht (s. dazu näher § 6 Rn. 46).

Beispiel: Im Beispiel aus Rn. 226 haben die Ordnungsbehörden die Überwachungskameras nach Anwohnerbeschwerden wieder abgebaut. A will dennoch wissen, ob die Überwachung rechtmäßig war. Ein Unterlassungsanspruch führte ins Leere, weil die Überwachung nicht mehr gegenwärtig ist. Mittels der allgemeinen Feststellungsklage kann A jedoch sein Rechtsschutzziel verfolgen.

1. Anspruch auf polizeiliches Realhandeln

228 Macht der Kläger einen Anspruch auf polizeiliches Realhandeln geltend, gilt in der Prüfungsstruktur das zur Verpflichtungsklage Ausgeführte (s. näher dazu § 3 Rn. 122 ff.): Zunächst muss die Anspruchsgrundlage ermittelt werden, bevor

---

404 Götz/Geis, Allgemeines Polizei- und Ordnungsrecht, 16. Aufl. 2017, § 12 Rn. 1.

Nikolas Eisentraut

sodann zu prüfen ist, ob auch die formellen und materiellen Voraussetzungen für den Anspruch vorliegen.

2. Anspruch auf Unterlassung polizeilichen Realhandelns

Macht der Kläger einen Anspruch auf Unterlassung polizeilichen Realhandelns 229 geltend, muss der **öffentlich-rechtliche Unterlassungsanspruch** geprüft werden (s. zu den Voraussetzungen näher Rn. 134 ff.). Inzident muss dabei die Rechtmäßigkeit des polizei- bzw. ordnungsbehördlichen Handels überprüft werden.

In der Prüfungsstruktur eines Realakts ergibt sich im Grundsatz nichts Ab- 230 weichendes gegenüber der Rechtmäßigkeitsprüfung eines Verwaltungsakts.[405] Es ist mithin zu untersuchen, ob die Behörde ermächtigt ist, einen Realakt vorzunehmen und ob der Realakt den formellen und materiellen Rechtmäßigkeitsvoraussetzungen genügt (s. dazu näher § 6 Rn. 108 ff.).

Im Detail ergeben sich indes Abweichungen zur Rechtmäßigkeitsprüfung 231 eines Verwaltungsakts. So muss bei der Frage der Ermächtigungsgrundlage diskutiert werden, ob eine solche für Realakte überhaupt erforderlich ist. Bei im Polizei- und Ordnungsrecht typischerweise auftretenden eingreifenden Maßnahmen wird diese Frage meistens zu bejahen sein.

Examenswissen: Auch für die offene, also für den Betroffenen erkennbare Videoüberwachung, 232 bei der auch keine Aufzeichnung stattfindet, bejaht die überwiegende Ansicht einen Eingriff in das Grundrecht auf informationelle Selbstbestimmung (Art. 2 I i.V. m. 1 I GG).[406]

Weiterhin ergeben sich in formeller Hinsicht Abweichungen, weil das VwVfG auf 233 Realakte nicht anwendbar ist.

In materieller Hinsicht ist sodann in Entsprechung zum Verwaltungsakt zu 234 prüfen, ob der Realakt den Tatbestand der Ermächtigungsgrundlage erfüllt und von dessen Rechtsfolge gedeckt ist.

Beispiel: Eine auf die polizeiliche Generalklausel gestützte Gefährderansprache muss deren bereits in § 2 Rn. 1081 ff. ausführlich dargelegten Voraussetzungen entsprechen. Es bedarf also einer Gefahr für die öffentliche Sicherheit und Ordnung und der Inanspruchnahme des richtigen Adressaten. Schließlich darf die Behörde nicht ermessensfehlerhaft gehandelt haben.

---

405 Kingreen/Poscher, Polizei- und Ordnungsrecht mit Versammlungsrecht, 10. Aufl. 2018, § 27 Rn. 1.
406 Waldhoff, JuS 2013, 94 (95).

Nikolas Eisentraut

VI. Die allgemeine Leistungsklage im Kommunalrecht (Sebastian Piecha)

235 Im Kommunalrecht kommt die allgemeine Leistungsklage dann in Betracht, wenn das begehrte **Handeln oder Unterlassen** der Kommune **keinen Verwaltungsakt** darstellt.

1. Kommunalverfassungsstreit in Leistungssituationen

236 Ein Klassiker in der kommunalrechtlichen Klausur ist der sog. **Kommunalverfassungsstreit**, den es sowohl in Leistungs- als auch Feststellungssituationen gibt (s. daher auch § 6 Rn. 186 ff.). Im Folgenden werden erst einige einleitenden Worte zu dem Begriff verloren, bevor auf die Prüfung von Zulässigkeit und Begründetheit eingegangen wird.

237   Beim sog. **Kommunalverfassungsstreit** handelt es sich nicht um eine weitere Klageart, sondern um spezielle Konstellationen in Leistungs- oder Feststellungsklagen,[407] die Auseinandersetzungen zwischen Organen oder Organteilen einer kommunalen Gebietskörperschaft (Gemeinde, Kreis) wegen der Wahrnehmung oder einer möglichen Verletzung der ihnen als solchen zustehenden Kompetenzen zum Gegenstand haben.[408] Der Begriff „Verfassung" meint hier die kommunale Binnenorganisation im Sinne des *Kommunal*verfassungsrechts (dazu näher § 2 Rn. 1268).[409]

238 Hausarbeits-/Examenswissen: Früher wurde teilweise in der Rechtsprechung vertreten, dass sich der Kommunalverfassungsstreit als „**Klage sui generis**" nicht in die in der VwGO vorgesehenen Klagearten einordnen lasse, da es um die Rechtsbeziehungen innerhalb einer Kommune handele.[410] Diese Ansicht ist zwar mittlerweile veraltet, sollte aber gerade in Hausarbeiten oder Examensklausuren angesprochen und im Ergebnis abgelehnt werden.

239 Beim Kommunalverfassungsstreit unterscheidet man terminologisch zwischen einem *Inter*- und *Intraorganstreit:* Dabei können *verschiedene* kommunale Organe **(Interorganstreit)** (z. B. Bürgermeister und Rat) oder Teile *desselben* Organs (z. B. Ratsfraktion und Ratsmitglied) miteinander streiten (**Intraorganstreit**).

---

407 BVerwG, Urt. v. 26.1.1996, Az. 8 C 19/94 = BVerwGE 100, 262.
408 Otto, ZJS 2015, 382 m.w.N.
409 Burgi, Kommunalrecht, 6. Aufl. 2019, § 14 Rn. 7.
410 Maßgeblich: OVG Münster, Urt. v. 4.4.1962, Az. III A 1122/61 = OVGE 17, 261 (263); Urt. v. 2.2. 1972, Az. III A 887/69 = OVGE 27, 258 (260).

a) Zulässigkeit

In der **Zulässigkeit** ist dann insbesondere bei der **Eröffnung des Verwal-** 240
tungsrechtsweges nach § 40 I VwGO zu erörtern: Es handelt sich mangels doppelter Verfassungsunmittelbarkeit jedenfalls um eine „Streitigkeit nichtverfassungsrechtlicher Art", da nicht zwei Staatsorgane um Verfassungsrecht streiten,
sondern Verwaltungsorgane um Kompetenzen nach dem Verwaltungsrecht (hier:
Kommunalrecht).

Hausarbeits-/Examenswissen: Nach der früher vertretenen **Impermeabilitätstheorie** wa- 241
ren solche Streitigkeiten nicht justiziabel, da es sich um bloßes Innenrecht der Kommune handele.[411] Diese Ansicht ist zwar erwähnen, jedoch im Ergebnis abzulehnen, da die Prüfung sonst
schon an dieser Stelle vorbei wäre und hilfsgutachterliche Ausführungen der restlichen Klausur-
oder Hausarbeitsprobleme regelmäßig nicht gewollt sein können.

Die **statthafte Klageart** richtet sich nach den allgemeinen Vorschriften (s. aus- 242
führlich § 1 Rn. 222 ff.). Der Kommunalverfassungsstreit ist nach ganz h. M.
keine eigene Klageart (s. Rn. 237). Die **Leistungsklage** ist dann statthaft,
wenn ein Handeln oder Unterlassen verlangt wird. Wird hingegen die Feststellung
der Rechtmäßigkeit oder Rechtswidrigkeit einer Handlung eines Organs oder
Organteils begehrt, so ist die **Feststellungsklage** statthaft (s. dazu näher
§ 6 Rn. 186 ff.).

Bei der **Klagebefugnis** muss nach § 42 II VwGO analog erörtert werden, ob die 243
Möglichkeit der **Verletzung organschaftlicher Rechte** (Innen- bzw. Binnen-
recht) des Klägers besteht. Es muss also die Möglichkeit der Verletzung etwa von
(**subjektiven**) Mitwirkungs- oder Beteiligungsrechten des betreffenden Organs
gegeben sein, der Kläger benötigt also eine sog. *wehrfähige Innenrechtsposi-*
tion. Diese kann sich dabei aus dem jeweiligen Kommunalverfassungsrecht, einer
Satzung oder einer Geschäftsordnung der jeweiligen Kommune ergeben.[412] Die
Möglichkeit und das verletzte Recht sollten dabei hier kurz zumindest benannt
werden. Die Berufung auf Grundrechte ist jedoch unzulässig.[413] Die *objektive*
Rechtmäßigkeitsprüfung einzelner Maßnahmen, etwa ob die Satzung oder
Geschäftsordnung ihrerseits rechtmäßig ist, kann nur im Rahmen einer **Nor-**
menkontrolle nach § 47 VwGO überprüft werden (dazu näher § 7 Rn. 119 ff.).

Auch ist die **Beteiligtenfähigkeit** der streitenden Organe oder Organteile 244
nach § 61 VwGO ausdrücklich zu erörtern: Diese folgt aus **§ 61 Nr. 2 VwGO**, da

---

411 Ausführlich Rupp, Grundfragen der heutigen Verwaltungsrechtslehre, 1965, S. 19 ff.
412 Burgi, Kommunalrecht, 6. Aufl. 2019, § 14 Rn. 13.
413 BVerfG, Beschl. v. 10.7.1991, Az. 2 BvE 3/91 = BVerfGE 84, 290 (299); BVerfG, Urt. v. 20.7.1998,
Az. 2 BvE 2/98 = BVerfGE 99, 19 (29).

Sebastian Piecha

danach die Beteiligtenfähigkeit bei Kollegialorganen (Rat) von der Fähigkeit zur Inhaberschaft des geltend gemachten Rechtes abhängt bzw. bei Einzelorganen (wenn es das Organ des Bürgermeisters oder klagende Organteile und Ratsmitglieder betrifft) aus **§ 61 Nr. 2 VwGO analog.**[414] § 61 Nr. 1 VwGO ist nicht anwendbar, da es hierbei um die persönliche Rechtsstellung der natürlichen und juristischen Personen, sondern die Geltendmachung von Organrechten geht. Gleiches gilt für § 61 Nr. 3 VwGO, da hierbei nicht Behörden nach außen für die Kommune handeln.

245 Die Herleitung der **Prozessfähigkeit** beim Kommunalverfassungsstreit ist umstritten: Teilweise soll sie aus § 62 III VwGO direkt folgen, weshalb sich das betreffende Organ stets durch seinen Organwalter (Organ Bürgermeister durch den Bürgermeister) oder ein für den Organteil allgemein vertretungsberechtigten vertreten lassen muss (Rat durch den Ratsvorsitzenden), ansonsten durch eine Prozessvollmacht für den Einzelfall (bei Ratsfraktionen oder einzelnen Ratsmitgliedern).[415] Andere leiten sie aus § 62 I Nr. 1 VwGO analog ab, so dass der Organwalter des Organs oder Organteils sein soll.[416]

246 Der richtige **Klagegegner** wird nicht nach § 78 VwGO bestimmt, da dieser weder direkt (gilt nur für Anfechtungs- und Verpflichtungsklagen) noch analog bzw. dem Rechtsgedanken des allgemeinen Rechtsträgerprinzips nach (es geht nicht um ein Recht der ganzen Kommune, sondern eines Teils) anwendbar ist, womit das angegriffene **Organ oder** der **Organteil direkt** der Klagegegner ist.[417]

b) Begründetheit

247 Im Rahmen der **Begründetheit** kommt es dann darauf an, ob ein Anspruch auf das begehrte Handeln oder Unterlassen besteht (s. zur Begründetheit der allgemeinen Leistungsklage Rn. 49 ff.).

248 In Abhängigkeit des jeweiligen Landesrechts sind insbesondere **Ansprüche** zu diskutieren in Bezug auf:[418]
– Einberufung einer Sitzung
– Ergänzung oder Streichung von Punkten auf der Tagesordnung des Rates
– Herstellung oder Ausschluss der Sitzungsöffentlichkeit

---

414 Burgi, Kommunalrecht, 6. Aufl. 2019, § 14 Rn. 12; Otto, ZJS 2015, 381 (384).
415 So etwa Burgi, Kommunalrecht, 6. Aufl. 2019, § 14 Rn. 12; Detterbeck, Allgemeines Verwaltungsrecht, 17. Aufl. 2019, Rn. 1473.
416 Otto, ZJS 2015, 381 (384).
417 Burgi, Kommunalrecht, 6. Aufl. 2019, § 14 Rn. 12.
418 Zum Ganzen Burgi, Kommunalrecht, 6. Aufl. 2019, § 14 Rn. 14; Gern/Brüning, Deutsches Kommunalrecht, 4. Aufl. 2019, Rn. 716 m.w. N.

– Gewährung von Akteneinsicht durch den Bürgermeister
– Ordnungsmaßnahmen (sog. *innerorganisatorischer Störungsbeseitigungs-anspruch* (hier insbesondere abzugrenzen: Mandats- und Grundverhältnis)[419]

2. Zulassung zu kommunalen Einrichtungen in privater Trägerschaft

Im Gegensatz zum Zulassungsanspruch direkt aus dem Kommunalrecht bei öf- 249 fentlichen Einrichtungen in öffentlich-rechtlicher Organisationsform (s. näher § 3 Rn. 159 ff.) ergibt sich bei privater Trägerschaft folgender Unterschied: Da kein Verwaltungsakt begehrt wird, ist die allgemeine Leistungsklage statthaft, mit dem Begehren auf Einwirkung auf den privaten Träger der kommunalen Einrichtung, die Zulassung zu erwirken. Der Zulassungsanspruch (Begründetheit) ergibt sich sodann aus einer analogen Anwendung der kommunalrechtlichen Norm.

3. Wirtschaftliche Betätigung von Kommunen

Die **wirtschaftliche Betätigung von Kommunen** ist eine häufige Fallgestaltung 250 in Leistungsklagesituationen. Kommunen beteiligen sich insbesondere im Bereich der Daseinsvorsorge (beispielsweise Stadtwerke, öffentlicher Nahverkehr, Stadthallen) (privat)wirtschaftlich.[420] Dabei betätigt sich eine Kommune entweder im Wege eines Eigenbetriebes oder einer eigenbetriebsähnlichen Einrichtung oder sie gründet hierzu eigene Gesellschaften (z.B. Stadthallen-GmbH, Stadtwerke AG). Die Ausgestaltung der wirtschaftlichen Betätigung gehört zur kommunalen **Selbstverwaltungsgarantie** aus Art. 28 II GG (s. dazu § 2 Rn. 1259 ff.).[421]

Was überhaupt wirtschaftliche Betätigung oder der Betrieb eines wirtschaft- 251 lichen Unternehmens ist, wird in den meisten Kommunalordnungen nicht definiert. Als **wirtschaftliches Unternehmen** wird jedoch *eine rechtlich selbstständige oder unselbstständige Zusammenfassung (Organisationseinheit) von Personal- und Sachmitteln in der Hand eines Rechtsträgers mit dem Ziel der Teilnahme am Wirtschaftsverkehr durch Produktion und Umsatz von Gütern und Dienstleistungen mit regelmäßiger Gewinnerzielungsabsicht verstanden.*[422] Einige Länder haben in ihrem Kommunalrecht jedoch Negativdefinitionen, die ausdrücklich bestimmen, was hierunter *nicht* zu verstehen ist (z.B. die Erfüllung von Pflichtaufgaben, Betrieb von Einrichtungen im Bildungs-, Gesundheits- oder Kulturbereich, etwa in

---

419 Burgi, Kommunalrecht, 6. Aufl. 2019, § 12 Rn. 37 ff.
420 Burgi, Kommunalrecht, 6. Aufl. 2019, § 17 Rn. 8.
421 Burgi, Kommunalrecht, 6. Aufl. 2019, § 17 Rn. 8.
422 Gern/Brüning, Deutsches Kommunalrecht, 4. Aufl. 2019, Rn. 994.

Sebastian Piecha

§ 107 II GO NRW).[423] Die einzelnen Kommunalgesetze der Flächenländer stellen den gesetzlichen Rahmen hierfür auf, wobei einzelne Länder Vollregelungen für Gemeinden und Landkreise haben, während andere auf die für Gemeinden geltenden Vorschriften verweisen:

Land	Wirtschaftliche Betätigung von Kommunen
Baden-Württemberg	§ 102 I GemO BW (Verweis auf GemO über) § 48 LKrO BW
Bayern	Art. 87 I 1 BayGO Art. 75 BayLKrO
Brandenburg	§ 91 II, 3 BbgKVerf
Hessen	§ 121 I 1 HGO (Verweis auf HGO über) § 52 I HKO
Mecklenburg-Vorpommern	§ 68 II 1 KV M-V
Niedersachsen	§ 136 I 2 NKomVG
Nordrhein-Westfalen	§ 107 I 1 GO NRW (Verweis auf GO über) § 53 I KrO NRW
Rheinland-Pfalz	§ 85 I 1 GemO RP (Verweis auf GemO über) § 57 LKO RP
Saarland	§ 108 I KSVG
Sachsen	§ 94a I 1 SächsGemO (Verweis auf GemO über) § 63 SächsLKrO
Sachsen-Anhalt	§ 128 I 1 KVG LSA
Schleswig-Holstein	§ 101 I 1 GO S-H (Verweis auf GO über) § 57 KrO S-H
Thüringen	§ 71 II ThürKO

252 Auch wenn sich die Regelungen je nach Bundesland unterscheiden, so sind den **Rahmenbedingungen für kommunale Wirtschaftstätigkeiten** im Wesentlichen gemein (sog. *Schrankentrias*):

1. Öffentlicher Zweck: Die Kommune muss einen öffentlichen Zweck mit der Wirtschaftstätigkeit verfolgen. Sie muss sich an den durch Art. 28 II GG geregelten Aufgaben der Kommunen orientieren und durch besondere Interessen der All-

---

423 Burgi, Kommunalrecht, 6. Aufl. 2019, § 17 Rn. 39 f.

Sebastian Piecha

gemeinheit oder der Einwohner gerechtfertigt sein, wobei dies stark einzelfall-
abhängig ist.[424]

**2. Angemessenes Verhältnis zu Leistungsfähigkeit der Kommune und
zum örtlichen Bedarf:** Es muss ein angemessenes Verhältnis zur Leistungsfähigkeit zur Leistungsfähigkeit und zum örtlichen gegeben sein. Dies würde etwa
dann fehlen, wenn die Kommune sich mit dem Unternehmen wirtschaftlich
übernehmen würde oder Dienstleistungen anbieten würde, die über den örtlichen
Bedarf hinausgehen, was eine hierauf bezogene Prognose voraussetzt.[425]

3. Subsidiaritätsklausel: Die Kommune darf nur dann tätig werden, wenn
ein örtlicher Bedarf vorliegt: Dabei ordnet man die unterschiedlichen Regelungen
in den Ländern meist als einfache oder qualifizierte Subsidiaritätsklausel ein:
Eine *einfache (unechte) Subsidiaritätsklausel*[426] fordert, dass der mit der wirtschaftlichen Betätigung verfolgte Zweck nicht besser und wirtschaftlicher durch
einen privaten Dritten erfüllt werden kann, während die *qualifizierte (verschärfte)
Subsidiaritätsklausel*[427] dass der Zweck nicht ebenso gut und wirtschaftlich durch
einen anderen (Privaten) erfüllt werden kann.[428] Die Subsidiaritätsklauseln bieten
wegen ihrer ausdrücklichen Bezugnahme auf Dritte einen Ansatzpunkt für die
Diskussion, ob es sich bei der Vorschrift um eine **drittschützende Norm** handelt
(dazu Rn. 255).

Dass sich für die kommunalwirtschaftliche Betätigung möglicherweise 253
Grenzen aus dem sonstigen Recht, auch **Unionsrecht** (etwa Beihilfen- oder
Kartellrecht) ergeben, muss zudem beachtet werden.[429] Wegen der kommunalen
Selbstverwaltungsgarantie aus Art. 28 II GG ist insbesondere problematisch,
wenn eine Kommune im Hoheitsgebiet einer anderen Kommune tätig wird und so
ihre Verbandskompetenz überschreitet, was durch die o.g. Vorschriften landesrechtlich unter bestimmten Voraussetzungen zulässig sein kann oder jedenfalls
im Wege der **kommunalen Zusammenarbeit** einvernehmlich möglich ist.[430]

Statthaft ist die **allgemeine Leistungsklage** in Form einer sog. **Konkurren-** 254
tenklage, da von einem Dritten begehrt wird, dass die Kommune sich wirtschaftlich

---

424 Gern/Brüning, Deutsches Kommunalrecht, 4. Aufl. 2019, Rn. 999 ff.
425 Gern/Brüning, Deutsches Kommunalrecht, 4. Aufl. 2019, Rn. 1002 ff.
426 § 107 I GO NRW, § 91 III BbgKVerf, § 136 I NKomVG, § 94a I SächsGemO, § 128 I KVG LSA,
§ 101 I GO S-H.
427 § 102 I GemO BW, Art. 87 I BayGO, § 121 I HGO, § 68 KV M-V, § 85 I GemO RP, § 108 I KSVG,
§ 71 II ThürKO.
428 Gern/Brüning, Deutsches Kommunalrecht, 4. Aufl. 2019, Rn. 985.
429 Dazu etwa Petzold, KommJur 2017, S. 401 ff.; Weck, DÖV 2015, 500 (506 f.).
430 Vgl. Scharpf, NVwZ 2005, 148 ff.; grundlegend Gern/Brüning, Deutsches Kommunalrecht,
4. Aufl. 2019, Rn. 1009 m.w.N.; Burgi, Kommunalrecht, 6. Aufl. 2019, § 17 Rn. 47 ff.

Sebastian Piecha

nicht (mehr) betätigt oder auf das von ihr gehaltene Kommunalunternehmen dergestalt Einfluss nimmt, dass die wirtschaftliche Tätigkeit unterlassen werde. Im ersteren Falle wird dies auf einen öffentlich-rechtlichen Unterlassungsanspruch, im letzteren auf die Landesrechtsnorm direkt als Anspruchsgrundlage gestützt.

255   Zudem ist dann regelmäßig die Frage zu diskutieren, ob der private Dritte oder einer anderen Kommune nach § 42 II VwGO analog **klagebefugt** sind. Das erfordert ein subjektives Recht des Klägers. Dies ist nach der Schutznormtheorie regelmäßig der Fall, wenn eine **drittschützende Norm** vorliegt (dazu Rn. 257).

256   *Hausarbeitswissen: Aus den Grundrechten lässt sich kein subjektives Recht für einen Unternehmer ableiten, denn die Berufsfreiheit aus Art. 12 GG schützt nicht vor Wettbewerb und das Recht am eingerichteten und ausgeübten Gewerbebetrieb aus Art. 14 GG schützt nur das Erworbene, nicht jedoch Erwerbschancen.*

257   Bei der Leistungsklage auf Unterlassen der kommunalwirtschaftlichen Betätigung kann sich ein Dritter nur dann auf eine Norm berufen, wenn sie **drittschützenden Charakter** hat. Dies ist jeweils durch genaue Auslegung zu ermitteln. Die Subsidiaritätsklauseln (s. Rn. 252) bieten den Ansatzpunkt hierfür, da dort Bezüge zur Wahrnehmung wirtschaftlicher Tätigkeit von Dritten bestehen. Mit wohl eindeutiger Ausnahme von Brandenburg[431] und der zumindest zweifelhaften drittschützenden Wirkung der kommunalrechtlichen Vorgaben in Bayern, Sachsen-Anhalt und Schleswig-Holstein kann man im Ergebnis davon ausgehen, dass die entsprechenden Vorschriften in den Kommunalverfassungsgesetze drittschützenden Charakter aufweisen.[432]

258   Hausarbeits-/Examenswissen: Dies ist je nach Bundesland stark umstritten und sollte an dieser Stelle jedenfalls diskutiert werden.[433]

259   Bei der Leistungsklage auf Unterlassen der kommunalwirtschaftlichen Betätigung durch eine andere Kommune könnte diese sich auch in ihrer **Selbstverwaltungsgarantie** aus Art. 28 II GG möglicherweise verletzt sein.

260   Die Leistungsklage ist bei *kommunalen Unternehmen* dann begründet, wenn der Dritte einen **öffentlich-rechtlichen Unterlassungsanspruch** gegen die wirtschaftliche Betätigung der Kommune hat.[434]

---

431 Vgl. zur Vorgängerregelung VG Potsdam, Beschl. v 29.7.2004, Az. 12 L 631/04, Rn. 21.
432 Dazu ausführlich m.w.N. Gern/Brüning, Deutsches Kommunalrecht, 4. Aufl. 2019, Rn. 1016 und Burgi, Kommunalrecht, 6. Aufl. 2019, § 17 Rn. 63 ff.
433 Zum Streitstand Jungkamp, NVwZ 2010, 546 (547 ff.); Gern/Brüning, Deutsches Kommunalrecht, 4. Aufl. 2019, Rn. 1015 ff.
434 Beispielfall: Jürgensen/Laude, JuS 2018, 635 ff.

Sebastian Piecha

Die Herleitung der **Ermächtigungsgrundlage** ist bereits strittig. Jeden- 261
falls sollte festgestellt werden, dass der **öffentlich-rechtliche Unterlassungs-**
anspruch gewohnheitsrechtlich bzw. richterrechtlich anerkannt ist.[435]

Hausarbeitswissen: Teilweise wird der öffentlich-rechtlich Unterlassungsanspruch aus dem 262
Rechtsstaatsprinzip (Art. 20 III GG), teilweise aus Freiheitsrechten oder aus den Rechtsgedanken der
§§ 906, 1004 BGB hergeleitet.[436]

Sodann sind die **Voraussetzungen des öffentlich-rechtlichen Unterlas-** 263
sungsanspruchs zu prüfen (s. dazu ausführlich Rn. 134 ff.). Sind diese gegeben,
so ist die Leistungsklage als Konkurrentenklage begründet. Zunächst muss (**1**) ein
subjektiv-öffentliches Recht betroffen sein, wobei die Auslegung der Landesrechtsnorm und ihr drittschützender Charakter eine Rolle spielt. Wendet sich eine Nachbarkommune gegen eine wirtschaftliche Betätigung, so ist hier noch auf
die *Selbstverwaltungsgarantie* aus Art. 28 II GG einzugehen. Zudem muss (**2**) ein
hoheitlicher, unmittelbar bevorstehender oder andauernder Eingriff vorliegen und festgestellt werden. Dieser müsste (**3**) **rechtswidrig** sein. An dieser Stelle
sind dann die jeweiligen Gegebenheiten der Landesrechtsnorm zu prüfen (formelle Erwägungen, Marktanalysen, öffentlicher Zweck usw.). Schließlich müsste
(**4**) ein **Kausalzusammenhang** zwischen dem kommunalen Handeln und der
Beeinträchtigung des subjektiven Rechts gegeben sein.

Bei von der Kommune **beherrschten Unternehmen** (insbesondere in Pri- 264
vatrechtsform) ist die Leistungsklage als Konkurrentenklage begründet, wenn ein
Anspruch auf *aktives* Einwirken und kein Unterlassungsanspruch besteht. Dabei
kommt die o.g. jeweilige Landesrechtsnorm als Anspruchsgrundlage in Frage.[437]

4. Beratung und Entscheidung eines Einwohnerantrages

Während nach ganz h.M. die **Entscheidung über die Zulässigkeit** eines Bürger- 265
bzw. Einwohnerantrages als **Verwaltungsakt** im Rahmen einer Verpflichtungsklage angefochten werden kann (s. § 3 Rn. 179), so ist die anschließend durch-
zuführende **Beratung und Entscheidung** im Rat kein Verwaltungsakt, sondern
ein bloßer **Realakt**, der im Rahmen der allgemeinen Leistungsklage beklagt
werden kann. Ist die Zulässigkeit des Bürgerantrages vom Rat oder gerichtlich
festgestellt, so hat dieser ihn zu beraten und entscheiden. Tut er dies nicht oder

---

435 Etwa OVG Münster, Urt. v. 23.4.1999, Az. 21 A 490/97 = NVwZ-RR 2000, 599 (600).
436 Herleitung grundlegend bei Laubinger, VerwArch 80 (1989), 261 (289 ff.).
437 Geis/Madeja, JuS 2013, 248 (253).

Sebastian Piecha

nicht in der gesetzlich vorgesehenen Frist, so kann der Bürger dagegen vor dem Verwaltungsgericht vorgehen.

266   Im Rahmen der **Begründetheit** der Leistungsklage dürfte dann inzident die Zulässigkeit des Einwohnerantrages (s. § 3 Rn. 179) in der Regel mitgeprüft werden, da die Verpflichtung zur Beratung und Entscheidung nur bei Zulässigkeitsentscheidung durch Rat oder Gericht möglich ist.

5. Fachaufsichtsmaßnahmen

267 Maßnahmen der Fachaufsicht sind **mangels Außenwirkung** keine Verwaltungsakte und daher nur mit der **Leistungsklage** angreifbar. Gleichwohl fehlt hier die **Klagebefugnis** i.S.v. § 42 II VwGO grundsätzlich, da nicht in Selbstverwaltungsrechte eingegriffen wird. Ausnahmsweise ist dies jedoch möglich, wenn geltend gemacht wird, dass die Maßnahme außerhalb des fachlichen Weisungsbereichs im kommunalen Selbstverwaltungsbereich erfolgt. Hier ist jedoch umstritten, ob es sich dann nicht doch um einen Verwaltungsakt handelt, wogegen die Anfechtungsklage statthaft wäre.[438]

---

438 Zum Streit Gern/Brüning, Deutsches Kommunalrecht, 4. Aufl. 2019, Rn. 364.

Sebastian Piecha

§ 6 Die Feststellungsklage

Der gutachterlichen Prüfung der Feststellungsklage liegt die folgende Struktur **1** zugrunde:

A. Zulässigkeit
    I. Eröffnung des Verwaltungsrechtswegs (dazu bereits § 1 Rn. 162 ff.)
    II. Statthafte Klageart (dazu einführend § 1 Rn. 222 ff. und ausführlich in diesem § Rn. 2 ff.)
    III. Klagebefugnis (dazu Rn. 78 ff.)
    IV. Beteiligte (dazu Rn. 86 ff.)
    V. Zuständiges Gericht (dazu Rn. 89 ff.)
    VI. Feststellungsinteresse (dazu Rn. 93 ff.)
B. Begründetheit
Var. 1: „Klassische" Feststellungsklage: Bestehen oder Nichtbestehen des Rechtsverhältnisses (dazu Rn. 103 ff.)
Var. 2: Nichtigkeitsfeststellungsklage: Nichtigkeit des Verwaltungsakts (dazu Rn. 115 ff.)

Zur Feststellungsklage im Polizei- und Ordnungsrecht Rn. 181 ff., im Kommunalrecht Rn. 186 ff. und im Verwaltungsvollstreckungsrecht Rn. 193 ff.

Gliederung

Nikolas Eisentraut

A. Die Statthaftigkeit der Feststellungsklage

Wurde der Verwaltungsrechtsweg für eröffnet erkannt (s. ausführlich zur Prüfung 2
§ 1 Rn. 162 ff.), so ist im Rahmen der Zulässigkeit als nächstes die statthafte Klage-
bzw. Antragsart zu untersuchen. Die Klage-/Antragsart ist das **zentrale Scharnier**
für die gesamte restliche Klausur. Nach ihr richten sich sowohl die weiteren
Zulässigkeitsvoraussetzungen als auch die Struktur der Begründetheitsprüfung.
Entsprechend wichtig ist die saubere Prüfung, welche Klage- bzw. Antragsart
einschlägig ist (eine erste Übersicht über die Klage- und Antragsarten der VwGO
findet sich in § 1 Rn. 222 ff.).

Die allgemeine Feststellungsklage ist in § 43 VwGO geregelt. Hat die Kläger*in 3
ein berechtigtes Interesse, kann sie mit der Feststellungklage i. S. d. § 43 I VwGO
die Feststellung des Bestehens oder Nichtbestehens eines Rechtsverhältnisses
(§ 43 I Alt. 1 VwGO) oder der Nichtigkeit eines Verwaltungsakts (§ 43 I Alt. 2 VwGO)
verlangen.

Neben den anderen Klagearten der VwGO ist die Feststellungsklage als eine 4
der schwierigsten zu betrachten. Dies liegt nicht allein an der Subsidiarität dieser
gegenüber anderen Klagearten, § 43 II 1 VwGO (dazu sogleich Rn. 63 ff.), sondern
insbesondere an den weiten und abstrakten Voraussetzungen und den unterschiedlichen Ausformungen der Feststellungsklage.

Zu nennen sind: 5
- die „klassische" Feststellungsklage, § 43 I Alt. 1 VwGO
- die vorbeugende Feststellungsklage
- die Nichtigkeitsfeststellungsklage, § 43 I Alt. 2 VwGO
- die Fortsetzungsfeststellungsklage, § 113 I 4 VwGO (hierzu bereits ausführlich
§ 4) und
- die Zwischenfeststellungsklage, § 173 VwGO i. V. m. § 256 II ZPO.

Nikolas Eisentraut/Katrin Giere

6 Die Klagen nach § 43 VwGO werden als *allgemeine* Feststellungklagen bezeichnet. Dies dient der Abgrenzung zur „besonderen" Feststellungsklage, der Fortsetzungsfeststellungsklage i. S. d. § 113 I 4 VwGO. Wenn im Folgenden von der Feststellungsklage gesprochen wird, ist hiermit die allgemeine Feststellungsklage nach § 43 I VwGO gemeint.[1]

Bei der Nichtigkeitsfeststellungsklage (und auch der Fortsetzungsfeststellungsklage) steht im Gegensatz zur „klassischen" Feststellungsklage ein Verwaltungsakt im Mittelpunkt der Prüfung (s. zur Fortsetzungsfeststellungsklage § 4 und zur Nichtigkeitsfeststellungsklage Rn. 73 ff.). Demgegenüber verlangt die „klassische" **Feststellungsklage**, § 43 I Alt. 1 VwGO das Vorliegen eines feststellungsfähigen Rechtsverhältnisses.

7 Examenswissen: Die Feststellungsklage i. S. d. § 43 VwGO unterscheidet sich insoweit von den anderen Klagearten, als sie mangels Leistungsbefehl im Urteilstenor – anders als Anfechtungs- und Leistungsklagen – nicht der unmittelbaren Durchsetzung eines materiell-rechtlichen Anspruchs dient. Sie begründet vielmehr einen Rechtsschutzanspruch der Kläger*in gegen das Gericht auf Feststellung des streitigen Rechtsverhältnisses. Die Feststellungsklage ist mithin – mit Ausnahme der Kosten[2] – nicht vollstreckbar. [3] Sie dient daher als Auffangrechtsbehelf, der der Rechtsschutzgarantie des Art. 19 IV GG und der VwGO Rechnung trägt. Nach dieser Rechtsschutzgarantie muss jeder Streitigkeit, der der Verwaltungsrechtsweg offensteht, eine Klageart zur Verfügung stehen.[4]

8 Die allgemeine Feststellungsklage lässt zwar eine geringe Prüfungsrelevanz vermuten. Sie gewinnt in der Praxis und damit auch in der Theorie für Studierende und Referendare jedoch **zunehmend an Bedeutung:** Das liegt zum einen daran, dass die Rspr. den Grundsatz der Subsidiarität (§ 43 II 1 VwGO) mehr und mehr relativiert, sodass die Feststellungsklage einen größeren Anwendungsbereich gewinnt.[5] Da die Rechtssatzverfassungsbeschwerde nach der Rechtsprechung des BVerfG[6] gegenüber den verwaltungsgerichtlichen Feststellungsklagen subsidiär ist (s. näher sogleich Rn. 30), kommt der Feststellungsklage eine hohe Relevanz auch im Rahmen der **Überprüfung von Normen** zu. Zum anderen findet die allgemeine Feststellungsklage dann Anwendung, wenn die Rechtslage mit Blick

---

1 So auch Gersdorf, Verwaltungsprozessrecht, 6. Aufl. 2019, Rn. 117.

2 Bosch/Schmidt/Vondung, Praktische Einführung in das verwaltungsgerichtliche Verfahren, 10. Aufl. 2019, Rn. 857.

3 Pietzcker, in: Schoch/Schneider/Bier, VwGO, 36. EL Februar 2019, § 43 Rn. 1; Würtenberger/Heckmann, Verwaltungsprozessrecht, 4. Aufl. 2018, Rn. 463.

4 Möstl, in: Posser/Wolf, VwGO, 50. Ed., Stand: 1.4.2019, § 43 Einl.

5 S. etwa BVerfG, Beschl. v. 16.7.2015, Az.: 1 BvR 1014/13 = NVwZ-RR 2016, 1.

6 BVerfG, Beschl. v. 22.3.2000, Az.: 1 BvR 1500/93 = NVwZ-RR 2000, 473 ff.

Katrin Giere

auf eine **Vielzahl von Pflichten** – anders als bei Gestaltungsklagen – geklärt werden soll.

Die gutachterliche Prüfung einer Klausuraufgabe, in der die Feststellungs- 9 klage als statthafte Klageart erkannt wurde, ist mit einem Obersatz zu beginnen (allgemein dazu § 1 Rn. 42).

Formulierungsvorschlag: „Die Klage hat Aussicht auf Erfolg, wenn sie zulässig und begründet ist."

Die Statthaftigkeit der Klage richtet sich nach dem Klagebegehren (§ 88 VwGO). 10 Begehrt die Kläger*in die Feststellung des Bestehens oder Nichtbestehens eines Rechtsverhältnisses oder die Feststellung der Nichtigkeit eines Verwaltungsakts, ist die allgemeine Feststellungsklage i.S.d. § 43 I VwGO statthaft.

Die Feststellungsklage i.S.d. § 43 I VwGO erfasst mithin drei Klagebegehren: 11
- die Feststellung des **Bestehens eines Rechtsverhältnisses** (sog. positive Feststellungsklage nach § 43 I Var. 1 VwGO) (sogleich Rn. 16 ff.).

  Beispiel: Feststellung des Bestehens eines Beamtenverhältnisses; Feststellung des Vorliegens einer Mitgliedschaft in einer öffentlich-rechtlichen Körperschaft.

- die Feststellung des **Nichtbestehens eines Rechtsverhältnisses** (sog. negative Feststellungsklage nach § 43 I Var. 2 VwGO) (ebenfalls sogleich Rn. 16 ff.).

  Beispiel: Feststellung des Nichtunterliegens einer Genehmigungspflicht; das Nichtbestehen einer der Rechtspflicht zum Tragen einer Robe.

- oder die Feststellung der **Nichtigkeit eines Verwaltungsakts** (sog. Nichtigkeitsfeststellungsklage nach § 43 I Var. 3 VwGO) (näher Rn. 73 ff.).

I. Die „klassische" Feststellungsklage nach § 43 I Alt. 1 VwGO (Katrin Giere)

Die „klassische" Feststellungsklage nach § 43 I Alt. 1 VwGO ist unter zwei Vor- 12 aussetzungen statthaft:
- es liegt ein **feststellungsfähiges Rechtsverhältnis** vor

– und es greift nicht die **Subsidiarität** der Feststellungsklage gegenüber Gestaltungs-[7] oder Leistungsklagen, § 43 II 1 VwGO.

Dies gilt gleichermaßen für die positive als auch für die negative Feststellungsklage.

1. Erster Überblick

13 Der folgende Abschnitt soll einen ersten Überblick über die Voraussetzungen der „klassischen" Feststellungsklage geben. Bei der allgemeinen Feststellungsklage müssen neben den allgemeinen Sachentscheidungsvoraussetzungen folgende **besondere Voraussetzungen** vorliegen:

14 **1. Ein feststellungsfähiges Rechtsverhältnis, § 43 I Alt. 1 VwGO:** Das feststellungsfähige Rechtsverhältnis ist eine sich aus einem **konkreten Sachverhalt** ergebende **öffentlich-rechtliche Beziehung einer Person zu einer anderen Person oder zu einer Sache.**[8]

– **Konkreter Sachverhalt** (Rn. 20 ff.): Um dem **weiten Verständnis des verwaltungsrechtlichen Rechtsverhältnisses Einhalt zu gebieten** und den Anwendungsbereich der Feststellungsklage aufgrund der Fülle an Rechten und Pflichten, die aus Verträgen, Normen und Realakten hervorgehen können, nicht übermäßig auszudehnen (allgemeine „Auskunftsklage"[9]), setzt die Statthaftigkeit der Feststellungsklage einen **konkreten Sachverhalt** voraus.[10] Davon ist auszugehen, wenn eine Rechtsfrage mit Blick auf einen **Einzelfall** vorliegt, also dann, wenn das Geschehen **zeitlich** und **örtlich festgelegt** ist und die **Beteiligten individualisiert** sind.[11] Notwendig ist somit ein **„Auslöser"**, der die abstrakte Rechtsfrage durch **tatsächliches Geschehen** oder **Verhalten der Beteiligten** verdichtet.[12]

– **öffentlich-rechtliche Beziehung** (Rn. 36 ff.): Das Rechtsverhältnis muss öffentlich-rechtlicher Natur sein. Ist dies nicht der Fall, wäre bereits der Verwaltungsrechtsweg i. S. d. § 40 I 1 VwGO nicht eröffnet (Erinnerung an den Wortlaut der Norm: **„öffentlich-rechtliche Streitigkeit"**).

---

7 Anfechtungs- oder Verpflichtungsklagen gem. § 42 VwGO.

8 BVerwG, Urt. v. 26.1.1996, Az.: 8 C 19/94 = BVerwGE 100, 262 (264).

9 Hufen, Verwaltungsprozessrecht, 11. Aufl. 2019, § 18 Rn. 11.

10 A. A. Ehlers, JURA 2007, 179 (182): Diese Voraussetzung sei nicht notwendig, sie ergebe sich bereits aus § 40 I 1 VwGO.

11 Sodan/Kluckert, GewArch 2003, 3 (8).

12 Hufen, Verwaltungsprozessrecht, 11. Aufl. 2019, § 18 Rn. 11.

Katrin Giere

Öffentlich-rechtliche Beziehungen können nur auf Grundlage des Rechts bestehen. Das Rechtsverhältnis muss folglich durch eine öffentlich-rechtliche Regelung begründet werden.

Möglichkeiten: durch eine **Norm,** durch eine dem **Verwaltungsakt** vorgelagerte Situation, durch einen **öffentlich-rechtlichen Vertrag** oder durch **Realakt.**

- **Verhältnis von Personen zueinander oder einer Person zu einer Sache** (Rn. 60 ff.): Die oben beschriebenen rechtlichen Beziehungen sind als solche **zwischen zwei Personen** oder **zwischen einer Person zu einer Sache** zu verstehen.[13]

2. Keine Subsidiarität der Feststellungsklage, § 43 II 1 VwGO: Ergänzend zum 15 o. g. Obersatz bleibt bzgl. der Statthaftigkeit der Feststellungsklage hinzuzufügen, dass aufgrund der Subsidiarität nach § 43 II 1 VwGO zunächst **alle anderen möglichen Klagearten** aufgrund fehlender Statthaftigkeit **ausgeschlossen werden müssen,** bevor mit der Prüfung der Feststellungsklage begonnen werden kann. Der **Grundsatz der Subsidiarität i. S. d. § 43 II 1 VwGO** schreibt vor, dass eine Feststellung dann nicht begehrt werden kann, soweit die Kläger*in ihre Rechte durch **Gestaltungs- oder Leistungsklage** verfolgen kann oder hätte verfolgen können.

2. Im Einzelnen: Feststellungsfähiges Rechtsverhältnis, § 43 I Alt. 1 VwGO
Das feststellungsfähige Rechtsverhältnis wird (sehr abstrakt und weit) als die sich 16 aus einem **konkreten Sachverhalt** ergebende **öffentlich-rechtliche Beziehung einer Person zu einer anderen Person oder zu einer Sache** definiert.[14]

Beachte in der Klausur: An dieser Stelle ist freilich noch nicht festzustellen, 17 ob ein solches Rechtsverhältnis bereits tatsächlich vorliegt bzw. nicht vorliegt. Im Rahmen der Zulässigkeit kommt es nur auf das entsprechende Klagebegehren i. S. d. § 88 VwGO an. Aus dem – als wahr unterstellten – Vortrag der Kläger*in muss sich ein feststellungsfähiges Rechtsverhältnis ergeben.[15] Die tatsächliche Überprüfung erfolgt erst in der Begründetheit.

Ein verwaltungsrechtliches Rechtsverhältnis und damit Gegenstand dieser 18 Klageart kann ein Rechtsverhältnis als Ganzes (**Bündel von Rechten und Pflichten,** etwa das gesamte *Beamtenverhältnis*) oder **einzelne Rechte und**

---

13 St. Rspr. BVerwG, Urt. v. 26.1.1996, Az.: 8 C 19/94 = BVerwGE 100, 262 (264) m.w.N.
14 BVerwG, Urt. v. 26.1.1996, Az.: 8 C 19/94 = BVerwGE 100, 262 (264).
15 Wöckel, JA 2015, 205.

Katrin Giere

Pflichten (etwa ein *Gehaltsanspruch* einer Beamt*in gegenüber der Dienstherr*in) sein.[16] Darüber hinaus kann zwischen einem Dauerrechtsverhältnis (**langfristig:** Gewährung von Arbeitslosengeld, Sozialversicherung, Rentenversicherung) und einem **kurzfristigen** Rechtsverhältnis (polizeiliche Maßnahme, wie eine Identitätsfeststellung oder die Aufforderung des Finanzamts bzgl. einer Steuererklärung) differenziert werden.[17] Es kommt nicht darauf an, ob es sich um ein **Außenrechtsverhältnis** zwischen *Bürger und Staat* oder ein **Innenrechtsverhältnis** als *intraverwaltungsrechtliche Streitigkeit* zwischen Organen oder Organwaltern sowie Ämtern handelt.[18]

19 **Nicht feststellungsfähig** sind dagegen:
- **Unselbstständige** Teile oder **Vorfragen** eines Rechtsverhältnisses, die lediglich Voraussetzungen von Rechten und Pflichten sind: *Streit um die allgemeine Gültigkeit einer Frauenförderungsrichtlinie außerhalb eines konkreten Bewerbungsverfahrens*[19]
- **Abstrakte Rechtsfragen** wie die Gültigkeit oder Auslegung einer bestimmten Norm (näher Rn. 27 ff.): *Bebaubarkeit eines Grundstücks; Arzneimitteleigenschaft eines Stoffes*[20] **Wichtig:** *Eine Regelung kann niemals selbst ein Rechtsverhältnis sein. Sie muss ein solches begründen, verändern oder beenden.*[21]
- **Tatbestandsmerkmale, von denen das Vorliegen des Rechtsverhältnisses abhängig ist:** *Erfüllen bestimmte Arzneimittel die tatbestandlichen Voraussetzungen einer gesetzlichen Definition, die die Apothekenpflicht regelt?*[22]
- **Rechtserhebliche Eigenschaften einer Person:** *Abstrakte Eignung oder Zuverlässigkeit für die Ausübung eines Gewerbes*
- **Rechtserhebliche Eigenschaften einer Sache:** *Abstrakte Eigenschaft eines Raumes als Werkswohnung oder Feststellung der Verkehrsfähigkeit von Lebensmitteln*
- oder der Inhalt eines Gesetzes.[23]

---

16 Bosch/Schmidt/Vondung, Einführung in die Praxis des verwaltungsgerichtlichen Verfahrens, 10. Aufl. 2019, Rn. 857; Schenke, Verwaltungsprozessrecht, 16. Aufl. 2019, Rn. 380.
17 Erbguth/Guckelberger, Allgemeines Verwaltungsrecht, 9. Aufl. 2018, § 10 Rn. 2.
18 Ehlers, JURA 2007, 179 (181).
19 Hufen, Verwaltungsprozessrecht, 11. Aufl. 2019, § 18 Rn. 11.
20 S. hierzu auch Schenke, in: Kopp/Schenke, VwGO, 25. Aufl. 2019, § 43 Rn. 13.
21 Ehlers, JURA 2007, 179 (181).
22 BVerwG, Urt. v. 20.11.2003, Az.: 3 C 44/02 = NVwZ-RR 2004, 253 (254).
23 BVerwG, Urt. v. 8.6.1962, Az.: VII C 78.61 = BVerwGE 14, 235 (236).

Katrin Giere

a) Konkreter Sachverhalt

Um dem **weiten Verständnis des verwaltungsrechtlichen Rechtsverhältnis-** 20
ses Einhalt zu gebieten und den Anwendungsbereich der Feststellungsklage
aufgrund der Fülle an Rechten und Pflichten, die aus Verträgen, Normen und
Realakten hervorgehen können, nicht übermäßig auszudehnen (allgemeine
„Auskunftsklage"[24]), ist für die Statthaftigkeit der Feststellungsklage ein **konkreter Sachverhalt** Voraussetzung.[25] Davon ist auszugehen, wenn eine Rechtsfrage mit Blick auf einen **Einzelfall** vorliegt, also dann, wenn das Geschehen
zeitlich und **örtlich festgelegt** ist und die **Beteiligten individualisiert** sind.[26]

aa) „Auslöser" als Verdichtung der abstrakten Rechtsfrage

Notwendig ist ein **„Auslöser"**, der die abstrakte Rechtsfrage durch **tatsächliches** 21
Geschehen oder **Verhalten der Beteiligten** verdichtet.[27]

Examenswissen: Das BVerwG definiert wie folgt: „Ein feststellungsfähiges Rechtsverhältnis 22
setzt voraus, daß zwischen den Beteiligten dieses Rechtsverhältnisses ein **Meinungsstreit** besteht, aus dem heraus sich eine Seite berühmt, ein bestimmtes **Tun oder Unterlassen der anderen Seite verlangen zu können.**"[28] Dem BVerwG ist beizupflichten, dass ein Meinungsstreit
als Verhalten der Beteiligten einen abstrakten Sachverhalt zu einem konkreten verdichten kann.
Daneben kann jedoch ein **tatsächliches Geschehen** als weitere Möglichkeit vorliegen, das einen
solchen konkreten Sachverhalt hervorruft.[29] Anzumerken bleibt außerdem, dass nicht immer eine
Seite „ein Tun oder Unterlassen der anderen Seite" verlangt bzw. verlangen kann. Darüber hinaus
ist dem Wortlaut des § 43 I Alt. 1 VwGO zu entnehmen, dass ein streitiges Rechtsverhältnis nicht
unmittelbar zwischen den Beteiligten, d. h. Kläger*in oder Beklagte*r, bestehen muss.[30] Nach der
hier vertretenen Ansicht liegt ein konkreter Sachverhalt nicht erst dann vor, wenn „ein Meinungsstreit" zwischen den Parteien nachweisbar ist.[31] Es genügt eine formlose Verdichtung des
Sachverhalts.

---

24 Hufen, Verwaltungsprozessrecht, 11. Aufl. 2019, § 18 Rn. 11.
25 A. A. Ehlers, JURA 2007, 179 (182): Diese Voraussetzung sei nicht notwendig, sie ergebe sich
bereits aus § 40 I 1 VwGO.
26 Sodan/Kluckert, GewArch 2003, 3 (8).
27 Hufen, Verwaltungsprozessrecht, 11. Aufl. 2019, § 18 Rn. 11.
28 BVerwG, Urt. v. 8.9.1972, Az.: IV C 17/71 = BVerwGE 40, 323 (325).
29 Z. B. durch Kampfflugzeug aufgenommene Bilder, s. dazu sogleich Rn. 23; vgl. auch Möstl, in:
Posser/Wolf, VwGO, 50. Ed., Stand: 1.4.2019, § 43 Rn. 5.
30 Schenke, in: Kopp/Schenke, VwGO, 25. Aufl. 2019, § 43 Rn. 19; zu Rechtsverhältnissen mit
Drittbeteiligung s. in diesem § Rn. 61 ff.
31 Möstl, in: Posser/Wolf, VwGO, 50. Ed., Stand: 1.4.2019, § 43 Rn. 5.

Katrin Giere

23 **„Auslöser" für einen konkreten Sachverhalt können sein:**
  - **Beanstandung, warnender Hinweis oder Drohung mit Straf- oder Bußgeldverfahren durch eine Behörde:** *Gesetzlich nicht geregelte sog. mündliche Gefährderansprache an eine Person aufgrund vergangenen (auch strafbaren) Verhaltens;*[32] *Stadionverbot auf „Anregung"*[33] *der Polizei: Polizei regt gegenüber einem Verein an, er solle ein bundesweites Stadionverbot für den F nach den Richtlinien des DFB zur einheitlichen Behandlung von Stadionverboten erlassen*[34]
  - **Berühmen einer Behörde, bestimmte belastende Maßnahmen erlassen zu dürfen**[35]
  - **Drohung mit gerichtlicher Klage oder Strafanzeige**[36]
  - **Meinungsverschiedenheiten über eine Berechtigung oder Befugnis:** *Innehaben eines öffentlich-rechtlichen Status, wie Mitgliedschaft in einer Industrie- und Handelskammer; Genehmigungsfreiheit eines tatsächlich ausgeübten Gewerbes*
  - **Eingriff in Grundrechte:** *Kenntnisnahme, Aufzeichnung und Verwertung von Kommunikationsdaten einer konkreten Person durch den Staat (Art. 10 I GG),*[37] *durch Kampfflugzeug aufgenommene Bilder von betroffenen Personengruppen in einem Demonstranten-Camp (Art. 8 I GG* [38] *oder der Aufruf einer Bürgermeister*in, der sich unmittelbar gegen die von einer konkreten Person angemeldete Demonstration richtet (Art. 8 I und 5 I GG) (s. hierzu auch den Beispielsfall in Rn. 205 ff.)*[39]

24 Von den konkreten Rechtsfragen abzugrenzen sind **abstrakte Rechtsfragen**, welche **nicht Gegenstand einer allgemeinen Feststellungsklage** i.S.d. § 43 I VwGO sein können. **Nicht ausreichend** ist damit ein nur **erdachter** oder ein **solcher Sachverhalt**, dessen Eintritt noch **ungewiss**, insbesondere von einer in ihren tatsächlichen und rechtlichen Auswirkungen noch nicht übersehbaren künftigen Entwicklung abhängig ist.[40]

---

32 OVG NRW, Beschl. v. 22.8.2016, Az.: 5 A 2532/14.
33 Aufgrund fehlender Regelung liegt kein Verwaltungsakt vor.
34 Tomerius, JURA 2018, 822f.
35 Sodan, in: Sodan/Ziekow, VwGO, 5. Aufl. 2018, § 43 Rn. 46.
36 Schenke, in: Kopp/Schenke, VwGO, 25. Aufl. 2019, § 43 Rn. 19.
37 BVerwG, Urt. v. 28.5.2014, Az.: 6 A 1/13 = NVwZ 2014, 1666 (1668 Rn. 20ff.).
38 BVerwG, Urt. v. 25.10.2017, Az.: 6 C 46/16 = BVerwGE 160, 169.
39 BVerwG, Urt. v. 13.9.2017, Az.: 10 C 6/16 = BVerwGE 159, 327 (327 Rn. 12).
40 BVerwG, Urt. v. 8.6.1962, Az.: VII C 78.61 = BVerwGE 14, 235 (236).

Katrin Giere

Ein „**Auslöser**" **fehlt** dementsprechend regelmäßig dann, wenn noch kein 25 „Kommunikationsakt" o. Ä. zwischen den Parteien vorlag: Also etwa dann, wenn keine Drohung oder Beanstandung der Behörde vorliegt[41] oder die Kläger*in im Vorfeld keine Anfragen oder Anträge an die Behörde gerichtet hat, ergo erstmals mit der Klage ihr Begehren geltend macht.[42]

> *Beispiel: Genehmigungsfreiheit eines **nicht** ausgeübten Gewerbes; die reine **Möglichkeit**, dass der persönliche oder berufliche E-Mail-Verkehr Gegenstand einer strategischen Überwachung des BND wird*[43]

Problematisch ist dies insbesondere bei der Überprüfung von Normen mittels der 26 allgemeinen Feststellungsklage:

bb) Die Überprüfung von Normen mittels der allgemeinen Feststellungsklage

Bei der Überprüfung von Normen[44] ist in der Klausurbearbeitung zunächst zu 27 unterscheiden, ob eine **untergesetzliche Norm** (Rechtsverordnung oder Satzung) oder ein **Parlamentsgesetz** vorliegt. Diese Unterscheidung macht sich in der Klausur wie folgt bemerkbar:

(1) Untergesetzliche Normen (Rechtsverordnungen und Satzungen)

Grundsätzlich gilt, dass die prinzipale Feststellung der Gültigkeit *untergesetzlicher* 28 Normen nicht mit einer Feststellungsklage i. S. d. § 43 I Alt. 1 VwGO erwirkt werden kann. Die abstrakte Ungültigkeit einer untergesetzlichen Norm betrifft zum einen kein konkretes feststellungsfähiges Rechtsverhältnis und ist in der Regel[45] Gegenstand einer verwaltungsgerichtlichen Normenkontrolle i. S. d. § 47 VwGO (näher zum Verfahren nach § 47 VwGO § 7).[46] Letzteres gilt freilich nur, sofern das jeweilige Land von der bundesrechtlichen Regelungsermächtigung des § 47 I Nr. 2 VwGO Gebrauch gemacht hat (hierzu § 7 Rn. 19 ff.).

---

41 BVerwG, Urt. v. 7. 5. 1987, Az.: 3 C 53.85 = BVerwGE 77, 207 (211).

42 BVerwG, Urt. v. 20. 11. 2014, Az.: 3 C 26/13 = NVwZ-RR 2015, 420 (421).

43 BVerwG, Urt. v. 28. 5. 2014, Az.: 6 A 1/13 = NVwZ 2014, 1666 (1668 Rn. 20 ff.).

44 S. zur Überprüfung von Normen im Rahmen der allgemeinen Feststellungsklage auch Geis, in: Festschrift Schenke, 2001, S. 709 ff.; Hufen, in: Festschrift Schenke, 2001, S. 803 ff.; Seiler, DVBl 2007, 538 ff.

45 § 47 I Nr. 1 VwGO: Satzungen, die nach BauGB erlassen wurden sowie Rechtsverordnungen, die aufgrund des § 246 II BauGB entstanden sind; § 47 I Nr. 2 VwGO: Rechtsverordnungen und Satzungen nach Landesrecht, nicht nach Bundesrecht.

46 S. auch Schenke, in: Kopp/Schenke, VwGO, 25. Aufl. 2019, § 43 Rn. 8m.

Katrin Giere

29　　　**Umstritten** ist, ob die **inzidente** Überprüfung einer untergesetzlichen Norm Gegenstand der Feststellungsklage sein kann. Eine inzidente Überprüfung wird dann vorgenommen, wenn die Entscheidung durch ein Gericht von der Gültigkeit einer Norm abhängt. Geht es beispielsweise um das Bestehen eines Rechtsverhältnisses, dass auf einer Norm beruht (etwa Zwangsmitgliedschaft in der Industrie- und Handelskammer nach § 2 I IHKG) muss zunächst (inzident) überprüft werden, ob die **Norm rechtmäßig** ist, um in einem weiteren Schritt das **Bestehen oder Nichtbestehen des Rechtsverhältnisses** anhand der Voraussetzungen dieser Norm feststellen zu können.

Dagegen wird angeführt, dass dies eine verkappte Einführung des Normenkontrollverfahrens in denjenigen Ländern darstelle, die sich gegen ein solches Verfahren i.S.d. § 47 I Nr. 2 VwGO entschieden haben.[47]

Richtig ist zwar, dass die Normenkontrolle nach § 47 VwGO nicht unzulässig umgangen werden darf. Nimmt man jedoch eine **klare Abgrenzung der Streitgegenstände** der beiden infrage stehenden Verfahrensarten (§§ 43 I und 47 VwGO) vor, so entfaltet die Normenkontrolle nach **§ 47 VwGO keine Sperrwirkung** gegenüber der inzidenten Prüfung untergesetzlicher Normen im Rahmen einer Feststellungsklage.[48] Beruht ein feststellungsfähiges Rechtsverhältnis auf einer (untergesetzlichen) Norm,[49] ist die **Feststellungsklage unproblematisch zu bejahen**, da es der Kläger*in um die Feststellung **konkreter Rechte oder Pflichten** geht, die aus einem **Rechtsverhältnis** resultieren.[50]

Hinzuzufügen bleibt, dass § 47 VwGO einen so geringen Anwendungsbereich aufweist,[51] dass **Rechtsschutzlücken** etwa im Bereich von Bundesrechtsverordnungen entstehen, die mit der Rechtsschutzgarantie des **Art. 19 IV GG** nicht vereinbar sind.[52] Selbstredend ist auch hier der richtige Streitgegenstand, ein Rechtsverhältnis auf das es ankommen muss, vonnöten.

---

47 BVerwG, Beschl. v. 2.4.1993, Az.: 7 B 38/93 = NVwZ-RR, 1993, 513 (514); BVerwG, Urt. v. 23.8. 2007, Az.: 7 C 2/07 = BVerwGE 129, 199 (204f.).

48 Hufen, Verwaltungsprozessrecht, 11. Aufl. 2019, § 18 Rn. 8.

49 BVerwG, Urt. v. 26.3.2015, Az.: 7 C 17/12 = NVwZ 2015, 1215; Gersdorf, Verwaltungsprozessrecht, 6. Aufl. 2019, Rn. 118.

50 Vgl. BVerfG, Beschl. v. 2.12.1986, Az.: 1 BvR 1509/83 = BVerfGE 74, 69 (76); BVerwG, Urt. v. 9.12. 1982, Az.: 5 C 103/81 = NJW 1983, 2208; außerdem Pietzcker, in: Schoch/Schneider/Bier, VwGO, 36. EL Feburar 2019, § 43 Rn. 25 m.w.N.; anders Schenke, in: Kopp/Schenke, VwGO, 25. Aufl. 2019, § 43 Rn. 8b.

51 § 47 I Nr. 1 VwGO: Satzungen, die nach BauGB erlassen wurden sowie Rechtsverordnungen, die aufgrund des § 246 II BauGB entstanden sind; § 47 I Nr. 2 VwGO: Rechtsverordnungen und Satzungen nach Landesrecht, nicht nach Bundesrecht.

52 Möstl, in: Posser/Wolf, VwGO, 50. Ed., Stand: 1.4.2019, § 43 Rn. 29.

Katrin Giere

*Hausarbeitswissen: Die vorangegangene Problematik der sog. „**Normnichtigkeitsfeststellungs-*** 30
*klage"** beruht auf der Rspr. des **BVerfG zur Subsidiarität der Rechtssatzverfassungsbe-***
*schwerde,** mittels welcher auch untergesetzliche Normen überprüft werden können. Danach stellt*
*die **allgemeine Feststellungsklage ein Rechtsmittel i.S. d. Subsidiaritätsgrundsatzes** dar, da*
die Feststellungsklage aufgrund der Unanwendbarkeit des Art. 100 I GG („Gesetz") denselben
Rechtsschutz gewährt wie das BVerfG.[53] *Dieses Rechtskonstrukt dient der Entlastung des BVerfG.*
Eine Verfassungsbeschwerde zur Überprüfung einer untergesetzlichen Norm kann also erst dann
zulässig sein, wenn zunächst im Wege der Feststellungsklage die Belastung aufgrund einer rechts-
widrigen Norm festgestellt wurde.[54] *Ausnahmen davon können sich nur aus § 90 II 2 BVerfGG er-*
geben. Ein Äußerungsrecht der Kläger*in des Ausgangsverfahrens steht ihr nach § 82 III BVerfGG zu.

(Echte) Beispiele für eine **inzidente Überprüfung einer untergesetzlichen** 31
Norm im Rahmen einer Feststellungsklage:

> *„Ob der Kl. Fluglaternen des Typs „Glühwürmchen" voraussetzungslos aufsteigen lassen darf,*
> *hängt von der Rechtswirksamkeit der FluglaternenVO der früheren Landesdirektion Leipzig*
> *vom 27.8.2009 ab."*[55]

> *„Eine Klage auf Feststellung, dass die strategische Beschränkung des Telekommunikations-*
> *verkehrs durch den Bundesnachrichtendienst nach § 5 G 10 in einem bestimmten Jahr rechts-*
> *widrig gewesen ist, ist nur zulässig, wenn zur Überzeugung des Gerichts festgestellt werden*
> *kann, dass der Telekommunikationsverkehr des Kl. im Zuge dieser strategischen Beschränkung*
> *tatsächlich erfasst worden ist."* [56]

Examenswissen: Der (lückenfüllende) Rechtsschutz der Feststellungsklage kommt auch im Be- 32
reich des EU-Rechts zum Tragen. Die Feststellungsklage ist in dem Bereich immer dann statthaft,
wenn eine unmittelbar beschwerende, d.h. keinen Vollzugsakt voraussetzende EU-Verordnung
Gegenstand der Klage ist.[57]

(2) Parlamentsgesetze: Verwaltungsgerichte und BVerfG

Die Feststellungsklage kann ebenso bei der Überprüfung von **Parlamentsgeset-** 33
zen statthaft sein. Kommt eine Rechtssatzverfassungsbeschwerde i.S.d. Art. 93 I
Nr. 4a GG, §§ 13 Nr. 8a BVerfGG in Betracht, ist auch bei der Überprüfung von
Parlamentsgesetzen aufgrund der Subsidiarität zunächst die Möglichkeit der Erhebung einer **verwaltungsgerichtlichen Klage** zu erörtern. Ist die **Feststel-**
lungsklage wegen des Vorliegens eines feststellungsfähigen Rechtsverhältnisses

---

53 Gersdorf, Verwaltungsprozessrecht, 6. Aufl. 2019, Rn. 118.
54 Bsp. BVerfG, Beschl. v. 17.1.2006, Az.: 1 BvR 541/02, 1 BvR 542/02 = BVerfGE 115, 81 (91).
55 BVerwG, Urt. v. 25.10.2017, Az.: 6 C 44/16 = BVerwGE 160, 157 = NJW 2018, 325 (325 Rn. 12).
56 BVerwG, Urt.v. 28.5.2014, Az.: 6 A 1/13 = NVwZ 2014, 1666 Ls. 2.; vgl. auch BVerwG, Urt. v. 14.12.
2016, Az.: 6 A 2.15 = ZD 2017, 396 Ls. der Red.
57 Möstl, in: Posser/Wolf, VwGO, 50. Ed., Stand: 1.4.2019, § 43 Rn. 32; s. auch Schenke, in: Kopp/
Schenke, VwGO, 25. Aufl. 2019, § 43 Rn. 8g.

Katrin Giere

statthaft und kommt das Gericht bzw. die Klausurbearbeitenden bei der *inzidenten* Prüfung der Norm zu der Überzeugung, die Norm sei verfassungswidrig, muss das Verfahren ausgesetzt werden und die jeweilige Norm nach **Art. 100 I GG** im Wege der **konkreten Normenkontrolle** zur Klärung dem BVerfG vorgelegt werden.

34 Examenswissen: Dies führt zu enormen zeitlichen Verzögerungen, wodurch ein **effektiver Rechtsschutz** teilweise nur noch schwer gewährleistet werden kann. Deshalb ist in der Klausur immer darauf zu achten, ob eine Rechtssatzverfassungsbeschwerde nicht doch aufgrund der **Unzumutbarkeit** eines langwierigen fachgerichtlichen Rechtsschutzes ausnahmsweise zulässig sein kann.[58]

35 **Praktische Relevanz** erlangt die inzidente Überprüfung von Parlamentsgesetzen mittels der allgemeinen Feststellungsklage im Bereich **der sog. self-executing-Normen.** Dies sind solche Normen, die „sich selbst" vollziehen, mithin keines Vollzugsakts durch die Verwaltung bedürfen. Eine Anfechtungsklage scheidet mangels Verwaltungsakt in diesen Fällen aus.

Beispiele: Gesetzlich begründete Zwangsmitgliedschaft in einer Körperschaft des öffentlichen Rechts, wie der Industrie- und Handelskammer nach § 2 I IHKG; Bindung an die Speicherpflicht von Kommunikationsdaten nach § 113 a I i. V. m. § 113b I und III TKG[59]

b) Öffentlich-rechtliche Beziehung

36 Das Rechtsverhältnis muss darüber hinaus öffentlich-rechtlicher Natur sein. Ist dies nicht der Fall, wäre bereits der Verwaltungsrechtsweg i. S. d. § 40 I 1 VwGO nicht eröffnet.

37 Öffentlich-rechtliche Beziehungen können nur auf Grundlage des öffentlichen Rechts bestehen. Das Rechtsverhältnis – genauer: der konkrete Sachverhalt – muss folglich durch eine öffentlich-rechtliche Regelung begründet werden. Neben **Normen** (Rn. 38 f.), können öffentlich-rechtliche Rechtsverhältnisse durch den **Verwaltungsakt** vorgelagerte Situationen (Rn. 40 ff.), durch **öffentlich-rechtlichen Vertrag** (Rn. 43) oder durch **Realakt** (Rn. 44) begründet werden.

---

58 Gersdorf, Verwaltungsprozessrecht, 6. Aufl. 2019, Rn. 118; vgl. dazu ausführlich Schenke, in: Kopp/Schenke, VwGO, 25. Aufl. 2019, § 43 Rn. 8 f.
59 S. hierzu OVG Münster, Beschl. v. 22.6.2017, Az.: 13 B 238/17 = NVwZ-RR 2018, 43 ff. – Vorratsdatenspeicherung.

Katrin Giere

aa) Norm

Öffentlich-rechtliche Beziehungen können also auf Grundlage einer **Norm** be- 38
stehen, deren Tatbestandsvoraussetzungen bereits vorliegen müssen. Hierzu
gehören alle rechtswirksamen Normen wie Vorschriften des **EU-Rechts, Verfas-
sungsnormen, Parlamentsgesetze, untergesetzliche Normen** und auch **Gewohnheitsrecht.**[60]

Zur Begründung eines Rechtsverhältnisses i. S. d. § 43 I Alt. 1 VwGO kommen 39
zu einem großen Teil die oben bereits genannten **sog. self-executing Normen** in
Betracht (s. Rn. 35). Ein Rechtsverhältnis begründet sich bei solchen Normen
bereits ohne Vollzugsakt, da sie auch ohne einen solchen eine Regelungswirkung
entfalten.

Sich selbst vollziehende Normen sind **beispielsweise** § 18 I SGB XII (So-
zialhilfeanspruch mit der Kenntnis des Sozialhilfeträgers vom Hilfefall) oder § 4 I
StAG (Erwerb der Staatsangehörigkeit durch Gesetz).

*Fallbeispiele: Eine Landesnorm (öffentlich-rechtl. Norm) schreibt eine Studiengebühr vor. S
zahlt nicht. Darüber besteht zwischen der Behörde und S Streit, es ergeht aber (noch) kein
Bescheid. S kann die Pflicht aus der landesrechtlichen Norm feststellen lassen.*

*Meister M züchtigt seinen Lehrling L. Das zuständige Organ der Handwerkskammer H
droht ihm deshalb mit Ausschluss aus der Handwerkskammer. M möchte feststellen lassen,
dass er wegen der Züchtigung des L nicht aus der Kammer ausgeschlossen werden kann.*

*Wiederholung (fehlender konkreter Sachverhalt): Die Feststellungsklage ist jedoch nicht
statthaft, wenn M hätte feststellen lassen wollen, dass und ob er den L grundsätzlich züchtigen
darf.*

bb) Dem Verwaltungsakt vorgelagerte Situationen

Zwar kann die Überprüfung der **Rechtmäßigkeit eines Verwaltungsakts** (hierzu 40
ausführlich § 2 Rn. 553 ff.) im Rahmen der **allgemeinen Feststellungsklage**
aufgrund der *Subsidiaritätsklausel* des § 42 II 1 VwGO **nicht überprüft werden**;
hierfür ist die Anfechtungsklage statthafte Klageart (hierzu § 2 Rn. 2 ff.).

Gleichwohl können Verwaltungsakte im Bereich der allgemeinen Feststellungsklage mittelbar eine Rolle spielen. Dies ist der Fall, wenn das Rechtsverhältnis durch eine **dem Verwaltungsakt vorgelagerte Situation** begründet wird,
etwa dann wenn eine Bürger*in einen Antrag auf Erlass eines Verwaltungsakts
stellt, da so das Verwaltungsverfahren nach § 9 VwVfG beginnt.[61] Weiterhin kann

---

[60] Ehlers, JURA 2007, 179 (181).
[61] Erbguth/Guckelberger, Allgemeines Verwaltungsrecht, 9. Aufl. 2018, § 10 Rn. 6.

Katrin Giere

der Verwaltungsakt relevant sein, wenn festgestellt werden soll, ob dieser eine bestimmte Rechtsstellung vermittelt.[62]

Beispiel: Drohung einer Behörde gegenüber der Bürger*in A mit einem Bußgeldbescheid

41 Examenswissen: Die allgemeine Feststellungsklage kann ebenso statthaft sein, wenn es um die **Auslegung oder Reichweite der Bindungswirkung eines Verwaltungsakts** geht. Ist diese – und nicht die Rechtmäßigkeit des Verwaltungsakts – umstritten und damit der Umfang eines staatlichen Leistungsanspruchs oder die Befolgung einer der Bürger*in durch einen Verwaltungsakt auferlegten Pflichten unklar, kann eine Klärung durch allgemeine Feststellungsklage erfolgen.[63]

42 Um eine Abgrenzung eines vorliegenden Verwaltungsakts zu Vorbereitungshandlungen vorzunehmen, kann das Tatbestandsmerkmal des Verwaltungsakts, die **Regelung i. S. d. § 35 1 VwVfG**, herangezogen werden. Liegt in der Formulierung einer Behörde keine einseitige, zielgerichtete, unmittelbare und verbindliche Anordnung einer Rechtsfolge, kann noch kein Verwaltungsakt vorliegen.[64]

cc) Öffentlich-rechtlicher Vertrag

43 Darüber hinaus kann ein öffentlich-rechtlicher Vertrag i.S.d. §§ 54 ff. VwVfG ein öffentlich-rechtliches Rechtsverhältnis begründen.

dd) Realakt

44 Schließlich ist die Begründung eines Rechtsverhältnisses auch durch einen Realakt möglich (zum Realakt als Handlungsform der Verwaltung näher § 5 Rn. 6 ff.), wobei im Auge behalten werden muss, dass ein Realakt regelmäßig auf einer Norm beruht (zum Vorbehalt des Gesetzes bei Realakten näher Rn. 109 f.).[65] Darüber hinaus können auch dem Verwaltungsakt vorgelagerte Situationen einen Realakt darstellen.

Beispiele für Realakte: durch Kampfflugzeug aufgenommene Bilder von betroffenen Personengruppen in einem Demonstranten-Camp;[66] Gefährderansprache bzw. Gefährderanschrei-

---

62 BVerwG, Urt. v. 29.08.1986, Az.: 7 C 5/85 = NVwZ 1987, 216.

63 Schenke, in: Kopp/Schenke, VwGO, 25. Aufl. 2019, § 43 Rn. 11; Ehlers, JURA 2007, 179 (185).

64 Tomerius, JURA 2018, 822 (823); zur Regelung i. S. d. § 35 S. 1 VwVfG Detterbeck, Allgemeines Verwaltungsrecht, 17. Aufl. 2019, Rn. 445 ff.

65 Wöckel, JA 2015, 205 (205).

66 BVerwG, Urt. v. 25.10.2017, Az.: 6 C 46/16 = BVerwGE 160, 169.

Katrin Giere

ben;[67] *der Aufruf einer Bürgermeister*in, der sich unmittelbar gegen die von einer konkreten Person angemeldete Demonstration richtet (s. hierzu den Fall 11 in: Eisentraut, Fälle zum Verwaltungsrecht, 2020).*

c) Vergangene und zukünftige Rechtsverhältnisse

Im Rahmen der Feststellungsklage können auch vergangene und zukünftige   45
Rechtsverhältnisse relevant sein.

aa) Vergangene Rechtsverhältnisse

Feststellungsfähig sind nach heute einhelliger Auffassung auch **vergangene**   46
Rechtsverhältnisse, d.h. solche, die sich zum **Zeitpunkt der gerichtlichen**
Entscheidung bereits **erledigt** haben. Unerheblich ist, ob sich das Rechtsver-
hältnis vor der Klageerhebung oder erst währenddessen erledigt hat.[68]

Die Feststellungsklage bezüglich vergangener Rechtsverhältnisse kann man
sich als Fortsetzungsfeststellungsklage (hierzu ausführlich § 4) **ohne Verwal-**
tungsaktcharakter vorstellen. Die Fortsetzungsfeststellungklage i.S.d. § 113 I 4
VwGO (analog) kommt dann in Frage, wenn die Anfechtungsklage nicht mehr
statthaft ist. Der Verwaltungsakt als Gegenstand der Anfechtungsklage besteht in
diesen Fällen aufgrund von Erledigung nicht mehr, er liegt mithin in der Vergangenheit. Genauso liegt es bei der Feststellungsklage mit dem Klagegenstand
eines vergangenen Rechtsverhältnisses, sie kommt (auch) dann in Frage, wenn
sich das Rechtsverhältnis bereits erledigt hat.

Da eine rechtliche oder sachliche Beschwer dann aktuell nicht mehr gegeben   47
ist, wird sowohl bei der Fortsetzungsfeststellungsklage gem. § 113 I 4 VwGO als auch
bei der Feststellungsklage bezüglich eines vergangenen Rechtsverhältnisses ein
„besonderes" (qualifiziertes) Feststellungsinteresse (Wiederholungsgefahr,
Rehabilitationsinteresse etc.) gefordert (zum Feststellungsinteresse im Rahmen der
Fortsetzungsfeststellungsklage s. § 4 Rn. 50 ff., zur Feststellungsklage s. Rn. 93 ff.).[69]

Entgegen der Auffassung in der **Literatur**[70] fordert das **BVerwG**, dass das   48
vergangene Rechtsverhältnis über seine Beendigung hinaus **anhaltende Wir-**

---

67 Götz/Geis, Allgemeines Polizei- und Ordnungsrecht, 16. Aufl. 2017, § 12 Rn. 5.

68 Sodan, in: Sodan/Ziekow, VwGO, 5. Aufl. 2018, § 43 Rn. 15; Möstl, in: Posser/Wolf, VwGO, 50. Ed., Stand: 1.4.2019, § 43 Rn. 6-8.1.

69 Zur Fortsetzungsfeststellungsklage Decker, in: Posser/Wolf, VwGO, 50. Ed., Stand: 1.4.2019, § 113 Rn. 86; zur Feststellungsklage bzgl. vergangener Rechtsverhältnisse Möstl, in: Posser/Wolf, VwGO, 49. Ed., Stand: 1.4.2019, § 43 Rn. 6-8.1.

70 Happ, in: Eyermann, VwGO, 15. Aufl. 2019, § 43 Rn. 18; Sodan, in: Sodan/Ziekow, VwGO, 5. Aufl. 2018, § 43 Rn. 18 f.

Katrin Giere

kung äußern muss, um überhaupt als Klagegegenstand der Feststellungsklage in Betracht zu kommen.[71] Diese Einordnung ist jedoch problematisch, da die anhaltende Wirkung kein Element des Klagegenstandes darstellt und damit nicht im Rahmen der Statthaftigkeit der Klage relevant sein kann. Vielmehr ist die anhaltende Wirkung des vergangenen Rechtsverhältnisses im berechtigten (qualifizierten) **Feststellungsinteresse** zu erörtern. In diesem Rahmen muss festgestellt werden, ob die Kläger*in trotz des in der Vergangenheit liegenden Rechtsverhältnisses immer noch ein schutzwürdiges Interesse rechtlicher, wirtschaftlicher oder ideeller Art hat.[72]

> *Beispiele: Feststellung der Besoldungsgruppe einer früheren Beamt*in, da diese Bedeutung für die Höhe des Ruhegehaltes hat;[73] Feststellung, ob die heimliche polizeiliche Observation aus dem Jahr zuvor rechtmäßig war*

bb) Zukünftige Rechtsverhältnisse

49 Nach ebenso **einhelliger Auffassung ist die** allgemeine Feststellungsklage bei **zukünftigen Rechtsverhältnissen** statthaft. Das zukünftige Rechtsverhältnis kann anders als das gegenwärtige und vergangene Rechtsverhältnis noch nicht an einem bereits bestehenden bzw. geschehenen überschaubaren Sachverhalt festgemacht werden.

50 **Daher sind folgende Anforderungen an das zukünftige Rechtsverhältnis zu stellen:**[74]
– in der Zukunft liegender aber dennoch konkreter, überschaubarer Sachverhalt, der gewiss und überwiegend wahrscheinlich ist,
– der den Tatbestand einer Regelung (bereits) erfüllt
– und dadurch Rechtsfolgen auslöst.

51 **Nicht feststellungsfähig** ist ein zukünftiges Rechtsverhältnis – genau wie gegenwärtige Rechtsverhältnisse – daher dann, wenn der (in der Zukunft liegende)

---

71 BVerwG, Urt. v. 7.10.1955, Az.: II C 27.54 = BVerwGE 2, 229 (230) = NJW 1956, 36 (36); BVerwG, Urt. v. 10.5.1984, Az.: 3 C 68/82 = NJW 1985, 1302 (1303); BVerwG, Urt. v. 21.11.1980, Az.: 7 C 18/79 = BVerwGE 61, 164 (169); BVerwG, Urt. v. 8.12.1995, Az.: 8 C 37/93 = BVerwGE 100, 83 (90) = NJW 1997, 71 (72).
72 BVerwG, Urt. v. 30.1.1990, Az.: 1A 36/86 = BVerwGE 84, 306.
73 Bosch/Schmidt/Vondung, Einführung in die Praxis des verwaltungsgerichtlichen Verfahrens, 10. Aufl. 2019, Rn. 868.
74 Sodan/Kluckert, GewArch 2003, 3 (16); Ehlers, JURA 2007, 179 (187).

Katrin Giere

Sachverhalt nicht hinreichend konkretisiert, mithin **theoretischer** Natur, **ausgedacht** oder **unwahrscheinlich** ist.

Beispiele für zukünftige Rechtsverhältnisse, die feststellungsfähig sind:
Studentin S möchte feststellen lassen, ob sie ihr Examen im kommenden Jahr noch nach der alten Prüfungsordnung absolvieren kann;
Beamter B möchte feststellen lassen, ob seine Frau nach seinem Tod (Zukunft) Ansprüche auf Versorgungsbezüge (Tatbestand und dadurch hervorgerufene Rechtsfolge) besitzt.[75]
Ein Unternehmer möchte feststellen lassen, ob ein bestimmtes Produkt, dessen Verkehrsfähigkeit zwischen ihm und der Behörde streitig ist, vertrieben werden darf, wenn er demnächst mit dessen Herstellung, Import, Vermarkung beginnen möchte;[76]
Ein potenzieller Käufer möchte feststellen lassen, als künftiger Eigentümer nicht sanierungsverantwortlich für zukünftig auftretende Altlasten zu sein.[77]

Das BVerwG hat sich bis heute noch nicht ausdrücklich zu zukünftigen Rechtsverhältnissen geäußert. Faktisch erkennt es aber auch solche Rechtsverhältnisse als feststellungsfähig an.[78]

Examenswissen: **Die vorbeugende Feststellungsklage** 52

Der Grundsatz des **repressiven Rechtsschutzes** in der VwGO sieht es vor, dass Verwaltungs- 53 handeln **nachträglich** kontrolliert wird. Grund hierfür ist die **Gewaltenteilung.** Die Judikative soll so nicht (vorläufig) den Bereich der Exekutive berühren, in dem ein (Gerichts-)Verfahren in ein noch laufendes Verwaltungsverfahren eingreift. Dennoch soll es im Rahmen der VwGO vorbeugenden Rechtsschutz – wie die vorbeugende Feststellungsklage – geben.

Klarzustellen ist der Unterschied zwischen **vorläufigem** und **vorbeugendem Rechts-** 54 **schutz.** Während sich der vorläufige Rechtsschutz die Sicherung oder Regelung einer bereits **eingetreten** Belastung kümmert, richtet sich der vorbeugende Rechtsschutz gegen nicht zumutbare **zukünftig** eintretende Belastungen.

Uneinigkeit herrscht über die Voraussetzungen der Statthaftigkeit der vorbeugenden Fest- 55 stellungsklage:

Einige Stimmen sehen die vorbeugende Feststellungsklage dann als statthaft an, wenn ein **zukünftiges Rechtsverhältnis** (hierzu ausführlich Rn. 49 ff.) vorliegt,[79] folglich dann, wenn eine (unmittelbar bevorstehende) Verwaltungsmaßnahme wie ein Verwaltungsakt oder eine Sanktion angedroht wird.[80] **Andere Stimmen** betonen hingegen explizit, dass die vorbeugende Feststel-

---

75 BVerwG, Urt. v. 13.10.1971; Az.: VI C 57/66 = BVerwGE 38, 346 ff.

76 Sodan, in: Sodan/Ziekow, VwGO, 5. Aufl. 2018, § 43 Rn. 22.

77 VG Gera, Urt. v. 14.10.1997, Az.: 2 K 350/96 = ThürVBl. 1998, 109.

78 BVerwG, Urt. v. 9.5.2001, Az.: 3 C 2/01 = BVerwGE 114, 226 (228) = NVwZ-RR 2001, 664 ff.

79 Happ, in: Eyermann, VwGO, 15. Aufl. 2019, § 43 Rn. 32; Gersdorf, Verwaltungsprozessrecht, 6. Aufl. 2019, Rn. 125.

80 Vgl. etwa Bosch/Schmidt/Vondung, Einführung in die Praxis des verwaltungsgerichtlichen Verfahrens, 10. Aufl. 2019, Rn. 900; Hufen, Verwaltungsprozessrecht, 11. Aufl. 2019, § 18 Rn. 23.

Katrin Giere

lungsklage und die Überprüfung zukünftiger Rechtsverhältnisse klar zu **differenzieren** sind. Die vorbeugende Feststellungsklage ist danach nur bei **gegenwärtigen Rechtsverhältnissen** statthaft.[81]

56   Letztlich bleibt zu sagen, dass es sich bei der **vorbeugenden Feststellungsklage** um ein (rein) **begriffliches Problem** handelt:

> Die Konstellation des gegenwärtigen Rechtsverhältnisses fällt nach hier vertretener Ansicht bereits in den Anwendungsbereich der allgemeinen Feststellungsklage i.S.d. § 43 I VwGO. Ein konkretes gegenwärtiges Rechtsverhältnis reicht neben der Subsidiarität als Voraussetzung für die Statthaftigkeit der allgemeinen Feststellungsklage aus. Genauso liegt es bei zukünftigen Rechtsverhältnissen. Bei solchen handelt es sich ebenso um konkrete Rechtsverhältnisse. Da in diesen Fällen ein subjektives Recht (noch) nicht besteht,[82] ist ein qualifiziertes Rechtsschutzinteresse (s. hierzu Rn. 99) gefordert.[83]

57   Daher ist ein **Anwendungsbereich der vorbeugenden Feststellungsklage nach hier vertretener Ansicht nicht ersichtlich** bzw. findet mit Blick auf die ohnehin vorrangige vorbeugende Unterlassungsklage (s. hierzu § 5 Rn. 22 ff.) nahezu keinen Anwendungsbereich.[84] Die sog. vorbeugende Feststellungsklage und die allgemeine Feststellungsklage unterscheiden sich mithin nur **begrifflich**.[85] Dies wird durch die uneinheitliche Rechtsprechung, in der die vorbeugende Feststellungsklage mit der vorbeugenden Unterlassungsklage teilweise sogar gleichgesetzt wird, umso deutlicher.[86] Materiell-rechtlich hat die unterschiedliche Bezeichnung allerdings keine Konsequenzen.[87]

58   **Begründung** für das oben Gesagte ist der **Sinn und Zweck** der allgemeinen Feststellungsklage. Sie dient dazu, die **(Rechts-)Schutzlücke** zu schließen, die besteht, wenn eine Verwaltungsmaßnahme angedroht wird, diese jedoch noch nicht vorgenommen wurde. In diesen Fällen, in denen oft ein Verwaltungsakt die Verwaltungsmaßnahme darstellt, können Anfechtungs- oder Verpflichtungsklage noch nicht statthaft sein. Die Person ist jedoch durch diese Androhung bereits konkret betroffen, sodass mithin ein gegenwärtiges Rechtsverhältnis besteht und die allgemeine Feststellungsklage bereits statthaft ist. Dieser speziell für diese Konstellation geschaffene **Auffangrechtsbehelf**, entspricht damit dem **Rechtsstaatsgebot nach Art. 19 IV GG**. Für jede Streitigkeit, die besteht, muss eine statthafte Klageart zur Verfügung stehen.[88]

> *Beispiel: **Nach hier vertretener Ansicht** liegt somit auch in der Entscheidung zur Vorratsdatenspeicherung des OVG Münster[89] keine vorbeugende, sondern eine allgemeine Feststel-*

---

81 Sodan, in: Sodan/Ziekow, VwGO, 5. Aufl. 2018, § 43 Rn. 20; Schenke, Verwaltungsprozessrecht, 16. Aufl. 2019, Rn. 408.

82 Schenke, Verwaltungsprozessrecht, 16. Aufl. 2019, Rn. 406.

83 Gersdorf, Verwaltungsprozessrecht, 6. Aufl. 2019 , Rn. 125.

84 Hufen, Verwaltungsprozessrecht, 11. Aufl. 2019, § 18 Rn. 22.

85 So auch Sodan/Kluckert, GewArch 2003, 3 (16 f.); vgl. auch Detterbeck, Allgemeines Verwaltungsrecht, 17. Aufl. 2019, Rn. 1446.

86 Vgl. zur Rspr. exemplarisch BVerwG, Urt. v. 8.9.1972, Az.: IV C 17/71 = BVerwGE 40, 323 (327); kritisch auch Hufen, Verwaltungsprozessrecht, 11. Aufl. 2019, § 18 Rn. 22; Schenke, in: Kopp/Schenke, VwGO, 25. Aufl. 2019, § 43 Rn. 29.

87 Detterbeck, Allgemeines Verwaltungsrecht, 17. Aufl. 2019, Rn. 1446.

88 Möstl, in: Posser/Wolf, VwGO, 50. Ed., Stand: 1.4.2019, § 43 Einl.

89 OVG Münster, Beschl. v. 22.6.2017, Az.: 13 B 238/17 = NVwZ-RR 2018, 43 ff.

Katrin Giere

lungsklage vor. Mit der Klage wollte ein Telekommunikationsunternehmen mittels einstweiligen Rechtsschutzes nach § 123 VwGO feststellen lassen, dass sie als Erbringerin öffentlich zugänglicher Internetzugangsdienste an die durch die Regelungen des TKG angeordnete Speicherpflicht von Telekommunikationsverkehrsdaten ihrer Kunden nicht gebunden ist.[90]
    Grund: *Da es zwischen der Antragstellerin und der Bundesnetzagentur bereits Kontakt bzgl. des in Frage stehenden Themas gab, lag bereits ein konkretes, gegenwärtiges Rechtsverhältnis vor. In diesen Fällen ist die allgemeine Feststellungsklage statthaft. Einer „vorbeugenden" Feststellungsklage bedarf es nicht.*

Nimmt man in diesen Fällen – **entgegen** der hier vertretenen Ansicht – eine vorbeugende Feststellungsklage an, sind aufgrund des „präventiven" Rechtsschutzes **besondere Voraussetzungen** an das **Feststellungsinteresse** zu stellen. Der Kläger*in kann es nicht zugemutet werden, die konkrete Rechtsverletzung abzuwarten (s. zum Feststellungsinteresse ausführlich Rn. 93 ff.).   **59**

d) Verhältnis von Personen zueinander oder einer Person zu einer Sache

Die oben beschriebenen rechtlichen Beziehungen sind als solche **zwischen zwei** **60**
Personen oder **von einer Person zu einer Sache** zu verstehen.[91] Dabei ist begrifflich zu beachten, dass eine **Rechtsbeziehung zu einer Sache an sich nicht bestehen kann.** Vielmehr ist damit die durch die Sache vermittelte Rechtsbeziehung zu einer „dritten" Person gemeint.[92] Zu vergleichen ist dies etwa mit dem Sachenrecht des zivilrechtlichen Bereichs, in dem rechtliche Beziehungen auch zwischen zwei Personen in Ansehung einer Sache bestehen. In Bezug auf eine Sache können im Zivilrecht Eigentümer und Besitzer oder Nießbraucher in einer rechtlichen Beziehung stehen.[93]

Beispiel für eine rechtliche Beziehung zwischen einer Person und „einer Sache" im Verwaltungsrecht: Widmung einer öffentlich-rechtlichen Einrichtung. Das Rechtsverhältnis besteht hier zwischen der betroffenen Person und der Rechtskörperschaft, die hinter der Sache steht.

e) Rechtsverhältnis mit Drittbeteiligung

Das Rechtsverhältnis besteht regelmäßig zwischen der beklagten Person und der **61**
Kläger*in. **Unproblematisch** ist dennoch ein **Rechtsverhältnis mit Drittbeteiligung**, also ein solches zwischen der Beklagte*n und einer Dritten, an dem **die**

---

90 Nach dem OVG Münster, Beschl. v. 22.6.2017, Az.: 13 B 238/17 = NVwZ-RR 2018, 43 ff. stellt dies sogar vorläufigen vorbeugenden Rechtsschutz dar. S. auch OVG Münster, Beschl. v. 2.3.2001, Az.: 5 B 273/01 = NVwZ 2001, 1315 ff.
91 St. Rspr. BVerwG, Urt. v. 26.1.1996, Az.: 8 C 19/94 = BVerwGE 100, 262 (264) m.w.N.
92 Schenke, in: Kopp/Schenke, VwGO, 25. Aufl. 2019, § 43 Rn. 11.
93 Schenke, Verwaltungsprozessrecht, 16. Aufl. 2019, Rn. 379.

Katrin Giere

Kläger*in nicht beteiligt ist.[94] Ein starres Zweiergefüge wird durch den Wortlaut des § 43 I Alt. 1 VwGO nicht vorgegeben.

62   **Zwingende Voraussetzung** bleibt jedoch, dass von dem fremden Rechtsverhältnis **konkrete subjektive Rechte** für die **dritte Person** abhängen müssen, da alle Klagearten der VwGO Popularklagen ausschließen.

Beispiel: Es gibt Unklarheiten im Rahmen der Verbeamtung des A. B als sein Konkurrent möchte feststellen lassen, dass das Rechtsverhältnis zwischen A und seinem Dienstherrn nicht besteht. Dieses Verhältnis betrifft den B in seinen subjektiven Rechten, sodass es sich hierbei um ein feststellungsfähiges Rechtsverhältnis mit Drittbeteiligung handelt.

3. Im Einzelnen: Die Subsidiarität der Feststellungsklage, § 43 II 1 VwGO

63   Ein feststellungsfähiges Rechtsverhältnis ist nur die erste Voraussetzung für die Statthaftigkeit der Feststellungsklage. Weiterhin müssen aufgrund der Subsidiaritätsklausel nach § 43 II 1 VwGO **alle anderen möglichen Klagearten ausgeschlossen werden**.

64   Der **Grundsatz der Subsidiarität i. S. d. § 43 II 1 VwGO** schreibt vor, dass eine Feststellung dann nicht begehrt werden kann, soweit die Kläger*in ihre Rechte durch **Gestaltungs- oder Leistungsklage** verfolgen kann oder hätte verfolgen können.[95]

65   **Gestaltungsklagen** sind **Anfechtungs- oder Verpflichtungsklagen** nach **§ 42 I VwGO** (zur Anfechtungsklage § 2, zur Verpflichtungsklage § 3), mit denen die Aufhebung eines Verwaltungsakts (Anfechtung) oder der Erlass eines abgelehnten oder unterlassenen Verwaltungsakts (Verpflichtung) erreicht werden kann. Ist eine Anfechtungs- oder Verpflichtungsklage deshalb nicht mehr zulässig, weil etwa das Vorverfahren nicht eingehalten oder die Klagefrist verpasst wurde, kann in der Folge nicht etwa die Feststellungsklage statthaft sein. Dies widerspräche dem Subsidiaritätsgrundsatz des § 43 II 1 VwGO.[96]

66   Die **allgemeine Leistungsklage** (dazu § 5) ist von der VwGO nicht ausdrücklich vorgesehen, sie wird aber in den §§ 43 II, 111, 113 IV VwGO vorausgesetzt. Die allgemeine Feststellungsklage ist auch gegenüber der **allgemeinen Leistungsklage** subsidiär. Darüber kann nicht hinweghelfen, dass eine **juristische Person des öffentlichen Rechts** diese Leistungsklage erhebt.[97] Nach dem BVerwG soll dies aufgrund von **Art. 20 III GG** eine **Ausnahme des Subsidiaritätsgrundsatzes** darstellen (s. hierzu näher Rn. 71). Gleiches gilt für die vorbeu-

---

94 BVerwG, Urt. v. 27.6.1997, Az.: 8 C 23/96 = NJW 1997, 3257 (3257 f.).
95 Nach § 43 II 2 VwGO gilt die Subsidiarität nicht für die Nichtigkeitsfeststellungsklage.
96 Sodan, in: Sodan/Ziekow, VwGO, 5. Aufl. 2018, § 43 Rn. 116.
97 So die h. M. Schenke, in: Kopp/Schenke, VwGO, 25. Aufl. 2019, § 43 Rn. 28 m.w.N.

gende Unterlassungsklage (zur vorbeugenden Unterlassungsklage § 5 Rn. 22 ff., s. auch den Fall 10 in: Eisentraut, Fälle zum Verwaltungsrecht, 2020), die ein Unterfall der allgemeinen Leistungsklage darstellt.

Funktion der Subsidiarität im Bereich der Feststellungsklage ist es 67
– ein **Umgehen** der engeren Sachentscheidungsvoraussetzungen der Anfechtungs- und Verpflichtungsklage wie das **Vorverfahren** i. S. d. § 68 VwGO und die **Klagefristen** nach § 74 VwGO durch die Feststellungsklage zu verhindern.[98] (Konzentrationsziel)
– das allgemeine Rechtsschutzbedürfnis zu wahren, sodass die Subsidiaritätsklausel auch aus **prozessökonomischer Sicht** von Bedeutung ist. Für die Kläger*in besteht nämlich dann kein Rechtsschutzbedürfnis, wenn sie durch Anfechtungs-, Verpflichtungs- oder Leistungsklage einen vollstreckungsfähigen Leistungstitel – mithin eine weiterreichende effektivere Rechtsschutzmöglichkeit – erreichen kann. Die Feststellungsklage ist demgegenüber – mit Ausnahme der Kosten – nicht vollstreckbar.

Die Feststellungsklage bleibt aber dann zulässig, wenn sich erst **nachträglich** die 68 **Möglichkeit einer Gestaltungs- oder Leistungsklage** ergibt. In diesen Fällen kann das Konzentrationsziel, eine effektivere Rechtsschutzmöglichkeit durch die Gestaltungswirkung bzw. vollstreckungsfähigen Leistungstitel zu erreichen, nicht mehr eingehalten werden kann.[99] Eine Ausnahme hiervon ergibt sich wiederum dann, wenn die Feststellungsklage zwar eingelegt, jedoch noch nicht begründet wurde.[100]

Examenswissen: Es gilt prinzipiell die Gleichwertigkeit der Rechtswege. Aufgrund dessen ist die 69 **Subsidiaritätsklausel** als **rechtswegübergreifend** anzusehen. Sie kommt also auch dann zum Tragen, wenn eine konkurrierende Leistungs- oder Unterlassungsklage vor dem Zivilgericht bereits erhoben wurde oder zu erheben ist.[101]

a) Ausnahme bei nicht gleichermaßen oder weniger effektivem Rechtsschutz
Die **Subsidiaritätsklausel** i. S. d. § 43 II 1 VwGO gilt **ausnahmsweise** dann **nicht**, 70 wenn im Vergleich zu den Leistungs- oder Gestaltungsklagen ein nicht gleicher-

---

98 Würtenberger/Heckmann, Verwaltungsprozessrecht, 4. Aufl. 2018, Rn. 477.
99 Sodan, in: Sodan/Ziekow, VwGO, 5. Aufl. 2018, § 43 Rn. 117.
100 Sodan, in: Sodan/Ziekow, VwGO, 5. Aufl. 2018, § 43 Rn. 117.
101 Bosch/Schmidt/Vondung, Einführung in die Praxis des verwaltungsgerichtlichen Verfahrens, 10. Aufl. 2019, Rn. 888.

Katrin Giere

maßen oder gar **weniger effektiver Rechtsschutz** erreicht werden kann. Dies ist insbesondere der Fall, wenn die Klagewege nicht dem Rechtsschutzziel der Kläger*in entsprechen, etwa wenn anstatt eines Einzelaktes ein ganzes Bündel von Rechten oder Pflichten in Rede steht.[102]

> *Beispiele: Effektiverer Rechtsschutz für eine Beamt*in die Grundlage und damit die Höhe ihrer Besoldung mittels Feststellungsklage feststellen zu lassen, anstatt das beanspruchte Gehalt monatlich einzuklagen.*[103]
>
> *Die Kläger*in hält ein beabsichtigtes Gewerbe für erlaubnisfrei oder die Erlaubnisvorschrift für verfassungswidrig. Eine Verpflichtungsklage auf Erlaubnis entspricht hier nicht dem Klageziel.*[104]

b) Ausnahme nach der „Ehrenmanntheorie"

71 Der Grundsatz der Subsidiarität i. S. d. § 43 II 1 VwGO soll nach der Rspr. – analog zu den im Zivilprozess entwickelten Grundsätzen – auch dann **nicht zur Anwendung** kommen, wenn die Feststellungsklage gegen **den Bund, ein Land oder andere Körperschaften des öffentlichen Rechts** gerichtet ist. Begründet wird dies damit, dass die aufgezählten Beklagten das Urteil auch ohne Vollstreckungsfähigkeit akzeptieren würden (sog. „Ehrenmanntheorie", s. dazu auch § 5 Rn. 317, 319).[105]

Zuzustimmen ist dem insoweit, als dass die genannten juristischen Personen des öffentlichen Rechts aufgrund der Bindung der Verwaltung an Recht und Gesetz gebunden sind, sie also auch an ein nicht vollstreckbares Feststellungsurteil gebunden sind, Art. 20 III GG.

Die triftigeren Gründe[106] sprechen aber **gegen** die oben beschriebene Ausnahme vom Grundsatz der Subsidiarität. Zunächst lässt der Wortlaut des § 43 II 1 VwGO eine solche Ausnahme nicht zu. Darüber hinaus widerspricht diese Ausnahme dem Willen des Gesetzgebers, nämlich den effektiven Rechtsschutz durch die Subsidiaritätsklausel zu sichern, indem ein vollstreckbarer Leistungstitel, der auf eine konkrete Handlung bezogen ist, angestrengt und erreicht wird. In der

---

102 Ehlers, JURA 2007, 179 (185); vgl. auch BVerwG, Urt. v. 24.6.2004, Az.: 4 C 11/03 = BVerwGE 121, 152 (156).
103 BVerwG, Urt. v. 18.7.1969, Az.: VII C 56.68 = BVerwGE 32, 333 (335); BVerwG, Urt. v. 17.2.1971, Az.: V C 68.69 = BVerwGE 37, 243 (247).
104 BVerwG, Urt. v. 17.1.1972, Az.: I C 33.68 = BVerwGE 39, 247 (249).
105 BVerwG, Urt. v. 27.10.1970, Az.: VI C 8.69 = BVerwGE 36, 179; Urt. v. 8.9.1972, Az.: IV C 17.71 = BVerwGE 40, 323; BVerwG, Urt. v. 22.2.2001, Az.: 5 C 34/00 = BVerwGE 114, 61; a.A. Sodan, in: Sodan/Ziekow, VwGO, 5. Aufl. 2018, § 43 Rn. 121.
106 S. dazu auch § 172 VwGO.

Katrin Giere

Konsequenz ist eine Feststellungsklage **auch gegenüber öffentlichen Entscheidungsträgern subsidiär** (s. bereits § 5 Rn. 319).[107]

4. Literaturhinweise

s. Rn. 113   72

II. Die Nichtigkeitsfeststellungsklage (Tobias Brings-Wiesen)

Der Bundesgesetzgeber hat auf gerichtlicher[108] Ebene einen besonderen Rechts   73
behelf wider den Rechtsschein der Wirksamkeit eines Verwaltungsakts vorgesehen: die **Nichtigkeitsfeststellungsklage** gemäß § 43 I Var. 3 VwGO.[109] Angesichts
der Tatsache, dass die herrschende Meinung eine Anfechtungsklage gemäß § 42 I
Var. 1 VwGO auch gegen nichtige Verwaltungsakte zulässt (s. dazu bereits in § 2
Rn. 197 ff.), spielt die Nichtigkeitsfeststellungsklage in der Praxis tatsächlich nur
eine nachgeordnete Rolle.[110] In der Ausbildung sollten die wenigen **Besonderheiten**, die sich hinsichtlich der Prüfung ihrer **Statthaftigkeit** ergeben, gleichwohl beherrscht werden.

Die Klage nach § 43 I Var. 3 VwGO ist **statthaft**, wenn das Begehren des   74
Klägers auf die Feststellung der (teilweisen) Nichtigkeit eines Verwaltungsakts
gerichtet ist. Im Rahmen der Prüfung der Statthaftigkeit der Klageart sollten
vertiefte Ausführungen zur Frage der Nichtigkeit unterbleiben[111] – diese erfolgen
erst im Rahmen der Begründetheitsprüfung. Es genügen Ausführungen zum
Vorliegen eines Verwaltungsakts[112] – sprich zur Verwaltungsaktqualität und zur

---

107 So auch die h. M.: u. a. Hufen, Verwaltungsprozessrecht, 11. Aufl. 2019, § 18 Rn. 6; Schenke,
in: Kopp/Schenke, VwGO, 25. Aufl. 2019, § 43 Rn. 28; Schenke, Verwaltungsprozessrecht, 16. Aufl.
2019, Rn. 420, 565; Sodan, in: Sodan/Ziekow, VwGO, 5. Aufl. 2018, § 43 Rn. 121; Ehlers, JURA 2007,
179 (186).
108 S. zur behördlichen Feststellung der Nichtigkeit gemäß § 44 V VwVfG noch Rn. 166 ff.
109 Zum Mehrwert dieser besonderen Feststellungsklage nur Möstl, in: Posser/Wolff, VwGO,
50. Ed., Stand: 1. 4. 2019, § 43 Rn. 35.
110 So wird die Feststellung der Nichtigkeit zumeist hilfsweise oder auf Hinweis des Gerichts
(§ 86 III VwGO) beantragt, Hufen, Verwaltungsprozessrecht, 11. Aufl. 2019, § 18 Rn. 28.
111 Schenke, JuS 2016, 97 (99).
112 BVerwG, Urt. v. 6. 2. 1986, Az.: 5 C 40.84 = BVerwGE 74, 1 (3 f.); Pietzcker, in: Schoch/
Schneider/Bier, VwGO, 36. EL Februar 2019, § 43 Rn. 27; Sodan, in: Sodan/Ziekow, VwGO, 5. Aufl.
2018, § 43 Rn. 64; Möstl, in: Posser/Wolff, VwGO, 50. Ed., Stand: 1. 4. 2019, § 43 Rn. 37.

Katrin Giere/Tobias Brings-Wiesen

wirksamen Bekanntgabe – sowie zum auf die Feststellung der Nichtigkeit gerichteten Vorbringen des Klägers[113].

75 Examenswissen: Wie hinsichtlich anderer Wirksamkeitsprobleme (s. dazu § 2 Rn. 177) und im Rahmen von § 44 V VwVfG (s. dazu Rn. 169) stellt sich die Frage des Umgangs mit dem Klagebegehren der *positiven* Feststellung der Wirksamkeit eines Verwaltungsakts auch hinsichtlich des *Fehlens* von Nichtigkeitsgründen. Anders als auf behördlicher Ebene hält die ganz herrschende Meinung ein entsprechendes Klagebegehren für grundsätzlich zulässig. Umstritten ist lediglich die **statthafte Klageart**. Eine Ansicht votiert für die analoge Anwendung von § 43 I Var. 3 VwGO.[114] Begründet wird dies damit, dass ein gleichwertiges Interesse an der positiven Feststellung der Wirksamkeit bestehen könne und außerdem die gerichtliche Ablehnung der Nichtigkeitsfeststellung mangels Begründetheit kehrseitig die positive Feststellung der Wirksamkeit enthalte. Dem werden von der Gegenansicht zu Recht der klare Wortlaut sowie methodisch entgegengehalten, dass eine Analogie bereits mangels planwidriger Regelungslücke ausscheide.[115] Die wohl herrschende Meinung bejaht sodann auch die Statthaftigkeit der allgemeinen Feststellungsklage gemäß § 43 I Var. 1 VwGO gerichtet auf die Feststellung des Bestehens eines durch wirksamen Verwaltungsakt begründeten Rechtsverhältnisses.[116]

76 Anders als die allgemeine Feststellungsklage gemäß § 43 I Var. 1 und 2 VwGO ist die Nichtigkeitsfeststellungsklage **nicht subsidiär** gegenüber Gestaltungs- oder Leistungsklagen, § 43 II 2 VwGO. Dies führt dazu, dass der Kläger ein Wahlrecht zwischen der Nichtigkeitsfeststellungsklage und der – nach herrschender Ansicht gleichsam statthaften – Anfechtungsklage hat (s. dazu ausführlich unter § 2 Rn. 197 ff.). Dies bedeutet insbesondere auch, dass der Kläger mit einem Hauptantrag die Feststellung der Nichtigkeit eines Verwaltungsakts und hilfsweise seine Aufhebung beantragen kann.[117]

---

113 Der Vortrag des Klägers muss auf einen Nichtigkeitsgrund schließen lassen Hufen, Verwaltungsprozessrecht, 11. Aufl. 2019, § 18 Rn. 28, Sodan, in: Sodan/Ziekow, VwGO, 5. Aufl. 2018, § 43 Rn. 64. Diese Erwägungen ordnet Möstl, in: Posser/Wolff, VwGO, 50. Ed., Stand: 1.4.2019, § 43 Rn. 37, der Prüfung des Feststellungsinteresses bzw. der Klagebefugnis zu.
114 Schenke, JuS 2016, 97 (98 f.).
115 Sodan, in: Sodan/Ziekow, VwGO, 5. Aufl. 2018, § 43 Rn. 63; s. auch Geis/Schmidt, JuS 2012, 599 (601); Will/Rathgeber, JuS 2012, 1057 (1062 f.).
116 Hufen, Verwaltungsprozessrecht, 11. Aufl. 2019, § 18 Rn. 30; Würtenberger/Heckmann, Verwaltungsprozessrecht, 4. Aufl. 2018, Rn. 474 f.; Schmitt-Glaeser/Horn, Verwaltungsprozessrecht, 15. Aufl. 2000, Rn. 336; Sodan, in: Sodan/Ziekow, VwGO, 5. Aufl. 2018, § 43 Rn. 63; Möstl, in: Posser/Wolff, VwGO, 50. Ed., Stand: 1.4.2019, § 43 Rn. 36; Will/Rathgeber, JuS 2012, 1057 (1062).
117 BVerwG, Beschl. v. 7.1.2013, Az.: 8 B 57.12 = BeckRS 2013, 46061, Rn. 5; Pietzcker, in: Schoch/Schneider/Bier, VwGO, 36. EL Februar 2019, § 43 Rn. 27; Sennekamp, in: Fehling/Kastner/Störmer, Verwaltungsrecht, 4. Aufl. 2016, § 42 VwGO Rn. 12; vgl. auch BSG, Urt. v. 21.6.1960, Az.: 3 RK 72/55 = NJW 1960, 2308; Urt. v. 23.2.1989, Az.: 11/7 RAr 103/87 = NVwZ 1989, 902.

Tobias Brings-Wiesen

B. Weitere Zulässigkeitsvoraussetzungen

Nach der Prüfung der Eröffnung des Verwaltungsrechtswegs und der Prüfung der 77
statthaften Klageart sind im Falle der Feststellungsklage regelmäßig die folgenden
weiteren Zulässigkeitsvoraussetzungen anzusprechen, wobei es auch hierbei auf
problembewusstes Arbeiten ankommt (dazu § 1 Rn. 52, 123).

I. Klagebefugnis (Hendrik Burbach)

Ob der Kläger bei Feststellungsklagen die Klagebefugnis im Sinne des § 42 II 78
VwGO darlegen muss, ist umstritten. Nach der Rechtsprechung des BVerwG ist
eine Feststellungsklage nur dann zulässig, wenn der Kläger analog § 42 II VwGO
klagebefugt ist.[118] Dies soll vor allem der Vorbeugung von Popularklagen dienen.
Dem Kläger muss es auch bei der Feststellungsklage um die Verwirklichung eigener Rechte gehen. Er muss daher an dem Rechtsverhältnis beteiligt sein oder
eigene Rechte müssen von diesem abhängen.[119]

Gegen die analoge Anwendung des § 42 II VwGO auf die Feststellungsklage 79
spricht dagegen der strenge Wortlaut des § 43 I VwGO. Dieser spricht ausdrücklich
nur von einem **besonderen Interesse** (zum Feststellungsinteresse sogleich näher
Rn. 93 ff.). Somit enthält § 43 I VwGO eine eigene, wenn auch weniger strenge,
jedoch funktional ähnliche Zugangsbegrenzung.[120] Somit fehlt es bereits an einer
die analoge Anwendung des § 42 II VwGO rechtfertigenden Regelungslücke.[121]
Aufgrund des konkretisierten Rechtsverhältnisses und des qualifizierten Rechtschutzbedürfnisses besteht nach dieser Auffassung kein weiterer Anlass, zusätzlich die Klagebefugnis nach § 42 II VwGO zu prüfen.[122]

In der Klausur ist dieser Streit zumeist nicht zu entscheiden, da der Kläger 80
sowohl ein berechtigtes Interesse haben als auch die Anforderungen des § 42 II
VwGO erfüllen dürfte. Trotzdem sollten die Auffassungen kurz dargelegt und die
Kernargumente genannt werden. Sodann kann darauf hingewiesen werden, dass
der Streit dahinstehen kann, da der Kläger jedenfalls klagebefugt ist. Es muss
dafür natürlich dargelegt werden, warum dies der Fall ist.

Sollte der Kläger hingegen ausnahmsweise einmal nicht klagebefugt sein, 81
aber ein Feststellungsinteresse haben, muss der Streit entschieden werden.

---

118 BVerwG, Urt. v. 28.11.2007, Az.: 9 C 10.07 = BVerwGE 130, 52 Rn. 14.
119 Glaser, in: Gärditz, VwGO, 2. Aufl. 2018, § 43 Rn. 84.
120 Glaser, in: Gärditz, VwGO, 2. Aufl. 2018, § 43 Rn. 84.
121 Württemberger/Heckmann, Verwaltungsprozessrecht, 4. Aufl. 2018, § 25 Rn. 489.
122 Hufen, Verwaltungsprozessrecht, 11. Aufl. 2019, § 18 Rn. 17.

Hendrik Burbach

II. (Kein) Vorverfahren (Renana Braun)

82 Grundsätzlich ist die Durchführung eines Vorverfahrens im Rahmen der Feststellungsklage nicht erforderlich. Für einige Ausnahmefälle ist es allerdings ausdrücklich angeordnet (Bsp.: § 54 II 1 BeamtStG, § 126 II 1 BBG).[123] Der Prüfungspunkt ist daher in der Regel nicht anzusprechen.

III. (Keine) Klagefrist (Patrick Stockebrandt)

83 Für die Feststellungsklage gemäß § 43 VwGO gilt grundsätzlich keine **Klagefrist.**[124] Der Prüfungspunkt ist daher in der Regel nicht anzusprechen. Eine Ausnahme besteht nur dann, wenn eine **Frist** spezialgesetzlich angeordnet wird.[125]

84 Eine unredliche, gegen **Treu und Glauben** verstoßende Verzögerung der Klageerhebung führt zur **Verwirkung** des Klagerechts (s. § 2 Rn. 399 ff.).[126]

85 Im Hinblick auf die **Fristberechnung** und die **Rechtsbehelfsbelehrung** (s. § 2 Rn. 361 ff.) und die **Wiedereinsetzung in den vorigen Stand** (s. § 2 Rn. 394 ff.) wird auf die entsprechenden Ausführungen im Rahmen der Anfechtungsklage verwiesen.

Weiterführende Literaturhinweise finden sich in § 2 Rn. 402.

IV. Beteiligte (Carola Creemers)

86 Die Ausführungen zu den Beteiligten im Rahmen der Anfechtungsklage gelten mit Ausnahme von § 78 VwGO entsprechend für die Feststellungsklage. Die Beteiligungs- und Prozessfähigkeit richtet sich also nach den §§ 61 und 62 VwGO (s. ausführlich § 2 Rn. 403 ff.).

87 Für die Bestimmung des **richtigen Klagegegners** gelten im Wesentlichen die gleichen Grundsätze wie für die allgemeine Leistungsklage (s. § 5 Rn. 37). Auch bei der Feststellungsklage ist der richtige Beklagte nach dem **Rechtsträgerprinzip** zu

---

123 S. Hufen, Verwaltungsprozessrecht, 11. Aufl. 2019, Teil 2 § 6 Rn. 16.
124 Schenke, Verwaltungsprozessrecht, 16. Aufl. 2019, Rn. 704.
125 Z. B. § 54 II 1 BeamtStG und § 126 II 1 BBG, s. hierzu Schenke, Verwaltungsprozessrecht, 16. Aufl. 2019, Rn. 704.
126 Schenke, Verwaltungsprozessrecht, 16. Aufl. 2019, Rn. 704.

Renana Braun/Patrick Stockebrandt/Carola Creemers

bestimmen.[127] Richtiger Klagegegner ist folglich der Rechtsträger, dem gegenüber das streitige Rechtsverhältnis positiv oder negativ festgestellt werden soll.

Ausnahmsweise ist § 78 I Nr. 1 VwGO analog auf die Nichtigkeitsfeststellungsklage anwendbar, da bei dieser, wie bei Anfechtungs- und Verpflichtungsklagen, um einen Verwaltungsakt gestritten wird.[128] **88**

V. Zuständiges Gericht (Katharina Goldberg)

Die allgemeine Leistungsklage ist nur zulässig, wenn das zuständige Gericht angerufen wurde (zur Verweisung bei fehlerhafter Zuständigkeit s. näher § 1 Rn. 49, 163 und § 2 Rn. 468). Bei der Frage des zuständigen Gerichts liegt häufig kein Schwerpunkt der Klausurlösung. Dennoch müssen die sachliche und örtliche Zuständigkeit in jeder Klausur zumindest angesprochen und die relevanten Normen benannt werden. **89**

Formulierungsvorschlag: *„Das angerufene Gericht müsste sachlich gem. § 45* **90** *VwGO und örtlich gem. § 52 VwGO zuständig sein."*

Das **Verwaltungsgericht** ist **sachlich** in der ersten Instanz für alle Streitigkeiten zuständig, für die der Verwaltungsrechtsweg gem. § 40 VwGO eröffnet ist, § 45 VwGO[129] (zur ausnahmsweise abweichenden Zuständigkeit von OVG und BVerwG s. § 2 Rn. 466 f.). **91**

Die **örtliche Zuständigkeit** richtet sich bei allen Klagearten nach § 52 VwGO. Sie muss bestimmt werden, wenn verschiedene Gerichte sachlich zuständig sind. In den meisten Klausuren wird die örtliche Zuständigkeit durch den Klausursteller vorgegeben. Wenn dies nicht gegeben ist müssen die einzelnen Nummern des § 52 VwGO gründlich gelesen werden. Sie geben eine Reihenfolge vor, nach der die örtliche Zuständigkeit bestimmt werden muss. Bei der Feststellungsklage sind folgende Nummern des § 52 VwGO in folgender Reihenfolge relevant: Nr. 1, Nr. 4, Nr. 5 (ein Überblick über die Nummern des § 52 VwGO findet sich in § 2 Rn. 473). **92**

---

127 Meissner/Schenk, in: Schoch/Schneider/Bier, VwGO, 36. EL Februar 2019, § 78 Rn. 53.

128 Meissner/Schenk, in: Schoch/Schneider/Bier, VwGO, 36. EL Februar 2019, § 78 Rn. 53; Brenner, in: Sodan/Ziekow, VwGO, 5. Aufl. 2018, § 78 Rn. 12; a. A. Schenke, in: Kopp/Schenke, VwGO, 25. Aufl. 2019, § 78 Rn. 2.

129 Berstermann, in: Posser/Wolf, VwGO, 49. Ed., Stand: 1.10. 2018, § 45 Rn. 2.

VI. Feststellungsinteresse (Dana-Sophia Valentiner)

93 Für die Feststellungsklage muss ein berechtigtes Interesse der klagenden Person vorliegen (s. einleitend zum Erfordernis des allgemeinen und besonderen Rechtsschutzbedürfnisses bereits § 2 Rn. 483 f.).

1. Berechtigtes Interesse

94 § 43 I VwGO verlangt ein **berechtigtes Interesse** des Klägers an der baldigen Feststellung des Bestehens oder Nichtbestehens eines Rechtsverhältnisses bzw. an der Nichtigkeit eines Verwaltungsakts. Während bei der Feststellungsklage im Zivilprozess (§ 256 ZPO) ein rechtliches Interesse gefordert ist, genügt im Verwaltungsprozess als berechtigtes Interesse jedes nach vernünftigen Erwägungen gerechtfertigte schutzwürdige öffentliche oder private Interesse rechtlicher, wirtschaftlicher oder ideeller Natur.[130]

95 Das Interesse an einer „baldigen" Feststellung des Rechtsverhältnisses liegt vor, wenn die begründete Besorgnis einer Gefährdung der klägerischen Rechtspositionen besteht.[131] Mit dem Interesse an der „baldigen" Feststellung gehen die Anforderungen an das besondere Rechtsschutzbedürfnis aus § 43 I VwGO über jene des § 113 I 4 VwGO hinaus.

Das berechtigte Feststellungsinteresse ist aufgrund der besonderen Missbrauchsgefahr der gerichtlichen Rechtsverfolgung mit der Feststellungsklage **positiv festzustellen.**[132] Lässt sich das qualifizierte Rechtsschutzinteresse nicht positiv nachweisen, geht dies zu Lasten der rechtsschutzsuchenden Person.[133]

96 Das Feststellungsinteresse muss gegenüber dem Klage- bzw. Antragsgegner bestehen,[134] ein Feststellungsinteresse gegenüber einer beigeladenen Person reicht nicht aus.[135]

97 Das gemäß §§ 43 I VwGO bei der Feststellungsklage nachzuweisende Rechtsschutzinteresse ist als besondere Sachentscheidungsvoraussetzung unter einem **eigenständigen Gliederungspunkt „(berechtigtes) Feststellungsinteresse"** zu prüfen. So zeigt der Bearbeiter der Korrektorin, dass er das gegenüber dem allgemeinen Rechtsschutzbedürfnis besondere Erfordernis der positiven Feststellung des Rechtsschutzinteresses verstanden hat. Das allgemeine Rechts-

---

130 BVerwG, Urt. v. 28.10.1970, Az.: VI C 55.68 = BVerwGE 36, 218 (226).
131 Mann/Wahrendorf, Verwaltungsprozessrecht, 4. Aufl. 2015, § 19 Rn. 311.
132 Ehlers, in: Schoch/Schneider/Bier, VwGO, 36. EL Februar 2019, Vorbem. § 40 Rn. 79.
133 Ehlers, in: Schoch/Schneider/Bier, VwGO, 36. EL Februar 2019, Vorbem. § 40 Rn. 79.
134 Engels, NVwZ 2018, 1001 (1005).
135 Brüning, JuS 2004, 882 (885).

schutzbedürfnis ist daneben bei Feststellungsklagen nicht noch gesondert anzusprechen.[136]

2. Relevante Fallgruppen

Die Anforderungen an das berechtigte Feststellungsinteresse richten sich danach, ob die Feststellung vergangener oder künftiger Rechtsverhältnisse begehrt wird.[137] Bezieht sich die Feststellungsklage auf ein **vergangenes Rechtsverhältnis**, z. B. auf einen erledigten Realakt, liegt das Feststellungsinteresse bei Wiederholungsgefahr, Rehabilitationsinteresse, typischerweise kurzfristiger Erledigung einer Grundrechtsbeeinträchtigung oder Präjudizität vor (s. dazu § 4 Rn. 53 ff.).[138] **98**

Examenswissen: Bei einer **vorbeugenden allgemeinen Feststellungsklage** (s. dazu § 6 Rn. 52 ff.) ist – vergleichbar der vorbeugenden Unterlassungsklage – ein besonderes Feststellungsinteresse nachzuweisen.[139] Dieses fehlt, wenn die klagende Person in zumutbarer Weise auf andere Rechtsschutzmöglichkeiten der Verwaltungsgerichtsordnung verwiesen werden darf. **99**

Umstritten ist die Frage, ob einer auf Feststellung der Nichtigkeit eines Verwaltungsakts gerichteten Feststellungsklage ein erfolgloser Antrag auf behördliche Feststellung der Nichtigkeit gemäß **§ 44 V Hs. 2 VwVfG** vorausgehen muss. Dafür spricht, dass der Antrag auf behördliche Feststellung grundsätzlich einen einfacheren und kostengünstigeren Weg darstellt, um die begehrte Feststellung zu erreichen.[140] Dagegen spricht jedoch, dass die Annahme einer solchen Erfordernis über den Rückgriff auf das allgemeine Institut des Rechtsschutzbedürfnisses ein Vorverfahren etablieren würde, welches der Gesetzgeber in den §§ 68 ff. VwGO nicht vorgesehen hat.[141] Dementsprechend sind beide Rechtsbehelfe nebeneinander anwendbar.[142] Eine Feststellungsinteresse fehlt jedoch, wenn einem Antrag nach § 44 V Hs. 2 VwVfG bereits entsprochen wurde.[143] Wegen der Identität des **100**

---

136 Ehlers, in: Schoch/Schneider/Bier, VwGO, 36. EL Februar 2019, Vorbem. § 40 Rn. 79.
137 Gersdorf, Verwaltungsprozessrecht, 6. Aufl. 2019, Rn. 125.
138 Gersdorf, Verwaltungsprozessrecht, 6. Aufl. 2019, Rn. 125.
139 Möstl, in: Posser/Wolff, VwGO, 49. Ed., Stand: 1. 4. 2019, § 43 Rn. 26 f.
140 Schmitt Glaeser/Horn, Verwaltungsprozessrecht, 15. Aufl. 2000, Rn. 342.
141 Schenke, JuS 2016, 97 (99); Schenke, Verwaltungsprozessrecht, 16. Aufl. 2019, Rn. 576.
142 Ramsauer, in: Kopp/Ramsauer, VwVfG, 20. Aufl. 2019, § 44 Rn. 69.
143 Schenke, Verwaltungsprozessrecht, 16. Aufl. 2019, Rn. 577; Hufen, Verwaltungsprozessrecht, 11. Aufl. 2019, § 18 Rn. 32; Sodan, in: Sodan/Ziekow, VwGO, 5. Aufl. 2018, § 43 Rn. 109; Möstl, in: Posser/Wolff, VwGO, 50. Ed., Stand: 1. 4. 2019, § 43 Rn. 39; noch vor der Entscheidung der Behörde ansetzend W.-R. Schenke, in: Kopp/Schenke, VwGO, 25. Aufl. 2019, § 43 Rn. 20.

Dana-Sophia Valentiner

Streitgegenstandes ist es ebenfalls unzulässig, eine Nichtigkeitsfeststellungsklage zu erheben, wenn bereits eine Anfechtungsklage erhoben bzw. gar rechtskräftig zum Abschluss gebracht worden ist.[144]

101 Bei der **Feststellungsklage einer Behörde** gegenüber einer Privatperson ist umstritten, ob ein berechtigtes Feststellungsinteresse der Behörde vorliegt, wenn sie die Möglichkeit hätte, einen Verwaltungsakt zu erlassen. In der Literatur wird vereinzelter Rechtsprechung dahingehend zugestimmt, dass eine solche Feststellung im Grundsatz möglich sei.[145]

C. Begründetheit

102 Die Prüfung der Begründetheit der Feststellungsklage ist danach auszurichten, ob die „klassische" Feststellungsklage (dazu I.) oder die Nichtigkeitsfeststellungsklage (dazu II.) für statthaft befunden wurde.

I. Begründetheit der „klassischen" Feststellungsklage (Katrin Giere)

103 Formulierungsvorschlag: *„Die allgemeine Feststellungsklage i.S.d. § 43 I Alt. 1 VwGO ist begründet, wenn das von der Kläger*in geltend gemachte Rechtsverhältnis besteht (positive Feststellungsklage) bzw. das von ihr verneinte Rechtsverhältnis nicht besteht (negative Feststellungsklage)."*

104 Wenden die Klausurbearbeitenden § 42 II VwGO (Klagebefugnis) analog an (hierzu Rn. 78 ff.), sollte dem Obersatz Folgendes hinzugefügt werden: *„… und die Kläger*in dadurch in ihren Rechten verletzt ist."* [146]

105 In der Begründetheit werden die **konkreten Voraussetzungen** des **infrage stehenden Rechtsverhältnisses** geprüft. Im Rahmen der Begründetheit kommt es mithin auf die **Art des Rechtsverhältnisses** an.

---

144 So ausdrücklich das BVerwG, Beschl. v. 7.1.2013, Az.: 8 B 57.12 = BeckRS 2013, 46061, Rn. 5, m.w.N.; so auch W.-R. Schenke, in: Kopp/Schenke, VwGO, 25. Aufl. 2019, § 43 Rn. 32.
145 Pietzcker, in: Schoch/Schneider/Bier, VwGO, 36. EL Februar 2019, § 43 Rn. 37 m.w.N.
146 Gersdorf, Verwaltungsprozessrecht, 6. Aufl. 2019, Rn. 127; sollte dieser Zusatz nicht beigefügt werden, darf dies nicht als Fehler gelten.

Dana-Sophia Valentiner/Katrin Giere

1. Rechtsverhältnis aufgrund einer Norm

Begründet sich das Rechtsverhältnis durch eine **Norm** (s. hierzu ausführlich 106
Rn. 38 f.) und wird diese für nichtig gehalten, so sind folgende Szenarien vorstellbar:

a) (Inzidente) Prüfung der **Verfassungsmäßigkeit** eines **formellen Gesetzes**
auf dem das Rechtsverhältnis beruht (in Bezug auf die „klassische" Feststellungsklage ausführlich Rn. 33 ff.). An dieser Stelle ist die gewohnte Prüfung der
Verfassungsmäßigkeit eines Gesetzes durchzuführen (formelle und materielle
Verfassungsmäßigkeit).

b) (Inzidente) Prüfung der Rechtmäßigkeit einer **Satzung** oder **Rechtsverordnung** auf der das Rechtsverhältnis beruht (in Bezug auf die „klassische" Feststellungsklage ausführlich Rn. 28 ff.), etwa Satzungen nach dem BauGB oder
Rechtsverordnungen nach § 246 II BauGB (zur Prüfung s. ausführlich § 8 Rn. 72 ff.).

2. Rechtsverhältnis aufgrund eines öffentlich-rechtlichen Vertrags

Folgt die Begründung des Rechtsverhältnisses aus einem **öffentlich-rechtlichen** 107
Vertrag i. S. d. §§ 54 ff. VwVfG, sind die genauen Voraussetzungen eines öffentli-
chen-rechtlichen Vertrages zu prüfen (s. zum öffentlich-rechtlichen Vertrag näher
§ 5 Rn. 65 ff.):

a) Vorliegen eines öffentlich-rechtlichen Vertrages, § 54 VwVfG
b) Wirksamkeit des Vertrags, 62 S. 2 VwVfG i.V.m. den einschlägigen Vorschriften des BGB
c) Nichtigkeitsgründe (formell und materiell), §§ 57 ff. VwVfG

3. Rechtsverhältnis aufgrund eines Realakts

Begründet sich das Rechtsverhältnis durch einen **Realakt**, muss geprüft werden, 108
ob der Realakt rechtmäßig war (s. hierzu Fall 11 in: Eisentraut, Fälle zum Verwaltungsrecht, 2020). Die Rechtmäßigkeit eines Realakts ist wie folgt zu prüfen.

a) Notwendigkeit einer gesetzlichen Ermächtigungsgrundlage (Bernhard Hadank)

Zunächst ist zu überlegen, ob und unter welchen Umständen auch für Realakte 109
eine **gesetzliche Ermächtigungsgrundlage** notwendig ist. Rechtsbindungen
bestehen selbstverständlich auch bei schlichtem Verwaltungshandeln, für dessen
vielfältige Möglichkeiten allerdings keine einheitlichen Determinanten beste-

hen.[147] Es wäre sicherlich überzogen, für jedes Realhandeln der Verwaltung eine gesetzliche Ermächtigung zu fordern. Aber insbesondere dann, wenn schlichtes Verwaltungshandeln erhebliche Grundrechtsrelevanz hat, ist zu diskutieren, den **Vorbehalt des Gesetzes** (s. einführend bereits Rn. 554 ff.) auch auf Realakte zu erstrecken.

110 Besondere Klausurrelevanz hat in diesem Zusammenhang die **staatliche Informationstätigkeit**, etwa Warnungen oder (unverbindliche) Informationen. Gerade in diesem Bereich driften die Auffassungen, ob der Vorbehalt des Gesetzes eingreift oder nicht, besonders auseinander. Während etwa für Arzneimitteltransparenzlisten[148] oder für die Veröffentlichung von Warentests im landwirtschaftlichen Bereich[149] der Vorbehalt des Gesetzes Anwendung finden soll, hat sich das BVerfG in seiner jüngeren Rechtsprechung von der generellen Anwendung des Vorbehalts des Gesetzes auf staatliches Informationshandeln distanziert: Bei der Warnung vor sogenannten Jugendsekten[150] sowie der Veröffentlichung einer Liste diethylenglykolhaltiger Weine unter Nennung der Abfüllbetriebe[151] hat das Gericht den Vorbehalt des Gesetzes für die informelle Tätigkeit der Bundesregierung verneint. Sofern die Informationstätigkeit in den (verfassungsrechtlich) zugewiesenen Aufgabenbereich des Staates falle, bedürfe es keiner gesonderten Ermächtigungsgrundlage, weil diese keinen Gewinn an „Messbarkeit und Berechenbarkeit staatlichen Handelns" nach sich zöge. Da gesetzliche Ermächtigungen für staatliches Informationshandeln zwangsläufig weit und unbestimmt seien, sei ohnehin fraglich, ob überhaupt von einer eigenen Entscheidung des Parlaments gesprochen werden könnte.[152] Im Ergebnis lässt die Rechtsprechung die Legitimierung der staatlichen Informationstätigkeit durch die Zuständigkeitszuweisung für die jeweilige Sachaufgabe trotz nicht unerheblicher mittelbar-faktischer Grundrechtseingriffe genügen. Etwas anderes soll nur dann gelten, wenn die staatliche Maßnahme nach ihrer Zielrichtung und Wirkung ein **„funktionales Äquivalent"** zu einem Grundrechtseingriff im klassischen Sinne darstellt.[153] Die Anwendung des Vorbehalts des Gesetzes auf staatliches Infor-

---

147 Remmert, in: Ehlers/Pünder, Allgemeines Verwaltungsrecht, 15. Aufl. 2015, § 36 Rn. 2.
148 BVerfG (Kammerbeschl.), Beschl. v. 25.2.1999, Az.: 1 BvR 1472/91, 1 BvR 1510/91 = NJW 1999, 3404 (3405).
149 BVerwG, Urt. v. 7.12.1995, Az.: 3 C 23/94 = NJW 1996, 3161 (3162).
150 BVerfG, Beschl. v. 26.6.2002, Az.: 1 BvR 670/91 = BVerfGE 105, 279 (303 ff.) – Osho.
151 BVerfG, Beschl. v. 26.6.2002, Az.: 1 BvR 558/91 = BVerfGE 105, 252 (268) – Glykol.
152 BVerfG, Beschl. v. 26.6.2002, Az.: 1 BvR 670/91 = BVerfGE 105, 279 (305) – Osho.
153 BVerfG, Beschl. v. 26.6.2002, Az.: 1 BvR 670/91 = BVerfGE 105, 279 (303) – Osho. Zu den genauen Anforderungen an das „funktionale Äquivalent" äußert sich das BVerfG in der Entscheidung allerdings nicht. Es wird aber zu verlangen sein, dass die staatliche Tätigkeit nach

Bernhard Hadank

mationshandeln bleibt deshalb die Ausnahme. Zu Recht ist diese Auffassung auf Kritik gestoßen. Wegen der nicht unerheblichen Grundrechtsrelevanz staatlicher Informationstätigkeit ist eine gesetzliche Vorzeichnung geboten. Selbst wenn normative Ermächtigungen nur mit geringer Regelungsdichte ausgestaltet werden können, wird der Handlungsfreiheit des Staates wirksam Grenzen gesetzt.[154]

In der Klausur ist es ratsam, die Beantwortung der Frage, ob Realakte dem **111** Vorbehalt des Gesetzes unterliegen, daran zu orientieren, wie grundrechtssensibel das schlichte Verwaltungshandeln ist. Zwar führen Realakte und damit nicht-regelndes Verwaltungshandeln mangels unmittelbaren Zugriffs auf bestimmte Rechtsgüter durch Ge- oder Verbote regelmäßig nur zu *mittelbar-faktischen* Grundrechtsbeeinträchtigungen.[155] Doch gilt der Vorbehalt des Gesetzes für jedes staatliche Eingriffshandeln, unabhängig von der Handlungsform und der Art des Grundrechtseingriffs.[156] Anstatt die Wesentlichkeitstheorie (s. hierzu Rn. 567 f.) in Fällen mittelbar-faktischer Grundrechtseingriffe zurückzudrängen[157], kann sie herangezogen werden, um die notwendige Regelungsdichte etwaiger gesetzlicher Ermächtigungen zu klären.

b) Rechtmäßigkeit der realen Handlung (Katrin Giere)

Im Rahmen der Überprüfung der Rechtmäßigkeit der realen Handlung sind ver- **112** schiedene Punkte zu beachten. Zunächst gilt der **Vorrang des Gesetzes.** Der Realakt darf mithin nicht gegen geltende Gesetze verstoßen. In der Klausur werden dann in der Regel die Tatbestandsvoraussetzungen der Ermächtigungsgrundlage wie die Zuständigkeit und Weitere geprüft (s. hierzu den Fall 11 in: Eisentraut, Fälle zum Verwaltungsrecht, 2020). Des Weiteren ist die **Vereinbarkeit mit höherrangigem Recht** in die Prüfung einzubeziehen. Hierbei ist insbesondere auf die **Vereinbarkeit mit den Grundrechten** und den **Verhältnismäßigkeitsgrundsatz** zu achten.

---

ihren Zielsetzungen und Wirkungen einem klassischen Grundrechtseingriff gleichkommt. Dazu Murswiek, NVwZ 2003, 1 (6); Schoch, NVwZ 2011, 193 (195).

154 Hebeler, NVwZ 2011, 1364 (1365 f.); Schulze-Fielitz, in: Dreier, GG, Band II, 3. Aufl. 2015, Art. 20 (Rechtsstaat) Rn. 116; Remmert, in: Ehlers/Pünder, Allgemeines Verwaltungsrecht, 15. Aufl. 2015, § 37 Rn. 3. Vgl. auch Schoch, NVwZ 2011, 193 (195 f.).

155 Remmert, in: Ehlers/Pünder, Allgemeines Verwaltungsrecht, 15. Aufl. 2015, § 36 Rn. 4.

156 S. auch Schoch, NVwZ 2011, 193 (195) m. w. N.; Lerche, in: Merten/Papier, Handbuch der Grundrechte, Band III, 2009, § 62 Rn. 27. Folgerichtig wird für die grundrechtsrelevante Gefährderansprache eine gesetzliche Ermächtigung verlangt, s. hierzu OVG Lüneburg, Urt. v. 22. 9. 2005, Az.: 11 LC 51/04 = NJW 2006, 391 (393); vgl. auch Hebeler, NVwZ 2011, 1364 ff.

157 Lerche, in: Merten/Papier, Handbuch der Grundrechte, Band III, 2009, § 62 Rn. 27.

Bernhard Hadank/Katrin Giere

4. Zusammenfassung

113 Zusammenfassend muss sich die Prüfung der Begründetheit im Rahmen der allgemeinen Feststellungsklage gem. § 43 I Alt. 1 VwGO immer nach dem Gegenstand des Rechtsverhältnisses richten. Ein grundsätzliches Schema wie es etwa bei der Anfechtungsklage gegeben ist (s. hierzu § 2 Rn. 507 ff.), kann nicht vorgehalten werden. Die Begründetheit einer Feststellungsklage kann somit von einer verfassungsrechtlichen Prüfung bis hin zu einer rein verwaltungsrechtlichen Prüfung reichen und ist damit vielseitig gestaltbar.

5. Literaturhinweise

114 Boch/Schmidt/Vondung, Einführung in die Praxis des verwaltungsgerichtlichen Verfahrens, 10. Aufl. 2019, S. 211 ff.; Ehlers, Verwaltungsgerichtliche Feststellungsklage, JURA 2007, 179 ff.; Geis/Schmidt, Grundfälle zur verwaltungsprozessualen Feststellungsklage (§ 43 VwGO), JuS 2012, 599 ff.; Hufen, Verwaltungsprozessrecht, 11. Aufl. 2019, § 18; Schwabe/Finkel, Lernen mit Fällen – Allgemeines Verwaltungsrecht und Verwaltungsprozessrecht, 9. Aufl. 2017, S. 76 ff.; Wöckel, Das Rechtsverhältnis im Sinne von § 43 I VwGO, JA 2015, 205 ff.

Falllösung: Fall 11 in: Eisentraut, Fälle zum Verwaltungsrecht, 2020

II. Begründetheit der Nichtigkeitsfeststellungsklage (Tobias Brings-Wiesen)

115 Die Nichtigkeitsfeststellungsklage ist **begründet**, wenn der Verwaltungsakt (teilweise) nichtig ist.[158] Soweit keine spezialgesetzlichen Nichtigkeitsvorschriften existieren,[159] richtet sich dies nach **§ 44 VwVfG**,[160] auf den im Folgenden genau einzugehen ist.

116 Soweit bereits im Rahmen der Zulässigkeit das Vorliegen einer Klagebefugnis gemäß § 42 II VwGO analog gefordert wurde, bedarf es für die Annahme der Begründetheit darüber hinaus auch der **Feststellung einer *Betroffenheit*[161]** des

---

158 Umstritten ist der maßgebliche Beurteilungszeitpunkt: für den Zeitpunkt der letzten behördlichen Entscheidung, Hufen, Verwaltungsprozessrecht, 11. Aufl. 2019, § 24 Rn. 16; Wienbracke, Verwaltungsprozessrecht, 3. Aufl. 2019, Rn. 484; demgegenüber für den Zeitpunkt der letzten mündlichen Verhandlung, Schenke, Verwaltungsprozessrecht, 16. Aufl. 2019, Rn. 870.

159 So bspw. für das Abgabenrecht in § 125 AO oder für das Sozialrecht in § 40 SGB X.

160 Bzw. nach den entsprechenden Vorschriften der VwVfGe der Länder.

161 Eine *Verletzung* wird mangels *rechtlicher* Wirkungen des nichtigen Verwaltungsakts aber zu Recht nicht verlangt, Hufen, Verwaltungsprozessrecht, 11. Aufl. 2019, § 29 Rn. 12.

Katrin Giere/Tobias Brings-Wiesen

Klägers in einem subjektiven Recht gemäß § 113 I 1 VwGO analog.[162] Insofern kann auf den Rechtsschein der Wirksamkeit und die aus ihm resultierenden tatsächlichen Auswirkungen für einen Betroffenen abgestellt werden.

1. Das Verhältnis der Absätze des § 44 VwVfG untereinander

Das **Verhältnis der Absätze 1 bis 3** des § 44 VwVfG untereinander ist **norm-** 117 **strukturell „umstritten".**[163] Die Klärung dieses Verhältnisses hat jedoch Auswirkungen auf den Prüfungsaufbau und soll daher vorab erfolgen.

Die Tatbestände der **Abs. 1 und 2** *begründen* **erst die Nichtigkeit** eines 118 Verwaltungsakts. **Abs. 3 hingegen bestimmt Rückausnahmen** für den Fall, dass nach Abs. 1 oder 2 grundsätzlich von einer Nichtigkeit auszugehen wäre („nicht schon deshalb nichtig"). Normlogisch bedarf es also einer Prüfung von Abs. 3 gar nicht, wenn sich bereits keine Nichtigkeit über die Abs. 1 und 2 begründen lässt.

Im Verhältnis von Abs. 1 zu Abs. 2 gebührt Abs. 2 der Vorrang. Zwar 119 handelt es sich nicht um eine Spezialregelung, da nach herrschender Meinung die von Abs. 2 erfassten Konstellationen auch unabhängig von der Offensichtlichkeit zur Nichtigkeit führen (s. dazu Rn 121)[164] und die Absätze somit auch voneinander unabhängige Konstellationen erfassen.[165] Der Gesetzgeber hat jedoch durch die Bestimmung der besonderen[166] Nichtigkeitsgründe die im Rahmen von Abs. 1 im Einzelfall zu treffende Wertentscheidung der Nichtigkeit eines Rechtsfehlers bereits selbst getroffen.[167] Die Begründung der Nichtigkeit über Abs. 2 ist vor

---

162 Hufen, Verwaltungsprozessrecht, 11. Aufl. 2019, § 29 Rn. 12; Würtenberger/Heckmann, Verwaltungsprozessrecht, 4. Aufl. 2018, Rn. 494; a. A. indes Wienbracke, Verwaltungsprozessrecht, 3. Aufl. 2019, Rn. 484.

163 S. dazu auch Ipsen, Allgemeines Verwaltungsrecht, 11. Aufl. 2019, Rn. 686; Sachs, in: Stelkens/Bonk/Sachs, VwVfG, 9. Aufl. 2018, § 44 Rn. 99 ff.; Peuker, in: Knack/Henneke, VwVfG, 10. Aufl. 2014, § 44 Rn. 12; Schladebach, VerwArch 2013, 188 (195 f.).

164 Peuker, in: Knack/Henneke, VwVfG, 10. Aufl. 2014, § 44 Rn. 12, erwägt gar, dass die Fehler den Grad der besonderen Schwere nach Abs. 1 verfehlen könnten – dies ist angesichts der maßstabsbildenden Wirkung von Abs. 2 für die Bestimmung der besonderen Schwere, s. dazu noch Rn. 155, nicht überzeugend.

165 Sachs, in: Stelkens/Bonk/Sachs, VwVfG, 9. Aufl. 2018, § 44 Rn. 100. S. zur Konstellation der bloßen Überschneidung der Anwendungsbereiche zweier Rechtsnormen Zippelius, Juristische Methodenlehre, 11. Aufl. 2012, S. 31 f.

166 Vielerorts wird terminologisch auch zwischen „absoluten" und „relativen" Nichtigkeitsgründen unterschieden, Detterbeck, Allgemeines Verwaltungsrecht, 17. Aufl. 2019, Rn. 614, 616; Maurer/Waldhoff, Allgemeines Verwaltungsrecht, 19. Aufl. 2017, § 10 Rn. 87; Peuker, in: Knack/Henneke, VwVfG, 10. Aufl. 2014, § 44 Rn. 12.

167 Schemmer, in: Bader/Ronellenfitsch, VwVfG, 44. Ed., Stand: 1.7.2019, § 44 Rn. 40.

Tobias Brings-Wiesen

diesem Hintergrund schlicht der einfachere Weg,[168] sodass Abs. 2 aus verfahrensökonomischen Gründen stets vorzuziehen ist. **Im Verhältnis von Abs. 1 und 3**[169] gilt Folgendes: § 44 III VwVfG vermag selbst keine Nichtigkeit zu begründen, sondern setzt deren Vorliegen voraus („nicht schon deshalb"). Es handelt sich daher um einen Ausnahmetatbestand, dessen Anwendungsbereich *normlogisch* erst dann eröffnet wäre, wenn eine Nichtigkeit nach Abs. 1 in Frage käme. Da jedoch ein Ausschluss der Nichtigkeit über Abs. 3 leichter zu begründen ist, besteht wie von *Sachs* treffend festgestellt zumindest ein anwendungspraktischer Nachrang von Abs. 1.[170]

120 Daraus ergeben sich folgende Vorgaben für das Vorgehen in der Prüfung: Gedanklich erfolgt die Beurteilung in der Reihenfolge Abs. 2 – Abs. 3 – Abs. 1[171]. Innerhalb des Prüfungsaufbaus sollte dementsprechend mit der Bewertung einer möglichen Nichtigkeit gemäß § 44 II VwVfG begonnen werden. Wird diese verneint, ist indes sodann eine mögliche Nichtigkeit gemäß § 44 I VwVfG zu prüfen, deren erster Gliederungspunkt jedoch das Vorliegen eines Ausschlusstatbestands gemäß § 44 III VwVfG ist.[172]

2. Besondere Nichtigkeitsgründe, § 44 II VwVfG

121 Die Enumeration der besonderen Nichtigkeitsgründe in § 44 II VwVfG ist **abschließend**.[173] Aufgrund ihres Ausnahmecharakters bedarf es ihrer restriktiven Handhabung und einer entsprechend genauen Kenntnis ihrer Anwendungsbereiche[174]. Stets ist jedoch zu beachten, dass diesen Gründen verwandte Sachverhaltskonstellationen im Einzelfall durchaus noch eine Nichtigkeit nach § 44 I

---

168 Sachs, in: Stelkens/Bonk/Sachs, VwVfG, 9. Aufl. 2018, § 44 Rn. 100.

169 Normstrukturell spricht nichts gegen eine Anwendung von Abs. 3 auf Abs. 2, allerdings bestehen zwischen beiden Vorschriften schlicht keine anwendungspraktischen Überschneidungen.

170 Sachs, in: Stelkens/Bonk/Sachs, VwVfG, 9. Aufl. 2018, § 44 Rn. 101.

171 So bspw. auch Maurer/Waldhoff, Allgemeines Verwaltungsrecht, 19. Aufl. 2017, § 10 Rn. 87; Peine/Siegel, Allgemeines Verwaltungsrecht, 12. Aufl. 2018, Rn. 547; Ipsen, Allgemeines Verwaltungsrecht, 11. Aufl. 2019, Rn. 685 f.; a. A. Detterbeck, Allgemeines Verwaltungsrecht, 17. Aufl. 2019, Rn. 618; Will/Rathgeber, JuS 2012, 1057 (1058).

172 S. für ein Beispiel des Aufbaus und Formulierungshilfen den Fall 12 in: Eisentraut, Fälle zum Verwaltungsrecht, 2020.

173 Ganz h.M., s. nur Ramsauer, in: Kopp/Ramsauer, VwVfG, 20. Aufl. 2019, § 44 Rn. 31; Beaucamp, JA 2007, 704 (705); Will/Rathgeber, JuS 2012, 1057 (1059); Schladebach, VerwArch 2013, 188 (196). Konsequent gegen eine analoge Anwendung daher Peine/Siegel, Allgemeines Verwaltungsrecht, 12. Aufl. 2018, Rn. 548; Sachs, in: Stelkens/Bonk/Sachs, VwVfG, 9. Aufl. 2018, § 44 Rn. 129.

174 S. zu den einzelnen Tatbeständen auch Will/Rathgeber, JuS 2012, 1057 (1059 ff.).

Tobias Brings-Wiesen

VwVfG begründen können. Danach bedarf es indes neben der durchaus anspruchsvollen Feststellung der besonderen Schwere des Fehlers auch der Feststellung seiner Offensichtlichkeit, die im Rahmen von Abs. 2 keine Rolle spielt.[175]

a) Unerkennbarkeit der erlassenden Behörde (Nr. 1)

Gemäß § 44 II Nr. 1 VwVfG ist ein schriftlich oder elektronisch erlassener Verwaltungsakt nichtig, wenn er die **erlassende Behörde nicht erkennen** lässt. Die Vorschrift **knüpft an § 37 III 1 Hs. 1 VwVfG an**, der u. a. diese Mindestangabe fordert. Der Erkennbarkeit wird so eine herausgehobene Bedeutung beigemessen, weil die Betroffenen nur auf diesem Wege sichere Kenntnis darüber erlangen können, mit wem durch den Verwaltungsakt ein Rechtsverhältnis etabliert worden und wer entsprechend Gegner von Rechtsbehelfen ist.[176] Weiterhin ermöglicht erst sie es, zu beurteilen, ob es sich überhaupt um einen Verwaltungsakt handelt (Begriffsmerkmal: „Behörde"; s. dazu in § 2 Rn. 52ff.) und dieser von der zuständigen Behörde erlassen wurde.[177] **122**

Gleichwohl sind an die Erkennbarkeit **keine überhöhten Anforderungen** zu stellen. Zwar ist es in der Praxis üblich und sinnvoll, dass sich aus einem Briefkopf oder einem Dienstsiegel,[178] einem Rubrum oder einem Zusatz bei der Unterschrift[179] klar auf die erlassende Behörde[180] schließen lässt. Nach wohl herrschender Meinung ist jedoch auch dann *nicht* von einer Nichtigkeit auszugehen, wenn der Betroffene anderweitig aus dem textlich fixierten Verwaltungs- **123**

---

175 S. nur BVerwG, Beschl. v. 11.2.1987, Az.: 1 B 129.86 = NVwZ 1987, 411; Urt. v. 30.1.1990, Az.: 1 C 26.87 = BVerwGE 84, 314 (315).

176 Maurer/Waldhoff, Allgemeines Verwaltungsrecht, 19. Aufl. 2017, § 10 Rn. 88; Peine/Siegel, Allgemeines Verwaltungsrecht, 12. Aufl. 2018, Rn. 549. So bereits die Gesetzesmaterialien BT-Drucks. 7/910, S. 64.

177 Ramsauer, in: Kopp/Ramsauer, VwVfG, 20. Aufl. 2019, § 44 Rn. 32; Schemmer, in: Bader/Ronellenfitsch, VwVfG, 44. Ed., Stand: 1.7.2019, § 44 Rn. 41.

178 Zu entsprechenden landesrechtlichen Vorschriften OVG Weimar, Beschl. v. 29.3.1994, Az.: 2 EO 18/93 = NVwZ-RR 1995, 253. Nicht notwendig aus dem Briefkopf, vgl. VGH München, Beschl. 27.4.2010, Az.: 7 ZB 08.2577= BeckRS 2010, 49187, Rn. 11. Eine schlichte Ungültigstempelung ohne weitere Informationen genügt nicht, vgl. VGH Mannheim, Beschl. v. 27.1.1992, Az.: 1 S 2993/91 = juris, Rn. 12.

179 Ramsauer, in: Kopp/Ramsauer, VwVfG, 20. Aufl. 2019, § 44 Rn. 33.

180 Im Wege einer teleologischen Reduktion kann auch die korrekte Bezeichnung des *Rechtsträgers* ausreichen, sofern dieser nur über eine einzige Behörde verfügt, für die intern lediglich unterschiedlich gegliederte Organe oder Dienststellen agieren, s. OVG Münster, Beschl. v. 7.10.2009, Az.: 15 A 3141/07 = juris, Rn. 14, mit beispielhafter Nennung des Bürgermeisters bei Gemeinden und des Rektors bei Universitäten.

Tobias Brings-Wiesen

akt[181] – auch im Wege der Auslegung[182] – oder gar aus den mit ihm (unmittelbar) zusammenhängenden Dokumenten und Informationen[183] (einem Briefumschlag, einem Poststempel, einer Zustellungsurkunde,[184] einem Begleitschreiben[185] oder auch einer elektronischen Signatur, vgl. § 37 III 2 VwVfG) die erlassende Behörde zweifelsfrei feststellen kann. Eine zweifelsfreie Feststellung scheitert demgegenüber, wenn die Angaben sachlich schlicht falsch, nicht spezifisch genug oder – wie im Falle der Angabe mehrerer Behörden – widersprüchlich sind.[186] Gleichsam wird es mehrheitlich als nicht ausreichend erachtet, dass der Betroffene lediglich aus dem *Sach*zusammenhang die erlassende Behörde erkennen kann.[187]

124 Nach herrschender Meinung findet die Vorschrift **keine (analoge) Anwendung** auf die Inhaltsvorgaben in § 37 III 1 Hs. 2 VwVfG (Unterschrift und Namenswiedergabe).[188] Vertreten wird bisweilen eine analoge Anwendung auf *in anderer Form erlassene* Verwaltungsakte.[189]

b) Fehlen einer Urkunde (Nr. 2)

125 Gemäß **§ 44 II Nr. 2 VwVfG** ist ein Verwaltungsakt nichtig, der nach einer Rechtsvorschrift nur durch die Aushändigung einer Urkunde erlassen werden kann, aber dieser Form nicht genügt. Die Worte „Urkunde" und „Form" verleiten gerade Anfänger*innen zu der Annahme eines Sachzusammenhangs mit den im Rahmen der formellen Rechtmäßigkeit zu prüfenden Formvorgaben (§ 37 II-VI VwVfG). Träfe dies zu, führte jeder Formfehler automatisch zur Nichtigkeit des Verwaltungsakts. Nach ganz herrschender Meinung findet die Vorschrift jedoch

---

181 VGH München, Beschl. v. 27.4.2010, Az.: 7 ZB 08.2577 = BeckRS 2010, 49187, Rn. 11.

182 Nicht ausreichend ist, dass die erlassende Behörde erst in der Rechtsmittelbelehrung als Widerspruchsbehörde genannt ist, OVG Schleswig, Urt. v. 24.10.2001, Az.: 2 L 29/00 = BeckRS 2001, 13051, Rn. 39.

183 VGH Mannheim, Urt. v. 25.2.1988, Az.: 2 S 2543/87 = VBlBW 1988, 439 (Ls. 2).

184 Ramsauer, in: Kopp/Ramsauer, VwVfG, 20. Aufl. 2019, § 44 Rn. 33; Beaucamp, JA 2007, 704 (705).

185 Schemmer, in: Bader/Ronellenfitsch, VwVfG, 44. Ed., Stand: 1.7.2019, § 44 Rn. 44.

186 Ramsauer, in: Kopp/Ramsauer, VwVfG, 20. Aufl. 2019, § 44 Rn. 34.

187 So Ramsauer, in: Kopp/Ramsauer, VwVfG, 20. Aufl. 2019, § 44 Rn. 33; Schwarz, in: Fehling/Kastner/Störmer, Verwaltungsrecht, 4. Aufl. 2016, § 44 VwVfG Rn. 15, die das Beispiel vorangegangener Gespräche nennen.

188 VGH München, Urt. v. 22.8.1986, Az.: 23 B 85 A. 446 = NVwZ 1987, 729; OVG Weimar, Beschl. v. 29.3.1994, Az.: 2 EO 18/93 = NVwZ-RR 1995, 253; Peuker, in: Knack/Henneke, VwVfG, 10. Aufl. 2014, § 44 Rn. 35.

189 Ramsauer, in: Kopp/Ramsauer, VwVfG, 20. Aufl. 2019, § 44 Rn. 35; wohl auch Peuker, in: Knack/Henneke, VwVfG, 10. Aufl. 2014, § 44 Rn. 36. Zu Recht dagegen jedoch Schemmer, in: Bader/Ronellenfitsch, VwVfG, 44. Ed., Stand: 1.7.2019, § 44 Rn. 43.

nur auf solche Fälle Anwendung, in denen die Aushändigung einer Urkunde *konstitutiver* Bestandteil des Erlassvorgangs eines Verwaltungsakts ist.[190] Dies bedarf einer Auslegung des im Einzelfall einschlägigen Fachrechts. Davon konsequent abzugrenzen sind mithin Schriftstücke, die von der Verwaltung nur zu Legitimations- und Beweiszwecken ausgestellt werden.[191]

Beispiele für solch **konstitutive Urkunden** i. S. v. § 44 II Nr. 2 VwVfG sind: die 126 Einbürgerungsurkunde (§ 16 S. 1 StAG)[192] sowie deren Gegenstücke – die Urkunden über die Entlassung aus der (§ 23 StAG) und über den Verzicht auf die Staatsangehörigkeit (§ 26 III StAG); die Ernennungsurkunde im Beamtenverhältnis (§ 10 II 1 BBG; § 8 II 1 BeamtStG)[193].

c) Verstoß gegen die örtliche Zuständigkeit gemäß § 3 I Nr. 1 VwVfG (Nr. 3)

Gemäß § 44 II Nr. 3 VwVfG ist ein Verwaltungsakt nichtig, den eine Behörde **au-** 127 **ßerhalb ihrer durch § 3 I Nr. 1 begründeten Zuständigkeit erlassen** hat, **ohne** dazu **ermächtigt** zu sein. Der Anwendungsbereich dieses Tatbestands ist bereits durch den Verweis auf § 3 VwVfG auf die *örtliche* Zuständigkeit beschränkt. Zwar soll die Nichteinhaltung der Vorschriften über die örtliche Zuständigkeit gemäß § 44 III Nr. 1 VwVfG grundsätzlich nicht zur Nichtigkeit eines Verwaltungsakts führen (s. dazu Rn. 145). Davon ausdrücklich ausgenommen wird jedoch gemäß § 44 II Nr. 3, III Nr. 1 Hs. 2 VwVfG der „qualifizierte[n] Fall örtlicher Unzuständigkeit"[194] in Angelegenheiten, die sich auf unbewegliches Vermögen oder ein ortsgebundenes Recht oder Rechtsverhältnis beziehen, § 3 I Nr. 1 VwVfG. Diese Sonderbehandlung ist der Annahme geschuldet, dass in den Fällen der besonderen Ortsgebundenheit ein besonderes räumliches Näheverhältnis und besondere Ortskenntnis bestehen.

Eine Nichtigkeit gemäß § 44 II Nr. 3 VwVfG kommt jedoch nur in Frage, wenn 128 die gemäß § 3 I Nr. 1 VwVfG örtlich unzuständige Behörde auch **nicht** *anderweitig* zum Erlass des Verwaltungsakts **ermächtigt** ist. Kommt es zu einer abweichen-

---

190 Ramsauer, in: Kopp/Ramsauer, VwVfG, 20. Aufl. 2019, § 44 Rn. 36; Sachs, in: Stelkens/Bonk/ Sachs, VwVfG, 9. Aufl. 2018, § 44 Rn. 133; Will/Rathgeber, JuS 2012, 1057 (1060).

191 Ramsauer, in: Kopp/Ramsauer, VwVfG, 20. Aufl. 2019, § 44 Rn. 37.

192 BVerwG, Urt. v. 9.9.2014, Az.: 1 C 10.14 = NVwZ 2014, 1679 (1680, Rn. 15).

193 Wobei zu beachten ist, dass das Beamtenrecht für diese Konstellation spezialgesetzliche Nichtigkeitsregelungen (§ 13 I Nr. 1 BBG; § 11 I Nr. 1 BeamtStG) vorsieht, die entsprechend vorgehen, BVerwG, Urt. v. 23.2.1989, Az.: 2 C 25.87 = BVerwGE 81, 282 (284 f.); Sachs, in: Stelkens/ Bonk/Sachs, VwVfG, 9. Aufl. 2018, § 44 Rn. 134. Diskutiert wird – zumindest im Kontext des Beamtenrechts – jedoch zu Recht, ob bei Fehlen der Aushändigung nicht gar eine „Nichternennung", sprich ein „Nichtakt" (s. dazu bereits in § 2 Rn. 20) vorliegt, s. dazu m.w.N. Sachs, a.a.O.

194 So die Gesetzesmaterialien, BT-Drucks. 7/910, S. 64.

Tobias Brings-Wiesen

den Ermächtigung durch ein spezielleres Gesetz handelt es sich um eine grund-sätzlich neue Zuständigkeitsregelung und daher bereits nicht mehr um eine durch § 3 I Nr. 1 VwVfG begründete Zuständigkeit.[195] Eine entsprechende Ermächtigung kann aber *auf Grundlage* eines Gesetzes im Falle von Mehrfachzuständigkeiten (vgl. § 3 II VwVfG), im Falle eines Zuständigkeitswechsels (§ 3 III VwVfG)[196] oder im Falle sog. (Einzel- oder General-)Delegationen[197], vorliegen.

129   Obgleich die Vorschrift ausdrücklich auf die Begründung einer örtlichen Zuständigkeit *durch* § 3 I Nr. 1 VwVfG abstellt,[198] will die herrschende Meinung den Nichtigkeitsgrund auch auf weitere, die Zuständigkeitszuweisung nach materiell *vergleichbaren* Maßstäben vornehmende Vorschriften anwenden.[199] Eine *darüber* hinausgehende (analoge) Anwendung der Vorschrift auf andere Konstellationen fehlender örtlicher oder sonstiger Zuständigkeit wird indes von einer deutlichen Mehrheit abgelehnt.[200] Insofern kann jedoch in bestimmten Konstellationen eine Nichtigkeit nach § 44 I VwVfG in Frage kommen.

d) Tatsächliche Unmöglichkeit der Befolgung der gesetzten Rechtsfolge (Nr. 4)

130   Gemäß § 44 II Nr. 4 VwVfG ist ein Verwaltungsakt nichtig, den **aus tatsächlichen Gründen niemand ausführen** kann.[201]

131   Der Terminus „**ausführen**" legt auf den ersten Blick sprachlich nahe, die Norm lediglich auf befehlende Verwaltungsakte anzuwenden, die ein bestimmtes Verhalten einfordern. Ganz überwiegend wird der Begriff jedoch „in einem weiten Sinne verstanden, der jede denkbare Art der Verwirklichung des Verwaltungsakts

---

195 Sachs, in: Stelkens/Bonk/Sachs, VwVfG, 9. Aufl. 2018, § 44 Rn. 138.

196 Peuker, in: Knack/Henneke, VwVfG, 10. Aufl. 2014, § 44 Rn. 39.

197 Delegationen sind von „Botenschaften" und „Mandaten" abzugrenzen, vgl. dazu Sachs, in: Stelkens/Bonk/Sachs, VwVfG, 9. Aufl. 2018, § 44 Rn. 140 f. S. auch Sachs, a. a. O., Rn. 138 f., zur Frage der Wirksamkeit der Delegation.

198 Art. 44 II Nr. 3 BayVwVfG verzichtet auf einen Verweis und setzt auf § 3 I Nr. 1 VwVfG ent-sprechende materielle Maßstäbe.

199 S. nur Ramsauer, in: Kopp/Ramsauer, VwVfG, 20. Aufl. 2019, § 44 Rn. 38; Sachs, in: Stelkens/Bonk/Sachs, VwVfG, 9. Aufl. 2018, § 44 Rn. 137; a. A. wohl Schladebach, VerwArch 2013, 188 (197).

200 Ramsauer, in: Kopp/Ramsauer, VwVfG, 20. Aufl. 2019, § 44 Rn. 38; Sachs, in: Stelkens/Bonk/Sachs, VwVfG, 9. Aufl. 2018, § 44 Rn. 137; noch für die entsprechende Norm des VwVfG LSA a. F. OVG Magdeburg, Beschl. v. 16.11.2006, Az.: 4 L 191/06 = LKV 2008, 139; für das VwVfG NRW OVG Münster, Beschl. v. 27.9.2018, Az.: 13 A 1547/16 = juris, Rn. 16.

201 BVerwG, Beschl. v. 8.5.1995, Az.: 7 B 223.94 = juris, Rn. 2: „Der Vorschrift liegt die Erwägung zugrunde, daß ein Verwaltungsakt der auf einen unmöglichen Erfolg gerichtet ist, keine Rechtsgeltung beanspruchen kann [...]".

Tobias Brings-Wiesen

einschließt"[202] und somit der Anwendungsbereich auch auf feststellende und gestaltende Verwaltungsakte erstreckt[203].

Der Terminus „aus tatsächlichen Gründen" beschränkt den Anwendungsbe- 132
reich auf Konstellationen, in denen ein Verwaltungsakt **aus naturgesetzlichen Gründen** (entsprechend des jeweils aktuellen Erkenntnisstandes[204]) von niemandem ausgeführt werden kann. Dies kann beispielsweise der Tatsache geschuldet sein, dass das sachliche Bezugsobjekt eines Verwaltungsakts nicht (mehr) existiert oder es bereits unumkehrbar verändert wurde.[205] Dasselbe gilt, wenn ein Verhalten verlangt wird, dass nach aktuellem Stand von Wissenschaft und Technik[206] oder in einer vorgegebenen Zeit[207] schlicht nicht zu leisten ist. Gestritten wird um die analoge Anwendung der Vorschrift auf Konstellationen, in denen die Ausführung objektiv mit einem völlig unverhältnismäßigen Aufwand verbunden wäre.[208]

Nach herrschender Meinung ist die Norm **nicht** anwendbar auf Konstella- 133
tionen *rechtlicher* **Unmöglichkeit**.[209] Die Differenzierung erfolgt über die Ana-

---

202 BVerwG, Beschl. v. 8.5.1995, Az.: 7 B 223.94 = juris, Rn. 2.

203 Ramsauer, in: Kopp/Ramsauer, VwVfG, 20. Aufl. 2019, § 44 Rn. 41; Sachs, in: Stelkens/Bonk/ Sachs, VwVfG, 9. Aufl. 2018, § 44 Rn. 149; a.A. wohl Leisner-Egensperger, in: Mann/Sennekamp/ Uechtritz, VwVfG, 2. Aufl. 2019, § 44 Rn. 35.

204 S. auch Ramsauer, in: Kopp/Ramsauer, VwVfG, 20. Aufl. 2019, § 44 Rn. 39: entsprechend des gegenwärtigen Kenntnisstands von Wissenschaft und Technik.

205 Bspw. bei einer Abrissverfügung betreffend ein (nach bereits erfolgtem Abriss) leeres Grundstück, Maurer/Waldhoff, Allgemeines Verwaltungsrecht, 19. Aufl. 2017, § 10 Rn. 88; Peine/ Siegel, Allgemeines Verwaltungsrecht, 12. Aufl. 2018, Rn. 552. Ungewöhnlich vor diesem Hintergrund OVG Münster, Urt. v. 14.9.1989, Az.: 7 A 889/87 = NVwZ-RR 1990, 341, das die Nichtigkeit einer denkmalrechtlichen Unterschutzstellung eines nicht mehr existierenden Gebäudes auf § 44 I VwVfG NRW stützt. Vgl. auch KreisG Dresden, Urt. v. 24.6.1992, Az.: III K 400/91 = LKV 1993, 143 (144), wo das Gericht von der tatsächlichen Unverfügbarkeit von DDR-Mark als Zahlungsmittel ausging.

206 Zur entsprechenden Vorschrift des hessischen VwVfG VGH Kassel, Beschl. v. 29.10.2007, Az.: 7 TG 2891/06 = juris, Rn. 13. Vgl. auch das Beispiel bei Peine/Siegel, Allgemeines Verwaltungsrecht, 12. Aufl. 2018, Rn. 552, das sich beliebig abwandeln lässt.

207 Sachs, in: Stelkens/Bonk/Sachs, VwVfG, 9. Aufl. 2018, § 44 Rn. 143; Leisner-Egensperger, in: Mann/Sennekamp/Uechtritz, VwVfG, 2. Aufl. 2019, § 44 Rn. 36; in diese Richtung auch VGH Kassel, Beschl. v. 30.4.1982, Az.: III TG 119/82 = NVwZ 1982, 514 (515). Vgl. entsprechend auch BVerwG, Beschl. v. 10.5.1988, Az.: 2 WDB 6/87 = BVerwGE 86, 18 (20).

208 Dafür Ramsauer, in: Kopp/Ramsauer, VwVfG, 20. Aufl. 2019, § 44 Rn. 39; Peuker, in: Knack/ Henneke, VwVfG, 10. Aufl. 2014, § 44 Rn. 40; a.A. jedoch Peine/Siegel, Allgemeines Verwaltungsrecht, 12. Aufl. 2018, Rn. 552; Sachs, in: Stelkens/Bonk/Sachs, VwVfG, 9. Aufl. 2018, § 44 Rn. 145.

209 Sachs, in: Stelkens/Bonk/Sachs, VwVfG, 9. Aufl. 2018, § 44 Rn. 146; Schemmer, in: Bader/ Ronellenfitsch, VwVfG, 44. Ed., Stand: 1.7.2019, § 44 Rn. 52; a.A. aber Ramsauer, in: Kopp/Ram-

Tobias Brings-Wiesen

lyse der Gründe für die Unmöglichkeit: Genehmigt die Behörde ein Bauvorhaben unter fehlerhafter Angabe der Größe eines Baugrundstücks, bleibt dieses bautechnisch und damit *tatsächlich* durchführbar, auch wenn es und damit die erteilte Baugenehmigung gegen (bau-)rechtliche Vorgaben verstößt.[210] Ein Widerspruch der Verwirklichung eines Verwaltungsakts zur geltenden Rechtsordnung führt nur unter den Voraussetzungen von § 44 II Nr. 5 oder I VwVfG zur Nichtigkeit.

134   Der Terminus „niemand" verdeutlicht, dass die Vorschrift nur Konstellationen *objektiver* **Unmöglichkeit** erfasst. **Subjektives Unvermögen** wegen mit dem Adressaten oder sonst Betroffenen verbundener Gründe[211] kann allein nach § 44 I VwVfG zur Nichtigkeit führen.[212] Die Abgrenzungen zwischen objektiver und subjektiver, tatsächlicher und rechtlicher Unmöglichkeit sind in der (Klausur-) Praxis oft mit Schwierigkeiten verbunden.[213] Oftmals sind sie jedoch bloß der Tatsache geschuldet, dass subjektiven bzw. rechtlichen Erwägungen im Einzelfall doch Relevanz beigemessen wird.[214]

e) Gebot der Begehung einer rechtswidrigen Tat, die einen Straf- oder Bußgeldtatbestand verwirklicht (Nr. 5)

135 Gemäß § 44 II Nr. 5 VwVfG ist ein Verwaltungsakt nichtig, der die **Begehung einer rechtswidrigen Tat** verlangt, die einen **Straf- oder Bußgeldtatbestand** verwirklicht.[215] Auf diesem Wege sollen die Einheit der Rechtsordnung gewahrt und die Betroffenen vor Repressalien geschützt werden.[216]

---

sauer, VwVfG, 20. Aufl. 2019, § 44 Rn. 40; Schwarz, in: Fehling/Kastner/Störmer, Verwaltungsrecht, 4. Aufl. 2016, § 44 VwVfG Rn. 19.

210 BVerwG, Urt. v. 26.9.1991, Az.: 4 C 36.88 = NVwZ 1992, 564 (564 f.); a. A. in der Vorinstanz noch das OVG Münster, Urt. v. 23.2.1988, Az.: 7 A 1261/86 = DÖV 1989, 685.

211 Bspw. wegen des Fehlens finanzieller Mittel oder wegen gesundheitlicher Einschränkungen.

212 Ramsauer, in: Kopp/Ramsauer, VwVfG, 20. Aufl. 2019, § 44 Rn. 42; Sachs, in: Stelkens/Bonk/ Sachs, VwVfG, 9. Aufl. 2018, § 44 Rn. 144.

213 Vgl. für ein Beispiel den Fall 12 in: Eisentraut, Fälle zum Verwaltungsrecht, 2020.

214 Vgl. insofern das VGH Kassel, Beschl. v. 24.11.1999, Az.: 8 UZ 993/99 = juris, Rn. 23 ff. (insbesondere 26), das neben der objektiven Unmöglichkeit der Erreichung einer – dem aktuellen technischen Kenntnisstand entsprechenden – Mindestverbrennungstemperatur auch die subjektive Unmöglichkeit hinsichtlich einer *konkreten* Verbrennungsanlage berücksichtigen will, allerdings allenfalls wenn mit ihr „wegen ihrer Bauart oder Betriebsweise oder nach ihrer Auslegung etc. die Einhaltung einer solchen Mindesttemperatur grundsätzlich und auch unter Einbeziehung technisch möglicher und rechtlich genehmigungsfähiger sowie vernünftigerweise noch in Betracht zu ziehender Auf- oder Umrüchtungsmaßnahmen nicht erreichbar ist".

215 Beide Bedingungen müssen kumulativ erfüllt sein, da selbstredend rechtswidriges Verhalten denkbar ist, dass der Gesetzgeber nicht mit den Mitteln des Straf- oder Ordnungswidrigkeitenrechts sanktionieren möchte.

Tobias Brings-Wiesen

Materieller Bezugspunkt des Verwaltungsakts muss eine rechtswidrige 136
Tat sein, die einen Straf- oder Bußgeldtatbestand verwirklicht. Um einen Straftatbestand handelt es sich, wenn die rechtswidrige Tat im StGB oder den Normen des Fachrechts mit einer Strafe i. S. v. § 12 StGB bedroht ist; um einen Bußgeldtatbestand handelt es sich bei entsprechender Drohung mit einer Geldbuße
i. S. v. § 1 OWiG.[217] Erforderlich ist damit eine Inzidentprüfung der einschlägigen
Vorschriften. Diese kann jedoch beschränkt werden auf die objektiven Tatbestandsmerkmale und die Rechtswidrigkeit; Ausführungen zu subjektiven Tatbestandsmerkmalen und zur Schuld können unterbleiben.[218] Soweit Rechtsfertigungsgründe greifen, ist nicht von einer *rechtswidrigen* Tat auszugehen und der
Verwaltungsakt damit zumindest wirksam;[219] von dem jeweiligen Verwaltungsakt
kann jedoch auch selbst eine Legalisierungswirkung[220] ausgehen – deren Voraussetzungen sind jedoch umstritten[221].

Der Verwaltungsakt muss die Begehung einer eben solchen Tat „**verlan-** 137
gen".[222] Sprachlich ist die Vorschrift somit auf befehlende Verwaltungsakte
beschränkt, die ein Gebot aussprechen. Dies kann auch das Gebot eines tatbestandlich relevanten Unterlassens sein.[223] Auf Verwaltungsakte, die ein entsprechendes Verhalten bloß *erlauben*, ist die Norm nach wohl herrschender Meinung
nicht anwendbar.[224]

---

216 Ramsauer, in: Kopp/Ramsauer, VwVfG, 20. Aufl. 2019, § 44 Rn. 43.

217 Peuker, in: Knack/Henneke, VwVfG, 10. Aufl. 2014, § 44 Rn. 42. Auf andere Konstellationen
der Rechtswidrigkeit ist die Norm nach h.M. nicht anwendbar, s. nur Ramsauer, in: Kopp/Ramsauer, VwVfG, 20. Aufl. 2019, § 44 Rn. 45 f.

218 Ramsauer, in: Kopp/Ramsauer, VwVfG, 20. Aufl. 2019, § 44 Rn. 43; Sachs, in: Stelkens/Bonk/
Sachs, VwVfG, 9. Aufl. 2018, § 44 Rn. 150.

219 Peuker, in: Knack/Henneke, VwVfG, 10. Aufl. 2014, § 44 Rn. 42.

220 Ramsauer, in: Kopp/Ramsauer, VwVfG, 20. Aufl. 2019, § 44 Rn. 43; Schemmer, in: Bader/
Ronellenfitsch, VwVfG, 44. Ed., Stand: 1. 7. 2019, § 44 Rn. 56.

221 S. zu diesen komplexen Fragestellungen ausführlich Sachs, in: Stelkens/Bonk/Sachs,
VwVfG, 9. Aufl. 2018, § 43 Rn. 72, 149 ff.

222 Zur Auslegung dieses Begriffs ausführlich Gmeiner/Lorenz, VR 2017, 371.

223 So auch Will/Rathgeber, JuS 2012, 1057 (1060); a. A. aber Schemmer, in: Bader/Ronellenfitsch, VwVfG, 44. Ed., Stand: 1. 7. 2019, § 44 Rn. 55.

224 VG Saarlouis Urt. v. 23. 5. 2018, 5 K 1418/17 = BeckRS 2018, 10335; Peine/Siegel, Allgemeines
Verwaltungsrecht, 12. Aufl. 2018, Rn. 553; Sachs, in: Stelkens/Bonk/Sachs, VwVfG, 9. Aufl. 2018,
§ 44 Rn. 150; a. A. aber Ramsauer, in: Kopp/Ramsauer, VwVfG, 20. Aufl. 2019, § 44 Rn. 44; ausführlich Gmeiner/Lorenz, VR 2017, 371.

Tobias Brings-Wiesen

f) Verstoß gegen die guten Sitten (Nr. 6)

138 Gemäß § 44 II Nr. 6 VwVfG ist ein Verwaltungsakt nichtig, der **gegen die guten Sitten verstößt.** Die Idee der Nichtigkeit von Rechtshandlungen wegen Verstoßes gegen die guten Sitten ist ein allgemeiner Rechtsgedanke, der auch im Zivilrecht eine Normierung erfahren hat (§ 138 I BGB; vgl. auch §§ 242, 817 S. 1, 826 BGB; vgl. für öffentlich-rechtliche Verträge ebenso § 59 I VwVfG, dazu ausführlich in § 5 Rn. 97), sodass eine Auslegung und Anwendung von § 44 II Nr. 6 VwVfG im Rahmen des methodisch Vertretbaren Inspiration aus der Rechtsprechung und der rechtswissenschaftlichen Literatur zu besagten Vorschriften ziehen kann.[225] Dabei ist jedoch stets der grundverschiedene regulatorische Kontext der Normen zu berücksichtigen.[226]

139 Laut **Bundesverwaltungsgericht** ist der Begriff der guten Sitten ein unbestimmter, ausfüllungsbedürftiger Rechtsbegriff, dessen Anwendung jedoch in vollem Umfang gerichtlicher Nachprüfung unterliegt. Mit ihm verweise das Gesetz auf die dem geschichtlichen Wandel unterworfenen sozialethischen Wertvorstellungen, die in der Rechtsgemeinschaft als Ordnungsvoraussetzungen anerkannt seien. Maßgeblich sei die **vorherrschende sozialethische Überzeugung.**[227] Dabei ist vornehmlich auf die der geltenden Rechtsordnung, insbesondere dem Grundgesetz[228] zugrundeliegenden Wertentscheidungen abzustellen.[229] Dementsprechend sucht das Bundesverwaltungsgericht nach **relevanten Indizien** für eine in der Rechtsgemeinschaft vorherrschende Überzeugung in der

---

225 Vgl. Ramsauer, in: Kopp/Ramsauer, VwVfG, 20. Aufl. 2019, § 44 Rn. 48.

226 Dabei ist insbesondere zu bedenken, dass es Wertungsunterschiede im Verhältnis der Verwaltung zum Bürger und der Bürger untereinander geben kann, s. Peuker, in: Knack/Henneke, VwVfG, 10. Aufl. 2014, § 44 Rn. 44.

227 BVerwG, Urt. v. 30.1.1990, Az.: 1 C 26.87 = BVerwGE 84, 314 (317 f.); vgl. auch Beschl. v. 21.4. 1998, Az.: 1 B 43.98 = GewArch 1998, 419. Vielerorts wird auch auf das „Anstandsgefühl aller billig und gerecht Denkenden", abgestellt, s. nur Ramsauer, in: Kopp/Ramsauer, VwVfG, 20. Aufl. 2019, § 44 Rn. 48 m.w.N., ohne dass es dadurch zu einem Erkenntnisgewinn käme.

228 Ramsauer, in: Kopp/Ramsauer, VwVfG, 20. Aufl. 2019, § 44 Rn. 48; Sachs, in: Stelkens/Bonk/ Sachs, VwVfG, 9. Aufl. 2018, § 44 Rn. 152; Schemmer, in: Bader/Ronellenfitsch, VwfG, 44. Ed., Stand: 1.7.2019, § 44 Rn. 59; Schwarz, in: Fehling/Kastner/Störmer, Verwaltungsrecht, 4. Aufl. 2016, § 44 VwVfG Rn. 22; Will/Rathgeber, JuS 2012, 1057 (1060).

229 Wobei zu berücksichtigen ist, dass der Gesetzgeber durchaus einen differenzierten Ansatz im Umgang mit sozialethisch zu missbilligenden Phänomenen wählen kann, s. diesbezüglich anschaulich zum § 4 I 1 Nr. 1 GastG BVerwG, Urt. v. 29.1.1985, Az.: 1 C 27.83 = BVerwGE 71, 34 (35 ff.). Allgemein wird man berücksichtigen müssen, dass das Vedikt der Sittenwidrigkeit nicht bedeuten muss, dass ein Verhalten nicht in gewissen Grenzen hingenommen wird, s. BVerwG, Urt. v. 30.1. 1990, Az.: 1 C 26.87 = BVerwGE 84, 314 (319 f.).

Tobias Brings-Wiesen

Behördenpraxis,[230] in der Rechtsprechung und in der von ihnen ausgelösten Reaktionen der Öffentlichkeit, insbesondere in der juristischen und allgemeinen Presse.[231] Darüber hinaus ist jedoch auch die in der (Durchschnitts-)Bevölkerung herrschende Einstellung zu den jeweiligen Phänomenen entscheidend.[232] Diese muss sich nicht lautstark äußern,[233] sehr wohl aber hinreichend klar in eine Richtung weisen[234]. Relevant ist bei all dem zwar auch die sozialethische Bewertung vergleichbarer Phänomene, letztlich kommt es jedoch auf die Umstände des konkreten Einzelfalls an[235].

Das Verdikt der Sittenwidrigkeit eines Verwaltungsakts kann **verschiedene** **140 Ursachen** haben. Unumstritten ist, dass sich die Sittenwidrigkeit aus **Inhalt und Zweck** des Verwaltungsakts selbst ergeben kann.[236] Dazu gehört nach herrschender Meinung auch, dass ein Verwaltungsakt etwas Sittenwidriges anordnet oder auch nur erlaubt.[237] Bis heute umstritten ist, wie sich sittenwidriges Verhalten **im Entstehungsprozess** des Verwaltungsakts auswirkt.[238] Weitgehend Einigkeit besteht darüber, dass subjektive Vorwerfbarkeit keine Voraussetzung für die Annahme der Sittenwidrigkeit ist.[239] Umgekehrt soll diese allein auch keine Sittenwidrigkeit begründen können.[240] Ein sittenwidriges Verhalten auf Seiten der Bürger, wie beispielsweise die Erwirkung eines Verwaltungsakts durch Täu-

---

230 Für nicht relevant hat das BVerwG, Urt. v. 30.1.1990, Az.: 1 C 26.87 = BVerwGE 84, 314 (316 f.), indes gehalten, dass die zuständige Behörde noch im Rahmen ihrer Erlaubniserteilung die Sittenwidrigkeit des Verhaltens verkannt hat.
231 BVerwG, Urt. v. 30.1.1990, Az.: 1 C 26.87 = BVerwGE 84, 314 (318).
232 BVerwG, Urt. v. 30.1.1990, Az.: 1 C 26.87 = BVerwGE 84, 314 (319).
233 BVerwG, Urt. v. 30.1.1990, Az.: 1 C 26.87 = BVerwGE 84, 314 (319).
234 Der VGH Kassel, Urt. v. 4.3.1985, Az.: VIII OE 85/80 = NVwZ 1985, 764, lehnte die Sittenwidrigkeit einer Betriebsgenehmigung für ein Kernkraftwerk ab, weil es diesbezüglich keine einheitliche Auffassung in der Bevölkerung erkannte.
235 BVerwG, Beschl. v. 16.7.1997, Az.: 1 B 138.97 = NVwZ 1998, 411.
236 Ramsauer, in: Kopp/Ramsauer, VwVfG, 20. Aufl. 2019, § 44 Rn. 47; Will/Rathgeber, JuS 2012, 1057 (1060).
237 BVerwG, Beschl. v. 11.2.1987, Az.: 1 B 129.86 = NVwZ 1987, 411; Urt. v. 30.1.1990, Az.: 1 C 26.87 = BVerwGE 84, 314 (316); Ramsauer, in: Kopp/Ramsauer, VwVfG, 20. Aufl. 2019, § 44 Rn. 47 m.w.N. Kritisch dazu Peuker, in: Knack/Henneke, VwVfG, 10. Aufl. 2014, § 44 Rn. 46 f.
238 Der Verwaltungsakt als Ergebnis des Verwaltungsverfahrens mag dann für sich genommen gar nicht sittenwidrig sein, er könnte aber durch ein sittenwidriges Verhalten eines Beteiligten „infiziert" werden.
239 BVerwG, Beschl. v. 11.2.1987, Az.: 1 B 129.86 = NVwZ 1987, 411; so bereits VGH München, Urt. v. 5.6.1986, Az.: 22 B 83 A.2512 u. 2707 = NVwZ 1986, 1034 (1035); Sachs, in: Stelkens/Bonk/Sachs, VwVfG, 9. Aufl. 2018, § 44 Rn. 156; a.A. aber wohl Ramsauer, in: Kopp/Ramsauer, VwVfG, 20. Aufl. 2019, § 44 Rn. 49.
240 Vgl. OVG Magdeburg, Beschl. v. 10.2.2012, Az.: 1 L 3/12 = juris, Rn. 11; offengelassen, weil über § 44 I VwVfG gelöst von OVG Lüneburg, Urt. v. 13.9.2012, Az.: 7 LB 84/11 = NVwZ-RR 2013, 129 (130).

Tobias Brings-Wiesen

schung, Drohung oder Bestechung, wird vereinzelt für relevant erachtet,[241] dem wird man angesichts der Rechtsprechung des Bundesverwaltungsgerichts zum systematischen Verhältnis von § 44 und § 48 II 3 Nr. 1 VwVfG (s. dazu Rn. 155) jedoch nur noch in extremen Ausnahmefällen folgen können.

141   Vor diesem Hintergrund ist davor zu **warnen**, § 44 II Nr. 6 VwVfG allzu extensiv auszulegen. Die Vorschrift ist trotz ihrer vermeintlichen Weite keine Generalklausel, sondern in ihrem Anwendungsbereich stark beschränkt. Dementsprechend ist auch die **Kasuistik** überschaubar. Bejaht wurde eine Sittenwidrigkeit der Erlaubnis der gewerblichen Veranstaltung sog. „Peep-Shows",[242] der Zurschaustellung von Frauen in einem Käfig[243] und des Betreibens von Prostitution[244]. Sittenwidrig kann es im Einzelfall auch sein, eine dem Betroffenen günstige Entscheidung unter grobem Verstoß gegen das Kopplungsverbot von einem bestimmten Verhalten abhängig zu machen[245] oder wenn eine Entscheidung völlig willkürlich erfolgt[246]. Verneint wurde demgegenüber die Sittenwidrigkeit von Striptease-Darbietungen,[247] von öffentlichen Vorführungen pornographischer Filme[248] und von Genehmigungen des Betriebs eines Kernkraftwerks[249]. Wegen der Dynamik, die den sozialethischen Wertvorstellungen der Rechtsgemeinschaft innewohnt, ist jedoch jeder Einzelfall mit einer gewissen Zurückhaltung und stets innerhalb seines (rechts-)historischen Kontexts zu berücksichtigen.

3. Allgemeine Nichtigkeitsgründe, § 44 I und III VwVfG

142 Liegt kein besonderer Nichtigkeitsgrund gemäß § 44 II VwVfG vor, kann sich die Nichtigkeit eines Verwaltungsakts allein aus § 44 I VwVfG ergeben.

---

241 OVG Magedburg, Beschl. v. 10.2.2012, Az.: 1 L 3/12 = juris, Rn. 11; grundsätzlich auch Ramsauer, in: Kopp/Ramsauer, VwVfG, 20. Aufl. 2019, § 44 Rn. 47, 49.

242 Bereits vor dem VwVfG in der Rspr. weitgehend einheitlich bewertet; s. zu § 44 II Nr. 6 VwVfG BVerwG, Beschl. v. 11.2.1987, Az.: 1 B 129.86 = NVwZ 1987, 411; Urt. v. 30.1.1990, Az.: 1 C 26.87 = BVerwGE 84, 314. Ablehnend demgegenüber OVG Hamburg, Beschl. v. 20.2.1985, Az.: Bs. VI 2/85 = NVwZ 1985, 841.

243 VGH München, Beschl. v. 22.3.1991, Az.: 22 CS 91.850 = NVwZ 1992, 76.

244 BVerwG, Urt. v. 30.1.1990, Az.: 1 C 26.87 = BVerwGE 84, 314 (320 f.), m.w.N.

245 Bspw. die Erteilung einer Duldung von der Abgabe einer Verpflichtungserklärung, vgl. BVerwG, Beschl. v. 16.7.1997, Az.: 1 B 138.97 = NVwZ 1998, 411; allgemein auch Ramsauer, in: Kopp/Ramsauer, VwVfG, 20. Aufl. 2019, § 44 Rn. 50.

246 Ramsauer, in: Kopp/Ramsauer, VwVfG, 20. Aufl. 2019, § 44 Rn. 50.

247 S. BVerwG, Urt. v. 29.1.1985, Az.: 1 C 10.83 = BVerwGE 71, 29.

248 Vgl. zum § 4 I 1 Nr. 1 GastG BVerwG, Urt. v. 29.1.1985, Az.: 1 C 27.83 = BVerwGE 71, 34.

249 VGH Kassel, Urt. v. 4.3.1985, Az.: VIII OE 85/80 = NVwZ 1985, 764.

Tobias Brings-Wiesen

§ 44 I VwVfG knüpft an die vor dem Inkrafttreten des VwVfG herrschende 143
„Evidenztheorie"[250] an und verlangt das Vorliegen zweier kumulativer Voraus-
setzungen: Danach ist ein Verwaltungsakt nichtig, soweit er an einem besonders
schwerwiegenden Fehler leidet und dies bei verständiger Würdigung aller in
Betracht kommenden Umstände offensichtlich ist. Selbst bei Erfüllen dieser
Voraussetzungen ist jedoch zu berücksichtigen, dass sich eine Nichtigkeit bei
Vorliegen der Konstellationen des § 44 III VwVfG nicht allein aus diesen Gründen
ergibt.

a) Kein Ausschlusstatbestand, § 44 III VwVfG

Bei § 44 III VwVfG handelt es sich um einen nicht abschließenden[251] „**Negativ-** 144
katalog" von Rechtsfehlern, die für sich genommen („nicht schon deshalb") nicht
zur Nichtigkeit eines Verwaltungsakts führen, selbst wenn sie als besonders
schwerwiegend und offensichtlich i.S.v. § 44 I VwVfG zu erachten sind.[252] Der
Anwendungsbereich dieser Ausschlussgründe ist jedoch begrenzt. Er kann nur
soweit gehen, wie keine *weiteren* Umstände vorliegen, die eine Nichtigkeit gemäß
§ 44 VwVfG begründen. So hat § 44 III VwVfG insbesondere keinen Einfluss auf
weitere, simultan bestehende Rechtsfehler, die nach Abs. 1 oder 2 zur Nichtigkeit
führen.[253] Darüber hinaus können jedoch auch im Hinblick auf einen von § 44 III
VwVfG konkret erfassten Rechtsfehler besondere Umstände vorliegen, die in
Widerspruch zu dem Zweck des jeweiligen Ausnahmetatbestands stehen und
daher gegen einen Ausschluss der Nichtigkeit (aufgrund eben dieses Fehlers)
sprechen. Eine *vorsätzliche* Verletzung der in § 44 III VwVfG in Bezug genom-

---

250 S. dazu m.w.N. Sachs, in: Stelkens/Bonk/Sachs, VwVfG, 9. Aufl. 2018, § 44 Rn. 102.
251 So die h.M.: Ramsauer, in: Kopp/Ramsauer, VwVfG, 20. Aufl. 2019, § 44 Rn. 51; Schwarz, in:
Fehling/Kastner/Störmer, Verwaltungsrecht, 4. Aufl. 2016, § 44 VwVfG Rn. 24; Peuker, in: Knack/
Henneke, VwVfG, 11. Aufl. 2014, § 44 Rn. 48; Beaucamp, JA 2007, 704 (706); Will/Rathgeber,
JuS 2012, 1057 (1058). Dabei sind jedoch weitere dem § 44 III VwVfG vergleichbare Konstellationen
m.E. dogmatisch nicht etwa als „ungeschriebene Ausschlusstatbestände", sondern schlicht als
Wertungsgesichtspunkte im Rahmen der Bestimmung der besonderen Schwere des Fehlers,
s. dazu noch Rn. 155, zu berücksichtigen.
252 Ramsauer, in: Kopp/Ramsauer, VwVfG, 20. Aufl. 2019, § 44 Rn. 51; Sachs, in: Stelkens/Bonk/
Sachs, VwVfG, 9. Aufl. 2018, § 44 Rn. 158.
253 Sachs, in: Stelkens/Bonk/Sachs, VwVfG, 9. Aufl. 2018, § 44 Rn. 158; Schemmer, in: Bader/
Ronellenfitsch, VwVfG, 44. Ed., Stand: 1.7.2019, § 44 Rn. 61; Peuker, in: Knack/Henneke, VwVfG,
10. Aufl. 2014, § 44 Rn. 48.

Tobias Brings-Wiesen

menen Vorschriften wird man regelmäßig zumindest als *einen* besonderen Umstand in die Bewertung mit einbeziehen müssen.[254]

145   Gemäß § 44 III Nr. 1 VwVfG ist ein Verwaltungsakt nicht schon deshalb nichtig, weil Vorschriften über die **örtliche Zuständigkeit** nicht eingehalten worden sind, außer wenn ein Fall des Abs. 2 Nr. 3 vorliegt (s. dazu Rn. 127 ff.). Konstellationen sachlicher[255] oder instanzieller Unzuständigkeit richten sich ausschließlich nach § 44 I VwVfG. Diese Differenzierung ist der Tatsache geschuldet, dass im Falle örtlicher Unzuständigkeit „die Gefahr eines ‚Durchschlagens' der formellen Unzuständigkeit auch auf den Inhalt des [Verwaltungsakts] typischerweise geringer ist".[256] Dementsprechend kann die Verletzung von Vorschriften über die örtliche Zuständigkeit gemäß § 46 VwVfG gar unbeachtlich sein, wenn offensichtlich ist, dass sie die Entscheidung in der Sache nicht beeinflusst hat (s. dazu bereits in § 2 Rn. 617, 701).

146   Gemäß § 44 III Nr. 2 VwVfG ist ein Verwaltungsakt nicht schon deshalb nichtig, weil eine nach § 20 I 1 Nr. 2 bis 6 VwVfG **ausgeschlossene Person mitgewirkt**[257] hat.[258] Dies ist der Tatsache geschuldet, dass entgegen der in § 20 I 1 Nr. 2 bis 6 VwVfG fixierten unwiderlegbaren Vermutung der Befangenheit in Bezug auf die Sachentscheidung diese gleichwohl materiell fehlerfrei erfolgen kann.[259] Bewusst ausgenommen wurde die Mitwirkung „in eigenen Angelegenheiten" gemäß § 20 I 1 Nr. 1 VwVfG. Der Begriff der „**Mitwirkung**" ist dem Zweck der Norm entsprechend weit zu verstehen: Er soll nicht nur die Mitwirkung an der finalen Entscheidung über den Erlass des Verwaltungsakts selbst, sondern – in Anlehnung an den Begriff des „Tätigwerdens" i. S. v. § 20 I 1 VwVfG – auch einen tendenziell weiten Kreis an die Entscheidung vorbereitenden und diese potentiell

---

254 Dafür Peine/Siegel, Allgemeines Verwaltungsrecht, 12. Aufl. 2018, Rn. 555; Sachs, in: Stelkens/Bonk/Sachs, VwVfG, 9. Aufl. 2018, § 44 Rn. 158; vgl. OVG Lüneburg, Urt. v. 13. 9. 2012, Az.: 7 LB 84/11 = NVwZ-RR 2013, 129 (130 f.); vgl. auch AG Magdeburg, Urt. v. 23. 4. 1999, Az.: 30 OWi-779 Js 29597/98a = NJW 2000, 374. Dagegen Schemmer, in: Bader/Ronellenfitsch, VwVfG, 44. Ed., Stand: 1. 7. 2019, § 44 Rn. 61. Wiederum anderes mag bei sog. kollusivem Zusammenwirken gelten, s. Wolff, in: Wolff/Decker, VwGO/VwVfG, 3. Aufl. 2012, § 44 VwVfG Rn. 10.

255 Worunter auch die sog. „Verbandszuständigkeit" fällt, Sachs, in: Stelkens/Bonk/Sachs, VwVfG, 9. Aufl. 2018, § 44 Rn. 169, auch m.w.N. und Ausführungen zum (früher) umstrittenen Umgang damit, a. a. O., Rn. 161 ff.

256 Will/Rathgeber, JuS 2012, 1057 (1058).

257 S. zu ausgeschlossenen Personen und der damit verbundenen Besorgnis der Befangenheit nach den §§ 20, 21 VwVfG ausführlich unter § 2 Rn. 642 ff.

258 S. dazu auch den Fall 12 in: Eisentraut, Fälle zum Verwaltungsrecht, 2020.

259 So auch die Gesetzesmaterialien, BT-Drucks. 7/910, S. 64. Es wird die Befangenheit der ausgeschlossenen Person, nicht aber die Kausalität zwischen einer unzulässigen Betätigung in einem Verwaltungsverfahren und der Verwaltungsentscheidung unwiderleglich vermutet, BVerwG, Urt. v. 30. 5. 1984, Az.: 4 C 58.81 = BVerwGE 69, 256 (269).

Tobias Brings-Wiesen

beeinflussenden Verfahrensverhaltensweisen erfassen.[260] So können je nach Einzelfall bereits schriftliche oder mündliche Äußerungen ausgeschlossener Personen einer Aufsichtsbehörde gegenüber der entscheidenden Behörde erfasst sein.[261] Der Ausschluss der Nichtigkeit gemäß § 44 III Nr. 2 VwVfG greift nicht mehr, wenn als *weiterer besonderer Umstand* hinzutritt, dass die Mitwirkung zu einer **offensichtlich parteilichen Entscheidung** geführt hat.[262] Denn dann hat sich im konkreten Einzelfall gerade die Gefahr verwirklicht, vor der die Vorschrift des § 20 I 1 VwVfG unter Anknüpfung an die persönliche Nähebeziehung abstrakt schützen soll. Ob es zu einer entsprechenden wesentlichen Beeinflussung gekommen ist,[263] wird im Einzelfall nach Art, Stadium und Effekt der Mitwirkung zu bestimmen sein. Entsprechend differenziert wird damit auch die Frage einer potentiellen Nichtigkeit nach § 44 I VwVfG zu beurteilen sein.[264] Fehlt demgegenüber jegliche Beeinflussung, kommt sogar eine Unbeachtlichkeit gemäß § 46 VwVfG in Frage. *Expressis verbis* ist der Anwendungsbereich der Vorschrift beschränkt auf *ipso iure* ausgeschlossene Personen nach § 20 I 1[265] Nr. 2 bis 6 VwVfG. Sie ist jedoch aufgrund teleologischer Erwägungen entsprechend anzuwenden auf spezialgesetzliche Ausschlussgründe,[266] auf Verstöße gegen Anordnungen über den Enthalt der Mitwirkung wegen Befangenheit gemäß § 21 I VwVfG[267] sowie

---

260 Für ein grundsätzlich weites Verständnis Peine/Siegel, Allgemeines Verwaltungsrecht, 12. Aufl. 2018, Rn. 557; Ramsauer, in: Kopp/Ramsauer, VwVfG, 20. Aufl. 2019, § 44 Rn. 54; Sachs, in: Stelkens/Bonk/Sachs, VwVfG, 9. Aufl. 2018, § 44, Rn. 180.

261 S. BVerwG, Urt. v. 30.5.1984, Az.: 4 C 58.81 = BVerwGE 69, 256 (263 ff.).

262 Ramsauer, in: Kopp/Ramsauer, VwVfG, 20. Aufl. 2019, § 44 Rn. 53 f.; Sachs, in: Stelkens/Bonk/Sachs, VwVfG, 9. Aufl. 2018, § 44, Rn. 180; Schemmer, in: Bader/Ronellenfitsch, VwVfG, 44. Ed., Stand: 1.7.2019, § 44 Rn. 63; Will/Rathgeber, JuS 2012, 1057 (1059).

263 Ramsauer, in: Kopp/Ramsauer, VwVfG, 20. Aufl. 2019, § 44 Rn. 54; Schemmer, in: Bader/Ronellenfitsch, VwVfG, 44. Ed., Stand: 1.7.2019, § 44 Rn. 63.

264 S. für eine derartige Einzelfallbetrachtung im Hinblick auf § 20 I 1 Nr. 1 VwVfG BVerwG, Beschl. v. 19.10.2015, Az.: 5 P 11.14 = NZA-RR 2016, 166 (168, Rn. 22). Eine Nichtigkeit nach Abs. 1 aufgrund offensichtlich parteilicher Entscheidung grundsätzlich in Betracht ziehend Ramsauer, in: Kopp/Ramsauer, VwVfG, 20. Aufl. 2019, § 44 Rn. 54; Sachs, in: Stelkens/Bonk/Sachs, VwVfG, 9. Aufl. 2018, § 44 Rn. 178. S. zu diesem Problem auch den Fall 12 in: Eisentraut, Fälle zum Verwaltungsrecht, 2020.

265 Zweifellos muss die Vorschrift jedoch aus systematisch-teleologischen Erwägungen auch für Konstellationen betreffend die nach § 20 I 2 VwVfG den Beteiligten gleichgestellten Personen gelten.

266 Ramsauer, in: Kopp/Ramsauer, VwVfG, 20. Aufl. 2019, § 44 Rn. 53; Schwarz, in: Fehling/Kastner/Störmer, Verwaltungsrecht, 4. Aufl. 2016, § 44 VwVfG, Rn. 26.

267 Ramsauer, in: Kopp/Ramsauer, VwVfG, 20. Aufl. 2019, § 44 Rn. 53; Peuker, in: Knack/Henneke, VwVfG, 10. Aufl. 2014, § 44 Rn. 50; Will/Rathgeber, JuS 2012, 1057 (1059); a. A. aber Leisner-Egensperger, in: Mann/Sennekamp/Uechtritz, VwVfG, 2. Aufl. 2019, § 44 Rn. 45.

Tobias Brings-Wiesen

auf Verstöße gegen Entscheidungen über Ausschlüsse und Ablehnungen von Ausschüssen (§§ 20 IV, 21 II und 71 III VwVfG)[268].[269]

147   Gemäß § 44 III Nr. 3 VwVfG ist ein Verwaltungsakt nicht schon deshalb nichtig, weil ein durch Rechtsvorschrift **zur Mitwirkung berufener Ausschuss** den für den Erlass des Verwaltungsakts vorgeschriebenen Beschluss nicht gefasst hat oder nicht beschlussfähig war. Die Überlegung hinter diesem Ausschlussgrund ist, dass ein entsprechender Mitwirkungsmangel als interner Vorgang den Betroffenen häufig verborgen bleiben wird und eine *ipso iure* eintretende Unwirksamkeit des sie betreffenden Verwaltungsakts ihrem Interesse nach Rechtssicherheit und Vertrauensschutz entgegensteht.[270] „**Ausschuss**" ist i. S. v. § 88 VwVfG jede kollegiale Einrichtung, die in einem Verwaltungsverfahren tätig wird.[271] Hat ein Ausschuss selbst Behördeneigenschaft, greift § 44 III Nr. 4 VwVfG.[272] Die Mitwirkung muss gesetzlich in Form eines Beschlusses vorgeschrieben sein,[273] dessen Erlass im konkreten Fall unterblieben ist oder für den die erforderliche Beschlussfähigkeit gefehlt hat[274]. Stadium und Qualität der Mitwirkung sind nicht ausschlaggebend: Sie kann als Form der Anhörung bereits im Rahmen der Sachverhaltsermittlung oder aber erst als intensiver mitwirkende Zustimmung zur Entscheidung[275] über den Erlass des Verwaltungsakts ergehen.[276]

---

268 Zu § 20 IV VwVfG wird bereits eine unmittelbare Anwendung diskutiert: bejahend Ramsauer, in: Kopp/Ramsauer, VwVfG, 20. Aufl. 2019, § 44 Rn. 54. Zumindest wird man aber eine entsprechende Anwendung bejahen können. Zu § 71 III VwVfG: Ramsauer, a. a. O., § 44 Rn. 53; Peuker, in: Knack/Henneke, VwVfG, 10. Aufl. 2014, § 44 Rn. 50; Will/Rathgeber, JuS 2012, 1057 (1059).

269 Auch bezüglich der letztgenannten Konstellationen ist eine entsprechende Anwendung auf spezialgesetzliche Vorschriften zu erwägen.

270 Ramsauer, in: Kopp/Ramsauer, VwVfG, 20. Aufl. 2019, § 44 Rn. 55.

271 Sachs, in: Stelkens/Bonk/Sachs, VwVfG, 9. Aufl. 2018, § 44 Rn. 183; Schemmer, in: Bader/Ronellenfitsch, VwVfG, 44. Ed., Stand: 1. 7. 2019, § 44 Rn. 67; Leisner-Egensperger, in: Mann/Sennekamp/Uechtritz, VwVfG, 2. Aufl. 2019, § 44 Rn. 47.

272 Ramsauer, in: Kopp/Ramsauer, VwVfG, 20. Aufl. 2019, § 44 Rn. 55; Sachs, in: Stelkens/Bonk/Sachs, VwVfG, 9. Aufl. 2018, § 44 Rn. 183; Schwarz, in: Fehling/Kastner/Störmer, Verwaltungsrecht, 4. Aufl. 2016, § 44 VwVfG, Rn. 28; Peuker, in: Knack/Henneke, VwVfG, 10. Aufl. 2014, § 44 Rn. 53;

273 Peine/Siegel, Allgemeines Verwaltungsrecht, 12. Aufl. 2018, Rn. 558.

274 Ramsauer, in: Kopp/Ramsauer, VwVfG, 20. Aufl. 2019, § 44 Rn. 56, setzt dem die Konstellationen der Nichtigkeit und der vor dem Erlass des Verwaltungsakts erfolgten Aufhebung des Beschlusses, Sachs, in: Stelkens/Bonk/Sachs, VwVfG, 9. Aufl. 2018, § 44, Rn. 186, die der nicht ordnungsgemäßen Besetzung gleich.

275 Die Vorschrift ist nicht anwendbar auf (intern) abschließend entscheidende Kollegialorgane wie bspw. die Gemeindevertretungen, da es sich in diesem Fall nicht mehr um eine bloße „Mitwirkung" am Erlass eines Verwaltungsaktes handelt, Sachs, in: Stelkens/Bonk/Sachs, VwVfG, 9. Aufl. 2018, § 44 Rn. 184; § 45 Rn. 92 m. w. N.; a. A. wohl OVG Lüneburg, Beschl. v. 31.1.2013, Az.: 7 LA 160/11 = BeckRS 2013, 46796.

Tobias Brings-Wiesen

Treten keine weiteren besonderen Umstände hinzu, die gleichwohl für eine Nichtigkeit sprechen,[277] ist zu bedenken, dass ein solcher Rechtsfehler gemäß § 45 I Nr. 4 VwVfG heilbar ist sowie unbeachtlich gemäß § 46 VwVfG sein kann.

Zuletzt ist ein Verwaltungsakt gemäß § 44 III Nr. 4 VwVfG nicht schon des- 148 halb nichtig, weil die nach einer Rechtsvorschrift erforderliche **Mitwirkung einer anderen Behörde** unterblieben ist. Auch wegen solcher Rechtsfehler soll die Nichtigkeit grundsätzlich ausgeschlossen sein, weil sie im Innenverhältnis zweier Behörden zueinander auftreten, während den Betroffenen gegenüber der Rechtsschein eines ordnungsgemäß erlassenen Verwaltungsakts entsteht.[278] „**Behörden**" sind alle Stellen i.S.v. § 1 IV VwVfG (s. dazu in § 2 Rn. 52 ff.). Der Begriff der „Mitwirkung" ist wie bei § 44 III Nr. 3 VwVfG weit zu verstehen; erfasst sind somit insbesondere Konstellationen sog. „mehrstufiger Verwaltungsakte" (s. dazu § 2 Rn. 90). Auch im Übrigen gelten die Darstellungen zu Nr. 3 entsprechend.[279] Der Rechtsfehler ist gemäß § 45 I Nr. 5 VwVfG heilbar sowie potentiell unbeachtlich gemäß § 46 VwVfG.

b) Besonders schwerwiegender Fehler

Ist eine Nichtigkeit nicht bereits gemäß § 44 III VwVfG ausgeschlossen, bedarf es 149 der Prüfung einer Nichtigkeit am Maßstab von § 44 I VwVfG. Dies setzt zunächst voraus, dass es sich bei dem identifizierten Rechtsverstoß um einen **besonders schwerwiegenden Fehler** handelt.

Die Prüfung des Vorliegens eines Rechtsfehlers ist in der verwaltungsrechtlichen Klausur eine „*every-day-task*". Größere Probleme bereitet den Student*innen demgegenüber speziell die Beurteilung der *besonderen Schwere* eines identifizierten Rechtsfehlers. Dies ist der Tatsache geschuldet, dass es sich dabei nicht um einen exakten, sondern einen „gleitenden Maßstab"[280] handelt. Es handelt sich um eine Wertungsentscheidung, die von allen rechtlich relevanten

---

276 Ramsauer, in: Kopp/Ramsauer, VwVfG, 20. Aufl. 2019, § 44 Rn. 57; Will/Rathgeber, JuS 2012, 1057 (1059).

277 S. das Beispiel bei Ramsauer, in: Kopp/Ramsauer, VwVfG, 20. Aufl. 2019, § 44 Rn. 57. Theoretisch denkbar ist auch, dass die verfassungsrechtlich zwingend gebotene Mitwirkung bestimmter Ausschüsse – wie bspw. pluralistisch besetzter Gremien – als besonderer Umstand auftritt.

278 So die Gesetzesmaterialien, BT-Drucks. 7/910, S. 64 f.

279 Entsprechend vorgehend Ramsauer, in: Kopp/Ramsauer, VwVfG, 20. Aufl. 2019, § 44 Rn. 58; Sachs, in: Stelkens/Bonk/Sachs, VwVfG, 9. Aufl. 2018, § 44 Rn. 188; Schemmer, in: Bader/Ronellenfitsch, VwVfG, 44. Ed., Stand: 1.7.2019, § 44 Rn. 70; Leisner-Egensperger, in: Mann/Sennekamp/Uechtritz, VwVfG, 2. Aufl. 2019, § 44 Rn. 50.

280 Vgl. Larenz, Methodenlehre der Rechtswissenschaft, 5. Aufl. 1983, S. 207.

Umständen des Einzelfalls abhängt. Insofern ist es notwendig, sich zum einen der Definition und Interpretation (entsprechend juristischer Auslegungscanones) des Terminus auf einer abstrakten Ebene in Rechtsprechung und Literatur zu widmen. Zum anderen bedarf es einer Orientierung an der existierenden Kasuistik und weitgehend anerkannten Beispielsfällen zu § 44 I VwVfG[281].

150   Laut **Bundesverwaltungsgericht** ist ein Fehler dann besonders schwerwiegend, wenn er den Verwaltungsakt als schlechterdings unerträglich, d.h. mit tragenden Verfassungsprinzipien oder der Rechtsordnung immanenten wesentlichen Wertvorstellungen unvereinbar erscheinen lässt.[282] Die an eine ordnungsgemäße Verwaltung zu stellenden Anforderungen müssten in einem so hohen Maße verletzt sein, dass von niemandem erwartet werden kann, den Verwaltungsakt als verbindlich anzuerkennen.[283] Wann dies der Fall ist, lasse sich nicht rechtsgrundsätzlich, sondern nur unter maßgebender Heranziehung und Würdigung der konkreten Umstände des Einzelfalls bestimmen.[284] Dabei sei grundsätzlich auf den Erlasszeitpunkt abzustellen.[285]

151   Diese Begriffsbestimmung des Bundesverwaltungsgerichts sollte in einer Klausur zwar genannt werden. Sie hilft jedoch in ihrer Schlichtheit – gerade Anfänger*innen – kaum dabei, die folgende, durchaus komplexe Prüfung mit Leben und Argumenten zu füllen. Dafür ist es bedeutend wichtiger, die notwendige methodische Herangehensweise bei der Bestimmung der besonderen Schwere des Fehlers zu verstehen. Dies kann auch nicht allein durch eine breite wie tiefe Kenntnis der Kasuistik und anerkannter Beispielsfälle kompensiert werden, da anders liegende Umstände des Einzelfalls eine Beurteilung jederzeit grundlegend verändern können.

152   Es bedarf insofern einer **Gesamtschau aller rechtlich relevanten Umstände des Einzelfalls.** Deren Auswertung ist bisweilen hochanspruchsvoll und kann daher in komplexen Konstellationen sinnvoll nur von fortgeschrittenen Student*innen mit umfassenderen Kenntnissen im allgemeinen und besonderen

---

281 S. dazu die – zum Teil nicht speziell zum Merkmal des „besonders schwerwiegenden Fehlers" erfolgenden – systematisierenden Darstellungen bei Ramsauer, in: Kopp/Ramsauer, VwVfG, 20. Aufl. 2019, § 44 Rn. 14 ff; Sachs, in: Stelkens/Bonk/Sachs, VwVfG, 9. Aufl. 2018, § 44 Rn. 111 ff.; Peuker, in: Knack/Henneke, VwVfG, 10. Aufl. 2014, § 44 Rn. 17 ff.; Leisner-Egensperger, in: Mann/Sennekamp/Uechtritz, VwVfG, 2. Aufl. 2019, § 44 Rn. 12 ff.

282 St. Rspr. des BVerwG unter dem VwVfG, Urt. v. 22.2.1985, Az.: 8 C 107.83 = NJW 1985, 2658 (2659); zuletzt Beschl. v. 9.7.2019, Az.: 9 B 29.18 = juris, Rn. 10.

283 St. Rspr. des BVerwG unter dem VwVfG, Urt. v. 17.10.1997, Az.: 8 C 1.96 = NVwZ 1998, 1061 (1062); zuletzt Beschl. v. 8.7.2016, Az.: 2 B 125.15 = juris, Rn. 15.

284 BVerwG, Beschl. v. 10.4.1991, Az.: 2 B 115.90 = juris, Rn. 5.

285 BVerwG, Beschl. v. 5.4.2011, Az.: 6 B 41.10 = BeckRS 2011, 50438 (Rn. 4); Urt. v. 9.9.2014, Az.: 1 C 10.14 = NVwZ 2014, 1679 (1680, Rn. 16).

Tobias Brings-Wiesen

Verwaltungsrecht erwartet werden.[286] Auch Anfänger*innen sollten jedoch zumindest das folgende Grundwissen um die rechtlich relevanten Umstände haben.

Ausgangspunkt der Prüfung ist stets die den §§ 43 ff. VwVfG zugrundeliegende Wertung des Gesetzgebers, dass die Rechtswidrigkeit eines Verwaltungsakts dessen Wirksamkeit im Regelfall nicht in Frage stellt.[287] Ob diese Annahme erschüttert werden kann, ist sodann anhand der Umstände des **Einzelfalls** zu bewerten. Kategorisierungen können Orientierung bieten, sollten jedoch stets mit der gebotenen Zurückhaltung genutzt werden. Denn bestimmte Umstände sprechen nicht *per se* für eine Nichtigkeit.[288] So mahnt das Bundesverwaltungsgericht, die Verletzung selbst einer wichtigen Rechtsbestimmung lasse den Fehler allein noch nicht als besonders schwerwiegend erscheinen.[289] Dies gilt selbst für normhierarchisch leicht zu identifizierende Fälle „wichtiger Rechtsbestimmungen": Weder eine Verletzung von Verfassungsrecht noch eine Verletzung von Unionsrecht[290] führen für sich genommen[291] zur Annahme eines besonders schwerwiegenden Fehlers. Auch das Fehlen einer eigentlich erforderlichen Ermächtigungsgrundlage (sog. „gesetzloser Verwaltungsakt") ist nicht bereits für sich besonders schwerwiegend.[292] Gleiches gilt für die Fälle von verfassungs-

153

---

286 S. für eine Anwendung der nun folgenden Hinweise die zahlreichen Beispiele in Fall 12 in: Eisentraut, Fälle zum Verwaltungsrecht, 2020.

287 Treffend Peuker, in: Knack/Henneke, VwVfG, 10. Aufl. 2014, § 44 Rn. 33: „Das Gebot der Rechtssicherheit und die Notwendigkeit der Handlungsfähigeit der Verwaltung machen die Rechtsfolge der Nichtigkeit als Folge der Rechtswidrigkeit eines Verwaltungsakts zur Ausnahme. Im Zweifelsfall ist von der Wirksamkeit auch des fehlerhaften Verwaltungsakt auszugehen".

288 So auch Leisner-Egensperger, in: Mann/Sennekamp/Uechtritz, VwVfG, 2. Aufl. 2019, § 44 Rn. 6 ff.

289 BVerwG, Urt. v. 22.2.1985, Az.: 8 C 107.83 = NJW 1985, 2658 (2659); Urt. v. 18.4.1997, Az.: 3 C 3.95 = BVerwGE 104, 289 (296). So auch Sachs, in: Stelkens/Bonk/Sachs, VwVfG, 9. Aufl. 2018, § 44 Rn. 103 m.w.N.

290 BVerwG, Beschl. v. 11.5.2000, Az.: 11 B 26.00 = NVwZ 2000, 1039 (1040); Urt. v. 16.12.2010, Az.: 3 C 44.09 = BVerwGE 138, 322 (326 f., Rn. 16). Umstritten ist die Frage, ob in der Abweichung von der ständigen Rechtsprechung des EuGH ein besonders schwerwiegender Fehler liegt, für den Regelfall dagegen Leisner-Egensperger, in: Mann/Sennekamp/Uechtritz, VwVfG, 2. Aufl. 2019, § 44 Rn. 9.

291 In der Gesamtschau kann jedoch durchaus von Bedeutung sein, ob gegen solche oder bloß untergesetzliche Vorschriften verstoßen wurde, so auch Leisner-Egensperger, in: Mann/Sennekamp/Uechtritz, VwVfG, 2. Aufl. 2019, § 44 Rn. 8.

292 BVerwG, Urt. v. 17.10.1997, Az.: 8 C 1.96 = NVwZ 1998, 1061 (1062). Sachs, in: Stelkens/Bonk/Sachs, VwVfG, 9. Aufl. 2018, § 44 Rn. 105; Schemmer, in: Bader/Ronellenfitsch, VwVfG, 44. Ed., Stand: 1.7.2019, § 44 Rn. 39. Anders aber in Fällen sog. „absoluter Gesetzlosigkeit", vgl. instruktiv OVG Lüneburg, Urt. v. 31.1.2019, Az.: 13 LC 211/16 = juris, Rn. 83 ff. m.w.N.

Tobias Brings-Wiesen

oder anderweitig rechtswidrigen und damit (grundsätzlich) nichtigen Ermächtigungsgrundlagen.[293]

154　**Relevant ist vielmehr** eine Analyse (1) der gesetzlich vorgesehenen Fehlerfolgeregelungen für den konkret in Rede stehenden und die ihm vergleichbaren Rechtsfehler sowie (2) der konkret verletzten Vorschrift, ihrer systematischen Zusammenhänge und der ihr zugrundeliegenden Zweck- und Wertvorstellungen. Formelle und materielle Rechtsfehler werden dabei gleichwertig erfasst.[294]

155　(1) **Besondere systematische Anhaltspunkte** bieten die Vorschriften von Teil III des VwVfG betreffend den Verwaltungsakt (§§ 35 ff. VwVfG) – insbesondere jene, die dessen Wirksamkeit und Rechtswidrigkeit determinieren, da in ihnen die differenzierten gesetzgeberischen Wertvorstellungen zum Umgang mit fehlerhaften Verwaltungsakten zum Ausdruck kommen. Spezialgesetzliche Fehlerfolgenregelungen können diese modifizieren und sind dann vorrangig zu berücksichtigen. Soweit sie auf den in Rede stehenden Rechtsfehler nicht unmittelbar anwendbar sind, haben all diese Vorschriften jedoch lediglich eine **Indizwirkung**, die je nach den weiteren Umständen des Einzelfalls widerlegt werden kann.

–　**§ 44 II und III VwVfG** wurden vom Gesetzgeber bewusst geschaffen, um die Handhabung der Generalklausel in Abs. 1 zu erleichtern.[295] Sie liefern entsprechend wichtige Anhaltspunkte für die Beurteilung der besonderen Schwere eines Rechtsfehlers.[296] Eine Vergleichbarkeit wird regelmäßig für, das Fehlen jeglicher vergleichbarer Konstellationen in Abs. 2[297] regelmäßig gegen eine besondere Schwere sprechen. Dabei muss der Fehler auch schwerer als die in Abs. 3 genannten Fallgruppen wiegen.[298]

–　Darüber hinaus können maßstabsbildend auch die Vorschriften der **§§ 45, 46 VwVfG** berücksichtigt werden, die die Folgen von Verfahrens- und

---

293 S. dazu Sachs, in: Stelkens/Bonk/Sachs, VwVfG, 9. Aufl. 2018, § 44 Rn. 105 m.w.N.

294 Sachs, in: Stelkens/Bonk/Sachs, VwVfG, 9. Aufl. 2018, § 44 Rn. 103; Leisner-Egensperger, in: Mann/Sennekamp/Uechtritz, VwVfG, 2. Aufl. 2019, § 44 Rn. 6.

295 S. dazu die Gesetzesmaterialien, BT-Drucks. 7/910, S. 64. Daran ändert auch der in eine andere Richtung deutende einleitende Satzteil zu § 44 II VwVfG nichts, Sachs, in: Stelkens/Bonk/Sachs, VwVfG, 9. Aufl. 2018, § 44 Rn. 110.

296 Sachs, in: Stelkens/Bonk/Sachs, VwVfG, 9. Aufl. 2018, § 44 Rn. 110; für Abs. 2 ausdrücklich auch BVerwG, Urt. v. 22.2.1985, Az.: 8 C 107.83 = NJW 1985, 2658 (2659); vgl. auch für die entsprechende Anwendung auf Beschlüsse der Personalvertretung BVerwG, Urt. v. 13.10.1986, Az.: 6 P 14.84 = BVerwGE 75, 62 (65); Beschl. v. 19.10.2015 Az.: 5 P 11.14 = NZA-RR 2016, 166 (167).

297 Vgl. zu § 44 I LVwVfG BW VGH Mannheim, Urt. v. 3.12.2013, Az.: 1 S 49/13 = juris, Rn. 34, zu Fällen der Täuschung oder sonstiger betrügerischer Handlungen.

298 Ramsauer, in: Kopp/Ramsauer, VwVfG, 20. Aufl. 2019, § 44 Rn. 9; Schwarz, in: Fehling/Kastner/Störmer, Verwaltungsrecht, 4. Aufl. 2016, § 44 VwVfG Rn. 8.

Tobias Brings-Wiesen

Formfehlern regeln (s. dazu bereits unter § 2 Rn. 652 ff., 693 ff.). Beide Vorschriften formulieren Voraussetzungen, unter denen bestimmte Rechtsfehler im Ergebnis ohne weitere Auswirkungen bleiben sollen. Zugleich gehen jedoch beide Vorschriften von der Möglichkeit aus, dass auch die ihren Anwendungsbereichen unterfallenden Fehler im Einzelfall durchaus zur Nichtigkeit führen können.[299] So wird beispielsweise das Unterbleiben einer erforderlichen Anhörung regelmäßig nicht derart schwer wiegen, dass es zur Nichtigkeit führt (vgl. § 45 I Nr. 3 VwVfG).[300] Etwas anderes kann jedoch gelten, wenn die Behörde das Anhörungsgebot bewusst missachtet hat, um dem Betroffenen die Möglichkeit rechtzeitigen Rechtsschutzes zu nehmen und vollendete Tatsachen zu schaffen, sie also rechtsmissbräuchlich handelt.[301]

– Von gleicher Bedeutung sind auch die **Vorschriften zu Rücknahme und Widerruf von Verwaltungsakten (§§ 48, 49 VwVfG).** So hat das Bundesverwaltungsgericht festgestellt, dass bereits die Regelung in § 48 II 3 Nr. 1 VwVfG erkennen lasse, dass der Gesetzgeber selbst durch arglistige Täuschung erwirkte Verwaltungsakte in der Regel nicht als nichtig, sondern nur als rücknehmbar ansehe.[302] Nichts anderes ist für Fälle der Drohung[303] und Bestechung[304] und die übrigen Konstellationen des § 48 II 3 VwVfG anzunehmen. Für eine Nichtigkeit kann wiederum sprechen, dass dabei gegen ein gesetzliches Verbot, insbesondere auch eine Norm des StGB verstoßen wird. Nicht abschließend geklärt ist demgegenüber die Frage, ob und gege-

---

299 Vgl. den Wortlaut: „Eine Verletzung von Verfahrens- oder Formvorschriften, die nicht den Verwaltungsakt nach § 44 nichtig macht, [...]", § 45 I VwVfG; „Die Aufhebung eines Verwaltungsakts, der nicht nach § 44 nichtig ist, [...]", § 46 VwVfG.

300 Sachs, in: Stelkens/Bonk/Sachs, VwVfG, 9. Aufl. 2018, § 44 Rn. 118; Peuker, in Knack/Henneke, VwVfG, 10. Aufl. 2014, § 44 Rn. 19.

301 OVG Münster, Beschl. v. 13.10.2011, Az.: 1 A 1925/09 = BeckRS 2011, 55218; befürwortend Peuker, in: Knack/Henneke, VwVfG, 10. Aufl. 2014, § 44 Rn. 19; für § 45 VwVfG grundlegend Ramsauer, in: Kopp/Ramsauer, VwVfG, 20. Aufl. 2019, § 44 Rn. 9.

302 BVerwG, Urt. v. 22.2.1985, Az.: 8 C 107.83 = NJW 1985, 2658 (2659); Urt. v. 9.9.2014, Az.: 1 C 10.14 = NVwZ 2014, 1679 (1680, Rn. 18) (betr. eine Identitätstäuschung im Rahmen der Einbürgerung).

303 Anders werden vielerorts die Konstellationen des unmittelbaren Zwangs bewertet, Ramsauer, in: Kopp/Ramsauer, VwVfG, 20. Aufl. 2019, § 44 Rn. 19; Schemmer, in: Bader/Ronellenfitsch, VwVfG, 44. Ed., Stand: 1.7.2019, § 44 Rn. 33.

304 Sachs, in: Stelkens/Bonk/Sachs, VwVfG, 9. Aufl. 2018, § 44 Rn. 117; Peuker, in: Knack/Henneke, VwVfG, 10. Aufl. 2014, § 44 Rn. 19.

Tobias Brings-Wiesen

benenfalls inwiefern ein Verschulden auf Seiten der Behörde zu berücksichtigen ist.[305]

156 (2) Darüber hinaus bedarf es einer genauen **Analyse der konkret verletzten Vorschrift in systematischer wie teleologischer Hinsicht.** So wird man beispielsweise im Falle einer offensichtlich parteilichen Entscheidung, die eine nach § 20 VwVfG ausgeschlossene Person getroffen hat, die besondere Schwere des Fehlers gerade darin begründet sehen können, dass sich in teleologischer Hinsicht genau *die* Gefahr der Befangenheit realisiert hat, vor der die verletzte Vorschrift eigentlich schützen sollte. Der erlassene Verwaltungsakt wäre dann mit der der Norm zugrundeliegenden wesentlichen Wertvorstellung des Schutzes der Verfahrensgerechtigkeit unvereinbar.[306] Vor dem Hintergrund der vom Gesetzgeber bewusst vorgenommenen Kompetenzzuweisung und -abgrenzung kann auch eine fehlende sachliche Zuständigkeit besonders schwer wiegen, wenn der durch den Verwaltungsakt geregelte Sachverhalt „unter keinem sachlichen Gesichtspunkt Bezug zum Aufgabenbereich der handelnden Behörde hat".[307] Besonders relevant wird diese methodische Herangehensweise jedoch regelmäßig für materielle Fehler von Verwaltungsakten sein, da derer bezüglich kaum konkrete Fehlerfolgenregelungen existieren. So hat beispielsweise das Bundesverwaltungsgericht eine durch Identitätstäuschung erschlichene Einbürgerung auch deshalb nicht als besonders schwerwiegenden Fehler erachtet, weil die betroffene Person die für eine Einbürgerung im Übrigen erforderlichen Voraussetzungen wie einen längerfristigen Aufenthalt in Deutschland und das Erbringen notwendiger Integrationsleistungen persönlich erfüllt hatte.[308]

---

305 Eine Vorwerfbarkeit grundsätzlich ablehnend, weil die besondere Schwere sich auf den Verwaltungsakt, nicht aber auf das Verhalten der Behörde beziehe, BVerwG, Urt. v. 22. 2. 1985, Az.: 8 C 107.83 = NJW 1985, 2658 (2659); a. A. aber hinsichtlich vorsätzlich rechtswidrigem Verhalten OVG Lüneburg, Urt. v. 13. 9. 2012, Az.: 7 LB 84/11 = NVwZ-RR 2013, 129 (130); wohl auch Sachs, in: Stelkens/Bonk/Sachs, VwVfG, 9. Aufl. 2018, § 44 Rn. 158.
306 S. dazu den Fall 12 in: Eisentraut, Fälle zum Verwaltungsrecht, 2020.
307 Ramsauer, in: Kopp/Ramsauer, VwVfG, 20. Aufl. 2019, § 44 Rn. 15; OVG Bautzen, Urt. v. 24.1. 2005, Az.: 2 B 644/04 = juris, Rn. 32.
308 BVerwG, Urt. v. 9.9.2014, Az.: 1 C 10.14 = NVwZ 2014, 1679 (1680, Rn. 18).

Tobias Brings-Wiesen

c) Offensichtlichkeit des Fehlers und seiner besonderen Schwere

Der besonders schwerwiegende Fehler muss darüber hinaus auch **offensicht-** 157
lich[309] sein.[310] Dabei sind der Fehler *und* seine besondere Schwere Bezugspunkt
der Offensichtlichkeit.[311]

„Offensichtlich" sind der Fehler und seine besondere Schwere laut **Bundes-** 158
verwaltungsgericht nur dann, wenn sie für einen unvoreingenommenen, mit
den in Betracht kommenden Umständen vertrauten, verständigen Beobachter[312]
ohne weiteres ersichtlich sind.[313] Weitergehend wird gar gefordert, die besonders
schwere Fehlerhaftigkeit müsse sich aufdrängen,[314] dem Verwaltungsakt gewissermaßen „auf die Stirn geschrieben sein".[315] Auch diese Definition bedarf einer
weiteren Präzisierung.

Die Unterstellung der Kenntnis der „in Betracht kommenden Umstände" darf 159
nicht dazu verleiten, die Referenzperson des „verständigen Beobachters" allwis-
send zu machen. Diesem Beobachter dürfen *grundsätzlich* **weder besondere
Rechts- noch Fachkenntnisse** unterstellt werden. Insbesondere darf nicht von
einer Kenntnis der Rechtslage im Einzelfall ausgegangen werden, da dies dazu
führte, dass schwerwiegende Rechtsfehler letztlich immer als offenkundig anzusehen wären[316] und dem Kriterium der Offensichtlichkeit keine eigenständige

---

309 Der Begriff „offensichtlich" wurde mit dem 2. VwVfÄndG (BGBl. I 1998, S. 2022) eingeführt
und ersetzte den Begriff „offenkundig", ohne dass damit eine inhaltliche Änderung intendiert
gewesen wäre, s. die Gesetzesmaterialien, BT-Drucks. 13/8884, S. 5. Eine entsprechend abweichende Terminologie in den VwVfGen der Länder (vgl. bspw. § 44 I VwVfG NRW: „offenkundig")
ist daher gleichsam ohne Relevanz.
310 Dieses zusätzliche Merkmal dient dem Interesse der Rechtssicherheit: Die besondere Aus-
nahmekonstellation der Nichtigkeit soll nur dann in Frage kommen, wenn der nicht näher bestimmte (§ 44 II VwVfG) Rechtsfehler auch als solcher klar erkennbar ist, Ramsauer, in: Kopp/
Ramsauer, VwVfG, 20. Aufl. 2019, § 44 Rn. 12; Peuker, in: Knack/Henneke, VwVfG, 10. Aufl. 2014,
§ 44 Rn. 30. Kritisch zu diesem Merkmal Leisner-Egensperger, in: Mann/Sennekamp/Uechtritz,
VwVfG, 2. Aufl. 2019, § 44 Rn. 23 ff.; grundlegend Leisner, DÖV 2007, 669.
311 BVerwG, Urt. v. 9.9.2014, Az.: 1 C 10.14 = NVwZ 2014, 1679 (1680, Rn. 16); Sachs, in: Stelkens/
Bonk/Sachs, VwVfG, 9. Aufl. 2018, § 44 Rn. 123 m.w.N.
312 Bisweilen zeigen sich leichte Modifikationen in der Bezeichnung der Referenzperson
(„verständiger durchschnittlicher Beobachter", „urteilsfähiger Bürger"), ohne dass damit jedoch
Änderungen im Prüfungsmaßstab verbunden scheinen.
313 BVerwG, Beschl. v. 28.11.1997, Az.: 7 B 171.97 = juris, Rn. 5; Beschl. v. 6.6.2005, Az.: 2 B 10.05 =
juris, Rn. 9.
314 Vgl. BVerwG, Beschl. v. 12.4.2013, Az.: 1 WDS-VR 1.13 = juris, Rn. 36.
315 Ramsauer, in: Kopp/Ramsauer, VwVfG, 20 Aufl. 2019, § 44 Rn. 12; OVG Lüneburg, Urt. v. 31.1.
2019, Az.: 13 LC 211/16 = juris, Rn. 81.
316 OVG Lüneburg, Urt. v. 31.1.2019, Az.: 13 LC 211/16 = juris, Rn. 81; vgl. zu § 125 I AO bereits
BVerwG, Urt. v. 17.10.1997, Az.: 8 C 1.96 = NVwZ 1998, 1061 (1062 f.).

Tobias Brings-Wiesen

Wirkung mehr zukäme[317]. Der Beobachter muss für die rechtlichen Zusammenhänge aufgeschlossen sein,[318] aber ohne weitere Ermittlungen oder besondere (rechtliche) Überlegungen zu dem Schluss kommen, dass der Verwaltungsakt unmöglich rechtens sein kann[319].[320] Es kommt demnach grundsätzlich zu der auch anderweitig oft bemühten „Parallelwertung in der Laiensphäre".[321] Etwas anderes kann jedoch dann gelten, wenn der Verwaltungsakt eine besondere Sachmaterie und somit auch einen besonderen Personenkreis betrifft. Möglich ist dann der Rekurs auf den zu erwartenden durchschnittlichen Einblick eines Angehörigen desjenigen Personenkreises, dem der Betroffene angehört, also auch die Würdigung von Umständen, die nicht für alle offensichtlich sind.[322]

160   **Ernsthafte Zweifel**, dass der Verwaltungsakt doch rechtmäßig sein könnte, dürfen nicht bestehen.[323] Offensichtlichkeit ist entsprechend abzulehnen, wenn die Rechtslage in Rechtsprechung[324] und Wissenschaft unterschiedlich beurteilt wird. Da maßgeblicher Beurteilungszeitpunkt für die Beurteilung der besonderen

---

317 Die Offensichtlichkeit soll aber nach h.M. ein *zusätzliches* Kriterium sein und nicht bereits aus der besonderen Schwere des Fehlers folgen, Peine/Siegel, Allgemeines Verwaltungsrecht, 12. Aufl. 2018, Rn. 562; Sachs, in: Stelkens/Bonk/Sachs, VwVfG, 9. Aufl. 2018, § 44 Rn. 124 m. N. zur Gegenmeinung aus der Rspr., der Leisner-Egensperger, in: Mann/Sennekamp/Uechtritz, VwVfG, 2. Aufl. 2019, § 44 Rn. 25, zustimmt.
318 OVG Münster, Urt. v. 14.3.2011, Az.: 19 A 3006/06 = BeckRS 2011, 49617. Zu weitgehend daher OVG Bautzen, Beschl. v. 24.8.2018, Az.: 5 A 82/17 = juris, Rn. 29; VGH München, Urt. v. 23.10.2003, Az.: 13 A 01.2848 = juris, Rn. 15; OVG Saarlouis, Urt. v. 31.5.2005, Az.: 1 R 29/04 = juris, Rn. 98, die nicht einmal Kenntnis der verletzten Rechtsvorschriften unterstellen wollen.
319 Ramsauer, in: Kopp/Ramsauer, VwVfG, 20. Aufl. 2019, § 44 Rn. 12.
320 Wo es einer Auslegung oder gar vertieften juristischen Prüfung der verletzten Vorschrift bedarf, kann nicht mehr von Offensichtlichkeit ausgegangen werden, s. dazu anschaulich VGH Kassel, Urt. v. 23.11.1988, Az.: 5 UE 1040/84 = NVwZ 1989, 484 (491). Andernorts formuliert das VGH Kassel treffend, „dass der angebliche Fehler, wenn schon nicht für mit der Streitsache vertraute Juristen, dann erst recht nicht für einen Durchschnittsbetrachter offenkundig ist", Beschl. v. 24.11.1999, Az.: 8 UZ 993/99 = juris, Rn. 13.
321 OVG Koblenz, Urt. v. 24.6.1992, Az.: 11 A 10189/92 = juris, Rn. 18; VGH München, Urt. v. 23.10.2003, Az.: 13 A 01.2848 = juris, Rn. 15; OVG Saarlouis, Urt. v. 31.5.2005, Az.: 1 R 29/04 = juris, Rn. 98; Ramsauer, in: Kopp/Ramsauer, VwVfG, 20. Aufl. 2019, § 44 Rn. 12.
322 OVG Lüneburg, Urt. v. 31.1.2019, Az.: 13 LC 211/16 = juris, Rn. 81; Peuker, in: Knack/Henneke, VwVfG, 10. Aufl. 2014, § 44 Rn. 31; in diese Richtung auch Schemmer, in: Bader/Ronellenfitsch, VwVfG, 44. Ed., Stand: 1.7.2019, § 44 Rn. 17.1.
323 OVG Lüneburg, Urt. v. 27.6.2007, Az.: 15 KF 14/06 = juris, Rn. 20; OVG Bautzen, Beschl. v. 24.8.2018, Az.: 5 A 82/17 = juris, Rn. 29; Ramsauer, in: Kopp/Ramsauer, VwVfG, 20. Aufl. 2019, § 44 Rn. 12.
324 S. dazu VGH Mannheim, Urt. v. 31.10.1991, Az.: 4 S 1597/91 = juris, Rn. 25; Sachs, in: Stelkens/Bonk/Sachs, VwVfG, 9. Aufl. 2018, § 44 Rn. 125; Peuker, in: Knack/Henneke, VwVfG, 10. Aufl. 2014, § 44 Rn. 31.

Tobias Brings-Wiesen

Schwere des Fehlers grundsätzlich der Zeitpunkt des Erlasses des Verwaltungsakts ist (s. dazu Rn. 150), kann insbesondere die *spätere* Klärung einer zuvor in Rechtsprechung und Literatur umstritten gewesenen Rechtsfrage nicht nachträglich zur Nichtigkeit eines bereits erlassenen Verwaltungsakts führen.[325]

Vor diesem Hintergrund wurde **beispielsweise** der besonders schwerwie 161 gende Fehler des Erlasses einer Prüfungsentscheidung ohne persönliche Anmeldung des Prüflings als offensichtlich erachtet.[326] Auch die Entscheidung eines Personalrats über die Besetzung einer Stelle, an der ein Mitglied mitgewirkt hat, das sich selbst um diese Stelle beworben hatte, aber nicht ausgewählt wurde, wurde in seinem Widerspruch zu dem in § 20 I 1 Nr. 1 VwVfG zugrunde liegenden Gebot der Unbefangenheit als offensichtlich bewertet.[327] Die teilweise Rücknahme einer Baugenehmigung wurde als nichtig erachtet, weil der verbleibende Verwaltungsakt einen Hotelbetrieb ohne Treppenraum und ohne Sicherstellung eines ersten Rettungsweges genehmigt hätte.[328] Auch hier gilt jedoch: Das Studium von Kasuistik und anerkannten Beispielen kann eine erste Orientierung bieten,[329] für die Klausurlösung ist es jedoch weitaus bedeutsamer, die allgemeinen Maßstäbe zu verinnerlichen.

4. Teilnichtigkeit, § 44 IV VwVfG

So wie sich für einen Verwaltungsakt die Frage einer bloß teilweisen *Rechtswid* 162 *rigkeit* stellen kann (s. dazu bereits in § 2 Rn. 259), können dem zugrundeliegende Rechtsfehler gar zu einer teilweisen Nichtigkeit führen. § 44 IV VwVfG geht von der grundsätzlichen Möglichkeit einer solchen Teilnichtigkeit aus. Von Interesse ist sodann jedoch die Frage, wie sich diese auf den verbleibenden, nicht nichtigen Teil des Verwaltungsakts auswirkt.

Anders als im Falle gleichgeordneter Rechtsverhältnisse (§ 139 BGB, § 59 III 163 VwVfG[330]) geht die Vorschrift vom **Grundsatz der bloßen Teilnichtigkeit** aus:

325 BVerwG, Beschl. v. 5.4.2011, Az.: 6 B 41.10 = BeckRS 2011, 50439, Rn. 4; Sachs, in: Stelkens/Bonk/Sachs, VwVfG, 9. Aufl. 2018, § 44 Rn. 125 m.w.N.
326 OVG Koblenz, Urt. v. 24.6.1992, Az.: 11 A 10189/92 = juris, Rn. 18; die Anmeldung erfolgte durch die Mutter.
327 BVerwG, Beschl. v. 19.10.2015, Az.: 5 P 11.14 = NZA-RR 2016, 166 (168); für Beschlüsse von Personalvertretungen knüpft das BVerwG an § 44 VwVfG als Ausdruck eines allgemeinen Rechtsgrundsatzes an.
328 OVG Münster, Urt. v. 12.7.2012, Az.: 10 A 1769/10 = NVwZ-RR 2012, 953 (954).
329 S. insofern für weitere Beispiele speziell zur Offensichtlichkeit Peuker, in: Knack/Henneke, VwVfG, 10. Aufl. 2014, § 44 Rn. 32, sowie allgemein die bereits in der Fn. am Ende von Rn. 149 aufgeführten Fundstellen.
330 S. zu Fragen der Teilnichtigkeit beim öffentlich-rechtlichen Vertrag in § 5 Rn. 120 f.

Betrifft die Nichtigkeit nur einen Teil des Verwaltungsakts, so ist er nur dann im Ganzen nichtig, wenn der nichtige Teil so wesentlich ist, dass die Behörde den Verwaltungsakt ohne den nichtigen Teil nicht erlassen hätte. Die für den Verwaltungsakt als Hoheitsakt allgemein geltende Vermutung der Richtigkeit und Gültigkeit wirkt somit bei der Beurteilung der Teilnichtigkeit fort.[331] Maßgeblich für die Beurteilung der Wesentlichkeit ist *prima facie* der **Behördenwille.** Allerdings soll es nach ganz herrschender Meinung – zumindest vorrangig – nicht auf den subjektiven, gar nur hypothetischen Willen der den konkreten Verwaltungsakt erlassenden Behörde, sondern auf eine **objektive Betrachtungsweise** ankommen.[332] Vielerorts wird insofern illustrativ auf den Willen einer in Kenntnis der richtigen Rechts- und Sachlage vernünftig entscheidenden Idealbehörde abgestellt.[333] Materiell kommt es auf die dem Verwaltungsakt im Einzelfall zugrundeliegenden Rechtsvorschriften und insbesondere deren Sinn und Zweck an. Somit stellen sich auch hier[334] primär Grundfragen der **Teilbarkeit** eines Verwaltungsakts.[335]

164 **Wesentlich** ist ein nichtiger Teil demnach, „wenn der verbleibende Teil für sich allein einen anderen Sinn erhalten und dadurch den Zweck verfehlen würde, den der Verwaltungsakt insgesamt erfüllen soll".[336] Gleiches gilt, wenn der verbleibende Teil für sich rechtswidrig wäre.[337] Umgekehrt ist nicht von einer Wesentlichkeit auszugehen, wenn eine Rechtspflicht zum Erlass des verbleibenden Teils bestünde – sowohl bei gebundenen Entscheidungen als auch im Falle einer

---

331 So die Gesetzesmaterialien, BT-Drucks. 7/910, S. 65, 82. Somit entspricht die Regelung in ihrer Grundtendenz auch eher den Vorgaben zur Nichtigkeit von Gesetzen (vgl. nur § 78 BVerfGG).

332 Peine/Siegel, Allgemeines Verwaltungsrecht, 12. Aufl. 2018, Rn. 565; Ramsauer, in: Kopp/ Ramsauer, VwVfG, 20. Aufl. 2019, § 44 Rn. 61; Sachs, in: Stelkens/Bonk/Sachs, VwVfG, 9. Aufl. 2018, § 44 Rn. 192; Will/Rathgeber, JuS 2012, 1057 (1061).

333 Peine/Siegel, Allgemeines Verwaltungsrecht, 12. Aufl. 2018, Rn. 565; Sachs, in: Stelkens/ Bonk/Sachs, VwVfG, 9. Aufl. 2018, § 44 Rn. 192; Peuker, in: Knack/Henneke, VwVfG, 10. Aufl. 2014, § 44 Rn. 58.

334 Wie auch hinsichtlich der Teilaufhebung eines Verwaltungsakts gemäß § 113 I 1 VwGO, s. dazu in § 2 Rn. 260.

335 Ramsauer, in: Kopp/Ramsauer, VwVfG, 20. Aufl. 2019, § 44 Rn. 62, und Schwarz, in: Fehling/ Kastner/Störmer, Verwaltungsrecht, 4. Aufl. 2016, § 44 VwVfG Rn. 31, gehen somit zu Recht davon aus, dass fehlende Teilbarkeit für eine „Wesentlichkeit" des nichtigen Teils i. S. d. Norm spricht.

336 OVG Münster, Beschl. v. 16. 3. 2005, Az.: 19 B 374/05 = BeckRS 2005, 25927, dort auch bejaht für eine bloß teilweise Nichtigkeit der Titelführung. Nicht angenommen bei VGH Kassel, Beschl. v. 29. 10. 2007, Az.: 7 TG 2891/06 = juris, Rn. 17. So auch Ramsauer, in: Kopp/Ramsauer, VwVfG, 20. Aufl. 2019, § 44 Rn. 62.

337 So bspw. im Falle der Nichtigkeit einer die Erfüllung der Voraussetzungen des Verwaltungsakts sicherstellenden Nebenbestimmung gemäß § 36 I Var. 2 VwVfG, s. VGH Kassel, Beschl. v. 20. 3. 1991, Az.: 4 TH 977/90 = juris, Rn. 57.

Tobias Brings-Wiesen

Ermessensreduktion auf Null[338].[339] In diesem Fall ist nach überwiegender Meinung auch ein dem *erkennbar* entgegenstehender Wille der Behörde unbeachtlich.[340]

Die **Grenze der Objektivierbarkeit** ist indes dort erreicht, wo Spielräume der   165
Behörde fortbestehen. Steht die Entscheidung beispielsweise im Ermessen der Behörde und ist dieses nicht auf Null reduziert, kann es nur auf den subjektiven Willen der erlassenden Behörde ankommen.[341] Ist ein Wille der Behörde, den Verwaltungsakt ohne den nichtigen Teil nicht zu erlassen, nicht zum Ausdruck gekommen, greift der Grundsatz der Teilnichtigkeit.[342]

5. Behördliche Feststellung der Nichtigkeit gemäß § 44 V VwVfG

Als besondere Maßnahmen wider den Rechtsschein der Wirksamkeit eines Ver-   166
waltungsakts hat der Bundesgesetzgeber die behördliche Feststellung der Nichtigkeit gemäß § 44 V VwVfG geschaffen. Die Entscheidung der zuständigen Behörde in dieser Frage stellt selbst einen **feststellenden Verwaltungsakt** (s. dazu § 2 Rn. 64) dar.[343]

Die Entscheidung der Behörde kann auf zwei verschiedenen Wegen initiiert   167
werden, die auch den Aufbau der Prüfung beeinflussen.

Gemäß § 44 V Hs. 1 VwVfG kann die Nichtigkeit jederzeit **von Amts wegen**   168
festgestellt werden. Die Vorschrift ermächtigt die zuständige Behörde, eigeninitiativ die *Nichtigkeit* eines Verwaltungsakts festzustellen. Sie fungiert als – vor dem Hintergrund des Grundsatzes des Vorbehalts des Gesetzes (s. dazu § 2 Rn. 554 ff.) notwendige – **Ermächtigungsgrundlage**, da die verbindliche Fest-

---

338 OLG Köln, Urt. v. 10.1.1992, Az.: 19 U 198/91 = BeckRS 1992, 5397, Rn. 11.

339 Detterbeck, Allgemeines Verwaltungsrecht, 17. Aufl. 2019, Rn. 619; Ramsauer, in: Kopp/ Ramsauer, VwVfG, 20. Aufl. 2019, § 44 Rn. 63; Schwarz, in: Fehling/Kastner/Störmer, Verwaltungsrecht, 4. Aufl. 2016, § 44 VwVfG Rn. 32; Peuker, in: Knack/Henneke, VwVfG, 10. Aufl. 2014, § 44 Rn. 58.

340 OLG Köln, Urt. v. 10.1.1992, Az.: 19 U 198/91 = BeckRS 1992, 5397, Rn. 11; Ruffert, in: Ehlers/ Pünder, Allgemeines Verwaltungsrecht, 15. Aufl. 2016, § 22 Rn. 11; Sachs, in: Stelkens/Bonk/Sachs, VwVfG, 9. Aufl. 2018, § 44 Rn. 193; Will/Rathgeber, JuS 2012, 1057 (1061); a. A. aber OVG Münster, Urt. v. 4.6.1991, Az.: 5 A 125/90 = NVwZ-RR 1992, 525 (526).

341 Sachs, in: Stelkens/Bonk/Sachs, VwVfG, 9. Aufl. 2018, § 44 Rn. 194; Leisner-Egensperger, in: Mann/Sennekamp/Uechtritz, VwVfG, 2. Aufl. 2019, § 44 Rn. 52.

342 Sachs, in: Stelkens/Bonk/Sachs, VwVfG, 9. Aufl. 2018, § 44 Rn. 194.

343 Detterbeck, Allgemeines Verwaltungsrecht, 17. Aufl. 2019, Rn. 620; Maurer/Waldhoff, Allgemeines Verwaltungsrecht, 19. Aufl. 2017, § 10 Rn. 93; davon ausgehend auch BVerwG, Urt. v. 30.1.1990, Az.: 1 C 26.87 = BVerwGE 84, 314; VGH Mannheim, Urt. v. 31.3.2006, Az.: 1 S 2115/05 = BeckRS 2006, 23996, Rn. 25.

Tobias Brings-Wiesen

stellung der Nichtigkeit für sich in die Rechte der von diesem Verwaltungsakt Betroffenen eingreift.[344]

169 Examenswissen: Vor diesem Hintergrund ist umstritten, ob auf Grundlage von § 44 V VwVfG analog auch das *Fehlen* von Nichtigkeitsgründen und somit **positiv** die **Wirksamkeit eines Verwaltungsakts festgestellt** werden kann. Die wohl herrschende Meinung lehnt dieses Vorgehen grundsätzlich mit dem Argument ab, es fehle eine entsprechende Ermächtigungsgrundlage.[345] Ausnahmen werden insofern nur dort akzeptiert, wo es nach dem Grundsatz des Vorbehalts des Gesetzes keiner Ermächtigungsgrundlage bedarf.[346] Anderer Auffassung ist indes *Schenke* mit der Begründung, dass die Feststellung der Wirksamkeit nur *actus contrarius* zur ausdrücklich normierten Feststellung der Nichtigkeit sei und ein Bedürfnis nach Schließung dieser verwaltungsverfahrensrechtlichen Rechtsschutzlücke bestehe.[347]

170 Die Vorschrift bleibt zwar im Hinblick auf die **Zuständigkeit** unergiebig und weist die Entscheidung schlicht „[der] Behörde" zu. Da es sich bei der Entscheidung jedoch um einen Verwaltungsakt handelt, gelten – mangels spezialgesetzlicher Vorschriften – zumindest die allgemeinen Rechtmäßigkeitsvoraussetzungen (s. dazu § 2 Rn. 580 ff.). Dies bedeutet, dass sich die Zuständigkeit *im Zeitpunkt der Feststellungsentscheidung* nach den Vorschriften des einschlägigen Fachrechts, subsidiär nach § 3 VwVfG bestimmt, sodass regelmäßig die den ursprünglichen Verwaltungsakt erlassende Behörde, bei relevanter Änderung der die Zuständigkeit begründenden Umstände aber auch eine andere Behörde zuständig sein kann.[348] Laut *Ramsauer* soll daneben immer auch die Behörde, die den nichtigen Verwaltungsakt erlassen hat, zuständig sein.[349] Dem ist jedoch nicht zu folgen, da es einer klaren Zuständigkeitsverteilung bedarf.[350]

---

344 Schenke, JuS 2016, 97 (101).
345 Ramsauer, in: Kopp/Ramsauer, VwVfG, 20. Aufl. 2019, § 44 Rn. 65; Sachs, in: Stelkens/Bonk/Sachs, VwVfG, 9. Aufl. 2018, § 44 Rn. 203; Schemmer, in: Bader/Ronellenfitsch, VwVfG, 44. Ed., Stand: 1.7.2019, § 44 Rn. 77; Will/Rathgeber, JuS 2012, 1057 (1062).
346 Sachs, in: Stelkens/Bonk/Sachs, VwVfG, 9. Aufl. 2018, § 44 Rn. 203; Schemmer, in: Bader/Ronellenfitsch, VwVfG, 44. Ed., Stand: 1.7.2019, § 44 Rn. 77; in diese Richtung wohl auch Ramsauer, in: Kopp/Ramsauer, VwVfG, 20. Aufl. 2019, § 44 Rn. 65 m.w.N. zur Rspr. betreffend das Erfordernis einer gesetzlichen Grundlage für den Erlass *feststellender* Verwaltungsakte.
347 Dazu ausführlich Schenke, JuS 2016, 97 (98 f.).
348 So auch Ramsauer, in: Kopp/Ramsauer, VwVfG, 20. Aufl. 2019, § 44 Rn. 67; Peuker, in: Knack/Henneke, VwVfG, 10. Aufl. 2014, § 44 Rn. 60; Schenke, JuS 2016, 97 (98). S. zu diesen Konstellationen bereits im Kontext von §§ 48, 49 VwVfG § 2 Rn. 849 ff.
349 Ramsauer, in: Kopp/Ramsauer, VwVfG, 20. Aufl. 2019, § 44 Rn. 67.
350 So wohl auch Schemmer, in: Bader/Ronellenfitsch, VwVfG, 44. Ed., Stand: 1.7.2019, § 44 Rn. 76, der einen Zuständigkeitswechsel indes unter Zustimmung der nunmehr zuständigen Behörde zulässt.

Tobias Brings-Wiesen

Examenswissen: Überwiegend wird auch vertreten, dass ab dem Zeitpunkt der Anhängigkeit eines **171** Widerspruchsverfahrens auch die **Widerspruchsbehörde** für die Feststellung der Nichtigkeit zuständig sein soll.[351] Dem hält *Schenke* entgegen, dass die Widerspruchsbehörde – zumindest im Rahmen eines Anfechtungswiderspruchs – nur über die Aufhebung des nichtigen Verwaltungsakts zu entscheiden habe.[352]

Soweit die Feststellungsentscheidung in die Rechte von Beteiligten eingreift, **172** bedarf es gemäß § 28 I VwVfG auch deren **Anhörung** (s. dazu § 2 Rn. 631 ff.). Einer besonderen **Form** bedarf die Entscheidung entsprechend § 37 II 1 VwVfG grundsätzlich nicht.

In materieller Hinsicht muss die Feststellungsentscheidung – neben den **173** allgemeinen Voraussetzungen – den Tatbestand von § 44 V Hs. 1 VwVfG erfüllen. Demnach muss der der Feststellungsentscheidung zugrundeliegende Verwaltungsakt gemäß § 44 I bis III VwVfG tatsächlich nichtig sein. Ist dies der Fall, steht die Entscheidung über die Feststellung der Nichtigkeit von Amts wegen **im Ermessen** der Behörde.[353]

§ 44 V Hs. 2 VwVfG bietet darüber hinaus all jenen, die ein berechtigtes In- **174** teresse daran haben, die Möglichkeit, einen **Antrag** auf Feststellung der Nichtigkeit eines Verwaltungsakts zu stellen.

Anders als der Widerspruch (s. dazu § 2 Rn. 319 ff.) ist der Antrag auf Fest- **175** stellung der Nichtigkeit gemäß § 44 V Hs. 2 VwVfG **nicht fristgebunden.** Er kann insbesondere auch über die Fristen von Widerspruch (§ 70 I 1 VwGO) und Anfechtungsklage (§ 74 VwGO) hinaus *jederzeit* gestellt werden. Eine Verwirkung des subjektiven Rechts ist zwar denkbar, verlangt jedoch das Vorliegen besonderer Umstände.[354]

Abweichend von den bereits dargestellten Voraussetzungen bedarf es für die **176** Annahme der Rechtmäßigkeit der Feststellungsentscheidung gemäß § 44 V Hs. 2 VwVfG des Vorliegens eines **berechtigten Interesses** des Antragstellers. Über den Kreis der rechtlichen Interessen[355] hinaus sind damit insbesondere auch

---

351 Ramsauer, in: Kopp/Ramsauer, VwVfG, 20. Aufl. 2019, § 44 Rn. 67; Peuker, in: Knack/Henneke, VwVfG, 10. Aufl. 2014, § 44 Rn. 60; Will/Rathgeber, JuS 2012, 1057 (1062, Fn. 56).
352 Schenke, JuS 2016, 97 (98, Fn. 2).
353 Schenke, JuS 2016, 97 (98).
354 Sachs, in: Stelkens/Bonk/Sachs, VwVfG, 9. Aufl. 2018, § 44 Rn. 202; Schemmer, in: Bader/Ronellenfitsch, VwVfG, 44. Ed., Stand: 1.7.2019, § 44 Rn. 80; Leisner-Egensperger, in: Mann/Sennekamp/Uechtritz, VwVfG, 2. Aufl. 2019, § 44 Rn. 57, allesamt unter Rekurs auf die Rspr. zur Nichtigkeitsfeststellungsklage; zur Verwirkung bereits in § 2 Rn. 399 ff.
355 Für eine Begrenzung auf das *rechtliche* Interesse entsprechend des eingeschränkten Verständnisses des „berechtigten Interesses" i.S.v. § 43 I VwGO (s. dazu ausführlich Rn. 93 ff.) VGH Mannheim, Urt. v. 31.3.2006, Az.: 1 S 2115/05 = BeckRS 2006, 23996, Rn. 29 f.

Tobias Brings-Wiesen

wirtschaftliche und ideelle Interessen (s. dazu Rn. 94) erfasst.[356] Der Kreis der antragsberechtigten Personen ist entsprechend weit.[357]

177 Examenswissen: Nach herrschender Meinung kann auch im Falle der Erledigung (s. dazu § 2 Rn. 182 ff. sowie § 4 Rn. 11 ff.) des Verwaltungsakts ausnahmsweise ein § 43 und § 113 I 4 VwGO ([doppelt] analog; s. dazu in § 4 Rn. 15 ff.) entsprechendes **fortgesetztes Interesse** an der behördlichen Feststellung der Nichtigkeit bestehen.[358]

178 Examenswissen: Die bloße **Anhängigkeit** anderer Rechtsschutzverfahren soll den Antrag gemäß § 44 V Hs. 2 VwVfG nach herrschender Meinung nicht unzulässig machen;[359] anderes soll indes gelten, wenn ein Antrag nach § 44 V Hs. 2 VwVfG bereits bestandskräftig abgelehnt wurde oder eine rechtskräftige gerichtliche Entscheidung vorliegt.[360]

179 Liegen die Tatbestandsvoraussetzungen von § 44 V Hs. 2 VwVfG, ist die zuständige Behörde – anders als im Rahmen des § 44 V Hs. 1 VwVfG – gebunden, die Nichtigkeit festzustellen. Kehrseitig haben die Antragssteller ein **subjektives Recht** auf eine entsprechende Entscheidung.[361]

180 Die Entscheidung der Behörde hat als feststellender Verwaltungsakt (s. dazu bereits in § 2 Rn. 64) anders als die verschiedenen Aufhebungsentscheidungen (§ 72 VwGO; §§ 49, 49, 51 VwVfG) keine rechtsgestaltende Wirkung; sie wirkt ent-

---

356 Peine/Siegel, Allgemeines Verwaltungsrecht, 12. Aufl. 2018, Rn. 566; Ramsauer, in: Kopp/Ramsauer, VwVfG, 20. Aufl. 2019, § 44 Rn. 68; Sachs, in: Stelkens/Bonk/Sachs, VwVfG, 9. Aufl. 2018, § 44 Rn. 200; Baumeister, in: Obermayer/Funke-Kaiser, VwVfG, 5. Aufl. 2018, § 44 Rn. 64; Will/Rathgeber, JuS 2012, 1057 (1062); Schenke, JuS 2016, 97 (98).

357 Insbesondere muss die Person vormals kein Verfahrensbeteiligter gewesen sein, Sachs, in: Stelkens/Bonk/Sachs, VwVfG, 9. Aufl. 2018, § 44 Rn. 200; Schenke, JuS 2016, 97 (98).

358 Ramsauer, in: Kopp/Ramsauer, VwVfG, 20. Aufl. 2019, § 44 Rn. 68; Sachs, in: Stelkens/Bonk/Sachs, VwVfG, 9. Aufl. 2018, § 44 Rn. 202; Will/Rathgeber, JuS 2012, 1057 (1062); Schenke, JuS 2016, 97 (98); von der grundsätzlichen Möglichkeit ausgehend auch BVerwG, Beschl. v. 13.10.1999, Az.: 6 B 122.98 = NVwZ-RR 2000, 324 (324 f.).

359 Ramsauer, in: Kopp/Ramsauer, VwVfG, 20. Aufl. 2019, § 44 Rn. 66; Peuker, in: Knack/Henneke, VwVfG, 10. Aufl. 2014, § 44 Rn. 64; Will/Rathgeber, JuS 2012, 1057 (1062).

360 Ramsauer, in: Kopp/Ramsauer, VwVfG, 20. Aufl. 2019, § 44 Rn. 66; Schwarz, in: Fehling/Kastner/Störmer, Verwaltungsrecht, 4. Aufl. 2016, § 44 VwVfG Rn. 35; Peuker, in: Knack/Henneke, VwVfG, 10. Aufl. 2014, § 44 Rn. 64; Will/Rathgeber, JuS 2012, 1057 (1062); lediglich zur gerichtlichen Entscheidung Sachs, in: Stelkens/Bonk/Sachs, VwVfG, 9. Aufl. 2018, § 44 Rn. 202, Schenke, JuS 2016, 97 (98). Offenbar bereits auf den Zeitpunkt der behördlichen bzw. gerichtlichen Entscheidung abstellend Leisner-Egensperger, in: Mann/Sennekamp/Uechtritz, VwVfG, 2. Aufl. 2019, § 44 Rn. 55, 57; tendenziell wohl auch Schenke, a. a. O.

361 Bull/Mehde, Allgemeines Verwaltungsrecht, 9. Aufl. 2015, Rn. 765; Schemmer, in: Bader/Ronellenfitsch, VwVfG, 44. Ed., Stand: 1.7.2019, § 44 Rn. 79; Leisner-Egensperger, in: Mann/Sennekamp/Uechtritz, VwVfG, 2. Aufl. 2019, § 44 Rn. 57; Will/Rathgeber, JuS 2012, 1057 (1062); Schenke, JuS 2016, 97 (98).

sprechend nicht *erga omnes*.[362] Sie kann jedoch in Bestandskraft erwachsen[363] und ist selbst der Aufhebung im Wege des – soweit gesetzlich vorgesehen – **Widerspruchs** gemäß § 68 I 1 VwGO oder der **Anfechtungsklage** gemäß § 42 I Var. 1 VwGO[364] bzw. gemäß den §§ 48, 49, 51 VwVfG zugänglich. Dies ist insbesondere dort relevant, wo die behördliche Feststellung der Nichtigkeit zulasten eines durch den Verwaltungsakt begünstigten Betroffenen geht. Im Rahmen von Widerspruch und Anfechtungsklage gegen die behördliche Nichtigkeitsfeststellung kommt es dann jedoch nur darauf an, ob der in Rede stehende Verwaltungsakt tatsächlich nichtig ist.[365]

6. Literaturhinweise

Lehrbeiträge: Beaucamp, Die Nichtigkeit von Verwaltungsakten, JA 2007, 704; Schenke, Rechtsschutz gegen nichtige Verwaltungsakte, JuS 2016, 97; Schiedeck, Die Nichtigkeit von Verwaltungsakten gem. § 44 VwVfG, JA 1994, 483; Schladebach, Der nichtige Verwaltungsakt, VerwArch 2013, 188; Will/Rathgeber, Die Nichtigkeit von Verwaltungsakten gem. § 44 VwVfG, JuS 2012, 1057

Fallbearbeitungen: Fall 12 in: Eisentraut, Fälle zum Verwaltungsrecht, 2020; Beaucamp, „Bauen auf dem Campingplatz"?, JA 2014, 119; Ernst/Kämmerer, Fall 7 – Folgenschwere Ferndiagnose, in: Fälle zum Allgemeinen Verwaltungsrecht, 3. Aufl. 2016, S. 96; Heinze, Fall 18 – „Gartenzwerge, Hecken und 'ne warme Mahlzeit für das Kind...", in: Systematisches Fallrepetitorium Allgemeines Verwaltungsrecht, 2014, S. 460; Peine, Fall 3 – Blue suede shoes, in: Klausurenkurs im Verwaltungsrecht, 6. Aufl. 2016, S. 142; Thiel/Westphal, Fortgeschrittenenklausur – Öffentliches Recht: Allgemeines Verwaltungsrecht – „Des Sängers Fluch", JuS 2012, 618

---

362 Sachs, in: Stelkens/Bonk/Sachs, VwVfG, 9. Aufl. 2018, § 44 Rn. 201; Schenke, JuS 2016, 97 (98).

363 Der daraus resultierende Gleichlauf mit der Wirkung der Nichtigkeitsfeststellungsklage ist ein zentraler Grund für die Qualifkation als Verwaltungsakt, vgl. im Hinblick auf § 125 V AO und § 41 I FGO BFH, Urt. v. 20.8.2014, Az.: X R 15/10 = NVwZ 2015, 163 (165 f., Rn. 40 ff.).

364 Vgl. BVerwG, Urt. v. 31.1.1990, Az.: 1 C 26.87 = BVerwGE 84, 314 (317).

365 Zur Anfechtungsklage ausdrücklich BVerwG, Urt. v. 31.1.1990, Az.: 1 C 26.87 = BVerwGE 84, 314 (317).

Tobias Brings-Wiesen

III. Die Feststellungsklage im Polizei- und Ordnungsrecht (Nikolas Eisentraut)

181 Die Feststellungsklage weist auch einen Anwendungsbereich im Polizei- und Ordnungsrecht (s. einführend zum Polizei- und Ordnungsrecht § 2 Rn. 1008 ff.) auf.

182 Die Feststellungsklage kann im allgemeinen Polizei- und Ordnungsrecht zum einen eine Rolle spielen, wenn die **Feststellung der Rechtswidrigkeit eines bereits erledigten Realakts** begehrt wird.

183 Weiterhin spielt sie in der Form der **Nichtigkeitsfeststellungsklage** eine Rolle, wenn die Nichtigkeitsfeststellung einer Ordnungsverfügung (Verwaltungsakt) begehrt wird.

184 Schließlich kann sie als „inzidente Normenkontrolle" statthaft sein (s. dazu Rn. 26 ff.), wenn eine **Gefahrenabwehrverordnung** auf ihre Rechtmäßigkeit geprüft werden soll (zur Rechtmäßigkeitsprüfung von Gefahrenabwehrverordnungen s. näher § 7 Rn. 109 ff.).

185 Literaturhinweis: Falllösung zur Feststellungsklage bei bereits erledigtem Realakt der Polizei: Tomerius, JURA 2018, 822: „You'll ... walk alone" – Stadionverbot auf Anregung der Polizei

IV. Die Feststellungsklage im Kommunalrecht (Sebastian Piecha)

186 Die Feststellungsklage spielt im Kommunalrecht bei sog. **Kommunalverfassungsstreitigkeiten** eine klausurrelevante Rolle (zum Kommunalverfassungsstreit bereits einführend § 5 Rn. 236 ff.). Eine Feststellungsklage ist immer dann statthaft, wenn das Bestehen oder Nichtbestehenden eines konkreten Rechtsverhältnisses begehrt wird. Ein Rechtsverhältnis ist dabei die sich aus einem konkreten Sachverhalt aufgrund einer öffentlich-rechtlichen Regelung ergebende rechtliche Beziehung einer Person zu einer anderen Person oder zu einer Sache (s. Rn. 12 ff.).

187 Die Feststellungsklage im Kommunalverfassungsstreit ist begründet, wenn eine **tatsächliche Verletzung von organschaftlichen Rechten** durch die Organhandlung feststeht. Insbesondere handelt es sich im Kommunalrecht dann um Fragen, die die **Rechtsstellung des Ratsmitgliedes** betreffen:

188 Es kann etwa das **Bestehen des Fraktionsstatus'** für eine Vereinigung von Ratsmitgliedern überprüft werden. Fraktionen sind Vereinigungen politisch

gleichgesinnter Mandatsträger.[366] Statusrechtlich sind sie ein Zusammenschluss von Organteilen der Kommunalvertretung und damit selbst Organteil des jeweiligen Vertretungsorgans.[367]

Hausarbeitswissen: Die Rechtsnatur solcher Fraktionen ist umstritten. Teilweise werden sie privat- 189
rechtlich begründet, teilweise öffentlich-rechtlich qualifiziert oder je nach Gründung, Organisation
und Handlungsbefugnissen und sonstigen Aspekten differenziert.[368]

Es bestehen in den Kommunalverfassungsgesetzen der Länder teilweise recht 190
unterschiedliche **Anforderungen** an die Voraussetzungen für die Bildung einer
Fraktion, etwa Parteizugehörigkeiten, lediglich ähnliche Ziele oder die Mindestanzahl von Mitgliedern.[369] Der Fraktionsstatus an sich ist von Bedeutung, denn
davon hängen bestimmte Rechte und Pflichten ab (z.B. Rechte auf Einberufung
der Gemeindevertretung,[370] Antragsrecht auf Aufnahme bestimmter Punkte in die
Tagesordnung[371] oder Entsendungsrecht in Ausschüsse[372] u.v.m.).[373]

Ferner ist oft ein **Ausschluss aus der Ratsfraktion** in solchen Feststel- 191
lungssituationen Gegenstand einer Prüfung. **Ermächtigungsgrundlage** ist das in
den Mitwirkungsrechten der einzelnen zusammengeschlossenen Ratsmitglieder
wurzelnde **Selbstorganisationsrecht** der Fraktionen.[374] **Formell rechtmäßig** ist
der Fraktionsausschluss, wenn der Punkt rechtzeitig bekanntgegeben wurde
(Ladung), der Betroffene angehört worden ist (Anhörung), die (ggf. nach Fraktionsgeschäftsordnung besonders qualifizierte) Mehrheit gegeben war (Mehrheitsbeschluss) und dem Betroffenen die Ausschlussgründe mitgeteilt wurden
(Begründung). **Materiell rechtmäßig** ist ein Ausschluss nur bei Bestehen eines
wichtigen Grundes sowie der Einhaltung des **Verhältnismäßigkeitsgrundsatzes**. Ein wichtiger Grund liegt dabei vor, wenn das Vertrauensverhältnis zu der
Fraktion in einer Weise gestört ist, die eine weitere Zusammenarbeit mit den

---

366 BVerwG, Urt. v. 27.3.1992, Az. 7 C 20/91 = NVwZ 1993, 375; VGH München, Urt. v. 8.1.1986,
Az. 4 B 85 A.2700 = BayVBl. 1986, 466;
367 BVerwG, Urt. v. 27.3.1992, Az. 7 C 20/91 = NVwZ 1993, 375.
368 Ausführlich zum Streitstand Gern/Brüning, Deutsches Kommunalrecht, 4. Aufl. 2019,
Rn. 561.
369 Geregelt in allen Ländern mit Ausnahme Bayerns: §§ 32a GemO BW; 32 BbgKVerf; 36a HGO;
23 V KV M-V; 57 NKomVG; 56 GO NRW; 30a GemO RP; 30 V KSVG; 35a SächsGemO; 44 KVG LSA; 32a
GO S-H; 25 ThürKO.
370 Z.B. §§ 34 II BbgKVerf, 47 I GO NRW.
371 Z.B. §§ 48 I GO NRW, 41 I KSVG.
372 Z.B. §§ 62 IV HGO, 58 I GO NRW, 71 IV NKomVG.
373 Ausführliche Liste bei Gern/Brüning, Deutsches Kommunalrecht, 4. Aufl. 2019, Rn. 563.
374 Burgi, Kommunalrecht, 6. Aufl. 2019, § 12 Rn. 17.

Sebastian Piecha

übrigen Fraktionsmitgliedern nicht mehr zumutbar scheint, wobei dies einen fehlenden politischen Grundkonsens erfordert.[375] Eine bloß temporäres Abweichen von einem vorgegebenen Abstimmungsverhalten oder gelegentliche politische Meinungsverschiedenheiten bzw. gar persönliche Differenzen sind zur Begründung eines Fraktionsausschlusses nicht ausreichend.[376]

192   Schließlich ist an einen **Ausschluss** von der Abstimmung **wegen Befangenheit (Mitwirkungsverbot)** zu denken, deren Rechtswidrigkeit festgestellt werden soll. **Ermächtigungsgrundlagen** hierzu finden sich in jedem Kommunalverfassungsrecht.[377] Neben den jeweils unterschiedlichen **formellen Rechtmäßigkeitsvoraussetzungen** ist ein solcher Ausschluss normalerweise dann **materiell rechtmäßig**, wenn ein „**unmittelbarer Vor- oder Nachteil**" (1) damit verbunden sein kann für das Ratsmitglied selbst, einen Angehörigen oder (u. a.) für eine juristische Person (z. B. Unternehmen), bei der es beschäftigt ist (2). Ein Vor- oder Nachteil ist dann unmittelbar, die ohne das Hinzutreten weiterer Umstände durch die betreffende Entscheidung selbst hervorgerufen werden.[378] Ferner darf kein Ausschlussgrund vorliegen (3). Damit soll ein Ausufern dieses Tatbestandes verhindert werden. Das bloße Angehören zu einer Berufs- oder Bevölkerungsgruppe, deren gemeinsame Interessen durch die fragliche Angelegenheit berührt werden, genügt freilich nicht, um eine Befangenheit zu begründen.[379] Gleichwohl ist in einer Klausur hier stets auf den Einzelfall einzugehen. Das OVG Münster erklärte etwa einen Vater bei der Entscheidung über die Neuordnung der Schullandschaft für befangen, weil sich dadurch der Schulweg für seine Tochter verändert hätte.[380]

V. Die Feststellungsklage im Verwaltungsvollstreckungsrecht (Mariamo Katharina Ilal)

193   Die Feststellungsklage spielt auch im Verwaltungsvollstreckungsrecht eine Rolle. Dies ist der Rechtsnatur der Zwangsmittel*anwendung* geschuldet. Diese ist – anders als Grundverfügung, Androhung und Festsetzung – kein Verwaltungsakt

---

375 Bätge, Kommunalrecht NRW, 5. Aufl. 2019, Rn. 302.
376 Burgi, Kommunalrecht, 6. Aufl. 2019, § 12 Rn. 17.
377 § 18 GemO BW; Art. 49 BayGO; §§ 20, 22, 33 II BbgKVerf; 25 HGO; 24 KV MV; 41 NKomVG; 31 (i. V. m. 43 II) GO NRW; 22 GemO RP; 27 KSVG; 20 SächsGemO; 33 KVG LSA; 22 (i. V. m. 32 III) GO S-H; 38 ThürKO.
378 Burgi, Kommunalrecht, 6. Aufl. 2019, § 12 Rn. 50.
379 Burgi, Kommunalrecht, 6. Aufl. 2019, § 12 Rn. 50.
380 OVG Münster, Beschl. v. 8. 5. 2015, Az. 15 A 1523/14 = NWVBl. 2016, 72.

(vgl. § 2 Rn. 1320) und kann daher auch nicht Gegenstand einer Anfechtungsklage sein. Statthafter Rechtsbehelf ist grundsätzlich die Feststellungsklage. Etwas anderes gilt freilich für die Zwangsmittelanwendung im Sofortvollzug, denn hier normiert § 18 II VwVG die Statthaftigkeit der Anfechtungsklage (dazu bereits § 2 Rn. 1347).

Gegenstand der folgenden Ausführungen ist folglich allein die Zwangsmit- 194 telanwendung im gestreckten Verfahren. Für die Zwangsmittelanwendung im Sofortvollzug wird auf § 2 Rn. 1345 ff. verwiesen.

Im gestreckten Verfahren folgt die Zwangsmittelanwendung auf Androhung 195 und Festsetzung der Zwangsmittel. Anders als diese vorausgehenden Vollstreckungsmaßnahmen ist die Zwangsmittelanwendung ein **Realakt.** Statthafter Rechtsbehelf ist damit die Feststellungsklage, im Rahmen derer die Rechtmäßigkeit der Zwangsmittelanwendung (nachträglich) überprüft wird. Geht es dem Betroffenen einmal um die schnelle Abwendung einer drohenden Zwangsmittelanwendung, kann er Rechtsschutz nach § 123 VwGO suchen (hierzu allgemein § 10). Die Rechtmäßigkeit der Zwangsmittelanwendung kann aber auch im Rahmen der Überprüfung des Kostenbescheids eine Rolle spielen (auch dazu bereits unter § 2 Rn. 1375). Im Punkt „Rechtmäßigkeit der Vollstreckungsmaßnahme, für die die Kosten erhoben werden" sind dann die folgenden Voraussetzungen zu prüfen.

1. Ermächtigungsgrundlage für die Zwangsmittelanwendung

Ermächtigungsgrundlage der Zwangsmittelanwendung sind §§ 6 I, 15 VwVG. Op- 196 tional kann auch das jeweilige Zwangsmittel (§§ 9 I lit. x, 10 – 12 VwVG) mitzitiert werden.

2. Formelle Rechtmäßigkeit der Zwangsmittelanwendung

Nach § 7 VwVG ist zuständige Vollzugsbehörde diejenige, die den zu vollziehen- 197 den Verwaltungsakt erlassen hat (Grundsatz der Selbstvollstreckung durch die Ausgangsbehörde). Einer Anhörung des Betroffenen bedarf es vor Anwendung der Ersatzvornahme oder des unmittelbaren Zwangs mangels Verwaltungsaktqualität der Zwangsmittelanwendung nicht, vgl. § 28 I VwVfG.

3. Materielle Rechtmäßigkeit der Zwangsmittelanwendung

Die bereits bekannte Einteilung in allgemeine und besondere Vollstreckungs- 198 voraussetzungen (s. § 2 Rn. 1325) kann auch für die Prüfung der materiellen Rechtmäßigkeit der Zwangsmittelandrohung übernommen werden.

Mariamo Katharina Ilal

a) Allgemeine Vollstreckungsvoraussetzungen

199 Zunächst müssen wie auch bei Androhung und Festsetzung die allgemeinen Vollstreckungsvoraussetzungen gegeben sein. Es muss also ein wirksamer, bestimmter und vollstreckbarer Grundverwaltungsakt vorliegen. Die Vollzugsbehörde muss das richtige Zwangsmittel gewählt haben. Es dürfen keine Vollstreckungshindernisse vorliegen und die Zwangsmittelanwendung muss ermessensfehlerfrei, insbesondere verhältnismäßig sein. Für detaillierte Ausführungen zu den jeweiligen Vollstreckungsvoraussetzungen wird auf § 2 Rn. 1322 ff. verwiesen.

b) Besondere Vollstreckungsvoraussetzungen

200 Die Zwangsmittelanwendung muss sich einem ordnungsgemäßen Vollstreckungsverfahren anschließen und sich im Rahmen der vorausgegangenen Festsetzung bewegen.

aa) Ordnungsgemäßes Vollstreckungsverfahren

201 Die Rechtmäßigkeit der Zwangsmittelanwendung setzt ein ordnungsgemäßes Vollstreckungsverfahren voraus. Das Vollstreckungsverfahren setzt sich aus der Androhung und Festsetzung des Zwangsmittels zusammen, §§ 13, 14 VwVG. Beide sind ihrerseits Verwaltungsakte, die inzident zu prüfen sind. Der jeweils vorausgehende Rechtsakt ist Rechtmäßigkeitsvoraussetzung für den nachfolgenden Rechtsakt.[381] Bei der Prüfung der Verfahrensschritte ist auch hier der tragende Grundsatz des Verwaltungsvollstreckungsrechts zu beachten, der besagt, dass die Rechtmäßigkeit einer Vollstreckungsmaßnahme lediglich von der Wirksamkeit und Vollstreckbarkeit,[382] nicht aber von der Rechtmäßigkeit der vorausgehenden Verfahrensschritte abhängt.[383] Wie beim Grundverwaltungsakt müssen also auch hier die Wirksamkeitsvoraussetzungen von Androhung und Festsetzung von deren Rechtmäßigkeitsvoraussetzungen getrennt werden.

---

381 Baumeister, in: Schenke/Graulich/Ruthig, Sicherheitsrecht des Bundes, VwVG, 2. Aufl. 2019, § 13 Rn. 2.

382 Da § 80 II 1 Nr. 3, S. 2 VwGO i.V.m. den jeweiligen landesrechtlichen Vorschriften vorsieht, dass Rechtsbehelfe gegen Verwaltungsakte im Vollstreckungsverfahren keine aufschiebende Wirkung haben, ist das Kriterium der Vollstreckbarkeit regelmäßig gegeben, als Beispiel: § 4 I AGVwGO Berlin.

383 Poscher/Rusteberg, JuS 2012, 26 (29); Deusch/Burr, in: Bader/Ronellenfitsch, VwVG, 43. Ed., Stand: 1.4.2019, § 14 Rn. 14; Sadler, VwVG VwZG, 9. Aufl. 2014, § 14 Rn. 17 ff.; BVerwG, Urt. v. 13.4. 1984, Az.: 4 C 31/81 = NJW 1984, 2591; BVerwG, Beschl. v. 21.8.1996, Az.: 4 B 100/96 = NVwZ 1997, 381; OVG München, Beschl. v. 30.3.2005, Az.: 11 B 03.1818.

Mariamo Katharina Ilal

(1) Wirksame Androhung, § 13 VwVG

Die Androhung bedarf zu ihrer Wirksamkeit (neben dem Nichtvorliegen eines 202
Nichtigkeitgrundes nach § 44 VwVfG) der Zustellung nach dem VwZG (§ 13 VII
VwVG).

(2) Wirksame Festsetzung, § 14 VwVG

Wird die Festsetzung im Rahmen der Überprüfung der Zwangsmittelanwendung 203
relevant, so kommt es erneut allein auf ihre Wirksamkeit an. Die Festsetzung ist
im Ausnahmefall einmal entbehrlich, wenn der Verpflichtete ernstlich und endgültig erklärt, dass er der Verpflichtung nicht nachkommen wird und somit auf die
Schutzwirkung der Festsetzung verzichtet.[384]

bb) Anwendung im Rahmen der Festsetzung

Die Zwangsmittel müssen der Festsetzung gemäß angewendet werden, § 15 I 204
VwVG. Wurde beispielsweise die Ersatzvornahme festgesetzt, so darf die Behörde
auf Anwendungsebene nicht auf die Beitreibung eines Zwangsgeldes bestehen.

---

[384] BVerwG, Beschl. v. 21.8.1996, Az.: 4 B 100/96 = NVwZ 1997, 381; kritisch Baumeister, in:
Schenke/Graulich/Ruthig, Sicherheitsrecht des Bundes, VwVG, 2. Aufl. 2019, § 14 Rn. 13.

Mariamo Katharina Ilal

§ 7 Die verwaltungsgerichtliche Normenkontrolle

1 Der gutachterlichen Prüfung der verwaltungsgerichtlichen Normenkontrolle nach
§ 47 VwGO liegt die folgende Struktur zugrunde:

A. Zulässigkeit
    I. Eröffnung des Verwaltungsrechtswegs (dazu bereits § 1 Rn. 162 ff.)
    II. Statthafte Antragsart (dazu einführend § 1 Rn. 222 ff. und ausführlich in
       diesem § Rn. 2 ff.)
    III. Antragsberechtigung (dazu Rn. 34 f.)
    IV. Antragsbefugnis (dazu Rn. 36 ff.)
    V. Antragsfrist (dazu Rn. 40 ff.)
    VI. Beteiligte (dazu Rn. 43 ff.)
    VII. Zuständiges Gericht (dazu Rn. 49 ff.)
    VIII. Rechtsschutzbedürfnis (dazu Rn. 53 ff.)
B. Begründetheit: Ungültigkeit der angegriffenen Rechtsvorschrift (zur Struktur
   der Begründetheitsprüfung einführend Rn. 60 ff.)

Zum Normenkontrollverfahren im **Baurecht** näher Rn. 79 ff.; zum **Polizei- und
Ordnungsrecht** näher Rn. 106 ff. sowie zum **Kommunalrecht** Rn. 119 ff.

Gliederung

Nikolas Eisentraut

A. Die Statthaftigkeit der verwaltungsgerichtlichen Normenkontrolle (Thomas Kienle)

2 Wurde der Verwaltungsrechtsweg für eröffnet erkannt (s. ausführlich zur Prüfung § 1 Rn. 162 ff.), so ist im Rahmen der Zulässigkeit als nächstes die statthafte Klage- bzw. Antragsart zu untersuchen. Die Prüfung der statthaften Klage-/Antragsart ist das **zentrale Scharnier** für die gesamte restliche Klausur. Nach ihr richten sich sowohl die weiteren Zulässigkeitsvoraussetzungen als auch die Struktur der Begründetheitsprüfung. Entsprechend wichtig ist die saubere Prüfung, welche Klage- bzw. Antragsart einschlägig ist (eine erste Übersicht über die Klage- und Antragsarten der VwGO findet sich in § 1 Rn. 222 ff.).

3 Der Normenkontrollantrag müsste statthaft sein. Gegen welchen Gegenstand der Antrag gerichtet ist, bestimmt sich nach dem Antragsbegehren (vgl. § 88 VwGO[1] [ggf. i.V.m. § 122 I VwGO]). Statthafter Antragsgegenstand der **prinzipalen, abstrakten** Normenkontrolle[2] ist eine bereits erlassene (s. Rn. 8 f.) **untergesetzliche** Rechtsvorschrift (vgl. § 47 I Nr. 2 VwGO: „im Rang unter dem Landesgesetz").

4 Förmliche, nachkonstitutionelle Bundes- oder Landesgesetze sind indes der Verfassungsgerichtsbarkeit, mithin den Verfassungsgerichten des Bundes und der Länder vorbehalten – ihnen obliegt das Verwerfungsmonopol. Beide Verfahren können insoweit nicht konkurrieren.[3] Bundesrecht, gleich welchen Ranges, kann ebenso wenig Gegenstand des Normenkontrollverfahrens sein.[4] Das gilt insbesondere für Rechtsverordnungen des Bundes (Art. 80 GG).[5] Unschädlich ist dagegen, wenn die landesrechtliche Vorschrift lediglich auf einer bundesrechtlichen Ermächtigungsgrundlage beruht.[6]

5 Die verwaltungsgerichtliche Normenkontrolle ist damit in vielerlei Hinsicht besonders. Das zeigt schon ihre systematische Stellung: Neben der sachlichen Zuständigkeit (vgl. die nichtamtliche Überschrift) vereint § 47 VwGO – für den

---

1 Beachte: Jedenfalls für die Frage, ob überhaupt ein Normenkontrollantrag gestellt wurde und gegen welchen Gegeenstand dieser ggf. gerichtet ist, findet § 88 VwGO Anwendung: Das OVG darf insoweit nicht über das Antragsbegehren hinausgehen (so jüngst z.B. VGH Mannheim, Beschl. v. 30.4.2018, Az.: 1 S 2745.17, Rn. 22 m.w.N.); anders in der Begründetheit (s. unten Rn. 69).
2 Ziekow, in: Sodan/Ziekow, VwGO, 5. Aufl. 2018, § 47 Rn. 5 m.w.N. Zu unterscheiden sind die Termini „prinzipal – inzident" sowie „abstrakt – konkret".
3 Vgl. dazu statt vieler Ziekow, in: Sodan/Ziekow, VwGO, 5. Aufl. 2018, § 47 Rn. 21 m.w.N.
4 Hoppe, in: Eyermann, VwGO, 15. Aufl. 2019, § 47 Rn. 8.
5 Vgl. dazu etwa BVerfG, Beschl. v. 2.4.1997, Az.: 1 BvR 446.96 = NVwZ 1998, 169; Remmert, in: Maunz/Dürig, GG, 70. EL 2013, Art. 80 Rn. 139 ff.
6 Vgl. z.B. Martini, Verwaltungsprozessrecht und Allgemeines Verwaltungsrecht, 6. Aufl. 2017, S. 175.

Thomas Kienle

Verwaltungsprozess untypisch – auch die übrigen Verfahrensregeln in sich.[7] Die Normenkontrolle kombiniert dabei zwei Elemente: Sie ist nicht nur **objektives Rechtsbeanstandungsverfahren** (s. dazu näher Rn. 62), sondern gewährt auch individuellen Rechtsschutz.[8]

§ 47 VwGO folgt einem Antragsverfahren eigener Art.[9] Den Bearbeiter*innen 6 der Klausur sei daher eindringlich ans Herz gelegt, auf die richtige Terminologie zu achten. Allen voran handelt es sich nicht um eine Klage (auch nicht um eine „Normenkontrollklage"[10]), sondern um einen „Antrag" (s. nur § 47 I, II 1 VwGO). Der Kläger heißt hier „Antragsteller", der Beklagte „Antragsgegner". Ist der Antrag beispielsweise unzulässig oder unbegründet, wird er abgelehnt, nicht (wie bei der Klage) abgewiesen. Die Bearbeiter*innen tun gut daran, sich am Wortlaut des § 47 VwGO zu orientieren.

I. Allgemeine Voraussetzungen

Gegenstand der Normenkontrolle können entweder Satzungen nach dem BauGB 7 (§ 47 I Nr. 1 VwGO, s. Rn. 12 ff.) oder andere Rechtsvorschriften im Rang unter dem Landesgesetz (§ 47 I Nr. 2 VwGO, s. Rn. 19 ff.) sein. Beide Nummern des § 47 I VwGO haben Voraussetzungen gemein. Sie sind daher „vor die Klammer" zu ziehen.

1. Kein Antrag auf Normerlass oder -ergänzung

Die Norm muss – wie es in § 47 I Nr. 1 VwGO heißt und auch für § 47 I Nr. 2 VwGO 8 gilt – bereits „erlassen" sein. Eine Normenkontrolle, die auf **Erlass** einer untergesetzlichen Regelung gerichtet ist (echte Normerlassklage; zur Normerlassklage § 5 Rn. 17, 26), ist **unstatthaft**.[11] Gleiches gilt für einen Antrag, der darauf zielt, eine vorhandene Norm zu **ergänzen**, ohne zugleich ihre Wirksamkeit – etwa wegen Unvollständigkeit – infrage zu stellen (unechte Normerlassklage).[12] Denn

---

7 Panzer, in: Schoch/Schneider/Bier, VwGO, 36. EL Februar 2019, § 47 Rn. 2.
8 Statt vieler BVerwG, Beschl. v. 18.7.1989, Az.: 4 N 3.87 = BVerwGE 82, 225 (230); a. A. Ziekow, in: Sodan/Ziekow, VwGO, 5. Aufl. 2018, § 47 Rn. 37.
9 Hoppe, in: Eyermann, VwGO, 15. Aufl. 2019, § 47 Rn. 4.
10 So aber Hufen, Verwaltungsprozessrecht, 11. Aufl. 2019, § 19 Rn. 4. Nicht selten reagieren Korrektor*innen auf das Wort „Klage" geradezu „allergisch".
11 Vgl. nur BVerwG, Urt. v. 28.11.2007, Az.: 9 C 10.07 = NVwZ 2008, 423 (424, Rn. 13) zu § 43 VwGO.
12 BVerwG, Urt. v. 16.4.2015, Az.: 4 CN 2.14 = NVwZ 2015, 984 Rn. 5; vgl. dazu Hoppe, in: Eyermann, VwGO, 15. Aufl. 2019, § 47 Rn. 16.

Thomas Kienle

das OVG hat sich auf die Kassation von Rechtsvorschriften zu beschränken und muss sich nicht zu Möglichkeiten einer Fehlerbehebung verhalten.

2. Normenkontrolle nach Erlass, aber vor Inkrafttreten

9   Die Rechtsvorschrift muss bereits erlassen, d. h. **verkündet** sein.[13] Bis zur Verkündung handelt es sich um einen bloßen, nicht kontrollfähigen Normentwurf.[14] Denn § 47 VwGO gewährt grundsätzlich **keinen vorbeugenden Rechtsschutz.** Eine Norm ist aber in diesem (prozessualen) Sinne bereits dann erlassen, wenn sie aus Sicht des Normgebers Geltung für sich in Anspruch nimmt. Ist strittig, ob die Norm formell rechtsgültig erlassen bzw. verkündet worden ist, ist der Normenkontrollantrag gleichwohl statthaft.[15] Denn auch dann geht es nicht um eine im Werden begriffene Norm, also um irgendeine Art vorbeugenden Rechtsschutz, sondern schlicht darum, ob sie gültig ist oder nicht.[16] Ob die Bekanntmachung wirksam war, ist dann eine Frage der Begründetheit, namentlich der formellen Rechtmäßigkeit.[17] **Nicht** erforderlich ist indes, dass die untergesetzliche Rechtsvorschrift **bereits in Kraft getreten** ist.[18] Es genügt, dass die Norm „in der Welt" ist; denn Ausfertigung (nebst Bekanntmachung) und Inkrafttreten fallen nicht notwendigerweise zusammen. So bestimmt z. B. Art. 26 I 1 BayGO, dass Satzungen eine Woche nach ihrer Bekanntmachung in Kraft treten. Bestimmt die untergesetzliche Rechtsvorschrift selbst einen späteren Zeitpunkt, zu dem sie in Kraft tritt, muss der Antragsteller die Frist nicht abwarten; der Normenkontrollantrag ist ab dem Zeitpunkt der Verkündung statthaft.

3. Keine Normenkontrolle nach Außer-Kraft-Treten

10   Ein Antrag auf Kontrolle einer **außer Kraft getretenen** Norm ist grundsätzlich **nicht** statthaft.[19] § 47 VwGO geht, wie V 2 zeigt, im „Regelfall"[20] davon aus, dass

---

13 Allgemeine Meinung, s. nur Panzer, in: Schoch/Schneider/Bier, VwGO, 36. EL Februar 2019, § 47 Rn. 16.
14 Ziekow, in: Sodan/Ziekow, VwGO, 5. Aufl. 2018, § 47 Rn. 65.
15 Grundlegend BVerwG, Beschl. v. 2.6.1992, Az.: 4 N 1.90 = NVwZ 1992, 1088 (1089) – Bekanntmachung.
16 BVerwG, Beschl. v. 2.6.1992, Az.: 4 N 1.90 = NVwZ 1992, 1088 (1089).
17 BVerwG, Urt. v. 21.1.2004, Az.: 8 CN 1.02 = NVwZ 2004, 620.
18 Hoppe, in: Eyermann, VwGO, 15. Aufl. 2019, § 47 Rn. 11; Schenke, Verwaltungsprozessrecht, 16. Aufl. 2019, Rn. 877; missverständlich BVerwG, Urt. v. 16.4.2015, Az.: 4 CN 2.14 = NVwZ 2015, 984 Rn. 4.
19 Ziekow, in: Sodan/Ziekow, VwGO, 5. Aufl. 2018, § 47 Rn. 71 m.w.N.
20 BVerwG, Beschl. v. 14.7.1978, Az.: 7 N 1.78 = BVerwGE 56, 172 (176).

Thomas Kienle

die angegriffene Rechtsvorschrift im Zeitpunkt der Entscheidung noch gilt: Das OVG erklärt sie dann (deklaratorisch) für unwirksam (§ 47 V 2 Hs. 1 VwGO; s. Rn. 75). Eine **Ausnahme** macht die Rechtsprechung für den Fall, dass die außer Kraft getretene Norm gleichwohl noch Rechtswirkungen zeitigt, etwa „weil in der Vergangenheit liegende Sachverhalte noch nach dieser Rechtsvorschrift zu entscheiden sind"[21]. Dies ist aber keine Frage der Statthaftigkeit, sondern des **Rechtsschutzbedürfnisses** (s. dazu Rn. 53 ff.).[22] Sie ist in der Klausur dort zu verorten. Gleiches gilt für den Fall, dass sich der Antrag dadurch „erledigt", dass die angegriffene Rechtsvorschrift **während** des Normenkontrollverfahrens außer Kraft tritt und das berechtigte Interesse, ihre Unwirksamkeit feststellen zu lassen, fortbesteht.[23]

4. Unwirksamwerden; Funktionslosigkeit

Eine zunächst rechtmäßig erlassene Rechtsvorschrift kann nachträglich unwirk- 11
sam (ungültig) werden. Das ist inzwischen allgemein anerkannt. Paradebeispiel im Rahmen der Normenkontrolle ist die (nachträgliche) **Funktionslosigkeit** von Bebauungsplänen. Voraussetzung ist (1.), dass sich die tatsächlichen Verhältnisse so gewandelt haben, dass die Verwirklichung der bauplanerischen Festsetzungen „auf unabsehbare Zeit" ausgeschlossen und (2.) das Vertrauen in die Fortgeltung nicht schutzwürdig ist.[24] Die Frage, ob ein Bebauungsplan funktionslos und damit außerkraftgetreten ist, kann Gegenstand eines Normenkontrollverfahrens sein.[25] Denn die Kontrolle ist nicht darauf beschränkt, ob eine Rechtsvorschrift formell und rechtmäßig zustande gekommen ist. Vielmehr geht der Zweck des § 47 VwGO gerade dahin, zu klären, ob die Vorschrift noch geltender Bestandteil der Rechtsordnung ist. Soweit Anlass besteht, hat das OVG demnach zu prüfen, ob die rechtswirksam erlassene Vorschrift noch fort gilt oder ob sie derweil unwirksam geworden ist.[26]

---

21 BVerwG, Beschl. v. 14.7.1978, Az.: 7 N 1.78 = BVerwGE 56, 172 (176).
22 Zutreffend Martini, Verwaltungsprozessrecht und Allgemeines Verwaltungsrecht, 6. Aufl. 2017, S. 175.
23 Hoppe, in: Eyermann, VwGO, 15. Aufl. 2019, § 47 Rn. 13. Beachte: Das BVerwG (grundlegend Beschl. v. 2.9.1983, Az.: 4 N 1.83 = BVerwGE 68, 12 (14 f.) zur Veränderungssperre) prüft diese Frage i.R.d. § 47 II 1 VwGO und lehnt es ab, § 113 I 4 VwGO analog anzuwenden; zur Wiederholungsgefahr als schutzwürdiges Rechtsschutzinteresse z. B. BVerwG, Urt. v. 11.11.2015, Az.: 8 CN 2.14 = NVwZ 2016, 689 (691 Rn. 19); vgl. auch § 4 Rn. 53 f. und § 6 Rn. 47, 98.
24 Grundlegend BVerwG, Urt. v. 29.4.1977, Az.: IV C 39.75 = BVerwGE 54, 5 (11); st. Rspr.
25 Grundlegend BVerwG, Urt. v. 3.12.1998, Az.: 4 CN 3.97 = BVerwGE 108, 71 – Leitsatz 1.
26 BVerwG, Urt. v. 3.12.1998, Az.: 4 CN 3.97 = BVerwGE 108, 71 (72); vgl. dazu auch W.-R. Schenke/ R. P. Schenke, in: Kopp/Schenke, VwGO, 25. Aufl. 2019, § 47 Rn. 135 ff.; Probleme ergeben sich

II. § 47 I Nr. 1 VwGO

12 § 47 I **Nr. 1** VwGO enthält zwei alternative Verfahrensgegenstände.

1. Satzungen nach dem BauGB

13 Das OVG entscheidet erstens über die Gültigkeit von **Satzungen**, die nach den Vorschriften des Baugesetzbuchs erlassen worden sind, § 47 I Nr. 1 **Alt. 1** VwGO. Diese Alternative erfasst damit zuvörderst den **Bebauungsplan**, den die Gemeinde nach § 10 I BauGB als Satzung beschließt (s. aber sogleich für Berlin und Hamburg Rn. 18). Dieser enthält **rechtsverbindliche Festsetzungen** für die städtebauliche Ordnung (§ 8 I 1 BauGB; vgl. auch § 1 II BauGB). Anders als § 30 BauGB differenziert § 47 VwGO nicht zwischen unterschiedlichen Arten eines Bebauungsplans. Vielmehr setzt § 47 I Nr. 1 VwGO nach dem Wortlaut schlicht voraus, dass es sich um eine Satzung handelt, die „nach den Vorschriften des BauGB" erlassen worden ist – nicht mehr, aber auch nicht weniger. Die Regelung ist streng formal auszulegen; erfasst sind jedenfalls „Rechtsvorschriften im formellen Sinn".[27] Gegenstand der prinzipalen Normenkontrolle kann mithin nicht nur der **qualifizierte** (§ 30 I BauGB), sondern auch der **vorhabenbezogene** (§ 30 II, § 12 BauGB)[28] sowie der **einfache** (§ 30 III BauGB)[29] Bebauungsplan sein. Denn verfahrensrechtlich sind alle Pläne gleich zu behandeln: Sie werden als Satzung nach § 10 I BauGB erlassen und sind damit „rechtlich gleichwertig"[30]. Selbst „einfache" Bebauungspläne sind vollwertige Bebauungspläne; sie unterscheiden sich nur ihrem Inhalt nach von „qualifizierten" Bebauungsplänen.[31] Sie sind keine Bauleitpläne „minderen Rechts". Demgegenüber ist ein bloßer **Planentwurf**, sei er auch „planreif" im Sinne des § 33 BauGB, mangels Bekanntgabe (s. Rn. 9) **nicht** kontrollfähig.[32]

---

insbes. bei der Antragsfrist (s. dazu Rn. 40 ff.); das BVerwG lässt die Frist gleichwohl mit der „Bekanntmachung" der Rechtsvorschrift laufen, vgl. BVerwG, Beschl. v. 22.7.2013, Az.: 7 BN 1.13 = NVwZ 2013, 1547; zur Funktionslosigkeit: Beschl. v. 29.6.2015, Az.: 4 BN 31.14 = NVwZ 2015, 1542 m. Anm. Steiner (§ 47 I Nr. 2 VwGO); Urt. v. 6.4.2016, Az.: 4 CN 3.15 = NVwZ 2016, 1481 (§ 47 I Nr. 1 VwGO).

27 Vgl. BVerwG, Urt. v. 16.4.2015, Az.: 4 CN 6.14 = NVwZ 2015, 1540 Rn. 4; Ziekow, in: Sodan/Ziekow, VwGO, 5. Aufl. 2018, § 47 Rn. 75.

28 Ebenso Mitschang, in: Battis/Krautzberger/Löhr, BauGB, 14. Aufl. 2019, § 12 Rn. 98; implizit z. B. auch BVerwG, Beschl. v. 29.9.2015, Az.: 4 BN 25.15 = NVwZ-RR 2016, 86.

29 Vgl. dazu etwa BVerwG, Urt. v. 21.6.2018, Az.: 4 CN 8.17 = ZfBR 2018, 684.

30 BVerwG, Urt. v. 18.8.1964, Az.: I C 63.62 = BVerwGE 19, 164 (167).

31 BVerwG, Urt. v. 18.8.1964, Az.: I C 63.62 = BVerwGE 19, 164 (167).

32 Kerkmann/Huber, in: Gärditz, VwGO, 2. Aufl. 2018, § 47 Rn. 55.

Thomas Kienle

Der Normenkontrolle unterliegen ferner die **Änderung, Ergänzung und** 14
Aufhebung eines Bebauungsplans. Sie teilen als „minus" bzw. „actus contrarius"
das rechtliche Schicksal der Aufstellung. Nach § 1 VIII BauGB findet § 10 I BauGB
Anwendung: Ein vorhandener Bebauungsplan kann wiederum nur durch Satzung
geändert, ergänzt oder aufgehoben werden. Der Antragsteller kann sie gleichsam
zum Gegenstand einer Normenkontrolle machen.[33]

Mitunter begegnet dem Bearbeiter in der Klausur eine **Veränderungssperre** 15
(§ 14 BauGB).[34] Sie ist das „schärfste Instrument"[35], um die gemeindliche Bauleitplanung zu sichern und wird von der Gemeinde als Satzung beschlossen (§ 16 I
BauGB). Als solche gehört sie zweifelsfrei zu den von § 47 I Nr. 1 Alt. 1 VwGO erfassten Verfahrensgegenständen. Gleiches gilt beispielsweise für die Innenbe-
reichssatzung i. S. d. § 34 IV BauGB oder die Satzung zur Bestimmung des Au-
ßenbereichs nach § 35 VI BauGB.

Demgegenüber stellt ein **Flächennutzungsplan** grundsätzlich keine 16
Rechtsvorschrift i. S. d. § 47 I VwGO dar; die prinzipale Normenkontrolle ist insoweit nicht statthaft.[36] Seine Rechtsnatur ist strittig: Die h.M. ordnet den Flächennutzungsplan als **Rechtsakt eigener Art** (sui generis) ein.[37] Er ist, im Unterschied zum Bebauungsplan, kein rechtsverbindlicher, sondern nur ein
vorbereitender Bauleitplan (§ 1 II BauGB). Seine **Darstellungen**[38] entfalten
insbesondere **keine unmittelbaren (bodenrechtlichen) Rechtswirkungen**
nach außen. Sie unterliegen mithin nicht der verwaltungsgerichtlichen Normenkontrolle. Ein gleichwohl gestellter Antrag ist nicht statthaft und als unzulässig
abzulehnen.[39]

Die Rechtsprechung macht, beginnend mit dem Urteil des BVerwG vom 26.4. 17
2007[40], davon eine gewichtige **Ausnahme:** Darstellungen im Flächennutzungsplan mit den Rechtswirkungen des **§ 35 III 3 BauGB** unterliegen **analog** § 47 I **Nr. 1**
VwGO der prinzipalen Normenkontrolle. In einer späteren Entscheidung konkretisierte das Gericht seine Rechtsprechung: Möglicher Gegenstand einer statthaften Normenkontrolle ist „allein" die in den Darstellungen des Flächennut-

---

33 BVerwG, Beschl. v. 25.2.1997, Az.: 4 NB 30.96 = NVwZ 1997, 896.
34 Zur Veränderungssperre in der (bayerischen) Baurechtsklausur s. Güster, JA 2017, 928 ff.
35 Jäde, ZfBR 2011, 115 (115), insbes. zu prozessrechtlichen Problemen i. R. d. § 47 VwGO.
36 Würtenberger/Heckmann, Verwaltungsprozessrecht, 4. Aufl. 2018, Rn. 506; Martini, Verwaltungsprozessrecht und Allgemeines Verwaltungsrecht, 6. Aufl. 2017, S. 175.
37 Jaeger, in: Spannowsky/Uechtritz, BauGB, 45. Ed. (1.5.2019), § 5 Rn. 10 f.
38 Merke: Ein Flächennutzungsplan enthält Darstellungen, ein Bebauungsplan Festsetzungen.
39 Merke: Ein Antrag wird abgelehnt, eine Klage abgewiesen.
40 BVerwG, Urt. v. 26.4.2007, Az.: 4 CN 3.06 = BVerwGE 128, 382 = NVwZ 2007, 1081 = JZ 2007,
1151 m. Anm. Battis; krit. Herrmann, NVwZ 2009, 1185 (1186: „schwerwiegende[...] methodische[...]
Bedenken").

Thomas Kienle

zungsplans zum Ausdruck kommende planerische Entscheidung, mit der Ausweisung von Flächen für privilegierte Nutzungen nach § 35 I Nr. 2–6 BauGB die Ausschlusswirkung des § 35 III 3 BauGB an Standorten „außerhalb" der ausgewiesenen Konzentrationszone eintreten zu lassen.[41] Statthafter Verfahrensgegenstand ist mithin die **Ausschlusswirkung**, nicht die Konzentrationszone.[42] Aus diesem Grund lässt sich der Analogieschluss zu § 47 I Nr. 1 VwGO beispielsweise nicht auf die in der Konzentrationszone dargestellte Höhenbegrenzung für Windenergieanlagen (hier: bis 100 m) übertragen.[43]

2. Rechtsverordnungen auf Grund des § 246 II BauGB (Alt. 2)

18 Der Normenkontrollantrag ist zweitens statthaft gegen **Rechtsverordnungen**, die auf **§ 246 II BauGB** beruhen, § 47 I Nr. 1 **Alt. 2 BauGB**. § 246 II BauGB enthält eine sog. **Stadtstaatenklausel**.[44] Das Land **Bremen** hat von der Ermächtigung („kann") des § 246 II 2 BauGB indes keinen Gebrauch gemacht. Somit greift im Rahmen des § 47 VwGO allein § 246 II 1 i.V.m. 3 BauGB Platz: Der Bundesgesetzgeber stellt es den Ländern **Berlin** und **Hamburg** anheim, welche Form der Rechtssetzung (Gesetz oder Verordnung) an die Stelle der im BauGB vorgesehenen Satzung treten soll.[45] In Berlin werden Bebauungspläne als Rechtsverordnung festgesetzt (§ 6 III AGBauGB[46]), im Regelfall ebenso in Hamburg (§ 3 I Bauleitplanfeststellungsgesetz[47]). Stellt ausnahmsweise die Hamburgische Bürgerschaft Bebauungspläne durch formelles Landesgesetz fest, unterliegen auch diese der Normenkontrolle gem. § 47 VwGO. Zwar adressiert der Wortlaut des § 47 I Nr. 1 Alt. 2 VwGO allein „Rechtsverordnungen". Die Vorschrift ist indes teleologisch zu erweitern.[48] Die Wahl der Rechtsform darf sich für den betroffenen Bürger nicht

---

41 BVerwG, Urt. v. 31.1.2013, Az.: 4 CN 1.12 = BVerwGE 146, 40 = NVwZ 2013, 1011 (1012, Rn. 10).

42 Vgl. jüngst etwa BVerwG, Urt. v. 13.12.2018, Az.: 4 CN 3.18, Rn. 11.

43 So BVerwG, Urt. v. 31.1.2013, Az.: 4 CN 1.12 = BVerwGE 146, 40 = NVwZ 2013, 1011 (1013, Rn. 23 ff.).

44 Eingehend dazu Blechschmidt, in: Ernst/Zinkahn/Bielenberg/Krautzberger, BauGB, 129. EL 2018, § 246 Rn. 19 ff.

45 BVerwG, Beschl. v. 24.10.1990, Az.: 4 NB 29.90, juris Rn. 8 (in NVwZ 1991, 1074 insoweit nicht abgedruckt).

46 Gesetz zur Ausführung des Baugesetzbuchs (AGBauGB) i.d.F. v. 7.11.1999 (GVBl. S. 578), zuletzt geändert durch Gesetz v. 6.12.2017 (GVBl. S. 664).

47 Gesetz über die Feststellung von Bauleitplänen und ihre Sicherung (Bauleitplanfeststellungsgesetz) i.d.F. der Bekanntmachung v. 30.11.1999 (GVBl. S. 271, ber. 2007, S. 354), zuletzt geändert durch Gesetz v. 31.1.2018 (GVBl. S. 19).

48 Vgl. Ziekow, in: Sodan/Ziekow, VwGO, 5. Aufl. 2018, § 47 Rn. 83.

Thomas Kienle

als „zufällig" darstellen.[49] Dass in ein und demselben Bundesland der Rechtsschutz gegen bestimmte Bebauungspläne eröffnet, gegen andere dagegen verschlossen ist, erweise sich als nicht sachgerecht i.S.d. Art. 3 I GG.[50] Satzungsvertretende Bebauungsplangesetze der Freien und Hansestadt Hamburg sind mithin als „Satzungen" i.S.d. § 47 I Nr. 1 VwGO auszulegen.

III. Sonstiges Landesrecht (§ 47 I Nr. 2 VwGO)

Gegenstand der Normenkontrolle sind ferner „im Rang unter dem Landesgesetz 19 stehende Rechtsvorschriften" – aber nur, „sofern das Landesrecht dies bestimmt" (§ 47 I Nr. 2 VwGO).

1. Untergesetzliche „Rechtsvorschrift" eines Landes

Mit „Rechtsvorschrift" ist – nach überkommener Definition – eine **abstrakt-ge-** 20 **nerelle Regelung** mit **unmittelbarer Außenwirkung** gemeint. Der Begriff erfasst „zweifelsfrei"[51] landesrechtliche Rechtsverordnungen (s. Rn. 23) und Satzungen (s. Rn. 24) – sog. untergesetzliche Rechtsvorschriften im **formellen** Sinn. Maßgeblich ist also zuvörderst die **äußere Form**.[52] Klausurrelevante Beispiele sind die Abwasser- und Gebührensatzung, sicherheitsrechtliche Verordnungen (vgl. z.B. Art. 42ff. LStVG Bayern) oder Verordnungen über Ladenöffnungszeiten (insbesondere an Sonn- und Feiertagen[53]). Ob sie formell rechtmäßig erlassen bzw. verkündet worden sind, ist gleichgültig (s. Rn. 9).

Darüber hinaus gruppiert die Rechtsprechung auch solche **abstrakt-generel-** 21 **len** Regelungen der Exekutive als „Rechtsvorschrift" ein, die rechtliche **Außenwirkung** gegenüber dem Bürger entfalten und auf diese Weise dessen **subjektiv-öffentlichen Rechte unmittelbar** berühren (untergesetzliche Rechtsvorschrift im

---

49 BVerfG, Beschl. v. 14.5.1985, Az.: 2 BvR 397.82 = BVerfGE 70, 35 (56).

50 BVerfG, Beschl. v. 14.5.1985, Az.: 2 BvR 397.82 = BVerfGE 70, 35 (57); krit. Ziekow, in: Sodan/ Ziekow, VwGO, 5. Aufl. 2018, § 47 Rn. 84, der mit anderer Begründung aber zum gleichen Ergebnis kommt.

51 BVerwG, Urt. v. 20.11.2003, Az.: 4 CN 6.03 = BVerwGE 119, 217 (220).

52 Kerkmann/Huber, in: Gärditz, VwGO, 2. Aufl. 2018, § 47 Rn. 43; s. auch Ziekow, in: Sodan/ Ziekow, VwGO, 5. Aufl. 2018, § 47 Rn. 97, der die Leitlinie aufstellt, dass „jedenfalls Regelungen mit förmlichen Normcharakter von § 47 I Nr. 2 VwGO erfasst werden, selbst wenn sie nicht alle Voraussetzungen eines materiellen Normbegriffs erfüllen".

53 S. z.B. OVG Berlin Brandenburg, Urt. v. 22.6.2018, Az.: OVG 1 A 1.17; vgl. auch BVerwG, Urt. v. 11.11.2015, Az.: 8 CN 2.14 = NVwZ 2016, 689; zahlreiche Beispiele bei Ziekow, in: Sodan/Ziekow, VwGO, 5. Aufl. 2018, § 47 Rn. 120.

Thomas Kienle

materiellen Sinn).[54] Sie rekurriert insoweit auf den Zweck der Normenkontrolle, der darin besteht, durch eine einzige Entscheidung eine Reihe von Einzelklagen zu vermeiden und dadurch die Verwaltungsgerichte zu entlasten sowie einer Vielzahl von Prozessen vorzubeugen, in denen die Gültigkeit einer bestimmten Rechtsvorschrift als Vorfrage zu prüfen wäre.[55]

22 Ob sie den Kriterien genügt, die für eine Rechtsvorschrift unabdingbar sind, ist dabei für jede Regelung gesondert zu prüfen. Eine Regelung zeitigt **unmittelbare** Außenwirkung, wenn sie nicht nur binnenrechtlich wirkt, sondern Bindungswirkung auch gegenüber den Bürgern oder anderen Rechtssubjekten entfaltet. Bildlich gesprochen muss sie die gesetzlichen Vorgaben gleichsam als „Schlussstein" konkretisieren.[56] Die **Kontrollfrage** (gerade auch für die Klausur) lautet demnach: Entfaltet die abstrakt-generelle Regelung unmittelbar verbindliche Außenwirkung oder bedarf es noch weiterer Umsetzungsmaßnahmen?[57] Klausurrelevante und teils aktuelle **Beispiele** sind:

a) Rechtsverordnungen (insbesondere des Gefahrenabwehrrechts)

23 Eine Rechtsverordnung ist ein untergesetzlicher, abstrakt-genereller Rechtsetzungsakt der Exekutive.[58] Der Verordnungsgeber erlässt sie aufgrund einer ihm **punktuell** übertragenen **gesetzlichen** Befugnis.[59] Demgegenüber kann sich ein Selbstverwaltungsträger bei Satzungen auf die ihm (etwa durch Verfassung oder Landesgesetz) allgemein verliehene Satzungsautonomie berufen (s. Rn. 24).[60] Wird die Rechtsverordnung förmlich als solche erlassen, ist die Normenkontrolle grundsätzlich statthaft.[61] Große praktische Bedeutung haben insbesondere gemeindliche Verordnungen des Polizei- und Sicherheitsrechts (zur Begründetheit ausführlich Rn. 106 ff.). Auf Rechtsverordnungen des Bundes ist § 47 I Nr. 2 VwGO nicht anwendbar (s. bereits Rn. 4).

---

54 S. z.B. BVerwG, Urt. v. 25.11.2004, Az.: 5 CN 1.03 = BVerwGE 122, 264 (266).

55 BVerwG, Urt. v. 30.11.2017, Az.: 6 BN 2.17 = NVwZ 2018, 340 (341, Rn. 7).

56 S. zum Ganzen etwa BVerwG, Urt. v. 30.11.2017, Az.: 6 BN 2.17 = NVwZ 2018, 340 (341, Rn. 7) m.w.N. aus der Rspr.

57 Vgl. BVerwG, Urt. v. 30.11.2017, Az.: 6 BN 2.17 = NVwZ 2018, 340 (341, Rn. 8 f.), verneint für Schulnetzplan.

58 Vgl. Voßkuhle/Wischmeyer, JuS 2015, 311 (312).

59 Voßkuhle/Wischmeyer, JuS 2015, 311 (312); vgl. dazu auch Remmert, in: Maunz/Dürig, GG, 70. EL 2013, Art. 80 Rn. 208 ff.

60 Vgl. etwa Grzeszick, in: Maunz/Dürig, GG, 51. EL 2007, Art. 20 Rn. 131.

61 Ziekow, in: Sodan/Ziekow, VwGO, 5. Aufl. 2018, § 47 Rn. 120.

Thomas Kienle

b) Satzungen

Neben Rechtsverordnungen erfasst § 47 I Nr. 2 VwGO Satzungen, die eine juris- 24 tische Person des öffentlichen Rechts erlassen hat. Unter einer öffentlich-recht-lichen[62] Satzung versteht das BVerfG eine (untergesetzliche) Rechtsvorschrift, „die von einer dem Staat eingeordneten juristischen Person des öffentlichen Rechts im Rahmen der ihr gesetzlich verliehenen Autonomie mit Wirksamkeit für die ihr angehörigen und unterworfenen Personen erlassen werden".[63] Dem Grunde nach regeln Rechtsverordnungen staatliche, Satzungen hingegen **eigene** Angelegenheiten (Stichwort: eigener Wirkungskreis[64]).[65] Die – auch in der Klausur – bedeutendste Ausprägung ist die **kommunale** Satzung (s. auch Rn. 120 ff.).[66] Die Befugnis der Gemeinde, eine Satzung zu erlassen, folgt bereits unmittelbar aus ihrer Selbstverwaltungsgarantie (z. B. Art. 28 II 1 GG; Art. 11 II 2 BV)[67] – die **Satzungsautonomie**[68] ist demzufolge auf das jeweilige Gemeindegebiet beschränkt.[69] Dessen ungeachtet sehen die Gemeindeordnungen sog. Generalermächtigungen (s. beispielsweise Art. 23 S. 1 BayGO, § 24 I 1 GemO RP; s. zu den Ermächtigungsgrundlagen Rn. 120) vor, um „Angelegenheiten der örtlichen Gemeinschaft"[70] durch eine Satzung zu regeln. Die Beispiele sind mannigfaltig: Sie reichen von der Haushaltssatzung einer Gemeinde über Abwassersatzungen bis hin zu Friedhofssatzungen.[71] Diese öffentlich-rechtlichen Satzungen sind grundsätzlich normenkontrollfähig.[72]

---

62 Für privatrechtliche Satzungen (etwa die Vereinssatzung, § 25 BGB) ist der Verwaltungs-rechtsweg grundsätzlich nicht eröffnet, ausf. zum Rechtsweg § 1 Rn. 162 ff.

63 BVerfG, Beschl. v. 9.5.1972, Az.: 1 BvR 518/62 und 308/64 = BVerfGE 33, 125 (156).

64 S. bspw. Art. 7 I BayGO: „Der eigene Wirkungskreis der Gemeinden umfasst alle Angelegen-heiten der örtlichen Gemeinschaft [...]." Im übertragenen Wirkungskreis bedarf es indes einer besonderen gesetzlichen Ermächtigung (vgl. z. B. Art. 23 S. 2 BayGO, § 24 I 2 GemO RP).

65 Detterbeck, Allgemeines Verwaltungsrecht, 17. Aufl. 2019, Rn. 845.

66 Städtebauliche Satzungen unterfallen hingegen § 47 I Nr. 1 VwGO, der lex specialis zu Nr. 2 ist.

67 Mehde, in: Maunz/Dürig, GG, 67. EL 2012, Art. 28 Abs. 2 Rn. 63.

68 Vgl. nur BVerfG, Beschl. v. 12.7.2017, Az.: 1 BvR 2222/12 und 1106/13 = BVerfGE 146, 164 (212, Rn. 119) – Pflichtmitgliedschaft IHK.

69 Mehde, in: Maunz/Dürig, GG, 67. EL 2012, Art. 28 Abs. 2 Rn. 63.

70 Das sind „diejenigen Bedürfnisse und Interessen, die in der örtlichen Gemeinschaft wurzeln oder auf sie einen spezifischen Bezug haben, die also den Gemeindeeinwohnern gerade als solchen gemeinsam sind, indem sie das Zusammenleben und -wohnen der Menschen in der (politischen) Gemeinde betreffen", sog. Rastede-Formel, BVerfG, Beschl. v. 23.11.1988, Az.: 2 BvR 1619, 1628/83 = BVerfGE 79, 127 (151 f.).

71 Zahlreiche Beispiele bei Ziekow, in: Sodan/Ziekow, VwGO, 5. Aufl. 2018, § 47 Rn. 121.

72 Weiterführend zur verwaltungsgerichtlichen Kontrolle kommunaler Satzungen etwa Oebbecke, NVwZ 2003, 1313 ff.; instruktiv auch Funke/Papp, JuS 2010, 395 ff.

Thomas Kienle

c) Verwaltungsvorschriften

25 Die Rechtsnatur der Verwaltungsvorschriften ist seit jeher umstritten.[73] Grundsätzlich lassen sich Verwaltungsvorschriften aber als **verwaltungsinterne** Regelungen charakterisieren, die als solche dem staatlichen „Innenraum" zuzuordnen sind. Sie sind im Grunde zwar (Innenrechts-)Rechtssätze (auch bloße Verwaltungsinterna genannt), aber keine Rechtsnormen (Außenrechtssätze).[74] Ihnen fehlt die für eine Rechtsvorschrift charakteristische Außenwirkung. Hieran gemessen stellen die Verwaltungsvorschriften „den Gegensatz schlechthin"[75] zu den Rechtsvorschriften i.S.d. § 47 I Nr. 2 VwGO dar. Diese absolute Ansicht gilt inzwischen als überholt.

Wenn die allgemeine Verwaltungslehre gemeinhin zwischen sog. **norminterpretierenden, ermessenslenkenden,**[76] **normkonkretisierenden** sowie (bisweilen) **gesetzesvertretenden** Verwaltungsvorschriften unterscheidet,[77] hilft dies dem Bearbeiter in der Klausur kaum weiter. Denn bereits die Abgrenzung dieser schillernden Begriffe bleibt mitunter nebulös. Der Bearbeiter tut also gut daran, sich an den allgemeinen Grundsätzen zu orientieren (s. oben Rn. 20 ff.), die die Rechtsprechung entwickelt hat: Kommt der Verwaltungsvorschrift unmittelbare rechtliche Außenwirkung, also eine „quasinormative Wirkung"[78] zu, ist sie auch normenkontrollfähig.[79] Wie der Normgeber die Regelung tituliert, ist irrelevant.[80]

26 Die vorstehenden Grundsätze lassen sich auch für **normkonkretisierende** Verwaltungsvorschriften fruchtbar machen. Die Rechtsprechung hat sie – insbesondere im Umwelt- und Technikrecht – aus der „Taufe gehoben".[81] Gleichwohl verbietet sich auch hier jedwede pauschale Betrachtung.[82] Denn ein technisches Regelwerk kann sich auch in einem bloßen „antizipierten [generellen] Sachver-

---

73 Vgl. bereits Ossenbühl, DVBl. 1969, 526 ff.
74 Maurer/Waldhoff, Allgemeines Verwaltungsrecht, 19. Aufl. 2017, § 24 Rn. 3.
75 Ziekow, in: Sodan/Ziekow, VwGO, 5. Aufl. 2018, § 47 Rn. 124.
76 W.-R. Schenke/R. P. Schenke, in: Kopp/Schenke, VwGO, 25. Aufl. 2019, § 47 Rn. 29 sortiert jedenfalls norminterpretierende und ermessenslenkende Verwaltungsvorschriften aus.
77 Vgl. z.B. Maurer/Waldhoff, Allgemeines Verwaltungsrecht, 19. Aufl. 2017, § 24 Rn. 7 ff.; instruktiv Voßkuhle/Kaufhold, JuS 2016, 314 (315 f.).
78 W.-R. Schenke/R. P. Schenke, in: Kopp/Schenke, VwGO, 25. Aufl. 2019, § 47 Rn. 29.
79 Vgl. BVerwG, Beschl. v. 25.11.1993, Az.: 5 N 1.92 = BVerwGE 94, 335 (337).
80 BVerwG, Beschl. v. 25.9.2012, Az.: 3 BN 1.12 = BeckRS 2012, 58050 Rn. 4.
81 Grundlegend BVerwG, Urt. v. 19.12.1985, Az.: 7 C 65.82 = BVerwGE 72, 300 (320) – Wyhl: „normkonkretisierende Funktion"; BVerwG, Beschl. v. 15.2.1988, Az.: 7 B 219.87 = NVwZ 1988, 824 (825) – TA Luft; vgl. auch BVerwG, Urt. v. 29.8.2007, Az.: 4 C 2.07, Rn. 12 – TA Lärm.
82 Hoppe, in: Eyermann, VwGO, 15. Aufl. 2019, § 47 Rn. 23 mahnt zur Vorsicht.

Thomas Kienle

ständigengutachten"[83] erschöpfen. Belässt es ausfüllungsbedürftige Spielräume, ist ihm nur Empfehlungscharakter beizumessen – es ist dann lediglich als Orientierungshilfe heranzuziehen.[84] Soweit der Verwaltungsvorschrift aber eine abschließende, normkonkretisierende Wirkung derart zukommt, dass sie Bindungswirkung über den behördlichen Bereich hinaus entfaltet, kann sie Gegenstand verwaltungsgerichtlicher Normenkontrolle sein. Die „berühmte" Technische Anleitung (TA) Luft und TA Lärm (vgl. § 48 BImSchG) scheiden als Bundesrecht (s. Rn. 4) für § 47 VwGO jedoch von vornherein aus.[85]

d) Geschäftsordnungen

Geschäftsordnungen regeln zwar die **innere Organisation** des Vertretungsorgans. Sie adressieren mithin nicht das Verhältnis zwischen Staat und Bürger, sondern lediglich organinterne Rechtsbeziehungen. Soweit sie das „Binnen"-Recht ihrer Mitglieder in abstrakt-genereller Weise regeln, kann es sich nach h.M. gleichwohl um einen **Rechtssatz im materiellen Sinne** handeln. Das gilt namentlich für die Geschäftsordnung eines kommunalen Vertretungsorgans (z.B. eines Gemeinderats; vgl. etwa Art. 45 BayGO). Denn dass der Rechtssatz seinem Inhalt nach ausschließlich den (gemeindlichen) Innenbereich betrifft, steht einer Anerkennung als Rechtsvorschrift i.S.d. § 47 I Nr. 2 VwGO nicht zwangsläufig entgegen. Wiewohl es sich um bloße Innenrechtssätze handelt, subsumiert sie das BVerwG nach dem Sinn und Zweck der Normenkontrolle unter § 47 I Nr. 2 VwGO:[86] Sie dient ebenso der Rechtsklarheit wie der ökonomischen Gestaltung des Prozessrechts.[87] Soweit es mithin um die innerorganisatorische **Rechtsstellung der Mitglieder** eines kommunalen Vertretungsorgans (z.B. deren Redezeit) geht, ist die Normenkontrolle geeignet, zahlreichen Einzelprozessen vorzubeugen (zur Antragsbefugnis Rn. 36 ff.). Hieran gemessen ist die prinzipale Normenkontrolle statthaft.

27

---

83 BVerwG, Urt. v. 17.2.1978, Az.: 1 C 102.76 = BVerwGE 55, 250 – Leitsatz 2.
84 Vgl. BVerwG, Beschl. v. 4.12.2018, Az.: 4 B 3.18, Rn. 8 – Geruchsimmissions-Richtlinie; BVerwG, Urt. v. 7.4.2016, Az.: 4 C 1.15 = NVwZ 2016, 1247 (1248, Rn. 18).
85 Ebenso z.B. Martini, Verwaltungsprozessrecht und Allgemeines Verwaltungsrecht, 6. Aufl. 2017, S. 175 (Fn. 2).
86 Vgl. zum Ganzen die grundlegende Entscheidung des BVerwG, Beschl. v. 15.9.1987, Az.: 7 N 1.87 = NVwZ 1988, 1119 = JuS 1989, 240; jüngst z.B. VGH Mannheim, Beschl. v. 16.10.2018, Az.: 1 S 2705.17, juris Rn. 34.
87 BVerwG, Beschl. v. 14.7.1978, Az.: 7 N 1.78 = BVerwGE 56, 172 (178).

Thomas Kienle

e) Raumordnungspläne

28 *Hausarbeitswissen: Bei **Raumordnungsplänen**[88] (vgl. § 7 ROG; landesweite, § 13 I 1 Nr. 1 ROG[89]; Regionalpläne, § 13 I 1 Nr. 2 ROG[90]) ist wie folgt zu unterscheiden: Werden sie bzw. die darin enthaltenen Festlegungen[91] **förmlich** in **Rechtssatzform** gegossen – in Bayern als Rechtsverordnung (Art. 20 II, 22 I 2 BayLplG) – oder für **verbindlich erklärt**, handelt es sich stets um Rechtsvorschriften i.S.d. § 47 I Nr. 2 VwGO. Insoweit gewährt die VwGO allzeit prinzipalen Rechtsschutz.[92]*

29 *Sieht das Landesrecht hingegen keine bestimmte Rechtsform vor, schließt dies nicht von vornherein aus, dass der Raumordnungsplan – zumindest in Teilen – Elemente enthält, die von ihrem **materiellen** Gehalt und ihrem Regelungsanspruch her gleichsam als Rechtsvorschrift i.S.d. § 47 I Nr. 2 VwGO zu qualifizieren sind.[93] Die oben entwickelten Kriterien (s. Rn. 20 ff.) sind auch an Raumordnungspläne anzulegen. Hieran gemessen sind jedenfalls die darin enthaltenen **Ziele der Raumordnung** (§ 3 I Nr. 2 ROG) als Rechtsvorschrift einzustufen. Denn sie sind als „landesplanerische Letztentscheidungen" grundsätzlich verbindlich und – anders als die „Grundsätze" der Raumordnung (§ 3 I Nr. 3 ROG) – nicht ohne weiteres im Wege der Abwägung überwindbar (§ 4 I 1 ROG).[94] Die (abstrakt-generellen) Zielaussagen entfalten überdies Außenwirkung, indem sie nicht nur mit der Planung betraute öffentliche Stellen, sondern auch Private binden (vgl. § 4 I 2, III ROG). Insbesondere verleihen § 35 III 2, 3 BauGB den Zielen der Raumordnung (nunmehr) rechtliche Wirkung auch gegenüber Privaten.[95] **Grundsätze der Raumordnung**, die nicht förmlich als Rechtsverordnung oder Satzung beschlossen oder für verbindlich erklärt worden sind, sind hingegen der Normenkontrolle entzogen.[96]*

---

88 Von der Raumordnung zur Bauleitplanung: Landesentwicklungsprogramm (LEP; o. Ä.) → Regionalplan → Flächennutzungsplan → Bebauungsplan; vgl. dazu auch Jarass/Schnittker/Milstein, JuS 2011, 215 ff.

89 In Bayern: Landesentwicklungsprogramm Bayern (LEP), Verordnung v. 22. 8. 2013, zuletzt geändert durch Verordnung v. 21. 2. 2018. Es legt die Grundzüge der anzustrebenden räumlichen Ordnung und Entwicklung des Staatsgebietes fest, s. z. B. Art. 19 I 1 BayLplG.

90 Regionalpläne sind wiederum aus dem LEP zu entwickeln, s. z. B. Art. 21 I 1 BayLplG.

91 Merke: Raumordnungspläne enthalten „Festlegungen", Flächennutzungspläne „Darstellungen" und Bebauungspläne „Festsetzungen".

92 Vgl. Erbguth, DVBl. 2018, 897 (898); ferner BVerwG, Urt. v. 16. 4. 2015, Az.: 4 CN 6.14 = NVwZ 2015, 1540 Rn. 4.

93 BVerwG, Urt. v. 20. 11. 2003, Az.: 4 CN 6.03 = NVwZ 2004, 614 (616).

94 BVerwG, Urt. v. 20. 11. 2003, Az.: 4 CN 6.03 = NVwZ 2004, 614 (616); ebenso W.-R. Schenke/R. P. Schenke, in: Kopp/Schenke, VwGO, 25. Aufl. 2019, § 47 Rn. 33; krit. Ziekow, in: Sodan/Ziekow, VwGO, 5. Aufl. 2018, § 47 Rn. 119a, der Raumordnungspläne insgesamt als Rechtsvorschriften i.S.v. § 47 I Nr. 2 VwGO einstuft.

95 BVerwG, Urt. v. 20. 11. 2003, Az.: 4 CN 6.03 = NVwZ 2004, 614 (616). Zur Begründung der Antragsbefugnis vgl. BVerwG, Urt. v. 16. 4. 2015, Az.: 4 CN 6.14 = NVwZ 2015, 1540 (1541, Rn. 8 ff.).

96 Gleiches gilt für „abwägungsoffene" Vorbehaltsgebiete (§ 7 III 2 Nr. 2 ROG), so BVerwG, Beschl. v. 15. 6. 2009, Az.: 4 BN 10.09 = NVwZ 2009, 1226; vgl. auch BVerwG, Urt. v. 16. 4. 2015, Az.: 4 CN 6.14 = NVwZ 2015, 1540 Rn. 4 a. E.

Thomas Kienle

f) Aktuell: Luftreinhaltepläne?

Derzeit erleben **Luftreinhaltepläne** (vgl. § 47 I BImSchG) eine Renaissance 30 (Stichwort: Fahrverbote). Diese Pläne sind ausweislich der Gesetzesbegründung aber wiederum „nicht für den Bürger verpflichtend, sondern binden nur verwaltungsintern".[97] Sie sind rechtlich als „Handlungspläne" konzipiert und ähneln in ihrer Rechtsnatur Verwaltungsvorschriften (s. Rn. 25 ff.).[98] Der Betroffene kann einen Luftreinhalteplan somit **nicht** unmittelbar via § 47 VwGO angreifen.[99] Vielmehr kann er sich erst gegen die Anordnung der Straßenverkehrsbehörde, also die konkret-individuelle, nach außen wirkende Verfügung wenden. Das VG ist dann gemäß Art. 19 IV 1 GG gehalten, die Rechtmäßigkeit des Luftreinhalteplans **inzident** zu prüfen, soweit sie durch das Klagevorbringen in Frage gestellt wird.[100]

2. „sofern ein Landesrecht dies bestimmt"

§ 47 I Nr. 2 VwGO normiert eine **fakultative Ermächtigung.** Der Bundesgesetz- 31 geber stellt es den Ländern anheim, ob und inwieweit[101] sie über § 47 I Nr. 1 VwGO hinaus ein Normenkontrollverfahren installieren. Auch die Rechtsschutzgarantie des Art. 19 IV 1 GG verpflichtet die Länder nicht, von der Ermächtigung des § 47 I Nr. 2 VwGO Gebrauch zu machen oder eine etwa eröffnete Normenkontrolle auf jede Rechtsvorschrift zu erstrecken, die im Range unter dem Landesgesetz steht.[102] Ebenso wenig erfordert der Gleichheitssatz (Art. 3 I GG), dass die Landesgesetzgeber von der Ermächtigung des § 47 I Nr. 2 VwGO „in gleicher Weise" Gebrauch machen. Denn der Wirkungsradius des Art. 3 I GG endet an der Landesgrenze: Er bindet den jeweiligen Landesgesetzgeber nur innerhalb seines Herrschaftsbereichs.[103]

Von der Ermächtigung Gebrauch gemacht haben – teils uneingeschränkt, 32 teils beschränkt[104] – die Länder Baden-Württemberg (§ 4 AGVwGO), Bayern (Art. 5

---

97 BT-Drs. 14/8450, S. 14.
98 BVerwG, Beschl. v. 29.3.2007, Az.: 7 C 9.06 = BVerwGE 128, 278 = NVwZ 2007, 695 Rn. 27.
99 So auch W.-R. Schenke/R. P. Schenke, in: Kopp/Schenke, VwGO, 25. Aufl. 2019, § 47 Rn. 29.
100 Vgl. zum Ganzen BVerwG, Beschl. v. 11.7.2012, Az.: 3 B 78.11 = NVwZ 2012, 1175 (1176, Rn. 10); zum Rechtsschutz Jarass, BImSchG, 12. Aufl. 2017, § 47 Rn. 59 ff.
101 BVerwG, Urt. v. 17.3.2016, Az.: 7 CN 1.15 = BVerwGE 154, 247 = NVwZ 2016, 938 (939, Rn. 20). Die Wendung „sofern" ist als „soweit" zu lesen; vgl. dazu auch Panzer, in: Schoch/Schneider/Bier, VwGO, 36. EL Februar 2019, § 47 Rn. 20.
102 BVerwG, Beschl. v. 22.3.2018, Az.: 10 BN 1.17, Rn. 9; BVerfG, Beschl. v. 27.7.1971, Az.: 2 BvR 443.70 = BVerfGE 31, 364 (370); a. A. Hufen, Verwaltungsprozessrecht, 11. Aufl. 2019, § 19 Rn. 3.
103 Vgl. BVerwG, Beschl. v. 22.3.2018, Az.: 10 BN 1.17, Rn. 12.
104 S. dazu Giesberts, in: Posser/Wolff, VwGO, 49. Ed., Stand: 1.4.2019, § 47 Rn. 24.1.

Thomas Kienle

S. 1 AGVwGO),[105] Brandenburg (§ 4 I BbgVwGG), Bremen (Art. 7 I AGVwGO), Hessen (§ 15 AGVwGO), Mecklenburg-Vorpommern (§ 13 Hs. 1 GerStrukGAG), Niedersachsen (§ 75 NJG), Nordrhein-Westfalen (§ 109a JustG)[106], Rheinland-Pfalz (§ 4 I 1 AGVwGO),[107] Saarland (§ 18 AGVwGO), Sachsen (§ 24 I SächsJG), Sachsen-Anhalt (§ 10 AG VwGO LSA), Schleswig-Holstein (§ 5 AGVwGO) sowie Thüringen (§ 4 ThürAGVwGO). In Berlin[108] und Hamburg ist eine Normenkontrolle gemäß § 47 I Nr. 2 VwGO nicht statthaft; gleichwohl steht ebendort die Möglichkeit einer inzidenten Normenkontrolle offen.[109]

B. Weitere Zulässigkeitsvoraussetzungen

33 Nach der Prüfung der Eröffnung des Verwaltungsrechtswegs und der Prüfung der statthaften Antragsart sind im Falle der verwaltungsgerichtlichen Normenkontrolle regelmäßig die folgenden weiteren Zulässigkeitsvoraussetzungen anzusprechen, wobei es auch hierbei auf problembewusstes Arbeiten ankommt (dazu § 1 Rn. 52, 123).

I. Antragsberechtigung (Thomas Kienle)

34 Der Antragsteller muss antragsberechtigt sein. Teilweise wird die Antragsberechtigung auch gemeinsam mit der „Antragsbefugnis" geprüft.[110] § 47 II 1 VwGO enthält immerhin eine wichtige „Weichenstellung" für die Befugnis, einen Antrag stellen zu können (s. Rn. 36 ff.). Die Vorschrift differenziert zwischen **natürlichen oder juristischen Personen** (Alt. 1) einerseits und **Behörden** (Alt. 2) andererseits. Dem ist auch in der Klausur zwingend Rechnung zu tragen. Denn Behörden können nicht in ihren eigenen Rechten verletzt sein; sie müssen mithin keine

---

105 Mit Einschränkung in Art. 5 S. 2 AGVwGO.

106 Eingefügt m.W.v. 1.1.2019 durch Gesetz v. 18.12.2018 (GV. NRW. S. 770).

107 Mit Einschränkung in § 4 I 2 AGVwGO.

108 Die Länder Berlin und Brandenburg haben ein gemeinsames OVG Berlin-Brandenburg errichtet. Dass Brandenburg den Rechtsweg über § 47 I Nr. 2 VwGO eröffnet, Berlin aber nicht, verstößt weder gegen Art. 19 IV noch gegen Art. 3 I GG, so BVerwG, Beschl. v. 22.3.2018, Az.: 10 BN 1.17.

109 Martini, Verwaltungsprozessrecht und Allgemeines Verwaltungsrecht, 6. Aufl. 2017, S. 175 und 77; s. zur Feststellungsklage § 6 Rn. 29.

110 So z.B. Schenke, Verwaltungsprozessrecht, 16. Aufl. 2019, Rn. 889 ff.; vgl. auch Pernice-Warnke, ZJS 2018, 590 (592), die „Antragsberechtigung" und „Beteiligte" zusammen prüft. Die Bearbeiter*in sollte sich stillschweigend für einen (vertretbaren) Aufbau entscheiden.

Rechtsverletzung, wohl aber ein **objektives Normenkontrollinteresse** (s. Rn. 38) geltend machen.[111]

Über den Wortlaut des § 47 II 1 VwGO („juristische Person") hinaus ist antragsberechtigt, wer beteiligungsfähig gem. § 61 Nr. 2 VwGO ist (ausführlich dazu Rn. 43 ff. sowie § 2 Rn. 403 ff.). Einen Normenkontrollantrag können somit auch Personenmehrheiten und Vereinigungen stellen und zwar insoweit, als ihnen ein Recht zustehen kann.[112]

> *Beispiele: Ist beispielsweise eine Gesellschaft bürgerlichen Rechts (GbR) in Ansehung der Eigentumsgarantie (grund-)rechtsfähig,[113] kann sie selbst antragsberechtigt sein.[114] Ferner kann etwa eine Fraktion eines kommunalen Vertretungsorgans einen Antrag stellen, soweit sie geltend macht, in ihren organschaftlichen Rechten verletzt zu sein.[115]*

II. Antragsbefugnis (Hendrik Burbach/Thomas Kienle)

Auch im Rahmen des verwaltungsgerichtlichen Normenkontrollantrags nach § 47 VwGO müssen **natürliche oder juristische Personen** antragsbefugt sein. Sie müssen in Anlehnung an § 42 II VwGO geltend machen können, durch die angegriffene Rechtsvorschrift oder deren Anwendung möglicherweise in eigenen Rechten verletzt zu sein oder in absehbarer Zeit verletzt zu werden (§ 47 II 1 Alt. 1 VwGO).[116] Dies gilt auch, wenn die Rechtsverletzung des Antragstellers erst durch den Vollzug der angegriffenen Norm droht. Die Beeinträchtigung, die der Anwendungsakt herbeiführt, muss aber bereits in der Norm selbst angelegt sein.[117]

Examenswissen: Auch im Rahmen des § 47 VwGO ist also nach einem subjektiven öffentlichen Recht des Antragstellers zu fragen, das möglicherweise verletzt ist. Bei der Ableitung ist auf die

---

111 Vgl. statt vieler Martini, Verwaltungsprozessrecht und Allgemeines Verwaltungsrecht, 6. Aufl. 2017, S. 175.

112 Ziekow, in: Sodan/Ziekow, VwGO, 5. Aufl. 2018, § 47 Rn. 261; W.-R. Schenke/R. P. Schenke, in: Kopp/Schenke, VwGO, 25. Aufl. 2019, § 47 Rn. 38.

113 BVerfG, Beschl. v. 2.9.2002, Az.: 1 BvR 1103/02 = NJW 2002, 3533, Rn. 6; zur (Teil-)Rechtsfähigkeit der (Außen-)GbR BGH, Urt. v. 29.1.2001, Az.: II ZR 331/00 = NJW 2001, 1056.

114 In BVerwG, Urt. v. 29.6.2015, Az.: 4 CN 5.14 = NVwZ 2015, 1457 fehlte der GbR die Antragsbefugnis, da das im Plangebiet gelegene Grundstück nicht in ihrem, sondern im Miteigentum ihrer Gesellschafter stand; auf § 1 VII BauGB (dazu Rn. 102 ff.) konnte sie sich ebensowenig berufen, da ihre Aufgabe, Vermögen zu verwalten, keinen schutzwürdigen städtebaulichen Bezug aufwies.

115 BVerwG, Urt. v. 27.6.2018, Az.: 10 CN 1.17 = NVwZ 2018, 1656 = JuS 2019, 286 (Waldhoff); s. dazu den Fall 13 in: Eisentraut, Fälle zum Verwaltungsrecht, 2020.

116 Detterbeck, Allgemeines Verwaltungsrecht, 17. Aufl. 2019, § 31 Rn. 1413; Erbguth/Guckelberger, Allgemeines Verwaltungsrecht, 9. Aufl. 2018, § 9 Rn. 11.

117 W.-R. Schenke/R. P. Schenke, in: Kopp/Schenke, VwGO, 25. Aufl. 2019, § 47 Rn. 57 m.w.N.

bekannte **Schutznormtheorie** (s. § 2 Rn. 292, 297, 1226) abzustellen.[118] Hiernach hat eine Norm (des öffentlichen Rechts) drittschützenden Charakter, wenn sie nicht ausschließlich der Durchsetzung von Interessen der Allgemeinheit, sondern zumindest auch dem Schutz individueller Rechte zu dienen bestimmt ist.[119] Dieser Frage kommt insbesondere in baurechtlichen Normenkontrollen herausragende Bedeutung zu. Nach der Rechtsprechung – und der überwiegenden Literatur[120] – hat das in § 1 VII BauGB enthaltene Abwägungsgebot (s. Rn. 102 ff.) drittschützenden Charakter hinsichtlich solcher privater Belange, die für die Abwägung erheblich sind.[121] Es genügt somit, dass der Antragsteller Tatsachen vorträgt, die eine fehlerhafte Behandlung seiner – städtebaulich relevanten – Belange in der Abwägung als möglich erscheinen lassen.[122] Geringwertige oder mit einem Makel behaftete Interessen sowie solche, auf deren Fortbestand kein schutzwürdiges Vertrauen besteht oder solche, die für die Gemeinde bei der Entscheidung über den Plan nicht erkennbar waren, sind nicht abwägungsbeachtlich[123] und können somit auch keine Antragsbefugnis vermitteln. Im Unterschied zur baurechtlichen (Dritt-)Anfechtungsklage (s. § 2 Rn. 291, 296 ff.) können sich auch obligatorisch Berechtigte – wie Mieter oder Pächter – dem Grunde nach auf § 1 VII BauGB berufen und somit antragsbefugt sein.[124]

37 Für den Antrag ist es ausreichend, dass die Rechtsverletzung in absehbarer Zeit zu befürchten ist.[125] Hierzu muss die Rechtsverletzung nach dem vorhersehbaren Entwicklungsverlauf in der nächsten Zeit zu erwarten sein, so dass die Antragstellung bereits als vernünftig erscheint.[126]

38 Die Antragsbefugnis der nach § 47 II 1 Alt. 2 VwGO antragsberechtigten **Behörden** besteht hingegen voraussetzungslos. Es bedarf daher nicht der Möglichkeit der Verletzung eigener Rechte.[127] Zur Vermeidung von Popularanträgen wird die Antragsberechtigung der Behörden jedoch eingeschränkt. Sie sind nur

---

118 Giesberts, in: Posser/Wolff, VwGO, 49. Ed., Stand: 1.4.2019, § 47 Rn. 38; Ziekow, in: Sodan/Ziekow, VwGO, 5. Aufl. 2018, § 47 Rn. 148.
119 BVerwG, Urt. v. 28.3.2019, Az.: 5 CN 1.18, Rn. 19.
120 S. nur die Nachweise bei W.-R. Schenke/R. P. Schenke, in: Kopp/Schenke, VwGO, 25. Aufl. 2019, § 47 Rn. 72 (dort Fn. 115).
121 Grundlegend BVerwG, Urt. v. 24.9.1998, Az.: 4 CN 2.98 = BVerwGE 107, 215; BVerwG, Beschl. v. 21.12.2017, Az.: 4 BN 12.17, Rn. 7. Beachte: Wendet sich der Eigentümer eines im Plangebiet gelegenen Grundstücks gegen eine bauplanerische Festsetzung, die sein Grundstück unmittelbar betrifft, vermittelt bereits Art. 14 I GG die Antragsbefugnis (s. auch Rn. 105). Die Klausurbearbeiter*innen müssen bzw. sollten dann nicht auf § 1 VII BauGB zurückgreifen.
122 Demgegenüber muss er nicht darlegen, dass der behauptete Abwägungsfehler auch beachtlich i. S. d. § 214 III 2 Hs. 2 BauGB ist (s. Rn. 104), so BVerwG, Urt. v. 24.9.1998, Az.: 4 CN 2.98 = BVerwGE 107, 215 (219). Diese Frage gehört strukturell in die Begründetheit.
123 BVerwG, Urt. v. 9.1.2018, Az.: 4 BN 33.17, Rn. 5.
124 Vgl. dazu BVerwG, Urt. v. 29.6.2015, Az.: 4 CN 5.14, Rn. 11.
125 Detterbeck, Allgemeines Verwaltungsrecht, 17. Aufl. 2019, § 31 Rn. 1413.
126 W.-R. Schenke/R. P. Schenke, in: Kopp/Schenke, VwGO, 25. Aufl. 2019, § 47 Rn. 60.
127 Detterbeck, Allgemeines Verwaltungsrecht, 17. Aufl. 2019, § 31 Rn. 1414; Hufen, Verwaltungsprozessrecht, 11. Aufl. 2019, § 19 Rn. 33.

antragsbefugt, wenn die angegriffene Rechtsvorschrift möglicherweise rechtswidrig und von der Behörde bei der Wahrnehmung ihrer Aufgaben zu beachten ist.[128]

III. (Kein) Vorverfahren (Renana Braun)

Im Rahmen der Zulässigkeit der verwaltungsgerichtlichen Normenkontrolle ist **39** die erfolglose Durchführung eines Vorverfahrens keine Sachentscheidungsvoraussetzung und daher in einer Klausur nicht zu thematisieren.

IV. Antragsfrist (Patrick Stockebrandt)

Gemäß § 47 II 1 VwGO ist der Normenkontrollantrag innerhalb eines Jahres nach **40** **Bekanntmachung** der Rechtsvorschrift zu stellen. Im Hinblick auf die **Fristberechnung** (s. § 2 Rn. 361 ff.) kann auf die Ausführungen im Rahmen der Anfechtungsklage verwiesen werden.

Zu beachten ist, dass eine **Wiedereinsetzung in den vorigen Stand** gemäß **41** § 60 VwGO nicht möglich ist, da die Jahresfrist als echte **Ausschlussfrist** zu verstehen ist.[129] Die Möglichkeit der **Wiedereinsetzung** würde sonst gegen die gesetzgeberische Absicht verstoßen, die Normenkontrolle nach § 47 VwGO zu befristen.[130]

Von dieser Befristung unberührt verbleibt die Möglichkeit der sog. „inzi- **42** denten" Kontrolle, wenn z. B. die auf einer fraglichen Norm beruhende Einzel-

---

128 Detterbeck, Allgemeines Verwaltungsrecht, 17. Aufl. 2019, § 31 Rn. 1414; Hufen, Verwaltungsprozessrecht, 11. Aufl. 2019, § 19 Rn. 33.
129 Schenke/Schenke, in: Kopp/Schenke, VwGO, 25. Aufl. 2019, § 47 Rn. 83; Giesberts, in: Posser/Wolff, VwGO, 49. Ed., Stand: 1.4.2019, § 47 Rn. 54; Kintz, Öffentliches Recht im Assessorexamen, 10. Aufl. 2018, Rn. 585; a. A. wohl Hufen, Verwaltungsprozessrecht, 11. Aufl. 2019, § 19 Rn. 40. Zum Spezialaspekt eines insoweit rechtzeitig gestellten isolierten Antrages auf Gewährung von Prozesskostenhilfe s. Schenke/Schenke, in: Kopp/Schenke, VwGO, 25. Aufl. 2019, § 47 Rn. 83 sowie Kintz, Öffentliches Recht im Assessorexamen, 10. Aufl. 2018, Rn. 585.
130 Schenke, Verwaltungsprozessrecht, 16. Aufl. 2019, Rn. 912b. Zu den rechtspolitischen Bedenken im Hinblick auf die Befristung der Normenkontrolle s. Schenke/Schenke, in: Kopp/Schenke, VwGO, 25. Aufl. 2019, § 47 Rn. 84 sowie Schenke, Verwaltungsprozessrecht, 16. Aufl. 2019, Rn. 912b. Zur umstrittenen Frage, ob von einer Befristung dann eine Ausnahme gemacht werden kann, wenn die Vorschrift zum Zeitpunkt der Bekanntmachung rechtmäßig war und erst später aufgrund tatsächlicher oder rechtlicher Umstände rechtswidrig wird, s. Giesberts, in: Posser/Wolff, VwGO, 49. Ed., Stand: 1.4.2019, § 47 Rn. 55.

Hendrik Burbach/Thomas Kienle/Renana Braun/Patrick Stockebrandt

entscheidung einer Behörde (z. B. ein Verwaltungsakt) durch die Anfechtungs-klage angegriffen wird.[131] Innerhalb einer entsprechenden Klage prüft das Gericht sodann nämlich auch die Rechtsgrundlage des Verwaltungshandels. Dies ist dann keine Normenkontrolle i. S. d. § 47 II 1 VwGO. Konsequenterweise muss dann auch die **Frist** der entsprechenden Klage eingehalten werden.

Weiterführende Literaturhinweise finden sich in § 2 Rn. 402.

V. Beteiligte (Carola Creemers)

43 § 47 II VwGO verdrängt als *lex specialis* die Regelungen des § 61 VwGO und des § 78 VwGO für das Normenkontrollverfahren. Zu beachten ist hier insbesondere, dass es sich bei der verwaltungsgerichtlichen Normenkontrolle um ein Antrags-verfahren handelt, sodass die Begrifflichkeiten dementsprechend anzupassen sind (s. Rn. 6).

44 Gemäß **§ 47 II 2 VwGO** ist der richtige **Antragsgegner** die Körperschaft, Anstalt oder Stiftung, welche die Rechtsvorschrift erlassen hat (**Rechtsträger-prinzip**).[132]

45 Nach **§ 47 II 1 VwGO** sind natürliche und juristische Personen sowie Be-hörden **antragsfähig.** Damit sind Behörden auch in den Bundesländern im Normenkontrollverfahren antragsfähig, die im Rahmen der Beteiligungsfähigkeit § 61 Nr. 3 VwGO nicht umgesetzt haben.[133] Nicht antragsfähig sind Gerichte.[134]

46 Nach § 47 VwGO entscheidet das OVG über Normenkontrollanträge, weshalb stets der Vertretungszwang des § 67 IV VwGO zu beachten ist. Im Übrigen gelten die Ausführungen zur Beteiligungs- und Prozessfähigkeit im Rahmen der An-fechtungsklage entsprechend (s. ausführlich § 2 Rn. 403 ff.), denn die **Prozess-fähigkeit** richtet sich nach der allgemeinen Vorschrift des § 62 VwGO.

47 Auch eine **Beiladung** ist im Rahmen der verwaltungsgerichtlichen Normen-kontrolle möglich. Nach § 47 II 4 VwGO sind § 65 I, IV und § 66 VwGO im Nor-menkontrollverfahren entsprechend anzuwenden, sodass nur eine einfache Bei-ladung unter den genannten Voraussetzungen möglich ist (s. 2 Rn. 445 ff.). Zu

---

131 Hufen, Verwaltungsprozessrecht, 11. Aufl. 2019, § 19 Rn. 40 sowie Schenke/Schenke, in: Kopp/Schenke, VwGO, 25. Aufl. 2019, § 47 Rn. 83.
132 Ebenso gut vertretbar ist es, den richtigen Antragsgegner i. R. d. Begründetheit zu prüfen, s. Rn. 65 ff.
133 Hufen, Verwaltungsprozessrecht, 11. Aufl. 2019, § 19 Rn. 9; Schenke, Verwaltungsprozess-recht, 16. Aufl. 2019, Rn. 886.
134 Schenke, in: Kopp/Schenke, VwGO, 25. Aufl. 2019, § 47 Rn. 38 m. w. N.

beachten ist somit, dass § 47 II 4 VwGO nicht auf die notwendige Beiladung verweist.

Schließlich kann für die **subjektive Antragshäufung** auf die Ausführungen 48 zur Anfechtungsklage verwiesen werden (vgl. § 2 Rn. 455 ff.); mit dem Unterschied, dass es sich um eine „Antragshäufung" und keine „Klagehäufung" handelt.

VI. Zuständiges Gericht (Katharina Goldberg)

Das **sachlich zuständige Gericht** bei der verwaltungsgerichtlichen Normen- 49 kontrolle ist nach § 47 I VwGO das **Oberverwaltungsgericht.** Zumeist reicht es in der Klausur aus, diesen Umstand kurz zu benennen.

Formulierungsvorschlag: *„Das Oberverwaltungsgericht ist gem. § 47 I VwGO* 50 *zuständig für die verwaltungsgerichtliche Normenkontrolle."*

Hausarbeitswissen: Das BVerwG ist in wenigen in § 50 VwGO geregelten Fällen sachlich für Nor- 51 *menkontrollverfahren zuständig.*

Die **örtliche Zuständigkeit** folgt der Zuordnung der angegriffenen Norm zum 52 jeweiligen Landesrecht.[135] Es ist also das Oberverwaltungsgericht bzw. der Oberverwaltungsgerichtshof des Landes zuständig, in dessen Verwaltung die Norm erlassen wurde.

VII. Rechtsschutzbedürfnis (Dana-Sophia Valentiner)

Auch die verwaltungsgerichtliche Normenkontrolle ist nur zulässig, wenn die 53 antragstellende Person rechtsschutzbedürftig ist (s. einleitend zum Erfordernis des Rechtsschutzbedürfnisses § 2 Rn. 477 ff.).

Das allgemeine Rechtsschutzbedürfnis ergibt sich regelmäßig daraus, dass 54 die Verletzung eigener Rechte durch die angegriffene Rechtsvorschrift geltend gemacht wird.[136] Das Rechtsschutzbedürfnis fehlt, wenn das Verfahren keinerlei Verbesserung der Rechtsstellung der antragstellenden Person verspricht.

Auch eine **Behörde** kann einen Normenkontrollantrag nur stellen, soweit sie 55 ein Rechtsschutzbedürfnis hat. Das Rechtsschutzbedürfnis ist bereits gegeben, wenn die Behörde mit der Ausführung der von ihr beanstandeten Norm befasst

---

135 Panzer, in: Schoch/Schneider/Bier, VwGO, 36. EL Februar 2019, § 47 Rn. 81.
136 Giesberts, in: Posser/Wolff, VwGO, 49. Ed., Stand: 1.4.2019, § 47 Rn. 43.

Carola Creemers/Katharina Goldberg/Dana-Sophia Valentiner

ist.[137] Nicht erforderlich ist hingegen, dass die Behörde selbst über die Norm verfügen, sie also beispielsweise aufheben oder ändern, kann.

56   Stellt eine Verwaltungsträgerin einen Normenkontrollantrag auf Feststellung der Nichtigkeit einer von ihr selbst erlassenen Rechtsvorschrift, fehlt es bereits am Vorliegen einer Streitigkeit und nicht erst am Rechtsschutzbedürfnis.[138]

57   Das Rechtsschutzbedürfnis fehlt ferner bei einem Normenkontrollantrag gegen eine Satzung, die eine gesetzliche Bestimmung wortgleich wiederholt.[139]

VIII. Prozessuale Präklusion: § 47 IIa VwGO a. F. und Übergangsrecht (Thomas Kienle)

58   Der Gesetzgeber hat die prozessuale Präklusion des § 47 IIa VwGO („Sachurteilsvoraussetzung") mit Wirkung vom 2.6.2017 aufgehoben.[140] Damit erübrigt sich ein klausurrelevanter „Klassiker". Das Gesetz enthält zwar keine Übergangsregelung. Nach den Grundsätzen des intertemporalen Prozessrechts ist die Präklusionsnorm auf bereits anhängige Verfahren schon nicht mehr anwendbar (str.).[141] Im Übrigen gelten weiterhin die herkömmlichen Grundsätze zum allgemeinen Rechtsschutzbedürfnis (s. Rn. 53 ff.).

59   *Hausarbeitswissen: Nach § 47 IIa VwGO a.F. war der Antrag unzulässig, wenn der Antragsteller (1.) nur Einwendungen geltend machte, die er – etwa im Rahmen der öffentlichen Auslegung (§ 3 II 2 BauGB; s. Rn. 84 ff.) – (2.) nicht oder verspätend geltend gemacht hat, (3.) aber hätte geltend machen können, und wenn auf diese Rechtsfolge (4.) hingewiesen worden ist. Die Vorschrift setzte indes allein voraus, dass der Antragsteller etwa bei der Planaufstellung überhaupt rechtzeitig Einwendungen erhoben hatte und jedenfalls eine(!) dieser Einwendungen im Normenkontrollverfahren vortrug. Gelingt ihm das, ist er nicht gehindert, sich im gerichtlichen Verfahren auch auf solche Einwendungen zu berufen, die er zuvor – aus welchen Gründen auch immer – nicht geltend gemacht hatte. Das hieß, der Antragsteller musste – im Rahmen der Zulässigkeit – nur eine, nicht präkludierte Einwendung geltend machen können. Diese fungierte dann als „Sprungbrett" in die Begründetheit.*

---

137 BVerwG, Beschl. v. 15.3.1989, Az.: 4 NB 10/88 = BVerwGE 81, 307 (310).

138 Ehlers, in: Schoch/Schneider/Bier, VwGO, 36. EL Februar 2019, Vorbem. § 40 Rn. 86.

139 Ehlers, in: Schoch/Schneider/Bier, VwGO, 36. EL Februar 2019, Vorbem. § 40 Rn. 94.

140 Der Gesetzgeber trug damit dem Urt. des EuGH v. 15.10.2015, Az.: C-137/14, ECLI:EU: C:2015:683 (dazu Ruffert, JuS 2015, 1138 ff.) Rechnung, welches die materielle Präklusion in § 73 IV VwVfG a. F. bzw. § 2 III UmwRG a. F. für mit Art. 11 RL 2011/92/EU und Art. 25 RL 2010/75/EU unvereinbar erklärt hatte (ebenda, Rn. 75 – 82). Um Abgrenzungsproblemen vorzubeugen, hob er (richtlinienüberschießend) § 47 IIa VwGO insgesamt auf, vgl. BT-Drs. 18/9526, S. 51.

141 S. nur W.-R. Schenke/R. P. Schenke, in: Kopp/Schenke, VwGO, 25. Aufl. 2019, § 47 Rn. 87 m.w. N.

C. Begründetheit

Ist der Normenkontrollantrag zulässig, ist in einem zweiten Schritt zu prüfen, ob **60** er auch begründet ist.

I. Die Struktur der Begründetheitsprüfung (Thomas Kienle)

Der Normenkontrollantrag ist **begründet,** wenn er gegen den richtigen Antrags- **61** gegner gerichtet (§ 47 II 2 VwGO) und die angegriffene Rechtsvorschrift ungültig ist (§ 47 V 2 Hs. 1 VwGO). Letzteres ist der Fall, wenn sie gegen höherrangiges formelles oder materielles Recht verstößt (und der Verstoß beachtlich ist).[142]

    Dass der Antragsteller in **seinen Rechten verletzt ist,** setzt § 47 – im Ge- **62** gensatz zu § 113 I 1 und V 1 VwGO – gerade **nicht** voraus. Die mögliche Rechtsverletzung, die der Antragsteller in der Zulässigkeit geltend machen muss, dient lediglich als „Sprungbrett" in die Begründetheit. Die Prüfung von Zulässigkeit und Begründetheit verläuft insoweit **asynchron.** Hier zeigt sich schön, dass das Normenkontrollverfahren **zwei Elemente** in sich vereint: es ist (zuvörderst) ein **objektives Rechtsbeanstandungsverfahren,** gewährt aber zugleich auch **individuellen Rechtsschutz.**[143] Jedenfalls in der Begründetheit dominiert dann das objektive Element der prinzipalen, abstrakten Normenkontrolle.

Examenswissen: Maßgeblicher Zeitpunkt ist die Sach- und Rechtslage im Zeitpunkt der (letzten) **63** **mündlichen Verhandlung** bzw. **gerichtlichen Entscheidung.**[144] Rechtsvorschriften, die rechtmäßig erlassen wurden, können somit in die Rechtswidrigkeit „hineinwachsen" (vgl. oben Rn. 11). Müsste das OVG die rechtswidrig gewordene Norm in ihrer Wirksamkeit unangetastet lassen, wäre das mit Art. 20 III GG schlechterdings unvereinbar.[145]

    Anders verhält es sich grundsätzlich bei **Bebauungsplänen:** Nach § 214 III 1 BauGB ist für **64** die Abwägung – gemeint ist sowohl Abwägungsvorgang als auch -ergebnis[146] – die Sach- und Rechtslage im Zeitpunkt der **Beschlussfassung** über die Satzung maßgebend.[147] Nachträglich eintretende Veränderungen bleiben somit regelmäßig außer Betracht.[148]

---

142 Ähnlich z. B. Kintz, JuS 2000, 1099 (1103).
143 S. z. B. BVerwG, Beschl. v. 2.9.1983, Az.: 4 N 1.83 = BVerwGE 68, 12 (14); so die h. M.; im Einzelnen str.
144 Vgl. etwa Gärditz/Orth, Jura 2013, 1100 (1108).
145 Hufen, Verwaltungsprozessrecht, 11. Aufl. 2019, § 30 Rn. 1.
146 Battis, in: Battis/Krautzberger/Löhr, BauGB, 14. Aufl. 2019, § 214 Rn. 19 m.w. N. (str.).
147 Zu den seltenen Ausnahmen s. Stock, in: Ernst/Zinkahn/Bielenberg/Krautzberger, BauGB, 121. EL Mai 2016, § 214 Rn. 132 ff.
148 Vgl. z. B. BVerwG, Beschl. v. 14.9.2015, Az.: 4 BN 4.15 = ZfBR 2016, 154 (155 f. Rn. 15); Urt. v. 23.11.2016, Az.: 4 CN 2.16 = NVwZ 2017, 412 (413 Rn. 14).

1. Richtiger Antragsgegner

65 Der Normenkontrollantrag ist gegen die „Körperschaft, Anstalt oder Stiftung" zu richten, die die Rechtsvorschrift **erlassen** hat (§ 47 II 2 VwGO). Diese Regelung gründet – wie § 78 I Nr. 1 Hs. 1 VwGO – auf dem sog. **Rechtsträgerprinzip.**[149]

66 Die Frage, ob § 47 II 2 VwGO in der Begründetheit oder aber in der Zulässigkeit zu verorten ist, ist umstritten. Insoweit setzt sich der zu § 78 VwGO „erbittert" geführte Streit (s. dazu § 2 Rn. 416 ff.)[150] im Rahmen der prinzipalen Normenkontrolle fort. Der Meinungsstreit ist müßig und kann der Rechtswissenschaft vorbehalten bleiben. In der Klausur empfiehlt es sich, den richtigen Antragsgegner nach § 47 II 2 VwGO entweder im Rahmen der Zulässigkeit (s. bereits Rn. 44) oder – wie hier vorgeschlagen – im Rahmen der **Begründetheit** abzuhandeln.[151]

67 Bei baurechtlichen Satzungen nach § 47 I Nr. 1 VwGO ist stets die planende **Gemeinde** Antragsgegnerin – sie ist ihr eigener Rechtsträger (sog. Gebietskörperschaft, vgl. z.B. Art. 1 1 BayGO; § 1 II 1 GemO RP). Auch hier gilt der Merksatz: Die Gemeinde hat gehandelt, die Gemeinde wird „verklagt". Das Rechtsträgerprinzip gilt selbst dann, wenn **innerorganschaftliche Rechtssätze** – wie die Geschäftsordnung eines Gemeinderats – Gegenstand des Normenkontrollverfahrens sind (s. Rn. 27). Der Antrag ist gegen die Gemeinde zu richten. Sie muss sich die vom Gemeinderat erlassene Geschäftsordnung gem. § 47 II 2 VwGO zurechnen lassen.[152]

68 Examenswissen: Entscheidend ist, wer die Rechtsvorschrift **tatsächlich erlassen** hat – nicht, wer für den Erlass richtigerweise zuständig gewesen wäre. Das gilt gleichermaßen bei Normerlass im Wege aufsichtlicher **Ersatzvornahme.** Auch dann ist der Antrag gegen die Körperschaft der erlassenden Aufsichtsbehörde zu richten, nicht gegen jene, „für" die ersatzweise gehandelt wurde.[153] Dafür streitet zunächst der Wortlaut des § 47 II 2 VwGO. Andernfalls müsste die beauf-

---

149 W.-R. Schenke/R. P. Schenke, in: Kopp/Schenke, VwGO, 25. Aufl. 2019, § 47 Rn. 39; Ziekow, in: Sodan/Ziekow, VwGO, 5. Aufl. 2018, § 47 Rn. 272.

150 s. zum Meinungsstand auch Meissner/Schenk, in: Schoch/Schneider/Bier, VwGO, 36. EL Februar 2019, § 78 Rn. 10 ff.; instruktiv Rozek, JuS 2007, 601 ff.

151 So die ganz überwiegenden (Original-)Examensklausuren in Bayern. So z.B. auch Würtenberger/Heckmann, Verwaltungsprozessrecht, 4. Aufl. 2018, Rn. 531; Martini, Verwaltungsprozessrecht und Allgemeines Verwaltungsrecht, 6. Aufl. 2017, S. 177; für eine Prüfung im Rahmen der Zulässigkeit z.B. Erbguth/Guckelberger, Allgemeines Verwaltungsrecht, 9. Aufl. 2018, § 28 Rn. 17; Schenke, Verwaltungsprozessrecht, 16. Aufl. 2019, Rn. 899.

152 So etwa VGH München, Urt. v. 16.2.2006, Az.: 4 N 05.779 = NVwZ-RR 2007, 405 (407); OVG Bautzen, Urt. v. 29.9.2010, Az.: 4 C 8.09 = BeckRS 2011, 45170 („Landkreis"); implizit auch VGH Kassel, Urt. v. 5.4.2017, Az.: 8 C 459.17.N = BeckRS 2017, 108027; a.A. Hufen, Verwaltungsprozessrecht, 11. Aufl. 2019, § 30 Rn. 2: Gemeinderat sei passivlegitimiert.

153 So auch Hufen, Verwaltungsprozessrecht, 11. Aufl. 2019, § 30 Rn. 4.

Thomas Kienle

sichtigte Körperschaft eine Rechtsvorschrift prozessual verteidigen, die sie selbst weder erlassen wollte noch inhaltlich verantwortet.[154] Für eine Ausnahme von diesem kontradiktorischen Ansatz besteht kein Bedürfnis. Aus der Entscheidung des BVerwG v. 2.4.1993[155] folgt nichts anderes. Denn das Gericht entschied lediglich über den Rechtsnormcharakter einer im Wege der Ersatzvornahme zustande gekommenen Satzung. Da es sich gegenüber dem betroffenen Bürger nicht um einen Verwaltungsakt handle, sei nicht die Feststellungsklage gem. § 43 II 2, sondern § 47 VwGO einschlägig. Den „richtigen" Antragsgegner würdigte das BVerwG indes keines Wortes.

2. Gerichtliches Prüfprogramm und Vorbehaltsklausel (§ 47 III VwGO)

Das Prüfprogramm des OVG ist grundsätzlich **unbeschränkt.**[156] Die angegriffene 69 Rechtsvorschrift ist somit dahin zu überprüfen, ob sie mit **höherrangigem Bundes- oder Landesrecht** – gleich welcher Stufe – vereinbar ist.[157] Da § 88 VwGO nicht gilt, ist das Gericht an eine etwaige Beschränkung des Antrags nicht gebunden (s. für die Zulässigkeit aber Rn. 3).[158] Insoweit offenbart sich die Funktion der Normenkontrolle als **objektives** Rechtsbeanstandungsverfahren. Das OVG muss zudem nicht jeder behaupteten Rechtsverletzung (§ 47 II 1 VwGO) nachgehen; vielmehr kann das Gericht die Gründe, auf die es die Unwirksamkeit der Rechtsvorschrift stützt, frei wählen.[159] Die prozessuale Prüfpflicht endet erst dann, wenn das OVG keine Möglichkeit gefunden hat, dem Antrag stattzugeben.[160] In der Klausur sind freilich alle – insbesondere vorgetragenen („Echoprinzip") – Einwendungen zu erörtern.

§ 47 **III** VwGO normiert einen **Vorbehalt** zugunsten der **Verfassungsge-** 70 **richtsbarkeit:** Das OVG darf die Vereinbarkeit mit **Landesrecht** nicht prüfen, soweit gesetzlich vorgesehen ist, dass diese Prüfung **ausschließlich** dem Landesverfassungsgericht vorbehalten ist.

Beispiele: Paradebeispiel für ein solches Entscheidungsmonopol ist Art. 132 Hessische Verfassung:[161] *„Nur der Staatsgerichtshof trifft die Entscheidung darüber, ob ein Gesetz oder eine Rechtsverordnung mit der Verfassung in Widerspruch steht". In Bayern ist die Rüge, dass z.B. ein Bebauungsplan Grundrechte der Bayerischen Verfassung (BV) verletzt, mit der Popular-*

---

154 W.-R. Schenke/R. P. Schenke, in: Kopp/Schenke, VwGO, 25. Aufl. 2019, § 47 Rn. 39; i.Erg. auch Ziekow, in: Sodann/Ziekow, VwGO, 5. Aufl. 2018, § 47 Rn. 272; a.A. Panzer, in: Schoch/Schneider/Bier, VwGO, 36. EL Februar 2019, § 47 Rn. 83.

155 BVerwG, Urt. v. 2.4.1993, Az.: 7 B 38.93 = NVwZ-RR 1993, 513f.

156 S. etwa Martini, Verwaltungsprozessrecht und Allgemeines Verwaltungsrecht, 6. Aufl. 2017, S. 177.

157 Vgl. BT-Drs. 7/4324, S. 9f.

158 Panzer, in: Schoch/Schneider/Bier, VwGO, 36. EL Februar 2019, § 47 Rn. 87.

159 Kerkmann/Huber, in: Gärditz, VwGO, 2. Aufl. 2018, § 47 Rn. 115.

160 BVerwG, Beschl. v. 20.6.2001, Az.: 4 BN 21.01 = NVwZ 2002, 83 (83).

161 Martini, Verwaltungsprozessrecht und Allgemeines Verwaltungsrecht, 6. Aufl. 2017, S. 177.

Thomas Kienle

klage gem. Art. 98 S. 4 BV geltend zu machen.[162] *Der Bayerische Verwaltungsgerichtshof (Art. 1 S. 1 AGVwGO) prüft somit im Rahmen der verwaltungsgerichtlichen Normenkontrolle jedenfalls keine bayerischen Grundrechte; diese Prüfung ist ausschließlich dem Bayerischen Verfassungsgerichtshof vorbehalten (§ 47 III VwGO i. V. m. Art. 98 S. 4 BV, Art. 2 Nr. 7, 55 VfGHG). In der Klausur ist dieser „Fußgängerpunkt" kurz abzuhandeln. Außerhalb Bayerns und Hessens kommt der Vorbehaltsklausel keine Bedeutung zu.*

71 Nach h.M. kann auch **Unionsrecht** Prüfungsmaßstab im Normenkontrollverfahren sein.[163] Dafür streitet insbesondere der Zweck der Normenkontrolle: Sie dient der Rechtsklarheit und der ökonomischen Gestaltung des Prozessrechts, indem sie zahlreichen Einzelprozessen vorbeugt („Bündelungsfunktion").[164] Wie andere Fachgerichte ist auch das OVG berufen, Unionsrecht – soweit entscheidungserheblich – anzuwenden und auszulegen.[165] Der Wortlaut des § 47 V 2 Hs. 1 VwGO („ungültig"; „unwirksam") steht dem nicht entgegen. Zwar genießt das Unionsrecht lediglich **Anwendungs-** und keinen Geltungsvorrang[166] mit der Folge, dass das OVG die Rechtsvorschrift in dieser Konstellation nicht für unwirksam erklären kann. Als „Minus" zu § 47 V 2 Hs. 1 VwGO ist es dem OVG gleichwohl gestattet, die **Unanwendbarkeit** der (allein) unionsrechtswidrigen Rechtsvorschrift zu tenorieren.[167] Ob und inwieweit Unionsrecht in der Klausur zu prüfen ist, folgt regelmäßig aus dem – gut formulierten – Bearbeitervermerk.

3. Rechtswidrigkeit der Norm

72 Die Rechtswidrigkeit der Norm bildet regelmäßig den Schwerpunkt einer Klausur. Sie ist weniger Kür denn vielmehr Pflicht jeder klausurmäßigen Begutachtung. Hier spielt gewissermaßen die „Musik". Eine Rechtsvorschrift ist „ungültig" bzw. „unwirksam" (§ 47 V 2 Hs. 1 VwGO), wenn sie **formell und/oder materiell rechtswidrig** ist. Wie üblich empfiehlt es sich, zwischen formellen und materiellen Rechtsfehlern zu differenzieren.[168]

---

162 Grundlegend BayVerfGH, Entsch. v. 10.2.1983, Az.: Vf. 20-VII.80 = NJW 1984, 226 (226); W.-R. Schenke/R. P. Schenke, in: Kopp/Schenke, VwGO, 25. Aufl. 2019, § 47 Rn. 103; eingehend Fröhlich, BayVBl 2013, 1 (2f.); a. A. Ziekow, in: Sodan/Ziekow, VwGO, 5. Aufl. 2018, § 47 Rn. 317.
163 Vgl. statt vieler W.-R. Schenke/R. P. Schenke, in: Kopp/Schenke, VwGO, 25. Aufl. 2019, § 47 Rn. 99 m.w. N.; zum Meinungsstand Jeremias, NVwZ 2014, 495 ff.
164 BVerwG, Beschl. v. 14.7.1978, Az.: 7 N 1.78 = BVerwGE 56, 172 (178).
165 Vgl. BVerfG, Beschl. v. 4.10.2011, Az.: 1 BvL 3.08 = NJW 2012, 45 (46, Rn. 54).
166 Grundlegend EuGH, Urt. v. 15.7.1964, Rs. 6.64 = ECLI:EU:C:1964:66 – Costa/E.N.E.L.
167 Ebenso z. B. Martini, Verwaltungsprozessrecht und Allgemeines Verwaltungsrecht, 6. Aufl. 2017, S. 177 a. E.
168 In diesem Sinne auch Kintz, Öffentliches Recht im Assessorexamen, 10. Aufl. 2018, Rn. 587.

Thomas Kienle

a) Formelle Rechtmäßigkeit

In **formeller** Hinsicht hat sich der „Dreiklang" Zuständigkeit – Verfahren – Form 73
bewährt.[169] Zu beachten ist, dass nicht jeder Verfahrens- oder Formfehler
zwangsläufig die Rechtswidrigkeit der Norm nach sich zieht. Zwar finden die
§§ 45, 46 VwVfG nur auf Verwaltungsakte Anwendung. Daneben kennt die
Rechtsordnung aber zahlreiche gesetzliche Vorschriften, nach denen der
Rechtsfehler **folgenlos** bleibt: So kann er beispielsweise **unbeachtlich** sein (z. B.
§ 214 I 1 BauGB) bzw. werden (z. B. § 215 I 1 BauGB), **geheilt** (z. B. § 214 IV
BauGB[170]) werden oder es handelt sich um eine **bloße Ordnungsvorschrift**
(z. B. Art. 52 I BayGO[171]), die die Wirksamkeit der angegriffenen Rechtsvorschrift
unberührt lässt.[172] Gerade im Bauplanungsrecht spielt der Grundsatz der Planerhaltung, wie er in den §§ 214 I, IV, 215 I BauGB zum Ausdruck kommt, eine
tragende Rolle. Die Regel, dass ein Verstoß gegen eine Verfahrens- oder Formvorschrift die Rechtswidrigkeit bedingt, verkommt dadurch zur Ausnahme.[173] Ist
der formelle Rechtsfehler in der Klausur festgestellt, ist – in einem zweiten
Schritt – somit stets zu untersuchen, ob er gleichwohl rechtsfolgenlos bleibt.

b) Materielle Rechtmäßigkeit

Im Rahmen der **materiellen** Rechtswidrigkeit ist zunächst regelmäßig die ein- 74
schlägige **Ermächtigungsgrundlage** zu identifizieren. Sodann sind ihre Voraussetzungen zu subsumieren. Schließlich ist die untergesetzliche Rechtsvorschrift auf ihre Vereinbarkeit mit höherrangigem Recht zu untersuchen. Der
Prüfungsmaßstab ist dabei grundsätzlich unbeschränkt (s. Rn. 69). Kommt das
OVG zu der Überzeugung, dass die Rechtsvorschrift in diesem Sinne rechtswidrig
ist, so erklärt es sie für „unwirksam" (§ 47 V 2 Hs. 1 VwGO; dazu Rn. 75). Diese rein

---

169 Instruktiv zur Normenkontrolle einer (Landes-)Verordnung z. B. Martini, Verwaltungsprozessrecht und Allgemeines Verwaltungsrecht, 6. Aufl. 2017, S. 176 f. sowie einer kommunalen
Satzung (ebenda, S. 178 f.).
170 Beachte: Die Heilung gem. § 214 IV BauGB erfasst nach h. M. auch alle nach Landesrecht
beachtlichen formellen – insbesondere solche der Gemeindeordnungen – sowie materiellen
Fehler, vgl. Battis, in: Battis/Krautzberger/Löhr, BauGB, 14. Aufl. 2019, § 214 Rn. 23 m.w.N.
171 Anders bei Verstoß gegen Art. 52 II 1 BayGO (Grundsatz der Öffentlichkeit), s. VGH München,
Urt. v. 26.1. 2009, Az.: 2 N 08.124 = BayVBl. 2009, 344; offenlassend VGH München, Beschl. v. 20.4.
2015, Az.: 4 CS 15.381 = NVwZ-RR 2015, 627 (628 f. Rn. 13); jüngst VGH München, Beschl. v. 3.4.
2018, Az.: 15 ZB 17.318, Rn. 9.
172 Vgl. die Kategorien bei Martini, Verwaltungsprozessrecht und Allgemeines Verwaltungsrecht, 6. Aufl. 2017, S. 177 mit weiteren Beispielen.
173 Vgl. nur Hufen, Verwaltungsprozessrecht, 11. Aufl. 2019, § 30 Rn. 22.

Thomas Kienle

deklaratorische (s. den Wortlaut des § 47 V 2 Hs. 1 VwGO: „ungültig ist")[174] Feststellung ist „allgemein verbindlich", wirkt also erga omnes (§ 47 V 2 Hs. 2 VwGO). Verstößt die Rechtsvorschrift allein gegen Unionsrecht, ist sie „lediglich" unanwendbar (sog. Anwendungsvorrang), nicht unwirksam.

4. Entscheidung des OVG

75 Ist der Antrag unzulässig oder unbegründet, **lehnt** ihn das OVG **ab**.[175] Es tenoriert dann schlicht: Der Antrag wird abgelehnt.[176] Ist der Antrag hingegen zulässig und begründet, erklärt das OVG die Rechtsvorschrift (deklaratorisch) für **unwirksam** (§ 47 V 2 Hs. 1 VwGO).[177] In diesem Fall ist die Entscheidung allgemein verbindlich, wirkt also erga omnes.[178] Die Entscheidungsformel ist vom Antragsgegner ebenso zu veröffentlichen wie die Rechtsvorschrift bekanntzumachen wäre (§ 47 V 2 Hs. 2 VwGO). Sinn und Zweck dieser Vorschrift ist, den „Schein" einer wirksamen Rechtsnorm zu beseitigen.[179] Für die Kostenentscheidung (§§ 154 ff. VwGO) sowie die Entscheidung zur vorläufigen Vollstreckbarkeit (§ 167 II analog; § 167 I 1 VwGO i.V. m. §§ 708 ff. ZPO, s. auch § 2 Rn. 6) gelten die allgemeinen Grundsätze. Endlich ist das OVG – anders als das VG hinsichtlich der Berufung (§ 124a I 3 VwGO) – befugt, die Revision **nicht** zuzulassen (vgl. §§ 132 II, 133 I VwGO).[180]

5. Einstweilige Anordnung (§ 47 VI VwGO)

76 § 47 VwGO verbürgt ein eigenes, selbstständiges Verfahren des einstweiligen Rechtsschutzes: § 47 VI VwGO und §§ 80, 80a, 123 VwGO stehen gleichberechtigt nebeneinander und können, ob ihres unterschiedlichen Streitgegenstands, sogar

---

174 Vgl. statt vieler Ziekow, in: Sodan/Ziekow, VwGO, 5. Aufl. 2018, § 47 Rn. 355.

175 Beachte: Ein Antrag wird abgelehnt, eine Klage abgewiesen.

176 Eingehend zur Tenorierung auch Martini, Verwaltungsprozessrecht und Allgemeines Verwaltungsrecht, 6. Aufl. 2017, S. 234.

177 Dies gilt auch im Fall bloß „schwebender Unwirksamkeit" (z. B. § 214 IV BauGB), W.-R. Schenke/R. P. Schenke, in: Kopp/Schenke, VwGO, 25. Aufl. 2019, § 47 Rn. 120.

178 Bei einer abweisenden Entscheidung gilt wie üblich § 121 VwGO, Giesberts, in: Posser/Wolff, VwGO, 48. Ed., Stand: 1.1.2019, § 47 Rn. 83 m.w.N.

179 Giesberts, in: Posser/Wolff, VwGO, 49. Ed., Stand: 1.4.2019, § 47 Rn. 85.

180 Im Jahr 2017 erledigten die deutschen OVG 851 Verfahren als erste Instanz (davon 472 Normenkontrollen). In den durch Urteil beendeten Verfahren (304) ließen sie nur 14 Mal die Revision zu; Statistisches Bundesamt, Fachserie 10, Reihe 2.4, 2017, S. 67.

Thomas Kienle

parallel stattfinden.[181] Dem Antrag in der Hauptsache (§ 47 I VwGO) kommt keine aufschiebende Wirkung zu; § 80 I gilt nicht (auch nicht analog).[182] Doch gibt es Fälle, in denen käme die Hauptsache zu spät:[183] Drohen schwere Nachteile (Alt. 1) oder ist es aus anderen Gründen dringend geboten (Alt. 2), kann das OVG auf Antrag eine einstweilige Anordnung erlassen (§ 47 VI VwGO).

Wie üblich ist zwischen der Zulässigkeit und der Begründetheit des Eilan- 77 trags zu unterscheiden.[184] Der Antragsteller kann den Antrag stellen, bevor die Hauptsache anhängig ist (Gesamtanalogie zu §§ 80 V, 123 I VwGO, § 32 BVerfGG).[185] Eine Antragsfrist sieht § 47 VI VwGO nicht vor. Ist der (spätere) Normenkontrollantrag indes verfristet (§ 47 II 1 VwGO), macht das die Hauptsache – aus Sicht des Eilantrags – „offensichtlich" unzulässig, mit der Folge, dass auch die einstweilige Anordnung nicht ergeht – der Antrag wird abgelehnt.[186] Ist der Antrag in der Hauptsache nicht offensichtlich unzulässig oder unbegründet (wobei die Formulierungen der OVG hier variieren), nehmen die Gerichte – wohl in Anlehnung an § 32 BVerfGG – eine Folgenabwägung anhand der sog. Doppelhypothese vor.[187] Diese Abwägung ist zumindest in der Klausur kaum zu leisten.[188] Klausuren, die im Kern um § 47 VI VwGO kreisen, sind daher äußerst selten. Sehen sich die Bearbeiter*innen gleichwohl mit einem Antrag nach § 47 VI VwGO konfrontiert, empfiehlt es sich, wie bei §§ 80, 80a VwGO (s. § 9 Rn. 48) die Erfolgsaussichten der Hauptsache inzident zu prüfen.[189] Die Folgenabwägung ist dann nur mehr Kür, wenn sie denn überhaupt erwartet wird.

---

181 OVG Münster, Beschl. v. 1.9. 2000, Az.: 7a B 1225.00.NE = NVwZ 2001, 1060 (1062); jüngst VGH München, Beschl. v. 23.8.2018, Az.: 1 NE 18.1123 = BeckRS 2018, 19994 Rn. 10. Prüfungsstandort: Rechtsschutzbedürfnis.

182 Schoch, in: Schoch/Schneider/Bier, VwGO, 36. EL Februar 2019, § 47 Rn. 142 m.w.N.

183 Die vor den OVG 2017 insgesamt erledigten erstinstanzlichen Hauptsacheverfahren (851) dauerten durchschnittlich 15,4 Monate (12,5 in Bayern bis 25,7 Monate in Mecklenburg-Vorpommern), Statistisches Bundesamt, Fachserie 10, Reihe 2.4, 2017, S. 75.

184 Schoch, in: Schoch/Schneider/Bier, VwGO, 36. EL Februar 2019, § 47 Rn. 142 m.w.N.

185 Schoch, in: Schoch/Schneider/Bier, VwGO, 36. EL Februar 2019, § 47 Rn. 146; s. auch Kerkmann/Huber, in: Gärditz, VwGO, 2. Aufl. 2018, § 47 Rn. 160.

186 Schoch, in: Schoch/Schneider/Bier, VwGO, 36. EL Februar 2019, § 47 Rn. 147.

187 Vgl. statt vieler Kerkmann/Huber, in: Gärditz, VwGO, 2. Aufl. 2018, § 47 Rn. 183 ff.; zur Doppelhypothese des BVerfG jüngst auch Kienle/Wenzel, ZD-Aktuell 2019, 06485.

188 Zutreffend Erbguth/Guckelberger, Allgemeines Verwaltungsrecht, 9. Aufl. 2018, § 28 Rn. 21 a.E.

189 Ähnlich Erbguth/Guckelberger, Allgemeines Verwaltungsrecht, 9. Aufl. 2018, § 28 Rn. 21 a.E.

Thomas Kienle

6. Literaturhinweise

78 Decker, Zulässigkeitsprobleme bei der Normenkontrolle gegen Bebauungspläne, JA 2010, 653; Ehlers, Die verwaltungsgerichtliche Normenkontrolle, Jura 2005, 171; Detterbeck, Allgemeines Verwaltungsrecht mit Verwaltungsprozessrecht, 17. Aufl. 2019, S. 594 ff.; Erbguth/Guckelberger, Allgemeines Verwaltungsrecht – mit Verwaltungsprozessrecht und Staatshaftungsrecht, 9. Aufl. 2018, § 28; Hufen, Verwaltungsprozessrecht, 11. Aufl. 2019, § 19 sowie § 30; Hyckel, Referendarexamensklausur – Öffentliches Recht: Baurecht – Der gemeindliche Kampf gegen Windkraftanlagen, JuS 2015, 162; Jahn, Der praktische Fall – Öffentlich-rechtliche Klausur: Streit um den Ladenschluss, JuS 2002, 693; Kintz, Öffentliches Recht im Assessorexamen, 10. Aufl. 2018, Rn. 559 ff.; Kintz, Die Normenkontrolle nach § 47 VwGO, JuS 2000, 1099; Kremer, Fortgeschrittenenklausur – Öffentliches Recht: Gefahrenabwehrverordnung und Normenkontrollantrag – Verbot von Alkoholkonsum in der Öffentlichkeit, JuS 2010, 431; Michael, Normenkontrollen – Teil 5, Fragen der Zulässigkeit: Normenkontrolle zum Oberverwaltungsgericht, ZJS 2014, 621; Pernice-Warnke, Fortgeschrittenenklausur: Tempora mutantur ius et mutatur illis – Hier: Baurecht, ZJS 2018, 590; Richter/Sokol, Übungsblätter Studenten: „Moschee im Gewerbegebiet", JA 2001, 521; Schenke, Verwaltungsprozessrecht, 16. Aufl. 2019, § 24; Singbartl, Übungsfall: Gemeindliche- und/oder Staatshaftung beim unwirksamen Bebauungsplan, ZJS 2015, 106; Würtenberger/Heckmann, Verwaltungsprozessrecht, 4. Aufl. 2018, § 26

Falllösung: Fall 13 in: Eisentraut, Fälle zum Verwaltungsrecht, 2020

II. Das Normenkontrollverfahren im Baurecht: Die Rechtswidrigkeit eines Bebauungsplans (Thomas Kienle/Felix Steengrafe)

79 Der Bebauungsplan ist der „Klausurklassiker" für das verwaltungsgerichtliche Normenkontrollverfahren schlechthin – er macht nach wie vor den „Löwenanteil"[190] in Rechtsprechung und Lehre aus. Im Gegensatz zur inzidenten Kontrolle (vgl. § 30 BauGB), etwa im Rahmen einer (Dritt-)Anfechtungsklage gegen eine Baugenehmigung (s. § 2 Rn. 296 ff.), ist der Bebauungsplan bei § 47 VwGO selbst, also prinzipal, Gegenstand des Verfahrens. Das macht diesen Klausurtypus so „reizvoll". Im Folgenden werden daher die wichtigsten Prüfungspunkte – wenn auch kurz – abstrakt erörtert. Es handelt sich um eine Art „Leitfaden" für die Klausur – nicht mehr, aber auch nicht weniger.

---

190 So Hufen, Verwaltungsprozessrecht, 11. Aufl. 2019, § 30 Rn. 20.

1. Formelle Rechtswidrigkeit

Ob ein Bebauungsplan formell rechtmäßig zustande gekommen ist, beurteilt sich **80** zuvörderst nach den Vorschriften des BauGB, namentlich der §§ 2f., 8 ff. sowie §§ 214 ff. BauGB. Was für die Aufstellung des Bebauungsplans gilt, gilt nach § 1 VIII BauGB auch für seine Änderung, Ergänzung und Aufhebung (s. Rn. 14). Die allgemeinen Vorschriften der Gemeindeordnungen – etwa zur Beschlussfassung – treten hinzu. Denn das Bundesrecht enthält keine in sich geschlossene und vollständige Regelung der formellen Voraussetzungen für gültige Bebauungspläne.[191] Die bundesrechtliche Regelung der Bauleitplanung setzt dem Landesrecht – sei es ausdrücklich, sei es sinngemäß – insoweit nur einen Rahmen.[192] Die nachfolgende Darstellung ist keinesfalls abschließend[193] und kann ein Lehrbuch zum besonderen Verwaltungsrecht nicht ersetzen.[194]

a) Zuständigkeit

Sachlich zuständig ist die Gemeinde. Sie stellt den Bebauungsplan auf (vgl. **81** §§ 1 III 1, 2 I 1, 10 I BauGB), und zwar in „eigener Verantwortung" (§ 2 I 1 BauGB). Dies ist Ausdruck ihrer durch Art. 28 II 1 GG (bzw. z. B. Art. 11 II 2 der Bayerischen Verfassung – BV) garantierten **gemeindlichen Planungshoheit**.[195] Die örtliche Zuständigkeit ist durch das Gemeindegebiet begrenzt. Welches Gemeindeorgan funktionell zuständig ist, ergibt sich aus dem einschlägigen Landesrecht.

b) Planaufstellungsbeschluss?

Der Beschluss, einen Bebauungsplan aufzustellen, zu ändern, zu ergänzen oder **82** aufzuheben (**Planaufstellungsbeschluss**), leitet das förmliche Planverfahren ein. Er ist ortsüblich bekannt zu machen (§ 2 I 1 BauGB). Gleichwohl schlägt ein fehlerhafter Planaufstellungsbeschluss nicht auf den späteren Bebauungsplan

---

191 So z. B. BVerwG, Beschl. v. 15.4.1988, Az.: 4 N 4.87 = BVerwGE 79, 200 (203 f.).

192 BVerwG, Beschl. v. 15.4.1988, Az.: 4 N 4.87 = BVerwGE 79, 200 (204).

193 Ein Überblick findet sich etwa bei Martini, Verwaltungsprozessrecht und Allgemeines Verwaltungsrecht, 6. Aufl. 2017, S. 180 f.; ferner Erbguth/Mann/Schubert, Besonderes Verwaltungsrecht, 12. Aufl. 2015, Rn. 890 ff.

194 S. etwa Will, Öffentliches Baurecht, 2019, S. 39 ff.; Wickel, in: Ehlers/Fehling/Pünder, Besonderes Verwaltungsrecht, Band 2, 3. Aufl. 2013, S. 121 ff.

195 Vgl. dazu etwa Mehde, in: Maunz/Dürig, GG, 67. EL 2012, Art. 28 Abs. 2 Rn. 59 ff. Ob die Planungshoheit zum unantastbaren Kerngehalt kommunaler Selbstverwaltung gehört, hat das BVerfG, soweit ersichtlich, noch nicht entschieden, vgl. etwa BVerfG, Beschl. v. 23.11.1988, Az.: 2 BvR 1619, 1628.83 = BVerwGE 79, 127 (143) – Rastede.

Thomas Kienle/Felix Steengrafe

durch; vielmehr lässt er dessen Wirksamkeit unberührt.[196] Das folgt aus einem argumentum e contrario aus § 214 I 1 Nr. 4 BauGB. Der Aufstellungsbeschluss ist somit **keine Wirksamkeitsvoraussetzung** des Bebauungsplans.[197]

c) Frühzeitige Öffentlichkeits- und Behördenbeteiligung (§§ 3 I, 4 I BauGB)

83 Die Öffentlichkeit wie auch die von der Planung berührten Behörden (und sonstige Träger öffentlicher Belange) sind „möglichst frühzeitig" am Verfahren zu beteiligen (§§ 3 I, 4 I; vgl. auch § 4a II BauGB). Ein Fehler auf dieser **ersten Stufe** der Beteiligung berührt die Wirksamkeit des Bebauungsplans nicht.[198] Das ergibt wiederum ein Umkehrschluss aus § 214 I 1 BauGB, konkret Nr. 2: Indem der Gesetzgeber lediglich auf § 3 II und § 4 II BauGB (also die zweite Stufe) abhebt, gibt er e contrario zu erkennen, dass Verfahrensfehler im Rahmen der frühzeitigen Öffentlichkeits- und Behördenbeteiligung nicht auf die Wirksamkeit des Bebauungsplans durchschlagen sollen. Wortlaut und Telos des § 214 I BauGB sind insoweit eindeutig. Der Katalog des § 214 I 1 BauGB ist abschließend.[199]

d) Förmliche Beteiligung – Auslegungsverfahren (§§ 3 II, 4 II BauGB)

84 Die Auslegung des Bebauungsplans ist der **Öffentlichkeit** mindestens eine Woche vorher ortsüblich **bekannt zu machen** (§ 3 II 2 Hs. 1 BauGB; vgl. auch § 214 I 1 Nr. 4 BauGB „Hinweiszweck"). Damit läutet die Gemeinde die zweite Stufe der Beteiligung, das **formalisierte** oder **förmliche Beteiligungsverfahren**, ein. In der Bekanntmachung ist der Planbereich zu bezeichnen, und zwar in einer Weise, die geeignet ist, „dem an der beabsichtigten Bauleitplanung interessierten Bürger sein Interesse an Information und Beteiligung durch Anregung und Bedenken bewusst zu machen und dadurch eine gemeindliche Öffentlichkeit herzustellen".[200] Die Bekanntmachung muss mithin einen hinreichenden „Anstoß" vermitteln können (sog. **Anstoßfunktion**).[201]

---

196 Grundlegend BVerwG, Beschl. v. 15.4.1988, Az.: 4 N 4.87 = BVerwGE 79, 200 (204).
197 Der Aufstellungsbeschluss ist indes materielle Rechtmäßigkeitsvoraussetzung einer Veränderungssperre (§ 14 I BauGB) sowie für die Zulässigkeit von Vorhaben während der Planaufstellung (§ 33 BauGB); vgl. z. B. BVerwG, Urt. v. 13.12.2007, Az.: 4 C 9.07 = NVwZ 2008, 437 Rn. 8.
198 Vgl. etwa BVerwG, Beschl. v. 23.10.2002, Az.: 4 BN 53.02 = NVwZ-RR 2003, 172.
199 BT-Drs. 15/2250, S. 63.
200 BVerwG, Urt. v. 6.7.1984, Az.: 4 C 22.80 = NJW 1985, 1570 – Leitsatz 1; Weiterentwicklung von BVerwG, Urt. v. 26.5.1978, Az.: 4 C 9.77 = BVerwGE 55, 369.
201 Ausführlich dazu Krautzberger, in: Ernst/Zinkahn/Bielenberg/Krautzberger, BauGB, 127. EL 2017, § 3 Rn. 48.

Thomas Kienle/Felix Steengrafe

Daran schließt sich die öffentliche **Auslegung** des Planentwurfs an – und 85
zwar für die Dauer „eines Monats" (nicht vier Wochen(!), sondern „mindestens
30 Tage", § 3 II 1 BauGB).[202] Sowohl die frühzeitige als auch die förmliche Öf-
fentlichkeits- und Behördenbeteiligung dienen insbesondere dazu, die abwä-
gungserheblichen Belange vollständig zu ermitteln und zutreffend zu bewerten
(§ 4a I i.V.m. § 2 III BauGB).

Die Fristberechnung im Rahmen des § 3 II BauGB ist ein „Wiedergänger" 86
vieler Klausuren. Gleichwohl ist hier Sorgfalt geboten. Denn die Wochenfrist des
§ 3 II 2 Hs. 1 BauGB stellt eine sog. **Ereignisfrist** (§§ 187 I, 188 II Alt. 1 BGB), die
Monatsfrist des § 3 II 1 BauGB hingegen eine sog. **Ablauffrist** (§§ 187 II, 188 II Alt. 2
BGB) dar. Bei der Berechnung der einmonatigen Auslegungsdauer (§ 3 II 1 BauGB)
ist mithin der erste Tag der Auslegung mitzuzählen (häufiger Klausurfehler!).[203]
Ist die Bekanntmachungsfrist zu kurz bemessen worden, kann dies durch eine
entsprechend längere Auslegung kompensiert werden („Fristenkompensati-
on").[204] Voraussetzung ist aber, dass sich die längere Auslegungsfrist bereits aus
der Bekanntmachung ergibt.[205]

Neben der Öffentlichkeit sind auch **Behörden** und **sonstige Träger öffent-** 87
licher Belange, deren Aufgabenbereich durch die Planung berührt werden kann
(z.B. Nachbargemeinden), im Auslegungsverfahren zu beteiligen (§ 4 II BauGB;
sog. Behördenbeteiligung). Sie haben ihre Stellungnahme „innerhalb eines Monats" (mindestens 30 Tage, § 4 II 2 Hs. 1 BauGB) abzugeben; die (mehrfach)
„eingeschränkte materielle Präklusion"[206] des § 4a VI 1 BauGB ist zu beachten. Die
fristgemäß abgegebenen Stellungnahmen sind von der planenden Gemeinde zu
prüfen (§ 3 II 4 Hs. 1 BauGB). Im Falle der Planänderung ist § 4a III BauGB zu
berücksichtigen – das Verfahren beginnt grundsätzlich (Ausnahmen nach Satz 4)
von Neuem.

---

202 Die nach § 4 II BauGB beteiligten Träger öffentlicher Belange „sollen" von der Auslegung
benachrichtigt werden (§ 3 II 3 BauGB). Sie müssen ihre Stellungnahmen grundsätzlich „innerhalb eines Monats" abgeben (§ 4 II 2 Hs. 1 BauGB).
203 Grundlegend BVerwG, Beschl. v. 6.7.1972, Az.: GmS-OGB 2.71 = BVerwGE 40, 363 (Gemein-
samer Senat der obersten Gerichtshöfe des Bundes).
204 S. z.B. BVerwG, Beschl. v. 23.7.2003, Az.: 4 BN 36.03 = NVwZ 2003, 1391. Umgekehrt geht die
Kompensation fehl: Eine verkürzte Auslegungsfrist (Extrembeispiel: ein Tag) kann nicht durch
eine längere Bekanntmachungsfrist (im Beispiel: 36 Tage) kompensiert werden, selbst wenn die
Mindestfristen insgesamt eingehalten werden.
205 BVerwG, Beschl. v. 23.7.2003, Az.: 4 BN 36.03 = NVwZ 2003, 1391 (1391).
206 Spannowsky, in: Spannowsky/Uechtritz, BauGB, 45. Ed., Stand: 1.5.2019, § 47 Rn. 26.

Thomas Kienle/Felix Steengrafe

88   Ein Fehler im Auslegungsverfahren ist grundsätzlich[207] beachtlich (§ 214 I 1 Nr. 2 Hs. 1 i.V. m. §§ 3 II, 4 II BauGB); er wird unbeachtlich, wenn der Antragsteller (oder ein Dritter) ihn nicht binnen eines Jahres rügt (§ 215 I 1 Nr. 1 BauGB; im Übrigen gilt § 214 IV BauGB).

e) Ermittlung und Bewertung des Abwägungsmaterials (§ 2 III BauGB)

89   Sodann hat die Gemeinde die Belange, die für die Abwägung von Bedeutung sind (**Abwägungsmaterial**), zu ermitteln und zu bewerten. § 1 VI BauGB sowie § 1a BauGB geben eine Orientierung für das Abwägungsmaterial.[208]

90   *Hausarbeitswissen: Die Umweltprüfung i.S.d. § 2 IV BauGB ist bei genauer Betrachtung kein selbständiges Verfahren, sondern „integraler Bestandteil"[209] des Planaufstellungsverfahrens, insbesondere der Ermittlung und Bewertung des Abwägungsmaterials nach § 2 III BauGB. Absatz 4 normiert für die Umweltprüfung weitere Kriterien. Ob Verfahrensfehler beachtlich sind, beurteilt sich – mangels Sonderregelung – nach den allgemeinen Planerhaltungsvorschriften der §§ 214 ff. BauGB (vgl. auch § 4 II UmwRG).[210] Von der Umweltprüfung ist der sog. Umweltbericht, der einen gesonderten Teil der schlussendlichen Begründung bildet (§ 2a S. 3 BauGB), zu unterscheiden.*

91   § 2 III BauGB ist als „Verfahrensgrundnorm"[211] konzipiert; sie ist das erste „Einfallstor" für die sog. **Abwägungsfehlerlehre:**[212] Das Gebot gerechter Abwägung ist verletzt, wenn

–   eine (sachgerechte) Abwägung überhaupt nicht stattfindet (**Abwägungsausfall**),

–   wenn in die Abwägung an Belangen nicht eingestellt wird, was nach Lage der Dinge in sie eingestellt werden muss (**Abwägungsdefizit**),[213]

–   wenn die Bedeutung der betroffenen öffentlichen und privaten Belange verkannt (**Abwägungsfehleinschätzung**)

–   oder wenn der Ausgleich zwischen den von der Planung berührten Belange in einer Weise vorgenommen wird, der zur objektiven Gewichtigkeit einzelner

---

207 Beachte aber die „interne Unbeachtlichkeitsklausel" (Battis, in: Battis/Krautzberger/Löhr, BauGB, 14. Aufl. 2019, § 214 Rn. 6) des § 214 I 1 Nr. 2 Hs. 2 BauGB.

208 Zur Bedeutung des § 1 VI BauGB in der planerischen Abwägung z. B. Uechtritz, in: Spannowsky/Uechtritz, BauGB, 3. Aufl. 2018, § 2 Rn. 61; zu § 1a BauGB z. B. Jeromin, in: Kröninger/Aschke/Jeromin, BauGB, 4. Aufl. 2018, § 1a Rn. 1.

209 BT-Drs. 15/2250, S. 42.

210 Kment, AöR 130 (2005), 570 (592).

211 BT-Drs. 15/2250, S. 42.

212 Instruktiv dazu Martini/Finkenzeller, JuS 2012, 126 ff.; s. auch Voßkuhle, JuS 2008, 117 (119).

213 Zum Umfang der Ermittlungspflicht jüngst BVerwG, Beschl. v. 12.6.2018, Az.: 4 B 71.17, Rn. 5 ff.

Thomas Kienle/Felix Steengrafe

Belange außer Verhältnis steht (Abwägungsdisproportionalität; § 1 VII BauGB, s. Rn. 102 ff.).[214]

Diese Fehler können der Gemeinde sowohl im Abwägungs**vorgang**, als auch – logische Ausnahme: Abwägungsausfall – im Abwägungs**ergebnis** unterlaufen (vgl. nunmehr § 214 III 2 Hs. 2 BauGB).[215] Dieser an sich schon überkomplexen Rechtsprechung hat der Gesetzgeber mit dem EAG Bau 2004, wiewohl er hehre Ziele verfolgte, die „Krone aufgesetzt".[216] Mit § 214 I 1 Nr. 1 BauGB macht er deutlich, dass Fehler bei der Ermittlung und Bewertung des Abwägungsmaterials (§ 2 III BauGB) „nur noch" solche des Verfahrens darstellen; sie können seither nicht mehr als „Mängel der Abwägung" – gemeint ist als materiell-rechtliche Fehler[217] – geltend gemacht werden. Das betrifft nach vorzugswürdiger Ansicht die ersten drei der vier Fehlerkategorien, namentlich Abwägungsausfall, -defizit und -fehleinschätzung – und zwar im Vorgang wie im Ergebnis.[218] Demgegenüber ist die Abwägungsdisproportionalität als materieller Fehler im Rahmen des § 1 VII BauGB zu verorten (s. Rn. 103).

Die drei Verfahrensfehler (Abwägungsausfall, -defizit, -fehleinschätzung) **92** sind indes nur beachtlich, wenn der Mangel **offensichtlich** und **auf das Abwägungsergebnis von Einfluss** gewesen ist (§ 214 I 1 Nr. 1 BauGB a.E.). Nach der Rechtsprechung ist ein Mangel nur offensichtlich, wenn dieser auf objektiven Umständen und nicht nur der Vorstellung einzelner Mitglieder beruht. Ein Einfluss auf das Verfahren wird bereits dann angenommen, wenn nach der konkreten Möglichkeit das Abwägungsergebnis ohne den Fehler anders ausgefallen wäre.[219] Nicht ausreichend ist damit eine bloße abstrakte Annahme, ohne Fehler wäre ein abweichendes Ergebnis eingetreten. Die drei Fehler **werden** unbeachtlich, wenn sie der Antragsteller (oder ein Dritter) nicht innerhalb eines Jahres rügt (§ 215 I 1 Nr. 1 BauGB[220]). Mängel im Abwägungs**ergebnis** sind indes **stets beachtlich** (arg.

---

214 Grundlegend BVerwG, Urt. v. 12.12.1969, Az.: IV C 105.66 = BVerwGE 34, 301 (309) – Ackerland.

215 Grundlegend BVerwG, Urt. v. 5.7.1974, Az.: IV C 50.72 = BVerwGE 45, 309 – Flachglas; Lege, DÖV 2015, 361 (363) zählt hiernach sieben(!) Fehler.

216 Vgl. nur Lege, DÖV 2015, 361 (365 f.).

217 Statt vieler Martini/Finkenzeller, JuS 2012, 126 (129).

218 So die h.M. in der Literatur, vgl. etwa Lege, DÖV 2015, 361 (368 f.; 372 f.) m.w.N.

219 OVG Koblenz, Urt. v. 12.5.2016, Az.: 1 C 10321.15.OVG, Rn. 48; BVerwG, Urt. v. 13.12.2012, Az.: 4 CN 1.11 = NVwZ 2013, 519 (521 Rn. 16); BVerwG, Urt. v. 21.8.1981, Az.: 4 C 57.80 = NJW 1982, 591 (592); VGH Mannheim, Urt. v. 6.2.2014, Az.: 3 S 207.13, Rn. 30 f.

220 Das BVerwG, Beschl. v. 14.3.2017, Az.: 4 CN 3.16 hatte dem EuGH die Frage vorgelegt (Art. 267 AEUV), ob § 215 I 1 Nr. 1 BauGB mit Art. 11 der UVP-RL (2011/92/EU) vereinbar ist. Nachdem der

§§ 214 III 2 Hs. 2, 215 I 1 Nr. 3 BauGB).[221] Im Übrigen können im Grunde sämtliche Fehler durch ein ergänzendes Verfahren geheilt werden, § 214 IV BauGB.

f) Satzungsbeschluss (§ 10 I BauGB)

93 Die Gemeinde beschließt den Bebauungsplan als Satzung (§ 10 I BauGB; **Verbandskompetenz**). In Berlin und Hamburg gelten Sonderregelungen (§ 246 II 1 BauGB; s. Rn. 18). Welches Gemeindeorgan zuständig ist (**Organkompetenz**), überlässt das BauGB dem Kommunalverfassungsrecht der Länder: Ihm obliegt es, die rudimentären, bundesrechtlichen Vorgaben zu konkretisieren und zu bestimmen, welches jeweilige Entscheidungsorgan zuständig ist.[222] In der Regel ist der Satzungsbeschluss dem Gemeinderat vorbehalten.[223]

94 An dieser Stelle führt die Klausur die Bearbeiter regelmäßig in das Kommunalverfassungsrecht, insbesondere ist hier inzident zu prüfen, ob der Beschluss formell rechtmäßig zustande gekommen ist. Die Probleme rund um die Beschlussfassung im Gemeinderat sind mannigfaltig – „klassische" Stichworte sind etwa Ladung, Beschlussfähigkeit, Öffentlichkeitsgrundsatz, Befangenheit. Indes kann beispielsweise das kommunalrechtliche Mitwirkungsverbot (z. B. Art. 49 I BayGO; § 22 I GemO RP) bundesrechtlich determiniert sein. Die im BauGB verbürgte Bauleitplanung setzt dem Landesrecht – sei es ausdrücklich, sei es sinngemäß – insoweit einen Rahmen, der nicht überschritten werden darf.[224] Gerade in Gemeinden mit „überschaubarer" Einwohnerzahl dürfen die landesrechtlichen Befangenheitsvorschriften nicht in einer Weise schematisch ausgelegt werden, die geeignet ist, die gemeindliche Planungshoheit (vgl. § 2 I 1 BauGB) weitgehend einzuschränken und gar zu blockieren.[225] Von dieser Ausnahme abgesehen, ist bei der Aufstellung eines Bebauungsplans regelmäßig kein Gruppen-, sondern ein **individuelles Sonderinteresse** berührt. Mitglieder des Gemeinderats sind etwa

---

Normenkontrollantrag zurückgenommen wurde, hat das BVerwG das Verfahren mit Beschl. v. 30. 1. 2018, Az.: 4 CN 1.18 eingestellt. Damit erledigte sich auch das Vorabentscheidungsersuchen.

221 Beachte: Fehler im Abwägungsvorgang können auf das Abwägungsergebnis durchschlagen; Lege, DÖV 2015, 361 (364) nennt sie plakativ „dicke Hunde", da sie die Abwägung insgesamt „vergiften".

222 BVerwG, Urt. v. 19. 9. 2002, Az.: 4 CN 1.02 = BVerwGE 117, 58 (62).

223 Nach Reidt, in: Battis/Krautzberger/Löhr, BauGB, 14. Aufl. 2019, § 10 Rn. 3 sei dies „stets" der Fall. Dem ist nicht so. Beispielsweise besteht in Bayern die Möglichkeit, den Beschluss gem. § 10 I BauGB auf einen sog. beschließenden Ausschuss (z. B. Bauausschuss) zu übertragen, s. Art. 32 II 2 Nr. 2 BayGO.

224 BVerwG, Urt. v. 7. 5. 1971, Az.: IV C 18.70 = NJW 1972, 699 (700); Beschl. v. 15. 4. 1988, Az.: 4 N 4.87 = BVerwGE 79, 200 (204).

225 S. etwa OVG Saarlouis, Urt. v. 29. 3. 2012, Az.: 2 C 252.10 = BeckRS 2012, 49495.

Thomas Kienle/Felix Steengrafe

von der Beratung und Abstimmung ausgeschlossen, wenn sie (oder die z. B. in Art. 49 I BayGO genannten Personen) Grundeigentum im Plangebiet haben. Denn der Bebauungsplan enthält – anders als der Flächennutzungsplan – rechtsverbindliche Festsetzungen (§ 8 I 1 BauGB) über jedes einzelne Grundstück im Plangebiet.[226]

Neben den kommunalverfassungsrechtlichen „Heilungs"-Klauseln (z. B. **95** Art. 49 IV BayGO), ist der Fehler auch durch ein ergänzendes Verfahren (§ 214 IV BauGB) heilbar. Der Wortlaut des § 214 IV BauGB („Fehler") beschränkt sich nicht auf Bundesrecht; auch Sinn und Zweck (Gedanke der Planerhaltung) streiten dafür, § 214 IV BauGB auf landesrechtliche Verfahrensvorschriften anzuwenden.[227]

g) Ausfertigung und Bekanntmachung (§ 10 III 1, 4 BauGB)

Endlich ist der **Beschluss** des Bebauungsplans (nicht der Bebauungsplan selbst; **96** arg. § 10 III 2 Hs. 1 BauGB[228]) durch die Gemeinde ortsüblich bekannt zu machen, § 10 III 1 BauGB. Mit der Bekanntmachung tritt der Bebauungsplan in Kraft (§ 10 III 4 BauGB). Die Satzung ist grundsätzlich unwirksam, wenn der mit der Bekanntmachung verfolgte „Hinweiszweck" nicht erreicht worden ist (sog. **absoluter Fehler**, § 214 I 1 Nr. 4 BauGB). Wiewohl auch dieser Fehler gem. § 214 IV BauGB noch geheilt werden kann, erklärt das OVG den Bebauungsplan für unwirksam (§ 47 V 2 Hs. 1 VwGO).[229]

2. Materielle Rechtswidrigkeit

Der Bebauungsplan könnte überdies auch materiell rechtswidrig sein. Der pla- **97** nerischen Gestaltungsfreiheit (Planungsermessen[230]) der Gemeinde sind geschriebene und ungeschriebene Grenzen gesetzt, insbesondere:[231]

---

226 Vgl. BayVGH, Beschl. v. 14.10.2013, Az.: 1 ZB 12.1976, Rn. 10.
227 Ganz h.M.; aus der Rechtsprechung etwa BVerwG, Urt. v. 25.11.1999, Az.: 4 CN 12.98 = NVwZ 2000, 676.
228 „Der Bebauungsplan ist mit der Begründung [...] zu jedermanns Einsicht bereitzuhalten". Sog. Ersatzverkündung im zweiteiligen Verfahren: ortsübliche Bekanntmachung – Bereithalten zur Einsicht, vgl. Stock, in: Ernst/Zinkahn/Bielenberg/Krautzberger, BauGB, 126. EL 2017, § 10 Rn. 90.
229 BVerwG, Beschl. v. 14.7.2011, Az.: 4 BN 8.11, Rn. 5; a.A. Ziekow, in: Sodan/Ziekow, VwGO, 5. Aufl. 2018, § 47 Rn. 372a: „schwebend unwirksam".
230 Instruktiv Voßkuhle, JuS 2008, 117 (119).
231 Vgl. dazu bspw. Will, Öffentliches Baurecht, 2019, S. 52ff.; Martini, Verwaltungsprozessrecht und Allgemeines Verwaltungsrecht, 6. Aufl. 2017, S. 184f.

Thomas Kienle/Felix Steengrafe

a) Erforderlichkeit der Bauleitplanung (§ 1 III BauGB)

98 Nach § 1 III 1 BauGB hat die Gemeinde einen Bebauungsplan aufzustellen (bzw. zu ändern, zu ergänzen oder aufzuheben),[232] **sobald** (zeitliches) und **soweit** (sachlich-räumliches Moment) es für die städtebauliche Entwicklung und Ordnung **erforderlich** ist (sog. städtebauliche Rechtfertigung). Was in diesem Sinne erforderlich ist, bestimmt sich nach der planerischen Konzeption der Gemeinde. Lässt sie städtebauliche Ordnungsvorstellungen und Zielsetzungen vermissen, darf sie das OVG nicht durch eigene Erwägungen zum städtebaulich Sinnvollen oder Wünschenswerten ersetzen.[233] § 1 III 1 BauGB setzt der Bauleitplanung eine erste, wenn auch strikt bindende Schranke, die lediglich grobe und einigermaßen „offensichtliche Missgriffe" ausschließt.[234] So liegt etwa eine unzulässige **Negativ-** bzw. **Verhinderungsplanung** vor, wenn sie nur vorgeschoben ist, um eine andere Nutzung zu verhindern.[235] Auch **reine Gefälligkeitsplanungen,** die ausschließlich den privaten Interessen Einzelner zu dienen bestimmt sind, verstoßen gegen § 1 III 1 BauGB.[236] Gleichsam unwirksam ist ein Bebauungsplan, wenn ihm **dauerhafte Hindernisse** tatsächlicher oder rechtlicher Art entgegenstehen – er ist von Anfang an nicht vollzugsfähig (sog. anfängliche Funktionslosigkeit).[237]

99 *Hausarbeitswissen: Der Bebauungsplan ist an die Ziele der Raumordnung anzupassen (§ 1 IV BauGB; vgl. auch die Parallelnorm in § 4 I 1 ROG). Das Gesamtsystem der Raumplanung entwickelt sich von „oben" nach „unten", an deren Ende der Bebauungsplan steht. Nach § 3 Nr. 2 ROG sind die Ziele der Raumordnung verbindlich. „Anpassen" i.S.d. § 1 IV BauGB meint schon dem Wortsinn nach mehr als „entwickeln" (etwa in § 8 II 1 BauGB) mit der Folge, dass die Bauleitplanung an die raumordnerischen Zielaussagen strikt gebunden ist.[238] Die Gemeinde kann sie selbst bei Vorliegen besonders schwer wiegender Gründe nicht im Rahmen der Abwägung (§ 1 VII BauGB) überwinden.[239] Dies ist mit der kommunalen Selbstverwaltungsgarantie vereinbar: Denn auch sie gilt nicht vorbehaltlos, sondern nur „im Rahmen der Gesetze" (Art. 28 II 1 GG).[240]*

---

232 Vgl. Battis, in: Battis/Krautzberger/Löhr, BauGB, 14. Aufl. 2019, § 1 Rn. 25.

233 BVerwG, Beschl. v. 25.7.2017, Az.: 4 BN 2.17, Rn. 3.

234 BVerwG, Urt. v. 27.3.2013, Az.: 4 C 13.11 = NVwZ 2013, 1157 (1158, Rn. 9).

235 BVerwG, Beschl. v. 18.12.1990, Az.: 4 NB 8.90 = NVwZ 1991, 875; Fortführung von BVerwG, Urt. v. 14.7.1972, Az.: IV C 8.70 = BVerwGE 40, 258.

236 Vgl. etwa BayVerfGH, Entsch. v. 13.7.2009, Az.: Vf. 3-VII/09 = NVwZ-RR 2009, 825 (826 m.w.N.).

237 BVerwG, Urt. v. 23.11.2016, Az.: 4 CN 2.16 = NVwZ 2017, 412 (412, Rn. 10). Der Bebauungsplan kann auch nachträglich funktionslos werden, s. Rn. 11.

238 Dirnberger, in: Spannowsky/Uechtritz, BauGB, 44. Ed., Stand: 1.11.2018, § 1 Rn. 65.

239 Dirnberger, in: Spannowsky/Uechtritz, BauGB, 44. Ed., Stand: 1.11.2018, § 1 Rn. 65.

240 Vgl. Battis, in: Battis/Krautzberger/Löhr, BauGB, 14. Aufl. 2019, § 1 Rn. 34 m.w.N.

Thomas Kienle/Felix Steengrafe

b) Entwicklungsgebot (§ 8 II BauGB)

Bebauungspläne sind aus dem Flächennutzungsplan zu entwickeln (§ 8 II 1 **100**
BauGB), sog. **Entwicklungsgebot.**[241] Ein Verstoß ist unbeachtlich, wenn die geordnete städtebauliche Entwicklung, die sich aus dem Flächennutzungsplan ergibt, nicht beeinträchtigt worden ist (§ 214 II Nr. 2 BauGB; im Übrigen: § 215 I 1 Nr. 2 BauGB).

c) Interkommunales Abstimmungsgebot (§ 2 II BauGB)

Nach § 2 II 1 BauGB sind die Bebauungspläne benachbarter Gemeinden aufein- **101**
ander abzustimmen. Die Vorschrift steht in einem engen sachlichen Zusammenhang mit § 1 VII BauGB (dazu sogleich Rn. 102 ff.); es handelt sich um eine „besondere Ausprägung" des Abwägungsgebots.[242] Das **interkommunale Abstimmungsgebot** setzt keine konkrete Planung der Nachbargemeinde voraus; es genügen tatsächliche, unmittelbare Auswirkungen gewichtiger Art.[243] Es kommt ebenso wenig darauf an, dass die Gemeinden räumlich unmittelbar aneinander grenzen. Freilich muss die planende Gemeinde nicht jedwede negative Folgewirkung für ihre Nachbargemeinden vermeiden; sie ist insbesondere nicht gehalten, ihre eigenen Interessen anstandslos zurückzustellen (arg. Art. 28 II 1 GG).[244] Selbst gewichtige nachbarliche Belange können überwunden werden, wenn ihnen noch gewichtigere im Rang vorgehen.[245] Auch wenn die Grenzen fließend sind: Keine Gemeinde darf von ihrer Planungshoheit rücksichtslos zum Nachteil der anderen Gebrauch machen.[246] § 2 II 1 BauGB ist jedenfalls dort verletzt, wo die Planung die Schwelle des (noch) Zumutbaren überschreitet.[247]

---

241 Vgl. dazu etwa BVerwG, Beschl. v. 3.10.1984, Az.: 4 N 4.84 = BVerwGE 70, 171 (177): Entwickeln i.S.d. § 8 II 1 BauGB sei nicht der „bloße[...] Vollzug des Flächennutzungsplans", sondern „eine von Gestaltungsfreiheit gekennzeichnete planerische Fortentwicklung der im Flächennutzungsplan dargestellten Grundkonzeption", mithin der „Übergang in eine stärker verdeutlichende Planstufe".

242 BVerwG, Urt. v. 1.8.2002, Az.: 4 C 5.01 = BVerwGE 117, 25 (32, Rn. 23). Mit der Rechtsprechung ist es daher ebenso gut vertretbar, das interkommunale Abstimmungsgebot i.R.d. § 1 VII BauGB zu prüfen.

243 S. z.B. BVerwG, Beschl. v. 9.1.1995, Az.: 4 NB 42.94 = NVwZ 1995, 694.

244 Uechtritz, in: Spannowsky/Uechtritz, BauGB, 45. Ed., Stand: 1.5.2019, § 2 Rn. 31.

245 Die Gemeinde, die ihre eigenen Vorstellungen durchsetzen möchte, unterliegt aber einem „erhöhten Rechtfertigungszwang", BVerwG, Urt. v. 1.8.2002, Az.: 4 C 5.01 = BVerwGE 117, 25 (33).

246 BVerwG, Beschl. v. 14.4.2010, Az.: 4 B 78.09 = NVwZ 2010, 1026 (1030, Rn. 41) – Factory-Outlet-Center.

247 Vgl. Uechtritz, in: Spannowsky/Uechtritz, BauGB, 45. Ed., Stand: 1.5.2019, § 2 Rn. 31.

Thomas Kienle/Felix Steengrafe

d) Abwägungsgebot des § 1 VII BauGB – Abwägungsdisproportionalität

102 Das Abwägungsgebot des § 1 VII BauGB markiert die „wichtigste Grenze"[248] planerischer Gestaltungsfreiheit (zur Antragsbefugnis oben Rn. 36). Als zentrales Gebot rechtsstaatlicher Planung[249] gibt es der Gemeinde auf, bei der Aufstellung des Bebauungsplans – gleiches gilt für seine Änderung, Ergänzung und Aufhebung (§ 1 VIII BauGB) – die öffentlichen und privaten Belange gegeneinander und untereinander **gerecht abzuwägen.** Konflikte, die die Planung hervorruft, hat der Bebauungsplan grundsätzlich selbst zu lösen (sog. **Gebot der Konfliktbewältigung**).[250] Das schließt eine Verlagerung von Problemen in ein nachfolgendes Verwaltungsverfahren nicht zwingend aus. Ist aber bereits im Planungsstadium absehbar, dass sich der Interessenkonflikt auch in einem späteren Verfahren nicht sachgerecht lösen lassen wird, sind die Grenzen zulässiger Konfliktverlagerung überschritten.[251] Kurzum: Die Konflikte dürfen auf der Ebene der Vorhabenzulassung nicht ungelöst bleiben.[252]

103   Abwägen ist selbstredend ein „ubiquitärer Vorgang".[253] Kollidieren verschiedene Belange, darf sich die Gemeinde für die Bevorzugung des einen und damit notwendig für die Zurückstellung des anderen entscheiden.[254] Grenzen setzt indes die von der Rechtsprechung entwickelte und von der Literatur so bezeichnete **Abwägungsfehlerlehre:** Das Gebot gerechter Abwägung (§ 1 VII BauGB[255]) ist verletzt, wenn der Ausgleich zwischen den von der Planung berührten Belange in einer Weise vorgenommen wird, der zur objektiven Gewichtigkeit einzelner Belange außer Verhältnis steht.[256] Diese **Abwägungsdisproportionalität** ist als materieller Fehler im Rahmen des § 1 VII BauGB zu prüfen.[257] Die anderen Fehler, namentlich Abwägungsausfall, -defizit und -fehleinschätzung, sind (nunmehr) formeller Natur und ressortieren somit § 2 III BauGB („Verfahrensgrundnorm"; s. Rn. 91).

---

248 Martini, Verwaltungsprozessrecht und Allgemeines Verwaltungsrecht, 6. Aufl. 2017, S. 185.
249 Ohne gerechte Abwägung sei (rechtsstaatliche) Planung nicht möglich, Battis, in: Battis/ Krautzberger/Löhr, BauGB, 14. Aufl. 2019, § 1 Rn. 89.
250 Eingehend Söfker/Runkel, in: Ernst/Zinkahn/Bielenberg/Krautzberger, BauGB, 117. EL 2015, § 1 Rn. 215 ff.
251 S. etwa BVerwG, Urt. v. 7.5.2014, Az.: 4 CN 5.13 = NVwZ 2014, 1170 (1173, Rn. 25).
252 BVerwG, Urt. v. 19.4.2012, Az.: 4 CN 3.11, Rn. 19.
253 So Erbguth, JZ 2006, 484 (484).
254 Grundlegend bereits BVerwG, Urt. v. 12.12.1969, Az.: IV C 105.66 = BVerwGE 34, 301 (309) – Ackerland.
255 Die Vorschrift ist somit (nach § 2 III BauGB, s. Rn. 91 ff.) das zweite „Einfallstor" für die Abwägungsfehlerlehre.
256 BVerwG, Urt. v. 12.12.1969, Az.: IV C 105.66 = BVerwGE 34, 301 (309) – Ackerland.
257 Ebenso Lege, DÖV 2015, 361 (369); Martini/Finkenzeller, JuS 2012, 126 (130).

Thomas Kienle/Felix Steengrafe

Liegt ein disproportionaler Ausgleich vor, ist zu unterscheiden: Unterläuft der **104** Fehler im Abwägungs**vorgang**, ist er nur dann erheblich, wenn er **offensichtlich** und auf das **Abwägungsergebnis von Einfluss** war (§ 214 III 2 Hs. 2 BauGB; „Angstklausel"[258]). Er kann nach Maßgabe des § 215 I 1 Nr. 3 BauGB unbeachtlich werden. Demgegenüber ist der materiell-rechtliche Fehler im **Ergebnis** der Abwägung **stets beachtlich.** Das folgt aus einem Umkehrschluss aus § 214 III 2 Hs. 2 BauGB („Schweigen für Kenner"[259]). Diese Fehler **bleiben** immer beachtlich (§ 215 I 1 Nr. 3 BauGB e contrario). Gleichwohl sind auch sie nicht „unheilbar"; sie können durch ein ergänzendes Verfahren geheilt werden (§ 214 IV BauGB). Voraussetzung ist aber, dass der zu behebende Mangel nicht von solcher Art und Schwere ist, dass er die Planung als Ganzes von vornherein in Frage stellt oder die Grundzüge der Planung berührt.[260]

e) Grundrechtliche Schranken

Ein wirksamer Bebauungsplan bestimmt Inhalt und Schranken des Eigentums **105** i. S. v. **Art. 14 I 2 GG.**[261] Zwar darf die Gemeinde durch ihre Bauleitplanung die bauliche Nutzbarkeit von Grundstücken verändern und dabei auch die privaten Nutzungsmöglichkeiten einschränken oder gar aufheben.[262] Allerdings müssen die städtebaulichen Belange hinreichend gewichtig sein. Je stärker die Festsetzungen eines Bebauungsplans die Befugnisse des Eigentümers einschränken oder Grundstücke von einer Bebauung ganz ausschließen, desto gewichtiger müssen die Allgemeinbelange sein. **Art. 14 GG** gehört in „hervorgehobener Weise"[263] zu den von der Bauleitplanung zu berücksichtigenden Belangen. Die Gemeinde ist im Rahmen des Abwägung nach § 1 VII BauGB überdies an den verfassungsrechtlichen Grundsatz der **Verhältnismäßigkeit** und den **Gleichheitssatz des Art. 3 I GG** gebunden.[264] Das in § 1 VII BauGB verbürgte Abwägungsgebot erlaubt zwar einen besonders flexiblen und dem Einzelfall gerecht werdenden Interessenausgleich. Das Willkürverbot sowie die Verhältnismäßigkeit – insbesondere die Bedeutung der Eigentumsgarantie – ziehen indes unverrückbare verfas-

---

258 Erbguth, DVBl 2004, 802 (807 f.).
259 Lege, DÖV 2015, 361 (367).
260 S. etwa BVerwG, Urt. v. 8.10.1998, Az.: 4 CN 7.97 = NVwZ 1999, 414 (414).
261 BVerfG, Beschl. v. 19.12.2002, Az.: 1 BvR 1402.01 = NVwZ 2003, 727 (727).
262 BVerwG, Beschl. v. 13.3.2017, Az.: 4 BN 25.16, Rn. 5.
263 BVerwG, Beschl. v. 13.3.2017, Az.: 4 BN 25.16, Rn. 5.
264 BVerfG, Beschl. v. 19.12.2002, Az.: 1 BvR 1402.01 = NVwZ 2003, 727 (727).

sungsrechtliche Grenzen.[265] Ihnen ist auch und gerade in der Klausur Rechnung zu tragen.

III. Das Normenkontrollverfahren im Polizei- und Ordnungsrecht: Die Rechtswidrigkeit von Gefahrenabwehrverordnungen (Nikolas Eisentraut)

106 Das Normenkontrollverfahren spielt auch im **Polizei- und Ordnungsrecht** eine Rolle (einführend zum Polizei- und Ordnungsecht § 2 Rn. 1008 ff.). Denn Gegenstand der Normenkontrolle nach § 47 VwGO können auch Gefahrenabwehrverordnungen sein, soweit die Normenkontrolle nach Landesrecht eröffnet ist.

107 Mittels Gefahrenabwehrverordnungen können die Ordnungsbehörden **abstrakte Gefahren** abwehren.[266] In Abgrenzung zu den mittels Anfechtungs- (s. § 2 Rn. 1000 ff.) und Unterlassungsklage (s. § 5 Rn. 223 ff.) angreifbaren Einzelfallmaßnahmen setzt der Erlass einer Gefahrenabwehrverordnung also eine Gefahr für eine unbestimmte Zahl von Fällen und Personen voraus (abstrakt-generelle Regelung).

Beispiele für Gefahrenabwehrverordnungen: Taubenfütterungsverbote; Verbot von Alkoholkonsum in der Öffentlichkeit; Verbot des Aufsteigen-lassens von Fluglaternen (s. noch näher Rn. 118)

108 Konkretisiert sich die abstrakte Gefahr, steht den Polizei- und Ordnungsbehörden mit der Gefahrenabwehrverordnung eine **Grundlage** zur Verfügung, **um im Einzelfall vorzugehen.** Dafür kommt die Gefahrenabwehrverordnung entweder selbst als Ermächtigungsgrundlage in Betracht oder der Verstoß gegen die Gefahrenabwehrverordnung begründet eine Gefahr für die öffentliche Sicherheit. Die auf Grundlage der Gefahrenabwehrverordnung ergriffenen Einzelfallmaßnahmen können wiederum mittels Anfechtungs- und Unterlassungsklage angegriffen werden. Inzident kann sich dann die Frage der Rechtmäßigkeit der Gefahrenabwehrverordnung stellen.

Beispiel: Rentnerin A füttert trotz eines als Gefahrenabwehrverordnung erlassenen Taubenfütterungsverbots am Sonntag nach dem Kirchgang Tauben in dem von dem Verbot erfassten Stadtpark. Da A mit der Fütterung eine Gefahr für die öffentliche Sicherheit (Verletzung der objektiven Rechtsordnung, nämlich der Verordnung) verursacht, kann der Polizeibeamte P gegenüber A mittels einer Einzelfallmaßnahme einschreiten und ihr beispielsweise einen Platzverweis erteilen.

---

265 Vgl. BVerfG, Beschl. v. 19.12.2002, Az.: 1 BvR 1402.01 = NVwZ 2003, 727 (727).
266 Schoch, in: Schoch, Besonderes Verwaltungsrecht, 2018, Kap. 1 Rn. 786.

Thomas Kienle/Felix Steengrafe/Nikolas Eisentraut

Gefahrenabwehrverordnungen sind im **üblichen Schema** auf ihre Rechtmäßig- 109
keit hin zu prüfen. Neben der formellen Rechtmäßigkeit ist daher auch die materielle Rechtmäßigkeit der Verordnung zu untersuchen.

1. Ermächtigungsgrundlage

Zunächst muss die **taugliche Ermächtigungsgrundlage** für den Erlass der Ge- 110
fahrenabwehrverordnung identifiziert werden.

Examenswissen: Wie im Falle von Einzelfallmaßnahmen (s. dazu § 2 Rn. 1031) gehen dabei 111
Spezialermächtigungen den Generalklauseln vor.[267] Art. 297 EGStGB enthält für das Verbot der
Prostitution eine Ermächtigungsgrundlage für sog. Sperrgebietsverordnungen.[268] Für den Schutz
vor gefährlichen Hunden haben die meisten Länder eigene Hundegesetze erlassen, die zum Erlass
von Verordnungen ermächtigen.[269]

Die Polizei- und Ordnungsgesetze der Länder enthalten überwiegend **General-** 112
klauseln,[270] auf deren Grundlage der Erlass abstrakt-genereller Ge- oder Verbote
zur Gefahrenabwehr zulässig ist.

2. Formelle Rechtmäßigkeit

In formeller Hinsicht muss der zuständige Verordnungsgeber gehandelt haben, 113
das Verfahren der Verordnungsgebung und die Formerfordernisse eingehalten
worden sein.

Typischerweise werden Gefahrenabwehrverordnungen von den auf Gemein- 114
deebene örtlich **zuständigen Polizei- und Ordnungsbehörden** erlassen.[271] In
Berlin (§ 55 ASOG) und Hamburg (§ 1 I Hamburger SOG) ist hingegen der Senat
zuständig.

Für besondere **Verfahrensanforderungen** müssen die landesgesetzlichen 115
Ermächtigungsgrundlagen genau ausgewertet werden. Zum Erlass der Verord-

---

267 Schoch, in: Schoch, Besonderes Verwaltungsrecht, 2018, Kap. 1 Rn. 789.
268 Näher Schoch, in: Schoch, Besonderes Verwaltungsrecht, 2018, Kap. 1 Rn. 790.
269 Näher Schoch, in: Schoch, Besonderes Verwaltungsrecht, 2018, Kap. 1 Rn. 791.
270 Mit Ausnahme von Bayern, das in den Art. 16 ff. BayLStVG ein System spezieller Verord-
nungsermächtigungen realisiert hat, s. im Einzelnen: §§ 10 ff. BWPolG; §§ 55 ff. ASOG Bln; §§ 25 ff.
BbgOBG; §§ 48 ff. BremPolG; § 1 ff. HambSOG; § 71 HSOG; §§ 17 ff. SOG M-V; §§ 54 ff. Nds. SOG;
§§ 25 ff. NWOBG; §§ 43 ff. RhPfPOG; §§ 59 ff. SPolG; §§ 9 ff. SächsPolG; §§ 93 ff. SOG LSA; § 175
SchlHLVwG; § 27 ff. ThürOBG.
271 Schoch, in: Schoch, Besonderes Verwaltungsrecht, 2018, Kap. 1 Rn. 787; näher Rn. 799 f.

Nikolas Eisentraut

nung gehört auch die wirksame Ausfertigung und ordnungsgemäße Bekanntmachung.[272]

116   Schließlich finden sich in den einschlägigen Vorschriften der Polizei- und Ordnungsgesetze (s. bereits die Aufzählung in § 2 Rn. 1012) einzuhaltende **Formerfordernisse**, etwa die einleitende Bezugnahme auf die Ermächtigungsgrundlage zum Erlass der Verordnung; zu beachten ist, dass nur die Verletzung zwingender Formvorschriften zur Ungültigkeit der Verordnung führt.[273]

3. Materielle Rechtmäßigkeit

117   In materieller Hinsicht müssen die **Tatbestandsmerkmale** der Ermächtigungsgrundlage einschlägig sein. Im allgemeinen Polizei- und Ordnungsrecht dürfen Gefahrenabwehrverordnungen nur unter der Voraussetzung erlassen werden, dass eine abstrakte Gefahr für die öffentliche Sicherheit oder Ordnung abgewehrt werden soll (zu den Begriffen der Gefahr und der öffentlichen Sicherheit und Ordnung s. ausführlich § 2 Rn. 1083 ff.).[274] Eine abstrakte Gefahr „setzt eine Sachlage voraus, die nach allgemeine Lebenserfahrung oder fachlichen Erkenntnissen mit hinreichender Wahrscheinlichkeit das Eintreten einer konkreten Gefahr möglich erscheinen lässt, wenn nicht eingeschritten wird; dabei ist der geforderte Wahrscheinlichkeitsgrad umso geringer, je hochrangiger das Schutzgut und je größer das Ausmaß des möglichen Schadens ist."[275] Ob eine abstrakte Gefahr vorliegt, muss durch Erfahrungstatsachen durch die Behörde belegt werden; ein Einschätzungsspielraum steht der Behörde anders als dem Gesetzgeber nicht zu.[276]

118   Auf **Rechtsfolgenseite** räumen die Generalklauseln ein sog. **Verordnungsermessen** ein.[277] Die Verordnung darf mithin nicht ermessensfehlerhaft erlassen worden sein. Dazu zählen insbesondere das Übermaßverbot und damit die Verhältnismäßigkeit des Verbots sowie das Bestimmtheitsgebot.[278]

---

272 Schoch, in: Schoch, Besonderes Verwaltungsrecht, 2018, Kap. 1 Rn. 802.

273 Einen Überblick gibt Schoch, in: Schoch, Besonderes Verwaltungsrecht, 2018, Kap. 1 Rn. 803 f.

274 Kingreen/Poscher, Polizei- und Ordnungsrecht mit Versammlungsrecht, 10. Aufl. 2018, § 23 Rn. 15.

275 Schoch, in: Schoch, Besonderes Verwaltungsrecht, 2018, Kap. 1 Rn. 806.

276 Kingreen/Poscher, Polizei- und Ordnungsrecht mit Versammlungsrecht, 10. Aufl. 2018, § 23 Rn. 15.

277 Schoch, in: Schoch, Besonderes Verwaltungsrecht, 2018, Kap. 1 Rn. 821.

278 Näher Schoch, in: Schoch, Besonderes Verwaltungsrecht, 2018, Kap. 1 Rn. 821 ff.

Nikolas Eisentraut

Beispiele: **Taubenfütterungsverbote** *mittels Gefahrenabwehrverordnungen wurden von der Rspr. als rechtmäßig anerkannt, da sie zum Schutz der menschlichen Gesundheit und zur Verhütung von Gefahren für das Sacheigentum erforderlich seien; Taubenkot sei für diese Rechtsgüter aufgrund von Erfahrungswissen abstrakt gefährlich.*[279]

Ob Gefahrenabwehrverordnungen **Alkoholkonsum in der Öffentlichkeit** *verbieten dürfen, ist höchst umstritten. Das Vorliegen einer abstrakten Gefahr wird hierbei überwiegend bestritten, weil Alkoholkonsum nicht generell für aggressives Verhalten ursächlich sei.*[280] *Gleiches gilt für das* **Verbot des Mitführens von Glasflaschen** *im öffentlichen Raum.*[281]

Das **Verbot des Aufsteigen-lassens von Fluglaternen** *wird als abstrakt gefährlich für Gesundheit und Eigentum qualifiziert, da die Kerzen in den Fluglaternen und die unkontrollierte Flugbahn regelmäßig die Gefahr schwerer Brände mit sich brächten.*[282]

IV. Das Normenkontrollverfahren im Kommunalrecht (Sebastian Piecha)

Im Rahmen der Normenkontrollklage (auch: „*abstrakte Normenkontrolle*" oder „*Normenkontrollantrag*" genannt) nach § 47 I VwGO können im Kommunalrecht bauplanungsrechtliche Satzungen und Rechtsverordnungen (§ 47 I Nr. 1 VwGO) direkt vor dem Oberverwaltungsgericht überprüft werden. Sofern das Landesrecht es bestimmt (§ 47 I Nr. 2 VwGO) können auch, jegliche andere, im Rang unter dem Landesgesetz stehenden Rechtsvorschriften überprüft werden. Hiervon haben mit Ausnahme von Berlin und Hamburg alle Länder in teilweise unterschiedlichen Ausgestaltungen Gebrauch gemacht, zuletzt wurde sie zum 1.1.2019 in Nordrhein-Westfalen eingeführt.[283] Unter Rechtsnorm im Sinne von § 47 I Nr. 2 VwGO ist jede abstrakt-generelle Norm zu verstehen, mithin kommen im Kommunalbereich hier insbesondere die **Satzungen** und **Rechtsverordnungen** in Betracht. Daher haben Bürger, juristische Personen und sogar Behörden nach § 47 II VwGO die Möglichkeit, untergesetzliche Rechtsnormen von Kommunen gerichtlich zu überprüfen.

119

---

279 BayVerfGH, Entsch. v. 9.11.2004, Az.: Vf. 5-VII-03 = BayVBL 2005, 172.
280 Näher Schoch, Besonderes Verwaltungsrecht, 2018, Kap. 1 Rn. 812, s. aber näher zu den neuen Alkoholverbotsverordnungsermächtigungen Schoch, Besonderes Verwaltungsrecht, 2018, Kap. 1 Rn. 814 ff.
281 Schoch, in: Schoch, Besonderes Verwaltungsrecht, 2018, Kap. 1 Rn. 813.
282 BVerwG, Urt. v. 25.10.2017, Az.: 6 C 44/16 = NJW 2018, 325; dazu Schoch, in: Schoch, Besonderes Verwaltungsrecht, 2018, Kap. 1 Rn. 786.
283 Baden-Württemberg (§ 4 AGVwGO), Bayern (Art. 5 AG VwGO), Brandenburg (§ 4 I VwGG), Bremen (Art. 7 AGVwGO), Hessen (§ 15 AGVwGO), Mecklenburg-Vorpommern (§ 13 AGGerStrG), Niedersachsen (§ 7 VwGG), Nordrhein-Westfalen (§ 109a JustG), Rheinland-Pfalz (§ 4 AGVwGO), Saarland (§ 18 AGVwGO), Sachsen (§ 24 SächsJG), Sachsen-Anhalt (§ 10 AGVwGO), Schleswig-Holstein (§ 5 AGVwGO) und Thüringen (§ 4 AGVwGO).

Nikolas Eisentraut/Sebastian Piecha

1. Ermächtigungsgrundlage

120 Im Rahmen der **Begründetheitsprüfung** ist nach dem allgemeinen Schema die **Ermächtigungsgrundlage** für die **Satzung, Verordnung** oder **sonstige untergesetzliche Norm** zu prüfen.

Häufigster Fall dürfte hier die Überprüfung einer kommunalen Satzung sein. Die Kommunalverfassungen der einzelnen Länder sehen in den meisten Fällen ausdrücklich vor, dass die Kommunen hierzu ermächtigt sind.[284] Dies ist jedoch nicht notwendig, da dies im Wesentlichen ein Teil ihrer **Selbstverwaltungsgarantie** (Art. 28 II GG) ist, die zu ihrem unantastbaren Kernbereich die **Satzungshoheit** zählt und die Kommunen schon direkt hierzu ermächtigt.[285] Angelegenheiten der örtlichen Gemeinschaft im Rahmen ihrer Verbandskompetenz und mangels entgegenstehender Gesetze können sie demnach selbst im Rahmen einer Satzung regeln:

Land	Satzungsermächtigungsnormen für Kommunen
Baden-Württemberg	§ 4 GemO BW § 3 I LKrO BW
Bayern	Art. 23 S. 1 BayGO Art. 17 1 BayLKrO
Brandenburg	§ 3 I 1 BbgKVerf
Hessen	§ 5 I 1 HGO § 5 I 1 HKO
Mecklenburg-Vorpommern	§ 5 I KV M-V
Niedersachsen	§ 10 NKomVG
Nordrhein-Westfalen	§ 7 I 1 GO NRW § 5 I 1 KrO NRW
Rheinland-Pfalz	§ 24 I 1 GemO RP § 17 I 1 LKO RP
Saarland	§ 12 I 1 KSVG
Sachsen	§ 4 I 1 SächsGemO § 3 I 1 SächsLKrO

---

284 Besonderheiten bestehen in den Stadtstaaten, zur Rechtslage in Berlin: Siegel/Waldhoff, Öffentliches Recht in Berlin, 2. Aufl. 2016, S. 111; in Bremen: Koch in: Fischer-Lescano/Sperlich, Landesrecht Bremen, 2018, S. 48 ff.
285 Burgi, Kommunalrecht, 6. Aufl. 2019, § 15 Rn. 5.; Gern/Brüning, Deutsches Kommunalrecht, 4. Aufl. 2019, Rn. 825; zum Streit Becker/Sichert, JuS 2000, 146 (147).

Sebastian Piecha

Fortsetzung

Land	Satzungsermächtigungsnormen für Kommunen
Sachsen-Anhalt	§ 8 I 1 KVG LSA
Schleswig-Holstein	§ 4 I 1 GO S-H § 4 I 1 KrO S-H
Thüringen	§ 19 I 1 ThürKO

Eine **Sonderstellung** nehmen die **Stadtstaaten** Berlin, Bremen und Hamburg **121** ein, bei denen Satzungen eine untergeordnete Rolle spielen. Dort erfolgt die Regelung solcher Sachverhalte eher durch formelle Gesetze oder Verordnungen.[286]

Daneben existieren noch **spezialgesetzliche Ermächtigungsgrundlagen**, **122** die eine Satzungsermächtigung beinhalten (Satzungen nach dem BauGB,[287] Kommunalabgabengesetzen,[288] Straßengesetzen, Wassergesetzen etc.). Wegen der typischen Konstellationen wird an dieser Stelle weiter nur auf die Satzung als kommunales Rechtsetzungsinstrument eingegangen. Der Erlass von Verordnungen, insbesondere im Bereich des Ordnungsrechts (s. dazu näher Rn. 106 ff.), kann jedoch bei der formellen Rechtmäßigkeit ebenfalls kommunalrechtliche Probleme mit sich bringen und eine auf den ersten Blick rein ordnungsrechtliche Aufgabenstellung leicht mit kommunalrechtlichen Problemen „anreichern", etwa eines ordnungsgemäßen Beschlussverfahrens im Rat.

Satzungen werden definiert als „*Rechtsvorschriften, die von einer dem Staat* **123** *eingeordneten juristischen Person des öffentlichen Rechts im Rahmen der ihr gesetzlich verliehenen Autonomie mit Wirksamkeit für die ihr angehörigen und unterworfenen Personen erlassen werden*".[289] Sie sind wie Verordnungen als **materielle Gesetze** mit abstrakt-genereller Wirkung anzusehen, im Gegensatz zu **formellen Gesetzen**, die vom Parlament beschlossen werden müssen.

Man unterscheidet zudem zwischen *unbedingten* und *bedingten* **pflichtigen** **124** **Satzungen** und **freiwilligen Satzungen**. Unbedingt pflichtige Satzungen sind solche, deren Erlass für die Kommune in jedem Fall obligatorisch ist (etwa Erlass einer Hauptsatzung und einer Haushaltssatzung), bedingt pflichtige Satzungen

---

286 S. zur Gesetzgebung im Land Berlin etwa Waldhoff, in: Siegel/Waldhoff, 2. Aufl. 2017, § 1 Rn. 134 ff.
287 Etwa §§ 10, 25, 132 BauGB, dazu Rn. 79 ff.
288 Bspw. § 2 I 1 KAG NRW.
289 BVerfG, Urt. 14.7.1959, Az. 2 BvF 1/58 = BVerfGE 10, 20 (49 f.) – Preußischer Kulturbesitz; BVerfG, Beschl. v. 9.5.1972, Az. 1 BvR 518/62, 1 BvR 308/64 = BVerfGE 33, 125 (156) – Facharzt; dazu auch Burgi, Kommunalrecht, 6. Aufl. 2019, § 15 Rn. 4; Gern/Brüning, Deutsches Kommunalrecht, 4. Aufl. 2019, Rn. 826.

Sebastian Piecha

nur unter bestimmten Bedingungen (z. B. Benutzungsgebührensatzung) verpflichtend, wohingegen in weiteren (insbesondere Selbstverwaltungs-)Angele-
genheiten (z. B. Friedhofssatzung) im Rahmen von freiwilligen Satzungen geregelt
werden können, aber nicht zwingend müssen.[290]

2. Formelle Rechtmäßigkeit

125 Im Rahmen der **formellen Rechtmäßigkeit** sind dann regelmäßig kommunalrechtliche Probleme zu diskutieren: Zuständigkeit (Verbands- und Organkompetenz), Verfahren (hier können insbesondere Probleme des Ratsbeschlusses und
der Ratssitzung eingebaut werden) sowie Form und Heilungsvorschriften. Dabei
kommt es stets auf die jeweiligen Besonderheiten des Kommunalverfassungs-
rechts an.

126 Zu den Regelungen bzgl. der Abläufe in den jeweiligen Ratssitzungen s. näher
§ 2 Rn. 1285.

3. Materielle Rechtmäßigkeit

127 Bei der **materiellen Rechtmäßigkeit** sind schließlich die jeweiligen (1) **Voraussetzungen der Ermächtigungsgrundlage** zu prüfen. Sodann ist auch die
(2) **Vereinbarkeit mit höherrangigem Recht** zu prüfen. Dabei ist höherrangiges
Recht *jeglicher* Stufe gemeint, also sowohl Unionsrecht, Bundes- oder Landesrecht als auch Verfassungsrecht. Eine kommunalrechtliche Klausur kann daher
auch etwa mit anderen Fragestellungen angereichert werden kann, z. B. Vereinbarkeit der Satzung mit Art. 3 GG oder Verstoß gegen die Satzungsautonomie einer
anderen Kommune aus Art. 28 II GG oder Verstoß gegen das Bestimmtheitsgebot
oder Rückwirkungsverbot aus Art. 20 GG. Schließlich muss auch noch die
(3) **ordnungsgemäße Ausübung des Satzungsermessens** untersucht werden.
Der Kommune steht ein gewisser Einschätzungs- und Prognosespielraum zu, der
jedoch nicht überdehnt werden darf.

4. Rechtsfolge bei formellen und/oder materiellen Verstößen

128 **Rechtsfolge** eines (formellen oder materiellen) Verstoßes gegen die hier zuvor
erläuterten Vorschriften ist grundsätzlich die **Nichtigkeit**.[291]

---

290 Gern/Brüning, Deutsches Kommunalrecht, 4. Aufl. 2019, Rn. 854 ff.
291 Etwa Gern/Brüning, Deutsches Kommunalrecht, 4. Aufl. 2019, Rn. 903.

Sebastian Piecha

Hausarbeitswissen: Dies ist zwar ganz h.M., aber nicht unumstritten: Teilweise wird bloß von **129** *Rechtswidrigkeit ausgegangen.*[292] *Teilweise wird unter Verweis auf das Beanstandungs- und Widerspruchsrecht gegen Satzungen nicht die automatische Nichtigkeit hieraus geschlussfolgert, da danach nur offensichtliche Fehler i.S.v. § 44 VwVfG zur Nichtigkeit führen sollen.*[293]

In den meisten Kommunalverfassungsgesetzen sind jedoch **Unbeachtlichkeits-** **130** **vorschriften** enthalten: Ist seit Verkündung einer Satzung etwa mehr als ein Jahr vergangen, so kann unter Umständen ein Rechtsverstoß (z. B. Verfahrensfehler) unbeachtlich sein, wenn dieser nicht zuvor gerügt worden ist.[294] Dabei ist hier für die Klausur insbesondere auf die Formulierung dieser Norm zu achten, da bestimmte Verstöße hiervon ausgenommen sind. Zudem kann es spezialgesetzliche Heilungs- oder Unbeachtlichkeitsvorschriften, bei denen bestimmte Rechtsverstöße gleichwohl nicht zur Nichtigkeit einer Satzung führen.[295] Schließlich kann es sein, dass nicht die komplette Satzung nichtig ist, sondern nur ein Teil (sog. **Teilnichtigkeit**). Dies ist dann nach *§ 139 BGB analog* der Fall, wenn die verbliebenen Teile der Satzung für sich allein existenzfähig sind und sinnvoll bleiben. Enthält etwa eine Satzung einen gleichheitswidrigen Ausnahmetatbestand für bestimmte Personengruppen, so würde bei Streichung der Ausnahmeregelung die Satzung im Übrigen bestehen bleiben.

---

292 Burgi, Kommunalrecht, 6. Aufl. 2019, § 15 Rn. 28
293 Lange, DVBl. 2017, 928 (929).
294 So etwa §§ 4 IV 1 GO BW, 7 VI GO NRW; 21 IV 1 ThürKO.
295 Bspw. § 214 I, 4 BauGB.

Sebastian Piecha

§ 8 Einstweiliger Rechtsschutz 1: Der Antrag nach § 80 V VwGO

1 Der gutachterlichen Prüfung des Antrags nach § 80 V VwGO liegt die folgende Struktur zugrunde:

A. Zulässigkeit
  I. Eröffnung des Verwaltungsrechtswegs (dazu bereits § 1 Rn. 162ff.)
  II. Statthafte Antragsart (dazu einführend § 1 Rn. 222ff. und ausführlich in diesem § Rn. 2ff.)
  III. Antragsbefugnis (dazu Rn. 30f.)
  IV. Antragsfrist (dazu Rn. 32f.)
  V. Beteiligte (dazu Rn. 34ff.)
  VI. Zuständiges Gericht (dazu Rn. 39f.)
  VII. Rechtsschutzbedürfnis (dazu Rn. 41ff.)
B. Begründetheit (zur Struktur der Begründetheitsprüfung einführend Rn. 50ff.)
Variante 1: Antrag auf Anordnung der aufschiebenden Wirkung (dazu Rn. 51ff.)
Variante 2: Antrag auf Wiederherstellung der aufschiebenden Wirkung (dazu Rn. 59ff.)
  I. Formelle Rechtmäßigkeit der Anordnung der sofortigen Vollziehbarkeit (dazu Rn. 61ff.)
  II. Abwägung Aussetzungsinteresse mit Vollzugsinteresse (summarische Prüfung der Erfolgsaussichten in der Hauptsache → Rechtmäßigkeit des Verwaltungsakts) (dazu Rn. 70ff.)

Näher zum Antrag nach § 80 V VwGO im Polizei- und Ordnungsrecht Rn. 79ff. und im Kommunalrecht Rn. 81ff.

Gliederung

A. Statthaftigkeit des Antrags nach § 80 V VwGO (Dorothea Heilmann)

Wurde der Verwaltungsrechtsweg für eröffnet erkannt (s. ausführlich zur Prü- **2** fung § 1 Rn. 162 ff.), so ist im Rahmen der Zulässigkeit als nächstes die statthafte Klage- bzw. Antragsart zu untersuchen. Die Bestimmung der statthaften Klage-/Antragsart ist das **zentrale Scharnier** für die gesamte restliche Klausur. Nach ihr richten sich sowohl die weiteren Zulässigkeitsvoraussetzungen als auch die Struktur der Begründetheitsprüfung. Entsprechend wichtig ist die saubere Prüfung, welche Klage- bzw. Antragsart einschlägig ist (eine erste Übersicht über die Klage- und Antragsarten der VwGO findet sich in § 1 Rn. 222 ff.).

In Fällen, in denen schnellstmöglich gegen eine staatliche Maßnahme oder **3** Unterlassung vorgegangen werden soll, kommt ein Antrag auf Gewährung einstweiligen Rechtsschutzes in Betracht. Im Rahmen der statthaften Antragsart ist gem. § 123 V VwGO zu unterscheiden, ob ein Verfahren nach § 123 I VwGO oder aber nach § 80 V VwGO (in seltenen Fällen auch nach § 47 VI VwGO) einschlägig ist. Der Antrag nach § 80 V VwGO ist bei Eilrechtsschutz gegen **belastende Verwaltungsakte** einschlägig. Gegen diese wären in der Hauptsache in der Regel

Anfechtungswiderspruch oder Anfechtungsklage der statthafte Rechtsbehelf (näher hierzu Rn. 11 f.).

4   Zunächst gilt: Anfechtungswiderspruch und Anfechtungsklage haben grundsätzlich eine sog. **aufschiebende Wirkung** (auch Suspensiveffekt genannt), s. § 80 I 1 VwGO. Der Verwaltungsakt darf dann bis zum Wegfall der aufschiebenden Wirkung nicht vollzogen werden.

5   Der aufschiebenden Wirkung kommt Bedeutung mit Blick auf die **Wirksamkeit des Verwaltungsakts** zu. Sie wird unterschiedlich verstanden: Nach der strengen Wirksamkeitstheorie[1] geht mit der aufschiebenden Wirkung zugleich die **Hemmung der Wirksamkeit des zugrundeliegenden Verwaltungsakts** einher, welche erst entfällt, sobald die aufschiebende Wirkung wegfällt. Demnach wird der Verwaltungsakt auch erst in diesem Moment – also mit Wegfall der aufschiebenden Wirkung und damit ex nunc – wirksam. Nach der Vollziehbarkeitstheorie[2] wird durch die aufschiebende Wirkung lediglich die **Vollziehung des Verwaltungsakts gehemmt**, so dass dessen Wirksamkeit davon gerade nicht tangiert wird. Nach der vermittelnden eingeschränkten Wirksamkeitstheorie[3] wird die **Wirksamkeit des Verwaltungsakts nur vorläufig gehemmt.** Der Verwaltungsakt ist so bereits bei Erlass rückwirkend (ex tunc) wirksam, sobald die aufschiebende Wirkung wegfällt. Nach **ständiger Rechtsprechung** ist die **Vollziehbarkeitstheorie** anzuwenden, wonach der Verwaltungsakt jederzeit wirksam bleibt und nur die Vollziehung gehemmt wird.[4] Dafür spricht auch der Wortlaut des § 43 VwVfG, der dem Verwaltungsakt nach seiner Bekanntmachung nur bei vorliegender Nichtigkeit die Wirksamkeit verweigert und auf § 80 VwGO keinen Bezug nimmt.

6   Der Regelfall der aufschiebenden Wirkung kann jedoch nach § 80 II VwGO ausnahmsweise entfallen. Der Adressat des Verwaltungsakts muss dann jederzeit mit dessen Vollziehung rechnen. Weil Widerspruch und Anfechtungsklage das nicht verhindern können, gibt es den Antrag nach § 80 V VwGO.

7   Sinn und Zweck des Antrages nach § 80 V VwGO ist es, die mit dem Anfechtungswiderspruch bzw. der Anfechtungsklage im Regelfall[5] einhergehende aufschiebende Wirkung nach § 80 I 1 VwGO erstmalig anzuordnen, § 80 V 1 Alt. 1

---

1 Schenke, in: Kopp/Schenke, VwGO, 25. Aufl. 2019, § 80 Rn. 22.
2 Schenke, in: Kopp/Schenke, VwGO, 25. Aufl. 2019, § 80 Rn. 22.
3 Schenke, in: Kopp/Schenke, VwGO, 25. Aufl. 2019, § 80 Rn. 22.
4 Vgl. BVerwG, Urt. v. 21.6.1961, Az. VIII C 398.59 = BVerwGE 13, 1 (5 f.); Urt. v. 17.8.1995, Az. 3 C 17.94 = BVerwGE 99, 109 (112 f.).
5 Gersdorf, in: Posser/Wolff, VwGO, 50. Ed., Stand: 1.7.2019, § 80 Rn. 16.

Dorothea Heilmann

VwGO bzw. wiederherzustellen, § 80 V 1 Alt. 2 VwGO, um eine sofortige Vollziehung abzuwehren. Ziel des einstweiligen Rechtsschutzes ist es damit, zu verhindern, dass die Verwaltung vollendete, später nicht mehr korrigierbare Tatsachen schafft.[6] Durch einen Antrag nach § 80 V VwGO soll dem von einer behördlichen Maßnahme oder Entscheidung Betroffenen somit zunächst vorläufig Rechtsschutz bis zur endgültigen (gerichtlichen) Entscheidung in der Hauptsache geboten werden.[7]

Examenswissen: Die aufschiebende Wirkung tritt nicht nur bei befehlenden Verwaltungsakten, **8** sondern auch bei rechtsgestaltenden und feststellenden Verwaltungsakten sowie bei Verwaltungsakten mit Doppelwirkung ein, vgl. § 80 I 2 VwGO.[8] Unter einem **Verwaltungsakt mit Doppelwirkung** i.S.d. § 80a VwGO (s. hierzu näher § 9 Rn. 6) ist ein Verwaltungsakt mit Drittwirkung zu verstehen, d. h. ein Verwaltungsakt, der eine Person begünstigt und eine andere (Dritte) belastet.[9]

> *Beispiel: Eine Person erhält eine für sie günstige Baugenehmigung, die allerdings in die Rechtsstellung des Nachbarn belastend eingreift (§ 80a I VwGO), beispielsweise könnte die Belastung des Dritten durch die Baugenehmigung daher rühren, dass durch den genehmigten Bau kein Lichteinfall mehr auf das Nachbargrundstück besteht; eine Baugenehmigung wird zugunsten eines Dritten zurückgenommen (§ 80a II VwGO).*

Für diese Fälle sieht § 80a i.V.m. § 80 V VwGO ein besonderes Verfahren im einstweiligen Rechtsschutz vor (s. näher dazu § 9).

Im Fall einer Teilanfechtung eines Verwaltungsakts tritt grds. auch nur für diesen Teil der Sus- **9** pensiveffekt ein. Eine Ausnahme kann sich jedoch in analoger Anwendung des § 44 IV VwVfG ergeben, wenn der angegriffene Teil des Verwaltungsakts so wesentlich ist, dass der restliche Teil des Verwaltungsakts von der Behörde so nicht erlassen worden wäre.[10]

In der Klausur ist die Prüfung wie folgt zu eröffnen: *„Der Antrag hat Aussicht auf* **10** *Erfolg, wenn und soweit er zulässig (A.) und begründet (B.) ist."*

Beachte: Es ist hier auf die richtige Terminologie zu achten, da es sich hierbei um einen „Antrag" und keine Klage handelt.

Zur Ermittlung eines nach der VwGO statthaften Antrags[11] ist das Begehren **11** des Antragstellers zu ermitteln (§§ 88 I, 122 VwGO).

---

6 BVerfG, Beschl. v. 19.6.1973, Az. 1 BvL 39/69 = BVerfGE 35, 263 (274); Beschl. v. 18.7.1973, Az. 1 BvR 23, 155/73 = BVerfGE 35, 382 (400 f); Beschl. v. 25.6.1974, Az. 2 BvF 2/73, 3/73 = BVerfGE 37, 150 (153); Gersdorf, in: Posser/Wolff, VwGO, 50. Ed., Stand: 1.7.2019, § 80 Rn. 1.
7 Detterbeck, Allgemeines Verwaltungsrecht, 17. Aufl. 2019, Rn. 1475.
8 Vgl. Schenke, Verwaltungsprozessrecht, 16. Aufl. 2019, Rn. 938.
9 Vgl. Schenke, Verwaltungsprozessrecht, 16. Aufl. 2019, Rn. 939.
10 Vgl. Schenke, Verwaltungsprozessrecht, 16. Aufl. 2019, Rn. 947.
11 Ausführlich hierzu: Gersdorf, in: Posser/Wolff, VwGO, 50. Ed., Stand: 1.7.2019, § 80 Rn. 146 – 161.

Dorothea Heilmann

12 In Betracht kommen im Fall eines einstweiligen Rechtsschutzbegehrens die Verfahren nach § 80 V VwGO und § 123 I VwGO.[12] Wie sich aus § 123 V VwGO ergibt, ist der einstweilige Rechtsschutz nach § 80 V VwGO (sowie § 80a VwGO) vorrangig, wenn eine **Anfechtungssituation in der Hauptsache** besteht (vgl. § 80 I VwGO) und Anfechtungswiderspruch oder -klage nach § 80 II VwGO keine aufschiebende Wirkung entfalten. Gegenstand des Verfahrens nach § 80 V VwGO ist demnach ein Verwaltungsakt (zum Verwaltungsaktbegriff näher § 1 Rn. 238), bei dem Widerspruch und Anfechtungsklage keine aufschiebende Wirkung auslösen. Die beanstandete Maßnahme ist dementsprechend zu prüfen.

I. Belastender Verwaltungsakt

13 § 80 I 1 VwGO setzt einen belastenden Verwaltungsakt voraus, wobei unbeachtlich ist, ob die Belastung den Adressaten der Maßnahme oder einen Dritten betrifft.[13] Denn nach § 80 I 2 VwGO gilt die aufschiebende Wirkung auch bei einem Verwaltungsakt mit Drittwirkung i.S.d. § 80a I VwGO (zum Begriff § 9 Rn. 6), bei dem der Adressat des Verwaltungsakt der Begünstigte und der Dritte der Belastete ist. Demgegenüber findet § 80 I VwGO keine Anwendung auf Nicht-Verwaltungsakte, insbesondere Realakte (zum Realakt näher § 5 Rn. 6).

II. Entfallen der aufschiebenden Wirkung

14 Wenn ein belastender Verwaltungsakt vorliegt, ist herauszufinden, ob ein dagegen gerichteter Anfechtungswiderspruch oder eine Anfechtungsklage entsprechend § 80 I 1 VwGO **aufschiebende Wirkung** (s. Rn. 4 f.) entfalten würde oder nicht.

15 § 80 II 1 VwGO nennt diverse Möglichkeiten,[14] die den Suspensiveffekt ausnahmsweise entfallen lassen (vgl. § 80 II 1 VwGO: „Die aufschiebende Wirkung entfällt nur…"):

---

12 Ausnahmsweise kommt auch ein Antrag nach § 47 VI VwGO in Betracht; näher dazu § 7 Rn. 76.
13 Gersdorf, in: Posser/Wolff, VwGO, 50. Ed., Stand: 1.7.2019, § 80 Rn. 9; a. A. Schoch, in: Schoch/Schneider/Bier, VwGO, 36. EL Februar 2019, § 80 Rn. 37, der angibt, dass „das einschränkende Postulat, es müsse sich um einen belastenden Verwaltungsakt handeln, in Bezug auf den Angriffsgegenstand im Gesetz keine Stütze [findet] und allenfalls mit dem die aufschiebende Wirkung auslösenden Rechtsbehelf – Anfechtungswiderspruch, Anfechtungsklage – in Verbindung gebracht werden [kann]."
14 Zu beachten ist an dieser Stelle auch § 80 II 2 VwGO.

Dorothea Heilmann

Die aufschiebende Wirkung entfällt: 16

1. bei der **Anforderung von öffentlichen Abgaben und Kosten** (Nr. 1) – dabei sind stets öffentliche Abgaben und Kosten zu definieren und subsumieren. Unter „öffentlichen Abgaben" versteht die h. M. hoheitlich geltend gemachte öffentlich-rechtliche Geldforderungen, die von allen erhoben werden, die einen gesetzlich bestimmten Tatbestand erfüllen und die zur Deckung des Finanzbedarfs eines Hoheitsträgers für die Erfüllung seiner öffentlichen Aufgaben dienen.[15] Unter „öffentlichen Kosten" werden hingegen die in einem Verwaltungsverfahren (einschließlich des Widerspruchsverfahrens) für die öffentlich-rechtliche Tätigkeit der Behörden entstehenden Gebühren und Auslagen verstanden.[16]

Beispiele: Abwasserabgabenbescheid; Polizeikostenbescheid; sanierungsrechtlicher Ausgleichsbetrag des Eigentümers (als öffentliche Abgabe).

2. entfällt die aufschiebende Wirkung bei **unaufschiebbaren Anordnungen** 17 **und Maßnahmen von Polizeivollzugsbeamten** (Nr. 2) – dabei ist zu beachten, dass es sich bei der Maßnahme um einen Verwaltungsakt handeln muss, die Vollzugspolizei im institutionellen Sinne gemeint ist und die Maßnahme unaufschiebbar sein muss.

*Beispiele: Eilbedürftige Gefahrenabwehrmaßnahmen, wie die Aufforderung die Wohnungstür bei einem Einsatz wegen häuslicher Gewalt zu öffnen; auch **Verkehrszeichen** und Verkehrseinrichtungen, die Verwaltungsakte in Form von Allgemeinverfügungen darstellen (hier dann aber § 80 II 1 Nr. 2 VwGO analog); Halteverbote; abgelaufene Parkuhr (= modifiziertes Halteverbot); Umleitungszeichen etc.[17]*

3. entfällt die aufschiebende Wirkung bei **in anderen durch Bundesgesetz oder** 18 **für Landesrecht durch Landesgesetz vorgeschriebenen Fällen**, insbesondere für Widersprüche und Klagen Dritter gegen Verwaltungsakte, die Investitionen oder die Schaffung von Arbeitsplätzen betreffen (Nr. 3).

Beispiele: Baurecht: § 212a I BauGB; Beamtenrecht: § 126 III Nr. 3 BRRG; keine aufschiebende Wirkung von Rechtsbehelfen gegen Maßnahmen der Verwaltungsvollstreckung (z.B. Zwangsgeld) des Bundes und des Landes.

4. entfällt die aufschiebende Wirkung in den Fällen, in denen **die sofortige** 19 **Vollziehung** im öffentlichen Interesse oder im überwiegenden Interesse eines

---

15 Vgl. Schoch, in: Schoch/Schneider/Bier, VwGO, 36. EL Februar 2019, § 80 Rn. 130.
16 Vgl. Schoch, in: Schoch/Schneider/Bier, VwGO, 36. EL Februar 2019, § 80 Rn. 139.
17 Vgl. weitere Beispiele Schoch, in: Schoch/Schneider/Bier, VwGO, 36. EL Februar 2019, § 80 Rn. 151.

Beteiligten von der Behörde, die den Verwaltungsakt erlässt oder über den Widerspruch zu entscheiden hat, **besonders angeordnet wird** (Nr. 4).

Beispiele: Umleitung einer Versammlung; Erteilung von Meldeauflagen; Erteilung eines Aufenthaltsverbots – jeweils aufgrund eines überwiegenden öffentlichen Interesses.

20 Unterschieden wird folglich in gesetzliche (Nr. 1–3) und behördliche Ausschlüsse (Nr. 4). Den **(klausur)relevantesten Fall** bildet – neben Nr. 2 (mit Blick auf Gefahrenabwehrmaßnahmen – zum Polizei- und Ordnungsrecht s. Rn. 79 ff.) – **Nr. 4**, da hier neben einer Interessenabwägung nach § 80 III 1 VwGO eine schriftliche Begründung des besonderen Interesses an der sofortigen Vollziehung des Verwaltungsakts zu erfolgen hat. Ob dies durch den Antragsgegner rechtmäßig erfolgt ist, ist sodann in der Begründetheit zu prüfen.

21 Je nachdem welche Nummer des § 80 II 1 VwGO einschlägig ist, bestimmt sich der konkrete statthafte Antragstyp des § 80 V VwGO.

III. Antrag auf Anordnung der aufschiebenden Wirkung

22 In den Fällen des § 80 II 1 **Nr. 1–3** VwGO ist die **aufschiebende Wirkung**, welche den Regelfall nach § 80 I 1 VwGO bildet, **von Gesetzes wegen entfallen.** Damit wird das Regel-Ausnahme-Verhältnis zwischen aufschiebender Wirkung und sofortiger Vollziehbarkeit umgekehrt.[18] Dementsprechend ist ein Antrag nach § 80 V 1 Alt. 1 VwGO auf *Anordnung der aufschiebenden Wirkung* statthaft, da hier erstmalig ein Suspensiveffekt wirken soll.

Beispiel: Ein Nachbar ficht die dem Bauherrn erteilte Baugenehmigung an, woraufhin das Gericht die aufschiebende Wirkung anordnet. Denn per Gesetz tritt diese nach § 212a I BauGB nicht ein, so dass ein Fall des § 80 II 1 Nr. 3 VwGO vorliegt.

IV. Antrag auf Wiederherstellung der aufschiebenden Wirkung

23 Im Fall des § 80 II 1 **Nr. 4** VwGO wird hingegen die **sofortige Vollziehung** aufgrund eines überwiegenden öffentlichen Interesses **angeordnet.** Dies beruht auf einer behördlichen Einzelfallentscheidung.[19] Ein Antrag nach § 80 V 1 Alt. 2 VwGO auf *Wiederherstellung der aufschiebenden Wirkung* ist dann statthaft, denn hier **bestand zwar ursprünglich eine aufschiebende Wirkung**, aufgrund eines

---

18 Gersdorf, in: Posser/Wolff, VwGO, 50. Ed., Stand: 1.7.2019, § 80 Rn. 42.
19 Gersdorf, in: Posser/Wolff, VwGO, 50. Ed., Stand: 1.7.2019, § 80 Rn. 42.

Dorothea Heilmann

(möglicherweise überwiegenden) Vollziehungsinteresses hat die Behörde diese jedoch **aufgehoben.** Somit ist die Wiederherstellung des ursprünglich bestehenden Suspensiveffekts notwendig

V. Das Sonderproblem der (drohenden) faktischen Vollziehung

Zu erwähnen sind an dieser Stelle auch die Fälle der **(drohenden) faktischen** 24 **Vollziehung,** bei denen sich die Behörde (bewusst oder irrtümlich) eines Vollziehungsrechts rühmt, weil sie dem Rechtsbehelf zu Unrecht die aufschiebende Wirkung aberkennt.[20]

> *Beispiele: die Behörde verneint zu Unrecht z. B. die Verwaltungsakt-Qualität der Maßnahme; die Behörde bejaht das Vorliegen eines der gesetzlichen Ausschlussgründe des § 80 II 1 Nr. 1–3 VwGO.*

Hierbei ergeben sich zwei Konstellationen mit Blick auf die Statthaftigkeit: 25

1. Faktische Vollziehung

In dem ersten Fall **vollzieht die Behörde tatsächlich,** trotz Missachtung der 26 bestehenden aufschiebenden Wirkung (sog. faktische Vollziehung). Der Verstoß gegen § 80 I VwGO macht die Maßnahme rechtswidrig, so dass es bei der Prüfung eines zulässigen Eilantrages gar nicht erst zu einer Interessenabwägung durch das Gericht kommt.[21] Da gesetzlich ein solch bewusstes Missachten der Behörde nicht normiert ist, ist die die Klage- bzw. Antragsart umstritten. **Die h.M. nimmt jedoch in diesen Fällen die Statthaftigkeit eines Antrages nach § 80 V VwGO analog an.** Dies beruht auf einem Erst-Recht-Schluss: wenn ein Antrag nach § 80 V VwGO gegen einen zulässigen Entfall des Suspensiveffekts möglich ist, muss ein solcher erst recht auch gegen einen unzulässigen Entfall des Suspensiveffekts – also einer bewussten Missachtung – möglich sein *(argumentum a maiore ad minus).*

2. Drohende faktische Vollziehung

Der zweite Fall betrifft die erst **drohende** faktische Vollziehung. Die Statthaftig- 27 keit des vorläufigen Rechtsschutzes in derartigen Konstellationen ist problematisch. In diesem Fall streiten sich der Hoheitsträger und der Antragsteller um

---

20 Schoch, in: Schoch/Schneider/Bier, VwGO, 36. EL Februar 2019, § 80 Rn. 352.
21 Gersdorf, in: Posser/Wolff, VwGO, 50. Ed., Stand: 1.7.2019, § 80 Rn. 156.

den Eintritt oder Nichteintritt der aufschiebenden Wirkung gem. § 80 I 1 VwGO bzw. um die Folgen, die sich aus einer Missachtung der aufschiebenden Wirkung ergeben. Folglich ist die Statthaftigkeit eines Antrages auf vorläufigen Rechtsschutz dem **System des § 80 VwGO** zuzuordnen.[22] § 80 V 3 VwGO kann hierbei nicht weiterhelfen, da diese Vorschrift nach ihrem Wortlaut nur die (ursprünglich) rechtmäßigen Vollziehungsmaßnahmen betrifft. Eine direkte Anwendung der Norm ist damit nicht möglich. Eine analoge Anwendung wird aber der Komplexität des Rechtsschutzbegehrens nicht gerecht.[23] Ebenfalls ist ein direkter Antrag auf Anordnung bzw. Wiederherstellung der aufschiebenden Wirkung nicht statthaft, weil diese nach § 80 I 1 VwGO schließlich besteht. **Statthaft ist allerdings ein Antrag auf Feststellung**, dass der eingelegte Rechtsbehelf aufschiebende Wirkung hat, in **analoger Anwendung des § 80 V 1 VwGO.**

28 Examenswissen: Oftmals wird neben dem Feststellungsantrag analog § 80 V 1 VwGO ein (Annex-) Antrag auf Vollzugsfolgenbeseitigung gem. § 80 V 3 VwGO gestellt werden, da der streitgegenständliche Verwaltungsakt bereits vollzogen wurde. Denkbar ist aber auch ein Antrag analog § 80 V 3 VwGO, nachdem das Gericht dem Hoheitsträger die (weitere) Vollziehung untersagt.[24]

In diesem Fall ist der sog. Vollzugsfolgenbeseitigungsanspruch im Anschluss an die Begründetheit des Antrages nach § 80 V 1 VwGO im Rahmen eines gesonderten Gliederungspunktes zu untersuchen (zum Vollzugsfolgenbeseitigungsanspruch s. näher § 2 Rn. 1387).[25]

Zu den weiterführenden Literaturhinweisen zum Antrag nach § 80 V VwGO s. Rn. 78.

B. Weitere Zulässigkeitsvoraussetzungen

29 Nach der Prüfung der Eröffnung des Verwaltungsrechtswegs und der Prüfung der statthaften Antragsart sind im Falle des Antrags nach § 80 V VwGO regelmäßig die folgenden weiteren Zulässigkeitsvoraussetzungen anzusprechen, wobei es auch hierbei auf problembewusstes Arbeiten ankommt (dazu § 1 Rn. 52, 123).

---

22 Gersdorf, in: Posser/Wolff, VwGO, 50. Ed., Stand: 1.7.2019, § 80 Rn. 157; Schoch, in: Schoch/Schneider/Bier, VwGO, 36. EL Februar 2019, § 80 Rn. 355.
23 Gersdorf, in: Posser/Wolff, VwGO, 50. Ed., Stand: 1.7.2019, § 80 Rn. 158.
24 Arg. a majore ad minus, vgl. Schenke, in: Kopp/Schenke, VwGO, 25. Aufl. 2019, § 80 Rn. 181.
25 Vgl. Gersdorf, Verwaltungsprozessrecht, 6. Aufl. 2019, Rn. 161.

Dorothea Heilmann

I. Antragsbefugnis (Hendrik Burbach)

Im Verfahren des vorläufigen Rechtschutzes nach § 80 V VwGO muss der Antragsteller analog § 42 II VwGO antragsbefugt sein. Das setzt voraus, dass der Antragsteller durch den Vollzug des Verwaltungsakts in seinen Rechten verletzt sein könnte (vgl. 2 Rn. 281 ff.). 30

Formulierungsvorschlag: *„Der Antragsteller müsste auch nach § 42 II VwGO analog antragsbefugt sein. Durch den in der Hauptsache angegriffenen Verwaltungsakt ist der Kläger nach der Adressatentheorie zumindest in Art. 2 I GG beeinträchtigt. Mithin ist der Kläger antragsbefugt."* 31

II. (Keine) Antragsfrist (Patrick Stockebrandt)

Grundsätzlich ist bei Anträgen nach § 80 V VwGO keine **Frist** zu beachten.[26] Entsprechende Anträge können folglich vom Erlass des Verwaltungsakts an bis zum Eintritt der **Bestandskraft** (s. § 2 Rn. 356 ff.) gestellt werden.[27] 32

Zu beachten ist jedoch, dass Fristerfordernisse inzwischen in Spezialgesetzen, z. B. im Asylrecht und im Fachplanungsrecht[28], vorzufinden sind, die sodann beachtet werden müssen.[29] Soweit dies der Fall ist, ist auch an eine mögliche **Wiedereinsetzung** nach § 60 VwGO (s. § 2 Rn. 394 ff.) zu denken.[30] Dies ändert jedoch nichts daran, dass Fristen die Ausnahme – und nicht die Regel – darstellen.[31] Im Hinblick auf die **Fristberechnung** (s. § 2 Rn. 361 ff.) kann auf die Ausführungen im Rahmen der Anfechtungsklage verwiesen werden. 33

Weiterführende Literaturhinweise finden sich in § 2 Rn. 402.

---

26 Schenke, in: Kopp/Schenke, VwGO, 25. Aufl. 2019, § 80 Rn. 141; Gersdorf, in: Posser/Wolff, VwGO, 50. Ed., Stand: 1.7.2019, § 80 Rn. 168; Hufen, Verwaltungsprozessrecht, 11. Aufl. 2019, § 32 Rn. 35.

27 Schenke, Verwaltungsprozessrecht, 16. Aufl. 2019, Rn. 998a; Hufen, Verwaltungsprozessrecht, 11. Aufl. 2019, § 32 Rn. 35.

28 S. z.B. § 18a IV 1 AsylG oder § 17e II 2, III 1 FStrG.

29 S. hierzu die Beispiele bei Schenke, in: Kopp/Schenke, VwGO, 25. Aufl. 2019, § 80 Rn. 141 sowie Gersdorf, in: Posser/Wolff, VwGO, 50. Ed., Stand: 1.7.2019, § 80 Rn. 168.

30 Schenke, in: Kopp/Schenke, VwGO, 25. Aufl. 2019, § 60 Rn. 3.

31 Pietzner/Ronellenfitsch, Das Assessorexamen im Öffentlichen Recht, 14. Aufl. 2019, Rn. 1544.

Hendrik Burbach/Patrick Stockebrandt

III. Beteiligte (Carola Creemers)

34 Die Ausführungen zur **Beteiligungs- und Prozessfähigkeit** im Rahmen der Anfechtungsklage gelten entsprechend für den Antrag nach § 80 V VwGO (s. ausführlich § 2 Rn. 403 ff.).

Es gilt aber zu beachten, dass die Beteiligten im § 80 V VwGO Verfahren als „Antragsteller" und „Antragsgegner" bezeichnet werden.

35 Der **richtige Antragsgegner** bestimmt sich im einstweiligen Rechtsschutz nach dem richtigen Beklagten in der Hauptsache. In der Hauptsache müsste eine Anfechtungsklage statthaft sein, sodass § 78 VwGO entsprechend anwendbar ist (vgl. im Allgemeinen § 2 Rn. 409 ff.). Folglich ist richtiger Antragsgegner im Verfahren auf Anordnung oder Wiederherstellung der aufschiebenden Wirkung nach § 80 V VwGO in analoger Anwendung des § 78 VwGO der Rechtsträger der Behörde, die den kraft Gesetzes sofort vollziehbaren (§ 80 II 1 Nr. 1–3 VwGO) oder für sofort vollziehbar erklärten (§ 80 II 1 Nr. 4 VwGO) Ausgangsverwaltungsakt erlassen hat (§ 78 I Nr. 1 VwGO analog) bzw. bei landesrechtlicher Umsetzung die Ausgangsbehörde selbst (§ 78 I Nr. 2 VwGO analog i.V.m. Landesrecht) oder bei isolierter Anfechtung des Widerspruchs, weil dieser erstmalig oder zusätzlich eine Beschwer enthält und dieser für sofort vollziehbar erklärt wird, der Rechtsträger der Widerspruchsbehörde bzw. die Widerspruchsbehörde selbst (§ 78 II VwGO analog).[32]

36 Examenswissen: Umstritten ist der richtige Antragsgegner, wenn erst die Widerspruchsbehörde nach § 80 II 1 Nr. 4 VwGO die sofortige Vollziehung angeordnet hat. Teilweise wird vertreten, dass dann nach § 78 II VwGO analog die Widerspruchsbehörde bzw. ihr Rechtsträger richtiger Antragsgegner seien.[33] Eine solche Analogie und die damit verbundene Trennung der Antrags- bzw. Klagegegner verbietet sich jedoch wegen des engen Zusammenhangs von vorläufigem Rechtsschutz und Hauptsacheverfahren. Zudem stellt die Anordnung der sofortigen Vollziehung nur einen Annex zum inhaltlich unveränderten Ausgangsverwaltungsakt dar. Nach h.M. muss der Antrag folglich auch in dieser Konstellation gegen den Rechtsträger der Ausgangsbehörde (§ 78 I Nr. 1 VwGO analog) bzw. die Ausgangsbehörde selbst (§ 78 I Nr. 2 VwGO analog i.V.m. Landesrecht) gerichtet werden.[34]

---

32 Puttler, in: Sodan/Ziekow, VwGO, 5. Aufl. 2018, § 80 Rn. 127; Gersdorf, in: Posser/Wolff, VwGO, 50. Ed., Stand: 1.7.2019, § 80 Rn. 165 ff. m.w.N.; Kintz, in: Posser/Wolff, VwGO, 50. Ed., Stand: 1.7.2019, § 78 Rn. 9 f.

33 OVG Münster, Beschl. v. 23.2.1989, Az.: 15 B 2575/88 = NVwZ-RR 1990, 23; Schoch, in: Schoch/Schneider/Bier, VwGO, 36. EL Februar 2019, § 80 Rn. 467 m.w.N.

34 VGH Mannheim, Beschl. v. 24.3.1994, Az.: 14 S 2628/93 = NVwZ 1995, 1220 (1221); Schenke, in: Kopp/Schenke, VwGO, 25. Aufl. 2019, § 80 Rn. 140; Puttler, in: Sodan/Ziekow, 5. Aufl. 2018, § 80 Rn. 127; Gersdorf, in: Posser/Wolff, VwGO, 50. Ed., Stand: 1.7.2019, § 80 Rn. 166 m.w.N.

Grundsätzlich sind auch die Vorschriften der **Beiladung** nach § 65 VwGO in An- 37 trägen nach § 80 V VwGO anwendbar (s. ausführlich § 2 Rn. 445 ff.); mit Ausnahme von § 65 III 1 VwGO.[35]

Auch im vorläufigen Rechtsschutzverfahren gem. § 80 V VwGO richtet sich 38 **die subjektive Antragshäufung** nach § 64 VwGO,[36] sodass auf die Ausführungen zur Anfechtungsklage verwiesen werden kann (vgl. § 2 Rn. 455 ff.).

IV. Zuständiges Gericht (Katharina Goldberg)

Das zuständige Gericht im einstweiligen Rechtsschutz nach § 80 V VwGO ist das 39 Gericht der Hauptsache (§ 80 V 1 VwGO). Die Ermittlung richtet sich also nach den Vorschriften zur Anfechtungsklage (s. näher 2 Rn. 462 ff.).

Formulierungsvorschlag: *„Das Gericht der Hauptsache ist gem. § 80 V 1 VwGO* 40 *für den einstweiligen Rechtsschutz zuständig. Dessen Zuständigkeit ergibt sich sachlich aus § 45 VwGO und örtlich aus § 52 VwGO.“*

V. Rechtsschutzbedürfnis (Dana-Sophia Valentiner/Dorothea Heilmann)

Im Rahmen der Sachentscheidungsvoraussetzungen eines Antrags nach § 80 V VwGO ist auch das Rechtsschutzbedürfnis der Antragstellerin zu prüfen (s. einleitend zum Erfordernis des Rechtsschutzbedürfnisses bereits § 2 Rn. 477 ff.).

Von dem Vorliegen des allgemeinen Rechtsschutzbedürfnisses ist wie im Hauptsacheverfahren grundsätzlich auszugehen.

Für die Klausurbearbeitung eines Antrags nach § 80 V VwGO sollten die 41 folgenden Fragestellungen und Konstellationen bekannt sein, die Ausführungen zum Rechtsschutzbedürfnis erforderlich machen.

1. Erfordernis der Erhebung eines Rechtsbehelfs in der Hauptsache?

Zunächst ist zu klären, ob das vorherige oder gleichzeitige Erheben eines 42 Rechtsbehelfs in der Hauptsache erforderlich ist.

Die vorherige oder zeitgleiche Erhebung einer Anfechtungsklage ist gemäß 43 § 80 V 2 VwGO nicht erforderlich.

---

35 Schenke, in: Kopp/Schenke, VwGO, 25. Aufl. 2019, § 65 Rn. 3, § 80 Rn. 140.
36 Kintz, in: Posser/Wolff, VwGO, 50. Ed., Stand: 1.7.2019, § 64 Rn. 2.

44　Jedoch ist an dieser Stelle auch zu prüfen, ob nicht ggf. vorher oder zumindest zeitgleich mit der Stellung eines Antrags nach § 80 V VwGO ein – an sich noch zulässiger – **Widerspruch** gegen den Verwaltungsakt hätte erhoben werden müssen.

45　Hierfür lässt sich anführen, dass der Antrag nach § 80 V VwGO auf die gerichtliche Anordnung oder Wiederherstellung einer aufschiebenden Wirkung gerichtet ist, die § 80 I 1 VwGO nur dem (erhobenen) Widerspruch oder der Anfechtungsklage zuweist.[37] Allerdings könnte dem Antragsteller dadurch die – über Art. 19 IV GG geschützte – volle Ausschöpfung der Widerspruchsfrist im Verfahren des einstweiligen Rechtsschutzes verwehrt werden. Zudem wären dann einstweilige Rechtsschutzbegehren gegen Verwaltungsakte, für die ein Widerspruchsverfahren gesetzlich nicht mehr vorgesehen ist, ohne erkennbaren sachlichen Grund bevorteilt.[38] Daher erweist es sich als überzeugender, einen Antrag nach § 80 V VwGO auch **schon vor Erhebung des Widerspruchs** für zulässig zu halten, solange der **Widerspruch nicht bereits offensichtlich unzulässig**, also insbesondere verfristet ist (s. § 2 Rn. 319 ff.).

2. Vorheriger Antrag bei der Behörde?

46　Im Rahmen des Rechtsschutzbedürfnisses bei einem Antrag auf einstweiligen Rechtsschutz nach § 80 V VwGO ist auch die Notwendigkeit eines vorherigen Antrages bei der Behörde nach § 80 IV VwGO zu erörtern.[39] In den Fällen des § 80 II 1 Nr. 2–4 VwGO ist ein solcher *e contrario* § 80 VI 1 VwGO nicht erforderlich. Für den Fall des § 80 II 1 Nr. 1 VwGO (öffentlichen Abgaben und Kosten) ist hingegen grundsätzlich ein Vorverfahren (Aussetzungsverfahren) durchzuführen.[40]

3. Weitere Konstellationen

47　Eine missbräuchliche Betreibung des gerichtlichen Verfahrens wird angenommen, wenn ein Antrag nach § 80 V VwGO (oder § 123 VwGO) absichtlich so spät gestellt wird, dass dem Gericht nicht mehr ausreichend Zeit für eine Entscheidung bleibt.[41] Im verwaltungsgerichtlichen Verfahren genügt eine späte Antragstellung im einstweiligen Rechtsschutz aber nicht generell für eine Vermutung des Rechtsmissbrauchs. Vielmehr darf von der Einstufung eines verspäteten Antrags

---

37　So Schmidt, in: Eyermann, VwGO, 19. Aufl. 2019, § 80 Rn. 81 m.w.N.

38　Dazu m.w.N. Mann/Wahrendorf, Verwaltungsprozessrecht, 4. Aufl. 2015, Rn. 415.

39　Vgl. Hummel, JuS 2011, 317 (320).

40　Gersdorf, in: Posser/Wolff, VwGO, 50. Ed., Stand: 1.7.2019, § 80 Rn. 163.

41　Ehlers, in: Schoch/Schneider/Bier, VwGO, 36. EL Februar 2019, Vorbem. § 40 Rn. 99.

als rechtsmissbräuchlich laut Bundesverfassungsgericht *„nur mit äußerster Zurückhaltung und beschränkt auf Ausnahmefälle Gebrauch gemacht werden".*[42]

Bei einem Antrag nach § 80 V VwGO entfällt das Rechtsschutzbedürfnis außerdem, wenn eine Behörde verbindlich geäußert hat, einen Verwaltungsakt vor der Entscheidung über einen eingelegten Rechtsbehelf nicht vollziehen zu wollen.[43] Der Vollzug des Verwaltungsakts lässt hingegen das allgemeine Rechtsschutzbedürfnis nicht schon entfallen, wie § 80 V 3 VwGO zu erkennen gibt.[44] 48

C. Begründetheit

Ist der Antrag nach § 80 V VwGO zulässig, ist in einem zweiten Schritt zu prüfen, ob er auch begründet ist. 49

I. Die Struktur der Begründetheitsprüfung (Dorothea Heilmann)

Der Obersatz der Begründetheit in einem Verfahren nach § 80 V VwGO richtet sich nach dem jeweiligen Antragstyp (Anordnung oder Wiederherstellung der aufschiebenden Wirkung). 50

1. Antrag auf Anordnung der aufschiebenden Wirkung

In der Klausur wäre der Obersatz zur Prüfung der Begründetheit eines **Antrages auf Anordnung der aufschiebenden Wirkung** nach § 80 V 1 **Alt. 1** VwGO i.V. m. § 80 II 1 **Nr. 1–3** VwGO wie folgt zu formulieren: 51

*„Der Antrag nach § 80 V 1 Alt. 1 VwGO auf Anordnung der aufschiebenden Wirkung ist begründet, wenn und soweit das Interesse des Antragstellers an der Aussetzung der Vollziehung (Suspensivinteresse) das Interesse der Allgemeinheit an der sofortigen Vollziehung (Vollziehungsinteresse) überwiegt. Maßgeblich hierfür ist insbesondere, ob der Rechtsbehelf in der Hauptsache nach summarischer Prüfung Aussicht auf Erfolg hätte. Zudem müsste der Antrag gegen den richtigen **Antragsgegner** gerichtet sein."*

---

42 BVerfG, Beschl. v. 21.2.2018, Az.: 2 BvR 301/18, juris Rn. 5.
43 Schenke, Verwaltungsprozessrecht, 16. Aufl. 2019, Rn. 996.
44 Hummel, JuS 2011, 317 (320).

a) Passivlegitimation

52 Während bereits innerhalb der Zulässigkeit unter dem Punkt „Antragsgegner" die „passive Prozessführungsbefugnis" geprüft wurde (s. dazu § 2 Rn. 409), ist es möglich, innerhalb der Begründetheit noch die **„Passivlegitimation"** zu prüfen (s. dazu bereits § 2 Rn. 510). Passivlegitimiert ist in einem Verfahren auf Anordnung oder Wiederherstellung der aufschiebenden Wirkung in analoger Anwendung des § 78 VwGO die Behörde bzw. deren Rechtsträger, die den Verwaltungsakt erlassen und dessen sofortige Vollziehung angeordnet hat.[45]

b) Prüfung der Rechtmäßigkeit des Verwaltungsakts

53 An dieser Stelle ist die Rechtmäßigkeit des Verwaltungsakts zu prüfen (s. dazu ausführlich § 2 Rn. 553). Wie bereits aus der Anfechtungsklage bekannt, sind dabei die Ermächtigungsgrundlage des Verwaltungsakts (a) sowie dessen formelle (b) und materielle Rechtmäßigkeit (c) herauszuarbeiten und zu prüfen.

54 Mit Blick auf die Rechtmäßigkeit des Verwaltungsakts sind dabei folgende **drei Varianten** zu beachten:

55 Variante 1: Es bestehen **„ernsthafte Zweifel" an der Rechtmäßigkeit des Verwaltungsakts:** Der Antrag nach § 80 V VwGO ist in diesem Falle stets begründet, da an der sofortigen Vollziehung eines rechtswidrigen Verwaltungsakts kein überwiegendes Interesse bestehen kann.

56 Variante 2: Der **Verwaltungsakt ist „offensichtlich rechtmäßig":** Der Antrag nach § 80 V VwGO ist unbegründet, es bleibt bei der gesetzlichen Wertung der Interessenlage (§ 80 II 1 Nr. 1–3 VwGO).

57 Variante 3: Die **Erfolgsaussichten sind unklar:** Hier ist eine („echte") Interessenabwägung im Sinne einer Folgenbetrachtung vorzunehmen *(in einer Klausur nicht möglich!).*

58 Klausurtipp: In der Klausur ist daher das **„normale" Schema einer Rechtmäßigkeitsprüfung eines Verwaltungsakts** anzuwenden. „Summarisch" bedeutet, dass sich das Gericht mit den jetzt vorhandenen Beweisen zufriedengibt und keine lange Beweisaufnahme einleitet – wie dann später im Hauptsacheverfahren. Das Prüfungsschema in der Klausur bleibt aber gleich (wie bei einer Anfechtungsklage), da hier mit den vorliegenden „Beweisen" zu arbeiten ist, deren rechtliche Würdigung vollumfänglich erfolgt.

---

45 VGH Mannheim, Beschl. v. 6.3.1974, Az. V 943/73 = DÖV 1974, 607; Beschl. v. 24.3.1994, Az. 14 S 2628/93 = NVwZ 1995, 1220 (1221); VGH München, Beschl. v. 27.6.1984, Az. Nr. 14 CS 84 A.1057 = BayVBl. 1984, 598; VGH Kassel, Beschl. v. 28.11.1988, Az. 8 TH 3971/88 = NVwZ 1990, 677; OVG Lüneburg, Beschl. v. 21.11.1988, Az. 3 B 167/88 = NJW 1989, 2147 (2148); Gersdorf, in: Posser/Wolff, VwGO, 50. Ed., Stand: 1.7.2019, § 80 Rn. 165.

Dorothea Heilmann

2. Antrag auf Wiederherstellung der aufschiebenden Wirkung

In der Klausur wäre der Obersatz zur Prüfung der Begründetheit eines **Antrages** 59
auf Wiederherstellung der aufschiebenden Wirkung nach § 80 V 1 **Alt. 2**
VwGO i.V. m § 80 II 1 **Nr. 4** VwGO wie folgt zu formulieren:

„Der Antrag nach § 80 V 1 Alt. 2 VwGO ist begründet, wenn und soweit die
Anordnung der sofortigen Vollziehbarkeit (formell) fehlerhaft war oder wenn das
Interesse des Antragstellers an der Aussetzung der Vollziehung (Suspensivinteresse)
das Interesse der Allgemeinheit an der sofortigen Vollziehung (Vollziehungsinter-
esse) überwiegt.[46] *Maßgeblich hierfür ist insbesondere, ob der Rechtsbehelf in der*
Hauptsache nach summarischer Prüfung Aussicht auf Erfolg hätte. Zudem muss der
*Antrag gegen den richtigen **Antragsgegner** gerichtet sein.“*

a) Passivlegitimation

Die Passivlegitimation ist auch beim Antrag auf Wiederherstellung der auf- 60
schiebenden Wirkung wie soeben in Rn. 52 zu prüfen.

b) Formelle Rechtmäßigkeit der Anordnung der sofortigen Vollziehung

An dieser Stelle sind Zuständigkeit, Verfahren und Form im Hinblick auf die 61
Anordnung der sofortigen Vollziehung zu prüfen, wobei insbesondere die
schriftliche Begründung, die sich aus § 80 III 1 VwGO ergibt, **klausurrelevant**
ist.

aa) Zuständigkeit

Aus § 80 IV 1 VwGO ergibt sich, dass zum einen die Behörde, die den streitge- 62
genständlichen belastenden Verwaltungsakt erlassen hat (Ausgangsbehörde,
Alt. 1) oder die Behörde, die über den Widerspruch zu entscheiden hat (Widerspruchsbehörde, Alt. 2) die Vollziehung aussetzen kann und damit zuständig ist.[47]

bb) Verfahren

Im Rahmen der Prüfung der korrekten Verfahrensdurchführung ist regelmäßig auf 63
folgendes **Standardproblem** einzugehen: Fraglich ist, ob der Antragsteller vor

---

46 Dazu näher Erbguth/Guckelberger, Allgemeines Verwaltungsrecht, 10. Aufl. 2019, § 21 Rn. 15.
47 Näheres zum Zeitraum der Zuständigkeit: vgl. Schenke, in: Kopp/Schenke, VwGO, 25. Aufl.
2019, § 80, Rn. 81.

Dorothea Heilmann

Anordnung der sofortigen Vollziehbarkeit hätte angehört werden müssen, § 28 I VwVfG.

64   Dies wirft die Frage auf, ob die Anordnung der sofortigen Vollziehung ihrerseits einen Verwaltungsakt darstellt und dementsprechend die Verfahrensanforderungen des VwVfG greifen. Nach ganz **überwiegender Meinung** stellt die *Anordnung der sofortigen Vollziehung keinen Verwaltungsakt dar, da sie keine sachliche Rechtsfolgenanordnung und damit keine „Regelung" i.S.d. § 35 VwVfG begründet. Als reines Verwaltungsinternum, stellt sie eine verfahrensrechtliche Nebenentscheidung zum Verwaltungsakt dar: Sie schließt anders als ein Verwaltungsakt kein Verwaltungsverfahren i.S.d. § 9 VwVfG ab und kann nicht formell bestandskräftig werden.*[48]Demnach ist die Anordnung der sofortigen Vollziehung **kein eigenständiger Verwaltungsakt**, mit der Folge, dass eine direkte Anwendung des § 28 VwVfG nicht möglich ist.

65   Die Anordnung der sofortigen Vollziehung wird als Bestandteil des Haupt-Verwaltungsakts (Nebenentscheidung) bzw. als unselbstständiger Annex zu diesem betrachtet, da sie den Haupt- Verwaltungsakt voraussetzt und nur die Vollziehung desgleichen regelt.[49] **Zum Teil** wird vertreten, dass eine **analoge Anwendung des § 28 VwVfG** in Betracht komme, weil der Entzug des Suspensiveffekts zu einer derartigen Eingriffsintensität führe, die mit dem Erlass eines Verwaltungsakts vergleichbar sei.[50] Dies ist jedoch **abzulehnen**, da die Anordnung der sofortigen Vollziehung hinsichtlich der Eingriffsintensität nicht mit einem Verwaltungsakt vergleichbar ist, für ein gerichtliches Vorgehen gegen sie keine Fristen bestehen und sie damit zusammenhängend keiner Bestandskraft fähig ist. In jedem Fall ist aber eine **nachträgliche Heilung** im gerichtlichen Verfahren durch Nachholung möglich.[51]

Aufbauhinweis: Dieser Punkt ist nur zu diskutieren, wenn sich im Sachverhalt Anhaltspunkte für eine mangelnde Anhörung ergeben. Wenn jedoch laut Bearbeitungsvermerk die Anhörung als erfolgt anzusehen ist, gilt dieser Hinweis in der Regel nicht nur in Bezug auf den zugrundeliegenden Verwaltungsakt, sondern auch auf die Anordnung der sofortigen Vollziehung.

---

48 Gersdorf, in: Posser/Wolff, VwGO, 50. Ed., Stand: 1.7.2019, § 80 Rn. 80.
49 BVerwG, Urt. v. 12.5.1966, Az. II C 197/62 = BVerwGE 24, 92 (94); Schenke, in: Kopp/Schenke, VwGO, 25. Aufl. 2019, § 80 Rn 78; Detterbeck, Allgemeines Verwaltungsrecht, 17. Aufl. 2019, Rn. 1482.
50 Vgl. Schenke, in: Kopp/Schenke, VwGO, 25. Aufl. 2019, § 80 Rn 82.
51 Vgl. Schenke, in: Kopp/Schenke, VwGO, 25. Aufl. 2019, § 80 Rn 82.

Dorothea Heilmann

cc) Form

Eine spezielle Form ist nicht festgeschrieben, die Anordnung erfolgt aber in der 66
Regel – wie ihre Begründung – schriftlich und ist mit dem zugrundeliegenden
Verwaltungsakt verbunden.[52]

Der Antrag nach § 80 V VwGO ist bereits begründet, wenn die Vollzie- 67
hungsanordnung formell rechtswidrig ist. Dies beruht auf der Tatsache, dass
§ 80 III 1 VwGO nicht nur eine bloße Formvorschrift, sondern eine rechtliche
Voraussetzung für die Anordnung der sofortigen Vollziehung ist. Aus diesem
Grund kommt dem **speziellen Begründungserfordernis** aus § 80 III 1 VwGO für
die Fälle des § 80 II 1 Nr. 4 VwGO besondere Bedeutung zu. Damit ergibt sich eine
Klausurrelevanz. Oftmals wird eine Begründung abgedruckt, welche von den
Bearbeiter_innen entsprechend auf ihre Rechtmäßigkeit hin überprüft werden
soll. **Die Begründung muss demnach auf den konkreten Fall abgestellt und
darf nicht lediglich formelhaft ausgeführt sein.**[53] Dies beruht auf der damit
beabsichtigten Warnfunktion für die Behörde, die sich vor Augen führen soll, dass
sie den Bürgern den durch § 80 I 1 VwGO als Grundsatz normierten Suspensiveffekt nimmt. Nicht ausreichend ist beispielsweise, wenn lediglich ausgeführt
wird, dass die „Anordnung der sofortigen Vollziehung im öffentlichen Interesse
liegt".[54]

Examenswissen: Ob eine Heilung der unzulänglichen bzw. unterbliebenen Begründung durch ein 68
nachträgliches Nachschieben (Nachholen) möglich ist, ist umstritten. Die eine Ansicht lehnt dies
mit dem Verweis auf den eindeutig formulierten § 80 III 1 VwGO („In den Fällen des Absatzes 2
Nr. 4 **ist** das besondere Interesse an der sofortigen Vollziehung des Verwaltungsakts **schriftlich
zu begründen.**") und dem Schutzzweck der Norm (Warnfunktion, Kenntnis der verwaltungs-
behördlichen Erwägungen für Betroffenen und für verwaltungsgerichtliche Überprüfung[55]) ab.[56]
Diesem rechtsstaatlichen Standpunkt hält die Gegenauffassung Gründe der Prozessökonomie
entgegen und gestattet eine Nachholung der fehlenden bzw. mangelhaften Begründung bis zur
Stellung eines Eilantrags gem. § 80 V VwGO.[57]

Zu konstatieren ist, dass auf die Heilungsmöglichkeit des § 45 VwVfG mangels Verwal-
tungsakt-Qualität nicht zurückgegriffen werden kann. Eine analoge Anwendung des § 45 VwVfG

---

52 Vgl. Schenke, in: Kopp/Schenke, VwGO, 25. Aufl. 2019, § 80 Rn 83.
53 Vgl. Schenke, in: Kopp/Schenke, VwGO, 25. Aufl. 2019, § 80 Rn 84.
54 Vgl. Schenke, in: Kopp/Schenke, VwGO, 25. Aufl. 2019, § 80 Rn 85.
55 Vgl. Gersdorf, in: Posser/Wolff, VwGO, 50. Ed., Stand: 1.7.2019, § 80 Rn. 86.
56 VGH Mannheim, Beschl. v. 25.8.1976, Az. X 1318/76 = NJW 1977, 165; Bay. VGH v. 24.2.1988,
Az. 14 CS 88.00004 = BayVBl. 1989, 117 (118); m.w.N. Gersdorf, in: Posser/Wolff, VwGO, 50. Ed.,
Stand: 1.7.2019, § 80 Rn. 91.
57 OVG Koblenz, Beschl. v. 30.1.1985, Az. 11 B 201/84 = NVwZ 1985, 919; OVG Saarlouis, Urt. v. 11.3.
1983, Az. 2 W 46/83 = AS 18, 187 (192); m.w.N. Gersdorf, in: Posser/Wolff, VwGO, 50. Ed., Stand: 1.7.
2019, § 80 Rn. 91.

Dorothea Heilmann

scheitert zudem an der abschließenden Regelung des § 80 III 1 VwGO hinsichtlich des Begrün-dungserfordernisses. Zudem würde die analoge Anwendung gegen den Grundsatz des Vorbehalts des Gesetzes (Art. 20 III GG) mit Blick auf die Bürger verstoßen. Schließlich ist auch nicht § 114 S. 2 VwGO (weder direkt noch analog) heranzuziehen, da dieser einen materiellen Begründungs-mangel in der Gestalt eines Ermessensfehlers beinhaltet.[58] **Ein schlichtes Nachholen der Be-gründung mit heilender Wirkung ist somit nicht möglich.**[59]

69　　**Streit** besteht auch darüber, ob das Gericht im Falle der formellen Rechtswidrigkeit der Anordnung der sofortigen Vollziehung die aufschiebende Wirkung wiederherzustellen oder die Vollziehungsanordnung isoliert aufzuheben hat.

Sollte der Antrag schon aufgrund der formellen Rechtswidrigkeit[60] der Vollziehungsanord-nung an dieser Stelle begründet sein, etwa, weil die Behörde pauschal auf das Interesse der Öf-fentlichkeit an der sofortigen Vollziehung verweist, ist eine Prüfung in der Sache durch das Ge-richt nicht erforderlich. Dennoch macht es in der Klausur Sinn, die Abwägung (s. sogleich Rn. 70) noch vorzunehmen, denn bei nur formellen Mängeln droht erneut die Anordnung der sofortigen Vollziehung.

Umstritten ist, ob das Gericht bei einem Begründungsmangel die aufschiebende Wirkung des Rechtsbehelfs wiederherstellt oder die formell mangelhafte Vollziehungsanordnung isoliert aufhebt.[61] **Einer Auffassung** nach kann die aufschiebende Wirkung nicht wiederhergestellt werden, da die Behörde ansonsten aufgrund der Bindungswirkung des gerichtlichen Beschlusses an einem erneuten, formell rechtmäßigen Erlass der Anordnung der sofortigen Vollziehung ge-hindert sei.[62]

Die **zutreffende Gegenansicht**[63] führt jedoch aus, dass die formelle Rechtswidrigkeit der Anordnung der sofortigen Vollziehung zur Wiederherstellung der aufschiebenden Wirkung führt, da die Behörde im Fall eines gerichtlichen Beschlusses nicht daran gehindert sei, eine neue, formell rechtmäßige Vollziehungsanordnung zu erlassen. Begründet wird dies damit, dass die Bindungswirkung der Entscheidung nicht weitergehen könne als ihre Gründe und zudem eine isolierte Aufhebung der Anordnung der sofortigen Vollziehung in § 80 V 1, Alt. 2 VwGO nicht vorgesehen sei. Des Weiteren spreche das Regel-Ausnahme-Verhältnis (s. Rn. 22) des § 80 I, II VwGO für die Wiederherstellung der aufschiebenden Wirkung, da im Falle der formellen Rechtswidrigkeit der Anordnung der sofortigen Vollziehung der Regelfall bestehe, welcher durch das Gericht lediglich deklaratorisch festzustellen sei.[64]

70　　Für den Fall, dass im Sachverhalt ein Neuerlass einer Anordnung der sofortigen Vollziehung geschildert wird, ist auf den **Zeitpunkt der Anordnung** der sofortigen Vollziehung abzustellen. Es ist zu differenzieren, ob die Anordnung der sofortigen Vollziehung **vor oder nach** Stellung eines Antrags nach § 80 V 1 Alt. 2 VwGO getroffen wird. Bei Ersterem sind die Rechte des Betroffen

---

58 Gersdorf, in: Posser/Wolff, VwGO, 50. Ed., Stand: 1.7.2019, § 80 Rn. 93.

59 Vgl. Gersdorf, in: Posser/Wolff, VwGO, 50. Ed., Stand: 1.7.2019, § 80 Rn. 97.

60 Z.T. wird hier von Nichtigkeit gesprochen, so etwa OVG Münster, Urt. v. 1.8.1961, Az. III B 349/61 = NJW 1962, 699; VGH Mannheim, Beschl. v. 18.4.1961, Az. IV 111/61 = NJW 1962, 1172.

61 Vgl. Gersdorf, Verwaltungsprozessrecht, 6. Aufl. 2019, Rn. 159.

62 VGH Baden-Württemberg, Beschl. v. 25.08.1976, Az. X 1318/76 = NJW 1977, 165; Thüringer OVG, 1.3.1994, Az. 1 EO 40/94 = ThürVGRspr 2013, 37.

63 Vgl. Gersdorf, Verwaltungsprozessrecht, 6. Aufl. 2019, Rn. 159.

64 OVG Sachsen-Anhalt, Beschl. v. 2.12.1993, Az. 4 M 10/9 = DÖV 1994, 352; OVG Schleswig-Holstein, Beschl. v. 19.6.1991, Az. 4 M 43/91 = NVwZ 1992, 688 (690).

in Ermangelung einer Antragsfrist für den Eilantrag gewahrt, so dass eine Nachholung den Begründungsmangel unbeachtlich werden lässt. Bei Letzterem ist der ursprüngliche Begründungsmangel nicht von vornherein unbeachtlich. Nur wenn die Voraussetzungen des § 91 VwGO analog vorliegen, darf das Gericht den Neuerlass einer Vollziehungsanordnung mit ordnungsgemäßer Begründung berücksichtigen und den früheren Begründungsmangel als unbeachtlich bewerten.[65]

c) Abwägung des Aussetzungsinteresses des Antragstellers mit dem öffentlichen Vollzugsinteresse

Hier liegt der **Schwerpunkt der Begründetheitsprüfung.** An dieser Stelle ist 71 die Rechtmäßigkeit des Verwaltungsakts zu prüfen (s. dazu ausführlich § 2 Rn. 553). Wie bereits durch die Anfechtungsklage bekannt, sind dabei die Ermächtigungsgrundlage des Verwaltungsakts (a) sowie dessen formelle (b) und materielle Rechtmäßigkeit (c) herauszuarbeiten und zu prüfen. Im Anschluss an die Rechtmäßigkeitsprüfung des Verwaltungsakts ist im Fall des § 80 II 1 Nr. 4 VwGO zudem das **Interesse der Öffentlichkeit an der sofortigen Vollziehung** (d) auf sein Überwiegen hin zu prüfen.

Mit Blick auf die Rechtmäßigkeit des Verwaltungsakts sind dabei folgende 72 drei Varianten zu beachten:

Variante 1: Es bestehen **„ernsthafte Zweifel" an der Rechtmäßigkeit des** 73 **Verwaltungsakts:** Der Antrag nach § 80 V VwGO ist in diesem Falle stets begründet, da an der sofortigen Vollziehung eines rechtswidrigen Verwaltungsakt kein überwiegendes Interesse bestehen kann.

Variante 2: Der **Verwaltungsakt ist „offensichtlich rechtmäßig":** Zwar 74 kann der Bürger kein schutzwürdiges Vertrauen daran haben, von der Vollziehung eines offensichtlich rechtmäßigen Verwaltungsakts verschont zu bleiben. Es ist jedoch **streitig,** ob bei einem solchen Fall (offensichtliche Erfolglosigkeit des Rechtsbehelfs) die Begründetheit des Antrages automatisch (also auch ohne Prüfung des Dringlichkeitsinteresses) auszuschließen ist. Abhängig ist dies von der Bedeutung der Erfolgsaussichten in der Hauptsache: Sind diese maßgeblich, was bei einer fehlerfreien Anordnung der sofortigen Vollziehung der Fall ist, kommt der Interessenabwägung ausschlaggebende Bedeutung zu, so dass der Antrag bei offensichtlicher Rechtmäßigkeit des Verwaltungsakts unbegründet wäre. Einem Antrag nach § 80 V VwGO ist jedoch stattzugeben, wenn die (materiellen/formellen) Voraussetzungen der Anordnung der sofortigen Vollziehung nicht vorliegen, da zur Begründetheit des Antrages die Rechtswidrigkeit der Vollziehungsanordnung bereits ausreicht.

---

65 Vgl. Gersdorf, in: Posser/Wolff, VwGO, 50. Ed., Stand: 1.7.2019, § 80 Rn. 97.

Dorothea Heilmann

75 Variante 3: Die **Erfolgsaussichten sind unklar:** Hier ist eine („echte") Interessenabwägung im Sinne einer Folgenbetrachtung vorzunehmen *(in einer Klausur nicht möglich!).*

76 Klausurtipp: In der Klausur ist daher das **„normale" Schema einer Rechtmäßigkeitsprüfung eines Verwaltungsakts** anzuwenden. „Summarisch" bedeutet, dass sich das Gericht mit den jetzt vorhandenen Beweisen zufriedengibt und keine lange Beweisaufnahme einleitet – wie dann später im Hauptsacheverfahren. Das Prüfungsschema in der Klausur bleibt aber gleich (wie bei einer Anfechtungsklage), da hier mit den vorliegenden „Beweisen" zu arbeiten ist.

77 Examenswissen: Im Fall der **faktischen Vollziehung** bedarf es keiner Interessensabwägung. Dies ergibt sich daraus, dass bei solch einer Entscheidung kein gerichtlicher Ermessensspielraum gegeben ist, da die faktische Vollziehung aufgrund des tatsächlich bestehenden Suspensiveffekts rechtswidrig ist. Damit besteht hinsichtlich des „Ob" der Vollziehungsanordnung eine Verpflichtung des Gerichts zur Anordnung.

3. Literaturhinweise

78 Erbguth, Einstweiliger Rechtsschutz gegen Verwaltungsakte, JA 2008, 357; Jansen/ Wesseling, Der Beschluss nach § 80 V VwGO, JuS 2009, 322; Shirvani/Heidebach, Hauptsacherechtsbehelf und vorläufiger Rechtsschutz, DÖV 2010, 254; Heilmann/Zimmermann, Referendarexamensklausur Öffentliches Recht: Moses mahnt, Mettigel am Rand – Aufgabe, SächsVBl. 4/2017, 117; Heilmann/Zimmermann, Referendarexamensklausur Öffentliches Recht: Moses mahnt, Mettigel am Rand – Lösungshinweise zu der Aufgabe in Heft 4, SächsVBl. 5/2017, 137

Falllösung: Fall 14 in: Eisentraut, Fälle zum Verwaltungsrecht, 2020

Lehrvideo: Friedmann/Volhard/Yüksel, Peer2Peer-Lehrvideo Einstweiliger Rechtsschutz nach § 80 V 1 VwGO, abrufbar unter https://youtu.be/Quo5F1vIWao

II. Der Antrag nach § 80 V VwGO im Polizei- und Ordnungsrecht (Nikolas Eisentraut)

79 Der Antrag nach § 80 V VwGO spielt auch im allgemeinen Polizei- und Ordnungsrecht eine hervorgehobene Rolle. Dies liegt daran, dass **für ordnungsbehördliche Verwaltungsakte häufig die sofortige Vollziehbarkeit** angeordnet (§ 80 II 1 Nr. 4 VwGO) wird oder sie bereits qua Gesetz für „unaufschiebbare Anordnungen und Maßnahmen von Polizeivollzugsbeamten" (§ 80 II 1 Nr. 2 VwGO) besteht. In diesen Fällen wird der Antragsteller einstweiligen Rechtsschutz nach § 80 Abs. 5 VwGO begehren. Im Rahmen der summarischen Prüfung der Erfolgsaussichten der Hauptsache ist in diesem Fall die Rechtmäßigkeit der

Ordnungsverfügung zu untersuchen. Die Prüfung der Rechtmäßigkeit eines Verwaltungsakts im Rahmen des § 80 V VwGO ist bereits in Rn. 53 ff. dargestellt worden.

Literaturhinweis: Eine Falllösung zu § 80 V VwGO bei einem für sofort voll- **80** ziehbar erklärten Aufenthaltsverbot nach § 31 III 1 HSOG findet sich bei Bretthauer, JURA 2018, 409.

III. Der Antrag nach § 80 V VwGO im Kommunalrecht (Sebastian Piecha)

Im einstweiligen Rechtsschutzverfahren gelten die allgemeinen Vorschriften zu **81** § 80 V VwGO (dazu Rn. 1 ff.) auch im Kommunalrecht, wo sich insoweit sonst keine Besonderheiten ergeben.

Bedeutende Weichenstellung ist, wie zuvor schon erläutert (s. § 2 Rn. 1271 ff.), **82** insbesondere die Abgrenzung, ob es sich bei der angegriffenen Maßnahme der Kommune oder Aufsichtsbehörde um einen Verwaltungsakt im Sinne von § 35 S. 1 VwVfG handelt oder nicht und welche Klageart im Hauptsacheverfahren statthaft wäre, da sich hiernach die Statthaftigkeit des Verfahrens nach § 80 V VwGO bzw. § 123 VwGO bemisst.

Kommunalrechtlich sind hier insbesondere Sachverhalte denkbar, die etwa **83** die Zulässigkeit von Bürgerbegehren, die Aufhebung von Ratsbeschlüssen oder die Untersagung oder Rücknahme bestimmter Äußerungen etwa des Bürgermeisters[66] betreffen. Auch spielen Zulassungen zu öffentlichen Einrichtungen (bspw. Parteitag in einer Stadthalle) oft eine Rolle in Eilsachen.

---

66 Beispielfall zu Rechtsfragen kommunaler Satzungen s. Funke/Papp, JuS 2010, 395 ff.

Nikolas Eisentraut/Sebastian Piecha

§ 9 Einstweiliger Rechtsschutz 2: Der Antrag nach §§ 80, 80a VwGO

1 Der gutachterlichen Prüfung des Antrags nach § 80, 80a VwGO liegt die folgende Struktur zugrunde:

A. Zulässigkeit
    I. Eröffnung des Verwaltungsrechtswegs (dazu bereits § 1 Rn. 162 ff.)
    II. Statthafte Antragsart (dazu einführend § 1 Rn. 222 ff. und ausführlich in diesem § Rn. 2 ff.)
    III. Antragsbefugnis (dazu Rn. 34 f.)
    IV. Antragsfrist (dazu Rn. 36)
    V. Beteiligte (dazu Rn. 37 ff.)
    VI. Zuständiges Gericht (dazu Rn. 41 f.)
    VII. Rechtsschutzbedürfnis (dazu Rn. 43 ff.)
B. Begründetheit (zur Struktur der Begründetheitsprüfung einführend Rn. 47 ff.)

Zum Antrag nach §§ 80, 80a VwGO im Baurecht Rn. 54.

Gliederung

A. Die Statthaftigkeit des Antrags nach §§ 80, 80a VwGO (Stefanie Weinberg)

Wurde der Verwaltungsrechtsweg für eröffnet erkannt (s. ausführlich zur Prüfung § 1 Rn. 162 ff.) so ist im Rahmen der Zulässigkeit als nächstes die statthafte Klage- bzw. Antragsart zu untersuchen. Die Bestimmung der statthaften Klage-/Antragsart ist das **zentrale Scharnier** für die gesamte restliche Klausur. Nach ihr richten sich sowohl die weiteren Zulässigkeitsvoraussetzungen als auch die Struktur der Begründetheitsprüfung. Entsprechend wichtig ist die saubere Prüfung, welche Klage- bzw. Antragsart einschlägig ist (eine erste Übersicht über die Klage- und Antragsarten der VwGO findet sich in § 1 Rn. 222 ff.). 2

Die VwGO enthält neben Regelungen zu den verwaltungsrechtlichen Klagen auch solche die gegen ein staatliches Handeln vorläufigen Rechtsschutz gewähren. Häufig vermitteln bereits Anfechtungsklage und -widerspruch durch ihre prinzipiell vom Gesetz verliehene aufschiebende Wirkung vorläufigen Rechtsschutz. Allerdings gibt es auch Fälle, in denen diesen Rechtsbehelfen von Gesetz oder durch behördliche Entscheidung kein Suspensiveffekt (mehr) zukommt. Nicht nur mit Blick auf die in der Realität oft bestehende lange Verfahrensdauer der Hauptsacheverfahren sind somit weitergehende Antragsverfahren zur Wahrung des **effektiven Rechtsschutzes (Art. 19 IV GG)** notwendig. Es gibt viele Konstellationen, in denen bereits der Ablauf von ein paar Wochen ohne gerichtlichen Schutz zu irreversiblen Schäden führen kann. 3

Nikolas Eisentraut/Stefanie Weinberg

4   Im Rahmen der statthaften Antragsart[1] müssen die einzelnen Verfahren voneinander abgegrenzt werden, wobei der vorläufige Rechtsschutz hier durch die Regelungen der §§ 80, 80a, 80b, § 123 VwGO und § 47 VI VwGO vermittelt wird.[2] Der Schwerpunkt einer Abgrenzung in der Klausur liegt häufig zwischen §§ 80, 80a VwGO (zum Antrag nach § 80 V VwGO s. § 8) und § 123 VwGO (zum Antrag nach § 123 VwGO s. § 10).

5   Nach § 123 V VwGO sind die Verfahren der §§ 80, 80a VwGO vorrangig. Gegenstand der Verfahren nach den §§ 80, 80a VwGO ist ein Verwaltungsakt, gegen den Widerspruch und Anfechtungsklage keine aufschiebende Wirkung entfalten (s. zur Bedeutung der aufschiebenden Wirkung bereits § 8 Rn. 4 f.).

6   In Abgrenzung zum Antrag nach § 80 V VwGO ist § 80a VwGO dadurch charakterisiert, dass neben den Interessen von Behörde(n) und Adressat(en) des Verwaltungsakts noch diejenigen von mindestens einem Dritten betroffen sind. Es geht also um Verwaltungsakte mit **Drittwirkung.** Der Gesetzeswortlaut spricht hingegen von **„Doppelwirkung",** was in der Literatur teilweise kritisch betrachtet wird.[3] Drittwirkung oder Doppelwirkung bedeuten, dass der Verwaltungsakt zwar eine Person begünstigt, eine andere aber belastet.[4] Insbesondere § 80 I 2 VwGO verdeutlicht aber, dass diese drittwirkenden Verwaltungsakte im Grundsatz ebenso von § 80 V VwGO erfasst werden. Die gegenseitige Bezugnahme und Verweisung dieser Normen aufeinander zeigen, dass in Fällen der Verwaltungsakte mit Doppelwirkung beide Normen Anwendung finden und sich gegenseitig ergänzen. § 80a VwGO enthält in diesem Fall die speziellen Sonderregelungen, was jedoch auch dazu führt, dass bei einer Lücke des § 80a VwGO auf die Anwendung von § 80 VwGO zurückgegriffen werden kann und muss.[5]

7   Klassische Doppelwirkungskonstellationen finden sich insbesondere im Baurecht.

Beispiele: Die für den Bauherrn erlassene und ihn begünstigende Baugenehmigung stellt für den Nachbarn eine Belastung dar, da die zugelassene bauliche Anlage die Aussicht des Nachbarn versperrt oder/und die Lichtverhältnisse auf seinem Grundstück verschlechtert.

---

1 Der vorläufige Rechtsschutz wird im Antrags-, nicht im Klageverfahren gewährt.

2 Schoch, in: Ehlers/Schoch, Rechtsschutz im Öffentlichen Recht, 2009, § 29 Rn. 12.

3 Hoppe, in: Eyermann, VwGO, 15. Aufl. 2019, § 80a Rn. 1; Den Begriff der Drittwirkung aufgrund des Wortlauts für überholt halten aber Peine/Siegel, Allgemeines Verwaltungsrecht, 12. Aufl. 2018, Rn. 367.

4 Schenke, in: Kopp/Schenke, VwGO, 25. Aufl. 2019, § 80a Rn. 2; vgl. Schenke, Verwaltungsprozessrecht, 16. Aufl. 2019, Rn. 939.

5 Puttler, in: Sodan/Ziekow, VwGO, 5. Aufl. 2018, § 80a Rn. 8; Gersdorf, in: Posser/Wolff, VwGO, 50. Ed., Stand: 1.7.2019, § 80a Rn. 12, 25, 30.

Stefanie Weinberg

Eine Abrissverfügung belastet den betroffenen Bauherrn, der diese deshalb aus der Welt schaffen möchte. Andererseits begünstigt sie den Nachbarn, der für die Beibehaltung und Vollstreckung der Verfügung streiten wird.

Zunächst soll die Systematik des vorläufigen Rechtsschutzes gegen Verwal- 8 tungsakte mit Drittwirkung anhand der Normstruktur von § 80a VwGO verdeutlicht werden: § 80a I und II VwGO befassen sich mit dem behördlichen, § 80a III VwGO mit dem gerichtlichen Rechtsschutz. Die Regelungen unterscheiden sich des Weiteren einerseits zwischen dem Adressaten und dem Dritten, andererseits zwischen der Begünstigung und de Belastung.

Im Einzelnen bedeutet dies:

§ 80a I VwGO behandelt den Fall, dass sich ein Dritter gegen den einen 9 Adressaten begünstigenden Verwaltungsakt wendet. Das behördliche Einschreiten kann hierbei einerseits **(nach § 80a I Nr. 1 i.V.m. § 80 II Nr. 4 VwGO)** in der **Anordnung der sofortigen Vollziehung** – somit zugunsten des Adressaten des Verwaltungsakts –, andererseits **(nach § 80a I Nr. 2 i.V.m. § 80 IV VwGO)** in der **Aussetzung der Vollziehung** – somit zugunsten des Dritten –, liegen.

Darüber hinaus ist die **Anordnung einstweiliger Sicherungsmaßnahmen** von **§ 80a I Nr. 2 Alt. 2 VwGO** gedeckt.[6]

Examenswissen: Fraglich ist, ob § 80a VwGO in dieser Fassung überhaupt nötig ist, um die Rechtslage derart zu gestalten oder ob diese nicht bereits in Teilen ohne § 80a VwGO gegeben wäre: Die Regelungen der behördlichen Befugnisse in § 80a I VwGO haben größtenteils nur klarstellenden Charakter. § 80 II 1 Nr. 4 VwGO erwähnt bereits das Interesse eines Beteiligten und ermöglicht die Anordnung der sofortigen Vollziehung. Bereits § 80 IV VwGO gewährt die Möglichkeit der behördlichen Aussetzung der Vollziehung. Dennoch ist die Gesamtkonzeption des § 80a VwGO zu begrüßen und trägt auch insbesondere zur Rechtsklarheit bei. Eine Diskussion in der Klausur erscheint nicht nötig.

Nach **§ 80a II VwGO** kann im Interesse des Dritten die **sofortige Vollziehung** des 10 (ihn begünstigenden) Verwaltungsakts **angeordnet** werden.

Durch **§ 80a III 1 VwGO** kann das Gericht die Maßnahmen nach den ersten 11 beiden Absätzen **ändern, aufheben oder anordnen.** Die gerichtlichen Befugnisse werden hiernach den behördlichen angepasst. Darüber hinaus erweitert **§ 80a III 2 VwGO** die gerichtlichen Befugnisse indem er **§ 80 V – VIII VwGO** in Fällen des § 80a VwGO für **entsprechend anwendbar** erklärt.[7]

Examenswissen: Der behördliche Rechtsschutz i.S.d. § 80a I und II VwGO wird in der Referen- 12 darklausur lediglich in der Konstellation Gegenstand sein, in der vom Gericht die Aufhebung,

---

6 Gersdorf, in: Posser/Wolff, VwGO, 49. Ed., Stand: 1.7.2018, § 80a Rn. 17.
7 Puttler, in: Sodan/Ziekow, VwGO, 5. Aufl. 2018, § 80a Rn. 14.

Stefanie Weinberg

Änderung oder eigenständige Anordnung dieser behördlichen Maßnahmen nach § 80a III 1 VwGO begehrt wird. Das bedeutet, dass dem Fall des § 80a III VwGO für die Examensvorbereitung die meiste Aufmerksamkeit geschenkt werden sollte. Dies ist die typische Klausurkonstellation, weshalb die Fälle des § 80a I und II VwGO im Folgenden aus Sicht des gerichtlichen Rechtsschutzes nach § 80a III 1 VwGO dargestellt werden.

13 Formulierungsvorschlag: *„Der Antrag hat Aussicht auf Erfolg, wenn und soweit er zulässig und begründet ist."*

14 Der **statthafte Antrag** bestimmt sich stets nach dem Antragsbegehren, §§ 88 I, 122 VwGO, welches sauber ermittelt werden sollte.

15 Nach § 123 V VwGO ist ein Verfahren nach § 80a VwGO gegenüber einem solchen nach § 123 VwGO vorrangig und ist (neben § 80 V VwGO) deshalb auch zunächst zu prüfen. § 80a VwGO setzt hierfür stets einen **Verwaltungsakt mit Drittwirkung**, der nicht unanfechtbar (§ 80b VwGO) ist, voraus.[8]

16 Unterschieden werden muss zwischen Anträgen mit dem Ziel behördliche Maßnahmen nach den ersten beiden Absätzen zu ändern, aufzuheben oder anzuordnen (s. Rn. 20 ff.) und solchen, die die Anordnung oder Wiederherstellung der aufschiebenden Wirkung des Verwaltungsakts (s. Rn. 23 ff.) unterschieden werden.

I. § 80a III 1 VwGO

17 § 80a III 1 VwGO eröffnet dem Beschwerten die Möglichkeit, vorläufigen Rechtsschutz neben dem behördlichen oder auch ausschließlich im gerichtlichen Verfahren zu suchen. Bereits aus den Gesetzesmaterialien ergibt sich, dass das Gericht „auch anstelle der Behörde" tätig werden kann.[9]

18 § 80a III 1 VwGO ermöglicht es dem Gericht auf Antrag die **behördlichen Maßnahmen** nach den ersten beiden Absätzen zu **ändern, aufzuheben oder anzuordnen.** Die gerichtlichen Befugnisse werden dafür den behördlichen angepasst:

---

8 Dieser darf auch nicht unanfechtbar sein, § 80b VwGO.
9 BT-Drs. 11/7030, S. 25.

Stefanie Weinberg

1. § 80a III 1 i.V.m. 80a I VwGO

Der Antrag nach § 80a III 1 i.V. m. § 80a I VwGO ist statthaft in Fällen, in denen der [19] Adressat des Verwaltungsakts der Begünstigte und der Dritte der Belastete ist. Diese Konstellation umfasst vier mögliche Szenarien:

a) § 80a I Nr. 1 VwGO: Anordnung der Vollziehbarkeit des Verwaltungsakts, der den Adressaten begünstigt

In dem Fall, dass der Dritte einen Rechtsbehelf gegen einen den Adressaten be- [20] günstigenden Verwaltungsakt eingelegt hat und diesem aufschiebende Wirkung zukommt, kann der Adressat des Verwaltungsakts mittels **§ 80a III 1, I Nr. 1 i.V. m. § 80 II 1 Nr. 4 VwGO** die Anordnung der sofortigen Vollziehung beantragen.

> *Beispiel: Der Nachbar N legt gegen die immissionsrechtliche Genehmigung des Bauherrn B einen Rechtsbehelf ein, welchem aufschiebende Wirkung i. S. d. § 80 I 2 VwGO zukommt. Durch einen Antrag nach § 80a III 1, I Nr. 1 i. V. m. § 80 II 1 Nr. 4 VwGO kann die sofortige Vollziehung begehrt werden.*

b) § 80 a I Nr. 1 VwGO: Aufhebung der Anordnung der Behörde auf Vollziehung

In der soeben dargestellten Konstellation kann es auch dazukommen, dass die [21] aufschiebende Wirkung des Rechtsbehelfs des Dritten durch behördliche Anordnung entfällt.

Umstritten ist der rechtliche Anknüpfungspunkt in diesem Fall. Fraglich ist, [22] wonach der belastete Dritte nach Aufhebung des Suspensiveffekts seines Rechtsbehelfes durch behördliche Anordnung der sofortigen Vollziehung gemäß § 80a I Nr. 1 i.V.m. § 80 II Nr. 4 VwGO gerichtlichen Rechtsschutz begehren kann. In Betracht kommt die Wiederherstellung der aufschiebenden Wirkung nach § 80a III 2 i.V.m. § 80 V 1 VwGO[10] oder die Aufhebung der behördlichen Anordnung der sofortigen Vollziehung nach § 80a III 1 i.V.m. § 80a I Nr. 1 VwGO.[11] Für die Anwendung des § 80a III 2 i.V. m. § 80 V 1 VwGO wird angeführt, dass § 80a III 2 VwGO nicht zwischen Rechtsschutz im Rahmen eines zweiseitigen Verhältnisses und dem Rechtsschutz bei Verwaltungsakten mit Drittwirkung differenziert.[12] Andererseits kann die Stellung des § 80a III 1 VwGO in systematischer

---

10 Schenke, in: Kopp/Schenke, VwGO, 25. Aufl. 2019, § 80a Rn. 17.
11 Schoch, in: Schoch/Schneider/Bier, VwGO, 36. EL Februar 2019, § 80a Rn. 44; Budroweit/ Wuttke, JuS 2006, 876 (878).
12 Schenke, Verwaltungsprozessrecht, 16. Aufl. 2019, Rn. 989.

Stefanie Weinberg

Hinsicht für dessen vorrangige Anwendung und mithin der Aufhebung der behördlichen Anordnung nach § 80a III 1 i.V.m. I Nr. 1 VwGO angeführt werden.[13]

Beispiel: N legt wie oben gegen die immissionsrechtliche Genehmigung des B einen Rechtsbehelf ein, welchem aufschiebende Wirkung i.S.d. § 80 I 2 VwGO zukommt. Auf den Antrag des B nach § 80a I Nr. 1 i.V.m. § 80 II 1 Nr. 4 VwGO ordnete die Behörde die sofortige Vollziehung der Genehmigung zugunsten des B an. Die Aufhebung dieser Anordnung kann N mit einem Antrag nach § 80a III 1 i.V.m. I Nr. 1 VwGO[14] begehren.

c) § 80a I Nr. 2 Alt. 1 VwGO: Antrag auf Aussetzung der sofortigen Vollziehung oder Sicherungsmaßnahmen durch den vom Verwaltungsakt belasteten Dritten

23 In dem Fall, dass der Dritte einen Rechtsbehelf gegen einen den Adressaten begünstigenden Verwaltungsakt eingelegt hat, diesem Rechtsbehelf des Dritten allerdings keine aufschiebende Wirkung zukommt (§ 80 II 1 Nr. 3 VwGO bspw. i.V.m. § 212a BauGB) oder diese entfallen ist (§ 80 II 1 Nr. 4 VwGO), wäre der begünstigende Verwaltungsakt durch den Adressaten vollziehbar. Durch **§ 80a III 1 i.V.m. I Nr. 2 Alt. 1 VwGO** kann der Dritte mit seinem Antrag die Vollziehung durch Anordnung oder Wiederherstellung der aufschiebenden Wirkung auch von gerichtlicher Seite verhindern lassen.

Beispiel: Der Rechtsbehelf des Nachbarn gegen die dem Bauherrn erteilte Baugenehmigung entfaltet nach § 212a BauGB keine aufschiebende Wirkung. Durch einen Antrag nach § 80a III 1 i.V.m. I Nr. 2 Alt. 1 VwGO kann diese jedoch angeordnet werden.

24 Examenswissen: Der Fall, dass ein den Adressaten belastenden Verwaltungsakt der von Gesetzeswegen oder durch behördliche Anordnung sofort vollziehbar ist und der Adressat ein Interesse an der Aussetzung der Vollziehung hat, wird nicht vom Wortlaut des § 80a I Nr. 2 VwGO erfasst. Die h.M. will hier auf § 80 IV zurückgreifen und dem belasteten Adressaten somit auch bei einer Dreierkonstellation Rechtsschutz gewähren.[15]

---

13 Budroweit/Wuttke, JuS 2006, 876 (878).

14 Nach der anderen soeben dargestellten Auffassung kann N mit einem Antrag nach nach § 80a III 2 i.V.m. § 80 V 1 VwGO die Aufhebung der Anordnung begehren.

15 Puttler, in: Sodan/Ziekow, VwGO Großkommentar, 5. Aufl. 2018, § 80a, Rn. 11a; Schenke, in: Kopp/Schenke, VwGO, 25. Aufl. 2019, § 80a Rn. 12; a.A. Gersdorf, in: Posser/Wolff, VwGO, 49. Ed., Stand: 1.4.2019, § 80a Rn. 12, 18, 30.

Stefanie Weinberg

d) § 80a I Nr. 2 Alt. 2 VwGO: Anordnung von Sicherungsmaßnahmen

§ 80a III 1 i.V. m. I Nr. 2 Alt. 2 VwGO ermöglicht darüber hinaus auch die Anord- 25
nung einstweiliger Sicherungsmaßnahmen zugunsten des vom Verwaltungsakt
begünstigten Dritten als Folgemaßnahmen zu der Aussetzungsentscheidung.
Zwar ist vom Wortlaut dieser Norm der Adressat des Verwaltungsakts nicht erfasst, allerdings wird ihm regelmäßig in analoger Anwendung von § 80a III 1
i.V. m. I Nr. 2 Alt. 2 VwGO verfahrensrechtliche Waffengleichheit verschafft.[16]

2. § 80a III 1, II VwGO

§ 80a III 1, II VwGO regelt im Gegensatz zu § 80a III 1, I VwGO den Fall, dass der 26
Dritte der Begünstigte und der Adressat des Verwaltungsakts der Belastete ist.
Wenn der Adressat gegen den belastenden Verwaltungsakt einen Rechtsbehelf
einlegt, der aufschiebende Wirkung entfaltet (vgl. § 80 I 2 VwGO)[17], kann der Dritte
mit dem Antrag nach § 80a III, II i.V. m. § 80 II 1 Nr. 4 VwGO die Anordnung der
sofortigen Vollziehung beantragen.

> *Beispiel: Es ergeht eine belastende Polizeiverfügung an den Störer, die dem Schutz eines Dritten*
> *(bzw. dessen Rechtsgüter) dient und diesen somit begünstigt.[18] Erhebt der Störer hiergegen*
> *Widerspruch und kommt diesen aufschiebende Wirkung zu, so kann der Dritte die begehrte*
> *Sofortvollzugsanordnung mit dem Antrag nach § 80a III, II VwGO i. V. m. § 80 II 1 Nr. 4 VwGO*
> *erreichen.*

3. Sonderproblem: Der (drohende) faktischer Vollzug

In dem Fall, dass die Behörde die aufschiebende Wirkung des Rechtsbehelfs des 27
Adressaten des Verwaltungsakts missachtet (**sog. faktischer Vollzug,** s. hierzu
bereits § 8 Rn. 24 ff.), soll der Adressat nach §§ 80a III 2, 80 V 1 VwGO analog die
Feststellung durch das Gericht, dass eine aufschiebende Wirkung besteht, begehren können.[19]

Ebenso bedarf es des Rechtsschutzes für den Dritten, wenn zwar die auf- 28
schiebende Wirkung des Rechtsbehelfs des Dritten besteht, diese vom Begünstigten des Verwaltungsakts jedoch nicht beachtet wird und mithin der faktische
Vollzug droht. Die überwiegende Auffassung bejaht deshalb die Statthaftigkeit
eines Feststellungsantrages (s. hierzu im einstweiligen Rechtsschutz § 10). Der

---

16 Gersdorf, in: Posser/Wolff, VwGO, 49. Ed., Stand: 1.7.2018, § 80a Rn. 53.
17 Schenke, in: Kopp/Schenke, VwGO, 25. Aufl. 2019, § 80a Rn. 1.
18 Schenke, in: Kopp/Schenke, VwGO, 25. Aufl. 2019, § 80a Rn. 6.
19 Schenke, Verwaltungsprozessrecht, 16. Aufl. 2019, Rn. 1015.

Rechtsschutz zugunsten des Dritten ist geboten, da er bei einer rechtswidrigen Nichtbeachtung der aufschiebenden Wirkung nicht schlechter stehen darf als durch den möglichen Eilrechtsschutz, der eine solche Wirkung erst herstellt bzw. anordnet. Uneinigkeit besteht jedoch im Hinblick auf die heranzuziehende gesetzliche Grundlage: In Betracht kommt einerseits der Antrag nach § 80a III 1 i.V.m. I Nr. 2 Alt. 1 VwGO analog,[20] andererseits ein Antrag nach § 80a III 2 i.V.m. § 80 V 1 VwGO analog.[21] In der Klausur wird es taktisch klug sein, sich für §§ 80a III 2, 80 V 1 VwGO zu entscheiden, da man so wieder in das gewohnte „Fahrwasser" des § 80 V VwGO kommt.

4. Sonderproblem: Aussetzungsbegehr des belasteten Adressaten

29 Weder der Wortlaut des § 80 II Nr. 1 VwGO noch § 80a II VwGO erfassen den Fall, dass ein den Adressaten belastender Verwaltungsakt von Gesetzeswegen oder durch behördliche Anordnung sofort vollziehbar ist und der Adressat ein **Interesse an der Aussetzung der Vollziehung** hat. In diesem Fall wird dem Interesse des Adressaten keine Rechnung getragen, was bei wortlautgetreuer Anwendung zu einer Schutzlücke führt. Dieser Regelungslücke wird von Teilen der Literatur mit der direkten Anwendung des § 80 IV VwGO begegnet.[22] Andererseits kommt auch die analoge Anwendung des § 80a III 1 i.V.m. I Nr. 2 Alt. 1 VwGO in Betracht.[23] In der Klausur kann die analoge Anwendung damit begründet werden, dass die Anwendung von § 80 IV VwGO an der abschließenden Ausgestaltung der Verwaltungsakte mit Drittwirkung in § 80a VwGO scheitert.[24]

II. § 80a III 2 VwGO

30 § 80a III 2 VwGO erklärt in den Fällen des § 80a VwGO die gerichtlichen Befugnisse nach § 80 V – VIII VwGO für entsprechend anwendbar. In der Klausur geht es somit wieder zurück ins „bekannte Fahrwasser" und die weitere Prüfung ist wie bei Fällen des § 80 V VwGO (s. § 8 Rn. 2ff.) vorzunehmen.

---

20 OVG Münster, Beschl. v. 29.7.1991, Az.: 10 B 1128/91 = NVwZ 1992, 186.
21 VGH Mannheim, Beschl. v. 30.3.1994, Az.: 8 S 769/94, juris Rn. 4 = NVwZ-RR 1995, 378; VGH München, Beschl. v. 31.3.1992, Az.: 2 CS 92.627 = BayVBl 1993, 85.
22 Puttler, in: Sodan/Ziekow, VwGO, 5. Aufl. 2018, § 80a Rn. 11a; Schenke, in: Kopp/Schenke, VwGO, 25. Aufl. 2019, § 80a Rn. 12; Schoch, in: Schoch/Schneider/Bier, VwGO, 36. EL Februar 2019, § 80a Rn. 15.
23 Gersdorf, in: Posser/Wolff, VwGO, 49. Ed., Stand: 1.7.2018, § 80a Rn. 12, 18, 30
24 Gersdorf, in: Posser/Wolff, VwGO, 49. Ed., Stand: 1.7.2018, § 80a Rn. 28, 30, 49.

Stefanie Weinberg

1. Anordnung bzw. Wiederherstellung der aufschiebenden Wirkung nach § 80a III 2 i.V.m. § 80 V 1 VwGO

Der Adressat eines belastenden Verwaltungsakts kann durch § 80a III 2 i.V.m. 31
§ 80 V 1 VwGO die **Anordnung bzw. Wiederherstellung der aufschiebenden Wirkung** begehren (s. § 8 Rn. 22 ff.).

2. Beseitigung von bereits eingetretenen Vollzugsfolgen nach § 80a III 2 i.V.m. § 80 V 3 VwGO

Neben der **Anordnung von Sicherungsmaßnahmen** zur Verhinderung von 32
Vollzugsfolgen nach § 80 III 1 i.V.m. II Nr. 2 Alt. 2 VwGO ist auch die Beseitigung von bereits eingetretenen Vollzugsfolgen möglich.[25]

Beispiel: Der belastete Nachbar kann nach den bauordnungsrechtlichen Landesregelungen eine Abrissverfügung gegen den Bauherrn erwirken, die die Beseitigung von bereits errichteten (rechtswidrigen) Anlagen oder Anlagenteilen auferlegt. Diese Abrissverfügung wird durch Beseitigung der Anlagen oder Anlagenteile auch vollzogen.

B. Weitere Zulässigkeitsvoraussetzungen

Nach der Prüfung der Eröffnung des Verwaltungsrechtswegs und der Prüfung der 33
statthaften Antragsart sind im Falle des Antrags nach §§ 80, 80a VwGO regelmäßig die folgenden weiteren Zulässigkeitsvoraussetzungen anzusprechen, wobei es auch hierbei auf problembewusstes Arbeiten ankommt (dazu § 1 Rn. 52, 123).

I. Antragsbefugnis (Hendrik Burbach)

Im Rahmen des Antrags nach §§ 80, 80a VwGO hat der den Rechtsbehelf einle- 34
gende Dritte ebenfalls seine Antragsbefugnis analog § 42 II VwGO darzulegen. Hierbei gelten die zu den Fällen der Drittanfechtung (§ 2 Rn. 296 f.) gemachten Ausführungen entsprechend.

---

25 Denkbar erscheint auch auf § 80a III S. 2 i.V.m. § 80 V 3 VwGO zurückzugreifen, wobei § 80 a III 1, I Nr. 2 Alt. 2 VwGO allerdings vorrangig anzuwenden ist, da dieser die einstweiligen Maßnahmen zur Sicherung Rechte Dritter regelt: vgl. hierzu Schenke, Verwaltungsprozessrecht, 16. Aufl. 2019, Rn. 1016.

Stefanie Weinberg/Hendrik Burbach

35   Formulierungsvorschlag[26]: *„Da § 80a III VwGO der Sicherung der im Hauptsacheverfahren durch Anfechtungsklage durchzusetzenden Rechte dient, gilt § 42 II
VwGO analog auch für diesen Antrag. Der Kläger müsste also geltend machen,
durch den angegriffenen Verwaltungsakt in einem ihn schützenden Recht verletzt
worden zu sein."*

II. (Keine) Antragsfrist (Patrick Stockebrandt)

36 Grundsätzlich ist beim Antrag nach §§ 80, 80a VwGO keine **Frist** zu beachten.[27]
Jedoch können spezialgesetzliche Regelungen eine **Frist** ausnahmsweise anordnen.[28] Im Hinblick auf die **Fristberechnung** (s. § 2 Rn. 361 ff.) kann auf die Ausführungen im Rahmen der Anfechtungsklage verwiesen werden.
   Weiterführende Literaturhinweise finden sich in § 2 Rn. 402.

III. Beteiligte (Carola Creemers)

37 Die Ausführungen zur **Beteiligungs- und Prozessfähigkeit** im Rahmen der
Anfechtungsklage gelten entsprechend für den Antrag nach §§ 80, 80a VwGO
(s. ausführlich § 2 Rn. 403 ff.).

38   Der **richtige Antragsgegner** im Verfahren nach §§ 80, 80a VwGO bestimmt
sich nach dem richtigen Klagegegner in der Hauptsache. In der Hauptsache
müsste eine Anfechtungsklage statthaft sein, sodass auch hier § 78 VwGO analog
Anwendung findet (vgl. im Allgemeinen § 2 Rn. 409 ff.).

39   Grundsätzlich sind auch die Vorschriften der **Beiladung** nach § 65 VwGO
in Anträgen nach § 80, 80a VwGO anwendbar (zur Beiladung s. näher
§ 2 Rn. 445 ff.).[29] Hier besteht allerdings die Besonderheit, dass der andere Beteiligte stets beizuladen ist, sodass es sich um einen Fall der notwendigen Beiladung gem. § 65 II VwGO handelt.[30] Ansonsten hätte der Adressat des Verwaltungsakts keine Möglichkeit als Beteiligter des Verfahrens seine Rechte zu wahren
und der Beschluss nach § 80a VwGO entfaltete für ihn keine Rechtswirkungen.

---

26 Nach Gersdorf, Verwaltungsprozessrecht, 6. Aufl. 2019, Rn. 189.
27 Kues/Schildheuer, Verwaltungsprozessrecht, 4. Aufl. 2018, 282.
28 S. hierzu insoweit Schenke, in: Kopp/Schenke, VwGO, 25. Aufl. 2019, § 60 Rn. 3.
29 Schenke, in: Kopp/Schenke, VwGO, 25. Aufl. 2019, § 65 Rn. 3, § 80 Rn. 140.
30 Gersdorf, in: Posser/Wolff, VwGO, 50. Ed., Stand: 1.7.2019, § 80a Rn. 66.

Hendrik Burbach/Patrick Stockebrandt/Carola Creemers

Im vorläufigen Rechtsschutzverfahren nach §§ 80, 80a VwGO richtet sich die 40
subjektive Antragshäufung ebenfalls nach § 64 VwGO,[31]sodass auch hier auf die
Ausführungen zur Anfechtungsklage verwiesen werden kann (vgl. ausführlich § 2
Rn. 455 ff.).

IV. Zuständiges Gericht (Katharina Goldberg)

Das zuständige Gericht im einstweiligen Rechtsschutz nach §§ 80, 80a VwGO ist 41
das Gericht der Hauptsache (§ 80 V 1 VwGO) (s. näher zur Zuständigkeit bei Anfechtungsklagen § 2 Rn. 462 ff.).

Formulierungsvorschlag: *„Das Gericht der Hauptsache ist gem. § 80 V 1 VwGO* 42
für den einstweiligen Rechtsschutz zuständig. Dessen Zuständigkeit ergibt sich
sachlich aus § 45 VwGO und örtlich aus § 52 VwGO."

V. Rechtsschutzbedürfnis (Dana-Sophia Valentiner/Stefanie Weinberg)

Auch ein Antrag nach §§ 80, 80a VwGO setzt voraus, dass die Antragstellerin 43
rechtsschutzbedürftig ist (s. einleitend zum Erfordernis des Rechtsschutzbedürfnisses bereits § 2 Rn. 477 ff.).

Mit Hinblick auf das Erfordernis des Rechtsschutzbedürfnisses ergeben sich 44
für einen Antrag nach § 80a III VwGO die bereits unter § 80 V VwGO dargestellten
Besonderheiten (s. § 8 Rn. 41 ff.). Das Rechtsschutzbedürfnis für einen Antrag
nach § 80a III 2 i. V. m. § 80 V 1 VwGO entfällt daher ebenfalls, wenn eine Behörde
verbindlich geäußert hat, einen Verwaltungsakt vor der Entscheidung über einen
eingelegten Rechtsbehelf nicht vollziehen zu wollen (s. dazu § 8 Rn. 48).

Darüber hinaus stellt sich im Rahmen der Verweisung des § 80a III 2 VwGO 45
noch eine weitere Problematik: Strittig ist, ob es in den Fällen mit Drittwirkung
grundsätzlich eines **Antrages bei der Behörde nach § 80 VI VwGO** bedarf oder
sich dessen Notwendigkeit auf Verwaltungsakte zur Anforderung von öffentlichen
Abgaben und Kosten (so im Rahmen des § 80 V VwGO) beschränkt. Bei dem
einstweiligen Rechtsschutz nach § 80 V VwGO bedarf es mit Ausnahme der Anträge nach § 80 V 1, II Nr. 1 VwGO keines vorherigen Antrags („e contrario-Argu-
ment") (s. § 8 Rn. 46). Für die Anträge nach § 80a VwGO stellt sich die Frage, ob

---

31 Kintz, in: Posser/Wolff, VwGO, 50. Ed., Stand: 1.7.2019, § 64 Rn. 2.

Carola Creemers/Katharina Goldberg/Dana-Sophia Valentiner/Stefanie Weinberg

§ 80a III 2 VwGO eine Rechtsfolgenverweisung[32] und mithin auch § 80 VI VwGO für alle Fälle umfasst oder eine Rechtsgrundverweisung[33] darstellt, wonach sich § 80 VI VwGO auch in Drittwirkungsfällen auf Verwaltungsakte zur Anforderung öffentlicher Abgaben und Kosten beschränken würde. Der Wortlaut des § 80a III 2 VwGO schränkt die Verweisung auf § 80 VI VwGO zunächst nicht ein. Dennoch spricht die sonst sachlich nicht zu rechtfertigende Ungleichbehandlung der Fälle mit und ohne Drittwirkung für die Annahme einer Rechtsgrundverweisung.[34] Dafür spricht auch, dass der Gesetzgeber andernfalls einen expliziten Hinweis oder eine andere Normfassung hätte wählen können, um eine beabsichtigte Ungleichbehandlung zu verdeutlichen.[35] Die Gesetzesmaterialien sprechen schließlich gegen die Erweiterung des Antragserfordernisses.[36]

C. Begründetheit

46 Ist der Antrag nach §§ 80, 80a VwGO zulässig, ist in einem zweiten Schritt zu prüfen, ob er auch begründet ist.

I. Die Struktur der Begründetheitsprüfung (Stefanie Weinberg)

47 Der Obersatz der Begründetheit in einem Verfahren nach § 80a VwGO richtet sich nach der jeweils für statthaft befundenen Variante des § 80a VwGO (und ist anlehnend an § 80 V VwGO zu bestimmen; s. § 8 Rn. 51 ff.).[37]

---

32 So u. a. OVG Koblenz, Beschl. v. 14.6.1993, Az.: 8 B 11088/93, juris Rn. 3 ff.; OVG Lüneburg, Beschl. v. 21.5.1992, Az.: 6 M 1995/92, juris Rn. 3 f.
33 VGH Mannheim, Beschl. v. 29.6.1994, Az.: 10 S 2510/93 = NVwZ 1995, 292; VGH Mannheim, Beschl. v. 17.3.1997, Az.: 10 S 3305/96 = NVwZ 1998, 766.
34 Schenke, Verwaltungsprozessrecht, 16. Aufl. 2019, Rn. 998.
35 OVG Hamburg, Beschl. v. 14.3.2017, Az.: 1 Bs. 266/16; VGH Mannheim, Beschl. v. 17.3.1997, Az.: 10 S 3305/96 = NVwZ 1998, 766.
36 BT-Drs. 11/7030, S. 25; Gersdorf, in: Posser/Wolff, VwGO, 49. Ed., Stand: 1.7.2018, § 80a Rn. 64.; Schoch, in: Schoch/Schneider/Bier, VwGO, 36. EL Februar 2019, § 80a Rn. 75.
37 Schenke, in: Kopp/Schenke, VwGO, 25. Aufl. 2019, § 80a Rn. 23.

1. Anordnung oder Wiederherstellung bzw. Feststellung der aufschiebenden Wirkung

Die Anträge nach § 80a III 2 i.V.m. § 80 V 1 VwGO und § 80a III 1 i.V.m. I Nr. 2 Alt. 1 **48** VwGO haben die Anordnung oder Wiederherstellung der aufschiebenden Wirkung als Ziel. Diese gerichtlichen Ermessensentscheidungen auf vorläufigen Rechtsschutz gründen auf einer Interessenabwägung. Hierbei sind auf der einen Seite das Interesse des Antragstellers an der Aussetzung der Vollziehung (**Aussetzungsinteresse**) und auf der anderen Seite das private Interesse des Beigeladenen an der Vollziehung des Verwaltungsakts (**Vollziehungsinteresse**) in die Abwägung einzustellen. Die Anträge sind begründet, wenn das Aussetzungsinteresse das Vollziehungsinteresse überwiegt, wobei den **Erfolgsaussichten in der Hauptsache** wesentliche Bedeutung zukommt. Hierbei überwiegt regelmäßig das Aussetzungsinteresse dann, wenn sich der Verwaltungsakt im Rahmen einer summarischen Prüfung als rechtswidrig erweist und der Rechtsbehelf in der Hauptsache voraussichtlich Erfolg haben wird.[38] Die Vollziehung eines rechtswidrigen Bescheids kann regelmäßig nicht auf ein schutzwürdiges privates oder öffentliches Vollzugsinteresse gestützt werden.

D.h. bei ernsthaften Zweifeln an der Rechtmäßigkeit des Verwaltungsakts **49** und einer Rechtsverletzung des Antragsstellers hierdurch ist der Antrag regelmäßig begründet.[39] Bei der **Wiederherstellung der aufschiebenden** Wirkung kann auch schon die **Rechtswidrigkeit der Anordnung der sofortigen Vollziehung** zur Begründetheit des Antrages führen (umfassend zur Begründetheitsprüfung des Antrags nach § 80 V VwGO s. § 8 Rn. 59 ff.).

2. Antrag auf Anordnung der sofortigen Vollziehung und Antrag auf Aufhebung der behördlichen Aussetzung der Vollziehung

Die Anträge nach § 80a III 1 i.V.m. I Nr. 1 VwGO und § 80a III 1 i.V.m. II VwGO mit **50** dem Ziel der Anordnung der sofortigen Vollziehung und nach § 80a III 1 i.V.m. I Nr. 2 Alt. 1 VwGO und § 80a III 2 i.V.m. § 80 V VwGO zur Aufhebung der behördlich angeordneten Aussetzung der Vollziehung sind begründet, wenn das Interesse an der Vollziehung des Verwaltungsakts das Aussetzungsinteresse überwiegt. Dies ist anzunehmen, wenn im Rahmen einer summarischen Prüfung des Rechtsbehelfs in der Hauptsache keine Zweifel an der Rechtmäßigkeit des Verwaltungsakts bestehen.[40] Zu prüfen ist, ob der Verwaltungsakt rechtmäßig sein wird. Im Un-

---

38 OVG Münster, Beschl. v. 5.10.2018, Az.: 11 B 1129/18, juris Rn. 11 = NVwZ 2018, 1818.
39 VGH Mannheim, Beschl. v. 22.10.1991, Az.: 5 S 2348/91 = NVwZ 1992, 277.
40 OVG Münster, Beschl. v. 31.3.2009, Az.: 13 B 278/09 = juris Rn. 7 und Leitsatz.

Stefanie Weinberg

terschied zu den Fällen des § 80 V 2 VwGO ist hier ein besonderes öffentliches Vollzugsinteresse nicht zu berücksichtigen. Dies ergibt sich aus dem Umstand, dass sich in den Drittwirkungsfällen grundsätzlich zwei gleichrangige Rechtsgüter zweier Privater gegenüberstehen.[41]

3. Antrag auf Feststellung der aufschiebenden Wirkung gemäß § 80a III 1 i. V. m. I Nr. 2 Alt. 1VwGO analog im Falle (drohender) faktischer Vollziehung

51 Die Anträge auf Feststellung der aufschiebenden Wirkung gemäß § 80a III 1 i. V. m. I Nr. 2 Alt. 1 VwGO analog sind bei (drohender) faktischen Vollziehung begründet, wenn die aufschiebende Wirkung des Rechtsbehelfs tatsächlich besteht. Eine Interessenabwägung findet in diesem Fall nicht statt.

4. Sicherungsmaßnahmen und Vollzugsfolgenbeseitigung

52 Der Antrag nach § 80a III 1 i. V. m. I Nr. 2 Alt. 2 VwGO auf Sicherungsmaßnahmen ist dann begründet, wenn es ein solcher nach § 80a III 1 i. V. m. I Nr. 2 Alt. 1 VwGO es ist und der Antragsteller einen gesetzlichen Anspruch auf die Sicherungsmaßnahmen hat. Die Vollzugsbeseitigung setzt konsequenterweise ebenfalls die Begründetheit des § 80a III 1 i. V. m. I Nr. 2 Alt. 1 VwGO Antrages voraus (zum Vollzugsfolgenbeseitigungsanspruch s. näher § 2 Rn. 1387 und § 5 Rn. 169 ff.).

5. Faktischer Vollzug

53 Bei einer faktischen Vollziehung wird vom Gericht im Rahmen der Begründetheitsprüfung keine Interessensabwägung vorgenommen. Vielmehr führt die Missachtung der bestehenden aufschiebenden Wirkung auch direkt zur Begründetheit des Antrages.[42]

6. Literaturhinweise

Budroweit/Wuttke: Der vorläufige Rechtsschutz bei Verwaltungsakten mit Drittwirkung (§§ 80, 80a VwGO), JuS 2006, 876; Kaplonek/Mittag, Nachbarschutz im öffentlichen Baurecht, JA 2006, 664; Seibel, Verwaltungsakte mit Drittwirkung, BauR 2006, 1845; Kiehne, Fehlt ein § 123a VwGO oder ein echtes besonderes Vollzugsinteresse als Voraussetzung des § 80a II, III 1 VwGO?, NVwZ 2017, 1670

---

41 BVerfG, Beschl. v. 1.10.2008, Az.: 1 BvR 2466/08 = juris Rn. 21 = NVwZ 2009, 240 (242).
42 Schenke, Verwaltungsprozessrecht, 16. Aufl. 2019, Rn. 1018.

Stefanie Weinberg

II. Der Antrag nach §§ 80, 80a VwGO im Baurecht (Felix Steengrafe)

Das öffentliche Baurecht kann im einstweiligen Rechtsschutz insbesondere in der 54
Form des Antrages auf Anordnung der aufschiebenden Wirkung eines Drittwi-
derspruches oder einer Drittanfechtungsklage auftreten. Gemäß § 80 II Nr. 3
VwGO in Verbindung mit § 212a BauGB entfalten ein Drittwiderspruch und eine
Drittanfechtungsklage keine aufschiebende Wirkung. Aus diesem Grund ist der
Eilrechtsschutz für den Dritten die einzige Möglichkeit zur Verhinderung des
Vollzugs der Genehmigung.

§ 10 Einstweiliger Rechtsschutz 3: Der Antrag nach § 123 VwGO

1 Der gutachterlichen Prüfung des Antrags nach § 123 VwGO liegt die folgende Struktur zugrunde:

A. Zulässigkeit
    I. Eröffnung des Verwaltungsrechtswegs (dazu bereits § 1 Rn. 162 ff.)
    II. Statthafte Antragsart (dazu einführend § 1 Rn. 222 ff. und ausführlich in diesem § Rn. 2 ff.)
    III. Antragsbefugnis (dazu Rn. 11 ff.)
    IV. Antragsfrist (dazu Rn. 16)
    V. Beteiligte (dazu Rn. 17 ff.)
    VI. Zuständiges Gericht (dazu Rn. 20 f.)
    VII. Rechtsschutzbedürfnis (dazu Rn. 21 ff.)
B. Begründetheit (zur Struktur der Begründetheitsprüfung einführend Rn. 27 ff.)
    I. Anordnungsgrund (näher dazu Rn. 34)
    II. Anordnungsanspruch (näher dazu Rn. 35 ff.)
    III. Keine Vorwegnahme der Hauptsache (näher dazu Rn. 41 ff.)

Näher zum Antrag nach § 123 VwGO im **Baurecht** Rn. 45 und im **Kommunalrecht** Rn. 46 ff.

Gliederung

A. Die Statthaftigkeit des Antrag nach § 123 VwGO (Mira Wichmann)

Wurde der Verwaltungsrechtsweg für eröffnet erkannt (s. ausführlich zur Prü- 2
fung § 1 Rn. 162 ff.), so ist im Rahmen der Zulässigkeit als nächstes die statthafte
Klage- bzw. Antragsart zu untersuchen. Die Prüfung der statthaften Klage-/An-
tragsart ist das **zentrale Scharnier** für die gesamte restliche Klausur. Nach ihr
richten sich sowohl die weiteren Zulässigkeitsvoraussetzungen als auch die
Struktur der Begründetheitsprüfung. Entsprechend wichtig ist die saubere Prüfung, welche Klage- bzw. Antragsart einschlägig ist (eine erste Übersicht über die
Klage- und Antragsarten der VwGO findet sich in § 1 Rn. 222 ff.).

Der Bürger muss jedes staatliche Handeln oder Unterlassen, das seine sub- 3
jektiven Rechte beeinträchtigt, praktisch wirksam zur gerichtlichen Überprüfung stellen können.[1] Dies folgt aus dem Gebot des effektiven Rechtsschutzes,
Art. 19 IV 1 GG. „Tatsächlich wirksam" meint dabei oft „rechtzeitige" gerichtliche
Kontrolle. Die oben dargestellten Klagearten haben jedoch das Manko, dass es
lange dauert bis eine Hauptsacheentscheidung über sie getroffen wird. Um zu
verhindern, dass diese Entscheidungen für den Kläger zu spät kommen, ihm also
ein Rechtsverlust durch Zeitablauf droht,[2] wurde die Möglichkeit einer schnellen
gerichtlichen Entscheidung im Wege des Eilrechtsschutzes getroffen.[3] Auf diese
Weise kann verhindert werden, dass durch den Vollzug einer Verwaltungsmaßnahme vollendete (unabänderbare) Tatsachen geschaffen werden, ohne dass der
Betroffene dagegen wirksam Rechtsschutz suchen kann.[4] Daher bietet neben

---

1 BT-Drs. III/55, S. 44; BVerfG, Beschl. v. 13.6.1979, Az.: BvR 699/77 = BVerfGE 51, 268 (285 f.).
2 Wird ein solcher Rechtsverlust durch Zeitablauf nicht verhindert, kann der Betroffene im
Nachhinein mit Hilfe der Fortsetzungsfeststellungsklage gemäß § 113 I 4 VwGO (ggf. analog)
Rechtsschutz suchen. Vergleiche hierzu die Ausführungen bei § 4 Rn. 2 ff.
3 Buchheister, DVBl 2017, 610 (611); vergleiche zur Entstehungsgeschichte die ausführliche Darstellung von Schoch, in: Schoch/Schneider/Bier, VwGO, 36. EL Februar 2019, § 123 Rn. 4 – 8.
4 Hufen, Verwaltungsprozessrecht, 11. Aufl. 2019, § 31 Rn. 2; Schoch, in: Schoch/Schneider/Bier,
VwGO, 36. EL Februar 2019, § 123 Rn. 3.

Nikolas Eisentraut/Mira Wichmann

§ 80 V VwGO auch § 123 VwGO die Möglichkeit des Eilrechtsschutzes.[5] Man spricht daher auch von dem zweispurigen System des vorläufigen Rechtsschutzes (§§ 80, 80a VwGO einerseits, § 123 VwGO andererseits).[6] Eilrechtsschutz meint dabei nur eine **vorübergehende Sicherung** der Rechte der Beteiligten bis eine Entscheidung in der Hauptsache ergeht.[7]

4   Die Statthaftigkeit des Antrags richtet sich wie bei allen anderen Klage- und Antragsarten nach dem Begehren des Antragstellers, §§ 88 VwGO. Da § 88 VwGO seinem Wortlaut nach nur für Klagen Anwendung findet, § 123 VwGO jedoch ein Antragsverfahren ist, zitiert man § 122 I VwGO, der ausdrücklich auf § 88 VwGO verweist, im einstweiligen Rechtsschutz stets mit. In Klausuren wird sich der Fall in der Regel so gestalten, dass der Betroffene möglichst schnell gerichtlich Rechtsschutz in Anspruch nehmen möchte. Dies lässt zunächst allgemein auf den Eilrechtsschutz schließen. Innerhalb der Statthaftigkeit ist sodann zwischen den unterschiedlichen Arten des Eilrechtsschutzes abzugrenzen.

I. Abgrenzung des § 123 VwGO zu §§ 80, 80a VwGO

5   Die Anträge nach § 80, 80a und 123 VwGO sind **exklusiv**, d. h. sie schließen sich gegenseitig aus. Das geht aus § 123 V VwGO hervor, denn danach gelten die Absätze 1 bis 3 des § 123 VwGO nicht für die Fälle der §§ 80, 80a VwGO.[8] Der Antrag nach § 123 VwGO ist als Auffangtatbestand somit zum Antrag nach §§ 80, 80a VwGO subsidiär.[9] Ein Antrag nach § 123 VwGO ist also immer dann statthaft, wenn nicht §§ 80, 80a VwGO statthaft sind. Negativ formuliert, darf also nicht ein statthafter Anfechtungswiderspruch oder eine statthafte Anfechtungsklage zum begehrten Rechtsschutzziel führen.[10] Positiv formuliert, liegt demnach die Statthaftigkeit des Antrags nach § 123 I VwGO vor, wenn der Antragsteller ein Vorgehen im einstweiligen Rechtsschutz begehrt, das auf Erlass eines Verwaltungsakts

---

5 Auch der Normenkontrollantrag nach § 47 I sieht in Absatz 6 VwGO die Möglichkeit des einstweiligen Rechtsschutzes vor.

6 Schoch, in: Schoch/Schneider/Bier, VwGO, 36. EL Februar 2019, § 123 Rn. 1.

7 Hufen, Verwaltungsprozessrecht, 11. Aufl. 2019, § 31 Rn. 6. In der Praxis ist jedoch zu beobachten, dass der Rechtsstreit in der Hauptsache gar nicht zu Ende geführt wird, sondern sich die Beteiligten mit einer vorläufigen Entscheidung zu Frieden geben. Zur Abgrenzung vom vorbeugenden Rechtsschutz s. unten die Ausführungen zum Rechtsschutzbedürfnis in diesem § Rn. 22 ff. sowie Rn. 6.

8 In § 123 V VwGO ist die sog. „Subsidiaritätsklausel" enthalten. Schoch, in: Schoch/Schneider/Bier, VwGO, 36. EL Februar 2019, § 123 Rn. 1.

9 Schoch, in: Schoch/Schneider/Bier, VwGO, 36. EL Februar 2019, § 123 Rn. 1.

10 S. dazu die Ausführungen oben zu § 80 V VwGO in § 8 Rn. 2 ff.

Mira Wichmann

gerichtet ist oder wenn ein faktisches Verwaltungshandeln angestrebt oder abgewehrt werden soll.[11] Somit sind die Fälle der Verpflichtungs-, allgemeinen Leistungs- oder Feststellungsklage erfasst.[12] § 123 VwGO greift also immer dann, wenn in der Hauptsache keine Anfechtungsklage, sondern eine der anderen verwaltungsrechtlichen Klagearten statthaft ist.[13]

II. Abgrenzung zu weiteren Formen vorbeugenden Rechtsschutzes

Große Ähnlichkeit zum Eilrechtsschutz besteht in Fällen des **vorbeugenden** **6 Rechtsschutzes**, z. B. bei der vorbeugenden Feststellungsklage und der vorbeugenden Unterlassungsklage. Vorbeugender Rechtsschutz kann ebenfalls zur Anwendung kommen, wenn ein bevorstehendes Rechtsverhältnis streitig ist, der Erlass eines Verwaltungsakts bevorsteht[14] oder eine behördliche Maßnahme droht, die irreversible Tatsachen zur Folge hätte und dadurch nicht wiedergutzumachende Nachteile zu erwarten sind.[15] Daher ist gegebenenfalls in einer Klausur herauszuarbeiten, warum der vorläufige Rechtsschutz und nicht der vorbeugende Rechtsschutz statthaft ist. Während der vorbeugende Rechtsschutz im Hauptsacheverfahren statthaft ist, ist der vorläufige Rechtsschutz Teil des Eilrechtsschutzes. Abzugrenzen sind diese beiden Arten somit über die Eilbedürftigkeit. Bei § 123 VwGO ist diese Voraussetzung im Anordnungsgrund zu prüfen. Auch, wenn in der Hauptsache der vorbeugende Rechtsschutz statthaft ist, kann im Eilrechtsschutz ein Antrag nach § 123 VwGO statthaft sein.

III. Sicherungs- und Regelungsanordnung

§ 123 I VwGO enthält zwei Anordnungsarten zwischen denen innerhalb der **7** Statthaftigkeit zu differenzieren ist: Oftmals wird auf diese Differenzierung verzichtet, da sie weniger eindeutig ist als die Darstellung suggeriert. In der Klausur sollte dennoch kurz dazu Stellung genommen werden.

Satz 1 lautet: Auf Antrag kann das Gericht, auch schon vor Klageerhebung, eine einstweilige Anordnung in Bezug auf den Streitgegenstand treffen, wenn die Gefahr besteht, dass durch eine Veränderung des bestehenden Zustands die

---

11 Kuhla, in: Posser/Wolff, VwGO, 50. Ed., Stand: 1.7.2019, § 123, vor A.
12 Schenke, Verwaltungsprozessrecht, 16. Aufl. 2019, § 25 Rn. 1025.
13 Hufen, Verwaltungsprozessrecht, 11. Aufl. 2019, § 31 Rn. 7.
14 Schoch, in: Schoch/Schneider/Bier, VwGO, 36. EL Februar 2019, § 123 Rn. 45.
15 Schoch, in: Schoch/Schneider/Bier, VwGO, 36. EL Februar 2019, § 123 Rn. 46.

Verwirklichung eines Rechts des Antragstellers vereitelt oder wesentlich erschwert werden könnte.

Satz 2 lautet: Einstweilige Anordnungen sind auch zur Regelung eines vorläufigen Zustands in Bezug auf ein streitiges Rechtsverhältnis zulässig, wenn diese Regelung, vor allem bei dauernden Rechtsverhältnissen, um wesentliche Nachteile abzuwenden oder drohende Gewalt zu verhindern oder aus anderen Gründen nötig erscheint.

8   Satz 1 wird **Sicherungsanordnung** genannt. Sie ist statthaft, wenn die Gefahr besteht, dass durch eine Veränderung des bestehenden Zustandes die Verwirklichung eines Rechts des Antragsstellers vereitelt oder wesentlich erschwert werden könnte.[16] Die Sicherungsanordnung dient somit der Wahrung des tatsächlichen oder rechtlichen Zustandes, mithin dem Erhalt des *status quo*.[17] Häufig werden hier Abwehransprüche relevant. Der typischste Anwendungsfall eines Abwehranspruchs ist die Sicherung von Unterlassungsansprüchen in Form der Konkurrentenklage.[18] Diese würden in der Hauptsache durch Leistungsklage in Gestalt der Abwehrklage geltend gemacht werden.[19] Insoweit dient die Sicherungsanordnung (§ 123 I 1) als funktionales Äquivalent zur aufschiebenden Wirkung der Gewährleistung eines wirksamen vorläufigen Rechtsschutzes.[20]

> *Beispiele für die Statthaftigkeit der Sicherungsanordnung: Antrag auf Aufrechterhaltung der Zugehörigkeit eines Schülers zur Schule; Antrag eines Behördenmitarbeiters gegen eine Dienstanordnung des Behördenleiters; Antrag auf ein vorläufiges Verbot der Ernennung/Beförderung eines Konkurrenten; Antrag auf ein Verbot der Versteigerung einer Fundsache; Antrag auf ein vorläufiges Verbot der Auszahlung einer Subvention; Antrag auf Unterlassung ehrverletzender oder geschäftsschädigender Äußerungen; Antrag auf Unterlassung der Durchführung öffentlicher Maßnahmen, z.B. der Bauarbeiten für öffentliche Vorhaben.*

9   Satz 2 enthält die sogenannte **Regelungsanordnung.** Im Gegensatz zu Satz 1 geht es hier nicht um die Bewahrung eines bestehenden Zustandes, sondern um eine vorläufige Veränderung des Zustandes.[21] Die Regelung eines vorläufigen Zustands in Bezug auf ein streitiges Rechtsverhältnis kann begehrt werden, um wesentliche Nachteile abzuwenden oder drohende Gefahren zu verhindern.[22] Einfach ge-

---

16 Hummel, JuS 2011, 502.
17 Schoch, in: Schoch/Schneider/Bier, VwGO, 36. EL Februar 2019, § 123 Rn. 50, 52; Hufen, Verwaltungsprozessrecht, 11. Aufl. 2019, S. 525 Rn. 14.
18 Schoch, in: Schoch/Schneider/Bier, VwGO, 36. EL Februar 2019, § 123 Rn. 53, 40.
19 Schmidt, JA 2002, 885 (887).
20 Schoch, in: Schoch/Schneider/Bier, VwGO, 36. EL Februar 2019, § 123 Rn. 12.
21 Hufen, Verwaltungsprozessrecht, 11. Aufl. 2019, S. 525 Rn. 15.
22 Hummel, JuS 2011, 502.

Mira Wichmann

sprochen, ist die Regelungsanordnung statthaft, wenn die Einräumung oder Erweiterung einer Rechtsposition begehrt wird,[23] also bei Verpflichtungs- und Feststellungsbegehren oder der Leistungsklage als Vornahmeklage[24]. Das streitige Rechtsverhältnis wird nämlich auch in diesem Zusammenhang wie bei § 43 I VwGO verstanden.

Beispiele für die Statthaftigkeit der Regelungsanordnung: Antrag eines Veranstalters gegen die Stadt Hamburg auf Duldung der Durchführung eines Protestcamps gegen G20[25]; Antrag auf Zulassung eines Standes auf einem Weihnachts-/oder Wochenmarkt; Antrag auf Zulassung zu einer Prüfung, über den Fortgang einer Prüfung, über die (vorläufige) Neubewertung einer Prüfungsarbeit oder über die (vorläufige) Erteilung eines Zeugnisses oder einer Bescheinigung[26]; Antrag auf (Wieder-)Erteilung der Fahrerlaubnis[27]; Antrag auf Zuweisung eines Schulplatzes an einer bestimmten Schule[28]; Antrag gegen die Aufrechterhaltung von amtlichen Publikumsinformationen, die vorläufige Zulassung zur Ersten Juristischen Staatsprüfung[29].

B. Weitere Zulässigkeitsvoraussetzungen

Nach der Prüfung der Eröffnung des Verwaltungsrechtswegs und der Prüfung **10** der statthaften Antragsart sind im Falle des Antrags nach § 123 VwGO regelmäßig die folgenden weiteren Zulässigkeitsvoraussetzungen anzusprechen, wobei es auch hierbei auf problembewusstes Arbeiten ankommt (dazu § 1 Rn. 52, 123).

I. Antragsbefugnis (Hendrik Burbach/Mira Wichmann)

Auch für die Antragsbefugnis im Verfahren nach § 123 VwGO gilt § 42 II VwGO **11** analog. Der Antragsteller muss ein Recht geltend machen können, das ihm zukommt und das möglicherweise verletzt oder gefährdet ist.[30]

---

23 Schoch, in: Schoch/Schneider/Bier, VwGO, 36. EL Februar 2019, § 123 Rn. 50.
24 Schmidt, JA 2002, 885 (888).
25 Vgl. VG Hamburg, Beschl. v. 7.6.2017, Az.: 19 E 5697/17 = BeckRS 2017, 116503; dazu Hartmann, NVwZ 2018, 200 (202).
26 Zimmerling/Brehm, NVwZ 2004, 651.
27 VGH München, Beschl. v. 23.6.2016, Az.: 11 CE 16.851, 11 C 16.850; s. dazu auch die Besprechung mit weiteren Beispielen aus dem Verwaltungsverkehrsrecht bei Weber, DAR 2018, 172.
28 Grünberg, LKV 2014, 433.
29 SächsOVG, Beschl. v. 6.0.1997, Az.: 4 S 135/97 = DtZ 1997, 235 (236).
30 Wollenschläger, in: Gärditz, VwGO, 2. Aufl. 2019, § 123 Rn. 85; Hufen, Verwaltungsprozessrecht, 11. Aufl. 2019, § 33 Rn. 9.

Mira Wichmann/Hendrik Burbach

12   Die Möglichkeit der Verletzung in eigenen subjektiven Rechten bedeutet bei einem Antrag nach § 123 VwGO, dass die Möglichkeit eines Anordnungsanspruches und eines Anordnungsgrundes von dem Antragssteller darzulegen sind.[31]

13   Begehrt der Antragsteller eine Sicherungsanordnung, muss aus dem Antrag ersichtlich sein, dass die Gefahr besteht, durch die Veränderung des bestehenden Zustandes die Verwirklichung eines Rechts des Antragstellers vereitelt oder wesentlich erschwert werden könnte.[32] Ist der Antrag auf eine Regelungsanordnung gerichtet, muss der Antragsteller darlegen, dass diese zur Abwendung wesentlicher Nachteile oder einer drohenden Gefahr erforderlich ist.[33]

14   Formulierungsvorschlag: *„Der Antragsteller müsste zudem auch antragsbefugt nach § 42 II VwGO analog sein. Dies setzt voraus, dass er einen Anordnungsanspruch und Anordnungsgrund geltend machen kann (...)."*

II. (Kein) Vorverfahren (Renana Braun)

15 Im Rahmen der Zulässigkeit eines Antrags nach § 123 VwGO ist die erfolglose Durchführung eines Vorverfahrens keine Sachentscheidungsvoraussetzung und daher in einer Klausur nicht zu thematisieren.

III. (Keine) Antragsfrist (Patrick Stockebrandt)

16 Grundsätzlich ist beim Antrag nach § 123 VwGO keine **Frist** zu beachten.[34] Ein Antrag ist also auch schon vor dem Hauptsacheverfahren bzw. während des Widerspruchsverfahrens möglich, sofern das Rechtschutzbedürfnis besteht. Jedoch können spezialgesetzliche Regelungen, wie z.B. im Asylrecht, eine **Frist** ausnahmsweise anordnen.[35] Im Hinblick auf die **Fristberechnung** (s. § 2 Rn. 361ff.) kann auf die Ausführungen im Rahmen der Anfechtungsklage verwiesen werden. Weiterführende Literaturhinweise finden sich in § 2 Rn. 402.

---

31 Schoch, in: Schoch/Schneider/Bier, VwGO, 36. EL Februar 2019, § 123 Rn. 107.

32 Hufen, Verwaltungsprozessrecht, 11. Aufl. 2019, § 33 Rn. 9.

33 Hufen, Verwaltungsprozessrecht, 11. Aufl. 2019, § 33 Rn. 9.

34 Schenke, in: Kopp/Schenke, VwGO, 25. Aufl. 2019, § 123 Rn. 21. Zur besonderen Situation bei unterlegenen Bewerbern um eine Beamtenstelle s. Schenke, in: Kopp/Schenke, VwGO, 25. Aufl. 2019, § 123 Rn. 21.

35 Befristet ist der Antrag auf Gewährung vorläufigen Rechtsschutzes i.V.m. einem Asylantrag gemäß § 18a IV 1 AsylG, s. Schenke, in: Kopp/Schenke, VwGO, 25. Aufl. 2019, § 123 Rn. 21.

Hendrik Burbach/Mira Wichmann/Renana Braun/Patrick Stockebrandt

IV. Beteiligte (Carola Creemers)

Die Ausführungen zur **Beteiligungs- und Prozessfähigkeit** im Rahmen der 17
Anfechtungsklage gelten entsprechend für den Antrag nach § 123 VwGO (s. ausführlich § 2 Rn. 403 ff.).

Der **richtige Antragsgegner** bestimmt sich im einstweiligen Rechtsschutz 18
nach dem richtigen Beklagten in der Hauptsache. Demzufolge kann nur dann auf
§ 78 VwGO analog abgestellt werden, wenn es sich in der Hauptsache um eine
Verpflichtungsklage handelt. Im Übrigen bestimmt sich der richtige Antragsgegner nach dem allgemeinen Rechtsträgerprinzip (s. dazu § 5 Rn. 37 a.E).

Auch im einstweiligen Rechtsschutzverfahren nach § 123 VwGO sind die 19
Beiladung nach § 65 VwGO[36] und die **subjektive Antragshäufung** nach § 64
VwGO[37] analog möglich, sodass auf die Ausführungen zur Anfechtungsklage
verwiesen werden kann (vgl. § 2 Rn. 445 ff., 455 ff.), wobei diese im Verfahren nach
§ 123 VwGO relativ selten sind.

V. Zuständiges Gericht (Katharina Goldberg)

Das zuständige Gericht im einstweiligen Rechtsschutz nach § 123 VwGO ist gem. 20
§ 123 II 1, 2 VwGO das Gericht der Hauptsache. Dies ist nach § 123 II 2 VwGO
grundsätzlich das Gericht des ersten Rechtszugs. Wenn die Hauptsache im Berufungsverfahren anhängig ist, ist hingegen das Berufungsgericht zuständig
(s. zur Zuständigkeit in den jeweiligen Hauptsacheverfahren § 3 Rn. 38 ff. (Verpflichtungsklage), § 5 Rn. 40 ff. (allgemeine Leistungsklage) und § 6 Rn. 89 ff.
(Feststellungsklage)).

Formulierungsvorschlag: *„Das Gericht der Hauptsache ist gem. § 123 II 1, 2* 21
VwGO im einstweiligen Rechtsschutz zuständig. Dessen Zuständigkeit ergibt sich
sachlich aus § 45 VwGO und örtlich aus § 52 VwGO."

VI. Rechtsschutzbedürfnis (Dana-Sophia Valentiner/Mira Wichmann)

Auch ein Antrag nach § 123 VwGO erfordert, dass die Antragstellerin rechts- 22
schutzbedürftig ist (s. einleitend zum Erfordernis des Rechtsschutzbedürfnisses
bereits § 2 Rn. 477 ff.).

---

36 Schenke, in: Kopp/Schenke, VwGO, 25. Aufl. 2019, § 65 Rn. 3, § 123 Rn. 1.
37 Kintz, in: Posser/Wolff, VwGO, 50. Ed., Stand: 1.4.2019, § 64 Rn. 2.

Carola Creemers/Katharina Goldberg/Dana-Sophia Valentiner/Mira Wichmann

23   Grundsätzlich ist für das Rechtsschutzbedürfnis erforderlich, dass kein einfacherer, schnellerer und gleich effektiverer Rechtsschutz in Betracht kommt. Daher ist für einen Antrag nach § 123 VwGO grundsätzlich ein – zumindest konkludenter – Antrag bei der zuständigen Behörde zu stellen.[38] Denn nur so ist gewährleistet, dass die Behörde überhaupt Kenntnis davon erlangt, dass der Betroffene sich gegen Verwaltungsmaßnahmen wenden möchte. Das behördliche Verwaltungsverfahren kann nämlich einen einfacheren und gleich effektiven Rechtsschutz zum gerichtlichen Verfahren leisten.

Ausnahmen vom Antragserfordernis gelten bei besonderer Eilbedürftigkeit der Sache und einer geringen Wahrscheinlichkeit, dass der Antrag rechtzeitig positiv von der Behörde entschieden wird.[39]

Deutet das Verhalten der Antagstellerin, etwa durch zögerliches Betreiben der Hauptsache, darauf hin, dass sie die Sache nicht für eilbedürftig hält oder hat sie bereits einen vorläufig vollstreckbaren Titel erwirkt, kann dies der Annahme des Rechtschutzbedürfnisses entgegen stehen.[40]

24   Das Rechtsschutzbedürfnis einer antragstellenden Behörde fehlt, wenn sie die begehrte Regelung durch eigenes Verwaltungshandeln herbeiführen kann.[41]

25   In Fällen des **vorbeugenden Rechtsschutzes** (Unterlassungsklage, Feststellungsklage) kommt dem Rechtsschutzbedürfnis eine besondere Relevanz zu. Denn grundsätzlich ist es der Bürgerin vor Beschreiten des gerichtlichen Rechtsweges zumutbar, eine behördliche Maßnahme abzuwarten. Dies folgt u.a. aus dem Gewaltenteilungsprinzip des Art. 20 II GG, der es gerade vermeiden soll, die Entscheidungsfreiheit der Verwaltung durch richterliche Anordnung einzuengen.[42] Daher ist in einem solchen Fall des vorläufig vorbeugenden Rechtsschutzes ein besonderes Interesse an der vorbeugenden Gewährung von Rechtsschutz zu begründen.[43] Dabei muss bei der Prüfung des Rechtschutzbedürfnisses dargelegt werden, dass der Antragstellerin eine irreversible Rechtsbeeinträchtigung droht, die es rechtfertigt schon vorläufig im Wege der einstweiligen Anordnung den vorbeugenden Rechtsschutz zu gewähren.[44]

---

38 Schoch, in: Schoch/Schneider/Bier, VwGO, 36. EL Februar 2019, § 123 Rn. 121b; Gersdorf, Verwaltungsprozessrecht, 6. Aufl. 2019, Rn. 213.

39 W.-R. Schenke, in: Kopp/Schenke, VwGO, 25. Aufl. 2019, § 123 Rn. 22; Puttler, in: Sodan/Ziekow, VwGO, 5. Aufl. 2018, § 123 Rn. 70.

40 Hufen, Verwaltungsprozessrecht, 11. Aufl. 2019, S. 525 Rn. 10.

41 OVG Hamburg, Beschl. v. 22.10.1988, Az.: Bs. I 195/88 = NJW 1989, 605; Schoch, in: Schoch/Schneider/Bier, VwGO, 36. EL Februar 2019, § 123 Rn. 121a.

42 M.w.N. Kuhla, in: Posser/Wolff, VwGO, 50. Ed., Stand: 1.7.2019, § 123, Rn. 43.

43 Puttler, in: Sodan/Ziekow, VwGO, 5. Aufl. 2018, § 123 Rn. 71.

44 Puttler, in: Sodan/Ziekow, VwGO, 5. Aufl. 2018, § 123 Rn. 71.

Dana-Sophia Valentiner/Mira Wichmann

C. Begründetheit

Ist der Antrag nach § 123 VwGO zulässig, ist in einem zweiten Schritt zu prüfen, ob 26
er auch begründet ist.

I. Die Struktur der Begründetheitsprüfung (Mira Wichmann)

In der Klausur wäre der Obersatz zur Prüfung der Begründetheit eines Antrages 27
nach § 123 I VwGO wie folgt zu bilden. Dabei muss sich zwischen § 123 I 1 und 2
VwGO entschieden werden:

> *„Der Antrag auf Erlass einer einstweiligen Anordnung ist begründet, soweit der*
> *Antragssteller gemäß § 123 I 1 **oder** 2, III VwGO i.V.m. §§ 920 II, 294 I ZPO einen*
> *Anordnungsanspruch und Anordnungsgrund glaubhaft gemacht hat und keine un-*
> *zulässige Vorwegnahme der Hauptsache vorliegt."*

1. Glaubhaftmachung

Anders als bei den verwaltungsaktbezogenen Klagearten kommt es bei einem 28
Antrag nach § 123 I VwGO nicht auf eine Rechtsverletzung des Antragstellers an;
es genügt für die Begründetheit des Antrags, dass der Anordnungsanspruch,
genauer der zugrunde liegende Sachverhalt, glaubhaft gemacht wurde. Dabei
sind die Nachweise von Tatsachen vom Antragsteller glaubhaft zu machen, die
einen Anordnungsanspruch begründen. Glaubhaftmachung ist gegenüber dem
Vollbeweis eine reduzierte Form des Beweises. Es bedarf der Glaubhaftmachung
nur, wenn die Tatsachen streitig sind.[45]

In der Klausur des erstens Examens wird dies regelmäßig nicht zu prüfen 29
sein, da der Sachverhalt die vollständig ermittelten Tatsachen enthält und keine
Beweiserhebung vorzunehmen ist.

Die von § 123 III VwGO vorausgesetzte Glaubhaftmachung bezieht sich dabei 30
auf die § 294 I ZPO i.V.m. § 920 II ZPO. Sie meint eine bestimmte Art der **Be-
weisführung**, die darauf gerichtet ist, den Richter zu überzeugen, dass er die
behauptete Tatsache für wahrscheinlicher hält als das Gegenteil.[46] Die Glaubhaftmachung kann durch alle Beweismittel des § 294 I ZPO erfolgen, die auch an
Eides statt zugelassen werden.[47]

---

45 Heetkamp/Stadermann, JA 2015, 933 (936).
46 Huber, in: Musielak/Voit, ZPO, 16. Aufl. 2019, § 294 Rn. 3.
47 Hummel, JuS 2011, 502 (503).

31   Hier liegt auch ein wesentlicher Unterschied zum Hauptsacheverfahren. Denn dort darf der Richter eine Tatsache nur dann zum Gegenstand seiner rechtlichen Beurteilung machen, wenn er am Ende der Beweisaufnahme die Überzeugung gewonnen hat, dass die behauptete Tatsache wahr ist. Beim vorläufigen Rechtsschutz reicht hingegen schon die überwiegende Wahrscheinlichkeit einer Tatsache aus.[48]

32   Dieses Vorgehen im Eilrechtsschutz steht auch nicht dem im Verwaltungsrecht geltenden Amtsermittlungsgrundsatz entgegen. Die tatsächlichen Voraussetzungen des Anordnungsanspruchs und des Anordnungsgrundes sind auch hier von Amts wegen zu ermitteln. Sie können insgesamt aber als glaubhaft gemacht angesehen werden „…, wenn das Gericht auf Grund der vom Antragsteller glaubhaft gemachten und/oder auf Grund der vom Gericht ermittelten bzw. als hinreichend wahrscheinlich bejahten Tatsachen den Anordnungsanspruch für aussichtsreich und die behauptete Gefährdung für wahrscheinlich erachtet".[49]

33   Demnach ist ein Anordnungsantrag begründet, wenn das Gericht auf Grund einer hinreichenden Tatsachenbasis, die entweder vom Antragsteller glaubhaft gemacht (§ 123 III VwGO i.V.m. § 920 II, § 294 I ZPO) oder im Wege der Amtsermittlung (§ 86 VwGO) festgestellt wurde, einen Anordnungsanspruch und einen Anordnungsgrund bejaht.[50]

2. Anordnungsgrund

34   Zunächst müsste ein Anordnungsgrund vorliegen. Der **Anordnungsgrund** liegt vor, wenn dem Antragsteller ein Abwarten der gerichtlichen Entscheidung in der Hauptsache nicht zugemutet werden kann.[51] Innerhalb des Anordnungsgrundes muss also vom Antragsteller dargelegt werden, dass bereits im vorläufigen und nicht erst im Hauptsacheverfahren Rechtsschutz gewährleistet werden muss.[52] Man spricht daher von einer besonderen **Eilbedürftigkeit oder Dringlichkeit**.[53] Zu unterscheiden sind auch hier wieder die zwei Anordnungsarten (s.o.). Bei

---

48 Kuhla, in: Posser/Wolff, VwGO, 50. Ed., Stand: 1.7.2019, § 123 Rn. 61 f.

49 Schoch, in: Schoch/Schneider/Bier, VwGO, 36. EL Februar 2019, § 123 Rn. 95a und Heinze, NZA 1984, 305 (307).

50 Schoch, in: Schoch/Schneider/Bier, VwGO, 36. EL Februar 2019, § 123 Rn. 62; Bostedt, in: Fehling/Kastner/Störmer, Verwaltungsrecht, 4. Aufl. 2016, § 123 Rn. 68.

51 Kuhla, in: Posser/Wolff, VwGO, 50. Ed., Stand: 1.7.2019, § 123, Rn. 122, 126.

52 Schoch, in: Schoch/Schneider/Bier, VwGO, 36. EL Februar 2019, § 123 Rn. 76.

53 Hufen, Verwaltungsprozessrecht, 11. Aufl. 2019, § 33 Rn. 16; Schenke, Verwaltungsprozessrecht, 16. Aufl. 2019, Rn. 1032; Schoch, in: Schoch/Schneider/Bier, VwGO, 36. EL Februar 2019, § 123 Rn. 77a.

Mira Wichmann

einer Sicherungsanordnung (§ 123 I 1 VwGO) muss der Antragssteller glaubhaft machen, dass eine „Gefahr besteht, dass durch eine Veränderung des bestehenden Zustandes die Verwirklichung eines Rechts des Antragstellers vereitelt oder wesentlich erschwert werden könnte". Diese Gefahr der Beeinträchtigung muss auch unmittelbar bevorstehen, sodass die dadurch entstehenden Beeinträchtigungen erwartbar sind.[54] Bei der Regelungsanordnung (§ 123 I 2 VwGO) besteht Eilbedürftigkeit, vor allem bei dauernden Rechtsverhältnissen, um wesentliche Nachteile abzuwenden oder drohende Gewalt zu verhindern oder wenn es aus anderen Gründen nötig erscheint.

Formulierungsvorschlag: *„Es müsste eine besondere Eilbedürftigkeit für den Erlass der einstweiligen Anordnung vorliegen. Für die Fälle der Sicherungsanordnung liegt eine solche besondere Eilbedürftigkeit vor, wenn infolge der drohenden Veränderung die Gefahr besteht, dass das betroffene Recht vereitelt oder seine Durchsetzung erschwert wird. Für eine Regelungsanordnung ist die besondere Eilbedürftigkeit anzunehmen, wenn wesentliche Nachteile oder Gefahren drohen oder wenn es aus anderen Gründen nötig erscheint."*

3. Anordnungsanspruch

Weitere Voraussetzung für einen begründeten Antrag nach § 123 I 1 oder 2 VwGO 35 und in Klausuren meist der Kern der Prüfung ist der Anordnungsanspruch. Unter Anordnungsanspruch ist eine **klagbare Rechtsposition** zu verstehen, die der Antragsteller als Kläger in dem Hauptsacheverfahren geltend macht.[55] Es ist somit gerade nicht ein Anspruch auf Erlass der einstweiligen Anordnung selbst.[56] Diese klagbare Rechtsposition wird auch als materiell-rechtliche Anspruch auf Vornahme der geltend gemachten Handlung bezeichnet. Dies erfordert an dieser Stelle jedoch sowohl die formellen als auch materiellen Anspruchsvoraussetzungen. In einem Fall der Sicherungsanordnung kommt es hier gemäß § 123 I 1 VwGO auf die Sicherung eines subjektiven öffentlichen Rechts an. Bei der Regelungsanordnung kommt es hingegen gemäß § 123 I 2 VwGO auf die Klärung eines streitigen Rechtsverhältnisses an. In beiden Fällen geht es jedoch um eine öffentlich rechtliche Norm, die das Verhältnis von Personen untereinander oder zu Sachen regeln.[57]

---

54 Gersdorf, Verwaltungsprozessrecht, 6. Aufl. 2019, Rn. 214; Schoch, in: Schoch/Schneider/Bier, VwGO, 36. EL Februar 2019, § 123 Rn. 77a.
55 Puttler, in: Sodan/Ziekow, VwGO, 5. Aufl.2018, § 123 Rn. 77.
56 Puttler, in: Sodan/Ziekow, VwGO, 5. Aufl.2018, § 123 Rn. 77.
57 Hummel, JuS 2011, 502 (503).

Mira Wichmann

36   **Achtung!** Im Gegensatz zum Antrag nach §§ 80, 80a VwGO wird hier keine Interessenabwägung vorgenommen.[58] Es erfolgt jedoch genau wie bei §§ 80, 80a VwGO eine Orientierung an den Erfolgsaussichten des Rechtsbehelfs in der Hauptsache[59], also eine Bewertung der materiellen Rechtslage.[60]

37   Während bei Anfechtungs-, Verpflichtungs- und Fortsetzungsfeststellungsklage die materiellen Voraussetzungen der streitentscheidenden Norm bei dem Prüfungspunkt „materielle Rechtmäßigkeit des Verwaltungsakts/materielle Anspruchsvoraussetzungen" zu prüfen sind, werden diese materiellen und die formellen Voraussetzungen bei der einstweiligen Anordnung nach § 123 I VwGO im Rahmen des Anordnungsanspruches geprüft.[61] Es handelt sich somit bei dem Anordnungsanspruch um den jeweiligen Anspruch, der sich gegen ein oder auf ein behördliches Handeln richtet, wobei hier wieder zwischen den zwei Arten Sicherungs- und Regelungsanspruch zu unterscheiden ist.[62]

38   Abstraktes Formulierungsbeispiel zur Prüfung eines Anordnungsanspruches: *„Es müsste ein Anordnungsanspruch vorliegen. Anordnungsanspruch meint eine klagbare Rechtsposition des Antragstellers, die sich aus einem materiellen Anspruch ergeben kann. Im Falle der Sicherungsanordnung muss sich diese Rechtsposition gegen ein behördliches Handeln richten./ Im Falle der Regelungsanordnung muss sich diese Rechtsposition auf die Vornahme der geltend gemachten Handlung beziehen.*

Ein solcher Anspruch könnte sich hier aus § ... ergeben. Ausweislich seines Wortlautes vermittelt diese Norm eine einklagbare Rechtsposition in Form eines subjektiven-öffentlichen Rechts, sodass sie eine taugliche Anspruchsgrundlage darstellt.

Die formellen und materiellen Anspruchsvoraussetzungen müssten für das Bestehen des Anordnungsanspruches gegeben sein. (...)"

4. Summarische Rechtsprüfung

39   Zwar unterliegt der Antrag nach § 123 I VwGO wie die Anträge nach §§ 80, 80a VwGO der summarischen Rechtsprüfung, allerdings bedeutet dies nicht, dass die

---

58 Schoch, in: Schoch/Schneider/Bier, VwGO, 36. EL Februar 2019, § 123 Rn. 65.

59 Schenke, Verwaltungsprozessrecht, 16. Aufl. 2019, § 25 Rn. 1032; Schoch, in: Schoch/Schneider/Bier, VwGO, 36. EL Februar 2019, § 123 Rn. 69 .

60 Gersdorf, Verwaltungsprozessrecht, 6. Aufl. 2019, Rn. 214; Hufen, Verwaltungsprozessrecht, 11. Aufl. 2019, § 33 Rn. 16.

61 Schaks/Friedrich, JuS 2018, 954 (957).

62 Gersdorf, Verwaltungsprozessrecht, 6. Aufl. 2019, Rn. 216.

Mira Wichmann

auftretenden Rechtsfragen unbeantwortet bleiben können. Vielmehr bezieht sich dies nur auf die Sachverhaltsfeststellungen bei besonders eilbedürftigen Entscheidungen, die nicht erschöpfend vorgenommen werden können.[63] Die Frage spielt daher in Klausuren regelmäßig keine Rolle.

Beachte: In Klausursituation ist also die Prüfung grundsätzlich genauso **40** ausführlich vorzunehmen wie bei einem Hauptsacherechtsbehelf.

5. Verbot der Vorwegnahme und Überschreitung der Hauptsache

Bei § 123 VwGO gilt das von der Rechtsprechung entwickelte Verbot der Vorweg- **41** nahme der Hauptsache.[64] Eine endgültige Vorwegnahme der Hauptsache meint, dass dem Antragsteller bereits im Wege der einstweiligen Anordnung etwas zugesprochen wird, was ihm erst über die Entscheidung in der Hauptsache gewährt werden kann.[65] In einem Antragsverfahren nach § 123 VwGO ist jedoch nur eine vorläufige Regelung möglich, die der Hauptsachenentscheidung noch Raum lässt.[66] Hintergrund ist, dass ansonsten eine Verlagerung der gerichtlichen Klagen hin zu gerichtlichen Anträgen zu befürchten wäre, da die einstweiligen Anordnungen aufgrund der Eilbedürftigkeit schneller von den Gerichten entschieden werden, als die Klagen

Beachte: In Klausuren wird in der Regel eine Ausnahme zu diesem Grundsatz **42** greifen!

Von dem Verbot der Vorwegnahme der Hauptsache sind aufgrund des Gebots **43** des effektiven Rechtsschutzes nach Art. 19 IV GG Ausnahmen anerkannt, wenn eine Versagung des vorläufigen Rechtsschutzes den Antragsteller schwer und unzumutbar oder irreparabel belasten würde.[67] Dazu hat das BVerfG folgende Richtwerte getroffen:

BVerfG:[68] *„Je schwerer die mit einer Versagung von Eilrechtsschutz verbundenen Belastungen wiegen und je geringer die Wahrscheinlichkeit ist, dass sie im Falle des Obsiegens in der*

---

63 Hummel, JuS 2011, 502 (503).
64 Das „Verbot der Vorwegnahme der Hauptsache" ist nicht unumstritten. Es gibt zahlreiche Stimmen in der Literatur, die dieses ablehnen oder zumindest kritisieren. So z.B. Kuhla, in: Posser/Wolff, VwGO, 33. Ed., Stand: 1.4.2015, § 123 Rn. 154. Weitgehende Einigkeit besteht hingegen darin, dass eine endgültige Vorwegnahme der Hauptsache verboten sein soll. S. zu diesem Streitstand die vertiefenden Ausführungen von Hong, NVwZ 2012, 468.
65 Sodan/Ziekow, Grundkurs Öffentliches Recht, 8. Aufl. 2018, § 107 Rn. 9.
66 Kuhla, in: Posser/Wolff, VwGO, 50. Ed., Stand: 1.7.2019, § 123 Rn. 147.
67 Hufen, Verwaltungsprozessrecht, 11. Aufl. 2019, § 33 Rn. 18.
68 BVerfG, Beschl. v. 6.7.2016, Az.: 1 BvR 1705/15 = NJW 2017, 545.

Mira Wichmann

Hauptsache rückgängig gemacht werden können, umso weniger darf das Interesse an einer vorläufigen Entscheidung zurückgestellt werden."

BVerfG:[69] *„Der vorläufige Rechtsschutz ist also zu gewähren, wenn sonst dem Antragsteller eine erhebliche, über Randbereiche hinausgehende Verletzung in seinen Rechten droht, die durch die Entscheidung in der Hauptsache nicht mehr beseitigt werden kann, es sei denn, dass ausnahmsweise überwiegende, besonders gewichtige Gründe entgegenstehen."*

Das BVerfG spricht dem Anordnungsgrund in diesen Fällen ein solches Gewicht zu, sodass dem Antragsteller ein weiteres Zuwarten nicht zugemutet werden kann. Ein effektiver Rechtsschutz könnte dann nicht mehr gewährt werden. Zusammengefasst müssen also unzumutbare Nachteile zu befürchten sein, die über die typischen Belastungen des reinen Zeitverlusts hinausgehen und somit die Dringlichkeit der erstrebten einstweiligen Anordnung rechtfertigen.[70]

44   Neben dem grundsätzlichen Verbot der Vorwegnahme der Hauptsache kann das Gericht auch hinsichtlich seines Entscheidungsumfangs begrenzt sein. Nur, was in der Hauptsache geregelt werden kann, kann auch bereits in dem vorgeschalteten einstweiligen Rechtsschutz erreicht werden. Kurz gesagt, darf im Antragsverfahren nicht mehr als in der Hauptsache gewährt werden.[71] Hat das Gericht beispielsweise über einen Anordnungsanspruch zu entscheiden, dessen Ausgestaltung im Beurteilungs- und Ermessensspielraum der Behörde steht, darf es nicht zu einer **sog. Überschreitung der Hauptsache** kommen. Eine solche Überschreitung liegt vor, wenn das Gericht der Hauptsache nur ein Bescheidungsurteil erlassen könnte, im Rahmen der einstweiligen Anordnung aber bereits die begehrte Begünstigung zuspricht.

Eine solche Überschreitung ist somit nur zulässig, wenn sich innerhalb des einstweiligen Verfahrens keine eindeutigen Beschränkungen des Ermessensspielraumes ergeben und es ansonsten zu einer irreversiblen Vereitelung der Grundrechtsposition oder einem schwerwiegenden Rechtsnachteil für den Antragsteller kommen würde.[72]

6. Literaturhinweise

Aufsätze: Hummel, Der vorläufige Rechtsschutz im Verwaltungsprozess (3. Teil), JuS 2011, 502 ff.; Buchheister, Vorläufiger Rechtsschutz nach der VwGO aus richterlicher Sicht – Das Eilverfahren als Ersatz für das Hauptsacheverfahren?, DVBl

---

69 BVerfG, Beschl. v. 28. 9. 2009, Az.: 1 BvR 1702/09 = BeckRS 2009, 39313.

70 Kuhla, in: Posser/Wolff, VwGO, 49. Ed., Stand: 1. 7. 2018, § 123 Rn. 156.

71 Gersdorf, Verwaltungsprozessrecht, 6. Aufl. 2019, Rn. 215 ff.

72 Kuhla, in: Posser/Wolff, VwGO, 50. Ed., Stand: 1. 7. 2019, § 123 Rn. 158; Gersdorf, Verwaltungsprozessrecht, 6. Aufl. 2019, Rn. 218.

2017, 610 ff; Guckelberger, Zulässigkeit und Anfechtbarkeit von verwaltungsgerichtlichen Hängebeschlüssen, NVwZ 2001, 275 ff.; Mann, Der verwaltungsrechtliche Hängebeschluss – ein schwarzes Loch des Verwaltungsprozessrechts, NWVbl. 2017, 60 ff.; Schenke, Verfassungsgerichtliche Verwerfungsmonopole und verwaltungsgerichtlicher vorläufiger Rechtsschutz, JuS 2017, 1141.

Fälle Fortgeschrittene: Fall 15 in: Eisentraut, Fälle zum Verwaltungsrecht, 2020; Helbich/Schübler-Pfister, Zirkus um den Zirkus, JuS 2017, 521; Blenk/Schultes, Übungshausarbeit: Familiennachzug und Unionsbürgerschaft (Teil 1), ZAR 2018, 345.

Aktenvortrag: Weber, Kein Platz für Kinder, JA 2014, 460

II. Der Antrag nach § 123 VwGO im Baurecht (Felix Steengrafe)

Grundsätzlich ist ein Antrag nach § 123 VwGO auf eine einstweilige Anordnung **45** auch im Baurecht, etwa auf Erlass einer bauordnungsrechtlichen Verfügung, denkbar.

Beispiele sind Anträge eines Nachbarn auf einstweiligen Erlass einer Einstellungsverfügung (s. dazu näher § 2 Rn. 1247 ff.) oder einer Nutzungsuntersagung (s. dazu näher § 2 Rn. 1243 ff.).

Aufgrund des Verbotes der Vorwegnahme der Hauptsache ist eine Beseitigungsanordnung ausgeschlossen.[73] Der Antrag kann auch auf die Anordnung geeigneter Maßnahmen zur Reduzierung des Baustellenlärmes gerichtet sein.[74]

III. Der Antrag nach § 123 VwGO im Kommunalrecht (Sebastian Piecha)

Im einstweiligen Rechtsschutzverfahren nach § 123 VwGO im Kommunalrecht **46** gelten die allgemeinen Vorschriften (s. Rn. 1 ff.); Besonderheiten ergeben sich nicht.

Bedeutende Weichenstellung ist, wie zuvor schon erläutert (s. § 2 Rn. 1271 ff.), **47** insbesondere die Abgrenzung, ob es sich bei der angegriffenen Maßnahme der Kommune oder Aufsichtsbehörde um einen Verwaltungsakt im Sinne von § 35 S. 1 VwVfG handelt oder nicht und welche Klageart im Hauptsacheverfahren

---

73 OVG Berlin-Brandenburg, Beschl. v. 14.10.2009, Az.: 2 S 54/09; Mehde/Hansen, NVwZ 2010, 14 (17).
74 VGH Mannheim, Beschl. v. 5.2.2015, Az.: 10 S 2471/14.

statthaft wäre, da sich hiernach die Statthaftigkeit des Verfahrens nach § 80 V VwGO bzw. § 123 VwGO bemisst.

48   Kommunalrechtlich sind hier insbesondere Sachverhalte denkbar, die etwa die Zulässigkeit von Bürgerbegehren, die Aufhebung von Ratsbeschlüssen oder die Untersagung oder Rücknahme bestimmter Äußerungen etwa des Bürgermeisters[75] betreffen. Auch spielen Zulassungen zu öffentlichen Einrichtungen (Parteitag in Stadthalle) oft eine Rolle in Eilsachen.

---

75 Beispielfall zu Rechtsfragen kommunaler Satzungen s. Funke/Papp, JuS 2010, 395 ff.

Sebastian Piecha

§ 11 Öffentliche Ersatzleistungen vor den Zivilgerichten

Wie bereits gezeigt, werden öffentliche Ersatzleistungen nicht allein vor den 1
Verwaltungsgerichten verhandelt, sondern sind infolge diverser Sonderzuwei-
sungen (näher § 5 Rn. 161 ff.) auch vielfach Gegenstand der Zivilgerichtsbarkeit.
Die betreffenden Ansprüche lassen sich also prozessual nicht in das öffentliche
Recht einbetten und werden daher hier gesondert behandelt.

Gliederung

Nikolas Eisentraut

A. Unrechtshaftung (Jana Himstedt)

Vor den Zivilgerichten zu verhandelnde Tatbestände der sog. Unrechtshaftung – **2** also solche, die der Haftung für rechts*widrige* Zustände dienen – sind insbesondere die **Amtshaftungsansprüche** nach deutschem (Rn. 3 ff.) und europäischem Recht (Rn. 31 ff.) wie auch Ansprüche aus **Verwaltungsschuldverhältnissen** (Rn. 42 ff.).

I. Die Amtshaftung (§ 839 BGB i. V. m. Art. 34 GG)

Mit dem Amtshaftungsanspruch ist ein zentraler Anspruch des Staatshaftungs- **3** rechts[1] der **ordentlichen Gerichtsbarkeit** zugewiesen (Art. 34 S. 3 GG, § 40 II 1 VwGO). Die Verfassungsvorschrift des Art. 34 S. 3 GG ist dabei nicht selbst als Sonderzuweisung aufzufassen, sondern vielmehr als Garantie einer solchen im einfachen Recht.[2] § 40 II 1 VwGO setzt diese Vorgabe um. Folglich sollten in der Klausur beide Vorschriften gemeinsam zitiert werden. Zuständig sind gem. § 71 I, II Nr. 2 GVG die **Zivilkammern der Landgerichte.**

Eine zivilprozessuale Zulässigkeitsprüfung wird in der verwaltungsrechtlichen Klausur gleichwohl regelmäßig nicht erwartet werden (s. § 5 Rn. 167).

1. Anspruchsziel und Anwendungsbereich

Der Amtshaftungsanspruch ist – seinem Regelungsstandort im deliktischen Zi- **4** vilrecht entsprechend – auf die Gewährung von **Schadensersatz** und damit grundsätzlich auf vollständige Naturalrestitution zugunsten des Geschädigten gerichtet.

Hinsichtlich des **räumlichen Anwendungsbereichs** des Amtshaftungs- **5** rechts hat der BGH jüngst entschieden, dass Schäden, die ausländischen Bürgern im Rahmen bewaffneter Auslandseinsätze deutscher Streitkräfte widerfahren, nicht vom Anspruch aus § 839 BGB i. V. m. Art. 34 GG gedeckt sind; derartige Schäden habe der Gesetzgeber bei Erlass der Haftungsvorschriften nicht vor Augen gehabt.[3]

---

1 So Waldhoff, JuS 2017, 572; Peine/Siegel, Allgemeines Verwaltungsrecht, 12. Aufl. 2018, § 27 Rn. 931.
2 Papier in: Maunz/Dürig, GG, 84. Aufl. 2018, Art. 34 Rn. 305.
3 BGH, Urt. v. 6.10.2016, Az.: III ZR 140/15 = NVwZ 2017, 87 – „Kunduz-Urteil"; Besprechung etwa bei Waldhoff, JuS 2017, 572.

2. Die Rechtsgrundlagen und ihre Systematik

6 Die normativen Grundlagen des Amtshaftungsanspruchs finden sich in § 839 BGB i.V.m. Art. 34 GG. Ersterer regelt dabei grundsätzlich die Eigenhaftung des individuellen Amtswalters (sog. Beamtenhaftung), wohingegen Art. 34 GG die Haftung des Staates selbst (Staatshaftung) normiert. In Kombination führen beide schließlich zur **Amtshaftung**, die als gleichsam mittelbare Staatshaftung dadurch gekennzeichnet ist, dass die zunächst den Beamten treffende Haftung mit schuldbefreiender Wirkung auf den Staat übergeleitet wird.[4] In der Folge stellt § 839 BGB die anspruchsbegründende und Art. 34 GG die anspruchsverlagernde Vorschrift[5] einer einheitlichen Anspruchsgrundlage dar.[6]

Trotz der damit verbundenen Schuldbefreiung des Beamten im Außenverhältnis zum Geschädigten kann der Hoheitsträger im Falle von Vorsatz oder grober Fahrlässigkeit **Regress** gegen seinen Amtswalter nehmen (§ 34 S. 2 GG).

3. Anspruchsvoraussetzungen

7 Die Voraussetzungen der Amtshaftung lassen sich – anders als die der vielen richterrechtlichen Institute des Staatshaftungsrechts – im Wesentlichen bereits dem Wortlaut ihrer Rechtsgrundlagen (§ 839 BGB, Art. 34 GG) entnehmen.

a) Beamter im haftungsrechtlichen Sinne

8 So muss § 839 I 1 BGB zufolge ein „Beamter" tätig geworden sein. Angesichts der weiteren Formulierung des Art. 34 1 GG („jemand" im Dienst einer öffentlichen Körperschaft) wird dieser Beamtenbegriff jedoch exzessiv ausgelegt; Beamter „im haftungsrechtlichen Sinne" ist somit jeder, der **hoheitlich** tätig wird, unabhängig von seiner Verbeamtung im statusrechtlichen Sinne.[7] Hierzu zählen auch etwa Angestellte im öffentlichen Dienst, Abgeordnete[8] oder Minister[9].

9 Als problematisch kann sich insbesondere die Einordnung **selbständiger Privater** gestalten, die im Aufgabenkreis einer Behörde tätig werden. Der früheren „Werkzeugtheorie" des BGH zufolge sollte ein nicht beliehener Privatunternehmer nur dann hoheitlich handeln, wenn ihm infolge von Weisungen oder sons-

---

4 Zum Ganzen Maurer/Waldhoff, Allgemeines Verwaltungsrecht, 19. Aufl. 2017, § 26 Rn. 1 ff.
5 Voßkuhle/Kaiser, JuS 2015, 1076; BVerfG, Beschl. v. 24.11.2015, Az.: 2 BvR 355/12 = NVwZ 2016, 606 (608).
6 Erbguth/Guckelberger, Allgemeines Verwaltungsrecht, 9. Aufl. 2018, § 37 Rn. 3.
7 Voßkuhle/Kaiser, JuS 2015, 1076; Hartmann/Tieben, JA 2014, 401; Schaks, ZJS 2015, 409 (415).
8 Schaks, ZJS 2015, 409 (415).
9 Peine/Siegel, Allgemeines Verwaltungsrecht, 12. Aufl. 2018, § 27 Rn. 938 m. w. N.

Jana Himstedt

tiger Einflussnahme seitens der Behörde ein derart geringer Entscheidungsspielraum verbleibt, dass er als deren bloßes Werkzeug erscheinen muss.[10] Diese Rechtsprechung wurde mittlerweile gelockert: So soll eine Tätigkeit desto eher als hoheitlich qualifiziert werden können, „je stärker der hoheitliche Charakter der Aufgabe in den Vordergrund tritt, je enger die Verbindung zwischen der übertragenen Tätigkeit und der [...] hoheitlichen Aufgabe und je begrenzter der Entscheidungsspielraum des Unternehmers ist"[11]. Insbesondere im praktisch relevanten Fall des **privaten Abschleppunternehmers** kommt man so regelmäßig dazu, eine hoheitliche Tätigkeit zu bejahen.[12] Die haftungsrechtliche „Flucht ins Privatrecht" ist dem Verwaltungsträger damit abgeschnitten.

Bei **Beliehenen** hingegen kann die haftungsrechtliche Amtswaltereigen 10 schaft aufgrund des formellen öffentlichen („offiziellen") Beleihungsakts problemlos festgestellt werden;[13] bei **Verwaltungshelfern** ist sie wegen deren bloß unselbständiger Aufgabenwahrnehmung ebenfalls weitgehend anerkannt.[14]

b) In Ausübung eines öffentlichen Amtes (Art. 34 1 GG)

Der Amtsträger muss ferner gerade „in Ausübung" des öffentlichen Amtes – und 11 nicht nur bei dessen Gelegenheit – tätig geworden sein. Erforderlich ist also, dass die schädigende Handlung einen **äußeren und inneren Zusammenhang mit der Ausübung hoheitlicher Gewalt** aufweist.[15]

c) Verletzung einer drittbezogenen Amtspflicht

Ferner erfordert der Tatbestand, dass eine Amtspflicht verletzt worden ist. Als 12 letztere zählen sämtliche für den Amtswalter geltenden Verhaltensvorgaben; sie können sich grundsätzlich aus allen Rechtsquellen ergeben.[16] Zentrale Pflicht des Beamten ist diejenige, bei der Amtsausübung die seinen Dienstherrn treffenden rechtlichen Grenzen (vgl. Art. 20 III GG) zu beachten, sich mithin *rechtmäßig zu*

---

10 BGH, Urt. v. 15.6.1967, Az.: III ZR 23/65 = BGHZ 48, 98 (103).
11 BGH, Urt. v. 21.1.1993, Az.: III ZR 189/91 = BGHZ 121, 161 (165f.).
12 Vgl. Ogorek, JA 2016, 279 (285); Wittreck/Wagner, Jura 2013, 1213 (1216); BGH, Urt. v. 18.2.2014, Az.: VI ZR 383/12 = NJW 2014, 2577 (2578).
13 Hartmann/Tieben, JA 2014, 401 (402).
14 Peine/Siegel, Allgemeines Verwaltungsrecht, 12. Aufl. 2018, § 27 Rn. 942.
15 Wittreck/Wagner, Jura 2013, 1213 (1216).
16 Voßkuhle/Kaiser, JuS 2015, 1076.

verhalten.[17] Diese kann gleichermaßen durch Tun wie Unterlassen verletzt werden.[18]

13 In jedem Fall muss die verletzte Amtspflicht **drittbezogen** sein (vgl. § 839 I 1 BGB: *„einem Dritten gegenüber obliegende Amtspflicht"*), d. h. gerade auch dem Geschädigten gegenüber bestanden haben. Im Wesentlichen können hier die zum subjektiven öffentlichen Recht entwickelten Grundsätze (vgl. Schutznormtheorie) übertragen werden.[19] Insbesondere ist teleologisch zu ermitteln, ob der Anspruchsteller zum Kreis derjenigen gehört, die durch die verletzte Verhaltensnorm geschützt werden sollen; nicht ausreichend ist, dass er lediglich im Wege eines Rechtsreflexes durch diese begünstigt wird. Nicht notwendig ist dafür, dass der Dritte am Amtsgeschäft beteiligt ist oder einen Anspruch auf die betreffende Amtshandlung hat.[20]

> *Beispiel: Beispielhaft ist insofern die jüngere Rechtsprechung des BGH zur Amtshaftung der Gemeinden für die unterbliebene Bereitstellung eines Betreuungsplatzes.*[21] *Das Gericht führte aus, die Amtspflicht zur Erfüllung des Betreuungsanspruchs bezwecke ihrer Entstehungsgeschichte und dem Gesetzestext zufolge auch eine Entlastung der Eltern zugunsten der Aufnahme oder Weiterführung einer Erwerbstätigkeit und sei mithin zu deren Gunsten drittgerichtet. Die Vorinstanz hatte indes noch angenommen, die Betreuungspflicht schütze ausschließlich Belange des Kindes, da nach dem Gesetzeswortlaut allein dieses, nicht aber die Eltern Inhaber des Betreuungsanspruchs sei[en].*[22]

14 Zu problematisieren ist die Frage der Drittrichtung einer Amtspflichtverletzung insbesondere in Fällen **„normativen" – also gesetzesförmigen – Unrechts.** Der BGH verneint eine hinreichende Individualisierbarkeit der geschützten Interessen grundsätzlich, wenn die Amtspflicht durch den Erlass einer abstrakt-generellen Norm verletzt wurde. Denn Normgebung erfolge – schon verfassungshalber, vgl. Art. 19 I 1 GG[23] – ausschließlich im Allgemeininteresse.[24] Anerkannte Ausnahmen

---

17 Maurer/Waldhoff, Allgemeines Verwaltungsrecht, 19. Aufl. 2017, § 26 Rn. 16.
18 Vgl. etwa BGH, Urt. v. 20.4.2017, Az.: III ZR 470/16 = NVwZ-RR 2017, 608 – Amtshaftungsanspruch wegen unterlassenen Hinweises auf den Eintritt einer gaststättenrechtlichen Genehmigungsfiktion.
19 Vgl. Wittreck/Wagner, Jura 2013, 1213 (1217); Voßkuhle/Kaiser, JuS 2015, 1076 (1077).
20 BGH, Urt. v. 5.4.2018, Az.: III ZR 211/17 = DVBl. 2018, 934 (935 f.).
21 BGH, Urt. v. 20.10.2016, Az.: III ZR 278/15 = NJW 2017, 397 (398 ff.); BGH, Urt. v. 20.10.2016, Az.: III ZR 303/15 = DVBl. 2017, 58 (59).
22 OLG Dresden, Urt. v. 26.8.2015, Az.: 1 U 319/15 = juris-Rn. 45 ff.
23 Baldus/Grzeszick/Wienhues, Staatshaftungsrecht, 5. Aufl. 2018 Rn. 142.
24 BGH, Urt. v. 10.12.1987, Az.: III ZR 220/86 = BGHZ 102, 350 (367); ebenso Ossenbühl/Cornils, Staatshaftungsrecht, 6. Aufl. 2013, S. 105 f.; Baldus/Grzeszick/Wienhues, Staatshaftungsrecht, 5. Aufl. 2018 Rn. 142. Aktuell scheiterte an dieser Rechtsprechung etwa die Klage zweier Mieter, die

dieser Judikatur bilden allerdings Bauleitpläne, soweit die verletzte planungs-
rechtliche Vorschrift (wie etwa § 1 VII BauGB) selbst drittschützend ist[25] sowie
Maßnahme- und Einzelfallgesetze[26].

Teile der Literatur lehnen jene Rechtsprechung insbesondere unter Hinweis
auf den drittschützenden Charakter der durch das Gesetz berührten Grundrechte
ab.[27] Zu bemerken ist jedoch, dass auch diese Ansicht eine Haftung für Legisla-
tivakte ausschließt, wenn es zu einer unmittelbaren Grundrechtsbeeinträchtigung
noch eines konkretisierenden Vollzugs durch die Exekutive bedarf. Die Meinungen kommen insofern nur bei sog. *„self-executing"*-Gesetzen zu unterschiedlichen
Ergebnissen.[28] Andere – meist ältere – Literaturstimmen folgen dem BGH indes,
etwa mit dem historisch-genetischen Argument, das Amtshaftungsrecht sei allein
mit Blick auf exekutivisches Fehlverhalten geschaffen worden[29] oder Bedenken
dahingehend, dass eine drohende Staatshaftung die Entschlussfreiheit der Legislative übermäßig beschränke[30].

Unabhängig davon kann bei unterbliebener oder fehlerhafter Umsetzung
europäischer Richtlinien durch den nationalen Gesetzgeber der unionsrechtliche
Amtshaftungsanspruch eingreifen (dazu unten Rn. 31 ff.).

Examenswissen: Dasselbe gilt nach derzeitiger Rechtsprechung im Ergebnis für den **exekutivi- 15
schen Vollzug verfassungswidriger Gesetze**, auch wenn der Anspruch hier in der Regel an den
Merkmalen der Pflichtwidrigkeit und des Verschuldens scheitert statt an der Drittgerichtetheit
hoheitlicher Pflichten.[31]

d) Verschulden

Die Amtshaftung ist eine Verschuldenshaftung, wobei prinzipiell die allgemeinen 16
Grundsätze des BGB gelten.[32]

Zwei Besonderheiten gilt es dennoch zu beachten: Zum einen ist der **Fahr- 17
lässigkeitsbegriff** seitens der Rechtsprechung **objektiviert** („entindividuali-
siert") worden, indem man nicht auf Kenntnisse und Fähigkeiten des konkreten

---

vom Land Schadensersatz für eine unwirksame Verordnung zur Mietpreisbremse begehrten: LG
München I, Urt. v. 21.11.2018, Az.: 15 O 19893/17 = WuM 2019, 38.
25 OLG Saarbrücken, Urt. v. 12.10.2017, Az.: 4 U 29/16 = NVwZ-RR 2018, 348 (349 f.).
26 BGH, Urt. v. 10.12.1987, Az.: III ZR 220/86 = BGHZ 102, 350 (367).
27 Maurer/Waldhoff, Allgemeines Verwaltungsrecht, 19. Aufl. 2017, § 26 Rn. 53; Papier/Shirvani
in: MüKo BGB, 7. Aufl. 2017, § 839 Rn. 261.
28 Schmitt/Werner, NVwZ 2017, 21 (25 f.).
29 Eckert, Die Haftung des Staates bei nichtigen Gesetzen und Verordnungen, 1973, S. 103.
30 Vogel, Die Verwirklichung der Rechtsstaatsidee im Staatshaftungsrecht, 1977, S. 24.
31 Detterbeck, NVwZ 2019, 97.
32 Teichmann in: Jauernig, BGB, 17. Aufl. 2018, § 839 Rn. 15.

Jana Himstedt

Amtswalters, sondern diejenigen eines **„pflichtgetreuen Durchschnittsbeamten"** abstellt.[33] Zweitens muss bei juristischen Personen des öffentlichen Rechts stets an die Möglichkeit eines **Organisationsverschuldens** gedacht werden: So werden diesen auch unabhängig von einer persönlichen Vorwerfbarkeit an den einzelnen Amtswalter – etwa bei Entscheidungen von Kollegialorganen[34] – organisatorische Mängel innerhalb des Verwaltungsapparats als Verschulden zugerechnet.[35] In der Folge muss der Anspruchsteller den „schuldigen Amtsträger" auch nicht namentlich bezeichnen können, um seiner Darlegungslast zu genügen.[36]

e) Kausaler Schaden

18 Schließlich muss nach der Differenzhypothese[37] ein Schaden entstanden sein, der kausal auf die Amtspflichtverletzung zurückgeht (haftungsausfüllende Kausalität).[38] Auch dies richtet sich nach allgemeinen zivilrechtlichen Grundsätzen, insbesondere der Äquivalenz- und Adäquanztheorie.[39]

f) Kein Ausschluss

19 Gleichwohl kann der Anspruch ausgeschlossen sein, wenn eine der folgenden gesetzlichen Fallgruppen erfüllt ist:

aa) Subsidiaritätsklausel (§ 839 I S. 2 BGB)

20 Hat der Amtsträger „nur" fahrlässig gehandelt und besteht ein anderweitiger Anspruch des Geschädigten, so tritt die Amtshaftung gem. § 839 I S. 2 BGB grundsätzlich als subsidiär hinter diesen zurück (sog. Subsidiaritätsklausel[40] oder Verweisungsprivileg[41]).

---

33 Ossenbühl/Cornils, Staatshaftungsrecht, 6. Aufl. 2013, S. 78; Voßkuhle/Kaiser, JuS 2015, 1076 (1077).
34 Grzeszick in: Ehlers/Pünder, Allgemeines Verwaltungsrecht, 15. Aufl. 2015, § 44 Rn. 28.
35 Peine/Siegel, Allgemeines Verwaltungsrecht, 12. Aufl. 2018, § 27 Rn. 958.
36 Ossenbühl/Cornils, Staatshaftungsrecht, 6. Aufl. 2013, S. 79.
37 BGH, Urt. v. 14.7.2016, Az.: III ZR 265/15 = NVwZ 2017, 251 (254).
38 Grzeszick in: Ehlers/Pünder, Allgemeines Verwaltungsrecht, 15. Aufl. 2015, § 44 Rn. 30.
39 Voßkuhle/Kaiser, JuS 2015, 1076 (1077).
40 Singbartl/Rübbeck, VR 2017, 93 (96).
41 Hartmann/Tieben, JA 2014, 401 (405).

Jana Himstedt

Beispiel:[42] *K hat eine Gaststättenerlaubnis beantragt, die ihm von der zuständigen Behörde versagt wird. Tatsächlich ist jedoch im Zeitraum zwischen Antrag und Versagung eine Genehmigungsfiktion eingetreten, die dem Versagungsbescheid widerspricht und diesen rechtswidrig macht. Weder die Behörde selbst noch der K in der Sache betreuende Anwalt A weisen den K auf diesen Umstand hin. Die Behörde verletzt dadurch ihre gesetzliche Hinweispflicht aus § 25 (Landes-)VwVfG, die eine den K schützende Amtspflicht darstellt und diesen grundsätzlich zum Schadensersatz berechtigt. Ein Amtshaftungsanspruch ist dennoch gem. § 839 I 2 BGB ausgeschlossen, weil auch A dem K wegen der unterlassenen Beratung aus dem Anwaltsvertrag haftet und die Bediensteten der Behörde lediglich fahrlässig handelten.*

Historisch ist die Subsidiaritätsklausel allerdings der ursprünglich alleinigen 21 *Beamten*haftung des § 839 BGB geschuldet: So diente sie dem Schutz des finanziell schwach aufgestellten Amtsträgers und sollte verhindern, dass dieser durch die „stet[e] Sorge, sich haftbar zu machen" seine Entschlussfreude verliere.[43] Nach der Haftungsüberleitung auf den Staat mit Art. 34 GG ist dieser Zweck entfallen, was zu einer nunmehr restriktiven Auslegung des § 839 I 2 BGB durch Rechtsprechung und Literatur geführt hat. Danach greift die Klausel insbesondere *nicht* ein, wenn der anderweitige Ersatzanspruch

1. nicht oder nicht unter **zumutbaren** Bedingungen **durchsetzbar** ist;[44]

2. sich gegen **denselben** oder einen **anderen öffentlichen Verwaltungsträger** richtet[45], weil es sonst zu einer endlosen Hin-und-Rückverweisung zwischen den öffentlich-rechtlichen Schuldnern käme;

3. gegen eine private oder gesetzliche **Versicherung** (Krankenversicherung etc.) besteht und somit auf Eigenleistungen des Geschädigten beruht[46]

oder

der Amtshaftungsanspruch selbst durch die Teilnahme des Amtswalters im **Straßenverkehr**, an welchem der Beamte grundsätzlich wie „jedermann", also haftungsrechtlich gleichberechtigt, partizipiert (Ausnahme: Gebrauch von Sonderrechten)[47] oder durch die Verletzung einer öffentlich-rechtlichen **Straßenverkehrssicherungspflicht**[48] entstanden ist.

---

42 Angelehnt an OLG Stuttgart, Urt. v. 17.8.2016, Az.: 4 U 158/14; bestätigt durch BGH, Urt. v. 20.4. 2017, Az.: III ZR 470/16 = BGHZ 214, 360.

43 Hartmann/Tieben, JA 2014, 401 (405) unter Verweis auf den Bericht der Reichstags-Kommission über den Entwurf eines Bürgerlichen Gesetzbuchs, 1896, § 823 I und 2, S. 109.

44 Wittreck/Wagner, Jura 2013, 1213 (1220); Voßkuhle/Kaiser, JuS 2015, 1076 (1077).

45 Schröder, JA 2018, 678 (683); aktuell auch OLG Koblenz, Urt. vom 26.7.2018, Az.: 1 U 344/18 = VersR 2019, 31 (LS).

46 Erbguth/Guckelberger, Allgemeines Verwaltungsrecht, 9. Aufl. 2018, § 37 Rn. 27.

47 Entsprechender Übungsfall bei Ogorek, JA 2016, 279.

48 BGH, Urt. v. 1.7.1993, Az.: III ZR 167/92 = NJW 1993, 2612 (2613).

Jana Himstedt

bb) Spruchrichterprivileg (§ 839 II BGB)

22 Für judikatives Unrecht in Form rechtswidrig ergangener Urteile besteht eine Haftung ferner nur dann, wenn hierbei zugleich eine Straftat – insbesondere Rechtsbeugung (§ 339 StGB) oder Richterbestechlichkeit (§ 332 II StGB) – verwirklicht wird.[49] Diese Haftungsbeschränkung soll die richterliche Unabhängigkeit (Art. 97 I GG) ebenso wie die Bestandskraft gerichtlicher Entscheidungen sichern.[50]

23 In der Konsequenz sind zunächst nicht nur Berufs-, sondern auch alle **ehrenamtlichen Richter** durch sie privilegiert.[51] Auch was die sachliche Reichweite der Vorschrift angeht, ist die Formulierung „Urteil in der Rechtssache" weit zu verstehen: So sind nicht nur Urteile im prozessrechtlichen Sinne, sondern grundsätzlich auch alle sonstigen Entscheidungen erfasst, die in Rechtskraft erwachsen können (sog. „urteilsvertretende Erkenntnisse").[52] Die nur beschränkte Rechtskraftfähigkeit von **Beschlüssen im einstweiligen Rechtsschutz**[53] soll dabei genügen, da es sich auch im vorläufigen Verfahren um ein selbständiges Erkenntnisverfahren mit einer „interimistische[n] Befriedungsfunktion" handele.[54]

24 Nach § 839 II 2 BGB findet das Spruchrichterprivileg keine Anwendung auf eine pflichtwidrige Verweigerung oder Verzögerung der Amtsausübung. Zu beachten gilt hierbei, dass **verfahrensleitende Handlungen** des Richters, die objektiv verzögernd wirken, aber der Gewinnung einer Tatsachengrundlage für das Urteil dienen (etwa: Entscheidung über die Einholung eines Sachverständigengutachtens), nicht § 839 II 2 BGB unterfallen. Vielmehr werden dem Wortlaut („*bei* dem Urteil", nicht: „in") und Telos der Vorschrift (Schutz der richterlichen Unabhängigkeit) entnommen, dass das Spruchrichterprivileg auch für solche gelten muss.[55]

---

49 Hartmann/Tieben, JA 2014, 401 (406).

50 Peine/Siegel, Allgemeines Verwaltungsrecht, 12. Aufl. 2018, § 27 Rn. 967.

51 Papier/Shirvani in: Münchener Kommentar BGB, 7. Aufl. 2017, § 839 Rn. 324.

52 Baldus/Grzeszick/Wienhues, Staatshaftungsrecht, 5. Aufl. 2018 Rn. 196.

53 Denn diese sind grundsätzlich auch im Nachhinein gem. § 80 Abs. 7 VwGO bzw. analog § 927 ZPO jederzeit abänderbar.

54 BGH, Urt. v. 9.12.2004, Az.: III ZR 200/04 = NJW 2005, 436 (437).

55 BGH, Urt. v. 4.11.2010, Az.: III ZR 32/10 = NJW 2011, 1072 (1073).

Jana Himstedt

cc) Rechtsmittelversäumnis (§ 839 Abs. 3 BGB) und sonstiges Mitverschulden (§ 254 BGB)

Auch ein schuldhaftes Rechtsmittelversäumnis führt zum Anspruchsausschluss 25
(§ 839 Abs. 3 BGB). Insofern hat sich der grundsätzliche **Vorrang des Primärrechtsschutzes** im Gesetz niedergeschlagen (kein „Dulden und Liquidieren").[56]
Der Rechtsmittelbegriff wird ganz überwiegend weit verstanden und umfasst
förmliche (etwa Widerspruch, Anfechtungsklage) wie auch formlose Rechtsbehelfe (Dienst- und Fachaufsichtsbeschwerden, Gegenvorstellungen, Erinnerung
der Behörde an die Antragserledigung[57]), nicht hingegen die Erhebung einer
Verfassungsbeschwerde als „außerordentlichen" Rechtsbehelf.[58] Indes muss der
Gebrauch des Rechtsmittels dem Geschädigten auch zumutbar sein, was etwa im
Falle einer gänzlich aussichtslosen Klage zu verneinen ist.[59]

Im Übrigen ist § 254 BGB auf den Amtshaftungsanspruch anwendbar, sodass 26
auch eine sonstige Mitverantwortlichkeit des Geschädigten für den Schaden zur
Anspruchskürzung führen kann.[60] Ein vollständiger Anspruchsausschluss soll
dabei jedoch nur ausnahmsweise in Betracht kommen.[61]

4. Darlegungs- und Beweislast

Hinsichtlich der Darlegungs- und Beweislastverteilung gelten grundsätzlich der 27
zivilprozessrechtliche **Beibringungsgrundsatz** und das **Günstigkeitsprinzip**
mit der Folge, dass der Anspruchsteller das Vorliegen der Tatbestandsvoraussetzungen des Amtshaftungsanspruchs vortragen und beweisen muss.[62] Erleichtert
wird ihm dies aber in der Praxis dadurch, dass die Rechtsprechung zum einen
das Institut des **Anscheinsbeweises** großzügig einsetzt und zum anderen häufig
eine **Beweislastverteilung nach Gefahrenbereichen** vornimmt: So schuldet der
Geschädigte hinsichtlich des Verschuldens des Amts- bzw. Hoheitsträgers lediglich den „Beweis eines Sachverhalts, der nach dem regelmäßigen Ablauf der
Dinge die Folgerung begründet, dass ein Beamter seine Amtspflicht schuldhaft
verletzt hat" (sog. Anscheins- oder *prima-facie*-Beweis).[63] Zudem können **be-**

---

56 Kratzlmeier, JA 2018, 1239 (1248 f.).
57 Papier/Shirvani in: Münchener Kommentar BGB, 7. Aufl. 2017, § 839 Rn. 331.
58 Sodan/Ziekow, Grundkurs Öffentliches Recht, 8. Aufl. 2018, § 86 Rn. 19.
59 BGH, Urt. v. 2.2.2017, Az.: III ZR 41/16 = NVwZ-RR 2017, 579 (582).
60 BGH, Urt. v. 10.12.2015, Az: III ZR 27/14 = NVwZ-RR 2016, 258 (261); BGH, Urt. v. 20.6.2013, Az.: III ZR 326/12 = NVwZ-RR 2013, 909 (910).
61 BGH, Urt. v. 20.6.2013, Az.: III ZR 326/12 = NVwZ-RR 2013, 909 (910).
62 Erbguth/Guckelberger, Allgemeines Verwaltungsrecht, 9. Aufl. 2018, § 37 Rn. 20.
63 BGH, Urt. v. 20.10.2016, Az.: III ZR 278/15 = NJW 2017, 397 (401).

sondere Berufs- oder Organisationspflichten des Amtsträgers (z.B. bei öffentlich bediensteten Ärzten, Rettungssanitätern und Schwimmmeistern) zu einer Beweislastumkehr bezüglich der Schadenskausalität führen, weil dem Geschädigten ein Beweis des Geschehensverlaufs bei hypothetisch pflichtgemäßem Handeln des Amtsträgers hier regelmäßig nicht zumutbar ist (s. Fall 16 in Eisentraut, Fälle zum Verwaltungsrecht, 2020).[64]

28   Zudem sind die besonders normierten Beweisregeln des Deliktsrechts (§ 832 I S. 2, 833, 836 f.) auch auf den Amtshaftungsanspruch anwendbar.[65] Liegt also etwa in der Amtspflichtverletzung zugleich eine Aufsichtspflichtverletzung (z.B. in öffentlichen Kindergärten), gilt die Beweislastumkehr des § 832 I S. 2 BGB.[66]

5. Abschließender Überblick: Der Amtshaftungsanspruch

29 Anspruchsgrundlage: § 839 BGB i.V.m. Art. 34 GG

Voraussetzungen:

1. Beamter im haftungsrechtlichen Sinne
2. In Ausübung eines öffentlichen Amtes
3. Verletzung einer drittbezogenen Amtspflicht
4. Verschulden
5. Kausaler Schaden
6. Kein Ausschluss

→ Subsidiaritätsklausel (§ 839 I S. 2 BGB)

→ Spruchrichterprivileg (§ 839 II BGB)

→ Rechtsmittelversäumnis oder sonstiges Mitverschulden (§§ 839 Abs. 3, 254 BGB)

Rechtsfolge: Anspruch auf Schadensersatz

6. Literaturhinweise

30 Ausbildungsaufsätze: Voßkuhle/Kaiser, Grundwissen – Öffentliches Recht: Der Amtshaftungsanspruch, JuS 2015, 1076; Hartmann/Tieben, Amtshaftung, JA 2014, 401; Wittreck/Wagner, Der Amtshaftungsanspruch nach Art. 34 1 GG/§ 839 I 1 BGB, Jura 2013, 1213

---

64 Vgl. BGH, Urt. v. 23.11.2017, Az.: III ZR 60/16 = NJW 2018, 301; KG, Urt. v. 19.5.2016, Az.: 20 U 122/15 = MDR 2016, 1142.

65 Itzel, MDR 2015, 1217 (1221) m.w.N.

66 BGH, Urt. v. 13.12.2012, Az.: III ZR 226/12 = NJW 2013, 1233 (1235).

Jana Himstedt

Übungsklausuren und -hausarbeiten: Ogorek, Original-Examensklausur: „Easy Rider", JA 2016, 279 (284 ff.); Singbartl, Übungsfall: Gemeindliche und/oder Staatshaftung beim unwirksamen Bebauungsplan, ZJS 2015, 106 (111 ff.); Schaks, Referendarexamensklausur: Freie Fahrt für freie Radler, ZJS 2015, 409 (414 ff.)

II. Der unionsrechtliche Staatshaftungsanspruch

Auch unionsrechtlich ist – neben einer **Haftung der EU selbst** für ihre Organe 31 und Bediensteten, Art. 340 II AEUV – unter bestimmten Voraussetzungen eine **Haftung der Mitgliedstaaten** geboten. Dies gilt vor allem im Kontext der unterlassenen oder fehlerhaften Umsetzung **europäischer Richtlinien** durch den nationalen Gesetzgeber.[67] An praktischer Relevanz gewinnt der unionsrechtliche Haftungsanspruch vor diesem Hintergrund dadurch, dass durch derartiges – also legislatives – Unrecht hervorgerufene Schäden vom nationalen Amtshaftungsanspruch grundsätzlich nicht abgedeckt sind (s. oben Rn. 14). Er findet aber auch auf unionsrechtswidriges Handeln der Exekutive und Judikative Anwendung.[68]

Die Modalitäten der **gerichtlichen Geltendmachung** des unionsrechtlichen 32 Staatshaftungsanspruchs sind – im Rahmen des europarechtlichen Äquivalenz- und Effektivitätsprinzips – grundsätzlich dem nationalen Verfahrensrecht überlassen.[69] Im deutschen Recht bedeutet dies konkret, dass der Anspruch gleich dem nationalen Amtshaftungsanspruch auf dem **ordentlichen Rechtsweg** (Art. 34 S. 3 GG, § 40 II 1 VwGO) vor den Zivilkammern der **Landgerichte** (§ 71 II Nr. 2 GVG) einzuklagen ist, im Regelfall mittels **zivilprozessualer Leistungsklage.**

1. Anspruchsgrundlage

Hergeleitet wurde der unionsrechtliche Amtshaftungsanspruch 1991 richter- 33 rechtlich durch den EuGH im *Francovich*-Urteil[70] aus dem **Loyalitätsgrundsatz** (heute: Art. 4 III EUV), dem *effet utile* wie auch dem **Individualanspruch auf effektiven Rechtsschutz** (nunmehr Art. 47 GRCh).[71] Nach wie vor streitig ist, ob

---

67 Vgl. etwa Zimmermann, ArbRAktuell 2015, 165 zur fehlerhaften Umsetzung der Leiharbeitsrichtlinie.
68 Frenz/Grötzkes, JA 2009, 759 (insbes. 762 f.).
69 Herrmann, Examens-Repetitorium Europarecht, 6. Aufl. 2017, § 1 Rn. 92.
70 EuGH, Urt. v. 19.11.1991, Az.: C-6/90, C-9/90 = NJW 1992, 165.
71 Kritisch hierzu Grzeszick in: Ehlers/Pünder, Allgemeines Verwaltungsrecht, 15. Aufl. 2015, § 47 Rn. 11 ff.

dieser Anspruch **genuin unionsrechtlicher Natur** ist oder im **nationalen Recht wurzelt** und lediglich eine modifizierte Anwendung der Amtshaftung aus § 839 BGB i.V.m. Art. 34 GG gebietet.[72] Der BGH prüft ihn eigenständig neben der nationalen Amtshaftung,[73] sodass man mit diesem Aufbau auch in der Klausur nicht falsch liegen kann.

2. Anspruchsvoraussetzungen

34 Folgende drei Tatbestandsvoraussetzungen des Haftungsanspruchs hat der EuGH bisher entwickelt:

a) Verstoß gegen eine individualschützende Norm des Unionsrechts

35 Zunächst muss der Amtsträger gegen eine **unionsrechtliche** Norm (Primär- oder Sekundärrecht) verstoßen haben, die den **Schutz von Individualrechten** bezweckt. Erfasst sind, wie bereits erwähnt, mitgliedstaatliche Handlungen aller drei Gewalten.[74]

b) Hinreichend qualifizierter Verstoß

36 Haftungsbegrenzend tritt jedoch hinzu, dass dieser Verstoß „hinreichend qualifiziert" sein muss. Dies bedeutet grundsätzlich, dass der Amtsträger oder das Organ **offenkundig und in schwerwiegender Weise** gegen Unionsrecht verstoßen haben muss.[75] Maßgebliche Aspekte sind hierbei insbesondere die Klarheit und Genauigkeit der verletzten Vorschrift, etwaige Entscheidungsspielräume nationaler Stellen bei der Umsetzung bzw. Anwendung, die Verschuldensform (Vorsatz oder Fahrlässigkeit) und etwaiges Mitverschulden des Geschädigten.[76]

37 Bei **judikativem** Unrecht ist von einem hinreichend qualifizierten Verstoß insbesondere dann auszugehen, wenn das Gericht
- einschlägige Entscheidungen der europäischen Gerichte offenkundig verkennt,
- seine Vorlagepflicht aus Art. 267 Abs. 3 AEUV verletzt oder

---

72 Eingehend etwa Guckelberger, EuR 2011, 75 (77 ff.).
73 S. z. B. BGH, Urt. v. 16.4.2015, Az.: III ZR 204/13 = MDR 2015, 706.
74 Baldus/Grzeszick/Wienhues, Staatshaftungsrecht, 5. Aufl. 2018 Rn. 305.
75 EuGH, Urt. v. 5.5.1996, Az.: C-46/93 = NJW 1996, 1267 (1270) – Brasserie du Pêcheur.
76 EuGH, Urt. v. 5.5.1996, Az.: C-46/93 = NJW 1996, 1267 (1270) – Brasserie du Pêcheur.

Jana Himstedt

– seiner Entscheidung eine nationale Vorschrift zugrunde legt, die gegen unmittelbar anwendbares Unionsrecht verstößt.[77]

c) Kausaler Schaden

Letztlich muss der Schaden **unmittelbar kausal** auf die Unionsrechtsverletzung 38 zurückgehen.[78]

3. Haftungsart und -umfang

In der Rechtsfolge schuldet der verantwortliche Hoheitsträger dem Geschädig- 39 ten **Schadensersatz.** Die Bemessung der Schadenshöhe liegt weitgehend beim betroffenen Mitgliedstaat, solange die Grenze der **Angemessenheit** gewahrt bleibt.[79] Auch ist es unionsrechtlich zulässig, ein **Mitverschulden** des Geschädigten, insbesondere ein Rechtsmittelversäumnis, nach dem Rechtsgedanken der §§ 254, 839 III BGB als anspruchsmindernd zu berücksichtigen.[80] Die übrigen Ausschlussgründe des § 839 BGB sind indes nicht übertragbar.[81]

4. Abschließender Überblick: Der unionsrechtliche Staatshaftungsanspruch

<u>Anspruchsgrundlage</u>: Loyalitätsgrundsatz (Art. 4 Abs. 3 UII, 3 EUV), *effet utile* und 40 Individualanspruch auf effektiven Rechtsschutz (→ Francovich-Rechtsprechung des EuGH)

<u>Voraussetzungen</u> (soweit man von einem genuin unionsrechtlichen Anspruch ausgeht und die Prüfung nicht nach a. A. in die des deutschen Amtshaftungsrechts integriert):

1. Verstoß gegen eine unionsrechtliche, individualschützende Vorschrift
2. Hinreichend qualifizierter Verstoß
3. Kausaler Schaden

<u>Rechtsfolge</u>: Anspruch auf Schadensersatz

---

77 Frenz/Grötzkes, JA 2009, 759 (763); Baldus/Grzeszick/Wienhues, Staatshaftungsrecht, 5. Aufl. 2018 Rn. 316.

78 EuGH, Urt. v. 4.10.2018, Az.: C-571/16 – juris-Rn. 94.

79 EuGH, Urt. v. 5.5.1996, Az.: C-46/93 = NJW 1996, 1267 (1271) – Brasserie du Pêcheur.

80 Vgl. EuGH, Urt. v. 24.3.2009, Az.: C-445/06 = NVwZ 2009, 771 (775).

81 Peine/Siegel, Allgemeines Verwaltungsrecht, 12. Aufl. 2018, § 27 Rn. 986.

Jana Himstedt

6. Literaturhinweise

41 Frenz/Götkes, Die gemeinschaftsrechtliche Staatshaftung, JA 2009, 759; Schöndorf-Haubold, Die Haftung der Mitgliedstaaten für die Verletzung von EG-Recht durch die nationalen Gerichte, JuS 2006, 112.

III. Ansprüche aus Verwaltungsschuldverhältnis

42 Der Zivilrechtsweg ist schließlich auch für Ansprüche des Bürgers auf **Schadenersatz** aus nichtvertraglichem **verwaltungsrechtlichem Schuldverhältnis eröffnet** (§ 40 II 1 Var. 2 und 3 VwGO). **Ansprüche des Staates** werden hingegen nach überwiegender Auffassung von dieser Sonderzuweisung nicht erfasst; entsprechende Streitigkeiten sind vor den **Verwaltungsgerichten** zu führen.[82]

1. Definition des verwaltungsrechtlichen Schuldverhältnisses

43 Unter einem verwaltungsrechtlichen Schuldverhältnis versteht man abstrakt jede „**besonders intensive Pflichtenstellung**"[83] zwischen Verwaltung und Bürger oder zwischen Verwaltungsträgern untereinander,[84] die derjenigen in einem **privatrechtlichen Schuldverhältnis vergleichbar** ist, jedoch auf dem Gebiet des öffentlichen Rechts begründet wurde.[85] Kennzeichnend ist insofern das Bestehen einer **öffentlich-rechtlichen Sonderverbindung**, mithin einer **spezifischen Nähebeziehung** zwischen den Parteien.[86] Begründet werden kann eine solche Sonderverbindung **vertraglich** (nach den §§ 54 ff. VwVfG, dazu aber gesondert § 5 Rn. 71) oder auch **gesetzlich** (etwa bei der öffentlich-rechtlichen Geschäftsführung ohne Auftrag oder öffentlich-rechtlichen Verwahrungsverhältnissen).[87]

---

82 Schenke/Ruthig in: Kopp/Schenke, VwGO, 25. Aufl. 2019, § 40 Rn. 67, 72.

83 Korte in: Wolff/Bachof/Stober/Kluth, Verwaltungsrecht I, 13. Aufl. 2017, § 55 Rn. 2.

84 Vgl. beispielsweise BGH, Urt. v. 2.3.2017, Az.: III ZR 271/15 = NVwZ-RR 2017, 510 – öffentlich-rechtliches Schuldverhältnis zwischen einem Schulzweckverband und seinen Mitgliedsgemeinden.

85 Erbguth/Guckelberger, Allgemeines Verwaltungsrecht, 9. Aufl. 2018, § 43 Rn. 1.

86 Gurlit in: Ehlers/Pünder, Allgemeines Verwaltungsrecht, 15. Aufl. 2015, § 35 Rn. 1.

87 Barczak, VerwArch 2018, 363 (376, 393 f.).

Jana Himstedt

2. Maßgebliche Haftungsvorschriften

Das Institut des öffentlich-rechtlichen Schuldverhältnisses wurde von Recht- 44
sprechung und Literatur in Anlehnung an die Schuldverhältnisse des BGB geschaffen. Nahe liegt dies bereits deshalb, weil es regelmäßig der Regimewahl-
freiheit der Verwaltung unterfällt, ob sie ein Rechtsgeschäft privat- oder
öffentlich-rechtlich ausgestaltet – und diese sich so nicht etwa strengerer Haf-
tungsmodalitäten entziehen können soll.[88] In der Folge gelten, soweit spezielle
Vorgaben des öffentlichen Rechts fehlen, die wesentlichen Normen des Schuld-
rechts nach dem BGB im verwaltungsrechtlichen Schuldverhältnis entsprechend.[89]

Dazu zählt insbesondere die analoge Anwendbarkeit 45
- des § 275 BGB im Hinblick auf eine etwaige Unmöglichkeit der Leistungser-
füllung,
- der Schadensersatzregelungen der §§ 280 ff. BGB einschließlich der Ver-
schuldensvermutung des § 280 I 2 BGB,
- der Regelungen über vorvertragliche Pflichtverletzungen (§§ 311 II, 241 II BGB,
c. i. c.),
- der Haftung für Hilfspersonen (§ 278 BGB)[90] und
- der Verjährungs- und Mitverschuldensgrundsätze der §§ 194 ff., 254 BGB.[91]

3. Die wichtigsten nichtvertraglichen Verwaltungsschuldverhältnisse im Überblick

Im Rahmen verwaltungsrechtlicher Schuldverhältnisse, „die nicht auf einem öf- 46
fentlich-rechtlichen Vertrag beruhen" (vgl. § 40 II 1 Var. 3 VwGO), können insbesondere Schadensersatzansprüche aus öffentlich-rechtlicher **Verwahrung**, aus
der – umstrittenen – öffentlich-rechtlichen **Geschäftsführung ohne Auftrag** und
aus öffentlich-rechtlichen **Leistungs- und Benutzungsverhältnissen** für die
staatshaftungsrechtliche Klausur relevant werden.

---

88 Maurer/Waldhoff, Allgemeines Verwaltungsrecht, 19. Aufl. 2017, § 29 Rn. 2.
89 Baldus/Grzeszick/Wienhues, Staatshaftungsrecht, 5. Aufl. 2018 Rn. 237.
90 BGH, Urt. v. 18. 2. 2014, Az.: VI ZR 383/12 = NJW 2014, 2577 (2578 f.).
91 S. insgesamt Gurlit in: Ehlers/Pünder, Allgemeines Verwaltungsrecht, 15. Aufl. 2015, § 35 Rn. 3;
Erbguth/Guckelberger, Allgemeines Verwaltungsrecht, 9. Aufl. 2018, § 43 Rn. 2.

Jana Himstedt

a) Öffentlich-rechtliche Verwahrung

47 Ein öffentlich-rechtliches Verwahrungsverhältnis entsteht „quasi-vertraglich", indem die Verwaltung eine bewegliche Sache in ihren Gewahrsam nimmt. Anders als im Zivilrecht bedarf es also nicht notwendig eines Vertragsschlusses oder überhaupt eines Einvernehmens seitens des Bürgers,[92] sondern nur einer **einseitig-hoheitlichen, faktischen Inbesitznahme** der Sache durch die Behörde aufgrund öffentlich-rechtlicher Vorschriften bei gleichzeitiger **Übernahme von Obhutspflichten** für jene.[93]

> *Beispiel: Die Polizei schleppt das rechtswidrig geparkte Fahrzeug des K ab und stellt es im eigenen Verwahrhof unter.*

48 Soweit hier nicht schon polizeigesetzliche Spezialregelungen – etwa § 48 BPolG, § 39 ASOG Berlin[94] – greifen, gelten die **§§ 688 ff. BGB** hinsichtlich der Pflichten- und Risikoverteilung zwischen den Beteiligten **entsprechend.** Für den Bürger resultiert daraus insbesondere ein Schadensersatzanspruch bei Beschädigung der verwahrten Sache (§§ 280 ff. BGB).[95] Für diesen Anspruch ist es vollkommen **unschädlich**, wenn seitens der Verwaltung ein **privater Erfüllungsgehilfe** dazwischengeschaltet wird.[96]

> *Beispiel: Im Beispielsfall unter Rn. 47 ändert sich also nichts an den Ansprüchen des K gegen den Verwaltungsträger der Polizei, wenn letztere einen privaten Abschleppunternehmer eingeschaltet hat. Der BGH hat im entsprechenden Falle allerdings betont, dass folglich der zwischen der Verwaltung und dem Abschleppunternehmer geschlossene Vertrag über die Durchführung der Verwahrung keine Schutzwirkungen zugunsten des Eigentümers der verwahrten Sache (vgl. Vertrag mit Schutzwirkungen zugunsten Dritter) entfaltet. Denn angesichts seiner Ansprüche gegen den Verwaltungsträger selbst fehlt es ihm an der erforderlichen Schutzbedürftigkeit.[97]*

49 Die **Haftungserleichterung** des **§ 690 BGB** ist dabei auf den Staat wegen dessen gesteigerter Rechtsbindung und seiner Möglichkeit einer zwangsweisen Begründung des Rechtsverhältnisses nicht anwendbar.[98] Ebenso wird der Anspruch des Verwahrers aus **§ 695 BGB (Rückforderungsrecht)** für *un*übertragbar gehalten,

---

92 Detterbeck, Allgemeines Verwaltungsrecht, 17. Aufl. 2019, Rn. 1272.

93 Binder/Schöninger, JA 2014, 766 (771 f.).

94 Hierzu Siegel/Waldhoff, Öffentliches Recht in Berlin, 2. Aufl. 2017, § 2 Rn. 231.

95 Peine/Siegel, Allgemeines Verwaltungsrecht, 12. Aufl. 2018, § 18 Rn. 818.

96 BGH, Urt. v. 18.2.2014, Az.: VI ZR 383/12 = NJW 2014, 2577 (2579).

97 BGH, Urt. v. 18.2.2014, Az.: VI ZR 383/12 = NJW 2014, 2577 (2579).

98 Gurlit in: Ehlers/Pünder, Allgemeines Verwaltungsrecht, 15. Aufl. 2015, § 35 Rn. 6; Erbguth/Guckelberger, Allgemeines Verwaltungsrecht, 9. Aufl. 2018, § 43 Rn. 6.

soweit eine Beschlagnahme der Sache gerade im öffentlichen Interesse (wegen deren Gefährlichkeit o. Ä.) erfolgte.[99] Ein Anspruch der „verwahrenden" Verwaltung auf **Aufwendungsersatz aus § 693 BGB** kommt allenfalls insoweit in Betracht, als keine öffentlich-rechtlichen Kostenregelungen bestehen.[100] In jedem Fall dürfte eine Geltendmachung des Anspruchs per Leistungsbescheid aber mangels Verwaltungsaktbefugnis rechtswidrig sein; die Behörde wäre insoweit auf den Klageweg verwiesen.

b) Öffentlich-rechtliche Geschäftsführung ohne Auftrag

Auch im öffentlich-rechtlichen Bereich können Situationen entstehen, in denen 50 jemand ohne Auftrag oder besondere Berechtigung im Pflichtenkreis eines anderen tätig wird.[101] Beispielhaft sind die vielzähligen „Fundtierfälle", in welchen Bürger verletzte Haustiere auffinden und auf eigene Kosten behandeln lassen, hiernach allerdings Kostenerstattung von der eigentlich zuständigen Fundbehörde begehren[102] wie auch die schon im Rahmen des Verwahrungsverhältnisses angesprochenen Abschleppfälle[103]. Hier kann mangels öffentlich-rechtlicher Bestimmungen eine analoge Anwendung der Regelungen über die Geschäftsführung ohne Auftrag nach §§ 677 ff. BGB notwendig werden. Die so entstehende „öffentlich-rechtliche Geschäftsführung ohne Auftrag" ist in ihren Einzelheiten umstritten, ihre Existenz jedoch in der höchstrichterlichen Rechtsprechung und Literatur grundsätzlich anerkannt.[104]

In **personeller** Hinsicht sind dabei prinzipiell drei Konstellationen denkbar. 51 So kann zum einen ein Privatrechtssubjekt das Geschäfts eines Hoheitsträgers führen und hierfür Entschädigung verlangen (z. B. in den o. g. Fundtierfällen); umgekehrt kann ein Hoheitsträger Geschäfte eines Privaten wahrnehmen (vgl. etwa die Abschleppfälle). Schließlich gibt es Situationen, in denen ein Verwaltungsträger für einen anderen handelt.[105] In diesen einzelnen Konstellationen

---

99 Erbguth/Guckelberger, Allgemeines Verwaltungsrecht, 9. Aufl. 2018, § 43 Rn. 6.
100 Vgl. VGH Mannheim, Urt. v. 28.8.2006, Az.: 5 S 2497/055 = NJW 2007, 1375 (1376).
101 Barczak, VerwArch 2018, 363 (395).
102 So etwa in: Bayerischer VGH, Urt. v. 27.11.2015, Az.: 5 BV 14.1846 = NJW 2016, 1606; **aktuelle Übungsfälle** bei Felde, JA 2017, 609; Oechsler, JuS 2016, 215; Glasmacher, Jura 2014, 536; Klaß, JA 2014, 273 (277 f.). Dieselbe Situation kann zwischen zwei Verwaltungsträgern eintreten, vgl. BVerwG, Urt. v. 26.4.2018, Az.: 3 C 24.16 = LKV 2019, 25.
103 Peine/Siegel, Allgemeines Verwaltungsrecht, 12. Aufl. 2018, § 18 Rn. 820.
104 Vgl. aktuell BVerwG, Beschl. v. 22.2.2018, Az.: 9 B 6/17 = KommJur 2018, 169; BSG, Urt. v. 27.6. 2017, Az.: B 2 U 13/15 = NZS 2018, 275 (276); Barczak, VerwArch 2018, 363 (395).
105 Vgl. Berger, DÖV 2014, 662.

unterliegt die öffentlich-rechtliche Geschäftsführung ohne Auftrag jeweils spezifischen Beschränkungen, wie zu zeigen sein wird.

aa) Die Abgrenzung zur privatrechtlichen Geschäftsführung ohne Auftrag

52 Als schwierig kann sich aber zunächst die Abgrenzung zwischen öffentlich-rechtlicher und privatrechtlicher Geschäftsführung ohne Auftrag gestalten. BGH und BVerwG stellen in ihrer jüngsten Rechtsprechung darauf ab, welchen Charakter das Geschäft gehabt hätte, wenn es vom Geschäftsherrn selbst ausgeführt worden wäre.[106] Auf die tatsächliche Maßnahme des Geschäftsführers kommt es hiernach also nicht an, sondern lediglich auf die **hypothetische Geschäftsführung durch den Geschäftsherrn selbst.** Folgt man dem konsequent, sind öffentlich-rechtliche Geschäftsführungen der Verwaltung für einen Bürger ausgeschlossen, weil letzterer bei eigener Ausführung des Geschäfts nicht hoheitlich hätte tätig werden können.[107] Anderen Ansichten zufolge ist entweder auf die **Rechtsnatur des vom Geschäftsführer durchgeführten Geschäfts** oder auf den **Gesamtzusammenhang** abzustellen.[108] Letztgenannte Ansicht bleibt dabei im Einzelnen sehr unbestimmt und ist bereits deshalb abzulehnen. Für die Ansicht der Rechtsprechung lässt sich insbesondere der Wortlaut des § 677 BGB anführen.[109]

bb) Die Übertragbarkeit der §§ 677 BGB

53 Kommt man nach den soeben geschilderten Grundsätzen zu einer **öffentlich-rechtlichen** Geschäftsführung, für deren Ausgleich keine Spezialregelungen eingreifen, ist bei der Übertragung der §§ 677 ff. BGB allerdings Zurückhaltung geboten:

– Die Geschäftsführung ohne Auftrag eines **Bürgers für die Verwaltung** wird weitgehend nur in **echten Notsituationen** für zulässig gehalten.[110] Andernfalls würden die gesetzlichen Aufgabenzuweisungen an die öffentliche Verwaltung und auch das Rechtsschutzsystem, nach welchem der Bürger ein

---

106 BGH, Urt. v. 26.11.2015, Az.: III ZB 62/14 = NVwZ 2016, 870; BVerwG, Beschl. v. 7.3.2016, Az.: 7 B 45/15 = NVwZ 2017, 242 (244); ebenso Erbguth/Guckelberger, Allgemeines Verwaltungsrecht, 9. Aufl. 2018, § 44 Rn. 2; Glasmacher, Jura 2014, 526 (527 ff.).
107 Ossenbühl/Cornils, Staatshaftungsrecht, 6. Aufl. 2013, S. 414.
108 Ausführliche Darstellung des Streitstandes bei Glasmacher, Jura 2014, 526 (527 ff.).
109 Erbguth/Guckelberger, Allgemeines Verwaltungsrecht, 9. Aufl. 2018, § 44 Rn. 2.
110 Gurlit in: Ehlers/Pünder, Allgemeines Verwaltungsrecht, 15. Aufl. 2015, § 35 Rn. 15; Baldus/Grzeszick/Wienhues, Staatshaftungsrecht, 5. Aufl. 2018 Rn. 245.

Jana Himstedt

Tätigwerden der Verwaltung nur unter bestimmten Voraussetzungen einklagen kann, unterlaufen.[111]

Im eingangs genannten Fundtierbeispiel etwa wäre also erforderlich, dass das aufgefundene Tier dringend einer sofortigen Behandlung bedarf.

– Hält man eine öffentlich-rechtliche Geschäftsführung ohne Auftrag der **Verwaltung für den Bürger** nicht schon mangels öffentlich-rechtlicher Natur für unmöglich (s. Rn. 52), ist bei der Übertragung der §§ 677 ff. BGB vor allem der Aspekt des **Vorbehalts des Gesetzes (Art. 20 Abs. 3 GG)** einschränkend zu beachten: Damit die Voraussetzungen einer Geschäftsführung ohne Auftrag vorliegen können, muss die Behörde dem Bürger gegenüber „ohne Auftrag oder sonstige Berechtigung" handeln; gerade in der Eingriffsverwaltung fehlt es ihr dann aber an der von Verfassungs wegen erforderlichen Ermächtigungsgrundlage! Weite Teile des Schrifttums halten deshalb zu Recht eine öffentlich-rechtliche Geschäftsführung ohne Auftrag des Staates für den Bürger nur insoweit für zulässig, als eine gesetzliche Ermächtigung der Verwaltung mangels Grundrechtsrelevanz der Geschäftsführung entbehrlich ist.[112] Im Ergebnis dürfte dies eine „staatliche" Geschäftsführung ohne Auftrag für den Bürger ausschließen.[113]
– Auch **unter Verwaltungsträgern** ist eine Geschäftsführung ohne Auftrag wegen der ansonsten bestehenden Gefahr, **gesetzliche Zuständigkeits- und Kostenlastverteilungen** zu unterlaufen, allenfalls in dringenden Ausnahmefällen zulässig.[114]

cc) Die Tatbestandsmerkmale

Das Spektrum möglicher Ansprüche und ihre Voraussetzungen entsprechen den 54 zivilrechtlichen Vorgaben, sodass Sie in der Klausur schlicht auf Ihre schuldrechtlichen Kenntnisse zurückgreifen können. Insbesondere das Konstrukt des **„auch-fremden" Geschäfts** wird von der Rechtsprechung in das öffentliche

---

111 Peine/Siegel, Allgemeines Verwaltungsrecht, 12. Aufl. 2018, § 18 Rn. 822.
112 Detterbeck, Allgemeines Verwaltungsrecht, 17. Aufl. 2019, Rn. 1280; Gurlit in: Ehlers/Pünder, Allgemeines Verwaltungsrecht, 15. Aufl. 2016, § 35 Rn. 13; Korte in: Wolff/Bachof/Stober/Kluth, Verwaltungsrecht I, 13. Aufl. 2017, § 55 Rn. 31; Maurer/Waldhoff, Allgemeines Verwaltungsrecht, 19. Aufl. 2017, § 29 Rn. 15.
113 Korte, in: Wolff/Bachof/Stober/Kluth, Verwaltungsrecht I, 13. Aufl. 2017, § 55 Rn. 31.
114 Ahrens, Staatshaftungsrecht, 3. Aufl. 2018, Rn. 142.

Jana Himstedt

Recht übertragen,[115] sodass es unschädlich ist, wenn der Geschäftsführer neben (fremden) öffentlichen auch eigene Interessen verfolgt.

c) Öffentlich-rechtliche Leistungs- und Benutzungsverhältnisse

55 Gerade die Nutzung kommunaler Einrichtungen der Daseinsvorsorge (z. B. Schwimmbäder, Bibliotheken, Kindergärten, (Ab-)Wasser- oder Fernwärmeversorgung) vollzieht sich oftmals im Rahmen eines **öffentlich-rechtlichen Leistungs- und Benutzungsverhältnisses**.[116] Indes kann die Verwaltung das Rechtsverhältnis auch privatrechtlich ausgestalten, sodass in der Klausur stets eine Abgrenzung beider Handlungsformen notwendig ist. Anzeichen für eine öffentlich-rechtliche Ausgestaltung sind insbesondere die Festlegung der Nutzungsbedingungen durch **Satzung** (anstelle von AGB) oder die Erhebung von **Gebühren** (anstatt eines Entgelts).[117]

56   In derartigen Rechtsverhältnissen können Schadensersatzansprüche zwischen den Parteien beispielsweise dann entstehen, wenn ein in einer städtischen Bibliothek ausgeliehenes Buch während der Ausleihe beschädigt oder verspätet zurückgegeben wird[118] oder bei Unterbrechungen der kommunalen Entwässerung eines Grundstücks[119]. Aber auch Fälle unzureichender Schwimmbadaufsicht in öffentlichen Badeanstalten zählen dazu (s. Fall 16 in: Eisentraut, Fälle zum Verwaltungsrecht, 2020).[120]

57 *Hausarbeitswissen: Auch im Rahmen eines öffentlich-rechtlichen Benutzungsverhältnisses können* **allgemeine Verkehrssicherungspflichten** *des beteiligten Hoheitsträgers bestehen, z. B. hinsichtlich der Sicherung der Fenster in einem öffentlich-rechtlich betriebenen psychiatrischen Krankenhaus[121]. Die daraus resultierende Haftung richtet sich der Rechtsprechung zufolge nach* **allgemeinem Deliktsrecht** *(§§ 823, 831 BGB)[122] und ist damit schon „genuin" Gegenstand der Zivilgerichtsbarkeit. § 72 II Nr. 2 GVG ist in diesem Falle nicht einschlägig; vielmehr muss die Zuständigkeit nach allgemeinen Grundsätzen, also insbesondere streitwertabhängig, ermittelt werden (§ 23 I, 71 I GVG).[123] Die Abgrenzung allgemeiner Verkehrssicherungspflichten von Amtspflichten*

---

115 Jüngst etwa BVerwG, Beschl. v. 22.2.2018, Az.: 9 B 6/17 = NVwZ-RR 2018, 539.

116 Barczak, VerwArch 2018, 363 (391).

117 Detterbeck, Allgemeines Verwaltungsrecht, 17. Aufl. 2019, Rn. 1269.

118 OVG Bremen, Urt. v. 21.10.1997, Az.: 1 BA 14/97 = NJW 1998, 3583.

119 VGH München, Beschl. v. 3.7.2014, Az.: 4 CS 14.77 = DÖV 2015, 165.

120 Dazu jüngst BGH, Urt. v. 23.11.2017, Az.: III ZR 60/16 = NJW 2018, 301.

121 Vgl. OLG Magdeburg, Urt. v. 12.1.2010, Az.: 1 U 77/09, juris.

122 BGH, Urt. v. 23.11.2017, Az.: III ZR 60/16 = NJW 2018, 301 (304).

123 Wittschier, in: Musielak/Voit, ZPO, 16. Aufl. 2019, § 71 GVG Rn. 8.

i.S.d. § 839 BGB und solchen aus dem Benutzungsverhältnis selbst ist jedoch in Rechtsprechung und Literatur bisher weitgehend ungeklärt.[124]

Begründet werden kann das öffentlich-rechtliche Leistungs- oder Benutzungs- 58 verhältnis durch Verwaltungsvertrag[125], aber auch durch Verwaltungsakt (i.d.R. einseitiger Zulassungsakt aufgrund einer entsprechenden Satzung)[126] oder unmittelbar normativ durch satzungsförmigen Anschluss- und Benutzungszwang[127].

Satzungsförmige Haftungsausschlüsse der Verwaltung werden im Leis- 59 tungs- oder Benutzungsverhältnis mit bestimmten Einschränkungen als zulässig erachtet.[128] Der BGH misst jene am **Verhältnismäßigkeitsgrundsatz** und kommt damit zu einer Unzulässigkeit insbesondere solcher Satzungsregelungen, die eine Haftung für **Vorsatz und grobe Fahrlässigkeit** ausschließen.[129] Das Schrifttum hingegen zieht als Entscheidungsmaßstab zunehmend auch das **AGB-Recht** des BGB heran, entweder analog[130] oder – in die öffentlich-rechtliche Verhältnismäßigkeitsprüfung integriert – als konkretisierenden Maßstab der Angemessenheitsprüfung[131]. Bei dieser Annahme kommt man insbesondere infolge der Vorschrift des § 309 Nr. 7 lit. a BGB (keine Haftungsreduktion für Körper-, Lebens- und Gesundheitsschäden) zu einer strengeren Haftung der Verwaltung (s. den Fall 16 Rn. 6 in: Eisentraut, Fälle zum Verwaltungsrecht, 2020).[132]

4. Literaturhinweise

Ausbildungsaufsätze: Oechsler, Die öffentlich-rechtliche Geschäftsführung in 60 den Tierfundfällen –Zum Einfluss des Art. 20a GG auf das Privatrecht, JuS 2016, 215; vertiefend Berger, Geschäftsführung ohne Auftrag zwischen Hoheitsträgern, DÖV 2014, 662.

Übungsfälle und -hausarbeiten: Zum öffentlich-rechtlichen Verwahrungsverhältnis: Binder/Schöninger, „Abschleppen im Auftrag des Staates, JA 2014, 766; zur öffentlich-rechtlichen Geschäftsführung ohne Auftrag Felde, „Der tierliebe T

---

124 Daher explizit offen gelassen in BGH, Urt. v. 23.11.2017, Az.: III ZR 60/16 = NJW 2018, 301 (304).

125 Dann muss allerdings bedacht werden, dass die Sonderzuweisung des § 40 II S. 1 Var. 3 VwGO nicht einschlägig ist.

126 Korte in: Wolff/Bachof/Stober/Kluth, Verwaltungsrecht I, 13. Aufl. 2017, § 55 Rn. 13.

127 Zu diesem etwa Schoch, Besonderes Verwaltungsrecht, 2018, Kap. 2 Rn. 177 ff.

128 Barczak, VerwArch 2018, 363 (392).

129 BGH, Urt. v. 21.6.2007, Az.: III ZR 177/06 = NVwZ 2008, 238 (239).

130 Heintzen, NVwZ 1992, 857 (858).

131 Ehlers, Jura 2012, 691 (699); Ossenbühl/Cornils, Staatshaftungsrecht, 6. Aufl. 2013, S. 441.

132 Gurlit in: Ehlers/Pünder, Allgemeines Verwaltungsrecht, 15. Aufl. 2015, § 35 Rn. 38.

und die Fundtiere", JA 2017, 609 (Fortgeschrittenenklausur); Klaß, „Ein Krokodil im Badesee?", JA 2014, 273 (277 f.).

B. Kompensation für rechtmäßige, aber übermäßige Inanspruchnahme (Sonderopferentschädigung) (Jana Himstedt)

61 Neben der bisher dargestellten Unrechtshaftung müssen Hoheitsträger unter bestimmten Voraussetzungen auch für rechtmäßige, jedoch im Einzelfall übermäßige Beeinträchtigungen an Rechten und Rechtsgütern einstehen (s. zur diesbezüglichen Systematik § 5 Rn. 157 ff.). Dies gilt zum einen für Beeinträchtigungen immaterieller Rechtsgüter nach den Grundsätzen des **allgemeinen Aufopferungsanspruchs** (Rn. 62 ff.). Eigentumsbeeinträchtigungen hingegen werden vor den Zivilgerichten im Rahmen einer stark richterrechtlich geprägten Sonderdogmatik vor allem im Wege der **Enteignungsentschädigung** und der Haftungsinstitute des **enteignenden und enteignungsgleichen Eingriffs** kompensiert (Rn. 76 ff.).

I. Allgemeiner öffentlich-rechtlicher Aufopferungsanspruch

62 Ziel der in § 40 II 1 Var. 1 VwGO genannten „vermögensrechtliche[n] Ansprüche aus Aufopferung für das gemeine Wohl" ist die Entschädigung für ein Sonderopfer, welches der Betroffene durch einen Eingriff in bestimmte immaterielle Rechtsgüter erleidet.[133]

63 Derartige Ansprüche sind inzwischen vielfach spezialgesetzlich normiert. Dazu zählen insbesondere die polizeirechtlichen Entschädigungsansprüche in Anspruch genommener Nichtstörer (z.B. § 59 ASOG Bln.[134], § 51 BPolG[135]), die §§ 1 ff. des Gesetzes über die Entschädigung von Strafverfolgungsmaßnahmen (StrEG)[136] und § 60 I 1 des Infektionsschutzgesetzes (Ausgleich von Impfschäden)[137]. Vor diesem Hintergrund erlangt der **allgemeine öffentlich-rechtliche**

---

133 Vgl. Detterbeck, Allgemeines Verwaltungsrecht, 17. Aufl. 2019, Rn. 1181.
134 Baldus/Grzeszick/Wienhues, Staatshaftungsrecht, 5. Aufl. 2018 Rn. 338.
135 Sydow, Jura 2007, 7 (8).
136 Unterreitmeier, JuS 2015, 1113 (1121).
137 LSG Berlin-Brandenburg, Urt. v. 8.7.2015, Az.: L 13 VJ 16/12, juris-Rn. 16.

Aufopferungsanspruch, der hinter die speziell kodifizierten Ansprüche zurücktritt, nur noch selten praktische Bedeutung.[138]

1. Anspruchsgrundlage

Seine Rechtsgrundlage wird überwiegend im **Aufopferungsgedanken der §§ 74,**   64
75 der Einleitung des Allgemeinen Landrechts für die Preußischen Staaten
gesehen.[139] Auch auf die Grundrechte wird der Anspruch zurückgeführt; jedenfalls auf seine gewohnheitsrechtliche Anerkennung kann in der Klausur verwiesen werden.[140]

2. Anspruchsvoraussetzungen

Der öffentlich-rechtliche Aufopferungsanspruch besteht unter vier Vorausset-   65
zungen: So muss ein hoheitlicher Eingriff in ein immaterielles Rechtsgut vorliegen
(a)), der mit Gemeinwohlbezug erfolgt ist (b)) und die Eingriffsfolgen unmittelbar
verursacht hat (c)); schließlich muss ein Sonderopfer gegeben sein (d)).

a) Hoheitlicher Eingriff in ein immaterielles Rechtsgut

Zunächst ist also erforderlich, dass hoheitlich in ein **nichtvermögenswertes**   66
Rechtsgut eingegriffen wurde. Darunter fallen insbesondere die in Art. 2 II GG
genannten Rechte (Leben, körperliche Unversehrtheit, Fortbewegungsfreiheit).
Eine Ausweitung auf weitere immaterielle Grundrechtsgüter, insbesondere das
allgemeine Persönlichkeitsrecht und die Berufsfreiheit, wird von der Literatur teils
befürwortet.[141] Die Rechtsprechung lehnt dies indes noch ab.[142]

Ausreichend für die Annahme eines **Eingriffs** sind bereits psychische Einwirkungen seitens des Staates, die den Betroffenen zu dem schädigenden Verhalten veranlasst haben.[143] So kam die Rechtsprechung auch schon vor der Kodifizierung des § 60 I IfSG zu einem Ersatzanspruch für Gesundheitsschäden aus
Impfungen, für welche behördlicherseits geworben worden war.[144]

---

138 Vgl. Frenz, JA 2018, 360 (366).
139 Vgl. Erbguth/Guckelberger, Allgemeines Verwaltungsrecht, 9. Aufl. 2018, § 40 Rn. 2.
140 Detterbeck, Allgemeines Verwaltungsrecht, 17. Aufl. 2019, Rn. 1185.
141 Für diese Entwicklung hin zu einer „umfassenden Grundrechtsverletzungshaftung" etwa
Gurlit in: Ehlers/Pünder, Allgemeines Verwaltungsrecht, 15. Aufl. 2015, § 45 Rn. 110, 118 ff.
142 BGH, Beschl. v. 27.5.1993, Az.: III ZR 142/92 = NJW 1994, 1468.
143 Peine/Siegel, Allgemeines Verwaltungsrecht, 12. Aufl. 2018, § 28 Rn. 1046.
144 S. BGH, Urt. v. 19.2.1953, Az.: III ZR 208/51 = BGHZ 9, 83 (91).

Jana Himstedt

b) Gemeinwohlbezug

67 Der Eingriff muss zu **Allgemeinwohlzwecken** erfolgt sein; nicht ausreichend ist hingegen, wenn er überwiegend Privatinteressen zu dienen bestimmt war.

c) Unmittelbarkeit der Eingriffsfolgen

68 Weiter muss der Eingriff unmittelbar zu schädigenden Folgen beim Anspruchsteller geführt haben. Das erfordert neben der Kausalität insbesondere, dass sich ein **Risiko verwirklicht** hat, welches sich aus der **Eigenart der Maßnahme selbst ergibt**[145], nicht aber das allgemeine Lebensrisiko oder von Dritten gesetzte Gefahren nur „bei Gelegenheit" des Eingriffs.

d) Sonderopfer

69 Schließlich erfordert der Anspruch, dass der Eingriff beim Betroffenen zu einer Überschreitung der sog. Sonderopferschwelle geführt hat, d. h. dass dieser durch die Maßnahme **besonders schwerwiegend und im Vergleich zu anderen Betroffenen ungleich belastet** wurde.[146] Ist die Maßnahme rechtswidrig, so gilt das Sonderopfer als indiziert[147]; bei rechtmäßigen Eingriffen hingegen bedarf es einer genauen Einzelfallbetrachtung, wobei insbesondere zu fragen ist, ob die den Anspruchsteller treffenden Folgen noch gesetzgeberisch gewollt und gefordert sind[148].

70 Examenswissen: Hieran wird ersichtlich, dass die **Rechtmäßigkeit** oder die **Rechtswidrigkeit** des Eingriffs nicht etwa zu den Anspruchsvoraussetzungen zählen. Zwar wird in der Literatur teils in Anlehnung an die eigentumsrechtlichen Ansprüche zwischen Aufopferungsanspruch (bei rechtmäßigem Handeln) und dem sog. **aufopferungsgleichen** Anspruch (bei Rechtswidrigkeit) unterschieden.[149] Die Rechtsprechung teilt diese terminologische Differenzierung jedoch nicht und spricht vielmehr einheitlich vom Aufopferungsanspruch.[150] In der Klausur ist folglich beides gangbar.

---

145 Ossenbühl/Cornils, Staatshaftungsrecht, 6. Aufl. 2013, S. 138.

146 Vgl. BGH, Beschl. v. 14.12.2017, Az.: III ZR 48/17 = NJW 2018, 1396 (1396 f.).

147 Vgl. BGH, Urt. v. 14.3.2013, Az.: III ZR 253/12 = NJW 2013, 1736.

148 Maurer/Waldhoff, Allgemeines Verwaltungsrecht, 19. Aufl. 2017, § 28 Rn. 12; Baldus/Grzeszick/Wienhues, Staatshaftungsrecht, 5. Aufl. 2018 Rn. 349 f.

149 So etwa Peine/Siegel, Allgemeines Verwaltungsrecht, 12. Aufl. 2018, § 28 Rn. 1043; Wolff/Bachof/Stober/Kluth, Verwaltungsrecht II, 2010, § 72 Rn. 77.

150 Detterbeck, Allgemeines Verwaltungsrecht, 17. Aufl. 2019, Rn. 1182.

Jana Himstedt

3. Anspruchsumfang

In der Rechtsfolge führt der allgemeine Aufopferungsanspruch zu einer **ange-** 71
messenen Entschädigung des Betroffenen, nicht aber zu Schadensersatz nach
dem Grundsatz der Totalreparation.[151] Berücksichtigungsfähig bei der Entschädigungshöhe sind insbesondere Kosten des Anspruchstellers für Heilbehand-
lungen und wegen Verdienstausfalls; nach der neueren Rechtsprechung kann
überdies **Schmerzensgeld** geltend gemacht werden.[152]

Ein **Mitverschulden** kann sich für den Betroffenen in analoger Anwendung 72
des § 254 BGB jedoch anspruchsmindernd auswirken. Im Falle des schuldhaften
Nichtgebrauchs von Rechtsmitteln kann dies sogar zum Anspruchsausschluss
führen. Insoweit geht also der Grundsatz des Vorrangs des Primärrechtsschutzes
in die Wertung ein.[153]

4. Beweislast

Darlegung und Beweis des Sonderopfers obliegen grundsätzlich dem Anspruch- 73
steller.[154]

5. Abschließende Übersicht: Der allgemeine Aufopferungsanspruch

Anspruchsgrundlage: Aufopferungsgedanke der §§ 74, 75 Einl. Preuß. ALR 74
    Anspruchsvoraussetzungen:
1. Hoheitlicher Eingriff in ein immaterielles Rechtsgut
2. Gemeinwohlbezug
3. Unmittelbarkeit der Eingriffsfolgen
4. Sonderopfer

Rechtsfolge: „Angemessene" Entschädigung des Sonderopfers (unter Beachtung
des Vorrangs des Primärrechtsschutzes)

6. Literaturhinweise

Ausbildungsaufsätze: Stangl, Der Aufopferungsanspruch, JA 1998, 479; Kunig, 75
Aufopferung, Jura 1992, 554.

---

151 Gurlit in: Ehlers/Pünder, Allgemeines Verwaltungsrecht, 15. Aufl. 2015, § 45 Rn. 109.
152 BGH, Urt. v. 7.9.2017, Az.: III ZR 71/17 = NVwZ 2018, 438.
153 Peine/Siegel, Allgemeines Verwaltungsrecht, 12. Aufl. 2018, § 28 Rn. 1051.
154 OLG Karlsruhe, Urt. v. 3.7.2013, Az.: 22 U 1/13 Bsch = DVBl. 2013, 1206 (1208).

Jana Himstedt

Klausurübung bei Reinemann, Methodik der Fallbearbeitung: „Kampf an allen Fronten", VR 2015, 202.

II. Die Sondersystematik bei Eigentumsverletzungen

76 Gesonderter Behandlung bedarf die Abgrenzung möglicher Entschädigungs-ansprüche für **Eigentumsbeeinträchtigungen.** Der hierunter fallende **Ausgleichsanspruch für Inhalts- und Schrankenbestimmungen** wurde bereits erörtert (s. § 5 Rn. 212 ff.). Hierneben wird auf den Anspruch auf **Enteignungsentschädigung** sowie die richterrechtlich geschaffenen Haftungstatbestände des „enteignenden" und „enteignungsgleichen" Eingriffs einzugehen sein.

77 Hinsichtlich der **Abgrenzung zwischen Enteignung und ausgleichspflichtiger Inhalts- und Schrankenbestimmung** wurde bereits dargelegt, dass eine Enteignung nur im Falle des gezielten Entzugs **konkreter** Eigentumspositionen – also einer Änderung der Eigentumszuordnung – zum Zwecke der öffentlichen Güterbeschaffung vorliegen kann[155], wohingegen es sich bei Inhalts- und Schrankenbestimmungen um **abstrakt-generell** formulierte Nutzungsbeschränkungen des Eigentums[156] handeln muss. Das Vorliegen des einen Instituts schließt das jeweils andere aus; insbesondere ist seit dem sog. „Nassauskiesungsbeschluss" des BVerfG[157] ausgeschlossen, dass eine unverhältnismäßige Ausgleichs- und Schrankenbestimmung gleichsam in eine Enteignung „umschlägt".[158]

78 Eine derart formelle Abgrenzung gilt für die **Abgrenzung der Enteignung zum enteignenden oder enteignungsgleichen Eingriff** nicht. Anders als die Enteignungsentschädigung setzen letztere jedoch gerade nicht das Bestehen einer **gesetzlich kodifizierten Entschädigungsregelung** voraus. Enteignungsentschädigung und enteignungsgleicher Eingriff entscheiden sich überdies schon grundsätzlich dadurch, dass erstere einen **rechtmäßigen** Eingriff voraussetzt und letzterer gerade einen **rechtswidrigen.** Der Anspruch aus enteignendem Eingriff greift demgegenüber ebenfalls im Falle rechtmäßigen hoheitlichen Handelns; jedoch gilt dies nur insoweit, wie die das Sonderopfer begründenden Folgen für den Hoheitsträger **unvorhersehbar** waren, während die Enteignung gerade einen **gezielten** Eigentumszugriff darstellt[159].

---

155 BVerfG, Urt. v. 6. 12. 2016, Az.: 1 BvR 2821/11, 1 BvR 321/12, 1 BvR 1456/12 = NJW 2017, 217 (224).
156 Schmidt am Busch/Nischwitz, GewArch 2018, 284 (286).
157 BVerfG, Beschl. v. 15. 7. 1981, Az.: 1 BvL 77/78 = BVerfGE 58, 300.
158 BVerwG, Beschl. v. 18. 7. 1997, Az.: 4 BN 5/97 = NVwZ-RR 1998, 225 (227).
159 Detterbeck, Allgemeines Verwaltungsrecht, 17. Aufl. 2019, Rn. 1161.

Jana Himstedt

1. Enteignungsentschädigung

Eine Enteignung darf gem. Art. 14 III 2–4 GG nur gegen Entschädigung erfolgen, 79
sodass die Eigentumsgarantie des Art. 14 GG hier gleichsam in eine **Wertgarantie**
umgewandelt wird.[160]

Mit der **verfassungsrechtlichen Sonderzuweisung** in **Art. 14 III 4 GG** 80
werden auch diesbezügliche Streitigkeiten der ordentlichen Gerichtsbarkeit,
genauer den **Zivilgerichten**, zugewiesen. Dies gilt jedoch ausdrücklich nur für
Streitigkeiten über die **Höhe** der Enteignungsentschädigung. Da allerdings jede
Entscheidung über die Entschädigungshöhe eine gerichtliche Prüfung voraussetzt, ob der Anspruch überhaupt **dem Grunde nach** entstanden ist, wird dies
durch die Zivilgerichte mitgeprüft. Reine „Enteignungsstreitigkeiten" allerdings,
bei welchen es nicht um die Entschädigung, sondern die Rechtmäßigkeit der
Enteignung an sich geht, sind vor den **Verwaltungsgerichten** zu führen.[161]

Hinsichtlich der Einzelheiten des Anspruchs auf Enteignungsentschädigung
gilt Folgendes:

a) Rechtsgrundlage

Art. 14 Abs. 3 GG bildet selbst keine Rechtsgrundlage für einen Entschädigungs- 81
anspruch des Enteigneten. Vielmehr verweist die Vorschrift auf ein Gesetz, „das
Art und Ausmaß der Entschädigung regelt" (Art. 14 III 2 GG). Die Anspruchsgrundlage ist folglich jeweils in dem der Enteignung zugrundeliegenden Gesetz zu
suchen.

b) Anspruchsvoraussetzungen

Der Anspruch setzt vor allem einen rechtmäßigen, hoheitlichen Eigentumseingriff 82
mit Enteignungscharakter voraus.

aa) Hoheitlicher Eigentumseingriff

Zunächst muss durch hoheitliches Handeln in eine **von Art. 14 I 1 GG geschützte** 83
Rechtsposition eingegriffen worden sein. Der Eigentumsbegriff entspricht dabei
dem verfassungsrechtlichen.[162]

---

160 Erbguth/Guckelberger, Allgemeines Verwaltungsrecht, 9. Aufl. 2018, § 39 Rn. 2.
161 Insgesamt Grzeszick in: Ehlers/Pünder, Allgemeines Verwaltungsrecht, 15. Aufl. 2015, § 45
Rn. 36.
162 Eingehend zu den erfassten Rechtspositionen Kingreen, Jura 2016, 390 (392 ff.).

Jana Himstedt

bb) Enteignung

84 Ferner muss dem Eingriff **Enteignungsqualität** zukommen. Bei diesem Prüfungspunkt wird insbesondere die o.g. Abgrenzung zu den Inhalts- und Schrankenbestimmungen relevant. So ist eine Enteignung – wie schon ausgeführt – nur dann zu bejahen, wenn die Eigentumszuordnung durch **gezielten** Entzug **konkreter** Eigentumspositionen zum Zwecke der **öffentlichen Güterbeschaffung** verändert wird.[163] Die bestehende Eigentumsordnung wird also nicht etwa für alle Eigentümer in gleicher Weise verändert, sondern nur zulasten einzelner ausnahmsweise durchbrochen.[164] Dies kann unmittelbar durch Gesetz (→ Legalenteignung), aber auch durch administrativen Einzelakt auf Grundlage eines Enteignungsgesetzes (→ Administrativenteignung) erfolgen, wobei der Enteignung durch Verwaltungsakt praktisch die weit größere Bedeutung zukommt.[165] Für die Abgrenzung zwischen Enteignung und Inhalts- oder Schrankenbestimmung ist jedoch allein auf die formell-gesetzlichen Vorschriften abzustellen.[166] Auch Inhalts- und Schrankenbestimmungen können nämlich durch Vollzugsakte der Verwaltung letztlich sehr weitgehend konkretisiert werden, so etwa aus dem BNatSchG folgende Nutzungsverbote durch die Festsetzung räumlich eng begrenzter Naturschutzgebiete.[167]

cc) Rechtmäßigkeit der Enteignung

85 Letztlich können ausschließlich **rechtmäßige** Enteignungen einen Anspruch auf Enteignungsentschädigung begründen.[168] Bei der Rechtmäßigkeitsprüfung sind insbesondere die sog. „Junktimklausel" des Art. 14 III 2 wie auch die übrigen Anforderungen des Art. 14 III GG (enteignungsrechtlicher Gesetzesvorbehalt, Gemeinwohldienlichkeit) zu beachten.[169]

Im Falle einer Rechtswidrigkeit der Enteignung ist der Betroffene grundsätzlich auf den Primärrechtsschutz, also auf die Abwehr der Maßnahme anstelle einer monetären Liquidierung der mit ihr verbundenen Beeinträchtigungen, verwiesen (Vorrang des Primärrechtsschutzes).[170]

---

163 BVerfG, Urt. v. 6.12.2016, Az.: 1 BvR 2821/11, 1 BvR 321/12, 1 BvR 1456/12 = NJW 2017, 217 (224).
164 BVerwG, Urt. v. 24.6.1993, Az.: 7 C 26/92 = NJW 1993, 2949 (2950).
165 Peine/Siegel, Allgemeines Verwaltungsrecht, 12. Aufl. 2018, § 28 Rn. 1007.
166 Detterbeck, Allgemeines Verwaltungsrecht, 17. Aufl. 2019, Rn. 1119.
167 BVerwG, Urt. v. 24.6.1993, Az.: 7 C 26/92 = NJW 1993, 2949 (2950).
168 Maurer/Waldhoff, Allgemeines Verwaltungsrecht, 19. Aufl. 2017, § 27 Rn. 55.
169 Ausführlich Baldus/Grzeszick/Wienhues, Staatshaftungsrecht, 5. Aufl. 2018 Rn. 385 ff.
170 Erbguth/Guckelberger, Allgemeines Verwaltungsrecht, 9. Aufl. 2018, § 39 Rn. 15.

Jana Himstedt

c) Anspruchsumfang

Art und Ausmaß der Entschädigung werden durch das jeweilige Enteignungsge- **86** setz bestimmt (Art. 14 III 2 GG). Art. 14 III 3 GG verpflichtet den Gesetzgeber jedoch, dies auf Grundlage einer gerechten Abwägung zu tun („unter gerechter Abwägung der Interessen der Allgemeinheit und der Beteiligten"). Da also nicht allein Interessen des Eigentümers zu berücksichtigen sind, darf die Entschädigungshöhe auch hinter dem vollen Verkehrswert des Grundstücks zurückbleiben.[171]

d) Passivlegitimation/Anspruchsgegner

Passivlegitimiert, also Anspruchsgegner, ist grundsätzlich der durch die Ent- **87** eignung begünstigte Verwaltungsträger, der nicht notwendig mit dem enteignenden Verwaltungsträger identisch ist. Ein Hoheitsträger ist bereits dann begünstigt, wenn die Enteignung der Erfüllung einer ihm obliegenden hoheitlichen Aufgabe dient.[172] Sollte der entzogene Eigentumsanspruch hingegen einem Privaten übertragen worden sein, so ist dieser – ggf. gesamtschuldnerisch neben dem Hoheitsträger, dessen Aufgaben erfüllt werden – als Anspruchsgegner anzusehen.[173]

e) Abschließende Übersicht: Die Enteignungsentschädigung

<u>Anspruchsgrundlage:</u> Enteignendes oder zur Enteignung ermächtigendes for- **88** melles Gesetz samt Entschädigungsregelung (vgl. Art. 14 III 2 GG)

    <u>Anspruchsvoraussetzungen:</u>
1. Hoheitlicher Eigentumseingriff
2. In Form der Enteignung
3. Rechtmäßigkeit der Enteignung

<u>Rechtsfolge:</u> Anspruch auf angemessene Entschädigung, nicht notwendig voller Ersatz

---

171 Kingreen, Jura 2016, 390 (401 f.).
172 Grzeszick in: Ehlers/Pünder, Allgemeines Verwaltungsrecht, 15. Aufl. 2015, § 45 Rn. 34.
173 Papier/Shirvani in: Maunz/Dürig, GG, 86. Aufl. 2019, Art. 14 Rn. 745.

Jana Himstedt

f) Literaturhinweise

89 *Kingreen*, Die Eigentumsgarantie (Art. 14 GG), Jura 2016, 390 (395 ff.); *Lege*, Das Eigentumsgrundrecht aus Art. 14 – Teil 2: Art. 14 und das Staatshaftungsrecht, Jura 2011, 826

2. Enteignender und enteignungsgleicher Eingriff

90 Die bereits angesprochenen Institute des **enteignenden** und des **enteignungsgleichen Eingriffs** stellen jeweils **ungeschriebene Haftungstatbestände** dar und unterscheiden sich somit wesentlich von der oben behandelten Enteignungsentschädigung und dem Ausgleichsanspruch für Inhalts- und Schrankenbestimmungen, die zwingend eine gesetzlich normierte Entschädigungsregelung fordern.

91 Der Rechtsweg zu den **ordentlichen Gerichten** ist infolge der nunmehrigen Herleitung der Ansprüche aus dem Aufopferungsrecht (s. Rn. 95) nach § 40 II 1 Var. 1 VwGO eröffnet.[174]

92 Der **enteignungsgleiche** Eingriff dient hierbei der Entschädigung **rechtswidriger** Eigentumseingriffe. Ursprünglich wurde der Anspruch von der Rechtsprechung auf Grundlage eines Erst-Recht-Schlusses aus Art. 14 III 2–4 GG konstruiert: Wenn der Staat schon für rechtmäßige Eigentumsbeeinträchtigungen (Enteignung) haftbar sei, müsse dies „mindestens in dem gleichen Maße" für rechtswidrige Eingriffe der Fall sein.[175] Dieser gedanklichen Verknüpfung zwischen der Enteignungsentschädigung und der Ausgleichspflichtigkeit sonstiger Eigentumsbeeinträchtigungen wurde jedoch mit dem „Nassauskiesungsbeschluss" des BVerfG[176] die Grundlage entzogen; obgleich die Rechtsprechung bis heute am enteignungsgleichen Eingriff als Haftungsinstitut festgehalten hat, stützt sie ihn nunmehr auf den Aufopferungsgedanken (dazu sogleich unten).[177]

93 Der **enteignende Eingriff** hingegen dient dem Ausgleich an sich **rechtmäßiger** Eingriffe, welche aber im Einzelfall – wegen atypischer und unvorhersehbarer Folgen – die Sonderopferschwelle überschreiten. Auch diesen hat die Rechtsprechung erst später auf das öffentlich-rechtliche Aufopferungsrecht ge

---

174 Vgl. Detterbeck, Allgemeines Verwaltungsrecht, 17. Aufl. 2019, Rn. 1160; eingehend zum Streitstand Ehlers/Schneider in: Schoch/Schneider/Bier, VwGO, 36. EL Februar 2019, § 40 Rn. 526 ff.
175 BGH, Beschl. v. 10.6.1952, Az.: GSZ 2/52 = BGHZ 6, 270 (290).
176 BVerfG, Beschl. v. 15.7.1981, Az.: 1 BvL 77/78 = BVerfGE 58, 300.
177 Ausführlich Pasternak in: Aust/Jacobs/Pasternak, Enteignungsentschädigung, 7. Aufl. 2014, Rn. 217; Schoch, Jura 1989, 529.

Jana Himstedt

stützt; zunächst wurde der Anspruch vielmehr in Anlehnung an den zivilrechtlichen Ausgleichsanspruch des § 906 II 1 BGB kreiert.[178]

a) Anspruchsgrundlage

Inzwischen haben Ansprüche, die der Entschädigung aus enteignendem bzw. 94
enteignungsgleichem Eingriff inhaltlich entsprechen, vielfach spezialgesetzliche
Regelung erfahren (etwa § 59 I und II ASOG Berlin[179], § 8a FStrG[180]), sodass in der
Klausur vorrangig etwaige kodifizierte Haftungstatbestände zu prüfen sind.[181]

Im Übrigen werden die Ansprüche auf den Aufopferungsgedanken der **§§ 74,** 95
75 der Einleitung des Allgemeinen Landrechts für die Preußischen Staaten
gestützt,[182] woran ihr Charakter als Sonderopferentschädigung deutlich wird.
Erkennbar ist dies zudem an den Tatbestandsvoraussetzungen, die denen des
allgemeinen öffentlich-rechtlichen Aufopferungsanspruchs stark ähneln (vgl.
Rn. 74).

b) Anspruchsvoraussetzungen

Das folgende **Grundprüfungsschema** kann grundsätzlich sowohl für den ent- 96
eignenden als auch den enteignungsgleichen Eingriff verwendet werden; die
Unterschiede und Besonderheiten werden hier jeweils unter dem betreffenden
Tatbestandsmerkmal kenntlich gemacht.

aa) Hoheitlicher Eigentumseingriff

Der Tatbestand fordert zunächst, dass **hoheitlich** in eine **durch Art. 14 I 1 GG** 97
geschützte Rechtsposition eingegriffen wurde. Als haftungsauslösende Akte
kommen grundsätzlich alle hoheitlichen Handlungsformen **mit Ausnahme for-**
meller Gesetze[183] in Betracht. Dies nämlich überschritte die zulässigen Grenzen

---

178 Vgl. BGH, Urt. v. 20.12.1971, Az.: III ZR 79/69 = BGHZ 57, 359 (366).
179 Peine/Siegel, Allgemeines Verwaltungsrecht, 12. Aufl. 2018, § 28 Rn. 1021.
180 OLG Magdeburg, Urt. v. 17.4.2014, Az.: 6 U 33/13 = NVwZ-RR 2014, 958.
181 Erbguth/Guckelberger, Allgemeines Verwaltungsrecht, 9. Aufl. 2018, § 39 Rn. 30.
182 Kingreen, Jura 2016, 390 (405).
183 BGH, Urt. v. 15.12.2016, Az.: III ZR 387/14 = NVwZ 2015, 1309 (1313); Schmitt/Werner, NVwZ
2017, 21 (23 f.); Hartmann/Jansen, DVBl. 2015, 861 (862); offen gelassen wohl in BGH, Urt. v. 19.12.
2017, Az.: XI ZR 796/16 = NJW 2018, 854 (855): „Insoweit besteht das maßgebliche, potentiell
haftungsbegründende Verhalten der Beklagten im Erlass des Gesetzes 4050/2012 vom 23. Februar
2012 [...]."

Jana Himstedt

einfachen Richterrechts, insbesondere da die weitreichenden finanziellen Konsequenzen einer ungeschriebenen Haftung für normatives Handeln die Haushaltsprärogative des Gesetzgebers verletzen würde.[184] Entsprechendes gilt für Administrativakte, die ein verfassungswidriges Gesetz ohne Anwendungsspielraum lediglich vollziehen („Beruhensfälle").[185]

98   Besondere Anforderungen sind zu beachten, wenn Entschädigungen für hoheitliches **Unterlassen** in Frage stehen. In diesem Fall wird der erforderliche Eingriff in den durch Art. 14 I 1 GG geschützten Rechtskreis des Betroffenen nur dann bejaht, wenn dieser einen **Anspruch** auf Vornahme der begehrten Handlung hat („**qualifiziertes Unterlassen**").[186] Das trifft insbesondere zu, wenn eine begehrte Genehmigung oder Zulassung ein präventives Verbot mit Erlaubnisvorbehalt aufhebt.[187]

bb) Gemeinwohlbezug

99   Der Eingriff muss ferner zu Allgemeinwohlzwecken erfolgt sein.

cc) Rechtmäßigkeit bzw. Rechtswidrigkeit des Eingriffs

100 Um den Anspruch sodann als „enteignenden" oder „enteignungsgleichen" qualifizieren zu können, muss die Rechtmäßigkeit bzw. Rechtswidrigkeit des Eingriffs geprüft werden.

dd) Unmittelbarkeit der Eingriffsfolgen

101 Wie auch beim allgemeinen Aufopferungsanspruch ist ein Unmittelbarkeitszusammenhang zwischen Eingriff und Eingriffsfolgen dergestalt erforderlich, dass sich mit letzterem ein **Risiko verwirklicht** hat, welches sich aus der **Eigenart des Eingriffs selbst ergibt**.[188] Insbesondere Gefahren, die dem allgemeinen Lebensrisiko unterfallen oder durch höhere Gewalt bedingt sind, muss der Hoheitsträger sich nicht zurechnen lassen. [189]

---

184 BGH, Urt. v. 12.3.1987, Az.: III ZR 216/85 = NJW 1987, 1875 (1877).
185 Baldus/Grzeszick/Wienhues, Staatshaftungsrecht, 5. Aufl. 2018 Rn. 458.
186 Grzeszick in: Ehlers/Pünder, Allgemeines Verwaltungsrecht, 15. Aufl. 2015, § 45 Rn. 69.
187 Erbguth/Guckelberger, Allgemeines Verwaltungsrecht, 9. Aufl. 2018, § 39 Rn. 32.
188 OLG Dresden, Urt. v. 11.4.2018, Az.: 1 U 1135/17, juris-Rn. 38.
189 Ossenbühl/Cornils, Staatshaftungsrecht, 6. Aufl. 2013, S. 302.

Jana Himstedt

Examenswissen: Die in der Rechtsprechung häufig anzutreffende Formulierung, es müsse sich **102** ein „typisches" Risiko des Eingriffs verwirklicht haben, ist jedenfalls im Rahmen des enteignenden Eingriffs, der gerade auch auf die Kompensation *a*typischer Eingriffsfolgen abzielt, ungünstig[190] und sollte dort in der Klausur zugunsten einer Widerspruchsfreiheit Ihrer Ausführungen vermieden werden.

ee) Sonderopfer

Schließlich erfordern sowohl der enteignende als auch der enteignungsgleiche **103** Anspruch das Vorliegen eines Sonderopfers. Der Anspruchsteller muss also durch die Folgen der Maßnahme besonders schwerwiegend und im Vergleich zu anderen Betroffenen ungleich belastet worden sein, sodass die **Schwelle des eigentumsrechtlich Zumutbaren (Sozialbindungsschwelle) überstiegen** wird und ein **Gleichheitsverstoß** anzunehmen ist.[191]

Beim enteignungsgleichen Eingriff ist das Sonderopfer – ebenso wie beim aufopferungsgleichen Eingriff – grundsätzlich durch die Rechtswidrigkeit des Eingriffs indiziert, da rechtswidrige Grundrechtseingriffe per se unzumutbar sind.[192]

ff) Vorrang des Primärrechtsschutzes

In analoger Anwendung des § 254 BGB ist der Anspruch jedoch immer dann **104** ausgeschlossen, wenn der Betroffene es schuldhaft versäumt hat, durch ein bestehendes und zumutbares Rechtsmittel den Eigentumseingriff von Vornherein abzuwehren (Vorrang des Primärrechtsschutzes).[193]

Dies gilt vor allem für den Anspruch aus **enteignungsgleichem** Eingriff, da **105** dem enteignenden Eingriff notwendig rechtmäßiges Staatshandeln zugrunde liegt, gegen welche sich der Betroffene nicht mit Rechtsmitteln zur Wehr setzen kann[194]. Zudem scheidet wirksamer Primärrechtsschutz hier oftmals schon aufgrund der mangelnden Vorhersehbarkeit atypischer Nebenfolgen einer Maßnahme aus.[195] Etwas anderes gilt allerdings dann, wenn die Duldungspflicht des

---

190 Detterbeck, Allgemeines Verwaltungsrecht, 17. Aufl. 2019, Rn. 1166.

191 BGH, Beschl. v. 14.12.2017, Az.: III ZR 48/17 = NJW 2018, 1396 (1396 f.); BGH, Urt. v. 15.12.2016, Az.: III ZR 387/14 = NJW 2017, 1322 (1324 f.).

192 Maurer/Waldhoff, Allgemeines Verwaltungsrecht, 19. Aufl. 2017, § 27 Rn. 95.

193 Peine/Siegel, Allgemeines Verwaltungsrecht, 12. Aufl. 2018, § 28 Rn. 1029.

194 Baldus/Grzeszick/Wienhues, Staatshaftungsrecht, 5. Aufl. 2018 Rn. 491.

195 Vgl. BGH, Urt. v. 23.4.2015, Az.: III ZR 397/13 = NVwZ 2015, 1317 (1318 f.) – Schadenseintritt erst nach Unanfechtbarkeit des Verwaltungsakts.

Jana Himstedt

Betroffenen, die zur (vermeintlichen) Rechtmäßigkeit der Maßnahme führt, gerade streitig ist.[196]

106 Auch gegen rechtswidrige Eingriffe kann Rechtsschutz jedoch u.U. nicht oder nicht rechtzeitig zu erlangen sein, etwa im Falle eines Sofortvollzugs durch die Behörde. Dann steht die Nichteinlegung des Rechtsbehelfs einer Schadensliquidation auf Grundlage des enteignungsgleichen Eingriffs nicht im Wege.

c) Anspruchsumfang

107 Liegen die Tatbestandsvoraussetzungen des enteignenden bzw. enteignungsgleichen Eingriffs vor, richtet sich der Anspruch des Betroffenen auf Entschädigung für das von ihm erbrachte Sonderopfer, nicht aber Schadensersatz. Hinsichtlich der Höhe wird sich an den Grundsätzen zur Enteignungsentschädigung orientiert[197], was auch bedeutet, dass nicht notwendig der volle Verkehrswert des Gegenstands ersetzt werden muss.

d) Passivlegitimation/Anspruchsgegner

108 Anspruchsgegner ist der durch die Maßnahme begünstigte Verwaltungsträger;[198] insofern gilt das zur Enteignungsentschädigung Gesagte (s. Rn. 87) entsprechend.

e) Abschließende Übersicht: Enteignender und enteignungsgleicher Eingriff

109 <u>Anspruchsgrundlage:</u> Aufopferungsgedanke der §§ 74, 75 Einl. Preuß. ALR

<u>Anspruchsvoraussetzungen:</u>
1. hoheitlicher Eigentumseingriff
2. mit Gemeinwohlbezug
3. Rechtmäßigkeit bzw. Rechtswidrigkeit des Eingriffs
4. Unmittelbarkeit der Eingriffsfolgen
5. Sonderopfer
6. Vorrang des Primärrechtsschutzes

<u>Rechtsfolge:</u> Angemessene Entschädigung des Sonderopfers

---

196 VGH Mannheim, Urt. v. 6.7.2016, Az.: 5 S 745/14 = NVwZ 2017, 224.
197 Ossenbühl/Cornils, Staatshaftungsrecht, 6. Aufl. 2013, S. 349.
198 Grzeszick in: Ehlers/Pünder, Allgemeines Verwaltungsrecht, 15. Aufl. 2015, § 45 Rn. 91.

Jana Himstedt

f) Literaturhinweise

Ausbildungsaufsätze: Hebeler, Anspruch aus enteignendem Eingriff bei Schäden [110]
durch polizeiliche Wohnungsdurchsuchung, JA 2014, 558; Arnauld, Enteignender
und enteignungsgleicher Eingriff heute, VerwArch 2002, 394.

Zum Verhältnis der eigentumsrechtlichen Ansprüche untereinander Kemmler, Ersatzansprüche wegen Beeinträchtigung des Eigentums, JA 2005, 156.

Übungsklausuren und -hausarbeiten: Shirvani/Hirzebruch, „Ärger im Clubheim", Jura 2016, 194 (199 f.); Dietlein/Peters, „Spürnase mit Krallen", AL 2014, 39 (43); Reinemann, Methodik der Fallbearbeitung: „Kampf an allen Fronten", VR 2015, 202

Jana Himstedt

Schlagwortverzeichnis

Die Nummern beziehen sich auf die Seiten im Lehrbuch.